다모다란의
가치평가 바이블

다모다란의
가치평가 바이블

주식부터 신종 자산까지 모든 자산의 가치평가 전략

애스워드 다모다란 지음 | 이건, 변영진, 홍진채 옮김

에프엔미디어

가치평가의 가장 신뢰할 만한 출발점

　바야흐로 AI를 비롯한 기술 혁신이 노동생산성의 경계를 새롭게 확장하고, 기술·경영 환경의 변화가 전 산업과 사회를 근본적으로 재편하는 시대에 접어들었다. 이러한 변화 속에서 오늘날 우리 모두에게는 노동을 통한 가치 창출만큼이나 투자를 통한 가치 창출이 전 생애주기에 걸쳐 중요한 과제로 부상하고 있다.

　그러나 한편으로 가치란 첨단 기술의 시대가 도래하기 훨씬 이전부터 수백 년에 걸쳐 인간의 경제활동과 삶을 관통해온 오래된 주제이기도 하다. 그렇기에 과거의 통찰을 비추면서도 다가올 미래의 기술·경영 환경 속에서도 유효하게 적용될 수 있는 가치평가의 정전(正典)에 대한 수요는 그 어느 때보다 크다. 이는 단지 투자자만의 문제가 아니라, 지속가능한 경제 생태계를 설계해야 하는 정책 입안자에게도 결코 비켜갈 수 없는 과제이기도 하다.

　애스워드 다모다란 교수의 《가치평가 바이블》은 바로 이러한 시대적 요구에 응답하는 책이다. 필자는 뉴욕대학교 스턴경영대학원에서 박사과정을 밟던 시절부터 가치평가 분야의 거장인 다모다란 교수를 가까이에서 지켜볼 수 있는 행운을 누렸다. 이번 개정증보판은 탄탄한 경제학적 이론 위에 저자가 30년이 넘는 연구와 교육 현장에서 축적해온 통찰과 실증적 활용 사례를 집대성한 역작이다. 주식, 채권, 파생상품, 원자재는 물론 비트코인, NFT, 수집품, 예술품에 이르기까지 다양한 자산군을 아우르며, 신생기업에서 한계기업에 이르기까지 기업 생애주기별 가치평가의 실제 적용을 폭넓게 제시한다. 대한민국 투자 환경과 밀접한 부동산 투자 역시 별도의 논의 속에서 다루고 있어 독자층의 현실적 문제의식과도 깊이 맞닿아 있다.

특히 이 책의 강점은 가치평가의 대상을 폭넓게 다루는 데 그치지 않고, 가치평가의 방법론 자체를 실무의 눈높이에서 깊이 있게 설명한다는 데 있다. 상장기업뿐 아니라 정보가 제한된 비상장기업의 가치평가까지 설득력 있게 다루며, 내재가치평가, 상대가치평가, 실물 옵션 접근법을 유기적으로 연결한다.

나아가 미래 현금흐름의 핵심 변수인 성장률, 비용 구조, 위험 프리미엄을 어떤 기준으로 추정하고 조정해야 하는지에 대해서도 산업별 맥락 속에서 구체적으로 논의한다. 요컨대 "Valuation is not a science. It's an art!(가치평가는 과학이 아니다. 예술이다!)"라는 말이 왜 가치평가의 세계에서 오래도록 회자되어왔는지를 이 책은 탁월하게 보여준다. 불가피한 주관적 판단의 순간마다 어떤 기준과 원칙 위에서 모수와 방법론을 선택해야 하는지에 대한 저자의 깊은 고민이 책 전반에 녹아 있다.

　13년 만에 새롭게 돌아온 이번 개정증보판은 주주가치 제고와 정당한 투자수익 환원이라는 시대적 요구에 응답하며 한 단계 더 도약하고자 하는 대한민국 자본시장 참여자 모두에게 든든한 길잡이가 되어줄 것이다. 학생, 실무자, 투자자, 정책 담당자 누구에게나 이 책은 가치평가의 본질을 이해하게 해주는 가장 신뢰할 만한 출발점이자, 오래 곁에 둘 만한 지적 동반자라 믿어 의심치 않는다. 자산을 투기의 시선이 아니라 투자와 가치 창출의 시선으로 바라보게 해주는 드문 책이라는 점에서, 이 책의 출간은 우리 자본시장과 독자 사회 모두에 뜻깊은 사건이라 할 만하다.

이종섭
서울대학교 경영대학 교수

나는 1990년대 초에 첫 번째 가치평가 책을 썼고, 그 후로 몇 권을 더 추가하여 지금까지 가치평가에 관한 책을 다섯 권 출간했다. 그중에서도《가치평가 바이블(Investment Valuation)》은 분량이 가장 많고 내용도 가장 충실하다. 또한 교재로도 활용할 수 있도록 구성된 유일한 책이다. 그렇지만 나의 주된 독자는 교수나 대학생이 아니라 실무자들이다. 나는 이 책이 가치평가를 업으로 하는 사람들에게 가장 적합하다고 믿는다.

《가치평가 바이블》은 가치평가의 거의 모든 측면을 다룬다. 내재가치평가, 가격 평가, 옵션가격결정모형을 살펴보고, 신생 벤처기업부터 쇠퇴기에 접어든 기업에 이르기까지 기업 생애주기 전반에 적용하는 가치평가 원칙을 적용한다. 또한 개인 소유 기업부터 벤처캐피털, 상장기업에 이르기까지 소유권 구조 전반에 걸친 가치평가 및 가격평가 과제를 살펴본다.

이 책은 미국에서 개발된 이론과 관행을 중심으로 구성되었는데, 여기에는 현실적인 이유가 있다. 미국 주식시장은 전 세계 주식 시가총액의 절반가량을 차지하며, 미국 시장에는 더 오랜 기간에 걸쳐 더 풍부한 기업 데이터가 축적되어 있기 때문이다.

그래도 나는 전 세계 기업의 사례를 다양하게 소개하려고 노력했다. 이는 삼성이나 현대차든 메타나 버크셔 해서웨이든 가치평가의 핵심은 다르지 않다는 사실을 보여주려는 뜻이고, 아울러 각 지역 특유의 과제를 해결하려는 목적이다.

이 책에서 한국 기업 사례를 많이 찾을 수는 없겠지만, 내가 설명하는 관행과 기법들이 한국 환경에도 잘 적용된다는 사실을 알게 될 것이다. 원화 기준 무위험 이자율 추정부터 한국 기업들의 상호 출자 가치평가 방법까지 말이다. 번역가들의 훌륭한 작업 덕에 나의 목소리가 독자께 잘 전달되리라고 믿는다.

    이 책은 주식, 채권, 선물, 옵션, 실물자산 등 온갖 자산의 가치평가를 다룬다. 다소 부정확할 때도 있겠지만, 어떤 자산이든 가치를 평가할 수 있다는 것이 이 책이 선언하는 기본 원칙이다. 나는 가치평가에 사용하는 모형들 사이의 차이점을 비롯해 공통점도 설명하고자 한다.

    지난 20년은 가치평가에 관심 있는 사람들에게 여러모로 파란만장한 기간이었다. 첫째, 아시아와 라틴아메리카 시장이 성장해 신흥시장 기업들이 세상의 주목을 받게 되었다. 그래서 이 개정판에서는 신흥시장 기업들에 더 초점을 두게 되었다. 둘째, 2008년 금융위기와 2020년 코로나 팬데믹 기간은 거시경제의 충격으로 인해 기업의 가치평가가 엄청난 혼란에 빠진 시기였다. 시장에 대한 믿음이 크게 흔들렸고 가치평가에 대해 새로운 의문이 떠올랐다. 나는 이 혼돈의 기간 동안 무위험 이자율, 위험 프리미엄, 현금흐름 추정 같은 금융 펀더멘털에 관해 새롭게 배운 교훈을 이 책에 반영했다.

    셋째, 지난 10년 동안 플랫폼 기업들이 급증했는데, 이들의 가장 인상적인 숫자는 영업 실적이 아니라 사용자와 구독자 수이다. 이 개정판에서는 구독자, 사용자·고객

평가 방법이라는 문제를 직접 해결하면서 그 답으로 플랫폼 기업들을 평가하고자 한다. 넷째, 지난 10년간 나는 가치평가가 이야기와 숫자를 연결하는 방식에 관해서 많은 설명을 했다. 이 개정판에서는 둘 사이에 다리를 놓는 방법을 설명하는 장을 추가했다. 끝으로, 소셜미디어에서 퍼진 밈 주식과 암호화폐가 일부 투자자의 마음을 사로잡고 있으므로 이들의 가격과 가치평가를 살펴본다.

이렇게 상황이 변화함에 따라 "이런 시장에도 가치평가가 여전히 타당할까?"라는 의문이 끊임없이 떠오른다. 그러면 나의 대답은 변함없다. "절대적으로, 그리고 과거 어느 때보다도 타당하다." 기술이 발전하면서 종이책은 시대에 뒤처지고 있으므로, 이에 대응하려고 여러 방법을 시도했다. 첫째, 이 책을 전자책 형태로도 출간했는데, 종이책 못지않게 유용하길 기대한다. 둘째, 이 책의 모든 가치평가 사례를 상당량의 데이터 세트 및 스프레드시트와 함께 웹사이트(www.damodaran.com)에 올려놓았다. 이 책의 가치평가 사례는 온라인으로 업데이트되므로, 거의 실시간 가치평가가 가능하다.

가치평가의 다양한 측면을 제시하고 논의하는 과정에서 나는 다음 네 가지 기본 원칙을 고수하려고 노력했다. 첫째, 다양한 가치평가모형의 공통점을 제시하고 각 시나리오에 적합한 모형을 선택하는 체계를 제공함으로써, 가치평가모형들을 최대한 종합적으로 다루고자 했다. 둘째, 모형 적용에 따르는 문제점들을 포착할 수 있도록 실제 사례와 결점 등도 모두 제시했다. 과거를 따져보면 일부 가치평가는 형편없이 빗나갈 수도 있지만, 그래도 잃는 것보다 얻는 것이 많다. 셋째, 나는 가치평가모형이 전세계에 보편적으로 적용된다고 믿으므로, 미국 밖 시장의 사례들도 책 전반에 걸쳐 다양하게 제시했다. 끝으로, 독자가 책에서 어느 섹션을 골라 읽어도 큰 불편이 없도록 최대한 독립된 모듈로 내용을 구성했다.

차례

1장 가치평가란 무엇인가

2장 다양한 가치평가 기법

3장 재무제표 이해하기

4장 위험의 기본 개념

5장 옵션가격결정이론과 모형들

일러두기

1. 이 책에 등장하는 가치평가 사례와 관련한 데이터 및 스프레드시트가 저자의 웹사이트(www.damodaran.com)에 올라가 있다. 각 장을 마무리하는 '연습문제'의 해답도 저자 웹사이트에서 확인할 수 있다.

2. 단행본은 《 》, 잡지(일·월간지, 비정기 간행물)는 〈 〉, 영화와 기사와 논문은 ' '로 표기했다.

3. 외국 단행본 중 국내 번역서가 있는 경우는 《현명한 투자자(The Intelligent Investor)》, 번역서가 없는 경우는 《The Theory of Investment Value(투자 가치 이론)》식으로 표기했다.

1장
가치평가란 무엇인가

금융자산이든 실물자산이든 미래에 현금흐름 창출이 기대되는 모든 자산에는 가치(value)가 있다. 이런 자산의 투자와 관리에 성공하려면 가치는 물론 가치의 근거까지 이해해야 한다. 자산 중에는 가치평가(valuation)가 상대적으로 쉬운 자산도 있는데, 사례별로 가치평가의 세부 방식이 달라진다. 따라서 부동산의 가치평가에 필요한 정보의 속성과 형식은 상장주식의 평가 방식과 다르다. 그런데 이렇게 가치평가 기법이 자산별로 다름에도 불구하고, 가치평가의 기본 원칙은 어느 정도 유사하다는 점에는 놀라지 않을 수 없다.

1장에서는 가치평가의 철학적 근거를 제시한다. 아울러 포트폴리오 관리에서 기업금융에 이르기까지 가치평가가 논의되는 다양한 방식도 살펴본다.

가치평가의 철학적 근거

작가 오스카 와일드(Oscar Wilde)에 의하면, 냉소주의자는 "만물의 가격은 모두 알지만, 가치는 전혀 모르는 사람"이다. 어쩌면 그는 '더 멍청한 바보(bigger fool)' 이론을 지지하는 많은 투자자와 일부 애널리스트를 가리켰는지 모른다. 더 멍청한 바보 이론에서는 더 비싼 가격에 사려는 더 멍청한 바보가 존재하기만 하면, 자산의 가치는 아무래도 상관없다고 주장한다. 물론 이런 방식으로 이익을 얻을 수도 있지만, 여기에는 위험이 따른다. 실제로 자산을 팔아야 하는 시점에도 바보가 여전히 존재한다는 보장이 없기 때문이다.

건전한 투자가 되려면 가치보다 높은 가격에 자산을 매수해서는 안 된다. 이 말은 명백하고도 타당해 보인다. 그러나 이는 모든 세대가 모든 시장에서 망각과 재발견을 거듭하는 말이다. 가치는 보는 사람의 생각에 달렸으므로, 사려는 사람만 있으면 어떤 가격이든 정당하다고 주장하는 사람이 많다. 이는 적어도 투자를 시작하는 사람에게는 위험한 주장이다. 그림이나 조각이라면 보는 사람의 생각이 가장 중요할지도 모른다. 그러나 투자자라면 아름답거나 감동적이라는 이유로 자산을 매수해서는 안 된다. 금융자산은 자산에서 기대되는 현금흐름을 근거로 매수해야 한다. 즉, 자산을 매수하는 가격에는 그 자산에서 기대되는 현금흐름이 반영되어 있어야 한다. 이 책의 가치평가모형들은 이런 현금흐름의 규모와 기대성장률을 근거로 가치를 평가한다.

가격과 가치평가

금융계 학자들과 실무자들은 '가격(price)'과 '가치'를 혼용한다. 학자들은 효율적 시장에서는 가격과 가치가 수렴한다는 믿음 때문에 둘을 혼용하는 듯하고, 실무자들은 둘의 측정 대상이 동일하다고 가정하는 듯하다. 그림 1.1은 가격과 가치의 차이를 보여준다. 가격과 가치는 이들을 결정하는 요소가 다를 뿐 아니라 사용하는 도구도 다르다. 이 책의 제목이 가리키듯이, 이 책에서는 자산의 가치를 평가하는 상세한 기법을 살펴보고 나서 자산의 가격을 평가하는 방법도 알아볼 것이다.

사실은 시장 참여자 다수, 심지어 대부분이 투자자가 아니라 '가격' 게임을 즐기는 사람들이다. 이 가격 게임에서 승자는 시장 분위기의 변화와 모멘텀을 이용해서 저가

[그림 1.1] 가격과 가치의 차이

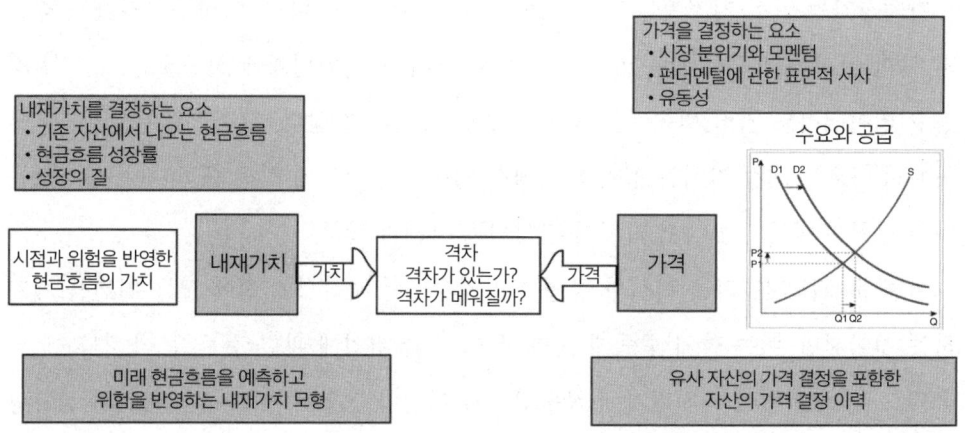

에 매수하여 고가에 매도하는 사람이다. 따라서 가치투자가 설 자리는 거의 없다. 이 책에서는 이런 사람들을 트레이더로 분류할 것이며, 트레이더에게도 이 책에서 다루는 가격 관련 내용이 유용하길 바란다.

끝으로, 투자나 가격 게임 어느 편에 서더라도 상대편의 행동 방식을 이해하면 득이 된다고 주장하는 바이다. 내재가치를 진정으로 믿는 사람이라면, 트레이더들이 가격을 설정하는 방식을 이해할 때 가치평가를 더 잘하게 될 것이다. 반면 가격 결정 과정에 집중하는 트레이더라면, 투자자들이 기업을 생각하고 평가하는 방식을 이해할 때 더 유능한 트레이더가 될 것이다.

가치평가는 버뮤다 삼각지대

모든 분석 분야와 마찬가지로, 가치평가에도 잘못된 믿음이 많다. 이 섹션에서는 그런 생각의 오류를 살펴보고 그 잘못을 밝히고자 한다. 가치평가에서 가장 어려운 과제는 기술적·기계적 문제가 아니다. 미래의 불확실성을 다루고 분석하는 과정에서 우리가 인간이기 때문에 갖게 되는 편견, 그리고 데이터와 강력한 도구를 이용하는 과정에서 발생하는 복잡성이다.

편견: 선입견의 위력

가치평가는 일부 지지자들의 주장과는 달리 과학도 아니고, 이상주의자들의 믿음과 달리 진정한 가치를 찾는 객관적 분석도 아니다. 가치평가에 사용하는 모형이 정량 기법이더라도 입력 변수에는 주관적 판단의 여지가 많다. 그러므로 이런 평가 모형에서 나오는 최종 가치는 평가 과정에서 입력되는 편견에 의해 왜곡된다. 실제로는 먼저 가격이 설정되고 나서 가치가 평가되는 사례가 많다.

이런 문제를 해결하는 확실한 방법은 가치평가를 시작하기 전에 모든 편견을 제거하는 것이지만, 이는 말처럼 쉽지 않다. 우리는 늘 기업에 관한 정보, 분석, 견해에 노출되므로, 편견 없이 가치평가에 착수하기가 어렵다는 말이다. 사실은 편견의 상당량이 잠재의식이다. 백지상태에서 평가할 기업을 선택하는 투자자는 거의 없다. 십중팔구 그 회사에 관해서 읽거나 들었기 때문에 선택한다.

때로는 그 회사 제품이나 경영자에 관한 생각에서 편견이 비롯되기도 한다. 나처럼 애플(Apple) 제품을 40년 동안 사용했다면, 당신 역시 회사의 실적을 확인해보기도 전에 애플은 저평가되었고 마이크로소프트(Microsoft)는 고평가되었다는 편견이 있을 것이다. 마찬가지로 2024년 초에 테슬라(Tesla)의 가치를 평가하는 투자자라면, 사람마다 호불호가 강력하게 엇갈리는 일론 머스크(Elon Musk)에 대한 견해와 테슬라에 대한 견해를 분리하기란 불가능할 것이다.

당신은 편견에서 벗어날 수 있는가? 나는 편견에서 벗어날 수 없다고 생각한다. 그러나 적어도 우리는 이런 편견에 대해 열린 태도를 유지할 수는 있다. 그래야 미래 실적을 추정할 때 편견에 대응할 수 있다. 또한 가치평가가 끝날 때까지 기업의 가치에 관한 견해를 함부로 드러내지 않을 수도 있다. 실제로 가치평가가 끝나기 전에 그 기업이 고평가(저평가) 되었다고 판단한 탓에 분석이 심각하게 왜곡되는 사례가 매우 많다.[1] 두 번째 방법은 가치평가에 착수하기 전, 그 기업의 고평가(저평가) 쪽에 함부로 돈을 걸지 않는 것이다.

---

1   기업 인수 과정에서 흔히 나타나는 사례로, 대개 그 기업의 가치를 평가하기도 전에 인수를 결정한다. 당연한 일이지만 거의 모든 분석이 인수 결정을 지지한다.

기업이나 기관투자자들도 가치평가 편향에 영향을 미친다. 예컨대 주식 애널리스트들의 보고서는 매도 추천보다 매수 추천이 많은 것으로 알려져 있다.[2] (이들의 보고서에는 고평가 기업보다 저평가 기업이 더 많다.) 이는 애널리스트가 매도 추천을 하면 그 기업으로부터 정보를 입수하기 어려워지기 때문이기도 하다. 아니면 그 기업 주식을 대량으로 보유한 펀드매니저로부터 압박을 받기 때문일 수도 있다. 때로는 투자은행이 이렇게 주식 애널리스트들을 압박하는 사례도 있다. 투자은행은 인수합병 대상 기업으로부터 가치평가를 의뢰받을 수 있는데, 이때 투자은행이 받는 보수는 가격이 유리하게 결정되느냐보다는 거래가 성사되느냐에 좌우된다. 그래서 인수합병 대상 기업의 평가 가치가 더 높은 쪽으로 편향되기 쉽다. 이런 기관에서 일한다면 편견을 극복하기가 불가능하진 않아도 쉽지는 않을 것이다. 그러나 이런 문제를 인식하는 것이 편견에 대응하는 첫걸음이다.

남들이 작성한 가치평가를 이용하는 사람들에게 이 섹션이 주는 교훈이 있다. 제삼자의 가치평가를 이용해서 판단할 때는 애널리스트들에 의한 편향 가능성을 고려해야 한다는 사실이다. 예컨대 인수 대상 기업이 스스로 하는 가치평가는 고평가로 기울어지기 쉽다. 그렇다고 이런 가치평가가 쓸모없는 것은 아니지만, 회의적인 관점에서 살펴봐야 한다.

주식 리서치의 편향성

주식에 대한 '분석'과 '영업'의 경계가 가장 모호해지는 시점은 시장이 '비이성적 과열(irrational exuberance)' 상태가 되는 때이다. 1990년대 말 이른바 신경제(新經濟) 기업들의 주가가 엄청나게 상승하자, (특히 증권사에 속한) 많은 주식 애널리스트가 자신의 본분을 저버리고 신경제 주식의 치어리더가 되었다. 이들 애널리스트는 종목 추천에 객관성을 유지하려 했을지 모르지만, 이들이 속한 증권사가 해당 기업의 기업공개(IPO) 주간사가 되면 그 영향을 피하기 어려웠다.

---

2   대부분 해에 매수 추천이 매도 추천보다 10배나 많다. 최근에는 이런 경향이 더 심해졌다.

2001년 미국 닷컴 주식들의 주가가 폭락하여 투자자들이 큰 손실에 고통받자 논란이 불길처럼 확산되었다. 청문회에서 의원들은 애널리스트들에게 추천 종목에 대해 무엇을 알았고 언제 알았는지 질문했고, 증권거래위원회(Securities and Exchange Commission: SEC)에는 주식 분석의 객관성 확보 방안을 추궁했으며, 일부 증권사에는 흉내일지언정 분석의 객관성을 확보하는 조처를 했는지 질문했다. 증권사들은 투자은행 업무와 주식 분석 업무 사이의 정보 교류를 차단하는 정보 장벽(Chinese Wall)을 세우기도 했다. 이런 정보 장벽이 어느 정도 유용하긴 했지만, 편향성을 유발한 근본 원인(투자은행 업무, 트레이딩 업무, 자산운용 업무의 혼재)이 제거된 것은 아니었다.

그렇다면 주식 분석에 대해 정부가 규제에 나서야 할까? 이는 현명한 방법이 아니다. 정부 규제는 과도해지는 경향이 있어서 흔히 득보다 실이 많기 때문이다. 차라리 포트폴리오 매니저와 투자자들이 적절하게 대응하는 편이 훨씬 더 효과적이다. 편향된 분석은 적당히 에누리하거나 아예 무시하는 것도 방법이다. 아니면 투자 조언만 제공하는 주식 분석회사를 새로 설립하는 것도 편향성을 제거하는 방법이 될 수 있다.

불확실성: 특성이지, 오류가 아니다!

입력 변수에 대한 불안감을 축소하려면 정보를 더 수집하고 조사를 더 해야 한다는 견해가 많다. 그러나 이 견해는 옳지 않다. 매우 신중하고 상세하게 가치평가 작업을 마무리해도, 최종 숫자에는 여전히 불확실성(uncertainty)이 남는다. 작업 과정에 그 기업과 경제의 미래에 대한 가정이 들어가기 때문이다. 가치평가에 절대적인 확실성을 기대하거나 요구하는 것은 비현실적이다. 현금흐름과 할인율은 추정치이며, 지나고 보면 이런 추정치는 빗나가기 때문이다. 현실 세계에서는 우리가 예상할 수 없는 사건이 발생하는 탓이다.

가치평가의 정확도는 기업에 따라 크게 달라진다. 흔히 업력이 길고 성숙기에 접어든 대기업이, 혼란스러운 섹터에 속한 신생기업보다 가치평가의 정확도가 훨씬 높다. 만일 이런 신생기업이 신흥시장에서 영업 중이며 시장의 미래에 대한 견해가 사람마다 다르다면, 불확실성이 가중된다. 23장에서 다루겠지만, 가치평가의 난도는 기업이 처한 생애주기와 관련될 수도 있다. 대개 성숙기업들의 가치평가가 성장기업보다 쉽고, 제품과 시장이 안정된 기업의 가치평가가 신생기업보다 수월하다. 어긋난 평가는 가치평가모형 때문이 아니라, 미래를 추정하기 어렵다는 사실에서 비롯된다. 투자자와 애널리스트는 훌륭한 가치평가를 실행하지 못하는 이유로 미래의 불확실성과 정보 부족을 거론한다. 그러나 실제로는 이런 기업의 가치를 제대로 평가할 때 그 보상이 가장 크게 돌아온다.

가치평가에서 불확실성이 영향을 미치는 측면이 또 있다. 기업의 가치평가를 마치면 모든 일이 끝났다고 생각하기 쉽지만, 실제로 가치평가는 여전히 진행 중이다. 가치평가모형으로 산출한 가치는 전반적인 시장 정보는 물론 기업 특유의 정보에도 영향을 받으며, 새로운 정보가 드러나면 이 가치도 바뀐다. 이 정보는 해당 기업에만 영향을 미칠 수도 있고, 산업 전체에 영향을 미칠 수도 있으며, 시장의 모든 기업에 대한 기대를 바꿔놓을 수도 있다.

예를 들어 기업이 분기마다 발표하는 실적 보고서는 기업 특유의 정보로, 주가와 가치에 큰 영향을 줄 수 있다. 거시경제 면에서 보면, 2022년처럼 인플레이션이 갑자기 심해져서 금리가 상승하면 모든 기업의 가치가 영향받을 수 있다. 2020년에는 코로나 팬데믹이 발생해 세계 경제가 멈추었고 기업의 가치가 극적으로 바뀌었다. 전쟁과 자연재해도 그럴 수 있다.

간단히 말해서 내재가치를 잘 반영한 가치평가는 유행을 타지 않으므로 다시 논의할 필요가 전혀 없다는 생각은 망상이다. 가장 잘한 가치평가조차 빠르게 진부화하므로 최근 정보를 반영해서 개정해야 한다. 세계화와 기업들의 혼란 탓에 세월이 흐름에 따라 가치가 더 불안해지고 있다. 평가를 변경하면 애널리스트는 틀림없이 그 근거를 제시하라는 요구를 받게 되며, 간혹 부정적 반응에 직면하기도 한다. 이런 상황에 가장 좋은 대응 방안은 존 메이너드 케인스(John Maynard Keynes)가 사용한 방법이다. 주요 경제 문제에 대한 견해를 변경했다고 비난받게 되자 케인스는 말했다. "사실이 바뀌면 저는 견해를 변경합니다. 선생님은 어떻게 하시나요?"

가치평가를 가장 심각하게 훼손하는 것은 불확실성 그 자체가 아니라 불확실성에 대한 애널리스트와 투자자들의 대응 방식이다. 사람들은 불확실성을 인정하고 적절한 통계, 금융, 확률 도구를 건전한 방식으로 사용하는 대신, 흔히 불확실성을 부정하는 방식으로 대응한다. 즉 마치 불확실성이 없는 것처럼 행동하거나 무기력해져서, 위기 기간에는 가치평가를 중단하거나, 평가 대상이 신생기업이라면 불확실성 때문에 평가가 무의미하다고 주장한다. 그러나 가치평가에 대한 보상은 불확실성이 증가해 상황이 가장 암울할 때 오히려 커진다고 본다. 가치평가를 전혀 하지 않는 것보다는 부정확하더라도 가치평가를 하는 편이 낫기 때문이다.

복잡성: 더 크다고 반드시 더 좋은 것은 아니다!

수십 년 전에는 가치평가가 훨씬 더 단순했다. 애널리스트와 투자자들에게 달리 대안이 없었기 때문이다. 데이터가 많지 않았고 데이터를 활용하는 도구도 원시적이어서 분석도 이런 한계를 반영할 수밖에 없었다. 그러나 시간이 흘러 다량의 데이터를 손쉽게 접근하게 되면서 이를 다루는 도구도 이전과 비교할 수 없을 정도로 강력해졌다. 따라서 거대 모형을 구축하기가 갈수록 더 쉬워졌고 세부 사항을 추가하려는 유혹에 빠지게 되었다. 이제 수백 개 항목과 여러 층위가 결합된 복잡한 가치평가는 예외가 아니라 표준이 되었다.

모형을 더 복잡하고 정교하게 만들수록 가치평가가 개선될 듯하지만, 반드시 그런 것은 아니다. 모형이 더 복잡해질수록 필요한 입력 변수가 증가하고, 입력 오류 가능성도 증가한다. 이런 문제는 모형이 지나치게 복잡해져서 "블랙박스"가 될 때 가중된다. 그래서 가치평가에 실패하면 흔히 애널리스트 대신 모형이 비난받는다. "내 탓이 아니라 모형 탓입니다"가 반복되는 변명이다.

모든 가치평가에서는 세 가지 요소를 유념해야 한다. 첫째, 절약의 원칙을 고수해야 한다. 가치평가에 절대적으로 필요한 것 이상으로 변수를 늘려서는 안 된다. 둘째, 모형을 더 상세하게 만들면 편익도 추가되지만 비용(및 오류)도 추가된다는 점을 인식한다. 셋째, 가치평가를 하는 주체는 '모형'이 아니라 '나'라는 사실을 인지해야 한다. 가치평가에서 흔히 발생하는 문제는 정보 부족이 아니라 정보 과다에서 비롯된

[그림 1.2] 가치평가의 버뮤다 삼각지대

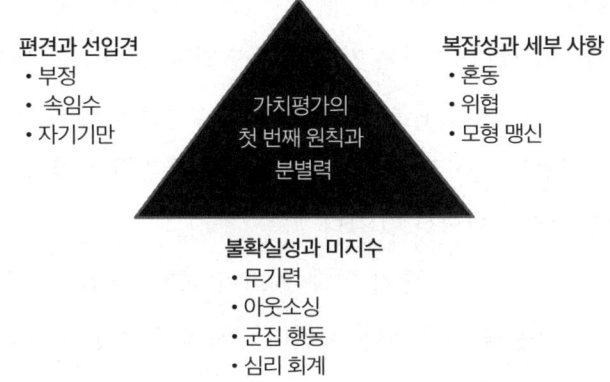

다. 그러므로 중요한 정보와 중요하지 않은 정보를 구분하는 일이, 가치평가에 사용하는 모형과 기법 못지않게 중요하다.

요약

이 섹션의 제목을 '가치평가는 버뮤다 삼각지대'라고 정한 이유는 단순하다. 선박과 항공기가 버뮤다 삼각지대라는 대서양 해역에서 사라진다는 소문처럼, 그림 1.2에서 보듯이 기업의 가치를 평가하는 애널리스트와 투자자들도 편견, 불확실성, 복잡성에 직면하면 분별력을 잃는 듯하기 때문이다.

이 현상은 지난 40년 동안 더 많은 데이터와 더 강력한 도구가 어째서 가치평가의 질을 떨어뜨렸는지 보여준다.

시장 효율성

금융에서 시장 효율성(market efficiency)이란 개념만큼 투자자들로부터 강한 부정적 반응을 유발하기 쉬운 견해는 없다. 재무학이 학문으로 자리 잡은 초기에는 시장이 효율적이라는 견해가 지배적이었으므로 적극적인(액티브) 투자와 가치평가는 거의 무의미했다.

가치평가 과정에는 시장이 실수를 저지르며, 투자자들이 접근하는 정보를 이용하면 이러한 실수를 발견할 수 있다는 가정이 깔려 있다. 그러므로 시장이 비효율적이라고 믿는 사람들은 시간과 자원을 투입해서 가치평가를 하려 든다. 한편, 시장이 효율적이라고 믿는 사람들은 시장가격을 최상의 가치 추정치로 받아들여야 한다고 주장한다. 이는 얼핏 들으면 타당한 것 같다.

그러나 두 주장 모두 내적 모순이 있다. 시장이 효율적이라고 믿는 사람들에게도 가치평가가 여전히 유용할 때가 있다. 예컨대 회사의 운영 방식 변화가 가치에 미치는 영향을 분석해야 하거나, 시간이 흐름에 따라 시장가격이 바뀌는 이유를 파악해야 하는 경우다. 그리고 투자자들이 저평가 주식과 고평가 주식을 찾아내서 매매하지 않는다면, 시장이 효율적으로 되기 어렵다. 다시 말해서 시장이 효율적이려면, 먼저 시장이 비효율적이라고 믿는 투자자가 많아야 한다.

반면 시장이 실수를 저지른다고 믿으면서 매매하는 사람들은 시장이 결국은 실수를 바로잡아야 효율적으로 작동한다고 믿어야 한다(그렇게 믿어야 돈을 벌 수 있다). 그러나 이는 자기 합리화일 뿐이다. 자신이 매매하기 전에는 비효율적이라고 믿었던 시장이, 매매 후에는 효율적으로 바뀐다고 믿기 때문이다.

시장의 효율성에 대해서는 회의적 태도가 바람직하다. 한편으로는 시장이 실수를 저지른다고 인식하면서, 다른 한편으로는 이런 실수를 발견하려면 실력은 물론이고 운도 필요하다고 인식해야 한다. 이런 태도를 유지하면 다음과 같이 생각하게 된다. 첫째, 어떤 종목이 믿기 어려울 정도로 저평가되거나 고평가된 것처럼 보이면, 십중팔구 그렇지 않으리라 생각한다. 둘째, 산출된 가치가 시장가격과 크게 다르면, 먼저 시장가격이 정확하다고 가정한다. 그러고서 시장가격이 정확하지 않다고 확신할 때만 해당 종목이 저평가되거나 고평가되었다고 판단한다. 이렇게 기준을 높이면 가치평가에 더 신중하게 된다. 초과수익을 얻기가 어렵다는 사실을 고려하면 이것이 바람직한 접근 방식이다.

가치평가의 역할

가치평가는 매우 다양한 업무에 유용하다. 그러나 가치평가의 역할은 분야에 따라 달라진다. 다음 섹션에서는 포트폴리오 관리, 기업 인수, 기업금융 등에서 가치평가의 역할을 살펴보자.

포트폴리오 관리와 가치평가

포트폴리오 관리에서 가치평가의 역할은 주로 투자자의 투자철학에 좌우된다. 포트폴리오 관리자가 소극적 투자자라면 가치평가의 역할이 미미하지만, 적극적 투자자라면 가치평가의 역할이 크다. 그리고 적극적 투자자의 유형에 따라서도 가치평가의 특성과 역할이 달라진다. 시점 선택 투자자(market timer, 주가 상승이 예상될 때 매수해서 주가 하락이 예상될 때 매도하려는 투자자 – 옮긴이)는 종목 선택 투자자보다 가치평가를 훨씬 적게 사용하며, 특정 기업보다 전체 시장의 가치평가에 주력한다. 종목 선택 투자자 중 기본적 분석가는 포트폴리오 관리에 가치평가를 중요하게 사용하지만, 기술적 분석가는 가치평가를 거의 사용하지 않는다.

기본적 분석가　　기본적 분석에서는 기업의 진정한 가치가 기업의 재무 특성(성장 전망, 위험 특성, 현금흐름 등)에 좌우된다고 본다. 그러므로 주가가 재무 특성을 고려한 가치에서 벗어나면 저평가·고평가되었다고 판단한다. 이 장기 투자전략에는 다음과 같은 가정이 깔려 있다.

- 가치와 재무 특성의 관계는 측정할 수 있다.
- 이 관계는 시간이 흘러도 안정적으로 유지된다.
- 주가가 이 관계에서 벗어나도 적정 시간이 흐르면 회귀한다.

기본적 분석가들은 가치평가에 관심을 집중한다. 기본적 분석가 중에는 현금흐름할인(Discounted Cash Flow Valuation: DCF)모형을 사용하는 사람도 있지만, PER(주가이익배수), PBR(주가순자산배수) 등 배수를 사용하는 사람도 있다. 이런 기법을 사용하는 투자자들은 포트폴리오에 저평가 주식을 다수 보유하고 있으므로, 이들 주식에서 초과수익이 나오길 기대한다.

독점기업 인수자　독점기업(franchise) 인수자의 투자철학을 보여주는 대표적인 인물이 큰 성공을 거둔 투자자 워런 버핏(Warren Buffett)이다. "우리는 이해할 수 있는 기업에만 투자합니다. 이는 사업의 성격이 비교적 단순하고 안정적이어야 한다는 뜻입니다. 사업이 복잡하거나 끊임없이 바뀐다면, 우리는 미래 현금흐름을 예측할 수가 없습니다."[3] 독점기업 인수자들은 자신이 잘 이해하는 소수의 기업에 관심을 집중하며, 저평가된 기업을 인수하고자 한다. 이들은 버핏이 그러듯이 인수기업의 경영진에 영향력을 행사하여 재무 정책과 투자 정책을 변경할 수 있다. 이들의 장기 전략에 깔린 가정은 다음과 같다.

- 기업을 잘 이해하는 투자자는 그 기업의 가치를 더 정확하게 평가할 수 있다.
- 그러면 저평가 기업을 진정한 가치 이하로 인수할 수 있다.

이런 투자철학에서 가치평가가 핵심적 역할을 하게 된다. 독점기업 인수자들은 저평가되었다고 믿는 기업에 매력을 느끼기 때문이다. 이들은 효율적 경영과 구조조정을 통해서 추가로 창출할 수 있는 가치가 얼마인지에도 관심을 기울인다.

차티스트　차티스트(chartist)들은 주가가 재무 변수보다 투자 심리에 더 좌우된다고 믿는다. 이들에게는 주가 흐름, 거래량, 공매도 등 거래 관련 정보가 투자 심리와 미래 주가 흐름을 알려주는 지표가 된다. 여기에 깔린 가정은 투자 대중의 매매가 합

3　워런 버핏, 버크셔 해서웨이 1992년 연차보고서의 주주 서한.

리적 분석보다 심리에 좌우되며, 이런 패턴을 분석하면 주가 흐름을 예측할 수 있고, 이런 패턴을 이용하는 투자자는 많지 않으므로 예측력이 사라지지 않는다는 것이다.

차티스트들은 가치평가를 많이 사용하지 않지만, 진취적인 차티스트라면 가치평가를 분석에 사용할 방법이 있다. 예를 들면 가치평가를 이용해서 주가 차트에서 지지선과 저항선을 찾아내는 방법이 있다.[4]

정보 트레이더 정보 트레이더들은 주가가 기업에 관한 정보에 따라 움직인다고 믿는다. 이들은 새 정보가 시장에 공개되기 전이나 직후에 매매하는데, 예컨대 호재가 나오기 전에 매수하고 악재가 나왔을 때 매도한다. 이들은 자신이 투자 대중보다 정보 분석과 시장 반응 예측을 더 잘한다고 가정한다.

정보 트레이더들의 관심사는 가치 그 자체가 아니라, 정보가 가치에 미치는 영향이다. 그러므로 정보 트레이더들은 새로 발표되는 정보가 기대 이상의 호재여서 주가를 밀어 올릴 것이라고 믿으면, 현재 주가가 고평가 상태여도 매수할 수 있다. 만일 고평가(저평가) 정도에 따라 새 정보가 주가에 미치는 영향이 달라진다면, 정보 트레이더에게도 가치평가가 중요한 역할을 할 수 있다.

시점 선택 투자자 이들은 종목 선택보다 시점 선택에서 훨씬 큰 수익을 얻을 수 있다고 믿는다. 이들은 종목 선택보다 시장 흐름 예측이 쉬우며, 식별 가능한 요소들을 이용하면 예측할 수 있다고 주장한다.

이들에게 개별 종목의 가치평가는 쓸모가 없겠지만, 다음 두 가지 방식이라면 가치평가가 유용할 수 있다.

1. 시장 전체의 가치를 평가하여 현재 주가 수준과 비교한다.

---

4   지지선은 하락하던 가격의 하락 모멘텀이 둔화하거나 상승세로 반전하는 가격대이고, 저항선은 상승하던 가격의 상승 모멘텀이 둔화하거나 하락세로 반전하는 가격대를 가리킨다. 지지선과 저항선은 주로 과거 주가를 이용해서 추정하지만, 가치평가모형에서 산출된 가치 범위를 이용해서 추정할 수도 있다(이때 가치의 최댓값은 저항선이 되고, 최솟값은 지지선이 된다).

2. 평가 모형을 이용해서 개별 종목의 가치를 평가하고, 모든 종목의 가치를 이용해서 시장이 고평가(저평가)되었는지 판단한다. 예를 들어 현금흐름할인모형으로 평가했을 때 고평가 종목 수가 저평가 종목 수보다 많다면, 시장이 고평가되었다고 볼 수도 있다.

효율적 시장론자   효율적 시장론자들은 시장가격이 언제나 진정한 가치에 대한 최적 추정치이므로, 시장가격을 이용해서 이득을 얻으려고 시도하면 득보다 실이 많다고 믿는다. 이들은 시장가격에 정보가 신속하고 정확하게 반영되며, 남아 있던 비효율성은 일부 투자자에 의해 신속하게 사라지므로, 거래비용 등 마찰비용을 고려하면 시장의 비효율성을 이용하는 기회는 존재하지 않는다고 가정한다.

효율적 시장론자에게는 가치평가가 주식의 현재 가격을 설명하는 유용한 수단이 된다. 이들은 시장가격이 진정한 가치에 대한 최적 추정치라고 가정하므로, 이들의 목표는 저평가(고평가) 주식을 찾아내는 것이 아니라, 현재 주가에 반영된 성장성과 위험을 알아내는 것이다.

기업 인수 분석과 가치평가

기업 인수 분석에서는 대체로 가치평가가 핵심 역할을 해야 한다. 인수기업은 인수 제안을 하기 전에 피인수기업의 적정 가격을 산정해야 하며, 피인수기업도 인수 제안을 수용하거나 거절하기 전에 자사의 합리적인 가격을 산정해야 한다.

기업 인수 가치평가에 고려해야 하는 특별한 요소들이 있다. 첫째, 인수를 결정하기 전에 두 기업의 합병(인수기업 + 피인수기업)에서 나오는 시너지 효과를 고려해야 한다. 시너지 효과는 평가할 수 없으므로 정량분석에 반영하면 안 된다고 주장하는 사람도 있으나, 이는 잘못된 생각이다. 둘째, 피인수기업의 경영진 교체와 구조조정이 기업 가치에 미치는 영향, 즉 경영권의 가치도 공정가격 결정에 고려해야 한다. 이는 특히 적대적 기업 인수일 때 중요하다.

끝으로, 기업 인수 가치평가에서는 편견 때문에 심각한 문제가 발생할 수 있다. 특히 적대적 기업 인수일 때, 피인수기업은 자사의 가치를 지나치게 낙관적으로 평가하여 인수 가격이 너무 낮다고 주주들을 설득하려 한다. 반면 인수기업은 자신이 원하는 가격을 제시하도록 애널리스트를 강하게 압박하기도 한다.

기업금융과 가치평가

기업금융의 목적이 기업 가치의 극대화라면,[5] 금융 의사결정, 기업 전략, 기업 가치 사이의 관계가 중요해진다. 몇 년 전부터 경영 컨설팅회사들은 기업 가치 증대 방안을 조언하고 있다. 이들의 조언을 바탕으로 구조조정을 하는 기업들이 나오고 있다.

기업의 가치는 기업이 내리는 결정(프로젝트 선정, 프로젝트 자금조달 방식 선택, 배당 정책 결정 등)에 곧바로 좌우될 수 있다. 이들의 관계를 파악해야 재무구조를 합리적으로 조정해서 기업 가치를 증대할 수 있다. 요컨대 가치평가를 이해하지 못하면 기업 금융 결정도 적절하게 내리기 어렵다.

결론

가치평가는 기업금융, 기업 인수, 포트폴리오 관리 등 다양한 분야에서 핵심 역할을 담당한다. 이 책에서 소개하는 모형들은 각 분야 애널리스트에게 유용한 다양한 도구를 제공한다. 그러나 앞에서 언급한 유의 사항을 거듭 강조하려 한다. 가치평가는 객관적 분석 활동이 아니므로, 평가 과정에 편견이 개입되면 결국 가치가 영향을 받게 된다. 그렇게 되면 최선을 다해 산출한 가치 추정치조차 틀린 값이 되기 쉽다.

---

5   대부분 기업금융 이론의 전제가 기업 가치의 극대화다.

연습문제[6] 별도 표기가 없으면 주식 위험 프리미엄은 5.5%로 한다.

1   투자 대상의 가치에 대해서 올바르게 서술한 문장은 무엇인가?

    a. 투자 대상이 창출하는 현금흐름의 현재가치다.

    b. 투자자의 인식에 따라 달라진다.

    c. 수요 공급에 따라 달라진다.

    d. 분석자의 편향이 반영된 주관적인 추정치일 수 있다.

    e. 위 대답 모두 옳다.

2   가치에는 투자자들의 인식이 반영되고, 또한 그 인식이 모든 것을 좌우하기 때문에 현금흐름이나 이익은 중요하지 않다는 주장이 있다. 이 주장이 가진 결함은 무엇인가?

    a. 가치는 이익과 현금흐름에 의해 결정되며 투자자의 인식은 중요하지 않다.

    b. 인식은 중요하지만 변할 수 있다. 가치는 보다 구체적인 무언가를 기반으로 해야 한다.

    c. 투자자들은 비합리적이다. 따라서 인식은 가치를 결정할 수 없다.

    d. 가치는 투자자의 인식에 영향을 받지만, 기반이 되는 이익과 현금흐름에도 영향을 받는다. 인식은 현실에 기초해야 한다.

3   가치평가모형을 사용해 어떤 주식이 15달러의 가치가 있다는 결론을 내렸다. 시장가격은 25달러다. 이 차이는 어떻게 설명할 수 있는가?

    a. 시장은 비효율적이다. 현재 시장은 그 주식을 고평가하고 있다.

    b. 잘못된 가치평가모형을 사용했다.

    c. 가치평가모형의 입력값에 오류가 있다.

    d. 위 대답 모두 옳다.

---

6   모든 연습문제의 정답은 저자 홈페이지에 올려져 있다. https://pages.stern.nyu.edu/~adamodar/New_Home_Page/Inv4ed.htm

가치평가 바이블

2장
다양한 가치평가 기법

애널리스트들은 단순한 모형부터 복잡한 모형에 이르기까지 실제로 다양한 모형을 사용한다. 이들 모형은 대개 가정이 매우 다르지만, 공통 특성도 일부 있어서 일반 용어로 분류할 수 있다. 이렇게 일반 용어로 분류하면 몇 가지 이점이 있다. 개별 모형이 전체 그림 중 어디에 해당하는지 더 쉽게 이해할 수 있고, 결과가 달라지는 이유도 이해할 수 있으며, 논리상 근본 오류가 언제 발생하는지도 알 수 있다.

다음은 가치평가 기법을 분류하는 세 가지 일반 용어다. 첫째는 내재가치평가법 (intrinsic valuation)으로서, 자산에서 기대되는 미래 현금흐름의 현재가치(Present Value: PV)로 그 자산의 가치를 평가하는 기법이다. 둘째는 가격평가법(pricing)으로서, 이익, 현금흐름, 순자산가치, 매출 등 공통 변수를 측정하여 유사 자산들의 가격을 비교하는 기법이다. 셋째는 조건부청구권평가법(Contingent Claim Valuation)으로서, 옵션가격결정모형(Option Pricing Model: OPM)을 사용해서 옵션 특성이 있는 자산의 가치를 측정하는 기법이다. 자산 중에는 워런트(warrant, 신주인수권)처럼 시장에서 옵션이 거래되는 금융자산도 있지만, 시장에서 옵션이 거래되지 않는 실물자산

(real assets, 예컨대 프로젝트, 특허, 석유 매장량)도 있는데, 이를 실물 옵션(real option) 이라고 부른다. 어느 기법을 사용하느냐에 따라 평가 결과는 크게 달라질 수 있다. 이 책의 목적은 사용하는 모형에 따라 평가 결과가 달라지는 이유를 설명하고, 특정 업무에 적합한 모형을 선택하는 방법을 알아보는 것이다.

내재가치평가법

내재가치평가법에서는 자산이나 기업의 현금흐름 창출 능력, 그리고 이 현금흐름의 성장률과 위험을 기준으로 가치를 평가한다. 지난 세기에는 현금흐름할인모형이 내재가치 추정에 가장 널리 사용되는 도구였다. 내재가치평가법은 자산의 가치를 추정하는 세 가지 방법 중 하나에 불과하며 현실 세계에서 대부분 전문가는 자산의 가치를 평가하기보다는 가격을 평가하지만, 내재가치평가법은 모든 기법을 떠받치는 토대다. 자산의 가격을 정확하게 평가하려면 현금흐름할인법의 기본을 알아야 한다. 그래서 이 책에서는 현금흐름할인법에 큰 비중을 둔다. 현금흐름할인법의 기본을 이해하면 누구든지 다른 기법도 분석하고 사용할 수 있다. 이 섹션에서는 현금흐름할인법의 기초와 철학적 근거를 살펴보고, 다양한 세부 기법들도 조사한다.

현금흐름할인법의 기초

이 기법의 기초는 현재가치 원칙(present value rule)으로, 모든 자산의 가치는 그 자산에서 나오는 기대 현금흐름의 현재가치라는 원칙이다.

$$\text{자산의 가치} = \frac{E(\text{현금흐름}_1)}{(1 + r)^1} + \frac{E(\text{현금흐름}_2)}{(1 + r)^2} + \cdots + \frac{E(\text{현금흐름}_n)}{(1 + r)^n}$$

여기서 n = 자산의 수명
$E(\text{현금흐름}_t)$ = t 기간의 기대 현금흐름
r_c = 기대 현금흐름의 위험을 반영한 할인율

현금흐름은 자산에 따라 달라진다. 주식에서는 배당이 나오고, 채권에서는 쿠폰이

자와 액면가가 나오며, 프로젝트에서는 세후 현금흐름이 나온다. 할인율은 기대 현금흐름의 위험도에 따라 결정되며, 위험도가 높은 자산일수록 할인율이 높고, 안전한 자산일수록 할인율이 낮다.

현금흐름할인법은 스펙트럼(연속체)이라고 생각할 수 있다. 스펙트럼의 한쪽 끝에는 미래 현금흐름이 보장된 무위험 할인채가 존재한다. 이 현금흐름을 무위험 이자율로 할인하면 이 채권의 가치가 산출된다. 이 스펙트럼의 조금 위에는 부도 위험이 있는 회사채가 존재한다. 회사채의 가치는 부도 위험을 반영한 이자율로 그 현금흐름을 할인하여 평가할 수 있다. 스펙트럼의 더 위쪽에는 기대 현금흐름의 불확실성이 큰 상장기업이나 비상장기업의 주식이 있다. 주식의 가치는 기대 현금흐름의 불확실성을 반영한 이자율로 기대 현금흐름을 할인해서 산출한다.

현금흐름할인법의 토대

현금흐름할인법에서는 펀더멘털을 바탕으로 자산의 내재가치를 평가한다. 내재가치란 무엇인가? 더 나은 정의가 없다면, 편향 없는 애널리스트가 당시 가용 정보를 이용해서 회사의 기대 현금흐름을 정확하게 추정하고 적정 할인율을 적용해서 산출하는 가치라고 간주하자. 내재가치 추정은 가망 없는 작업처럼 보일 수 있으며, 특히 불확실성이 큰 신생기업이라면 더욱 그렇다. 그래도 최선을 다해 추정치를 산출하여 끈기 있게 활용하면 보상받을 수 있는데, 이는 시장도 실수를 하기 때문이다. 시장가격은 (펀더멘털을 바탕으로 추정한) 내재가치에서 벗어날 수 있지만, 이 둘은 머지않아 만날 것으로 기대할 수 있다.

현금흐름할인모형의 분류

현금흐름할인모형은 그야말로 수없이 많다. 흔히 투자은행과 컨설팅회사들은 자사의 가치평가모형이 더 좋다거나 정교하다고 주장한다. 그러나 현금흐름할인모형은 단지 두 가지 차원에서만 달라질 수 있다.

[그림 2.1] 주식 가치평가와 기업 가치평가

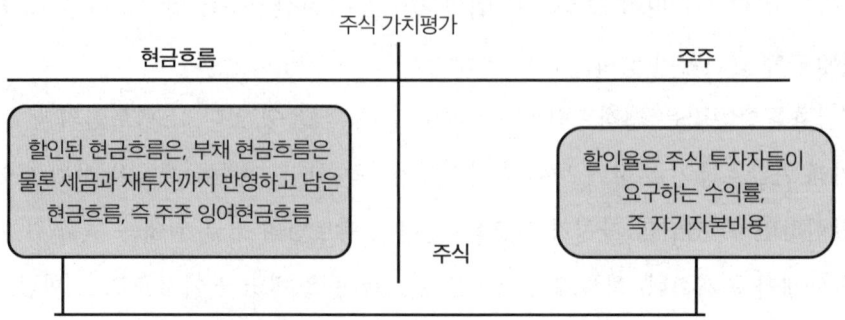

자기자본비용으로 할인한 주주 현금흐름의 현재가치가 주식의 가치

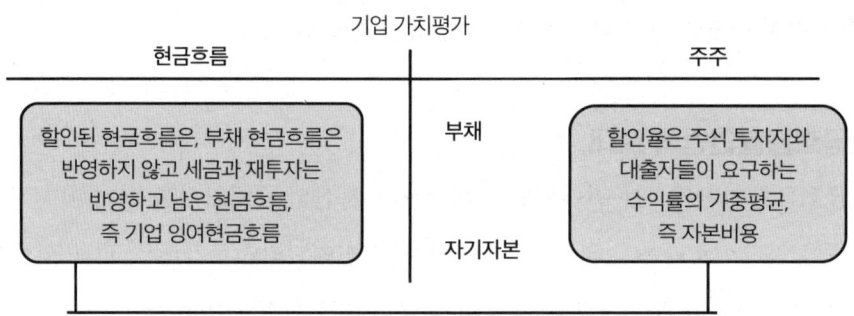

자본비용으로 할인한 기업 현금흐름의 현재가치가 기업의 가치

주식 가치평가와 기업 가치평가　　기업의 가치평가 방법에는 두 가지가 있다. 첫째는 그 기업의 주식 가치만 평가하는 방법이고, 둘째는 주식은 물론 다른 채권자들(채권 보유자, 우선주 보유자)도 포함해서 기업 전체를 평가하는 방법이다. 둘 다 현금흐름 할인법을 사용하지만, 적절한 현금흐름과 할인율은 다르다. 그림 2.1은 두 기법의 핵심을 보여준다.

　주식의 가치는 주식의 기대 현금흐름(즉, 재투자, 세금, 부채 현금흐름 등 모든 비용을 차감한 후의 잔여 현금흐름)을 자기자본비용(즉, 주식 투자자들의 요구수익률)으로 할인하여 산출한다.

$$주식의\ 가치 = \sum_{t=1}^{t=\infty} \frac{E(주식_t의\ CF)}{(1 + k_e)^t}$$

여기서   n = 자산의 수명
주식$_t$의 CF = t 기간 주식의 기대 현금흐름
k_e = 자기자본비용

배당할인모형(dividend discount model: DDM)은 주식 가치평가의 특수 사례인데, 여기서 주식의 가치는 미래 기대 배당의 현재가치에 해당한다.

기업의 가치는 기업의 기대 현금흐름(즉 재투자, 세금, 모든 영업비용은 차감 후, 그러나 채권이나 주식에 대한 지급은 차감 전의 잔여 현금흐름)을 가중평균자본비용(k_c: 채권이나 주식 등 다양한 자본조달 수단의 가중평균비용)으로 할인하여 산출한다.

$$기업의\ 가치 = \sum_{t=1}^{t=\infty} \frac{E(기업_t의\ CF)}{(1 + k_c)^t}$$

여기서   n = 자산의 수명
기업$_t$의 CF = t 기간 기업의 기대 현금흐름
k_e = 가중평균자본비용

두 기법이 사용하는 현금흐름과 할인율의 정의는 다르지만, 가치평가에 대한 가정이 일관성을 유지하는 한 주식 가치 추정치도 똑같이 나온다. 여기서 피해야 하는 전형적인 오류는 현금흐름에 엉뚱한 할인율을 적용하는 것이다. 주주 현금흐름을 가중평균자본비용으로 할인하면 주식 가치 추정치가 고평가되고, 기업 현금흐름을 자기자본비용으로 할인하면 기업 가치 추정치가 저평가되기 때문이다. 예시 2.1은 주식 가치평가와 기업 가치평가를 나타낸다.

[예시 2.1] 현금흐름과 할인율 불일치가 미치는 영향

분석 대상 기업의 향후 5년 현금흐름이 다음과 같다고 가정하자. 자기자본비용은 13.625%이고, 장기 차입금의 비용은 10%라고 가정하자(세율은 50%). 현재 주식의 시장가치는 1,073달러이고 부채의 시장가치는

800달러다. 표 2.1은 향후 5년 동안 주주 현금흐름과 기업 현금흐름, 그리고 잔존가치(terminal value)[1]를 보여준다(단위: 달러).

[표 2.1] 주주 현금흐름과 기업 현금흐름

연도	주주 현금흐름	이자비용(1-t)	기업 현금흐름
1	50.00	40	90.00
2	60.00	40	100.00
3	68.00	40	108.00
4	76.20	40	116.20
5	83.49	40	123.49
잔존가치	1,603.008		2,363.008

자기자본비용은 13.625%이고, 세후 부채비용은 5%이다.

$$부채비용 = 세전\ 부채비용(1 - 세율) = 10\%(1 - 0.5) = 5\%$$

주식과 부채의 시장가치가 주어졌으므로, 자본비용을 산출할 수 있다.

$$WACC = 자기자본비용[주식/(부채 + 주식)] + 부채비용[부채/(부채 + 주식)]$$
$$= 13.625\%(1,073/1,873) + 5\%(800/1,873) = 9.94\%$$

방식 1: 주주 현금흐름을 자기자본비용으로 할인해서 주식의 가치 산출

주주 현금흐름을 자기자본비용으로 할인한다.

$$주식의\ 현재가치 = 50/1.13625 + 60/1.13625^2 + 68/1.13625^3 + 76.2/1.13625^4$$
$$+ (83.49 + 1,603)/1.13625^5 = 1,073$$

방식 2: 기업 현금흐름을 자본비용으로 할인해서 기업의 가치 산출

$$기업의\ 현재가치 = 90/1.0994 + 100/1.0994^2 + 108/1.0994^3 + 116.2/1.0994^4$$
$$+ (123.49 + 2,363)/1.0994^5 = 1,873$$

$$주식의\ 현재가치 = 기업의\ 현재가치 - 부채의\ 시장가치$$
$$= 1,873 - 800 = 1,073$$

1 　이 예시에서는 잔존가치가 주어진 것으로 본다. 잔존가치 추정에 관해서는 나중에 논의한다.

두 방식 모두 주식의 가치는 1,073달러다. 그러나 주주 현금흐름을 자본비용으로 할인하거나, 기업 현금흐름을 자기자본비용으로 할인하는 실수를 저지르기 쉽다.

오류 1: 주주 현금흐름을 자본비용으로 할인하면 주식의 가치가 고평가된다.

$$주식의 현재가치 = 50/1.0994 + 60/1.0994^2 + 68/1.0994^3 + 76.2/1.0994^4$$
$$+ (83.49 + 1,603)/1.0994^5 = 1,248$$

오류 2: 기업 현금흐름을 자기자본비용으로 할인하면 기업의 가치가 저평가된다.

$$기업의 현재가치 = 90/1.13625 + 100/1.13625^2 + 108/1.13625^3$$
$$+ 116.2/1.136254 + (123.49 + 2,363)/1.13625^5 = 1,613$$

$$주식의 현재가치 = 기업의 현재가치 - 부채의 시장가치$$
$$= 1,613 - 800 = 813$$

할인율 오류가 미치는 영향은 앞의 두 사례에 명확하게 드러난다(오류 1과 오류 2). 자본비용을 잘못 사용해서 주주 현금흐름을 할인했을 때는 주식의 가치가 진정한 가치(1,073달러)보다 175달러 고평가되었다. 그리고 자기자본비용을 잘못 사용해서 기업 현금흐름을 할인했을 때는 기업의 가치가 260달러 저평가되었다. 그러나 실제로 주식의 가치를 정확하게 평가하는 것은 이 사례보다 훨씬 어렵다는 점을 유념해야 한다. 이 주제는 14장과 15장에서 다시 다루면서 필요한 가정도 함께 살펴보기로 한다.

자본비용 기법과 조정현재가치 기법 그림 2.1에서는 기업이 주식이나 부채를 사용해서 자금을 조달할 수 있다고 보았다. 부채의 사용은 가치에 어떤 영향을 미칠까? 유리한 측면은 이자비용에 대해 비용공제가 되므로 기업이 세금보조를 받는다는 점이다. 이 세금보조는 기업에 부과되는 세율이 높을수록 증가한다. 불리한 측면은 부채가 증가할수록 기업의 파산 위험도 증가한다는 점이다. 전체적인 효과는 긍정적일 수도 있고, 중립적이거나 부정적일 수도 있다. 자본비용 기법에서는 부채가 미치는 영향을 할인율에 반영한다.

$$자본비용 = 자기자본비용(자금조달에 사용된 주식의 비중)$$
$$+ 세전 부채비용(1 - 세율)(자금조달에 사용된 부채의 비중)$$

그러므로 부채의 세금 혜택이 파산 비용 효과를 초과하면 부채를 더 많이 사용할수록 자본비용이 하락한다. 현금흐름을 할인할 때는 현금흐름에서 부채를 반영하지 않으므로, 부채가 주는 세금 혜택도 포함되지 않는다(이중계산 방지 목적).

이번에는 **조정현재가치**(Adjusted Present Value: APV) **기법**을 이용해서 부채 사용이 기업의 가치에 미치는 영향을 자산의 가치에 미치는 영향과 구분해보자. 여기서는 자금을 모두 주식으로 조달한다고 가정하고, 먼저 부채가 주는 세금 혜택을 평가하고 나서 예상되는 파산 비용을 차감하는 방식으로 부채가 미치는 영향을 분석해보자.

> 기업의 가치 = 자금을 100% 주식으로 조달할 때 기업의 가치
> + 부채 사용에서 기대되는 세금 혜택의 현재가치
> − 예상되는 파산 비용

현금흐름과 위험에 대한 가정이 일관성을 유지하면, 두 기법이 부채의 영향을 평가하는 방식은 달라도 제시하는 추정치는 똑같을 것이다. 15장에서 두 기법에 대해 더 자세히 다루기로 한다.

총현금흐름모형과 잉여현금흐름모형   전통적인 현금흐름할인모형은 자산이 창출하는 모든 현금흐름을 적정 금리로 할인하여 현재가치를 추정하는 방식으로 그 자산의 가치를 평가한다. 잉여현금흐름(그리고 초과수익)모형은 요구수익률을 초과하는 현금흐름만 가치를 창출한다고 보고, 잉여현금흐름의 현재가치를 자산 투자액에 가산하는 방식으로 그 자산의 가치를 평가한다. 예를 들어 자산 투자액이 1억 달러이고 그 자산에서 영구적으로 예상되는 세후 현금흐름이 1,200만 달러라고 가정하자. 그리고 이 투자의 자본비용은 10%라고 가정하자. 총현금흐름모형으로 이 자산의 가치를 추정하면 다음과 같다(단위: 100만 달러).

$$\text{자산의 가치} = \frac{\text{기대 현금흐름}}{\text{자본비용}} = \frac{12}{0.10} = 120$$

초과수익 모형에서는 먼저 자산이 창출하는 초과수익을 계산한다.

$$\text{초과수익} = \text{벌어들인 현금흐름} - \text{자본비용} \times \text{자산 투자액}$$
$$= 12 - 0.10 \times 100 = 2$$

이어서 초과수익의 현재가치를 자산 투자액에 가산한다.

$$\text{자산의 가치} = \text{초과수익의 현재가치} + \text{자산 투자액}$$

$$= \frac{12}{0.10} + 100 = 120$$

두 방식으로 산출한 답이 똑같다는 사실에 주목하라. 그러면 초과수익 모형을 사용하는 이유는 무엇일까? 이 모형은 초과수익에 초점을 맞춤으로써, '수익'이 아니라 (요구 수익을 넘어서는) '초과수익'이 가치를 창출한다는 사실을 깨닫게 해준다. 32장에서 초과수익 모형의 다양한 형태를 다루기로 한다. 이 간단한 사례에서 보듯이, 가정에 일관성이 유지되면 총현금흐름모형과 초과수익 모형 둘 다 똑같은 답을 제시한다.

현금흐름을 구분하는 간단한 방법

가치평가에 사용하는 현금흐름이 주주 현금흐름인지 기업 현금흐름인지 구분하는 간단한 방법이 있다.

- 할인하는 현금흐름이 이자비용(그리고 원금 상환) 차감 후라면, 이는 주주 현금흐름이므로 자기자본비용으로 할인해야 한다.
- 할인하는 현금흐름이 이자비용(그리고 원금 상환) 차감 전이라면, 이는 대개 기업 현금흐름이므로 자본비용으로 할인해야 한다.

이런 현금흐름을 추정할 때는 다른 항목들도 고려해야 하지만, 자세한 내용은 나중에 다루기로 한다. 일반적으로 주주 현금흐름은 이자 및 원금 상환 차감 후 순이익에서 시작되고, 기업 현금흐름은 영업이익이나 이자 및 법인세 차감 전 이익에서 시작된다.

현금흐름할인법의 유용성과 한계

현금흐름할인법의 토대는 미래의 기대 현금흐름과 할인율이다. 그러므로 현재 자산(기업)의 현금흐름이 음수가 아니면서 미래 현금흐름을 어느 정도 확실하게 추정할 수 있고, 위험의 대용물로 금리를 써서 할인할 수 있을 때 사용하기 가장 쉬운 기법이다. 이 이상적인 조건에서 멀리 벗어날수록 현금흐름할인법 적용이 더 까다로워진다. 다음과 같은 시나리오가 펼쳐지면 현금흐름할인법을 조정해야 한다.

적자 기업 곤경에 처한 기업은 대개 이익과 현금흐름이 음수이며, 미래에도 상당 기간 적자가 예상된다. 이런 기업들은 파산 확률이 높아서 미래 현금흐름을 추정하기 어렵다. 현금흐름할인법은 현금흐름이 양수인 계속기업의 가치를 평가하는 기법이므로, 파산이 예상되는 기업에 적용하면 가치 추정치가 고평가될 수 있다. 실제로 파산하지 않고 생존하리라 예상되는 기업이더라도 현금흐름이 양수로 전환될 때까지 현금흐름을 추정해야 한다. 현금흐름이 음수이면 주식의 가치[2]나 기업의 가치가 음수가 되기 때문이다. 이런 기업에 대해서는 22장과 30장에서 자세히 다루기로 한다.

경기순환 기업 경기순환 기업의 이익과 현금흐름은 경기를 따라가는 경향이 있어서, 호경기에는 상승하고 불경기에는 하락한다. 그러므로 경기순환 기업에 현금흐름할인법을 적용하려면 부담스럽더라도 애널리스트가 호경기와 불경기의 시점과 기간을 예측해야 한다. 불경기가 한창일 때는 경기순환 기업도 곤경에 처한 기업처럼 이익과 현금흐름이 음수가 된다. 따라서 미래 현금흐름 예측은 애널리스트가 예측하는 경기회복 시점과 회복의 강도에 좌우되며, 애널리스트가 낙관적일수록 가치 추정치가 높아진다. 그러므로 경기순환 기업의 가치를 평가할 때는 경기에 대한 애널리스트의 편향을 사전에 고려해야 한다.

미사용자산을 보유한 기업 현금흐름할인법은 현금흐름을 창출하는 모든 자산의 가치를 반영한다. 그러므로 미사용 상태라서 현금흐름을 창출하지 않는 자산은 그 가치가 반영되지 않는다. 저사용자산 역시 현금흐름을 충분히 창출하지 않으므로 가치가 저평가된다. 이런 문제가 있기는 해도 극복하기 어려울 정도는 아니다. 이런 자산

---

2   주식회사는 유한책임의 보호를 받으므로 주가는 절대 음수가 될 수 없다.

의 가치는 언제든 외부에서[3] 입수하여 현금흐름할인법으로 산출한 가치에 가산할 수 있다. 아니면 그 자산이 마치 충분히 사용되는 것처럼 평가할 수도 있다.

특허나 라이선스를 보유한 기업   보유 중인 특허나 라이선스를 사용하지 않아서 가까운 장래에 현금흐름이 기대되지 않는 기업의 가치도 평가할 수 있다. 이런 기업에 현금흐름할인법을 적용하면 그 가치가 저평가된다. 이 문제도 극복할 수 있다. 공개시장이나 옵션가격결정모형을 이용해서 평가한 이 자산의 가치를 현금흐름할인법으로 산출한 가치에 가산하면 된다. 옵션가격결정모형을 이용한 특허의 가치평가는 28장에서 다루기로 한다.

구조조정 중인 기업   구조조정 중인 기업은 흔히 보유 자산을 매각하거나 다른 자산을 인수하고 자본구조와 배당 정책을 변경하기도 한다. 일부 기업은 소유 구조(상장회사에서 비상장회사로 전환하거나, 비상장회사에서 상장회사로 전환)와 경영자 보상 제도를 변경하기도 한다. 이런 변경이 기업의 미래 현금흐름과 위험에 영향을 미친다. 과거 데이터를 사용해서 이런 기업을 평가하면 기업의 미래가치를 오도할 수 있다. 그러나 이렇게 투자와 재무 정책이 대폭 변경되는 기업의 가치도 평가할 수 있다. 이런 변화가 미치는 영향을 미래 현금흐름에 반영하고, 새 사업의 위험과 재무 위험을 할인율에 반영하면 된다. 기업의 경영 방식 변경에 따라 달라지는 가치평가 방법에 대해서는 31장에서 자세히 다루기로 한다.

인수 대상 기업   인수 대상 기업의 가치를 현금흐름할인법으로 평가할 때는 적어도 두 가지 문제를 고려해야 한다. 첫째, 합병을 통해서 시너지가 발생하는지, 시너지의 가치를 어떻게 평가할 것인지라는 골치 아픈 문제다. 이를 위해서는 발생하는 시너지의 형태를 가정하여 현금흐름에 미치는 영향을 분석해야 한다. 둘째, 특히 적대

---

3   이런 자산이 외부시장에서 거래된다면 그 시장가격을 가치평가에 사용할 수 있다. 외부시장에서 거래되지 않는다면, 이 자산이 충분히 사용된다고 가정하여 그 가치를 추정할 수 있다.

적 인수에서 경영진 교체가 현금흐름과 위험에 미치는 영향을 고려해야 한다. 그리고 이 변화가 미치는 영향을 미래 현금흐름과 할인율에 반영해야 한다. 시너지와 경영권 인수의 가치에 대해서는 25장에서 다루기로 한다.

비상장회사 현금흐름할인법으로 비상장회사의 가치를 평가할 때 가장 큰 문제는 (할인율 산정에 사용할) 위험 측정이다. 대부분 위험-수익 모형에서는 그 자산의 과거 가격으로 위험 요소를 산정하고, 그 회사 투자자들의 특성에 대해서 가정을 세우기 때문이다. 이 문제의 해법 중 하나는 특성이 비슷한 상장회사의 위험을 사용하는 것이다. 또 다른 해법은 비상장회사에도 사용할 수 있는 회계 변수로 위험을 측정하는 것이다. 비상장회사 가치평가에 필요한 평가모형 조정에 대해서는 24장에서 다루기로 한다.

요점은 이런 사례에서 현금흐름할인법을 사용할 수 없다는 뜻이 아니라, 우리 모형들을 유연하게 조정해야 한다는 뜻이다. 보유 자산의 현금흐름이 쉽게 예측되는 기업이라면 간단하게 가치를 평가할 수 있다. 진정한 과제는 가치평가 체계를 확장해서 이상적인 틀에서 벗어나는 기업들도 평가하는 것이다. 이 책에서는 이런 기업들의 가치평가 방법에 많은 지면을 할애했다.

가격평가법 또는 상대가치평가법

가치평가를 논의할 때 흔히 집중적으로 검토하는 기법은 내재가치평가법이지만, 현실에서 실제로 많이 사용되는 가치평가 기법은 가격평가법이다. 주택에서부터 주식에 이르기까지 대부분 자산의 가격은 시장에서 남들이 결정하는 비슷한 자산의 가격을 기초로 평가한다. 이 섹션에서는 가격평가법의 기초부터 시작해서 그 토대를 살펴보고, 이어서 상대가치평가법의 공통 변수들을 검토한다.

가격평가법과 상대가치평가법의 기초

가격평가법에서는 이익, 현금흐름, 순자산가치, 매출 등 공통 변수로 표준화한 유사 자산의 가격을 이용해 해당 자산의 가격을 산출한다. 예를 들면 업종 평균 PER(price-to-earnings ratio) 배수로 주식의 가격을 평가하기도 하는데, 이때 업종 내 다른 기업들이 이 기업과 비슷하며 시장가격도 대체로 정확하다고 가정한다. EV/EBITDA 배수로 평가할 때는 유사한 기업들보다 이 배수가 낮을 때 저평가되었다고 간주한다. 매출 배수도 기업의 가격평가에 사용되며, 비슷한 기업들의 매출 대비 평균 가격이나 기업 가치 비율을 비교한다. 이들 배수가 가장 널리 사용되고 있지만, PBR(price-to-book ratio) 배수, EV/투하자본, 시장가치/대체가치(토빈의 Q) 등도 분석에 사용된다.

가격평가법의 토대

내재가치를 찾는 현금흐름할인법과는 달리, 상대가치평가법은 대체로 시장이 옳다는 가정에 훨씬 더 의존한다. 다시 말해서 시장에서 주가가 형성되는 방식은 대체로 옳지만, 개별 종목의 주가에는 오류가 발생할 수 있다고 가정한다. 아울러 배수들을 비교하면 이런 오류들을 발견할 수 있으며, 이런 오류들은 시간이 흐르면 수정된다고 가정한다.

시간이 흐르면 시장의 오류가 수정된다는 가정은 현금흐름할인법과 상대가치평가법 양쪽의 공통 가정이다. 그러나 각종 배수를 사용해서 종목을 선정하는 사람들은 업종 내 개별 종목에서 발생하는 주가 오류가 더 눈에 띄며 더 빨리 수정된다고 주장한다(어느 정도 근거가 있다). 예를 들어 소프트웨어 섹터 평균 PER이 25배인데 한 회사의 PER이 10배이면, 이 회사는 확실히 저평가되었으므로 PER이 섹터 평균 수준으로 곧 수정된다고 주장한다. 그러나 현금흐름할인법 지지자들은 섹터 전체가 50% 고평가된 상태라면 이는 사소한 위안거리에 불과하다고 반박할 것이다.

가격평가 모형의 분류

애널리스트와 투자자들은 가격평가법 사용에 무한한 창의력을 발휘한다. 이들은 기업들 사이의 배수를 비교하기도 하고, 한 기업의 현재 배수를 그 기업의 과거 배수와 비교하기도 한다.

펀더멘털 사용과 기타 변수 사용　현금흐름할인법에서는 기대 현금흐름에 따라 기업의 가치가 결정된다. 다른 조건이 똑같다면 현금흐름이 클수록, 위험이 낮을수록, 그리고 성장률이 높을수록 가치가 높아진다. 배수를 사용하는 일부 애널리스트는 현금흐름할인모형으로 돌아가서 배수를 추출하기도 한다. 또 일부 애널리스트는 기업들 사이의 배수나 시점 사이의 배수를 비교하여 이들의 펀더멘털이 얼마나 유사한지 명시적·묵시적으로 추정하기도 한다.

펀더멘털 사용　첫 번째 기법은 기업의 펀더멘털 배수를 사용하는 방식으로, 이익 성장률과 현금흐름 성장률, 재투자와 위험 등을 분석한다. 배수를 추정하는 이 기법은 실제로 내재가치평가법을 사용하는 것과 다르지 않아서, 요구하는 정보가 똑같으면 산출되는 결과도 똑같다. 이 기법의 주된 장점은 배수와 기업 특성 사이의 관계를 보여주므로, 배수의 변화에 따라 기업 특성이 어떻게 바뀌는지 조사할 수 있다는 점이다. 예를 들면 다음과 같은 질문을 던질 수 있다. 이익률 증가는 EV/매출 비율에 어떤 영향을 미치는가? 성장률이 하락하면 PER은 어떻게 되는가? PBR과 자기자본이익률 사이에는 어떤 관계가 있는가?

유사 기업들과 동류 집단 사용　배수를 사용하는 더 통상적인 기법은 한 기업의 가격을 유사한 기업들의 시장가격과 비교하거나, 그 기업의 과거 가격과 비교하는 방식이다. 나중에 살펴보겠지만, 유사한 기업들을 찾아내는 일도 쉽지 않다. 실제로 기업들은 이런저런 차원에서 서로 다르다는 사실을 인정해야 할 때가 많다. 그렇다면 우리는 기업들 사이의 성장률, 위험, 현금흐름 차이를 명시적·묵시적으로 통제해야 한다. 실제로 이런 변수 통제 방식에는 (업종 평균 사용처럼) 단순한 기법에서부터 (관련 변수를 확인하고 통제하는 다변량 회귀모형처럼) 정교한 기법까지 다양하다.

횡단면 비교와 시계열 비교　대부분 사례에서 애널리스트들은 분석 기업의 배수를 같은 시점에 동일 업종 다른 기업들의 배수와 비교해서 주식의 상대가치를 평가한다. 그러나 특히 업력이 긴 성숙기업들은 시계열 비교를 하기도 한다.

횡단면 비교　한 소프트웨어회사의 PER을 다른 소프트웨어회사들의 평균 PER과 비교한다면, 이는 횡단면 비교에 해당하는 가격평가이다. 평가는 분석 기업과 비교 기업들에 대한 가정에 따라 달라질 수 있다. 예를 들어 분석 기업이 업종 내 평균 기업과 비슷하다고 가정할 경우, 분석 기업의 배수가 평균 배수보다 낮으면 분석 기업이 싸다고 평가하게 된다. 그러나 분석 기업이 업종 내 평균 기업보다 위험하다고 가정할 경우, 분석 기업의 배수가 업종 내 평균 기업보다 낮아야 마땅하다고 평가하게 된다. 요컨대 기업들을 비교할 때는 펀더멘털에 대해 가정을 세울 수밖에 없다.

시계열 비교　업력이 긴 성숙기업이라면 그 기업의 현재 배수와 과거 배수를 비교할 수 있다. 예를 들어 포드자동차(Ford Motor Company)의 과거 PER 배수가 10배였는데 현재 배수가 6배라면 주가가 싸다고 볼 수 있다. 그러나 이런 식으로 비교하려면 그동안 회사의 펀더멘털이 변하지 않았다고 가정해야 한다. 예를 들어 고성장 기업은 규모가 증가함에 따라 기대성장률이 하락하므로, 세월이 흐르면 PER 배수가 낮아진다고 보아야 한다. 시계열 배수 비교는 금리 변동, 전반적인 시장 흐름, 시장 붕괴 때문에 복잡해질 수 있다. 예를 들어 금리가 과거 평균보다 하락하고 주가가 전반적으로 상승하면, 대부분 기업의 PER 배수와 PBR 배수가 과거보다 훨씬 상승한다고 간주해야 한다. 포드의 경우에는 시계열 비교가 실상을 오도할 수 있다. 전기차 제조회사들 탓에 포드의 자동차 사업이 타격을 받고 있기 때문이다.

배수의 유용성과 한계

배수의 매력은 단순하면서 사용하기 쉽다는 점이다. 배수를 사용하면 기업과 자산의 가격 추정치를 신속하게 얻을 수 있으며, 특히 비슷한 상장기업이 많고 이들의 시장가격이 대체로 정확할 때 유용하다. 그러나 비슷한 기업이 없는 상당히 독특한 기업, 매출이 거의 없다시피 한 기업, 그리고 적자 기업의 가치평가에는 배수를 사용하기 어렵다.

같은 이유로 배수는 오용과 조작도 쉬우며, 특히 비슷한 기업들을 사용할 때 더 그렇다. 어떤 두 기업도 위험과 성장률이 정확히 일치할 수는 없으므로, 비슷한 기업이라는 판단은 주관에 불과하다. 그러므로 편향된 애널리스트는 비슷한 기업들을 임의로 선택해서 자신의 편향된 평가를 뒷받침할 수 있다. 예시 2.2를 참조하라. 이런 편향 가능성은 현금흐름할인법에도 존재하지만, 현금흐름할인법을 사용하는 애널리스트는 최종 가치 산정과 관련된 가정을 훨씬 더 명확하게 밝혀야 한다. 반면 배수를 사용하는 애널리스트는 대개 가정에 대해 언급하지 않는다.

비슷한 기업들의 배수를 이용하는 평가 방식의 또 다른 문제점은 시장가격에 오류(고평가나 저평가)가 내재할 수 있다는 점이다. 예를 들어 예시 2.2에서 시장이 모든 컴퓨터 소프트웨어회사를 고평가했다면, 이 회사들의 평균 PER로 평가하면 공모주도 고평가된다. 반면 기업 특유의 성장률과 현금흐름을 기반으로 현금흐름할인법을 사용하면, 시장 오류의 영향을 받을 가능성이 더 낮다.

[예시 2.2] 유사한 기업들의 오용 가능성

애널리스트가 컴퓨터 소프트웨어회사 공모주의 가치를 평가한다고 가정하자. 같은 시점[4] 상장 소프트웨어회사들의 PER 배수는 다음과 같다.

---

4   1992년 말 PER 배수

[표 2.2] 소프트웨어회사들의 PER 배수

회사	배수
어도비(Adobe Systems)	23.2
오토데스크(Autodesk)	20.4
브로더번드(Broderbund)	32.8
컴퓨터 어소시에이츠(Computer Associates)	18.0
로터스 디벨롭먼트(Lotus Development)	24.1
마이크로소프트(Microsoft)	27.4
노벨(Novell)	30.0
오라클(Oracle)	37.8
소프트웨어 퍼블리싱(Software Publishing)	10.6
시스템 소프트웨어(System Software)	15.7
평균 PER 배수	24.0

이 표본의 평균 PER은 24배지만, 이 표본에서 두 기업을 제외하면 배수가 크게 달라질 수 있다. 예를 들어 PER이 가장 낮은 두 회사(소프트웨어 퍼블리싱과 시스템 소프트웨어)를 표본에서 제외하면 평균 PER이 26.7배로 증가한다. 반면 PER이 가장 높은 두 회사(브로더번드와 오라클)를 표본에서 제외하면 평균 PER이 21.2배로 감소한다.

자산기반 가치평가모형

일부 애널리스트는 2장에서 제시하는 세 가지 기법에 더해서 네 번째 가치평가 기법을 제시한다. 이들은 기업이 보유한 개별 자산의 가치를 모두 더하면 기업의 가치가 된다고 주장한다. 이른바 자산기반 가치평가모형(asset-based valuation model)이다. 실제로 자산기반 가치평가모형에는 몇 가지 형태가 있다. 첫째는 청산가치(liquidation value)로서, 기업이 보유한 자산들의 매각 대금 추정치를 합산해서 얻는다. 둘째는 대체원가(replacement cost)로서, 현재 기업이 보유한 자산을 모두 대체하는 데 들어가는 원가 추정치이다. 셋째는 가장 간단한 방법인데, 회계 장부가를 자산가치의 척도로 사용하면서 필요할 때 장부가를 조정하는 것이다.

일부 애널리스트는 자산기반 가치평가 기법을 사용해서 가치를 추정할지 몰라도, 이 기법이 내재가치평가법과 가격평가법의 대안이 되지는 못한다. 대체원가나 청산가치를 산출하려면 앞서 세 가지 기법 중 하나를 사용해야 하기 때문이다. 결국 모든 모형이 자산의 가치를 평가한다. 단지 차이는 자산을 식별하고 각 자산에 가치를 부여하는 방법에 있다. 청산가치법에서는 보유한 자산만 식별해서 유사한 자산의 시장가격으로 가치를 추정한다. 현금흐름할인법에서는 모든 자산을 고려하고 예상되는 성장 잠재력까지 포함해서 가치를 추정한다. 성장 잠재력이 없는 기업이면서 기대 현금흐름이 시장가격에 반영되어 있다면, 두 기법으로 산출한 가치가 일치할 수도 있다.

조건부청구권평가법

아마도 가치평가에서 가장 혁신적인 발전은 사건의 발생 여부에 따른 기대 현금흐름의 현재가치가 자산가치보다 클 수 있다는 점을 일부 경우에서나마 인정했다는 사실이다. 이렇게 인정한 것은 주로 옵션가격결정모형이 개발된 덕분이다. 처음에 이 모형은 거래소 옵션 가치평가에 사용되었지만, 최근에는 더 전통적인 가치평가 분야로 적용 범위를 확대하려는 시도가 나타나고 있다. 특허나 미개발 천연자원 매장량은 진정한 옵션이므로 전통적인 현금흐름할인모형 대신 옵션으로 가치를 평가해야 한다고 주장하는 사람들이 많다.

옵션의 기초

옵션(조건부 청구권)은 특정 우발사건이 발생해야 지급하는 청구권이다(콜옵션은 기초자산 가격이 사전에 명시된 가격보다 높아야 하고, 풋옵션은 사전에 명시된 가격보다 낮아야 한다). 지난 20년 동안 옵션을 평가하는 모형 개발에 많은 연구가 진행되었다. 이제는 이런 옵션가격결정모형들을 이용해서 옵션 특성이 있는 온갖 자산의 가치를 평가할 수 있다.

그림 2.2는 기초자산 가격에 따라 콜옵션과 풋옵션의 보상이 달라지는 모습을 보여준다. 옵션의 가치는 다음 변수에 따라 달라진다. 기초자산의 현재 가격과 가격 변

가치평가 바이블

[그림 2.2] 콜옵션과 풋옵션의 손익 구조

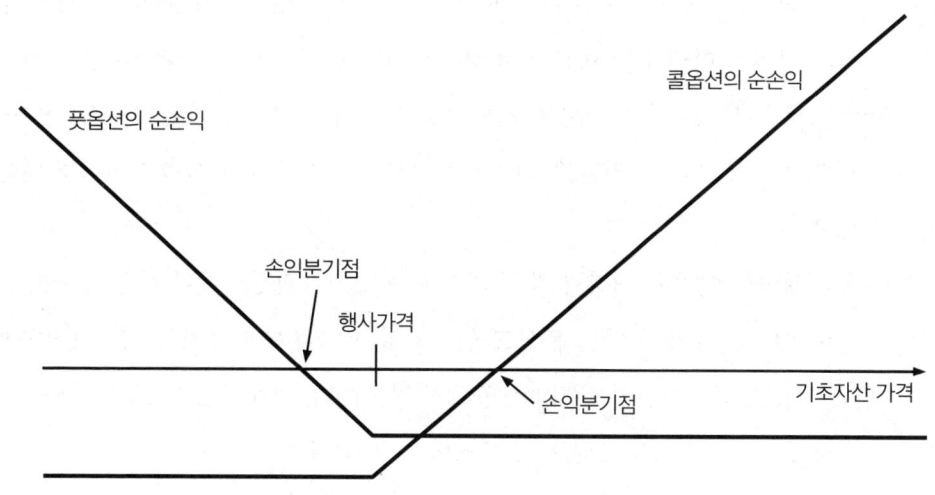

동성, 옵션의 행사가격과 잔여 만기, 무위험 이자율이다. 이 관계는 1972년 피셔 블랙(Fischer Black)과 마이런 숄스(Myron Scholes)가 처음 확인했으며, 이후 수많은 변수가 추가되고 정제되었다. 블랙-숄스의 옵션가격결정모형에서는 배당을 무시하며 옵션 만기 전 행사가 없는 것으로 가정하지만, 이제는 둘 다 허용하도록 모형을 조정할 수 있다. 이산시간형 이항옵션가격결정모형(binomial option pricing model)도 개발되어 옵션가격결정에 사용되고 있다.

기초자산의 가격에 따라 보상이 결정되면 그 자산은 옵션으로서 가치를 평가할 수 있다. 기초자산의 가격이 사전에 명시한 가격보다 높아질 때 그 차이만큼 가치가 있으면 콜옵션으로 가치를 평가할 수 있다. 기초자산의 가격이 사전에 명시한 가격보다 낮아질 때는 그 차이만큼 가치가 있고, 기초자산의 가격이 사전에 명시한 수준을 초과할 때는 가치가 없으면 풋옵션으로서 가치를 평가할 수 있다.

조건부청구권평가법의 토대

옵션가격결정모형에 깔린 핵심 전제는 다음과 같다. 현금흐름할인모형이 사건 발생 여부에 따라 보상을 지급하는 자산의 가치를 과소평가하는 경향이 있다는 것이다. 간단한 예로 페트로브라스(Petrobras)가 보유한 미개발 석유 매장량을 생각해보자. 이 매장량의 가치는 미래 유가 예측을 바탕으로 평가할 수 있다. 이 추정치는 유가가 상승해야만 석유회사가 이 매장량을 개발하고 유가가 하락하면 개발하지 않는다는 사실을 반영하지 못한다. 그러나 옵션가격결정모형을 사용해서 산출한 추정치에는 이 사실도 반영된다.

특허와 미개발 천연자원 매장량 등의 자산에 옵션가격결정모형이 사용된다면, 우리는 시장이 매우 정교해서 이런 옵션도 인식하여 시장가격에 반영한다고 가정하게 된다. 반면 지금 옵션가격결정모형이 사용되지 않는다면, 언젠가는 이 모형이 사용될 것으로 생각할 수 있으며, 그 보상도 이 모형이 사용될 때 주어진다.

옵션가격결정모형의 구분 방식

첫째, 기초자산이 금융자산이냐 실물자산이냐에 따라 나뉜다. 시카고옵션거래소에 상장된 옵션이든 수의상환사채(callable bond)이든, 대부분 상장 옵션은 주식이나 채권처럼 금융자산이다. 반면 원자재, 부동산, 심지어 투자 프로젝트에도 옵션이 첨부될 수 있는데, 이런 옵션을 흔히 실물 옵션이라고 부른다.

두 번째는 첫 번째 기준과 일부 겹치는 구분으로, 기초자산이 거래되는지 여부에 따라 나뉜다. 분류가 중복되는 것은 실물자산은 거래되는 사례가 비교적 드물지만, 금융자산은 대부분 거래가 되기 때문이다. 거래되는 자산에 첨부된 옵션은 대개 가치를 평가하기 쉬우며, 옵션가격결정모형의 입력 변수들을 금융시장에서 구할 수 있다. 반면 거래되지 않는 자산에 첨부된 옵션은 가치를 평가하기가 훨씬 어려운데, 이는 기초자산에 대한 시장 입력 변수들을 구할 수 없기 때문이다.

옵션가격결정모형의 유용성과 한계

다음은 옵션에 해당하는 증권의 대표적인 예 몇 가지다. LEAPS(Long-term Equity AnticiPation Securities)는 상장주식에 첨부된 장기 옵션이다. 조건부 가격 청구권

가치평가 바이블

(Contingent Value Rights: CVR)은 주가 하락으로부터 주주들을 보호한다. 워런트는 회사가 발행하는 장기 콜옵션이다.

사람들은 옵션으로 보지 않지만 옵션의 특성을 지닌 자산들도 있다. 예를 들어 주식은 해당 기업의 가치에 대한 콜옵션으로 볼 수 있으며, 부채의 액면가는 행사가격이고 부채의 만기는 옵션의 만기에 해당한다. 특허는 제품에 대한 콜옵션으로 볼 수 있으며, 프로젝트 진행에 필요한 투자는 행사가격이고 특허 수명은 옵션 만기가 된다.

비상장 자산에 첨부된 장기 옵션에는 옵션가격결정모형을 적용하는 데 한계가 있다. 단기 옵션이라면 등분산(等分散) 가정과 배당수익률 가정에 심각한 반론이 제기되지 않지만, 장기 옵션이라면 가정을 정당화하기가 훨씬 어렵다. 기초자산이 거래되지 않으면 기초자산의 가격과 변동성을 금융시장에서 구할 수 없으므로 추정해야만 한다. 그러므로 단기 옵션에 더 표준적인 기법을 적용했을 때보다 추정 오차가 훨씬 많다.

결론

가치평가에는 (상호 배타적이 아닌) 세 가지 기본 기법이 있다. 첫째는 내재가치평가법으로서, 흔히 현금흐름을 위험 조정 할인율로 할인하여 추정치를 산출하는 현금흐름할인법을 사용한다. 이 기법으로는 오로지 주식 투자자의 관점에서 주식의 기대 현금흐름을 자기자본비용으로 할인해서 산출할 수도 있고, 모든 채권자의 관점에서 회사의 기대 현금흐름을 가중평균자본비용으로 할인해서 산출할 수도 있다. 둘째는 가격평가법 또는 상대가치평가법으로, 유사한 자산의 가격을 바탕으로 자산의 가격을 평가한다. 셋째는 조건부청구권평가법으로, 옵션가격결정모형을 사용해서 우발적 현금흐름이 있는 자산을 평가한다. 이 세 가지 기법 모두 가치평가에 관심 있는 애널리스트 누구에게든 활용될 여지가 있다.

연습문제 별도 표기가 없으면 주식 위험 프리미엄은 5.5%로 한다.

1 현금흐름할인 가치평가는, 자산의 가치는 자산이 만들어낼 것으로 예상되는 미래의 현금흐름을 해당 현금흐름의 위험도를 반영하여 할인한 현재가치라는 개념에 기반한다. 현금흐름할인 가치평가에 대한 다음 서술에서 참과 거짓을 표시하라. 모든 변수는 별도 표기가 없으면 상수로 가정한다.

    a. 할인율이 커지면 가치가 커진다.

       참_____ 거짓_____

    b. 예상 현금흐름의 성장률이 커지면 가치가 커진다.

       참_____ 거짓_____

    c. 자산의 수명이 길어지면 가치가 커진다.

       참_____ 거짓_____

    d. 미래 예상 현금흐름의 불확실성이 커질수록 가치는 커진다.

       참_____ 거짓_____

    e. 수명이 영구적인(즉 현금흐름이 영원히 발생할 것으로 기대되는) 자산의 가치는 무한하다.

       참_____ 거짓_____

2 다음과 같은 기업에 현금흐름할인 가치평가를 적용하기 어려운 이유는?

    a. 오너가 매각하고자 하는 개인 기업

    b. 현재 제품이나 매출이 없지만 전도유망한 제품 파이프라인을 가진 바이오회사

    c. 경기침체기의 경기순환형 기업

    d. 문제가 발생하여 심각한 손실을 기록했고, 수년 내에는 문제가 해결되지 않을 것 같은 회사

    e. 자산을 매각하고 재무구조를 변경하는 등 구조조정이 진행 중인 회사

    f. 유휴부지로 남아 있는 값비싼 토지를 다수 소유한 회사

3 다음은 어떤 기업에 대해 향후 5년간 예상되는 주주 현금흐름과 기업의 현금흐름이다(단위: 100만 달러).

연차	주주 현금흐름	이자비용(1-t)	기업 현금흐름
1	250.00	90.00	340.00
2	262.50	94.50	357.00
3	275.63	99.23	374.85
4	289.41	04.19	393.59
5	303.88	109.40	413.27
잔존가치	3,946.50		6,000.00

이 회사의 자기자본비용은 12%이며 자본비용은 9.94%다. 다음 질문에 답하라.

a. 이 회사의 자기자본 가치는 얼마인가?

b. 이 회사의 전체 기업 가치는 얼마인가?

4 파라마운트에 유사 기업의 평균 PER 배수를 이용해 적정 PER 배수를 구하고자 한다. 아래는 엔터테인먼트회사들의 PER이다.

기업	PER
디즈니(Disney)	22.09
타임 워너(Time Warner)	36.00
킹 월드 프로덕션(King World Productions)	14.10
뉴라인 시네마(New Line Cinema)	26.70

a. 평균 PER은 얼마인가?

b. 비교 기업의 수치를 모두 사용하여 평균을 계산할 것인가? 이유는?

c. 산업 평균 PER을 해당 기업의 가치평가에 사용할 때 필요한 가정은 무엇인가?

3장
재무제표 이해하기

재무제표는 가치평가 문제를 분석하고 답하는 데 필요한 핵심 정보를 제공한다. 그러므로 우리는 아래 네 가지 질문을 통해서 재무제표를 지배하는 원칙들을 이해해야 한다.

1. 기업이 보유한 자산의 가치는 어느 정도인가? 기업의 자산은 형태가 다양하다. 토지와 건물처럼 수명이 긴 자산도 있고, 재고자산처럼 수명이 짧은 자산도 있으며, 특허와 상표권처럼 실체가 없는데도 기업에 수익을 창출해주는 무형자산도 있다.

2. 기업은 이들 자산의 구입 자금을 어떻게 조달했는가? 기업은 자산 구입에 주주들의 자금(자기자본)을 사용할 수도 있고, 차입금(부채)을 사용할 수도 있으며, 자산 보유 기간이 경과하면 그 자본조달의 구조가 바뀌기 쉽다.

3. 이들 자산의 수익성은 어느 정도인가? 좋은 투자는 수익이 자금조달 비용을 초과하는 투자다. 기업의 기존 투자가 좋은 투자인지 평가하려면 이들 투자의 수

익률을 추산해야 한다.

4. 이들 자산에 내재하는 불확실성(또는 위험)은 어느 정도인가? 아직 위험에 직면하지 않았더라도 기존 투자에 내재하는 불확실성과 기업에 미치는 영향이 어느 정도인지 추정하는 작업이 첫 단계이다.

3장에서는 이 질문에 회계사들이 답하는 방식을 살펴보고, 그 답이 가치평가에서 나오는 답과 왜 달라질 수 있는지도 알아본다. 답이 다른 것은 목표가 다르기 때문일 수도 있다. 회계사들은 회사의 현재 상태와 직전의 실적을 측정하고자 하지만, 가치평가에서는 훨씬 더 먼 미래를 내다본다.

기본 재무제표

기업에 관한 정보를 요약해주는 기본 재무제표는 세 가지다. 첫째는 재무상태표로, 한 시점에 기업이 보유한 자산, 그 자산의 가치, 자산 구입에 사용한 자본(부채와 자기자본)의 구성을 요약해준다(그림 3.1 참조).

[그림 3.1] 재무상태표

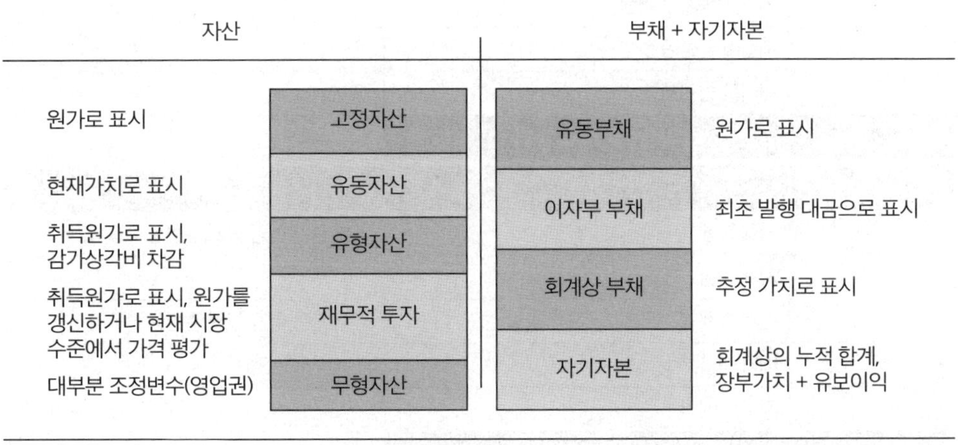

자산		부채 + 자기자본	
원가로 표시	고정자산	유동부채	원가로 표시
현재가치로 표시	유동자산	이자부 부채	최초 발행 대금으로 표시
취득원가로 표시, 감가상각비 차감	유형자산		
취득원가로 표시, 원가를 갱신하거나 현재 시장 수준에서 가격 평가	재무적 투자	회계상 부채	추정 가치로 표시
대부분 조정변수(영업권)	무형자산	자기자본	회계상의 누적 합계, 장부가치 + 유보이익

[그림 3.2] 손익계산서

	항목	설명
시작	매출	해당 기간 기업이 거래를 통해서 창출한 매출에 대한 회계사의 추정치
차감	매출원가	기업이 판매한 제품·서비스 생산과 직접 관련된 원가 추정치
산출	총이익	기타 간접비와 재무비용 차감 전 사업의 수익성
차감	영업비용	올해 영업에서 발생한 비용은 모두 포함하되, 미래로 이월되는 이득은 제외
산출	영업이익	사업·영업의 수익성
차감	금융비용	(부채 등) 타인자본 조달과 관련된 비용
가산	금융소득	현금 잔액과 (기업 및 증권에 대한) 재무적 투자로 얻은 소득
산출	세전 이익	세전 주주 이익
차감	법인세	과세소득에 대한 법인세(실제 납부한 법인세와 다를 수 있음)
산출	순이익	세후 주주 이익

[그림 3.3] 현금흐름표

현금흐름 효과	항목	이유
시작	순이익	주주 이익
+	감가상각과 상각	비현금 항목 다시 가산
+	기타 비현금 비용	
+ 또는 -	매출채권 변동	영업활동에 의한 주주 현금 산출
	재고자산 변동	
	기타 유동자산 변동	
	매입채무 변동	
	미지급 법인세	
=	영업활동에 의한 현금흐름	

현금흐름 효과	항목	이유
+	사채 발행	부채 관련 현금 잔액 순변동
-	사채 상환	
+	신주 발행	주주 관련 현금 잔액 순변동
-	배당 지급	
-	자사주 매입	
=	재무 활동에 의한 현금흐름	

현금흐름 효과	항목	이유
-	자본적 지출	영업용자산 투자
+	자산 매각	
-	현금 인수	
-	금융자산 투자	비영업용자산 투자
-	비영업용자산 투자	
+	증권 및 비영업용자산 매각	
=	투자 활동에 의한 현금흐름	

둘째는 손익계산서로, 일정 기간 발생한 매출과 비용, 그 결과 창출한 이익에 관한 정보를 제공한다(그림 3.2 참조). 그 기간은 분기(분기보고서)나 1년(연차보고서)이 될 수 있다.

셋째는 현금흐름표로, 일정 기간 영업, 투자, 재무 활동에 사용된 현금의 출처와 용도를 명시한다(그림 3.3 참조). 현금흐름표는 일정 기간 발생한 현금흐름을 설명해주며, 현금 잔액이 바뀐 이유도 알려준다.

자산 측정과 가치평가

기업을 분석할 때는 그 기업이 보유한 자산의 유형, 자산의 가치, 가치의 불확실성 수준을 알아야 한다. 재무제표는 기업이 보유한 자산의 분류는 상당히 잘하고, 자산의 가치 측정은 부분적으로나마 수행한다. 하지만 자산의 불확실성에 관한 보고는 부실하다. 이 섹션에서는 먼저 자산 분류와 측정의 바탕이 되는 회계원칙을 살펴보고, 자산 관련 정보 제공 측면에서 재무제표의 한계를 알아본다.

자산 측정의 바탕이 되는 회계원칙

자산이란 미래 현금 유입을 창출하거나 미래 현금 유출을 축소할 수 있는 모든 자원을 가리킨다. 이는 거의 모든 자산에 적용될 정도로 광범위한 일반적인 정의지만,

회계사들은 여기에 유의 사항을 덧붙인다. 자원이 자산이 되려면 기업이 거래를 통해서 획득한 것이어야 하고, 미래에 얻게 되는 이득을 어느 정도 정확하게 정량화할 수 있어야 한다는 것이다. 자산가치를 보는 회계적 관점의 근거는 주로 취득원가 개념이다. 취득원가는 자산 취득에 들어간 최초 비용으로서, 취득 이후 개량되었으면 상향 조정되고, 노후화하여 가치가 감소했으면 하향 조정된다. 이 취득원가를 장부가격이라고 부른다. 자산의 가치평가에 적용되는 일반회계원칙(Generally Accepted Accounting Principles: GAAP)은 자산의 종류에 따라 달라지지만, 재무제표에서 자산평가 방식의 바탕이 되는 원칙은 세 가지다.

1. 장부가격이 최고의 가치 추정치라는 믿음: 자산가치에 대한 회계 추정은 장부가격에서 시작되며, 이에 반하는 상당한 근거가 없으면 회계사들은 취득원가가 자산가치의 최고 추정치라고 본다.

2. 시장가격이나 추정치에 대한 불신: 자산의 현재 시장가격이 장부가격과 다르면 회계관습은 대개 시장가격을 의심한다. 자산의 시장가격은 흔히 변동성이 과도하고 매우 쉽게 조작되므로 자산가치의 추정치로 사용할 수 없다고 본다. 기대 현금흐름을 바탕으로 자산가치를 추정할 때는 이런 의심이 더 깊어진다.

3. 가치에 대한 고평가보다 저평가를 선호: 자산가치 평가 기법이 둘 이상일 때, 회계관습은 덜 보수적인(더 높은) 추정치 대신 더 보수적인(더 낮은) 추정치를 사용해야 한다는 관점이다. 어떤 자산에 시장가격과 장부가격이 둘 다 존재할 때, 흔히 회계규정에 의하면 둘 중 작은 숫자를 사용해야 한다.

자산가치 측정

회계사가 자산가치를 요약해서 보고하는 재무제표가 재무상태표다. 자산가치가 측정되는 방식을 조사하려면 먼저 재무상태표에서 자산이 분류되는 방식부터 살펴보자. 첫 번째로 나오는 고정자산에는 공장, 설비, 토지, 건물 등 기업이 보유한 장기자산이 포함된다. 그다음에 나오는 유동자산에는 재고자산(원자재, 재공품, 완제품, 매출채권)과 현금 등 단기 자산이 포함된다. 다음은 재무적 투자 또는 비영업용자산 투자로서 다른 기업의 자산과 증권에 대한 투자이다. 마지막은 다소 느슨하게 분류되는 무형자산인데, 여기에는 미래 이익과 현금흐름을 창출하는 특허와 상표권 등의 자산뿐 아니라 기업 인수 과정에서 발생하는 영업권 등 독특한 회계자산도 포함된다.

고정자산　미국 일반회계원칙에 의하면 고정자산은 취득원가로 평가해야 하며, 자산 노후화에 의한 추정 손실도 반영해서 조정해야 한다. 이론상 노후화 조정에는 노후화에 의한 자산의 수익력 감소를 반영해야 하지만, 실제로 이 조정은 회계규정과 관행의 산물로서 감가상각(depreciation)이라고 부른다. 감가상각 방법은 크게 정액법(수명 기간에 자산가치가 매년 일정 금액만큼 감소한다고 가정)과 가속상각법(말기 연도보다 초기 연도에 자산가치가 더 많이 감소한다고 가정)으로 구분할 수 있다. 미국 세법에서는 자산의 수명과 감가상각법에 대한 선택을 제한하고 있는데도, 기업들이 보고 목적으로는 아직도 이들을 상당히 유연하게 선택하고 있다. 그러므로 일반적으로 연차보고서에 사용되는 감가상각법은 세무보고서에 사용되는 감가상각법과 일치하지 않는다.

고정자산은 장부가격으로 평가되고 감가상각누계액을 반영하므로, 고정자산의 가치는 상각 기간과 감가상각 방법의 영향을 크게 받는다. (그러나 가치가 낮은 노후 자산이 받는 영향은 상대적으로 크지 않다.) 흔히 미국 기업들은 재무보고 용도로는 정액법을 사용하고, 세무보고 용도로는 가속상각법을 사용한다. 자산을 취득한 직후에는 정액법을 사용해야 보고이익을 높일 수 있기 때문이다.[1] 반면 흔히 다른 나라 기업들은 세무 용도와 재무보고 용도 양쪽에 가속상각법을 사용하므로, 보고이익이 미국 기업들보다 축소된다.

유동자산　유동자산에는 재고자산, 현금, 매출채권이 포함된다. 회계사들이 시장

1　감가상각비는 회계에서 비용으로 처리된다. 그러므로 정액법을 사용하면 비용이 더 적게 발생해서 이익이 더 증가한다(자산 취득 직후 몇 년 동안은 가속상각법보다 정액법일 때 비용이 더 적게 발생한다).

가격 사용을 가장 잘 인정하는 분야가 바로 이 유동자산이다. 특히 유가증권 평가에 시장가격이 많이 사용된다.

매출채권　　매출채권은 제품을 신용으로 판매할 때 발생하는 채권으로, 현금을 회수할 수 있는 권리다. 예를 들어 홈디포(Home Depot)가 건설업자에게 제품을 판매하면서 대금을 몇 주 뒤에 지불하게 해주면 매출채권이 발생한다. 회계 관행에 의하면 신용판매 시점에 청구서 금액을 매출채권으로 기록한다. 가치평가와 회계 관점에서 유일하게 중요한 문제는 매출채권을 언제 대손으로 인식해야 하는가이다. 기업은 신용판매에서 예상되는 대손에 대비해서 이익 일부를 적립할 수 있는데, 그러면 적립금만큼 매출채권이 감소한다. 아니면 실제로 대손이 발생할 때 인식하여 그 시점에 매출채권을 줄일 수도 있다. 그러나 대손을 과감하게 발표하지 않는 기업들은 영영 회수하기 어려운 금액도 계속 매출채권으로 표시할 위험이 있다.

현금　　현금은 회계사와 애널리스트의 평가가 일치해야 하는 몇몇 자산 중 하나다. 현금 잔액에는 추정 오차의 여지가 없어야 한다. 그렇긴 해도 전통적 의미의 현금(통화나 은행의 요구불 예금)을 보유하는 기업들은 갈수록 감소하고 있다. 흔히 기업들은 투자 수익을 얻으려고 이자를 주는 계좌나 국채에 현금을 투자한다. 그러면 때로는 시장가격이 장부가격에서 벗어날 수 있다. 예금이나 국채는 부도 위험이 극히 작지만, 금리 변동에 따라 가치가 달라질 수 있다. 유가증권의 가치평가는 이 섹션의 뒷부분에서 다루기로 한다.

재고자산　　일반회계원칙이 허용하는 재고자산 평가 기법은 세 가지로, 선입선출법, 후입선출법, 가중평균법이다.

1. **선입선출법(FIFO):** 먼저 취득한 재고가 먼저 판매된다고 가정하는 기법으로서, 매출원가는 가장 먼저 취득한 재고를 기준으로 산출하고, 기말재고는 가장 나중에

취득한 재고를 기준으로 평가한다. 그 결과 기말재고가 현재 대체원가에 근접한다. 인플레이션 기간에 선입선출법을 사용하면 매출원가가 세 가지 기법 중 가장 낮아지므로 순이익이 가장 많아진다.

2. **후입선출법(LIFO):** 나중에 취득한 재고가 먼저 판매된다고 가정하는 기법으로서, 매출원가는 가장 나중에 취득한 재고를 기준으로 산출한다. 기말재고는 가장 먼저 취득한 재고를 기준으로 평가한다. 그 결과 매출원가가 현재 대체원가에 근접한다. 인플레이션 기간에 후입선출법을 사용하면 매출원가가 세 가지 기법 중 가장 높아지므로 순이익이 가장 적어진다.

3. **가중평균법:** 매출원가와 기말재고 둘 다 기간 중 발생한 평균 비용 기준으로 평가한다. 재고자산회전율이 높아지면 후입선출법보다 선입선출법과 더 비슷해진다.

인플레이션 기간에는 기업들이 세금 혜택을 받으려고 흔히 후입선출법을 채택한다. 최근 물가를 기준으로 평가하므로 매출원가가 증가하기 때문이다. 매출원가가 증가하면 과세소득과 이익은 감소하지만 현금흐름은 증가한다. 연구에 의하면 원자재 가격과 노무비가 상승하고, 재고자산 증가율이 가변적이며, 다른 이월결손금이 없는 대기업들이 후입선출법을 채택하는 경향이 강하다.

재고자산 평가법에 따라 이익과 현금흐름이 달라지므로, 평가법이 다른 기업들은 수익성을 비교하기 어렵다. 그러나 재고자산 평가법의 차이를 조정하는 방법이 있다. 후입선출법을 채택하는 기업들은 재고자산 평가 과정에서 발생하는 선입선출법과 후입선출법의 차이를 각주에 명시해야 하는데, 이 차이를 후입선출 지급준비금이라고 부른다. 이를 이용해서 기초재고와 기말재고를 조정하면 매출원가도 조정할 수 있으며, 선입선출법 기준으로 이익도 수정할 수 있다.

투자자산 및 유가증권　　투자자산 및 유가증권에는 국채나 채권 등 유가증권은 물론, 다른 기업의 증권이나 자산에 대한 투자도 포함된다. 이런 자산을 평가하는 방법은 투자의 목적과 종류에 따라 달라진다. 다른 기업의 증권에 대한 투자는 일반적으로 소수지분 소극적 투자(minority passive investment), 소수지분 적극적 투자(minority active investment), 다수지분 적극적 투자(majority active investment)로 분류되며, 종류에 따라 적용되는 회계규정이 달라진다.

소수지분 소극적 투자   다른 기업의 증권이나 자산에 투자한 지분이 20% 미만이면 소수지분 소극적 투자로 분류된다. 이 투자는 취득금액으로 평가하며, 이는 기업이 처음에 지급한 금액으로 대개 시장가격이 된다. 회계원칙에 의하면 이들 자산은 만기 보유 투자자산, 매도 가능 투자자산, 트레이딩 투자자산의 세 가지 중 하나로 세분해야 한다. 각각 적용되는 평가 원칙도 다르다.

- 만기 보유 투자자산은 취득원가나 장부가격으로 평가하고, 이 자산에서 나오는 이자나 배당은 손익계산서에 표시한다.
- 매도 가능 투자자산은 시장가격으로 평가하고, 미실현손익은 재무상태표에 자기자본의 일부로 표시하지만, 손익계산서에는 표시하지 않는다. 그러므로 미실현손실은 주식의 장부가격을 낮추고, 미실현이익은 주식의 장부가격을 높인다.
- 트레이딩 투자자산은 시장가격으로 평가하고, 미실현손익은 손익계산서에 표시한다.

기업들은 투자자산 분류에 재량권을 행사할 수 있으므로, 결국 투자자산 평가 방식에도 재량권을 행사할 수 있다. 따라서 주로 트레이딩 목적으로 증권을 보유하는 투자은행과 일부 지주회사는 주기적으로 이들 대규모 자산을 시장가격으로 재평가한다. 이를 시가평가라고 부르는데, 이 때문에 이들 자산의 평가액이 장부가격보다 높아지기도 한다. 그러나 이 시가평가 원칙은 2008년 비우량 주택저당증권(MBS)이 고평가되었을 때 투자자들에게 사전 경고를 해주지 못했다는 점에 유의하라.

소수지분 적극적 투자   다른 기업의 증권이나 자산에 투자한 지분이 20% 이상

50% 이하이면 소수지분 적극적 투자로 분류된다. 이 투자자산에는 취득원가가 있지만, 이후 발생한 피투자회사의 순손익을 지분에 비례해서 취득원가에 반영해야 한다. 그리고 이 투자자산에서 나온 배당은 취득원가를 낮춰준다. 이렇게 평가하는 기법을 지분법(equity method)이라고 부른다.

이 투자자산을 매각하는 시점에는 조정 취득원가 대비 손익을 해당 기간 손익계산서에 표시한다.

다수지분 적극적 투자 다른 기업의 증권이나 자산에 투자한 지분이 50%를 초과하면 다수지분 적극적 투자로 분류된다. 이제 투자자산을 재무상태표에 표시하는 대신, 투자회사의 자산과 부채로 표시해야 한다. 그리고 두 회사의 자산과 부채를 합쳐서 한 재무상태표에 표시해야 한다.[2] 다른 투자자들이 보유한 종속회사의 지분은 재무상태표 부채 항목에 소수지분으로 표시한다. 예를 들어 A회사가 B회사의 지분 60%를 보유 중이라고 가정하자. A회사는 B회사의 매출, 이익, 자산 100%를 자사 재무상태표에 통합해서 표시해야 하며, 부채(소수지분) 항목에는 B회사에 대한 타인 지분 40%의 추정가격을 표시해야 한다. 나머지 재무제표도 비슷한 방식으로 통합해야 한다. 현금흐름표에는 두 회사의 누적 현금 유입과 유출을 표시해야 한다. 반면 지분법을 사용하는 소수지분 적극적 투자에서는 투자자산에서 나온 배당만 현금흐름표에 현금 유입으로 표시한다.

이 투자자산도 매각 시점까지는 시장가격을 고려할 필요가 없다. 이 투자자산을 매각하는 시점에는 시장가격과 지분가치의 차액을 해당 기간의 손익으로 처리한다.

무형자산 무형자산에는 특허와 상표권에서 브랜드명과 위대한 경영진에 이르기까지 다양한 자산이 포함된다. 회계사들은 이런 무형자산 평가 방법에 대해 항상 고심하고 있으며, 무형자산에 따라 적용되는 규정이 크게 달라지기도 한다.

---

2 기업들은 지분을 50% 미만으로 유지하는 방식으로 연결 요건을 피하고 있다.

특허와 상표권 특허와 상표권은 내부적으로 개발했는가, 아니면 외부에서 취득했는가에 따라 평가 방식이 달라진다. 특허나 상표권이 내부 연구를 통해서 개발되었다면 그 자산의 수명이 여러 회계 기간에 해당하더라도, 개발 과정에서 발생한 비용은 그 기간의 비용으로 처리한다. 그러므로 그 무형자산은 재무상태표에 표시되지 않는 경우가 많다. 반면 외부에서 취득한 무형자산은 자산으로 취급된다.

무형자산은 예상 내용연수에 걸쳐 상각해야 하며, 최대 상각 기간은 40년이다. 표준 관행은 정액법을 사용하는 것이다. 명확한 내용연수가 없는 영업권 등 무형자산을 세금 목적으로 상각하는 행위는 일반적으로 허용되지 않지만, 최근 변경된 세법에서는 어느 정도 융통성을 허용한다.

브랜드명, 위대한 경영진, 기타 진정한 무형자산 기업의 가치는 소량이든 대량이든 반드시 형태가 없는 자산에서 유래한다. GM은 형성기에 전설적인 인물 알프레드 슬론(Alfred Sloan)이 CEO였던 덕을 보았고, IBM은 연산능력과 용량을 개선할 수 있었으므로 기술회사로서 명성을 높였다. 1960년대 말 주가가 치솟은 멋진 50종목(Nifty Fifty) 중 다수는 가치 대부분이 무형자산에서 유래한 폴라로이드(Polaroid)와 이스트만 코닥(Eastman Kodak) 같은 기업들이었다.

1980년대에 PC가 출현하고 1990년대에 인터넷이 등장하자, 기업 가치결정에서 무형자산의 역할이 증가했다. 그 결과 세계적인 대형주들을 대충 살펴보기만 해도 마이크로소프트, 애플, 알파벳(Alphabet) 등 유형자산 비중이 낮은 기업들이 나타난다. 이런 추세 탓에 회계는 위기를 맞이했는데, 재무상태표에 드러나는 무형자산이 거의 없었기 때문이다. 회계규정 담당자들은 재무상태표에 무형자산을 표시하는 새로운 규정이 필요하다고 논의했으나, 비용 규정 변경을 꺼린 탓에 논의가 제대로 진행되지 않았다. 결국 연구개발(R&D) 비용(기술회사와 제약회사), 브랜드명 광고 비용(소비재회사), 탐사 비용(천연자원회사), 심지어 채용 및 훈련 비용(컨설팅회사) 등 무형자산 창출에 지출한 자금까지 영업비용으로 처리되어, 재무상태표에 유의미한 가치를 표시하는 길이 막혔다.

일반적으로 조언하자면, 대부분 무형자산에 대해서는 회계 추정치를 기대해서는 안 된다. 설사 그 가치가 엄청나더라도 재무상태표에 나타나는 추정치라면 의심해야 한다.

영업권　회계사들이 영업권을 재무상태표에 무형자산 가치로 표시하는 방식을 조사하려면 기업의 재무상태표에서 무형자산을 살펴보아야 한다. 좋은 소식은 수십 년 전부터 재무상태표의 총자산 중 무형자산이 차지하는 비중이 증가했다는 사실이다. 나쁜 소식은 무형자산 비중 증가분 거의 모두가 자산이라기보다는 조정변수에 해당하는 영업권이라는 사실이다.

영업권은 인수 과정에서 발생하는 부산물이다. 한 기업이 다른 기업을 인수하면, 인수 가격을 먼저 유형자산에 배분하고 나서 잉여 가격은 특허나 영업권 등 무형자산에 배분한다. 이후에도 남는 가격은 영업권이 된다. 회계원칙에 의하면 영업권은 명확하게 확인할 수 없는 무형자산의 가치를 가리키지만, 실제로는 피인수기업 자산의 장부가격과 인수 과정에서 지급한 시장가격의 차이를 나타낼 뿐이다. 이 기법을 매수법(purchase accounting)이라 부르며, 영업권은 일정 기간에 걸쳐 상각된다.

2000년 이전에는 이런 영업권 상각을 원치 않는 기업들이 지분통합법(pooling accounting)이라는 대체 기법을 자주 사용했는데, 이 기법을 사용하면 인수 가격이 재무상태표에 절대 표시되지 않는다. 대신 합병되는 두 회사의 장부가격이 합산되어 합병회사의 연결재무상태표가 새로 작성된다. 지난 10년 동안 미국과 외국에서 인수에 관한 회계규정이 대폭 변경되었다. 모든 인수에 반드시 매수법을 적용하게 되었을 뿐 아니라, 이제는 기업들이 장기간에 걸쳐 영업권을 자동으로 상각할 수 없게 되었다. 대신 인수기업들이 피인수기업들의 가치를 매년 재평가해야 한다. 인수 이후 피인수기업의 가치가 하락했다면 영업권의 가치를 그만큼 낮춰야 한다. 그러나 피인수기업의 가치가 상승했더라도 이를 반영하여 영업권의 가치를 높일 수는 없다.[3]

3　인수가 완료된 다음에는 피인수기업의 장부가격과 시장가격의 차이가 자동으로 영업권이 되지 않는다. 기존 자산은 먼저 공정가치로 재평가하고 나서 그 차이가 영업권이 될 수 있다.

[예시 3.1] 자산가치 추정: RTX와 홈디포(2022년, 2023년)

다음은 2022 회계연도 말 재무상태표로 측정한 RTX(레이시온과 유나이티드 테크놀로지 일부가 합병하여 탄생한 복합기업)와, 2023 회계연도 말 건축자재 소매회사 홈디포의 자산가치를 요약한 표이다(단위: 100만 달러).

[표 3.1] RTX와 홈디포의 자산가치

	RTX	홈디포
순고정자산	15,748	25,631
운용리스자산	1,638	6,941
영업권	53,699	7,444
순무형자산	35,399	0
고객 융자	2,392	0
기타 자산	4,576	3,958
총비유동자산	113,452	43,974
현금 및 현금등가물	6,587	2,757
매출채권	10,838	3,317
계약자산	12,139	0
재고자산	11,777	24,886
기타 유동자산	7,076	1,511
총유동자산	48,417	32,471
총자산	161,869	76,445

숫자를 보기 전에 유의할 사항이 있다. RTX의 2022 회계연도 말은 2022년 12월 31일이므로 역년과 일치한다. 단, 홈디포는 2023 회계연도 자료를 사용했는데, 2023 회계연도 말은 2023년 1월 31일이므로 역년 2022년에 더 가깝기 때문이다. 이 자산가치에서 유의할 사항은 다음과 같다.

1. **영업권**: RTX와 홈디포 둘 다 재무상태표에 거액의 영업권이 있는데, 이는 두 회사가 과거에 기업을 인수했기 때문이다. 이 영업권은 두 회사가 지급한 인수 가격과 자산의 장부가액의 차액을 측정하고 나서 적정가치를 반영하여 재평가한 금액이다. 20년 전 영업권에 관한 회계규정 변경을 반영하여 영업권은 매년 재평가되며, 인수 가격이 과도했다고 재평가되면 영업권이 감액된다.
2. **운용리스자산**: 홈디포는 운용리스 계약을 자본화해야 한다는 2019년 회계규정 변경을 반영하여 운용

리스자산을 보고하고 있다. 홈디포는 대부분 매장을 리스하고 있으며, 리스 계약의 현재가치는 부채와 자산 계정 양쪽에 표시된다. RTX도 자본화한 리스 계약이 있지만, 금액이 훨씬 적다.

3. **고객 융자 및 매출채권**: 흔히 RTX는 제품 구입 고객에게 융자를 제공한다. 융자는 계약 기간이 대개 수 년이므로, 미래에 상환받을 융자금의 현재가치가 자산 계정에 고객 융자로 표시된다. 유동성 고객 융자(잔여 만기가 1년 이내인 고객 융자)는 매출채권으로 표시된다. 홈디포도 고객 융자를 제공하지만, 모두 단기 융자이므로 모두 매출채권으로 표시된다.

4. **재고자산**: RTX는 재고자산 평가 방법을 명확하게 밝히지 않지만, 홈디포는 소매재고법에서 정하는 저가법을 사용한다.

5. **순무형자산**: RTX는 공동연구자산, 독점자산, 개발기술, 등록상표 등 취득한 순무형자산이 다수인데, 취득원가를 기준으로 상각비를 차감하여 무형자산을 평가한다.

6. **투자자산 및 취득무형자산**: RTX와 홈디포는 다른 기업에 투자하여 상당한 영향력을 행사하고 있으며, 이들 자산을 지분법으로 표시한다. RTX는 배포권과 기술도 취득하였으며 원가로 표시한다.

끝으로, RTX 재무상태표는 매우 중요한 자산(과거에 지출된 연구개발비)의 가치를 제대로 표시하시 못한다. 회계 관행에 의하면 연구개발비는 발생 연도에 비용으로 처리되어 자본화될 수 없으므로, 재무상태표에 자산으로 표시되지 않는다. 연구개발비 자본화가 재무상태표에 미치는 영향은 9장에서 다루기로 한다.

자본조달 믹스 평가

우리가 재무제표를 통해서 구해야 하는 두 번째 질문(2. 기업은 이들 자산의 구입 자금을 어떻게 조달했는가?)에 대한 답은 기업이 사용하는 부채와 자기자본의 배합, 그리고 그 둘의 현재가치이다. 이에 관한 정보 대부분은 재무상태표의 부채 항목과 각주에 있다.

부채와 자기자본 평가의 바탕이 되는 회계원칙

부채와 자기자본의 분류에도 (자산의 분류와 마찬가지로) 매우 엄격한 회계원칙이 적용된다. 먼저 채무의 특성에 따라 부채나 자기자본으로 분류된다. 채무가 부채로 인정받으려면 다음 세 가지 요건을 충족해야 한다.

1. 미래 특정 시점에 현금 유출을 증대하거나 현금 유입을 축소할 것으로 예상되는

채무여야 한다.

2. 피할 수 없는 채무여야 한다.

3. 거래를 통해서 이미 발생한 채무여야 한다.

앞에서 자산가치를 평가할 때 보수주의를 유지하듯이, 회계원칙은 피할 수 없는 현금흐름 채무만 부채로 인정한다.

두 번째 원칙은 부채와 자기자본을 미래 기대 현금흐름이나 시장가격 대신 취득원가로 평가하고 조정한다는 것이다. 회계사들이 부채와 자기자본을 평가하는 방식은 자산을 평가하는 방식과 밀접하게 연결된다. 자산은 주로 취득가격이나 장부가격으로 평가하므로, 부채와 자기자본 역시 주로 장부가격으로 평가한다. 다음 섹션에서는 부채와 자기자본의 평가를 살펴본다.

부채와 자기자본 평가

회계사들은 부채를 유동부채, 장기부채, 기타 장기부채로 분류한다. 각각을 평가하는 방법도 알아보자.

유동부채   1년 이내에 만기가 도래하는 부채는 모두 유동부채로 분류된다.

- 매입채무: 공급자들로부터 제공받은 신용을 뜻한다. 매입채무의 가치는 채권자들에게 지급해야 하는 금액을 나타낸다. 매입채무는 장부가격과 시장가격이 비슷해야 한다.
- 단기차입금: 영업활동이나 유동자산을 위해서 조달한 단기대출(만기 1년 미만)을 뜻한다. 단기차입금의 가치 역시 상환해야 하는 대출금액을 나타내며, (조달 이후 회사의 채무불이행 위험이 크게 변하지 않았다면) 장부가격과 시장가격이 비슷해야 한다.
- 유동성 장기차입금: 잔여 만기가 1년 이내인 장기차입금을 뜻한다. 유동성 장기차

입금의 가치 역시 상환해야 하는 대출금액을 나타내며, 만기가 다가오면 장부가격과 시장가격이 비슷해야 한다.

- **기타 단기부채**: 미지급 임금과 미지급 법인세 등 나머지 모든 단기부채를 뜻한다.

명백한 사기가 아니라면, 재무상태표의 모든 항목 중 장부가격과 시장가격 추정치의 차이가 가장 작은 항목은 유동부채가 되어야 한다.

장기부채 장기부채의 형태는 둘 중 하나이다. 하나는 은행 등 금융기관의 장기대출이고, 다른 하나는 금융시장에서 발행한 장기 채권이다. 여기서 채권자는 그 채권에 투자한 투자자들이다. 회계적으로 장기부채의 가치는 차입 시점에 상환해야 할 지급액들의 현재가치로 측정된다. 은행 대출이라면 장기부채는 대출받은 명목 금액과 일치한다. 그러나 채권은 세 가지 가능성이 있다. 예를 들어 액면가로 발행된 채권이라면 장기부채는 명목 채무(만기 상환 원금)로 평가한다. 액면가보다 할증 또는 할인 발행된 채권이라면 이 채권은 발행가로 기록하되, 할증액 또는 할인액을 채권 만기에 걸쳐 상각한다. 극단적인 예로 제로쿠폰채권은 발행가로 기록해야 하는데, 이는 만기 상환 원금보다 훨씬 낮은 금액이 된다. 발행가와 액면가의 차액은 비용공제가 되는 비현금 이자비용으로 매년 상각된다.

대출이든 채권이든 부채는 만기 중에 금리가 변해도 그 가치가 변하지 않는다. 시장금리가 상승하거나 하락하면, 대출 채무의 현재가치는 감소하거나 증가한다. 그러나 이렇게 갱신된 부채의 시장가치가 재무상태표에는 표시되지 않는다. 부채가 만기 이전에 상환되면, 만기에 상환되는 장부가치와 이 상환액의 차이는 손익계산서에 특별손익으로 표시된다.

끝으로, 외국 통화로 표시된 장기부채는 환율이 바뀌면 장부가치를 조정해야 한다. 환율 변동은 해당 통화의 금리 변동을 반영하지만, 그렇다고 해서 외국 통화로 표시된 부채의 가치가 국내 통화로 표시된 부채의 가치보다 시장가치에 훨씬 더 가까워지는 것은 아니다.

기타 장기부채　　장기부채 항목에 표시되지 않는 장기부채도 많다. 미지급 리스료, 종업원에 대한 미지급 연금펀드와 의료 혜택, 이연법인세 등이 여기에 포함된다. 지난 20년 동안 이런 부채도 장기부채로 표시해야 한다고 생각하는 회계사들이 증가하고 있다.

리스　　흔히 기업은 장기 자산을 구매하는 대신 리스를 선택한다. 그러나 리스를 선택해도 이자를 지급하는 일종의 부채가 발생하므로, 리스도 장기부채와 비슷하다고 보아야 한다. 기업이 자산의 상당 부분을 리스하고서도 재무제표에 표시하지 않으면, 재무제표를 숙독해도 그 기업의 재무건전성을 심각하게 오해할 수 있다. 그래서 기업이 리스 채무 규모를 장부에 반드시 공개하도록 회계규정이 개정되었다.

2019년까지는 회계에서 리스를 처리하는 방식이 두 가지였다. 운용리스(operating lease)는 임대인이 임차인에게 자산의 사용권만 이전한다. 리스 기간이 만료되면 임차인은 임대인에게 자산을 반환한다. 임차인은 소유권 위험을 떠안지 않으므로 리스료는 손익계산서에 영업비용으로 처리되며, 재무상태표에는 영향을 미치지 않는다. 반면 금융리스(capital lease)는 임차인이 소유권 위험 일부를 떠안고 그 혜택 일부도 누린다. 그래서 리스 계약이 체결되면 리스료가 재무상태표의 자산과 부채 양쪽에 표시된다. 기업은 그 자산을 매년 감가상각할 수 있고, 리스료 중 이자비용에 대해서는 매년 비용공제도 받을 수 있다. 일반적으로 금융리스는 운용리스보다 비용을 더 빨리 인식한다.

그러나 2019년에는 IFRS(국제회계기준)와 GAAP(미국 일반회계기준) 둘 다 리스 회계규정을 변경하여 거의 모든 리스를 금융리스로 처리하도록 했고, 리스 계약을 부채와 대응자산으로 전환하는 과정을 똑같이 따르게 했다. 이렇게 리스를 부채로 전환하는 과정은 나중에 다른 장에서 다루겠지만, 이해해두면 여전히 유용하다. 세계의 일부 지역에서는 과거 리스 규정이 여전히 적용되기 때문이다. IFRS와 GAAP를 따라야 하는 기업들은 이제 리스부채는 재무상태표에 표시하고, 리스 자산은 장기 자산으로 표시해야 한다.

복리후생   기업은 종업원에게 연금과 건강보험을 제공할 수 있다. 복리후생에 의해서 대규모 채무가 발생할 수 있으며, 기업이 이 채무를 이행하지 못하면 그 사실을 재무제표에 공개해야 한다.

✓연금   기업이 종업원에게 연금 혜택을 제공하는 방식은 두 가지다. 하나는 확정기여형(defined contribution, 기업이 매년 확정된 기여금만 연금에 지급할 뿐, 나중에 연금이 제공하는 혜택에 관해서는 약속하지 않는 방식)이고 다른 하나는 확정급여형(defined benefit, 기업이 종업원에게 확정된 혜택을 제공하겠다고 약속하는 방식)이다. 확정급여형일 때 기업은 확정된 혜택을 제공할 수 있도록 정기적으로 연금에 충분한 돈을 넣어야 한다.

먼저 확정기여형일 때 기업은 사전에 정해진 금액을 연금에 지급하기만 하면 의무를 다하게 된다. 반면 확정급여형은 많은 변수의 영향을 받으므로 기업의 의무를 평가하기가 훨씬 더 어렵다. 이런 변수에는 종업원에게 부여되는 혜택, 기업이 지금까지 제공한 기여금과 이 기여금이 벌어들인 수익, 기업이 예상하는 현재 기여금의 수익률이 포함된다. 이런 변수가 바뀜에 따라 연금펀드자산의 가치는 연금펀드부채(약속한 혜택의 현재가치를 포함)보다 커질 수도 있고 작아질 수도 있다. 연금의 자산이 부채보다 많으면 과대적립(overfunded)이고, 자산이 부채보다 적으면 과소적립(underfunded)이며, 이 사실이 재무제표에(일반적으로 각주에) 공개되어야 한다.

연금이 과대적립이면 기업은 선택권을 행사할 수 있다. 초과자산을 펀드에서 인출하거나, 연금에 대한 기여금 지급을 중단할 수도 있고, 아니면 과대적립이 조만간 사라질 일시적 현상이라고 가정하여 기여금을 계속 지급할 수도 있다. 연금이 과소적립이면 기업은 부채를 보유하게 되지만, 회계기준에 의하면 기업은 연금펀드부채 누적초과액[4]만 재무상태변동표에 표시하면 된다.

---

4   연금펀드부채 누적초과액에는 예상되는 연금 채무, 즉 미래에 지급할 연금의 보험통계 추정치가 반영되어 있지 않다. 그러므로 총 연금부채보다 훨씬 적은 금액이다.

✓*건강보험*   기업이 건강보험을 제공하는 방식은 두 가지다. 하나는 확정된 기여금만 건강보험에 지급할 뿐, 구체적인 혜택은 약속하지 않는 방식(확정기여형과 유사)이고, 또 하나는 구체적인 혜택을 약속하면서 여기에 필요한 자금을 확보하는 방식(확정급여형과 유사)이다. 건강보험에 대한 회계도 연금과 매우 비슷하다.

이연법인세   흔히 기업의 세무회계는 재무보고용 회계와 다르므로, 실제로 발생하는 법인세부채가 얼마인지 확인할 필요가 있다. 가속상각법 등 세무회계에 유리한 재고자산평가법을 사용하면 과세이연 혜택을 받으므로, 실제로 납부하는 세금은 일반적으로 재무제표에 표시되는 이익에 대한 세금보다 훨씬 적다. 이연법인세도 수익비용대응을 요구하는 발생주의 회계원칙에 따라 재무제표에 표시해야 한다. 따라서 기업이 세무회계의 과세소득을 기준으로 납부하는 법인세는 5만 5,000달러이고, 재무제표에 표시된 이익 기준 법인세는 7만 5,000달러라면, 그 차액(2만 달러)을 이연법인세로 표시해야 한다. 이연법인세는 나중에 실제로 납부하는 시점에 인식된다.

재무제표에 표시된 금액보다 더 많은 세금을 납부하는 기업에는 이른바 이연법인세자산이 발생한다는 점에 주목하라. 이는 기업이 이연법인세를 미리 납부했으므로 미래 이익이 그만큼 증가한다는 뜻이다.

이연법인세부채가 실제로 부채이냐는 흥미로운 질문이다. 한편으로 보면 기업은 이연법인세 금액을 누구에게도 빚진 것이 아니므로, 이연법인세를 부채로 취급하면 기업의 위험이 실제보다 더 커 보인다. 다른 한편으로 보면 기업은 언젠가는 이연법인세를 납부해야 하므로, 이 금액을 부채로 취급하는 방식이 보수적으로 보인다.

우선주   우선주를 발행하면 기업은 일반적으로 고정 배당을 지급할 책임을 지게 된다. 전통적으로 회계규정에서는 우선주를 부채로 보지 않는다. 우선주는 배당을 지급하지 못해도 파산에 해당하지 않기 때문이다. 그러나 우선주 배당은 누적되므로(배당을 지급하지 못하면 다음 배당 지급일에 함께 지급해야 하므로) 보통주보다 부담스럽다. 그러므로 우선주는 보통주의 특성과 부채의 특성을 겸비한 혼성증권이다.

우선주는 재무상태변동표에 최초 발행가격으로 표시되며, 누적된 미지급배당이 있으면 그만큼 가산된다. 전환우선주도 우선주와 비슷한 방식으로 취급되지만, 전환되면 보통주로 취급된다.

자기자본　자기자본을 평가하는 기준은 취득원가이다. 재무상태표에 표시된 자기자본은 기업이 주식을 발행했을 때 처음 받은 금액에, 이후 벌어들인 이익은 더하고(발생한 손실은 차감하고) 지급한 배당과 자사주 매입은 차감한 금액을 나타낸다. 이 세 가지 항목 외에도 자기자본의 장부가액에 대해 고려할 사항은 다음 세 가지다.

1. 기업이 주식을 재발행하거나 스톡옵션 행사에 대비하려고 단기간 보유할 목적으로 자사주를 매입하면, 이 주식을 자사주(treasury stock)로 표시할 수 있으며 자기자본의 장부가액이 감소한다. 기업은 자사주를 장부에 장기간 유지할 수 없으며, 자사주 매입 금액만큼 자기자본의 장부가액을 차감해야 한다. 자사주 매입은 지금의 시장가격으로 실행되므로, 그 결과 자기자본의 장부가액이 대폭 감소할 수 있다.
2. 장기간에 걸쳐 대규모 손실이 발생하거나 자사주를 대규모로 보유하면 자기자본의 장부가액이 음수가 될 수도 있다.
3. 매도 가능 투자자산에서 미실현 손익이 발생하면 재무상태표에 표시된 자기자본의 장부가액이 증가하거나 감소한다.

기업은 자본변동표를 통해서 일정 기간 발생한 자기자본의 변동 사항을 모두 요약해서 제공한다.

끝으로 회계규정에서는 고정 배당을 지급하는 우선주를 자기자본으로 간주하는 경향이 있는데, 이는 우선주 배당은 이연해도 파산 위험이 없기 때문이다. 하지만 경영권 상실 위험은 여전히 남아 있으므로, 앞에서 주장했듯이 우선주에는 자기자본의 특성 못지않게 무담보 부채의 특성도 있다.

[예시 3.2] 부채 및 자기자본 평가: RTX와 홈디포(2022년, 2023년)

표 3.2는 2022 회계연도 말 RTX와 2023년 말 홈디포의 부채 및 자기자본 추정치를 요약한 표이다(단위: 100만 달러).

[표 3.2] 부채와 자기자본: RTX와 홈디포

	RTX	홈디포
매입채무와 기타 부채	10,698	11,443
미지급 급여·보상	2,491	1,991
이연 수익	0	3,064
미지급 법인세	0	578
단기부채	189	1,231
유동성 장기차입금	1,283	0
계약부채	17,183	0
유동리스부채	0	945
기타 유동부채	14,917	3,858
총유동부채	46,761	23,110
미지급 연금부채	2,385	0
기타 장기부채	7,511	2,566
이연법인세	0	1,019
장기부채	42,355	41,962
리스부채	1,412	6,226
총장기부채	53,663	51,773
주주지분: 액면가	0	90
자본잉여금	37,055	12,592
유보이익	52,154	76,896
발생손실	-2,419	-718
미청구 종업원지주제도	-15	0
자사주	-26,977	-87,298
주주지분	59,798	1,562
소수지분	1,647	0
총주주지분	61,445	1,562
부채와 자기자본 총계	161,869	76,445

홈디포도 제품과 서비스 공급 대금을 미리 받았지만, 금액이 훨씬 적다. RTX는 종업원들에게 연금을 지급할 책임이 있으므로 연금부채가 발생한다. 운용리스 회계처리 방식이 변경되었으므로 두 회사의 리스 자산이 리스부채로도 표시되며, 홈디포의 규모가 더 크다.

두 회사 재무상태표에서 가장 큰 특징은 주주지분의 가치이다. 대규모로 자사주를 매입한 탓에 두 회사 자기자본의 장부가액이 대폭 감소했는데, 홈디포 자기자본의 장부가액은 시장가치의 몇 분의 일에 불과하다.

이익과 수익성 평가

이 기업의 수익성은 어느 정도인가? 이 자산이 벌어들인 이익은 얼마인가? 이런 기본 질문을 통해서 우리는 재무제표에서 답을 얻고자 한다. 회계사들은 손익계산서를 통해서 일정 기간 기업이 수행한 사업 활동에 대해 정보를 제공한다. 손익계산서는 보유 자산이 벌어들이는 이익을 측정하도록 설계되어 있다. 이 섹션에서는 이익과 수익성 측정의 기초가 되는 회계원칙들을 조사하고, 이 원칙들이 실행되는 방식을 살펴본다.

이익과 수익성 평가의 기초가 되는 회계원칙

이익과 수익성 평가의 기초가 되는 주요 회계원칙은 두 가지다. 첫 번째는 발생주의 회계(accrual accounting)다. 발생주의 회계에서는 상품이나 서비스가 (전부 또는 일부) 판매된 기간에 그 상품이나 서비스의 매출이 인식된다. 비용 측면에서도 마찬가지로 비용을 매출에 대응시키려는 노력이 이루어진다.[5] 이와 대조되는 원칙이 현금주의 회계원칙으로서, 매출도 돈을 받은 시점에 인식하고 비용도 돈을 지급한 시점에 인식하는 방식이다.

두 번째 회계원칙은 비용을 영업비용, 금융비용, 자본비용으로 분류하는 원칙이다. 영업비용은 (적어도 이론상으로는) 당기에만 혜택을 제공하는 비용이다. 당기에 판매하는 제품 생산에 들어간 인건비와 재료비가 대표적인 사례이다. 금융비용은 사업자

---

5   일반관리비처럼 특정 매출에 대응시키기 어려운 비용은 대개 발생한 기간의 비용으로 인식된다.

금을 타인자본으로 조달할 때 발생하는 비용으로, 이자비용이 대표적인 사례이다. 자본비용은 그 혜택이 장기간에 걸쳐 발생하리라 예상되는 비용으로, 토지와 건물 취득 비용이 여기에 해당한다.

당기 매출에서 영업비용을 차감하면 그 회사의 영업이익이 산출된다. 영업이익에서 금융비용을 차감하면 순이익, 즉 주식 투자자의 이익이 산출된다. 자본비용은 (혜택이 제공되는) 내용연수에 걸쳐 감가상각되거나 상각된다.

회계 이익과 수익성 측정

이익은 다양한 원천에서 창출될 수 있으므로, 일반회계원칙에 의하면 손익계산서는 다음 4개 부문으로 분류되어야 한다. 계속사업이익, 중단사업이익, 특별손익, 회계원칙 변경에 따른 조정이다.

일반회계원칙에 의하면 상품이나 서비스를 (전부 또는 일부) 제공하고 그 대가로 현금이나 매출채권을 관찰 가능하고 측정 가능한 방식으로 받았을 때 매출을 인식해야 한다. 매출과 직접 관련된 비용(예컨대 인건비와 재료비)은 매출을 인식한 기간에 함께 인식한다. 매출과 직접 관련되지 않은 비용은 그 혜택이 발생한 기간에 인식한다. 장기간 논란이 이어진 스톡옵션은 처리 방식이 변경되어 모순이 해결되었다. 기존 규정에서는 스톡옵션을 행사한 시점에만 비용으로 처리했지만, 새 규정에서는 스톡옵션을 제공한 시점에 평가하여 (감가상각누계액을 설정하고) 비용으로 처리해야 한다. 스톡옵션은 일종의 보상으로서 영업비용에 해당하므로 새 규정이 더 타당하다.

대개 제품을 생산해서 판매하는 기업에는 발생주의 회계원칙을 적용하기가 쉽지만, 판매하는 제품이나 서비스의 특성에 따라서는 발생주의 회계원칙을 적용하기가 복잡한 특별한 예도 있다. 예를 들어 고객과 장기 계약을 체결한 기업은 계약의 완성도를 기준으로 매출을 인식할 수 있다. 매출이 완성도 기준으로 인식되면, 비용 역시 완성도 기준으로 인식된다. 고객의 지급능력이 매우 불확실하면 기업은 할부법에 따라 판매금액 일부를 수금할 때만 이익을 인식할 수도 있다.

원칙적으로 영업비용에는 당기에 매출을 창출하는 비용만 포함되어야 하지만, 실제로는 이 기준을 충족하지 못하면서 영업비용에 포함되는 비용도 많다. 첫 번째는 감가상각비와 무형자산 상각비다. 자본적 지출은 장기간에 걸쳐 상각해야 타당하지만, 취득원가를 기준으로 감가상각하면 실질적인 가치 하락을 반영하지 못할 때가 많다. 두 번째는 연구개발비인데, 회계기준에 의하면 영업비용으로 분류되지만 그 혜택은 분명히 장기간에 걸쳐 발생한다. 그런데도 영업비용으로 분류되는 것은 그 혜택을 믿을 수 없거나 정량화하기 어렵고 불확실하기 때문이다.

흔히 재무분석의 기반은 미래 이익 예측이며, 이 예측의 출발점은 대개 당기순이익이다. 그러므로 당기순이익 중 얼마가 계속사업에서 나오고, 얼마가 이례적이거나 특별한 사건에서 나오는지 파악하는 일이 중요하다. 그런 관점에서 볼 때 비용을 영업비용과 일회성 비용으로 구분하는 편이 유용하다. 예측에는 일회성 비용을 제외한 이익을 사용해야 하기 때문이다. 다음은 일회성 비용에 포함되는 항목이다.

- **이례적이거나 희귀한 항목**: 예컨대 자산이나 사업부 매각 손익, 상각비용, 구조조정 비용. 기업들은 간혹 이런 항목들을 영업비용에 포함한다. 예를 들어 1997년 보잉(Boeing)은 맥도널 더글러스(McDonnell Douglas) 인수 과정에서 취득한 자산의 가치를 조정하면서 14억 달러를 상각하여 영업비용으로 표시했다.
- **특별항목**: 드물게 발생하지만 특성이 이례적이면서 큰 영향을 미치는 사건을 뜻한다. 예를 들면 기업이 고금리 사채를 저금리 사채로 차환하는 과정에서 발생하는 손익, 보유 유가증권에서 발생하는 손익이 포함된다.
- **중단사업손익**: 사업의 단계적 철수나 매각 관련 손익을 뜻한다. 기업에서 분리 가능한 사업이어야 한다.
- **회계원칙 변경에 따른 손익**: (재고자산 평가법 변경 등) 기업의 자발적 변경에 의한 손익, 또는 회계기준 개정에 따른 비자발적 변경에 의한 손익을 뜻한다.

[예시 3.3] 이익 측정: RTX와 홈디포(2022년, 2023년)

표 3.3은 2022 회계연도 말 RTX와 2023년 말 홈디포의 손익계산서를 요약하고 있다(단위: 100만 달러).

[표 3.3] RTX와 홈디포의 이익 평가

	RTX	홈디포
매출	68,920	157,403
매출원가	56,831	104,625
매출총이익	12,089	52,778
- 판매관리비	5,809	26,284
- 감가상각비	0	2,455
- 연구개발비	2,805	0
+ 기타 수익	86	0
영업이익	3,561	24,039
+ 영업외수익	1,780	0
+ 기타 수익	0	55
- 이자비용	1,505	1,617
세전이익	3,836	22,477
- 법인세	456	5,372
순이익(손실)	3,380	17,105
- 소수지분에 의한 이익	185	
순이익·손실	3,195	

RTX는 매출원가에 감가상각비 42억 1,100만 달러가 포함되어 있지만, 홈디포는 감가상각비를 별도로 보고한다. RTX는 연구개발비를 회계상 영업비용으로 처리하므로 영업이익에서 연구개발비가 차감된다. 이 주제에 대해서는 9장에서 논의한다. 끝으로, RTX는 다른 벤처 기업의 지배 지분을 보유하고 있으므로, 벤처 기업의 손익 중 나머지 주주의 몫을 제외하고 순이익을 산출한다.

수익성 평가 손익계산서를 이용하면 금액 기준으로도 수익성을 평가할 수 있지만, 이익률 기준으로도 수익성을 평가할 수 있다. 수익성을 평가하는 기본 비율은 두 가지다. 하나는 투하자본 대비 수익성을 분석하는 투자이익률이다. 이 이익률은 주식투자자 관점에서 볼 수도 있고, 기업 전체의 관점에서 볼 수도 있다. 나머지 하나는 매출 대비 수익성을 분석하는 이익률이다.

자산이익률과 자본이익률 자산이익률(ROA)은 자산으로부터 이익을 창출하는 영업 효율성을 측정한다(자금조달이 미치는 영향은 제외).

$$\text{자산이익률(세후)} = \frac{\text{이자 및 세전 이익}(1 - \text{세율})}{\text{총자산}}$$

이자 및 세전 이익(EBIT)은 손익계산서에서 영업이익을 평가하는 척도이고, 총자산은 대부분 자산을 장부가격(BV)으로 평가한 것이다. 자산이익률은 다음과 같이 표현할 수도 있다.

$$\text{자산이익률(세후)} = \frac{\text{순이익} + \text{이자비용}(1 - \text{세율})}{\text{총자산}}$$

자금조달 효과가 영업 효율성에 미치는 영향을 분리하므로, 자산이익률은 자산에서 나오는 실제 이익을 더 정확하게 측정한다. 총자산으로 나누기 때문에, 자산이익률은 유동성 자산이 많은 기업의 수익성을 과소평가한다.

자산이익률은 세전 기준으로 산출하여 보편성을 더 높일 수도 있다. 세율을 반영하지 않고 EBIT를 사용하면 된다.

$$\text{세전 자산이익률} = \frac{\text{EBIT}}{\text{총자산}}$$

이 척도는 세율이 다른 기업이나 사업부의 인수를 검토할 때 유용하다.

총자산의 문제점은 현금과 비영업자산을 포함하므로 영업 수익성 측정 과정에서 소음이 발생한다는 점이다. 더 유용한 이익률 척도는 투하자본 대비 영업이익을 보는 것이다. 여기서 자본은 부채와 자기자본의 장부가액 합계액에서 현금을 차감한 금액이다. 이것이 투하자본이익률(Return On Invested Capital: ROIC 또는 ROC)로, 자본비용까지 고려해서 투자의 질을 평가하는 진정한 이익률 척도이다.

$$\text{세전 투하자본이익률} = \frac{\text{EBIT}}{\text{자기자본의 장부가액} + \text{부채의 장부가액} - \text{현금}}$$

$$\text{세후 투하자본이익률} = \frac{\text{EBIT}(1 - \text{세율})}{\text{자기자본의 장부가액} + \text{부채의 장부가액} - \text{현금}}$$

분모가 투하자본으로, 영업자산의 장부가격을 나타낸다. 자산이익률이나 투하자본이익률을 산출할 때, 장부가격은 기초 가격을 사용할 수도 있고 기초와 기말의 평균 가격을 사용할 수도 있다.

[예시 3.4] 투하자본이익률 추정: RTX와 홈디포(2023년)

다음은 RTX와 홈디포의 세후 자산이익률과 자본이익률을 요약한 표이다. 2023 회계연도의 평균 장부가격과 기초 장부가격을 둘 다 사용했다(단위: 100만 달러).

[표 3.4] RTX와 홈디포의 자본이익률

	RTX	홈디포
세후 영업이익	3,561	24,039
자본의 장부가액: 기초	47,618	34,783
자본의 장부가액: 기말	46,398	41,725
자본의 장부가액: 평균	47,008	38,254
자본이익률(평균 기준)	7.58%	62.84%
자본이익률(기초 기준)	7.48%	69.11%
2023 회계연도 말 투하자본		
주주지분	61,445	1,562
+ 총부채	43,827	43,193
+ 리스부채의 현재가치	1,412	7,171
- 현금	6,587	2,757
- 영업권	53,699	7,444
투하자본	46,398	41,725

투하자본은 자기자본의 장부가액, 모든 이자 발생 부채, 리스부채의 합에서 현금과 영업권을 차감한 금액이다. 투하자본이익률을 산출할 때는 투하자본의 평균 금액과 기초 금액을 둘 다 사용한다. RTX는 적절한 자본이익률을 창출하려고 노력했으나, 홈디포의 자본이익률은 과장되었다. 자사주 매입으로 자기자본의 장부가액이 감소했기 때문이다.

(투하)자본이익률 분해　　투하자본이익률은 매출액 대비 영업이익과 자본회전율로 분해할 수 있다.

$$\text{투하자본이익률} = \frac{\text{EBIT}(1 - \text{세율})}{\text{매출액}} \times \frac{\text{매출액}}{\text{투하자본}}$$

$$= \text{세후 영업이익률} \times \text{자본회전율}$$

그러므로 영업이익률을 높이거나 (매출액을 증가시켜) 자본회전율을 높이면 투하자본이익률이 상승한다. 물론 이익률이나 자본회전율 제고에는 경쟁과 기술 면에서 제약 요소가 있겠지만, 그래도 둘을 적절하게 배합해서 투하자본이익률을 극대화할 여지는 있다. 투하자본이익률은 업종별로 큰 차이가 나는데, 이는 주로 이익률과 자본회전율이 업종별로 다르기 때문이다.

---

 mgnroc.xls: 미국 기업들의 업종별 영업이익률, 자본회전율, 자본이익률을 요약한 엑셀 자료. (웹에서 다운로드 가능)

자기자본이익률　　자본이익률은 기업 전체의 수익성을 평가하지만, 자기자본이익률(Return On Equity: ROE)은 보통주 투자자의 관점에서 수익성을 평가한다. 보통주 투자자의 이익(세금 및 이자비용 차감 후 이익)을 자기자본의 장부가액으로 나누어 산출한다.

$$\text{자기자본이익률} = \frac{\text{순이익}}{\text{자기자본의 장부가액}}$$

우선주의 권리는 보통주의 권리와 다르므로 순이익에서 우선주 배당을 차감해야 하며, 전체 자본이 아니라 자기자본의 장부가액으로 나눠야 한다.

현금을 제외한 자기자본이익률 자기자본이익률은 이자비용 차감 후 이익을 사용하므로, 자금조달 방식(부채의 비중)의 영향을 받는다. 투하자본이익률이 부채에 지급하는 세후 이자율보다 높은 기업은 차입을 통해서 자기자본이익률을 높일 수 있다. 현금을 제외한 자기자본이익률은 다음과 같이 표현할 수 있다.[6]

$$\text{ROE} = \text{ROIC} + \frac{\text{D}}{\text{E}}[\text{ROIC} - i(1-t)]$$

여기서 ROIC = EBIT$(1-t)$/(부채의 장부가액 + 자기자본의 장부가액 − 현금)
D/E = 부채의 장부가액/자기자본의 장부가액
i = 부채의 이자비용/부채의 장부가액
t = 경상소득에 대한 세율

위 식에서 두 번째 항은 재무레버리지(financial leverage) 효과를 나타낸다.

[예시 3.5] 자기자본이익률 계산: RTX와 홈디포(2023년)

다음은 2023년 RTX와 홈디포의 자기자본이익률을 요약한 표이다(단위: 100만 달러).

[표 3.5] RTX와 홈디포의 자기자본이익률

	RTX	홈디포
순이익	3,195	17,105
자기자본의 장부가액: 기초	72,632	−1,696
자기자본의 장부가액: 기말	59,798	1,562
자기자본의 장부가액: 평균	66,215	−67
자기자본이익률(평균 기준)	4.83%	NA
자기자본이익률(기초 기준)	4.40%	NA

---

6   이 공식을 유도하려면 현금이 0이라고 가정하고, EBIT(1 - t)는 [순이익 + 이자비용 (1 - t)]/(D + E)로 대체하며, 이자율은 (이자비용/부채)로 대체하여 풀어나간다.

$$\text{ROC} + \text{D/E}[\text{ROC} - \text{Int}(1-t)] = [\text{NI} + \text{Int}(1-t)]/(\text{D}+\text{E}) + \text{D/E}\{[\text{NI} + \text{Int}(1-t)]$$
$$/(\text{D}+\text{E}) - \text{Int}(1-t)/\text{D}\}$$
$$= \{[\text{NI} + \text{Int}(1-t)]/(\text{D}+\text{E})\}(1 + \text{D/E}) - \text{Int}(1-t)/\text{E}$$
$$= \text{NI/E} + \text{Int}(1-t)/\text{E} - \text{Int}(1-t)/\text{E} = \text{NI/E} = \text{ROE}$$

RTX는 2022년 실적이 평균 미만이었지만, 홈디포는 이번에도 자기자본의 장부가액이 문제가 되었다. 홈디포는 2022년 말 주주지분의 가치가 음수라고 보고했으므로 자기자본이익률이 의미가 없어졌다.

 roe.xls: 미국 기업들의 업종별 자기자본이익률을 요약한 엑셀 자료. (웹에서 다운로드 가능)

위험 평가

기업이 지금까지 한 투자는 위험이 어느 정도일까? 주식 투자자가 직면하는 위험은 어느 정도일까? 투자 분석 과정에서 우리는 이 두 질문에 대한 답을 구하고자 한다. 재무제표에서는 체계적인 방식으로 위험을 평가하지 않는다. 다만 잠재 위험이 있는 부문에 대해서 주석이나 정보를 제공할 뿐이다. 이 섹션에서는 회계사들이 위험을 평가하는 방식을 살펴본다.

위험 평가의 기초가 되는 회계원칙

재무제표와 비율 분석을 통해서 위험을 평가할 때 고려할 보편적인 주제는 두 가지다.

첫째, 여기서 평가하는 위험은 채무불이행 위험이다. 즉 이자나 원금 등 확정 채무를 이행하지 못할 위험이다. 실제 이익률이 기대 이익률을 벗어나는 위험 등 주식 투자자 관점에서의 더 광범위한 위험 개념은 그다지 주목받지 못하는 듯하다. 그래서 이익이 발생하고 확정 채무가 거의 없으며 자금을 모두 자기자본으로 조달한 기업이라면, 이익을 예측할 수 없더라도 회계적으로는 낮은 위험 기업으로 분류된다.

둘째, 회계는 대개 정태적 관점으로 위험을 평가한다. 특정 시점의 채무 상환능력을 보기 때문이다. 예를 들어 비율을 사용해서 위험을 평가할 때, 사용하는 비율의 출처는 거의 예외 없이 한 기간의 손익계산서와 재무상태표다.

위험을 평가하는 회계 척도

위험을 평가하는 회계 척도는 크게 두 종류로 구분된다. 첫 번째는 재무상태표 주석으로 표시되는 잠재 채무나 손실에 관한 정보이다. 이는 기존·잠재 투자자들에게 대규모 손실 가능성을 경고하려는 의도이다. 두 번째는 유동성과 채무불이행 위험을 평가하도록 설계된 비율이다.

재무제표에 담긴 정보　　최근 기업이 미래 채무에 관해서 공개해야 하는 정보가 급증했다. 예를 들어 우발부채를 생각해보자. 우발부채는 특정 조건에 발생할 수 있는 잠재 부채로서, 기업이 소송에서 피고가 되는 경우가 여기에 해당한다. 대책이 수립된 우발부채는 무시하는 것이 과거에는 일반적이었다. 조건부 청구권에 의한 채무는 다른 곳에서 발생하는 이익으로 상쇄되기 때문이다.[7] 그러나 (옵션과 선물 등) 파생상품 포지션을 헤지한 기업들도 대규모 손실을 떠안는 사례가 발생하자, 재무회계기준위원회(FASB)는 파생상품 포지션을 재무제표에 공개하게 했다. 실제로 주석 사항에 불과했던 연금채무와 건강보험채무는 기업의 실제 부채로 변경되었다.

재무비율　　오래전부터 사람들은 재무제표를 이용해서 수익성, 위험, 레버리지를 측정하는 재무비율을 산출했다. 앞에서도 수익성을 평가하는 재무비율로 자기자본이익률과 투하자본이익률을 살펴보았다. 이 섹션에서는 재무 위험 측정에 자주 사용되는 재무비율을 살펴보기로 한다.

단기 유동성 위험　　단기 유동성 위험은 주로 현재 사업에 자금이 필요할 때 발생한다. 판매한 제품과 서비스 대금을 받기 전에 공급자에게 대금을 지급해야 할 때, 기업은 대개 단기 자금을 차입하여 현금 부족 문제를 해결한다. 대부분 기업은 이런 방식으로 운전자본 수요를 채우지만, 기업의 단기 채무불이행 위험을 측정하는 재무

7　여기서는 헤지가 완벽하게 설정된 것으로 가정한다. 그러나 헤지가 완벽하지 않으면 얼마든지 손실이 발생할 수 있다.

비율이 개발되었다. 가장 많이 사용되는 단기 유동성 위험 척도 두 가지는 유동비율(current ratio)과 당좌비율(quick ratio)이다.

유동비율　　유동비율은 기업의 유동자산(현금, 재고자산, 매출채권)을 유동부채(만기가 1년 이내에 도래하는 부채)로 나눈 비율이다.

$$유동비율 = \frac{유동자산}{유동부채}$$

예를 들어 유동비율이 1 미만이면 1년 이내에 도래하는 부채가 현금화할 수 있는 자산보다 많다는 뜻이다. 이것이 유동성 위험을 나타낸다.

전통적 분석에서는 유동비율을 2 이상으로 유지하라고 추천하지만, 유동성 위험 최소화를 추구하면 순운전자본에 묶이는 현금이 증가하므로 둘은 상충 관계이다(순운전자본 = 유동자산 - 유동부채). 사실 유동비율이 매우 높은 기업은 재고자산 축소에 문제가 있는 불건전한 기업이라고 주장해도 무리가 없다. 최근에는 기업들이 유동비율을 낮춰 순운전자본의 효율성을 개선하려고 노력하고 있다.

유동비율에 대한 의존도를 낮춰야 하는 이유는 또 있다. 첫째, 기업들은 재무보고 시점에 맞춰 유동비율을 손쉽게 조작하여 안전하다는 착각을 심어줄 수도 있다. 둘째, 유동자산과 유동부채는 똑같은 금액을 증감시킬 수 있지만, 유동비율에 미치는 영향은 직전 유동비율 수준에 좌우된다.[8]

당좌비율　　당좌비율은 유동비율의 변종이다. 당좌비율은 즉시 현금화되는 유동자산(예컨대 현금과 유가증권)과 즉시 현금화되지 않는 자산(예컨대 재고자산과 매출채권)을 구분한다.

$$유동비율 = \frac{현금 + 유가증권}{유동부채}$$

8　유동자산과 유동부채를 똑같은 금액씩 늘릴 경우, 직전 유동비율이 1보다 크면 유동비율이 하락하고, 직전 유동비율이 1보다 작으면 유동비율이 상승한다.

그러나 재고자산과 매출채권을 반드시 제외해야 하는 것은 아니다. 즉시 현금화할 수 있다는 근거가 있으면 유동비율에 포함할 수 있다.

회전율　회전율은 매출채권과 재고자산을 매출액 및 매출원가와 비교하여 운전자본의 효율성을 평가하는 척도이다.

$$매출채권회전율 = 매출액/평균\ 매출채권$$
$$재고자산회전율 = 매출원가/평균\ 재고자산$$

이들 비율은 매출채권을 현금화하거나 재고자산을 매출로 전환하는 속도라고 해석할 수 있다. 이들 비율은 흔히 회전일수(日數)로 표시된다.

$$매출채권\ 회전일수 = 365/매출채권회전율$$
$$재고자산\ 회전일수 = 365/재고자산회전율$$

매입채무에 대해서도 매입과 비교하여 비슷한 비율을 계산할 수 있다.

$$매입채무회전율 = 매입/평균\ 매입채무$$
$$매입채무\ 회전일수 = 365/매입채무회전율$$

매출채권과 재고자산은 자산이고 매입채무는 부채이지만, (회전일수로 표준화된) 이 세 항목을 이용해서 운전자본 필요 기간을 추정할 수 있다.

$$운전자본\ 필요\ 기간 = 매출채권\ 회전일수 + 재고자산\ 회전일수$$
$$- 매입채무\ 회전일수$$

운전자본 필요 기간이 길어질수록 단기차입금이 더 필요해진다.

---

 wcdata.xls: 미국 기업들의 업종별 운전자본 비율을 요약한 엑셀 자료. (웹에서 다운로드 가능)

장기지급능력과 채무불이행 위험　장기지급능력은 장기적으로 이자 및 원금 상환 능력을 평가하는 척도이다. 앞에서 논의한 수익성 비율이 이 분석에 핵심 요소이다. 장기지급능력 측정 비율은 수익성과 부채 상환 규모를 비교하여 기업의 안정적인 부

채 상환능력을 평가한다.

 ✓*이자보상배수*   이자보상배수는 이자 및 세전이익(EBIT)을 기준으로 이자 상환능력을 측정한다.

$$이자보상배수 = \frac{EBIT}{이자비용}$$

이자보상배수가 높을수록 이익으로 이자를 상환하는 능력이 더 향상된다. 그러나 이자 및 세전이익(EBIT)은 변동성이 커서 경기 침체기에는 대폭 감소할 수 있다는 점에 유의해야 한다. 그러므로 두 기업의 이자보상배수가 똑같아도 위험 수준은 매우 다를 수 있다.

이자보상배수의 분모(이자비용)에 리스료 등 고정비용을 포함하면 고정비보상배수가 된다.

$$고정비보상배수 = \frac{EBIT - 고정비}{고정비용}$$

끝으로 이 비율을 현금고정비보상배수로 전환할 수 있다. 분자는 EBIT 대신 EBITDA(이자, 세금, 감가상각비, 상각비 차감 전 이익)를 사용하고, 분모는 고정비용 대신 현금고정비용을 사용하면 된다.

$$현금고정비보상배수 = \frac{EBITDA}{현금고정비용}$$

이자보상배수와 고정비보상배수 둘 다 자본적 지출을 고려하지 않는다고 비판받을 수 있다. 자본적 지출의 현금흐름은 매우 단기적으로는 임의로 조정할 수 있지만, 기업이 성장을 유지하려면 장기적으로는 조정할 수 없기 때문이다. 자본적 지출의 현금흐름을 포착하는 방법 중 하나가 영업활동현금흐름과 비교하는 것이다.

$$자본적 지출 대비 영업활동현금흐름 = \frac{영업활동현금흐름}{자본적 지출}$$

영업활동현금흐름에 대한 정의는 다양하지만, 가장 회계 중심적인 방법도 있다. 지속적인 영업활동 주주현금흐름이 이에 해당하며, 이자 차감 전, 법인세 차감 후, 운전자본 필요 금액 충족 후 현금흐름이다.

영업활동 주주현금흐름 = 순이익 + 감가상각비 − 비현금 운전자본 변동액

 dbtfund.xls: 미국 기업들의 업종별 이자보상배수를 요약한 엑셀 자료. (웹에서 다운로드 가능)

[예시 3.6] 이자보상배수와 고정비보상배수: RTX와 홈디포(2023년)

표 3.6은 2023년 RTX와 홈디포의 이자보상배수 등을 요약한 표이다(단위: 100만 달러).

[표 3.6] 이자보상배수와 고정비보상배수: RTX와 홈디포

	RTX	홈디포
EBIT	3,561	24,039
이자비용	1,505	1,617
이자보상배수(배)	2.37	14.87
EBIT	3,561	24,039
운용리스료(고정)	463	1,169
이자비용	1,505	1,617
고정비보상배수(배)	1.81	8.63
EBITDA	7,772	26,494
현금고정비	1,968	2,786
현금고정비보상배수(배)	3.95	9.51
영업활동현금흐름	7,883	14,615
자본적 지출	2,415	3,119
현금흐름/자본적 지출(배)	3.26	4.69

2023년 영업이익을 기준으로 보면 RTX가 홈디포보다 더 위험해 보인다. 부채 상환액과 고정비 대비 이익과 현금흐름이 더 적어서 부채 부담이 더 크기 때문이다. 두 회사 모두 장기간 영업이익 변동이 컸으므로 이런 비율을 산출할 때는 장기간의 평균 영업이익도 살펴보는 편이 타당하다.

---

 finratio.xls: 이 스프레드시트를 이용하면 재무제표 데이터를 근거로 이자보상배수와 고정비보상배수를 계산할 수 있다. (웹에서 다운로드 가능)

✓*부채비율*　　이자보상배수는 기업의 이자 지급 능력만 측정할 뿐, 원금 상환능력은 측정하지 않는다. 부채비율은 부채를 총자본이나 자기자본과 비교하여 원금 상환능력을 측정한다.

$$부채총자본비율 = 부채/(부채 + 자기자본)$$
$$부채자기자본비율 = 부채/자기자본$$

부채총자본비율은 총자본에서 부채가 차지하는 비중을 측정하며, 100%를 초과할 수 없다. 부채자기자본비율은 자기자본의 장부가액에서 부채가 차지하는 비중을 측정하며, 첫 번째 공식에서 쉽게 도출할 수 있다.

$$부채자기자본비율 = 부채총자본비율/(1 - 부채총자본비율)$$

이들 비율은 총자본이 부채와 자기자본 두 가지로만 조달된다고 가정하지만, 총자본 조달 방식에 우선주 등도 쉽게 포함할 수 있다. 때로는 우선주를 보통주와 결합하여 자기자본으로 계산하기도 하지만, 둘을 구분해서 우선주총자본비율을 산출하는 편이 낫다(이때 총자본에는 부채, 자기자본, 우선주가 포함된다).

부채비율과 비슷한 변종이 두 가지 있다. 첫 번째 변종은 총부채 대신 장기부채만 사용하는데, 단기부채는 일시적인 수단에 불과해서 기업의 장기지급능력에 영향을 미치지 못한다고 보기 때문이다.

$$장기부채총자본비율 = 장기부채/(장기부채 + 자기자본)$$
$$장기부채자기자본비율 = 장기부채/자기자본$$

하지만 단기부채는 만기 연장이 어렵지 않아서 장기 프로젝트에도 단기부채로 자금을 조달하는 기업이 많다. 그러므로 이런 변종 부채비율은 기업의 재무레버리지 위험을 오도할 수 있다.

두 번째 변종은 장부가액 대신 시장가치를 사용하는데, 일부 기업은 장부가액보다 훨씬 큰 금액을 차입할 수 있기 때문이다.

시장가치 기준 부채자본비율 = 부채의 시장가치/(부채의 시장가치 + 자기자본의 시장가치)
시장가치 기준 부채자기자본비율 = 부채의 시장가치/자기자본의 시장가치

부채의 시장가치는 입수하기도 어려울뿐더러 변동성이 커서 신뢰할 수 없다고 주장하면서 시장가치 사용을 거부하는 애널리스트가 많다. 이런 주장에는 논쟁의 여지가 있다. 상장채권이 없는 기업은 실제로 부채의 시장가치를 입수하기 어렵다. 그러나 자기자본의 시장가치는 입수하기도 쉬울 뿐 아니라, 시장 전체와 기업의 최신 정보까지 끊임없이 반영한다. 게다가 상장채권이 없는 기업의 부채에 시장가치 대신 장부가액을 사용해도, 대부분 결과는 시장가치 기준으로 산출한 부채비율과 크게 달라지지 않는다.[9]

---

dbtfund.xls: 미국 기업들의 업종별 장부가액 기준 부채비율과 시장가치 기준 부채비율을 요약한 엑셀 자료. (웹에서 다운로드 가능)

9　장부가액 대신 시장가치를 적용할 때 발생하는 편차는 부채보다 자기자본에서 훨씬 커지는데, 이것이 대부분 부채비율 계산에서 나타나는 가장 중요한 특징이다.

　　　　　　　　　　　　　　　　　　　　　　　　　가치평가 바이블

[예시 3.7] 장부가액 부채비율과 변종: RTX와 홈디포(2023년)

표 3.7은 2023년 부채와 자기자본의 장부가액으로 산출한 RTX와 홈디포의 다양한 부채비율을 요약한 것이다(단위: 100만 달러).

[표 3.7] RTX와 홈디포의 부채비율

	RTX	홈디포
장기부채	42,355	41,962
단기부채	1,472	1,231
장기리스부채	1,412	6,226
단기리스부채	0	945
자기자본의 장부가액	61,445	1,562
장기부채/자기자본	71.23%	3,085.02%
장기부채/(장기부채 + 자기자본)	41.60%	96.86%
총부채/자기자본	73.63%	3,224.33%
총부채/(총부채 + 자기자본)	42.40%	96.99%
자기자본의 시장가치	120,930	363,720
총부채/자기자본 (시장)	37.41%	13.85%
총부채총자본비율 (시장)	27.22%	12.16%

2023년 홈디포는 장부가액 기준으로 부채비율이 이상할 정도로 높아 보이지만, 이는 2023년 말 자기자본의 장부가액이 매우 낮았기 때문이다(그래서 자본이익률과 자기자본이익률에도 영향을 미쳤다). 반면 시장가치를 기준으로 계산하면 홈디포의 부채비율이 RTX보다 낮다.

재무제표 분석의 기타 주제

회계기준과 관행은 국가별로 큰 차이가 있어서 이런 차이가 기업들의 비교에 영향을 미칠 수 있다.

회계기준과 관행의 차이

국가별로 적용되는 회계기준이 다르면 이익 측정도 달라질 수 있다. 그러나 이 차이는 일부 애널리스트가 주장하는 것처럼 크지 않으므로. 이 때문에 가치평가가 기본 원칙에서 과도하게 벗어나는 일은 없다. 1990년 최(Choi)와 레비치(Levich)의 선진국 시장 회계기준 조사에 의하면, 대부분 국가가 재무제표 작성의 일관성 원칙, 실현주의 원칙, 취득원가 원칙 등 기본 회계 개념에 동의한다. IFRS를 채택하는 국가가 증가하고 있지만, 국제회계기준과 미국회계기준 사이에는 차이점보다 유사점이 더 많다는 사실에 주목해야 한다. 그러나 일부 분야에서는 여전히 차이가 존재하므로 그 차이를 표 3.8에 정리했다.

미국 기업과 외국 기업의 재무제표 차이 대부분은 비교 과정에서 설명하고 조정할 수 있다. 하지만 기업 사이의 회계기준 차이가 매우 크면, PER처럼 조정 없이 보고이익을 사용하는 통계는 투자자를 오도할 수 있다.

[표 3.8] 국제회계기준과 미국회계기준의 차이점(2023년)

	국제회계기준(IFRS)	미국회계기준(GAAP)
규정 대 원칙	원칙 중심	규정 중심
재고자산	선입선출법 또는 가중평균법. 시장가격이 하락하면 평가절하할 수 있지만 다시 상승하면 평가절상할 수 있다	선입선출법, 후입선출법 또는 가중평균법. 시장가격이 하락하면 평가절하할 수 있지만 상황이 바뀌어도 다시 평가절상할 수는 없다
공정가치	유형고정자산과 무형자산을 포함해서 공정하게 평가할 수 있는 모든 자산에 허용된다	유가증권에만 허용된다
손상차손	자산 가치가 하락하면 손상차손으로 처리하지만 시장가격이 다시 상승하면 뒤집을 수 있다	자산 가치가 하락하면 손상차손으로 처리하지만 상황이 바뀌어도 뒤집을 수 없다
무형자산	미래에 기대되는 경제적 이득이 더 확실해지면 개발비를 자본화할 수 있다	비용으로 처리한다. 소프트웨어는 기술적 타당성이 입증되면 원가를 자본화할 수 있다
고정자산	처음에는 원가로 표시하지만 이후 시장가치에 따라 올리거나 내릴 수 있다	원가로 표시하고 감가상각한다
리스	일부 무형자산에 관한 리스를 포함해서 리스를 자본화한다	무형자산에 대해서만 리스를 자본화한다
영업권	현금 부서 수준에서 손상 처리, 질적 예외를 허용하며 영업권 가치를 초과할 수 있다	보고 부서 수준에서 손상 처리, 질적 예외를 허용하며 영업권 가치를 초과할 수 없다

결론

재무제표는 투자자와 애널리스트에게 여전히 주된 정보의 원천이다. 그러나 기업에 관한 핵심 질문에 답을 구할 때, 회계사와 애널리스트는 접근하는 방식이 다르다.

첫 번째 질문은 기업이 보유한 자산의 특성과 가치다. 자산은 이미 투자한 자산(보유 자산)과 투자할 자산(성장 자산)으로 분류된다. 재무제표는 보유 자산에 관한 과거 정보는 풍부하게 제공하지만, 성장 자산에 관한 정보는 거의 제공하지 않는다. 재무제표는 보유 자산의 취득원가(장부가격) 중심이므로, 보유 자산의 표시 가액이 시장가격과 크게 다를 수 있다. 회계규정은 내부 연구로 창출한 성장 자산에 대해서는 가치가 낮거나 없다고 평가한다.

두 번째 주제는 수익성 평가다. 이익 측정 방법을 다루는 두 원칙은 발생주의 원칙(매출과 비용을 인식하는 시점은 대금을 받거나 지급한 시점이 아니라 거래가 발생한 시점이다)과 비용 분류 원칙(영업비용, 금융비용, 자본적 지출로 분류)이다. 영업비용과 금융비용은 손익계산서에 표시되지만, 자본적 지출은 장기간에 걸쳐 감가상각과 상각으로 표시된다. 회계기준은 마침내 운용리스를 영업비용으로 분류하던 오류를 금융비용으로 바로잡았지만, 연구개발비를 영업비용으로 분류하던 오류는 자본적 지출로 바로잡지 못했다.

재무제표는 부정확하긴 해도 단기 유동성 위험과 장기 채무불이행 위험도 다룬다. 재무제표는 기업의 채무불이행 위험 조사를 중시하므로, 주식 투자자들이 떠안는 위험에는 관심이 거의 없다.

연습문제 별도 표기가 없으면 주식 위험 프리미엄은 5.5%로 한다.

1~4. 1998년 12월 코카콜라의 요약 재무상태표는 다음과 같다(단위: 100만 달러).

현금 및 현금등가물	1,648	매입채무	3,141
시장성 유가증권	159	단기차입금	4,462
매출채권	1,666	기타단기부채	1,037
기타 유동자산	2,017	*유동부채*	8,640
유동자산	6,380	장기차입금	687
장기투자자산	1,863	기타장기부채	1,415
감가상각하는 고정자산	5,486	*비유동부채*	2,102
감가상각하지 않는 고정자산	199		
감가상각누계액	2,016	납입자본금	3,060
순고정자산	3,669	유보이익	5,343
기타자산	7,233	*자기자본 총계*	8,403
자산 총계	**19,145**	**부채와 자기자본 총계**	**19,145**

1 코카콜라 재무상태표의 자산 항목을 보고 다음에 답하라.

   a. 시장가치에 가장 가까운 자산은? 그 이유는?

   b. 코카콜라의 순고정자산은 36억 6,900만 달러다. 코카콜라가 이 자산을 구매하는 데 얼마를 사용했는지 추정할 수 있는가? 이 자산의 경과연수를 파악할 방법이 있는가?

   c. 코카콜라는 고정자산보다는 유동자산에 많이 투자하는 것으로 보인다. 이는 중요한 사실인가? 이유는 무엇인가?

   d. 1980년대 초에 코카콜라는 병입(bottling) 사업부를 매각하여 병입업체들이 독립적인 회사가 되었다. 이러한 조치가 코카콜라 재무상태표의 자산 항목에 어떤 영향을 미쳤을까? (제조 공장들은 대부분 병입 사업부의 일부였을 가능성이 크다.)

2 코카콜라 재무상태표의 부채를 검토하라.

   a. 코카콜라의 이자부 부채는 얼마인가? (기타단기부채는 잡부채(sundry payables)를 나타내고, 기타장기부채는 건강보험 및 연금 채무를 나타낸다고 가정할 수 있다.)

b. 코카콜라가 초기에 금융시장에 주식을 발행하여 얻은 자기자본은 얼마인가?

c. 이익잉여금이 납입자본금보다 크다는 사실에는 어떤 의미가 있는가?

d. 코카콜라 자기자본(주식)의 시가총액은 1,400억 달러다. 이 자기자본의 장부가치는 얼마인 가? 시장가치와 장부가치의 차이가 이렇게 큰 이유는 무엇인가?

3. 코카콜라의 가장 가치 있는 자산은 브랜드다. 재무상태표의 어디에서 이 가치를 찾을 수 있는가? 이 자산의 가치를 반영하도록 재무상태표를 조정할 방법이 있는가?

4 코카콜라의 운전자본 관리를 분석해달라는 요청을 받았다고 하자.

a. 코카콜라의 순운전자본과 비현금성 운전자본을 구하라.

b. 회사의 유동비율을 구하라.

c. 회사의 당좌비율을 구하라.

d. 이러한 수치들을 보고 코카콜라의 위험에 대해 무언가 결론을 내릴 수 있는가? 그 이유는?

5~9. 코카콜라의 1997년과 1998년 손익계산서를 요약하면 다음과 같다(단위: 100만 달러).

자산 총계	1997	1998
매출액	18,868	18,813
매출원가	6,015	5,562
판매비와 관리비	7,852	8,284
이자 및 세금 차감 전 이익	5,001	4,967
이자비용	258	277
영업외손익	1,312	508
법인세비용	1,926	1,665
당기순이익	4,129	3,533
배당금	1,387	1,480

다음은 코카콜라의 손익계산서와 관련된 질문이다.

5 1998년 코카콜라의 세전영업이익은 얼마인가? 1997년과 비교하면 어떠한가? 차이가 나는 이유는 무엇인가?

6 코카콜라의 가장 큰 지출은 판매관리비에 포함되는 광고비다. 이 비용의 대부분은 코카콜라의 브랜드를 구축하는 데 쓰인다. 광고비는 영업비용이 되어야 할까, 아니면 자본비용으로 처리해야 할까? 만약 자본비용으로 처리해야 한다면 어떻게 자본화할까?(연구개발비의 자본화를 기준으로 삼으라.)

7 1998년 코카콜라의 실효세율은 얼마였나? 1997년의 실효세율과 비교하면 어떠한가? 차이는 어디서 발생했는가?

8 코카콜라의 수익성을 평가해달라는 요청을 받았다. 1997년과 1998년의 세전 영업이익률과 순이익률을 구하라. 이 2년간의 비교를 통해 어떤 결론을 도출할 수 있는가?

9 1997년 코카콜라 자기자본의 장부가치는 72억 7,400만 달러였다. 이자부 부채는 38억 7,500만 달러였다. 다음을 구하라.

a. 1998년 연초 기준 자기자본이익률

b. 1998년 연초 기준 세전자본이익률

c. 1998년 연초 기준 세후자본이익률. 1998년의 실효세율을 사용하라.

10 시소 토이즈는 1998년 말에 장부상 자기자본이 15억 달러이고 발행주식이 1억 주라고 보고했다. 1999년 이 회사는 시장가격인 주당 40달러에 1,000만 주를 매입했다. 그리고 1억 5,000만 달러의 순이익을 보고하고 5,000만 달러를 배당금으로 지급했다. 다음을 구하라.

a. 1999년 말 자기자본의 장부가액

b. 기초 장부가액을 사용한 자기자본이익률

c. 평균 장부가액을 사용한 자기자본이익률

4장
위험의 기본 개념

　자산과 기업의 가치를 평가하려면 현금흐름의 위험을 반영하는 할인율을 사용해야 한다. 특히 부채비용에는 부채의 채무불이행 위험 프리미엄이 포함되어야 하고, 자기자본비용에는 주식 위험 프리미엄(equity risk premium: ERP)이 포함되어야 한다. 그러면 채무불이행 위험과 자기자본 위험은 어떻게 측정해야 하는가? 더 중요한 문제는 채무불이행 위험 프리미엄과 자기자본 위험 프리미엄을 찾아내는 방법이다.

　4장에서는 가치평가에서 위험을 분석하는 토대를 다진다. 여기서는 위험을 측정하여 이 위험을 기준수익률(hurdle rate: 투자안을 선택할 때 보장되어야 할 최소한의 수익률 - 옮긴이)로 전환하는 대안 모형들을 제시한다. 먼저 자기자본 위험을 논의한 뒤 3단계에 걸쳐 분석을 제시한다.

　첫 번째 단계에서 위험을 통계 용어로 정의하면 기대수익률 대비 실제 수익률의 편차가 된다. 이 편차가 클수록 그 투자는 더 위험하다고 인식된다. 가장 중요한 두 번째 단계는 이 위험을 분산가능 위험과 분산불가능 위험으로 분해하는 작업이다. 세 번째 단계에서는 다양한 위험-수익 모형들이 분산불가능 위험을 측정하는 방법을 살펴본다. 여기서는 가장 널리 사용되는 자본자산가격결정모형(Capital Asset Pricing Model: CAPM)과 다른 모형들을 비교하면서 측정 방법의 차이와 원인을 설명하고 자기자본 위험 프리미엄에 대해 시사하는 바를 알아본다.

마지막으로 이 장에서는 채무불이행 위험을 논의하고, 신용평가기관들이 채무불이행 위험을 측정하는 방법을 살펴본다. 그러면 우리는 기업의 자기자본 위험과 채무불이행 위험 평가 방법을 확보하게 된다.

위험이란 무엇인가?

흔히 위험은 인생이라는 확률 게임에서 우리가 원치 않는 결과가 나올 가능성을 가리킨다. 예를 들어 과속 운전의 위험은 속도위반 딱지를 받거나 더 심각하게는 사고가 나는 것이다. 웹스터 사전에서는 위험을 "위험이나 해악에 노출되는 것"으로 정의한다. 그러므로 위험은 거의 예외 없이 부정적인 의미로 인식된다.

그러나 재무학에서 정의하는 위험은 내용도 다르고 범위도 더 넓다. 여기서 위험은 우리가 얻는 투자 수익이 기대했던 투자 수익과 달라질 가능성을 지칭한다. 그러므로 위험에는 나쁜 결과(기대보다 낮은 수익률)뿐 아니라 좋은 결과(기대보다 높은 수익률)도 포함된다. 그래서 위험을 측정할 때 전자는 하방 위험, 후자는 상방 위험으로 부를 수 있다. 이런 위험의 참뜻을 가장 잘 담아내는 용어가 다음 한자(漢字)이다.

危機

위기의 위는 '위험'을 뜻하고 기는 '기회'를 뜻하므로 위기는 위험과 기회의 조합을 가리킨다. 위기는 기회에서 오는 더 높은 수익과 이 때문에 감수해야 하는 더 큰 위험 사이에서 모든 투자자와 기업이 해야 하는 절충을 매우 명확하게 나타낸다.

4장에서는 주로 투자 위험을 잘 측정하는 모형을 찾아내서 투자 위험을 수익 기회로 전환하는 방법을 살펴보기로 한다. 재무학에서는 이런 위험을 '위험'이나 '리스크

가치평가 바이블

(risk)'라 하고 이런 기회를 '기대수익'이라고 한다.

위험과 기대수익은 보는 관점에 따라 달라지므로 측정하기가 쉽지 않다. 예를 들어 기업의 위험은 회사 경영자의 관점에서 분석할 수 있다. 아니면 회사의 지분을 보유한 주주들의 관점에서 위험을 분석해야 타당하다고 주장할 수도 있다. 주주들 대부분은 포트폴리오의 일부로 그 주식을 보유하므로, 위험을 보는 관점이 (인적 자본과 금융 자본을 대규모로 회사에 투자한) 경영자의 관점과 다를 수 있다.

이 책에서는 투자 위험을 투자자의 관점으로 인식해야 한다고 주장한다. 흔히 투자자의 수는 매우 많으며 이들의 관점은 제각각이므로, 거액 투자자는 물론 (주식을 매매하면서 주가에 영향을 미칠 가능성이 큰) 소액 투자자의 관점으로도 위험을 측정해야 한다고 주장할 수 있다. 가치평가의 목적은 자산의 가격을 결정할 사람들의 관점에서 그 자산의 가치를 측정하는 데 있다. 이 목적에 충실하려면 주가를 결정하는 사람들의 관점을 고려해야 하는데, 그들이 바로 소액 투자자들이다.

주식 위험과 기대수익

여기서는 위험 분석을 3단계로 제시하면서 위험에 대한 관점을 살펴보기로 한다. 첫째, 기대수익 대비 실제 수익의 분포로 위험을 정의한다. 둘째, 몇몇 투자에 한정되는 위험과, 훨씬 광범위하게 영향을 미치는 위험(시장 위험)을 구분한다(잘 분산해서 투자하면 시장 위험만 떠안게 된다). 셋째, 이 시장 위험과 기대수익을 측정하는 대안 모형들을 살펴본다.

위험의 정의

자산을 매수하는 투자자는 자산을 보유하는 동안 수익이 나오길 기대한다. 그러나 투자자가 자산을 보유하는 동안 실제로 얻는 수익은 기대수익과 매우 다를 수 있다. 이 기대수익과 실제 수익의 차이가 위험의 원천이다. 예를 들어 1년 보유할 생각으로 기대수익이 5%인 1년 만기 단기 국채(또는 1년 만기 무위험 채권)를 매수한다고 가정하자. 보유 기간 1년이 지나면 이 투자의 실제 수익은 5%가 되므로 기대수익과 일치한다. 이 투자의 수익 분포는 그림 4.1과 같아서 무위험 투자에 해당한다.

　이번에는 보잉 주식을 매수한다고 가정하자. 이 투자자는 조사를 통해서 보잉을 1년 동안 보유하면 30% 수익을 기대할 수 있다고 판단한다. 그러나 보유 기간 1년 후 실

[그림 4.1] 무위험 투자의 수익 확률 분포

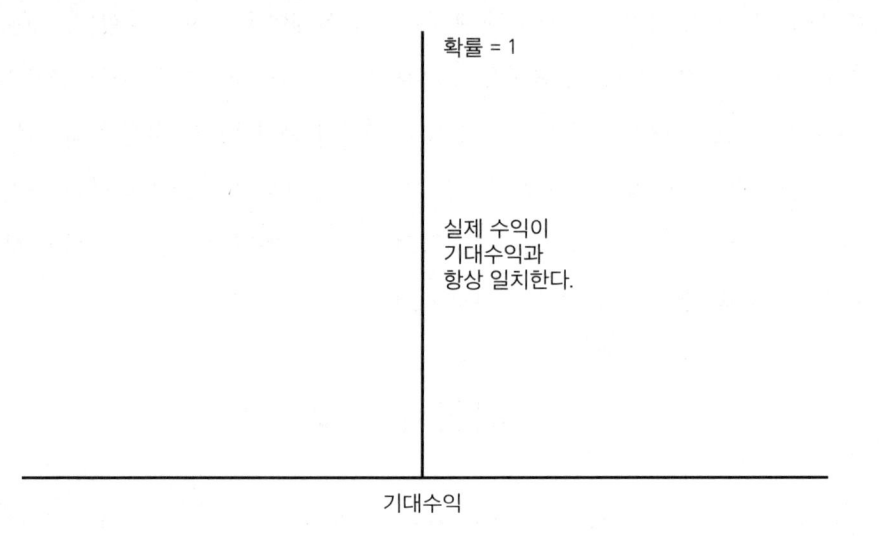

[그림 4.2] 위험 투자의 수익 확률 분포

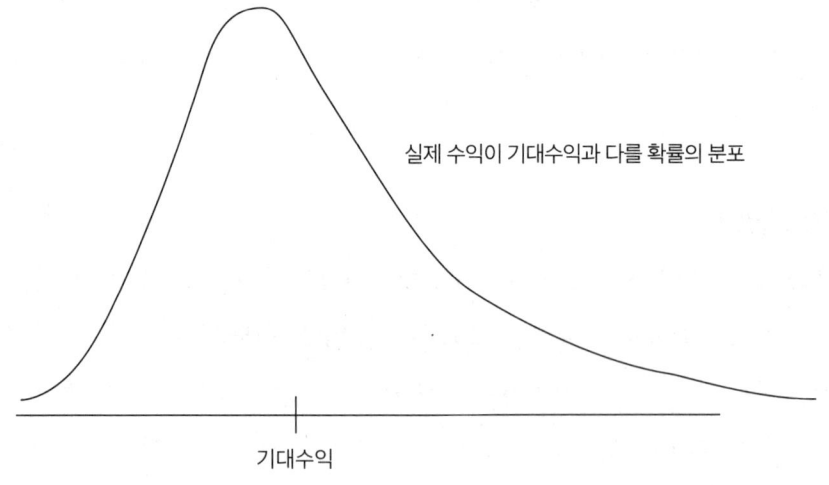

제 수익은 거의 틀림없이 30%가 아닐 것이며, 이보다 훨씬 높거나 낮을 수도 있다. 이 투자의 수익 분포는 그림 4.2와 같다.

이제 기대수익에 더해서 투자자가 고려해야 하는 사항은 다음과 같다. 첫째, 실제 수익은 기대수익과 다르다. 기대수익 대비 실제 수익의 차이는 분포의 분산이나 표준편차로 측정한다. 기대수익 대비 실제 수익의 차이가 벌어질수록 분산이나 표준편차도 커진다. 둘째, 플러스 수익이나 마이너스 수익으로 편향된 정도를 나타내는 것이 분포의 왜도(skewness)이다. 그림 4.2의 분포는 큰 마이너스 수익보다 큰 플러스 수익의 확률이 높으므로 양의 왜도에 해당한다. 셋째, 분포의 꼬리 형태는 분포의 첨도(kurtosis)로 측정하는데, 꼬리가 뚱뚱할수록 첨도가 높아진다. 투자 관점에서 보면 가격이 위나 아래로 급변하는 경향을 나타낸다.

수익 분포가 정규분포를 따른다면 투자자는 왜도와 첨도에 대해 걱정할 필요가 없다. 정규분포는 왜도와 첨도가 0이기 때문이다. 그림 4.3은 수익이 대칭인 두 투자의 수익 분포를 나타낸다.

[그림 4.3] 수익 분포 비교

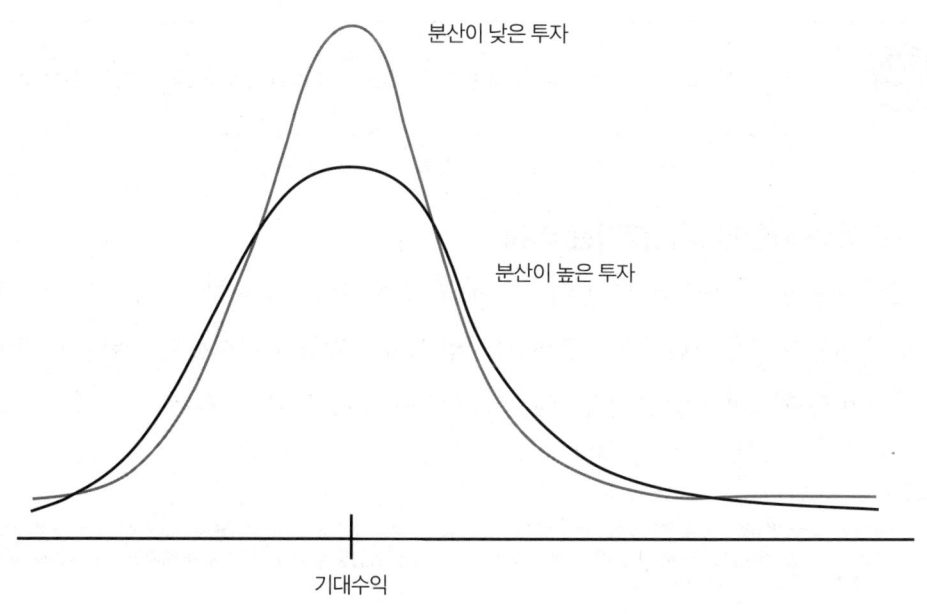

수익 분포가 정상이면 투자의 특성을 두 가지 변수로 측정할 수 있는데, 기회를 나타내는 '기대수익'과 위험을 나타내는 '표준편차나 분산'이다. 정규분포이면서 수익의 표준편차는 똑같고 기대수익은 다른 두 가지 투자 대안이 있을 때, 합리적인 투자자라면 항상 기대수익이 더 높은 대안을 선택한다.

정규분포가 아닌 더 일반적인 사례에서도, 투자자가 그런 선택을 허용하는 효용함수를 가지고 있다면 기대수익과 분산만을 기준으로 투자 대안을 선택할 수 있다.[1] 이들은 음의 왜도보다 양의 왜도를 선호하고, 높은 첨도보다 낮은 첨도를 선호할 가능성이 훨씬 크다(플러스 수익 편향과 낮은 가격 변동성을 선호한다). 투자자들은 대안을 선택할 때 나쁜 특성(높은 변동성과 첨도)을 좋은 특성(높은 기대수익과 플러스 수익 가능성)으로 교환한다.

끝으로 우리가 실제로 사용하는 기대수익과 분산은 거의 예외 없이 (미래 수익이 아니라) 과거 수익으로 추정한다는 사실에 주목해야 한다. 다시 말해 우리는 과거 수익 분포가 미래 수익 분포를 알려주는 타당한 지표라고 가정한다는 뜻이다. 그러나 시간이 흐르면 자산의 특성이 크게 변하듯이 이 가정도 훼손된다면, 과거 수익에 의한 추정치는 위험을 측정하는 좋은 척도가 아닐지도 모른다.

---

 optvar.xls: 미국의 다양한 섹터 주식들의 표준편차를 요약한 엑셀 자료. (웹에서 다운로드 가능)

분산가능 위험과 분산불가능 위험

실제 수익이 기대수익과 다른 이유는 두 가지 유형으로 분류할 수 있는데, 기업에 한정된 이유와 시장 전반적인 이유이다. 기업 특유의 활동에서 비롯되는 위험은 몇몇 투자에만 영향을 미치지만, 시장 전반적인 이유에서 비롯되는 위험은 거의 모든 투자

---

1   효용함수는 선택 변수를 근거로 투자자의 선호를 요약하는 방식이다. 예를 들어 투자자의 효용은 재산의 함수라고 말할 수 있다. 그러면 '재산이 두 배가 되면 투자자의 행복도 두 배가 되는가?' 같은 질문에 답할 수 있다. 답은 재산이 증가할수록 투자자가 느끼는 한계 효용이 체감하느냐에 좌우된다.

가치평가 바이블

에 영향을 미친다. 이 구분은 위험 평가 방식에 대단히 중요하다.

위험을 구성하는 요소　투자자가 기업의 주식을 사면 그는 여러 위험에 노출된다. 그 위험이 몇몇 기업에만 미치면 이 위험은 기업 특유의 위험으로 분류된다. 예를 들어 기업은 한 제품에 대한 시장 수요를 잘못 판단할 수도 있는데, 이를 프로젝트 위험이라고 부른다. 예컨대 보잉이 슈퍼 점보제트기에 투자했다고 가정하자. 이 투자는 항공사들이 대형 항공기를 원하며 더 높은 가격도 기꺼이 치를 것이라는 가정을 바탕으로 결정되었다. 이 수요 예측이 보잉의 오판이라면 보잉의 이익과 가치에는 분명히 영향을 미치겠지만, 시장의 다른 기업들에는 큰 영향을 미치지 않을 것이다. 이런 위험은 경쟁자들이 예상보다 더 강하거나 약해도 발생할 수 있는데, 이를 경쟁 위험이라고 한다. 예를 들어 보잉과 에어버스(Airbus)가 호주 항공사 콴타스(Qantas)의 주문을 받으려고 경쟁 중이라고 가정하자. 에어버스가 주문을 받을 가능성이 보잉과 보잉의 납품업체들에는 위험이 될 수 있지만, 다른 기업에는 거의 영향을 미치지 않을 것이다. 최근 디즈니(Disney)는 신규 구독자를 끌어들이려고 스트리밍 플랫폼을 통해서 새 프로그램을 시작했다. 이 프로그램의 성공 여부가 디즈니와 그 경쟁자들에는 분명히 중요하지만, 시장의 나머지 기업에는 영향을 미치지 않을 것이다.

위험 중에는 한 섹터 전체에 영향을 끼치는 위험도 이는데, 이를 섹터 위험이라고 부른다. 예를 들어 미국의 국방 예산이 삭감되면 보잉 등 방위 사업을 하는 모든 기업에 악영향이 미치지만, 다른 섹터에는 큰 영향을 주지 않는다. 이 세 가지 위험(프로젝트 위험, 경쟁 위험, 섹터 위험)의 공통점은 전체 기업 중 일부에만 영향을 미친다는 점이다.

위험 중에는 거의 모든 기업에 광범위하게 영향을 미치는 위험도 있다. 예를 들어 금리가 상승하면, 정도의 차이는 있겠지만 거의 모든 투자가 영향을 받는다. 마찬가지로 경기가 침체하면 모든 기업이 그 영향을 받으며, 특히 경기순환 기업들(자동차, 철강, 주택 등)은 더 깊이 체감한다. 이 위험을 시장 위험이라고 부른다.

끝으로, 영향을 미치는 범위가 모호한 위험도 있다. 예를 들어 다른 통화 대비 달러의 가치가 상승하면 국제 사업을 하는 기업들의 이익과 가치가 큰 영향을 받는다. 만

[그림 4.4] 위험의 분류

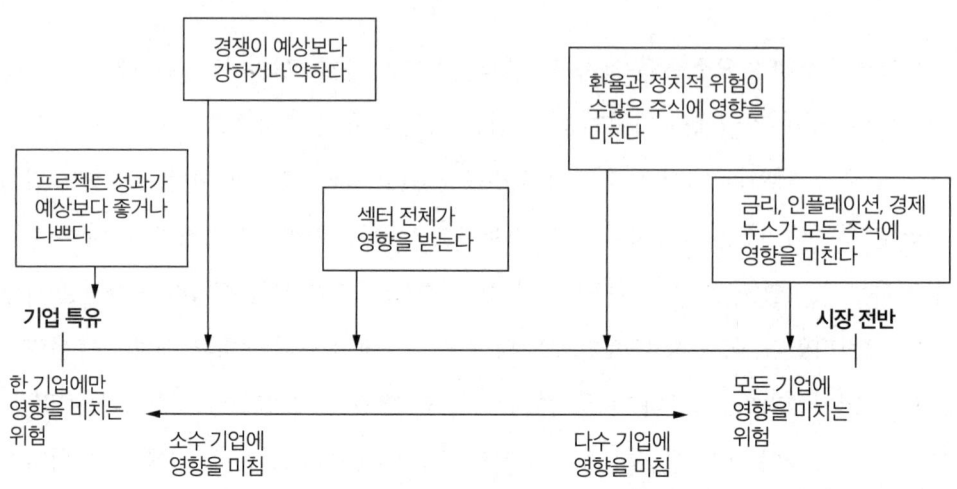

일 대부분 기업의 국제 사업 비중이 크고 환 노출도 같은 방향이라면 이 위험은 시장 위험으로 분류할 수 있다. 그러나 국제 사업 비중이 큰 기업이 소수에 불과하다면 이 위험은 기업 특유의 위험에 가깝다. 그림 4.4는 기업 특유의 위험과 시장 위험의 스펙트럼을 요약해서 보여준다.

분산투자가 기업 특유의 위험을 축소하는 이유(직관적 설명)　투자자는 자금을 한 종목에 모두 투자할 수도 있다. 이 경우에 투자자는 기업 특유의 위험과 시장 위험에 함께 노출된다. 그러나 다른 자산이나 주식에도 투자하여 포트폴리오를 확대하면 기업 특유의 위험을 축소할 수 있다. 이런 분산투자를 통해서 기업 특유의 위험이 축소되는 이유는 두 가지다. 첫째, 분산투자를 하면 포트폴리오에서 각 종목이 차지하는 비중이 훨씬 작아진다. 그러면 이후 내리는 투자 결정이 미치는 영향은 포트폴리오의 일부에 한정되므로, 한 종목에 모두 투자했을 때보다 가치 등락이 훨씬 작아진다. 둘째, 기업 특유의 활동이 미치는 영향은 포트폴리오의 개별 종목에 따라 달라질 수 있다. 그러므로 포트폴리오를 구성하는 종목이 매우 많으면 이 위험이 서로 상쇄되어 사라지므로 포트폴리오 전체의 가치에는 큰 영향을 미치지 않는다.

반면 시장 전반적인 흐름이 미치는 영향은 (종목별로 정도의 차이는 있겠지만) 포트폴리오의 대부분 종목에 같은 방향으로 작용한다. 예컨대 다른 조건이 같다면 금리 상승은 포트폴리오에 속한 대부분 종목의 가치를 떨어뜨린다. 분산투자를 잘해도 이 위험은 제거되지 않는다.

분산투자에 의한 위험 축소(통계 분석)　　포트폴리오 종목 수의 증가가 분산에 미치는 영향을 조사하면 분산투자가 위험에 미치는 영향이 매우 명확하게 드러난다. 포트폴리오의 분산을 결정하는 요소는 개별 종목들의 분산과 개별 종목들 주가의 동행성(同行性)이다. 주가의 동행성을 측정하는 통계 척도가 상관계수나 공분산이다. 공분산은 분산투자를 통해서 위험이 축소되는 과정을 뚜렷이 보여준다.

포트폴리오가 A와 B 두 종목으로 구성된다고 가정하자. 자산 A의 기대수익은 μ_A이고 수익의 분산은 σ^2_A, 자산 B의 기대수익은 μ_B이고 수익의 분산은 σ^2_B 이다. 두 종목 수익의 동행성을 측정하는 상관관계는 ρ_{AB}이다. 두 종목으로 구성된 포트폴리오의 기대수익(μ)과 분산(σ^2)은 두 종목이 포트폴리오에서 차지하는 비중을 반영하여 다음과 같이 나타낼 수 있다.

$$\mu_{\text{포트폴리오}} = w_A\mu_A + (1 - w_A)\mu_A$$
$$\sigma^2_{\text{포트폴리오}} = w_A^2\sigma_A^2 + (1 - w_A)^2\sigma_B^2 + 2w_A(1 - w_A)\rho_{AB}\sigma_A\sigma_B$$

여기서　w_A = A 종목이 포트폴리오에서 차지하는 비중

이 포트폴리오의 분산은 두 종목 사이의 공분산이므로 다음과 같이 나타낼 수도 있다.

$$\sigma_{AB} = \rho_{AB}\sigma_A\sigma_B$$

분산투자를 통해서 축소되는 위험의 크기는 상관계수에 따라 결정된다. 다른 조건이 같으면 두 종목의 상관계수가 높을수록 분산투자가 주는 이점이 감소한다. 그러나 상관계수가 1만 아니라면 종목 수가 증가할수록 위험이 감소한다.

시장 위험을 측정하는 평균-분산 모형들

위험-수익 모형 대부분은 위험 분석 과정의 처음 두 단계(위험은 실제 수익의 분포가 기대수익에서 벗어날 때 발생한다는 점과, 위험은 분산투자하는 소액 투자자의 관점으로 측정해야 한다는 점)에 대해서는 의견이 일치한다. 하지만 시장 위험 측정에 대해서는 의견이 갈린다. 이 섹션에서는 시장 위험을 측정하는 다양한 모형을 다루면서 이들의 차이점을 살펴본다. 먼저 시장 위험 측정에 가장 널리 사용되는 모형인 자본자산가격결정모형을 논의하고, 지난 20년 동안 개발된 대안 모형들도 살펴본다. 이 과정에서 모형들의 차이점도 강조하겠지만, 공통점도 검토할 것이다.

자본자산가격결정모형(CAPM) 지금까지 가장 오래 사용되었고 여전히 표준으로 인정받는 위험-수익 모형이 자본자산가격결정모형이다. 여기서는 이 모형의 바탕이 되는 가정들을 조사하고, 이 가정에서 비롯되는 시장 위험 척도들을 알아본다.

소액 투자자가 분산투자한다고 가정하는 이유

분산투자가 위험을 축소해준다는 주장은 직관적으로나 통계적으로나 확실히 타당하지만, 위험-수익 모형들은 여기서 한 걸음 더 나아간다. 이 모형들은 주식을 언제든지 매매할 수 있는 소액 투자자의 관점으로 위험을 바라본다. 이 모형들은 주가를 결정하는 주체가 소액 투자자라고 간주하며, 소액 투자자도 분산투자하므로 분산 포트폴리오나 시장 위험에 추가되는 위험에만 관심을 둔다고 주장한다. 이 주장은 간단하게 입증할 수 있다. 투자 위험은 분산투자할 때보다 분산투자하지 않을 때 항상 더 커진다. 분산투자하면 기업 특유의 위험은 떠안지 않지만, 분산투자하지 않으면 기업 특유의 위험도 떠안기 때문이다. 한 종목의 미래 이익과 현금흐름에 대한 기대가 똑같다면, 분산투자자는 위험이 더 작다고 인식하므로 이 종목을 더 높은 가격에도 매수할 수 있다. 그 결과 장기적으로는 이 종목을 분산투자자가 보유하게 된다.

이 주장은 설득력 있으며, 특히 낮은 비용으로 쉽게 거래할 수 있는 시장에 더 유력하다. 선진국 시장에서는 매우 낮은 비용으로 분산투자할 수 있으므로 선진국 주식에 이 주장이 잘 통한다.

게다가 선진국 시장에서는 기관투자자들이 주식 거래량의 상당 비중을 차지하는데, 이들은 분산투자하는 경향이 있다. 하지만 비용이 높거나 매매하기 어려운 시장에서는 이 주장이 잘 통하지 않는다. 이런 시장의 소액 투자자들은 대개 분산투자를 하지 않으므로 개별 종목을 선정할 때 기업 특유의 위험을 여전히 중요하게 고려한다. 예를 들어 대부분 국가에서 부동산을 보유하는 사람들은 분산투자를 하지 않으며, 이들의 재산 대부분이 부동산에 묶여 있다.

가정　분산투자는 위험을 축소해서 기업 특유의 위험만 떠안을 수 있게 해주지만, 대부분 투자자는 분산해서 보유하는 종목 수를 소수로 제한한다. 대형 뮤추얼펀드 중에도 수백 개 종목을 보유하는 펀드는 드물어서, 10~20개 종목만 보유하는 경우가 많다. 투자자들이 보유 종목 수를 제한하는 이유는 두 가지다. 하나는 비교적 적은 종목으로도 분산투자가 주는 이점 대부분을 얻을 수 있기 때문이다. 분산투자로 얻는 한계 이득은 종목 수가 증가할수록 감소하므로, 분산투자의 한계 이득이 분산투자의 한계 비용에 못 미칠 수도 있다. 나머지 이유 하나는 저평가 종목을 찾아낼 수 있다고 믿으면서 고평가 종목이나 적정 평가 종목은 보유하지 않으려는 투자자가 많기 때문이다.

자본자산가격결정모형은 거래비용이 없고, 모든 자산이 거래되며, 모든 자산을 무한히 나눌 수 있다고(자산의 극히 작은 일부도 매수할 수 있다고) 가정한다. 그리고 모두가 똑같이 정보에 접근할 수 있으므로 시장에서 저평가되거나 고평가된 종목을 아무도 찾을 수 없다고 가정한다. 이 가정 덕분에 투자자는 추가 비용 없이 분산투자 종목을 계속 확대할 수 있다. 극단적으로는 포트폴리오에 시장의 모든 종목을 시가총액에 비례해서 담을 수도 있다.

이렇게 시장의 모든 종목을 담은 포트폴리오를 시장 포트폴리오라고 부르는데, 거래비용이 없다고 가정하면 시장 포트폴리오 개념이 등장하는 것도 놀랄 일이 아니다. 분산투자가 기업 특유의 위험을 축소해주며 포트폴리오 종목 확대에 비용이 들지 않는다면, 분산투자의 논리적인 한계점은 시장의 모든 종목을 소량씩 비례해서 보유하는 것이다. 이 말이 실감 나지 않는다면 주식과 부동산에 투자하는 지극히 잘 분산된 포트폴리오를 생각해보라. CAPM에서는 모든 투자자가 극도로 분산된 뮤추얼펀드와 무위험 자산을 조합해서 보유한다.[2]

CAPM에서 투자자의 포트폴리오　모든 투자자가 보유하는 시장 포트폴리오가 똑같다면, 그는 자신의 위험 선호도를 투자에 어떻게 반영할까? CAPM에서 투자자는 무위험 자산에 투자하는 비중과 시장 포트폴리오에 투자하는 비중을 결정하는 자산 배분에 자신의 위험 선호를 반영한다. 위험을 회피하는 투자자는 무위험 자산에 더 많이 투자하거나 모두 투자할 수 있다. 위험을 선호하는 투자자는 시장 포트폴리오에 더 많이 투자하거나 모두 투자할 수 있다. 시장 포트폴리오에 모두 투자하고서도 위험을 더 감수하고 싶은 투자자는 무위험 이자율로 돈을 빌려 시장 포트폴리오에 추가로 투자할 수 있다.

이 과정에는 두 가지 가정이 추가된다. 첫째, 기대수익이 확실하게 알려진 무위험 자산이 존재한다. 둘째, 투자자는 무위험 이자율로 자금을 차입하거나 대출하여 최적 자산 배분에 도달할 수 있다. 무위험 이자율 대출은 단기 국채(Treasury bill)나 장기 국채(Treasury bond)를 사는 방식으로 쉽게 달성할 수 있지만, 개인이 무위험 이자율로 자금을 차입하기는 매우 어렵다. 이런 가정들을 완화하여 똑같은 결론에 도달하는 CAPM 변형 모형들도 있다.

개별 자산의 시장 위험 측정　개별 자산의 위험은 그 자산이 전체 포트폴리오에 추가한 위험이다. CAPM에서는 모든 투자자가 시장 포트폴리오를 보유하므로, 개별 자산의 위험은 그 자산으로 인해 증가한 시장 포트폴리오 위험이다. 어떤 자산의 가격 흐름이 시장 포트폴리오와 독립적이면, 이 자산은 시장 포트폴리오의 위험을 많이 증가시키지 않는다. 다시 말해서 이 자산의 위험 대부분은 기업 특유의 위험이므로

2　포트폴리오 선택 과정에 '무위험 자산'을 도입해서 그 의미를 처음으로 제시한 사람이 샤프(Sharpe, 1964)와 린트너(Lintner, 1965)이다. 그래서 이 모형을 샤프-린트너 모형이라고 부르기도 한다.

분산투자를 통해서 제거할 수 있다. 반면 어떤 자산의 가격 흐름이 시장 포트폴리오와 동행하면 이 자산은 포트폴리오 위험을 증가시킨다. 이 자산에는 기업 특유의 위험보다 시장 위험이 더 많다. 이 자산이 증가시키는 위험은 이 자산과 시장 포트폴리오의 공분산으로 측정한다.

분산불가능 위험의 측정　투자자가 두 가지 자산(무위험 자산과 시장 포트폴리오)만 보유하는 세상에서는 시장 포트폴리오를 기준으로 개별 자산의 위험을 측정한다. 한 자산의 위험은 그 자산이 증가시키는 시장 포트폴리오 위험이다. 이렇게 증가하는 위험을 측정하기 위해서 σ^2_m은 새 자산을 추가하기 전 시장 포트폴리오의 분산이고, σ^2_i는 이 포트폴리오에 새로 추가되는 개별 자산의 분산이라고 가정하자. 이 자산이 포트폴리오에서 차지하는 시장가치 비중은 w_i이고, 개별 자산 수익과 시장 포트폴리오 수익 사이의 공분산은 σ_{im}이다. 개별 자산을 추가하기 전과 후의 시장 포트폴리오 분산은 다음과 같이 나타낼 수 있다.

$$자산\ i를\ 추가하기\ 전의\ 분산 = \sigma^2_m$$
$$자산\ i를\ 추가한\ 후의\ 분산 = \sigma^2_m = w^2_i\sigma^2_i + (1 - w_i)^2\sigma^2_m + 2w_i(1 - w_i)\sigma_m$$

개별 자산이 시장 포트폴리오에서 차지하는 시장가치 비중은 작아야 한다. 시장 포트폴리오에는 시장에서 거래되는 모든 자산이 포함되기 때문이다. 따라서 방정식의 첫 번째 항은 제로에 가까워야 하고, 두 번째 항은 σ^2_m에 가까워야 하므로, 세 번째 항(σ_{im}: 공분산)이 자산 i에 의해서 증가하는 위험이 된다.

공분산 표준화　공분산은 퍼센트 값이어서 이 값으로는 자산의 상대적 위험을 평가하기 어렵다. 다시 말해서 보잉과 시장 포트폴리오의 공분산이 55%라는 사실을 알아도 보잉이 평균 자산보다 더 위험한지 안전한지 판단하기 어렵다. 그래서 우리는 각 자산과 시장 포트폴리오 사이의 공분산을 시장 포트폴리오의 분산으로 나누어 위험 척도를 표준화한다. 이렇게 하면 베타라는 위험 척도가 산출된다.

$$\text{자산 i의 베타} = \frac{\sigma_{im}}{\sigma_m^2}$$

'시장 포트폴리오와 시장 포트폴리오 자신의 공분산'은 시장 포트폴리오의 분산과 같으므로, 시장 포트폴리오의 베타는 1이다(따라서 시장 포트폴리오에 포함된 자산의 평균 베타도 1이다). 위험이 평균보다 큰 자산은 베타가 1보다 크고, 위험이 평균보다 작은 자산은 베타가 1보다 작다. 무위험 자산의 베타는 제로(0)다.

기대수익 구하기　모든 투자자가 무위험 자산과 시장 포트폴리오를 조합해서 보유하면 자산의 기대수익은 그 자산의 베타에 비례하게 된다. 자산의 기대수익은 무위험 이자율과 그 자산의 베타 함수로 나타낼 수 있다.

$$E(R_i) = R_f + \beta_i[E(R_m) - R_f]$$

여기서　$E(R_i)$ = 자산 i의 기대수익
R_f = 무위험 이자율
$E(R_m)$ = 시장 포트폴리오의 기대수익
β_i = 자산 i의 베타

CAPM을 사용하려면 세 가지 입력 변수가 있어야 한다. 세 변수의 추정 과정은 다음과 같다.(더 자세한 방법은 5장에서 다루기로 한다.)

■ 무위험 자산(R_f)은 분석 기간의 기대수익을 투자자가 확실히 아는 자산으로 정의한다.
■ 주식 위험 프리미엄($E(R_m)-R_f$)은 시장의 모든 위험 자산이 포함된 시장 포트폴리오에 투자할 때 투자자가 요구하는 프리미엄이다.
■ (자산의 공분산을 시장 포트폴리오의 분산으로 나누어 산출하는) 베타(β_i)는 그 자산이 증가시킨 시장 포트폴리오의 위험을 측정한다.

요컨대 CAPM에서는 모든 시장 위험이 시장 포트폴리오를 기준으로 산출되는 베타로 표현된다. 여기서 시장 포트폴리오는 (적어도 이론상으로는) 시장에서 거래되는 모든 자산을 시장가치에 비례해서 보유한다.

차익거래가격결정모형(Arbitrage Pricing Model: APM)　학자와 전문가들은 거래비용과 정보에 관한 비현실적인 가정과 시장 포트폴리오에 대한 의존 때문에 오래전부터 CAPM을 회의적으로 바라보았다. 로스(Ross, 1976)는 위험을 측정하는 대안 모형으로 이른바 차익거래가격결정모형(APM)을 제시했다.

가정　무위험 투자를 통해서 무위험 이자율보다 높은 수익을 얻을 수 있다면 그는 차익거래 기회를 발견한 셈이다. 차익거래가격결정모형의 전제는 투자자가 이런 차익거래 기회를 이용하면 그 과정에서 차익거래 기회가 사라진다는 것이다. 두 포트폴리오의 위험은 똑같고 기대수익은 다르다면, 투자자는 기대수익이 더 높은 포트폴리오를 사고 기대수익이 더 낮은 포트폴리오를 팔아 그 차액을 무위험 이익으로 얻는다. 이런 차익거래가 발생하지 않으려면 두 포트폴리오의 기대수익이 똑같아야 한다.

CAPM과 마찬가지로 APM도 위험을 기업 특유의 위험과 시장 위험으로 나눈다. CAPM처럼 기업 특유의 위험에는 주로 한 기업 또는 소수의 기업에 영향을 주는 정보를 포함한다. 그리고 시장 위험에는 모든 기업에 영향을 주는 정보를 비롯한 국민총생산(GNP), 인플레이션, 금리 등 경제 변수들의 예상치 못한 변화를 포함한다. 두 가지 위험을 반영해서 수익 모형을 다음과 같이 나타낼 수 있다.

$$R = E(R) + m + \varepsilon$$

여기서 R은 실제 수익, E(R)은 기대수익, m은 예상 못 한 시장 위험 ε은 기업 특유의 위험을 가리킨다. 시장 위험이나 기업 특유의 위험 때문에 실제 수익은 기대수익과 달라질 수 있다.

시장 위험의 원천　CAPM과 APM 둘 다 기업 특유의 위험과 시장 위험을 구분하지만, 시장 위험을 측정하는 방법은 다르다. CAPM은 시장 위험이 시장 포트폴리오에 포착된다고 가정하지만, APM은 시장 위험의 원천이 다수라고 보면서 경제 요소의 변화에 대한 각 원천의 민감도를 측정한다. 일반적으로 시장 위험은 경제 요소들로 분해할 수 있다.

$$R = E(R) + m + \varepsilon$$
$$= R + (\beta_1 F_1 + \beta_2 F_2 + \cdots + \beta_n F_n) + \varepsilon$$

여기서 β_j = 시장 위험 요소 j의 예상 못 한 변화에 대한 투자의 민감도
F_j = 시장 위험 요소 j의 예상 못 한 변화

거시경제(또는 시장) 요소에 대한 투자의 민감도는 이른바 요소 베타(factor beta)라는 베타 형태로 표시한다. 이 베타에는 CAPM의 시장 베타와 똑같은 특성이 많다.

분산투자 효과 분산투자의 이점에 대해서는 앞에서 논의하였으며, 이 과정에서 위험을 시장 위험과 기업 특유의 위험으로 구분하여 설명했다. 요점은 분산투자가 기업 특유의 위험을 제거한다는 점이었다. APM에서도 똑같이 주장하며, 포트폴리오 수익(R_p)에는 기업 특유의 예상 밖 수익이 포함되지 않는다고 판단한다. 포트폴리오의 수익은 자산 예상 수익의 가중평균과 시장 요소의 가중평균을 더한 값으로 나타낼 수 있다.

$$R_p = (w_1 R_1 + w_2 R_2 + \cdots + w_n R_n) + (w_1 \beta_{11} + w_2 \beta_{12} + \cdots + w_n \beta_{1n})F_1$$
$$+ (w_1 \beta_{21} + w_2 \beta_{22} + \cdots + w_n \beta_{2n})F_2 \cdots$$

여기서 w_j = 자산 j가 포트폴리오에서 차지하는 비중(보유 자산은 n개)
R_j = 자산 j의 기대수익
β_{ij} = 자산 j의 i 요소 베타

기대수익과 베타 마지막 단계는 베타를 이용해서 기대수익을 추정하는 작업이다. 이 작업을 하려면 포트폴리오의 베타가 자산 베타의 가중평균이라는 사실에 주목해야 한다. 이 특성 때문에 기대수익과 베타는 선형 관계가 된다. 그 이유는 사례로 설명할 수 있다. 요소가 하나뿐인 포트폴리오가 세 개 있다고 가정하자. 포트폴리오 A

는 베타가 2.0, 기대수익이 20%이고, 포트폴리오 B는 베타가 1.0, 기대수익이 12%이며, 포트폴리오 C는 베타가 1.5, 기대수익이 14%이다. 투자자가 재산의 절반은 포트폴리오 A에 넣고 절반은 포트폴리오 B에 넣으면 베타가 1.5, 기대수익이 16%인 포트폴리오를 보유하게 된다. 따라서 포트폴리오 C는 자산 가격이 하락하여 기대수익이 16%로 상승하지 않는 한, 아무도 선택하지 않는다. 똑같은 이유로 모든 포트폴리오의 기대수익은 베타의 선형 함수가 되어야 한다. 그러지 않으면 다른 두 포트폴리오를 결합해서 문제의 포트폴리오보다 더 높은 수익을 얻는 차익거래가 가능하기 때문이다. 이 주장을 확장하면 다수 요소로도 똑같은 결론에 도달할 수 있다. 그러므로 자산의 기대수익은 다음과 같이 나타낼 수 있다.

$$E(R) = R_f + \beta_1[E(R_1) - R_f] + \beta_2[E(R_2) - R_f] \cdots + \beta_n[E(R_n) - R_f]$$

여기서 R_f = 제로 베타 포트폴리오의 기대수익
β_j = 시장 위험 요소 j의 예상 밖 변화에 대한 투자 민감도
$E(R_j)$ = 요소 j의 요소 베타는 1이고 다른 모든 요소의 요소 베타는 0인
포트폴리오의 기대수익 (j = 1, 2, ⋯, K 요소)

괄호 안에 있는 항들은 각 요소의 위험 프리미엄으로 간주할 수 있다.

CAPM은 APM의 특수 사례로 간주할 수 있다. CAPM은 시장 전체의 수익을 결정하는 경제 요소가 하나뿐이며, 그 요소를 대리하는 변수로 시장 포트폴리오를 사용한다.

$$E(R_i) = R_f + \beta_i[E(R_m) - R_f]$$

APM의 현황   APM에는 무위험 이자율은 물론 각 요소 베타의 추정치와 요소 위험 프리미엄도 필요하다. 실제로 이런 데이터는 대개 자산 수익과 요소 분석에 관한 과거 데이터를 사용해서 추정한다. 요소 분석에서는 광범위한 자산군에 영향을 미치는 공통 패턴을 직관적으로 탐색하면서 과거 데이터를 조사한다. 요소 분석은 두 가지 산출지표를 제공한다.

1. 과거 수익 데이터에 영향을 준 공통 요소의 수를 명시한다.

2. 각 공통 요소 대비 각 투자의 베타를 측정하고, 각 요소가 벌어들이는 실제 위험 프리미엄의 추정치를 제공한다.

그러나 요소 분석에서 각 요소가 경제 용어로 표시되는 것은 아니다. 요컨대 APM 에서는 다수의 불특정 거시경제 변수를 기준으로 시장 위험을 측정하고, 각 요소를 기준으로 투자의 민감도를 베타로 측정한다. 요소의 수, 요소 베타, 요소 위험 프리미엄 모두 요소 분석을 통해서 추정할 수 있다.

위험과 수익을 찾는 다중요소모형(Multifactor Models)   APM이 요소들을 경제 용어로 표시하지 못하는 점이 통계에는 유리할지 몰라도 직관적으로 이해하기는 어렵다. 이 문제를 해결하는 방법은 간단하다. 미확인 통계 요소를 명확한 경제 요소로 대체하면 된다. 그러면 이렇게 수정한 모형은 APM의 장점을 유지하면서 경제적 근거까지 제시할 수 있다. 바로 이것이 다중요소모형이 추구하는 일이다.

다중요소모형 도출   일반적으로 다중요소모형은 경제 모형보다는 과거 데이터에 따라 구성된다. APM에서 요소의 수가 확인되면 시간의 흐름에 따라 나타나는 요소들의 움직임을 데이터에서 추출할 수 있다. 이 불특정 요소들의 움직임을 같은 기간 거시경제 변수들의 움직임과 비교하여 상관관계를 살펴보면 요소들의 정체를 확인할 수 있다.

예를 들어 1986년 첸(Chen), 롤(Roll), 로스(Ross)는 요소 분석에서 나온 요소들과 상관관계가 높은 변수들로 다음 거시경제 변수들을 제시했는데, 산업생산, 채무불이행 프리미엄의 변화, 금리 기간구조의 변화, 실질 수익률의 변화이다. 이런 변수들과 수익의 상관관계를 분석하면 기대수익 모형을 찾아낼 수 있고, 기업 특유의 베타는 각 변수를 기준으로 계산할 수 있다.

$$E(R) = R_f + \beta_{GNP}[E(R_{GNP}) - R_f] + B_{Inf}[E(R_{Inf}) - R_f] \cdots + \beta_\delta[E(R_\delta) - R_f]$$

여기서 β_{GNP} = 산업생산 변화 관련 베타

         $E(R_{GNP})$ = 산업생산 요소 베타는 1이고 다른 요소들의 베타는 모두 0인 포트폴리오 기대수익

             B_{Inf} = 인플레이션 변화 관련 베타

          $E(R_{Inf})$ = 인플레이션 요소 베타는 1이고 다른 요소들의 베타는 모두 0인 포트폴리오의 기대수익

APM을 거시경제 다중요소모형으로 전환하는 비용은 요소들을 확인하는 과정에서 발생하는 오차로 볼 수 있다. 모형의 경제 요소들은 시간이 흐르면 바뀔 수 있으며, 각 요소와 관련된 위험 프리미엄도 바뀔 수 있다. 예를 들어 1970년대에는 유가 변화가 기대수익을 좌우하는 중요한 경제 요소였지만, 다른 기간에는 그렇지 않았다. 다중요소모형에서 요소를 잘못 사용하거나 중요한 요소를 누락하면 기대수익 추정치가 부실해질 수 있다.

주식 위험을 측정하는 대안 모형들

CAPM, APM, 다중요소모형은 해리 마코위츠(Harry Markowitz, 1991)가 확립한 평균-분산 체계를 바탕으로 금융 경제학자들이 위험 및 수익 모형을 구축하고자 했던 노력을 보여준다. 그러나 이 모형의 토대 자체에 결함이 있어서 대안을 찾아야 한다고 생각하는 사람도 많다. 이 섹션에서는 그런 대안들을 찾아보기로 한다.

서로 다른 수익 분포

평균-분산 체계는 처음부터 많은 논란을 불렀다. 평균-분산 체계의 적용 가능성에 이의를 제기한 사람들은 많았지만, 여기서는 세 그룹의 도전을 살펴보기로 한다. 첫 번째 그룹은 주가와 투자 수익에는 큰 숫자가 너무 많아서 정규분포에서 도출하기 어렵다고 주장한다. 이들은 주가의 분포는 팻 테일(fat tail, 두꺼운 꼬리) 형태여서 이른바 멱함수 분포(power law distribution)가 더 적합하다고 말한다. 두 번째 그룹은 정규분포의 대칭성을 문제 삼아 실제 수익 분포는 비대칭으로 나타나는 현실을 반영해야 한

다고 주장한다. 세 번째 그룹은 주가 점프(price jump)를 허용하는 분포가 더 현실적이라고 제안하면서, 위험 척도는 주가 점프의 가능성과 규모도 고려해야 한다고 주장한다.

팻 테일과 멱함수 분포　주가 흐름에 대해서도 선구적으로 연구한 수학자 브누아 망델브로(Benoit Mandelbrot)는 정규분포와 로그 정규분포의 사용에 대해서 이의를 제기했다. 그는 주식과 실물자산 가격을 관찰해보니 멱함수 분포가 더 적합하다고 주장했다. 멱함수 분포에서는 변수 Y와 X의 관계를 다음과 같이 나타낼 수 있다.

$$Y = \alpha X^k$$

이 방정식에서 α는 상수(비례상수)이고 k는 지수다. 망델브로의 핵심 주장은 정규분포와 로그 정규분포는 온순하고 단정한 무작위 데이터에 가장 적합하고, 멱함수 분포는 거칠고 변덕스러운 무작위 데이터(이른바 '거친 무작위성(wild randomness)')에 더 적합하다는 것이다. 거친 무작위성은 관측치 하나가 모집단에 과도한 영향을 줄 수 있을 때 발생하는데, 주가와 상품 가격이 그런 거친 무작위성을 보여준다. 주가와 상품 가격은 오랜 기간 비교적 작은 폭으로 움직이다가도 갑자기 거칠게 오르내릴 수 있으므로, 거친 무작위성 집단에 더 잘 어울린다.

그러면 위험을 어떻게 측정해야 할까? 자산 가격이 멱함수 분포를 따르면 표준편차나 변동성은 위험 측정이나 확률 계산의 근거로 사용하기에 적합하지 않다. 예를 들어 주식 연수익률의 표준편차는 15%이고 연수익률의 평균은 10%라고 가정하자. 정규분포를 사용해서 확률을 예측하면, 주식 수익률이 40%(평균 + 2표준편차)를 초과하는 일은 44년마다 한 번만 발생하고, 주식 수익률이 55%(평균 + 3표준편차)를 초과하는 일은 740년마다 한 번만 발생한다. 그리고 주식 수익률이 85%(평균 + 5표준편차)를 초과하는 일은 350만 년마다 한 번만 발생한다. 그러나 현실에서는 이렇게 높은 수익률이 훨씬 빈번하게 발생하는데, 이는 큰 숫자가 나올 확률이 멱함수 분포에 따라 완만하게 감소하기 때문이다. 숫자가 두 배가 되면 발생 확률은 지수의 제곱만큼 감소한다. 그러므로 분포의 지수가 2이면 수익률 25%, 50%, 100%가 나올 확률은 다음과 같다.

수익률 25% 초과: 6년마다 1회
수익률 50% 초과: 24년마다 1회
수익률 100% 초과: 96년마다 1회

수익률이 두 배가 될 때마다 발생 확률은 4배(지수의 제곱만큼) 감소한다. 반면 지수가 감소하면 큰 숫자의 발생 확률이 증가한다. 지수가 0~2 사이이면 극값이 정규분포보다 더 자주 발생한다. 지수가 1~2 사이인 멱함수 분포를 안정적 파레토 분포(Paretian Distribution)라고 부른다. 초기 연구에서 파마(Eugene Fama, 1965)는 주식의 지수를 1.7~1.9로 추정했지만, 후속 연구에서 주식과 통화시장 모두 지수가 더 높다는 사실을 발견했다.[3]

현실적으로 말해서 멱함수 분포 지지자들은 (베타 같은) 변동성 척도가 급등락의 위험을 과소평가한다고 주장한다. 그리고 멱함수 지수가 투자자에게 더 현실적인 위험 척도라고 말한다. 지수가 높은 자산은 (극값 발생 확률이 낮으므로) 지수가 낮은 자산보다 위험이 적다.

정규분포에 대한 망델브로의 도전은 문제를 제기하는 수준에서 그치지 않았다. 가우스 평균-분산 체계와는 대조적으로, 망델브로의 세계에서는 장기간의 가격 흐름이 멀리서 보면 패턴이 없는 것처럼 보이지만 가까이서 보면 패턴이 반복된다. 1970년대에 망델브로는 프랙털 기하학(fractal geometry)이라는 수학 분야를 창시했는데, 전통적인 통계학이나 수학으로는 설명되지 않는 분야다. 프랙털은 잘게 쪼개져도 똑같은 형태가 반복되는 기하학 형태다. 그는 해안선을 예로 들어 이 개념을 설명한다. 해안선은 멀리서 보면 불규칙해 보이지만, 가까이서 보면 대체로 똑같아 보인다. 이는 똑같은 형태가 반복되는 프랙털이다. 프랙털 기하학에서는 프랙털 차원이 높을수록

---

3   아래 〈네이처(Nature)〉 논문에서 연구자들은 1929~1987년에 500개 종목의 주가를 조사하여 주식 수익률의 지수가 약 3이라고 판단했다. Gabaix, X., Gopikrishnan, P., Plerou, V., and Stanley, H.E., 2003, A theory of power law distributions in financial market fluctuations, *Nature* 423, 267-70.

더 삐죽삐죽한 형태가 된다. 삐죽삐죽한 영국 콘월 해안은 프랙털 차원이 1.25이고, 훨씬 매끄러운 남아프리카 해안은 프랙털 차원이 1.02이다. 같은 방식으로 추론하면, 장기간 관찰했을 때 무작위처럼 보이는 주가가 단기간 관찰하면 반복되는 패턴으로 드러난다. 변동성이 높은 주식일수록 프랙털 차원도 높아지므로 프랙털은 위험 척도가 된다. 망델브로는 프랙털 기하학으로 실제 주가 점프 빈도가 (정규분포보다) 높아지는 현상을 설명했을 뿐만 아니라, 주가 흐름이 같은 방향으로 장기간 이어져서 주가 거품이 형성되는 현상도 설명했다.

비대칭 분포　직관적으로 알 수 있듯이, 사람들이 걱정하는 것은 상승 위험이 아니라 하락 위험이다. 다시 말해서 투자자에게 불안과 고통을 안겨주는 것은 주가 급등이 아니라 주가 급락이다. 평균-분산 체계는 상승 변동성과 하락 변동성을 똑같은 비중으로 다루므로 둘을 구분하지 않는다. 정규분포나 다른 대칭 분포에서는 상승 위험과 하락 위험을 동등하게 취급하므로 구분하지 않는다. 그러나 비대칭 분포에서는 상승 위험과 하락 위험을 구분한다. 사람들의 위험 회피에 관한 연구에 의하면 (1) 사람들은 손실을 회피한다. 이익 볼 때 느끼는 기쁨보다 손실 볼 때 느끼는 고통이 더 크다. (2) 이 사실을 고려하면 사람들은 (승산 낮은) 수익 기회의 가치를 심하게 과대평가한다.

실제로 주식 등 대부분 자산의 수익 분포는 대칭이 아니라 팻 테일 형태여서 음의 극값보다 양의 극값이 더 많다(수익률은 -100%보다 낮을 수 없기 때문이다). 그래서 주식의 수익 분포는 극단적인 수익이 더 자주 발생하므로(팻 테일이나 첨도), 매우 높은 수익 방향으로 기울어져 있다(양의 왜도). 비판자들은 평균-분산 체계가 위험과 수익을 보는 관점이 지나치게 협소하다고 주장한다. 이들은 기대수익의 규모뿐 아니라 매우 큰 수익의 가능성도 고려해야 더 완벽한 수익 척도가 된다고 생각하며, 분산과 주가 점프 가능성을 모두 반영해야 더 완벽한 위험 척도가 된다고 생각한다. 이들 기법이 위험을 정의하는 방식이 평균-분산 체계가 정의하는 방식에서 벗어나는 만큼 포트폴리오의 위험 측정이 더 충실해진다. 다시 말해서 이들이 고려해야 한다고 주장하는 것은 높은 수익이나 주가 점프의 가능성이 아니라, 분산불가능한 시장 관련 왜도와 첨도이다.

점프 프로세스 모형　이 섹션에서 논의한 정규분포, 멱함수 분포, 비대칭 분포는 모두 연속 분포에 해당한다. 그러나 주가 점프가 실제로 발생하는 현실을 고려하여 점프 프로세스(Jump Process Model) 분포를 사용해서 위험을 측정해야 한다고 주장하는 사람도 있다.

프레스(Press, 1967)는 주가 점프 모형을 연구한 초기 논문에서 주가 점프는 연속 주가 분포와 푸아송 분포(Poisson distribution)를 따라 불규칙한 간격으로 발생한다고 주장했다. 푸아송 분포의 핵심 요소는 주가 점프의 예상 규모(μ), 이 값의 분산(δ^2), 특정 기간에 주가 점프가 발생할 가능성(λ)이므로 프레스는 10개 종목에서 이들 값을 추정했다. 후속 논문에서 베커스(Beckers, 1981), 볼(Ball)과 토러스(Torous, 1983)는 이들 추정치를 개선하는 방법을 제시했다. 재로우(Jarrow)와 로젠펠드(Rosenfeld, 1984)는 CAPM과 점프 프로세스 모형의 틈을 메우려고 점프 요소를 포함하는 CAPM을 도출했다. (점프 요소에는 시장 점프 가능성, 시장 점프와 개별 자산의 상관관계가 포함된다.)

점프 프로세스 모형이 옵션가격결정모형의 관심은 어느 정도 끌었지만, 주식시장에서는 큰 관심을 끌지 못했다. 점프 프로세스 모형의 요소들을 조금이라도 정확하게 추정하기가 어렵기 때문이다. 주가 점프에 대해서는 모두가 동의하지만, 주가 점프가 발생하는 빈도, 주가 점프가 분산 가능한지 여부, 주가 점프의 영향을 위험 척도에 반영하는 방법에 대해서는 합의가 거의 이루어지지 않고 있다.

회귀모형이나 프록시모형　전통적인 위험-수익 모형들(CAPM, APM, 다중요소모형)은 먼저 투자자들의 행동에 관한 가정을 세우고서 이를 바탕으로 위험을 측정하여 기대수익 측정과 관련짓는다. 이런 모형들은 그 토대가 경제 이론이라는 사실은 장점이지만, 자산별 수익의 차이는 충분히 설명하지 못하는 듯하다. 이런 모형들이 실패하는 이유는 가지각색이다. 시장에 관한 가정(거래비용이 없고 정보가 완벽하다는 가정)이 비현실적이고, 투자자들의 행동도 비합리적이다(행동재무학이 그 증거를 충분히 제공한다).

프록시모형(Proxy Model)은 경제 이론을 바탕으로 위험-수익 모형을 구축하지 않는다. 대신 시장별로 자산의 가격이 형성되는 방식을 분석하고, 그 수익을 관찰 가능한 변수와 관련짓는다. 추상적 논의를 하는 대신 1990년대 초 파마와 프렌치(Kenneth French)의 연구를 살펴보자. 1962~1990년 개별 주식의 수익률을 조사한 이들은 CAPM 베타가 수익률 차이를 충분히 설명하지 못한다고 판단했다. 그러자 이들은 방향을 바꿔 수익률 차이를 더 잘 설명하는 기업 특유의 변수들을 탐색하다가 두 변수를 정확히 찾아냈는데, 그것이 기업의 시가총액과 PBR(price-to-book ratio: 시가총액을 순자산으로 나눈 배수)이다. 이들은 (시가총액이 작은) 소형주의 연수익률이 (시가총액이 큰) 대형주보다 훨씬 높고, 저PBR주의 연수익률이 고PBR주보다 훨씬 높다고 결론지었다. 그리고 (이전 연구에서와는 달리) 이런 현상을 시장 비효율성의 증거로 보는 대신, 소형주와 저PBR주의 수익률이 장기간 더 높았던 것은 위험이 더 크기 때문이라고 주장했다. 이들의 추론에 의하면 실제로는 시가총액과 PBR이 베타보다 더 좋은 위험의 대리지표였다. 이들은 미국 기업의 시가총액과 PBR에 대해 주식 수익률을 회귀분석하여 다음 결과를 도출하였다.

$$월\ 기대수익률 = 1.77\% + 0.11 \ln(100만\ 달러\ 단위\ 시가총액)$$
$$+ 0.35 \ln \left(\frac{자기자본의\ 장부가액}{시가총액} \right)$$

순수한 프록시모형이라면 어느 기업이든 시가총액과 '자기자본의 장부가액/시가총액' 비율을 이 공식에 대입하면 월 기대수익률을 얻을 수 있다.

파마-프렌치가 앞의 프록시모형 논문을 발표한 이후 20년 동안 연구자들은 더 좋은 위험의 대리지표를 찾으려고 데이터를 조사했다. 그중 흥미로운 대리지표는 다음과 같다.

■ 이익 모멘텀: 주식 애널리스트들이 조사해보면 과거에 예상보다 높은 이익 성장률을 발표한 기업들은 다른 기업들보다 수익이 높다는 사실을 입증할 수 있다.

■ **주가 모멘텀**: 차티스트들이 읽으면 웃겠지만, 연구자들은 주가 모멘텀이 미래로 이어진다고 결론지었다. 그러므로 최근 초과수익을 낸 주식은 기대수익이 더 높고, 미달 실적(시장수익률보다 낮은 수익률이라는 의미 - 옮긴이)을 보인 주식은 기대수익이 더 낮다.

■ **유동성**: 실제 거래비용을 고려해도 유동성 낮은(거래량이 적고 매수-매도 호가 차이가 큰) 주식의 수익이 유동성 높은 주식보다 높다는 명확한 증거가 있는 듯하다.

실무자들이 순수한 프록시모형을 사용하는 일은 드물지만, 이들은 이 모형에서 발견한 사항을 응용해서 일상적으로 사용하고 있다. 애널리스트들은 CAPM과 프록시모형을 섞어서 혼합모형을 만들어냈다. 예를 들어 소형주의 가치를 평가하는 애널리스트들은 CAPM의 기대수익에 소형주 프리미엄을 가산해서 소형주 기대수익을 도출한다.

기대수익 = 무위험 이자율 + 베타 × 주식 위험 프리미엄 + 소형주 프리미엄

소형주를 구분하는 시가총액 기준은 시점에 따라 달라지지만, 일반적으로 상장주식 중 시가총액 하위 10%로 설정된다. 그리고 소형주 프리미엄은 그동안 소형주가 시장에서 벌어들인 과거 프리미엄으로 추정한다. 파마-프렌치의 발견에 힘입어 이제 CAPM에 시가총액과 PBR 변수가 추가되었으므로, 기대수익은 다음과 같이 표시된다.

기대수익 = 무위험 이자율 + 베타 × 주식 위험 프리미엄
+ 규모 베타 × 소형주 위험 프리미엄
+ B/M 베타 × B/M 프리미엄

규모 베타와 B/M 베타(자기자본 장부가치 대비 시가총액 베타)는 규모 프리미엄과 B/M 프리미엄(자기자본 장부가치 대비 시가총액 프리미엄)에 대해 주식의 수익을 회귀분석하여 추정한다. 이는 전체 시장 수익에 대해 개별 주식의 수익을 회귀분석하여 그 주식의 베타를 산출하는 방식과 같다.

프록시모형과 혼합모형을 사용하면 시장 현실을 반영해서 기대수익을 조정할 수

있지만, 여기에는 세 가지 위험이 따른다.

1. 데이터 마이닝: 기업에 관한 데이터가 양도 증가하고 입수하기도 더 쉬워지면서 투자자들이 수익 관련 변수도 더 많이 발견하게 되었다. 그러나 이런 변수 대부분이 위험의 대리지표가 아니어서 보는 기간에 따라 상관관계가 나타날 가능성이 크다. 실제로 프록시모형은 경제모형이 아니라 통계모형이다. 그러므로 중요한 변수와 중요하지 않은 변수를 쉽게 구분할 방법이 없다.

2. 표준편차: 프록시모형은 방대한 과거 데이터로 구성되므로 데이터에 온갖 소음이 들어 있다. 장기간의 주식 수익률은 변동성이 커서 (시가총액 프리미엄 등) 과거 프리미엄의 표준편차도 크게 나온다. 파마-프렌치 3요인 모형의 규모 베타와 B/M 베타는 표준편차가 매우 커서, 실무에 사용하면 소음이 정확도를 모두 잠식할 수도 있다.

3. 가격 오류나 위험 대리지표: 수십 년 동안 가치투자자들은 저PER주, 저PBR주, 고배당주에 투자하면 높은 수익을 얻을 수 있다고 주장했다. (실제로 벤저민 그레이엄(Benjamin Graham)은 염가 종목을 발굴하는 필터를 써서 오늘날 우리가 사용하는 대리지표 대부분을 찾아냈다.)[4] 프록시모형은 이 모든 변수를 기대수익에 반영하므로 해당 자산의 가격이 공정하게 형성된다. 이 모형의 순환 논리를 사용하면 시장은 항상 효율적이다. 존재하는 비효율성은 위험의 대리지표여서 이 모형에 반영되기 때문이다.

비가격 기반 모형(Non-price Based Models) 4장에서 지금까지 설명한 모형들은 모두 공통점이 있다. 주가 흐름을 기준으로 삼아 위험을 측정한다는 점이다. 그러나 이런 위험 측정 기법에 대해 이의를 제기하는 사람이 많다. 이들은 먼저 시장이 실수를 저지른다고 가정하면서, 이런 기법은 내재가치평가법과 양립할 수 없다고 주장한다.

---

4 벤저민 그레이엄, 1949, 《현명한 투자자(The Intelligent Investor)》(New York: Harper Business, reprinted in 2005).

가치평가 바이블

시장가격 기반 측정 기법을 본질적으로 의심하는 사람들이라면, 회계 정보를 사용해서 위험을 측정하는 방법도 있다. 특히 어떤 기업이 부채비율은 낮고, 배당은 높으며, 이익은 안정적이면서 성장하고, 보유 현금이 많다면, 이 기업은 이런 특성이 없는 다른 기업보다 위험이 낮아야 마땅하다. 이 직관은 나무랄 데 없지만, 이 직관을 기대 수익으로 전환하기는 어려울 수 있다. 그래도 다음과 같은 대안이 있다.

(a) 회계 비율을 하나 선택해서 이 비율을 기준으로 위험 등급을 만들어낸다. 2024년 초 미국 기업들의 장부가액 기준 부채비율 중앙값은 25%였다. 당신이 분석하는 기업의 부채비율이 20%에 불과하다면, 이 기업의 상대적 위험 척도는 0.8이 된다. 그러나 이 기법은 사용하는 회계 비율 때문에 위험하다. 이 비율 기준으로는 안전해 보이지만 실제로는 위험한 기업도 있기 때문이다. 기술회사들은 부채비율이 낮은 경향이 있어서 부채비율 기준으로는 안전해 보인다. 더 광범위하게 적용할 수 있는 대안은 그 회사 회계 이익의 표준편차를 계산하고, 이 표준편차를 전체 시장의 평균 표준편차와 비교하는 것이다.

(b) 회계 베타를 산출한다. 다양한 투자 관점을 유지하면서 포트폴리오에 추가되는 위험을 측정하려면 회계 베타를 추정하는 방법이 있다. 이는 한 기업 회계 이익의 편차를 전체 시장 회계 이익의 편차와 비교하는 방식이다. 한 기업의 이익 변동이 시장보다 더 안정적이거나 시장과 무관하다면, 그 기업은 회계 베타가 낮다. 이 기법의 확장판이 있다. 전체 시장의 배당성향, 부채비율, 현금 잔액과 이익의 안정성 등 복수 회계 변수를 기준으로 기업의 회계 베타를 추정하는 방법이다. 개별 기업에 회계 변수들을 넣어 회귀분석을 하면 그 기업의 회계 베타가 산출된다. 이 기법이 유망해 보이지만 유의할 점이 있다. 회계 숫자들을 매끄럽게 다듬어 위험을 숨길 가능성도 있으며, 회계 베타는 (분기별로) 최대 연 4회까지만 추정할 수 있다는 점이다(반면 시장가격을 사용하면 분 단위로도 업데이트할 수 있다).

밀턴 프리드먼(Milton Friedman)의 금언을 따르자면, 모형을 능가하려면 모형이 필요하다. 위험-수익 모형을 비판하기는 쉽지만, 어느 모형을 선택하든 한계가 있다는 점은 명심해야 한다. 요컨대 위험 측정 및 기대수익률 추정 방법에 대해 의견이 충돌한다는 점을 구실로 삼아, 모든 기업에 똑같은 기대수익률(또는 자기자본비용)을 사용하거나 직감이나 직관을 근거로 수익률을 조정해서는 안 된다.

주식 위험 모형의 비교 분석

주식의 기대수익이나 비용을 추정할 때 우리는 CAPM에서 프록시모형에 이르기까지 여러 대안을 마주하게 된다. 표 4.1은 다양한 모형의 장단점을 요약해서 보여준다.

판단할 때는 이론 못지않게 실용성도 고려해야 한다. CAPM은 가장 단순한 모형이다. 필요한 기업 특유의 입력 변수(베타)가 하나뿐이며, 이것도 공개 정보로 쉽게 추정할 수 있기 때문이다. CAPM을 대안 모형으로 대체하려면 미래 예측이 크게 개선된다는 증거가 필요하다(단지 과거 수익을 잘 설명하는 것으로는 부족하다). 그 대안 모형이 평균-분산 체계(APM, 다중요소모형)이든, 대안 수익 프로세스 체계(멱함수, 비대칭, 점

[표 4.1] 자기자본비용을 측정하는 대안 모형들

모형	주식의 기대수익	장점	단점
CAPM	$E(R) = R_f + \beta(E(R_m) - R_f)$	계산이 간단	주식별 수익률 차이를 설명하지 못함
APM (n 통계 요소)	$E(R) = R_f + \sum_{j=1}^{j=n} \beta_j(E(R_j) - R_f)$	시장 위험을 요소로 분류	요소는 경제 요소가 아니라 통계 요소
다중요소모형 (n 거시경제 요소)	$E(R) = R_f + \sum_{k=1}^{k=n} \beta_k(E(R_k) - R_f)$	시장 위험을 거시 위험 요소로 분류	시간이 흐르면 거시 요소가 변함
프록시모형	$E(R) = a + bX_1 + cX_2$	과거 수익률 차이를 잘 설명	경제적 근거 아님, 과거 회고적이고 데이터 마이닝에 영향받을 수 있음
회계 모형	$E(R) = R_f +$ 상대 위험 척도 $\times$ 위험 프리미엄	내재가치 관점에 더 가까움	회계 척도는 수집 빈도 낮고, 매끄럽게 다듬어질 수도 있음

프 프로세스 모형)이든, 프록시모형이든 말이다.

CAPM이 현실 세계에서 위험을 측정하는 기본 모형으로 살아남은 것은 직관적으로 이해하기 쉬운 데다가 더 복잡한 대안 모형들을 사용해도 기대수익 예측이 크게 개선되지 않았기 때문이다. 과거 데이터에 과도하게 의존하지 않으면서 신중하게 사용한다면 CAPM은 대부분 가치평가 사례에서 여전히 가장 효과적인 방법이라고 주장할 수 있다. 그러나 원자재 등 일부 섹터와 (소유집중회사, 비유동성 주식 등) 일부 분야에서는 더 완벽한 다른 모형을 사용해야 타당할 것이다. 더 복잡한 모형을 사용하는 대신 CAPM의 입력 변수를 개선해서 효과를 높이는 방법은 나중에 다루기로 한다.

채무불이행 위험 모형

4장에서 지금까지 논의한 내용은 투자에서 나오는 현금흐름이 기대 현금흐름과 달라지는 위험이었다. 그러나 일부 투자는 투자 시점에 현금흐름을 약속받기도 한다. 예컨대 기업에 자금을 빌려주거나 회사채를 사는 경우가 여기에 해당한다. 그러나 차입자가 이자나 원금 지급 의무를 이행하지 않을 수도 있다. 일반적으로 채무불이행 위험이 큰 차입자는 채무불이행 위험이 작은 차입자보다 차입금에 대해 더 높은 이자를 지급해야 한다. 이 섹션에서는 채무불이행 위험 측정 방법을 조사하고, 채무불이행 위험과 차입금 금리의 관계도 알아본다.

주식의 위험과 수익을 다루는 모형들은 시장 위험이 기대수익에 미치는 영향을 평가하지만, 채무불이행 위험 모형들은 약속한 수익에 대한 기업 특유의 채무불이행 위험을 측정한다. 주식은 분산투자를 통해서 기업 특유의 위험을 제거할 수 있지만, 기업 특유의 사건에 의한 수익 가능성보다 손실 가능성이 훨씬 큰 증권은 분산투자를 통해서 위험을 제거할 수 없다. 수익 가능성이 제한적인 예로는 채권 투자를 들 수 있다. 채권의 표면금리는 발행 시점에 고정되며, 이는 채권이 약속한 현금흐름을 나타낸다. 투자자에게 최상의 시나리오는 약속된 현금흐름을 모두 받는 것이다. 회사가 크게 성공하더라도 투자자가 약속된 현금흐름을 초과해서 받을 권리는 없다. 나머지 시나리오는 정도의 차이만 있을 뿐 모두 불리한 내용으로, 투자자가 받는 현금흐름이 약속된 현금흐름보다 적어진다. 그러므로 회사채의 기대수익은 발행 기업 특유의 채무불이행 위험을 반영한다.

채무불이행 위험의 결정 요인

기업의 채무불이행 위험은 두 가지 변수에 좌우된다. 첫 번째는 기업이 사업을 통해서 현금흐름을 창출해내는 능력이고, 두 번째는 이자 및 원금 상환을 포함한 기업의 금전채무이다.[5] 채무보다 현금흐름 창출이 많은 기업은 채무보다 현금흐름 창출이 적은 기업보다 채무불이행 위험이 작다. 따라서 거액의 현금흐름을 창출하는 기존 투자가 많은 기업은 그런 투자가 없는 기업보다 채무불이행 위험이 작다.

채무불이행 위험은 현금흐름의 규모뿐 아니라 변동성에도 영향을 받는다. 현금흐름이 더 안정적일수록 그 기업의 채무불이행 위험이 더 작아진다. 예측 가능하고 안정적인 사업을 하는 기업이 예측 불가능하고 변동성 높은 사업을 하는 기업보다 채무불이행 위험이 작다.

채무불이행 위험을 측정하는 모형들은 재무비율을 사용해서 현금흐름보상배수(채무 대비 현금흐름의 규모)를 측정하고, 업종 효과를 조정하여 현금흐름의 변동성을 평가한다.

채권 등급과 금리 가장 널리 사용되는 기업의 채무불이행 위험 척도는 기업의 채권 등급인데, 일반적으로 독립적인 신용평가기관이 부여한다. 가장 유명한 두 기관이 스탠더드앤드푸어스(Standard & Poor's: S&P)와 무디스(Moody's)로, 이들의 견해는 금융시장에 큰 영향을 미친다.

신용등급 평가 과정 신용등급 평가 과정은 발행 기업이 신용평가기관에 채권 신

---

5   금전채무는 이자와 원금 등 기업이 지급해야 하는 법적 의무를 가리킨다. 배당과 자본적 지출은 연기해도 법적으로 문제가 없으므로 금전채무에 포함되지 않는다.

[그림 4.5] 신용등급 평가 과정

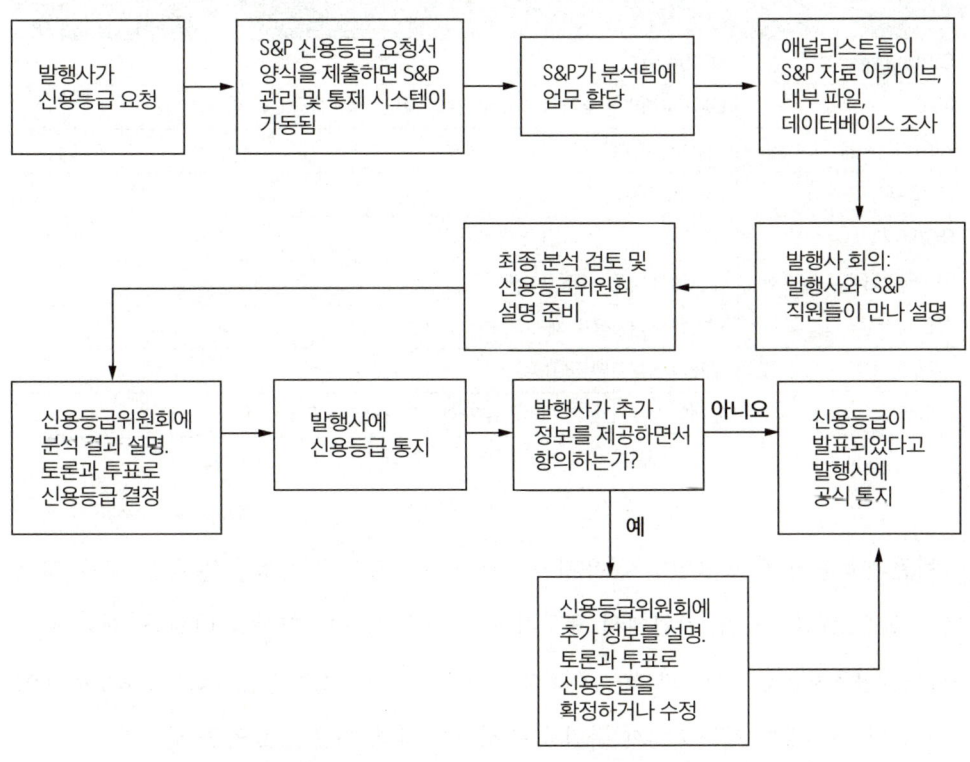

용등급 평가를 요청할 때 시작된다. 그러면 신용평가기관은 재무제표 등 공개된 자료와 요청 기업에서 정보를 수집하여 신용등급을 결정한다. 기업이 이 등급에 동의하지 않으면 추가 정보를 제공할 수 있다. 그림 4.5는 S&P의 신용등급 평가 과정을 보여준다.

신용평가기관이 부여하는 등급은 알파벳 등급이다. 채무불이행 위험이 가장 낮다고 평가받은 기업에 부여하는 최고 등급은, S&P는 AAA이고 무디스는 Aaa이다. 채무불이행 위험이 증가할수록 그 기업의 신용등급은 D(채무불이행 상태 기업)를 향해 하락한다. S&P의 BBB(무디스는 Baa) 이상은 투자 등급으로 분류되는데, 이는 해당 기업이 발행한 채권에 투자해도 채무불이행 위험이 비교적 작다고 평가받는 등급이다.

[표 4.2] 재무비율의 정의: S&P

재무비율	정의
EBITDA/매출	EBITDA/매출
ROIC	EBIT/(부채의 장부가액 + 자기자본의 장부가액 - 현금)
EBIT/이자비용	이자보상배수
EBITDA/이자	EBITDA/이자비용
FFO/부채	(순이익 + 감가상각비)/부채
잉여영업현금흐름/부채	영업에서 나오는 자금/부채
할인 CF/부채	할인된 현금흐름/부채
부채/EBITDA	부채의 장부가액/EBITDA
D/(D+E)	부채의 장부가액/(부채의 장부가액 + 자기자본의 장부가액)

채권 신용등급 결정 요인　신용평가기관이 부여하는 신용등급은 주로 공개 정보를 바탕으로 결정되며, 기업에서 제공하는 비공개 정보도 영향을 미친다. 채권에 부여되는 신용등급은 주로 (부채 상환능력과 현금흐름 창출 능력을 측정하는) 재무비율에 좌우된다. 표 4.2는 채무불이행 위험을 측정하는 핵심 비율을 요약한 것이다.

채권 신용등급과 재무비율 사이에는 높은 상관관계가 있다. 표 4.3은 제조회사들의 S&P 신용등급별 2022년 재무비율 중앙값을 요약한 자료다.[6]

같은 등급 안에서도 기업들 사이에 큰 차이가 있긴 하지만, 등급이 내려갈수록 부채비율은 더 높아지고 이자보상배수는 더 낮아진다.

당연한 일이지만, 이익과 현금흐름이 부채 상환액보다 훨씬 많고 수익성이 좋으며 부채비율이 낮은 기업의 신용등급이, 이런 특성을 갖추지 못한 기업의 신용등급보다 높을 가능성이 크다. 그러나 신용등급이 재무비율과 일치하지 않는 기업도 있다. 신용평가기관은 마지막 단계에서 주관적 판단을 추가하기 때문이다. 그래서 지금은 재무비율이 부실해도 향후 극적으로 개선될 전망이면 현재 재무상태와 비교해서 더 높

6　S&P 웹사이트 참조(www.standardandpoors.com/ratings/criteria/index.htm).

[표 4.3] 2022년 재무비율과 S&P 신용등급

S&P 등급	부채비율(장부가치)	부채비율(시장가치)	이자보상배수	부채/EBITDA	EBITDA/고정비
AAA	35.02%	4.04%	42.90	0.91	4.88
AA+	35.10%	3.62%	42.47	0.79	4.58
AA	40.76%	14.78%	10.44	2.07	1.73
AA-	57.75%	26.74%	32.04	4.75	1.05
A+	61.78%	34.83%	12.74	6.81	1.83
A	58.34%	46.74%	10.07	10.05	0.49
A-	68.10%	48.04%	6.14	10.43	0.61
BBB+	63.95%	48.00%	5.00	8.05	0.52
BBB	59.74%	36.07%	6.03	4.77	0.83
BBB-	59.74%	42.28%	4.59	5.86	0.48
BB+	59.89%	35.10%	4.54	3.61	0.74
BB	66.84%	48.29%	2.68	6.83	0.53
BB-	66.97%	43.04%	2.56	5.26	0.52
B+	70.63%	54.92%	1.83	5.57	0.40
B	68.12%	57.92%	1.68	6.85	0.23
B-	63.82%	57.73%	0.47	10.23	0.31
CCC+	70.77%	76.26%	0.61	8.88	0.34
CCC	99.02%	88.71%	0.85	8.09	0.76
CCC-	46.08%	49.02%	0.11	5.42	0.76
CC	52.07%	80.06%	-1.98	-12.09	-0.47
D	118.58%	94.19%	-0.98	15.49	0.66

은 신용등급을 받을 수도 있다. 그러나 대부분 기업의 신용등급 평가에서는 재무비율이 합리적인 근거가 된다.

채권의 신용등급과 금리 회사채의 금리는 신용등급으로 측정되는 채무불이행 위험에 좌우된다. 신용등급이 채무불이행 위험을 평가하는 좋은 척도라면, 신용등급이 높은 채권은 신용등급이 낮은 채권보다 수익률이 낮아야 한다. 실제로 채무불이행 위험이 있는 채권과 채무불이행 위험이 없는 국채 사이의 금리 차이가 바로 부도 스프레드(default spread)이다. 부도 스프레드는 채권의 만기에 따라 달라지며, 경제 상황에 따라 기간별로도 바뀔 수 있다. 부도 스프레드를 추정하는 방법 등은 7장에서 살펴보기로 한다.

결론

재무학에서 정의하는 위험은 투자에서 나오는 실제 현금흐름이 기대 현금흐름에서 벗어나는 정도로 측정한다. 위험에는 두 종류가 있다. 첫 번째는 주식의 위험으로, 기대 현금흐름은 있지만 약속된 현금흐름은 없는 투자에서 발생한다. 두 번째는 채무불이행 위험으로, 약속된 현금흐름이 있는 투자에서 발생한다.

주식의 위험은 기대 현금흐름을 기준으로 실제 현금흐름의 분산을 볼 때 가장 잘 측정된다. 이때 분산이 커질수록 위험도 커진다. 주식의 위험은 한두 개 투자에만 영향을 미치는 기업 특유의 위험과, 다수의 투자에 영향을 미치는 시장 위험으로 구분된다. 분산투자를 하면 기업 특유의 위험을 축소할 수 있다. 소액 투자자들이 분산투자를 한다고 가정하면, 주식 투자에서 우리가 주목해야 하는 위험은 분산불가능 위험(시장 위험)이다.

4장에서 소개한 모형들은 모두 시장 위험을 측정하려는 모형이지만 측정 방법은 서로 다르다. CAPM에서는 위험을 시장 베타를 기준으로 측정하며, 한 종목의 위험은 그 종목이 증가시키는 시장 포트폴리오의 위험으로 측정한다. APM과 다중요소모형은 시장 위험의 원천이 다수라고 보고, 각 원천 대비 종목의 베타를 추정한다. 회귀모형이나 프록시모형은 기업의 규모 등 과거에 기업의 높은 수익과 상관관계가 있었던 기업 특성을 찾아내서 시장 위험의 척도로 삼는다. 이 모든 모형에서 위험 척도를 사용해서 주식 투자의 기대수익을 추정한다. 이 기대수익을 기업의 자기자본비용으로 간주할 수 있다.

채무불이행 위험이 있는 투자에서는 약속된 현금흐름을 받지 못할 가능성으로 위험을 측정한다. 채무불이행 위험이 더 큰 투자는 금리가 더 높아야 한다. 채무불이행 위험이 있는 채권과 채무불이행 위험이 없는 국채 사이의 금리 차이가 부도 스프레드이다. 미국 기업들의 채무불이행 위험은 신용평가기관들이 부여하는 채권 신용등급의 형태로 측정된다. 주로 이런 신용등급에 의해서 기업들이 차입하는 자금의 금리가 결정된다. 신용등급이 없는 경우에도 기업의 차입 금리에는 대출자가 평가하는 부도 스프레드가 포함된다. 이 채무불이행 위험 조정 금리가 기업의 부채비용이 된다.

연습문제   별도 표기가 없으면 주식 위험 프리미엄은 5.5%로 한다.

1   1989년부터 1998년까지 마이크로소프트의 주가를 나열한 것이다. 배당금 지급은 없었다.

연도	주가(달러)
1989	1.20
1990	2.09
1991	4.64
1992	5.34
1993	5.05
1994	7.64
1995	10.97
1996	20.66
1997	32.31
1998	69.34

a. 투자자의 연평균 수익률을 구하라.

b. 연간 수익률의 표준편차와 분산을 구하라.

c. 마이크로소프트에 지금 투자한다면, 과거의 표준편차와 분산이 계속 유지될 것으로 예상하는가? 이유는?

2 유니콤은 일리노이주 북부에 있는, 규제 대상 유틸리티 기업이다. 다음 표는 1989년부터 1998년 까지 유니콤의 주가와 배당금이다(단위: 달러).

연도	주가	배당금
1989	36.10	3.00
1990	33.60	3.00
1991	37.80	3.00
1992	30.90	2.30
1993	26.80	1.60
1994	24.80	1.60
1995	31.60	1.60
1996	28.50	1.60
1997	24.25	1.60
1998	35.60	1.60

a. 투자자의 연평균 수익률을 구하라.

b. 연간 수익률의 표준편차와 분산을 구하라.

c. 유니콤에 지금 투자한다면, 과거의 표준편차와 분산이 계속 유지될 것으로 예상하는가? 이유는?

3 다음 표는 위성 및 데이터 장비 제조업체인 사이언티픽 애틀랜타와 대형 통신사 AT&T의 1989년 부터 1998년까지의 연간 수익률을 나타낸 것이다.

연도	사이언티픽 애틀랜타	AT&T
1989	80.95%	58.26%
1990	-47.37%	-33.79%
1991	31.00%	29.88%
1992	132.44%	30.35%
1993	32.02%	2.94%
1994	25.37%	-4.29%
1995	-28.57%	28.86%
1996	0.00%	-6.36%
1997	11.67%	48.64%
1998	36.19%	23.55%

a. 각 회사의 연평균 수익률과 연간 수익률의 표준편차를 구하라.

b. 두 회사 수익률 간의 공분산과 상관관계를 구하라.

c. 두 회사를 동일 비중으로 구성한 포트폴리오의 분산을 구하라.

4 투자 가능 자산이 금과 주식 두 개만 있다고 하자. 당신은 그중 하나 혹은 둘 다에 투자할 수 있다. 과거 6년간의 수익률 데이터는 다음과 같다.

	금	주식
평균 수익률	8%	20%
표준편차	25%	22%
상관관계	-0.4	

a. 둘 중 하나만 골라야 한다면 무엇을 고르겠는가?

b. 한 친구가 틀렸다고 주장한다. 그는 당신이 다른 자산을 선택했을 때 얻을 수 있는 큰 보상을 무시하고 있다고 한다. 어떻게 그의 우려를 덜어줄 수 있는가?

c. 금과 주식을 동일 비중으로 구성한 포트폴리오에서 평균과 분산은 어떠한가?

d. GPEC(금 생산 카르텔)이 금 생산량을 미국 주식시장에 연동시키려 한다는 소식을 들었다. (주식시장이 상승하면 금 생산량을 줄이고, 주식시장이 하락하면 금 생산량을 늘리고자 한다.) 당신의 포트폴리오에 어떤 영향을 미칠지 설명하라.

5 당신은 코카콜라와 텍사스 유틸리티라는 두 종목으로 포트폴리오를 만들고자 한다. 지난 10년간 코카콜라 주식에 투자했을 때의 수익률은 25%, 표준편차는 36%였다. 텍사스 유틸리티는 연평균 수익률이 12%, 표준편차는 22%였다. 두 주식 수익률의 상관관계는 0.28이다.

a. 과거 수익률을 사용하여 추정한 평균 수익률과 표준편차가 미래에도 유지된다고 가정하자. 코카콜라 60%, 텍사스 유틸리티 40%로 구성한 포트폴리오의 미래 연평균 수익률과 표준편차를 구하라.

b. 코카콜라가 국제적으로 다각화하면서 수익률 표준편차가 45%로 커지고 텍사스 유틸리티와의 상관관계가 0.20으로 줄어든다고 하자. 다른 모든 수치가 동일할 때, (a)에서 만든 포트폴리오의 미래 표준편차를 구하라.

6 미디어회사인 타임스 미러에 절반을 투자하고 나머지 절반은 유니레버에 투자했다고 하자. 각각

의 기대수익률과 표준편차는 다음과 같다.

	타임스 미러	유니레버
기대수익률	14%	18%
표준편차	25%	40%

상관계수의 함수로 포트폴리오 분산을 구하라. (-1에서 시작해서 +1까지 0.2씩 증가시킨다.)

7 다음 세 자산으로 구성된 포트폴리오의 표준편차를 분석하고자 한다.

	기대수익률	표준편차
소니	11%	23%
테소로 페트롤리엄	9%	27%
스토리지 테크놀로지	16%	50%

세 자산 간의 상관관계는 다음과 같다.

	소니	테소로	스토리지
소니	1	-0.15	0.2
테소로	-0.15	1	-0.25
스토리지	0.2	-0.25	1

세 자산에 동일 비중으로 투자한 포트폴리오의 분산을 구하라.

8 개별 증권 수익률의 평균 분산이 50이고 평균 공분산이 10이라고 하자. 5개, 10개, 20개, 50개, 100개의 증권으로 구성된 포트폴리오의 예상 분산은 각각 얼마인가? 그중 최솟값보다 10%만 분산이 더 커지게 하려면 몇 개의 증권을 보유해야 하는가?

9 전 재산(100만 달러)을 뱅가드500 인덱스펀드에 투자했고, 연간 수익률 12%, 표준편차 25%를 기대한다고 하자. 이후 위험 회피 성향이 강해져서 20만 달러를 인덱스펀드에서 단기 국채로 옮기기로 했다. 단기 국채의 수익률은 5%다. 새 포트폴리오의 기대수익률과 표준편차를 구하라.

10 CAPM에서 모든 투자자는 시장 포트폴리오와 무위험 자산을 소유하고 있다. 시장 포트폴리오의

표준편차가 30%이고 기대수익률은 15%다. 다음의 각 투자자에게 시장 포트폴리오와 무위험 자산의 비율을 몇 %로 제안하겠는가? (무위험 자산의 기대수익률은 5%다.)

a. 표준편차가 없는 포트폴리오를 원하는 투자자

b. 표준편차 15%인 포트폴리오를 원하는 투자자

c. 표준편차 30%인 포트폴리오를 원하는 투자자

d. 표준편차 45%인 포트폴리오를 원하는 투자자

e. 표준편차 12%인 포트폴리오를 원하는 투자자

11 다음 표는 1989년부터 1998년까지의 매년 시장 포트폴리오와 사이언티픽 애틀랜타의 수익률이다.

연도	사이언티픽 애틀랜타	시장 포트폴리오
1989	80.95%	31.49%
1990	-47.37%	-3.17%
1991	31.00%	30.57%
1992	132.44%	7.58%
1993	32.02%	10.36%
1994	25.37%	2.55%
1995	-28.57%	37.57%
1996	0.00%	22.68%
1997	11.67%	33.10%
1998	36.19%	28.32%

a. 사이언티픽 애틀랜타와 시장 포트폴리오 간의 수익률 공분산을 구하라.

b. 각 수익률의 분산을 구하라.

c. 사이언티픽 애틀랜타의 베타를 구하라.

12 유나이티드 항공의 베타는 1.5다. 시장 포트폴리오의 표준편차는 22%이고, 유나이티드 항공의 표준편차는 66%다.

a. 유나이티드 항공과 시장 포트폴리오의 상관관계를 구하라.

b. 유나이티드 항공의 위험 중 시장 위험의 비율은 얼마인가?

13 차익거래가격결정모형을 사용하여 베들레헴 스틸의 기대수익률을 구하고자 한다. 요인별 베타와 위험 프리미엄은 다음과 같다.

요인	베타	위험 프리미엄
1	1.2	2.5%
2	0.6	1.5%
3	1.5	1.0%
4	2.2	0.8%
5	0.5	1.2%

a. 베들레헴 스틸은 어떤 위험 요인에 가장 많이 노출되어 있는가? 차익거래가격결정모형으로 위험 요인을 측정하는 방법이 있는가?

b. 무위험 이자율이 5%인 경우, 베들레헴 스틸의 기대수익률을 구하라.

c. 베들레헴 스틸의 자본자산가격결정모형의 베타가 1.1이고, 시장 포트폴리오의 위험 프리미엄은 5%라고 하자. CAPM을 이용하여 기대수익률을 구하라.

d. 두 모형의 기대수익률이 다른 이유는 무엇인가?

14 다중요소모형을 사용하여 에머슨 일렉트릭의 기대수익률을 구하고자 한다. 요소 베타 및 위험 프리미엄에 대해 다음 값을 구했다.

거시경제 요소	지표	베타	위험 프리미엄($R_{요소}- R_f$)
금리 수준	장기 국채 금리	0.5	1.8%
기간 구조	장기 국채 금리 - 단기 국채 금리	1.4	0.6%
물가상승률	소비자물가지수	1.2	1.5%
경제성장률	GNP 성장률	1.8	4.2%

무위험 이자율이 6%인 경우, 에머슨 일렉트릭의 기대수익률을 구하라.

15 다음 방정식은 1963년에서 1990년까지의 수익률을 사용한 파마와 프렌치의 연구를 재구성한 것이다.

$$Rt = 1.77 - 0.11 \ln(MV) + 0.35 \ln\left(\frac{BV}{MV}\right)$$

여기서 MV는 주식의 시장가치(market value)를 뜻하고, BV는 장부가치(book value)를 뜻한다. 단위는 1억 달러다. 수익률은 월간 단위다.

a. 루슨트 테크놀로지 주식의 시장가치가 1,800억 달러이고 장부가치는 735억 달러인 경우, 이 주식의 연간 기대수익률을 구하라.

b. 루슨트 테크놀로지의 베타는 1.55다. 무위험 이자율이 6%이고 시장 포트폴리오의 위험 프리미엄이 5.5%인 경우, 이 주식의 기대수익률을 구하라.

c. 두 접근법에서 기대수익률이 다른 이유는 무엇인가?

5장
옵션가격결정이론과 모형들

일반적으로 모든 자산의 가치는 그 자산에서 나오는 기대 현금흐름의 현재가치다. 단, 다음의 두 가지 특성이 있는 자산은 위 원칙의 예외에 해당한다. 첫째는 다른 자산으로부터 가치가 유래하는 이른바 파생 자산이다. 둘째는 특정 사건의 발생 여부에 따라 현금흐름이 결정되는 자산이다. 이런 자산을 옵션이라고 부르는데, 이런 자산은 기대 현금흐름의 현재가치가 실제 가치보다 저평가된다. 5장에서는 옵션의 현금흐름 특성을 설명하고, 그 가치를 결정하는 요소들을 살펴보며, 가치평가 방법을 조사한다.

옵션가격결정의 기초

옵션이란 특정 기초자산을 만기 이전에 정해진 가격(행사가격)으로 사거나 팔 수 있는 권리를 말한다. 옵션은 권리이지 의무가 아니므로, 옵션 보유자는 만기까지 권리를 행사하지 않을 수도 있다. 옵션에는 콜옵션과 풋옵션 두 가지가 있다.

콜옵션과 풋옵션: 손익 구조

콜옵션은 특정 기초자산을 만기 이전에 행사가격에 살 수 있는 권리다. 옵션 매수자는 이 권리에 대해 가격을 지불한다. 만기에 기초자산의 가치가 행사가격보다 낮으면 이 옵션은 쓸모가 없으므로 행사되지 않는다. 반면 만기에 기초자산의 가치가 행사가격보다 높으면 이 옵션은 행사된다. 옵션 보유자는 행사가격에 주식을 매수하여 기초자산과 행사가격의 차이만큼 총수익을 얻게 된다. 이 옵션 투자의 순이익은 총수익에서 이미 지불한 옵션 프리미엄을 차감한 금액이다.

손익 구조 도표는 만기에 옵션의 손익 구조를 보여준다. 기초자산의 가격이 행사가격보다 낮으면 콜옵션에서는 손실(지불한 콜옵션 가격)이 발생한다. 반면 기초자산의 가격이 행사가격보다 높으면 총수익은 기초자산의 가격에서 행사가격을 차감한 금액이 되고, 순이익은 총수익에서 콜옵션 프리미엄을 차감한 금액이 된다. 그림 5.1을 참조하라.

풋옵션은 특정 기초자산을 만기 이전에 행사가격에 팔 수 있는 권리이다. 풋옵션 매수자도 이 권리에 대해 가격을 지불한다. 만기에 기초자산의 가치가 행사가격보다 높으면 이 옵션은 쓸모가 없으므로 행사되지 않는다. 반면 만기에 기초자산의 가치가 행사가격보다 낮으면 이 옵션은 행사된다. 옵션 보유자는 행사가격에 주식을 매도하여 기초자산과 행사가격의 차이만큼 총수익을 얻게 된다. 이 옵션 투자의 순이익도

[그림 5.1] 콜옵션의 손익 구조

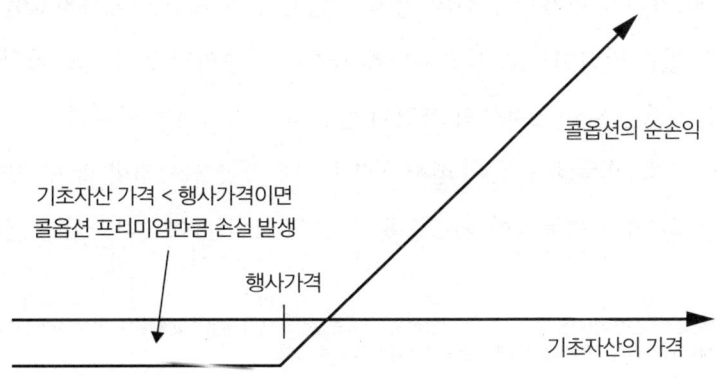

콜옵션의 순손익

기초자산 가격 < 행사가격이면
콜옵션 프리미엄만큼 손실 발생

행사가격

기초자산의 가격

[그림 5.2] 풋옵션의 손익 구조

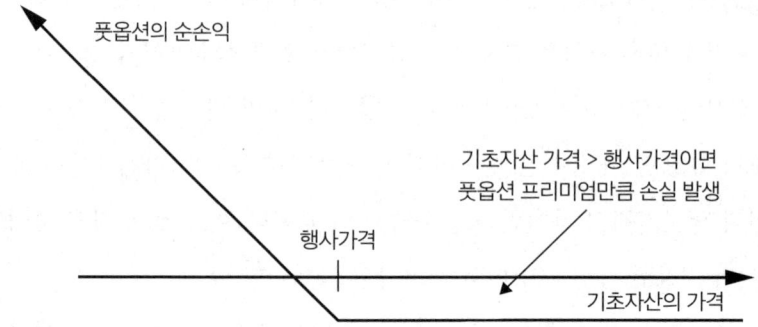

총수익에서 이미 지불한 옵션 프리미엄을 차감한 금액이다.

기초자산의 가격이 행사가격보다 높으면 풋옵션에서는 손실이 발생한다. 반면 기초자산의 가격이 행사가격보다 낮으면 총수익은 기초자산의 행사가격에서 시장가격을 차감한 금액이 되고, 순이익은 총수익에서 풋옵션 프리미엄을 차감한 금액이 된다. 그림 5.2를 참조하라.

옵션의 가치를 결정하는 변수   옵션의 가치는 기초자산 및 시장 관련 변수들에 따라 결정된다.

1. 기초자산의 현재가치: 옵션은 가치가 기초자산에서 파생되는 자산이다. 따라서 기초자산의 가치가 변하면 옵션의 가치도 변한다. 콜옵션은 기초자산을 행사가격에 살 수 있는 권리이므로 기초자산의 가격이 상승하면 콜옵션의 가치도 상승한다. 반면 풋옵션은 기초자산의 가격이 상승하면 가치가 하락한다.
2. 기초자산 가격의 변동성: 옵션은 행사가격에 기초자산을 사거나 팔 수 있는 권리다. 기초자산의 가격 변동성이 커질수록 옵션의 가치는 커진다.[1] 이는 콜옵션과 풋

---

1   그러나 변동성 증가로 인해 기초자산의 가치가 하락할 수도 있다. 콜옵션은 내가격 옵션이 될수록 기초자산을 닮아간다. 깊은 내가격(deep in-the-money) 옵션은 변동성이 커질수록 가치가 하락할 수 있다.

옵션에 모두 적용된다. 변동성(위험 척도)이 증가하면 가치가 상승한다는 점이 우리 직관에 어긋나지만, 옵션은 최대 손실 한도가 이미 지불한 프리미엄이어서 다른 증권과 다르다. 오히려 변동성이 증가하면 큰 이익을 얻을 가능성도 증가한다.

3. **기초자산에 지급되는 배당**: 옵션 만기까지 기초자산에 지급되는 배당이 변하면 옵션의 가치도 변한다. 예상되는 배당이 증가하면 콜옵션의 가치는 감소하고 풋옵션의 가치는 증가한다. 배당의 증가와 콜옵션의 가치를 더 직관적으로 이해하는 방법이 있다. 배당이 증가하는 경우, 내가격(內價格: in-the-money) 콜옵션은 옵션 행사를 연기할수록 불리해진다. 예를 들어 주식의 콜옵션을 생각해보자. 주식의 내가격 콜옵션은 옵션을 행사하면 이후 그 주식에 지급되는 배당을 받게 된다. 반면 옵션 행사를 지체하면 주식에 지급되는 배당을 받지 못한다.

4. **옵션 행사가격**: 옵션의 핵심 특성이 행사가격이다. 기초자산을 행사가격에 살 수 있는 권리인 콜옵션은 행사가격이 상승할수록 가치가 하락한다. 반면 기초자산을 행사가격에 팔 수 있는 권리인 풋옵션은 행사가격이 상승할수록 가치가 상승한다.

5. **잔여 만기**: 잔여 만기가 길수록 콜옵션과 풋옵션 모두 가치가 상승한다. 잔여 만기가 길수록 기초자산의 가격 변동성이 커지기 때문이다. 그리고 기초자산을 행사가격에 살 수 있는 권리인 콜옵션은 잔여 만기가 길수록 행사가격의 현재가치가 하락하므로 옵션의 가치가 상승한다.

6. **잔여 만기의 무위험 이자율**: 옵션 매수자는 프리미엄을 선지급하므로 기회비용이 발생한다. 이 기회비용은 잔여 만기 기간의 금리 수준에 따라 결정된다. 무위험 이자율은 옵션 가치평가 과정 중 행사가격의 현재가치 계산에도 반영된다. 행사가격은 콜옵션(풋옵션)의 만기가 되어야 지급(수령)되기 때문이다. 금리가 상승하면 콜옵션의 가치는 상승하고 풋옵션의 가치는 하락한다.

표 5.1은 콜옵션과 풋옵션 가격에 영향을 미치는 변수와 그 효과를 보여준다.

[표 5.1] 콜옵션과 풋옵션 가격에 영향을 미치는 변수들

요소	미치는 영향	
	콜옵션 가치	풋옵션 가치
기초자산의 가격 상승	상승	하락
기초자산의 변동성 증가	상승	상승
행사가격 상승	하락	상승
배당 증가	하락	상승
잔여 만기 증가	상승	상승
금리 상승	상승	하락

미국형 옵션과 유럽형 옵션: 조기 행사 관련 변수

미국형 옵션은 만기 이전에 언제든 옵션을 행사할 수 있지만, 유럽형 옵션은 만기에만 옵션을 행사할 수 있다. 그러므로 미국형 옵션이 비슷한 유럽형 옵션보다 가치가 높다. 반면 미국형 옵션은 가치평가가 더 어렵기도 하다. 그러나 미국형 옵션 가치평가에 유럽형 옵션 가치평가모형을 적용해도 타당한 측면이 있다. 잔여 만기에 붙은 시간 프리미엄과 거래비용 탓에 옵션의 조기 행사는 대개 최선이 아니기 때문이다. 다시 말해서 일반적으로 내가격 옵션은 옵션을 행사할 때보다 옵션 상태로 매도할 때 훨씬 유리하다.

옵션가격결정모형

옵션가격결정모형은 피셔 블랙과 마이런 숄스가 무배당 유럽형 옵션의 가치평가모형을 제시하는 획기적인 논문을 발표한 1972년 이후 크게 발전했다. 블랙과 숄스는 복제 포트폴리오(옵션과 현금흐름이 똑같은 기초자산과 무위험 자산으로 구성된 포트폴리오)를 사용했으며 차익거래 개념을 이용해서 최종 공식을 도출했다. 이들이 유도한 수식은 복잡하지만, 똑같은 논리로 옵션을 평가하는 이항모형(binomial model)은 이보다 단순하다.

[그림 5.3] 이항 경로의 일반 공식

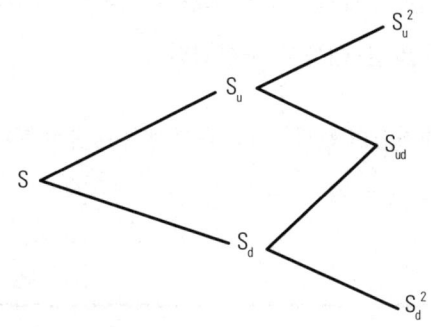

이항모형

이항 옵션가격결정모형의 토대는 자산의 가격이 언제든 상승하거나 하락할 수 있다는 단순한 공식이다. 그림 5.3은 주가가 이항 경로를 따르는 모습을 보여주는 일반 공식이다. 여기서 S는 현재 주가이고, 일정 기간 주가가 S_u로 상승할 확률은 p, S_d로 하락할 확률은 1-p이다.

복제 포트폴리오 구성　복제 포트폴리오를 구성하는 목적은 무위험 차입·대출과 기초자산을 결합해서 평가 대상 옵션과 동일한 현금흐름을 창출하는 것이다. 여기에 차익거래 원칙이 적용되는데, 옵션의 가치는 복제 포트폴리오의 가치와 똑같아야 한다는 원칙이다. 주가가 언제든 S_u로 상승하거나 S_d로 하락할 수 있는 그림 5.3 일반 공식의 경우, 행사가격이 K인 콜옵션의 복제 포트폴리오는 자금 B를 차입해서 기초자산의 Δ 주만큼 획득하는 방법으로 구성한다.

$$\Delta = \frac{C_u - C_d}{S_u - S_d}$$

여기서　C_u = 주가가 S_u일 때 콜옵션의 가치
C_d = 주가가 S_d일 때 콜옵션의 가치

다기간(多期間) 이항모형에서는 이 평가 과정이 반복적으로 진행된다. 그리고 단계

마다 복제 포트폴리오를 구성해서 그 기간 옵션의 가치를 평가하게 된다. 이항 가격 결정모형의 최종 산출물은 복제 포트폴리오로 표시되는 옵션의 가치인데, 기초자산 Δ 주(옵션 델타)와 무위험 차입·대출로 구성된다.

    콜옵션의 가치 = 기초자산의 현재가치 × 옵션 델타 − 옵션 복제에 들어간 차입금

[예시 5.1] 이항 옵션 가치평가

우리가 평가하려는 옵션은 행사가격이 50달러이고, 2개 기간 후 만기가 되며, 기초자산의 현재 가격은 50달러이고, 그림 5.4의 이항모형을 따른다고 가정하자(단위: 달러).

[그림 5.4] 옵션 가격의 이항나무

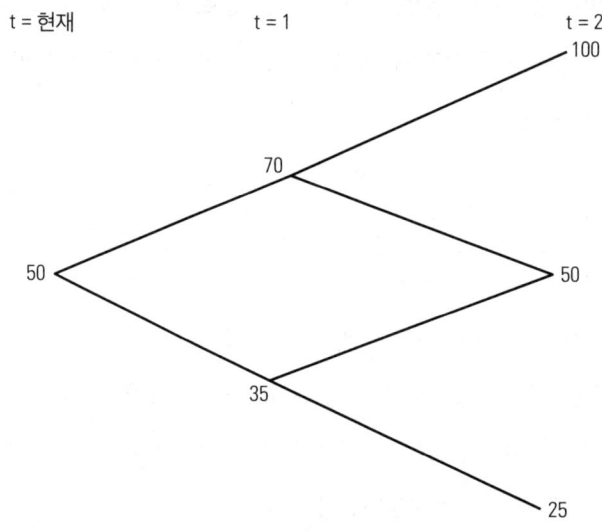

현재 금리는 11%라고 가정한다. 이제 Δ와 B를 밝혀야 한다.

    Δ = 복제 포트폴리오 구성에 필요한 주식의 수
    B = 복제 포트폴리오 구성에 필요한 차입금

우리 목표는 행사가격이 40달러인 콜옵션과 현금흐름이 똑같은 복제 포트폴리오 구성에 필요한 주식의

수와 차입금 규모를 밝히는 것이다. 이는 최종 기간부터 이항나무(binomial tree)를 통해서 반복적으로 계산하면 밝혀낼 수 있다.

1단계: 마지막 가지에서부터 역방향으로 계산한다.

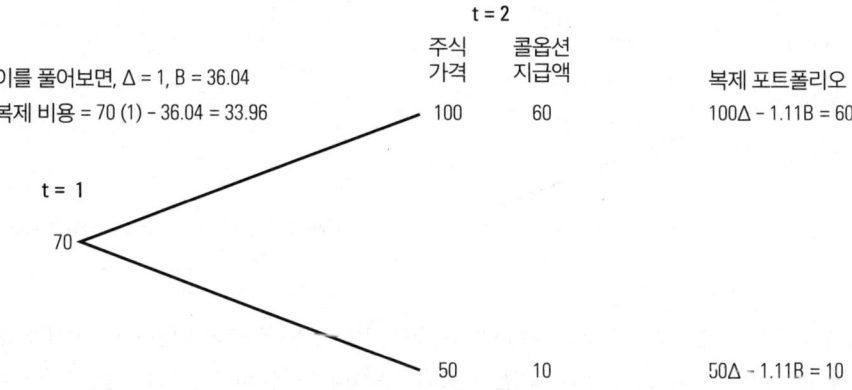

t = 1에 주가가 70달러일 때 36.04를 차입하고 주식 1주를 매수하면 콜옵션과 똑같은 현금흐름을 창출할 수 있다. 그러므로 t = 1에 주가가 70달러이면,

콜옵션의 가치 = 70(1) - 36.04 = 33.96

t = 1에 이항나무의 나머지 가지를 계산하면 다음과 같다.

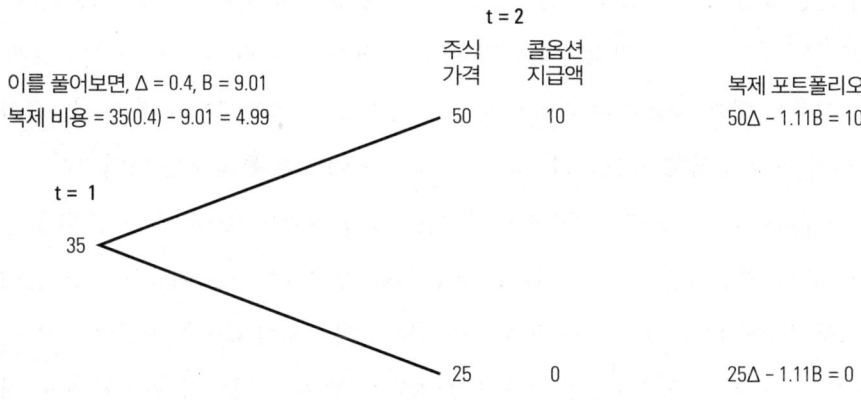

t = 1에 주가가 35달러이면 콜옵션의 가치는 4.99달러이다.

콜옵션의 가치 = 35(0.4) - 9.01 = 4.99

2단계: 이전 단계로 거슬러 올라가서 옵션과 현금흐름이 똑같은 복제 포트폴리오를 구성한다.

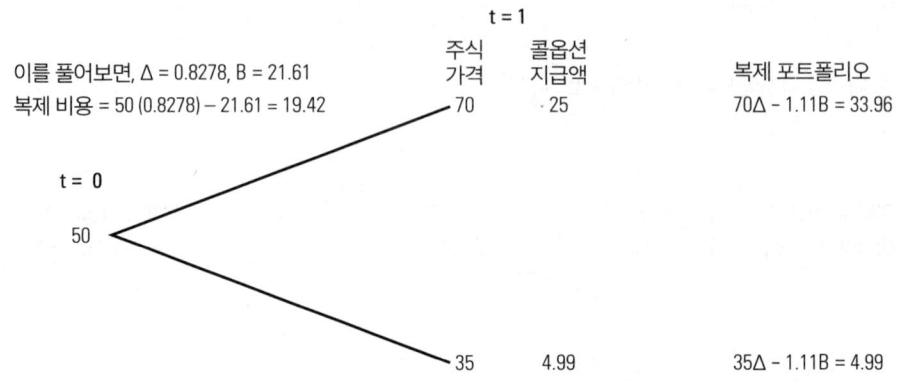

이를 풀어보면, Δ = 0.8278, B = 21.61
복제 비용 = 50 (0.8278) − 21.61 = 19.42

t = 1
주식 가격 / 콜옵션 지급액 / 복제 포트폴리오
70 · 25 / 70Δ − 1.11B = 33.96
t = 0
50
35 / 4.99 / 35Δ − 1.11B = 4.99

다시 말해서 21.61달러를 차입하고 0.8278주를 매수하면 만기까지 행사가격이 40달러인 콜옵션과 똑같은 현금흐름이 창출된다. 따라서 콜옵션의 가치는 이 복제 포트폴리오 구성 비용과 똑같아야 한다.

$$\text{콜옵션의 가치} = \text{현재 주가}\left(\frac{5}{7}\right) - \text{차입금}$$
$$= 50\left(\frac{5}{7}\right) - 21.61 = 19.42$$

가치 결정 요인 이항모형은 옵션의 가치 결정 요인에 대한 통찰을 제공한다. 옵션의 가치는 자산의 예상 가격이 아니라 현재 가격에 따라 결정되며, 자산의 현재 가격에는 미래에 대한 예상이 반영되어 있다. 이는 바로 차익거래에서 비롯되는 결과이다. 옵션의 가치가 복제 포트폴리오의 가치에서 벗어나면 투자자는 차익거래(투자도 위험도 없이 이익을 얻는 거래)를 할 수 있다. 예를 들어 복제 포트폴리오 구성 비용이 콜옵션의 시장가격보다 높으면, 투자자는 콜옵션을 매수하는 동시에 복제 포트폴리오를 매도하여 확실하게 차익을 얻을 수 있다. 두 포지션에서 나오는 현금흐름은 서로 상쇄되므로, 이후 기간에는 현금흐름이 발생하지 않는다. 만기가 연장될수록, 가격 변동성이 증가할수록, 금리가 상승할수록, 콜옵션의 가치도 상승한다.

이항모형을 이용하면 옵션의 가치 결정 요인을 직관적으로 이해할 수 있지만, 가지마다 미래 예상 가격에 대해 많은 입력 변수가 필요하다. 이항모형에서는 만기가 단축되면 자산 가격에 대해 두 가지 가정을 할 수 있다. 먼저 만기가 단축될수록 가격 변동이 감소한다고 가정하면, 만기에 근접할수록 가격 변동이 무한히 작아진다. 아니면 만기가 단축되더라도 가격 변동은 여전히 크게 유지된다고 가정할 수도 있는데, 그러면 가격이 언제라도 큰 폭으로 변할 수 있다. 이 섹션에서는 두 가정에서 나온 옵션가격결정모형을 살펴본다.

블랙-숄스 모형

가격 흐름이 연속적이면(만기가 단축될수록 가격 변동이 감소한다면), 이항모형에 의한 옵션 평가는 블랙-숄스 모형에 수렴한다. 피셔 블랙과 마이런 숄스가 개발한 블랙-숄스 모형을 이용하면 소수의 입력 변수만으로도 옵션의 가치를 평가할 수 있으며, 이는 상장 옵션의 가치평가에 강력한 모형임이 밝혀졌다.

모형 블랙-숄스 모형은 너무 복잡해서 여기서는 유도 과정을 소개하지 않는다. 다만 그 근본 아이디어는 기초자산과 무위험 자산으로 평가 대상 옵션과 현금흐름이 (그리고 구성 비용도) 똑같은 복제 포트폴리오를 만들어낸다는 것이다. 블랙-숄스 모형에 의한 콜옵션 가치평가는 5가지 변수로 나타낼 수 있다.

S = 기초자산의 현재 가격
K = 옵션 행사가격
t = 옵션의 잔여 만기
r = 옵션의 잔여 만기에 해당하는 무위험 이자율
σ^2 = 기초자산 가격의 분산

콜옵션의 가치는 다음과 같다.

$$콜옵션의\ 가치 = S\,N(d_1) - Ke^{-rt}\,N(d_2)$$

$$d_1 = \frac{\ln\left(\frac{S}{K}\right) + \left(r + \frac{\sigma^2}{2}\right)t}{\sigma\sqrt{t}}$$

$$d_2 = d_1 - \sigma\sqrt{t}$$

e^{-rt}는 현재가격 요소로서, 콜옵션의 행사가격은 만기가 되어야 지급한다는 사실을

[그림 5.5] 누적정규분포

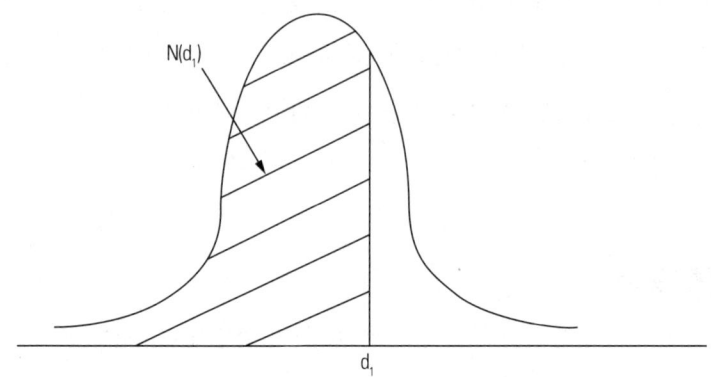

반영한다. 이 모형이 평가하는 것은 유럽형 옵션이기 때문이다. $N(d_1)$과 $N(d_2)$는 누적 정규분포를 사용해서 평가한 확률이며 d_1과 d_2 값은 옵션에서 얻는다. 이 누적정규분 포는 그림 5.5를 참조하라.

대강 표현하면, $N(d_2)$는 행사 시점에 옵션이 순현금흐름을 창출할 가능성(콜옵션이 면 S > K이고 풋옵션이면 K > S일 가능성)을 나타낸다. 콜옵션의 복제 포트폴리오는 기 초자산 $N(d_1)$개와 차입금 $Ke^{-rt}N(d_2)$로 구성한다. 이 복제 포트폴리오는 현금흐름이 콜옵션과 똑같으므로 가치도 옵션과 똑같다. 복제 포트폴리오 구성에 필요한 기초자 산의 숫자 $N(d_1)$을 옵션 델타라고 부른다.

블랙-숄스 모형 입력 변수 추정에 관한 유의 사항

블랙-숄스 모형에 사용하는 시간 관련 입력 변수들은 일관성을 유지해야 한다. 유의해야 할 곳 은 두 군데이다. 첫째, 이 모형은 이산 시간(discrete time)이 아니라 연속 시간(continuous time) 을 사용한다. 그래서 우리는 이산 시간형 $(1 + r)^t$ 대신 연속 시간형$(\exp^{-rt})$ 현재가치를 사용하는 것 이다. 아울러 무위험 이자율 같은 입력 변수도 연속 시간형으로 수정해야 한다. 예를 들어 국채 1 년물 수익률이 6.2%라면 블랙-숄스 모형에 사용하는 무위험 이자율은 6.15%가 되어야 한다.

$$\text{연속 무위험 이자율} = \ln(1 + \text{연간 이자율})$$

$$= \ln(1.062) = 0.0615 \text{ 또는 } 6.15\%$$

둘째, 기간 관련 입력 변수도 일관성을 유지해야 한다. 예컨대 앞에서 사용한 국채 수익률은 연수익률이다. 그러므로 모형에 입력하는 분산도 연간 분산(annualized variance)이 되어야 한다. 자산 가격의 자연로그 $\ln(S)$로 추정한 분산은 연간 분산으로 쉽게 전환할 수 있다. 계열 상관(serial correlation)이 0이면 분산은 시간에 대해 선형이기 때문이다. 그러므로 분산 추정에 월간 가격이나 주간 가격을 사용한다면 각각 12와 52를 곱해서 연간 분산을 산출하면 된다.

[예시 5.2] 블랙-숄스 모형을 이용한 옵션 가치평가

2001년 3월 6일 시스코 시스템스(Cisco Systems)의 주가는 13.62달러였다. 여기서는 같은 날 시카고옵션거래소(CBOE)에서 2달러에 거래되던 행사가격 15달러, 2001년 7월물 콜옵션의 가치를 평가한다. 이 옵션의 기타 변수는 다음과 같다.

■ 전년도 시스코 시스템스 주가의 연간 표준편차는 81%였다. 이 연간 표준편차는 전년도 주간 주가의 표준편차로 추정하여 연간 표준편차로 환산했다.

$$\text{주가의 주간 표준편차} = 11.23\%$$
$$\text{주가의 연간 표준편차} = 11.23\% \times \sqrt{52} = 81\%$$

■ 옵션 만기는 2001년 7월 20일 금요일이다. 잔여 만기는 103일이며, 같은 기간 단기 국채의 연수익률은 4.63%이다.

블랙-숄스 모형 입력 변수는 다음과 같다(단위: 달러).

$$\text{현재 주가}(S) = 13.62$$
$$\text{옵션 행사가격} = 15$$
$$\text{옵션 잔여 만기} = 103/365 = 0.2822$$
$$\ln(S) \text{ 표준편차} = 81\%$$
$$\text{무위험 이자율} = 4.63\%$$

이 변수들을 모형에 입력하면 다음과 같이 계산된다.

$$d_1 = \frac{\ln\left(\frac{13.62}{15.00}\right) + \left(0.0463 + \frac{0.81^2}{2}\right)t}{0.81\sqrt{0.2822}} = 0.0212$$

$$d_2 = 0.0212 - 0.81\sqrt{0.2822}$$

정규분포로 추정하면 $N(d_1)$와 $N(d_2)$는 다음과 같다.

$$N(d_1) = 0.5085$$

$$N(d_2) = 0.3412$$

이제 콜옵션의 가치는 다음과 같이 추정할 수 있다.

$$\text{콜옵션의 가치} = 13.62(0.5085) - 15\,\exp^{(-0.0463)(0.2822)}(0.3412) = 1.87$$

콜옵션 시장가격이 2달러이므로 우리가 사용한 표준편차 추정치가 정확하다고 가정하면 시장가격이 약간 고평가되었다.

내재 변동성(implied volatility)

블랙-숄스 모형에서 투자자들 사이에 심각한 견해 차이가 발생할 수 있는 유일한 입력 변수가 분산이다. 분산은 대개 과거 데이터로 추정하지만, 과거 분산으로 추정한 옵션의 가치는 시장가격과 다를 수 있다. 그런데 어느 옵션이든 추정 가치가 시장가격과 일치하는 분산이 있다. 이 분산을 내재 분산이라고 부른다.

예시 5.2에서 평가한 시스코 옵션을 보자. 표준편차 81%로 계산했을 때 행사가격 15달러인 콜옵션의 가치는 1.87달러로 추정되었다. 시장가격이 예시에서 추정한 가치보다 높다. 그래서 표준편차 85.40%로 계산하면 옵션의 가치가 시장가격과 똑같은 2달러로 산출된다. 이것이 내재 표준편차 또는 내재 변동성이다.

모형의 한계와 수정 블랙-숄스 모형은 무배당 유럽형 옵션을 평가하도록 설계되었다. 게다가 옵션을 행사해도 기초자산의 가치에는 영향을 미치지 않는다고 가정했다. 그러나 실제로 주식은 배당을 지급하고, 옵션의 조기 행사도 가끔 발생하며, 옵션 행사는 기초자산의 가치에 영향을 미칠 수 있다. 여기서 완벽하지는 않아도 블랙-숄스 모형을 부분적으로나마 바로잡는 조정 방법이 있다.

✓배당 　배당을 지급하면 주가는 하락하므로 배당락일에는 주가가 일반적으로 하락한다. 따라서 예상 배당이 증가하면 콜옵션 가치는 하락하고 풋옵션 가치는 상승한다. 블랙-숄스 모형에서 배당을 다루는 방법은 두 가지다.

1. **단기 옵션**: 배당을 다루는 방법 하나는 옵션 만기까지 지급이 예상되는 배당의 현재가치를 추정해서 기초자산의 현재 가격(S)에서 차감하는 것이다.

수정 주가 = 현재 주가 – 옵션 만기까지 예상되는 배당의 현재가치

2. **장기 옵션**: 옵션 만기가 길어질수록 배당의 현재가치 추정이 비현실석이므로 다른 방법을 사용할 수 있다. 옵션 만기까지 기초자산의 배당수익률(y = 배당/기초자산의 현재 가격)이 그대로 유지된다고 가정하면, 블랙-숄스 모형에 배당이 반영되도록 수정할 수 있다.

$$\text{콜옵션의 가치} = Se^{-yt} N(d_1) - Ke^{-rt} N(d_2)$$

$$d_1 = \frac{\ln\left(\frac{S}{K}\right) + \left(r - y + \frac{\sigma^2}{2}\right)t}{\sigma\sqrt{t}}$$

$$d_2 = d_1 - \sigma\sqrt{t}$$

직관적으로 볼 때 이 조정에는 두 가지 효과가 있다. 첫째, 배당 지급으로 예상되는 기초자산 가치의 하락이 배당수익률에 반영된다. 둘째, 금리가 배당수익률과 상쇄되어 자산(복제 포트폴리오)의 보유비용이 낮아진다. 그 결과 이 모형을 사용하면 콜옵션의 가치가 감소한다.

[예시 5.3] 배당을 조정한 단기 옵션 평가: 블랙-숄스 모형 수정

2001년 3월 6일 AT&T의 주가는 20.50달러라고 가정하자. 행사가격이 20달러이고 만기가 2001년 7월 20일인 이 주식의 콜옵션을 생각해보자. 과거 주가로 추정한 이 주식의 연간 표준편차는 60%이다. 예상되는

배당은 한 번이며, 23일 후 0.15달러가 지급될 예정이다. 무위험 이자율은 4.63%이다(단위: 달러).

$$\text{예상 배당의 현재가치} = 0.15/1.0463^{23/365} = 0.15$$
$$\text{배당 조정 주가} = 20.50 - 0.15 = 20.35$$
$$\text{잔여 만기} = 103/365 = 0.2822$$
$$\ln(\text{주가}) \text{ 분산} = 0.6^2 = 0.36$$
$$\text{무위험 이자율} = 4.63\%$$

블랙-숄스 모형으로 산출한 값은 다음과 같다.

$$d_1 = 0.2551 \qquad N(d_1) = 0.6007$$
$$d_2 = -0.0636 \qquad N(d_2) = 0.4745$$
$$\text{콜옵션의 가치} = 20.35(0.6007) - 20 \exp^{(-0.0463)(0.2822)} (0.4746) = 2.86$$

그날 콜옵션의 시장가격은 2.60달러였다.

[예시 5.4] 배당을 조정한 장기 옵션 평가

CBOE는 일부 주식에 대해 장기 콜옵션과 풋옵션을 제공한다. 예를 들어 2001년 3월 6일 우리는 만기가 2003년 1월 17일인 AT&T 콜옵션을 매수할 수 있었다. 당시 AT&T 주가는 20달러였다(앞의 예시와 같음). 다음은 행사가격이 20달러인 콜옵션의 가치를 평가한 것이다. 향후 2년 동안 지급될 배당의 현재가치를 추정하는 대신 같은 기간 AT&T의 배당수익률이 2.51%로 유지된다고 가정했다. 국채 2년물의 무위험 이자율은 4.85%이다. 블랙-숄스 모형의 입력 변수는 다음과 같다(단위: 달러).

$$d_1 = \frac{\ln\left(\frac{20.50}{20.00}\right) + \left(0.0485 - 0.0251 + \frac{0.6^2}{2}\right) 1.8333}{0.6\sqrt{1.8333}} = 0.4894 \qquad N(d_1) = 0.6877$$
$$d_2 = 0.4894 - 0.6\sqrt{1.8333} = 0.3230 \qquad\qquad N(d_2) = 0.3733$$

블랙-숄스 모형으로 산출한 값은 다음과 같다.

$$\text{콜옵션의 가치} = 20.50 \exp^{(-0.0251)(1.8333)} (0.6877) - 20 \exp^{(-0.0485)(1.8333)} (0.3733) = 6.63$$

2001년 3월 8일 콜옵션의 시장가격은 5.80달러였다.

---

optst.xls: 이 스프레드시트를 이용하면 옵션 만기까지 배당을 추정할 수 있을 때 단기 옵션의 가치를 평가할 수 있다. (웹에서 다운로드 가능)

optlt.xls: 이 스프레드시트를 이용하면 기초자산의 배당수익률이 일정할 때 장기 옵션의 가치를 평가할 수 있다. (웹에서 다운로드 가능)

√옵션 조기 행사 블랙-숄스 모형은 무배당 유럽형 옵션을 평가하도록 설계되었다. 그러나 실제로 우리가 보는 옵션 대부분은 미국형 옵션이어서 만기까지 언제든 권리를 행사할 수 있다. 이렇게 조기 행사가 가능하므로 미국형 옵션은 비슷한 유럽형 옵션보다 가치가 높지만 평가하기도 더 어렵다. 그러나 일반적으로 상장 옵션은 권리를 조기 행사하는 것보다 옵션 형태로 매도하는 편이 거의 틀림없이 유리하다(옵션 매도 가격이 행사가격보다 높다). 옵션에는 시간 가치가 있기 때문이다. 그러나 예외가 두 가지 있다. 하나는 기초자산이 거액을 배당으로 지급하여 자산의 기대 가치가 하락하는 경우이다. 만일 옵션의 시간 가치가 배당 지급으로 예상되는 자산가치 하락 규모보다 작다면 배당락일 직전에 콜옵션을 행사할 수 있다. 또 다른 예외는 고금리 상황에서 기초자산과 깊은 내가격 풋옵션(행사가격이 기초자산의 현재 가격보다 훨씬 높은 풋옵션)을 모두 보유한 경우이다. 이때는 풋옵션의 시간 가치가 풋옵션을 조기 행사해서 받는 대금의 이자보다 작을 수 있다.

조기 행사 가능성을 다루는 기본적인 방법은 두 가지다. 하나는 기존 블랙-숄스 모형을 계속 사용하면서, 여기서 나온 추정치를 진정한 가치의 최저 수준으로 간주하는 방법이다. 나머지 하나는 조기 행사 가능성을 고려해서 옵션의 가치를 조정하는 방법이다. 여기에는 두 가지 기법이 있다. 기법 1은 블랙-숄스 모형을 사용해서 잠재 조기 행사일마다 옵션의 가치를 평가하는 기법이다. 주식 옵션이라면 배당락일마다 옵션의 가치를 평가해서 콜옵션의 추정 가치 중 최댓값을 선택해야 한다. 기법 2는 조기 행사 가능성을 고려해서 이항모형 수정판을 사용하는 기법이다. 이 수정판에서는 기간마다 자산 가격의 등락을 분산으로 추정할 수 있다.[2]

---

2   σ^2이 ln(주가)의 분산이라면 이항모형에서 자산 가격의 등락은 다음과 같이 추정할 수 있다.

$$u = \exp^{(r-\sigma^2)\left(\frac{1}{m}\right) + \sqrt{\sigma^2 T/m}} \qquad d = \exp^{(r-\sigma^2)\left(\frac{1}{m}\right) - \sqrt{\sigma^2 T/m}}$$

여기서 u와 d는 이항모형에서 단위 기간당 등락이고, T는 옵션의 잔여 만기이며, m은 잔여 만기에 포함된 기간의 수이다.

기법 1: 준미국형(Pseudo-American) 가치평가

1단계: 배당이 지급될 시점과 규모를 정한다.

2단계: 주가가 예상 배당의 현재가치만큼 하락하는 배당 조정 기법을 사용해서 배당락일마다 콜옵션의 가치를 평가한다.

3단계: 배당락일마다 추정한 콜옵션의 가치 중 최댓값을 선택한다.

[예시 5.5] 준미국형 옵션 가치평가로 조기 행사 반영

시장가격(S)이 40달러이고 행사가격(K)이 35달러인 주식의 콜옵션을 생각해보자. ln(주가)의 분산은 0.05이고 무위험 이자율은 4%이다. 옵션의 잔여 만기는 8개월이고 이 기간에 예상되는 배당은 3회이다(단위: 달러).

예상 배당액	배당락일
0.80	1개월 후
0.80	4개월 후
0.80	7개월 후

첫 번째 배당락일 직전 콜옵션의 가치를 평가한다.

$$S = 40, K = 35, t = 1/12, \sigma^2 = 0.05, r = 0.04$$

블랙-숄스 모형으로 계산한 값은 다음과 같다.

$$콜옵션의 가치 = 5.131$$

이어서 두 번째 배당락일 직전 콜옵션의 가치를 평가한다.

$$조정 주가 = 40 - 0.80/1.04^{1/12} = 39.20$$
$$K = 35, t = 4/12, \sigma^2 = 0.05, r = 0.04$$

이 변수들로 계산한 콜옵션의 가치는 다음과 같다.

$$콜옵션의 가치 = 5.073$$

이어서 세 번째 배당락일 직전 콜옵션의 가치를 평가한다.

$$조정 주가 = 40 - 0.80/1.04^{1/12} - 0.80/1.04^{4/12} = 38.41$$
$$K = 35, t = 7/12, \sigma^2 = 0.05, r = 0.04$$

이 변수들로 계산한 콜옵션의 가치는 다음과 같다.

$$\text{콜옵션의 가치} = 5.128$$

이어서 만기 콜옵션의 가치를 평가한다.

$$\text{조정 주가} = 40 - 0.80/1.04^{1/12} - 0.80/1.04^{4/12} - 0.80/1.04^{7/12} = 37.63$$
$$K = 35, t = 8/12, \sigma^2 = 0.05, r = 0.04$$

이 변수들로 계산한 콜옵션의 가치는 다음과 같다.

$$\text{콜옵션의 가치} = 4.757$$

기법 2: 이항모형 사용

이항모형을 이용하면 조기 행사를 훨씬 더 쉽게 반영할 수 있다. 이항모형은 만기뿐 아니라 기간마다 현금흐름을 고려하기 때문이다. 이항모형의 최대 한계는 기말마다 주가를 추정하는 것인데, 이 문제는 추정 분산으로 주가의 등락을 추정하는 방식으로 극복할 수 있다. 이 기법은 4단계로 구성된다.

1단계: 블랙-숄스 모형에서 ln(주가)의 분산을 추정했으면, 이 입력 변수를 이항모형에 적합하게 전환한다.

$$u = \exp^{\sigma\sqrt{dt}} \left(r - \frac{\sigma^2}{2} \right) dt$$
$$d = \exp^{-\sigma\sqrt{dt}} \left(r - \frac{\sigma^2}{2} \right) dt$$

여기서 u와 d는 이항모형에서 단위 기간당 등락이고, dt는 각 연도(또는 단위 기간)에 포함된 기간의 수이다.

2단계: 배당이 지급될 기간을 명시하고 그 기간의 배당만큼 주가가 하락한다고 가정한다.

3단계: 배당락일 직전에 조기 행사될 가능성까지 고려해서 나무의 각 노드(node, 마디)에서 콜옵션 가치를 평가한다. 옵션의 잔여 시간 가치가 배당 지급으로 예상되는 옵션 가치 하락보다 작으면 조기 행사가 이루어질 것이다.

4단계: 표준 이항모형 기법으로 t = 0 시점의 콜옵션 가치를 평가한다.

bstobin.xls: 이 스프레드시트를 이용하면, 블랙-숄스 모형의 입력 변수로 이항모형에 적합한 변수를 추정할 수 있다. (웹에서 다운로드 가능)

옵션 행사가 기초자산의 가치에 미치는 영향　블랙-숄스 모형에 깔린 가정은 옵션 행사가 기초자산의 가치에 영향을 미치지 않는다는 것이다. 주식의 상장 옵션에 대해서는 이 가정이 옳을지 몰라도, 일부 옵션 유형에 대해서는 이 가정이 옳지 않다. 예를 들어 워런트가 행사되면 유통주식 수가 증가하고 회사에 신규 자금이 유입되는데, 둘 다 주가에 영향을 미친다.[3] 워런트 행사가 미치는 부정적 영향(희석) 때문에 워런트의 가치는 비슷한 다른 옵션보다 더 하락한다. 블랙-숄스 모형에서 희석이 주가에 미치는 영향은 매우 간단하게 조정된다. 옵션 행사로 예상되는 희석만큼 주가가 조정되는 방식이다. 워런트의 경우에는 다음과 같다.

$$\text{희석 조정 } S = (Sn_s + Wn_w)/(n_s + n_w)$$

$$\text{여기서} \quad S = \text{주식의 현재 가격}$$
$$n_w = \text{유통 워런트 수}$$
$$W = \text{유통 워런트의 가치}$$
$$n_s = \text{유통주식 수}$$

워런트가 행사되면 유통주식 수가 증가하여 주가가 하락한다. 분모는 유통주식과 유통 워런트를 모두 포함하여 자기자본의 시장가치를 반영한다. S가 하락하면 콜옵션의 가치도 하락한다.

이 분석에는 순환 논리가 들어 있다. 희석 조정 주가를 추정하려면 워런트의 가치가 필요하고, 워런트의 가치를 추정하려면 희석 조정 주가가 필요하기 때문이다. 이 문제는 먼저 워런트의 가치(워런트의 행사가치나 현재 시장가격)를 가정하는 방식으로 해결할 수 있다. 이렇게 가정한 워런트의 가치를 입력 변수로 사용해서 워런트의 가치를 재평가하며, 두 값이 수렴할 때까지 이 과정을 되풀이한다.

3　워런트는 회사가 발행하는 콜옵션으로, 경영진에 대한 보상이나 자기자본 확충 목적이다.

블랙-숄스 모형에서 이항모형으로

블랙-숄스 모형의 연속 분산을 이항모형으로 전환하는 방법은 매우 간단하다. 예를 들어 어떤 자산의 시장가격이 30달러이고 이 자산 가격의 연간 표준편차가 40%라고 가정하자. 1년 무위험 이자율은 5%이다. 편의상 평가 대상 옵션의 잔여 만기는 4년이며 각 기간이 1년 단위로 구분된다고 가정하자. 4개 연도의 연말 가격을 추정하려면 먼저 이항모형에서 등락을 추정해야 한다.

$$u = \exp^{0.40\sqrt{1}} \left(0.05 - \frac{0.4^2}{2} \right) = 1.4477$$

$$d = \exp^{-0.40\sqrt{1}} \left(0.05 - \frac{0.4^2}{2} \right) = 0.6505$$

이들 추정치를 이용해서 이항모형 첫 번째 노드(첫해 말)의 가격을 구할 수 있다(단위: 달러).

$$\text{상승 가격} = 30(1.4477) = 43.43$$
$$\text{하락 가격} = 30(0.6505) = 19.52$$

같은 방식으로 진행하면 다음 그림 5.6과 같은 결과가 나온다.

[그림 5.6] 블랙-숄스 입력 변수로 구성한 이항모형

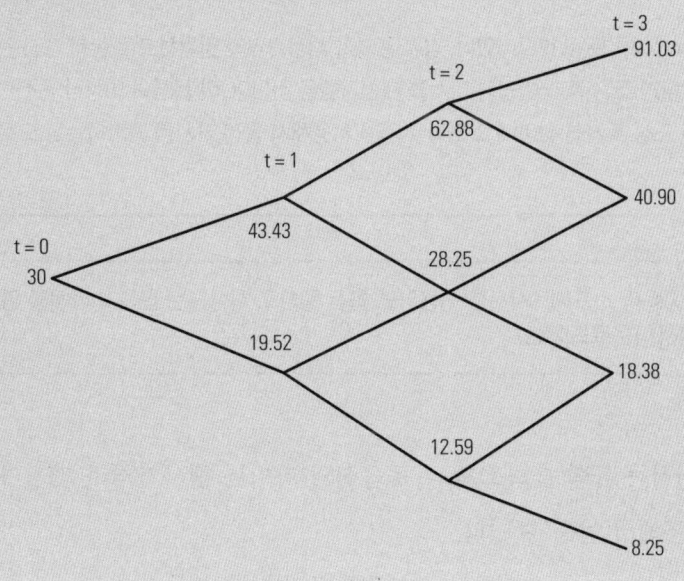

[예시 5.6] 워런트의 가치평가: 애버텍 코퍼레이션

애버텍 코퍼레이션(Avatek Corporation)은 유통주식 수가 1,963만 7,000주인 부동산회사로서 주가는 0.38 달러이다. 2001년 3월 이 회사의 유통 옵션은 180만 개로서, 잔여 만기는 4년이고 행사가격은 2.25달러이다. 배당은 지급하지 않았고, ln(주가)의 표준편차는 93%였다. 국채 4년물의 수익률은 4.9%였다. (분석 시점에 옵션의 시장가격은 0.12달러였다.)

워런트 평가모형에 들어가는 입력 변수들은 다음과 같다(단위: 달러).

$$조정\ S = (0.38 \times 19.637 + 0.12 \times 1.8)/(19.637 + 1.8) = 0.3544$$

$$K = 워런트\ 행사가격 = 2.25$$
$$t = 워런트의\ 잔여\ 만기 = 4년$$
$$r = 옵션의\ 잔여\ 만기에\ 해당하는\ 무위험\ 이자율 = 4.9\%$$
$$\sigma = 주가의\ 표준편차 = 0.93$$
$$y = 주식의\ 배당수익률 = 0.0\%$$

블랙-숄스 모형으로 이 옵션을 평가한 결과는 다음과 같다.

$$d_1 = 0.0418 \qquad N(d_1) = 0.5167$$
$$d_2 = -1.8182 \qquad N(d_2) = 0.0345$$

$$옵션의\ 가치 = 0.3544(0.5167) - 2.25\ \exp^{(-0.049)(4.00)}(0.0345) = 0.12$$

2001년 3월 옵션의 시장가격은 0.12달러였다. 평가 결과가 시장가격과 일치하므로 반복 계산은 필요 없다. 만일 일치하지 않았다면 조정 주가와 옵션 가치를 재평가했을 것이다. 이 옵션이 비상장 옵션이었다면, 옵션 가치를 사용해서 조정 주가를 찾아내고 조정 주가를 사용해서 옵션 가치를 평가하는 식으로 반복 계산이 필요했을 것이다.

---

 warrant.xls: 이 스프레드시트를 이용하면 옵션 행사로 희석되는 옵션의 가치를 평가할 수 있다. (웹에서 다운로드 가능)

풋옵션을 평가하는 블랙-숄스 모형 풋옵션의 가치는 행사가격과 만기가 같은 콜옵션의 가치를 통해서 얻을 수 있다.

$$Call - Put = S - K\ e^{-rt}$$

여기서 C는 콜옵션의 가치이고 P는 풋옵션의 가치이다. 콜옵션과 풋옵션의 이러한 관계를 풋-콜 패리티(parity)라고 부르는데, 가격이 이 관계에서 벗어나면 무위험 차익거래가 발생한다. 풋-콜 패리티가 유지되는 이유를 살펴보자. 행사가격이 K이고 만기가 t인 콜옵션을 매도하고 풋옵션을 매수하는 동시에 현재 가격 S에 기초자산을 매수한다고 가정하자. 이 포지션을 유지하면 무위험으로 만기(t)에 항상 수익률 K를 얻는다. 이번에는 만기에 주가가 S*라고 가정하자. 이 포트폴리오에서 각 포지션의 손익 구조는 다음과 같다.

포지션	S*>K일 때 만기 손익	S*<K일 때 만기 손익
콜옵션 매도	-(S* - K)	0
풋옵션 매수	0	K - S*
주식 매수	S*	S*
합계	K	K

이 포지션의 수익률은 확실하게 K이므로, 이 포지션 구성 비용은 무위험 이자율(Ke^{-rt}) 기준으로 K의 현재가치와 똑같아야 한다.

$$S + P - C = Ke^{-rt}$$
$$C - P = S - Ke^{-rt}$$

이 방정식을 블랙-숄스 모형 방정식으로 대체하면 다음과 같다.

$$풋옵션의 가치 = Ke^{-rt}[1 - N(d_2)] - S\,e^{-rt}[1 - N(d_1)]$$

$$d_1 = \frac{\ln\left(\frac{S}{K}\right) + \left(r - y + \frac{\sigma^2}{2}\right)t}{\sigma\sqrt{t}}$$
$$d_2 = d_1 - \sigma\sqrt{t}$$

그러므로 풋옵션의 복제 포트폴리오를 구성하려면 주식 $[1 - N(d_1)]$주를 공매도하고 무위험 자산에 $Ke^{-rt}[1 - N(d_2)]$를 투자하면 된다.

[예시 5.7] 풋-콜 패리티를 이용한 풋옵션 평가: 시스코 시스템스와 AT&T

예시 5.2에서 평가한 시스코 시스템스 콜옵션을 다시 살펴보자. 이 콜옵션의 행사가격은 15달러였고 잔여 만기는 103일이었으며 평가 가치는 1.87달러였다. 주식의 시장가격은 13.62달러였고 무위험 이자율은 4.63%였다. 풋옵션의 가치는 다음과 같이 평가할 수 있다(단위: 달러).

$$\text{풋옵션의 가치} = C - S + Ke^{-rt} = 1.87 - 13.62 + 15 \, e^{(-0.0463)(0.2822)} = 3.06$$

이 풋옵션의 시장가격은 3.38달러였다.

예시 5.4에서는 AT&T 장기 콜옵션의 가치를 평가했다. 이 콜옵션의 행사가격은 20달러였고, 잔여 만기는 1.8333년이었으며, 평가 가치는 6.63달러였다. 주식의 시장가격은 20.50달러였고 만기까지 배당수익률 2.51%가 유지될 전망이었다. 무위험 이자율은 4.85%였다. 이 풋옵션의 가치는 다음과 같이 평가할 수 있다.

$$\text{풋옵션의 가치} = C - Se^{-yt} + Ke^{-rt} = 6.63 - 20.5 \, e^{-(0.0251)(1.8333)} + 15 \, e^{(-0.0485)(1.8333)} = 5.35$$

이 풋옵션의 시장가격은 3.80달러였다. 콜옵션과 풋옵션의 시장가격 둘 다 우리 추정치와 다르다. 이는 우리가 추정한 주식의 변동성이 정확하지 않다는 의미일 수 있다.

점프 프로세스 옵션가격결정모형

이항모형에서 기간이 단축되어도 가격 변동이 큰 폭으로 유지된다면, 더는 가격 변동이 연속적이라고 가정할 수 없다. 가격 변동이 큰 폭으로 유지될 때는 가격 점프를 허용하는 프로세스가 훨씬 더 현실적이다. 1976년 콕스(Cox)와 로스(Ross)는 가격이 순수한 점프 프로세스를 따를 때 옵션의 가치를 평가했는데, 여기서는 가격이 상승하는 점프만 고려했다. 그러므로 다음 기간에 주가는 특정 확률로 대폭 상승하거나 일정 속도로 천천히 하락한다.

머튼(Merton, 1976)은 가격 점프가 연속 가격 프로세스와 겹치는 분포를 분석했다. 그는 점프가 발생하는 속도(λ)와 점프의 평균 규모(k)를 주가 대비 비율로 측정했다. 이런 프로세스가 있는 옵션을 평가하는 모형을 점프 확산 모형(jump diffusion model)이라고 부른다. 이 모형에서는 옵션의 가치가 블랙-숄스 모형에서 명시한 5가지 변수와 점프 프로세스의 모수(λ, k)에 따라 결정된다. 그러나 점프 프로세스 모수를 추정하기가 너무 어려워서 더 현실적인 모형을 사용하는 편이 훨씬 유리할 정도이다. 그래서 이 모형은 실제로 거의 사용되지 않는다.

옵션가격결정모형의 확장

지금까지 설명한 옵션가격결정모형(이항모형, 블랙-숄스 모형, 점프 프로세스 모형)은 모두 행사가격과 만기가 명확하게 정의된 옵션의 가치를 평가하도록 설계된 모형들이다. 그러나 우리가 투자 분석이나 가치평가에서 마주치는 옵션 중에는 금융자산이 아닌 실물자산에 관한 옵션도 종종 있다. 이런 실물 옵션은 형태가 훨씬 복잡할 수 있다. 이 섹션에서는 이런 변종 옵션들을 살펴본다.

캡 옵션(capped option)과 배리어 옵션(barrier option)

일반 콜옵션은 옵션 보유자가 얻을 수 있는 이익에 상한이 없다. 이론상 자산 가격은 계속 상승할 수 있으므로 이익도 비례해서 증가한다. 그러나 일부 콜옵션은 얻을 수 있는 이익에 상한이 있다. 예를 들어 행사가격이 K_1인 콜옵션을 생각해보자. 일반 콜옵션이라면 기초자산 가격이 K_1을 초과하면 이익도 함께 증가한다. 이번에는 가격이 K_2에 도달하면 이익이 더는 증가하지 않는다고 가정하자. 그림 5.7이 이 옵션의 손익 구조를 보여준다.

[그림 5.7] 캡 콜옵션의 손익 구조

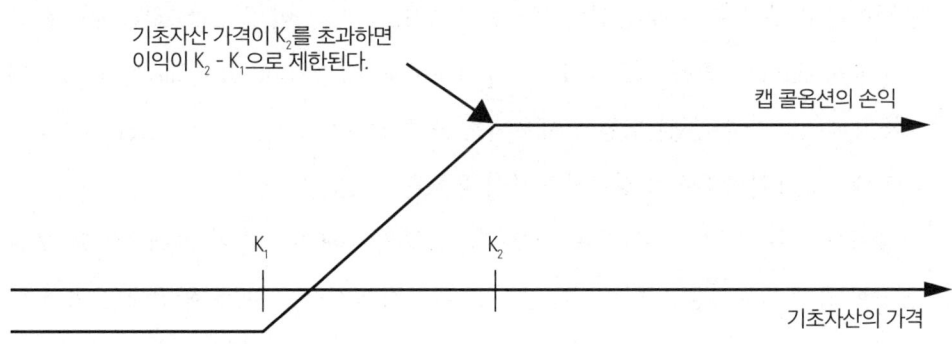

기초자산 가격이 K_2를 초과하면 이익이 $K_2 - K_1$으로 제한된다.

캡 콜옵션의 손익

K_1

K_2

기초자산의 가격

이 옵션을 캡 콜옵션이라고 부른다. 일단 가격이 K_2에 도달하면 이제는 시간 가치가 없으므로 이 옵션이 행사된다. 캡 콜옵션은 이른바 배리어 옵션의 일종으로서, 자산 가격이 일정 기간 특정 수준에 도달하느냐에 따라 손익과 잔여 만기가 결정된다.

캡 콜옵션의 가치는 캡이 없는 동종 콜옵션보다 항상 낮다. 이 콜옵션 가치의 근사치를 얻으려면 두 번 평가해야 한다. 한 번은 주어진 행사가격으로 가치를 평가하고, 한 번은 캡으로 평가한 다음, 두 가치의 차액을 계산하면 된다. 이 사례에서 행사가격이 K_1이고 캡이 K_2인 콜옵션의 가치는 다음과 같이 표시할 수 있다.

$$캡\ 콜옵션의\ 가치 = 콜옵션의\ 가치(K = K_1) - 콜옵션의\ 가치(K = K_2)$$

배리어 옵션은 다양하다. 녹아웃 옵션(knockout option)은 기초자산이 일정 가격에 도달하면 사라진다. 콜옵션일 때는 녹아웃 가격이 대개 행사가격 아래에 설정되는데, 이 옵션을 가격 하락 시 무효 옵션(down-and-out option)이라고 부른다. 그리고 풋옵션일 때는 녹아웃 가격이 대개 행사가격 위에 설정되는데, 이 옵션을 가격 상승 시 무효 옵션(up-and-out option)이라고 부른다. 캡 콜옵션과 마찬가지로 녹아웃 옵션도 동종의 일반 옵션보다 가치가 낮다. 흔히 실물 옵션은 상승 잠재력에 제한이 있거나 녹아웃 조항이 있으므로 이런 제한을 무시하면 옵션의 가치를 과대평가할 수 있다.

복합 옵션(compound option)

기초자산이 아니라 다른 옵션으로부터 가치를 얻는 옵션도 있다. 이런 옵션을 복합 옵션이라고 부른다. 복합 옵션의 형태는 4가지로, 콜 온 어 콜(call on a call), 풋 온 어 풋(put on a put), 콜 온 어 풋(call on a put), 풋 온 어 콜(put on a call)이다. 게스케(Geske, 1979)는 단순 옵션 모형에 사용되는 표준 정규분포를 이변량(bivariate) 정규분포로 대체하여 복합 옵션을 평가하는 분석 공식을 개발했다.

30장에서는 실물 옵션으로서 프로젝트 확장 옵션의 가치를 평가할 예정이다. 우리는 단순한 옵션가격결정모형으로 이 옵션을 평가하겠지만, 실제로 확장에는 여러 단계가 있을 수 있으며, 각 단계는 다음 단계를 따라가는 옵션이 될 수 있다. 이 사례에서 우리는 이 옵션을 복합 옵션이 아니라 단순 옵션으로 간주하여 과소평가할 것이다.

복합 옵션 평가는 옵션이 추가될수록 그만큼 더 어려워진다. 그래서 이 사례에서는 온갖 추정 오차로 평가를 망치는 것보다는 단순한 평가모형으로 산출한 보수적인 추정치를 최저 가치로 받아들이는 편이 나을지 모른다.

무지개 옵션(rainbow option)

단순한 옵션에서는 불확실성의 원천이 기초자산의 가격이다. 그러나 일부 옵션은 불확실성의 원천이 둘 이상인데, 이런 옵션이 무지개 옵션이다. 그러므로 단순한 옵션가격결정모형으로 무지개 옵션을 평가하면 가치 추정치가 편향될 수 있다. 예를 들어 회사가 보유한 미개발 석유 매장량을 옵션이라고 생각해보자. 이 옵션은 불확실성의 원천이 두 가지다. 첫째는 유가이고, 둘째는 석유 매장량이다. 이 미개발 석유 매장량을 평가하려면 우리가 석유 매장량을 확실히 안다고 가정해야 한다. 그러나 실제로는 매장량이 불확실하다는 사실이 이 옵션의 가치에 영향을 미치므로 옵션 행사를 결정하기가 어렵다.[4]

결론

옵션은 기초자산의 가치에 따라 손익이 결정되는 자산이다. 콜옵션은 특정 기초자산을 만기 이전에 행사가격에 살 수 있는 권리이고, 풋옵션은 특정 기초자산을 만기 이전에 행사가격에 팔 수 있는 권리이다. 옵션의 가치는 6개 변수에 의해 결정되는데, 기초자산의 현재 가격, 이 가격의 분산, 이 자산에서 예상되는 배당, 행사가격, 잔여 만기, 무위험 이자율이다. 블랙-숄스 모형은 기초자산과 무위험 차입·대출로 복제 포트폴리오를 구성하는 방식으로 옵션의 가치를 평가한다. 블랙-숄스 모형과 이항모형을 이용하면 옵션 특성이 있는 자산의 가치를 평가할 수 있다.

---

4   상장 옵션 중에도 이와 비슷한 주식 옵션이 있는데, 옵션을 행사할 때 주가를 확실히 알 수 없는 경우다. 주가가 불확실할수록 옵션을 행사할 때 안전마진을 많이 확보해야 이익을 얻을 수 있다.

연습문제

별도 표기가 없으면 주식 위험 프리미엄은 5.5%로 한다.

1 다음은 마이크로소프트 옵션의 거래 가격이다. 배당은 지급하지 않는다(단위: 달러)

	콜옵션		풋옵션	
	K = 85	K = 90	K = 85	K = 90
1개월 만기	2.75	1.00	4.50	7.50
3개월 만기	4.00	2.75	5.75	9.00
6개월 만기	7.75	6.00	8.00	12.00

주식은 83달러에 거래되고 있으며, 연간 무위험 이자율은 3.8%다. 과거 주가에 기반한 ln(주가)의 표준편차는 30%다.

    a. 행사가가 85달러인 3개월 콜옵션의 가치를 구하라.

    b. 블랙-숄스 모형의 입력을 사용하여 이 콜옵션을 어떻게 복제할지 명시하라.

    c. 이 콜옵션의 내재 표준편차는 얼마인가?

    d. 행사가가 85달러인 콜옵션을 매수하고 행사가가 90달러인 콜옵션을 매도한다고 가정하라. 이 포지션의 수익 다이어그램을 그려라.

    e. 풋-콜 패리티를 사용하여 행사가격이 85달러인 3개월 풋옵션의 가치를 구하라.

2 행사가격이 30달러인 머크에 대한 3개월 콜옵션과 풋옵션의 가치를 평가하려고 한다. 주식은 28.75달러에 거래되고 있으며, 회사는 2개월 후 분기 배당금 0.28달러를 지급할 것으로 예상한다. 연간 무위험 이자율은 3.6%이고, ln(주가)의 표준편차는 20%다.

    a. 블랙-숄스 모형을 사용하여 콜옵션과 풋옵션의 가치를 계산하라.

    b. 예상 배당금 지급이 콜옵션 가치에 어떤 영향을 미치는가? 풋옵션 가치에는? 이유는?

3 앞서 설명한 머크의 옵션이 조기에 행사될 가능성이 있다.

    a. 준미국형 기법을 사용하여 조기 행사가 콜옵션의 가치에 영향을 미칠지 여부를 판단하라.

    b. 조기 행사 가능성이 존재하는 이유는 무엇인가? 조기 행사 가능성이 가장 높은 옵션의 종류는 무엇인가?

4 3개월 콜옵션에 대해 다음과 같은 정보를 알고 있다.

$$S = 95 \quad K = 90 \quad t = 0.25 \quad r = 0.04$$
$$N(d_1) = 0.5750 \quad N(d_2) = 0.4500$$

a. 이 콜옵션을 복제하려면 얼마의 돈을 빌려야 하는가?

b. 이 콜옵션을 복제하려면 몇 주의 주식을 사야 하는가?

5 1994년 5월, 비디오 레코더 제조회사인 고 비디오의 주식은 4달러에 거래되었다. 발행주식 수는 1,100만 주다. 같은 시점에 1년물 워런트(신주인수권)가 55만 개 발행되어 있고, 행사가격은 4.25달러다. 이 주식의 표준편차는 60%다. 이 주식은 배당을 지급하지 않는다. 무위험 이자율은 5%다.

a. 희석을 무시하고 워런트의 가치를 구하라.

b. 희석을 고려하고 워런트의 가치를 구하라.

c. 희석으로 인해 워런트의 가치가 감소하는 이유는 무엇인가?

6 5년 후에 만기되는 NYSE종합지수에 대한 장기 콜옵션의 가치를 평가하고자 한다. 행사가격은 2275이고 현재 지수는 250, 주가의 연환산 표준편차는 15%다. 지수의 평균 배당수익률은 3%이고, 다음 5년간 변하지 않을 것으로 예상한다. 5년 만기 국채 이자율은 5%다.

a. 장기 콜옵션의 가치를 계산하라.

b. 동일한 모수(parameter)를 가진 풋옵션의 가치를 계산하라.

c. 블랙-숄스 모형을 사용하여 이 옵션의 가치를 평가한다면, 잠재적으로 무엇을 가정하는가? 이 가정들 중 어떤 가정이 위반될 가능성이 높은가? 가치평가에는 어떤 영향을 미치는가?

7 AT&T에서 신주를 발행하는데, 이 주식은 주주들에게 향후 3년간 모든 배당을 받을 수 있는 권리를 부여한다. 상방은 20%에서 제한되고, 하방은 10%에서 보호된다. AT&T 주식은 50달러에 거래되고 있으며, 3년 만기 콜옵션과 풋옵션은 다음 가격에 거래되고 있다(단위: 달러)

K	콜옵션		풋옵션	
	1년	3년	1년	3년
45	8.69	13.34	1.99	3.55
50	5.86	10.09	3.92	5.40
55	3.78	8.81	6.39	7.63
60	2.35	7.11	9.92	10.23

이 증권에 얼마를 지불할 의향이 있는가?

6장
시장 효율성

시장 효율성이란 무엇인가? 시장 효율성은 투자와 가치평가모형에 무슨 의미가 있는가? 확실히 시장 효율성은 논란이 많은 개념이어서 강한 의견과 찬반양론을 불러모은다. 그 의미를 받아들이는 개인들 사이의 차이 때문이기도 하고, 시장이 효율적인지 아닌지가 투자에 접근하는 방식을 결정하는 핵심 신념이기 때문이기도 하다. 6장에서는 시장 효율성을 정의하고, 효율적 시장이 투자자에게 주는 의미를 생각해보며, 투자 방식 검증에 사용되는 기본 기법들을 요약하고, 이를 통해 시장 효율성을 검증한다. 아울러 시장 효율성에 관한 방대한 연구 자료도 요약해서 제공한다.

시장 효율성과 투자 가치평가

시장이 효율적인지, 만일 효율적이지 않다면 비효율성이 어디에 있는지는 투자 가치평가에서 핵심적인 문제다. 시장이 효율적이라면 시장가격이 가치의 최적 추정치이므로, 가치평가는 시장가격을 정당화하는 과정이 된다. 시장이 비효율적이라면 시장가격은 진정한 가치에서 벗어날 수 있으므로, 가치평가는 진정한 가치의 합리적인 추정치를 얻는 과정이 된다. 그러면 가치평가를 잘하는 사람들은 저평가 기업과 고평가 기업들을 찾아낼 수 있어서 남들보다 높은 수익을 얻는 게 가능하다. 그러나 이렇게 더 높은 수익을 얻으려면 시장이 자신의 오류를 수정해야 한다(효율적으로 바뀌어야 한다). 이런 오류 수정에 걸리는 기간이 6개월이냐 5년이냐는 투자자가 선택하는 가치평가 기법과 시간 지평(time horizon)에 심대한 영향을 미칠 수 있다.

시장 효율성 연구들은 시장에서 비효율적으로 보이는 부분을 집중적으로 분석하는데, 여기에서도 배울 점이 많다. 이런 비효율성을 이용해서 전체 주식을 걸러내면 저평가 주식들이 포함된 소집단을 얻을 수도 있다. 상장주식은 엄청나게 많으므로, 이 방법을 쓰면 시간을 절약할 뿐 아니라 저평가 주식이나 고평가 주식을 찾아낼 가능성도 훨씬 커진다. 예를 들어 어떤 연구는 기관투자자들이 무시하는 주식이 저평가되어 초과수익을 달성할 여지가 크다고 암시한다. 그렇다면 기관투자자들의 보유 비중이 낮은 종목만 고르는 방식으로 저평가 기업 포트폴리오를 구성할 수도 있을 것이다. 이 연구가 옳다면 이런 소집단에서 저평가 기업들을 발견할 확률이 클 것이다.

시장 효율성이란 무엇인가?

효율적 시장이란 시장가격이 진정한 가치의 불편(不偏) 추정치인 시장이다. 이 말에는 여러 핵심 개념이 담겨 있다.

- 일반적 견해와는 달리, 시장가격이 항상 진정한 가치와 일치하지 않아도 시장은 효율적이다. 시장가격의 편차가 한쪽으로 치우치지만 않으면 된다. 편차가 무작위이기만 하면 시장가격은 진정한 가치보다 높거나 낮을 수 있다.
- 진정한 가치에서 벗어나는 편차가 무작위라는 의미는 어느 주식이 저평가·고평가되었을 가능성은 항상 같으며, 이 편차는 어떤 변수와도 상관관계가 없다는 것이다. 예를 들어 효율적 시장에서는 저PER 주식이 저평가되었을 가능성은 고

PER 주식보다 크거나 작지 않아야 한다.

■ 시장가격의 편차가 무작위라면, 어떤 투자전략을 사용해도 저평가 주식이나 고평가 주식을 지속적으로 찾아낼 수는 없다.

시장 효율성의 정의는 고려 대상 시장은 물론 투자자 집단에 대해서도 구체적이어야 한다. 모든 시장이 모든 투자자에게 항상 효율적이기는 지극히 어렵지만, 특정 시장(예컨대 뉴욕증권거래소)이 일반 투자자에게는 얼마든지 효율적일 수 있다. 아울러 일부 시장은 효율적이고 다른 시장은 비효율적일 수도 있으며, 한 시장이 일부 투자자에게는 효율적이고 다른 투자자에게는 비효율적일 수도 있다. 이는 일부 투자자가 다른 투자자보다 세율이나 거래비용 면에서 유리하기 때문이다.

시장 효율성의 정의는 투자자에게 제공되어 주가에 반영되는 정보에 대한 가정에 따라 분류되기도 한다. 예를 들어 시장 효율성을 엄격하게 정의하면, 공개 정보든 비공개 정보든 모든 정보는 시장가격에 반영되어 있으므로 내부 정보를 보유한 투자자조차 초과수익을 얻을 수 없다. 시장 효율성의 수준을 최초로 분류한 파마(1970)는 어떤 정보가 주가에 반영되었는가에 따라 시장을 3단계로 구분할 수 있다고 주장했다. **약형 효율성**(weak form efficiency)에서는 현재 가격에 과거 주가 정보가 모두 반영되어 있으므로, 과거 주가만 사용하는 차트와 기술적 분석으로는 저평가 주식을 찾아낼 수 없다고 말한다. **준강형 효율성**(semi-strong form efficiency)에서는 현재 가격에 과거 주가는 물론 (재무제표와 뉴스 보도를 포함한) 모든 공개 정보가 반영되어 있으므로, 이런 정보를 이용하는 기법으로는 저평가 주식을 찾아낼 수 없다고 말한다. **강형 효율성**(strong form efficiency)에서는 현재 가격에 공개 정보는 물론 비공개 정보까지 모두 반영되어 있으므로, 어느 투자자도 저평가 주식을 지속적으로 찾아낼 수 없다고 말한다.

시장 효율성이 주는 의미

효율적 시장이 직설적으로 주는 의미는 평범한 투자전략으로는 어떤 투자 집단도 지속적으로 초과수익을 낼 수 없다는 것이다. 효율적 시장은 다양한 투자전략을 부정적으로 평가한다.

- 효율적 시장에서는 주식 리서치와 가치평가가 비용만 들고 이득은 없는 작업이다. 저평가 주식을 발견할 가능성은 항상 50 대 50이어서 가격 오류의 무작위성을 보여준다. 정보 수집과 주식 분석으로 얻는 이득은 기껏해야 리서치 비용만 충당할 정도다. 그러나 최악의 경우에는 이 비용이 매우 높아서, 이 때문에 적극적 투자에서 얻는 수익이 시장 수익에 크게 못 미칠 수도 있다.
- 효율적 시장에서는 무작위로 분산투자하거나 시장지수를 따라가는 것처럼 정보 비용과 거래비용이 거의 없는 전략이 정보 비용과 거래비용이 큰 어떤 전략보다도 낫다. 적극적인 투자전략은 부가가치가 없다.
- 효율적 시장에서는 거래를 최소화하는 전략이 거래를 빈번하게 해야 하는 전략보다 낫다.

그러므로 시장 효율성 개념이 (그 존재 가치를 부정하는) 포트폴리오 매니저와 애널리스트들의 강한 반발을 부르는 것도 놀랄 일이 아니다.

시장 효율성이 의미하지 않는 것도 명확히 이해할 필요가 있다. 효율적 시장은 다음 의미가 아니다.

- 주가는 진정한 가치에서 벗어날 수 없다: 실제로 주가는 진정한 가치에서 크게 벗어날 수 있다. 편차가 무작위이기만 해도 시장은 효율적이다.
- 언제나 아무도 초과수익을 낼 수 없다: 그 반대로 투자자의 약 절반이 언제든 (거래비용 차감 전 기준으로) 초과수익을 낼 수 있다.[1]
- 어떤 투자자 집단도 장기간 초과수익을 낼 수는 없다: 시장에는 투자자가 매우

---

1   주식의 수익률은 양으로 치우친 분포(positively skewed)여서 수익률이 -100%보다 낮을 수 없으므로 대규모 손실보다 대규모 수익이 나오기 쉽다. 투자자의 절반은 십중팔구 초과수익을 낼 것이다.

많아서 확률의 법칙에 따라 장기간 계속 초과수익을 내는 투자자도 꽤 많을 것이다. 이는 투자전략 덕분이 아니라 운이 좋아서이다. 이들 중 대다수가 동일한 전략을 사용했을 가능성은 희박하다.[2]

효율적 시장에서 단기적으로는 기대수익률이 투자 위험과 불일치할 수 있지만, 장기적으로는 기대수익률이 투자 위험과 일치한다.

시장 효율성의 필요조건

효율적 시장은 저절로 조성되는 것이 아니다. 효율적 시장을 조성하는 것은 저평가 주식을 탐색하고 초과수익 전략을 실행하는 투자자들의 행동이다. 시장의 비효율성이 제거되려면 필요조건은 다음과 같다.

- 시장이 비효율적이어서 초과수익 전략이 통해야 한다. 이를 위해서는
  - 비효율성의 원천 자산이 거래되어야 한다.
  - 초과수익 전략 실행 비용이 이 전략의 기대이익보다 작아야 한다.
- 이익 극대화를 추구하는 다음과 같은 투자자들이 있어야 한다.
  - 초과수익 가능성을 인지할 수 있고
  - 초과수익 전략을 복제할 수 있으며
  - 비효율성이 제거될 때까지 주식을 거래할 자원을 보유한다.

효율적 시장에는 초과수익 기회가 없다는 주장과, 효율적 시장이 조성되려면 이익 극대화를 추구하는 투자자들이 끊임없이 초과수익 방법을 찾아내야 한다는 주장은 내부 모순이다. 이 모순도 학자들이 연구했다. 시장이 실제로 효율적이면 투자자들은 비효율성 탐색을 중단할 것이고, 그러면 시장이 다시 비효율적으로 바뀔 것이다. 효

---

2   시장 효율성을 부정하는 강력한 증거 하나가 1950년대에 벤저민 그레이엄으로부터 배운 투자자들 다수가 기록한 실적이다. 어떤 확률 통계로도 이들이 일관되게 기록한 우수한 실적을 설명할 수 없다.

율적 시장은 자기 수정 구조라고 생각해야 말이 된다. 즉, 효율적 시장에는 주기적으로 비효율성이 나타나지만, 투자자들이 발견해서 거래하면 비효율성이 즉시 사라진다. 다시 말해서 효율적 시장은 안정적인 상태가 아니라 일시적인 상태이다.

시장 효율성에 관한 명제

효율적 시장 조성에 필요한 조건들을 살펴보면 투자자들이 시장에서 쉽게 발견하는 일반 명제에 도달하게 된다.

명제 1: 자산시장에서 비효율성을 발견할 확률은 자산의 거래 편의성이 증가할수록 감소한다. 공개시장이 없거나 거래를 방해하는 장애물 때문에 거래하기가 어려우면 가격의 비효율성이 장기간 유지될 수 있다.

이 명제는 서로 다른 자산시장에서 나타나는 차이를 밝혀준다. 예를 들어 주식이 부동산보다 거래하기가 훨씬 쉽다. 주식시장은 훨씬 더 개방적이고, 소액으로도 거래할 수 있으며, 자산이 표준화되어 있다(IBM 주식 1주는 누가 거래해도 똑같은 1주이지만, 부동산 1건은 근처의 부동산이더라도 전혀 다를 수 있다). 이런 차이를 고려하면 비효율성을 발견할 가능성은 부동산시장이 더 크다.

명제 2: 자산시장에서 비효율성을 발견할 확률은 그 비효율성을 이용하는 거래 및 정보 비용이 증가할수록 커진다. 정보 수집 비용과 거래비용은 시장에 따라 크게 다르며, 같은 시장에서도 종목에 따라 다르다. 이런 비용이 증가할수록 비효율성 이용에 대한 보상이 감소한다.

예를 들어 근래에 부진했던 주식에서 초과수익이 나온다는 통속적 지혜를 생각해보자. 각종 비용을 고려하지 않으면 이 말이 옳을지도 모른다. 그러나 이런 주식들은 거래비용이 훨씬 높을 가능성이 큰데, 그 이유는 다음과 같다.

- 이런 주식들은 대개 저가주여서 거래 수수료와 비용이 더 높다.
- 매수-매도 호가 차이 형태의 거래비용이 거래 대금에서 차지하는 비중도 훨씬 크다.

■ 이런 주식들은 대개 거래량이 적어서 소량만 거래되어도 가격이 바뀌므로, 매수하는 가격은 더 높아지고 매도하는 가격은 더 낮아진다.

추론 1: (정보 수집이나 거래 측면에서) 비용 우위가 있는 투자자는 작은 비효율성이 발생해도 다른 투자자들보다 더 잘 이용할 수 있다.

대량매매가 주가에 미치는 영향을 분석한 여러 연구에 의하면 대량매매는 주가에 분명히 영향을 미치지만, 투자자들은 많은 거래 횟수와 거래비용의 부담 때문에 이런 비효율성을 이용할 수 없다고 결론지었다. 그러나 거의 무비용으로 신속하게 거래할 수 있는 거래소 스페셜리스트(specialist, 해당 증권의 거래를 촉진하려고 시장을 조성하는 거래소 회원)들은 이런 제약을 받지 않을 것이다. 하지만 시장이 스페셜리스트들에게 효율적이라면, 거래소 회원권 가격에 스페셜리스트가 벌어들이는 잠재 이익의 현재 가치가 반영되어 있을 것이다.

이 추론에 의하면 특히 정보 관련 비용 우위를 확보한 투자자는 이 우위를 이용해서 초과수익을 창출할 수 있을 것이다. 따라서 일본 등 아시아 시장에 남들보다 먼저 투자를 시작한 존 템플턴(John Templeton)은 정보 우위를 이용해서 적어도 일정 기간 초과수익을 얻었을 것이다.

명제 3: 비효율성이 해소되는 속도는 비효율성을 이용하는 전략을 다른 투자자들이 얼마나 쉽게 복제할 수 있느냐에 좌우될 것이다. 전략 복제의 용이성은 전략 실행에 들어가는 시간, 자원, 정보에 좌우된다. 거래를 통해서 비효율성을 제거하는 자원을 단독으로 보유한 투자자는 거의 없으므로, 비효율성 제거 전략이 명백해서 다른 투자자들이 복제할 수 있을 때 비효율성이 신속하게 사라질 것이다.

예를 들어 주식이 분할되면 다음 달에 그 주식에서 항상 초과수익이 나온다고 가정하자. 주식 분할은 기업이 공표하는 정보여서 어느 투자자든 주식 분할 직후에 그 주식을 매수할 수 있으므로, 이런 비효율성이 장기간 유지된다면 놀라운 일이다. 이와 대조적인 사례가 차익거래 펀드들이 인덱스 차익거래로 벌어들이는 초과수익이다. 이들은 인덱스 선물을 매수(매도)하는 동시에 인덱스에 포함된 주식을 공매도(매수)

가치평가 바이블

한다. 이 전략을 실행하려면 인덱스와 현물 가격 정보를 즉각적으로 입수해야 하고, 지수 선물 거래와 주식 공매도를 할 수 있어야 하며, 차익거래를 청산할 때까지 대규모 포지션을 유지할 수 있어야 한다. 그러므로 매우 낮은 비용으로 신속하게 거래할 수 있는 효율적인 차익거래 투자자라면 인덱스 선물 가격의 비효율성을 계속 찾아낼 수 있을 것이다.

시장 효율성 검증

시장 효율성 검증에서는 특정 투자전략에서 초과수익이 나오는지 살펴본다. 일부 검증은 거래비용과 실행 가능성을 확인하기도 한다. 초과수익은 실제 수익과 기대수익의 차이이므로, 모든 시장 효율성 검증에는 기대수익을 산정하는 모형이 포함된다. 이 기대수익은 자본자산가격결정모형(CAPM)이나 차익거래가격결정모형(APM)을 이용해서 위험에 맞추기도 하고, 비슷한 투자에서 나오는 수익률에 맞추기도 한다. 어떤 경우든 시장 효율성 검증은 시장 효율성에 대한 검증인 동시에 기대수익 산정 모형의 유효성에 대한 검증이다. 시장 효율성 검증에서 초과수익의 증거가 나오면, 이는 시장이 비효율적이거나 기대수익 산정 모형이 틀렸다는 (또는 둘 다라는) 의미다. 이는 풀리지 않는 딜레마처럼 보일 수도 있지만, 모형의 설정을 바꿔도 분석 결과가 달라지지 않는다면 모형의 설정 오류가 아니라 실제로 시장이 비효율적일 가능성이 훨씬 크다.

시장 효율성을 검증하는 기법은 다양하며, 사용하는 기법은 주로 검증 대상 투자전략에 따라 결정된다. (주식 분할, 실적 발표, 기업 인수 발표 등) 정보 사건을 이용해서 매매하는 전략은 대개 '사건 연구'를 사용해서 검증하는데, 사건 관련 수익률이 초과수익의 증거인지 자세히 조사한다. (PER, PBR, 배당수익률 등) 기업의 특성을 바탕으로 매매하는 전략은 대개 '포트폴리오 기법'을 사용해서 검증하는데, 이런 특성을 보유한 주식 포트폴리오들을 구성해서 실제로 초과수익이 나오는지 추적한다. 이제부터 각 기법의 핵심 단계를 요약하고 이런 검증 과정에서 유의할 사항들을 알아본다.

사건 연구

사건 연구는 특정 정보 사건에 대한 시장의 반응과 초과수익을 조사하는 기법이다. 정보 사건은 거시경제 지표 발표처럼 시장 전반에 영향을 미칠 수도 있고, 이익이나 배당 발표처럼 특정 기업에만 영향을 미칠 수도 있다. 사건 연구의 5단계는 다음과 같다.

1. 연구 대상 사건을 선택하고 사건이 발표된 날을 명시한다. 사건 연구의 전제 조건은 사건이 알려지는 시점이 매우 확실하다는 것이다. 금융시장은 사건 그 자체보다도 사건 관련 정보에 반응하므로, 대부분 사건 연구는 사건 발표일을 중심으로 진행된다.[3]

발표일

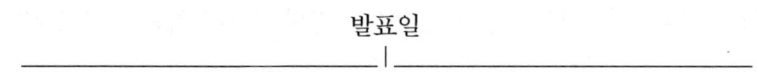

2. 일단 사건 발생일이 발표되면, 발표일(= 사건일)을 중심으로 관련 기업들의 수익률을 수집한다. 이 과정에서 두 가지 결정이 필요하다. 첫째, 발표일을 중심으로 수익률 데이터를 수집하는 기간 단위(주간, 일간, 시간)를 정해야 한다. 기간 단위는 대개 발생일이 얼마나 정확하게 알려지느냐(발생일이 더 정확할수록 더 짧은 기간 단위를 사용할 수 있다)와, 정보가 가격에 얼마나 신속하게 반영되느냐(반영이 신속할수록 더 짧은 기간 단위를 사용할 수 있다)에 좌우된다. 둘째, 발표일 전후로 데이터를 수집할 기간 단위의 수를 정해야 한다. 기간 단위의 수도 사건 발생일의 정확도에 좌우된다. 사건 발생일이 부정확할수록 더 긴 사건 기간(event window)이 필요하기 때문이다.

R_{-jn} ....R_{j0} ....R_{+jn}

수익률 기간: $-n \sim +n$

여기서 R_{jt} = t 기간 j 기업의 수익률(t = $-n, \ldots, 0, \ldots, +n$)

---

3   대부분 금융 거래는 사건 발표일이 사건 발생일보다 며칠이나 몇 주 앞서는 경향이 있다.

3. 발표일 전후의 기간 단위 수익률에 시장수익률과 위험을 반영하여 각 기업의 초과 수익을 산출한다. 예를 들어 자본자산가격모형을 사용해서 위험을 통제한다면,

t 기간의 초과수익률 = t 일의 수익률 – (무위험 이자율 + 베타 × t 일의 시장수익률)

$$ER_{-jn} \dots\dots\dots ER_{j0} \dots\dots\dots ER_{+jn}$$

$$\underline{\quad\quad}|\underline{\quad\quad\quad}|\underline{\quad\quad\quad}|\underline{\quad}$$

수익률 기간: –n ~ +n

여기서 ER_{jt} = t 기간 j 기업의 초과수익률 (t = –n, ... , 0, ... , +n) = $R_{jt} - E(R_{jt})$

4. 수익률 기간의 평균 초과수익률과 표준편차를 산출한다.

$$평균\ 초과수익률_t = \sum_{j=1}^{j=N} \frac{ER_{jt}}{N}$$

$$초과수익률\ 표준편차_t = \sum_{j=1}^{j=N} \frac{(ER_{jt} - 평균\ ER)}{(N-1)}$$

여기서 N = 사건 연구에 포함된 관측치(기업)의 수

5. 각 기간의 t 통계량을 산출(초과수익 평균을 표준편차로 나눔)하여 발표일 전후의 초과수익이 0인지 확인한다.

$$초과수익률_t 의\ t\ 통계량 = \frac{초과수익률_t 의\ 평균}{초과수익률_t 의\ 표준편차}$$

t 통계량이 통계적으로 유의미하면[4] 사건이 수익률에 영향을 미친다는 뜻이다. 사건의 영향이 긍정적인지 부정적인지는 초과수익이 양수냐 음수냐에 달렸다.

[예시 6.1] 사건 연구 사례: 옵션 상장이 주가에 미치는 영향

오래전부터 학계와 실무자들은 옵션 상장이 주가의 변동성에 미치는 영향에 관해 주장을 펼쳐왔다. 한편에서는 옵션이 투기자들을 끌어들이므로 주가의 변동성이 증가한다고 주장했다. 다른 한편에서는 옵션이

---

4   t 통계량 유의 수준은 아래와 같다.

수준	단측검정	양측검정
1%	2.33	2.55
5%	1.66	1.96

투자자들에게 선택 대안을 늘려주고 금융시장에 정보 유입을 증가시키므로 주가의 변동성이 낮아지고 주가가 상승한다고 주장했다.

이런 가설을 검증하는 방법 중 하나는 사건 연구를 통해서 옵션 상장이 주가에 미치는 영향을 조사하는 것이다. 콘래드(Conrad, 1989)는 다음과 같은 단계로 조사했다.

1단계: 특정 주식의 옵션이 시카고옵션거래소에 상장 예정임을 알리는 발표일을 수집했다.

2단계: 기초주식(j)의 옵션 상장 발표 10일 전, 발표 당일, 발표 10일 후 주가를 수집했다.

3단계: 기초주식의 각 거래일 수익률(R_{jt})을 산출했다.

4단계: 사건 기간 외 기간(사건 전 100거래일과 사건 후 100거래일)의 수익률을 사용해서 기초주식의 베타(β_j)를 산출했다.

5단계: 21거래일 각각의 시장지수 수익률(R_{mt})을 산출했다.

6단계: 각 주식(j)에 대해 21거래일 동안 매일 초과수익률을 산출했다.

$$ER_{jt} = R_{jt} - \beta_j \times R_m \qquad t = -10, -9, -8, \cdots, +8, +9, +10$$

각 거래일의 초과수익률을 누적했다.

7단계: 옵션 상장 발표일 전후 21거래일 각각에 모든 주식의 초과수익률 평균과 표준편차를 산출했다. 각 거래일에 이 평균과 표준편차를 사용해서 t 통계량을 산출했다. 표 6.1은 옵션 상장 발표일 전후의 초과수익률 평균과 t 통계량을 요약한 표이다.

[표 6.1] 옵션 상장 발표일 전후의 초과수익률

거래일	평균 초과수익률	누적 초과수익률	t 통계량
-10	0.17%	0.17%	1.30
-9	0.48%	0.65%	1.66
-8	-0.24%	0.41%	1.43
-7	0.28%	0.69%	1.62
-6	0.04%	0.73%	1.62
-5	-0.46%	0.27%	1.24
-4	-0.26%	0.01%	1.02
-3	-0.11%	-0.10%	0.93
-2	0.26%	0.16%	1.09
-1	0.29%	0.45%	1.28
0	0.01%	0.46%	1.27
1	0.17%	0.63%	1.37

2	0.14%	0.77%	1.44
3	0.04%	0.81%	1.44
4	0.18%	0.99%	1.54
5	0.56%	1.55%	1.88
6	0.22%	1.77%	1.99
7	0.05%	1.82%	2.00
8	-0.13%	1.69%	1.89
9	0.09%	1.78%	1.92
10	0.02%	1.80%	1.91

초과수익률을 근거로 분석할 때, 발표 당일만 보면 발표가 영향을 미친다는 증거가 없지만, 발표 전후 기간 전반을 보면 긍정적 영향을 미친다는 약한 증거는 있다.[5]

포트폴리오 연구

일부 투자전략에서는 일정한 특성이 있는 기업들이 더 저평가되기 쉬워서 초과수익이 더 잘 나온다고 본다. 이런 전략을 검증하려면 기간 초에 일정한 특성이 있는 기업들로 포트폴리오를 구성하여 그 기간의 수익률을 조사하면 된다. 한 기간의 특성 탓에 실적이 왜곡되지 않도록 이 분석은 여러 기간에 걸쳐 반복적으로 실행된다. 포트폴리오 연구의 7단계는 다음과 같다.

1. 투자전략에서 기업을 분류하는 변수를 정의한다. 이 변수는 관찰 가능해야 하며 정량 변수이면 더 쉽지만, 정성 변수가 될 수도 있다. 정량 변수의 예로는 주식의 시장 평가액, 주가, PER, PBR 등이 있다. 정성 변수의 예로는 경영의 질, 파산 위험, 기업의 평판 등이 있으나, 더 진행하려면 각 변수를 측정해야 한다.

2. 기간 초에 정의한 모집단에 포함된 모든 기업[6]의 변수 관련 데이터를 수집하고,

---

5   5% 유의 수준에서 t 통계량이 미미하게 유의미하다.
6   모집단 규모에는 현실적으로 한계가 있지만, 편향이 발생하지 않도록 유의해야 한다. 검증 기간에 실적이 좋았던 주식만 모집단에 포함한다면 명백한 편향에 해당한다.

이 변수를 기준으로 기업을 분류한다. 이 기준이 PER이라면, PER을 기준으로 기업들을 분류하여 최저 PER 포트폴리오에서부터 최고 PER 포트폴리오까지 구성한다. 포트폴리오의 숫자는 모집단의 규모에 따라 정한다. 각 포트폴리오가 어느 정도 다양성을 갖추려면 포함되는 기업의 수가 충분해야 하기 때문이다.

3. 각 포트폴리오에 포함된 개별 기업의 검증 기간 수익률을 수집하여 각 포트폴리오의 수익률을 산출한다. 이때 개별 기업의 수익률을 동일 비중으로 반영할지 가치가중으로 반영할지 선택한다.

4. 수익률에 위험을 반영해야 한다. 전통적인 위험-수익 모형을 사용한다면 각 포트폴리오의 베타를 추산한다(단일요소모형이면 단일 베타를, 다중요소모형이면 복수 베타를 추산한다). 베타는 포트폴리오에 포함된 개별 주식의 베타 평균을 이용하거나 시장수익률에 대해 포트폴리오의 수익률을 회귀분석하여 산출한다(베타 산출 기간은 예컨대 검증 기간 전년도로 한다). 모형 불가지론자가 되고자 한다면 수익률을 시장수익률이나 섹터 수익률과 비교할 수 있다.

5. 각 포트폴리오의 초과수익을 그 표준편차와 함께 산출한다.

6. 평균 초과수익이 포트폴리오별로 다른지 확인하는 통계 검증 기법은 다양하다. 검증 기법 중에는 모수 방식(parametric, 초과수익의 특정 분포를 가정하는 방식)[7]도 있고 비모수 방식(nonparametric)[8]도 있다.

7. 끝으로 각 포트폴리오를 극단적 포트폴리오와 대조하여 이들 사이에 통계적 유의성이 있는지 확인할 수 있다.

[예시 6.2] 포트폴리오 연구 사례: PER

실무자들은 저PER주가 전반적으로 저렴하므로 고PER주나 시장보다 실적이 훨씬 좋다고 주장한다. 이 가설은 포트폴리오 연구를 통해서 검증할 수 있다.

---

7 모수 검정법 중 하나가 F 검정(F test)으로서, 각 집단의 평균이 같은지 확인하는 방법이다. F 검정을 할 때는 각 집단의 분산이 같다고 가정하거나 다르다고 가정한다.
8 비모수 검정법 중 하나는 순위합 검정(rank sum test)으로서, 전체 표본에 수익률 순위를 매긴 다음 각 집단의 수익률 순위 합을 산출하여 순위가 무작위인지 규칙적인지 확인하는 방법이다.

1단계: 1987년 말 PER 데이터를 사용해서 뉴욕증권거래소 상장기업들을 5개 집단으로 분류했는데, 그룹1 이 최저 PER주로 구성된 집단이고 그룹5가 최고 PER주로 구성된 집단이다. PER이 음수인 기업들은 무시했다(이 때문에 결과가 편향될 수 있다).

2단계: 1988~1992년 데이터를 사용해서 각 포트폴리오의 수익률을 산출했다. 파산하거나 상장 폐지된 주 식의 수익률은 -100%로 계산했다.

3단계: 1983~1987년 월간 실적을 사용해서 각 포트폴리오에 포함된 각 주식의 베타를 산출했고, 각 포트 폴리오의 평균 베타도 산출했다. 포트폴리오의 평균 베타 산출에는 동일 비중을 적용했다.

4단계: 1988~1992년 데이터로 시장지수의 수익률을 산출했다.

5단계: 1988~1992년 데이터로 각 포트폴리오의 초과수익을 산출했다. 다음 표 6.2는 1988~1992년 각 포트 폴리오의 연도별 초과수익을 요약한 표이다.

[표 6.2] 평균 초과수익률: PER 5분위 기준

PER 등급	1988	1989	1990	1991	1992	1988~1992
최저	3.84%	-0.83%	2.10%	6.68%	0.64%	2.61%
2	1.75%	2.26%	0.19%	1.09%	1.13%	1.56%
3	0.20%	-3.15%	-0.20%	0.17%	0.12%	-0.59%
4	-1.25%	-0.94%	-0.65%	-1.99%	-0.48%	-1.15%
최고	-1.74%	-0.63%	-1.44	-4.06%	-1.25%	-1.95%

6단계: 포트폴리오 등급별 수익률 순위를 보면 저PER주의 수익률이 더 높다는 가설이 맞는 듯하지만, 포트폴 리오별 수익률 차이가 유의미한지 확인할 필요가 있다. 적용 가능한 검증 방법 중 일부는 다음과 같다.

■ F 검정을 사용해서 모든 포트폴리오의 평균 수익률이 같다는 가설을 채택하거나 기각할 수 있다. F 점수가 높으면 차이가 너무 커서 무작위가 아니라는 결론에 도달하게 된다.

■ 비모수 검정인 카이제곱 검정(chi-squared test)을 사용해서 5개 포트폴리오의 평균이 모두 같다 는 가설을 검정할 수 있다.

■ 단지 최저 PER 포트폴리오와 최고 PER 포트폴리오의 t 통계량만 산출해서 둘의 평균이 다른지 확인할 수 있다.

시장 효율성 검증의 심각한 실수

투자전략을 검증하는 과정에서 피해야 하는 함정이 있다. 다음 6가지다.

1. 일화적 증거를 사용해서 투자전략을 지지하거나 거부한다. 일화적 증거는 양날의 검이어서, 똑같은 가정을 지지할 수도 있고 거부할 수도 있다. 주가에는 소음이 있어서 터무니없는 투자전략도 성공할 때가 있고 훌륭한 투자전략도 실패할 때가 있으므로, 어떤 투자전략이든 통하는 예도 있고 통하지 않는 예도 있다.

2. 똑같은 기간에 추출한 똑같은 데이터로 투자전략을 검증한다. 이는 사악한 투자전략가가 선택하는 수단이다. 그는 특정 기간의 데이터를 조사해서 수백 가지 투자전략을 추출한다. 그리고서 이 투자전략을 똑같은 기간의 데이터로 검증하면 나오는 결과는 뻔하다(전략이 기적적으로 잘 통해서 엄청난 수익이 나온다). 투자전략을 검증할 때는 반드시 다른 기간에 추출한 데이터나 다른 모집단에서 추출한 데이터를 사용해야 한다.

3. 편향된 표본을 선택한다. 검증에 사용되는 표본이 편향되기도 한다. 검증에 사용될 수 있는 표본 주식은 수없이 많으므로 흔히 소규모 표본이 선택된다. 이 선택이 무작위라면 연구 결과에 미치는 피해는 크지 않다. 그러나 선택이 편향적이면 더 큰 모집단에는 적용되지 않는 결과가 나올 수 있다.

4. 시장 실적(시장수익률)을 통제하지 못한다. 시장 실적을 통제하지 못하면 단지 실적이 좋다는 이유로 해당 전략이 통한다고 판단하거나, 단지 실적이 나쁘다는 이유로 해당 전략이 통하지 않는다고 판단하게 될 수 있다. 시장 실적이 좋을 때는 대부분 전략에서 좋은 실적이 나오고, 시장 실적이 나쁠 때는 대부분 전략에서 나쁜 실적이 나온다. 문제는 그 전략에서 기대보다 좋은 실적이 나오는 것이다. 그러므로 검증 기간에 시장 실적을 반드시 통제해야 한다.

5. 위험을 통제하지 못한다. 위험을 통제하지 못하면 고위험 투자전략은 선택하고 저위험 투자전략은 거부하는 편향이 발생한다. 고위험 투자전략은 수익률이 시장

수익률보다 높고 저위험 투자전략은 수익률이 시장수익률보다 낮지만, 그렇다고 고위험 투자전략에서 초과수익이 나오는 것은 아니다.

6. **상관관계를 인과관계로 착각한다.** 앞 섹션에서 다룬 저PER주 사례(예시 6.2)를 생각해보자. 우리가 내린 결론은 저PER주의 수익률이 고PER주보다 높다는 것이다. 그러나 저PER 때문에 초과수익이 나온다고 판단하면 착각이다. 왜냐하면 고수익과 저PER의 원인이 그 주식의 고위험 때문일 수도 있기 때문이다. 다시 말해서 고위험은 두 가지 현상(저PER과 고수익) 양쪽에 발생 원인이 된다. 그러므로 저PER주 투자전략 채택에는 더 신중할 필요가 있다.

문제가 될 수 있는 작은 실수

1. **생존 편향:** 대부분 연구에서는 기존 상장주식 모집단에서 시작하여 과거로 거슬러 올라가면서 투자전략을 검증한다. 그러나 이 과정에서 미묘한 편향이 발생할 수 있다. 수익률에 악영향을 미치는 파산 기업들이 자동으로 제거되기 때문이다. 그러면 특히 파산 위험이 큰 기업에 취약한 투자전략의 수익률이 고평가될 수 있다.

   예를 들어 회생으로 얻는 이익이 가장 크다는 이유로 적자 기업에 투자하는 전략을 생각해보자. 이 포트폴리오에 속한 기업 일부는 파산하게 되지만 이 사실을 인식하지 못하므로 적자 기업 투자전략의 수익률은 고평가된다.

2. **거래비용 무시:** (매매수수료, 매수-매도 호가 차이, 시장 충격 비용 등) 거래비용 때문에 비용이 더 드는 전략도 있다. 완벽하게 검증하려면 거래비용도 고려해야 한다. 그러나 거래비용을 고려하기는 말처럼 쉽지 않다. 투자자마다 거래비용이 다르므로 어느 투자자의 거래비용을 검증에 사용해야 할지 불명확하기 때문이다. 거래비용을 무시하는 연구자들의 주장에 따르면, 각 투자자는 자신의 거래비용을 고려해서 그 투자전략에서 초과수익이 나오는지 판단할 수 있다.

3. **매매 실행의 어려움을 무시:** 이론상으로는 훌륭해 보여도 실제로 실행하기는 어려

운 전략도 있다. 매매를 가로막는 장애물이 있거나 시장 충격 비용이 발생하기 때문이다. 그러므로 초소형주에 투자하는 전략에서 이론상으로는 초과수익이 나오는 것처럼 보여도, 실제로는 시장 충격 비용(매수할 때는 주가를 밀어 올리고 매도할 때는 주가를 밀어 내리는 영향)이 커서 초과수익이 나오지 않을 수도 있다.

4. 정보 이용 시점: 특히 정보 발표 시점을 중심으로 전략을 검증할 때 답해야 하는 핵심 질문은 투자자가 정보에 접근할 수 있는 시점이 언제이며, 그 정보를 거래에 이용할 시간이 있는가다. 예를 들어 6장 뒷부분에서는 내부자들이 SEC 보고 자료의 정보를 이용해서 매매할 때 얻을 수 있는 수익률을 살펴본다. 그러나 이 연구 기간에는 SEC 보고 자료가 공개 정보가 아니었으므로, 일반 투자자는 몇 주 후에나 이 정보에 접근할 수 있었다.

시장 효율성의 증거

이 섹션에서는 시장 효율성 연구에서 나온 증거를 요약해본다. 종합 분석은 아니지만, 증거를 다음 4개 섹션으로 분류한다. 가격 변동 연구와 그 시계열 특성, 정보 발표에 대한 시장 반응의 효율성 연구, 시간이 흐르는 과정이나 일부 기업에서 나타나는 이례적인 수익률의 존재, 내부자와 애널리스트, 펀드매니저들의 실적 분석이다.

가격 변동의 시계열 특성

금융시장이 탄생한 이래로 사람들은 미래 주가 변동을 예측하는 도구로 주가 차트와 주가 패턴을 계속 사용했다. 그러므로 미래 주가 변동 예측이 가능한지 확인하려는 최초의 시장 효율성 연구가 주가 변동과 시간 흐름 사이의 관계에 초점을 맞춘 것도 놀랄 일이 아니다. 이런 검증에 박차를 가한 것은 주가 변동이 무작위라고 주장하는 랜덤워크 이론(random walk theory)이었다. 주가의 시계열 특성에 관한 연구가 급증하였으므로 증거를 다음 두 가지 유형으로 분류할 수 있다. 단기 주가 흐름(일중, 일간, 주간 주가 변동)에 초점을 맞추는 연구와 장기 주가 흐름(월간, 연간, 여러 해 주가 변동)을 조사하는 연구이다.

단기 주가 흐름　오늘의 주가 변동이 내일의 주가 변동 정보를 전해준다는 개념은
투자자들의 심리에 뿌리박혀 있다. 금융시장에서 이 가설을 검증하는 방법은 다양하다.

계열 상관　계열 상관(系列相關, serial correlation)은 (시간, 일간, 주간 등) 연속 기간
에서 가격 변동 사이의 상관관계를 측정하여, 특정 기간의 주가 변동이 그 이전 기간
의 주가 변동에 얼마나 좌우되는지 평가한다. 계열 상관이 0이면 연속 기간에서 주가
변동 사이의 상관관계가 없다는 뜻이다. 따라서 과거 주가 변동으로부터 미래 주가
변동을 알 수 있다는 가설은 기각된다고 볼 수 있다. 계열 상관이 양수이고 통계적으
로 유의미하면 시장에 가격 모멘텀이 존재한다는 증거로 볼 수 있다. 이전 기간의 수
익률이 양수이면 이후 기간의 수익률도 양수가 되기 쉽고, 이전 기간의 수익률이 음
수이면 이후 기간의 수익률도 음수가 되기 쉽다는 뜻이다. 계열 상관이 음수이고 통
계적으로 유의미하면 가격 반전의 증거로 볼 수 있다. 이전 기간의 수익률이 양수이
면 이후 기간의 수익률은 음수가 되기 쉽고, 이전 기간의 수익률이 음수이면 이후 기
간의 수익률은 양수가 되기 쉽다는 뜻이다.

투자전략의 관점에서 보면 계열 상관을 이용해서 초과수익을 얻을 수 있다. 계열
상관이 양수이면, 플러스 수익률 기간 이후에 매수해서 마이너스 수익률 기간 이후에
매도하는 전략을 쓰면 된다. 그리고 계열 상관이 음수이면 마이너스 수익률 기간 이
후에 매수해서 플러스 수익률 기간 이후에 매도하는 전략을 쓰면 된다. 그러나 이런
전략에는 거래비용이 발생하므로 거래비용을 차감하고서도 이익이 나올 정도로 상
관관계가 매우 높아야 한다. 그러므로 수익률에 계열 상관이 있더라도 대부분 투자자
는 초과수익을 얻지 못하는 일도 얼마든지 가능하다.

계열 상관의 초기 연구인 알렉산더(Alexander, 1964), 쿠트너(Cootner, 1962), 파마
(1965)는 모두 미국 대형주를 분석해서 주가의 계열 상관이 작다고 결론지었다. 예를
들어 파마는 다우 30종목 중 8종목의 계열 상관이 마이너스이고 대부분 0.05 미만이

라고 분석했다. 미국 소형주는 물론 다른 시장을 조사한 연구들도 이런 분석 결과를 지지했다. 예를 들어 1974년 예너그렌(Jennergren)과 코르스볼드(Korsvold)는 스웨덴 주식시장의 계열 상관이 낮다고 보고했고, 쿠트너(Cootner, 1961)는 상품시장도 계열 상관이 낮다고 결론지었다. 계열 상관 중 일부는 통계적 유의성이 있을지 몰라도 초과수익이 나올 정도도 충분하기는 어렵다는 뜻이다.

단기 수익률의 계열 상관은 시장의 유동성과 매수-매도 호가 차이로부터 영향을 받는다. 지수에 포함된 주식이 모두 유동성이 높은 것은 아니어서, 일부 주식은 일정 기간 거래가 안 되기도 한다. 이런 주식이 이후 기간에 거래될 때는 그 결과 주가 변동에서 플러스 계열 상관이 나올 수 있다. 예를 들어 첫날 시장이 강하게 상승했으나 그날 지수 종목 중 3개는 거래되지 않았다고 가정하자. 둘째 날 이런 종목이 거래된다면 전날 시장의 강세를 반영해서 상승하기가 쉽다. 그 결과 유동성 낮은 시장지수의 일간 수익률이나 시간 수익률 사이에는 플러스 계열 상관이 있는 것처럼 보일 수 있다.

종가는 원래 매수 호가나 매도 호가가 될 가능성이 반반이므로 수익률 산출에 거래 비용을 반영하면 매수-매도 호가 차이 때문에 반대 방향으로 편향이 발생한다. 매수-매도 호가 차이가 종가에 유발하는 탄력 탓에 계열 상관이 마이너스가 되는 것이다. 롤(Roll, 1984)은 이 관계를 측정하는 방법을 다음과 같이 제시했다.

$$\text{매수-매도 스프레드 효과} = \sqrt{2\,(\text{수익률의 계열 공분산})}$$

여기서 수익률의 계열 공분산은 수익률 변동과 연속 기간 사이의 공분산을 측정한다. 초단기 수익률에 대해서는 계열 상관에서 발생하는 이 편향이 큰 영향을 미치므로, 연속 기간의 주가 변동은 상관관계가 마이너스라고 착각할 수 있다.

필터 기법　필터 기법(filter rule)을 사용하는 투자자는 주가가 전저점으로부터 X% 상승하면 매수해서 전고점으로부터 X% 하락할 때까지 보유한다. 매매를 촉발하는 주가 변동 비율(X%)은 필터에 따라 다를 수 있으며, 변동 비율이 낮을수록 기간당

[그림 6.1] 필터 기법

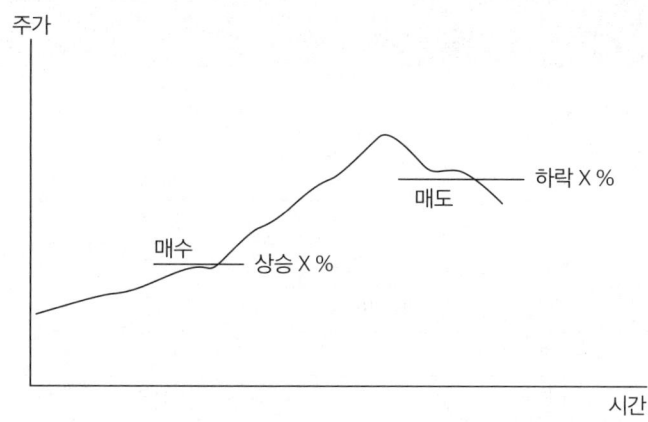

거래 횟수가 증가하여 거래비용도 증가한다. 그림 6.1은 전형적인 필터 기법을 보여주는 그래프이다.

　이 전략은 주가 변동에 계열 상관이 있어서 주가 모멘텀이 나타난다고(이전 기간에 급등한 주식은 이후 기간에도 계속 상승하기 쉽다고) 가정한다. 표 6.3은 1966년 파마와 블룸(Blume), 1970년 젠센(Jensen)과 베닝턴(Bennington)의 수익률 연구 결과를 요약한 것인데, 0.5~20% 필터 기법에 따른 투자전략 결과를 거래비용 차감 전과 차감 후 기준으로 보여준다. (0.5% 필터 기법이란 주가가 전저점으로부터 0.5% 상승하면 매수해서 전고점으로부터 0.5% 하락하면 매도하는 전략이다.)

　장기 보유 전략을 앞서는 유일한 필터 기법은 0.5% 기법이지만, 거래비용 차감 전 기준이다. 이 전략을 따르면 기간 중 거래가 12,514회 발생해서 막대한 거래비용 때문에 투자 원금이 모두 날아간다. 오래되긴 했지만, 이 검증은 빈번한 단기 매매 전략에서 발생하는 기본 문제도 보여준다. 거래비용 차감 전 기준으로는 단기 매매 전략에서도 초과수익이 발생할지 모르지만, 거래비용을 고려하면 초과수익이 모두 사라질 수 있다는 것이다.

　필터 기법의 변종에 해당하는 인기 지표 중 하나가 상대강도(relative strength)로

[표 6.3] 필터 기법 전략의 수익률

출처: Fama & Blume(1966), Jensen & Bennington(1970)

필터 트리거	필터 전략 수익률 (거래비용 전)	장기보유 전략 수익률	필터 전략 매매 횟수	필터 전략 수익률 (거래비용 후)
0.5%	11.5%	10.4%	12,514	-103.6%
1.0%	5.5%	10.3%	8,660	-74.9%
2.0%	0.2%	10.3%	4,764	-45.2%
3.0%	-1.7%	10.1%	2,994	-30.5%
4.0%	0.1%	10.1%	2,013	-19.5%
5.0%	-1.9%	10.0%	1,484	-16.6%
6.0%	1.3%	9.7%	1,071	-9.4%
7.0%	0.8%	9.6%	828	-7.4%
8.0%	1.7%	9.6%	653	-5.0%
9.0%	1.9%	9.6%	539	-3.6%
10.0%	3.0%	9.6%	435	-1.4%
12.0%	5.3%	9.4%	289	2.3%
14.0%	3.9%	10.3%	224	1.4%
16.0%	4.2%	10.3%	172	2.3%
18.0%	3.6%	10.0%	139	2.0%
20.0%	4.3%	9.8%	110	3.0%

서, 일정 기간(예컨대 최근 6개월이나 연초 대비 등)의 평균 주가와 해당 주가를 비교하는 지표이다. 상대강도 점수가 높은 주식이 좋은 투자 대상으로 간주된다. 이 투자전략도 가격 모멘텀이 존재한다고 가정한다.

런 검정 런 검정(runs test)은 계열 상관을 분석하는 비모수 변종 기법으로서, 런 횟수(연속적인 주가 상승이나 하락 횟수)로 가격 변동을 측정하는 방법이다. U는 주가 상승이고 D는 주가 하락이면 주가 변동의 시계열을 다음과 같이 나타낼 수 있다.

UUU DD U DDD UU DD U D UU DD U DD UUU DD UU D UU D

33개 기간의 주가 시리즈에서 나타난 런은 18회이다. 이렇게 주가 시리즈에서 실제로 나타난 런 횟수를, 길이는 같고 주가 변동이 무작위인 주가 시리즈에서 기대되는 런 횟수와 비교한다.[9] 실제로 나타난 런 횟수가 기대되는 런 횟수보다 많으면, 이는 가격 변동의 상관관계가 마이너스라는 증거이다. 반면 실제로 나타난 런 횟수가 기대되는 런 횟수보다 적으면, 이는 가격 변동의 상관관계가 플러스라는 증거이다. 1966년 니더호퍼(Niederhoffer)와 오즈본(Osborne)이 다우30 종목의 주가 변동을 1일, 4일, 9일, 16일 기준으로 분석한 결과는 다음과 같다.

	구분 간격			
	1일	4일	9일	16일
실제 런	735.1*	175.7	74.6	41.6
기대 런	759.8	175.8	75.3	41.7

이 결과를 보면 1일 수익률에는 플러스 상관관계의 증거가 있지만, 4일 이상의 수익률은 정상 상태에서 벗어난다는 증거가 없다.

오래전의 분석이지만, 길게 이어지는 연속 상승이나 연속 하락이 그 자체로는 주가 모멘텀의 증거로 부족하다는 점을 잘 보여준다. 무작위 주가 변동에서도 똑같은 모습이 나오기 때문이다. 이런 연속 상승이나 하락이 반복되어야 주가 변동이 무작위가 아니라는 증거로 볼 수 있다.

장기 주가 흐름 주가 흐름에 관한 초기 연구 대부분은 단기 수익률에 초점을 맞췄지만, 최근에는 장기(1~5년) 주가 흐름에 관심이 더 집중되고 있다. 흥미롭게도 연구 결과가 둘로 나뉜다. **장기**를 연 단위 대신 월 단위로 정의하면, 플러스 계열 상관이나 주가 모멘텀이 나타나는 경향이 있다. 반면 **장기**를 연 단위로 정의하면 수익률에 상당한 마이너스 상관관계가 나타나는데, 이는 장기적으로는 시장이 반전한다는 암시다.

---

9   길이가 다양한 무작위 주가 시리즈에서 기대되는 런 횟수를 요약한 통계표가 있다.

주간 및 월간 주가 모멘텀   앞 섹션에서 단기 주가 흐름에는 계열 상관이 있다는 증거가 부족하며, 계열 상관처럼 보이는 주가 흐름도 시장의 비효율성보다는 시장의 구조(유동성 부족, 매수-매도 호가 차이) 때문이라고 설명했다. 아울러 이런 단기 주가 흐름을 추적하는 기술적 분석가들은 넘치지만, 일관되게 수익을 내는 사람은 거의 없다는 주장도 했다. 그러나 분석 기간을 분 단위에서 일 단위로 연장하고 일 단위에서 연 단위로 연장하면, 주가 모멘텀이 존재한다는 증거가 어느 정도 나타난다. 다시 말해서 지난 몇 주나 몇 개월 동안 상승한 주식은 이후 몇 주나 몇 개월 동안에도 계속 초과수익을 내는 경향이 있고, 지난 몇 주나 몇 개월 동안 하락한 주식은 이후 몇 주나 몇 개월 동안에도 계속 하락하는 경향이 있다.

1993년과 2001년 제가디시(Jegadeesh)와 티트먼(Titman)은 최장 8개월까지 이른바 주가 모멘텀이 존재한다는 증거를 제시한다. 지난 6개월 동안 상승한 주식은 계속 상승하는 경향이 있고, 지난 6개월 동안 하락한 주식은 계속 하락하는 경향이 있다는 것이다. 이런 모멘텀 효과가 유럽 시장에서도 똑같이 강하게 나타났다. 하지만 신흥시장에서는 약한 것으로 보인다. 주가 모멘텀의 원인은 무엇일까? 유력한 설명 중 하나는 뮤추얼펀드들이 이미 상승한 주식을 매수하고, 반면에 하락한 주식은 매도해서 주가의 연속성을 만들어내는 경향이 있다는 것이다.

1년 이상의 주가 흐름에서 나타나는 반전   기간을 연 단위로 정의할 때 수익률의 계열 상관이 마이너스가 되는 것은, 초장기로는 시장이 반전한다는 암시다. 파마와 프렌치(1988)는 1941년부터 1985년까지 5년 수익률을 조사해서 이런 현상이 나타난다는 증거를 제시했다. 이들은 1년 수익률보다 5년 수익률에서 계열 상관이 더 마이너스임을 발견했고, 대형주보다 소형주의 계열 상관이 훨씬 더 마이너스임을 발견했다. 그림 6.2는 뉴욕증권거래소 주식의 규모별 1년, 5년 계열 상관을 요약해서 보여준다.

장기적으로는 주가가 반전한다는 증거가 있으므로, 이런 주가 반전을 이용해서 수익을 얻을 수 있는지 조사하는 것도 의미 있을 것이다. 드본트(DeBondt)와 세일러

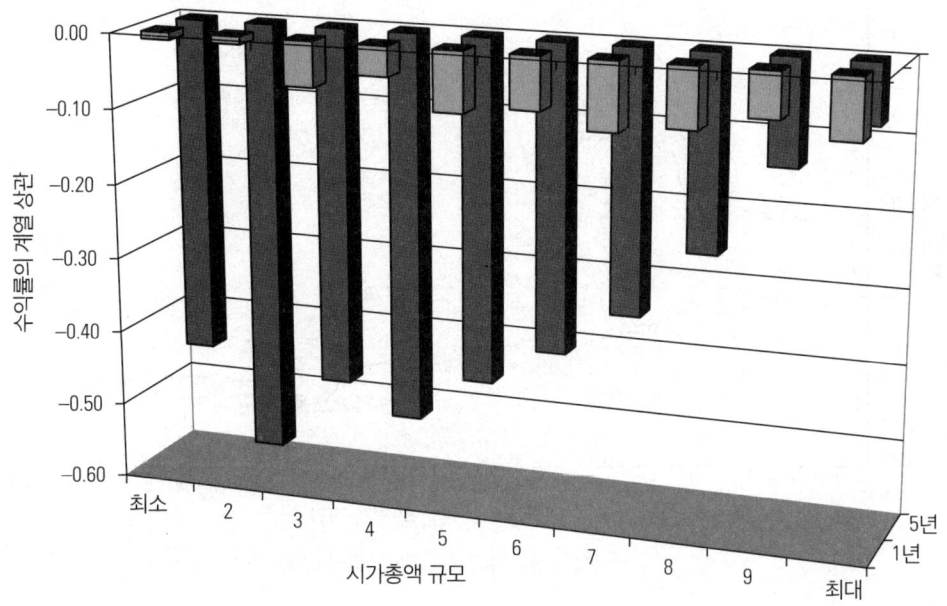

(Thaler)는 이런 주가 반전 효과를 분석하려고 극단적 포트폴리오를 구성했다. 이들은 1933년부터 1978년까지 각 연도에 전년도에 가장 많이 상승한 35개 종목으로는 승자 포트폴리오를 구성하고, 전년도에 가장 많이 하락한 35개 종목으로는 패자 포트폴리오를 구성하여, 두 포트폴리오의 이후 60개월 수익률을 조사했다. 그림 6.3은 승자 포트폴리오와 패자 포트폴리오의 초과수익을 요약한 자료다. 이 분석을 보면 구성 이후 60개월 동안 패자 포트폴리오가 승자 포트폴리오를 확실히 앞선다는 것을 알 수 있다. 이 증거는 장기 수익률 면에서 시장이 과잉반응했다가 수정하는 모습과 일치한다

　그러나 이런 발견이 흥미롭긴 해도 패자 포트폴리오의 잠재 수익을 과장한다고 보는 학자와 실무자들이 많다. 예를 들어 패자 포트폴리오에는 (주가가 5달러 미만인) 저가주가 많아서 거래비용이 높고 수익률도 편향되는 경향이 있다. 일관되게 좋은 수익률이 나오는 것이 아니라 몇몇 주식에서 경이적인 수익률이 나온다. 한 연구에서는

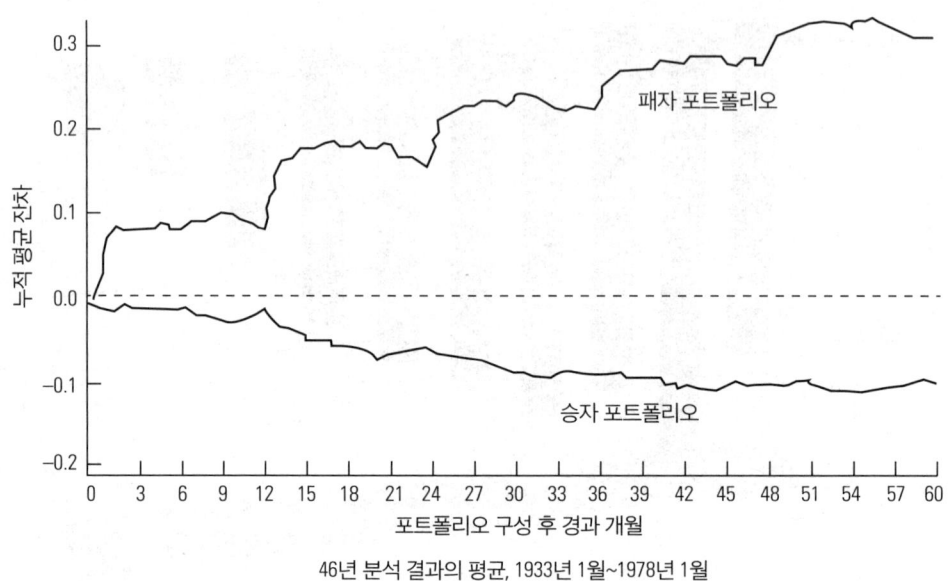

포트폴리오 구성 후 경과 개월

46년 분석 결과의 평균, 1933년 1월~1978년 1월

패자 포트폴리오의 초과수익이 저가주 덕분이며, 포트폴리오를 구성하는 시점에 따라 실적이 크게 달라진다는 사실을 발견했다. 12월에 구성한 패자 포트폴리오의 수익률이 6월에 구성한 패자 포트폴리오의 수익률보다 훨씬 높았다.

투기 거품, 붕괴, 공황　　금융시장의 흐름을 연구한 역사가들은 효율적 시장의 바탕이 되는 인간의 합리성 가정에 이의를 제기해왔다. 이들은 유행이나 빨리 부자가 되려는 욕망에 휩쓸린 투자자들 탓에 금융시장에 빈번하게 투기 거품이 형성되었고, 이런 거품이 사라지면 시장이 붕괴했으며, 지금도 금융시장에서 이런 현상의 재발을 방지할 방법이 없다고 지적한다. 투자자들의 비합리성을 분석한 문헌에 이런 증거들이 나타난다.

합리성에 관한 실험연구　　최근 시장 효율성과 합리성에 관한 흥미로운 증거가 실

[그림 6.4] 트레이딩 일자별 트레이딩 가격

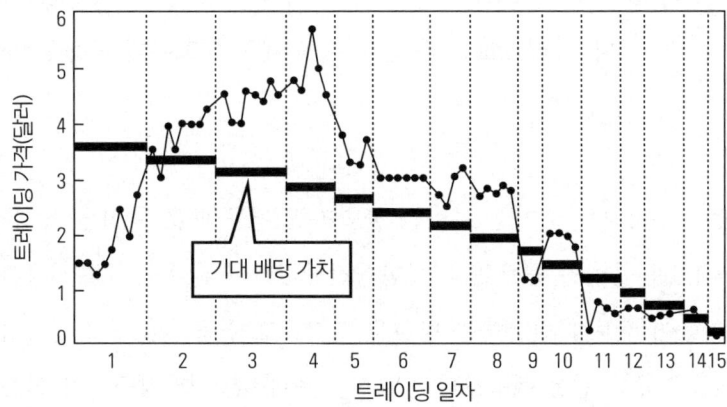

험연구에서 나왔다. 대부분 실험연구에서는 트레이더들이 합리적이라고 분석하지만, 트레이더들의 불합리한 행동 사례를 보여주는 실험연구도 있다.

그런 연구 중 하나가 애리조나대학교의 실험연구였다. 이 실험연구에서는 트레이더들에게 매일 트레이딩이 종료되면 배당이 발표되며, 배당은 0, 8, 28, 60센트 중에서 무작위로 결정된다고 설명했다. 평균 배당은 24센트였다. 그러므로 트레이딩 실험 기간 15일 중 첫날에는 주식의 기대 가치가 3.6달러(24센트×15일)였고, 둘째 날에는 3.36달러였으며, 이후 계속 감소했다. 트레이더들은 매일 거래할 수 있었다. 그림 6.4는 그런 실험을 60회 실행한 결과를 요약한 자료다.

트레이딩 3~5일 차에 주가가 기대 가치를 훨씬 초과하여 투기 거품이 형성되었다는 증거가 뚜렷이 나타난다. 이 거품은 마침내 붕괴해서 실험 기간 말에는 주가가 기대 가치에 근접했다. 모든 투자자가 똑같은 정보를 입수하는 단순한 시장에서도 이런 오류가 발생할 수 있다면, 투자자마다 입수하는 정보가 훨씬 다르고 기대 가치도 훨씬 더 불확실한 실제 금융시장에서는 이런 오류가 더 발생할 수 있다.

이 실험 중 일부는 실험 대상이 학생들이었고 일부는 실무 경험이 있는 투손(Tucson) 회사원들이었다.

실험 결과는 두 집단 모두 비슷했다. 게다가 주가 변동 폭을 15센트로 제한하자 거품 유지 기간이 더 길어졌다. 트레이더들이 주가 하락 최대 한도가 15센트에 불과하다고 생각했기 때문이다. 그러므로 주가 변동 폭을 제한하면 투기 거품을 막을 수 있다는 생각은 착각인 듯하다.

행동재무학　투자자들이 가끔 보이는 불합리한 행동 때문에 이른바 행동재무학이라는 전혀 새로운 분야가 등장했다. 실험심리학에서 수집한 증거를 사용해서 연구자들은 투자자들이 정보에 반응하는 방식을 모형으로 구축해서 주가 변동을 예측하려고 했다. 이들은 주가 변동 예측보다는 모형 구축에 훨씬 더 성공적이었다. 예를 들어 그 증거가 시사하는 바는 다음과 같다.

- 투자자들은 자신의 실수를 인정하려 하지 않는다. 그래서 손실 주식을 지나치게 장기간 보유하는 경향이 있으며 주가가 더 하락하면 보유량을 두 배로 늘리기도 한다.
- 정보량이 증가한다고 해서 투자 판단이 반드시 개선되는 것은 아니다. 투자자들은 정보 과다에 시달리는 것으로 보이며 최신 정보에 반응하는 경향도 있다. 그 결과 장기적으로 수익률을 떨어뜨리는 투자를 선택하게 된다.

투자자들의 불합리한 행동 방식을 보여주는 증거가 그토록 명확하다면, 이런 모형에서 나오는 예측이 그토록 부정확한 이유는 무엇일까? 아마 인간의 약점과 불합리성을 예측하는 모형은 그 본질상 안정적이지 않기 때문일 것이다. 행동재무학이 주가가 진정한 가치에서 벗어나는 이유를 설명하는 용도로는 비장의 카드가 될지 몰라도, 투자전략까지 개발할 수 있을지는 여전히 의심스럽다.

행동재무학과 가치평가

1999년 로버트 실러(Robert Shiller)는 저서 《비이성적 과열(Irrational Exuberance)》로 학계와 투자업계에 파장을 일으켰다. 그의 논지는 투자자들은 종종 불합리할 뿐만·아니라 예측 가능한 방식으로 불합리해서, 일부 정보에 과잉반응하면서 무리 지어 매수하고 매도한다는 것이다. 그의 연구는 성장하는 행동재무학의 이론과 증거 중 일부가 되었으며 심리학, 통계학, 재무학의 결합으로 볼 수 있다.

행동재무학이 투자자의 불합리성을 보여주는 증거는 강력하지만, 가치평가에 주는 의미는 크지 않다. 현금흐름할인법은 자산의 가치가 그 자산에서 창출되는 기대 현금흐름의 현재가치라는 관점이므로, 현금흐름할인법은 행동재무학의 정반대라고 간주할 수 있다. 이 맥락에서 행동재무학의 연구 결과를 바라보는 방식은 두 가지다.

1. 불합리한 행동이 주가가 (현금흐름할인법으로 추정하는) 가치에서 벗어나는 이유를 설명할 수 있을지 모른다. 따라서 불합리한 행동은 합리적인 투자자들이 얻는 초과수익의 토대가 된다. 여기에는 시장이 결국은 자신의 불합리성을 인식하고 스스로 수정한다는 가정이 숨어 있다.
2. 불합리한 행동은 현금흐름할인법이 (PER 배수로 추정하는) 가격평가에서 벗어나는 이유도 설명할 수 있다. 가격평가는 비슷한 자산들의 시장가격으로 실시하며, 이들 자산의 시장가격에는 기존의 불합리성이 반영되어 있을 것이기 때문이다.

정보 사건에 대한 시장의 반응

가장 강력한 시장 효율성 검증은 (실적 발표, 기업 인수 발표 등) 정보 사건에 대한 시장의 반응을 면밀하게 조사한 사건 연구들이다. 시장이 효율적이려면 새 정보에 대한 시장의 반응이 즉각적이면서 편향도 없어야 한다. 그림 6.5는 호재가 포함된 정보 발표에 대한 3개 시장의 반응을 비교해서 보여준다.

이 그림에서 첫 번째 시장의 반응만 효율적 시장의 모습을 보여준다. 두 번째 시장

[그림 6.5] 정보와 주가 조정

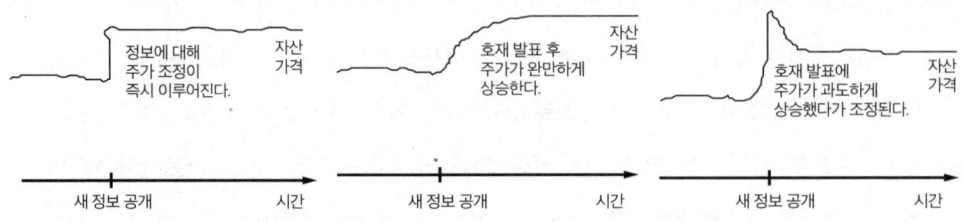

은 정보 발표 후 주가가 완만하게 상승하므로, 발표 후에도 초과수익을 얻을 수 있다. 일부 투자자는 주가가 완만하게 상승하는 과정에서 초과수익을 얻을 수 있으므로 학습이 더딘 시장이다. 세 번째 시장에서는 주가가 정보에 즉시 반응하지만 이후 수정되는데, 이는 초기 주가 변동이 정보에 대한 과잉반응이었다는 뜻이다. 여기서도 적극적인 투자자는 정보 발표 후 주식을 공매도하여 이후 주가 조정 과정에서 초과수익을 얻을 수 있었다.

실적 발표 기업은 실적(이익) 발표를 통해서 기업의 현재와 미래 전망에 관한 정보를 금융시장에 전달하게 된다. 정보의 중요성과 시장 반응의 크기는 이익이 투자자의 기대를 얼마나 초과하거나 미달하느냐에 좌우된다. 효율적 시장이라면 실적 발표에 즉시 반응해야 한다. 어닝 서프라이즈(earnings surprise)가 나오면 주가는 상승해야 하고, 어닝 쇼크(earnings shock)가 나오면 주가는 하락해야 한다.

실제 이익은 투자자의 기대와 비교되므로, 실적 사건 연구의 핵심 중 하나는 이런 기대를 측정하는 것이다. 초기 연구 중 일부는 전년 동기 이익을 기대이익으로 사용했다. (보고이익이 전년 동기보다 증가하면 어닝 서프라이즈가 되고, 전년 동기보다 감소하면 어닝 쇼크가 된다.) 최근 연구에서는 애널리스트들의 추정치가 기대이익의 대리지표로 사용되어 실제 이익과 비교되고 있다.

그림 6.6은 이익 발표에 대한 주가 반응을 보여주는 그래프인데, '가장 부정적인' 이익을 발표한 집단(집단 1)부터 '가장 긍정적인' 이익을 발표한 집단(집단 10)까지 분

[그림 6.6] 분기 어닝 서프라이즈 발표 전후에 나타난 주가 흐름: 미국 기업들(1988~2002년)

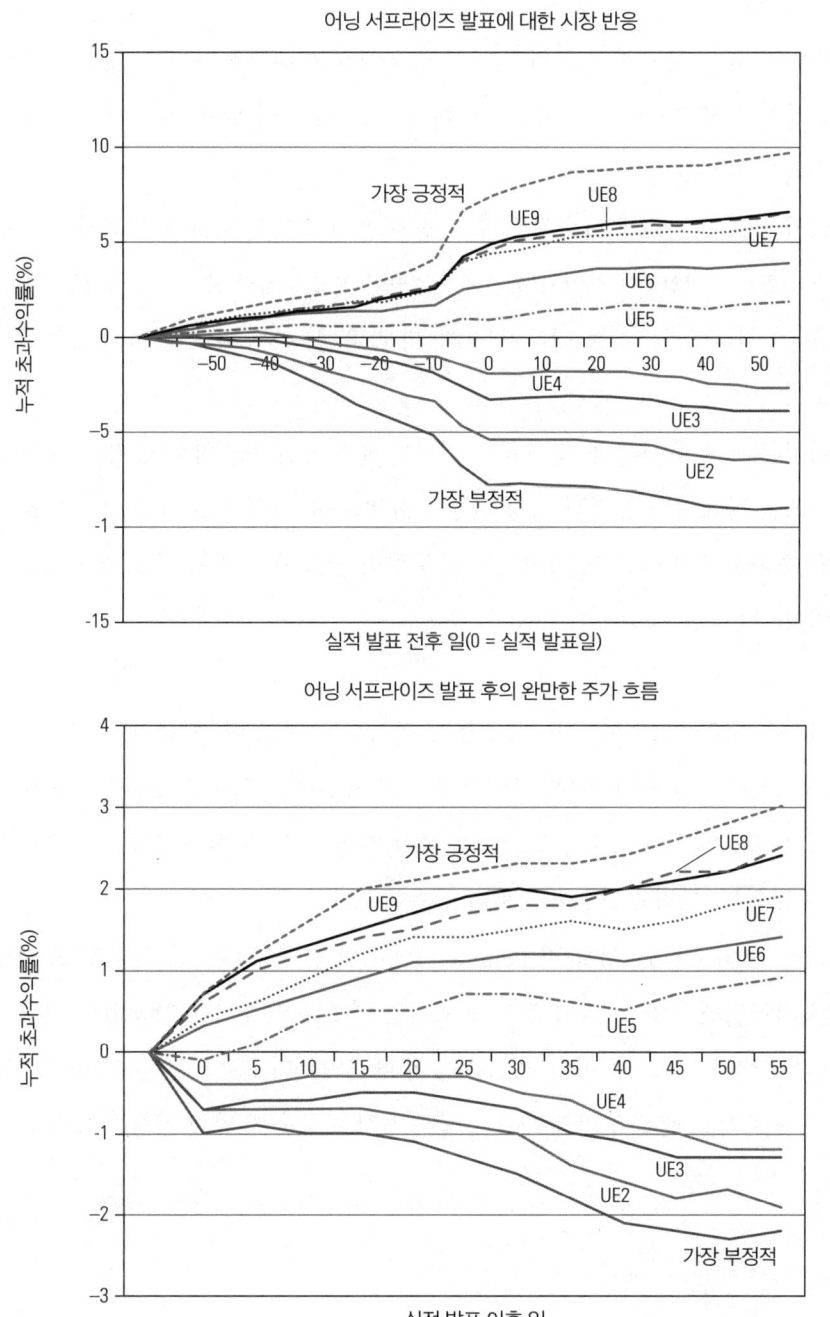

어닝 서프라이즈 발표에 대한 시장 반응

어닝 서프라이즈 발표 후의 완만한 주가 흐름

출처: Adapted from Nichols et. al., 2004.

류했다. 이 그래프에 담긴 증거는 대부분 이익 발표 연구에서 나온 증거와 일치한다.

■ 이익 발표는 분명히 소중한 정보를 금융시장에 전달한다. 긍정적 발표 전후에는 긍정적 초과수익(누적 초과수익률)이 나오고 부정적 발표 전후에는 부정적 초과수익이 나온다.

■ 이익 발표 직전일에 나오는 일부 시장 반응의 증거는 발표의 성격과 일치한다(긍정적 발표 직전일에는 주가가 상승하는 경향이 있고 부정적 발표 직전일에는 주가가 하락하는 경향이 있다). 이는 내부자 거래, 정보 유출, 또는 발표일 선정 오류의 증거로 볼 수 있다.[10]

■ 이익 발표 이후에도 주가 흐름이 완만하게 이어진다는 약한 증거가 있다. 긍정적 발표는 발표일에 긍정적 시장 반응을 유발하며, 이익 발표 이후에도 다소 긍정적인 초과수익이 나온다. 마찬가지로 부정적 발표 이후에는 다소 부정적인 초과수익이 나온다.

경영진은 이익 발표 시점을 어느 정도 선택할 수 있으며, 발표 시점이 기대수익에 영향을 미친다는 증거가 있다. 이익이 발표된 요일을 분석한 1989년 연구에 따르면, 이익이나 배당이 금요일에 발표되었을 때는 다른 요일에 발표되었을 때보다 악재가 훨씬 더 많았다. 그림 6.7이 이런 현상을 보여준다.

체임버스(Chambers)와 펜먼(Penman, 1984)의 연구에 따르면 이익 발표 시점이 예정보다 지연되면 발표 시점이 정시나 조기일 때보다 악재가 포함되었을 가능성이 크다. 그림 6.8을 참조하라. 이익 발표 시점이 예정일보다 7일 이상 지연되면 발표 시점이 정시나 조기일 때보다 악재여서 부정적 시장 반응을 유발할 가능성이 높다.

---

10 이익 발표일을 수집하는 출처로는 경제뉴스 매체가 자주 사용된다. 일부 기업의 이익 발표 뉴스는 경제뉴스 보도일 전날에 뉴스 제공 서비스를 통해서 공개되므로, 이런 발표일 선정 오류 탓에 발표일 전날부터 주가가 변동하는 것처럼 보이기도 한다.

가치평가 바이블

[그림 6.7] 요일별 이익 및 배당 발표

출처: Adapted from Damodaran(1989)

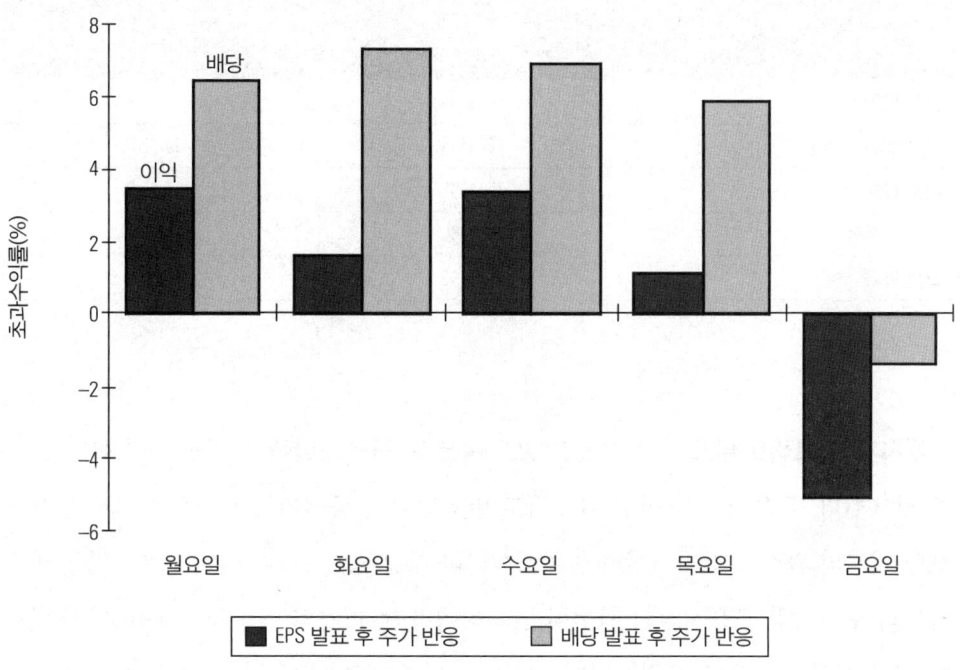

[그림 6.8] 누적 초과수익률과 이익 발표 지연

출처: Adapted from Chambers et. al., 1984

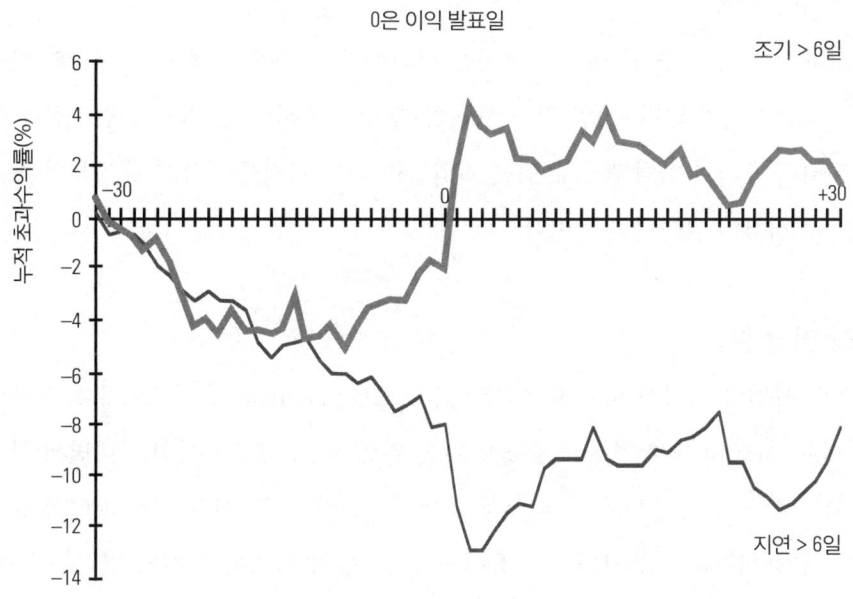

[표 6.4] 투자 발표에 대한 시장의 반응   출처: Chan, Martin, and Kensinger(1990), McConnell and Muscarella(1985)

발표 유형	초과수익	
	발표 당일	발표 1개월 후
합작투자	0.399%	1.412%
연구개발비 지출	0.251%	1.456%
제품 전략	0.440%	-0.35%
자본적 지출	0.290%	1.499%
모든 발표	0.355%	0.984%

투자 및 프로젝트 발표   기업들은 프로젝트나 연구개발에 투자할 계획이라고 자주 발표한다. 금융시장은 이런 발표에도 반응한다는 증거가 있다. 이런 시장 반응을 보면 시장의 관점이 장기적이냐 단기적이냐를 부분적으로나마 알 수 있다. 일부 비평가들의 주장처럼 금융시장의 관점이 단기적이라면, 기업의 연구개발 투자 계획 발표에 대한 시장의 반응은 부정적이어야 한다. 그러나 다양한 투자 계획 발표에 대한 시장의 반응을 정리한 표 6.4의 증거를 보면 시장의 반응은 뚜렷하진 않아도 전반적으로 긍정적이다.

이 표에서 기업 인수 등 대규모 투자는 제외했다. 기업 인수에 대한 시장의 반응은 그다지 호의적이지 않다. 기업 인수 사례의 약 55%에서 다른 기업을 인수한다고 발표한 기업의 주가가 하락했는데, 이는 기업들이 인수 가격을 과도하게 지불하는 경향이 있다고 시장이 믿는다는 뜻이다.

시장 이상 현상

웹스터 사전의 정의에 따르면, 이상 현상(market anomaly)은 "상도(常道)로부터의 이탈"이다. 시장 효율성 연구를 통해서 기존 위험-수익 모형에서 벗어나면서 합리적으로 설명할 수 없는 수많은 시장 행동이 발견되었다. 이런 시장 행동 패턴이 유지되는 것은 금융시장의 행동보다는 사용하는 위험-수익 모형에 문제가 있다는 뜻이다.

다음 섹션에서는 미국 등의 금융시장에서 널리 알려진 이상 현상을 요약한다.

기업의 특성에서 비롯되는 이상 현상   주식의 시가총액, PER, PBR 등 기업의 식별 가능한 특성과 관련된 이상 현상이 많이 있다.

소형주 효과   반츠(Banz, 1981)와 킴(Keim, 1983) 등의 연구에 따르면 (주식의 시가총액 기준으로 정의한) 소형주는 (시장 베타로 정의한) 위험이 비슷한 대형주보다 수익률이 높다. 그림 6.9는 시가총액(가치가중 및 동일 비중) 기준으로 분류한 주식 10분위의 1927년부터 2023년까지 수익률을 요약한 자료다.

소형주 프리미엄의 크기는 시점에 따라 달라지기는 했지만 대체로 양수였다. 소형주 프리미엄은 1970년대와 1980년대 초에 가장 컸고 1990년대에 가장 작았다. 소

[그림 6.9] 시가총액 규모별 연수익률(1927~2023년)   출처: Adapted from Ken French data

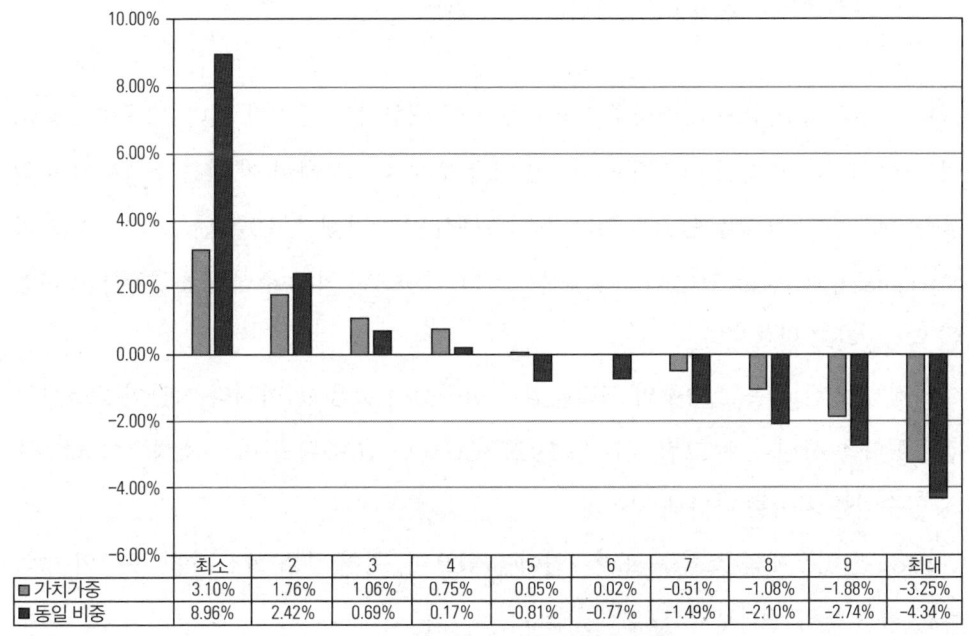

	최소	2	3	4	5	6	7	8	9	최대
■ 가치가중	3.10%	1.76%	1.06%	0.75%	0.05%	0.02%	-0.51%	-1.08%	-1.88%	-3.25%
■ 동일 비중	8.96%	2.42%	0.69%	0.17%	-0.81%	-0.77%	-1.49%	-2.10%	-2.74%	-4.34%

■ 가치가중   ■ 동일 비중

형주 프리미엄이 유지된 이유는 여러 가지로 설명할 수 있다.

1. 소형주는 거래비용이 대형주보다 훨씬 높은데, 소형주 프리미엄은 거래비용 차감 전 기준으로 산출되기 때문이다. 이 설명이 대체로 옳긴 하지만, 거래비용 차이로는 시점별로 소형주 프리미엄이 달라지는 현상을 설명할 수 없으며, 투자 기간이 장기일 때는 거래비용의 중요성이 감소한다.

2. 자본자산가격결정모형은 위험 평가에 적합한 모형이 아닐 수 있으며, 베타는 소형주의 진정한 위험을 과소평가한다. 그러므로 소형주 프리미엄이 사실은 베타가 위험을 포착하지 못한 결과이다. 소형주에 위험이 추가되는 원천은 여러 가지가 될 수 있다. 첫째, 베타를 추정할 때 소형주는 대형주보다 추정 위험이 훨씬 크다. 소형주 프리미엄은 이렇게 추가되는 추정 위험에 대한 보상일 수도 있다. 둘째, 소형주에는 가용 정보가 훨씬 적으므로 투자에 위험이 추가될 수 있다. 실제로 여러 연구에 따르면 애널리스트와 기관투자자들로부터 소외당하는 주식들의 초과수익은 소형주 프리미엄과 유사하다.

미국 이외의 시장에도 소형주 프리미엄이 존재한다는 증거가 있다. 딤슨(Dimson)과 마시(Marsh, 1986)는 1955~1984년 영국 주식을 조사하여 이 기간 소형주의 수익률이 대형주 수익률을 연 6% 초과했다는 사실을 발견했다. 1991년 찬(Chan), 하마오(Hamao), 래코니쇼크(Lakonishok)는 1971~1988년 일본 주식의 소형주 프리미엄이 약 5%라고 발표했다.

가장 중요한 점은 소형주의 프리미엄이 변동성이 컸을 뿐 아니라 시간이 흐를수록 감소했다는 사실이다. 그림 6.10은 1927~2023년 10분위별 미국 소형주와 대형주의 연수익률 차이를 나타낸 것이다.

1981년 이후에는 소형주 프리미엄이 없었으며, 최저 분위(최소 기업) 주식의 수익률은 최고 분위 주식보다 0.84% 낮았다.

[그림 6.10] 연도별 소형주 프리미엄(1927~2023년)   출처: Adapted from Ken French data

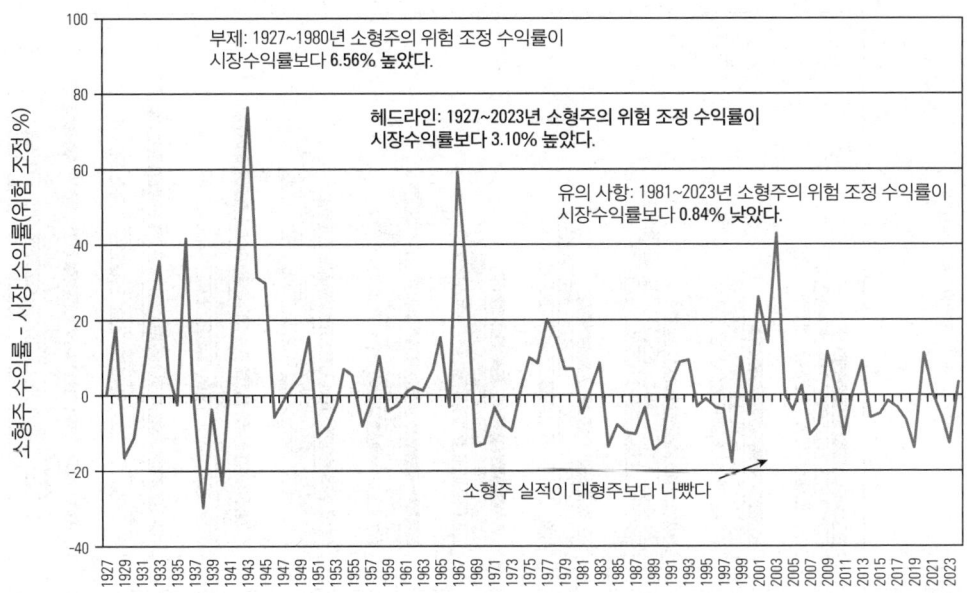

PER   투자자들은 저PER주가 저평가될 가능성이 커서 초과수익을 내기도 쉽다고 주장한다. 예를 들어 벤저민 그레이엄은《현명한 투자자》에서 저평가 주식을 찾아내는 필터로 PER을 사용했다.[11] PER과 초과수익의 관계를 조사한 다른 연구들에서도 이런 관계가 확인되었다. 그림 6.11은 PER 등급별로 1952~2023년 연수익률을 요약한 자료다. 이 기간 PER이 가장 낮은 등급은 평균 수익률이 15.6%였지만 가장 높은 등급은 평균 수익률이 9.3%에 불과했다.

저PER주가 초과수익을 내는 현상은 다른 국제 시장에서도 계속 나타난다. 표 6.5는 미국 이외의 시장에서 이런 현상을 조사하여 요약한 자료다.

저PER주에서 나오는 초과수익은 소형주에 대해 펼치는 다양한 주장(저PER주의 위험이 CAPM에서 과소평가된다는 주장)으로는 정당화하기 어렵다. 일반적으로 저PER주

---

11   벤저민 그레이엄, 《현명한 투자자》, 1949

[그림 6.11] PER과 주식의 수익률(1952~2023년)

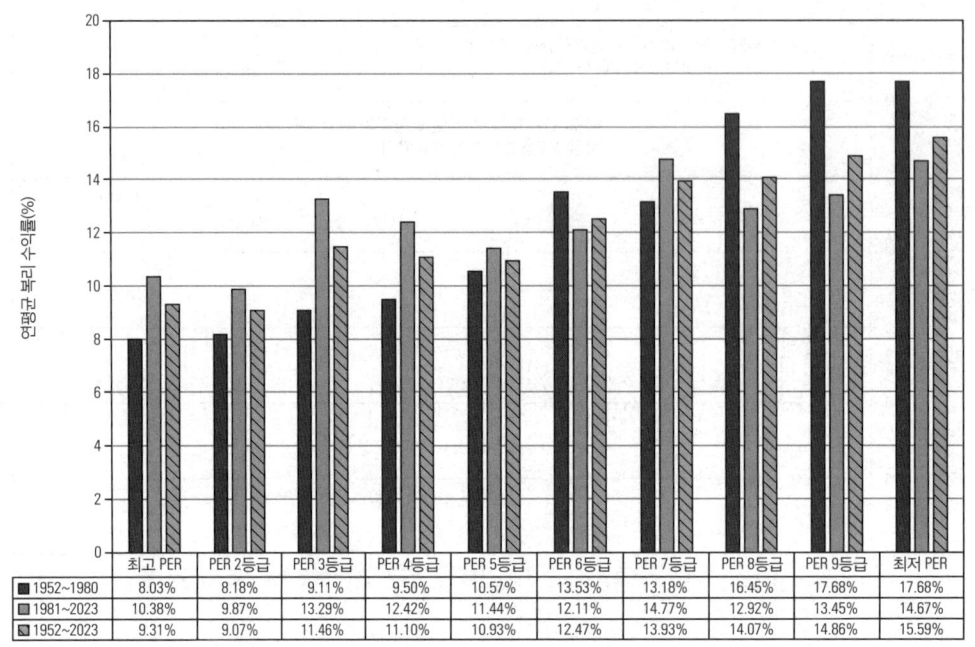

	최고 PER	PER 2등급	PER 3등급	PER 4등급	PER 5등급	PER 6등급	PER 7등급	PER 8등급	PER 9등급	최저 PER
■ 1952~1980	8.03%	8.18%	9.11%	9.50%	10.57%	13.53%	13.18%	16.45%	17.68%	17.68%
■ 1981~2023	10.38%	9.87%	13.29%	12.42%	11.44%	12.11%	14.77%	12.92%	13.45%	14.67%
▨ 1952~2023	9.31%	9.07%	11.46%	11.10%	10.93%	12.47%	13.93%	14.07%	14.86%	15.59%

■ 1952~1980   ■ 1981~2023   ▨ 1952~2023

[표 6.5] 국가별 저PER주의 초과수익(1989~1994년)

출처: Merrill Lynch Survey of Proprietary Indices

국가	(하위 20%) 저PER주의 연간 프리미엄
호주	3.03%
프랑스	6.40%
독일	1.06%
홍콩	6.60%
이탈리아	14.16%
일본	7.30%
스위스	9.02%
영국	2.40%

연간 프리미엄(Annual premium): 1989년 1월 1일 ~ 1994년 12월 31일 동일 비중 시장지수의 연수익률을 초과한 수익률.

가치평가 바이블

의 특징은 저성장, 대형주, 안정적 사업인데, 이들 모두 기업의 위험을 축소하는 특징이다. 이런 현상에 적합한 (효율적 시장 이론과 일치하는) 유일한 설명은 저PER주는 배당수익률이 높아서(배당에는 더 높은 세율이 적용되므로) 세금 부담도 높다는 설명이다. 정도는 덜하지만, 소형주 프리미엄과 마찬가지로 저PER주 프리미엄도 1981~2023년에는 1952~1980년보다 감소했다.

PBR   PBR(시가총액을 순자산으로 나눈 배수)도 투자전략에 널리 사용되는 지표다. 저PBR은 기업이 저평가되었음을 알려주는 신뢰할 만한 지표로 여겨지고 있다. PER과 마찬가지로 PBR에 대해서도 수익률과의 관계를 조사하는 연구가 진행되었다. 이런 연구에서 일관되게 나온 결과는 PBR과 수익률의 상관관계는 마이너스여서, 저PBR주의 수익률이 고PBR주보다 높다는 것이다.

1985년 로젠버그(Rosenberg), 리드(Reid), 랜스타인(Lanstein)은 1973~1984년 미국 주식의 평균 수익률과 기업의 순자산주가비율[BPR(book-to-price ratio) = PBR의 역수] 사이에 양의 상관관계가 있음을 발견했다. 1973~1984년에 고BPR주(= 저PBR주)에 투자했다면 월 초과수익이 36bp(= 0.36%)였다. 파마와 프렌치(1992)는 1963~1990년 주식의 기대수익률 횡단면 분석을 통해서 BPR과 평균 수익률 사이에 (단변량 검증은 물론 다변량 검증으로도) 양의 상관관계가 있음을 밝혔으며, 이 상관관계는 기업의 규모와 수익률 사이의 상관관계보다도 강력하다고 발표했다. 이들이 BPR을 기준으로 기업을 분류하여 12개 포트폴리오를 구성했을 때, 1963~1990년 최저 BPR(= 최고 PBR) 포트폴리오의 월평균 수익률은 0.30%였고, 최고 BPR(= 최저 PBR) 포트폴리오의 월평균 수익률은 1.83%였다.

찬, 하마오, 래코니쇼크(1991)는 BPR이 일본 주식 평균 수익률도 횡단면으로 잘 설명한다는 사실을 발견했다. 1993년 카파울(Capaul), 로울리(Rowley), 샤프는 PBR 분석을 다른 국제 시장으로 확장하여 1981~1992년 동안 분석한 모든 시장에서 가치주(= 저PBR주)가 초과수익을 냈다고 결론 지었다. 저PBR주가 벌어들인 시장지수 대비 초과수익은 표 6.6과 같다.

[표 6.6] 저PBR주의 연수익률: 세계 시장

국가	저PBR 가치주 포트폴리오의 추가 수익률
프랑스	3.26%
독일	1.39%
스위스	1.17%
영국	1.09%
일본	3.43%
미국	1.06%
유럽	1.30%
세계	1.88%

그러나 유의할 점도 있다. 파마와 프렌치는 저PBR이 위험 척도가 될 수 있다고 지적했다. 주가가 장부가보다 훨씬 낮은 기업은 곤경에 처하거나 파산하기가 쉽기 때문이다. 그러므로 저PBR주에서 나오는 추가 수익이 이런 기업의 추가 위험을 정당화할 수 있는지 스스로 평가해야 한다.

일시적 이상 현상 합리적으로 설명하기도 어려우면서 비효율성을 암시하기도 하는 달력 날짜별 수익률 특성도 여럿 있다. 게다가 이런 일시적 이상 현상은 앞 섹션에서 설명한 소형주 효과와 연관되기도 한다.

1월 효과 미국 등 주요 금융시장의 수익률 연구-롤(Roll, 1983), 하우겐(Haugen)과 래코니쇼크(1988)-에 따르면 월별 수익률 사이에서 큰 차이가 계속 유지되는 것으로 밝혀졌다. 그림 6.12는 1927~2023년 월별 평균 수익률을 나타낸다. 1월 수익률이 다른 달 수익률보다 훨씬 높다. 이런 현상을 연말 효과나 1월 효과라고 부르는데, 특히 1월 첫째 주와 둘째 주의 수익률이 높다.

게다가 1월 효과와 소형주 효과의 관계-금(Keum, 1983), 레인가눔(Reinganum, 1983)- 때문에 이 현상은 더 복잡해진다. 1월 효과는 대형주보다 소형주에서 훨씬 더

[그림 6.12] 월별 수익률: 미국 주식(1927~2023년)

출처: Adapted from Ken French data

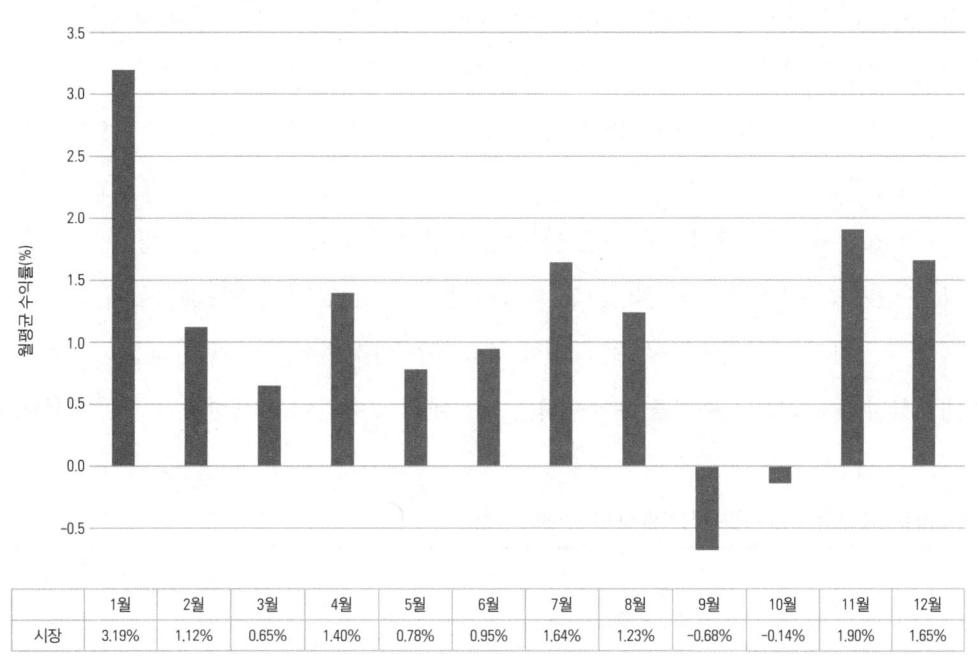

	1월	2월	3월	4월	5월	6월	7월	8월	9월	10월	11월	12월
시장	3.19%	1.12%	0.65%	1.40%	0.78%	0.95%	1.64%	1.23%	-0.68%	-0.14%	1.90%	1.65%

[그림 6.13] 기업의 규모 및 위험 등급별 1월 수익률(1935~1986년)

출처: Adapted from Ritter et. al., 1989

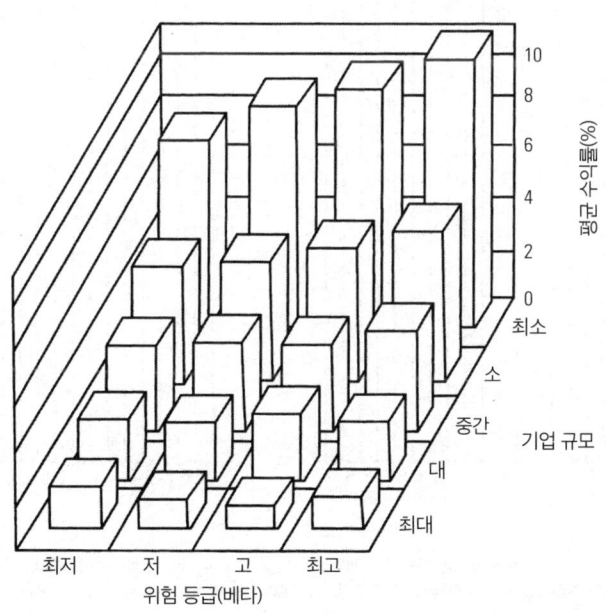

두드러지게 나타나며, 앞 섹션에서 설명한 소형주 프리미엄의 약 절반이 1월 첫째 주와 둘째 주에 나온다. 그림 6.13은 1935~1986년 기업의 규모별 및 위험 등급별 수익률 그래프이다.

1981년 이후 소형주 프리미엄이 감소했으므로, 1월 효과도 약화되었다(완전히 사라지지는 않았다).

1월 효과에 대해 제시된 설명은 많지만, 철저한 조사로 뒷받침된 설명은 거의 없다. 레인가눔은 1월 효과의 원인으로 과세상각매도(課稅償却賣渡)를 제시한다. 자본이득을 축소하려고 평가손 주식을 12월에 매도하는 과정에서 주가가 진정한 가치보다 내려갔다가 1월에 그 주식을 재매수하는 과정에서 고수익이 발생한다는 것이다.[12] 이

[그림 6.14] 연말 무렵 기관투자자들의 매수/매도 비율

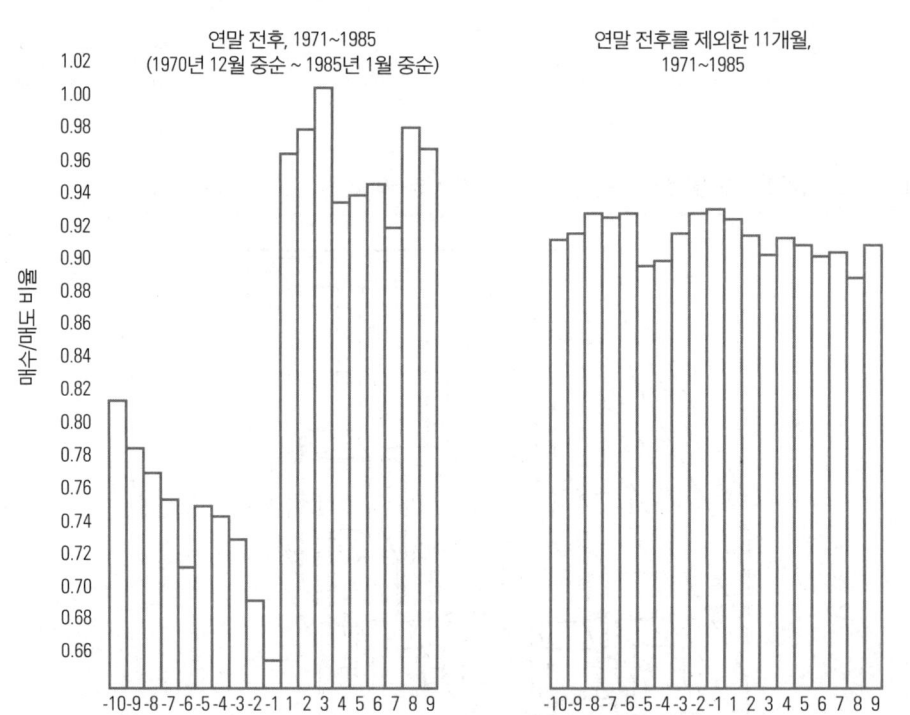

---

12 위장매매 방지법(wash sales rule)에 따르면 투자자는 매도한 주식을 30일 이내에 재매수할 수 없다. 그러므로 투자자 1은 A주식을 매도하고 투자자 2는 B주식을 하면, 재매수 시점에 투자자 1은 B주식을 매수하고 투자자 2는 A주식을 매수하게 된다.

설명의 근거로 전년도 실적이 나쁜 주식에서 1월 효과가 두드러진다는 사실이 제시된다. 그러나 이를 반박하는 증거들도 있다. 첫째, 호주 등 과세연도가 다른 나라들에서도 여전히 1월 효과가 나타난다. 둘째, 주가가 크게 하락한 이듬해에도 1월 효과는 다른 해보다 크지 않다.

1월 효과에 대한 두 번째 설명은 해가 바뀔 무렵 기관투자자들의 매매 행태와 관련된다. 예를 들어 기관투자자들의 매도 대비 매수 비율이 연말 직전에는 평균보다 훨씬 내려갔다가 이듬해 연초에는 평균보다 훨씬 올라간다. 그림 6.14가 이런 현상을 보여준다. 이렇게 연말 며칠 전에는 기관의 매수가 부족해서 주가가 하락했다가 연초에는 기관의 매수 때문에 다시 주가가 상승한다는 주장이다.

그림 6.15는 1월 효과의 보편성을 보여준다. 주요 금융시장의 1월 수익률을 다른

[그림 6.15] 1월 수익률과 다른 달 수익률 비교: 주요 금융시장 　　출처: Adapted from Gultekin et. al., 1983.

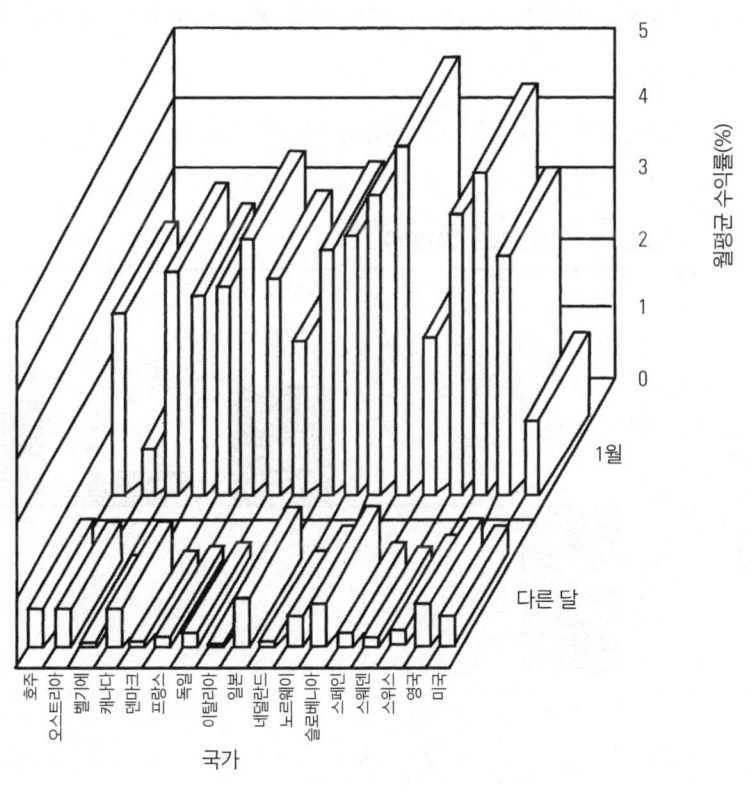

달 수익률과 비교해보면 모든 시장에서 1월 효과가 나타난다는 강력한 증거가 나온다(하우겐과 래코니쇼크 1988, 굴테킨(Gultekin)과 굴테킨(Gultekin) 1983).

주말 효과　　주말 효과도 수많은 국제 시장에서 이례적으로 오랜 기간 유지되고 있는 수익률 이상 현상이다. 주말 효과는 월요일과 다른 요일의 수익률 차이를 가리킨다. 그림 6.16은 1962~1978년 요일별 수익률 차이를 뚜렷이 보여준다(기번스(Gibbons)와 헤스(Hess), 1981).

월요일의 수익률은 큰 폭으로 마이너스지만, 다른 요일의 수익률은 그렇지 않다. 월요일 효과를 더 구체적으로 분석한 연구가 많이 있다. 첫째, 월요일 효과가 실제로는 주말 효과인데, 이는 금요일 폐장 시점부터 월요일 개장 시점까지 수많은 악재가 등장하기 때문이다. 그러므로 월요일 하루의 수익률은 마이너스 수익률이 나온 원인이 아니다. 둘째, 월요일 효과는 대형주보다 소형주에서 더 심각하게 나타난다. 셋째, 사흘 연휴 다음에 나타나는 월요일 효과는 이틀 연휴 다음에 나타나는 월요일 효과보다 심각하지 않다.

주말 효과는 금요일 폐장 이후 주말 동안 악재가 발표되기 때문이라고 주장하는 사

[그림 6.16] 요일별 평균 수익률(1962~1978년)

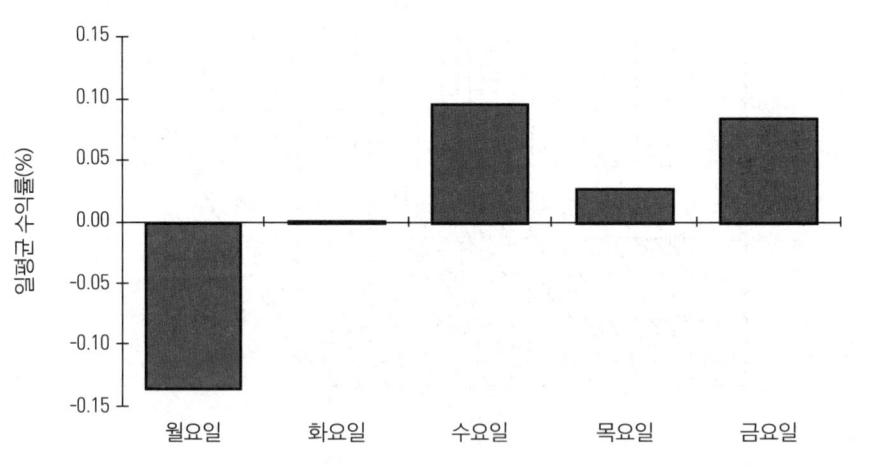

출처: Gibbons et. al., 1981. Used with permission of University of Chicago Press

가치평가 바이블

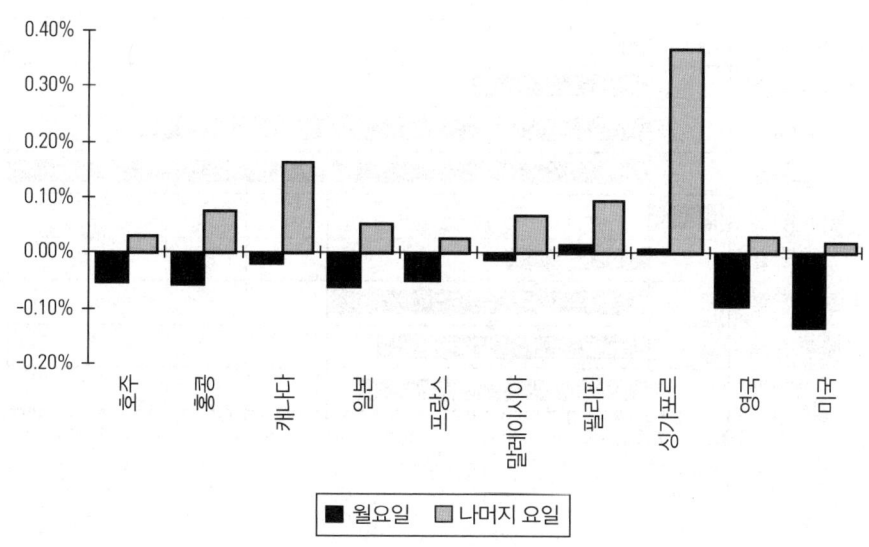

[그림 6.17] 국제 시장의 주말 효과

범례: ■ 월요일　□ 나머지 요일

람들도 있다. 이들은 그림 6.17을 가리키면서 금요일 폐장 이후 발표되는 부정적인 실적 보고가 더 많다고 주장한다. 이런 현상이 광범위하게 발생하더라도 수익률 흐름이 합리적이라고 보기는 어렵다. 합리적 투자자라면 주말 동안 발표될 악재를 예상하고 주말 이전에 가격에 반영할 터이므로, 주말 효과가 사라지기 때문이다.

그림 6.17에서 보듯이 주말 효과는 대부분 주요 국제 시장에서 상당히 강하게 나타난다. 한동안 토요일에 매매가 허용되었던 일본 시장에서도 주말 효과가 강하게 나타난 사실을 보면, 월요일 수익률 마이너스 현상에는 주말 동안의 악재 발표보다도 더 직접적인 이유가 있을지 모른다.

끝으로 월요일 수익률의 마이너스 현상을 단지 주말에 매매가 없는 탓으로 돌릴 수는 없다. 휴장일 다음 날의 수익률은 일반적으로 음수가 아니라 양수로 나온다. 주요 휴일 다음 개장일의 수익률을 보여주는 그림 6.18에서 이런 패턴이 확인된다.

[그림 6.18] 휴일 효과? 휴일 다음 개장일의 평균 시장수익률

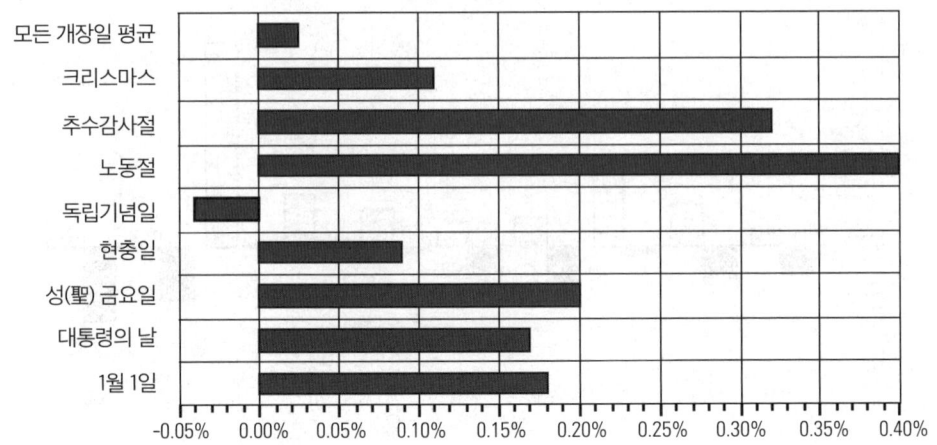

내부자 관련 증거와 투자 전문가들

내부자, 애널리스트, 포트폴리오 매니저들은 일반 투자자보다 유리한 점이 있어서 초과수익을 낸다는 인식이 있다. 그러나 이들의 실적 증거는 놀라울 정도로 엇갈린다.

내부자 거래　SEC가 정의하는 내부자는 기업의 간부, 이사, (지분이 유통주식의 5%를 초과하는) 대주주이다. 내부자들은 기업의 특정 정보가 공개되기 전에는 매매할 수 없으며 그 회사 주식을 매수하거나 매도하면 SEC에 보고해야 한다. 내부자에게 회사에 관한 더 좋은 정보가 있어서 다른 투자자들보다 가치를 더 잘 추정할 수 있다면, 내부자의 매매 결정은 주가에 영향을 미친다고 보아야 마땅하다. 그림 6.19는 재프(Jaffe, 1974)의 초기 내부자 연구에서 가져온 자료로서, 내부자 거래를 기준으로 분류한 주식 두 집단의 초과수익을 조사했다. '매수 집단'에는 매수가 매도보다 가장 많은 주식이 포함되고, '매도 집단'에는 매도가 매수보다 가장 많은 주식이 포함된다.

이 연구에서는 매수 집단의 실적이 매도 집단보다 훨씬 좋은 것처럼 보이지만, 이제는 정보기술(IT)의 발전 덕분에 갈수록 더 많은 투자자가 이런 내부자 거래 관련 정보를 사용하게 되었다. 내부자 거래에 관한 더 최근 연구(Seyhun, 1998)에서는 내부

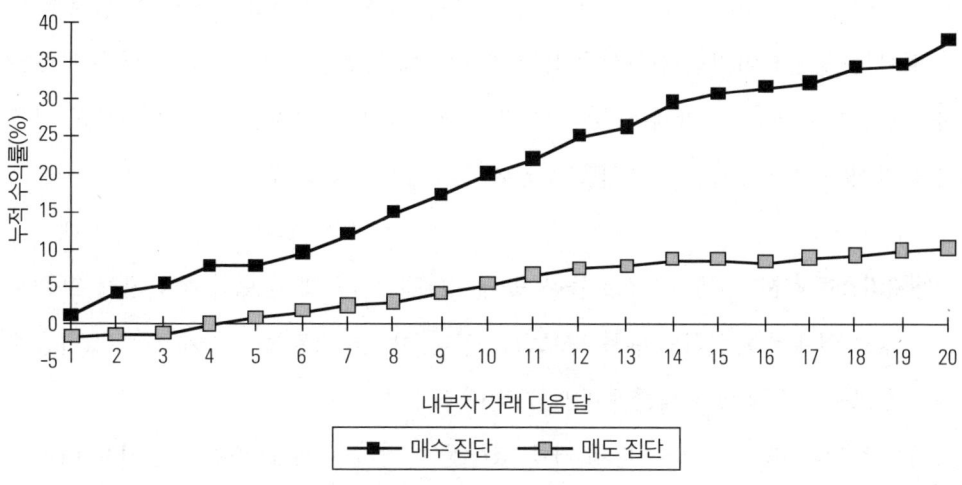

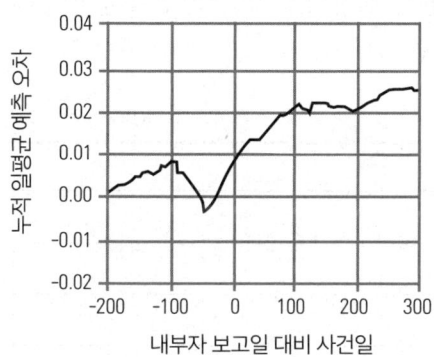

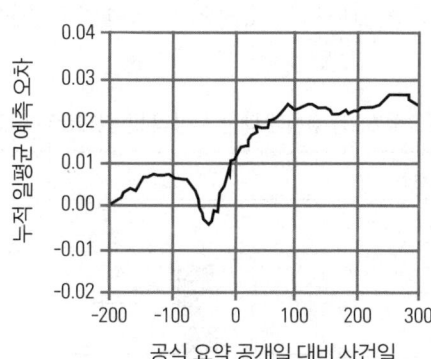

자들의 SEC 보고일 무렵의 초과수익과, 정보가 SEC 공식 요약(official summary)에 공개된 날 무렵의 초과수익을 조사했다. 그림 6.20은 두 사건일의 실적을 비교해서 보여준다.

내부자가 SEC에 보고하는 날에는 일반 투자자도 매수할 기회가 있으므로 미미하게나마 초과수익을 얻을 수 있다. 그러나 공식 요약 공개일까지 기다리면 초과수익이 줄어들어서 통계적으로 무의미한 수준이 된다.

두 연구는 내부자들이 초과수익을 얻었는지는 조사하지 않았다. SEC가 설정한 보고 절차는, 불법적이지만 수익성 높은 거래 대신에 합법적이지만 수익성 낮은 거래를 하도록 유도한다. 이 제안에서 찾을 수 있는 직접 증거는 없지만, 비공개 정보를 이용한 불법 내부자 거래가 초과수익을 제공한다는 점은 틀림없다.

애널리스트 추천　애널리스트들은 공개 정보와 비공개 정보의 중심에서 활동하므로 정보 면에서 확실히 우위를 확보하고 있다. 애널리스트들은 공개 정보와 비공개 정보를 모두 사용해서 고객들에게 매수와 매도를 추천한다.

매수 추천과 매도 추천 둘 다 주가에 영향을 미치지만, 매수 추천이 주가에 미치는 긍정적 영향보다 매도 추천이 주가에 미치는 부정적 영향이 훨씬 더 크다. 흥미롭게도 워맥(Womack, 1996)의 연구에 따르면 매수 추천이 주가에 미치는 영향은 즉각적으로 나타나는 경향이 있으며 추천 이후 주가 표류 현상이 없지만, 매도 추천 이후에

[그림 6.21] 추천에 대한 시장의 반응(1989~1990년)　　　출처: Adapted from Womack, 1996

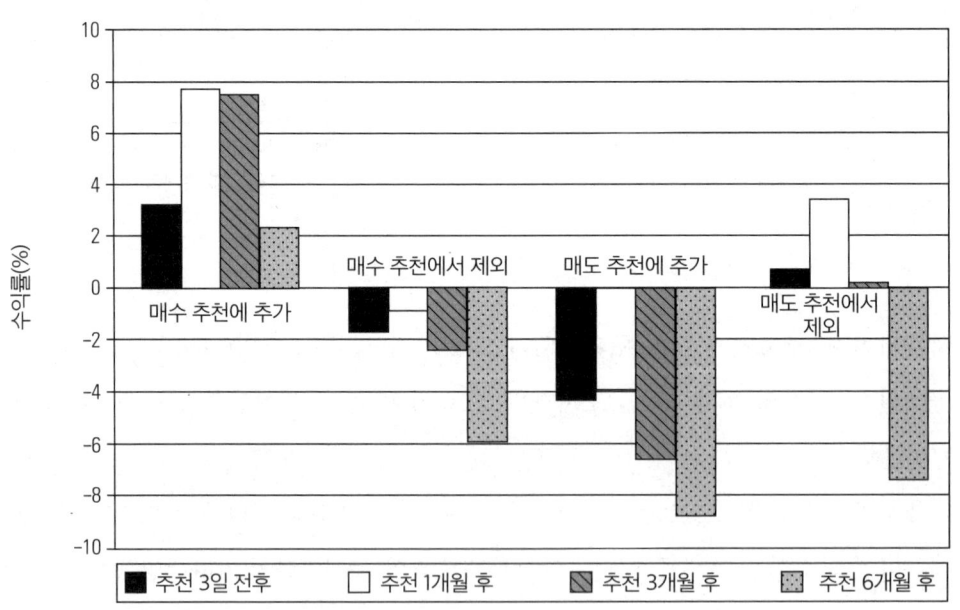

　　　　　　　　　　　　　　　　　　　　　　　　　　　　　　가치평가 바이블

는 주가가 계속 하락하는 경향이 있다. 그림 6.21은 이런 현상을 보여준다. 매수 추천을 발표하면 주가가 약 3% 상승하지만, 매도 추천을 발표하면 즉시(발표 3일 전후에) 주가가 약 4% 하락한다. 매도를 추천한 주식은 이후 6개월 동안 추가로 5%포인트 하락하지만, 매수를 추천한 주식은 횡보한다.

애널리스트는 비공개 정보를 수집하는 등 소중한 서비스를 제공하지만, 어쩌면 이런 서비스 **때문인지** 주식의 수익률과 분석하는 애널리스트 사이의 관계를 횡단면 분석하면 상관관계가 마이너스로 나온다. 그리고 주식의 수익률과 기관 보유 비중 사이의 상관관계 역시 마이너스이다. 이런 증거(아르벨(Arbel)과 스트레벨(Strebel), 1983)에 따르면 소외주(분석하는 애널리스트와 보유하는 기관이 거의 없는 주식)의 수익률이 인기주(분석하는 애널리스트와 보유하는 기관이 많은 주식)보다 높다.

펀드매니저 프로 펀드매니저는 투자 분야의 전문가다. 이들은 정보가 더 풍부하고 거래비용도 더 낮으므로 실적이 일반 투자자들보다 더 좋으리라 추측된다. 젠센(Jensen, 1968)의 뮤추얼펀드 초기 연구에 따르면 이런 추측이 실제로는 맞지 않을 수도 있다. 그가 뮤추얼펀드의 초과수익을 조사한 그림 6.22를 보면, 1955~1964년 펀

[그림 6.22] 뮤추얼펀드 실적(1955~1964년): 젠센 연구   출처: Adapted from Jensen, 1968

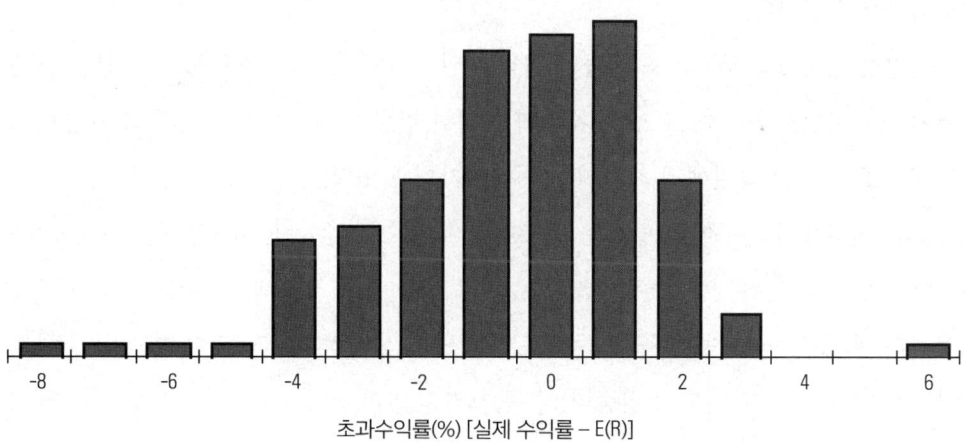

초과수익률(%) [실제 수익률 – E(R)]

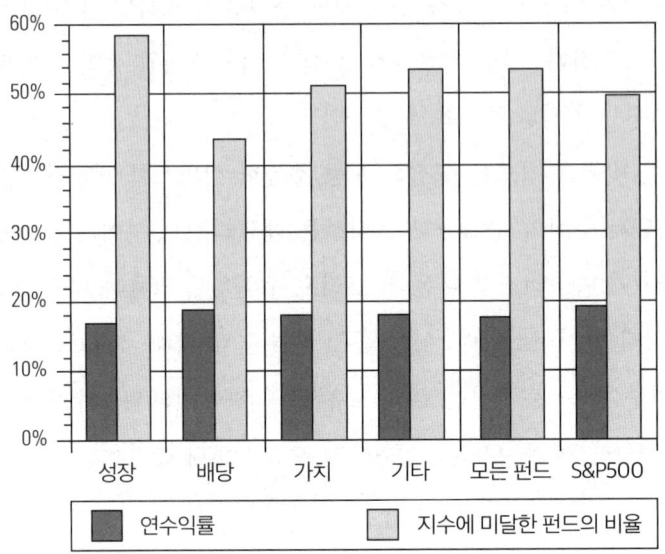

드매니저의 평균 수익률은 시장수익률을 밑돌았다.

다른 연구자들이 분석한 결과도 큰 차이가 없었다. 펀드매니저들에게 가장 유리하게 나온 연구에서도 이들의 수익률은 거래비용을 차감하면 시장수익률과 비슷했고, 가장 불리하게 나온 연구에서는 이들의 수익률이 거래비용을 차감하기 전에도 시장수익률보다 낮았다.

다양한 기준으로 분류해도 이들의 실적은 나아지지 않는다. 예를 들어 그림 6.23은 투자 스타일별로 2013~2022년 지수에 미달한 펀드의 비율을 보여준다. 펀드매니저들은 모든 투자 스타일에서 시장지수를 따라가지 못했다.

모든 집단에서 지수에 미달하는 펀드가 압도적으로 많았다. 이 데이터를 제공하는 SPIVA는 이제 전 세계에서 이 척도(지수 대비 초과수익을 내는 액티브 펀드의 비중)를 측정한다. 세계에는 지수에 미달하는 펀드의 비중이 상대적으로 낮은 지역도 있긴 하지만, 지수를 초과하는 펀드의 비중이 더 큰 지역은 없다.

그림 6.24는 1년 동안 적극적인 매매로 창출된 부가가치를 측정하는 방식으로 적

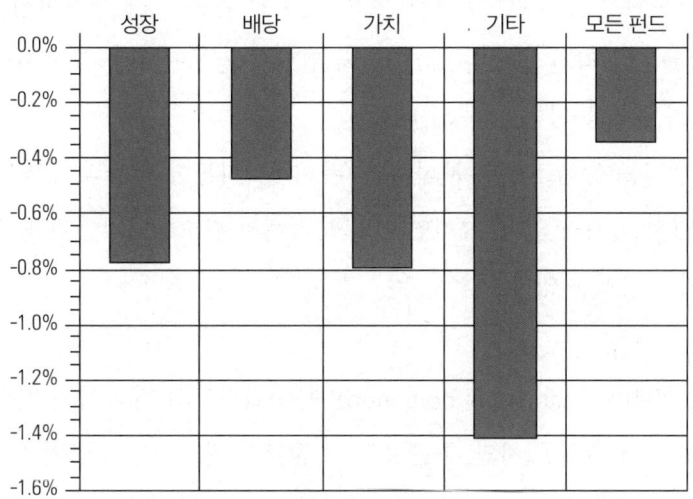

[그림 6.24] 적극적 자산운용의 성과: 주식형 펀드

주: 주식형 펀드의 실제 수익률과, 연초에 구성하여 매매 없이 계속 보유한 가상 포트폴리오 수익률의 차이를 측정한 차트이다.

극적 자산운용의 성과를 보여주는데, 1년 동안 수익률이 0.5~1.5% 하락했다.

끝으로, 실적이 계속 이어지는가에 관한 증거는 엇갈렸다. 한 연구에서는 2016~2019년 펀드 실적을 4분위로 나누어 이들의 이동 확률을 조사했다. 표 6.7에 그 실적을 요약했다.

표 6.7을 보면 2016년 1사분위에 속한 펀드가 2019년에도 1사분위에 들어갈 확

[표 6.7] 한 사분위에서 다른 사분위로 이동할 확률   출처: Adapted from S&P Persistence Scorecard, 2023

	1분위	2분위	3분위	4분위	청산
1분위	8.21%	12.32%	24.02%	31.42%	4.52%
2분위	19.96%	19.14%	16.05%	13.17%	9.88%
3분위	18.52%	17.08%	12.96%	11.32%	13.37%
4분위	13.76%	14.37%	18.28%	12.53%	18.69%

률은 8%였고, 4사분위에 들어갈 확률은 31%였다. 이는 위험 노출도가 바뀌었음을 시사한다. 4사분위에 속한 펀드가 1사분위에 들어갈 확률은 13.76%여서 계속 4사분위에 머물 확률보다 약간 높았다. 2019년에 펀드가 청산될 확률은 2016년 4사분위에 속한 펀드가 훨씬 높았다.

그러므로 증거를 종합적으로 분석하면, 펀드매니저들이 적극적 투자전략으로 창출하는 부가가치는 거의 없다. 그러면 이런 분석에서 펀드매니저들에게 좋은 소식은 없을까? 몇 가지 암시는 있다.

- 뜨거운 손 현상(hot hands phenomenon): 뮤추얼펀드의 실적이 전반적으로 유지된다는 증거는 거의 없지만, 최근 실적이 좋았던 펀드매니저가 가까운 장래에도 초과실적을 내기 쉽다는 증거는 약간 있다. 그러나 이 모멘텀이 얼마나 이어질지는 불투명하다. 이 증거는 몇 주나 몇 달 동안 모멘텀을 보이던 주가가 더 장기적으로는 반전한다는 앞의 분석과 비슷하다. 이 좋은 소식에 대해서도 다소 유의할 점이 있다. 단순한 우연이나 선택 편향으로도 우수한 실적이 이어지는 현상을 설명할 수 있기 때문이다.
- 운인가 실력인가: 펀드매니저들의 장기 실적 차이를 모두 운으로 돌릴 수 있는가에 대해서도 논쟁이 있다. 파마와 프렌치(2010)는 비용을 차감한 수익률을 보면 뮤추얼펀드가 초과수익을 낸다는 증거는 거의 없다고 주장한다. 그러나 총수익률을 보면 실력 차이의 증거가 약간 있다고 말한다. 이들은 실력이 우수한 펀드매니저의 실적은 평균보다 약 1.25% 높다고 추정한다.
- 세금, 유동성, 시간 지평 차익거래: 다른 펀드매니저보다 세율이 훨씬 낮거나, 유동성유지 필요성이 작거나, 거래비용이 낮거나, 시간 지평이 긴 펀드매니저는 이런차이를 이용해서 더 낮은 가격에 투자하여 초과수익을 얻을 수 있다. 그러나 이런 투자자가 존재한다는 일화적 증거는 있지만, 이들 다수는 자신의 이러한 성공때문에 파멸한다. 이들은 운용자산이 증가함에 따라 초점을 잃고 경쟁우위를 상실한다.

요컨대 초과수익은 가능하긴 해도 쉽지는 않으며, 행운이 큰 역할을 한다. 투자를 성공으로 이끄는 마법의 탄환이나 간단한 공식은 없다. 지속적으로 초과수익을 내는 펀드매니저는 매우 드물어서 거의 없을 정도다. 이들이 쓰는 전략과 시장을 보는 관점은 서로 다를지 몰라도, 서로 공통되는 특성이 있다. 이들은 면밀한 투자철학이 있고, 자신의 강점을 잘 이용하며 절제력을 유지한다.

시장 효율성과 펀드매니저의 실적

시장 효율성에 관한 증거는 모순적이다. 한편으로는 주가에 수많은 패턴(장기적으로는 주가 흐름에 반전이 일어나고, 1월에 수익률이 더 높은 현상 등)이 있고, 시장 이상 현상(저PBR, 저PER 소형주에서 손쉽게 초과수익이 나오는 듯한 현상)의 증거도 있다. 그러나 다른 한편으로 펀드매니저들이 이런 현상을 이용해서 초과수익을 낸다는 증거는 거의 없는 듯하다.

이에 대한 설명은 많다. 가장 친절한 설명은 대부분 가정에 기반한 연구에서는 비효율성이 나타나지만, 거래비용과 실행 과정에서 발생하는 문제가 초과수익을 압도한다는 설명이다. 두 번째 설명은 대부분 연구가 20~50년에 걸쳐 장기 실적을 조사한다는 것이다. 그러나 이보다 단기 실적을 조사하면 과연 소형주의 실적이 대형주보다 좋은지, 실적 부진 주식에 투자하면 초과수익이 나오는지가 훨씬 더 불확실하다. 단기간에도 확실한 실적이 나오는 투자전략은 존재하지 않는다.

프라드후만(Pradhuman, 2000)에 따르면 지난 50년 동안 약 4년마다 한 번씩 소형주의 실적이 대형주보다 나빴다. 번스타인(Bernstein, 1998)에 따르면 장기적으로는 (저PER주와 저PBR주를 매수하는) 가치투자에서 초과수익이 나올지 모르지만, 지난 30년을 5년 단위로 조사하면 성장주 투자가 가치투자보다 실적이 좋았던 사례가 많다. 세 번째 설명은 펀드매니저들이 한 전략을 일관되게 유지하지 않고 수시로 변경하므로, 장기적으로 비용만 증가하고 초과수익 가능성은 감소한다는 것이다.

결론

효율적 시장이 자산운용업과 리서치에 시사하는 바를 고려하면 시장이 효율적이냐는 질문은 항상 도발적인 질문으로 제기될 것이다. 효율적 시장을 "시장가격이 진정한 가치의 불편 추정치(不偏推定値)인 시장"이라고 정의하면, 시장 중에는 다른 시장보다 항상 더 효율적인 시장도 있고, 일부 투자자에게 항상 더 효율적인 시장도 있다. 시장이 비효율성을 얼마나 신속하게 바로잡느냐는 거래의 편의성, 거래비용, 그 시장에서 이익을 추구하는 투자자들의 능력에 좌우된다.

시장 효율성을 검증하는 방법은 다양하지만, 가장 널리 사용되는 두 가지 검증법은 (정보 사건에 대한 시장의 반응을 조사하는) 사건 연구와 (식별 가능한 특성을 토대로 구성한 포트폴리오의 수익률을 평가하는) 포트폴리오 연구다. 그러나 고의든 아니든 연구 과정에 다양한 방식으로 편향이 개입되어 부당한 결론이나 쓸모없는 투자전략에 도달할 수도 있으므로 방심해서는 안 된다.

시장에는 (1월 효과, 주말 효과 등) 시간은 물론 (기업의 규모, PER, PBR 등) 체계적 요소와 관련된 이상 현상이 존재한다는 증거가 많다. 이런 이상 현상은 시장이 비효율적이라는 증거가 될지도 모르지만, 이런 비효율성을 이용해야 하는 프로 펀드매니저들조차 지속적으로 초과수익을 내기가 매우 어렵다는 증거를 보면 정신이 번쩍 든다. 종합적으로 볼 때 이상 현상이 계속 유지되는데도 펀드매니저들이 초과수익을 내지 못한다는 사실은 이론상의 실증분석과 현실 세계 자산운용업 사이의 격차를 보여주는 증거가 될 수도 있고, 위험-수익 모형들이 작동하지 않는다는 증거가 될 수도 있다.

연습문제 별도 표기가 없으면 주식 위험 프리미엄은 5.5%로 한다.

1   다음 중 시장 효율성의 의미는 무엇인가? (복수 정답 가능)

    a.   자원이 기업들 간에 효율적으로 할당된다. (즉, 최선의 활용이 이루어진다.)

    b.   어떤 기간에도 시장 대비 초과수익을 내는 투자자는 존재하지 않는다.

    c.   지속적으로 시장 대비 초과수익을 내는 투자자는 존재하지 않는다.

    d.   위험 조정 후 시장 대비 초과수익을 내는 투자자는 존재하지 않는다.

    e.   위험과 거래비용 조정 후 시장 대비 지속적인 초과수익을 내는 투자자는 존재하지 않는다.

    f.   위험과 거래비용 조정 후 시장 대비 지속적인 초과수익을 내는 투자자 집단은 존재하지 않는다.

2   매출액의 계절성이 강한 소매업종 주식을 분석하는 중이다. 주가에도 계절성이 있을 것으로 기대하는가?

3   일반적으로 시장 효율성은 다음 두 가설, 시장이 효율적이라는 가설과 기대수익률모형을 합하여 검증한다. 이를 설명하라. 시장 효율성만을 단독으로 (즉, 자산가격결정모형을 함께 테스트하지 않고) 검증할 수는 없는가?

4   차티스트와 격렬한 논쟁을 벌이는 중이다. 그는 내재가치를 찾고자 하는 당신의 시도가 경제학의 기본 원칙을 어기는 것이라고 다음과 같이 주장한다. "가격은 수요와 공급에 의해서 결정되지, 내재가치에 의해서 결정되지 않는다." 내재가치를 찾는 일이 수요·공급 원리와 불일치하는가?

5   합병 발표가 주가에 미치는 영향을 테스트하고 있다. (사건 연구다.) 다음 절차로 작업을 진행하고자 한다.

    1단계: 올해의 가장 큰 합병 20건을 선정한다.

    2단계: 합병이 발효된 날을 사건 효과가 시작된 날로 지정하여 데이터를 검토한다.

    3단계: 합병 효력 발생일 이후 5일 동안의 수익률을 살펴본다.

    이 수익률(0.13%)로 판단했을 때, 합병 사건으로는 수익을 올릴 수 없다고 결론 내린다.

    이 테스트에서 오류를 찾아볼 수 있는가? 어떻게 정정할 것인가? 더 강력한 테스트를 고안할 수 있는가?

6 시장에서 시장가격은 실제 가치에 대한 "편향되지 않은 추정치"로 정의된다. 이는 무엇을 의미하는가? (하나의 답을 선택하라.)

    a. 시장가격은 언제나 실제 가치와 일치한다.

    b. 시장가격은 실제 가치와 아무런 관련이 없다.

    c. 시장은 실제 가치를 잘못 매기며, 투자자들은 이 실수를 이용하여 돈을 벌 수 있다.

    d. 시장가격에는 오류가 있으나, 그 오류는 무작위적이어서 투자자들이 이용할 수 없다.

    e. 아무도 시장을 이길 수 없다.

7 다음 조치들이 주식시장의 효율성을 증대시킬지 감소시킬지 혹은 영향이 없을지 평가하고, 그 이유를 설명하라.

    a. 정부가 모든 주식 거래에 대해 1%의 거래세를 부과한다.

       효율성 증대 _____ 감소 _____ 변함 없음 _____

    b. 만연한 투기를 방지하기 위해 금융거래 당국이 공매도에 제한을 가한다.

       효율성 증대 _____ 감소 _____ 변함 없음 _____

    c. 콜옵션과 풋옵션을 거래하는 옵션시장이 열리고, 거래소에 상장된 많은 주식에 대한 옵션이 거래된다.

       효율성 증대 _____ 감소 _____ 변함 없음 _____

    d. 외국인 투자자의 주식 취득 및 보유에 대한 모든 제한을 없앤다.

       효율성 증대 _____ 감소 _____ 변함 없음 _____

8 다음은 주요 기업의 자산 매각 발표 전후의 누적 비정상 수익률 그래프다.

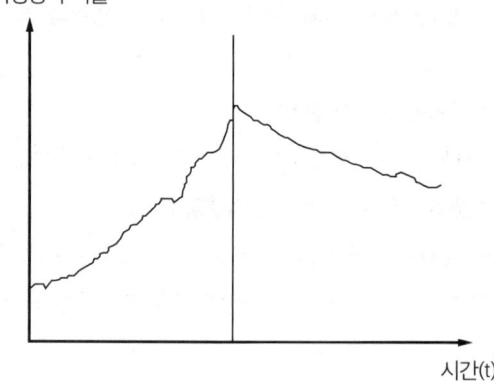

이를 통해 다음 사항을 설명하라.

    a.   발표 전 시장의 움직임

    b.   발표에 대한 시장의 반응

    c.   발표 후 시장의 반응

9   주식 투자 성과에서 규모 효과란 무엇인가? 이는 연말 효과와 어떤 관련이 있는가? 베타를 조정한 후에도 소형주가 대형주보다 나은 이유를 제시할 수 있는가? 이러한 비정상성을 활용하려면 어떤 전략을 세우겠는가? 유의해야 할 점은?

10   어닝 서프라이즈에 대한 시장 반응을 조사한 연구에 따르면 어닝 서프라이즈 이후 주가가 하락하는 경향이 있다고 한다. 이 연구 결과는 이벤트와 새로운 정보로부터 시장이 학습하는 능력에 대해서 무엇을 알려주는가? 이러한 학습 행동에 대한 기업 간(cross-section) 차이를 예상할 수 있는가? (어떤 유형의 기업에서 다른 유형의 기업보다 더 큰 가격 변동이 있을 것으로 예상할 수 있는가? 이유는?) 이러한 비정상성을 활용하려면 어떤 전략을 세우겠는가? 유의해야 할 점은?

11   연말 또는 1월 효과의 원인으로 과세연도와 관련된 매도와 매수 행태를 제시하기도 한다.

    a.   세금 효과와 관련된 가설을 제시해보라.

    b.   연구에 따르면 1월 효과는 1월에 과세연도가 시작되지 않는 국가에서도 발생한다. 이유를 추측해보라.

12   다음은 높은 배당수익률과 낮은 배당수익률을 지닌 두 포트폴리오의 예상 가격 상승률과 배당수익률을 보여준다.

포트폴리오	예상 가격 상승률	예상 배당수익률
고배당	9%	5%
저배당	12%	1%

배당금에 대한 세율이 40%라고 하자. 두 포트폴리오가 무차별해지려면 자본차익에 대해 얼마가 과세되어야 하는가?

13 다음 문장이 참 또는 거짓인지 표시하라.

   a. 주가이익배수(PER)가 낮은 주식은 평균적으로 기대보다 높은 수익을 얻고, 주가이익배수가 높은 주식은 평균적으로 기대보다 낮은 수익을 얻는다. 저PER 주식의 위험이 더 낮기 때문이다.

     참 _____ 거짓 _____

   b. 소형주 효과는 소형 기업이 초과수익을 내는 현상을 의미한다. 이는 소수의 소형 기업이 매우 높은 수익률을 올려주기 때문이다.

     참 _____ 거짓 _____

   c. 주가는 애널리스트의 추천에 영향을 받지 않기 때문에, 투자자는 일반적으로 애널리스트의 추천을 따라 함으로써 돈을 벌 수 없다.

     참 _____ 거짓 _____

14 두 뮤추얼펀드의 성과를 검토하는 중이다. AD 가치 펀드는 1988년 1월 1일에 설립되었으며 PER이 낮고 배당수익률이 높은 주식에 주로 투자한다. AD 성장 펀드 역시 1988년 1월 1일에 설립되었는데, PER이 높고 배당이 낮거나 없는 고성장 주식에 주로 투자한다. 지난 5년간 두 펀드의 성과를 요약하면 다음과 같다.

	1988년부터 1992년까지 평균		
	가격 상승률	배당수익률	베타
NYSE 지수	13%	3%	1.0
AD 가치 펀드	11%	5%	0.8
AD 성장 펀드	15%	1%	1.2

같은 기간 무위험 이자율은 6%였다. 현재의 무위험 이자율은 3%다.

   a. 이 펀드들의 위험 조정 후 성과는 어떠한가?

   b. 각 펀드의 선취수수료가 5%라고 하자. (즉 오늘 각 펀드에 1,000달러를 넣으면 선취수수료를 제한 950달러만 투자된다.) (a)에서 계산한 초과수익률은 미래에도 계속된다고 가정하자. 한 펀드를 선택해 투자했다면, 몇 년 동안 펀드를 보유해야 손익분기점에 도달할 수 있는가?

7장
무위험 이자율과
위험 프리미엄

모든 위험-수익 모형의 기초는 (투자자들이 무위험 자산에 투자할 때 얻는) 무위험 이자율과 (투자자들이 평균 위험 자산에 투자할 때 요구하는) 위험 프리미엄이다. 자본자산 가격결정모형에서 시장 포트폴리오의 위험은 시장 위험 하나뿐이므로, 투자자들이 시장 포트폴리오에 투자할 때 요구하는 위험 프리미엄은 시장 프리미엄이 된다. 반면 다중요소모형에는 위험 프리미엄이 다수여서, 투자자들이 특정 시장 위험 요소에 대해 각각 요구하는 위험 프리미엄을 측정한다. 7장에서는 이런 모형들에서 사용하는 무위험 이자율과 위험 프리미엄 측정 방법을 조사한다.

4장에서 언급했듯이 위험은 채권의 부도 위험으로 측정하는데, 채권의 부도 위험은 기업이 무위험 이자율에 가산해서 지불하는 부도 스프레드(default spread)로 나타난다. 끝으로 부도 스프레드 측정 방법을 살펴보고, 부도 스프레드에 영향을 주는 요소들도 알아본다.

무위험 이자율

대부분 위험-수익 모형에서는 무위험 자산에서 기대되는 수익을 무위험 이자율로 사용한다. 그런 다음 위험 자산에서 기대되는 수익을 측정하여 이를 무위험 이자율과 비교한다. 그러면 어떤 자산이 무위험 자산인가? 만일 그런 자산을 찾을 수 없으면 어떻게 해야 하나? 이 섹션에서는 이런 문제를 다룬다.

무위험 자산의 요건

4장에서는 무위험 자산이 되기 위한 조건을 살펴보았다. 어떤 자산이 무위험 자산이 되려면 그 기대수익률을 확실히 알 수 있어야 한다(실제 수익률이 항상 기대수익률과 일치해야 한다). 그러면 어떤 조건일 때 실제 수익률이 기대수익률과 일치할까? 충족해야 하는 기본 조건은 두 가지다. 첫째, 부도 위험이 없어야 한다. 여기서 민간 기업이 발행한 증권은 제외된다. 민간 기업은 아무리 크고 안전해도 어느 정도 부도 위험이 있기 때문이다. 무위험 자산이 될 수 있는 유일한 증권은 정부 증권이다. 정부가 민간 기업보다 잘 운영되기 때문이 아니라, 정부는 발권력이 있기 때문이다. 그래서 정부는 명목상으로나마 약속을 지킬 수 있다. 그렇더라도 정부 증권이 항상 무위험 자산이 되는 것은 아니다. 특히 현 정부가 이전 정부의 약속을 지키지 않거나 외화를 차입하는 경우에는 정부 증권도 무위험 자산이 되지 못한다.

두 번째 조건은 사람들이 흔히 망각하는 조건이다. 어떤 자산의 실제 수익률이 기대수익률과 일치하려면 재투자 위험이 없어야 한다. 예를 들어 5년 기대수익률을 추정하여 5년 무위험 이자율을 산출한다고 가정하자. 그러면 6개월 만기 단기 국채는 부도 위험이 없다고 가정하더라도 무위험 자산이 되지 못한다. 6개월 후 단기 국채의 수익률을 알지 못하므로 재투자 위험이 있기 때문이다. 심지어 5년 만기 국채도 무위험 자산이 아니다. 채권에 첨부된 이자표(利子票, coupon)의 재투자 수익률을 지금은 알 수 없기 때문이다. 그러면 5년 무위험 이자율은 5년 만기 무위험 할인채의 기대수익률이 되어야 한다. 이렇게 정의하면 기업금융이나 가치평가 작업이 매우 복잡해진다.

1~10년까지 기간별로 기대수익률을 추정해야 하기 때문이다. 이렇게 전통주의자는 기간별로 무위험 이자율이 달라야 하며 기대수익률도 달라야 한다고 생각한다.

그러나 현실적인 절충안도 생각할 수 있다. 완만한 이자율 기간구조(well-behaved term structure)에서는 기간별 이자율 차이가 크지 않으므로, 하나의 무위험 이자율을 적용해서 현재가치를 산출해도 값이 크게 달라지지 않는다.[1] 그러므로 듀레이션 일치 전략(duration matching strategy)을 사용할 수 있다. 분석 대상 현금흐름과 만기가 일치하는 무위험 자산의 수익률을 무위험 이자율로 간주하는 것이다.[2] 그러나 단기 이자율과 장기 이자율의 차이가 크다면 연도별로 무위험 이자율을 적용해서 기대수익률을 산출하는 편이 좋다.

부도 위험 없는 국채가 주는 현실적 의미   정부가 파산하지 않는다고 간주되는 일부 선진국 시장에서 정부가 국내 통화로 조달한 부채는 부도 위험이 없다고 볼 수 있다. 그러므로 장기 프로젝트나 가치평가에 사용하는 무위험 이자율은 장기 국채의 수익률이 되어야 한다. 무위험 이자율 선택은 위험 프리미엄 추정에 대해서도 시사하는 바가 있다. 과거에 국채 수익률을 초과해서 주식이 벌어들인 수익으로 위험 프리미엄을 추정한다면, 이때 선택하는 국채는 무위험 이자율에 사용하는 국채와 같아야 한다. 그러므로 미국에서 장기 분석 목적으로 사용하는 과거 위험 프리미엄은 (단기 국채가 아니라) 장기 국채 대비 주식의 초과수익이 되어야 한다. 이 말에는 미국 국채에 부도 위험이 없다는 가정이 숨어 있지만, 이제는 이런 추정을 자동으로 하지는 못할 수도 있다.

현금흐름과 무위험 이자율: 일관성 원칙   기대수익률 추정에 사용하는 무위험 이자율과 현금흐름 측정 방식에는 일관성이 있어야 한다. 그러므로 현금흐름을 명목 미국

---

1   완만한 기간구조란 수익률 곡선이 우상향이면서 장기 이자율이 단기 이자율보다 최대 2~3% 높은 기간구조를 가리킨다.
2   분석 대상이 프로젝트일 때는 분석 기간이 대개 3~10년이다. 그러나 분석 대상이 기업일 때는 분석 기간이 훨씬 길어진다. 기업은 수명이 무한하다고 가정하기 때문이다. 그래서 분석 기간이 흔히 10년을 훨씬 초과하며, 기업의 성장 잠재력이 높을수록 증가한다

달러로 측정한다면 무위험 이자율은 미국 장기 국채 수익률이 되어야 한다(설사 미국 국채에 부도 위험이 있다고 가정하더라도 말이다). 이는 무위험 이자율을 선택하는 기준은 그 기업의 소재지가 아니라, 기업 현금흐름을 측정하는 통화가 된다는 뜻이다. 그러므로 스위스 프랑 기준으로 네슬레(Nestlé)의 현금흐름을 측정해서 가치를 평가한다면, 스위스 장기 국채 수익률을 무위험 이자율로 사용해서 현금흐름을 할인하여 기대수익률을 추정할 수 있다. 만일 영국 파운드로 가치를 평가한다면 현금흐름과 무위험 이자율 모두 영국 파운드를 사용해야 한다. 똑같은 기업을 다른 통화로 평가해도 결과가 항상 똑같이 나올까? 구매력 평가(purchasing power parity, 환율이 양국의 구매력에 의해서 결정된다는 이론)를 가정하면, 금리 차이는 기대 인플레이션 차이를 반영한다. 현금흐름과 할인율은 둘 다 기대 인플레이션의 영향을 받는다. 그러므로 무위험 이자율이 낮아서 할인율도 낮아지면 현금흐름의 기대 명목 성장률도 똑같이 낮아져 상쇄되므로 결과는 달라지지 않는다.

만일 두 통화의 금리 차이가 기대 인플레이션의 차이를 적절히 반영하지 않는다면, 두 통화로 산출한 결과가 달라질 수 있다. 특히 인플레이션 대비 금리가 낮은 통화로 평가할 때 기업의 가치가 더 높아진다. 그러나 언젠가 금리가 상승해서 이 격차를 메우면 가치도 수렴하게 된다.

실질 무위험 이자율과 명목 무위험 이자율　심각한 인플레이션이 불안정하게 진행되는 상황에서는 가치평가에 실질 이자율을 사용하기도 한다. 이는 인플레이션에 의한 성장률은 배제한 채 실질 성장률을 사용해서 현금흐름을 추정한다는 뜻이다. 이런 경우에는 일관성을 유지하기 위해서 실질 할인율을 사용한다. 실질 기대수익률을 구하려면 먼저 실질 무위험 이자율을 구해야 한다. 단기 국채와 장기 국채에 반영된 기대 인플레이션은 가변적이므로, 이들은 명목 이자율 기준으로만 무위험 자산이다. 그래서 명목 이자율에서 기대 인플레이션을 차감하여 실질 무위험 이자율을 산출해야 하는데, 이는 기껏해야 실질 무위험 이자율의 추정치일 뿐이다.

실질 무위험 이자율 추정에 사용할 수 있는 무위험 상장 증권은 최근까지도 거의 없었으나, 이제는 물가연동국채(Treasury Inflation-Protected Securities: TIPS)가 이런 용도로 사용되고 있다. 물가연동국채가 보장하는 것은 명목 수익률이 아니라 실질 수익률이다. 그래서 인플레이션이 4%일 때는 물가연동국채의 명목 수익률이 7%가 되어 실질 수익률 3%를 지급하고, 인플레이션이 2%일 때는 명목 수익률이 5%가 되어 역시 실질 수익률 3%를 지급한다.

유일한 문제점은 미국은 지금까지 기대 인플레이션이 낮고 안정적이었으므로 가치평가에 실질 이자율을 사용할 필요가 거의 없었다는 점이다. 반면 가치평가에 실질 이자율을 사용해야 하는 나라에는 안타깝게도 물가연동국채가 없다. 이런 나라에서 실질 무위험 이자율을 구하는 방법으로 제시되는 견해는 다음과 같다.

1. 첫 번째는 높은 실질 금리로 자본이 자유롭게 이동할 수 있다면 실질 이자율은 나라별로 차이가 없다는 주장이다. 이 주장에 따르면 물가연동국채로 추정한 미국의 실질 무위험 이자율은 어느 나라에서나 실질 무위험 이자율로 사용할 수 있다.
2. 두 번째 주장은 국가 사이의 자본 이동에 제약이 있을 때 적용된다. 이때 그 나라의 실질 기대수익률도 장기적으로는 실질 기대성장률과 일치해야 장기적으로 경제가 균형을 유지하게 된다. 그러므로 독일처럼 성숙기에 접어든 나라의 실질 무위험 이자율은 인도처럼 성장 잠재력이 높은 나라의 실질 무위험 이자율보다 훨씬 낮아야 한다.

무위험 자산이 없을 때의 무위험 이자율

지금까지는 정부가 국내 통화로 조달한 부채에는 부도 위험이 없다고 가정했다. 그러나 많은 신흥국과 일부 선진국에 대해서는 이런 가정이 타당하지 않을 수 있다. 이런 국가에서는 정부가 국내 통화로 조달한 부채마저 부도를 낼 수 있다. 게다가 일부 국가에서는 정부가 부채를 장기로 조달하지 않아서 현지 통화의 장기 무위험 이자율을 구하기가 어렵다. 이 섹션에서는 다음 4가지 대안을 살펴본다.

현지 통화 국채 정부가 현지 통화로 장기 국채를 발행하며 이 국채가 상장된다면, 이 국채 수익률을 이용해서 현지 통화의 무위험 이자율을 추정할 수 있다. 예를 들어 2024년 초 인도 정부가 발행한 10년 만기 루피(rupee) 표시 국채는 시장수익률이 7.18%였다. 그러나 이 수익률은 무위험 이자율이 아니다. 사람들은 인도 정부에 부도 위험이 있다고 생각하기 때문이다.

7.18% 중 부도 위험에 해당하는 수익률을 파악하려고 인도의 국가신용등급[3]을 확인해보니, 무디스가 평가한 인도의 현지 통화 국가신용등급은 Baa3였고 부도 스프레드는 2.39%였다.[4]

그러므로 인도 루피의 무위험 이자율은 다음과 같다.

$$\text{루피의 무위험 이자율} = \text{국채 수익률} - \text{부도 스프레드}$$
$$= 7.18\% - 2.39\% = 4.79\%$$

여기서는 신용평가기관이 국가 신용위험(sovereign risk)을 정확하게 평가해서 부도 스프레드를 정확하게 산출한다고 가정한다. 부도 스프레드를 산출하는 또 다른 방법은 신용부도스왑(Credit Default Swap: CDS)시장을 이용하는 것이다. 이 시장에서는 부도에 대비해서 보험에 가입할 수 있다. 국가 CDS 스프레드는 한 국가의 부도 위험을 가늠하는 시장 추정치가 되었다. 2024년 1월 인도의 10년 국가 CDS 스프레드는 0.99%여서, 무위험 이자율은 6.19%였다.

$$\text{루피의 무위험 이자율} = \text{국채 수익률} - \text{CDS 스프레드}$$
$$= 7.18\% - 0.99\% = 6.19\%$$

CDS시장은 더 역동적으로 최신 부도 스프레드를 제공하지만, 그 부도 스프레드는 변동성이 훨씬 크다. 이 시장은 달러나 유로 기준 부도 스프레드도 제공하지만, 현지 통화에는 적용하지 못할 수도 있다.

---

3 신용평가기관들은 국가 부채의 신용등급을 현지 통화 기준과 외화 기준으로 제공한다. 때로는 외화 기준 신용등급이 현지 통화 기준 신용등급보다 낮다(외화 부채가 부도 가능성이 더 크기 때문이다). 그러나 이 분석에서 중요한 것은 현재 통화 기준 신용등급이다. 신용등급이 Aaa(무디스)나 AAA(S&P)라면 국채 수익률이 무위험 이자율이 된다.
4 신용등급별 부도 스프레드는 다른 나라 정부가 발행한 Baa3 등급 달러 표시 국채 수익률과 미국 국채 수익률을 비교해서 산출한다.

빌드업 기법　현지 통화 국채를 발행하지 않거나 이런 국채가 거래되지 않는 나라도 있다. 이때 적용 가능한 대안은 펀더멘털을 이용해서 무위험 이자율을 구성하는 것이다.

빌드업(build-up) 무위험 이자율 = 기대 인플레이션 + 기대 실질 성장률

어느 통화나 무위험 이자율은 그 통화의 기대 인플레이션에 기대 실질 수익률을 더하는 방식으로 표시할 수 있다. 그러므로 이 두 요소를 각각 추정하면 된다. 기대 인플레이션은 현재 인플레이션율로부터 추정할 수 있다. 그리고 실질 수익률로는 미국 물가연동국채 수익률을 사용할 수 있다. 실질 수익률은 전 세계가 모두 같아야 하기 때문이다. 예를 들어 2024년 인도의 기대 인플레이션 5%에 미국 물가연동국채 수익률 1.5%를 더하면 인도 루피의 무위험 이자율은 6.5%가 된다.

파생상품시장　외환 선도 계약과 선물 계약에서도 각 통화의 이자율 정보를 얻을 수 있다. 현물 환율(spot rate)과 선도 환율(forward rate) 사이에는 이자율 평가 조건(interest rate parity, 두 나라 은행 예금 사이에 차익거래 기회가 존재하지 않는 균형 조건)이 유지되기 때문이다. 예를 들어 태국 밧(baht)과 미국 달러 사이의 선도 환율은 다음과 같이 나타낼 수 있다.

$$\text{선도 환율}_{\text{태국 밧},\$}^{t} = \text{현물 환율}_{\text{태국 밧},\$} \times \frac{(1 + \text{이자율}_{\text{태국 밧}})^{t}}{(1 + 0.04_{\text{미국 달러}})^{t}}$$

예를 들어 태국 밧의 현물 환율은 달러당 35.38밧이고, 10년 선도 환율은 달러당 44.87밧이며, 10년 만기 미국 국채 수익률은 4%이면, 태국의 10년 무위험 이자율은 다음과 같이 추산할 수 있다.

$$44.87 = 35.38 \times \frac{(1 + \text{이자율}_{\text{태국 밧}})^{10}}{(1 + 0.04)^{10}}$$

위 방정식을 풀면 태국 10년 무위험 이자율은 6.50%가 된다. 그러나 이 기법의 가장 큰 한계는 주요 신흥국 다수에서 1년을 초과하는 선도 환율을 구하기가 어렵다는

점에 있다.[5]

무위험 이자율 전환 오로지 기대 인플레이션 때문에 두 통화의 무위험 이자율이 다르다면, 두 통화의 인플레이션 차이를 이용해서 (미국 달러, 유로 등) 선진국 통화의 무위험 이자율을 신흥국 통화의 무위험 이자율로 전환할 수 있다.

$$r_{현지\,통화} = (1 + r_{외국\,통화}) \times \frac{(1 + 기대\,인플레이션_{현지\,통화})}{(1 + 기대\,인플레이션_{외국\,통화})} - 1$$

예를 들어 미국 달러의 무위험 이자율은 4%이고 인플레이션율은 2%이며, 이집트 파운드의 기대 인플레이션율은 11%라고 가정하자. 이집트 파운드의 무위험 이자율은 다음과 같이 나타낼 수 있다.

$$무위험\,이자율_{이집트\,파운드} = (1.04) \times \frac{1.11}{1.02} - 1 = 0.1318\,또는\,13.18\%$$

이렇게 전환하려면 현지 통화의 기대 인플레이션과 선진국 통화의 기대 인플레이션을 추정해야 한다.

만일 위에 열거한 대안 중 실행 가능한 방법이 없다면 어떻게 해야 할까? 다시 말해서 현지 통화로 유통되는 국채가 없고, 현지 통화의 선도 계약이나 선물 계약도 없으며, 현지 통화의 기대 인플레이션을 추산하기도 어렵다면 어떻게 해야 할까? 이때는 다른 통화로 평가하는 방법이 최선이다. 나이지리아나 베트남 기업을 현지 통화로 평가하는 대신, 유로나 달러로 평가하는 것이다. 현지 통화 현금흐름을 외국 통화 현금흐름으로 전환하려면 미래 예상 환율을 추정해야 하지만, 그래도 이 방법이 더 쉬울 것이다.

---

5 1년짜리 선도 환율만 있을 때도 장기 이자율의 근사치를 추산할 수 있다. 먼저 현지 통화의 1년 이자율에서 1년 만기 단기 국채 수익률을 차감하여 부도 스프레드를 구한 다음, 이 부도 스프레드를 10년 만기 장기 국채 수익률에 더하면 된다.

주식 위험 프리미엄

위험은 중요하므로 더 위험한 자산의 기대수익률은 더 안전한 자산의 기대수익률보다 높아야 마땅하다. 그러므로 한 자산의 기대수익률은 무위험 이자율에 (위험을 보상하는) 추가 수익률을 더한 값이 되어야 한다. 그러나 이 위험을 측정하는 방법과 추가 수익률로 전환하는 방법에 대해서는 논쟁이 이어지고 있다. 이 섹션에서는 자본자산가격결정모형 등 위험-수익 모형에서 사용할 주식 위험 프리미엄 추정 방법을 살펴본다.

경쟁 모형들

4장에서는 자본자산가격결정모형에서 다중요소모형에 이르기까지 위험에 대한 여러 경쟁 모형을 살펴보았다. 이들 모형의 결론은 서로 달라도 위험을 보는 관점에는 공통점이 있다. 첫째, 이들 모두 위험을 기대수익률 대비 실제 수익률의 분산으로 정의한다. 그러므로 실제 수익률이 항상 기대수익률과 일치하면 그 자산은 무위험 자산이 된다. 둘째, 이들 모두 충분하게 분산투자하는 한계투자자의 관점에서 위험을 측정해야 한다고 주장한다. 그러므로 이들은 잘 분산된 포트폴리오에 추가되는 위험만 측정하고 보상해야 한다고 주장한다. 바로 이런 관점 때문에 위험 모형들은 자산의 위험을 두 가지 요소로 구분한다. 하나는 그 위험이 몇몇 기업에만 미치는 기업 특유의 위험이고, 다른 하나는 기업 다수나 전체에 영향을 미치는 시장 위험이다. 보상받아야 하는 위험은 분산이 불가능한 시장 위험이다.

이 중요한 구분에 대해서는 모든 위험-수익 모형이 동의하지만, 시장 위험 측정 방법에 대해서는 견해가 갈린다. 표 7.1은 4개 모형의 위험 측정 방법을 보여준다.

처음 세 모형에서는 자산의 기대수익률을 다음과 같이 나타낼 수 있다.

$$기대수익률 = 무위험\ 이자율 + \sum_{j=1}^{j=k} \beta_j(위험\ 프리미엄_j)$$

여기서 $\qquad\qquad\qquad \beta_j = j$ 요소 대비 자산의 베타

위험 프리미엄$_j = j$ 요소의 위험 프리미엄

[표 7.1] 위험-수익 모형 비교

모형	가정	시장 위험 측정
자본자산가격결정모형 (CAPM)	거래비용이나 비공개 정보가 없다. 그러므로 분산 포트폴리오에 모든 자산이 시가총액에 비례해서 포함된다.	이 시장 포트폴리오 기준으로 베타 측정
차익거래가격결정모형 (APM)	시장 위험이 똑같은 자산은 시장가격도 똑같아야 한다(차익거래 방지).	복수의 (불특정) 시장 위험 요소에 대한 베타 측정
다중요소모형	APM처럼 차익거래 방지 가정.	복수의 거시경제 요소에 대한 베타 측정
프록시모형	장기적으로 더 높은 수익은 더 높은 시장 위험에 대한 보상이다.	시장 위험의 대리지표, 예컨대 시가총액, PBR 등이 포함된다.

CAPM처럼 단일요소모형일 때는 각 자산의 기대수익률이 그 요소의 위험 프리미엄 대비 베타에 의해서 결정된다.

무위험 이자율을 안다고 가정하면, 이들 모형 모두 두 가지 입력 변수가 필요하다. 첫째는 자산의 베타이고, 둘째는 요소의 위험 프리미엄이다. 베타 추정에 대해서는 8장에서 다루기로 하고, 이 섹션에서는 위험 프리미엄 측정을 집중적으로 살펴본다. 여기서 각 요소의 위험 프리미엄은 무위험 이자율에 추가해서 요구하는 수익을 가리킨다. 먼저 자본자산가격결정모형에서 베타와 주식 위험 프리미엄 추정을 보편적 관점으로 살펴보자. 여기서 위험 프리미엄은 무위험 자산 대신 시장 포트폴리오에 투자할 때 사람들이 요구하는 추가 수익을 측정한다.

주식 위험 프리미엄 결정 요인

주식 위험 프리미엄(Equity Risk Premium, ERP)은 시장의 지표로서, 공포와 탐욕 사이의 전쟁을 통해서 나타나는 위험의 가격을 반영한다. 주식 위험 프리미엄은 거시경제(인플레이션, 금리, 실물 경제)에서 정치(정부 유형과 정책)에 이르기까지 시장에서 발생하는 거의 모든 것에 의해 결정된다. 그림 7.1에 주식 위험 프리미엄 결정 요인 중 일부만 열거하였다.

결정 요인들이 시사하는 바는 두 가지다. 첫째, 주식 위험 프리미엄은 시간이 흐르

[그림 7.1] 주식 위험 프리미엄 결정 요인

위험 회피

명제: 투자자들이 위험을 더 회피할수록 주식 위험 프리미엄이 증가한다.

시사점: 나이 든 투자자가 많은 시장은 젊은 투자자가 많은 시장보다 위험 프리미엄이 높다.

경제의 불확실성

명제: 경제의 불확실성이 증가하면 주식 위험 프리미엄이 증가한다.

시사점: 주식 위험 프리미엄은 경제위기 기간에 증가하며, 신생 경제와 성장 경제에서 더 높다.

인플레이션과 금리

명제: 인플레이션이 증가하거나 인플레이션 관련 불확실성이 증가하면 주식 위험 프리미엄이 증가한다.

시사점: 인플레이션의 강도와 변동성이 큰 기간에 주식 위험 프리미엄이 증가한다.

정보

명제: 기업이 공개하는 정보가 유용할수록 주식 위험 프리미엄이 감소한다.

시사점: 공시 규정과 요건이 잘 정비된 시장일수록 주식 위험 프리미엄이 낮다.

주식 위험 프리미엄

유동성과 자금 흐름

명제: 유동성이 증가하여 자금이 주식시장에 유입될수록 주식 위험 프리미엄이 감소한다.

시사점: 유동성과 자금 흐름을 방해하는 사건이 발생하면 주식 위험 프리미엄이 증가한다.

재해 위험

명제: 재해(큰 영향을 미치는 저확률 사건) 가능성이 증가하면 주식 위험 프리미엄이 증가한다.

시사점: 재해(전염병, 핵전쟁)에 대한 투자자의 우려가 증가하면 주식 위험 프리미엄이 증가한다.

정부 정책

명제: 정부의 경제 정책과 규제가 더 변덕스러울수록 주식 위험 프리미엄이 더 높다.

시사점: 경제 정책과 규제의 연속성이 낮은 국가·시장일수록 주식 위험 프리미엄이 더 높다.

중앙은행과 통화 정책

명제: 중앙은행의 정책 반응과 조처의 일관성과 예측 가능성이 낮을수록 주식 위험 프리미엄이 높다.

시사점: 통화 정책을 예측하기 어려울수록 주식 위험 프리미엄이 증가한다.

면 변한다. 경제가 위기를 맞이하거나 극단적으로 불확실해지면 증가하고, 경제가 호황을 맞이하거나 안정적이면 감소한다. 둘째, 주식 위험 프리미엄은 지역에 따라 다르다. 정부와 경제 정책이 불안정한 국가일수록 더 높고, 정부와 법률 시스템이 효율적으로 작동하는 국가일수록 더 낮다.

과거 위험 프리미엄

실제로 애널리스트들은 위험 프리미엄을 대개 과거 장기간에 걸쳐 주식이 벌어들인 무위험 자산 대비 추가 수익으로 측정한다. 과거 프리미엄을 측정하는 방식은 단순하다. 주식의 장기간 실제 수익률을 측정해서 무위험 자산(대개 국채)의 실제 수익률과 비교하는 방식이다. 이렇게 산출한 두 자산의 연수익률 차이가 과거 위험 프리미엄이다. 미국처럼 다양한 주식과 국채가 대량으로 거래되는 유서 깊은 시장에서는 이 방식으로 합리적인 추정치를 산출할 수 있다. 그러나 주식시장이 경제에서 차지하는 비중이 작고 주식시장의 역사도 짧은 나라라면 이런 방식으로 산출되는 위험 프리미엄 추정치는 의미가 없다.

위험-수익 모형 사용자들이 과거 위험 프리미엄을 보는 관점은 일치할지 몰라도, 이들의 미래 위험 프리미엄 추정치는 실제로 시장에서 사용되는 위험 프리미엄과 엄청난 차이를 보인다. 예를 들어 미국 시장에서 다양한 투자은행, 컨설턴트, 기업이 제시하는 위험 프리미엄 추정치는 최저 3%에서 최고 12%까지 폭넓게 분포한다. 이들은 거의 모두 똑같은 과거 수익률 데이터베이스를 사용한다는 점을 고려하면[6], 이렇게 큰 차이가 난다는 사실이 놀랍다. 그러나 여기에는 세 가지 이유가 있다.

1. **사용하는 데이터의 기간**: 1926년 데이터까지 포함해서 전 기간의 데이터를 사용하는 사람도 많지만, 50년, 20년, 10년 데이터만 사용해서 과거 위험 프리미엄을 산출하는 사람도 많다. 단기간의 데이터만 사용하는 사람들이 제시하는 근거는 시간이 흐르면 투자자의 위험 회피 성향이 변하므로 단기간의 데이터를 사용해야 더 최신 추정치를 산출할 수 있다는 것이다. 그러나 단기간의 데이터를 사용하면 위험 프리미엄 추정치의 소음이 커진다는 문제가 있다. 1929~2023년 주가의 연간 표준편차는 약 20%였다.[7] 그러나 표 7.2에서 보듯이 사용하는 데이터의 기간에 따라 위험 프리미엄 추정치의 표준편차는 크게 달라질 수 있다.[8]

---

6 〈Stocks, Bonds, Bills and Inflation〉 1926년 이후 현재까지 주식, 장기 국채, 단기 국채의 연수익률과 인플레이션율을 조사하여 매년 발간(www.ibbotson.com).

7 주식, 장기 국채, 단기 국채의 과거 수익률 데이터는 다음을 참조하라. https://pages.stern.nyu.edu/~adamodar/pc/datasets/histretSP.xlsx

8 이들 표준편차 추정치는 십중팔구 과소평가되었다. 연수익률 사이에는 상관관계가 없다는 가정하에 산출되었기 때문이다. 그러나 시간의 흐름과 수익률 사이에는 상관관계가 있다는 상당한 실증적 증거가 있으므로, 이 표준편차 추정치는 훨씬 커져야 한다.

[표 7.2] 위험 프리미엄 추정치의 표준편차

추정 기간	위험 프리미엄 추정치의 표준편차
5년	$20\% / \sqrt{5} = 8.94\%$
10년	$20\% / \sqrt{10} = 6.32\%$
25년	$20\% / \sqrt{25} = 4.00\%$
50년	$20\% / \sqrt{50} = 2.83\%$

　적정 표준편차를 얻으려면 매우 장기간의 과거 수익률이 필요하다. 10년과 20년 추정치의 표준편차는 실제 추정치의 표준편차 이상이 되기 쉽다. 그러므로 이 단점이 단기간의 데이터를 사용해서 더 최신 추정치를 얻는 장점보다 훨씬 커 보인다.

2. **무위험 자산 선택**: 과거 데이터베이스는 단기 국채와 장기 국채 수익률을 모두 제공하므로, 각각을 사용해서 주식의 위험 프리미엄을 추정할 수 있다. 미국의 수익률 곡선은 지난 70년 동안 대부분 기간에 우상향 형태였으므로, 단기 국채처럼 만기가 더 짧은 국채를 사용해서 추정할 때 위험 프리미엄이 증가한다. 위험 프리미엄 산출 용도로 선택하는 무위험 이자율은 기대수익률 산출 용도로 선택하는 무위험 이자율과 일관성을 유지해야 한다. 그러므로 무위험 이자율 산출에 단기 국채 수익률을 선택하면 주식의 위험 프리미엄도 단기 프리미엄이 되어야 한다. 그리고 무위험 이자율로 장기 국채 수익률을 사용하면 위험 프리미엄도 장기 국채 수익률 대비 추가 수익이 되어야 한다. 대부분 기업금융과 가치평가에서 사용하는 무위험 이자율은 장기 국채 수익률이다. 그러므로 주식의 위험 프리미엄도 장기 국채 수익률 대비 추가 수익률이 되어야 한다.

3. **산술평균과 기하평균**: 과거 프리미엄 추정에서 마지막 난제는 주식, 단기 국채, 장기 국채 수익률의 평균을 계산하는 방법이다. 산술평균 수익률은 연속하는 연수

익률의 단순 평균이고, 기하평균 수익률은 복리 수익률이다.[9] 일반 통념에 의하면 산술평균을 사용해야 한다. 만일 연수익률과 시간의 흐름 사이에 상관관계가 없고 우리 목표가 이듬해 위험 프리미엄 추정이라면, 산술평균이 프리미엄의 최적 불편 추정치다. 그러나 실제로는 기하평균을 사용해야 한다는 강한 주장이 있다. 첫째, 실증 연구에 따르면 주식의 수익률과 시간의 흐름 사이에는 역의 상관관계가 있다.[10] 그러므로 산술평균은 프리미엄을 과대평가하기 쉽다. 둘째, 자본자산가격결정모형은 단일기간모형(single-period model)인데도 이 모형을 사용해서 장기간(5~10년)의 기대수익률을 추정하므로, 사람들의 관심사는 장기 수익률이라고 볼 수 있다. 이런 맥락에서 보면 기하평균 프리미엄을 지지하는 주장이 더 타당하다.

요컨대 주식 위험 프리미엄 추정치가 사용자에 따라 달라지는 것은 사용하는 데이터의 기간, 선택하는 무위험 자산(단기 국채나 장기 국채), 평균 계산 방법(산술평균이나 기하평균)이 다르기 때문이다. 표 7.3은 이러한 선택이 미치는 영향을 보여준다. 프리미엄은 선택에 따라 4.97~11.70%까지 분포한다. 현재 사용되는 위험 프리미엄 다수는 3, 5, 10년 전 데이터로 추정했으므로 실제로는 그 차이가 더 크다. 이 표에서 주식의 위험 프리미엄을 선택해야 한다면, 나는 5.23%를 선택하고 싶다. 1928~2023년 장기 국채 기준 기하평균 위험 프리미엄이다. 그러나 어느 프리미엄을 선택하든 추정치에 상당한 소음(표준편차)이 있을 것이다.

---

 histretSP.xls: 1928년부터 미국의 주식, 단기 국채, 장기 국채의 과거 수익률을 요약한 엑셀 자료. (웹에서 다운로드 가능)

---

9   복리 수익률을 산출하려면 기초자산의 가치(Value₀)와 기말 자산의 가치(Valueₙ)를 구하여 다음과 같이 계산한다.

$$기하평균 = \left(\frac{Value_N}{Value_0} \right)^{1/N} - 1$$

10 다시 말해서 몇 년 수익률이 높으면 이후에는 수익률이 낮고, 반대로 몇 년 수익률이 낮으면 이후에는 수익률이 높다. 주식의 수익률과 시간의 흐름 사이에 역의 상관관계가 있다는 증거는 매우 많으며 파마와 프렌치(1988)에서 찾을 수 있다. 두 사람에 따르면 1년 계열 상관은 약하지만, 5년 계열 상관은 모든 규모의 기업 집단에서 강한 마이너스이다.

[표 7.3] 미국 주식의 과거 위험 프리미엄 (이탤릭체는 표준편차)

	산술평균		기하평균	
	주식 - 단기 국채	주식 - 장기 국채	주식 - 단기 국채	주식 - 장기 국채
1928~2023년	8.32%	6.80%	6.50%	5.23%
표준편차	*(2.03%)*	*(2.14%)*		
1974~2023년	8.18%	5.95%	6.79%	4.97%
표준편차	*(2.45%)*	*(2.73%)*		
2014~2023년	11.70%	11.17%	10.63%	10.44%
표준편차	*(4.97%)*	*(3.78%)*		

다른 시장의 과거 위험 프리미엄 미국 시장에서 믿을 만한 과거 위험 프리미엄을 추정하기가 어렵다면, 역사가 짧고 변동성이 큰 다른 시장에서는 더 어려울 것이다. 신흥시장은 분명히 그렇고, 유럽 주식시장 또한 그렇다. 독일, 일본, 프랑스는 경제 면에서 선진국일지 몰라도, 이들 주식시장의 특성은 미국과 같지 않다. 20년 전까지도 몇몇 거대기업이 이 시장을 지배했고, 비상장기업이 여전히 많았으며, 거래도 몇몇 종목에 집중되었다.

그런데도 이 시장에서 여전히 과거 프리미엄을 사용하는 전문가들이 있다. 표 7.4는 이런 관행의 위험성을 분석하려고 1970~2017년 주요 외국 시장의 과거 프리미엄을 요약한 자료이다.[11]

과거 위험 프리미엄이 매우 낮은 나라도 있지만, 몇몇 나라는 매우 높다. 이런 현상이 나오는 이유를 설명하려 하기 전에 유의할 사항이 있다. 매우 장기간에 걸쳐 프리미엄을 추정했는데도 모든 나라의 표준오차('추정값인 표본 평균들과 참값인 모평균과의 표준적인 차이'로서, 통계의 불확실성을 측정하는 값)가 크다는 사실이다.

이들 추정치의 통계 오차가 크다면, 대개 신뢰할 만한 역사가 10년 이하이고 주식 연수익률의 표준편차도 매우 큰 신흥시장의 과거 위험 프리미엄 추정치에는 소음이

---

11 Credit Suisse Global Investment Returns Sourcebook 데이터를 런던 비즈니스 스쿨(London Business School)의 딤슨, 마시, 스톤튼(Staunton)이 개정함.

[표 7.4] 과거 주식의 위험 프리미엄: 미국 외 시장 출처: Adapted from Credit Suisse Global Yearbook, 2018.

국가	주식 수익률 - 장기 국채 수익률			
	기하평균	산술평균	표준오차	표준편차
호주	5.00%	6.60%	1.70%	18.10%
오스트리아	2.90%	21.50%	14.10%	151.50%
벨기에	2.20%	4.30%	1.90%	20.80%
캐나다	3.50%	5.10%	1.70%	18.20%
덴마크	2.20%	3.80%	1.70%	18.00%
핀란드	5.20%	8.70%	2.70%	29.70%
프랑스	3.10%	5.40%	2.10%	22.50%
독일	5.10%	8.40%	2.60%	28.20%
아일랜드	2.70%	4.70%	1.80%	19.70%
이탈리아	3.20%	6.50%	2.70%	29.10%
일본	5.10%	9.10%	3.00%	32.20%
네덜란드	3.30%	5.60%	2.00%	22.10%
뉴질랜드	4.00%	5.60%	1.60%	17.70%
노르웨이	2.40%	5.40%	2.50%	27.40%
포르투갈	5.30%	9.40%	2.90%	31.40%
남아프리카	5.30%	7.10%	1.80%	19.40%
스페인	1.80%	3.80%	1.90%	20.50%
스웨덴	3.10%	5.30%	2.00%	21.20%
스위스	2.20%	3.70%	1.60%	17.40%
영국	3.70%	5.00%	1.60%	17.00%
미국	4.40%	6.50%	1.90%	20.70%
유럽	3.00%	4.30%	1.40%	15.70%
미국 제외 세계	2.80%	3.80%	1.30%	14.40%
세계	3.20%	4.40%	1.40%	15.30%

얼마나 크겠는가? 신흥시장의 과거 위험 프리미엄이 흥미로운 일화가 될 수는 있겠지만, 위험-수익 모형에 사용되어서는 절대로 안 된다.

과거 위험 프리미엄 기법: 유의 사항

과거 위험 프리미엄 기법은 매우 널리 사용되고 있지만, 그 심각한 결함에 대해서는 놀라울 정도로 관심이 부족하다. 첫째, 이 기법은 투자자들의 위험 회피 성향이 오랜 기간 변하지 않았으며 (시장 포트폴리오의) 평균 위험 자산도 오랜 기간 안정성을 유지했다고 가정한다. 그러나 이런 가정을 강하게 지지하는 사람은 찾기 어려울 것이다.

이 문제를 해결하려고 최근 데이터를 사용하면 곧바로 두 번째 문제가 발생하는데, 그것은 위험 프리미엄 추정치의 표준오차가 크다는 점이다. 매우 장기간이라면 이런 표준오차도 허용할 만한 수준이겠지만, 단기간이라면 틀림없이 허용하기 어려울 정도로 크다.

끝으로 매우 장기간의 데이터를 사용할 수 있고 그동안 투자자들의 위험 회피 성향이 변하지 않았다고 가정하더라도 세 번째 문제가 발생한다. 미국에 이런 특성이 있다고 가정하면, 이런 특성이 있는 시장에서는 이른바 생존 편향이 나타난다. 예를 들어 1928년 세계 10대 시장에 투자했는데 미국도 여기에 포함되었다고 가정하자. 1928~2023년 동안 벌어들인 프리미엄을 보면 미국만큼 큰 나라도 있을 것이고 (호주처럼) 미국보다 작거나 심지어 마이너스인 나라도 있을 것이다. 그러므로 투자자들이 합리적이라고 가정하고 위험을 가격에 반영하더라도 미국 같은 나라에서는 생존 편향 때문에 과거 프리미엄이 예상보다 클 것이다.

수정된 과거 위험 프리미엄　외국 시장의 과거 위험 프리미엄을 미국의 위험-수익 모형에 사용할 수는 없지만, 외국 시장에서 사용하려면 외국 시장의 위험 프리미엄을 추정해야 한다. 먼저 어느 나라 주식시장이든 위험 프리미엄은 다음과 같이 나타낼 수 있다는 기본 전제에서 시작하자.

$$\text{주식 위험 프리미엄}_{국가} = \text{주식 위험 프리미엄}_{성숙 시장} - \text{국가 위험 프리미엄}$$

국가 프리미엄은 특정 시장의 추가 위험을 반영한다. 국가 프리미엄 추정은 다음 두 질문에 대한 답으로 요약된다.

1. 선진국 시장의 기본 프리미엄은 얼마인가?
2. 국가 프리미엄을 추가해야 한다면, 어떻게 추정할 것인가?

첫 번째 질문에 대해서는 미국 주식시장은 성숙한 시장이어서 과거 데이터가 충분하므로 위험 프리미엄을 합리적으로 추정할 수 있다고 주장할 만하다. 미국 시장의 과거 프리미엄을 다시 논의하자면, 나는 1928~2023년 장기 국채 기준 기하평균 위험 프리미엄인 5.23%를 성숙 시장 프리미엄 추정치로 사용하고 싶다. 나는 표준오차를 줄이려고 장기간을 선택했고, 무위험 이자율 선택과 일관성을 유지하려고 장기 국채를 선택했으며, 위험 프리미엄을 장기 기대수익률로 사용할 수 있도록 기하평균을 선택했다.

두 번째 질문인 국가 프리미엄에 대해서는 국가 위험(country risk)이 분산가능한 위험이므로 국가 위험 프리미엄은 필요 없다고 주장하는 사람도 있다. 먼저 이 주장의 근거를 살펴보고 나서 국가 위험 프리미엄이 필요하다는 견해도 살펴보자. 이어서 국가 위험 프리미엄을 국채 부도 스프레드로 추정하는 기법과 주식시장 변동성으로 추정하는 기법을 제시한다.

국가 위험 프리미엄이 필요한가?　말레이시아나 브라질 주식 투자는 미국 주식 투자보다 더 위험한가? 사람들 대부분은 이 질문에 분명히 그렇다고 대답할 것이다. 하지만 이 대답이 이런 나라에 투자할 때 위험 프리미엄을 추가해야 하느냐는 질문에 대해서도 답이 되는 것은 아니다.

자기자본비용 추정에 적합한 유일한 위험은 분산불가능 위험이라는 사실에 유의해야 한다. 그러면 핵심 질문은 신흥시장 위험이 분산가능 위험이냐 분산불가능 위험이냐가 된다. 말레이시아나 브라질 투자 과정에 추가되는 위험을 분산할 수 있다면, 위험 프리미엄을 추가해서는 안 된다. 그러나 분산할 수 없다면 위험 프리미엄을 추가해야 타당하다.

그러면 위험을 분산하는 사람이 누구인가? 투자자 중에는 국내 주식만 보유하는 사람도 있고 외국 주식까지 보유하는 사람도 있다. 국가 위험 분석 목적상 한계투자자(그 주식을 매매하는 투자자)를 생각해보자. 그 한계투자자가 국제 분산투자를 한다면 적어도 국가 위험이 분산될 가능성은 있다. 그 한계투자자가 국제 분산투자를 하지 않는다면 국가 위험이 분산될 가능성은 희박해진다. 스털츠(Stulz, 1999)는 다양한 용어로 이 관점을 제시했다. 그는 시장을 둘로 구분했다. 하나는 투자자들이 외국 시장에 투자하지 않아서 시장마다 위험 프리미엄이 다른 분할된 시장(segmented market)이고, 하나는 투자자들이 외국 시장에 투자하는 개방 시장(open market)이다. 분할된 시장에서는 한계투자자가 그 시장 안에서만 분산투자하지만, 개방 시장에서는 한계투자자가 외국 시장에 분산투자할 수 있다.

그러나 한계투자자가 국제 분산투자를 하더라도 국가 위험을 무시하려면 두 번째 조건을 충족해야 한다. 국가 위험 대부분이 국가 특유의 위험이어야 한다는 조건이다. 다시 말해서 국가 수익률 사이의 상관관계가 낮아야 한다. 그래야만 국제 분산 포트폴리오를 통해서 국가 위험을 분산할 수 있기 때문이다. 만일 국가 수익률 사이에 상관관계가 매우 높다면 국가 위험은 시장 위험처럼 분산불가능 위험이 되므로 프리미엄을 요구할 수 있다. 국가 수익률 사이의 상관관계가 높은지는 실증분석으로 확인할 문제이다. 1970년대와 1980년대 연구에 따르면 국가 수익률 사이에는 상관관계가 낮았으며 이 사실이 국제 분산투자를 촉진했다. 지난 수십 년 동안 한편으로는 이렇게 국제 분산투자가 촉진되기도 하고 한편으로는 세계 경제가 갈수록 밀접하게 연결되자 최근 연구에서는 국가 수익률 사이의 상관관계가 높아졌다. 이는 예컨대 러시아 시장에서 발생한 문제가 거의 무관한 브라질 시장에도 신속하게 전파되는 모습에서 나타난다.

그러면 지금은 상황은 어떠한가? 국제 투자를 가로막는 장벽은 낮아졌지만, 투자자들의 포트폴리오에 자국 편향(home bias)은 여전히 남아 있어서 시장이 부분적으로는 분할된 상태이다. 국제 분산투자자들의 역할이 증가하면서 국가 수익률 사이의 상관관계가 높아져서 국가 위험 중 일부는 분산불가능 위험, 즉 시장 위험이 되었다. 다음 섹션에서는 이 국가 위험을 측정해서 기대수익률에 반영하는 방법을 살펴본다.

국가 위험 프리미엄 측정 국가 위험이 중요해서 위험이 클수록 프리미엄도 높아진다면, 그다음 질문은 이 추가 프리미엄을 측정하는 방법이 된다. 이 섹션에서는 세 가지 기법을 살펴본다. 첫 번째는 각국의 국채 수익률에 부도 스프레드를 가산하는 방법이고, 두 번째 방법은 주식시장의 변동성을 사용하는 방법이다. 세 번째 방법은 부도 스프레드와 주식시장의 변동성을 둘 다 사용하는 혼합 기법이다.

√부도 위험 스프레드 국가 위험을 측정하는 가장 단순하고 쉬운 방법은 신용평가회사가 국가 부채에 부여한 신용등급을 이용하는 방법이다. 스탠더드앤드푸어스, 무디스, 피치(Fitch) 모두 국가신용등급을 평가한다. 국가신용등급은 (주식 위험이 아니라) 부도 위험을 측정하지만, 예컨대 통화의 안정성, 예산과 무역수지, 정치의 안정성 등 주식 위험까지도 좌우하는 여러 요소의 영향을 받는다.[12] 국가신용등급의 또 다른 장점은 무위험 이자율에 가산하는 부도 스프레드를 추정할 수 있다는 점이다. 부도 스프레드는 국가신용등급이 똑같은 달러나 유로 표시 국채들을 비교하거나 국가 신용부도스왑(CDS) 스프레드를 사용해서 추정한다. 예를 들어 무디스 등급 Ba2인 10년 만기 달러 표시 브라질 국채의 2024년 1월 시장수익률이 6.04%라면, 당시 미국 국채 수익률이 3.88%이므로 부도 스프레드는 2.16%가 된다. 국가 특유의 요소에 의해서 국채별로 부도 스프레드가 달라지면 곤란하므로, 우리는 등급별 국채 스프레드와 국가 CDS 스프레드를 평균하여 국가신용등급별 평균 스프레드를 산출한다. 예를 들어 2024년 1월 Baa3 등급 5개 국가의 평균 부도 스프레드는 2.39%였다. 그러므로 2024년 1월 국가신용등급이 Baa3인 모든 국가의 부도 스프레드는 2.39%가 된다.

최근 몇 년 동안 국가신용등급의 위험성을 지적하는 보고서들이 발표되었다. 구체적으로 말하면 국가 위험 변화에 대한 신용평가기관들의 반응이 시장보다 지연되는 경향이 있다. 그 대안은 CDS시장에서 부도 스프레드를 추정하는 방법이다. CDS시장에서는 연간 프리미엄을 지급하면 부도 위험에 대한 보험을 매수할 수 있다. 무위

---

12 국가신용등급 산출 과정에 대한 설명은 S&P 웹사이트 www.standardandpoors.com을 참조하라.

[표 7.5] 신용등급별 부도 스프레드(2024년 1월)

계약이행보증 신용등급		
S&P 채권 등급	무디스 국가신용등급	국가 부도 스프레드
AAA	Aaa	0.00%
AA+	Aa1	0.44%
AA	Aa2	0.54%
AA-	Aa3	0.65%
A+	A1	0.77%
A	A2	0.92%
A-	A3	1.31%
BBB+	Baa1	1.74%
BBB	Baa2	2.07%
BBB-	Baa3	2.39%
BB+	Ba1	2.73%
BB	Ba2	3.28%
BB-	Ba3	3.92%
B+	B1	4.90%
B	B2	5.99%
B-	B3	7.08%
CCC+	Caa1	8.17%
CCC	Caa2	9.81%
CCC-	Caa3	10.90%
CC+	Ca1	12.25%
CC	Ca2	14.00%
CC-	Ca3	15.00%
C+	C1	15.75%
C	C2	16.75%
C-	C3	18.00%

험 이자율 섹션에서 언급했듯이, 2024년 초에는 약 80개 국가에 대한 CDS 계약이 체결되면서 부도 위험에 대한 시장의 최신 측정치가 나왔다. 예를 들어 2024년 1월

브라질 CDS 스프레드는 239bp(= 2.39%)로서, 달러 표시 국채의 부도 스프레드로 추정한 값과 비슷했다. 표 7.5는 2024년 1월 국가신용등급과 CDS 기법으로 추정한 일부 국가의 부도 스프레드를 보여준다. 국가신용등급이 Ba2인 브라질의 부도 스프레드는 3.28%가 된다.

부도 스프레드로 국가 위험을 측정하는 애널리스트들은 일반적으로 그 나라에 상장된 모든 기업의 자기자본비용과 부채에 부도 스프레드를 가산한다. 예를 들어 미국 달러로 표시한 브라질 기업의 자기자본비용은 비슷한 미국 기업보다 3.28% 높을 것이다(브라질 국가신용등급 Ba2 기준). 미국과 기타 선진국 주식시장의 위험 프리미엄이 4.60%라고 가정하면(근거 자료는 뒤에서 제시한다), 베타가 1.2인 브라질 기업의 자기자본비용은 다음과 같이 추정할 수 있다(미국 장기 국채 수익률은 4%).

$$
\begin{aligned}
\text{자기자본비용(미국 달러 기준)} &= \text{무위험 이자율} \\
&\quad + \text{베타(선진국 시장 주식 위험 프리미엄)} \\
&\quad + \text{부도 스프레드} \\
&= 4.0\% + 1.2(4.6\%) + 3.28\% = 12.80\%
\end{aligned}
$$

똑같은 기업의 자기자본비용을 브라질 헤알(real)로 추정하려면, 위 계산에서 미국 달러 기준 무위험 이자율을 브라질 헤알 기준 무위험 이자율로 대체하면 된다. 이 기업의 국가 위험 노출도가 다른 거시경제 위험 요소에 대한 노출도와 비슷하다고 믿으면, 애널리스트들은 부도 스프레드를 미국 위험 프리미엄에 더하여 산출한 총위험 프리미엄에 베타를 곱하기도 한다. 이렇게 하면 베타가 높은 기업의 자기자본비용은 높아지고 베타가 낮은 기업의 자기자본비용은 낮아진다.

$$
\begin{aligned}
\text{자기자본비용(미국 달러 기준)} &= \text{무위험 이자율} \\
&\quad + \text{베타(선진국 시장 위험 프리미엄 + 부도 스프레드)} \\
&= 4.0\% + 1.2(4.6\% + 3.28\%) = 13.46\%
\end{aligned}
$$

신용등급은 국가 위험을 측정하는 편리한 수단이지만, 신용등급만 사용하면 치르게 되는 대가도 있다. 첫째, 부도 위험 변화에 대한 신용평가기관의 대응은 대개 시장보다 느리다. 둘째, 부도 위험에 집중하는 신용평가기관은 주식시장에 영향을 미치는 다른 위험들은 무시할 수도 있다. 그러면 대안은 무엇일까? 훨씬 더 종합적인 위험 척도로 개발된 국가 위험 점수가 있다. 예를 들어 〈이코노미스트(The Economist)〉는 0~100점(0은 무위험, 100은 최고 위험)에 이르는 점수로 신흥시장 순위를 매긴다. 아니면 각 나라의 경제 펀더멘털을 분석하면서 상향식으로 국가 위험을 평가할 수도 있다. 물론 이렇게 하려면 다른 기법보다 훨씬 많은 정보가 필요하다. 끝으로 부도 스프레드는 그 나라 주식의 위험이 아니라 국채의 위험을 측정한다. 어느 시장이든 주식이 채권보다 더 위험하므로, 부도 스프레드는 주식의 위험 프리미엄을 과소평가한다는 주장이 나올 수 있다.

√*상대표준편차*   투자자들은 자신이 평가한 위험도를 기준으로 주식시장을 선택하므로 이런 위험도 차이를 위험 프리미엄에 반영해야 한다고 믿는 애널리스트도 있다. 주식의 위험을 측정하는 전통적인 척도는 주가의 표준편차이다. 일반적으로 표준편차가 클수록 위험도 크다. 한 시장의 표준편차를 다른 시장의 표준편차와 비교하면 상대적 위험을 측정할 수 있다. 따라서 미국 대비 A 국가의 상대표준편차(relative standard deviation)를 구하는 방식은 다음과 같다.

$$\text{상대표준편차}_{\text{국가 A}} = \frac{\text{표준편차}_{\text{국가 A}}}{\text{표준편차}_{\text{미국}}}$$

이 상대표준편차를 미국 주식 프리미엄에 곱하면 그 시장의 총위험 프리미엄이 나온다.

$$\text{주식 위험 프리미엄}_{\text{국가 A}} = \text{위험 프리미엄}_{\text{미국}} \times \text{상대표준편차}_{\text{국가 A}}$$

2023년 미국 선진국 시장 프리미엄이 4.60%이고 미국 주식의 연간 표준편차가 12.41%라고 가정하자. 2023년 브라질 주식의 연간 표준편차가 16.21%라면, 브라질의 총위험 프리미엄 추정치는 다음과 같다.

$$\text{주식 위험 프리미엄}_{\text{브라질}} = 4.60\% \times (16.21\%/12.41\%) = 6.01\%$$

국가 위험 프리미엄은 다음과 같이 산출된다.

$$국가 \text{ } 위험 \text{ } 프리미엄_{브라질} = 6.01\% - 4.60\% = 1.41\%$$

이 기법이 직관적으로는 흥미롭지만, 시장 구조와 유동성이 매우 다른 두 시장의 표준편차를 비교한다는 문제가 있다. 실제로는 매우 위험한데도 유동성이 부족해서 표준편차가 작게 나오는 신흥시장도 있다. 이 기법은 그런 시장의 주식 위험 프리미엄을 과소평가한다. 두 번째 문제는 통화이다. 표준편차는 대개 현지 통화로 측정하기 때문이다. 미국 시장의 표준편차는 달러로 측정하고, 브라질 시장의 표준편차는 헤알로 측정한다. 표준편차는 똑같은 통화로도 측정할 수 있으므로 이 문제는 비교적 쉽게 해결할 수 있다. 브라질 시장에서 달러 수익률의 표준편차를 측정하면 된다.

국가 위험의 이중계산 가능성

국가 위험을 평가할 때 똑같은 위험이 두 번 계산되기 쉽다. 예를 들어 브라질 기업의 자기자본비용을 추정하려고 무위험 이자율을 산출하는 과정에서 달러 표시 브라질 국채가 사용될 수 있다. 그러나 이 국채의 수익률에는 앞 섹션에서 논의한 부도 스프레드가 이미 반영되어 있다. 국가 위험을 반영하려고 위험 프리미엄도 조정하면, 위험이 이중으로 계산된다. 국가 위험 때문에 베타는 상향 조정하고 현금흐름은 하향 조정하면(이른바 '헤어 커팅(haircutting)') 그 효과가 더 심각해진다.

✓부도 스프레드 + 상대표준편차   국가신용등급으로 추정하는 국가 부도 스프레드는 중요한 첫걸음이 되지만, 오로지 부도 위험에 대한 프리미엄만 측정한다. 그러므로 국가 주식 위험 프리미엄은 국가 부도 위험 스프레드보다 크다고 직관적으로 이해할 수 있다.

프리미엄이 얼마나 큰지 파악하려면 해당 국가의 주식시장 변동성과 국채 수익률 변동성을 비교하는 방법이 있다. 그러면 국가 주식 위험 프리미엄이 다음과 같이 산출된다.

$$국가\ 위험\ 프리미엄 = 국가\ 부도\ 스프레드 \left[\frac{표준편차_{주식}}{표준편차_{국채}} \right]$$

예를 들어 브라질 사례를 생각해보자. 2024년 1월 무디스의 브라질 국가신용등급은 Baa2로서, 부도 스프레드는 3.28%였다. 직전 1년 동안 브라질 주가지수의 표준편차는 16.21%였고, 달러 표시 브라질 국채의 연간 표준편차는 13.32%였다. 그러면 국가 위험 프리미엄이 다음과 같이 산출된다.

$$브라질\ 국가\ 위험\ 프리미엄 = 3.28\% \times \frac{16.21\%}{13.32\%} = 3.99\%$$

국가신용등급이 하락하거나 주식시장의 상대 변동성이 증가하면 이 국가 위험 프리미엄은 증가한다. 이 프리미엄을 선진국 시장(미국) 프리미엄 4.60%에 더하면 브라질의 총주식 위험 프리미엄 8.59%가 나온다.

주식 위험 프리미엄과 국채 부도 스프레드 사이에 상관관계가 존재하는 이유는 무엇일까? 이렇게 생각하면 간단하다. 달러 표시 브라질 국채로 3.28% 수익을 얻을 수 있다면 프리미엄이 더 낮은 브라질 주식에 누가 투자하겠는가? 그러나 비판적 관점에서 본다면 국채 수익률은 기대수익률이 아니라고 주장할 수 있다. 기대 현금흐름이 아니라 약속된 현금흐름(이자와 원금)을 기준으로 산출된 수익률이기 때문이다. 실제로 채권의 위험 프리미엄을 추정하려면 부도 위험을 고려해서 기대 현금흐름을 기준으로 기대수익률을 추정해야 한다. 그러면 부도 스프레드와 주식 위험 프리미엄이 훨씬 낮아진다.

이 기법과 이전 기법(상대표준편차)은 주가의 표준편차로 국가 위험 프리미엄을 평가하지만, 비교하는 기준이 다르다. 이 기법은 기준으로 국채를 사용하고, 이전 기법은 미국 시장의 표준편차를 사용한다. 이 기법은 투자자들이 브라질 채권과 브라질 주식 중에서 선택한다고 가정하고, 이전 기법은 투자자들이 미국 주식과 브라질 주식 중에서 선택한다고 가정한다.

√*기법 선택*　세 가지 기법으로 산출되는 국가 위험 프리미엄에는 차이가 있을 것이다. 부도 위험 스프레드 기법과 상대표준편차 기법으로 산출되는 국가 위험 프리미엄이 혼합 기법(부도 스프레드 + 상대표준편차)보다 낮을 것이다. 가까운 장래에 대해서는 혼합 기법으로 산출되는 높은 국가 위험이 더 현실적이라고 생각된다. 그러나 세월이 흐르면 국가 위험 프리미엄이 변한다. 세월이 흘러 기업이 성숙하면 위험이 감소하듯이, 국가도 성숙하면 위험이 감소할 수 있다.

세월의 흐름에 따라 국가 위험 프리미엄을 조정하는 방법 중 하나는 먼저 혼합 기법으로 산출된 프리미엄을 사용하다가, 이후 부도 스프레드나 상대표준편차 기법을 사용함으로써 프리미엄을 낮추는 방법이다. 달리 표현하면, 오랜 세월이 흐르면 주가 표준편차와 채권 가격 표준편차의 차이가 감소하여 상대표준편차가 작아진다는 말이다.[13] 그러므로 장기 기대수익률 관점으로 보면 주식 위험 프리미엄이 국채 스프레드에 수렴할 것이다. 예를 들어 내년에는 브라질 국가 위험 프리미엄이 3.99%가 되겠지만 장기적으로는 3.28%(국가 부도 스프레드) 이하로 하락할 것이다.

국가 위험 프리미엄과 개별 자산의 위험 추정　국가 위험 프리미엄을 추정한 후에 남는 마지막 문제는 국가 위험이 그 나라 개별 기업에 미치는 영향을 추정하는 것이다. 이때 국가 위험을 보는 관점은 다음 세 가지다.

1. 그 나라의 모든 기업이 국가 위험에 똑같이 노출된다. 그러므로 국가 위험 프리미엄이 3.99%인 브라질에서는 모든 기업의 기대수익률에 국가 위험 프리미엄 3.99%가 추가된다. 예를 들어 브라질에 상장된 베타가 0.80인 종합석유회사 페트로브라스의 미국 달러 기준 자기자본비용은 다음과 같다(미국 장기 국채 수익률은 4.00%, 선진국 시장 위험 프리미엄은 4.60%로 가정).

$$기대수익률 = 4.00\% + 0.80(4.60\%) + 3.99\% = 11.67\%$$

13　제러미 시겔(Jeremy Siegel)의 저서 《주식에 장기투자하라(Stocks for the Very Long Run: The Definitive Guide to Investment Strategies)》(New York, McGraw-Hill, 2007)에 따르면, 주식시장의 표준편차는 세월이 흐를수록 감소하는 경향이 있다.

무위험 이자율 4.00%는 미국 장기 국채 수익률이고, 선진국 시장 위험 프리미엄 4.60%는 미국 시장의 과거 데이터로 추정한 주식 위험 프리미엄이다. 이 기법의 가장 큰 한계는 사업 유형이나 기업의 규모에 상관없이 브라질의 모든 기업이 국가 위험에 똑같이 노출되었다고 가정한다는 점이다. 이 달러 기준 자기자본비용을 현지 통화 기준으로 전환하려면 두 나라의 인플레이션 차이만 반영하면 된다. 예를 들어 브라질은 인플레이션이 6%이고 미국은 2%라면, 브라질 헤알 기준 페트로브라스의 자기자본비용은 다음과 같다.

$$\text{헤알 기준 자기자본비용} = (1.1167)(1.06/1.02) - 1 = 16.05\%$$

이렇게 계산하면 이종 통화 사이에서도 추정치와 가치평가에 일관성이 유지된다.

2. 국가 위험에 대한 기업의 노출도는 모두 시장 위험 노출도(베타)에 비례한다고 가정한다. 페트로브라스의 자기자본비용 추정치는 다음과 같다.

$$\text{기대수익률} = 4.00\% + 0.80(4.60\% + 3.99\%) = 10.87\%$$

이 기법을 사용하면 기업별로 노출도가 달라지지만, 이 기법은 시장 위험 노출도를 측정하는 베타가 국가 위험 노출도도 측정한다고 가정한다. 그러므로 베타가 낮은 기업은 베타가 높은 기업보다 국가 위험 노출도가 낮다.

3. 가장 일반적이면서 가장 정보 집약적인 기법은 기업별로 시장 위험과 다른 국가 위험 노출도를 허용하는 방식이다. 이 노출도를 λ라 하면, 기업의 자기자본비용을 추정하는 방법은 다음과 같다.

$$\text{기대수익률} = R_f + \text{베타(선진국 시장 주식 위험 프리미엄)} + \lambda(\text{국가 위험 프리미엄})$$

그러면 λ를 추정하는 방법은 무엇일까? 이 질문은 다음 장에서 훨씬 자세히 논의하기로 한다. 다만 대부분 매출이 세계 시장에서 미국 달러로 이루어지는 원자재

회사의 노출도는 현지 시장에 제품을 공급하는 제조회사보다 낮아야 한다.[14] 이 논리에 따르면 대부분 매출이 세계 석유시장에서 미국 달러로 이루어지는 페트로브라스의 노출도는 일반 브라질 기업보다 낮아야 한다.[15] 예를 들어 λ를 0.50으로 잡으면 미국 달러 기준 페트로브라스의 자기자본비용은 다음과 같다.

$$\text{기대수익률} = 4.00\% + 0.80(4.60\%) + 0.50(3.99\%) = 9.68\%$$

세 번째 기법을 사용하면 우리 기대수익률 모형이 2요소모형(two-factor model)으로 전환되어 λ가 국가 위험을 측정하게 된다. 이 기법은 한 국가에 위험에 노출된 기업을 분석하는 데도 매우 유망해 보인다. 수십 개 국가에 위험이 노출되는 다국적 기업이라면, 이들 국가의 주식 위험 프리미엄을 가중평가하는 방식이 더 타당하다고 본다.

ctryprem.xls: 국가별 최신 신용등급과 위험 프리미엄을 요약한 엑셀 자료. (웹에서 다운로드 가능)

대안 기법: 내재 주식 위험 프리미엄

과거 데이터나 국가 위험 프리미엄은 사용하지 않고 시장가격이 대체로 정확하다고 가정하면서 위험 프리미엄을 추정하는 방법도 있다. 예를 들어 매우 단순한 주식 가치평가모형을 생각해보자.

$$\text{주식의 가치} = \frac{\text{차기 기대 배당}}{(\text{주식에 대한 요구수익률} - \text{기대성장률})}$$

위 방정식은 성장률이 일정한 배당의 현재가치를 나타낸다. 이 모형에서 입력 변수 4개 중 3개(현재 시장가격, 차기 기대 배당, 이익과 배당의 장기 기대성장률)는 외부에서 구할 수 있다. 미지수는 주식에 대한 요구수익률뿐이다. 이 방정식을 풀면 주식에 대한

---

14 나는 매출을 달러 매출과 기타 매출로 구분했지만, (달러, 유로 등) 안정적 통화 매출과 위험 통화 매출로 구분할 수도 있다.
15 λ를 추정하는 기법 하나는 해당 기업의 현지 시장 매출 비중을 그 나라 평균 기업의 현지 시장 매출 비중으로 나누는 것이다.

내재 기대수익률이 나온다. 여기서 무위험 이자율을 차감하면 내재 주식 위험 프리미엄이 나온다.

예를 들어 현재 S&P500 지수가 900이고, 이 지수의 기대 배당수익률이 2%이며, 이익과 배당의 장기 기대성장률이 7%라고 가정하자. 주식에 대한 요구수익률(r)을 구하면 다음과 같다.

$$900 = \frac{(0.02 \times 900)}{(r - 0.07)}$$

이어서 r을 구한다.

$$기대수익률(r) = (18 + 63)/900 = 9\%$$

현재 무위험 이자율이 6%이면 내재 주식 위험 프리미엄은 3%가 된다.

이 기법을 일반화하여 일정 기간 높은 성장률을 허용하고 배당 모형 대신 현금흐름 모형을 사용할 수도 있다. 그림 7.2에서는 배당 모형을 배당 및 자사주 매입 모형으로 확장하여, 일정 기간 고성장한 이후 안정적인 성장률을 유지하도록 설정했다.

[그림 7.2] 내재 주식 위험 프리미엄 일반화 모형

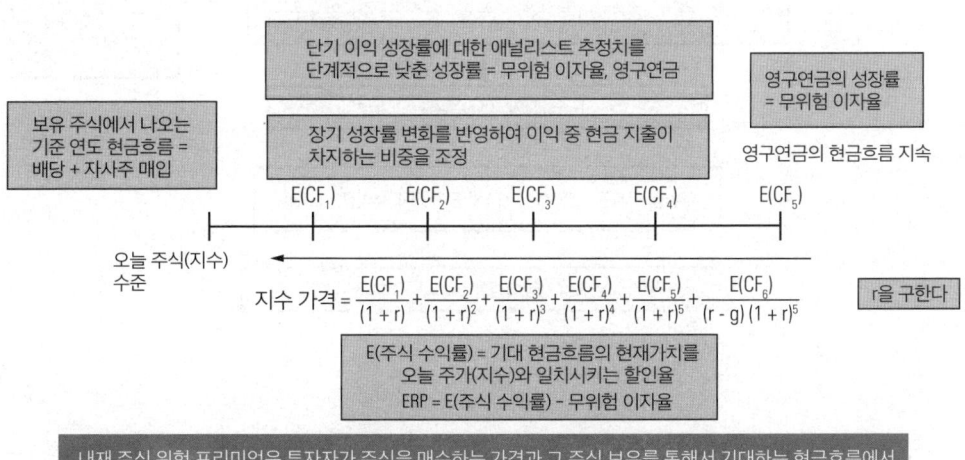

예를 들어 2024년 1월 S&P500 지수가 4,769.83이고, 2023년 배당과 자사주 매입에 의한 현금흐름이 164.25라고 가정하자. 그리고 향후 5년 동안 S&P500 기업들의 이익 성장률 컨센서스 추정치[16]가 약 8.74%라고 가정하자. 이렇게 높은 성장률이 영원히 유지될 수는 없으므로 가치평가모형을 2단계로 구분한다. 1단계에서는 5년 동안 8.74% 성장률이 유지된다고 보고, 이후 2단계에서는 성장률이 국채 수익률인 3.88%로 하락한다고 본다.[17] 그림 7.3은 향후 5년 동안 높은 성장률이 유지되고 이후 6년 차부터 안정적 성장률이 이어질 때의 기대 현금흐름을 나타낸다.

[그림 7.3] S&P500의 내재 주식 위험 프리미엄(2024년 1월 1일)

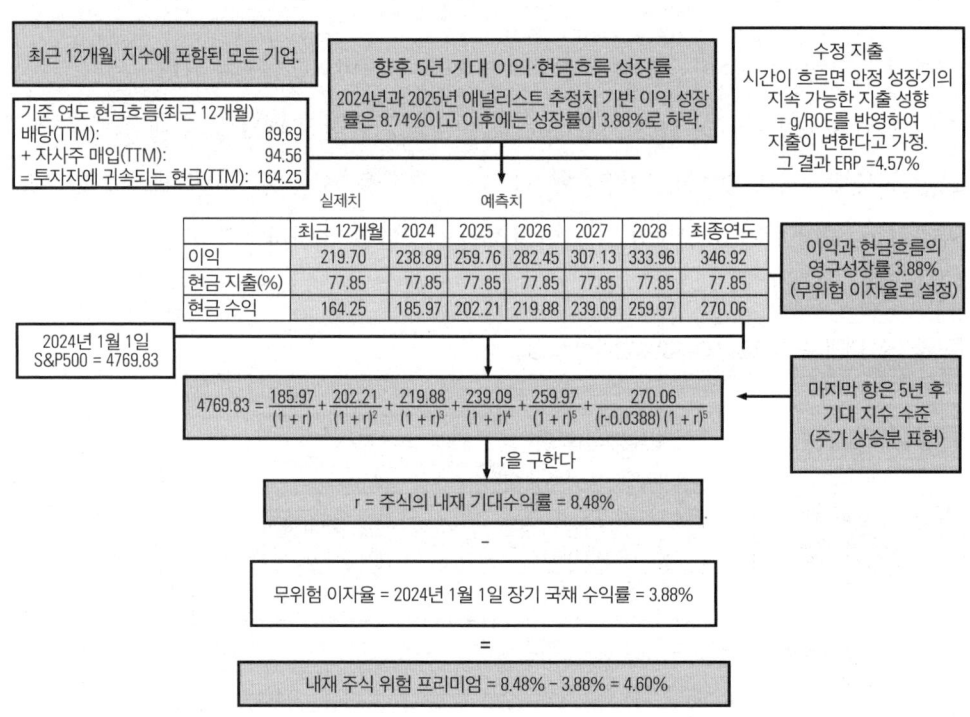

---

16 여기서는 개별 기업에 대한 애널리스트 추정치의 평균을 사용했다(상향식). 아니면 경제학자들의 S&P500 추정치를 사용할 수도 있다(하향식).
17 국채 수익률은 기대 인플레이션과 기대 실질 수익률의 합이다. 실질 성장률이 실질 수익률과 같다고 가정하면, 장기적으로 안정 성장률은 국채 수익률과 같아야 한다.

이 현금흐름 추정치가 타당하고 지수가 주가도 정확하게 반영한다고 가정하면,

$$4,769.83 = \frac{185.97}{(1 + r)} + \frac{202.21}{(1 + r)^2} + \frac{219.88}{(1 + r)^3} + \frac{239.09}{(1 + r)^4} + \frac{259.97}{(1 + r)^5} + \frac{270.06}{(r - 0.0388)(1 + r)^5}$$

방정식의 마지막 항은 안정 성장률 3.88%로 계속 성장한다고 가정하여 현재가치로 할인한 지수의 잔존가치다. 이 방정식에서 r을 구하면 주식에 대한 요구수익률 8.48%가 나온다. 여기서 장기 국채 수익률 3.88%를 차감하면 내재 주식 프리미엄 4.60%가 나온다.

이 기법의 장점은 시장 중심이고 최신 자료이며 과거 데이터가 필요 없다는 점이다. 그러므로 어느 시장에서나 내재 주식 프리미엄 추정에 사용할 수 있다. 그러나 가치평가에 사용하는 모형의 적절성, 입력 변수의 가용성과 신뢰성에 따라 한계가 있을 수 있다. 예를 들어 2009년 9월 30일 브라질 시장의 주식 위험 프리미엄은 다음 입력 변수로 추정되었다. 보베스파(Bovespa) 지수는 61,172였고 이 지수의 총현금흐름 수익률은 4.95%였다. 지수 기업들의 향후 5년 기대성장률(미국 달러 기준)은 6%이고, 이후에는 3.45%이다. 그러면 주식에 대한 요구수익률 9.17%가 나오는데, 여기서 미국 장기 국채 수익률 3.45%를 차감하면 내재 주식 위험 프리미엄 5.72%가 나온다. 여기서는 편의상 명목 달러 기대성장률[18]과 장기 국채 수익률을 사용했지만, 현지 통화 기준으로도 이 분석을 모두 할 수 있다.

시간이 흐르면 주가, 이익, 금리가 변하므로 내재 주식 위험 프리미엄도 변한다. 그림 7.4는 1960~2023년 S&P500의 내재 주식 프리미엄을 보여준다. 기대성장률로는 이익과 배당의 과거 성장률을 완만하게 조정해서 사용했고, 2단계 배당할인모형을 사용했다. 이로부터 다음과 같은 결론이 도출된다.

■ 많은 실무자가 사용하는 과거 위험 프리미엄의 산술평균은 (2009년만 제외하고) 50

---

18 신흥시장에서 추정하기가 가장 어려운 입력 변수는 장기 기대성장률이다. 브라질 주식에 대해서 나는 미국예탁증권(American Depositary Receipt: ADR)이 상장된 브라질 대기업들의 이익 성장률 컨센서스 추정치 평균을 사용했다. 그 결과 편향이 있을지 모른다.

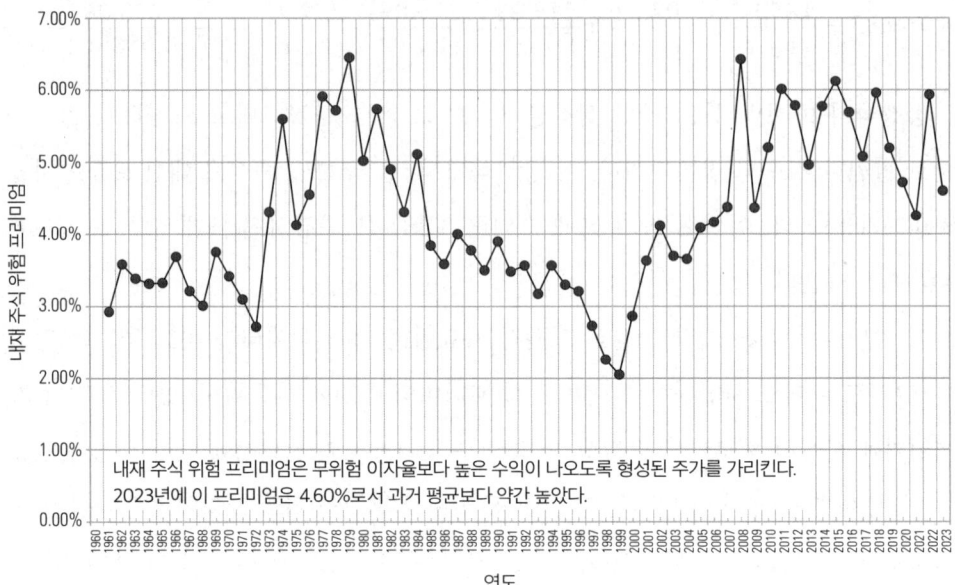

[그림 7.4] 미국 주식시장의 내재 주식 위험 프리미엄(1960~2023년)

내재 주식 위험 프리미엄은 무위험 이자율보다 높은 수익이 나오도록 형성된 주가를 가리킨다.
2023년에 이 프리미엄은 4.60%로서 과거 평균보다 약간 높았다.

연도

년간 거의 전 기간에 걸쳐 내재 주식 프리미엄보다 높았다. 과거 위험 프리미엄의 기하평균은 1970년대 중반과 2008년 이후 내재 주식 프리미엄보다 낮았다.

■ 인플레이션이 증가한 1970년대에는 내재 주식 프리미엄도 상승했다. 이는 위험 프리미엄 추정에 흥미로운 시사점을 제공한다. 우리가 과거 위험 프리미엄을 사용할 때는 위험 프리미엄이 일정하며 인플레이션과 금리 수준으로부터 영향받지 않는다고 가정하지만, 기대 인플레이션과 금리가 상승하면 위험 프리미엄도 인상하는 편이 더 현실적일 것이다.

■ 지난 수십 년 동안 과거 위험 프리미엄은 전반적으로 서서히 하락했지만, 내재 주식 위험은 평균 회귀 경향을 강하게 보인다. 그래서 1978년 6.5%로 정점을 기록한 내재 주식 프리미엄이 1980년대에는 평균 수준으로 돌아갔다. 마찬가지로 1990년대 닷컴 거품기 말에 2%였던 내재 주식 프리미엄이 2000~2003년 조정기에는 평균 수준으로 신속하게 돌아갔다.

■끝으로 2008년 세계 금융위기는 주식 위험 프리미엄에 전례 없는 영향을 미쳤다. 2008년에는 과거 50년 중 어느 해보다도 내재 주식 위험 프리미엄이 더 상승했다. 특히 미국과 선진국 시장이 마치 신흥국 시장처럼 폭락하던 2008년 마지막 15주 동안 내재 주식 위험 프리미엄이 폭등했다. 이 상승분 대부분은 2009년에 사라졌다가 2010년과 2011년에 다시 나타났다. 코로나 팬데믹이 발생한 2020년 1분기에는 주식 위험 프리미엄이 다시 치솟았지만, 이후 연말까지 다시 하락했다.

정리하면, 금융시장에는 강력한 평균 회귀 경향이 있다. 이 경향을 고려하면 현재 프리미엄뿐 아니라 과거 데이터도 함께 볼 때 내재 주식 프리미엄을 훨씬 잘 추정할 수 있다. 그 방법은 두 가지다.

1. 예컨대 10~15년에 걸쳐 장기간의 평균 내재 주식 프리미엄을 사용할 수 있다. 이때는 평균 오차가 크지 않으므로 과거 프리미엄 추정치를 산출할 때처럼 장기간의 데이터를 사용할 필요가 없다.
2. 더 엄밀하게 추정하려면 해당 기간의 내재 주식 위험 프리미엄과 펀더멘털 거시경제 데이터의 상관관계를 분석해야 한다. 예를 들면 인플레이션과 금리가 높은 기간에는 내재 주식 프리미엄도 높은 경향이 있다는 점을 고려하면서, 1961~2023년 인플레이션율과 GDP 성장률에 대해 내재 주식 프리미엄을 회귀분석했다.

$$ERP = 0.0430 + 0.1061CPI - 0.155(실질 \ GDP \ 성장률) \qquad R^2 = 17.34\%$$
$$(14.94^{**}) \ (2.33^{**}) \qquad (2.55^{**})$$

결정계수(R^2) 18%에서 회귀분석에 어느 정도 설명력이 있으며, t 통계량(괄호 안의 계수)을 보면 사용한 독립 변수에 통계적 유의성이 있다. 현재 장기 국채 수익률과 실질 GDP 성장률을 이 방정식에 대입하면 주식 프리미엄 추정치가 나온다. 예를 들어 2024년 3월 8일 나는 당시 인플레이션율 4.25%를 사용한 회귀분

석을 통해서 주식 위험 프리미엄을 4.20%로 추정했다.[19]

 histimpl.xls: 1960년부터 현재까지 입력 변수를 사용해서 산출한 S&P500 기업들의 내재 주식 위험 프리미엄 추정치를 요약한 엑셀 자료. (웹에서 다운로드 가능)

과거 주식 프리미엄과 내재 주식 프리미엄: 시장을 보는 관점이 미치는 영향

앞의 논의에서 보았듯이, 과거 주식 프리미엄은 내재 주식 프리미엄과 매우 다를 수 있다. 2000년 말 장기 국채 대비 과거 주식 프리미엄은 5.51%였으나 내재 주식 프리미엄은 2.87%였다. 반면 2008년 말에는 과거 주식 프리미엄은 3.88%였으나 내재 주식 프리미엄은 6.43%였다. 현금흐름할인법으로 가치를 평가할 때는 어느 프리미엄을 사용할지 선택해야 하는데, 이 선택은 시장을 보는 관점과 가치평가의 목적에 따라 달라진다.

시장을 보는 관점: 시장이 개별 주식에 대해서는 오류가 있어도 전체적으로는 옳다고 믿는다면 내재 주식 프리미엄을 사용해야 한다. 그러나 시장은 전체적으로도 자주 오류가 있으며 시장의 위험 프리미엄은 과거 평균으로 회귀하는 경향이 있다고 믿는다면 과거 주식 프리미엄을 사용해야 한다. 절충안은 시점에 따라 시장에 오류가 있긴 해도 **시장이 장기적으로는 옳다고** 가정하는 관점이다. 이렇게 가정하면 평균 내재 주식 프리미엄을 사용해야 한다. 1960~2023년 평균 내재 주식 프리미엄은 4.25%이다. 이 책에서 몇몇 가치평가에서는 과거 주식 프리미엄을 사용하지만, 대부분 가치평가에서는 내재 주식 프리미엄을 사용한다.

가치평가 목적: 가치평가가 시장 중립적이어야 한다면, 다시 말해 현재 시장 상황에서 기업의 가치를 평가해야 한다면, 현재 내재 주식 프리미엄을 사용해야 한다.

---

19 예를 들어 2024년 3월 8일 나는 기대 인플레이션율과 실질 GDP 성장률을 회귀방정식에 대입하여 기대 주식 위험 프리미엄을 다음과 같이 추정하였다.

$$ERP = 2.97\% + 0.2903(4.25\%) = 4.20\%$$

채권의 부도 스프레드

채권의 수익률은 투자자가 인식하는 발행자의 부도 위험에 따라 결정된다. 흔히 부도 위험은 채권의 신용등급으로 측정하며, 신용등급에 해당하는 수익률은 무위험 이자율에 부도 스프레드를 더하여 추정한다. 4장에서는 신용평가기관들이 기업의 신용등급을 평가하는 과정을 조사했다. 7장에서는 신용등급별 부도 스프레드 추정 방법을 살펴보고, 시간이 흐르면 부도 스프레드가 변하는 이유도 알아본다.

부도 스프레드 추정

신용등급별 부도 스프레드를 추정하는 가장 단순한 방법은 그 신용등급에 속한 채권 표본을 구성해서 이들 채권의 시장수익률을 구하는 것이다. 채권 한 종목을 선택하는 대신 채권 표본을 구성하는 이유는 무엇일까? 채권의 신용등급이나 가격이 잘못 매겨질 수도 있기 때문이다.

표본을 구성하면 이런 문제가 해결된다. 표본을 구성할 때는 특수 요소가 가급적 적고 유동성은 최대한 높은 채권을 선택해야 한다. 흔히 회사채들은 유동성이 낮아서 회사채 수익률은 현재 시장 금리를 잘 반영하지 못한다. 전환권 등 특수 요소가 첨부되면 이런 특성이 회사채의 수익률에 영향을 미칠 수 있다.

신용등급별로 채권 표본을 구성한 다음에는 이들 채권의 수익률을 추정해야 한다. 널리 사용되는 방법은 두 가지다. 첫 번째는 표면금리를 시장가격으로 나눈 수익률이다. 두 번째는 만기수익률(yield to maturity)로서, 표면금리와 액면가의 현재가치를 시장가격과 일치시키는 수익률이다. 일반적으로 시장금리를 더 잘 측정하는 척도는 만기수익률이다.

표본 채권들의 수익률을 구한 다음에는 두 가지를 결정해야 한다. 첫 번째는 가중치를 줄 것인가이다. 표본 채권들의 수익률은 단순 평균할 수도 있고, 거래량을 기준으로 가중 평균할 수도 있다(유동성이 높은 채권에 가중치를 더 준다). 두 번째는 국채 수익률 선택이다. 신용등급별 평균 수익률을 국채 수익률과 비교해서 부도 스프레드를 산출하기 때문이다. 일반적으로 국채의 만기는 평가 대상 회사채의 평균 만기와 일치해야 한다. 그러므로 5년 만기 BBB 등급 회사채의 평균 수익률은 5년 만기 국채의 평균 수익률과 비교해서 BBB 등급 회사채의 부도 스프레드를 구하게 된다.

데이터 서비스회사들은 전부터 투자등급(BBB 등급 이상) 채권들의 수익률을 제공하고 있으며, 지금은 모든 등급 채권의 수익률을 제공하는 온라인 서비스가 증가하고 있다. 표 7.6은 2024년 초 10년 만기 장기 국채의 수익률 3.88%를 무위험 이자율로 사용해서 온라인 서비스회사가 제공한 10년 만기 채권 수익률이다.

부도 스프레드 결정 요인

표 7.6은 한 시점의 부도 스프레드를 보여준다. 그러나 시간이 흐르면 부도 스프레드는 변하며, 신용등급이 똑같아도 만기가 다르면 부도 스프레드가 달라지기도 한다.

[표 7.6] 부도 스프레드와 수익률(2024년 1월) 출처: National Association of Insurance Commissioners

무디스/S&P 등급	부도 스프레드	채권 수익률
Aaa/AAA	0.59%	4.47%
Aa2/AA	0.70%	4.58%
A1/A+	0.92%	4.80%
A2/A	1.07%	4.95%
A3/A-	1.21%	5.09%
Baa2/BBB	1.47%	5.35%
Ba1/BB+	1.74%	5.62%
Ba2/BB	2.21%	6.09%
B1/B+	3.14%	7.02%
B2/B	3.61%	7.49%
B3/B-	5.24%	9.12%
Caa/CCC	8.51%	12.39%
Ca2/CC	11.78%	15.66%
C2/C	17.00%	20.88%
D2/D	20.00%	23.88%

가치평가 바이블

이 섹션에서는 시간의 흐름과 채권 만기의 차이에 따라 부도 스프레드가 어떻게 변하는지 살펴본다.

부도 스프레드와 채권 만기　실증분석에 따르면 신용등급이 같은 회사채의 부도 스프레드는 만기가 길수록 증가하는 듯하다. 그림 7.5는 2024년 1월 신용등급이 Aaa, Baa2이고 만기가 1~30년인 회사채의 부도 스프레드 추정치를 보여준다.

약 10년까지는 만기가 증가할수록 부도 스프레드가 상승하지만, 이후에는 안정을 유지하다가 감소한다. 그러나 항상 이런 것은 아니다. 과거를 돌아보면 만기가 길어질수록 부도 스프레드가 증가한 기간도 있고, 만기가 길어질수록 부도 스프레드가 감소한 기간도 있다.

[그림 7.5] 만기별 부도 스프레드(2024년 1월)　　출처: National Association of Insurance Commissioners

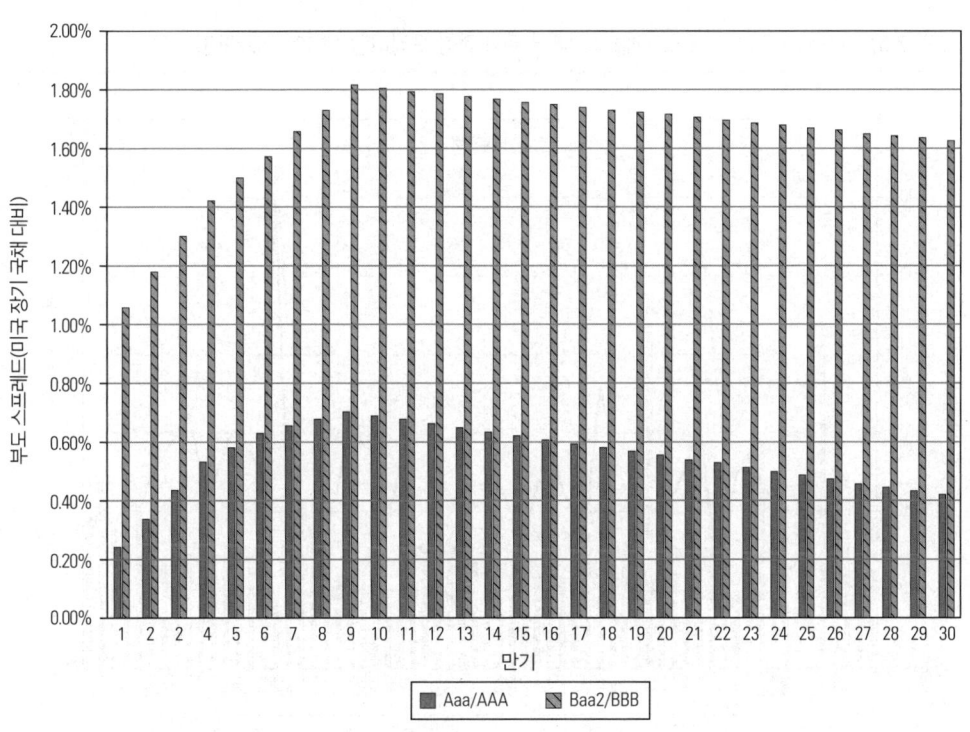

부도 스프레드와 시간 표 7.6의 부도 스프레드를 추정한 2024년은 1년 동안 시장이 침체하고 경기가 둔화한 시점이어서 부도 스프레드가 1년 전보다 훨씬 높다. 이는 전례 없는 현상이 아니다. 과거에도 침체기에는 부도 스프레드가 증가했고 호황기에는 부도 스프레드가 감소했다. 그림 7.6은 1960~2023년까지 매해 10년 만기 무디스 Baa 등급 채권과 10년 만기 국채 수익률의 차이(부도 스프레드)와 내재 주식 위험 프리미엄(ERP)을 보여준다. 저성장 기간에는 부도 스프레드가 확실히 증가했는데, 특히 1973~1974년과 1979~1981년에 증가했다. 부도 스프레드와 내재 주식 프리미엄은 대부분 기간에 같은 방향으로 움직였지만, 다른 방향으로 움직인 예외적인 기간도 있었다.

예를 들어 주가에 닷컴버블이 발생한 1990년대 말에는 내재 주식 프리미엄은 감소했으나 부도 스프레드는 상대적으로 안정적이었다. 반면 비우량 주택담보대출 호황기인 2004~2007년에는 부도 스프레드는 감소했으나 내재 주식 프리미엄은 변하

[그림 7.6] Baa 등급 채권 부도 스프레드와 내재 주식 위험 프리미엄(1960~2023년)

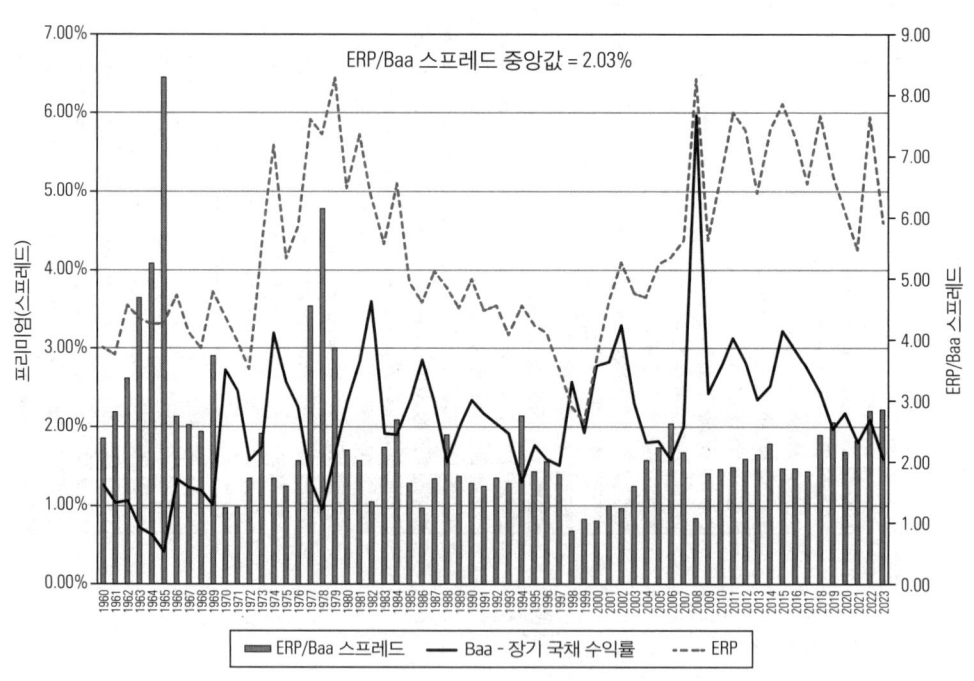

가치평가 바이블

지 않았다.

 ratings.xls: 최근 신용등급별 부도 스프레드를 요약한 엑셀 자료. (웹에서 다운로드 가능)

결론

모든 기대수익 모형의 출발점은 무위험 이자율이다. 어떤 자산이 무위험 자산이 되려면 부도 위험과 재투자 위험이 없어야 한다. 이 기준을 적용하면 기대수익 추정에 적절한 무위험 이자율은 분석 대상 현금흐름과 만기가 일치하는 무위험 자산(국채) 중 할인채의 수익률이다. 그러나 실제로는 국채의 가중평균만기(duration)만 분석 대상 현금흐름의 만기와 일치해도 큰 문제는 없다. 그 결과 가치평가에서는 장기 국채 수익률이 무위험 이자율로 사용된다. 무위험 이자율과 분석 대상 현금흐름 사이에 일관성을 유지하는 것도 중요하다. 특히 표시 통화, 실질(명목) 이자율 등을 일치시켜 일관성을 유지해야 한다.

위험 프리미엄은 포트폴리오 관리, 기업금융, 가치평가에 기본적이고도 중요한 요소이다. 그런데도 평가 과정에서 발생하는 현실적인 문제에 관해서는 관심이 부족하다. 7장에서는 과거 수익률을 사용해서 위험 프리미엄을 추정하는 전통적 기법을 살펴보고 그 단점도 알아보았다. 그리고 이 기법을 (과거 데이터가 부족하고 시장의 변동성이 큰) 신흥시장에 적용하는 방법도 조사했다. 전통적 기법의 대안은 주가에 내재된 주식 프리미엄을 추정하는 방법이다. 이 기법은 주식 평가 모형을 출발점으로 삼아, 기대성장률과 현금흐름을 추정해야 한다. 그리고 시장 중심이며 최신 자료이고 과거 데이터가 필요 없다는 장점도 있다.

연습문제 ^{별도 표기가 없으면 주식 위험 프리미엄은 5.5%로 한다.}

1 인도네시아 기업의 가치를 미국 달러로 평가한다고 하자. 무위험 이자율로 무엇을 사용하겠는가?

2 5년 현금흐름을 할인할 때 6개월 만기 국채 금리가 적절한 무위험 이자율이 아닌 이유를 설명하라.

3 인도네시아 루피아(rupiah)로 무위험 이자율을 구하라는 요청을 받았다. 인도네시아 정부는 루피아 표시 채권을 발행하고 있으며, 이자율은 17%다. S&P는 이 채권에 BB 등급을 부여하고 있으며, BB 등급 국가의 무위험 이자율 대비 스프레드는 일반적으로 5%다.

4 인도 회사의 가치를 루피로 평가하고 있다. 현재 환율은 달러당 45루피이고 달러당 70루피에 10년 선물환을 매입할 수 있다. 미국 국채 이자율이 5%인 경우, 인도 루피로 무위험 이자율을 구하라.

5 칠레 회사의 가치를 실질 기준으로 평가하려고 한다. 라틴 아메리카에서 무위험 이자율 정보를 구할 수 없고, 미국의 물가연동국채 이자율이 3%이다. 이를 실질 무위험 이자율로 사용해도 되는가? 이유는? 대안은 무엇인가?

6 50년간의 데이터를 기반으로 과거 위험 프리미엄을 6%로 추정했다고 하자. 주가의 표준편차가 30%인 경우, 위험 프리미엄 추정치의 표준오차를 구하라.

7 과거 위험 프리미엄을 예상 미래 위험 프리미엄으로 사용할 때, 투자자와 시장에 대해 어떤 가정을 하는가? 어떤 조건에서 과거 위험 프리미엄이 (예상 프리미엄으로 사용하기에) 지나치게 높은 수치가 나오는가?

8 폴란드의 국가 주식 위험 프리미엄을 구하고자 한다. S&P가 폴란드에 A 등급을 부여했고, 폴란드가 발행한 유로 표시 채권은 현재 7.6% 수익률에 거래되고 있다. (AAA 등급인 독일이 발행한 유로 표시 채권의 수익률은 5.1%다.)

    a.   해당 국가 채권의 부도 스프레드를 대리지표로 사용하여 국가 위험 프리미엄을 구하라.

b. 폴란드 주식시장의 표준편차가 25%이고 폴란드 유로본드의 표준편차는 15%라고 한다면, 국가 위험 프리미엄은 얼마인가?

9 멕시코 주식 지수의 표준편차는 48%이고, S&P500 지수의 표준편차는 20%다. 미국의 주식 위험 프리미엄은 5.5%다.

a. 주식 표준편차의 상대적인 차이를 이용하여 멕시코의 국가 위험 프리미엄을 구하라.

b. 이제 멕시코의 S&P 신용등급이 BBB이고, 멕시코가 발행한 달러 표시 채권이 미 국채 대비 3% 스프레드로 거래되고 있다고 하자. 이 채권의 표준편차가 24%라면, 멕시코의 국가 위험 프리미엄은 얼마인가?

10 현재 S&P500 지수는 1,400이다. 지수 내 종목들의 내년 배당금과 현금흐름은 지수 대비 5%로 예상된다. 배당과 현금흐름의 장기 성장률이 6%이고 무위험 이자율이 5.5%라면, 내재 주식 위험 프리미엄은 얼마인가?

11 보베스파(브라질 주식 지수)는 현재 15,000이다. 작년 이 지수의 배당금은 지수 대비 5%였고, 향후 5년간 실질 기준으로 연 15% 성장할 것으로 애널리스트들은 전망하고 있다. 5년 차 이후의 영구성장률은 실질 기준 5%로 떨어질 것으로 예상된다. 무위험 이자율이 6%라면, 이 시장의 내재 주식 위험 프리미엄은 얼마인가?

12 주가가 상승하면 내재 주식 위험 프리미엄은 하락할 것이다. 이 명제는 언제나 옳은가? 그렇지 않다면 이유는?

8장
위험 모수 추정과
자금조달 비용

7장에서는 기업의 자기자본비용과 자본비용을 추정하기 위한 기초를 닦았다. 모든 비용의 기초가 되는 무위험 이자율 추정 방법을 살펴보았고, 자기자본비용 추정을 위한 주식 위험 프리미엄과, 부채비용 추정을 위한 부도 스프레드도 알아보았다. 그러나 개별 기업의 위험 모수(risk parameters, 모수는 모델 외부의 가정으로 입력되어, 계산의 범위를 규정하는 값이다 – 옮긴이)를 추정하는 방법은 다루지 않았다. 8장에서는 자기자본비용과 자본비용 추정을 위해서 개별 기업의 위험 모수 추정 과정을 살펴본다.

자기자본비용과 관련해서는 기업의 베타를 추정하는 표준 절차를 살펴보고, 대안 기법들도 알아본다. 부채비용과 관련해서는 부도 위험 척도로서 채권 신용등급을 살펴보고, 신용등급 결정 요인들을 알아본다.

끝으로 개별 기업의 위험 모수 추정치, 경제 전반의 무위험 이자율 추정치, 그리고 위험 프리미엄을 더해서 그 기업의 자본비용을 추정한다. 이때 각 자본의 원천을 시장가치를 기준으로 가중해야 한다.

자기자본비용과 자본비용

기업들은 주식 투자자들과 대출자로부터 자금을 조달한다. 주식 투자자와 대출자 모두 수익을 기대하면서 자금을 제공한다. 4장에서는 주식 투자자들의 기대수익률에 주식 위험 프리미엄이 포함된다고 논의했다. 이 기대수익률이 이른바 자기자본비용이다. 마찬가지로 대출자들의 기대수익률에는 부도 위험 프리미엄이 포함되는데, 이 기대수익률이 부채비용이다. 기업이 조달하는 모든 자금에 들어가는 종합 비용은 결국 자기자본비용과 부채비용의 가중평균이 되는데, 이것이 자본비용이다.

8장에서는 먼저 기업의 주식 위험을 추정하고, 이 주식 위험을 이용해서 자기자본비용을 추정하며, 이어서 부도 위험을 측정하여 부채비용을 추정한다. 끝으로 자기자본비용과 부채비용의 비중을 결정하여 자본비용을 산출한다.

자기자본비용

자기자본비용은 투자자들이 기업의 주식에 투자할 때 요구하는 수익률이다. 4장에서 설명한 위험-수익 모형에서는 무위험 이자율과 위험 프리미엄(CAPM)이나 프리미엄(APM과 다중요소모형)이 필요한데, 7장에서 이들을 이용해서 추정한 바 있다. 아울러 시장 위험에 대한 기업의 노출도인 베타도 필요하다. 이들 입력 변수를 사용해서 다음과 같이 주식 투자의 기대수익률이 산출된다.

기대수익률 = 무위험 이자율 + 베타 × 주식 위험 프리미엄

이 주식 투자에 대한 기대수익률에는 시장 위험에 대한 보상이 포함되는데, 이것이 자기자본비용이다. 이 섹션에서는 기업의 베타 추정에 집중한다. 주로 CAPM을 많이 논의하지만, 이 논의는 차익거래가격결정모형과 다중요소모형에도 적용할 수 있다.

베타: 추정 기법

CAPM에서 한 자산의 베타는 그 자산이 증가시키는 시장 포트폴리오의 위험을 가리킨다. 차익거래가격결정모형과 다중요소모형에서는 각 요소의 베타를 측정해야 한다. 이들 모수를 측정하는 기법은 세 가지다. 첫째는 개별 자산의 과거 시장가격 데이터를 사용하는 방법이다. 둘째는 자산의 펀더멘털 특성으로부터 베타를 추정하는 방법이다. 셋째는 회계 데이터를 사용하는 방법이다. 이 섹션에서는 세 가지 기법을 모두 설명한다.

과거 시장 베타   자산의 베타를 추정하는 전통적인 기법은 시장지수 수익률에 대해서 자산의 수익률을 회귀분석하는 방법이다. 장기간 상장된 기업이라면 일정 기간 그 주식에 투자했을 때 나오는 수익률을 비교적 쉽게 추정할 수 있다. 이론상으로는 이 주식의 수익률을 시장 포트폴리오의 수익률과 비교하여 베타를 추정한다. 실제로는 시장 포트폴리오의 대용물로 S&P500 등 시장지수를 사용해서 주식의 베타를 추정한다.

베타 회귀분석   베타를 추정하는 표준 절차는 시장수익률(R_m)에 대해 주식 수익률(R_j)을 회귀분석하는 것이다.

$$R_j = a + b\,R_m$$

여기서 a = 회귀방정식의 절편(截片)
b = 회귀방정식의 기울기 = 공분산$(R_j, R_m)/\sigma_m^2$

회귀방정식의 기울기는 주식의 베타에 해당하며 주식의 위험도를 측정한다.

회귀방정식의 절편을 보면 회귀분석 기간의 투자 실적을 쉽게 알 수 있다. 그 이유를 알려면 다음과 같이 CAPM 방정식을 재정리하면 된다.

$$R_j = R_f + \beta(R_m - R_f)$$
$$= R_f(1 - \beta_j) + \beta_j R_m$$

이 투자수익률 공식을 회귀분석 수익률 방정식과 비교한다.

$$R_j = a + b\,R_m$$

이제 절편 a와 $R_f(1 - \beta)$를 비교하면 CAPM 대비 주식의 실적을 알 수 있다.[1] 요약하면 다음과 같다.

a > $R_f(1 - \beta_j)$이면 주식의 실적이 기대보다 높았다.
a = $R_f(1 - \beta_j)$이면 주식의 실적이 기대와 같았다.
a < $R_f(1 - \beta_j)$이면 주식의 실적이 기대보다 낮았다.

a와 $R_f(1 - \beta)$의 차이를 젠센의 알파(Jensen's alpha)라고 부르는데, 시장 실적과 위험을 고려했을 때 주식의 수익률이 요구수익률보다 높은지 낮은지를 평가하는 척도가 된다.[2] 예를 들어 분석 기간에 회사의 수익률이 15%이고 베타가 비슷한 회사들의 수익률이 12%라면 이 회사의 초과수익률은 3%이다. 그리고 이 회사의 절편도 $R_f(1 - \beta)$보다 3% 높다. 요컨대 젠센의 알파는 위험과 시장을 모두 반영한 실적 척도다.

이 회귀분석에서 나오는 세 번째 통계는 결정계수(R^2)로서 회귀분석의 적합도를 평가하는 척도이다. 결정계수는 회사의 위험 중 시장 위험의 비율을 알려주는 추정치이다. 결정계수를 제외한 나머지($1 - R^2$)는 기업 특유의 위험이 된다.

주목할 만한 마지막 통계는 베타 추정치의 표준편차이다. 다른 통계 추정치와 마찬가지로 회귀방정식의 기울기 역시 참값과 다를 수 있는데, 표준편차는 추정치의 오차가 얼마나 커질 수 있는지를 알려준다. 표준편차를 사용하면 기울기 추정치로부터 베타 참값의 신뢰구간도 찾아낼 수 있다.

[예시 8.1] 베타 회귀분석: 마이크로소프트(2024년)

마이크로소프트는 클라우드 사업과 AI 사업으로도 영역을 확장한 초대형 소프트웨어회사다. 마이크로소프트 주식은 1986년부터 나스닥에서 거래되었다. 마이크로소프트의 위험 모수를 추정하기 위해, 우리는

---

1   회귀분석에는 주식과 시장의 무위험 이자율 대비 초과수익률이 사용되기도 한다. 이때는 실제 수익률이 CAPM의 기대수익률과 일치하면 회귀방정식의 절편이 0이 되어야 한다. 그리고 주식의 수익률이 기대수익률보다 높으면 절편도 0보다 높아야 하고, 주식의 수익률이 기대수익률보다 낮으면 절편도 0보다 낮아야 한다.
2   젠센의 알파는 혼동하기 쉬운 용어이다. 회귀방정식의 절편을 알파로 부를 때도 있고, 위험 조정 실적을 0과 비교해서 측정할 때도 있기 때문이다. 절편을 0과 비교해도 좋은 경우는 주식과 시장의 무위험 이자율 대비 초과수익률로 회귀분석할 뿐이다. 주식과 시장의 월별 수익률에서 무위험 이자율을 차감하여 계산해야 한다.

두 단계에 걸쳐 주식의 수익률과 시장지수의 수익률을 계산한다.

1. 2019년 1월~2023년 12월 마이크로소프트 주식의 월 수익률을 계산한다. 이 수익률에는 배당과 주가 상승분이 포함되며 다음과 같이 정의된다.

$$\text{주식 수익률}_{\text{마이크로소프트},j} = (\text{주가}_j - \text{주가}_{j-1} + \text{배당}_{\text{마이크로소프트},j})/\text{주가}_{j-1}$$

여기서 $\text{주식 수익률}_{\text{마이크로소프트},j}$ = j월 마이크로소프트 주식의 수익률

주가_j = j월 말 마이크로소프트 주가

$\text{배당}_{\text{마이크로소프트},j}$ = j월 마이크로소프트 주식의 배당

배당은 배당 적격 주주들의 월 수익률에 가산한다.[3]

2. 월말 지수와 지수 종목들의 월간 배당을 사용해서 S&P500 지수의 월별 수익률을 계산한다.

$$\text{시장수익률}_j = (\text{지수}_j - \text{지수}_{j-1} + \text{배당}_j)/\text{지수}_{j-1}$$

여기서 지수_j는 월말 지수이고 배당_j는 j월에 지수 종목에 지급된 배당이다. S&P500 지수와 NYSE종합지수가 미국 주식에 대해서 가장 널리 사용되는 지수이긴 하지만, 이론상 모든 자산을 포함하는 CAPM 시장 포트폴리오의 완벽한 대용물은 아니다.

그림 8.1은 2019년 1월부터 2023년 12월까지 S&P500 지수 대비 마이크로소프트의 월 수익률을 보여준다. 마이크로소프트 회귀방정식의 통계는 다음과 같다.

(a) **회귀방정식의 기울기 = 0.88.** 이것이 2019년 1월부터 2023년 12월까지 월 수익률로 산출한 마이크로소프트의 베타이다. 회귀분석 기간이나 수익률 구간(주간이나 일간)을 변경하면 베타가 달라질 수 있다.

(b) **회귀방정식의 절편 = 1.30%.** $R_f (1 - \beta)$와 비교하면 마이크로소프트의 실적을 추정할 수 있다. 2019년 1월~2023년 12월 월평균 무위험 이자율은 0.1%였으므로 실적 추정치는 다음과 같다.

$$R_f(1 - \beta_j) = 0.1\%(1 - 0.88) = 0.012\%$$
$$\text{절편} - R_f(1 - \beta_j) = 1.30\% - 0.012\% = 1.288\%$$

마이크로소프트의 월 수익률은 2019년 1월부터 2023년 12월까지 월 수익률로 산출한 CAPM 기대수익률보다 1.29% 높았다. 월 초과수익률을 연 초과수익률로 환산하면 약 16.56%이다.

$$\text{연 초과수익률} = (1 + \text{월 초과수익률})^{12} - 1$$
$$= (1 + 0.01288)^{12} - 1 = 16.60\%$$

---

3 투자자가 배당을 받으려면 보유 기간에 배당락일이 포함되어야 한다. 해당 기간에 배당락일이 포함되면 수익률에도 배당이 포함된다.

[그림 8.1] 마이크로소프트와 S&P500의 수익률(2019~2023년)

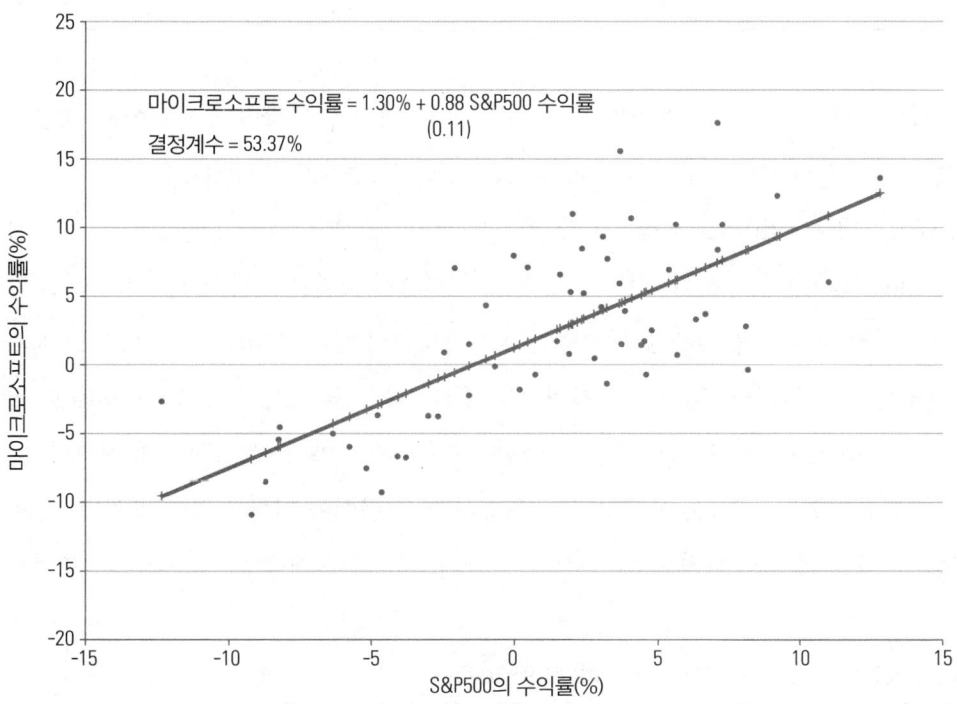

그러나 이것이 장래에 마이크로소프트가 훌륭한 투자 대상이라는 의미는 아니다.

이 실적 척도로는 초과수익 중 전체 섹터(소프트웨어 섹터)가 차지하는 비중과 기업 특유 요인의 비중을 구분할 수 없다. 이 비중을 구분하려면 같은 기간 소프트웨어 섹터에 포함된 다른 기업들의 초과수익을 계산해서 마이크로소프트의 초과수익과 비교해야 한다. 두 초과수익의 차이가 기업 특유 요인이 된다. 예를 들어 2019년 1월부터 2023년 12월까지 소프트웨어 섹터에 포함된 다른 기업들의 연평균 초과수익률이 1.15%였다면, 마이크로소프트의 기업 특유 요소는 15.45%가 된다[기업 특유 젠센의 알파 = 16.60% − 1.15% = 15.45%)].

(c) **회귀분석의 결정계수 = 53.37%.** 이는 마이크로소프트의 위험 중 53.4%는 시장 위험이고, 나머지 46.6%는 기업 특유의 위험이라는 의미다. 기업 특유의 위험은 분산가능하므로 수익률로 보상받지 못한다. 2023년 뉴욕증권거래소 상장기업들의 결정계수 중앙값은 약 25%였으므로 마이크로소프트의 결정계수는 높은 편이다.

(d) **베타 추정치의 표준오차 = 0.11.** 이는 마이크로소프트 베타 참값의 범위가 신뢰 수준 67%에서는 0.77~0.99(0.56 ± 1 × 표준오차)이고, 95% 신뢰 수준에서는 0.66~1.10(0.56 ± 2 × 표준오차)이라는 의

미다. 이 범위가 넓어 보일지 모르지만, 대부분 미국 기업에서 흔히 나타나는 수준이다. 그러므로 회귀분석으로 도출한 베타 추정치를 사용할 때는 신중해야 한다.

데이터회사에서 제공하는 베타 　베타 사용자 대부분은 서비스 기업에서 제공하는 추정치를 사용한다. 널리 알려진 서비스 기업으로는 메릴린치(Merrill Lynch), 바라(Barra), 밸류라인(Value Line), 스탠더드앤드푸어스, 모닝스타(Morningstar), 블룸버그(Bloomberg) 등이 있다. 이들 모두 앞에서 설명한 회귀분석 방식으로 베타를 도출하고 나서 주요 위험 요소를 반영하는 방식으로 조정한다. 서비스 기업 다수는 베타 추정 과정을 공개하지 않지만, 블룸버그는 공개한다. 그림 8.2는 같은 기간(2019년 1월~2023년 12월) 블룸버그의 베타 계산 페이지로 산출한 마이크로소프트의 베타이다.

　그림 8.2와 그림 8.1은 분석 기간이 똑같지만 둘 사이에 미묘한 차이가 있다. 첫째, 블룸버그는 배당은 무시한 채 주식과 시장지수의 가격 상승만으로 베타를 추정한

[그림 8.2] 마이크로소프트의 베타 추정치(2019~2023년) 　　출처: Copyright 2001 Bloomberg LP.

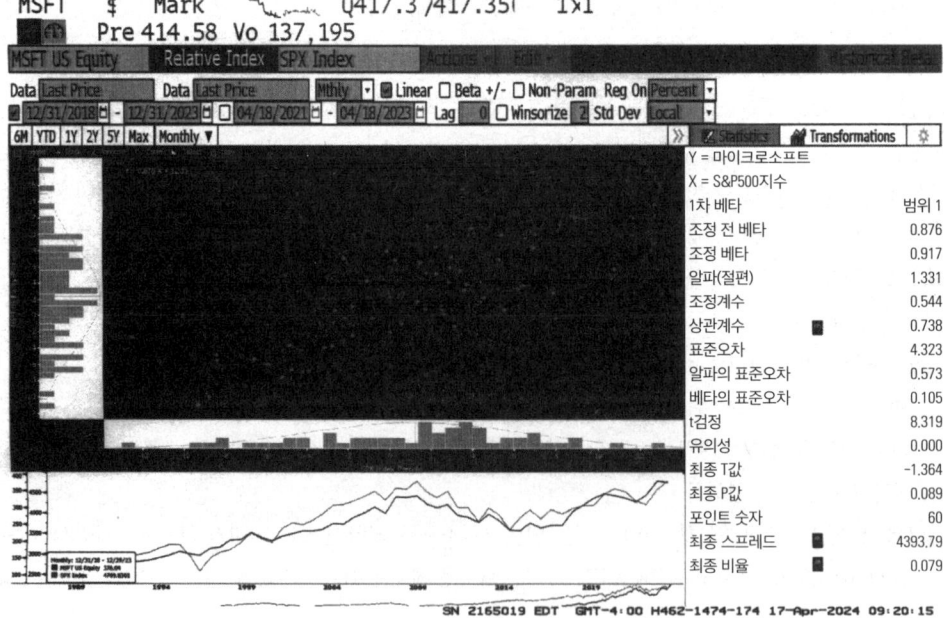

다.[4] 마이크로소프트 같은 회사는 배당을 무시해도 결과에 큰 차이가 발생하지 않지만, 배당을 지급하지 않는 회사나 배당을 시장보다 훨씬 많이 지급하는 회사라면 결과에 큰 차이가 발생할 수 있다. 그래서 절편(블룸버그 1.33%와 우리 분석 1.30%)과 베타(0.876과 0.878)와 결정계수(54.4%와 53.4%)에 다소 차이가 있다.

둘째, 블룸버그는 다음과 같이 이른바 조정 베타도 산출한다.

$$조정 베타 = 조정 전 베타(0.67) + 1.00(0.33) = 0.876(0.67) + 0.33 = 0.917$$

이들 비중(0.67과 0.33)은 종목에 따라 달라지지 않으며, 이 조정 과정을 통해서 모든 베타 추정치가 1에 가까워진다. 대부분 서비스회사가 비슷한 조정 과정을 통해서 베타 추정치가 1에 가까워지게 한다. 이들은 시간이 흐르면 대부분 기업의 베타가 평균 베타(=1)에 수렴하는 경향이 있다는 경험적 증거에 의지하는 것이다. 이는 기업들이 성장하면서 제품 믹스와 고객 기반이 더 다양해진다는 사실로 설명할 수 있다. 시간이 흐르면 베타가 1에 수렴한다는 개념에는 나도 동의하지만, 대부분 서비스회사가 사용하는 비중 조정 과정은 자의적이며 그다지 유용하지 않다는 생각이 든다.

베타 추정 과정의 선택 사항   앞에서 설명한 회귀분석을 준비할 때 선택할 사항이 세 가지 있다. 첫 번째는 추정 기간의 길이다. 밸류라인과 스탠더드앤드푸어스를 포함한 대부분 서비스회사들은 5년간의 데이터를 사용하고, 블룸버그는 2년간의 데이터를 사용한다. 이렇게 선택하는 이유는 단순하다. 추정 기간이 길어지면 사용하는 데이터가 더 많아지지만, 그동안 기업의 위험 특성이 바뀔 수 있기 때문이다.

두 번째는 수익률 구간이다. 주식의 수익률은 연간, 월간, 주간, 일간, 심지어 일중 기준으로도 산출할 수 있다. 일간이나 일중 수익률을 산출하면 사용하는 관측치는 증가하지만, 비거래(nontrading) 때문에 베타 추정에 상당한 편향이 발생한다.[5] 예를 들

---

4   배당을 무시하는 것은 순전히 계산 편의 때문이다. 회귀분석에서 수익률에는 반드시 배당을 포함해야 하지만, 블룸버그처럼 가격 변화만 포함하면 회귀분석이 훨씬 쉬워진다.
5   비거래 편향이 발생하는 것은 (시장이 대폭 상승하거나 하락하더라도) 비거래 기간의 수익률은 0이 되기 때문이다. 회귀분석에서 이런 비거래 기간 수익률을 사용하면 주식 수익률과 시장수익률의 상관관계가 감소하므로 주식의 베타도 감소한다.

어 소형주의 베타 추정치는 비거래의 영향을 받기 쉬워서 일간 수익률을 사용하면 과소 추정되는 경향이 있다. 그러므로 주간이나 월간 수익률을 사용하면 비거래 편향을 대폭 축소할 수 있다.[6] 마이크로소프트의 베타 추정치는 2년 동안 주간 수익률을 사용하면 0.82에 불과하지만, 같은 기간 월간 수익률을 사용하면 0.88이 나온다.

세 번째는 회귀분석에 사용하는 시장지수 선택이다. 대부분 서비스회사들이 따르는 표준 관행은 그 주식이 거래되는 시장의 지수를 사용하는 것이다. 그러므로 독일 주식의 베타를 추정할 때는 프랑크푸르트 닥스(Frankfurt DAX) 지수, 영국 주식은 FTSE 지수, 일본 주식은 니케이(Nikkei) 지수, 미국 주식은 NYSE종합지수나 S&P500 지수를 사용한다. 이 관행에 따라 추정하는 베타가 국내 투자자에게는 합리적인 위험 척도가 될지 몰라도, 국제 투자자에게는 국제 지수를 기준으로 산출하는 베타만큼 합리적인 위험 척도가 되지는 못할 것이다. 예를 들어 세계 시장 주식으로 구성되는 MSCI(Morgan Stanley Capital International) 지수를 기준으로 산출된 2019~2023년 마이크로소프트의 베타는 0.846이다.

이렇게 서비스회사마다 사용하는 추정 기간도 다르고 시장지수도 다르며 비중 조정 방식도 다르므로, 같은 시점에 추정한 같은 기업의 베타도 다른 경우가 많다. 이런 베타 추정치의 차이가 골칫거리이긴 하지만, 서비스회사들이 제공하는 추정치들의 표준오차(standard error)는 모두 적정 범위 안에 들어올 가능성이 매우 크다.

소형주(또는 신흥시장 주식)의 과거 베타 추정　소형주나 신흥시장 주식의 베타를 추정하는 과정도 앞에서 설명한 과정과 다르지 않지만, 수익률 구간, 시장지수, 수익률 기간을 선택하는 방식에 따라 추정치에 훨씬 큰 차이가 발생할 수 있다.

■ 신흥시장 주식들이 흔히 그렇듯이 주식의 유동성이 부족할 때, 단기 수익률 구간을 사용해서 베타를 추정하면 거래가 없어서 편향되는 경향이 있다. 실제로 신흥

6　딤슨(Dimson, 1979)이나 1977년 숄스와 윌리엄스(Williams)가 제안한 통계 기법을 사용하면 비거래 편향을 축소할 수 있다.

시장에서 일간 수익률이나 주간 수익률을 사용해서 산출한 베타는 대개 기업의 진정한 시장 위험을 알려주는 좋은 척도가 아니다.

- 흔히 신흥시장에서는 분석 대상 기업과 시장 자체가 단기간에 크게 바뀐다. 그러므로 마이크로소프트처럼 5년 수익률을 사용해서 베타를 추정하면 그 기업의 현재 특성과 전혀 다른 특성이 나올 수도 있다.

- 끝으로 소규모 시장의 지수들은 몇몇 대기업에 지배당하는 경향이 있다. 예를 들어 브라질 보베스파 지수는 지수의 거의 절반을 차지하는 텔레브라(Telebras)의 지배를 여러 해 받았다. 이는 신흥시장에서만 나타나는 문제가 아니다. 독일 닥스 지수는 알리안츠(Allianz), 도이체방크(Deutsche Bank), 지멘스(Siemens), 다임러(Daimler)에 지배당한다. 지수가 몇몇 기업에 지배당하면 그 지수로 추정한 베타는 시장 위험을 정확하게 반영하는 척도라고 보기 어렵다. 실제로 지수를 지배하는 대기업들의 베타는 1에 근접하는 경향이 있으며, 나머지 기업들의 베타는 변동이 매우 심하다.

소수 종목에 지배되는 지수와 베타 추정치

몇 개 주식에 지배당하는 지수가 많이 있다. 가장 충격적인 사례 하나가 1990년대 말의 헬싱키증권거래소(Helsinki Stock Exchange: HEX)이다. 정보통신 분야의 거대기업 노키아(Nokia)가 시가총액 기준으로 헬싱키 지수에서 차지하는 비중이 75%였다. 헬싱키 지수에 대해 노키아를 회귀분석한 결과가 그림 8.3이다. 놀랄 일이 아니다.

이 회귀분석은 흠잡을 데 없어 보인다. 마이크로소프트처럼 표준오차가 커서 고민스러웠던 소음 문제도 나타나지 않는다. 베타 추정치의 표준오차가 0.03에 불과하다. 그러나 이 숫자에 속아서는 안 된다. 표준오차가 작은 것은 지수를 지배하는 노키아 자신에 대해 회귀분석한 결과이기 때문이다. 이 베타는 (세계 주식은 아니더라도) 적어도 유럽 주식에 분산투자하는 전형적인 노키아 투자자에게는 의미가 없다. 더 심각한 문제는 나머지 핀란드 주식 모두 헬싱키 지수에 대해 회귀분석하여 베타를 추정하면 노키아에 대해 회귀분석하는 셈이 된다는 사실이다. 실제로 당시 나머지 핀란드 주식 모두 이렇게 회귀분석하면 베타가 1 미만이었다. 평균 베타는 1이어야 하는데 어떻게 이런 결과가 가능할까? 그런데 1이 되어야 하는 것은 가중평균 베타이다. 지수에서 차지하는 비중이 4분의 3인 노키아의 베타가 1을 초과한다면(실제로 초과함), 나머지 주식의 베타는 얼마든지 1 미만이 될 수 있다.

[그림 8.3] 노키아의 베타 추정치(블룸버그)

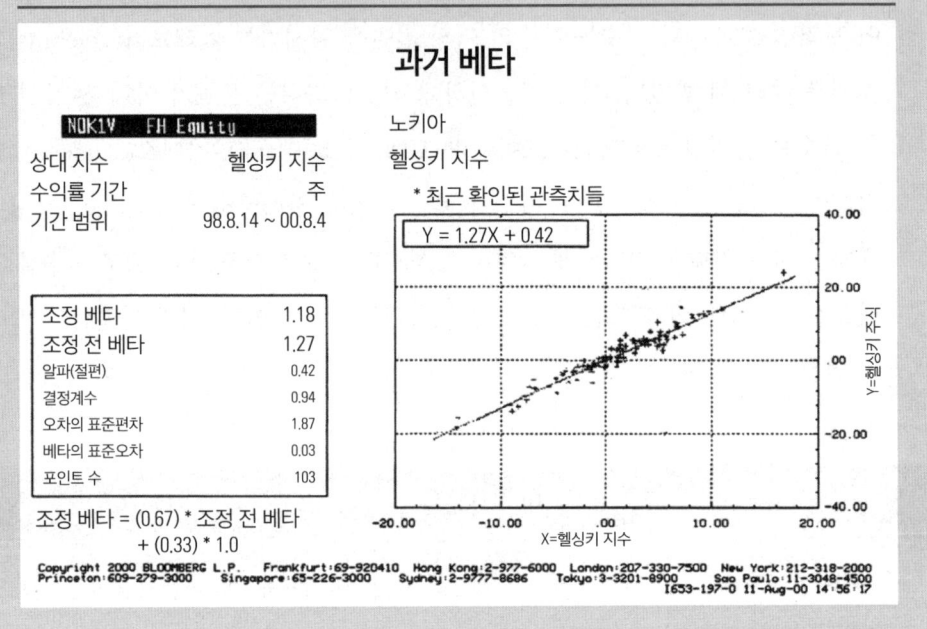

[예시 8.2] 베타 추정: 엔카 인사아트(튀르키예)

엔카 인사아트(Enka Insaat)는 튀르키예 건설회사다. 그림 8.4는 (블룸버그) 베타 서비스에서 입수한 2022년 3월~2024년 3월 (주간 수익률을 사용한) 엔카의 베타 추정치이다. 사용한 지수가 튀르키예 100대 기업으로 구성된 지수 BIST100이라는 점에 유의하라. 이 회귀분석으로 도출된 방정식은 다음과 같다.

$$수익률_{엔카} = 0.06\% + 0.69\ 수익률_{BIST} \qquad 결정계수 = 28\%$$
$$(0.11)$$

이 회귀분석으로 추정한 엔카의 베타는 0.69이다. 표준오차는 0.11에 불과하지만, 겨우 100종목으로 구성된 튀르키예 지수 BIST가 일부 종목에 지배당한다는 사실에 유의하라.

앞 섹션에서도 논의했듯이, 엔카의 한계투자자가 유럽 시장에 분산투자하는 사람이라면 적절한 기준 지

[그림 8.4] 엔카의 베타 추정치: BIST100(튀르키예 지수)　　출처: Copyright 2001 Bloomberg LP

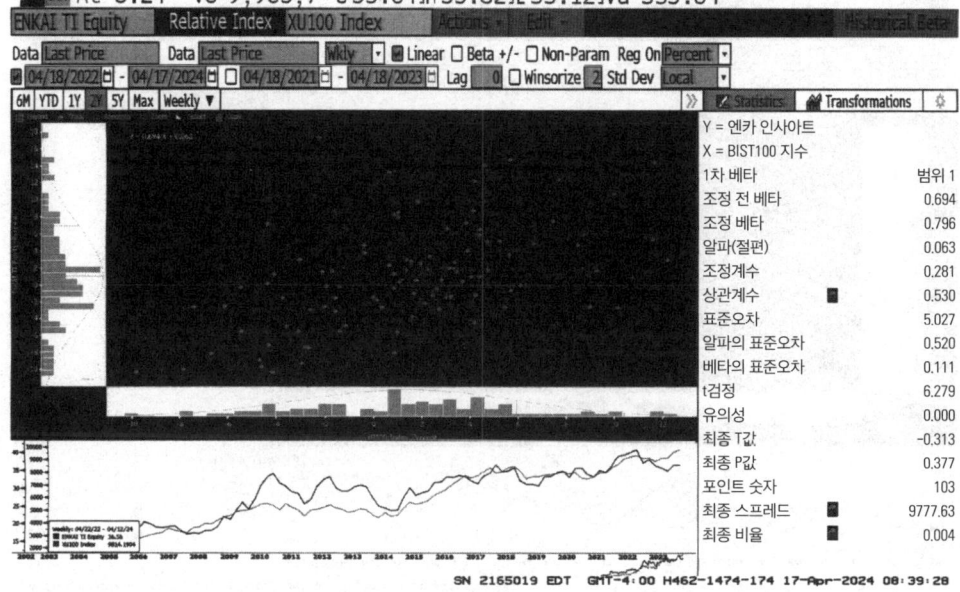

[그림 8.5] 엔카의 베타 추정치: STXE유럽600 지수　　출처: Copyright 2001 Bloomberg LP

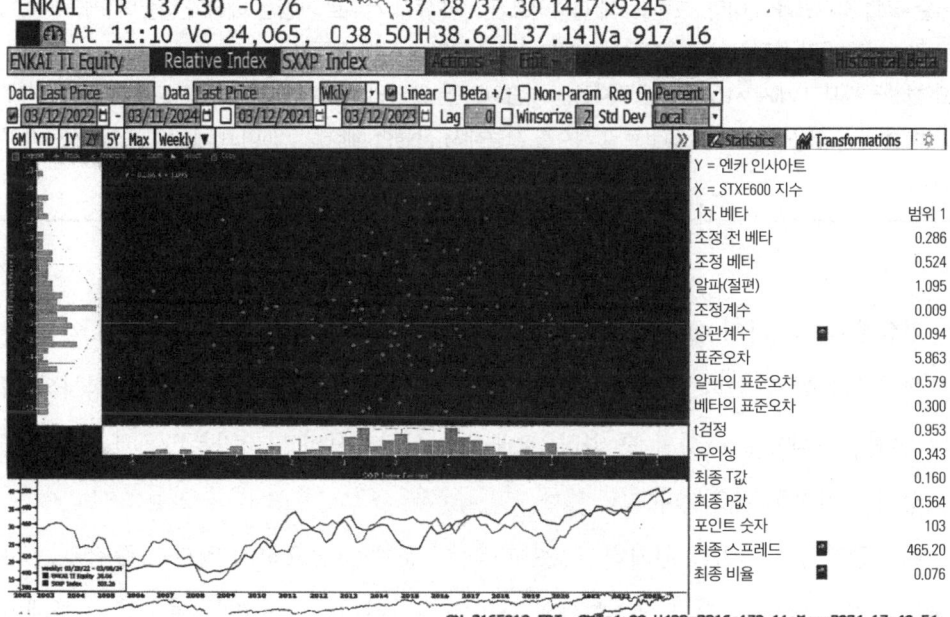

[그림 8.6] 엔카의 베타 추정치: MSCI글로벌 지수 　　　　　　　　　　　처: Copyright 2001 Bloomberg LP

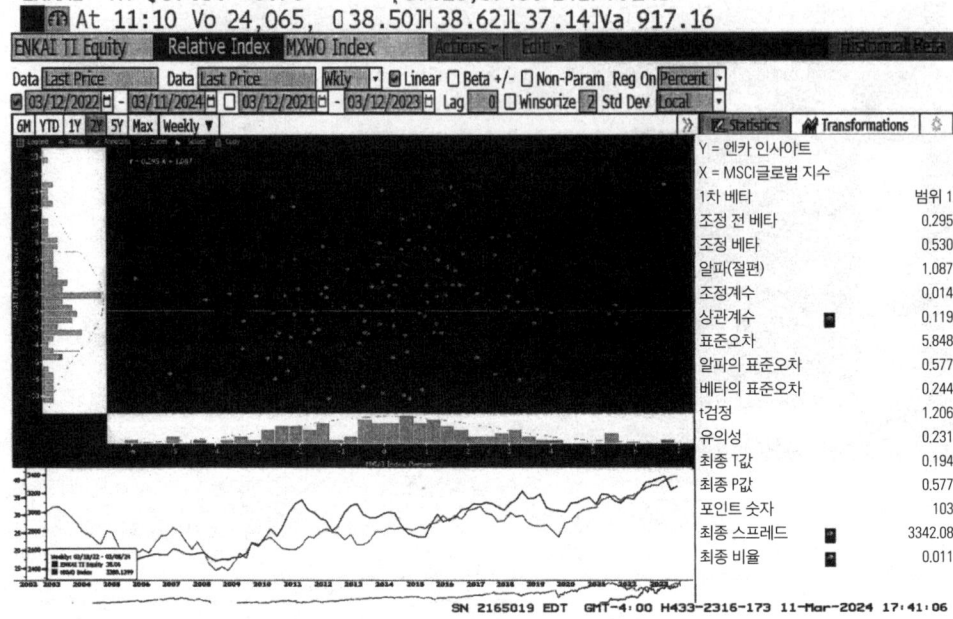

수는 유럽 지수였을 것이다. 그림 8.5에 블룸버그가 STXE유럽 지수로 계산한 베타가 나온다. 베타는 0.29로 감소하고 베타 추정치의 표준오차는 0.30으로 증가한다는 점에 주목하라.

그 한계투자자가 세계 시장에 분산투자하는 사람이라면, 엔카의 베타에 적절한 기준 지수는 글로벌지수였을 것이다. 그림 8.6에서 MSCI글로벌 지수를 사용해서 산출한 베타는 0.30이고 베타의 표준오차는 0.24이다.

비상장회사의 과거 베타 추정　　베타를 추정하는 기존 기법은 시장가격이 있는 자산에만 적용할 수 있다. 비상장회사에는 시장가격이 없다. 그러므로 비상장회사의 베타는 회귀분석으로 추정할 수 없다. 그래도 비상장회사의 자기자본비용과 자본비용 추정치는 여전히 필요하다.

비상장회사의 가치를 평가하지 않는다면 이 문제는 중요하지 않다고 주장하는 사람도 있을 것이다. 그러나 상장회사의 가치를 평가하더라도 우리는 여전히 이 문제에 직면하게 된다. 예를 들어 다음과 같은 상황을 생각해보자.

- 기업공개를 위해서 비상장회사의 가치를 평가하려면 할인율을 추정해야 한다.
- 기업을 공개한 후에도 회귀분석에 충분한 시장가격 데이터가 축적되려면 적어도 2년이 걸린다.
- 상장회사에서 매각하는 사업부의 가치를 평가하려면 회귀분석이 필요하지만 시장가격이 없다.
- 최근 투자 회수, 자본 재구성 등 대규모 구조조정을 실행한 회사는 회귀분석으로 베타를 추정해도 의미가 없다. 회사의 위험 특성이 바뀌었기 때문이다.

그러므로 회귀분석을 통한 베타 추정이 불가능하거나 의미가 없는 가치평가 사례가 매우 많다.

일부 애널리스트는 이런 상황에서는 현금흐름할인법을 사용할 수 없으므로 대신 PER 배수를 사용해야 한다고 생각한다. 또 일부 애널리스트는 어림짐작으로라도 할인율을 추정해야 한다고 생각한다. 다음 섹션에서는 이런 기업에도 적용할 수 있는 일반적인 베타 추정 기법을 살펴본다.

 Risk.xls: 시장수익률에 대해 주식 수익률을 회귀분석하여 위험 모수를 추정하는 엑셀 자료. (웹에서 다운로드 가능)

회귀분석 베타의 한계   이 섹션에서는 회귀분석 베타의 문제점을 다수 지적했다. 마이크로소프트 사례에서 가장 큰 문제점은 베타의 표준오차가 크다는 사실이었다. 그러나 이는 마이크로소프트만의 문제점이 아니다. 그림 8.7은 미국과 세계 기업들의 베타 추정치의 표준오차 분포를 나타낸다.

노키아 회귀분석에서는 표준오차 문제가 해결되는 것처럼 보이지만 대가가 매우 크다. 노키아 베타의 표준오차가 작은 것은 지수가 한 종목에 지배당한 탓이므로, 베

[그림 8.7] 2년 베타 표준오차의 분포: 미국 기업들과 세계 기업들(2023년)　원시 데이터 출처: Bloomberg

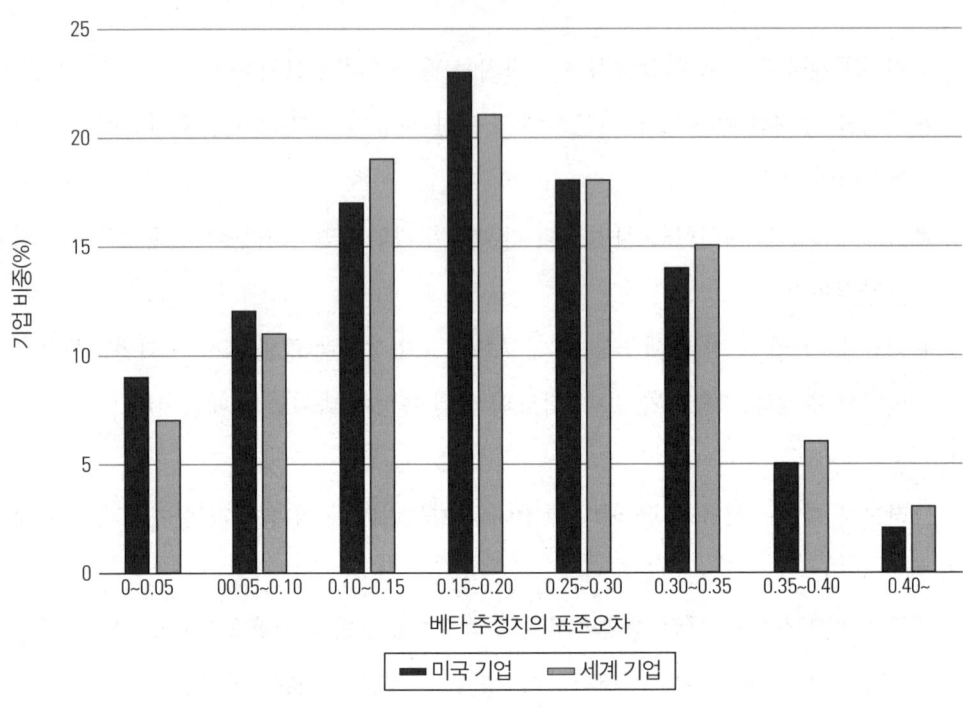

타는 정확할지 몰라도 진정한 위험을 반영하지 못한다.

　시장지수, 수익률 기간, 수익률 구간 변경도 미봉책에 불과하다. 주식의 위험 중에는 기업 특유의 위험이 더 많으므로 지수가 시장을 더 잘 대표하게 되면 베타의 표준오차는 증가한다. 수익률 기간이나 수익률 구간 변경으로 베타를 바꾼다면 기업의 진정한 베타가 더 불확실해질 뿐이다.

　요컨대 회귀분석 베타는 거의 예외 없이 소음이 너무 크거나 편향이 심해서 기업의 위험을 알려주는 유용한 척도가 되기 어렵다. 자기자본비용은 현금흐름할인법에 너무도 중요한 입력 변수이므로 통계적 우연성에 맡겨두어서는 안 된다.

　펀더멘털 베타　베타를 추정하는 두 번째 방법은 사업의 펀더멘털을 살펴보는 것이다. 기업의 베타는 회귀분석으로 추정할 수도 있지만, 베타를 결정하는 것은 기업이 내리는 각종 의사결정이다. 사업의 선택, 영업레버리지 수준, 재무레버리지 수준 등에 대한 기업의 의사결정이다. 이 섹션에서는 과거 베타 대신 기업의 펀더멘털 결정요인에 주목하는 베타 추정 방법을 조사한다.

베타 결정 요인　기업의 베타를 결정하는 변수는 세 가지다. (1) 기업이 하는 사업의 유형, (2) 기업의 영업레버리지 수준, (3) 기업의 재무레버리지 수준이다. 우리는 CAPM에서 이들 결정 요인을 사용해서 베타를 추정할 것이지만, 차익거래가격결정모형과 다중요소모형에서도 똑같은 분석을 사용해서 베타를 추정할 수 있다.

✓*사업의 유형*　베타는 시장지수 대비 기업의 위험을 평가하는 척도이므로, 시장 상황에 대한 사업의 민감도가 높을수록 베타가 높아진다. 그러므로 다른 조건이 같다면 경기순환형 기업의 베타가 비경기순환형 기업보다 높다고 볼 수 있다. 경기에 매우 민감한 두 섹터인 주택 건설과 자동차 사업을 하는 기업들은 경기에 비교적 덜 민감한 식품 가공과 담배 사업을 하는 기업들보다 베타가 높다.

이런 관점은 기업의 제품에도 적용할 수 있다. 기업이 생산하는 제품이 재량재(discretionary)냐 필수재냐에 따라 그 기업의 베타가 달라질 수 있다. 제품에 재량재의 성격이 강하면 고객은 구입을 미루기 쉬우므로, 제품에 필수재의 성격이 강한 기업보다 베타가 높아진다. 그러므로 기저귀와 일상 가정용품을 판매하는 프록터앤드갬블(Procter & Gamble)의 베타는 명품을 제조하는 구찌(Gucci)의 베타보다 낮아야 마땅하다.

✓*영업레버리지 수준*　영업레버리지 수준은 기업의 비용 구조에 따라 결정되며 대개 고정비와 총비용 사이의 관계로 정의된다. 총비용에서 고정비가 차지하는 비중이 큰 기업은 영업레버리지 수준이 높다고 말한다. 영업레버리지 수준이 높은 기업은 영업레버리지 수준이 낮은 동종 기업보다 영업이익의 변동성이 크다. 다른 조건이 같다

면, 영업레버리지 수준이 높아서 영업이익의 변동성이 클수록 그 기업의 베타가 높아진다.

기업은 영업레버리지 수준을 바꿀 수 있을까? 기업의 비용 구조 일부는 사업의 특성에 따라 결정되지만(에너지회사는 값비싼 발전소를 건설해야 하고, 항공사는 값비싼 항공기를 구입하거나 리스해야 한다), 미국 기업들은 총비용 중 고정비 비중을 더 창의적으로 낮추게 되었다. 예를 들어 기업들은 다음과 같은 방법으로 비용 구조의 유연성을 높였다.

- 유연성 높은 노동계약을 체결하여 노무비가 기업의 재무 실적에 더 비례하게 유도한다.
- 합작투자를 통해서 고정비 일부를 남이 부담하게 한다.
- 하도급 생산과 아웃소싱을 통해서 값비싼 유형자산의 필요성을 낮춘다.

이런 방법을 선택하면 경쟁우위와 유연성이 감소할 수 있지만, 기업의 영업레버리지와 시장 위험 노출도 감소한다.

영업레버리지는 베타에 영향을 미치지만, 영업레버리지를 측정하기는 어렵다. 고정비와 변동비는 흔히 손익계산서에서 집계되기 때문이다. 그러나 매출 변동에 따른 영업이익의 변동을 살펴보면 영업레버리지를 어림잡아 측정할 수는 있다.

$$\text{영업레버리지 수준} = \frac{\text{영업이익 변동률(\%)}}{\text{매출 변동률(\%)}}$$

영업레버리지가 높은 기업은 매출이 변하는 비율보다 영업이익이 더 많이 변한다.

규모, 성장, 베타

사람들은 성장 잠재력이 큰 소기업이 더 안정적인 대기업보다 위험하다고 생각한다. 총위험을 논할 때는 이런 주장의 근거가 명확하지만, 시장 위험이나 베타를 논할 때는 그 근거를 찾기가 어렵다. 소형 소프트웨어회사의 베타가 대형 소프트웨어회사보다 높아야 할까? 그래야 한다고 믿는 근거 중 하나는 영업레버리지다. 인프라나 규모의 경제 때문에 설치비가 들어간다면 소기업의 고정비 비중이 대기업보다 높아지므로 베타도 더 높아진다.

성장기업이라면 베타는 제품이 재량재냐 필수재냐에 좌우된다. 성장기업이 고성장을 달성하려면 기존 고객이 제품 구입량을 늘리거나 신규 고객이 제품을 구입해야 한다. 성장기업이 얼마나 성장하느냐는 주로 고객들이 스스로 얼마나 부유하다고 느끼느냐에 달렸다. 이렇게 성장기업의 실적은 경기에 크게 좌우되므로 성장기업은 베타가 높다.

✓*재무레버리지 수준*　　다른 조건이 같다면 재무레버리지가 증가할수록 기업의 베타도 증가한다. 직관적으로 알 수 있듯이, 부채에 대해 고정이자를 지급하면 경기가 좋을 때는 이익이 증가하고 경기가 나쁠 때는 이익이 감소한다. 레버리지가 높아지면 이익의 변동성이 증가하므로 그 기업의 주식이 더 위험해진다. 기업의 위험을 모두 주주들이 떠안고(부채의 베타는 0이다)[7], 부채가 기업에 세금 혜택을 제공한다면,

$$\beta_L = \beta_u[1 + (1 - t)(D/E)]$$

여기서　　β_L = 기업 주식의 차입 베타
　　　　　β_u = 기업의 무차입 베타(부채가 없는 기업의 베타)
　　　　　t = 한계세율
　　　　D/E = 부채비율(시장 평가액)

기업의 무차입 베타(unlevered beta)는 제품 및 서비스의 특성(경기순환성, 재량재·필수재 속성)과 영업레버리지에 따라 결정된다. 무차입 베타는 흔히 자산 베타라고도

7　이 공식은 1972년 하마다(Hamada)가 처음으로 만들어냈다. 흔히 수정되는 사항은 두 가지다. 하나는 다음과 같이 세금 효과를 무시하고 무차입 베타를 산출하는 것이다.

$$\beta_L = \beta_u(1 + D/E)$$

부채에 시장 위험이 있다면(베타가 0보다 크면), 이를 고려하여 최초의 공식을 수정할 수 있다. 부채의 베타가 β_D라면, 주식의 베타는 다음과 같이 나타낼 수 있다.

$$\beta_L = \beta_u[1 + (1 - t)(D/E)] - \beta_D(1 - t)D/E$$

부르는데, 기업이 보유한 자산에 따라 결정되기 때문이다. 그러므로 (기업 주식의 베타이기도 한) 차입 베타는 사업의 위험도와 기업이 떠안은 재무레버리지 위험 규모에 따라 결정된다. 재무레버리지는 사업 위험을 크게 증가시키므로, 사업 위험이 큰 기업들은 재무레버리지 확대를 꺼리는 것이 당연하다. 반면 사업 위험이 작은 기업들은 재무레버리지 확대에 훨씬 더 적극적인 것도 당연하다. 예를 들어 공익기업들은 역사적으로 부채비율이 높았으나 베타는 높지 않았다. 이는 주로 사업이 안정적이어서 예측이 가능했기 때문이다.

[예시 8.3] 레버리지 효과가 베타에 미치는 영향: 마이크로소프트

2019~2023년 회귀분석으로 산출된 마이크로소프트의 과거 베타는 0.88이었다. 이 회귀분석은 이 기간 마이크로소프트의 주가를 사용하므로, 먼저 부채와 주식의 시장 평가액을 사용해서 2019~2023년 평균 부채비율을 추정했다.

$$2019~2023년 평균 부채비율 = 6.01\%$$

2019~2023년 베타는 이 평균 레버리지를 반영한다. 이 기간 무차입 베타를 추정하려고 한계세율 25%를 사용했다.

$$무차입 베타 = 현재 베타 / [1 + (1 - 세율)(평균 부채/자기자본)]$$
$$= 0.88 / [1 + (1 - 0.25)(0.0601)] = 0.842$$

2019~2023년 마이크로소프트의 무차입 베타는 0.84이다. 부채비율이 달라지면 차입 베타를 다음과 같이 추정할 수 있다.

$$차입 베타 = 무차입 베타 \times [1 + (1 - 세율)(부채/자기자본)]$$

예를 들어 마이크로소프트의 부채비율이 10%로 증가하면 주식 베타는 다음과 같다.

$$차입 베타(@10\% 부채/자기자본) = 0.842 \times [1 + (1 - 0.25)(0.10)] = 0.91$$

부채비율이 25%로 증가하면, 주식 베타는 다음과 같다.

$$차입 베타(@25\% 부채/자기자본) = 0.84 \times [1 + (1 - 0.25)(0.25)] = 1.00$$

표 8.1은 재무레버리지가 0~90%일 때 베타 추정치를 요약한 것이다.
마이크로소프트의 재무레버리지가 증가하면 베타도 함께 증가한다.

[표 8.1] 차입 베타와 부채비율

부채총자본비율	부채비율	차입 베타	레버리지 효과
0%	0.00%	0.84	0.00
10%	11.11%	0.91	0.07
20%	25.00%	1.00	0.16
30%	42.86%	1.11	0.27
40%	66.67%	1.26	0.42
50%	100.00%	1.47	0.63
60%	150.00%	1.79	0.95
70%	233.33%	2.32	1.48
80%	400.00%	3.37	2.51
90%	900.00%	6.53	5.69

여기서는 마이크로소프트의 총부채를 사용해서 무차입 베타와 차입 베타를 계산했으며, 회사가 보유한 현금은 자산으로 처리했다(실제로도 자산이다). 그렇지만 현금은 무위험 자산이므로 다음과 같이 현금 효과를 제거하면 마이크로소프트 영업자산의 무차입 베타를 산출할 수 있다.

$$\text{마이크로소프트의 가치 중 현금의 비중(2019~2023)} = 8.41\%$$
$$\text{마이크로소프트 영업자산의 무차입 베타} = \text{회사의 무차입 베타}$$
$$/(1 - \text{회사 가치 중 현금의 비중})$$
$$= 0.84/(1 - 0.0841) = 0.92$$

실제로 (부채에서 현금을 차감한) 순부채비율을 사용해도 거의 똑같은 값을 산출할 수 있다. 이 기법으로 계산하면 다음과 같다.

$$\text{2019~2023년 순부채비율} = -2.99\%$$
$$\text{(순부채비율을 사용한) 무차입 베타} = \text{현재 베타}/[1 + (1 - \text{세율})(\text{평균 부채/자기자본})]$$
$$= 0.88/[1 + (1 - 0.25)(-0.0299)] = 0.90$$

나는 총부채를 사용하고서 현금을 조정하는 방식을 선호하지만, 총자본비용 계산에 일관성을 유지한다면 순부채비율을 사용해도 문제가 없을 것이다.

 levbeta.xls: 이 스프레드시트를 이용하면 기업의 레버리지에 따라 달라지는 베타를 계산하고 무차입 베타를 추정할 수 있다. (웹에서 다운로드 가능)

상향식 베타 베타를 사업 위험 요소와 재무레버리지 요소로 나누면 다른 방식으로 베타를 추정할 수 있다. 이 방식을 사용하면 개별 기업이나 자산의 과거 가격이 없어도 베타를 추정할 수 있다.

먼저 매우 유용하다고 입증된 베타의 추가 속성을 소개한다. 결합한 두 자산의 베타는 두 자산을 시장 평가액으로 가중평균한 한 자산의 베타와 같다. 그러므로 한 기업의 베타는 그 기업이 보유한 모든 사업의 가중평균 베타와 같다. 우리는 다음 5단계로 기업의 베타를 추정할 수 있다.

1단계: 기업이 보유한 사업들을 확인한다.

2단계: 똑같은 사업을 하는 상장회사들을 찾아내서 회귀분석 베타를 구하여, 그런 회사들의 평균 베타를 산출한다.

3단계: 회사들의 평균(또는 중앙값) 부채비율을 이용해서 회사들의 평균(또는 중앙값) 무차입 베타를 추정함으로써 사업의 평균 무차입 베타를 추정한다. (회사들이 보유한 현금이 많으면 순부채비율을 사용해서 묵시적으로 조정하거나, 회사 가치에서 현금의 비중을 계산하여 명시적으로 조정하는 방식으로 현금을 정리할 수 있다.) 아니면 각 회사의 무차입 베타를 추정하고 나서 무차입 베타의 평균을 산출할 수도 있다. 그러나 잘못된 회귀분석 베타로 무차입 베타를 추정하면 오류가 더 커질 수 있으므로 첫 번째 기법이 더 좋다.

$$무차입\ 베타_{사업} = 베타_{동종\ 회사들}/[1 + (1 - 세율)(부채비율_{동종\ 회사들})]$$

4단계: 기업의 보유한 사업들의 가중평균 무차입 베타를 산출하여 그 기업의 무차입 베타를 추정한다. 이때 똑같은 사업을 하는 각 상장회사의 시장 평가액을 가중치로 사용한다. 시장 평가액을 구할 수 없으면 영업이익이나 매출을 가중치로 사용한다. 이 가중평균이 바로 상향식 무차입이다.

$$무차입\ 베타_{사업} = \sum_{j=1}^{j=k}(무차입\ 베타_j \times 가치\ 가중치_j)$$

여기서 기업은 k가지 사업을 보유한다고 가정한다. 무차입 베타$_j$는 각 사업의 무차입 베타이고, 가치 가중치$_j$는 그 사업의 비중이다.

5단계: 끝으로 기업의 부채와 주식의 현재 시장가치를 추정하여 산출한 부채비율로 차입 베타를 추정한다.

이 과정을 통해서 추정된 베타가 상향식 베타(bottom-up beta)이다.

√상향식 베타의 장점　 언뜻 보기에는 상향식 베타에도 회귀분석 베타의 문제점이 모두 있을 듯하다. 다른 상장회사들의 베타도 회귀분석으로 얻은 것이기 때문이다. 그렇더라도 상향식 베타는 회귀분석 베타보다 대폭 개선되었는데, 그 이유는 다음과 같다.

- 각 평균회귀 베타는 표준오차가 크지만, 다수의 회귀분석 베타를 평균하면 표준오차가 훨씬 감소한다. 이는 직관적으로 쉽게 알 수 있다. 베타 추정치의 표준오차가 크다는 뜻은 베타 추정치가 실제 베타보다 훨씬 높거나 낮을 수 있다는 의미다. 이런 개별 회귀분석 베타를 평균한 베타는 개별 베타보다 훨씬 정확하다. 개별 회사들의 추정 오차 사이에 상관관계가 없다면, 감소하는 표준오차는 평균 표준오차나 베타 추정치와 표본 회사의 수로 나타낼 수 있다.

$$\text{표준오차}_{\text{상향식 베타}} = \frac{\text{평균 표준오차}_{\text{동종 회사들}}}{\sqrt{n}}$$

여기서 n은 표본에 포함된 회사의 수이다. 그러므로 소프트웨어회사들의 베타 추정치의 평균 표준오차가 0.50이고 소프트웨어회사의 수가 100이라면, 평균 베타의 표준오차는 0.05에 불과하다($0.50/\sqrt{100}$).

- 상향식 베타를 수정하여 기업의 사업 믹스의 실제 변화와 미래에 예상되는 변화를 반영할 수 있다. 그러므로 지난주에 기업이 주요 사업 하나를 매각했다면, 사업의 비중을 조정하여 이 매각을 반영할 수 있다. 이 방법은 기업 인수에도 똑같

이 적용할 수 있다. 장래에 신규 사업에 진출하려는 기업의 전략 계획도 미래 베타 추정치에 반영할 수 있다.

■ 시간이 흐르면 기업의 부채비율이 달라진다. 회귀분석 베타는 회귀분석 기간에 유지된 기업의 평균 부채비율을 반영하지만, 상향식 베타는 현재 부채비율을 사용한다. 장래에 기업이 부채비율을 변경할 계획이라면, 베타를 수정해서 이 변화를 보여줄 수 있다.

■ 끝으로 상향식 베타를 사용하면 과거 주가에 의존하지 않아도 된다. 동종 회사들의 베타를 구하려면 과거 주가가 필요하지만, 분석하는 기업에 대해서는 보유 사업을 나누기만 하면 된다. 그러므로 비상장회사, 사업부, 최근 상장된 주식도 상향식 베타를 추정할 수 있다.

✓계산 시 유의 사항   상향식 베타를 뒷받침하는 아이디어는 매우 단순하지만, 계산할 때 유의할 사항들이 있다.

■ **동종 회사들의 정의**: 첫째, 사업을 얼마나 세밀하게 정의할 것인지 결정해야 한다. 예를 들어 오락용 소프트웨어 제조 기업을 생각해보자. 그러면 사업을 오락용 소프트웨어 제조로 정의하고서, 주로 오락용 소프트웨어를 제조하는 회사들만 동종 회사로 간주할 수 있다. 아니면 오락용 소프트웨어를 제조하는 회사 중에서도 매출까지 분석 대상 기업과 비슷한 회사만 동종 회사로 더 세밀하게 정의할 수도 있다. 동종 회사를 더 세밀하게 정의하면 유리한 점도 있지만 불리한 점도 있다. 동종 회사를 정의하는 기준을 추가할수록 동종 회사의 수가 감소하므로, 상향식 베타의 최대 장점인 표준오차 감소 효과가 줄어든다. 그러므로 상식적인 원칙을 적용해야 한다. 소프트웨어 섹터에 포함된 회사가 수백 개라면 기준을 세밀하게 적용해도 된다. 그러나 섹터에 포함된 회사가 비교적 소수라면, 오히려 기준을 완화하고 정의를 확대해서 동종 회사의 수를 늘려야 한다.

■ **베타 추정**: 동종 회사들을 정의하고 나면 이들의 베타를 추정해야 한다. 잘 분산된

대표적인 주가지수를 사용해서 이들 회사의 베타를 추정하는 방법이 최선이겠지만, 대개 서비스회사들이 제공하는 베타를 사용하는 편이 더 쉽다. 이런 베타는 사용하는 지수가 다양할 수 있다. 예를 들어 우리가 사업을 글로벌 통신으로 정의하고 블룸버그에서 글로벌 통신회사들의 베타를 구했다면, 이들 베타는 미국 지수를 사용해서 추정되었을 것이다. 그러나 표본 규모가 크면 이는 대개 치명적인 문제가 아니다. 추정치의 오차는 평균을 내는 과정에서 대부분 사라지기 때문이다.

■**평균 방법**: 동종 회사들의 베타를 평균하는 방법은 세 가지다. 시장가치 가중평균을 사용할 수도 있지만, 표본에 거대기업이 한두 개만 들어 있어도 주요 장점인 표준오차 감소 효과가 줄어든다. 아니면 모든 베타에 동일 가중치를 부여하여 베타의 단순 평균을 산출할 수도 있다. 그러면 표본에 포함된 소기업들의 베타가 (시장가치보다) 과도하게 반영되겠지만, 표준오차 감소 효과는 극대화된다. 만일 베타나 부채비율 등 표본 데이터에 이상치(異常値)가 많으면 중앙값을 사용할 수도 있다.

■**차이 통제**: 동종 회사들의 베타를 사용할 때 우리는 이들 회사 모두 사업 위험도 비슷하고 영업레버리지도 비슷하다고 가정한다. 차입 베타나 무차입 베타를 이용하면 재무레버리지의 차이를 통제할 수 있다는 점에 주목하라. 이들 회사 사이에 비용 구조 등 영업레버리지의 차이가 크다면 그 차이도 통제할 수 있다. 그렇게 하려면 무차입 베타에서 영업레버리지 효과를 제거하여 사업 베타를 추정해야 한다.

$$\text{사업 베타} = \frac{\text{무차입 베타}}{\left(1 + \frac{\text{고정비}}{\text{변동비}}\right)}$$

이는 재무레버리지 조정 방식과 비슷하다. 유일한 차이점은 고정비와 변동비 둘 다 비용공제 대상이어서 세율이 필요 없다는 사실이다. 이 사업 베타를 한 번 더 변형하면 동종 회사들의 영업레버리지 차이를 반영할 수 있다.

현금과 베타

상향식 베타 추정 과정에서 나는 2단계 과정을 제안했다. 상장된 동종 회사들의 섹터 평균 베타를 사용해서 기업이 보유한 사업들의 가중평균 베타를 산출하고 나서, 그 기업의 부채비율을 고려하여 조정하라고 제안했다.

그러나 이런 조정을 할 때, 기업이 상당한 현금 자산을 보유하고 있을 수도 있다. 기업의 현금은 대개 거의 위험이 없는 유동성 자산에 투자되므로 베타가 0이 되어야 한다. 그러면 현금은 계산 과정 중 어디에 들어가는가? 현금은 두 곳에 들어간다. 섹터 평균 베타를 산출할 때는 섹터의 평균 부채비율과 한계세율을 사용해서 무차입 베타를 계산해야 한다. 그러므로 평균 차입 베타가 1.30이고 평균 부채비율이 50%이며 평균 세율이 40%이면, 오락 사업 섹터의 평균 무차입 베타는 1.00이 된다.

$$무차입\ 베타 = \frac{1.30}{1 + (1 - 0.40)(0.50)} = 1.00$$

그러나 이것은 이 사업을 하는 회사들의 무차입 베타이고, 이들은 일반적으로 자산 일부를 현금으로 보유한다. 예를 들어 오락 섹터의 평균 현금 잔고가 10%라고 가정하자. 그러면 오락 사업만의 무차입 베타는 다음과 같이 산출할 수 있다.

오락 사업의 무차입 베타(0.90) + 현금의 베타(0.10) = 1.00

현금의 베타를 0으로 간주하면 오락 사업만의 베타는 다음과 같이 산출된다.

오락 사업의 무차입 베타 = 1.00/0.90 = 1.11

이것이 현금을 바로잡은 섹터 베타이며 상향식 베타 산출에 사용하게 된다.

현금이 등장하는 두 번째 경우는 기업의 상향식 베타를 산출할 때이다. 마이크로소프트 같은 기업의 영업자산만의 상향식 베타를 추정하려면, 현금을 수정한 소프트웨어 및 클라우드 사업의 가중평균 무차입 베타를 구해야 한다. 이것이 자기자본비용과 자본비용 산출에 사용하는 베타이다. 마이크로소프트라는 기업의 상향식 베타를 구하려면 보유 현금을 구분하여 베타가 0인 별도의 자산으로 간주해야 한다. 이 베타가 마이크로소프트의 모든 자산과 주식에 대한 베타이다. 가치평가에서는 모든 베타에 용도가 있다

[예시 8.4] 상향식 베타 추정: 반스(2001년 1월)

반스(Vans Shoes)는 시가총액이 1억 9,100만 달러인 신발 제조 기업이다. 반스의 상향식 베타를 추정해보자. 표 8.2는 상장된 모든 신발회사의 베타 등 자료다.

[표 8.2] 베타와 영업레버리지: 신발회사

회사명	베타	시장 부채비율	고정비/변동비
Barry (R.G.)	1.00	40.51%	75.66%
Brown Shoe	0.80	106.64%	61.41%
Candie's Inc.	1.20	75.86%	29.78%
Converse Inc.	0.60	653.46%	39.64%
Deckers Outdoor Co.	0.80	82.43%	62.52%
Florsheim Group Inc.	0.65	96.79%	79.03%
K-Swiss Inc.	0.65	0.69%	56.92%
Kenneth Cole 'A'	1.05	0.29%	56.97%
LaCrosse Footwear	0.55	81.15%	30.36%
Maxwell Shoe Inc.	0.75	2.24%	20.97%
Nike Inc. 'B'	0.90	9.47%	46.07%
Reebok Int'l.	1.05	171.90%	35.03%
Rocky Shoes & Boots	0.80	93.51%	26.89%
Saucony Inc.	0.15	34.93%	49.33%
Shoe Carnival	0.85	2.18%	35.03%
Stride Rite Corp.	0.80	0.00%	48.23%
Timberland Co. 'A'	1.10	15.23%	49.50%
Vulcan Int'l.	0.65	3.38%	11.92%
Wellco Enterprises	0.60	48.89%	11.52%
Weyco Group	0.30	11.91%	24.69%
Wolverine World Wide	1.35	44.37%	32.31%
평균	0.79	75.04%	42.08%
중앙값	0.80	40.51%	39.64%
Vans Shoes		9.41%	31.16%

표 8.2에는 각 회사의 베타에 더해서 시장 부채비율, 영업레버리지 척도인 고정비/변동비 비율이 있다. (고정비: 판매 및 일반관리비, 변동비: 기타 영업비용) 이들 값의 중앙값을 사용해서 사업의 무차입 베타를 추정할 수 있다.

$$베타\ 중앙값 = 0.80$$
$$부채비율\ 중앙값 = 40.51\%$$

평균 세율 40%를 사용해서 무차입 베타를 추정할 수 있다.

$$무차입\ 베타 = 0.80/[1 + (1 - 0.40) \times 0.4051] = 0.6435$$

그리고 기업의 한계세율 40%와 시장 부채비율 9.41%를 사용해서 반스의 베타를 구할 수 있다.

$$차입\ 베타 = 0.6435[1 + (1 - 0.40) \times 0.0941] = 0.68$$

이 차입 베타는 모든 신발 제조회사의 영업레버리지가 비슷하다는 암묵적 가정을 바탕으로 산출되었다. 실제로는 평균 고정비/변동비 비율을 사용해서 무차입 베타를 구하고 나서 반스의 영업레버리지를 반영하여 사업 베타를 구할 수도 있다.

$$고정비\ 중앙값/변동비 = 39.64\%$$
$$사업\ 베타 = 0.6435/(1 + (1 - 0.4) \times (0.3964)) = 0.5199$$

그러고서 반스의 고정비/변동비 비율 31.16%와 부채비율 9.41%를 사용해서 조정 무차입 베타와 차입 베타를 추정할 수 있다.

$$무차입\ 베타_{반스} = 0.5199 \times (1 + 0.3116) = 0.682$$
$$차입\ 베타 = 0.682 \times (1 + (1 - 0.4) \times 0.0941) = 0.721$$

반스는 부채비율과 영업레버리지가 업계 중앙값보다 낮으므로 베타도 업계 중앙값보다 훨씬 낮다.

---

 betas.xls: 미국 섹터별로 최신 베타와 무차입 베타를 요약한 엑셀 자료. (웹에서 다운로드 가능)

[예시 8.5] 상향식 베타 추정: 마이크로소프트(2024년 4월)

소프트웨어회사로 출발한 마이크로소프트는 초기에 PC용 시스템 소프트웨어를 공급했다. 시간이 흐르면서 마이크로소프트는 소프트웨어시장 일부를 지배하게 되었을 뿐 아니라 워드 프로세서, 스프레드시트, 프레젠테이션 프로그램으로 구성된 오피스(Office)도 공급하면서 거의 모든 작업 공간에서 사용되게 되었다. 지난 10년 동안 마이크로소프트는 애저(Azure)라는 플랫폼으로 클라우드 사업에도 진출하여 규모와 수익성을 키웠다. 이 평가 시점 현재 마이크로소프트는 오픈AI(OpenAI)와 제휴한 결과 성장하는 AI시장을 잘 이용하는 듯하다. 2024년 마이크로소프트의 베타를 추정하려고 우리는 사업을 두 분야로 구분했다.

1. 소프트웨어: 마이크로소프트의 핵심 사업으로서 주로 윈도와 오피스 매출로 구성된다.
2. 지능형 클라우드(Intelligent Cloud): 클라우드 서비스를 사용하는 기업들로부터 매출이 나오는 클라우드 사업이다.

두 사업은 위험 특성이 매우 다르며, 동종 회사들을 분석하여 두 사업의 무차입 베타를 추정했다. 다음은 이 추정치를 요약한 표이다(단위: 100만 달러).

	산업 중앙값				
	2023년 매출	EV/매출	무차입 베타	가치	가중치
소프트웨어	124,008	10.72	1.27	1,329,366	66.85%
지능형 클라우드	87,907	7.50	0.85	659,303	33.15%
마이크로소프트	211,915		1.13	1,988,668	

소프트웨어 사업에 대해서는 미국에 상장된 애플리케이션 및 시스템 소프트웨어회사 351개를 사용하여 무차입 베타와 EV/매출을 추정하였다. EV/매출은 소프트웨어 사업 매출 1달러의 가치를 시장이 평가하는 척도이다. 클라우드 사업은 매출 대부분이 클라우드 사업에서 나오는 비교적 젊은 기업 10여 개를 사용해서 무차입 베타와 EV/매출을 추정했다(구글(Google)과 아마존(Amazon) 등 대기업들은 기업 가치 대부분이 다른 사업에서 나오기 때문이다). 마이크로소프트의 두 사업의 가치는 매출[8]과 그 사업 유형의 전형적인 매출 배수[9]로 추정했다.

$$\text{마이크로소프트 소프트웨어 사업의 가치} = \text{소프트웨어 매출} \times \text{EV/매출}_{\text{소프트웨어}}$$
$$= 124{,}008 \times 10.72 = 1{,}329{,}366$$

$$\text{마이크로소프트 클라우드 사업의 가치} = \text{클라우드 매출} \times \text{EV/매출}_{\text{클라우드}}$$
$$= 87{,}907 \times 7.50 = 659{,}303$$

2024년 마이크로소프트 영업자산의 무차입 베타는 두 사업 베타의 가치가중평균으로 추정할 수 있다.

$$\text{마이크로소프트 사업의 무차입 베타} = 1.27(1{,}329{,}366/(1{,}329{,}366 + 659{,}303))$$
$$+ 0.85(659{,}303/(1{,}329{,}366 + 659{,}303))$$
$$= 1.13$$

---

8   마이크로소프트는 재무제표에도 사업을 이렇게 두 부문으로 구분한다. 영업이익, EBITDA, 각종 배수를 사용해서 가치를 산출했다.
9   이들 배수를 추정하려고 상장회사들의 매출 대비 시장가치를 분석했다. 이것이 EV/매출액 배수이다.

이어서 차입 베타는 2023년 마이크로소프트의 부채비율을 사용해서 추정할 수 있다. 주식의 시장가치 3조 230억 달러와 부채의 시장가치 958억 달러를 결합하고 세율 25%를 사용하면 마이크로소프트의 베타는 다음과 같이 산출된다(단위: 10억 달러).

$$마이크로소프트의\ 차입\ 베타 = 1.13(1 + (1 - 0.25)(95.8/3,023)) = 1.16$$

마이크로소프트의 주식 베타는 회귀분석으로 얻은 과거 베타 0.88과 매우 다르지만, 마이크로소프트의 2024년 위험을 훨씬 더 정확하게 반영하는 것으로 보인다. 장래에 AI가 마이크로소프트의 가치에서 차지하는 비중이 증가한다고 믿는다면, AI를 별도의 사업으로 분리해 가치를 추정하고 이를 반영하는 마이크로소프트의 선행 베타를 산출할 수 있다.

[예시 8.6] 상향식 베타 추정: 엔카(2024년 4월)

2024년 튀르키예의 건설·인프라회사 엔카의 베타를 추정하려고 먼저 튀르키예에서 똑같은 사업을 하는 다른 기업들을 동종 회사로 정의하였으나 몇 개에 불과했다. 정의를 유럽의 건설·인프라회사로 확대하자 표본 회사가 약 20개로 증가했다. 동종 회사를 유럽 회사로 한정할 이유가 없다고 생각했으므로, 우리는 표 8.3에서 보듯이 세계 회사들의 사업별 베타 중앙값을 살펴보기로 했다(단위: 100만 튀르키예 리라).

[표 8.3] 엔카의 상향식 베타

사업	매출	EV/매출	무차입 베타	가치	비중
엔지니어링·건설	32,015	0.60	0.73	19,118	23.60%
부동산	5,703	3.42	0.53	19,481	24.05%
운송	4,085	0.99	0.83	4,040	4.99%
전력	21,494	1.79	0.44	38,372	47.37%
엔카 사업	63,297		0.55	81,011	100.00%

엔카 주식의 시장가치(1,903억 5,800만 리라), 부채(26억 6,500만 리라), 튀르키예의 한계세율 23%를 사용해서 엔카 주식의 차입 베타를 추정하면 다음과 같다.

$$부채비율 = 2,665/190,358 = 1.40\%$$
$$차입\ 베타 = 0.55[1 + (1 - 0.23) \times (0.014)] = 0.56$$

엔카는 부채가 거의 없으므로 차입 베타가 무차입 베타와 매우 비슷하다.

베타는 다른 나라에서도 잘 통하는가?

소기업이나 신흥시장 기업의 베타를 추정할 때는 흔히 다른 나라에 상장된 동종 회사들을 찾아보아야 한다. 이것이 엔카의 베타를 추정할 때 우리가 한 작업이었다. 이렇게 해도 괜찮을까? 미국 철강회사의 베타를 인도네시아 철강회사의 베타와 비교해도 될까? 비교하면 안 되는 이유를 나는 찾지 못했다. 그러나 인도네시아 회사는 훨씬 더 위험하다는 주장도 나올 만하다. 인정한다. 그러나 베타가 똑같다고 해서 모든 철강회사의 자기자본비용도 똑같다는 뜻은 아니다. 앞 장에서 설명한 기법을 사용하면, 인도네시아 기업의 자기자본비용 추정에 사용되는 위험 프리미엄에는 국가 위험 프리미엄이 포함되지만, 미국 기업의 경우에는 국가 위험 프리미엄이 포함되지 않는다. 그러므로 두 회사의 베타가 똑같더라도 자기자본비용은 인도네시아 기업이 훨씬 높다.

이 논리에는 몇 가지 예외가 있다. 앞에서 논의했듯이, 베타의 핵심 결정 요인 하나가 제품이 재량재인지 필수재인지 여부다. 한 나라에서는 재량재인 (그래서 베타가 높은) 제품이 다른 나라에서는 필수재가 되는 (그래서 베타가 낮은) 일도 얼마든지 가능하다. 예를 들어 전화 서비스가 대부분 선진국 시장에서는 필수재로 간주되지만, 신흥시장에서는 재량재가 된다. 따라서 선진국 시장 통신회사들의 평균 베타로 신흥시장 통신회사의 베타를 추정하면 베타가 참값보다 높아질 수 있다. 그러므로 신흥시장 통신회사의 동종 회사에는 신흥시장 통신회사만 포함되어야 한다.

대규모 구조조정 후의 베타 계산　상향식 베타를 사용하면 대규모 구조조정을 통해서 사업 구조와 레버리지가 바뀌는 기업의 베타도 추정할 수 있다. 이런 기업의 베타를 회귀분석으로 추정하면 이들 변화가 미치는 영향이 충분히 반영되지 않는 문제가 발생한다. 마이크로소프트는 클라우드 사업에 진출하여 규모를 확장했으므로 과거 주가로 회귀분석한 베타보다 상향식 베타가 더 정확할 것이다. 이 분석 시점 현재 마이크로소프트는 700억 달러에 게임회사 액티비전 블리자드(Activision Blizzard)의 인수 완료를 기다리고 있다. 예시 8.7에서 액티비전 인수 직전과 직후 마이크로소프트의 베타를 추정한다.

[예시 8.7] 인수 후 기업의 베타: 마이크로소프트와 액티비전 블리자드

2022년 마이크로소프트는 게임 사업과 메타버스(가상현실 게임) 진입을 지원하려고 액티비전 블리자드를 인수한다고 발표했다. 규제당국의 반발에 부딪혀 지연되긴 했지만, 인수는 2024년 완료될 전망이다. 두 회사의 베타, 부채, 자기자본 등은 다음과 같다(단위: 100만 달러).

회사	차입 베타	무차입 베타	부채	자기자본	현금
마이크로소프트(인수 전)	1.16	1.13	95,852	3,023,000	80,892
액티비전	0.91	0.87	3,856	60,444	12,041

두 회사 자기자본의 시장가치는 인수 발표 후 시장 평가액을 반영하며, 무차입 베타는 두 회사의 상향식 베타이다. 마이크로소프트의 무차입 베타 계산은 예시 8.5에 있으며, 액티비전에 대해서는 오락 산업의 베타를 사용한다.

마이크로소프트의 베타에 인수가 미치는 영향을 평가하기 위해, 먼저 인수가 합병회사의 사업 위험에 미치는 영향을 조사했다. 합병회사의 무차입 베타는 두 회사 기업 가치의 비중을 기준으로 두 무차입 베타를 가중평균해서 계산할 수 있다.

회사	기업 가치	비중	무차입 베타
마이크로소프트(합병 전)	3,307,960	98.31%	1.1300
액티비전	52,259	1.69%	0.8700
마이크로소프트(합병 후)	**3,105,725**		**1.1256**

두 회사의 무차입 베타는 두 회사 영업자산의 시장 위험을 반영하므로, 우리는 기업 가치(자기자본의 시장가치 + 순부채)를 사용한다. 기업 가치는 영업자산의 가치에 대한 시장 추정치인 셈이다. 마이크로소프트의 기업 가치는 3조 달러를 초과하여 액티비전의 기업 가치 520억 달러를 압도하므로, 가중평균 베타는 마이크로소프트의 인수 전 베타와 매우 비슷하다. 마이크로소프트가 기업 가치가 2조 달러인 엔비디아(Nvidia)를 인수했다면 인수 후 베타가 큰 영향을 받았을 것이다.

마이크로소프트가 액티비전의 자기자본 가치 604억 달러에 대한 인수 대금을 신주를 발행하여 지급한다고 가정하자. 그러면 인수 과정에서 신규 부채를 사용하지 않았으므로 합병회사의 부채는 합병 전 두 회사의 기존 부채를 합한 금액이다.

$$부채 = 액티비전의 기존 부채 + 마이크로소프트의 기존 부채$$
$$= 3,856 + 95,852 = 99,708$$

$$주식 = 마이크로소프트의 구주 + 인수에 사용된 신주$$
$$= 3,023,000 + 60,444 = 3,083,444$$

부채비율은 다음과 같이 계산할 수 있다.

$$부채비율 = 99,708/3,083,444 = 3.23\%$$

이 부채비율과 합병회사의 새 무차입 베타로 계산한 합병회사의 새 베타는 1.1529이다.

$$합병 후 새 베타 = 1.1256[1 + (1 - 0.25) \times (0.0323)] = 1.1529$$

인수 후 부채비율에는 인수 자금조달 방식이 드러난다. 부채로 인수 자금을 조달하면 무차입 베타가 상승한다는 말이다. 그러므로 마이크로소프트가 신규 채권을 발행해서 인수 자금을 조달하면 인수 후 부채와 자기자본의 가치가 변하게 된다.

$$부채 = 액티비전의 기존 부채 + 마이크로소프트의 기존 부채 + 신규 부채$$
$$= 3,856 + 95,852 + 60,444 = 160,152$$
$$자기자본 = 마이크로소프트의 기존 자기자본$$
$$= 3,023,000$$

부채비율은 다음과 같이 계산할 수 있다.

$$부채비율 = 160,152/3,023,000 = 5.30\%$$

이렇게 부채비율이 상승하면 인수 후 베타도 상승한다.

$$인수 후 베타 = 1.1256[1 + (1 - 0.25) \times (0.0530)] = 1.1703$$

회계 베타 세 번째 방법은 주가 대신 회계 이익으로 시장 위험 모수를 추정하는 것이다. 즉, 사업부나 기업의 (분기나 연간) 이익 변동을 시장의 이익 변동과 비교하여 CAPM을 사용해서 회계 베타를 추정한다. 이 방법은 직관적으로는 매력적이지만 세 가지 함정이 있다. 첫째, 회계 이익은 장기간에 걸쳐 기업에 분배되는 경향이 있다. 회계사들은 흔히 수익과 비용을 여러 회계 기간에 걸쳐 분배하기 때문이다. 그 결과 위험한 기업들의 베타는 낮게 편향되고 안전한 기업들의 베타는 높게 편향된다. 다시 말해서 회계 이익으로 추정하면 기업들의 베타가 1에 근접하기 쉽다.

둘째, 회계 이익은 감가상각과 재고자산 평가법의 변경이나 사업부에 대한 비용 배분 등 비영업 요소의 영향을 받을 수 있다. 끝으로 회계 이익은 흔히 1년에 한 번, 빨라도 분기에 한 번 측정되므로 회귀분석에 제공되는 데이터가 많지 않아서 설명력이 약하다(결정계수가 낮고 표준오차가 크다).

[예시 8.8] 회계 베타 추정: 보잉 방위사업부(1995년)

보잉은 방위사업 비중이 큰 항공우주 기업이다. 보잉은 수십 년 동안 방위 사업을 영위하면서 수익성을 기록하고 있다. 1980~1994년 보잉 방위사업부의 이익 변동률과 S&P500 기업들의 이익 변동률은 표 8.4와 같다.

[표 8.4] 보잉 방위사업부 이익과 S&P500 이익   출처: Bloomgberg

연도	S&P500	보잉 방위 사업
1980	-2.10%	-12.70%
1981	-6.70%	-35.56%
1982	-45.50%	27.59%
1983	37.00%	159.36%
1984	41.80%	13.11%
1985	-11.80%	-26.81%
1986	7.00%	-16.83%
1987	41.50%	20.24%
1988	41.80%	18.81%
1989	2.60%	-29.70%
1990	-18.00%	-40.00%
1991	-47.40%	-35.00%
1992	64.50%	10.00%
1993	20.00%	-7.00%
1994	25.30%	11.00%

S&P500 기업들의 이익 변동률(Δ이익$_{S\&P}$)에 대해 보잉 방위사업부의 이익 변동률(Δ 이익$_{방위}$)을 회귀분석하면 다음과 같다.

$$\Delta 이익_{방위} = -0.03 + 0.65 \ \Delta 이익_{S\&P} \qquad R^2 = 19.01\%$$
$$\qquad\ \ (0.12) \ \ (0.37)$$

이 회귀분석에 의하면 방위사업부의 베타는 0.65이다. 그러나 표준오차가 0.37이어서 이 추정치는 소음이 심하다. 따라서 이 베타는 쓸모가 거의 없다.

---

 spearn.xls: 1960년부터 S&P500의 연도별 이익 변동률을 요약한 엑셀 자료. (웹에서 다운로드 가능)

시장 베타, 상향식 베타, 회계 베타: 어느 베타를 써야 하나? 대부분 상장회사의 베타는 시장 베타, 상향식 베타, 회계 베타를 사용해서 추정할 수 있다. 세 가지 방식으로 추정하는 베타는 거의 틀림없이 서로 다를 텐데, 어느 베타를 써야 할까? 나는 앞에서 명시한 모든 이유로 회계 베타는 절대 사용하지 않을 생각이다. 개별 기업의 베타를 추정할 때는 과거 시장 베타 역시 꺼려지긴 마찬가지다. 흔히 (대부분 신흥시장에서) 현지 주가지수는 일부 종목에 지배당하고, 회귀분석 베타는 기업의 사업 믹스와 재무레버리지의 중대한 변화가 미치는 영향을 반영하지 못하기 때문이다. 상향식 베타야말로 최상의 베타 추정치로 보이는데, 그 이유는 다음 세 가지다.

1. 심지어 발생 전에도 사업 믹스와 재무레버리지의 변화를 반영할 수 있다.
2. 다수 기업의 평균 베타를 사용하므로 개별 기업의 베타보다 대개 소음이 작다.
3. 사업 지역별로 베타를 산출할 수 있으므로 투자 분석과 가치평가에 유용하다.

국가 위험 노출도(λ) 측정

7장에서는 국가 위험 노출도 척도인 람다(λ) 개념을 소개했다. 이 섹션에서는 람다의 결정 요인이 무엇이고 람다를 추정하는 최고의 방법이 무엇인지를 직관적으로 검토한다. 공장을 세운 국가, 그 국가 고객들의 특성, 거래에 사용하는 통화, 환율 위험 관리 수준 등 사업의 거의 모든 측면이 기업의 국가 위험 노출도에 영향을 미친다. 그러나 이런 정보는 대부분 내부 정보여서 기업의 가치를 평가하려는 외부인에게는 제공되지 않는다. 이런 현실적인 문제 때문에 람다를 추정할 수 있는 방법은 다음 두 가지다.

■ **매출 분류**: 람다를 추정하는 가장 단순한 방법은 기업이 그 국가에서 창출하는 매출의 비중을 그 나라 평균 기업이 그 국가에서 창출하는 매출의 비중으로 나누는 것이다.

$$\lambda = \frac{\text{국가 매출 비중}_{기업}}{\text{국가 매출 비중}_{시장평균기업}}$$

2008년 브라질 매출 비중이 약 9%였던 브라질 항공우주 기업 엠브라에르(Embraer)를 생각해보자. 평균 브라질 기업의 브라질 매출 비중이 60%이라면, 엠브라에르의 람다는 0.15(0.09/0.60)가 된다. 그러나 엠브라에르의 나머지 매출도 다른 위험한 신흥시장에서 나온다면, 이런 시장에 대해서도 람다를 산출해야 한다.

■ **국채에 대한 회귀분석**: 람다를 추정하는 두 번째 방법은 신흥시장 국채 수익률에 대해서 각 기업의 주식 수익률을 회귀분석하는 것이다. 실제로 우리는 국채 수익률이 국가 위험의 변동을 반영한다고 가정하는 셈이다. 국가 위험이 감소하면 국채 가격은 상승하고 국가 위험이 증가하면 국채 가격은 하락한다. 이 회귀분석에서는 국가 위험 변동에 대한 그 기업 주가의 민감도를 측정한다. 예를 들어 2006~2008년 달러 표시 브라질 국채 수익률에 대해 엠브라에르 주식 수익률을 회귀분석하면 기울기(람다) 0.27이 산출된다. 직관적으로 설명하자면, 국채 수익률이 1% 변동할 때마다 엠브라에르의 주식 수익률은 0.27% 변동했다는 뜻이다. 이것이 우리가 추정한 엠브라에르의 람다이다.

람다: 산출할 만한 가치가 있나?

람다의 용도를 직관적으로 생각해보면, 국가 위험 노출도의 기준은 기업이 설립된 국가가 아니라 기업이 사업을 하는 국가가 되어야 한다. 그러므로 선진국 시장 매출 비중이 큰 신흥시장 기업은 신흥시장에서 국가 위험 노출도가 낮아야 한다. 마찬가지로 신흥시장 매출 비중이 큰 선진국 시장 기업은 이 노출도 때문에 자기자본비용이 증가하게 된다.

그렇긴 해도 람다 추정에 필요한 정보는 대개 입수하기 어렵다. 람다는 매출이 발생하는 국가는 물론 상품을 생산하는 국가, 파생상품이나 보험으로 국가 위험에 대해 보호받는 정도에도 좌우되기 때문이다. 대부분 기업에는 이런 정보가 없거나 불충분하다. 그래서 람다의 추정오차 탓에 람다를 추정해도 소용이 없을 것이다. 매출 비중이 그 나라 다른 기업들과 비슷한 기업이라면, 베타를 사용해서 기업의 위험을 파악하는 표준 기법을 고수하는 편이 합리적일 것이다. 다음은 람다를 추정하는 편이 합리적인 두 가지 상황이다.

1. **한 국가에 대한 위험 노출도가 크다**: 다국적 기업처럼 여러 나라에서 사업하는 기업에는 람다 기법을 적용하기 힘들고 불안정하다. 람다 기법은 신흥시장 한 곳에 대한 노출도만 크고, 나머지 사업은 모두 선진국 시장에서 하는 기업에 적합하다. 인도의 타타 컨설턴시 서비스(Tata Consultancy Services)와 브라질의 엠브라에르가 대표적인 예로, 이들은 국내 시장 매출 비중이 10% 미만이고, 나머지 매출은 거의 모두 선진국 시장에서 나온다. 신흥시장 한 곳에서 생산이나 매출 비중이 크고 나머지 매출 대부분이 신흥시장에서 나오는 선진국 기업에도 람다 기법이 적합하다.

2. **국가 위험에 대한 노출의 성격이 특수하다**: (제품과 서비스의 특성이나 영업레버리지 등) 베타를 좌우하는 요소들은 국가 위험 노출도를 결정하는 유용한 대리지표가 되기도 한다. 그러나 어떤 기업은 한때 국유기업이었거나 국익과 관계가 있다는 이유로 그 국가에서 특별 감시나 관리 대상이 되기도 한다. 그러면 그 기업은 국가 위험에 훨씬 더 노출될 수 있다(람다 상승).

그러므로 람다 기법은 베타로 측정하기 어려운 특별한 이유로 단일 국가 위험에 노출되는 극소수 기업에 적합하다.

베타에서 자기자본비용으로

7장에서 무위험 이자율과 위험 프리미엄을 추정하였고 8장에서 베타를 추정했으므로, 이제는 기업 주식의 기대수익률을 추정할 수 있다. CAPM에서 기대수익률은 다음과 같이 나타낼 수 있다.

$$기대수익률 = 무위험\ 이자율 + 베타 \times 주식\ 위험\ 프리미엄$$

여기서 무위험 이자율은 장기 국채 수익률이고, 베타는 앞에서 논의한 과거, 펀더 멘털, 또는 회계 베타이며, 위험 프리미엄은 과거 프리미엄이나 내재 프리미엄이 될 것이다.

차익거래모형이나 다중요소모형이라면 기대수익률은 다음과 같이 나타낼 수 있다.

$$기대수익률 = 무위험\ 이자율 + \sum_{j=1}^{j=k} \beta_j (위험\ 프리미엄_j)$$

여기서 무위험 이자율은 장기 국채 수익률이고, β_j는 과거 데이터나 펀더멘털로 추정한 요소$_j$ 대비 베타이며, 위험 프리미엄$_j$는 과거 데이터로 추정한 요소$_j$에 대한 위험 프리미엄이다.

위험을 고려할 때 기업 주식의 기대수익률이 주식 투자자와 그 기업 경영자에게 주는 의미가 있다. 주식 투자자에게는 그 기업 주식에 투자하면서 떠안은 위험을 보상 받으려면 벌어야 하는 수익률을 의미한다. 주식을 분석하고 나서 이 수익률을 얻을 수 없다고 판단하면 투자자는 이 주식에 투자하지 않을 것이다. 반면 더 높은 수익을 얻을 수 있다고 판단하면 이 주식에 투자할 것이다. 경영자에게는 투자자들이 불만을 품고 반항하지 않게 하려면 경영자가 제공해야 하는 수익률을 의미한다. 그러므로 기대수익률은 경영자가 프로젝트에 자기자본을 투자해서 초과해야 하는 기준수익률이다. 다시 말해서 기대수익률은 기업의 자기자본비용이다.

[예시 8.9] 자기자본비용 추정: 마이크로소프트(2024년)

이제 상향식 베타로 추정하여 (예시 8.5에서) 마이크로소프트의 베타 1.16과 부채비율이 나왔으므로 마이크로소프트의 자기자본비용을 추정할 수 있다. 국채 수익률은 4.5%, 매출을 지역별로 분류하여 산출한 마이크로소프트의 주식 위험 프리미엄은 5.5%를 사용했다(단위: 100만 달러).

지역	2023년 매출	비중	2024년 ERP
미국	106,744	50.37%	4.25%
기타 국가	105,171	49.63%	6.76%
총매출	**211,915**		**5.50%**

마이크로소프트는 미국 외 매출을 국가나 지역으로 분류하지 않고 기타 국가로 묶어서 보고한다. 그래서 미국과 기타 국가 매출에 가중평균을 반영하여 산출한 주식 위험 프리미엄을 사용한다. 이들 입력 변수를 사용해서 추정한 마이크로소프트의 자기자본비용은 10.89%이다.

$$자기자본비용 = 4.50\% + 1.16 \times (5.50\%) = 10.89\%$$

마이크로소프트가 액티비전을 인수한 후에는 이 숫자가 틀림없이 바뀔 것이며, 사업 구성과 부채비율이 바뀌어도 또 바뀔 것이다.

[예시 8.10] 자기자본비용 추정: 엠브라에르(2008년 3월)

엠브라에르는 브라질 항공우주 기업이다. 이 회사의 자기자본비용을 추정하려고 먼저 세계 항공우주 회사들의 무차입 베타를 추정했다.

$$항공우주회사들의 무차입 베타 = 0.75$$

이 분석 시점에 엠브라에르의 부채비율은 26.84%[10]였으므로, 엠브라에르의 차입 베타는 다음과 같다(브라질의 한계세율은 34%).

$$엠브라에르의 차입 베타 = 0.75[1 + (1 - 0.34)0.2684] = 0.88$$

미국 달러 기준으로 엠브라에르의 자기자본비용을 추정해보자. 분석 시점에 미국 국채 수익률은 3.8%였지만, 브라질 국가 위험을 위험 프리미엄에 반영했다. 7장에서 설명한 방법으로 추정한 2008년 3월 국가 위험 프리미엄은 3.66%였고, 당시 브라질의 부도 스프레드는 2.00%였으며, 보베스파 지수의 변동성은 브라질 국채의 약 1.83배였다. 당시 미국 시장의 위험 프리미엄은 4%였으므로 자기자본비용은 10.54%가 나온다.

$$엠브라에르의 자기자본비용 = 3.8\% + 0.88(4.00\% + 3.66\%) = 10.54\%$$

---

10   여기서는 총부채를 사용했다. (부채에서 현금을 차감한) 순부채비율을 사용하는 대안은 나중에 논의한다.

이 추정치에도 지적할 점이 몇 가지 있다. 첫째, 시간이 흘러 브라질 시장이 성숙하면 국가 위험이 감소하므로 자기자본비용도 감소할 것이다. 둘째, 여기서는 베타가 국가 위험 노출도를 측정하는 척도라고 가정했다. 엠브라에르처럼 외국 매출 비중이 큰 기업은 국가 위험 노출도가 더 작다고 주장할 수 있다. 앞 섹션에서는 람다 개념을 소개하면서 엠브라에르의 람다 추정치 두 가지를 제시했다. 매출을 사용해서 산출한 람다 0.15와, 달러 표시 브라질 국채에 대해서 엠브라에르 주식 수익률을 회귀분석하여 산출한 람다 0.27이다. 여기서는 0.27을 자기자본비용 계산에 사용한다.

$$\text{미국 달러 기준 자기자본비용} = \text{무위험 이자율} + \text{베타}(\text{성숙 시장 위험 프리미엄})$$
$$+ \lambda(\text{국가 위험 프리미엄})$$
$$= 3.8\% + 0.88(4.00\%) + 0.27(3.66\%) = 8.31\%$$

셋째, 달러 기준 자기자본비용은 명목 브라질 헤알 기준 자기자본비용으로 전환할 수 있다. 단지 미국과 브라질의 기대 인플레이션 차이만 고려하면 된다. 예를 들어 미국의 기대 인플레이션이 2%이고 브라질의 기대 인플레이션이 6%라면, 명목 브라질 헤알 기준 자기자본비용은 다음과 같다.

$$\text{자기자본비용}_{\text{명목 브라질 헤알}} = (1 + \text{자기자본비용}_{\text{달러}}) \times$$
$$(1 + \text{인플레이션율}_{\text{브라질}})/(1 + \text{인플레이션율}_{\text{미국}}) - 1$$
$$= 1.083 \times (1.06/1.02) - 1 = 12.56\%$$

여기서 브라질 무위험 이자율은 다른 나라와 똑같으며 인플레이션율이 상승하면 위험 프리미엄도 상승한다고 가정한다. 이와 달리 처음부터 자기자본비용을 추정하는 방법은 먼저 명목 브라질 무위험 이자율(이 분석 시점에 8%)을 구하고 나서 위험 프리미엄을 가산하는 것이다.

$$\text{자기자본비용}_{\text{브라질 헤알}} = \text{무위험 이자율} + \text{베타}(\text{성숙 시장 위험 프리미엄})$$
$$+ \lambda(\text{국가 위험 프리미엄})$$
$$= 8\% + 0.88 \times (4.00\%) + 0.27 \times (3.66\%) = 12.51\%$$

방정식에서 명목 무위험 이자율을 실질 무위험 이자율로 대체하면 실질 자기자본비용이 산출된다. 그러므로 실질 무위험 이자율이 1.5%(인플레이션을 감안한 물가연동국채(TIPS) 수익률)라고 가정하면 실질 자기자본비용은 다음과 같다.

$$\text{자기자본비용} = 1.5\% + 0.88(4\%) + 0.27(3.66\%) = 6.01\%$$

자기자본비용과 소형주 프리미엄

6장에서는 소형주 프리미엄이 존재한다는 증거를 제시했다. 그림 6.10에서 적어도 1927~2023년에는 소형주가 베타가 같은 대형주보다 수익률이 높다는 증거를 제시했다. 그러나 소형주 프리미엄이 크게 나타난다는 사실은 CAPM이 소형주의 위험을 저평가하는 증거로 볼 수도 있으며, 그래서 CAPM 베타만으로 추정하면 소형주의 자기자본비용이 매우 저평가된다고 주장하는 사람도 있다. 그러므로 이들은 소형주 자기자본비용 추정치에 프리미엄을 가산해야 한다고 주장한다. 과거 100년 동안 소형주 프리미엄이 약 3.10%였으므로, 3.10%가 합리적인 소형주 프리미엄이라고 생각할 수 있다. 예를 들어 베타가 1.2인 소형주(무위험 이자율은 4.5%, 시장 위험 프리미엄은 4.25%로 가정)의 자기자본비용을 추정하면 다음과 같다.

$$\text{소형주 자기자본비용} = \text{무위험 이자율} + \text{베타} \times \text{시장 위험 프리미엄} + \text{소형주 프리미엄}$$
$$= 4.5\% + 1.2 \times 4.25\% + 3.1\%$$
$$= 12.7\%$$

가치평가에서는 이런 관행이 널리 자리 잡았지만, 그래도 나는 동의하지 않는다. 첫째, 이런 관행을 따르면 6장에서 인용한 수많은 비효율성을 반영하여 자기자본비용을 다양하게 조정할 수 있는 길이 열린다. 예를 들면 저PER 프리미엄, 저PBR 프리미엄, 고배당수익률 프리미엄을 산출하여 이들을 모두 자기자본비용에 가산할 수도 있다. 가치평가에서 우리가 추구하는 목표가 시장의 실수를 발견하는 것이라면, 처음부터 시장의 평가가 옳다고 가정하는 행위는 잘못이라 하겠다. 둘째, 소형주 프리미엄을 가산하는 더 좋은 방법은 프리미엄의 원인을 확인해서 더 직접적인 위험 척도를 개발하는 것이다. 예를 들어 소형주 프리미엄이 더 높은 원인은 소형주의 영업레버리지가 대형주보다 높기 때문이라고 가정해보자. 그렇다면 (몇 쪽 전에 반스 사례에서 그랬듯이) 소형주의 영업레버리지를 고려해서 소형주에 더 높은 베타를 사용할 수도 있다. 셋째, 과거 데이터로 추정한 소형주 프리미엄 3.1%는 표준오차가 크다(약 2%). 그러므로 실제 소형주 프리미엄은 8%가 될 수도 있고 0%가 될 수도 있다. 넷째, 오늘은 소형주여서 소형주 프리미엄을 누리는 기업이더라도 높은 성장률 덕분에 결국은 대형주가 될 것이다. 그렇다면 시간이 흐를수록 소형주 프리미엄은 서서히 사라질 것이다. 끝으로 소형주 프리미엄 섹션에서 보았듯이, 소형주 프리미엄은 시간이 흐를수록 서서히 감소하여 1981~2023년에는 사라졌다.

요컨대 소형주에는 장점보다 단점이 많다고 생각하며, 자기자본비용 계산에 소형주 프리미엄을 사용할 근거가 여전히 없다고 본다. 그러나 유감스럽게도, 가치평가의 다른 관행들과 마찬가지로 한번 뿌리를 내린 관행은 제거하기가 매우 어렵다.

자기자본비용에서 자본비용으로

주식은 모든 기업의 자금조달 믹스에 틀림없이 중요하고도 필수적인 구성 요소이지만, 유일한 요소는 아니다. 대부분 기업은 부채나 (주식과 채권이 특성이 혼합된) 혼성증권도 사용해서 영업자금을 조달한다. 부채나 혼성증권을 사용한 자금조달 비용은 주식을 사용한 자금조달 비용과 매우 다르므로, 기업의 자금조달 비용에는 자금조달 원천에 따른 비용 차이가 반영되어야 한다. 자본비용은 기업이 자금조달에 사용한 (부채, 주식, 혼성증권 등) 다양한 자금조달 원천 비용의 가중평균이다. 이 섹션에서는 주식 이외의 자금조달 비용 추정 과정을 조사하고, 자본비용 계산 방법을 알아본다.

부채비용 계산

부채비용은 현재 기업이 자금을 차입하는 데 들어가는 비용을 측정한다. 일반적으로 부채비용을 결정하는 변수는 다음과 같다.

- 무위험 이자율: 무위험 이자율이 상승할수록 부채비용도 상승한다.
- 기업의 부도 위험(그리고 부도 스프레드 관련 비용): 기업의 부도 위험이 증가하면 차입비용도 증가한다. 7장에서는 시간과 만기에 따라 부도 스프레드가 변하는 모습을 살펴보았다.
- 부채의 절세효과: 이자는 세금공제 대상이므로, 세후 부채비용은 세율에 따라 결정된다. 지급이자에는 절세효과가 있으므로 세후 부채비용이 세전 부채비용보다 낮다. 게다가 이 절세효과는 세율이 상승할수록 증가한다.

$$세후 부채비용 = (무위험 이자율 + 부도 스프레드)(1 - 세율)$$

이 섹션에서는 기업의 부도 위험 추정 방법을 조사하고, 부도 위험을 부도 스프레드로 전환하여 부채비용을 산출하는 방법도 알아본다.

기업의 부도 위험 추정과 부도 스프레드　기업의 부채비용은 널리 거래되는 장기채권이 있을 때 가장 쉽게 추정할 수 있다. 이 채권의 시장가격으로 산출한 수익률이 부채비용이 된다. 이 기법은 유동성 높은 채권 수십 종이 유통되는 기업에 적용할 수 있다.

일부 기업의 채권은 자주 거래되지 않는다. 그러나 이런 기업도 대개 신용등급은 있으므로, 그 신용등급을 사용해서 부채비용을 추정하여 부도 스프레드를 산출할 수 있다. 그러므로 신용등급이 A인 기업은 부채비용이 국채보다 약 1.07% 높으리라 예상할 수 있다. 이것이 적어도 이 분석을 하는 시점에는 신용등급 AA 기업이 지급하는 전형적인 스프레드이기 때문이다.

신용등급을 받지 않는 기업도 많은데, 소형주와 비상장주 대부분이 이런 유형에 해당한다. 그동안 신용평가기관들이 여러 신흥시장에 생겨났지만, 기업들이 신용등급을 받지 못하는 시장이 여전히 있다. 부채비용을 추정할 신용등급이 없을 때 쓸 수 있는 대안은 두 가지다.

1. 최근 차입 이력: 신용등급이 없는 기업들도 대개 은행 등 금융기관에서 자금을 차입한다. 기업의 최근 차입 조건을 보면 그 기업의 부도 스프레드를 짐작할 수 있으므로, 이 스프레드를 사용해서 부채비용을 추정할 수 있다.

2. 합성신용등급 추정: 우리가 신용평가회사처럼 재무비율을 바탕으로 기업에 신용등급을 부여하는 방법도 있다. 이 등급을 합성신용등급(synthetic rating)이라고 한다. 합성신용등급을 평가하려면 먼저 신용등급이 있는 기업들을 신용등급별로 분류하여 이들의 공통적인 재무 특성을 조사해야 한다. 예를 들어 표 8.5는 S&P 신용등급별로 2024년 1월 부도 스프레드를 사용해서 소규모(시가총액 50억

이자보상배수	신용등급	부도 스프레드
12.5 초과	Aaa/AAA	0.59%
9.5 ~ 12.5	Aa2/AA	0.70%
7.5 ~ 9.5	A1/A+	0.92%
6.0 ~ 7.5	A2/A	1.07%
4.5 ~ 6.0	A3/A-	1.21%
4.0 ~ 4.5	Baa2/BBB	1.47%
3.5 ~ 4.0	Ba1/BB+	1.74%
3.0 ~ 3.5	Ba2/BB	2.21%
2.5 ~ 3.0	B1/B+	3.14%
2.0 ~ 2.5	B2/B	3.61%
1.75 ~ 2.0	B3/B-	5.24%
1.25 ~ 1.75	Caa/CCC	8.51%
0.8 ~ 1.25	Ca2/CC	11.78%
0.2 ~ 0.8	C2/C 1	7.00%
0.2 미만	D2/D	20.00%

달러 미만) 비금융 서비스 기업들의 이자보상배수 범위를 보여준다.[11]

이제 신용등급은 없지만 이자보상배수가 6.15인 소기업을 생각해보자. 이 비율을 바탕으로 추정한 합성신용등급은 A이므로 무위험 이자율에 부도 스프레드 1.07%를 가산하면 세전 부채비용이 산출된다.

신용등급이 같더라도 대기업(시가총액 50억 달러 이상)은 이자보상배수가 낮은 경향이 있다. 표 8.6은 2024년 1월 현재 이 배수, 신용등급, 부도 스프레드를 보여준다.

이 기법을 이용하면 다양한 배수와 질적 변수도 추정할 수 있다. 합성신용등급이

---

11   이 표는 2023년 초 갱신되었으며, 시가총액이 50억 달러 미만이면서 신용등급을 받은 모든 회사를 이자보상배수와 함께 열거하고 나서 채권 신용등급을 기준으로 분류했다. 이어서 이상치들을 제거하고 중복이 발생하지 않도록 범위를 조정했다.

[표 8.6] 이자보상배수, 신용등급, 부도 스프레드: 대형주　　　　　원시 데이터 출처: NAIC.

이자보상배수	신용등급	부도 스프레드
8.5 초과	Aaa/AAA	0.59%
6.5 ~ 8.5	Aa2/AA	0.70%
5.5 ~ 6.5	A1/A+	0.92%
4.25 ~ 5.5	A2/A	1.07%
3.0 ~ 4.25	A3/A-	1.21%
2.5 ~ 3.0	Baa2/BBB	1.47%
2.25 ~ 2.5	Ba1/BB+	1.74%
2.0 ~ 2.25	Ba2/BB	2.21%
1.75 ~ 2.0	B1/B+	3.14%
1.5 ~ 1.75	B2/B	3.61%
1.25 ~ 1.5	D3/D-	5.24%
0.8 ~ 1.25	Caa/CCC	8.51%
0.65 ~ 0.8	Ca2/CC	11.78%
0.2 ~ 0.65	C2/C	17.00%
0.2 미만	D2/D	20.00%

나오면 이 등급으로 추정한 부도 스프레드를 무위험 이자율에 가산하여 기업의 세전 부채비용을 산출할 수 있다.

합성신용등급 기법의 확장

이자보상배수만으로 신용등급을 추정하면 신용평가기관들이 사용하는 다른 재무비율 정보를 누락할 위험이 있다. 우리는 다른 배수들도 포함해서 합성신용등급을 추정할 수 있다. 첫 번째 단계는 다양한 배수를 바탕으로 점수를 산출하는 것이다. 예를 들어 부도 위험 대용물로 사용되는 알트만 Z 점수(Altman Z score)는 5개 재무비율을 가중평균하여 산출된다. 사용되는 재무비율과 가중치는 대개 과거 부도율을 분석해서 추정한다. 두 번째 단계는 표 8.1과 8.2에서 이자보상배수와 채권 신용등급을 분석했듯이, 점수와 채권 신용등급을 분석하는 것이다.

그러나 이렇게 확장하면 복잡해진다는 단점이 있다. Z 점수로 추정하면 이자보상배수로 추정할 때보다 더 정확한 합성신용등급이 나올지 몰라도, Z 점수에서 비롯되는 신용등급 차이는 이자보상배수에서 비롯되는 신용등급 차이보다 설명하기가 훨씬 더 어렵다. 그래서 결함은 있어도 더 단순한 이자보상배수를 선호하게 된다.

세율 추정   세후 부채비용을 추정할 때는 이자비용이 세금공제 대상이라는 사실을 고려해야 한다. 세후 부채비용은 계산 방법이 매우 단순해서 (1 − 세율)을 곱하기만 하면 되지만, 어느 세율을 사용해야 하는가가 어려운 문제다. 선택 대안이 매우 많기 때문이다. 예를 들어 기업들은 흔히 (납부세액을 과세소득으로 나눈) 실효세율을 보고한다. 그러나 대개 실효세율은 (최종 소득에 부과되는) 한계세율과 매우 다르다. 이자비용은 최종 소득에서 차감되므로 부채비용 추정에는 한계세율을 사용해야 한다.

여기서 하나 더 주목해야 할 사항이 있다. 이자를 지불할 만큼 충분한 과세소득이 있어야 이자비용에서 절세효과가 발생한다는 사실이다. 영업 손실이 발생한 회사는 적어도 그해에는 이자비용에서 절세효과가 발생하지 않는다. 따라서 그해에는 세후 부채비용과 세전 부채비용이 똑같다. 미래에 영업이익이 발생하리라 예상한다면 미래 세금을 계산할 때 세후 부채비용을 조정해야 한다.

이 주제는 10장에서 세후 현금흐름을 추정할 때 다시 살펴보기로 한다.

[예시 8.11] 부채비용 추정: 마이크로소프트(2024년 12월)

마이크로소프트는 S&P 신용등급이 AAA였다. 2000년 12월 AAA 등급 기업들의 전형적인 부도 스프레드는 0.59%였고 무위험 이자율은 4.5%였으므로 마이크로소프트의 세전 부채비용을 추정하면 다음과 같다.

$$\text{세전 부채비용}_{\text{실제 신용등급}} = 4.5\% + 0.59\% = 5.09\%$$

마이크로소프트의 세후 부채비용 추정에는 한계세율 25%를 사용한다.

$$\text{세후 부채비용} = 5.09\% \times (1 - 0.25) = 3.82\%$$

이 세후 부채비용을 단기 부채든 장기 부채든 마이크로소프트의 모든 부채에 적용하기로 한다. 마이크로소프트가 단기 부채는 더 낮은 금리로 차입했으므로 이렇게 하면 부당해 보일지 모르지만, 여기서는 단기 부채 연장 비용이 장기 부채비용과 비슷하다고 가정한다. 아울러 단기 차입에 더 낮은 자본비용을 적용해서 체계적으로 보상하고 싶지도 않다.

끝으로 신용등급에 관해서도 유의해야 한다. 신용등급기관들은 개별 채권 발행은 물론 기업에 대해서도 신용등급을 부여한다. 세전 부채비용 추정에 사용하는 신용등급은 개별 채권이 아니라 기업의 신용등급이어야 한다. 위험한 기업도 구조를 잘 짜면 안전한 채권을 발행할 수 있으므로, 채권의 신용등급을 바탕으로 부채비용을 추정하면 전반적인 부채비용을 과소평가할 수 있다.

신흥시장 기업의 부채비용 추정　　신흥시장 기업의 부채비용을 추정할 때 일반적으로 직면하는 문제는 세 가지다. 첫째, 대부분 기업에 신용평가 등급이 없어서, 합성신용등급을 추정할 수밖에 없다. 둘째, 신흥시장과 미국 사이의 금리 차이 때문에 합성신용등급이 왜곡될 수 있다. 금리가 상승할수록 이자보상배수는 일반적으로 하락하므로, 신흥시장 기업은 선진국 기업들만큼 높은 이자보상배수를 유지하기가 매우 어렵다. 셋째, 신흥시장 기업의 부채비용에는 국가 부도 위험이라는 과제가 남아 있다.

두 번째 문제는 쉽게 해결할 수 있다. 미국 기업들을 사용해서 표를 수정하거나 이자비용(그리고 이자보상배수)을 달러 기준으로 바꾸면 된다. 세 번째 문제는 해결하기가 더 어렵다. 대개 보수적인 애널리스트들은 한 기업의 차입 비용이 그 기업이 속한 국가의 차입 비용보다 낮을 수 없다고 가정한다. 이 가정을 따르면 신흥시장 기업의 부채비용에는 그 나라의 부도 스프레드를 포함해야 한다.

$$\text{부채비용} = \text{무위험 이자율} + \text{국가 부도 스프레드}_{\text{국가신용등급}}$$
$$+ \text{기업 부도 스프레드}_{\text{합성신용등급}}$$

이 가정에 대한 반론은 한 나라에서 사업하는 기업이 그 나라보다 안전할 수도 있으므로, 그 나라 부도 스프레드 중 일부만 떠안거나 전혀 떠안지 않을 수도 있다는 것이다.

[예시 8.12] 부채비용 추정: 엠브라에르(2008년 3월)

엠브라에르의 부채비용을 추정하기 위해, 먼저 이 기업의 합성신용등급을 추정했다. 2007년 영업이익은 5억 2,700만 달러, 이자비용은 1억 7,600만 달러여서 이자보상배수는 2.99, 합성신용등급은 BBB였다. 당시 BBB 등급 채권의 부도 스프레드는 1.50%에 불과했지만, 엠브라에르는 브라질 기업이어서 추가로 고려할 사항이 있다. 분석 당시 달러 표시 브라질 국채의 부도 스프레드는 2.00%였으므로, 모든 브라질 기업은 자사의 부도 스프레드에 더해서 국가 부도 스프레드도 지급해야 한다고 주장할 수 있다. 이 주장에 따라 엠브라에르의 달러 기준 세전 부채비용을 계산하면 다음과 같다(국채 수익률은 3.8%로 가정).

$$부채비용 = 무위험 이자율 + 국가의 부도 스프레드 + 기업의 부도 스프레드$$
$$= 3.8\% + 2.00\% + 1.50\% = 7.30\%$$

한계세율 34%를 사용해서 엠브라에르의 세후 부채비용을 추정하면 다음과 같다.

$$세후 부채비용 = 7.30\%(1 - 0.34) = 4.82\%$$

이 기법을 따르면 한 나라에서 사업하는 기업의 부채비용은 그 나라의 부채비용보다 절대 낮을 수 없다. 그러나 엠브라에르는 달러 매출 상당 부분이 외국 항공사와 맺은 계약에서 나온다. 따라서 엠브라에르의 위험 노출도는 브라질 정부보다 낮다고 합리적으로 주장할 수 있고, 그래서 부채비용도 더 낮다고 주장할 수 있다. 다시 말해서 일부 기업(일반적으로 외국 사업 비중이 큰 대기업)은 국가 부도 스프레드 전부가 아니라 일부만 부채비용에 가산해도 된다.

 ratings.xls: 이 스프레드시트를 이용하면 기업의 합성신용등급과 부채비용을 추정할 수 있다. (웹에서 다운로드 가능)

혼성증권의 비용 계산

부채와 주식은 기업이 자금을 조달하는 핵심적인 수단이지만, 주식과 채권의 특성을 겸비한 자금조달 수단도 있다. 이런 증권을 혼성증권(hybrid securities)이라고 한다. 이 섹션에서는 혼성증권의 비용 추정 방법을 살펴본다.

우선주 우선주(preferred stock)에는 채권의 특성(우선주 배당은 우선주 발행 시점에 명시되며, 보통주보다 먼저 지급된다)도 있고, 주식의 특성(우선주 배당은 세금공제 대상

가치평가 바이블

이 아니다)도 있다. (대개 그렇듯이) 우선주에 만기가 없다고 보면 우선주 비용은 다음과 같이 나타낼 수 있다.

$$\text{우선주 비용}(k_{ps}) = \text{우선주의 배당}/\text{우선주의 시장가격}$$

여기서는 우선주 배당이 달러 기준으로 영원히 일정하며 (전환 가능성, 수의 상환 조건 등) 다른 특징이 없다고 가정한다. 만일 다른 특징이 있는 우선주라면, 우선주 비용을 별도로 추정해야 한다. 위험도 측면에서 우선주는 보통주보다 안전하다. 우선주 배당은 보통주 배당보다 먼저 지급되기 때문이다. 그러나 채권보다는 더 위험하다. 채권 이자가 우선주 배당보다 먼저 지급되기 때문이다. 그러므로 세전 기준으로 우선주 비용은 채권 비용보다 높고 자기자본비용보다 낮아야 한다.

[예시 8.13] 우선주 비용 계산: 포드자동차(2011년)

2011년 4월 포드자동차 우선주가 지급한 연간 배당은 1.875달러였고 주가는 26.475달러였다. 우선주 비용을 계산하면 다음과 같다(단위: 달러).

$$\text{우선주 비용} = \text{우선주의 배당}/\text{우선주의 주가} = 1.875/26.475 = 7.08\%$$

당시 포드의 자기자본비용은 베타 추정치 1.40, 무위험 이자율 3.5%, 주식 위험 프리미엄 5%로 계산하면 10.5%였다. 세전 부채비용은 S&P 신용등급 B+를 바탕으로 계산하면 8.50%였고, 세후 부채비용은 5.10%였다. 당연히 포드의 우선주 비용은 자기자본비용보다는 낮았고, 부채비용보다는 훨씬 높았다.

기타 혼성증권　　전환사채는 보유자의 선택에 따라 주식으로 전환할 수 있는 채권이다. 전환사채는 보통사채(주식으로 전환할 수 없는 사채)와 주식 전환 옵션이 결합한 채권으로 볼 수 있다. 이런 혼성증권은 부채 요소와 주식 요소로 나누어서 다룰 수 있다.

[예시 8.14] 전환사채를 부채 요소와 주식 요소로 분리: MGM 리조트

2010년 카지노회사 MGM 리조트(MGM Resorts)는 표면금리가 4.25%인 5년 만기 전환사채를 발행했다. 이 회사는 적자여서 S&P 신용등급이 CCC+였으므로, 같은 시점에 보통사채를 발행했다면 금리가 10%였을 것이다. 1년 뒤 이 전환사채의 시장가격은 액면가의 112%였고, 액면가 총액은 11억 5,000만 달러였다. 이 전환사채는 보통사채 요소와 전환 옵션 요소로 분리할 수 있다(단위: 달러).

$$보통사채\ 요소 = 표면금리\ 4.25\%,\ 잔여\ 만기\ 4년,\ 금리\ 10\%인\ 보통사채의\ 가치$$
$$= 818\ (표면금리는\ 연\ 1회\ 지급한다고\ 가정)$$
$$전환\ 옵션 = 전환사채의\ 시장가치 - 보통사채\ 요소$$
$$= 1,120 - 818 = 302$$

보통사채 요소 818달러는 부채에 해당하며, 비용은 나머지 부채와 똑같다. 전환 옵션 302달러는 주식에 해당하며, 비용은 회사가 발행한 다른 주식과 똑같다. 발행한 전환사채의 액면가 총액이 11억 5,000만 달러이며 시장 평가액 합계가 12억 8,800만 달러이므로, 부채의 가치는 9억 1,600만 달러이고, 주식의 가치는 3억 7,200만 달러이다.

부채 요소와 주식 요소의 가중치 계산

이제 부채, 주식, 혼성증권의 비용을 알고 있으므로 각각에 부여할 가중치를 추정해야 한다. 가중치 추정 방법을 논의하기 전에 부채가 무엇인지 정의하자. 그리고 가중치의 기준은 장부가치가 아니라 시장가치가 되어야 한다. 자본비용은 증권 발행 비용을 측정하며, 증권은 장부가치가 아니라 시장가치로 발행되기 때문이다.

부채란 무엇인가? 이 질문에 대한 답은 명백해 보인다. 기업의 재무상태표에 미상환부채가 나오기 때문이다. 그러나 이 미상환부채를 자본비용 계산에 그대로 사용할 수는 없다. 첫째, 미지급금, 공급자 신용 등 재무상태표에 나오는 부채 중 일부는 이자가 붙지 않는다. 그러므로 이런 항목까지 포함해서 세후 부채비용을 산출하면 기업의 자본비용을 오도할 수 있다. 둘째, 부외 항목 중에는 지급 이자처럼 세금공제 대상이 되는 항목이 있다. 2019년까지 가장 대표적인 부외 항목이 운용리스(operating lease)였다.

3장에서는 운용리스와 금융리스(capital lease)를 비교하면서 운용리스는 금융비용이 아니라 영업비용으로 처리한다고 설명했다. 운용리스의 예를 생각해보자. 한 소매회사가 매장 공간을 12년 동안 임차하면서 건물주에게 매년 고정 금액을 지급하는 리스 계약을 체결했다. 이 리스 계약은 회사가 은행에서 대출받으면서 12년 분할상환 계약을 체결하는 것과 큰 차이가 없다.

2019년 GAAP와 IFRS 둘 다 이 결론에 동의하였으므로, 이제 리스는 자본화하여 재무상태표에 부채로 표시된다.

그러므로 기업의 미상환부채 규모를 추정할 때는 두 가지를 조정해야 한다.

1. 모든 부채가 아니라 이자가 붙는 부채만 고려한다. 단기 부채와 장기 부채는 둘 다 부채에 포함한다.
2. 회계사가 부채로 취급하는 리스는 총부채에 포함한다. 회계사가 부채로 취급하지 않는 리스는 자본화하여 부채로 취급한다.

운용리스 자본화   운용리스 비용을 부채로 전환하는 방법은 간단하다. 재무상태표 각주에 공개된 운용리스 계약 잔여 금액을 위험한 무담보 부채 이자율로 할인하면 된다. 예를 들어 현재 기업의 세전 차입 비용으로 리스 잔여 금액을 할인하면 운용리스 가치에 비슷한 추정치가 산출된다.

일부 국가에서는 기업들이 운용리스 계약을 투자자들에게 공개하지 않아도 된다. 이런 상황에서도 운용리스의 부채 가치를 상당히 비슷하게 추정하는 방법이 있다. 전형적인 리스 기간(8~10년)을 반영하여 올해 지급한 운용리스 비용의 현재가치를 추정하면 된다.

자본화와 관련해서 마지막으로 다룰 주제가 있다. 앞에서 언급했듯이, 이자보상배수를 사용하면 기업의 합성신용등급을 추정할 수 있다. 전통적인 부채는 적고 운용리스가 많은 기업은 이자보상배수를 사용해서 합성신용등급을 추정할 때 운용리스 비용을 이자보상배수에 반영해야 한다.

$$\text{조정 이자보상배수} = \frac{\text{EBIT} + \text{올해 운용리스 비용}}{\text{이자비용} + \text{올해 운용리스 비용}}$$

이 배수를 표 8.1, 표 8.2와 함께 사용해서 합성신용등급을 추정할 수 있다.

2019년부터 IFRS와 GAAP 둘 다 리스에 관한 규정을 변경하여 모든 리스를 자본화해서 부채로 표시하게 했다. 다른 회계규정과 마찬가지로 리스에 관한 규정도 불완전하여 빈틈이 있겠지만, 이제 새 규정을 따르는 기업들은 리스를 부채로 전환할 필요가 없을 것이다.

[예시 8.15] 운용리스의 부채 가치: 마이크로소프트(2000년 12월과 2023년 4월)

마이크로소프트에는 전통적 부채와 운용리스 둘 다 있는데, 2000년에는 운용리스가 부채로 취급되지 않았다. 여기서는 운용리스 비용의 현재가치를 산출하여 마이크로소프트 운용리스의 '부채 가치'를 추정한다. 표 8.7에서는 운용리스의 현재가치를 계산하기 위해 기업의 세전 차입 비용 6%를 사용했다(단위: 100만 달러).

[표 8.7] 2000년 마이크로소프트 리스의 자본화

연도	운용리스 비용	6%로 할인한 현재가치
1	205	193.40
2	167	146.83
3	120	100.75
4	86	68.12
5	61	45.58
6~15	0	0.00
운용리스 비용의 현재가치		556.48

2000년에 회계사가 운용리스를 무시했으므로 마이크로소프트의 부채는 2000년 초 재무상태표에 보고된 금액보다 5억 5,600만 달러 많다.

회계규정이 변경된 후인 2023년 마이크로소프트의 재무상태표에는 리스부채 371억 3,900만 달러가 포함되었는데, 44억 7,800만 달러는 만기가 이듬해이고 나머지는 장기 리스부채로 표시되었다. 이 리스부채에는 운용리스와 금융리스가 포함되었으며, 회계사들은 미래 계약 리스 채무를 할인하여 마이크로소프트의 세전 부채비용에 반영한다.

 oplease.xls: 이 스프레드시트를 이용하면 운용리스 비용을 부채로 전환할 수 있다. (웹에서 다운로드 가능)

장부가치(BV) 부채비율과 시장가치(MV) 부채비율　　시장가치 사용에 반대하는 전형적인 주장 세 가지가 있는데, 모두 설득력이 없다. 첫째, 일부 재무관리자들은 장부가치가 시장가치보다 변동성이 작아서 더 신뢰할 수 있다고 주장한다. 장부가치가 시장가치보다 변동성이 작다는 말은 옳지만, 이는 장부가치의 강점이 아니라 약점을 더 반영한다. 시간이 흘러 기업 특유의 정보와 시장 정보가 드러나면 기업의 진정한 가치도 변하기 때문이다. 그러므로 변동성이 큰 시장가치가 장부가치보다 진정한 가치를 훨씬 잘 반영한다고 주장할 수 있다.[12]

둘째, 장부가치 옹호자들은 시장가치보다 장부가치를 사용할 때 부채비율을 더 보수적으로 추정하게 된다고 주장한다. 이 주장은 시장가치 기준 부채비율이 장부가치 기준 부채비율보다 항상 낮다고 가정하지만, 이는 사실에 근거한 가정이 아니다. 설사 시장가치 부채비율이 장부가치 부채비율보다 낮더라도, 장부가치 부채비율로 산출한 자본비용은 시장가치 부채비율로 산출한 자본비용보다 낮을 것이므로 덜 보수적인 추정치가 된다. 예를 들어 어떤 기업의 시장가치 부채비율은 10%이고, 장부가치 부채비율은 30%이며, 자기자본비용은 15%이고, 세후 부채비용은 5%라고 가정하자. 그러면 자본비용은 다음과 같이 산출할 수 있다.

시장가치 기준 부채비율 사용: 15% × (0.9) + 5% × (0.1) = 14%
장부가치 기준 부채비율 사용: 15% × (0.7) + 5% × (0.3) = 12%

셋째, 어떤 사람은 대출자가 시장가치를 근거로 대출하지 않는다고 주장하지만, 이것도 사실에 근거한 주장이 아닌 듯하다. 가치가 상승한 주택으로 2차 담보대출(second mortgage)을 받아본 주택 소유자라면 누구나 알듯이, 대출자는 시장가치를 근거로 대출한다. 그러나 자산의 시장가치 변동성이 클수록 그 자산을 담보로 대출받기는 어려워진다.

주식과 부채의 시장가치 추정　　주식의 시장가치는 일반적으로 유통주식 수에 주가

12　어떤 사람은 주가의 변동성이 내재가치의 변동성보다 훨씬 크다고 주장한다. 이 주장이 정당하더라도(아직 확실히 입증되지도 않았지만), 시장가치와 내재가치의 차이가 장부가치와 내재가치의 차이보다 훨씬 작을 것이다.

를 곱한 값이다. 워런트나 스톡옵션 등 기타 주식 청구권이 있으면, 이들도 가치를 평가해서 주식의 가치에 가산해야 한다.

부채의 시장가치는 직접 구하기가 더 어렵다. 모든 부채가 채권 형태로 시장에서 거래되는 기업은 거의 없기 때문이다. 흔히 기업들은 은행 대출금 등 시장가치가 아니라 장부가치로 명시된 부채를 보유하고 있다. 장부가치 부채를 시장가치 부채로 간단하게 전환하는 방법은 장부가치 부채 전체를 표면금리가 하나인 채권으로 취급하는 것이다. 이때 표면금리는 모든 부채의 이자비용과 일치시키고, 만기는 부채의 액면가 가중평균 만기와 일치시키고 나서, 기업의 현재 부채비용으로 이 채권을 평가한다. 부채는 10억 달러, 이자비용은 (매년) 6,000만 달러, 만기는 6년, 현재 부채비용은 7.5%라면 이 부채의 시장가치는 다음과 같이 추정할 수 있다(단위: 100만 달러).

$$\text{부채의 시장가치} = \text{지급이자의 현재가치} + \text{액면가의 현재가치}$$

$$= 60 \left[\frac{1 - \dfrac{1}{1.075^6}}{0.075} \right] + \frac{1,000}{1.075^6} = 929.59$$

이 부채의 시장가치는 약 9억 3,000만 달러인데, 이 회사의 장부상 금리(6%)가 시장금리(7.5%)보다 낮기 때문에 장부가치 10억 달러보다 적은 것이다.

[예시 8.16] 시장가치 부채비율과 장부가치 부채비율의 차이: 마이크로소프트(2024년 4월)

이 예시에서는 부채와 주식의 장부가치를 시장가치와 대조한다. 2023년 마이크로소프트 재무상태표에 표시된 부채의 장부가치는 1,113억 5,800만 달러였고, 대부분 비상장이었다. 이런 부채 구조가 흔한 사례이므로, 부채의 장부가치가 부채의 시장가치를 알려주는 합리적인 대리지표라고 가정하는 애널리스트가 많다(단위: 100만 달러).

마이크로소프트의 총부채 = 111,358

이것이 나쁜 가정이 아니지만, 금리와 부도 스프레드가 급변하면 일부 기업에서는 부채의 시장가치가 장부가치에서 크게 벗어날 수도 있다. 근사치이긴 해도 부채의 장부가치를 시장가치로 손쉽게 전환하는 방법이 있다. 부채의 장부가치, 부채의 이자비용, 부채의 평균 만기, 기업의 세전 부채비용을 사용해서 추정하면 된다. 마이크로소프트는 부채의 장부가치는 1,113억 5,800만 달러, 부채의 이자비용은 24억 6,100만 달러, 부채의 평균 만기는 5.69년, 세전 부채비용은 5.09%이다. 부채의 시장가치 추정치는 다음과 같다.

마이크로소프트 부채의 시장가치 = 지급이자의 현재가치 + 액면가의 현재가치

$$= 2{,}461 \left[\frac{1 - \dfrac{1}{1.0509^{5.69}}}{0.0509} \right] + \frac{111{,}358}{1.0509^{5.69}} = 95{,}852$$

마이크로소프트 자기자본의 장부가치는 2,380억 달러였고 시장가치는 3조 2,300억 달러였다. 부채비율을 시장가치와 장부가치로 계산하면 다음과 같다.

	장부가치	시장가치
자기자본	238,268	3,023,000
총부채	111,358	95,852
부채비율	46.74%	3.17%
부채총자본비율	31.85%	3.07%

시장가치 부채비율이 장부가치 부채비율보다 훨씬 낮다.

총부채와 순부채

총부채는 기업의 미상환부채 총액을 가리킨다. 순부채는 총부채에서 기업의 현금 잔고를 차감한 금액이다. 예를 들어 기업의 이자 발생 부채가 12억 5,000만 달러이고 현금 잔고가 10억 달러이면, 순부채는 2억 5,000만 달러이다. 라틴 아메리카와 유럽에서는 관행적으로 부채에서 현금을 차감하며, 부채비율 산출에도 대개 순부채를 사용한다.

기업의 가치를 평가할 때는 총부채를 사용하고 현금 잔고는 영업자산 가치에 가산하는 편이 일반적으로 더 안전하다. 그러면 총부채에 지급하는 이자 전액에 부채의 절세효과가 발생하므로, 기업이 현금 잔고를 효율적으로 투자하는지 평가할 수 있다.

특히 기업이 일상적으로 거액의 현금 잔고를 유지할 때는 애널리스트들이 순부채비율을 선호한다. 순부채비율을 사용하기로 하면, 가치평가 과정 내내 일관성을 유지해야 한다. 우선 기업의 베타를 추정할 때 총부채비율 대신 순부채비율을 사용해야 한다. 베타 추정치로 산출한 자기자본비용을 사용해서 자본비용을 추정할 수는 있지만, 시장가치 가중치의 기준은 순부채가 되어야 한다. 일단 기업 현금흐름을 자본비용으로 할인하면, 현금을 다시 가산해서는 안 된다. 대신 순부채

를 차감해서 자기자본 가치를 추정해야 한다.

　부채에서 현금을 차감하여 순부채비율을 산출할 때는 현금과 부채의 위험이 비슷하다고 암묵적으로 가정하는 셈이다. 신용등급이 높은 기업들을 분석할 때는 이런 가정이 이상하지 않을지 몰라도, 신용등급이 낮은 기업들을 분석할 때는 이런 가정이 매우 의심스러워진다. 예를 들어 신용등급이 BB인 기업의 부채는 그 기업의 현금 잔고보다 훨씬 위험하므로, 부채에서 현금 잔고를 차감하면 기업의 부도 위험을 오도할 수 있다. 일반적으로 순부채비율을 사용하면 위험한 기업들의 가치를 고평가할 수 있다.

---

 wacccalc.xls: 이 스프레드시트를 이용하면 부채의 장부가치를 시장가치로 전환할 수 있다. (웹에서 다운로드 가능)

자본비용 추정

　기업이 자금을 조달하는 원천은 세 가지(주식, 부채, 우선주)이므로 자본비용은 이들 세 가지 비용의 가중평균으로 정의된다. 자기자본비용(k_e)은 그 기업 주식 투자에 수반되는 위험을 반영하고, 세후 부채비용(k_d)은 기업의 부도 위험에 따라 결정되며, 우선주 비용(k_{ps})은 주식과 부채의 중간에 위치한다.

　이들 세 요소의 가중치를 반영하는 기준은 이들의 시장가치가 되어야 한다. 기업이 자금을 조달한 방식이 이들 가중치에 반영되어야 하기 때문이다. 따라서 E는 주식의 시장가치, D는 부채의 시장가치, PS는 우선주의 시장가치라면, 자본비용은 다음과 같이 나타낼 수 있다.

$$자본비용 = k_e[E/(D + E + PS)] + k_d[D/(D + E + PS)] + k_{ps}[PS/(D + E + PS)]$$

[예시 8.17] 자본비용 추정: 마이크로소프트(2024년 4월)

부채와 자기자본비용은 앞의 예시에서 추정했고, 시장가치 부채비율은 예시 8.16에서 추정했으므로, 마이크로소프트의 자본비용은 다음과 같이 산출할 수 있다.

$$자기자본비용 = 10.89\% \ (예시 8.9)$$
$$부채비용 = 3.82\% \ (예시 8.11)$$
$$시장가치 부채총자본비율 = 3.07\% \ (예시 8.16)$$
$$자본비용 = 10.89\% \times (0.9693) + 3.82\% \times (0.0307) = 10.65\%$$

[예시 8.18] 자본비용 추정: 엠브라에르(2008년 3월)

엠브라에르의 자본비용을 추정하려고 앞의 예시에서 자기자본비용 추정치와 부채비용 추정치를 가져왔다. 미국 달러 기준 총부채비율을 사용해서 자본비용을 추정한다(단위: 100만 브라질 헤알).

$$자기자본비용 = 8.31\% \ (예시 8.10)$$
$$세후 부채비용 = 4.82\% \ (예시 8.12)$$
$$부채의 시장가치 = 2,915 \ (장부가치 = 3,128)$$
$$자기자본의 시장가치 = 12,729$$

엠브라에르의 자본비용을 추정하면 다음과 같다.

$$자본비용 = 8.31\%[12,729/(12,729 + 2,915)] + 4.82\%[2,915/(12,729 + 2,915)] = 7.66\%$$

이것을 명목 브라질 헤알의 자본비용으로 전환하려면 인플레이션율 차이를 반영해야 한다(브라질은 6%, 미국은 2%).

$$자기자본비용_{명목 BR} = (1 + 자기자본비용_{달러})(1 + 인플레이션율_{브라질})$$
$$/(1+ 인플레이션율_{미국}) - 1$$
$$= 1.0766(1.06/1.02) - 1 = 11.88\%$$

순부채비율을 사용해서 자본비용을 추정하려면 분석 시점에 엠브라에르가 보유한 현금 잔고 44억 3,700만 헤알을 가져와야 한다.

$$순부채 = 총부채 - 현금 = 2,915 - 4,437 = -1,422$$
$$순부채비율 = -1,422/12,729 = -11.17\%$$
$$순부채총자본비율 = -1,422/(12,729 - 1,422) = -12.58\%$$

$$무차입 베타 = 0.75$$
$$순부채비율을 사용한 차입 베타 = 0.75[1 + (1 - 0.34)(-0.1117)] = 0.695$$

여기서는 차입 베타가 무차입 베타보다 낮다. 베타 산출에 현금을 반영했기 때문이다(현금은 무위험이라고 가정).

$$자기자본비용(미국 달러) = 3.8\% + 0.695(4\%) + 0.27(3.66\%) = 7.57\%$$
$$자본비용(미국 달러) = 7.57\% \times [12,729/(12,729 - 1,422)]$$
$$+ 4.82\% \times [-1,422/(12,729 - 1,422)]$$
$$= 7.57\% \times (1.1257) + 4.82\% \times (-0.1257) = 7.91\%$$

순부채가 마이너스이므로 주식의 가중치가 100%를 초과하고(112.57%), 부채의 가중치가 마이너스다(-12.57%). 이렇게 입력 변수들은 당황스럽지만, 자본비용은 일반적인 부채비율 기법을 사용한 자본비용과 비슷하다. 이는 순부채비율 기법이 절세효과를 제거하기 때문이라고 볼 수 있다.

기업의 관행

8장에서는 기업이 이용하는 자본비용 추정 방법을 논의했다. 실제로 기업들은 어떤 방법을 사용할까? 표 8.8은 브루너(Bruner, 1998) 등이 유명 기업 27개를 조사하여 요약한 자료이다.

[표 8.8] 자본비용 추정 관행
출처: Bruner et al. (1998).

자본비용 항목	관행
자기자본비용	■기업 중 81%는 CAPM을 사용해서 자기자본비용을 추정했고, 4%는 수정된 CAPM을 사용했으며, 15%는 자기자본비용 추정 방법을 잘 몰랐다. ■무위험 자산(R_f)은 투자자가 분석 기간의 기대수익률을 확실히 아는 자산으로 정의된다. ■기업 중 70%는 무위험 이자율로 만기 10년 이상 국채 수익률을 사용했고, 7%는 만기 3~5년 국채 수익률을 사용했으며, 4%는 단기 국채를 사용했다. ■52%는 공개된 베타 추정치를 사용했고, 30%는 자체적으로 추정했다. ■사용한 시장 위험 프리미엄은 매우 다양해서, 37%는 5~6% 프리미엄을 사용했다.
부채비용	■기업 중 52%는 한계 차입 비용과 한계세율을 사용했고, 37%는 평균 차입 금리와 실효세율을 사용했다.
부채와 자기자본 가중치	■59%는 자본비용에서 부채와 자기자본에 시장가치 가중치를 사용했고, 15%는 장부가치 가중치를 사용했으며, 19%는 자신이 사용하는 가중치를 잘 몰랐다.

결론

　기업의 투자를 분석하거나 기업의 자산을 평가할 때는 그 기업의 주식, 부채, 자본 조달 비용을 알아야 한다. 앞 장들에서 설명한 위험-수익 모형을 사용하면 기업의 주식과 자본비용을 추정할 수 있다.

　자기자본비용에 투자자가 떠안는 주식의 위험이 반영되어야 한다고 가정하면, 기업의 자기자본비용을 추정하려면 세 가지 기본 입력 변수가 필요하다. 무위험 이자율은 부도 위험과 재투자 위험이 없는 자산에 대한 기대수익률이다. 기업금융에서 분석 대상은 대개 장기 투자이므로, 무위험 이자율은 장기 국채의 수익률이 되어야 한다. 위험 프리미엄은 투자자가 위험 자산에 투자할 때 요구하는 프리미엄을 측정한다. 이 위험 프리미엄은 투자자마다 달라질 수 있는데, 주식과 국채의 과거 수익률을 분석하거나 현재 시장에서 주가가 형성되는 방식을 분석하여 추정할 수 있다. 기업의 베타는 전통적으로 시장지수 수익률에 대해 기업 주식의 수익률을 회귀분석하여 측정한다. 이 기법으로 산출되는 베타 추정치는 부정확하므로, 동종 회사들의 베타를 조사하여 기업의 베타를 추정하는 방식이 낫다.

　자본비용은 다양한 자금조달 요소 비용의 가중평균이며, 가중치의 기준은 각 요소의 기업 가치다. 부채비용은 기업이 차입하는 시장금리에 절세효과를 반영한 금리다. 그러나 우선주 비용은 우선주의 배당수익률이다.

　자본비용은 두 가지 측면에서 유용하다. 자본비용은 기업이 투자에서 수익을 내려면 넘어야 하는 손익분기점이다. 자본비용은 기업의 가치를 추정하려고 미래 기대 현금흐름을 할인할 때 사용되는 적절한 할인율이기도 하다.

연습문제

별도 표기가 없으면 주식 위험 프리미엄은 5.5%, 세율은 40%로 한다.

1   1995년 12월, 보이시 캐스케이드의 주식 베타는 0.95였다. 당시 단기 국채 금리는 5.8%, 장기 국채 금리는 6.4%였다. 이 회사의 부채는 17억 달러, 주식의 시장가치는 15억 달러, 한계법인세율은 36%였다. (주식의 과거 위험 프리미엄은 단기 국채 대비 8.5%, 장기 국채 대비 5.5%이다.)

    a.   이 회사에 대한 단기 투자자의 기대수익률을 구하라.

    b.   이 회사에 대한 장기 투자자의 기대수익률을 구하라.

    c.   이 회사의 자기자본비용을 구하라.

2   문제 1에 이어서, 보이시 캐스케이드의 부채는 17억 달러, 주식의 시가총액은 15억 달러, 한계법인세율은 36%였다.

    a.   이 주식의 현재 베타 0.95가 합리적이라 가정하고, 이 회사의 무차입 베타를 구하라.

    b.   회사의 위험 중 얼마나 많은 부분이 사업 위험에 기인하고, 얼마나 많은 부분이 재무레버리지 위험에 기인할 수 있는가?

3   생명공학회사인 바이오젠의 1995년 베타는 1.70이었다. 당해 말 기준으로 부채는 없다.

    a.   장기 국채 금리가 6.4%라면 바이오젠의 자기자본비용은 얼마인가?

    b.   장기 채권 금리가 7.5%로 상승하면 바이오젠의 자기자본비용에 어떤 영향을 미치는가?

    c.   바이오젠의 위험 중 사업 위험에 기인하는 비율은 어느 정도인가?

4   겐팅 버하드는 농장과 관광 리조트를 보유하고 있는 말레이시아 복합기업이다. 말레이시아 증권거래소 대비 이 회사의 베타 추정치는 1.15이며, 말레이시아 정부의 장기 채권 금리는 11.5%다. (말레이시아의 위험 프리미엄은 12%이고, 현지 통화 부채의 부도 스프레드는 2%다.)

    a.   주식의 기대수익률을 구하라.

    b.   국제 투자자 입장에서, 말레이시아 지수 대비 추정한 베타를 사용한다면 어떤 우려 사항이 있는가? 우려 사항이 있다면 베타를 어떻게 수정하겠는가?

5   중장비 제조업체 헤비테크 주식의 지난 5년간 월별 수익률을 회귀분석하여 다음과 같은 결과를 얻었다.

$$R_{헤비테크} = 0.5\% + 1.2\,R_{시장}$$

주식의 분산은 50%, 시장의 분산은 20%다. 현재 단기 국채 금리는 3%다. (1년 전에는 5%였다.) 지난 1년간 주가는 4달러 하락하여, 현재 주가는 50달러다. 이전 연도에 2달러를 배당했고, 이듬해에 2.50달러를 배당할 것으로 예상된다. NYSE종합지수는 지난 1년간 8% 하락했으며, 배당수익률은 3%다. 헤비테크의 세율은 40%다.

a. 헤비테크의 다음 해 기대수익률은 얼마인가?

b. 1년 후 헤비테크의 주가는 얼마일 것으로 예상하는가?

c. 헤비테크의 지난 1년간 기대수익률은 어떠했는가?

d. 헤비테크의 지난 1년간 실제 수익률은 얼마였나?

e. 헤비테크는 1억 달러의 자기자본과 5,000만 달러의 부채를 가지고 있다. 회사는 5,000만 달러의 신규 주식을 발행하고 5,000만 달러의 부채를 상환할 계획이다. 새 베타값을 구하라.

6 미국 전역에서 식료품점을 소유 및 운영하는 세이프코프는 5,000만 달러의 부채와 1억 달러의 자본을 보유하고 있다. 주식 베타는 1.2다. 이 회사는 차입인수(LBO)를 통해 부채비율을 800%로 늘릴 계획이다. 세율이 40%라면 LBO 후 이 회사의 주식 베타는 얼마인가?

7 노벨은 주식의 시장가치가 20억 달러이고 베타가 1.50이다. 이 회사는 워드퍼펙트를 인수한다고 발표했는데, 워드퍼펙트는 주식의 시장가치가 10억 달러이고 베타가 1.30이다. 인수 시점에서 양사 모두 부채가 없는 재무구조이며, 법인세율은 40%다.

a. 전체 인수 자금이 자기자본으로 조달되었다고 가정할 때, 인수 후 노벨의 베타를 구하라.

b. 노벨이 10억 달러를 차입하여 워드퍼펙트를 인수해야 한다고 가정하자. 인수 후 베타를 구하라.

8 휴렛팩커드(HP)의 베타를 분석하는 중이다. 회사를 크게 네 개의 사업부로 분류하고 각 사업부의 시장가치와 베타를 구했다.

사업부	주식의 시장가치(10억 달러)	베타
메인프레임	2.0	1.10
개인용 컴퓨터	2.0	1.50
소프트웨어	1.0	2.00
프린터	3.0	1.00

a. 단일한 회사로서 휴렛팩커드의 베타를 구하라. 이 베타는 시장지수에 대한 과거 수익률을 회귀하여 추정한 베타와 같을까? 그 이유는?

b. 장기 국채 금리가 7.5%라면, 휴렛팩커드의 자기자본비용은 얼마인가? 각 사업부의 자기자본비용을 구하라. 프린터 부문의 가치를 평가하기 위해 어떤 자기자본비용을 사용하겠는가?

c. HP가 메인프레임 사업에서 철수하고 그 현금을 배당금으로 지급한다고 하자. 사업 철수 후 HP의 베타를 구하라. (HP는 10억 달러의 부채가 있다.)

9 다음 표는 제약회사 네 곳의 영업이익, 매출액 변화율과 베타를 보여준다.

기업	매출액 변화(%)	영업이익 변화(%)	베타
파마코프	27	25	1.00
사이너코프	25	32	1.25
바이오메드	23	36	1.30
세이프메드	21	40	1.40

a. 각 회사의 영업레버리지를 계산하라.

b. 이 회사들의 베타가 다른 이유를 영업레버리지로 설명하라.

10 저명한 베타 추정 서비스에 따르면 주요 케이블TV 사업자인 컴캐스트 코퍼레이션의 베타는 1.45이다. 이 서비스는 지난 5년간의 주간 주식 수익률과 NYSE종합지수를 회귀분석하여 베타를 측정한다고 한다. 같은 기간의 주간 주식 수익률을 사용하여 회귀분석을 직접 수행했더니 베타가 1.60이 나왔다. 둘 간의 차이를 어떻게 좁힐 수 있을까?

11 배틀 마운틴은 남미, 아프리카, 호주에 있는 광산에서 금, 은, 구리를 채굴하는 광산회사다. 이 주식의 베타는 0.30으로 추정된다. 원자재 가격의 변동성을 감안할 때, 이렇게 낮은 베타를 어떻게 설명하겠는가?

12 다각화된 대형 제조업체인 아나돈 코퍼레이션과 NYSE지수에 대한 5년간의 수익률을 구했다.

연도	아나돈 코퍼레이션	NYSE
1981	10%	5%
1982	5%	15%
1983	-5%	8%
1984	20%	12%
1985	-5%	-5%

a. 회귀분석의 절편(알파)과 기울기(베타)를 구하라.

b. 오늘 아나돈의 주식을 샀다면, 내년의 기대수익률은 얼마인가? (6개월 국채의 이자율은 6% 다.)

c. 지난 5년을 돌이켜 볼 때, 아나돈의 수익률은 시장 대비 상대적으로 어떠한가?

d. 분산투자를 하지 않고 아나돈에 모든 돈을 투자했다고 하자. 감수하고 있는 위험을 측정하는 좋은 척도는 무엇일까? 분산투자하면 이 위험의 얼마나 많은 부분을 제거할 수 있는가?

e. 아나돈은 사업부 중 하나를 매각할 계획이다. 고려 중인 사업부의 자산은 아나돈 장부가치의 절반과 시장가치의 20%를 구성하고 있다. 이 회사의 베타는 (매각 전) 아나돈 평균 베타의 두 배다. 이 사업부를 매각한 후 아나돈의 베타는 어떻게 되겠는가?

13 석유 및 가스 생산회사인 맵코의 월별 수익률과 S&P500 지수의 회귀분석을 통해 1991년부터 1995년까지의 다음 자료를 얻었다.

$$회귀절편 = 0.06\%$$
$$회귀계수(기울기) = 0.46$$
$$X\ 회귀계수의\ 표준오차 = 0.20$$
$$R^2 = 5\%$$

발행주식은 2,000만 주이고 현재 시장가격은 주당 2달러다. 이 회사의 부채는 2,000만 달러다. (세율은 36%다.)

a. 장기 국채 이자율이 6%라면 맵코 주식투자자의 요구 수익률은 얼마인가?

b. 이 회사의 위험 중 분산가능한 위험의 비율은 얼마인가?

c. 이제 맵코가 (시장가치 기준) 동일한 규모의 세 개 사업부를 가지고 있다고 가정하자. 회사는 한 사업부를 현금 2,000만 달러에 매각하고 다른 사업부를 5,000만 달러에 인수할 계획이다. (이 인수를 완료하기 위해 3,000만 달러를 빌릴 예정이다.) 매각하는 사업부는 평균 무차

입 베타가 0.20인 사업부이고, 인수하는 사업부는 평균 무차입 베타가 0.80인 사업부다. 이번 인수 후 맵코의 베타는 어떻게 달라지는가?

14   지난 5년 동안 아메리칸 항공의 월별 수익률을 S&P500에 대해 회귀분석을 실행했다. 출력값의 일부가 잘못 배치되어, 현재 가지고 있는 데이터를 가지고 결과를 도출하고자 한다.

   a. R^2이 0.36이고 주식의 분산이 67%라는 것을 알고 있다. 시장의 분산은 12%다. 아메리칸 항공의 베타는 얼마인가?

   b. 5년의 회귀분석 기간에 아메리칸 항공이 그다지 좋은 투자가 아니었고, (위험 조정 후) 수익률이 예상보다 월간 0.39%씩 나빴다는 것을 기억하고 있다. 이 기간 동안 평균 무위험 이자율은 4.84%였다. 회귀절편은 얼마인가?

   c. 아메리칸 항공을 R^2이 0.48인 다른 회사와 비교하고 있다. 두 회사의 베타가 같은가? 그렇지 않다면 그 이유는 무엇인가?

15   대형 생명공학회사인 암젠의 월별 수익률과 S&P500 지수를 회귀분석하여 다음과 같은 결과를 얻었다.

$$R_{암젠} = 3.28\% + 1.65\ R_{시장} \qquad R^2 = 0.20$$

현재 1년 만기 국채의 이자율은 4.8%이고 30년 만기 국채 금리는 6.4%이다. 이 회사의 발행주식은 2.65억 주이며, 주당 30달러에 거래되고 있다.

   a. 이 주식의 향후 1년간 기대수익률은 얼마인가?

   b. 이 회사의 가치를 평가하기 위한 할인율을 구하는 것이 목적이라면, 기대수익률이 변하는가?

   c. 한 애널리스트가 이 주식의 연간 수익률이 예상보다 51.1% 더 좋았다고 계산했고, 이 계산은 옳다. 이 애널리스트가 사용한 무위험 이자율을 추정할 수 있는가?

   d. 이 회사의 부채비율은 3%이고 세율은 40%다. 이 회사는 20억 달러의 신규 채권을 발행하여 그 규모에 달하는, 기존 사업과 동일한 위험 수준의 새로운 사업을 인수할 계획이다. 인수 후 베타는 어떻게 되는가?

16   신문 및 잡지 발행사인 MAD의 월별 수익률을 S&P500과 비교하여 다음 결과를 얻었다.

$$R_{MAD} = -0.05\% + 1.20\ R_{S\&P}$$

회귀분석의 R^2은 22%다. 현재 단기 국채 이자율은 5.5%이고, 장기 국채 이자율은 6.5%이다. 회귀분석 기간 동안 무위험 이자율은 6%였다. 이 회귀분석과 관련한 다음 질문에 답하라.

a. 절편에 따르면, 회귀분석 기간 동안 MAD는 기대치에 비해 얼마나 잘했는가 혹은 잘못했는가?

b. 이제 지난달 말(분석 기간의 마지막 달)에 MAD가 대대적인 구조조정을 단행하여 다음과 같이 변화했다는 것을 깨달았다.

- 회사는 무차입 베타가 0.6이던 잡지 사업부를 2,000만 달러에 매각했다.
- 2,000만 달러를 추가 차입하여 4,000만 달러의 자사주를 매입했다.

사업부 매각과 자사주 매입 이후, MAD는 부채 4,000만 달러와 자기자본 1억 2,000만 달러를 보유하게 되었다. 회사의 세율이 40%라면, 이 변화 이후의 베타는 얼마인가?

17 엔터테인먼트 복합기업인 타임 워너의 1995년 베타는 1.61이었다. 베타가 높은 이유 중 하나는 워너가 타임을 레버리지로 인수한 후 남은 부채가 1995년 100억 달러에 달했기 때문이다. 1995년 당시 타임 워너의 주식 시장가치도 100억 달러였다. 한계세율은 40%였다.

a. 타임 워너의 무차입 베타를 구하라.

b. 향후 2년 동안 부채비율을 매년 10%씩 감소시킬 때 주식의 베타를 구하라.

18 자동차 제조업체인 크라이슬러의 1995년 베타는 1.05였다. 그해에 130억 달러의 부채가 있었고 3.55억 주의 주식이 주당 50달러에 거래되었다. 1995년 말 이 회사의 현금 잔고는 80억 달러였다. 한계세율은 36%였다.

a. 이 회사의 무차입 베타를 구하라.

b. 특별배당금 50억 달러를 지급할 때 무차입 베타에 미치는 효과를 구하라.

c. 특별배당 후 크라이슬러의 베타를 구하라.

19 가전제품을 제조하는 한 비상장기업의 베타를 계산하려고 한다. 가전제품을 제조하는 상장기업들의 베타값을 얻었다. 이 비상장회사의 부채비율은 25%이며 세율은 40%이다(단위: 100만 달러).

회사	베타	부채	시장가치
블랙&데커	1.40	2,500	3,000
페더스	1.20	5	200
메이태그	1.20	540	2,250
내셔널 프레스토	0.70	8	300
월풀	1.50	2,900	4,000

a. 이 비상장기업의 베타를 구하라.

b. 비교 기업의 베타값들을 사용할 때 우려 사항은 무엇인가?

20 주주들의 압력으로 인해 RJR 나비스코는 식품사업부의 분사를 고려하고 있다. 이 사업부의 베타를 추정해달라는 요청을 받았고, 비교 가능한 상장기업의 베타를 구하여 추정하기로 결정했다. 비교 대상 상장기업들의 평균 베타는 0.95이고, 이 기업들의 평균 부채비율은 35%이다. 한계법인세율은 36%이다.

a. 식품사업부의 베타는 얼마인가?

b. RJR 나비스코가 여기에 사용된 비교 기업들보다 고정비가 훨씬 높다는 점을 알았다면, 어떤 차이가 생기는가?

21 전화회사인 사우스웨스턴 벨은 미디어 사업으로 사업 확장을 고려하고 있다. 1995년 말 이 회사의 베타는 0.90이고 부채비율은 100%다. 1999년 미디어 사업은 전체 기업 가치의 30%가 될 것으로 예상되며, 비교 대상 기업의 평균 베타는 1.20이고 이들 기업의 평균 부채비율은 50%이다. 한계세율은 36%이다.

a. 1999년 사우스웨스턴 벨의 베타를 구하라. 현재의 부채비율이 유지된다고 가정한다.

b. 사우스웨스턴 벨이 부채비율을 50%로 만들기로 결정했다고 했을 때, 이 기업의 1999년 베타를 구하라.

22 성장하는 소프트웨어 제조회사인 어도비 시스템스의 최고 재무 책임자가 회사의 베타에 대한 조언을 구해왔다. 그는 매년 어도비 시스템스의 베타를 추정하는 서비스에 가입하고 있는데, 1991년 이후 매년 베타 추정치가 하락하여 1991년 2.35에서 1995년 1.40까지 줄어든 것을 발견했다. 그는 다음 질문에 대한 답변을 얻기를 바란다.

a. 성장하는 회사에서 이러한 베타 감소는 이례적인가?

b. 이 회사의 베타가 시간이 지나며 감소한 이유는 무엇인가?

c. 시간이 지나며 이 베타가 계속 감소할 가능성이 있는가?

23 고급 소매업체인 티파니를 분석하고 있는데, 이 회사의 베타에 대한 회귀 추정치가 0.75이고 베타 추정치의 표준오차가 0.50이라는 것을 알게 되었다. 또한 비교 대상 전문 소매업체의 평균 무차입 베타는 1.15다.

a. 티파니의 부채비율이 20%일 때, 비교 가능한 회사를 기준으로 이 회사의 베타를 구하라. (세율은 40%이다.)

b. 회귀분석에서 베타의 범위를 구하라.

c. 티파니의 신용등급이 BBB이고 BBB 등급 기업의 부도 스프레드가 장기 국채 금리보다 1% 높다고 하자. 장기 국채 금리가 6.5%일 때 이 회사의 자본비용을 구하라.

24 통신회사인 뉴텔의 자본비용을 구해달라는 요청을 받았다. 이 회사의 특징은 다음과 같다.

■ 발행주식은 1억 주이며, 주당 250달러에 거래되고 있다.

■ 만기가 6년인 부채의 장부가액은 100억 달러이고, 부채에 대한 이자비용은 6억 달러이다. 이 회사는 신용등급은 없지만 작년에 25억 달러의 영업이익을 올렸다. (이자보상배수가 3.5~4.5인 기업의 신용등급은 BBB이며, 부도 스프레드는 1%다.)

■ 이 회사의 세율은 35%다. 장기 국채 금리는 6%이고, 다른 통신사의 무차입 베타는 0.80이다.

a. 이 회사 부채의 시장가치를 구하라.

b. 합성신용등급(이자보상배수로 추정)을 기준으로, 이 회사의 부채비용을 구하라.

c. 이 회사의 자본비용을 구하라.

9장
이익 측정

현금흐름 추정은 대개 이익 측정치에서 출발한다. 예컨대 기업 잉여현금흐름(free cash flows to the firm: FCFF)은 세후 영업이익에, 주주 잉여현금흐름(free cash flows to equity: FCFE)은 순이익에 바탕을 둔다. 하지만 재무제표에서 영업이익과 순이익의 척도로 사용되는 회계 이익과 진정한 이익의 차이가 큰 기업이 많다.

이번 장에서는 먼저 기업을 바라보는 회계와 재무 관점의 철학적 차이를 다룬다. 이후 회계 이익을 가치평가의 이익 척도로 활용하려면 어떤 조정을 거쳐야 하는지 알아본다. 특히 (금융비용 성격이 강한) 운용리스와 (자본적 지출로 보는 것이 타당한) 연구개발비를 어떻게 처리할지 다룬다. 이러한 조정은 이익 척도뿐 아니라 자본의 장부가액에도 영향을 미친다. 최근 많은 기업이 공격적으로 이익을 관리하면서 활용 사례가 급증한 특별항목과 일회성 비용도 다룬다. 기업이 여러 보고 기간에 걸쳐 이익을 완만하게 다듬고(평활화, smoothing) 애널리스트 추정치를 상회하려고 활용하는 기법은, 보고이익과 이를 활용해 도출한 가치의 왜곡을 낳는다.

회계 데이터와 재무 정보

우리가 기업 분석을 통해 답을 찾으려 할 때 어떤 질문을 던져야 할까? 여기서 기업은 이미 투자를 집행한 보유 자산과 아직 투자하지 않은 성장 자산을 모두 포함하는 개념이다. 나아가 기업은 투자에 필요한 자금을 빌리거나(차입금 조달) 주식 발행을 통해 소유주로부터 자금을 조달할 수 있다. 그림 9.1은 재무 관점의 재무상태표를 요약해서 보여준다.

재무 관점과 회계 관점의 재무상태표는 여러 면에서 유사하지만, 재무 관점에서는

[그림 9.1] 재무 관점의 재무상태표

자산			부채와 자기자본
기존 투자의 미래 기대가치로서 기업이 마주한 기회에 관한 판단에 따라 달라진다.	보유 자산	부채	채권자는 계약에 따라 기업의 현금흐름에 대한 청구권을 갖는다.
미래 투자가 더할 기대가치로서 기업이 마주한 기회에 관한 판단에 따라 달라진다.	성장 자산	자기자본	주식 투자자는 부채 상환 후 남는 현금흐름을 갖는다.

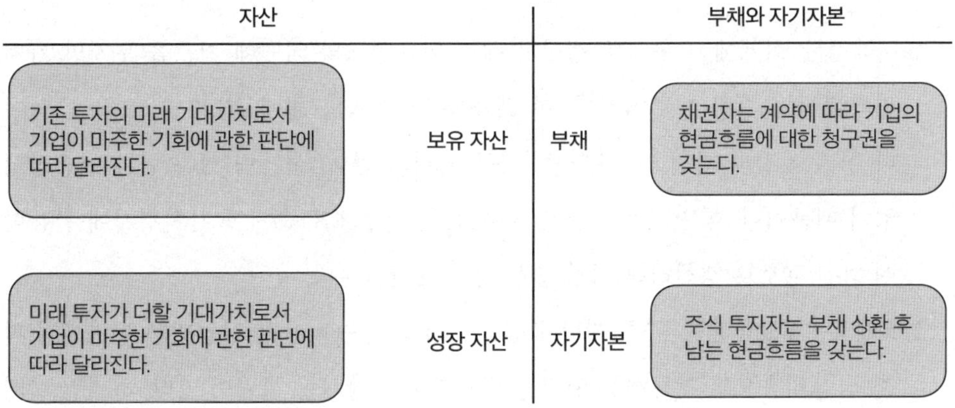

[그림 9.2] 재무 관점의 핵심 질문

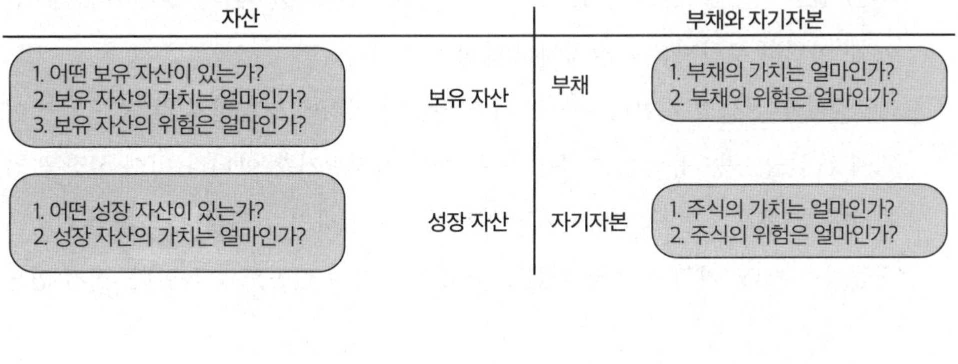

자산			부채와 자기자본
1. 어떤 보유 자산이 있는가? 2. 보유 자산의 가치는 얼마인가? 3. 보유 자산의 위험은 얼마인가?	보유 자산	부채	1. 부채의 가치는 얼마인가? 2. 부채의 위험은 얼마인가?
1. 어떤 성장 자산이 있는가? 2. 성장 자산의 가치는 얼마인가?	성장 자산	자기자본	1. 주식의 가치는 얼마인가? 2. 주식의 위험은 얼마인가?

자산을 분석할 때 성장 자산을 고려한다는 중대한 차이가 있다.

기업 재무분석은 서로 연관된 몇 가지 질문에 대한 답을 얻고자 한다(그림 9.2 참고). 회계 관점의 재무상태표도 일부 정보를 제공하지만 적시성과 자산 가치·이익·위험 측정 방식에서 한계가 있다.

이번 장에서는 모든 가치평가의 출발점이라고 할 수 있는 회계 이익에 초점을 둔다. 회계 이익을 두고 향후 성장 전망과 위험 등 수많은 내러티브가 펼쳐지지만 결함이 있는 이익 수치에 바탕을 둔 모든 담론은 당연히 오류로 이어진다. 우리는 그동안 손익계산서상 회계 이익이 곧 보유 자산이 창출하는 이익, 즉 기업의 수익력이라고 믿도록 교육받았다. 이번 장에서 회계 이익을 다룰 때 반드시 고려할 세 가지 요인을 알아본다.

1. 이익 갱신: 회계에서 수치를 갱신할 때는 회계연도와 역년에 기준을 두지만 가치평가에서는 즉시 이루어진다. 이 책을 쓴 2024년 7월에 2023년 12월 31일이나 이전 시점의 기업 가치평가는 아무 의미가 없다. 설득력 있다 한들 활용성이 없기 때문이다. 이번 장에서는 먼저 오래된 재무제표 수치를 가치평가에 활용할 때 최신 정보로 갱신하는 가장 좋은 방법을 알아본다.

2. 회계의 분류 오류 정정: 규칙 기반 학문으로서 회계는 비용을 영업비용과 자본적 지출, 금융비용으로 분류하는 일관성이 있다고 주장하는 사람이 많다. 하지만 실제 적용 과정에서는 특히 비금융 서비스 기업의 연구개발비 같은 자본적 지출을 영업비용으로, 리스 같은 금융비용도 영업비용으로 분류하는 등 (적어도 얼마 전까지는) 일관성이 없었다. 이러한 오류를 바로잡지 않으면 왜곡된 이익 척도를 얻을 뿐 아니라 투하자본 추정치에도 영향을 미친다.

3. 이익 정상화: 현시점 기업의 가치는 과거 연도의 이익에 영향받지 않는다. 과거 이익에 관심을 두는 유일한 이유는 보유 자산 가치평가뿐 아니라 미래 성장을 가늠하는 데 활용하는 수익력이 어느 정도인지 판단하기 위해서다. 하지만 이익은 변동성이 크다. 기업 특유의 원인도 있고 거시경제 변동도 한몫한다. 직전 연도

이익을 예측의 출발점으로 삼으면 상당히 위험하다. 마지막 섹션에서는 일회성 또는 특별항목 등 이익 변동성을 유발하는 회계 오류의 잔해를 없애 수익력을 더 정확히 측정하는 방법을 다룬다.

이익을 최신 정보로 갱신하고 일관되게 측정하며 정상화하면 기업의 현재 수익력을 보여주는 더 정확한 척도를 얻을 수 있다.

이익 조정

기업 손익계산서는 이자 및 세전 이익(EBIT)과 순이익 형태로 영업이익과 주주 이익(equity income)의 척도를 제공한다. 이를 기업 가치평가에 활용할 때 두 가지 사항을 주의해야 한다. 첫째, 시간에 따른 기업의 변화 정도를 고려해 가능한 한 최신 정보로 갱신한 추정치를 사용해야 한다. 둘째, 보고이익은 회계기준과 기업마다 적용하는 관행의 한계로 인해 진정한 이익과 차이가 크다.

이익 정보 갱신의 중요성

기업은 재무제표와 연차보고서를 통해 주주에게 이익을 보고한다. 연차보고서는 회계연도 종료일 이후에만 공시되는데, 기업 가치평가가 필요한 시점이 그때로 국한되지는 않는다. 따라서 가치평가 시점에 구할 수 있는 최신 연차보고서라고 해도 몇 달이나 지난 정보일 때도 있다. 시간에 따른 변화 폭이 큰 기업이라면 오래된 정보에 바탕을 두고 가치를 추정하는 것은 위험하다. 가장 최근 정보를 활용하라. 미국 기업은 증권거래위원회(SEC)에 분기보고서(10-Q)를 제출하고 공시할 의무가 있다. 재무제표 핵심 항목의 최근 4개 분기 수치를 합하면 최신 추정치를 얻을 수 있다. 이렇게 얻은 매출과 이익 추정치인 12개월 후행(trailing) 매출과 이익은 직전 연차보고서 수치와 상당한 차이가 날 수 있다.

정보 갱신에는 비용이 든다. 안타깝게도 기업은 연차보고서의 모든 항목을 갱신해 분기보고서에 보고하지는 않는다. 따라서 직전 연차보고서 수치를 사용하거나(입력 변수의 적시성이 떨어진다) 직전 분기 종료일 기준 추정치를 사용할 수밖에 없다(추정 오차가 발생한다). 예컨대 분기보고서에는 임직원 스톡옵션의 세부 사항을 보고하지 않지만 연차보고서에는 보고하는 기업이 많다. 스톡옵션도 가치를 평가해야 하므로, 직전 연차보고서의 수치를 그대로 사용하거나, 다른 변수에 발생한 변화만큼 발행 옵션도 변화했다고 가정해야 한다(예컨대 매출이 두 배가 되었다면 스톡옵션 역시 두 배가 되었다고 가정한다).

특히 신생기업이라면 추정치에 불과하더라도 가능한 한 최신 수치를 사용하라. 기하급수적으로 성장하는 신생기업이 많기에 직전 회계연도 수치를 사용하면 가치 추정에 오류가 발생한다. 기업은 대단한 성장을 구가하지 않더라도 분기 단위로 변화하기 마련이다. 최신 정보를 사용함으로써 이러한 변화를 반영할 수 있다.

재무제표를 연 1회만 공시하도록 규정하는 금융시장도 여럿 존재한다. 이때는 분기 단위 정보 갱신이라는 선택지가 사라진다. 이러한 시장에 속한 기업의 가치평가는 비공식 출처에 근거하여 갱신해야 할 때도 있다.

[예시 9.1] 이익 갱신: 애플(2024년 4월)

2024년 4월 애플의 가치를 평가해보자. 최신 연차보고서(10-K)는 2023년 9월 기준이었고, 2023년 12월과 2024년 3월에 분기보고서(10-Q)를 두 차례 공시했다. 가치평가의 펀더멘털 입력 변수가 6개월간 얼마나 변화했는지 알아보기 위해 최신 10-K 보고서의 매출, 영업이익, 연구개발비, 순이익을 10-Q 보고서에서 얻은 12개월 후행 수치와 비교했다(단위: 100만 달러).

	2022년 10월 ~2023년 3월(6개월)	2023년 10월 ~2024년 3월(6개월)	2022년 10월 ~2023년 9월(연간)	12개월 후행
매출	211,990	210,328	383,285	381,623
영업이익	64,334	68,273	114,301	118,240
연구개발비	15,166	15,599	29,915	30,348
순이익	54,158	57,552	96,995	100,389

12개월 후행 매출은 최신 10-K 매출보다 다소 작았고 영업이익과 순이익은 12개월 후행 수치가 다소 컸다. 12개월 후행 수치를 기준으로 할 때 2024년 4월의 애플은 성장에 어려움을 겪었다. 변화가 이번 예시에서 살펴본 입력 변수에 국한되지 않는다는 점을 유념하라. 신생기업이라면 시간이 흐르며 유통주식 수도 급변할 것이다. 이러한 변수를 최신 수치로 갱신하면 더 현실적인 가치평가에 이를 수 있다.

이익 분류 오류의 정정

기업의 비용은 크게 세 종류로 나눌 수 있고 재무제표상 보고이익과 장부가치에 영향을 미친다.

1. **영업비용**: 당기에만 편익을 창출하는 비용이다. 항공사가 항공기를 운항하며 지출한 연료비와 자동차 제조사가 자동차 생산에 지출한 인건비는 영업비용에 속한다.
2. **자본적 지출**: 여러 기간에 걸쳐 편익을 창출하는 비용이다. 자동차 제조사의 신규 공장 건설과 설비 구축 비용은 향후 수년간 매출이 발생하기에 자본적 지출에 속한다.
3. **금융비용**: 자기자본이 아닌 타인자본으로 조달한 자금과 관련한 비용이다. 은행 대출에서 발생하는 이자비용은 금융비용에 속한다.

영업이익은 (올바로 측정했다면) 매출에서 영업비용을 뺀 값이다. 금융비용이나 자본적 지출을 발생 연도 영업비용에 포함하면 안 된다(다만 자본적 지출은 비용이 편익을 창출하는 여러 기간에 걸쳐 감가상각할 때도 있다). 순이익은 매출에서 영업비용과 금융비용을 뺀 값이다.

회계 관점의 이익 척도는 영업비용과 자본적 지출, 금융비용을 잘못 분류해서 오류를 낳을 수 있다. 이번 섹션에서는 분류 오류의 대표 유형 두 가지를 정정하는 방법을 다룬다. 첫째, 연구개발비 같은 자본적 지출을 영업비용에 포함하면 영업이익과 순이익 추정치를 모두 왜곡한다. 둘째, 금융비용인 운용리스를 영업비용으로 잘못 분류하면 영업이익과 기업 잉여현금흐름 측정에 영향을 미친다.

이른바 '이익 관리(managed earnings)'라 불리는 현상이 미치는 영향도 검토한다. 애널리스트 추정치를 상회하는 이익을 내놓으려고 각종 회계 기법을 사용하는 기업은 이익의 왜곡을 낳는다.

영업비용으로 분류되는 자본적 지출　　이론상 매출에서 영업비용을 빼면 영업이익을 얻지만, 현실에서는 영업비용으로 분류되는 몇몇 자본적 지출 항목이 있다. 특히 재무제표에서 연구개발비가 다뤄지는 방식을 보면 그 심각한 결점이 드러난다. 회계 원칙은 연구 활동의 결과물이 몹시 불확실하고 정량화가 어렵다는 이유로 사실상 모든 연구개발비를 발생 연도에 비용 처리하도록 규정한다. 그러면 연구를 통해 창출한 자산의 가치가 재무상태표에 자산의 일부로 표시되지 않아 기업의 자본 및 수익성 비율 측정에도 영향을 미치는 심각한 문제가 일어난다. 이번 섹션에서는 먼저 연구개발비를 자본화하는 방법을 알아보고 논의를 다른 자본적 지출로도 확장한다.

연구개발비의 자본화　　연구개발 활동이 미래에 편익을 창출할지 불확실하더라도 연구비를 자본화하는 것이 옳다. 연구자산을 자본화하고 가치평가하려면 연구개발 활동이 상용화하기까지 걸리는 평균 기간을 추정해야 한다. 이것이 바로 연구자산의 상각연수(amortizable life)로서 기업마다 서로 다른 연구 활동의 상용화 기간을 반영한다. 제약사의 연구개발비는 신약 허가 과정이 길다는 사실을 반영해 상각연수도 꽤 길어야 한다. 반면 소프트웨어회사는 연구 활동을 제품으로 전환하는 속도가 훨씬 빠르기에 상각연수가 더 짧아야 한다.

상각연수를 추정한 후에는 해당 기간에 속하는 과거 연구개발비 데이터를 모아야 한다. 예컨대 상각연수가 5년인 연구개발비에는 과거 5년간의 데이터가 필요하다. 계산의 단순성을 위해 매년 상각비가 똑같다고 가정하면 연구자산의 가치는 다음과 같이 추정한다.

$$\text{상각연수가 n년인 연구자산의 가치} = \sum_{t=-(n-1)}^{t=0} \text{연구개발비}_t \frac{(n+t)}{n}$$

상각연수가 5년인 연구자산의 가치는 4년 전 연구개발비의 5분의 1, 3년 전 연구개발비의 5분의 2, 2년 전 연구개발비의 5분의 3, 1년 전 연구개발비의 5분의 4, 당기 연구개발비 전체의 합으로 정의한다. 자산 항목인 연구자산은 자산과 자기자본의 장부가액을 증가시킨다.

자기자본의 조정 장부가액 = 자기자본의 장부가액 + 연구자산의 가치

마지막으로 연구개발비의 자본화를 반영해 영업이익도 조정해야 한다. 먼저 연구개발비를 자본적 지출로 재분류했으므로 영업이익 계산 시 뺐던 연구개발비를 다시 더한다. 여기에서 감가상각비와 성격이 같은 연구자산 상각비를 빼면 조정 영업이익을 얻는다.

조정 영업이익 = 영업이익 + 당기 연구개발비 − 연구자산 상각비

시간이 흐르면서 연구개발비가 증가하는 기업의 조정 영업이익은 조정 전보다 커진다. 조정 결과 순이익도 영향받는다.

조정 순이익 = 순이익 + 당기 연구개발비 − 연구자산 상각비

이러한 조정은 대개 세후 금액만 고려하지만, 연구개발비는 비용공제되므로 위 수치를 다시 세후 기준으로 조정할 필요는 없다.[1]

 R&DConv.xls: 이 스프레드시트를 이용하면 연구개발비를 영업비용에서 자본적 지출로 전환할 수 있다. (웹에서 다운로드 가능)

---

[1] 연구자산 상각비만 비용공제된다면 연구개발비의 세금 효과는 다음과 같다.

연구자산 상각비 × 세율

연구개발비가 전액 비용공제 가능한 데서 얻는 추가 세금 혜택은 다음과 같다.

(당기 연구개발비 − 연구자산 상각비) × 세율

조정 과정에서 (연구개발비 − 연구자산 상각비) × (1 − 세율)을 뺀 후 위에서 계산한 추가 세금 혜택을 더하면 (1 − 세율)이 등식의 양변에서 소거된다.

[예시 9.2] 연구개발비 자본화: 암젠(2024년 5월)

생명공학 기업 암젠(Amgen)은 대다수 제약사처럼 상당한 연구개발비를 지출한다. 암젠의 연구개발비를 자본화해보자. 먼저 연구개발비의 상각연수를 정해야 한다. 암젠의 연구 활동이 성과를 낳기까지 얼마나 시간이 걸릴 것인가? 미 식품의약국(FDA)의 신약 허가 절차에 걸리는 기간을 고려해 상각연수가 10년이라고 하자.

분석의 두 번째 단계로 과거 연구개발비 데이터를 수집한다. 이때 과거 연도는 당기를 0으로 하는 상각연수의 함수로 표시한다. 다음 표는 과거 연도별 연구개발비 정보를 요약해서 보여준다(단위: 100만 달러).

역년	연도	연구개발비
당기(2023)	0	4,784
2022	-1	4,434
2021	-2	4,819
2020	-3	4,207
2019	-4	4,116
2018	-5	3,737
2017	-6	3,562
2016	-7	3,840
2015	-8	4,006
2014	-9	4,248
2013	-10	4,083

당기 정보는 직전 2023 회계연도의 연구개발비를 반영했다.

연도별 연구개발비에서 과거 이미 상각한 금액과 당기 상각할 금액을 모두 고려해야 한다. 추정의 단순성을 위해 매년 똑같은 금액, 즉 10년간 매년 10%씩 상각한다고 가정한다. 암젠이 과거 매년 창출한 연구자산의 가치와 당기 상각비를 다음과 같이 추정한다.

연도	연구개발비	비상각 비중 및 금액		당기 상각비
당기	4,784.00	100.00%	4,784.00	
-1	4,434.00	90.00%	3,990.60	443.40
-2	4,819.00	80.00%	3,855.20	481.90
-3	4,207.00	70.00%	2,944.90	420.70

-4	4,116.00	60.00%	2,469.60	411.60
-5	3,737.00	50.00%	1,868.50	373.70
-6	3,562.00	40.00%	1,424.80	356.20
-7	3,840.00	30.00%	1,152.00	384.00
-8	4,006.00	20.00%	801.20	400.60
-9	4,248.00	10.00%	424.80	424.80
-10	4,083.00	0.00%	0.00	408.30
연구자산의 가치			23,715.60	
당기 연구자산 상각비				4,105.20

당기 연구개발비는 2024 회계연도 종료일에 상각할 것이므로 현재 상각하지 않지만 5년 전 연구개발비의 50%는 상각한다. 과거 비상각 연구자산의 가치 합계는 237억 1,600만 달러다. 이를 암젠이 보유한 연구자산의 가치로 볼 수도 있고, 자기자본이익률과 자본이익률을 계산할 때 사용하는 지기자본 장부가액의 중분으로 볼 수도 있다. 과거 10년간 지출한 연구개발비에 대한 당기 상각비는 41억 500만 달러다.

마지막 단계는 연구개발비의 자본화를 반영해 영업이익을 조정하는 것이다. (연구개발비를 자본적 지출로 재분류했으므로) 영업이익에 당기 연구개발비를 다시 더하고 두 번째 단계에서 추정한 연구자산 상각비를 빼면 된다. 암젠은 2023 회계연도에 손익계산서상 영업이익이 81억 6,400만 달러였으므로 조정 영업이익은 다음과 같다

$$조정\ 영업이익 = 영업이익 + 당기\ 연구개발비 - 연구자산\ 상각비$$
$$= 8,164 + 4,784 - 4,105 = 8,843$$

순이익 67억 1,700만 달러도 같은 과정을 거쳐 조정 순이익을 얻는다.

$$조정\ 순이익 = 순이익 + 당기\ 연구개발비 - 연구자산\ 상각비$$
$$= 6,717 + 4,784 - 4,105 = 7,396$$

이전 섹션에서 세금 효과를 고려할 필요가 없는 이유를 다루었다.

조정 결과 자기자본과 자본의 장부가액이 모두 연구자산의 가치만큼 증가한다. 자기자본이익률과 자본이익률은 모두 직전 연도 수치로 계산하므로 다음과 같이 (2023년 연구자산의 가치 계산과 같은 방식으로) 2022년 말 연구자산의 가치를 얻는다.

$$연구자산의\ 가치_{2022} = 23,037$$
$$자기자본의\ 조정\ 장부가액_{2022} = 자기자본의\ 장부가액_{2022} + 연구자산의\ 가치_{2022}$$
$$= 6,232 + 23,037 = 29,269$$
$$투하자본의\ 조정\ 장부가액_{2022} = 투하자본의\ 장부가액_{2022} + 연구자산의\ 가치_{2022}$$
$$= 60,711 + 23,037 = 83,748$$

다음 표는 조정 전후 자기자본이익률과 자본이익률을 요약해서 보여준다.

	조정 전	연구개발비 조정 후
자기자본이익률	6,717/6,232 = 107.8%	7,396/29,269 = 25.27%
세전 자본이익률	8,164/60,711 = 13.45%	8,843/83,748 = 10.56%

조정 후 암젠의 회계적 이익률이 모두 하락한다는 점을 유념하라. 이는 자기자본이익률과 자본이익률이 높고 연구개발비 규모가 상당한 기업에 대부분 통용된다.[2]

다른 영업비용의 자본화 영업비용으로 분류되는 자본적 지출 중에서 연구개발비가 가장 중요하지만, 자본적 지출로 보아야 할 다른 영업비용 유형도 있다. 질레트(Gillette)나 코카콜라(Coca-Cola) 같은 소비재회사의 일부 광고비는 자본적 지출로 처리해야 할 타당한 근거가 있다. 브랜드 인지도를 강화하려는 목적을 두기 때문이다. 컨설팅회사는 직원 채용과 교육에 드는 비용을 두고 똑같이 주장한다. 채용 후 교육을 마친 컨설턴트는 회사의 핵심 자산일뿐더러 수년간 편익을 창출하기 때문이다. 아마존 같은 온라인 소매기업을 포함해 일부 기술회사는 영업비용에서 판매 및 일반관리비(SG&A) 비중이 가장 크다. 이 역시 브랜드 인지도를 높이고 신규 고객을 확보하려는 목적을 두므로 일부 영업비용을 자본적 지출로 보아야 한다고 주장한다.

일리 있는 주장이지만 영업비용 자본화의 논거로 받아들이는 데는 신중해야 한다. 영업비용을 자본화하려면 해당 비용을 지출해 얻는 편익이 다년간 발생한다는 확실한 증거가 존재해야 한다. 광고나 프로모션을 보고 아마존에서 구매하겠다는 열망을 품은 고객은 오랫동안 아마존의 고객으로 계속 남을까? 일부 애널리스트는 그럴 것이라고 주장하며 신규 고객이 막대한 부가가치를 창출하리라고 예상한다.[3] 그러한 영업비용은 연구개발비 자본화와 유사한 과정을 거쳐 자본화해야 한다.

한 발 더 나아가 구독 기반 비즈니스 모델이 확산하면서 고객 획득 비용을 자본화

---

2 자본이익률이 자본비용보다 몹시 낮다면 조정 후 자본이익률이 오히려 상승할 수도 있다.
3 예컨대 도널드슨, 러프킨 앤드 젠레트(Donaldson, Lufkin, & Jenrette)의 주식 애널리스트 제이미 키겐(Jamie Kiggen)은 1999년 보고서에서 아마존 고객의 가치를 2,400달러로 평가했다. 여기에는 고객이 아마존에서 계속 구매하고 기대이익률이 유지된다는 가정이 깔려 있다.

해야 한다는 주장이 설득력을 얻는 중이다. 이 비용을 지출한 효과는 고객이 플랫폼에 얼마나 오래 머무는지에 따라 달라질 것이다.

- 구독 갱신율 또는 이탈률에 바탕을 두고 고객이 플랫폼에 머무를 것으로 예상하는 기간을 결정한다.
- 앞서 살펴본 연구자산 조정과 마찬가지로 비용이 창출하는 자산의 가치를 추정한다. 고객 획득 비용을 자본화하면 고객 획득 자산이 만들어진다.
- 해당 비용과 창출된 자산의 상각비에 대해 영업이익을 조정한다.

조정 영업이익 = 영업이익 + 당기 고객 획득 비용 − 고객 획득 자산 상각비

순이익도 다음과 같이 조정해야 한다.

조정 순이익 = 순이익 + 당기 고객 획득 비용 − 고객 획득 자산 상각비

고객 획득 비용 자본화는 연구자산과 마찬가지로 자기자본과 자본의 장부가액을 증가시킨다.

회계 관점에서는 경제적 효익을 창출할지가 불확실한 비용을 자본화한다는 비판이 제기된다. 그뿐만 아니라 자본화 자체를 통해 해당 기업이 이득을 보는 것에 대한 저항도 있다. 하지만 현금흐름 기반 가치평가에서 비용 자본화는 현금 유출에 따른 결과를 손익이 아니라 자본적 지출로 옮길 뿐 현금흐름 차원의 이득은 없다. 기업이 자기자본비용과 자본비용보다 높은 이익을 낼지, 나아가 성장이 가치를 창출할지 아니면 파괴할지 결정하는 것은 자본화를 반영한 회계적 이익률이다.

[예시 9.3] 코카콜라의 광고비를 자본화해야 할까?

코카콜라는 세계에서 가장 가치 있고 생명력이 강한 브랜드다. 광고비 중에는 브랜드 가치 구축에 쓰는 비용도 있기에 전체에서 차지하는 비중이 어느 정도인지 파악하면 연구개발비처럼 자본화할 수 있다. 먼저 브랜드가 얼마나 지속할지 결정한 후 해당 기간의 관련 광고비 정보를 모은다. 이익과 투하자본에 미치는

영향 역시 연구개발비 자본화와 비슷하다. 자본화 결과 이익과 투하 자본이 증가하면 회계적 이익률은 대개 하락한다.

광고비 자본화에는 당기 판매 진작이 아니라 브랜드 가치 구축에 사용하는 광고비 비중이 어느 정도인지 파악하는 문제가 따른다. 실제 판단은 쉽지 않기에 브랜드를 갖춘 기업의 회계적 이익률이 과대평가되었다고 생각하는 편이 현실적이다. 공정가치 회계를 통해 브랜드를 재무상태표에 반영하면 문제를 해결할 수 있다는 주장도 있지만 그 가액은 투하자본의 척도가 아니라 브랜드의 시장가치 추정치에 가깝다.

[예시 9.4] 채용·교육비용의 자본화: 사이버 헬스 컨설팅

사이버 헬스 컨설팅(Cyber Health Consulting: CHC)은 헬스케어 기업에 경영컨설팅 서비스를 제공한다. CHC는 직전 회계연도에 영업이익(EBIT) 5,150만 달러와 순이익 2,300만 달러를 기록했다. 여기에는 신규 컨설턴트 채용비용(550만 달러)과 교육비용(850만 달러)이 반영되었다. CHC에 입사한 컨설턴트는 평균 4년간 근속한다.

채용·교육비용을 자본화하려면 과거 4년간의 정보가 필요하다. 다음 표는 인적자본비용과 상각비 정보를 요약해서 보여준다(단위: 100만 달러).

연도	채용·교육비용	비상각 비중 및 금액		당기 상각비
당기	14.00	100%	14.00	
-1	12.00	75%	9.00	3.00
-2	10.40	50%	5.20	2.60
-3	9.10	25%	2.28	2.28
-4	8.30	0%	0.00	2.08
인적자본자산의 가치			30.48	
인적자본자산 상각비				9.95

조정 영업이익과 조정 순이익은 다음과 같다.

조정 영업이익 = 영업이익 + 당기 채용·교육비용 – 교육자산 상각비
= 51.5 + 14 – 9.95 = 55.55

조정 순이익 = 순이익 + 당기 채용·교육비용 – 교육자산 상각비
= 23 + 14 – 9.95 = 27.05

연구개발비처럼 채용·교육비용은 비용공제되므로 순이익 조정 시 세금 효과를 고려할 필요가 없다.

자본화와 가치　　연구개발비와 광고비, 채용·교육비용 자본화는 그리 어렵지 않지만 사실상 가치평가의 모든 입력 변수를 정정한 값을 얻기 위해 재무제표를 다시 작성하는 지루한 과정을 거쳐야 한다(그림 9.3 참고).

　　따분함을 감수할 만큼 가치에 큰 영향을 미칠지가 관건이다. 자본화할지 고민하는 영업비용이 성장에 필요한 재투자에서 차지하는 비중이 클수록 가치에 미치는 영향이 크다.

　　나아가 특히 수익성과 성장 잠재력 측면에서 기업의 비즈니스 모델을 더 명확히 파

[그림 9.3] 영업비용의 자본적 지출 전환

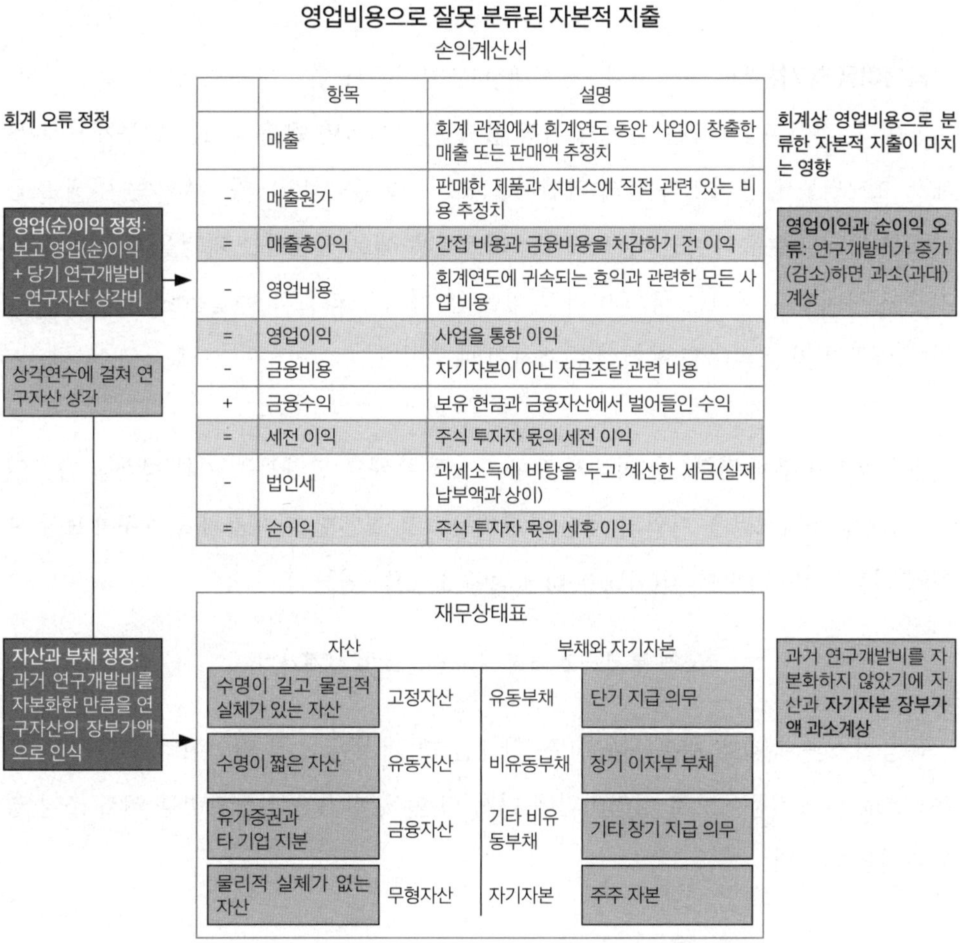

영업비용으로 잘못 분류된 자본적 지출
손익계산서

	항목	설명
	매출	회계 관점에서 회계연도 동안 사업이 창출한 매출 또는 판매액 추정치
-	매출원가	판매한 제품과 서비스에 직접 관련 있는 비용 추정치
=	매출총이익	간접 비용과 금융비용을 차감하기 전 이익
-	영업비용	회계연도에 귀속되는 효익과 관련한 모든 사업 비용
=	영업이익	사업을 통한 이익
-	금융비용	자기자본이 아닌 자금조달 관련 비용
+	금융수익	보유 현금과 금융자산에서 벌어들인 수익
=	세전 이익	주식 투자자 몫의 세전 이익
-	법인세	과세소득에 바탕을 두고 계산한 세금(실제 납부액과 상이)
=	순이익	주식 투자자 몫의 세후 이익

회계 오류 정정

영업(순)이익 정정: 보고 영업(순)이익 + 당기 연구개발비 - 연구자산 상각비

상각연수에 걸쳐 연구자산 상각

회계상 영업비용으로 분류한 자본적 지출이 미치는 영향

영업이익과 순이익 오류: 연구개발비가 증가(감소)하면 과소(과대) 계상

재무상태표

자산		부채와 자기자본	
수명이 길고 물리적 실체가 있는 자산	고정자산	유동부채	단기 지급 의무
수명이 짧은 자산	유동자산	비유동부채	장기 이자부 부채
유가증권과 타 기업 지분	금융자산	기타 비유동부채	기타 장기 지급 의무
물리적 실체가 없는 자산	무형자산	자기자본	주주 자본

자산과 부채 정정: 과거 연구개발비를 자본화한 만큼을 연구자산의 장부가액으로 인식

과거 연구개발비를 자본화하지 않았기에 자산과 자기자본 장부가액 과소계상

악할 수 있다. 앞서 예시 9.2에서 암젠의 연구개발비를 자본화한 결과 조정 전 입력변수로 추정했을 때보다 훨씬 낮은 회계적 이익률을 얻었다. 연구개발비 자본화를 거친 세후 자본이익률은 2023년 자본비용보다 낮았다. 실제로 암젠이 2023년 형편없는 실적을 올렸을 가능성도 있거니와 연구개발에 그렇게 많이 투자해야 할지, 성장이 가치를 더할지를 두고 경계를 강화하라는 경고 신호로 해석하는 편이 바람직하다.

요약건대 비용을 자본화한 결과 당기 이익이 증가하더라도 가치에 미치는 영향은 미래 연도에 얼마나 큰 이익 창출로 이어질지에 따라 결정된다. 성장과 연구개발이 반드시 가치 창출에 도움이 되는 것은 아니다. 막대한 연구개발비를 쓰더라도 이익 증가로 이어지지 않는 기업은 갈수록 가치를 훼손한다.

금융비용의 자본화　두 번째 조정 대상은 회계에서 영업비용으로 분류하는 금융비용이다. 적어도 2019년 전까지 가장 중요한 사례였던 운용리스는 재무제표에 부채로 표시되는 금융리스와 달리 영업비용으로 분류했다. IFRS와 GAAP는 이제 모든 리스를 부채로 분류하지만 이 책에서는 리스를 부채로 전환하는 과정을 다룬다. 회계기준이 시대에 뒤처지는 국가가 아직 있을 뿐 아니라 리스와 똑같은 조정 과정을 거치는 다른 계약상 의무도 여전히 존재하기 때문이다.

운용리스의 부채 전환　8장에서 운용리스를 부채로 전환하는 기본 방식을 다루었다. 미래 운용리스료를 기업의 세전 부채비용으로 할인한 현재가치를 재무제표상 부채에 더해서 총미상환부채(total debt outstanding)를 얻는다.

조정 부채 = 보고 부채 + 리스료의 현재가치

운용리스를 부채로 재분류한 후 두 단계를 더 거쳐야 조정 영업이익을 얻는다. 운용리스는 금융비용이므로 영업이익에 다시 더한 후 리스자산 상각비를 빼서 조정 영업이익을 얻는다.

$$조정\ 영업이익 = 영업이익 + 당기\ 운용리스료 - 리스자산\ 상각비$$

리스자산 상각비가 당기 운용리스료 중 원금 상환액과 큰 차이가 없다고 가정하면, 조정 영업이익은 영업이익에 운용리스료의 부채 가치에 대한 귀속 이자비용(imputed interest expense)을 더해서 구한다.

$$조정\ 영업이익 = 영업이익 + 부채\ 가치 \times 부채\ 이자율$$

이 회계처리 방식이 2019년 이후 대다수 국가에서 원칙이 되었지만 조건이 유연한 리스는 예외로 두는 등 이익 조정은 여전히 불완전하다. 다음 표는 2023년 세계 지역별로 리스료의 장부가액과 현재가치 추정치를 비교한 결과를 보여준다(단위: 100만 달러).

지역	장부가액	현재가치 추정치	추정치 대비 비율
호주, 뉴질랜드, 캐나다	8,412	13,579	61.95%
미국	947,989	1,152,870	82.23%
유럽	24,337	52,173	46.65%
신흥시장	18,426	109,415	16.84%
일본	1,720	156,072	1.10%
전 세계	1,000,885	1,484,108	67.44%

모든 지역에서 현재가치 추정치가 장부가액보다 컸다. 미국에서는 차이가 상당히 작았지만(장부가액이 추정치의 82.2%) 일본과 신흥시장에서는 차이가 몹시 컸던 만큼 지역별 편차는 있다.

[예시 9.5] 운용리스에 대한 영업이익 조정: 갭(2011년)

전문 의류 유통기업인 갭(Gap)이 매장 수백 군데를 리스하는 비용은 운용리스로 분류한다. 갭의 직전 2010 회계연도 운용리스료는 11억 2,900만 달러였다. 다음 표는 향후 5년간 갭의 운용리스료와 6년 차 이후 일괄(lump sum) 리스료를 보여준다(단위: 100만 달러).

연도	리스료
1	997
2	841
3	710
4	602
5	483
6 이후	1,483

갭의 S&P 신용등급은 BB+로서 세전 부채비용은 5.5%다. 미래 운용리스료의 현재가치를 계산하려면 6년 차 이후 일괄 계약 금액을 먼저 판단해야 한다. 첫 5년간 연평균 리스료 규모(7억 2,700만 달러)를 고려할 때, 이것은 2년짜리 연금(annuity)에 해당한다.[4]

6년 차 이후 일괄 리스료의 연금 기간 근사치 = 1,483/727 = 2.04

세전 부채비용이 5.5%일 때 리스료의 현재가치는 다음과 같다.

연도	리스료	현재가치
1	997.00	945.02
2	841.00	755.60
3	710.00	604.65
4	602.00	485.94
5	483.00	369.56
6, 7	741.40	1,047.50
리스의 부채 가치		4,208.28

운용리스의 현재가치는 부채에 해당하므로 재무제표상 부채에 더한다. 갭은 재무상태표상 이자부 부채가 없었으므로 부채 합계는 다음과 같다.

조정 부채 = 이자부 부채 + 리스료의 현재가치
= 0 + 4,208 = 4,208

---

4   소수점 첫째 자리에서 반올림했다.

영업이익 조정 방법 중 완전 조정(full adjustment) 방법부터 알아보자. 리스 기간(7년)[5]에는 정액법을 가정하고 리스자산 상각비를 구한다(리스의 부채 가치에 해당한다).

$$리스자산\ 상각비 = 리스자산의\ 가치/리스\ 기간 = 4{,}208/7 = 601$$

갭의 영업이익 19억 6,800만 달러는 다음과 같이 조정한다.

$$조정\ 영업이익 = 영업이익 + 당기\ 운용리스료 - 리스자산\ 상각비$$
$$= 1{,}968 + 1{,}129 - 601 = 2{,}496$$

근사 조정(approximate adjustment) 방식은 세전 부채비용을 적용해 계산한 귀속 이자비용을 더해서 추정한다.

$$조정\ 영업이익 = 영업이익 + 리스부채 \times 부채\ 이자율$$
$$= 1{,}968 + 4{,}208 \times 0.055 = 2{,}199$$

연구개발비 자본화와 마찬가지로 리스를 부채로 전환하면 다음 수요 수치가 변화하고 가치평가에 복합적인 영향을 미친다.

	장부가액	리스 조정 후
부채	0	4,208
투하자본	4,080	8,288
영업이익	1,968	2,496
세전 투하자본이익률	48.24%	30.12%
자본비용 계산에 사용하는 부채비율	0.00%	31.74%

리스를 부채로 전환한 후에도 갭의 자본이익률은 여전히 높은 수준이지만, 조정 전과 비교해 하락했다. 자본비용 역시 리스부채 조정 후 하락했다. 두 변화를 모두 고려할 때 리스를 부채로 전환하면 가치가 상승하는 기업도 있고 하락하는 기업도 있다.

Oplease.xls: 이 스프레드시트를 이용하면 운용리스를 부채로 전환할 수 있다. (웹에서 다운로드 가능)

---

5   리스 기간은 6년 차 이후 일괄 리스료의 연금 기간 근사치 2년에 첫 5년을 더해 계산한다.

다른 계약은 어떻게 부채화하는가?

다른 장기 계약에도 리스료와 똑같은 관점을 적용할 수 있다. 기업이 보기에 탈출구가 없는 상황, 즉 취소 조항이 없거나 지급액이 이익이나 실적에 연동되지 않는 계약을 말한다. 예컨대 한 프로 스포츠팀이 스타 선수와 연봉 500만 달러를 지급하는 10년짜리 계약을 맺는다고 해보자. 이 계약이 선수의 성적에 연동되지 않는다면 계약 체결과 동시에 부채가 발생하는 것이나 다름없다. 오타니 쇼헤이(Ohtani Shohei)와 10년간 총 7억 달러를 지급하는 계약을 맺은 LA 다저스와 크리스티아누 호날두(Cristiano Ronaldo)와 2년 반 계약을 맺으며 연간 약 2억 유로를 지급하기로 한 알 나스르는 사실상 돈을 빌린 것이다.

논지를 확장하면 재무상태표에 부채가 없는 기업도 레버리지 비율이 상당히 높을 수 있고, 이에 따라 채무불이행 위험에 노출될 수도 있다. 프로 아이스하키 구단인 피츠버그 펭귄스는 스타 선수 마리오 르미외(Mario Lemieux)와 체결한 계약을 이행할 수 없어 그에게 구단 지분 일부를 내어줘야만 했다.

리스의 부채화가 가치에 미치는 영향　금융비용을 자본화하면 손익계산서와 재무상태표를 통해 기업 재무제표 전반에 파급 효과를 미친다. 자본화 과정을 거칠 만한 가치가 있는지는 영업비용과 비교해 미묘한 차이가 있다. 배당할인모형이나 주주 잉여현금흐름 모형을 활용해 주식 가치를 평가할 때는 리스와 다른 계약을 자본화하더라도 가치에 미치는 영향이 미미하다. 이 현금흐름은 애초에 리스 등 비용을 차감한 값이기 때문이다. 하지만 영업자산의 가치를 평가할 때 금융비용을 자본화하면 펀더멘털 입력 변수에 상당한 영향을 미친다(그림 9.4 참고).

리스와 다른 계약상 의무를 자본화할 때 가치에 미치는 영향은 자산을 리스하거나 계약을 체결한 기업이 자본화한 비용을 넘어서는 이익을 낼지에 따라 달라진다. 예컨대 유통기업은 리스를 자본화해야만 신규 매장을 개설할 때 가치를 창출하는 기업과 훼손하는 기업을 구별할 수 있다.

[그림 9.4] 금융비용 자본화가 미치는 영향

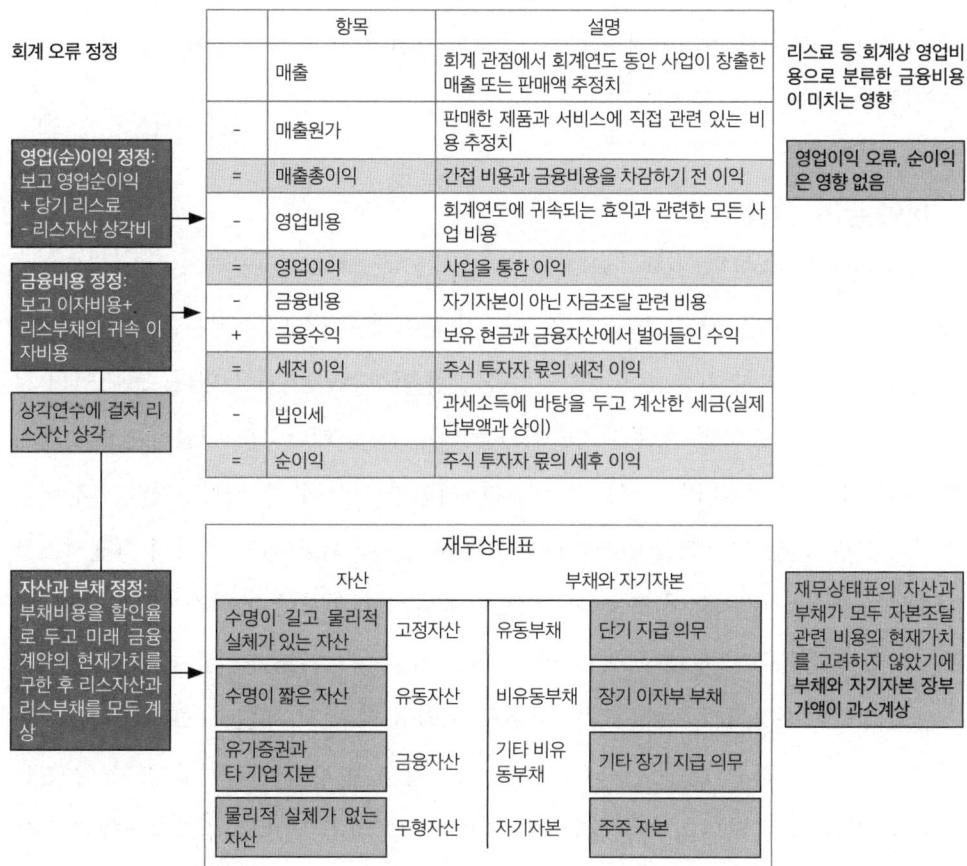

영업비용으로 잘못 분류된 자본적 지출
손익계산서

	항목	설명
	매출	회계 관점에서 회계연도 동안 사업이 창출한 매출 또는 판매액 추정치
-	매출원가	판매한 제품과 서비스에 직접 관련 있는 비용 추정치
=	매출총이익	간접 비용과 금융비용을 차감하기 전 이익
-	영업비용	회계연도에 귀속되는 효익과 관련한 모든 사업 비용
=	영업이익	사업을 통한 이익
-	금융비용	자기자본이 아닌 자금조달 관련 비용
+	금융수익	보유 현금과 금융자산에서 벌어들인 수익
=	세전 이익	주식 투자자 몫의 세전 이익
-	법인세	과세소득에 바탕을 두고 계산한 세금(실제 납부액과 상이)
=	순이익	주식 투자자 몫의 세후 이익

회계 오류 정정

영업(순)이익 정정:
보고 영업순이익
+ 당기 리스료
- 리스자산 상각비

금융비용 정정:
보고 이자비용+
리스부채의 귀속 이자비용

상각연수에 걸쳐 리스자산 상각

리스료 등 회계상 영업비용으로 분류한 금융비용이 미치는 영향

영업이익 오류, 순이익은 영향 없음

재무상태표

자산		부채와 자기자본	
수명이 길고 물리적 실체가 있는 자산	고정자산	유동부채	단기 지급 의무
수명이 짧은 자산	유동자산	비유동부채	장기 이자부 부채
유가증권과 타 기업 지분	금융자산	기타 비유동부채	기타 장기 지급 의무
물리적 실체가 없는 자산	무형자산	자기자본	주주 자본

자산과 부채 정정:
부채비용을 할인율로 두고 미래 금융 계약의 현재가치를 구한 후 리스자산과 리스부채를 모두 계상

재무상태표의 자산과 부채가 모두 자본조달 관련 비용의 현재가치를 고려하지 않았기에 부채와 자기자본 장부가액이 과소계상

수익력 측정: 조정과 시차

대다수 기업 가치평가에서 출발점으로 삼는 당기 손익계산서상 이익은 몇 가지 이유로 잘못된 판단을 낳는다. 첫째, 애널리스트가 내놓는 분기 이익 추정치를 충족하거나 상회하는 기업이 늘어났다. 이익 추정치 상회가 긍정적인 발전의 결과일 때도 있지만 목표를 달성하려고 의심스러운 회계 기법을 적용하는 기업도 있다. 둘째, 특

정 기간에만 발생하는 비용이나 수익에 기준을 두고 미래를 추정하면 기대이익을 왜곡한다. 이러한 비용 중 몇몇을 살펴보고 예측에 활용하기 위해 바로잡는 방법도 알아본다. 셋째, 회계처리 방식을 바꿀 때 당기 이익은 영향받지 않더라도 여러 이유에서 시간이 흐르며 영향을 받기도 한다. 그래서 직전 기간 수치를 넘어 시계열 이익을 분석하면 더 많은 정보를 얻는다.

'이익 관리' 현상

1990년대에 마이크로소프트와 인텔(Intel)은 기술회사의 모범 사례였다. 마이크로소프트는 그 10년간 40개 분기 중 39개 분기에서 애널리스트 추정치를 상회하는 이익을 냈다. 인텔 역시 기록적이라고 일컬을 만한 인상적인 이익을 냈다. 두 기업의 시가총액이 대폭 상승하면서 다른 기술회사들 역시 단 몇 페니라도 애널리스트 추정치를 상회하는 이익을 내려는 행보를 보였다. 이러한 현상이 확산하고 있다는 강력한 증거도 있다. 1996년부터 2000년까지 18개 분기 연속으로 이익 추정치 컨센서스를 상회하는 실적을 낸 기업이 하회한 기업보다 더 많았다.[6] 지난 10년간 미 국세청(IRS) 보고이익과 주식 투자자 대상 보고이익 간 차이가 확대되기도 했다.

애널리스트 추정치가 기대치라는 사실을 고려할 때 먼저 애널리스트가 이익을 한결같이 과소추정하고, 실수로부터 교훈을 얻는 일은 절대 일어나지 않는다는 가설을 세울 수 있다. 물론 하나의 가능성일 뿐이지만, 10년 내내 그런 일이 지속되었다고 보기는 몹시 어렵다. 기술회사들이 이익 측정과 보고에서 상당한 재량권을 행사해 추정치를 상회한다는 가설도 가능할 듯하다. 이들은 특히 연구비를 영업비용으로 처리하는 이익 관리 기법을 통해 이득을 본다.

이익 관리가 정말 기업의 주가를 상승시킬까? 분기마다 애널리스트 추정치를 상회하는 것이야 가능하겠지만, 시장이 그렇게 잘 속아 넘어갈까? 시장은 그렇지 않다. 이른바 '비공식 이익 추정치(whispered earnings estimates)'의 등장은 기대치를 넘어서

---

6 대중이 애널리스트 전망치 컨센서스에 큰 관심을 두면서, 언론 보도는 실제 이익과 전망치를 비교하는 형식을 띤다.

는 이익을 계속 기록하는 기업에 대한 대응의 하나다. 기업이 어닝 서프라이즈를 위해 초과해야 하는 이익 수준을 가리키는데, 대개 애널리스트 추정치보다 몇 센트 높은 수준이다. 인텔은 1997년 4월 10일 주당순이익(EPS) 2.10달러를 보고했다. 애널리스트 추정치인 2.06달러보다 높았지만, 비공식 이익 추정치 2.15달러보다는 낮았기에 주가는 5% 하락했다. 다시 말해 시장은 인텔이 과거에 이익 추정치를 상회했던 수준만큼 기대치를 형성했던 것이다.

왜 이익을 관리하는가? 기업이 이익을 관리하는 이유는 편차가 작고 애널리스트 추정치를 상회하는 이익을 꾸준히 내면 시장에서 보상받을 것으로 기대하기 때문이다. 마이크로소프트와 인텔 등 성공 사례와 더불어 기대치를 충족하지 못한 기업이 가혹한 벌을 받았음을 근거로 든다.

많은 재무관리자도 투자자가 이익 수치를 액면 그대로 받아들인다고 믿고, 이러한 믿음이 반영된 이익 최소 기준치(bottom line)를 충족하려 노력한다. 그래서 미 재무회계기준위원회(FASB)가 기업 이익 측정 방식을 조금이라도 변경하려 할 때 격렬한 저항에 부딪히는 것도 당연해 보인다. 심지어 변화가 옳은 방향일지라도 말이다. 기업이 경영진에게 부여한 스톡옵션의 가치를 공정가치로 평가해 이익 차감 항목으로 비용 처리하거나 인수 회계처리를 변경하려는 FASB의 노력은 기술회사들의 꾸준한 반대에 부닥쳤다.

이익 관리가 경영진의 이해관계에 최선이기 때문이라고 설명할 수도 있다. 경영진은 과거와 비교해 이익이 대폭 감소하면 자기가 해고당할 가능성이 커진다는 사실을 알고 있다. 목표 이익 중심 경영진 보상 체계를 갖춘 기업이 여전히 존재하기 때문이기도 하다. 이익 목표를 달성한 경영진은 두둑한 보너스를 받는다.

이익 관리 기법 기업은 어떻게 이익을 관리하는가? 먼저 애널리스트 기대치에 관심을 두고 가꿔나가는 좋은 이익 관리 유형이 있다. 1990년대의 마이크로소프트가 완벽한 사례다. 최고경영진은 애널리스트의 이익 추정치를 추적 관찰하며 추정치가 지나치게 높을 때 개입해서 기대 수준을 낮췄다.[7] 이번 섹션에서 기업이 사용하는 다른 이익 관리 기법 몇 가지를 다룬다. 모든 이익 관리가 기업에 해롭지는 않고, 일부는 충실 경영 사례로 볼 수도 있다.

- **미리 계획**: 이익의 완만한 성장을 위해 투자나 자산 매각을 미리 계획한다.
- **매출 인식**: 기업은 측정과 관련해 어느 정도 재량권이 있고 애널리스트 전망치가 실제보다 몹시 낮을 때 알려줌으로써 이들의 신뢰를 얻을 수 있다. 애널리스트에게 계속해서 비관적인 관점을 드러내는 기업은 신뢰를 잃고 이익 관리의 실효성이 떨어진다. 마이크로소프트는 1995년 윈도95 판매 매출을 두고 극도로 보수적인 회계 접근법을 채택했다. 즉 당기 매출로 인식할지 (자유롭게) 선택할 수 있는 매출 상당액을 당기에 인식하지 않기로 했다.[8] 이에 따라 (실적이 저조한 분기에 인식해 이익을 키울 수 있는) 선수수익 누적액이 1996년 말 11억 달러에 달했다.
- **매출 조기 인식**: 반대로 실적이 저조한 분기가 종료되는 주에 단 며칠 동안 도소매업체에 제품을 내보내고는 매출을 인식하는 기업도 있다. 1998년 상장한 마이크로스트래티지(MicroStrategy) 사례를 보자. 회사는 매출이 1999년 3분기 20%, 4분기 27% 증가했다고 발표했다. 각 분기 종료 후 며칠이 지나서 발표한 대규모 계약 비중이 상당했지만, 일부는 막 종료된 직전 분기에 발생했다고 보는 것이 옳았다.[9] 이 전략을 더 정교하게 변형해 매출을 증대하려는 두 회사가 서로 매출을 교환하는 계약을 체결해 양측이 모두 이익 경쟁에서 승자로 등극하는 방법도 있다.

---

7 마이크로소프트는 애널리스트 추정치가 지나치게 낮을 때도 그 사실을 알려줘서 신뢰를 유지했다. 애널리스트 대상 프레젠테이션에서 계속 비관적인 관점을 드러내는 기업은 신뢰를 잃어 이익 관리의 실효성이 떨어질 수밖에 없다.
8 1995년 윈도95를 구매한 기업 고객은 1996년과 1997년에 신제품으로 업그레이드하고 지원받을 수 있는 권리도 함께 구매했다고 볼 수 있다. 마이크로소프트는 이 매출을 1995년에 인식할 수도 있었다.
9 〈포브스〉가 2000년 3월 6일 마이크로스트래티지를 다룬 기사 일부를 발췌한다. "마이크로스트래티지와 NCR은 지난해 5,250만 달러 규모의 라이선싱 및 기술 계약을 체결했다고 발표했다. NCR은 마이크로스트래티지의 소프트웨어 라이선싱에 대한 대가로 2,750만 달러를 지불한다. 마이크로스트래티지는 과거 경쟁 제품이었던 NCR의 데이터 웨어하우징 시스템 사업부를 1,400만 달러 상당의 주식에 현금 1,100만 달러까지 지불하고 인수했다. 마이크로스트래티지는 라이선싱 매출 1,750만 달러를 4일 전 종료된 3분기 매출로 인식했다."

- **영업비용 자본화:** 기업은 매출 인식과 마찬가지로 비용을 영업비용이나 자본적 지출로 분류할 때 어느 정도 재량권이 있다. 소프트웨어 연구개발비가 대표적이다. 예컨대 AOL은 잡지에 부록으로 제공했던 CD와 디스크 관련 비용을 자본화해 상각하는 회계 방침 덕분에 1990년대 후반 대다수 해에 흑자를 기록했다.

- **상각(write-off):** 대규모 구조조정비용이 발생하면 당기 순이익이 감소하지만 해당 기업은 두 가지 이득을 본다. 영업이익은 구조조정비용 차감 전 및 차감 후 기준으로 공시하므로 구조조정비용을 영업활동에서 분리할 수 있다. 또한 향후 분기 추정치를 상회하기가 더 쉬워진다. IBM 사례를 통해 구조조정이 이익을 증대하는 방식을 이해해보자. IBM은 노후 공장을 폐쇄한 해에 해당 자산을 상각함으로써 1990~1994년 매출의 평균 7% 수준이었던 감가상각비를 1996년 5% 수준으로 줄였다. 1996년 매출 기준으로 차액은 16억 4,000만 달러였는데, 그해 세전 이익 90억 2,000만 달러의 18%에 달했다. 기술회사는 특히 인수 비용 대부분을 이른바 '외부조달 연구개발(in-process R&D)'로 상각해서 후속 분기 이익을 늘렸다. 1998년 덩(Deng)과 레프(Lev)는 1990~1996년 같은 방식으로 상각한 389개 기업을 연구했다.[10] 평균 상각액은 인수가의 72%에 달했고, 인수회사의 해당 연도 4분기 이익이 22% 증가했다.

- **충당금(reserve) 활용:** 기업은 부실채권과 반품, 기타 잠재손실에 대비해 충당금을 적립할 수 있다. 일부 기업은 호황기에 충당금을 보수적으로 추정해 적립한 초과 충당금을 불황기 저조한 이익을 보충하는 데 활용한다.

- **투자자산 처분이익:** 막대한 규모의 유가증권이나 다른 기업 지분을 시장가치보다 훨씬 낮은 장부가액으로 기록한 기업이 많다. 이러한 투자자산을 처분해 막대한 자본이득을 실현하면 해당 기간 이익이 대폭 증가한다.

---

10 이전 10년간(1980~1989년) '외부조달 연구개발'을 상각한 기업은 겨우 세 군데에 불과했다.

이례적인 회계 비용과 수익

기업은 이익 관리뿐 아니라 일회성 항목이나 특별항목에 대해 조정함으로써 이익에 영향을 미친다. 기업에 일어난 일에 관한 세부 정보를 투자자에게 제공하려는 좋은 의도로 행하는 조정이 대부분이지만 실제보다 수익성이 더 뛰어난 것처럼 가장하려는 전술일 때도 있다. 이번 섹션에서는 재무 추정을 위해 보고이익에서 조정할 항목을 살펴본다. 먼저 일회성·반복(recurring)·이례적(unusual) 항목 간 미묘한 차이를 알아본 후 인수 회계의 잔해를 다루는 가장 좋은 방법을 검토한다. 다음으로 유가증권과 타 기업 지분 처분이익을 조정하는 방법을 살펴본다. 마지막으로 회계 이익이 진정한 이익의 믿을 만한 지표인지 판단하는 데 도움이 될 체크리스트를 다룬다.

특별항목과 반복·이례적 항목　영업이익과 순이익의 추정 원칙은 간단하다. 재무 추정의 토대인 영업이익은 계속사업을 반영하고, 일회성이나 특별항목을 포함하지 않아야 한다. 하지만 다음 네 가지 특별항목 유형으로 인해 실제 적용하기는 쉽지 않다.

1. 정말 일회성인 일회성 비용 및 수익: 예컨대 지난 10년간 대규모 구조조정비용이 딱 한 번 발생한 기업이다. 이러한 손익 항목은 분석에서 제외하고 영업이익과 순이익을 계산하는 것이 옳다.
2. 매년은 아니지만 일정한 간격을 두고 반복되는 비용 및 수익: 지난 12년간 3년 주기로 구조조정비용이 발생한 기업을 생각해보자. 확실치는 않지만, 이 특별항목은 사실 3년마다 발생하는 경상비용일 가능성도 있다. 이를 분석에서 제외하면 미래 기대영업이익을 과대추정하게 된다. 이때는 평균값을 연 단위로 인식하는 것이 합리적이다. 이 기업에서 3년마다 발생하는 구조조정비용이 평균 15억 달러라고 하면, 당기 영업이익에서 연평균 구조조정비용 5억 달러를 빼면 된다.
3. 매년 발생하지만 변동성이 큰 비용 및 수익: 비용 발생 기간으로 평균해 정상화(normalize)해서 당기 이익을 그만큼 줄이는 것이 가장 좋은 방법이다.
4. 매년 발생하지만 긍정적일 때도 있고 부정적일 때도 있는 비용 및 수익: 예컨대 외화 환산

효과가 미치는 영향을 생각해보자. 미국 기업이라면 달러 강세 시 외화 환산 효과에 부정적인 영향을 받고, 약세 시 긍정적인 영향을 받는다. 현금흐름 기반 분석에서 이러한 성격의 비용을 다루는 가장 좋은 방법은 그냥 무시하는 것이다. 이때 변동성이 자아내는 위험을 할인율에 반영해도 되고 반영하지 않아도 된다.

이러한 항목을 구별하려면 기업의 과거 재무 자료를 확보해야 한다. 이것이 불가능한 신생기업이라면 분석에서 제외할 비용과 정상화할 비용, 전액을 고려할 비용 간 차이를 구별하기가 어렵다.

인수 및 매각에 대한 조정　인수 회계는 인수가 일어나고 몇 년이 지난 후에도 회계 이익에 많은 문제를 초래할 수 있다. 인수에 뒤따르는 가장 대표적인 부산물은 영업권 상각으로 후속 연도 회계 이익이 줄어드는 결과를 낳는다. 영업권 상각비를 영업비용으로 처리해야 할까? 이는 비현금 비용이고 비용공제되지 않기에 그래서는 안 된다. 영업권 상각 시 택할 안전한 경로는 상각 전 이익을 검토하는 것이다.

기술회사는 기업 인수 시 장부가치를 초과하는 프리미엄을 지불해 영업권이 만들어졌을 때 이례적인 방법을 사용해왔다. 피인수 기술회사에 지불한 시장가치의 상당 비중은 그 기업이 오랫동안 수행했던 연구 활동의 가치에 근거한다는 생각에 바탕을 두고, '외부조달 연구개발'을 상각함으로써 일관성을 확보했다. 결국 이들의 주장은 내부 연구개발 활동을 비용 처리하는 것으로 요약할 수 있다. 영업권 상각과 마찬가지로 '외부조달 연구개발' 상각비는 비용공제 불가능 비현금 비용이기에 상각 전 이익을 검토해야 한다.

기업이 자산을 매각하면 자본이득의 형태로 당기 순이익이 증가한다. 그리 빈번하지 않은 매각은 일회성 비용으로 해석해 분석에서 제외하는 것이 옳지만, 일부 기업은 상시적으로 자산을 매각한다. 이러한 기업의 순 자본적 지출을 추정할 때는 자산 처분이익을 무시하고 매각과 관련된 자본이득세 차감 후 현금흐름을 고려하면 된다. 예컨대 자본적 지출이 5억 달러이고 감가상각비가 3억 달러인 기업이 매년 1억

2,000만 달러 규모의 자산을 매각할 때 순 자본적 지출은 8,000만 달러다(단위: 100만 달러).

$$순\ 자본적\ 지출 = 자본적\ 지출 - 감가상각비 - 자산\ 매각$$
$$= 500 - 300 - 120 = 80$$

주식 기반 보상 주식 기반 보상만큼 남용하고 오용하는 이익 조정 항목도 또 없을 것이다. 16장에서 스톡옵션과 양도 제한 조건부 주식 등 주식 기반 보상을 다루는 가장 좋은 방법을 다룰 텐데 기업과 애널리스트가 어떤 전술을 펼쳐 EBIT에 영향을 미치는지 이해하는 것이 중요하다.

2007년 전까지만 해도 주로 스톡옵션 방식으로 주식 기반 보상을 제공하는 것은 이익에 어떤 영향도 끼치지 않는다는 견해가 지배적이었다. 이런 관점이 세계 대다수 국가에 널리 퍼졌던 원인이 스톡옵션 부여 시 행사가를 당시 주가와 똑같이 설정했기 때문임을 유의하라. 경악스러운 관행은 2007년에 끝장났고 이제 기업은 스톡옵션이나 제한부 주식의 가치를 부여 시점에 비용으로 인식해야 한다. 그래서 이익이 감소하는 결과가 따르지만 올바른 조처다. 직원에게 주식 기반 보상을 많이 제공하는 신생기업에서는 특히 그렇다.

애널리스트와 기업은 주식 기반 보상이 현금 유출을 수반하지 않는다는 그럴듯한 논리를 내세워, 해당 비용을 다시 더해 보고이익보다 금액이 커진 조정 이익을 거론하기 시작했다. 그런데 이 논리는 주식 기반 보상은 감가상각비 같은 비현금 비용이 아니라 자기자본의 일부를 직원에게 주는 현물 비용이기에, 다시 더해서 현금흐름을 추정할 만한 근거가 완전하지 않다는 문제가 있다. 16장에서 과거에 부여했거나 미래에 부여할 주식 기반 보상을 다루는 올바른 방법을 알아볼 것이다.

투자자산 처분이익과 타 기업 지분 유가증권 투자자산에서는 두 종류의 수익이 발생한다. 먼저 이자수익이나 배당수익 유형이 있고, 유가증권 취득가액과 차이 나는 가격에 매도할 때 발생하는 자본이득(또는 손실) 유형이 있다. 주식시장이 호황기였던 1990년대에는 여러 기술회사가 자본이득을 활용해 순이익을 늘려 애널리스트 추정치를 상회했다. 헤지펀드처럼 증권 매매가 본업인 금융서비스 기업이 아니라면 두 수익 유형을 가치평가의 이익 척도에 포함해서는 안 된다. 유가증권에서 올린 이자수익은 기업 가치평가에 반영하지 않는 편이 낫다. 유가증권을 다른 자산과 섞는 것보다 가치평가의 마지막 단계에서 유가증권의 시장가치를 더하는 방법이 훨씬 간단하다. 예컨대 한 기업의 세후 현금흐름이 1억 달러이고 그중 유가증권(시장가치 5억 달러)에서 발생하는 현금흐름 비중이 20%라고 하자. 나머지 80%는 영업자산에서 창출된다. 현금흐름은 영원히 연 5% 증가하고, (자산 위험을 고려한) 자본비용이 10%라고 하자. 이때 다음과 같이 기업 가치를 추정하는 방법이 가장 간단하다(단위: 100만 달러).

영업자산의 가치 = 80 × 1.05/(0.10 − 0.05)	1,680
유가증권의 가치	500
기업 가치	2,180

위 방법 대신에 세후 현금흐름 1억 달러 전체를 할인하기로 했다면 유가증권의 위험을 반영하기 위해 자본비용을 조정해야 한다. 올바르게 조정한다면 위 약식 추정치와 똑같은 기업 가치가 도출된다.[11] 유가증권 처분에 따른 자본이득 또는 손실을 분석에서 제외할 다른 이유도 있다. 유가증권 처분이익을 포함한 기준으로 이익을 예측하는 것은 향후 매 기간 유가증권을 장부가액보다 높은 가격에 매도할 수 있다고 확신하는 것이나 다름없다. 게다가 기업 가치를 추정하며 영업자산의 가치에 유가증권을 더한다면 이중계산의 오류에 빠질 수 있다.

타 기업에 막대한 지분을 출자한 기업은 지분 보유에 따른 손익을 반영해 이익 증감을 보고하는데 지분 유형에 따라 이익에 미치는 영향이 다르다. 앞서 3장에서 지분 유형을 다음 세 가지로 분류한 바 있다.

1. 소극적 소수지분: 배당 수익만 인식한다.

2. 적극적 소수지분: 모회사의 손익계산서에 자회사의 순이익(순손실)을 지분율만

---

11 유가증권이 공정가치에 거래되고 기업이 공정시장 수익률(fair market return)을 올릴 때만 성립한다. 두 조건이 충족되지 않는다면 약식 추정치와 다른 기업 가치를 얻는다.

큰 순이익 조정 항목으로 인식한다(영업이익에는 영향을 미치지 않는다).

3. 적극적 다수지분: 손익계산서를 연결해 자회사의 전체 영업이익을 모회사 영업이익의 일부로 인식한다. 이때 타인이 보유한 소수지분에 해당하는 금액은 빼서 조정 순이익을 구한다.

1, 2번 유형을 다루는 가장 안전한 방법은 해당 지분 보유에 따른 이익을 분석에서 제외하고, 지분 가치를 별도 평가한 후 다른 자산 가치 합계에 더하는 것이다. 간단한 사례로 영업자산에서 세후 현금흐름 1억 달러가 발생하는 모회사를 생각해보자. 현금흐름은 영원히 연 5% 증가한다고 가정한다. 모회사가 지분 10%를 보유 중인 자회사의 세후 현금흐름은 연 5,000만 달러이며 영원히 연 4% 증가한다. 마지막으로 두 회사의 자본비용은 모두 10%라고 하자. 모회사의 기업 가치는 다음과 같이 추정한다(단위: 100만 달러).

모회사의 영업자산 가치 = 100 × 1.05/(0.10 − 0.05)	2,100
자회사의 영업자산 가치 = 50 × 1.04/(0.10 − 0.04)	867
모회사의 기업 가치= 2,100 + 0.1 × 867	2,187

두 회사의 이익을 연결한다면 연결 재무제표를 통해 결합회사의 가치를 평가한 후 소수지분의 가치를 빼면 된다. 여기에는 두 회사가 똑같은 사업을 영위하고 똑같은 위험 수준에 노출된다는 가정이 깔려 있다. 두 회사의 현금흐름을 똑같은 자본비용으로 할인하기 때문이다. 대신 연결 영업이익에서 자회사의 영업이익 전체를 분리해 위와 같은 과정을 거쳐 지분 가치를 평가할 수도 있다(16장에서 더 상세히 다룬다).

[예시 9.6] 일회성 비용에 대한 이익 조정: 제록스

제록스(Xerox)는 1997~1999년 회계 이익에 막대한 일회성·특별·이례적 항목을 포함했다. 다음 요약 손익계산서를 참고하라(단위: 100만 달러).

가치평가 바이블

	1999	1998	1997
제품 판매	10,346	10,696	9,881
용역 및 렌털	7,856	7,678	7,257
금융수익	1,026	1,073	1,006
총매출	19,228	19,447	18,144
원가 및 비용			
제품 판매 원가	5,744	5,662	5,330
용역 및 렌털 원가	4,481	4,205	3,778
재고비용	0	113	0
설비금융 이자비용	547	570	520
연구개발비	979	1,040	1,065
판매 및 일반관리비	5,144	5,321	5,212
구조조정비용 및 자산손상	0	1,531	0
기타 영업비용	297	242	98
총영업비용	17,192	18,684	16,003
이자 및 지분법이익, 소수지분 순이익 차감 전 이익	2,036	763	2,141
- 법인세	631	207	728
+ 비연결 계열사 지분법이익	68	74	127
- 연결 자회사 소수지분 순이익	49	45	88
계속사업이익	1,424	585	1,452
- 중단사업손실	0	190	0
순이익	1,424	395	1,452

이익 조정 시 일회성 비용처럼 조정 필요성이 명백한 것은 몇 안 되고, 다른 문제를 초래하는 항목이 더 많다. 조정할 유형을 살펴보자.

■ 재고비용과 구조조정비용은 일회성 비용처럼 보이지만, 미래에도 이 비용이 계속 발생하게 하는 더 심각한 문제가 있음을 시사하는지도 모른다. 한편 중단사업손실은 당기 이익에만 영향을 미치기에 이러한 비용은 영업이익과 순이익 조정 과정에서 다시 더한다.

■ 기타 영업비용은 반복 발생하지만 변동성이 커서 미래 이익 예측 시 평균값을 사용한다.

■ 조정 순이익을 얻으려면 비연결 계열사 지분법이익(제록스가 타 기업에 출자한 소수지분)은 빼고 연결 자회사 소수지분 순이익(제록스가 다수지분을 보유한 타 기업의 소수지분)은 더한다.

다음 표는 연도별 순이익 조정 과정을 보여준다.

	1999	1998	1997
계속사업이익	1,424	585	1,452
- 비연결 계열사 지분법이익	68	74	127
+ 연결 자회사 소수지분 순이익	49	45	88
+ 구조조정비용 × (1 - 세율)	0	1,116	0
+ 재고비용 × (1 - 세율)	0	82	0
+ 기타 영업비용 × (1 - 세율)	205	176	65
- 정상 기타 영업비용 × (1 - 세율)	147	155	140
조정 순이익	1,463	1,776	1,338

구조조정비용과 재고비용은 비용공제되므로 세후 금액만큼 다시 더했다. 세율은 당기 법인세와 과세소득에 바탕을 두고 계산한다.

$$1998년 세율 = 당기 법인세/과세소득 = 207/763 = 27.13\%$$

기타 영업비용도 세후 금액을 다시 더하고 연평균(정상) 세후 기타 영업비용을 뺀다.

$$연평균 기타 영업비용 = (297 + 242 + 98)/3 = 212$$

영업이익도 똑같이 조정한다. 제록스의 금융수익 항목 중 제록스 캐피털(Xerox Capital) 부문은 이자수익에서 이자비용을 뺀 순이자수익 수치만 보고한다. 따라서 영업이익 추정을 위해서는 이자비용과 이자수익을 분리하는 작업이 필요하다.

이러한 조정으로 인해 또 다른 문제가 발생할까? 상당한 일회성 비용이 존재한다는 것은 미래에도 비용이 발생할 사업상 문제가 진행 중이라는 뜻일 수도 있다. 실제로 제록스는 회계 문제로 인해 2000년 10-K 보고서 공시를 연기했다.

이익의 시간 변동성

이번 장에서 다룬 조언을 받아들인다면, 기업 이익을 최신 정보로 갱신하고 오류를 바로잡은 후 이례적인 항목에 대한 조정까지 마친 이익을 곧장 기업 수익력의 척도로 삼고자 할 것이다. 하지만 마지막으로 고려할 사항이 하나 남았다. 기업의 이익은 여러 가지 이유로 시간이 흐르며 변동한다. 기업 특유의 원인도 있고 거시경제나 섹터 차원의 원인도 있다. 이번 섹션에서는 먼저 이익 변동성을 낳는 원인과 다른 기업보다 특히 변동성이 큰 기업이 존재하는 이유를 알아본 후 기업 가치평가에서 이익 변동성을 다루는 방법을 살펴본다.

이익 변동성   이익 변동성을 낳는 여러 원인 중 몇 가지만 소개하면 다음과 같다.

1. **기업 생애주기상 단계:** 신생기업은 규모 확장과 비즈니스 모델 전환에 어려움을 겪기에 성숙기업보다 이익 변동성이 크다. 기업은 성장 가도를 달리며 적자를 보기 마련이고, 비즈니스 모델을 확립해 흑자 전환에 성공한 후에도 이익은 부침을 거듭한다.

2. **제품과 서비스 유형:** 고객이 구매를 지연하거나 연기할 수 있는 재량재로 분류되는 제품이나 서비스를 제공하는 기업은 필수재를 제공하는 기업보다 이익 변동성이 크다. 식료품점과 전력 기업은 고급 상점과 소프트웨어 기업보다 이익이 더 안정적이다.

3. **비용 구조:** 기업이 비용을 회수한 후 남는 것이 바로 이익이다. 고정비용이 영업비용의 대부분을 차지한다면(즉 영업레버리지가 있다면) 영업이익은 매출의 작은 변화에도 크게 반응해 변동성이 커진다. 차입금을 조달해 이자비용이 더해지면 시간이 흐를수록 주주 이익은 변동성이 커진다.

4. **거시경제 요인:** 성숙 단계에 들어서면 이익이 안정화하는 기업도 있지만 계속해서 변동성을 보이는 기업도 있다. 원자재 가격이나 경기 변동에 민감하기 때문이다. 엑슨모빌(Exxon Mobil)은 성숙기 석유회사지만 이익은 그동안 유가 변동에 따른 영향을 반영해 변동성이 컸다.

5. **국가 위험:** 앞서 8장에서 국가 위험을 고려해 자기자본비용과 자본비용을 조정하는 과정을 다루며 경제와 정치 측면에서 국가별 위험의 편차가 상당하다는 점을 알아보았다. 위험 수준이 높은 국가에서 사업하는 기업은 성숙 시장에 속한 유사 기업보다 이익 변동성이 더 크다. 국가 위험을 반영하는 환율과 해당 국가 경

제의 변동성에 영향받기 때문이다.

이익 변동성의 차이를 이해하는 한 가지 방법은 시간에 따른 이익의 분산을 추정한 후 섹터와 국가별로 비교하는 것이다.

이익 변동성을 다루는 방법 이익 변동성이 큰 기업은 직전 연도 이익을 수익력의 척도로 삼으면 오류가 생긴다. 예컨대 석유회사를 가치평가할 때 유가가 높은(낮은) 수준이었던 직전 연도 이익에 바탕을 둔다면 과대(과소)추정하게 된다. 나중에 이익의 시간 변동성을 다룰 가장 좋은 방법을 상세히 알아보겠지만, 그리 많은 노력이 필요하지 않은 자명한 해결책이 있다. 바로 직전 연도 이익뿐 아니라 과거 오랜 기간 이익을 분석하는 것이다. 석유회사 등 경기순환 기업이라면 수익력을 평가할 때 원자재 주기나 경기에 걸쳐 시계열 이익을 분석하면 된다. 실무에서는 다양한 변형을 활용해 평균 이익을 추정하는 문제로 귀결한다.

1. **이익 절대액의 평균**: 영업이익과 순이익, 주당순이익 등 이익의 절대액 평균을 구하는 방법이 가장 간단하다. 하지만 기업이 성장 국면에 있거나 인플레이션이 진행 중이라면 생애주기에 걸쳐 진정한 수익력을 과소추정하는 결과를 낳는다.
2. **평균 이익률로 계산한 이익**: 두 번째 방법은 매출 등 영업 지표 대비 이익 비율(영업이익률 등)을 기준으로 평균 이익을 계산한다. 한 주기 내의 평균 영업이익률을 직전 연도 매출에 곱해서 '정상화'한 이익 척도를 얻는다.
3. **업종 평균 이익**: 역사가 그리 오래되지 않았거나 과거에도 변동성이 몹시 커서 정상 이익을 추정하기 어려운 기업도 있다. 이때는 기업이 속한 업종의 평균 이익을 사용하면 된다. 여기에는 시간이 흐르면 해당 기업이 업종 평균 수익성으로 수렴하리라는 가정이 깔려 있다.

하지만 평균의 변형을 사용할 때는 애초에 이 과정을 거치는 이유가 분석 대상 기

가치평가 바이블

업의 미래 이익 예측에 활용할 기초 이익 추정치를 얻기 위한 것임을 유념해야 한다.

손익계산서에서 발견할 수 있는 경고의 징후

손익계산서에서 가장 까다로운 문제는 기업이 보고하는 항목(예컨대 특별항목)에 발목 잡힐 때가 아니라 다른 범주에 숨어 있는 항목에서 비롯한다. 다음은 그런 문제를 짚어보기 위해 손익계산서에서 점검할 체크리스트다.

- 이익 증가율이 매출 증가율을 대폭 상회하는 현상이 매년 반복되는가? 물론 효율성 향상을 보여주는 지표일지 모르나, 차이가 상당하고 매년 반복된다면 효율성의 원천에 의문을 품어야 한다.

- 일회성 비용이나 비영업비용이 자주 발생하는가? 이 비용은 매년 범주가 달라질 수 있다. 예컨대 올해는 재고비용이었다가 내년에는 구조조정비용이 되는 식이다. 그저 운이 나빠서 그런 비용이 발생할 수도 있지만, 상시적인 영업비용을 비영업비용으로 분류하려는 의식적인 노력에 따른 결과일지도 모른다.

- 매출 대비 비율이 매년 급격히 변동하는 영업비용 항목이 있는가? 예컨대 판관비 항목에서 그런 현상이 발생한다면, 영업비용이 아니라 분리해서 별도 표시해야 할 비영업비용이 포함되었기 때문일지도 모른다.

- 기업 이익이 애널리스트 추정치를 분기마다 1~2센트라도 계속 상회하는가? 모든 기업이 마이크로소프트는 아니다. 매년 추정치를 상회하는 기업은 이익을 관리하거나 여러 기간에 걸쳐 이익 인식을 앞당기거나 미루고 있는지도 모른다. 그러한 관행은 결국 성장이 안정되는 즉시 발목을 잡을 것이다.

- 매출의 상당 비중이 자회사나 관계기업에서 발생하는가? 이들에 판매하는 것 자체는 합법일지 몰라도, 판매가를 얼마로 책정하는지에 따라 한 사업부의 이익을 다른 곳으로 옮기고, 나아가 기업의 진정한 이익이 왜곡되기도 한다.

- 재고자산 평가나 감가상각비 관련 회계 정책을 자주 변경하는가?

- 인수 후 기업 이익이 경이로운 수준으로 급증했는가? 인수 기반 전략으로 성공을 장기 지속하

기는 어렵다. 다른 기업을 인수하자마자 성공했다고 주장하는 기업은 철저히 검토해야 한다.

• 매출과 이익이 급증하지만 운전자본도 급증하는가? 열심히 추적하면 몹시 후한 조건에 현금을 당장 받지 않는 계약을 통해서 매출을 만드는 기업을 정확히 집어낼 수 있다.

체크리스트 항목 중 하나가 발견되었다고 해서 해당 기업의 이익을 전적으로 신뢰할 수 없는 것은 아니다. 하지만 여러 항목에 해당한다면 손익계산서를 아주 상세히 검토하라는 경고로 해석해야 한다.

결론

재무제표는 대다수 투자자와 애널리스트가 정보를 얻는 가장 중요한 원천이다. 하지만 회계 관점과 재무 관점은 기업에 관한 핵심 질문의 답을 얻는 접근법에서 차이가 있다.

이번 장에서는 먼저 이익을 분석하며 회계 비용을 영업비용과 금융비용, 자본적 지출로 분류했다. 영업비용과 금융비용은 당기 손익계산서 항목이지만, 자본적 지출은 감가상각비와 무형자산 상각비 형태로 여러 기간에 분산되어 있다. 회계원칙은 과거 운용리스를 영업비용으로 잘못 분류했고 지금도 여전히 연구개발비를 영업비용으로 잘못 분류한다(운용리스는 금융비용으로, 연구개발비는 자본적 지출로 보는 것이 옳다). 이러한 비용 항목이 미치는 영향을 더 잘 포착하기 위해 이익을 정정하는 방법도 다뤘다.

이번 장의 후반부에서는 일회성·비반복적·이례적 항목이 이익에 미치는 영향과 과거 이익 역사에 담긴 정보를 다뤘다. 이익 계산 과정에 정상 비용만 반영하는 것이 기본 원칙이다. 하지만 정상 영업비용을 비반복적 항목으로, 비영업이익을 영업이익으로 처리하려는 일부 기업으로 인해 원칙은 시험에 놓일 때가 많다. 이익 변동성이 클 때는 직전 연도 이익이 아니라 과거 이익 절대액의 평균이나 평균 영업이익률을 구해서 가치평가의 출발점으로 삼는 편이 훨씬 낫다.

연습문제
별도 표기가 없으면 주식 위험 프리미엄은 5.5%로 한다.

1 데라 푸드는 전문 식품 소매업체다. 이 회사의 재무상태표에는 자기자본이 10억 달러이고, 부채는 없는데, 모든 매장에서 운용리스 계약이 존재한다. 최근 한 해 동안 이 회사는 운용리스로 8,500만 달러를 지불했으며, 향후 5년 및 그 이후 기간에 다음과 같이 리스료를 지불하기로 계약했다(단위: 100만 달러).

연차	리스료
1	90
2	90
3	85
4	80
5	80
6~10	연간 75

회사의 현재 차입 비용이 7%인 경우, 운용리스의 부채 가치를 구하라. 자기자본 대비 부채비율을 구하라.

2 앞의 문제에서 데라 푸드의 (운용리스 비용 포함) 이자 및 세금 차감 전 이익(EBIT)이 2억 달러라고 하자. 운용리스를 자본화하면, 조정된 영업이익은 얼마인가?

3 푸드마켓 주식회사는 식료품 체인점이다. 이 회사의 부채비율은 10%이고, 장부상 투하자본 10억 달러에 대한 자본이익률은 25%이다. 이 회사가 상당한 운용리스를 보유하고 있다고 하자. 현재 연도의 운용리스 비용이 1억 달러이고, 리스 약정의 현재가치가 7억 5,000만 달러인 경우, 푸드마켓의 부채비율과 자본이익률을 다시 구하라. (부채의 세전 비용은 8%로 가정할 수 있다.)

4 지프 소프트웨어는 상당한 연구개발비를 지출하는 회사다. 가장 최근 연도에 이 회사는 1억 달러의 연구개발비를 지출했다. 연구개발비는 5년 동안 상각할 수 있으며, 지난 5년 동안 상승했다(단위: 100만 달러).

연차	연구개발비
-5	50
-4	60
-3	70
-2	80
-1	90
현재 연도	100

향후 5년간 정액상각을 가정하고, 다음을 구하라

a. 연구자산의 가치

b. 올해 연구개발비 상각액

c. 영업이익에 대한 조정

5 스텔라 컴퓨터는 높은 자본이익률로 정평이 나 있다. 이 회사는 작년에 15억 달러의 투하자본에 대해 100%의 자본이익률을 기록했다. 연구자산의 가치를 10억 달러로 추정했다. 올해의 연구개발비는 2.5억 달러이고, 연구자산의 상각액은 1.5억 달러이다. 스텔라 컴퓨터의 자본이익률을 다시 구하라.

10장
이익의 현금흐름 전환

자산의 가치는 현금흐름 창출 능력에서 비롯한다. 기업 가치를 평가할 때는 부채 상환 전, 재투자 소요 충족 후 세후 현금흐름을 사용해야 한다. 주식 가치를 평가할 때는 부채 상환 후 현금흐름을 사용해야 한다. 따라서 현금흐름 추정은 기본적으로 세 단계로 이뤄진다. 첫째, 기업이 보유한 자산과 투자가 창출하는 이익을 추정한다(9장에서 다뤘다). 둘째, 그 이익에서 세금 납부에 사용할 비중을 추정한다. 셋째, 미래 성장을 위해 재투자할 비중에 관한 척도를 고안한다.

이번 장에서는 두 번째와 세 번째 단계를 검토한다. 먼저 실효세율(effective tax rate)과 한계세율(marginal tax rate)의 차이를 다룬 후, 상당한 순영업손실(net operating loss: NOL)을 차기 이월할 때의 영향도 알아본다. 기업의 재투자를 유형자산과 장기 자산에 대한 재투자(순 자본적 지출)와 단기 자산에 대한 재투자(운전자본)로 나누어 재투자율을 살펴본다. 재투자의 범주를 확장해 자본적 지출의 일부인 연구개발 투자와 인수도 논의에 포함한다.

세금 효과

이자 및 세전 이익(EBIT)에 추정 세율을 곱하면 세후 영업이익이 도출된다. 간단해 보이지만, 가치평가에서 흔히 발생하는 세 가지 문제로 인해 계산 과정이 복잡해질 수 있다. 첫째, 평가 대상 기업의 실효세율과 한계세율 간 상당한 차이와 두 세율 사이에서의 선택 문제다. 둘째, 막대한 적자를 기록 중인 기업이 순영업손실을 차기 이월해서 미래 세금을 줄이는 문제다. 셋째, 연구개발비와 기타 비용의 자본화에 따른 문제다. 자본화가 아니라 당기에 비용 처리하면 미래 세금 혜택이 훨씬 더 커질 수 있기 때문이다.

실효세율 대 한계세율

세율은 여러 선택지가 있다. 재무제표에서 널리 사용하는 실효세율은 손익계산서 항목을 활용해 계산한다.

$$실효세율 = 당기\ 법인세/과세소득$$

손익계산서 수치에 바탕을 두는 실효세율은 발생(accrual) 세율로서 당기 실제 납부한 법인세액이 아니라 법인세 추정치를 과세소득으로 나눈 비율이다.

두 번째 선택지는 한계세율로서 기업의 이익 증분에 적용되는 세율이다. 세법에 따라 달라지는 한계세율은 기업이 한계 이익에 대해 납부할 세금을 반영한다. 2024년 미국 기업의 한계 이익에 대한 연방 법인세율은 21%다. 주정부세와 지방세까지 고려하면 대다수 흑자 기업의 한계세율은 25%가량이다. 따라서 한계세율은 재무제표에 기재된 세율과는 아무 관련 없이 세법에 근거를 둔다.

미국 기업의 한계세율은 대개 비슷한 수준이지만, 기업별 실효세율은 차이가 크다. 그림 10.1은 2024년 1월 기준 미국과 전 세계 흑자 기업의 실효세율 분포를 보여준다.

미국과 전 세계 기업의 실효세율 중앙값은 20~25%였다. 실효세율이 10% 미만인 기업이 여럿 있지만 50%를 초과하는 기업은 드물다. 직전 회계연도에 세금을 내지

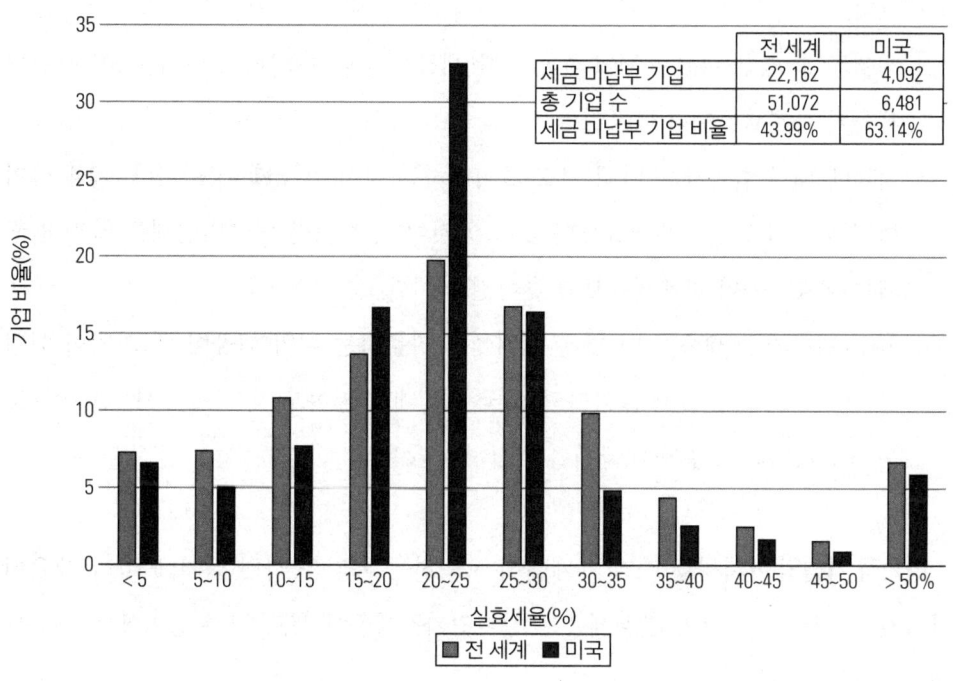

	전 세계	미국
세금 미납부 기업	22,162	4,092
총 기업 수	51,072	6,481
세금 미납부 기업 비율	43.99%	63.14%

않았거나(대다수는 적자 기업) 마이너스 실효세율을 기록한 기업은 포함하지 않았다는 사실을 유념하라.[1]

실효세율과 한계세율 간 차이의 원인　대다수 상장기업의 과세소득이 최고 한계세율 구간에 속한다는 사실을 고려할 때, 실효세율과 한계세율 간에 차이가 나는 이유는 무엇인가? 적어도 네 가지 이유가 있다.

1. 세무보고와 재무보고에 서로 다른 회계원칙을 적용하는 미국 기업이 많다. 예컨 대 일부 기업은 감가상각비 처리 시 재무보고에는 정액법을, 세무보고에는 가속

1　마이너스 실효세율은 대개 세무상 흑자를 냈지만(그래서 법인세를 납부했지만) 회계상 적자를 냈을 때 발생한다.

상각법을 적용한다. 그래서 세액 산출의 근거인 과세소득보다 회계 이익이 훨씬 크다.[2]

2. 세액공제(tax credit)를 활용해 납부할 세금을 줄이는 기업도 있다. 그러면 실효세율이 한계세율보다 낮아진다.

3. 이익에 대한 법인세를 미래 연도로 이연하는 것이 가능할 때도 있다. 이때 당기 법인세의 세율은 한계세율보다 낮아질 것이다. 하지만 이연법인세를 납부한 후에는 실효세율이 한계세율보다 높아질 것이다.

4. 2017년까지는 세율이 더 낮은 해외에서 창출하는 이익 비중이 큰 기업이 이익을 본국으로 송금하지 않았다면 내국세를 내지 않아도 되었고, 2017년 이후로는 송금하더라도 추가 내국세를 부담하지 않는다.

다국적 기업의 한계세율　　전 세계에서 사업하는 기업은 사업 국가에 따라 세율이 달라진다. 이러한 기업의 한계세율은 얼마인가? 세율이 서로 다른 상황에 대처하는 세 가지 방법이 있다.

1. 가중평균 한계세율을 적용한다. 이때 가중치는 국가별 이익 비중을 따른다. 문제는 국가별 이익 증가율이 서로 다르다면 시간이 흐르며 가중치가 변한다는 것이다.

2. 기업의 설립 소재국의 한계세율을 적용한다. 여기에는 다른 국가에서 창출한 이익을 언젠가 본국으로 송금하리라는 가정이 깔려 있다. 이때 기업은 본국의 세율을 적용한 내국세를 납부해야 한다.

3. 국가별 이익을 분리해서 각 이익 흐름에 서로 다른 한계세율을 적용한다.

다국적 기업은 이익을 여러 국가로 어느 정도 자유롭게 이동할 수 있으므로 이익을

2　실효세율은 지급법인세(세무신고서에서 알 수 있다)와 회계 이익에 바탕을 두고 계산한 값이다. 따라서 회계처리 방식을 변경해 회계 이익을 부풀렸다면 실효세율은 한계세율보다 낮아진다.

세율이 높은 국가에서 낮은 국가로 이동하는 경향이 있다.

세율이 가치에 미치는 영향

기업의 가치를 평가할 때 한계세율과 실효세율 중 무엇을 사용해야 할까? 매 기간 이익에 똑같은 세율을 적용하고 싶다면 한계세율을 택하는 편이 안전하다. 이전 섹션에서 다뤘던 세율 간 차이를 낳는 네 가지 원인 중 세 가지가 영원히 지속되지는 않기 때문이다. 신규 자본적 지출이 줄어들면 회계 이익과 세무 이익 간 차이도 좁혀질 것이다. 세액공제도 영원히 지속되지 않으며 이연법인세는 언젠가 납부해야 한다.

해외에서도 이익을 창출하고 추가 내국세를 부담하지 않는 기업이라면 전 세계 평균 한계세율을 택하는 편이 낫다. 그렇다고 해서 세후 현금흐름 계산에 적용하는 세율을 영원히 고정해야 할 이유도 없다. 당기 실효세율이 24%이고 한계세율이 35%인 기업의 가치를 평가할 때는 1년 차에 한계세율로 24%를 적용해 현금흐름을 추정한 후 세율을 35%까지 점차 높이면 된다. 영구연금(perpetuity)의 잔존가치 계산에는 한계세율을 적용하는 것이 바람직하다.

주식 가치평가는 대개 순이익이나 주당순이익에서 시작하는데, 모두 세후 이익이다. 세후 이익을 사용하면 세율 추정 문제로 씨름하는 데서 벗어날 수 있을 듯하지만, 겉모습에 현혹해서는 안 된다. 기업의 세후 이익은 당기 납부한 세금을 반영한다. 절세나 이연 전략으로 인해 세액은 감소하거나(낮은 실효세율) 증가한다(높은 실효세율). 따라서 미래에 세율이 변했는데도 순이익을 조정하지 않는다면 현 수준의 세금만 계속 납부하면 된다고 가정하는 오류에 빠진다.

[예시 10.1] 세율 가정이 가치에 미치는 영향: 콘보이

통신사 콘보이(Convoy)는 직전 회계연도에 세전 영업이익 1억 5,000만 달러 중 3,000만 달러를 재투자했다. 세금을 이연한 결과 실효세율은 20%이고 한계세율은 40%다. 영업이익과 재투자는 모두 향후 5년간 연 10% 증가한 후 영원히 5% 증가한다. 자본비용은 9%이고 시간이 흘러도 변하지 않는다고 가정한다. 세 가지 세율 가정에 따라 콘보이의 가치를 평가해보자. 즉 실효세율을 계속 적용하거나 한계세율을 계속 적용하거나 두 세율을 혼합하는 방법이다(단위: 100만 달러).

접근법 1: 실효세율 계속 적용

먼저 실효세율 20%를 계속 적용할 때 콘보이의 가치를 추정했다.

세율	20%	20%	20%	20%	20%	20%	20%
	당기	1	2	3	4	5	종료 연도
EBIT	150.00	165.00	181.50	199.65	219.62	241.58	253.66
EBIT(1-t)	120.00	132.00	145.20	159.72	175.69	193.26	202.92
- 재투자	30.00	33.00	36.30	39.93	43.92	48.32	50.73
FCFF	90.00	99.00	108.90	119.79	131.77	144.95	152.19
잔존가치						3,804.83	
현재가치		90.83	91.66	92.50	93.35	2,567.08	
기업 가치	2,935.42						

여기에는 회사가 영원히 이연법인세를 납부하지 않아도 된다는 암묵적인 가정이 깔려 있다.

접근법 2: 한계세율 계속 적용

다음으로 한계세율 40%를 계속 적용할 때 콘보이의 가치를 추정했다.

세율	20%	40%	40%	40%	40%	40%	40%
	당기	1	2	3	4	5	종료 연도
EBIT	150.00	165.00	181.50	199.65	219.62	241.58	253.66
EBIT(1-t)	120.00	99.00	108.90	119.79	131.77	144.95	152.19
- 재투자	30.00	33.00	36.30	39.93	43.92	48.32	50.73
FCFF	90.00	66.00	72.60	79.86	87.85	96.63	101.46
잔존가치						2,536.55	
현재가치		60.55	61.11	61.67	62.23	1,711.39	
기업 가치	1,956.94						

여기에는 분석 시점부터 세금을 이연할 수 없다는 암묵적인 가정이 깔려 있다. 사실 더 보수적인 관점에서는 과거 누적 이연법인세를 기업 가치에서 빼는 것이 타당하다. 콘보이의 누적 이연법인세가 2억 달러이

고 향후 4년간 연 5,000만 달러씩 납부한다고 하자. 먼저 세금 납부액의 현재가치를 계산한다.

$$이연법인세 납부액의 현재가치 = 50 \times 연금 현가 계수(9\%, 4년) = 161.99$$

따라서 콘보이의 기업 가치는 17억 9,495만 달러다.

$$이연법인세 납부 후 기업 가치 = 1,956.94 - 161.99 = 1,794.95$$

접근법 3: 혼합 세율

마지막으로 5년간 실효세율 20%를, 잔존가치 계산에는 한계세율을 적용하는 방식으로 콘보이의 가치를 추정했다.

세율	20%	20%	20%	20%	20%	20%	40%
	당기	1	2	3	4	5	종료 연도
EBIT	150.00	165.00	181.50	199.65	219.62	241.58	253.66
EBIT(1-t)	120.00	132.00	145.20	159.72	175.69	193.26	152.19
- 재투자	30.00	33.00	36.30	39.93	43.92	48.32	50.73
FCFF	90.00	99.00	108.90	119.79	131.77	144.95	101.46
잔존가치						2,536.55	
현재가치		90.83	91.66	92.50	93.35	1,742.79	
기업 가치	2,111.12						

5년 차까지 실효세율을 적용하면 이연법인세부채가 증가한다는 점을 유념하라. 당기 종료일 콘보이의 이연법인세부채가 2억 달러라면 5년 차 말 이연법인세부채는 다음과 같다.

$$기대 이연법인세부채 = 200 + (165 + 181.5 + 199.65 + 219.62 + 241.58) \times (0.40 - 0.20)$$
$$= 401.47$$

5년 차 종료 후 이연법인세를 10년간 나눠서 납부한다면 현재가치는 1억 6,745만 달러다.

$$이연법인세 납부액의 현재가치 = (401.47/10) \times 연금 현가 계수(9\%, 10년)/1.09^5$$
$$= 167.45$$

이연법인세는 6년 차부터 납부하므로 5년 전인 현시점으로 다시 할인해야 한다. 따라서 콘보이의 기업 가치는 다음과 같다.

$$기업 가치 = 2,111.12 - 167.45 = 1,943.67$$

taxrate.xls: 미국 기업의 최근 분기 업종별 평균 실효세율 데이터를 요약한 엑셀 자료. (웹에서 다운로드 가능)

순영업손실의 영향

막대한 순영업손실을 차기 이월하거나 계속 영업손실을 낸 기업은 향후 흑자 기록 후 몇 년간 상당한 절세 효과를 누린다. 순영업손실의 영향을 두 가지 방법으로 가치 평가에 반영할 수 있다.

먼저 시간이 흐르면서 세율을 변화시키는 방법이다. 차기 이월한 손실이 이익과 상쇄되기에 이 기업은 초기에 제로(0) 세율을 적용받는다. 순영업손실 규모가 줄면 세율은 한계세율 수준까지 상승할 것이다. 세후 영업이익 추정에 적용한 세율이 변한다면 자본비용 추정 시 세후 부채비용 계산에 적용한 세율 역시 변해야 한다. 따라서 순영업손실을 차기 이월한 기업은 이익이 누적 손실액을 초과하기 전까지는 세후 영업이익과 자본비용 계산에 제로 세율을 적용해야 한다.

두 번째 방법은 이미 흑자를 내지만 차기 이월했던 순영업손실 규모가 상당한 기업에 적용한다. 애널리스트는 순영업손실로 인한 절세액을 우선 분석에서 제외하고 기업 가치를 평가한 후, (순영업손실에 세율을 곱해서 추정한) 기대 절세액을 더한다. 하지만 절세가 확실히 보장되고 효과가 즉시 발생한다고 전제하는 점에서 문제가 있다. 세금 혜택을 누리려면 흑자를 내야 한다. 하지만 이익을 올릴지 불확실성이 존재하는 만큼 이 접근법은 절세액의 가치를 과대추정하기 마련이다.

영업손실과 관련해 두 가지를 더 유념하라. 첫째, 순영업손실을 기록한 기업을 인수하려는 기업이 피인수기업보다 더 이른 시점에 (결합으로 인한) 절세 효과를 주장해도 될 만큼 세금 시너지 효과가 존재할 때도 있다(인수를 다루는 25장에서 더 상세히 알아본다). 둘째, 영업손실 이월 가능 기간에 중대한 제약을 두는 국가도 있다. 이때 순영업손실의 가치는 하락할 것이다.

가치평가 바이블

[예시 10.2] 순영업손실이 가치에 미치는 영향: 테슬라 모터스(2011년)

전기차 제조사 테슬라 모터스(Tesla Motors) 사례를 통해 차기 이월한 순영업손실(NOL)과 미래 기대손실이 세율에 미치는 영향을 이해해보자. 테슬라는 2010년 매출 1억 1,674만 달러와 영업손실 6,550만 달러를 기록했다. 2010년 말 기준 누적 순영업손실은 1억 4,064만 달러였다.

절망적인 상황처럼 보였지만, 향후 10년간 매출이 대폭 증가하고 영업이익률이 같은 산업 내 정상적인 성숙기업의 평균인 10%로 상승하리라고 가정한다. 다음 표는 테슬라의 향후 10년간 매출과 영업이익 추정치를 보여준다(단위: 100만 달러).

연도	매출	영업손익	기말 NOL	과세소득	법인세	세율
당기	117	-81	141	0	0	0.00%
1	292	-125	266	0	0	0.00%
2	584	-147	413	0	0	0.00%
3	1,051	-142	555	0	0	0.00%
4	1,681	-95	650	0	0	0.00%
5	2,354	-10	661	0	0	0.00%
6	3,060	93	568	0	0	0.00%
7	3,672	197	371	0	0	0.00%
8	4,222	292	79	0	0	0.00%
9	4,645	369	-	289	116	31.40%
10	4,877	421	-	421	168	40.00%

테슬라가 향후 5년간 계속 적자를 내고 순영업손실이 증가한다는 점을 유념하라. 6~8년 차에 영업이익을 기록하지만 누적 순영업손실이 여전히 남아서 법인세를 납부하지 않는다. 9년 차에는 누적 순영업손실 잔액(7,900만 달러)만큼 과세소득이 줄었지만, 처음으로 법인세를 납부한다. 40%로 가정한 세율을 9년 차 이후 한계세율로 적용했다. 이처럼 순영업손실의 세금 혜택은 현금흐름과 기업 가치에 반영된다. 법인세를 납부하지 않아 아낀 현금흐름을 자본비용으로 할인하면 순영업손실 한도를 소진할 때까지 세금 혜택이 지속되는 시간 가치와 실현되지 않을 위험을 모두 반영할 수 있다.

연구개발비 비용 처리의 세금 혜택

9장에서 연구개발비 자본화의 필요성을 다뤘다. 하지만 연구개발비를 자본화하면 세금 혜택을 놓칠 수도 있다. 기업은 연구개발비 전액을 비용공제받는다. 반면 자본적 지출에서는 감가상각비만큼만 비용공제받는다. 따라서 세금 혜택을 반영하려면 연구개발비와 연구자산 상각비 간 차이에서 비롯하는 세금 혜택을 세후 영업이익에 더하는 과정이 필요하다.

$$\text{추가 세금 혜택}_{\text{연구개발비 비용 처리}} = (\text{당기 연구개발비} - \text{연구자산 상각비}) \times \text{세율}$$

자본화한 다른 영업비용도 유사한 조정이 필요하다. 9장에서 연구개발비 자본화에 따른 세전 영업이익 조정을 다음과 같이 정리했다.

$$\text{조정 영업이익} = \text{영업이익} + \text{당기 연구개발비} - \text{연구자산 상각비}$$

세후 영업이익을 추정하려면 위 수식에 (1 − 세율)을 곱한 후 추가 세금 혜택을 더하면 된다.

$$\begin{aligned} \text{조정 세후 영업이익} &= (\text{영업이익} + \text{당기 연구개발비} - \text{연구자산 상각비}) \times (1 - \text{세율}) \\ &\quad + (\text{당기 연구개발비} - \text{연구자산 상각비}) \times \text{세율} \\ &= \text{영업이익} \times (1 - \text{세율}) + \text{당기 연구개발비} - \text{연구자산 상각비} \end{aligned}$$

다시 말해 연구개발비 비용 처리에 따른 세금 혜택 덕분에 세후 영업이익에 당기 연구개발비와 연구자산 상각비의 차만 더하면 조정 세후 영업이익을 얻는다(조정 세후 순이익도 마찬가지다).

[예시 10.3] 연구개발비 비용 처리의 세금 혜택: 암젠(2023년)

9장에서 암젠의 연구개발비를 자본화하고 연구자산의 가치를 추정한 후 조정 영업이익을 구했다. 예시 9.2의 내용을 복기해보자(단위: 100만 달러).

$$\text{당기(2023년) 연구개발 = 4,784}$$
$$\text{당기 연구자산 상각비 = 4,105}$$

암젠의 연구개발비 비용 처리에 따른 세금 혜택을 추정해보자. 세율은 25%로 가정한다. 당기 연구개발비 47억 8,400만 달러는 전액 비용공제된다는 점을 유념하자.

$$\text{연구개발비 비용공제} = \text{연구개발비} \times \text{세율} = 4,784 \times 0.25 = 1,196$$

2023년에 연구자산 상각비만 비용공제되었다고 하면, 세금 혜택은 다음과 같다.

$$연구자산 \ 상각비 \ 비용공제 = 4{,}105 \times 0.25 = 1{,}026$$

암젠은 연구개발비를 자본화하지 않고 비용 처리할 때 더 큰 세금 혜택을 누린다. 두 방법 간 세금 혜택 차이는 다음과 같다.

$$세금 \ 혜택 \ 차이 = 1{,}196 - 1{,}026 = 170$$

따라서 암젠이 연구개발비를 자본화하지 않고 비용 처리할 때 세금 혜택은 1억 7,000만 달러다. 마지막으로 암젠의 조정 세후 영업이익을 구해보자. 예시 9.2에서 다음과 같이 조정 세전 영업이익을 계산했다.

$$\begin{aligned} 조정 \ 세전 \ 영업이익 &= 영업이익 + 당기 \ 연구개발비 - 연구자산 \ 상각비 \\ &= 8{,}164 + 4{,}784 - 4{,}105 = 8{,}843 \end{aligned}$$

세전 영업이익을 세후 기준으로 바꾸고 연구개발비 비용 처리의 세금 혜택을 더하면 조정 세후 영업이익을 얻는다.

$$조정 \ 세후 \ 영업이익 = 8{,}843 \times (1 - 0.25) + 170 = 6{,}802$$

위 방법 대신 조정 전 세후 영업이익을 연구개발비에 대해 조정해도 똑같은 값을 얻는다.

$$\begin{aligned} 조정 \ 세후 \ 영업이익 &= 세후 \ 영업이익 + 당기 \ 연구개발비 - 연구자산 \ 상각비 \\ &= 8{,}164 \times (1 - 0.25) + 4{,}784 - 4{,}105 = 6{,}802 \end{aligned}$$

세무 장부와 회계 장부

많은 미국 기업이 세무 장부와 회계 장부를 따로 관리한다는 사실은 널리 알려져 있다. 이는 합법적일뿐더러 표준적인 관행이기도 하다. 기업마다 구체적인 적용 방법은 다르지만, 일반적으로 주주에게 보고하는 회계 이익이 세무 이익보다 훨씬 크다. 기업 가치평가 시 대개 세무 이익에 접근하기는 어렵고 회계 이익만 알 수 있다는 점은 가치 추정치에 여러 영향을 미친다.

- 과세소득으로 계산할 수 있는 당기 법인세를 (대개 과세소득보다 훨씬 큰) 회계 이익으로 나눈 세율은 진정한 세율보다 낮을 때도 있다. 낮은 세율을 재무 추정에

적용하면 기업 가치를 과대평가하는 결과를 낳는다. 미래 연도에 한계세율을 적용하는 것이 타당한 또 다른 이유이기도 하다.

■ 회계 이익에 바탕을 둔 재무 추정은 미래 기대이익을 과대추정하지만, 현금흐름에 미치는 영향은 미미하다. 회계 이익과 세무 이익의 차이가 가장 두드러지는 감가상각 방법을 보면 쉽게 이해할 수 있다. 회계에서는 정액법을 사용하고 세무에서는 가속상각법을 사용하는 기업이 많다. 현금흐름 추정 시 감가상각비를 세후 이익에 다시 더하므로 감가상각비의 감소는 이익의 증가와 상쇄된다. 하지만 감가상각비의 세금 혜택을 과소추정해서는 안 된다.

■ 일부 기업은 회계상 비용을 자본화하지만(나아가 후속 연도에 감가상각비를 인식하지만), 세무상으로는 비용 처리하기도 한다. 이로써 회계 장부상 이익과 자본적 지출에 바탕을 둔 재무 추정이 세무상 비용 처리에 따른 세금 혜택을 다시 과소추정한다.

따라서 세무와 회계 목적으로 서로 다른 기준을 적용할 때 발생하는 문제는 현금흐름이 아니라 회계 이익에 바탕을 둔 가치평가에서 더 심각하다(PER이나 EBITDA 같은 순이익 배수 사용이 이에 해당한다). 선택할 수 있다면 회계 장부가 아니라 세무 장부에 바탕을 두고 가치평가하는 편이 낫다.

이연법인세자산·부채

앞서 다루었듯 기업 손익계산서에 바탕을 두고 추정한 실효세율은 발생 이익과 세금을 반영하기에 한계세율과 큰 차이가 날 수 있다. 이에 따라 세금을 미래 연도로 이연하면 이연법인세부채가, 세금을 과다 납부해서 미래 연도에 절세 효과를 누린다면 이연법인세자산이 증가한다. 내재가치평가에서 이연법인세자산·부채는 미래 연도에 납부할 세금과 그에 따른 현금흐름 증감을 통해서만 영향을 미친다.

■ 이연법인세부채가 사라지기 전까지는 세후 이익 추정에 적용하는 미래 연도의

실효세율이 한계세율보다 높은 상황이 펼쳐질 가능성이 있다. 높은 실효세율은 이익과 현금흐름을 줄이기에 가치도 낮아진다.

- 이연법인세자산은 순영업손실을 다루는 방법과 유사하다. 기업은 미래 연도에 더 낮은 실효세율을 부담하므로 현금흐름이 증가한다.

청산가치 추정 시 이연법인세부채·자산은 중요하지 않다는 점을 유념하라. 장부상 이연법인세부채가 있다고 해서 청산 대금이 감소하거나 이연법인세자산 덕분에 증가하지는 않기 때문이다.

세금 보조금은 어떻게 처리할까?

특정 산업이나 사업에 투자하는 기업은 정부로부터 세금 보조금을 받는다. 세율 인하나 세액 공제 중 어떠한 방식이든 기업 가치가 상승한다. 보조금의 영향을 현금흐름에 반영하는 가장 좋은 방법은 무엇일까? 보조금을 무시하고 기업 가치를 평가한 후 보조금으로 인한 가치 증분을 더하는 방법이 가장 간단하다.

푸에르토리코에도 사업부가 있는 한 제약사를 생각해보자. 회사는 푸에르토리코에서 창출한 이익에 더 낮은 세율이 적용되는 세금감면(tax break) 자격을 얻었다. 이때 정상 한계세율을 적용해 기업 가치를 평가한 후 푸에르토리코 사업에서 비롯할 절세액의 현재가치를 더하면 된다. 이 방법에는 세 가지 장점이 있다.

1. 세금 보조금을 분리해서 세금감면 자격이 유효한 기간에만 반영할 수 있다. 세금감면 효과가 다른 현금흐름과 섞여 있다면 효과가 영원히 지속되리라고 가정하는 오류에 빠질 수 있다.

2. 세금감면 효과 계산 시 적용하는 할인율은 기업의 다른 현금흐름에 적용하는 할인율과 다를 수 있다. 정부가 보장하는 세액공제 방식의 세금감면이라면 관련 현금흐름의 현재가치 계산 시 훨씬 낮은 할인율을 적용해도 된다.

3. '공짜 점심은 없다'라는 진리에 비춰 본다면, 정부가 특정 투자에 세금을 감면해주는 이유는 더 큰 비용이나 위험에 노출되는 것에 대한 보상의 차원이다. 세금감면의 가치를 분리함으

로써 기업은 상충 관계의 유불리를 판단할 수 있다. 예컨대 정부로부터 세액공제받는 설탕 제조사는 그 대가로 정부의 설탕 가격 통제에 따라야 할 의무가 있다. 설탕 제조사는 세액공제의 가치와 가격 통제로 인해 잃은 가치를 비교해서 세액공제 자격을 유지할지 결정하면 된다.

재투자 소요

기업 현금흐름은 재투자 차감 후 기준으로 계산한다. 재투자 소요 추정에는 두 가지 요소가 있다. 첫째, 자본적 지출에서 감가상각비를 뺀 순 자본적 지출이다. 둘째, 비현금 운전자본에 대한 투자다.

순 자본적 지출

순 자본적 지출은 대개 자본적 지출에서 감가상각비를 뺀 값으로 추정한다. 감가상각비에서 발생하는 플러스 현금흐름이 자본적 지출의 일부를 상쇄하기에 초과액만큼 기업 현금흐름이 감소한다는 생각에 바탕을 둔다. 자본적 지출과 감가상각비에 관한 정보는 재무제표에서 쉽게 구할 수 있지만, 비용 예측은 세 가지 이유에서 어려워질 수 있다. 첫째, 자본적 지출은 한 번에 대규모로 발생한다. 어느 해에 대규모 투자를 집행한 후 후속 연도에는 비교적 소규모 투자만 필요할 때가 많다. 둘째, 자본적 지출의 회계상 정의는 연구개발비처럼 영업비용으로 분류되는 자본적 지출을 포함하지 않는다. 셋째, 회계는 인수를 자본적 지출로 분류하지 않기에 인수가 주요 성장 전략인 기업의 순 자본적 지출을 과소추정한다.

편차가 큰 자본적 지출과 평활의 필요성　자본적 지출 흐름의 편차가 작을 때는 드물다. 신제품을 출시하거나 신규 공장을 건설하는 등 자본적 지출이 아주 큰 기간 후에 비교적 규모가 작은 시기가 뒤따르는 것이 일반적이다. 따라서 미래 현금흐름 예측에 사용할 자본적 지출을 추정할 때는 정상화 과정을 거쳐야 한다. 자본적 지출의 정상화 방법은 적어도 두 가지가 있다.

간단한 방법은 자본적 지출을 여러 기간에 대해 평균하는 것이다. 예컨대 어느 제조사의 최근 연도 자본적 지출이 아니라 과거 4~5년 평균 자본적 지출을 사용하면 이 제조사가 4년마다 신규 공장에 투자하는 현실을 반영할 수 있다. 대신 최근 연도의 자본적 지출을 사용한다면 자본적 지출을 과대추정하거나(당기에 신규 공장 착공) 과소추정한다(과거에 공장 완공).

이때 해결할 두 가지 측정 문제가 있다. 첫째, 평균을 구하는 데 적용할 기간 관련 문제는 기업마다 다르고 얼마나 자주 대규모 투자를 집행하는지에 달려 있다. 둘째, 자본적 지출을 기간 평균한다면 감가상각비 역시 기간 평균할지 여부다. 감가상각비는 이미 여러 기간에 분산되어 있기에 정상화 필요성이 훨씬 작다. 게다가 기업이 누리는 세금 혜택은 기간 평균한 감가상각비가 아니라 최근 연도의 실제 감가상각비로 결정된다. 감가상각비가 자본적 지출만큼 변동성이 크지 않다면 평균하지 않고 그대로 두는 것이 타당하다.

업력이 그리 길지 않거나 시간이 흐르면서 사업 구성이 변화한 기업이라면 자본적 지출을 기간으로 평균하는 것이 좋은 선택이 아니거나, 평균값이 진정한 자본적 지출 소요의 척도가 아닐 가능성이 크다. 이때는 업종 평균 자본적 지출을 대안으로 활용할 수 있다. 같은 업종 내에서도 기업 규모가 다양하므로 평균값은 대개 기초 입력 변수(매출과 총자산) 대비 자본적 지출 비율로 계산한다. 더 나은 척도는 업종 평균 감가상각비 대비 자본적 지출 비율이다. 표본이 충분하다면 평가 대상 기업과 비슷한 생애주기 단계의 비교 기업으로 이루어진 부분집합의 평균값도 좋은 방법이다.

[예시 10.4] 정상 순 자본적 지출 추정: BYD

BYD는 중국 최대 전기차 제조사로서 2024년에 고성장할 것으로 예상하고 사업에 막대한 투자를 집행한다. 다음 표는 2019~2023년 자본적 지출과 감가상각비 정보를 요약해서 보여준다(단위: 100만 위안).

연도	감가상각비	자본적 지출	순 자본적 지출	감가상각비 대비 자본적 지출 비율	매출	매출 대비 순 자본적 지출 비율
2019	8,321	20,627	12,307	247.90%	127,739	9.63%
2020	9,415	11,774	2,359	125.06%	156,598	1.51%
2021	11,153	37,344	26,191	334.83%	216,142	12.12%
2022	15,189	97,457	82,268	641.62%	424,061	19.40%
2023	39,108	122,094	82,985	312.19%	602,315	13.78%
평균			41,222	332.32%		11.29%

자본적 지출은 변동성이 크고 감가상각비는 계속해서 증가하는 추세를 보였다. 순 자본적 지출을 정상화하는 방법은 세 가지다. 먼저 순 자본적 지출을 5년 기간으로 나누면 평균값은 412억 2,200만 위안이다. 더 나은 정상화 방법은 5년간 감가상각비 대비 자본적 지출 비율의 평균값을 가장 최근 연도인 2023년 감가상각비에 곱하는 것이다.

$$정상\ 자본적\ 지출 = 39,108 \times 332.32\% = 129,966$$
$$정상\ 순\ 자본적\ 지출 = 129,966 - 39,108 = 90,857$$

세 번째 방법은 매출 대비 순 자본적 지출 비율로 순 자본적 지출을 계산하는 것이다. 위 기간에 매출 대비 순 자본적 지출 비율은 11.29%였으므로 다음과 같이 2023년 정상 순 자본적 지출을 얻는다.

$$정상\ 순\ 자본적\ 지출 = 2023년\ 매출 \times 매출\ 대비\ 순\ 자본적\ 지출\ 비율$$
$$= 602,315 \times 11.29\% = 68,001$$

이 방법은 순 자본적 지출을 매출 대비 비율에 바탕을 두고 미래 기대 매출의 함수로 계산하기에 더 나은 미래 예측치를 도출한다.

영업비용으로 분류한 자본적 지출　9장에서 연구개발비와 직원 교육비처럼 편익이 수년간 지속되는 비용의 자본화와 이익에 미치는 영향을 살펴봤다. 이러한 자본화는 자본적 지출과 감가상각비, 나아가 순 자본적 지출 추정에도 영향을 미친다.

- 일부 영업비용을 자본적 지출로 재분류했다면 당기 해당 비용을 자본적 지출로 처리해야 한다. 예컨대 연구개발비를 자본화했다면 당기 연구개발비를 자본적 지출에 더한다.

조정 자본적 지출 = 자본적 지출 + 당기 연구개발비

- 영업비용을 자본화하면 자산이 만들어지므로 이 자산의 상각비도 당기 감가상각비에 더해야 한다. 연구개발비를 자본화하면 연구자산이 만들어지고 당기에 상각비가 발생한다.

조정 감가상각비 = 감가상각비 + 연구자산 상각비

- 당기 영업비용을 자본적 지출에, 자산 상각비를 감가상각비에 더한다면 기업의 순 자본적 지출은 둘의 차이만큼 증가한다.

조정 순 자본적 지출 = 순 자본적 지출 + 당기 연구개발비 − 연구자산 상각비

순 자본적 지출에 대한 조정은 영업이익에 대한 조정과 방향만 다를 뿐 똑같은 과정이다. 세후 영업이익에서 순 자본적 지출을 빼면 조정 세후 영업이익을 얻는다. 따라서 순 자본적 지출에 대한 조정은 연구개발비 자본화가 현금흐름에 미치는 영향을 무효화하는 것이나 다름없다.

[예시 10.5] 연구개발비 자본화의 영향: 암젠(2023년 3월)

예시 9.2에서 암젠의 연구개발비를 자본화한 결과 연구자산이 만들어졌다. 예시 10.3에서 암젠이 전체 연구개발비를 비용 처리해서 발생한 추가 세금 혜택을 살펴봤다. 이번 예시에서는 자본화가 순 자본적 지출에 미치는 영향을 알아보며 분석을 끝마친다.

수치를 복기해보자. 암젠의 2023년 연구개발비는 47억 8,400만 달러였다. 상각연수 10년을 적용해 연구개발비를 자본화한 결과 연구자산의 가치는 237억 1,600만 달러였고 당기(2023년) 연구자산 상각비는 41억 500만 달러였다. 2023년 자본적 지출은 9억 9,800만 달러였고 감가상각비는 8억 6,300만 달러였다. 자본적 지출과 감가상각비, 순 자본적 지출은 다음과 같이 조정한다(단위: 100만 달러).

$$\text{조정 자본적 지출} = \text{자본적 지출} + \text{당기 연구개발비}$$
$$= 998 + 4{,}784 = 5{,}782$$

$$\text{조정 감가상각비} = \text{감가상각비} + \text{연구자산 상각비}$$
$$= 863 + 4{,}105 = 4{,}968$$

$$\text{조정 순 자본적 지출} = \text{순 자본적 지출} + \text{당기 연구개발비} - \text{연구자산 상각비}$$
$$= 5{,}782 - 4{,}968 = 814$$

예시 10.3의 조정 세후 영업이익과 함께 놓고 보면 순 자본적 지출의 조정 전후 증감(1억 3,500만 달러[= 9억 9,800만 달러 - 8억 6,300만 달러 - 옮긴이]에서 8억 1,400만 달러로 6억 7,900만 달러 증가)은 조정 전후 세후 영업이익의 증감과 정확히 일치한다(61억 2,300만 달러[= 81억 6,400만 달러 × (1 - 0.25)]에서 68억 200만 달러로 증가 - 옮긴이). 따라서 연구개발비 자본화는 기업 잉여현금흐름에 아무런 영향을 미치지 않는다. 현금흐름 최소 기준치는 변화하지 않지만, 연구개발비 자본화는 이익과 재투자 소요 추정에 큰 변화를 가져온다. 이를 통해 기업의 수익성과 미래 성장을 위한 재투자 소요를 더 잘 이해할 수 있다.

인수 자본적 지출 추정 시 (현금흐름표에서 대개 자본적 지출로 분류되는) 내부 투자와 (타 기업을 인수하는) 외부 투자를 구별해서는 안 된다. 따라서 기업의 자본적 지출은 인수를 포함해야 한다. 매년 인수를 진행하는 기업은 드물고 거래마다 인수가가 다르므로 인수와 관련된 자본적 지출을 정상화할 필요성이 훨씬 크다. 예컨대 대략 5년마다 1억 달러 규모의 인수를 시행하는 기업의 자본적 지출을 추정할 때는 매년 인플레이션 조정 후 2,000만 달러를 반영해야 한다.

인수 대금을 현금으로 지급하는 것과 주식으로 지급하는 것은 구별해야 할까? 그럴 필요는 없다. 인수 대금을 주식으로 지급하면 현금을 지출하지는 않았지만 인수기업의 유통주식 수가 증가한다. 대금을 주식으로 지급한 인수를 올바르게 해석하는 한 가지 방법은 인수기업이 자금조달 과정에서 한 단계를 건너뛰었다고 해석하는 것이다. 공모주를 발행해 그 대금을 피인수기업에 현금으로 지급하고 인수를 완료할 수도 있었다. 다른 해석 방법은 주식으로 대금을 지급해 매년 인수를 진행했고 앞으로도 그럴 것으로 예상되는 기업은 유통주식 수가 증가할 수밖에 없다고 보는 것이다. 결국 기존 주주의 주당 가치가 희석될 수밖에 없다.

[예시 10.6] 순 자본적 지출 추정: 시스코 시스템스(1999년)

시스코 시스템스는 1990년대에 시가총액이 100배 상승했다. 매출과 이익이 연 60~70% 증가하는 능력에 바탕을 둔 결과였다. 성장 대부분은 유망한 기술을 갖춘 소형 기업을 인수해 상업적으로 성공시킬 수 있는 시스코의 능력에서 비롯했다. 시스코의 1999년 순 자본적 지출을 추정하기 위해 10-K 보고서의 자본적 지출(5억 8,400만 달러)과 감가상각비(4억 8,600만 달러) 추정치에서 출발하자. 이 수치에 바탕을 두고 1999년 순 자본적 지출이 9,800만 달러라고 결론 내렸다.

첫 번째 조정은 연구개발비의 영향을 반영하는 것이다. 상각연수를 5년으로 가정하고 1999년 연구자산과 상각비의 가치를 추정했다(단위: 100만 달러).

연도	연구개발비	기말 비상각 비중 및 금액		당기 상각비
당기	1,594.00	100.00%	1,594.00	
-1	1,026.00	80.00%	820.80	205.20
-2	698.00	60.00%	418.80	139.60
-3	399.00	40.00%	159.60	79.80
-4	211.00	20.00%	42.20	42.20
-5	89.00	0.00%	-	17.80
연구자산의 가치			3,035.40	
당기 상각비 합계			484.60	

시스코의 순 자본적 지출에 당기 연구개발비(15억 9,400만 달러)를 더하고 연구자산 상각비(4억 8,500만 달러)를 빼서 조정했다.

두 번째 조정은 직전 회계연도에 완료한 인수의 영향을 반영하는 것이다. 다음 표는 피인수기업 목록과 인수가를 요약해서 보여준다.

피인수기업	인수 방법	인수가
지오텔	지분통합	1,344
파이벡스	지분통합	318
센티언트	지분통합	103
아메리칸 인터넷 코퍼레이션	매수	58
수마 포	매수	129
클래리티 와이어리스	매수	153

셀시어스 시스템	매수	134
파이프링크	매수	118
암테바 테크놀로지	매수	159
합계		2,516

지분통합법과 매수법 거래를 모두 포함했고 지불한 인수가 합계를 1999년 순 자본적 지출에 더한다는 점이 중요하다. 시스코의 트랙 레코드를 고려할 때 1999년 인수 활동이 이례적이지 않고 재투자 정책을 반영한다고 가정한다. 인수 관련 상각비는 이미 감가상각비의 일부로 반영되었다.[3] 다음 표는 시스코의 1999년 최종 순 자본적 지출 계산 과정을 보여준다.

자본적 지출	584.00
- 감가상각비	486.00
순 자본적 지출(재무제표상)	98.00
+ 연구개발비	1,594.00
- 연구자산 상각비	484.60
+ 인수	2,516.00
조정 순 자본적 지출	3,723.40

가치평가에서 인수를 고려하지 않아도 될까?

순 자본적 지출과 기업 가치평가에 인수를 반영하는 것은 몹시 힘든 과정일지도 모른다. 간헐적으로 대규모 인수를 진행하는 기업일 때 특히 그렇다. 인수를 진행할지, 인수가가 얼마일지, 성장률을 얼마나 끌어올릴지 예측하기는 사실상 불가능한지도 모른다. 가치평가에서 인수를 고려하지 않는 유일한 방법은 인수기업이 피인수기업의 공정가치를 반영한 공정가격을 지불하고 피인수기업 주주들이 인수 후 창출되는 시너지나 경영권 가치에 대한 대가를 요구한다고 가정하는

---

3 따라서 중요한 것은 비용공제되는 유형의 상각비뿐이다. 비용공제되지 않는 상각비라면 상각비 차감 전 EBIT를 활용하고, 순 자본적 지출 추정 시 상각비를 고려하지 않아야 한다.

것이다. 이때 인수 규모나 더 빠른 성장이라는 결과와 관계없이 인수는 기업 가치에 영향을 미치지 않는다. 이유는 간단하다. 공정가치 인수 거래는 정의상 정확히 요구수익을 내는 투자로서 순현재가치가 제로(0)이기 때문이다.

기업 가치평가에서 인수를 고려하지 않기로 했다면 내적 일관성을 유지해야 한다. 즉 인수에서 비롯할 성장을 가치평가에 포함하면 안 된다. 인수 기반 전략을 통해 놀라운 성장을 구가했던 기업의 가치평가에서는 역사적 수치를 근거로 성장을 추정하는 동시에 인수는 고려하지 않아 기업 가치를 과대평가하는 실수가 흔히 일어난다. 인수의 편익은 계산에 반영했지만 비용은 반영하지 않기 때문이다.

인수를 고려하지 않으면 치를 대가는 무엇인가? 모든 인수 거래가 공정가격에 이뤄지지는 않고, 인수로 창출된 시너지와 경영권 가치가 항상 피인수기업 주주에게 돌아가지도 않는다. 인수의 비용과 편익을 모두 고려하지 않는다면 인수 기반으로 성장한 기업의 가치를 잘못 평가하게 된다. 즉 훌륭한 인수를 통해 가치를 창출하는 기업은 과소평가하고, 비싼 인수가를 지불해서 가치를 훼손하는 기업은 과대평가한다.

 capex.xls: 미국 기업의 최근 분기 업종별 매출 및 기업 가치 대비 자본적 지출 비율을 요약한 엑셀 자료. (웹에서 다운로드 가능)

운전자본에 대한 투자

재투자의 두 번째 요소는 운전자본 소요를 충족하기 위해 확보할 현금이다. 운전자본이 증가하면 더 많은 현금이 묶여서 마이너스 현금흐름으로 이어진다. 반대로 운전자본이 감소하면 가용 현금이 늘어나 플러스 현금흐름을 낳는다.

운전자본의 정의　운전자본은 대개 유동자산에서 유동부채를 뺀 값으로 정의한다. 하지만 가치평가 목적에서 운전자본을 측정할 때는 정의를 수정해야 한다.

■ 유동자산에서 현금과 유가증권은 제외한다. 기업은 현금을 (특히 보유 규모가 클수록) 단기 국공채나 기업 어음에 투자할 때가 많다. 이 투자에서 발생하는 수익은 실물자산 투자의 기대수익보다 작더라도 무위험 투자의 공정수익에 해당한다. 따라서 현금은 재고자산이나 매출채권, 기타 유동자산과 성격이 다르고 운전자본 척도에 포함하면 안 된다.

이 규칙에 예외가 있을까? 매일 영업활동을 위해 현금 잔액을 유지하거나 금융 시스템이 열악한 시장에서 사업하는 기업의 가치를 평가할 때는 영업에 필요한 현금을 운전자본의 일부로 포함할 수 있다. 하지만 이때도 공정수익을 내지 않고 소진하는 현금으로 국한해야 한다. 세계가 현금 기반 경제에서 벗어나고 있는 만큼 기업의 최소 영업 현금 수준은 갈수록 줄어드는 중이다.

■ 당기 이자 지급 의무가 있는 단기 차입금과 일부 장기 차입금, 즉 이자부 부채를

[그림 10.2] 미국과 전 세계 기업의 매출 대비 비현금 운전자본 비율(2023년)

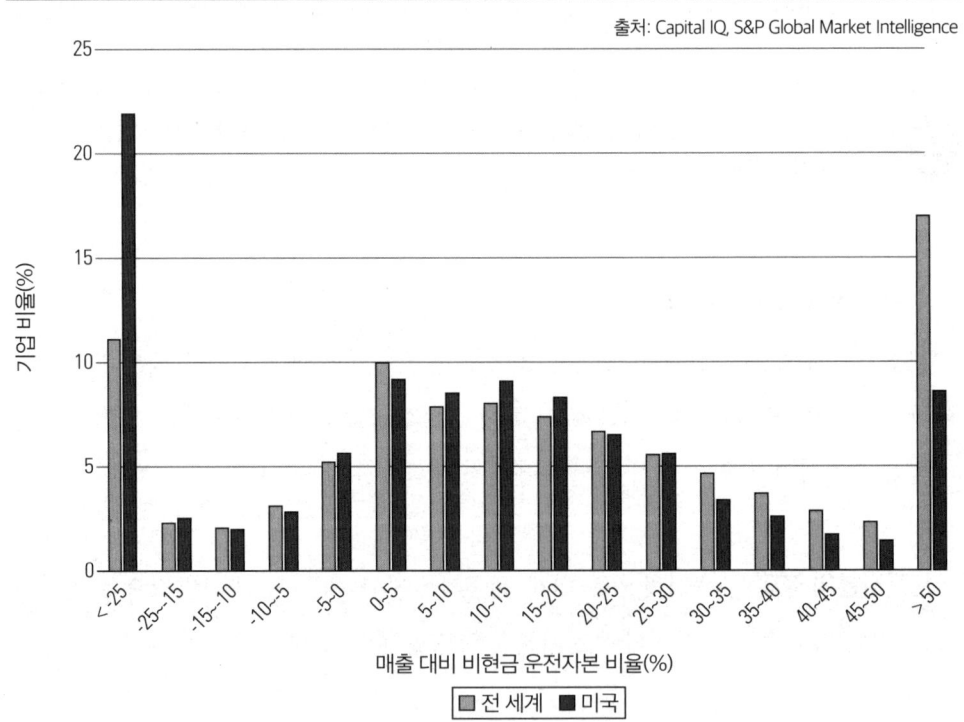

　　　　　　　　　　　　　　　　　　　　가치평가 바이블

유동부채에서 제외한다. 이자부 부채는 자본비용을 계산할 때 고려하므로 운전
자본에 포함하는 것은 이중계산이다.

비현금 운전자본은 기업과 업종에 따라 다르고 같은 업종 내에서도 기업별 차이가
있다. 그림 10.2는 2024년 1월 기준 미국과 전 세계 기업의 매출 대비 비현금 운전자
본 비율의 분포를 보여준다.

2023년 미국 기업의 3분의 1과 전 세계 기업의 5분의 1이 마이너스 비현금 운전
자본을 기록했음을 유념하라. 비이자부 유동부채가 비현금 유동자산보다 컸다는 뜻
이다. 반면 비현금 운전자본이 매출의 50%가 넘는 기업 비율은 꽤 높았다.

[예시 10.7] 운전자본과 비현금 운전자본: 마크스앤드스펜서

막스 앤드 스펜서는 영국에서 소매점을 운영하고 여러 국가의 유통기업 지분을 보유하고 있다. 다음 표는
회사의 1999년과 2000년 운전자본을 요소별로 나눠서 총운전자본과 비현금 운전자본으로 분류한 결과를
보여준다(단위: 100만 달러).

	1999	2000
현금 및 현금성 자산	282	301
유가증권	204	386
외상매출금(매출채권)	1,980	2,186
재고품(재고자산)	515	475
기타 유동자산	271	281
총유동자산	3,252	3,629
비현금 유동자산	2,766	2,942
외상매입금(매입채무)	215	219
단기차입금	913	1,169
기타 단기부채	903	774
총유동부채	2,031	2,162
비이자부 유동부채	1,118	993
운전자본	1,221	1,467
비현금 운전자본	1,648	1,949

두 연도에서 모두 비현금 운전자본이 운전자본보다 컸다. 비현금 운전자본이 운전자본에 묶인 현금을 보여주는 더 나은 척도다.

비현금 운전자본의 기대 증감 추정 재무제표를 활용하면 특정 연도 비현금 운전자본의 증감을 꽤 간단히 추정할 수 있지만, 활용 시 주의가 필요하다. 비현금 운전자본의 증감은 변동성이 커서 몇 년간 급증하다가 후속 연도에 급감할 때가 많다. 이례적인 기준 연도에 바탕을 둔 재무 추정 결과를 얻지 않으려면 시간에 따른 운전자본의 증감을 매출이나 매출원가의 증감에 연동해야 한다. 비현금 운전자본의 기대 증감을 추정하려면 (매년 매출의 기대 증감과 함께) 매출 대비 비현금 운전자본 비율을 활용하면 된다. 이때 평가 대상 기업의 역사적 비율을 사용하거나 업종 표준 비율을 사용한다.

운전자본을 구성 항목별로 더 상세히 나누어야 할까? 다시 말해 매출채권이나 재고자산, 매입채무 등 세부 항목별로 추정할 때 얻는 이점이 있는가? 답은 평가 대상 기업의 특성과 운전자본 추정 기간에 따라 달라진다. 매출이 증가하면서 재고자산과 매출채권이 서로 다른 움직임을 보이는 기업이라면 운전자본을 세부 항목별로 분석하는 것이 적합하다. 물론 기업 가치평가의 입력 변수가 늘어나는 대가를 치러야 한다. 나아가 더 먼 미래 연도 추정에서는 세부 항목별 분석의 장점이 줄어든다. 대다수 기업에서는 비현금 운전자본 합계를 추정하는 것이 더 간편할뿐더러 세부 항목별 분석보다 정확할 때도 많다.

[예시 10.8] 비현금 운전자본 소요 추정: 갭

전문 의류 유통기업인 갭의 재고자산과 운전자본 소요는 규모가 막대하다. 2000 회계연도(2001년 1월 종료) 말 재고자산은 19억 400만 달러, 기타 비현금 유동자산은 3억 3,500만 달러였다. 매출채권은 10억 6,700만 달러였고 기타 비이자부 유동부채는 7억 200만 달러였다. 2001년 1월 말 갭의 비현금 운전자본은 다음과 같다(단위: 100만 달러).

$$\text{비현금 운전자본} = 1,904 + 335 - 1,067 - 702 = 470$$

다음 표는 과거 회계연도의 비현금 운전자본과 연도별 매출을 보여준다.

	1999	2000	증감
재고자산	1,462	1,904	442
기타 비현금 유동자산	285	335	50
매입채무	806	1,067	261
기타 비이자부 유동부채	778	702	-76
비현금 운전자본	163	470	307
매출	11,635	13,673	2,038
매출 대비 비현금 운전자본 비율	1.40%	3.44%	15.06%

비현금 운전자본은 직전 회계연도 말부터 분석 시점까지 총 3억 700만 달러 증가했다. 갭의 비현금 운전자본 소요를 예측하는 다섯 가지 방법이 있다.

1. 직전 회계연도의 비현금 운전자본 증가액(3억 700만 달러)을 활용해 이 값이 이익 기대성장률과 같은 속도로 증가할 것으로 가정한다. 비현금 운전자본의 증감은 매년 변동성이 아주 크고 최근 연도 증가액이 이상치(異常値, outlier)일 가능성도 있으므로 장점이 가장 적은 선택지다.
2. 직전 회계연도의 매출 대비 비현금 운전자본 비율과 매출의 기대 증감에 바탕을 두고 추정한다. 갭 예시에서 미래 비현금 운전자본 증감이 해당 연도 매출 증감의 3.44%가 되리라는 뜻이다. 첫 번째 선택지보다는 훨씬 낫지만, 매출 대비 비현금 운전자본 비율도 매년 변화한다는 한계가 있다.
3. 직전 회계연도 매출 대비 비현금 운전자본 한계 비율에 바탕을 두고 추정한다. 이 한계 비율은 직전 회계연도의 비현금 운전자본 증감을 같은 기간 매출 증감으로 나눈 값이다. 갭 예시에서 미래 비현금 운전자본 증감이 해당 연도 매출 증감의 15.06%가 되리라는 뜻이다. 이 방법은 사업 구성이 변화하고 과거와 다른 부문에서 성장이 두드러지는 기업에 적용하는 것이 가장 적합하다. 성장 대부분이 온라인 사업에서 비롯하는 오프라인 유통기업은 총 비현금 운전자본 소요와 한계 비현금 운전자본 소요가 차이 난다.
4. 매출 대비 비현금 운전자본의 역사적 비율을 활용한다. 갭의 1997~2000년 매출 대비 비현금 운전자본 비율의 평균값인 4.50%를 활용하는 것이다. 미래 연도별 변화를 완만히 다듬는다는 장점이 있지만, 운전자본에 (상향이든 하향이든) 추세가 존재한다면 적합하지 않다.
5. 과거 운전자본 수치는 분석에서 제외하고, 매출 대비 비현금 운전자본 비율의 업종 평균값에 바탕을 두고 추정한다. 과거 운전자본 수치의 변동성이 크고 예측이 힘든 기업에 가장 적합하다. 또한 현재 규모가 작지만 성장하면서 규모의 경제 효과를 누릴 것으로 예상되는 기업의 비현금 운전자본 추정에도 적합하다. 물론 갭은 이러한 조건에 해당하지 않지만, 전문 의류 유통산업의 매출 대비 비현금 운전자본 비율 평균값인 7.54%를 활용해 비현금 운전자본 소요를 추정할 수 있다.

다음 표는 각 방법이 운전자본(WC) 소요 추정에 얼마나 변화를 초래하는지 살펴보기 위해 비현금 운전자본의 기대 증감을 예측한 결과를 보여준다. 향후 5년간 매출과 이익의 기대성장률은 모두 10%로 가정했다.

	당기	1	2	3	4	5
매출	13,673.00	15,040.30	16,544.33	18,198.76	20,018.64	22,020.50
매출 증감		1,367.30	1,504.03	1,654.43	1,819.88	2,001.86
1. 비현금 WC 증감	307.00	337.70	371.47	408.62	449.48	494.43
2. 당기 비율: WC/매출	3.44%	47.00	51.70	56.87	62.56	68.81
3. 한계 비율: $\Delta WC/\Delta$매출	15.06%	205.97	226.56	249.22	274.14	301.56
4. 역사적 평균	4.50%	61.53	67.68	74.45	81.89	90.08
5. 업종 평균	7.54%	103.09	113.40	124.74	137.22	150.94

앞서 살펴본 다섯 가지 방법에 따라 비현금 운전자본 소요 추정치가 상당히 달라진다.

마이너스 운전자본(또는 운전자본의 감소)　비현금 운전자본이 감소할 수도 있을까? 물론이다. 하지만 그러한 변화가 시사하는 바를 생각해보자. 비현금 운전자본이 감소하면 가용 현금과 기업 현금흐름이 증가한다. 재고자산을 과다보유하거나 신용 거래가 빈번한 기업은 둘 중 하나라도 효과적으로 관리하면 운전자본이 감소하고 가까운 미래(3~4년, 최대 5년까지)에 플러스 현금흐름을 창출할 수 있다. 문제는 운전자본 관리가 5년 이상의 장기적인 현금흐름 창출 원천이 될 수 있는지다. 시스템에 더 이상 비효율이 존재하지 않을 때가 오기 마련인데, 이때 운전자본의 추가적인 감소는 매출과 이익 증가에 부정적인 영향을 미칠 수 있다. 따라서 운전자본이 플러스인 기업에서 운전자본의 감소는 단기적으로만 실현 가능하다.

운전자본을 효율적으로 관리하는 기업이라면 매년 운전자본의 증감을 추정할 때 매출 대비 운전자본 비율에 바탕을 두어야 한다. 예컨대 매출 대비 비현금 운전자본 비율이 10%인 기업의 운전자본을 잘 관리하면 비율이 6%로 낮아질 것으로 예상한다. 매출 대비 비현금 운전자본 비율이 향후 4년간 10%에서 6%로 하락하고, 이후에는 운전자본 소요가 매출 증감의 6%가 되게끔 추정할 수 있다. 다음 표는 이 기업의 비현금 운전자본의 증감을 추정한 결과를 보여준다. 당기 매출은 10억 달러이고 향후 15년간 연 10% 증가한다고 가정했다(단위: 100만 달러).

	당기	1	2	3	4	5
매출	1,000.00	1,100.00	1,210.00	1,331.00	1,464.10	1,610.51
비현금 WC/매출	10%	9%	8%	7%	6%	6%
비현금 WC	100.00	99.00	96.80	93.17	87.85	96.63
비현금 WC 증감		-1.00	-2.20	-3.63	-5.32	8.78

　운전자본이 마이너스일 수도 있을까? 물론이다. 비이자부 유동부채가 비현금 유동자산보다 큰 기업은 비현금 운전자본이 마이너스다. 마이너스 운전자본은 운전자본의 감소보다 더 골치 아픈 문제다. 기업의 운전자본이 마이너스라는 것은 공급자 신용(supplier credit, 통상 수출자가 수입자에게 할부조건으로 수입대금 상환을 허용하는 거래 조건을 말하는데, 여기서는 공급자에게 지급할 매입채무의 지급기일을 연장하는 것을 뜻한다. 이에 따라 매입채무가 증가해 유동자산에서 유동부채를 뺀 값인 운전자본이 마이너스가 된다 – 옮긴이)을 자본의 원천으로 활용한다는 뜻이다(특히 기업 규모가 증가하면서 마이너스 운전자본의 규모도 계속 증가하는 기업). 특히 몇몇 기술회사가 이러한 성장 전략을 활용했다. 언뜻 비용 효율적인 전략처럼 보이지만, 잠재적인 단점도 있다. 첫째, 공급자 신용은 공짜가 아니다. 공급자 대금 지급을 연장하면 현금 및 기타 할인을 받지 못하므로 공급자 신용을 활용하는 기업은 사실 값을 제대로 치른다고 볼 수 있다. 따라서 이 전략의 자본비용을 다른 전통적인 차입금과 비교해 활용 여부를 결정해야 한다.

　둘째, 회계와 신용 평가에서는 대개 마이너스 운전자본을 채무불이행 위험의 원천으로 해석한다. 그래서 기업의 평가 등급이 하락하고 이자율이 상승하므로 공급자 신용을 재원으로 활용하면 다른 자본비용이 발생할 수 있다. 비현금 운전자본이 마이너스인 기업의 운전자본 소요를 예측할 때는 실무상 추정 문제도 발생한다. 앞서 살펴봤던 비현금 운전자본의 감소 시나리오처럼 단기적으로는 공급자 신용을 재원으로 계속 활용하지 못할 이유가 없다. 하지만 장기적으로는 시간이 흐르면서 마이너스 비현금 운전자본의 규모가 계속 증가한다고 가정하면 안 된다. 대신 비현금 운전자본의 변화가 제로(0)에 수렴하거나 운전자본이 다시 증가하는 쪽으로 선회하는 시점이 언젠가 도래할 것으로 예상해야 한다.

 wcdata.xls: 미국 기업의 최근 분기 업종별 비현금 운전자본 소요를 요약한 엑셀 자료. (웹에서 다운로드 가능)

재투자: 간접 추정법

지금까지 살펴보았듯 재투자를 구성하는 요소는 순 자본적 지출(대개 수명이 긴 유형자산 투자)과 자본화한 연구개발(대개 무형자산 투자), 인수(다른 기업 인수), 비현금 운전자본 등 여러 형태를 띤다. 각 요소가 변동성을 보이고 특히 규모가 커질수록 한 선택지를 다른 선택지로 대체할 수 있다(예컨대 인수 대신에 순 자본적 지출)는 사실을 고려할 때 재투자의 개별 요소를 직접 계산하는 것보다는 간접 추정하는 편이 훨씬 수월하다.

재투자 = 자본적 지출 – 감가상각비 및 무형자산 상각비 + 비현금 운전자본 증감 + 인수
      + (당기 연구개발비 – 연구자산 상각비)

이를 통해 기업·주주 잉여현금흐름을 측정하는 긴 수식을 훨씬 간결한 수식으로 바꿀 수 있다(그림 10.3 참고).

그림 10.3의 마지막 수식에서는 재투자를 매출로 나눈 재투자율을 사용했다. 세후 이익 중 기업 내부에 다시 투자하는 비중을 뜻하는 재투자율은 다음 11~12장에서 아주 중요한 역할을 한다.

[그림 10.3] 재투자와 기업 잉여현금흐름(FCFF)의 간접 추정법

EBIT(1 – 세율)	–	(자본적 지출 – 감가상각비) + 인수 + 비현금 운전자본 증감 + (당기 연구개발비 – 연구자산 상각비)	=	FCFF
EBIT(1 – 세율)	–	재투자	=	FCFF
EBIT(1 – 세율)	×	(1 – 재투자율)	=	FCFF

언뜻 보기에 재투자 간접 추정법은 개별 요소를 추정해 가감하는 직접 추정법보다 부정확해 보인다. 하지만 개별 요소 추정은 실제보다 더 정확하다고 믿는 거짓 정확도에 노출될 뿐 아니라 가치평가 오류로 이어질 가능성도 크다. 재투자를 간접 추정하면 네 가지 이득을 얻는다.

1. **수월한 추정**: 재투자를 간접 추정하는 방법이 개별 요소를 직접 예측하는 방법보다 훨씬 수월하고 변동성도 작다.
2. **적은 모순**: 개별 요소를 직접 추정하는 애널리스트는 가치평가의 일관성을 어긴 수치를 내놓을 가능성이 클뿐더러 회계원칙을 어길 때도 있다. 과거 자본적 지출과 감가상각비 역사에 바탕을 두고 따로 추정하면 감가상각비가 가까운 미래뿐 아니라 영원히 자본적 지출보다 커지는 결과를 얻을지도 모른다. 두 요소를 항상 함께 고려하는 이유는 감가상각비가 자본적 지출에서 비롯하기 때문이다. 마찬가지로 앞서 운전자본을 다루며 논했듯 운전자본이 마이너스라면 비현금 운전자본은 현금흐름을 늘린다. 만약 전체 재투자에서 차지하는 비중이 크다면 기업 잉여현금흐름이 세후 영업이익보다 큰 상태가 영원히 지속해 문제가 있다.
3. **가치평가 스토리 및 성장률과 연동**: 성장률을 다루는 11장에서 재투자의 간접 추정법, 즉 재투자율과 재투자의 질에 바탕을 두고 지속 가능한 성장률을 추정하는 방법을 다룬다. 내러티브와 숫자를 연결하는 기제로서 가치평가를 다루는 13장에서는 간접 추정법이 개별 요소 직접 추정보다 스토리에 연동하기 쉬운 이유를 알아본다.
4. **투하자본과 연동**: 미래 성장을 위해 따로 비축한 현금인 재투자는 아주 다양한 영향을 미치는데 특히 투하자본의 변화로 이어진다는 점이 중요하다. 실제로 당기 투하자본에 향후 모든 재투자액을 더해 추정한 미래 연도의 투하자본은 자본이익률(ROC)을 추적하고 경쟁우위와 견주어 판단하게 하는 중요한 연결 고리다.

그런데도 여전히 재투자 간접 추정법에 설득력이 없다고 생각할지도 모른다. 그래서 자본적 지출과 인수, 운전자본, 연구개발비를 개별 예측하는 방법을 고수하더라도 간접 추정치를 따로 계산해 가치평가 기간에 걸쳐 흐름을 추적하는 방법을 권한다.

결론

기업 가치평가에는 재투자 소요 충족 후, 부채 상환 전 세후 현금흐름을 사용해야 한다. 이번 장에서는 이러한 수치와 관련한 문제를 다뤘다.

먼저 9장에서 다룬 이익을 현금흐름 기준으로 정정하고 갱신했다. 세후 이익을 얻으려면 세율을 알아야 한다. 대개 기업 재무제표에 실효세율이 명시되어 있지만, 실효세율은 한계세율과 다를 수 있다. 추정 초기 연도에는 실효세율을 적용해 세후 영업이익을 구하더라도 후기 연도로 갈수록 추정에 적용한 세율이 한계세율에 수렴해야 한다. 적자를 기록하고 세금을 내지 않는 기업은 누적 순영업손실 덕분에 미래 이익이 발생하더라도 일정 기간 세금을 납부하지 않는 혜택을 누린다.

기업의 사업 재투자도 두 요소로 나누어 살펴봤다. 먼저 기업의 자본적 지출(현금 유출)에서 감가상각비(실질적으로 현금 유입)를 차감한 값으로 정의하는 순 자본적 지출을 다뤘다. 순 자본적 지출은 (연구개발비 같은) 영업비용의 자본화와 인수를 포함한다. 다음으로 재고자산과 매출채권 같은 비현금 운전자본에 대한 투자를 다뤘다. 비현금 운전자본의 증가는 현금 유출을, 감소는 현금 유입을 뜻한다. 대다수 기업의 비현금 운전자본은 변동성이 크기에 미래 현금흐름을 예측하려면 평활화해야 한다. 마지막 섹션에서는 재투자를 간접 추정하는 방법을 통해 단일 결괏값을 구하고 11~13장에서 다룰 성장과 내러티브의 토대로 삼아야 한다는 생각을 다뤘다.

연습문제 별도 표기가 없으면 주식 위험 프리미엄은 5.5%로 한다.

1 젠플렉스의 가치를 평가하는 중이다. 이 회사는 소규모 제조업체로, 가장 최근 연도의 과세소득 5,000만 달러에 대해 1,250만 달러의 세금을 납부했고, 1,500만 달러를 재투자했다. 회사는 부채가 없고, 자본비용이 11%이며, 한계세율이 35%다. 수익과 재투자가 향후 3년간 매년 10% 증가하고, 이후는 5%씩 영구적으로 성장한다고 했을 때, 다음 값을 구하라.

    a. 실효세율을 사용하여 세후영업이익을 구하라.

    b. 한계세율을 사용하여 세후영업이익을 구하라.

    c. 향후 3년간의 실효세율과 4년 차의 한계세율을 사용하라.

2 기술회사인 레브텍의 잉여현금흐름을 구하려고 한다. 이 회사는 가장 최근 연도에 EBIT 8,000만 달러, 자본적 지출 3,000만 달러, 감가상각 2,000만 달러를 기록했다.

    ■ 이 회사는 가장 최근 연도에 5,000만 달러의 연구개발비를 지출했다. 이 연구개발비에 대한 상각연수는 3년이 적절하다고 판단했을 때, 지난 3년간의 연구개발비는 각 2,000만 달러, 3,000만 달러, 4,000만 달러였다.

    ■ 또한 이 회사는 그해에 두 건의 인수를 진행했는데, 한 건은 현금 4,500만 달러를 지출하였고, 다른 한 건은 3,500만 달러 치의 주식을 발행해 진행했다.

    회사는 필요 운전자본이 없고, 세율이 40%라면, 가장 최근 연도의 잉여현금흐름은 얼마인가?

3 여행 사업을 하는 루이스 클라크는 작년에 EBIT로 6,000만 달러를 기록했는데, 다음과 같은 추가 고려 사항이 있다.

    ■ 이 회사는 작년에 5,000만 달러의 운용리스 비용을 지출했으며 향후 8년 동안 동일한 금액을 지불하기로 약정했다.

    ■ 이 회사는 작년에 3,000만 달러의 자본적 지출과 5,000만 달러의 감가상각을 기록했다. 회사는 두 건의 인수를 진행했는데, 한 건은 현금 5,000만 달러를 사용했고, 다른 한 건은 3,000만 달러 치의 주식 교환을 사용했다. 이 인수 건들에 대한 상각은 올해의 감가상각에 포함되었다.

    ■ 총 운전자본은 연초 1.8억 달러에서 연말에 2억 달러로 증가했다. 그중 상당 부분이 현금 잔고로서 8,000만 달러에서 연말 1.2억 달러로 증가했다. (현금은 단기 국채에 투자되었다.)

    ■ 세율은 40%이고 세전 부채비용은 6%이다.

지난해의 잉여현금흐름을 구하라.

4 다음은 1994년 12월 31일 기준 포드자동차의 재무상태표다(단위: 100만 달러).

자산		부채	
현금	19,927	매입채무	11,635
매출채권	132,904	단기차입금	36,240
재고	10,128	기타유동부채	2,721
유동자산	91,524	유동부채	50,596
고정자산	45,586	단기부채	36,200
		장기부채	37,490
		자기자본	12,824
자산 총계	137,110	부채 및 자기자본 총계	137,110

1994년 매출은 1,549억 5,100만 달러, 매출원가는 1,038억 1,700만 달러다.

a. 순운전자본을 구하라.

b. 비현금 운전자본을 구하라.

c. 매출 대비 비현금 운전자본 비율을 구하라.

5 문제 4에 이어, 포드의 매출액이 향후 5년 동안 매년 10%씩 증가할 것으로 가정한다.

a. 매출 대비 비현금 운전자본 비율이 1994년 수준으로 유지된다고 가정하고, 각 해의 비현금 운전자본을 구하라.

b. 매출 대비 비현금 운전자본 비율이 산업 평균인 4.3%에 수렴한다고 가정하고, 각 해의 비현금 운전자본을 구하라. (수렴하는 속도는 마음대로 가정해도 된다. 저자 홈페이지의 답안에서는 첫해부터 즉시 수렴하는 것으로 가정했다 - 옮긴이)

6. 소매업체인 뉴웰 스토어는 작년에 매출액 10억 달러, 세후 영업이익 8,000만 달러, 비현금 운전자본 -5,000만 달러를 기록했다.

a. 매출 대비 운전자본 비율이 다음 해에도 동일하며 순 자본적 지출이 없다고 가정하고, 매출액이 10% 성장한다면 잉여현금흐름은 얼마인가?

b. 향후 10년의 잉여현금흐름을 구한다면, 운전자본에 대해서 동일한 가정을 하겠는가? 이유는?

11장
성장률 추정

기업의 가치는 기업이 창출할 미래 기대현금흐름의 현재가치다. 가치평가에서 가장 중요한 입력 변수는 미래 매출과 이익의 예측에 적용하는 성장률이다(특히 고성장 기업에서 더 중요하다). 이번 장에서는 기업의 성장률을 추정하는 가장 좋은 방법을 검토하며 매출이 작거나 적자를 기록 중인 기업 유형도 다룬다.

성장률을 추정하는 기본적인 방법은 네 가지다. 첫째, 기업의 과거 이익 성장률, 즉 역사적 성장률을 적용한다. 안정적인 기업의 가치평가에는 유용하지만, 고성장 기업에 적용할 때는 위험 요소와 한계가 있다. 역사적 성장률 추정이 불가능할 때도 많고, 가능하더라도 미래 기대성장률 추정치로서 신뢰도가 떨어진다.

둘째, 평가 대상 기업의 담당 애널리스트가 성장을 올바르게 추정했다고 믿고 애널리스트가 제시하는 성장률을 적용한다. 하지만 담당 애널리스트가 많은 기업이라도, 특히 추정 기간이 길수록 성장률 추정치의 질이 형편없다. 이러한 추정치에 의존한 가치평가는 일관성이 없는 잘못된 가치 추정으로 이어진다. 성장 예측을 할 때 해당 기업의 경영진에게 얻은 정보를 활용하는 애널리스트와 평가 담당자가 많다. 이들은 기업 경쟁력과 성장 계획, 시장 상황을 훨씬 잘 알 것 같기 때문이다.

셋째, 기업 펀더멘털에서 성장을 추정한다. 기업의 성장은 궁극적으로 신규 자산에 재투자하는 규모와 그 투자의 질이 결정한다. 여기서 투자는 인수와 유통망 구축, 나아가 마케팅 역량 확대까지 포함하는 개념이다. 이러한 입력 변수를 추정하는 것은 사실상 기업의 펀더멘털 성장률을 추정하는 것과 같다.

넷째, 가장 일반적인 방법으로, 매출 추정에서 더 나아가 다른 방법에서 다루지 않았던 재투자 소요까지 판단해 미래 연도의 영업이익률을 예측한다.

성장의 중요성

당장 현금흐름을 창출하는 자산을 보유하거나 미래에 그러한 자산을 취득할 것으로 기대되는 기업은 가치가 있다. 전자는 보유 자산으로, 후자는 성장 자산으로 분류할 수 있다. 그림 11.1은 재무 관점의 기업 재무상태표를 보여준다. 성장 자산에 관한 회계는 보수적이고 대개 일관성이 없기에 회계 관점의 재무상태표와 차이가 클 수도 있다.

[그림 11.1] 재무 관점 재무상태표상 성장과 가치

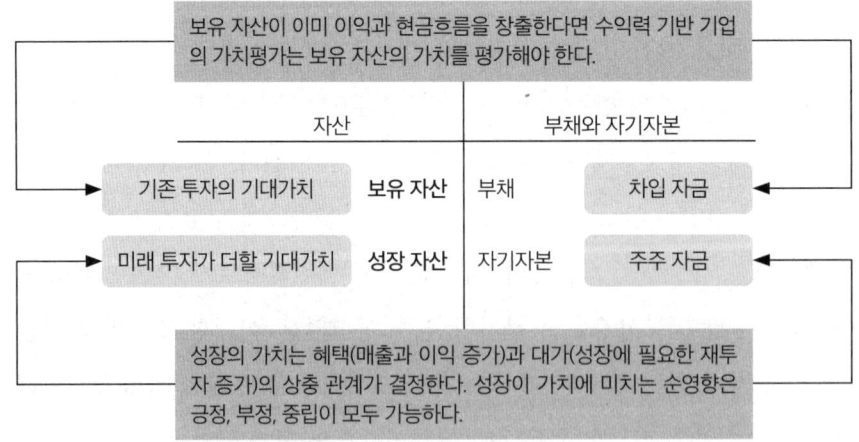

회계 관점의 재무상태표는 고성장 기업이 보유한 자산의 가치를 제대로 보여주지 못한다. 회계는 이들의 가치에서 가장 큰 비중을 차지하는 요소, 즉 미래 성장을 무시하기 때문이다. 연구개발 활동에 투자하는 기업일 때 문제는 더 심각해진다. 이들의 가장 중요한 자산인 연구자산의 가치는 장부가액에 반영되지 않는다.

역사적 성장률

기대성장률 추정은 대개 기업의 역사를 살펴보는 것으로 시작한다. 매출이나 이익을 기준으로 할 때 기업이 영위하는 사업이 최근 얼마나 빨리 성장했는가? 과거 성장을 통해 반드시 미래 성장을 알 수 있는 것은 아니지만, 과거에는 미래 추정에 적용할 가치 있는 정보가 담겨 있다. 이번 섹션에서는 먼저 과거 성장률을 추정할 때 발생하는 측정 문제를 다룬 후 과거 성장률을 재무 추정에 활용하는 방법을 검토한다.

역사적 성장률 추정

기업의 과거 이익을 기반으로 한 역사적 성장률 추정은 아주 간단한 작업처럼 보이지만, 몇 가지 측정 문제가 발생한다. 특히 평균값 측정 방법과 시간에 따른 복리 효과 허용 여부에 따라 과거 성장률 추정치가 상당히 달라진다. 과거나 당기에 적자를 냈다면 성장률 추정 과정이 더 복잡해진다.

산술평균과 기하평균　평균 성장률은 산술평균인지 기하평균인지에 따라 값이 크게 달라질 수 있다. 산술평균은 과거 성장률의 단순 평균이고, 기하평균은 시간에 따른 복리 효과를 반영한다. 따라서 n년간 이익에 대한 산술·기하평균 성장률은 다음과 같다.

$$\text{산술평균} = \frac{\sum_{t=-n}^{t=1} t \text{ 기간의 성장률}}{n}$$

$$\text{기하평균} = \left(\frac{\text{당기 이익}}{\text{n년 전 이익}} \right)^{(1/n)} - 1$$

산술평균과 기하평균 방식의 평균 성장률 추정치는 특히 이익 변동성이 큰 기업일 때 차이가 상당하다. 연도별 성장률의 변동성이 클 때는 기하평균이 과거 이익의 실제 성장률을 훨씬 더 정확하게 측정한다.

산술평균 성장률과 기하평균 성장률에 관한 요점은 매출에도 적용된다. 물론 이익보다 매출에서 평균 측정 방식 간 차이가 작은 경향이 있다. 이익과 매출의 변동성이 큰 기업에 산술평균 성장률을 적용한다면 더 주의해야 한다.

[예시 11.1] 산술평균과 기하평균의 차이: 아마존(2018~2023년)

다음 표는 아마존의 2018~2023년 연도별 매출과 EBITDA, EBIT, 순이익을 보여준다. 아래 행에 항목별 산술평균 및 기하평균 성장률도 계산했다(단위: 100만 달러).

연도	매출	성장률	EBITDA	성장률	EBIT	성장률	순이익	성장률
2018	232,887		36,330		14,541		11,588	
2019	280,522	20.45%	48,079	32.34%	22,899	57.48%	21,331	84.08%
2020	386,064	37.62%	59,312	23.36%	24,879	8.65%	33,364	56.41%
2021	469,822	21.70%	55,269	-6.82%	13,348	-46.35%	-2,722	-108.16%
2022	513,983	9.40%	85,515	54.73%	36,852	176.09%	30,425	NA
2023	574,785	11.83%	96,609	12.97%	47,385	28.58%	37,684	23.86%
산술평균		20.20%		23.32%		44.89%		14.05%
기하평균		19.80%		21.60%		26.65%		26.60%
표준편차		11.10%		22.82%		82.58%		85.11%

네 항목 중 세 항목은 산술평균 성장률이 기하평균 성장률보다 높았고, 두 성장률 간 차이는 매출과 EBITDA보다 영업이익(EBIT)에서 더 컸다. 순이익에서는 산술평균 성장률이 더 낮은데, 아마존이 2021년 순손실을 기록해 2022년 성장률 값이 무의미해졌기 때문이다.[1] 두 성장률 간 차이는 항목별 성장률의 변

---

1   이익이 마이너스 값에서 플러스 값으로 변할 때 표준적인 방법으로 계산한 성장률은 다음과 같이 계산한다.

동성으로 설명할 수 있다. 즉 변동성이 클수록 산술평균 성장률과 기하평균 성장률 간의 차이가 더 크다. 2018년과 2023년의 순이익과 영업이익을 보면 기하평균이 진정한 성장률을 보여주는 더 나은 척도임이 분명히 드러난다.

선형 및 로그 선형 회귀 모형　산술평균은 연도별 이익 성장률에 모두 똑같은 가중치를 부여하고, 이익의 복리 효과를 고려하지 않는다. 기하평균은 복리 효과를 고려하지만, 시계열의 처음과 마지막 이익 관측값에만 집중한다. 그래서 중간 관측값에 담겨 있는 정보와 전체 기간에 걸친 성장률의 추세는 고려하지 않는다. 이러한 산술평균과 기하평균의 문제점은 주당순이익(EPS)과 시간에 대한 최소제곱법(ordinary least squares: OLS)[2] 회귀분석을 통해 어느 정도 해결할 수 있다. 선형 회귀 모형은 다음과 같다.

$$EPS_t = a + bt$$

여기서　EPS_t = t 기간의 주당순이익
t = t 기간

시간 변수의 기울기 계수 b는 단위 기간당 이익 증감의 척도다. 하지만 선형 회귀 모형은 성장을 EPS 값으로만 구체화하고, 복리 효과를 고려한 미래 성장률 추정에는 부적합하다는 문제가 있다.

로그 선형 회귀 모형은 회귀계수를 성장률로 변환한다.

$$\ln(EPS)_t = a + bt$$

여기서　$\ln(EPS)_t$ = t 기간 주당순이익의 자연로그값
t = t 기간

시간 변수의 기울기 계수 b는 단위 기간당 이익 성장률의 척도다.

$$2022년\ 성장률 = \frac{[30,425 - (-2,722)]}{(-2,722)} = -1,217.74\%$$

절댓값이 몹시 클 뿐 아니라 아마존이 순손실에서 순이익으로 전환했는데도 마이너스 성장했다는 뜻이기에 방향 면에서도 무의미하다.

2　최소제곱법 회귀분석은 실제 관측값과 예측값 간 오차의 제곱합을 최소화하는 회귀계수를 추정한다.

[예시 11.2] 선형 및 로그 선형 성장 모형: 아마존 EBITDA(2013~2023년)

다음 표는 아마존의 2013~2023년 EBITDA와 그 성장률, EBITDA의 자연로그값을 보여준다(단위: 100만 달러).

역년	연도(t)	EBITDA	EBITDA 성장률	ln(EBITDA)
2013	1	4,365		8.3814
2014	2	7,879	80.50%	8.9720
2015	3	12,302	56.14%	9.4175
2016	4	15,584	26.68%	9.6540
2017	5	27,762	78.14%	10.2314
2018	6	36,330	30.86%	10.5004
2019	7	48,079	32.34%	10.7806
2020	8	59,312	23.36%	10.9906
2021	9	55,269	-6.82%	10.9200
2022	10	85,515	54.73%	11.3564
2023	11	96,609	12.97%	11.4784

2013~2023년 아마존의 EBITDA 성장률을 추정하는 여러 가지 방법이 있다. 첫째, 산술평균과 기하평균을 계산하는 방법이다.

$$산술평균 성장률 = 38.89\%$$
$$기하평균 성장률 = (96,609/4,365)^{1/10} - 1 = 36.30\%$$

둘째, 시간 변수에 대한 EBITDA의 선형 회귀분석이다(이때 첫 번째 연도는 연도 값을 1로, 그다음 해는 2로 표시하는 방식을 따른다).

$$선형 회귀: EBITDA = -14,187 + 9,168t$$
$$(2.88**) \quad (12.61**)$$

선형 회귀분석에 따르면 2013~2023년 EBITDA는 매년 91억 6,800만 달러 증가했다. 이 금액을 전체 기간 평균 EBITDA로 나누면 EBITDA 성장률로 변환할 수 있다.

$$EBITDA 성장률 = \frac{선형 회귀계수}{평균 EBITDA}$$
$$= \frac{9,168}{44,464} = 20.62\%$$

셋째, 시간 변수에 대한 로그 선형 회귀분석이다.

$$\text{로그 선형 회귀: } \ln(\text{EBITDA}) = 8.45 + 0.2978t$$
$$(55.72^{**})\,(13.30^{**})$$

여기에서 시간 변수의 회귀계수는 EBITDA 복리 성장률의 척도다. 즉 로그 선형 회귀분석에 따르면 아마존의 EBITDA는 연평균 29.78% 성장했다.

이렇게 서로 차이가 몹시 큰 성장률 추정치를 조화시키는 방법은 없다. 그래서 데이터 서비스나 애널리스트가 제공한 역사적 성장률에 주의해야 한다. 과거 데이터를 사용했더라도 사실이 아닌 추정치이므로, 애널리스트의 주관적 판단이 어떤 유형의 성장률을 사용할지 결정한다.

적자　앞서 아마존 예시에서 살펴봤듯 적자는 역사적 성장률의 왜곡을 낳는다. 전년 대비 이익 성장률은 다음과 같이 정의한다.

$$t \text{ 기간 이익 성장률} = \frac{\text{이익}_t - \text{이익}_{t-1}}{\text{이익}_{t-1}}$$

만약 직전 연도 이익이 마이너스라면 위 계산의 결괏값은 아무런 의미가 없다. 기하평균 계산에서도 마찬가지다. 최초 기간의 이익이 마이너스나 0이라면 기하평균은 큰 의미가 없다.

로그 선형 회귀에서도 비슷한 문제가 발생한다. 애초에 로그 변형이 가능하려면 이익이 0보다 커야 하기 때문이다. 적자 기업의 유의미한 이익 성장률 추정치를 얻는 방법은 두 가지다. 첫째, 위 식에서 분모의 두 수치(이익$_t$ 또는 이익$_{t-1}$) 중 더 큰 값을 사용해 성장률을 구한다.

$$t \text{ 기간 이익 성장률} = \frac{\text{이익}_t - \text{이익}_{t-1}}{\text{Max}(\text{이익}_t, \text{이익}_{t-1})}$$

대신 직전 연도 이익의 절댓값을 사용하는 방법도 있다. 두 방법은 모두 부호가 올바른 성장률을 내놓지만 미래 성장 예측에 유용한지에 관한 정보는 제공하지 않는다. 사실 적자 기업의 역사적 성장률은 아무 의미가 없고 미래 성장률 추정 시 고려하지 않아도 된다.

[예시 11.3] 적자: 테슬라 모터스와 아라크루즈 셀룰로스

적자 기업의 이익 성장률 추정에서 발생하는 문제는 계속해서 적자만 낸 기업에도 적용된다. 테슬라 모터스의 영업이익(EBIT)은 2009년 -5,200만 달러, 2010년 -1억 5,400만 달러였다. 분명히 이익이 악화되었지만, 표준적인 방법으로 계산한 이익 성장률에서는 드러나지 않는다(단위: 100만 달러).

2010년 테슬라 모터스의 이익 성장률 = [-154 - (-52)]/(-52) = 1.9615 또는 196.15%

브라질 제지회사인 아라크루즈 셀룰로스(Aracruz Celulose)를 보자. 아라크루즈는 업종 내 다른 기업처럼 원자재 가격 변동에 아주 민감하다. 다음 표는 1995~2000년 아라크루즈의 EPS를 보여준다(단위: 브라질 헤알).

연도	EPS
1995	0.302
1996	0.041
1997	0.017
1998	-0.067
1999	0.065
2000	0.437

1998년 순손실(즉 마이너스 EPS)로 인해 1999년 성장률 추정에 문제가 발생한다. 회사는 1998년 주당 순손실 0.067헤알, 1999년 주당순이익 0.065헤알을 기록했다. 표준적인 방법으로 계산한 EPS 성장률은 다음과 같다.

1999년 이익 성장률 = [0.065 - (-0.067)]/(-0.067) = -197%

이 마이너스 성장률은 한 해 동안 이익이 개선되었다는 사실을 비춰 볼 때 말이 안 된다. 두 가지 해결 방법이 있다. 첫째, 분모의 실제 EPS 값을 절댓값으로 바꾼다.

1999년 이익 성장률$_{절댓값}$ = [0.065 - (-0.067)]/(0.067) = 192%

둘째, 1998년과 1999년 EPS 중에서 더 큰 값을 분모로 사용한다.

1999년 이익 성장률$_{더 큰 값}$ = [0.065 - (-0.067)]/(0.065) = 203%

이제 플러스가 되었지만 이 성장률은 그 자체로 미래 추정에 활용하기에는 유용하지 않다.

EPS 추정 시계열 모형　시계열 모형은 이전 섹션에서 다룬 더 단순한 모형처럼 과거 정보를 사용하지만, 통계 기법을 활용해 더 나은 추정을 목표로 한다.

박스-젠킨스 모형　1976년 박스(Box)와 젠킨스(Jenkins)는 자기회귀 누적 이동평균(autoregressive integrated moving average: ARIMA) 모형을 활용해 단일 변량 시계열 데이터를 분석하고 예측하는 방법을 고안했다. ARIMA 모형은 시계열 값을 과거 값과 과거 오차(충격)의 선형 결합으로 모델링한다. 이 모형은 역사적 데이터를 사용하므로, 데이터에 장기 추세가 없거나 외부 사건이나 외적 변수에 대한 종속성이 없다면 유효하다. ARIMA 모형은 다음 기호로 표기한다.

$$\text{ARIMA}(p, d, q)$$

여기서　p = 자기회귀 차수
d = 차분 차수
q = 이동평균 차수

이때 수리적 모형은 다음과 같다.

$$w_t = \phi_1 w_{t-1} + \phi_2 w_{t-2} + \cdots + \phi_p w_{t-p} + \theta_0 - \theta_1 a_{t-1} - \theta_2 a_{t-2} - \cdots - \theta_q a_{t-q} + \varepsilon_t$$

여기서　w_t = 원본 데이터 계열 또는 원본 데이터의 차분 차수 d
$\phi_1, \phi_2, \cdots \phi_p$ = 자기회귀 모수
θ_0 = 상수항
$\theta_1, \theta_2, \cdots \theta_q$ = 이동평균 모수
ε_t = 독립적 교란 변수, 무작위적 오차

ARIMA 모형은 데이터의 계절성을 조정할 수도 있다. 이때는 다음 기호로 표기한다.

$$\text{SARIMA}(p, d, q) \times (p, d, q)_{s=n}$$

여기서　s = 데이터 주기 n의 계절성 모수

이익의 시계열 모형　이익 예측에 활용하는 대다수 시계열 모형은 주로 분기 EPS를 모델링한다. 바스케(Bathke)와 로렉(Lorek)은 1984년 서베이 페이퍼(survey paper)에서 분기 EPS 예측에 유용한 것으로 알려진 세 가지 시계열 모형을 언급했다. 이들은 모두 계절형 자기회귀 누적 이동평균(seasonal autoregressive integrated moving average: SARIMA) 모형에 속한다. 분기 EPS는 계절성이 강한 요소를 갖기 때문이다. 포스터(Foster, 1977)가 고안한 첫 번째 모형은 이익의 계절성을 허용한다.

$$\text{모형 1: SARIMA}(1, 0, 0) \times (0, 1, 0)_{s=4}$$
$$EPS_t = \phi_1 EPS_{t-1} + EPS_{t-4} - \phi_1 EPS_{t-5} + \theta_0 + \varepsilon_t$$

그리핀(Griffin)[3]과 와츠(Watts)[4]는 모형 1을 확장해 이동평균 모수까지 고려했다.

$$\text{모형 2: SARIMA}(0, 1, 1) \times (0, 1, 1)_{s=4}$$
$$EPS_t = EPS_{t-1} + EPS_{t-4} - EPS_{t-5} - \theta_1 \varepsilon_{t-1} - \Theta\varepsilon_{t-4} - \Theta\theta_1 \varepsilon_{t-5} + \varepsilon_t$$

$$\text{여기서} \quad \theta_1 = \text{1차 이동평균[MA(1)] 모수}$$
$$\Theta = \text{1차 계절형 이동평균 모수}$$
$$\varepsilon_t = t \text{ 분기 말 교란 구현}$$

브라운(Brown)과 로제프(Rozeff, 1979)가 고안한 세 번째 시계열 모형도 계절형 이동평균 모수를 고려한다는 점에서 유사하다.

$$\text{모형 3: SARIMA}(1, 0, 0) \times (0, 1, 1)_{s=4}$$
$$EPS_t = \phi_1 EPS_{t-1} + EPS_{t-4} - \phi_1 EPS_{t-5} + \theta_0 - \Theta\varepsilon_{t-4}$$

시계열 모형의 이익 예측은 얼마나 정확한가?　시계열 모형은 (과거 이익을 사용하는) 단순 모형(naïve model)보다 다음 분기 EPS를 더 정확히 예측한다. 시계열 모형의 예측 오차(EPS 실제값과 예측값의 차이)는 평균적으로 단순 모형(과거 성장률의 단순 평균값 등)의 예측 오차보다 작다. 이러한 시계열 모형의 우월성은 장기 예측에서는 줄어들므로 시계열 모수 추정치가 불변이 아니라는 점을 알 수 있다.

표본집단에 속한 모든 기업에 대해 예측 오차를 최소화한다는 기준에서 특정 시계

3　Griffin, P.A., "The Time-Series Behavior of Quarterly Earnings: Preliminary Evidence", Journal of Accounting Research 15 (Spring 1977): 71-83.

4　Watts, R.L., "The Time-Series Behavior of Quarterly Earnings", Working Paper, University of Newcastle, 1975.

열 모형이 우월하다는 증거는 없다. 따라서 모든 기업에 똑같은 모형을 적용하지 않고 개별 기업에 특화된 최적 모형을 사용할 때 얻는 이점은 비교적 적다.

가치평가에서 시계열 모형 활용의 한계 가치평가에서 시계열 모형을 활용해 이익을 예측할 때 몇 가지 우려되는 문제가 있다. 첫째, 시계열 모형은 많은 데이터가 필요하므로 대다수 시계열 모형이 주로 분기 EPS를 모델링한다. 하지만 가치평가에서 관심을 두는 것은 연간 EPS의 예측이지, 분기 EPS가 아니다. 둘째, 분기 EPS도 관측값 수가 제한적이다. 대개 10~15년 동안의 데이터(40~60개 분기 데이터)만 구할 수 있다. 따라서 시계열 모형 모수와 예측에서 큰 추정 오차를 낳는다.[5] 셋째, 시계열 모형을 활용한 이익 예측의 우월성은 예측 기간이 길수록 줄어든다. 가치평가에서는 몇 개 분기가 아니라 최소 몇 년 단위 이익을 예측한다는 점을 고려할 때 시계열 모형의 가치는 한계가 있다. 마지막으로, 연구 결과에 따르면 이익 예측에 가장 뛰어난 시계열 모형도 애널리스트 전망치보다는 열세에 있다.

결론적으로 시계열 모형은 이익의 역사가 길고 시간이 흐르면서 모형의 모수가 크게 변하지 않았던 기업에서 가장 잘 작동할 가능성이 크다. 하지만 (적어도 가치평가 관점에서는) 이 모형을 사용하기 위해 치러야 할 비용이 편익을 초과한다.

역사적 성장률의 유용성

과거 성장률이 미래 성장률을 보여주는 좋은 지표일까? 반드시 그렇지는 않다. 이번 섹션에서는 역사적 성장률이 미래 성장률의 얼마나 뛰어난 예측 변수(predictor)인지 알아본다. 또한 많은 기업에서 규모 변화와 사업의 변동성이 성장률 전망치를 낮추는 요인인 이유를 검토한다.

엉망진창인 성장 과거 성장률은 미래 성장률의 예측에 유용하지만, 상당히 많은

---

5   일반적으로 30개 관측값만 있으면 시계열 모형으로 분석할 수 있지만, 관측값이 늘어날수록 추정 오차가 줄어든다.

소음이 섞여 있다. 과거 성장률과 미래 성장률의 관계를 연구한 리틀(Little, 1960)은 '엉망진창인 성장(Higgledy-Piggledy Growth)'이라는 용어를 창안했다. 과거에 빠르게 성장한 기업이 미래에도 같은 속도를 지속한다는 증거를 거의 발견하지 못했기 때문이다. 서로 다른 단위의 연속적인 두 기간의 성장률 간 상관관계를 분석한 결과, 마이너스 상관관계도 다수 관측되었고 상관계수의 평균값은 거의 제로에 가깝다(0.02)는 사실이 드러났다.

많은 기업에서 과거 성장률이 미래 성장률을 보여주는 지표로서 정확성이 떨어지는 것이 사실이지만, 규모가 작은 기업일수록 정도가 더 심각하다. 소형 기업의 성장률은 규모가 더 큰 기업보다 변동성이 큰 경향이 있다. 우리는 미국 기업의 연속적인 두 기간(1년, 3년, 5년 단위)의 이익 성장률 간 상관계수를 계산해보았다. 2023년에는 통계적으로 유의할 만큼 강한 상관관계가 존재하지 않았다. 소형 기업의 미래 성장

[그림 11.2] 영업 지표의 성장 지속성　　　　출처: Swedroe, L., 2022. Valuations and Earnings Growth Rates, TEBI.

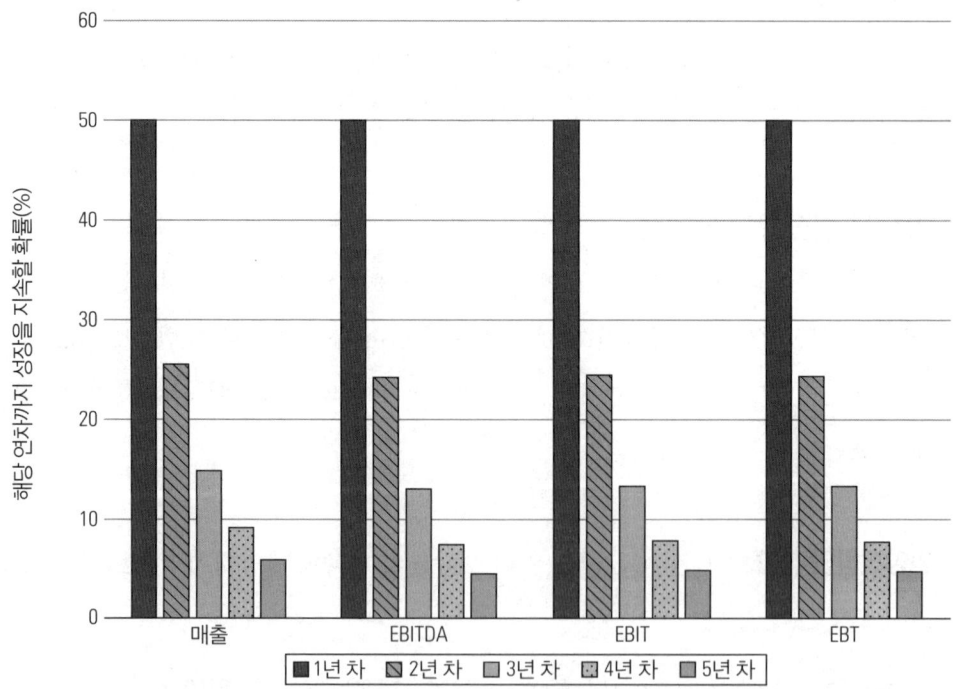

　　　　　　　　　　　　　　　　　　　　　　　가치평가 바이블

예측에 과거 성장률(특히 이익 성장률)을 활용할 때는 더 주의해야 한다.

일반적으로 매출 성장이 이익 성장보다 지속성과 예측 가능성이 다소 크다. 회계 선택이 매출보다 이익에 더 큰 영향을 미치기 때문이다. 그림 11.2는 1997~2021년 미국 기업의 매출과 EBITDA, EBIT, 과세소득(EBT)을 기준으로 성장의 지속성을 요약해서 보여준다.[6]

모든 척도에서 1년 차 이후 성장을 지속할 확률이 급락한다는 점에 유념하라. 물론 이익보다는 매출의 지속 확률이 미약하나마 더 높았다. 이를 통해 역사적 성장률은 장기간에 걸친 미래 성장률 예측에 도움이 되지 않고, 이익보다는 매출의 성장률 예측이 들어맞을 가능성이 크다는 점을 알 수 있다.

기업 규모의 영향　백분율로 표시되는 성장률을 분석할 때는 기업의 규모가 미치는 영향을 고려해야 한다. 이익이 1,000만 달러인 기업은 이익이 5억 달러인 기업보다 50% 성장률을 달성하기가 수월하다. 기업의 규모가 커지면서 높은 성장률을 지속하기가 더 어려워지므로 규모가 대폭 증가한 기업의 과거 성장률이 미래에도 지속될 가능성은 작다. 모든 기업이 마주하는 문제이지만, 특히 소규모 고성장 기업을 분석할 때 더 까다롭다. 기업의 펀더멘털, 즉 경영진과 제품, 주요 시장이 시간이 흐르면서 변화하지 않더라도 기업 규모가 두세 배가 된 후 역사적 성장률을 유지하기는 몹시 어렵다.

소형 기업이 마주할 진정한 시험대는 성장을 얼마나 잘 다루는지에 달려 있다. 일부 기업은 성장을 구가하면서도 제품과 서비스를 계속해서 효율적으로 제공한다. 다시 말해 이들은 스케일업(scale up)에 성공했다. 반면 규모가 커지면서 성공 복제에 훨씬 큰 어려움을 겪는 기업도 있다. 따라서 소형 기업을 분석할 때는 성장 가속화 계획을 확인하는 것뿐 아니라 그러한 성장에 대응하도록 구축된 시스템을 검증하는 것이 훨씬 중요하다.

6　Swedroe, L., 2022. Valuations and Earnings Growth Rates, TEBI.

[예시 11.4] 이익 성장과 기업의 규모: 시스코, 영광의 나날(1990~2000년)과 그 이후(2001~2011년)

다음 표는 1990년 매출 7,000만 달러, 순이익 1,400만 달러에서 10년 만에 180억 달러 이상의 매출과 27억 달러 이상의 순이익을 내는 기업이 된 시스코의 발전을 보여준다(단위: 100만 달러).

연도	매출		EBIT		순이익	
	금액	성장률	금액	성장률	금액	성장률
1990	70		21		14	
1991	183	162.53%	66	209.42%	43	210.62%
1992	340	85.40%	129	95.48%	84	95.39%
1993	649	91.10%	264	103.71%	172	103.77%
1994	1,334	105.60%	500	89.77%	323	87.83%
1995	2,233	67.31%	794	58.69%	456	41.34%
1996	4,096	83.46%	1,401	76.49%	913	100.08%
1997	6,452	57.52%	2,137	52.56%	1,051	15.07%
1998	8,489	31.57%	2,664	24.66%	1,331	26.64%
1999	12,173	43.40%	3,344	25.53%	2,023	51.99%
2000	18,928	55.49%	4,608	37.80%	2,668	31.88%
산술평균		78.34%		77.41%		76.46%
기하평균		75.12%		71.13%		69.16%

시스코는 10년 동안 경이로운 수준의 성공을 보였지만, 향후에도 과거와 유사한 속도로 성장하리라고 가정하는 것은 세 가지 이유에서 주의해야 한다. 첫째, 1990년대 말까지 시스코의 규모가 확대되면서 성장률이 둔화했다. 둘째, 시스코가 1990~2000년의 역사적 성장률(기하평균 기준)을 향후 5년간 유지할 것으로 가정한다면 미래 매출과 이익이 어마어마한 수준이 될 것이다. 영업이익이 2000년부터 2005년까지 연 71.13%로 계속 성장한다면 2005년에 영업이익 680억 달러를 기록할 것이다. 셋째, 대부분의 성장은 유망한 기술을 보유한 소형 기업을 인수해 상업적으로 성공시킬 수 있는 시스코의 능력에서 비롯되었다. 1999년 시스코는 15개 기업을 인수했는데, 해당 연도 재투자의 약 80%에 이르는 규모였다. 시스코가 역사적 성장률을 유지하리라고 가정한다면, 피인수기업도 같은 비율로 증가해야 한다. 즉 시스코가 1990~2000년의 성장률을 유지하려면 2005년에 약 80개 기업을 인수해야 할 것이다.

2000~2010년 시스코를 보면 성장 스케일업의 어려움이 여실히 드러난다. 전략은 변하지 않았지만(계속해서 기업을 인수했고 더 빠른 성장을 밀어붙였다) 매출과 이익은 회사의 노력에 큰 반응을 보이지 않았다.

연도	매출		EBIT		순이익	
	금액	성장률	금액	성장률	금액	성장률
2001	22,293		2,270		-1,014	
2002	18,915	-15.15%	3,236	42.56%	1,893	-286.69%
2003	18,878	-0.20%	4,886	50.99%	3,578	89.01%
2004	22,045	16.78%	6,295	28.84%	4,401	23.00%
2005	24,801	12.50%	7,442	18.22%	5,741	30.45%
2006	28,484	14.85%	7,156	-3.84%	5,580	-2.80%
2007	34,922	22.60%	8,702	21.60%	7,333	31.42%
2008	39,540	13.22%	9,478	8.92%	8,052	9.80%
2009	36,117	-8.66%	7,385	-22.08%	6,134	-23.82%
2010	40,040	10.86%	9,310	26.07%	7,767	26.62%
2011	43,218	7.94%	8,801	-5.47%	6,490	-16.44%
산술평균		7.47%		16.58%		-11.94%
기하평균		6.84%		14.51%		NA

시스코의 2001~2011년 연평균 매출 성장률은 6.84%로 하락했고, 연평균 영업이익 성장률은 14.51%에 불과했다. 둘 다 지난 10년간의 성장률과 비교하면 대폭 하락한 수준이다.

 histgr.xls: 미국 기업의 업종별 이익과 매출의 역사적 성장률을 요약한 엑셀 자료. (웹에서 다운로드 가능)

고성장 기업과 신생기업의 역사적 성장률

시간이 흐르면서 고성장 기업이 겪기 마련인 적자 국면, 큰 성장률 변동, 생애주기에 따른 급격한 변화로 인해 이들의 역사적 성장률은 미래 성장을 보여주는 좋은 지표가 될 수 없다. 하지만 다음에 제시한 일반적인 지침을 따른다면 역사적 성장률에 담긴 정보를 미래 성장률 추정치에 반영할 방법을 찾을 수 있을 것이다.

- 성장의 속도와 함께 미래에도 계속 적용될 모멘텀의 척도를 추정할 때는 이익 성장이 아니라 매출 성장에 집중하라. 매출 성장이 이익 성장보다 변동성이 작을뿐더러 회계 조정과 회계 선택에 좌우될 가능성도 작다.
- 과거 몇 년 동안의 평균 성장률이 아니라 연도별 성장률에 주목하라. 이를 통해 기업 규모가 커지면서 성장률이 어떻게 변화할지 정보를 얻을 수 있고, 미래 추정에도 도움이 된다.
- 가까운 미래(내년이나 내후년)를 추정할 때만 역사적 성장률에 바탕을 두라. 기술은 급격히 변화해 더 먼 미래의 성장률 추정치를 약화시킬 수 있다.
- 전체 시장뿐 아니라 같은 업종 내 다른 기업의 역사적 성장률을 고려하라. 이 정보는 평가 대상 기업의 성장률이 최종적으로 수렴할 수준을 판단할 때 유용하다.

성장률 추정의 외부 위탁

가치평가할 때 성장률을 직접 추정하지 않고, 외부인에게 성장률 추정치를 위탁하는 평가 담당자와 투자자가 많다는 사실에 놀랄지도 모르겠다. 투자자는 해당 기업과 사업을 훨씬 더 잘 알 것 같은 주식 리서치 애널리스트에게 일을 맡긴다. 평가 담당자는 자기에게 일을 맡긴 기업 경영진이 신제품과 마케팅 계획, 재투자 등 외부자가 절대 알 수 없는 정보를 안다고 믿기에 그들의 예상치를 신뢰한다.

위탁의 동기는 이해하지만 성장률과 재투자 예측을 남에게 맡기면 진정한 가치평가를 수행했다고 보기 어렵다. 게다가 애널리스트와 기업 경영진이 투자자와 평가 담당자보다 정보는 많이 알더라도 관점이 한쪽으로 기울었을 가능성이 훨씬 크다. 실제로 이번 섹션에서 제시할 증거에 따르면 특히 애널리스트 전망치는 모두에게 공개된 데이터보다 더 나을 것이 없다. 설령 유용하다고 한들 장기간이 아니라 단기에만 유효하다.

성장률 추정을 위탁하면 감정평가사와 투자자가 책임에서 벗어나 가치평가 오류를 다른 사람 탓으로 돌릴 수 있다는 점도 유념하라.

애널리스트의 성장률 전망치

주식 애널리스트는 담당 기업을 추천할 뿐 아니라 미래 이익과 이익 성장률 추정치도 제시한다. 애널리스트의 기대성장률 추정치는 얼마나 유용할까? 기업 가치평가에 활용할 수 있을까? 이번 섹션에서 애널리스트의 기대성장률 추정 과정을 살펴보고, 일부 기업의 가치평가에서 애널리스트의 성장률 전망치를 활용하는 것이 부적합한 이유도 검토한다.

애널리스트는 어떤 기업을 다루는가?　기업마다 해당 기업을 추적하는 애널리스트 수가 다르다. 한쪽 끝에는 애플이나 마이크로소프트처럼 수많은 애널리스트가 다루는 기업이 있다. 다른 쪽 끝에는 단 한 명의 애널리스트도 다루지 않는 수많은 기업이 있다.

다른 기업보다 담당 애널리스트가 압도적으로 많은 기업이 존재하는 이유는 무엇인가? 다음 요인이 영향을 미치는 것으로 보인다.

- 시가총액: 시가총액 규모가 큰 기업일수록 애널리스트가 다룰 가능성이 크다.
- 기관투자자 지분율: 기관투자자 지분율이 높은 기업일수록 애널리스트가 다룰 가능성이 크다. 하지만 애널리스트가 기관투자자를 좇는지, 아니면 기관투자자가 애널리스트를 좇는지는 명확하지 않다. 주식 애널리스트의 가장 큰 고객이 기관투자자라는 점을 고려할 때 인과관계는 양방향으로 작용하는 것으로 보인다.
- 거래량: 애널리스트는 유동성이 높은 종목을 다룰 가능성이 크다. 하지만 담당 애널리스트의 존재와 종목 매수·매도 추천이 거래량을 늘리는 역할도 한다는 점을 다시 한번 유념하라.

애널리스트 전망치에 담긴 정보　애널리스트의 이익 성장률 전망치가 역사적 성장률을 활용하는 것보다 더 좋은 결과를 내리라고 믿는 이유는 단순하다. 애널리스트는 과거 데이터뿐 아니라 미래 성장 예측에 유용할 수도 있는 다음 다섯 가지 유형의 정보를 활용한다.

1. **직전 실적 공시 이후 공개된 기업별 정보**: 애널리스트는 직전 실적 공시 이후 공개된 기업 관련 정보를 활용해 미래 성장을 예측한다. 이 정보가 기업의 기대 현금흐름에 대한 유의미한 재평가(reevaluation)로 이어지기도 한다.

2. **미래 성장률에 영향을 미치는 거시경제 정보**: 모든 기업의 기대성장률은 GNP 성장률과 금리, 인플레이션에 영향받는다. 애널리스트는 경제 전반과 재정·통화 정책의 변화에 관한 새로운 정보를 입수해서 미래 성장률 예측치를 최신 정보로 갱신하기도 한다. 예컨대 경제가 예측보다 빠르게 성장하고 있음을 알려주는 정보는 애널리스트가 경기순환 기업의 기대성장률 추정치를 상향하는 결정으로 이어질 것이다.

3. **경쟁사가 밝힌 미래 전망에 관한 정보**: 애널리스트는 경쟁사에 의해 드러난 가격 정책이나 미래 성장 관련 정보에 따라 기업의 성장률 추정치를 변경한다. 예컨대 한 통신사가 적자를 냈다면 같은 시장에 속한 다른 통신사도 이익 재평가가 이뤄진다.

4. **비공개 기업 정보**: 애널리스트는 담당 기업의 미래 성장 예측과 관련된 비공개 정보에 접근하기도 한다. 비공개 정보와 불법 내부 정보 간 차이가 무엇인지는 이 책의 논의 범주를 넘어선다(《다모다란의 투자 전략 바이블(Investment Fables)》의 13장을 참고하라 - 옮긴이). 하지만 유용한 비공개 정보가 훨씬 더 정확한 미래 성장률 추정치를 낳는다는 점에는 의심의 여지가 없다. 미 증권거래위원회는 이러한 정보 유출을 제한하려는 노력의 하나로 기업이 소수의 애널리스트나 투자자에게 선별적 정보를 제공하는 행위를 금지하는 규제를 새로 도입했다. 하지만 미국 외 다른 국가에서는 기업이 담당 애널리스트에게 일상적으로 비공개 정보를 전달한다.

5. **이익 외의 공개 정보**: 과거 이익 데이터에 전적으로 의존하는 이익 예측 모형은 미래 이익 예측에 유용한 다른 유형의 공개 정보를 고려하지 않는다. 이익 유보율

이나 각종 이익률, 자산회전율 같은 재무 변수가 미래 성장률 예측에 유용하다는 점은 잘 알려져 있다. 애널리스트는 이러한 변수와 관련한 정보를 전망치에 반영한다.

이익 전망치의 질 많은 애널리스트가 담당하는 기업이고[7] 해당 애널리스트가 다른 시장 참여자보다 많은 정보를 가졌다면, 애널리스트의 성장률 전망치는 역사적 성장률이나 기타 공개 정보에 바탕을 둔 추정치보다 정확할 것이다. 하지만 이 추론이 타당한가? 애널리스트의 성장률 전망치가 다른 예측치보다 정말 우월한가?

1~4개 분기 이후 이익에 관한 단기 전망치를 검토한 여러 연구는, 한결같이 애널리스트의 성장률 전망치가 역사적 데이터에 의존한 모형보다 우수하다는 결론을 내린다. 다음 분기 실제 이익과 전망치 간 차이의 절댓값(백분율 기준)을 측정하는 상대 오차 절댓값 평균(mean relative absolute error: MRAE)은 역사적 데이터에 근거했을 때보다 애널리스트 전망치에서 더 낮았다. 애널리스트 전망치의 가치를 더 상세하게 조명한 두 연구 결과를 보자. 크리치필드(Crichfield)와 디크먼(Dyckman), 래코니쇼크(1978)는 50개 이상의 투자회사가 내놓는 이익 전망치를 요약해 발표하는 스탠더드앤드푸어스 '어닝스 포캐스터(Earnings Forecaster)'의 상대적 예측 정확도를 분석했다. 연구자들은 월별 예측 오차 제곱합을 측정해서 이익의 시계열 모형을 활용한 예측 오차 대비 애널리스트의 예측 오차 비율을 계산했다. 그 결과 시계열 모형이 4월부터 8월까지는 애널리스트 전망치보다 예측 정확도가 더 높지만, 9월부터 1월까지는 정확도가 더 낮다는 사실을 발견했다. 연구자들은 애널리스트가 하반기에 더 많은 기업별 정보를 알게 된다는 가설을 세웠다. 오브라이언(O'Brien, 1988)은 1~4개 분기 이후에 관한 I/B/E/S의 애널리스트 전망치 컨센서스와 시계열 모형 예측치를 비교했다. 애널리스트 전망치는 1~2개 분기 이후에 관해서는 시계열 모형보다 더 정

---

7   셀사이드(sell-side) 애널리스트는 증권사와 투자은행을 위해 일하고, 이들의 리서치는 기업고객 서비스의 하나로 제공된다. 반대로 바이사이드(buy-side) 애널리스트는 기관투자자를 위해 일하고, 이들의 리서치는 프롭(proprietary) 거래(금융기관이 고객 예금이나 신탁자산이 아니라 자기자본이나 차입금으로 금융상품에 투자하는 것 - 옮긴이)에 활용된다.

확했고, 3개 분기 이후에 관해서는 비슷한 수준이었으며, 4개 분기 이후에 관해서는 시계열 모형보다 정확도가 떨어졌다. 따라서 애널리스트가 기업별 정보를 통해 확보하는 우위는 예측의 시간 지평이 길어질수록 약화하는 것으로 보인다.

가치평가의 주안점은 다음 분기 이익이 아니라 이익의 장기 성장률이다. 3년이나 5년 후의 예측에서 애널리스트가 더 정확하다는 증거는 존재하지 않는다. 크래그(Cragg)와 맬킬(Malkiel, 1968)의 초기 연구는 1962년과 1963년 다섯 개 투자운용사가 향후 3년에 관해 내놓은 장기 전망치와 이후 실제 성장률을 비교했다. 그 결과 애널리스트는 형편없는 장기 예측가로 드러났다. 판 데르 베이데(Van der Weide)와 칼턴(Carleton, 1988)은 그 결론을 정면으로 반박했다. 그들은 미래 성장 예측에서 I/B/E/S의 5년 성장 전망치 컨센서스가 역사적 성장률을 활용했을 때보다 우월하다고 결론 내렸다. 애널리스트의 성장률 전망치가 시계열 모형이나 역사적 데이터에 바탕을 둔 다른 모형보다 우월할 수밖에 없다는 주장에는 직관적인 근거가 있다. 애널리스트가 더 많은 정보를 활용한다는 것이다. 하지만 애널리스트 전망치의 우위는 장기 예측에서는 놀랄 만큼 낮고, 애널리스트 전망치에서도 과거 성장률이 중요한 역할을 한다는 증거가 있다.

마지막으로 검토할 사항이 하나 남았다. 애널리스트는 일반적으로 EPS를 예측하고, 대다수 금융서비스는 이 추정치를 인용한다. 기업 가치평가에는 영업이익 예측치가 필요하다. EPS 성장률과 영업이익 성장률이 똑같지 않을 때도 많다. 일반적으로 영업이익 성장률은 EPS 성장률보다 낮은 경향을 보인다. 따라서 애널리스트 전망치를 활용하더라도 영업이익이나 매출의 성장률을 예측하고 싶다면 값을 조정하는 과정이 필요하다.

미래 성장률 추정에 애널리스트 전망치를 활용하는 방법   다른 애널리스트의 성장률 추정치에 담긴 정보는 미래 기대성장률 추정에 반영할 수 있고, 그래야만 한다. 미래 성장률 예측 시 애널리스트 전망치에 할당할 가중치를 결정하는 요인은 네 가지다.

1. **기업별 최근 정보의 양**: 애널리스트 전망치는 기업과 그 전망에 관한 더 최근 데이터를 반영하므로 역사적 데이터 기반 모형보다 우위가 있다. 이러한 우위는 최근 경영진을 교체했거나 눈에 띄는 업황 변화(예컨대 구조조정이나 기업의 기초사업과 관련된 정부 정책의 변화)가 일어난 기업에서 더 강하다.

2. **담당 애널리스트 수**: 기업을 담당하는 애널리스트가 많을수록 전망치 컨센서스가 더 많은 정보를 담기에 분석 시 더 큰 가중치를 할당해야 한다. 하지만 대다수 애널리스트가 독립적으로 행동하지 않는다는 기정사실을 고려할 때, 담당 애널리스트가 더 많을 때 얻는 정보 우위는 다소 줄어든다. 애널리스트들의 기대이익 전망치 변경에는 강한 상관관계가 존재한다.

3. **애널리스트의 의견 불일치 정도**: 이익 성장률 컨센서스가 가치평가에 유용하지만, 성장 전망치 분포의 표준편차로 측정한 애널리스트 간 의견 불일치 정도도 긴센서스의 신뢰도 판단에 유용한 척도다. 기볼리(Givoly)와 래코니쇼크(1984)는 이익의 분산 정도가 베타 등의 위험 척도와 상관관계가 있고, 기대이익의 좋은 예측 변수라는 점을 발견했다.

4. **담당 애널리스트의 우수성**: 정량화가 가장 어려운 변수다. 한 가지 척도는 담당 애널리스트의 예측 오차를 오직 역사적 데이터만 활용하는 모형의 오차와 비교하는 것이다. 상대오차가 작을수록 애널리스트 전망치에 더 큰 가중치를 부여해야 한다. 또 다른 척도는 애널리스트의 전망치 변경이 주가에 미치는 영향이다. 애널리스트 전망치에 담긴 정보가 유용할수록 그 변경이 주가에 미치는 영향이 더 크다. 전망치 컨센서스에 집중하면 일부 애널리스트가 이익을 더 잘 예측한다는 요점을 놓칠 것이라는 주장도 있다. 즉 더 우수한 애널리스트의 전망치를 떼어내서 더 큰 가중치를 부여해야 한다는 것이다.

애널리스트 전망치는 기업의 성장률 예측에 유용하지만, 전망치 컨센서스를 무턱대고 추종하는 결과로 이어질 수도 있다. 애널리스트도 이익 추정 과정에서 심각한 오류를 빈번하게 저지른다. 그들도 똑같은 데이터에 의존하기 때문이기도 하고(오류가 있거나 오해의 소지가 있는 데이터일지도 모른다) 기업 펀더멘털 특성의 중대한 변화를 간과하기 때문이기도 하다. 애널리스트의 성장률 전망치와 기업 펀더멘털이 일치하지 않는 부분을 발견하는 것이 성공적인 가치평가의 비결일 때가 많다. 다음 섹션에서 더 상세히 검토한다.

경영진 예상치

특히 소형 비상장기업일수록 가치평가 시 해당 기업 경영진이 내놓은 기대성장률과 현금흐름을 믿고 사용할 때가 많다. 여기에는 첫째, 경영진은 애널리스트나 투자가가 접근할 수 없는 시장 상황과 사업에 관한 정보를 잘 알기에 미래 예측에 유리하다는 논리가 깔려 있다. 둘째, 기업의 성장률을 결정하는 투자 규모와 시기는 곧 경영진이 결정하므로 외부자보다 유리하다는 생각이다.

하지만 경영진 예상치에도 편향이 작동할 가능성이 있다. 특히 경영이 형편없는 기업은 턴어라운드에 성공할 확률을 항상 실제보다 높여 말한다. 경영진의 성장률 예상치를 다룬 연구가 비교적 드물기는 해도 애널리스트 전망치 연구와 유사한 결론을 시사한다. 허튼(Hutton)과 리(Lee), 슈(Shu)의 연구에 따르면 애널리스트는 금리와 경기 등 거시경제 변수가 기업 이익에 미치는 영향을 더 잘 예측하고, 경영진은 자기 기업의 데이터를 더 잘 예측하는 경향이 있다.[8] 두 집단은 모두 1~2년 후 단기 예측에 강하지만 시간 지평이 길어질수록 우위가 약화된다.

최근 몇 년간 상당히 공격적인 단기 매출·이익 목표치(guidance)를 내놓는 상장기업 경영진이 늘었는데 여기에도 편향이 작용할 가능성이 있다. 경영진은 기대치를 통제하려는 열망이 있기도 하고, 목표치에 부합하는 실적을 내더라도 내재가치평가에 어떤 이점이 있는지 불분명하기 때문이다.

---

8 Hutton, A.P., L.F. Lee and S.Z. Shu, 2012, "Do Managers Always Know Better? The Relative Accuracy of Management and Analyst Forecasts", Journal of Accounting Research, v50, 1217~1244.

성장률을 결정하는 펀더멘털 요인

앞서 살펴보았듯 역사적 추정치든 애널리스트 전망치든 성장률은 가치에 영향을 미치지만, 기업이 영위하는 사업의 세부 사항과는 동떨어진 외생 변수(exogenous variable)다. 성장률을 가치에 반영하는 가장 정통한 방법은 이를 기업이 성장을 창출하고 유지하려는 노력에 더 밀접하게 연동된 내생 변수(endogenous variable)로 두는 것이다. 이번 섹션에서는 주주 이익의 펀더멘털과 성장률의 관계를 검토하고 영업이익 성장률의 결정 요인을 알아본다.

주주 이익 성장률

일반적으로 주주 현금흐름 추정에서 주식 가치를 평가할 때는 순이익 추정치에서, 주당 주식 가치(이후 '주당 가치'로 표기한다 – 옮긴이)를 평가할 때는 주당순이익(EPS)에서 시작한다. 이번 섹션에서는 EPS의 기대성장률을 결정하는 펀더멘털을 먼저 알아보고, 순이익 성장률과 관련해 확장 모형을 살펴본다.

EPS 성장률   성장률을 결정하는 가장 단순한 관계는 내부 유보율(전체 이익 대비 기업 내부에 유보한 이익의 비율)과 프로젝트의 자기자본이익률(ROE)의 관계다. 내부 유보율과 ROE가 높은 기업은 이러한 특성을 갖추지 못한 기업보다 EPS 성장률이 더 높다. 이 점을 확실히 하기 위해 다음을 기억하라.

$$g_t = (NI_t - NI_{t-1})/NI_{t-1}$$
여기서 g_t = 순이익 성장률
NI_t = t 기간의 순이익

t 기간의 ROE는 t 기간의 순이익을 t-1 기간 자기자본의 장부가액으로 나눈 값으로 표현할 수 있다. ROE의 정의를 고려할 때 t-1 기간 순이익은 다음과 같다.

$$NI_{t-1} = 자기자본의\ 장부가액_{t-2} \times ROE_{t-1}$$
여기서 ROE_{t-1} = t-1 기간의 자기자본이익률이때 t 기간 순이익은 다음과 같다.

$$NI_t = (자기자본의\ 장부가액_{t-2} + 유보이익_{t-1}) \times ROE_t$$

ROE가 변하지 않는다고 가정하면(즉 $ROE_t = ROE_{t-1} = ROE$) 순이익 성장률은 다음과 같다.

$$g_t = 유보이익_{t-1}/NI_{t-1} \times ROE = 내부\ 유보율 \times ROE = b \times ROE$$
$$여기서 \quad b = 내부\ 유보율$$

여기에는 기업이 신주를 발행해 자기자본을 증대할 수 없다는 가정이 깔려 있다. 그래서 위 수식에서 순이익 성장률과 EPS 성장률이 똑같다.

[예시 11.5] EPS 성장률

이번 예시는 세 기업의 내부 유보율과 자기자본이익률에 바탕을 둔 이익 기대성장률을 다룬다.

세 기업은 뉴욕시와 인근 지역에 전력을 공급하며 정부 규제를 받는 공익기업 콘솔리데이티드 에디슨(Consolidated Edison), 선도적인 브랜드를 보유한 소비재 기업 프록터앤드갬블, 거대 기술회사 인텔이다. 다음 표는 세 기업의 2010년 자기자본이익률과 내부 유보율, 이익 기대성장률을 요약해 보여준다.

	자기자본이익률	내부 유보율	기대성장률
콘솔리데이티드 에디슨	9.79%	36.00%	3.52%
프록터앤드갬블	18.22%	50.26%	9.16%
인텔	32.00%	70.00%	22.40%

인텔이 2010년 자기자본이익률과 내부 유보율 수준을 유지한다고 가정하면 EPS 기대성장률이 가장 높다. 프록터앤드갬블 역시 준수한 성장이 기대되는데, 이익의 50% 이상을 배당으로 지급하는데도 자기자본이익률이 높기 때문이다. 반면 콘솔리데이티드 에디슨은 자기자본이익률과 내부 유보율이 몹시 낮기에 기대성장률 역시 상당히 낮다.

순이익 성장률   자기자본의 유일한 원천이 유보이익이라는 엄격한 가정을 조금 완화하면, 순이익과 EPS의 성장률은 큰 차이가 날 수 있다. 기업은 새로운 프로젝트의 자금을 조달하기 위해 신주를 발행함으로써 EPS에 큰 영향을 주지 않고도 순이익을 대폭 늘릴 수 있다. 순이익 성장률과 펀더멘털의 관계를 도출하려면 유보이익을 넘어서는 규모의 투자에 관한 척도가 필요하다. 한 가지 방법은 기업이 순 자본적 지출과 운전자본에 대한 투자의 형태로 사업에 재투자하는 자기자본의 규모를 추정하는 것이다.

사업에 재투자한 자기자본 = 자본적 지출 – 감가상각비
+ 운전자본의 증감 – (신규 부채 발행 – 부채 상환)

등식의 양변을 순이익으로 나누면 광의의 자기자본 재투자율을 얻는다.

자기자본 재투자율 = 재투자한 자기자본/순이익

내부 유보율과 달리 자기자본 재투자율은 100%를 대폭 초과할 수 있다(100%를 초과하는 금액은 신주를 발행해 조달한다). 이때 순이익 기대성장률은 다음과 같다.

순이익 기대성장률 = 자기자본 재투자율 × 자기자본이익률

완화한 기준의 주주 이익 성장률을 사용하면 순이익을 영업자산과 현금, 비영업자산에서 비롯한 비중으로 구분하고 영업자산이 창출한 순이익의 성장률만 추정할 수 있다는 장점이 있다. 구분할 때는 순이익의 정의를 조정해 비영업이익을 제거해야 한다.

비현금 순이익 = 순이익 – 보유 현금에 의한 이자수익 × (1 – 세율)

$$\text{비현금 ROE} = \frac{\text{비현금 순이익}}{\text{자기자본의 장부가액} - \text{현금 및 유가증권}}$$

$$\text{자기자본 재투자율} = \frac{\text{재투자한 자기자본}}{\text{비현금 순이익}}$$

이렇게 순이익을 조정하면 대다수 기업은 순이익이 줄어 자기자본이익률과 자기자본 재투자율이 상승하므로 영업자산에서 발생한 순이익의 기대성장률도 상승한다.

[예시 11.6] 순이익 성장률

코카콜라와 네슬레, 소니(Sony) 사례를 통해 펀더멘털에 바탕을 두고 순이익 성장률을 추정해보자. 다음 표는 2010년 세 기업의 자기자본 재투자 구성 요소에 대한 추정치와 이를 활용해 추정한 재투자율, 자기자본이익률, 순이익 기대성장률을 보여준다.

	순이익	순 자본적 지출	운전자본 증감	순부채 발행(상환)	자기자본 재투자율	ROE	기대 성장률
코카콜라 (100만 달러)	11,809	3,006	335	1,848	12.64%	46.59%	5.89%
네슬레 (100만 스위스 프랑)	34,233	1,394	828	292	5.64%	63.83%	3.60%
소니(10억 엔)	126.33	-33	-15	-14	-26.91%	3.30%	-0.89%

위 표에서 이러한 접근법의 장단점이 모두 드러난다. 장점은 유보이익이 아니라 재투자에 집중함으로써 진정한 재투자를 훨씬 더 정확하게 반영한다는 것이다. 단점은 재투자 구성 요소(자본적 지출과 운전자본 증감, 순부채 발행)가 모두 변동성이 큰 값이라는 데 있다. 2010년 소니는 자본적 지출보다 감가상각비가 컸고, 운전자본이 감소했으며, 부채를 상환했다는 사실을 주목하자. 이에 따라 순재투자율은 마이너스를 기록했다. 소니가 이런 행보를 지속한다면 역성장할 것이다. 사실 최근 연도 기준이 아니라 3~5년 기간 평균 재투자율을 사용하는 것이 현실을 훨씬 잘 반영하는 방법이다. 뒤에서 영업이익 성장률을 다루며 이 문제를 심도 있게 다룬다.

자기자본이익률의 결정 요인 EPS와 순이익 성장률은 모두 자기자본이익률에 영향받는다. 자기자본이익률은 프로젝트의 자금조달 시 차입한 부채 규모에 영향받는다. 부채가 증가할 때 세후 자본이익률이 부채의 세후 이자비용보다 높다면 대개 자기자본이익률도 높다. 자기자본이익률을 계산하는 다음 수식을 보라.

$$ROE = ROIC + D/E[ROIC - i(1 - t)]$$

여기서 $ROIC = EBIT(1 - t)/($부채의 장부가액 + 자기자본의 장부가액 - 현금$)$
$D/E = $부채의 장부가액/자기자본의 장부가액
$i = $부채의 이자비용/부채의 장부가액
$t = $경상 세율

자기자본이익률이 장부가액 기준이므로 다른 모든 입력 변수도 장부가액을 기준으로 한다. 위 수식의 간단한 유도 과정은 각주에서 확인하라.[9] ROE의 확장 수식을 활용해 성장률을 구하는 방법은 다음과 같다.

$$g = b\{ROIC + D/E[ROC - i(1 - t)]\}$$

위 수식은 레버리지 등락을 모델링해서 성장률에 미치는 영향을 반영한다는 장점이 있다. 세후 이자비용이 투자에서 올린 수익보다 작다면, 차입이 자기자본이익률을 상승시킨다는 점을 직관적으로 보여준다.

[예시 11.7] 자기자본이익률 분해

다음 표에서 콘솔리데이티드 에디슨과 프록터앤드갬블, 인텔의 자기자본이익률(예시 11.5 참고)을 구성요소별로 분석해보자.

	ROIC	D/E(장부가액 기준)	이자율(장부가액 기준)	세율	ROE
콘솔리데이티드 에디슨	6.66%	103.41%	5.75%	35.33%	9.70%
프록터앤드갬블	12.19%	58.33%	2.56%	27.25%	18.22%
인텔	27.89%	5.32%	5.49%	28.55%	29.16%

이 수치를 예시 11.5와 비교했을 때, 콘솔리데이티드 에디슨과 프록터앤드갬블의 자기자본이익률이 앞서 추정치와 상당히 비슷한 수준이다. 인텔은 순이익에서 비영업이익 비중이 상당히 크기에 여기서 계산한 자기자본이익률이 예시 11.5보다 낮다. 앞서 자본이익률 계산에 오직 영업이익만 고려하기로 했다. 기업이 주기적으로 비영업이익(손실)을 낸다면 표준적인 방법으로 계산한 자기자본이익률(순이익을 자기자본의 장부가액으로 나눈 값)은 이번 예시의 방법으로 계산한 값과 달라질 수밖에 없다.

---

[9]

$$ROIC + \frac{D}{E}[ROIC - i(1 - t)] = \frac{[NI + Int(1 - t)]}{(D + E)} + \frac{D}{E}\left\{\frac{[NI + Int(1 - t)]}{(D + E)} - \frac{Int(1 - t)}{D}\right\}$$

$$= \left\{\frac{[NI + Int(1 - t)]}{(D + E)}\right\}\left(1 + \frac{D}{E}\right) - \frac{Int(1 - t)}{E}$$

$$= \frac{NI}{E} + \frac{Int(1 - t)}{E} - \frac{Int(1 - t)}{E} = \frac{NI}{E} = ROE$$

세 기업에서는 이 문제가 심각하게 우려할 수준이 아니지만, 자기자본이익률이 높은 이유가 높은 부채비율(D/E)이나 낮은 실효세율, 비영업이익이라면 주의해야 한다. 이때 높은 자기자본이익률을 지속하기가 어려울 수도 있다. 세금감면이 종료되거나 비영업이익의 원천이 고갈된다면 자본이익률이 장부가액 기준 이자율보다 낮아질 것이 빤하다. 그러면 레버리지로 인해 자기자본이익률이 하락한다.

평균 및 한계 이익

자기자본이익률을 계산하는 일반적인 방법은 최근 연도의 순이익을 직전 연도 말 자기자본의 장부가액으로 나누는 것이다. 따라서 자기자본이익률은 오랫동안 장부에 계상된 더 오래된 프로젝트와 더 최근의 신규 프로젝트의 종합적인 질을 측정한다. 오래된 투자는 전체 이익에서 상당 비중을 차지하므로, (시장 포화나 경쟁으로 인해) 신규 투자의 이익이 감소하는 중인 대형 기업도 평균 이익은 그리 크게 변동하지 않을 수 있다. 다시 말해 신규 프로젝트의 저조한 이익이 전체 이익에 영향을 미치기까지 시간 지연이 존재한다. 가치평가에서는 최근 투자에서 내는 이익이야말로 프로젝트의 질을 알려주는 가장 좋은 정보다. 최근 연도 순이익의 증감을 직전 연도 자기자본의 장부가액 증감으로 나눠 계산한 한계 자기자본이익률을 통해 신규 투자의 이익률을 측정한다.

$$한계\ 자기자본이익률 = \frac{\Delta 순이익_t}{\Delta 자기자본의\ 장부가액_{t-1}}$$

예컨대 디즈니의 2010년 당기순이익은 39억 6,300만 달러였고 자기자본의 장부가액은 354억 2,500만 달러였다. 따라서 자기자본이익률은 11.87%였다(단위: 100만 달러).

$$자기자본이익률 = 3,963/35,425 = 11.87\%$$

한계 자기자본이익률은 다음과 같이 계산한다.

$$2009{\sim}2010년\ 순이익\ 증감 = 3,963 - 3,307 = 656$$
$$2009{\sim}2010년\ 자기자본의\ 장부가액\ 증감 = 35,425 - 33,667 = 1,758$$
$$한계\ 자기자본이익률 = 656/1,758 = 37.32\%$$

물론 디즈니가 2010년 집행한 신규 투자에서 37.32% 이익을 냈다는 뜻은 아니지만, 디즈니의 자기자본이익률에 상방 모멘텀이 존재한다는 점을 보여준다. 따라서 11.87%보다 높은 자기자본이익률을 추정하는 것이 타당하다.

자기자본이익률 변화의 영향　이번 섹션에서 지금까지는 자기자본이익률이 시간이 흐르면서 변하지 않는다는 가정에 바탕을 두고 분석했다. 이 가정을 조금 완화하면 성장의 새로운 구성 요소, 즉 시간이 흐르면서 변화하는 기존 투자의 자기자본이익률을 분석에 포함할 수 있다. 예컨대 자기자본의 장부가액이 1억 달러이고 자기자본이익률이 10%인 기업을 생각해보자. 자기자본이익률이 11%로 상승한다면 전혀 재투자하지 않더라도 이익 성장률이 10%에 이른다. 추가 성장률은 자기자본이익률 변화의 함수로 정의할 수 있다.

$$추가\ 기대성장률 = \frac{ROE_t - ROE_{t-1}}{ROE_{t-1}}$$

여기서　ROE_t = t 기간의 자기자본이익률

즉 추가 기대성장률은 자기자본이익률과 내부 유보율을 곱한 펀더멘털 성장률에 추가되는 성장률이다.

자기자본이익률이 상승하는 동안에는 성장률이 가속하지만, 하락 시 자기자본이익률의 하락 폭보다 성장률의 하락 폭이 더 클 수 있다.

신규 투자와 기존 투자의 자기자본이익률을 구별하는 것이 중요하다. 앞서 추정한 추가 성장률은 신규 투자에서 발생하는 것이 아니라 기존 투자의 자기자본이익률 변화에 따른 것이다. 적합한 용어가 없기에 이 추가 성장률을 '효율성 향상에 따른 성장률(efficiency-generated growth)' 정도로 이해하자.

[예시 11.8] 자기자본이익률 변화의 영향: 콘솔리데이티드 에디슨

예시 11.5에서 2010년 콘솔리데이티드 에디슨의 자기자본이익률 9.79%와 내부 유보율 36%에 바탕을 두고 기대성장률을 추정했다. 2011년 콘솔리데이티드 에디슨의 자기자본이익률이 기존 투자와 신규 투자에서 모두 11%로 상승하고 내부 유보율은 36%로 유지된다고 가정한다. 2011년 EPS 기대성장률은 다음과 같다.

$$EPS\ 기대성장률 = ROE_t \times 내부\ 유보율 + (ROE_t - ROE_{t-1})/ROE_{t-1}$$
$$= 0.11 \times 0.36 + \frac{(0.11 - 0.0979)}{0.0979} = 0.1632\ 또는\ 16.32\%$$

2011년 이후 성장률은 더 지속 가능한 수준인 3.96%(= 0.11 × 0.36)에서 안정될 것이다.

만약 신규 투자의 자기자본이익률만 상승했다면 어떤 결과가 나올까? 이때 EPS 기대성장률은 다음과 같다.

$$EPS \text{ 기대성장률} = ROE_t \times \text{내부 유보율} = 0.11 \times 0.36 = 0.0396 \text{ 또는 } 3.96\%$$

이때 추가 성장률은 없다. 반대로 신규 투자가 아니라 기존 투자의 자기자본이익률만 상승했다면 다음 해 EPS 기대성장률은 다음과 같다.

$$EPS \text{ 기대성장률} = ROE_t \times \text{내부 유보율} + (ROE_t - ROE_{t-1})/ROE_{t-1}$$

$$= 0.0979 \times 0.36 + \frac{(0.11 - 0.0979)}{0.0979} = 0.1588 \text{ 또는 } 15.88\%$$

영업이익 성장률

주주 이익 성장률이 사업에 재투자한 자기자본과 자기자본이익률에 의해 결정되는 것과 마찬가지로 영업이익 성장률을 재투자와 투하자본이익률의 함수로 생각할 수 있다.

이번 섹션에서는 서로 다른 세 가지 시나리오의 성장률 추정 방법을 검토한다. 첫째, 높은 자본이익률을 오랫동안 지속 가능할 때다. 둘째, 플러스 자본이익률이 시간이 흐르면서 상승할 것으로 예상되는 때다. 셋째, 영업이익률이 시간에 따라 변화하면서 마이너스와 플러스 값이 모두 존재할 것으로 예상되는 가장 일반적인 시나리오다.

안정적인 자본이익률 시나리오   기업의 자본이익률이 안정적이라면 영업이익 기대성장률은 재투자율(순 자본적 지출과 비현금 운전자본 투자를 세후 영업이익으로 나눈 비율)과 재투자의 질(투하자본이익률로 측정)에 의해 결정된다.

$$\text{기대성장률}_{EBIT} = \text{재투자율} \times \text{투하자본이익률}$$

$$\text{여기서} \quad \text{재투자율} = \frac{\text{자본적 지출} - \text{감가상각비} + \text{비현금 운전자본 증감}}{EBIT(1 - \text{세율})}$$

$$\text{투하자본이익률} = \frac{EBIT(1 - \text{세율})}{\text{자기자본의 장부가액} + \text{부채의 장부가액} - \text{현금}}$$

재투자율과 자본이익률은 모두 미래 추정치를 사용해야 하고, 특히 투하자본이익률은 미래 투자의 기대 자본이익률을 반영해야 한다. 이번 섹션의 나머지 부분에서 재투자율과 자본이익률을 추정하는 가장 좋은 방법을 검토한다.

재투자율 재투자율은 기업이 미래 성장을 창출하기 위해 얼마나 재투자하는지를 측정한다. 최근 재무제표 수치를 활용할 때가 많지만, 반드시 가장 좋은 미래 재투자율 추정치를 도출하지는 않는다. 재투자율은 변화하는데, 비교적 적은 수의 대규모 프로젝트나 인수에 투자하는 기업에서 특히 변화 폭이 크다. 이때는 오랜 기간에 걸친 평균 재투자율이 미래에 관한 더 좋은 척도다. 게다가 기업이 성장하고 성숙하면서 재투자 소요는 감소하는 경향이 있다(재투자율도 하락한다). 지난 몇 년간 사업 규모를 대폭 확대한 기업의 역사적 재투자율은 미래 기대 재투자율보다 높을 가능성이 크다. 이때는 과거 데이터보다 업종 평균 재투자율이 미래에 관한 더 좋은 척도다. 마지막으로 연구개발비와 운용리스를 일관되게 처리하는 것이 중요하다. 특히 연구개발비는 자본적 지출로 분류해야 한다.

자본이익률 자본이익률은 기존 투자의 자본이익률을 사용할 때가 많다. 이때 자본의 장부가액을 기존 투자에 대한 투하자본의 척도로 가정한다. 다시 말해 회계 관점의 현행 자본이익률이 기존 투자에서 올린 진정한 이익의 좋은 척도일 뿐 아니라 미래 투자에서 올릴 이익의 좋은 대용물(proxy)이라는 가정이 깔려 있다. 하지만 여기에는 다음과 같은 문제가 있다.

- 자본의 장부가액은 기존 투자의 역사적 비용과 감가상각에 관한 회계 선택을 반영한 결과이므로 기존 투자의 투하자본에 관한 좋은 척도가 아닐 수도 있다. 장부가액이 투하자본을 과소추정하면 자본이익률은 과대추정된다. 반대로 장부가액이 투하자본을 과대추정하면 자본이익률은 과소추정된다. 연구자산의 가치나 운용리스의 자본 가치를 반영하도록 자본의 장부가액을 조정하지 않는다면 문

제가 더 악화된다.

- 자본의 장부가액과 마찬가지로 영업이익은 기업이 일정 기간 달성한 이익의 회계적 척도다. 9장에서 다뤘듯 조정하지 않은 영업이익 사용에 따른 문제가 여기서도 반복된다.

- 영업이익과 자본의 장부가액을 정확히 측정하더라도 기존 투자의 자본이익률과 신규 투자에서 기대하는 한계 자본이익률은 똑같지 않을 때가 있다. 특히 더 먼 미래에 관해 추정할 때 차이가 더 크다.

그림 11.3은 투하자본이익률의 문제를 요약해서 보여준다.

이러한 문제를 고려해 기업의 현행 자본이익률뿐 아니라 그 추세나 업종 평균 자본이익률도 검토해야 한다. 기업의 현행 자본이익률이 업종 평균보다 아주 높다면 경쟁사가 진입해 경쟁이 심화한 결과 이익이 감소할 것을 고려해 자본이익률 전망치는 현

[그림 11.3] 투하자본이익률

비정상이익
지난 12개월 실적이 이례적으로 좋거나 나빴을 가능성도 있다.

회계 문제
리스와 연구개발비에 관한 회계상 분류 오류와 이례적 항목은 영업이익을 왜곡한다.

지난 12개월간 영업이익에서 한계세율로 계산한 법인세를 차감한 값

생애주기
신생기업이나 인프라를 구축하려는 기업의 당기 이익은 장기 달성 가능한 이익 수준을 알려주지 않는다.

투하자본이익률 =

세후 영업이익

기존 자산 투하자본

기존 자산의 수익률이자 향후 지속할 수익률의 대용물

회계상 상각
상각 오류는 투하자본을 줄여 실제보다 나은 상태인 것처럼 보이게 한다.

투하자본 = 자기자본의 장부가액 + 부채의 장부가액 - 현금 및 타 기업 지분

회계상 분류 오류
자본적 지출(연구개발비 등)과 금융비용(리스)을 영업비용으로 잘못 분류하면 투하자본을 과소추정한다.

인플레이션
자산 장부가액을 인플레이션에 대해 조정하지 않는다면 오래된 자산의 투하자본을 과소추정한다.

행 자본이익률보다 낮게 책정해야 한다.

자본이익률이 자본비용보다 높은 기업은 초과수익을 낸다. 초과수익은 기업의 경쟁우위나 진입장벽이 작용한 결과로서 오랫동안 계속해서 높은 초과수익을 낸 기업은 영구적인 경쟁우위를 갖췄다고 할 수 있다.

[예시 11.9] 재투자율과 자본이익률, 기대성장률 측정: 타타 모터스(2010년)

인도 자동차 기업인 타타 모터스(Tata Motors)는 지난 10년간 대부분 해에 내부 투자와 인수를 통해 공격적으로 성장해왔다. 2010년 5월, 2009 회계연도 재무제표에 바탕을 두고 다음과 같이 재투자율 추정치 116.83%와 자본이익률 추정치 11.81%를 계산했다(단위: 100만 인도 루피).

$$\text{재투자율}_{\text{타타 모터스}} = \frac{\text{자본적 지출} - \text{감가상각비} + \text{비현금 운전자본의 증감}}{\text{EBIT}(1 - \text{세율})}$$

$$= \frac{40{,}291 - 25{,}072 + 957}{17{,}527 \times (1 - 0.21)} = 116.83\%$$

$$\text{투하자본이익률} = \frac{\text{EBIT}(1 - \text{세율})}{(\text{자기자본의 장부가액} + \text{부채의 장부가액} - \text{현금})_{\text{2008년 말}}}$$

$$= \frac{17{,}527 \times (1 - 0.21)}{78{,}395 + 62{,}805 - 23{,}973} = 11.81\%$$

재투자율과 자본이익률에서 모두 세후 영업이익 계산 시 실효세율(21%)을 적용했다. 투하자본은 2008 회계연도 말(또는 2009 회계연도 초) 자기자본과 부채의 장부가액 합계에서 당시 현금과 유가증권을 뺀 값이다.

타타 모터스가 미래에도 위 자본이익률과 재투자율을 유지한다면 기대성장률은 다음과 같다.

$$\text{기대성장률} = \text{재투자율} \times \text{투하자본이익률}$$
$$= 116.83\% \times 11.81\% = 13.80\%$$

다음 예시에서 살펴보겠지만 미래에 이 정도 재투자를 유지하기는 몹시 어렵다.

[예시 11.10] 현행 평균과 역사적 평균: 타타 모터스의 재투자율과 자본이익률

타타 모터스는 재투자와 자본이익률이 모두 변동성이 컸던 역사를 지나왔다. 2009년 재투자율과 자본이익률을 예시 11.9에서 계산했지만, 두 값은 지난 5년간 계속 변화했다. 다음 표는 2005~2009년 관련 항목 수치와 5년 합계(마지막 열)를 요약해서 보여준다(단위: 100만 인도 루피).

	2005	2006	2007	2008	2009	합계
EBIT(1-세율)	12,197	12,322	25,203	15,160	13,846	78,728
자본적 지출	8,175	11,235	24,612	44,113	40,291	120,251
감가상각비	5,377	6,274	6,850	7,826	25,072	46,022
운전자본의 증감	4,410	23,191	4,520	-37,137	957	-8,469
재투자	7,208	28,152	22,282	-850	16,176	65,760
재투자율	59.10%	228.46%	88.41%	-5.61%	116.83%	83.53%

이 기간에 재투자율은 -5.61%부터 228.46%에 이를 만큼 변동성이 컸지만, 5년 합계 기준 재투자율은 83.53%였다.

다음 표는 2005~2009년 자본이익률 계산 결과를 보여준다.

	2005	2006	2007	2008	2009	합계
EBIT(1-세율)	12,197	12,322	25,203	15,160	13,846	78,728
부채의 장부가액(기초)	33,621	27,142	63,293	97,479	62,805	284,340
자기자본의 장부가액(기초)	37,019	44,602	63,054	79,717	78,395	302,787
보유 현금	5,546	20,209	4,838	6,998	23,973	61,564
투하자본	65,094	51,535	121,509	170,198	117,227	525,563
투하자본이익률(ROIC)	18.74%	23.91%	20.74%	8.91%	11.81%	14.98%

2005~2009년 평균 자본이익률은 14.98%였다.

평균 재투자율과 평균 자본이익률을 활용해 기대성장률 12.51%를 도출했다.

$$기대성장률 = 재투자율 \times 자본이익률$$
$$= 83.53\% \times 14.98\% = 12.51\%$$

역사적 평균에 바탕을 둔 기대성장률은 타타 모터스가 2005~2009년까지 기록했던 성장률을 지속할 수 있다면 예시 11.9의 기대성장률 13.80%보다는 미래에 더 지속 가능한 수준이다.

 fundgrEB.xls: 미국 기업의 최근 분기 업종별 재투자율과 자본이익률을 요약한 엑셀 자료. (웹에서 다운로드 가능)

마이너스 재투자율: 원인과 시사점

기업의 재투자율은 감가상각비가 자본적 지출보다 크거나 한 해 동안 운전자본이 상당히 줄어든다면 마이너스가 될 수 있다. 대다수 기업에서 마이너스 재투자율은 편차가 큰 자본적 지출이나 변동성이 큰 운전자본을 반영하는 일시적 현상이다. 이때는 당기 마이너스 재투자율을 지난 몇 년 동안의 평균 재투자율이나 업종 평균 재투자율로 대체해도 된다. 반면 마이너스 재투자율이 (인수 기반 성장을 추구하는 기업에서) 인수를 자본적 지출에 반영하거나 연구개발비나 기타 운영비를 자본화하는 과정에서 발생한 오류를 반영한 결과일 때도 있다. 하지만 의도적으로 마이너스 재투자율을 추구할 때도 있기에 기업이 왜 그러한 경로를 밟게 되었는지에 따라 대응 방법도 달라진다.

- 기업이 과거에 자본 설비나 운전자본에 과도하게 투자했다면 재투자하지 않고도 대규모 현금흐름을 창출하며 향후 몇 년간 번영을 누릴 수 있다. 이때는 마이너스 재투자율을 그대로 적용해 예측하고, 자본이익률의 개선에 바탕을 두고 성장을 추정해야 한다. 하지만 기업이 자원을 효율적으로 활용할 시점에 이르렀다면 기대성장률을 반영하도록 재투자율을 변경해야 한다.
- 더 극단적인 시나리오는 시간이 흘러 기업 스스로 규모를 줄이기로 했는데, 수명이 다한 자산을 대체하지 않고 운전자본을 줄이는 방식을 택한 상황이다. 이때는 마이너스 재투자율을 그대로 적용해 기대성장률을 추정해야 한다. 이에 따라 마이너스 기대성장률이 도출되어 결국 시간이 흐르면서 당연히 이익이 감소하는 결과를 낳는다.

변화하는 플러스 자본이익률 시나리오　이전 섹션에서 다룬 분석은 시간이 흘러도 자본이익률이 안정적으로 유지된다는 가정에 바탕을 두었다. 시간이 흐르며 자본이익률이 변화할 때는 기대성장률에 두 번째 요소가 필요하다. 이를 통해 자본이익률이 상승(하락)하면 성장률도 상승(하락)하게 된다.

$$기대성장률 = ROC_t \times 재투자율 + (ROC_t - ROC_{t-1})/ROC_{t-1}$$

예컨대 자본이익률이 10%에서 11%로 상승했고 재투자율은 40%로 유지된 기업의 기대성장률은 다음과 같다.

$$기대성장률 = 0.11 \times 0.40 + \frac{(0.11 - 0.10)}{0.10} = 14.40\%$$

자본이익률이 상승하면 기존 자산이 창출하는 이익이 증가해서 추가 10% 성장을 낳는다.

한계 및 평균 자본이익률 지금까지 이익을 결정하는 척도로 자본이익률을 살펴봤다. 하지만 현실에는 자본이익률의 두 가지 척도가 있다. 하나는 기업이 모든 투자에서 집합적으로 창출하는 이익을 측정하는 평균 자본이익률이고, 나머지는 기업이 한 해 동안 신규 투자에서 창출하는 이익을 측정하는 한계 자본이익률이다.

한계 자본이익률의 변화는 이차 효과를 낳지 않으므로 기대성장률은 한계 자본이익률과 재투자율을 곱해서 계산한다. 하지만 앞서 다뤘듯이 평균 자본이익률의 변화는 성장률에 추가 영향을 미친다.

평균 자본이익률의 변화가 기대되는 기업 유형 시간이 흐르면서 자본이익률이 변화할 가능성이 큰 기업은 어떤 유형일까? 먼저 저조한 자본이익률을 내던 기업이 영업 효율성과 이익률을 개선한 결과 자본이익률이 상승하는 유형이다. 이때 기대성장률은 재투자율과 자본이익률을 곱한 값보다 훨씬 높다. 실제로 이러한 기업은 대개 턴어라운드 전에는 자본이익률이 낮은 수준이기에 자본이익률이 조금만 변화해도 성장률이 대폭 변화한다. 기존 자산의 자본이익률이 1%에서 2%로 상승하면 이익은 두 배가 된다(즉 성장률이 100%다).

다른 유형은 기존 투자에서 아주 높은 자본이익률을 내지만 경쟁이 심화하면서 자본이익률이 하락할 것으로 예상되는 기업이다. 이에 따라 신규 투자뿐 아니라 기존 투자의 자본이익률도 하락한다.

[예시 11.11] 자본이익률이 변화하는 기업의 기대성장률 추정: 타이탄 시멘트와 모토로라

그리스 시멘트 기업인 타이탄 시멘트(Titan Cement)의 2000년 영업이익은 554억 6,700만 드라크마(2002년 유로로 변경되기 전 그리스가 사용하던 화폐 단위 – 옮긴이)였고 투하자본은 1,353억 7,600만 드라크마였다. 실효세율 24.5%를 적용하면 다음과 같이 타이탄 시멘트의 자본이익률 30.94%를 얻는다(단위: 100만 드라크마).

$$투하자본이익률 = 55,467 \times (1 - 0.245)/135,376 = 30.94\%$$

다음 해 기존 자산과 신규 투자의 자본이익률이 모두 29%로 하락하고, 재투자율은 35%로 유지된다고 가정하자. 다음 해 기대성장률은 다음과 같다.

$$기대성장률 = 0.29 \times 0.35 + (0.29 - 0.3094)/0.3094 = 3.88\%$$

2000년 초 모토로라(Motorola) 사례를 보자. 1999년 모토로라의 재투자율은 52.99%였고 자본이익률은 12.18%였다. 모토로라가 불운했던 이리듐 투자의 유산을 선부 징리하고 본업에만 충실하기로 한 결과, 시간이 흐르면서 자본이익률이 업종 평균인 22.27%로 상승하리라고 가정한다. 이에 따라 향후 5년간 모토로라의 자본이익률이 12.18%에서 17.22%로 상승한다고 하자.[10] 분석의 단순화를 위해 향후 5년간 매년 똑같은 비율로 상승한다는 가정도 덧붙인다. 향후 5년간 매 연도 영업이익의 기대성장률은 다음과 같다.[11]

$$
\begin{aligned}
기대성장률 &= ROE_{한계} \times 재투자율_{현행} + \{[1 + (ROE_{5년\ 후} - ROE_{현행})/ROE_{현행}]^{1/5} - 1\} \\
&= 0.1722 \times 0.5299 + \{[1 + (0.1722 - 0.1218)/0.1218]^{1/5} - 1\} \\
&= 0.1630\ 또는\ 16.30\%
\end{aligned}
$$

향후 5년간 모토로라의 자본이익률이 상승하면서 같은 기간 영업이익 성장률이 더 높아진다. 위 계산에서 다음 해 신규 투자의 자본이익률(한계 자본이익률)이 17.22%라고 가정했음을 유념하라. 이렇게 복잡한 계산 과정에는 현실과 관계없을 가능성도 있는 자본이익률 개선 가정이 깔려 있다. 시간이 흐르며 자본이익률과 마진(영업이익률)이 변화하는 기업의 미래 성장률과 현금흐름을 추정하는 일반적인 방법을 다음 섹션에서 알아볼 것이다.

---

 chgrowth.xls: 이 스프레드시트를 이용하면 시간이 흐르면서 자본이익률이 변화하는 기업의 영업이익 기대성장률을 추정할 수 있다. (웹에서 다운로드 가능)

---

10   17.22%는 현행 자본이익률과 업종 평균 자본이익률(22.27%)의 중앙값이다.
11   시간에 따른 복리 성장률을 고려하므로 이익이 향후 3년간 총 25% 성장한다면 연평균 성장률은 $(1.25)^{1/3} - 1 = 7.72\%$이다.

하향식 성장률 추정: 매출 성장률에서 잉여현금흐름 도출

성장률 추정에서 세 번째이자 가장 일반적인 시나리오는 다음과 같다. 규모를 키우고 비즈니스 모델을 구축하는 중이기에 시간이 흐르며 마진이 (상승하든 하락하든) 변화하는 신생기업과, 경쟁이 갈수록 치열해져 고마진에서 저마진으로 악화하는 성숙기업이다. 이때 성장률을 추정하려면 먼저 손익계산서를 검토해 매출 성장률을 예측해야 한다. 다음으로 미래 기대영업이익률을 활용해 영업이익을 추정한다. 미래 기대영업이익률이 플러스라면 기대영업이익 역시 플러스일 테니 전통적인 기업 가치평가법을 적용할 수 있다. 또한 매출을 내부 투자와 연동함으로써 기업이 매출 성장을 위해 재투자할 규모도 추정할 수 있다.

매출 성장률

고성장 기업은 적자를 낼 때도 매년 매출이 고성장할 때가 많다. 현금흐름 예측의 첫 단계는 대개 미래 연도의 매출 성장률을 예측해 매출액을 예측하는 것이다. 이때 다음 사항을 주의하라.

- **규모 확대**: 매출 규모가 커질수록 매출 성장률은 하락할 것이다. 따라서 매출이 200만 인도 루피인 기업이 10배 성장하는 것은 실현 가능하지만, 매출이 20억 인도 루피인 기업에서는 가능성이 희박하다.
- **복리 효과**: 매출의 복리 성장률이 낮아 보여도 겉모습에 현혹되어서는 안 된다. 매출이 10년간 20% 복리 성장하면 6배가 되고, 10년간 40% 복리 성장하면 30배가 된다.
- **매출액 수준**: 미래 매출을 예측하는 방법으로 매출 성장률을 활용하더라도 매출액도 계속 추적해서 해당 기업이 속한 전체 시장의 규모를 고려해 합리적인 수치인지를 판단해야 한다. 10년 후 매출액 전망치가 경쟁적인 시장에서 90~100% 점유율을 차지하리라는 뜻이라면 매출 성장률을 반드시 재검토해야 한다.

위 사항을 염두에 둔 채, 두 가지 핵심 동인에 바탕을 두고 미래 매출을 추정하는 방법을 살펴본다. 첫째, 기업이 제품·서비스를 통해 도달하려는 전체 시장과 둘째, 시간이 흐르며 확보할 것으로 예상하는 시장 점유율이다.

전체 시장 기업의 매출 기대성장률은 목표 시장의 규모에 따라 달라진다. 다른 조건이 똑같다면 규모가 크고 성장하는 시장일수록 기대성장률이 높다. 따라서 인도와 중국 기업은 목표 시장이 훨씬 크기에 페루나 슬로베니아 기업과 비교하면 첫 출발부터 우위가 있다. 마찬가지로 대중 시장을 노리는 의류 기업은 틈새 고객을 좇는 기업보다 훨씬 빠른 속도로 오랫동안 성장할 가능성이 있다. 하지만 대규모 시장은 마진이 낮은 특성을 띠기에 높은 매출 성장률에 따른 이득을 상쇄할지도 모른다.

지난 20년간 특히 생애주기상 초기 기업은 규모가 더 큰 시장을 노릴수록 기업 가치가 상승한다는 사실을 알아차렸다. 상장하려는 기업과 벤처캐피털은 기업이 속한 시장의 매출 합계를 뜻하는 전체 시장(total addressable market: TAM)과, 현 비즈니스 모델로 공략할 수 있는 부분을 뜻하는 유효 시장(serviceable addressable markets: SAM)이 중요하다고 외친다. 때로 터무니없이 큰 시장을 가정함으로써 투자자에게 더 높은 기업 가치나 가격을 설득하기도 한다.

탄탄한 내재가치평가에서 전체 시장은 꿈과 희망이 아니라 현실적인 가능성을 반영해야 한다. 상세한 검증 방법은 13장에서 다룰 것이다.

시장 점유율 대형 시장에 속한 기업은 성장률을 예측하기가 수월하지만, 수많은 다른 경쟁자가 존재하는 만큼 서로 시장을 나눠 사업할 수밖에 없다. 따라서 매출 기대성장률 추정 시 비즈니스 모델을 고려하여 향후 기업이 확보할 시장 점유율도 추정해야 한다. 이때 다음 사항을 고려해야 한다.

a. **산업의 경제성**: 규모의 경제 덕분에 가장 큰 기업이 소형 기업보다 상당한 우위를 누리거나 강력한 네트워크 효과 덕분에 규모와 범위가 신규 고객을 끌어들이는

요인으로 작동한 결과, 승자가 소수에 그치는 산업이 있다. 또한 대개 현지 지식이 인맥으로 이어지고 비용을 낮춰 수많은 군소 기업이 시장을 조금씩 나눠 갖는 산업도 있다. 전통적인 사업이 기술을 받아들인 결과 과거 수많은 기업이 분할 점유했던 시장이 승자 독식 유형으로 변화하기도 했다. 예컨대 광고업은 오랫동안 지역별로 나눠 점유하던 산업이었지만 온라인 광고가 등장한 후 페이스북 (Facebook)과 구글이 지배적인 점유율을 차지했다.

b. **경쟁우위**: 시장 점유율을 예측할 때는 분석 대상 기업이 경쟁사와 비교해 어느 수준을 차지할지, 어떠한 경쟁우위와 경쟁열위가 있는지 판단해야 한다. 저비용과 브랜드, 특허 등에 바탕을 둔 강력한 경쟁우위를 갖춘 기업은 열세에 놓인 경쟁자를 제치고 시장 점유율을 확대할 가능성이 크다.

c. **법적 고려 사항**: 기업이 희망하는 목표 시장 점유율은 법적 규제로 인해 제한될 때도 있다. 미국을 포함해 여러 국가는 반독점법을 시행하며 시장 점유율이 독점에 가까운 기업에 여러 제한을 가할 수 있다.

종합 정리　전체 시장 규모와 기대 시장 점유율을 추정하기가 더 수월한 사업과 기업이 있다. 예컨대 항공기 산업에 속한 대다수 기업(에어버스, 보잉, 봉바르디에 (Bombardier), 엠브라에르)은 상장사여서 항공사의 주문 정보를 공시하기에 시장 규모를 쉽게 판단할 수 있다. 또한 대형 항공기 사업은 에어버스와 보잉이 주도하는 복점(duopoly) 시장이고 진입장벽이 높아서 시장 점유율을 추정하기도 비교적 수월하다. 반면 2014년에 처음으로 우버(Uber)의 가치를 평가했을 때는 당시 소형 택시회사가 시장을 지배했고 공개된 정보도 드물었으며, 차량 공유는 신규 사용자를 유치할 잠재력이 있지만 아직 검증을 통과하는 서비스 방식이었기에 여러 어려움에 부닥쳤다. 하지만 가치를 정확히 평가할 수 없다고 해서 가치평가 절차를 따르지 않아도 되는 것은 아니다. 2014년 당시 차량 공유회사의 가치를 평가하려는 사람은 모두 똑같은 시험을 마주했을 것이기 때문이다.

그림 11.4는 기업의 전체 시장과 시장 점유율 추정의 핵심 요인을 요약해서 보여

[그림 11.4] 매출 성장률 추정

매출 성장률과 매출액

시장 규모와 성장률		시장 점유율
1. 현재 시장 규모: 기업 제품·서비스가 목표하는 지역과 제품 유형을 고려한 시장 규모 2. 시장의 기대성장률: 기술과 시장 상황의 변화에 따른 전체 시장의 성장률		1. 현재 시장 점유율: 현재 점유율이 낮다면 경쟁에서 이겨야 향후 상승할 잠재력이 있다. 2. 산업 경제성: 사업의 특성(소수의 승자 기업 독식, 다수의 기업이 분할 점유) 3. 경쟁우위의 강도: 경쟁우위가 강력하고 지속 가능할수록 시장 점유율이 높을 가능성이 크다.

규모가 크고 성장하는 시장에 속한 기업은 매출 규모가 작고 시장 점유율이 낮을수록 매출 성장 잠재력이 크다. 특히 승자 독식 유형의 사업에서 강력한 경쟁우위를 구축했다면 기대성장률이 훨씬 높다.

준다. 뒤에서 몇 장에 걸쳐 구체적인 사례를 살펴볼 것이다.

[예시 11.12] 전체 시장과 시장 점유율 추정: 에어비앤비(2020년)

이번 예시에서는 주택과 아파트 소유자가 자기 집을 등록해서 단기 대여하는 플랫폼을 만들고 대여 매출 일부를 수수료로 받으며 호텔 사업을 뒤흔든 에어비앤비를 다룬다. 폭발적인 성장기를 거친 후 에어비앤비는 2020년 팬데믹 속에 다른 환대 산업(hospitality) 기업처럼 성장이 둔화했지만 고정비용이 막대한 호텔과 비교해 영향을 덜 받았다. 2020년 11월 회사는 상장을 신청했다. 다음 표는 향후 10년간 매출 추정치를 요약해서 보여준다(단위: 100만 달러).

	성장률	총 예약액	수수료율	매출액
직전 12개월		26,492		3,626
1	40.00%	37,089	12.65%	4,692
2	25.00%	46,361	12.92%	5,990
3	25.00%	57,951	13.06%	7,565
4	25.00%	72,439	13.19%	9,555
5	25.00%	90,548	13.33%	12,066
6	20.40%	109,020	13.46%	14,674

7	15.80%	126,245	13.60%	17,163
8	11.20%	140,385	13.73%	19,275
9	6.60%	149,650	13.87%	20,749
10	2.00%	152,643	14.00%	21,370
종료 연도	2.00%	155,696	14.00%	21,797

코로나바이러스로 인한 봉쇄 조처가 완화하며 에어비앤비 플랫폼의 예약액이 2021년 40% 증가하고 향후 4년간 25% 성장한다고 추정했다. 이후 단계적으로 낮아져 10년 차에는 2% 성장할 것으로 가정했다. 회사 매출은 총 예약액의 일부를 수수료로 받는 데서 비롯하는데, 시장 지배력과 규모의 경제 덕분에 수수료 비율이 직전 12개월간 12.65%에서 14.00%까지 향후 10년간 단계적으로 상승할 것으로 가정했다.

예약액 추정 시 에어비앤비 매출은 두 가지 동인에 바탕을 둔다고 보았다. 첫 번째는 전 세계 모든 호텔회사의 매출 합계로서 코로나 팬데믹 전인 2019년 7,000억 달러에 달했다. 두 번째는 호텔 산업에서 가장 큰 여행 중개회사인 부킹닷컴(Booking.com)과 익스피디아(Expedia)의 매출이다. 에어비앤비는 더 다양한 상품을 다루기에 두 회사보다 매출이 더 크고, 10년 후 총 1조 2,000억 달러에 달할 것으로 예상하는 환대 산업 내 시장 점유율도 더 높을 것으로 예측했다.

에어비앤비의 수수료 추정 시 업계 최대 기업으로서 상당한 네트워크 효과를 누린다고 가정했다. 숙소 소유주와 임차인은 모두 서로를 만날 가능성이 가장 큰 플랫폼을 원하기에 에어비앤비가 계약 조건을 자사에 유리한 쪽으로 정할 수 있으리라는 생각이다. 에어비앤비는 상장하자마자 숙소 소유주에게 임대 매출의 14%를 수수료로 징수하는 새로운 정책을 도입했기에 시간이 흐르며 수수료율이 14%에 이를 것으로 가정했다.

영업이익률과 법인세

영업이익률을 추정하는 방법을 검토하기 전에 먼저 생애주기상 초기 단계의 고성장 기업이 가치평가 시작점에 어떤 위치에 있는지부터 검토하자. 고성장 신생기업은 대개 매출이 작고 영업이익률이 마이너스일 때가 많다. 매출이 성장하더라도 영업이익률이 여전히 마이너스라면 기업 가치가 제로(0)일 뿐 아니라 생존 가능성도 없다. 기업 가치가 존재하려면 매출 성장이 흑자로 이어져야만 하고, 가치평가모형에서 미래 플러스 영업이익률이라는 조건으로 구체화된다. 따라서 고성장 기업의 가치평가에서 핵심 입력 변수는 기업이 성숙기에 접어들었을 때의 기대영업이익률이다.

단위 경제성　높은 이익률을 올릴지 낮은 이익률을 올릴지 선택할 수 있다면 모든 기업은 당연히 전자를 택하겠지만, 대개 어떤 사업을 하는지가 이익률을 결정한다. 제조회사는 일반적으로 서비스회사보다 이익률이 낮고, 서비스회사는 소프트웨어회사보다 이익률이 낮다. 업종에 따른 이익률 격차를 두고 개별 기업 경영진의 수준을 판단하기는 어렵다. 안정 상태에 접어든 기업이 올릴 이익률 수준을 결정하는 지배 요인은 단위 경제성이다. 판매하는 제품 한 단위를 추가 생산하거나 추가 고객을 얻기 위해 지출하는 비용을 가리킨다. 마이크로소프트는 윈도나 오피스, 오피스365 제품을 추가 판매하는 데 사실상 돈이 들어가지 않기에 영업이익률이 40%가 넘는다. 하지만 BYD와 테슬라는 자동차를 생산해야 하므로 15%가 넘는 영업이익률을 올리기가 어렵다.

단위 경제성의 가장 간단한 척도는 매출총이익률이다. 매출에서 매출원가를 뺀 매출총이익을 매출로 나눠서 얻는다.

$$매출총이익률 = 매출총이익/매출$$

2024년 미국 소프트웨어 기업은 매출총이익률이 71.52%에 달했지만 자동차·트럭 기업은 12.45%에 그쳤듯 업종별 격차가 크다.

규모의 경제　기업은 규모가 커질수록 비용이 매출보다 천천히 증가하는 현상을 가리키는 '규모의 경제'를 창출한다. 규모의 경제가 큰 기업일수록 대개 규모가 커지면 마진이 상승하지만 규모의 경제가 없다면 규모가 마진 개선으로 이어지지 않는다.

모든 기업은 향후 마진이 개선할 이유를 두고 규모의 경제가 작동하리라는 근거를 대지만 실제 작동 여부는 숫자로 검증해야 한다. 우버는 설립 후 10년간(2009~2019년) 대부분 비용이 매출과 똑같거나 더 빠른 속도로 증가했기에 규모의 경제가 작동한다는 주장은 신빙성이 떨어졌다. 마찬가지로 넷플릭스(Netflix)도 설립 후 대다수 기간에 단일 최대 비용 항목인 콘텐츠 비용이 구독자 수 및 매출과 똑같은 속도로 증가하면서 어려움을 겪었다.

비즈니스 모델　단위 경제성으로 인해 업종마다 매출총이익률은 다르지만 어떤 비즈니스 모델을 택하는지도 성장률과 상충 관계에 있는 영업이익률에 영향을 미친다. 특히 소매업은 할인 판매점(코스트코(Costco), 월마트(Walmart))이 영업이익률 5%를 넘기가 어려운 반면, 고급 판매점은 15%가 넘는 영업이익률을 누리는 등 편차가 몹시 크다. 대신 할인 판매점은 매장당 평균 매출이 훨씬 크다는 점과, 판매량이 몹시 적다면 마진이 높다는 사실이 큰 의미가 없다는 점을 기억하라.

고매출·저마진과 저매출·고마진 비즈니스 모델을 선택할 수 있는 기업의 마진을 예측할 때는 어떤 모델이 더 적합할지뿐 아니라 일관성을 유지하는 것이 중요하다. 경쟁이 치열한 업종에서 몹시 높은 마진을 올리는 동시에 시장 점유율도 상승한다고 가정하면, 일관성이 없고 가치를 과대추정하게 된다.

종합 정리　기업이 올릴 영업이익률을 추정할 때는 과거 역사에서 출발하는 방법이 있다. 월마트와 보잉 같은 기업은 역사적 마진이 미래에 올릴 마진을 보여주는 거울이다. 설립 후 계속 적자를 기록한 신생기업이라면 역사적 마진을 활용하기가 어렵기에 업종 평균을 적용해야 할 것이다. 기업이 속한 업종의 전반적인 마진을 목표치

[그림 11.5] 영업이익률 추정

영업이익률: 목표와 도달 과정

목표 영업이익률	→	수익성 향상 과정
1. 단위 경제성: 추가 판매 단위에서 올린 이익을 매출로 나눈 매출총이익률을 기준으로 둔다. 매출총이익률이 높을수록 수익성이 높다. 2. 규모의 경제: 매출이 커지면서 늘어난 비용 비율로 규모의 경제 효과가 클수록 마진이 높다. 3. 경쟁 강도: 경쟁사의 가격 책정 행태로 공격적으로 가격을 책정할수록 마진이 낮다.		1. 현행 영업이익률: 목표와 비교해 현재 마진이 낮을수록 수익성 향상 속도가 빠르다. 2. 수익성과 성장률의 상충 관계: 수익성보다 성장을 중시하면 목표 영업이익률을 달성하기까지 시간이 더 오래 걸린다. 3. 비즈니스 모델: 비즈니스 모델이 잘 확립될수록 목표 영업이익률을 달성하는 시간이 짧아진다.

모든 기업이 안정 단계에 들어선 후에도 높은 마진 달성을 원하지만 실제 마진 수준을 결정하는 요인은 기업이 속한 업종과 비즈니스 모델의 선택이다. 목표 마진에 도달하는 속도는 기업의 야심과 비즈니스 모델에 따라 달라진다.

로 삼더라도 분석 대상 기업의 마진이 현 수준에서 목표치까지 어떤 형태로 상승할지 검토해야 한다. 마진 상승 폭은 (적어도 상승률 기준에서는) 초기에 가장 크고, 기업이 성숙기에 접어들면서 점차 줄어드는 경향이 있다. 그림 11.5는 매출 성장률과 관련하여 영업이익률을 결정하는 핵심 요인을 요약해서 보여준다.

 margins.xls: 미국 기업의 업종별 영업이익률과 순이익률을 요약한 엑셀 자료. (웹에서 다운로드 가능)

[예시 11.13] 영업이익률 추정: 에어비앤비(2020년)

2019년 상장한 에어비앤비의 영업이익률을 추정하기 위해 모든 호텔 회사의 영업 지표(매출과 영업이익)를 활용해 평균값과 중앙값을 계산한 결과는 다음과 같다.

호텔회사 영업이익률 평균 = 11.24%
호텔회사 영업이익률 중앙값 = 14.16%

중개회사와 비교해 호텔은 비용 구조의 편차가 몹시 크므로 규모가 가장 큰 상장 여행 중개회사 두 군데의 영업이익률도 살펴봤다(2019년, 단위: 100만 달러)

	익스피디아	부킹닷컴
총 예약액	107,870.00	96,400.00
매출	12,067.00	15,066.00
영업이익	961.00	5,345.00
총 예약액 대비 매출 비율	11.19%	15.63%
영업이익률	7.96%	35.48%

에어비앤비의 목표 영업이익률은 25%로 둔다. 호텔회사보다는 높지만 부킹닷컴보다는 낮은 값인데, 에어비앤비의 야심 찬 목표 매출 성장률을 반영했다. 다음 표는 향후 10년간 세전 영업이익을 보여준다. 마이너스 영업이익률은 시간이 흐르며 개선되어 3년 차에 플러스 전환한 후 25%까지 계속 상승하며 영업이익이 증가한다. 이때 법인세도 추적했는데 첫 2년 동안은 적자를 기록해 법인세를 납부하지 않지만 순영업손실 이월 덕분에 3년 차와 4년 차에 올린 영업이익 전부와 5년 차 영업이익 일부에 대해서 법인세를

납부하지 않는다.[12]

	매출	영업이익률	영업이익	세율	EBIT(1-t)
기준 연도	3,626	-22.56%	-818	0.00%	-818
1	4,692	-10.00%	-469	0.00%	-469
2	5,990	-3.00%	-180	0.00%	-180
3	7,565	0.50%	38	0.00%	38
4	9,555	4.00%	382	0.00%	382
5	12,066	7.50%	905	14.05%	778
6	14,674	5.98%	877	25.00%	658
7	17,163	10.73%	1,842	25.00%	1,382
8	19,275	15.49%	2,985	25.00%	2,239
9	20,749	20.24%	4,200	25.00%	3,150
10	21,370	25.00%	5,343	25.00%	4,007
종료 연도	21,797	25.00%	5,449	25.00%	4,087

매출 성장률과 시장 규모, 시장 점유율

새로운 산업에 속한 신생기업의 매출 성장률을 추정하는 일은 괜한 헛고생처럼 보인다. 어려운 작업인 것은 분명하지만, 더 수월하게 하는 몇 가지 방법이 있다.

첫째, 평가 대상 기업이 성숙기에 확보할 시장 점유율을 먼저 분석한 후 그 달성에 필요한 성장률을 도출하는 식으로 미래에서 출발해 거꾸로 돌아온다. 현재 매출이 1억 달러인 장난감 온라인 유통기업 사례를 보자. 지난해 장난감 온라인 시장의 총매출은 700억 달러였다. 장난감시장의 전반적인 성장률이 향후 10년간 3%이고, 평가 대상 기업의 시장 점유율이 10년 차에 5%에 이른다고 가정하자. 이때 평가 대상 기업의 10년 차 기대매출은 47억 300만 달러이고, 연평균 매출 성장률은 46.98%이다(단위: 100만 달러).

---

12   기준연도 말 순영업손실 이월액은 1억 6,760만 달러였고 1~2년 차 손실로 인해 8억 1,650만 달러까지 증가했다.

10년 차 기대매출 = 70,000 × 1.03^{10} × 0.05 = 4,703
향후 10년간 연평균 매출 기대성장률 = $(4,703/100)^{1/10}$ − 1 = 0.4698 또는 46.98%

둘째, 과거 매출 성장률에 바탕을 두고 향후 3~5년간 매출 기대성장률을 예측한다. 3년 차나 5년 차 매출을 추정한 후 현재 비슷한 매출을 내는 다른 기업의 성장률에 바탕을 두고 성장률을 추정할 수 있다. 앞서 장난감 온라인 유통기업의 매출이 지난해 200% 성장했다고 하자(3,300만 달러에서 1억 달러로 증가). 향후 4년간 매출 성장률이 순서대로 120%, 100%, 80%, 60%라고 예측했다면 4년 차 매출은 12억 6,700만 달러다. 따라서 지난해 매출이 10~15억 달러였던 다른 유통기업의 평균 성장률을 조사해 5년 차부터 적용하면 된다.

재투자

매출 고성장은 특히 미래 플러스 영업이익률을 동반한다면 바람직한 목표다. 하지만 미래에 매출 성장과 플러스 영업이익률을 달성하기 위해 기업은 투자해야 한다. 이러한 투자는 전통적인 형태(설비 투자)를 넘어 기업 인수나 파트너십, 유통 및 마케팅 역량 개발에 대한 투자, 연구개발 활동도 포함한다.

자본회전율　매출 성장을 재투자 소요에 연동하려면 단위 투하자본이 창출하는 매출을 고려해야 한다.

자본회전율 = 매출/투하자본

이때 투하자본은 투하자본이익률을 계산할 때와 똑같은 입력 변수로 마찬가지 주의 사항을 염두에 두고 계산한다. 자본회전율(sales to capital ratio)로 불리는 비율을 통해 기업이 예상 매출 성장을 달성하기 위해 추가 투자할 규모를 추정할 수 있다. 이때 추가 투자의 대상은 내부 프로젝트와 인수뿐 아니라 앞서 다뤘던 연구개발비 및 유사 투자, 리스 자본화까지 포함한다.

어떤 연도의 재투자 소요를 추정하려면 매출 예측치를 자본회전율로 나누면 된다.

$$재투자_t = \frac{매출_t - 매출_{t-1}}{자본회전율}$$

예컨대 매출이 10억 달러가 될 것으로 예측했는데 자본회전율이 2.5배라면 재투자 소요는 4억 달러(= 10억 달러/2.5)일 것이다. 여기에는 재투자와 매출 성장이 동시 일어난다는 조건이 깔려 있지만 가정을 완화하는 방법은 비교적 간단하다. 즉 자본회전율을 기업이 매출을 얼마나 효율적으로 성장시키는지 알려주는 대용물로 해석하는 것이다. 같은 성장률이라고 해도 자본회전율이 높다면 더 효율적이라는 뜻이므로 기업 가치도 더 높다.

자본회전율을 추정하려면 기업의 과거 데이터와 속한 산업을 모두 검토해야 한다.

■ 기업 과거 데이터에 바탕을 두고 직전 연도 매출을 기준 연도 초 투하자본으로 나누어서 현행 자본회전율을 구하거나, 매년 매출 증감을 투하자본 증감으로 나누어 한계 자본회전율을 구할 수 있다.

■ 기업의 투자 소요는 속한 업종에 따라 달라지는 만큼 업종 평균 자본회전율을 적용할 수도 있다. 다음 표는 2024년 초 평균 자본회전율이 가장 높은 산업과 가장 낮은 산업을 보여준다.

산업	자본회전율	산업	자본회전율
헬스케어 지원 서비스	12.88	친환경 및 재생 가능 에너지	0.20
식품 도매	8.02	공익 사업(수자원)	0.25
소매(식료품)	4.76	부동산(개발)	0.27
소매(건자재)	3.64	공익 사업(일반)	0.35
컴퓨터 서비스	3.59	부동산	0.37
유전 서비스 및 장비	3.55	의약품(생명공학)	0.41
광고	3.28	전력	0.41
설계 및 건설	3.11	통신(무선)	0.47
소매(전문 유통)	3.11	운송(철도)	0.48
기업 및 고객 서비스	3.11	귀금속	0.49

다음에서는 업종별로 자본회전율이 차이 나는 원인은 무엇인지 알아보자.

자본 집약도　자본 집약도는 기업이 영업 실적을 달성하기 위해 얼마나 투자해야 하는지를 보여주는 척도다. 자본 집약도가 높은 업종은 자본회전율이 낮다. 따라서 제조 능력을 확충해야 하는 제조회사는 서비스회사와 비교해 단위 투하자본이 창출하는 매출이 더 작다. 앞서 자본회전율이 가장 높은 산업과 가장 낮은 산업을 보여주는 표에서 확인한 바와 일치한다. 공익 사업과 부동산, 인프라 사업은 단위 투하자본이 창출하는 매출이 가장 작고 서비스 사업이 가장 크다(설계 및 건설 산업은 이상치에 가깝다).

따라서 개별 기업의 자본회전율을 판단할 때는 속한 업종을 고려해야 하지만 업종 내에서도 비즈니스 모델에 따라 차이가 발생한다. 테슬라는 자본 집약적인 자동차 산업에 속하지만 혁신적인 유연 생산 기법을 활용해 대다수 제조사보다 훨씬 높은 자본회전율을 기록해왔다.

시차와 초과 생산능력　성장을 위한 투자를 집행하는 시점과 투자 결과 매출이 발생하는 시점 간 시차가 존재할 때가 있다. 예컨대 제약 산업은 투자가 곧 연구개발을 뜻하기에 연구활동의 성과로 탄생한 의약품이 승인받기까지 수년이 걸려 연구개발비를 지출한 후 10년 이상 매출이 발생하지 않을 때가 많다. 반대로 인수를 통해 성장하는 기업은 인수한 해에 피인수기업의 매출을 즉시 연결하므로 매출도 곧장 증가한다. 재투자 후 매출 발생까지 n년의 시차가 있다면 재투자 소요를 구하는 수식을 다음과 같이 수정해야 한다.

$$재투자_t = \frac{매출_{t+n} - 매출_{t+n-1}}{자본회전율}$$

시차가 가치평가에 미치는 영향을 이해하기 위해 2024년 노보 노디스크(Novo Nordisk) 같은 기업의 가치를 평가하는 상황을 생각해보자. 2024년 들어 회사는 향후 몇 년간 상당한 성장을 예상하지만 성장은 대부분 10년 전 연구활동의 결과로 탄생한 오젬픽과 위고비에서 비롯했다. 노보 노디스크는 향후 비교적 소액의 재투자(높은 자본회전율)만으로도 높은 미래 성장률을 지속할 수 있을 것이다.

재투자 소요 추정 시 고려할 다른 요인은 과거 재투자에서 비롯하는 초과 생산능력이다. 초과 생산능력은 적어도 단기적으로 매출 창출에 활용할 수 있기 때문이다. 많은 크루즈회사는 2024년에 향후 몇 년간 두 자릿수 성장을 지속할 것으로 예상했지만 팬데믹 기간 매출이 급감했던 사실을 고려할 때 상당한 성장을 보이더라도 몇 년 뒤 매출은 2019년 수준을 회복하는 데 그칠 것으로 보인다. 따라서 크루즈회사는 신규 선박이 아니라 기존에 운영하던 선박만으로도 목표 성장률을 달성할 수 있기에 향후 재투자 소요는 다시 줄어들 것으로 보인다.

기업 생애주기　자본 집약도가 가장 높은 업종의 목록을 둘러보면 친환경 에너지와 생명공학 산업이 눈에 띈다. 두 산업은 모두 자본 투자가 필요하다는 점은 분명하지만, 전통적인 에너지 산업이나 제약 산업은 목록에 없다는 점을 유념하라. 다른 요

[그림 11.6] 기업 생애주기에 따른 재투자(자본회전율) 변화

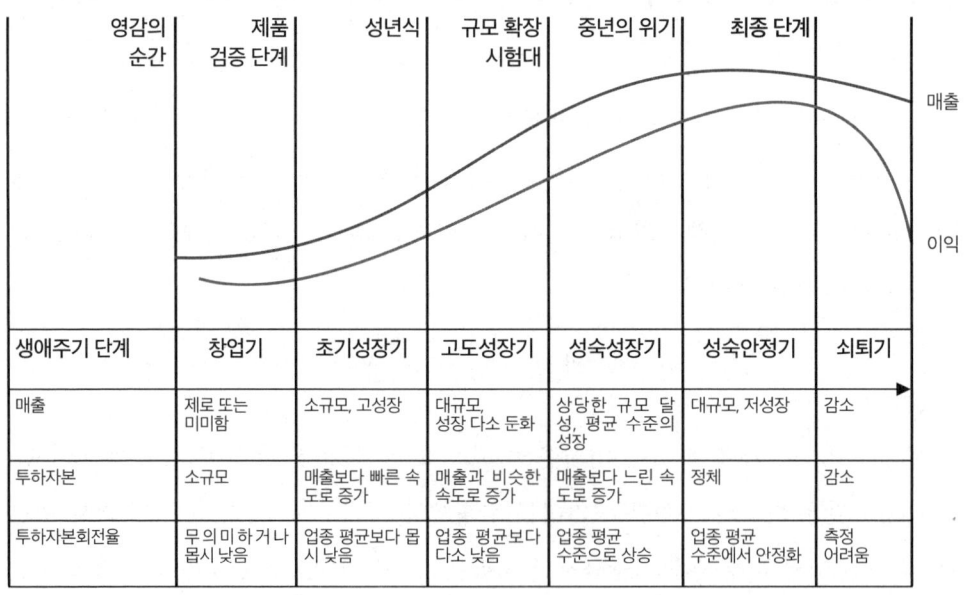

생애주기 단계	창업기	초기성장기	고도성장기	성숙성장기	성숙안정기	쇠퇴기
매출	제로 또는 미미함	소규모, 고성장	대규모, 성장 다소 둔화	상당한 규모 달성, 평균 수준의 성장	대규모, 저성장	감소
투하자본	소규모	매출보다 빠른 속도로 증가	매출과 비슷한 속도로 증가	매출보다 느린 속도로 증가	정체	감소
투하자본회전율	무의미하거나 몹시 낮음	업종 평균보다 몹시 낮음	업종 평균보다 다소 낮음	업종 평균 수준으로 상승	업종 평균 수준에서 안정화	측정 어려움

인도 작용하겠지만 기업 생애주기상 어느 단계에 속하는지에 따라 자본 집약도가 달라진다. 그림 11.6은 신생기업일수록 막대한 자본을 투자하고도 매출 창출에 어려움을 겪는 반면, 성숙기업일수록 더 좋은 성과를 낸다는 사실을 보여준다.

가치평가 차원의 함의를 살펴보면, 신생 또는 고성장 기업이 대상이라면 현행 자본회전율을 활용해 미래 가치를 추정해서는 안 된다. 대신 업종 평균이나 주관적인 기준에 바탕을 두고 추정한 값을 적용해야 한다. 기업이 성숙해질수록 역사적 자본회전율에 관한 정보가 많아지므로 미래 가치 추정의 근거로 두기에 더 적합하다.

종합 정리 '재투자가 없으면 성장도 없다'라는 격언에 따라 재투자 소요 추정치를 성장률 추정치에 연동하는 것이 중요하다. 어느 하나가 변하면 다른 쪽의 변화로 이어져야 하기 때문인데, 대개 성장률의 변화가 재투자 증감으로 이어지는 식이다. 성장이 언제나 가치를 창출한다고 믿는 애널리스트와 기업은 성장과 재투자의 관계를 놓친 것이 아닌지 의심해봐야 한다. 그림 11.7은 자본회전율을 결정하는 핵심 요

[그림 11.7] 재투자 소요 추정(투하자본회전율)

투하자본회전율: 재투자

현행(역사적) 자본회전율	미래 자본회전율
자본회전율은 기업의 매출과 투하자본의 관계를 보여준다. 분모의 투하자본은 투하자본이익률을 계산할 때와 똑같이 정의한다. $$자본회전율 = \frac{매출}{자기자본의 장부가액 + 부채의 장부가액 - 현금}$$ 자본회전율은 매출 창출의 효율성을 보여주는 척도로 자본회전율이 높을수록 더 효율적이다. 자본회전율을 추정하는 방법은 두 가지다. 1. 분석 대상 기업의 역사적 자본회전율 2. 업종 평균 자본회전율	1. 규모의 영향: 기업 규모가 커지면 속한 업종에 따라 투하자본회전율이 상승하거나 하락한다 (같은 업종의 다른 기업을 참고하라). 2. 초과 생산능력: 과거 투자 덕분에 초과 생산능력이 있는 기업은 비교적 작은 투자(높은 자본회전율)만으로도 매출을 성장시킬 수 있다. 3. 투자와 성장의 시차: 재투자 후 성장하기까지 시간이 얼마 안 걸리거나 즉시 발현한다면, 매출의 증감에 바탕을 두고 재투자를 추정할 수 있다. 시차가 있다면 재투자는 미래 연도의 매출 증감에 연동해 추정해야 한다.

매출 기대성장률이 높은 기업은 대개 재투자 소요도 크지만 정확한 투자액은 속한 업종에 따라 달라진다. 초과 생산능력이 있고 재투자와 성장의 시차가 존재한다면 재투자 소요도 줄어든다.

인과 추정에 활용하는 입력 변수를 요약해서 보여준다.

[예시 11.14] 재투자 소요 추정: 에어비앤비(2020년 상장 시점)

에어비앤비의 과거 투하자본회전율과 여행 중개 산업(부킹닷컴과 익스피디아)의 평균 투하자본회전율을 통해 에어비앤비가 매출 기대성장률을 달성하기 위해 얼마나 투자해야 할지 추정해보자.

에어비앤비의 2019년 한계 투하자본회전율 = 1.86
업종 평균 투하자본회전율 = 2.03

두 값을 반영해 에어비앤비에 투하자본회전율 2.00을 적용한다. 매년 연간 매출 증감의 절반만큼 재투자한다는 뜻이다(단위: 100만 달러).

	매출	매출 증감	자본회전율	재투자	EBIT(1-t)	FCFF
기준 연도	3,626				-818	
1	4,692	1,066	2.00	533	-469	-1,002
2	5,990	1,298	2.00	649	-180	-829
3	7,565	1,576	2.00	0.00%	38	-750
4	9,555	1,989	2.00	0.00%	382	-612
5	12,066	2,511	2.00	14.05%	778	-478
6	14,674	2,609	2.00	25.00%	658	-647
7	17,163	2,489	2.00	25.00%	1,382	137
8	19,275	2,112	2.00	25.00%	2,239	1,183
9	20,749	1,474	2.00	25.00%	3,150	2,413
10	21,370	621	2.00	25.00%	4,007	3,696

재투자와 매출 성장이 동시에 일어난다고 가정했지만, 시차가 존재할 것으로 가정해도 어렵지 않게 완화할 수 있다. 예컨대 시차가 1년 존재한다고 하면 1년 차 재투자는 2년 차 매출의 기대 증감에 바탕을 두고 추정하는 식으로 바꾸면 된다.

적정성 검증

자본회전율에 바탕을 두고 재투자 소요를 추정할 때 마주하는 문제 하나는 실제 재투자 소요 대비 과소 또는 과대 추정이다. 예의 주시하다가 이러한 오류가 발생했을 때 전체 분석 기간의 연도별 세후 자본이익률 추정치로 바로잡을 수 있다. 미래 연도의 자본이익률은 세후 영업이익 추정치를 총투하자본으로 나눠서 추정한다. 분자 값은 매출 성장률과 영업이익률 추정치에서 얻고, 분모 값은 해당 연도까지 기업이 재투자한 금액을 더하면 된다. 예컨대 현재 투하자본이 5억 달러이고 다음 해에 3억 달러, 그다음 해에 4억 달러를 재투자할 예정인 기업의 투하자본은 2년 차 말 12억 달러다. 현재 적자를 내는 기업의 자본이익률은 추정 시작 연도에 마이너스이지만, 영업이익률이 상승하면서 자본이익률도 상승할 것이다. 재투자 규모가 몹시 작다면 미래 자본이익률이 지나치게 높아지고, 필요한 수준보다 많이 재투자하면 자본이익률이 몹시 낮아진다.

무엇을 기준으로 두고 높고 낮음을 판단하는지가 궁금할 텐데, 비교할 만한 가치가 있는 기준은 두 가지다. 첫째, 평가 대상 기업의 업종 내 성숙기에 접어든 기업들의 평균 자본이익률과 비교한다. 테슬라 모터스를 분석한다면 기성 자동차 제조사가 비교 대상이다. 둘째, 평가 대상 기업의 자본비용과 비교한다. 추정 자본이익률이 40%인 기업의 자본비용이 10%이고 업종 평균 자본이익률이 15% 전후라면, 추정 매출 성장률과 영업이익률에 비해 재투자 규모가 몹시 낮다고 판단할 수 있다. 자본이익률이 15% 수준에 이를 때까지 자본회전율을 줄이는 것이 분별 있는 해결책이다.

[예시 11.15] 귀속 자본이익률 추정: 에어비앤비

예시 11.13과 11.14에서 에어비앤비의 영업이익과 재투자를 추정했다. 영업이익 추정 시 회사가 적자 기업을 벗어나 세전 영업이익률이 25%에 달하는 건전한 흑자 기업으로 발전한다고 가정했다. 재투자 추정 시 매년 재투자가 투하자본을 늘리면서 투하자본이익률이 마이너스로 시작하지만 종료 연도에는 훨씬 건전한 수준으로 상승하리라고 가정했다(단위: 100만 달러).

	매출	EBIT(1-t)	재투자	투하자본	ROIC
기준 연도	3,626	-818		1,370	-36.24%
1	4,692	-469	533	1,903	-24.65%

2	5,990	-180	649	2,552	-7.04%
3	7,565	38	788	3,340	1.30%
4	9,555	382	995	4,335	8.82%
5	12,066	778	1,255	5,590	13.91%
6	14,674	658	1,304	6,894	15.20%
7	17,163	1,382	1,244	8,139	21.18%
8	19,275	2,239	1,056	9,195	27.14%
9	20,749	3,150	737	9,932	33.10%
10	21,370	4,007	311	10,242	39.12%

에어비앤비가 흑자를 내면서 자본이익률도 상승해 10년 차에는 39.12%에 이른다.[13] 자본비용보다 훨씬 높아서 올바로 추정했는지 의심하게 하는 수준이지만, 두 가지 이유에서 타당하다고 판단했다. 첫째, 기술 및 플랫폼 기업은 네트워크 효과가 수익성을 향상해 초기 플랫폼 투자에서 아주 높은 수익을 올리기 때문이다. 둘째, 에어비앤비의 신규 투자가 과거처럼 수익성이 높지는 않으리라고 판단해 10년 차 이후에는 한계 자본이익률을 10% 수준으로 낮춰 균형을 맞췄기 때문이다.

성장의 정성적 측면

성장의 정량적 측면, 즉 흑자 기업에서는 자본이익률과 재투자율, 적자 기업에서는 영업이익률과 매출 성장률, 자본회전율을 강조하는 것이 진실을 왜곡한다고 주장하는 사람도 있다. 결국 성장은 여러 주관적인 요인에 의해 결정되기 마련이다. 경영진의 자질과 전략적인 비전, 기업의 마케팅 우위, 다른 기업과 파트너십을 체결할 수 있는 여력 등이 대표적이다. 그렇다면 이번 장에서 제시한 성장률 수식에 정성적 요인도 반영할 수 있을까?

정성적 요인은 중요하지만, 결국 성장률을 결정하는 하나 이상의 정량적 입력 변수에 영향을 미쳐야 성장률에 반영된다.

---

13 투하자본이 마이너스일 때는 투하자본이익률을 계산할 수 없다.

- 경영진의 자질은 신규 투자의 기대자본이익률과 지속 기간을 결정하는 중요한 역할을 한다. 따라서 좋은 평가를 받는 경영진을 갖췄다면 해당 기업의 자본이익률이 자본비용을 대폭 상회하는 수준을 유지하리라고 가정할 만하다.
- 기업의 마케팅 우위와 전략 선택은 추정 영업이익률과 회전율에 반영된다. 코카콜라를 두고 높은 회전율과 목표 이익률을 가정하려면 제품 마케팅 역량을 신뢰해야 한다. 이익률을 낮게 책정하는 대신 회전율을 높일 다양한 마케팅 전략, 나아가 가치에 미치는 영향을 고려해야 한다. 브랜드와 유통망 우위 역시 추정 영업이익률과 회전율에 영향을 미친다.
- 인수와 연구개발, 마케팅과 유통에 대한 투자도 포함하도록 재투자의 정의를 확장한다면 기업이 성장하는 다른 방법들도 고려할 수 있다. 일부 기업은 인수를 통해 재투자하고 성장한다. 다른 기업은 더 전통적인 방식인 설비 투자를 택할 수도 있다. 이러한 재투자 전략의 유효성은 미래 자본이익률에 반영된다. 효과적인 기업일수록 자본이익률이 높을 것이다.
- 기업이 마주하는 경쟁의 강도는 전면에 드러나지 않지만, (자본이익률에서 자본비용을 차감한) 초과수익이 얼마나 높을지, 얼마나 빠른 속도로 제로(0)에 수렴할지를 결정한다.

따라서 정성적 요인은 정량화되고, 성장에 미치는 영향도 반영된다. 정량화할 능력이 부족하다면 정성적 요인이 가치에 미치는 영향을 두고 회의적인 관점을 견지하는 편이 낫다.

성장률 추정 시 정량적 체계를 계속 유지해야 하는 이유는 무엇인가? 기업 가치평가에서 가장 큰 위험 요소는 합리적이지 않을뿐더러 지속 가능하지도 않은 성장률을 정당화하는 스토리텔링이나. 테슬라 모터스가 연 100% 성장할 이유가 '친환경'을 향한 움직임이 거세기 때문이라거나, 코카콜라가 연 20% 성장할 이유가 훌륭한 브랜드를 갖췄기 때문이라는 스토리를 자주 듣는다. 물론 이 스토리도 일부 진실을 담고 있지만, 정성적 관점이 성장의 정량적 요소로 전환되는 방식을 이해하는 것은 일관된 가치평가로 나아가기 위한 필수 단계다.

똑같은 정성적 요인을 두고 투자자마다 자본이익률과 영업이익률, 재투자율, 나아가 성장률에 관해 서로 다른 결론을 내릴 수도 있을까? 물론이다. 미래에 관한 견해는 차이가 날 수밖에 없고, 가치 추정치도 서로 다르다. 다른 투자자보다 기업과 해당 산업을 잘 이해한다면 성장률과 가치를 잘 추정하는 보상이 따른다. 안타깝게도 더 나은 추정이 다른 투자자보다 높은 투자수익을 보장하지는 않지만 말이다.

결론

성장률은 모든 가치평가의 핵심 입력 변수로서 세 가지 방법으로 추정한다. 첫째, 과거 성장률이다. 역사적 성장률의 추정과 활용은 이익 변동성이 크고 때로 적자도 기록하는 대다수 기업에서 몹시 어려운 일이다. 둘째, 애널리스트의 성장률 추정치다. 애널리스트는 다른 시장 참여자가 접근할 수 없는 정보를 알 때가 있다. 하지만 그러한 정보를 이용하더라도 역사적 성장률보다 뛰어난 성장률 추정치를 얻을 수는 없다. 나아가 애널리스트가 중요하게 생각하는 EPS 성장률은 영업이익을 예측할 때는 한계가 있다. 셋째, 기업의 펀더멘털에 바탕을 둔다(성장률 추정의 가장 정통한 방법이다).

성장률과 펀더멘털의 관계는 추정하려는 성장률이 무엇인지에 따라 달라진다. EPS 성장률을 추정할 때는 자기자본이익률과 내부 유보율을 활용한다. 순이익 성장률을 추정할 때는 내부 유보율 대신 자기자본 재투자율을 활용한다. 영업이익 성장률을 추정할 때는 자본이익률과 재투자율을 활용한다. 접근법마다 세부 사항은 달라도 공통적인 주제가 몇 가지 있다. 첫째, 성장과 재투자는 서로 연동되어 있고, 각 추정치는 서로 연동되어야 한다. 기업이 오랫동안 높은 성장률을 구가하려면 재투자가 필요하다. 둘째, 성장의 질은 기업마다 다르다. 가장 좋은 척도는 투하자본이익률이다. 자기자본이익률과 자본이익률이 높은 기업은 성장률이 높을 뿐 아니라 성장이 가치 증대에 더 많이 기여한다.

가치평가 바이블

연습문제

1 월그린 컴퍼니는 1989년부터 1994년까지 다음과 같은 주당순이익을 기록했다(단위: 달러).

연도	EPS
1989	1.28
1990	1.42
1991	1.58
1992	1.78
1993	1.98
1994	2.30

    a. 1989년에서 1994년 사이의 주당순이익의 산술평균과 기하평균 성장률을 구하라.
       왜 차이가 나는가? 어느 것이 더 신뢰할 만한가?

    b. 선형 성장 모형(linear growth model)을 사용하여 성장률을 구하라.

    c. 로그 선형 성장 모형(log-linear growth model)을 사용하여 성장률을 구하라.

2 BIC 주식회사는 자기자본이익률 20%를 기록했고, 가장 최근 연도 수익의 37%를 배당금으로 지급했다.

    a. 이러한 펀더멘털이 변하지 않는다고 가정하고, EPS 성장률을 구하라.

    b. 이제 기존과 신규 투자 모두 자기자본이익률이 25%로 증가할 것으로 예상한다고 가정하자. EPS의 기대성장률을 구하라.

3 제조업체인 메탈리카 주식회사의 순이익 기대성장률을 구하려는 중이다. 회사는 방금 완료된 결산연도에 1.5억 달러의 순이익을 보고했고, 연초 자기자본의 장부가는 10억 달러였다. 이 회사는 한 해 동안 1.6억 달러의 자본적 지출, 1억 달러의 감가상각비, 4,000만 달러의 운전자본 증가를 기록했다. 부채는 한 해 동안 4,000만 달러 증가했다. 자기자본의 재투자 비율과 순이익의 기대성장률을 구하라.

4 음반 제작 및 유통 회사인 힙합 주식회사의 성장률을 추정하려고 한다. 이 회사는 작년에 8억 달러의 자본을 투자하여 1억 달러의 세후 영업이익을 얻었다. 또한 이 회사는 순 자본적 지출이

2,500만 달러, 비현금성 운전자본이 1,500만 달러 증가했다.

a. 회사의 자본이익률과 재투자율이 변하지 않는다고 가정하고, 내년 영업이익의 기대성장률을 구하라.

b. 내년에 회사의 자본이익률이 2.5% 증가할 것이라는 말을 들었다면, (a)의 답은 어떻게 바뀌겠는가? (내년 자본이익률 = 올해 자본이익률 + 2.5%)

5 인비디오는 비디오와 DVD를 판매하는 온라인 소매업체. 이 회사는 최근 회계연도에 1억 달러의 매출에 1,000만 달러의 영업손실을 기록했다. 내년에는 100%, 2년 차에는 75%, 3년 차에는 50%, 4년 차와 5년 차에는 각 30%의 매출 성장을 예상한다. 또한 5년 차에는 세전 영업이익률이 8%로 개선될 것으로 기대한다. 향후 5년간 예상되는 각 해의 매출과 영업이익(또는 손실)을 구하라.

6 소프트테크는 엔터테인먼트 소프트웨어를 만드는 소규모 회사이며, 최근 회계연도에 2,500만 달러의 매출을 기록했다. 당신은 이 회사가 시간이 지남에 따라 크게 성장하여 전체 엔터테인먼트 소프트웨어시장의 8%를 차지할 것으로 예상한다. 가장 최근 연도의 엔터테인먼트 소프트웨어 총 매출이 20억 달러이고, 향후 10년간 이 매출의 연간 성장률이 6%로 예상된다면, 향후 10년간 소프트테크의 누적 연환산 매출액 성장률은 얼마인가?

12장
가치평가의 종결:
잔존가치 추정

11장에서 기대성장률의 결정 요인을 다뤘다. 이익의 상당 비중을 재투자하고 높은 투자이익률을 올리는 기업은 높은 성장률을 구가한다. 고성장은 얼마나 오래 지속될까? 그 후에는 무슨 일이 일어날까? 이번 장에서는 가치평가를 마무리하는 두 가지 방법을 살펴본다. 첫째, 계속기업 관점은 기업이 영원히 현금흐름을 창출한다고 가정한다. 둘째, 청산 관점은 기업이 특정 시점에 청산하고 자산을 매각한다고 가정한다.

먼저 계속기업 관점을 살펴보자. 기업이 성장하면서 고성장을 유지하기가 훨씬 더 어려워지고, 결국 기업이 속한 경제 전반보다 낮은 성장률을 보일 것이다. 이 '안정 성장률(stable growth rate)'은 영원히 또는 상당히 길지만 한정된 기간 동안 지속되므로 이후 발생하는 모든 현금흐름의 가치를 계속기업의 잔존가치로 추정할 수 있다. 이때 핵심 질문은 평가 대상 기업이 안정 성장으로 전환하는 시점이 언제이고, 어떤 형태를 띠는지다. 성장률이 특정 시점에 갑작스럽게 안정 성장률 수준으로 하락할까, 아니면 오랜 시간에 걸쳐 점진적으로 하락할까? 답을 얻으려면 (기업이 속한 시장과 비교한 상대적) 규모와 현행 성장률, 경쟁우위를 분석해야 한다.

기업 수명이 영원하지 않고 미래 특정 시점에 청산한다고 가정하는 다른 접근법도 검토한다. 청산가치를 추정하는 가장 좋은 방법과, 계속기업 관점이 아니라 청산 관점을 따르는 것이 적합한 상황을 알아본다.

가치평가의 종결

현금흐름을 영원히 추정할 수는 없다. 그래서 현금흐름할인(DCF) 가치평가에서는 대개 임의로 추정을 종료하는 시점을 둔다. 종료 시점 이후에는 현금흐름 추정을 중단하고 해당 시점의 기업 가치를 반영한 잔존가치를 계산한다.

$$기업\ 가치 = \sum_{t=1}^{t=n} \frac{E(CF_t)}{(1+r)^t} + \frac{잔존가치}{(1+r)^n}$$

여기서　$E(CF_t)$ = t 기간의 기대현금흐름
　　　　r = 현금흐름의 유형과 위험을 반영한 할인율

잔존가치를 구하는 방법은 두 가지다. 첫째, 기업이 자산을 종료 연도에 매각한다고 가정하고, 그때까지 기업이 축적한 자산에 다른 이들이 지불할 값을 추정한다. 둘째, 이익이나 매출, 장부가액에 배수를 적용해서 종료 연도의 가치를 추정한다. 한편 실무에서는 순이익과 매출, 장부가치에 배수를 적용해 종료 연도의 가치를 추정하는 방법을 널리 사용한다. 하지만 내재가치 평가보다는 미래 가격결정에 가깝기에 이번 장이 아니라 뒤에서 다룰 것이다.

청산가치

기업이 미래 특정 시점에 사업을 중단하고 그때까지 축적한 자산을 가장 높은 가격을 제시하는 곳에 매각한다는 가정을 두는 것이 타당할 때도 있다. 이 추정 매각가를 청산가치라 한다. 청산가치를 추정하는 방법은 두 가지다. 첫째, 자산의 장부가액에 바탕을 두고 청산 시점까지의 인플레이션에 대해 조정한다. 예컨대 10년 후 자산 장부가액이 20억 달러이고 그 시점에 자산의 평균 수명이 5년이며 기대 인플레이션율이 3%라고 하면, 기대 청산가치는 다음과 같다(단위: 100만 달러).

$$기대\ 청산가치 = 자산\ 장부가액_{종료\ 연도} \times (1 + 인플레이션율)^{자산의\ 평균\ 수명}$$
$$= 2,000 \times (1.03)^5 = 2,319$$

이 방법은 회계상 장부가액에 바탕을 두므로 자산의 수익력을 반영하지 못하는 한계가 있다.

둘째, 대안으로서 자산의 수익력에 바탕을 두고 청산가치를 추정한다. 먼저 자산의 기대현금흐름을 추정한 후 적합한 할인율로 할인한다. 앞선 사례에서 해당 자산이 (종료 연도부터) 15년간 세후 현금흐름 연 4억 달러를 창출하고 자본비용이 10%일 때 기대 청산가치는 다음과 같다.

$$기대\ 청산가치 = 400 \times 연금의\ 현가\ 계수(10\%, 15년) = 3,042$$

주식 가치평가에서는 추가로 밟아야 할 단계가 있다. 청산가치에서 종료 연도의 총 미상환부채 추정치를 빼서 주식 투자자 몫의 청산가치만 계산한다.

배수 접근법

배수 접근법은 미래 기업 가치를 추정할 때 해당 연도의 이익이나 매출에 배수를 곱한다. 예컨대 10년 후 기대매출이 60억 달러인 기업에 가치매출배수(value-to-sales multiple) 2배를 적용해 그해 청산가치를 120억 달러로 추정한다. 주식 가치를 평가할 때는 PER 같은 자기자본배수(equity multiple)를 적용해 청산가치를 추정한다.

이 방법은 간단하다는 장점이 있지만, 최종가치를 결정하는 배수의 출처가 중요하다. 업종 내 비교 기업의 현재 주가를 활용해 배수를 추정하는 일반적인 방법을 택하면 DCF가 아니라 가격평가법이 된다. 기업 펀더멘털을 활용해 배수를 추정하면 결국 다음 섹션에서 다룰 안정 성장 모형이 되기에 대안으로 고려할 필요가 없다.

잔존가치를 추정할 때 배수를 사용하면(특히 비교 기업의 주가로 추정할 때) 대개 가격평가와 DCF 가치평가의 위험한 혼종이 될 가능성이 크다. 가격평가법에도 장점이 있지만(17장에서 다룬다), 내재가치 추정치는 상대가치가 아니라 DCF 가치평가를 통해서만 얻을 수 있다. 따라서 DCF 모형을 활용해 잔존가치를 추정할 때 일관성을 유지하는 방법은 청산가치나 안정 성장 모형을 사용하는 것뿐이다.

안정 성장 모형

청산가치 접근법은 평가 대상 기업의 유한한 수명이 다하는 시점에 청산한다고 가정한다. 하지만 기업은 현금흐름 일부를 재투자해 수명을 연장할 수 있다. 종료 연도 이후 현금흐름이 일정한 비율로 영원히 성장한다고 가정할 때 잔존가치는 다음과 같다.

$$잔존가치_t = \frac{현금흐름_{t+1}}{r - 안정\ 성장률}$$

여기서 현금흐름과 할인율(r)은 가치평가 대상이 기업인지 아니면 주식인지에 따라 달라진다. 주식 가치평가에서 잔존가치는 다음과 같다.

$$주식\ 잔존가치_n = \frac{주주\ 현금흐름_{n+1}}{자기자본비용_{n+1} - g_n}$$

주주 현금흐름은 좁은 의미에서 배당으로 국한하거나(배당할인모형) 주주 잉여현금흐름으로 정의한다. 기업 가치평가에서 잔존가치는 다음과 같다.

$$기업\ 잔존가치_n = \frac{기업\ 잉여현금흐름_{n+1}}{자본비용_{n+1} - g_n}$$

이때 자본비용과 성장률(g_n)은 영원히 지속된다고 가정한다.

이번 섹션에서는 안정 성장률의 최대치가 얼마인지, 평가 대상 기업이 안정 성장 기업이라면 가장 좋은 추정 방법이 무엇인지, 기업이 안정 성장에 접어들면 어떤 입력 변수를 조정할지를 다룬다.

안정 성장의 제약 조건   DCF 모형의 모든 입력 변수 중에서 안정 성장률 추정만큼 불안정한 것도 없다. 부분적으로는 안정 성장률이 조금만 변화해도 잔존가치가 큰 폭으로 변화하기 때문이다. 성장률이 추정에 적용한 할인율에 가까워질수록 영향이 더 크다.

가치평가 바이블

하지만 안정 성장률이 영원히 고정되어 있다는 점은 성장률 최대치에 강한 제약을 가한다. 경제 성장률보다 높은 성장률을 영원히 지속하는 기업은 없기에 고정 성장률 (constant growth rate)은 전반적인 경제 성장률보다 높을 수 없다. 안정 성장률의 한계치를 판단하기 위해서는 다음 사항을 고려해야 한다.

1. 내국 기업으로 운영되어야 한다는 제약이 있는가, 아니면 다국적 기업으로 운영되는가(또는 그럴 만한 역량이 있는가)? 순수한 형태의 내국 기업에서는 내부 제약이든(예컨대 경영진의 지시) 외부 제약이든(예컨대 정부 규제) 관계없이 자국의 경제 성장률이 곧 한계치다. 다국적 기업이나 이를 염원하는 기업은 글로벌(또는 적어도 사업하고 있는 일부 국가들의) 경제 성장률이 한계치다.

2. 명목가치와 실질가치 중 무엇을 기준으로 가치평가하는가? 명목가치 기준의 가치평가라면 안정 성장률 역시 명목 성장률이어야 한다(즉 기대 인플레이션 요소를 포함해야 한다). 실질가치 기준의 가치평가라면 안정 성장률이 명목가치 기준일 때보다 낮아진다. 예컨대 2024년 미국 기업은 명목 미국 달러 기준일 때 안정 성장률 최대치가 4%이지만, 실질 미국 달러 기준에서는 1.5%에 불과하다.

3. 가치평가에서 현금흐름과 할인율 추정에 어떤 통화를 사용하는가? 안정 성장의 한계치는 가치평가에서 어떤 통화를 사용하는지에 따라 달라진다. 인플레이션율이 높은 통화를 사용해 현금흐름과 할인율을 추정하면 기대 인플레이션율이 실질 성장률에 더해지므로 안정 성장률은 훨씬 높아질 것이다. 인플레이션율이 낮은 통화를 사용해 현금흐름을 추정한다면 안정 성장률은 훨씬 낮아질 것이다. 예컨대 멕시코 시멘트회사인 시멕스(Cemex)를 가치평가할 때 멕시코 페소화를 사용한 안정 성장률은 미국 달러를 사용할 때보다 높을 것이다.

안정 성장률은 기업이 속한 경제 성장률보다 높을 수 없지만, 그보다 낮은 값을 가질 수는 있다. 성숙기업이 경제 전반에서 차지하는 비중이 갈수록 줄어든다는 가정은 문제가 없을뿐더러 오히려 더 합리적일 때도 있다. 경제 성장률은 신생 고성장 기업과 성숙한 안정 성장 기업의 기여를 모두 반영한다. 전자가 경제 성장률보다 훨씬 빠른 속도로 성장한다면 후자의 성장률은 경제 성장률보다 낮을 수밖에 없다.

무위험 이자율과 영구성장률　가치평가 시 무위험 이자율은 할인율을 추정할 때 고려하는 개념이지만 현금흐름과 성장률을 추정할 때는 무시하는 사람이 많다. 2008년 금융위기 이후 세계 경제를 지배한 저금리, 심지어 마이너스 금리 환경에서 금리 변동을 일으키는 힘이 성장률과 현금흐름에도 영향을 미친다는 교훈을 배웠다.

명목 금리를 뜻하는 무위험 이자율은 통화 단위와 관계없이 실질 무위험 이자율과 기대 인플레이션율의 합으로 정의한다.

$$명목\ 무위험\ 이자율 = 실질\ 무위험\ 이자율 + 기대\ 인플레이션율$$

앞서 8장에서 국가별 인플레이션율이 서로 다르고 자본의 자유로운 이동을 막는 장벽이 존재한다면(실제로도 그렇다) 무위험 이자율이 통화에 따라 달라지고, 실질 무위험 이자율은 실질 경제 성장률에 수렴한다는 점을 알아보았다. 따라서 무위험 이자율은 명목 경제 성장률에 수렴한다.

$$명목\ 경제\ 성장률 = 실질\ 경제\ 성장률 + 기대\ 인플레이션율$$

이때 무위험 이자율은 곧 영구성장 모형에서 성장률의 상한을 이룬다.

물론 실질 금리와 실질 성장률이 특히 단기에는 똑같아야 할 이유가 없다는 반론도 있다. 일리 있는 주장인지 실증하기 위해 그림 12.1처럼 지난 70년간 장기 국채 수익률(명목 달러 무위험 이자율)과 미국 명목 경제 성장률을 살펴보았다.

10년 만기 국채 수익률은 완벽히 일치하지는 않더라도 대체로 해당 시기 미국 경제 성장률과 비슷한 추세를 보였다. 특히 1970년대 고인플레이션 기간과 2011~2020년 저인플레이션 시기에 동행 추세가 두드러졌다.

무위험 이자율이 성장률의 상한이라는 주장을 두고 이론과 실증 증거가 모두 설득력이 없다고 느끼더라도, 중앙은행이 금리를 적정 수준보다 높이거나 낮출 권한이 있

[그림 12.1] 10년 만기 국채 수익률과 명목 성장률

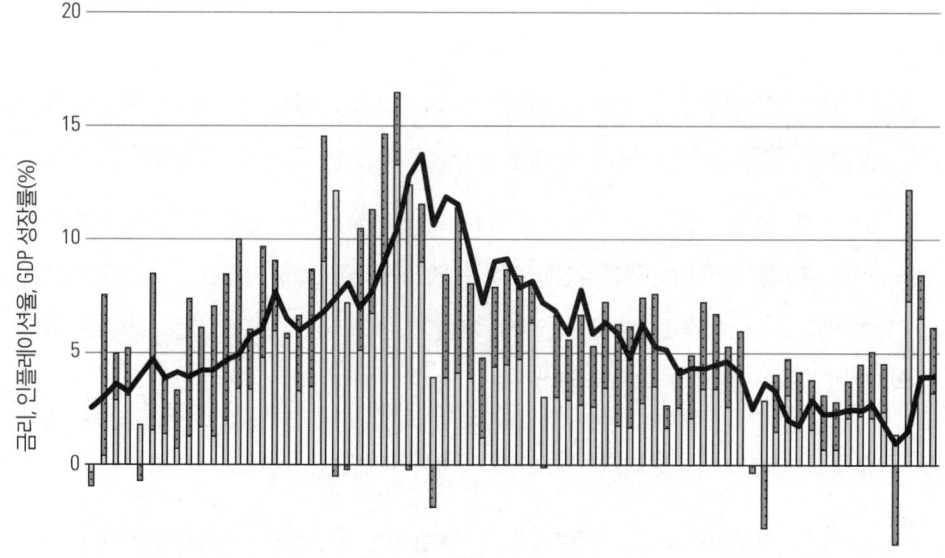

기간	10년 만기 국채 수익률	인플레이션율	실질 GDP 성장률	무위험 이자율(추정)	10년 만기 국채 실질 수익률(추정)
1954~2022	5.56%	3.59%	2.93%	6.52%	-0.96%
1954~1980	5.83%	4.49%	3.50%	7.98%	-2.15%
1981~2008	6.88%	3.26%	3.04%	6.30%	0.58%
2009~2020	2.36%	1.81%	1.32%	3.13%	-0.77%
2021~2023	3.09%	5.59%	3.27%	8.86%	-5.77%
1954~2023	5.54%	3.58%	2.93%	6.51%	-0.98%

다고 믿는다면 이 주장도 받아들여야 할 것이다. 2020년과 2021년 장기 국채 수익률이 역사적 저점을 경신하고, 유로 무위험 이자율이 마이너스로 급락하자, 무위험 이자율이 정상보다 지나치게 낮다고 본 투자자들은 난제에 부닥쳤다. 당시 무위험 이자율에 바탕을 두고 추정한 할인율은 몹시 낮았고, 여기에 '정상' 명목 성장률을 상한으로 두고 평가한 가치가 폭등했기 때문이다. 예컨대 애널리스트가 무위험 이자율로는 2020년 3월의 국채 수익률 1.51%를, 잔존가치 계산에는 명목 경제 성장률 4%를 상한으로 두면 가치를 대폭 과대추정하게 된다. 따라서 무위험 이자율을 영구성장률에 연동하면 가치평가의 균형을 이룰 수 있다. 어느 하나(예컨대 할인율)에 몹시 낮은

(높은) 값을 적용하더라도 다른 하나(영구 기대성장률)가 몹시 낮아져서(높아져서) 영향을 상쇄하기 때문이다.

마이너스 안정 성장률이 가능한가?

앞서 안정 성장률은 경제 성장률보다 낮거나 똑같다고 했다. 그렇다면 안정 성장률이 마이너스일 수도 있을까? 마이너스 안정 성장률을 적용하더라도 잔존가치를 추정할 수 있기에 불가할 이유는 없다. 예컨대 세후 현금흐름 1억 달러가 영원히 연 5% 감소하고 자본비용이 10%인 기업의 가치는 다음과 같다(단위: 100만 달러).

$$기업 가치 = 100 \times (1 - 0.05)/[0.10 - (-0.05)] = 633$$

직관적으로 볼 때 마이너스 안정 성장률이 시사하는 바는 무엇인가? 기업이 수명을 다하기 전까지 매년 규모를 줄일 수 있다는 뜻이므로, 완전청산과 계속기업(매년 조금씩 영원히 성장한다) 가정 사이의 중간 단계로 볼 수 있다.

단계적으로 사라질 운명에 처한 업종의 기업 가치평가에서는 마이너스 안정 성장률을 사용하는 것이 바람직하다. 예컨대 기술 발전을 겪거나(휴대전화의 출현을 마주한 유선 전화기 제조사가 좋은 사례다) 외부 핵심 고객이 장기적으로 구매 규모를 축소하는(냉전 종식 후 방위산업체가 그러한 운명을 맞았다) 산업에 해당한다.

마이너스 성장률은 성공한 기업이 20세기와 달리 100년이 아니라 수십 년밖에 생존하지 못하는 쪽으로 경제 질서가 변했음을 뜻할지도 모른다. 생애주기가 짧은 기업은 종료 연도 이후 안정 성장률을 -5%나 -10% 등으로 가정해 조만간 청산하리라는 관점에 바탕을 두는 편이 더 합당하다.

안정 성장의 핵심 가정　모든 DCF 가치평가에는 안정 성장에 관한 세 가지 핵심 가정이 깔려 있다. 첫 번째는 (현재 안정 성장 기업이 아닌) 평가 대상 기업이 안정 성장 기업이 되는 시점에 관한 가정이다. 두 번째는 평가 대상 기업이 안정 성장 기업이 되었을 때 투자이익률과 자기자본비용, 자본비용의 특성에 관한 가정이다. 세 번째는 평가 대상 기업이 고성장에서 안정 성장 단계로 전환하는 방식에 관한 가정이다.

고성장 단계의 기간 기업이 얼마나 오랫동안 고성장을 지속할지는 아마도 가치평가에서 가장 답하기 어려운 질문일 것이다. 두 가지만 짚고 넘어가자. 첫째, 답할 질문은 기업이 언제 안정 성장 단계에 진입하느냐지, 진입 가능 여부가 아니다. 최상의 시나리오에서 모든 기업은 결국 안정 성장 기업이 된다. 고성장은 규모를 확대하고, 그 규모는 추가 고성장의 걸림돌이 된다. 최악의 시나리오에서 기업은 생존에 실패해 청산한다. 둘째, 가치평가에서 (적어도 가치를 창출하는[1]) 고성장은 기업이 초과 한계 투자이익률을 올린 결과다. 다시 말해 자본이익률이 자본비용보다 높을 때(또는 자기자본이익률이 자기자본비용보다 높을 때) 기업 가치가 상승한다. 따라서 평가 대상 기업이 향후 5년이나 10년간 고성장한다는 가정은 같은 기간 (요구수익을 상회하는) 초과수익을 내리라고 가정하는 것과 같다. 초과수익은 경쟁시장에서 신규 경쟁사를 끌어들이는 유인이 되어 결국 사라질 운명에 있다.

기업이 얼마나 오래 고성장을 유지할지 판단할 때는 다음 세 가지 요인을 검토해야 한다.

1. **기업의 규모**: 소형 기업은 다른 모든 조건이 똑같지만 규모가 더 큰 기업보다 초과수익을 내고 유지할 가능성이 더 크다. 성장 여력과 잠재 시장 규모가 더 크기 때문이다. 거대 시장에 속한 소형 기업은 오랫동안 (적어도 매출 기준에서는) 고성장할 잠재력이 있다. 기업 규모를 판단할 때는 현재 시장 점유율뿐 아니라 제공하는 제품과 서비스가 속한 전체 시장의 성장 잠재력도 검토해야 한다. 현재 시장에서 점유율이 높은 기업이더라도 전체 시장이 빠른 속도로 성장한다면 미래에도 성장을 지속할 때가 있다.

---

[1] 초과수익을 내지 못하는 성장은 기업 규모가 확대하더라도 부가가치를 창출하지 않는다.

2. **과거 성장률과 초과수익:** 성장을 전망할 때는 모멘텀이 중요하다. 지금까지 매출이 급증했던 기업이 적어도 가까운 미래에 성장세를 유지할 가능성이 크다. 당기에 높은 자본이익률과 초과수익을 낸 기업은 초과수익을 향후 몇 년간 유지할 가능성이 크다.

3. **경쟁우위의 크기와 지속 가능성:** 이것이야말로 고성장 지속 기간을 결정하는 가장 중요한 요인이다. 높은 진입장벽과 지속 가능한 경쟁우위를 갖춘 기업은 고성장을 더 오랫동안 유지한다. 반면 진입장벽이 사실상 없거나 기존 경쟁우위가 약화되는 기업이라면 고성장 지속 기간을 보수적으로 추정해야 한다. 기존 경영진의 자질 역시 성장에 영향을 미친다. 일부 최고경영진은 경쟁우위를 강화할 뿐 아니라 새로운 우위를 창출할 전략적 선택을 할 능력을 갖추었다.[2]

경쟁우위 기간

가치의 원천인 고성장과 초과수익의 결합 효과를 이해하려는 노력은 '경쟁우위 기간(competitive advantage period: CAP)' 개념의 창안으로 이어졌다. 크레디트스위스 퍼스트보스턴(Credit Suisse First Boston)의 마이클 모부신(Michael Mauboussin)이 널리 알린 이 개념은 기업이 초과수익을 낼 것으로 예상되는 기간을 측정한다. 초과수익을 내는 기업의 가치는 현시점 투하자본에 기업 수명 전체에 걸쳐 창출할 초과수익의 현재가치를 더한 값으로 정의한다. 정의상 경쟁우위 기간이 종료된 이후에는 초과수익이 존재하지 않으므로 더 이상 부가가치를 창출하지 않는다.

애널리스트는 이 개념을 창의적으로 변형해 현시점 시장가치를 향후 계속 유지하기 위해 필요한 경쟁우위 기간을 추정한다. 이때 현행 자본이익률과 자본비용은 고정되어 있다고 가정한다. 이에 따른 '시장 내재 경쟁우위 기간(market-implied competitive advantage period: MICAP)'은 같은 업종 내 기업끼리 비교하거나 정성적 요인의 하나로서 가치평가에 활용된다.

---

2   GE의 잭 웰치와 코카콜라의 로베르토 고이주에타는 차이를 만든 CEO의 대표 사례이지만 업적을 두고 아직 논쟁이 진행 중이다. 애플의 스티브 잡스는 새로운 기준을 제시했고 마이크로소프트의 사티아 나델라가 그 뒤를 따르는 것처럼 보인다.

[예시 12.1] 고성장 단계의 기간

고성장 단계 기간의 추정 과정을 이해하기 위해 2024년 콘솔리데이티드 에디슨과 리바이 스트라우스(Levi Strauss), 일라이 릴리(Eli Lilly) 등 세 기업을 살펴보며 각 기업이 고성장을 얼마나 오래 유지할지 주관적으로 판단해보자.

콘솔리데이티드 에디슨

배경지식: 회사는 뉴욕시 인근에서 전력 생산과 판매를 사실상 독점한다. 하지만 독점의 대가로 투자와 가격 결정을 모두 규제받는다. 즉 규제 위원회가 회사의 투자이익률에 근거해 가격 인상 폭을 결정한다. 투자이익률이 높다면 위원회는 가격 인상을 허가하지 않을 것이다. 한편 뉴욕시는 인구 변화가 작아서 전력 수요 역시 안정적이다.

시사점: 콘솔리데이티드 에디슨은 이미 안정 성장 기업이므로 고성장과 초과수익 가능성이 없다.

리바이 스트라우스

배경지식: 회사는 몇 가지 분명한 우위를 갖췄다. 오랜 역사와 가치 있는 브랜드 덕분에 자기자본비용과 자본비용보다 높은 자기자본이익률과 투하자본이익률을 올렸다. 현재 회사가 마주한 과제는 두 가지다. 첫째, 최대 시장인 미국과 유럽이 포화 상태에 접어들면서 고성장을 유지하기 어렵다. 둘째, 의류시장은 경쟁이 치열하고 유행에 좌우되기에 가격 결정력과 성장 지속에 제약이 존재한다.

시사점: 회사는 현재 아시아 시장 점유율이 낮지만 향후 성장 잠재력이 크기에 10년간 안정 성장률보다 다소 높은 성장률을 올릴 것으로 추정한다. 이후에는 안정 성장 단계에 접어들지만 얼마간 초과수익을 올린다고 가정한다.

일라이 릴리

배경지식: 회사는 특허로 보호되고 당기 현금흐름을 창출하는 의약품을 여럿 보유하고 있고, 연구개발 파이프라인에 대기 중인 의약품도 몇 개 있다. 특히 체중 감량 의약품 개발로 향후 몇 년간 고성장할 것이 확실하고, 개발 중인 다른 블록버스터 제품도 있어 10년간 고성장한 후 안정 성장 단계에 접어들 것으로 가정한다.

시사점: 회사가 보유한 특허 덕분에 경쟁을 피할 수 있고, 신약 승인에 드는 오랜 기간 덕분에 신약이 시장에 출시되기까지는 시간이 걸린다. 따라서 일라이 릴리의 고성장 및 초과수익 기간을 10년으로 추정할 만한 근거가 타당하다.

이렇게 고성장이 얼마나 지속될지 판단하는 과정에는 몹시 주관적인 요소가 존재한다. 11장 후반부에서 논의했던 정성적 변수와 성장의 상호 관계와도 관련이 있다.

안정 성장 기업의 특성 평가 대상 기업이 고성장에서 안정 성장 단계로 접어든 후에는 안정 성장 기업의 특성을 적용해야 한다. 같은 기업도 안정 성장 단계일 때와 고성장 단계일 때가 여러 측면에서 다르다. 안정 성장 기업은 대개 위험이 평균 수준이고, 더 많은 부채를 사용하며, 초과수익이 작거나 없고, 고성장 기업보다 재투자 규모가 작다. 이번 섹션에서는 이런 변수를 조정하는 가장 좋은 방법을 검토한다.

√*주식의 위험* 자기자본비용 기준에서 고성장 기업은 안정 성장 기업보다 시장 위험에 더 많이 노출되어 있다(따라서 베타도 더 높다). 고성장 기업은 틈새시장에서 재량재(discretionary product)를 공급할 때가 많은 데다가 영업레버리지도 높기 때문이다. 따라서 신생 기술회사나 소셜미디어회사는 베타가 높다. 이들이 성숙기에 접어들면 시장 위험 노출이 줄고 베타도 시장 평균인 1에 가까워진다. 한 가지 조정 방법은 안정 성장 단계에 접어든 모든 기업의 베타를 1로 두는 것이다. 모든 안정 성장 기업의 위험은 평균적인 수준이어야 한다는 근거에 바탕을 둔다. 다른 방법은 안정 성장 단계에 접어든 후에도 작은 차이를 허용하는 것이다. 예컨대 사업 변동성이 큰 기업은 안정적인 사업을 하는 기업보다 베타를 더 높게 둔다. 경험 법칙에 따라 안정 성장 단계에서 베타의 최대치를 1.2로 두는 편이 좋다.[3]

하지만 베타가 1보다 훨씬 낮은 원자재 기업 같은 유형도 있다. 이들이 기존 사업을 계속 영위한다면 안정 성장 단계에서 기존 베타가 유지된다고 해도 문제는 없다. 하지만 다른 사업으로 확장할 것을 가정하고 영구성장률을 추정한다면, 안정 성장 단계 베타의 최대치를 1로 두고 조정해야 한다. 또 다른 경험 법칙에 따르면 안정 성장 단계의 베타는 0.8보다 낮아서는 안 된다.[4]

---

 betas.xls: 미국 기업의 업종별 평균 차입 베타 및 무차입 베타를 요약한 엑셀 자료. (웹에서 다운로드 가능)

---

3   미국 기업의 3분의 2가 베타 0.8~1.2 구간에 속하기에 이를 안정 성장 단계의 베타 범위로 설정한다.
4   원자재 기업의 가치평가에서 인플레이션율보다 높은 성장률을 가정했다면, 평가 대상 기업이 다른 사업으로 확장하리라고 가정하는 것이다. 따라서 베타도 그에 맞춰 조정해야 한다.

√*프로젝트 이익*　고성장 기업은 자본이익률과 자기자본이익률이 높고 초과수익을 내는 경향이 있다. 안정 성장 단계에서는 초과수익을 지속하기가 훨씬 어렵다. 초과수익은 없다고 가정하는 것만이 안정 성장에 부합하는 유일한 전제라는 주장도 있다. 즉 자본이익률과 자본비용이 똑같은 수준에 이른다고 가정하는 것이다. 원론적으로 영구적 초과수익은 합리적이지 않지만, 특정 시점이 되자마자(예컨대 5년이나 10년 후) 갑자기 기업의 초과수익 창출력이 사라진다고 가정하는 것도 현실에 적용하기에는 문제가 있다. 예시 12.1에서 향후 10년간 고성장하리라고 추정했던 리바이 스트라우스 사례를 보자. 성장률이 11년 차에 안정 성장률 수준으로 하락할 수도 있지만, 강력한 브랜드와 여타 경쟁우위는 훨씬 더 오랫동안(예컨대 30~40년) 지속될 가능성이 크다. 이때 향후 30~40년간 현금흐름을 추정하는 것보다는 11년 차 이후 현금흐름 추정을 멈추고 회사가 초과수익을 영원히 내리라고 가정하는 편이 낫다. 산업 단위로는 오랜 기간 초과수익을 내는 사례가 많으므로 기업의 자본이익률과 자기자본이익률이 업종 평균에 수렴할 것으로 가정하면 더 합리적인 가치 추정치를 얻는다.

EVA.xls: 미국 기업의 업종별 자본이익률 및 자기자본이익률, 자본비용 및 자기자본비용, 초과수익을 요약한 엑셀 자료. (웹에서 다운로드 가능)

√*부채비율과 부채비용*　고성장 기업은 안정 성장 기업보다 부채를 적게 사용하는 경향이 있다. 기업은 성숙기에 접어들면서 차입능력(debt capacity)이 커진다. 기업 가치평가에서 자본비용 계산에 사용하는 부채비율을 변화시킴으로써 이를 반영할 수 있다. 주식 가치평가에서 부채비율을 변화시키면 자기자본비용과 기대현금흐름이 모두 변화한다. 부채비율이 안정 성장 단계에서 더 지속 가능한 수준에 이르러야 할지는 기존 경영진이 부채를 어떻게 생각하는지, 주주의 영향력이 어느 정도인지를 검토하지 않고서는 답할 수 없다. 경영진이 자금조달 정책을 변경할 의사가 있고 주주가 어느 정도 영향력이 있다면, 안정 성장 단계에서 부채비율이 최적이나 목표 수준에 이르리라고 가정하는 것이 합리적이다. 만약 그런 상황이 아니라면 기존 부채비

율 수준을 계속 유지하는 것이 안전한 선택이다.

이익과 현금흐름이 성장하면서 인지된 채무불이행 위험 역시 변화한다. 예컨대 현재 매출이 1억 달러이고 적자가 1,000만 달러인 기업의 채무불이행 위험은 B 등급으로 평가되지만, 향후 매출 100억 달러와 영업이익 10억 달러를 내리라는 전망이 현실화되면 평가 등급 역시 훨씬 높아져야 한다. 실제로 기업의 매출과 영업이익 전망치를 변경하면 평가 등급과 부채비용 역시 재추정해야 내적 일관성을 유지할 수 있다. 일반적으로 안정 성장 기업의 평가 등급은 적어도 투자 등급 이상(Baa 이상)이어야 한다.

그렇다면 안정 성장 단계에서 실제로 어떤 부채비율과 부채비용을 적용해야 할까? 이때 같은 업종 내 규모가 더 큰 성숙기업의 재무레버리지를 검토해야 한다. 해결책 하나는 안정 성장 기업에 업종 평균 부채비율과 부채비용을 적용하는 것이다.

 wacc.xls: 미국 기업의 업종별 부채비율과 부채비용을 요약한 엑셀 자료. (웹에서 다운로드 가능)

✓재투자율과 내부 유보율 안정 성장 기업은 고성장 기업보다 재투자 규모가 작은 경향이 있다. 더 낮은 성장률이 재투자에 미치는 영향과, 기업이 생애주기상 최종 단계에서 안정 성장률을 지속하도록 충분히 재투자해야 한다는 사실을 가치평가에 반영하는 것은 아주 중요하다. 실제 조정 과정은 할인 대상이 배당이나 주주 잉여현금흐름인지, 아니면 기업 잉여현금흐름인지에 따라 달라진다.

배당할인모형에서 EPS 기대성장률은 내부 유보율과 자기자본이익률의 함수로 표현한다.

$$기대성장률 = 내부 유보율 \times 자기자본이익률$$

대수적 조작을 거치면 내부 유보율을 기대성장률과 자기자본이익률의 함수로 표현할 수 있다.

$$내부\ 유보율 = \frac{기대성장률}{자기자본이익률}$$

예컨대 JP모간체이스(JP Morgan Chase)의 안정 성장률이 (경제 성장률과 똑같은) 3% 이고 자기자본이익률이 (업종 평균인) 12%라고 하면, 안정 성장 단계의 내부 유보율 은 다음과 같다.

$$내부\ 유보율_{JPM} = \frac{3\%}{12\%} = 25\%$$

JP모간체이스는 기대성장률 3%를 달성하기 위해 이익의 25%를 유보해야 하므로 나머지 75%를 주식 투자자에게 환원할 수 있다.

순이익의 성장에 초점을 두는 주주 잉여현금흐름 관점에서 기대성장률은 자기자 본 재투자율과 자기자본이익률의 함수로 표현한다.

$$기대성장률 = 자기자본\ 재투자율 × 자기자본이익률$$

따라서 자기자본 재투자율은 다음과 같다.

$$자기자본\ 재투자율 = \frac{기대성장률}{자기자본이익률}$$

예컨대 리바이 스트라우스 주주 이익의 안정 성장률이 4%이고 안정 자기자본이익 률이 10%일 때 자기자본 재투자율은 40%로 추정한다. 따라서 이익의 60%를 주식 투자자에게 환원할 수 있다.

$$재투자율_{리바이\ 스트라우스} = \frac{4\%}{10\%} = 40\%$$

마지막으로 기업 잉여현금흐름 관점에서 영업이익 기대성장률은 안정 성장 단계 의 자본이익률과 재투자율의 함수로 표현한다.

$$기대성장률 = 재투자율 × 투하자본이익률$$

다시 한번 대수적 조작을 거치면 안정 성장 단계의 재투자율을 얻는다.

$$안정 성장 단계의 재투자율 = \frac{안정 성장률}{ROIC_n}$$

$ROIC_n$은 기업이 안정 성장 단계에 지속할 수 있는 자본이익률로, 안정 성장에 접어든 첫해의 기업 잉여현금흐름 계산에 적용한다. 특허로 보호받는 경쟁우위를 갖춘 일라이 릴리는 안정 성장률을 4%로, 투하자본이익률을 15%로 가정했기에 안정 성장 단계의 재투자율은 26.67%다.

$$재투자율_{일라이 릴리} = \frac{4\%}{15\%} = 26.67\%$$

재투자율과 내부 유보율을 안정 성장률에 연동함으로써 가치평가가 안정 성장률에 관한 가정에 덜 민감해진다. 다른 변수는 똑같이 유지하면서 안정 성장률만 높이면 가치가 대폭 상승하므로 성장률 변화에 따라 재투자율도 변화시키는 것은 영향을 상쇄하는 효과가 있다. 성장률 상승에 따른 이득은 더 높은 재투자율과 현금흐름의 유출로 부분 또는 전부 상쇄된다. 안정 성장률 상승에 따른 가치의 등락은 전적으로 초과수익에 관한 가정에 달려 있다. 안정 성장 단계에서 자본이익률이 자본비용보다 높다면 안정 성장률의 상승이 가치의 증대를 낳는다. 반면 자본이익률이 자본비용과 똑같다면 안정 성장률의 상승이 가치에 아무런 영향을 미치지 않는다. 이 명제는 아주 간단하게 증명할 수 있다.

$$잔존가치 = \frac{EBIT_{n+1}(1-t)(1-재투자율)}{자본비용_n - 안정 성장률_n}$$

이 식에서 안정 성장률을 재투자율의 함수로 대체하면 다음과 같다.

$$잔존가치 = \frac{EBIT_{n+1}(1-t)(1-재투자율)}{자본비용_n - (재투자율 \times ROIC_n)}$$

투하자본이익률과 자본비용이 똑같다면 다음과 같다.

$$잔존가치 = \frac{EBIT_{n+1}(1-t)(1-재투자율)}{자본비용_n - (재투자율 \times 자본비용_n)}$$

정리하면 잔존가치는 다음과 같다.

$$\text{잔존가치} = \frac{\text{EBIT}_{n+1}(1 - t)}{\text{자본비용}_n}$$

즉 초과수익이 없다면 잔존가치는 기대성장에 관한 가정에 영향받지 않는다. 이 명제는 주주 이익과 현금흐름 기준에서도 참이다. 안정 성장 단계에서 자기자본이익률과 자기자본비용이 똑같다면 성장의 긍정적인 영향이 무력화된다.

 divfund.xls: 미국 기업의 업종별 내부 유보율을 요약한 엑셀 자료. (웹에서 다운로드 가능)

 capex.xls: 미국 기업의 업종별 재투자율을 요약한 엑셀 자료. (웹에서 다운로드 가능)

[예시 12.2] 안정 성장률과 초과수익: 알로이 밀스

섬유회사 알로이 밀스(Alloy Mills)의 당기 세후 영업이익은 1억 달러다. 현행 자본이익률은 20%이고 이익의 50%를 사업에 재투자한다. 따라서 향후 5년간 기대성장률은 10%다.

기대성장률 = 20% × 50% = 10%

5년 후에는 성장률이 5%로 하락하고 자본이익률은 20%로 유지된다고 가정한다. 이때 잔존가치는 다음과 같다(단위: 100만 달러).

6년 차 기대 영업이익 = 100 × $(1.10)^5$ × (1.05) = 169.10
5년 차 말 기대 재투자율 = g/ROC = 5%/20% = 25%
5년 차 잔존가치 = 169.10 × (1 − 0.25)/(0.10 − 0.05) = 2,537

먼저 재투자해야 성장할 수 있으므로 5년 차 재투자율은 6년 차 성장률에 바탕을 두고 계산한다는 점을 유념하라. 현시점 기업 가치는 다음과 같다.

기업 가치 = 55/1.10 + 60.5/1.10^2 + 66.55/1.10^3 + 73.21/1.10^4 + 120.79/1.10^5 + 2,537/1.10^5 =1,850

안정 성장 단계의 자본이익률을 10%로 변경하고 성장률은 5%로 유지하면 기업 가치에 아주 큰 영향을 미친다.

6년 차 기대 영업이익 = 100 × (1.10)^5 × (1.05) = 169.10

5년 차 말 기대 재투자율 = g/ROC = 5%/10% = 50%

5년 차 잔존가치 = 169.10 × (1 − 0.5)/(0.10 − 0.05) = 1,691

기업 가치 = 55/1.10 + 60.5/1.10^2 + 66.55/1.10^3 + 73.21/1.10^4 + 80.53/1.10^5 + 1,691.04/1.10^5 = 1,300

안정 성장 단계의 자본이익률을 10%로 유지한 채 성장률을 4%로 줄였을 때 기업 가치는 다음과 같다.

6년 차 기대 영업이익 = 100 × (1.10)^5 × (1.04) = 167.49

5년 차 말 기대 재투자율 = g/ROC = 4%/10% = 40%

5년 차 잔존가치 = 167.49 × (1 − 0.4)/(0.10 − 0.04) = 1,675

기업 가치 = 55/1.10 + 60.5/1.10^2 + 66.55/1.10^3 + 73.21/1.10^4 + 96.53/1.10^5 + 1,674.93/1.10^5 = 1,300

5년 차 잔존가치가 1,600만 달러 감소하는 동시에 5년 차 현금흐름이 1,600만 달러 증가한다는 점을 유념하라. 5년 차 말 재투자율이 40%로 하락하기 때문인데, 기업 가치는 13억 달러에서 변화가 없다. 다음과 같이 안정 성장률을 0%로 변경하더라도 기업 가치에 아무런 영향을 미치지 않는다.

6년 차 기대 영업이익 = 100 (1.10)^5 = 161.05

5년 차 말 기대 재투자율 = g/ROC = 0%/10% = 0%

5년 차 잔존가치 = 161.05 × (1 − 0.0)/(0.10 − 0.0) = 1,610.5

기업 가치 = 55/1.10 + 60.5/1.10^2 + 66.55/1.10^3 + 73.21/1.10^4 + 161.05/1.10^5 + 1,610.51/1.10^5 = 1,300

5년 차에 잔존가치가 하락했지만 현금흐름(재투자와 기대성장률이 모두 제로이므로 세후 영업이익에 해당한다)이 그만큼 증가했기에 상쇄된다는 점을 유념하라.

[예시 12.3] 안정 성장의 입력 변수

세 기업 사례를 통해 고성장에서 안정 성장 단계로 접어들며 가치평가의 입력 변수가 어떻게 변화하는지를 이해해보자. JP모간체이스(배당할인모형)와 리바이 스트라우스(주주 잉여현금흐름모형), 일라이 릴리 (기업 잉여현금흐름모형)가 그 주인공이다.

먼저 배당할인모형 관점에서 2024년 5월의 JP모간체이스를 살펴보자. 13장에서 배당할인모형을 다루므로 여기서는 모형에 세 가지 핵심 입력 변수가 있다는 점만 짚고 넘어간다. 바로 배당성향(배당을 결정한다)과 기대 자기자본이익률(기대성장률을 결정한다), 베타(자기자본비용에 영향을 미친다)이다. 나아가 13장에서는 JP모간체이스가 향후 10년간 고성장한 후 안정 성장할 것으로 가정했다. 다음 표는 배당할인모형에 바탕을 두고 JP모간체이스의 가치평가에 필요한 입력 변수를 요약해서 보여준다.

	고성장	전환기	안정 성장
해당 기간	1~5년 차	6~10년 차	10년 차 이후
배당성향	27.17%	단계적 상승	75.00%
자기자본이익률	16.95%	단계적 하락	12.00%
기대성장률	12.35%	단계적 하락	3.00%
베타	1.06	단계적 하락	1.00
자기자본비용	9.98%	단계적 하락	9.67%

고성장 단계의 배당성향과 자기자본이익률, 베타는 당기 수치 기준으로 계산한다는 점을 유념하라. 향후 5년에 적용할 기대성장률 12.35%는 자기자본이익률과 내부 유보율을 곱한 값이다. 안정 성장 단계에 접어들면 베타가 1이 되도록 조정한다. 하지만 고성장 단계에서 이미 베타가 1에 가까웠기에 조정이 가치에 미치는 영향은 미미하다. 안정 성장률은 글로벌 명목 경제 성장률(그리고 당시 무위험 이자율 4.5%)보다 살짝 낮은 3%로 가정했다. 또한 안정 성장 단계에서 자기자본이익률이 12%로 하락한다고 가정했다. 다른 기업이 진입해 금융 섹터의 경쟁이 강화되어 금융 산업 전반의 이익률이 하락하리라는 전망을 반영한 것이다. 성장률과 자기자본이익률이 모두 하락하면서 내부 유보율 역시 25%로 하락한다.

다음 표는 주주 잉여현금흐름모형으로 2024년 5월의 리바이 스트라우스를 분석하기 위해 고성장과 안정 성장 단계에 적용할 입력 변수를 요약해서 보여준다.

	고성장	전환기	안정 성장
비현금 자기자본이익률	32.59%	단계적 하락	10.00%
자기자본 재투자율	30.02%	단계적 상승	40.00%
기대성장률	9.78%	단계적 하락	4.00%
베타	1.03	불변	1.03
자기자본비용	9.62%	불변	9.62%

고성장 단계의 높은 자기자본이익률 덕분에 기대성장률이 연 9.78%에 달한다. 안정 성장 단계에서는 리바이 스트라우스의 자기자본이익률이 자기자본비용 수준으로 하락한다고 가정했고, 당시 무위험 이자율 4.50%보다 낮게 가정한 안정 성장률 4%에 바탕을 두고 기대 자기자본 재투자율을 추정했다. 베타는 1에 가깝기에 변화 없이 기존 수준이 유지되리라고 가정했다.

마지막으로 2024년 5월 기준 일라이 릴리의 가치평가를 살펴보자. 다음 표는 고성장 및 안정 성장 단계의 자본이익률과 재투자율, 자본비용을 요약해서 보여준다.

	고성장	전환기	안정 성장
투하자본이익률	20.43%	단계적 하락	15.00%
재투자율	88.11%	단계적 하락	26.67%
EBIT 기대성장률	18.00%	단계적 하락	4.00%
자본비용	9.36%	단계적 하락	8.54%

재투자율과 자본이익률은 연구개발비를 자본화했던 결정을 반영한 결과라는 점을 유념하라. 연구개발비를 반영해 영업이익을 조정했고, 자기자본의 장부가액은 연구개발비를 자본화한 만큼(연구자산의 가치만큼) 증가했다(9장 참고). 현재 일라이 릴리의 높은 자본이익률이 규모가 확대되고 특허가 만료되면서 안정 성장 단계에 접어들면 15%로 하락하리라고 가정했다. 이에 따라 안정 성장률이 4%로 하락한 결과 재투자율은 26.67%로 하락한다. 또한 일라이 릴리가 미래에 더 많은 자금을 차입해 안정 성장 단계에 자본비용이 8.54%로 하락한다.

위 모든 기업 사례에서 자본이익률을 자본비용보다 높게 설정함으로써 초과수익이 영원히 지속된다고 가정했음을 유념하라. 물론 이 가정에도 문제가 있지만, 세 기업이 그동안 구축했거나 고성장 단계에서 구축할 경쟁우위가 즉시 사라지지는 않을 것이다. 초과수익은 시간이 흐르면서 사라지겠지만, 안정 성장 단계에서 자본이익률이 자본비용과 똑같거나 비슷한 수준이 되리라는 가정은 합리적인 절충안이다.

안정 성장으로의 전환　기업이 미래 특정 시점에 안정 성장 단계로 접어든다는 사실을 가치평가에 반영한다면 안정 성장에 가까워지면서 기업이 어떤 형태의 변화를 겪을지도 검토해야 한다. 여기에는 세 가지 시나리오가 있다. 첫째, 한동안 고성장률을 유지하다가 갑자기 안정 성장 기업이 되는 2단계 모형이다. 둘째, 한동안 고성장률을 유지하다가 안정 성장 단계 수준을 향해 특성이 점진적으로 변화하는 전환기를 겪는 3단계 모형이다. 셋째, 초기부터 안정 성장 단계에 이르기까지 매년 그 특성이 변화하는 n단계 모형이다.

어떤 시나리오를 택할지는 평가 대상 기업에 따라 다르다. 2단계 모형에서는 고성장에서 안정 성장 단계로 접어드는 특정 연도가 존재하므로 완만한 성장률을 보여서 전환이 그리 극적이지 않은 기업에 더 적합하다. 영업이익이 고성장하는 기업은 (3단계 모형의) 전환기를 통해 성장률뿐 아니라 위험, 자본이익률, 재투자율 같은 여러 특성이 점진적으로 안정 성장 단계 수준에 이르게 하는 조정이 적합하다. 신생기업이나 영업손실을 내는 기업은 (n단계 모형처럼) 매년 변화하게 하는 것이 신중한 선택이다.

[예시 12.4] 성장 패턴의 선택

예시 12.3에서 분석한 세 기업을 다시 살펴보자. JP모간체이스와 리바이 스트라우스, 일라이 릴리 세 기업은 모두 고성장 기간 5년과 6~10년 차까지 전환기를 가정했다. 해당 기간에 입력 변수들이 고성장에서 안정 성장 수준을 향해 점진적으로 변화한다. 6~10년 차에 성장률이 낮아지면서 핵심 입력 변수(회계적 이익률과 성장률, 재투자율)가 모두 안정 성장 수준까지 선형으로 등락한다고 가정했다. 다음 표는 세 기업의 핵심 입력 변수별 전환기의 변화를 보여준다.

연도	JP모간체이스			리바이 스트라우스			일라이 릴리		
	성장률	배당성향	자기자본 비용	성장률	자기자본 재투자율	자기자본 비용	성장률	재투자율	자본비용
1	12.35%	27.17%	9.98%	9.78%	30.02%	9.62%	18.00%	88.11%	9.36%
2	12.35%	27.17%	9.98%	9.78%	30.02%	9.62%	18.00%	88.11%	9.36%
3	12.35%	27.17%	9.98%	9.78%	30.02%	9.62%	18.00%	88.11%	9.36%
4	12.35%	27.17%	9.98%	9.78%	30.02%	9.62%	18.00%	88.11%	9.36%
5	12.35%	27.17%	9.98%	9.78%	30.02%	9.62%	18.00%	88.11%	9.36%
6	10.48%	36.74%	9.92%	8.63%	32.01%	9.62%	15.20%	75.82%	9.19%
7	8.61%	46.30%	9.86%	7.47%	34.01%	9.62%	12.40%	63.53%	9.03%
8	6.74%	55.87%	9.80%	6.31%	36.01%	9.62%	9.60%	51.25%	8.86%
9	4.87%	65.43%	9.73%	5.16%	38.00%	9.62%	6.80%	38.96%	8.70%
10	3.00%	75.00%	9.67%	4.00%	40.00%	9.62%	4.00%	26.67%	8.54%

세 기업은 모두 6~10년 차에 기대성장률이 하락하면서 재투자율도 하락했다. JP모간체이스는 낮아진 재투자율이 곧 높아진 배당성향을 뜻한다.

고성장하지 않거나 마이너스 성장률을 보이는 이례적 성장 단계

기대성장률이 경제 성장률과 똑같거나 낮은 이례적인 성장 단계도 존재할 수 있을까? 일부 기업에서는 얼마든지 가능하다. 안정 성장 단계에는 성장률이 경제 성장률보다 낮을 뿐 아니라 가치평가의 다른 입력 변수들 역시 안정 성장 기업에 적합한 특성을 보여야 한다. 예컨대 영업이익이 연 2% 성장하지만 현행 자본이익률이 20%이고 베타가 1.5인 기업을 생각해보자. 이때 자본이익률이 더 지속 가능한 수준(예컨대 12%)으로 감소하고 베타가 1에 가까워지는 전환기가 필요하다.

마찬가지로 성장률이 안정 성장률보다 낮은 성장 단계를 거친 후 안정 성장률 수준으로 상승하는 이례적인 상황도 생각할 수 있다. 예컨대 이익이 향후 5년간(이례적 성장 단계) 연 5% 감소하다가 이후 연 2% 증가하는 기업이다.

생존 문제

DCF 가치평가에서 잔존가치의 활용은 기업 가치가 수명이 영구적인 계속기업에서 비롯한다는 가정이 깔려 있다. 하지만 이익 변동성과 기술 변화로 인해 위험 수준이 높은 기업이 5년이나 10년 후에 더 이상 존재하지 않는 것은 실현 가능성이 아주 큰 시나리오다. 가치평가는 이러한 실패 가능성을 반영해야 할까? 그렇다면 기업이 생존하지 못할 가능성을 가치평가에 반영할 방법은 무엇일까?

생애주기와 생존

생존은 생애주기에서 기업이 현재 속한 단계와 관련이 있다. 이익과 현금흐름이 모두 마이너스인 신생기업은 현금흐름 차원에서 심각한 문제를 마주할 수 있고, 자원이 더 풍부한 기업에 초염가로 인수되는 결말을 맞을 수도 있다. 신생기업이 이러한 문제에 더 많이 노출된 이유는 무엇일까? 마이너스 영업활동 현금흐름이 막대한 재투자 소요와 결합하면 보유 현금이 급속히 고갈되기 때문이다. 금융시장에 접근해서 자본(자기자본 또는 타인자본)을 원하는 만큼 조달할 수 있다면 이러한 자금 수요를 충족하기 위해 더 많은 자금을 조달하는 것은 문제가 되지 않는다. 하지만 주가가 하락하

가치평가 바이블

고 시장에 대한 접근성이 제한적인 기업은 문제에 봉착한다.

현금소진율(cash burn ratio)은 적자 기업에서 현금흐름 문제가 발생할 가능성의 척도로 널리 사용된다. 기업의 현금 잔액을 EBITDA(이자, 세금, 감가상각비 및 무형자산 상각비 차감 전 이익)로 나눈 값이다.

$$현금소진율 = \frac{현금\ 잔액}{EBITDA}$$

이때 EBITDA는 마이너스이기에 절댓값으로 현금소진율을 추정한다. 예컨대 현금 잔액이 10억 달러이고 EBITDA가 −15억 달러인 기업은 8개월이 지나면 현금 잔액을 소진할 것이다.

실패 가능성과 가치평가

기업의 생존을 두고 가치평가에 사용하는 기대현금흐름이 최고의 상황부터 최악의 상황까지 광범위한 시나리오와 그 발생 확률을 반영했다고 보는 관점이 있다. 이에 따르면 현시점 기대 가치에는 이미 평가 대상 기업이 생존하지 못할 가능성이 반영되었다. 즉 생존이나 실패와 관련된 모든 시장 위험이 자본비용에 반영되었다고 가정한다. 따라서 실패 가능성이 큰 기업은 할인율이 높고 기대현금흐름이 작을 것이다.

생존에 관한 또 다른 관점은 DCF 가치평가에 낙관 편향(optimistic bias)이 작용할 가능성이 크기에 기업이 생존하지 못할 가능성이 가치에 적절하게 반영되지 않는다고 본다. 이 관점을 따른다면 이전 섹션에서 다룬 분석을 통해 도출한 DCF 가치가 영업자산을 과대추정한다는 결론을 내릴 것이다. 따라서 평가 대상 기업이 미래 연도에 달성하리라고 추정한 잔존가치나 플러스 현금흐름을 기업이 생존하지 못할 가능성을 반영해 조정해야 한다.

생존 문제를 이유로 가치를 조정해야 하는가?

투자자산의 규모가 막대하고 부실 위험(probability of distress)이 비교적 낮은 기업은 앞선 첫 번째 관점을 적용하는 것이 적합하다. 기업이 생존하지 못할 가능성을 반영해 가치를 추가 할인하는 것은 이중계산 오류이다.

소형 신생기업은 판단하기가 더 어렵다. 해당 기업이 초기 몇 년이 지난 후 생존하지 못할 가능성을 기대현금흐름에 반영했는지에 따라 선택이 달라진다. 만약 반영했다면 가치평가는 해당 기업이 향후 생존하지 못할 가능성을 이미 고려한 것이다. 반영하지 않았다면 해당 기업이 가까운 미래에 생존하지 못할 가능성을 고려해 가치를 할인해야 한다. 한 가지 할인 방법은 부실 위험을 추정해 그 확률에 바탕을 두고 영업자산 가치를 조정하는 것이다.

조정 가치 = DCF 가치 × (1 − 부실 위험) + 급매가치 × 부실 위험

예컨대 DCF 가치가 10억 달러이고 자산의 급매가치(distressed sale value)가 5억 달러, 부실 위험이 20%인 기업의 조정 가치는 9억 달러다(단위: 100만 달러).

조정 가치 = 1,000 × (1 − 0.2) + 500 × 0.2 = 900

여기에서 두 가지를 유념하라. 첫째, 생존 실패 자체가 아니라 급매가치가 공정가치 대비 할인 폭이 크다는 점이 가치를 훼손한다. 둘째, 이 접근법을 따른다면 부실 위험을 추정해야 한다. 하지만 부실 위험은 기업의 (현금 소요와 관련한) 보유 현금 규모와 시장 상황에 따라 달라지므로 추정하기가 어렵다. 강세장에서는 현금이 거의 없는 기업도 자본시장에 접근해 손쉽게 추가 자금을 조달할 수 있기에 생존이 더 수월하다. 더 부정적인 시장 상황에서는 막대한 현금 잔액을 보유한 기업도 생존을 위협받을 수 있다.

부실 위험 추정

기업이 생존하지 못할 확률을 추정하는 세 가지 방법이 있다.

1. **통계**: 과거에 도산한 기업과 생존한 기업을 비교해 차이를 낳은 것으로 보이는 변수를 찾는다. 예컨대 높은 부채비율과 마이너스 영업활동 현금흐름을 기록한

기업이 그러한 특성이 없는 기업보다 도산할 가능성이 크다고 보는 것이다. 기업의 부실 위험을 추정하기 위해 프로빗(probit, 종속 변수가 이진 변수일 때 사용하는 회귀 모형의 하나로, 표준 정규 누적 분포 함수의 역함수로 정의된다 – 옮긴이) 같은 통계적 기법을 활용하기도 한다. 프로빗 분석은 예컨대 1990년 모든 상장기업과 재무 특성에서 출발해 1991~1999년 도산한 기업을 규명한 후 1990년에 관측할 수 있었던 변수의 함수로 정의되는 부실 위험을 추정한다. 회귀분석과 유사한 프로빗 결괏값은 현재 존재하는 모든 기업의 채무불이행 위험을 추정하는 데 활용할 수 있다.

2. 실증: 미 노동통계국은 기업의 장기 생존을 추적하는 데이터베이스를 계속 관리한다. 2022년 갱신 자료를 보면 그림 12.2처럼 2006년 설립한 기업이 최대 15년까지 생존할 확률을 다양한 업종별로 나눠 추정했다.

[그림 12.2] 업종별 실패 확률

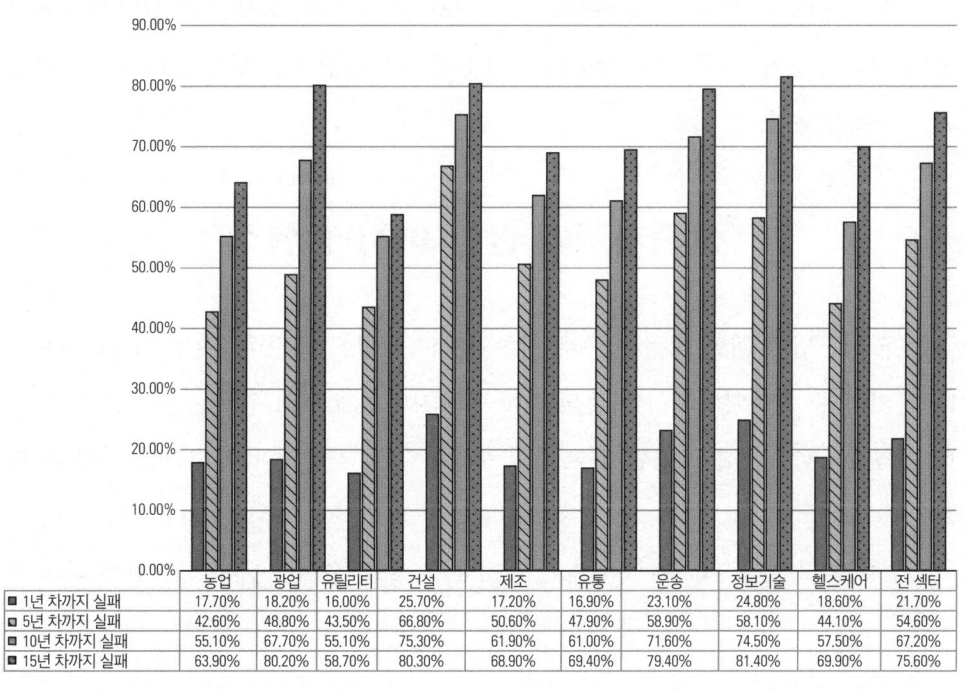

	농업	광업	유틸리티	건설	제조	유통	운송	정보기술	헬스케어	전 섹터
■ 1년 차까지 실패	17.70%	18.20%	16.00%	25.70%	17.20%	16.90%	23.10%	24.80%	18.60%	21.70%
■ 5년 차까지 실패	42.60%	48.80%	43.50%	66.80%	50.60%	47.90%	58.90%	58.10%	44.10%	54.60%
■ 10년 차까지 실패	55.10%	67.70%	55.10%	75.30%	61.90%	61.00%	71.60%	74.50%	57.50%	67.20%
■ 15년 차까지 실패	63.90%	80.20%	58.70%	80.30%	68.90%	69.40%	79.40%	81.40%	69.90%	75.60%

3. **신용등급**: 가능하다면 기업 신용등급을 활용한다. 예컨대 한 기업의 신용등급이 B라고 하자. 다음의 신용등급별 채무불이행 위험에 관한 실증적 연구를 통해 채무불이행 위험이 23.74%임을 알 수 있다.[5]

부도 확률(1~10년 시간 지평)			
신용등급	1년	5년	10년
AAA	0.00%	0.35%	0.70%
AA	0.02%	0.31%	0.72%
A	0.05%	0.47%	1.24%
BBB	0.16%	1.58%	3.32%
BB	0.61%	6.52%	11.78%
B	3.33%	16.93%	23.74%
CCC/C	27.08%	46.19%	50.38%

이 방법이 더 간단하지만, 신용등급이 존재하는 기업에만 적용할 수 있다는 한계가 있다. 나아가 신용평가기관이 적용하는 기준이 시간이 흘러도 변하지 않는다는 가정에도 문제가 있다.

잔존가치에 관한 마지막 생각

DCF 접근법에 대한 비판은 주로 잔존가치의 역할에 쏠린다. DCF 비판론자들은 DCF 가치 중 잔존가치에서 비롯되는 비중이 지나치게 크고 원하는 숫자를 얻기 위해 손쉽게 잔존가치를 조작할 수 있다고 주장한다. 하지만 두 주장은 모두 사실과 다르다.

기업 가치나 주식 가치에서 잔존가치 비중이 큰 것은 사실이다. 하지만 오히려 그

---

5   주요 신용평가사는 이 데이터를 관리하고 갱신한다. 여기에 실은 표는 S&P가 2023년 갱신한 데이터에 바탕을 두었다.

[그림 12.3] 잔존가치를 둘러싼 오해와 진실

| 오해 1: 잔존가치를 추정하는 유일한 방법은 영구 성장 모형을 활용하는 것이다. | 오해 2: 영구성장 모형은 무한대의 가치를 도출한다. | 오해 3: 잔존가치를 결정하는 가장 중요한 요인은 성장률이다. | 오해 4: 영구성장 모형의 성장률은 마이너스일 수 없다. | 오해 5: 잔존가치가 DCF 가치의 상당 비중을 차지한다면 추정 오류에 해당한다. |

$$\text{수명이 n년보다 긴 자산의 가치} = \frac{E(CF_1)}{(1+r)^1} + \frac{E(CF_2)}{(1+r)^2} + \cdots + \frac{E(CF_n)}{(1+r)^n} + \frac{(\text{잔존가치}_n)}{(1+r)^n}$$

| 진실 1: 잔존가치는 연금 모형이나 청산가치로도 추정할 수 있다. | 진실 2: 경제 성장률을 상한으로 두면 그렇지 않다. | 진실 3: 성장에는 대가가 따르고 성장률이 상승하더라도 가치를 훼손할 때도 있다. | 진실 4: 성장률이 영원히 마이너스여도 문제가 없고, 이 가정이 더 현실적인 기업 사례도 많다. | 진실 5: 잔존가치는 당연히 현재 가치의 큰 비중을 차지한다. |

렇지 않은 것이 더 놀라운 상황이다. 주식을 매수하거나 기업이 출자할 때 투자수익을 어떻게 내는지를 한번 생각해보라. 올바르게 투자했다고 가정하면 수익 대부분은 투자자가 주식을 보유할 때 얻는 것(배당이나 기타 현금흐름)이 아니라 주식을 매도할 때 발생한다(주가 상승에 따른 차익). 잔존가치는 후자를 포착하려는 목적을 둔다. 기업의 성장 잠재력이 클수록 잔존가치가 가치에서 차지하는 비중이 커질 수밖에 없다.

잔존가치를 둘러싼 근거 없는 믿음은 다양한 형태를 띠는데 그림 12.3에 유형별 오해와 진실을 요약했다.

잔존가치를 조작하는 것이 과연 수월할까? 물론 조작이 자주 발생한다는 점은 인정하지만, 그 이유는 애널리스트가 가치를 추정할 때 배수를 활용하거나 안정 성장 모형의 다음 두 가지 기본 전제를 하나 이상 위반했기 때문이다. 첫째, 안정 성장률은 경제 성장률을 초과할 수 없다. 둘째, 기업은 안정 성장 단계에서도 성장하기 위해 충분히 재투자해야 한다. 실제로 이번 장 초반에 살펴봤듯 안정 성장률은 영구적 초과수익보다 가치에 미치는 영향이 작다. 초과수익이 제로(0)라면 안정 성장률의 변화는 가치에 아무런 영향을 미치지 않는다.

결론

기업 가치는 수명 동안 창출할 기대현금흐름의 현재가치다. 기업 수명은 무한하므로 현금흐름을 추정할 기간을 설정하고 해당 기간 종료 후의 가치인 잔존가치를 추정하는 방식으로 가치평가를 종료해야 한다. 많은 애널리스트가 추정 종료 연도의 이익이나 매출 배수를 활용해 잔존가치를 추정하지만 내재가치 평가는 그런 방법을 다루지 않는다. 기업 수명이 무한하다는 가정을 고려할 때 기업의 현금흐름이 특정 시점 이후에 영원히 일정한 비율로 성장하리라고 가정하는 것이 DCF 가치평가와 더 일관된 접근법이다. 평가 대상 기업이 그 일정한 성장률(안정 성장률)에 들어서는 시점이 언제일지 판단하는 것이 바로 모든 DCF 가치평가의 핵심이다. 성장률이 높고 강한 경쟁우위를 갖춘 소형 기업은 성숙기에 접어들어 경쟁우위가 사라진 대기업보다 훨씬 더 오랫동안 고성장을 지속한다. 기업 수명이 무한하다는 가정을 적용하고 싶지 않다면, 기업이 고성장 단계에 축적한 자산에 대해 다른 기업이 지불할 의사가 있는 금액에 바탕을 두고 청산가치를 추정하면 된다.

연습문제 별도 표기가 없으면 주식 위험 프리미엄은 5.5%로 한다.

1 해운회사 율리시스 주식회사는 이자 및 세금 차감 전 이익(EBIT)이 1억 달러이며, 향후 5년간 10%의 이익 성장이 예상된다. 5년 차 말 영업이익의 8배(업종 평균)를 적용하여 잔존가치를 구한다.

    a. 잔존가치는 얼마인가?

    b. 율리시스의 자본비용이 10%이고, 세율이 40%이며, 안정 성장률이 5%로 예상되는 경우 영업이익의 8배를 사용할 때 영구적으로 가정하는 자본이익률은 얼마인가?

2 제노아 파스타는 이탈리안 식품을 제조하는 회사로, 현재 EBIT가 8,000만 달러이다. 이 회사의 이익이 향후 6년 동안 매년 20%, 그 후에는 5% 성장할 것으로 예상한다. 회사의 현재 세후 자본

이익률은 28%이지만 6년 후에는 절반으로 줄어들 것으로 예상한다. 이 회사의 자본비용이 영구적으로 10%라면, 회사의 잔존가치는 얼마인가? (세율은 40%이다.)

3 램프 제조회사인 램프 갈로어 주식회사의 현재 투하자본(1억 달러) 대비 세후 자본이익률은 15%다. 이 회사가 향후 4년간 세후 영업이익의 80%를, 그 이후(안정 성장 기간)에는 30%를 재투자할 것으로 예상한다. 회사의 자본비용은 9%이다.

   a. 4년 차 연말 기준으로 잔존가치를 구하라.

   b. 4년 후 세후 자본이익률이 9%로 떨어질 것으로 예상한다면, 잔존가치는 얼마인가?

4 베반 부동산은 네 개 부동산을 소유한 부동산 지주회사다. 이 부동산으로부터 현재 세후 5,000만 달러의 이익이 발생하고 있으며, 향후 10년간 8%, 이후에는 3% 성장할 것으로 추정한다. 현재 부동산의 시장가치는 5억 달러이며, 이 가치가 향후 10년간 매년 3%씩 상승할 것으로 예상한다.

   a. 현재의 시장가치와 부동산 가치의 예상 상승률에 기반하여 부동산의 잔존가치를 구하라.

   b. 이익 증가에 대한 전망치가 맞다고 가정한다면, 잔존가치는 10년 차 세후 이익 대비 몇 배인가?

   c. 10년 차 이후 재투자가 필요하지 않다고 가정하면, 잔존가치를 계산할 때 암묵적으로 가정한 자본비용은 얼마인가?

5 라틴 비츠 코퍼레이션은 스페인 음악과 비디오에 특화된 회사다. 이 회사의 세후 영업이익은 2,000만 달러, 자본적 지출은 1,500만 달러, 감가상각은 500만 달러다. 향후 5년간 이 세 가지 항목이 모두 10% 성장할 것으로 예상하고 있다. 5년 차 이후에는 연 4%씩 영구적으로 꾸준히 성장할 것으로 예상한다. 이익과 자본적 지출, 감가상각이 영구적으로 4%씩 증가할 것으로 가정하며, 자본비용은 12%이다. (운전자본은 없다.)

   a. 회사의 잔존가치를 구하라.

   b. 여기서 암묵적으로 가정한 재투자율과 자본이익률은 얼마인가?

   c. 안정 성장 구간에서 자본적 지출이 감가상각을 상쇄한다고 가정했다면, 잔존가치는 얼마인가?

   d. 자본적 지출을 감가상각과 동일하게 설정할 때 암묵적으로 가정하는 자본이익률은 얼마인가?

6 크래브 스틸은 펜실베이니아에 여러 개의 철강 공장을 소유하고 있다. 이 회사는 최근 한 해 동안

4억 달러의 자본을 투자하여 4,000만 달러의 세후영업이익을 기록했다. 회사는 향후 3년간 영업이익이 매년 7%, 이후에는 3% 성장할 것으로 예상하고 있다.

a. 회사의 자본비용이 10%이고 현재의 자본이익률이 영구적으로 지속될 것으로 예상한다면, 3년 차 말의 가치는 얼마인가?

b. 3년 차 이후에도 영업이익이 고정될 것으로 예상한다면 (3년 차의 이익이 향후에도 매년 유지된다) 잔존가치는 얼마인가?

c. 3년 차 이후 영업이익이 영구적으로 5%씩 감소할 것으로 예상한다면, 잔존가치는 얼마인가?

7 앞의 문제에서, 크래브 스틸의 자본비용이 8%라고 한다면 답이 어떻게 달라지는가?

가치평가 바이블

13장
서사와 숫자:
스토리에서 가치로

앞서 몇 장에 걸쳐 가치평가 입력 변수를 살펴보았다. 이쯤 해서 가치평가와 가격을 결정하는 요인은 숫자뿐이라는 결론에 도달했을지 모른다. 하지만 그것은 오해다. 이번 장에서는 기업의 가치평가와 가격 결정에서 숫자 뒤에는 스토리가 존재한다는 점과, 가치평가의 핵심은 타당한 비즈니스 스토리를 구성하고 서사(내러티브)를 숫자로 연결해 가치평가에 활용하는 능력이라는 점을 제시한다. 먼저 가치평가가 스토리와 숫자를 어떻게 연결하는지 알아본 후, 비즈니스 스토리를 구성하는 과정과 합리성을 검증하는 절차, 스토리를 가치평가의 입력 변수와 결괏값으로 바꾸는 방법을 다룬다.

가치평가는 서사와 숫자를 연결하는 다리

데이터 접근성이 향상되고 데이터를 활용할 도구가 발전하면서, 가치평가 분야는 숫자에 초점을 두었던 데서 더 나아가 재무 모형 설계 위주로 변했다. 그러면서 가치

[그림 13.1] 가치평가 = 서사 + 숫자

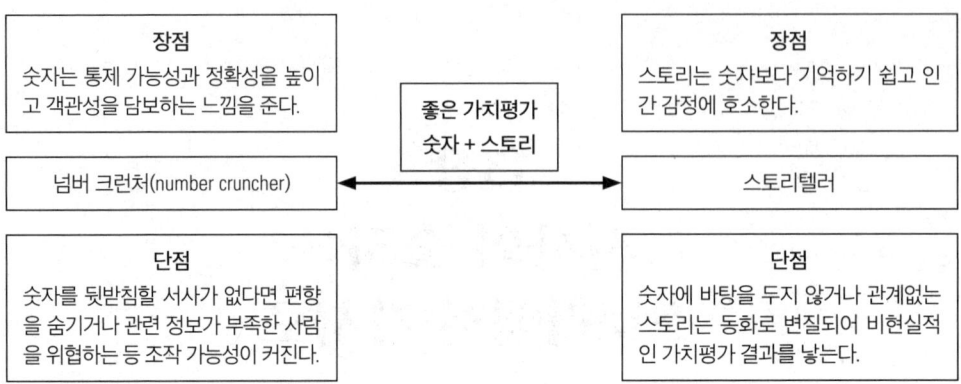

평가는 언젠가부터 길을 잃은 것처럼 보인다. 좋은 가치평가의 핵심은 스토리와 숫자의 연결고리로서 비즈니스 스토리를 가치평가의 입력 변수와 연결해 결국 가치를 도출하는 것이다(그림 13.1).

요약하자면 스프레드시트나 모형에 숫자를 나열하면 가치평가가 아니라 재무 모형을 얻을 뿐이다. 반대로 기업의 전망에 관한 스토리는 얼마나 원대하든 설득력 있든지 간에 한낱 동화에 불과할 뿐이다. 현실에 뿌리내린 가치평가는 성장률과 위험, 수익성을 측정한 모든 숫자를 설명하는 스토리와, 브랜드 가치부터 경영진까지 기업에 관한 모든 스토리를 뒷받침하는 숫자가 있어야 한다.

모든 사람은 숫자와 스토리 중 특히 더 뛰어난 영역이 있기에 각자 약점이 아닌 강점을 활용하려고 한다. 하지만 가치평가의 한쪽에만 초점을 두면 다음과 같은 위험이 있다.

■ 본인이 숫자에 강하고 주변에 넘버 크런처가 적잖게 같이 일하고 있다면 가치평가 시 훨씬 중요한 사항(예컨대 기업 비즈니스 모델의 실현 가능성)이 아니라, 헛된 정확성(예컨대 소수점 넷째 자리까지 할인율 추정)을 우선시한다. 스프레드시트에 숫자밖에 없다면 기업 가치평가가 아니라 재무 모형을 설계한 것에 지나지 않는다.

■반면 스토리텔링에 강하다면 다른 망상에 빠질 수 있다. 원대하고 미래를 내다보는 스토리를 내놓으면 비록 동화에 불과하더라도 더 큰 가치를 부여받는다고 믿게 된다. 숫자가 없다면 높은 가치를 정당화하기 위해 유행어를 남발하기 일쑤다.

타당한 가치평가를 해내고 여기에 바탕을 두고 행동하려면 원칙을 지키는 스토리텔러가 되거나 상상력이 풍부한 넘버 크런처가 되어야 한다. 숫자를 잘 다루는 사람은 정성적 요인에 통달해서 이를 숫자로 바꾸는 능력을 키워야 한다. 반대로 스토리텔링에 끌리는 사람은 숫자에 통달해서 가치평가 입력 변수로 바꾸는 능력을 키워야 한다.

스토리텔링의 중요성

가치평가 분야에서 일하거나 공부한 적이 있다면 스토리에 호소하는 방식이 다소 이상하게 느껴질 것이다. 모든 전통적 가치평가에서 기업의 내재가치는 성장률과 마진, 재투자 소요에 의해 결정되는 현금흐름에 바탕을 둔다. 그렇다면 숫자를 희석하는 스토리를 끼워 넣어 집중을 해칠 이유가 무엇인지 잘 이해되지 않을 것이다. 이번 섹션에서는 심지어 숫자에 익숙한 사람에게도 숫자보다 스토리가 전달력이 좋은 이유를 먼저 알아본 후 숫자와 연동한 스토리를 통해 심각한 오류와 편향을 피할 방법을 다룬다.

스토리는 잘 통한다

잘 짜인 스토리는 숫자로는 불가능한 방식으로 청자에게 전달된다. 스토리와 청자의 유형에 따라 전달력이 좋은 이유가 다양하고 그 수준도 격차가 크다. 최근 몇 년간 여러 과학자가 이유에 초점을 두고 연구한 결과 스토리와 관련한 화학·전기 자극이 인간 두뇌에 각인되었을 가능성을 제기했다.

화학 자극부터 살펴보자. 클레어몬트 대학원 대학교의 신경경제학자 폴 잭(Paul Zak)은 인간 두뇌의 시상하부에서 옥시토신이라는 신경 화학 물질을 발견했다.[1] 그는 신뢰와 배려라는 감정과 관련 있는 옥시토신은 강력한 스토리나 내러티브를 들을 때 생성될 뿐 아니라, 이후 청자의 행동에도 변화를 준다고 주장했다. 게다가 스토리 속의 스트레스를 받는 구간에서 뇌는 코르티솔을 생성해 청자의 집중력을 높인다. 다른 연구에서도 스토리가 행복한 결말을 맞으면 뇌의 보상 중추인 대뇌 변연계가 도파민을 생성해 희망과 낙관의 감정을 환기한다는 사실을 발견했다.

그레그 스티븐스(Greg Stephens)와 로런 실버트(Lauren Silbert), 우리 하슨(Uri Hasson)은 뇌의 전기 자극이 스토리텔링에 반응하는 방식을 연구해 '신경 결합(neural coupling)'이라는 용어로 설명했다.[2] 특히 한 젊은 여성이 열두 명의 피험자에게 스토리를 들려주는 상황에서 스토리텔러와 청자의 뇌파를 모두 기록한 실험은 두 가지 현상을 발견했다. 첫째, 스토리텔러와 청자는 뇌파가 동기화해 뇌의 똑같은 부위에서 화학 물질이 발생하는데, 스토리를 해석해야 하는 청자 쪽에서 시간 지연이 있었다. 차이를 가져온 원인이 스토리 자체였는지를 판단하기 위해 러시아어로 스토리를 들려준 결과(피험자 중 러시아어를 구사하는 사람은 없었다) 뇌파 활동이 중단되었다. 즉 연결 고리는 스토리와 그 이해였다. 둘째, 스토리의 일부 구간에서는 청자의 뇌 자극이 스토리텔러보다 먼저 일어났다. 스토리에 몰두한 청자는 다음 단계를 예측하며 듣는다는 뜻이다. 따라서 스토리텔러와 청자의 뇌파 동기화 수준이 높을수록 더 효과적인 의사소통이 가능하다.

스토리는 기억하기 쉽다

30년 넘게 교직에 몸담은 나는 수십 년 전 수업을 기억하는 학생들을 종종 만나는 행운을 누렸다. 그때 수업에서 다루었던 상세한 학습 내용은 이미 잊었지만, 별것 아

---

1   Zak, P., 2014, *Why your brain loves good story telling*, Harvard Business Review, October 2014.
2   Stephens, G.J., L.J. Silbert and U. Hasson, 2010, *Speaker-listener Neuro Coupling underlies Successful Communication*, Proceedings of the National Academy of Scientists(PNAS).

닌 일화와 스토리를 정확히 기억하는 제자가 얼마나 많은지 정말 놀라울 따름이다.

교수와 학생만 이런 경험을 하지는 않는다. 연구에 따르면 스토리는 지속력이 있다. 사람들은 숫자보다 스토리를 훨씬 오랫동안 큰 어려움 없이 기억한다. 한 연구는 피험자에게 스토리와 설명문을 읽게 한 후 시간이 흐른 뒤 기억력을 측정했다.[3] 스토리나 설명문이나 논지가 똑같았는데도 피험자는 스토리를 50% 이상 더 많이 기억했다. 이를 두고 연구자는 스토리에 담긴 인과관계가 특히 피험자의 추론을 필요로 한다면 훨씬 기억하기 쉽다는 가설을 세웠다. 피험자가 여러 형식의 문장을 읽고 기억하라는 과제를 수행한 결과 인과관계가 몹시 명백하거나 약한 구성은 잘 기억하지 못했다. 반면 인과관계가 노골적이지 않아서 더 생각해야 하는 구성은 잘 기억했다.

여러 연구를 통해 청자의 참여를 끌어낼 뿐 아니라 스스로 생각하고 이해해야 하는 스토리가 가장 효과가 좋다는 교훈을 얻을 수 있다. 스토리텔러가 애초에 의도했던 대로 청자가 잘 이해하더라도 결론을 주입하기보다는 청자가 스스로 깨쳐야 기억이 더 오래가기 마련이다. 삶이 그러하듯 스토리텔링도 간결할수록 좋다.

스토리는 행동을 독려한다

스토리는 스토리텔러와 청자의 감정을 연결하고 더 오랫동안 생생히 기억날 뿐 아니라 청자의 행동도 끌어낸다. 폴 잭은 스토리텔링 연구의 하나로 스토리를 들을 때 생성되는 옥시토신과 이후 행동의 관계도 분석했다. 한 실험에서는 피험자에게 영국 정부가 만든 공익 광고 영상을 보게 한 후 옥시토신의 증감을 측정했다. 옥시토신을 많이 생성한 사람일수록 영상에 나온 자선단체에 더 많이 기부하는 결과가 따랐다.

또한 스토리가 신경 화학 물질의 증가를 낳아 더 많은 행동을 끌어낸다는 결과도 있었다. 예컨대 극적인 반전이 있는 내러티브는 평이한 구성보다 더 많은 반응을 끌어냈다. 극중 인물에 더 몰입하게 하는 스토리도 마찬가지였다.

예컨대 저평가 기업 주식은 매수하고 고평가 기업 주식은 매도하는 행동을 중시하

---

3   Graesser, A. C., Singer, M., Trabasso, T., 1994, *Constructing Inferences During Narrative Text Comprehension*, Psychological Review, 101, 371-395.

는 투자자의 가치평가 관점에서는 어떠한가? 투자자는 오직 숫자에만 바탕을 둘 때 보다는 스토리가 뒷받침된 가치평가를 근거로 행동할 가능성이 더 크다.

스토리텔링의 위험

가치평가에서 내러티브를 만드는 것이 중요하지만 스토리텔링이 개입할 여지를 주면 위험도 따른다. 균형을 위해 스토리의 문제를 살펴보며 '제한적(bounded) 스토리텔링'을 향한 길도 알아보자.

스토리는 감정을 흔든다

이전 섹션에서 알아보았듯 스토리는 감정과 연결되고 기억하기 쉬우며 청자의 행동을 끌어내므로 강력하다. 똑같은 이유로 스토리는 청자뿐 아니라 스토리텔러에게도 몹시 위험할 수 있다. 이전 섹션에서는 스토리를 말하고 듣는 상황을 다루었다면 이번 섹션에서는 스토리에만 바탕을 두고 결정할 때 따르는 위험을 경고한다.

행동 경제학은 비교적 최근에 생겨난 분야로 심리학과 경제학이 만나는 장이라고 할 수 있다. 간단히 말해 인간이 특히 감정과 본능, 직감처럼 잘못된 결정을 끌어내는 모든 인간 본성의 어두운 면을 파헤친다. 행동 경제학의 아버지 대니얼 카너먼(Daniel Kahnemann)은 저서 《생각에 관한 생각(Thinking, Fast and Slow)》을 통해 인간의 다채로운 비이성적 면모를 지적했다. 특히 인간이 의사결정 과정에 활용하는 편향 중 스토리에 영향받을 가능성이 큰 몇 가지를 언급했다.[4] 사실과 거리가 먼 감정에 지배당할 위험은 청자로 국한되지 않는다. 스토리텔러 역시 똑같은 문제에 부닥친다. 자기가 말하는 스토리를 스스로 믿고 행동의 근거로 삼기 때문이다. 스토리는 인간의 기존 편향을 먹이로 삼기에 오류가 강화하고 악화된다. TED 강연에서 타일러 코웬(Tyler Cowen)은 유명 심리학 서적이 독자에게 자기 본능을 믿으라고 종용하는 흐름

---

4   Kahnemann, D., 2010, *Thinking, Fast and Slow*, Farrar, Straus and Giroux.

을 비판했다. "인간을 실수로 이끄는 가장 중요한 단일 요인은 스스로에게 몹시 많은 스토리를 이야기하거나 스토리에 쉽사리 현혹되는 것이다. 왜 심리학 책은 그 사실을 언급하지 않는가? 대다수 책을 통해 몇몇 편향을 배우게 되지만, 더 많은 다른 편향이 사실상 악화된다. 따라서 심리학 책 자체가 인지 편향의 일부를 이룬다."[5]

앞서 스토리텔링은 청자가 스토리에 빠져들수록 의심을 거두고 미심쩍은 주장과 가정을 비판 없이 수용할 가능성이 커진다고 했다. 스토리텔러는 장점으로 느낄지 몰라도 정확히 그 이유로 사기꾼(대개 스토리텔링의 달인이다)이 막대한 부를 들먹이며 청자의 돈을 뺏는다. 올리버 스톤(Oliver Stone)의 말로 알려진 것처럼 "뛰어난 스토리텔러는 청자가 감정에 취해 이성적 사고의 끈을 놓고 자기가 하자는 대로 하기를 원한다." 스톤 같은 영화 제작자는 확실히 이 측면을 공략해야겠지만 비즈니스 스토리에는 적용하기 어렵다.

기억은 변덕스럽다

많은 스토리텔러가 개인적인 기억에 바탕을 두고 스토리를 만드는데, 효과적으로 전달한다면 다른 방식보다 훨씬 오랫동안 기억될 것이다. 여러 연구 결과가 뒷받침하듯 인간의 기억은 상당히 취약하고 조작 가능성이 높기에 스토리텔러와 청자는 모두 거짓 기억에 근거하여 판단하고 결정할 가능성이 항상 존재한다.

2014년 NBC 앵커 브라이언 윌리엄스(Brian Williams)가 그동안 반복해서 이야기했던 2003년 이라크 침공 당시 자기 경험이 모두 지어낸 스토리였다고 털어놓으며 '거짓 기억'이라는 문제가 관심을 받았다. 목숨을 걸고 취재한 영웅적인 기자로서 위상을 확보하는 등 자기 이익을 위해서 거짓말을 했을 가능성도 있지만, 시간이 흐르며 자기가 만든 이야기를 진실로 믿었을 가능성도 상당히 크다. 과거 실제 일어나지 않았던 사건이 실재했다고 피험자가 믿게 하는 데 성공한 기억 분야 연구자에게는 그리 터무니없는 가설이 아니었을 것이다. 한 연구에서는 전과가 없는 피험자의 70%가

---

5   https://www.youtube.com/watch?v=RoEEDKwzNBw

청소년 시절 범죄를 저질러 경찰 조사를 받은 적이 있다고 믿었다.[6] 다른 연구에서는 피험자가 어릴 때 쇼핑몰에서 길을 잃은 적이 있다는 (거짓) 기억을 심는 데 성공하기도 했다.[7]

그렇다고 해서 모든 스토리가 만들어진 '작품'이라거나 거짓으로 가득하다는 뜻은 아니다. 선의의 스토리텔러라고 해도 자기 기억을 재구성할 때가 있고, 그 스토리를 청자 역시 들은 것과 다른 방식으로 기억할 때가 있다는 사실을 강조하기 위해서다.

현실과 동떨어진 동화로 끝날 가능성

재미를 위한 스토리텔링과 달리 비즈니스 스토리텔링은 현실에 발을 붙이기에(또는 그래야만 하기에) 창의적이기만 한 비즈니스 스토리텔러는 보상받을 가능성이 없다. 스토리텔링이 기업 의사결정을 좌우하면 정도가 지나쳐 환상의 나라로 빠져버릴 위험이 커진다. 특히 비즈니스 스토리텔링에서는 다음과 같은 문제가 일어날 수 있다.

- **동화**: 대부분 표준적인 구성을 따르더라도 스토리의 어딘가부터 화자가 합리적 기대를 낙관적 희망으로 대체하고 창의력이 샘솟을 때 일어난다. 스토리는 당연하게도 화자가 성공을 구가하고 어마어마한 보상을 받는 해피 엔딩으로 끝난다.
- **대성공 스토리**: 동화와 유사한데 스토리 구성이 탄탄하고 주인공이 아주 매력적이라서, 청자는 스토리가 진짜이기를 간절히 바란다. 그 결과 스토리 속의 구멍이나 비논리를 놓친다.

즉 한계를 두지 않으면 스토리텔링은 초점을 잃어 적어도 비즈니스 스토리 차원에서는 관련된 모두를 위험에 빠뜨릴 수 있다. 다음 섹션에서는 스토리텔링의 위험을 염두에 두고 현실적이고 상식적인 비즈니스 스토리를 전달하는 법을 알아보자.

---

6   Shaw, J. and S. Porter, 2015, Constructing Rich False Memories of Committing Crime, Psychological Science March 2015 26: 291-301.
7   Loftus, Elizabeth F.; Pickrell, Jacqueline E., 1995, The Formation of False Memories, Psychiatric Annals, Vol 25(12), Dec 1995, 720-725.

스토리를 숫자로 바꾸는 법

앞서 살펴본 것처럼 기업 가치를 평가하는 사람은 저마다 다른 강점이 있기에 주안점도 다르게 둔다. 그래서 약점까지 반영할 수 있는 가치평가 절차를 세우는 것이 중요하다. 이번 섹션에서는 내러티브와 숫자를 결합하는 목표를 달성하기 위한 가장 효과적인 단계를 제시한다. 여러분도 이 표준 절차를 살짝 변형하면 최적의 방법을 찾을 수 있을 것이다.

단계별 접근

넘버 크런처는 가치평가의 첫 단계로 비즈니스 스토리부터 살펴보는 것이 유용하시반, 스토리텔러는 숫자에서 시작하는 편이 더 효과적일지도 모른다. 그림 13.2는 스토리에서 시작하는 가치평가의 5단계를 보여준다.

[그림 13.2] 스토리를 숫자로 바꾸는 5단계

1단계: 평가 대상 기업의 내러티브 수립
내러티브는 시간이 흐르며 기업이 어떻게 발전할지 스토리를 다루어야 한다. 최대한 간결하게, 초점을 잃지 말라.
2단계: 가능성과 타당성, 개연성의 척도로 내러티브 검증
가능성 있는 내러티브가 몹시 많더라도 타당한 것(실현 가능)은 일부에 불과하고, 개연성(현실이 될 가능성이 상당히 큼)까지 있는 것은 극소수다. 동화나 대성공 스토리를 주의하라.
3단계: 내러티브를 가치 동인으로 전환
내러티브를 상세히 분석, 잠재 시장 규모부터 현금흐름과 위험 등 가치평가 입력 변수로 바꿀 방법을 검토한다. 이 단계를 마치고 나면 각 내러티브는 숫자에 반영되어야 하고, 각 숫자는 스토리상 뒷받침되어야 한다.
4단계: 가치 동인을 가치평가에 연동
내재가치평가모형을 수립해 입력 변수와 최종 가치를 연동한다.
5단계: 피드백과 반영
기업을 더 잘 아는 사람의 의견을 반영해 내러티브를 가다듬거나 변경하고, 최종 가치에 미치는 영향을 계산한다.

모든 기업 가치평가는 관련 스토리에서 시작해야 하고, 스토리를 말하려면 대상 기업의 강점과 약점뿐 아니라 속한 산업도 잘 이해해야 한다. 2단계에서는 스토리를 스트레스 테스트해 이른바 '3P', 즉 가능성(possibility)과 타당성(plausibility), 개연성(probability)을 검증한다. 3단계에서는 스토리를 11장에서 다뤘던 일반 가치평가모형의 중심을 이루는 성장률과 이익률, 재투자, 위험 등 가치평가 입력 변수로 바꾼다. 4단계에서는 그 입력 변수를 활용해 가치평가 원칙에 바탕을 두고 가치를 도출한다. 마지막 5단계에서는 스토리를 두고 생각이 다른 사람의 의견을 반영함으로써 스토리와 가치평가의 향상을 도모한다.

1단계: 비즈니스 스토리 수립   먼저 평가 대상 기업에 가장 적합하다고 생각하는 가치평가 스토리를 수립해야 한다. 그러려면 기업과 제품, 경쟁하는 시장과 경쟁사를 먼저 이해해야 한다. 이때 다음을 참고하여 판단하라.

- ■사업: 비즈니스 스토리를 수립할 때는 대상 기업이 영위하는 사업을 규명하는 것이 가장 중요하다. 당연해 보이지만 실제로는 보기보다 어려운 일이다. 예컨대 페이스북은 무슨 사업을 하는가? 많은 이가 답으로 내놓을 소셜미디어는 그 자체로는 사업이 아니라 다른 사업을 수행하기 위한 발판에 가깝다. 2023년만 놓고 보면 매출이 대부분 광고에서 비롯했다. 이 상황이 지속하리라는 가정은 페이스북 비즈니스 스토리의 핵심 구조를 이룬다.
- ■재무 이력: 미래가 과거처럼 반복하리라는 믿음이 기업의 스토리를 짤 때 재무 이력을 고려하는 이유는 아니다. 오히려 역사, 즉 과거 성장률과 이익률이 반복하리라는 스토리는 과거와 다른 미래가 펼쳐지리라는 스토리만큼이나(예컨대 고성장에서 저성장으로, 적자에서 흑자로 전환) 검증이 필요하기 때문이다. 애널리스트가 신생기업과 스타트업 가치평가에 애를 먹는 이유 중 하나는 역사가 몹시 짧기 때문이기도 하다(뒷장에서 더 상세히 다룬다).
- ■전체 시장 역사와 성장률: 기업 제품과 서비스가 속한 전체 시장의 과거 성장률 기

록과 미래 성장률 추정은 비즈니스 스토리를 결정하는 핵심 요인이다. AI 반도체 사업에 속한 엔비디아처럼 성장하는 시장에 속한 기업은 정체하거나 역성장하는 시장에 속했을 때보다(청량음료의 코카콜라, 담배의 알트리아(Altria)) 고성장하리라는 스토리가 더 자연스럽다.

■ **경쟁**: 기업은 성장하는 시장에 속하면 순풍을 타지만 이내 경쟁에 부닥치기 마련이다. 역사를 살펴보면 성장 시장에서 몰락하는 기업으로 가득하다. 스토리를 수립할 때는 기업이 이미 확보했거나 부족한 경쟁우위가 무엇인지, 나아가 앞으로 어떻게 발전할지를 고려해야 한다. 진입장벽이 낮거나 없는 시장에 속한 기업이라면 갈수록 성장하기가 어렵다는 한계를 비즈니스 스토리에 반영해야 한다.

■ **거시경제**: 기업과 산업이 거시경제 위험에 더 많이 노출될수록 앞으로 발생할 것으로 보이는 거시경제 상황을 스토리에 반영해야 한다. 경기순환 기업을 가치평가한다면 경제 상황에 관한 판단이 비즈니스 스토리의 핵심을 이룰 것이고, 석유 회사를 가치평가한다면 향후 유가 흐름에 관한 판단이 핵심을 이룰 것이다.

비즈니스 스토리를 수립할 때는 창의적인 소설가가 되려는 생각보다는 가치평가의 기초를 다진다는 생각으로 다음과 같은 목표를 설정해야 한다.

■ **최대한 단순한 스토리**: 기업의 비즈니스 스토리는 흥미롭기는 해도 가치와 관련 없는 부분으로 인해 산만해지기 쉽다. 가치평가에서 가장 강력한 비즈니스 스토리는 간명해서 기업의 핵심을 건드린다. 앞서 예시에서 다룬 아마존 가치평가에서 1997년부터 2012년까지 핵심 스토리는 매출을 일으키기만 하면 이익이 따라오리라는 믿음에 바탕을 둔 '꿈의 기업'이었다. 하지만 2013년 이후에는 공략할 만한 지점이 보이는 모든 사업에 진출해 효율성과 인내심을 바탕으로 재편하는 '파괴적 혁신 기계'가 스토리의 핵심을 이루었다.

■ **집중을 잃지 않는 스토리**: 평가 대상 사업의 종류와 관계없이 돈을 벌어야 가치가 있다. 해당 기업이 현재 돈을 벌지 못하더라도 비즈니스 스토리는 미래에 이익을

남길 방법에 관한 단서를 포함해야 한다.

　뛰어난 가치평가 스토리는 간결하면서도 일시적인 유행어는 피하고 가치평가나 사업 이해도가 낮은 초보자도 공감할 수 있어야 한다.

비즈니스 스토리의 다양한 스펙트럼

　문학은 사실 단 몇 가지 스토리 구성(plot)만 존재하고 이들을 조합해서 새로운 스토리라고 말한다. 마찬가지로 현실에 존재하는 비즈니스 스토리도 단 몇 가지 구성밖에 없다. 기업이 속한 산업과 생애주기 단계에 따라 스토리가 달라지므로 지나친 일반화와 전체 스펙트럼을 포괄하지 못할지도 모르겠지만 대표적인 비즈니스 스토리 구성은 다음과 같다.

비즈니스 스토리	사업 유형	투자의 주안점
포식자	시장 점유율이 높고 브랜드 가치가 압도적이며 자본 접근성이 뛰어나고 거침없다는 명성이 자자한 기업	경쟁을 이겨내고 매출과 이익이 계속해서 증가할 것이다.
언더독	업계 1위보다 시장 점유율이 한참 낮지만 품질이나 가격 우위가 있다고 주장하는 기업	고객 만족을 위해 1위 기업보다 더 열심히 노력할 것이다. 더 친절하고 상냥하다는 이미지를 활용할 때가 많다.
유레카 순간	우연한 기회로 시장이 충족하지 못하는 수요, 나아가 이를 채울 방법을 발견했다고 주장하는 기업	시장이 충족하지 못하는 수요를 공략해 성공할 것이다.
성능이 더 좋은 쥐덫	기존에 존재하던 제품이나 서비스를 더 편리하고 고객이 원하는 방식으로 제공할 더 나은 방법을 찾았다고 주장하는 기업	기존 기업의 시장 점유율을 빼앗을 것이다.
시장 파괴자	제품과 서비스를 제공하는 방법을 근본에서부터 바꾸어 업의 규칙을 재정의하는 기업	파괴를 통해 비효과적이고 비효율적인 산업을 바꾸고 돈도 벌 것이다.
저비용 우위	원가를 절감할 방법을 알아냈고 판매량을 늘리기 위해 가격을 인하할 의지가 있는 기업	마진이 낮지만 판매량을 늘려 상쇄할 수 있다.

선교사	돈 버는 것을 넘어 숭고하고 더 높은 차원의 소명을 다하기 위해 사업한다는 기업	사회에 좋은 일을 하면서 돈도 벌 것이다.

이 목록은 모든 비즈니스 스토리는 아니더라도 상장기업과 비상장기업의 상당 비중을 포괄한다. 다음 두 가지 사항도 고려하라. 첫째, 하나의 기업을 두고 두 내러티브가 동시에 성립할 때도 있다. 2015년 9월의 우버는 시장 파괴자 스토리(자동차 서비스 산업의 재편)와 더불어 포식자 스토리(차량 공유시장에서 적수가 없는 선두 주자)를 동시에 펼쳤다. 둘째, 기업이 성숙해지면서 내러티브는 변하기 마련이다. 구글이 1998년 검색엔진시장에 처음 들어왔을 때는 초라한 언더독에 불과했지만 시간이 흘러 2015년에는 압도적인 포식자로 입지가 변했다.

[예시 13.1] 비즈니스 스토리: 조마토

이번에는 2021년 상장 시점의 인도 외식 배달업체 조마토(Zomato)를 살펴보자. 당시 조마토는 매출이 작고 영업손실이 막대했지만 인도 외식 배달시장에서 시장 점유율이 상당히 높았고 주요 경쟁사는 두 곳이었다(스위기, 아마존 푸드). 조마토의 비즈니스 스토리를 수립하려면 인도 외식 배달시장과 그 성장 잠재력을 이해해야 한다. 표 13.1은 인도 외식 배달시장의 규모를 미국과 유럽, 중국과 비교해 보여준다.

[표 13.1] 인도 외식 배달시장(2021년)

	인도	중국	미국	EU
일반 외식				
2020년 GDP(1조 달러)	2.71	14.70	20.93	15.17
인구(100만 명)	1,360	1,430	330	445
1인당 GDP(달러)	1,993	10,280	63,424	34,090
외식업체 수(천 개)	1,000	9,000	660	890
외식 배달				
온라인 접근성 비율(%)	43	63	88	90
온라인 외식 배달 서비스 사용자(100만 명)	50	450	105	150
2019년 온라인 외식 배달시장 규모(100만 달러)	4,200	90,000	21,000	15,000
2020년 온라인 외식 배달시장 규모(100만 달러)	6,200	110,000	49,000	13,800

이렇게 인도 외식 배달시장은 규모와 1인당 사용량 면에서 다른 세 군데 시장에 뒤처지지만, 부(인도는 GDP가 더 낮다)와 인터넷 서비스(조마토는 스마트폰 앱을 통해 배달한다) 상 차이를 고려할 때 일면 당연해 보이기도 한다. 또한 인도인은 미국인이나 중국인보다 외식을 덜 한다는 문화적 차이도 있다.

조마토의 비즈니스 스토리는 인도라는 국가와 외식 트렌드와 관련한 다음 요인을 반영한다.

- 인도인의 부가 증가하고 온라인 접근성이 확대하면서 인도 외식·식품 배달시장은 10년 후 250억 달러 (1조 8,000억~2조 인도 루피) 규모로 성장할 것이다.
- 두세 군데 대형 기업이 계속해서 시장을 지배하겠지만 특수 시장을 노리는 수많은 경쟁사가 상당한 점유율을 차지할 것이다. 조마토는 승자 또는 생존자 목록에 이름을 올리는 데서 그치지 않고 외식 배달시장의 40%를 차지하는 지배자가 될 것이다.
- 조마토의 매출은 자사 플랫폼에서 일어난 총주문액에서 인식하는 수수료에서 비롯한다. 수수료율은 2020년 23.13%, 2021년 21.03%였고 향후 22% 수준에 수렴할 것으로 보인다.
- 조마토 같은 중개 사업에서 가장 큰 비중을 차지하는 비용은 고객 획득과 마케팅 비용이다. 성장이 둔화하면 이 비용도 매출 대비 비중이 줄어들어 수익성이 높아지는 결과를 낳을 것이다. 조마토가 속한 시장은 몇몇 대형 기업이 지배할 것이기에 세전 영업이익률이 35%에 이를 것으로 예상한다. 하지만 게임의 규칙을 지키지 않는 기업이 나타난다면(가능성이 없지는 않다) 수익성이 오히려 떨어질지도 모른다.
- 매출 성장을 위한 조마토의 재투자는 기술 투자와 인수 형태를 띨 것이다. 한동안 계속해서 재투자하다가 성장이 둔화하는 시점에 이르면 재투자 소요가 줄어들 것이다.
- 조마토는 글로벌 기업이 되려는 야심 찬 목표를 두지만 여전히 인도 기업으로서 인도 거시경제 성장률에 제약받는다는 영업 위험이 존재한다. 인도 루피 기준 자본비용은 이러한 국가 위험을 반영한다.
- 조마토는 현재 적자 기업이지만 스타트업 단계는 지났기에 당장 파산할 가능성은 작다. 긍정적인 면은 규모와 자본 접근성, 상장 이후 늘어난 현금 잔액이 실패 위험을 낮춘다는 점이다. 반면 여전히 현금을 소진하기에, 생존하려면 향후 자본을 조달해야 한다는 부정적인 면도 있다. 종합해 볼 때 실패 확률은 10%로 추정한다.

이 비즈니스 스토리는 조마토가 본연의 외식 배달 사업에 집중할 것이고 식료품과 건강식품 배달에서 부수적인 수익을 얻을 것으로 본다.

2단계: 3P 테스트　비즈니스 스토리를 수립하고 나면 스토리가 이른바 3P 테스트를 통과할지 확인해야 한다. 그림 13.3은 가능성과 타당성, 개연성의 기준과 차이를 보여준다.

가능성에서 타당성으로, 다시 개연성으로 넘어갈수록 스토리텔러가 더 설득력 있

[그림 13.3] 가치평가 스토리: 3P 테스트

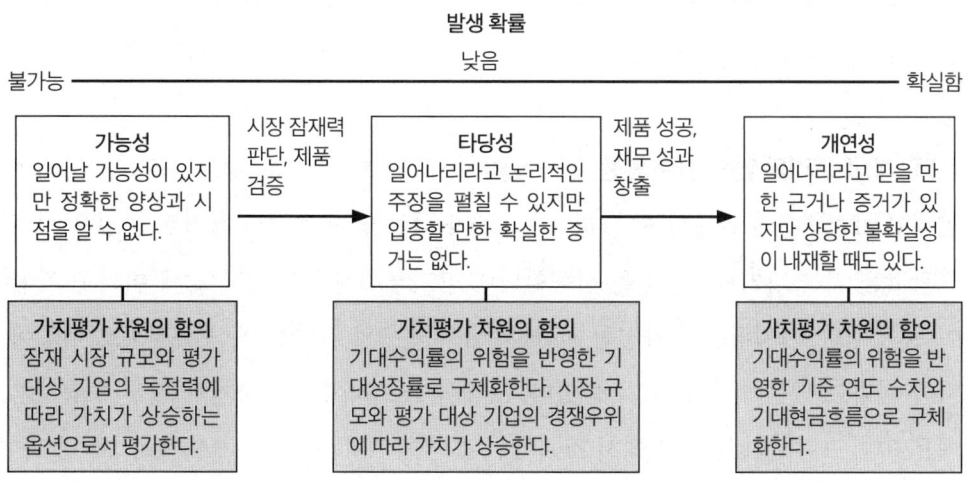

발생 확률

낮음

불가능 ——————————————————————————————————— 확실함

| 가능성 | → 시장 잠재력 판단, 제품 검증 → | 타당성 | → 제품 성공, 재무 성과 창출 → | 개연성 |

가능성
일어날 가능성이 있지만 정확한 양상과 시점을 알 수 없다.

타당성
일어나리라고 논리적인 주장을 펼칠 수 있지만 입증할 만한 확실한 증거는 없다.

개연성
일어나리라고 믿을 만한 근거나 증거가 있지만 상당한 불확실성이 내재할 때도 있다.

가치평가 차원의 함의
잠재 시장 규모와 평가 대상 기업의 독점력에 따라 가치가 상승하는 옵션으로서 평가한다.

가치평가 차원의 함의
기대수익률의 위험을 반영한 기대성장률로 구체화한다. 시장 규모와 평가 대상 기업의 경쟁우위에 따라 가치가 상승한다.

가치평가 차원의 함의
기대수익률의 위험을 반영한 기준 연도 수치와 기대현금흐름으로 구체화한다.

는 설명이나 더 많은 데이터를 제시해야 하는 만큼 검증이 엄격해진다. '가능성' 검증은 가장 약한 단계로서 스토리를 뒷받침할 경로가 존재하고 동화가 아니라는 점을 보이면 된다. 그보다 엄격한 '타당성' 검증은 적어도 어느 정도 규모(특정 시장이나 지역)에서 성공했다는 증거를 요구한다. 마지막 '개연성' 검증은 규모가 커지더라도 비즈니스 스토리가 유효하고 진입장벽이 작동한다는 점을 입증해야 하기에 가장 엄격하다.

오랫동안 사업해서 트랙 레코드가 존재하는 기업은 향후 과거와 똑같은 사업을 영위하리라고 가정하면 손쉽게 3P 테스트를 통과한다. 코카콜라가 청량음료시장 전체와 비슷한 속도로 성장한다거나, 알트리아가 흡연 인구가 줄어드는 속도와 비슷하게 매출이 줄어들 것이라는 가정에 이의를 제기할 사람은 드물다. 하지만 코카콜라가 술을 파는 회사가 된다거나 알트리아가 대마초 사업에 진출한다면 더 많은 설명과 강력한 증거가 필요하다.

조마토는 계속 변화하고 성장하는 인도 외식 배달시장에서 파괴적 비즈니스 모델을 키우는 단계이기에 3P 테스트를 통과하기가 더 어렵다. 외식 배달 사업에 한해서 수립한 스토리는 조마토가 적어도 매출 성장과 시장 점유율을 이미 달성했기에 비교적 옹호하기가 수월하다. 2021년에는 식료품 배달부터 더 다양한 제품을 유통하는 플랫폼까지 훨씬 광범위한 스토리가 존재했기에 더 어려운 검증에 부닥쳤다(그렇다고 통과하지 못한다는 뜻은 아니다).

3단계: 스토리와 입력 변수 연동 스토리는 구성 부분을 가치평가 입력 변수로 변환해야 가치평가에 반영할 수 있다. 수십 개가 넘는 입력 변수와 복잡한 과정을 거쳐 결괏값을 얻는 가치평가모형을 사용한다면 불가능하지는 않더라도 꽤 어려운 작업이 될 것이다. 가치평가가 가능한 한 적은 입력 변수와 간단한 계산 과정으로 이루어져야 한다고 믿는 이유도 여기에 있다. 그래야 스토리에 연동하기가 훨씬 수월하기 때문이다. 그림 13.4는 11장에서 소개했던 일반 가치평가모형을 요약해서 보여준다.

입력 변수를 분류해보면 기업 현금흐름의 핵심 동인은 다음 세 가지다.

- **성장**: 비즈니스 스토리에서 성장이 가장 잘 드러나는 요소는 매출 성장률이다. 매출은 판매량이 늘거나 단위 판매가가 높아지면 늘어난다. 매출 성장률은 시장 규

[그림 13.4] 가치 동인

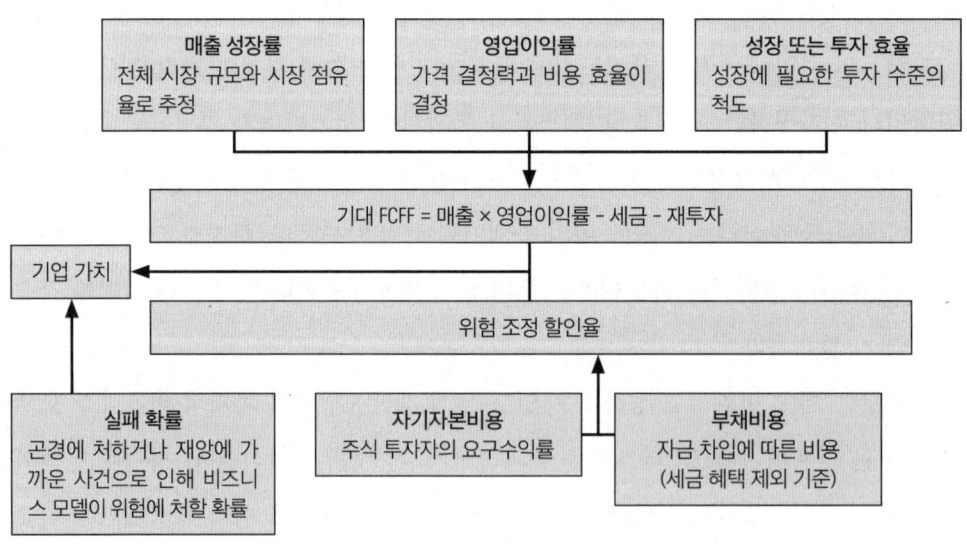

가치평가 바이블

모가 클수록 더 높으므로 핵심 동인은 제품과 서비스의 전체 시장 규모다. 같은 시장에서도 규모가 큰 기업일수록 속도가 느려지므로 매출 성장률은 더 낮다.

- **수익성**: 비즈니스 스토리상 수익성은 영업이익률 추정치에서 잘 드러난다. 이때 단위 경제성, 즉 기업이 판매할 제품이나 서비스 한 단위를 추가 생산하는 데 드는 비용을 살펴봐야 한다. 단위 경제성이 우수할수록 영업이익률이 높다. 경영 상태가 뛰어난 회사끼리 비교하더라도 대개 소프트웨어회사가 화학이나 자동차 회사보다 영업이익률이 높다.
- **투자 효율**: 기업이 매출을 늘리려면 재투자가 필요하다. 제조회사라면 유형자산에, 기술회사라면 R&D와 인수에 재투자할 것이다. 투자액 단위당 성장으로 이어지는 효율, 즉 투하자본회전율이 높을수록 매출이 더 많이 증가한다.

기업의 위험을 반영하는 입력 변수는 다음 두 가지다.

- **영업 위험**: 앞서 3장에서 기업의 자본비용을 계산하는 법을 다루었는데, 더 포괄적으로 보면 자본비용은 곧 기업 영업 위험의 척도다. 다시 말해 영업 위험이 클수록 자본비용이 높다. 자본비용이 높고 낮은 수준을 결정하는 요인이 무엇인지 알아보기 위해 전 세계 기업의 지역별 자본비용 분포를 보여주는 표 13.2를 보자(2023년 1월 기준).
  단위는 미국 달러 기준이지만 미국과 해당 지역 간 인플레이션율 차이를 반영하면 다른 통화로 쉽게 환산할 수 있다. 예컨대 인플레이션율이 미국은 3%이고 인도는 5%라고 하면 인도 기업의 인도 루피 기준 자본비용 중앙값은 13.19%다(신흥시장 기업의 자본비용 중앙값에 2%포인트를 더한다).
- **실패 위험**: 기업이 계속기업으로서 생존하는 한, 기업 잉여현금흐름을 자본비용으로 할인하면 영업자산의 가치를 얻는다. 반면 신생기업이나 부실기업은 실패 확률이 존재한다. 이때 실패 위험을 반영하는 방법으로는 할인율을 높이는 쪽보다, 우려하는 상황이 발생할 때 가치가 어느 정도일지 판단하는 편이 낫다.

[표 13.2] 미국과 전 세계 기업의 자본비용(미국 달러 기준, 2023년 1월)

분위수	미국	신흥시장	유럽	일본	전 세계
제1십분위수(위험 최소)	6.01%	8.08%	7.26%	7.71%	7.39%
제1사분위수	7.26%	9.56%	8.64%	9.07%	9.08%
중앙값	9.63%	11.19%	10.41%	10.72%	10.60%
제3사분위수	10.88%	12.97%	12.02%	11.50%	12.07%
제9십분위수(위험 최대)	11.63%	15.31%	14.25%	13.10%	14.04%

[그림 13.5] 스토리와 가치평가 입력 변수

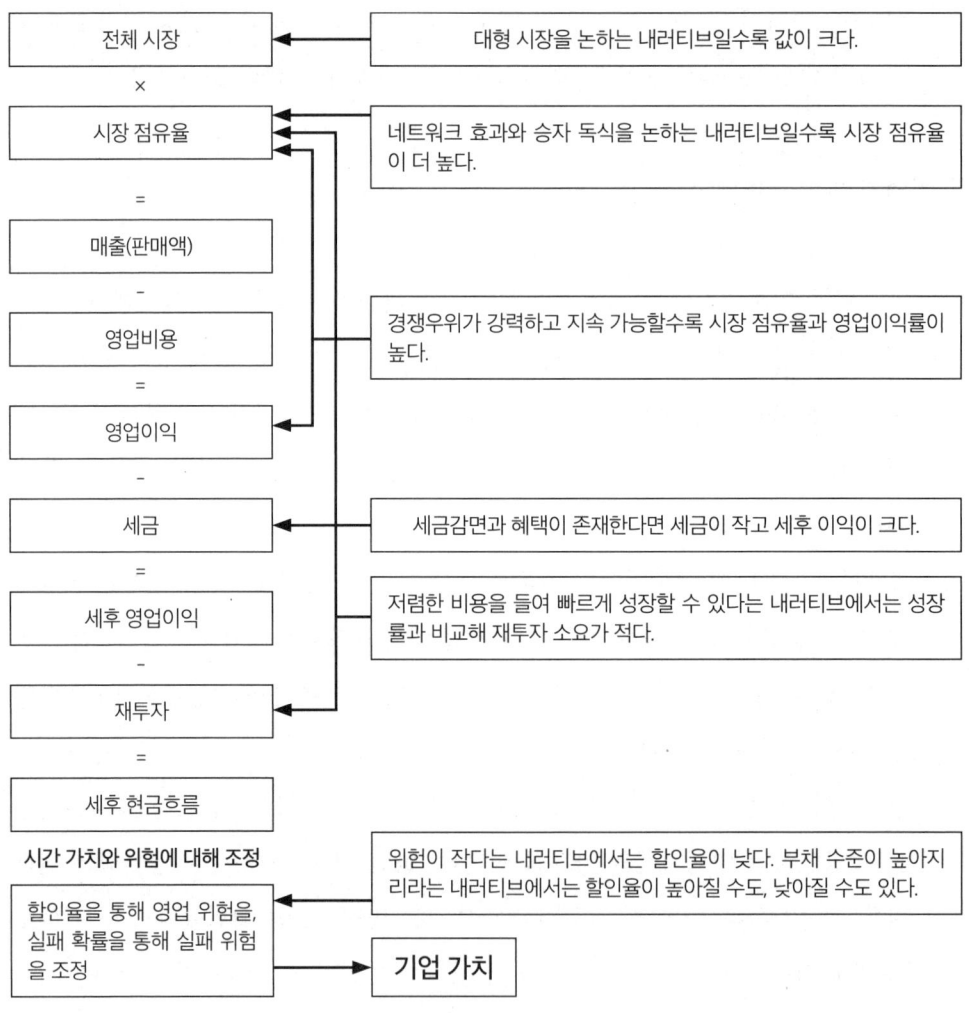

따라서 비즈니스 스토리를 가치와 연결하려면 스토리를 반영하기 위해 어떤 입력 변수를 변경해야 할지 고려해야 한다. 그러므로 비즈니스 스토리의 소구점이 잠재 시장 규모가 크다는 것이라면 매출 성장률로, 경쟁사보다 강력한 경쟁우위가 있다는 것이라면(기술 우위, 브랜드, 특허 보호 등) 높은 시장 점유율로 드러날 것이다. 그림 13.5는 비즈니스 스토리의 핵심 요소와 가치평가 입력 변수 간 관계를 보여준다.

[예시 13.2] 스토리의 가치평가 입력 변수 변환: 조마토

앞서 살펴본 과정을 2021년 상장 시점의 조마토에 적용해보자. 전체 시장을 인도 음식 배달시장으로 두었을 때 그림 13.6은 2021년 6월 기준 조마토의 스토리와 입력 변수 간 관계를 보여준다. 스토리를 구성하는 모든 부분이 가치평가 입력 변수로 이어지고, 스토리를 바꾸면 입력 변수와 가치도 바뀐다.

[그림 13.6] 스토리와 가치평가 입력 변수: 조마토(2021년 6월)

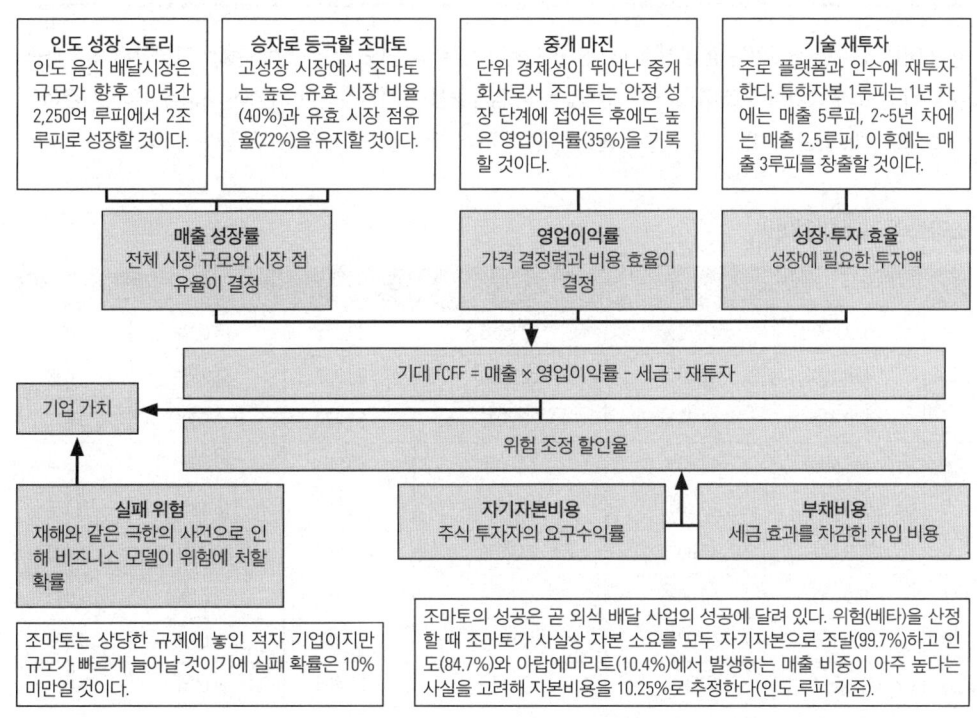

4단계: 입력 변수에서 가치 산정 　스토리를 가치평가 입력 변수로 바꾼 뒤에는 예측치와 가치를 도출하는 다소 기계적인 단계가 기다린다. 즉 매출 성장률을 통해 미래 연도의 기대 매출을 구한 후 마진 예측치를 곱해 영업이익을 구한다. 스토리의 재투자 관련 내용은 영업이익에서 현금흐름을 구할 때 적용하고, 위험 관련 내용은 현금흐름을 할인해 현시점 가치를 구할 때 적용한다.

순서를 잘 지켰다면 가치평가의 모든 숫자를 스토리가 뒷받침하고, 기업에 관한 스토리는 가치평가에 상응하는 숫자가 존재하기 마련이다. 무엇보다도 입력 변수를 임의로 조정하여 기존과 다른 가치 추정치를 도출하기 어렵다는 점이 중요하다. 입력 변수에 큰 변화를 주려면 스토리를 재구성해야 하는데 3P 테스트를 통과하기가 쉽지 않기 때문이다.

[예시 13.3] 가치평가 입력 변수에서 가치 산정: 조마토

앞서 다룬 조마토 스토리는 상당히 낙관적인 기대를 반영한다. 인도 경제가 계속해서 고성장해 외식과 음식 배달 수요가 증가하고 조마토가 지배적인 시장 점유율을 유지하리라는 가정에 바탕을 두기 때문이다. 이 스토리와 연결된 가치평가 입력 변수를 통해 먼저 기대 영업이익을 예측해보자(단위: 100만 인도 루피).

조마토의 기대 영업이익

	전체 시장	유효 시장 비율	유효 시장 점유율	매출	영업이익률	EBIT
1	337,500	41.72%	22.00%	30,975	-10.00%	-3,097
2	438,750	41.29%	22.00%	39,853	1.25%	498
3	570,375	40.86%	22.00%	51,270	6.88%	3,527
4	741,488	40.43%	22.00%	65,951	12.50%	8,244
5	963,934	40.00%	22.00%	84,826	18.13%	15,379
6	1,203,471	40.00%	22.00%	105,905	20.23%	21,425
7	1,440,555	40.00%	22.00%	126,769	27.61%	35,001
8	1,650,156	40.00%	22.00%	145,214	35.00%	50,825
9	1,805,271	40.00%	22.00%	158,864	35.00%	55,602
10	1,881,995	40.00%	22.00%	165,616	35.00%	57,965

다음에는 세금과 재투자의 영향을 반영한다. 적자를 기록하는 1년 차에는 세금을 내지 않고 영업손실을 이월한 덕분에 2년 차에도 25% 세율을 적용받지 않는다는 점을 유념하라. 투자 효율과 관련하여 자본회전율을 기준으로 둔 가정을 활용하면 다음 표 13.3처럼 재투자와 잉여현금흐름을 추정할 수 있다.

[표 13.3] 기업 잉여현금흐름과 현재가치: 조마토(2021년)

연도	EBIT	세율	EBIT(1-t)	재투자	FCFF	자본비용	현재가치
1	-3,097	0.00%	-3,097	2,207	-5,305	10.25%	-4,811
2	498	0.00%	498	3,551	-3,053	10.25%	-2,512
3	3,527	6.63%	3,293	4,561	-1,273	10.25%	-950
4	8,244	25.00%	6,183	5,872	311	10.25%	210
5	15,379	25.02%	11,531	6,292	5,239	10.25%	3,216
6	21,425	25.02%	16,065	7,026	9,039	10.00%	5,044
7	35,001	24.99%	26,253	6,594	19,299	9.74%	9,813
8	50,825	25.00%	38,119	6,148	31,970	9.48%	14,848
9	55,602	25.00%	41,702	4,550	37,152	9.23%	15,797
10	57,965	25.00%	43,474	2,251	41,224	8.97%	16,085

기업 현금흐름을 자본비용(10.25%에서 점차 낮아져 10년 차에는 8.97%를 적용했다)으로 할인해 주당 가치를 구한다.[8] 가치평가의 마지막 단계는 10년 차 말 기준 잔존가치 추정으로, 10년 차 이후 영구성장률 4.25%(인도 루피 기준)와 자본이익률 12%를 가정해서 다음과 같이 구한다.

$$\text{잔존가치} = \frac{\text{세후 영업이익}_{11} \times \left(1 - \dfrac{\text{성장률}}{\text{ROIC}}\right)}{\text{자본비용} - \text{성장률}} = \frac{43,474 \times 1.0425 \times \left(1 - \dfrac{0.0425}{0.12}\right)}{0.0897 - 0.0425} = 620,133$$

잔존가치를 할인해 1~10년 차 현금흐름의 현재가치에 더하면 영업자산 가치를 얻는다. 여기에서 부채를 빼고 현금 잔액(상장으로 조달한 자금도 포함한다)과 비영업자산을 더한 후 스톡옵션의 가치를 빼면 주식 가치를 얻는다. 이를 상장 후 유통주식 수로 나누면 주당 가치를 얻는다.

잔존가치의 현재가치	241,972
+ 향후 10년간 FCFF의 현재가치	56,739
= 영업자산의 가치	298,712

---

8   시간이 흐르며 자본비용이 변하므로 예컨대 7년 차 현금흐름은 누적 자본비용으로 할인해서 구한다.

$$\frac{19,299}{1.10255 \times 1.10 \times 1.0974} = 9,813$$

- 실패 위험 조정	14,936
= 실패 위험 조정 영업자산의 가치	283,776
- 부채 및 소수지분	1,592
+ 현금(상장으로 조달한 자금 포함)	105,332
+ 비영업자산	30,628
= 주식 가치	418,144
- 스톡옵션의 가치	73,245
= 보통주 주식 가치	344,898
÷ 유통주식 수	7,946.68
= 주당 가치(루피)	43.40

실패 위험을 조정한 영업자산의 가치는 실패 확률이 10%이고 청산가치가 공정가치의 절반이라는 가정에 바탕을 두고 계산한다. 즉 298,712 × 0.9 + 298,712 × 0.5 × 0.1 = 283,776(100만 루피)이다. 따라서 주당 가치는 43루피로 도출했다. 하지만 각 단계에 스토리가 어떻게 숫자로 바뀌는지 상세히 파악하고 돌아보아야 한다.

5단계: 피드백 반영   한 기업에 관한 스토리를 수립했고 3P 테스트를 통과했으며 가치평가 입력 변수로 변환한 후 가치평가까지 마쳤다고 하자. 축배를 들고 싶겠지만 손에 쥔 값이 기업의 객관적인 가치가 아니라 여러분의 스토리와 입력 변수를 반영한 주관적인 가치이고 얼마든지 틀릴 가능성이 있음을 유념하라. 그래서 가치평가 과정에 피드백을 반영하는 것이 정말 중요하다. 특히 여러분의 생각과 가장 멀어 보이는 관점을 들이는 것이 중요하다. 무조건적인 방어보다는 비판의 목소리를 듣거나 읽으며 논지를 더 강화하고 스토리를 공고히 다지는 재료로 활용해야 한다.

[예시 13.4] 피드백 반영: 조마토

앞서 다룬 조마토 가치평가에도 이견이 있었다. 저마다 다른 스토리를 제안하며 가치가 더 높거나 낮아야 한다는 주장이 여럿 있었다. 조마토가 상장일에 시가가 72루피였지만 몇 달간 주가가 계속 상승해 150루피까지 치솟으면서 더 높은 가치를 주장하는 스토리가 시장에서 득세했다. 스토리가 달라지면 가치평가에 어떤 영향을 미치는지 알아보기 위해 표 13.4와 같이 3P 테스트로 여러 스토리 유형을 분류한 후 주당 가치를 구해보았다(단위: 100만 인도 루피).

가치평가 바이블

[표 13.4] 다양한 스토리와 주당 가치: 조마토

조마토 스토리	전체 시장	유효 시장 비율	유효 시장 점유율	목표 영업 이익률	자본비용	주당 가치 (루피)
배달업계 괴물	5,000,000	40%	25%	45%	9.50%	150.02
배달업계 스타	5,000,000	40%	22%	35%	9.50%	93.30
배달업계 선두 주자, 경쟁 존재	5,000,000	40%	15%	25%	10.99%	61.55
외식 배달업계 괴물, 인도 고성장	3,000,000	40%	25%	45%	9.50%	94.31
외식 배달업계 스타, 인도 고성장	3,000,000	40%	22%	35%	9.50%	59.02
외식 배달업계 선두 주자, 경쟁 존재, 인도 고성장	3,000,000	40%	20%	25%	10.99%	35.52
이 책의 스토리, 긍정적 시나리오	2,000,000	40%	25%	45%	10.25%	56.66
이 책의 스토리, 평균적 시나리오	2,000,000	40%	22%	35%	10.25%	39.48
이 책의 스토리, 부정적 시나리오	2,000,000	40%	20%	25%	10.25%	26.16
외식 배달업계 괴물, 인도 저성장	1,125,000	40%	25%	45%	9.50%	36.48
외식 배달업계 스타, 인도 저성장	1,125,000	40%	22%	35%	9.50%	24.02
외식 배달업계 선두 주자, 경쟁 존재, 인도 저성장	1,125,000	40%	20%	25%	10.99%	16.58

이 표를 보고서 그 어떤 값이든 합당한 논리가 있다고 생각할는지 모른다. 하지만 그렇지 않다. 조마토의 주당 가치가 어떤 스토리를 세웠는지에 따라 큰 폭으로 변동하는 것은 사실이지만 모든 스토리가 똑같이 타당하지는 않다. 특히 신생기업에 투자할 때는 타당하고 확신이 드는 스토리를 찾아야 할 뿐 아니라 다른 의견을 주장하는 투자자가 항상 존재한다는 사실을 받아들여야 한다. 더 성숙한 기업이라면 대개 스토리가 한 방향으로 수렴하기 마련이므로 가치평가 결과를 두고도 이견이 적다. 투자는 다른 사람보다 적게 틀릴 때 보상을 얻기 마련이므로 신생기업 가치평가가 잠재 보상이 훨씬 크다는 주장에는 일리가 있다. 성숙 기업과 비교해 가치를 두고 훨씬 많은 이견이 존재하기 때문이다.

기업 생애주기를 관통하는 서사와 숫자

기업 재무와 가치평가는 해당 기업이 속한 생애주기 단계가 많은 것을 결정한다고 믿는다. 나아가 어느 생애주기에 속하든 기업의 내재가치는 기대 현금흐름의 현재가치라는 명제는 변하지 않지만 몇몇 차이가 있다.

■ **현금흐름 경로**: 신생기업은 비즈니스 모델을 확립하려고 고군분투하느라 초기에는 현금흐름이 마이너스를 기록한 후 고성장 단계에 들어서야 플러스로 전환하고, 안정 단계에 접어들기 전까지 빠른 속도로 성장한다. 성숙기업은 대개 현금흐름이 플러스이지만 미래 성장률이 훨씬 낮다. 쇠퇴하는 기업은 사업 규모가 줄어들면서 현금흐름도 줄어들 때가 많다.

■ **잔존가치 의존성**: 이번 장을 시작하며 현시점 기업 가치는 추정 기간 기대 현금흐름의 현재가치와, 추정 기간 이후 현금흐름을 반영한 잔존가치의 현재가치를 합한 값이라고 했다. 신생기업은 초기에 현금흐름이 마이너스이고 시간이 흐르며 빠르게 성장하고 플러스로 전환하므로 성숙기업과 비교해 미래 연도 현금흐름에서 비롯한 가치의 비중이 훨씬 크다.

가치평가가 스토리와 숫자를 연결하는 기제라는 개념을 유지한다면, 가치평가할 때 스토리와 숫자 중 무엇에 우선순위를 둘지도 생애주기에 따라 달라질 수밖에 없다. 역사적 데이터가 적고 비즈니스 모델을 둘러싼 의구심이 많은 초기에는 스토리가 가치평가 과정을 주도하고 입력 변수와 가치 추정치를 결정한다. 시간이 흐르며 비즈니스 모델의 성패 관련 데이터가 쌓이면 매출 성장률과 마진, 재투자 관련 숫자가 전면으로 부상하고 스토리는 뒷배경으로 물러난다.

그림 13.7은 기업 생애주기 단계마다 핵심 내러티브 동인과 함께 주안점이 내러티브에서 숫자로 이동하는 변화를 보여준다.

신생기업처럼 스토리가 가치평가를 주도할 때는 투자자 간 스토리와 가치 추정치

[그림 13.7] 기업 생애주기에 걸친 서사와 숫자

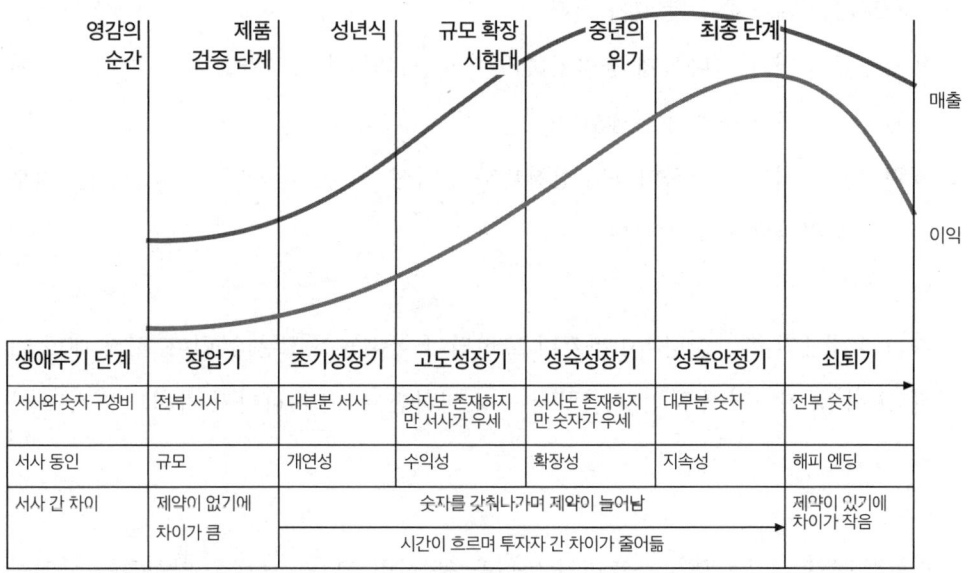

생애주기 단계	창업기	초기성장기	고도성장기	성숙성장기	성숙안정기	쇠퇴기
서사와 숫자 구성비	전부 서사	대부분 서사	숫자도 존재하지만 서사가 우세	서사도 존재하지만 숫자가 우세	대부분 숫자	전부 숫자
서사 동인	규모	개연성	수익성	확장성	지속성	해피 엔딩
서사 간 차이	제약이 없기에 차이가 큼	숫자를 갖춰나가며 제약이 늘어남				제약이 있기에 차이가 작음
		시간이 흐르며 투자자 간 차이가 줄어듦				

의 차이가 크고, 숫자가 가치평가를 주도할 때는 차이가 줄면서 서로 비슷한 가치로 의견이 수렴한다는 점을 유념하라. 시장이 이성적이고 효율적이라고 해도 신생기업은 성숙기업보다 주가 변동성이 훨씬 큰 이유이기도 하다.

스토리 재수립과 변화, 폐기

스토리를 중심으로 가치평가 과정을 구축하면 기업을 둘러싼 새로운 뉴스가 나오거나 실적을 공시할 때 어떤 영향을 미칠지 기준을 잡을 수 있다는 장점이 있다. 새로 취임한 CEO가 불러올 변화에 대한 선전에 휘둘리거나 애널리스트 전망치를 3센트나 5센트쯤 앞서는 실적을 올렸는지에 집중하는 대신에, 새 CEO가 비즈니스 내러티브(서사)를 얼마나 변화시킬지, 실적 공시가 스토리에 변화를 줄 만큼 위력적인지에 초점을 둘 수 있다. 스토리 변화는 크게 세 가지 유형으로 나눈다.

- 회사 내외부에서 발생하는 사건이나 조처가 가치에 치명적인 영향을 미쳐 기존 스토리를 폐기해야 할 때가 있다.
- 기존 스토리가 지나치게 광범위하거나 제한적인 것으로 판명 나면 재평가를 거쳐 가치가 하락하거나 상승한다.
- 핵심 스토리는 유지하더라도 성장률과 수익성, 현금흐름 관련 구성 요소를 일부 변경한 결과 가치도 변한다.

따라서 내재가치가 안정적이라거나 고정되어 있다는 주장은 틀렸다. 평가 대상 기업과 그 사업, 거시경제 차원의 입력 변수가 변하면 스토리, 나아가 가치도 변하기 마련이다.

스토리 폐기   가치평가 스토리가 바탕을 두는 비즈니스 모델을 약화하는 사건이 일어나면 대개 기존 스토리와 가치는 더 이상 유효하지 않다. 스토리를 폐기해야 하는 대표적인 유형을 알아보자.

a. **핵심 인물 이탈**: 회사 사업에 큰 영향을 미치던 핵심 인물이 이탈하면 비즈니스 스토리가 더 이상 유효하지 않다. 특히 소형 기업일수록 특정 인물의 역할이 결정적이므로 배관 사업자나 의원, 치과는 대개 수명이 영원하지 않다. 규모가 커지면서 핵심 인물 의존도는 줄어들지만 유명인을 중심으로 돌아가다 보니 그 사람의 입지가 흔들리면 상당한 가치가 훼손되거나 더 심각한 일이 벌어지는 회사도 있다. 일론·머스크가 과연 테슬라의 가치를 높이는지 낮추는지를 둘러싸고 설립 이래 서로 다른 의견이 분분했는데 규모가 커지면서 훨씬 큰 영향을 미치게 되었다.

b. **법률 및 규제 문제**: 법률과 규제로 인해 회사가 할 수 있는 일과 할 수 없는 일을 제약받을 때가 있다. 특히 사업을 하면서 반드시 지킬 법적 기준이 있다면 강도가 더 높을 수밖에 없다. 예컨대 정부가 외식 배달을 엄중히 규제한다면 조마토는 가치에 치명적인 손상을 입을 것이다.

c. **자연재해**: 회사는 대개 보험을 통해 자연재해로부터 보호받지만, 피해 규모가 몹시 커서 어느 보험사도 감당하지 못하거나 보험이 제공되지 않은 곳에 있어서 보호 불가한 재해에 시달리는 지역도 세계 곳곳에 있다.

d. **사기 및 부정행위**: 사기와 부정행위는 회사의 존재 자체를 위협하기도 한다. 법적 처벌에 노출될 뿐 아니라 고객과 직원, 투자자와 신뢰도 무너지기 때문이다. 1990년대에 엔론(Enron)은 원대한 스토리와 함께 시가총액도 끝없이 상승했지만 최고위층에 만연한 부정행위가 폭로되면서 파멸을 피하지 못했다. 혈액 검사 사업을 하며 한때 평가액이 90억 달러까지 치솟았던 테라노스(Theranos) 역시 검사 결과를 조작했다는 증거가 공개되면서 몇 달 만에 가치가 전부 사라졌다.

e. **자본 접근성**: 신생기업은 큰 희망으로 가득 찬 스토리를 실현하려면 자본이 필요하다. 시장 위기나 경기 침체로 인해 자본이 말라붙으면 스토리를 구성하는 핵심 요소가 건재하더라도 스토리를 폐기해야 할지도 모른다.

f. **기타**: 신생기업은 자기 잘못이 아니더라도 운이 좋지 않아서 스토리를 폐기해야 할 때도 있다. 예컨대 신생 제약사는 개발 중이던 유망 약품에 치명적인 부작용을 보이는 임상 환자가 나타나면 사실상 기존 스토리와 가치가 더 이상 유효하지 않을 가능성이 크다.

일반적으로 스토리 폐기는 기업 생애주기 초기에 일어나지만 어느 정도 규모를 키운 단계일 때 훼손된 가치 기준으로 더 치명적인 결과가 나타난다.

스토리 변경　기존 스토리에 따라 도출한 가치가 몹시 높거나 낮다고 판단케 하는 사건이 일어나면 스토리와 가치를 변경해야 한다. 거시경제 사건일 때도 있지만 대개 기업이 택한 행동으로 인해 기존 스토리를 재평가해야 할 때가 많다.

■ **실적 공시**: 회사가 실적을 공시하면 많은 투자자가 이익에 초점을 두며 주당순이익이 애널리스트 전망치를 뛰어넘거나 밑도는지 확인한다. 하지만 스토리를 재

평가해야 할 만큼 상당히 중요해서 관심을 두어야 할 정보는 행간에 숨어 있다.

■ **인수:** 특히 대형 상장기업을 노리는 인수는 계획적인 베팅으로서 스토리에 극적인 변화를 주기도 한다. 이스트먼 코닥의 스털링 드럭스(Sterling Drugs) 인수나 타임 워너(Time Warner)의 AOL 인수처럼 계획이 실패로 돌아가면 인수기업은 하락세를 면할 수 없다. 만약 성공하면 성숙·안정 상태에서 성장하는 회사로 스토리를 바꿀 수 있다.

■ **경영진 변동:** 오랜 기간 재임한 CEO를 외부에서 영입한 인물로 대체하는 등 최고경영진이 변하면 스토리와 가치를 재평가하는 계기가 될 때도 있다. 전임자가 은퇴하며 자연스럽게 변동이 찾아오거나 주주 행동주의자가 지분을 매수하며 갑작스레 찾아오기도 한다.

조마토는 실적 공시를 통해 외식 배달을 벗어나 식료품 배달로 확장할 만한 돌파구로 해석할 정보를 공개하면 스토리가 확장해 가치가 상승하는 결과를 낳는다. 반대로 경쟁사 스위기가 수수료율을 낮추는 계획을 발표하면 조마토의 스토리 중 수익성 부분에 영향을 미친다. 실제로 조마토가 2022년 식료품 배달 스타트업 블린킷(Blinkit)을 인수하면서 스토리가 확장하고 가치가 상승했다.

스토리 미세 수정 핵심 스토리를 폐기하거나 변경하지 않더라도 거시경제 상황이나 개별 기업 스토리에 바탕을 두고 전반적인 흐름을 재평가하기도 한다. 예컨대 애플을 두고 스마트폰을 만드는 성숙기업으로서 현금 창출 기계라는 스토리는 지난 10년간 변하지 않았다. 하지만 구체적인 수치, 나아가 무위험 이자율과 주식 위험 프리미엄 등 거시경제 변수를 최신 정보로 갱신하며 주당 내재가치 추정치에는 상당한 변화를 주었다.

시간이 흐르며 내재가치가 변화하는 것을 받아들이기 힘든가? 시장가격 역시 내재가치 변화에 영향받고, 투자는 가격과 가치의 괴리에 바탕을 둔다는 점을 유념하라. 지난 10년의 데이터를 보면 저평가가 여섯 해, 고평가가 네 해였고 시장가격은 내재

연월	주가(달러)	주당 가치(달러)	괴리
2011년 9월	54.47	69.30	-21.39%
2012년 9월	95.30	91.29	4.40%
2013년 9월	68.11	86.43	-21.20%
2014년 9월	100.75	97.91	2.90%
2015년 9월	110.30	130.91	-15.74%
2016년 9월	113.05	126.47	-10.61%
2017년 9월	154.12	158.33	-2.66%
2018년 9월	225.74	201.50	12.03%
2019년 9월	249.75	243.25	2.67%
2020년 9월	462.83	479.50	-3.48%

가치보다 훨씬 큰 변동 폭을 보였다.

조마토 스토리에서 성장은 인도 경제가 계속해서 견실히 성장하고 외식 산업은 경제 전반보다 더 빠른 속도로 성장하리라는 가정에서 비롯한다. 둘 중 적어도 하나에 영향을 미치는 정보를 입수하면 재평가를 통해 스토리와 가치를 미세 수정해야 한다.

결론

모든 가치평가는 스토리를 말한다. 스토리를 분명히 파악하는 것은 물론 연동성이 떨어지지 않는지도 점검해야 한다. 이번 장에서는 가치평가가 스토리와 숫자의 연결 고리로서 스토리에서 가치를 도출하는 5단계 과정을 알아보았다. 기업 생애주기에 따라 스토리와 숫자의 균형을 맞추는 법과 함께 스토리를 폐기하거나 변화, 미세 수정해야 하는 이유와 방법도 다루었다. 투자자는 자기가 직접 수립한 가치평가 내러티브와 사랑에 빠져, 정반대를 뜻하는 뉴스를 거부하고 싶은 충동을 느낀다. 사소한 문제만 생겨도 기존 가치평가를 폐기하지 않도록 충분히 자신감을 가짐과 동시에 데이터가 말하는 바와 달리 지나친 확신을 두지는 않는 적절한 균형 유지는 투자에서 가장 어려운 과제라 할 만하다.

연습문제 별도 표기가 없으면 주식 위험 프리미엄은 5.5%로 한다.

1 모든 가치평가가 스토리와 숫자 사이의 연결이라면, 기업 가치를 평가할 때 스토리텔링 측면에서 추구해야 할 목표는 다음 중 무엇인가?

    a. 기업에 대해 가능한 가장 낙관적인 스토리를 제시한다.

    b. 기업에 대해 가능한 가장 현실적인 스토리를 제시한다.

    c. 기업에 대해 가능한 가장 비관적인 스토리를 제시한다.

2 초기 기업의 가치를 가장 높게 이끌어내기 위해, 다음 중 어떤 조합이 그 가치를 실현할 가능성이 높은가?

    a. 높은 매출 성장, 높은 수익성, 높은 자본 집약도

    b. 높은 매출 성장, 낮은 수익성, 낮은 자본 집약도

    c. 높은 매출 성장, 높은 수익성, 낮은 자본 집약도

    d. 낮은 매출 성장, 높은 수익성, 낮은 자본 집약도

3 거대한 성숙 산업 내에 있는 어느 소기업의 가치평가를 검토하며 3P 테스트를 적용하려 한다. 해당 가치평가를 작성한 애널리스트는 이 기업이 시장 점유율을 높이며 높은 매출 성장을 기록하고, 산업 평균을 훨씬 상회하는 목표 영업이익률을 달성하며, 재투자는 적게(산업 평균보다 높은 매출 대 자본 비율) 할 것이라고 가정했다. 여기서 애널리스트에게 던져야 할 질문은 무엇인가?

4 미국 주방세제시장의 20%를 차지하고 있는 코멧의 가치를 평가하고 있다. 이 시장은 연간 약 3%씩 성장하는 성숙 산업이다. 이 회사의 신임 CEO는 아시아 시장으로 진출해 제품 가격을 공격적으로 인하함으로써 시장 점유율을 높이려는 작업에 착수했다. 다음 중 이러한 스토리에 가장 부합하는 가정은 무엇인가? (각 문항당 0.5점)

    i. 매출 성장

        a. 높음

        b. 낮음

        c. 변화 없음

ii. 영업이익률

    a. 증가

    b. 감소

    c. 변화 없음

iii. 자본비용

    a. 증가

    b. 감소

    c. 변화 없음

iv. 기업 가치

    a. 증가

    b. 감소

    c. 상황에 따라 다름

14장
주식 내재가치평가모형

엄밀히 말해서 상장기업 주식을 매수한 투자자가 얻는 유일한 현금흐름은 배당이다. 배당할인모형은 주식의 가치를 평가하는 가장 단순한 모형이다. 이 모형에서 주식 가치는 기대 배당의 현재가치와 같다. 많은 애널리스트가 배당할인모형이 시대에 뒤떨어진다고 생각해 더 이상 사용하지 않지만, DCF 가치평가의 토대를 이루는 통찰은 대부분 배당할인모형에서 비롯되었다. 실제로 배당할인모형이 유용한 가치 추정 방법인 기업이 여전히 존재한다.

배당할인모형의 가장 큰 문제점은 기업 경영진이 결정하는 배당금에 몹시 의존할 뿐 아니라 주주에게 현금을 환원할 수 있는 능력을 반영하지 못할 때도 있다는 점이다. 이번 장의 두 번째 섹션에서는 배당 가능액(potential dividend, 예컨대 주주 잉여현금흐름)을 추정해 주식 가치를 도출하는 방법을 알아본다. 이렇게 도출한 주식 가치 추정치는 대개 배당할인모형의 추정치와 차이가 나는데 그 원인과 시사점까지 알아볼 것이다.

[그림 14.1] 주식 가치평가

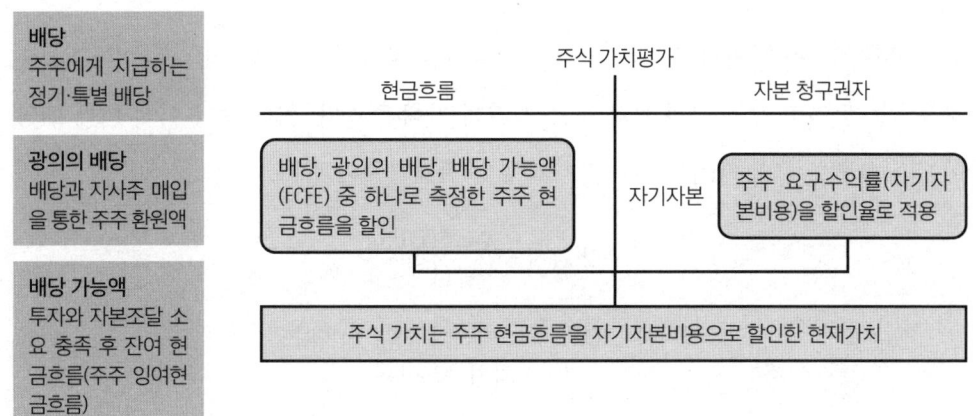

주식 가치평가

앞서 기업 전체를 가치평가할 때와 주식만 가치평가할 때의 차이를 살펴보았다. 그림 14.1과 같이 기업과 주식에 따라 현금흐름과 할인율 추정 방법이 달라진다는 것에 초점을 두었다.

주식 가치평가에 활용할 주주 현금흐름을 추정하는 방법은 세 가지다. 첫째, 적어도 상장기업을 대상으로 둘 때 가장 간단한 척도는 주주가 받는 배당이다. 둘째, 보다 광범위한 척도는 배당에 자사주 매입을 더해 계산하는 광의의 배당이다. 셋째, 가장 일반적인 척도는 재투자와 자금조달 소요 충족 후 남는 현금흐름, 즉 배당 가능액이다.

지급 능력 안에서만 배당을 지급하기에 주주 현금흐름을 추정하는 세 가지 방법이 모두 똑같은 값을 도출하는 기업이 몇몇 있다. 하지만 대다수 기업은 세 가지 방법이 서로 다른 값을 도출하기에 같은 기업을 두고도 주식 가치 추정치가 달라진다. 이번 장에서는 차이점도 다룰 것이다.

배당할인모형

주식을 매수한 투자자가 얻을 것으로 기대하는 현금흐름은 크게 두 가지다. 주식을 보유하는 동안 받는 배당과 보유 종료 시점의 기대 주가다. 기대 주가 역시 미래 배당이 결정하므로 주식 가치는 미래 기대배당의 현재가치와 같다.

$$주당\ 가치 = \sum_{t=1}^{t=\infty} \frac{E(DPS_t)}{(1 + k_e)}$$

여기서 DPS_t = t 기간의 주당 기대 배당
k_e = 자기자본비용

이 모형의 이론적 근거는 현재가치 원칙이다. 즉 모든 자산의 가치는 위험을 반영한 적절한 할인율로 미래 기대현금흐름을 할인한 현재가치다.

모형의 기본 입력 변수는 기대 배당과 자기자본비용이다. 기대 배당을 구하려면 이익의 미래 기대성장률과 배당성향에 관한 가정을 두어야 한다. 주식의 요구수익률은 위험이 결정하는데, 어떤 모형을 사용하는지에 따라 측정 방법이 다르다. 자본자산가격결정모형(CAPM)에서는 시장 베타가, 차익거래가격결정모형 및 다중요소모형에서는 요소 베타가 이에 해당한다. 배당할인모형은 금리나 위험의 기대 변화로 발생하는 시간별 할인율의 변화를 반영할 만큼 유연하다.

변형 모형

배당을 영원히 추정할 수는 없으므로 미래 성장에 관한 서로 다른 가정에 바탕을 둔 변형 배당할인모형이 고안되었다. 그중에서 기업이 감당할 수 있는 배당을 주주에게 환원하는 안정 성장 기업 주식의 가치평가를 위해 고안된 가장 간단한 모형부터 살펴본다. 이어서 배당이 작거나 배당하지 않는 고성장 기업의 가치를 평가하기 위해 모형을 어떻게 변형할지 알아본다.

고든 성장 모형   고든 성장 모형(Gordon growth model)은 '안정 상태'에 있고 영원

히 지속할 수 있는 수준으로 배당이 계속 증가하는 기업의 주식 가치평가에 활용한다.

모형　고든 성장 모형은 주식 가치를 다음 기간 기대 배당과 자기자본비용, 배당 기대성장률의 함수로 계산한다.

$$\text{주식 가치} = \frac{\text{다음 기간 기대 배당}}{\text{자기자본비용} - \text{영구성장률}}$$

고든 모형은 단순하고 간결하다는 장점이 있지만 성장률을 영원히 유지한다는 가정, 나아가 안정 성장 기업이나 감당할 수 있는 배당에 바탕을 둔다는 점에서 한계가 있다.

안정 성장률　고든 성장 모형은 주식 가치를 평가하는 간난한 방법이지만, 안정 성장률로 성장하는 기업에만 적용 가능하다는 한계가 있다. 안정 성장률을 추정할 때 두 가지를 염두에 두어야 한다. 첫째, 배당 성장률이 영원히 지속될 것으로 가정하므로 매출과 이익 등 기업의 다른 영업 지표 역시 같은 비율로 성장한다고 추정해야 한다. 이익이 영원히 연 2% 증가하고 배당이 연 3% 증가하는 기업에서 장기적으로 일어나는 상황을 통해 그 이유를 이해해보자. 시간이 흐르면서 배당이 이익을 초과할 것이다. 이익 성장률이 배당 성장률보다 높다면 장기적으로 배당성향은 제로(0)에 수렴할 텐데, 이 역시 '안정 상태'로 볼 수 없다. 따라서 고든 성장 모형은 배당의 기대 성장률에 바탕을 두지만, 애널리스트는 평가 대상 기업이 진정한 '안정 상태'에 있다면 이익 기대성장률로 대체해도 똑같은 결과를 얻는다.

둘째, 안정 성장률로서 합리적인 성장률이 어느 정도인지에 관한 문제다. 12장에서 다뤘듯이 안정 성장률은 평가 대상 기업이 속한 경제의 성장률과 똑같거나 낮다. 경영을 얼마나 잘하는지와 관계없이 경제 성장률 또는 그 대용물로서 무위험 이자율을 웃도는 성장률을 지속할 수 있는 기업은 없다. 게다가 12장에서 다뤘던 안정 성장에 관한 주의 사항이 여기에도 적용된다.

- 영원히 지속될 것으로 가정하는 자기자본이익률(ROE)은 지난해 실적이나 내년 실적 기대치가 아니라 장기적인 추정치를 반영해야 한다. ROE 추정치가 중요한 이유는 안정 성장 단계의 배당성향이 다음의 일관성을 유지해야 하기 때문이다.

$$배당성향 = 1 - \frac{안정\ 성장률}{안정\ ROE}$$

- 기업이 성숙기에 접어든다면 자기자본비용 역시 일관성을 유지해야 한다. 베타를 사용한다면 1에 가까운 값이어야 한다.

즉 가치평가 대상을 영원히 지속할 수 있는 속도로 성장하는 기업으로 본다면 배당성향과 위험 측면에서 성숙기업의 특성을 띠어야 한다.

한계 대대수 애널리스트가 이미 알아차렸듯이 고든 성장 모형은 다른 입력 변수(배당성향, 자기자본비용)가 고정되어 있다면 성장률 가정에 극도로 민감하다. 예컨대 다음 연도 주당 기대 배당이 2.50달러이고 자기자본비용이 15%이며 영구 기대성장률이 5%인 주식을 생각해보자. 주당 가치는 다음과 같다(단위: 달러).

$$주당\ 가치 = \frac{2.50}{0.15 - 0.05} = 25.00$$

그림 14.2는 이 가치가 성장률 추정치에 따라 얼마나 민감하게 변하는지 보여준다. 성장률이 자기자본비용에 가까워질수록 주당 가치는 무한대로 수렴한다. 성장률이 자기자본비용보다 높다면 주당 가치는 마이너스가 된다.

문제를 해결하는 두 가지 상식적인 방법이 있다. 첫째, 안정 성장률이 무위험 이자율을 초과할 수 없다는 제약을 추가한다. 앞선 사례에 적용하면 성장률이 15%보다 훨씬 낮아야 한다. 둘째, 성장은 공짜가 아니라는 사실을 염두에 둔다. 성장률이 상승하면 배당성향이 하락하는 것은 당연하다. 성장을 둘러싼 상충 관계로 인해 성장률 상승에 따른 순영향은 긍정적이거나 중립적, 심지어 부정적일 수도 있다.

[그림 14.2] 주당 가치와 안정 성장률

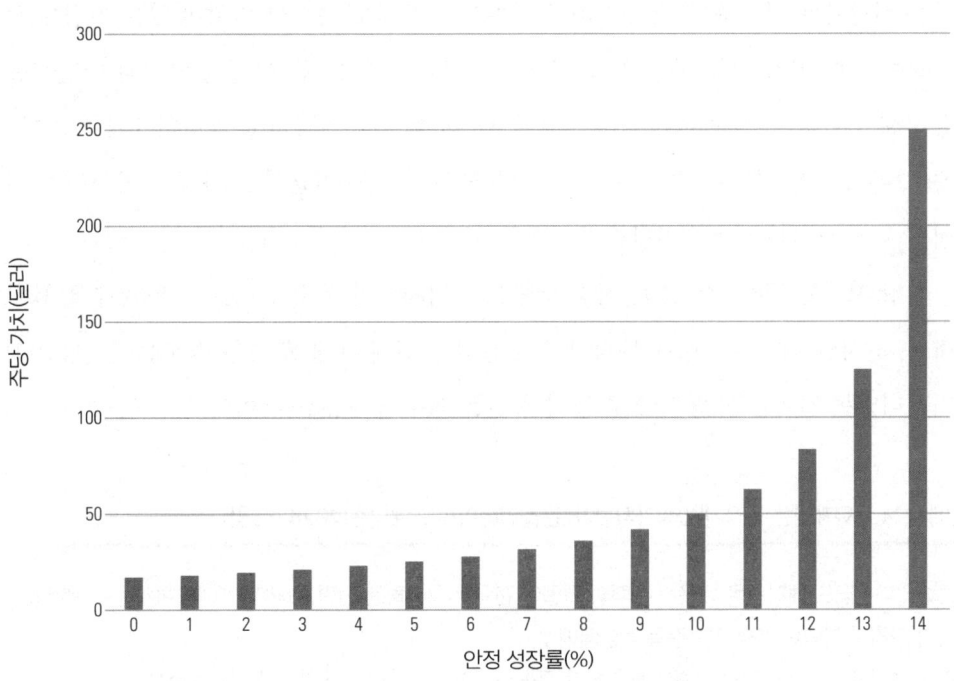

안정 성장률은 시간이 흘러도 고정되어야 할까?

배당 성장률이 시간이 흘러도 고정되어 있다는 가정은 특히 이익의 변동성을 고려할 때 만족하기 어려운 조건처럼 보인다. 과거 평균 성장률이 안정 성장률과 유사한 기업이라면 고든 성장 모형을 적용하더라도 가치에 실질적인 영향을 미치지 않는다. 따라서 경기순환 기업의 기대성장률이 연도별로 크게 변동하더라도 과거 평균 성장률이 2%라면 고든 성장 모형을 적용해도 유의미한 수준의 일반성을 잃지는 않는다(without loss of generality, 어떤 명제와 관련해 대상을 임의로 선택했을 때 전제를 특정 유형으로 좁히지만, 일반적으로 그 명제에 관한 증명의 유효성에 영향을 미치지 않는 가정 - 옮긴이). 이유는 첫째, 이익의 변동성이 크더라도 배당은 비교적 일정하므로 이익 성장률의 연도별 변화에 영향을 덜 받을 가능성이 크다. 둘째, 고정 성장률이 아니라 특정 연도의 성장률을 사용하더라도 현재가치에 미치는 수학적 영향은 미미하다.

가장 적합한 적용 대상   요약하면 고든 성장 모형은 명목 경제 성장률과 똑같거나 낮은 성장률로 성장하고 확고한 배당 정책을 미래에도 지속할 의향이 있는 기업에 적용하는 것이 가장 적합하다. 지급 배당금과 자기자본비용은 안정성 가정과 일관성을 유지해야 한다. 안정 성장 기업은 대개 상당한 배당을 지급하고 베타가 1에 가깝다.[1] 특히 이 모형은 감당할 수 있는 수준보다 작은 배당을 지급하고 현금을 비축하는 기업의 주식 가치를 과소추정한다.

시장 전체를 둘러보면 고든 성장 모형으로 가치평가할 수 있는 기업은 소수에 불과하다. 하지만 애널리스트가 부적합한 조건의 기업에 해당 모형을 적용한 후 (당연히) 터무니없는 결과를 모형 탓으로 돌리는 일을 멈추지는 않을 것이다.

[예시 14.1] 규제받는 독점기업의 가치평가: 콘솔리데이티드 에디슨(2024년 5월)

콘솔리데이티드 에디슨은 뉴욕시 주택과 기업에 전력을 공급하는 전력 공익기업이다. 회사는 뉴욕주법에 따라 가격과 이익이 결정되는 준독점 상태에 있다.
안정 성장 배당할인모형의 기준에 부합하는 콘솔리데이티드 에디슨의 가치를 평가해보자.

■ 회사는 인구와 전력 사용량이 지난 수십 년간 안정적이었던 지역에서 사업한다.
■ 규제 위원회는 인플레이션율 정도의 가격 인상만 허용한다.
■ 회사는 수십 년간 사업 자금조달 시 부채와 자기자본 믹스를 안정적으로 유지해왔다.
■ 콘솔리데이티드 에디슨 투자자들은 배당을 좋아하기에 회사는 가능한 한 많은 배당을 지급하려 한다. 2013~2022년 주주 잉여현금흐름(FCFE)의 약 93%를 배당으로 지급했다.

안정 성장 배당할인모형 가치평가는 2023년 주당순이익 4.07달러와 주당 배당 3.26달러에서 출발한다. 전력 공익기업의 평균 베타 0.60과 2024년 5월 미국의 주식 위험 프리미엄 4.30%를 적용해 자기자본비용을 7.08%로 추정한다(무위험 이자율은 4.5%였다).

$$자기자본비용 = 4.5\% + 0.6 \times 4.30\% = 7.08\%$$

콘솔리데이티드 에디슨의 펀더멘털로부터 기대성장률을 추정하면 다음과 같다.

---

1   40년 전에는 미국 대형 안정 성장 기업의 배당성향이 평균 60%가 넘었지만, 이후 배당뿐 아니라 자사주 매입을 활용하는 기업이 늘면서 최근에는 30~40% 수준으로 하락했다.

$$\text{내부 유보율} = 1 - (3.26/4.07) = 19.90\%$$
$$\text{자기자본이익률} = 8.54\%$$
$$\text{기대성장률} = 19.90 \times 8.54\% = 1.7\%$$

성장률을 1.7%로 두면 주당 가치는 61.61달러다(단위: 달러).

$$\text{주당 가치} = \frac{\text{다음 연도 주당 기대 배당}}{\text{자기자본비용} - \text{기대성장률}}$$
$$= \frac{3.26 \times 1.017}{0.0708 - 0.017} = 61.61$$

콘솔리데이티드 에디슨이 안정 성장 단계에 있고 자기자본이익률과 내부 유보율, 자기자본비용을 영원히 지속한다고 가정할 때 주당 가치는 61.61달러다. 2024년 5월 주가는 94.34달러였으므로 대폭 고평가되었다고 할 수 있다.

내재 성장률

콘솔리데이티드 에디슨의 주식 가치는 주가와 똑같지 않다. 가치평가 대상이 되는 모든 기업에서도 마찬가지다. 이러한 괴리가 존재하는 이유를 세 가지로 설명할 수 있다. 먼저 가치평가자가 옳고 시장은 틀렸다는 것이다. 이것이 정확한 설명일지도 모르지만, 다른 두 가지 설명에 해당하지 않는지도 확인해야 한다. 즉 시장이 옳고 가치평가자가 틀렸거나, 차이가 너무 작아서 어떠한 결론도 내릴 수 없는 것이다.

주가와 가치 추정치 간 괴리를 분석하려면, 다른 변수는 고정으로 두고 가치평가 결과가 주가에 수렴할 때까지 성장률을 찾아보면 된다. 그림 14.3은 가치를 기대성장률의 함수로 추정한 결과를 보여준다(베타는 0.60으로, 당기 주당 배당은 3.26달러로 가정한다). 현 주가와 똑같아지는 기대성장률(g)을 얻는 수식은 다음과 같다.

$$94.34 = \frac{3.26 \times (1 + g)}{0.0708 - g}$$

주가 94.34달러를 낳는 이익과 배당 성장률 연 3.50%를 내재 성장률(implied growth rate)이라 한다. 펀더멘털에서 성장률을 추정했으므로 내부 유보율 19.9%를 활용해 내재 자기자본이익률도 추정할 수 있다.

$$\text{내재 자기자본이익률} = \frac{\text{내재 성장률}}{\text{내부 유보율}} = \frac{0.035}{0.199} = 17.60\%$$

[그림 14.3] 콘솔리데이티드 에디슨: 가치 대 성장률

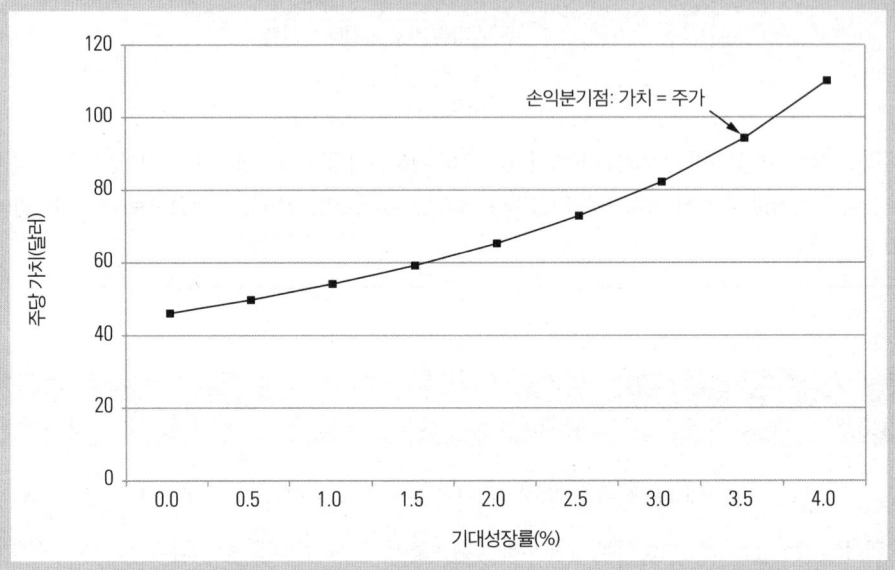

내재 자기자본이익률은 과거 10년간 콘솔리데이티드 에디슨이 실제 기록한 자기자본이익률

보다 훨씬 높기에 앞서 주가가 고평가되었다는 결론을 뒷받침한다.

 DDMst.xls: 이 스프레드시트를 이용하면 (베타와 자기자본이익률 기준에서) 안정 성장 기업의 특성을 갖추고 현금흐름 대부분을 배당으로 지급하는 기업의 가치평가를 할 수 있다. (웹에서 다운로드 가능)

2단계 배당할인모형 2단계 성장 모형은 성장을 두 단계로 나눈다. 성장률이 안정 성장률이 아닌 초기 단계와, 안정 성장률을 오랫동안 유지할 것으로 예상되는 안정 단계다. 대부분 초기 단계의 성장률이 안정 성장률보다 높지만, 몇 년 동안 안정 성장 률보다 낮은 성장률이나 심지어 마이너스 성장률을 보이다가 안정 성장률 수준을 회 복할 것으로 예상되는 기업에도 이 모형을 적용할 수 있다.

모형　이 모형은 성장이 2단계로 이루어진다는 가정에 바탕을 둔다. 즉 n년간 지속되는 이례적 성장 단계와 이후 영원히 지속되는 안정 성장 단계다.

주식 가치 = 이례적 성장 단계 배당의 현재가치 + 잔존가치의 현재가치

$$= \sum_{t=1}^{t=n} \frac{배당_t}{(1 + k_{e,hg})^t} + \frac{n년의 \ 주식 \ 잔존가치}{(1 + k_{e,hg})^n}$$

여기서　n년의 주식 잔존가치 $= \dfrac{배당_{n+1}}{k_{e,st} - g_n}$

배당$_t$ = t 년의 기대 배당

k_e = 자기자본비용(hg: 고성장 단계, st: 안정 성장 단계)

g_n = n년 이후 영구성장률

이례적 성장률(g)과 배당성향이 n년까지 변하지 않는다면 위 식을 다음과 같이 간소화할 수 있다(입력 변수는 앞서 정의한 것과 똑같다).

$$주식 \ 가치 = \frac{배당_0 \times (1 + g) \times \left[1 - \dfrac{(1 + g)^n}{(1 + k_{e,hg})^n}\right]}{k_{e,hg} - g_n} + \frac{배당_{n+1}}{(k_{e,st} - g_n)(1 + k_{e,hg})^n}$$

수식의 첫 번째 항은 성장 연금의 현재가치로 고성장 단계 배당의 현재가치를 반영한다. 두 번째 항은 주식 잔존가치의 현재가치다.

2단계 배당할인모형을 활용하면 배당 총액으로 주식 가치를 평가하거나 주당 배당으로 주당 가치를 평가할 수 있다. 옵션이나 워런트가 없다면 두 값이 똑같지만, 있다면 주식 가치(총액)를 구하는 방법이 낫다.

잔존가치 계산　고든 성장 모형의 성장률에 적용했던 것과 똑같은 제약, 즉 기업의 성장률은 명목 경제 성장률과 비슷하다는 조건이 2단계 배당할인모형의 영구성장률(g_n)에도 적용된다.

게다가 배당성향도 성장률 추정치의 변화와 일관성을 유지해야 한다. 초기 성장 단계 이후 기대성장률이 대폭 하락한다면 안정 단계의 배당성향은 고성장 단계보다 높아야 한다. 안정 성장 기업은 고성장 기업보다 이익의 더 큰 비중을 배당으로 지급할

수 있다. 안정 성장 단계의 배당성향을 추정하는 한 가지 방법은 12장에서 다뤘던 펀더멘털 성장 모형을 활용하는 것이다.

$$\text{기대성장률} = \text{내부 유보율} \times \text{자기자본이익률}$$
$$= (1 - \text{배당성향}) \times \text{자기자본이익률}$$

대수적 조작을 거치면 안정 단계의 배당성향은 다음과 같다.

$$\text{안정 성장 단계의 배당성향} = 1 - \frac{\text{안정 성장률}}{\text{안정 ROE}}$$

예컨대 어느 기업의 성장률이 5%이고 자기자본이익률이 15%라면 안정 성장 단계의 배당성향은 66.67%다.

안정 단계에 있는 기업의 다른 특성도 안정성 가정과 일관성을 유지해야 한다. 고성장 기업의 베타가 2라는 가정은 합리적이지만, 안정 단계에 접어든 후에도 기존 베타가 유지된다고 가정하는 것은 합리적이지 않다. 12장에서 살펴본 경험 법칙, 즉 안정 성장 단계의 베타가 0.8~1.2 구간 내에 있다는 제약이 여기에도 적용된다. 마찬가지로 자기자본이익률이 초기 성장 단계에 높더라도 안정 성장 단계에서는 안정 기업에 걸맞은 수준으로 하락해야 한다. 안정 성장 단계의 합리적인 자기자본이익률은 어느 정도일까? 업종 평균 자기자본이익률과 해당 기업의 안정 성장 단계 자기자본비용이 유용한 정보를 제공한다.

한계와 활용   2단계 배당할인모형은 세 가지 한계가 있다. 첫 번째와 두 번째 한계는 모든 2단계 모형에 적용되고, 세 번째 한계는 2단계 배당할인모형에만 적용된다.

1. 이례적 성장 단계의 기간을 정의하는 실무상 문제가 있다. 이례적 성장 단계가 종료되면 성장률이 안정 성장률 수준으로 하락하므로 이 기간이 길수록 가치가 상승한다. 12장에서 판단에 도움이 될 만한 기준을 수립했지만, 정성적인 고려사항을 구체적인 기간으로 전환하는 작업은 실제 적용하기가 어렵다.

2. 초기 단계에서 높았던 성장률이 그 단계가 종료된 다음 날 갑자기 안정 성장률

수준으로 하락한다는 가정에 문제가 있다. 성장률이 갑작스레 변할 수도 있지만, 시간이 흐르면서 고성장에서 안정 성장 수준을 향해 점진적으로 변화한다는 가정이 더 현실적이다.

3. 이 모형은 배당에 초점을 두므로 감당할 수 있는 수준보다 작은 배당을 지급하는 기업의 가치 추정치를 왜곡한다. 특히 현금을 비축하고 아주 작은 배당만 지급하는 기업의 가치를 과소추정한다.

가장 적합한 적용 대상　2단계 배당할인모형은 고성장과 안정 성장으로 명확히 구분된 두 단계에 바탕을 둔다. 따라서 현재 고성장 단계에 있고 일정 기간 높은 성장률을 지속하며 이후에는 고성장의 원천이 사라질 기업에 적용하는 것이 가장 적합하다. 예컨대 수익성이 아주 높은 제품의 특허권을 보유해서 향후 몇 년간 정상 수준을 훨씬 뛰어넘는 속도로 성장할 가능성이 큰 기업에 해당한다. 특허가 만료되면 성장률은 안정 성장률 수준으로 돌아갈 것이다. 또 다른 사례는 (법적 규제나 요구 인프라 측면에서) 높은 진입장벽 덕분에 새로운 경쟁자의 진입을 수년간 막을 수 있는 고성장 산업 내 기업이다.

성장률이 초기 단계의 높은 수준에서 안정 성장률 수준으로 갑자기 하락한다는 가정을 고려할 때 이 모형은 초기 단계 성장률이 그리 높지 않은 기업에 더 적합하다. 예컨대 고성장 단계 성장률이 40%인 기업보다는 7%인 기업의 안정 성장률이 2%로 하락한다는 가정이 더 합리적이다.

마지막으로 이 모형은 잔여 현금흐름, 즉 부채 상환 및 재투자 소요 충족 후 남은 현금흐름을 배당으로 지급하는 정책을 유지해온 기업에 가장 적합하다.

[예시 14.2] 2단계 배당할인모형을 활용한 기업 가치평가: 프록터앤드갬블(2011년 5월)

프록터앤드갬블은 선도적인 글로벌 소비재 기업으로, 질레트(면도기)와 팸퍼스(기저귀), 타이드(Tide, 세제), 크레스트(Crest, 치약), 빅스(Vicks, 기침약) 등 세계에서 가장 가치 있는 브랜드를 여럿 보유하고 있다. 프록터앤드갬블은 오랫동안 배당을 지급해왔기에 배당할인모형에 적합하다. 또한 대형 기업인데도 브랜드와 글로벌 확장 덕분에 적어도 향후 몇 년간 고성장할 전망이다. 따라서 2단계 배당할인모형을 활용해 가치를 평가해보자.

먼저 성장 단계를 나누어야 한다. 2010년 이익 127억 3,600만 달러 중 49.74%를 배당으로 지급했다. EPS는 3.82달러, 주당 배당은 1.92달러였다. 같은 해 대규모 소비재 기업의 베타를 반영해 베타 0.90과 무위험 이 자율 3.5%, 성숙시장 위험 프리미엄 5%를 적용한 자기자본비용은 다음과 같다.

$$자기자본비용 = 3.50\% + 0.90 \times 5\% = 8.00\%$$

기대성장률을 추정하기 위해 현행 자기자본이익률(20.09%)과 배당성향(49.74%)의 다음 근사치가 향후 5 년간 적용된다고 가정한다.

$$향후\ 5년간\ 기대\ ROE = 20\%$$
$$향후\ 5년간\ 기대\ 내부\ 유보율 = 50\%$$
$$향후\ 5년간\ 기대성장률 = 10\%$$

이 성장률을 향후 5년간 이익과 배당에 적용한 후 기대 배당을 자기자본비용으로 할인하면(표 14.1) 고성 장 단계의 주당 가치 10.09달러를 얻는다(단위: 달러).

[표 14.1] 프록터앤드갬블의 주당 기대 배당

	1	2	3	4	5	합계
주당순이익	4.20	4.62	5.08	5.59	6.15	
배당성향	50.00%	50.00%	50.00%	50.00%	50.00%	
주당 배당	2.10	2.31	2.54	2.80	3.08	
자기자본비용	8.00%	8.00%	8.00%	8.00%	8.00%	
현재가치	1.95	1.98	2.02	2.06	2.09	10.09

5년 차 이후에는 프록터앤드갬블이 안정 성장 단계에 접어들어 성장률이 (무위험 이자율보다 다소 낮은) 연 3%가 된다고 가정한다. 또한 자기자본이익률이 더 지속 가능한 수준인 12%로 하락해 영원히 지속된 다고도 가정한다. 이에 따라 배당성향 75%가 영원히 유지된다.

$$안정\ 성장\ 단계의\ 기대\ 배당성향 = 1 - g/ROE = 1 - 3\%/12\% = 75\%$$

안정 성장 단계에서 베타가 1로 상승한다고 가정하면(이에 따라 자기자본비용은 8.5%가 된다) 5년 차 말 주당 잔존가치는 다음과 같다.

$$5년\ 차\ 말\ 주당\ 잔존가치 = \frac{EPS_5 \times (1 + 성장률_{안정}) \times 배당성향_{안정}}{자기자본비용_{안정} - 성장률_{안정}}$$

가치평가 바이블

$$= \frac{6.15 \times 1.03 \times 0.75}{0.085 - 0.03} = 86.41$$

이를 (고성장 단계의 자기자본비용인) 8%에 현시점으로 할인한 후 고성장 단계 기대 배당의 현재가치와 더한 주당 가치는 68.90달러다.

주당 가치 = 고성장 단계 배당의 현재가치 + 고성장 단계 종료일 주식 잔존가치의 현재가치

$$= 10.09 + \frac{86.41}{1.08^5} = 68.90$$

2011년 5월 프록터앤드갬블의 주가 68달러는 공정가치에 가깝다고 할 수 있다.

 DDM2st.xls: 이 스프레드시트를 이용하면 기대 배당을 활용해 초기 고성장 단계 이후 안정 성장 단계에 접어드는 성장 기업의 가치평가를 할 수 있다. (웹에서 다운로드 가능)

성장의 가치　투자자는 고성장 잠재력이 있는 기업의 주식을 매수할 때 고PER이나 고PBR 형태의 프리미엄을 지불한다. 성장이 가치 있다는 명제에 반대하는 사람은 아무도 없겠지만, 성장에 지나치게 높은 값을 지불하는 결과를 초래할 수도 있다. 실제로 저PER주가 고PER주보다 높은 장기 수익 프리미엄을 누렸다는 실증적 연구 결과는 투자자들이 성장에 지나치게 높은 값을 지불한다는 주장이 사실임을 보여준다. 이번 섹션에서는 2단계 배당할인모형을 활용해 성장의 가치를 검토한다. 이를 통해 투자자는 성장에 지불하는 실제 가격과 비교할 벤치마크를 얻는다.

✓*성장의 가치 추정*　모든 기업의 주식 가치는 다음 세 가지 구성 요소로 표현할 수 있다.

- 성장하지 않는다고 하면 보유 자산의 가치는 순이익을 전부 배당으로 환원한다고 가정하고 배당을 영구연금으로 할인하면 된다.

성장이 없을 때 보유 자산의 가치 = $\dfrac{\text{당기 순이익}}{\text{자기자본비용}}$

- 안정 성장 단계의 가치는 영원히 지속할 수 있는 성장률, 나아가 그만큼 넉넉히 재투자한다고 가정하고 계산한다.

$$\text{안정 성장 단계 주식 가치} = \frac{\text{당기 순이익} \times (1 + g) \times \left(1 - \dfrac{g}{\text{ROE}}\right)}{\text{자기자본비용} - g}$$

안정 성장의 가치 = 안정 성장 단계 주식 가치 − 성장이 없을 때 보유 자산의 가치

- 이례적 성장의 가치는 (고성장 수준과 기간 가정이 어떻든 관계없이) 주식 가치에서 안정 성장 단계 주식 가치를 빼면 된다.

이례적 성장의 가치 = 주식 가치 − 안정 성장 단계 주식 가치[2]

자기자본비용보다 높은 자기자본이익률을 올려야 성장이 가치 있다는 논의의 연장선에서 안정과 이례적 성장의 가치는 자기자본이익률에 관한 가정을 반영하기 마련이다.

[예시 14.3] 성장의 가치: 프록터앤드갬블(2011년 5월)

예시 14.2에서 2단계 배당할인모형을 활용해 프록터앤드갬블의 주식 가치를 주당 68.90달러로 평가했다. 먼저 당기(2010년) EPS 3.82달러를 활용해 보유 자산의 가치를 평가하며 이익을 전부 배당으로 지급한다고 가정한다. 이때 안정 성장 단계의 자기자본비용을 할인율로 적용한다(주당 가치 기준, 단위: 달러).

보유 자산의 가치 = 당기 EPS/자기자본비용 = 3.82/0.085 = 44.94

안정 성장의 가치를 추정하기 위해 기대성장률이 3%이고 안정 단계의 배당성향이 75%라고 가정한다.

$$\text{안정 성장의 가치} = \frac{\text{당기 EPS} \times \text{안정 배당성향} \times (1 + g_n)}{k_e - g_n} - \text{보유 자산의 가치}$$
$$= 3.82 \times 0.75 \times 1.03/(0.085 - 0.03) - 44.94 = 8.71$$

향후 5년간 이례적 성장의 가치는 주당 내재가치에서 보유 자산과 안정 성장의 가치를 빼서 얻는다.

---

2   안정 성장의 가치 계산에 적용한 배당성향은 안정 성장률과 안정 자기자본이익률로 계산한 배당성향과 똑같아야 한다.

이례적 성장의 가치 = 68.90 − 44.94 − 8.71 = 15.25

이때 68.90달러는 예시 14.2에서 추정한 주당 가치와 똑같다.

프록터앤드갬블의 안정 성장과 이례적 성장의 가치는 모두 회사가 향후 5년간 20%가 넘는 자기자본이익률을 올려 고성장할 뿐 아니라 안정 성장 단계에도 영원히 자기자본이익률 12%를 올린다는 가정에서 비롯했다. 만약 자기자본이익률을 자기자본비용과 똑같은 수준으로 가정하면 성장의 가치가 하락하고, 자기자본비용보다 낮은 수준으로 가정하면 성장의 가치가 마이너스로 떨어진다.

H 모형을 활용한 성장의 가치평가 H 모형은 2단계 성장 모형에 속하지만 기존 2단계 모형과 달리 초기 성장 단계의 성장률이 고정되어 있지 않고 시간이 흐르면서 선형으로 하락하다가 안정 상태의 안정 성장률 수준에 이른다. 이 모형은 풀러(Fuller)와 시아(Hsia, 1984)가 고안했다.

모형 H 모형은 이익 성장률이 초기 단계의 높은 성장률(g_a)에서 시작해 이례적 성장 단계(2H 기간 동안 지속된다고 가정한다)에 시간이 흐르면서 선형으로 하락하다가 안정 성장률(g_n) 수준에 이른다는 가정에 바탕을 둔다. 또한 배당성향과 자기자본비용은 고정되어 있고 성장률의 변화에 영향받지 않는다고도 가정한다. 그림 14.4는 H 모형의 시간에 따른 기대성장률의 변화를 보여준다.

H 모형에서 주식 가치는 다음과 같다.

$$주당\ 가치 = \frac{DPS_0 \times (1 + g_n)}{k_e - g_n} + \frac{DPS_0 \times H \times (g_a - g_n)}{k_e - g_n}$$

여기서 DPS_t = t 기간의 주당 기대 배당
k_e = 자기자본비용
g_a = 초기 단계 성장률
g_n = 2H년 이후의 영구성장률

[그림 14.4] H 모형의 기대성장률

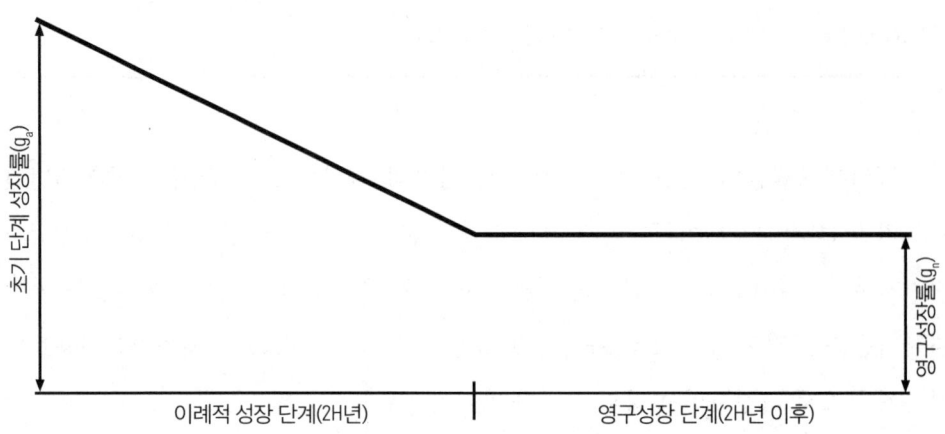

한계　H 모형은 고성장 단계에서 안정 성장 단계로 전환될 때 성장률이 갑자기 하락한다는 가정과 관련된 문제에서 자유롭지만, 치러야 할 대가도 있다. 첫째, 성장률 하락은 모형이 상정하는 엄격한 구조를 따라야 한다. 즉 성장률은 초기 단계 성장률과 안정 성장률, 이례적 성장 단계의 기간에 영향받아 매년 선형으로 하락해야 한다. 이 가정을 다소 완화하더라도 가치에 그리 큰 영향을 미치지 않지만, 어느 수준을 넘을 때는 문제가 발생할 수도 있다. 둘째, 배당성향이 두 성장 단계에서 모두 고정되어 있다는 가정으로 인해 모형에 모순이 발생한다. 성장률이 하락하면 대개 배당성향이 상승하기 마련이다.

가장 적합한 적용 대상　H 모형은 성장률이 시간이 흐르면서 점진적으로 하락하는 기업에 알맞다. 즉 현재 고성장 중이지만 향후 규모가 커지고 경쟁사 대비 차별화 우위가 줄어 성장률이 시간이 흐르면서 점진적으로 하락할 것으로 기대되는 기업에 적용하는 것이 적합하다. 하지만 배당성향이 고정되어 있다는 가정으로 인해 현재 배당이 작거나 배당하지 않는 기업에 적용하기에는 적합하지 않다. 따라서 고성장과 고

배당 조합을 요구하는 이 모형의 실제 적용 대상은 몹시 제한적이다.[3] 또한 배당에 상당히 의존하느라 가능한 수준보다 작게 또는 크게 배당하는 기업에 적용하면 비현실적인 주식 가치 추정치를 낳는다.

[예시 14.4] H 모형을 활용한 가치평가: 보다폰

영국 기반 통신사인 보다폰(Vodafone)은 2010년 주당 배당 9.8펜스를 지급했고 EPS는 16.1펜스였다. 과거 5년간 EPS는 연 6% 증가했지만, 향후 5년간 성장률이 선형으로 하락해 5년 차 말에는 연 3%가 될 것으로 예상한다. 같은 기간 배당성향은 변하지 않는다고 가정한다. 보다폰 주식의 베타는 1이고 영국 파운드화 기준 무위험 이자율은 4%이며 시장 위험 프리미엄은 5%이다.

$$자기자본비용 = 4\% + 1.0 \times 5\% = 9\%$$

H 모형으로 평가한 주식 가치는 다음과 같다(주당 기준, 단위: 펜스).

$$안정\ 성장의\ 가치 = \frac{9.8 \times 1.03}{0.09 - 0.03} = 168$$

$$이례적\ 성장의\ 가치 = \frac{9.8 \times 5/2 \times (0.06 - 0.03)}{0.09 - 0.03} = 12$$

$$주식\ 가치 = 168 + 12 = 180$$

2011년 5월 주가는 173.3펜스였으므로 다소 저평가되었다고 할 수 있다.

 DDMH.xls: 이 스프레드시트를 이용하면 기대배당을 활용해 초기 성장 단계의 고성장률이 안정 성장률 수준으로 하락하는 기업의 가치평가를 할 수 있다. (웹에서 다운로드 가능)

일반 배당할인모형　3단계 배당할인모형은 2단계 모형과 H 모형의 특성을 결합한다. 즉 초기 고성장 단계, 성장률이 하락하는 전환기, 마지막으로 안정 성장률이 영원히 지속되는 단계를 둔다. 배당성향에 어떠한 제한도 두지 않기에 가장 일반적인 모형으로 볼 수 있다.

3　H 모형 지지자들은 배당이 작거나 배당하지 않는 기업에 안정 성장 단계의 배당성향을 적용하는 것은 가치평가에서 미미한 오류만 낳는다고 주장한다.

[그림 14.5] 3단계 배당할인모형의 기대성장률

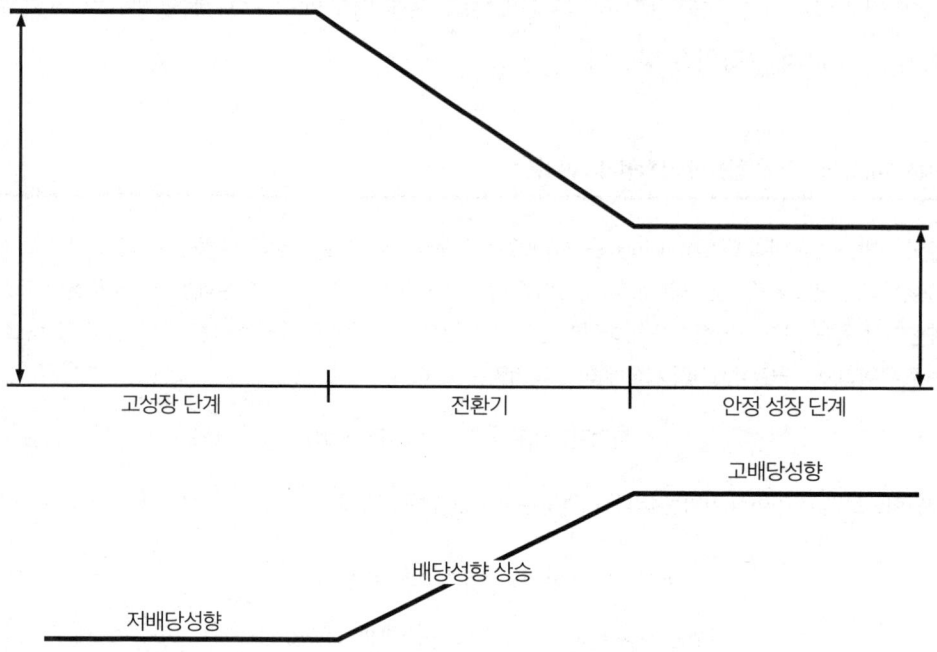

모형   이 모형은 안정 고성장을 보이는 1단계와 성장률이 하락하는 2단계, 안정 저성장이 영원히 지속되는 3단계를 가정한다. 그림 14.5는 세 기간에 따른 기대성장률의 변화를 보여준다.

따라서 주식 가치는 고성장 단계와 전환기 기대 배당의 현재가치에 안정 성장 단계 시작 시점의 잔존가치의 현재가치를 더한 값이다.

주식 가치 = 고성장 단계 기대 배당의 현재가치
+ 전환기 기대 배당의 현재가치
+ 주식 잔존가치의 현재가치

3단계 이상의 배당할인모형에서는 성장률의 변화에 따라 자기자본이익률과 자기자본비용, 배당성향 간 일관성을 유지하는 것이 가장 중요하다.

가정   이 모형에서는 다른 배당할인모형에서 가정했던 여러 제약 조건이 사라지는 대신 입력 변수가 훨씬 많아진다. 즉 연도별 배당성향과 성장률, 베타가 필요하다. 또한 안정 성장 단계로 전환하는 기간을 겪기 전 고성장할 것으로 예상되는 기업 가치평가에도 적용할 수 있다.[4]

가장 적합한 적용 대상   이 모형의 유연함 덕분에 시간이 흐르면서 성장률이 변할 뿐 아니라 특히 배당 정책이나 위험 차원에서도 변화가 예상되는 모든 기업에 적용할 수 있다. 실제로 현재 배당을 지급하지 않고(고성장 단계 기업은 배당성향이 제로일 때가 많다) 주식 가치가 대부분 전환기의 기대 배당과 잔존가치에서 비롯하는 기업에도 적용할 수 있다.

유연함이라는 장점이 있지만 여전히 배당 능력이 아니라 실제 지급한 배당금에 초점을 둔다. 따라서 현금을 유보하고 배당은 몹시 작게 지급하는 기업의 주식 가치는 대폭 저평가할 것이고, 가능한 수준보다 크게 지급하는 기업의 주식 가치는 대폭 고평가할 것이다.

[예시 14.5] 3단계 배당할인모형을 활용한 가치평가: JP모간체이스(2024년 5월)

3단계 배당할인모형을 활용해 2024년 5월 기준 JP모간체이스의 주식 가치를 평가해보자. 이 모형을 활용하는 이유는 회사가 경제 성장률보다 높은 성장률을 향후 몇 년간 지속할 것으로 예상하기 때문이다. 무엇보다도 은행은 주주 현금흐름이나 기업 현금흐름 추정에 필요한 요소 중 상당수를 얻지 못한다. 다른 방법이 없어 배당할인모형을 택할 수밖에 없다.

2023년 순이익은 495억 5,200만 달러였고 배당으로 134억 6,300만 달러를 지급했으므로 배당성향은 27.17%였다(단위: 100만 달러).

$$배당성향 = \frac{13,463}{49,55} = 27.17\%$$

2023년 초 자기자본의 장부가액 2,923억 3,200만 달러에 바탕을 두면 자기자본이익률은 16.95%였다.

---

4   고성장의 정의는 주관적이지만, 특히 평균적인 수준으로 성장하는 기업에 전환기를 두더라도 가치에 미치는 영향은 미미하다. 따라서 '높은' 성장률인지 애매한 상황에서는 판단 오류를 상쇄할 전환기를 두는 편이 낫다.

$$자기자본이익률 = \frac{13,463}{292,332} = 16.95\%$$

기대성장률을 추정하기 위해 현 수준의 자기자본이익률과 내부 유보율을 적어도 향후 5년간 유지한다고 가정한다.

$$향후 5년간 순이익 기대성장률 = 0.1695 \times (1 - 0.2717) = 12.35\%$$

고성장 단계의 자기자본비용은 베타 1.06(초대형 은행의 평균 베타)과 2024년 5월 장기 국채 수익률 4.5%, 주식 위험 프리미엄 5.17%(JP모간체이스의 해외 시장 노출을 고려해 상향 조정했다)에 바탕을 두고 추정한다.

$$자기자본비용 = 4.5\% + 1.06 \times 5.17\% = 9.98\%$$

표 14.2는 향후 5년간 기대배당과 자기자본비용으로 할인한 현재가치를 보여준다.

[표 14.2] JP모간체이스의 고성장 단계 기대 배당과 현재가치

	1	2	3	4	5
기대성장률	12.35%	12.35%	12.35%	12.35%	12.35%
자기자본이익률	16.95%	16.95%	16.95%	16.95%	16.95%
순이익	49,552	55,669	62,542	70,263	78,937
배당성향	27.17%	27.17%	27.17%	27.17%	27.17%
배당	13,463	15,125	16,992	19,090	21,447
자기자본비용	9.98%	9.98%	9.98%	9.98%	9.98%
누적 자기자본비용	1.0998	1.2096	1.3303	1.4631	1.6091
현재가치	12,241	12,504	12,773	13,048	13,328

5년 차 이후 전환기가 5년간 지속되다가 10년 차 이후 안정 성장 단계에 접어든다고 하자. 안정 성장 단계에서는 다음 변화가 일어난다.

■ 기대성장률 3%: 무위험 이자율보다 살짝 낮은 수준으로, 영원히 지속된다.
■ 자기자본이익률 12%: 현행 ROE보다 낮은 수준이지만, 성숙기업의 ROE치고는 높은 수준이다. 또한 JP모간체이스의 경쟁우위가 오랫동안 지속하리라는 판단을 반영한다.
■ 배당성향 75%: 자기자본이익률과 기대성장률에 바탕을 두고 다음과 같이 계산했다.

$$안정 성장 단계의 배당성향 = 1 - \frac{g}{ROE} = 1 - \frac{3\%}{12\%} = 75\%$$

■ 자기자본비용 9.67%: 안정 성장 단계에서 베타가 1로 하락하리라는 가정에 바탕을 둔다.

6~10년 차의 전환기를 통해 각 입력 변수(배당성향, 자기자본비용, 성장률)가 고성장 단계에서 안정 성장 단계 수준을 향해 선형으로 변화한다. 표 14.3은 전환기의 기대 배당과 현재가치를 요약해서 보여준다.

[표 14.3] JP모간체이스의 전환기 기대 배당과 현재가치

	6	7	8	9	10
기대성장률	10.48%	8.61%	6.74%	4.87%	3.00%
자기자본이익률	15.96%	14.97%	13.98%	12.99%	12.00%
순이익	87,206	94,712	101,094	106,016	109,197
배당성향	36.74%	46.30%	55.87%	65.43%	75.00%
배당	32,036	43,853	56,479	69,371	81,898
자기자본비용	9.92%	9.86%	9.80%	9.73%	9.67%
누적 자기자본비용	1.7688	1.9431	2.1334	2.3411	2.5675
현재가치	18,112	22,569	26,473	29,632	31,898

자기자본비용의 변화로 인해 누적 자기자본비용을 추정해야 한다는 점을 유념하라. 예컨대 7년 차의 누적 자기자본비용은 다음과 같이 계산한다.

$$\text{7년 차 누적 자기자본비용} = 1.0998^5 \times 1.0992 \times 1.0986 = 1.9431$$

10년 차 말 주식 잔존가치는 종료 연도(11년 차) 기대 배당을 통해 계산한다.

$$\text{10년 차 말 주식 잔존가치} = \frac{\text{10년 차 순이익} \times (1 + \text{안정 성장률}) \times \text{안정 배당성향}}{\text{안정 자기자본비용} - \text{안정 성장률}}$$

$$= \frac{109,197 \times 1.03 \times 0.75}{0.0967 - 0.03} = 1,265,486$$

잔존가치를 10년 차 누적 자기자본비용으로 할인한 후 배당의 현재가치에 더하면 주식 가치 6,850억 7,500만 달러를 얻는다.

$$\text{주식 가치} = \text{고성장 단계 배당의 현재가치} + \text{주식 잔존가치의 현재가치}$$

$$= 192,578 + \frac{1,265,486}{2.5675} = 685,075$$

주식 가치를 2024년 5월 유통주식 수(29억 830만 주)로 나누면 주당 가치 235.56달러를 얻는다.

$$\text{주당 가치} = \frac{\text{주식 가치}}{\text{유통주식 수}} = \frac{685,075}{2,908.30} = 235.56(\text{달러})$$

2024년 5월 JP모간체이스의 주가는 198.06달러였으므로 저평가되었다고 할 수 있다.

 DDM3st.xls: 이 스프레드시트를 이용하면 고성장 단계 후 전환기를 거쳐 성장률이 안정 성장률 수준으로 하락하는 기업의 가치평가를 할 수 있다. (웹에서 다운로드 가능)

광의의 배당할인모형

지난 세기에는 대다수 기업이 배당을 통해서만 주주에게 현금을 환원했다. 하지만 1980년대 중반부터 미국 기업 사이에서 자사주 매입도 배당으로 정의하기 시작했고 지난 40년간 주주 현금 환원의 주요 수단으로 자리 잡았다. 이번 섹션에서는 자사주 매입을 반영하도록 배당할인모형을 확장한다.

자사주 매입을 반영한 변형 모형

시간이 흐르며 주주 대상 현금 환원 방법으로 자사주 매입을 택하는 미국 기업이 증가했다. 그림 14.6은 1988년부터 2023년까지 기업이 배당과 자사주 매입을 통해 주주에게 환원한 누적액을 보여준다. 특히 1990년대에 자사주 매입을 택하는 기업이 대폭 늘었다. 2008년 금융위기와 2020년 코로나19 팬데믹 때 자사주 매입이 감소했다가 이듬해 다시 반등한 것을 보면 일시적인 영향을 미쳤을 뿐이다.

이것이 배당할인모형에 시사하는 바는 무엇인가? 주주 현금 환원에서 오직 배당에만 초점을 둔다면 자사주 매입 형태로 주주에게 환원하는 막대한 금액을 놓친다. 배당할인모형에 자사주 매입을 반영하는 가장 간단한 방법은 배당에 자사주 매입액을 더해서 광의의 배당성향(augmented payout ratio)을 계산하는 것이다

$$\text{광의의 배당성향} = \frac{\text{배당} + \text{자사주 매입}}{\text{순이익}}$$

간단한 방법이지만, 배당과 달리 자사주 매입은 평활화하지 않았기에 특정 연도 광

[그림 14.6] 자사주 매입과 배당: 미국 기업 총계(1988~2023년)

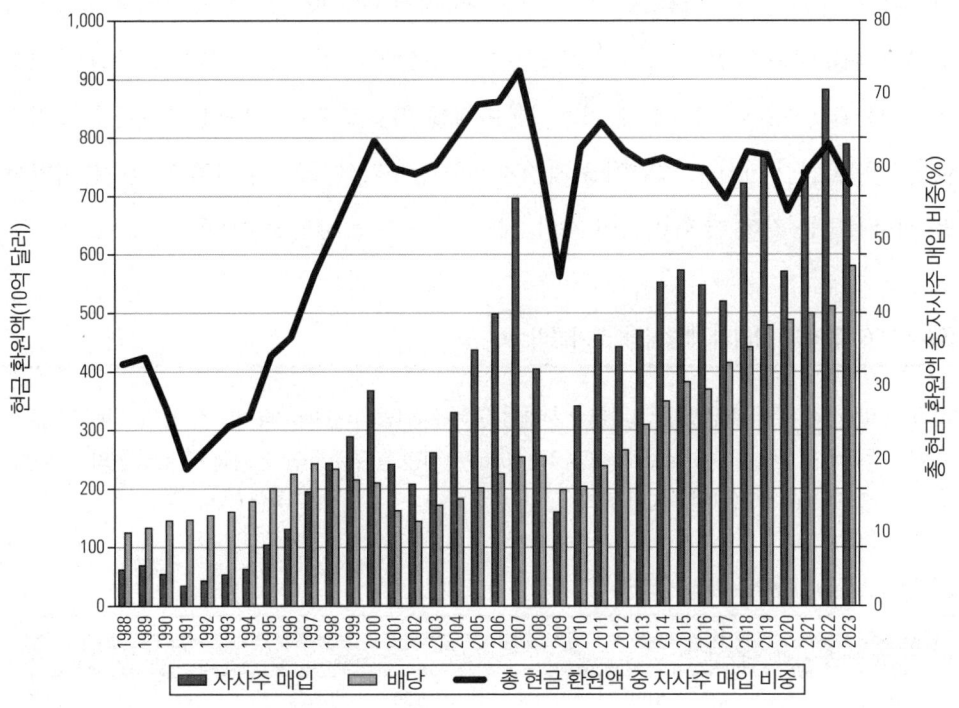

의의 배당성향 수치가 왜곡될 가능성이 있다. 예컨대 한 기업이 어떤 연도에 30억 달러의 자사주를 매입하고 이후 3년간 자사주를 매입하지 않았다고 하자. 이때 광의의 배당성향을 추정하는 더 좋은 방법은 4년 또는 5년 평균 자사주 매입액을 사용하는 것이다. 게다가 재무레버리지를 높이려는 목적에서 자사주를 매입하는 일부 기업도 있다. 위 식에서 신규 부채 발행액을 차감하면 그에 따른 영향을 반영할 수 있다.

$$\text{광의의 배당성향} = \frac{\text{배당} + \text{자사주 매입} - \text{순부채}}{\text{순이익}}$$

배당성향을 조정해 자사주 매입을 반영하면 기대성장률과 잔존가치 추정치에도 영향을 미친다. 특히 수정 EPS 성장률은 다음과 같다.

$$\text{광의의 성장률} = (1 - \text{광의의 배당성향}) \times \text{자기자본이익률}$$

자사주 매입은 자기자본이익률에도 영향을 미친다. 자기자본의 장부가액은 매입한 자사주의 시장가치만큼 줄어든다. 따라서 자사주를 매입하는 기업은 자기자본의 장부가액을 대폭 줄일 수 있고, 그 결과 자기자본이익률이 상승한다. 높아진 자기자본이익률을 (신규 투자의) 한계 자기자본이익률 척도로 사용한다면 가치가 부풀려진다. 최근 몇 년간 자사주 매입액을 자기자본의 장부가액에 다시 더해 자기자본이익률을 재추정하는 것이 더 합리적인 자기자본이익률 추정 방법일 때도 있다.

[예시 14.6] 협의 대 광의의 배당성향: 코카콜라

2006~2010년 자사주를 매입했던 코카콜라 사례를 통해 실제(협의의) 배당과 비교해 광의의 배당 개념을 사용할 때 미치는 영향을 이해해보자. 표 14.4는 2006~2010년 총 주주 현금 환원과 광의 및 협의의 배당성향을 비교해서 보여준다(단위: 100만 달러).

[표 14.4] 배당 대 자사주 매입: 코카콜라

	2006	2007	2008	2009	2010	합계
순이익	5,080	5,981	5,807	6,824	11,809	35,501
배당	2,911	3,149	3,521	3,800	4,068	17,449
자사주 매입	2,268	219	493	856	1,295	5,131
배당 + 자사주 매입	5,179	3,368	4,014	4,656	5,363	22,580
협의의 배당성향	57.30%	52.65%	60.63%	55.69%	34.45%	49.15%
광의의 배당성향	101.95%	56.31%	69.12%	68.23%	45.41%	63.60%

모든 연도에서 광의의 배당성향이 협의의 배당성향보다 높지만, 자사주 매입액은 변동성이 컸다. 이것이야말로 전체 기간에 걸쳐 광의의 배당성향 평균값을 사용해야 할 이유다. 평균값은 63.60%로서 협의의 배당성향 평균값 49.15%보다 높다.

광의의 배당성향은 코카콜라 가치평가에 어떤 영향을 미칠까? 더 높은 광의의 배당성향을 적용하면 고성장 단계에서 주주 현금흐름이 증가해 주식 가치도 상승한다. 하지만 이 영향은 펀더멘털 성장률이 하락함으로써 부분적으로 또는 전부 상쇄된다. 앞서 코카콜라의 자기자본이익률을 25%로 가정했으므로 광의의 배당성향을 적용한 기대성장률은 다음과 같다.

$$기대성장률 = ROE \times (1 - 광의의\ 배당성향)$$
$$= 25\% \times (1 - 0.636) = 9.1\%$$

반면 협의의 배당성향을 적용한 기대성장률은 12.5%가 넘는다.

광의의 배당할인모형을 활용한 전체 시장의 가치평가

지금까지 살펴본 배당할인모형은 모두 개별 기업을 대상으로 두었다. 하지만 배당할인모형을 개별 섹터나 전체 시장의 가치평가에 활용해서 안 될 이유는 없다. 개별 주식의 시장가격은 섹터나 시장에 속한 모든 주식의 시장가치 합계로 대체하면 된다. 개별 주식의 기대 배당은 모든 주식의 배당 합계로 대체하고, (광의의 배당성향 개념을 반영해) 자사주 매입 합계도 포함하도록 확장할 수 있다. 기대성장률은 주가지수에 편입된 모든 기업의 이익 성장률로 대체하면 된다. 하지만 베타를 대체할 필요는 없다. 전체 시장(정의상 베타가 1이다)이 대상이므로 위험 프리미엄 또는 복수의 프리미엄을 무위험 이자율에 더해 자기자본비용을 추정할 수 있기 때문이다. 섹터나 시장의 가치를 평가할 때도 2단계 모형을 활용할 수 있다. 이때 성장률은 경제 성장률보다 높겠지만, 지나치게 높은 성장률이나 긴 고성장 단계를 설정할 때는 주의해야 한다. 경제에 속한 모든 기업의 총 이익 성장률이 경제 성장률을 앞서는 상태가 장기간 지속된다는 것은 비현실적이다.

간단한 사례를 하나 살펴보자. 어떤 주가지수가 현재 700포인트에 거래되고 편입된 종목들의 평균 배당수익률이 5%라고 한다. 이익과 배당은 영원히 연 4% 증가할 것으로 예상하고 무위험 이자율은 5.4%다. 시장 위험 프리미엄이 4%일 때 주가지수의 가치는 다음과 같다(단위: 포인트).

$$자기자본비용 = 무위험\ 이자율 + 위험\ 프리미엄 = 5.4\% + 4\% = 9.4\%$$
$$다음\ 연도\ 기대\ 배당 = (배당수익률 \times 주가지수의\ 가격) \times (1 + 기대성장률)$$
$$= (0.05 \times 700) \times 1.04 = 36.4$$
$$주가지수의\ 가치 = \frac{다음\ 연도\ 기대\ 배당}{자기자본비용 - 성장률} = \frac{36.4}{0.094 - 0.04} = 674$$

현 주가지수 700포인트 수준에서 시장은 소폭 고평가되었다고 할 수 있다.

[예시 14.7] 광의의 배당할인모형: S&P500 지수 가치평가

2024년 1월 1일 S&P500 지수는 4,769.83포인트에 거래되었고 지수 편입 종목의 직전 연도 배당과 자사주 매입 합계는 164.25포인트, 순이익은 219.70포인트였다. 같은 날 애널리스트는 지수 편입 기업의 향후 5년간(2024~2028년) 순이익 성장률을 8.74%로 추정했다. 배당과 순이익 성장률이 똑같다고 가정하면 표 14.5의 결과를 얻는다(단위: 포인트).

[표 14.5] S&P500 기업의 배당과 자사주 매입

	직전 12개월	2024	2025	2026	2027	2028
기대순이익	219.70	238.89	259.76	282.45	307.13	333.96
현금 배당성향	77.85%	77.85%	77.85%	77.85%	77.85%	77.85%
배당 + 자사주 매입	164.25	185.97	202.21	219.88	239.09	259.97

S&P500 지수의 베타가 1이라고 가정하고 2024년 1월 1일 기준 무위험 이자율 3.88%와 주식 위험 프리미엄 5%를 적용하면 자기자본비용은 다음과 같다.

$$\text{자기자본비용} = 3.88\% + 1 \times 5\% = 8.88\%$$

5년 차 이후에는 이익과 배당이 명목 경제 성장률과(나아가 무위험 이자율과도) 똑같은 연 3.88% 성장할 것으로 예상한다. 이때 S&P500 지수 값은 다음과 같다.

$$\text{S\&P500 지수의 가치} = \frac{185.97}{1.0888} + \frac{202.21}{1.0888^2} + \frac{219.88}{1.0888^3} + \frac{239.09}{1.0888^4} + \frac{259.97}{1.0888^5} + \frac{259.97 \times 1.0388}{(0.0888 - 0.0388) \times 1.0888^5}$$
$$= 4,381.57$$

따라서 2024년 1월 1일 S&P500 지수는 8.86% 고평가되었음을 알 수 있다.

$$\text{S\&P500 지수 고평가율} = \text{지수 실제 값/지수 가치} - 1$$
$$= (4,769.83/4,381.57) - 1 = 8.86\%$$

여기에는 현금 배당성향이 시간이 흐르며 변하지 않는다는 가정이 깔려 있다. 하지만 적어도 잔존가치 계산 시 지수 구성 기업의 자기자본비용과 성장률의 변화를 반영하는 식으로 배당성향의 변화를 수월히 반영할 수 있다. 예컨대 2024년 초 S&P500 기업의 자기자본비용 17.04%에 바탕을 두면 안정 배당성향 77.23%를 도출한 후 지수의 내재가치가 4,349.70포인트임을 알 수 있다.[5]

---

[5]

$$\text{안정 배당성향} = 1 - \frac{\text{안정 성장률}}{\text{안정 자기자본이익률}} = 1 - \frac{3.88\%}{17.04\%} = 77.23\%$$

배당 가능액 또는 주주 잉여현금흐름 모형

기업이 주주에게 배당이나 자사주 매입 형태로 환원할 수 있는 현금 규모를 고려할 때, 실제 환원 수준이 높거나 낮은지를 어떻게 판단할 것인가? 답은 재투자 소요 충족 후 주주에게 환원할 수 있는 현금이라는 간단한 척도를 실제 주주 환원액과 비교하는 것이다.

주주 잉여현금흐름

기업이 주주에게 환원할 수 있는 현금 규모를 추정하려면 순이익(특정 기간에 발생한 주주 이익의 회계상 척도)에서 재투자 소요를 빼서 현금흐름으로 전환하는 과정을 거쳐야 한다. 첫째, 인수를 포함하는 광의의 자본적 지출은 현금 유출이므로 순이익에서 뺀다. 반면 감가상각비와 무형자산 상각비는 회계 비용일 뿐 현금 유출이 아니므로 다시 더한다. 자본적 지출에서 감가상각비를 뺀 순 자본적 지출은 대개 기업의 성장 특성에 따라 달라진다. 고성장 기업은 이익과 비교해 순 자본적 지출이 크고, 저성장 기업은 순 자본적 지출이 작거나 마이너스일 때도 있다.

둘째, 운전자본이 증가하면 기업 현금흐름이 감소하고 반대로 운전자본이 감소하면 주주에게 환원할 수 있는 현금흐름이 증가한다. 유통업처럼 운전자본이 많이 필요한 업종에서 고성장 중인 기업은 대개 운전자본이 대폭 증가하는 경향이 있다. 하지만 중요한 것은 현금흐름 차원의 변화이므로 비현금 운전자본의 증감만 고려한다.

마지막으로 주식 투자자는 부채의 증감이 자기 몫의 현금흐름에 미치는 영향도 고려해야 한다. 기존 부채의 원금 상환(현금 유출)에 필요한 자금은 신규 부채를 발행함으로써(현금 유입) 부분적으로나 전부 조달할 수 있다. 따라서 신규 부채 발행액에서 기존 부채 상환액을 빼면 부채 증감이 현금흐름에 미치는 영향에 관한 척도를 얻는다.

주주 잉여현금흐름(FCFE)은 순 자본적 지출, 운전자본의 증감, 부채의 순증감이 주식 투자자 몫의 현금흐름에 미치는 영향을 모두 고려한 후 남은 현금흐름으로 정의한다.

$$주주\ 잉여현금흐름 = 순이익 - (자본적\ 지출 - 감가상각비)$$
$$- 비현금\ 운전자본의\ 증감 + (신규\ 부채\ 발행 - 부채\ 상환)$$

이것이 바로 배당으로 지급할 수 있는 현금흐름이다. 위 식을 풀면 주식 투자자의 기업에 대한 재투자(순이익에서 주주 잉여현금흐름을 빼서 계산한다 – 옮긴이)를 다음과 같이 표현할 수 있다.

$$자기자본\ 재투자 = 자본적\ 지출 - 감가상각비 + 비현금\ 운전자본의\ 증감$$
$$- (신규\ 부채\ 발행 - 부채\ 상환)$$
$$자기자본\ 재투자율 = 자기자본\ 재투자/순이익$$

순 자본적 지출과 운전자본의 증감에 필요한 자금을 부채와 자기자본의 고정비율[6]로 혼합해 조달한다고 가정하면 위 계산을 단순화할 수 있다. 부채로 조달한 순 자본적 지출과 운전자본 증감의 비중(δ)이 주주 현금흐름에 미치는 영향은 다음과 같다.

$$자본적\ 지출\ 소요\ 충족과\ 관련된\ 주주\ 현금흐름 = - (자본적\ 지출 - 감가상각비)(1 - \delta)$$
$$운전자본\ 소요\ 충족과\ 관련된\ 주주\ 현금흐름 = - \Delta운전자본(1 - \delta)$$

따라서 자본적 지출과 운전자본 소요 충족 후 주주에게 환원할 수 있는 현금흐름은 다음과 같다.

$$주주\ 잉여현금흐름 = 순이익 - (자본적\ 지출 - 감가상각비)(1 - \delta) - \Delta운전자본(1 - \delta)$$

위 단순화 과정을 거쳐 순부채 상환액 항이 사라졌다는 점을 유념하자. 부채비율이 고정되어 있으므로 기존 부채 상환에 필요한 자금을 신규 부채를 발행해 조달하기 때문이다. 기업의 목표 또는 최적 부채비율을 활용해 미래 연도 주주 잉여현금흐름을 전망한다면, 순 자본적 지출과 운전자본 소요의 일정 비중을 부채로 조달한다는 가정에는 문제가 없다. 대신 과거 연도 데이터에서 기간 평균 부채비율을 구해 주주 잉여현금흐름 근사치를 얻는 방법도 가능하다.

---

6   장부가액 기준으로 고정되어야 한다. 만약 시장가치를 기준으로 한다면 비율이 변화할 것이다.

우선주가 존재하고 배당도 지급한다면?

이번 섹션에서 다룬 주주 잉여현금흐름의 정식 및 약식 수식은 모두 우선주 배당은 없다고 가정한다. 주식 가치평가는 보통주만 대상으로 하기에, 우선주가 존재하고 배당도 지급한다면 수식을 수정해야 한다. 즉 기존 수식에서 우선주 배당을 빼야 한다.

주주 잉여현금흐름 = 순이익 − (자본적 지출 − 감가상각비)
− 비현금 운전자본의 증감 − (우선주 배당 + 신규 우선주 발행)
+ (신규 부채 발행 − 부채 상환)

수식을 전개한 약식 수식은 다음과 같다.

주주 잉여현금흐름 = 순이익 − (자본적 지출 − 감가상각비)$(1 - \delta)$
− Δ운전자본$(1 - \delta)$ − 우선주 배당

이때 부채비율(δ)은 신규 우선주 발행을 통한 자금조달액을 반영한 값이어야 한다.

[예시 14.8] 주주 잉여현금흐름 추정: 리바이 스트라우스

이번 예시에서는 의류 기업 리바이 스트라우스의 2019~2023년 주주 잉여현금흐름을 이전 섹션에서 다룬 정식 수식을 활용해 계산해보자(표 14.6, 단위: 100만 달러).

[표 14.6] 주주 잉여현금흐름 추정: 리바이 스트라우스

	2019	2020	2021	2022	2023
순이익	394.61	-127.10	553.50	569.10	249.60
+ 감가상각비 및 무형자산 상각비	123.90	141.80	143.20	158.60	164.90
− 자본적 지출	175.40	185.00	557.80	268.30	327.60
− 비현금 운전자본 증감	163.71	-382.60	23.80	550.30	108.50
+ 신규 부채 발행	0.00	806.00	489.30	404.00	200.00
− 부채 상환	23.30	300.00	1,023.30	404.00	200.00
FCFE	156.10	718.30	-418.90	-90.90	-21.60

약식 수식을 활용하려면 먼저 전체 기간 순부채 발행액을 재투자(순 자본적 지출과 운전자본 증감의 합)

합계로 나눈 순부채를 먼저 추정해야 한다.

	2019	2020	2021	2022	2023	계
순부채 현금흐름	-23.30	506.00	-534.00	0.00	0.00	-51.30
재투자	215.21	-339.40	438.40	660.00	271.20	1,245.41

$$순부채비율 = \frac{-51.30}{1,245.41} = -4.12\%$$

리바이 스트라우스는 부채 조달액보다 훨씬 많은 현금을 환원했기에 순부채비율이 마이너스라는 점을 유념하라. 이 값과 재투자를 활용해 약식 수식으로 계산한 주주 잉여현금흐름은 표 14.7과 같다.

[표 14.7] 주주 잉여현금흐름 약식 수식: 리바이 스트라우스

	2019	2020	2021	2022	2023
순이익	394.61	-127.10	553.50	569.10	249.60
- 재투자 × (1 - 순부채비율)	224.08	-353.38	456.46	687.19	282.37
FCFE	170.53	226.28	97.04	-118.09	-32.77

정식 수식과 약식 수식에서 전체 기간의 주주 잉여현금흐름 합계는 3억 4,300만 달러로 똑같지만, 약식 수식을 활용했을 때 연도별 변동성이 줄어든다.

배당과 주주 잉여현금흐름 비교 배당 정책을 판단하는 전통적인 척도, 즉 배당성향은 배당을 순이익으로 나눈 비율이다. 주주 잉여현금흐름 관점에서는 주주에게 환원한 총현금을 주주 잉여현금흐름으로 나눈 비율을 측정한다.

$$배당성향 = \frac{배당}{순이익}$$

$$FCFE \text{ 대비 주주 현금 환원 비율} = \frac{배당 + 자사주 매입}{FCFE}$$

FCFE 대비 주주 현금 환원 비율은 주주에게 환원할 수 있는 현금 중에서 배당과 자사주 매입 형태로 실제 환원한 현금의 비율을 보여준다. 비율이 시간이 흘러도 변하지 않거나 1에 가깝다면 기업은 주주에게 환원할 수 있는 현금 전부를 환원한다.

가치평가 바이블

비율이 1보다 몹시 낮다면 기업은 감당할 수 있는 수준보다 작게 환원하고 나머지는 현금 잔액을 늘리거나 유가증권 투자에 사용한다. 비율이 1보다 아주 높다면 기업은 감당할 수 있는 수준보다 크게 환원하고 부족분을 보유 현금에서 충당하거나 신규 증권(주식이나 회사채)을 발행한다.

이 비율을 조사해보면 기업들이 FCFE 기준에서 감당할 수 있는 수준보다 작게 현금을 환원한다는 사실을 알 수 있다. 2023년 전 세계 기업의 FCFE 대비 배당 비율의 중앙값은 약 75%였다. 모수의 60%는 FCFE 기준에서 감당할 수 있는 수준보다 작은 배당을 지급했다. 기업이 감당할 수 있는 FCFE 수준보다 작은 배당을 지급하면 초과 현금이 발생하고, 재무상태표상 현금 잔액이 증가하는 결과로 나타난다. FCFE보다 큰 배당을 지급하는 기업은 보유 현금에서 부족분을 충당하거나 신주를 발행해 배당 지급액을 조달해야 한다.

가치평가 차원의 시사점은 단순하다. 배당할인모형을 활용할 때, 기업이 감당 가능한 수준보다 작은 배당을 지급해 발생한 현금의 축적을 허용하지 않는다면 주식 가치를 과소추정한다. 반대로 감당 가능한 수준보다 큰 배당을 지급한 기업의 가치평가에 배당할인모형을 활용하면 주식 가치를 과대추정한다. 이번 장의 나머지 부분에서 이러한 한계를 바로잡는 방법을 다룬다.

 dividends.xls: 이 스프레드시트를 이용하면 최대 10년 단위 주주 잉여현금흐름과 주주 현금 환원을 추정할 수 있다. (웹에서 다운로드 가능)

 divfcfe.xls: 미국 기업의 업종별 배당, 주주 현금 환원, 주주 잉여현금흐름을 보여주는 엑셀 자료. (웹에서 다운로드 가능)

기업이 가능한 수준보다 작게 주주 환원을 하는 이유　주주에게 환원 가능한 주주 잉여현금흐름 수준보다 작게 환원(배당과 자사주 매입)하는 기업이 많고, 기업별로 이유도 다양하다.

안정성을 향한 열망   기업은 일반적으로 배당에 변화를 주는 것을 꺼리므로 배당은 '하방 경직성(sticky)'이 있다고 여겨진다. 배당의 변동성은 이익이나 현금흐름의 변동성보다 훨씬 작은 경향이 있다. 배당에 변화를 주지 않으려는 의지는 배당을 삭감할 필요가 있을 때 더 강하게 나타난다. 실제로 대다수 시기에 배당을 인상하는 기업 수는 배당을 삭감하는 기업 수의 적어도 5배 이상이다. 배당 삭감에 저항한 결과, 이익과 FCFE가 증가하는 상황에서도 배당을 인상하지 않는 기업이 많다. 인상 후의 높은 배당 수준을 지속할 능력에 불확실성이 존재하기 때문이다. 그래서 이익 증가와 배당 증가 사이에는 시간 지연이 존재한다. 마찬가지로 이익과 FCFE가 감소하는 상황에서도 배당을 삭감하지 않는 기업이 많다. 그림 14.7은 1988~2023년 배당에 변

[그림 14.7] 미국 기업의 연도별 배당 변화

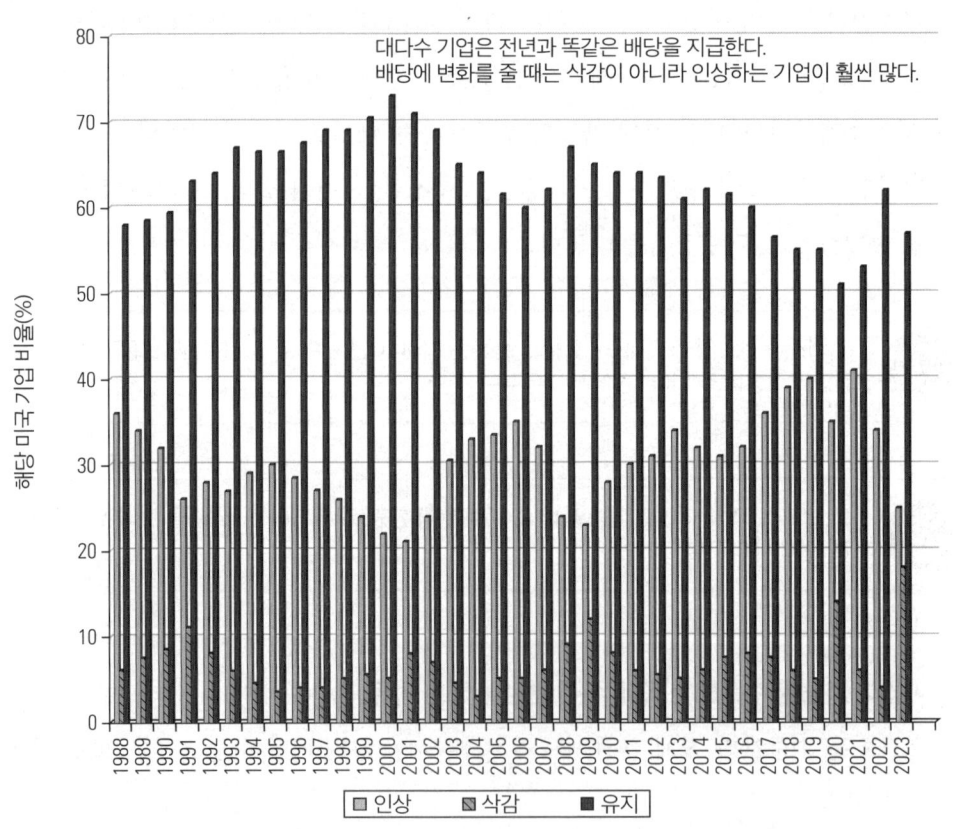

가치평가 바이블

화(인상, 삭감, 유지)를 준 기업 수를 보여준다.

배당을 인상한 기업이 배당을 삭감한 기업의 7배에 이른다. 하지만 배당에 아무런 변화를 주지 않은 기업은 인상이나 삭감으로 변화를 준 기업의 4배에 이른다. 배당 자체가 FCFE나 이익보다 변동성이 작기 때문이기도 하지만, 배당을 FCFE보다 상당히 작은 수준으로 유지하려는 기업 의사결정의 결과이기도 하다.

미래 투자 소요   기업은 미래 자본적 지출 소요가 대폭 증가할 것으로 예상할 때는 FCFE를 전부 배당하지는 않는다. 신주를 발행하려면 자금조달비용(floatation cost)이나 발행보수(issuance fees) 등 큰 비용을 치러야 하므로 초과현금을 유보해 미래 투자 소요의 자금원으로 활용할 수 있다. 따라서 미래 자본조달 소요의 불확실성 수준에 비례해 예상치 못한 투자나 수요에 대비하려는 유보 현금이 늘어날 것이다.

세금 요인   만약 배당소득세율이 자본이득세율보다 높다면 기업은 초과현금을 유보하고 감당할 수 있는 수준보다 작은 배당만 지급할 것이다. 고세율 구간에 속하는 주주가 많을수록 그렇게 결정할 가능성이 커지는데, 많은 가족지배기업이 이에 해당한다. 하지만 기업 투자자가 배당을 선호하거나 세법이 배당에 유리하다면 기업은 차입이나 신주 발행을 통해 가능한 FCFE보다 더 큰 배당을 지급할 수도 있다.

신호 효과   미래 전망을 암시하는 신호로 배당을 활용하는 기업이 많다. 배당 인상은 긍정적인 신호로, 배당 삭감은 부정적인 신호로 여겨진다. 실증적 연구는 이러한 신호 이론과 일치하는 결과를 보여준다. 즉 배당 인상 시 주가가 상승하고 배당 삭감 시 주가가 하락한 때가 많았다. 이렇게 배당을 신호로 활용한다면 배당과 FCFE가 차이 날 수 있다.

경영진의 자기 이익 추구   기업 경영진 입장에서는 현금 유보가 배당 지급보다 이득이 될 수도 있다. 기업 제국을 건설하려는 열망으로 규모의 확대 자체를 목표로 두는 경영진도 있지만, 이익이 감소할 시기를 대비해 현금을 비축해야 한다고 생각하는 경영진도 있을 것이다. 어려운 시기에 여유 현금이 있다면 이익 감소의 영향을 줄이거나 상쇄할 수 있으므로 경영권 유지에 도움이 된다.

주주 잉여현금흐름 가치평가모형

주주 잉여현금흐름 모형은 전통적인 배당할인모형을 완전히 벗어난 모형이 아니다. 사실 주주 잉여현금흐름 모형은 실제 배당이 아니라 배당 가능액을 할인하는 모형으로 볼 수 있다. 따라서 이번 섹션에서 다룰 FCFE 가치평가모형의 세 가지 유형은 모두 배당할인모형의 단순 변형 모형에 해당한다. 유일한 차이는 배당할인모형의 배당을 주주 잉여현금흐름으로 대체하는 것이다.

기초 원칙   주식 가치평가에서 배당을 FCFE로 대체하는 것은 한 현금흐름을 다른 현금흐름으로 대체하는 것 이상의 의미가 있다. 여기에는 FCFE를 주주에게 환원한다는 가정이 깔려 있다. 그래서 두 가지 가정이 추가된다.

1. 모든 연도에 부채 상환과 재투자 소요 충족 후 남은 현금을 전부 주주에게 환원한다고 가정한다. 따라서 기업은 미래에 현금을 비축하지 않는다.
2. FCFE의 증감은 영업자산에서 비롯된 이익, 즉 영업이익의 증감은 포함하지만 유가증권에 의한 이익의 증감은 포함하지 않는다. 이 가정은 앞선 가정에서 바로 도출된다.

FCFE 할인모형은 자사주 매입도 고려하는 광의의 배당할인모형과 어떤 차이가 있을까? FCFE 모형에서 자사주 매입은 과거 FCFE를 배당으로 지급하지 않았기에 비축한 초과현금을 주주에게 환원하는 것으로 이해하면 된다. 즉 FCFE는 기업이 배당과 자사주 매입 형태로 주주에게 환원할 수 있는 현금을 기간 평균으로 다듬은 척도다.

FCFE 성장률 추정　주주 잉여현금흐름은 배당과 마찬가지로 주식 투자자 몫의 현금흐름이기에 성장률을 추정할 때 주당 배당의 펀더멘털 성장률 추정과 똑같은 방식을 적용할 수 있다.

$$기대성장률 = 내부 유보율 \times 자기자본이익률$$

위 식에서 내부 유보율을 사용하는 것은 배당으로 지급하지 않는 현금을 기업에 재투자함을 전제한다. 하지만 주주 잉여현금흐름을 전부 주주에게 환원한다는 FCFE 모형의 기초 가정과 강하게 충돌한다. 이때 위 식의 내부 유보율을 자기자본 재투자율로 대체하면 일관성을 유지할 수 있다. 자기자본 재투자율은 순이익 중 기업에 재투자하는 비율을 측정한다.

$$자기자본 재투자율 = \frac{자본적 지출 - 감가상각비 + 비현금 운전자본의 증감 - (신규 부채 발행 - 부채 상환)}{순이익}$$

FCFE를 할인할 때는 기업의 영업자산에서 보유 현금 잔액을 뺀 후 주식 가치를 평가하고, 마지막에 현금을 다시 더하는 방법이 가장 안전하다. 마찬가지로 자기자본이익률의 전통적인 척도 역시 분자에 현금 및 유가증권 보유에 따른 이자수익을 포함하고, 분모인 자기자본의 장부가액은 현금과 유가증권의 가치를 포함하므로 수정해야 한다. FCFE 모형에서는 기업에 초과현금이 존재하지 않고, 자기자본이익률은 비현금 투자 대비 이익을 측정해야 한다. 이를 반영해 수정한 자기자본이익률 수식은 다음과 같다.

$$비현금 ROE = \frac{순이익 - 현금 및 유가증권에 의한 이익 \times (1 - 세율)}{자기자본의 장부가액 - 현금 및 유가증권}$$

자기자본 재투자율과 비현금 ROE를 곱하면, 비현금 순이익의 기대성장률을 얻게 되는데 자기자본 재투자율을 고정했으므로 FCFE의 기대성장률과 같다.

$$FCFE 기대성장률 = 자기자본 재투자율 \times 비현금 ROE$$

고정 성장 FCFE 모형　고정 성장 FCFE 모형은 안정 성장률로 성장해서 안정 상태에 있는 기업의 주식 가치를 평가한다. 배당을 FCFE로 대체한 고든 성장 모형이라고 보면 되는데 주의 사항과 한계 역시 똑같이 적용된다.

모형　고정 성장 모형에서 주식 가치는 다음 연도의 기대 FCFE와 안정 성장률, 요구수익률의 함수로 정의된다.

$$주식 가치 = \frac{다음\ 연도\ 기대\ FCFE}{자기자본비용 - 안정\ 성장률}$$

고든 성장 모형과 마찬가지로 이 모형에 적용하는 성장률은 해당 기업이 속한 명목 경제 성장률보다 똑같거나 낮아야 한다. 기업이 안정 상태에 있다는 가정 역시 이 모형이 안정 성장 기업의 특성과 여러 면에서 유사하다는 점을 시사한다. 예컨대 자본적 지출이 감가상각비와 비교해 지나치게 높지 않고, 기업의 위험이 평균 수준이어야 한다(자본자산가격결정모형을 활용한다면 베타는 1에 가까운 값이어야 한다). 한편 성장률과 펀더멘털의 관계를 활용해 요구 재투자를 추정할 수 있다. 이때 순이익 기대성장률은 다음과 같다.

$$순이익\ 기대성장률 = 자기자본\ 재투자율 \times 자기자본이익률$$

위 식을 통해 자기자본 재투자율을 다음과 같이 정의할 수 있다.

$$자기자본\ 재투자율 = \frac{안정\ 성장률}{자기자본이익률}$$

사례를 통해 이해해보자. 안정 성장률이 4%이고 자기자본이익률이 12%인 기업은 순이익의 3분의 1을 순 자본적 지출과 운전자본 소요에 재투자해야 한다. 다시 말해 주주 잉여현금흐름은 순이익의 3분의 2에 해당한다.

가장 적합한 적용 대상　이 모형은 안정 성장 배당할인모형과 마찬가지로 명목 경제 성장률과 비슷한 성장률로 성장하는 기업에 적용하는 것이 가장 적합하다. 하지만 지속 불가능할 정도로 높은, 즉 FCFE보다 아주 큰 배당을 지급하거나 FCFE보다 몹시 작은 배당을 지급하는 안정 기업에는 배당할인모형보다 고정 성장 FCFE 모형을 적용하는 편이 낫다. 다만 안정 성장 단계에 있고 FCFE를 전부 배당으로 지급하는 기업이라면 고정 성장 FCFE 모형에서 도출한 가치 추정치가 고든 성장 모형의 가치 추정치와 똑같다는 점을 유념하자.

[예시 14.9] 안정 성장 FCFE 모형: 폭스바겐

폭스바겐(Volkswagen)은 성숙기에 접어든 독일 자동차 제조사다. 경기순환에 따라 순이익의 변동성이 큰 업의 특성을 고려하더라도 폭스바겐은 안정 성장 단계에 있다고 볼 수 있다. 2011년 5월 폭스바겐의 가치 평가에 다음 입력 변수를 활용했다.

1. 2010년 (보유 현금에서 올린 이자수익을 제외한) 순이익 52억 7,900만 유로를 기준 연도 이익으로 적용한다(이 값이 과소추정이든 과대추정이든 이상치에 해당하지 않는다고 판단했다. 만약 이상치라고 판단한다면 순이익을 정상화한 값을 사용해야 한다).
2. 순이익 기대성장률은 3%로, 비현금 자기자본이익률은 10%로 가정한다. 따라서 안정 성장 모형에서 자기자본 재투자율은 30%다.

$$안정\ 자기자본\ 재투자율 = g/ROE = 3\%/10\% = 30\%$$

2010년 재무제표상 폭스바겐의 자본적 지출은 114억 6,200만 유로, 감가상각비는 100억 8,900만 유로, 비현금 운전자본 증분은 4억 2,300만 유로였다. 이 입력 변수를 활용해(부채비율 40%도 적용했다 – 옮긴이) 계산한 재투자율은 20.41%다(단위: 100만 유로).

$$2010년\ 재투자율 = (11{,}462 - 10{,}089 + 423) \times (1 - 0.4)/5{,}279 = 20.41\%$$

이를 가치평가에 적용했다면 영구 기대성장률은 2.04%에 불과했을 것이다.

$$기존\ 재투자율로\ 계산한\ 안정\ 성장률 = 20.41\% \times 10\% = 2.04\%$$

3. 유럽 자동차 기업들의 평균 베타를 활용해 추정한 베타 1.20과 유로화 기준 무위험 이자율 3.2%, 주식 위험 프리미엄 5%를 적용해 추정한 폭스바겐의 자기자본비용은 9.2%다.

$$자기자본비용 = 3.2\% + 1.20 \times 5\% = 9.2\%$$

위 입력 변수를 적용한 주식 가치는 다음과 같다.

$$주식\ 가치 = \frac{다음\ 연도\ 기대\ 순이익 \times 1 - 자기자본\ 재투자율}{자기자본비용 - 안정\ 성장률}$$

$$= \frac{5,279 \times 1.03 \times (1 - 0.30)}{0.092 - 0.03} = 61,392$$

위 값은 비현금 영업자산 중 주식의 가치라는 점을 유념하자. 현금 보유에 따른 이자수익을 기준 연도 FCFE에서 차감했기 때문이다. 현금 잔액 186억 7,000만 유로를 위 값에 더한 전체 주식 가치는 800억 6,200만 유로였다. 2011년 5월 시가총액 535억 6,000만 유로보다 몹시 높은 수준이었다.

 FCFEst.xls: 이 스프레드시트를 이용하면 안정 성장 기업과 관련된 모든 입력 변수를 활용해 안정 성장하는 기업 주식의 가치평가를 할 수 있다. (웹에서 다운로드 가능)

레버리지, FCFE와 주식 가치

FCFE 계산에는 공짜 점심이 포함된 것처럼 보인다. 부채비율이 상승하면 주주 잉여현금흐름이 증가한다. 기업의 재투자 소요를 차입금으로 더 많이 조달함에 따라 주식 투자자로부터 조달할 필요가 줄어들기 때문이다. 이에 따라 여유 현금을 추가 배당으로 지급하거나 자사주 매입에 활용할 수 있다.

레버리지가 높아질수록 주주 잉여현금흐름이 증가한다면, 결국 주식 가치도 상승한다고 결론 내려도 될까? 반드시 그렇지는 않다. 주식 가치평가에 적용하는 할인율인 자기자본비용은 베타 또는 복수 베타에 바탕을 두고 추정한다. 레버리지가 높아지면 베타 역시 상승해서 결국 자기자본비용도 상승한다. 8장에서 다뤘듯 차입베타는 다음과 같이 계산한다.

차입 베타 = 무차입 베타 × [1 + (1 - 세율)(부채/자기자본)]

차입베타가 상승하면 결국 주식 가치에 부정적인 영향을 미칠 것이다. 따라서 가치에 미치는 순영향은 현금흐름의 증가와 베타의 상승 중 무엇이 더 우세한지에 따라 결정된다.

2단계 FCFE 모형   2단계 FCFE 모형은 초기 단계에 안정 기업보다 훨씬 빠른 속도

가치평가 바이블

로 성장한 후 안정 성장할 것으로 예상되는 기업의 주식 가치를 평가하는 모형이다.

모형　이 모형에서 주식 가치는 이례적 성장 단계의 연도별 FCFE 현재가치에 종료 연도 기준 잔존가치의 현재가치를 더한 것과 같다.

$$\text{주식 가치} = \sum_{t=1}^{t=n} \frac{E(FCFE)_t}{(1 + k_{e,hg})} + \frac{n\text{ 기간의 주식 잔존가치}}{(1 + k_{e,hg})^n}$$

여기서　$E(FCFE)_t$ = t 기간 기대 주주 잉여현금흐름

n 기간의 주식 잔존가치 = $\dfrac{FCFE_{n+1}}{k_{e,st} - g_n}$

k_e = 자기자본비용(hg: 고성장 단계, st: 안정 성장 단계)

g_n = 종료 연도 이후 영구성장률

이처럼 2단계 FCFE 모형은 배당을 주주 잉여현금흐름으로 대체했다는 차이를 빼면 2단계 배당할인모형과 구조가 아주 유사하다.

잔존가치 계산　이전 섹션에서 다룬 안정 성장 모형 적용 시 주의 사항이 여기에도 적용된다. 나아가 종료 연도 이후 주주 잉여현금흐름을 도출하기 위해 적용한 가정이 안정성 가정과 일관성을 유지해야 한다. 예컨대 초기 고성장 단계에서는 자본적 지출이 감가상각비보다 훨씬 클 수 있지만, 기업이 안정 성장 단계에 접어들면서 차이가 줄어야 한다. 이때 앞서 다뤘던 안정 성장 모형의 두 가지 접근법, 즉 업종 평균 자본적 지출 소요나 펀더멘털 성장률 수식(자기자본 재투자율 = g/ROE)을 활용해 추정한다.

안정 성장 기업의 위험이 평균 수준이고(베타가 1에 가깝다) 고성장 기업보다 많은 부채를 사용하는 경향을 반영해 안정 성장 단계에서는 베타와 부채비율 역시 조정해야 한다.

[예시 14.10] 자본적 지출과 감가상각비, 성장률

향후 5년간 이익 성장률이 20%이고 이후 영구성장률이 5%인 기업이 있다. 당기 EPS는 2.50달러, 주당 자본적 지출은 2달러, 주당 감가상각비는 1달러였다. 자본적 지출과 감가상각비 증가율이 이익 성장률과 같

고, 운전자본 소요나 부채는 없다고 가정하면 FCFE는 다음과 같다(단위: 달러).

$$5년\ 차\ EPS = 2.50 \times 1.20^5 = 6.22$$
$$5년\ 차\ 주당\ 자본적\ 지출 = 2.00 \times 1.20^5 = 4.98$$
$$5년\ 차\ 주당\ 감가상각비 = 1.00 \times 1.20^5 = 2.49$$
$$5년\ 차\ 주당\ FCFE = 6.22 - 4.98 + 2.49 = 3.73$$

영구성장률 모형을 적용하지만 자본적 지출과 감가상각비의 차이를 조정하지 않을 때 종료 연도의 FCFE는 다음과 같다.

$$6년\ 차\ 주당\ FCFE = 3.73 \times 1.05 = 3.92$$

5년 차 말 잔존가치 계산에 6년 차 FCFE를 활용하므로 진정한 가치를 과소추정한다. 성장률이 하락했는데도 고성장 단계와 똑같은 재투자율을 상정하기 때문이다.

자본적 지출과 감가상각비의 차이를 조정하는 방법은 두 가지다.

1. 업종 평균 자본적 지출 소요를 반영해 6년 차 자본적 지출을 조정한다: 예컨대 이 기업이 속한 산업에서는 평균적으로 자본적 지출이 감가상각비의 150%라고 하자. 이때 6년 차 자본적 지출은 다음과 같이 추정한다(6년 차 EPS = 6.22 × 1.05 = 6.53).

$$6년\ 차\ 주당\ 감가상각비 = 2.49 \times 1.05 = 2.61$$
$$6년\ 차\ 주당\ 자본적\ 지출 = 6년\ 차\ 주당\ 감가상각비 \times 업종\ 평균\ 감가상각비\ 대비\ 자본적\ 지출\ 비율$$
$$= 2.61 \times 1.50 = 3.92$$
$$6년\ 차\ 주당\ FCFE = 6.53 - 3.92 + 2.61 = 5.23$$

2. 기대성장과 자기자본이익률에 바탕을 두고 6년 차 자기자본 재투자율을 추정한다: 예컨대 안정 성장 단계에서 이 기업의 자기자본이익률이 15%라고 하자. 이때 자기자본 재투자율과 6년 차 FCFE는 다음과 같이 추정한다.

$$자기자본\ 재투자율 = g/ROE = 5\%/15\% = 33.33\%$$
$$6년\ 차\ 자기자본\ 재투자 = 자기자본\ 재투자율 \times 6년\ 차\ EPS = 0.3333 \times 6.53 = 2.18$$
$$6년\ 차\ 주당\ FCFE = 6.53 - 2.18 = 4.35$$

　성장률과 재투자율, 자기자본이익률의 관계를 두고 가치평가의 일관성을 확보하기에 두 번째 방법이 더 낫다.

가장 적합한 적용 대상 이 모형의 성장 가정은 2단계 배당할인모형과 똑같다. 즉 초기 단계에 높은 수준의 고정 성장률을 보이다가 안정 성장 단계에 접어들면 성장률이 갑자기 하락한다. 2단계 배당할인모형과의 차이점은 배당이 아니라 FCFE에 중점을 두는 것이다. 따라서 2단계 FCFE 모형은 지속 불가능한 수준의 배당을 지급하거나(배당이 FCFE보다 클 때), 가능한 수준보다 작은 배당을 지급하는(배당이 FCFE보다 작을 때) 기업 유형에서 모두 배당할인모형보다 더 우수한 결과를 도출한다.

문제는 배당을 주주 잉여현금흐름으로 적용하지 않고 재투자와 부채에서 비롯하는 현금흐름을 빼서 배당 가능액을 계산하므로 훨씬 많은 추정이 필요하다는 점이다.

[예시 14.11] 2단계 FCFE 모형: 네슬레(2024년 5월)

네슬레는 전 세계에서 활동하는 기업으로, 대다수 매출이 본사 소재국인 스위스가 아닌 시장에서 발생한다. 다른 유럽 대형 기업처럼 네슬레도 기업 지배구조가 취약해서, 주주는 경영진과 비교해 아무런 영향력도 없는 것이나 마찬가지다.

2단계 FCFE 모형을 적용하는 이유
- 왜 2단계 모형인가? 네슬레는 오랫동안 놀라운 성장을 구가해왔다. 과거보다 성장률이 둔화할 때가 언젠가 도래하겠지만, 향후 5년 동안은 고성장을 유지하리라고 가정한다.
- 왜 FCFE 모형인가? 취약한 기업 지배구조와 현금을 비축해온 역사를 고려할 때 네슬레가 실제 지급했던 배당은 가능했던 수준보다 몹시 작다.

배경 정보
2024년 5월 기준 직전 연도 재무제표에 따르면 순이익은 112억 900만 스위스 프랑이었고 그중 1억 9,200만 프랑은 현금과 유가증권 보유에서 비롯했다. 직전 연도에 보고한 재투자액은 다음과 같다(단위: 100만 스위스 프랑).

자본적 지출과 인수 = 5,925
감가상각비 및 무형자산 상각비 = 2,993
비현금 운전자본의 증감 = −794

신규 부채를 발행해 68억 600만 프랑을 조달했고 61억 2,600만 프랑 치 부채를 상환했으므로 순부채 현금흐름은 6억 8,000만 프랑이었다. 자기자본의 장부가액은 현금 포함 여부에 따라 다음과 같았다.

	2023년 초	2023년 말
자기자본의 장부가액	41,982	35,742
현금과 유가증권	6,744	5,851
비현금 자기자본	35,238	29,891

추정치

먼저 네슬레의 고성장 단계에 적용할 자기자본비용부터 추정해보자. 2024년 5월 기준 10년 만기 스위스 국채 금리 1%를 무위험 이자율로 적용한다. 주식 위험 프리미엄을 추정하기 위해 표 14.8과 같이 네슬레의 매출을 지역별로 분류했다.

네슬레의 주식 위험 프리미엄은 세계 여러 국가의 주식 위험 프리미엄을 매출에 대해 가중평균한다. 식품 가공 산업의 무차입 베타 0.5691과 부채자기자본비율 22.36%, 세계 평균 한계세율 25%를 적용해 계산한 상향식 베타는 0.67이다.

[표 14.8] 지역별 매출 분류: 네슬레

지역	매출	비중	주식 위험 프리미엄
미국	30,034	32.33%	4.30%
캐나다	2,519	2.71%	4.30%
프랑스	3,546	3.82%	5.02%
영국	3,529	3.80%	5.18%
독일	2,212	2.38%	4.30%
호주	1,450	1.56%	4.30%
중국	5,524	5.95%	5.33%
브라질	4,131	4.45%	8.70%
멕시코	3,937	4.24%	7.08%
칠레	1,312	1.41%	5.54%
기타 남미	3,380	3.64%	10.06%
기타 아시아	18,330	19.73%	5.98%
기타 유럽	13,004	14.00%	5.59%
합계	92,908	100.00%	5.47%

네슬레의 차입 베타 $= 0.5691 \times [1 + (1 - 0.25) \times 0.2236] = 0.6645$

따라서 네슬레의 자기자본비용은 4.64%다.

$$\text{네슬레의 자기자본비용} = \text{무위험 이자율}_{\text{스위스 프랑}} + \beta(\text{주식 위험 프리미엄})$$
$$= 1.00\% + 0.6645 \times 5.47\% = 4.64\%$$

자기자본비용은 안정 성장 단계에 소폭 상승한다고 가정한다. 베타가 0.80으로 변화한다고 가정하면 안정 상태의 자기자본비용은 다음과 같다.

$$\text{자기자본비용}_{\text{안정 성장}} = 1.00\% + 0.80 \times 5.47\% = 5.38\%$$

주주 잉여현금흐름의 기대성장률을 추정하려면 먼저 직전 연도 주주 잉여현금흐름을 계산해야 한다.

$$\text{FCFE} = (\text{순이익} - \text{현금에 의한 세후 이자수익}) - (\text{자본적 지출} - \text{감가상각비}) - \text{운전자본의 증감}$$
$$+ (\text{신규 부채 발행} - \text{부채 상환})$$
$$= (11,209 - 144) - (5,915 - 2,993) - (-794) + (6,806 - 6,126) = 9,617$$

이를 활용해 계산한 자기자본 재투자율은 다음과 같다.

$$\text{자기자본 재투자율} = 1 - \frac{9,617}{11,209 - 144} = 13.18\%$$

2023년 순이익과 자기자본의 장부가액(현금 차감)을 활용하면 다음과 같이 2023년 자기자본이익률을 도출한다.

$$\text{자기자본이익률} = (11,209 - 144)/(41,982 - 6,744) = 31.40\%$$

FCFE 기대성장률은 자기자본 재투자율과 자기자본이익률을 곱한 값이다.

$$\text{FCFE 기대성장률} = \text{자기자본이익률} \times \text{자기자본 재투자율} = 0.3140 \times 0.1318 = 4.14\%$$

여기에는 네슬레가 현 수준의 자기자본이익률과 자기자본 재투자율을 향후 5년간 똑같이 유지한다는 가정이 깔려 있다. 안정 성장 단계에서는 성장률을 무위험 이자율과 똑같은 1%로 가정한다. 또한 자기자본 이익률은 15%로 하락한다고 가정하면 안정 성장 단계의 자기자본 재투자율을 도출할 수 있다.

$$\text{안정 성장 단계의 자기자본 재투자율} = g/ROE = 1\%/15\% = 6.67\%$$

가치평가

가치의 첫 번째 구성 요소는 고성장 단계 기대 FCFE의 현재가치로 표 14.9에서 확인할 수 있다. 이때 순이익은 연 4.14% 증가하고 자기자본 재투자는 순이익의 13.18%를 차지한다.

[표 14.9] FCFE와 현재가치: 네슬레

	1	2	3	4	5
기대성장률	4.14%	4.14%	4.14%	4.14%	4.14%
순이익	11,523	12,000	12,496	13,013	13,552
자기자본 재투자율	13.18%	13.18%	13.18%	13.18%	13.18%
FCFE	10,004	10,418	10,850	11,298	11,766
자기자본비용	4.64%	4.64%	4.64%	4.64%	4.64%
현재가치	9,561	9,516	9,471	9,426	9,381

현재가치는 고성장 단계 자기자본비용 4.64%에 바탕을 두고 계산했음을 유념하라.

잔존가치를 추정하기 위해 6년 차 FCFE를 추정해보자.

$$\text{6년 차 기대 순이익} = \text{순이익}_5 \times (1 + g) = 13,552 \times 1.01 = 13,687$$
$$\text{6년 차 자기자본 재투자} = \text{순이익}_6 \times \text{안정 자기자본 재투자율} = 13,687 \times 0.0667 = 912$$
$$\text{6년 차 기대 FCFE} = \text{순이익}_6 - \text{자기자본 재투자}_6 = 13,687 - 912 = 12,775$$
$$\text{주식 잔존가치} = \text{FCFE}_6 / (\text{자기자본비용}_6 - g) = 12,775 / (0.0538 - 0.01) = 291,924$$

주식 가치는 고성장 단계 FCFE의 현재가치와 주식 잔존가치의 현재가치를 합한 값이다.

$$\text{주식 가치} = \text{고성장 단계 FCFE의 현재가치} + \text{잔존가치} / (1 + k_e)^n$$
$$= 47,354 + 291,924 / 1.0464^5 = 280,102$$

주식 잔존가치를 향후 5년간 위험을 반영하는 고성장 단계 자기자본비용으로 할인했음을 유념하라. 여기에 직전 연도 재무상태표상 네슬레가 보유했던 현금 및 유가증권 58억 5,100만 프랑을 더한 후 2024년 5월 23일 기준 유통주식 수 26억 2,130만 주로 나누면 주당 가치 109.09프랑을 얻는다.

$$\text{주당 가치} = (\text{주식 가치} + \text{현금 및 유가증권}) / \text{유통주식 수}$$
$$= \frac{(280,102 + 5,851)}{2,621.30} = 109.09(\text{프랑})$$

2024년 5월 가치평가 시점에 네슬레의 주가는 100.64프랑이었으므로 다소 저평가되었다고 할 수 있다.

FCFE2st.xls: 이 스프레드시트를 이용하면 FCFE가 한동안 고성장하다가 안정 성장 단계에 접어드는 기업의 가치평가를 할 수 있다. (웹에서 다운로드 가능)

일반 FCFE 모형   일반 주주 잉여현금흐름 모형은 고성장 단계(성장률이 매년 변화하거나 서로 다른 속도로 변화)를 지나 안정 성장 단계에 접어든다고 가정한다. 이번 섹션에서는 시간이 흐르며 성장률이 변화하는 모형에 적용할 일관된 규칙을 논한다.

모형   앞서 다룬 3단계 배당할인모형은 고성장 단계와 전환기를 거쳐 성장률이 안정 상태로 하락하는 상황을 가정한다.

$$\text{주식 가치} = \sum_{t=1}^{t=n} \frac{FCFE_t}{(1 + k_{e,hg})^t} + \frac{FCFE_{n+1}}{(k_{e,st} - g_n)(1 + k_{e,hg})^n}$$

여기서 $FCFE_t$ = t 기간의 FCFE
$k_{e,hg}$ = t 기간의 자기자본비용
$k_{e,st}$ = 안정 성장 단계의 자기자본비용
g_n = 안정 성장 단계의 성장률

이 모형은 고성장 단계의 성장률과 자기자본 재투자율, 자기자본비용의 연 단위 변화를 허용하기에 적응성이 높다.

주의 사항 이 모형은 성장률이 고성장과 전환기 성장, 안정 성장으로 명확히 구분되는 3단계를 거친다고 가정한다. 따라서 다른 입력 변수에 관한 가정도 이 가정과 일관성이 유지되는지가 중요하다.

√자기자본 재투자 기업이 고성장에서 안정 성장 단계로 접어들면서 자기자본 재투자가 변화하리라고 가정하는 것이 합리적이다. 고성장 단계에 필요한 자기자본 재투자는 상당히 커서 자본적 지출로 대표되는 재투자는 감가상각비보다 훨씬 크고 운전자본이 대폭 증가하며 대형 인수나 R&D 투자가 일어날 때가 많다. 전환기에는 성장률이 안정 성장 수준으로 낮아지고 자기자본 재투자율도 하락한다. 이때 하락 폭은 신규

[그림 14.8] 3단계 FCFE 모형: 재투자 소요

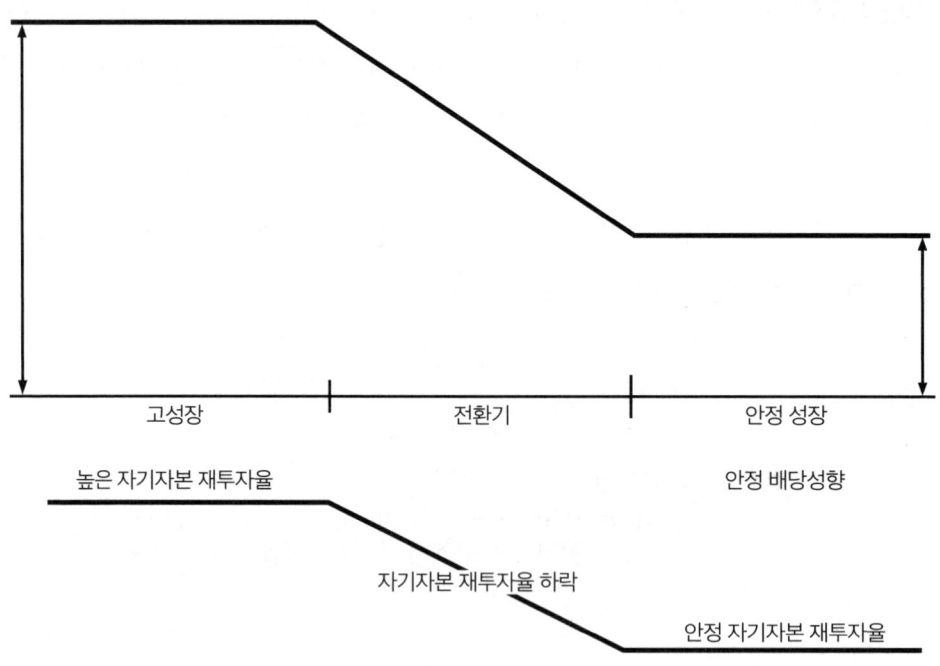

가치평가 바이블

투자의 자기자본이익률에 따라 달라진다(그림 14.8을 참고하라).

안정 성장 단계에서 자기자본 재투자율은 안정 성장을 지속할 만큼 높은 수준이어야 한다. 지속 가능 성장률 수식을 통해 그것이 어느 수준인지 가늠할 수 있다.

$$\text{안정 자기자본 재투자율} = \frac{\text{안정 성장률}}{\text{안정 자기자본이익률}}$$

✓위험 기업의 성장 특성이 변하면 위험 특성도 변한다. CAPM 관점에서는 성장률이 하락하면 기업의 베타도 변한다. 고베타 기업으로 구성한 포트폴리오 역시 장기적으로 베타가 1에 수렴하는 경향이 실증적으로 확인된다. 시간이 흐르면서 기업의 규모가 증가하고 다각화 수준이 높아지면 이들 기업으로 구성한 포트폴리오의 평균 베타는 1에 수렴한다. 따라서 일반 FCFE 모형에서 성장률이 변화하면 자기자본비용도 변화해야 하고 안정 성장 단계에서는 성숙기업의 자기자본비용 수준으로 수렴한다.

가장 적합한 적용 대상 앞서 FCFE와 FCFF 모형은 모두 기업의 주식 가치를 평가하는 척도로서 일관성이 있다고 했다. 하지만 FCFE 모형은 일관성을 유지하기 어렵게 하는 추정 문제가 있다. 특히 주주 잉여현금흐름은 부채 상환 후 기준 현금흐름이기 때문이다(신규 부채 발행을 통한 현금 유입과, 부채 상환을 통한 현금 유출). 시간이 흐르며 부채비율 변화 폭이 클 것으로 예상하는 기업이라면 주주 잉여현금흐름을 추정하기가 훨씬 어렵다. 부채비율이 상승하거나 하락할 속도와 폭을 예측한 후 부채 현금흐름에 반영해야 하기 때문이다.

주주 잉여현금흐름 계산이 가장 수월한 기업은 시간이 흐르며 부채비율을 안정적으로 유지하는 유형이다. 그러면 미래 연도의 주주 잉여현금흐름을 약식으로 계산할 수 있기 때문이다. 즉 부채비율을 활용해 자기자본 재투자를 계산함으로써 부채 상환과 발행을 직접 예측하는 과정을 회피할 수 있다.

자기자본 재투자
= (자본적 지출 – 감가상각비 + 비현금 운전자본 증감) × (1 – 부채총자본비율)

평가 대상 기업이 현행 부채비율을 미래에도 유지할지 불확실하다면 주주 잉여현금흐름이 아니라 기업 잉여현금흐름 모형을 활용하는 편이 낫다.

[예시 14.12] 일반 FCFE 모형: 칭다오 브루어리(2001년)

칭다오 브루어리(Tsingtao Breweries)는 '칭다오'라는 브랜드로 맥주와 기타 알코올음료를 제조해 중국을 포함한 전 세계에 유통하는 기업이다. 상하이 및 홍콩 증권거래소에 상장된 주식의 총수는 6억 5,315만 주다.

3단계 FCFE 모형을 적용하는 이유
■ 왜 3단계 모형인가? 칭다오는 규모가 아주 크고 성장하는 시장, 특히 중국과 기타 아시아 시장에서 사업하는 소형 기업이다. 현행 자기자본이익률은 낮은 편이지만 향후 5년간 상승하리라고 예상한다. 이에 따라 이익 성장률 역시 가속할 것이다.
■ 왜 FCFE 모형인가? 중국 기업은 지배구조가 취약하기에 배당이 FCFE와 비슷한 수준일 가능성이 작다. 게다가 회사는 재투자 소요의 일부를 계속해서 신규 부채를 발행해 충당해왔다.

배경 정보
2000년 칭다오 브루어리의 당기 순이익은 7,236만 위안, 자기자본의 장부가액은 25억 8,800만 위안이었으므로 자기자본이익률은 2.80%였다. 같은 해 자본적 지출은 3억 3,500만 위안, 감가상각비는 2억 400만 위안이었으며 비현금 운전자본은 120만 위안 감소했다. 따라서 2000년 재투자는 다음과 같다(단위: 100만 위안).

$$재투자 = 자본적 지출 - 감가상각비 + 비현금 운전자본의 증감$$
$$= 335 - 204 - 1.2 = 129.8$$

지난 4년간 운전자본의 증감은 변동성이 컸기에 2000년 기준 매출 대비 비현금 운전자본 비율을 활용해 정상화한다.

$$정상 비현금 운전자본의 증감 = (비현금 운전자본_{2000}/매출_{2000}) \times (매출_{2000} - 매출_{1999})$$
$$= (180/2,253) \times (2,253 - 1,598) = 52.3$$

따라서 2000년 정상 재투자는 다음과 같다.

$$정상 재투자 = 자본적 지출 - 감가상각비 + 정상 비현금 운전자본의 증감$$
$$= 335 - 204 + 52.3 = 183.3$$

운전자본과 마찬가지로 부채 발행 역시 변동성이 컸다. 2000년 말 장부가액 기준 부채총자본비율 추정치 40.94%를 활용해 2000년 정상 자기자본 재투자를 다음과 같이 추정한다.

$$2000년\ 자기자본\ 재투자 = 재투자 \times (1 - 부채비율) = 183.3 \times (1 - 0.4094) = 108.27$$

순이익 대비 자기자본 재투자 비율은 다음과 같다.

$$2000년\ 자기자본\ 재투자율 = 108.27/72.36 = 149.97\%$$

추정치

고성장 단계의 FCFE를 추정하기 위해 현재 2.80%인 자기자본이익률이 5년 차까지 12%로 상승한다고 가정한다. 또한 신규 투자의 자기자본이익률도 12%로 가정한다. 마지막으로 자기자본 재투자율은 향후 5년간 현 149.97% 수준을 유지한다고 가정한다. 따라서 향후 5년간 기대성장률은 다음과 같다.

$$향후\ 5년간\ 연평균\ 기대성장률 = 자기자본\ 재투자율 \times ROE_{신규} + \{[(ROE_{신규} - ROE_{현재})/ROE_{현재}]^{1/5} - 1\}$$
$$= 1.4997 \times 0.12 + \{[(0.12 - 0.028)/0.028]^{1/5} - 1\} = 44.91\%$$

5년 차 이후 기대성장률이 6~10년 차까지 선형으로 하락해 10년 차에 안정 성장률 10%에 이른다고 가정한다(기대성장률이 명목 위안화 기준임을 유념하라. 안정 성장률이 상대적으로 높은 이유는 위안화의 기대 인플레이션율이 높기 때문이다). 성장률이 하락하면서 자기자본 재투자율 역시 안정 성장 단계 수준인 50%로 하락한다. 이는 안정 성장률 10%와 안정 자기자본이익률 20%로 추정할 수 있다.

$$안정\ 성장\ 단계의\ 자기자본\ 재투자율 = g/ROE = 10\%/20\% = 50\%$$

무위험 이자율 10%(명목 위안화 기준)와 주식 위험 프리미엄 6.28%(4%포인트는 성숙시장 위험이고 2.28%포인트는 중국의 국가 위험 프리미엄), 베타 0.75(양조 사업의 상향식 베타를 반영)를 적용해 추정한 자기자본비용은 다음과 같다.

$$자기자본비용 = 10\% + 0.75 \times 6.28\% = 14.71\%$$

안정 성장 단계에서 베타가 0.8로 상승하고 국가 위험 프리미엄이 0.95%로 하락한다고 가정하면 자기자본비용은 다음과 같다.

$$자기자본비용 = 10\% + 0.80 \times 4.95\% = 13.96\%$$

자기자본비용은 5년 차 14.71%에서 선형으로 하락해 10년 차에는 13.96%에 이른다.

가치평가

칭다오의 주식 가치평가를 위해 고성장 단계와 전환기의 FCFE를 먼저 추정해야 한다. 5년 차까지 순이익 기대성장률은 44.91%, 자기자본 재투자율은 149.97%다. 이후 5년간 전환기에서는 기대성장률이 44.91%에서 10%로 하락하고, 자기자본 재투자율은 149.97%에서 50%로 하락한다고 가정한다. 표 14.10은 향후 10년간 FCFE 추정 과정을 요약해서 보여준다.

[표 14.10] 기대 FCFE: 칭다오 브루어리

연도	기대성장률	순이익	자기자본 재투자율	FCFE	자기자본비용	현재가치
당기		72.36	149.97%			
1	44.91%	104.85	149.97%	−52.40	14.71%	−45.68
2	44.91%	151.93	149.97%	−75.92	14.71%	−57.70
3	44.91%	220.16	149.97%	−110.02	14.71%	−72.89
4	44.91%	319.03	149.97%	−159.43	14.71%	−92.08
5	44.91%	462.29	149.97%	−231.02	14.71%	−116.32
6	37.93%	637.61	129.98%	−191.14	14.56%	−84.01
7	30.94%	834.92	109.98%	−83.35	14.41%	−32.02
8	23.96%	1,034.98	89.99%	103.61	14.26%	34.83
9	16.98%	1,210.74	69.99%	363.29	14.11%	107.04
10	10.00%	1,331.81	50.00%	665.91	13.96%	172.16
고성장 단계 및 전환기 FCFE의 현재가치 합계						−186.65

11년 차 순이익에서 같은 해 자기자본 재투자를 차감한 후 영구성장률 모형을 가정해 주식 잔존가치를 다음과 같이 추정한다.

$$안정\ 성장률 = 10\%$$
$$안정\ 성장\ 단계의\ 자기자본\ 재투자율 = 50\%$$
$$안정\ 자기자본비용 = 13.96\%$$
$$11년\ 차\ 기대\ FCFE = 순이익_{11} \times (1 - 안정\ 자기자본\ 재투자율)$$
$$= 1{,}331.81 \times 1.10 \times (1 - 0.5) = 732.50$$
$$주식\ 잔존가치 = FCFE_{11}/(안정\ 자기자본비용 - 안정\ 성장률)$$
$$= 732.5/(0.1396 - 0.10) = 18{,}497$$

고성장 단계 및 전환기 FCFE의 현재가치 합계에 잔존가치의 현재가치를 더하면 현시점 주식 가치를 얻는다.

$$주식\ 가치 = 고성장\ 단계\ 및\ 전환기\ FCFE의\ 현재가치 + 잔존가치의\ 현재가치$$
$$= -186.65 + 18{,}497/(1.1471^5 \times 1.1456 \times 1.1441 \times 1.1426 \times 1.1411 \times 1.1396)$$
$$= 4{,}596$$
$$주당\ 가치 = 주식\ 가치/유통주식\ 수 = 4{,}596/653.15 = 7.04(위안)$$

분석 시점 칭다오 주가는 10.10위안이었으므로 상당히 고평가되었다고 할 수 있다.

FCFE3st.xls: 이 스프레드시트를 이용하면 FCFE가 한동안 고성장하다가 전환기를 거쳐 안정 성장 단계에 접어드는 기업의 가치평가를 할 수 있다. (웹에서 다운로드 가능)

FCFE 가치평가 대 배당할인모형 가치평가

FCFE를 활용하는 현금흐름 할인모형은 배당할인모형의 대안으로 여겨진다. 두 접근법에서 도출한 가치 추정치가 다를 때도 있으므로 어떤 상황에서 유사하거나 다른 가치 추정치가 도출되는지, 두 접근법 간 차이가 평가 대상 기업에 관해 시사하는 바가 무엇인지를 알아보자.

유사한 결과를 낳는 상황

FCFE를 활용한 현금흐름 할인모형이 배당할인모형에서 도출한 가치 추정치와 똑같은 결과를 낳는 두 가지 상황이 있다. 첫째, (아주 자명하지만) 배당이 FCFE와 똑같을 때다. 둘째는 좀 더 미묘한 유형으로서, FCFE가 배당보다 크지만 (FCFE에서 배당을 뺀) 초과현금을 순현재가치가 제로(0)인 프로젝트에 투자할 때다(예컨대 공정가치에 거래되는 금융자산에 투자하면 순현재가치가 제로다).

서로 다른 결과를 낳는 상황

두 모형에서 서로 다른 가치 추정치가 도출되는 상황이 여럿 있다. 첫째, FCFE가 배당보다 크고 초과현금을 활용해 시장 이자율보다 낮은 수익을 내거나 순현재가치가 마이너스인 프로젝트에 투자할 때는 FCFE 모형에서 도출한 가치가 배당할인모형에서 도출한 가치보다 크다. 이러한 상황은 보기보다 드물지 않다. FCFE보다 작은 배당만 지급해 막대한 현금 잔액을 축적했지만, 어리석은 인수 시도(지불 가격이 인수에서 얻는 가치보다 클 때)에 자금을 소진해버린 기업에 관한 사례 연구가 아주 많다. 둘째, 기업이 감당할 수 있는 수준보다 작은 배당만 지급하면 낮은 부채비율과 높은 자본비용으로 이어져 가치를 훼손할 수 있다.

FCFE보다 큰 배당을 지급하는 기업은 신주나 신규 부채를 발행해 자금을 조달하는데, 적어도 세 가지 측면에서 가치에 부정적인 영향을 미친다. 첫째, 유가증권 발행 비용(특히 신주 발행은 엄청난 비용을 초래할 수 있다) 등 불필요한 지출이 발생해 가치가 하락한다. 둘째, 기업이 차입금을 조달해 배당을 지급하면 레버리지 비율이 (최적 비율과 비교해) 과도하게 높아지면서 부실이나 부도 확률이 상승해 가치가 하락할 수 있다. 셋째, 지나치게 큰 배당을 지급하면 자본 할당 제약(capital rationing, 예산이 부족해 순현재가치가 높은 투자 프로젝트부터 순차적으로 자금을 배분해야 하는 제약 - 옮긴이)으로 인해 좋은 성과가 기대되는 프로젝트를 추진할 수 없어 가치가 훼손될 수 있다.

셋째, 두 모형의 재투자와 성장에 관한 가정이 달라서 미치는 영향도 있다. 배당할인모형과 FCFE 모형에 똑같은 성장률을 사용하면 FCFE가 배당보다 클 때 FCFE 모

[표 14.11] 배당할인모형과 FCFE 모형의 차이점

	배당할인모형	FCFE 모형
내재된 가정	오직 배당만 지급한다. 배당 지급 후 잔여 이익은 해당 기업 내 영업자산과 현금, 유가증권에 재투자한다.	FCFE를 주주에게 환원한다. 잔여 이익은 영업자산에만 재투자한다.
기대성장	영업자산에 의한 이익뿐 아니라 현금 자산에 의한 이익 증대를 모두 측정한다. 펀더멘털 수식에서 기대성장률은 내부 유보율과 자기자본이익률의 곱으로 정의된다.	영업자산에 의한 이익 증대만 측정한다. 펀더멘털 수식에서 기대성장률은 자기자본 재투자율과 비현금 자기자본이익률의 곱으로 정의된다.
현금과 유가증권 처리	현금과 유가증권에 의한 수익이 이익, 나아가 배당에 포함된다. 따라서 주식 가치 추정치에 현금과 유가증권을 다시 더할 필요가 없다.	두 가지 선택이 있다. 1. 현금과 유가증권에 의한 수익을 이익 추정 과정에 포함한 후 주식 가치를 추정한다. 2. 현금과 유가증권에 의한 수익을 이익 추정 과정에 포함하지 않고 주식 가치를 도출한 후 마지막에 더한다.

형의 가치 추정치가 더 높다. 반대로 FCFE가 배당보다 작을 때 배당할인모형의 가치 추정치가 더 높다. FCFE 모형은 FCFE 전부를 주주에게 환원한다고 가정하므로 현실에서는 FCFE 성장률과 배당 성장률이 달라야 한다. 그래서 재투자율에도 영향을 미친다. 게다가 FCFE 모형의 자기자본이익률은 비현금 투자의 자기자본이익률만 반영하지만 배당할인모형의 자기자본이익률은 종합적인 이익률이다(비현금 투자에 국한되지 않는다 - 옮긴이). 표 14.11은 두 모형에 깔린 가정의 차이를 요약해서 보여준다.

기업은 대개 가능한 FCFE보다 훨씬 작은 배당만 지급하기에 기대성장률과 잔존가치는 배당할인모형에서 더 높지만, 연도별 현금흐름은 FCFE 모형이 더 크다. 가치에 미치는 순영향은 기업별로 다르다.

모형 간 차이의 시사점

일관된 성장 가정을 공통으로 적용했는데도 FCFE 모형에서 도출한 가치가 배당할인모형에서 도출한 가치와 다를 때는 두 가지를 질문해야 한다. 두 모형 간 차이가 시사하는 바는 무엇인가? 두 모형 중 주가의 적정성을 판단하는 척도로 더 적합한 것은 무엇인가?

배당이 FCFE보다 커서 배당할인모형의 가치 추정치가 FCFE 모형의 가치 추정

치보다 큰 상황은 그리 빈번하게 일어나지 않는다. 이 시나리오에서 고배당은 지속 가능하지 않으므로 FCFE 모형을 활용하는 것이 최선이다. 빈도가 더 높은 상황은 FCFE 모형의 가치 추정치가 배당할인모형의 가치 추정치보다 클 때다. 두 모형 간 가치의 차이는 기업 경영권 가치의 구성 요소로 이해할 수 있다. 즉 두 모형의 가치 추정치 차이는 배당 정책을 결정하는 경영권의 가치를 보여주는 척도다. 적대적 인수에서 인수기업은 피인수기업을 지배하고 (FCFE를 반영한 수준이 되게끔) 배당 정책을 변화시킴으로써 더 높은 FCFE 가치를 확보할 수 있다.

두 모형 중 주가의 적정성 판단에 더 적합한 척도가 무엇인지는 기업 경영권을 허용하는 시장의 개방성 정도에 달려 있다. 피인수나 경영진 교체의 가능성이 크다면 주가에 반영될 것이다. 따라서 FCFE 모형에서 얻은 가치가 더 적합한 벤치마크다. 기업의 규모 그리고/또는 인수를 둘러싼 법적·시장 제한으로 인해 기업 경영권의 교체가 힘들다면 배당할인모형의 가치 추정치가 더 적합한 비교 벤치마크다.

결론

상장기업 주식을 매수하는 투자에서 직접적으로 얻는 유일한 현금흐름은 배당뿐이다. 배당할인모형은 이 단순한 명제에서 출발해 주식 가치가 기대 배당의 현재가치와 같다고 논한다. 배당할인모형은 고든 성장 모형(주식 가치는 다음 해 기대 배당과 자기자본비용, 안정 성장률이 결정한다) 같은 단순한 영구성장모형부터 복잡한 3단계 모형(시간이 흐르면서 배당성향과 성장률이 변화한다)에 이르기까지 다양하다. 활용 가치가 제한적이라는 비판이 많지만, 배당할인모형은 놀라울 만큼 다양한 상황에 적용할 수 있고 유용하다는 점이 입증되었다. 주가가 펀더멘털(이익, 배당 등)보다 많이 상승할수록 배당할인모형으로 발견할 수 있는 저평가 기업이 줄어들기에 보수적인 모형으로 여겨지지만 오히려 강점이 될 수도 있다.

배당할인모형과 주주 잉여현금흐름 모형의 주요한 차이는 현금흐름 정의에서 비롯한다. 배당할인모형은 주식을 보유할 때 받는 기대 배당이라는 엄격한 주주 현금흐름 정의를 따른다. 반면 FCFE 모형은 모든 재무적 의무와 투자 소요를 충족한 후 남은 현금흐름이라는 확장된 정의를 따른다. 배당과 FCFE가 똑같지 않을 때 두 모형에서 얻는 가치 추정치는 서로 다르다. 피인수기업이나 경영권이 교체될 가능성이 큰 기업의 가치를 평가할 때는 FCFE 모형에서 도출한 가치가 더 나은 추정치다.

연습문제 별도 표기가 없으면 주식 위험 프리미엄은 5.5%로 한다.

1 배당할인모형과 관련하여 다음 진술이 참 또는 거짓인지 답하라.

   a. 배당할인모형은 배당을 지급하지 않는 고성장 기업의 가치를 평가하는 데 사용할 수 없다.

     참 _____ 거짓 _____

   b. 배당할인모형은 너무 보수적이기 때문에 주식 가치를 과소평가할 수 있다.

     참 _____ 거짓 _____

   c. 배당할인모형은 전체 주식시장이 하락할 때 저평가된 주식을 더 많이 찾아낸다.

     참 _____ 거짓 _____

   d. 배당할인모형을 사용하여 저평가된 주식은 일반적으로 (5년 이상) 장기간에서 유의미한 초과수익을 냈다.

     참 _____ 거짓 _____

   e. 높은 배당을 지급하고 PER이 낮은 주식은 배당할인모형을 사용할 때 저평가된 것으로 나올 가능성이 더 높다.

     참 _____ 거짓 _____

2 아메리텍 코퍼레이션은 1992년에 주당 3.56달러의 배당을 지급했고, 배당금은 앞으로 매년 5.5%씩 영구적으로 증가할 것으로 예상된다. 이 주식의 베타는 0.90이고, 장기 국채 금리는 6.25%이다. (위험 프리미엄은 5.5%이다.)

   a. 고든 성장 모형을 사용한 주당 가치는 얼마인가?

   b. 이 주식은 주당 80달러에 거래되고 있었다. 이 가격을 정당화하기 위해서는 배당금 성장률이

얼마가 되어야 하는가?

3   중탄산나트륨을 생산하는 대형 제조업체인 처치 앤드 드와이트는 1993년 주당순이익 1.50달러를 기록하고, 주당 0.42달러를 배당했다. 1993년에 이 회사는 다음과 같이 보고했다.

순이익 = 3,000만 달러

이자비용 = 80만 달러

부채의 장부가치 = 760만 달러

자기자본의 장부가치 = 1억 6,000만 달러

■ 회사의 법인세율은 38.5%이다. (시장가치 기준 부채비율은 5%이다. 장기 국채 이자율은 7%이다.)

■ 회사는 1994년부터 1998년까지 이런 재무 펀더멘털을 유지할 것으로 예상했으며, 이후에는 안정적인 국면에 접어들어 연 6%씩 이익이 성장할 것으로 예상했다. 회사의 재무구조는 1998년 이후에는 산업 평균에 근접할 것으로 예상된다. 산업 평균은 다음과 같다.

• 자본이익률 = 12.5%

• 부채/자기자본 비율 = 25%

• 부채 대비 이자비용 = 7%

1993년 처치 앤드 드와이트의 베타는 0.85였으며, 무차입 베타는 시간이 지나도 변하지 않을 것으로 예상되었다.

a.   고성장 기간(1994~1998년) 동안 펀더멘털에 근거한 이익 성장률은 얼마인가?

b.   1998년 이후 예상 배당성향은 얼마인가?

c.   1998년 이후 예상 베타는 얼마인가?

d.   1998년 말 예상 가격은 얼마인가?

e.   2단계 배당할인모형을 사용한 주식의 가치는 얼마인가?

f.   이 가치 중 얼마나 많은 부분이 고성장에 기인하는가? 안정 성장에는 얼마나 기인하는가?

4   세계 최대 스테인리스 스틸 및 은도금 식기류 생산업체인 오네이다 주식회사는 1993년 주당순이익이 0.80달러였고, 그해 주당배당금은 0.48달러였다. 이 회사는 1994년에 25%의 이익 성장을 보고할 것으로 예상되지만, 그후 6년 동안 성장률이 선형적으로 감소하여 1999년에는 7%로 떨어질 것으로 예상된다. 주식의 베타는 0.85로 예상된다. (장기 국채 금리는 6.25%, 위험 프리미엄은 5.5%이다.)

a. H 모형을 사용하여 안정 성장의 가치를 구하라.

b. H 모형을 사용하여 고성장의 가치를 구하라.

c. H 모형에서 배당금 지급에 대해서 어떤 가정을 하는가?

5 세계 최대의 이식형 생체 의료기기 제조업체인 메드트로닉은 1993년 주당순이익이 3.95달러, 주당배당금 0.68달러를 기록했다. 이 회사의 이익은 1994년부터 1998년까지 16% 성장할 것으로 예상되었지만, 그후 매년 성장률이 하락하여 2003년에는 6%의 안정적인 성장률을 보일 것으로 예상된다. 배당성향은 1994년부터 1998년까지 변하지 않고, 이후에는 매년 증가하여 안정된 상태에서 60%에 도달한 것으로 예상된다. 주식은 1994년부터 1998년까지 베타가 1.25일 것으로 추정되었으며, 이후에는 매년 감소하여 회사가 안정될 무렵에는 1.00에 도달할 것으로 예상되었다. (장기 국채 금리는 6.25%, 위험 프리미엄은 5.5%이다.)

a. 1999년부터 2003년까지 성장률이 선형적으로 감소(배당금은 선형적으로 증가)한다고 가정했을 때, 1994년부터 2003년까지 각 해의 배당금을 구하라.

b. 2003년 말의 예상 주가를 구하라.

c. 3단계 배당할인모형을 사용하여 주당 가치를 구하라.

6 율타이드 주식회사는 크리스마스 장식품을 제조하는 회사다. 이 회사는 작년에 1억 달러의 이익을 거두었고, 이익의 20%를 배당금으로 지급했다. 회사는 지난 4년간 자사주를 1억 8,000만 달러 매입했고, 매입 수량은 매해 달랐다. 회사는 꾸준히 5%씩 영구적으로 성장할 것으로 예상되며, 자기자본비용은 12%이다.

a. 배당금 지급 비율이 시간이 지나도 변하지 않는다고 가정하고, 자기자본의 가치를 구하라.

b. 자사주 매입 금액도 배당급 지급 비율에 포함하도록 수정한다면, 위의 대답은 어떻게 바뀌는가? (과거의 자사주 매입 금액도 배당금으로 간주하여 배당금 지급 비율을 계산 – 옮긴이)

7 주주 잉여현금흐름의 계산 및 사용과 관련된 다음 진술에 참 또는 거짓으로 답하라.

a. 주주 잉여현금흐름은 일반적으로 배당금보다 변동성이 크다.

참 _____ 거짓 _____

b. 주주 잉여현금흐름은 항상 배당금보다 클 것이다.

참 _____ 거짓 _____

c. 주주 잉여현금흐름은 항상 순이익보다 클 것이다.

   참 _____ 거짓 _____

d. 주주 잉여현금흐름은 결코 마이너스가 될 수 없다.

   참 _____ 거짓 _____

8 가정용품 제조업체인 킴벌리 클라크는 1993년 주당순이익 3.20달러를 기록하고 주당배당금 1.70달러를 지급했다. 이 회사는 1993년에 감가상각비 3.15억 달러, 자본적 지출 4.75억 달러가 있었다. (발행주식 수는 1.6억 주였으며, 주당 51달러에 거래되었다.) 이러한 감가상각비 대비 자본적 지출 비율은 장기적으로 유지될 것으로 예상된다. 운전자본 수요는 무시해도 될 정도다. 킴벌리 클라크의 부채는 16억 달러이며, 향후 투자 수요를 충당하기 위해 재무구조 구성(부채와 자기자본)을 유지하고자 했다. 회사는 안정된 상태였고 이익은 연간 7% 성장할 것으로 예상되었다. 주식의 베타는 1.05였다. (장기 국채 금리는 6.25%, 위험 프리미엄은 5.5%였다.)

a. 배당할인모형을 사용하여 주당 가치를 구하라.

b. FCFE 모형을 사용하여 주당 가치를 구하라.

c. 두 모형의 차이를 어떻게 설명할 것인가? 시장가격과 비교할 때 어떤 모형을 벤치마크로 사용하겠는가?

9 에코랩 주식회사는 청소, 살균 및 유지보수를 위한 화학제품과 시스템을 판매한다. 1993년 주당순이익은 2.35달러였으며, 1994년부터 1998년까지 매년 15.5%, 그 이후는 매년 6%의 이익 성장을 예상한다.

■ 1993년 주당 자본적 지출은 2.25달러, 감가상각비는 주당 1.125달러였다. 이 두 가지 모두 1994년부터 1998년까지 같은 비율로 증가할 것으로 예상된다.

■ 운전자본은 매출의 5%로 유지될 것으로 예상되고, 1993년 10억 달러였던 매출은 1994년부터 1998년까지 매년 6%, 그 이후에는 매년 4%씩 증가할 것으로 예상된다.

■ 회사의 부채비율[부채/(부채 + 자본)]은 5%였지만, 향후 투자 소요(운전자본 투자 포함)는 20%의 부채비율로 조달할 계획이다. 분석 기간 동안 주식의 베타는 1로 예상되고, 장기 국채 금리는 6.50%이다. (발행주식 수는 6,300만 주, 시장 위험 프리미엄은 5.5%이다.)

a. 1998년 이후 자본적 지출과 감가상각비가 상쇄된다고 가정하고, 주당 가치를 구하라. 이것이 현실적인 계산인가?

b. 1998년 이후에도 자본적 지출이 감가상각비의 200%라고 가정하고, 주당 가치를 구하라.

c. 회사가 이전의 자금조달 방식(부채 5%)으로 신규 투자 자금을 계속 조달했다면 주당 가치는 얼마가 되겠는가? 이렇게 분석할 때 동일한 베타를 사용하는 것이 적절한가?

10 이온 크로마토그래피 시스템(전자기기의 오염을 식별하는 데 사용) 개발 및 제조 분야의 선두 주자인 디오넥스 코퍼레이션은 1993년 주당순이익이 2.02달러였으며 배당금은 지급하지 않았다. 회사의 이익은 1994년부터 1998년까지 5년 동안 매년 14%, 그 이후에는 매년 7%씩 성장할 것으로 예상된다. 1993년 감가상각비는 200만 달러, 자본적 지출은 420만 달러였고, 발행주식은 700만 주였다. 운전자본은 1993년 매출액 1.16억 달러의 50%를 유지할 것으로 예상되고, 1994년부터 1998년까지 매년 6%, 그 이후에는 매년 4% 늘어날 것으로 예상된다.

■ 이 회사는 자본적 지출과 운전자본 수요의 10%를 부채로 조달할 것으로 예상한다.

■ 1993년 디오넥스의 베타는 1.20이고, 이 베타는 1998년 이후에 1.10으로 떨어질 것으로 예상된다. (장기 국채 금리는 7%, 시장 위험 프리미엄은 5.5%이다.)

a. 자본적 지출과 감가상각비가 이익과 같은 비율로 증가한다고 가정하고, 1994년부터 1998년까지 자본에 대한 예상 주주 잉여현금흐름을 구하라.

b. 1998년 말의 주당 가격을 구하라. 이 산업에서 안정적인 기업은 자본적 지출이 매출액의 150%이고, 운전자본은 매출액의 25%를 유지한다.

c. FCFE 모형에 따라 현재의 주당 가치를 구하라. (1993년 말 시점, 1993년까지의 재무제표가 모두 공개되었다고 가정 – 옮긴이)

11 외상 치료 및 재건용 의료 기기를 설계, 제조, 판매하는 바이오멧 주식회사는 1993년 주당순이익이 0.56달러였고, 배당금은 지급하지 않았다(1993년 주당 매출액은 2.91달러). 1993년 자본적 지출은 주당 0.13달러, 감가상각비는 주당 0.08달러였다.

■ 1993년 운전자본은 매출액의 60%였으며, 1994년부터 1998년까지 그 수준을 유지할 것으로 예상되고, 매출액과 이익은 연간 17%씩 성장할 것으로 예상된다.

■ 이익 성장률은 이후 5년 동안 선형적으로 감소하여 2003년에 5%를 기록할 것으로 예상된다.

■ 고성장 및 전환기에는 자본적 지출과 감가상각비가 이익과 같은 비율로 증가할 것으로 예상되지만, 안정 성장기에 도달하면 자본적 지출이 감가상각비의 120%에 달할 것으로 예상된다.

■ 운전자본은 1994~1998년 기간에 매출액의 60%에서 2003년 이후에는 매출액의 30%로 감소할 것으로 예상된다. 회사는 현재 부채가 없지만, 순자본 투자와 운전자본 소요의 10%를 부채로 조달할 계획이다.

■ 고성장 기간(1994~1998년)에는 주식 베타가 1.45로 예상되고, 회사가 안정기에 접어드는 시점(2003년)에는 베타가 1.10으로 하락할 것으로 예상된다. 장기 국채 금리는 7%, 시장 위험 프리미엄은 5.5%이다.

    a.   FCFE 모형을 사용하여 주당 가치를 구하라.

    b.   매출액 대비 운전자본의 비율이 60%로 영원히 유지된다고 가정하고 주당 가치를 구하라.

    c.   베타가 1.45로 영원히 유지된다고 가정하고 주당 가치를 구하라.

12   다음 기업들은 배당할인모형과 FCFE 모형 중 어떤 모형에서 더 높은 가치를 가지는가? 혹은 동일한가?

    a.   FCFE에서 가능한 것보다 배당금을 작게 지급하지만, 그 잔액을 국채에 투자하는 회사

    b.   FCFE에서 가능한 것보다 배당금을 더 크게 지급하고, 그 차액을 주식 발행으로 충당하는 회사

    c.   평균적으로 FCFE만큼 배당하는 회사

    d.   FCFE에서 가능한 것보다 배당금을 작게 지급하지만, 정기적으로 현금을 사용하여 다른 회사를 인수하며 다각화하는 회사

    e.   FCFE에서 가능한 것보다 배당금을 더 크게 지급하고, 그 차액을 충당하기 위해 돈을 빌리는 회사(처음부터 차입금이 과다한 상태다.)

13   중견 철강회사인 오네이다 스틸의 가치를 평가해달라는 요청을 받았다. 이 회사는 막 끝난 회계연도에 순이익 8,000만 달러, 자본적 지출 5,000만 달러, 감가상각 2,000만 달러를 기록했다. 한 해 동안 비현금 운전자본이 2,000만 달러 증가했고 총부채가 1,000만 달러 증가했다. 지난 회계연도 초에 오네이다 스틸의 장부상 자기자본은 4억 달러였다. 자기자본비용은 10%이다.

    a.   오네이다 스틸의 자기자본 재투자율, 자기자본이익률, 기대성장률을 구하라. (회사가 재투자에 필요한 자금을 조달하기 위해 전년과 동일한 부채비율을 유지할 것이라고 가정할 수 있다.)

    b.   이 성장률이 5년 동안 지속되다가 이후에는 안정적인 성장률인 4%로 떨어지고, 5년 후에는 자기자본이익률이 10%라고 가정한다. 이에 예상되는 주주 잉여현금흐름을 사용해 현재 시점에서 자기자본 가치를 구하라.

14   전구 제조업체인 루미너스 코퍼레이션은 안정적으로 성장하는 회사다. 이 회사는 10억 달러의 장부상 자기자본과 1억 달러의 순이익을 기록했다. 한편, 회사는 2억 달러의 현금 잔고가 있으며, 이

를 통해 작년에 1,000만 달러의 세후 이자수익을 올렸다. (이 이자수익은 순이익에, 현금은 장부가치에 포함되어 있다.) 회사의 자기자본비용은 9%이다.

a. 루미너스 코퍼레이션의 비현금 자기자본이익률을 구하라.

b. 루미너스의 영업용 자산이 매년 3%씩 영구적으로 증가한다면, 루미너스 자기자본의 가치는 얼마인가?

15장
기업 가치평가:
자본비용과 조정현재가치 접근법

앞서 14장에서는 기업의 주식 가치를 평가하는 두 가지 접근법, 즉 배당할인모형과 주주 잉여현금흐름(FCFE) 가치평가모형을 다뤘다. 이번 장에서는 기업 전체의 가치를 평가하는 방법을 알아본다. 모든 청구권자 몫의 누적 현금흐름을 가중평균 자본비용으로 할인하거나(자본비용 관점), 부채가 가치에 미치는 한계 영향을 무차입 기업 가치에 더하는 조정현재가치(APV) 관점이다.

가치평가 과정에서 레버리지가 기업 가치에 어떤 영향을 미치는지도(또는 미치지 않는지를) 다룬다. 채무불이행 위험과 세금, 대리인 비용이 존재할 때는 레버리지가 상승하면 기업 가치가 상승할 때도 있고 하락할 때도 있음을 유념하라. 결국 최적의 자본조달 믹스(financing mix)는 기업 가치를 최대화하는 비율이라는 주장으로 이어진다.

기업 잉여현금흐름

기업 잉여현금흐름(FCFF)은 보통주 주주와 채권자, 우선주 주주 등 기업의 모든 청구권자 몫의 현금흐름 합계다. 기업 잉여현금흐름을 측정하는 두 가지 방법이 있다.

첫째, 각 청구권자 몫의 현금흐름을 더한다. 여기에는 주주 현금흐름(주주 잉여현금흐름 또는 배당으로 정의)과 채권자 현금흐름(원금 상환과 이자비용, 신규 부채 발행), 우선주 주주 현금흐름(우선주 배당)이 포함된다.

$$FCFF = FCFE + 이자비용 \times (1 - 세율) + 부채 원금 상환 - 신규 부채 발행 + 우선주 배당$$

기업 잉여현금흐름은 주주 잉여현금흐름과 정확히 반대로 계산해서 도출한다는 점을 유념하라. 수수 잉여현금흐름 계산에서는 채권사와 우선주 주주에게 지급한 금액을 빼서 주주 몫의 잔여 현금흐름을 구했다. 기업 잉여현금흐름을 도출하는 더 간단한 방법은 모든 지급액을 차감하기 전 현금흐름을 추정하는 것이다. 이자 및 세전 이익(EBIT)에서 세금과 재투자만 빼면 기업 잉여현금흐름 추정치를 얻는다.

$$FCFF = EBIT \times (1 - 세율) + 감가상각비 - 자본적 지출 - \Delta운전자본$$

FCFF와 현금흐름의 다른 척도

FCFF와 FCFE의 차이점은 주로 부채와 관련된 현금흐름(이자 지급, 원금 상환, 신규 부채 발행)과 비주주 청구권(예컨대 우선주 배당)에서 비롯한다. 이상적인 부채 수준에 이른 기업, 즉 부채와 자기자본 믹스를 통해 자본적 지출과 운전자본 소요 자금을 조달하고 신규 부채를 발행해 원금 상환 자금을 조달하는 기업에서는 FCFF가 FCFE보다 크다.

이자, 세금, 감가상각비 및 무형자산 상각비 차감 전 이익(EBITDA)은 가치평가에서 영업활동 현금흐름의 대략적인 추정치로 널리 사용되는 척도다. FCFF도 유사한 개념이지만, 자본적 지출과 운전자본 소요뿐 아니라 이익에서 비롯될 잠재 법인세 부

[표 15.1] 기업 잉여현금흐름: 다른 척도와의 비교

현금흐름 척도	정의	가치평가에서의 활용
FCFF	기업 잉여현금흐름	FCFF를 자본비용으로 할인해 영업자산의 가치를 얻고, 여기에 비영업자산의 가치를 더해 기업 가치를 얻는다.
FCFE	FCFF − 이자비용 × (1 − t) − 부채 원금 상환 + 신규 부채 발행 − 우선주 배당	FCFE를 자기자본비용으로 할인해 기업의 주식 가치를 얻는다.
EBITDA	FCFF + EBIT × t + 자본적 지출 + 운전자본 증감	자산 가치평가에서 EBITDA를 자본비용으로 할인하면, 세금이 없을 뿐 아니라 시간이 흐르면서 기업이 투자를 중단하는 적극적인 결정을 내린다고 가정하는 것과 같다. 이 기업이 성장하거나 수명이 영구적이라고 가정하면 일관성이 유지되지 않는다.
EBIT(1 − t) (NOPLAT은 이를 다소 수정한 척도로, EBIT에 영향을 미치는 비영업 항목을 제외한다)	FCFF + 자본적 지출 − 감가상각비 + 운전자본의 증감	기업 가치평가에서 세후 영업이익을 자본비용으로 할인하면 재투자가 없다고 가정하는 것과 같다. 감가상각비는 기존 자산을 유지하기 위해 기업에 재투자된다. 영구적 수명을 가정해도 문제가 없지만, 성장률은 제로(0)여야 일관성이 유지된다.

채도 고려하기에 더 완전한 개념이다.

일부 애널리스트는 FCFF의 대용물로 세후 영업이익을 사용하며 대개 영업이익의 정의도 수정한다. 기업 손익계산서에서 EBIT나 영업이익을 확인한 후 EBIT를 조정한 세후 순영업손익(net operating profit or loss after taxes: NOPLAT)이나 영업이익을 조정한 순영업이익(net operating income: NOI)을 사용한다. NOI는 비영업비용 및 세금 차감 전 영업활동 이익으로 정의한다.

이 모든 척도가 가치평가모형에 활용될 뿐 아니라 FCFF와 연관성이 있다. 하지만 척도별로 감가상각비와 자본적 지출의 관계를 두고 서로 다른 가정을 둔다(표 15.1을 참고하라).

FCFE와 FCFF의 성장률 비교

주주 현금흐름과 기업 현금흐름은 똑같은 속도로 성장할까? 두 현금흐름의 출발점을 생각해보자. 주주 현금흐름은 주주 이익의 척도인 순이익이나 EPS에, 기업 현금흐름은 영업이익(부채 상환 전 이익)에 바탕을 둔다. 영업이익 성장률은 대개 순이익 성장률보다 낮다. 재무레버리지로 인해 순이익 성장률이 증폭되기 때문이다. 11장에서 다뤘던 펀더멘털 성장률 수식을 복기하며 이유를 이해해보자.

$$순이익\ 기대성장률 = 자기자본\ 재투자율 \times 자기자본이익률$$
$$영업이익\ 기대성장률 = 재투자율 \times 투하자본이익률$$

앞서 자기자본이익률을 다음과 같이 투하자본이익률(ROIC)의 함수로 표현한 바 있다.

$$자기자본이익률 = ROIC + \frac{부채}{자기자본} \times (ROIC - 세후\ 부채비용)$$

기업이 차입금을 조달해 프로젝트에 투자했는데 세후 부채비용보다 높은 이익을 내면 자기자본이익률이 자본이익률보다 높다. 이때 적어도 단기적으로는 주주 이익이 더 빠르게 증가한다.

하지만 안정 성장 가정에서는 주주 이익 성장률과 영업이익 성장률이 똑같아야 한다. 예컨대 매출과 영업이익이 영원히 연 5% 증가하는 기업을 생각해보자. 순이익이 영원히 연 6% 증가한다고 가정하면 순이익이 미래 일정 시점에 영업이익을 따라잡을 뿐 아니라 이후에는 매출보다 커질 것이다. 따라서 안정 성장 가정에서는 자기자본이익률이 자본이익률보다 높더라도 모든 이익 척도의 기대성장률이 똑같아야 한다.[1]

기업 가치평가: 자본비용 접근법

기업 잉여현금흐름을 가중평균 자본비용으로 할인하면 기업 가치를 얻는다. 여기에는 부채의 세금 혜택(자본비용 계산에 세후 부채비용을 사용)과 부채와 관련된 추가 기대위험(높은 부채비율과 높은 자기자본비용 및 부채비용)이 반영된다. 배당할인모형과 FCFE 모형과 마찬가지로 미래 성장 가정에 따라 적합한 FCFF 모형이 달라진다.

---

1   이 조건을 충족하기 위해 자기자본 재투자율과 기업 재투자율에 관한 가정을 추가해야 한다. 즉 안정 성장 단계에서 모든 차입 기업의 자기자본 재투자율은 기업 재투자율보다 낮아야 한다.

안정 성장 기업

영원히 지속 가능한 안정 성장률로 성장하는 기업의 가치는 배당할인모형과 FCFE 모형과 마찬가지로 안정 성장 모형을 활용해 평가한다.

모형　기업 잉여현금흐름이 안정 성장률로 성장할 때 기업 가치는 다음과 같이 추정한다.

$$기업\ 가치 = \frac{FCFF_1}{자본비용 - g_n}$$

여기서　$FCFF_1$ = 다음 연도 기대 FCFF
　　　　g_n = FCFF의 영구성장률

주의 사항　이 모형을 활용할 때 만족해야 하는 두 가지 조건이 있다. 첫째, 모형에 적용하는 성장률은 경제 성장률과 똑같거나 낮아야 한다. 자본비용이 명목 기준이라면 명목 성장률을, 자본비용이 실질 기준이라면 실질 성장률을 적용한다. 둘째, 기업의 특성은 안정 성장 가정과 일관성을 유지해야 한다. 특히 기업 잉여현금흐름 추정에 적용하는 재투자율은 안정 성장률과 일관성을 유지해야 한다. 일관성을 담보하는 가장 좋은 방법은 재투자율을 안정 성장률에서 도출하는 것이다.

$$안정\ 성장\ 단계의\ 재투자율 = \frac{성장률}{ROIC}$$

순 자본적 지출과 운전자본의 증감에서 재투자를 추정할 때 순 자본적 지출은 같은 업종 내 다른 기업과 유사한 수준으로 둘 수도 있다(예컨대 업종 평균 감가상각비 대비 자본적 지출 비율을 활용). 현금 유입을 뜻하는 운전자본 감소가 비즈니스 모델의 중심을 이루는 기업 사례가 있지만, 시간이 흐르면서 현금흐름에 미치는 영향이 작아질 것이다.[2] 업종 평균 비율을 활용하더라도 그렇게 계산한 재투자의 귀속 자본이익

2　생애주기 초기의 기업은 공급자 신용과 미지급금을 활용해 자본을 확보할 수 있는데 이때 운전자본은 마이너스가 된다. 이 방식으로 대규모 자금을 조달하기는 어렵다. 물론 계속해서 마이너스 운전자본을 유지하는 몇몇 대형 기업도 있지만 매출 대비 비현금 운전자본 비율은 시간이 흐르며 낮아질 것이다.

률(영구성장률을 재투자율로 나눠서 얻는다)이 어떤 수준인지도 판단하는 것이 신중한 선택이다. 자본비용 역시 안정 성장 기업의 특성을 반영해야 한다. 특히 베타는 1에 가까운 값이어야 한다. 이전 장에서 살펴본 경험 법칙, 즉 안정 성장 단계의 베타가 0.8~1.2 구간 내에 있다는 제약이 여기에도 적용된다. 안정 성장 기업은 부채를 더 많이 사용하는 경향이 있지만, 모형의 필수 전제는 아니다. 부채 정책은 경영진의 결정에 달린 문제이기 때문이다.

한계　모든 안정 성장 모형과 마찬가지로 이 모형 역시 기대성장률 가정에 몹시 민감하다. 특히 가치평가에 적용하는 할인율이 가중평균 자본비용(WACC)이어서 더욱 두드러진다. 대다수 기업의 WACC는 자기자본비용보다 훨씬 낮다. 주식 가치평가모형에서 성장률을 무위험 이자율보다 낮게 두는 제약은 잘 작동했는데, 기업 가치평가에서는 장점이 훨씬 두드러진다. 게다가 이 모형은 감가상각비 대비 자본적 지출 비율에 관한 가정에도 민감하다. 12장에서 다뤘듯이 재투자의 입력 변수가 기대성장률의 함수가 아니라면, 감가상각비 대비 자본적 지출 비율이 하락(상승)함에 따라 기업 잉여현금흐름을 실제보다 과대(과소)추정한다.

[예시 15.1] 안정 성장 FCFF 모형을 활용한 기업 가치평가: 텔레스프(2010년)

텔레스프(Telesp)는 브라질 상파울루주에 통신 서비스를 제공한다. 2010년 영업이익(EBIT)은 35억 4,400만 헤알이었고 실효세율은 30%였다. 같은 해 자본적 지출은 16억 5,900만 헤알, 감가상각비는 19억 1,400만 헤알이었으며 운전자본은 11억 1,900만 헤알 증가했다. 따라서 2010년 텔레스프의 재투자율은 다음과 같이 계산한다(단위: 100만 헤알).

$$\text{재투자율} = \frac{\text{자본적 지출} - \text{감가상각비} + \text{비현금 운전자본의 증감}}{\text{EBIT}(1 - t)}$$

$$= \frac{1,659 - 1,914 + 1,119}{3,544 \times (1 - 0.30)} = 34.82\%$$

2010년 텔레스프의 자본이익률은 같은 해 영업이익과 직전 연도(2009년) 말 투하자본의 장부가액을 활용해 다음과 같이 계산한다.

$$\text{자본이익률} = \frac{EBIT_{2010}(1-t)}{\text{자기자본의 장부가액}_{2009} + \text{부채의 장부가액}_{2009} - \text{현금 및 유가증권}_{2009}}$$

$$= \frac{3,544 \times (1-0.30)}{10,057 + 8,042 - 2,277} = 15.68\%$$

위 입력 변수에서 도출한 기대성장률은 다음과 같다.

$$\text{기대성장률} = 34.82\% \times 15.68\% = 5.46\%$$

헤알화의 기대 인플레이션율이 낮다는 점을 고려할 때 안정 성장률로서 지나치게 높지만, 2011년 5월 헤알화 기준 무위험 이자율은 7%에 달했다. 여기에 베타 0.8과 브라질의 주식 위험 프리미엄 8%(성숙시장 프리미엄 5%에 브라질의 국가 위험 프리미엄 3%를 더했다)를 적용한 자기자본비용은 13.40%다. 세전 부채비용 9.50%와 부채비율 20%(현행 자기자본과 부채의 시장가치에 바탕을 두고 다음과 같이 계산했다)를 고려할 때 텔레스프의 자본비용이 12.05%임을 알 수 있다.

$$\text{부채시장가치총자본비율} = \frac{\text{부채}}{\text{부채의 시장가치} + \text{자기자본의 시장가치}}$$

$$= \frac{5,519}{5,519 + 21,982} = 20.07\%$$

$$\text{자본비용} = 13.40\% \times (1 - 0.2007) + 9.50\% \times (1 - 0.30) \times 0.2007 = 12.05\%$$

따라서 영업자산 가치는 다음과 같이 추정한다.

$$FCFF_{2010} = EBIT(1-t) + \text{감가상각비} - \text{자본적 지출} - \text{비현금 운전자본의 증감}$$
$$= 3,544 \times (1-0.30) + 1,914 - 1,659 - 1,119 = 1,617$$

$$\text{영업자산 가치} = \frac{\text{다음 연도 기대 FCFF}}{\text{자본비용} - \text{기대성장률}} = \frac{1,617 \times 1.0546}{0.1205 - 0.0546} = 25,901$$

여기에 2010년 말 기준 현금 및 유가증권 15억 5,700만 헤알을 더하고 부채 55억 1,900만 헤알을 빼면 주식 가치를 얻는다.

$$\text{주식 가치} = \text{영업자산 가치} + \text{현금} - \text{부채}$$
$$= 25,901 + 1,557 - 5,519 = 21,939$$

2011년 5월 텔레스프의 시가총액 219억 8,200만 헤알은 공정가치에 가깝다고 할 수 있다.

일반 FCFF 모형

이번 섹션에서는 잉여현금흐름 모형을 2단계와 3단계 모형으로 구분하지 않고 일반 모형을 제시한다. 아울러 운용리스를 사용하는 타깃(Target)과, 연구개발 투자 규모가 막대한 암젠 등 다양한 기업 사례를 통해 FCFF 모형과 FCFE 모형의 차이점과 유사점도 살펴본다.

모형　기업 가치는 기대 FCFF의 현재가치로 표현하는 것이 가장 일반적이다.

$$기업\ 가치 = \sum_{t=1}^{t=\infty} \frac{FCFF_t}{(1 + k_c)^t}$$

여기서　$FCFF_t$ = t 연도의 기업 잉여현금흐름
k_c = 가중평균 자본비용

n년 후 안정 상태에 접어들어 안정 성장률(g_n)로 성장하는 기업의 가치는 다음과 같다.

$$기업\ 가치 = \sum_{t=1}^{t=n} \frac{FCFF_t}{(1 + k_{c,hg})^t} + \frac{FCFF_{n+1}}{(k_c - g_n)(1 + k_{c,st})^n}$$

여기서　k_c = 가중평균 자본비용(hg: 고성장 단계, st: 안정 성장 단계)

앞서 다루었던 배당할인모형과 주주 잉여현금흐름 모형 중에서 고성장 후 안정 성장 단계에 접어드는 유형과 똑같다. 이 모형에는 두 가지 변형 모형도 있다.

a. **고정된 마진**: 시간이 흘러도 마진이 변하지 않을 것으로 예상한다면 고성장 단계의 기업 잉여현금흐름을 영업이익으로부터 도출한 후 지속 가능한 성장 구조를 활용해 성장률도 추정한다.

영업이익 기대성장률 = ROIC × 재투자율

고성장 단계가 끝나 성장률이 변한다면 자본이익률과 재투자율도 변해야 마진을 유지할 수 있다.

b. **변화하는 마진**: 시간이 흐르며 마진이 변한다면 매출에서 시작해 세 단계를 거쳐 잉여현금흐름을 추정해야 한다. 첫째, 시장 규모와 점유율을 확보할 능력을 반

영한 매출 기대성장률을 통해 매출액을 추정한다. 둘째, 영업이익률 추정치를 활용해 매년 기대 영업이익(세전 및 세후 기준)을 도출한다. 셋째, 매년 매출 변동을 반영한 재투자액과 자본회전율을 추정한다. 앞서 11장에서 상세히 다뤘으니 참고하라.

어떤 변형 모형을 택하든 각 연도 기업 잉여현금흐름을 결괏값으로 얻는다.

시장가치 가중치, 자본비용과 순환 추론

기업 가치평가에서는 먼저 자본비용을 추정해야 한다. 모든 가치평가 교과서는 자본비용 계산 시 부채와 자기자본의 가중치를 시장가치에 바탕을 두어야 한다고 단정한다. 이렇게 계산한 자본비용을 부채와 주식의 가치 추정에 다시 사용하지만 처음 자본비용을 계산할 때 적용한 가중치와 다를 수도 있기에 문제가 있다. 이러한 모순에 대한 방어 논리 중 하나는 만약 상장기업의 부채와 주식을 모두 인수하려면 추정 가치가 아니라 현행 시장가치를 지불해야 하므로 자본비용이 시장가치를 반영하는 것은 타당하다는 점이다.

그런데도 이러한 모순이 신경 쓰인다면 탈출구가 하나 있다. 즉 부채와 자기자본의 시장가치 가중치를 활용해 가치평가를 수행하지만, 여기에서 얻은 부채와 주식의 가치 추정치를 활용해 자본비용을 재추정한다. 처음 계산과 다른 값을 얻겠지만, 새로 계산한 값을 대입해 자본비용을 다시 추정한다. 이 과정을 반복할 때마다 가중치 계산에 적용한 값과 추정치 간 차이가 계속 줄어들다가 결국 똑같은 값으로 수렴한다.

최종 가치에 미치는 영향은 어느 정도일까? 시장가치와 추정치의 차이가 클수록 과정을 반복할 때마다 차이가 크다. 예시 15.1에서 텔레스프의 가치평가는 자기자본의 시장가치 219억 8,200만 헤알에서 출발해 주식 가치를 219억 3,900만 헤알로 추정했다. 이 가치 추정치를 가치평가모형에 대입해 재추정한 가치는 219억 4,600만 헤알이다.[3]

---

3   마이크로소프트 엑셀 프로그램을 활용하면 과정을 쉽게 반복할 수 있다. 먼저 '수식' 탭의 '계산 옵션'에서 '자동'을 선택한다. 이후 자본비용을 부채와 주식 가치 추정치의 함수로 계산하면 된다.

활용　일반 FCFF 모형은 기업 가치평가의 가장 일반적인 모형으로 사실상 모든 기업에 적용해도 된다. 흑자뿐 아니라 적자 기업, 나아가 구조조정 중이거나 곤경에 부닥친 기업 가치평가에도 활용할 수 있다. 나중에 일반 FCFF 모형으로 신생기업(23장)과 부실기업(30장)을 가치평가하는 방법도 다룰 것이다. 또한 차입인수 후 부채를 의식적으로 줄이든, 성숙 단계에 접어들어 오히려 공격적으로 늘리든, 부채비율이 변하는 기업 가치평가에도 적용할 수 있다. 이러한 기업에서는 부채 상환(또는 신규 발행)에 의한 변동성으로 인해 FCFE를 계산하기가 훨씬 어려워질 수 있다. 또한 고차입 기업의 총 기업 가치 중 일부에 불과한 주식 가치는 성장과 위험에 관한 가정에 민감하다. 이론상 FCFF와 FCFE 접근법에서 도출한 주식 가치가 똑같아야 한다는 점을 유념하라. 하지만 실무에서 두 값이 일치하게 하는 것은 완전히 다른 문제다(이번 장의 뒷부분에서 다시 살펴본다).

문제점　FCFF 모형은 세 가지 문제가 있다. 첫째, 현금흐름의 척도로서 FCFF보다 FCFE가 훨씬 직관적이다. 현금흐름을 추정하려는 사람은 대부분 기업 소유주처럼 사고하면서 이자 지급과 부채 원금 상환을 현금 유출로 간주하므로 부채 상환 후 현금흐름, 즉 FCFE에 관심을 둔다. 게다가 FCFE는 평가 대상 기업이 추적하고 분석할 수 있는 실질 현금흐름이다. FCFF는 '평가 대상 기업에 부채(그리고 이와 관련된 현금 유출)가 없었다고 가정할 때 현금흐름은 얼마인가?'라는 가상의 질문에 대한 답으로 볼 수 있다.

둘째, FCFF는 부채 상환 전 현금흐름에 초점을 두기에 생존과 관련한 현실적인 문제가 수치에 드러나지 않을 때가 있다. 예컨대 FCFF가 1억 달러에 달하지만 부채가 막대해 FCFE는 -5,000만 달러인 기업을 생각해보자. 이 기업이 생존하려면 신주를 발행해 5,000만 달러를 조달해야 한다. 자금조달이 불가하다면 현시점 이후 현금흐름은 위험에 처한다. FCFF가 생존 문제를 반영할 가능성은 사실상 없지만, FCFE를 사용했다면 조기에 인식했을 것이다.

셋째, 레버리지의 영향을 반영하기 위해 자본비용 계산에서 부채비율을 활용하려면 실현 불가능하거나 비합리적인 가정을 두어야 한다. 예컨대 시장가치 부채비율이 30%라고 가정하면 성장 기업이 향후 비율을 맞추기 위해 상당한 규모의 부채를 발행해야 한다. 이 과정에서 장부가액 부채비율이 성층권을 뚫어버릴 수준에 이르러 특약 조항(covenant) 위반에 따른 제한 조처나 다른 부정적인 결과를 초래할 수 있다. 실제로 현시점 주식 가치에는 미래 부채 발행에서 비롯할 기대 세금 혜택이 사실상 반영되어 있다.

[예시 15.2] 운용리스 처리와 가치평가: 타깃(2010년)

앞서 2019년 전까지는 운용리스를 금융비용이 아니라 영업비용으로 잘못 분류했던 상황을 다루며 부채로 분류하는 것이 옳다는 점을 알아보았다. 이제 회계처리가 올바른 방향으로 바뀌었다. 여기에서는 타깃 사례를 활용해 운용리스의 분류가 가치평가에 미치는 영향을 알아보자.

2010년 타깃의 매출은 673억 9,000만 달러였고 세전 영업이익은 52억 5,200만 달러였다. 비록 고성장 시기는 이미 지났지만 타깃은 어느 정도 성장 잠재력이 있기에 2단계 FCFF 모형을 활용해 기업 가치를 평가해보자.

첫 번째 단계는 타깃이 리스료를 부채로 처리하지 않아서 재무제표상 수치가 왜곡되었다는 점을 인식하는 것이다. 2010년 연차보고서를 활용해 향후 5년과 이후 리스계약 금액을 추정했다. 이를 부채비용 4.5%(S&P 신용등급 A에 바탕을 두고 추정했다)로 할인해 표 15.2와 같이 리스료를 부채로 전환했다(단위: 100만 달러).

[표 15.2] 리스료의 현재가치: 타깃

연도	리스료	현재가치(할인율: 4.5%)
1	190.00	181.82
2	189.00	173.07
3	187.00	163.87
4	147.00	123.27
5	141.00	113.15
6~23	172.22	1,680.51
리스의 부채 가치		2,435.68

타깃의 회계상 운용리스료는 5년 차 이후 일괄계약 금액이 31억 달러여서 연 1억 7,222만 달러씩 18년간

지급하는 것으로 전환했음을 유념하자(1~5년 차 연평균 계약 금액에 바탕을 두고 재량껏 판단(judgement call)했다). 회계상 부채와 영업이익을 조정해 리스계약을 부채로 처리하기로 한 결정을 반영한다.

$$조정 영업이익 = 보고 영업이익 + 당기 리스료 - 리스자산의 감가상각비$$
$$= 5,252 + 200 - (2,454/23) = 5,346$$
$$조정 부채 = 보고 부채 + 리스의 부채 가치$$
$$= 15,726 + 2,436 = 18,162$$

기대성장률을 추정하기 위해 먼저 2010년 타깃의 자본이익률과 재투자율을 추정한다. 이때도 리스를 부채로 전환한 결정을 충실히 반영한다.

$$재투자율 = \frac{자본적 지출 - 감가상각비 + 리스의 현재가치 등락 + 비현금 운전자본의 증감}{조정 EBIT \times (1 - t)}$$
$$= \frac{2,129 - 2,084 + (2,436 - 2,353) + 332}{5,346 \times (1 - 0.35)} = 13.24\%$$

$$투하자본이익률 = \frac{조정 EBIT_{2010} \times (1 - t)}{(부채의 장부가액_{2009} + 리스의 현재가치_{2009} + 자기자본의 장부가액_{2009} - 현금_{2009})}$$
$$= \frac{5,346 \times (1 - 0.35)}{16,814 + 2,353 + 15,347 - 2,200} = 10.75\%$$

2009년 말 리스계약의 현재가치는 2009년 연차보고서에서 리스계약 금액을 발췌해 2009년 말 기준 세전 부채비용으로 할인해서 계산했음을 유념하라.

타깃은 2010년 재투자를 대폭 축소했지만, 향후 5년간 재투자율이 (과거 5년 평균에 가까운) 40%를 회복하리라고 예상한다. 따라서 향후 5년간 기대성장률은 다음과 같다.

$$기대성장률 = 자본이익률 \times 재투자율$$
$$= 10.75\% \times 40\% = 4.30\%$$

타깃의 베타 1.05(소매 유통 산업의 평균 베타)와 주식 위험 프리미엄 5%, 무위험 이자율 3.5%를 적용해 향후 5년간 자본비용을 계산한다.

$$자기자본비용 = 3.5\% + 1.05 \times 5\% = 8.75\%$$
$$세후 부채비용 = 4.5\% \times (1 - 0.35) = 2.93\%$$
$$부채총자본비율 = \frac{18,162}{18,162 + 34,346} = 34.59\%$$
$$자본비용 = 8.75\% \times (1 - 0.3459) + 2.93\% \times 0.3459 = 6.74\%$$

여기서 다시 한번 부채총자본비율을 계산하며 운용리스의 부채화를 반영하고 가치평가 시점의 시가총액 343억 4,600만 달러를 적용했다. 표 15.3은 향후 5년간 FCFF와 자본비용으로 할인한 현재가치를 보여준다.

[표 15.3] 기대 FCFF와 현재가치: 타깃

	1	2	3	4	5
기대성장률	4.30%	4.30%	4.30%	4.30%	4.30%
재투자율	40.00%	40.00%	40.00%	40.00%	40.00%
EBIT(1 - t)	3,624	3,780	3,943	4,113	4,289
- 재투자	1,449	1,512	1,577	1,645	1,715
FCFF	2,175	2,268	2,366	2,468	2,574
자본비용	6.74%	6.74%	6.74%	6.74%	6.74%
현재가치	2,037	1,991	1,946	1,901	1,858

5년 차 말 타깃이 성숙 단계로 접어들면 영구성장률이 3%이고 자본이익률이 자본비용과 똑같아진다고 가정한다. 따라서 다음과 같이 재투자율과 잔존가치를 추정할 수 있다.

$$안정\ 자본이익률 = 안정\ 자본비용 = 6.74\%$$

$$안정\ 성장\ 단계의\ 재투자율 = \frac{안정\ 성장률}{안정\ 자본이익률} = \frac{3.00\%}{6.74\%} = 44.54\%$$

$$잔존가치 = \frac{EBIT_5(1 + 안정\ 성장률)(1 - 재투자율)}{자본비용 - 안정\ 성장률} = \frac{4,289 \times 1.03 \times (1 - 0.4454)}{0.0674 - 0.03} = 65,597$$

향후 5년간 FCFF의 현재가치에 잔존가치의 현재가치를 더하면 영업자산 가치를 얻는다.

$$영업자산의\ 가치 = FCFF의\ 현재가치 + 잔존가치의\ 현재가치$$
$$= 9,733 + \frac{65,597}{1.0674^5} = 57,086$$

여기에 2010년 현금 잔액(17억 1,200만 달러)을 더하고 운용리스를 포함한 부채(181억 6,200만 달러)를 빼면 주식 가치가 406억 3,600만 달러임을 알 수 있다. 유통주식 수(6억 8,913만 주)로 나눈 주당 가치는 58.97달러로 2011년 5월의 주가 49달러보다 20%가량 높다.

분석의 마지막 단계로 리스의 부채화가 가치평가에 미치는 영향을 살펴보자. 표 15.4에서 알 수 있듯 운용리스를 영업비용으로 처리하는 현재 회계 방식은 더 높은 자본이익률과 더 높은 자본비용, 다소 높은 주당 가치를 낳는다.

타깃 사례에서는 리스의 부채화가 주당 가치에 미치는 영향이 그리 크지 않지만, 일반적인 차입금과 비교해 리스계약 규모가 상당한 기업에는 큰 영향을 미친다. 추적할 핵심 지표는 기업이 창출하는 초과수익, 즉 자본이익률과 자본비용의 차이다. 타깃은 리스의 부채화로 인해 초과수익률이 4.47%(= 11.39% - 6.92%)에서 4.01%(= 10.75% - 6.74%)로 소폭 하락했고, 주당 가치 역시 하락했다. 리스 조정에 따른 초과수익률 등락 폭이 클수록 리스의 부채화가 주당 가치에 미치는 영향이 커진다.

[표 15.4] 리스 자본화가 가치에 미치는 영향: 타깃

연도	영업비용 처리	금융비용 처리
영업이익	5,252.00	5,346.00
부채	16,814.00	19,250.00
투하자본이익률(ROIC)	11.39%	10.75%
재투자율	40%	40%
기대성장률	4.56%	4.30%
부채총자본비율	31.41%	34.59%
자본비용	6.92%	6.74%
기업 가치	56,731.00	58,795.00
주식 가치	41,005.00	40,633.00
주당 가치(달러)	59.50	58.97

[예시 15.3] 연구개발비 자본화와 가치평가: 암젠(2024년 5월)

예시 9.2에서 암젠 사례를 통해 연구개발비 자본화의 영향을 살펴보았다. 연구개발비의 상각연수는 10년을 적용하고 2008년까지의 데이터를 활용해 연구개발에 투자한 자본과 상각비를 다음과 같이 추정했다 (단위: 100만 달러).

[표 15.5] 연구개발비 자본화: 암젠

연도	연구개발비	미상각 비율 및 금액		당기 상각비
당기	4,784.00	100.00%	4,784.00	0.00
-1	4,434.00	90.00%	3,990.60	443.40
-2	4,819.00	80.00%	3,855.20	481.90
-3	4,207.00	70.00%	2,944.90	420.70
-4	4,116.00	60.00%	2,469.60	411.60
-5	3,737.00	50.00%	1,868.50	373.70
-6	3,562.00	40.00%	1,424.80	356.20
-7	3,840.00	30.00%	1,152.00	384.00
-8	4,006.00	20.00%	801.20	400.60
-9	4,248.00	10.00%	424.80	424.80

-10	4,083.00	0.00%	0.00	408.30
연구자산의 가치			23,716.60	
연구자산 상각비				4,105.20

암젠의 2023년 재무제표에 바탕을 두고 실효세율 20%를 적용해 계산한 조정 영업이익과 투하자본의 장부가액은 다음과 같다.

$$조정\ 영업이익 = 영업이익 + 당기\ 연구개발비 - 연구자산\ 상각비$$
$$= 8,164 + 4,784 - 4,105 = 8,843$$
$$조정\ 투하자본 = 투하자본의\ 장부가액_{2022} + 연구자산의\ 가치_{2022}$$
$$= 60,711 + 23,037 = 83,748$$

조정 영업이익으로 계산한 2023년 세전 영업이익률은 다음과 같다.

$$조정\ 세전\ 영업이익률_{2023} = \frac{조정\ 영업이익}{매출} = \frac{8,843}{28,190} = 31.37\%$$

35~40%를 기록했던 과거와 비교하면 다소 낮은 수준이다.

시간이 흐르며 영업이익률이 40%까지 상승할 것으로 예상하기에 다음과 같은 스토리에 바탕을 두고 하향식 모형을 적용한다.

a. **매출 성장**: 암젠은 과거 놀라운 속도로 성장했지만 사업 규모가 커진 후에는 두 가지 원인으로 인해 성장률이 둔화했다. 첫째, 새로 출시하는 신약이 전체 판매액에 미치는 영향이 갈수록 줄었다. 둘째, 이른바 '블록버스터' 의약품을 시장에 소개한 후 오랜 세월이 흐르면서 타 제약 기업과 경쟁이 치열해졌다. 2024년 기준 암젠이 연구개발 중인 신약의 전망을 고려할 때(성장 시장을 목표로 두는 두 건의 비만 치료약과 2023년 호라이즌 테라퓨틱스 인수 등) 매출 성장률이 향후 5년간 연 9%이다가 서서히 둔화해 안정 성장 단계에 들어서는 2034년(10년 차)에는 연 4%를 기록할 것으로 예상한다.

b. **영업이익률**: 암젠의 연구개발비 조정 영업이익률 31.37%는 상당히 높은 편이지만 직전 10개년 평균 42.5%보다는 낮다. 2023년에 영업이익률이 하락한 원인은 호라이즌 인수 등 일시적인 상황에 있다고 판단했기에 향후 5년에 걸쳐 40%로 상승한 후 계속 유지하리라고 가정한다.

c. **재투자**: 암젠은 향후 5년간 계속해서 연구개발에 거액을 투자하고 소형 기업을 인수한 덕분에 투하자본 1.0달러당 매출 1.5달러를 올릴 것으로 예상한다. 5년 차 이후에는 재투자를 줄여 투하자본 1달러당 매출 4.0달러를 올릴 것이다.

d. **위험**: 향후 5년간 미국 생명공학 기업의 평균 자본비용인 9.26%를 적용하지만 점차 하락해 안정 성장 단계에서는 미국 전체 기업의 중앙값에 가까운 8% 수준을 유지할 것으로 가정한다.

요약하면 암젠의 스토리는 높은 영업이익률과 R&D 지속 투자를 통해 적어도 향후 5년간 완만한 성장을 구가하리라는 것이다. 표 15.6은 향후 10년간 기대현금흐름을 보여준다.

[표 15.6] 기대 FCFF: 암젠

	매출 성장률	매출	EBIT 마진 (영업이익률)	EBIT	세율	EBIT(1-t)	재투자	FCFF
기준 연도		28,190	31.37%	8,843	14.50%	7,561		
1	9.00%	30,727	31.37%	9,639	14.50%	8,241	1,844	6,397
2	9.00%	33,493	34.82%	11,662	14.50%	9,971	2,010	7,962
3	9.00%	36,507	36.55%	13,342	14.50%	11,408	2,190	9,217
4	9.00%	39,792	38.27%	15,230	14.50%	13,022	2,388	10,634
5	9.00%	43,374	40.00%	17,350	14.50%	14,834	2,313	12,521
6	8.00%	46,844	40.00%	18,737	16.60%	15,627	820	14,807
7	7.00%	50,123	40.00%	20,049	18.70%	16,300	752	15,548
8	6.00%	53,130	40.00%	21,252	20.80%	16,832	664	16,168
9	5.00%	55,787	40.00%	22,315	22.90%	17,205	558	16,647
10	4.00%	58,018	40.00%	23,207	25.00%	17,405	580	16,825

10년 차 말 암젠은 안정 성장 단계에 접어들어 영원히 연 4% 성장하고, 안정 자본비용 8%보다 훨씬 높은 자본이익률 16%를 올린다고 가정한다.

$$\text{11년 차 EBIT}(1-t) = 17,405 \times 1.04 = 18,102$$

$$\text{안정 재투자율} = \frac{\text{안정 성장률}}{\text{안정 ROIC}} = \frac{4\%}{16\%} = 25\%$$

$$\text{잔존가치} = \frac{\text{11년 차 EBIT}(1-t)(1-\text{재투자율})}{\text{자본비용} - \text{안정 성장률}} = \frac{18,102 \times (1-0.25)}{0.08 - 0.04} = 339,406$$

10년간 고성장한다는 가정과 위 값을 활용해 기업 가치와 주당 가치를 추정하는 과정은 그림 15.1과 같다. 전환기를 두어서 입력 변수를 고성장 수준에서 안정 성장 수준으로 조정했다. 예컨대 자본비용은 5년 차까지 9.26%이다가 선형으로 하락하여 안정 성장 수준인 8.00%에 이른다. 따라서 누적 자본비용을 활용해 해당 기간의 현금흐름을 할인해야 한다. 주당 가치 추정치는 317.60달러로 2024년 5월의 주가 311.29달러보다 다소 높지만 공정가치에 가깝다고 판단해도 무방하다.

연구개발비 자본화가 가치에 미치는 영향은 아주 흥미롭다. 우선 연구개발비를 비용으로 처리하는 회계기준대로 가치평가했더니 주당 가치는 315.22달러였다. 연구개발비를 자본화했을 때 주당 가치보다 2.38

[그림 15.1] 암젠 가치평가(2024년 5월)

암젠													2024년 5월

기준 연도 비교	회사	산업		성장 스토리		수익성 스토리		성장 효율 스토리		잔존가치	
매출 성장률	7.09%	20.21%		연구개발 활동이 결실을 맺어 신약을 출시한 결과 준수한 성장을 기록하지만 규모 확대에 따라 성장 둔화		2023년 영업이익률이 하락했지만 시간이 흐르며 상승해 직전 10개년 평균과 유사한 수준 회복		향후 5년간 연구개발에 거액 투자 지속한 후 안정 성장 단계에 접어들기 전까지 투자 축소		성장률	4.00%
매출	28,190									자본비용	8.00%
영업이익률	31.37%	-0.43%								자본이익률	16.00%
영업이익	8,843									재투자율	25.00%
EBIT(1-t)	7,561										

				1	2	3	4	5	6	7	8	9	10	종료 연도
잔존가치의 현재가치	144,927													
향후 10년간 현금흐름의 현재가치	75,170		매출 성장률	9.00%	9.00%	9.00%	9.00%	9.00%	8.00%	7.00%	6.00%	5.00%	4.00%	4.00%
실패 확률	0.00%		매출	30,727	33,493	36,507	39,792	43,374	46,844	50,123	53,130	55,787	58,018	60,339
영업자산의 가치	220,097		영업이익률	31.37%	34.82%	36.55%	38.27%	40.00%	40.00%	40.00%	40.00%	40.00%	40.00%	40.00%
- 부채	65,423		영업이익	9,639	11,662	13,342	15,230	17,350	18,737	20,049	21,252	22,315	23,207	24,136
- 소수지분	0		EBIT(1-t)	8,241	9,971	11,408	13,022	14,834	15,627	16,300	16,832	17,205	17,405	18,102
+ 현금	10,944		재투자	1,844	2,010	2,190	2,388	2,313	820	752	664	558	580	4,525
+ 비영업자산	4,454		FCFF	6,397	7,962	9,217	10,634	12,521	14,807	15,548	16,168	16,647	16,825	13,576
주식 가치	170,072													
- 스톡옵션 가치	0												339,405.96	
보통주 주식 가치	170,072		자본비용	9.26%	9.26%	9.26%	9.26%	9.26%	9.01%	8.76%	8.50%	8.25%	8.00%	
유통주식 수	535.50		누적 WACC	0.9152	0.8377	0.7666	0.7017	0.6422	0.5891	0.5417	0.4992	0.4612	0.4270	
주당 가치	317.60													
주가	311.29		총자본회전율	1.50	1.50	1.50	1.50	1.50	4.00	4.00	4.00	4.00	4.00	
고(저)평가율	-1.99%		ROIC	9.76%	11.56%	12.92%	14.39%	15.97%	16.42%	16.98%	17.40%	17.66%	17.77%	16.00%

위험 스토리	경쟁우위
자본비용이 평균적인 기업보다 다소 높지만 시간이 흐르며 하락	주로 특허에 바탕을 둔 강력한 경쟁우위

달러 낮았지만 영향은 미미했다. 하지만 특정 연도에서는 다른 결과가 나타났다. 예컨대 2007년에 연구개발비를 자본화했을 때 주당 가치는 42.73달러에서 74.33달러로 대폭 상승했다. 여기에는 여러 가지 원인이 있다. 첫째, 2024년의 암젠은 2007보다 더 성숙한 기업으로서 연구개발비 증가율이 과거보다 낮아졌기에 자본화가 영업이익(률)에 미치는 영향이 대폭 줄었다. 둘째, 연구개발비를 자본화했을 때 투하자본이익률은 세전 10.56%, 세후 9.26%로 자본비용과 비슷한 수준이었다. 하지만 2006년에는 세후 자본이익률이 당시 자본비용 11%보다 상당히 높은 16.71%였다. 즉 과거에는 연구개발이 상당한 가치 증대 요인으로 작용했지만 최근 들어서는 가치 중립적인 투자로 성격이 바뀌었다.

 fcffginzu.xls: 이 스프레드시트를 이용하면 FCFF 모형을 활용해 기업 가치평가를 할 수 있다. (웹에서 다운로드 가능)

가치평가 바이블

순부채 대 총부채

이번 장에서 기업 가치를 평가하면서 현금을 차감한 순부채가 아니라 총미상환부채, 즉 총부채를 사용했다. 순부채와 총부채를 사용하는 방법은 어떠한 차이가 있을까? 두 방법에서 도출한 가치평가 결과는 똑같을까?

총부채와 순부채를 활용하는 가치평가는 핵심 입력 변수를 계산하는 방식에서 차이가 있다.

	총부채	순부채
차입 베타	무차입 베타에 총부채시장가치자기자본비율을 적용해 차입 베타를 계산한다.	무차입 베타에 순부채시장가치자기자본비율을 적용해 차입 베타를 계산한다.
자본비용	총부채에 바탕을 둔 부채총자본비율을 사용한다.	순부채에 바탕을 둔 부채총자본비율을 사용한다.
현금과 부채의 처리	영업자산 가치에 현금을 더하고 총부채를 빼서 주식 가치를 얻는다.	영업자산 가치에 현금을 더하지 않고 순부채만 빼서 주식 가치를 얻는다.

가치평가에서 순부채를 활용하기는 그리 어렵지는 않지만, 순부채와 총부채를 사용해 추정한 가치가 똑같을지가 더 중요한 질문이다. 순부채를 사용한 가치평가에 적용하는 부채비용으로 인해 대개 똑같지 않다. 순부채를 사용하는 것은 직관적으로 기업을 두 부분으로 나누는 것과 같다. 즉 무위험 부채로 자금을 100% 조달한 '현금' 부문과, 일부를 위험 부채로 조달한 '영업활동' 부문이다. 이러한 논리의 결론은 영업활동 부문의 부채비용이 현행 부채비용보다 아주 높아진다는 것이다. 채권자는 부채비용을 산정할 때 기업이 보유한 현금을 고려하기 때문이다.

예컨대 기업 가치가 10억 달러이고 이 중 현금 가치는 2억 달러, 영업자산 가치는 8억 달러인 기업을 생각해보자. 이 기업의 부채는 4억 달러, 자기자본은 6억 달러다. 부채비용은 무위험 이자율 5%에 부도 스프레드 2%를 더한 7%다. 이 부채비용은 기업의 막대한 보유 현금에 바탕을 두고 산정했음을 유념하라. 현금을 뺀 순부채 관점에서 본다면 이 기업의 순부채는 2억 달러이고 자기자본은 6억 달러다. 가치평가 시 부채비용 7%를 적용하면 가치를 과대추정하기에 9%를 적용해야 한다(단위: 100만 달러).

$$\text{순부채의 부채비용} = (\text{세전 부채비용}_{\text{총부채}} \times \text{총부채} - \text{무위험 이자율}_{\text{순부채}} \times \text{현금}) /$$
$$(\text{총부채} - \text{현금})$$

일반적으로 순부채가 아니라 총부채를 사용하는 편이 나은 이유는 두 가지다. 첫째, 현금이 총부채보다 크다면 순부채는 마이너스가 된다. 이때는 순부채를 제로(0)로 두고 총부채를 사용한 가치평가와 똑같이 초과현금을 처리해야 한다(영업자산 가치를 도출한 후 초과현금을 더한다 - 옮긴이). 둘째, 성장 기업이 순부채비율을 안정적으로 유지하려면 기업 가치가 상승함에 따라 현금 잔액도 증가해야 한다.

기업 및 주식 가치평가에서 도출한 주식 가치가 똑같을까?

FCFF 모형은 배당할인모형이나 FCFE 모형과 달리 주식이 아니라 기업의 가치를 평가한다. 하지만 기업 가치에서 총미상환부채의 시장가치를 차감해서 주식 가치를 도출할 수 있다. 따라서 FCFF 모형을 주식 가치평가의 대안으로도 볼 수 있지만, 두 가지 의문이 제기된다. 첫째, 주식이 아니라 기업의 가치를 평가해야 할 이유는 무엇인가? 둘째, 기업 가치평가모형에서 도출한 주식 가치가 (14장에서 다룬) 주식 가치평가모형에서 도출한 주식 가치와 일관성을 유지하는가?

기업 가치평가모형을 사용하면 FCFF가 부채 상환 전 현금흐름이기에 부채와 관련된 현금흐름을 고려하지 않아도 된다는 분명한 장점이 있다. 반면 FCFE 추정에서는 부채 관련 현금흐름을 고려해야 한다. 시간이 흐르면서 레버리지가 대폭 변화하리라고 예상하는 기업을 분석한다면 기업 가치평가 접근법을 통해 시간을 상당히 절약할 수 있다. 레버리지가 변화할 때 신규 부채 발행과 부채 상환액을 추정하는 것은 더 먼 미래로 갈수록 어려워진다. 하지만 기업 가치평가 접근법에서는 부채비율과 이자율에 관한 정보만 있으면 가중평균 자본비용을 추정할 수 있다.

재무레버리지 가정이 일관성을 유지한다면 기업 가치평가모형과 주식 가치평가모형에서 도출한 주식 가치는 똑같다. 하지만 실무에서 두 가치를 동일하게 하기는 훨씬 어렵다. 성장이 없는 영구기업(perpetual firm)이라는 간단한 사례부터 살펴보자. 이 기업의 EBIT가 1억 6,667만 달러이고 세율은 40%라고 가정한다. 나아가 자기자본의 시장가치가 6억 달러이고 자기자본비용은 13.87%이며, 부채의 가치는 4억 달러이고 세전 부채비용은 7%라고 가정한다. 이 기업의 자본비용은 다음과 같이 추정한다(단위: 100만 달러).

$$자본비용 = 13.87\% \times \frac{600}{1,000} + 7\% \times (1 - 0.4) \times \frac{400}{1,000} = 10\%$$

$$기업\ 가치 = \frac{EBIT(1 - t)}{자본비용} = \frac{166.67 \times (1 - 0.4)}{0.10} = 1,000$$

영구기업은 재투자하지 않고 성장하지도 않는다는 점을 유념하라. 이 기업의 주식 가치는 기업 가치에서 부채 가치를 빼서 얻는다.

$$주식\ 가치 = 기업\ 가치 - 부채\ 가치 = 1,000 - 400 = 600$$

이제 순이익을 추정해서 직접 주식 가치를 추정해보자.

$$순이익 = (EBIT - 세전\ 부채비용 \times 부채)(1 - 세율)$$
$$= (166.67 - 0.07 \times 400) \times (1 - 0.4) = 83.202$$

순이익을 자기자본비용으로 할인하면 주식 가치를 도출한다.

$$주식\ 가치 = \frac{순이익}{자기자본비용} = 83.202/0.1387 = 600$$

이 간단한 사례에서도 가치평가 과정에 직간접적으로 다음 세 가지 가정을 두었기에 두 접근법에서 도출한 주식 가치가 똑같았다.

1. 자본비용 계산에 적용한 부채와 자기자본의 가치가 가치평가에서 도출한 가치와 똑같았다. 추론의 순환성이 존재하지만(애초에 부채와 자기자본의 가치를 구하려면 자본비용이 필요하다), 애초에 주가가 공정가치에 거래되지 않는다면 시장가치 가중치에 바탕을 둔 자본비용을 적용해도 FCFF 모형에서 도출한 주식 가치가 주식 가치평가모형의 결과와 똑같지 않다.

2. 순이익에 영향을 미치지만 영업이익에는 영향을 미치지 않는 특별항목이나 비영업 항목이 존재하지 않는다. 따라서 영업이익에서 순이익을 계산하려면 이자비용과 세금만 빼면 된다.

3. 이자비용은 부채의 시장가치에 세전 부채비용을 곱해서 구한다. 장부에 오래된 부채가 있고 위 수식의 계산과 차이 나는 이자비용을 지급하고 있다면 두 접근법에서 도출한 주식 가치는 똑같지 않다.

성장할 것으로 예상되는 기업이라면 두 모형 간 주식 가치의 불일치 가능성이 더 커진다. 자본비용을 계산할 때 가정한 것과 일치하는 부채비율 수준을 유지하려면 신규 투자 시 그만큼 부채를 조달해야 한다.

 fcffvsfcfe.xls: 이 스프레드시트를 이용하면 FCFF 모형과 FCFE 모형에서 도출한 주식의 가치를 비교할 수 있다. (웹에서 다운로드 가능)

기업 가치평가: 조정현재가치 접근법

조정현재가치(APV) 접근법은 부채가 없는 기업의 가치에서 시작해 부채를 조달함에 따라 편익과 차입 비용을 비교해 가치에 미치는 순영향을 판단한다. 여기에서 차입의 주요한 편익은 세제 혜택이고 가장 중요한 차입 비용은 파산 위험의 증대라고 가정한다.

APV 가치평가의 작동 방식

APV 가치평가에서는 기업 가치를 다음 세 단계로 추정한다. 첫째, 부채가 없을 때 기업 가치, 곧 무차입 기업 가치를 추정한다. 둘째, 차입에 따른 이자소득세 절감액의 현재가치를 추정한다. 셋째, 차입이 기업의 부도 확률에 미치는 영향, 나아가 파산의 직접 비용과 고객·공급자·직원의 인식에 미치는 간접 비용을 추정한다.

무차입 기업의 가치 APV 접근법의 첫 번째 단계는 무차입 기업의 가치 추정으로, 부채가 없다고 가정하고 기업 가치를 평가하면 된다(예컨대 기대 FCFF를 무차입 자기자본비용으로 할인한다). 현금흐름이 영원히 고정 성장하는 기업의 가치는 다음과 같이 추정한다.

$$\text{무차입 기업 가치} = E(FCFF_1)/(\rho_u - g)$$

여기서 $FCFF_1$ = 다음 연도 세후 기업 영업활동 현금흐름
        ρ_u = 무차입 자기자본비용
        g = 기대성장률

일반 모형으로 확장해 평가 대상 기업에 적합한 성장 가정을 적용해 기업 가치를 평가할 수도 있다.

APV 가치평가에 필요한 입력 변수는 기대현금흐름과 성장률, 무차입 자기자본비용이다. 무차입 자기자본비용을 추정하려면 먼저 앞서 다룬 내용을 활용해 무차입 베타를 계산해야 한다.

$$\beta_{\text{무차입}} = \frac{\beta_{\text{현행}}}{1 + (1 - t)D/E}$$

여기서 $\beta_{\text{무차입}}$ = 기업의 무차입 베타
        $\beta_{\text{현행}}$ = 현행 베타
        t = 기업의 세율
        D/E = 현행 부채자기자본비율

무차입 베타를 활용하면 무차입 자기자본비용을 계산할 수 있다.

차입에 따른 기대 세금 혜택   APV 가치평가의 두 번째 단계에서는 주어진 부채 수준에서의 기대 세금 혜택을 계산한다. 여기서 세금 혜택은 세율과 이자 지급액을 곱한 값으로서 이 현금흐름의 위험을 반영한 부채비용으로 할인해서 계산한다. 절세 효과가 영구적일 때 가치는 다음과 같다.

$$\text{세금 혜택의 가치} = \frac{\text{세율} \times \text{부채비용} \times \text{부채}}{\text{부채비용}}$$
$$= \text{세율} \times \text{부채} = t_c D$$

여기서 세율은 기업의 한계세율로서 시간이 흘러도 고정되어 있다고 가정한다. 세

율이 시간에 따라 변할 것으로 예상하더라도 미래 세금 혜택의 현재가치를 계산할 수 있지만, 영구성장 수식을 사용해서는 안 된다. 아울러 현행 이자비용이 현행 부채비용을 반영하지 않는 때도 위 수식을 수정해야 한다.

기대 파산 비용 추정과 순영향　APV 접근법의 세 번째 단계는 주어진 부채 수준이 기업의 채무불이행 위험과 기대 파산 비용에 미치는 영향을 평가하는 것이다. 이를 위해 적어도 이론상으로는 추가 부채에 따른 부도 확률(probability of default)과 직간접 파산 비용을 추정해야 한다. 추가 부채에 따른 부도 확률이 π_a이고 파산 비용(bankruptcy cost)의 현재가치를 BC라고 하면, 기대 파산 비용의 현재가치는 다음과 같다.

$$\text{기대 파산 비용의 현재가치} = \text{부도 확률} \times \text{파산 비용의 현재가치}$$
$$= \pi_a BC$$

APV 접근법의 세 번째 단계에서 가장 중요한 추정 문제가 대두되는데, 부도 확률뿐 아니라 파산 비용 역시 직접 추정하는 것은 불가능하다는 것이다.

부도 확률을 간접 추정하는 방법은 크게 두 가지다. 첫째, 신용등급을 추정한 후 해당 등급의 부도 확률을 연구한 실증적 추정치를 활용한다. 예컨대 스탠더드앤드푸어스의 연구에서 발췌한 표 15.7은 2013~2022년 기간의 신용등급별 1년과 5년, 10년 차 부도 확률을 요약해서 보여준다.[4]

둘째, 프로빗 같은 통계 기법을 활용해 부채 수준별로 관측 가능한 특성에 바탕을 두고 부도 확률을 계산한다.[5]

상당한 오류 가능성이 있기는 해도 실제 파산한 기업 사례에서 파산 비용의 규모를 다룬 연구를 통해 파산 비용을 추정할 수도 있다. 연구에 따르면 직접 파산 비용은

4　이 연구에서는 일부 신용등급에 국한해서 10년 동안의 부도 확률을 추정했다. 이 책에서는 그 결과를 나머지 등급에도 적용했다.
5　프로빗은 불연속 사건(예컨대 인수나 파산)이 일어날 확률을, 관련 역사적 데이터와 발생 가능성을 결정한다고 가정한 변수를 활용해 추정하는 통계 기법이다. 그러면 과거 파산한 기업과 그렇지 않은 기업의 부채비율이나 이익 변동성, 기업 규모를 독립변수로 두고 비교할 수 있다.

[표 15.7] 신용등급별 부도 확률(2023년)
출처: S&P Global

	부도 확률(1~10년 시간 지평)		
신용등급	1년	5년	10년
AAA	0.00%	0.35%	0.70%
AA	0.02%	0.31%	0.72%
A	0.05%	0.47%	1.24%
BBB	0.16%	1.58%	3.32%
BB	0.61%	6.52%	11.78%
B	3.33%	16.93%	23.74%
CCC/C	27.08%	46.19%	50.38%

기업 가치와 비교해 비교석 규모가 작았다.[6] 간접 파산 비용 규모도 상당할 수 있으나 기업별로 편차가 크다. 샤피로(Shapiro, 1989)와 티트먼(Titman, 1984)은 간접 파산 비용이 기업 가치의 최대 25~30%에 이른다고 추론했으나 직접적인 증거를 제시하지는 못했다.

[예시 15.4] APV 접근법을 활용한 기업 가치평가: 제이크루의 차입 인수

제이크루(J. Crew)는 동명의 브랜드 의류를 자사 매장과 온라인에서 판매하는 미국 유통기업이다. 2010년 CEO 미키 드렉슬러(Mickey Drexler)와 두 곳의 사모펀드(TPG와 레너드 그린)는 회사를 차입인수했다. 이들은 총인수가 27억 달러 중 18억 5,000만 달러를 부채로 조달했다. 신용등급은 BB였고 세전 부채비용은 7%였다. APV 접근법으로 이 거래의 가치를 평가해보자. 먼저 회사를 무차입 기업, 즉 자기자본이 100%인 기업으로 가정하고 기업 가치를 평가한다. 전문 유통기업의 평균 무차입 베타 1과 무위험 이자율 3.5%, 성숙시장 프리미엄 5%를 적용해 자기자본비용을 계산한다.

$$\text{무차입 자기자본비용} = 3.5\% + 1.00 \times 5\% = 8.5\%$$

2010년 매출은 17억 2,200만 달러, 영업이익은 2억 3,000만 달러였다. 세율 35%, 영구성장률 3.5%, 자본이익률 14%를 가정할 때 무차입 기업 가치는 다음과 같다(단위: 100만 달러).

---

6   워너(Warner, 1977)가 철도회사의 파산을 연구한 결과 직접 파산 비용은 약 5% 수준이었다.

$$\text{안정 성장 단계의 재투자율} = g/ROC = 3.5\%/14\% = 25\%$$
$$\text{다음 연도 기대 FCFF} = \text{EBIT}(1-t)(1-\text{재투자율})$$
$$= 230 \times 1.035 \times (1-0.35) \times (1-0.25) = 116.05$$
$$\text{무차입 기업 가치} = \frac{\text{다음 연도 기대 FCFF}}{\text{무차입 자기자본비용} - \text{안정 성장률}}$$
$$= \frac{116.05}{0.085 - 0.035} = 2,321$$

다음으로 부채의 세금 혜택을 추정해보자. 10년 차 이후 부채가 5억 달러가 되게끔 부채 원금을 매년 똑같은 금액만큼 상환한다고 가정한다. 세율 35%와 세전 부채비용 7%를 적용하면 표 15.8처럼 매년 이자비용과 세금 혜택을 계산한 후 세전 부채비용을 할인율로 적용해 세금 혜택을 현시점으로 할인한다.

[표 15.8] 세금 혜택의 현재가치

연도	기초 부채 잔액	이자비용	세금 혜택	현재가치(할인율: 부채비용)
1	1,850.00	129.50	45.33	42.36
2	1,700.00	119.00	41.65	36.38
3	1,550.00	108.50	37.98	31.00
4	1,400.00	98.00	34.30	26.17
5	1,250.00	87.50	30.63	21.84
6	1,100.00	77.00	26.95	17.96
7	950.00	66.50	23.28	14.49
8	800.00	56.00	19.60	11.41
9	650.00	45.50	15.93	8.66
10	500.00	35.00	12.25	6.23
이후 영구 기간	500.00	35.00	12.25	88.96
계				305.45

이때 영구 세금 혜택은 2단계로 계산한다는 점을 유념하라. 먼저 영구 절세액 1,225만 달러의 10년 차 말 현재가치를 계산한 후(12.25/0.07 = 175) 세전 부채비용으로 할인해 현시점의 가치를 구한다(175/1.07^{10} = 88.96).

분석의 마지막 단계에서 직간접 파산 비용(BC)이 기업 가치의 30%에 달하고, 차입 인수 거래의 높은 부채 수준으로 인해 부도 확률(π_{BC})이 20%로 상승한다고 가정한다. 이때 기대 파산 비용은 다음과 같다.

$$\text{기대 파산 비용} = (\text{무차입 기업 가치} + \text{세금 혜택의 현재가치}) \times BC \times \pi_{BC}$$
$$= (2,321 + 305) \times 0.30 \times 0.20 = 158$$

제이크루의 기업 가치는 앞서 다룬 세 요소를 가감해 계산한다.

제이크루의 기업 가치 = 무차입 기업 가치 + 부채에 따른 세금 혜택의 현재가치 − 기대 파산 비용
= 2,321 + 305 − 158 = 2,469

인수가로 27억 달러를 지불한 사모펀드 투자자들은 영업이익을 대폭 증대하지 못한다면 비싼 가격을 지불했다고 볼 수 있다.

---

 apv.xls: 이 스프레드시트를 이용하면 조정현재가치 접근법을 활용해 차입 기업 가치를 계산할 수 있다. (웹에서 다운로드 가능)

조정현재가치 접근법의 유용성과 한계

APV 접근법은 부채의 영향을 여러 요소로 분리함으로써 애널리스트가 각 요소에 서로 다른 할인율을 적용할 수 있다는 장점이 있다. 게다가 자본비용 접근법의 암묵적 가정과 달리 부채비율이 영원히 불변한다고 가정하지도 않는다. 덕분에 부채액을 고정한 채 편익과 비용을 계산하는 유연성을 갖췄다.

이러한 장점은 부도 확률과 파산 비용 추정의 어려움과 견주어 보아야 한다. 실제로 APV 접근법을 활용하는 많은 애널리스트가 기대 파산 비용을 고려하지 않아서, 부채가 증가할수록 기업 가치가 상승한다는 잘못된 결론에 이른다. 이때 기업의 최적 부채비율은 당연히 100%일 것이다.

APV와 자본비용 접근법은 똑같은 가정에서는 대개 비슷한 결과를 도출한다. 다만 부채액을 고민하는 기업에는 APV 접근법이, 부채 비중을 고민하는 기업에는 자본비용 접근법이 더 나은 선택이다.

자본비용 대 APV 가치평가

APV 가치평가에서 차입 기업 가치는 무차입 기업 가치에 부채의 순영향을 더한 값이다.

$$\text{차입 기업 가치} = FCFF_1/(\rho_u - g) + t_c D - \pi_a BC$$

자본비용 접근법에서 레버리지의 영향은 자본비용에, 세금 혜택은 세후 부채비용에, 파산 비용은 차입 베타와 세전 부채비용에 반영된다. 자본비용과 APV 접근법에서 도출되는 가치는 똑같을까? 반드시 그렇지는 않다. 차이가 발생하는 첫 번째 원인은 두 모형이 파산 비용을 다루는 방식이 다른 데서 비롯한다. APV 접근법은 더 유연한 방식으로 간접 파산 비용을 반영한다. 파산 비용이 세전 부채비용에 반영되지 않거나 부적합한 방식으로 반영된다면 APV 접근법은 자본비용 접근법보다 더 보수적인 가치 추정치를 도출한다. 두 번째 원인은 APV 접근법이 (대개 기존 부채의) 부채가액으로 계산한 세금 혜택을 고려하기 때문이다. 자본비용 접근법은 부채비율로 세금 혜택을 추정하므로 기업이 미래에 상당한 차입금을 조달하는 결과를 낳는다.

예컨대 성장 기업의 영구 부채시장가치총자본비율이 30%라고 가정하면 미래에 더 많은 차입금을 조달할 것이고, 미래 차입금에서 비롯되는 세금 혜택은 현시점 가치에 반영된다. 일반적으로 재무레버리지가 유발하는 문제를 겪지 않는 계속기업의 가치를 평가할 때는 자본비용 접근법이 더 현실적인 방법이다. 부채가액보다는 부채비율을 다루기가 더 수월하다. APV 접근법은 큰 비중의 부채를 조달한 거래와 양 당사자가 부채 상환 일정에 합의했거나 알려진 거래에 더 적합하다. 마지막으로 두 접근법은 부채의 세금 혜택이 가치에 반영되는 방식에서 미묘한 차이가 있다. APV 기본 모형은 부채의 세금 혜택 가치 추정 시 세전 부채비용을 할인율로 사용한다. 하지만 자본비용이나 무차입 자기자본비용을 할인율로 사용해서 자본비용 접근법에서 도출하는 가치에 근접한 결과를 낳는 변형 APV 접근법도 있다.

파산 비용을 고려하지 않는 APV

전통적인 DCF 모형과 비교해 APV가 더 유연한 가치평가 방법이라고 믿는 사람이 많다. 포괄

가치평가 바이블

적으로 보면 일리 있는 주장이지만, APV 가치평가는 실무상 중대한 결점이 있다. 가장 중대한 문제점은 APV 모형을 사용하는 실무자 대다수가 기대 파산 비용을 고려하지 않는다는 것이다. 무차입 기업 가치에 세금 혜택을 더해서 차입 기업 가치를 구하는 방식은 부채가 무조건 좋은 것처럼 보이게 한다. 특히 부채비율이 높을수록 파산 비용이 제로(0)가 아닌 것이 확실해지기에, 파산 비용을 고려하지 않는 APV는 기업 가치를 과대추정한다.

기업 가치평가: 종합 정리

기업을 구성하는 부분을 합해 총가치를 얻는 방법이 기업 가치평가의 세 번째 방법이라고 주장하는 실무자도 있다. 하지만 부분 합산 가치평가는 기업 가치평가의 하위집합에 속한다고 보는 것이 타당하다. 즉 기업 가치평가의 일반 원칙을 기업을 구성하는 부분에 적용한 후 더하는 과정에 지나지 않는다.

기업 단위 및 부문별 가치평가

DCF 가치평가는 가산한다는 특징이 있다. 예컨대 세 가지 사업을 하는 기업을 평가한다면 세 부문의 현금흐름을 더해 부문별 가치를 가중평균한 할인율로 할인하든, 각 사업별 현금흐름을 해당 할인율로 할인해 가치를 계산한 후 더하든 결과는 (적어도 이론상) 똑같다. 전자를 '기업 단위(aggregated)' 가치평가로, 후자를 '부문별(disaggregated)' 가치평가로 부르는데 이번 섹션에서는 어떠한 차이가 있는지 알아보자.

여러분은 아마 기업 단위 가치평가밖에 접하지 못했을 텐데, 지배적인 접근법이 된 두 가지 이유가 있다.

■ 투자자는 특정 사업 부문이 아니라 전체 기업에 투자한다. 과거 제너럴일렉트릭(GE) 주식을 매수한 사람은 GE 에어크래프트 엔진(GE Aircraft Engines)이나

GE 캐피털 등 개별 사업부가 아니라 GE 전체에 투자한 것이다. 마찬가지로 코카콜라 주식을 매수한 사람은 인도 사업이 아니라 전 세계를 아우르는 사업에 투자한 것이다. 그래서 여러 지역과 사업을 모두 포괄하는 기업 단위 매출과 현금흐름을 파악한 후 해당 비중을 가중평균한 할인율로 할인하는 가치평가 방법이 주를 이룬다.

■ 기업 단위 가치평가가 표준인 다른 이유는 정보 공시가 기업 단위로 이루어지기 때문이다. GE와 코카콜라는 전체 기업 기준으로 재무제표(손익계산서, 재무상태표, 현금흐름표)를 공시한다. 사업 부문과 지역을 기준으로 두도록 공시 수준을 높이려는 노력이 있었지만 주석으로 덧붙이는 수준에 그치거나, 기업과 국가마다 공시 관행이 서로 달라 표준을 세우기가 어려운 상황이다.

하지만 다음 상황에서는 세부 부문별로 나누어 가치평가하는 방법을 고려해봄 직하다.

■ **펀더멘털 차이:** 여러 사업을 영위하거나 여러 국가에서 사업하는 기업은 기업 전체에 대해 가중평균한 단일 값을 적용하는 대신 각 사업·지역 부문을 따로 가치평가하면 저마다 다른 위험과 현금흐름, 성장률 특성을 반영할 수 있다는 장점을 누린다.

■ **성장률 차이:** 한 기업 내에서도 특히 빠르게 성장하는 사업·지역 부문이 있다면 기업 단위 가치평가로는 저마다 다른 성장률을 반영할 수 없다. 특정 사업 부문의 성장률이 높다면 사업 부문별 베타를 가중평균한 상향식 베타를 시간이 흐르며 계속 바꾸어야 한다는 불편이 따른다.

■ **특정 거래 목적:** 매각이나 분할을 위해 기업을 구성하는 특정 부문에 한정한 가치평가가 필요할 때도 있다. 특히 여러 회사로 분할할 가능성이 큰 기업이라면 부문별 가치평가가 더 절실하다.

■ **경영진:** 기업은 각 사업 부문을 따로 평가해야 부문별 관리자의 실적을 추적하고

개선할 수 있다.

지난 10년간 페이스북과 트위터(Twitter) 등 소셜미디어회사가 등장하면서 서비스 이용자의 가치에 관심을 두는 사람이 많아졌다. 이용자가 많을수록 기업 가치가 높다는 결론뿐 아니라 이용자의 가치를 극대화할 의사결정을 도모하려는 목적도 있다.

부문별 가치평가의 제 단계

여러 사업·지역 부문으로 이루어진 기업을 가치평가할 때도 현금흐름과 할인율을 추정한다는 대원칙은 변함이 없다. 숫자를 도출하는 방법만 다소 수정하면 된다.

기업 단위와 부문별 가치평가를 택하는 기준　첫 번째 단계에서는 전체 기업 단위로 가치평가할지 아니면 각 사업 부문을 따로 가치평가할지를 결정한다. 이후 단계에 적용할 접근법이 달라지기에 가장 중요하다. 정보와 시간 제약이 없는 세상에서는 그리 고민하지 않아도 될 선택이다. 부문별 가치평가가 기업 단위 가치평가보다 훨씬 나은 추정치를 내놓기 때문이다. 하지만 현실에서는 다음 요인으로 인해 선택이 까다롭다.

- **정보 가용성**: 결정에서 가장 큰 영향을 미치는 요인은 정보 접근성이다. 내재가치 평가법에 바탕을 둔다면 영업 실적(매출, 영업이익, 세금)과 자본조달 구성(부채와 자기자본의 장부가액과 시장가치, 현금 잔액), 재투자(자본적 지출, 운전자본) 등 모든 정보를 상세히 알아야 한다. 개별 사업 부문 차원에서 이 모든 정보를 제공하는 기업은 드물다. 이때 절충안은 정보가 부족한 부문에 업종 평균값을 적용하는 것이다. 예컨대 사업 부문별 운전자본 투자액을 추정할 때 업종 평균 운전자본 비율을 적용한다.
- **사업·지역 부문별 차이의 정도**: 부문별로 위험과 성장률, 수익성의 편차가 클 때 기업을 부분으로 쪼개어 가치평가하는 장점이 가장 크다. 미국과 서유럽에서 의류

전문 유통 사업을 하는 다국적 기업을 생각해보자. 사업 지역에 따라 국가 위험이 사실상 편차가 없다고 할 만큼 수익성과 성장률이 비슷한 수준이기에 부문별 가치평가의 기대 효과가 미미하다.

■ 부문 수: 실무에 따르는 어려움도 기업을 부문별로 쪼갤지, 얼마나 촘촘한 기준으로 쪼갤지를 결정하는 요인이다. 30개 사업을 60개 국가에서 영위하는 회사라면 이론상 총 1,800개 부문으로 나누어 가치평가할 수 있지만 현실적으로는 어렵다. 이때는 평균 수렴의 법칙이 작동할 것을 기대하며 기업 단위 가치평가를 택하는 편이 낫다.

한편 중간 단계의 절충안도 있는데, 나머지는 한데 묶고 가장 차이가 큰 부문만 떼어내는 것이다. 예컨대 폭스바겐에서는 펀더멘털이 완전히 다른 폭스바겐 캐피털만 떼어내고 나머지는 하나로 묶어서 가치평가하는 식이다.

통화 선택　여러 국가에서 사업하는 기업은 현금흐름도 여러 통화로 발생한다. 이때는 어느 통화를 기준으로 가치평가할지 결정해야 한다.

■ 기업 단위 가치평가: 전체 기업을 가치평가할 때는 어쩔 수 없이 단 하나의 통화를 추정 기준으로 삼아야 한다. DCF 가치평가에서는 펀더멘털 추정치 간 서로 다른 통화 기준을 적용하는 것이 불가하다. 사용할 통화를 결정하면 현금흐름과 성장률, 할인율 등 모든 추정치를 똑같은 통화 기준으로 일관되게 유지해야 한다. 앞서 다양한 통화의 무위험 이자율에 관한 논의를 이어보면, 결국 모든 추정치의 기대 인플레이션율이 똑같아진다. 모회사가 재무제표를 공시할 때 사용하는 통화(GE와 코카콜라는 미국 달러)를 선택하는 것이 가장 수월하지만, 다른 통화를 기준으로 삼는 것이 합당할 때도 있다. 첫째, 여러 국가의 주식시장에 상장했고 모회사 소재국이 아닌 국가 통화를 사용하는 것이 더 포괄적이거나 가치평가 작업이 수월할 때다. 네슬레는 스위스뿐 아니라 영국과 미국에도 상장했고 재무제표

를 공시한다. 본국인 스위스보다 영국과 미국 시장에 더 많은 정보를 제공하기도 한다. 둘째, 모회사 소재국 통화 기준 입력 변수를 얻기가 어려울 때다. 예컨대 본사가 러시아에 있는 다국적 기업을 가치평가한다면 러시아 루블이 아니라 미국 달러 기준일 때 작업이 훨씬 수월하다.

■ **부문별 가치평가**: 기업 단위 가치평가와 비교해 훨씬 유연하다. 특히 사업 부문별 소재국이 다를 때도 서로 다른 통화를 기준으로 가치평가할 수 있다. 이후 부문별 가치를 합하는 마지막 단계에 현행 환율을 사용해 하나의 통화 기준으로 바꾸면 된다. 반대로 부문별 가치평가 시 단일 통화를 적용해 현금흐름과 할인율을 적용해도 무방하다. 이론상 전자와 후자는 마지막 결괏값(기업 가치)에 차이가 없어야 한다. 하지만 한 기업을 두고 여러 통화를 적용해 가치평가하는 일이 얼마나 어려운지를 고려하면 후자가 오류가 더 적을 것으로 본다.

앞에서 다루었던 통화 선택 시 고려할 사항이 여기에도 역시 적용된다. 즉 통화 선택이 기업 가치에 영향을 미쳐서는 안 된다. 만약 그런 결과를 얻었다면 예측에 일관성이 없었기 때문일 것이다.

위험 모수　다양한 사업을 영위하는 다국적 기업은 단일 국가에서 단일 사업을 영위하는 기업보다 위험을 판단하기가 훨씬 어려운데, 앞서 고안한 측정 방법이 큰 도움이 될 것이다.

■ **기업 단위 가치평가**: 기업 단위 가치평가에서 일관성을 유지하는 방법은 두 가지다. 첫째, 사업·지역 부문에 따라 위험 특성이 다르다는 사실을 알고서 다양한 사업·지역 부문으로 이루어진 기업의 부채비용을 계산해야 한다. 둘째, 부문별 위험 노출에 따른 서로 다른 위험 추정치를 올바로 가중평균해 전체 기업에 적용해야 한다. 자본비용의 입력 변수별로 나누어 보면 다음 함의를 얻는다.

✓ 베타: 앞서 상향식 베타, 즉 재무레버리지에 대해 조정한 섹터 베타가 회귀분

석 베타보다 더 정확한 척도임을 알아보았다. 다양한 사업을 하는 기업일 때는 사업 부문별 상향식 베타를 가중평균한 베타를 전체 기업에 적용할 수 있다는 장점이 있다. 재무레버리지에 대해 조정한 섹터 베타를 앞서 다루었던 과정과 똑같이 추정한다고 하면, 다양한 사업을 하는 기업이 대상일 때 각 부문에 적용할 가중치를 어떻게 추정할지 문제가 남는다. 간단한 해결책은 부문별 매출이나 이익에 기준을 두고 가중치를 정하는 것이다. 여기에는 서로 다른 부문이라고 해도 매출이나 이익 1달러의 가치는 똑같다는 가정이 깔려 있다. 아니면 부문별 매출과 동종 상장기업이 주식시장에서 거래되는 배수에 바탕을 두고 산정한 대략적인 가치를 비교해 가중치를 정하는 방법도 있다.

✓ **위험 프리미엄**: 앞서 7장에서 위험 프리미엄은 선진국보다 신흥시장이 커야 하고 몇몇 방법을 통해 추가 프리미엄도 추정할 수 있음을 알아보았다. 또한 신흥시장 기업에 대해 국가 위험 프리미엄과 위험 노출을 추정하는 방법도 살펴보았다. 다국적 기업은 선진국과 신흥시장에서 모두 매출이 발생하므로, 신흥시장 기업과 똑같은 문제를 마주한다. 다국적 기업이 신흥시장 위험에 노출된 정도에 따라 할인율을 조정해야 한다. 가장 간단한 방법은 사업을 영위하는 모든 국가의 주식 위험 프리미엄을 계산한 후 매출이나 영업이익을 기준으로 가중평균한 값을 사용하는 것이다. 각 국가에 대해 람다를 계산한 후 국가 위험 프리미엄을 함께 고려해 다국적 기업의 자기자본비용을 계산하는 더 복잡한 방법도 있다.

✓ **부채비용**: 기업의 부채비용은 무위험 이자율에 부도 스프레드를 더한 후 이자비용에서 비롯하는 세금 혜택을 조정해서 계산한다.

$$부채비용 = (무위험\ 이자율 + 부도\ 스프레드) \times (1 - 세율)$$

다국적 기업의 부채비용을 계산할 때는 세 가지 문제에 부닥친다. 첫째, 부채비용 계산에 활용하는 무위험 이자율은 기업이 실제 차입할 수 있는 통화 종류에 따라 편차가 상당하다. 하지만 2단계에서 가치평가에 적용할 통화를 고르기만 하면 무위험 이자율이 결정되므로 비교적 간단히 해결할 수 있다. 예컨대 미국 달러를 기준으로 가치평가한다면 실제 차입 가능한 자금의 통화와 관계없이 장기 국채 수익률을 무위험 이자율로 두면 된다. 둘째, 부도 스프레드로 차입 자금원에 따라 편차가 상당하다. 다국적 기업의 신용등급이 존재한다면 부도 스프레드를 계산할 수 있고, 여기에 무위험 이자율을 더해 부채비용을 계산할 수 있다. 마지막은 세율 관련 문제다. 부채비용 계산 시 필요한 한계세율은 국가별 편차가 있다. 해결책은 설립 소재국의 한계세율을 적용하거나, 사업을 영위하는 국가 중 가장 높은 한계세율을 적용하는 것이다. 후자에는 세금 혜택이 가장 큰 나라로 이동해 이자비용을 발생시킨다는 가정이 깔려 있다.

- ✓ **부채비율**: 전체 기업을 가치평가할 때 사용할 부채비율은 기업의 총부채와 자기자본의 시장가치에 바탕을 두어야 한다. 상향식 베타(사업 베타의 가중평균)와 주식 위험 프리미엄(사업이 창출하는 국가 위험 노출 반영), 부채비용(기업 전반의 채무불이행 위험 반영), 부채비율을 적용하면 자본비용을 얻는다. 하지만 시간이 흐르면서 기업의 사업 구성이 변하면 자본비용도 변하기 마련이다.

- ■ **부문별 가치평가**: 개별 사업 부문을 가치평가하면 제각각 다른 할인율을 적용할 수 있으므로 추정에 상당한 자유를 얻는다. 할인율을 결정하는 입력 변수를 기준으로 둘 때 지켜야 할 원칙은 다음과 같다.

  - ✓ **베타**: 개별 사업 부문 가치평가에서는 해당 부문의 상향식 베타를 활용해 자기자본비용을 추정할 수 있다. 부문별로 따로 가치를 평가하므로 베타의 가중평균을 구하지 않아도 된다. 예컨대 제강과 채굴, 기술 사업에서 매출이 발생하는 회사라면 섹터 베타를 활용해 각 부문의 자기자본비용을 계산하면 된다.

  - ✓ **위험 프리미엄**: 사업을 지역별로 나누고 각 부문의 가치를 따로 평가할 때는 사업 지역이 속한 국가의 위험 프리미엄에 바탕을 두고 저마다 자기자본비용을 추정해야 한다. 따라서 코카콜라의 러시아 사업부를 평가할 때는 러시아의 국가 위험 프리미엄을, 브라질 사업부를 평가할 때는 브라질의 국가 위험 프리

미엄을 자기자본비용에 반영해야 한다.

- ✓ **부채비용**: 부채비용은 무위험 이자율과 부도 스프레드의 합이라는 원칙은 그대로이지만 같은 기업에 속한 다른 사업 부문을 두고 서로 다른 부채비용 추정치를 적용할 때도 있다. 원인은 두 가지다. 첫째, 부문별로 상이한 매출 흐름을 평가하기 위해 서로 다른 통화를 적용하면 무위험 이자율이 달라지기 때문이다. 둘째, 같은 기업에 속하더라도 위험과 현금흐름 특성이 다르면 부문별로 서로 다른 부도 스프레드를 적용하기 때문이다.
- ✓ **부채비율**: 자본비용의 다른 입력 변수와 마찬가지로 부채비율도 같은 기업 내에서 부문별로 편차가 크다. 전체 기업 차원이 아니라 사업부가 자금을 차입하는 것이 가능한 사례에서는 구체적인 활동을 기준으로 부채비율을 추정할 수 있다. 하지만 대다수 기업은 그렇지 않으므로 선택지는 두 가지다. 첫째, 기업이 모든 부문에 걸쳐 똑같은 부채·자기자본 믹스를 적용한다고 가정한 후 기업 단위 부채비율을 모든 부문에 적용한다. 둘째, 사업 부문이 속한 업종 내 상장기업의 평균 부채비율을 적용해 각 부문의 자본비용을 계산한다.

이 과정을 거치면 기업 단위 가치평가에서는 사업 구성과 속한 시장을 반영해 전체 기업의 현금흐름을 할인하는 자본비용을 얻는다. 부문별 가치평가에서는 특정 사업을 특정 지역에서 영위하는 상황을 반영해 부문 현금흐름을 할인하는 자본비용을 얻는다.

기대현금흐름　가치평가에 적용할 통화를 정하고 그 통화 기준 할인율을 도출한 후에는 기대현금흐름을 추정해야 한다. 이전 섹션과 마찬가지로 대상을 전체 기업으로 두는지 아니면 개별 부문으로 두는지에 따라 세부 작업이 달라진다.

- ■ **기업 단위 가치평가**: 전체 기업을 가치평가할 때는 기업 현금흐름을 추정해야 한다. 펀더멘털에 바탕을 둔 현금흐름 성장률 추정에서는 전체 기업 기준 재투자율

과 자본이익률로 성장률을 도출한다. 재투자율과 자본이익률이 서로 다른 여러 사업을 영위하는 기업이라면 사업 부문별 재투자율과 자본이익률을 가중평균한 값을 사용한다. 베타 계산 시 시간이 흐르며 가중치가 변화하는지, 나아가 성장률과 현금흐름에 어떤 영향을 미치는지 유념하라.

■ **부문별 가치평가**: 기업을 구성하는 개별 부문을 가치평가할 때는 좀 더 유연하다. 부문별 가중평균치가 아니라 각 부문을 저마다 검토해 해당 재투자율과 자본이익률로 성장률과 기대현금흐름을 추정한다. 거대 복합기업이라면 자본비용을 상회하는 이익이 성장해 가치를 창출하는 사업 부문도 존재하기 마련이다. 하지만 신규 투자에서 자본비용에 뒤처지는 이익을 올려 결국 가치를 훼손하는 몇몇 사업 부문도 존재한다.

요약하자면 가치평가 입력 변수 차원에서 부문별 가치평가는 더 많은 변수가 필요하지만 덕분에 훨씬 많은 정보를 담는다.

주당 가치　영업자산 가치에 보유 현금을 더하고 미상환부채를 뺀 후 비영업자산 가치를 더한 값을 유통주식 수로 나누면 주당 주식 가치를 얻는다. 사업·지역 부문이 다양한 기업도 똑같은 과정을 거치지만 계산 시 고려할 추정 문제가 뒤따른다.

■ **현금을 더한다**: 일반적으로 현금 1달러의 가치는 1달러로 평가해야 한다. 즉 적어도 내재가치평가법에서는 대개 현금 가치를 할인하거나 할증할 이유가 없다. 하지만 현금 가치를 할인하는 것이 합당한 두 가지 상황이 있다.

　✓ 첫째, 기업이 보유 현금을 위험 조정 시장수익률보다 낮은 수익률로 투자했을 때다. 대다수 미국 기업은 큰 어려움 없이 장·단기 국채에 투자할 수 있지만 소형 기업이나 미국 외 국가에서는 선택지가 제한된다. 이렇게 공정수익률보다 수익률이 낮은 현금 잔액이 막대하면 시간이 흐르며 가치를 훼손한다.

　✓ 둘째, 경영진의 과거 투자 실적으로 인해 현금의 가치를 신뢰할 수 없을 때다.

현금을 저위험 또는 무위험 유가증권에 투자하는 행위 자체는 가치 중립적이지만 현금 잔액이 빠르게 늘어나면 경영진은 수익률이 기준에 못 미치더라도 몹시 큰 규모로 투자하거나 다른 기업을 인수하려는 유혹에 빠진다. 때로 인수합병 대상에서 벗어나려는 목적일 때도 있다.[7] 기업 투자가 주주 기대에 못 미치는 만큼 시가총액은 현금의 가치를 할인해 반영한다. 투자 기회가 적은 데다 투자 능력이 부족한 기업에서 할인 폭이 가장 큰 반면, 투자 기회가 풍족하고 투자 능력도 뛰어나서 전혀 할인하지 않는 기업도 있을 것이다.

- **부채를 뺀다**: 다국적 기업인 경우, 기업 가치에서 주식 가치를 얻기 위해 빼는 부채는 가치평가 대상이 무엇인지에 따라 달라진다. 전체 기업의 주식 가치를 평가한다면 총부채의 시장가치를 뺀다. 개별 사업 부문의 주식 가치를 평가한다면 해당 부문에 귀속하는 부채를 빼야 한다.

- **타 기업 지분 가치를 더한다**: 타 기업 지분을 가치평가하는 방법은 분류 유형과 투자 동기에 따라 달라진다. 일반적으로 다른 기업 유가증권에 대한 투자는 소수지분 소극적 투자와 소수지분 적극적 투자, 다수지분 적극적 투자로 회계처리도 다르다. 타 기업 지분은 16장에서 더 상세히 다루므로 여기서는 가능한 한 내재가치에 가까운 값을 부여한 후 기업 가치에 더하는 것이 낫다고 결론만 정리하고 넘어가자. 하지만 실무에서는 자회사 관련 정보가 부족해 시장가격(상장기업)이나 장부가액(비상장기업)으로 갈음해야 할 때가 많다.

가치평가 이후 조정　여러 사업과 시장에 투자 중인 기업의 주식 가치를 추정한 후에는 여기에 영향을 미칠 만한 요인이 있는지, 그렇다면 어떻게 반영할지 검토해야 한다. 먼저 다양한 사업을 영위하는 기업은 복잡성으로 인해 가치평가가 더 어려워지므로 추정 가치를 할인해야 한다. 둘째, 다양한 사업을 하는 기업이 각 사업부를 독립 기업으로 분할해 가치가 상승할 가능성을 반영해야 한다.

7　현금 잔액이 막대해서 인수 비용을 얼마간 보전할 것으로 예상되는 기업은 인수 대상으로서 매력도가 높다.

■ **복잡성**: 전통적인 가치평가모형에서는 평가자가 알 수 없는 기업 정보가 존재하더라도 영향이 상쇄되어 결국 큰 약점으로 작용하지 않는 것으로 간주해 복잡성을 무시했다. 즉 평가자는 기업 경영진이 이익과 자산, 부채에 관해 진실만을 말할 것으로 믿으면 된다는 것이다. 경영진이 장기 투자자라면 단기 시세 차익을 얻으려고 잘못된 정보를 제공해 장기적인 신뢰와 가치를 희생하는 일을 감수할 리가 없기 때문이다. 외부에서 알 수 없는 자산 관련 정보가 존재할 수도 있지만 위험은 분산되어 가치에 영향을 미치지 않는다는 논리다.[8] 비합리적 관점은 아니지만 두 가지 근본적인 문제에 부닥친다. 첫째, 경영진은 숫자를 조작하면 이후 스톡옵션을 행사해 주식을 매도함으로써 막대한 단기 이익을 취할 유인이 있다. 장기 가치와 신뢰를 중시하는 사람이라고 해도 단기적인 유혹을 이기지 못할 때가 있다. 둘째, 장기 가치를 중시하는 경영신노 다분히 낙관적인 자기 예측이 옳다고 스스로를 속일 때가 있다. 따라서 성장을 지속하는 시기에 조직이 방만해질 수밖에 없다. 적어도 가까운 미래에는 경기가 침체할 일이 없다는 확신에 차서 공격적인 회계 관행을 채택해 이익을 과대보고한다. 투자수익에 현혹한 투자자는 이러한 관행을 문제 삼지 않는다. 경영진을 신뢰할 때 단점은 자명하다. 이익을 빈번히 조작해서 신뢰하기 어려운 경영진이 있는 기업에 투자한 사람은 복잡성으로 인해 어닝 서프라이즈가 아닌 쇼크를 마주할 가능성이 더 크다. 투자자에게 정보를 의도적으로 숨기는 경영진은 안 좋은 소식을 숨길 것이다. 어닝 쇼크는 언제든 일어나지만 대개 전반적인 경제 성장률이 둔화할 때(경기 침체) 더 자주 일어난다. 조정하지 않은 현금흐름과 성장률, 할인율로 전통적인 가치평가를 거친 후 결괏값(가치)에 재무제표의 복잡성을 반영하는 방법도 있다. 그런데 복잡성의 수준은 어떻게 정량화할 것인가? 두 가지 선택지가 있다.

✓ **복합기업 할인 적용**: 복잡성이 높은 기업이 낮은 기업과 비교해 시장에서 얼마

---

8 여기에는 경영진이 정직하다는 가정이 깔려 있다. 그렇다면 투자자가 알 수 없는 정보가 도움이 되거나 피해를 끼칠 가능성은 반반이다. 따라서 가치 하락을 낳을 정보를 공개하는 모든 복잡한 기업만큼 가치 상승을 낳는 정보를 공개하는 기업이 존재한다. 분산 포트폴리오에서 종합적인 영향은 제로에 수렴할 것이다.

나 할인되어 거래되는지를 보면 된다. 지난 20년간 시장이 단일 사업 기업보다 복합기업의 가치를 낮게 평가했다는 증거가 많다. 1991년 비야롱아(Villalonga)는 다각화 기업과 전문화 기업의 시장가치 대 자산 대체비용 비율, 즉 '토빈의 Q'를 비교한 분석을 발표했다. 그에 따르면 다각화 기업은 전문화 기업보다 8% 할인된 가격에 거래되었다.[9] 이전에도 비슷한 결론을 도출한 연구가 많았다.[10]

✓ **복잡성을 직접 측정 후 할인 적용**: 다소 복잡한 방법은 기업 재무제표의 복잡성을 점수화해 할인 폭을 결정하는 함수를 도출하는 것이다. 나(2006)는 증권거래위원회 보고 자료 쪽수부터 재무제표에 담긴 정보 수준으로 판단하는 복잡성 점수까지 다양한 복잡성 척도를 검토한 후 가치에 대해 할인하는 방법을 제안한 바 있다.[11]

■ **구조조정 가능성**: 여러 사업을 하는 기업은 모두 각 사업 부분을 독립 기업으로 분할하면 총가치가 더 높아질지 고민할 것이다. 이 질문에 답하기 위해 고안된 것이 바로 부분 합산 가치평가다. 기업을 구성하는 사업부를 분할해 총가치가 더 높아진다면 분할이 이루어질 확률과 상승 폭을 고려해 분할 전 상태의 가치에 프리미엄을 반영해야 한다.

[예시 15.5] 부분 합산 가치평가: GE(2018년)

GE는 1878년 토머스 에디슨(Thomas Edison)이 실험실에서 전구를 발명한 순간 이미 시작됐는지 모르지만, 정식 법인 탄생 기점으로는 2018년에 126번째 설립 기념일을 맞았다. 그야말로 살아 있는 화석 같은 기업으로서 그만큼 문제도 많았다. 재생 에너지를 제외한 모든 사업부는 성숙이나 쇠퇴 단계에 접어들었다. GE는 표 15.9처럼 전체적으로 성숙에서 쇠퇴로 넘어가는 단계의 기업이었다(단위: 10억 달러).

9   Villalonga, B., 1999, "Does diversification cause the diversification discount?" working paper, University of California, Los Angeles.
10 Damodaran, A., 2006, Damodaran on Valuation (Second Edition), John Wiley and Sons 참고.
11 다음을 참고하라. Berger, Philip G., and Eli Ofek, 1995, "Diversification's effect on firm value," Journal of Financial Economics 37, 39-65; Lang, Larry H. P. and Rene M. Stulz, 1994, "Tobin's q, corporate diversification, and firm performance," Journal of Political Economy 102, 1248-1280; Wernerfelt, Birger and Cynthia A. Montgomery, 1988, "Tobin's q and the importance of focus in firm performance," American Economic Review, 78: 246-250.

[표 15.9] GE의 사업 구성(2018년)

	매출 (2017년)	매출 성장률 (2017년)	판관비 차감 전 EBIT	판관비 차감 후 EBIT	EBIT 마진율	투하 자본 (2017년)	ROIC (2017년)	ROIC (2013~ 2017년 평균)	자본 비용
전력	36.00	-1.64%	2.80	1.69	4.68%	328.34	3.85%	9.28%	4.91%
재생 에너지	10.30	14.44%	0.70	0.41	4.00%	49.91	6.19%	8.00%	6.88%
석유·가스	17.20	33.33%	0.20	-0.31	-1.78%	275.95	-0.83%	3.71%	8.82%
항공	27.40	4.18%	6.60	5.80	21.19%	192.73	22.59%	20.27%	8.52%
헬스케어	19.10	4.37%	3.40	2.86	15.00%	132.81	16.18%	15.07%	7.97%
운송	4.20	-10.64%	0.80	0.70	16.56%	20.73	25.17%	26.67%	7.49%
조명	2.00	-58.33%	0.10	0.03	1.59%	3.34	7.16%	9.66%	8.50%
GE 캐피털	9.10	-16.51%	-6.80	-7.04	-77.40%	723.38	-7.30%	-2.81%	3.64%
계	125.30	1.29%	7.80%	4.15	3.31%	1,727.18	1.80%	4.50%	6.23%

2018년 GE는 성장률이 낮지만 수익성(마진과 자본이익률)은 높은 사업부가 세 곳(항공과 헬스케어, 운송), 성장률은 높지만 수익성은 낮은 에너지 관련 사업부가 세 곳(전력, 재생 에너지, 석유)이었다. 조명 사업부는 빠른 속도로 쇠퇴하는 중이었고 GE 캐피털 사업부는 쇠퇴할 뿐 아니라 가치도 하락했다. 총이익은 영업이익의 절반에 달하는 간접비 및 상계액 38억 3,000만 달러를 반영하기 전 기준임을 유념하라(특히 일회성 구조조정 비용 41억 달러를 반영하지 않았다).

자본이익률을 계산할 때는 간접비 및 상계액을 매출 비중에 따라 각 사업부에 할당했고 실효세율 25%를 적용했다. GE는 기업 단위로 보면 2017년 자본 소요를 충족할 만한 이익을 올리지 못했지만 항공과 헬스케어, 운송 사업부는 기준수익률을 대폭 앞섰다. 각 사업부의 2017년 이익을 2013~2017년 평균 이익으로 대체해 정상화하면 전력과 재생 에너지 사업부는 자본이익률이 상승하지만 전반적인 추세는 변하지 않는다. GE는 기업 단위로 볼 때 그리 좋은 상태가 아니었지만 몇몇 사업부는 상당한 가치를 창출했다.

2018년 당시 GE가 성공으로 나아가는 길은 크게 보면 단순했다. 즉 저마진 사업부는 규모를 축소하거나 매각하고 GE 캐피털 사업은 철수하며 항공과 헬스케어, 운송 사업부에서는 입지를 강화한다는 전략이었다. 계속기업으로서 각 사업부 가치가 얼마였는지 이해하기 위해 단순화한 가정을 두고 가치평가해보자. 각 사업부가 속한 섹터의 자본비용을 적용하고, 성장률은 향후 5년간 해당 사업부의 지난 5년간 매출 성장률과 똑같이 두며, 역시 해당 사업부의 지난 5년간 평균 영업이익률에 바탕을 두고 영업이익 수치를 정상화했다. 표 15.10은 사업부 가치 추정치와 다른 자산까지 가감한 결과를 보여준다.

각 사업부 이익을 지난 5년간 평균 영업이익률에 바탕을 두고 정상화한 후 사업부별로 자본비용과 기대현금흐름을 추정해 가치를 도출했음을 유념하라. 판관비는 매출 비중을 기준으로 각 사업부에 할당했다. 가치평가 시점에 GE 주식은 주당 약 8달러에 거래되었다.

[표 15.10] 부분 합산 가치평가: GE

사업부	매출	정상 영업 이익률	정상 판관비 차감 전 EBIT	정상 EBIT	정상 EBIT (1-t)	자본 비용	ROIC	향후 5년간 기대 성장률	사업부 가치
전력	35,990	14.34%	5,162	4,062	3,046	4.91%	9.28%	6.10%	73,138
재생 에너지	10,280	8.24%	847	533	400	6.88%	8.00%	16.34%	6,456
석유·가스	17,231	10.97%	1,891	1,365	1,024	8.82%	3.71%	-0.13%	11,925
항공	27,375	22.09%	6,047	5,209	3,907	8.52%	20.27%	4.55%	52,849
헬스케어	19,116	17.01%	3,252	2,668	2,001	7.97%	15.07%	0.99%	26,234
운송	4,178	20.71%	865	737	553	7.49%	26.67%	-6.62%	6,075
조명	1,987	5.24%	104	43	32	8.50%	9.66%	-24.94%	280
계(비금융)	116,157	15.35%	17,830	17,552	13,164				176,958
GE 캐피털	9,070	3.00%	272	-6	-4	6.23%	0.00%	-4.25%	27,081
사업부 가치 계									204,039
- 비금융 부채									83,568
- GE 캐피털 부채									51,023
- 소수지분									17,723
+ 현금									43,299
주식 가치									95,024
- 임직원 스톡옵션									218.94
보통주 주식 가치									94,804.65
주당 가치 (달러)									10.92

레버리지가 기업 가치에 미치는 영향

자본비용과 APV 접근법은 모두 기업 가치를 레버리지의 함수로 추정하므로 기업 가치를 최대화하는 부채와 자기자본 믹스가 존재한다는 논의로 자연스럽게 이어진다. 이번 장의 나머지 부분에서는 그 연결고리를 반영할 가장 좋은 방법을 살펴본다.

자본비용과 최적 레버리지

자본비용과 최적 자본구조의 관계는 전적으로 기업 가치와 자본비용의 관계에 달려 있다. 이전 섹션에서 기업 가치는 기대 기업 현금흐름을 자본비용으로 할인해서 추정한다고 했다.

$$영업자산의\ 가치 = \sum_{t=1}^{t=\infty} \frac{FCFF_t}{(1 + k_c)^t}$$

다시 말해 기업 가치는 기업 현금흐름과 자본비용의 함수다. 기업 현금흐름이 자본조달 믹스에 영향받지 않는다고 가정하면, 자본조달 믹스 결정에 따라 자본비용이 하락할 때 기업 가치가 상승한다. 이때 자본조달 믹스가 기업 가치 최대화를 목표로 둔다면 자본비용을 최소화해야 한다. 더 포괄적으로 볼 때 기업 현금흐름은 부채와 자기자본 믹스의 함수이므로 기업 가치를 최대화하는 자본조달 믹스가 최적 구조다.[12]

[예시 15.6] WACC, 기업 가치와 레버리지: 스트렁크

시장을 선도하는 초콜릿 및 사탕 제조사인 스트렁크(Strunks Inc.)의 부채 수준별 자기자본비용과 부채비용 데이터를 확보했다고 하자. 현행 잉여현금흐름은 2억 달러다. 스트렁크는 비교적 작은 시장에 속하기에 기업 현금흐름의 영구 기대성장률은 3%이고 부채비율에 영향받지 않는다고 가정한다. 다음 표는 부채 수준별 자본비용과 기업 가치를 보여준다(단위: 100만 달러).

[표 15.11] 부채비율별 자본비용과 기업 가치

D/(D+E)	자기자본비용	세후 부채비용	자본비용	기업 가치
0%	10.50%	4.80%	10.50%	2,747
10%	11.00%	5.10%	10.41%	2,780

---

12   다시 말해 자본비용을 최소화하는 자본조달 믹스에서 기업 현금흐름이 훨씬 낮다면 기업 가치가 최대화되지 않을 수도 있다.

20%	11.60%	5.40%	10.36%	2,799
30%	12.30%	5.52%	10.27%	2,835
40%	13.10%	5.70%	10.14%	2,885
50%	14.00%	6.30%	10.30%	2,822
60%	15.00%	7.20%	10.32%	2,814
70%	16.10%	8.10%	10.50%	2,747
80%	17.20%	9.00%	10.64%	2,696
90%	18.40%	10.20%	11.02%	2,569
100%	19.70%	11.40%	11.40%	2,452

[그림 15.2] 자본비용과 기업 가치

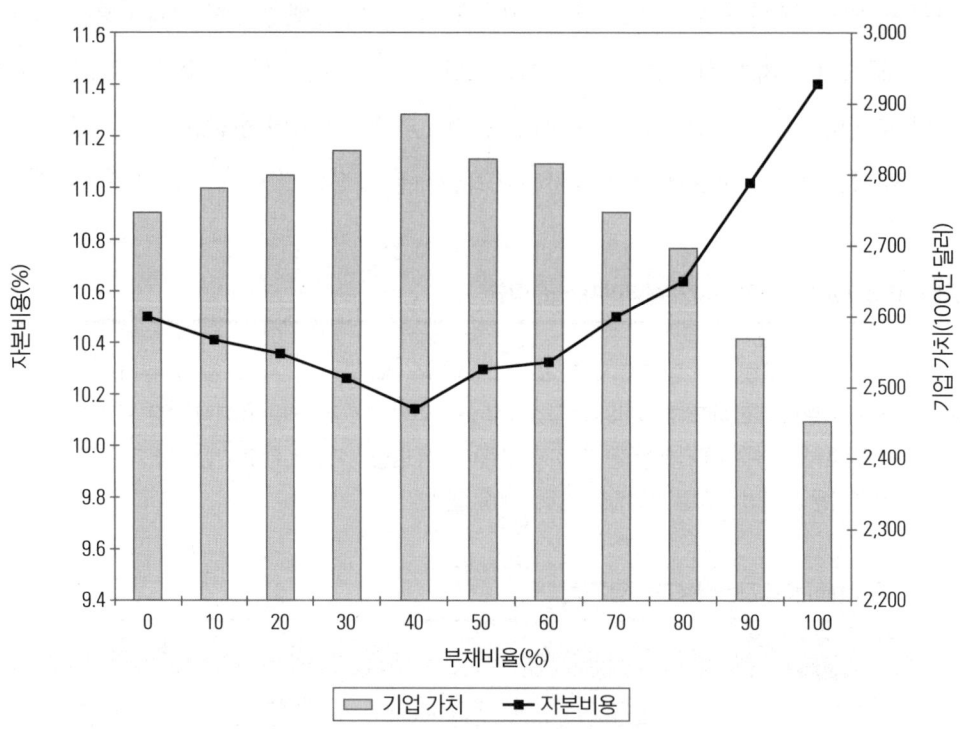

출처: 애스워드 다모다란, 《Applied Corporate Finance(기업재무 실무)》 제3판, © 2010 John Wiley & Sons, Inc.

가치평가 바이블

기업 가치는 다음과 같이 계산한다.

$$\text{기업 가치} = \frac{\text{기업 현금흐름} \times (1+g)}{\text{자본비용} - g} = \frac{200 \times 1.03}{\text{자본비용} - 0.03}$$

자본비용이 하락(상승)하면 기업 가치가 상승(하락)한다. 이 관계를 나타낸 그림 15.2만 보면 최적 자본조달 믹스를 선택하는 것이 정말 간단한 일처럼 느껴진다. 하지만 실무에서 마주할 문제는 더 복잡하기 마련이다. 첫째, 분석 전에 전체 자본조달 비용 구조를 알고 있을 때는 드물다. 대개 현행 부채 수준에서의 부채비용과 자기자본비용에 관한 정보만 알고 있다. 둘째, 이 분석은 영업이익이 자본조달 믹스, 나아가 채무불이행 위험 또는 신용등급에 영향받는다는 가정이 깔려 있다. 이것이 합리적인 가정일 때도 있지만, 모든 기업에 해당하지는 않는다. 몹시 많은 차입금을 조달한 기업은 매출과 영업이익에 영향을 미치는 간접 파산 비용을 마주하게 될 것이다.

자본비용 접근법의 제 단계

자본비용을 계산하기 위해 필요한 기본 입력 변수는 자기자본비용과 세후 부채비용, 부채와 자기자본의 가중치다. 자기자본비용과 부채비용은 부채비율에 따라 변한다. 자본비용 접근법의 관건은 각 입력 변수의 추정이다.

자기자본비용부터 살펴보자. 앞서 부채비율이 변하면 주식의 베타가 변한다고 했다. 차입 베타는 기업의 부채시장가치자기자본비율과 무차입 베타, 한계세율의 함수로 추정한다.

$$\beta_{\text{차입}} = \beta_{\text{무차입}}[1 + (1-t)(\text{부채}/\text{자기자본})]$$

따라서 무차입 베타를 추정했다면 부채비율별 차입 베타를 추정할 수 있고, 다시 차입 베타를 활용해 부채비율별 자기자본비용도 추정할 수 있다.

$$\text{자기자본비용} = \text{무위험 이자율} + \beta_{\text{차입}} \times \text{주식 위험 프리미엄}$$

기업의 부채비용은 채무불이행 위험의 함수다. 기업이 더 많은 차입금을 조달할수록 채무불이행 위험은 증가하고 부채비용 역시 상승한다. 신용등급을 채무불이행 위험의 척도로 둔다면 다음 세 단계를 거쳐 부채비용을 추정할 수 있다. 첫째, 기업의 부

[그림 15.3] 자본구조 최적화

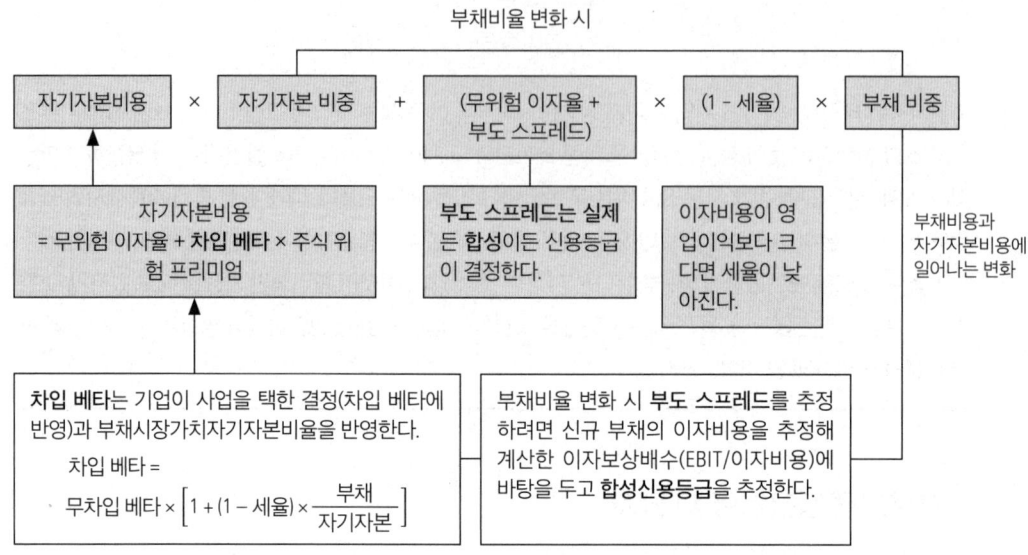

채비율별 부채액과 이자비용을 추정한다. 부채비율이 상승할수록 부채액과 이자비용이 모두 증가한다. 둘째, 부채비율별로 채무불이행 위험을 측정하는 재무비율을 추정해서 신용등급을 추정한다. 차입금이 증가할수록 신용등급은 하락한다. 셋째, 추정신용등급에 근거한 부도 스프레드를 무위험 이자율에 더해 세전 부채비율을 계산한다. 여기에 한계세율을 적용하면 세후 부채비용을 얻는다.

　부채비율별 자기자본비용과 부채비용을 추정한 후에는 자본비용 추정 시 적용했던 자기자본과 부채의 비중에 바탕을 두고 가중치를 부여한다. 이때 우선주를 (반드시고려해야 하는 것은 아니지만) 자본의 일부로 반영할 수도 있다(하지만 자기자본과 부채의비중과 달리 우선주 비중은 고정해야 한다). 최적 부채비율은 자본비용을 최소화하는 부채비율이다. 그림 15.3은 최적 부채비율을 구하는 단계를 요약해서 보여준다.

　이 접근법에서 영업이익은 고정하고 오직 자본비용만 변화시킴으로써 자본구조의 변화가 기업 가치에 미치는 영향을 분리할 수 있다. 실무에서는 두 가지를 전제해야 한다. 첫째, 신주를 발행하고 부채를 상환하면 부채비율이 하락한다. 반대로 차입금을 조달하고 자사주를 매입하면 부채비율이 상승한다. 이를 자본구조 재조정 (recapitalization)이라 한다. 둘째, 세전 영업이익은 기업의 자본조달 믹스, 나아가 신용등급에 영향받지 않는다고 가정한다. 영업이익이 기업의 채무불이행 위험에 따라 변한다면 (기본 분석은 변하지 않지만) 자본비용을 최소화하는 부채비율이 최적이라는 명제가 유효하지 않을 수도 있다. 이때는 부채비율별로 계산한 기업 가치를 최대화하는 부채비율을 최적 부채비율로 판단한다.

[예시 15.7] 자본구조 분석: 디즈니(2024년 5월)

2024년 5월 디즈니 사례로 자본비용 접근법을 활용해 기업의 최적 자본구조를 규명하는 과정을 알아보자. 디즈니의 이자부 부채는 464억 3,100만 달러였고 운용리스의 현재가치는 39억 6,000만 달러였다. 따라서 부채의 시장가치는 503억 9,100만 달러였다.[13] 분석 시점 주가는 100.30달러이고 유통주식 수는 18억 3,100만 주였으므로 자기자본의 시장가치는 1,836억 4,900만 달러였다. 따라서 전체 자본조달 믹스의 21.53%는 부채였고 나머지 78.46%는 자기자본이었다.

2024년 5월 디즈니의 사업 부문별 무차입 베타를 가중평균한 무차입 베타는 0.947이다. 현시점 부채시장가치자기자본비율을 기준으로 둘 때 디즈니의 차입 베타는 1.14였다(단위: 100만 달러).

$$\text{차입 베타} = \text{무차입 베타} \times \left[1 + (1 - \text{세율}) \times \frac{\text{부채}}{\text{자기자본}} \right]$$
$$= 0.947 \times \left[1 + (1 - 0.25) \frac{50,391}{183,649} \right] = 1.14$$

분석 시점에 장기 국채 수익률은 4.5%였다. 디즈니의 국가별 매출 비중을 고려해 주식 위험 프리미엄 4.78%를 가정하면 디즈니의 자기자본비용은 9.96%다.

$$\text{자기자본비용} = 4.5\% + 1.14 \times 4.78\% = 9.96\%$$

2024년 5월 디즈니의 신용등급은 A-였으므로 부도 스프레드를 1.21로 추정한 결과 세전 부채비용을 5.71%로 추정했다. 여기에 한계세율 25%를 적용하면 세후 부채비용 4.28%를 얻는다.

$$\text{세후 부채비용} = 5.71\% \times (1 - 0.25) = 4.28\%$$

자본비용은 시장가치 부채비율을 활용해 다음과 같이 추정한다.

---

13 디즈니는 리스를 부채로 분류해 보고했지만 이 책에서는 영업이익과 이자비용에 대해 완전히 조정하기 위해 직접 계산한 값을 사용했다.

$$\text{자본비용} = 9.96\% \times 0.7846 + 4.28\% \times 0.2154 = 8.73\%$$

디즈니의 자기자본비용과 레버리지

디즈니의 무차입 베타와 부채 수준별 부채자기자본비율을 활용해 부채비율별 자기자본비용을 추정하고 차입 베타를 도출한 후 자기자본비용까지 추정한다.[14] 먼저 무차입 베타와 한계세율 38%를 활용해 표 15.12처럼 부채비율별 차입 베타를 계산한다.

[표 15.12] 부채비율별 자기자본비용: 디즈니

부채총자본비율	부채자기자본비율	차입 베타	자기자본비용
0.00%	0.00%	0.95	9.02%
10.00%	11.11%	1.03	9.40%
20.00%	25.00%	1.12	9.87%
30.00%	42.86%	1.25	10.48%
40.00%	66.67%	1.42	11.29%
50.00%	100.00%	1.75	12.86%
60.00%	150.00%	2.20	15.02%
70.00%	233.33%	2.95	18.58%
80.00%	400.00%	4.43	25.68%
90.00%	900.00%	8.88	46.94%

표에서 차입 베타 계산 시 특히 부채 수준이 높을 때 (다른 청구권자가 아니라) 주식 투자자가 모든 시장 위험을 감수한다고 가정했고(다소 비현실적일는지도 모른다), 기업이 아주 높은 부채비율에서도 이자비용의 세금 혜택을 완전히 누린다고도 가정했다.

디즈니의 부채비용과 레버리지

신용등급과 상관관계가 있는 재무비율이 몇 가지 있지만 가치평가 관점에서는 두 가지 방법 중 하나를 택해야 한다. 첫째, 몇몇 재무비율을 포함하는 모형을 수립해 부채비율별 합성신용등급을 추정한다. 하지만 더 수고스러울뿐더러 필요한 데이터도 많고 등급 평가 과정의 불투명성이 높아지고 검증하기도 어렵다.

---

14 차입 베타 계산 시 부채의 베타는 제로(0)로 가정했다. 부채의 베타가 제로가 아닐 때 활용할 수 있는 다른 차입 베타 수식을 앞서 8장에서 다뤘다.

$$\text{차입 베타} = \beta_u\left(1 + (1-t)\frac{D}{E}\right) - \beta_{\text{부채}}\left((1-t)\frac{D}{E}\right)$$

이 수식을 적용하면 부채의 베타가 제로일 때와 비교해 부채 수준이 높을수록 차입 베타가 낮아진다.

둘째, 8장에서 다뤘던 단순화 모형, 즉 신용등급을 이자보상배수에 연동하는 방법이다. 이자보상배수는 다음과 같이 정의한다.

$$이자보상배수 = \frac{EBIT}{이자비용}$$

이 책에서는 세 가지 이유로 두 번째 방법을 택한다. 첫째, 부채비용 추정에서는 정확도보다 근사치가 더 중요하다. 더 복잡한 접근법을 통해 도출한 값도 여전히 근사치에 불과하다는 점을 고려할 때 투명성을 기하는 편이 낫다. 둘째, 이자보상배수는 신용등급뿐 아니라 분석에 활용하는 다른 재무비율, 예컨대 부채보상배수(debt coverage ratio)와 자금흐름비율(funds flow ratio)과도 강한 상관관계가 있다. 다시 말해 자본조달 믹스에 EBITDA/고정비처럼 이자보상배수와 상관관계가 있는 다른 비율을 추가하더라도 결과에 변화가 없다. 셋째, 이자보상배수는 기업의 자금조달 믹스에 따라 변화하고 부채비율이 상승하면 하락한다. 부채비율에 따라 부채비용이 변한다는 조건은 반드시 필요하다.

합성신용등급을 추정하기 위해 8장에서 소개했던 대형 시가총액 기업의 순람표(lookup table, 디즈니의 시가총액은 50억 달러 이상이다)와 2009년 초 부도 스프레드를 활용한다. 이 값들을 표 15.13에 다시 제시한다.

[표 15.13] 신용등급과 부도 스프레드 출처: Capital IQ, NAIC.

이자보상배수, 신용등급과 부도 스프레드(2009년 초)		
이자보상배수	신용등급	부도 스프레드
> 8.5	AAA	0.59%
6.5~8.5	AA	0.70%
5.5~6.5	A+	0.92%
4.25~5.5	A	1.07%
3.0~4.25	A-	1.21%
2.5~3.0	BBB	1.47%
2.25~2.5	BB+	1.74%
2.0~2.25	BB	2.21%
1.75~2.0	B+	3.14%
1.5~1.75	B	3.61%
1.25~1.5	B-	5.24%
0.8~1.25	CCC	8.51%
0.65~0.8	CC	11.78%
0.2~0.65	C	17.00%
< 0.2	D	20.00%

위 표에 바탕을 두면 이자보상배수가 2.75배인 기업의 신용등급은 BBB이고 부도 스프레드는 무위험 이자율보다 1.47%포인트 높다.

디즈니의 차입능력은 수익력이 결정하므로 2023년 9월 20일 종료한 2023 회계연도와 2022년 9월 30일 종료한 2022 회계연도의 손익계산서상 핵심 수치를 먼저 검토한다(표 15.14).

[표 15.14] 기준 연도별 핵심 영업 실적: 디즈니

	2022 회계연도 (2021년 10월~2022년 9월)	2023 회계연도 (2022년 10월~2023년 9월)
매출	82,772	88,898
EBITDA	11,995	14,702
감가상각비	5,163	5,370
EBIT	6,832	9,332
이자비용	1,549	1,973
EBITDA(리스 조정)	13,102	15,965
EBIT(리스 조정)	7,750	10,156
이자비용(리스 조정)	1,705	2,199

리스의 부채화가 영업이익과 이자비용에 모두 영향을 미친다는 점을 유념하라. 즉 리스부채의 귀속 이자비용을 영업이익과 이자비용에 더해야 한다.[15] 더 최신 정보인 12개월 후행 수치를 활용해 디즈니의 최적 부채비율을 판단한다. EBIT(리스 조정) 101억 5,600만 달러와 이자비용 21억 9,900만 달러를 통해 이자보상배수가 4.62배임을 알 수 있다. 실제 신용등급 A-보다 한 단계 높은 A 등급에 해당한다.

부채 수준별 등급을 계산하려면 디즈니가 특정 부채비율에 이르기 위해 신규 발행할 부채액을 먼저 추정해야 한다. 현시점 EV에 목표 부채총자본비율을 곱해서 계산하면 된다. 예컨대 부채비율 10%에서 디즈니의 부채는 222억 4,200만 달러여야 한다.

$$\text{부채총자본비율 10\%일 때 디즈니의 부채} = (\text{시가총액} + \text{리스 포함 부채} - \text{현금}) \times 0.10$$
$$= [183,649 + (46,491 + 3,960) - 11,615] \times 0.10 = 22,242$$

두 번째 단계는 이 부채 수준에서 디즈니가 부담할 이자비용을 계산한다. 즉 부채액에 해당 부채비율에서의 세전 차입비용을 곱한다. 이 이자비용을 활용해 이자보상배수를 계산한 후 다시 합성신용등급 계산에 활용한다. 이렇게 얻은 해당 등급의 부도 스프레드는 표 15.13에서 확인할 수 있다. 무위험 이자율에 부도

---

15 운용리스의 현재가치(39억 6,000만 달러)에 세전 부채비용 5.71%를 곱해서 이자비용 2억 2,600만 달러를 도출한 후 이자비용에 더한다. 영업이익은 전체 운용리스료를 더하고 리스자산의 감가상각비를 빼서 조정한다.

스프레드를 더하면 세전 차입비용을 얻는다. 표 15.15는 디즈니의 기존 영업이익 수준에서 부채비율의 변화에 따른 이자비용과 이자보상배수, 신용등급을 비교해서 보여준다.

[표 15.15] 부채비율별 부채비용: 디즈니

D/(D+E)	부채액	EBIT	이자비용	이자보상 배수	예상 신용등급	세전 부채비용	조정 세율	세후 부채비용
0.00%	0	10,156	0	∞	Aaa/AAA	5.09%	25.00%	3.82%
10.00%	22,242	10,156	945	10.75	Aaa/AAA	5.09%	25.00%	3.82%
20.00%	44,485	10,156	1,890	5.37	A2/A	5.57%	25.00%	4.18%
30.00%	66,727	10,156	3,132	3.24	A3/A-	5.71%	25.00%	4.28%
40.00%	88,970	10,156	5,223	1.94	B1/B+	7.64%	25.00%	5.73%
50.00%	111,212	10,156	15,901	0.64	C2/C	21.50%	15.97%	18.07%
60.00%	133,455	10,156	20,683	0.49	C2/C	21.50%	12.28%	18.86%
70.00%	155,697	10,156	25,465	0.40	C2/C	21.50%	9.97%	19.36%
80.00%	177,940	10,156	30,247	0.34	C2/C	21.50%	8.39%	19.70%
90.00%	200,182	10,156	35,030	0.29	C2/C	21.50%	7.25%	19.94%

이 표를 해석할 때 다음 사항을 유의하라.

■ 부채비율이 변해도 EBIT는 고정되어 있음을 유념하라. 이 조건을 위해 부채를 발행해 조달한 자금을 자사주 매입에 사용한다고 가정했다. 그래서 영업자산은 부채비율 변화에 따른 영향을 받지 않는다.

■ 이자비용 추정 과정에서 순환 추론이 일어난다. 이자보상배수를 계산하려면 이자율을 알아야 하는데, 이자율을 계산하려면 이자보상배수를 알아야 하기 때문이다. 이 문제를 해결하려면 한 단계 낮은 부채비율 수준의 이자비용에서 출발해 추정을 반복하면 된다.[16]

■ 부채비율이 상승하면 부채비용이 상승하므로 이자비용 증가율이 부채 증가율보다 높다는 점을 유념하라. 계산 시 다음 세 가지 사항을 고려해야 한다. 첫째, 각 부채비율에서 EV(2,224억 8,500만 달러)에 부채비율을 곱해서 부채 가치를 계산했다. 현실에서는 자본비용이 변하면 기업 가치도 변하므로 특정 부채비율(예컨대 30%)을 유지하기 위해 필요한 부채액이 추정치와 달라진다. 둘째, 모든 부채 수준에서 기존 부채가 자본구조 변화 후의 새로운 이자율로 재융자된다고 가정했다. 예컨대 디즈니의 기존 A- 등급 부채는 부채비율이 40%로 변하면 B+ 등급에 해당하는 이자율로 재융자된다.

---

16 이자비용이 증가하기에 추정을 반복하다 보면 신용등급이 다시 떨어질 수도 있다. 따라서 이자율에 더 이상 변화가 없을 때까지 과정을 반복해야 한다.

- 이자비용이 101억 5,600만 달러보다 작다면 이자비용은 전액 비용공제되고 25% 세금 혜택을 누린다. 예컨대 부채비율이 40%일 때도 이자비용이 52억 2,300만 달러이기에 여전히 25%만큼 세금 혜택을 누릴 수 있다. 하지만 부채비율이 50%일 때는 이자비용이 EBIT 101억 5,600만 달러를 초과한다. 따라서 이자비용의 세금 혜택은 EBIT에 한계세율을 곱한 금액까지만 반영되므로 조정 세율은 15.97%다.

$$부채비율이\ 50\%일\ 때\ 조정\ 한계세율 = 한계세율 \times \frac{EBIT}{이자비용} = 25\% \times \frac{10,156}{15,901} = 15.97\%$$

이에 따라 세후 부채비용이 상승한다. 하지만 세금 혜택 상실분은 이월 가능하므로 위 접근법은 꽤 보수적이다. 여기서 다루는 것은 레버리지의 영구적 변화이므로 보수적인 관점을 견지하는 것도 일리가 있다. 조정 한계세율을 적용해 부채비율 90%에서의 차입 베타를 다시 계산함으로써 이자비용의 세금 혜택이 줄어든 것을 반영했다.

레버리지와 자본비용

이제 부채 수준별 자기자본비용과 부채비용을 추정했으므로 자본비용을 계산한다. 자본비용은 무차입 기업일 때 9.02%에서 부채가 증가하는 초기에 하락하다가 부채비율이 30%일 때 최저치인 8.62%에 이른 후 다시 상승한다(세부 사항은 표 15.16을 참고하라).

[표 15.16] 부채비율별 자본비용: 디즈니

부채비율	자기자본비용	세후 부채비용	자본비용
0%	9.02%	3.82%	9.02%
10%	9.40%	3.82%	8.84%
20%	9.87%	4.18%	8.73%
30%	10.48%	4.28%	8.62%
40%	11.29%	5.73%	9.06%
50%	12.83%	18.07%	15.45%
60%	14.98%	18.86%	17.31%
70%	18.53%	19.36%	19.11%
80%	25.61%	19.70%	20.88%
90%	46.80%	19.94%	22.63%

부채비율을 10%포인트씩 높였지만 자본비용은 20~40% 구간에서 거의 변화가 없다는 점을 유념하라. 20~40% 구간에서 부채비율 구간 폭을 줄이면 자본비용의 변화와 최적 부채비율을 더 정확하게 이해할 수 있다. 나아가 적어도 디즈니는 최적 부채비율로 이동하더라도 장점이 크지 않다는 점을 유념하라.

captstr.xls: 이 스프레드시트를 이용하면 디즈니와 동일 정보를 활용해서 최적 부채비율에서의 기업 가치를 계산할 수 있다. 여기서 이자보상배수와 부도 스프레드는 최신 정보로 갱신된다. (웹에서 다운로드 가능)

채무불이행 위험, 영업이익과 최적 레버리지

앞서 부채비율이 변화해도 영업이익은 고정되어 있다는 가정을 두고 디즈니를 분석했다. 이 가정 덕분에 분석이 대폭 간소화되었지만, 그리 현실적이지는 않다. 대다수 기업은 채무불이행 위험이 증가하면 영업이익이 감소할 것이다. 이것이 바로 앞서 설명한 '간접 파산 비용'이다. 채무불이행 위험이 허용 가능한 수준을 넘는다면 영업이익 감소 폭도 대폭 확대된다. 예컨대 투자 등급 이하의 신용등급으로 인해 매출이 급감하고 비용이 급증할 수 있다.

최적 자본구조의 일반 모형에서는 부채비율이 변화하면 영업이익과 자본비용이 모두 변화한다. 부채비율별 자본비용을 추정하는 방법은 이미 설명했지만, 영업이익에 관해서도 같은 방법을 시도할 수 있다. 예컨대 다른 유통기업의 영업이익에 신용등급 하향이 미치는 영향을 통해 디즈니의 부채비율과 채무불이행 위험이 변화할 때 영업이익이 얼마나 변화할지 추정할 수 있다.

영업이익과 자본비용이 모두 변화하면 기존 최적 부채비율이 자본비용을 최소화하는 수준이 아닐 수도 있다. 대신 기업 가치를 최대화하는 부채비율을 최적 부채비율로 정의해야 한다.

결론

이번 장에서는 DCF 가치평가의 대안적인 접근법을 살펴보았다. 기업 가치는 기업 현금흐름을 가중평균 자본비용으로 할인해서 도출하고, 여기에서 총미상환부채의 시장가치를 빼면 주식 가치를 얻는다. 기업 현금흐름은 부채 상환 전 현금흐름이므로 자본비용 접근법은 시간이 흐르면서 레버리지가 변하는 기업의 가치를 더 간단히 평가하는 방법이다. 물론 기업 잉여현금흐름의 할인율인 가중평균 자본비용은 레버리지의 변화에 대해 조정해야 한다. 나아가 서로 다른 부채비율별 자본비용, 나아가 기업의 최적 부채비율도 추정할 수 있다.

또 다른 기업 가치평가 방법은 APV 접근법으로서 부채가 가치에 미치는 영향(세금 혜택에서 파산 비용을 뺀 값)을 무차입 기업 가치에 더한다. 이 방법 역시 기업의 최적 부채비율 추정에 활용할 수 있다.

연습문제 별도 표기가 없으면 주식 위험 프리미엄은 5.5%로 한다.

1 기업 잉여현금흐름에 대한 다음 진술에 참 또는 거짓으로 답하라.

    a. 기업 잉여현금흐름은 언제나 주주 잉여현금흐름보다 크다.

       참 _____ 거짓 _____

    b. 기업 잉여현금흐름은 기업의 모든 투자자에 대한 총체적 현금흐름이지만, 청구 형태는 다를 수 있다.

       참 _____ 거짓 _____

    c. 기업 잉여현금흐름은 부채와 세금을 감안하기 전 현금흐름이다.

       참 _____ 거짓 _____

    d. 기업 잉여현금흐름은 부채 감안 후, 세금 차감 후 현금흐름이다.

       참 _____ 거짓 _____

    e. 부채가 있는 기업의 기업 잉여현금흐름은 이자 및 원금 상환액을 알지 못하면 추정할 수 없다.

       참 _____ 거짓 _____

2 유니온 퍼시픽 철도는 1993년에 이자비용 3.2억 달러를 차감하고 7.7억 달러의 순이익을 기록했다. (법인세율은 36%였다.) 그해 감가상각비는 9.6억 달러, 자본적 지출은 12억 달러였다. 또한 이 회사는 장부상 40억 달러의 부채를 보유하고 있으며, 신용등급은 AA(만기수익률 8%)였고, 액면가(1992년 말 38억 달러에서 증가)로 거래되었다. 주식의 베타는 1.05였고, 발행된 주식은 2억 주(주당 60달러에 거래)였으며 장부가액은 50억 달러였다. 유니온 퍼시픽의 운전자본 소요는 미미한 수준이다. (장기 국채 금리는 7%, 위험 프리미엄은 5.5%였다.)

a. 1993년 기업 잉여현금흐름을 구하라.

b. 1993년 말의 기업 가치를 구하라.

c. FCFF 접근법을 사용하여 1993년 말의 자기자본 가치와 주당 가치를 구하라.

3 미국 최대 방위산업체 중 하나인 록히드 코퍼레이션은 1993년 EBITDA 12.9억 달러를 기록했고, 이자비용은 2.15억 달러, 감가상각비는 4억 달러였다. 1993년 자본적 지출은 4.5억 달러, 운전자본은 매출액의 7%(135억 달러)였다. 회사의 부채는 장부가치 기준 30억 6,800만 달러, 시장가치 기준 32억 달러, 세전 이자율은 8%였다. 발행주식은 6,200만 주이며, 주당 64달러에 거래되었고, 가장 최근의 베타는 1.10이었다. 회사의 세율은 40%였다. (장기 국채 금리는 7%, 위험 프리미엄은 5.5%였다.)

회사는 1994년부터 1998년까지 매출, 이익, 자본적 지출 및 감가상각비가 매년 9.5%씩 늘어날 것으로 예상했으며, 이후에는 성장률이 4%로 떨어질 것으로 예상했다. (안정 성장 상태의 자본적 지출은 감가상각비의 120%이다.) 회사는 또한 안정 성장 상태의 부채/자본 비율을 50%로 낮출 계획이다(이 경우 세전 이자율은 7.5%로 하락).

a. 회사의 가치를 구하라.

b. 회사의 자기자본 가치와 주당 가치를 구하라.

4 1993년 이스트만 코닥은 실망스러운 실적과 점점 더 강경해지는 기관 주주들의 요구에 직면하여 대대적인 구조조정을 고려하고 있었다. 이 구조조정의 일환으로 건강관리 사업부의 매각을 추진했는데, 이 사업부는 1993년 매출액 52.85억 달러, 이자 및 세금 차감 전 이익 5.6억 달러를 기록했다. 예상 이익 성장률은 1994년에서 1998년 사이에 6%, 이후에는 4%로 완만해질 것으로 예상되었다. 1993년 자본적 지출은 4.2억 달러, 감가상각비는 3.5억 달러에 달했다. 둘 다 장기적으로 연간 4% 수준의 증가가 예상되었다. 운전자본 소요는 무시할 수 있는 수준이다.

이스트만 코닥의 건강관리 사업부와 경쟁하는 기업들의 평균 베타는 1.15였다. 이스트만 코닥의 부채비율[D/(D+E)]은 50%였지만, 해당 사업부의 부채비율[D/(D+E)]은 20%에 불과해 건강관리 경쟁 기업들의 평균 부채비율과 비슷했다. 이 부채 수준에서 건강관리 사업부는 부채에 대해 세전 7.5%의 이자를 지불할 것으로 예상할 수 있었다. (세율은 40%, 장기 국채 금리는 7%, 위험 프리미엄은 5.5%였다.)

a. 이 사업부의 자본비용을 구하라.

b. 이 사업부의 가치를 구하라.

c. 인수자가 이 사업부에 대해 추정한 가치보다 더 높은 금액을 지불한다면 그 이유는 무엇일까?

5 당신이 어떤 안정적인 기업에 대한 가치평가 보고서를 분석하고 있다고 가정하자. 이 보고서를 쓴 유명한 애널리스트는 내년에 회사에 예상되는 3,000만 달러의 기업 잉여현금흐름과 5%의 기대 성장률을 바탕으로 7.5억 달러로 가치를 추정했다. 그러나 그는 부채와 자본의 장부가액을 계산에 사용하는 실수를 저질렀다. 그가 사용한 장부가치 가중치는 알 수 없지만, 회사의 자기자본비용이 12%이고 세후 타인자본비용(부채비용)이 6%라는 것은 알고 있다. 또한 자기자본의 시장가치는 자기자본 장부가액의 3배이고, 부채의 시장가치는 부채의 장부가액과 같다는 것도 알고 있다. 회사의 가치를 올바르게 다시 구하라.

6 산타페 퍼시픽은 다각화된 사업을 영위하는 주요 철도 사업자다. 1993년 회사의 이자, 세금, 감가 상각비 차감 전 이익은 6.37억 달러였으며 감가상각비는 2.35억 달러에 달했다(같은 금액의 자본적 지출로 상쇄). 회사는 안정적인 상태였으며, 향후 매년 6%씩 성장할 것으로 예상되었다. 1993 년 산타페 퍼시픽의 베타는 1.25였고, 부채는 13.4억 달러였다. 1993년 말 주가는 18.25달러였고, 발행된 주식은 1억 8,310만 주였다. 산타페의 부채 수준에 따른 예상 등급과 부채비용은 다음 표와 같다.

D/(D+E)	신용등급	부채비용(세전)
0%	AAA	6.23%
10%	AAA	6.23%
20%	A+	6.93%
30%	A-	7.43%
40%	BB	8.43%
50%	B+	8.93%
60%	B-	10.93%
70%	CCC	11.93%
80%	CCC	11.93%
90%	CC	13.43%

이자 및 세금 차감 전 이익은 자본적 지출이 감가상각비로 상쇄되어 영구적으로 연간 3% 성장할 것으로 예상했다. (세율은 40%, 장기 국채 금리는 7%, 시장 위험 프리미엄은 5.5%였다.)

a. 현재 부채비율에서 자본비용을 구하라.

b. 부채비율이 0%에서 90% 범위일 때 자본비용을 구하라.

c. 부채비율이 0%에서 90% 범위일 때 기업 가치를 구하라. (0%, 10%, 20%, 30%, …, 90% 각각에서의 자본비용과 기업 가치를 구한다 – 옮긴이)

7 모텔 체인인 카바노 모텔의 가치를 구해달라는 요청을 받았다. 회사는 가장 최근 연도에 이자 및 세금 차감 전 이익이 2억 달러였으며, 과세 대상 소득의 40%를 세금으로 납부했다. 회사의 장부상 자기자본 가치는 12억 달러이며, 향후 영구적으로 연간 4%의 성장을 예상하고 있다. 이 회사의 베타는 1.2, 부채의 세전 비용은 6%, 자본의 시장가치는 10억 달러, 부채의 시장가치는 5억 달러이다. (무위험 이자율은 5%, 시장 위험 프리미엄은 5.5%이다.)

a. 자본비용 접근법을 사용하여 회사의 가치를 구하라.

b. 현재 부채 수준에서 이 회사의 채무불이행 확률이 10%이고 파산 비용이 무차입 기업 가치의 25%라는 말을 들었다. 조정현재가치(APV) 접근법을 사용하여 회사의 가치를 구하라.

c. 두 추정치의 차이는 어디에서 기인하는가?

8 미국에서 가장 오래되고 규모가 큰 철강회사 중 하나인 베들레헴 스틸은 부채 상환 능력을 초과했는지 여부를 고민하고 있다. 부채의 시장가치는 5.27억 달러, 자기자본의 시장가치는 17.6억 달러다. 회사의 이자 및 세금 차감 전 이익은 1.31억 달러이며 법인세율은 36%이다. 회사의 채권 등급은 BBB이며 부채비율은 8%이다. 이 등급에서 회사의 채무불이행 확률은 2.3%이며, 파산비용은 회사 가치의 30%로 예상된다.

a. 회사의 현재 시장가치로부터 회사의 무차입 가치를 구하라.

b. 조정현재가치 접근법을 사용하여 부채비율 50%에서 차입 기업 가치를 구하라. 이 부채비율에서 회사의 채권 등급은 CCC가 되고, 채무불이행 확률은 46.61%로 올라간다.

16장
주당 주식 가치 추정

15장에서 기업 영업자산의 가치를 추정하는 가장 좋은 방법을 다뤘다. 영업자산 가치에서 기업 가치를 도출하려면 기업이 보유한 현금과 유가증권, 기타 비영업자산의 가치를 고려해야 한다. 특히 타 기업 지분의 가치도 평가해야 하므로 지분을 회계상 기록하는 데 쓰인 다양한 회계 기법도 다뤄야 한다. 기업 가치에서 주식 가치를 도출하려면 비주주 청구권의 가치도 판단해 차감해야 한다.

기업의 주식 가치를 평가했다면 주당 가치를 추정하는 것은 비교적 수월한 작업처럼 느껴진다. 그저 주식 가치를 유통주식 수로 나누기만 하면 되는 듯하니 말이다. 하지만 일부 기업에서는 이 간단한 작업조차 임직원 스톡옵션의 존재로 인해 복잡해질 수 있다. 이번 장에서는 스톡옵션의 오버행(overhang, 미래 주식 가치의 하락을 초래하는 대규모 대기 매도 물량 – 옮긴이)이 가치평가에 미치는 영향이 어느 정도인지를 살펴보고, 주당 가치에 반영할 방법도 검토한다.

비영업자산의 가치

기업은 회계상 비영업자산으로 분류할 수 있는 자산을 여럿 보유한다. 첫째, 가장 명백한 사례이기도 한 현금과, 대규모 현금 잔액을 보유한 기업이 투자하는 무위험 또는 저위험 자산을 일컫는 현금성 투자다. 둘째, 타 기업의 주식과 회사채에 대한 투자인데, 투자 목적일 때도 있고 전략적 목적일 때도 있다. 셋째, 비상장기업이나 상장기업 등 타 기업 지분으로서 회계상 다양한 방식으로 분류한다. 넷째, 현금흐름을 창출하지 않지만 가치가 있는 자산이다(예컨대 뉴욕이나 도쿄의 미개발 토지).

현금 및 현금성 투자

단기 국채나 기업 어음 투자는 현금 전환이 빠를뿐디러 소요 비용도 아주 작아서 현금성 투자로 판단한다. 이번 섹션에서는 가치평가에서 현금과 현금성 투자를 다루는 가장 좋은 방법을 살펴본다.

영업현금 소요　기업의 영업활동에 필요한 현금(영업현금 잔액)이 공정시장 수익을 올리지 않는다면 부가가치의 원천이 아니라 운전자본 소요의 일부로 판단해야 한다. 따라서 영업현금 소요를 초과하는 현금과 현금성 투자는 비영업자산으로서 영업자산의 가치에 더한다. 영업활동에 필요한 현금은 어느 정도인가? 기업에 따라, 그리고 기업이 속한 경제에 따라 다르다. 신용카드 거래보다 현금 거래가 보편적인 신흥시장의 소형 유통기업은 상당한 규모의 영업현금이 필요할 수도 있다. 반대로 선진국시장의 제조사는 영업현금이 전혀 필요하지 않을 수도 있다. 기업이 보유한 현금에서 이자수익이 발생하고 그 수익률이 공정수익률에 해당한다면,[1] 영업현금을 운전자본에 포함해서는 안 된다. 대신 비영업자산의 일부로 보고 영업자산 가치평가와 분리해야 한다.

1　현금을 단기 국채 같은 무위험 자산에 투자했다면 무위험 이자율이 곧 공정수익률이다.

비영업현금 잔액 처리　가치평가에서 현금과 유가증권을 다루는 방법은 두 가지다. 첫째, 영업자산과 한데 묶어 기업(또는 주식)의 총가치를 평가한다. 둘째, 현금과 유가증권을 영업자산과 분리해 각 가치를 평가한다.

연결 가치평가　현금을 기업 총자산의 일부로 보고 연결 기준으로 가치평가해도 될까? 답은 '가능하다'이다. 어떤 면에서 기업 순이익을 예측한 후 배당과 주주 잉여 현금흐름을 추정하는 작업과 다름없다. 이에 따라 순이익은 국채와 기업 어음, 타 기업 지분에서 비롯하는 투자수익을 포함한다. 이 접근법은 단순하고 총자산에서 재무적 투자가 차지하는 비중이 작을 때도 활용할 수 있다는 장점이 있다. 하지만 재무적 투자의 비중이 크다면 다음 두 가지 이유에서 활용하기가 훨씬 어렵다.

첫째, 계속기업 가정을 두고 현금흐름의 할인율인 자기자본비용이나 자본비용을 현금에 대해 조정해야 한다. 구체적으로 영업자산의 무차입 베타와 현금 및 유가증권의 무차입 베타를 가중평균한 무차입 베타를 사용해야 한다. 예컨대 현금이 가치의 10%를 차지하는 제강회사의 무차입 베타는 제강회사들의 평균 무차입 베타와 현금의 베타(보통 0이다)를 가중평균해 계산한다. 가치의 10%를 더 위험한 증권에 투자했다면 베타 역시 조정해야 한다. 물론 상향식 베타를 사용하면 간단하게 조정할 수 있지만, 회귀분석으로 베타를 도출할 때는 훨씬 복잡하다.[2]

둘째, 기업이 성장하면서 영업자산에서 비롯하는 이익 비중은 변하기 마련이다. 이때는 가치평가모형의 입력 변수(현금흐름, 성장률, 할인율)를 조정해 일관성을 유지해야 한다.

조정하지 않는다면 어떤 문제가 있을까? 금융자산의 가치를 잘못 평가하게 될 텐데, 그 이유를 이해하기 위해 앞서 가치의 10%가 현금에서 비롯하는 제강회사가 현금을 국채에 투자했고 적정 수익률(예컨대 3%)을 올린다고 하자. 기업의 다른 이익에 이 투자수익을 더하고 제강회사에 적합한 자기자본비용(예컨대 11%)으로 할인하면

2　회귀분석 베타에서 도출한 무차입 베타는 회귀 기간에 걸친 평균 현금 잔액(기업 가치 대비 비율로 표시한다)을 반영한다. 따라서 현금 잔액 비율을 일정하게 유지한다면 올바른 무차입 베타를 얻는다.

현금의 가치도 할인할 수 있다. 하지만 할인율이 부적합하므로 현금 10억 달러의 현재가치를 예컨대 8억 달러로 잘못 평가하게 된다.

별도 가치평가 현금과 유가증권을 영업자산과 분리해 따로 가치평가하는 것이 더 안전하다. 이는 15장에서 다룬 기업 가치평가 접근법에서는 대개 잘 지켜진다. 영업이익을 활용해 기업 잉여현금흐름을 추정하고, 영업이익은 대개 금융자산에 의한 수익을 포함하지 않기 때문이다. 하지만 일부 투자수익이 영업이익에 포함된다면 가치평가 전에 이를 떼어내야 한다. 따라서 기업 가치는 영업자산의 가치를 평가한 후 현금과 유가증권의 가치를 더해서 도출한다.

14장에서 다룬 FCFE 모형에서도 마찬가지다. 순이익은 금융자산에 의한 수익을 포함하지만, 영업자산에서 현금과 유가증권을 분리하는 것은 가능하다. 먼저 순이익에서 금융자산에 의한 수익(채권의 이자수익, 주식의 배당) 몫을 떼어낸 조정 순이익을 활용해 주주 잉여현금흐름을 추정한 후 영업자산만 고려한 베타로 추정한 자기자본비용으로 할인한다. 이렇게 영업자산에 속한 주식의 가치평가를 완료한 후 현금과 유가증권의 가치를 더해 총 주식 가치를 추정한다.

[예시 16.1] 연결 가치평가 대 별도 가치평가

현금 잔액이 기업 가치에 미치는 영향을 살펴보자. 예컨대 비현금 자산에 12억 달러를 투자하고 현금 2억 달러를 보유 중인 기업이 있다. 분석의 단순성을 위해 다음을 가정한다.

■ 비현금 자산의 베타는 1이고 매년 순이익 1억 2,000만 달러가 영원히 지속한다. 재투자 소요는 없다.
■ 현금은 무위험 이자율 4.5%로 투자한다.
■ 시장 위험 프리미엄은 5.5%로 가정한다.

위 가정을 두고 주식 가치를 연결과 별도 기준으로 평가해보자.
먼저 연결 가치평가에서는 비현금 및 현금 자산의 가중평균 베타를 계산해서 (현금을 포함한) 모든 자산에 대한 자기자본비용을 추정한다(단위: 100만 달러).

$$\text{기업의 베타} = \text{베타}_{\text{영업자산}} \times \text{가중치}_{\text{영업자산}} + \text{베타}_{\text{현금 자산}} \times \text{가중치}_{\text{현금 자산}}$$
$$= 1.00 \times (1,200/1,400) + 0.00 \times (200/1,400) = 0.8571$$

$$\text{자기자본비용} = 4.5 + 0.8571 \times 5.5\% = 9.21\%$$

$$\text{기업의 기대이익} = \text{영업자산의 순이익} + \text{현금의 이자수익}$$
$$= 120 + 0.045 \times 200 = 129 \text{ (재투자 소요가 없으므로 FCFE와 같다)}$$

$$\text{주식 가치} = \text{FCFE}/\text{자기자본비용} = 129/0.0921 = 1,400$$

따라서 주식 가치는 14억 달러다.

이제 비현금 투자에서 출발해 별도 가치평가를 살펴보자.

$$\text{비현금 투자의 자기자본비용} = \text{무위험 이자율} + \text{베타} \times \text{위험 프리미엄}$$
$$= 4.5\% + 1.00 \times 5.5\% = 10\%$$

$$\text{영업자산의 기대이익} = 120 \text{ (영업자산의 FCFE와 똑같다)}$$

$$\text{비현금 자산의 가치} = \text{기대이익}/\text{비현금 자산의 자기자본비용} = 120/0.1 = 1,200$$

비현금 자산의 가치에 현금의 가치(2억 달러)를 더하면 주식 가치 14억 달러를 얻는다.

연결 가치평가에 따르는 잠재 문제를 살펴보자. FCFE 1억 2,900만 달러를 (영업자산만 반영한) 자기자본비용 10%로 할인했다면 주식 가치를 12억 9,000만 달러로 평가했을 것이다. 차액 1억 1,000만 달러는 현금을 잘못 처리한 데 따른 결과다.

$$\text{현금의 이자수익} = 4.5\% \times 200 = 9$$

할인율이 10%일 때 현재가치는 9,000만 달러인데, 잔액 2억 달러와의 차액 1억 1,000만 달러만큼 주식 가치를 과소추정한다.

현금을 반드시 할인해야 할까?　예시 16.1에서 현금의 가치가 줄어든 이유는 무위험 현금흐름을 위험 자산을 반영한 할인율로 할인한 오류 때문이다. 하지만 현금 잔액을 할인해야 할 때도 있다.

1. 기업이 보유 현금을 시장수익률보다 낮은 기대수익률로 투자할 때(투자의 위험 고려)
2. 경영진이 과거 투자 트랙 레코드로 인해 대규모 현금을 보유하지 못하는 제약이 있을 때

시장수익률보다 낮은 수익률이 기대되는 현금 투자 가장 명백한 상황은 현금 잔액 대부분이 시장이자율보다 낮은 수익을 낼 때다. 이때 지나치게 많은 현금을 보유하면 당연히 가치가 훼손된다. 오늘날 대다수 미국 기업이 미국 국공채에 쉽게 투자할 수 있지만, 많은 신흥시장에 속한 기업은 접근이 제한적이다. 이때는 공정수익률보다 낮은 수익률이 기대되는 현금을 대규모 보유하면 시간이 흐르면서 가치가 훼손된다.

[예시 16.2] 시장수익률보다 낮은 수익이 기대되는 현금 투자

예시 16.1에서는 현금을 무위험 이자율로 투자한다고 가정했다. 대신 무위험 이자율이 4.5%인데 기업이 현금 잔액에서 3% 수익만 냈다고 하자. 이때 보유 현금의 가치 추정치는 다음과 같다.

$$3\% \text{ 수익이 기대되는 현금의 가치 추정치} = (0.03 \times 200)/0.045 = 133.33$$

주식 가치는 14억 달러가 아니라 13억 3,300만 달러로 하락한다. 대신 주식 투자자에게 현금을 환원했다면 현금의 가치는 2억 달러였을 것이다. 이 시나리오에서 주식 투자자 대상 현금 환원은 6,667만 달러의 초과가치를 창출한다. 투자액을 잃지 않고 현금화(청산)할 수 있다면 요구수익률보다 기대수익률이 낮은 그 어떤 자산을 현금화하더라도 결과는 마찬가지다.[3]

경영진에 대한 불신 저위험 또는 무위험 유가증권에 대한 대규모 투자는 그 자체로 가치 중립적이지만, 경영진은 현금 잔액이 급증해 요구수익률에 못 미치는 대규모 투자나 인수를 집행하려는 유혹에 빠질 수 있다. 때로는 회사가 인수 목표가 되지 않도록 경영진이 조처할 때도 있다.[4] 주식 투자자가 요구수익률에 못 미치는 수익을 기대하는 한 현행 가치는 현금 가치를 할인해 반영한다. 투자 기회가 적고 경영진의 역량이 미흡한 기업일수록 현금 가치가 더 많이 할인되고, 투자 기회가 풍부하고 경영진의 역량이 뛰어난 기업일수록 할인되지 않는다.

---

3 현금은 이 조건을 만족하지만, 부동산은 그렇지 않다. 해당 자산의 형편없는 수익력이 청산가치에 반영될 수도 있다. 따라서 청산에 따른 잠재 초과가치를 확보하기는 그리 쉽지만은 않다.
4 현금 잔액은 인수 비용을 줄이는 효과가 있으므로 대규모 현금을 보유한 기업은 매력적인 인수 대상이다.

예시 16.1로 돌아가 현금을 무위험 이자율 4.5%로 투자하는 기업을 생각해보자. 이 기업 주식은 시가총액이 14억 달러보다 낮은 수준에서 거래되는 것이 일반적이다. 하지만 경영진이 형편없는 인수를 했던 역사가 있어서, 대규모 현금 잔액이 존재한다면 타 기업을 인수할 확률이 0%에서 30%로 높아진다고 가정한다. 나아가 시장은 이 기업이 해당 거래에서 인수 가격을 5,000만 달러만큼 초과 지급하리라고 본다. 이때 현금의 가치는 1억 8,500만 달러다(단위: 100만 달러).

$$\text{현금 잔액에 대한 추정 할인액} = \Delta\text{확률}_{\text{인수}} \times \text{기대 초과지불액}_{\text{인수}}$$
$$= 0.30 \times 50 = 15$$
$$\text{현금의 가치} = \text{현금 잔액} - \text{현금 잔액에 대한 추정 할인액}$$
$$= 200 - 15 = 185$$

따라서 주식 가치는 예시 16.1의 14억 달러가 아니라 13억 8,500만 달러로 하락한다. 할인의 두 가지 결정 요인, 즉 형편없는 투자를 집행할 확률의 등락과 투자의 기대순현재가치는 투자자의 경영진 역량에 관한 판단에 바탕을 둔다.

해외 시장에 보유 중인 현금 미국 기업이 세계화하면서 해외 시장에서 비롯하는 이익 비중이 상당히 증가했는데, 해외 법인세율은 훨씬 낮을 때가 많다. 2017년 전까지 이 이익은 해외 시장에 세금을 내고 나중에 미국으로 송금하는 시점에는 해당 국가의 법인세율과 미국 법인세율 간 차이만큼 세금을 또 냈다. 당연하게도 많은 기업이 해외 시장과 자회사에 현금을 비축하는 방법을 택해서 세금을 이연하고 때로는 회피한다. 이를 가리켜 '갇힌 현금(trapped cash)'이라 한다. 2016년 애플은 '갇힌 현금' 규모가 2,000억 달러에 달했다. 이를 가치평가하는 보수적 접근법은 이익을 본국으로 송금하는 시점에 세금 차액을 납부한다고 가정하고 그 영향을 고려해(차감) 가치를 계산하는 것이다. 예컨대 갇힌 현금 규모가 2,000억 달러일 때 본국으로 송금 시 차이 나는 세율 20%만큼 세금을 납부한다고 가정하면 현금의 가치는 1,600억 달러에 불과하다.

이러한 조정에서 실무상 두 가지 문제를 마주한다. 첫째, 기업은 재무제표상 현금 잔액 중 해외 자회사나 시장에 갇힌 현금이 얼마인지를 투명하게 공개하지 않는다.

둘째, 갇힌 현금의 본국 송금에 따른 세금 효과는 단기적으로 자명해 보일지 몰라도, 장기적으로는 그렇지 않다. 시간이 흐르면서 미국 세율이 변화하고, 의회가 면세·감세 기간(tax holidays)을 허가해 기업이 일회성 세금 유예를 적용받아 세금을 내지 않거나 훨씬 낮은 세율로 갇힌 현금을 미국으로 송금하는 일이 벌어질 가능성이 있기 때문이다.

미국은 2017년부터 전 세계 대다수 국가처럼 미국 기업이 해외에서 올린 이익을 미국 세율로 과세하지 않게 되었다. 예컨대 미국 다국적 기업이 미국에서 60억 달러(법인세율 25%), 다른 국가에서 40억 달러(법인세율 10%)를 벌었다면 총 법인세는 다음과 같다(단위: 10억 달러).

$$당기 법인세 = 6 \times 0.25 + 4 \times 0.10 = 1.6$$

따라서 총 과세소득 100억 달러에 대한 실효세율은 16%로 이연법인세는 존재하지 않는다.

위험증권 투자

이제까지 현금과 현금성 투자를 가치평가하는 방법을 다뤘다. 그런데 일부 기업은 투자 등급부터 고배당 채권과 타 기업 지분에 이르는 다양한 위험증권에 투자한다. 이번 섹션에서는 위험증권 투자의 동기와 결과, 회계처리를 다룬다.

위험증권을 보유하는 이유   타 기업이 발행한 위험증권에 투자하는 이유는 무엇인가? 단기 국채나 기업 어음에 투자했을 때 올리는 수익보다 더 높은 투자수익을 얻으려고 주식과 회사채에 투자하는 기업도 있다. 최근에는 특히 기술회사 위주로 전략적 이해관계를 확대하려고 타 기업 지분을 취득하는 경향이 있다. 하지만 대다수 기업은 시장에서 저평가되어 있다고 생각하는 타 기업 주식을 취득한다. 한편, 은행과 보험사, 기타 금융서비스 기업 등 위험증권 투자가 본연의 사업인 기업도 있다.

더 큰 투자수익 달성   단기 국채와 기업 어음 같은 현금성 투자는 유동성이 높고 위험이 사실상 없는 대신 기대수익이 낮다. 유가증권 투자 규모가 상당한 기업은 더 위험한 증권에 투자해서 더 큰 투자수익을 내리라고 기대한다. 예컨대 회사채에 투자하면 국채 투자보다 높은 이자수익을 낼 수 있고, 이자율은 투자의 위험에 비례해 상승한다. 주식에 투자하면 회사채에 투자했을 때보다 더 높은 투자수익이 기대된다(실제로 더 높은 수익을 내는지는 다른 문제다). 그림 16.1은 30년간(1991~2000년, 2001~2010년, 2011~2020년) Baa 등급 회사채와 주식 등 위험 투자와 국채 투자의 수익률을 비교해서 보여준다. 첫 10년간 주식은 회사채와 국채보다 훨씬 수익률이 높았지만 이후 실적은 상당히 뒤처졌다가 최근에서는 압도적인 수익률을 다시 회복했다.

    기업이 위험 자산에 투자해서 더 높은 수익을 내더라도 기업 가치가 상승하지는 않는다. 하지만 현금성 투자 분석과 똑같은 추론을 거친다면, 위험 자산에 투자해서 감

[그림 16.1] 자산군별 투자수익률 비교(1991~2020년)

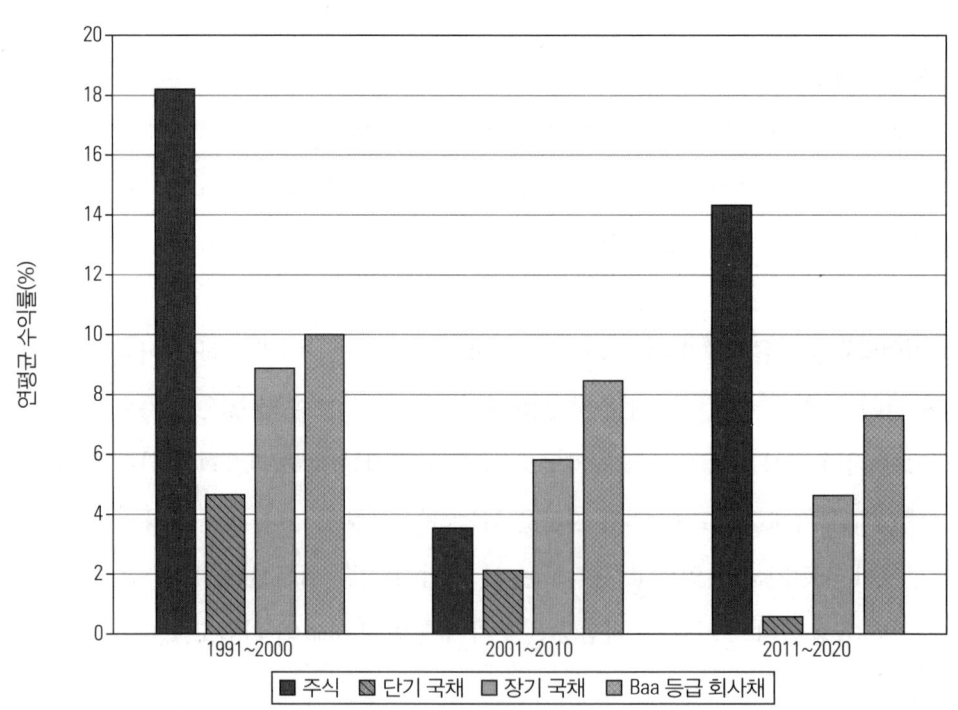

        가치평가 바이블

수한 위험에 대한 보상으로 공정시장 수익을 올렸다면 기업 가치는 변화가 없다.

저평가 증권 투자　요구수익률보다 높은 수익을 내는 투자가 곧 좋은 투자다. 이 원칙은 프로젝트와 자산 투자 맥락에서 고안되었지만, 금융자산 투자에도 마찬가지로 적용된다. 저평가 주식에 투자한 기업은 순현재가치가 플러스인 투자를 받아들인 것과 다름없다. 해당 주식의 기대투자수익이 자기자본비용보다 높을 것으로 예상하기 때문이다. 마찬가지로 저렴한 회사채에 투자한 기업 역시 초과수익을 올려서 순현재가치가 플러스일 것이다.

기업이 투자할 만한 저평가 주식과 채권을 발견할 가능성은 어느 정도일까? 시장이 얼마나 효율적인지, 기업 경영진이 저평가 증권을 발굴하는 능력이 얼마나 뛰어난지에 달려 있다. 제품 시장에서 경쟁하는 것보다 금융시장에서 좋은 투자 기회를 발견하는 실력이 뛰어난 특별한 기업도 있다. 예컨대 워런 버핏이 지난 수십 년간 뛰어난 투자 실력을 선보였던 투자기구인 버크셔 해서웨이(Berkshire Hathaway) 사례를 보자. 2010년 말 기준 버크셔 해서웨이의 타 기업 지분은 수십억 달러 규모였다. 여기에는 코카콜라와 아메리칸 익스프레스(American Express), 워싱턴 포스트(Washington Post)가 포함된다. 버크셔 해서웨이는 뛰어난 보험사 가이코(GEICO)를 소유하는 등 실물 사업 이해관계도 있지만, 주식 투자자가 얻는 가치의 상당 비중은 회사의 소극적 주식 투자에서 비롯한다.

버크셔 해서웨이의 성공에도 불구하고 대다수 미국 기업은 저가의 금융자산을 찾아다니지 않는다. 금융시장에서 저평가 증권을 찾기 힘들다는 사실을 인지했기 때문이기도 하고, 프록터앤드갬블이나 코카콜라 같은 기업의 투자자는 해당 기업의 주식 선정 능력이 아니라 제품 시장에서의 경쟁우위(예컨대 브랜드 인지도, 마케팅 역량)를 보고 투자했다고 생각하는 경영진이 타 기업 지분에 투자하기를 주저하는 경향이 존재하기 때문이기도 하다.

전략적 투자　마이크로소프트는 1990년대를 거치며 400억 달러가 넘는 현금을 비축했다. 회사는 이 현금을 소프트웨어와 엔터테인먼트, 인터넷 관련 기업 주식에 잇달아 투자했고, 여러 가지 목적이 있었다.[5] 첫째, 투자한 기업이 개발 중인 제품과 서비스에 영향력을 행사할 정당성을 확보하고 이들이 경쟁사와 제휴할 가능성을 미리 차단했다. 둘째, 투자한 기업과 공동 제품(joint product)을 개발할 수 있었다. 마이크로소프트는 1998년만 해도 셰어웨이브(ShareWave)와 제너럴 매직(General Magic), 로드러너(RoadRunner), 퀘스트 커뮤니케이션(Qwest Communications) 등 14개 기업에 투자했다. 또한 1995년 NBC에 투자해 MSNBC 네트워크를 설립하며 텔레비전과 엔터테인먼트 사업에도 진출했다.

이러한 전략적 투자의 결과 기업 가치가 상승할까? 모든 투자와 마찬가지로 투자액과 그 대가로 올리는 투자수익에 달려 있다. 이러한 투자에 따른 편익으로 알려진 부수적인 효과와 시너지가 정말 존재한다면 타 기업 주식에 대한 투자는 기준수익률(hurdle rate)보다 높은 수익, 나아가 가치를 창출한다. 타 기업 전체를 인수하는 것보다는 훨씬 돈이 덜 드는 선택지인 것은 분명하다. 하지만 마이크로소프트의 타 기업 투자가 사실상 부가가치를 창출하지 못했다는 사실을 유념하라. 2011년 마이크로소프트는 기존 전략을 더욱 강화해서 인터넷 전화 서비스 기업인 스카이프(Skype)를 85억 달러에 인수했지만 이렇다 할 성과를 내지는 못했다.

사업적 투자 일부 기업은 재량적(discretionary) 투자가 아니라 사업의 본질상 유가증권을 보유하기도 한다. 예컨대 보험사와 은행은 영위하는 사업 진행 과정에서 유가증권에 투자할 때가 많다. 보험사는 보험금 청구에 따른 기대배상책임을 충당하기 위한 목적이고, 은행은 유가증권 투자가 사업의 일부다. 금융서비스 기업도 재무상태표에 상당한 규모의 금융자산을 보유하지만, 지금까지 다룬 기업의 보유 자산과는 성격이 다르다. 금융서비스 기업의 금융자산은 재량적 투자보다는 제조사의 원재료와 성격이 유사하다.

---

5 가장 이해할 수 없는 투자는 1998년 초 당시 주요 경쟁사였던 애플 컴퓨터에 투자한 것이었다. 이는 미 법무부가 마이크로소프트를 반독점법 위반 혐의로 제소한 것에 대항하려는 시도였는지도 모른다.

가치평가에서 유가증권의 처리　유가증권은 (채무불이행 위험이 내재된) 회사채와 (더 많은 위험에 노출된) 상장주식을 포함한다. 기업이 보유한 유가증권의 위험이 클수록 처리 방식의 선택지도 더 복잡해진다. 유가증권 회계처리 방법에는 세 가지가 있다.

1. 가장 간단하고 직접적인 방법은 유가증권의 현행 시장가치 추정치를 영업자산 가치에 더하는 것이다. 계속기업 가정을 두고 가치평가한 기업이 대규모 유가증권을 보유하고 있다면 이 방법 외에는 현실적인 대안이 없다.

2. 유가증권의 현행 시장가치를 추정한 후 즉시 매도했을 때 발생하는 자본이득세를 차감한다. 부과되는 자본이득세는 취득 시점에 지불한 자산가액과 현시점 가치에 따라 달라진다. 청산 관점에서 기업 가치를 평가할 때나 보유 유가증권을 매도한 계획이 있다고 확실히 알린 기업을 평기할 때 가장 좋은 가치 추정 방법이다.

3. 유가증권의 가치를 기업 가치에 반영하는 가장 어려운 방법은 (DCF 접근법을 활용해) 유가증권 발행 기업의 가치를 평가해서 유가증권의 가치를 추정하는 것이다. 비교적 적은 수의 타 기업 지분을 대량 보유한 기업에 적용하는 것이 가장 적합하다.

[예시 16.4] 마이크로소프트의 현금과 유가증권(2001년)

마이크로소프트가 1990년대에 비축한 막대한 현금은 주주에게 환원할 수도 있었던 주주 잉여현금흐름을 내부 유보한 데 따른 결과였다. 표 16.1은 마이크로소프트의 1999년과 2000년 현금성 투자를 보여준다(단위: 100만 달러).

[표 16.1] 현금 및 단기 투자자산: 마이크로소프트(1999, 2000년)

	1999년	2000년
현금 및 현금성 자산:		
현금	635	849
기업 어음	3,805	1,986

양도성 예금 증서	522	1,017
미국 정부 및 정부 기관 증권	0	729
중장기 회사채	0	265
단기금융시장 우선증권(money market preferreds)	13	0
총 현금 및 현금성 자산	4,975	4,846
단기 투자자산:		
기업 어음	1,026	612
미국 정부 및 정부 기관 증권	3,592	7,104
중장기 회사채	6,996	9,473
지방채	247	1,113
양도성 예금 증서	400	650
총 단기 투자자산	12,261	18,952
현금 및 단기 투자자산	17,236	23,798

2000년을 기준으로 마이크로소프트의 가치를 평가하려면 당연히 237억 9,800만 달러 치 현금 및 단기 투자자산을 기업 가치의 일부로 반영해야 한다. 이때 형편없는 미래 투자에 관한 투자자의 우려를 고려해 가치를 할인해야 할까? 마이크로소프트는 이익이 계속해서 증가하는 동시에 높은 주식 수익률을 올리는 완벽한 트랙 레코드 덕분에 2000년 이전에는 현금 보유에 따른 불이익을 받은 적이 없었다. 1999년과 2000년 실적은 그리 좋지 않았지만, 투자자는 적어도 가까운 미래에는 회사가 잘하리라고 믿었을 것이다. 이때는 현금 잔액을 할인하지 않고 그대로 영업자산 가치에 더하는 것이 옳다.

마이크로소프트가 2000년 공시한 총 177억 달러 규모의 위험증권 투자 목록(표 16.2)도 흥미롭다.

[표 16.2] 위험증권 투자: 마이크로소프트

	취득원가	미실현이익	미실현손실	장부가액
시가법 적용 부채증권:				
만기 1년 이하	498	27	0	525
만기 2~10년	388	11	-3	396
만기 10~15년	774	14	-93	695
만기 15년 초과	4,745		-933	3,812
총 시가법 적용 부채증권	6,406	52	-1,029	5,429
지분:				
보통주 및 신주 인수권	5,815	5,655	-1,697	9,773

우선주	2,319			2,319
기타 투자자산	205			205
총 위험증권	14,745	5,707	-2,726	17,726

위험증권의 취득원가는 147억 4,500만 달러이지만 미실현이익(평가이익)이 30억 달러 가까이 발생해 현 가치는 177억 2,600만 달러에 이른다. 대다수 투자자산은 시장에서 거래되기에 시가법을 적용한다. 가치 평가 시 가장 간단한 방법은 위험증권의 시장가치를 영업자산 가치에 더해 기업 가치를 도출하는 것이다. 이 중에서 타 기업 보통주의 변동성이 가장 크다. 장부가액 97억 7,300만 달러는 현행 가치가 취득원가 대 비 거의 두 배가 되었음을 뜻한다. 마이크로소프트의 가치평가에서 보통주 가치를 현행 시장가치에 반영 해야 할까? 일반적으로는 옳은 방법이지만, 시장가치가 고평가되었다면 가치평가 결과 역시 고평가되는 위험을 지게 된다. 대신 회사가 투자한 주식을 개별로 가치평가할 수도 있지만 종목이 늘어날수록 몹시 복 잡해진다.

요약하면 현금성 투자 237억 9,800만 달러와 지분 투자 177억 2,600만 달러를 2000년 마이크로소프트의 영업자산 가치에 더하면 된다.

10년이 지난 2011년에도 마이크로소프트는 현금성 투자와 유가증권에 투자한 현금의 규모가 상당했다. 하지만 2000~2010년 마이크로소프트의 주가와 영업 실적은 시장과 섹터에 뒤처졌다. 2011년 기준 가치평 가에서는 보유 현금을 할인해 반영하는 것이 옳을 수도 있다.

유가증권의 할증 또는 할인　투자한 기업에 대해 내재가치평가를 할 의향이 있을 때가 아니라면 유가증권의 가치를 할증하거나 할인해서 반영하면 안 된다. 하지만 금 융자산 매매가 본연의 사업인 기업은 예외다. 여기에는 미국 증권거래소만 해도 수백 개가 상장된 폐쇄형 뮤추얼펀드와 피델리티(Fidelity), T로프라이스(T. Rowe Price) 등 투자회사가 포함된다. 폐쇄형 뮤추얼펀드는 투자자에게 구좌를 팔고 자금을 활용 해 금융자산에 투자한다. 폐쇄형 펀드의 구좌 수는 고정되어 있고 주가는 변동한다. 폐쇄형 펀드는 상장증권에 투자하므로 펀드의 시장가치가 보유 증권의 시장가치보 다 높거나 낮은 상황이 발생하기 마련이다. 이처럼 펀드의 초과수익 역량을 반영해 유가증권 가치를 할인하거나 할증하는 것이 적합할 때도 있다.

　계속해서 저평가 자산을 발굴하고 위험 조정 기대수익보다 높은 수익을 올리는 폐 쇄형 뮤추얼펀드는 보유 유가증권 가치보다 할증해서 평가해야 한다. 할증 폭은 초과수익의 크기와 지속 예상 기간에 따라 달라진다. 반대로 기대수익보다 훨씬 낮은 수익을 올리는 폐쇄형 펀드는 보유 유가증권 가치보다 할인해서 평가해야 한다. 이 펀드의 투자자는 오히려 펀드가 청산할 때 더 이득을 보겠지만, 현실적으로 불가능할 때도 있다.

[예시 16.5] 폐쇄형 펀드의 가치평가

라이징 아시아 펀드(The Rising Asia Fund)는 아시아 상장주식에 투자하는 폐쇄형 펀드로 현 주가를 기준으로 할 때 시장가치가 40억 달러에 달한다. 라이징 아시아 펀드는 지난 10년간 연평균 13% 수익률을 기록했지만, 투자 위험과 같은 기간 아시아 시장의 실적에 바탕을 두면 적어도 연평균 15% 수익률은 올렸어야 한다. 아시아 시장의 미래 기대수익률은 연 12%이지만, 라이징 아시아 펀드는 계속해서 시장 실적을 연 2%포인트 하회할 것으로 가정한다.

라이징 아시아 펀드가 시장지수 수익률보다 연 2%포인트 낮은 수익률을 영원히 올린다고 가정하면 펀드에 다음 할인 폭을 적용해야 한다(단위: 100만 달러).

$$\text{할인 추정치} = \text{초과수익률} \times \text{펀드 가치}/\text{시장 기대수익률}$$
$$= (0.10 - 0.12) \times 4{,}000/0.12 = -667$$

백분율 기준으로는 펀드 보유 투자자산의 시장가치를 16.67%(= 667/4,000 - 옮긴이) 할인해야 한다.

펀드가 청산하거나 미래 특정 시점(예컨대 10년 뒤)부터 초과수익을 낸다고 가정하면 할인 폭은 줄어든다.

타 기업 지분

여기에서는 다른 상장기업뿐 아니라 비상장기업에 투자한 지분도 다루면서 비영업자산의 범주를 확장한다. 지분 종류에 따른 서로 다른 회계처리 방식을 먼저 알아본 후 재무제표 보고 방식에 어떤 영향을 미치는지를 검토한다.

회계처리 타 기업 지분의 분류와 투자 동기에 따라 가치평가 방식이 다르다. 일반적으로 타 기업 증권 투자는 소수지분 소극적 투자와 소수지분 적극적 투자, 다수지분 적극적 투자 중 하나로 분류하고, 이에 따라 회계규정이 달라진다.

가치평가 바이블

소수지분 소극적 투자　다른 기업의 증권이나 자산에 투자한 지분이 해당 기업 전체 지분의 20% 미만이면 소수지분 소극적 투자로 분류한다. 이 투자는 기업이 최초 취득한 금액인 취득원가로 평가하고, 대개 시장가격일 때가 많다. 회계원칙은 이 자산을 만기 보유 투자자산과 매도 가능 투자자산, 트레이딩 투자자산의 세 가지 중 하나로 분류하며, 적용되는 평가원칙도 다르다.

- 만기 보유 투자자산은 취득원가나 장부가액으로 평가하고, 이 자산에서 비롯하는 이자수익이나 배당수익은 손익계산서에 표시한다.
- 매도 가능 투자자산은 시장가격으로 평가하고, 미실현손익은 재무상태표에 자기자본의 일부로 표시하지만 손익계산서에는 표시하지 않는다. 따라서 미실현손실은 자기자본의 장부가액을 낮추고, 미실현이익은 자기자본의 장부가액을 높인다.
- 트레이딩 투자자산은 시장가격으로 평가하고 미실현손익은 손익계산서에 표시한다.

기업은 투자자산 분류에 재량권을 행사할 수 있기에 투자자산 평가 방식에서도 재량권을 갖는다. 이러한 분류를 통해 주로 트레이딩 목적으로 타 기업 증권을 보유하는 투자은행은 주기적으로 자산을 시장가격으로 재평가한다. 이를 시가평가라고 부르는데, 재무제표에서 장부가액보다 시장가격이 높은 몇 안 되는 사례다.

소수지분 적극적 투자　타 기업의 증권이나 자산에 투자한 지분이 해당 기업 전체 지분의 20~50%일 때 소수지분 적극적 투자로 분류한다. 이 투자자산에도 취득원가가 있지만, 투자 이후 발생한 피투자회사의 순손익을 지분율에 비례해서 취득원가에 반영해야 한다. 나아가 투자자산에서 비롯한 배당은 취득원가를 낮춘다. 이러한 투자자산 평가 방식을 지분법이라고 한다.

이 투자자산의 시장가격은 고려하지 않다가 지분을 매도하면 조정 취득원가 대비 처분손익을 당기 손익계산서에 표시한다.

다수지분 적극적 투자　타 기업의 증권이나 자산에 투자한 지분이 해당 기업 전체 지분의 50%를 초과하면 다수지분 적극적 투자로 분류한다.[6] 이때는 투자자산을 금융 자산으로 표시하지 않고 투자회사의 자산과 부채로 표시한다. 이는 두 회사의 자산과 부채를 합쳐서 하나의 재무상태표에 표시하는 연결 재무상태표로 이어진다. 다른 투 자자들이 보유한 종속회사 지분은 재무상태표의 부채 항목에 소수지분으로 표시한 다. 다른 재무제표도 유사한 방식으로 두 회사를 연결해야 하는데, 현금흐름표는 두 회사의 누적 현금 유출입을 반영해야 한다. 반면 지분법을 적용하는 소수지분 적극 적 투자에서는 투자자산에서 비롯한 배당만 현금흐름표의 현금 유입 항목으로 표시 한다.

　이 투자자산 역시 지분을 매도하기 전까지는 시장가격을 고려하지 않는다. 지분 매 도 시점에는 시장가격과 순지분가치의 차액을 해당 기간 손익으로 처리한다.

타 기업 지분 가치평가　타 기업 지분을 세 가지 다른 방식으로 회계처리하는 점을 고려할 때 가치평가 역시 서로 다르게 하는 것이 가장 좋다. 즉 투자한 각 기업 주식 의 가치를 평가하고 지분율에 따른 지분가치를 추정한 후 모회사 주식의 가치에 더한 다. 따라서 다른 기업 세 곳의 소수지분을 보유한 기업의 가치를 평가하려면 세 기업 의 주식 가치를 평가하고 각 지분율을 곱해 지분가치를 추정한 후 모회사의 주식 가 치에 더한다.

　손익계산서를 연결할 때는 앞서 다룬 방식으로 처리하기 전에 먼저 자회사의 이익 과 자산, 부채를 모회사의 재무제표에서 분리해야 한다. 그렇게 하지 않는다면 자회 사의 가치를 이중계산하는 오류에 빠진다.

　연결기업의 가치를 한 번에 평가하지 않는 이유가 궁금할 것이다. 물론 이 방법을

6　타 기업 지분을 50% 미만으로 유지해서 연결 요건을 피하는 기업도 있다.

택해도 무방할 뿐 아니라 정보의 부재로 인해 유일한 대안일 때도 있다. 별도 가치평가를 제시하는 이유는 모회사와 자회사가 자본비용이나 성장률, 재투자율 면에서 아주 다른 특성을 띨 수 있기 때문이다. 이러한 조건에서 결합기업의 가치를 평가하면 잘못된 결과를 얻는다. 또 다른 이유는 결합기업의 가치를 평가한 후 자회사 주식 중 모회사가 소유하지 않은 몫을 빼야 하는데, 자회사를 별도 가치평가하지 않고서는 계산할 방법이 마땅찮기 때문이다. 소수지분을 차감하는 기존 방식도 적합하지 않다는 점을 유념하라. 소수지분은 시장가치가 아니라 장부가액으로 표시되기 때문이다.

기업의 보유 지분 규모가 커질수록 가치 추정도 어렵다. 투자한 기업이 상장기업이라면 가치 추정치를 투자한 기업의 시장가치로 대체하는 방법도 고려할 만한 대안이다. 물론 이 과정에서 시장이 해당 기업의 가치평가에서 저지른 실수를 모회사의 가치평가에 끌어들이는 위험을 지게 되지만, 시간 효율적인 것은 분명하나.

비상장기업 지분의 가치 추정

비상장기업 지분을 보유한 상장기업의 가치평가 시 해당 비상장기업의 정보를 취득하기가 어렵다. 따라서 가능한 수준에서 제한적인 정보에 바탕을 두고 지분의 가치가 얼마인지를 추정해야 한다. 한 가지 방법은 (투자한 비상장기업과) 같은 업종 내 다른 기업 주식의 장부가액 대비 주가 배수를 추정한 후 비상장기업 지분에 적용하는 것이다. 예컨대 어느 제약사가 다섯 개 비상장 생명공학 기업에 투자한 지분(장부가액 총 5,000만 달러)의 가치를 추정해보자. 생명공학 기업 주식이 대개 장부가액의 10배 가격에 거래된다면 지분의 시장가치를 5억 달러로 추정할 수 있다.

이 접근법은 복잡한 지분에 관한 정보가 부족하거나 투자한 기업이 몹시 많을 때 개별 지분의 가치를 추정하는 방법으로 일반화할 수 있다. 이를 활용하면 12개 상장기업 지분을 보유한 일본 기업의 가치를 평가할 수 있다. 투자한 기업의 장부가액 합계에 장부가액 대비 주가 배수를 적용함으로써 상장기업 지분의 가치를 추정하면 된다.

[예시 16.6] 타 기업 지분 가치평가

세고비아 엔터테인먼트(Segovia Entertainment)는 광범위한 엔터테인먼트 사업을 영위한다. 당기 영업이익(EBIT)은 3억 달러였고 투하자본은 15억 달러였으며 총미상환부채는 5억 달러였다. 일부 영업이익(1억 달러)과 투하자본(4억 달러), 총미상환부채(1억 5,000만 달러)는 TV 방송국 세비야 텔레비전(Seville Television)에 투자한 지분에서 비롯했다. 세고비아는 세비야의 지분 51%만 보유하는데도 세비야의 재무제표는 세고비아의 완전 연결 대상이다.[7] 나아가 세고비아는 레코드 및 CD 회사인 라틴웍스(LatinWorks)의 지분 15%도 보유 중이다. 이 지분은 소수지분 소극적 투자로 분류했으므로 투자자산에서 비롯하는 배당이 세고비아의 순이익에 포함되지만 영업이익에는 포함되지 않는다. 라틴웍스의 당기 영업이익은 7,500만 달러였고 투하자본은 2억 5,000만 달러였으며 총미상환부채는 1억 달러였다. 이때 다음의 가정을 둔다.

■ 세비야나 라틴웍스 지분을 고려하지 않은 세고비아 엔터테인먼트의 자본비용은 10%다. 세고비아는 안정 성장 단계에 있고 영업이익은 영원히 연 5% 증가할 것이다(역시 타 기업 지분을 고려하지 않았다).
■ 세비야 텔레비전의 자본비용은 9%이고 안정 성장 단계에 있다. 영업이익은 영원히 연 5% 증가할 것이다.
■ 라틴웍스의 자본비용은 12%이고 안정 성장 단계에 있다. 영업이익은 영원히 연 4.5% 증가할 것이다.
■ 세 기업은 모두 유의미한 현금 및 유가증권을 보유하고 있지 않다.
■ 세 기업의 세율은 40%다.

다음 세 단계를 거쳐 세고비아 엔터테인먼트의 가치를 평가해보자.

1단계: 타 기업 지분을 고려하지 않고 세고비아 영업자산 중 주식의 가치를 평가한다. 먼저 연결 영업이익을 정제(cleanse)해야 한다(단위: 100만 달러).

$$\text{세고비아 영업자산에 의한 영업이익 = 연결 영업이익 - 세비야 영업이익} = 300 - 100 = 200$$
$$\text{세고비아 영업자산의 투하자본 = 연결 투하자본 - 세비야 투하자본} = 1,500 - 400 = 1,100$$
$$\text{세고비아 영업자산 중 부채 = 연결 부채 - 세비야 부채} = 500 - 150 = 350$$
$$\text{세고비아 영업자산의 투하자본이익률} = 200 \times (1 - 0.4)/1,100 = 10.91\%$$
$$\text{세고비아의 재투자율} = g/ROC = 5\%/10.91\% = 45.83\%$$
$$\text{세고비아 영업자산의 가치} = \frac{\text{EBIT}(1 - t)(1 + g)(1 - \text{재투자율})}{\text{자본비용} - g}$$
$$= \frac{200 \times (1 - 0.4) \times (1 + 0.05) \times (1 - 0.4583)}{0.10 - 0.05} = 1,365$$

---

7   미국에서는 자회사 지분율이 100%보다 낮아도 마치 100%인 것처럼 연결해야 한다. 반면 실제 지분율만큼 비례 연결하게 하는 일부 국가도 있다.

세고비아 영업자산 중 주식의 가치 = 세고비아 영업자산의 가치 – 세고비아 부채의 가치
$$= 1,365 – 350 = 1,015$$

2단계: 세비야 텔레비전 지분 51%의 가치를 평가한다.

세비야 영업자산에 의한 영업이익 = 100

세비야 영업자산의 투하자본 = 400

세비야의 부채 = 150

세비야 영업자산의 투하자본이익률 = $100 \times (1 – 0.4)/400 = 15\%$

세비야의 재투자율 = g/ROC = 5%/15% = 33.33%

세비야 영업자산의 가치 = $\dfrac{EBIT(1 – t)(1 + g)(1 – 재투자율)}{자본비용 – g}$

$$= \dfrac{100 \times (1 – 0.4) \times 1.05 \times (1 – 0.3333)}{0.9 – 0.05} = 1,050$$

세비야 주식의 가치 = 세비야 영업자산의 가치 – 세비야 부채의 가치

$$= 1,050 \quad 150 – 900$$

세고비아의 세비야 지분의 가치 = $0.51 \times 900 = 459$

3단계: 라틴웍스 지분 15%의 가치를 평가한다.

라틴웍스 영업자산에 의한 영업이익 = 75

라틴웍스 영업자산의 투하자본 = 250

라틴웍스 영업자산의 투하자본이익률 = $75 \times (1 – 0.4)/250 = 18\%$

라틴웍스의 재투자율 = g/ROC = 4.5%/18% = 25%

라틴웍스 영업자산의 가치 = $\dfrac{EBIT(1 – t)(1 + g)(1 – 재투자율)}{자본비용 – g}$

$$= \dfrac{75 \times (1 – 0.4) \times 1.045 \times (1 – 0.25)}{0.12 – 0.045} = 470.25$$

라틴웍스 주식의 가치 = 라틴웍스 영업자산의 가치 – 라틴웍스 부채의 가치

$$= 470.25 – 100 = 370.25$$

세고비아의 라틴웍스 지분의 가치 = $0.15 \times 370.25 = 55$

이제 세고비아 주식의 가치를 다음과 같이 계산할 수 있다(현금 잔액은 제로로 가정한다).

세고비아 주식의 가치
= 세고비아 영업자산 중 주식의 가치 + 세비야 지분 51%의 가치 + 라틴웍스 지분 15%의 가치
= 1,015 + 459 + 55 = 1,529

적어도 내재가치평가법에서는 이 값이 최선의 추정치다.

연결 재무제표를 활용해 세고비아의 자본비용을 가치평가에 적용하고, 소수지분과 타 기업 소수지분의 장부가치를 활용해 가치를 조정했다면 어떤 결과를 얻었을지 비교해보자. 세고비아와 세비야를 합쳐서 다음과 같이 평가했을 것이다.

$$\text{세고비아 연결 자산에 의한 영업이익} = 300$$
$$\text{세고비아 연결 자산의 투하자본} = 1{,}500$$
$$\text{연결 부채} = 500$$
$$\text{세고비아 영업자산의 투하자본이익률} = 300 \times (1 - 0.4)/1{,}500 = 12\%$$
$$\text{세고비아의 재투자율} = g/ROC = 5\%/12\% = 41.67\%$$
$$\text{세고비아 영업자산의 가치} = \frac{EBIT(1 - t)(1 + g)(1 - \text{재투자율})}{\text{자본비용} - g}$$
$$= \frac{300 \times (1 - 0.4) \times 1.05 \times (1 - 0.4167)}{0.10 - 0.05} = 2{,}205$$
$$\text{세고비아 주식의 가치} = \text{영업자산의 가치} - \text{연결 부채} - \text{세비야 소수지분} + \text{라틴웍스 소수지분}$$
$$= 2{,}205 - 500 - 122.5 + 22.5 = 1{,}605$$

세비야 소수지분의 가치는 다음과 같이 세비야 주식 장부가액의 49%로 계산했다.

$$\text{세비야 주식의 장부가액} = \text{세비야의 투하자본} - \text{세비야의 부채} = 400 - 150 = 250$$
$$\text{세비야 소수지분의 가치} = (1 - \text{모회사 지분율}) \times \text{세비야 주식의 장부가액} = (1 - 0.51) \times 250 = 122.5$$

라틴웍스 소수지분의 가치는 라틴웍스 주식의 장부가액, 즉 (투하자본에서 총미상환부채를 뺀) 1억 5,000만 달러의 15%로 계산했다. 이렇게 계산한 세고비아 주식의 가치가 만약 앞서 추정했던 가치(15억 2,900만 달러)와 똑같다면 순전히 우연에 불과하다.

두 방법의 중간에 해당하는 접근법도 있다. 연결 기업 가치(22억 500만 달러)에 소수지분과 타 기업 소수지분의 (장부가치가 아닌) 시장가치를 반영해 세고비아 주식의 가치를 얻는 것이다.

$$\text{세고비아 주식의 가치(시장가치 활용)}$$
$$= \text{연결 영업자산의 가치} - \text{연결 부채} - \text{세비야 소수지분의 시장가치} + \text{라틴웍스 소수지분의 시장가치}$$
$$= 2{,}205 - 500 - 0.49 \times 900 + 0.15 \times 370.25 = 1{,}320$$

이 값과 앞서 세 회사를 별도 가치평가해 도출한 값의 차이는 자본비용과 기대성장률의 차이에서 비롯한다.

이처럼 지분의 가치를 정확하게 평가하려면 상당량의 정보가 필요하다. 특히 비상장기업에 투자했다면 관련 정보를 얻기가 더 어렵다.

[예시 16.7] 타 기업 지분 가치평가: 실제 사례

예시 16.6에서는 모회사가 투자한 자회사에 관한 정보를 얻을 수 있어 각 지분의 가치를 별도 평가했지만, 현실에서는 가능하지 않거나 비효율적일 때가 있다. 2008년 5월 기준 한국 조선회사인 현대중공업과 2010년 5월 기준 타타 모터스를 통해 알아보자.

한국의 현대 그룹에 속한 현대중공업은 그룹 내 7개 기업의 지분을 보유 중이고 그중 4개는 상장기업, 나머지 3개는 비상장기업이다. 현대중공업은 2007년 재무제표에 표 16.3과 같이 자회사 지분의 장부가액을 보고했다(단위: 10억 원).

[표 16.3] 타 기업 지분: 현대중공업

타 기업 지분	장부가액
현대상선(현 사명은 HMM – 옮긴이)	380.00
현대자동차	355.00
현대엘리베이터	9.20
현대코퍼레이션	2.00
현대오일뱅크	329.80
현대삼호중공업	1,068.50
현대파이낸스	88.20
타 기업 지분 장부가액 합계	2,232.70

타 기업 지분의 시장가치를 추정하는 방법은 두 가지다. 먼저 상장기업에 관해서는 2008년 5월 기준 시가총액을 적용해 지분의 시장가치를 추정한다. 비상장기업은 같은 기초사업을 영위하는 한국 상장기업의 주가순자산배수를 적용해 지분의 시장가치를 추정한다(표 16.4).

[표 16.4] 현대중공업의 타 기업 지분 가치평가

상장기업 지분			
타 기업 지분	지분율	해당 기업의 시가총액	지분의 시장가치
현대상선	17.60%	4,806.00	845.86
현대자동차	3.46%	17,540.00	606.88
현대엘리베이터	2.16%	688.00	14.86
현대코퍼레이션	0.36%	602.00	2.17

비상장기업 지분			
	장부가액	섹터 PBR	지분의 시장가치
현대오일뱅크	329.80	1.10	362.78
현대삼호	1,068.50	1.80	1,923.30
현대파이낸스	88.20	1.10	97.02
타 기업 지분 시장가치 합계			3,852.87

따라서 현대중공업 영업자산의 DCF 가치에 더할 지분 가치는 장부가액 2조 2,330억 원이 아니라 시장가치 3조 8,530억 원이다.

타타 모터스의 타 기업 지분은 20개 이상 기업을 대상으로 하는 만큼 광범위하고 정보가 더 불투명하다. 그중 상장기업인 타타 스틸(Tata Steel)과 타타 케미컬(Tata Chemicals)의 가치는 시장가치 135억 7,200만 인도 루피와 2,430만 루피로 추정한다. 즉 두 기업 지분의 장부가액 합계 27억 100만 루피를 시장가치 합계인 135억 9,600만 루피로 대체한다. 타타 모터스는 이 외에도 장부가액 1,378억 7,500만 루피에 이르는 다수 기업의 지분을 보고했지만, 시장가치를 추정할 수 없었다. 따라서 타타 모터스의 타 기업 지분의 가치는 1,514억 7,100만 루피로 추정한다(단위: 100만 루피).

$$타타 모터스의 타 기업 지분 가치 = 13,596 + 137,875 = 151,471$$

얻을 수 있는 정보를 고려할 때 다른 선택지가 없지만, 이 추정치가 만족스럽지는 않다. 게다가 타타 모터스 전체의 가치에서 지분 가치가 거의 42%에 달하기에 더 우려스럽다. 타타 모터스의 영업자산 가치는 2,108억 3,200만 루피로 추정했다. 타타 모터스 주식을 매수하는 것은 타타 모터스(58%)뿐 아니라 타타 그룹(42%)에도 투자하는 것과 다름없다.

투명성의 가치

복잡한 지분 구조를 가진 기업이 보유 지분에 관해 투자자에게 설명하려고 노력하지 않을 때 발생하는 비용은 타 기업 지분을 확인하고 가치평가하는 과정에 어려움을 더한다. 실제로 많은 기업은 자사가 정확히 어떤 기업 지분을 보유하는지를 주식 투자자가 알기 어렵게 함으로써 과거 투자 결정이 현명했는지를 두고 문제를 제기하지 못하게 하는 전략을 채택한 듯하다. 이러한 기업의 시장가치는 당연히 숨겨둔 지분의 가치를 과소평가하기 마련이다.

미국이 아닌 국가의 기업은 자국 공시법이 미국만큼 엄격하지 않다는 핑계를 댄다. 하지만 공시법은 시장에 공개할 정보의 최대치가 아니라 최소치를 규정한다. 예컨대 인도의 소프트웨어 기업 인포시스(InfoSys)는 전 세계 기업을 통틀어 가장 유익한 재무제표를 공시한다. 그러한 투명성 덕분에 투자자는 회사 실적을 더 정확히 파악하고 경영진 의견을 경청하는 경향이 있기에 회사는 상당한 금전적 보상도 받았다.

타 기업 지분을 보유한 저평가 기업이 가치 증대를 위해 무엇을 할 수 있을까? 첫째, 투자자의 이해와 가치평가를 가로막는 복잡한 지분 구조를 타파한다. 둘째, 지분을 보유한 기업이 상장기업이든 비상장기업이든 관계없이 가능한 한 많은 정보를 투자자에게 공개하는 전략을 택한다. 셋째, 부정적인 소식을 보고할 때도 같은 전략을 고수한다. 긍정적인 정보의 공개에는 관대하지만 부정적인 정보에는 인색한 태도를 보이는 기업은 곧 정보 원천으로서 신뢰성을 잃을 것이다. 마지막으로 다른 모든 방법이 효과가 없다면 지분을 처분하거나 주주에게 배당하는 것도 고려해볼 만하다.

기타 비영업자산

기업은 이전 섹션에서 다뤘던 유형보다 중요도가 떨어지는 다른 비영업자산을 보유한다. 특히 현금흐름을 창출하지 않고 시장가치가 전혀 반영되지 않은 장부가액의 미사용자산을 보유하는 기업도 있다. 취득 후 평가 가치가 크게 상승했지만 현금흐름을 창출하지 못하는 최상급 부동산이 대표적이다. 과대적립된 연금에 관해서도 초과액을 주식 투자자 소유로 볼 수 있는지, 그렇다면 어떻게 가치에 반영되는지를 비롯해 해결할 문제가 있다.

미사용자산　DCF 모형의 강점은 자산이 창출할 기대현금흐름에 바탕을 두고 가치를 추정하는 데서 비롯한다. 하지만 최종 가치평가에서 상당한 가치를 지닌 자산을 무시하는 결과를 낳을 때도 있다. 예컨대 미개발 토지 한 구획을 보유한 기업이 토지 장부가액을 최초 취득원가로 기록했다고 하자. 이 토지는 분명 상당한 시장가치가 있지만 아직 현금흐름을 창출하지 않는다. 향후 토지 개발에 따른 기대현금흐름을 가치평가에 반영하지 않는다면 토지 가치는 최종 가치 추정치에서 배제된다.

미사용자산 가치를 기업 가치에 반영할 방법은 없을까? 우선 모든 미사용자산(적어도 가장 가치 있는 미사용자산) 목록을 작성한 후 각 자산의 시장가치를 추정한다. 해당 자산이 현시점 시장에서 얼마에 팔릴지를 알아보거나, 자산을 개발했을 때 창출되는 현금흐름을 예측한 후 적절한 할인율로 할인해서 추정치를 도출한다.

미사용자산을 기업 가치에 반영하면 정보 차원의 문제가 발생한다. 기업은 미사용자산을 재무제표에 공시하지 않기 때문이다. 투자자와 애널리스트가 관련 정보를 알아낼 때도 있지만, 대개 기업의 보유 자산 및 사용자산에 관한 정보에 접근할 수 있을 때만 드러날 것이다.

연금펀드자산　일부 기업의 연금펀드자산은 확정연금부채를 초과하는 규모일 때가 있다. 초과액은 분명 주식 투자자 소유이지만, 소유권을 주장하면 대개 납세의무가 발생한다. 과대적립된 연금을 처리하는 보수적인 방법은 초과액 회수에 따른 사회적·조세비용이 몹시 커서 실제로 시도하는 기업이 없으리라고 보는 것이다. 하지만 초과액 중 세금을 뺀 값만 가치평가에 더하는 것이 더 현실적인 접근법이다.

예컨대 연금펀드자산이 연금펀드부채보다 10억 달러 크다고 공시한 기업이 있다. 연금펀드에서 초과자산 인출 시 인출액의 세율은 50%(미국)이므로 기업 영업자산의 가치 추정치에 5억 달러를 더한다. 이 방법으로 세금 납부 후 기업이 보유할 초과액(초과자산의 50%)을 가치평가에 반영할 수 있다.

이중계산 금지　가치에 비영업자산을 반영할 때는 이중계산을 하면 안 된다는 간단한 규칙을 꼭 지켜야 한다. 다시 말해 자산이 창출하는 현금흐름을 가치평가에 반영한 후 자산 가치를 다시 더하면 안 된다. 예컨대 호텔을 가치평가할 때 호텔 운영에 따른 기대현금흐름의 현재가치에 부동산 자산의 가치를 더하면 안 된다. 특히 부동산 기반 기업은 기대현금흐름을 위험 조정 할인율로 할인한 기업 가치보다 부동산 가치가 훨씬 높을 때가 많아서 다소 까다로운 상황에 놓이게 된다. 투자자는 자산을 어떻게 사용할지 통제할 권한이 사실상 없으므로 현금흐름에 바탕을 둔 가치를 택할 때가 많다. 하지만 그러한 기업을 인수할 때는 사업에서 철수하고 보유 부동산을 매각할 계획이라면 부동산 가치와 현금흐름 기반 가치 중 더 높은 값을 택해도 된다.

이중계산 금지라는 규칙을 잘 지키면 회계상 대다수 자산을 영업자산으로 해석하는 결론에 이를 것이다. 영업권이나 브랜드 가치는 기업이 현금흐름을 창출하는 기반이므로 그 추정치를 내재가치에 더하는 것은 회계원칙에 어긋난다.

 cash.xls: 미국 기업의 업종별 현금과 유가증권의 가치를 요약한 엑셀 자료. (웹에서 다운로드 가능)

기업 가치와 주식 가치

영업자산과 현금 및 유가증권, 기업이 보유한 기타 비영업자산의 가치를 추정하면 세 요소를 합해서 기업 가치를 추정할 수 있다. 여기에서 주식 가치를 도출하려면 기업에 대한 비주주 청구권을 빼야 한다. 비주주 청구권은 부채와 우선주를 포함하는 개념이지만, 우선주는 재무제표에서 대개 자기자본으로 처리된다.

차감 대상 비주주 청구권

기업 가치에서 차감하는 부채액은 적어도 자본비용 계산에 적용한 부채액과 똑같은 수준이어야 한다. 따라서 자본비용을 계산하며 운용리스를 부채화했다면 영업자산 가치에서 운용리스의 부채 가치를 빼서 주식 가치를 추정한다. 평가 대상 기업에 우선주가 있다면 기업 가치에서 우선주 시가총액(상장주식)이나 시장가치 추정치(비상장주식)[8]를 빼서 보통주 가치를 도출한다.

재무제표상 부채에 표시되지 않지만 기업 가치에서 차감할 다른 청구권도 있다.

---

8   우선주의 시장가치를 추정하기는 비교적 간단하다. 우선주는 대개 영구우선주일 때가 많으므로 우선주 시장가치는 다음과 같이 추정한다.

- 소송에 따른 잠재적 부채: 분석 대상 기업이 수천만 달러의 배상금을 지급할 가능성이 있는 소송의 피고가 될 때가 있다. 그러한 일이 발생할 확률을 추정한 후 이를 활용해 잠재적 부채를 가늠해야 한다. 예컨대 분석 대상 기업이 피고로서 소송에서 패소할 확률이 10%이고 기대배상금이 10억 달러라면 기업 가치에서 1억 달러(= 패소 확률 × 기대배상금)를 빼야 한다. 수년 후에 잠재적 부채가 발생하리라고 예상한다면 현재가치를 계산해야 한다.

- 과소적립 연금 및 의료 혜택: 기업의 연금이나 의료 혜택이 큰 폭으로 과소적립되었다면 향후 의무를 다하기 위해 현금을 확보해야 한다. 이는 자본비용 계산 시 부채로 처리하지 않지만, 주식 가치를 도출하려면 기업 가치에서 빼야 한다.

- 이연법인세부채: 많은 기업의 재무제표에 등장하는 이연법인세부채는 해당 기업이 당기 법인세를 줄이고 미래 법인세를 늘리는 법인세 이연 전략을 택했다는 사실을 보여준다. 이번 섹션에서 다루는 세 항목 중 이연법인세부채의 정의가 가장 불분명하다. 이연법인세를 납부할 시점이 언제인지, 심지어 납부 기한이 있는지도 불분명하기 때문이다. 하지만 미래 언젠가는 이연법인세를 납부할 것이므로 무시해서는 안 된다. 따라서 기업의 성장률이 둔화된 후 상환할 채무로 다루는 것이 가장 합리적이다. 예컨대 분석 대상 기업이 10년 뒤 안정 성장 단계에 진입할 것으로 예상한다면 이연법인세부채를 10년 할인한 현재가치를 기업 가치에서 빼서 주식 가치를 도출한다.

미래 청구권은 어떻게 처리하는가?

분석 대상 기업의 이익 성장률을 예측할 때는 대개 부채 역시 증가한다고 가정한다. 그렇다면 현시점 주식 가치를 추정할 때 미래 부채발행액의 가치를 빼야 할까? 답은 '아니다'이다. 주식 가치는 현행 가치(current value, 측정일의 조건을 반영해 갱신된

$$우선주 \ 가치 = \frac{우선주 \ 배당}{우선주 \ 비용}$$

우선주 비용은 세전 부채비용보다 높아야 한다. 부채가 우선주보다 기업 현금흐름과 자산에 대한 선순위 청구권을 갖기 때문이다.

정보를 적용한 가치 - 옮긴이)이고, 미래 청구권은 현시점에 존재하지 않기 때문이다. 예 컨대 현재 부채가 없지만 안정 성장 단계에서 부채비율이 30%에 이를 것으로 예상 하는 기업이 있다. 5년 후 잔존가치가 100억 달러라고 추정한다면, 이 기업이 부채비 율을 30%로 높이기 위해 5년 후 30억 달러를 차입하리라고 암묵적으로 가정하는 것 과 같다. 부채비율이 높을수록 현시점 기업 가치에 더 큰 영향을 주지만, 현시점 주식 가치는 기업 가치에서 현행 부채(제로라고 가정했다)를 뺀 값이므로 아무런 영향을 받 지 않는다.

주식 기반 보상

기업은 직원 보상의 하나로 자사 주식을 주기도 한다. 2007년 이전에는 대부분 스 톡옵션 형태를 띠었는데 적어도 부여 시점에는 스톡옵션을 비용 인식하지 않아도 되 었기 때문이다. 하지만 2007년 이후에는 스톡옵션이 아니라 양도 제한 조건부 주식 형태가 더 많아졌다. 제한부 주식은 직원이 자사 주식을 받은 후 일정 기간 동안 거 래가 제한되는 특성을 띤다. 스톡옵션과 제한부 주식은 모두 직원이 '베스팅 기간 (vesting period)'이라고 부르는 의무 근무 기간 조항을 계약에 포함한다. 이번 섹션 에서는 과거 부여한 스톡옵션과 제한부 주식뿐 아니라 향후 부여할 주식 기반 보상을 다루는 방법을 살펴본다.

임직원 스톡옵션

기업은 스톡옵션을 활용해 임원뿐 아니라 다른 직원에게도 보상한다. 스톡옵션은 주당 가치에 두 종류의 영향을 미친다. 첫째, 임직원이 이미 취득한 스톡옵션이 미치 는 영향이다. 이때 행사가격이 주가보다 현저히 낮다면 잠재 옵션 행사를 대비해 자 기자본 일부를 확보해야 하므로 주당 가치를 낮춘다. 둘째, 직원에게 지급하는 보수 의 일부나 상여로 계속 활용하는 스톡옵션이 미치는 영향이다. 이때는 기존 주주 몫 의 미래 기대현금흐름이 감소한다.

기업이 경영진 보상 패키지에 스톡옵션을 활용하는 것은 그리 새로운 현상이 아니다. 1970~1980년대 많은 기업은 최고 경영진이 주주 관점에서 의사결정하도록 스톡옵션 기반 보상 패키지를 활용했다. 하지만 스톡옵션으로 인한 가치 하락 폭이 몹시 작아서 주당 가치를 판단할 때 고려하지 않아도 큰 문제가 없었다. 1990년대 들어 기술회사가 증가하고 이들의 시장가치가 대폭 상승하며 가치평가에서 스톡옵션을 처리하는 방법이 더욱 중요해졌다.

기술회사의 스톡옵션은 무엇이 다르기에 그러한 변화가 일어났는가? 첫째, 기술회사의 경영진 계약에서 스톡옵션이 차지하는 비중은 다른 기업보다 훨씬 크다. 둘째, 현금이 부족한 기술회사가 최고 경영진뿐 아니라 다른 직원에게도 스톡옵션을 부여한 결과 총발행옵션 수가 훨씬 증가했다. 셋째, 영업비용과 공급자 대금을 지불하기 위해 스톡옵션을 활용하는 소형 기술회사도 있다.

스톡옵션의 특징　기업은 직원 스톡옵션을 활용할 때 대개 행사 시점과 조건을 제한한다. 예컨대 직원에게 부여한 스톡옵션은 권리가 확정되기 전까지, 즉 베스팅(권리확정)되기 전까지는 행사 불가능한 것이 일반적이다. 따라서 직원은 스톡옵션 계약에 명시된 베스팅 기간에 근속해야 옵션을 행사할 수 있다. 기업이 제약을 두는 이유는 낮은 이직률을 원하기 때문인데 스톡옵션의 가치에도 영향을 미친다. 스톡옵션을 발행한 기업은 발행 당기에는 대개 세금 관련 결과를 고려할 필요가 없다. 하지만 스톡옵션이 행사되고 나면 해당 시점의 주가와 행사가격의 차액을 종업원 비용(employee expense)으로 인식하고 비용공제받을 수 있다.

스톡옵션 회계처리는 시간이 흐르며 발전해왔다. 2006년까지는 행사 시점에 스톡옵션을 비용처리하고 관련 세금도 처리했다. 재무회계기준(FAS) 123R이 발효하면서 이제 스톡옵션은 부여 시점에 옵션가격결정모형에 바탕을 둔 가치로 비용처리해야 한다. 덕분에 기업 가치평가 시 향후 발행할 스톡옵션의 가치를 반영하기가 수월해졌다(이번 섹션 후반부에 다룰 것이다).

미행사 스톡옵션 미행사 스톡옵션이 주당 가치에 영향을 미치는 이유는 무엇인가? 모든 스톡옵션이 영향을 미치지는 않는다는 점을 유념하라. 실제로 옵션거래소에서 발행해 상장된 스톡옵션은 대상 기업의 주당 가치에 아무런 영향을 미치지 않는다. 기업이 직접 발행한 스톡옵션은 머지않아 행사될 가능성이 있기에 주당 가치에 영향을 미친다. 옵션이 개인에게 주식을 미리 정한 가격에 살 수 있는 권리를 부여한다는 점을 고려할 때 스톡옵션은 주가가 행사가격보다 높을 때만 행사된다. 이때 기업이 가진 두 가지 선택지는 모두 기존 주주에게 부정적인 영향을 미친다. 먼저 스톡옵션 행사 수만큼 신주를 발행하는 방법이다. 이에 따라 유통주식 수가 증가하고 기존 주주 몫의 주당 가치가 하락한다.[9] 대신 영업활동 현금흐름으로 공개 시장에서 자사주를 매입해 스톡옵션 행사자에게 양도할 수도 있다. 그 결과 기존 주식 투자자 몫의 미래현금흐름은 감소하고 현시점 주식 가치가 훼손된다.

미행사 스톡옵션의 영향을 주당 가치에 반영하는 방법은 네 가지다. 하지만 첫 번째부터 세 번째 방법은 잘못된 가치 추정치를 도출한다.

완전희석 주식 수를 적용해 주당 가치를 추정한다 미행사 스톡옵션의 영향을 주당 가치에 반영하는 가장 간단한 방법은 주식 가치를 완전희석 주식 수, 즉 모든 스톡옵션이 오늘 행사되었을 때의 유통주식 수로 나누는 것이다. 단순하다는 장점이 있지만, 다음 두 가지 이유로 인해 몹시 낮은 가치 추정치를 도출할 가능성이 크다.

1. 이익을 올릴 수 있는 내가격(in-the-money) 상황에서 권리 확정된 스톡옵션이 아니라 모든 미행사 스톡옵션을 고려한다. 한편 이러한 조건을 반영해 유통주식 수를 조정한 변형 접근법도 있다.
2. 스톡옵션 행사에 따른 기대 행사대금은 기업 관점에서 현금 유입이지만 고려하

---

9   이는 유통주식 수의 증가를 뜻하는 '희석'과 구분되는 진정한 의미의 '희석'이다. 희석이 발행하는 이유는 스톡옵션 보유자만을 대상으로(즉 제삼자 배정 유상증자 - 옮긴이) 현행 주가보다 낮은 가격에 신주가 발행되기 때문이다. 반대로 모든 주주가 신주를 현행 주가보다 낮은 가격에 인수할 권리를 갖는 주주 배정 유상증자에서 발생하는 희석은 가치 중립적이다. 해당 주식은 더 낮은 가격에 거래되겠지만 모든 주주의 보유 수량도 늘기 때문이다.

지 않는다.

나아가 이 방법은 스톡옵션의 시간 프리미엄(time premium, 옵션 가격과 내재가치의 차이 - 옮긴이)을 가치평가에 반영하지 못한다.

미래 스톡옵션 행사 수량을 추정해 미래 희석 효과 반영 스톡옵션이 언제 행사될지 예측한 뒤 기업이 스톡옵션 행사 수량만큼 자사주를 매입하리라는 가정을 두고 행사와 관련된 기대현금흐름을 반영한다. 가장 큰 한계는 미래 주가가 얼마일지, 옵션이 언제 행사될지 추정해야 한다는 점이다. 가치평가의 목표가 현재 주가가 올바르게 책정되었는지 판단하는 것임을 고려할 때, 미래 주가를 예측해 현행 주당 가치를 추정하는 과정은 순환 추론처럼 보인다. 따라서 이 방법은 실용적이지 않을뿐더러 합리적인 가치 추정치를 도출하는 데도 그리 유용하지도 않다.

자기주식법 완전희석법의 변형으로 미행사 스톡옵션을 반영해 유통주식 수를 조정하지만 옵션 행사에 따른 기대 행사대금(행사가격×옵션 수)을 주식 가치에 더한다는 차이가 있다. 완전희석법과 마찬가지로 스톡옵션의 시간 프리미엄을 고려하지 않고, 사실상 베스팅을 반영하는 것이 불가하다는 한계가 있다. 자기주식법(treasury stock approach)은 대개 스톡옵션의 가치를 과소추정해서 결국 주당 가치를 과대추정한다.

자기주식법의 가장 큰 장점은 스톡옵션의 가치를 주당 가치에 반영하기 위해 미래 주당 가치나 주가를 고려할 필요가 없다는 것이다. 다음 네 번째 방법에 관한 논의에서 확인할 수 있듯이 주당 가치를 추정할 때 주가를 입력 변수로 둔다면 순환 추론에 빠진다(그래서 네 번째 방법을 권한다).

가치평가 바이블

[예시 16.8] 시스코의 스톡옵션 오버행: 완전희석법 대 자기주식법

시스코 시스템스는 설립 이래 지금까지 보상 패키지의 보완 차원에서 경영진 스톡옵션을 마음껏 활용해 왔다. 기업 인수 실패와 횡보하는 주가로 어려움을 겪었던 10년을 뒤로하고 2011년 5월 시스코 주식은 16.26달러에 거래되었다. 당시 유통주식 수는 55억 2,800만 주였고, 미행사 스톡옵션이 7억 3,200만 주였다고도 공시했다. 표 16.5는 각 스톡옵션의 행사가격과 만기를 보여준다(단위: 달러).

[표 16.5] 스톡옵션 수: 시스코

행사가격	스톡옵션 수(100만 주)	가중평균 만기(년)	가중평균 행사가격
0.01~15.00	71	2.50	10.62
15.01~18.00	137	3.18	17.38
18.01~20.00	177	2.90	19.29
20.01~25.00	188	4.26	22.48
25.01~35.00	158	6.02	30.63
> 35.00	1	0.61	54.22
계	732	3.94	21.39

먼저 DCF 모형으로 시스코의 기업 가치를 평가한 후 주식 가치를 총 1,133억 3,100만 달러로 추정했다. 이 추정치를 두 청구권자, 즉 보통주 주주와 옵션 보유자에게 배분해야 함을 유념하라.

완전희석법으로 가치를 추정하려면 주식 가치를 완전희석 주식 수로 나눈다(단위: 100만 달러, 100만 주).

$$\text{주당 가치} = \frac{\text{주식 가치}}{\text{보통주 주식 수} + \text{스톡옵션 수}} = \frac{113,331}{5,528 + 732} = 18.10(\text{달러})$$

스톡옵션 행사와 관련된 행사대금을 고려하지 않았을 뿐 아니라 당시 대다수 스톡옵션이 내가격 조건이 아니었기에 아주 보수적인 추정치임을 유념하라.

자기주식법에서는 모든 미행사 스톡옵션의 행사대금을 더하지 않고 내가격 조건에 있는 2억 800만 주의 옵션(현재 주가 16.26달러보다 낮은 0.01~15.00달러, 15.01~18.00달러 구간의 옵션 합계 - 옮긴이)만을 고려해 그 행사대금 31억 3,500만 달러를 더한다.

$$\text{주당 가치} = \frac{\text{주식 가치} + \text{기대 행사대금}}{\text{보통주 주식 수} + \text{내가격 스톡옵션 수}} = \frac{113,331 + 3,135}{5,528 + 208} = 20.30(\text{달러})$$

자기주식법은 내가격 옵션의 시간 프리미엄을 고려하지 않기에 주당 가치를 과대추정할 가능성이 크다는 점을 유념하라. 내가격 조건이 아닌 옵션까지 반영하면 자기주식법으로 추정한 주당 가치는 20.30달러보다 높을 것이다.

옵션가격결정모형을 활용한 가치평가　스톡옵션을 다루는 정확한 방법은 현재 주당 가치와 옵션의 시간 프리미엄을 고려해 현시점 스톡옵션의 가치를 추정하는 것이다. 이후 주식 가치에서 스톡옵션의 가치를 뺀 후 유통주식 수로 나누면 주당 가치를 얻는다.

$$주당 가치 = \frac{주식 가치 - 임직원 스톡옵션 가치}{보통주 유통주식 수}$$

하지만 스톡옵션의 가치를 평가할 때 네 가지 측정 문제를 마주하게 된다. 첫째, 미행사 스톡옵션 전부가 베스팅되지는 않았고, 이 중 일부는 영원히 그 상태가 지속할지도 모른다. 둘째, 스톡옵션의 가치평가에 사용할 주가와 관련된 문제다. 앞서 분명히 논했듯이 주당 가치는 가치평가 과정에서 입력 변수인 동시에 결괏값이기도 하다. 셋째, 세금 문제로서 기업은 스톡옵션 행사와 관련된 비용 일부를 공제받을 수 있기에 실제 행사 시 절세 혜택이 발생할 수 있다. 넷째, 비상장기업이나 상장 직전 기업과 관련된 문제다. 이들은 주가와 그 변동성 같은 옵션가격결정모형의 핵심 입력 변수를 얻을 수 없는데도 스톡옵션의 가치는 평가해야 한다.

✓베스팅을 다루는 방법　앞서 언급했듯이 기업이 직원에게 스톡옵션을 부여하면 대개 해당 직원이 기업에 일정 기간 근속해야만 스톡옵션이 베스팅된다. 따라서 기업이 발행한 스톡옵션은 베스팅된 옵션과 아직 베스팅되지 않은 옵션이 뒤섞여 있다. 베스팅되지 않은 옵션은 베스팅된 옵션보다 가치가 낮아야 하지만, 베스팅될 확률은 내가격 조건과 베스팅까지 남은 기간이 결정한다. 베스팅되기 전에 직원이 회사를 떠나며 스톡옵션을 포기할 가능성을 고려하는 옵션가격결정모형을 개발하려는 시도가 있었다.[10] 하지만 직원이 보유한 스톡옵션 규모가 클수록 옵션을 포기하는 일이 발생할 가

10　큐니(Cuny)와 조리온(Jorion, 1995)은 옵션을 포기할 가능성이 존재하는 상황에서의 옵션 가치평가를 연구했다.

능성은 당연히 작아진다. 카펜터(Carpenter, 1998)는 표준 옵션가격결정모형을 확장해 스톡옵션의 조기 행사와 포기를 반영하는 모형을 개발해서 경영진 스톡옵션의 가치평가에 활용했다.

✓*어떤 주가를 사용할 것인가?* 문제의 답은 언뜻 자명해 보인다. 거래되는 주식이기에 주가를 알 수 있다면 스톡옵션의 가치평가에 현행 주가를 활용하는 것이 당연해 보인다. 하지만 스톡옵션 가치평가를 통해 얻은 주당 가치는 시장가격과 비교해 주식의 저평가 및 고평가 여부를 판단하는 데 쓰인다. 따라서 현행 시장가격을 활용해 평가한 옵션 가치에 바탕을 두고 완전히 다른 주당 가치를 추정하면 일관성이 떨어진다.

물론 주당 가치 추정치를 활용해 스톡옵션의 가치를 평가하는 해결책이 있지만, 순환 추론을 일으킨다. 다시 말해 주당 가치를 추정하려면 옵션 가치가 필요한데, 옵션 가치를 추정하려면 주당 가치 추정치가 필요하다. 먼저 자기주식법으로 주당 가치를 추정한 후 옵션 가치와 교차해 추정하는 과정을 반복함으로써 적합한 주당 가치를 얻는 방법을 추천한다.[11]

관련된 문제가 하나 더 있다. 스톡옵션이 행사되면 유통주식 수가 증가하므로 주가에 영향을 미칠 수 있다. 전통적인 옵션가격결정모형에서는 옵션 행사가 주가에 영향을 미치지 않는다. 따라서 스톡옵션 행사의 희석 효과를 반영하려면 모형을 수정해야 하는데, 5장에서 워런트에 대해 조정한 것과 마찬가지로 현행 주가를 잠재 희석 효과에 대해 조정하면 간단하다.

다른 옵션의 가치평가는 어떻게 하는가?

이번 섹션에서는 특히 경영진 스톡옵션이 가치에 미치는 영향을 다뤘다. 하지만 이 논의는 기업이 발행한 다른 개별 주식 옵션에도 모두 적용된다. 특히 증자를 위해 발행한 워런트와 전환증

---

11 자기주식법을 활용해 도출한 주당 가치는 옵션가격결정모형에 주가로 적용한다. 이렇게 구한 옵션 가치를 활용해 새로운 주당 가치를 계산한 후 다시 옵션가격결정모형에 주가로 적용하는 과정을 반복한다.

권(전환사채와 전환우선주)의 전환 옵션 역시 보통주의 가치를 희석한다. 따라서 이러한 옵션의 가치만큼 주식 가치를 낮춰야 한다. 하지만 워런트와 전환 옵션은 시장에서 거래되므로 대개 경영진 스톡옵션보다 가치평가하기가 수월하다. 워런트와 전환 옵션의 시장가치를 가치 추정치로 사용하면 된다.

[예시 16.9] 경영진 스톡옵션의 가치평가: 시스코 시스템스

예시 16.8에서 (주당 가치를 과소추정하는) 완전희석법과 (주당 가치를 과대추정하는) 자기주식법을 통해 시스코 시스템스의 주당 가치를 추정했다. 나아가 부정확한 추정을 바로잡기 위해 실제 주가(16.26달러)와 평균 행사가격(21.39달러), 가중평균 만기(3.94년), 주가의 추정 표준편차(40%)에 바탕을 두고 미행사 스톡옵션 7억 3,200만 주의 가치를 평가했다. 같은 입력 변수와 블랙-숄스 모형(희석 조정)을 활용해 7억 3,200만 주에 이르는 옵션의 가치가 주당 2.96달러로 총 21억 6,500만 달러에 이른다고 추정했다(모형에 시스코의 배당수익률 1.48%를 반영했다. 세부 사항은 5장을 참고하라).

이에 따라 DCF 모형으로 도출한 주식 가치 1,133억 3,100만 달러에서 다음과 같이 주당 가치를 계산할 수 있다(단위: 100만 달러).

주식 가치	113,331
스톡옵션 가치	2,165
보통주 가치	111,166
÷ 보통주 주식 수(100만 주)	5,528
주당 가치(달러)	20.10

옵션 가치를 고려해서 완전희석법보다는 높고 자기주식법보다는 낮은 주당 가치 20.10달러를 도출했다. 2011년 5월 당시 주가 16.26달러보다 꽤 높은 수준이었다.

시스코의 스톡옵션 가치평가에서 주당 가치 추정치가 아니라 현행 주가를 사용했음을 유념하라. 대신 주당 가치 추정치를 사용했다면 계산 과정을 반복해야 한다. 옵션 가치는 주당 가치에 영향을 미치고, 주당 가치는 옵션 가치에 영향을 미치기 때문이다. 이 과정을 반복하면 스톡옵션의 세후 가치가 23억 6,700만 달러로 상승하고 주당 가치는 20.00달러로 하락한다.

미래 스톡옵션 기존 주식 투자자에게 현시점 미행사 스톡옵션이 미래 희석이나 현금 유출을 뜻하는 것처럼 미래 스톡옵션은 미래 연도의 유통주식 수를 늘려 주당 가치에 영향을 미친다. 이러한 잠재 희석을 DCF 모형의 잔존가치처럼 여기는 편이 가장 좋다. 이전 장에서 다뤘듯이 잔존가치를 할인해서 현시점 유통주식 수로 나누면 주당 가치를 얻는다. 하지만 미래에 스톡옵션을 발행하면 종료 연도의 유통주식 수가 증가하므로 기존 주식 투자자에게 귀속되는 잔존가치 비중이 작아진다.

미래 스톡옵션과 가치 스톡옵션 관련 회계기준이 바뀐 2006년 이전에는 미래에 발행할 스톡옵션이 미칠 영향을 가치평가에 반영하려면 우선 발행 스톡옵션을 비용 처리해 이익을 조정해야 했다. 하지만 지금은 스톡옵션을 부여 시점에 비용처리하는 것이 원칙이므로 이익을 조정하지 않아도 된다.

그러나 미래 이익을 예측할 때 스톡옵션 비용이 어떻게 될지도 같이 예측해야 한다. 일반적으로 매출이 작은 신생기업 단계에서는 매출과 비교해 주식 기반 보상이 높은 비율을 차지한다. 규모를 확대해 비즈니스 모델이 작동하기 시작하면 주식 기반 보상에서 벗어나 현금 보상을 택하는 기업이 많다. 따라서 매출과 비교해 보상 비용도 비율이 낮아질 것이다. 아니면 업종 평균 보상 비용 비율을 적용해 목표 영업이익률 계산에 반영하는 방법도 있다.

미국회계기준(GAAP)과 국제회계기준(IFRS)은 2007년 이후 스톡옵션에 관한 회계처리 방식이 유사해졌다. 두 기준은 모두 행사 시점이 아니라 부여 시점에 옵션을 비용처리하도록 규정한다(2007년 이전에는 행사 시점에 비용처리하는 것이 관행이었다). 이에 따라 기업의 현행 영업비용은 당기 부여한 스톡옵션의 가치를 포함한다. 시간이 흐르며 영업이익률이 변하지 않는다고 하면 기업이 (매출 대비 비율 기준으로) 현재와 똑같은 속도로 스톡옵션을 부여하리라고 암묵적으로 가정하는 것이다. 영업이익률이 업종 평균을 향해 점진적으로 상승한다고 하면 기업이 (매출 대비 비율 기준으로) 업종 내 다른 기업과 똑같은 수준으로 옵션을 부여한다고 가정하는 것이다. 시스코 가치평가 예시에서 현행 이익률이 미래에도 변하지 않으리라고 가정했으므로 현행 매출 대비 스톡옵션 비율 역시 미래에도 변하지 않아야 한다.

warrants.xls: 이 스프레드시트를 이용하면 희석 효과를 반영해 미행사 스톡옵션의 가치평가를 할 수 있다. (웹에서 다운로드 가능)

양도 제한 조건부 주식

2006년 스톡옵션 회계처리 변경은 주식 기반 보상의 형태에도 영향을 미쳤다. 특히 고성장하는 신생기업일수록 직원에게 주식으로 보상하지만, 2006년 이후 스톡옵션이 아니라 양도 제한 조건부 주식을 활용하는 기업이 늘었다. 가치평가 관점에서는 일이 훨씬 수월해졌다. 임직원 스톡옵션보다는 제한부 주식을 가치평가하기가 훨씬 간단하기 때문이다. 스톡옵션과 마찬가지로 제한부 주식도 과거 이미 부여한 유형과 미래에 발행할 유형으로 나누어 살펴보자.

과거 발행한 제한부 주식   직원에게 제한부 주식을 발행하는 정책을 두는 기업은 시간이 흐르며 제한부 주식 수도 늘어나고 베스팅 조건도 다양해진다. 기업 가치평가에서 제한부 주식을 다루는 접근법은 크게 세 가지다.

1. 베스팅된 제한부 주식만 고려: 주식 가치를 평가한 후 베스팅된 제한부 주식만 더한 주식 수로 나눈다.

$$주당 가치 = \frac{보통주\ 주식\ 가치}{보통주\ 주식\ 수 + 베스팅된\ 제한부\ 주식\ 수}$$

미래에 베스팅될 제한부 주식 수가 어느 정도인지에 따라 주당 가치의 고평가 수준이 달라진다.

2. 모든 제한부 주식을 고려: 주식 가치를 평가한 후 모든 제한부 주식을 더한 주식 수로 나눈다.

$$주당 가치 = \frac{보통주\ 주식\ 가치}{보통주\ 주식\ 수 + 총\ 제한부\ 주식\ 수}$$

미래에 베스팅되지 않을 제한부 주식 수가 어느 정도인지에 따라 주당 가치의 저평가 수준이 달라진다.

3. 이미 베스팅되었거나 향후 베스팅될 제한부 주식을 고려: 주식 가치를 평가한 후 이미 베스팅된 제한부 주식과 향후 베스팅될 것으로 예상하는 제한부 주식을 더한 주식 수로 나눈다.

$$\text{주당 가치} = \frac{\text{보통주 주식 가치}}{\text{기발행주식 수} + \text{기대 베스팅 제한부 주식 수}}$$

결국 베스팅되지 않을 제한부 주식이 방대할 때 가장 논리적으로 완전한 접근법이지만 임직원이 베스팅 기간까지 계속 근무할지 판단하는 과제가 따른다.

대다수 가치평가에서는 두 번째 방법을 택해 모든 제한부 주식을 고려할 것이다. 여기에는 아직 베스팅되지 않은 주식을 상당수 보유한 임직원이 베스팅 기간까지 근속하리라는 가정이 깔려 있다.

제한부 주식을 두고 비유동성 할인을 적용해야 한다고 주장하는 애널리스트도 몇몇 있다. 하지만 상장기업이라면 임직원이 주식을 유통시장에서 거래하지 않고도 베스팅된 제한부 주식을 현금화할 방법이 있으므로 추가 할인할 필요는 없다고 본다.

미래 제한부 주식 발행 기업이 미래에도 임직원 보상 방법으로 제한부 주식을 계속 활용할 것으로 예상한다면 미래에 발행할 옵션을 다루는 방법과 같은 논리가 적용된다. 즉 현행 회계기준에서는 직전 회계연도 이익에 해당 기간에 부여한 제한부 주식의 영향이 이미 반영되었다는 사실을 유념하라.

향후 발행할 제한부 주식이 미래 이익에 미칠 영향을 이해하기 위해서는 평가 대상 기업이 속하는 생애주기 단계에 초점을 두라. 신생기업이라면 매출이 증가하면서 매출 대비 제한부 주식 비율이 하락하고 영업이익률이 상승할 것이다. 더 성숙한 기업이라면 임직원 보상 비용이 매출 대비 비중 기준으로 현 수준을 유지한다고 가정하는 것이 합당하다. 주식이 아니라 현금으로 지급하는 등 임직원 보상 방식이 변하더라도 가치에는 영향을 미치지 않는다.

[예시 16.10] 주식 기반 보상을 고려한 가치평가: 테슬라(2024년 1월)

■ 2024년 1월 테슬라의 주식 가치는 6,353억 2,000만 달러로 추정했다. 테슬라가 자동차뿐 아니라 소프트웨어와 에너지 섹터로 확장하리라는 성장 스토리를 반영한 결과다.

■ 가치평가 시점에 보통주 주식 수는 31억 7,400만 주였지만 제한부 주식이 1,910만 주 있었다.

■ 여기에 더해 미행사 스톡옵션이 3억 4,400만 주 있었고 평균 행사가는 35.11달러, 잔여 만기는 4.31년이었다. 현행 시장가격 주당 182.58달러에 표준편차 40%를 적용해 미행사 스톡옵션 가치를 517억 6,000만 달러로 추정했다.

주당 가치는 미행사 스톡옵션과 제한부 조건에 대해 조정해 다음과 같이 구한다(단위: 10억 달러, 10억 주).

주식 가치	635.32
− 미행사 스톡옵션 가치	51.76
보통주 주식 가치	583.56
÷ 주식 수	3.1931
주당 가치(달러)	182.76

여기에는 일론 머스크가 2017년에 받은 대형 스톡옵션 중 행사 조건(시가총액이 특정 목표치에 도달해야 한다)을 충족하지 않은 옵션이 포함되어 있지 않다. 물론 그 가치가 제로는 아니지만 가치평가 시점에 델라웨어 법원이 해당 옵션 부여를 무효화하는 판결을 내렸다.

주식 기반 보상을 둘러싼 편법

주식 기반 보상을 부여 시점의 행사 가치가 아닌 옵션 가치로 비용처리하는 회계는 올바른 방법이지만 애널리스트와 기업 사이에서는 정반대 관행을 통해 회계의 영향을 상쇄하려고 노력해왔다.

■ 주식 기반 보상 이익을 더해 조정 이익과 EBITDA를 내놓는 관행을 반복하는 회사가 많다. 주식 기반 보상은 현금 비용이 아니기에 잉여현금흐름을 도출하려면 마치 감가상각비처럼 다시 더해야 한다는 논리다. 하지만 주식 기반 보상은 감가상각비와 달리 비현금 비용이 아니라 현물 비용이기에 틀린 주장이다. 임직원 보상 방법으로 지분을 떼어주면 가치도 이전하므로 이익에서 그만큼을 덜어내야

한다. 이렇게 생각해보자. 회사가 임직원에게 지급하려던 스톡옵션과 제한부 주식을 대신 발행시장에 내놓은 후 현금 잔액으로 임직원을 보상한다면 당연히 현금 비용으로 인식했을 것이다.

■ 경영진과 애널리스트는 스톡옵션이 행사될지 불확실하기에 주식 가치 계산 시 스톡옵션 가치를 차감하는 것은 경솔한 조처라고 주장한다. 하지만 옵션가격결정모형으로 스톡옵션 가치를 추정하지 않고 그냥 가치가 제로라고 가정하는 것이 훨씬 위험하기에 이 주장도 일리가 없다. 오히려 옵션가격결정모형은 주식 투자자가 미래에 부닥칠 희석 위험의 확률 조정 현재가치를 반영한다.

■ 미래에 스톡옵션이 행사된다면 주식 수를 조정할 수 있으므로 스톡옵션을 무시해도 된다는 주장이 있다. 문제는 미래 연도의 주식 내재가치를 추정한 후 현시점 내재가치를 추정하는 내재가치평가법의 특성상 헤어나올 수 없는 반복에 빠진다는 것이다.

주식 기반 보상 비용을 다시 더해 이익을 늘리는 조정은 가치를 과대추정하는 결론을 낳을 수밖에 없고 신생기업일수록 더 왜곡될 것이다. 워런 버핏의 말을 살짝 바꾸어 인용하면, 경영진 스톡옵션이 임직원 보상이 아니라면 과연 정체가 무엇인가? 임직원 보상이 영업비용이 아니라면 도대체 무엇이란 말인가?

차등의결권 구조에서의 주당 가치

주식 가치를 유통주식 수로 나눌 때는 모든 주식의 의결권이 똑같다는 가정이 깔려 있다. 하지만 종류주식별 의결권이 서로 다른 기업이라면 차이를 반영해 더 많은 의결권을 가진 종류주식에 더 높은 주당 주식 가치를 부여해야 한다. 총 주식 가치는 변하지 않는다는 점을 유념하라. 예컨대 어떤 기업의 주식 가치가 5억 달러이고 유통주식 수가 5,000만 주라고 하자. 이 중에서 2,500만 주는 의결권이 있고 나머지 2,500만 주는 의결권이 없다. 나아가 의결권주가 무의결권주보다 10% 높은 가치를 갖는다고도 가정하자. 이때 주당 가치는 다음과 같다(단위: 100만 달러, 100만 주).

$$무의결권주의 주당 가치 = \frac{500}{25 \times 1.10 + 25} = \frac{500}{52.5} = 9.52(달러)$$
$$의결권주의 주당 가치 = 9.52 \times 1.10 = 10.48(달러)$$

이때 가치평가 차원에서 발생하는 핵심 문제는 무의결권주에 적용할 할인 또는 의결권주에 적용할 프리미엄을 어떻게 추정할 것인지다.

의결권주 대 무의결권주

의결권주에 얼마만큼 프리미엄을 적용해야 하는가? 두 가지 선택지 중 첫 번째는 그동안 의결권주에 적용된 프리미엄 규모에 관한 실증적인 연구를 검토한 후 모든 의결권주에 적용하는 방법이다. 리스(Lease)와 맥코널(McConnell), 미켈슨(Mikkelson)은 보통주가 두 가지 종류주식으로 이루어진 26개 기업을 연구(1983)한 결과 의결권주가 무의결권주와 비교해 프리미엄이 붙은 가격에 거래되었다고 결론 내렸다.[12] 프리미엄은 평균 5.44%가량이었고, 데이터가 존재하는 기간의 88%에서 의결권주가 무의결권주보다 높은 가격에 거래되었다. 하지만 의결권 우선주가 존재했던 4개 기업에서는 의결권 보통주가 무의결권주보다 평균 1.17% 할인된 가격에 거래되었다.

다른 방법은 가치평가 대상 기업에 따라 프리미엄도 차등을 두는 것이다. 의결권은 주주에게 기업 경영에 관해 발언할 권리를 부여하기에 가치가 있다. 예컨대 재임 중인 경영진을 해임하고, 경영 방침을 바꾸도록 경영진을 압박하며, 적대적 인수합병을 시도하는 주체에 지분을 양도하는 등 의결권주가 차이를 만든다면, 그 가격은 기업 경영 방식에 변화를 일으킬 가능성을 반영할 것이다.[13] 무의결권주 주주는 그러한 의사결정에 참여할 수 없다.

무의결권주와 의결권주의 가치 추정은 다음 네 단계로 이루어진다.

---

12 두 종류주식의 배당금은 똑같았다.
13 비의결권주 주주의 권리가 보호되는 일부 사례도 있다. 예컨대 기업 인수 시 인수 제안자가 비의결권주도 모두 인수하게 의무화하는 조항(태그얼롱(tag along) 또는 공동매도참여권 – 옮긴이)이 포함되기도 한다.

1. 기존 경영진 체제(현상 유지)에서 기업 가치를 평가한다. 즉 현재 투자와 자본조
   달, 배당 정책이 (비록 최적점이 아니더라도) 계속된다고 가정한다.
2. 위 현상 유지 가정에서의 가치를 총주식 수(의결권주 수와 무의결권주 수의 합)로
   나눠 무의결권주의 주당 가치를 계산한다.

$$\text{무의결권주의 주당 가치} = \frac{\text{현상 유지 가치}}{\text{의결권주 수 + 무의결권주 수}}$$

3. (추정컨대 더 나은) 신규 경영진 체제에서 기업 가치를 평가한다(최적 가치). 이때
   기업의 투자 규모와 효과성, 자본구조상 적정 부채비율, 주주 대상 현금 환원 규
   모 등을 다시 판단해야 한다.
4. 기업 경영진에 변화가 일어날 가능성($\pi_{변화}$)을 추정한 후 신규 경영진 체제에서의
   기대가치를 의결권주 수로 나눈다.

$$\text{의결권주의 주당 경영권 프리미엄} = \frac{\pi_{변화} \times (\text{최적 가치} - \text{현상 유지 가치})}{\text{의결권주 수}}$$

의결권주의 주당 가치는 무의결권주의 주당 가치에 경영권 프리미엄을 더한 값이
다. 따라서 의결권주의 주당 가치는 대상 기업의 경영이 얼마나 형편없는지(경영이 형
편없을수록 경영권 프리미엄이 커진다)와 기업 경영진에 변화가 일어날 가능성이 얼마인
지(가능성이 클수록 경영권 프리미엄이 커진다)에 따라 달라진다.

[예시 16.11] 의결권주와 무의결권주의 가치 추정: 아드리스 그루파

아드리스 그루파(Adris Grupa)는 크로아티아 담배회사로서 타 기업 지분도 보유하고 있다. 2010년 6월 회
사의 현상 유지 가치와 최적 가치를 추정해보자.

■ 현상 유지 주식 가치는 54억 8,400만 크로아티아 쿠나였다. 이 가치를 추정할 때 계속해서 자기자본으
  로 대다수 자본을 조달하고(2010년 부채비율은 2.6%였고 자본비용은 10.55%였다), 공격적인 투자전략
  을 지속하리라고 가정했다(자본이익률은 9.69%였고 2009년 영업이익의 70.83%를 재투자해서 성장률
  은 6.86%였다).
■ 최적 주식 가치는 57억 2,600만 쿠나였다. 이 가치를 추정할 때 더 높은 부채비율(10%)을 적용했기에

다소 낮은 자본비용(10.45%)을 가정했다. 또한 회사의 재투자율 70.83%가 지속하리라고 가정했기에 자본이익률(10.45%)이 자본비용과 똑같았다.

의결권주 수는 961만 6,000주, 무의결권주 수는 674만 8,000주다. 무의결권주의 주당 가치는 현상 유지 가치를 총주식 수로 나누어서 계산한다(단위: 100만 크로아티아 쿠나, 100만 주).

$$\text{무의결권주의 주당 가치} = 5,484/(9.616 + 6.748) = 335.13(\text{쿠나})$$

의결권주의 주당 가치는 경영진에 변화가 일어날 확률 30%를 적용해서 경영권 프리미엄을 추정한 후 계산한다.

$$\text{의결권주의 주당 경영권 프리미엄} = (5,726 - 5,484) \times 0.30/9.616 = 7.55(\text{쿠나})$$
$$\text{의결권주의 주당 가치} = 335.13 + 7.55 = 342.68(\text{쿠나})$$

결론

비영업자산의 가치를 기업 가치에 반영하는 것은 아주 간단할 때도 있고(현금 및 현금성 투자), 몹시 복잡할 때도 있지만(타 기업 지분) 원칙은 똑같다. 이러한 비영업자산의 공정가치를 추정한 후 가치평가에 반영하는 것이 목표다. 앞서 살펴봤듯이 비영업자산을 영업자산에서 분리해서 가치평가하는 것이 대개 나은 방법이지만, 정보의 부재로 인해 불가능할 때도 있다.

스톡옵션의 존재와 미래 스톡옵션 발행 가능성으로 인해 주식 가치에서 주당 가치를 계산하는 과정이 복잡해진다. 가치평가 시점의 미행사 스톡옵션을 다루는 방법은 네 가지다. 가장 간단한 방법은 주식 가치를 완전희석 유통주식 수로 나누어서 주당 가치를 추정하는 것이다. 이 방법은 스톡옵션 행사에 따른 기대 행사대금뿐 아니라 옵션의 시간 프리미엄도 고려하지 않는다. 미래 잠재적인 스톡옵션 행사를 예측해서 주당 가치에 미치는 영향을 추정하는 두 번째 방법은 수고스러울 뿐 아니라 제대로 된 결과를 얻을 가능성도 없다. 자기주식법은 스톡옵션 행사에 따른 기대 행사대금을 주식 가치에 더한 후 완전희석 유통주식 수로 나눠 주당 가치를 얻는다. 이 방법은 옵션 행사에 따른 기대 행사대금을 고려하기는 해도 여전히 옵션의 시간 프리미엄은 고려하지 않는다.

추천하는 방법은 옵션가격결정모형을 활용해 스톡옵션의 가치를 평가한 후 주식 가치에서 뺀 값을 보통주 유통주식 수로 나눠서 주당 가치를 도출하는 것이다. 옵션 가격결정모형은 대개 현행 주가를 사용하지만, DCF 가치평가를 통해 추정한 주당 가치로 대체하면 더 일관성 있는 추정치를 얻을 수 있다.

미래 스톡옵션에 관해서는 매출 대비 비율 척도를 활용해 비용 항목으로 스톡옵션을 추정해야 한다. 미래에 더 많은 스톡옵션을 부여하리라고 예상되는 기업의 이익과 현금흐름은 감소하기 마련이고, 이에 따라 가치도 하락한다.

주당 가치를 추정한 후 차등의결권 구조를 반영해 조정해야 할 때도 있다. 상대적으로 높은 의결권이 부여된 종류주식은 의결권이 낮거나 없는 종류주식과 비교해 프리미엄이 붙은 가격에 거래될 것이다. 프리미엄은 경영이 형편없는 기업에서 높고 경영이 훌륭한 기업에서는 낮다.

연습문제 별도 표기가 없으면 주식 위험 프리미엄은 5.5%로 한다.

1 ABV 주식회사의 이자 및 세금 차감 전 이익은 2.5억 달러이며, 향후 연간 5%의 성장이 예상되고 세율은 40%이다. 자본비용은 10%, 재투자율은 33.33%, 발행주식은 2억 주이다. 이 회사의 현금 및 시장성 유가증권이 5억 달러이고 부채가 7.5억 달러인 경우, 주당 자기자본의 가치를 구하라.

2 ABV가 5,000만 주에 대한 미발행 옵션이 있고 각 옵션의 가치가 5달러라고 한다면, 이전 문제의 답은 어떻게 바뀌는가?

3 이전 문제에서 5,000만 개 옵션의 평균 행사가격이 6달러라고 들었다. 자기주식법을 사용하여 ABV의 주당 가치를 구하라.

4   LSI 로직의 발행주식은 10억 주이며, 주당 25달러에 거래되고 있다. 또한 50억 달러의 부채가 있다. 자기자본비용은 12.5%이고 세후 부채비용은 5%이다. 이 회사의 미지급 현금이 30억 달러이고 기업 가치가 적정하다고 가정할 때, 이 회사가 현재 연도에 벌어들인 영업이익이 얼마인지 구하라. (자본이익률은 15%, 세율은 30%, 이익은 매년 6%씩 영구성장한다.)

5   라바 램프는 지난해 이자 및 세금 차감 전 이익이 8억 달러였다. 회사는 이제 막 제너럴 램프의 지분 50%를 인수했는데, 지난해 이자 및 세금 차감 전 이익이 4억 달러였다. 라바 램프가 과반수 지분을 보유하고 있기 때문에 두 회사의 전년도 손익계산서를 연결하라는 요청을 받았다.

    a.   연결 손익계산서에서 이자 및 세금 차감 전 이익은 얼마인가?

    b.   두 회사가 안정적으로 5%씩 이익이 성장하고, 자본비용이 10%이며, 세율이 40%, 자본이익률이 11%라고 하자. 라바 램프의 지분가치를 구하라.

    c.   제너럴 램프의 자본비용이 9%이고 자본이익률이 15%라면 앞의 질문에 대한 답이 어떻게 달라지는가?

6   생명공학회사인 게놈 사이언스는 작년에 3억 달러의 세후 영업이익을 기록했다. 이 이익은 앞으로도 매년 6%씩 성장할 것으로 예상되며, 재투자율은 40%이고, 자본비용은 12%이다. 게놈은 또 다른 상장기업인 진 테라피스 주식의 10%도 소유하고 있다. 진 테라피스의 발행주식은 1억 주이며, 주당 50달러에 거래되고 있다. 게놈의 부채가 8억 달러라 할 때, 이 회사의 주당 주식가치를 구하라. (게놈의 발행주식은 5,000만 주이다.)

7   페더즈 아시아 폐쇄형 펀드는 시가 10억 달러 규모의 아시아 증권을 보유한 폐쇄형 주식형 펀드이다. 지난 10년간 이 펀드는 연 9%의 수익률을 기록했는데, 이는 아시아에 투자하는 인덱스펀드의 수익률보다 3% 낮은 수준이다. 향후 연간 수익률은 이 펀드와 전체 인덱스펀드 각각이 과거에 기록한 것과 비슷한 수준일 것으로 예상한다.

    a.   펀드가 성장하지 않고 영구적으로 투자한다고 가정하자. 펀드가 얼마나 할인되어 거래될 것으로 기대하는가?

    b.   펀드가 10년 후에 청산될 것으로 예상한다면 답이 어떻게 달라지겠는가?

8   기술회사인 시스템 로직 주식회사에 대한 다른 애널리스트의 가치평가를 검토해달라는 요청을

받았다. 그 애널리스트는 회사의 주당 가치를 11달러로 평가했고, 거래되는 가격은 12.50달러였다. 한편 이 애널리스트는 자기자본의 가치를 완전히 희석된 140만 주의 발행주식 수로 나누었다. 수치를 검토한 결과 실제 발행주식은 100만 주에 불과하고 나머지 40만 주는 옵션임을 발견했다. 이 옵션의 평균 만기는 3년, 평균 행사가격은 5달러이다.

a. 자기주식법을 사용하여 주당 가치를 정정하라.

b. 주가의 표준편차가 80%인 경우, 옵션가격결정모형(현재의 주가 적용)을 사용하여 주당 가치를 정정하라.

c. 새로 구한 주당 가치를 사용하여 옵션 가치를 재산정하면 주당 가치는 증가하는가, 감소하는가? (b에서 구한 주당 가치를 옵션가격결정모형에 다시 넣어서 옵션 가치를 구하고, 이를 바탕으로 주당 가치를 구하면, 기존의 b에서 구한 결괏값 대비 어떻게 달라질지 묻는 질문. 여러 번 반복할수록 주당 가치는 어떤 값으로 수렴한다 – 옮긴이)

17장
상대가치평가의 기본 원칙

 현금흐름할인법(DCF)에서 가치평가의 목표는 자산의 현금흐름과 성장률, 위험 특성을 고려해 가치를 판단하는 것이다. 상대가치평가는 대상 자산과 유사한 자산에 대해 현재 시장이 책정한 가격에 바탕을 두고 가치를 평가하는 목표를 둔다. 배수는 사용하기가 간편하고 직관적인 동시에 오용의 가능성도 크다. 그래서 이번 장에서 배수를 올바르게 사용하고 있는지 확인할 몇 가지 검증 방법을 알아본다.

 상대가치평가에는 두 가지 요소가 있다. 첫째, 상대적 기준에서 자산의 가치를 평가하기 위해서는 가격을 표준화해야 한다. 대개 가격을 이익이나 장부가액, 매출 대비 배수로 전환하는 과정을 거친다. 둘째, 유사 기업을 찾는다. 하지만 완전히 똑같은 기업은 존재하지 않고 같은 사업을 하는 기업도 위험과 성장 잠재력, 현금흐름 척도에서 상당히 다를 수도 있으므로 말처럼 쉽지 않다. 따라서 여러 기업의 가격을 비교할 때는 이러한 차이를 통제할 방법이 아주 중요하다.

상대가치평가의 활용

상대가치평가는 광범위하게 활용된다. 대다수 주식 리서치 보고서와 기업 인수 가치평가는 비교 기업과의 비교에 바탕을 두고 PER 같은 배수를 근거로 활용한다. 비교 기업은 분석 대상 기업과 같은 업종에 속한 기업을 지칭하지만, 이번 장 후반부에서 다루듯이 반드시 그렇지는 않다. 이번 섹션에서는 상대가치평가가 인기 있는 이유를 먼저 알아본 후 잠재적인 위험 요소를 살펴본다.

상대가치평가가 인기 있는 이유

상대가치평가 또는 가격평가법이 그토록 널리 활용되는 몇 가지 이유가 있다. 첫째, 배수와 비교 기업에 바탕을 둔 가격평가는 DCF 가치평가보다 필요한 명시적 가정이 훨씬 적고, 작업 속도도 훨씬 빠르다. 둘째, 상대가치평가는 DCF 가치평가보다 이해하기가 쉽고, 의뢰인이나 고객에게 보여주기가 수월하다. 다시 말해 배수를 활용하면 어떤 자산의 가격이 저렴하거나 비싸다고 표현하기가 DCF 가치평가보다 훨씬 쉽다. 셋째, 상대가치평가는 내재가치가 아니라 상대적 가치를 측정하므로 현재 시장의 분위기를 반영할 가능성이 훨씬 크다. 따라서 모든 소셜미디어 주식의 가격이 상승하는 시장에서 상대가치평가는 해당 종목의 가격을 DCF 가치평가보다 더 높게 평가할 것이다. 실제로 상대가치평가는 대개 모든 기업에 대해 시장가격에 훨씬 가까운 가치를 도출한다. 상대적 가치를 판단하는 업무를 담당하거나 상대적 기준으로 평가받는 사람에게 특히 중요하다. 펀드매니저는 자기가 운용하는 펀드가 다른 성장주 펀드와 비교해 얼마만큼 초과실적을 냈는지를 두고 평가받는다. 따라서 모든 성장주가 고평가되었다고 하더라도 다른 성장주와 비교해 저평가된 성장주를 고르는 펀드매니저는 그에 따른 보상을 받는다.

잠재 위험 요소

상대가치평가의 장점은 동시에 약점이기도 하다. 첫째, 배수와 비교 기업 집단을 한데 모아 상대가치평가하기가 수월하다는 장점으로 인해 위험과 성장률, 현금흐름 잠재력 같은 핵심 변수를 고려하지 않아 일관성이 떨어지는 가치 추정치를 낳을 수 있다. 둘째, 배수는 시장 분위기를 반영하므로 자산 가치 추정에 상대가치평가를 활용하면 시장이 비교 기업을 고평가할 때는 몹시 높은 가치 추정치를, 비교 기업을 저평가할 때는 몹시 낮은 가치 추정치를 낳을 수 있다. 셋째, 모든 가치평가에 어느 정도 편향이 개입할 여지가 있지만, 상대가치평가는 특히 기초 가정과 관련된 투명성의 부족으로 인해 조작에 취약한 특성을 띤다. 편향된 애널리스트는 그 어떤 가치라도 타당하다는 결론을 내리게 해줄 적합한 배수와 비교 기업을 고를 수 있다.

표준가치와 배수

주가는 기업의 주식 가치와 유통주식 수의 함수로 결정된다. 예컨대 유통주식 수를 두 배로 만드는 2 대 1 주식 분할을 시행하면 주가는 약 절반이 된다. 주가는 기업 주식 수에 의해 결정되므로 서로 다른 기업 간 주가 비교는 불가능하다. 시장 내 유사한 기업들의 가격을 비교하려면 어떤 방식으로든 표준화해야 한다. 기업의 가치는 창출한 이익이나 장부가액, 사용자산의 대체원가, 매출, 섹터별 척도 등과 비교하여 표준화할 수 있다.

이익 배수

모든 자산의 가치를 그 자산이 창출하는 이익 대비 배수 척도에서 보는 관점은 아주 직관적이다. 주식을 매수할 때 지불한 가격을 기업이 창출한 주당순이익 대비 배수로 판단하는 사람이 많다. 주당순이익 자체도 특별항목 차감 전이나 차감 후 기준으로 추정할 수 있고, 과거 기간이나 미래 기간의 이익을 반영할 수도 있다.

단순히 기업 주식이 아니라 기업 전체를 인수할 때는 대개 이른바 'EV'라고도 부르는 기업 영업자산의 가치를 영업이익 또는 이자, 세금, 감가상각비 및 무형자산 상각비 차감 전 이익(EBITDA) 대비 배수로 판단한다. 주식이나 영업자산을 인수하는 사람으로서는 높은 배수보다 낮은 배수가 낫지만, 피인수기업의 성장 잠재력과 위험이 배수에 영향을 미친다.

장부가액 배수 또는 대체원가 배수

앞서 이익 배수처럼 시장이 제공하는 기업 가치 추정치와 비교해 회계사는 똑같은 기업을 두고 아주 다른 추정치를 제시한다. 장부가액의 회계 추정치(accounting estimate)는 회계규정에 의해 결정되고, 자산의 최초 취득원가와 이후 회계조정(예컨대 감가상각)에 크게 영향받는다. 투자자는 주식 매수가와 자기자본(또는 순자산)의 장부가액 간 관계를 주식 저평가 및 고평가 여부를 판단하는 척도로 여긴다. 이 주가순자산배수(PBR)는 개별 기업의 성장 잠재력과 우수성에 따라 산업별로 차이가 크다. 기업 가격평가에서는 (자기자본뿐 아니리) 모든 투하자본의 장부가액 대비 EV로 PBR을 추정한다. 장부가액이 자산의 진정한 가치를 보여주는 척도가 아니라고 생각한다면 대체원가를 사용하는 방법도 고려할 만하다. '토빈의 Q'라고도 불리는 대체원가 대비 기업 가치 배수는 19장에서 다룬다.

매출 배수

이익 배수와 장부가액 배수는 회계 척도로서 회계규정 및 원칙에 의해 결정된다. 회계 선택에 영향을 덜 받는 대안 척도인 매출 배수는 주식 가치나 EV와 모두 비교할 수 있다. 주식 투자자 관점에서는 주식의 시장가치를 매출로 나눈 주가매출배수(PSR)를 사용한다. EV 관점에서는 PSR의 분자를 EV로 대체한 EV매출배수(Value-Sales Ratio: VSR)를 사용한다. 매출 배수 역시 대개 개별 기업의 이익률에 따라 섹터별 차이가 크다. 하지만 매출 배수를 사용하면 이익 배수나 장부가액 배수와 비교해 서로 다른 시장에 속한(그래서 서로 다른 회계 제도에 영향받는) 기업 간 비교가 수월하다는 장점이 있다. 대다수가 적자 상태인 신생기업으로 이루어진 섹터를 분석할 때도 유용하다.

섹터별 배수

이익 배수와 장부가액 배수, 매출 배수는 속한 섹터나 시장과 관계없이 모든 기업을 대상으로 계산할 수 있지만, 특정 섹터에 적합한 배수도 있다. 예컨대 1990년대 후반 시장에 처음 등장한 닷컴 기업은 적자 상태인 데다가 매출과 장부가액이 무시해도 될 만큼 미미한 수준이었다. 이들을 가치평가하기 위해 적합한 배수를 찾던 애널리스트는 개별 닷컴 기업의 시가총액을 웹사이트 방문 횟수로 나눈 값을 활용했다. 나아가 방문 횟수 대비 시가총액 배수가 낮은 기업이 저평가되었다고 판단했다. 최근 들어서는 링크드인(Linkedin)과 페이스북 같은 소셜미디어 기업을 평가할 때 구독자나 사용자 대비 주식의 시장가치 배수를 활용하기도 했다.

섹터별 배수가 필요할 때도 있지만(일부를 20장에서 다룬다), 기본적으로 두 가지 위험 요소가 있다. 첫째, 섹터별 배수는 다른 섹터나 전체 시장 대상으로는 계산할 수 없으므로 나머지 시장과 비교해 특정 섹터의 고평가 또는 저평가 상황이 지속하는 결과를 낳는다. 따라서 PSR이 80배인 기업에는 절대 투자하지 않을 투자자도 방문 횟수 대비 시가총액 배수 2,000배에는 별다른 거부감을 느끼지 못할 수도 있다. 대개 해당 척도의 고저 또는 평균 수준이 어느 정도인지를 모르기 때문이다. 둘째, 배수를 올바로 사용하려면 펀더멘털과 연관성을 찾는 것이 필수적이지만, 섹터별 배수에서는 훨씬 힘들다. 회사 웹사이트 방문자가 더 많은 매출과 이익으로 이어지리라고 확신할 수 있는가? 나아가 소셜미디어 사이트에 신규 가입한 사용자가 창출하는 한계 가치는 어느 정도인가? 기업별로 상황이 다를뿐더러 미래를 추정하기는 더 어렵다.

배수 활용의 기본 검증 단계

배수는 사용하기가 간편한 동시에 오용 가능성도 크다. 배수를 현명하게 사용하고 타인의 오용을 알아내는 네 가지 기본 검증 단계가 있다. 첫째, 배수의 정의에 일관성이 있고 전체 비교 기업에 걸쳐 통일성 있게 측정했는지를 확인한다. 둘째, 분석 대상 기업이 속한 섹터뿐 아니라 전체 시장을 대상으로 배수의 횡단면 분포를 파악한다.

셋째, 배수를 결정하는 펀더멘털이 무엇인지, 나아가 펀더멘털의 변화가 배수에 어떤 변화를 초래하는지를 이해한다. 넷째, 비교 대상으로 적합한 기업을 규명하고 기업 간 차이를 통제한다.

정의 검증

아무리 단순한 배수라고 해도 애널리스트마다 정의가 다를 수 있다. 예컨대 PER을 보자. 대다수 애널리스트는 시장가격을 주당순이익으로 나눈 값으로 PER을 정의하지만, 의견이 일치하는 것은 거기까지다. PER에는 다양한 변종이 있는데, 분자에 현행 주가를 사용하는 관례와 달리 직전 6개월 또는 1년 동안의 평균 주가를 적용하는 애널리스트도 있다. 분모의 주당순이익 역시 최근 회계연도 수치(현행 PER)나 직전 4개 분기 수치(후행 PER), 다음 회계연도 예상치(선행 PER) 등 다양한 정의가 있다. 게다가 주당순이익의 분모, 즉 주식 수 역시 보통주 유통주식 수나 완전희석 주식 수 기준이 존재하고 특별항목 포함 여부에 따라 정의가 달라진다. 그림 17.1은 2024년 5

[그림 17.1] PER: 엔비디아(2024년 5월)

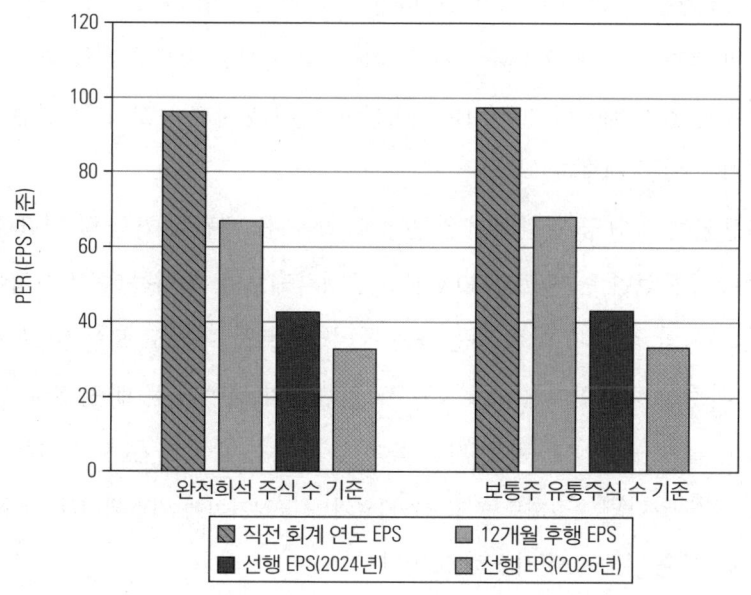

월 엔비디아를 두고 여러 정의에 따른 PER을 보여준다.

이익 정의의 여러 변종에서 도출되는 PER 배수는 서로 차이가 크기도 하지만, 애널리스트는 각자 편향에 따라 어떤 정의를 따를지 결정한다. 예컨대 이익이 증가하는 기간에는 선행 PER이 후행 PER보다 낮은 상황이 지속하고, 후행 PER은 다시 현행 PER보다 낮아진다. 강세론자 애널리스트는 분석 대상 주식이 이익 대비 낮은 배수에 거래된다는 점을 보여주려고 선행 PER을 사용하고, 약세론자 애널리스트는 이익 배수가 몹시 높다는 점을 보여주려고 현행 PER을 사용한다. 배수에 바탕을 둔 가치평가를 논할 때는 모두가 해당 배수를 똑같이 정의하는지부터 확인해야 한다.

일관성　모든 배수에는 분자와 분모가 있다. 분자는 주식 가치(시장가격 또는 가치평가모형으로 도출한 주식 가치)나 기업 가치(부채와 자기자본 가치 합계에서 현금을 뺀 EV 등) 중에서 택할 수 있다. 분모 역시 주식 척도(주당순이익, 순이익, 자기자본의 장부가액)나 기업 척도(영업이익, EBITDA, 자본의 장부가액) 중에서 택할 수 있다.

분자와 분모를 일관성 있게 정의했는지에 관한 판단은 배수를 활용하는 가치평가에서 아주 중요한 기준이다. 배수의 분자를 주식 가치로 정의했다면 분모 역시 주식 가치로 정의해야 한다. 분자를 기업 가치로 정의했다면 분모 역시 기업 가치로 정의해야 한다. 예컨대 PER의 분자는 주당 가격(주식 가치 척도)이고 분모는 주당순이익(주주 이익 척도)이므로 일관성 있는 배수다. EV/EBITDA 배수 역시 분자와 분모 모두 영업자산 척도이므로 일관성 있는 배수다.

실제 사용되는 배수 중 일관성이 없는 것도 있을까? 예컨대 최근 몇 년간 실제 사용하는 사람이 드물었던 주가/EBITDA 배수를 생각해보자. 분자는 주식 가치이지만 분모는 기업 이익의 척도다. 이를 사용하는 애널리스트는 아마도 모든 비교 기업에 똑같은 계산 과정을 적용한다는 것을 근거로 일관성의 결여가 문제 될 것이 없다고 주장하겠지만, 틀린 주장이다. 비교 기업 목록 중 일부는 부채가 없지만 다른 기업에는 상당수 부채가 있다면, (실제로는 고평가되었거나 공정가치에 거래되더라도) 후자가 주가/EBITDA 배수 기준에서 저렴해 보인다.

통일성 상대가치평가는 비교 집단 내 모든 기업의 배수를 계산한 후 전체적으로 비교해 고평가 및 저평가된 기업이 어디인지를 판단한다. 유의미한 비교가 되려면 집단 내 모든 기업에 대해 배수의 정의를 통일해야 한다. 따라서 한 기업에 후행 PER을 적용했다면 다른 모든 기업에도 똑같은 기준을 적용한다. 실제로 현행 PER을 집단 내 기업 간 비교에 적용할 때는 기업별 회계연도 종료일이 다른 데서 문제가 발생한다. 어떤 기업은 주가를 7월부터 다음 해 6월까지의 이익으로 나누지만, 다른 기업은 1월부터 12월까지 이익으로 나눈다. 이익이 6개월 만에 퀀텀 점프할 때가 드문 성숙 섹터에서는 차이가 미미할지 몰라도, 고성장 섹터에서는 차이가 클 수 있다.

이익 배수와 장부가액 배수를 사용할 때는 이익과 장부가액 추정에 필요한 회계기준이라는 요소 역시 고려해야 한다. 회계기준의 차이는 유사한 기업 간에도 차이가 큰 이익과 장부가액으로 이어질 수 있다. 따라서 회계기준이 서로 나른 시상에 속한 기업 간 배수 비교는 몹시 어렵다. 똑같은 회계기준이 적용되더라도 (특히 감가상각과 비용처리 면에서) 회계 목적과 세무 목적에 따라 서로 다른 회계규정을 적용하는 기업과 그렇지 않은 기업이 존재해서 이익 배수 비교에 어려움을 더한다.[1]

기술(記述, descriptional)적 검증

배수를 사용할 때는 시장에서 해당 척도의 고저 또는 평균 수준이 어느 정도인지를 아는 것이 언제나 도움이 된다. 다시 말해 배수의 분포 특성을 파악하는 일은 배수를 활용해 저평가 및 고평가 기업을 규명하는 작업의 핵심을 이룬다. 이에 더해 이상치가 평균에 미치는 영향을 이해하고 배수를 추정하는 과정에서 작용하는 편향도 밝혀내야 한다.

분포 특성 배수를 활용하는 대다수 애널리스트는 특정 섹터에 집중하기에 해당

---

1 회계와 세무 목적에 따라 서로 다른 회계규정을 택한 기업은 대개 세무당국에 보고한 이익보다 높은 회계이익을 주주에게 보고한다. 이 기업을 회계 장부와 세무 장부 간 차이가 없는 기업과 PER 척도로 비교한다면 (PER 배수가 더 낮아서) 저렴해 보이기 마련이다.

섹터의 특정 배수 기준 기업 순위를 잘 안다. 하지만 전체 시장에 걸쳐 배수의 분포가 어떠한지는 잘 모른다. 소프트웨어 담당 애널리스트가 공익기업 주식의 PER을 신경 써야 할 이유가 있을까? 소프트웨어 기업과 공익기업은 같은 투자 자금을 두고 경쟁하므로 어느 정도 비슷한 규칙을 따라야 한다. 나아가 섹터 간 배수의 차이를 인지한다면 분석 대상 섹터 자체가 고평가 또는 저평가되었는지를 판단하는 데 큰 도움이 된다.

어떤 분포 특성이 중요한가? 우선 평균과 표준편차 등 표준 통계치에서 출발해야 하지만, 그야말로 탐구의 시작점일 뿐이다. PER 같은 배수는 0보다 작을 수 없지만, 최대치에는 제약이 없기에 배수의 분포는 플러스 값에 치우쳐 있다. 따라서 배수의 평균값은 중앙값보다 크고,[2] 중앙값이야말로 집단 내 평균적인 기업을 대표하는 척도다. 최대치와 최소치는 대개 유용성이 떨어지지만, 백분위수(10분위수, 25분위수, 75분위수, 90분위수 등)는 집단 내에서 배수의 고저 판단에 유용하다.

이상치와 평균값　앞서 설명했듯이 배수의 최대치에는 제약이 없기에 PER이 500배를 넘어 2,000배, 심지어 1만 배인 기업도 존재할 수 있다. 그저 주가가 높은 상황에서뿐 아니라 주당 이익이 1센트도 안 되는 수준으로 감소하는 이례적 상황이 일어나기 때문이기도 하다. 이러한 이상치는 표본집단의 대표성이 떨어지는 평균값으로 이어진다. 배수의 평균값을 계산해서 보여주는 서비스는 대개 계산 과정에서 이상치를 제외하거나 배수가 특정 값보다 작거나 같아야 한다는 제약을 둔다. 예컨대 PER이 500배를 초과하는 기업에 대해서는 PER 500배를 일괄 적용하는 식이다.

서비스를 이용해 얻은 평균값을 사용할 때는 해당 서비스가 평균값을 계산하면서 이상치를 어떻게 처리했는지를 확인해야 한다. 추정 평균값의 이상치에 대한 민감도는 배수의 중앙값을 사용해야 할 또 다른 이유이기도 하다.

2　집단 내 기업의 절반은 중앙값보다 큰 값을, 나머지 절반은 중앙값보다 작은 값을 가진다.

배수 추정의 편향　어떤 배수를 기준으로 두든 값을 계산할 수 없는 기업이 반드시 존재한다. 다시 PER을 생각해보자. 주당순이익이 마이너스인 기업의 PER은 그리 유의미하지 않아서 대개 보고하지도 않는다. 기업 집단의 평균 PER을 계산할 때는 계산 자체가 불가능한 적자 기업을 대개 표본집단에서 제외한다. 표본집단의 크기가 클 때도 영향을 미칠까? 표본집단에서 적자 기업을 제외한다는 사실 자체가 선정 과정에 편향을 초래하고 통계치를 왜곡한다.

해결 방법은 세 가지다. 첫째, 편향을 인지하고 분석 과정에 반영한다. 실무적으로 적자 기업을 제외했다는 사실을 반영해 PER 평균값을 조정한다는 뜻이다. 둘째, 적자 기업을 포함해 집단 내 모든 기업의 주식시장가치와 순이익(손실)을 더한 값을 활용해 PER을 계산한다. 그림 17.2는 소프트웨어와 기초 화학(basic chemicals), 은행, 담

[그림 17.2] PER: 평균값, 중앙값, 합산 이익 기반(2024년 5월)

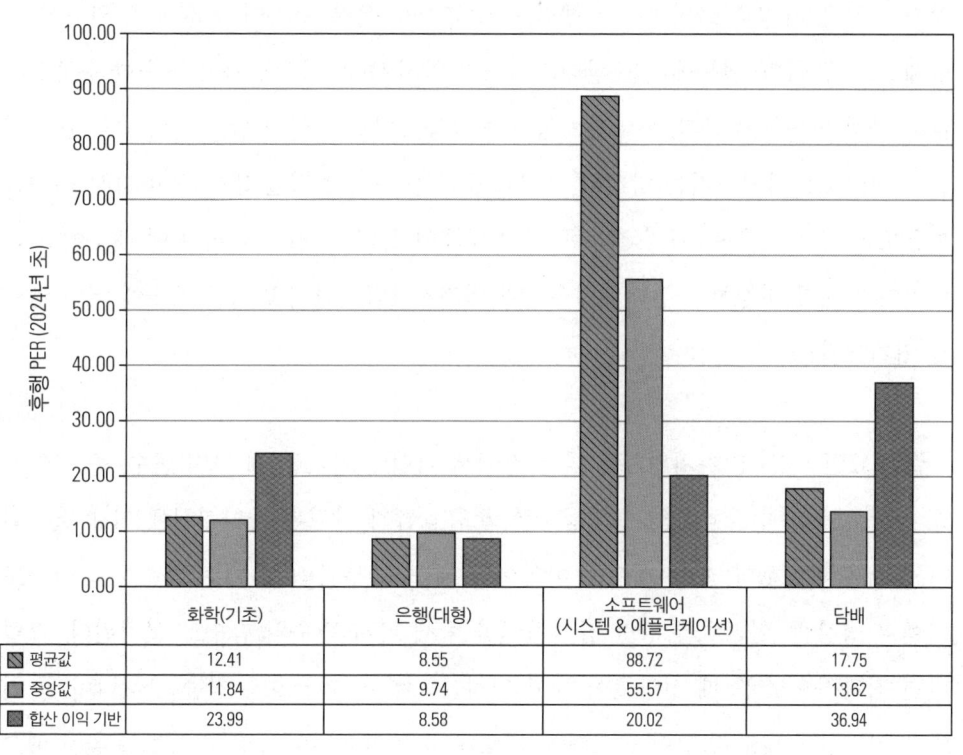

	화학(기초)	은행(대형)	소프트웨어 (시스템 & 애플리케이션)	담배
평균값	12.41	8.55	88.72	17.75
중앙값	11.84	9.74	55.57	13.62
합산 이익 기반	23.99	8.58	20.02	36.94

배의 네 개 업종에 대해 2024년 초 PER 평균값과 중앙값, 합산 이익에 바탕을 두고 계산한 PER을 보여준다. 소프트웨어 섹터 기업의 세 가지 PER은 차이가 크지만, 은행 섹터는 서로 아주 비슷하다. 소프트웨어 섹터에 적자를 내거나 아주 높은 PER을 가진 기업이 더 많기 때문이다. 마찬가지로 기초 화학 섹터는 담배 섹터보다 PER 편차가 훨씬 작다. 담배 섹터에도 적자를 내거나 PER이 이상치에 해당하는 기업이 존재하기 때문이다. 세 개 섹터에서 모두 PER 중앙값이 평균값보다 낮지만 은행 섹터는 더 높다는 점을 유념하라. 셋째, 집단 내 모든 기업에 대해 계산할 수 있는 배수를 사용한다. 예컨대 이익수익률(earnings yield)이라고 부르는 PER의 역수는 적자 기업을 비롯해 모든 기업에 대해 계산 가능한 척도다.

분석적 검증

앞서 애널리스트가 배수를 좋아하는 이유를 논하며 DCF 가치평가보다 상대가치평가가 적은 가정을 설정한다고 했다. 기술적으로 옳은 주장인 듯하지만, 외견상 그렇게 보일 뿐이다. 실무에서는 상대가치평가 역시 DCF 가치평가와 비슷한 수준으로 많은 가정을 두어야 한다. 상대가치평가가 암묵적이고 무언의 합의에 바탕을 둔 가정을 두고, DCF 가치평가는 명시적 가정을 둔다는 차이가 있을 뿐이다. 따라서 배수를 사용하기 전에 다음 두 가지 질문에 먼저 답해야 한다. 기업 주식이 어떤 배수에 거래되어야 할지를 결정하는 펀더멘털은 무엇인가? 펀더멘털의 변화는 배수에 어떤 영향을 미치는가?

결정 요인　　DCF 가치평가를 다룬 장에서 기업의 가치는 세 가지 변수, 즉 현금흐름 창출 능력과 현금흐름의 기대성장률, 현금흐름과 관련된 불확실성에 의해 결정된다는 점을 확인했다. 모든 배수는 이익이나 매출, 장부가액 등 어떤 기준을 두더라도 위험과 성장률, 현금흐름 창출 잠재력이라는 세 가지 변수의 함수로 결정된다. 그렇다면 직관적으로 볼 때 성장률이 높고 위험은 낮으며 현금흐름 창출 잠재력이 큰 기업은 성장률이 낮고 위험이 높으며 현금흐름 창출 잠재력이 낮은 기업보다 높은 배수

[그림 17.3] 주식 가치 배수(PBR)와 EV 배수(VSR) 분석 예시

	1단계 기본 내재가치모형에서 출발	2단계 수식 양변을 분해하려는 배수의 분모로 나눈다.	3단계 펀더멘털에 연동한 내재가치 형태로 배수를 도출한다.
주식 가치 배수	배당할인모형이나 FCFE 모형에 서 출발(단순할수록 좋다) 가격 = EPS × 배당성향/(r - g)	주식 가치 배수의 분모로 나눈다. 가격/장부가치 = ROE × 배당성향/(r - g)	가치 동인으로 이루어진 내재가치 형태의 주식 가치 배수 가격/장부가치 = f(ROE, r, g, 배당성향)
EV 배수	영업자산 가치 모형에서 출발 (단순할수록 좋다) EV = EBIT(1 - t)(1 - 재투자율)/ (WACC - g)	EV 배수의 분모로 나눈다. EV/매출 = 세후 영업이익률 × (1 - 재투자율)/(WACC - g)	가치 동인으로 이루어진 내재가치 형태의 EV 배수 EV/매출 = f(세후 영업이익률, 재투자율, WACC, g)

에 거래되어야 할 것이다.

성장률과 위험, 현금흐름 창출 잠재력의 세부 척도는 배수마다 다르다. 말하자면 주식 및 기업 가치 배수를 들여다보려면 주식 가치 및 EV와 관련된 아주 단순한 DCF 모형을 활용해 배수를 도출하면 된다. 그림 17.3은 주식 가치 배수(PBR 활용)와 EV 배수(VSR 활용)를 도출하는 과정을 요약해서 보여준다.

PER의 결정 요인을 알아보기 위해 주식 가치에 관한 가장 단순한 DCF 모형, 곧 안정 성장 배당할인모형을 분해하면 주식 가치는 다음과 같다.

$$주당 \ 가치 = \frac{다음 \ 연도 \ 기대 \ 주당배당}{자기자본비용 - 기대성장률}$$

양변을 다음 연도 기대 주당순이익(선행 EPS)으로 나누면 안정 성장 기업의 선행 PER을 도출하는 DCF 수식을 얻는다.

$$\frac{주당 \ 가치}{주당순이익} = PER = \frac{\dfrac{주당배당}{주당순이익}}{자기자본비용 - 기대성장률} = \frac{배당성향}{자기자본비용 - 기대성장률}$$

이 식을 변형하면 후행 PER도 쉽게 도출할 수 있다.

$$\text{후행 PER} = \frac{\text{배당성향} \times (1 + \text{기대성장률})}{\text{자기자본비용} - \text{기대성장률}}$$

대신 양변을 자기자본의 장부가액으로 나누면 안정 성장 기업의 PBR을 도출하는 수식을 얻는다.

$$\frac{\text{주당 가치}}{\text{주당 자기자본의 장부가액}} = \text{PBR} = \frac{\dfrac{\text{주당배당}}{\text{주당순이익}} \times \dfrac{\text{주당순이익}}{\text{주당 자기자본의 장부가액}}}{\text{자기자본비용} - \text{기대성장률}}$$

$$= \frac{\text{배당성향} \times \text{자기자본이익률}}{\text{자기자본비용} - \text{기대성장률}}$$

똑같은 방식으로 EV 배수도 도출할 수 있다. 안정 성장 단계에 있는 기업의 영업자산 가치는 다음과 같다.

$$\text{영업자산 가치(EV)} = \frac{\text{다음 연도 기대 FCFF}}{\text{자본비용} - \text{기대성장률}}$$

양변을 기업 잉여현금흐름으로 나누면 안정 성장 기업의 EV/FCFF 배수를 얻는다.

$$\frac{\text{EV}}{\text{FCFF}} = \frac{1}{\text{자본비용} - \text{기대성장률}}$$

기업 잉여현금흐름은 세후 영업이익에서 순 자본적 지출과 운전자본 소요를 뺀 값이므로 유사한 방식으로 EBIT와 세후 EBIT, EBITDA 기준 배수도 추정할 수 있다. 심지어 일반성을 잃지 않고도 아주 높은 성장률과 시간이 흐르며 변화하는 입력 변수를 아우르도록 확장할 수 있다.

요점은 DCF 가치평가를 활용하는 것이 최선이라는 점이 아니라, 같은 섹터 내 기업 간 배수의 차이를 만드는 원인일지도 모르는 변수를 이해하는 것이다. 이러한 변수를 고려하지 않는다면 예컨대 PER 8배인 주식이 PER 12배인 주식보다 실제로는 기대성장률이 낮다는 사실을 보지 못한 채 더 저렴하다고 결론 내릴 수 있다. 나아가 PBR 0.7배인 주식이 PBR 1.5배인 주식보다 자본이익률이 낮다는 사실을 보지 못한 채 더 저렴하다고 결론 내릴 수도 있다.

관계   배수를 결정하는 펀더멘털에 관한 이해는 중요한 첫걸음이지만, 펀더멘털의 변화에 따라 배수가 어떻게 변화하는지를 이해하는 것 역시 아주 중요하다. 예컨대 고성장 기업의 PER이 더 높다는 사실은 성장률이 섹터 평균의 2배에 달하는 기업의 PER이 섹터 평균 PER의 1.5배나 1.8배, 심지어 2배 수준일지 판단할 때는 큰 도움이 안 된다. 이 문제를 판단하려면 성장률의 변화에 따라 PER이 어떻게 변화하는지를 알아야 한다.

놀랍도록 많은 분석에서 배수와 펀더멘털의 선형 관계를 가정한다. 예컨대 PER을 기업 기대성장률로 나눈 값으로서 고성장 기업 분석에 널리 활용되는 주가이익성장배수(PEG)는 PER과 기대성장률이 선형 관계에 있다는 암묵적 가정을 둔다.

지난 섹션에서 다뤘던 DCF 모형에서 배수를 도출하는 방법은 다른 모든 변수는 똑같이 유지한 채 해당 변수 값만 변화시켜 각 펀더멘털 변수와 배수의 관계를 분석할 수 있다는 장점이 있다.

동행 변수   배수를 결정하는 변수를 DCF 모형에서 도출할 수 있고 다른 모든 변수는 똑같이 유지하고 가정법을 활용해 변수와 배수의 관계를 파악할 수 있다면 각 배수를 설명하는 하나의 지배적 변수가 존재하기 마련이다. 이 '동행 변수(companion variable)'는 같은 섹터에 속한 기업이나 전체 시장에 걸쳐 배수의 변화를 분석해 규명할 수 있다. 18~20장에서는 PER부터 VSR까지 가장 널리 사용되는 배수의 동행 변수를 규명해 분석에 적용해본다.

적용성 검증

배수를 활용할 때는 대개 비교 기업의 배수까지 함께 고려해 평가 대상의 기업 가치와 주식 가치를 판단한다. 이때 비교 기업이란 무엇인가? 기존에는 같은 산업이나 업종에 속한 기업을 비교 기업으로 삼았지만, 항상 최고의 방법인 것은 아니다. 게다가 얼마나 신중하게 비교 기업을 선정했든 관계없이 평가 대상 기업과 비교 기업 간 차이는 여전히 존재하기 마련이다. 상대가치평가에서는 그러한 차이를 통제할 방법을 파악하는 것이 아주 중요하다.

비교 기업이란 무엇인가?   비교 기업은 평가 대상 기업과 현금흐름, 성장 잠재력, 위험 특성이 유사한 기업을 말한다. 평가 대상 기업과 (위험과 성장률, 현금흐름 측면에서) 완전히 똑같은 기업의 가격이 어떠한지를 보고 가치평가한다면 이상적일 것이다. 이처럼 비교 기업의 정의 어디에도 속한 산업이나 섹터와 관련된 요소는 없다. 따라서 현금흐름과 성장률, 위험 특성이 똑같다면 통신사와 소프트웨어회사를 비교하는 것도 당연히 가능하다. 하지만 대다수 애널리스트는 비교 기업을 평가 대상 기업의 업종(들)에 속한 타 기업으로 정의한다. 업종 내 기업이 꽤 많다면 다른 기준을 추가함으로써 목록에서 불필요한 기업을 제거할 수 있다. 예컨대 규모가 비슷한 기업만 비교하는 식이다. 여기에는 같은 섹터에 속한 기업일수록 위험과 성장률, 현금흐름 특성이 더 비슷해서 비교의 타당성이 강화된다는 암묵적 가정이 깔려 있다.

비교 기업의 목록을 작성할 때는 비교 기업을 얼마나 좁게 정의하는지와 관련된 중요한 질문을 마주한다. 평가 대상 기업과 비교해 모든 차원(위험과 성장률, 현금흐름)에서 완전히 똑같은 기업을 비교 기업으로 정의한다면 겨우 몇 개의 결과밖에 얻지 못할 것이다. 비교 기업을 더 넓게 정의해서 하나 이상의 기준 차이를 허용한다면 목록이 더 길어질 것이다. 기업 간 차이를 통제할 방법이 있다면(다음 섹션에서 몇 가지 방법을 다룬다), 유사성이 높은 극소수 표본집단보다는 유사성이 좀 떨어지더라도 규모가 큰 표본집단을 사용했을 때 신뢰도가 더 높은 상대가치 추정치를 얻는다.

세계화와 함께 같은 섹터에 속한 기업도 서로 다른 시장에 법인격을 두고 상장해 거래되는 사례가 늘어나면서 새로운 문제가 생겨났다. 예컨대 자동차 섹터만 해도 미국과 유럽, 아시아 기업이 글로벌 시장 점유율을 두고 경쟁한다. 서로 다른 시장에 상장한 기업을 비교하는 것이 가능할까? 이들 간 위험과 성장률, 현금흐름 특성이 차이 날수 있다는 점을 인지했다면 당연히 가능하다. 예컨대 아시아 자동차회사는 유럽 자동차회사보다 성장 잠재력이 높고 더 큰 위험에 노출될지도 모른다. 게다가 회계기준과 화폐가치의 차이는 회계와 시장에서의 수치를 모두 왜곡할 수 있어 통제해야 한다.

표본집단 선택 　가격평가를 위해 비교 집단을 설정할 때는 더 나은 결괏값을 얻기 위해 두 방향 사이에서 고민하기 마련이다.

- 첫째, 모든 측면에서 평가 대상 기업과 유사한 기업을 찾는 것이다. 예컨대 미국 엔터테인먼트 소프트웨어 기업을 평가할 때 다른 미국 엔터테인먼트 소프트웨어 기업 중에서 규모가 비슷하고 성장 잠재력까지 유사한 기업을 고르는 식이다.
- 둘째, 실수하더라도 평균화를 통해 상쇄되는 대수의 법칙이 작용하도록 최대한 큰 표본집단을 고르는 것이다.

비교 기업을 고를 때 전자처럼 더 많은 기준을 추가할수록 표본 규모가 작아지므로 두 방향은 서로 목적이 다르다. 미국 같은 대형 시장과 소프트웨어같이 수많은 기업이 존재하는 산업이라면 평가자가 선호하는 기준을 모두 충족하는 표본을 고를 수 있다. 하지만 튀르키예나 인도네시아 같은 소형 시장에서 산업 분류법에 따라 비교 기업을 고를 때는 기준을 추가할수록 비교 집단이 단 몇 개 기업으로 줄어들 것이다. 그림 17.4는 비교 집단 선택과 관련한 상충 관계를 보여준다

평가 대상 기업과 상당히 비슷한 소형 집단과 펀더멘털(현금흐름, 성장률, 위험) 차원에서 편차가 있는 기업을 여럿 포함하는 대형 집단 사이에서 선택은 가격평가 지표를 중앙값이나 평균과 비교하는지, 아니면 차이를 통제할 방법이 있는지에 따라 달라진다. 다음 섹션에서는 차이를 통제할 수 있는 방법을 몇 가지 알아볼 것이다. 그러면 다소 차이가 있는 기업을 포함하는 대형 비교 집단을 고르더라도 동질적인 기업으로만

[그림 17.4] 비교 집단 선택

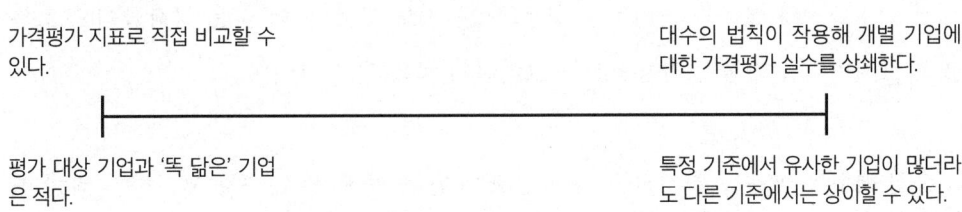

| 가격평가 지표로 직접 비교할 수 있다. | 대수의 법칙이 작용해 개별 기업에 대한 가격평가 실수를 상쇄한다. |
| 평가 대상 기업과 '똑 닮은' 기업은 적다. | 특정 기준에서 유사한 기업이 많더라도 다른 기준에서는 상이할 수 있다. |

이루어진 소형 집단을 택할 때보다 나은 결과를 도출할 것이다.

기업 간 차이의 통제 얼마나 신중하게 비교 기업 목록을 선정했든 관계없이 평가 대상 기업과 차이 나는 기업을 마주하게 된다. 차이의 정도는 변수마다 다르지만, 상대가치평가에서는 결국 차이를 통제해야 한다. 여기에는 주관적 조정과 수정 배수, 섹터 또는 시장 회귀의 세 가지 방법이 있다.

주관적 조정 상대가치평가는 두 가지 선택에서 시작한다. 분석에 사용할 배수를 선택하고, 비교 기업을 이루는 기업 집단을 선택하는 것이다. 각 비교 기업의 배수를 계산하고 평균값을 구한 후에는 평가 대상 기업 주식이 거래되는 배수와 비교한다. 두 값의 차이가 아주 크다면 평가 대상 기업 고유의 특성(성장률, 위험, 현금흐름)이 차이를 정당화할 만한지 주관적으로 판단해야 한다. 예컨대 평균 PER이 15배인 섹터에 속한 기업의 PER이 22배에 달하더라도 산업 내 평균적인 기업보다 고성장 잠재력이 있기에 합당하다고 판단할 수 있다. 주관적인 판단 끝에 배수의 차이를 펀더멘털로 설명할 수 없다고 결론 내린다면, 해당 기업은 고평가되었거나(배수가 평균값보다 클 때) 저평가되었다고(배수가 평균값보다 작을 때) 판단할 것이다.

어쩌면 13장에서 훌륭한 내재가치평가의 전제 조건으로 설명했던 스토리텔링에서 이어지는 논의로 보일는지도 모른다. 하지만 중요한 차이가 있다. 스토리만으로 가격을 정당화하면 프리미엄이 붙든 할인되었든 아무런 제약이 없기에 투자자와 애널리스트가 자기 편향을 드러낼 때가 많다. 예컨대 2024년 5월 엔비디아는 후행 PER이 100배가 넘는 가격에 거래되었는데 당시 반도체회사의 PER 중앙값보다 세 배 이상 높았다. 엔비디아를 매수하려는 투자자는 몹시 높은 PER을 지불하는 결정을 이익 성장률이 그보다 높다는 논리로만 정당화했는지도 모른다. 더 높은 성장률이 그토록 높은 프리미엄을 지불할 만큼인지는 고려하지 않은 채로 말이다.

수정 배수 배수를 결정하는 가장 중요한 변수, 즉 동행 변수를 고려하기 위해 배수를 수정한다. 이에 따라 PER을 EPS 기대성장률로 나눈 성장 조정 PER 또는 PEG 를 사용해 섹터 내 기업들을 비교한다. 여기에는 통제 변수를 제외하고는 가치의 모 든 척도에서 기업들이 유사하다는 암묵적인 가정이 깔려 있다. 배수와 펀더멘털의 관 계가 선형이라는 가정도 둔다.

[예시 17.1] 기업 간 PER과 성장률 비교: 음료회사(2001년)

다음 표는 음료회사로 분류된 기업들의 2001년 PER과 향후 5년간(2002~2006년) EPS 기대성장률을 보여 준다(애널리스트 전망치 컨센서스).

기업명	후행 PER	기대성장률	표준편차	PEG
코카콜라 보틀링(Coca-Cola Bottling)	29.18	9.50%	20.58%	3.07
몰슨(Molson, A주)	43.65	15.50%	21.88%	2.82
앤하이저부시(Anheuser-Busch)	24.31	11.00%	22.92%	2.21
코비 디스틸러리(Corby Distilleries)	16.24	7.50%	23.66%	2.16
샬론 와인 그룹(Chalone Wine Group)	21.76	14.00%	24.08%	1.55
안드레스 와인(Andres Wines, A주)	8.96	3.50%	24.70%	2.56
토드헌터 인터내셔널(Todhunter Int'l.)	8.94	3.00%	25.74%	2.98
브라운포먼(Brown-Forman, B주)	10.07	11.50%	29.43%	0.88
쿠어스(Coors, B주)	23.02	10.00%	29.52%	2.30
펩시코	33.00	10.50%	31.35%	3.14
코카콜라	44.33	19.00%	35.51%	2.33
보스턴 비어(Boston Beer, A주)	10.59	17.13%	39.58%	0.62
휘트먼 코퍼레이션(Whitman Corp.)	25.19	11.50%	44.26%	2.19
몬다비(Mondavi, A주)	16.47	14.00%	45.84%	1.18
코카콜라 엔터프라이즈	37.14	27.00%	51.34%	1.38
한센 내추럴 코퍼레이션(Hansen Natural Corp.)	9.70	17.00%	62.45%	0.57
평균	22.66	12.60%	33.30%	2.00

출처: Value Line Database

안드레스 와인은 상대적 기준에서 저평가되었는가? 단순히 배수만 보면 PER(8.96배)이 업종 평균보다 몹시 낮았기에 일리 있는 결론처럼 보인다.

이때 안드레스 와인의 성장률과 위험 특성이 섹터 평균과 유사하다는 가정을 뒀다. 비교 시 성장률을 고려하는 방법으로서 PEG가 있다(표의 마지막 열). 섹터 평균 PEG 2배와 안드레스 와인의 성장률 추정치에 바탕을 두고 다음과 같이 안드레스 와인의 PER을 계산할 수 있다.

$$성장 조정 PER = 2.00 \times 3.50\% = 7.00$$

조정 PER을 기준으로 한다면 안드레스 와인은 PER이 낮은데도 고평가된 것처럼 보인다. 이 방법은 기업 간 차이에서 발생하는 문제를 해결하는 손쉬운 조정처럼 보이지만, 비교하는 기업들의 위험 수준이 유사할 때만 올바른 결론을 낳는다. 게다가 성장률과 PER의 선형 관계를 암묵적으로 가정한다는 문제도 있다.

회귀　하나 이상의 변수에서 기업 간 차이가 발생한다면 이를 반영하도록 배수를 수정하기가 어렵다. 이때 배수를 결정한다고 생각하는 변수에 대한 배수(종속 변수)의 회귀분석을 거쳐 개별 기업의 가치 예측치를 도출할 수 있다. 이 방법은 비교 기업이 많고 배수와 변수의 관계가 안정적일 때는 상당히 잘 작동한다. 하지만 그러한 조건이 아닐 때는 단 몇 개의 이상치가 회귀계수의 극적인 변화를 초래해서 예측의 신뢰도가 대폭 떨어진다.

회귀분석 시 다음과 같은 통계적 추론의 원칙을 우선 지켜야 한다.

- 표본 크기는 독립 변수 개수에 따라 달라져야 한다. 표본 회귀분석에서는 독립 변수가 하나뿐이기에 표본이 10개 정도로 작아도 관계없다. 다중 회귀분석에서는 그보다 큰 표본이 필요하다. 대략 독립 변수를 하나 추가할 때마다 표본 기업 10곳을 더 추가해야 한다. 따라서 독립 변수가 2개라면 최소 20개 기업이, 3개라면 30개 기업이 표본으로 필요하다.
- 모든 회귀분석은 종속 변수와 독립 변수의 관계가 어떠한지 가정을 둔다. 표준 최소제곱법 회귀분석은 선형 관계를 가정하고, 선형 관계가 아니라면 비선형 관계를 가능케 하는 변형 모형을 택해야 한다.
- 종속 변수와 독립 변수의 관계를 두고 통계적 유의성을 측정할 수 있는 척도(t 통계값, P 값 등) 중에서 결정계수(R^2)는 클수록 독립 변수가 종속 변수의 변화를 더

　　　　　　　　　　　　　　　　　　　　　　가치평가 바이블

많이 설명한다. 하지만 R^2이 작아도 회귀분석은 가능하다. 대신 분석을 통해 도출한 예측치는 범위가 더 넓기에, PER이 예측치와 다른 주식이 저평가나 고평가되었다는 가설을 뒤집기는 훨씬 더 어렵다.

■ 회귀분석은 애널리스트가 배수와 펀더멘털의 관계에 관한 가설을 검증하고 경험 법칙을 반박하거나 입증할 때 사용할 수 있는 강력한 무기다.

[예시 17.2] 섹터 회귀: 음료 섹터 재검토(2001년)

PER은 기대성장률과 위험, 배당성향의 함수로 결정된다. 음료회사들은 배당성향에서는 큰 차이는 없지만 위험과 성장률의 차이는 크다. 예시 17.1에서 음료회사의 2001년 PER과 EPS 기대성장률, 위험 모수(주가의 표준편차)의 관계를 살펴봤다.

기업 간 위험과 기대성장률이 차이 나므로 두 변수에 대한 PER의 회귀 모형을 다음과 같이 도출한다.

$$PER = 20.87 - 63.98 \times 표준편차 + 183.24 \times 기대성장률 \qquad R^2 = 51\%$$
$$\quad (3.01) \quad (2.63) \qquad\qquad (3.66)$$

괄호 안 수치는 t 통계값으로서 회귀 모형에서 PER과 두 변수의 관계가 통계적으로 유의한지 보여준다. 결정계수(R^2)는 PER의 차이를 독립 변수로 설명할 수 있는 비율을 뜻한다. 마지막으로 회귀 모형을 활용해 음료회사의 PER 예측치도 도출할 수 있다.[3] 예컨대 코카콜라의 표준편차 35.51%와 기대성장률 19%에 바탕을 두고 PER을 예측하면 다음과 같다.

$$PER\ 예측치_{코카콜라} = 20.87 - 63.98 \times 0.3551 + 183.24 \times 0.19 = 32.97(배)$$

코카콜라의 실제 PER은 44.33배였으므로 섹터 내 다른 기업의 주가 수준을 고려할 때 고평가되었다고 할 수 있다.

회귀분석에 깔려 있는 PER과 성장률의 선형 관계 가정이 타당하지 않다고 생각한다면 비선형 회귀분석을 하거나, 선형성이 충분하지 않을 때는 모형 내 변수를 수정하면 된다. 예컨대 회귀 모형에서 성장률이 아니라 자연로그 성장률을 사용해 잔차를 개선하는 방법도 있다.

시장 회귀 특히 섹터 내 기업이 상대적으로 적거나 평가 대상 기업이 하나 이상

---

3   기술한 두 가지 방법은 모두 배수와 가치 동인인 변수의 선형 관계를 가정한다. 하지만 현실에서는 선형성이 항상 유지되지는 않기에 비선형 회귀분석이 적합할 때도 있다.

의 섹터에 속할 때는 단일 섹터에서 비교 기업을 찾기가 여러모로 제한적이다. 비교 기업은 같은 업종의 기업이 아니라 성장률과 위험, 현금흐름 특성이 평가 대상 기업과 유사한 기업으로 정의한다. 따라서 비교 기업을 찾는 선택을 같은 업종으로만 제한할 필요는 없다. 앞서 다뤘던 회귀분석은 기업 간 배수의 차이를 유발하는 변수의 차이를 통제한다. 각 배수를 결정하는 변수에 바탕을 두면 표본집단에 속한 시장 내 모든 기업을 활용해 PER이나 EV/EBITDA, PBR 등 그 어떤 배수의 변수에 대한 회귀분석도 가능하다. 이후 시장 회귀분석을 활용해 개별 기업의 예측치를 도출한다. 시장 회귀분석으로 도출한 PER 예측치보다 낮은(높은) PER에 거래되는 기업은 시장과 비교해 저평가(고평가)되었다고 할 수 있다.

주관적인 기업 비교보다 시장 회귀분석이 우위에 있는 이유는 세 가지다. 첫째, 실제 시장 데이터에 바탕을 두고 높은 성장률이나 위험이 배수에 영향을 미치는 정도를 계량화한다. 시장 회귀분석을 통한 추정에도 오차가 있지만, 이 오차는 많은 애널리스트가 주관적인 판단을 통해 회피하려는 진실을 반영하는 것이나 다름없다. 둘째, 시장 내 모든 기업을 살펴봄으로써 산업 내 기업이 비교적 적을 때도 유의미한 기업 간 비교가 가능하다. 셋째, 시장 내 기업과 비교한 가치 추정치를 도출함으로써 산업 내 모든 기업이 저평가 또는 고평가되었는지를 판단할 수 있다.

상대가치평가와 DCF 가치평가의 조화

가치평가의 두 접근법, 즉 상대가치평가와 DCF 가치평가는 대개 똑같은 기업을 두고도 서로 다른 가치 추정치를 도출한다. 나아가 상대가치평가 내에서도 어떤 배수와 비교 기업을 선택하는지에 따라 아주 다른 가치 추정치를 얻는다.

DCF 가치평가와 상대가치평가의 가치 추정치 차이는 시장 효율성(정확히는 시장 '비'효율성)을 두고 관점이 다른 데서 비롯한다. DCF 가치평가에서는 시장이 실수하지만 시간이 흐르면서 이를 바로잡고, 섹터 전체나 시장 전체 차원에서 실수가 발생한다고 가정한다. 상대가치평가에서는 시장이 개별 주식에 관해서는 실수하지만 평균적으로는 효율적이라고 가정한다. 예컨대 어도비 시스템스를 다른 소프트웨어 기업과 비교해 가치평가할 때 시장이 개별 비교 기업에 관해서는 주가를 잘못 책정했을지라도 비교 기업 집단에 관해서는 평균적으로 옳다고 가정하는 것이다. 따라서 DCF 가치평가에서는 고평가되었다고 판단한 주식을 (시장이 비교 기업 전체를 고평가하고 있다면) 상대가치평가에서는 저평가되었다고 결론 내릴 수도 있다. 섹터나 시장 전체가 저평가되었다면 반대 상황도 가능하다.

결론

상대가치평가에서는 평가 대상 자산의 가치를 유사한 자산의 가격을 통해 추정한다. 비교 분석의 출발점은 가격을 표준화해 배수로 전환하고, 비교 대상으로 정의한 기업의 배수와 비교하는 것이다. 가격은 이익과 장부가액, 매출, 섹터별 변수에 바탕을 두고 표준화할 수 있다.

배수를 활용한 분석의 매력은 단순함에 있지만, 올바르게 활용하려면 네 가지 기본 검증을 거쳐야 한다. 첫째, 배수를 일관성 있게 정의하고 비교 기업에 대해 통일성 있게 측정해야 한다. 둘째, 시장 내 기업에 대해 배수의 분포 특성을 이해해야 한다. 다시 말해 해당 배수의 고저 또는 평균 수준이 어느 정도인지를 알아야 한다. 셋째, 각 배수를 결정하는 펀더멘털 변수가 무엇인지, 나아가 펀더멘털의 변화가 배수에 어떤 영향을 미치는지를 규명해야 한다. 넷째, 진정한 의미의 비교 기업을 찾고 기업 간 펀더멘털 특성의 차이를 통제해야 한다.

1 PER은 현행 이익(current earnings), 직전 12개월 이익(trailing earnings), 그리고 기대이익 (forward earnings)을 사용하여 산출할 수 있다.

    a. 각 배수의 차이는 무엇인가?

    b. 어떤 방식이 가장 높은 가치를 산출할 가능성이 높은가? 이유는?

2 한 애널리스트가 총이자비용과 세금 차감 후 이익 대비 기업 가치(자기자본의 시장가치에 장기 부채를 더하고 현금을 뺀 값으로 정의)의 비율을 계산했다.

    a. 이 비율이 일정하지 않은 이유를 설명하라.

    b. 이 배수를 사용하여 기업들을 비교할 때 어떤 문제가 생길지 설명하라.

3 이 장에서는 배수가 왜곡된 분포를 보인다고 언급했다.

    a. 왜곡된 분포는 무엇을 의미하는가?

    b. 배수가 일반적으로 왜곡된 분포를 갖는 이유는 무엇인가?

    c. 기업 간 비교에 업계 평균을 사용하는 애널리스트에게 이는 어떤 의미가 있는가?

4 일반적으로 이익이 마이너스인 기업의 PER은 계산할 수 없다. 이는 산업 평균 PER 같은 통계에 어떤 의미가 있는가?

18장
이익 배수

이익 배수는 상대가치의 척도로 가장 많이 사용된다. 시장에 처음 들어온 사람도 대부분 PER은 들어봤을 텐데 시장 전략가 역시 시장 PER을 보고 과거와 비교해 시장이 저평가되었는지 고평가되었는지를 판단한다. 개별 주식 가격을 평가하는 애널리스트도 해당 종목이 시장과 비교해 저평가되었는지 고평가되었는지를 판단할 때 PER을 활용한다.

이번 장은 먼저 PER을 상세히 들여다본 후 여러 변형 배수(PEG와 상대 PER)도 살펴본다. 현금흐름 배수, 특히 EV/EBITDA도 마지막에 다룰 것이다. 각 배수를 다룰 때는 17장에서 다뤘던 4단계 검증을 적용한다.

PER

주가이익배수(PER)는 가장 널리 사용되는 동시에 가장 많이 잘못 사용하는 배수다. 단순함 덕분에 IPO 가격평가부터 상대가치 판단까지 다양한 상황에 적용 가능하지만, 기업 펀더멘털과의 관계를 무시할 때가 많아서 중대한 오류에 빠지기도 한다. 이번 장에서는 PER 결정 요인과 가치평가에 가장 잘 활용하는 방법을 다룬다.

PER 정의

PER은 주당순이익 대비 주당 시장가격 비율로 정의한다.

$$PER = \frac{주당\ 시장가격}{주당순이익} \quad 또는 \quad \frac{자기자본의\ 시장가치}{순이익}$$

주당 수치 계산에 적용한 주식 수와 시가총액이 똑같다면 어느 쪽을 택하든 똑같은 값이 도출되어야 한다. PER은 분자에 주당 가치를, 분모에 주주이익의 척도인 주당순이익을 두기에 정의에 일관성이 있다. 가장 큰 문제는 배수 계산 시 주당순이익의 변형을 사용하는 데서 비롯한다. 앞서 17장에서 살펴봤듯 주당순이익을 현행과 후행, 선행, 완전희석, 보통주 기준으로 변형해도 모두 PER을 도출할 수 있다.

특히 고성장 단계의 위험도가 높은 기업에서는 어떤 주당순이익을 사용하는지에 따라 PER 값이 대폭 달라진다. 여기에는 두 가지 요인이 영향을 미친다.

1. **주당순이익의 변동성**: 선행 주당순이익이 후행 주당순이익보다 상당히 크다면(작다면) 현행 주당순이익과도 차이가 클 수밖에 없다.
2. **경영진 옵션과 제한부 주식**: 고성장 기업은 유통주식 수에 비해 임직원 옵션과 제한부 주식 수가 많기에 희석 주당순이익과 보통주 주당순이익 간 차이가 클 수 있다.

기업 간 PER을 비교할 때는 같은 기준의 주당순이익을 사용하는지 확인해야 하지만 다음과 같은 이유로 어려움이 따른다.

■ 다른 기업을 인수해서 성장하는 기업이 많은 데다가 인수를 똑같은 방식으로 회계처리하지 않는다. 이제 모든 기업은 매수법을 따르고 영업권을 자산으로 인식

해야 하지만 보고이익에 상당한 차이를 만들 만큼 재량권을 허용하는 면도 있다. 그러면 주당순이익 기준이 달라져 PER도 서로 의미가 달라진다.

■ 희석 주당순이익 기준으로 PER을 추정하면 경영진 옵션 수도 배수 계산에 반영되는데 내가격 옵션의 기대수익이 차이 나더라도 동등한 것으로 다룬다.

■ 기업은 적어도 보고 목적에서 어떤 거래를 비용처리할지 자본화할지 결정할 재량권을 갖는다. 자본적 지출을 비용처리하면 이익을 다음 기간으로 이월하게 된다. 그러면 재투자 규모가 큰 기업은 불이익을 받게 된다.

PER의 횡단면 분포

PER을 활용할 때는 한 섹터나 시장에 속한 기업의 배수가 어떤 횡단면 분포를 보이는지를 이해하는 것이 중요하다. 이번 섹션에서는 전체 시장의 PER 분포를 살펴보자.

[그림 18.1] 미국 기업의 PER(2024년 1월)

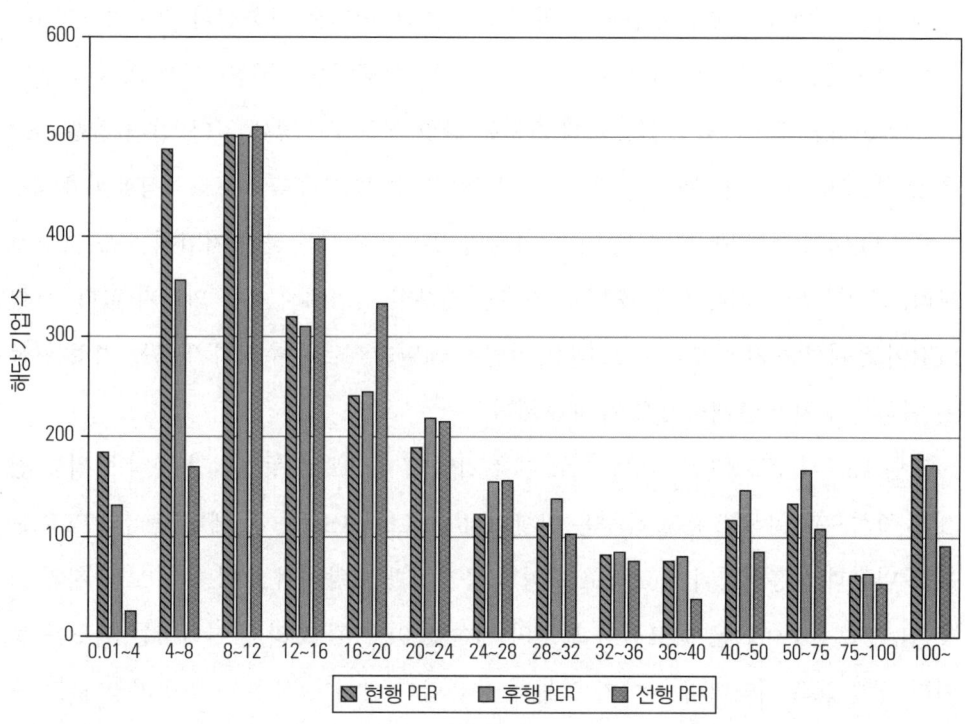

[표 18.1] 미국 기업의 PER 분포(2024년 1월)

	현행 PER	후행 PER	선행 PER
평균	121.65	52.28	31.98
제1사분위수	8.19	9.34	11.19
중앙값	14.95	17.08	16.85
제3사분위수	29.89	32.71	27.20
최댓값	103,000.00	6,471.43	2,183.33
PER 존재 기업 수	2,817	2,779	2,363
PER 계산 불가 기업 수	3,601	3,639	4,055

시장 분포　　그림 18.1은 2024년 1월 기준 미국 주식의 PER 분포를 보여준다. 현행뿐 아니라 후행·선행 PER까지 모두 담았다.

표 18.1은 현행과 후행, 선행 PER의 통계치(평균, 중앙값, 제1사분위수, 제3사분위수)를 요약해서 보여준다.

세 기준의 PER은 모두 평균이 중앙값보다 높다. PER은 상한선이 없지만 제로(0)라는 하한선은 존재하기 때문이다. 실제로 최근 회계연도 기준인 현행 PER이 무려 103,000배나 되는 기업도 있었기에 평균은 상향 왜곡될 수밖에 없다. 한편 현행 PER은 후행 PER보다 높을 뿐 아니라 (선행 이익이 후행 이익보다 클 것으로 예상할 때가 대부분이기에) 대개 선행 PER보다도 높다. 마지막으로 PER 계산 불가 기업의 수도 눈여겨보라. 세 기준의 PER은 모두 주당 순손실을 기록한 기업에서는 큰 의미가 없다. 선행 PER이 존재하는 기업 수가 다소 적은 원인은 애널리스트가 추적하지 않는 기업은 선행 이익 추정치가 존재하지 않기 때문이다.

그림 18.1과 표 18.1은 2024년 초 미국 기업만 대상으로 두었지만 분석 범위를 전세계 주식으로 넓혀도 분포 특성은 변함이 없다. 그림 18.2는 전 세계 주식의 PER 분포를 미국과 신흥시장과 비교하고 지역별 통계치를 요약해서 보여준다. 모든 지역(미국, 전 세계, 신흥시장)은 최고점이 분포의 왼쪽에 있고 긴 꼬리가 이어지는 왜도를 보인다. 중앙값은 지역마다 차이가 있는데 동유럽과 남미 주식은 PER이 가장 낮고 중

[그림 18.2] 전 세계 기업의 PER(2024년 1월)

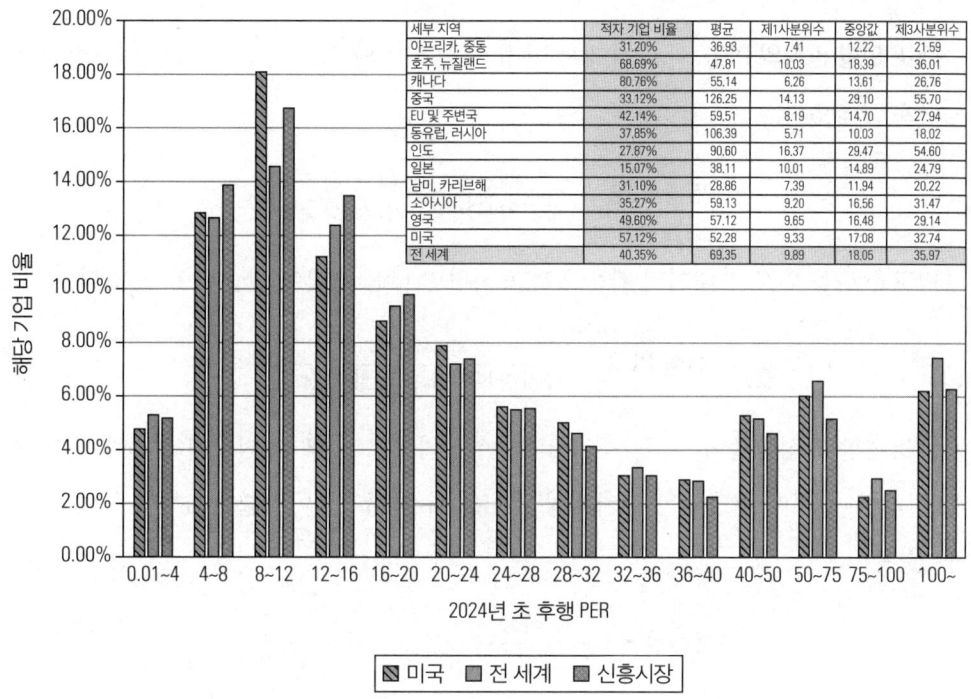

세부 지역	적자 기업 비율	평균	제1사분위수	중앙값	제3사분위수
아프리카, 중동	31.20%	36.93	7.41	12.22	21.59
호주, 뉴질랜드	68.69%	47.81	10.03	18.39	36.01
캐나다	80.76%	55.14	6.26	13.61	26.76
중국	33.12%	126.25	14.13	29.10	55.70
EU 및 주변국	42.14%	59.51	8.19	14.70	27.94
동유럽, 러시아	37.85%	106.39	5.71	10.03	18.02
인도	27.87%	90.60	16.37	29.47	54.60
일본	15.07%	38.11	10.01	14.89	24.79
남미, 카리브해	31.10%	28.86	7.39	11.94	20.22
소아시아	35.27%	59.13	9.20	16.56	31.47
영국	49.60%	57.12	9.65	16.48	29.14
미국	57.12%	52.28	9.33	17.08	32.74
전 세계	40.35%	69.35	9.89	18.05	35.97

국과 인도는 가장 높다. 동유럽과 남미는 위험하다는 인식, 중국과 인도는 고성장 잠
재력이 있다는 인식에 바탕을 둔 결과로 보인다.

 pedata.xls: 미국 기업의 가장 최근 분기 업종별 PER과 펀더멘털을 요약한 엑셀 자료. (웹에서
다운로드 가능)

PER 결정 요인

앞서 17장에서 배수를 결정하는 펀더멘털을 현금흐름할인모형(주식 배수는 배당할
인모형 등 주식 가치평가모형, 기업 배수는 기업 가치평가모형)으로 도출했다. 주식 배수인
PER은 주식 가치평가모형으로 분석한다. 이번 섹션에서는 고성장 기업의 PER을 결

정하는 펀더멘털을 분석할 것이다.

DCF 모형 관점의 PER　17장에서 안정 성장 기업의 PER을 안정 성장 배당할인모형으로 도출했다.

$$\text{후행 PER} = \frac{\text{배당성향} \times (1 + g)}{\text{자기자본비용} - \text{안정 성장률}}$$

PER을 다음 연도 기대이익 기준으로 표시하면 다음과 같이 단순화할 수 있다.

$$\text{선행 PER} = \frac{\text{배당성향}}{\text{자기자본비용} - \text{안정 성장률}}$$

배당성향과 성장률이 높을수록 PER이 상승하고, 기업의 위험도가 높을수록 PER이 하락한다. 이때 배당성향을 기대성장률(g_n)과 자기자본이익률(ROE_n)의 함수로 풀 수 있다.

$$\text{배당성향} = 1 - \frac{\text{안정 성장률}}{\text{자기자본이익률}} = 1 - \frac{g_n}{ROE_n}$$

앞서 선행 PER 수식에 대입하면 다음과 같다.

$$\text{선행 PER} = \frac{1 - \dfrac{g_n}{ROE_n}}{\text{자기자본비용} - \text{안정 성장률}}$$

고성장 기업의 PER 역시 펀더멘털의 함수로 풀 수 있다. 2단계 배당할인모형을 활용하면 PER과 펀더멘털의 관계를 단순화할 수 있다. 향후 n년간 고성장한 후 안정 성장 단계에 접어들 기업의 주당 가치는 배당할인모형에서 다음과 같다.

$$\text{주당 가치}_0 = \frac{EPS_0 \times \text{배당성향} \times \left(1 - \dfrac{(1 + g)^n}{(1 + k_{e,hg})^n}\right)}{k_{e,hg} - g} + \frac{EPS_{n+1} \times \text{배당성향}_{st}}{(k_{e,st} - g_{st})(1 + k_{e,hg})^n}$$

여기서　EPS_0 = 당기(0년 차) 주당순이익
　　　　g = 첫 n년간 EPS 성장률
　　　　$k_{e,hg}$ = 고성장 단계 자기자본비용

$$k_{e,st} = \text{안정 성장 단계 자기자본비용}$$
$$\text{배당성향} = \text{첫 n년간 배당성향}$$
$$g_{st} = \text{안정 성장률}$$
$$\text{배당성향}_{st} = \text{안정 성장 단계 배당성향}$$

주당 가치 수식의 양변을 EPS_0로 나누면 후행 PER과 선행 PER의 내재가치 수식을 도출할 수 있다.

$$\text{후행 PER} = \frac{\text{배당성향} \times (1 + g) \times \left(1 - \dfrac{(1 + g)^n}{(1 + k_{e,hg})^n}\right)}{k_{e,hg} - g} + \frac{(1 + g)^n \times (1 + g_{st}) \times \text{배당성향}_{st}}{(k_{e,st} - g_{st})(1 + k_{e,hg})^n}$$

$$\text{선행 PER} = \frac{\text{배당성향} \times \left(1 - \dfrac{(1 + g)^n}{(1 + k_{e,hg})^n}\right)}{k_{e,hg} - g} + \frac{(1 + g)^{n-1} \times (1 + g_{st}) \times \text{배당성향}_{st}}{(k_{e,st} - g_{st})(1 + k_{e,hg})^n}$$

다시 한번 배당성향을 ROE의 함수로 도출했던 수식을 대입하면 다음과 같다.

$$\text{선행 PER} = \frac{\left(1 - \dfrac{g}{ROE_{hg}}\right) \times \left(1 - \dfrac{(1 + g)^n}{(1 + k_{e,hg})^n}\right)}{k_{e,hg} - g} + \frac{(1 + g)^{n-1} \times (1 + g_{st}) \times \left(1 - \dfrac{g_{st}}{ROE_{st}}\right)}{(k_{e,st} - g_{st})(1 + k_{e,hg})^n}$$

$$\text{여기서} \quad ROE_{hg} = \text{고성장 단계 자기자본이익률}$$
$$ROE_{st} = \text{안정 성장 단계 자기자본이익률}$$

이 수식의 좌변, 즉 PER은 다음 변수에 의해 결정된다.

- **고성장·안정 성장 단계의 배당성향과 자기자본이익률**: 특정 성장률 수준에서 배당성향이 높아지면 PER이 상승한다. 배당성향을 자기자본이익률의 함수로 치환해서 생각하면, 특정 성장률 수준에서 자기자본이익률이 높아지면(낮아지면) PER이 상승(하락)한다.
- **위험도**(할인율에 반영): 위험도가 높아지면 PER이 하락한다. 다시 말해 성장의 예측 가능성이 높고 안정적인 기업은 성장이 불안정한 기업보다 (다른 조건이 같다면) PER이 더 높다.

■ 고성장·안정 성장 단계의 이익 기대성장률: 자기자본이익률이 자기자본비용보다 높다면, 성장률이 높아지면 PER이 상승한다.

이 수식은 모든 기업에 적용해도 될 만큼 일반성을 띤다. 심지어 현재 배당하지 않거나 몹시 작은 배당만 지급하는 기업도 배당성향을 이익 대비 주주 잉여현금흐름 비율로 대체하면 수식을 그대로 적용할 수 있다.

[예시 18.1] 2단계 모형에서 고성장 기업의 PER 추정

표 18.2와 같은 특성을 띠는 기업의 PER을 추정해보자.

[표 18.2] 고성장 기업의 펀더멘털

고성장 단계 기간 = 5년	
첫 5년간 성장률 = 20%	첫 5년간 배당성향 = 20%
5년 차 이후 성장률 = 4%	5년 차 이후 배당성향 = 60%
베타 = 1.0	무위험 이자율 = 장기 국채 수익률 = 4.5%
자기자본비용[1] = 4.5% + 1 × 5% = 9.5%	위험 프리미엄 = 5%

고성장 기업의 내재가치 PER 수식에 성장률과 배당성향, 자기자본비용을 대입하면 다음과 같다.

$$후행\ PER = \frac{0.20 \times 1.20 \times \left(1 - \frac{1.20^5}{1.095^5} \right)}{0.095 - 0.20} + \frac{1.20^5 \times 1.04 \times 0.60}{(0.095 - 0.04) \times 1.095^5} = 19.26$$

후행 PER 추정치는 19.26배다. 이때 입력 변수에 암묵적으로 반영한 자기자본이익률은 단계별로 다음과 같다.

$$첫\ 5년간\ 자기자본이익률 = \frac{고성장률}{1 - 고성장\ 단계\ 배당성향} = \frac{0.20}{1 - 0.20} = 25\%$$

$$안정\ 성장\ 단계\ 자기자본이익률 = \frac{안정\ 성장률}{1 - 안정\ 성장\ 단계\ 배당성향} = \frac{0.04}{1 - 0.04} = 10\%$$

---

1   단순성을 위해 베타와 자기자본비용은 고성장 단계와 안정 성장 단계에 똑같이 적용했다. 단계별로 다른 값을 적용하는 것도 당연히 가능하다.

14장에서 2단계 배당할인모형으로 프록터앤드갬블을 가치평가했다(예시 14.2 참고). 표 18.3은 입력 변수를 재수록해서 보여준다.

[표 18.3] 내재 PER 입력 변수: 프록터앤드갬블

	고성장 단계	안정 성장 단계
자기자본이익률	20%	12%
성장 기간	5년	5년 차 이후
기대성장률	10.00%	3.00%
배당성향	50.00%	75.00%
자기자본비용	8.00%	8.50%

안정 성장 단계의 배당성향은 안정 성장률과 안정 자기자본이익률로 계산했음을 유념하라.

$$\text{안정 배당성향} = 1 - \frac{\text{안정 성장률}}{\text{안정 자기자본이익률}} = 1 - \frac{3\%}{12\%} = 75\%$$

입력 변수를 2단계 PER 수식에 대입하면 다음과 같다.

$$\text{후행 PER} = \frac{0.50 \times 1.10 \times \left(1 - \frac{1.10^5}{1.08^5}\right)}{0.08 - 0.10} + \frac{1.10^5 \times 1.03 \times 0.75}{(0.08 - 0.03) \times 1.08^5} = 18.04$$

펀더멘털에 바탕을 두면 프록터앤드갬블이 이익의 18.04배에 거래될 것으로 예상한다. 내재 PER과 후행 EPS 3.82달러를 곱하면 14장에서 2단계 배당할인모형으로 도출했던 주당 가치와 똑같은 68.90달러를 얻는다.

PER과 이례적 성장률　고성장 기업의 PER은 이례적 성장률의 함수로서 기대성장률이 높을수록 PER이 높다. 예시 18.1에서 성장률이 20%일 때 PER을 19.26배로 추정했는데 기대성장률에 변화를 주면 PER도 바뀐다. 그림 18.3은 PER과 고성장 단계 기대성장률의 관계를 보여준다. 첫 5년간 기대성장률이 25%에서 5%로 하락하면 PER이 19.26배에서 약 11배로 하락한다.

[그림 18.3] PER과 기대성장률

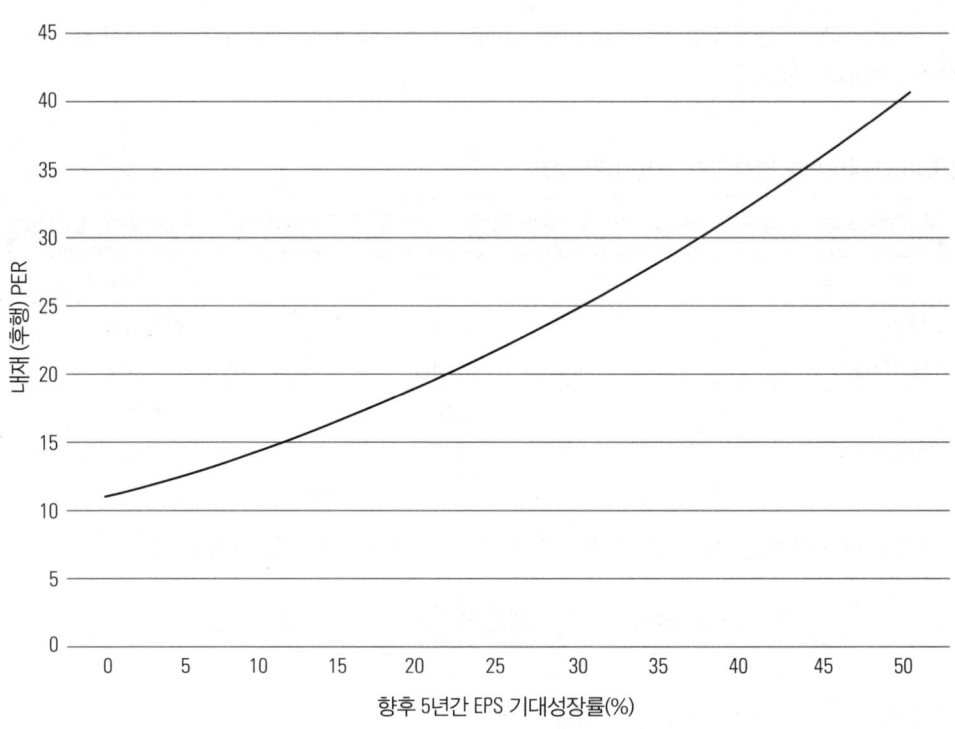

기대성장률 변화가 미치는 영향은 이자율 수준에 따라 달라진다. 그림 18.4는 네 가지 무위험 이자율 수준별(2%, 4%, 6%, 8%) 기대성장률의 변화가 PER에 미치는 영향을 보여준다.

PER은 이자율이 낮을 때 기대성장률 변화에 더 민감하다. 이자율이 높을 때는 성장이 창출하는 미래 현금흐름의 현재가치가 더 크게 할인되어 낮아지므로, 성장률의 변화가 현재가치에 미치는 영향이 더 작기 때문이다.

같은 논리로 시장이 고성장 기업의 어닝 서프라이즈에 반응하는 방식도 설명할 수 있다. 고성장 기업이 기대치를 넘어서는 이익을 보고하거나(어닝 서프라이즈) 기대치에 뒤처지는 이익을 보고하면(어닝 쇼크) 투자자가 인식하는 기업 기대성장률이 바뀌어 가치에 영향을 미친다. 고금리 환경보다는 저금리 환경에서 똑같은 어닝 서프라이

[그림 18.4] PER과 기대성장률: 이자율 시나리오

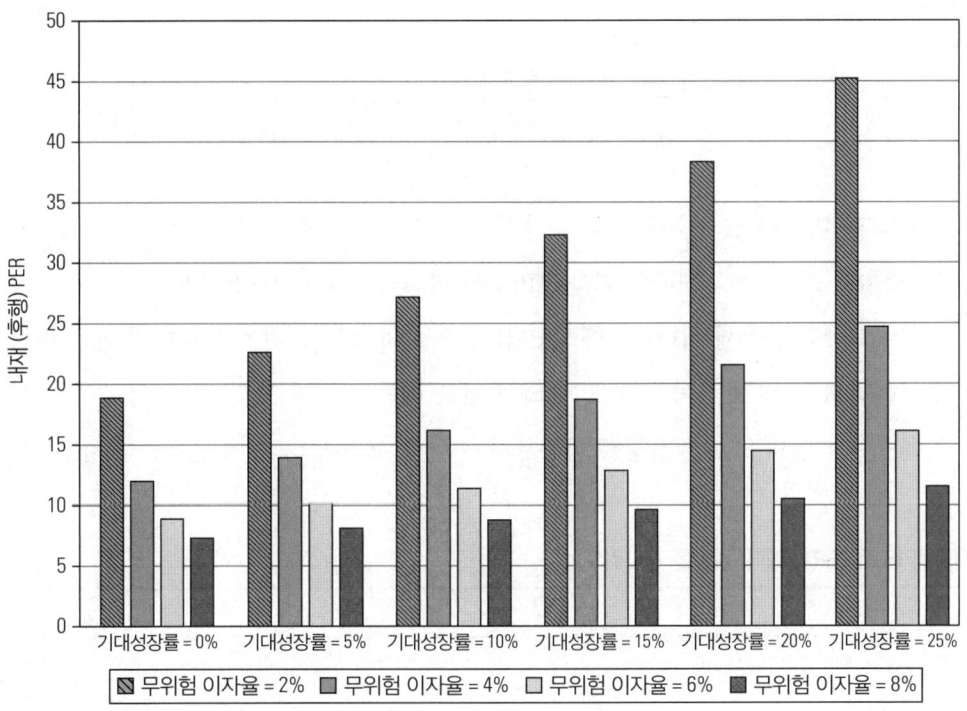

즈·쇼크를 두고 시장가격이 더 큰 반응을 보일 것이다.

PER과 위험   PER은 기업의 위험을 반영하는 자기자본비용에 영향을 받는다. 자기자본비용이 높은 기업은 자기자본비용이 낮은 유사 기업보다 낮은 PER에 거래된다.

이번에도 예시 18.1을 활용해 고위험이 PER에 미치는 영향을 살펴보자. 향후 5년간 기대성장률이 20%이고 이후 안정 성장률이 4%인 기업의 PER은 19.26배였다(베타는 1로 가정).

$$후행 \ PER = \frac{0.20 \times 1.20 \times \left(1 - \dfrac{1.20^5}{1.095^5}\right)}{0.09 - 0.20} + \frac{1.20^5 \times 1.04 \times 0.60}{(0.095 - 0.04) \times 1.095^5} = 19.26$$

베타를 1.5로 가정해 자기자본비용이 12%로 상승했다면 하면 PER은 12.25배로
변한다.

$$후행\ PER = \frac{0.20 \times 1.20 \times \left(1 - \dfrac{1.20^5}{1.12^5}\right)}{0.12 - 0.20} + \frac{1.20^5 \times\ 1.04 \times 0.60}{(0.12 - 0.04) \times 1.12^5} = 12.25$$

자기자본비용이 높을수록 성장의 가치가 낮아진다. 그림 18.5는 첫 5년간 성장률
수준별(0%, 10%, 20%) 베타의 변화가 PER에 미치는 영향을 보여준다.

베타가 상승하면 세 시나리오에서 PER이 모두 하락한다. 하지만 베타가 높을 때는
세 시나리오 간 PER 차이가 작고, 베타가 낮을 때는 차이가 크다. 즉 위험 수준이 몹
시 높으면 기업의 PER은 성장률 상승보다는 위험 감소에 더 크게 반응한다(상승). 몹

[그림 18.5] PER과 베타: 성장률 시나리오

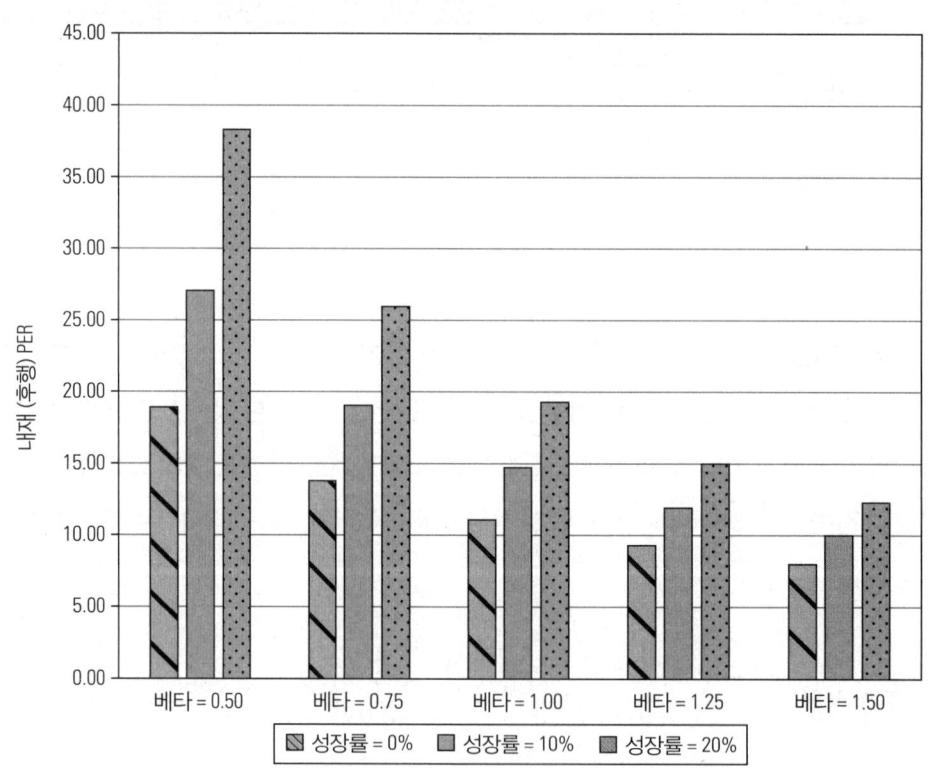

가치평가 바이블

시 위험하지만 성장 잠재력이 큰 고성장 기업은 기대성장률을 높이는 쪽이 아니라 위험을 줄이면 더 높은 가치를 창출할 가능성이 있다.

고금리와 고베타는 자기자본비용 상승을 낳지만, 주당 가치와 PER에 미치는 최종 영향은 초과수익(자기자본이익률과 자기자본비용의 차) 창출력에 의해 결정된다. 극단적으로 자기자본이익률과 자기자본비용이 똑같다고 가정하면 기대성장률이 변하더라도 내재 PER은 변하지 않는다. 성장에 따른 이득을 비용이 모두 상쇄하기 때문이다. 예시 18.1의 기업은 고성장 단계 자기자본이익률이 25%로 자기자본비용보다 훨씬 높았기에 기대성장률과 PER이 정비례하는 관계를 보였다. 대신 자기자본이익률을 자기자본비용보다 낮은 5%로 두었다면 성장률이 높아질 때 PER은 하락할 것이다.

eqmult.xls: 이 스프레드시트를 이용하면 안정 성장 단계나 고성장 단계에 속한 기업의 PER을 펀더멘털을 통해 추정할 수 있다. (웹에서 다운로드 가능)

PER을 활용한 비교

이제 PER을 정의한 후 횡단면 분포를 검토하고 펀더멘털 결정 요인을 살펴봤으니 PER을 활용해 가격을 판단할 수 있다. 이번 섹션에서는 시간에 따른 시장 PER을 비교하는 가장 좋은 방법과 서로 다른 시장 간 PER을 비교하는 방법을 알아본다. 마지막으로 같은 섹터 내 기업의 PER을 비교한 후 전체 시장으로 분석을 확장한다. 이때 시간과 시장, 업종, 기업에 따라 달라지는 펀더멘털을 반영해 PER도 달라진다는 점을 유념하라. 성장률이 높고 위험이 낮으며 배당성향이 높으면 대개 PER이 높다. 따라서 비교 시 위험과 성장률, 배당성향 간 차이를 통제해야 한다.

시간의 흐름에 따른 PER 비교 애널리스트와 시장 전략가는 시장 PER을 역사적 평균과 비교해 저평가나 고평가를 판단한다. 시장 PER이 역사적 평균보다 훨씬 높으면 고평가되었고, 훨씬 낮으면 저평가되었다고 결론 내리고는 한다.

과거 평균으로의 회귀는 금융시장에서 상당히 강력한 힘으로 작동하지만 비교를 통해서 단정적인 결론을 내릴 때는 신중을 기하는 편이 낫다. 시간이 흐르며 이자율과 위험 프리미엄, 기대성장률, 배당성향 등 펀더멘털이 변하면 시장 PER도 변하기 마련이다. 다른 모든 조건이 똑같다면 다음 상황이 펼쳐질 것이다.

- 이자율이 상승하면 시장 자기자본비용이 상승하고 PER은 하락할 것이다.
- 상당한 위험을 감수하려는 투자자 비중이 커지면 주식 위험 프리미엄이 낮아지고 전반적인 주식 PER이 상승할 것이다.
- 전반적인 기업 이익 기대성장률이 높아지면 시장 PER이 상승할 것이다.
- 기업의 자기자본이익률이 높아지면 특정 성장률 수준에서 배당성향이 상승하고 [g = (1 − 배당성향) × ROE] 시장 PER도 상승할 것이다.

다시 말해 펀더멘털을 고려하지 않고는 PER의 등락을 두고 확실한 결론을 내릴 수 없다. 따라서 더 정확한 비교는 역사적 평균과 비교하는 것이 아니라, 실제 PER과 당시 펀더멘털에 바탕을 둔 PER 예측치를 비교하는 것이다.

[예시 18.3] 시간의 흐름에 따른 PER

표 18.4는 하나의 주식시장을 두고 두 기간에 대해 각 경제 통계치를 요약해서 보여준다. 이자율은 기간 2보다 기간 1에서 훨씬 높았다.

[표 18.4] PER과 거시경제 요인

	기간 1	기간 2
장기 국채 수익률	11.00%	6.00%
시장 프리미엄	5.50%	5.50%
기대 인플레이션율	5.00%	4.00%
실질 GNP 기대성장률	3.00%	2.50%
평균 배당성향	50%	50%
기대 PER	(0.5 × 1.08)/(0.165 − 0.08) = 6.35	(0.5 × 1.065)/(0.115 − 0.065) = 10.65

가치평가 바이블

PER은 기간 1보다 실질 이자율(명목 이자율 - 기대 인플레이션율)이 하락한 기간 2에 훨씬 높았다.

[예시 18.4] 시간의 흐름에 따른 S&P500의 PER

그림 18.6은 1960~2023년(연말 기준) S&P500 지수와 미국 장기 국채의 이익수익률(earnings to price ratio: EPR)을 요약해서 보여준다. EPR과 장기 국채는 강한 상관관계가 존재한다(상관계수 0.6876). 또한 변수 간 상관계수 표를 보면 이자율의 기간 구조도 PER에 영향을 미쳤다(현재는 그렇지 않음을 나중에 다룰 것이다).

	이익수익률	장기 국채 수익률	이자율 스프레드
이익수익률	1.0000		
장기 국채 수익률	0.6876	1.0000	
이자율 스프레드	-0.0766	-0.0256	1.0000

[그림 18.6] 이익수익률과 이자율(1960~2023년)

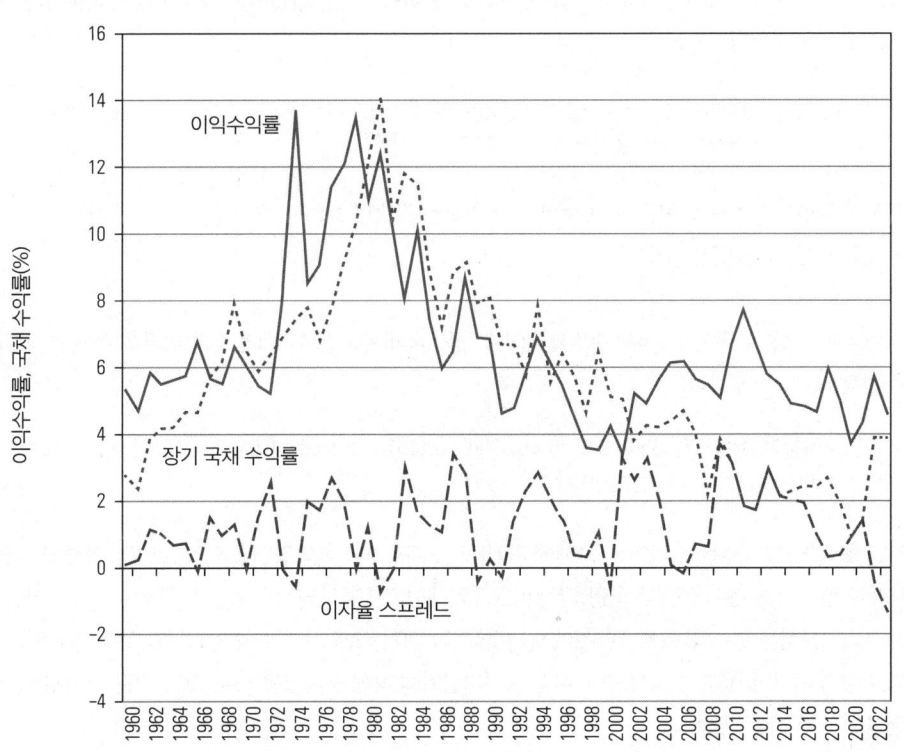

그림 18.6은 1960~2023년 이익수익률과 10년 만기 국채 수익률, 장기 국채와 단기 국채의 수익률 차이(이자율 스프레드)를 보여준다. 장기 국채 수익률이 낮을 때는 이익수익률이 낮은 경향이 있다(역수인 PER은 높다). 지난 10년간(2010~2020년) 주식이 이익 대비 상당한 높은 배수에 거래되었던 이유이기도 하다. 이익수익률을 1960~2023년 장기 국채(10년 만기) 수익률과 이자율 스프레드(10년 만기 국채 수익률 – 3개월 만기 국채 수익률)에 대해 회귀분석한 결과는 다음과 같다.

$$\text{이익수익률} = 0.0350 + 0.5576 \times \text{장기 국채 수익률} - 0.1161 \times \text{이자율 스프레드} \qquad R^2 = 47.8\%$$
$$\phantom{\text{이익수익률} = }(6.57) \quad\ (7.40) \phantom{\times \text{장기 국채 수익률}} (-0.64)$$

다른 조건은 모두 같다면 회귀분석의 시사점은 다음과 같다.

- 장기 국채 수익률이 1% 상승할 때마다 이익수익률은 0.5576% 상승한다. 당연한 결과이지만, 고금리가 PER에 미치는 영향을 계량화했다는 점에서 의미가 있다.
- 이자율 스프레드가 1% 상승할 때마다 이익수익률은 0.1161% 하락한다. 기울기가 제로이거나 마이너스인 이자율 곡선은 곧 PER이 낮다는 뜻이고, 기울기가 플러스인 이자율 곡선은 PER이 높다는 뜻이다. 언뜻 보면 놀라운 결론 같지만, 적어도 미국에서는 이자율 곡선의 기울기가 경제 성장률의 선행 지표로 작동해왔다(기울기가 클수록 이후 성장률이 높았다). 하지만 두 변수 간 관계는 통계적 유의성은 없는 것으로 보이는데 과거에는 그렇지 않았다. 만약 같은 회귀분석을 2008년 시점에 시행했다면 다음 결과를 도출했을 것이다.

$$\text{이익수익률} = 0.0256 + 0.7044 \times \text{장기 국채 수익률} - 0.3289 \times \text{이자율 스프레드} \qquad R^2 = 50.7\%$$
$$\phantom{\text{이익수익률} = }(4.71) \quad\ (7.10) \phantom{\times \text{장기 국채 수익률}} (1.46)$$

이자율 곡선이 미치는 영향은 지난 수십 년간 약화된 것으로 보인다. 이 기간에 장기 이자율이 역사적 저점을 경신했기 때문일 것이다.

회귀분석에 바탕을 두고 장기 국채 수익률 3.88%, 단기 국채 수익률 4.61%를 대입하면 2024년 초 이익수익률 예측치는 다음과 같다.

$$\text{이익수익률 예측치} = 0.0350 + 0.5576 \times 0.0388 - 0.1161 \times (0.0388 - 0.0461) = 0.0575 \text{ 또는 } 5.75\%$$
$$\text{PER 예측치} = 1/0.0575 = 17.40$$

2024년 초 S&P500 지수는 이익의 21.71배에 거래되었으므로 고평가되었던 것으로 보인다. 한편 PER과 상관관계가 있는 다른 변수, 예컨대 국민총생산(GNP) 기대성장률과 배당성향 등을 독립 변수로 추가하면 더 뛰어난 회귀분석을 얻는다. 특히 지난 20년간 기술주가 대거 S&P500 지수에 편입되었고, 미국 기업의 전반적인 자기자본이익률이 상승했으며, 위험 프리미엄이 하락했던 사실은 모두 같은 기간 S&P500의 PER이 상승했던 원인을 설명한다.

국가 간 PER 비교　저평가나 고평가된 시장을 찾으려고 다른 국가 간 PER을 비교 분석할 때가 많다. PER이 낮으면 저평가 시장, PER이 높으면 고평가 시장으로 해석하는 식인데, 국가 간 펀더멘털 차이가 상당히 크다는 점을 고려하면 잘못된 결론일 가능성이 크다. 다른 조건이 모두 같다면 비교의 결론은 다음과 같아야 한다.

- 실질 이자율이 높은 국가는 낮은 국가보다 PER이 낮아야 한다.
- 실질 기대성장률이 높은 국가는 낮은 국가보다 PER이 높아야 한다.
- 더 위험해 보여서 더 높은 위험 프리미엄이 적용되어야 할 국가는 안전한 국가보다 PER이 낮아야 한다.
- 기업의 투자 효율이 더 높아서 자기자본이익률이 더 높은 국가는 효율이 낮은 국가보다 PER이 높아야 한다.

[예시 18.5] 펀더멘털이 서로 다른 시장 간 PER 비교

표 18.5는 국가 1과 국가 2의 주식시장과 관련한 거시경제 요인을 요약해서 보여준다. 두 국가의 가장 큰 차이는 국가 1의 실질 이자율이 훨씬 높다는 점이다.

[표 18.5] 거시경제 요인 요약

	국가 1	국가 2
장기 국채 수익률	10.00%	5.00%
시장 프리미엄	4.00%	5.50%
기대 인플레이션율	4.00%	4.00%
실질 GNP 기대성장률	2.00%	3.00%
평균 배당성향	50%	50%
기대 PER	$(0.5 \times 1.06)/(0.14 - 0.06) = 6.625$	$(0.5 \times 1.07)/(0.105 - 0.07) = 15.29$

기대 PER은 국가 2가 국가 1보다 훨씬 높지만 펀더멘털의 차이를 고려하면 합당한 수준으로 해석할 수도 있다('명목 성장률 = 실질 성장률 + 기대 인플레이션율'임을 유념하라).

비교 대상 범위를 더 넓혀보자. 표 18.6은 2000년 7월 기준 여러 선진국 시장의 PER과 배당수익률, 장·단기 이자율을 요약해서 보여준다.

[표 18.6] 국가 간 비교: 시장 특성

	PER	배당·수익률	2년 만기 국채 수익률	10년 만기 국채 수익률	이자율 스프레드
영국	22.02	2.59%	5.93%	5.85%	-0.08%
독일	26.33	1.88%	5.06%	5.32%	0.26%
프랑스	29.04	1.34%	5.11%	5.48%	0.37%
스위스	19.60	1.42%	3.62%	3.83%	0.21%
벨기에	14.74	2.66%	5.15%	5.70%	0.55%
이탈리아	28.23	1.76%	5.27%	5.70%	0.43%
스웨덴	32.39	1.11%	4.67%	5.26%	0.59%
네덜란드	21.10	2.07%	5.10%	5.47%	0.37%
호주	21.69	3.12%	6.29%	6.25%	-0.04%
일본	52.25	0.71%	0.58%	1.85%	1.27%
미국	25.14	1.10%	6.05%	5.85%	-0.20%
캐나다	26.14	0.99%	5.70%	5.77%	0.07%

PER을 단순 비교하면 일본(PER 52.25배)은 고평가되었고 벨기에(PER 14.74배)는 저평가되었다는 결론에 이를 것이다. 하지만 PER과 10년 만기 국채 수익률 간 마이너스 상관관계(상관계수 -0.73)와, PER과 이자율 스프레드 간 플러스 상관관계(상관계수 0.70)가 분명 존재한다. PER을 이자율과 기대성장률에 대해 횡단면 회귀분석한 결과는 다음과 같다.

$$PER = 42.62 - 360.9 \times 10년\ 만기\ 국채\ 수익률 - 846.61 \times 이자율\ 스프레드 \qquad R^2 = 59\%$$
$$(2.78) \quad (1.41) \qquad\qquad\qquad\qquad (1.08)$$

표본집단 크기가 작아서 회귀계수 자체는 그리 중요하지 않다. 오차가 존재하지만 이 회귀분석에 바탕을 두고 국가별 PER을 예측한 결과는 표 18.7과 같다.

이렇게 보면 벨기에와 스위스가 가장 저평가된 것으로, 미국이 가장 고평가된 것으로 보인다. 회귀분석에서 결정계수(R^2)가 낮으면 예측치 범위가 커진다(오차가 커진다)는 점을 유념하라.

[표 18.7] PER: 실제값과 예측값

	PER 실제값	PER 예측값	고평가(저평가)
영국	22.02	20.83	5.71%
독일	26.33	25.62	2.76%
프랑스	29.04	25.98	11.80%
스위스	19.60	30.58	-35.90%
벨기에	14.74	26.71	-44.81%
이탈리아	28.23	25.69	9.89%
스웨덴	32.39	28.63	13.12%
네덜란드	21.10	26.01	-18.88%
호주	21.69	19.73	9.96%
일본	52.25	46.70	11.89%
미국	25.14	19.81	26.88%
캐나다	26.14	22.39	16.75%

[예시 18.7] 신흥시장 비교(2000년 말)

이번에는 2000년 말 신흥시장 내 국가별 PER을 비교해보자. 표 18.8에서 '국가 위험'은 〈이코노미스트〉가 신흥시장 국가를 두고 0(안전)~100(위험)의 척도로 추정한 위험을 뜻한다.

[표 18.8] 거시경제 요인 요약: 신흥시장

	PER	이자율	실질 GDP 성장률	국가 위험
아르헨티나	14	18.00%	2.50%	45
브라질	21	14.00%	4.80%	35
칠레	25	9.50%	5.50%	15
홍콩	20	8.00%	6.00%	15
인도	17	11.48%	4.20%	25
인도네시아	15	21.00%	4.00%	50
말레이시아	14	5.67%	3.00%	40
멕시코	19	11.50%	5.50%	30
파키스탄	14	19.00%	3.00%	45

페루	15	18.00%	4.90%	50
필리핀	15	17.00%	3.80%	45
싱가포르	24	6.50%	5.20%	5
대한민국	21	10.00%	4.80%	25
태국	21	12.75%	5.50%	25
튀르키예	12	25.00%	2.00%	35
베네수엘라	20	15.00%	3.50%	45

PER을 표 18.8의 변수에 대해 회귀분석한 결과는 다음과 같다.

$$PER = 16.16 - 7.94 \times 이자율 - 154.40 \times 실질 GDP 성장률 - 0.112 \times 국가 위험 \qquad R^2 = 74\%$$
$$(3.61) \quad (0.52) \qquad\qquad (2.38) \qquad\qquad\qquad (1.78)$$

실질 GDP 성장률이 높고 국가 위험이 낮은 국가는 PER이 높았다. 이자율 수준은 제한적인 영향만 미치는 것으로 보인다. 예컨대 튀르키예의 PER 예측치를 도출해보자.

$$튀르키예의 PER 예측치 = 16.16 - 7.94 \times 0.25 - 154.40 \times 0.02 - 0.112 \times 35 = 13.354$$

튀르키예는 실제 PER이 12배였으므로 소폭 저평가된 것으로 보인다.

같은 업종 내 기업 간 PER 비교　기업의 PER을 추정할 때 가장 널리 사용되는 방법은 비교 기업을 선정하고 이 집단의 평균 PER을 계산한 뒤, 평가 대상 기업과 비교 기업의 차이를 고려해 주관적으로 조정하는 것이다. 하지만 여기에는 몇 가지 문제가 있다. 첫째, 비교 기업의 정의 자체도 상당히 주관적이다. 같은 업종에 속한 기업이라고 해도 사업 믹스와 위험·성장 특성이 상당히 다르기에 이들을 대조군으로 두는 것은 해결책이 아니다. 편향이 개입할 여지도 상당하다. 예컨대 인수 시 대상 기업의 높은 PER을 대상 기업의 대조군이 보이는 PER 특성을 활용해 합리화하는 시도가 많다. 이 대조군은 PER과 다른 배수를 과대추정하는 경향이 있다. 둘째, 합당한 비교 기업을 선정했더라도 평가 대상 기업과의 펀더멘털 차이가 여전히 존재한다. 펀더멘털의 차이를 주관적으로 조정하기는 몹시 어렵다. 따라서 평가 대상 기업이 비교 기업보다 성장 잠재력이 훨씬 크다고 생각한다면 비교 기업보다 높은 PER이 합당하지만, 얼마

나 더 높은지는 답하기가 어렵다.

주관적 조정의 대안은 회귀분석에서 같은 업종 내 기업 간 PER의 차이를 결정하는 한두 개 변수에 대해서만 통제하는 것이다. 그러면 회귀식을 도출해 개별 기업의 PER 예측치를 계산한 후 실제 PER과 차이를 고려해서 어느 기업이 고평가나 저평가되었는지 판단할 수 있다.

[예시 18.8] 전 세계 통신사 PER 비교(2000년 9월)

표 18.9는 2000년 9월 기준 미국예탁증권(American depositary receipts: ADR)을 통해 미국 주식시장에서 거래되는 전 세계 통신사의 후행 PER을 요약해서 보여준다. 주당순이익은 미국회계기준에 바탕을 두고 계산했기에 각 기업이 본국 시장에서 보고한 주당순이익보다 비교 가능성이 훨씬 높다.

[표 18.9] 전 세계 통신사 PER 비교(2000년)

기업명	후행 PER	EPS 기대성장률	신흥시장 가변수
APT Satellite Holdings ADR	31.00	33.00%	1
Asia Satellite Telecom Holdings ADR	19.60	16.00%	1
British Telecommunications PLC ADR	25.70	7.00%	0
Cable & Wireless PLC ADR	29.80	14.00%	0
Deutsche Telekom AG ADR	24.60	11.00%	0
France Telecom SA ADR	45.20	19.00%	0
Gilat Communications	22.70	31.00%	1
Hellenic Telecommunication ADR	12.80	12.00%	1
Korea Telecom ADR	71.30	44.00%	1
Matav RT ADR	21.50	22.00%	1
Nippon Telegraph & Telephone ADR	44.30	20.00%	0
Portugal Telecom SA ADR	20.80	13.00%	0
PT Indosat ADR	7.80	6.00%	1
Royal KPN NV ADR	35.70	13.00%	0
Swisscom AG ADR	18.30	11.00%	0
Tele Danmark AS ADR	27.00	9.00%	0
Telebras ADR	8.90	7.50%	1

Telecom Argentina ADR B	12.50	8.00%	1
Telecom Corp of New Zealand ADR	11.20	11.00%	0
Telecom Italia SPA ADR	42.20	14.00%	0
Telecomunicaciones de Chile ADR	16.60	8.00%	1
Telefonica SA ADR	32.50	18.00%	0
Telefonos de Mexico ADR L	21.10	14.00%	1
Telekomunikasi Indonesia ADR	28.40	32.00%	1
Telstra ADR	21.70	12.00%	0

주당순이익은 후행 기준으로 두 번째 열은 기업별 후행 PER을 보여준다. 세 번째 열은 애널리스트가 전망한 향후 5년간 주당순이익 기대성장률을 보여준다. 마지막 열은 기업이 신흥시장에 속하는지 아니면 선진국 시장에 속하는지를 알려주는 가변수(dummy variable)다. 신흥시장 통신사는 훨씬 큰 위험에 노출될 가능성이 크기 때문이다. 실제로 PER이 가장 낮은 기업인 텔레브라스(Telebras), PT 인도삿(PT Indosat)은 신흥시장에 속한다.

PER을 기대성장률과 신흥시장 가변수에 대해 회귀분석한 결과는 다음과 같다.

$$PER = 13.12 + 121.22 \times 기대성장률 - 13.85 \times 신흥시장 가변수 \qquad R^2 = 66\%$$
$$\quad (3.78) \quad (6.29) \qquad\qquad\quad (3.84)$$

성장률이 높은 기업이 낮은 기업보다 PER이 높았다. 게다가 회귀분석 결과를 보면 신흥시장 통신사가 선진국 통신사보다 훨씬 낮은 PER에 거래되었다. 표 18.10은 회귀식을 활용해 기업별 PER을 예측한 결과를 보여준다.

[표 18.10] PER: 실제값과 예측값

기업명	PER 실제값	PER 예측값	고평가(저평가)
APT Satellite Holdings ADR	31.00	39.27	-21.05%
Asia Satellite Telecom Holdings ADR	19.60	18.66	5.05%
British Telecommunications PLC ADR	25.70	21.60	18.98%
Cable & Wireless PLC ADR	29.80	30.09	-0.95%
Deutsche Telekom AG ADR	24.60	26.45	-6.99%
France Telecom SA ADR	45.20	36.15	25.04%
Gilat Communications	22.70	36.84	-38.38%
Hellenic Telecommunication ADR	12.80	13.81	-7.31%

Korea Telecom ADR	71.30	52.60	35.55%
Matav RT ADR	21.50	25.93	-17.09%
Nippon Telegraph & Telephone ADR	44.30	37.36	18.58%
Portugal Telecom SA ADR	20.80	28.87	-27.96%
PT Indosat ADR	7.80	6.54	19.35%
Royal KPN NV ADR	35.70	28.87	23.64%
Swisscom AG ADR	18.30	26.45	-30.81%
Tele Danmark AS ADR	27.00	24.03	12.38%
Telebras ADR	8.90	8.35	6.54%
Telecom Argentina ADR B	12.50	8.96	39.51%
Telecom Corp of New Zealand ADR	11.20	26.45	-57.66%
Telecom Italia SPA ADR	42.20	30.09	40.26%
Telecomunicaciones de Chile ADR	16.60	8.96	85.27%
Telefonica SA ADR	32.50	34.94	-6.97%
Telefonos de Mexico ADR L	21.10	16.23	29.98%
Telekomunikasi Indonesia ADR	28.40	38.05	-25.37%
Telstra ADR	21.70	27.66	-21.55%

PER 예측값에 바탕을 두면 뉴질랜드의 텔레콤 코퍼레이션(Telecom Corp of New Zealand)이 가장 저평가되었고, 텔레코뮤니카시온 드 칠레(Telecomunicaciones de Chile)가 가장 고평가되었다. 칠레 시장을 다루는 애널리스트는 칠레가 적어도 2000년에는 다른 신흥시장 국가보다 훨씬 안전했다고 주장할지도 모르지만, 신흥시장 가변수 사용에 따르는 비용 정도로 해석하자. 국가 위험 점수나 등급을 사용하면 국가 간 차이를 더 잘 반영할 수 있다.

같은 시장에 속한 기업 간 PER 비교 이전 섹션에서는 비교 기업을 같은 업종 내다른 기업으로 좁게 정의했다. 이번 섹션에서는 전체 섹터나 시장으로 정의를 확대해 비교 기업 수를 늘릴 방법을 알아보자. 여기에는 두 가지 장점이 따른다. 첫째, 비교 기업이 많아지면 추정치의 정확도가 높아질 가능성이 있다. 둘째, 소규모 하위 집단에 속한 기업이 섹터나 시장과 비교해 저평가 또는 고평가되었는지를 판단할 수 있다. 비교 기업을 광범위하게 정의할수록 기업 간 차이는 커지므로 차이에 대해 조정

하는 과정이 필수다. 가장 간단한 방법은 PER을 종속 변수로 두고 위험과 성장률, 배당성향의 대용물을 독립 변수로 두는 다중 회귀분석이다.

과거 연구　키소르(Kisor)와 위트벡(Whitbeck, 1963)은 처음으로 전체 시장을 대상으로 PER을 펀더멘털에 대해 회귀분석했다. 1962년 6월 기준 135개 종목 데이터를 뉴욕은행으로부터 입수해 다음 회귀식을 도출했다.

PER = 8.2 + 1.5 × 이익 기대성장률 + 6.7 × 배당성향 − 0.2 × EPS 증감의 표준편차

뒤이어 크래그와 맬킬은 표 18.11과 같이 1961~1965년 데이터를 두고 PER을 성장률과 배당성향, 주식 베타에 대해 회귀분석해 회귀계수를 추정했다.

[표 18.11] 시장 회귀분석(1961~1965년)

연도	회귀식	R^2
1961	PER = 4.73 + 3.28g + 2.05π − 0.85β	70%
1962	PER= 11.06 + 1.75g + 0.785π − 1.61β	70%
1963	PER = 2.94 + 2.55g + 7.62π − 0.27β	75%
1964	PER = 6.71 + 2.05g + 5.23π − 0.89β	75%
1965	PER = 0.96 + 2.74g + 5.01π − 0.35β	85%

여기서　PER = 기초 주가이익배수
g = 이익 성장률
π = 기초 배당성향
β = 주식 베타

두 사람은 이 회귀모형이 PER을 설명하는 데 유용하지만 실제 결과 예측에는 아무런 도움이 되지 않는다고 결론 내렸다. 두 연구에서 사용한 세 가지 독립 변수(배당성향, 위험, 성장률)는 모두 이전 섹션에서 검토했던 PER 결정 요인과 일치한다.

이 책의 제1판에서는 1987~1991년 데이터와 훨씬 광범위한 표본을 선정해 연구

[표 18.12] 시장 회귀분석(1987~1991년)

연도	회귀식	R^2
1987	PER = 7.1839 + 13.05 × 배당성향 − 0.6259 × 베타 + 6.5659EGR	92.87%
1988	PER = 2.5848 + 29.91 × 배당성향 − 4.5157 × 베타 + 19.9143EGR	94.65%
1989	PER = 4.6122 + 59.74 × 배당성향 − 0.7546 × 베타 + 9.0072EGR	56.13%
1990	PER =3.5955 + 10.88 × 배당성향 − 0.2801 × 베타 + 5.4573EGR	34.97%
1991	PER = 2.7711 + 22.89 × 배당성향 − 0.1326 × 베타 + 13.8653EGR	32.17%

결과를 갱신했다(표 18.12).[2]

여기서 EGR은 EPS의 역사적 성장률을 뜻한다. 시간이 흐르며 R^2과 회귀계수가 큰 변동성을 보였음을 유념하라. 예컨대 R^2은 1987년 93%에서 1991년 32%로 대폭 감소했고 회귀계수는 훨씬 큰 폭으로 변했다. 어느 징도는 이익의 변동성에서 비롯한 현상인데, PER은 변동성을 반영한 결과다. 1991년 R^2이 몹시 작았던 원인은 경기 침체가 이익에 악영향을 미쳤기 때문이다. 확실히 불안정한 회귀분석이고 예측값에는 소음이 존재한다.

시장 회귀분석 갱신　시장 회귀분석에 필요한 데이터는 기존 연구가 이루어졌던 때보다 오늘날 훨씬 쉽게 구할 수 있다. 이번 섹션에서는 앞서 다룬 두 회귀분석을 최신 데이터로 갱신한다. 2024년 1월에 수행한 첫 번째 분석은 시장 내 모든 기업의 PER을 배당성향과 베타, 기대성장률에 대해 회귀분석했다.[3]

$$PER = -2.11 + 69.57 \times 기대성장률 + 20.76 \times 베타 + 11.38 \times 배당성향$$
$$(1.89) \ (13.57) \qquad\qquad (13.83) \qquad\quad (7.87)$$
$$R^2 = 33.4\% \qquad\qquad\qquad 표본 수 = 1,755$$

표본이 1,755개나 되므로 상대가치의 광범위한 척도라고 할 수 있다. R^2은 비교적

2　컴퓨스탯(Compustat) 데이터베이스에 등재된 모든 주식 데이터를 고려했다. 직전 5년간 성장률을 기대성장률로 적용했고 증권가격연구센터(CRSP) 자료에 바탕을 두고 베타를 추정했다.
3　회귀계수 밑 괄호 안 숫자는 t 통계값이다.

[표 18.13] 주식 위험 프리미엄과 성장률의 회귀계수(2000~2024년)

연도	g 회귀계수	주식 위험 프리미엄	연도	g 회귀계수	주식 위험 프리미엄
2000	2.11	2.05%	2013	0.58	5.78%
2001	1.46	2.75%	2014	1.49	4.96%
2002	1.00	3.62%	2015	0.99	5.78%
2003	2.62	4.10%	2016	0.75	6.12%
2004	0.81	3.69%	2017	1.71	5.69%
2005	0.91	3.65%	2018	1.14	5.08%
2006	1.13	4.07%	2019	1.40	5.96%
2007	1.18	4.16%	2020	1.37	5.20%
2008	1.43	4.37%	2021	2.28	4.72%
2009	0.78	6.43%	2022	0.49	4.24%
2010	0.55	4.36%	2023	0.46	5.94%
2011	0.84	5.20%	2024	0.70	4.60%
2012	0.41	6.04%			

낮지만 회귀분석 방법론의 한계라기보다는 PER 값에 소음이 존재하기 때문이다. 뒤에서 다시 다루겠지만 회귀분석 시 대개 PER보다는 PBR이 더 안정적이고 R^2도 더 높다. 아울러 회귀계수의 부호가 예상과 다르다는 점도 문제다. 예컨대 고위험(고베타) 주식은 실제로 PER이 더 높은 경향을 보이지만 펀더멘털로 추정한 결과는 정반대일 것이다.

기대성장률의 회귀계수는 주식별 성장률 차이를 시장이 어떻게 가격에 반영하는지를 보여주는 중요한 단서다. 표 18.13은 2000년부터 2024년까지 매년 말 기대성장률의 회귀계수와, 7장에서 다뤘듯 위험의 가격으로서 내재 주식 위험 프리미엄을 보여준다.

닷컴버블의 정점이었던 2000년 1월에 시장은 성장에 몹시 높은 가격을 지불하고 위험에는 사실상 아무런 비용도 부과하지 않았다. 당연히 고성장·고위험 기업은 천장을 뚫을 듯한 PER에 거래되었다. 시장 분위기가 반전한 2002년 1월에는 성장

[표 18.14] 시장 PER 회귀분석(2024년 초)

지역	회귀식	R^2
미국	PER = −2.11 + 20.76 × 베타 + 69.57g_{EPS} + 11.38 × 배당성향	33.6%
유럽	PER = 11.89 + 1.47 × 베타 + 32.44g_{EPS} + 13.18 × 배당성향	15.5%
일본	PER = 4.65 + 6.94 × 베타 + 25.75g_{EPS} + 17.17 × 배당성향	23.2%
호주, 뉴질랜드, 캐나다	PER = 15.02 + 0.06 × 베타 + 41.70g_{EPS} + 3.71 × 배당성향	24.8%
신흥시장	PER = 14.41 − 1.24 × 베타 + 92.94g_{EPS} + 7.49 × 배당성향	24.8%
전 세계	PER = 16.90 + 3.20 × 베타 + 51.53g_{EPS} + 2.68 × 배당성향	17.2%

의 가격이 50% 이상 하락했고 위험의 가격이 80%가량 상승했다. 금융위기 직후인 2009년 1월, 위험의 시장가격은 6.43%였고(이전 30년간 최고가) 성장의 가격은 낮았다(미국 기업의 PER 중앙값은 한 자릿수에 불과했다). 표 18.13은 성장을 갈망하는 욕심과 위험을 대비하는 두려움이 치열하게 싸우는 시장의 생리를 반영한 결과다. 욕심과 두려움이 동시에 승리할 때는 없었고 시간이 흐르며 승자의 위치가 서로 바뀌었다.

전 세계 시장 회귀분석　데이터 접근성이 향상하면서 미국뿐 아니라 전 세계 시장을 대상으로 한 회귀분석도 가능해졌다. 표 18.14는 2024년 초 세계 여러 지역(유럽, 신흥시장, 호주, 뉴질랜드, 캐나다, 일본, 미국)과 전 세계 기업에 대한 회귀분석 결과를 보여준다.

시장별로 설명력(R^2)과 변수와의 관계(회귀계수)가 모두 달랐지만 공통점도 있었다. 모든 지역에서 PER의 차이를 결정하는 가장 중요한 변수는 성장률이었다.

회귀분석의 방법론적 문제　회귀분석 방법론은 방대한 데이터를 단 하나의 수식으로 입축해 PER과 재무 펀더멘털 간의 관계를 보여주는 편리한 방법이지만 한계도 있다. 첫째, 여러 독립 변수에 상관관계가 존재한다.[4] 모든 미국 기업의 베타와 성장

4　다중 회귀분석에서 여러 독립 변수는 서로 독립적이어야 한다.

[표 18.15] 독립 변수 간 피어슨 상관계수[a]

		후행 PER	베타	배당성향	향후 5년간 EPS 기대성장률
후행 PER	상관계수	1	0.116**	0.167**	0.091**
	유의확률(양측검정)		< 0.001	< 0.001	0.002
	N	2,607	2,481	2,586	1,114
베타	상관계수	0.116**	1	-0.005	0.140**
	유의확률(양측검정)	< 0.001		0.797	< 0.001
	N	2,481	5,634	2,589	1,444
배당성향	상관계수	0.167**	-0.005	1	-0.154**
	유의확률(양측검정)	< 0.001	0.797		< 0.001
	N	2,586	2,589	2,728	1,157
향후 5년간 EPS 기대성장률	상관계수	0.091**	0.140**	-0.154**	1
	유의확률(양측검정)	0.002	< 0.001	< 0.001	
	N	1,114	1,444	1,157	1,462

**: 상관관계의 유의확률이 0.01(양측검정)
a: 대상 집단 = 미국

률, 배당성향 간 상관관계를 요약한 표 18.15를 보면 고성장 기업은 고위험과 낮은 배당성향의 특성을 띤다. 이러한 다중 공선성(multicollinearity)은 회귀계수의 신뢰도를 떨어뜨리고(표준오차 증가), 회귀계수의 부호를 잘못 계산하며(베타의 회귀계수가 플러스일 때가 대표적이다), 시간이 흐르며 회귀계수가 큰 폭으로 변한다. 둘째, 회귀분석이 가정하는 PER과 펀더멘털의 선형 관계가 합당하지 않을 때도 있다. 회귀식의 잔차를 분석해보면 독립 변수를 제곱항이나 자연로그로 변환하면 PER 설명력이 향상하기도 한다. 셋째, PER과 재무 변수 간 관계는 사실 그리 안정적이지 않다. 만약 매년 관계가 변한다면 회귀식에서 도출한 예측값은 다음 해에는 유효하지 않을 것이다. 따라서 회귀분석은 진정한 가치를 찾는 과정에 유용한 하나의 대안으로 생각해야 한다.

앞서 예시 18.2에서 2단계 배당할인모형을 적용해 프록터앤드갬블의 2011년 내재 PER을 추정했다. 이번에는 미국 주식의 시장 회귀분석을 적용해 2024년 1월 PER을 도출해보자. 그러려면 프록터앤드갬블의 회귀식상 독립 변수값을 먼저 추정해야 한다.

프록터앤드갬블의 베타 = 0.65
프록터앤드갬블의 배당성향 = 61.48%
프록터앤드갬블의 기대성장률 = 11.45%

세 변수값은 회귀분석의 독립 변수와 일관된 기준임을 유념하라. 즉 성장률은 향후 5년간 기대성장률을, 베타는 직전 5년간 베타를, 배당성향은 직전 4개 분기 배당성향을 기준으로 두었다. 미국 시장 내 모든 주식의 PER 회귀분석에 바탕을 두면 프록터앤드갬블의 PER 예측치는 다음과 같다.

$$PER = -2.11 + 20.76 \times 0.65 + 69.57 \times 0.1145 + 11.38 \times 0.6148 = 26.35$$

시장 회귀분석에 바탕을 두면 프록터앤드갬블은 이익의 26.35배에 거래되는 것이 합당하다. 실제 PER은 26.50배였으므로 시장과 비교해 공정가치에 가까웠던 것으로 보인다.

MReg.htm: 시장 내 모든 기업의 가장 최근 분기 펀더멘털에 대한 PER 회귀분석 결과를 요약한 엑셀 자료. (웹에서 다운로드 가능)

PER 계산을 위한 이익 정상화

PER은 현행 이익에 의존적이기에 연도별 변동성이 심한 보고이익에 특히 민감하게 반응한다. 따라서 비교를 위해서는 정상 이익을 사용하는 편이 합리적이다. 이익 정상화 방법에는 여러 가지가 있지만 가장 널리 사용하는 방법은 특정 기간에 대해 이익을 단순평균하는 것이다. 예컨대 경기순환 기업은 한 번의 주기에 걸쳐 이익의 평균을 구한다. 이때 인플레이션에 대해서도 조정해야 한다. 평가 대상 기업의 이익을 정상화한다면 비교 기업의 이익도 정상화해야 일관성을 지킬 수 있다.

PEG

포트폴리오 매니저와 애널리스트는 때로 PER과 기대성장률을 비교해 저평가나 고평가 주식을 찾는다. 가장 단순한 분석에서는 기대성장률보다 PER이 낮은 기업이 저평가된 것으로 본다. 더 일반적인 분석에서는 상대가치의 척도로 주가이익성장배수(PER to growth: PEG)를 둔다. 즉 PEG가 낮은 기업이 저평가된 것으로 본다. 특히 고성장 섹터를 담당하는 많은 애널리스트에게 PEG는 기업 간 성장률 차이를 통제하면서도 배수의 단순성을 유지할 수 있는 매력적인 척도다.

PEG 정의

PEG는 PER을 주당순이익 기대성장률(% 기준)로 나눈 값으로 정의한다.

$$PEG = \frac{PER}{EPS\ 기대성장률(\%)}$$

예컨대 PER이 20배이고 성장률이 10%인 기업의 PEG는 2배다. PEG는 주식 배수이므로 일관성을 유지하려면 성장률은 영업이익이 아니라 주당순이익에 바탕을 두어야 한다.

PER도 여러 정의가 있음을 고려할 때 PEG 추정 시 어떤 기준을 적용해야 할까? 답은 기대성장률을 계산하는 토대에 따라 달라진다. 주당순이익 기대성장률이 가장 최근 연도 이익(현행 이익) 기준이라면 현행 PER을 적용해야 한다. 기대성장률이 후행 이익에 바탕을 둔다면 후행 PER을 적용해야 한다. 하지만 선행 PER은 성장률을 이중 계산하는 오류에 빠질 가능성이 있기에 계산에 적용하지 않는다. 예컨대 현시점 주가가 30달러이고 현행 주당순이익이 1.5달러인 회사를 생각해보자. 다음 해 주당순이익을 두 배로 늘릴 것으로 예상하고(선행 주당순이익 = 3.0달러) 향후 4년간 이익 기대성장률은 5%라고 하자. 회사의 이익 기대성장률을 현행 주당순이익 기준으로 계산한다면 19.44%를 얻을 것이다.

$$이익\ 기대성장률 = [(1 + 성장률_{1년차})(1 + 성장률_{2-5년차})^4]^{1/5} - 1$$
$$= [(1 + 1.0)(1.05)^4]^{1/5} = 0.1944$$

여기에 선행 PER을 적용해 PEG를 계산한 결과는 다음과 같다(단위: 달러).

$$선행\ PER\ 기준\ PEG = 선행\ PER/기대성장률_{향후\ 5년}$$
$$= (주가/선행\ EPS)/기대성장률_{향후\ 5년}$$
$$= (30/3.0)/19.44 = 0.51$$

PEG를 보면 회사 주가는 저렴해 보인다. 그러나 1년 차 성장률을 이중계산했음을 유념하라. 이익을 두 번 계산했기에 선행 이익이 커져서 선행 PER이 낮아졌다(성장률이 높은 원인도 마찬가지다). 현행 PER과 향후 5년간 기대성장률을 적용해야 일관성 있는 PEG 추정치를 얻는다.

$$현행\ PER\ 기준\ PEG = (주가/현행\ EPS)/기대성장률_{향후\ 5년}$$
$$= (30/1.5)/19.44 = 1.03$$

아니면 선행 주당순이익을 적용하되 2~5년 차 기대성장률을 적용하는 방법도 있다.

$$선행\ PER\ 기준\ PEG = (주가/선행\ EPS)/기대성장률_{2-5년차}$$
$$= (30/3.0)/5 = 2.0$$

다른 비교 기업도 똑같은 기준을 적용해 선행 PER과 2~5년 차 기대성장률에 바탕을 두고 PEG를 추정해야 한다.

일관성을 중시한다면 모든 표본 기업에 대해 같은 기준의 성장률 추정치를 활용해 PEG를 추정해야 한다. 예컨대 일부 기업은 5년 차 기대성장률을, 다른 기업은 1년 차 성장률을 적용해서는 안 된다. 한 가지 방법은 모든 표본 기업의 이익 기대성장률 추정치를 하나의 출처에서 얻는 것이다. 여러 데이터 서비스는 대다수 미국 기업에 대해 애널리스트의 향후 5년간 이익 기대성장률 전망치 컨센서스를 제공한다. 아니면 모든 기업에 대해 기대성장률을 직접 추정하는 방법도 있다.

PEG의 횡단면 분포

PEG 정의를 마쳤으니 2024년 초 미국과 전 세계 기업의 횡단면 분포를 살펴보자

[그림 18.7] 미국과 전 세계 기업의 PEG 분포(2024년 1월)

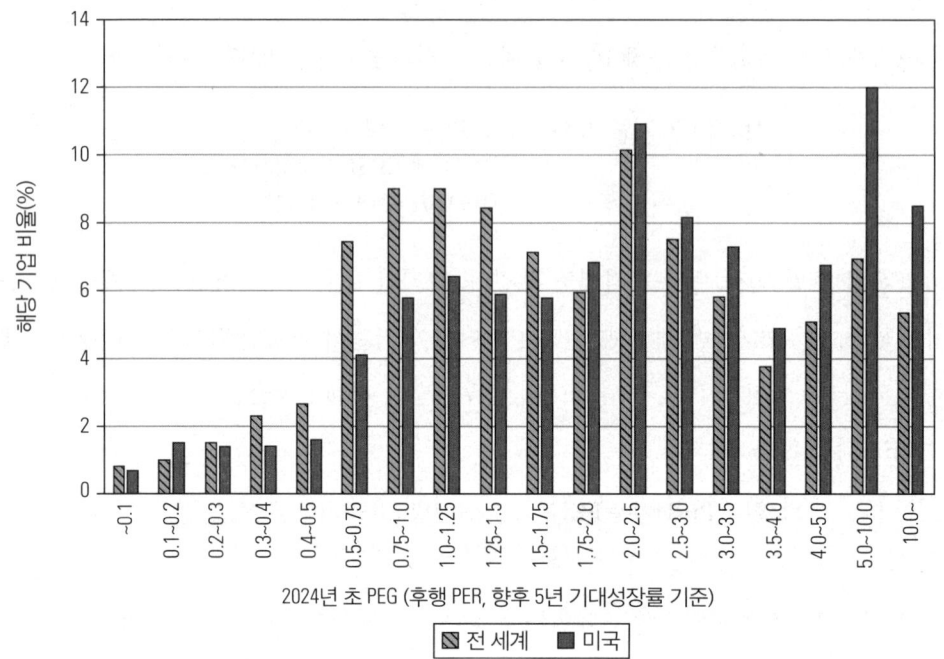

[표 18.16] PEG 비교: 소프트웨어 대 시장

업종	PER	향후 5년간 기대성장률	PEG
소프트웨어(엔터테인먼트)	27.58	31.53%	0.87
소프트웨어(인터넷)	33.60	37.52%	0.90
소프트웨어(시스템, 애플리케이션)	42.07	24.30%	1.73
전체 시장	21.45	13.02%	1.65

(그림 18.7). PEG는 향후 5년간 주당순이익 기대성장률 추정치와 현행 PER에 바탕을 두고 추정했다. PEG는 PER과 비교해 덜 치우친 분포를 보이지만 한 가지 주의 사항이 있다. PEG는 이익 기대성장률이 존재하는 기업에 대해서만 계산할 수 있다. 이 추정치는 대개 애널리스트가 제공하므로 담당 애널리스트가 없는 기업은 (적어도 내가 사용한 표본에서는) PEG가 존재하지 않는다. 소형 신생기업은 대개 담당 애널리스트

가 없으므로 표본 선정에 편향이 개입할 가능성이 있다.

PEG는 특히 기술회사를 분석할 때 널리 사용한다. 하지만 위험은 예측 불가한 특성을 띠므로 주의해야 한다(다음 섹션에서 더 다룰 것이다). 표 18.16은 2024년 초 미국 소프트웨어 기업과 전체 시장의 PEG를 비교해서 보여준다.

언뜻 보면 엔터테인먼트와 인터넷 분야 소프트웨어 기업이 시장보다 훨씬 낮은 PEG를 보이기에 주가가 저렴해 보인다. 하지만 위험의 차이가 있기에 잘못된 결론일 가능성이 있다.

---

 pedata.xls: 미국 기업의 가장 최근 분기 업종별 PEG를 요약한 엑셀 자료. (웹에서 다운로드 가능)

PEG 결정 요인

PEG를 결정하는 요인은 PER 결정 요인을 도출한 것과 똑같은 방식으로 규명할 수 있다. 앞서 고성장 기업의 내재(후행) PER를 도출했던 데서 시작해보자.

$$\text{후행 PER} = \frac{\text{배당성향} \times (1+g) \times \left(1 - \frac{(1+g)^n}{(1+k_{e,hg})^n}\right)}{k_{e,hg} - g} + \frac{(1+g)^n \times (1+g_{st}) \times \text{배당성향}_{st}}{(k_{e,st} - g_{st})(1+k_{e,hg})^n}$$

양변을 고성장 단계 기대성장률(g)로 나누면 PEG를 얻는다.

$$\text{PER} = \frac{\text{배당성향} \times (1+g) \times \left(1 - \frac{(1+g)^n}{(1+k_{e,hg})^n}\right)}{(k_{e,hg} - g) \times g} + \frac{(1+g)^n \times (1+g_{st}) \times \text{배당성향}_{st}}{g \times (k_{e,st} - g_{st})(1+k_{e,hg})^n}$$

식을 대충 훑어봐도 PEG가 성장의 영향을 상쇄한다는 애널리스트의 주장이 틀렸다는 점을 알 수 있다. 상쇄는커녕 오히려 배수에 성장의 영향이 더 깊이 스며든다. 성장률이 높아지면 PEG에 미치는 영향은 긍정적일 때도 있고 부정적일 때도 있기에 성장률 수준에 따라 순효과가 다르다.

[예시 18.10] PEG 추정

앞서 예시 18.1에서 다룬 기업의 PEG를 추정해보자.

첫 5년간 성장률 = 20% 첫 5년간 배당성향 = 20%
5년 차 이후 성장률 = 4% 5년 차 이후 배당성향 = 60%
베타 = 1.0 무위험 이자율 = 장기 국채 수익률 = 4.5%
요구수익률(자기자본비용) = 4.5% + 1 × 5% = 9.5% 위험 프리미엄 = 5%

다음과 같이 계산한 PEG는 0.96배다.

$$\text{PER} = \frac{0.20 \times 1.20 \times \left(1 - \frac{1.20^5}{1.095^5}\right)}{(0.095 - 0.20) \times 0.20} + \frac{1.20^5 \times 1.04 \times 0.60}{0.20 \times (0.095 - 0.04) \times 1.095^5} = 0.96$$

펀더멘털과의 관계 분석

향후 5년간 고성장 단계의 성장률(기존 20%)이 변할 때 미치는 영향을 먼저 보자. 그림 18.8은 PEG와 기대 성장률의 관계를 보여준다. 성장률이 높아지면 PEG는 처음에 하락했다가 더 높은 수준에서 안정된 후 다시 상승한다. 이 복잡한 관계는 성장률 차이가 큰 기업 간 PEG를 비교하는 작업이 그리 수월하지 않음을 시사한다.

다음으로 회사의 위험도(베타)가 PEG에 미치는 영향을 보자. 그림 18.9는 PEG와 베타의 관계를 보여준다. 성장률과는 달리 베타와의 관계는 명확하다. 즉 위험이 증가하면 PEG가 하락한다. 같은 업종 내에서 서로 다른 위험 수준을 보이는 기업 간 PEG 비교는 더 위험한 기업이 안전한 기업보다 PEG가 낮다는 결론을 얻을 수 있다.

마지막으로 모든 성장률의 가치가 똑같지 않음을 유념하라. 매년 20% 성장하는 동시에 이익의 50%를 주주에게 환원하는 기업은 성장률이 똑같더라도 이익을 전부 재투자하는 기업보다 성장의 질이 더 뛰어나다. 따라서 특정 성장률 수준에서 배당성향이 높아지면 PEG도 상승해야 한다(그림 18.10).

성장률과 배당성향 사이에는 자기자본이익률을 매개로 한 관계가 존재한다. 기대성장률은 다음과 같이 표현할 수 있다.

기대성장률 = 자기자본이익률 × (1 − 배당성향)

따라서 성장률이 똑같다면 자기자본이익률이 높을수록 PEG가 상승한다. 요약하면 주가가 공정가치에 가깝더라도 위험한 기업과 자기자본이익률이 낮은 기업은, 안전하고 자기자본이익률이 높은 기업보다 PEG가 낮을 것이다.

[그림 18.8] PEG와 기대성장률

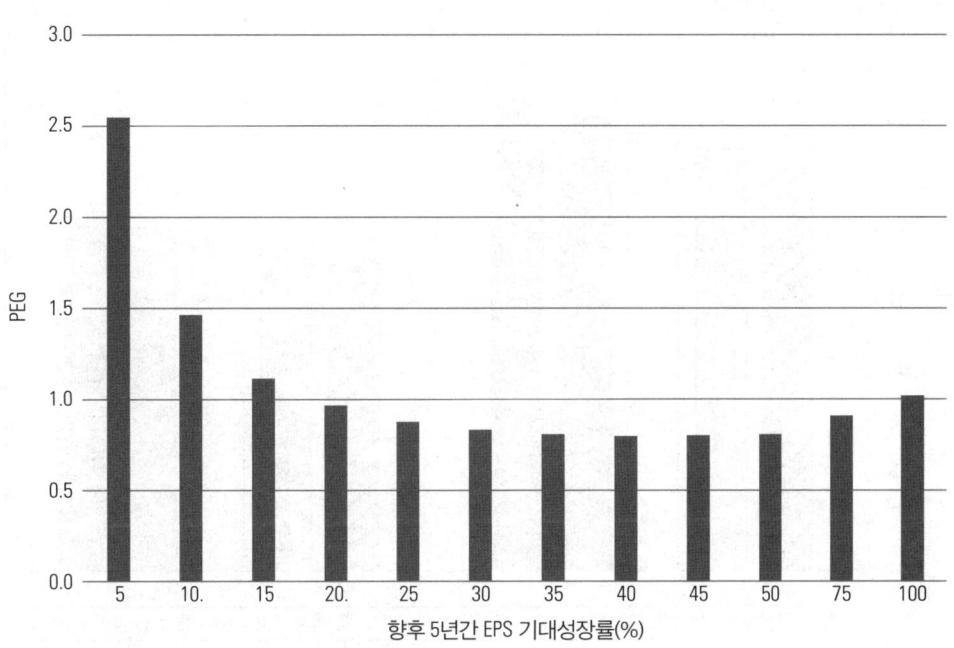

향후 5년간 EPS 기대성장률(%)

[그림 18.9] PEG와 베타: 두 가지 성장률 시나리오

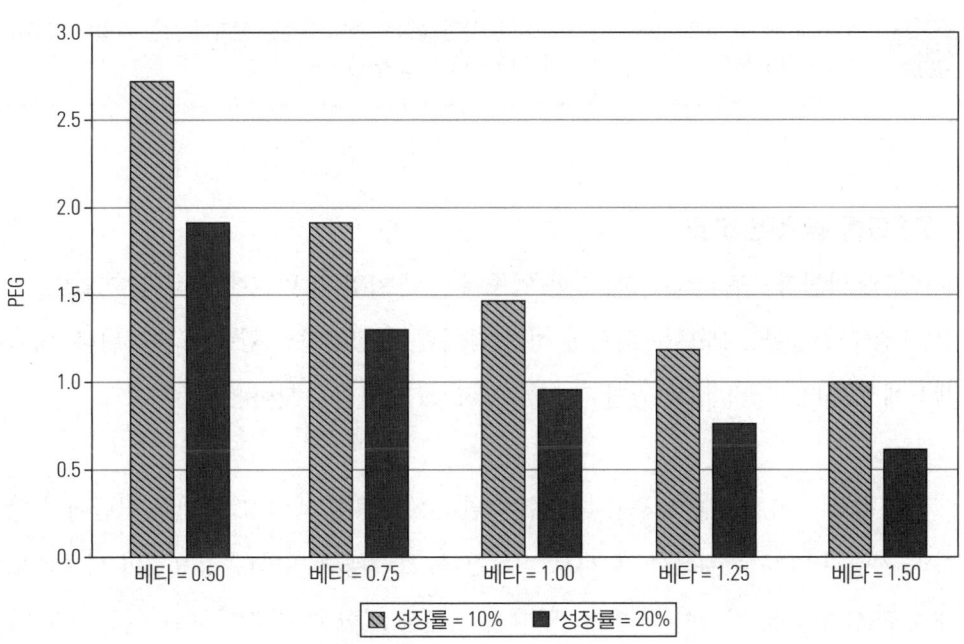

[그림 18.10] PEG와 배당성향

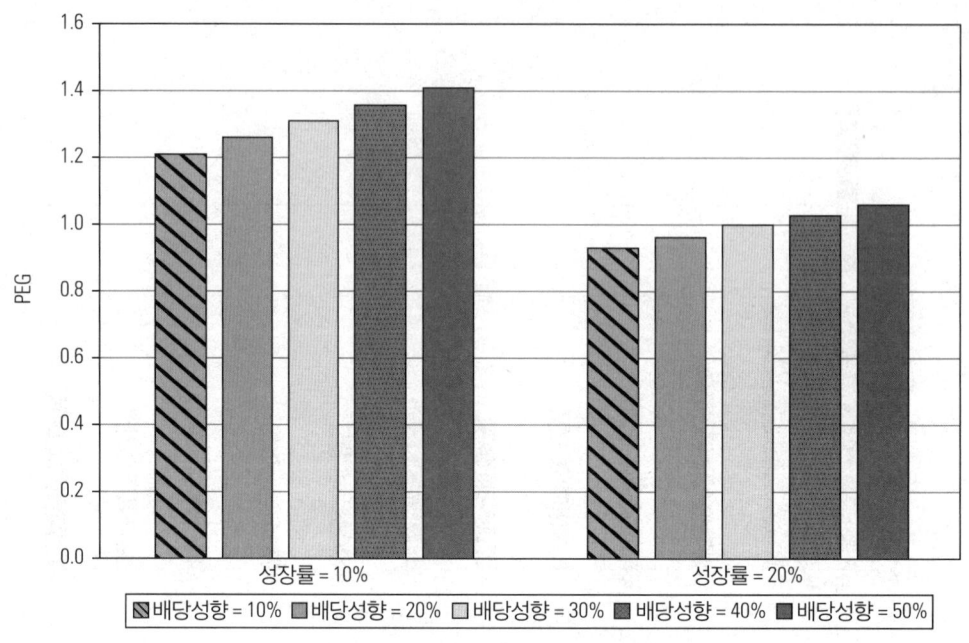

 eqmult.xls: 이 스프레드시트를 이용하면 안정 성장 단계나 고성장 단계에 속한 기업의 PEG를 펀더멘털을 통해 추정할 수 있다. (웹에서 다운로드 가능)

PEG를 활용한 비교

PER과 마찬가지로 PEG 역시 같은 업종에 속한 기업 간 비교에 활용할 수 있다. 지난 섹션에서 말했듯 PEG는 위험과 성장 잠재력, 배당성향의 함수로 결정된다. 이번 섹션에서는 PEG 활용법과 기업 간 PEG 비교 시 문제점을 알아본다.

직접 비교 PEG를 활용하는 대다수 애널리스트는 한 섹터 또는 비교 집단에 속한 여러 기업의 PEG를 계산한 후 서로 비교한다. 그런데 기업마다 성장률이 다른데도 대개 PEG가 낮은 기업이 저평가되었다는 결론을 내릴 때가 많다. 여기에는 PEG가

성장률의 차이를 통제한 척도라는 잘못된 인식이 깔려 있다. 그러나 PEG를 직접 비교하려면 기업 간 성장 잠재력과 위험, 배당성향(또는 자기자본이익률)이 유사해야만 한다. 펀더멘털이 유사하다면 PEG뿐 아니라 PER도 얼마든지 비교할 수 있다.

반면 위험과 성장률, 배당성향이 서로 다른 기업끼리 PEG를 비교해 저평가나 고평가 여부를 판단할 때는 다음과 같은 결론을 내릴 가능성이 크다.

- 성장률과 PEG의 관계는 예측하기 어렵다. 처음에는 성장률이 높아지면 PEG가 하락하지만 어느 수준에 이르면 관계가 역전한다. 다시 말해 성장률이 몹시 낮거나 몹시 높으면 중간 수준일 때보다 PEG가 더 높은 경향이 있다(그림 18.8 참고).
- 고위험 기업은 PEG가 낮고, 저위험 기업보다 저평가된 것처럼 보일 것이다. 위험이 증가하면 PEG가 하락하는 경향이 있기 때문이다(그림 18.9 참고).
- 자기자본이익률이나 배당성향이 낮은 기업은 PEG가 낮고 저평가된 것처럼 보일 것이다(그림 18.10 참고).

정리하면, PEG를 직접 비교해 저평가되었다고 판단한 기업은 사실 위험도가 높거나 자기자본이익률이 낮아서 적정하게 평가된 것일 수도 있다.

차이를 통제한 비교　기업 간 PEG를 비교할 때는 위험과 성장률, 배당성향의 차이를 통제해야 한다. 평가자가 주관적으로 통제할 수도 있지만, PEG와 펀더멘털 간 복잡한 관계로 인해 그리 수월하지 않을 것이다. 따라서 PER과 마찬가지로 비교하는 기업의 PEG를 위험과 성장률, 배당성향에 대해 회귀분석하는 방법이 훨씬 낫다.

PER과 마찬가지로 비교 기업은 평가 대상 기업과 유사한 기업으로 좁게 정의할 수도 있고, 같은 섹터나 시장의 모든 기업으로 넓게 정의할 수도 있다. 또한 PER 회귀분석을 다루며 지적했던 주의 사항도 똑같이 적용된다. 독립 변수는 서로 상관관계가 있을 가능성이 크고 관계가 불안정하거나 선형이 아닐 수도 있다. 그림 18.11은 2024년 1월 모든 미국 주식의 PEG와 성장률의 산점도를 보여주는데 비선형성이 눈에 띈다.

[그림 18.11] PEG와 기대성장률(2024년 1월)

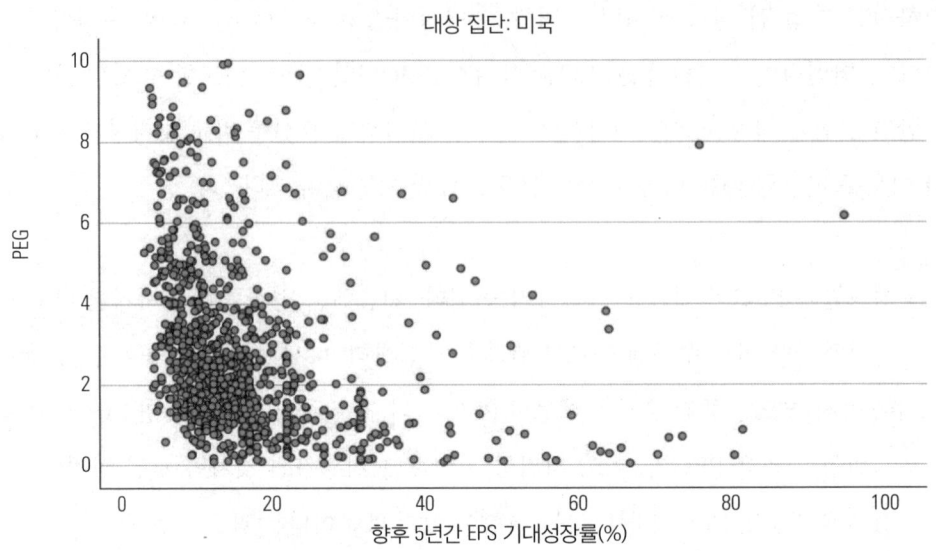

[그림 18.12] PEG와 자연로그 기대성장률(2024년 1월)

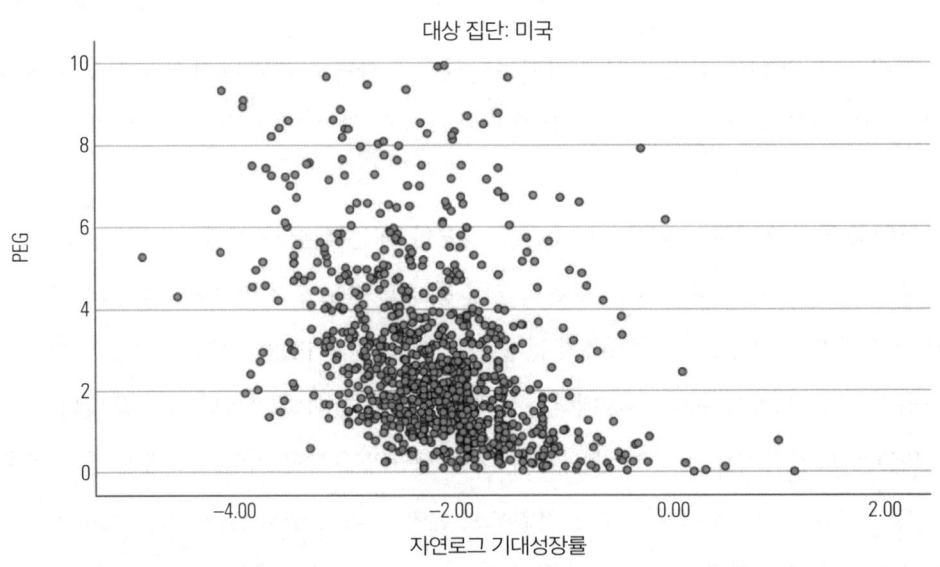

회귀분석 시 특히 표본에 성장률이 몹시 다른 기업을 포함했다면 성장률을 변형해 PEG와의 선형 관계를 강조할 수 있다. 그림 18.12의 PEG와 자연로그 기대성장률의

[표 18.17] 시장 PEG 회귀분석(2024년 초)

지역	회귀식	R^2
미국	PEG = 0.24 + 0.87 × 배당성향 - 0.58ln(g_{EPS}) - 1.28 × 베타	8.6%
유럽	PEG = 0.42 + 0.96 × 배당성향 - 0.92ln(g_{EPS}) - 0.12 × 베타	19.5%
일본	PEG = -0.31 × 배당성향 - 1.06ln(g_{EPS}) + 0.16 × 베타	23.2%
호주, 뉴질랜드 및 캐나다	PEG = 0.05 + 0.32 × 배당성향 - 1.64ln(g_{EPS}) - 0.54 × 베타	46.2%
신흥시장	PEG = 1.06 + 0.20 × 배당성향 - 0.43ln(g_{EPS}) - 0.12 × 베타	9.0%
전 세계	PEG = 1.21 + 0.17 × 배당성향 - 0.70ln(g_{EPS}) + 0.001 × 베타	8.0%

산점도는 그림 18.11보다 훨씬 선형적으로 보인다.

표 18.17은 2024년 1월 전체 시장과 지역별 기업의 PEG를 자연로그 기대성장률과 베타, 배당성향에 대해 회귀분석한 결과를 보여준다.

R^2이 낮으므로 PEG를 활용해 기업끼리 비교할 때는 어려움이 따른다. 이익의 장기 기대성장률을 필수 요건으로 설정하면, 표본 크기를 대폭 줄일 뿐 아니라 애널리스트가 담당하지 않거나 신흥시장에 속한 기업을 표본에서 제외하는 편향이 개입할 가능성을 키운다.

[예시 18.11] 음료 섹터 재검토: PEG(2001년)

17장에서 음료회사의 PER을 살펴보고 PER이 낮은 안드레스 와인이 저평가되었는지를 판단했다(예시 17.1). 같은 섹터에 속하지만 기업마다 기대성장률이 상당히 달랐기에 PEG와 지난 2년간 주가의 연평균 표준편차를 계산했다(표 18.18).

[표 18.18] 음료회사의 PEG

기업명	후행 PER	기대성장률	표준편차	PEG
코카콜라 보틀링	29.18	9.50%	20.58%	3.07
몰슨(A주)	43.65	15.50%	21.88%	2.82
앤하이저부시	24.31	11.00%	22.92%	2.21
코비 디스틸러리	16.24	7.50%	23.66%	2.16

샬론 와인 그룹	21.76	14.00%	24.08%	1.55
안드레스 와인(A주)	8.96	3.50%	24.70%	2.56
토드헌터 인터내셔널	8.94	3.00%	25.74%	2.98
브라운포먼(B주)	10.07	11.50%	29.43%	0.88
쿠어스(B주)	23.02	10.00%	29.52%	2.30
펩시코	33.00	10.50%	31.35%	3.14
코카콜라	44.33	19.00%	35.51%	2.33
보스턴 비어(A주)	10.59	17.13%	39.58%	0.62
휘트먼 코퍼레이션	25.19	11.50%	44.26%	2.19
몬다비(A주)	16.47	14.00%	45.84%	1.18
코카콜라 엔터프라이즈	37.14	27.00%	51.34%	1.38
한센 내추럴 코퍼레이션	9.70	17.00%	62.45%	0.57
평균	22.66	12.60%	33.30%	2.00

안드레스 와인은 섹터 평균과 PEG를 비교하면 더 이상 저렴해 보이지 않는다. 성장률이 낮아서 PEG가 높기 때문이다. 반면 한센 내추럴은 PEG가 0.57배로서 섹터 평균보다 훨씬 낮기에 여전히 저렴해 보인다.

한센 내추럴은 위험도가 더 높고(표준편차가 섹터 평균의 약 두 배) 성장률도 더 높기에 PEG가 상당히 낮다. 음료 섹터 회사의 PEG를 회귀분석한 결과는 다음과 같다.

$$\text{PEG} = 3.61 - 2.86 \times \text{기대성장률} - 3.38 \times \text{표준편차}$$
$$(6.86) \quad (0.75) \quad\quad\quad (2.04)$$

회귀식에 한센 내추럴의 펀더멘털을 대입해서 얻은 PEG 예측치는 다음과 같다.

$$\text{PEG}_{\text{한센 내추럴}} = 3.61 - 2.86 \times 0.1700 - 3.38 \times 0.6425 = 1.01$$

실제 PEG는 0.57배였으므로 대폭 저평가된 것으로 보인다.

 MReg.xls: 미국 주식의 가장 최근 분기 PEG를 펀더멘털에 대해 회귀분석한 결과를 요약한 엑셀 자료. (웹에서 다운로드 가능)

PER 변형 배수

PER과 PEG는 가장 널리 사용되는 이익 배수이지만 애널리스트가 사용하는 다른 주주이익 배수도 몇 가지가 있다. 그중 세 가지 변형 배수를 이번 섹션에서 다룬다. 바로 상대 PER과 주가미래이익배수(5~10년 뒤 이익을 기준으로 둔다), R&D 차감 전 PER(주로 기술회사에 적용한다)이다.

상대 PER

상대 PER은 한 기업의 PER과 시장 평균 PER을 비교한다. 즉 기업의 현행 PER을 시장 평균 PER로 나눈다.

$$\text{상대 PER} = \frac{\text{현행 PER}_{\text{기업}}}{\text{현행 PER}_{\text{시장}}}$$

당연히 상대 PER의 분포는 실제 PER의 분포와 유사하지만 상대 PER의 평균은 1배라는 차이가 있다. 상대 PER을 일반화하면 평가 대상 기업이 속한 업종의 PER과 비교하거나 과거 자사 PER 기록과 비교할 수도 있다.

상대 PER의 결정 요인은 PER의 결정 요인과 똑같다는 점을 유념하라. 즉 기대성장률과 위험, 배당성향이 상대 PER을 결정하되 다만 시장 PER 대비 비율로 표시 방식만 다를 뿐이다. 따라서 상대 PER은 상대 주당순이익 기대성장률(성장률$_{\text{기업}}$/성장률$_{\text{시장}}$), 상대 자기자본비용(자기자본비용$_{기업}$/자기자본비용$_{시장}$), 상대 자기자본이익률(ROE$_{기업}$/ROE$_{시장}$)에 의해 결정된다. 상대 성장률이 높고 상대 자기자본비용이 낮으며 상대 자기자본이익률이 높은 기업은 상대 PER이 높다.

가치평가 시 상대 PER을 활용할 방법은 두 가지다. 첫째, 한 기업의 상대 PER을 과거 자사 기록과 비교한다. 예컨대 포드는 오늘날 상대 PER이 과거 수준보다 낮기에 저평가되었다고 볼 수도 있다. 둘째, 서로 다른 시장에 속한 기업 간 상대 PER을 비교한다. 그러면 시장별 PER 편차가 몹시 클 때도 수월히 비교할 수 있다. 예컨대 예시 18.8에서 다루었던 통신사의 PER을 통신사가 속한 시장 PER로 나누어서 추정한 상대 PER은 기업 간 비교에 유용하다.

[예시 18.12] 상대 PER: 자동차 주식(2011년 5월)

표 18.19는 2011년 5월 기준 시가총액 100억 달러 이상 자동차회사의 목록을 보여준다. 서로 다른 시장에 상장되어 있기에 각 회사 PER을 소속된 발행시장의 PER로 나누어 상대 PER을 구했다.

[표 18.19] 자동차회사의 상대 PER(2011년)

회사명	후행 PER	발행시장	시장 PER	상대 PER
SAIC Motor Corporation	9.69	중국	20.66	0.47
Dongfeng Motor Group Co.	9.01	중국	20.66	0.44
Renault SA	3.25	프랑스	15.86	0.21
Volkswagen AG	6.71	독일	16.82	0.40
Daimler AG	10.37	독일	16.82	0.62
BMW Group	9.29	독일	16.82	0.55
Porsche Automobile Holding SE	2.81	독일	16.82	0.17
Audi AG	10.32	독일	16.82	0.61
Astra International tbk PT	15.63	인도네시아	21.82	0.72
Fiat S.p.A	14.64	이탈리아	15.02	0.97
Honda Motor Co., Ltd.	10.55	일본	17.50	0.60
Toyota Motor Corp.	26.10	일본	17.50	1.49
Nissan Motor Co. Ltd.	10.63	일본	17.50	0.61

Suzuki Motor Corp.	22.42	일본	17.50	1.28
Hyundai Motor Co.	8.50	대한민국	16.98	0.50
Kia Motors Corp.	11.64	대한민국	16.98	0.69
General Motors Co.	5.65	미국	19.16	0.30
Ford Motor Co.	7.87	미국	19.16	0.41

포르쉐(Porsche)와 르노(Renault)는 PER과 상대 PER 기준에서 모두 가장 저렴한 회사였고, 토요타(Toyota) 와 스즈키(Suzuki)는 가장 비싼 회사였다. 시장별 PER 차이가 작아서 PER 기준이나 상대 PER 기준이나 순위에는 큰 변화가 없었다. 하지만 10년 전만 해도 일본 주식이 다른 시장보다 훨씬 높은 PER에 거래되었기에 상황이 달랐다.

지난 40년간 포드의 상대 PER(미국 시장 기준)은 평균 0.50배였다. 현행 상대 PER이 0.41이므로 포드는 저렴해 보인다. 마찬가지로 GM도 저렴해 보이지만 2009년 파산할 뻔한 경험을 한 후 2011년에는 과거와 완전히 다른 회사가 되어 있었다.

상대 PER과 시장 성장률

시장의 기대성장률이 높아지면 PER의 차이가 커지기에 상대 PER도 큰 편차를 보인다. 시장 성장률의 절반만큼 성장하는 회사의 상대 PER을 생각해보면 이해가 수월하다. 시장 성장률이 4%라면 이 회사는 시장 PER의 약 80%에 해당하는 PER에 거래될 것이다. 시장 성장률이 10%로 상승하면 회사는 시장 PER의 약 60%에 해당하는 PER에 거래될 것이다.

상대 PER을 사용하는 애널리스트에게도 시사점이 있다. 이익이 시장 성장률보다 훨씬 낮은 속도로 성장하는 기업 주식은 상대 PER 척도에서 시장 성장률이 높은 수준이면 저렴해 보이고, 시장 성장률이 낮은 수준이면 비싸 보일 것이다.

주가미래이익배수(선행 PER)

주당 순손실을 기록한 기업은 PER을 추정할 수 없다. 주가매출배수처럼 적자 기업에도 적용할 수 있는 배수가 있지만 애널리스트 중에는 친숙한 PER을 선호하는 사람이 있다. 적자 기업에 적용할 수 있도록 PER을 변형하는 한 가지 방법은 미래 연도 기대 주당순이익을 적용해 PER을 계산하는 것이다. 예컨대 현재 주당순손실이 2.00달러에 달하지만 5년 후 주당순이익 1.50달러를 기록할 것으로 예상하는 기업이 있다고 하자. 현시점 주가를 5년 후 기대 주당순이익으로 나누면 주가미래이익배수를 얻는다.

주가미래이익배수를 어떻게 활용할까? 비교 기업의 PER도 모두 5년 후 기대 주당순이익에 바탕을 두고 계산해 비교해야 한다. 모든 표본 기업이 5년 후 위험과 성장률, 배당성향 특성이 똑같아질 것으로 가정하면 주가미래이익배수가 낮은 기업을 저평가되었다고 판단해도 된다. 아니면 적자 기업의 5년 후 목표 주가를 추정한 후 같은 해 이익으로 나눈 값을 현시점 비교 기업의 PER과 비교하는 방법도 있다.

이 변형 PER은 현재 적자를 보는 기업까지 아우를 만큼 PER의 적용 범위를 넓히지만 평가 대상 기업과 비교 기업 간 차이를 통제하기가 어렵다. 서로 다른 시점에 속한 기업끼리 비교하기 때문이다.

연구개발비 차감 전 PER

앞서 현금흐름과 자본적 지출을 다룬 4장에서 연구개발비는 미래를 위한 투자이므로 자본화해야 한다고 했다. 회계기준은 연구개발비를 자본화하지 않고 비용처리하도록 규정하므로 막대한 연구개발비를 지출하는 고성장 기업의 이익은 과소추정할 가능성이 크다. 따라서 PER은 과대추정할 가능성이 크다. 연구개발비 규모가 막대한 기술회사를 특성이 다른 비기술회사와 비교할 때는 특히 문제가 된다. 기술회사끼리만 비교하더라도 막대한 연구개발비를 지출하고 성장률이 더 높은 회사는 이익 과소추정으로 인해 같은 섹터 내 연구개발비가 적은 안정적인 기업보다 PER이 높을 것이다. 몇몇 애널리스트는 다음과 같이 연구개발비 차감 전 PER을 사용해야 한다고 주장한다.

$$PEG_{연구개발비\ 차감\ 전} = \frac{자기자본의\ 시장가치}{순이익 + 연구개발비}$$

이렇게 계산한 PER은 전통적인 주당순이익을 따라 도출한 PER보다 훨씬 낮을 것이다.

언뜻 일리 있는 논리에 바탕을 둔 주장 같지만 연구개발비를 이익에 다시 더해주는 것은 부분적인 조정에 불과하다. 완전히 조정하려면 연구개발비를 자본화하고 연구자산 상각비를 계산해야 한다(9장 참고). 연구개발비에 대해 완전 조정한 PER은 다음과 같다.

$$PEG_{연구개발비\ 완전\ 조정} = \frac{자기자본의\ 시장가치}{순이익 + 연구개발비 - 연구자산\ 상각비}$$

표본 기업별로 완전 조정 PER을 계산한 후 비교하면 된다.

이렇게 조정하면 연구개발비 비용처리라는 문제는 해결하지만 PER과 관련한 문제에는 여전히 부닥칠 수밖에 없다. 이익은 계속해서 변동성을 띠고 회계 선택에 영향받을 것이며 성장률과 위험, 현금흐름 특성의 차이로 인해 기업별 PER에 일관성이 없을 것이다. 게다가 연구개발비 차감 진 이익 기대성장률도 직접 추정해야 한다. 애널리스트는 이 기준을 두고 전망치나 컨센서스를 발표하지 않기 때문이다.

[예시 18.13] 선행 PER과 연구개발비 차감 전 PER: 아밀린 파마슈티컬(2011년 5월)

2011년 5월 미국 주식시장에는 열두어 군데 생명공학회사가 상장되어 있었지만 적자를 기록한 회사가 많았다. 아직 상품이 없거나 연구개발비 규모가 몹시 커서 이익을 전부 갉아먹었기 때문이다. 그중 아밀린 파마슈티컬(Amylin Pharmaceuticals)을 살펴보자. 2011년 5월 주가는 13.28달러였고 가치평가 직전 12개월 동안 주당 순손실 1.05달러를 기록했다. 애널리스트는 2011년과 2012년에 모두 주당 순손실 90센트를 기록할 것으로 예측했다.

적자로 인해 전통적인 PER은 계산할 수 없지만 PER을 활용해 아밀린을 분석할 두 가지 방법이 있다.

1. **선행 PER**: 애널리스트는 아밀린 제품이 2013년부터 막대한 이익을 창출해 2016년에는 주당순이익 1.25달러를 기록할 것으로 예상한다. 현재 주가를 2016년 기대 주당순이익으로 나누면 선행 PER 10.62배를 얻는다(단위: 달러).

$$선행\ PER = 현재\ 주가/2016년\ EPS = 13.28/1.25 = 10.62$$

선행 PER을 현시점 다른 상장기업의 현행 PER과 비교하면 안 된다는 점을 유념하라. 예컨대 아밀린의 선행 PER 10.62배가 암젠의 현행 PER 12.42배보다 낮기에 아밀린이 저렴하다는 주장은 잘못된 결론이다. 암젠 이익은 2016년이 아니라 2010년 기준이기 때문이다. 따라서 선행 PER을 활용하려면 섹터 내 기업의 2016년 EPS 예측치를 구해서 각 선행 PER을 다 계산해야 한다. 암젠은 2016년 EPS 예측치에 바탕을 둔 선행 PER이 7.45배였다.

2. **연구개발비 차감 전 PER**: 아밀린이 현재 적자를 기록하는 원인은 주로 막대한 연구개발비를 지출하기 때문이다. 연구개발비를 보고 순손실에 더한 후 주식 수로 나누면 연구개발비 차감 전 주당순이익 0.15 달러를 얻는다. 이때 PER은 다음과 같다.

$$\text{주가/연구개발비 차감 전 EPS} = 13.28/0.15 = 88.53$$

마찬가지로 섹터 내 기업의 연구개발비 차감 전 주당순이익을 계산해 같은 기준 PER을 구해야 서로 비교할 수 있다.

EV/EBITDA

이번 장에서 지금까지 다룬 이익 배수와 달리 EV/EBITDA 배수는 기업 가치 배수다. 지난 20년간 수많은 애널리스트가 EV/EBITDA를 추종하게 된 데는 몇 가지 이유가 있다. 첫째, 주당 순손실보다는 EBITDA가 마이너스인 기업이 훨씬 적기에 분석 대상에서 제외할 기업이 훨씬 적다. 둘째, 기업별 감가상각법 차이(정액상각법을 쓰는 기업도 있고 가속상각법을 쓰는 기업도 있다)는 영업이익이나 순이익에 큰 영향을 미치지만 EBITDA 기준에서는 차이가 없다. 셋째, EV/EBITDA는 다른 이익 배수와 비교해 재무레버리지(기업 가치를 부채 상환 전 이익으로 나눈 값)가 서로 다른 기업끼리도 상당히 수월하게 비교할 수 있다. 이 외에도 특히 대규모 인프라 투자가 필요하고 투자 기간이 긴 섹터에 속한 기업(통신사나 공항·유료 도로 건설 관련 회사 등)에 유용하다.

정의 검증

EV/EBITDA 배수는 기업의 총시장가치(현금 차감 기준)를 EBITDA(이자, 세금, 감가상각비, 무형자산 상각비 차감 전 이익)로 나눈 값이다.

$$\text{EV/EBITDA} = \frac{\text{자기자본의 시장가치 + 부채의 시장가치 - 현금}}{\text{EBITDA}}$$

실무에서 애널리스트와 투자자는 부채 시장가치의 대용물로 장부가치를 적용할 때가 많다. 적어도 건전한 기업에서는 두 값이 비슷하기 때문이다. 분자에서 현금을 차감하는 이유는 무엇인가? 현금에서 비롯하는 이자수익은 EBITDA에 포함되지 않으므로 현금을 빼지 않으면 EV/EBITDA 배수를 과대추정하기 때문이다.

타 기업 지분을 보유한 기업은 EV/EBITDA 배수를 추정하기가 어렵다. 타 기업 지분은 적극적 다수지분과 적극적 소수지분, 소극적 소수지분으로 분류함을 유념하라. 소수지분이라면 지분에서 발생하는 수익을 평가 대상 기업의 영업이익으로 인식하지 않는다. 반면 분자에서 자기자본의 시장가치를 계산할 때는 지분의 시장가치를 포함해야 한다. 따라서 타 기업 지분을 보유한 기업은 EV/EBITDA가 몹시 높아져서 언뜻 보면 고평가되었다는 판단을 피하기가 어렵다. 다수지분에도 다른 문제가 있다. 이때는 평가 대상 기업의 EBITDA에 다른 기업의 EBITDA가 100% 반영되지만 분자는 다른 기업 시장가치의 지분만큼만 인식해야 한다. 따라서 EV/EBITDA가 몹시 낮아져서 저평가되었다는 판단을 피하기가 어렵다.

비상장기업 지분을 보유했다면 타 기업 지분 관련 조정을 해결하기가 더 어렵고 복잡하다. 소수지분이라면 분자에서 지분 가치 추정치를 빼거나, 분모에서 자회사 EBITDA를 지분율만큼 더한다. 연결 자회사 지분이라면 분자에서 자회사 가치를 일부 빼거나 분모에서 자회사 EBITDA 전체를 빼야 한다.

$$\text{EV/EBITDA}_{연결} = \frac{\text{자기자본의 시장가치} + \text{부채}_{연결} + \text{소수지분} - \text{타 기업 소수지분} - \text{현금}_{연결}}{\text{EBITDA}_{연결}}$$

애널리스트는 조정할 때 흔히 소수지분과 타 기업 소수지분의 장부가치를 사용하는데, 각 시장가치를 빼야 올바른 조정이 이뤄진다.

또한 소수지분이든 다수지분이든 모든 타 기업 지분을 제외하고 모회사 기준 EV/EBITDA를 계산하는 방법도 있다.

$$\text{EV/EBITDA}_{모회사} = \frac{\text{자기자본의 시장가치} + \text{부채}_{모회사} - \text{타 기업 소수지분} - \text{현금}_{모회사}}{\text{EBITDA}_{모회사}}$$

타 기업 지분은 내재가치평가에서만큼이나 가격평가에서도 복잡함을 일으킨다.

[예시 18.14] 타 기업 지분이 있는 기업의 EV/EBITDA 추정

예시 16.6에서 세고비아를 현금흐름할인법으로 가치평가했다. 세고비아는 세비야 텔레비전(지분율 51%)과 라틴웍스(지분율 15%) 지분을 보유했다. 세비야 지분은 적극적 다수지분으로 분류했고(연결 대상) 라틴웍스 지분은 소극적 소수지분으로 분류했다. 여기에서는 다음 정보를 참고해 세고비아의 EV/EBITDA 배수를 추정해보자.

■ 세고비아 자기자본의 시장가치는 15억 2,900만 달러이고 연결 기준 미상환부채는 5억 달러이다. 연결 기준 EBITDA는 5억 달러였다. EBITDA 일부(1억 8,000만 달러)와 부채 일부(1억 5,000만 달러)는 세고비아가 지분을 보유한 세비야 텔레비전의 몫이다.
■ 세비야 텔레비전은 상장기업으로서 자기자본의 시장가치가 4억 5,900만 달러였다.
■ 라틴웍스는 비상장기업으로서 당기 EBITDA 1억 2,000만 달러, 투하자본 2억 5,000만 달러를 기록했다. 미상환부채는 1억 달러다.
■ 세 기업은 모두 보유 현금이 미미한 수준이다.

연결 재무제표에 바탕을 두고 세고비아의 EV/EBITDA 배수를 추정하면 다음과 같다(단위: 100만 달러).

$$\text{EV/EBITDA} = \text{(자기자본의 시장가치} + \text{부채의 가치} - \text{현금)/EBITDA} = (1{,}529 + 500 - 0)/500 = 4.06$$

하지만 이 값은 타 기업 지분을 고려하지 않았다. 타 기업 지분에 대해 조정하는 방법은 세 가지다. 첫째, 세고비아 자기자본의 시장가치에서 타 기업 지분의 주식 가치를 빼고 세고비아 부채에서 연결 대상 부채를 뺀 후 모회사만의 EBITDA로 나눈다. 먼저 라틴웍스 자기자본의 시장가치를 추정해야 한다(예시 16.6에서 도출한 주식 가치를 그대로 적용한다).

$$\text{라틴웍스 자기자본의 가치} = 370.25$$

$$\text{EV/EBITDA}_{\text{모회사}} = \frac{(1{,}529 - 0.51 \times 459 - 0.15 \times 370.25) + (500 - 150)}{500 - 180} = 4.97$$

이 값은 모회사만의 EV/EBITDA를 뜻한다.

둘째, 분모가 분자처럼 일관성을 유지하도록 조정한다. 즉 EBITDA는 적극적 다수지분 EBITDA의 51%만 포함해야 하고 소극적 소수지분 EBITDA의 15%를 추가 포함해야 한다. 연결회사 주주 몫만 계산하므로 연결회사의 부채 중 주주 몫이 아닌 부분은 빼야 한다.

$$\text{EV/EBITDA}_{\text{조정 EBITDA}} = \frac{1{,}529 + (500 - 0.49 \times 150)}{500 - 0.49 \times 180 + 0.15 \times 120} = 4.55$$

셋째, 소수지분에 대해서만 조정해 연결회사의 EV/EBITDA 배수를 추정한다. 분자에 연결 자회사 자기자본의 가치 추정치를 더하고(모회사 자기자본의 시장가치는 자회사 가치의 51%만 반영하기 때문이다), 소수지분 자기자본의 가치 추정치를 뺀다. 분모는 이미 연결 자회사의 EBITDA를 100% 포함하므로 그대로 둔다(부채와 현금 역시 그대로 둔다).

$$EV/EBITDA_{연결} = \frac{(1{,}529 - 0.49 \times 459 - 0.15 \times 370.25) + (500 - 150)}{500} = 3.40$$

세비야 자기자본의 시장가치 49%를 분자에 더해서 주식 가치를 시장가치로 측정하는 일관성을 유지했다. 하지만 실무에서는 세고비아 재무상태표상 소수지분, 즉 세비야 장부가치의 49%를 더해서 EV를 구하는 애널리스트가 많다. 편리한 방법이지만 추정 과정의 일관성을 훼손한다.

어떤 방법을 택하느냐에 따라 도출한 배수 간 상당한 차이가 존재하므로 과연 무엇이 옳은 방법인지 궁금할 것이다. 배수를 계산하는 유일한 목적은 유사한 기업끼리 비교하기 위해서다. 세 기업이 모두 서로 다른 섹터에 속한다면 기업별 별도 EV/EBITDA를 계산해서(첫 번째 방법) 각 섹터 내 기업과 비교하는 편이 낫다. 세고비아처럼 소수지분과 다수지분을 보유한 비교 대상 연결회사가 있다면 두 번째 방법을 써도 된다. 세고비아와 세비야가 같은 섹터에 속한다면 같은 섹터 내 다른 기업이 거래되는 배수와 연결 기준 배수를 비교하는 세 번째 방법을 쓰면 된다.

기술적 검증

그림 18.13은 2024년 1월 기준 미국과 전 세계 기업의 EV/EBITDA 배수를 보여준다. EV/EBITDA는 PER과 마찬가지로 한쪽으로 상당히 치우친 분포를 보인다.

미국 기업의 EV/EBITDA 배수 중앙값은 14.05배였고 일본 기업은 평균이 중앙값보다 훨씬 높은 비대칭 분포를 보였다. 분포를 보면 배수 절댓값에 바탕을 둔 경험 법칙이 그간 오랜 시간에 걸쳐 수많은 시장에서 잘못된 판단을 낳았던 이유를 알 수 있다. 예컨대 1980년대 사모투자회사는 EV/EBITDA 배수가 6배보다 낮으면 저렴하다고 믿었는데 2024년 초 미국에서는 통했을는지 몰라도 중앙값이 6.25배였던 2010년에는 상당한 오류에 빠졌을 것이다. 또한 2024년 일본 시장을 보고 중앙값이 7.47배에 불과하니 절반이 넘는 종목이 저렴하다고 잘못 판단했을 것이다.

분석적 검증

EV/EBITDA 배수의 결정 요인을 분석하기 위해 앞서 15장에서 다루었던 기업 잉

[그림 18.13] EV/EBIDTA 배수: 미국과 전 세계 기업(2024년 1월)

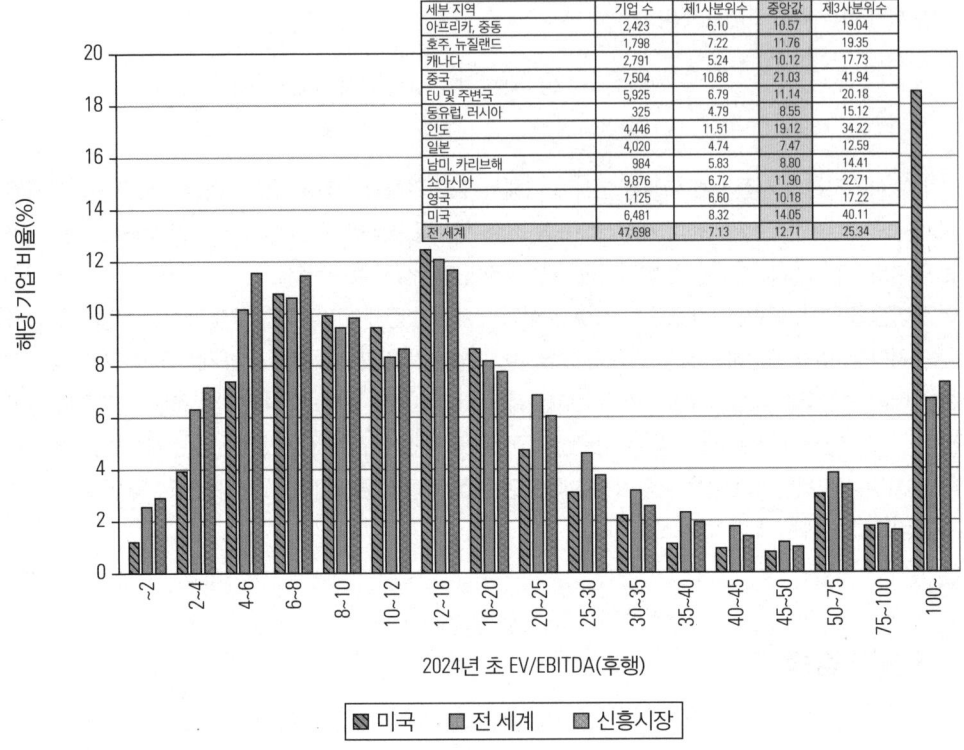

세부 지역	기업 수	제1사분위수	중앙값	제3사분위수
아프리카, 중동	2,423	6.10	10.57	19.04
호주, 뉴질랜드	1,798	7.22	11.76	19.35
캐나다	2,791	5.24	10.12	17.73
중국	7,504	10.68	21.03	41.94
EU 및 주변국	5,925	6.79	11.14	20.18
동유럽, 러시아	325	4.79	8.55	15.12
인도	4,446	11.51	19.12	34.22
일본	4,020	4.74	7.47	12.59
남미, 카리브해	984	5.83	8.80	14.41
소아시아	9,876	6.72	11.90	22.71
영국	1,125	6.60	10.18	17.22
미국	6,481	8.32	14.05	40.11
전 세계	47,698	7.13	12.71	25.34

여현금흐름 가치평가모형을 다시 살펴보자. 기업 영업자산 가치(또는 EV)는 다음과 같이 추정했다.

$$\text{영업자산 가치} = EV = \frac{FCFF_1}{\text{자본비용} - \text{기대성장률}}$$

기업 잉여현금흐름을 EBITDA의 함수로 풀어보자.

FCFF = EBIT(1 − t) − (자본적 지출 − 감가상각비 + Δ운전자본)
　　　= (EBITDA − 감가상각비)(1 − t) − (자본적 지출 − 감가상각비 + Δ운전자본)
　　　= EBITDA(1 − t) − 감가상각비(1 − t) − 재투자

영업자산 가치 수식의 FCFF에 대입하면 다음과 같다.

$$EV = \frac{EBITDA_1(1-t) - 감가상각비(1-t) - 재투자}{자본비용 - 기대성장률}$$

양변을 EBITDA로 나눈 후 시점을 나타내는 아래 첨자를 삭제하면 EV/EBITDA 배수를 얻는다.

$$\frac{EV}{EBITDA} = \frac{(1-t) - \dfrac{감가상각비}{EBITDA}(1-t) - \dfrac{재투자}{EBITDA}}{자본비용 - 기대성장률}$$

따라서 EV/EBITDA 배수를 결정하는 요인은 다섯 가지다.

1. **세율**: 다른 조건이 같다면 세율이 낮을수록 EV/EBITDA 배수가 높다.
2. **감가상각비와 무형지산 상각비**: 다른 조건이 같다면 EBITDA 대비 감가상각비와 무형자산 상각비 비율이 높을수록 EV/EBITDA 배수가 낮다.
3. **재투자 소요**: 다른 조건이 같다면 EBITDA 대비 재투자 소요 비율이 높을수록 EV/EBITDA 배수가 낮다.
4. **자본비용**: 다른 조건이 같다면 자본비용이 낮을수록 EV/EBITDA 배수가 높다.
5. **기대성장률**: 다른 조건이 같다면 기대성장률이 높을수록 EV/EBITDA 배수가 높다.

각 요인을 일반화하면 고성장 기업에도 똑같이 적용된다. 변수 자체는 그대로이지만 각 성장 단계에 적합하도록 추정해야 한다.

[예시 18.15] EV/EBITDA 배수 분석

통신사 카스티요 케이블(Castillo Cable)은 다음과 같은 특성을 띤다.

■ 자본비용은 10%이고 영업이익에 대한 세율은 36%다.
■ 자본적 지출은 EBITDA의 45%, 감가상각비는 EBITDA의 20%에 이른다. 운전자본 소요는 없다.
■ 안정 성장 단계에 속하고 영업이익은 영원히 연 5% 성장할 것으로 예상한다.

[그림 18.14] EV/EBITDA 배수와 세율

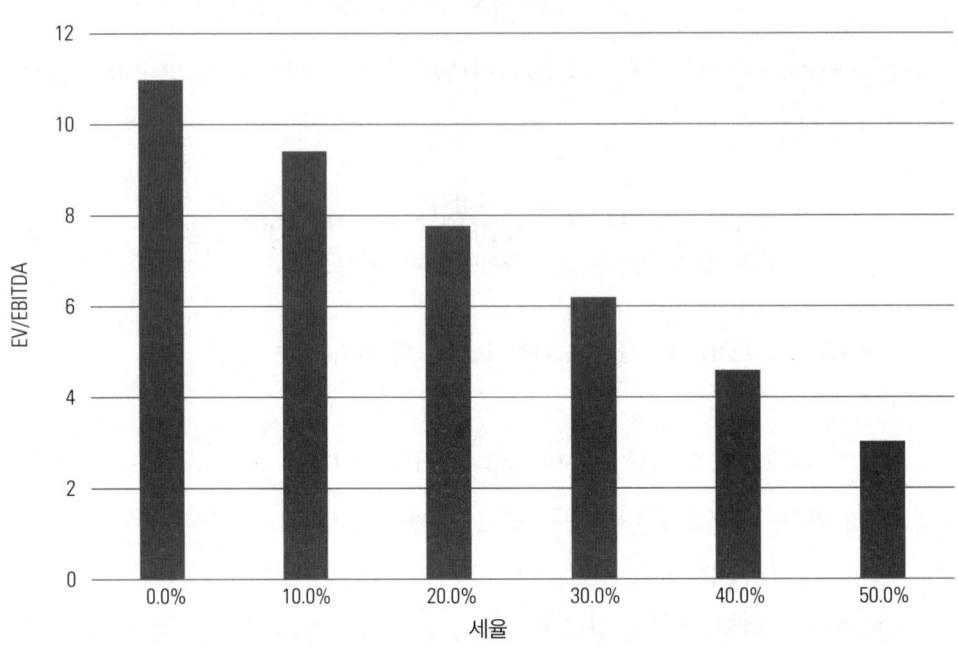

[그림 18.15] EV/EBITDA 배수와 순 자본적 지출

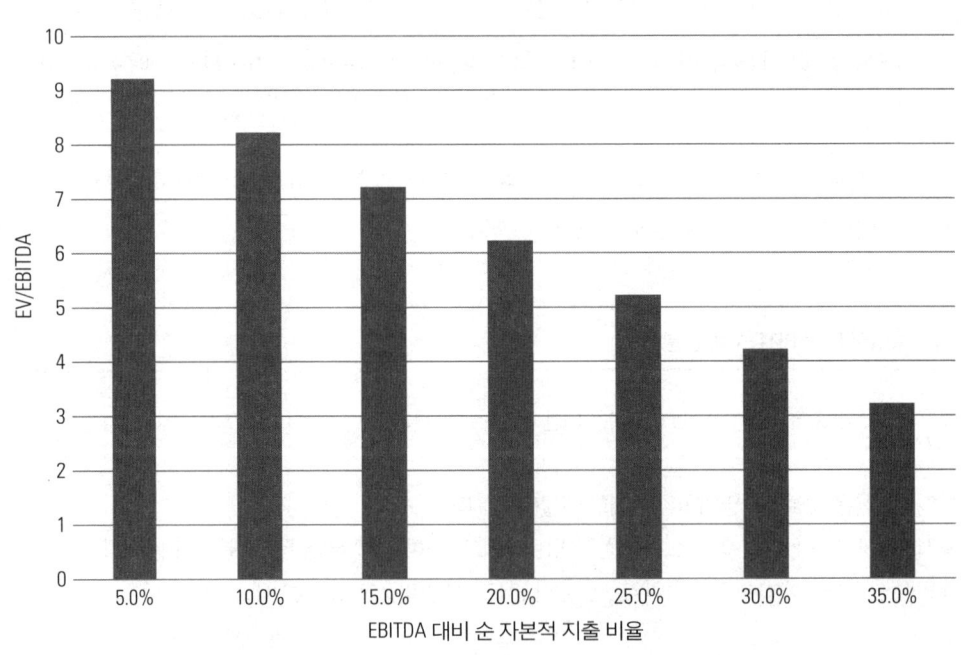

[그림 18.16] EV/EBITDA 배수와 초과수익

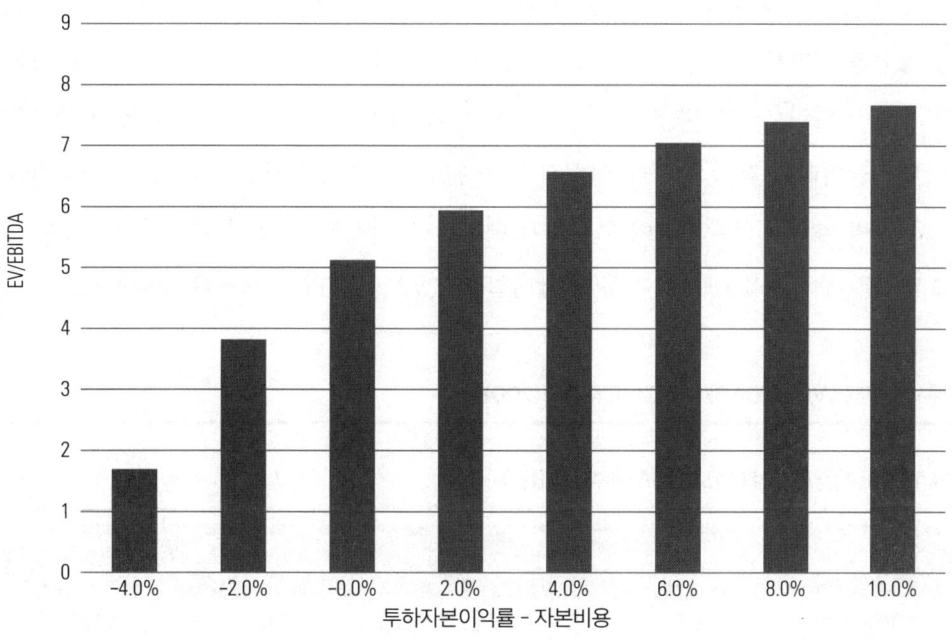

EV/EBITDA 배수를 추정하기 위해 먼저 EBITDA 대비 재투자 비율을 계산하자.

$$재투자/EBITDA = 자본적\ 지출/EBITDA - 감가상각비/EBITDA + \Delta운전자본/EBITDA$$
$$= 0.45 - 0.20 - 0 = 0.25$$

$$\frac{EV}{EBITDA} = \frac{(1-0.36) - 0.20 \times (1-0.36) - 0.25}{0.10 - 0.15} = 5.24$$

카스티요의 EV/EBITDA 배수는 세율에 민감할 뿐 아니라(그림 18.14) EBITDA 대비 재투자 비율에도 민감하다(그림 18.15).

그런데 특정 성장률 수준에서 재투자율이 변한다는 말은 곧 자본이익률이 변한다는 뜻이다. 현재 성장률과 재투자율 수준은 자본이익률이 10.24%라는 가정이 깔려 있는데 자본비용 10.00%보다 살짝 높다. 그림 18.16은 EV/EBITDA 배수와 초과수익(자본이익률과 자본비용의 차이)의 관계를 보여준다.

즉 자본이익률이 낮고 재투자율이 높은 기업은 EV/EBITDA 배수가 낮다.

firmmult.xls: 이 스프레드시트를 이용하면 안정 성장 또는 고성장 기업의 펀더멘털을 통해 EV 배수를 추정할 수 있다. (웹에서 다운로드 가능)

적용성 검증

EV/EBITDA 배수를 결정하는 펀더멘털 요인을 알아보았으니 이제 가장 좋은 적용 방법을 살펴보자. EV/EBITDA 배수는 막대한 인프라 투자가 필요한 자본 집약적인 기업에 널리 사용된다. 여기에 깔린 논리, 즉 EBITDA는 기업 영업활동 현금흐름의 대용물이라는 생각은 사실 현실과 맞지 않는다. 인프라 기업은 대개 자본적 지출소요가 워낙 커서 현금흐름이 고갈되기 때문이다. 하지만 기업 간 감가상각법이 다르고 인프라 투자액을 대부분 지출한 상태일 때는 EV/EBITDA 배수가 유용하다.

[예시 18.16] EV/EBITDA 배수 비교: 제강회사(2001년)

[표 18.20] 제강회사의 EV/EBITDA 배수(2001년)

회사명	EV/EBITDA	세율	ROIC	EBITDA 대비 순 자본적 지출 비율	EBITDA 대비 감가상각비 비율
Ampco-Pittsburgh	2.74	26.21%	12.15%	15.72%	20.05%
Bayou Steel	5.21	0.00%	5.95%	12.90%	41.01%
Birmingham Steel	5.60	0.00%	6.89%	-28.64%	51.92%
Carpenter Technology	5.05	33.29%	9.16%	15.51%	28.87%
Castle (A.M.) & Co.	9.26	0.00%	8.92%	9.44%	27.22%
Cleveland-Cliffs	5.14	0.00%	7.65%	51.84%	26.33%
Commercial Metals	2.40	36.86%	16.00%	1.19%	26.44%
Harris Steel	4.26	37.18%	15.00%	3.23%	4.92%
Huntco Inc.	5.40	0.00%	4.82%	-48.84%	53.02%
IPSCO Inc.	5.06	23.87%	9.22%	50.57%	16.88%
Kentucky Elec. Steel Inc.	1.72	37.26%	6.75%	-25.51%	38.78%
National Steel	2.30	0.00%	8.46%	68.49%	53.84%
NN Inc.	6.00	34.35%	15.73%	-15.04%	24.80%
Northwest Pipe Co.	5.14	39.47%	9.05%	8.73%	17.22%
Nucor Corp.	3.88	35.00%	18.48%	15.66%	26.04%
Olympic Steel Inc.	4.46	37.93%	5.80%	-3.75%	26.62%
Oregon Steel Mills	5.32	0.00%	7.23%	-31.77%	49.57%

Quanex Corp.	2.90	34.39%	16.38%	-3.45%	29.50%
Ryerson Tull	7.73	0.00%	5.10%	3.50%	38.36%
Samuel Manu-Tech Inc.	3.13	31.88%	14.90%	-2.91%	21.27%
Schnitzer Steel Inds.(A주)	4.60	8.70%	7.78%	-16.21%	38.74%
Slater STL Inc.	4.48	26.00%	11.25%	0.80%	27.96%
Steel Dynamics	5.83	36.33%	10.09%	33.13%	23.14%
Steel Technologies	3.75	36.87%	9.22%	11.95%	27.69%
Steel-General	4.14	38.37%	9.80%	21.69%	28.75%
Unvl. Stainless & Alloy Prods.	4.28	37.52%	14.51%	12.73%	15.15%
Worthington Inds.	4.80	37.50%	12.54%	0.16%	22.79%

표 18.20은 2001년 3월 기준 미국 제강회사의 EV/EBITDA 배수를 요약해서 보여준다.

회사별 FV/FRITDA 배수는 편차가 상당히 크다. 순 자본적 지출이 마이너스(감가상각비가 자본적 지출보다 크다)인 회사도 여럿 있는데 제강이 성숙 산업에 속하고 시기별 규모 차이가 큰 재투자 특성을 반영한 결과다. 또한 적자를 기록 중이기에 세금을 내지 않는 회사도 있다. EV/EBITDA 배수를 세율과 EBITDA 대비 감가상각비 비율에 대해 회귀분석한 결과는 다음과 같다.[5]

$$EV/EBITDA = 8.64 - 8.07 \times 세율 - 7.19 \times \frac{감가상각비}{EBITDA} \qquad R^2 = 35.1\%$$
$$\quad\;\;(6.36)\;\;(3.44)\qquad\quad(2.35)$$

기대성장률과 자본비용을 독립 변수로 두지 않은 이유는 회사별 차이가 미미했기 때문이다. 위 회귀식을 활용해 산출한 버밍엄 스틸(Birmingham Steel)의 EV/EBITDA 예측값은 다음과 같다.

$$EV/EBITDA_{버밍엄 스틸}\ 예측값 = 8.64 - 8.07 \times 0.00 - 7.19 \times 0.5192 = 4.91$$

실제 EV/EBITDA 배수는 5.60배였으므로 버밍엄 스틸은 약 14.26% 고평가되었다.

---

vebitda.xls: 미국 기업의 가장 최근 연도 업종별 EV 배수와 펀더멘털을 요약한 엑셀 자료. (웹에서 다운로드 가능)

---

5   EBITDA 대비 감가상각비 비율은 재투자 소요의 대용물로 사용했는데 EBITDA 대비 (순) 자본적 지출 비율보다 통계적 유의성이 더 컸다.

결론

가치평가에 널리 쓰이는 PER과 다른 이익 배수는 오용할 가능성이 크다. 이익 배수를 결정하는 펀더멘털은 곧 현금흐름할인모형에서 기업 가치를 결정하는 요인(기대성장률, 위험, 기대현금흐름)과 똑같다. 다른 조건이 같다면 성장률이 높고 위험이 낮으며 배당성향이 높을수록 높은 이익 배수에 거래된다. 국가와 기업, 기간별 펀더멘털 차이가 존재하면 이익 배수도 달라진다. 차이를 통제하지 않고 배수를 직접 비교해 결론을 도출하면 오류에 빠질 가능성이 크다.

이익 배수를 가치평가에 활용하는 여러 가지 방법이 있다. 첫째, 좁게 정의한 비교 기업 집단과 배수를 비교하고 성장률과 위험, 현금흐름 특성의 차이를 주관적으로 통제한다. 둘째, 비교 기업 정의를 전체 섹터(예컨대 기술)나 시장으로 확장하고 통계 기법을 활용해 펀더멘털 차이를 통제한다.

마지막에는 주식 배수에서 더 나아가 영업이익 배수와 현금흐름 배수를 다루었다. 이들도 PER과 마찬가지로 (영업이익) 성장률과 재투자, 위험이라는 펀더멘털에 의해 결정된다.

연습문제 별도 표기가 없으면 주식 위험 프리미엄은 5.5%로 한다.

1 은행 지주회사인 내셔널 시티 코퍼레이션은 1993년 주당순이익 2.40달러를 기록하고 주당배당금 1.06달러를 지급했다. 이 회사의 이익은 지난 5년 동안 매년 7.5%씩 성장했으며, (1994년부터) 장기적으로 매년 6%씩 성장할 것으로 예상된다. 주식의 베타는 1.05였고 이익의 10배에 거래되었다. 장기 국채 금리는 7%, 위험 프리미엄은 5.5%였다.

    a. 내셔널 시티 코퍼레이션의 PER을 구하라.

    b. 이 회사의 현재 PER에 내재된 장기성장률은 얼마인가?

2 1994년 3월 11일, NYSE종합지수는 이익의 16.9배에 거래되고 있었고, 거래소 전체 주식의 평균 배당수익률은 2.5%였다. 그날의 장기 국채 금리는 6.95%였다. 경제는 장기적으로 실질 기준 연간 2.5% 성장할 것으로 예상되었고, 장기적으로 인플레이션에 대한 컨센서스 추정치는 3.5%였다. (시장 위험 프리미엄은 5.5%이다.)

    a. 이러한 값을 바탕으로 거래소의 적절한 PER을 구하라.

    b. 1994년 3월 11일의 배당금과 순이익 증가율이 얼마여야 당시의 PER을 정당화할 수 있는가?

    c. 이러한 더 높은 성장이 높은 인플레이션에서 비롯된 것인지 아니면 높은 실질 성장에서 비롯된 것인지가 중요한가? 이유는?

3 인터내셔널 플레이버스 앤드 프래그런스는 향료의 개발과 생산을 선도하는 업체이며, 1992년 주당순이익 1.64달러에 주당 0.91달러의 배당금을 지급했다. 이 회사는 1993년부터 1997년까지 20%의 자기자본이익률을 기록할 것으로 예상되었고, 그 이후에는 연간 6%의 안정적인 성장이 예상되었다. (안정 성장 시기에는 자기자본이익률이 15%로 떨어질 것으로 예상되었다.) 배당성향은

1993년부터 1997년까지 현재 수준을 유지할 것으로 예상되었다. 주식의 베타는 1.10으로 변동이 없을 것으로 보인다. 장기 국채 금리는 7%, 위험 프리미엄은 5.5%였다.

a. 펀더멘털을 기준으로 IFF의 PER을 구하라.

b. 1993년과 1997년 사이에 회사가 예상하는 이익의 고속 성장이 위 PER에 얼마나 기여하는지 구하라. (안정 성장 상태의 PER과 위에서 구한 PER의 차이를 구하라 - 옮긴이)

4 크래커 배럴은 레스토랑과 기프트숍을 운영하는 회사이며, 1983년에서 1992년 사이에 이익과 매출액이 급격히 성장했다. 이 기간 동안 이익은 1983년 주당 0.08달러에서 1993년 주당 0.78달러로 증가했다. 1993년에 지급된 배당금은 주당 0.02달러에 불과했다. 이익 성장률은 1994년부터 1998년까지 연 15%, 그 이후에는 연 6%로 완화될 것으로 예상되었다. 배당성향은 1994년부터 1998년까지 10%, 그 이후에는 50%로 증가할 것으로 예상되었다. 주식의 베타는 1.55였으나 1994~1998년에는 1.25로, 그 이후에는 1.10으로 하락할 것으로 예상되었다. (장기 국채 금리는 7%, 위험 프리미엄은 5.5%이다.)

a. 크래커 배럴의 PER을 구하라.

b. 크래커 배럴이 1983년부터 1993년 사이에 기록한 이익 성장률을 유지할 수 있었다면 PER이 얼마나 더 높았을지 구하라. (배당성향은 영향받지 않는다고 가정)

c. 가까운 장래에 실망스러운 실적을 발표하면서 1994년부터 1998년까지의 이익 성장률 기대치가 10%로 낮아진다고 가정하자. PER은 얼마가 되는가? (마찬가지로 배당성향은 영향받지 않는다고 가정)

5 1993년 12월 31일 S&P500 지수는 이익 대비 21.2배에 거래되었다. 같은 날 지수의 배당수익률은 2.74%, 장기 국채 금리는 6%였다. 실질 GNP의 기대성장률은 2.5%였다.

a. S&P500의 가격이 올바르게 책정되었다고 가정하면, PER에 내재된 인플레이션율은 얼마인가? (안정적인 성장과 5.5%의 위험 프리미엄을 가정)

b. 1994년 2월까지 장기 국채 금리는 7%로 상승했다. 배당성향과 성장 전망치가 변하지 않는다면, PER에 어떤 영향을 미치는가?

c. 이자율이 상승하면 항상 가격(및 PER)이 하락하는가?

6 다음은 1993년 12월 말 항공우주·방위 산업에 속한 기업들의 PER, 기대성장률과 위험에 대한 자료이다.

회사	PER	기대성장률	베타	배당성향
Boeing	17.3	3.5%	1.10	28%
General Dynamics	15.5	11.5%	1.25	40%
General Motors—Hughes	16.5	13.0%	0.85	41%
Grumman	11.4	10.5%	0.80	37%
Lockheed Corporation	10.2	9.5%	0.85	37%
Logicon	12.4	14.0%	0.85	11%
Loral Corporation	13.3	16.5%	0.75	23%
Martin Marietta	11.0	8.0%	0.85	22%
McDonnell Douglas	22.6	13.0%	1.15	37%
Northrop	9.5	9.0%	1.05	47%
Raytheon	12.1	9.5%	0.75	28%
Rockwell	13.9	11.5%	1.00	38%
Thiokol	8.7	5.5%	0.95	15%
United Industrial	10.4	4.5%	0.70	50%

a. PER의 평균값과 중앙값을 구하라. 이 값들을 통해 무엇을 할 수 있는가?

b. 한 애널리스트가 티오콜(Thiokol)의 PER이 업계 평균보다 낮기 때문에 저평가되어 있다고 결론 내렸다. 어떤 조건에서 이 주장이 사실인가? 이 의견에 동의하는가?

c. 회귀분석에서 위험, 성장, 배당을 설명 변수로 포함시켜 기업 간 구조적 차이를 통제하라. (PER에 영향을 주는 주요 변수인 위험, 성장, 배당을 독립 변수로 넣어 그 영향력을 계산하라는 뜻 – 옮긴이) 이 회귀분석 결과를 사용하여 저평가되거나 고평가된 주식을 찾아내는 구체적인 방법을 설명하고, 이러한 접근법이 갖는 한계점은 무엇인지 서술하라.

7 다음은 1993년 4월 밸류라인 데이터베이스에서 찾은 상장주식의 성장률, 베타, 배당성향에 대한 PER 회귀분석 결과이다.

$$PER = 18.69 + 0.0695 \times 성장률 - 0.5082 \times 베타 - 0.4262 \times 배당성향 \quad R^2 = 35\%$$

이에 따라 이익 성장률이 20%, 베타가 1.15, 배당성향이 40%인 주식의 예상 PER은 다음과 같다..

$$PER = 18.69 + 0.0695 \times 20 - 0.5082(1.15) - 0.4262 \times 0.40 = 19.33$$

다음과 같은 특성을 가진 비상장기업의 가치를 평가하려고 한다.

■ 이 회사의 순이익은 1,000만 달러다. 배당금은 지급하지 않았지만, 가장 최근 연도에 감가상각

충당금이 500만 달러, 자본적 지출이 1,200만 달러였다. 운전자본 필요액은 미미했다.

■ 이익은 지난 5년 동안 25% 성장했으며, 향후 5년 동안 같은 비율로 성장할 것으로 예상된다.

■ 같은 업종에 속한 상장기업의 평균 베타는 1.15이며, 이 기업의 평균 부채비율은 25%이다. (세율은 40%이다.) 이 비상장기업은 부채가 없이 전액 자기자본으로 운영되고 있다.

a. 회귀분석을 사용하여 이 비상장기업의 적절한 PER을 구하라.

b. 이 회귀분석을 가치평가에 사용할 때 우려되는 점은 무엇인가?

19장
장부가치 배수

주가와 장부가치의 관계는 늘 투자자의 관심을 끌어왔다. 장부가치보다 한참 낮은 가격에 거래되는 주식은 대체로 저평가됐다고 말하며, 반대로 장부가치보다 너무 높은 가격에 거래되는 주식은 고평가됐다고 생각된다. 19장에서는 우선 PBR을 자세히 살펴보고 결정 요인은 무엇이며 이 배수를 추정하는 가장 좋은 방법은 무엇인지 알아보기로 한다.

19장의 후반부에서는 PBR의 변형을 알아볼 텐데, 특히 가치순자산비율(value-to-book ratio)과 토빈의 Q를 중점적으로 다루겠다.

PBR

자기자본의 시장가치는 시장이 기대하는 기업의 수익 창출 능력과 현금흐름을 반영한다. 자기자본의 장부가치는 자산의 장부가치에서 부채의 장부가치를 차감한 금액으로, 크게 봐서 회계기준에 의해 결정된다고 할 수 있다. 미국의 경우 자산의 장부가치란 자산의 취득가에서 허용된 만큼의 감가상각비용을 제한 금액이다. 따라서 자산의 장부가치는 시간이 지나면 대개는 줄어들기 마련이다. 마찬가지로 부채의 장부가치 역시 발행 당시의 가치를 반영한다. 자산의 장부가치가 반영하는 원래의 취득가격은 자산의 수익 창출 능력이 커지거나 작아지면 시장가치와 큰 차이를 보일 수 있다.

장부가치를 사용하는 이유와 단점

PBR이 유용하다고 생각하는 데는 몇 가지 이유가 있다. 첫째, 이 배수는 시장가치와 비교할 수 있는, 상대적으로 안정적이면서도 직관적인 척도라는 점이다. 현금흐름할인모형을 본능적으로 불신하는 사람에겐 장부가치가 훨씬 손쉬운 비교 잣대다. 둘째, 비교하려는 기업들에 적용한 회계기준이 대동소이하다면 비슷한 기업들의 PBR을 통해 상대적인 저평가 혹은 고평가를 가늠해볼 수 있다는 점이다. 끝으로 순이익이 음수여서 PER을 사용할 수 없는 기업도 PBR은 적용할 수 있다는 게 세 번째 이유다. 순이익이 음수인 기업보다 자기자본의 장부가치가 음수인 기업은 훨씬 적다.

반면 PBR에도 몇 가지 단점이 있다. 첫째, 순이익과 마찬가지로 장부가치 역시 감가상각을 비롯한 변수에 어떤 회계적인 결정을 내리느냐에 따라 달라질 수 있다. 기업마다 적용한 회계기준이 너무 다르면 PBR을 이용해 기업끼리 비교하기 힘들다. 똑같은 논리를 국가 간 회계기준의 차이로 확장할 수 있겠다. 둘째, 서비스 기업이나 기술기업처럼 유형자산이 많지 않은 기업에는 PBR이 큰 의미가 있다고 말하긴 어렵다. 셋째, 연속해서 순손실을 기록하는 기업의 경우 자기자본의 장부가치가 음수로 바뀌어 PBR도 음수가 될 수 있다.

정의

PBR은 주가를 주당 자기자본의 장부가치로 나눠서 산출한다.

$$PBR = \frac{주가}{주당\ 자기자본의\ 장부가치}$$

분자와 분모 모두 자본과 관련한 수치라서 일관성 있는 배수이긴 하지만 주당 자기자본의 장부가치를 계산할 때 주의하지 않으면 일관성이 손상될 수 있다. 특히 다음에 주의해야 한다.

- 만약 여러 종류의 주식이 발행되어 있다면, 주식 종류별로 주가가 다를 수 있다. 이런 경우 자기자본의 장부가치를 어떤 비율로 서로 다른 등급의 주식에 할당하느냐의 문제가 있다.
- 자기자본의 장부가치를 계산할 때 우선주에는 자기자본을 할당해서는 안 된다. 주식의 시장가치는 보통주에만 해당하기 때문이다.

주당 가치 대신 자기자본의 시장가치와 자기자본의 장부가치를 사용해서 PBR을 계산하면 이런 문제를 일부 완화할 수 있다.

$$PBR = \frac{\text{시가총액}}{\text{자기자본의 장부가치}}$$

여러 종류의 주식이 존재할 때 PBR을 이용하는 가장 안전한 방법은 분자에 모든 보통주의 시장가치 총액을 사용하고 분모에는 자기자본의 장부가치를 사용하는 방법이다. 이렇게 계산해도 여전히 우선주의 몫을 배제할 수 있다.

이 외에도 PBR을 계산할 때 맞닥뜨리는 문제가 2개 더 있다. 첫째, 자기자본의 장부가치는 대부분 기업은 분기에 한 번, 모든 기업은 일 년에 한 번 갱신되므로 자주 업데이트된다고 할 수는 없다. 애널리스트 대부분은 최신 자기자본의 장부가치를 사용하지만, 직전 회계연도 전체의 평균을 이용하거나 직전 회계연도 말 수치를 이용하는 사람도 있다. 일관성을 유지하려면 비교하는 모든 기업의 자기자본 장부가치는 똑같은 방법으로 구해서 사용해야 한다. 둘째, 좀 더 복잡한 문제는 옵션의 가치와 관련 있다. 이론적으로는 경영진이 행사할 수 있는 옵션의 시장가치와 채권 및 우선주에 부여된 전환 옵션의 시장가치를 (PBR을 산출하기 전에) 자기자본의 시장가치에 더해야 한다.[1] 비교 대상 기업의 수가 적고 자기자본 가치에 큰 영향을 미치는 옵션이 있는 경우라면 이렇게 해야 한다. 그러나 대상 기업의 수가 많고 옵션의 영향이 상대적으로 크지 않다면 그냥 전통적인 방법을 이용해도 된다.

회계기준은 자기자본의 장부가치와 PBR에 영향을 미쳐 기업 간 비교를 왜곡할 수 있다. 예를 들어 서로 다른 시장에 속한 두 기술기업을 비교하는데 하나는 연구개발비를 자본화하는 반면 다른 기업은 자본화하지 않는다고 가정하자. 그렇다면 자본화한 연구개발비 덕에 순자산이 늘어난 기업의 PBR이 더 낮을 것이다.

자사주 매입과 기업 인수를 반영하는 자기자본의 장부가치 조정

최근에 점점 더 많은 미국 기업이 자사주 매입을 통해 주주들에게 현금을 돌려주고 있다. 기업이 자사주를 매입하면 그만큼 자기자본의 장부가치가 감소한다. 배당금을 현금으로 지급해도 똑같은 결과가 나오지만, 자사주 매입이 현금 배당보다 규모가 훨씬 큰 경향이 있고, 따라서 자기자본의 장부가치에 미치는 영향도 더 크다. 예를 들어보자. 어떤 기업은 자기자본의 시장가치는 1억 달러이고 자기자본의 장부가치는 5,000만 달러다. 따라서 PBR은 2.00이다. 이 기업이 2,500만 달러를 차입하여 자사주를 매입하면 자기자본의 시장가치와 자기자본의 장부가치 둘 다 2,500만 달러씩 감소한다. 그 결과 PBR은 3.00이 된다.

기업 인수의 경우에는 인수를 회계적으로 어떻게 처리하느냐에 따라 PBR이 크게 달라질 수 있다. 지금은 의무적으로 모든 영업권을 자산으로 표시해야 하지만, 인수 금액을 피인수기업의 자산에 배분하는 방식에 대해서는 여전히 어느 정도 재량권을 행사할 수 있다. 게다가 이후 영업권 항목을 재검토해서 피인수기업의 가치가 하락했다면 상각해야 한다. 둘 다 자기자본의 장부가치와 PBR에 영향을 미칠 수 있다.

PBR을 비교하려는 기업 중 일부는 자사주 매입을 하고 일부는 하지 않거나, 기업 인수 규모와 회계처리 방식 차이가 크다면 문제가 발생할 수 있다. 그 해결책은 기업 인수에서는 영업권을 빼

---

1   이렇게 하지 않고 행사 가능한 옵션 규모가 매우 다른 기업들의 PBR을 비교하면, 행사 가능한 옵션이 더 많은 기업이 저평가되었다고 착각할 수 있다. 이런 기업은 남아 있는 옵션 탓에 주식의 시장가치가 더 낮을 것이다.

고, 자사주 매입에서는 자사주 매입의 시장가치를 자기자본의 장부가치에 다시 가산하여 조정하는 것이다. 그러면 이렇게 조정한 자기자본의 장부가치를 바탕으로 PBR을 산출할 수 있다.

설명

PBR의 전반적인 분포를 살펴보려고 모든 미국 기업의 PBR을 산출했다. 그림 19.1은 2024년 1월 미국과 세계 기업들의 PBR 분포를 나타낸다. 이 분포는 심하게 편향되어 있어서, 미국(세계) 기업들의 평균 PBR은 9.94(6.15)이지만 PBR 중앙값은 1.62(1.49)에 불과하다.

또 하나 주목할 점은 PBR이 음수인 기업들이 있다는 사실이다. 연속해서 적자를

[그림 19.1] PBR: 미국과 전 세계 기업들(2024년 1월)

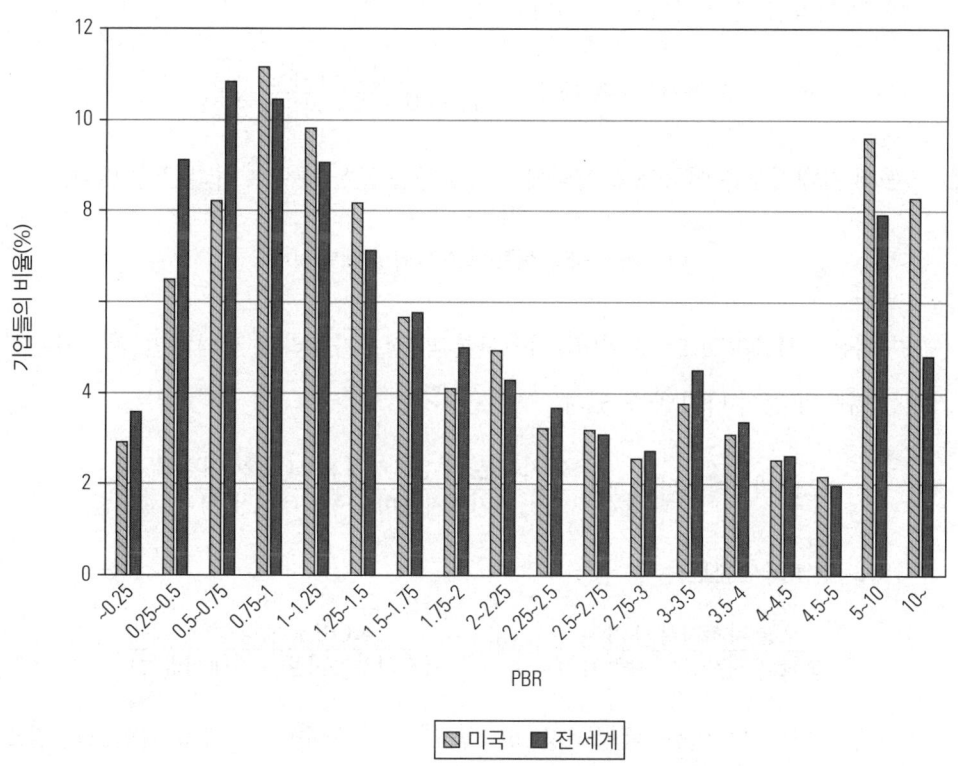

기록한 결과 이들은 PBR을 산출할 수가 없다. 표본 기업 6,481개 중 이런 미국 기업이 거의 2,000개였다. 이렇게 자기자본의 장부가치가 음수인 기업들은 재정난 상태일 수도 있지만, 자사주 매입과 상각을 반영하여 자기자본의 장부가치를 조정한 경우가 더 많다.

 pbvdata.xls: 최근 연도 미국 기업들의 산업별 PBR과 펀더멘털을 요약한 엑셀 자료.(웹에서 다운로드 가능)

분석

PBR은 현금흐름할인모형에서 가치를 결정하는 똑같은 펀더멘털에도 적용될 수 있다. PBR은 자기자본 관련 배수이므로, 우리는 주주 현금흐름할인모형(배당할인모형)을 사용해서 결정 요인을 살펴본다. 안정 성장 기업의 배당할인모형에서 자기자본의 가치는 다음과 같이 나타낼 수 있다.

$$\text{오늘 자기자본의 가치} = \frac{\text{이듬해 기대 배당}}{(\text{자기자본비용} - \text{기대성장률})}$$

이듬해 기대배당은 이듬해 순이익에 배당성향을 곱한 값으로 나타낼 수 있다.

$$\text{이듬해 배당} = \text{이듬해 순이익} \times \text{배당성향}$$

자기자본이익률(ROE) = 순이익$_1$/자기자본$_0$의 장부가치라고 정의하면, 자기자본의 가치는 다음과 같이 나타낼 수 있다.

$$\text{오늘 자기자본의 가치} = \frac{\text{자기자본}_0\text{의 장부가치} \times \text{ROE} \times \text{배당성향}}{(\text{자기자본비용} - \text{기대성장률})}$$

PBR로 다시 표현하면,

$$\frac{\text{오늘 자기자본의 가치}}{\text{오늘 자기자본의 장부가치}} = \text{PBR} = \frac{\text{ROE} \times \text{배당성향}}{(\text{자기자본비용} - \text{기대성장률})}$$

PBR은 자기자본이익률, 배당성향, 성장률의 증가 함수이고, 기업 위험도의 감소

함수이다.

이 공식은 성장률과 자기자본이익률 사이의 관계로 더 단순화할 수 있다.

$$g = (1 - 배당성향) \times ROE$$

PBR 방정식에 다시 대입하면 다음과 같다.

$$PBR = \frac{ROE - 기대성장률}{(자기자본비용 - 기대성장률)}$$

안정 성장 기업의 PBR은 자기자본이익률과 자기자본비용의 차이로 결정된다. 자기자본이익률이 자기자본비용을 초과하면 주가가 자기자본의 장부가치를 초과한다. 반면 자기자본이익률이 자기자본비용보다 낮으면 주가가 자기자본의 장부가치보다 낮아진다.

[예시 19.1] 내재 PBR 추정: 안정 성장, 배당 지급 기업

13장에서는 H 모형으로 보다폰의 가치를 평가했는데, 성장률이 처음에는 약간 높았다가 선형적으로 감소하여 안정 성장 단계로 진입한다고 가정했다. 여기서는 보다폰이 이미 안정적인 성장기에 접어들었다고 가정하고 PBR을 추정한다. 2010년 보다폰은 순이익 79억 6,800만 파운드 중 44억 6,800만 파운드를 배당으로 지급하여 배당성향이 55.82%였다(단위: 100만 파운드).

$$배당성향 = 배당/순이익 = 4,468/7,968 = 55.82\%$$

2009년 말 자기자본의 장부가치는 908억 1,000만 파운드였으므로, 2010년 보다폰의 자기자본이익률은 8.77%였다.

$$자기자본이익률 = \frac{순이익_{2010}}{자기자본_{2009}의\ 장부가치} = \frac{7,968}{90,810} = 8.77\%$$

배당성향과 자본이익률이 유지된다고 가정하면 기대성장률은 3.88%이며, 이를 영구성장률이라고 가정한다. 자기자본비용을 추정하기 위해서 영국 파운드의 무위험 이자율(4%), 주식 위험 프리미엄 5%를 사용하고, 보다폰의 베타는 1이라고 가정한다.

$$자기자본비용 = 4\% + 1.00 \times 5\% = 9.00\%$$

보다폰의 PBR을 추정하는 방법은 두 가지이며, 둘 다 똑같은 값이 산출된다.

$$PBR = \frac{ROE \times 배당성향}{자기자본비용 - 기대성장률} = \frac{0.0877 \times 0.5582}{0.09 - 0.0388} = 0.96$$

$$PBR = \frac{ROE - 기대성장률}{자기자본비용 - 기대성장률} = \frac{0.0877 - 0.0388}{0.09 - 0.0388} = 0.96$$

자기자본이익률이 자기자본비용보다 낮으므로 주가는 장부가치보다 약간 낮을 것으로 예상된다.

[예시 19.2] 민영화되는 기업의 PBR 추정: 1991년 예나팜(1991년)

독일 통일의 부산물 중 하나가 독일 신탁청(Treuhandanstalt)으로, 수백 개 동독 기업을 다른 독일 기업, 개인 투자자 등에 매각하려고 설립된 독일 민영화 기관이다. 몇 안 되는 유망한 민영화 후보 기업이 예나팜(Jenapharm)이었는데, 동독에서 가장 높이 평가받는 제약회사였다. 1991년 예상 매출은 2억 3,000만 마르크였고, 예상 순이익은 900만 마르크였다.1990년 말 예나팜 자산의 장부가치는 1억 1,000만 마르크, 자기자본의 장부가치는 5,800만 마르크였다.

예나팜은 틈새시장 상품인 피임약의 매출을 유지하면서 주로 복제약시장으로 영역을 확대하면서 장기적으로 연 5% 성장할 전망이었다. 프랑크푸르트증권거래소에 상장된 제약회사들은 제품 포트폴리오가 훨씬 더 다양하고 현금흐름의 변동성이 더 작았는데도 평균 베타가 1.05였다. 레버리지와 위험이 더 높다는 점을 고려해서 예나팜의 베타는 1.25로 잡았다. 1991년 초 독일 마르크화 채권 10년물의 수익률은 7%였으며, 주식 위험 프리미엄은 3.5%로 추정했다(단위: 100만 마르크).

$$예상\ 순이익 = 9$$

$$자기자본이익률 = \frac{예상\ 순이익}{자기자본의\ 장부가치} = \frac{9}{58} = 15.52\%$$

$$자기자본비용 = 7\% + 1.25 \times (3.5\%) = 11.375\%$$

$$PBR\ 추정치 = \frac{(ROE - g)}{(자기자본비용 - g)} = \frac{(0.1552 - 0.05)}{(0.11375 - 0.05)} = 1.65$$

$$자기자본의\ 시장가치\ 추정치 = PBR\ 추정치 \times 자기자본의\ 장부가치 = 1.65 \times 58 = 95.70$$

고성장 기업의 PBR　　고성장 기업의 PBR 역시 펀더멘털과 관련이 있다. 2단계 배당할인모형처럼 특수한 경우에는 이 관계를 매우 단순하게 표현할 수 있다. 2단계 배당할인모형에서 고성장 기업 자기자본의 가치는 다음과 같이 나타낼 수 있다.

자기자본의 가치 = 예상 배당금의 현재가치 + 자기자본 잔존가치의 현재가치

초기 고성장기 이후 성장률이 일정할 것으로 예상되면, 배당할인모형은 다음과 같이 표현할 수 있다.

$$\text{주당 가치}_0 = \frac{EPS_1 \times \text{배당성향} \times \left[1 - \dfrac{(1 + g)^n}{(1 + k_{e,hg})^n} \right]}{(k_{e,hg} - g)} + \frac{EPS_{n+1} \times \text{배당성향}_{st}}{(k_{e,hg} - g_{st})(1 + k_{e,hg})^n}$$

여기서 g = 처음 n년 동안 성장률
배당성향 = 처음 n년 동안 배당성향
g_{st} = n년 이후 영구성장률(안정 성장률)
배당성향$_{st}$ = 안정 성장 기업의 n년 이후 배당성향
k_e = 자기자본비용(hg: 고성장기, st: 안정 성장기)

ROE_{hg}를 고성장기 자기자본이익률로 정의하고, EPS_1을 자기자본이익률로 다시 표현하면 다음과 같다.

$$EPS_1 = \text{자기자본}_0\text{의 장부가치} \times ROE_{hg}$$

자기자본$_0$의 장부가치를 방정식의 좌변으로 옮기면 다음과 같다.

$$\frac{\text{주가}}{\text{장부가치}} = ROE_{hg} \times \left[\frac{\text{배당성향} \times \left(1 - \dfrac{(1 + g)^n}{(1 + k_{e,hg})^n} \right)}{(k_{e,hg} - g)} + \frac{(1 + g)^{n-1}(1 + g_{st})\,\text{배당성향}_{st}}{(k_{e,st} - g_{st})(1 + k_{e,hg})^n} \right]$$

여기서 ROE_{hg}는 고성장기의 자기자본이익률이고, k_e는 자기자본비용이다.

방정식의 좌변이 PBR이며 다음에 의해서 결정된다.

- **자기자본이익률**: PBR은 자기자본이익률의 증가 함수다.
- **고성장기와 안정 성장기의 배당성향**: 성장률이 일정할 때 배당성향이 증가하면 PBR 도 증가한다.
- **(할인율 r에 반영된) 위험**: 위험이 증가할수록 PBR은 감소한다. 위험이 증가하면 자기 자본비용도 증가한다.
- **고성장기와 안정 성장기의 이익 성장률**: 배당성향이 일정하면 고성장기든 안정 성장

기든 성장률이 증가할수록 PBR도 증가한다.

이 공식은 매우 보편적이어서 지금 당장 배당을 지급하지 않는 기업을 포함해 어느 기업에나 적용할 수 있다. 게다가 PBR을 결정하는 펀더멘털(배당성향, 자기자본이익률, 기대성장률, 자기자본비용 등)은 안정 성장 기업의 경우에도 똑같다.

14장에서 언급했듯이, 여건이 허락하더라도 기업이 항상 배당을 지급하는 것은 아니므로, 그런 경우에는 배당을 주주 잉여현금흐름으로 대체하라고 추천했다. 실제로 방정식을 수정해 PBR을 주주 잉여현금흐름으로 나타낼 수 있다. 방정식에서 배당성향을 주주 잉여현금흐름으로 대체하기만 하면 된다.

[예시 19.3] 2단계 모형에서 고성장 기업의 PBR 추정

향후 5년 동안 고성장이 예상되는 기업의 PBR을 추정한다고 가정하자. 표 19.1은 그 기업의 특성이다.

[표 19.1] 기업의 특성: 고성장과 안정 성장

처음 5년 동안 EPS 성장률 = 20%	처음 5년 동안 배당성향 = 20%
5년 이후 성장률 = 4%	5년 이후 배당성향 = 60%
베타 = 1.0	무위험 이자율 = 4.5%
자기자본이익률_{고성장} = 25%	주식 위험 프리미엄 = 5%
자기자본이익률_{안정 성장} = 10%	
자기자본비용 = 4.5% + 1 × (5%) = 9.5%(영원히)	

$$\frac{주가}{장부가치} = 0.25 \times \left[\frac{0.20 \times \left(1 - \frac{(1.20)^5}{(1.095)^5}\right)}{(0.095 - 0.20)} + \frac{(1.20)^4 (1.04) (0.60)}{(0.095 - 0.04)(1.095)^5} \right] = 4.01$$

이 기업의 PBR 추정치는 4.01이다.[2]

---

2   안정 성장 기업의 자기자본이익률이 PBR에 명시적으로 영향을 미치지 않는다는 사실이 당혹스러울 수 있다. 하지만 안정 성장 기업은 배당성향을 결정하는 방식으로 묵시적으로 영향을 미친다. 예를 들어 자기자본이익률이 영원히 25%로 유지되었다면 안정적인 배당성향은 68%가 되었을 것이고, 내재 PBR은 4.99로 상승했을 것이다.

[예시 19.4] 고성장 기업의 내재 PBR 추정

내재가치평가모형의 사용 범위를 확장하여 14장에서 2단계 주주 잉여현금흐름모형으로 가치를 평가했던 네슬레의 PBR을 추정해보자. 실제로 지급한 배당(과 배당성향) 대신 잠재 배당으로서 주주 잉여현금흐름을 사용할 것이며 이에 따라 배당성향도 측정할 것이다.

$$기대성장률 = ROE \times 자기자본\ 재투자율$$

14장의 예시를 사용해서 네슬레의 입력 변수를 나타내면 표 19.2와 같다.

[표 19.2] 기업의 특성: 네슬레

	고성장	안정 성장
성장 기간	5년	영구
ROE	21.35%	10%
자기자본 재투자율	37.17%	25.00%
주주 잉여현금흐름/순이익	62.83%	75.00%
기대성장률	7.94%	2.50%
자기자본비용	6.90%	6.90%

2단계 모형에 대입하면 다음과 같다.

$$\frac{주가}{장부가치} = 0.2135 \times \left[\frac{0.6283 \times \left(1 - \frac{(1.0794)^5}{(1.069)^5}\right)}{(0.069 - 0.0794)} + \frac{(1.0794)^4 (1.025) (0.75)}{(0.069 - 0.025)(1.069)^5} \right] = 4.27$$

이 예시에서 향후 5년 동안 네슬레의 기대 ROE는 현재 ROE인 21.35%와 같다고 가정했다. 안정 성장기의 ROE 10%는 안정 성장기의 배당성향 산출에만 사용되었고, 나머지에는 모두 고성장기 ROE가 사용되었다. 고성장기 ROE를 낮추면 이 기업의 PBR은 하락한다.

PBR과 자기자본이익률　PBR은 자기자본이익률의 영향을 크게 받는다. 자기자본이익률이 하락하면 앞 섹션의 공식을 통해서 PBR이 직접 영향받고, 기대성장률이나 배당성향이 낮아지는 방식으로 간접 영향도 받는다.

$$기대성장률 = 유보율 \times 자기자본이익률$$

자기자본이익률 하락이 PBR에 미치는 영향을 보려면 예시 19.3에서 평가한 기업의 자기자본이익률을 변경해보면 된다.

[예시 19.5] 자기자본이익률과 PBR

예시 19.3에서는 향후 5년 동안 고성장기의 자기자본이익률 25%를 바탕으로 추정한 PBR이 4.01이었으며, 덕분에 이 기업은 고성장기에 성장률 20%를 달성할 수 있었다. 5년 이후 기대되는 자기자본이익률은 10%이고 안정 성장률 4%는 영원히 유지된다고 가정하자.

$$처음 5년 동안 성장률 = 유보율 \times ROE = 0.8 \times 25\% = 20\%$$
$$5년 이후 성장률 = 유보율 \times ROE = 0.40 \times 10\% = 4\%$$

처음 5년 자기자본이익률이 12%로 하락하면 PBR에 이 하락이 반영된다. 이렇게 자기자본이익률이 하락하면 고성장기 처음 5년의 기대성장률도 하락한다.

$$처음 5년 동안 성장률 = 유보율 \times ROE = 0.8 \times 12\% = 9.6\%$$

5년 이후 자기자본이익률이 10%로 유지된다고 가정하면, 새 PBR은 다음과 같이 산출할 수 있다.

$$\frac{주가}{장부가치} = 0.12 \times \left[\frac{0.20 \times \left(1 - \frac{(1.096)^5}{(1.095)^5}\right)}{(0.095 - 0.096)} + \frac{(1.096)^4 (1.04) (0.60)}{(0.095 - 0.04)(1.095)^5} \right] = 1.36$$

ROE의 하락은 2단계에 걸쳐 영향을 미친다. 첫째, 이익 성장률이나 기대 배당성향을 낮추는 방식으로 PBR에 간접적인 영향을 미친다. 둘째, 직접 PBR을 낮춘다.

PBR은 자기자본비용의 영향도 받는다. 자기자본비용이 상승할수록 PBR은 하락한다. 자기자본이익률과 자기자본비용이 미치는 영향을 하나의 척도로 통합할 수 있다. 자기자본이익률에서 자기자본비용을 차감하여 자기자본의 초과수익을 측정하면 된다. 자기자본이익률이 자기자본비용보다 클수록 PBR이 상승한다. 예를 들어 예시 19.3과 19.5에서 자기자본비용이 9.5%였던 기업은 자기자본의 초과수익(자기자본이익률 - 자기자본비용)이 15.5%였다가 2.5%로 하락했다. 그 결과 이 기업의 PBR은 7.89에서 1.25로 급락했다. 그림 19.2를 보면 PBR이 자기자본이익률에서 자기자본비용을 차감한 값의 함수임을 알 수 있다. 자기자본이익률과 자기자본비용이 같으면

[그림 19.2] PBR은 (자기자본이익률 - 자본비용)의 함수

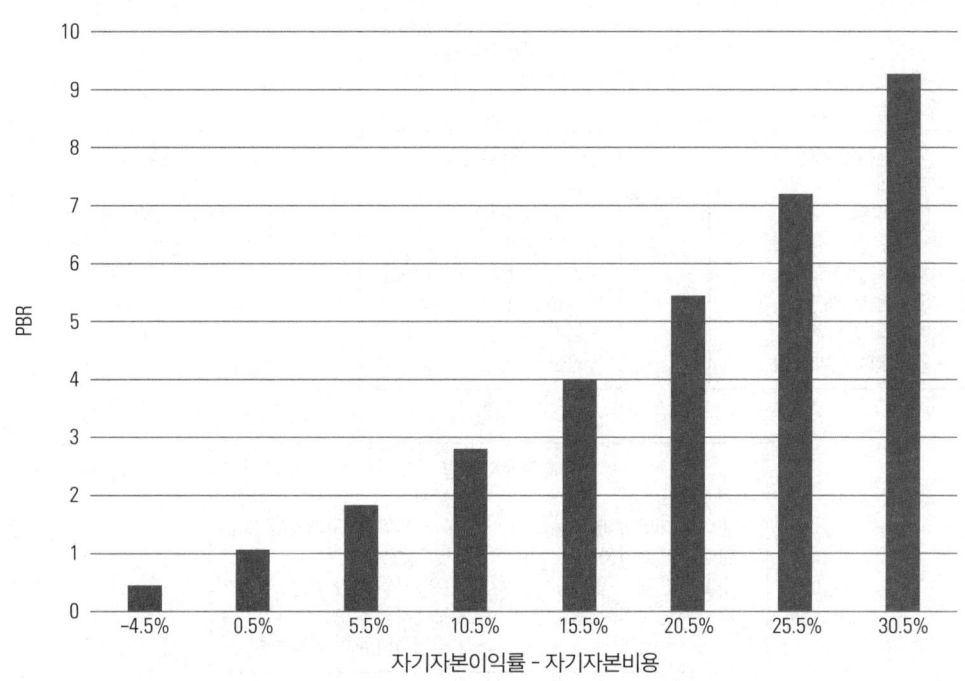

주가는 장부가치와 같아진다.

자기자본이익률 결정 요인 자기자본이익률과 자기자본비용의 차이는 기업이 사업에서 초과수익을 벌어들이는 능력을 보여주는 척도이다. 기업 전략 전문가들은 다양한 틀을 사용해서 초과수익(그리고 높은 ROE)의 규모와 예상 유지 기간의 결정 요인을 조사했다. 그중 잘 알려진 내용이 포터(Porter, 1980)가 개발한 '5가지 경쟁 요인'이다. 그는 똑같은 제품을 생산하는 기존 업체뿐 아니라 대체재 공급업체와 새로 시장에 진입하는 기업들을 통해서도 경쟁이 발생한다고 분석했다. 그림 19.3은 5가지 경쟁의 힘을 나타낸다.

포터에 의하면 기업은 새 기업에 대해 높은 진입장벽이 있거나 중요한 경쟁우위가 있을 때 높은 자기자본이익률을 유지할 수 있다. 기업의 경쟁 환경을 조사하면 그 기

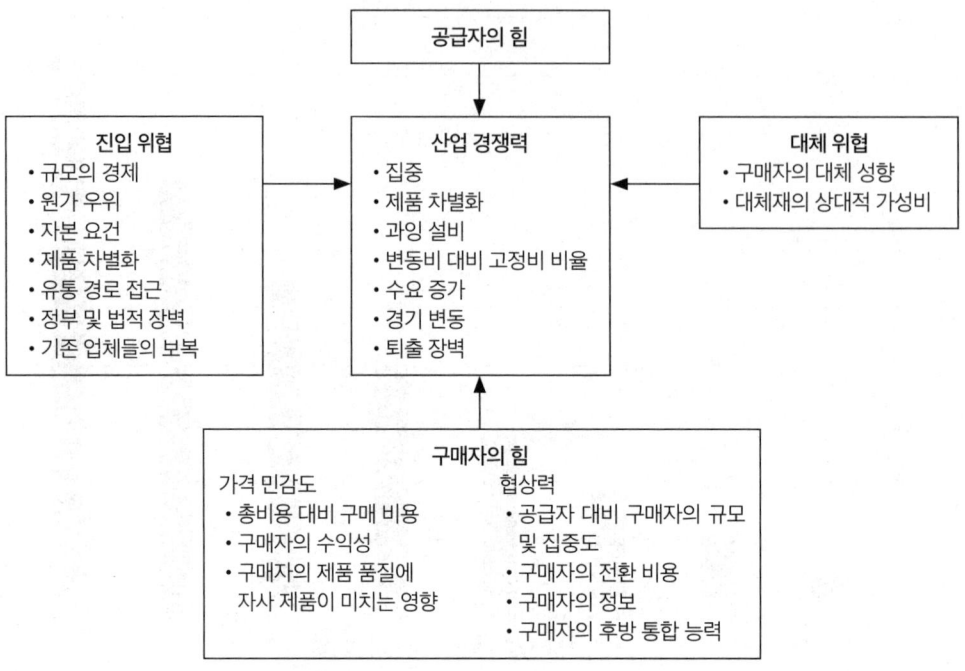

업의 자기자본이익률을 더 풍부하고 유용하게 분석할 수 있다. 이 분석을 통해서 자기자본이익률의 미래 방향에 대해서 힌트도 얻을 수 있다. 가치투자자들은 높은 진입장벽이나 중요한 경쟁우위를 이른바 '해자'라고 부른다. 강력하고도 지속 가능한 경쟁우위가 있는 기업은 강력한 해자를 보유했다고 간주하며, 그래서 더 가치가 높다고 평가한다. 19장에서 개발된 분석 틀로 볼 때, 해자의 강도는 ROE의 수준과 그 유지기간으로 측정할 수 있다.

PBR 적용

앞 섹션에서 개발된 원칙을 적용하는 방법은 여러 가지인데, 여기서는 세 가지를 살펴본다. 먼저 시간이 흐름에 따라 전체 시장의 PBR이 변화하게 되는 원인이 무엇인지 살펴보고, 낮은(높은) 시장 PBR을 저평가(고평가)의 신호로 볼 수 있는 시점이 언제인지 알아본다. 다음에는 같은 섹터에 속한 기업들의 PBR을 비교하고, 더 나아가 다른 시장에 속한 기업들도 비교해보면서 이 과정에서 무엇을 통제해야 하는지 알아본다. 끝으로 시간이 흐르면 개별 기업의 PBR이 변하게 되는 원인을 살펴보고, 이를 구조조정 분석 도구로 사용하는 방법을 알아본다.

시장 PBR　전체 시장의 PBR을 결정하는 변수도 개별 기업의 PBR을 결정하는 변수와 똑같다. 다른 조건이 똑같다면, 기업들의 자기자본이익률 스프레드(ROE − 자기자본비용)가 증가하면 시장 PBR도 상승한다. 반대로 기업들의 자기자본이익률 스프레드가 감소하면 시장 PBR도 하락한다.

18장에서는 1960~2023년 S&P500 PER의 상승 추세를 살펴보았다. 같은 기간에

[그림 19.4] PBR과 ROE: S&P500

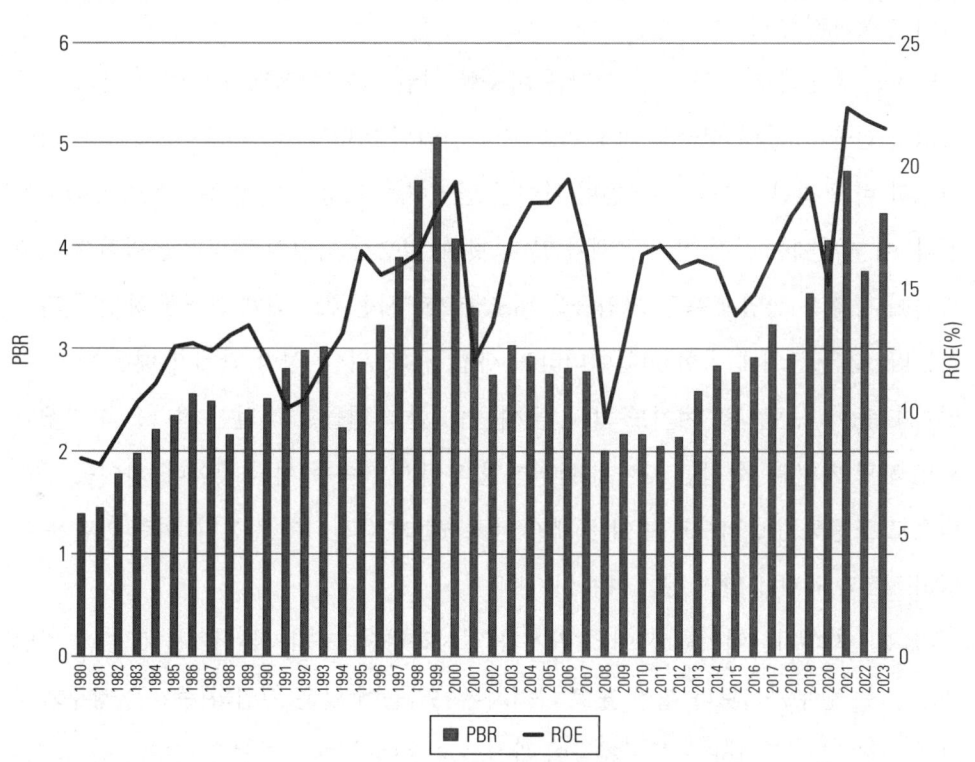

시장 PBR도 상승했다. 그림 19.4는 S&P500 PBR과 S&P500 기업들의 자기자본이익률을 나타낸다.

1980~2000년 S&P500의 자기자본이익률이 증가하자 같은 기간 PBR도 상승했는데, S&P500 지수에 기술주가 편입된 것도 PBR 상승에 기여했다. 2001~2010년에는 자기자본이익률과 PBR 둘 다 하락 추세였으나 2011~2021년에는 둘 다 상승 추세로 반전했다. 어느 한 가지 사실 때문에 PBR이 상승했다고 보면 무리겠지만, 지난 10년 동안 저금리가 PBR 상승에 기여했다는 점은 부인할 수 없다. 국채 수익률이 2% 하락하면 자기자본비용이 훨씬 낮아지기 때문이다.

같은 섹터에 속한 기업들 비교　기업마다 PBR이 서로 다른 이유는 매우 다양하다. 기대성장률이 다르고, 배당성향이 다르며, 위험 수준이 다르고, 무엇보다도 자기자본이익률이 다르기 때문이다. 이런 차이를 고려하지 않고 기업들의 PBR을 비교하면 결함이 발생하기 쉽다.

PBR을 추정하는 가장 흔한 기법은 비슷한 기업 집단을 선택하여 이 집단의 평균 PBR을 산출하고, 이 평균을 바탕으로 해당 기업의 PBR을 추정하는 방법이다. 해당 기업과 비교 집단 사이의 펀더멘털 차이를 반영하는 조정은 대개 주관적으로 이루어진다. 이 기법에는 여러 가지 문제가 있다. 첫째, 비슷한 기업의 정의가 본질적으로 주관적이다. 같은 산업에 속한 기업들을 대조군으로 사용해도 대개 완벽한 해법이 되지 않는다. 같은 산업에 속한 기업이더라도 사업 구성, 위험, 성장 단계가 매우 다를 수 있기 때문이다. 편향될 여지도 많다. 둘째, 비슷한 기업들로 적절한 집단을 구성했더라도 해당 기업과 이 집단 사이에 펀더멘털 차이가 계속 유지될 것이다. 차이를 주관적으로 조정하는 방식으로는 이 문제가 만족스럽게 해결되지 않는다. 이런 판단은 애널리스트의 역량에 달려 있기 때문이다.

PBR과 자기자본이익률 사이의 관계가 일정하다면, 자기자본이익률이 높은 기업의 주가는 장부가치보다 훨씬 높고 자기자본이익률이 낮은 기업의 주가는 장부가치보다 낮은 것도 당연하다. 투자자들이 관심을 기울여야 하는 기업은 PBR과 자기자본

[그림 19.5] PBR과 자기자본이익률

자기자본이익률 스프레드(자기자본이익률 - 자기자본비용)

이익률이 어울리지 않는 기업, 즉 PBR은 낮은데 ROE는 높거나, PBR은 높은데 ROE 는 낮은 기업이다. 이런 부조화를 규명하는 두 가지 방법이 매트릭스 기법과 섹터 회귀분석 기법이다.

매트릭스 기법   가치평가 오류를 찾아내는 열쇠가 PBR과 자기자본이익률 스프레드가 어울리지 않는 기업을 추려내는 작업이라면, 그림 19.5처럼 기업의 자기자본이익률 스프레드에 대해 PBR을 표시하는 방법으로 해결할 수 있다.

같은 섹터에 속한 기업들의 자기자본비용이 비슷하다고 가정하면, 자기자본이익률 스프레드를 자기자본이익률로 대체할 수 있다. 대개 실제로는 당기 자기자본이익률을 사용하지만, 이 매트릭스는 미래의 기대 자기자본이익률을 사용한다.

회귀분석 기법　PBR이 주로 자기자본이익률의 함수라면, 자기자본이익률에 대해서 PBR을 회귀분석할 수 있다.

$$PBR = a + b \times 자기자본이익률$$

둘 사이에 강력한 선형 관계가 존재한다면, 이 회귀분석으로 섹터 내 모든 기업의 예상 PBR을 산출하여 저평가된 기업과 고평가된 기업을 가려낼 수 있다.

　이 회귀분석은 두 가지 방식으로 강화할 수 있다. 첫째, PBR과 자기자본이익률 사이에 비선형 관계를 허용하는 것이다. 이는 변수를 (예컨대 자연로그, 지수 등으로) 전환하거나 비선형 회귀분석을 실행하면 된다. 둘째, 회귀분석을 확장하여 위험과 성장률 등 다른 독립 변수들을 포함한다.

[예시 19.6] PBR 비교: 유럽 의류회사들(2024년 5월)

표 19.3은 2024년 5월 현재 시가총액이 10억 달러를 초과하는 유럽 의류회사들의 PBR이다.

[표 19.3] 유럽 의류회사들의 PBR과 ROE

회사명	PBR	ROE	회사명	PBR	ROE	회사명	PBR	ROE
LVMH	5.88	24.87%	Pandora A/S	23.11	121.57%	Capri Holdings Limited	2.52	-14.32%
Hermès International	14.71	28.36%	The Swatch Group	0.76	7.12%	Hugo Boss AG	2.54	19.61%
Christian Dior	5.77	29.28%	Birkenstock Holding	3.93	3.13%	Ermenegildo Zegna N.V.	3.32	14.46%
Compagnie Financière Richemont	4.25	11.51%	LPP SA	6.91	34.10%	CCC S.A.	11.07	-6.69%
adidas AG	8.53	2.75%	Amer Sports, Inc	1.93	-5.53%	Coats Group plc	3.11	10.12%
Kering SA	2.51	19.61%	PUMA SE	2.59	9.94%	Salvatore Ferragamo S.p.A.	2.10	3.61%
Prada S.p.A.	4.95	17.41%	Brunello Cucinelli S.p.A	13.94	25.95%	TOD'S S.p.A.	1.28	4.59%

Moncler S.p.A.	5.05	19.04%	Burberry Group plc	3.24	23.54%	New Wave Group AB (publ)	2.32	14.91%
On Holding AG	10.34	10.70%	Samsonite International S.A.	2.99	27.51%	Dr. Martens plc	2.30	18.80%

섹터의 PBR 평균(중앙값)은 5.63(3.28)이지만, PBR의 범위는 넓다. 스와치 그룹(Swatch Group)은 0.76배이고 판도라(Pandora)는 23.11배이다.

먼저 그림 19.6에 이들 기업의 자기자본이익률 대비 PBR을 표시하였다. 판도라는 자기자본이익률이 121.57%이고 PBR이 23.11이므로 이 분포에서 이상치에 해당한다.

산점도를 보면 PBR과 자기자본이익률 사이에 양의 상관관계가 나타나지만, 이 분석을 확장하여 자기자본이익률에 대해 PBR을 회귀분석하면 다음과 같이 나온다.

$$\text{PBR} = 3.05 + 14.64 \times \text{자기자본이익률} \qquad R^2 = 47.0\%$$
$$(3.34) \quad (4.71)$$

이 회귀분석을 확장하여 위험 척도로 주당 이익의 기대성장률(g_{EPS})을 포함하면 다음과 같다.

$$\text{PBR} = 1.66 + 14.44 \times \text{자기자본이익률} + 11.73\ g_{EPS} \qquad R^2 = 58.9\%$$
$$(1.70) \quad (5.17) \qquad\qquad (2.64)$$

이 회귀분석을 사용하면 표 19.4처럼 이들 기업의 예상 PBR을 추정할 수 있다.

[그림 19.6] PBR과 자기자본이익률: 유럽 의류회사

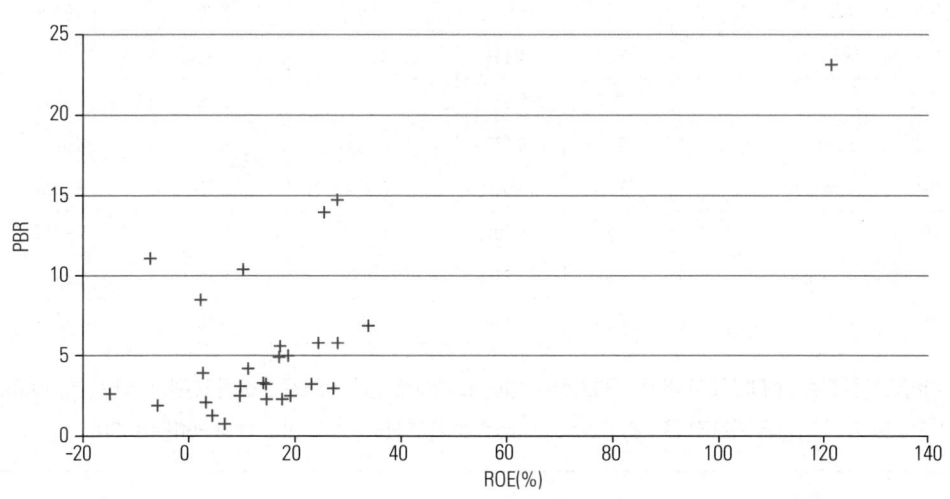

[표 19.4] 유럽 의류회사들의 예상 PBR

회사명	PBR	ROE	기대 EPS 성장률	예상 PBR	저평가·고평가
LVMH	5.88	24.87%	10.70%	6.51	-9.62%
Hermès International	14.71	28.36%	10.80%	7.02	109.47%
Christian Dior	5.77	29.28%	0.00%	5.89	-1.98%
Compagnie Financière Richemont	4.25	11.51%	10.10%	4.51	-5.67%
adidas AG	8.53	2.75%	59.50%	9.04	-5.61%
Kering SA	2.51	19.61%	-0.81%	4.40	-42.96%
Prada S.p.A	4.95	17.41%	14.80%	5.91	-16.17%
Moncler S.p.A.	5.05	19.04%	10.20%	5.61	-9.86%
On Holding AG	10.34	10.70%	54.20%	9.56	8.15%
Pandora A/S	23.11	121.57%	16.80%	21.19	9.10%
The Swatch Group	0.76	7.12%	4.18%	3.18	-76.20%
Birkenstock Holding	3.93	3.13%	21.80%	4.67	-15.74%
LPP SA	6.91	34.10%	19.70%	8.89	-22.29%
Amer Sports, Inc	1.93	-5.53%	0.00%	0.86	124.37%
PUMA SE	2.59	9.94%	19.50%	5.38	-51.88%
Brunello Cucinelli S.p.A	13.94	25.95%	22.00%	7.99	74.56%
Burberry Group plc	3.24	23.54%	-3.05%	4.70	-31.11%
Samsonite International S.A.	2.99	27.51%	0.00%	5.63	-46.88%
Capri Holdings Limited	2.52	-14.32%	7.43%	0.46	443.76%
Hugo Boss AG	2.54	19.61%	17.00%	6.49	-60.91%
Ermenegildo Zegna	3.32	14.46%	9.86%	4.90	-32.30%
CCC S.A.	NA	-6.69%	NA	0.69	NA
Coats Group plc	3.11	10.12%	10.50%	4.35	-28.57%
Salvatore Ferragamo S.p.A.	2.10	3.61%	0.00%	2.18	-3.59%
TOD'S S.p.A.	1.28	4.59%	0.00%	2.32	-44.98%
New Wave Group AB	2.32	14.91%	11.70%	5.19	-55.29%
Dr. Martens	2.30	18.80%	1.00%	4.49	-48.78%

백분율 기준으로 이 집단에서 가장 저평가된 기업은 스와치로, 실제 PBR은 0.76이고 예상 PBR은 3.18이다. 가장 고평가된 기업은 카프리 홀딩스(Capri Holdings)로, 실제 PBR은 2.52이고 예상 PBR은 0.46이다.

가치평가 바이블

전체 시장에서 기업 비교　비슷한 기업들의 PBR을 비교할 수도 있지만, 전체 시장에서 기업들의 가격을 살펴보면서 개별 기업의 예상 PBR을 추정할 수도 있다. 이 정보를 요약하는 가장 간단한 방법은 다중회귀분석이다. PBR을 종속 변수로, 위험과 성장률, 자기자본이익률, 배당성향의 대용물을 독립 변수로 사용한다.

과거 연구　다른 연구에서도 PBR과 자기자본이익률 사이의 관계를 강조했다. 윌콕스(Wilcox, 1984)는 (로그 눈금에 표시하면서) PBR과 자기자본이익률 사이에 강한 상관관계가 있다고 주장했다. 1981년 밸류라인(Value Line) 주식 949종목의 데이터를 사용해서 다음 방정식을 도출하였다.

$$\text{Log(PBR)} = -1.00 + 7.51(\text{자기자본이익률})$$

그는 PER이나 성장률을 사용하는 경쟁 모형들보다 이 회귀분석의 평균 제곱오차가 훨씬 작다는 사실도 발견했다.

이들 PBR 회귀분석은 1987~1991년 데이터를 사용해서 이 책의 초판에서 갱신하였다. 컴퓨스탯(Compustat) 데이터베이스를 사용해서 뉴욕증권거래소(NYSE)와 아메리카증권거래소(AMEX)에 상장된 기업들의 (이전 5년분) PBR, 자기자본이익률, 배당성향, 이익 성장률 정보를 추출했다. 각 연도의 베타는 CRSP 테이프에서 구했다. 장부가치가 음수인 기업들은 모두 표본에서 제거했으며, 독립 변수에 대해 PBR을 회귀분석한 결과는 다음과 같다(표 19.5 참조).

[표 19.5] PBR 시장 회귀분석: 1987~1991년

연도	회귀식	R^2
1987	PBR = 0.1841 + 2.00 배당성향 − 0.3940 베타 + 133.89 EGR + 9.35 ROE	86.17%
1988	PBR = 0.7113 + 0.007 배당성향 − 0.5082 베타 + 46.05 EGR + 6.9374 ROE	84.05%
1989	PBR = 0.4119 + 0.63 배당성향 − 0.6406 베타 + 100.38 EGR + 9.55 ROE	88.51%
1990	PBR = 0.8124 + 0.99 배당성향 − 0.1857 베타 + 111.30 EGR + 6.61 ROE	88.46%
1991	PBR = 1.1065 + 35.05 배당성향 − 0.6471 베타 + 100.87 EGR + 10.51 ROE	86.01%

여기서   PBR = 연말 PBR

배당성향 = 연말 배당성향

베타 = 주식의 베타

EGR = 직전 5년 이익 성장률

ROE = 자기자본이익률 = 순이익/자기자본의 장부가치

갱신한 회귀분석   2024년 1월에도 앞 섹션에서 확인한 펀더멘털에 대해서 PBR을 회귀분석했다. 지역별로 주식을 분류해(애널리스트 추정치를 사용해서) 향후 5년 자기자본이익률, 배당성향, 베타, 기대성장률에 대해서 회귀분석했다. 표 19.6이 그 결과를 나타낸다.

[표 19.6] PBR 시장 회귀분석: 2024년 초

지역	회귀식	R^2
미국	PBR = 2.10 + 6.07 g_{EPS} + 0.69 베타 + 5.09 ROE − 0.33 배당성향	21.9%
유럽	PBR = 1.20 + 3.25 g_{EPS} + 0.06 베타 + 5.78 ROE + 1.36 배당성향	17.1%
일본	PBR = 0.05 + 0.48 g_{EPS} + 0.78 베타 + 10.30 ROE + 0.10 배당성향	34.9%
호주, 캐나다	PBR = 3.07 + 1.60 g_{EPS} − 1.49 베타 + 9.50 ROE + 1.80 배당성향	32.9%
신흥시장	PBR = 0.99 + 1.80 g_{EPS} − 0.13 베타 + 5.52 ROE − 0.09 배당성향	36.9%
세계	PBR = 2.29 + 3.12 g_{EPS} − 0.16 베타 + 6.61 ROE − 0.29 배당성향	19.8%

PBR과 자기자본이익률 간의 강한 양의 상관관계는 미국에만 나타나는 현상이 아니다. 표에서 보듯이, 계수는 달라도 자기자본이익률이 전 세계에서 PBR을 설명하는 가장 중요한 변수다.

[예시 19.7] 횡단면 회귀분석을 사용한 나이키 가치평가

2024년 1월 나이키(Nike)의 가치를 평가한다고 가정하자. 다음은 나이키의 데이터이다(단위: 100만 달러).

자기자본의 장부가치 = 14,004

배당성향 = 41.76%

이익 성장률 = 12.37%

$$자기자본이익률 = 36.38\%$$
$$베타 = 1.06$$

미국 시장 회귀분석에 대입하면 다음과 같다.

$$예상\ PBR = 2.10 + 6.07(0.1237) + 0.69(1.06) + 5.09(0.3638) - 0.33(0.4176) = 5.30$$

세계 시장 회귀분석의 결과는 다음과 같다.

$$예상\ PBR = 2.29 + 3.12(0.1237) - 0.16(1.06) + 6.61(0.3638) - 0.29(0.4176) = 4.79$$

이 주식의 실제 PBR은 11.10배였으므로, 미국과 세계 시장의 펀더멘털을 고려하면 고평가되었다.

MReg.xls: 시장의 모든 기업을 사용해서 펀더멘털에 대해 PBR을 최근 회귀분석한 결과. (웹에서 다운로드 가능)

현재 자기자본이익률과 기대 자기자본이익률

이 섹션에서 실행한 비교에서는 모두 기업의 현재 ROE를 사용해서 가치를 평가했다. 이렇게 현재 ROE를 사용하는 것이 편리하긴 하지만, 자기자본의 시장가치는 미래 ROE에 대한 기대에 따라 결정된다.

현재 ROE와 미래 ROE 사이에 강한 양의 상관관계가 존재한다면, 현재 ROE를 사용해서 저평가나 고평가된 기업을 찾아내는 방법이 적절하다. 그러나 경쟁 환경이 변화하는 중이라면 현재 ROE에만 집중하는 방법은 위험하다. 가치평가를 심각하게 오도할 수 있기 때문이다. 그런 경우라면 현재 ROE와 매우 달라질 수 있는 예상 ROE를 사용해야 한다. 예상 ROE를 구하는 방법은 두 가지다.

1. 기업의 과거 (3년이나 5년) ROE 평균을 산출하고, 현재 ROE의 변동성이 크면 과거 ROE를 대신 사용한다.
2. 경쟁 압력을 반영해서 기업의 현재 ROE를 산업 평균 방향으로 조정한다. 예를 들어 분석 대

상 컴퓨터 소프트웨어회사의 현재 ROE는 35%이고 산업의 평균 ROE는 20%라고 가정하자. 그렇다면 이 회사의 예상 ROE는 20%와 35%의 가중평균이 되는데, 이 회사의 ROE가 산업 평균으로 수렴하는 속도가 빨라진다고 예상할수록 산업 평균의 가중치를 증가시킨다.

시간의 흐름에 따른 PBR 비교　시간이 흐르면 자기자본이익률이 변하므로 PBR 도 변한다고 생각해야 한다. 구체적으로 말하면, 자기자본이익률이 증가하는 기업은 PBR도 증가하고, 자기자본이익률이 감소하는 기업은 PBR도 감소해야 한다. 아니면 그림 19.5의 매트릭스 관점에서 생각하는 방법도 있다. 이 그림에서는 자기자본이익률이 낮은(높은) 기업은 PBR도 낮아야(높아야) 한다고 주장했다. 그러므로 실적이 부진한 (자기자본이익률도 낮고 PBR도 낮은) 기업의 구조조정 효과를 측정하는 한 가지 방법은 이 기업이 매트릭스에서 어느 방향으로 이동하는지 보는 것이다. 구조조정 노력

[그림 19.7] ROE의 변화와 PBR의 변화

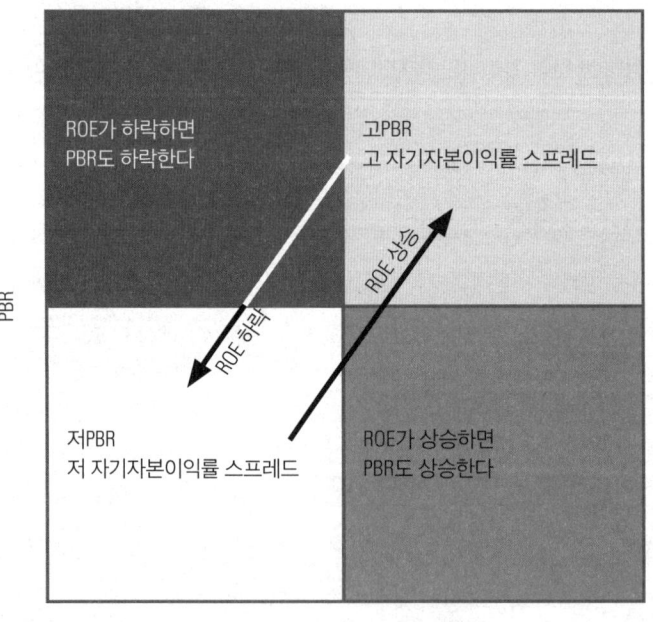

자기자본이익률 - 자기자본비용

이 성공한다면, 이 기업은 저PBR·저ROE 사분면에서 고PBR·고ROE 사분면 방향으로 이동해야 한다(그림 19.7 참조).

[예시 19.8] ROE와 PBR: IBM 사례

IBM은 자기자본이익률이 PBR에 미치는 영향을 보여주는 대표적인 사례이다. 1983년 IBM의 PBR은 3배로, 당시 다우30 기업 중 최고 수준이었다. 1992년이 되자 IBM의 PBR은 약 1배로 하락해 다우30 기업의 평균보다도 훨씬 낮아졌다. 이렇게 PBR이 하락한 계기는 1983년 25%였던 자기자본이익률이 1992년과 1993년에 음수로 바뀐 일이었다. 그러나 루 거스너(Lou Gerstner)가 CEO가 된 이후에는 실적이 극적으로 회복되어 1999년에는 PBR이 9배까지 상승했다. 심지어 닷컴 거품이 붕괴한 이후에도 IBM은 2001~2010년에 높은 자기자본이익률과 높은 PBR을 유지할 수 있었다. 그림 19.8은 1983~2010년 IBM의 PBR과 ROE를 나타낸다.

저점에 IBM을 매수한 사람은 당시 PBR도 낮고 ROE도 낮은 주식에 투자했지만, 충분히 보상받았을 것이다. ROE가 개선됨에 따라 IBM은 매트릭스의 좌하 사분면에서 우상 사분면으로 이동했다. PBR이 개선됨에 따라 투자자는 상당한 차익을 얻었을 것이다.

[그림 19.8] IBM의 추락과 부활

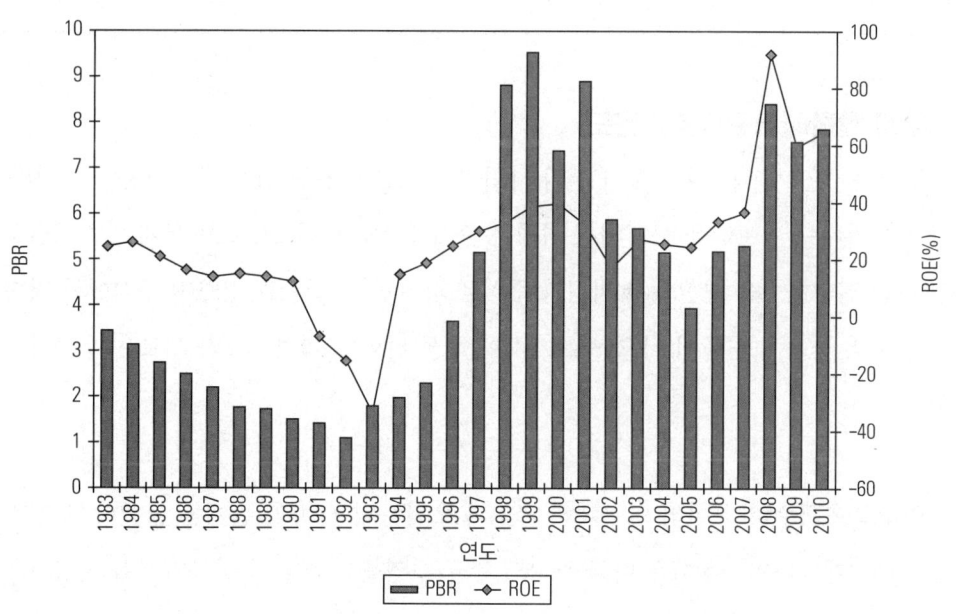

PTBV(유형자산 기준 PBR)   일부 가치투자자는 자기자본의 시장가치를 비교하는 척도는 자기자본의 장부가치가 아니라 자기자본의 유형순자산가치가 되어야 한다고 경고한다. 이 경고에는 근거가 있다. 재무상태표에 영업권이 자산으로 버젓이 존재하기 때문이다. 앞에서 주장했듯이, 영업권은 자산이라기보다는 (기업 인수 가격과 자기자본의 장부가치의 차이를 반영하는) 조정변수에 해당한다. 그러므로 주가/유형순자산배수(Price to Tangible Book Value: PTBV)를 가장 간단하게 나타내려면 투하자본에서 영업권을 차감하기만 하면 된다.

$$PTBV = \frac{\text{시가총액}}{(\text{자기자본의 장부가치} - \text{영업권})}$$

이렇게 조정해도 우리가 평가하는 PBR은 거의 바뀌지 않으며, PBR에 대해서 언급했던 모든 내용이 주가/유형순자산배수에도 그대로 적용된다. 다만 자기자본이익률은 유형순자산 기준으로만 산출해야 한다.

$$\text{유형순자산 이익률} = \frac{\text{순이익}}{(\text{자기자본의 장부가치} - \text{영업권})}$$

주로 기업 인수를 통해서 성장하는 기업들은 영업권 때문에 자기자본의 장부가치를 조정하는 과정에서 자기자본이익률이 상승하고 PBR도 상승하지만, 이런 조정은 불완전하다. 영업권은 통제와 시너지 등 다양한 인수 동기를 반영하지만, 과도한 대가를 치르는 수단이 되기도 한다. 자기자본이익률을 제대로 추정하고자 한다면, 자기자본의 장부가치 중 과도하게 지급한 금액을 반영해서 자기자본이익률을 낮춰야 한다. 인수 과정에서 지속적으로 과도한 대가를 지급하면 시간이 흐를수록 자기자본의 가치가 하락하기 때문이다.

투자 전략에서 PBR의 용도

투자자들은 PBR과 여러 투자 전략 사이의 관계를 다양한 방식으로 사용하고 있다. 일부 투자자는 저PBR을 사용해서 저평가 주식을 가려낸다. 또 일부 투자자는 저PBR과 다른 펀더멘털을 결합해서 저평가 주식을 가려낸다. 끝으로 저PBR 주식에서 지속적으로 더 높은 수익률이 나오므로 PBR이 주식 위험의 대리지표라고 보는 투자자도 있다.

PBR과 초과수익   여러 연구에서 PBR과 초과수익 사이의 관계를 밝혔다. 로젠버그, 리드, 랜슈타인(1985)은 미국 주식의 평균 수익률과 기업의 장부가치를 시장가치로 나눈 비율 사이에 양의 상관관계가 존재한다는 사실을 밝혔다. 1973~1984년 동

[표 19.7] PBR의 국가별 초과수익률

국가	저PBR포트폴리오의 초과수익률
프랑스	3.26%
독일	1.39%
스위스	1.17%
영국	1.09%
일본	3.43%
미국	1.06%
유럽	1.30%
전 세계	1.88%

안 저PBR 종목 선정 전략에서 월 0.36% 초과수익이 나왔다. 파마와 프렌치(1992)는 1963~1990년 주식의 기대수익률을 횡단면 조사하여 단변량 분석과 다변량 분석 양쪽에서 순자산주가비율(book-to-price ratio, BPR: PBR의 역수)과 평균 수익률 사이에 양의 상관관계가 있으며, 수익률에 대한 설명력이 소형주 효과보다도 강하다는 사실을 밝혔다. 이들은 BPR을 기준으로 기업들을 분류해서 12개 포트폴리오를 구성했는데, 1963~1990년 동안 최저 BPR(최고 PBR) 기업들의 평균 월 수익률은 0.30%였지만, 최고 BPR(최저 PBR) 기업들의 평균 월 수익률은 1.83%였다.

찬, 하마오, 래코니쇼크(1991)는 BPR이 일본 주식의 평균 수익률 횡단면도 잘 설명한다는 사실을 밝혔다. 카파울, 로울리, 샤프(1993)는 PBR 분석을 확장하여 1981~1992년 국제 시장에 적용했고, 이들이 분석한 모든 시장에서 가치주(저PBR 주식)가 초과수익을 냈다고 결론지었다. 이들이 추정한 시장지수 대비 저PBR 주식의 (연 환산) 초과수익률은 표 19.7과 같다.

오래전 연구이긴 하지만, 저PBR 주식의 수익률이 고PBR 주식보다 높다는 결론은 강력해 보인다.

PBR을 이용한 종목 선별   저PBR 주식에서 초과수익이 나온다는 점에 착안하여

PBR을 거름망처럼 이용하는 투자 전략이 개발되었다. 예를 들어 벤저민 그레이엄은 증권 분석에 관한 고전적 저서에서 종목 선정에 사용할 기준의 하나로 시장가격이 장부가격의 3분의 2 미만인 주식을 제시했다.

앞 섹션에서는 PBR 결정에 자기자본이익률이 중요하다고 강조했으며, 자기자본이익률이 높고 PBR이 낮은 기업만 저평가되었다고 생각할 수 있다고 지적했다.

PBR은 위험을 알려주는 지표　저PBR 기업에서 지속적으로 초과수익이 나온다는 사실은 시장이 비효율적이거나 PBR이 주식 위험의 대리지표라는 점을 시사한다. 다시 말해서 저PBR 주식이 고PBR 주식보다 더 위험하다고 시장에서 평가받는다면, 저PBR 주식에서 나오는 초과수익은 이 위험에 대한 공정한 보상이 된다. 실제로 파마와 프렌치(1992)는 저PBR 주식의 수익률을 조사하고 나서 이 결론에 도달했다.

이 가설을 즉각 거부할 수는 없지만 검증할 필요는 있다. 저PBR 주식의 추가 위험은 무엇일까? 실제로 일부 저PBR 기업은 부채비율이 높아서 생존이 어려울 수도 있다. 그렇지만 저PBR 주식으로 구성된 포트폴리오 대부분은 고PBR 주식으로 구성된 포트폴리오보다 더 위험하지 않은 듯하고, 레버리지와 이익 변동성도 비슷하다.

가치순자산비율

PBR은 자기자본의 시장가치를 자기자본의 장부가치와 비교하지만, 가치순자산비율(value-to-book ratio)은 기업의 가치를 자본의 장부가치와 비교한다. 따라서 가치순자산비율은 PBR과 비슷한 기업 가치로 볼 수 있다.

정의

가치순자산비율은 자기자본과 부채의 시장가치를 투하자본의 장부가치로 나누어 산출한다.

$$(기업)가치순자산비율 = \frac{(자기자본의\ 시장가치 + 부채의\ 시장가치)}{(자기자본의\ 장부가치 + 부채의\ 장부가치)}$$

부채의 시장가치를 구할 수 없으면 부채의 장부가치를 분자에도 사용할 수 있다. 당연한 말이지만, 분자와 분모 양쪽에서 부채를 일관되게 정의해야 한다. 예를 들어 부채의 시장가치를 산출할 때 운용리스를 부채로 전환하기로 했다면, 부채의 장부가치에도 운용리스의 현재가치를 가산해야 한다.

이 배수의 변종 두 가지는 일관성 면에서 불합격이다. 하나는 자산의 장부가치를 사용하는데, 자산의 장부가치는 대개 자본의 장부가치를 유동부채만큼 초과한다. 그 결과 유동부채가 많은 기업은 가치순자산비율이 과소 편향된다. 나머지 하나는 분자에 기업 가치를 사용하고, 자기자본과 부채의 시장가치에서 현금을 차감한다. 자기자본의 장부가치에는 기업이 보유한 현금이 포함되므로, 이번에도 가치순지산비율이 과소 편향된다. 그러므로 분자에 기업 가치를 사용하고자 한다면, 분모에서도 현금을 차감해야 한다. 자본의 장부가치에서 현금을 차감하면 이른바 투하자본(IC)이 된다.

$$투하자본 = 자기자본의\ 장부가치 + 부채의\ 장부가치 - 현금$$

실제로 부채의 시장가치를 쉽게 구할 수 없을 때 애널리스트들은 대리지표로 흔히 부채의 장부가치를 사용하며, 현금에는 유가증권도 포함된다.

$$\frac{EV}{IC} = \frac{(자기자본의\ 시장가치 + 부채의\ 시장가치 - 현금)}{(자기자본의\ 장부가치 + 부채의\ 장부가치 - 현금)}$$

EV/EBITDA 배수에서 그랬듯이, 상호보유 지분이 있으면 이를 반영하여 이 배수도 조정해야 한다. 조정에 대해서는 18장에서 EV/EBITDA 배수를 다룰 때 자세히 설명했는데, 자회사에 귀속되는 자기자본의 시장가치와 장부가치 일부를 차감해야 한다.

설명

가치순자산비율의 분포는 PBR의 분포와 비슷하다. 그림 19.9는 2024년 1월 미국

[그림 19.9] EV/투하자본: 미국과 세계 기업들(2024년 1월)

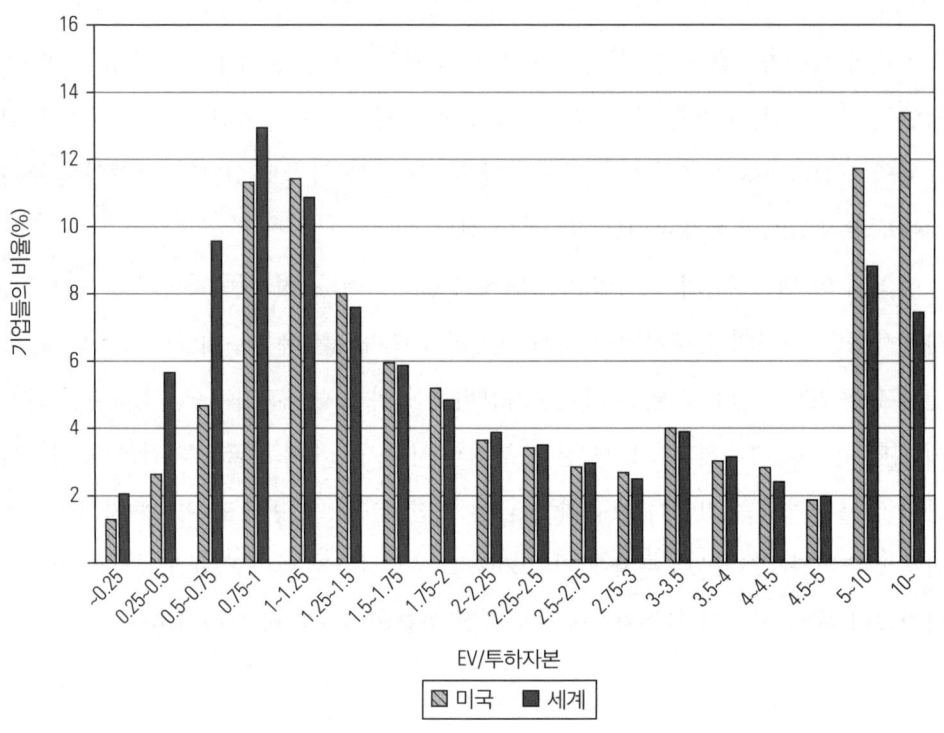

과 세계 기업들의 EV/투하자본 분포를 나타낸다. 다른 배수들과 마찬가지로 이 분포도 심하게 편향되었으며 평균값이 중앙값보다 훨씬 높다. 2024년 1월 미국(세계) 기업들의 EV/투하자본 중앙값은 1.97(1.54)이었다. (자기자본과 부채의 시장가치 합보다 현금이 더 많아서) 기업 가치가 음수인 경우도 있었다.

PBR을 가치순자산비율로 전환하면서 발견한 흥미로운 사실 하나는 이 과정에서 잃게 되는 표본이 거의 없다는 점이다. 자기자본의 장부가치가 음수인 기업보다 투하자본이 음수인 기업이 드물기 때문이다.

 pbvdata.xls: 최근 연도 미국 기업들의 산업별 가치순자산비율과 펀더멘털을 요약한 엑셀 자료. (웹에서 다운로드 가능)

분석

가치순자산비율은 기업 가치 배수이다. 가치순자산비율을 분석하려면 기업 잉여현금흐름 가치평가모형을 사용해서 안정 성장 기업의 가치를 평가해야 한다.

$$\text{기업 가치} = \frac{FCFF_1}{(\text{자본비용} - \text{기대성장률})}$$

FCFF = EBIT (1 − t) (1 − 재투자율)을 위 방정식에 대입하면 다음과 같다.

$$\text{기업 가치} = \frac{EBIT_1(1 - t)(1 - \text{재투자율})}{(\text{자본비용} - \text{기대성장률})}$$

양변을 투하자본으로 나누면 안정 성장기업의 EV/투하자본 내재가치 방정식이 도출된다.[3]

$$\frac{\text{기업 가치}}{\text{투하자본}} = \frac{ROIC \times \text{재투자율}}{(\text{자본비용} - \text{기대성장률})}$$

EV/투하자본은 자본이익률에 따라 결정되므로, 자본이익률이 높으면 EV/투하자본도 높아지는 경향이 있다. 실제로 가치순자산비율 결정 요인은 PBR 결정 요인과 매우 비슷하지만, 자기자본 척도를 기업 가치 척도로 대체한다. (ROE는 ROC로, 자기자본비용은 자본비용으로, 배당성향은 '1-재투자율'로 대체한다.) 실제로 펀더멘털 방정식에 재투자율을 대입하면 다음과 같다.

$$\text{재투자율} = \text{기대성장률}/ROIC$$

$$\frac{\text{기업 가치}}{\text{투하자본}} = \frac{ROIC - \text{기대성장률}}{(\text{자본비용} - \text{기대성장률})}$$

이 분석을 확장하여 고성장 기업에도 적용할 수 있다. 그러면 가치순자산비율은 고성장기와 안정 성장기의 자본이익률, 자본비용, 성장률, 재투자율에 따라 결정된다.

$$\frac{EV}{IC} = ROIC_{hg} \times \left[\frac{(1 - RIR_{hg}) \times \left(1 - \frac{(1 + g)^n}{(1 + k_{c,hg})^n}\right)}{(k_{c,hg} - g)} + \frac{(1 + g)^{n-1}(1 + g_{st})(1 - RIR_{st})}{(k_{c,st} - g_{st})(1 + k_{c,hg})^n} \right]$$

---

3   자기자본이익률처럼 자본이익률도 당시 이익 기준으로 정의되면(ROIC = $EBIT_0$/자본의 장부가치), 분모에 (1 + g)가 추가된다.

여기서   ROC = 자본이익률(hg: 고성장기, st: 안정 성장기)
　　　　　RIR = 재투자율(hg: 고성장기, st: 안정 성장기)
　　　　　k_c = 자본비용(hg: 고성장기, st: 안정 성장기)

 firmmult.xls: 이 스프레드시트를 이용하면 펀더멘털이 일정할 때 고성장 기업이나 안정 성장 기업의 가치 배수를 추정할 수 있다. (웹에서 다운로드 가능)

ROC, ROIC, ROA, ROE

현금흐름할인 섹션과 상대가치평가 섹션 내내 기업이 투자를 통해서 창출하는 수익률 측정이 중요하다고 강조했지만, 우리는 자기자본이익률, 자본이익률, 투하자본이익률 등 다양한 회계 수익률 척도를 사용했다. 사실은 자산이익률을 척도로 사용하는 사람도 많다. 그러면 이들 사이에는 어떤 관계가 있으며, 우리는 어느 척도를 사용해야 할까?

먼저 이들의 공통점부터 생각해보자. 이들은 모두 분자에는 당기순이익을 사용하고 분모에는 장부가치를 사용하지만, 이익과 장부가치를 측정하는 방식이 다르다.

- 자기자본이익률(ROE)에서는 주주 이익(순이익)을 자기자본의 장부가치로 나누어 주주들이 벌어들이는 수익률을 측정한다. 이는 비교 기준이 자기자본비용이며 자기자본이익의 성장률을 구할 때 사용하는 척도이다(배당할인모형과 기업 잉여현금흐름모형).
- 자본이익률(ROC)과 투하자본이익률(ROIC)은 서로 바꿔 사용할 수 있으며, 영업이익을 투하자본의 장부가치로 나누어 산출한다. 투하자본은 자기자본의 장부가치와 부채의 장부가치의 합에서 현금을 차감하여 산출한다. 우리는 이 수익률을 자본비용과 비교하여 영업이익의 성장률을 도출한다(FCFF 산출).
- 자산이익률(ROA)은 변수들이 어디에도 잘 들어맞지 않는 잡동사니 척도이다. 순이익이나 영업이익을 총자산으로 나누어 산출하므로, 자기자본비용이나 자본비용과 직접 비교할 수가 없다. 가치평가에는 사용하지 않는 편이 좋다.

끝으로 나는 이 모든 수익률을 계산할 때 해당 연도의 이익을 그 전년도 말의 장부가치로 나누는 방식을 선호한다. 연말보다 연평균 장부가치를 선호하는 사람도 있는데, 그것이 관행이라면 그런 방식으로 일관성을 유지해야 한다.

[그림 19.10] 가치평가 매트릭스: 가치순자산비율과 초과수익

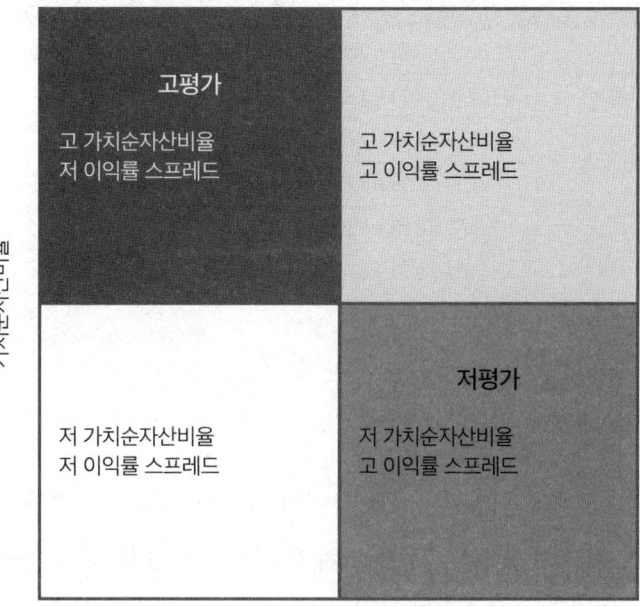

고평가

고 가치순자산비율
저 이익률 스프레드

고 가치순자산비율
고 이익률 스프레드

저 가치순자산비율
저 이익률 스프레드

저평가

저 가치순자산비율
고 이익률 스프레드

가치순자산비율

자본이익률 - 자본비용

적용

앞 섹션에서 PBR로 기업들을 비교했듯이, 가치순자산비율로도 기업들을 비교할 수 있다. 이렇게 비교할 때 통제해야 하는 핵심 변수는 자본이익률이다. 앞에서 다룬 PBR 매트릭스를 조정해서 그림 19.10의 가치순자산비율 매트릭스를 만들 수 있다. 자본이익률이 높은 기업은 가치순자산비율도 높은 경향이 있고, 자본이익률이 낮은 기업은 가치순자산비율도 낮은 경향이 있다.

이 매트릭스는 널리 사용되는 가치척도인 경제적 부가가치(EVA)와도 연결된다. 경제적 부가가치는 이익률 스프레드(자본이익률 – 자본비용)에 투하자본을 곱해서 산출되는데, 가장 큰 장점은 시장부가가치(MVA)와 상관관계가 높다는 점이다. 시장부가가치는 자본의 시장가치에서 자본의 장부가치를 차감하여 산출한다. 이렇게 상관관계가 높은 것은 당연하다. 시장부가가치는 가치순자산비율의 변종이고, 경제적 부가

[표 19.8] EV/IC 시장 회귀분석: 2024년 초

지역	회귀식	R²
미국	EV/IC = 5.78 + 0.66 g매출 + 0.57 ROIC − 6.20 DFR	44.2%
유럽	EV/IC = 3.56 + 2.82 g매출 + 4.10 ROIC − 3.54 DFR	51.7%
일본	EV/IC = 3.55 + 1.22 g매출 + 0.64 ROIC − 4.30 DFR	41.1%
호주, 캐나다	EV/IC = 2.38 + 0.71 g매출 + 4.62 ROIC − 2.06 DFR	44.4%
신흥시장	EV/IC = 3.29 + 1.25 g매출 + 0.96 ROIC − 3.76 DFR	50.1%
세계	EV/IC = 4.70 + 0.70 g매출 + 0.86 ROIC − 5.00 DFR	44.3%

가치는 이익률 스프레드의 변종이기 때문이다.

그러면 가치순자산비율과 자본이익률 사이의 관계가 PBR과 자기자본이익률 사이의 관계보다 강할까, 약할까? 이 질문에 답하려고 2024년 1월 모든 기업의 데이터를 사용해서 자본이익률에 대해 EV/투하자본을 회귀분석했다. 표 19.8처럼 지역별로 분류하였으며, 여기서 DFR 항목은 부채총자본비율(Debt-to-capital ratio, 시장가치)이다. 회귀분석 결과는 PBR 분석 결과와 비슷해서, 투하자본이익률이 EV/투하자본의 차이를 결정하는 주된 요인이었다.

가치순자산비율을 사용하든 PBR을 사용하든 결과가 매우 비슷하다면, 왜 굳이 둘 중 하나를 선택해야 할까? 레버리지가 높거나 변화하는 기업에 대해서는 가치순자산비율을 사용해야 한다는 주장이 더 강하다. 기업은 레버리지를 사용해서 자기자본이익률을 높일 수 있지만, 이 과정에서 자기자본이익률의 변동성도 증가한다. 경기가 좋을 때는 자기자본이익률이 매우 높아지지만, 경기가 나쁠 때는 자기자본이익률이 매우 낮아지거나 음수가 된다. 이런 기업에 대해서는 가치순자산비율과 자본이익률을 사용할 때 더 안정적이고 신뢰도 높은 상대가치 추정치가 산출된다. 게다가 가치순자산비율은 자기자본이익률이 음수인 기업에 대해서도 산출할 수 있으므로 편향 가능성이 더 작다.

MReg.xls: 시장의 모든 기업을 사용해서 펀더멘털에 대해 장부가치를 회귀분석한 결과를 요약한 엑셀 자료. (웹에서 다운로드 가능)

토빈의 Q: 시장가치/대체 비용

제임스 토빈(James Tobin)은 전통적인 가치 척도의 대안으로 자산의 시장가치를 대체 비용과 비교하는 방법을 제시했다. 이른바 토빈의 Q라는 그의 척도를 신봉하는 학자들도 있지만 아직 실용화 방법을 찾지 못했는데, 이는 주로 필요한 정보를 구하기가 어렵기 때문이다.

정의

토빈의 Q는 자산의 시장가치를 자산의 대체 비용으로 나누어 산출한다.

$$토빈의\ Q = \frac{가동\ 중인\ 자산의\ 시장가치}{가동\ 중인\ 자산의\ 대체\ 비용}$$

인플레이션으로 인해 자산의 대체 비용이 상승하거나 기술의 발전으로 자산의 대체 비용이 하락하면, 회계적 장부가치보다 토빈의 Q가 자산의 가치를 평가하는 더 최신 척도가 될 수 있다. 이 척도의 근거는 단순하다. 자산을 효율적으로 활용하지 못해서 초과수익이 음수인 기업은 토빈의 Q가 1보다 작다. 반면 자산을 효율적으로 활용하는 기업은 토빈의 Q가 1보다 크다.

토빈의 Q는 이론상 장점이 있지만, 현실적인 문제도 있다. 첫째, 일부 자산은 대체 비용을 추정하기가 어려운데, 특히 시장에서 거래되지 않는 자산은 더 어렵다. 둘째, 대체 비용을 구할 수 있더라도 토빈의 Q를 사용하려면 전통적인 PBR을 산출할 때보다 훨씬 많은 정보가 필요하다. 실제로 애널리스트들은 흔히 손쉬운 방법으로 토빈의 Q를 산출한다. 자산의 대체 비용 대신 자산의 장부가치를 사용하고, 자산의 시장가치 대신 자기자본과 부채의 시장가치를 사용하는 식이다. 이런 경우에는 토빈의 Q가 앞 섹션에서 설명한 가치순자산비율과 비슷해진다.

설명

토빈의 Q를 엄격하게 정의하면 이 배수의 횡단면 분포를 구할 수 없다. 추정에 필요한 정보를 구하기가 어렵기 때문이다. 이는 토빈의 Q 사용을 가로막는 심각한 걸림돌이다. 토빈의 Q가 얼마나 높을지 낮을지 아니면 평균 수준일지 알 수 없기 때문이다. 예를 들어 어떤 기업의 주가가 자산 대체 비용의 1.2배라고 가정하자. 그러나 시장에서 토빈의 Q 분포를 알지 못한다면 1.2배가 고평가인지 저평가인지 알 방법이 없다.

분석

토빈의 Q 값은 두 가지 변수에 따라 결정된다. 기업의 시장가치와 가동 중인 자산의 대체 비용이다. 자산의 대체 비용이 상승하는 인플레이션 기간에는 일반적으로 토빈의 Q가 조정하지 않은 PBR보다 낮으며, 자산이 더 낡은 기업일수록 그 차이가 증가할 것이다. 반대로 (기술의 발전으로) 자산의 대체 비용이 장부가치보다 훨씬 빠르게 하락하면, 일반적으로 토빈의 Q는 조정하지 않은 PBR보다 높을 것이다.

토빈의 Q는 기업이 자산을 얼마나 효율적으로 활용하여 가치를 경쟁자보다 많이 추출하느냐에 따라서도 결정된다. 이유를 알아보자. 자산이 벌어들이는 이익이 요구수익률과 같다면, 자산의 시장가치는 그 자산의 대체 비용과 같을 것이다. (자본이익률이 자본비용과 같다면 투자의 현재가치는 0이고, 투자에서 나오는 현금흐름의 현재가치는 대체 비용과 같을 것이다.) 이 논리를 확장하면, 기업의 이익이 요구수익률에 미달하면 토빈의 Q는 1보다 작고, 기업의 이익이 요구수익률을 초과하면 토빈의 Q는 1보다 클 것이다.

적용

토빈의 Q는 자산 대부분이 가동 중이어서 대체 비용을 추정할 수 있는 성숙기업에 타당한 척도이다. 예를 들어 성장 잠재력이 거의 없는 철강회사를 생각해보자. 이 기업의 시장가치를 자산의 시장가치 대신 사용할 수 있고, 인플레이션을 고려하여 보유

자산의 장부가치를 조정할 수 있다. 반면 고성장 기업이라면 보유 자산의 시장가치를 추정하기가 어려울 것이다. 고성장 기업 자기자본의 시장가치에는 미래 성장 프리미엄이 포함되기 때문이다.

토빈의 Q는 가격 오류를 찾아내는 척도라기보다는 경영의 질을 평가하는 척도에 가깝다. 경영이 부실한 기업은 주가가 보유 자산의 대체 비용보다 낮아지기 때문이다. 실제로 그런 기업들이 인수될 가능성이 큰지 조사한 연구들이 있다. 랭(Lang), 스털츠(Stulz), 월클링(Walkling, 1991)은 토빈의 Q가 낮은 기업들은 구조조정을 통한 가치 증대 목적으로 인수될 가능성이 크다고 결론지었다. 공개매수를 통해서 얻는 이익도 토빈의 Q가 높은 기업의 주주들이 토빈의 Q가 낮은 기업의 주주들보다 훨씬 많다고 밝혔다.

결론

주가와 장부가치의 관계는 대부분 투자자가 생각하는 것보다 훨씬 더 복잡하다. 기업의 PBR은 기대 배당성향, 이익의 기대성장률, 위험에 따라 결정된다. 그러나 가장 중요한 결정 요인은 그 기업의 자기자본이익률이다. 자기자본이익률이 높으면 PBR도 높아지고, 자기자본이익률이 낮으면 PBR도 낮아진다. 투자자가 관심을 기울여야 하는 기업은 자기자본이익률과 PBR이 어울리지 않는 기업이다. 즉 PBR은 높은데 자기자본이익률은 낮거나(고평가), PBR은 낮은데 자기자본이익률은 높은 기업이다(저평가).

가치순자산비율은 PBR과 비슷한 기업 가치로서 자본이익률, 자본비용, 재투자율의 함수이다. 가치순자산비율은 낮고 기대 자본이익률은 높은 기업이 저평가되었다고 볼 수 있다.

연습문제 별도 표기가 없으면 주식 위험 프리미엄은 5.5%로 한다.

1 다음 진술에 참 또는 거짓으로 답하고 간단하게 설명하라.

    a. 장부가치보다 낮은 가격에 팔리는 주식은 저평가되었다.

       참 _____ 거짓 _____

    b. 기업의 자기자본이익률이 하락하면 일반적으로 PBR은 그 하락 비율보다 더 많이 하락한다. (예를 들어 자기자본이익률이 절반으로 하락하면 PBR은 절반 이상 하락한다.)

       참 _____ 거짓 _____

    c. 낮은 PBR과 높은 ROE의 조합은 주식이 저평가되어 있음을 시사한다.

       참 _____ 거짓 _____

    d. 다른 모든 조건이 동일하다면, 성장률이 높은 주식은 성장률이 낮은 주식보다 PBR이 더 높을 것이다.

       참 _____ 거짓 _____

    e. 고든 성장 모형에서는 배당성향이 높은 기업의 PBR이 더 높다.

       참 _____ 거짓 _____

2 세정제, 살충제 등을 판매하는 NCH 코퍼레이션은 1993년 주당 4달러의 이익이 났고 주당 2달러의 배당금을 지급했다. 주당 장부가액은 40달러였고, 이익은 장기적으로 연간 6% 성장할 것으로 예상되었다. 주식의 베타는 0.85였고, 주당 60달러에 팔리고 있었다. (장기 국채 금리는 7%, 시장 위험 프리미엄은 5.5%였다.)

    a. 이러한 값들을 바탕으로 NCH의 PBR을 구하라.

    b. 1993년 당시 NCH가 부여받던 PBR을 정당화하기 위해서는 ROE가 얼마나 증가해야 하는가?

3 트럭 운송 업종의 ROE 및 요구수익률과 PBR의 상대적인 관계를 분석하는 중이다. 회사별 자료는 다음과 같다.

회사	PBR	ROE	베타
Builders Transport	2.00	11.5%	1.00
Carolina Freight	0.60	5.5%	1.20
Consolidated Freight	2.60	12.0%	1.15

J.B. Hunt	2.50	14.5%	1.00
M.S. Carriers	2.50	12.5%	1.15
Roadway Services	3.00	14.0%	1.15
Ryder System	2.25	13.0%	1.05
Xtra Corporation	2.80	16.5%	1.10

장기 국채 수익률은 7%이고, 시장 위험 프리미엄은 5.5%이다.

a. 업종의 평균 PBR, ROE, 베타를 구하라.

b. 이 평균을 기준으로 했을 때, 이 업종의 기업들은 장부가 대비 저평가 상태인가, 혹은 고평가 되었는가?

4 건강 관리 기관인 유나이티드 헬스케어는 향후 5년간 연 30%, 이후 기간에는 6%의 이익 성장이 예상된다. 배당성향은 고성장기에는 10%에 불과하지만 안정기에는 60%까지 증가할 것으로 예상된다. 이 주식의 베타는 현재 1.65이지만 정상 상태에서는 베타가 1.10으로 떨어질 것으로 예상된다. (장기 국채 금리는 7.25%이다.)

a. 위 입력값으로 유나이티드 헬스케어의 PBR을 구하라.

b. 고성장 기간의 성장률 추정치에 대한 PBR의 민감도는 얼마인가?

c. 유나이티드 헬스케어의 PBR은 7.00이다. 이 PBR을 정당화하기 위해 얼마나 오랫동안 고성장(연 30%)이 지속되어야 하는가?

5 선도적인 의료 제품 제조업체인 존슨앤존슨은 1993년 ROE가 31.5%였고, 이익의 37%를 배당금으로 지급했다. 주식의 베타는 1.25였다. (장기 국채 금리는 6%, 위험 프리미엄은 5.5%였다.) 이 놀라운 성장은 10년 동안 지속될 것으로 예상되고, 그 이후에는 성장률이 6%로 떨어지고 ROE는 15%로(베타는 1로) 떨어질 것으로 예상된다.

a. ROE와 배당성향이 고성장 기간 동안 현재 수준을 유지한다고 가정했을 때, 존슨앤존슨의 PBR을 구하라.

b. 의료 개혁 법안이 통과되면 존슨앤존슨의 고성장기 ROE는 20%까지 떨어질 것으로 예상된다. 회사가 기존의 배당성향을 유지하기로 결정했다면, 존슨앤존슨의 새로운 PBR은 얼마인가? (정상 상태 기간의 입력값은 영향을 받지 않는다고 가정할 수 있다.)

6 뉴욕증권거래소에 상장된 모든 기업의 PBR에 대한 회귀분석을 수행하여 다음과 같은 결과를 얻었다고 하자.

$$PBR = 0.88 + 0.82 \times 배당성향 + 7.79 \times 성장률 - 0.41 \times 베타 + 13.81 \times ROE \qquad R^2 = 65\%$$

여기서   배당성향 = 가장 최근 구간의 배당성향
성장률 = 향후 5년간 이익 성장률 전망
베타 = 가장 최근 구간의 베타

예를 들어 배당성향이 40%, 베타가 1.25, ROE가 25%, 기대성장률이 15%인 회사의 PBR은 다음과 같이 구할 수 있다.

$$PBR = 0.88 + 0.82(0.4) + 7.79(0.15) - 0.41(1.25) + 13.81(0.25) = 5.3165$$

  a. 회귀분석의 R^2은 어떤 용도로 쓸 수 있는가?
  b. 한 회사에 대해 업종 회귀분석을 실행하고 그 분석을 기반으로 PBR을 추정했다고 가정해보자. 시장에 대한 회귀분석의 결과가 업종의 회귀분석 결과와 다른 이유는 무엇인가?

7 소프트솝 코퍼레이션은 대형 소비재회사이며, 최근 회계연도에 6억 달러의 세후 영업이익을 기록했다. 연초에 이 회사의 장부상 자기자본은 40억 달러, 부채는 10억 달러였다. 자기자본의 시장가치는 80억 달러, 부채의 시장가치는 10억 달러였으며, 이 회사의 자기자본비용은 11%, 세후 부채비용은 4%였다. 이 회사가 영구적으로 매년 4%씩 성장할 것으로 예상되는 안정 성장 상태라 하고, 적정한 PBR을 구하라.

8 라이온델은 PBR이 2.0인 복합기업이다. 이 회사가 안정적으로 성장하고 있고 영구적으로 연간 4%의 성장이 예상되며 자본비용이 10%라면, 라이온델의 영구적인 ROE가 어느 정도라고 시장에서 가정하고 있는가?

9 고성장하는 무역회사인 자파타 엔터프라이즈의 PBR을 구하고자 한다. 주요 수치는 다음과 같다.

	고성장	안정 성장
세후 자본이익률	15%	12%
기대성장률	12%	4%
자본비용	10%	9%

고성장이 10년간 지속될 것을 예상한다면, 적정 PBR은 얼마인가?

10 토빈의 Q가 시장에서 거래되는 자기자본과 부채의 가치를 자산의 장부가치로 나눈 값이라면, 고성장 기업의 가치는 과대평가될 것이다. 왜 그런가?

20장
매출 배수와 섹터 특유 배수

이익 배수와 순자산 배수는 개념적으로 받아들이기 쉽고 널리 사용되고 있지만, 최근에는 기업 가치평가에 다른 배수를 사용하는 애널리스트가 증가하고 있다. 이익이 마이너스인 신생기업 평가에는 이익 배수 대신 매출 배수가 사용되고 있다. 이런 적자 기업 평가에는 고객 수, 구독자 수, 기타 매출 추진 요인 등 섹터 특유 배수까지도 사용되고 있다. 20장에서는 먼저 매출 배수 사용이 증가하는 이유를 조사하고, 이어서 이런 배수들의 결정 요인을 분석하며 가치평가에 사용하는 방법도 알아본다. 그다음에는 섹터 특유 배수를 간단하게 논의하고, 그 사용에 관련된 위험과 필요한 조정을 살펴본다.

매출 배수

매출 배수는 기업이 창출하는 매출을 기준으로 주식이나 기업의 가치를 측정한다. 다른 배수들과 마찬가지로 다른 조건이 같다면, 주가를 매출로 나눈 배수가 높은 기업보다 낮은 기업이 더 싸다고 본다.

매출 배수가 분석에 유용한 이유는 다음과 같다. 첫째, 이익 배수와 순자산 배수는 적자 기업에는 적용할 수 없지만, 매출 배수는 대부분 적자 기업이나 신생기업에도 적용할 수 있다. 그러므로 이런 기업들을 표본에서 제거할 때 발생하는 편향이 훨씬 감소한다. 둘째, 이익 배수와 순자산 배수는 감가상각, 재고자산, 연구개발, 인수 회계, 특별 손실 등 회계 의사결정의 영향을 많이 받지만, 매출 배수는 조작하기가 비교적 어렵다. 셋째, 매출 배수는 이익 배수보다 변동성이 작아서 연도별 실적 등락의 영향을 더 적게 받는다. 예를 들어 경기순환 기업의 PER은 PSR보다 변동성이 훨씬 크다. 이익은 매출보다 경기 변화에 훨씬 더 민감하기 때문이다.

매출 배수의 가장 큰 약점은 적자가 심한데도 매출 성장률이 높은 기업의 가치를 높게 평가할 수 있다는 점이다. 기업은 생존하려면 이익과 현금흐름을 창출해야 한다. 적자 기업에도 적용할 수 있다는 점은 매출 배수의 매력이지만, 기업들 사이의 비용과 이익률 차이를 통제하지 못하면 가치평가를 그르칠 수 있다.

매출 배수의 정의

현재 사용되는 기본적인 매출 배수는 두 가지다. 첫 번째가 더 널리 사용되는 배수인데, 주식의 시장가치를 매출로 나눈 배수다. 이것이 주가매출배수(Price Sales Ratio: PSR)다. 두 번째는 더 엄격한 배수인데, 영업자산의 가치를 매출로 나눈 배수이다. 이것이 기업 가치/매출 배수(EV to Sales Ratio: EV/Sales)다.

$$PSR = \frac{주식의\ 시장가치}{매출}$$

$$EV/매출 = \frac{(주식의\ 시장가치 + 부채의\ 시장가치 - 현금)}{매출}$$

EV/EBITDA 배수와 마찬가지로 매출 배수를 산출할 때는 현금을 차감한다. 현금에서 나오는 이익은 매출에 포함되지 않기 때문이다. 내적 일관성이 있는 EV/매출이 PSR보다 더 엄격한 배수다. EV/매출은 영업자산의 가치를 기업의 매출로 나누어 산출한다. 그러나 PSR은 주식의 가치를 매출로 나누어 산출한다. PSR은 레버리지가 높

을수록 배수가 낮아지므로, 레버리지 수준이 다른 섹터의 기업들을 PSR로 비교하면
판단을 그르칠 수 있다.

섹터나 시장이 달라도 매출을 측정하는 회계기준은 매우 비슷하다. 그러나 최근에
는 매출을 높이려고 할부 판매나 회사 내부거래에 의심스러운 회계 관행을 사용하는
기업도 있다. 이런 문제점에도 불구하고 매출 배수는 기업 간 회계처리가 달라서 발
생하는 차이가 훨씬 작다.

횡단면 분포

이익 배수나 순자산 배수를 분석할 때와 마찬가지로, 매출 배수를 분석하는 첫 단
계는 미국 기업들의 PSR과 EV/매출의 횡단면 분포를 살펴보는 것이다. 그림 20.1은

[그림 20.1] 매출 배수: 미국 기업(2024년 1월)

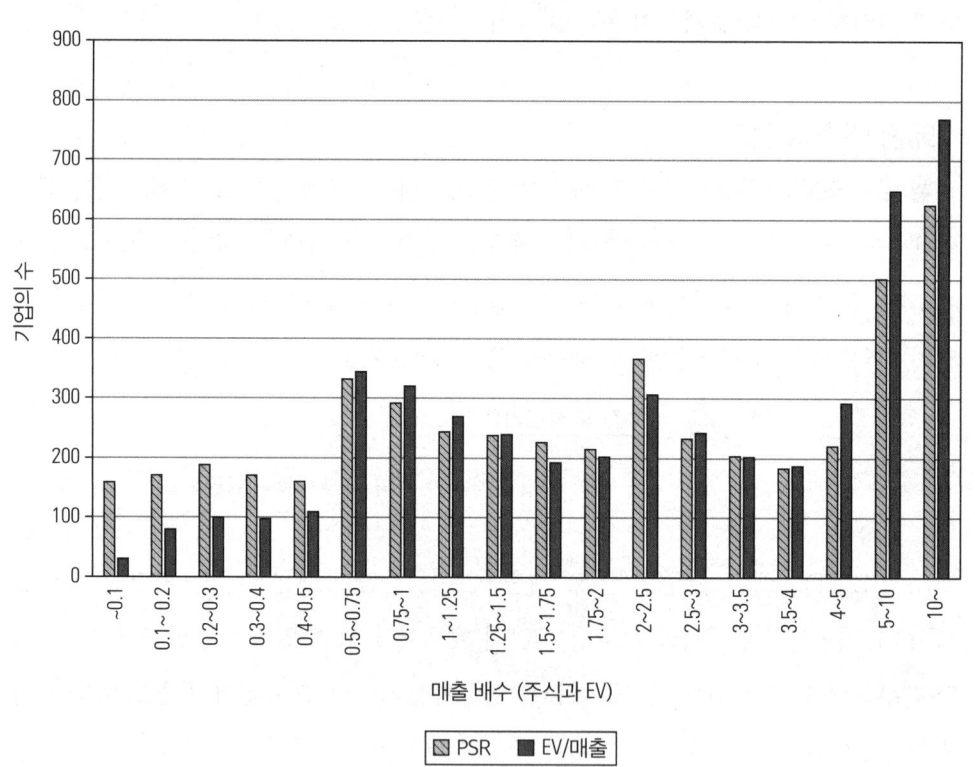

　　　　　　　　　　　　　　　　　　　가치평가 바이블

[표 20.1] PSR과 EV/매출 배수: 미국 기업 분포 통계(2024년 1월)

	PSR	EV/매출
기업 수	4,761	4,637
평균	217.88	230.53
중앙값	1.95	2.56
25분위수	0.73	1.05
75분위수	4.59	6.32

2024년 1월의 분포를 요약한 자료다.

이 분포에서 유의할 점은 두 가지다. 첫째, 매출 배수는 이익 배수나 순자산 배수처럼 분포가 편향되지는 않으며, 기업별로 매우 이질적이어서 분포가 집중되는 중심이나 중앙값이 없다. 둘째, 전반적으로 PSR이 EV/매출보다 낮다. PSR은 주식만 다루지만, EV/매출은 기업 가치를 다루기 때문이다. 부채가 많은 기업은 기업 가치가 일반적으로 주식의 시장가치보다 높다.

표 20.1은 PSR과 EV/매출의 통계를 요약한 자료다. 둘 다 평균값이 중앙값보다 훨씬 높은데, 이는 배수가 1,000이 넘어가는 이상치 때문이다.

표본에 6,481개의 기업이 있는데, 매출 배수 산출 과정에서 왜 기업들이 누락되는지 궁금할 것이다. 첫째, 은행, 보험사, 투자은행 등 대부분 금융서비스회사들은 매출을 정의하기가 쉽지 않아서 표본에서 제외된다. 둘째, (보유 현금이 '주식 + 부채'의 시장가치를 초과하여) 기업 가치가 마이너스인 124개 기업도 제외되었다.

 psdata.xls: 최근 연도 미국 업종별로 PSR, EV/매출, 펀더멘털을 요약한 엑셀 자료. (웹에서 다운로드 가능)

매출 배수 분석

매출 배수를 결정하는 변수들은 적절한 모형에서 추출할 수 있다. PSR은 배당할인모형(또는 주주 잉여현금흐름모형)에서, EV/매출은 기업 가치평가모형에서 추출한다.

PSR　안정적인 기업의 PSR은 안정 성장 배당할인모형에서 추출할 수 있다.

$$\text{주식의 가치} = \frac{\text{배당}_1}{(\text{자기자본비용} - \text{안정 성장률})}$$

$$\text{여기서}\quad \text{배당}_1 = \text{이듬해 예상 배당}$$

'배당$_1$ = 순이익$_1$(배당성향)'으로 대체하면, 주식의 가치는 다음과 같이 나타낼 수 있다.

$$\text{주식의 가치} = \frac{\text{순이익}_1 \times \text{배당성향}}{(\text{자기자본비용} - \text{안정 성장률})}$$

'순이익률 = 순이익$_0$/주당 매출'로 정의하면, 주식의 가치는 다음과 같이 나타낼 수 있다.

$$\text{주식의 가치} = \frac{\text{매출}_1 \times \text{순이익률} \times \text{배당성향}}{(\text{자기자본비용} - \text{안정 성장률})}$$

선행 PSR로 다시 표현하면,

$$\frac{\text{주식의 가치}}{\text{매출}_1} = \frac{\text{순이익률} \times \text{배당성향}}{(\text{자기자본비용} - \text{안정 성장률})}$$

매출 배수가 현재 매출과 비례한다면,

$$\frac{\text{주식의 가치}}{\text{매출}_0} = \frac{\text{순이익률} \times \text{배당성향} \times (1 + \text{안정 성장률})}{(\text{자기자본비용} - \text{안정 성장률})}$$

PSR은 이익률, 배당성향, 성장률이 상승할수록 증가하고, 기업의 위험이 커질수록 감소한다. PER, PBR과 마찬가지로 고성장(high growth: hg) 기업의 선행 PSR도 추정할 수 있다.

$$\frac{\text{주가}}{\text{선행 매출}} = \text{순이익률}_{hg} \times \left[\frac{\text{배당성향}_{hg} \times \left(1 - \frac{(1+g)^n}{(1+k_{e,hg})^n}\right)}{(k_{e,hg} - g)} + \frac{(1+g)^{n-1}(1+g_{st})\,\text{배당성향}_{st}}{(k_{e,st} - g_{st})(1+k_{e,hg})^n} \right]$$

방정식의 좌변이 PSR이다. 모든 조건이 같다면 PSR은 다음과 같이 결정된다.

가치평가 바이블

- **순이익률(순이익/매출)**: PSR은 순이익률의 증가 함수이다. 다른 조건이 같다면 순이익률이 높은 기업은 PSR도 높아야 한다.[1]
- **배당성향**: 성장률이 일정하면 배당성향이 증가할수록 PSR도 증가한다. 성장률은 일정한데 배당이 증가하면 더 효율적으로 성장한다는 의미이므로 주가가 상승해야 한다.
- **위험도(할인율로 반영)**: 위험이 증가할수록 PSR은 감소한다. 위험이 커지면 자기자본 비용도 커지기 때문이다.
- **고성장 단계와 안정 성장 단계에서 이익의 기대성장률**: 고성장 단계와 안정 성장 단계 모두 성장률이 상승하면 PSR도 상승한다.

PBR과 마찬가지로, 배당을 주주잉여현금으로 대치해도 PSR을 추정할 수 있다. 그렇게 하면 능력보다 배당을 훨씬 작게 지급하는 기업의 PSR을 더 합리적으로 추정할 수 있다. PBR과 마찬가지로, 안정 성장 기간에는 기업의 순이익률이 달라질 수 있다. 그러나 순이익률은 안정 성장 기간에만 배당성향에 영향을 미친다.

[예시 20.1] 2단계 모형에서 고성장 기업의 PSR 추정

향후 5년간 고성장이 예상되는 기업의 PSR을 추정해보자. 표 20.2는 가치평가 입력 변수 요약이다.

[표 20.2] 고성장 기업의 특성

처음 5년의 성장률 = 20%	자기자본비용 = 4.5% + 1(5%) = 9.5%
5년 이후의 성장률 = 8%	처음 5년의 배당성향 = 20%
베타 = 1.0	5년 이후의 배당성향 = 60%
순이익률 = 10%	무위험 이자율 = 장기 국채 수익률 = 4.5%
	주식 위험 프리미엄 = 5%

---

1 순이익률이 바뀌면 안정 성장 기간뿐 아니라 방정식에도 결함이 생긴다. 최종 연도의 이익은 고성장 기간 마지막 해 이익에 안정 성장 기간 1년의 이익을 더한 값과 같다고 가정하기 때문이다. 최종 연도 이익률이 바뀌면 그해 이익만 한 번 변경하거나, 매출만 한 번 감소시켜야 한다. 매출만 한 번 감소시키면 이 방정식은 유지된다. 최종 연도 이익만 한 번 변경하면 잔존가치를 상향 조정해야 한다.

이 기업의 PSR은 다음과 같이 추정할 수 있다.

$$\frac{\text{주가}}{\text{선행 매출}} = 0.10 \times \left[\frac{0.20 \times \left(1 - \frac{(1.20)^5}{(1.095)^5} \right)}{(0.095 - 0.20)} + \frac{(1.20)^4 (1.04) (0.60)}{(0.095 - 0.04)(1.095)^5} \right] = 1.61$$

후행 PSR은 다음과 같이 간단히 산출할 수 있다.

$$\frac{\text{주가}}{\text{후행 매출}} = \text{선행 PSR}(1 + \text{기대성장률}) = 1.61 \times 1.20 = 1.93$$

기업의 펀더멘털을 바탕으로 추정하면 이 주식의 후행 PSR은 1.93배(선행 PSR은 1.61배)다.

[예시 20.2] 고성장 기업의 내재 PSR 추정: 홀푸드마켓(2011년 5월)

홀푸드마켓(Whole Foods Market, WFM)은 유기농 식품에 기꺼이 프리미엄을 지불하는 건강 중시 고객들을 위한 식료품 체인이다. 이 소매회사는 2005~2010년 동안 급성장하여 2011년 5월에는 매장이 300개를 초과했다. 2010년에는 매출 90억 600만 달러에 순이익 2억 4,600만 달러를 기록하여 순이익률이 2.73%였다(단위: 100만 달러).

$$\text{순이익률} = \text{순이익/매출} = 246/9{,}006 = 2.73\%$$

2009년 말 주식의 장부가치가 16억 2,800만 달러였으므로, 이 기업의 자기자본이익률은 15.11%였다.

$$\text{자기자본이익률} = \frac{\text{순이익}_{2010}}{\text{자기자본의 장부가치}_{2009}} = \frac{246}{1{,}628} = 15.11\%$$

이 기업은 현재 순이익률과 자기자본이익률을 유지하면서 향후 10년 동안 순이익 성장률 연 10%를 달성할 수 있다고 가정하자. 10년 이후에는 순이익률 2.5%와 자기자본이익률 10%를 유지하면서 안정 성장률 3%를 영구적으로 달성한다고 가정하자. 우리는 자기자본비용을 추정하려고 하는데, 고성장 기간의 베타는 1.00이고 안정 성장 기간의 베타는 0.90이라고 가정한다. 무위험 이자율은 3.5%이고 주식 위험 프리미엄은 5%이다. 이 방정식에 사용되는 입력 변수들은 표 20.3과 같다.

[표 20.3] 가치평가 입력 변수: 고성장 기업

	고성장 기간	안정 성장 기간
성장 기간	10년	영구
순이익률	2.73%	2.50%
매출/주식의 장부가치	5.53	4.00

자기자본이익률	15.11%	10.00%
배당성향	1 – 10%/15.11% = 33.82%	1 – 3%/10% = 70%
기대성장률	10.00%	3.00%
자기자본비용	3.5% + 1(5%) = 8.50%	3.5% + 0.9(5%) = 8.00%

우리는 실제 배당 대신 기대성장률과 자기자본이익률을 근거로 배당성향을 산출했다. 그러므로 실제 배당 대신 주주 잉여현금흐름을 사용하는 셈이다. 이들 입력 변수로 PSR을 추정하면 다음과 같다.

$$\frac{주가}{선행\ 매출} = 0.0273 \times \left[\frac{0.3382 \times \left(1 - \frac{(1.10)^{10}}{(1.085)^{10}}\right)}{(0.085 - 0.10)} + \frac{(1.10)^{10}(1.03)(0.70)}{(0.08 - 0.03)(1.085)^{10}} \right] = 0.50$$

$$\frac{주가}{후행\ 매출} = 0.50(1.10) = 0.55$$

2011년 5월 홀푸드의 시장 PSR은 1.11이었으므로 매우 고평가되었다.

EV/매출   기업 가치와 매출의 관계를 분석하기 위해서 안정 성장 기업의 가치를 생각해보자.

$$기업\ 가치 = \frac{EBIT(1 - t)(1 - 재투자율)}{(자본비용 - 기대성장률)}$$

양변을 매출로 나누면 다음과 같다.

$$\frac{기업\ 가치}{매출} = \frac{\frac{EBIT(1 - t)}{매출} \times (1 - 재투자율)}{(자본비용 - 기대성장률)}$$

$$\frac{기업\ 가치}{매출} = \frac{세후\ 영업이익률 \times (1 - 재투자율)}{(자본비용 - 기대성장률)}$$

PSR이 순이익률, 배당성향, 자기자본비용에 따라 결정되듯이, EV/매출은 세후 영업이익률, 재투자율, 자본비용에 따라 결정된다. 세후 영업이익률(ATOM)이 높을수록, (성장률이 일정할 때) 재투자율이 낮을수록, 자본비용이 낮을수록, EV/매출은 높아진다.

2단계 모형을 사용하면 이 방정식을 고성장 기업에도 적용할 수 있다.

$$\frac{\text{EV}}{\text{선행 매출}} = \text{ATOM}_{hg} \times \left[\frac{(1 - \text{RIR}_{hg}) \times \left(1 - \frac{(1 + g)^n}{(1 + k_{c,hg})^n}\right)}{(k_{c,hg} - g)} + \frac{(1 + g)^{n-1}(1 + g_{st})(1 - \text{RIR}_{st})}{(k_{c,st} - g_{st})(1 + k_{c,hg})^n} \right]$$

여기서 ATOM = 세후 영업이익률 = EBIT(1 − t)/매출
RIR(Reinvestment rate) = 재투자율(RIR_n은 안정 성장 기간)
k_c = 자본비용(hg: 고성장 기간, st: 안정 성장 기간)
g_t = 고성장 기간의 영업이익 성장률
g_{st} = 안정 성장 기간의 영업이익 성장률

EV/매출 결정 요인은 안정 성장 기간과 마찬가지로 성장률, 재투자율, 영업이익률이지만, 고성장 기간이 포함되므로 EV/매출 추정치가 증가한다.

[예시 20.3] 고성장 기업의 내재 EV/매출 추정: 코카콜라(2011년 5월)

코카콜라는 수십 년 동안 높은 이익률로 고성장을 유지해왔다. 2010년 코카콜라가 보고한 매출은 351억 1,900만 달러, 세전 영업이익은 84억 4,900만 달러였다. 세율은 약 40%였다. 2009년 말 총투하자본은 316억 7,900만 달러였으므로 다음과 같이 입력 변수들이 산출된다(단위: 100만 달러).

투하자본 = 주식의 장부가치 + 부채의 장부가치 − 현금 = 24,799 + 11,859 − 4,979 = 31,679

$$\text{세후 영업이익률} = \frac{\text{영업이익}(1 - t)}{\text{매출}} = \frac{8,449(1 - 0.40)}{35,119} = 14.43\%$$

$$\frac{\text{매출}}{\text{자본}} = \frac{35,119}{31,169} = 1.11$$

투하자본이익률 = 세후 영업이익률 $\times \frac{\text{매출}}{\text{자본}}$ = 14.43% × 1.11 = 16%

이 회사는 세후 영업이익의 60%(과거 5년 평균)를 사업에 재투자하면서 향후 10년 동안 현재 이익률과 자본이익률을 유지한다고 가정하자. 그리고 같은 기간 베타는 0.90, 세전 부채비용은 4.50%이고, 기존 부채 총자본비용은 7.23%로 유지된다고 가정하면 자본비용은 8.03%가 된다(주식 위험 프리미엄은 신흥시장 노출도를 반영하여 5.5%).

자기자본비용 = 무위험 이자율 + 베타(주식 위험 프리미엄) = 3.5% + 0.9(5.5%) = 8.45%
자본비용 = 8.45%(1 − 0.0723) + 4.5%(1 − 0.40)(0.0723) = 8.03%

10년 후에는 코카콜라가 안정 성장기에 진입하여 연 3.5% 성장하고, 영업이익률과 매출/자본이 업계 평균

수준으로 하락한다고 가정하자(세후 영업이익률은 12%가 되고 매출/자본은 1에 수렴한다고 가정). 그리고 안정 성장 기간에는 베타가 1이 되고 부채비율은 20%로 상승한다고 가정하자.

$$자기자본비용 = 3.5\% + 1(5.5\%) = 9\%$$
$$자본비용 = 9\%(1 - 0.80) + 4.5\%(1 - 0.4)(0.20) = 7.74\%$$

우리가 코카콜라의 EV/매출 추정에 사용할 입력 변수들은 표 20.4와 같다.

[표 20.4] 가치평가 입력 변수: 코카콜라

	고성장 기간	안정 성장 기간
성장 기간	10년	10년 이후
세후 영업이익률	14.43%	12.00%
매출/자본	1.11	1.00
자본이익률	16.00%	12%
재투자율	60%	3.5%/12% = 29.17%
기대성장률	9.60%	3.50%
자본비용	8.03%	7.74%

위 숫자들을 2단계 EV/매출 방정식에 입력하면 다음과 같다.

$$\frac{기업\ 가치}{선행\ 매출} = 0.1443 \times \left[\frac{(1 - 0.60) \times \left(1 - \frac{(1.096)^{10}}{(1.0803)^{10}}\right)}{(0.0803 - 0.096)} + \frac{(1.096)^9(1.035)(1 - 0.2917)}{(0.0774 - 0.035)(1.0803)^{10}} \right] = 3.20$$

$$\frac{기업\ 가치}{후행\ 매출} = \frac{기업\ 가치}{선행\ 매출} \times (1.096) = 3.51$$

입력 변수들로 추정하면 코카콜라의 기업 가치는 후행 매출의 3.51배가 되어야 한다.

$$기대\ 기업\ 가치 = 35,119 \times 3.51 = 123,197$$

2011년 5월 코카콜라의 시가총액은 1,522억 달러였다. 미상환부채(118억 5,900만 달러)와 현금 잔고(49억 7,900만 달러)를 반영하면 실제 기업 가치는 다음과 같다.

$$실제\ 기업\ 가치 = 152,200 + 11,859 - 4,979 = 159,080$$

우리 가정을 근거로 판단하면 이 회사는 약 23% 고평가된 것으로 보인다.

firmmult.xls: 이 스프레드시트를 이용하면 기업의 펀더멘털을 반영하여 고성장 기업이나 안정 성장 기업의 EV/매출을 추정할 수 있다. (웹에서 다운로드 가능)

매출 배수와 이익률　　매출 배수의 핵심 결정 요인은 이익률이다(PSR은 순이익률, EV/매출은 영업이익률). 사업의 이익률이 높으면 그 기업의 주식은 높은 매출 배수로 거래될 수 있다. 그러나 이익률이 하락하면 두 가지 영향을 받는다. 첫째, 이익률이 하락하면 매출 배수도 곧바로 하락한다. 둘째, 이익률이 하락하면 성장률도 감소할 수 있고, 따라서 매출 배수도 더 하락할 수 있다.

이익률은 기대성장률과 매우 쉽게 연결할 수 있다. 회전율이라고도 하는 '매출/자기자본의 장부가치' 비율을 사용하면 된다. 이 회전율은 자기자본의 장부가치 기준으로 정의할 수도 있고(자기자본회전율 = 매출/자기자본의 장부가치), 자본의 장부가치 기준으로 정의할 수도 있다(자본회전율 = 매출/자본의 장부가치). 성장률과 펀더멘털 사이의 관계를 사용하면 자기자본 이익의 기대성장률을 이익률과 회전율의 함수로 나타낼 수 있다.

$$
\begin{aligned}
\text{기대성장률}_{\text{순이익}} &= \text{유보율} \times \text{자기자본이익률} \\
&= \text{유보율} \times \left(\frac{\text{순이익}}{\text{매출}}\right) \times \left(\frac{\text{매출}}{\text{자기자본의 장부가치}}\right) \\
&= \text{유보율} \times \text{순이익률} \times \text{매출/자기자본의 장부가치}
\end{aligned}
$$

예를 들어 예시 20.2 홀푸드의 가치평가에서 기대 자기자본이익률은 15.11%이다. 이 자기자본이익률은 홀푸드의 순이익률(2.73%)과 매출/자기자본의 장부가치(5.53)에서 얻을 수 있다.

$$
\begin{aligned}
\text{순이익률} &= 2.73\% \\
\text{매출/자기자본의 장부가치} &= 9,006/1,628 = 5.53 \\
\text{자기자본이익률} &= 2.73\% \times 5.53 = 15.11\%
\end{aligned}
$$

영업이익 성장률을 산출하려면 (유보율 대신) 재투자율과 (자기자본이익률 대신) 자본이익률로 방정식을 나타내야 한다.

$$\text{기대성장률}_{\text{영업이익}} = \text{재투자율} \times \text{자본이익률}$$

$$= \text{재투자율} \times \frac{\text{EBIT}(1-t)}{\text{매출}} \times \frac{\text{매출}}{\text{투하자본}}$$

$$= \text{재투자율} \times \text{세후 영업이익률} \times \frac{\text{매출}}{\text{자본}}$$

코카콜라 가치평가에서 자본이익률은 16%이다. 이 자본이익률은 코카콜라의 세후 영업이익률(14.43%)과 매출/자본(1.11)에서 얻을 수 있다.

$$\text{세후 영업이익률} = 14.43\%$$
$$\text{매출/투하자본} = 35{,}119/31{,}679 = 1.11$$
$$\text{자본이익률} = 14.43\% \times 1.11 = 16\%$$

이익률이 감소하면 (매출이 그 비율만큼 증가하지 않는 한) 기대 자기자본이익률과 자본이익률은 감소한다.

[예시 20.4] 이익률 하락이 PSR에 미치는 영향 추정

예시 20.1에서 분석한 기업을 다시 생각해보자. 이 기업의 이익률은 하락하고 매출은 그대로라면, PSR은 하락한다. 예를 들어 이 기업의 이익률은 10%에서 6%로 하락하고 매출/자기자본의 장부가치는 불변이라고 가정하자.

$$\text{처음 5년의 새 성장률} = \text{유보율} \times \text{이익률} \times \frac{\text{매출}}{\text{자기자본의 장부가치}}$$
$$= 0.8 \times 0.05 \times 2.50 = 10\%$$
$$\text{새 자기자본이익률} = \text{순이익률} \times \text{매출/자기자본의 장부가치}$$
$$= 0.05 \times 2.5 = 12.5\%$$

새 PSR은 다음과 같이 산출할 수 있다.

$$\frac{\text{주가}}{\text{선행 매출}} = 0.05 \times \left[\frac{0.20 \times \left(1 - \frac{(1.10)^5}{(1.095)^5}\right)}{(0.095 - 0.10)} + \frac{(1.10)^4\,(1.04)(0.60)}{(0.095 - 0.04)(1.095)^5} \right] = 0.57$$

그림 20.2는 순이익률과 PSR의 관계를 더 종합적으로 보여준다. 매출/자기자본의 장부가치가 일정하면, PSR은 순이익률의 함수가 된다. 이 PSR과 순이익률의 관계를 이용하면 기업 전략의 변화가 가치에 미치는 영향을 분석할 수 있다.

[그림 20.2] PSR과 이익률

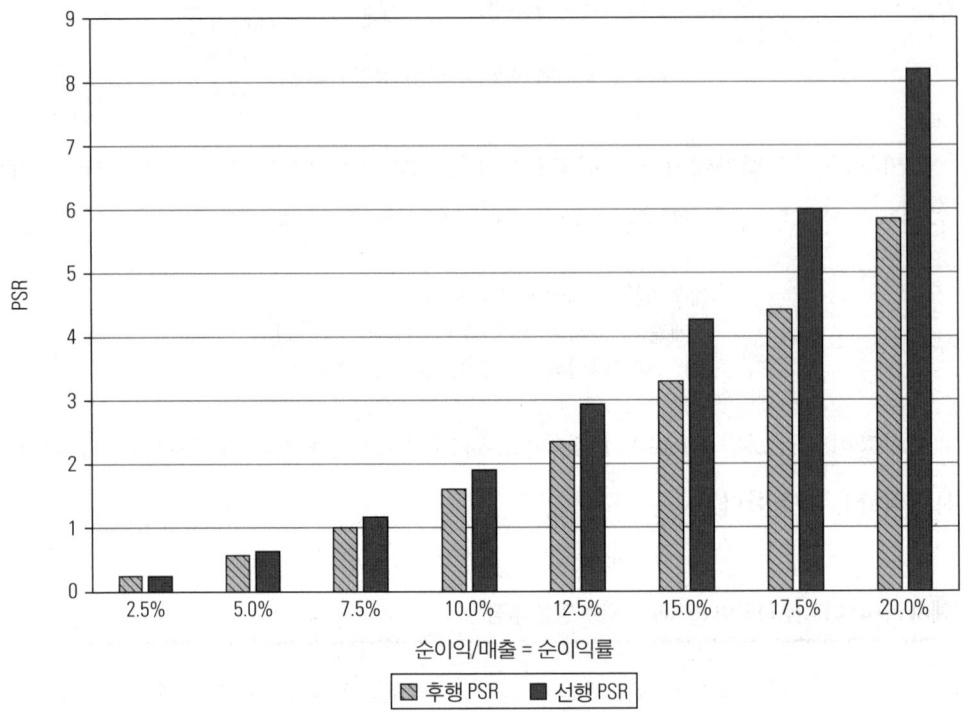

순이익/매출 = 순이익률

후행 PSR   선행 PSR

순이익률이 감소(증가)하는 것보다 PSR이 더 빨리 감소(증가)한다.

배수와 동반 변수

    상대가치평가 논의에서 이 시점에 이르면 배수 분해 과정이 이제는 어렵지 않아야 한다. 지금까지 각 배수를 논의하면서 가치에 영향을 미치는 배수 변수들을 강조했지만, 핵심 동인으로 작동하는 변수는 하나다. 이 변수를 동반 변수라고 부르는데, 다음 표는 각 배수의 동반 배수를 열거한 것이다.

[표 20.5] 배수와 동반 변수

배수	동반 변수
PER	EPS의 기대성장률
PBR	자기자본이익률
PSR	순이익률
EV/EBITDA	재투자율
EV/투하자본	투하자본이익률
EV/매출	세후 영업이익률

이들 변수가 중요한 이유는 두 가지다. 첫째, 이 변수가 바뀌면 관련 배수에 큰 영향을 미친다. 둘째, 배수가 낮아서 그 주식이 싸 보이면, 가장 먼저 확인해야 하는 항목이 동반 변수다. 그러므로 어떤 주식의 PBR이 낮으면 자기자본이익률을 확인해야 한다. 저PBR 주식 대부분은 자기자본이익률이 낮거나 마이너스다.

배수의 동반 변수를 찾는 방법은 무엇일까? 한 가지 방법은 관련된 모든 독립 변수에 대해서 시장 배수를 회귀분석하는 것이다. 통계적 유의성이 가장 큰 (t 통계량이 가장 높은) 변수가 언제나 동반 변수다. 더 직관적인 방법은 다음과 같다. 관심사가 주식 배수라면 순이익을 그 배수의 분모로 나누면 동반 변수가 나온다. 예를 들어 관심사가 PBR이라면 순이익을 주식의 장부가치로 나누면 자기자본이익률이 나온다. 관심사가 EV 배수라면 세후 영업이익을 그 배수의 분모로 나누면 동반 변수가 나온다. 예를 들어 EV/매출이라면 세후 영업이익을 매출로 나누면 세후 영업이익률이 나온다.

마케팅 전략과 가치   가격결정 전략을 지나치게 단순화하는 말이 될 위험도 있지만, 어느 기업이든 저가격 대량 판매(판매량 선도) 전략이나 고가격 소량 판매(가격 선도) 전략 중 하나를 선택해야 한다고 주장할 수 있다. 이 선택을 하려면 이익률과 회전율을 알아야 한다.

각 전략이 이익률과 회전율에 미치는 영향을 조사하여 각 전략을 선택했을 때의 기업 가치를 평가하면, 기업에 유리한 가격결정 전략을 분석할 수 있다. 여기서 기업의 가치를 가장 높여주는 전략이 최적 전략이다.

가격 변경이 회전율에 미치는 영향은 주로 제품에 대한 수요가 얼마나 탄력적인가에 좌우된다. 수요가 비탄력적이면 제품 가격을 인상해도 회전율에 미치는 영향이 최소한에 그친다. 이런 경우에는 가격 선도 전략을 선택할 때 일반적으로 기업의 가치가 높아진다. 반면 수요가 탄력적이면 제품 가격을 인상했을 때 회전율이 훨씬 더 하락할 수 있다. 이런 경우에는 판매량 선도 전략을 선택할 때 기업의 가치가 높아진다.

[예시 20.5] 고마진 전략과 저마진 전략 중 선택

기업이 두 가지 가격결정 전략 중 하나를 선택해야 한다고 가정하자. 첫 번째 전략은 가격은 높이고(순이익률은 높이고) 판매량은 줄이는(회전율은 낮추는) 전략이다. 두 번째 전략은 가격은 낮추고 판매량은 늘리는 전략이다. 기업이 시장성 평가를 통해서 얻은 입력 변수들은 다음과 같다.

	고마진 소량 판매	저마진 대량 판매
영업이익률	10%	5%
매출/투하자본의 장부가치	2.5	4.0

이 기업은 향후 5년 동안 세후 영업이익의 80%를 재투자하고, 그 이후에는 40%를 재투자하며, 이 숫자는 이익률 전략의 영향을 받지 않는다고 가정하자. 5년 이후 예상되는 성장률은 4%이다. 주당 주식의 장부가치는 10달러이다. 이 기업의 자본비용은 8%이다.

고마진 전략

$$처음 5년의 기대성장률 = 세후 영업이익률 \times \frac{매출}{자본의 장부가치} \times 재투자율$$

$$= 0.10 \times 2.5 \times 0.8 = 20\%$$

$$\frac{기업\ 가치}{선행\ 매출} = 0.10 \times \left[\frac{(1-0.80) \times \left(1 - \frac{(1.20)^5}{(1.08)^5}\right)}{(0.08-0.20)} + \frac{(1.20)^4(1.04)(1-0.40)}{(0.08-0.04)(1.08)^5} \right] = 2.32$$

저마진 전략

$$처음\ 5년의\ 기대성장률 = 세후\ 영업이익률 \times \frac{매출}{자본의\ 장부가치} \times 재투자율$$

$$= 0.05 \times 4.0 \times 0.8 = 16\%$$

$$\frac{기업\ 가치}{선행\ 매출} = 0.50 \times \left[\frac{(1-0.80) \times \left(1 - \frac{(1.16)^5}{(1.08)^5}\right)}{(0.08-0.16)} + \frac{(1.16)^4(1.04)(1-0.40)}{(0.08-0.04)(1.08)^5} \right] = 1.01$$

투하자본은 일정하며 저마진 전략을 선택하면 매출이 60% 증가한다는 점을 고려하면, 고마진 전략을 선택해야 기업 가치가 더 상승한다.

$$기업\ 가치_{고마진} = \frac{EV}{매출} \times 매출 = 2.32 \times 2.5 = 5.80$$

$$기업\ 가치_{저마진} = 1.01 \times 4 = 4.04$$

목표가 가치 극대화라면 고마진 전략이 낫다.

[예시 20.6] 가격결정 전략 변경 효과: 홀푸드(2011년 5월)

예시 20.2에서 추정한 홀푸드의 선행 PSR은 0.50이었다. 0.50을 추정할 때 우리는 홀푸드가 순이익률 2.73%와 매출/주식의 장부가치 5.53을 유지할 수 있다고 가정했다.

이제 프리미엄 가격 전략을 유지하면 매출이 감소할 수 있다는 우려 때문에 홀푸드는 가격을 낮춰 시장 점유율을 회복하는 전략을 검토하고 있다. 가격을 10% 낮추면 순이익률은 2.5% 하락하지만 동일 매장 매출은 7.5% 증가하여 이듬해 기대 매출이 100억 달러에서 107.5억 달러로 증가하고, 매출/주식의 장부가치는 6.36(= 5.53 × 1.075)으로 상승한다고 가정하자. 안정 성장 입력 변수들이 바뀌지 않는다고 가정하면 (성장률 = 3%, 자기자본이익률 = 10%), 전략 변경이 PSR에 미치는 영향과 주식 가치에 미치는 영향은 표 20.6과 같다(단위: 100만 달러).

[표 20.6] 가격결정 전략을 위한 가치평가 입력 변수

	고가 전략(현재)	저가 전략
기대 매출	10,000	10,750
기대 순이익률	2.73%	2.50%
기대 매출/자본	5.53	6.36
기대 자기자본이익률	15.11%	15.90%

	10.00%	10.00%
기대성장률	10.00%	10.00%
배당성향	33.82%	37.10%
PSR	0.50	0.47
주식의 가치	5,000	5,053

새 PSR은 예시 20.2에서 사용한 것과 똑같은 2단계 모형으로 산출한다.

$$\frac{\text{기업 가치}}{\text{선행 매출}} = 0.025 \times \left[\frac{0.3710 \times \left(1 - \frac{(1.10)^{10}}{(1.085)^{10}}\right)}{(0.085 - 0.19)} + \frac{(1.10)^9 (1.03)(0.70)}{(0.08 - 0.03)(1.085)^{10}} \right] = 0.47$$

기대 매출은 현재 100억 달러에서 7.5% 증가하여 107억 5,000만 달러가 되었다. PSR에 미친 영향은 매우 작지만(0.50에서 0.47로 증가), 주식의 가치는 50억 달러에서 50억 500만 달러로 약간 증가한다.

브랜드 가치　전통적 가치평가에 대한 비판 중 하나는 브랜드 등 무형자산의 가치를 반영하지 못한다는 것이다. 1987년 저서《Mobilizing Invisible Assets(무형자산 동원)》에서 이타미 히로유키(Itami Hiroyuki)는 다음과 같이 전통적 가치평가를 비판했다.

> 애널리스트들은 자산을 너무 좁게 정의하는 경향이 있어서, 유형고정자산처럼 측정 가능한 자산만 인정한다. 그러나 특정 기술, 축적된 고객 정보, 브랜드명, 평판, 기업 문화 등 무형자산이야말로 기업의 경쟁력에 매우 귀중한 요소다. 실제로 이런 무형자산이 경쟁우위를 장기간 지탱해주는 유일한 원천이다.

이 비판은 분명히 과장되었지만, 애널리스트들이 브랜드를 연구하는 방식은 대개 즉흥적이어서 그 가치를 심하게 과대평가하거나 과소평가한다. 유명 브랜드를 보유한 기업의 주식은 다른 주식보다 흔히 더 높은 배수로 거래된다. 그러나 '브랜드 프리미엄'을 임의로 정하면 추정치가 잘못될 수 있다. 그 대신 이익률과 PSR을 사용해서 브랜드 가치를 추정할 수 있다.

유명 브랜드 보유의 이점은 똑같은 제품에 대해 더 높은 가격을 받을 수 있어서 이익률이 상승하므로, PSR과 회사의 가치도 상승한다는 점이다. 기업이 받을 수 있는 가격 프리미엄이 클수록 브랜드 가치도 크다. 일반적으로 브랜드 가치는 다음과 같이 나타낼 수 있다.

$$\text{브랜드 가치} = (\text{EV/매출}_{\text{브랜드}} - \text{EV/매출}_{\text{일반}}) \times \text{매출}$$

여기서 $\quad \text{EV/매출}_{\text{브랜드}} = $ 유명 브랜드를 보유한 기업의 EV/매출
$\text{EV/매출}_{\text{일반}} = $ 일반 제품을 보유한 기업의 EV/매출

가격결정 전략, 시장 점유율, 경쟁 역학

흔히 기업들은 가격 변경 효과를 정태적 환경에서 분석하므로, 그 기업만 행동을 취하고 경쟁 상황은 그대로 유지된다고 가정한다. 그러나 (특히 가격결정이라면) 모든 행동은 경쟁자들의 반응을 불러오므로 그 순수 효과를 예측할 수가 없다.

예를 들어 한 기업이 시장 점유율과 매출을 증가시키려고 가격을 인하한다고 가정하자. 만일 경쟁자들이 가만히 있으면 그 기업은 목표를 달성할 수 있을지 모른다. 반면 경쟁자들도 가격 인하로 대응하면, 그 기업은 이익률만 하락하고 회전율은 가격 인하 전과 똑같아서 기업의 가치가 하락한다. 경쟁 업종에서는 이런 상황이 발생한다고 가정하고 이에 따라 계획을 세워야 한다.

일부 기업은 시장 점유율 극대화를 주요 목표로 삼아 노력을 집중한다. 그러나 시장 점유율 증가와 시장가치 사이의 상관관계는 미약하므로, 앞 섹션에서 다룬 이익률/매출 배수로 확인해보아야 한다. 만일 증가한 시장 점유율 덕분에 규모의 경제가 달성되어 원가가 하락하거나 시장 지배력이 강화되어 경쟁자들을 몰아내게 된다면 이익률도 상승하게 된다. 그러나 시장 점유율이 증가했더라도 가격과 이익률이 하락한다면, 가치에 미치는 순효과는 부정적일 수 있다.

[예시 20.7] EV/매출을 사용한 브랜드 가치평가

비슷한 제품을 생산하는 두 기업이 같은 시장에서 경쟁한다고 가정하자. 유명 브랜드를 보유한 기업 페이머스(Famous Inc.)는 세후 영업이익률이 10%이고, 일반 제품을 보유한 기업 노프릴(NoFrills Inc.)은 세후 영

업이익률이 5%이다. 두 회사 모두 매출/자본의 장부가치는 2.50이고 자본비용은 9%이다. 두 회사 모두 향후 5년 동안 영업이익의 80%를 재투자할 예정이고, 5년 이후에는 영업이익의 40%를 재투자할 예정이다. 두 회사 모두 총매출은 25억 달러이고, 5년 후 성장률은 4%이다(단위: 100만 달러).

페이머스 가치평가

$$기대\ 투하자본이익률 = 세후\ 영업이익률 \times 매출/자본$$
$$= 10\% \times 2.5 = 25\%$$
$$기대성장률 = 투하자본이익률 \times 재투자율$$
$$= 25\% \times 0.80 = 20\%$$

이들 입력 변수를 사용하면 EV/매출을 추정할 수 있다.

$$\frac{기업\ 가치}{선행\ 매출} = 0.10 \times \left[\frac{(1-0.80) \times \left(1 - \frac{(1.20)^5}{(1.09)^5}\right)}{(0.09-0.20)} + \frac{(1.20)^4(1.04)(1-0.40)}{(0.09-0.04)(1.09)^5} \right] = 1.79$$

노프릴 가치평가

$$기대\ 투하자본이익률 = 세후\ 영업이익률 \times 매출/자본$$
$$= 5\% \times 2.5 = 12.5\%$$
$$기대성장률 = 투하자본이익률 \times 재투자율$$
$$= 12.5\% \times 0.80 = 10\%$$

이들 입력 변수를 사용하면 EV/매출을 산출할 수 있다.

$$\frac{기업\ 가치}{선행\ 매출} = 0.10 \times \left[\frac{(1-0.80) \times \left(1 - \frac{(1.10)^5}{(1.09)^5}\right)}{(0.09-0.10)} + \frac{(1.10)^4(1.04)(1-0.40)}{(0.09-0.04)(1.09)^5} \right] = 0.64$$

$$브랜드\ 가치 = (EV/매출_{브랜드} - EV/매출_{일반}) \times 이듬해\ 기대\ 매출$$
$$= (1.79 - 0.64) \times 2,000 = 2,300$$

[예시 20.8] 브랜드 가치평가: 코카콜라(2011년 5월)

예시 20.3에서 강력한 영업이익률과 자본이익률을 바탕으로 추정한 2011년 5월 코카콜라의 EV/매출은 선행 매출의 3.20배(후행 매출의 3.51배)였다. 코카콜라가 세계 최고 수준의 인지도와 브랜드 가치를 보유했

다는 점은 부인할 수 없지만, 답해야 할 두 가지 핵심 질문이 있다.

1. 강력한 브랜드를 고려해서 코카콜라의 추정 EV/매출에 우리가 프리미엄을 가산해야 하는가?
2. 코카콜라 브랜드가 이 회사에 가산하는 가치는 얼마인가?

첫 번째 질문에 대한 답은 '아니다'이다. 물론 코카콜라가 세후 영업이익률 14.43%와 자본이익률 16%를 창출할 수 있는 것은 강력한 브랜드 덕분이다. 그러나 추정 가치에 프리미엄을 가산하면 중복 계산이 된다. 두 번째 질문에 대한 답에는 미묘한 차이가 있다. 추정 기업 가치 중 일부는 강력한 브랜드 덕분으로 볼 수 있으며, 이를 분리해낼 수 있느냐가 관건이다.

브랜드에 의해서 가산된 가치를 추정하는 첫 단계는 브랜드가 창출하는 코카콜라의 차별적 우위가 얼마인지 찾아내는 것이다. 다행히 우리는 유사한 일반 제품 제조회사를 발견했는데, 상장회사 코트(Cott Corporation)이다. 표 20.7은 2010년 코카콜라와 코트의 가치를 요약한 자료다(단위: 100만 달러).

[표 20.7] 가치평가 입력 변수: 코카콜라와 코트

	코카콜라	코트
주식의 시장가치	152,200	809
부채	11,859	345
현금	4,979	27
기업 가치	159,080	1,127
매출	35,119	1,803
세전 영업이익	8,449	99
EBITDA	9,892	173
투하자본	31,679	626
세율	40%	40%
고성장 베타	0.90	1.25
세전 부채비용	4.50%	6%
산출된 가치		
세후 영업이익률	14.43%	3.29%
매출/투하자본	1.11	2.88
자본이익률	16.00%	9.49%
자본비용	8.03%	8.35%
초과수익률	7.97%	1.14%

코트는 코카콜라보다 규모가 훨씬 작고 이익률과 자본이익률이 낮으며 자본비용은 높다. 규모가 달라서 직접 비교하기는 어렵지만, 코트에서 얻은 정보를 사용해서 코카콜라의 브랜드 가치를 평가해보자.

방법 1: 브랜드가 가격 결정력에만 영향을 미친다고 가정

브랜드 가치를 평가하는 가장 단순한 방법은 브랜드가 가격 결정력을 통해서 영업이익률에만 영향을 미친다고 가정하는 것이다. 여기서는 코카콜라의 다른 특성은 모두 그대로 유지한 채, 세후 영업이익률만 코트의 것으로 대체하여 평가한다. 브랜드 가치를 상실하면 코카콜라가 안정 성장 기간에 버는 이익은 자본비용만큼이라고 가정하자. 그 효과를 요약한 자료가 표 20.8이다.

[표 20.8] 코카콜라 브랜드 가치: 가격결정력

	코카콜라	코트의 이익률을 적용한 코카콜라
현재 세율	40.00%	40.00%
현재 매출	35,119	35,119
고성장 기간		
고성장 기간(n)	10	10
고성장 기간 재투자율	60%	60%
세후 영업이익률	14.43%	3.29%
매출/투하자본	1.11	1.11
자본이익률	16.00%	3.65%
고성장 기간 성장률(g)	9.60%	2.19%
고성장 기간 자본비용	8.03%	8.03%
안정 성장 기간		
안정 성장 기간 성장률	3.50%	3.50%
안정 성장 기간 자본이익률	12.00%	7.74%
안정 성장 기간 재투자율	29.17%	45.22%
안정 성장 기간 자본비용	7.74%	7.74%
EV/후행 매출	3.51	0.35
기업 가치	123,199	12,291

매출/투하자본을 그대로 유지하더라도 이익률(마진)을 낮추면 자본이익률이 3.65%로 하락한다. 다른 변수들을 모두 그대로 유지해도 코트의 이익률을 적용하면 코카콜라의 EV/매출은 0.35로 하락한다. 추정 기

가치평가 바이블

업 가치는 1,231억 9,900만 달러로 감소하며, 브랜드 가치가 코카콜라의 추정 가치 중 거의 90%를 차지한다.

$$브랜드 가치 = 123,199 - 12,291 = 110,908$$

방법 2: 브랜드가 가격 결정력과 매출 회전율에 영향을 미친다고 가정

판매량 선도 전략을 추구하는 일반 제품 기업들은 투하자본 1달러당 매출을 더 창출할 수도 있다. 이를 반영하여 코카콜라가 브랜드를 상실한다면 이익률과 매출/투하자본이 코트와 같아진다고 가정하자. 그러면 코트의 투하자본이익률이 코카콜라에 적용된다(표 20.9 참조).

[표 20.9] 코카콜라 브랜드 가치: 가격 결정력과 회전율

	코카콜라	코트의 투하자본이익률을 적용한 코카콜라
현재 세율	40.00%	40.00%
현재 매출	35,119	35,119
투하자본(부채와 주식의 장부가치)	31,679	31,679
고성장 기간		
고성장 기간(n)	10	10
고성장 기간 재투자율	60%	60%
세후 영업이익률	14.43%	3.29%
매출/투하자본	1.11	2.88
자본이익률	16.00%	9.49%
고성장 기간 성장률(g)	9.60%	5.69%
고성장 기간 자본비용	8.03%	8.03%
안정 성장 기간		
안정 성장 기간 성장률	3.50%	3.50%
안정 성장 기간 자본이익률	12.00%	7.74%
안정 성장 기간 재투자율	29.17%	45.22%
안정 성장 기간 자본비용	7.74%	7.74%
세후 부채비용	2.70%	2.70%
부채비율 D/(D + E)	20.00%	20.00%
EV/매출	3.51	0.47
기업 가치	123,199	16,506

기업 가치가 감소하지만 감소 폭이 '방법 1'에서만큼 크지는 않다. 브랜드 가치가 없는 상황에서도 자본이익률이 9.49%여서, 방법 1(3.65%)에서보다 증가했기 때문이다. EV/매출이 0.47이므로 브랜드 가치는 1,066억 9,300만 달러로 여전히 상당한 규모다.

$$브랜드\ 가치 = 123,199 - 16,506 = 106,693$$

방법 3: 초과수익은 모두 브랜드 가치 덕분이라고 가정

앞의 두 방법에서는 일반 제품을 생산하는 경쟁 회사가 존재하며 그 회사의 재무제표를 볼 수 있다고 가정했다. 그러나 실제로 일반 제품을 생산하는 경쟁 회사는 대개 존재하지 않으며, 존재하더라도 대개 상장회사가 아니다. 그런 경우에는 브랜드 가치를 평가하기가 더 어려워진다. 한 가지 대안은 브랜드는 단지 경쟁우위이며 모든 초과수익률(자본비용을 초과하는 수익률)은 브랜드 덕분이라고 가정하는 것이다. 코카콜라에 이 방법을 적용하면 다음과 같다(표 20.10 참조).

[표 20.10] 코카콜라 브랜드 가치: 모든 초과수익률

	코카콜라	초과수익률이 없는 코카콜라
현재 세율	40.00%	40.00%
현재 매출	35,119	35,119
투하자본	31,679	31,679
고성장 기간		
고성장 기간(n)	10	10
고성장 기간 재투자율	60%	60%
고성장 기간 자본이익률	16.00%	8.03%
고성장 기간 성장률(g)	9.60%	4.82%
고성장 기간 자본비용	8.03%	8.03%
안정 성장 기간		
안정 성장 기간 성장률	3.50%	3.50%
안정 성장 기간 자본이익률	12.00%	7.74%
안정 성장 기간 재투자율	29.17%	45.22%
안정 성장 기간 자본비용	7.74%	7.74%
EV/매출	3.51	0.44
기업 가치	123,199	15,452

코카콜라가 창출한 초과수익만 없애고 나머지를 모두 그대로 두면, EV/매출은 0.44로 하락하고 브랜드 가치는 1,077억 4,700만 달러가 된다.

$$브랜드\ 가치 = 123,199 - 15,452 = 107,747$$

세 가지 방법으로 산출되는 브랜드 가치의 범위는 1,067억에서 1,109억 달러다. 요컨대 어떤 방법을 사용하든, 코카콜라 가치의 대부분이 브랜드에서 온다.

브랜드 가치에 관한 여담

현금흐름할인법으로 가치를 평가할 때 브랜드 가치를 반영하는 일이 흔하다. 앞의 사례에서 보았듯이 이는 잘못이다. 브랜드 가치는 더 높은 영업이익률, 더 높은 회전율로 인한 더 높은 자본 이익률 등 여러 변수를 통해서 가치평가에 이미 반영되어 있기 때문이다. 이들에 의한 파급 효과로 기대성장률과 가치가 상승한다. 그러므로 이 가치에 브랜드 프리미엄을 가산하면 중복 계산이 된다.

브랜드 가치를 이용하지 못하는 기업이라면 어떻게 해야 할까? 이런 기업의 가치에 브랜드 프리미엄을 가산하고 싶은가? 그러나 브랜드 프리미엄은 임의로 지급하기보다는 통제해야 할 대상이다. 충분히 활용되지 않는 유사 자산에 대해 프리미엄을 추정할 수는 있지만, 그 회사의 경영권을 획득할 수 있을 때만 프리미엄을 지급해야 한다.

투자 분석에서 매출 배수를 사용하는 방법

매출 배수의 핵심 결정 요인은 기대 이익률, 위험, 현금흐름, 성장률이다. 매출 배수를 사용해서 기업들을 비교·분석하려면 이런 특성 차이들을 통제해야 한다. 이 섹션에서는 기업들 사이의 매출 배수를 비교하는 다양한 방법을 조사한다.

불일치 탐색 성장률, 위험, 현금흐름도 매출 매수에 영향을 미치지만, 매출 배수의 핵심 결정 요인은 이익률이다 (PSR의 핵심 결정 요인은 순이익률이고, EV/매출의 핵심 결정 요인은 영업이익률이다). 그러므로 이익률 낮은 기업의 매출 배수가 낮고, 이익률

[그림 20.3] PSR과 이익률

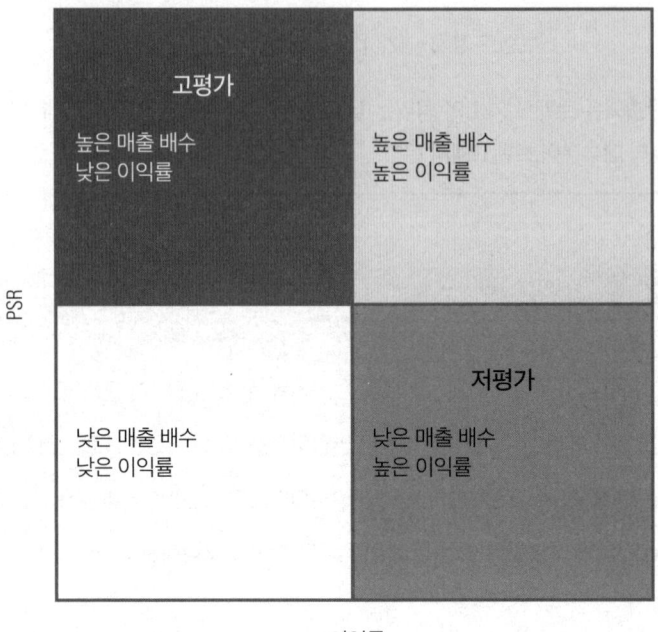

높은 기업의 매출 배수가 높은 것은 당연하다. 그러나 이익률이 낮은데도 매출 배수가 높거나, 이익률이 높은데도 매출 배수가 낮은 기업도 있다. 이런 기업은 고평가나 저평가의 가능성이 있으므로 발견하면 관심을 기울여야 한다. 그림 20.3은 이런 기업을 매트릭스에 나타낸 것이다. 이익률과 매출 배수가 불일치하는 기업들을 이 매트릭스에 표시하면 업종별로 저평가나 고평가된 기업들을 확인할 수 있다.

이 방법이 직관적으로 보면 매력적이지만 현실적인 문제점이 적어도 세 가지 있다. 첫째, 예상 이익률 데이터보다는 과거 (또는 현재) 이익률 데이터를 구하는 편이 더 쉽다. 기업의 현재 이익률과 미래 이익률 사이에 상관관계가 높다면(과거 이익률이 높은 기업은 미래 이익률도 계속 높을 것이고, 과거 이익률이 낮은 기업은 미래 이익률도 계속 낮을 것이다), 현재 이익률과 현재 매출 배수를 사용해서 저평가나 고평가 주식을 찾아내는 방법이 합리적이다. 그러나 기업의 현재 이익률과 예상되는 미래 이익률의 상관관계가 높지 않다면, 단지 현재 이익률이 낮은데도 PSR이 높다고 해서 이 기업이 고평가 되었다고 주장해서는 안 된다. 둘째, 이 방법은 매출 배수와 이익률의 관계가 선형적 이라고 가정한다. 다시 말해서 이익률이 두 배가 되면 매출 배수도 두 배가 되리라 기 대한다. 셋째, 이 방법은 특히 위험 등 다른 펀더멘털의 차이를 무시한다. 현재 이익률 이 높은데도 매출 배수가 낮아서 저평가된 것처럼 보이는 기업이 사실은 위험이 매우 커서 적절하게 평가되었을지도 모른다.

[예시 20.9] 매출 배수와 이익률: 전문 소매업체들(2000년 7월)

첫 번째 비교 사례에서는 미국의 전문 소매업체들을 살펴본다. 그림 20.4는 2000년 7월 전문 소매업체들 의 영업이익률에 대해 이들의 EV/후행 매출을 점으로 표시한 것이다(점 옆에 표시된 것은 종목 코드).

[그림 20.4] EV/매출과 영업이익률

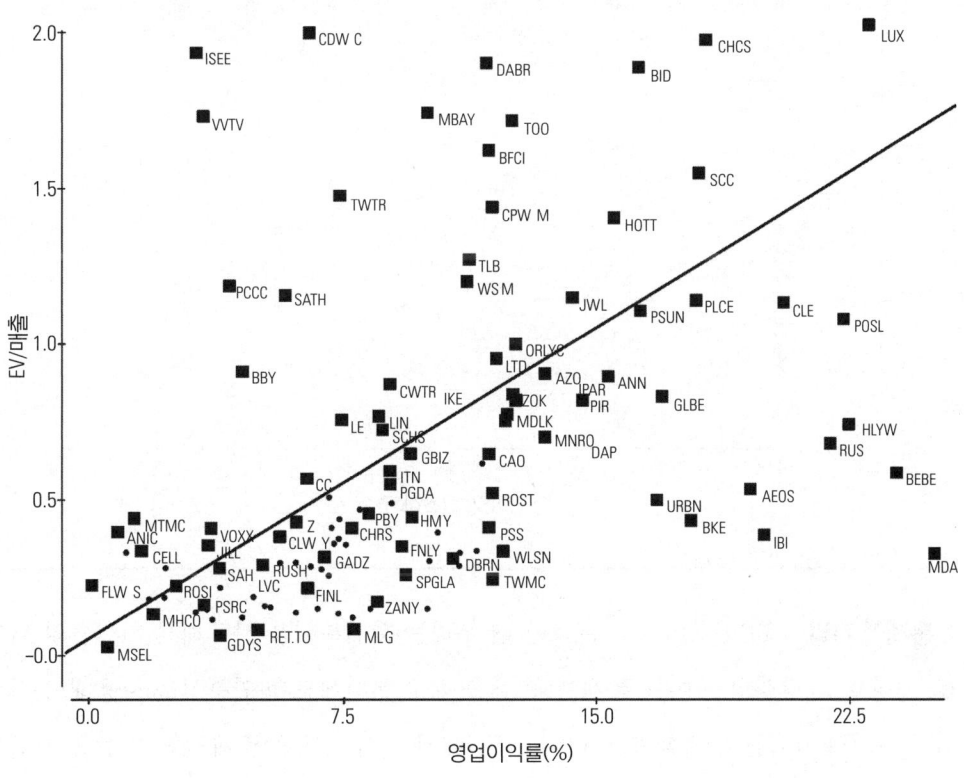

영업이익률이 높은 기업들은 EV/매출도 높은 경향이 있고, 영업이익률이 낮은 기업들은 EV/매출도 낮은 경향이 있다. 그러나 이들 기업의 EV/매출과 영업이익률의 관계에서 나타나는 소음 규모도 상당하다.

[예시 20.10] 매출 배수와 이익률: 인터넷 소매업체들(2000년 7월)

두 번째 비교 사례에서는 그림 20.5에서 보듯이 인터넷 소매업체들의 최근 연도 이익률에 대해 이들의 2000년 7월 EV/후행 매출을 점으로 표시했다.

여기서는 EV/매출과 영업이익률 사이에 연관성이 거의 없는 듯하다. 이는 놀랄 일이 아니다. 대부분 인터넷 기업들은 영업이익과 영업이익률이 음수이기 때문이다. 이들 기업의 주가에는 현재 이익이 아니라 장래에 예상되는 이익이 반영되어 있어서 현재나 미래 예상 이익률과 상관관계가 거의 없다.

[그림 20.5] EV/매출과 영업이익률: 인터넷 소매업체들

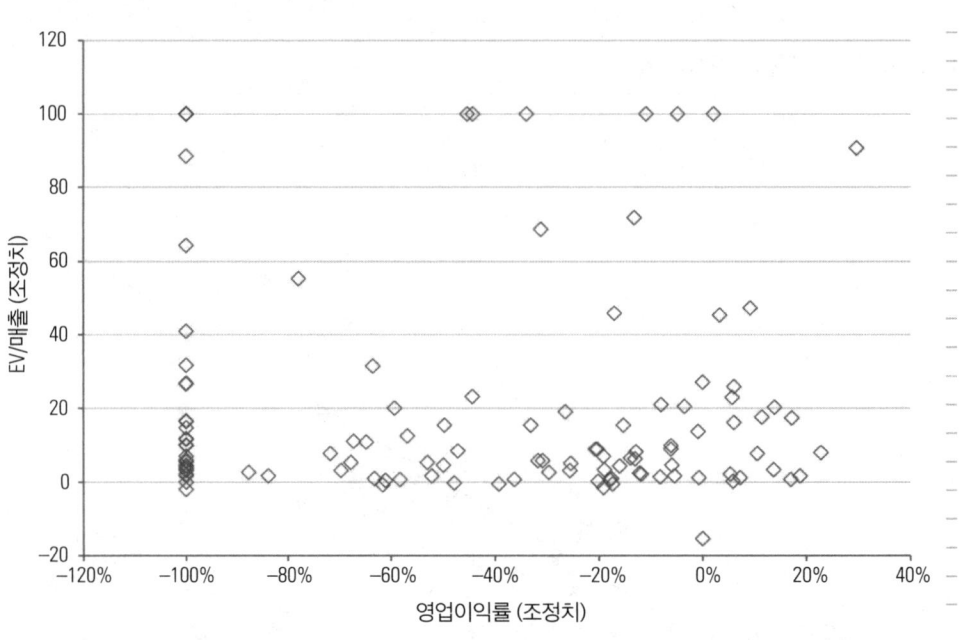

통계적 기법 PER과 PBR을 분석할 때 우리는 회귀분석을 사용해서 기업들의 위험, 성장률, 배당성향 차이를 통제했다. 매출 배수 분석에도 회귀분석을 사용해서 기업들 사이의 차이를 통제할 수 있다. 이 섹션에서는 이 기법을 좁게 정의한 동종 기업

가치평가 바이블

들에 먼저 적용하고 나서 전체 섹터와 시장에 확대 적용하기로 한다.

같은 사업을 하는 동종 기업들　지난 섹션에서는 동종 기업들의 불일치를 조사하여 이익률이 높은데 매출 배수가 낮은 기업은 저평가되었다고 보았다. 이 기법을 확대 적용하면, 같은 섹터에 속한 기업들의 이익률에 대해 매출 배수를 회귀분석할 수 있다.

$$PSR = a + b(\text{순이익률})$$
$$EV/\text{매출} = a + b(\text{세후 영업이익률})$$

이 회귀분석을 사용하면 표본 기업들의 예측값을 추정할 수 있으므로 저평가 기업과 고평가 기업 확인에 유용하다.

표본 기업의 수가 충분히 많으면, 이 회귀분석을 확대해서 다른 독립 변수들도 추가할 수 있다. 예를 들어 주가나 베타의 표준편차를 독립 변수로 사용해서 위험의 차이를 파악할 수 있고, 애널리스트 기대성장률 추정치들을 사용해서 성장률의 차이를 통제할 수 있다. 그리고 매출 배수와 다른 모든 변수 사이의 비선형 관계를 설명할 수 있도록 회귀분석을 조정할 수도 있다.

인터넷처럼 매출 배수와 펀더멘털 사이에 상관관계가 거의 없어 보이는 섹터에도 이 기법을 사용할 수 있을까? 사용할 수는 있으나, 그 섹터의 가치 결정 요인이 반영되도록 회귀분석을 조정해야 한다.

[예시 20.11] 회귀분석 기법: 전문 소매업체들(2000년 7월)

예시 20.9에서 소매업체들의 영업이익률에 대해 이들의 EV/매출을 표시한 산포도를 다시 생각해보자. 여기에는 분명히 양의 상관관계가 있으므로 전문 소매업체들의 영업이익률에 대해 EV/매출을 회귀분석하면 다음과 같다.

$$EV/\text{매출} = 0.0563 + 6.6287(\text{세후 영업이익률}) \qquad R^2 = 39.9\%$$
$$(0.72) \quad (10.39)$$

이 회귀분석의 관측치는 162개이고 t 통계량은 괄호 안에 있다. 탈보츠(Talbots)의 EV/매출 예측값을 추정해보자. 전문 소매업체 탈보츠의 세후 영업이익률은 11.22%이다.

$$\text{EV/매출 예측값} = 0.0563 + 6.6287(0.1122) = 0.80$$

실제 EV/매출은 1.27이므로 탈보츠는 고평가된 것으로 보인다. 이 회귀분석은 두 가지 방법으로 조정할 수 있다. 하나는 두 변수 사이의 비선형 관계를 설명할 수 있도록 ln(영업이익률)에 대해 EV/매출을 회귀분석하는 것이다.

$$\text{EV/매출} = 1.8313 + 0.4339 \times \ln(\text{세후 영업이익률}) \qquad R^2 = 22.40\%$$
$$(10.76) \quad (6.89)$$

나머지 하나는 회귀분석을 확대해서 위험과 성장률의 대용물을 포함하는 것이다.

$$\text{EV/매출} = -0.1488 + 0.2494(\text{영업이익률}) + 1.545(\text{성장률}) \qquad R^2 = 45.4\%$$
$$(1.62) \quad (10.09)$$

$$\text{여기서} \quad \text{영업이익률} = \text{최근 연도 세후 영업이익률}$$
$$\text{성장률} = \text{향후 5년 이익의 기대성장률}$$

이 회귀분석은 관측치(124개)가 이전의 두 회귀분석보다 적지만, R^2은 45.4%로 더 높다. 이 회귀분석으로 탈보츠의 EV/매출 예측값을 산출하면 다음과 같다.

$$\text{EV/매출 예측값} = -0.1488 + 0.2494(0.1122) + 1.545(0.225) = 0.90$$

성장률의 차이를 조정한 후에도 탈보츠는 여전히 고평가 상태다.

[예시 20.12] 회귀분석 기법: 인터넷 소매업체들(2000년 7월)

예시 20.10에 표시된 인터넷 주식들의 순이익률에 대해 EV/매출을 회귀분석하면 다음과 같다.

$$\text{EV/매출} = 18.4015 - 8.5823(\text{영업이익률}) \qquad R^2 = 1.27\%$$
$$(4.27) \quad (1.21)$$

결정계수가 0에 가까울 뿐만 아니라, 현재 영업이익률과 EV/매출의 상관관계가 마이너스이다. 그러므로 주가와 현재 수익성 사이에 상관관계가 거의 없다.

어떤 변수를 사용하면 인터넷 주식들의 PSR 차이를 더 잘 설명할 수 있을까? 다음 주장을 들어보자.

- 이 표본에는 매출이 거의 없는 기업도 있고 매출이 훨씬 많은 기업도 있으므로, 매출이 적은 기업은 매출이 많은 기업보다 매출 배수가 높으리라 예상된다. 그러므로 매출이 20억 달러에 육박하는 아마존의 매출 배수는 매출이 6,000만 달러에도 못 미치는 아이빌리지(iVillage)보다 낮으리라 예상할 수 있다.
- 인터넷 기업 중 일부는 현금이 바닥나서 파산할 가능성이 크다. 이런 현금 문제 측정에 널리 사용되는 척도가 현금소진율(cash burn ratio)로, 현금 잔고를 EBITDA의 절댓값(흔히 마이너스 값이므로)으로 나

가치평가 바이블

눈 비율이다. 현금소진율이 낮은 기업은 자금난에 처할 위험이 더 크므로 매출 배수가 더 낮아야 한다.

■ 이런 기업들은 가치의 핵심 결정 요인이 매출 성장률이다. 다른 조건이 같다면 매출 성장률이 높은 기업들이 더 빨리 수익성을 확보하기 쉽다.

다음은 전년도 인터넷 기업들의 매출 수준[ln(매출)], 현금소진율(현금 잔고/EBITDA의 절댓값), 매출 성장률에 대해 EV/매출을 회귀분석한 방정식이다.

$$EV/매출 = 29.23 - 2.46 \ln(매출) + 0.48(현금/EBITDA) + 9.34 \, 성장률_{매출}$$
$$(1.45) \quad (0.54) \qquad\quad (2.70) \qquad\qquad\quad (1.18)$$

이 회귀분석의 관측치는 116개이고 결정계수는 8.23%이다. 모든 계수는 부호에 문제가 없지만, 통계적 유의성은 미미하다. 다음 회귀분석으로 2000년 7월 아마존의 EV/매출 예측값을 구할 수 있다.

$$EV/매출_{아마존} = 29.23 - 2.46 \ln(1,920) + 0.48(2.12) + 9.34(1.4810) = 25.48$$

아마존의 실제 EV/매출은 6.69이므로 다른 인터넷 기업들보다 매우 저평가된 것처럼 보인다.

그러나 회귀분석에 소음이 너무 많아서 예측값에 큰 비중을 두기 어렵다. 실제로 펀더멘털에 대한 설명력이 약하고 상대가치 척도들의 차이가 매우 크므로, 이렇게 기업들이 극적으로 변화하는 섹터에서는 배수 사용에 주의해야 한다.

[예시 20.13] 매출 배수와 이익률: (시간의 흐름 속에서 본) 홀푸드와 식료품 섹터

상대가치 평가로 저평가 주식을 발견하는 방법은 불일치 탐색이 될 수도 있다. 그러나 이렇게 발견한 주식으로 돈을 벌려면 이후 불일치가 해소되어야 한다. 다시 말하면, 이익률이 높은데도 매출 배수가 낮은 주식을 매수할 수는 있지만, 이 주식으로 돈을 벌려면 매출 배수가 높은 이익률에 걸맞은 수준으로 상승해야 한다.

이 과정을 보여주는 사례로 2007년 1월~2011년 5월 홀푸드(WFMI)를 추적해보자. 먼저 그림 20.6에서 2007년 1월 홀푸드와 나머지 식료품 섹터 기업들을 비교해보자. 그래프는 PSR 회귀선도 보여준다.[2] 섹터의 순이익률에 대한 PSR의 분포에서 드러나듯이, 홀푸드는 PSR이 1.41로서 섹터에서 가장 높았고, 영업이익률은 3.41%로서 섹터에서 두 번째로 높았다.

홀푸드의 높은 이익률이 PSR 1.41을 충분히 뒷받침할 만한 수준인지 확인하려고 이 섹터의 순이익률에 대해 PSR을 다음과 같이 회귀분석했다.

$$PSR = -0.16 + 33.26(순이익률)$$

---

2 이 분석 시점에는 식료품점들의 부채비율이 비슷했으며, 부채가 매장 리스 형태였다. 2024년이 이 분석을 다시 한다면 식료품점 사이의 레버리지 차이가 더 커졌으므로, 영업이익률과 함께 EV/매출을 사용할 것이다.

[그림 20.6] PSR과 순이익률: 식료품 섹터(2007년 1월)

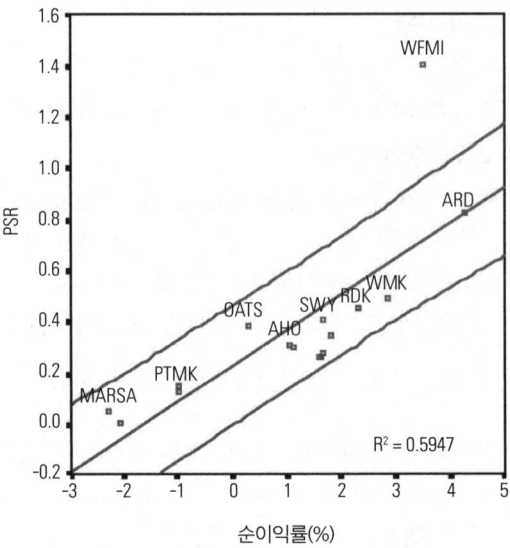

[그림 20.7] PSR과 순이익률: 식료품 섹터(2009년 1월)

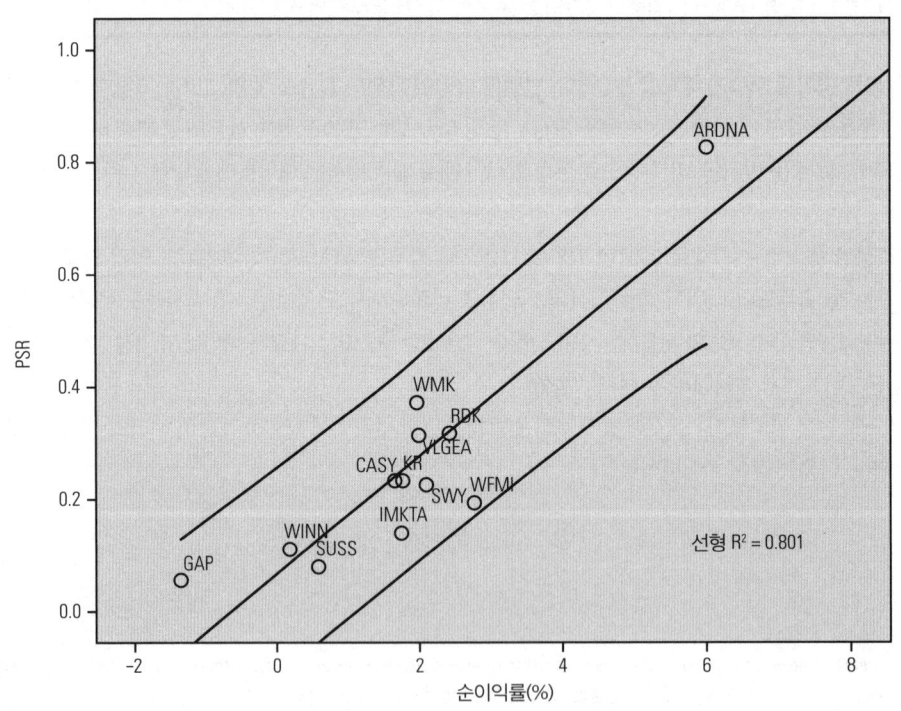

가치평가 바이블

홀푸드의 순이익률을 회귀방정식에 대입하면 다음과 같다.

$$PSR_{홀푸드} = -0.16 + 33.26(0.0341) = 0.97$$

높은 이익률을 통제하고 나서도 홀푸드의 PSR 1.41은 매우 고평가된 것으로 보인다. 2009년 1월에도 우리는 식료품 섹터에서 순이익률에 대해 PSR을 표시했다(그림 20.7 참조). 2년 사이에 홀푸드는 투자자들에게 소외당한 듯하다. 홀푸드의 순이익률이 2.77%로 하락하자 PSR은 0.31로 더 심하게 하락했다.

시장이 이익률 하락에 과잉반응했는지 평가하려고 다음과 같이 순이익률에 대해 PSR을 회귀분석했다.

$$PSR = 0.07 + 10.49(순이익률)$$

회귀방정식에 홀푸드의 순이익률을 대입하면 다음과 같다.

$$PSR_{홀푸드} = 0.07 + 10.49(0.0277) = 0.36$$

홀푸드는 통계적 유의성 범위의 하한선 근처까지 하락했지만, 이제 매출 배수 0.31배에서는 저평가된 것으로 보인다.

[그림 20.8] PSR과 순이익률: 식료품 섹터(2010년 1월)

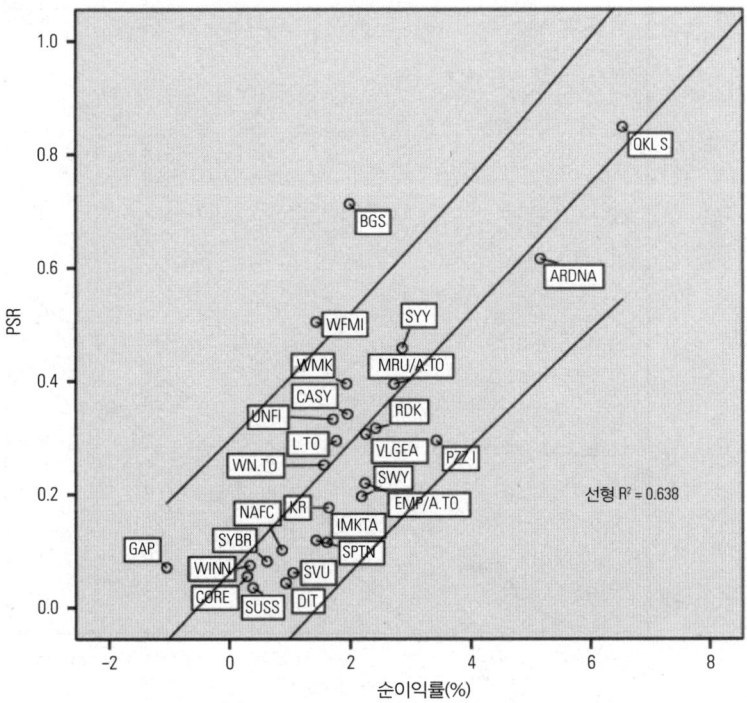

1년 뒤인 2010년 1월로 가서 또 식료품 업체들의 순이익률에 대해 PSR을 표시했다. 1년 동안 홀푸드의 순이익률은 1.44%로 하락했고 PSR은 0.50로 상승하여, 업체들 사이에서 중앙에 놓였다(그림 20.8 참조).

이번에도 섹터 순이익률에 대해 PSR을 회귀분석했다.

$$PSR = 0.06 + 11.43(순이익률)$$

회귀방정식에 홀푸드의 순이익률을 대입하면 다음과 같다.

$$PSR_{홀푸드} = 0.06 + 11.43(0.0144) = 0.22$$

2010년에는 홀푸드가 다시 고평가되어 통계적 유의성 범위의 상한선 바로 위에 놓였다.

끝으로 2011년 5월에도 식료품 섹터 기업들의 순이익률에 대해 PSR을 표시했다. 앞의 예시들에서 지적했듯이, 홀푸드는 매출의 1.11배에 거래되면서 프리미엄 지위를 회복했고, 순이익률은 2.73%로 상승했다(그림 20.9 참조).

순이익률에 대해 PSR을 회귀분석하면 다음과 같다.

$$PSR = 0.304 + 0.126(순이익률)$$

[그림 20.9] PSR과 순이익률: 식료품 섹터(2011년 5월)

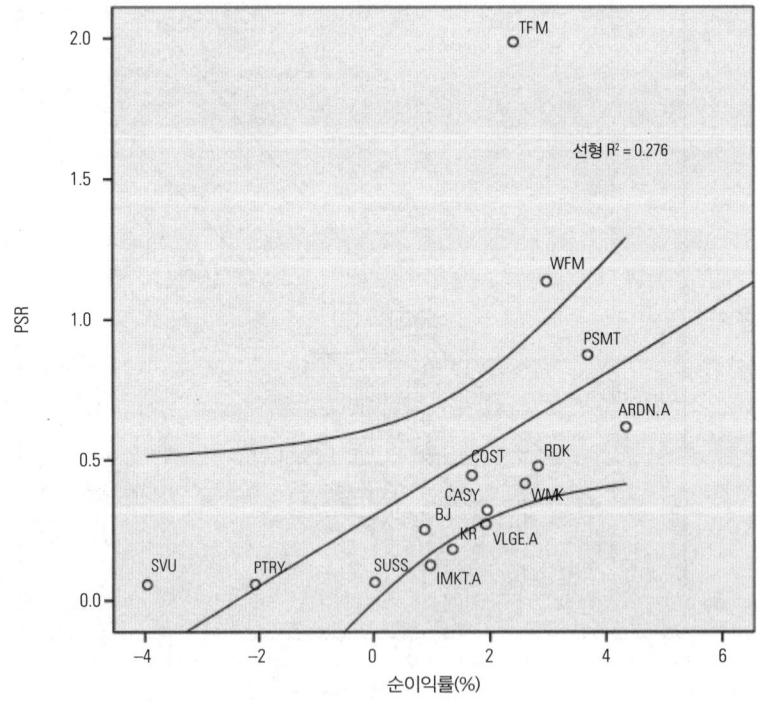

가치평가 바이블

회귀방정식에 홀푸드의 순이익률을 대입하면 다음과 같다.

$$PSR_{홀푸드} = 0.304 + 12.60(0.0273) = 0.65$$

2011년 5월 홀푸드는 매우 고평가된 것으로 보인다.

지나고 나서 보니까 이들 회귀분석은 2007년 1월 홀푸드 공매도를 추천했고, 2009년 1월 재매수를 추천했으며, 2010년 1월 다시 공매도를 추천했다. 앞의 두 추천을 따랐다면 큰 이익을 얻었겠지만, 마지막 추천을 따랐다면 손실을 보았을 것이다. 2010~2011년에는 주식이 더욱 고평가되었기 때문이다.

시장 회귀분석   회귀분석을 사용해서 기업들 사이의 차이를 통제할 수 있다면 이 기법을 확대해서 여러 섹션을 훨씬 광범위하게 살펴볼 수 있다. 여기서는 횡단면 데이터를 사용해서 (이익률, 배당성향, 베타, 이익 성장률 등) 펀더멘털 변수에 대해 PSR을 추정한다.

이 기법을 확장하면 전체 시장을 다룰 수 있다. 이 책의 초판에서는 1987~1991년 각 연도의 (배당성향, 이익 성장률, 이익률, 베타 등) 펀더멘털에 대해서 PSR을 회귀분석 하였다(표 20.11 참조).

이들 회귀분석에서는 지역별로 상장된 기업들의 EV/매출을 2024년 1월 갱신했다

[표 20.11] PSR 시장 회귀분석(1987~1991년)

연도	회귀식	R^2
1987	PSR = 0.7894 + .0008 배당성향 - 0.2734 베타 + 0.5022 EGR + 6.46 이익률	44.34%
1988	PSR = 0.1660 + .0006 배당성향 - 0.0692 베타 + 0.5504 EGR + 10.31 이익률	78.56%
1989	PSR = 0.4911 + .0393 배당성향 - 0.0282 베타 + 0.2836 EGR + 10.25 이익률	46.01%
1990	PSR = 0.0826 + .0105 배당성향 - 0.1073 베타 + 0.5449 EGR + 10.36 이익률	88.85%
1991	PSR = 0.5189 + .2749 배당성향 - 0.2485 베타 + 0.4948 EGR + 8.17 이익률	48.53%

여기서   PSR = 연말 PSR
배당성향 = 배당/연말 이익
베타 = 주식의 베타
이익률 = 해당 연도 이익률 = 순이익/해당 연도의 매출(%)
EGR = 직전 5년의 이익 성장률

[표 20.12] EV/매출 시장 회귀분석(2024년 1월)

지역	회귀식	R^2
미국	EV/매출 = 0.81 + 9.86 이익 성장률 + 8.19 영업이익률 − 1.60 부채비율 − 5.88 세율	36.0%
유럽	EV/매출 = 1.52 + 5.96 이익 성장률 + 6.13 영업이익률 − 2.04 부채비율 − 0.15 세율	14.3%
일본	EV/매출 = 1.13 + 3.82 이익 성장률 + 8.97 영업이익률 + 0.33 부채비율 − 1.59 세율	29.1%
호주·캐나다	EV/매출 = 1.39 + 3.02 이익 성장률 + 4.31 영업이익률 + 1.21 부채비율 + 3.18 세율	14.7%
신흥시장	EV/매출 = 3.07 + 1.48 이익 성장률 + 4.29 영업이익률 − 0.24 부채비율 − 2.22 세율	8.9%
세계	EV/매출 = 3.35 + 3.36 이익 성장률 + 6.45 영업이익률 − 0.52 부채비율 − 3.82 세율	18.0%

여기서   이익 성장률 = 이익 기대성장률(향후 5년)
영업이익률 = 후행 영업이익률
부채비율 = 시장 부채비율
세율 = 최근 연도 실효세율

(표 20.12 참조).

설명력은 지역에 따라 크게 다르지만, 매출 배수의 차이는 영업이익률의 차이로 가장 잘 설명할 수 있다.

[예시 20.14] 코스트코와 테스코의 가격평가

앞의 시장 회귀분석을 바탕으로 2024년 5월 코스트코(미국 회원제 대형 할인점)와 테스코(Tesco, 영국 소매점)의 EV/매출을 추정한다.
먼저 코스트코의 숫자들을 미국 EV/매출 회귀방정식에 입력한다.

코스트코 영업이익률 = 3.76%
코스트코 기대 매출 성장률 = 7.20%
코스트코 부채비율 = 3.00%
코스트코 세율 = 22.15%

미국 시장 회귀분석을 사용했을 때 나오는 배수는 다음과 같다.

미국 EV/매출 = 1.81 + 9.86(기대 매출 성장률) + 8.19(영업이익률) − 1.60(부채비율) − 5.88(세율)
코스트코의 EV/매출 = 1.81 + 9.86(0.072) + 8.19(0.0376) − 1.60(0.03) − 5.88(0.2215) = 1.48

가치평가 바이블

이는 2024년 5월 실제 코스트코의 PSR보다 높다. 시장가격을 고려하면 주가가 저평가된 듯하다.

다음에는 유럽 EV/매출 회귀분석을 사용해서 테스코의 EV/매출을 추정한다. 입력 변수는 다음과 같다.

$$\text{테스코의 영업이익률} = 4.11\%$$
$$\text{테스코의 기대 매출 성장률} = 1.5\%$$
$$\text{테스코의 부채비율} = 40.35\%$$
$$\text{테스코의 세율} = 18.5\%$$

유럽 시장 회귀분석을 사용했을 때 나오는 배수는 다음과 같다.

$$\text{유럽 EV/매출} = 1.52 + 5.96(\text{기대 매출 성장률}) + 6.13(\text{영업이익률}) - 2.04(\text{부채비율}) - 0.15(\text{세율})$$
$$\text{테스코의 EV/매출} = 1.52 + 5.96(0.015) + 6.13(0.0411) - 2.04(0.4035) - 0.15(0.185) = 1.01$$

2024년 5월 테스코의 PSR은 0.47이므로 매우 저평가되었다.

미래 매출 배수 18장에서는 미래 이익 배수로서 주식 시장가치의 용도를 조사했다. 매출 배수에 대해서도 미래 매출을 측정할 수 있다. 그러므로 5년 후 매출 배수로 가치를 추정할 수도 있다. 이렇게 할 때 얻는 이점은 다음과 같다.

- 현재 매출이 거의 없거나 향후 매출이 빠르게 성장하리라 예상되는 기업이라면, (예컨대 5년 후) 미래 매출이 현재 매출보다 그 기업의 진정한 잠재력을 더 잘 반영할 것이다.
- 기업의 성장률이 안정되고 위험이 감소하면 매출 배수를 추정하기가 더 쉬워진다. 신생 성장 기업이라면 5년 후에는 지금보다 그렇게 되기 쉽다.

5년 후 매출을 사용해서 가치를 추정한다고 가정하면, 이 매출에 어떤 배수를 사용해야 할까? 선택 대안은 세 가지다. 하나는 현재 동종 회사들 PBR의 평균 배수를 사용해서 5년 후 가치를 추정한 뒤, 그 가치를 현재가치로 할인하는 방법이다. 예를 들어 테슬라 같은 기업은 2010년 매출은 1억 1,700만 달러에 불과하지만 10년 후에는 4조 8,770억 달러로 증가할 전망이다. 성숙기 자동차회사들의 평균 EV/매출이 0.82라면, 테슬라의 가치는 다음과 같이 추정할 수 있다(단위: 100만 달러).

$$10년\ 후\ 테슬라의\ 매출 = 4,877$$
$$10년\ 후\ 테슬라의\ 기업\ 가치\ 추정치 = 4,877 \times 0.82 = 3,999$$

테슬라의 향후 10년 자본비용이 12%로 예상된다면 현재 테슬라의 기업 가치는 다음과 같이 추정할 수 있다.

$$현재\ 테슬라의\ 가치 = 10년\ 후\ 기업\ 가치\ 추정치/(1 + 자본비용)^{10}$$
$$= 3,999/(1.12)^{10} = 1,288$$

이 계산에서는 향후 10년 동안 발생하는 현금흐름은 무시한다. 여기에 현재 현금 잔고(1억 9,600만 달러)를 더하고, 미상환부채(1억 600만 달러)를 빼며, 경영진 스톡옵션의 가치(1억 5,200만 달러)를 차감한 다음, 유통주식 수(9,490.8만 주)로 나누면 주당 가치 12.91달러가 나온다.

$$주당\ 가치 = \frac{(1,288 + 196 - 106 - 152)}{94.908} = 12.91달러$$

두 번째 방법은 동종 회사들의 10년 후 매출을 예측한 뒤, 각 회사의 현재가치를 이 매출로 나누는 것이다. 현재가치를 미래 매출로 나눈 이 배수를 사용해서 분석 기업의 현재가치를 추정할 수 있다. 예를 들어 현재가치가 다른 자동차회사들의 10년 후 매출의 0.4배라면, 테슬라의 가치는 다음과 같이 추정할 수 있다.

$$10년\ 후\ 테슬라의\ 매출 = 4,877$$
$$현재\ 기업\ 가치 = 10년\ 후\ 테슬라의\ 매출 \times (현재\ EV/매출_{10년\ 후}) = 4,877(0.4) = 1,951$$

세 번째 방법에서는 분석 기업과 동종 회사들 사이의 영업이익률, 성장률, 위험 차이를 반영해서 미래 매출 배수를 조정할 수 있다. 예를 들어 10년 후 테슬라는 기대 영업이익률이 10%이고 이후 연도에는 기대성장률이 3.5%이다.

그러면 현재 자동차회사들의 기대성장률과 영업이익률에 대해 EV/매출을 회귀분석하고 나서, 테슬라의 기업 가치를 회귀방정식에 대입하여 10년 후 EV/매출 예측값을 얻는다. 업계 평균 대신 기업 가치 예측값을 사용해서 미래가치를 추정한다.

섹터 특유의 배수

여러 섹터 특유의 배수를 사용해서 기업의 가치를 표준화할 수 있다. 생산되는 철강의 톤당 시장가치를 근거로 철강회사들의 가치를 비교할 수 있고, 생산되는 전력의 양(킬로와트시)을 기반으로 전력회사들의 가치를 계산할 수 있다. 최근 몇 년 동안 신기술회사를 분석하는 애널리스트들은 매우 창의적으로 배수를 활용했다. 온라인 서비스 제공업체는 구독자당 가치로 평가했고, 인터넷 포털은 웹사이트 방문객 수로 평가했으며, 소셜미디어회사는 회원당 가치로 평가했다.

애널리스트가 섹터 특유의 배수를 사용하는 이유

최근 몇 년 동안 섹터 특유 배수의 사용이 증가하자, 섹터 특유 배수로도 상대가치를 잘 추정할 수 있는지에 대한 토론이 시작되었다. 애널리스트가 섹터 특유 배수를 사용하는 이유는 다음과 같다.

- 섹터 특유 배수는 기업의 가치를 영업 항목 및 산출량과 연결해준다. (구독자 수나 소셜미디어 회원 수 등) 이런 예측치를 분석하는 애널리스트들은 훨씬 더 직관적인 가치 추정 방법을 제공한다.
- 흔히 섹터 특유 배수들은 재무제표나 척도와 무관하게 산출할 수 있다. 따라서 재무제표가 존재하지 않거나, 신뢰할 수 없거나, 비교할 수 없는 기업들의 가치도 추정할 수 있다. 그러므로 판매하는 전력량(킬로와트시)을 바탕으로 라틴 아메리카 전력회사들의 가치를 산출할 수 있으며, 국가들 사이의 회계기준 차이도 격정할 필요가 없다.
- 대개 인정받지 못하는 주장이지만, 다른 배수는 추정하거나 사용할 수 없어서 될 대로 되라는 식으로 간혹 섹터 특유 배수가 사용되기도 한다. 예를 들어 1990년대 말 닷컴 기업들에 섹터 특유 배수를 사용하게 된 것은 이들 대부분이 적자 기업이고 장부가치나 매출도 거의 없었기 때문이다.

한계

애널리스트들이 가끔 섹터 특유 배수에 의지하는 것은 이해할 수 있지만, 여기에는 두 가지 심각한 문제가 있다.

- 섹터를 집중적으로 분석하는 애널리스트가 섹터 특유 배수를 사용하면 시야가 좁아져서 섹터 전체를 고평가하기 쉽다. 구독자당 50달러에 거래되는 서비스회사 주식은 구독자당 125달러에 거래되는 동종 회사 주식보다 싸 보일지 모르지만, 둘 다 고평가되거나 저평가되었을 가능성도 충분히 있다.
- 이 섹터 뒷부분에서 설명하겠지만, 섹터 특유 배수들과 펀더멘털 사이의 관계는 복잡하므로 이들 배수로 기업들을 비교할 때 기업들의 차이를 통제하기가 매우 어렵다.

섹터 특유 배수의 정의

섹터 특유 배수의 본질은 그 측정 방법이 섹터에 따라 달라진다는 점이다. 그래도 이들에는 일반적으로 공통적인 특성이 있다.

- 분자가 대개 기업 가치(부채와 주식의 시장가치에서 현금과 유가증권을 차감한 값)이다.
- 분모는 매출과 이익을 창출하는 영업이익으로 정의된다.

원자재를 판매하여 매출을 창출하는 정유회사와 금광회사 등 원자재회사들의 시장가치는 보유한 원자재 매장량으로 나누어 표준화할 수 있다.

$$원자재\ 매장량\ 단위당\ 가치 = \frac{기업\ 가치}{원자재\ 매장량\ 단위\ 수}$$

석유회사들은 석유 매장량 배럴당 가치로 산출한 기업 가치로 비교할 수 있고, 금광회사들은 금 매장량 온스당 가치로 산출한 기업 가치로 비교할 수 있다.

(품질과 단위 면에서) 동질 제품을 생산하는 제조회사의 시장가치는 그 회사가 생산

하는(또는 생산할 수 있는) 단위 수로 나누어 표준화할 수 있다.

$$생산\ 원자재\ 단위당\ 가치 = \frac{기업\ 가치}{생산한\ 제품의\ 수}$$

예를 들어 철강회사들은 생산한(생산 가능한) 철강 톤당 가치로 산출한 기업 가치로 비교할 수 있다. 그리고 자동차회사들은 판매한 자동차당 가치로 산출한 기업 가치로 비교할 수 있다.

케이블TV, 온라인 서비스 제공업체, 정보 제공업체 등 구독자 기반 회사들은 매출이 구독자의 수에서 나온다. 그러므로 기업의 가치를 구독자의 수로 나타낼 수 있다.

$$구독자당\ 기업\ 가치 = \frac{기업\ 가치}{구독자의\ 수}$$

지금까지 논의한 각 사례에서 (석유 배럴이든, 전력 킬로와트시든, 구독자 수든) 단위당 창출되는 매출은 비슷하므로 섹터 특유 배수를 사용해야 한다는 주장이 나올 수도 있다. 그러나 가치 측정에 사용되는 단위가 동질적이지 않으면 섹터 특유 배수는 훨씬 더 골칫거리가 된다. 두 가지 사례를 살펴보자.

매장이나 웹사이트에서 쇼핑하는 고객들로부터 매출이 발생하는 소매업체들의 가치는 단골손님의 수로 나타낼 수 있다.

$$고객당\ 기업\ 가치 = \frac{기업\ 가치}{유료\ 고객의\ 수}$$

문제는 고객에 따라 지출액이 크게 다르다는 점이다. 그러므로 고객 수 기준으로 싸 보이는 기업이 실제로 저평가되었는지는 확실치 않다.

웹사이트 방문자 수를 기반으로 광고 매출이 발생하는 온라인 포털이나 소셜미디어라면, 매출은 웹사이트 사용자 수로 나타낼 수 있다.

$$고객당\ 가치 = \frac{기업\ 가치}{소셜미디어\ 사용자\ 수}$$

방문자 수와 광고 매출 사이의 관계 역시 확고하지도 명백하지도 않다. 예를 들어 2024년 소셜미디어 사이트 중에는 메타(페이스북, 인스타그램(Instagram))처럼 방문자로부터 막대한 광고 매출을 얻는 사이트도 있지만, 방문자로 큰 매출을 얻지 못하는 사이트(스냅챗(SnapChat)과 트위터 등)도 있다.

사용자 · 구독자 가치 결정 요인　섹터 특유 배수의 가치를 결정하는 요인은 무엇인가? 관계는 복잡할 수 있지만, 다른 배수들의 결정 요인과 마찬가지로 현금흐름, 성장률, 위험 등이다. 사용자 · 구독자는 현금흐름을 창출해주므로 기업에 가치가 있다. 기업이 이런 현금흐름을 창출하는 방법은 크게 세 가지다.

- 구독료: 사용자 · 구독자는 서비스를 이용하는 기간마다 (고정) 요금을 낸다. 이 요금은 모두 같을 수도 있고, 서비스 수준에 따라 여러 등급으로 구성될 수도 있다. 이 요금은 일반적으로 구독자가 서비스 이용을 취소할 때까지 계속 유지된다. 넷플릭스, 마이크로소프트 오피스 365, 어도비 크리에이티브 클라우드는 모두 구독료 기반 모형이다.
- 광고: 광고 모형에서 기업은 사용자들에게 서비스 이용 대가로 요금을 받지 않지만, 이 사용자들에게 제품과 서비스를 판매하려는 다른 기업들을 끌어들인다. 페이스북, 트위터, 스냅, 구글은 모두 사용자 기반 기업들로, 다른 기업에 사용자들에 대한 광고를 허용하는 방식으로 매출을 일으킨다.
- 거래: 거래 기반 모형에서 기업은 사용자 · 구독자와 직간접적 거래를 통해서 이익을 창출한다. 예를 들어 우버는 앱 다운로드를 무료로 제공하지만, 사용자가 앱을 통해서 자동차 서비스나 배달을 이용하면 이 거래에서 창출되는 매출을 나눈다.

이들 모형을 둘 이상 결합한 혼성 모형도 있다. 링크드인은 링크드인 네트워크를 폭넓게 사용하려는 사용자를 대상으로 하는 구독료 기반 프리미엄 모형과, 온라인 광고로 매출을 창출하는 무료 모형 두 가지를 보유하고 있다. 아마존 프라임은 프라임 회원들에게 연간 구독료를 부과하지만, 프라임 회원들이 아마존 포털에서 제품을 구매할 때도 매출을 창출한다.

어떤 매출 모형을 사용하든, 사용자·구독자의 가치는 그 사용자·구독자가 플랫폼에 머무는 동안 창출하리라 기대되는 세후 현금흐름의 현재가치다. 이 가치를 추정하려면 다음 정보가 필요하다.

1. **사용자 수명**: 개인이든 기업이든 사용자는 수명이 유한하다. 대부분 사례에서 기업에 적용되는 사용자 수명은 사용자의 잔여 수명보다 훨씬 짧다. 기업이 보유한 기술은 수명이 더 유한하며, 시간이 흐르면 브랜드에 대한 사용자의 선호도도 변할 수 있기 때문이다. 일반적으로 기업의 제품이나 서비스가 특정 기술에 더 종속될수록 사용자 수명이 짧아진다.

2. **사용자 갱신율**: 사용자 갱신율이 100%라면 사용자가 모두 수명 기간 내내 유지될 것이므로 수명 기간에 매년 그 현금흐름을 기대할 수 있다. 그러나 갱신율이 100% 미만이라면 미래 연도의 기대 현금흐름에 고객의 잔존 확률을 반영해야 한다. 예를 들어 연간 갱신율이 90%라면 기대 수명이 15년인 고객의 8년 차 잔존 확률은 43%에 불과하다(8년 차 잔존율 = 0.9^8 = 0.43). 보유 데이터가 매우 풍부하다면 고객들의 연도별 갱신율도 추정할 수 있다. 시간이 흐르면 고객들의 갱신율도 변하기 쉬운데, 대개 초기 연도에는 가치가 낮고 후기 연도에 가치가 더 높아진다. 기업들이 발표하더라도 갱신율을 일반화하기는 쉽지 않다. 일부 구독자는 기간 중 구독 취소와 갱신을 여러 차례 되풀이하기 때문이다. 끝으로 갱신율은 거래 기반 기업보다 구독 기반 기업에 훨씬 더 중요하다. 구독 기반 기업은 사용자가 갱신하지 않으면 이익이 사라지지만, 거래 기반 기업은 사용자가 거래할 때만 이익이 발생하기 때문이다. 사용자의 거래 빈도가 감소하거나 없어지면 매출과 현금흐름이 감소한다. 그러므로 갱신율 가정은 우버보다 넷플릭스의 가치를 평가할 때 훨씬 더 중요하고, 아마존 프라임은 둘 사이 어딘가에 해당한다.

3. **사용자 현금흐름**: 사용자당 현금흐름을 산출하려면 기업이 사용자에게 제공하는 서비스 비용을 차감해야 한다. 넷플릭스의 구독료가 연 120달러이고 서비스 비

용이 구독자당 30달러라면, 넷플릭스의 기초 연도 현금흐름이 세전 기준으로는 구독자당 90달러이고 세후 기준으로는 (실효세율이 20%라면) 구독자당 72달러에 불과하다. 광고 기반 기업이라면 추정하기가 더 막연하지만, 최근 기간 광고 매출 총액을 그 기간 사용자 수로 나눈 숫자가 합리적인 출발점이 될 것이며 비용도 차감해야 한다.

4. **사용자당 현금흐름의 성장:** 사용자를 획득한 다음에는 그 사용자에게 다른 제품과 서비스도 판매하여 사용자당 매출을 성장시킬 수 있다. 만일 서비스 비용 일부가 고정되어 있다면 사용자당 영업이익은 더 빠르게 성장한다. 그러나 이 성장은 비즈니스 모델에 좌우된다. 넷플릭스는 월간 구독료 모형이므로 구독료 인상 폭에 한계가 있다. 반면 아마존 프라임은 신규 제품과 서비스를 이용해서 프라임 회원을 획득할 수 있으므로 성장 잠재력이 훨씬 크다. 예를 들어 아마존은 2017년 홀푸드를 인수한 덕분에 프라임 회원들에게 추가 제품으로 간편식을 제안할 수 있다.

5. **현금흐름에 내재하는 위험:** 사용자 상실 위험은 기대 현금흐름에 이미 반영되어 있으므로, 주요 위험은 갱신율 변동과 각 사용자가 창출하는 현금흐름 규모에서 온다. 매출 모형도 거래 기반 기업보다 (매출 예측 가능성이 더 높은) 구독 기반 기업에 중요하다. 그리고 현금흐름 평가에 사용하는 할인율에는 위험의 차이를 반영해야 한다.

그림 20.10은 사용자 가치평가에 필요한 입력 변수들을 정리한 자료다.

가치 추정에 필요한 정보를 살펴보면 사용자 기반 기업들이 공개하는 정보가 매우 부족함을 실감하게 된다. 이 섹션 끝부분에서 가치평가 방법을 보완해보겠지만, 평가를 개선하려면 더 정확한 사용자 관련 정보가 필요하다고 생각한다.

[그림 20.10] 기존 사용자·구독자의 가치

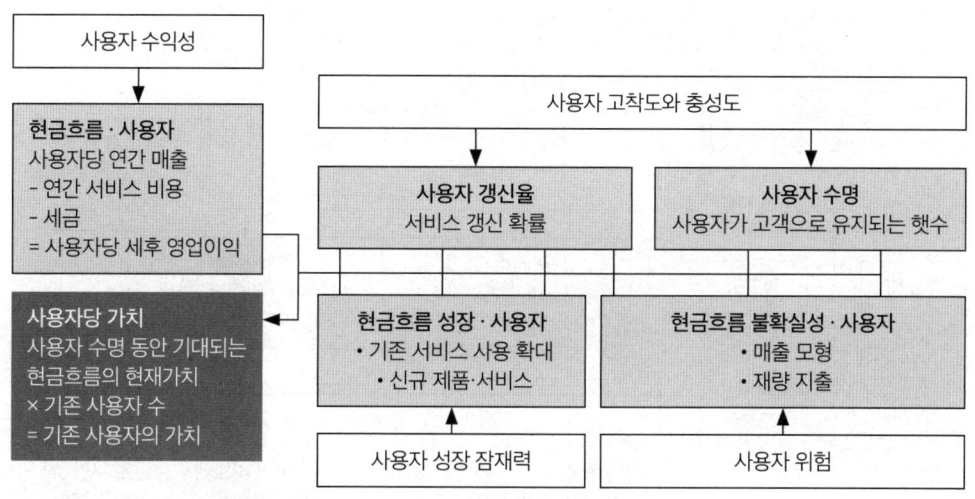

[예시 20.15] 구독자 가치 추정: 넷플릭스(2018년 4월)

2002년 상장 이후 넷플릭스는 두 가지 사업을 붕괴시켰다. 첫째, 넷플릭스는 구독 기반 비디오 우편 대여 사업을 도입하여 블록버스터(Blockbuster)가 지배하던 비디오 오프라인 대여 사업을 대체했다. 둘째 2012년부터 엔터테인먼트 사업에 진출하여 오리지널 콘텐츠에 막대한 비용을 지출하면서 고객들의 TV 시청 방식을 바꿔놓았다. 이 과정에서 넷플릭스는 전 세계에서 1억 명이 넘는 구독자를 확보했다. 구독자들은 넷플릭스 콘텐츠 시청에 연평균 100달러가 넘는 구독료를 지급했을 뿐 아니라, 시청 습관 데이터까지 제공했다. 넷플릭스는 이 데이터를 새로운 콘텐츠 제작에 사용하고 있다.

넷플릭스를 스트리밍 서비스회사로 설명하면 본질을 놓치게 된다. 이미 오래전에 그런 사업에서 벗어났기 때문이다. 넷플릭스의 매출은 월간이나 연간 구독료를 내는 구독자들에게서 나오지만, 이제 그 콘텐츠는 자체 제작분이 스튜디오 임차분과 비슷한 수준이다. 그림 20.11은 2018년 4월 넷플릭스의 비즈니스 모델을 분석한 자료이다.

넷플릭스는 콘텐츠 제작과 임차에 가장 많은 비용을 지출하는데, 그 목적은 기존 구독자 유지와 신규 구독자 획득이다. 이 비용이 구독자 수와 직접적 관계는 없지만, 넷플릭스의 가치에는 큰 영향을 미친다.

넷플릭스의 가치를 평가하기 위해서 먼저 넷플릭스의 비용을 세 가지로 분류한다. (1) 기존 구독자 서비스 비용, (2) 신규 구독자 획득 비용, (3) 구독자 수와 직접 관계가 없는 비용. 이 세 가지 비용을 각각 측정하여 회사의 가치를 평가한다.

[그림 20.11] 넷플릭스의 비즈니스 모델

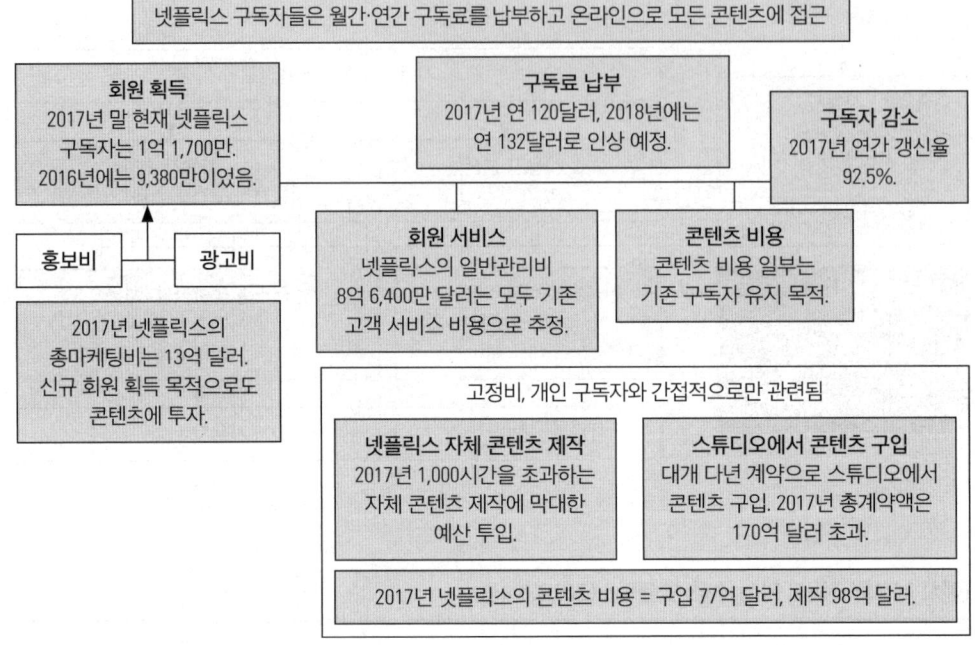

[그림 20.12] 넷플릭스 재무 실적 분석

구독자 통계				신규 구독자 획득 비용	
	2017	2016	변동	총 사용자 획득 비용	$3,424
구독자 수	117.60	93.80	23.80	2017년 구독자 변동	23.80
구독자당 매출	$113.16	$103.32		신규 구독자당 비용	$143.87
콘텐츠 비용 분석					
콘텐츠 비용(현금 지출)	$9,806			기존 구독자 서비스 비용	
콘텐츠 비용 지출	$7,660			2017년 구독자당 매출	$113.16
콘텐츠 비용 자본화	$2,146			매출 중 일반관리비 비중	7.39%
넷플릭스: 2017년 영업이익				구독자 관련 콘텐츠 비용	$1,532
매출	$11,693	매출 중 비중			
마케팅비	$1,278	10.93%		회사 비용(구독자와 무관)	
일반관리비	$864	7.39%			
기술 및 개발비	$1,053	9.01%		기술 및 개발비	$1,053
콘텐츠 비용 지출	$7,660	65.51%		회사 콘텐츠 비용	$6,128
영업이익	$838	7.17%			

재무 실적 분석

2017년 넷플릭스의 매출은 116억 9,300만 달러였고 영업이익은 8억 3,800만 달러였으며, 구독자 수는 9,380만에서 1억 1,760만으로 급증했다. 먼저 재무제표 정보를 사용해서 영업비용을 기존 구독자 서비스 비용(일반관리비와 콘텐츠 제작 비용의 20%), 신규 구독자 획득 비용(자본화한 콘텐츠 비용과 마케팅 비

가치평가 바이블

용), 회사 비용(기술 및 개발비와 콘텐츠 제작 비용의 80%)으로 분류했다(그림 20.12 참조).

기존 구독자, 신규 구독자, 회사 사이의 콘텐츠 비용 배분은 우리가 주관적으로 결정했다. 넷플릭스에서 명확한 정보를 입수하지 못했으므로 달리 방법이 없었다. 우리 추정치에 의하면 신규 구독자 획득 비용은 111.01달러로서, 최근 연도의 비용 143.87달러보다 낮았다. 기존 구독자 서비스 비용은 21.39달러였다.

구독자 가치평가

2017년 구독자들의 지역 구성을 반영한 구독자 1인당 연간 매출은 113.16달러였다. 연간 구독자 서비스 비용 21.39달러를 차감하면 구독자 1인당 세전 영업이익은 91.77달러이고, 세후 영업이익은 68.83달러이다. 그림 20.13은 넷플릭스의 자본비용과 구독자 평균 수명까지 고려한 기존 구독자의 가치 추정치다.

[그림 20.13] 넷플릭스 기존 구독자의 가치

> 연간 갱신율 92.5% 가정

> 구독자당 매출 증가율 연 5%

> 일반관리비와 당기 비용화한 콘텐츠비 20%가 포함되며, 매년 2%씩 증가

스트리밍 기술 기대 수명 15년

기존 구독자의 가치																
%기준 연도	기준 연도	1	2	3	4	5	6	7	8	9	10	11	12	13	14	15
구독자 갱신율	1.0000	0.9250	0.8556	0.7915	0.7321	0.6772	0.6264	0.5794	0.5360	0.4958	0.4586	0.4242	0.3924	0.3629	0.3357	0.3105
구독자 1인당 매출	$113.16	$118.82	$124.76	$131.00	$137.55	$144.42	$151.65	$159.23	$167.19	$175.55	$184.33	$193.54	$203.22	$213.38	$224.05	$235.25
구독자 1인당 비용	$21.39	$21.82	$22.25	$22.70	$23.15	$23.62	$24.09	$24.57	$25.06	$25.56	$26.07	$26.60	$27.13	$27.67	$28.22	$28.79
구독자 1인당 영업이익(손실)	$91.77	$97.00	$102.51	$108.30	$14.39	$120.81	$127.56	$134.66	$142.13	$149.99	$158.25	$166.95	$176.09	$185.71	$195.83	$206.46
세율	25.00%	25.000%	25.000%	25.000%	25.000%	25.000%	25.000%	25.000%	25.000%	25.000%	25.00%	25.00%	25.00%	25.00%	25.00%	25.00%
세후 영업이익	$68.83	$67.29	$65.78	$64.28	$62.81	$61.36	$59.93	$58.52	$57.13	$55.77	$54.43	$53.11	$51.82	$50.55	$49.31	$48.09
현재가치(자본비용 반영)		$62.34	$56.45	$51.10	$46.25	$41.86	$37.87	$34.26	$30.98	$28.01	$25.33	$22.90	$20.69	$18.70	$16.90	$15.26
구독자의 수명	15.00															
구독자 1인당 가치	$508.89															
구독자 수	117.60															
기존 구독자의 가치	$59,845.86															

자본비용 7.95%로 할인 (넷플릭스의 자본비용)

넷플릭스는 가격 결정력이 있어서 구독료를 연 5% 인상할 수 있고, 콘텐츠 비용 상승률은 연 2%로 유지된다고 가정하면, 시간이 흐를수록 영업이익이 증가한다. 끝으로 넷플릭스의 또 다른 강점인 높은 구독자 갱신율 92.5%[3]를 반영하고, 넷플릭스의 사업 구성과 부채비율을 고려한 자본비용 7.95%로 할인하면 구독자 1인당 가치는 508.89달러, 구독자 1억 1,700만 명의 총가치는 598억 달러가 나온다.

신규 구독자 가치평가

앞 섹션에서 산출한 구독자 1인당 가치 508.89달러에서 신규 구독자 획득 비용 111.01달러를 차감하면 현재가치 기준 신규 구독자 1인당 가치는 397.88달러가 나온다(그림 20.14 참조).

향후 5년 동안은 순구독자 기반 증가율이 연 15%이고, 6~10년 차에는 증가율이 연 10%이며, 11년 차부터

---

3   여기서 핵심 숫자는 갱신율이어서 매카시(McCarthy)와 페이더(Fader)가 추천하는 더 정교한 기법을 사용하려고 했으나 곧바로 데이터 제약에 직면했다.

는 증가율이 1%라고 가정했다.[4] 그리고 신규 구독자의 가치는 인플레이션율인 2%로 증가한다고 가정하고 넷플릭스의 자본비용 7.95%로 할인하면 신규 구독자의 가치는 1,373억 달러로 산출된다.

[그림 20.14] 넷플릭스 신규 구독자의 가치평가

	기준 연도	1	2	3	4	5	6	7	8	9	10
신규 구독자 획득 비용	$111.01										
신규 구독자 1인당 가치(현재가치)	$397.88	1~5년 차 순구독자 증가율 연 15%					6~10년 차 순구독자 증가율 연 10%				
총구독자	117.60	135.24	155.53	178.85	205.68	236.54	260.19	286.21	314.83	346.31	380.94
신규 구독자	0.00	26.46	30.43	34.99	40.24	46.28	41.39	45.53	50.09	55.10	60.60
구독자 1인당 가치	$397.88	$405.84	$413.96	$422.24	$430.68	$439.30	$448.08	$457.04	$466.18	$475.51	$485.02
신규 구독자에 의해 추가된 가치		$10,739	$12,596	$14,775	$17,332	$20,330	$18,548	$20,811	$23,349	$26,198	$29,394
잔존가치(신규 구독자)											$31,674
현재가치		$9,948	$10,809	$11,746	$12,763	$13,868	$11,721	$12,182	$12,662	$13,160	$28,418
신규 구독자의 의해 추가된 가치	$137,276										

(신규 구독자의 가치 증가율 연 2% 가정)
(넷플릭스의 자본비용 7.95%로 할인)
(10년 차 이후에는 순구독자 증가율 연 1%)

회사 비용

넷플릭스에 가장 중요한 비용 요소는 기술 및 개발비 10억 5,300만 달러와 콘텐츠 비용 61억 2,800만 달러이다. 이 비용이 구독자 수와 매출에 따라 증가하면 넷플릭스는 이 비용에 압도당한다. 그림 20.15에서는 이 비용이 즉각적인 성장 단계를 지난 다음에는 통제 단계에 들어간다고 가정한다.

콘텐츠 비용 증가율이 연 3%만 되어도 넷플릭스의 가치는 1,113억 달러나 감소한다.

[그림 20.15] 넷플릭스 회사 비용

	기준 연도	1	2	3	4	5	6	7	8	9	10
기술 및 개발	$1,053	$1,106	$1,161	$1,219	$1,280	$1,344	$1,411	$1,482	$1,556	$1,634	$1,715
콘텐츠 비용	$6,128	$6,312	$6,501	$6,696	$6,897	$7,104	$7,317	$7,537	$7,763	$7,996	$8,236
세후 회사 비용		$5,563	$5,747	$5,936	$6,133	$6,336	$6,546	$6,764	$6,989	$7,222	$7,463
잔존 가치											$147,467
회사 비용의 현재가치		$5,153	$4,931	$4,719	$4,516	$4,322	$4,137	$3,959	$3,790	$3,628	$72,096
회사 비용에 의해 감소하는 가치	$111,252										

(기술 및 개발비 증가율 연 5%)
(콘텐츠 비용의 80%, 증가율 연 3%)
(글로벌 세율 25%)
(넷플릭스의 자본비용 7.95%로 할인)

기존 구독자의 가치, 신규 구독자의 가치, 회사 비용을 모두 고려해서 넷플릭스의 가치를 추정하면 표 20.13과 같다.

---

4 넷플릭스는 구독자 갱신율이 92.5%이므로 순구독자 증가율이 연 15%가 되려면 신규 구독자 증가율이 15%보다 높아야 한다. 예를 들어 첫해 구독자가 1억 1,760만 명이면 이 중 7.5%가 갱신을 하지 않아서 감소한다. 순구독자 증가율이 15%가 되려면 다음과 같이 첫해 신규 구독자가 2,646만 명이 되어야 한다.

$$첫해\ 구독자 = 117.6(0.15) + 117.6(1 - 0.925) = 26.46(100만\ 명)$$

매년 이 과정을 반복해야 한다.

[표 20.13] 넷플릭스의 가치(2018년 4월 16일)

넷플릭스 가치평가(100만 달러)	
기존 구독자의 가치	59,845.86
+ 신규 구독자의 가치	137,276.49
- 회사 비용의 현재가치	111,251.70
= 영업자산의 가치	85,870.65
+ 현금 및 상호보유 주식	2,823.00
- 부채	6,500.00
주식의 가치	82,193.65
- 스톡옵션의 가치	4,978.00
보통주의 가치	77,215.65
유통주식 수(100만 주)	446.81
주당 가치(달러)	172.82

영업자산의 가치 859억 달러에 넷플릭스가 보유한 현금 28억 달러를 더하고 나서 부채 65억 달러를 차감하면 주식의 가치 822억 달러가 산출된다. 2017년 말에 남아 있는 경영진 스톡옵션의 가치를 차감하고 나서 그날 유통주식 수로 나누면 2018년 4월 16일 주당 가치 172.82달러가 산출된다. 주식의 시장가격은 280달러였으므로, 넷플릭스에 대한 우리 전망이 지나치게 비관적이었든지, 아니면 시장이 넷플릭스를 고평가하고 있다는 의미이다.

섹터 특유 배수를 사용한 분석

섹터 특유 배수를 사용해서 기업들을 분석하려면 이런 배수에 영향을 미치는 모든 펀더멘털의 기업 간 차이를 통제해야 한다.

예를 들어 구독자당 가치를 분석하려면 각 구독자가 창출하는 가치의 차이를 통제해야 한다. 특히 다음에 유의해야 한다.

■ 서비스 제공 효율이 더 높은(비용이 낮은) 기업이 낮은 기업보다 구독자당 가치가 더 높아야 한다. 규모의 경제가 큰 기업도 낮은 기업보다 구독자당 가치가 더 높아야 한다. 예시 20.13에서 매년 기존 구독자가 창출하는 순현금흐름이 100달러가

아니라 120달러라면 구독자당 가치가 더 높을 것이다.

■ 신규 구독자를 더 낮은 비용으로 추가할 수 있는 기업은 동종 기업들보다 구독자당 가치가 더 높아야 한다.

■ 구독자 기반의 기대성장률이 더 높은 기업은 동종 기업들보다 구독자당 가치가 더 높아야 한다.

고객당 가치에 대해서도 비슷하게 말할 수 있다.

[예시 20.16] 풍성한 가치: 회원당 가치와 소셜미디어회사들

2011년 5월 주요 소셜미디어회사 중 처음으로 기업을 공개한 링크드인이 뜨거운 반응을 얻었다. 매출이 2억 4,300만 달러에 불과한데도 공개일에 주가가 두 배로 뛰어 기업의 가치가 약 100억 달러로 평가되었다. 비슷한 시점에 마이크로소프트는 전년도 영업손실이 700만 달러인 스카이프를 85억 달러에 인수했다. 페이스북과 트위터는 아직 상장회사가 아니지만, 사모시장에서 주식이 매우 높은 가격에 거래된다.

이렇게 높게 평가받는 이유 중 하나는 이들이 보유한 회원(사용자) 수가 막대하다는 것이다. 표 20.14는 4개 소셜미디어회사의 시장(또는 추정)가치, 회원당 가치, 그리고 더 전통적인 EV/매출 배수다.

[표 20.14] 소셜미디어회사들의 사용자 데이터

회사	회원·사용자 (100만 명)	기업 가치 (100만 달러)	EV/회원 (달러)	2010년 매출 (100만 달러)	EV/매출 (배)
페이스북	500	50,000	100.00	710.00	70.42
트위터	175	6,000	34.29	1.30	4,615.38
스카이프	170	8,500	50.00	860.00	9.88
링크드인	75	10,000	133.33	243.00	41.15

스카이프와 링크드인의 가치는 공개된 거래 가격이고, 페이스북과 트위터의 가치는 사모시장 거래 가격을 바탕으로 추정한 것이다. EV/매출로 보면 2010년 4,615배에 거래된 트위터를 포함해서 네 회사 모두 터무니없이 고평가된 것으로 보인다. 그러나 EV/회원 차원에서는 트위터가 싸 보이고, 마이크로소프트는 스카이프를 싸게 인수한 듯하다.

하지만 이렇게 비교할 때 우리는 네 회사 모두 수익 모델이 비슷하며 회원당 가치도 대체로 비슷하다고 가정하는 셈이다. 전문가 중심의 사업형 웹사이트인 링크드인은 회원당 가치가 더 높을 수 있으며, 트위터는 웹사이트를 상업화하기가 더 어려울 수도 있는데, 이 단계에서는 모두 추측에 불과하다.

결론

PSR과 EV/매출 배수는 기술회사들의 가치평가와 이들 사이의 가치 비교에 널리 사용된다. 펀더멘털 분석에서는 이런 배수 결정에 표준 변수들(PSR에는 배당성향, 자기자본비용, 순이익 기대성장률이, EV/매출에는 재투자율, 자본비용, 재산소득 증가율이 중요)에 더해서 이익률이 특히 중요하다고 강조한다. 기업들 사이의 매출 배수 차이를 비교할 때는 이익률의 차이를 고려해야 한다. 한 가지 방법은 불일치를 찾아내는 것이다. 이익률이 낮은데도 매출 배수가 높으면 기업이 고평가되었다는 뜻이고, 이익률이 높은데도 매출 배수가 낮으면 기업이 저평가되었다는 뜻이다. 펀더멘털의 차이를 통제하는 다른 방법은 횡단면 분석으로서, 동종 기업들, 전체 섹터, 또는 시장의 펀더멘털에 대해 매출 배수를 회귀분석하는 것이다.

섹터 특유 배수들은 섹터 특유 변수들과 관련되지만, 조심해서 사용해야 한다. 기업들의 사업과 성장 잠재력에 대해서 엄격한 가정을 세우지 않으면 기업들의 이런 배수를 비교하기가 어렵다.

연습문제 별도 표기가 없으면 주식 위험 프리미엄은 5.5%로 한다.

1 롱스 드럭스토어는 미국의 대형 드럭스토어 체인이며, 캘리포니아 북부를 주요 거점으로 영업한다. 회사는 1993년 주당매출액이 122달러였고, 주당순이익은 2.45달러, 주당배당금은 1.12달러를 기록했다. 이 회사는 장기적으로 6% 성장할 것으로 예상되며 베타는 0.90이다. 현재 장기 국채 금리는 7%이고, 시장 위험 프리미엄은 5.5%이다.

a. 롱스 드럭스토어에 대한 적절한 PSR을 구하라.

b. 이 주식은 현재 주당 34달러에 거래되고 있다. 성장률이 올바르게 추정된다고 가정할 때, 이 주당 가격을 정당화하기 위해 필요한 이익률은 얼마인가?

2 소매업체들 사이에서 관찰할 수 있는 PSR의 큰 차이를 조사하고, 이러한 차이를 설명할 수 있는 근거를 제시하고자 한다(단위: 달러).

회사	주가	주당매출액	주당순이익	기대성장률	베타	배당성향
Bombay Co.	38	9.70	0.68	29.00%	1.45	0%
Bradlees	15	168.60	1.75	12.00%	1.15	34%
Caldor	32	147.45	2.70	12.50%	1.55	0%
Consolidated	21	23.00	0.95	26.50%	1.35	0%
Dayton Hudson	73	272.90	4.65	12.50%	1.30	38%
Federated	22	58.90	1.40	10.00%	1.45	0%
Kmart	23	101.45	1.75	11.50%	1.30	59%
Nordstrom	36	43.85	1.60	11.50%	1.45	20%
Penney	54	81.05	3.50	10.50%	1.10	41%
Sears	57	150.00	4.55	11.00%	1.35	36%
Tiffany	32	35.65	1.50	10.50%	1.50	19%
Wal-Mart	30	29.35	1.05	18.50%	1.30	11%
Woolworth	23	74.15	1.35	13.00%	1.25	65%

a. 봄베이 컴퍼니(Bombay Co.)와 월마트(Wal-Mart) 두 회사는 시가총액이 매출액보다 더 크다. 왜 그럴까?

b. PSR과 가장 높은 상관관계가 있는 변수는 무엇일까?

c. 이들 중 어느 회사가 더 고평가되거나 저평가되었을 가능성이 높은가? 그런 판단을 내릴 수 있는 근거는 무엇인가?

3 미국의 대형 소매 약국 체인인 월그린은 1993년 82억 9,800만 달러의 매출액에 2억 2,100만 달러의 순이익을 기록했다. 이 회사는 이익의 31%를 배당금으로 지급했는데, 이 배당률은 1994년부터 1998년까지 유지될 것으로 예상되었으며, 이 기간 동안 이익 성장률은 13.5%로 예상되었다. 1998년 이후에는 이익 성장이 6%로 감소하고 배당성향은 60%로 증가할 것으로 예상되었다.

베타는 1.15였으며 변동이 없을 것으로 예상했다. 장기 국채 금리는 7%, 위험 프리미엄은 5.5%이다.

    a.   월그린의 이익률이 1993년 수준에서 변하지 않는다고 가정하고 월그린의 PSR을 구하라.

    b.   고성장이 이 PSR에 얼마나 기여하는가?

4   선도적인 탐폰 생산 업체인 탐브랜즈는 1992년에 6.84억 달러의 매출액에 1.22억 달러의 순이익을 기록했다. 향후 5년 동안 11%의 이익 성장이 예상되었고, 그 이후에는 6%의 이익 성장이 예상되었다. 회사는 1992년 수익의 45%를 배당금으로 지급했으며, 이 배당성향은 안정 성장 기간 동안 60%까지 증가할 것으로 예상되었다. 주식의 베타는 1.00이었다.

    1993년 브랜드 충성도가 약화되고 제네릭 브랜드와의 경쟁이 치열해지면서 매출액은 7억 달러로, 순이익은 1억 달러로 하락했다. PSR은 1992년 수준과 비슷했다. (1992년과 1993년의 장기 국채 금리는 7%, 위험 프리미엄은 5.5%였다.)

    a.   1992년 이익률과 기대성장률을 기준으로 PSR을 구하라.

    b.   1993년 이익률과 기대성장률을 기준으로 PSR을 구하라. 고성장 기간은 5년이지만, 성장률은 마진 하락의 영향을 받는다고 가정한다. (1993년 이익률을 고성장 기간 5년에 적용 – 옮긴이)

5   질레트는 1994년 초, 치열한 경쟁에 대응하여 고마진 전략을 지속할 것인지, 아니면 저마진 전략으로 전환하여 매출액을 늘릴 것인지에 대한 중대한 전략적 의사 결정에 직면해 있다. 고려 중인 두 가지 전략은 다음과 같다.

현상 유지 고마진 전략

■ 1994년부터 2003년까지 1993년 수준의 이익률을 유지한다. (1993년에는 57억 5,000만 달러의 매출액에 5억 7,500만 달러의 순이익을 올렸다.)

■ 1993년에 3이었던 PSR은 1994년과 2003년 사이에 2.5로 감소할 것으로 예상된다.

저마진 매출 성장 전략

■ 1994년부터 2003년까지 순이익률을 8%로 줄인다.

■ 1994년부터 2003년까지 PSR은 1993년 수준을 유지할 것이다.

1993년 말의 주당순자산은 9.75달러였다. 1993년 33%였던 배당성향은 두 전략 모두 1994년부터 2003년까지 변함없이 유지될 것으로 예상되었으며, 1993년 1.30이었던 베타 역시 마찬가지였다. (장기 국채 이자율은 7%, 위험 프리미엄은 5.5%였다.)

2003년 이후에는 이익 성장률이 6%로 떨어질 것으로 예상되었고, 두 전략 모두 배당성향은 60%로 예상되었다. 베타는 1.0으로 감소할 것이다.

    a.   현상 유지 전략에서 PSR을 구하라.

    b.   저마진 전략에서 PSR을 구하라.

    c.   어떤 전략을 추천하는가? 이유는?

    d.   두 전략이 동등해지려면 현상 유지 전략에서 매출액이 얼마나 감소해야 하는가?

6   1994년 뉴욕증권거래소 주식의 펀더멘털 대비 PSR을 회귀분석한 결과 다음과 같은 회귀식이 도출되었다.

$$PSR = 0.42 + 0.33 \times 배당성향 + 0.73 \times 성장률 - 0.43 \times 베타 + 7.91 \times 이익률$$

예를 들어 배당성향이 35%, 성장률이 15%, 베타가 1.25, 이익률이 10%인 기업의 PSR은 다음과 같을 것이다.

$$PSR = 0.42 + 0.33 \times 0.35 + 0.73 \times 0.15 - 0.43 \times 1.25 + 7.91 \times 0.10 = 0.8985$$

    a.   이 회귀식의 계수는 독립 변수와 종속 변수의 관계에 대해 무엇을 알려주는가? 이 회귀분석에서 어떤 통계적 문제가 있을 수 있는가?

    b.   문제 2에서 나열된 모든 소매업체의 PSR을 구하라. 이 답이 소매업체들만을 회귀분석하여 얻은 답과 다른 이유는 무엇인가? 어느 것이 더 신뢰할 만하다고 생각하며 그 이유는 무엇인가?

7   소매업체 율리시스 주식회사는 최근 종료된 회계연도에 150억 달러의 매출액에 15억 달러의 세후 영업이익을 기록했으며, 자본회전율은 1.5였다. 이 회사의 자본비용은 10%이다.

    a.   영업이익이 영구적으로 연 5%씩 증가할 것으로 예상한다면, 회사의 매출액 대비 가치 비율(value/sales ratios)은 얼마인가?

    b.   영업이익이 향후 5년간 연 10%씩 성장한 후 영구적으로 5%씩 성장할 것이라고 들었다면, 위 답은 어떻게 달라지는가?

8   화장품회사의 매출액 대비 가치 비율과 이익률의 회귀분석을 실행한 결과는 다음과 같다.

$$가치/매출액 = 0.45 + 8.5 \times (세후 영업이익률)$$

에스티로더의 브랜드 가치를 구하려고 한다. 이 회사는 5억 달러의 매출액에 대해 이자 및 세후 영업이익 8,000만 달러를 벌어들였다. 한편, 일반 화장품을 제조하는 젠코스메틱스의 세후 영업이익률은 5%이다. 에스티로더의 브랜드 가치를 구하라.

9 세계에서 가장 유명한 피아노 제조업체 중 하나인 스타인웨이의 브랜드 가치를 구하려고 한다. 이 회사는 가장 최근 연도에 1억 달러의 매출액에 3,000만 달러의 영업이익을 기록했으며, 세율은 40%이다. 회사의 장부상 자본 가치는 9,000만 달러이고 자본비용은 10%이다. 회사는 안정적으로 성장하고 있으며 앞으로도 매년 5%씩 성장할 것으로 예상된다.

    a. 이 회사의 매출액 대비 가치 비율을 구하라.

    b. 이제 일반 피아노 제조업체의 영업이익률(EBIT/매출액)이 스타인웨이 영업이익률의 절반이라고 가정하자. 일반 피아노 제조업체의 성장률, 자본회전율, 자본비용이 스타인웨이와 동일하다고 가정하면, 스타인웨이의 브랜드 가치는 얼마인가?

21장
금융서비스 기업 가치평가

애널리스트에게 은행과 보험사, 기타 금융서비스 기업의 가치평가는 두 가지 이유에서 특히 도전적이다. 첫째, 금융서비스 기업의 특성상 부채와 재투자를 정의하기가 어려워서 현금흐름 추정 과정이 더 골치 아프다. 둘째, 금융서비스 기업은 엄격한 규제 대상이므로 규제 요건이 가치에 미치는 영향을 고려해야 한다.

이번 장에서는 먼저 금융서비스 기업의 고유한 특성과 그로 인한 차이를 다룰 방법을 검토한다. 이후 금융서비스 기업의 가치평가에 현금흐름할인모형을 활용하는 방법과 세 가지 대안(전통적인 배당할인모형, 주주 현금흐름 할인모형, 초과수익 모형)을 다룬다. 각 방법에 관해서는 금융서비스 영역에 속한 다양한 기업 사례를 다룬다. 상대가치평가가 금융서비스 기업에 적합한지, 가장 적합한 배수가 무엇인지도 살펴본다.

이번 장의 마지막 섹션은 금융서비스 기업에서 반복되는(하지만 이들로만 국한되지는 않는) 여러 쟁점을 다룬다. 즉 규제 환경의 변화가 위험과 가치에 미치는 영향에서부터 은행 대출자산의 질을 판단하는 가장 좋은 방법 등을 검토한다.

금융서비스 기업의 분류

개인이나 다른 기업에 금융상품과 서비스를 제공하는 기업은 모두 금융서비스 기업으로 분류한다. 이 책에서는 이익 창출 방식에 따라 금융서비스 기업을 다시 네 개 유형으로 분류한다. 첫째, 은행은 자금을 예치한 사람에게 지급하는 이자와 자금을 대출한 사람에게 부과하는 이자 간 차액(예대마진)과, 예금자와 대출자에게 제공하는 다른 서비스에서 이익을 낸다. 둘째, 보험사는 보험상품 계약자가 내는 보험료와 보험금 청구에 대비하기 위해 운용하는 투자 포트폴리오 수익의 두 가지 방식으로 이익을 올린다. 셋째, 투자은행은 자본조달을 바라거나 기업 인수나 분할 같은 거래를 완벽히 하려는 비금융서비스 기업에 자문 서비스와 부가 상품을 제공한다. 넷째, 투자회사는 고객에게 투자자문이나 포트폴리오 운용 서비스를 제공하고, 자문비와 운용·판매 보수를 받는다.

금융서비스 섹터 내 통합이 강화하며 점점 더 많은 기업이 하나 이상의 유형에 해당하는 사업을 영위하고 있다. 예컨대 미국의 대다수 대형 은행(money-center bank)은 적어도 세 가지 유형의 사업을 한다. 하지만 소형 은행과 부티크(boutique) 투자은행(일반적으로 투자은행이 제공하는 서비스 중 일부에 집중한 소형 전문 금융서비스 기업 - 옮긴이), 특수 보험사처럼 단일 원천에서 대다수 이익을 올리는 기업도 여전히 아주 많다.

신흥시장에서는 금융서비스 기업의 규모가 더 커서 시장 전체 시가총액에서 차지하는 비중이 미국보다 더 크다. 이들까지 고려하면 단 하나의 모형으로 모든 금융서비스 기업의 가치를 평가하는 것은 불가능하고, 모형 구축 시 모든 유형을 반영하도록 유연해야 한다는 점이 자명하다.

금융서비스 기업 고유의 특성

금융서비스 기업과 비금융서비스 기업은 공통점이 많다. 둘 다 이익과 위험의 상충관계를 두고 고민하고 경쟁을 걱정하며 시간이 흐르면서 급성장하기를 바란다. 상장

기업이라면 주주총수익 기준으로 성과를 평가받는 것도 똑같다. 이번 섹션에서는 다른 기업과 구별되는 금융서비스 기업만의 특성을 알아보고 가치평가에 미치는 영향도 살펴본다.

부채: 원재료 또는 자본의 원천

비금융서비스 기업의 자본을 다룰 때는 대개 부채와 자기자본을 모두 대상으로 한다. 이들은 주식 투자자와 채권자(나아가 은행) 모두로부터 자금을 조달해 투자한다. 또한 가치평가 시 주식 가치뿐 아니라 기업의 보유 자산 가치도 평가한다.

금융서비스 기업에서는 부채가 또 다른 의미를 지닌다. 부채를 자본의 원천으로 보는 전통적인 관점과 달리, 대다수 금융서비스 기업은 원재료로 여긴다. 다시 말해 은행의 부채는 자동차회사의 원재료(강철)와 유사해서, 이를 재료로 하여 다른 금융상품을 주조(鑄造)해 더 높은 가격을 받고 판매하며 이익을 남긴다. 따라서 금융서비스 기업의 자본은 자기자본만을 뜻하도록 좁게 정의한다. 이 정의는 규제당국도 규제자본을 정의할 때 자기자본 또는 자기자본과 유사한 자본만을 포함하기에 더 널리 받아들여진다.

비금융서비스 기업과 비교해 금융서비스 기업의 부채 역시 정의가 더 모호하다. 예컨대 은행은 고객이 당좌계좌에 예치한 예금을 부채로 분류해야 할까? 특히 이자부 예금이라면 은행이 발행한 채권과 차이가 거의 없다. 만약 부채로 분류한다면 은행의 영업이익은 예금자에게 이자를 지급하기 전 기준으로 측정해야 하지만, 이자비용은 은행에서 가장 규모가 큰 비용 항목이기에 문제를 일으킨다.

중첩된 규제

국가별로 차이는 있지만, 전 세계적으로 금융서비스 기업에 대한 규제는 상당히 엄격한 편이다. 규제는 대개 세 가지 형태를 띤다. 첫째, 은행과 보험사는 자기 능력을 넘어 채권자나 예금자를 위험에 빠뜨릴 정도까지 사업을 확장하지 않도록 자본비율을 유지할 의무가 있다. 둘째, 금융서비스 기업은 자기 자금을 투자할 대상도 제약받는다. 예컨대 미국의 글래스-스티걸법(Glass-Steagall Act)은 상업은행이 투자은행 업무를 겸하는 것뿐 아니라 대공황 이후 수십 년간 제조회사를 대상으로 한 적극적 지분 투자 행위를 금지했다. 셋째, 규제당국은 금융서비스 산업의 신규 진입자뿐 아니라 기존 기업 간 합병도 제한한다.

이것이 왜 중요할까? 가치평가 관점에서 볼 때 성장에 관한 가정은 재투자에 관한 가정과 연결된다. 하지만 금융서비스 기업에서는 재투자 가정이 규제 요건에 부합하는지를 자세히 검토해야 한다. 또한 금융서비스 기업의 위험 측정 방식에 관해서도 시사하는 바가 있다. 규제 요건이 변하거나 장차 그럴 것으로 예상된다면 미래 불확실성이 한층 가중되어 가치에 영향을 미칠 수 있다.

금융서비스 기업의 재투자

이전 섹션에서 금융서비스 기업은 투자 대상과 금액 면에서 제약이 존재한다고 했다. 이 책에서 지금까지 따랐던 재투자의 정의, 즉 미래 성장에 필요한 투자를 여기에도 적용하면 금융서비스 기업의 재투자와 관련한 다른 측정 문제도 발생한다. 10장에서 재투자의 구성 요소로 순 자본적 지출과 운전자본을 다뤘음을 유념하라. 안타깝게도 금융서비스 기업의 두 요소를 측정하기는 쉽지 않다.

먼저 순 자본적 지출을 살펴보자. 유형자산에 투자하는 제조회사와 달리 금융서비스 기업은 브랜드나 인적자본 같은 무형자산에 투자한다. 따라서 금융서비스 기업의 미래 성장을 위한 투자는 대개 재무제표상 영업비용으로 분류된다. 은행의 현금흐름표는 당연히 자본적 지출 항목을 거의 보고하지 않고, 이에 따라 감가상각비도 작다. 운전자본과 관련해서는 다소 다른 문제가 있다. 운전자본을 유동자산에서 유동부채를 뺀 값으로 정의한다면 은행 재무상태표의 상당 비중이 유동자산이나 유동부채에 해당하기 때문이다. 따라서 해당 수치의 변동 폭이 크고 변동성도 클 때가 많아서, 미래 성장을 위한 재투자와 아무런 관계가 없을 수도 있다.

재투자 측정을 둘러싼 어려움으로 인해 금융서비스 기업의 가치평가 시 두 가지 실무적 문제를 마주한다. 첫째, 재투자를 추정하지 않고는 현금흐름을 추정할 수 없다.

즉 진정한 순 자본적 지출과 운전자본의 증감을 정확히 파악할 수 없다면 현금흐름 추정 역시 불가하다. 둘째, 재투자율을 측정할 수 없다면 미래 기대성장률을 추정하기가 더 어렵다.

가치평가 기본 체계

금융서비스 기업에서 부채의 고유한 의미와 준수해야 하는 규제 요건, 재투자 규명의 어려움을 고려할 때 어떻게 가치를 평가해야 할까? 이번 섹션에서는 문제를 다루는 데 도움 될 보편적인 규칙을 알아본다. 첫째, 금융서비스 기업은 기업 가치가 아니라 주식 가치를 평가하는 편이 훨씬 낫다. 둘째, 재투자 소요 추정치가 필요하지 않은 현금흐름 척도를 고안하거나 금융서비스 기업의 특성을 반영하도록 다시 정의해야 한다.

주식 가치 대 기업 가치 척도

이 책의 초반부에 기업 가치평가와 주식 가치평가의 차이를 논했다. 기업 가치평가에서는 부채 상환 전 기대현금흐름을 가중평균 자본비용으로 할인한다. 주식 가치평가에서는 주주 현금흐름을 자기자본비용으로 할인한다.

앞서 살펴봤듯이 금융서비스 기업처럼 부채와 부채 상환액을 쉽게 확인하기가 어려울 때는 부채 상환 전 현금흐름이나 가중평균 자본비용을 추정하기가 몹시 어렵다. 하지만 주식 가치는 주주 현금흐름을 자기자본비용으로 할인해서 바로 평가할 수 있다. 따라서 후자의 방법이 금융서비스 기업에 적합하고, 배수를 활용할 때도 마찬가지다. 금융서비스 기업에는 EV/EBITDA 같은 기업 가치 배수보다 PER이나 PBR 같은 주식 가치 배수가 훨씬 적합하다.

현금흐름 추정

주식 가치를 평가하려면 일반적으로 주주 잉여현금흐름을 추정한다. 10장에서 주주 잉여현금흐름을 다음과 같이 정의했다.

$$\text{주주 잉여현금흐름} = \text{순이익} - \text{순 자본적 지출} - \text{비현금 운전자본의 증감} \\ - (\text{부채 상환} - \text{신규 부채 발행})$$

순 자본적 지출이나 비현금 운전자본을 추정할 수 없다면, 당연히 주주 잉여현금흐름도 추정할 수 없다. 금융서비스 기업이 그 상황에 해당하는데 두 개의 선택지가 있다. 첫째, 시간이 흐르면 기업이 주주 잉여현금흐름을 배당으로 환원해야 한다고 가정하고, 주주 현금흐름 대신에 배당을 사용한다. 배당은 쉽게 확인할 수 있는 관측값이므로 기업의 재투자 규모와 관련한 문제를 맞닥뜨리지 않는다. 둘째, 주주 잉여현금흐름 척도를 수정해 금융서비스 기업의 재투자 행태를 반영한다. 예컨대 규제자본비율을 준수해야 하는 은행이 미래에 성장하려면 규제자본에도 재투자해야 할 것이다.

현금흐름할인 가치평가

현금흐름할인모형(DCF)에서는 자산 가치를 해당 자산이 창출할 기대현금흐름의 현재가치로 정의한다. 이번 섹션에서는 먼저 배당할인모형을 활용해 은행과 기타 금융서비스 기업의 가치평가 방법을 다룬다. 이후 주주 잉여현금흐름 모형을 분석한 후 초과수익 모형도 검토한다.

배당할인모형

14장에서 배당할인모형에 바탕을 두고 주식 가치평가 방법을 알아봤다. 즉 상장기업 주주가 얻는 유일한 현금흐름이 배당뿐이라는 사실에 바탕을 두고 기대배당의 현재가치로 주식 가치를 평가했다. 안정 성장 모형부터 고성장 모형까지 다양한 배당할인모형을 살펴봤고, 입력 변수를 추정하는 가장 좋은 방법을 검토했다. 14장 내용 대다수가 여기에도 적용되지만, 이번 섹션에서는 특히 금융서비스 기업 고유의 몇 가지 측면을 다룬다.

기본 모형　기본 배당할인모형에서 주식 가치는 해당 주식에서 얻을 기대 배당의 현재가치로 정의한다. 상장기업 주식의 수명이 영구적이라고 가정하면 주당 가치는 다음과 같다.

$$주당\ 가치 = \sum_{t=1}^{t=\infty} \frac{DPS_t}{(1 + k_e)^t}$$

$$여기서 \quad DPS_t = t\ 기간의\ 주당배당금$$
$$k_e = 자기자본비용$$

14장에서 다뤘던 고든 성장 모형은 배당의 기대성장률이 영원히 똑같이 유지되는 특수한 상황의 배당할인모형이다.

$$주당\ 가치 = \frac{다음\ 연도\ 기대\ 배당}{자기자본비용 - 안정\ 성장률}$$

배당이 한동안('이례적 성장 단계') 영원히 지속하거나 고정될 수 없는 수준으로 성장하는 더 일반적인 상황에서도 미래 일정 시점이 되면 성장률이 그보다 낮은 수준에서 영원히 똑같이 유지되리라고 가정할 수 있다. 이에 따라 배당할인모형을 활용해 이례적 성장 단계 배당의 현재가치와 잔존가치의 현재가치 합으로 주식 가치를 추정한다. 이때 잔존가치는 고든 성장 모형으로 추정한다.

$$주당\ 가치 = \sum_{t=1}^{t=n} \frac{DPS_t}{(1 + k_{e,hg})^t} + \frac{DPS_{n+1}}{(k_{e,st} - g_n)(1 + k_{e,hg})^n}$$

이례적 성장 단계는 n년간 지속하리라고 예상하고, g_n은 이례적 성장 종료 후 기대 성장률이며, k_e는 자기자본비용이다(hg: 고성장 단계의 자기자본비용, st: 안정 성장 단계의 자기자본비용).

입력 변수　이번 섹션에서는 배당할인모형의 입력 변수와 관련해 금융서비스 기업에서 발생하는 측정 문제에만 초점을 둔다. 일반적으로 배당할인모형으로 주식 가치를 평가하려면 시간에 따른 자기자본비용과 기대배당성향, EPS 기대성장률 추정치가 필요하다.

자기자본비용　이 책에서 지금까지 논한 자기자본비용 추정 방법에 따르면, 금융서비스 기업의 자기자본비용은 한계투자자(marginal investor, 마지막으로 거래하여 자산 가격에 가장 큰 영향을 미치는 투자자로서 재무 이론에서 가정하는 가상의 투자자 개념 – 옮긴이)가 규제로 인해 자기자본의 분산투자를 결정할 수 없는 위험을 반영해야 한다. 이 위험은 베타(자본가격결정모형)나 복수 베타(다중요소모형 또는 차익거래가격결정모형)에 바탕을 두고 추정한다.

앞서 베타를 논하면서 추정치에 존재하는 소음(표준오차)과 회귀분석 기간 내 기업에 변화가 일어났을 가능성으로 인해 회귀분석 베타의 유효성을 논박했다. 금융서비스 기업에서는 어떨까? 회귀분석 기간 내 규제 요건에 변화가 없었고 미래에도 변할 가능성이 없다면, 금융서비스 섹터는 회귀분석 베타 사용에 따른 문제가 발생하지 않을 것이 확실한 몇 안 되는 영역일지도 모른다. 하지만 규칙이 바뀌고 규제 환경이 변한다면 회귀분석 베타를 사용하지 말라는 기존 경고가 여전히 유효하다.

다른 영역에서도 차이가 발생한다. 앞서 비금융서비스 기업에 대해 복수 베타를 추정할 때 무차입 베타(과거 평균값 또는 섹터 평균값)와 기업의 현행 부채자기자본비율을 사용해 전환한 차입 베타의 중요성을 강조했다. 금융서비스 기업에서는 두 가지 이유로 이 과정을 건너뛴다. 첫째, 금융서비스 기업은 자본구조 측면에서 동질성이 아주 강하다(즉 레버리지 비율이 아주 높다). 둘째, 앞서 살펴보았듯이 금융서비스 기업의 부채는 측정하기가 어렵다. 따라서 실무에서는 비교 기업의 차입 베타 평균값을 분석 대상 기업의 상향식 베타로 적용한다.

배당성향　미래 연도의 주당 기대 배당은 해당 연도의 기대 EPS와 배당성향의 곱으로 정의할 수도 있다. 이렇게 기대 이익에서 배당을 도출하면 두 가지 장점이 있다. 첫째, 배당과 비교해 기업 펀더멘털에 더 밀접하게 연동된 이익의 기대성장률에 초점을 둘 수 있다. 둘째, 배당성향도 성장률과 투자 기회의 변화를 반영해 시간이 흐르면서 변화한다.

은행의 배당성향은 (다른 모든 기업과 마찬가지로) 배당을 순이익으로 나눈 값이다.

게다가 금융서비스 기업은 역사적으로 다른 기업보다 많은 배당을 지급해왔다. 이에 따라 은행과 보험사, 투자은행, 투자회사의 배당성향과 배당수익률은 시장 내 다른 기업보다 아주 높다.

금융서비스 기업이 다른 기업보다 많은 배당을 지급하는 이유는 무엇인가? 이들은 기술 섹터에 속한 기업과 비교해 더 성숙한 업종에서 사업하기 때문이라는 답이 즉시 떠오르겠지만, 이야기의 일부에 지나지 않는다. 기대성장률의 차이를 통제하더라도 금융서비스 기업은 여전히 다른 기업보다 많은 배당을 지급한다. 이유는 첫째, 은행과 보험사는 다른 기업과 비교해 재투자 소요가 작은 경향이 있다. 이에 따라 예컨대 제조회사보다 순이익 중 더 큰 비중을 배당으로 환원할 수 있다. 둘째, 금융서비스 기업의 역사와도 관련되어 있다. 은행과 보험사는 믿을 만한 고배당 지급 기업으로서 평판을 쌓아왔다. 시간이 흐르면서 배당을 좋아하는 투자자가 몰려든 결과 배당 정책에 변화를 주기가 어려워졌다.

최근에는 다른 섹터의 추세에 발맞춰 주주 대상 현금 환원 방법으로 자사주 매입을 택하는 금융서비스 기업이 증가하고 있다. 이러한 맥락을 고려할 때 배당 지급액에만 초점을 둔다면 주주 대상 현금 환원을 잘못 이해하는 결과로 이어진다. 따라서 배당성향을 계산할 때 분자의 배당 지급액에 매년 자사주 매입액을 더하는 것이 당연한 해결책처럼 보인다. 하지만 이때도 연도별 자사주 매입의 편차가 상당히 크다는 사실을 고려해 몇 년 동안의 평균값을 사용해야 한다. 예컨대 올해 수십억 달러를 들여 자사주를 매입한 기업은 향후 3년간 자사주 매입에 지출하는 현금이 비교적 작거나 아예 시행하지 않을 수도 있다.

기대성장률　배당이 순이익에 바탕을 둔다면, 가치를 결정하는 기대성장률은 순이익의 기대성장률을 뜻한다. 금융서비스 기업의 순이익 성장률은 (다른 모든 기업과 마찬가지로) 다음 세 가지 방법 중 하나로 추정한다.

1. **역사적 성장률**: 역사가 길어서 과거 성장률을 손쉽게 추정할 수 있는 은행과 보험

　　　　　　　　　　　　　　　　　　　　　　가치평가 바이블

사가 많다. 게다가 금융서비스 기업은 다른 기업보다 이익의 과거 성장률과 미래 기대성장률의 상관계수가 훨씬 크다.

따라서 금융서비스 기업에서는 이익의 역사적 성장률이 미래 이익의 아주 좋은 예측 변수다. 하지만 규제 환경이 변한다면 과거 성장률에 바탕을 둔 미래 예측에 주의해야 한다.

2. **애널리스트의 이익 성장률 전망치**: 애널리스트는 (담당 기업 수는 개인별로 편차가 아주 크기는 해도) 대체로 많은 상장기업의 이익 기대성장률을 추정한다. 대형 은행과 보험사를 추적하는 애널리스트는 꽤 많기에 미래 성장률 추정치를 쉽게 얻을 수 있다. 하지만 11장에서 다뤘듯이 애널리스트의 장기 예측치가 과거 성장률보다 미래 성장률을 추정하는 더 나은 예측 변수인지는 이견의 여지가 있다.

3. **펀더멘털 성장률**: 11장에서 EPS 기대성장률을 내부 유보율과 자기자본이익률(ROE)의 함수로 표현한 바 있다.

$$\text{기대성장률}_{EPS} = (1 - \text{배당성향}) \times ROE = \text{내부 유보율} \times ROE$$

이 수식을 통해 ROE가 안정적인 기업의 기대성장률을 추정할 수 있다. 배당뿐 아니라 자사주 매입도 고려하는 광의의 배당성향 정의를 따른다면 내부 유보율도 일관성 있게 정의해야 한다. ROE가 시간이 흐르면서 변화하리라고 예상할 때 EPS 기대성장률은 다음과 같다.

$$\text{기대성장률}_{EPS} = \text{내부 유보율} \times ROE_{t+1} + (ROE_{t+1} - ROE_t)/ROE_t$$

두 수식에서 기대성장률은 모두 내부 유보율(재투자 규모의 척도)과 ROE(재투자 질의 척도)의 함수로 결정된다. 펀더멘털 성장 모형은 금융서비스 기업에서 잘 작동할까? 답은 (놀랍게도) '그렇다'이다. 은행의 내부 유보율은 자기 사업에 새투자한 자기자본을 측정한다. 이는 규제당국의 자본비율 준수에 대한 강조를 고려할 때 결국 미래 성장 잠재력을 결정한다. ROE 역시 투자의 질을 보여주는 더 유의미한 척도다. 대다수 금융자산은 시가평가 대상일 가능성이 크기 때문이다(뒤에서 설명할 '초과수익 모형' 섹션의 '입력 변수' 부분을 참고하라 – 옮긴이).

안정 성장률　배당할인모형을 활용한 가치평가를 종료하려면 평가 대상 금융서비스 기업이 미래 일정 시점에 안정 성장 단계로 접어든다고 가정해야 한다. 이때 안정 성장은 경제 성장률(또는 무위험 이자율)과 같거나 더 낮은 성장으로 정의한다. 특히 더 성숙한 업종에 속한 대형 기업일수록 현시점 기대성장률이 이미 안정 성장률 수준에 이르렀을지도 모른다.

금융서비스 기업이 안정 성장 단계에 접어들 시점이 언제일지를 판단하려면 세 가지 요인이 중요하다.

- **기업이 속한 시장과 비교한 상대적인 규모**: 특히 성숙시장에 속한 대형 금융서비스 기업일수록 고성장을 오랫동안 지속하기가 더 어렵다.
- **경쟁의 특성**: 경쟁 강도가 높다면 안정 성장 단계가 더 빨리 찾아올 것이다. 경쟁 강도가 제한적이라면 고성장과 초과수익은 더 오래 지속한다.
- **금융서비스 기업이 받는 규제의 방식**: 안정 성장으로의 전환에 영향을 미친다. 규제는 도움이 될 수도, 방해물이 될 수도 있다. 규제가 신규 진입자를 제한함으로써 금융서비스 기업이 더 오랫동안 고성장을 지속할 때도 있다. 하지만 동시에 규제 요건으로 인해 미래 이익 잠재력이 큰 신규 사업에 진출하지 못해서 금융서비스 기업의 고성장 기간이 줄어드는 결과를 낳을 때도 있다.

이전 장에서 다뤘듯이 안정 성장 단계에 접어들면 성장률만 변화하는 것이 아니다. 배당성향 역시 안정 성장률(g)을 반영해 다음과 같이 조정해야 한다.

$$\text{안정 성장 단계의 배당성향} = 1 - \frac{\text{안정 성장률}}{\text{안정 자기자본이익률}}$$

기업의 위험 역시 안정 성장 가정을 반영해 조정해야 한다. 특히 자기자본비용 추정에 복수 베타를 사용했다면 안정 성장 단계에서는 그 값이 1에 가까워져야 한다.

[예시 21.1] 안정 성장 배당할인모형을 활용한 가치평가: HSBC

홍콩에서 설립되어 현재 런던에 본사를 두는 HSBC는 세계에서 가장 큰 상업은행이다. 2010년 주당순이익은 74.8펜스였고 주당 36펜스 배당을 지급한 결과 배당성향은 48.13%였다(단위: 펜스)

$$\text{배당성향} = \frac{\text{주당배당금}}{\text{주당순이익}} = \frac{36.0}{74.8} = 48.13\%$$

베타는 1.00이고 무위험 이자율 4%와 주식 위험 프리미엄 5.5%(성숙시장 프리미엄 5%에 HSBC의 상당한 아시아 노출을 고려한 국가 위험 프리미엄 0.5%)를 반영해 영국 파운드화 기준 자기자본비용을 계산한다.

$$\text{자기자본비용} = \text{무위험 이자율} + \text{베타} \times \text{주식 위험 프리미엄} = 4\% + 1 \times 5.5\% = 9.5\%$$

은행이 안정 성장 단계에 있고 영구성장률이 3.5%라고 가정하면 주당 가치 621펜스를 얻는다.

$$\text{주당 가치} = \frac{\text{다음 연도 기대 배당}}{\text{자기자본비용} - \text{안정 성장률}} = \frac{36 \times 1.035}{0.095 - 0.035} = 621$$

분석 시점 HSBC 주가는 635펜스로 공정가치에 가깝다고 할 수 있다. 하지만 위 값은 성장률 3.5%와 배당성향 48.13%를 가정함으로써 자기자본이익률을 6.75%(= 3.5%/[1 − 48.13%])로 암묵적으로 적용했기에 (자기자본비용 9.5%보다 낮다) 보수적인 주당 가치 추정치로 보아야 한다. HSBC가 ROE를 자기자본비용과 똑같은 9.5%로 유지한다면 훨씬 더 많은 배당을 지급하면서도 똑같은 기대성장률을 달성할 것이다.

$$\text{ROE가 9.5\%일 때 배당성향} = 1 - \frac{0.035}{0.095} = 63.16\%$$

이 배당성향을 2010년 이익에 적용했다면 더 많은 배당(36펜스가 아니라 47.24펜스)과 더 높은 주당 가치(621펜스가 아니라 815펜스)를 도출했을 것이다.

$$\text{주당 가치} = \frac{\text{다음 연도 기대 EPS} \times \text{안정 배당성향}}{\text{자기자본비용} - \text{안정 성장률}} = \frac{74.8 \times 1.035 \times 0.6316}{0.095 - 0.035} = 815$$

[예시 21.2] 고성장 배당할인모형을 활용한 가치평가: 스테이트뱅크 오브 인디아(2001년)

스테이트뱅크 오브 인디아(State Bank of India, 이하 SBI)는 1971년 인도 정부가 모든 은행을 국유화한 조처로 탄생한 인도 최대 은행이다. 설립 후 20년간 독점 상태를 누렸고 정부가 지분을 모두 소유했다. 1990년대 들어 인도 정부는 경영진과 운영에 관한 통제는 유지한 채 일부 은행을 민영화했다.

1999년 SBI의 순이익은 2억 500만 인도 루피, 자기자본의 장부가액은 10억 4,200만 루피(1999년 초 기준)였으므로 자기자본이익률은 19.72%였다. EPS는 38.98루피였고 이 중 2.50루피를 배당으로 지급해서 배당성향은 6.41%였다. 높은 내부 유보율은 곧 SBI가 미래 고성장을 예상하면서 대규모로 투자하고 있음을 뜻한다. SBI가 초기 고성장에 이어 성장률이 (안정 성장률 수준으로) 하락하는 전환기, 안정 성장으로 이어지는 3단계를 겪을 것으로 가정하고 가치평가해보자.

고성장 단계

SBI가 현행 자기자본이익률 19.72%와 배당성향 6.41%를 계속해서 유지한다면 EPS 기대성장률은 다음과 같다.

$$기대성장률 = ROE \times 내부\ 유보율 = 19.72\% \times (1 - 0.0641) = 18.46\%$$

중요한 질문은 SBI가 이 성장률을 얼마나 오래 지속할지다. 인도 시장의 막대한 잠재 규모를 고려할 때 성장률이 4년간 지속한다고 가정했다. 동시에 이 기간의 자기자본비용을 추정할 때 인도 경제의 상당한 위험을 국가 위험 프리미엄에 반영했다. 즉 7장에서 다뤘던 방법을 적용해 2001년 인도의 국가신용등급 BB+와 인도 주식시장의 상대적 변동성에 바탕을 두고 국가 위험 프리미엄을 추정했다.

$$인도의\ 국가\ 위험\ 프리미엄 = 부도\ 스프레드 \times 인도\ 주식시장의\ 상대적\ 변동성$$
$$= 3.00\% \times 2.143 = 6.43\%$$

향후 4년간 지속할 고성장 단계의 자기자본비용을 추정하기 위해 아시아 상업은행의 평균 베타가 0.80이고 SBI의 베타도 유사하다고 가정했다. 인도 루피의 무위험 이자율 12.00%까지 고려한 자기자본비용은 다음과 같다.

$$자기자본비용 = 무위험\ 이자율 + 베타 \times (성숙시장\ 프리미엄 + 국가\ 위험\ 프리미엄)$$
$$= 12.00\% + 0.80 \times (4.00\% + 6.43\%) = 20.34\%$$

표 21.1은 기대성장률과 배당성향, 자기자본비용에 바탕을 두고 추정한 향후 4년간 주당 기대 배당의 현재 가치를 보여준다(단위: 인도 루피).

[표 21.1] 1~4년 차 기대 배당

	1	2	3	4
기대성장률	18.46%	18.46%	18.46%	18.46%
EPS	46.17	54.70	64.79	76.75
배당성향	6.41%	6.41%	6.41%	6.41%
주당배당금	2.96	3.51	4.16	4.92

자기자본비용	20.34%	20.34%	20.34%	20.34%
현재가치	2.46	2.42	2.38	2.35

전환기

4년 후에도 SBI가 계속해서 성장하지만 성장률은 하락하리라고 예상한다. 즉 기대성장률은 고성장 단계의 18.46%에서 매년 선형으로 하락해 안정 성장률 10.00%에 이를 것이다(성장률은 모두 명목 루피 기준). 성장률이 하락하면서 경쟁 심화에 따라 자기자본이익률도 18%로 하락하고 배당성향은 재투자 소요를 반영해 상승할 것이다.[1] 예컨대 8년 차 기대성장률이 10%이므로 같은 해 배당성향은 44.44%다.

$$8년 차 배당성향 = 1 - \frac{기대성장률}{자기자본이익률} = 1 - \frac{0.10}{0.18} = 0.4444 \text{ 또는 } 44.44\%$$

또한 경제가 성숙하면서 인도에 투자하는 데 따르는 위험이 감소하리라는 기대를 반영해 국가 위험 프리미엄을 6.43%에서 3.00%로 조정한다. 표 21.2는 전환기의 기대 배당과 현재가치를 보여준다.

[표 21.2] 5~8년 차 기대 배당

	5	6	7	8
기대성장률	16.34%	14.23%	12.11%	10.00%
EPS	89.29	102.00	114.35	125.79
배당성향	15.92%	25.43%	34.94%	44.44%
주당배당금	14.22	25.94	39.95	55.91
자기자본비용	19.66%	18.97%	18.29%	17.60%
누적 자기자본비용	250.98	298.60	353.20	415.36
현재가치	5.66	8.69	11.31	13.46

8년 차 자기자본비용은 하향 조정한 국가 위험 프리미엄을 반영했음을 유념하라.

$$8년 차 자기자본비용 = 12.00\% + 0.80 \times (4.00\% + 3.00\%) = 17.60\%$$

베타와 성숙시장 위험 프리미엄 4%는 똑같이 유지된다. 전환기 기대 배당을 복리로 계산한 누적 자기자

---

1   조정한 배당성향은 선형으로 상승한다. 현재 배당성향이 6.41%이고 안정 성장 단계의 배당성향은 44.44%이므로 그 차이 38.03%포인트를 4년으로 나누면 매년 9.51%포인트씩 상승한다.

본비용으로 나눠 현재가치를 계산한다.[2]

안정 성장 단계

안정 성장 단계에서는 이익과 배당이 영원히 연 10% 증가하리라고 가정하고, 안정 단계의 자기자본비용 17.60%로 할인한다. 영구배당의 현재가치는 곧 주당 잔존가치로서 다음과 같이 계산한다.

$$주당\ 잔존가치 = \frac{기대\ EPS_9 \times 배당성향_9}{자기자본비용 - 안정\ 성장률} = \frac{125.79 \times 1.10 \times 0.444}{0.176 - 0.10} = 809.18$$

최종 가치평가

SBI의 최종 주당 가치는 고성장 단계 배당과 전환기 배당, 전환기 종료 시점의 잔존가치 합계를 누적 자기자본비용으로 할인한 현재가치와 같다.

$$
\begin{aligned}
최종\ 주당\ 가치 &= 고성장\ 단계\ 배당의\ 현재가치 + 전환기\ 배당의\ 현재가치 + 잔존가치의\ 현재가치 \\
&= (2.46 + 2.42 + 2.38 + 2.35) + (5.66 + 8.69 + 11.31 + 13.46) + 809.18/4.1536 \\
&= 243.55
\end{aligned}
$$

잔존가치를 8년 차 누적 자기자본비용으로 할인해 현재가치를 계산한다는 점을 유념하라. 가치평가 시점 (2001년 1월) SBI 주식은 주당 235루피에 거래되었다.

무배당 금융서비스 기업의 가치평가   많은 금융서비스 기업이 배당을 지급하지만, 최근 들어 배당을 지급하지 않고 이익 전부를 사업에 재투자하는 신생 고성장 금융서비스 기업이 늘고 있다. 실상을 보면 이들 중에는 적자 기업도 있다. 이러한 기업의 가치평가에 배당할인모형을 적용하는 것은 부적합해 보이지만, 사실 배당할인모형은 적자 기업에 활용해도 될 만큼 아주 유연하다. 무배당 기업의 주식 가치가 플러스인 것이 가능한가? 적어도 현재 흑자를 기록 중인 기업에 관해서는 답이 간단하다. 현재 배당이 제로이고 기업이 계속 성장할 가까운 미래에도 같은 상황이 지속하더라도 성장은 결국 둔화할 것이다. 성장률이 하락하면 기업의 배당능력이 증가한다. 이전 섹

---

2   앞서 살펴봤듯 자기자본비용이나 자본비용이 매년 변할 때는 누적 자기자본비용을 계산해야 한다. 예컨대 7년 차 현금흐름을 다음 누적 자기자본비용으로 나눠 현재가치를 계산한다.

$$누적\ 자기자본비용\ 할인계수 = 1.2034^4 \times 1.1966 \times 1.1897 \times 1.1829 = 3.5320$$

션에서 다뤘던 펀더멘털 성장 수식을 활용하면 미래 연도의 기대 배당성향을 추정할
수 있다.

$$\text{기대 배당성향} = 1 - g/ROE$$

주식 가치는 이 미래 기대 배당에서 도출된다.

현재 적자 기업이라면 도출 과정이 다소 복잡해진다. 먼저 미래 일정 시점에 흑자
를 내리라고 가정하고(그렇게 가정하지 않는다면 주식 가치는 제로가 되고 가치평가를 수행
할 필요가 없다) 미래 연도 이익을 추정해야 한다. 흑자를 낸 이후 시점에 관해서는 지
금까지 논의했던 방법을 따르면 된다.

주주 현금흐름 모형

앞서 순 자본적 지출과 비현금 운전자본을 추정하기가 용이하지 않을 때 뒤따르는
현금흐름 추정의 어려움을 논했다. 하지만 재투자를 달리 정의한다면 금융서비스 기
업의 주주 현금흐름도 추정 가능하다.

주주 현금흐름의 정의   주주 현금흐름은 부채를 상환하고 재투자 소요를 충족한
후 남은 주식 투자자 몫의 현금흐름이다. 금융서비스 기업의 재투자는 대개 공장이나
설비, 기타 비유동자산 형태가 아니라 인적자본과 규제자본에 대한 투자가 대다수를
이룬다. 규제당국이 정의하는 규제자본은 결국 미래 성장의 한계를 결정한다. 인적자
본과 규제자본에 대한 투자를 재투자에 반영하는 방법을 알아보자.

직원 훈련 및 교육비용의 자본화   인적자본이 금융서비스 기업의 성패를 결정하
는 중요한 요인이라면, 이를 개발하는 데 드는 비용을 자본화할 수 있다. 기술회사의
연구개발비를 자본화하는 과정과 아주 유사한 다음 다섯 단계를 거친다(9장을 참고하
라 - 옮긴이).

1. **자산의 상각연수 추정:** 기업이 자원을 투자한 직원이 회사에 근속하는 평균 기간에서부터 시작해 교육훈련비를 상각할 전체 기간을 결정한다.

2. **과거 직원비용에 관한 정보 수집:** 과거에 기업이 직원 훈련과 개발에 지출한 금액 데이터와 함께 1단계의 상각연수에 관한 데이터도 수집한다.

3. **당기 상각비 계산:** 과거 연도별 교육훈련비를 상각한다. 선형 상각 일정에 따라 상각연수 기간에 걸쳐 교육훈련비를 똑같이 분배한다. 당기 상각비는 과거 모든 교육훈련비에 대한 상각비의 총합이다.

4. **기업 순이익 조정:** 순이익을 직원비용의 자본화에 대해 조정한다.

   조정 순이익 = 보고 순이익 + 당기 직원개발비 – 직원비용 상각비(3단계에서 도출)

5. **인적자본의 가치 계산:** 기업 인적자본의 가치는 과거 연도별 직원개발비 중 아직 상각되지 않은 부분의 합계다.

직원개발비는 연구개발비와 비교해 두 가지 이유에서 자본화하기가 더 어렵다. 첫째, 연구비는 대개 재무제표에서 단일 항목으로 통합해 보고하지만, 직원개발비는 기업 전체에 걸쳐 분산되어 있고 손익계산서상 여러 항목에 포함되어 있다. 인건비와 복리후생비에서 직원개발비를 분리하기는 몹시 어렵다. 둘째, 연구개발의 결과물인 특허와 라이선스는 기업이 소유하고 상업적 활용 시 독점권을 갖는다. 하지만 직원은 언제나 이동하고, 더 나은 조건을 제시한 경쟁사로 이직하는 일도 흔하다.

이러한 인적자본 가치평가의 실무적 어려움을 해결할 수 있다고 가정하고 인적자본이 기업에 추가하는 가치를 결정하는 요인을 살펴보자. 첫째, 직원 이직률이다. 이직률이 상승하면 직원비용의 상각연수, 나아가 인적자본의 가치가 하락한다. 둘째, 기업이 직원 훈련 및 개발에 사용하는 자원이다. 자원 규모가 클수록 인적자본에 높은 가치를 할당한다.

세 번째 요인은 분석 시 무시될 때가 많다. 주인공은 가치를 창출하는 자산, 즉 인적자본에서 올리는 초과수익이다. 기업이 초과수익을 올리려면 직원이 기업 가치에 기여하는 것보다 적은 급여를 지급해야 한다. 예컨대 투자은행은 트레이더가 기업 이익에 기여하는 것보다 적은 급여를 지급한다는 조건을 만족해야만 채권에서 가치를 창출할 것이다. 이러한 조건인데도 트레이더가 투자은행에서 계속 일하는 이유는 무엇인가? 트레이더가 그 정도 이익을 낼 수 있게끔 하는 투자은행 고유의 능력이 있기 때문일지도 모른다. 이 능력은 독점적 정보나 고객 목록, 시장 입지 등에서 비롯한다. 비경제적인 이유, 즉 다른 곳에서 받을 높은 보수도 포기할 만큼 해당 투자은행에 아주 호의적일지도 모른다. 직원 처우가 좋고 어려운 시기에도 믿음을 지키는 충실한 기업은 이러한 호의의 대상이 되고 더 높은 가치를 지닌다.

규제자본에 대한 투자　자본비율 관련 규제를 받는 금융서비스 기업에서는 배당하지 않은 주주 이익이 자기자본을 늘리고 사업을 확장할 기반이 된다. 예컨대 규제 자기자본비율이 5%인 은행은 자기자본 5달러에 대해 100달러까지 대출해줄 수 있다. 은행의 순이익이 1,500만 달러인데 500만 달러만 배당으로 지급했다면 자기자본이 1,000만 달러 증가한다. 나아가 2억 달러까지 추가 대출해줄 수 있다는 뜻이므로 미래 연도의 성장률도 상승할 것이다.

위 논의에 따르면 순이익 중 배당으로 지급하지 않는 금액은 배당하든 자사주를 매입하든 재투자로 볼 수 있지만, 확대된 자본 기반을 활용하여 성장을 구가할 수 있는 기업에만 해당한다. 다른 유형의 기업에서는 유보 자기자본이 재투자가 아니라 기업 내 축적되는 현금에 가깝다. 시간이 흐르면서 자기자본비율이 규제 요건을 대폭 웃도는 수준에서 계속 상승하는 기업은 자기자본을 성장 원천으로 활용하지 않는 것으로 볼 수 있다.

순이익 중 주주에게 환원하지 않는 잔여분도 유보이익으로서 자기자본의 장부가액을 늘린다. 따라서 적어도 이 모형에서 정의한 규제자본은 자기자본의 장부가액과 같은 방향으로 증감한다. 그래서 규제자본을 두고 가장 좁은 정의를 택하는 편이낫다. 즉 사실상 자기자본만으로 구성된 기본자본(tier 1 capital)이 보완자본(tier 2 capital)이나 준보완자본(tier 3 capital)보다 더 적합하다.[3]

[예시 21.3] FCFE 모형을 활용한 가치평가: 도이체방크(2009년 초)

도이체방크는 지난 세기 대다수 연도에 흑자를 기록한 상업은행이다. 2008년 은행들이 위기 태세에 돌입하고 금융시장이 붕괴하면서 금융서비스 기업을 둘러싼 환경이 변화했다. 수십억 달러 규모의 상각을 감행한 도이체방크는 2008년 순손실 38억 3,500만 유로를 기록했고, 총 배당 지급액을 2억 8,500만 유로로 삭감했다. 두 수치는 모두 안정적인 출발로 보기는 힘들지만, 다음 가정을 두고 도이체방크의 가치를 평가해보자.

1. **순이익의 반등**: 순이익이 반등해 2009년 31억 4,700만 유로를 기록하리라고 가정한다. 이에 따라 2009년 1분기 도이체방크의 순이익이 개선되고(분기 순이익 11억 2,000만 유로 기록) 2003~2007년 평균 순이익이 39억 5,000만 유로일 것으로 추정한다.
2. **자산 기반과 목표 ROE**: 도이체방크의 현행 자산 기반(3,128억 8,200만 유로)이 향후 5년간 연 4% 증가하고, 해당 기간의 자기자본이익률도 선형으로 상승해 5년 차 말 10%를 기록하리라고 가정한다.
3. **잠재 배당**: 최근 대폭 삭감된 현재 배당에 초점을 두지 않고, 도이체방크의 목표 규제자본비율이 현행 규제자본비율 10.20%보다 다소 낮은 10%로 선형으로 하락한다는 가정을 두고 잠재 배당을 계산한다.
4. **자기자본비용**: 도이체방크의 투자은행과 상업금융 사업에 대한 노출을 반영한 상향식 베타 1.162와 2009년 초 유로화 기준 무위험 이자율 3.6%, 성숙시장의 주식 위험 프리미엄 6%를 적용해 자기자본비용을 계산한다.

자기자본비용 = 무위험 이자율 + 베타 × 주식 위험 프리미엄 = 3.6% + 1.162 × 6% = 10.572%

표 21.3은 향후 5년간 순이익과 잠재 배당 및 그 현재가치를 요약해서 보여준다(단위: 100만 유로, 100만 주).

[표 21.3] 향후 5년간 기대 배당: 도이체방크(2009년)

	당기	1	2	3	4	5
자산 기반	312,882	325,398	338,414	351,950	366,028	380,669
자본비율	10.20%	10.16%	10.12%	10.08%	10.04%	10.00%
규제자본	31,914	33,060	34,247	35,477	36,749	38,067

---

3   바젤 협약에서 정의한 기본자본은 자기자본을 뜻하지만 은행권이 사용하는 '자기자본'과 회계의 '보통주 자기자본'은 서로 범위가 다를 때도 있다.

가치평가 바이블

규제자본의 증감		1,146	1,187	1,229	1,273	1,318
ROE	9.40%	9.52%	9.64%	9.76%	9.88%	10.00%
순이익	3,000	3,147	3,302	3,463	3,631	3,807
- 규제자본 투자		1,146	1,187	1,229	1,273	1,318
FCFE(기대 배당)		2,001	2,114	2,233	2,358	2,489
현재가치(할인율 10.572%)		1,810	1,729	1,652	1,578	1,506

향후 5년간 기대 배당의 현재가치 합계는 82억 7,500만 유로다. 5년 차 종료 후 도이체방크는 안정 성장 단계에 접어들어 영구성장률이 연 3%라고 가정한다. 나아가 베타가 1로 하락하면서 자기자본비용 역시 9.60%로 하락하리라고 가정한다.

$$\text{자기자본비용} = \text{무위험 이자율} + \text{베타} \times \text{주식 위험 프리미엄} = 3.6\% + 1 \times 6\% = 9.60\%$$

5년 차 이후 자기자본이익률은 안정 단계의 자기자본비용과 똑같은 9.60%다.

5년 차 이후 기대성장률 3%와 안정 단계의 자기자본이익률 9.60%를 고려하면 안정 단계의 기대 현금 배당성향은 68.75%다.

$$\text{안정 단계의 배당성향} = 1 - \frac{\text{안정 성장률}}{\text{안정 ROE}} = 1 - \frac{0.03}{0.096} = 68.75\%$$

5년 차 말 잔존가치는 다음과 같다.

$$\text{잔존가치} = \frac{\text{기대 이익}_6 \times \text{안정 배당성향}}{\text{자기자본비용} - \text{안정 성장률}} = \frac{3,807 \times 1.03 \times 0.6875}{0.096 - 0.03} = 39,728$$

잔존가치를 고성장 단계의 자기자본비용으로 할인한 현재가치는 다음과 같다.

$$\text{잔존가치의 현재가치} = \frac{\text{잔존가치}_n}{(1 + \text{자기자본비용}_{\text{고성장}})^n} = \frac{39,728}{1.10572^5} = 24,036$$

여기에 고성장 단계 배당의 현재가치를 더하면 2009년 초 도이체방크의 주식 가치를 얻는다.

$$\text{주식 가치} = 8,275 + 24,036 = 32,311$$

주식 가치를 2009년 초 유통주식 수 5억 8,185만 주로 나누면 주당 가치를 얻는다.

$$\text{주당 가치} = \frac{\text{주식 가치}}{\text{유통주식 수}} = \frac{32,311}{581.85} = 55.53(\text{유로})$$

2009년 6월 도이체방크의 주가는 48.06유로였으므로 가치평가 결과에 따르면 다소 저평가되었다고 할 수 있다.

이익과 현금흐름이 똑같지 않은 이유

일부 애널리스트는 미래 순이익을 현시점으로 할인해 은행의 가치를 평가하면서, 은행은 순자본적 지출 소요가 미미하고 운전자본 소요(재고자산과 매출채권 등)가 존재하지 않는다는 점을 근거로 든다. 하지만 순이익의 기대성장률을 적용하는 동시에 그 순이익을 할인한다는 것이 문제다(당연히 일관성이 없다).

이익을 전부 배당으로 지급하는 은행 사례를 통해 이해해보자. 신주를 발행하지 않는다면 자기자본의 장부가액은 현행 수준으로 영원히 고정된다. 은행의 대출자산이 계속해서 증가한다면 언젠가 규제 요건보다 낮은 자본비율로 이어질 것이다.

이것이 바로 규제자본과 기업 인수를 포함해 은행의 성장에 필요한 모든 투자를 재투자에 포함해야 하는 이유다. 또한 성장률이 낮은 성숙 은행조차 이익을 전부 배당으로 지급하는 정책을 감당할 수 없는 이유이기도 하다.

초과수익 모형

금융서비스 기업의 세 번째 가치평가 방법은 초과수익 모형이다. 이 모형에서 가치는 현재 기업에 투자한 자본과 미래 초과수익의 현재가치를 합한 값으로 계산한다. 이번 섹션에서는 초과수익 모형을 은행 주식의 가치평가에 적용하는 방법을 다룬다.

기본 모형 금융서비스 기업의 총자본 정의에 따르는 어려움을 고려할 때, 이들의 가치평가에 초과수익 모형을 활용할 때는 주식에만 초점을 두는 편이 훨씬 낫다. 주식 가치는 당기 투하 자기자본과, 현재와 미래 투자에서 올릴 주식 투자자 몫의 기대 초과수익을 합한 값으로 정의한다.

주식 가치 = 현행 자기자본 + 기대 주주 초과수익의 현재가치이 모형은 초과수익에 초점을 둔다는 점이 가장 흥미롭다. 자기자본을 투자해 공정 시장 수익만큼 이익을 올리는 기업이라면 주식의 시장가치는 당기 투하 자기자본에 가까울 것이다. 자기자본 투자에서 시장수익보다 낮은 이익을 올리는 기업 주식의 시장가치는 당기 투하 자기자본보다도 낮을 것이다.

초과수익 모형은 미래 기대투자도 고려한다는 점도 유념하라. 따라서 금융서비스 기업의 미래 투자 대상뿐 아니라 기대수익을 예측할 책임은 이 모형을 활용하는 애널리스트에게 있다.

입력 변수 초과수익 모형으로 주식의 가치를 평가하려면 두 가지 입력 변수가 필요하다. 첫째, 투하 자기자본의 척도다. 둘째, 다소 까다로운 입력 변수인 미래 연도의 기대 주주 초과수익이다.

당기 투하 자기자본은 대개 자기자본의 장부가액으로 측정한다. 회계적 척도라서 회계 선택에 영향받기는 해도, 제조회사가 아닌 금융서비스 기업의 투하 자기자본은 훨씬 믿을 만한 척도다. 이유는 첫째, 금융서비스 기업의 자산은 대부분 시가평가 대상인 금융자산이지만, 제조회사의 자산은 대개 실물자산으로 장부가액과 시장가치의 차이가 훨씬 크다. 둘째, 감가상각은 제조회사에서는 장부가액을 결정하는 중요한 요인이지만, 금융서비스 기업에서는 무시해도 된다. 하지만 자사주 매입이나 특별·일회성 비용은 금융서비스 기업에도 영향을 미친다. 자사주를 매입하거나 특별항목 지출이 발생하는 금융서비스 기업의 자기자본 장부가액은 기업에 투자한 실제 자기자본을 과소평가할 가능성이 있다.

주식 가치 척도에서 초과수익은 자기자본이익률과 자기자본비용의 함수로 정의한다.

$$\text{주주 초과수익} = (\text{자기자본이익률} - \text{자기자본비용}) \times \text{투하자기자본}$$

이때 자기자본이익률이 주식 투자자가 올리는 경제적 이익을 보여주는 좋은 척도라고 가정한다. 금융서비스 기업을 분석할 때는 현재와 과거 연도의 자기자본이익률을 모두 활용할 수 있지만, 필요한 것은 미래 기대 자본이익률이다. 따라서 금융서비스 기업의 강점과 약점에 관한 분석뿐 아니라 해당 기업이 직면한 경쟁과 규제자본 요건의 변화도 분석해야 한다.

기대 주주 초과수익을 추정할 때는 높은 초과수익의 존재가 경쟁을 끌어들인다는 사실을 고려해야 한다. 시간이 흐르면서 초과수익은 점차 줄어든다는 점을 미래 예측에 반영해야 한다.

[예시 21.4] 초과수익 모형을 활용한 가치평가: 골드만삭스(2011년 5월)

2011년 5월, 전 세계 최고의 투자은행으로 평가받는 골드만삭스(Goldman Sachs) 주식은 자기자본 장부가액 782억 2,800만 달러(2010년 말 기준)보다 약간 낮은 시가총액 754억 달러 수준에서 거래되었다.

골드만삭스의 가치를 평가하기 위해 먼저 현행 자기자본비용을 살펴보자. 2010년 투자은행의 평균 베타 1.2와 장기 국채 수익률 3.5%, 주식 위험 프리미엄 5%를 적용하면 자기자본비용 9.5%를 얻는다.

$$자기자본비용 = 3.5\% + 1.2 \times 5\% = 9.5\%$$

골드만삭스의 2010년 순이익은 83억 5,400만 달러였고 2009년 말 자기자본의 장부가액은 716억 7,400만 달러였으므로 자기자본이익률은 11.66%다(단위: 100만 달러, 100만 주).

$$자기자본이익률 = \frac{순이익_{2010}}{자기자본의\ 장부가액_{2010}} = \frac{8,354}{71,674} = 11.66\%$$

이 값은 골드만삭스가 2008년 금융위기 전에 기록했던 자기자본이익률보다 대폭 하락한 수준임을 유념하라. 2010년 골드만삭스는 주당순이익 13.99달러 중 1.40달러를 배당으로 지급했으므로 배당성향은 10%였다. 표 21.4는 회사가 현 수준의 자기자본이익률과 배당성향, 자기자본비용을 향후 5년간 유지할 수 있다고 가정할 때 초과수익과 현재가치를 요약해서 보여준다.

[표 21.4] 기대 초과수익: 골드만삭스

	1	2	3	4	5
순이익	9,118	10,074	11,131	12,299	13,589
- 자기자본비용(금액, 아래 참고)	7,432	8,211	9,073	10,024	11,076
주주 초과수익	1,686	1,863	2,059	2,275	2,513
현재가치	1,540	1,554	1,568	1,582	1,596

자기자본의 장부가액(기초)	78,228	86,434	95,501	105,519	116,588
자기자본비용	9.50%	9.50%	9.50%	9.50%	9.50%
자기자본비용(금액)	7,432	8,211	9,073	10,024	11,076
자기자본이익률	11.66%	11.66%	11.66%	11.66%	11.66%
순이익	9,118	10,074	11,131	12,299	13,589
배당성향	10.00%	10.00%	10.00%	10.00%	10.00%
지급 배당금	912	1,007	1,113	1,230	1,359
유보이익	8,206	9,067	10,018	11,069	12,230

각 연도 순이익은 해당 연도 자기자본이익률에 자기자본의 기초 장부가액을 곱해서 계산한다. 각 연도 자기자본의 장부가액은 배당으로 지급하지 않는 직전 연도의 순이익만큼 증가한다(예컨대 2년 차 자기자본의 장부가액 864억 3,400만 달러는 1년 차 자기자본의 장부가액 782억 2,800만 달러에 유보이익 82억 600만 달러를 더한 값이다 – 옮긴이).

가치평가를 종료히려면 5년 사 이후 초과수익에 관한 가정을 둬야 한다. 5년 차 이후 순이익이 매년 3% 증가하고 베타는 1.2로 유지된다고 가정한다. 골드만삭스의 5년 차 이후 자기자본이익률은 자기자본비용과 똑같은 9.50%로 가정한다. 따라서 5년 차 이후 초과수익이나 손실은 없다. 이때 주식 가치는 현행 자기자본의 장부가액과 향후 5년간 초과수익의 현재가치, 잔존가치의 현재가치를 합해서 계산한다.

당기 투하 자기자본의 장부가액	8,228
향후 5년간 초과수익의 현재가치	7,840
초과수익 잔존가치의 현재가치	0
주식 가치	86,068
유통주식 수	517.735
주당 가치(달러)	166.24

가치평가 시점인 2011년 5월 골드만삭스 주식은 140.63달러에 거래되었으므로 약 18% 저평가되었다고 할 수 있다.

자산기반 가치평가

자산기반 가치평가모형에서는 금융서비스 기업이 보유한 자산의 가치를 평가한 후 부채와 다른 미상환 청구권을 뺀 차액을 주식 가치로 정의한다. 예컨대 은행을 대상으로 한다면 (자산의 대부분을 차지하는) 대출자산의 가치를 평가한 후 미상환부채를 차감하면 주식 가치를 얻는다. 보험사라면 유효 보험계약의 가치를 평가한 후 여기에서 발생할 것으로 예상하는 보험금 청구액과 기타 미상환부채를 차감하면 주식 가치를 얻는다.

은행의 대출자산이나 보험사의 보험계약은 어떻게 가치평가하는가? 대출자산을 다른 금융서비스 기업에 매각할 수 있는 가격으로 추정하는 방법이 있지만, 대출자산의 기대 현금흐름에 바탕을 두고 가치평가하는 것이 더 나은 방법이다. 예컨대 대출자산이 10억 달러이고 가중평균 만기가 8년이며 이자수익이 7,000만 달러인 은행을 생각해보자. 대출자산의 채무불이행 위험은 공정시장 이자율과 똑같은 6.50%라고 가정한다. 이 공정시장 이자율은 신용평가기관에 대출자산 등급 평가를 의뢰하거나 대출자산의 잠재 채무불이행 위험을 측정해서 추정할 수 있다. 이에 따라 대출자산 가치는 다음과 같이 추정한다(단위: 100만 달러).

대출자산 가치 = 70 × 연금의 현가 계수(6.5%, 8년) + 1,000/1.065^8 = 1,030

이 은행은 시장이자율보다 높은 이자율을 부과하기 때문에(은행이 부과하는 이자율 = 70/1,000 = 7% - 옮긴이) 대출자산의 공정시장가치는 장부가액보다 높다. 반대로 은행이 시장이자율보다 낮은 이자율을 부과한다면 대출자산의 공정시장가치는 장부가액보다 낮을 것이다. 은행의 주식 가치는 대출자산의 가치에서 예금과 부채, 기타 미상환 청구권을 차감한 값이다.

성장 잠재력이 없는 성숙 은행이나 보험사가 평가 대상이라면 자산기반 가치평가는 장점이 있지만, 심각한 두 가지 한계가 있다. 첫째, 미래 기대성장과 성장에 따른 초과수익에 가치를 부여하지 않는다. 예컨대 채무불이행 위험보다 높은 이자율로 계속해서 대출해주는 은행은 미래 대출자산에서도 역시 가치를 창출할 가능성이 크다. 둘째, 여러 사업을 영위하는 금융서비스 기업에는 적용하기가 어렵다. 예컨대 씨티그룹(Citigroup)에서 각 사업(보험, 상업은행, 투자은행, 자산운용)의 자산은 이익흐름과 할인율이 서로 다르므로 분리해서 가치평가해야 한다.

상대가치평가

상대가치평가를 다룬 17~20장에서 가치평가에 활용할 이익 배수부터 장부가액 및 매출 배수에 이르는 다양한 배수를 검토했다. 이번 섹션에서는 금융서비스 기업의 상대가치평가 방법을 다룬다.

배수 선택

EV/EBITDA나 EV/EBIT 같은 기업 가치 배수는 금융서비스 기업의 가치평가에 적합하도록 조정하기가 사실상 불가능하다. 은행이나 보험사의 EV는 물론이고 영업이익도 쉽게 추정할 수 없기 때문이다. 금융서비스 기업에는 주식 기준 가치평가가 더 적합하다는 논지에 맞춰 상대가치평가를 활용할 때도 주식 가치 배수를 사용한다. 가장 널리 사용되는 주식 가치 배수는 PER과 PBR, PSR이다. 금융서비스 기업의 판매액이나 매출은 측정하기가 힘들기에 PSR은 추정이나 사용이 불가능하다. 따라서 이번 섹션에서는 PER과 PBR을 활용해 금융서비스 기업을 가치평가하는 방법을 다룬다.

PER 은행이나 보험사의 PER은 다른 모든 기업과 똑같은 방식으로 측정한다.

$$PER = \frac{\text{시가총액}}{\text{순이익}}$$

앞서 18장에서 PER은 이익 기대성장률과 배당성향, 자기자본비용이라는 세 변수에 의해 결정된다고 했다. 다른 모든 기업과 마찬가지로 이익 기대성장률과 배당성향이 높고 자기자본비용이 낮은 금융서비스 기업일수록 PER이 높다.

금융서비스 기업에서만 발생하는 문제는 잠재 비용 지출에 대한 충당금의 활용이다. 예컨대 은행은 악성대출을 대비해 정례적으로 충당금을 적립한다. 이 충당금은 이익 차감 계정으로서 회계이익을 기준으로 하는 PER에 영향을 미친다. 이에 따라 악성대출 분류에 보수적인 태도를 보이는 은행일수록(즉 더 많은 대출자산을 악성대출로 분류할수록 – 옮긴이) 낮은 이익과 높은 PER을 보고한다. 반대로 덜 보수적인 은행은 높은 이익과 낮은 PER을 보고한다.

금융서비스 기업에 이익 배수를 사용할 때는 사업 다각화 역시 고려해야 한다. 상업대출을 대상으로 할 때와 프롭 거래를 대상으로 할 때 투자자가 지불할 의사가 있는 이익 대비 주가 배수가 다르다. 위험과 성장률, 이익 특성이 다른 여러 사업을 영위하는 기업이라면 진정한 의미의 비교 기업을 찾아서 이익 배수를 비교하기가 몹시 어렵다. 이때는 기업 이익을 사업별로 분해해서 개별 사업의 가치를 별도 평가하는 편이 훨씬 낫다.

[예시 21.5] PER 비교: 미국 보험사(2011년 5월)

표 21.5는 시가총액 10억 달러 이상의 미국 보험사에 대해 PER과 관련 펀더멘털(애널리스트의 향후 5년간 EPS 기대성장률 전망치, 배당성향, 자기자본이익률, 베타)을 요약해서 보여준다.

[표 21.5] PER과 펀더멘털: 미국 보험사

기업명	PER	배당성향	ROE	성장률	베타
CNO Financial Group(NYSE:CNO)	6.31	0.00%	7.04%	13.00%	2.91
Hartford Financial Services Group(NYSE:HIG)	6.31	4.49%	9.48%	7.95%	2.78
Reinsurance Group of America(NYSE:RGA)	7.53	5.74%	12.16%	12.20%	1.33
Travelers Companies(NYSE:TRV)	7.56	0.00%	13.41%	8.60%	0.65
Protective Life Corp.(NYSE:PL)	8.01	18.60%	7.75%	10.30%	2.28
American Financial Group(NYSE:AFG)	8.03	14.04%	10.20%	9.00%	1.00
Delphi Financial Group(NYSE:DCF)	8.44	12.79%	11.72%	10.30%	1.68
Chubb Corporation(NYSE:CB)	8.56	21.00%	14.29%	9.33%	0.80
American International Group(NYSE:AIG)	8.73	0.00%	17.26%	12.00%	2.48
Lincoln National Corp.(NYSE:LNC)	8.74	0.00%	8.09%	12.00%	2.48
ProAssurance Corporation(NYSE:PRA)	8.82	0.00%	13.00%	10.30%	0.83
AmTrust Financial Services(NasdaqGS:AFSI)	8.90	11.95%	20.78%	13.00%	0.98
Fidelity National Financial(NYSE:FNF)	8.91	37.57%	11.56%	11.50%	0.81
Unum Group(NYSE:UNM)	9.11	13.27%	9.86%	12.30%	1.50

Unitrin(NYSE:UTR)	9.48	29.19%	9.01%	7.00%	1.72
RLI Corp.(NYSE:RLI)	9.71	23.36%	16.39%	11.00%	0.76
Prudential Financial(NYSE:PRU)	9.92	18.74%	9.58%	12.90%	2.22
Torchmark Corp.(NYSE:TMK)	10.01	10.00%	12.47%	10.10%	1.62
W.R.Berkley Corporation(NYSE:WRB)	10.39	9.06%	12.08%	11.00%	0.58
AFLAC(NYSE:AFL)	10.68	25.63%	19.02%	11.90%	1.87
StanCorp Financial Group(NYSE:SFG)	11.19	22.89%	9.05%	11.00%	1.42
HCC Insurance Holdings(NYSE:HCC)	11.62	20.11%	9.73%	10.00%	0.76
CNA Financial Corporation(NYSE:CNA)	12.10	4.04%	6.10%	7.50%	1.69
Allstate Corporation(NYSE:ALL)	12.29	32.40%	6.98%	9.00%	0.98
Progressive Corp.(NYSE:PGR)	12.42	22.53%	18.77%	8.20%	0.79
Hanover Insurance Group(NYSE:THG)	13.15	33.31%	5.78%	9.00%	0.76
Cincinnati Financial Corp.(NasdaqGS:CINF)	13.22	68.19%	7.37%	7.50%	0.97
Assurant(NYSE:AIZ)	13.57	25.86%	5.52%	9.00%	1.07
Principal Financial Group(NYSE:PFG)	14.12	25.00%	7.25%	11.40%	2.44
Transatlantic Holdings(NYSE:TRH)	14.76	26.71%	4.58%	8.00%	0.78
Mercury General Corporation(NYSE:MCY)	15.17	87.40%	8.31%	7.30%	0.67
MetLife(NYSE:MET)	15.62	26.48%	6.09%	12.70%	1.80
Markel Corp.(NYSE:MKL)	17.26	0.00%	7.33%	10.50%	0.74
Marsh & McLennan Companies(NYSE:MMC)	18.08	49.36%	14.64%	9.25%	0.85
Arthur J. Gallagher & Co.(NYSE:AJG)	19.75	84.57%	14.47%	9.00%	0.70
Aon Corporation(NYSE:AON)	21.94	23.90%	9.38%	7.50%	0.61
Brown & Brown(NYSE:BRO)	22.74	27.39%	10.88%	11.60%	0.60
Erie Indemnity(NasdaqGS:ERIE)	24.74	62.26%	17.43%	7.00%	0.58
Genworth Financial(NYSE:GNW)	118.27	0.00%	0.33%	17.00%	3.31

PER을 기준으로 할 때 CNO 파이낸셜(CNO Financial Group)과 하트퍼드 파이낸셜 서비스(Hartford Financial Services Group)는 주가가 저렴해 보이지만, 두 기업은 모두 몹시 위험하고 배당성향이 상당히 낮다. PER을 기대성장률과 배당성향, 베타에 대해 회귀분석한 결과 기대성장률은 통계적으로 유의하지 않았기에 변수에서 제외했다. 그래서 PER을 베타와 배당성향에 대해 회귀분석한 결과는 다음과 같다.

$$PER = 12.311 - 1.953 \times 베타 + 9.70 \times 배당성향 \qquad R^2 = 37.6\%$$
$$(7.04) \quad (2.08) \qquad (3.21)$$

CNO 파이낸셜의 변수 값을 대입하면 PER 예측치 6.63배를 얻는다.

$$PER = 12.311 - 1.953 \times 2.91 + 9.70 \times 0 = 6.63$$

실제 PER이 6.31배였으므로 CNO 파이낸셜의 주가는 공정가치에 가깝다고 할 수 있다. 한편 에이온 코퍼레이션(Aon Corporation)의 PER 예측치는 다음과 같다.

$$PER = 12.311 - 1.953 \times 0.61 + 9.70 \times 0.239 = 13.44$$

실제 PER이 21.94배였으므로 에이온의 주가는 고평가되었다고 할 수 있다.

[예시 21.6] 사업부 기반 기업 가격평가: JP모간체이스(2011년 5월)

JP모간체이스는 여러 사업을 영위하고 사업별 순이익을 보고한다. 표 21.6은 2010년 사업별 순이익과 해당 사업이 주력이거나 유일한 사업인 타 기업에 바탕을 둔 PER을 보여준다(단위: 100만 달러).

[표 21.6] 사업부별 기업 가격평가: JP모간체이스

사업부	순이익	섹터 PER	주식 가치 추정치
투자은행	6,639	12.15	80,664
소매 금융서비스	2,526	14.80	37,385
신용카드 서비스	2,074	14.80	30,695
상업은행	2,084	10.80	22,507
국채 및 증권 서비스	1,079	10.80	11,653
자산운용	1,710	15.67	26,796
사모투자회사	1,258	8.08	10,165
합계	17,370		219,864.59

국채 및 증권 서비스처럼 독립된 경쟁사가 존재하지 않는 사업부에는 해당 상품이나 서비스를 제공하는 기업들의 평균 PER을 섹터 PER로 적용했다. 사업별 주식 가치를 합하면 JP모간체이스의 주식 가치 2,198억 6,500만 달러를 얻는다. 2011년 5월 시가총액은 1,682억 9,000만 달러였으므로 약 30% 저평가되었다고 할 수 있다.

PBR   금융서비스 기업의 PBR은 시가총액(주가)을 (주당) 자기자본의 장부가액으

로 나눈 값이다.

$$PBR = \frac{\text{시가총액}}{\text{자기자본의 장부가액}}$$

이 정의는 19장에서 다뤘던 것과 똑같고, EPS 기대성장률과 배당성향, 자기자본비용, 자기자본이익률 변수에 의해 결정된다는 점도 똑같다. 다른 모든 조건이 같다면 이익 기대성장률과 배당성향이 높을수록, 자기자본비용이 낮을수록, 자기자본이익률이 높을수록 PBR이 높다. 네 가지 변수 중에서 PBR에 가장 큰 영향을 미치는 것은 자기자본이익률이다. 따라서 자기자본이익률을 PBR의 동행 변수로 규정한다.

PBR과 자기자본이익률 간 관계의 강도는 다른 기업보다 금융서비스 기업에서 오히려 더 높다. 금융서비스 기업의 자기자본 장부가액이 보유 자산에 투입된 자기자본의 시장가치를 추종할 가능성이 훨씬 크기 때문이다. 마찬가지로 자기자본

[그림 21.1] PBR과 ROE: 미국 은행(2024년 5월)

이익률이 회계 선택에 영향받을 가능성도 더 작다. 그림 21.1처럼 미국 상업은행의 PBR과 자기자본이익률(2024년 5월 기준)을 산점도에 표시해보면 관계의 강도를 이해할 수 있다,

자기자본이익률이 높은 은행은 대개 높은 PBR에 거래되지만, 은행별 펀더멘털의 차이를 고려할 때 소음이 지나치게 많다. 예컨대 은행마다 위험 수준이 다르고, 주어진 자기자본이익률 값에서 위험 수준이 높은 은행일수록 PBR이 낮다고 예상할 수 있다. 마찬가지로 주어진 다른 펀더멘털 값에서 성장 잠재력이 큰 은행일수록 PBR이 높을 것이다.

[예시 21.7] PBR과 ROE: 유럽 은행(2024년 5월)

2024년 5월 기준, 상장 유럽 은행은 규제자본비율 관련 정보를 공개했다. 표 21.7은 유럽 은행의 PBR과 자기자본이익률, 기본자본비율을 요약해서 보여준다.

[표 21.7] PBR과 펀더멘털: 유럽 은행

	평균	1분위수	중앙값	3분위수
PBR	0.89	0.55	0.77	1.09
자기자본이익률	15.22%	11.04%	13.99%	17.69%
기본자본비율	17.78%	15.38%	16.97%	19.51%

은행 70곳 중 50곳은 PBR이 1배보다 낮았지만 대다수는 자기자본이익률과 기대성장률이 낮은 편이었다. 펀더멘털의 차이를 통제하기 위해 PBR을 자기자본이익률과 기본자본비율(기본자본을 위험 조정 자산으로 나눈 값)에 대해 회귀분석한 결과는 다음과 같다.

$$\text{PBR} = -0.4063 + 3.4563 \times \text{ROE} + 4.3595 \times \text{기본자본비율} \qquad R^2 = 37.45\%$$
$$\qquad\quad (1.48) \qquad (4.65) \qquad\quad (2.72)$$

유럽 은행 간 PBR의 차이는 자기자본이익률과 기본자본비율의 차이에서 비롯했다고 볼 수 있다. 즉 자기자본이익률과 기본자본비율이 높을수록 PBR이 훨씬 높았다.
스페인의 방코 산탄데르(Banco Santander)를 통해 회귀분석을 활용하는 방법을 살펴보자. 자기자본이익률은 12.86%, 기본자본비율은 13.75%였고 PBR은 0.63배였다. 수식에 이 값을 대입한 결과는 다음과 같다.

$$PBR = -0.4063 + 3.4563 \times 0.1286 + 4.3595 \times 0.1375 = 0.64$$

2024년 유럽 은행의 PBR 분포를 고려할 때 방코 산탄데르는 비교적 공정가격에 가깝다고 할 수 있다.

위기가 미치는 영향

은행은 오랫동안 기업이 사업할 때 빼놓을 수 없는 일부를 이루었다. 은행이 기업을 도울 때도 있었지만 주기적으로 선을 넘거나 문제에 부닥쳤고 영향력이 큰 만큼 다른 주체가 부담할 상당한 비용을 초래했다. 모든 금융위기는 이후 은행이 전체 생태계에 가하는 위험을 줄이거나 최소화할 새로운 규제를 도입하는 결과를 낳았다. 그러나 규제에도 불구하고(때로는 규제로 인해) 위기는 또다시 찾아오기를 반복했다. 은행에서 비롯하는 문제의 뿌리를 이해하기 위해서는 금융업이 어떻게 작동하는지를 이해하고 평범하거나 형편없는 은행과 뛰어난 은행을 구별할 기준을 도출하는 것이 중요하다.

은행의 비즈니스 모델

은행업은 핵심만 놓고 보면 상당히 단순하다. 고객은 은행에 돈을 맡기는 대신 편리함과 안전성, 때로는 이자(이자부 예금)를 보상으로 제공받는다. 은행은 예금을 개인이나 기업에 빌려주고 채무불이행을 대비하고도 이익을 남길 만큼 높은 이자를 부과한다. 게다가 현금 일부를 만기와 채무불이행 위험이 서로 다른 유가증권(대개 고정수익증권)에 투자해서 수익을 얻는다. 은행의 수익성은 대출자산과 투자자산에서 얻는 이자수익과, 예금과 부채에 지불하는 이자비용 간 차이에 달려 있다. 이 스프레드는 부도채권과 투자자산 손실을 충당하는 데 쓴다(그림 21.2 참고). 은행이 살아남으려면 예상하지 못한 채무불이행이나 손실에 대비해 여유 자기자본을 쌓아야만 한다.

[그림 21.2] 은행 비즈니스 모델

핵심 지표	자산	부채와 자기자본	핵심 지표
은행업 인프라에 투자한 자산 비중	**은행업 인프라 자산** (부동산 투자와 기술 등 포함)	**비이자부 예금** 은행이 이자를 지불하지 않는 요구불예금	1. 총예금 중 비이자부 예금 비중 2. 평균 예금이자율 3. 25만 달러 이상 고액 예금 비율
		이자부 예금 만기가 다양하지만 은행이 이자를 지불한다는 공통점이 있는 정기예금	
1. 총대출자산 대비 이자수익 비율 2. 대출자산 평균 만기 3. 차입자의 질(채무불이행 위험)	**대출자산** 다양한 만기와 채무불이행 위험 특성(이자율에 반영)		
		부채 다양한 만기와 이자율 (은행의 채무불이행 위험을 반영)	
1. 총투자자산 대비 이자수익 비율 2. 평균 만기 3. 투자자산의 질(채무불이행 위험)	**투자자산** 장기 국채와 주택담보증권, 기타 고정수익증권 등 만기가 다양한 투자자산이 이자수익 창출	**주주 자본** 유보이익과 주식 발행에 따라 증가	1. 위험 조정 자산 대비 기본자본(주로 자기자본) 비율 2. 총자산 대비 자기자본 장부가액 비율

은행업의 가치 동인
1. 이자 스프레드 = 대출자산과 투자자산에서 얻은 이자수익 – 예금과 부채에서 비롯하는 이자비용
2. 대출자산 채무불이행과 투자자산 손실
3. 규제자본: 이익 일부를 규제 요건 충족과 여유 확충을 위해 자기자본에 투자

은행 규제당국

은행 비즈니스 모델 중 규제당국이 어느 부분을 건드리는지 궁금하다면 은행이 규제당국보다 역사가 길고 수 세기 동안 (예상하지 못한 손실의 영향을 줄이려고 상당한 자기자본을 확보하는 등) 스스로를 자율 규제했다는 사실을 유념해야 한다. 뱅크런(bank run)은 빈번히 발생했고 결국 살아남아 번성한 은행은 경쟁자보다 나은 자본 구조와 채무불이행 위험 평가 능력에 바탕을 두고 차별화했다. 미국에서는 남북전쟁 중 국립은행업법(National Banking Act)이 통과되어 은행 인가와 안전 준비금 의무화의 근거를 세웠다. 1907년 은행 패닉이 발생해 JP모간을 위시한 대형 은행이 개입해 시스템을 살려낸 후 1913년 연방준비은행(Federal Reserve Bank)이 설립되었다. 이후 대공

황은 1993년 글래스-스티걸법 제정으로 이어져 은행이 상업은행을 벗어나는 사업을 하지 못하도록 규제했다. 고객 예금을 위험한 사업에 투자하지 못하게 하려는 목적이었다. 은행 규제는 언제나 규제자본이라는 개념을 중심으로 이루어졌다. 연방예금보험공사(FDIC)는 '자본 충실도(capital adequacy)'를 자산의 10분의 1에 달하는 자기자본을 보유하는 것으로 정의했다. 이후 수십 년간 자본 충실도 비율이 수차례 조정되면서 은행별로 위험 편차가 확대했다. 더 위험한 자산이라면 안전자산보다 더 많은 자기자본을 확보해야 한다는 논리였다. G10 국가가 바젤 은행감독위원회(Basel Committee on Banking Supervision)를 설립해 '위험 가중 자산', 나아가 자기자본 및 유사 계정을 합해 정의한 '기본자본' 개념을 세우면서 규제자본 소요는 세계적으로 공식화했다. 특히 은행이 계속 사업하려면 최소 자본비율을 충족해야 한다는 규정도 도입했다. 규제당국은 자본화 순위가 낮은 은행의 임원 보수와 인수를 제한하는 것부터 최하위 은행을 법정관리 처분하는 것까지 구속력을 갖췄다.

지난 수십 년간 은행업은 바젤 협약(Basel Accord)과 규제자본을 둘러싼 새로운 규칙 아래 지형을 가꾸어왔다. 예금자는 안전망을 확보했지만 몇몇 은행이 견고한 사업을 구축하기보다는 규제의 허점을 노리는 결론을 내리면서 위험한 양상이 증가하는 결과도 불렀다. 이들은 규제당국이 위험도를 제대로 인식하지 못한 위험 자산에 투자할 방법을 찾아냈다. 고안한 지 얼마 안 된 상품이거나 복잡한 패키지의 일부로 숨어 있기도 해서 규제당국이 놓친 상품에 부채와 예금으로 투자하며 자기자본처럼 보이도록 꾸며서 시선을 피했다. 2008년 금융위기는 규제자본 게임이 어디에서나 이루어지고 어떤 결과를 초래하는지 똑똑히 보여줬다. 부실자산구제프로그램(TARP)은 총 4,260억 달러를 은행 주식과 주택담보증권에 투자해 부실 소형·지역 은행이 아니라 대형 은행을 살려내면서 경제 전반과 납세자에 막대한 부담을 지웠다. '대마불사'는 여기저기서 사용되지만 TARP의 결정 뒤에 놓인 논리를 정확히 요약하는 표현이다. 나아가 소형 은행과 비교해 대형 은행을 가치평가하는 방식에도 영향을 미칠 수 있다.

뛰어난 은행과 형편없는 은행

은행업의 본질이 그토록 단순하다면 뛰어난 은행과 형편없는 은행을 가르는 차이는 무엇인가? 그림 21.2를 다시 보면 은행이 현시점 위험뿐 아니라 미래에 닥칠 위험에 얼마나 노출되었는지를 판단할 만한 핵심 지표를 알 수 있다.

1. 예금: 모든 은행의 기반은 고객 예금으로, 위험 노출을 결정하는 예금 관련 특성이 분명 존재한다. 첫째, 당좌예금처럼 고객에게 이자를 지급하지 않는 예금이 존재하는 만큼 비이자부 예금 비중이 큰 은행일수록 평균 이자율이 낮아져 우위를 누린다. 둘째, 예금 규모는 아주 컸다가도 빠른 속도로 작아질 수 있기에, 예금자 탈출 사태가 벌어진다면 충성도가 높은 예금자층을 갖춘 은행일수록 우위를 누린다. 충성도를 결정하는 요인으로는 예금 규모(예금 잔액이 많은 예금자는 적은 예금자보다 위험 신호와 이자율 차이에 민감하다), 예금자의 동질성(예금자 특성이 편차가 클수록 집단사고에 빠질 가능성이 작다), 예금 기간(은행과 오랫동안 거래한 예금자일수록 충성도가 높다) 등이 있다. 은행별 특성이 아닌 다른 요인도 있다. 첫째, 2008년 이후 대형 은행을 보호하기 위한 조처는 (공정성 여부와는 별개로) 예금자가 자기 돈이 지역 은행보다 체이스나 씨티에서 더 안전하다는 인식을 형성하게 함으로써 충성도에 영향을 미쳤다. 둘째, 소셜미디어와 온라인 뉴스가 발전하면서 수십 년 전과 비교해 소문이 훨씬 빨리 퍼져 전반적인 충성도가 떨어졌다.

2. 자기자본과 규제자본: 자기자본 장부가액과 기본자본이 큰 은행일수록 충격을 더 많이 완화할 수 있다. 막대한 규제자본을 쌓아둔 은행 중에서도 자기자본으로 대다수 자본 소요를 충족하는 은행이 유사 자기자본 비중이 큰 은행보다 더 안전하다.

3. 대출자산: 언뜻 보면 채무불이행 위험이 작아 안전한 차입자에게 대출해준 은행이 낫다는 생각이 들 테지만 은행의 수준을 판단할 때 항상 올바른 결론을 낳지는 않는다. 안전한 차입자에게 돈을 빌려주지만 지나치게 낮은 이자율을 부과하는 은행은 가치를 깎아먹고, 더 위험하지만 합당한 수준보다 높은 이자율을 부

과하는 은행은 가치를 창출한다. 따라서 은행 대출자산 포트폴리오의 질을 판단하기 위해서는 대출자산에서 올리는 이자수익과 함께 기대 대출손실을 고려해야 한다. 이자율이 높고(낮고) 대출손실이 낮으면(높으면) 뛰어난(형편없는) 은행의 조건을 만족한다. 여기에 더해 규모나 업종 측면에서 다양한 고객에게 대출하는 은행일수록, 위험 특성이 유사하거나 같은 업종에 속해서 동질적인 고객에게 대출하는 은행보다 위험 노출이 작다. 채무불이행은 특성이 유사한 집단에서 단체로 발생할 때가 많기 때문이다.

4. **투자자산**: 2008년 위기 때 보유 중이던 주택담보증권에서 심각한 손실을 입은 은행을 향해 규제당국은 채무불이행과 유동성 위험 차원에서 더 안전한 투자자산을 보유해야 한다고 밀어붙였다. 물론 올바른 방향을 향했고 안전하고 유동성이 높은 자산을 보유한 은행은, 더 위험하고 유동성이 낮은 자산을 보유한 은행보다 분명 더 안전하다. 이 외에도 위험 노출을 줄이는 두 가지 요인이 더 있다. 첫째, 투자자산의 듀레이션이다. 특히 예금의 듀레이션과 비교해 차이가 클수록 더 위험하다. 요구불예금으로 대다수 자본을 조달해 10년 만기 국채에 투자하는 은행은 대신 기업 어음이나 단기 국채에 투자했더라면 더 많은 위험에 노출되었을 것이다. 둘째, 투자자산을 재무상태표에 시가로 평가했는지 여부다. 적어도 지금은 은행이 만기 보유 투자자산을 취득원가로, 트레이딩 투자자산을 시가로 인식하는 등 보유 자산을 어떻게 분류할지 선택할 수 있다. 은행이 투자자산을 시가 평가해야 투자자는 지분 가치가 어떻게 변하는지, 나아가 자기자본과 기본자본을 두고도 더 투명한 정보를 알 수 있다.

그림 21.3은 다소 단순화했지만 뛰어난 은행과 형편없는 은행의 특징을 비교해서 보여준다.

예금자의 충성도가 높고 비이자부 예금 비중이 커서 낮은 이자율을 지급하고 자기자본과 기본자본이 상당한 여유가 있으며 대출자산의 채무불이행 위험과 투자자산의 특성을 반영한 '공정이자율'만큼 수익을 올리는 은행은, 인지한 위험과 이자비용

[그림 21.3] 뛰어난 은행과 형편없는 은행

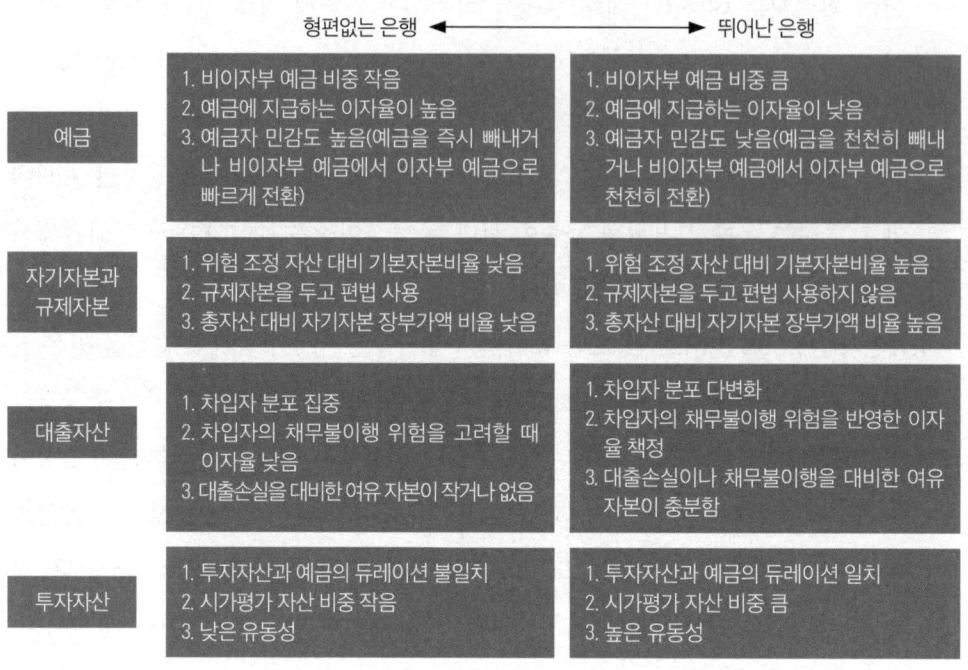

수준에 민감한 예금자를 두고 대출채권과 투자자산의 채무불이행 위험에 비해 충분히 높은 이자수익을 내지 못하는 은행보다 더 높은 가치를 창출하고 안전하다.

거시경제 스트레스 요인

뛰어난 은행과 형편없는 은행을 가르는 차이 중에는 은행 스스로 예금 기반을 어떻게 구성할지, 예금으로 대출자산과 투자자산을 어떻게 꾸릴지에 대한 결정에서 비롯한 것도 있다. 하지만 투자자와 규제당국은 특히 호황기에 차이를 무시하거나 경시할 때가 많다. 그래서 위기가 일어나고 나서야 각성해서 제대로 대응하는 일이 많은데 위기는 대개 거시경제 요인에서 비롯한다.

1. 경기 침체: 은행업 역사를 통틀어 가장 영향력이 컸던 스트레스 요인은 경기였다.

경기가 침체하면 전반적인 채무불이행이 증가하는데 특히 취약한 차입자와 투자자산에서 더 큰 문제가 발생한다. 대공황을 비롯해 역사상 가장 심각했던 경기 침체에 대응하는 노력 중 하나로 규제자본 요건이 만들어졌음을 고려할 때, 경기 관련 스트레스 테스트를 헤쳐나가는 데 규제자본 규정이 가장 효과적인 것은 일면 당연하다.

2. **고평가 자산군**: 은행은 차입자의 소득능력을 담보 삼아 돈을 빌려줘야 한다. 하지만 수익력이 아니라 자산 가치를 담보로 대출하는 은행이 몹시 많다. 차입자가 파산하면 해당 자산을 매각한 대금으로 미상환 대출금을 회수할 수 있다는 논리다. 하지만 개별 자산이 아니라 자산군이 고평가된 상태에서 대출이 일어났다면 향후 가격이 정상 수준을 회복했을 때 자산을 매각하더라도 대출금을 회수할 수 없다. 호황과 불황이 반복하는 사이클은 오랫동안 부동산 대출이 처한 환경을 이루었지만, 2008년 전국 주택 가격이 폭락해 대출 기관뿐 아니라 부동산증권 투자자까지 막대한 손실을 보면서 금융위기의 발단이 되었다. 언젠가 가격 조정기가 도래하면 종류를 막론하고 특정 자산군 노출이 과도한 은행은 더 큰 손실을 보고 파산에 이를 가능성이 크다.

3. **인플레이션과 금리**: 인플레이션율과 금리가 상승하면 은행에는 호재다. 하지만 금리 상승은 곧 만기가 긴 대출자산과 장기 투자자산의 가치 하락을 뜻하므로 손실을 볼 수도 있다. 채무불이행 위험이 전혀 없는 채권도 금리가 변하면 시장가격이 변하므로 금리가 낮을 때 취득한 채권은 금리 상승 시 가치가 떨어지기 마련이다.

[예시 21.8] 위기 속 미국 은행: 실리콘밸리뱅크 파산(2023년 3월)

금리가 변하면 고정수익증권 가치에 영향을 미치고 특히 만기가 길수록 영향이 더 크다. 적어도 미국 등 선진국에서는 대개 금리 변동 폭이 몹시 작아서 피해가 사실상 없다. 하지만 2022년은 달랐다. 장기 국채 수익률이 1.51%에서 3.88%로 급등해 10년 만기 국채 가격이 19% 이상 하락했다. 다시 말해 2022년에 10년 만기 국채를 보유하던 은행은 모두 해당 자산 가치가 19% 하락했다. 하지만 외부 투자자는 이 국채를 '매도 가능' 투자자산으로 분류한 몇몇 은행에서만 가치 하락을 관찰할 수 있었다. 채무불이행 위험이 있는 채권은 상황이 더 심각했다. 투자 적격 등급에 해당하는 Baa 등급 회사채는 가치가 27%나 하락했다. 반면 비이자부 예금 비중이 컸던 은행은 새로 펼쳐진 고금리 환경에서 이자를 내지 않아도 되는 예금을 활용할 수 있는 우위를 누렸다. 모든 영향을 고려한 순효과에 따라 금리가 은행 가치에 미치는 영향이 결정되었고 2023년 미국 은행 사이에서도 위기로 인한 피해가 제각각인 상황을 연출했다. 금리 상승으로 인해 은행이 투자자산 가치를 감액한 이후에 따르는 고통은 2023년 초에 뚜렷이 관측할 수 있었지만 금융위기로 확산할 것으로 주장한 사람은 없었다. 은행이 장부가치 손실에 대해 시간을 두고 조금씩 인식하거나 실현할 수 있고, 자기자본과 규제자본이 감소한 문제 역시 시간을 두고 해결하리라는 믿음도 있었다.

시간이 은행 편이라는 생각은 2023년 3월 실리콘밸리뱅크(SVB)가 파산하며 의심을 받게 되었다. 불과 일주일 만에 대형 은행 하나가 사실상 사라져버렸다. SVB가 비운의 주인공으로 등극한 이유를 이해하기 위해 지난 섹션에서 다루었던 뛰어난 은행과 형편없는 은행의 기준으로 살펴보자.

1. **몹시 민감한 예금자**: SVB는 스타트업 창업자, 직원, 벤처캐피털을 위한 은행이라는 사명을 성공적으로 달성하며 2021년 예금 잔액이 두 배가량으로 늘었다. 예금 고객은 충성도가 없고 문제가 있다는 소문에 민감했다. 서로 같은 풀에 속하며 입소문을 통해 가입한 고객이 많았고 다른 은행으로 재빨리 돈을 옮길 능력이 있는 거액 예금자도 있었다.

2. **자기자본과 기본자본 과대계상**: 2023년 초 SVB의 자기자본과 기본자본은 탄탄해 보였지만 이제 막 시작한 투자자산 가치 하락을 반영하지 않은 값이었기에 환상에 불과했다. 다른 은행도 상황은 비슷했지만 특히 SVB가 위험 노출이 몹시 높았기에(원인은 뒤에서 다룬다) 증자를 통해 자금 부족액을 채우려고 했다.

3. **대출자산**: SVB는 대출자산 포트폴리오의 상당 비중을 벤처 대출로 채워, 매출이 발생하지 않고 적자를 보는 기업에 돈을 빌려줬다. 차입 기업이 후속 라운드에서 벤처캐피털 자금을 유치하리라는 기대에 돈을 건 것이나 다름없었다. 후속 벤처캐피털 자금을 유치할지는 신생기업이 시간이 흐르며 더 높은 가치로 재평가될지에 달려 있기에 벤처 대출은 신생기업의 가치평가에 몹시 민감하다. 2022년 위험 자본이 시장에서 철수하고 벤처캐피털 투자가 말라붙으며 이전 라운드보다 평가액이 낮아진 조건으로 자금을 조달하는 신생기업이 늘면서 벤처 대출은 위기에 빠졌다.

4. **투자자산**: 모든 은행은 현금 일부를 투자자산에 투자하지만 SVB는 장기 국채와 주택담보증권에 투자한 비중(55~60%) 면에서 독보적이었다. 2021년 예금 잔액이 급증한 것도 한몫했다. 벤처캐피털이 투자를 늘리지 않고 SVB에 현금을 예치했기에 벤처 대출 수요가 급감한 상황에서 유가증권에 투자할 수밖에 없었다. 하지만 SVB는 주도적으로 장기 증권에 투자하는 결정을 내렸다. 2021년과 2022년 초까지 단기 금리가 제로에 가깝고 장기 금리는 낮지만(1.5~2.0%) 예금자에게 지급할 이자보다는 높았던 금리 환경에 영향받기도 했다. 뒤이은 몰락을 두고 SVB에 책임을 물을 원죄가 있다면 바로 듀레이션 불일치였다.

SVB는 그야말로 금리 상승에 극도로 취약한 은행의 전형이었다. SVB의 파산으로 인해 투자자와 예금자는 은행 전반이 위기에 처했을 때 이 산업의 위험을 재평가하게 되었다.

SVB가 파산하고 몇 주 후 시그니처뱅크(Signature Bank)에 이어 퍼스트리퍼블릭(First Republic)도 문을 닫았다. 실패한 은행의 공통점이 무엇이었는지는 단순히 지적 호기심을 넘어 다른 은행도 파산 대열에 동참할지 판단할 기초가 되기에 중요하다. 시그니처뱅크와 퍼스트리퍼블릭은 2022년의 SVB만큼 거시경제 요인에 영향받지는 않았지만 금융위기의 성격을 고려할 때 한 은행이 파산하고 나면 다음번에는 그보다 더 견고하다고 생각했던 은행이 무너지기 마련임을 유념하라.

■ 시그니처뱅크는 예금자 뱅크런으로 인해 파산했다. 예금액의 90% 이상이 예금보험 대상이 아니었기에 은행이 위험하다는 소문에 특히 민감했다. 연방예금보험공사는 시그니처뱅크 폐쇄를 결정하며 "부실 경영"과 규제당국의 우려를 해소하지 못했다는 점을 지적했으니 오랫동안 요주의 목록에 올려뒀음이 분명하다.

■ 퍼스트리퍼블릭은 돈을 잘 버는 대형 고액자산관리 부서를 통해 부유한 몇몇 고객에 대한 의존도가 높아졌다. 이들은 예금 잔액이 (예금보험 적용 상한선인) 25만 달러가 넘을 뿐 아니라 투자 대안과 관련한 정보를 많이 알고 돈을 빠르게 이동할 방법까지 갖추었다. 2023년 1분기에 퍼스트리퍼블릭은 예금 잔액 41% 감소를 공시한 데 이어 투자자산을 매도한 후 손실을 실현할 수밖에 없는 상황에 처했다.

종합해보면 금리 상승 환경에서 장기 투자자산 비중이 몹시 큰 은행은 더 큰 위험에 노출되었음은 자명하지만, 은행이 문제에 부닥친 주요 원인은 대출자산 포트폴리오 구성이나 투자자산의 성격보다는 예금자의 충성도였던 것으로 보인다.

게다가 SVB가 촉발한 위기로 인해 주식시장에서 미국 은행 종목을 매도하려는 움직임이 거셌다. 시가총액 상위 25대 미국 은행의 주가를 분석해 저평가나 고평가된 종목을 찾아보자. 앞서 위험과 수익성과 관련한 논의를 적용하면 저평가 은행은 표 21.8과 같은 특성을 띨 것이다.

[표 21.8] 은행 저평가 판단 지표

척도	의미	저평가 시 지표의 고저
PBR	시가총액과 회계상 장부가치를 비교해 주식 저평가 정도 판단	낮음
ROE	순이익과 주주자본을 비교해 수익성을 판단	높음
이자 스프레드	대출자산과 투자자산의 이자수익과 예금의 이자비용을 비교해 은행 비즈니스 모델의 수익성 판단	높음
예금 성장률	예금자 충성도의 대용지표로 성장률이 높을수록 충성도가 높다고 판단	낮음
기본자본비율	자본화에 따른 위험 척도로 기본자본비율이 높을수록 여유 자본이 많고 안전하다고 판단	높음

만기 보유 투자자산 비중	만기 보유 투자자산은 시가로 평가하지 않기에 금리 상승 시 투자자산 미공시 감액에 따른 위험 척도	낮음
배당수익률	배당을 시가총액으로 나눈 값으로서 주식 보유에 따른 현금 수익률	높음

상위 25대 은행에 적용할 때는 각 척도의 중앙값을 계산해 뛰어난 은행과 형편없는 은행을 가르는 기준으로 삼았다. 예컨대 자기자본이익률이 중앙값 12%보다 높으면 뛰어나고 낮으면 형편없다고 판단한다. 표 21.9는 각 척도에 대해 판단한 결과를 보여준다.

척도 값이 저평가에 해당하면 굵게 표기했다. 모든 척도에서 저평가인 은행은 없지만 저평가, 나아가 고평가 면에서도 눈에 띄는 몇몇 은행이 보인다.

■ 씨티는 25군데 기업 중 가장 저평가되었다고 할 만하다. 위험 측면에서 기본자본비율이 중앙값보다 높고 상위 5대 은행 중 만기 보유 투자자산 비중이 작은 편에 속했으며, 장부가치의 절반가량 주가에 거래된다(PBR이 가장 낮다). 자기자본이익률이 8.11%(2022년)과 9.50%(2018~2022년 평균)로 중앙값보다 낮아서 모든 척도를 만족하지는 못했다. 그래서 PBR이 중앙값보다 낮았지만 기대치보다 훨씬 더 할인된 수준이다. 씨티의 은행 사업은 느리게 성장하지만 표본 중에서 이자 스프레드가 높아 수익성이 높다.

■ 반대로 투자자 기대치가 큰 JP모간체이스는 영업 실적 면에서는 좋은 점수를 받았지만(높은 ROE, 낮은 예금 성장률, 높은 기본자본비율) PBR이 다른 기업보다 훨씬 높았고 배당수익률이 낮았다.

가치투자자는 이 저평가 판단 결과만 놓고 씨티에 투자하는 결정이 잘못되었다고 생각할 것이다. 그래서 투자 결정 전에 내재가치를 평가해야 하는 것이다. 따라서 가치평가에 진심인 투자자도 트레이더처럼 가격평가법을 이해하고 활용하면 이득을 볼 수 있고, 트레이더 역시 내재가치평가법의 핵심 원칙을 이해하면 이득을 볼 것이다.

예금보험과 은행의 가치

대다수 국가는 정부 차원에서 은행 예금자에게 일정 한도로 예금을 보장하는 보험을 제공한다. 예금보험은 가치에 어떤 영향을 미칠까? 은행이 예금보험을 제공하는 대가로 공정가격을 받는다면 가치에 아무런 영향을 미치지 않는다. 하지만 현실에서는 예금보험이 두 가지 방식으로 가치를 왜곡한다.

[표 21.9] 미국 대형 은행 저평가 판단 결과

기업명	거래소:티커	저평가	수익성			성장성	위험도		현금수익률
		PBR	ROE (2022년)	평균 ROE (2018~2022년)	이자 스프레드 (2022년)	지난 5년간 예금 성장률	기본자본비율	만기 보유 투자자산 비중	배당수익률
Citigroup Inc.	NYSE:C	0.50	8.11%	9.50%	9.39%	3.74%	14.80%	51.85%	4.40%
Citizens Financial Group, Inc.	NYSE:CFG	0.69	9.68%	8.72%	3.57%	9.20%	11.12%	29.06%	3.47%
Valley National Bancorp	NasdaqGS:VLY	0.77	11.67%	10.61%	3.38%	21.21%	9.46%	75.21%	3.11%
Truist Financial Corporation	NYSE:TFC	0.81	10.00%	9.84%	3.84%	21.23%	10.54%	44.56%	4.25%
Webster Financial Corporation	NYSE:WBS	0.84	19.56%	13.68%	3.69%	20.62%	11.23%	45.41%	1.76%
Prosperity Bancshares, Inc.	NYSE:PB	0.85	8.16%	8.43%	4.24%	9.39%	15.88%	96.85%	2.62%
M&T Bank Corporation	NYSE:MTB	0.90	12.33%	12.10%	3.86%	11.94%	11.79%	55.73%	2.27%
New York Community Bancorp, Inc.	NYSE:NYCB	0.93	9.94%	8.16%	2.09%	13.56%	9.78%	0.00%	5.39%
Wells Fargo & Company	NYSE:WFC	0.93	7.84%	9.36%	3.88%	1.60%	12.11%	72.34%	3.08%
Bank of America Corporation	NYSE:BAC	0.95	11.22%	10.87%	5.98%	8.75%	12.99%	100.00%	3.18%
KeyCorp	NYSE:KEY	0.96	12.35%	12.64%	3.44%	7.45%	10.60%	18.21%	4.45%
SouthState Corporation	NasdaqGS:SSB	1.03	10.33%	8.83%	3.85%	26.19%	10.96%	33.50%	1.70%
Huntington Bancshares Incorporated	NasdaqGS:HBAN	1.04	13.06%	12.30%	3.86%	13.97%	10.90%	42.13%	3.02%
Fifth Third Bancorp	NasdaqGS:FITB	1.17	12.17%	12.57%	3.87%	9.75%	10.53%	0.01%	5.30%
Comerica Incorporated	NYSE:CMA	1.19	15.34%	13.84%	3.93%	4.34%	10.50%	0.00%	4.28%
Regions Financial Corporation	NYSE:RF	1.19	13.47%	11.83%	4.17%	6.88%	10.91%	2.79%	2.95%
U.S. Bancorp	NYSE:USB	1.20	12.00%	14.23%	3.26%	9.82%	9.83%	54.90%	3.82%
BOK Financial Corporation	NasdaqGS:BOKF	1.20	9.70%	10.76%	4.04%	10.66%	11.71%	0.00%	2.07%
East West Bancorp, Inc.	NasdaqGS:EWBC	1.22	19.33%	16.18%	3.85%	15.75%	12.68%	33.22%	1.70%
The PNC Financial Services Group, Inc.	NYSE:PNC	1.30	11.92%	12.79%	3.38%	11.20%	10.43%	68.31%	3.11%
First Horizon Corporation	NYSE:FHN	1.30	11.72%	13.09%	3.77%	15.36%	11.92%	13.43%	1.69%
JPMorgan Chase & Co.	NYSE:JPM	1.53	14.53%	15.30%	6.30%	9.69%	14.85%	67.38%	2.93%
First Citizens BancShares, Inc	NasdaqGS:FCNC	1.65	24.97%	16.02%	3.84%	24.77%	11.06%	53.33%	0.15%
Cullen/Frost Bankers, Inc.	NYSE:CFR	2.37	13.49%	12.12%	4.24%	10.73%	13.35%	12.64%	2.10%
Commerce Bancshares, Inc.	NasdaqGS:CBSH	2.83	14.21%	14.67%	3.89%	5.80%	14.13%	0.00%	1.42%
중앙값		1.04	12.00%	12.12%	3.66%	10.66%	11.12%	42.13%	3.02%

1. 미국을 포함한 여러 국가에서는 은행별 예금보험료율에 차이가 없다. 따라서 안전 대출자산을 갖춘 은행이나 위험 대출자산을 갖춘 은행이나 똑같은 예금보험료를 부과한다. 평균 채무불이행률에 바탕을 두고 산정한 예금보험료는 안전 대출자산을 보유한 은행에는 비싸고, 위험 대출자산을 보유한 은행에는 저렴하다. 또한 은행이 더 많은 위험을 감수하려는 유인 구조를 만든다. 은행으로서 예금보험료는 사실상 예금에 대한 풋옵션과 같다. 은행은 대출자산의 가치가 예금부채의 가치보다 낮아진다면 예금부채를 보험 중개사에 팔 수 있다. 풋옵션 행사가격이 대출자산 가치의 변동성과 관계없이 고정되어 있다면, 위험 대출자산을 보유한 은행의 가치는 상승하고(옵션 가치가 옵션 매수가를 초과) 안전 대출자산을 보유한 은행의 가치는 하락한다.
2. 설령 은행별 예금보험료가 다르다고 하더라도 두 가지 이유에서 은행 자산의 위험을 전부 반영하지는 못한다. 첫째, 기간마다 변하는 위험을 예금보험료가 제때 반영하지 못할 수 있다. 둘째, 납세자가 낸 보조금을 받는 예금보험이 존재한다면 모든 은행의 가치가 상승한다.

비은행 금융서비스 기업

지금까지는 금융서비스 기업의 대다수를 차지하는 은행에 초점을 두었다. 하지만 은행 가치평가만큼 까다롭게 복잡하지는 않아도 가치·가격평가 대상 금융서비스 기업 유형이 몇몇 존재한다.

자산운용사

자산운용사는 고객이 맡긴 돈을 주식과 고정수익증권, 기타 자산에 투자하는 일에서 가치를 창출한다. 여기에는 고객 돈을 직접 투자하는 뮤추얼펀드와, 투자 전략을 제시하지만 직접 투자하지는 않는 자문사가 포함된다.

(a) **수익력의 동인:** 자산운용사의 수익력을 결정하는 세 가지 핵심 동인이 있다. 첫째, 가장 큰 영향을 미치는 운용자산(AUM)은 투자자가 자산운용사를 통해 투자한 자산의 총가치다. 둘째, 자산운용사의 보수를 결정하는 보수율(fee rate)이다. 대개 AUM의 일정 비율을 부과하지만(운용보수 - 옮긴이) 고객 계정당 정액 보수를 받거나 가치 상승의 일부를 부과(성과보수 - 옮긴이)하는 구조도 있다(헤지펀드는 AUM의 2%와 실적의 20%를 보수로 부과한다).[4] 셋째, 자산을 운용하며 발생한 비용으로, 액티브 투자라면 주로 애널리스트와 포트폴리오 매니저의 인건비, 고액자산관리라면 자기 고객망을 관리하는 웰스 매니저의 인건비와 수수료로 이루어진다.

(b) **재투자:** 성장하려면 재투자해야 한다는 교훈은 자산운용사 매니저에게도 적용된다. 하지만 이 업의 특성을 고려할 때 재투자 관련 비용을 인식하고 분리하기가 어려울 때도 있다. 예컨대 고액자산관리회사에서 모든 매니저는 신규 고객을 발굴하고 계약을 체결할 임무가 있지만 대개 관련 비용을 따로 구분해서 보고하지 않는다. 하지만 자산운용업은 자본 집약 사업이 아닐뿐더러 성공적인 매니저는 자기자본이익률 기준에서 뛰어난 실적을 올려야 하는 법이다.

(c) **위험:** 자산운용사 매니저가 노출된 위험은 크게 두 가지로 분류할 수 있고 저마다 다른 대응이 필요하다. 첫째, 운용하는 자산군(주식, 채권, 부동산 등)이 일정 기간에 실적이 부진해 AUM이 하락한 결과 보수도 줄어들 수 있다. 둘째, 돈은 성공을 좇아 이동하는 만큼 비교 집단보다 부진한 매니저는 AUM이 줄어드는 결과를 마주할 것이다. 은행을 다루며 소개했던 '충성도' 개념을 가져오면, 여러 요인에서 비롯하는 충성도가 높은 고객이 있는 매니저는 그렇지 않은 매니저보다 더 가치 있다.

액티브 운용의 장단점도 논의할 만한 주제이지만 자산운용업에서 가치를 창출하

---

4 아무 보수도 받지 않고 운용해주는 듯한 매니저가 있다면 미심쩍은 장치를 통해 돈 벌 방법을 확보했을 가능성이 크다.

기가 훨씬 어려워졌다는 사실은 변하지 않는다. 첫째, 고객은 자기 매니저가 얼마나 뛰어난 실적을 올렸는지 더 많은 정보를 훨씬 신속히 찾을 수 있다. 둘째, 상장지수펀드(ETF)와 인덱스펀드 등 패시브 투자상품이 성장하면서 매니저의 보수 구조를 두고 비판의 목소리가 커진 데다 로봇 어드바이저와 핀테크 투자 플랫폼까지 등장했다. 셋째, 기술 발전 덕분에 수십 년 전에는 전문 트레이더와 투자자만 누렸던 정보와 거래 플랫폼에 대한 고객 접근성이 향상한 결과 직접 투자가 실현 가능한 선택지로 떠올랐다. 즉 투자업계는 더 평평해졌고 자산운용사의 가치는 이러한 변화를 반영한다.

거래·결제 처리회사

거래·결제 처리회사는 자사 플랫폼에서 이뤄지는 거래에서 수수료를 취해 가치를 창출한다. 페이팔(Paypal)과 벤모(Venmo) 같은 핀테크 결제 처리회사가 부상하며 갑자기 큰 관심을 끌었지만 이들은 수십 년간 시장을 구성하는 일부였다. 마스터카드(Mastercard)와 비자(Visa), 아메리칸 익스프레스는 가치의 상당 비중이 신용카드 거래 중개에서 비롯한다.

   (a) **수익력의 동인**: 결제 처리회사는 수익력의 핵심 동인이 세 가지다. 첫째, 거래 플랫폼에서 일어나는 거래를 모두 합한 총거래액이다. 둘째, 거래액에서 결제 처리회사가 수익으로 인식하는 비율인 수수료율이다. 셋째, 플랫폼을 운영하기 위해 필요한 비용으로 고객과 가맹점에 제공하는 처리 서비스와 기술 비용을 포함한다.
   (b) **재투자**: 총거래액의 시간에 따른 성장을 결정하는 요인은 두 가지로 플랫폼 내 고객 수와 고객당 거래액이다. 20장에서 소개한 '사용자'와 '구독자' 기반 기업 관련 내용을 차용하면, 결제 처리회사의 재투자는 주로 신규 가맹점과 계약을 체결하고 신규 고객을 획득하기 위해 쓴 비용이다. 다른 결제 처리회사를 인수하면 두 목표를 빠르게 달성할 수 있다는 점도 유념하라.
   (c) **위험**: 결제 처리회사의 거시경제 위험은 경기에서 비롯한다. 사람들은 침체기보

다 호황기에 더 많은 돈을 쓴다. 이익과 현금흐름에 영향을 미치는 기업별 특성으로는 플랫폼 내 사기가 발생할 위험(결제 처리회사가 보상을 제공해야 한다)과, 고객이 자기 의무를 수행하지 않을 때 악성부채로 전락할 위험 등이 있다.

대형 신용카드회사는 수십 년간 업계를 지배하며 네트워크 효과를 활용해 성장했고 시장 점유율을 꾸준히 늘렸다. 하지만 디지털 결제 시대가 도래하면서 벤모나 페이티엠(Paytm) 같은 신규 진입자뿐 아니라 애플과 구글 등 기술회사도 자사 플랫폼의 서비스 범위를 확장해 시장에 진입했다.

중개회사

시장의 역사만큼이나 시장에서 일어나는 거래에서 수수료를 취해 가치를 창출하는 중개회사도 역사가 오래되었다. 부동산과 주식시장 중개회사부터 골동품 거래상까지 이들의 가치는 각 자산군시장에서 일어나는 거래와 수수료에서 비롯한다.

(a) **수익력의 동인**: 중개회사는 수익력의 핵심 동인이 세 가지다. 첫째, 중개한 거래를 모두 합한 총거래액이다. 둘째, 판매인과 중개인에게 지급할 수수료다. 셋째, 중개 서비스 제공에 필요한 비용으로 정보와 법률, 감시 비용을 포함한다.

(b) **재투자**: 중개 수익은 더 많은 거래를 중개하거나(중개인을 더 많이 고용해야 한다) 더 많은 거래를 가능케 하는 강력한 확장 플랫폼에 투자할 때 성장한다.

(c) **위험**: 중개회사의 거시경제 위험은 중개하는 사업 유형에 따라 달라진다. 부동산 중개 수익은 부동산 거래에, 주식 중개 수익은 주식시장의 등락에 영향받는다. 암호화폐 분야로 확장하더라도 주요 중개회사 코인베이스(Coinbase)는 비트코인 가격에 따라 영업 실적이 변동했다. 이익과 현금흐름에 영향을 미치는 기업별 특성은 규제와 법적 위험을 포함한다.

기술이 발전하면서 중개회사 매출은 성장하지 못하는 것처럼 보인다. 특히 매수-

매도 호가 차이와 중개 수수료가 급격히 줄어든 주식시장은 중개회사 매출이 급감했다. 다른 시장에서는 다소 천천히 감소하는 중인데 특히 부동산시장에서는 질로우(Zillow)와 레드핀(Redfin) 같은 기술회사가 등장했는데도 수수료에 큰 변화가 없었다.

결론

가치평가의 기본 원칙은 다른 모든 기업과 마찬가지로 금융서비스 기업에도 똑같이 적용된다. 하지만 금융서비스 기업의 고유한 특성이 가치평가 방식에 영향을 미치기도 한다. 첫째, 금융서비스 기업의 부채는 정의와 측정이 어려워서 기업 가치나 자본비용을 추정하기 힘들다. 따라서 주주 현금흐름을 자기자본비용으로 할인해서 주식 가치를 평가하는 방법이 훨씬 수월하다. 둘째, 금융서비스 기업은 현금흐름 추정에 필요한 입력 변수인 자본적 지출과 운전자본을 추정하기가 어렵다. 실제로 금융서비스 기업의 재투자는 영업비용으로 분류될 만한 것이 대다수다. 따라서 배당할인모형(배당으로 지급하지 않는 순이익을 재투자로 가정한다)을 활용하거나 규제자본에 대한 투자를 반영하도록 재투자의 정의를 수정해서 주주 현금흐름을 추정해야 한다.

상대가치평가모형을 택해 배수를 사용하더라도 똑같은 문제에 봉착한다. 부채 정의에 따르는 어려움으로 인해 기업 가치 배수보다는 PER이나 PBR 등 주식 가치 배수가 금융서비스 기업 간 비교에 적합하다. 나아가 비교 분석 시 가치에 영향을 미치는 펀더멘털(위험과 성장률, 현금흐름, 대출자산의 질 등)의 차이를 통제해야 한다.

금융서비스 기업의 가치평가에는 규제 차원의 요건이 중첩된다. 경쟁을 제한하는 규제 덕분에 금융서비스 기업이 초과수익을 올리고 가치가 상승하는 사례도 있지만, 규제당국이 특정 업종에 진출하는 것을 금지함으로써 잠재 초과수익을 제한할 때도 있다.

연습문제

1 기업 생애주기에서 성숙 단계인 저축은행 시큐어 세이빙스의 주당 가치를 평가해달라는 요청을 받았다. 이 회사는 방금 종료된 회계연도에 주당 4달러 이익을 올렸고 2.40달러를 배당했다. 연초의 장부상 자기자본 가치는 주당 40달러였다. 주식의 베타는 0.90, 무위험 이자율은 6%, 시장 위험 프리미엄은 4%이다.

   a. 이 회사의 현재 자기자본이익률이 영구적으로 지속 가능하고, 현재의 배당성향을 유지한다고 가정할 때, 주당 가치는 얼마인가?

   b. 주식이 주당 40달러에 거래되고 있다면, 내재된 성장률은 얼마인가?

2 빠르게 성장하고 있는 소형 은행인 사우스웨스트 은행의 가치를 평가하는 중이다. 이 은행은 방금 종료된 회계연도에 2달러의 주당순이익을 기록했고, 주당배당금은 0.20달러를 지급했다. 연초 자기자본의 장부가액은 14달러였고, 주식의 베타는 1.10, 무위험 이자율은 6%, 위험 프리미엄은 4%이다.

   a. 이 회사가 향후 5년간 현재의 자기자본이익률과 배당성향을 유지한다고 가정하고, 주당순이익의 기대성장률을 구하라.

   b. 그 시점 이후에는 매년 5%의 일정한 비율로 성장한다고 가정하고, 현재의 주당 가치를 구하라. (안정 성장 단계에서 ROE는 12%로 떨어지고 베타는 1이 될 거라고 가정할 수 있다.)

3 롱라이프 보험을 분석해달라는 요청을 받았다. 이 회사는 안정 성장 단계에 접어들었고, 장기적으로 이익이 4% 성장할 것으로 예상된다. 회사는 장부가의 1.4배에 거래되고 있으며 자기자본비용은 11%이다.

   a. 시장가격이 올바르게 책정되어 있다면, 롱라이프가 영구적으로 지속 가능하다고 예상되는 자기자본이익률은 얼마인가?

   b. 만약 규제당국이 롱라이프가 자기자본비용을 넘는 자기자본이익률을 낼 수 없도록 제한을 가한다면 회사의 PBR이 얼마가 될 깃으로 에싱하는가?

4 2000년에 미국에서 가장 큰 13개 은행의 PBR을 비교해보자. 다음 표는 이 은행들의 PBR과 자기자본이익률이다.

회사명	PBR	ROE
Wachovia Corp.	2.05	18.47%
PNC Financial Serv.	2.54	21.56%
SunTrust Banks	1.91	15.35%
State Street Corp.	6.63	19.52%
Mellon Financial Corp.	4.59	23.95%
Morgan (J.P.) & Co.	1.74	19.39%
First Union Corp.	1.52	19.66%
FleetBoston Fin'l.	2.25	20.15%
Bank of New York	7.01	25.36%
Chase Manhattan Corp.	2.60	24.60%
Wells Fargo	3.07	17.72%
Bank of America	1.69	19.31%
Bank of Montreal	1.23	18.08%

a. 선트러스트 은행(SunTrust Banks)의 가치를 이 회사들과 비교해 평가한다면, PBR이 그룹 평균보다 높거나 낮을 것으로 예상하는가? 이유를 설명하라.

b. PBR을 ROE에 대해 회귀분석한다면, 각 회사의 예상 PBR은 얼마인가?

5 시그넷 은행에서 대출 포트폴리오의 가치를 추정해달라는 요청을 했다. 이 은행의 대출 잔액은 10억 달러이고, 평균 만기는 6년이며, 예상 이자수익은 연간 7,500만 달러다. 전체 대출 포트폴리오에 대한 종합 신용등급은 A이며, A 등급 채권의 현재 시장 이자율은 6.5%이다.

a. 대출 포트폴리오의 가치를 구하라.

b. 시그넷 은행에 8억 달러의 부채가 있다고 가정하면, 은행 보유 대출의 가치를 기준으로 시그넷의 자기자본 가치를 구하라.

6 부티크 투자은행인 루미스 캐피털은 방금 종료된 회계연도에 1억 달러의 장부상 자기자본에 대해 20%의 자기자본이익률을 올렸다. 이 은행의 베타는 1.20, 무위험 이자율은 5.2%, 위험 프리미엄은 4%이다. 현재 자기자본이익률과 자기자본비용이 향후 10년 동안 변함없이 유지되고 10년 차 이후에는 초과수익이 발생하지 않는다고 가정하자. 회사의 배당성향은 30%이다.

a. 향후 10년 동안 매해의 초과 자기자본이익(금액)을 구하라.

b. 초과수익률 접근법을 사용하여 현재 자기자본의 가치를 구하라.

c. 10년 후 자기자본이익률이 15%로 떨어지고, 그 수준이 영구적으로 유지될 것이라고 들었다면, (b)의 답은 어떻게 바뀌는가?

22장
적자 기업 가치평가

이 책에서 지금까지 다룬 가치평가는 대부분 흑자 기업을 대상으로 했다. 이번 장에서는 적자나 비정상적으로 낮은 이익을 내는 기업의 가치를 평가하는 가장 좋은 방법을 검토한다. 애초에 기업이 적자를 내는 원인이 무엇인지 알아본 후 근본적인 원인을 반영하려면 가치평가 방식을 어떻게 수정해야 할지 검토한다.

예컨대 파업이나 제품 리콜 등 일시적인 문제를 겪는 기업에 대한 조정은 간단하다. 현행 이익에서 일시적인 문제와 관련된 비용을 빼면 된다. 한번 투자하고 나면 완성까지 오랜 시간이 걸리는 단일 인프라(유료 도로, 댐 등) 투자 기업의 현금흐름 유형을 다루는 가장 좋은 방법도 살펴본다. 전반적인 경제 악화로 인해 적자를 낸 경기순환 기업과, 원자재 가격의 주기적인 변동이 이익에 영향을 미치는 원자재 기업은 정상 이익을 가치평가에 적용한다. 장기적인 전략 및 운영상 문제(예컨대 노후한 공장, 제대로 된 교육훈련을 받지 못한 근로자, 과거의 형편없는 투자 등)를 겪는 기업은 문제에서 회복해 스스로 구조조정할 수 있을지에 관한 가정이 필요하기에 가치평가 과정이 더 복잡하다.

마지막으로 과도한 부채로 인해 적자를 내는 기업을 다루면서 채무불이행 가능성을 다루는 가장 좋은 방법을 알아본다.

한편, 실제 작동하는 비즈니스 모델을 찾지 못했거나(아니면 시장에 판매할 제품이나 서비스를 내놓지 못했거나) 스케일업 중이라서 적자를 내는 스타트업과 신생기업도 있다. 그중에는 잠재력이 막대한 기업도 있는데 23장에서 상세히 다룰 것이다.

적자의 원인과 결과

적자나 비정상적으로 낮은 이익을 내는 기업은 흑자 기업보다 가치평가를 하기 어렵다. 이번 섹션에서는 애초에 그러한 기업의 가치평가가 어려운 이유와 적자의 원인을 알아본다.

적자·비정상 이익의 결과

현재 적자를 기록 중인 기업의 가치를 평가하려는 애널리스트는 여러 문제에 봉착한다. 문제 중 가치평가의 개념과 관련된 것은 없지만, 측정 차원에서는 중요하다.

1. 이익의 기대성장률을 추정하거나 가치평가에 활용할 수 없다. 가장 분명한 문제는 이익의 기대성장률을 추정한 후 당기 이익에 적용해 미래 이익을 추정할 수 없다는 것이다. 당기 적자를 기록했다면 성장률을 곱해도 여전히 마이너스 값을 얻을 뿐이다. 애초에 이익 성장률 자체를 추정하기가 어렵다. 역사적 성장률이나 애널리스트 전망치, 펀더멘털 성장률 중 어떤 방법을 택하더라도 마찬가지다.

   ■ 당기 적자를 기록했다면 역사적 성장률을 추정하기가 어렵고, 설령 추정하더라도 유의미하지 않은 값일 때가 많다. 예컨대 어떤 기업의 영업손실이 지난해 2억 달러였고 당기에는 1억 달러였다고 하자. 일반적인 역사적 성장률 수식을 적용한 결과는 다음과 같다(단위: 100만 달러).

$$이익\ 성장률 = \frac{-100}{-200} - 1 = -50\%$$

같은 기간 이익이 개선된 것은 분명하므로 이 값은 타당하지 않다. 이 문제는 11장에서 다룬 바 있다.

- 이익 성장률을 추정하는 또 다른 방법은 애널리스트의 (특히 향후 5년간) 이익 성장률 전망치를 사용하는 것이다. 미국 기업 담당 애널리스트의 향후 5년 성장률 전망치 컨센서스 정보는 대개 공개되어 있고 가치평가 시 기대성장률로 적용한다. 당기 적자를 낸 기업에 관해서는 성장률 추정치가 공개되지 않거나 유의미하지 않다.

- 펀더멘털을 활용해 이익 성장률을 추정하는 세 번째 방법 역시 적자 기업에 적용이 어렵기는 마찬가지다. 성장률을 추정하는 두 가지 펀더멘털 변수, 즉 투하자본이익률(자기자본이익률이나 자본이익률)과 재투자율(내부 유보율)은 대개 당기 이익에 바탕을 두고 계산하기 때문이다. 당기 적자를 냈다면 두 입력 변수가 모두 기대성장률 추정 관점에서 유의미하지 않다.

2. 세금 계산이 더 복잡하다. 일반적인 세금 추정 방법은 세전 영업이익에 한계세율을 곱해 세후 영업이익을 계산하는 것이다.

$$세후\ 영업이익 = 세전\ 영업이익 \times (1 - 세율)$$

이때 이익을 올리면 당기 법인세부채가 발생한다는 가정을 둔다. 일반적으로 사실이지만, 적자 기업은 손실을 이월해 미래 연도의 이익에 적용할 수 있다. 따라서 적자 기업의 가치를 평가하는 애널리스트는 순영업손실을 추적해 미래 연도의 이익에 따르는 세금에서 차감해야 한다.

3. 계속기업 가정이 유효하지 않을 수 있다. 적자 기업의 가치평가와 관련된 마지막 문제는 적자 상태가 지속한다면 해당 기업이 파산할 가능성이 커져서 잔존가치 추정의 기초 가정인 무한한 기업 수명이 유효하지 않을 수도 있다는 것이다.

과거 이익과 비교해 당기 이익이 훨씬 낮은 수준인 비정상 이익 기업에도 (가시성은 다소 떨어지지만) 마찬가지 문제가 있다. 물론 역사적 성장률과 펀더멘털 성장률은 계산할 수 있지만, 유의미하지 않을 가능성이 크다. 당기 이익이 감소했으므로 역사적 성장률은 마이너스이고, 펀더멘털에 바탕을 두고 추정한 기대성장률은 몹시 낮은 수준일 것이다.

적자의 원인

기업이 적자나 비정상적으로 낮은 이익을 내는 몇 가지 이유가 있다. 일시적이거나 장기적인 원인도 있고, 기업 생애주기 단계와 관련된 원인도 있다.

일시적인 문제 일부 기업의 적자는 일시적인 문제에 따른 결과다. 문제가 분석 대상 기업에만 영향을 미칠 때도 있고 전체 산업에 영향을 미칠 때도 있다. 한편 경제 전반의 침체가 원인일 때도 있다.

- 개별 기업 차원에서 적자의 원인은 근로자의 파업이나 비용이 많이 드는 제품 리콜, 거액의 배상금을 판결한 소송 결과 등을 포함한다. 이에 따라 당기 이익이 감소하는 것은 당연하지만, 미래 이익에는 영향을 미치지 않는 일회성 사건일 가능성이 크다.
- 섹터 차원에서 적자의 대표적인 원인은 원자재 생산 기업의 제품 가격 하락이다. 제지 및 펄프 제조사는 제지 가격이 높았다가(이익 증가) 낮아지는(손실 증가) 경기순환을 흔하게 겪는다. 필수 원재료를 조달하는 공통의 공급처에서 중단 사태가 발생하거나 원재료 가격이 급등해 적자를 내는 기업도 있다. 예컨대 유가가 상승하면 모든 항공사의 이익에 부정적인 영향을 미친다.
- 경기 침체는 경기순환 기업의 매출과 이익에 영향을 미친다. 따라서 불경기에 자동차회사의 이익이 감소하거나 적자를 내는 것은 그리 놀랄 일이 아니다.

이들은 해당 문제가 해결되기만 하면 조만간 이익이 회복할 것으로 가능성이 크다는 공통점이 있다. 따라서 경기가 회복하면 경기순환 기업의 이익이 반등하고, 유가가 안정되면 항공사의 이익이 개선될 것이다.

인프라 기업 인프라 투자는 대규모 선투자가 필요할 뿐 아니라 적게는 몇 년, 많게는 수십 년이 지나야 투자가 영업 실적을 내놓는 특성을 띤다. 성숙 인프라 기업은 서로 다른 단계에 속한 수많은 사업 포트폴리오를 갖췄기에 그리 큰 문제가 아니다. 이들의 이익과 현금흐름도 다양한 사업으로 이루어진 포트폴리오를 반영한다.

하지만 공항이나 유료 도로 건설처럼 단일 인프라 투자를 위해 만들어진 기업도 있다. 가까운 미래에만 투자가 발생하고, 향후 인프라를 완성하고 나면 요금과 매출을 통해 투자액을 회수할 가능성이 있다. 그림 22.1은 이러한 특성을 요약해서 보여준다.

현금흐름 자체가 그리 특별하지는 않지만 가치평가 차원에서는 다룰 만한 문제가 몇몇 있다. 특히 건설 착공 전이나 초기에 어떻게 가치평가할지 이번 장 후반부에서 다룰 것이다.

기업이 영위하는 사업이 생애주기 초기에 대규모 인프라 투자를 한 뒤 이익을 내기까지 오랜 시간이 걸린다면 투자를 집행하는 초기 단계에 대규모 적자를 낼 수밖에 없다. 게다가 이들 대다수는 인프라 투자액을 충당하기 위해 대규모 부채를 조달하므로 적자와 높은 레버리지라는 몹시 위험한 조합을 보인다.

그런데도 인프라 기업(예컨대 통신사나 케이블TV회사)의 가치가 제로가 아닌 이유는

[그림 22.1] 인프라 투자의 현금흐름 특성

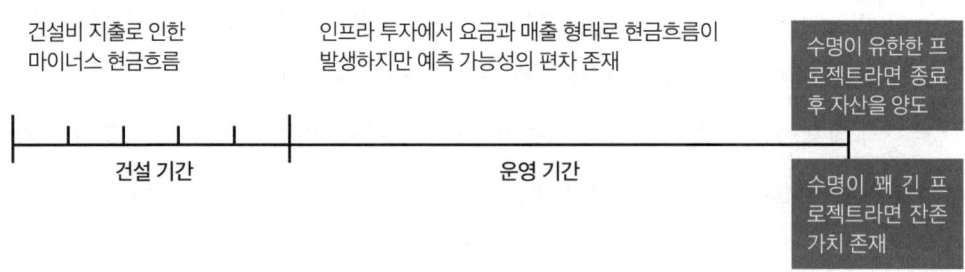

가치평가 바이블

무엇인가? 이들이 성공으로 나아가는 유력한 경로를 하나 살펴보자. 인프라 기업이 부채를 조달해서 인프라에 대규모로 투자한다. 이러한 투자 덕분에 경쟁자가 진입하려면 비싼 대가를 치러야 하는 안전한 시장을 확보한다. 법적으로 보장된 독점 체제에서 서비스를 제공하는 기업도 있다. 더 이상 인프라에 대규모 신규 투자를 할 필요는 없지만, 기존 자산의 감가상각비 덕분에 기업은 계속해서 큰 세금 혜택을 누린다. 이에 따라 부채를 상환할 뿐 아니라 다음 시대를 위한 투자액도 충당할 수 있는 현금 이익 창출 기계를 갖게 되었다. 지난 세기 전화회사와 전력회사, 나아가 일부 케이블 TV회사와 이동통신회사가 모두 이러한 방식으로 성공했다.

1990년대 이후 통신사가 급증했을 뿐 아니라 이들이 다양한 사업을 위해 조달한 자본 규모도 급증했다. 물론 이들도 선배 기업이 닦아둔 대규모 부채와 선제 인프라 투자라는 고전적 공식을 따랐지만, 신세대 기업에서는 두 가지 핵심적인 변화가 있었던 것으로 보인다. 첫째, 기술이 만능 카드로 부상하면서 대규모 인프라 투자는 더 이상 미래 수익성이나 관련 시장의 존재를 보장하지 않는다. 둘째, 구세대 인프라 기업이 예측 가능한 대규모 이익을 올리게 해줬던 경쟁으로부터의 보호는 신세대 기업에는 해당 사항이 없을 가능성이 커졌다. 이에 따라 많은 기업이 채무불이행과 파산 위험에 노출되었다.

장기적인 문제   적자가 기업에 내재한 더 심층적이고 장기적인 문제를 반영한 결과일 때도 있다. 과거 형편없는 전략적 선택이나 영업 비효율성의 결과일 때도 있고, 기존 현금흐름으로 감당할 수 있는 수준보다 훨씬 많은 부채를 조달한 데 따른 순수 재무적인 결과일 때도 있다.

- 제품 믹스나 마케팅 정책 등의 전략적 선택이 당초 목표와 다른 결과를 내면서 적자가 발생할 수 있다. 이러한 기업은 대개 재무 건전성이 좋지 않아서 대대적인 재건 노력과 경영진 교체가 필요할 것이다.
- 비효율적인 운영으로 인해 적자가 발생하기도 한다. 예컨대 공장과 설비가 노후

했거나 근로자가 제대로 된 교육훈련을 받지 못했을 때다. 또한 과거 경영진의 형편없는 결정과 이에 따른 지속 발생 비용(continuing cost)이 원인일 때도 있다. 예컨대 아주 많은 기업을 인수하며 가치보다 높은 가격을 지불한 기업은 이후 몇 년간 저조한 이익을 낼 것이다.

■ 전반적으로 건전하게 운영했는데도 몹시 많은 부채를 조달해서 주주 이익이 마이너스인 기업도 있다.

문제가 단기적인지 장기적인지 판단하는 방법

현실에서 일시적이거나 단기적인 문제와 장기적인 문제를 구분하기는 쉽지 않다. 간단한 경험법칙은 존재하지 않고, 기업이 문제의 본질을 항상 재무제표에 밝히지도 않는다. 적자를 보고하는 대다수 기업은 마주한 문제가 일시적이어서 머지않아 회복하리라고 주장한다. 주장이 사실인지를 스스로 판단해야 할 애널리스트는 다음 사항을 고려해야 한다.

■ **기업 경영진의 신뢰도**: 문제를 솔직하게 밝히고 실수를 인정하며 열린 태도를 보이는 경영진의 주장은 훨씬 믿을 만하다.
■ **함께 제시된 정보의 양과 적시성**: 문제가 일시적이라는 주장을 뒷받침하는 세부 정보를 제공하는 기업이 아무 정보도 제공하지 않는 기업보다 믿을 만하다. 나아가 문제를 즉시 보고하는 기업이 최대한 미루는 기업보다 믿을 만하다.
■ **똑같은 주장이 담긴 업종 내 타 기업의 재무제표**: 이익 감소의 원인이 경기 둔화에 있다고 주장하는 경기순환 기업은 같은 섹터 내 다른 기업이 유사한 감소를 보고한다면 더 믿을 만하다.
■ **문제의 지속성**: 여러 해에 걸쳐 부진한 이익이 지속되는 기업은 장기적인 문제에 봉착했을 가능성이 크다. 따라서 구조조정 비용이 반복해서 발생한다면 의심의 눈초리로 보아야 한다.

적자 기업 가치평가

적자의 원인에 따라 가치평가에서 적자를 다루는 방법이 달라진다. 이번 섹션에서는 적자 기업에 적용할 가치평가 방법을 살펴본다.

일시적인 문제를 겪는 기업

일시적이거나 단기적인 문제로 인해 적자가 발생했다면 가까운 미래에 이익이 회복하리라고 기대하는 것이 합리적이다. 따라서 간단한 대처 방법은 주로 현행 이익(마이너스 값)을 정상 이익(플러스 값)으로 대체하는 것이다. 구체적인 이익 정상화 방법은 문제의 성격에 따라 다르다.

개별 기업의 문제　이익 척도에서 실적이 좋지 않은 해는 언제든 찾아오기 마련이지만, 해당 기업에만 국한된 단기적인 문제일 때도 있다. 손실의 원인이 특정 사건(예컨대 파업이나 소송 판결)에 있고 재무제표에 그 사건과 관련된 비용을 보고했다면 해결책은 간단하다. 해당 비용을 차감하기 전 이익을 추정한 후, 현금흐름 추정뿐 아니라 자본이익률 등 펀더멘털 계산에도 적용한다. 하지만 추정 과정에서 비용 지출뿐 아니라 (비용공제되는 지출이라면) 세금 혜택도 제외해야 함을 유념하라.

손실의 원인이 광범위하거나 손실을 유발한 사건과 관련된 비용을 다른 비용과 분리할 수 없다면 해결 과정이 몇 단계로 늘어난다. 첫째, 기업이 겪는 장기적인 문제의 징후가 아니라 일시적인 손실일 뿐임을 확인해야 한다. 둘째, 해당 기업의 정상 이익을 추정한다. 가장 간단하고 직접적인 방법은 당기와 과거 연도 개별 비용 항목의 매출 대비 비율을 비교하는 것이다. 과거 연도와 비교해 비정상적으로 비율이 높은 비용 항목은 과거 연도의 평균값으로 정상화한다. 대신 과거 연도의 영업이익률을 당기 매출에 곱해 추정한 영업이익을 가치평가에 사용해도 된다.

일반적으로 유의미한 규모의 인수 이후 연도의 이익은 조정하는 것이 바람직하다. 같은 기간 재무제표는 인수와 관련한 대규모 비반복적 비용 항목으로 인해 왜곡될 가능성이 크다.

[예시 22.1] 부진한 한 해를 겪은 기업의 이익 정상화: 다임러 벤츠(1995년)

다임러 벤츠(Daimler-Benz)는 1995년 영업손실 20억 1,600만 독일 마르크와 순손실 56억 7,400만 마르크를 기록했다. 손실 대부분은 항공기 제조사 포커 에어로스페이스(Fokker Aerospace) 투자 실패로 인한 대규모 상각을 포함해 다임러 벤츠에 국한된 문제에서 비롯했다. 회사의 정상 이익을 추정하기 위해 상각과 관련된 모든 비용을 제외한 결과 세전 영업이익 56억 9,300만 마르크를 얻었다. 추가로 다음의 가정을 둔다.

■ 다임러의 매출은 1995년 전까지 연 3~5% 증가했다. 여기에 바탕을 두고 매출과 영업이익의 장기 성장률을 5%로 추정한다.
■ 1995년 초 투하자본의 장부가액은 435억 5,800만 마르크였다. 조정 영업이익 56억 9,300만 마르크를 기준으로 한 자본이익률이 계속 유지되리라고 가정한다.
■ 세율은 44%로 가정한다.

다임러의 가치를 평가하기 위해 먼저 조정 영업이익 기준 자본이익률을 계산한다(단위: 100만 독일 마르크).

$$\text{자본이익률} = \frac{\text{EBIT}(1-t)}{\text{투하자본}} = \frac{5{,}693 \times (1-0.44)}{43{,}558} = 7.32\%$$

기대성장률을 5%로 가정했으므로 재투자율은 68.31%여야 한다.

$$\text{재투자율} = g/\text{ROC} = 5\%/7.32\% = 68.31\%$$

위 값에 바탕을 두고 다임러의 1996년 기대 잉여현금흐름을 다음과 같이 계산한다.

EBIT(1 − t) = 5,693 × 1.05 × (1 − 0.44)	3,347.48
− 재투자 = 3,347.48 × 0.6831	2,287.66
기업 잉여현금흐름	1,060.82

자본비용 계산 시 전 세계 상장 자동차회사의 상향식 베타 0.95를 적용했다. 장기 채권(마르크화 표시 독일 국채) 수익률은 6%였고, 다임러 벤츠는 6.1% 금리로 장기 자금을 조달할 수 있다. 시장 위험 프리미엄은 4%로 가정한다. 자기자본의 시장가치는 500억 마르크였고 1995년 말 기준 미상환부채는 262억 8,100만 마르크였다.

$$\text{자기자본비용} = 6\% + 0.95 \times 4\% = 9.80\%$$
$$\text{세후 부채비용} = 6.1\% \times (1-0.44) = 3.42\%$$

가치평가 바이블

$$부채비율 = 26,281/(50,000 + 26,281) = 34.45\%$$
$$자본비용 = 9.80\% \times 0.6555 + 3.42\% \times 0.3445 = 7.60\%$$

이때 현금흐름과 일관성을 유지하기 위해 마르크 기준으로 모두 계산했고, 다임러의 현행 자본이익률(7.32%)이 영구 자본이익률(7.60%)보다 낮다는 점을 유념하라. 장기적인 가치 훼손이 합리적으로 보이지 않을지 몰라도, 다임러의 기업 지배구조 체계로 인해 다른 선택지가 없다. 이제 이익과 현금흐름이 영원히 연 5% 증가한다고 가정하면 기업 가치를 계산할 수 있다.

$$1995년 말 영업자산 가치 = \frac{1996년 기대 FCFF}{자본비용 - 기대성장률} = \frac{1,060.82}{0.076 - 0.05} = 40,787$$

여기에 다임러가 가치평가 시점에 보유한 현금 및 유가증권(135억 마르크)을 더하고 부채의 시장가치(262억 8,100만 마르크)를 빼면 주식 가치 280억 600만 마르크를 얻는다. 자기자본의 시장가치, 즉 시가총액 500억 마르크보다 대폭 낮은 수준이다.

$$주식 가치 = 영업자산 가치 + 현금 및 유가증권 - 부채$$
$$= 40,787 + 13,500 - 26,281 = 28,006$$

모든 기업 가치평가와 마찬가지로 여기에도 순환 추론에 가까운 요소가 포함되어 있다.[1]

섹터 또는 시장 전체의 문제　경기순환 기업의 이익은 정의상 변동성이 있고 경기에 따라 달라진다. 즉 호황기에는 이익이 증가하고 불황기에는 감소한다. 원자재 가격이 높았다가 낮아지는 가격 주기를 따르는 원자재 기업도 마찬가지다. 두 유형에서는 당기 이익을 기준 연도 이익으로 적용하면 잘못된 가치 추정치를 얻는다.

경기순환 기업의 가치평가　경기순환 기업의 가치평가에 큰 영향을 미치는 기준 연도 이익에 대한 해결책은 두 가지다. 첫째, 경기 변동을 반영하기 위해 가까운 미래의 기대성장률을 조정한다. 둘째, 당기 이익이 아니라 정상 이익에 바탕을 두고 가치평가한다.

1　순환 추론이 발생하는 이유는 현행 자기자본과 부채의 시장가치를 사용해 자본비용을 계산했기 때문이다. 이 자본비용에 바탕을 두고 다시 자기자본과 부채의 가치를 추정했다. 순환 추론을 허용할 수 없다면 부채와 자기자본의 가치 추정치를 활용해 똑같은 값으로 수렴할 때까지 자본비용을 계산하는 과정을 반복하면 된다.

✓기대성장률 조정   경기순환 기업은 대개 경기 저점에 낮은 이익을 내지만, 경기가 회복하면 이익이 빠르게 회복한다. 이익이 낮지만 적자가 아닐 때는 가까운 미래의 이익 기대성장률을 조정해 경기 변동의 효과를 반영할 수 있다. 즉 기업 이익과 경기가 현재 침체 상태에 있지만 빠르게 회복하리라고 예상된다면 향후 1~2년간 더 높은 성장률을 적용한다. 반대로 호황기여서 당기 이익이 높은 수준이지만 앞으로 경기가 둔화하리라고 예상된다면 향후 1~2년간 더 낮은 성장률을 적용한다. 이 방법은 가치 추정치의 정확도가 가치평가를 수행하는 애널리스트의 거시경제 예측 정확도에 달려 있다는 단점이 있다. 하지만 미래 경제 성장에 관해 가정을 두지 않고는 경기순환 기업의 가치를 평가하기가 어려우므로 이러한 비판을 감수하는 것 말고는 다른 선택지가 없을지도 모른다. 전환점이 되는 연도(경제 침체에 들어서거나 벗어나는 시점)의 실제 이익 성장률은 평가 대상 기업(또는 유사 기업)의 과거 역사를 통해 추정할 수 있다.

[예시 22.2] 더 높은 성장률을 적용한 경기순환 기업의 가치평가: 다나 코퍼레이션(2011년 5월)

다나 코퍼레이션(Dana Corporation)은 자동차 부품 및 시스템 제조사로 2008~2009년 세계적인 경기 침체로부터 상당히 부정적인 영향을 받았다. 영업손실은 2008년 1억 2,300만 달러, 2009년 1억 4,100만 달러였다. 2010년 다나는 영업이익 1억 9,600만 달러를 냈지만 영업이익률은 겨우 3.21%에 그쳤다. 다나는 성숙 기업이지만 경기 회복이 지속한다면 이익률 개선에 힘입어 2011~2015년 영업이익이 연 15% 증가하리라고 예상된다. 2015년 이후에는 안정 성장 수준으로 돌아가서 매출과 영업이익이 영원히 연 3% 증가하고 자본이익률이 자본비용과 똑같은 상태가 지속한다.

안정 성장 단계에서 다나의 베타는 1.20이고 현행 부채총자본비율 26.32%가 영원히 유지된다고 가정한다. 하지만 세전 부채비용은 2011~2015년 기간에 현행 수준(신용등급에 바탕을 두고 추정한 6.85%)을 유지하지만, 2015년 이후에는 5%로 하락한다고 가정한다. 한계세율 40%와 무위험 이자율 3.5%, 주식 위험 프리미엄 5%를 적용하면 다나의 고성장 및 안정 성장 단계의 자본비용을 다음과 같이 추정할 수 있다.

$$자본비용_{고성장} = 자기자본비용 \times [E/(D + E)] + 부채비용 \times (1 - t) \times [D/(D + E)]$$
$$= (3.5\% + 1.20 \times 5\%) \times (1 - 0.2632) + 6.85\% \times (1 - 0.4) \times 0.2632 = 8.08\%$$
$$자본비용_{안정\ 성장} = (3.5\% + 1.20 \times 5\%) \times (1 - 0.2632) + 5\% \times (1 - 0.4) \times 0.2632 = 7.79\%$$

표 22.1은 2011~2015년 기업 잉여현금흐름 추정치와 자본비용 8.08%로 할인한 현재가치를 보여준다(단위: 100만 달러).

[표 22.1] 기대 이익과 현금흐름: 다나 코퍼레이션

	당기	1	2	3	4	5
기대성장률		15.00%	15.00%	15.00%	15.00%	15.00%
EBIT(1 − t)	117.60	135.24	155.53	178.85	205.68	236.54
− (자본적 지출 − 감가상각비)	11.00	12.72	14.63	16.83	19.35	22.25
− 운전자본의 증감	16.00	18.33	21.08	24.24	27.87	32.05
기업 잉여현금흐름	90.60	104.19	119.82	137.79	158.46	182.23
자본비용		8.08%	8.08%	8.08%	8.08%	8.08%
현재가치(할인율 8.08%)		96.40	102.57	109.14	116.12	123.55

현재가치 합계는 5억 4,778만 달러다. 순 자본적 지출과 운전자본의 증감이 영업이익과 똑같은 비율로 성장한다고 가정했음을 유념하라.

고성장 단계 종료 시점의 잔존가치를 추정하려면 먼저 안정 성장률과 자본이익률에 바탕을 두고 재투자율을 추정해야 한다.

$$안정\ 성장률 = 3\%$$
$$안정\ 자본이익률 = 7.79\%\ (안정\ 자본비용과\ 일치)$$
$$안정\ 재투자율 = g/ROC = 3\%/7.79\% = 38.51\%$$
$$잔존가치 = \frac{EBIT_5 \times (1 + g_{안정\ 성장}) \times (1 - 안정\ 재투자율)}{자본비용 - g_{안정\ 성장}}$$
$$= \frac{236.54 \times 1.03 \times (1 - 0.3851)}{0.0779 - 0.03} = 3{,}127.69$$

고성장 단계 종료 시점의 잔존가치를 할인율 8.08%를 적용해 현시점으로 할인한 후 고성장 단계 현금흐름의 현재가치를 더하면 영업자산 가치 26억 6,800만 달러를 얻는다.

$$영업자산\ 가치 = 547.78 + 3{,}127.69/1.0808^5 = 2{,}668$$

영업자산 가치에 현금 잔액 11억 3,400만 달러를 더하고 미상환부채 9억 4,700만 달러를 뺀 후 유통주식 수(1억 4,626만 주)로 나누면 주당 가치 19.52달러를 얻는다.

$$주당\ 가치 = \frac{2{,}668 + 1{,}134 - 947}{146.26} = 19.52(달러)$$

2011년 5월 말 다나의 주가는 18.13달러였으므로 8%가량 저평가되었다고 할 수 있다.

✓*이익 정상화*　경기순환 기업에서 시간에 따라 변동성이 큰 이익과 기준 연도의 적자 문제를 해결할 가장 간단한 방법은 이익의 정상화다. 적자 기업의 이익 정상화는 '이 기업이 정상 연도에 올릴 이익은 얼마인가?'라는 질문에 답을 구하는 과정과 같다. 여기에 암묵적으로 내재된 가정은 당기가 정상 연도가 아니고, 이익이 정상 수준으로 빠르게 회복하리라는 것이다. 따라서 이 방법은 성숙 업종에 속한 경기순환 기업에 가장 적합하다. 이익을 정상화하는 방법은 다음과 같다.

■ **과거 기간의 이익 금액을 평균한다.** 가장 간단한 이익 정상화 방법은 과거 기간의 평균 이익을 사용하는 것이다. 이때 '과거 기간'은 얼마나 시간을 거슬러 올라가야 할까? 경기순환 기업에서는 한 번의 경기 주기를 다 포함할 만큼 충분히 긴 기간 (예컨대 5년이나 10년)이 적합하다. 이 방법은 단순하다는 장점이 있지만, 지금까지 규모에 큰 변화가 없었던 기업에 가장 적합하다. 시간이 흐르면서 (판매 제품 가짓수나 총매출 척도의) 규모가 증가하거나 감소한 기업에 적용한다면 부정확한 추정치를 얻을 것이다.

■ **과거 기간의 투하자본이익률이나 이익률을 평균한다.** 첫 번째 방법과 유사해 보이지만, 이익 금액이 아니라 영업이익이나 투하자본 대비 이익 비율을 평균한다는 차이가 있다. 장점은 기업의 현행 규모를 정상 이익 추정치에 반영할 수 있다는 것이다. 예컨대 과거 기간 평균 자본이익률이 12%인 기업의 현행 투하자본이 10억 달러라면 정상 영업이익은 1억 2,000만 달러다. 평균 자기자본이익률과 자기자본의 장부가액을 사용하면 정상 순이익을 계산할 수 있다. 과거 기간의 평균 영업이익률이나 순이익률을 계산한 후 당기 매출에 곱해서 정상 영업이익이나 순이익을 추정하는 유사한 변형 방법도 있다. 계산 과정에 매출을 포함하면 회계 조작의 영향을 덜 받는다는 장점이 있다.

이익 정상화 과정에서 다룰 마지막 질문은 시점에 관한 것이다. 당기 이익을 정상 이익으로 대체하는 것은 기본적으로 정상화가 재빨리, 다시 말해 가치평가의 첫 번째 연도에 일어나리라고 가정하는 것과 같다. 여러 연도가 지났는데도 이익이 정상 수준으로 회복하지 않는다면 당기 이익을 정상 이익으로 대체해서 도출한 가치는 과대추정치로 판명 날 것이다. 간단한 정정 방법은 이익이 정상화하기까지 걸릴 기간으로 가치를 다시 할인하는 것이다.

[예시 22.3] 정상 이익을 활용한 경기순환 기업의 가치평가: 토요타 모터 코퍼레이션(2009년 3월)

토요타 모터 코퍼레이션(Toyota Motor Corporation)은 2008년에 이르는 몇 년간 효율성과 혁신의 대명사로서 명성을 쌓았다. 하지만 2008년 금융위기와 세계 경제 둔화로 인해 토요타는 2008년 마지막 분기에 적자를 냈다. 이는 2008 회계연도(2008년 4월~2009년 3월)에 기록할 훨씬 더 큰 손실의 전조(前兆)였다. 토요타의 영업이익을 정상화하기 위해 다음 표와 같이 1998~2008년 영업 실적을 살펴보자(단위: 100만 엔).

[표 22.2] 기대 이익과 현금흐름: 토요타

연도	매출	영업이익	EBITDA	영업이익률	EBITDA 이익률
1998	11,678,400	779,800	1,382,950	6.68%	11.84%
1999	12,749,010	774,947	1,415,997	6.08%	11.11%
2000	12,879,560	775,982	1,430,983	6.02%	11.11%
2001	13,424,420	870,131	1,542,631	6.48%	11.49%
2002	15,106,300	1,123,475	1,822,975	7.44%	12.07%
2003	16,054,290	1,363,680	2,101,780	8.49%	13.09%
2004	17,294,760	1,666,894	2,454,994	9.64%	14.20%
2005	18,551,530	1,672,187	2,447,987	9.01%	13.20%
2006	21,036,910	1,878,342	2,769,742	8.93%	13.17%
2007	23,948,090	2,238,683	3,185,683	9.35%	13.30%
2008	26,289,240	2,270,375	3,312,775	8.64%	12.60%
2009(추정치)	22,661,325	267,904	1,310,304	1.18%	5.78%
평균		1,306,867		7.33%	

다음 세 가지 정상화 방법을 검토해보자.

■ **평균 영업이익**: 1998~2008년 평균 영업이익은 1조 3,069억 엔이었다. 같은 기간 매출은 두 배가 되었으

므로 이 방법은 정상 영업이익을 과소추정한다.

- **업종 평균 이익률**: 1998~2008년 글로벌 자동차회사의 평균 세전 영업이익률은 약 6%였다. 하지만 2009년 들어 많은 자동차회사가 토요타보다 훨씬 안 좋은 상황에 부닥치면서 대규모 적자를 기록했다. 토요타의 2009년 매출에 업종 평균 영업이익률을 곱해서 정상 영업이익을 추정할 수도 있지만(22조 6,610억 엔 × 6% = 1조 3,600억 엔), 이 역시 정상 영업이익을 과소추정한다. 토요타가 섹터 내에서 가장 수익성이 좋다는 점을 고려하지 않았기 때문이다.
- **역사적 이익률**: 토요타의 1998~2008년 평균 세전 영업이익률 7.33%를 2009년 매출에 곱하면 정상 영업이익 1조 6,607억 엔(22조 6,610억 엔 × 7.33%)을 얻는다. 이 추정치는 현재 더 커진 규모와 섹터 내에서의 성공을 반영했다고 볼 수 있다. 따라서 이 값을 정상 영업이익으로 사용한다.

토요타의 가치평가에 다음과 같은 가정을 둔다.

- 자동차 섹터의 상향식 베타 1.10을 사용해 토요타의 자기자본비용을 추정했다. 무위험 이자율은 10년 만기 엔화 표시 일본 국채 수익률 1.50%, 주식 위험 프리미엄은 (2009년 초 성숙시장 프리미엄 6%와 토요타의 신흥시장 위험 노출 0.50%를 더한) 6.5%를 적용하면 자기자본비용 8.65%를 얻는다.

$$\text{자기자본비용} = \text{무위험 이자율} + \text{베타} \times \text{주식 위험 프리미엄}$$
$$= 1.50\% + 1.10 \times 6.50\% = 8.65\%$$

- 2009년 초 토요타의 미상환부채는 11조 8,620억 엔이었고 자기자본의 시장가치는 10조 5,510억 엔이었다. 유통주식 수는 34억 4,800만 주였으므로 주당 가격은 3,060엔이었다. 신용등급 AA의 부도 스프레드 1.75%를 무위험 이자율에 더해 세전 부채비용을 3.25%로 추정했다. 현행 부채비율이 지속 가능하다고 가정하고 2009년 일본의 한계세율 40.7%를 적용한 자본비용은 다음과 같다(단위: 10억 엔).

$$\text{부채비율} = 11,862/(11,862 + 10,551) = 52.9\%$$
$$\text{자본비용} = 8.65\% \times 0.471 + 3.25\% \times (1 - 0.407) \times 0.529 = 5.09\%$$

- 시간에 따른 토요타의 자본비용을 검토한 결과 부채비율과 자본비용이 모두 큰 변화가 없었기에 위 값을 정상 자본비용으로 사용한다.
- 토요타는 이미 시장 점유율 기준에서 세계 최대 자동차회사였으므로 회사가 안정 성장 단계에 있고 영구성장률이 1.50%(무위험 이자율과 같은 수준)라고 가정한다. 또한 자본이익률이 자본비용과 똑같다고도 가정한다. 두 가정에 바탕을 두고 계산한 안정 성장 단계의 재투자율은 29.46%다.

$$\text{안정 재투자율} = \frac{g}{\text{ROIC}} = \frac{0.0150}{0.0509} = 29.46\%$$

종합하면 정상 영업이익(1조 6,607억 엔)과 일본의 한계세율(40.7%), 재투자율(29.46%), 안정 성장률

(1.5%), 자본비용(5.09%)을 통해 토요타의 영업자산 가치를 다음과 같이 추정한다.

$$영업자산\ 가치 = \frac{영업이익(1 + g)(1 - 세율)(1 - 재투자율)}{자본비용 - g}$$

$$= \frac{1,660.7 \times 1.015 \times (1 - 0.407) \times (1 - 0.2946)}{0.0509 - 0.015} = 19,640$$

여기에 현금(2조 2,880억 엔)과 비영업자산 가치(6조 8,450억 엔)를 더하고 미상환부채(11조 8,620억 엔)와 연결 대상 자회사의 소수지분(5,830억 엔)을 뺀 후 유통주식 수(34억 4,800만 주)로 나누면 주당 가치 4,735엔을 얻는다(단위: 10억 엔, 10억 주).

$$주당\ 가치 = \frac{영업자산 + 현금 + 비영업자산 - 부채 - 소수지분}{유통주식\ 수}$$

$$= \frac{19,640 + 2,288 + 6,845 - 11,862 - 583}{3.448} = 4,735(엔)$$

토요타의 2009년 초 주가는 3,060엔이었으므로 정상 영업이익을 기준으로 한다면 대폭 저평가되었다고 할 수 있다.

---

 normearn.xls: 이 스프레드시트를 이용하면 기업 이익을 다양한 방법으로 정상화할 수 있다. (웹에서 다운로드 가능)

원자재 및 천연자원 기업의 가치평가 원자재 가격은 변동성뿐 아니라 가격이 상승했다가 하락하는 주기성도 존재한다. 일부 천연자원 기업은 선물과 옵션 계약을 활용해 이익을 평활화하지만, 대다수는 원자재 가격이 이익에 영향을 미치게 둔다. 그래서 원자재 기업의 이익은 원자재 가격에 따라 증가하거나 감소한다. 석유·광산회사뿐 아니라 목재·농업회사도 아우르는 천연자원 기업의 가치평가 방법은 세 가지다.

1. 미래 원자재 가격(즉 원자재 가격 주기)을 예측해서 미래 연도의 기대 매출에 반영한다. 경기는 예측 불가능하기에 몹시 어려운 작업일 뿐 아니라 위험하기까지 하다. 가치 추정치는 기업과 원자재 가격에 관한 판단을 반영한 값이기 때문이다. 예컨대 향후 5년간 유가가 두 배가 되리라는 가정을 두고 로열더치(Royal

Dutch)의 가치를 평가한다면 유가 전망으로 인해 현 주가가 과소평가되었다는 결론을 얻을 것이다.

2. 한 번의 원자재 가격 주기에 걸친 평균 가격으로 추정한 정상 원자재 가격을 활용해 가치평가한다. 예컨대 지난 10년 동안의 평균 커피 가격을 활용해 커피 농장의 가치를 추정할 수 있다. 하지만 실제 커피 가격은 평균 가격보다 높거나 낮은 상태가 한동안 지속할 수 있기에 가치 추정치의 정확도가 떨어질 수 있다.

3. 현시점 현물시장이나 선물시장에서 관측할 수 있는 원자재 가격을 활용해 기업의 현재 생산량을 가치평가한다(역사적 저점 수준이더라도 관계없다). 이후 시뮬레이션을 거쳐 원자재 가격 변동의 영향을 반영한다.

이때 첫 번째와 두 번째 방법은 미래 원자재 가격에 관한 암묵적인 가정을 둔다는 점을 유념하라. 그런데 미래 원자재 가격을 잘 예측할 능력을 갖춘 평가자라면 원자재 기업이 아니라 원자재 선물과 옵션을 매매해 더 큰 이익을 올릴 것이다.

거시경제 관점과 가치평가

경기순환 기업의 이익 변동성은 경기 상태와 연동된다. 이를 가치에 반영하는 한 가지 방법은 현금흐름에서 미래 침체와 회복이 드러날 시점에 관한 기대치를 고려하는 것이다. 하지만 예측 오차가 클 수도 있으므로 위험 요소로 가득한 방법이기도 하다. 임박한 경기 회복의 정확한 시점을 두고 경제학자들의 의견이 일치할 때는 드물고, 경기 침체 자체도 사후에 인지할 수 있을 뿐이다. 나아가 특정 거시경제 예측에 바탕을 둔 가치평가의 최종 결과(즉 기업의 저평가 또는 고평가 여부)에서 기업 주가 책정 오류에서 비롯한 부분과 전체 경제에 관한 애널리스트의 낙관주의 또는 비관주의에서 비롯한 부분을 구분하기는 어렵다.

이익 변동성을 가치평가에 반영하는 다른 방법은 할인율을 활용하는 것이다. 경기순환 기업은 위험 수준이 더 높으므로 더 높은 할인율을 적용한다. 예컨대 경기순환 기업에 더 높은 무차입 베타 그리고/또는 부채비용을 적용한다.

가치평가 바이블

[예시 22.4] 원자재 기업의 원자재 가격 중립 가치평가: 엑슨모빌(2009년)

엑슨모빌은 세계 최대 석유회사로 다양한 지역에서 여러 사업을 영위하지만 같은 섹터 내 다른 기업과 마찬가지로 유가에 의존적이다. 그림 22.2는 1985~2008년 엑슨모빌의 영업이익을 같은 기간 연도별 평균 유가와 비교해서 보여준다.

[그림 22.2] 엑슨모빌 영업이익과 유가 비교(1985~2008년)

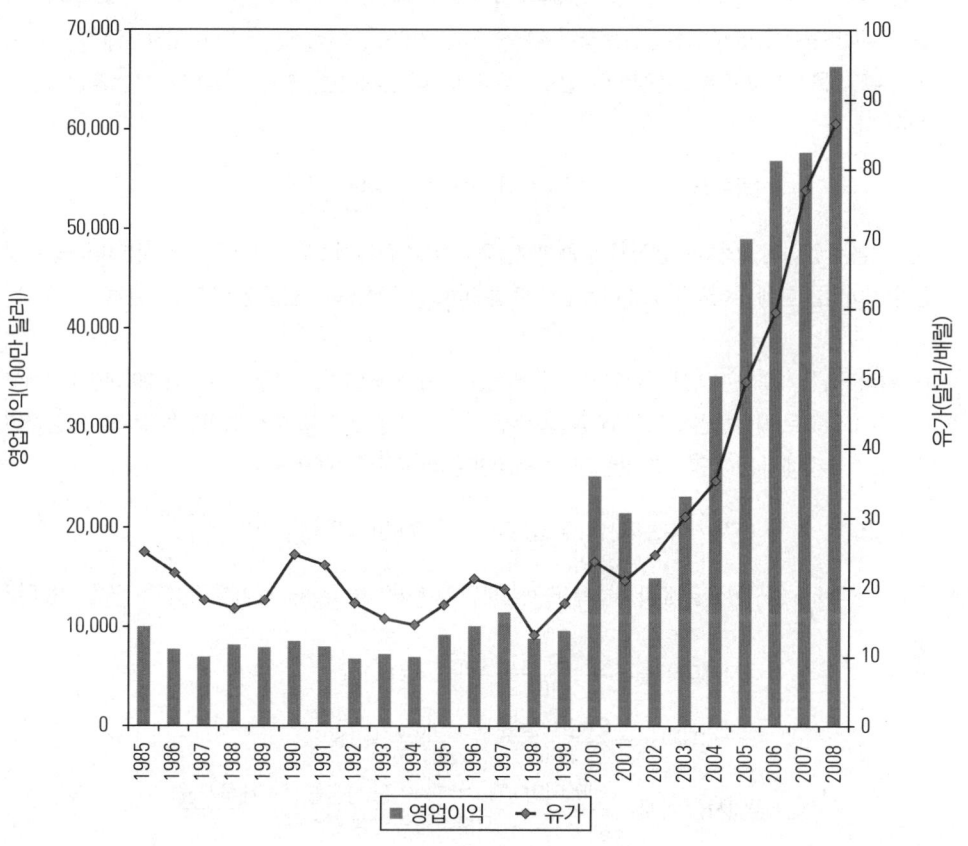

유가가 상승(하락)하면 영업이익이 증가(감소)하는 관계가 분명히 존재한다. 엑슨모빌의 영업이익을 위 기간 배럴당 평균 유가에 대해 회귀분석한 결과는 다음과 같다.

$$\text{영업이익} = -6{,}395 + 911.32 \times \text{평균 유가} \qquad R^2 = 90.2\%$$
$$(2.95) \qquad (14.59)$$

다시 말해 배럴당 유가가 10달러 상승할 때마다 엑슨모빌의 영업이익이 91억 1,000만 달러 증가하고, 시

간에 따른 이익 변동성의 90%가 유가 변동에서 비롯한다는 점을 알 수 있다.[2]

엑슨모빌의 영업이익을 통해 주식 가치를 추정하는 과정에서 다음 가정을 둔다.

■ 엑슨모빌의 상향식 베타 추정치는 0.90이다. 여기에 장기 국채 수익률 2.5%와 주식 위험 프리미엄 6.5%를 활용해 계산한 자기자본비용은 다음과 같다.

$$자기자본비용 = 2.5\% + 0.90 \times 6.5\% = 8.35\%$$

미상환부채는 94억 달러, 시가총액은 3,204억 달러(유통주식 수 49억 4,163만 주, 주가 64.83달러)였으므로 부채비율은 2.85%였다. 신용등급이 AAA인 엑슨모빌의 부채비용은 무위험 이자율에 부도 스프레드 1.25%를 더한 3.75%로 추정한다. 실효세율이 아니라 한계세율 38%를 적용해 추정한 자본비용은 8.18%다.

$$자본비용 = 8.35\% \times 0.9715 + 3.75\% \times (1 - 0.38) \times 0.0285 = 8.18\%$$

■ 엑슨모빌은 영업이익의 영구성장률이 연 2%인 안정 성장 단계에 있다. 신규 투자의 자본이익률은 정상 영업이익을 현행 투하자본으로 나눈 값으로 정의하고, 이 자본이익률을 통해 재투자율을 계산한다.

600억 달러가 넘는 2008년 세전 영업이익은 당해 평균 유가 86.55달러를 반영한 수치다. 2009년 3월 배럴당 유가가 45달러로 하락하면서 다음 해 영업이익은 대폭 감소할 것이다. 앞서 회귀분석 결과를 활용하면 45달러 유가 수준에서 기대 영업이익은 346억 1,400만 달러다(단위: 100만 달러).

$$현 유가 수준에서의 영업이익 = -6,395 + 911.32 \times 45 = 34,614$$

위 영업이익과 2% 영구성장률에 바탕을 두고 계산하면 자본이익률 약 21%와 재투자율 9.52%를 얻는다.[3]

$$투하자본이익률 = \frac{34,614 \times (1 - 0.38)}{101,629} = 21.11\%$$

$$재투자율 = \frac{안정\ 성장률}{ROIC} = \frac{2.00\%}{21.11\%} = 9.52\%$$

$$영업자산\ 가치 = \frac{영업이익 \times (1 - t)(1 + 안정\ 성장률)(1 - 재투자율)}{자본비용 - 안정\ 성장률}$$

$$= \frac{34,614 \times (1 - 0.38) \times 1.02(1 - 0.0952)}{0.0818 - 0.02} = 320,472$$

---

2 엑슨모빌은 수십 년간 대형 기업으로서 안정적으로 운영해왔기에 유가와 이익의 상관관계가 아주 높다. 규모가 작고 계속해서 변화하는 단계의 기업이라면 상관관계가 다소 낮을 것이다.

3 2007년 말 자기자본의 장부가액(1,260억 4,400만 달러)과 부채의 장부가액(95억 6,600만 달러)을 더하고 현금(339억 8,100만 달러)을 뺀 투하자본은 1,016억 2,900만 달러였다(실효세율 38%를 적용해서 계산했다).

여기에 당기 현금 잔액(320억 700만 달러)을 더하고 부채(94억 달러)를 뺀 후 유통주식 수(49억 4,163만 주)로 나누면 주당 가치 69.43달러를 얻는다.

$$주당\ 가치 = \frac{영업자산\ 가치 + 현금 - 부채}{유통주식\ 수} = \frac{320,472 + 32,007 - 9,400}{4,941.63} = 69.43(달러)$$

가치평가 시점에 엑슨모빌의 주가는 64.83달러였으므로 당시 유가 45달러를 고려하면 소폭 저평가되었다고 할 수 있다. 그림 22.3은 엑슨모빌 가치와 유가의 관계를 보여준다.

[그림 22.3] 유가와 엑슨모빌 주당 가치

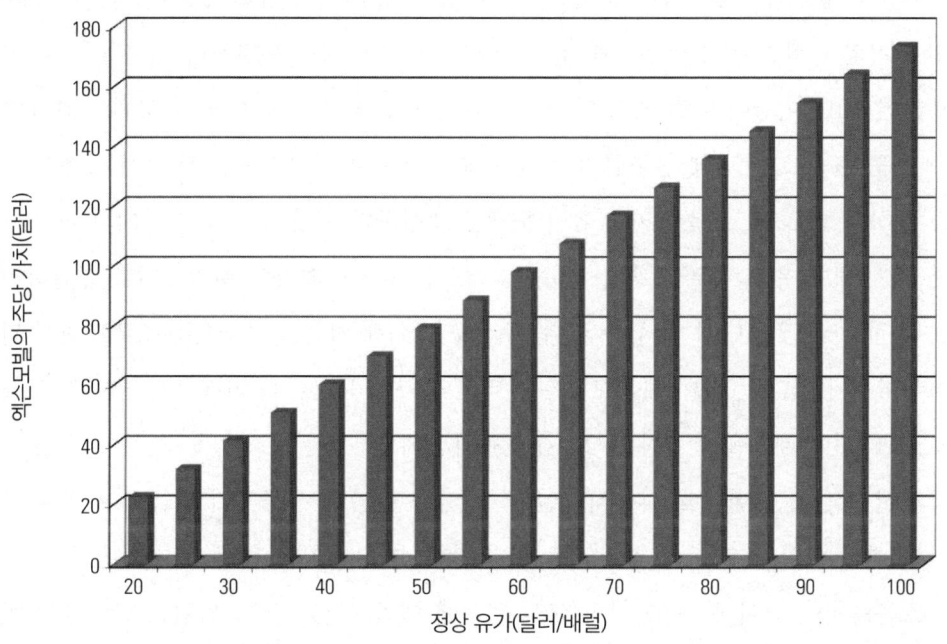

유가가 변하면 영업이익과 자본이익률도 변한다. 그래서 투하자본액을 고정한 후 영업이익 추정치에 따라 자본이익률을 재추정했다. 유가가 42.52달러라면 주당 가치는 64.83달러로 현행 주가와 똑같다. 다시 말해 유가가 42.52달러보다 높은 수준에서 안정화할 것으로 예상하는 투자자라면 엑슨모빌이 저평가되었다고 결론 내릴 것이다. 주당 가치가 유가에 몹시 의존적이기에 유가가 변동하도록 허용해 독립 변수로 두고 가치평가하는 편이 낫다. 33장에서 유가의 불확실성이 가치 추정치에 미치는 영향을 시뮬레이션을 통해 판단하는 방법을 다시 다룰 것이다.

인프라 투자(기업)　이번 장을 시작하며 언급했듯 성숙 인프라 기업은 저마다 다른 투자 단계에 속한 여러 인프라 사업 포트폴리오를 갖췄기에 전통적인 방법으로 가치 평가할 수 있다. 현금흐름이 초반에는 마이너스를 기록하다 훨씬 오랫동안 플러스를 기록하는 특성을 띠지만 포트폴리오 단위로 넓혀 보면 상쇄해 평균에 수렴하기 때문이다. 이번 섹션에서는 단일 인프라 투자를 투자 기간 초기에 가치평가하는 훨씬 어려운 시나리오를 검토해보자.

투자 단계 현금흐름　인프라 투자는 대규모 선투자가 필요하고 오랜 시간이 흐른 후 투자의 결실을 본다(즉 매출과 이익을 창출한다)는 점에서 특별하다. 공항을 새로 지으려면 10년 이상이 걸릴 때도 있는데 복잡한 건설 과정과 법적 규제 장벽이 존재하기 때문이다. 10년 만에 완공한 두바이 국제공항은 완공 기간 면에서 모범 사례로 꼽을 만하다. 유료 도로 건설 역시 법적 문제를 해결하다 보면 몇 년씩 걸리기 마련이다. 전 세계 최초 유료 도로인 랭커스터 턴파이크는 필라델피아와 랭커스터를 연결하려는 목적으로 1795년에 첫 삽을 떴다. 주식을 발행해 자금을 조달한 후 1797년이 되어서야 개통했다. 뭄바이 해상교량은 뭄바이와 나비 뭄바이를 연결하는 23마일 도로로 2012년에 계획을 수립한 후 2016년에 착공해 2024년 개통했다.

건설 기간에는 현금흐름이 적자일 뿐 아니라 다양한 시공사에 현금을 지급할 계약에 따라 이미 구조를 다 갖추었을 때가 많다. 여기에 바탕을 두고 가치평가 시 현금흐름을 다루어야 한다. 할인의 핵심 원칙에 따라 현금흐름의 위험을 할인율에 반영해야 하기 때문이다. 다시 말해 초기 투자활동 현금흐름은 영업활동 현금흐름이 아니라 계약상 청구권에 해당하므로 '더 낮은' 할인율을 적용해야 한다. 실무에서 계약상 지급 의무가 있는 현금흐름을 다룰 때는 평가 대상 기업의 부채비용이 곧 올바른 할인율이다.

개별 투자 단위로 보면 투자 기간에 매출은 없고 비용만 발생하므로 비용 발생 시점에는 절세 효과가 없다. 하지만 운영 기간으로 이월할 순영업손실은 계속해서 관리해야 한다.

운영 단계 현금흐름 인프라 투자가 운영 단계에 들어서면 매출이 발생할 뿐 아니라 이익을 올릴 수도 있다. 하지만 현금흐름은 인프라 투자를 수익화하는 방법에 따라 변동성의 편차가 존재한다.

- **사전 결정 요금:** 인프라 투자에서 발생하는 현금흐름이 계약상 정해진 금액으로 고정되어 있다면 관련 위험이 작다. 이때 계약 상대의 채무불이행 위험을 반영한 할인율로 현금흐름을 할인한다. 예컨대 공항 소유주가 계약에서 미리 정한 요금을 정부로부터 받는다면 국채 수익률을 할인율로 적용하고, 항공사로부터 공항 사용 요금을 받는다면 해당 항공사의 세전 부채비용을 할인율로 적용해야 한다.
- **사용량에 따른 요금:** 인프라 투자에서 발생하는 현금흐름, 즉 사용자가 지불하는 요금이 인프라 사용량에 연동되어 있다면 관련 불확실성을 반영한 할인율을 적용해야 한다. 유료 도로회사의 현금흐름은 시간이 흐르며 편차가 있는 요금 매출을 반영할 것이다. 도로 운송 사업에서 매출이 발생하는 상장기업의 자본비용을 참고하면 할인율 결정에 도움 될 것이다.
- **기타:** 인프라 투자에서 광고와 구독 매출이 발생할 때가 있는데 매출의 불확실성을 반영한 할인율을 적용하면 된다.

자본비용 인프라 투자 프로젝트나 기업의 자본비용은 다른 모든 기업과 마찬가지로 자기자본비용과 세후 부채비용의 가중평균으로 계산하지만(가중치는 자기자본과 부채의 추정치나 시장가치에 바탕을 두고 정한다), 다음과 같은 몇몇 차이가 있다.

- **변화하는 부채비율과 부채비용:** 전부는 아니지만, 많은 인프라 기업이 프로젝트 초기에 투자 소요를 충당하기 위해 거액을 차입한 후 오랜 기간에 걸쳐 부채를 상환한다. 그래서 부채와 자기자본 믹스가 프로젝트 단계에 따라 초기에는 부채가 많지만 나중에는 줄어드는 식으로 변한다. 동시에 부채비용도 프로젝트가 운영 단계에 들어서기 전에는 높다가 현금흐름이 발생하면서 낮아진다.

- **세금 혜택**: 인프라 투자는 초기에 적자를 내기에 법인세를 내지 않을뿐더러 부채에서 세금 혜택이 발생하지 않는다. 흑자 상태가 되어야만 세금 혜택이 발생하므로 초기 적자 상태일 때 부채에서 세금 혜택이 있다고 가정해도 가치에 미치는 영향은 미미하다.
- **자기자본비용**: 8장에서 투자의 영업 위험과 조달한 부채로 결정되는 차입 베타를 다루었다.

$$차입 \ 베타 = 무차입 \ 베타 \times [1 + (1 - 세율)(부채/자기자본)]$$

시간이 흐르며 인프라 투자의 부채비율이 변한다면 자기자본비용 역시 변할 것이다. 즉 부채비율이 낮아지면 자기자본비용도 낮아진다.

인프라 투자 가치평가 시 자본 구조가 시간이 흐르며 변화할 때 자본비용 차원에서는 두 가지 선택지가 있다.

1. **연도별 자본비용**: 매년 부채비율과 부채비용, 자기자본비용을 추정해 자본비용을 계산한다. 이때 프로젝트에서 과세소득이 발생할 때만 세금 혜택을 부채에 반영한다.
2. **프로젝트 수명에 걸친 평균 자본비용**: 프로젝트 수명에 걸쳐 부채비율과 부채비용 평균을 계산해 자본비용을 도출한다. 평균 부채비율은 베타에 반영한다.

앞서 여러 장을 보며 이미 알아차렸겠지만 기업 가치평가는 자본비용이 시간이 흐르며 변하는 상황을 배제하지 않는다. 하지만 개별 인프라 투자의 운영 단계 현금흐름에는 평균 자본비용을 할인율로 적용하는 편이 낫다.

잔존가치 이번 장을 시작하며 언급했듯 인프라 프로젝트 가치평가를 종료하는 방법은 프로젝트 수명에 관한 가정에 따라 달라진다.

■ 개별 프로젝트의 수명이 유한하다면 잔존가치는 수명이 다했을 때 회수할 수 있는 가치를 반영해야 한다. 그러려면 전체 투자 기간에 걸쳐 현금흐름을 추정해야 하는 문제가 있다. 만약 투자 기간이 총 30년이라면 향후 30년간 기대현금흐름을 추정한 후 구제가치(salvage value, 내용연수에 이른 고정자산을 원래와 다른 목적으로 사용 가능할 때의 가치를 말한다. 다른 목적으로도 사용할 수 없을 때의 가치인 폐기가치(scrap·junk value)와 함께 잔존가치를 구성한다 - 옮긴이)나 청산가치를 계산해야 한다. 따라서 수명이 n년인 인프라 투자의 가치는 다음과 같다.

$$투자의\ 가치 = \sum_{t=1}^{t=n} \frac{E(현금흐름_t)}{(1+r)^t} + \frac{n년의\ 구제가치}{(1+r)^n}$$

■ 투자 기간이 80~100년 정도로 상당히 길다면 전체 기간보다 훨씬 짧은 기간에만 현금흐름을 추정하고 남은 기간에 발생한 현금흐름의 기대가치를 반영한 잔존가치를 추정하는 편이 낫다. 예컨대 80년짜리 프로젝트라면 향후 10년간 기대 현금흐름을 추정한 후 이후 70년에 대해서는 잔존가치를 추정하는 식이다. 수명이 n년인 인프라 투자에 대해 n1년 이후 현금흐름을 추정하지 않는다고 할 때 투자의 가치는 다음과 같다.

$$투자의\ 가치 = \sum_{t=1}^{t=n1} \frac{E(현금흐름_t)}{(1+r)^t} + \frac{n1\sim n년\ 기대현금흐름의\ 현재가치}{(1+r)^{n1}}$$

■ 충분히 재투자한다면 인프라 투자의 수명을 무한대로 연장할 가능성이 있다. 그러면 원래 상장기업에 적용하는 영구성장 수식을 차용할 수 있다. 이때 안정 성장률(g_n)은 인플레이션율과 같거나 낮아야 하고 실질 기준이 아니어야 한다.

$$투자의\ 가치 = \sum_{t=1}^{t=n} \frac{E(현금흐름_t)}{(1+r)^t} + \frac{E(현금흐름_{n+1})}{(r-g_n)(1+r)^n}$$

[예시 22.5] 유료 도로 가치평가

로드웨이(Roadways Inc.)는 단일 유료 도로를 건설하고 관리하기 위해 만들어진 회사다. 유료 도로 투자의 세부 사항은 다음과 같다.

- **연도별 투자액**: 유료 도로 건설에는 5년이 걸리고 1년 차에 5,000만 달러를 투자한 후 5년 차까지 4년간 매년 2%씩 증가할 것으로 예상한다. 6년 차에 시작해 50년 동안 정액법으로 감가상각한다.
- **매출**: 6년 차부터 운영해 당해 7,592만 달러 매출을 올릴 것으로 본다. 매출은 이후 9년간 연 4% 증가하고, 15년 차 이후부터는 기대성장률이 인플레이션율(2%)과 똑같은 상태가 75년 차까지 지속한다. 75년 차에 도로 소유권을 정부에 양도하지만 로드웨이가 받는 보상은 없다.
- **영업비용**: 유료 도로 운영에 따른 직접 비용은 매출의 20%에 달하고, 6년 차에 연간 1,000만 달러의 고정비용이 발생한 후 인플레이션율과 같은 비율로 증가할 것이다.
- **세금**: 한계세율은 25%이고 순영업손실은 이월된다.
- **유지보수 자본적 지출**: 운영 단계에 들어서면 유지보수 자본적 지출로 매년 감가상각비의 40%를 쓸 것이다.
- **자본비용**: 초기 투자는 대부분 차입할 계획이지만 시간이 흐르며 부채를 상환할 것이다. 프로젝트 수명에 걸친 평균 부채총자본비율은 40%이고 이때 자기자본비용은 12%, 평균 세전 부채비용은 5%이다.

먼저 향후 5년간 유료 도로를 건설하는 비용의 현재가치부터 추정하자(표 22.3, 단위: 100만 달러).

[표 22.3] 건설비와 현재가치

	1	2	3	4	5
유료 도로 비용	-50.00	-51.00	-52.02	-53.06	-54.12
할인율	5.00%	5.00%	5.00%	5.00%	5.00%
현재가치	-47.62	-46.26	-44.94	-43.65	-42.41

건설비는 대부분 계약에 의해 미리 정해진다. 세전 부채비용을 할인율로 적용한 결과 투자액의 현재가치는 -2억 2,487만 달러다.

표 22.4는 운영 단계에 들어선 후 첫 10년간 기대 영업이익을 보여준다.

회사가 꽤 많은 손실을 누적한 결과 6년 차부터 11년 차 일부에 이르기까지 세금을 내지 않았다는 점을 유념하라. 감가상각비를 더한 후 자본적 지출을 빼서 얻은 기업 잉여현금흐름을 누적 자본비용으로 할인하면 기업 잉여현금흐름의 현재가치를 도출한다(표 22.5).

[표 22.4] 투자 기대 이익

연도	매출	영업비용	감가상각비	EBIT	세금	EBIT(1-t)
6	75.92	25.18	5.20	45.53	0.00	45.53
7	78.96	25.99	5.20	47.76	0.00	47.76

8	82.11	26.83	5.20	50.08	0.00	50.08
9	85.40	27.69	5.20	52.50	0.00	52.50
10	88.81	28.59	5.20	55.02	0.00	55.02
11	92.37	29.51	5.20	57.65	12.09	45.56
12	96.06	30.47	5.20	60.38	15.10	45.29
13	99.90	31.47	5.20	63.23	15.81	47.42
14	103.90	32.50	5.20	66.20	16.55	49.65
15	108.06	33.56	5.20	69.29	17.32	51.97

[표 22.5] 현금흐름과 현재가치

연도	EBIT(1-t)	+ 감가상각비	- 자본적 지출	FCFF	WACC[4]	누적 WACC[5]	PV
6	45.53	5.20	2.08	48.65	9.20%	1.3937	34.91
7	47.76	5.20	2.08	50.88	9.20%	1.5219	33.43
8	50.08	5.20	2.08	53.21	9.20%	1.6619	32.01
9	52.50	5.20	2.08	55.63	9.20%	1.8148	30.65
10	55.02	5.20	2.08	58.15	9.20%	1.9818	29.34
11	45.56	5.20	2.08	48.68	8.78%	2.1558	22.58
12	45.29	5.20	2.08	48.41	8.70%	2.3434	20.66
13	47.42	5.20	2.08	50.55	8.70%	2.5472	19.84
14	49.65	5.20	2.08	52.77	8.70%	2.7689	19.06
15	51.97	5.20	2.08	55.09	8.70%	3.0097	18.30

6년 차부터 15년 차까지 기대 현금흐름의 현재가치 합계는 2억 6,080만 달러다. 현금흐름 성장률이 인플레이션율 수준으로 하락하는 15년 차 말 기준 16~75년 차까지 현금흐름의 잔존가치는 성장 연금 수식을 활용해 계산한다.[6]

$$\text{잔존가치} = \frac{FCFF_{15}(1 + g_n)\left(1 - \frac{(1+g)^n}{(1+r)^n}\right)}{\text{자본비용} - g} = \frac{55.09 \times 1.02 \times \left(1 - \frac{1.02^{60}}{1.087^{60}}\right)}{0.087 - 0.02} = 820.24$$

4　자기자본비용 12%, 세전 부채비용 5%, 부채비율 40%를 프로젝트 수명에 걸쳐 적용했다. 하지만 세율이 6~10년 차에는 제로였다가 11년 차에 20.97%, 12년 차에 25%를 기록하면서 자본비용이 변한다.
5　6년 차 누적 WACC = $1.05^5 \times 1.092$, 7년 차 누적 WACC = $1.05^5 \times 1.092^2$
6　현금흐름이 영원히 발생한다고 가정하면 잔존가치가 8억 3,869만 달러로 상승하지만 상승 폭은 미미하다. 따라서 초장기 투자는 성장 연금을 가정해도 문제가 없다.

15년 차 누적 자본비용을 적용해 잔존가치의 현재가치를 계산한다.

$$잔존가치의 현재가치 = \frac{820.24}{3.0097} = 272.53$$

이제 기대 현금흐름과 잔존가치의 현재가치를 더해 유료 도로의 총가치를 도출할 수 있다.

$$\begin{aligned}유료 도로의 가치 &= 투자액의 현재가치 + 6\text{~}15년 차 현금흐름의 현재가치 + 잔존가치의 현재가치 \\ &= -224.87 + 260.80 + 272.53 = 308.45\end{aligned}$$

이 중에서 자기자본의 가치를 구하려면 시간에 따라 변하는 부채를 빼야 한다. 프로젝트를 시작할 때 부채는 1억 2,338만 달러였으므로 유료 도로 자기자본의 가치는 다음과 같다.

$$\begin{aligned}유료 도로 자기자본의 가치 &= 유료 도로의 가치 - 부채 \\ &= 308.45 - 123.38 = 185.07\end{aligned}$$

장기적인 문제를 겪는 기업

지난 섹션에서 다룬 가치평가는 모두 기업의 적자 상태가 금방 끝난다는 믿음을 반영해 이익을 정상 수준으로 즉시 또는 아주 빠르게 조정했다. 하지만 적자가 기업에서 더 장기적인 문제가 발생했다는 징후일 때도 있다. 이때 문제를 해결할 수 있을지, 그렇다면 시점이 언제일지를 판단해야 한다. 이번 섹션에서는 장기적인 문제를 겪는 기업을 다루는 여러 방법을 제시한다.

전략 차원의 문제 기업은 제품 믹스나 마케팅 전략, 심지어 목표 시장 선정 등에서 실수할 때가 있다. 이에 따라 다음 사례처럼 적자나 이익 감소라는 막대한 비용을 치르거나 시장 점유율을 영구적으로 잃기도 한다.

배수와 정상 이익

만약 DCF 가치평가가 아니라 상대가치평가모형을 택하더라도 이익을 정상화하는 조정은 필수일까? 답은 '일반적으로 그렇다'이다. 만약 조정하지 않더라도 이익이 정상화되리라는 암묵적

가치평가 바이블

인 가정이 깔려 있다.

PER을 기준으로 제강회사들을 비교하는 사례를 통해 이유를 이해해보자. 비교 집단 내 기업 하나가 지난해 파업으로 인해 몹시 낮은 이익을 보고했다. 이익을 정상화하지 않는다면 이 기업은 섹터 내에서 고평가된 것처럼 보일 것이다. 그 시장가치는 노사 문제가 비록 큰 비용을 초래했지만 이미 끝난 과거의 일이라는 기대에 바탕을 두기 때문이다. 상대가치평가에 PSR 같은 배수를 사용해서 평가 대상 기업의 PSR과 업종 평균값을 비교한다면, 평가 대상 기업의 이익률이 머지않아 업종 평균 이익률과 비슷해질 것으로 가정하는 것과 같다.

어떤 사건이 섹터 내 모든 기업의 이익에 영향을 미치는 상황에서도 여전히 이익을 정상화해야 할까? 물론이다. 경기 침체는 모든 자동차 기업의 이익에 영향을 미치지만, 영향의 정도는 영업 및 재무레버리지에 따라 달라진다. 게다가 침체기에 적자를 내는 다수의 비교 기업에 관해서는 PER 같은 배수를 계산하는 것 자체가 불가능하다. 정상 이익을 사용하면 더 신뢰할 만한 진정한 가치 척도를 얻을 수 있다.

- IBM은 메인프레임 컴퓨터 사업에서 지배적인 입지를 확보했지만, 1980년대에 개인용 컴퓨터시장의 폭발적인 성장으로 인해 놀라웠던 수익성이 하락했다. IBM은 초창기에 개인용 컴퓨터의 운영체제를 개발할 능력이 있었지만 결국 이 사업 영역을 마이크로소프트라는 신생기업에 내주고 말았다. 이후 1989년까지 IBM의 시가총액은 반토막 났고, 자기자본이익률은 한 자릿수로 하락했다.[7]

- 제록스(Xerox)는 기업명이 제품 자체를 뜻하게 되었을 만큼 복사기 사업을 그야말로 지배했다. 하지만 1970~1980년대 제록스는 복사기시장에서 리코(Ricoh)와 캐논(Canon) 등 저비용 구조로 무장한 아시아 기업의 도전을 받았다. 제록스는 초기에 적자를 냈지만 어느 정도 시장 점유율을 회복했다. 하지만 1990년대 말 이메일과 팩스, 저비용 프린터 같은 기술에 큰 타격을 받으면서 제록스의 입

---

7 이후 IBM은 1990년대에 기본으로 돌아가 비용을 절감하고 기업용 서비스에 다시 초점을 두면서 완전히 회복했다는 사실도 언급해야 공정할 것이다.

지는 추락했다. 2000년 말이 되자 사람들은 제록스에 과연 미래가 있기는 한지 의심하게 되었다.

■ 마이클 암스트롱(Michael Armstrong) 체제에서 AT&T는 고루한 전화회사의 이미지에서 벗어나 기술회사로 재탄생하려고 노력했다. 초반에는 일부 성공을 경험했지만, 잇따른 실수와 형편없는 인수로 인해 시가총액이 대폭 하락하고 미래 방향성을 잃은 채 새천년을 맞았다.

전략적인 실수로 인해 낮은 이익이나 적자를 내는 기업은 그러한 변화가 영구적인지를 판단해야 한다. 만약 영구적이라고 결론 내린다면, 잃어버린 입지를 다시는 회복하지 못한다는 가정을 두고 가치평가하고 매출 성장률과 기대이익률에 관한 기대치를 줄여야 한다. 반면 기업의 회복이나 신규 시장 진입을 긍정적으로 판단한다면 기존 이익률과 고성장을 회복하리라고 가정하면 된다.

운영 차원의 문제   경쟁사와 비교해 제품과 서비스 제공의 효율성이 떨어지는 기업은 수익성과 가치도 낮다. 효율성이 떨어지게 되는 이유는 무엇이고, 어떤 과정을 거칠까? 한 가지 유형은 시대나 최신 기술에 발맞추는 데 실패한 것이다. 예컨대 수십 년이 지난 공장과 노후한 설비를 갖춘 제강회사는 대개 신규 진입한 경쟁사와 비교해 톤당 제강 비용이 더 높을 것이다. 인건비가 문제의 원인인 기업도 있다. 예컨대 미국에 공장을 둔 제강회사는 아시아에 공장을 둔 경쟁사보다 더 높은 인건비를 부담해야 한다.

영업 효율성을 가장 잘 측정하는 변수는 영업이익률이다. 운영 차원의 문제를 겪는 기업은 대개 경쟁사보다 영업이익률이 훨씬 낮다. 시간이 흐르면서 영업 효율성이 개선되는 영향을 가치평가에 반영하는 한 가지 방법은 영업이익률이 업종 평균 수준으로 상승하게 하는 것이다. 이때 상승 폭은 여러 가지 요인에 영향받는다.

■ 기업의 규모: 일반적으로 기업 규모가 클수록 비효율성을 제거하는 시간이 더 오

래 걸린다. 대형 기업에서 조직적 관성(慣性, inertia)이 더 강하게 작용할 뿐 아니라 필요한 변화의 절대적 규모 자체가 더 크기 때문이다. 예컨대 세전 영업이익률을 3% 높이려면 매출 100억 달러 기업은 비용을 3억 달러 절감해야 하지만, 매출 1억 달러 기업은 300만 달러만 줄이면 된다.

- **비효율성의 특성**: 훨씬 빠르게 해결할 수 있는 유형의 비효율성도 있다. 예컨대 노후한 설비나 형편없는 재고관리 시스템을 교체하는 데는 오랜 시간이 걸리지 않지만, 근로자 재훈련은 훨씬 오랜 시간이 걸린다.

- **외부 제약**: 기업이 비효율성을 해결할 수 있는 범위와 속도는 계약상 의무와 사회적 압력의 제약을 받는다. 예컨대 상당수 근로자를 해고하는 것은 인력 과잉에 시달리는 기업에 효과가 확실한 해결책이지만, 노조협약과 언론의 부정적인 보도 가능성으로 인해 실제 실행에는 큰 부담이 따를 수 있다.

- **경영진의 자질**: 변화에 전념하는 경영진은 성공적인 턴어라운드 전략의 핵심 요소다. 운영 차원의 문제를 해결하기 위해 최고 경영진을 반드시 교체해야 하는 기업도 있다.

민영화라는 특수 사례   가치평가 대상으로서 민영화 기업은 역사가 오래되었지만 수익성이 그리 좋지 않았던 사례가 많다. 대다수가 가치나 수익성 최대화라는 목표를 두고 운영되지 않았으므로 낮은 수익성 자체는 그리 놀랍지 않다. 심지어 정치적 후원의 대가로 고용을 활용했던 기업도 있다. 이에 따라 인력 과잉과 비효율성 상태에서 민영화가 이루어졌다.

민영화가 되었다고 해서 모든 것이 변할까? 반드시 그렇지는 않을뿐더러 즉시 변화가 일어날 리도 만무하다. 기존 일자리를 보전하려는 노동조합의 힘과 정부가 경영에 미치는 통제권, 방대한 기업 규모는 모두 변화를 어렵게 하고 속도를 늦추는 요인으로 작용한다. 이들이 민영화되면 실제로 효율성이 향상하리라고 가정하는 것이 합리적이지만, 속도는 기업마다 다를 것이다. 대개 정부가 행사했던 통제권을 포기하고 효율성 향상을 향한 경쟁 압력이 강하다면 빠르게 변화할 것이다. 독점 구조를 누리고 정부가 최고 경영진을 계속해서 임명하는 기업에서는 변화가 느리다.

황금주와 민영화 기업의 가치

정부는 국유 기업을 민영화해 현금을 받고 싶어 하지만 통제권은 포기하지 않으려 한다. 통제권을 유지하는 한 가지 방법은 기업 경영의 일부나 여러 가지 안건에 관한 거부권과 통제권을 부여하는 이른바 '황금주(golden share)'를 계속 보유하는 것이다.

예컨대 브라질 정부는 CVRD의 황금주를 계속 보유함으로써 광산 폐광 결정을 비롯해 주요 재무 의사결정의 최종 결정권을 확보했다(예시 22.6 참고 - 옮긴이). 정부는 황금주를 민영화할 때 통제권을 유지할 수 있는 비용이 들지 않는 방법으로 여기지만, 실제로는 비용이 발생한다. 투자자는 황금주가 존재하는 기업의 가치를 평가하며 경영진과 효율성 향상 면에서 근본적인 변화가 일어날 가능성이 몹시 작다고 판단할 것이다. 이에 따라 시장이 해당 기업에 부여하는 가치는 황금주가 없을 때와 비교해 하락한다. 민영화 대상 기업의 비효율성과 황금주에 의한 제약이 클수록 정부 몫의 가치가 더 훼손된다.

[예시 22.6] 민영화 기업의 가치평가: 콤파냐 발리 리우 도시(1995년)

1995년 브라질 정부는 라틴아메리카 최대 광산회사인 콤파냐 발리 리우 도시(Companhia Vale rio doce, 이하 CVRD)를 민영화했다. 민영화된 해의 세후 영업이익은 7억 1,700만 브라질 헤알, 매출은 47억 1,400만 헤알이었다. 연초 투하자본 147억 2,200만 헤알에 바탕을 둔 세후 자본이익률은 5.33%였다.

실질 안정 성장률 3%와 실질 자본비용 10%를 적용해 CVRD의 가치를 평가하면 다음 추정치를 얻는다(단위: 100만 브라질 헤알).

$$\text{재투자율} = g/ROC = 3\%/5.33\% = 56.29\%$$

$$\text{기업 가치} = \frac{\text{EBIT}(1-t)(1+g)(1-\text{재투자율})}{\text{자본비용}-g} = \frac{717 \times 1.03 \times (1-0.5629)}{0.10-0.03} = 4,611$$

하지만 여기에는 CVRD의 자본이익률이 현 수준에서 영원히 유지된다는 가정이 깔려 있음을 유념하라. 민영화가 영업 효율성으로 이어진다면 CVRD의 이익률과 자본이익률이 상승할 것이다. 예컨대 위 추정에서 미국 광산회사의 평균 실질 자본이익률 7%를 적용한 결과는 다음과 같다.

$$재투자율 = g/ROC = 3\%/7\% = 42.86\%$$

$$기업 가치 = \frac{EBIT(1-t)(1+g)(1-재투자율)}{자본비용 - g} = \frac{717 \times 1.03 \times (1-0.4286)}{0.10 - 0.03} = 6,029$$

민영화하면 이익률이 상승하리라는 가정은 합당한가? 답은 민영화 거래에서 어떤 이해관계에 속했는지에 따라 다르다. 민영화 기업 주식 매수에 관심 있는 투자자라면 해당 기업이 더 높은 수익성을 낳을 방향으로 변화하기가 어려울 만큼 기존 경영 방식이 지나치게 견고하기에, 현행 이익률에 바탕을 두고 가치평가하는 것이 옳다고 여길 것이다. 민영화를 통해 최대한 가치를 얻으려는 정부는 당연히 이익률이 더 높은 후자(업종 평균 이익률 수준으로 상승)를 주장할 가능성이 크다.

재무레버리지　운영이나 전략 차원의 문제가 아니라 부채가 몹시 많아서 문제에 봉착하는 기업도 있다. 이때는 플러스 영업이익을 올리더라도 주주 이익은 마이너스가 된다. 해결 방법은 기업의 실제 부도 확률이 어느 정도인지에 따라 다르다. 파산으로 이어지지 않을 정도라면 여러 해결책을 시도할 수 있지만, 더 이상 손쓸 수 없을 정도라면 해결책을 찾기가 훨씬 어렵다.

즉각적인 파산 가능성이 없는 과다차입 기업　부채가 몹시 많은 기업이 모두 파산 직전에 있는 것은 아니다. 가치 있는 영업자산과 상당한 영업활동 현금흐름을 창출하는 기업은 최적 수준보다 높은 부채에서 발생하는 이자비용도 충분히 감당할 수 있다(물론 다소 문제가 발생할 수는 있다). 그렇다면 과다부채에서 발생하는 비용은 무엇인가? 첫째, 운영 차원의 문제가 발생할 만큼 높은 채무불이행 위험에 노출된다. 예컨대 고객은 제품을 구매할 수 없고 공급자는 더 빠른 대금 결제를 요구하며 가치 있는 직원이 이직한다. 둘째, 높은 레버리지에 따라 베타와 부채비용이 상승하면서 자본비용이 상승하고 가치가 하락한다. 따라서 과다부채 기업은 당장은 아니더라도 시간이 흐르면서 부채비율을 낮추는 것이 최선이다.

계속기업 관점에서 차입 기업의 가치를 평가하는 방법은 두 가지다.

1. 기업 잉여현금흐름을 추정해 가치평가한다. 운영 차원의 문제가 없다면(즉 영업

이익률이 플러스이고 비교 기업과 유사한 수준이라면), 시간이 흐르면서 부채비율을 낮추는 조정만 하면 된다(따라서 재투자를 위한 자본조달에서 자기자본 비중이 증가한다). 이에 따라 변화하는 부채비용에 바탕을 두고 새로운 자본비용을 계산한다. 과다부채로 인해 영업이익률이 악화했다면 영업이익률 역시 시간이 흐르면서 업종 평균에 가까워지도록 조정해야 한다.

2. 조정현재가치 방법을 활용해 무차입 기업 관점에서 가치를 평가한 후 부채의 비용(기대 파산 비용)과 편익(세금 혜택)을 더한다. 하지만 15장에서 다뤘듯이 기대 파산 비용을 추정하는 것은 그리 간단하지 않다.

[예시 22.7] 시간에 따른 부채비율 조정: 현대코퍼레이션(2001년)

한국 현대그룹의 계열사인 현대코퍼레이션은 그룹의 무역 사업을 담당한다. 대다수 한국 기업과 마찬가지로 현대코퍼레이션은 1990년대 후반까지 많은 부채를 조달해 성장 자금을 충당했다. 2000년 말 회사의 미상환부채는 약 8,480억 원, 자기자본의 시장가치는 1,630억 원이었으므로 부채총자본비율은 83.85%였다. 높은 레버리지에 따른 결과는 다음과 같았다.

1. 높은 부채자기자본비율을 반영한 상향식 베타는 2.60이다. 한국 원화의 무위험 이자율 9%와 주식 위험 프리미엄 7%(성숙시장 위험 프리미엄 4%와 한국의 국가 위험 프리미엄 3%)를 적용해 자기자본비용을 다음과 같이 추정한다.

$$자기자본비용 = 9\% + 2.6 \times 7\% = 27.20\%$$

2. 채무불이행 위험이 높기에 세전 차입비용 역시 12.50%로 높은 수준이며 세율은 30%다.
3. 세전 영업이익은 894억 2,000만 원이었지만, 이자비용이 990억 원이었기에 적자를 기록했다. 하지만 현대코퍼레이션은 이자비용 지급 시 대부분 세금 혜택을 누린다는 점을 유념하라.[8]

영업이익이 향후 6년간 연 10% 증가하고 이후 연 8% 증가한다고 가정한다. 같은 기간 자본적 지출(당기 120억 원)과 감가상각비(당기 40억 원), 비현금 운전자본(당기 3,410억 원)은 영업이익 성장률만큼 증가한다고 가정하면 표 22.6과 같은 현금흐름 추정치를 얻는다(단위: 10억 원).

---

8 이자비용을 지급하지 않았다면 현대코퍼레이션은 영업이익 894억 2,000만 원에 대해 세금을 납부해야 했다. 즉 이자비용 지급 덕분에 세금을 내지 않았다. 이자 지급액 990억 원 중 890억 원에서 세금 혜택이 발생했다.

가치평가 바이블

[표 22.6] 1~6년 차 기대 잉여현금흐름

	1	2	3	4	5	6
EBIT(1-t)	68.86	75.74	83.32	91.65	100.81	110.89
+ 감가상각비	4.40	4.84	5.32	5.86	6.44	7.09
- 자본적 지출	13.20	14.52	15.97	17.57	19.33	21.26
- 운전자본의 증감	34.11	37.52	41.27	45.40	49.94	54.93
기업 잉여현금흐름	25.95	28.54	31.40	34.54	37.99	41.79

향후 6년간 회사가 부채비율을 83.85%에서 50%로 낮춘다고 가정하면 베타가 2.60에서 1.00으로 하락하고 세전 부채비용 역시 12.5%에서 10.5%로 하락한다(전체 기간에 걸쳐 선형으로 하락한다고 가정한다). 향후 6년간 현대코퍼레이션의 자본비용은 표 22.7과 같다.

[표 22.7] 부채비율과 자본비용

	1	2	3	4	5	6
베타	2.60	2.28	1.96	1.64	1.32	1.00
자기자본비용	27.20%	24.96%	22.72%	20.48%	18.24%	16.00%
세후 부채비용	8.75%	8.47%	8.19%	7.91%	7.63%	7.35%
부채비율	83.85%	77.08%	70.31%	63.54%	56.77%	50.00%
자본비용	11.73%	12.25%	12.50%	12.49%	12.22%	11.68%

6년 차 이후 영구성장률이 8%이고 자본이익률이 16%라고 가정하고 잔존가치를 추정해보자. 재투자율과 6년 차 말 잔존가치는 다음과 같다.

$$재투자율 = \frac{안정\ 성장률}{안정\ 단계\ ROIC} = \frac{0.08}{0.16} = 50\%$$

$$잔존가치 = \frac{세후\ 영업이익_6(1 + 안정\ 성장률)(1 - 재투자율)}{자본비용 - 안정\ 성장률} = \frac{110.89 \times 1.08 \times (1 - 0.50)}{0.1168 - 0.08} = 1,629$$

향후 6년간 현금흐름과 잔존가치를 누적 자본비용으로 할인하면 다음과 같다.

고성장 단계 기업 잉여현금흐름의 현재가치	132.34
잔존가치의 현재가치	819.19
영업자산 가치	951.52
+ 현금 및 유가증권	80.46
- 부채의 시장가치	847.73
주식 가치	184.25

회사가 부채를 줄일 수 있다는 가정에 바탕을 두고 가치평가하더라도 주식 가치를 계산할 때는 현시점 부채를 빼야 한다는 점을 유념하라. 주식 가치를 유통주식 수로 나눈 주당 가치 추정치는 2,504원으로서 2001년 당시 실제 주가 2,220원보다 소폭 높은 수준이었다(단위: 10억 주).

$$주당 \ 가치 = \frac{주식 \ 가치}{유통주식 \ 수} = \frac{184.25}{0.07357} = 2,504(원)$$

주식 가치가 마이너스일 수도 있을까?

주식 가치는 대개 기업 가치에서 미상환부채의 가치를 뺀 값으로 계산한다. 이때 미상환부채의 가치가 기업 가치를 초과할 수 있을까? 기업 가치와 부채 가치를 모두 시장가치에 바탕을 둔다면(이때 기업 가치는 부채와 자기자본의 시장가치 합계로 계산한다) 불가능하다. 자기자본의 시장가치가 마이너스일 수는 없기 때문이다. 하지만 기업 현금흐름을 자본비용으로 할인해서 도출한 기업 가치 추정치를 사용한다면 미상환부채의 시장가치가 기업 가치를 초과할 수도 있다. 이를 두고 세 가지 해석이 존재한다.

1. 기업 가치 추정 과정에서 저지른 실수로 인해 추정치가 몹시 낮을 가능성이 가장 크다. 이때는 다시 가치평가하는 것이 당연한 해결책이다.
2. 부채의 시장가치가 과대평가되었을 가능성이 있다. 문제에 봉착한 기업을 가치평가할 때 부채의 장부가액을 시장가치의 대용물로 사용하거나 채권시장의 가격 결정 기능에 문제가 있을 때가 대표적이다. 부채의 올바른 시장가치를 다시 추정하면 문제를 해결할 수 있다.[9]
3. 가장 까다로운 상황은 기업 가치 추정치와 부채의 시장가치에 모두 오류가 없고, 따라서 주식 가치가 실제로 마이너스일 때다. 자기자본의 시장가치는 마이너스일 수가 없으므로 기업의 주식 가치가 제로(0)임을 뜻한다. 하지만 그러한 상황에서도 주식을 기업 자산에 대한 콜옵션으로 해석한다면 주식은 여전히 가치가 있다(30장을 참고하라).

파산 가능성이 큰 과다차입 기업 DCF 가치평가는 미래에도 현금흐름이 계속 발생하는 계속기업만을 대상으로 한다. 기업의 재무 문제가 심각해서 파산 가능성이 몹시 크다면, 다른 방법으로 기업과 주식 가치를 평가해야 한다. 즉 현시점 자산의 청산가치를 추정하거나, 계속기업 가정을 두고 가치평가한 후 부실 확률과 시나리오별 결과를 반영해 조정하는 방법이다.

✓*청산가치*　　청산가치는 기업이 보유한 자산의 시장가치 합계에서 거래비용과 법률비용을 뺀다. 이 자산 가치에서 미상환부채의 가치를 빼면 주식 가치를 얻는다.

주식 가치 = 자산의 청산가치 − 미상환부채의 가치

기업이 보유한 자산을 쉽게 분리할 수 없어서 별도 가치평가가 어렵다면 청산가치 추정 과정이 복잡해진다. 나아가 청산이 시급할수록 자산의 청산가치가 공정 시장가치에서 멀어질 가능성이 크다. 자산을 빠르게 청산하려는 기업은 거래를 즉시 완료하기 위해 공정 시장가치 대비 할인된 가격을 감내해야 할 것이다.

청산가치를 자산의 장부가액으로 추정하는 것은 항상 틀린 방법이라는 점을 유념하라. 곤경에 처한 기업의 자산이익률은 평균보다 낮은데, 자산의 청산가치는 (감가상각누계액을 차감해서 장부가액의 기준으로 삼는) 취득원가가 아니라 수익력을 반영한다.

✓*부실 조정 DCF 가치평가*　　부실 또는 부도 위험이 상당한 기업을 대상으로 하는 DCF 가치평가는 이들이 계속기업으로서 생존하리라는 가정을 두기에는 지나치게 높은 가치 추정치를 도출한다. 이러한 편향을 해결하는 한 가지 방법은 먼저 평가 대상 기업이 재무 건전성과 수익성을 회복하리라고 가정하고 DCF 모형으로 가치평가한 후 다음 두 가지 입력 변수를 추정해 조정하는 것이다.

1. 평가 대상 기업이 계속기업으로 생존하지 못할 가능성(즉 부도 확률). 다음 세 가지 방법의 하나로 부도 확률을 추정한다.

9　부채의 기대현금흐름을 현재 기업 상태를 반영한 세전 부채비용으로 할인한다.

a. 시장에서 거래되는 미상환 회사채가 있다면 채권 가치에서 부도 확률을 도출할 수 있다.

$$\text{채권의 가치} = \sum_{t=1}^{t=n} \frac{\text{쿠폰이자} \times (1 - \pi_{\text{부도}})}{(1 + \text{무위험 이자율})^t} + \frac{\text{채권 액면가} \times (1 - \pi_{\text{부도}})}{(1 + \text{무위험 이자율})^n}$$

구하고자 하는 것은 채권 만기에 걸친 연평균 부도 확률이다. 이때 연평균 부도 확률이 초기에 높았다가 후기에 낮아질 가능성은 무시한다.

b. 신용등급의 역사적 데이터를 활용해 부도 확률을 판단한다. 표 22.8에 신용등급별로 5년과 10년 단위의 부도 확률을 요약해서 보여줬던 12장의 표를 재수록했다. 표에 따르면 신용등급이 CCC인 기업의 10년 단위 부도 확률은 50.38%이다.

c. 거래되는 회사채나 신용등급이 존재하지 않는다면 통계적 기법(프로빗 등)을 활용해 부도 확률을 추정한다.

2. 부도 시 기업이 보유 자산을 처분해 얻는 가치. 지난 섹션에서 다뤘던 청산가치 추정 방법과 똑같다. 여기에서 미상환부채 가치를 빼면 주식의 부도 가치를 얻는다 (부도 시 주식 투자자 몫은 대개 제로다).

[표 22.8] 신용등급별 부도 확률(2023년) 출처: S&P Global

부도 확률(1~10년 시간 지평)			
신용등급	1년	5년	10년
AAA	0.00%	0.35%	0.70%
AA	0.02%	0.31%	0.72%
A	0.05%	0.47%	1.24%
BBB	0.16%	1.58%	3.32%
BB	0.61%	6.52%	11.78%
B	3.33%	16.93%	23.74%
CCC/C	27.08%	46.19%	50.38%

두 입력 변수를 추정하고 나면 계속기업 가치와 부도 가치를 확률가중평균해 현시점 주식 가치를 계산한다.

현시점 주식 가치 = 주식의 계속기업 가치 × (1 − 부도 확률) + 주식의 부도 가치 × 부도 확률

[예시 22.8] 영업이익이 감소하고 부채 규모가 상당한 기업의 가치평가: MGM 리조트(2011년 5월)

MGM 리조트는 미국과 마카오에 카지노를 보유한 세계 최대 도박회사다. 섹터 내 다른 기업과 마찬가지로 MGM은 2002~2008년 막대한 부채를 조달해 성장 자금을 충당했다. 하지만 경기가 둔화하면서 영업이익이 2007년 14억 2,500만 달러에서 2010년 3억 7,100만 달러로 감소했고, 순이익은 2007년 15억 8,400만 달러에서 2010년 -14억 3,700만 달러(순손실)로 더 가파르게 감소했다. 2011년 5월 신용등급이 CCC였던 MGM은 곧 부도에 이를 것처럼 보였다.

MGM이 계속기업으로 생존하려면 두 가지 문제를 해결해야 했다. 첫째, 영업이익률을 개선하고 플러스 매출 성장률을 회복해야 한다(매출은 2007년 79억 6,200만 달러에서 2010년 60억 1,900만 달러로 감소했다). 둘째, 부채 부담을 줄여야 했다. 2011년 5월 MGM의 시장가치 기준 부채총자본비율은 업종 평균 46.21%보다 훨씬 높은 59.70%였다. MGM의 계속기업 가치를 평가하기 위해 다음 가정을 둔다.

- **매출 성장률**: 2011년 매출이 다시 성장하고(성장률 6%) 이후 4년간 15% 이상 성장한 후 성장률이 하락하다가 10년 차 지나 안정 성장률 3%에 이른다고 가정한다.
- **영업이익률**: 당기 세전 영업이익률 6.23%가 향후 10년간 상승해 업종 평균 19.84%에 이른다고 가정한다(초기 몇 년간 더 빠르게 상승한다).
- **부채비율 및 자본비용**: 부채비율은 향후 5년간 59.7%로 고정되지만, 5년 차 이후 선형으로 하락해 10년 차에는 업종 평균인 46.21%에 이른다고 가정한다. 부채비율이 하락하면서, 높은 부채비율로 인해 현재 2.63인 베타가 안정 성장 단계에서는 1.20이 될 것으로 예상한다. 세전 부채비용(현재 신용등급 CCC를 반영한 11.5%)은 향후 5년간 고정되어 있지만, 이후 선형으로 하락해 안정 성장 단계에서는 6%에 이른다고 가정한다.
- **재투자**: 성장 대부분이 보유 자산을 더 효율적으로 사용하는 데서 비롯할 것이므로 MGM은 향후 5년간 거의 재투자하지 않고도 성장을 달성할 수 있을 것이다. 하지만 6년 차부터 재투자율이 상승해 안정 성장 단계에서는 30%에 이른다(안정 성장률 3%와 영구 자본이익률 10%를 활용해 추정했다).

위 정보를 종합해 표 22.9와 같이 매출과 영업이익, 기업 잉여현금흐름을 추정했다(단위: 100만 달러, 100만 주).

[표 22.9] 기대 잉여현금흐름

연도	매출	매출 성장률	세전 영업이익률	EBIT	EBIT (1-t)	재투자율	재투자액	FCFF
기준 연도	6,019		6.23%	375	233	19.78%	46	187
1	6,380	6.00%	10.77%	687	426	-5.91%	-25	451
2	7,656	20.00%	13.79%	1,056	655	0.95%	6	649
3	8,805	15.00%	15.81%	1,392	863	3.74%	32	831
4	10,125	15.00%	17.15%	1,737	1,077	7.80%	84	993
5	11,644	15.00%	18.05%	2,102	1,303	12.95%	169	1,134
6	13,041	12.00%	18.65%	2,432	1,508	16.97%	256	1,252
7	14,345	10.00%	19.04%	2,732	1,694	20.80%	352	1,342
8	15,493	8.00%	19.31%	2,992	1,855	23.82%	442	1,413
9	16,423	6.00%	19.49%	3,200	1,984	25.52%	506	1,478
10	17,080	4.00%	19.60%	3,348	2,076	25.99%	540	1,536
종료 연도	17,592	3.00%	19.84%	3,490	2,164	30.00%	649	1,515

부채비율과 위험 특성이 변하므로 시간이 흐르면서 변하는 자본비용으로 현금흐름을 할인해야 한다는 점을 유념하라(표 22.10).

[표 22.10] 자본비용과 할인계수

연도	부채비율	베타	자기자본 비용	부채비용 (세전)	부채비용 (세후)	자본비용	누적 자본비용
당기	59.70%	2.63	16.63%	11.50%	7.13%	10.96%	
1	59.70%	2.63	16.63%	11.50%	7.13%	10.96%	1.1096
2	59.70%	2.63	16.63%	11.50%	7.13%	10.96%	1.2311
3	59.70%	2.63	16.63%	11.50%	7.13%	10.96%	1.3660
4	59.70%	2.63	16.63%	11.50%	7.13%	10.96%	1.5157
5	59.70%	2.63	16.63%	11.50%	7.13%	10.96%	1.6818
6	57.00%	2.34	15.20%	10.40%	6.45%	10.21%	1.8535
7	56.33%	2.06	13.78%	10.13%	6.28%	9.55%	2.0306
8	55.20%	1.77	12.35%	9.67%	5.99%	8.84%	2.2101
9	52.96%	1.49	10.93%	8.75%	5.43%	8.01%	2.3872

| 10 | 46.21% | 1.20 | 9.50% | 6.00% | 3.72% | 6.83% | 2.5502 |

MGM 영업자산의 잔존가치는 종료 연도의 기업 잉여현금흐름과 자본비용, 안정 성장률을 활용해 다음과 같이 추정한다.

$$재투자율 = \frac{안정 \ 성장률}{안정 \ ROIC} = \frac{0.03}{0.10} = 0.30 \ 또는 \ 30\%$$

$$잔존가치 = \frac{EBIT_{종료 \ 연도}(1 - 세율)(1 - 재투자율)}{자본비용 - 안정 \ 성장률}$$

$$= \frac{3,490 \times (1 - 0.38) \times (1 - 0.30)}{0.0683 - 0.03} = 39,560$$

영업자산 가치는 표 22.11과 같이 현금흐름을 누적 자기자본비용으로 할인해서 추정한다.

[표 22.11] FCFF와 현재가치

연도	FCFF	잔존가치	누적 WACC	현재가치
1	451		1.1096	406.60
2	649		1.2311	526.76
3	831		1.3660	608.13
4	993		1.5157	655.02
5	1,134		1.6818	674.42
6	1,252		1.8535	675.36
7	1,342		2.0306	660.67
8	1,413		2.2101	639.33
9	1,478		2.3872	619.07
10	1,536	39,560	2.5502	16,115
영업자산 가치				21,580
+ 현금				499
– 부채				10,952
주식 가치				11,127
÷ 유통주식 수				488.59
주당 가치(달러)				22.77

MGM이 영업 실적을 개선하고 시간이 흐르면서 부채 부담을 줄일 수 있다면 2011년 5월 기준 주당 가치는 22.77달러다.

이 계속기업 가치는 2011년 5월 MGM의 실제 주가 15.13달러보다 대폭 높은 수준이지만, 상당한 부채 부담과 낮은 신용등급(CCC)으로 인해 잠재 부도 가능성을 고려해야 한다. 잠재 부도 가능성을 가치평가에 반영하기 위해 부실 확률과 부도 가치를 추정해보자.

부도 확률: 표 22.8을 통해 MGM의 신용등급(CCC)에 바탕을 둔 부도 확률이 50.38%임을 알 수 있다. 부도 확률을 추정하는 다른 방법도 있다. MGM은 시장에서 거래되는 회사채가 있으므로 그중 가장 유동성이 높은 회사채(만기 7년, 쿠폰이자 7.625%)를 골라서 회사채 가격(액면가의 97.4%)을 활용해 부실 확률($\pi_{부실}$)을 다음과 같이 추정한다.

$$\text{채권 가치} = 917 = \sum_{t=1}^{t=7} \frac{76.25 \times (1 - \pi_{부실})}{1.035^t} + \frac{1,000 \times (1 - \pi_{부실})}{1.035^7}$$

위 식을 부실 확률에 대해 풀면 연평균 부실 확률 4.28%와 10년 누적 부실 확률 35.42%를 얻는다.

$$\text{10년 누적 부실 확률} = 1 - (1 - 0.0428)^{10} = 0.3542$$

부도 회수금(default proceeds): 부도 시 MGM은 주로 부동산으로 이루어진 자산을 장부가액의 80% 가격에 처분할 수 있고, 청산비용은 5%라고 가정한다.

$$\text{부도 회수금} = \text{자산의 장부가액} \times \text{장부가액 대비 부도 회수금 비율} \times (1 - \text{청산비용}(\%))$$
$$= 14,548 \times 0.80 \times (1 - 0.05) = 11,531$$

부채 장부가액이 120억 4,800만 달러였으므로 부도 시 MGM의 주식 가치는 제로(0)일 것이다. DCF 가치와 부실 조정 가치에 바탕을 두고 다음과 같이 주식의 부실 조정 가치를 계산한다.

	계속기업	부실 또는 부도
확률	64.58%	35.42%
기업 가치	22,079	11,531
미상환부채	10,952	12,048
주식 가치	11,127	0
주당 가치(달러)	22.77	0.00

$$\text{부실 조정 주당 가치} = 22.77 \times 0.6458 + 0 \times 0.3542 = 14.71(\text{달러})$$

2011년 5월 MGM의 주가 15.13달러는 공정가치에 가깝다고 할 수 있다.

---

dbtfund.xls: 미국 기업의 가장 최근 분기 업종별 장부가액과 시장가치 기준 부채비율을 요약한 엑셀 자료. (웹에서 다운로드 가능)

가치평가 바이블

생애주기 이익　앞서 다뤘듯이 기업이 생애주기상 특정 단계에서 적자를 내는 것은 정상이다. 이러한 기업의 가치평가에서는 경기순환 기업이나 일시적인 문제를 겪는 기업 유형과 달리 이익을 정상화할 수 없다. 대신 생애주기 전체에 걸쳐 현금흐름을 추정하고 알맞은 단계에서 흑자 전환하도록 해야 한다. 이번 장에서 앞서 인프라 기업을 예시로 다루며 초기에는 현금흐름이 마이너스임을 알아보았다. 여기에 더해 두 유형의 기업, 즉 가치 대부분이 특허에서 비롯하는 신생 생명공학 기업과 스타트업 기업을 추가해 알아보자.

특허 보유 기업　기업 가치의 주요 원천은 보유 자산과 미래 성장 기회다. 보유 자산에서 비롯하는 가치는 대개 당기 현금흐름에서 드러나지만, 미래 성장 기회의 가치는 기대성장률에 반영된다. 특히 가치의 상당 비중이 제품 특허(들)에서 비롯하는 기업은 성장이 특허 개발에 달린 것과 다름없다. 이 측면을 고려하지 않는 DCF 가치평가는 진정한 가치를 과소평가할 것이다.

제품 옵션(product option, 라이선스)과 관련된 기업의 가치평가에서 발생하는 문제를 해결할 방법은 세 가지다.

1. 공개시장에서 제품 옵션의 가격을 결정하고 DCF 가치평가로 산출한 가치에 더한다. 제품 옵션을 대상으로 하는 시장 거래가 활발하다면 간단히 확보할 수 있는 가치평가의 참고 자료가 된다. 하지만 시장이 존재하지 않거나 제품 옵션의 분리와 거래가 불가하다면 적용하기가 힘든 방법이다.
2. 기존 프로젝트와 자산에서 산출한 값보다 높은 성장률을 적용해 제품 옵션이 추가 창출하는 가치를 반영한다. 기존 DCF 가치평가 체계 내에서 분석할 수 있다는 장점이 있지만, 추가 적용할 성장률 폭은 당연히 주관적으로 결정된다는 단점이 있다. 나아가 경제적으로 합리적일 때만 행사되는 제품 옵션 관련 조건부 현금흐름을 기대현금흐름으로 전환한다는 점에서도 문제가 있다.
3. 옵션가격결정모형으로 제품 옵션의 가치를 평가한 후 DCF 가치평가로 산출한

보유 자산의 가치에 더한다. 이 방법은 제품 옵션의 현금흐름 특성을 더 정확하게 보여준다는 장점이 있다.

제품 옵션을 보유한 기업의 가치평가에서 중요한 문제는 옵션을 무시하는 것이 아니라 이중계산할 때가 많다는 점이다. 애널리스트는 기업이 보유한 제품 옵션을 반영하려고 더 높은 성장률을 적용하는 동시에, 똑같은 제품 옵션에서 비롯되는 프리미엄을 DCF 가치에 다시 부여한다. 제품 옵션을 보유한 기업의 가치평가는 28장에서 다시 다룬다.

신생 스타트업 기업　많은 기업은 기업가의 머릿속에서 시작한 아이디어를 계속 발전시켜 상업적인 사업을 영위한다. 아이디어뿐인 회사에서 상업 기업으로 변모하는 전환기에 적자가 나는 것은 그리 드문 일이 아니며, 적자를 기록했다고 해서 이들 기업의 가치가 제로인 것도 아니다. 실제로 1990년대 후반 신경제 기업의 시가총액이 급등하면서 훌륭한 아이디어가 막대한 가치를 낳는다는 사실을 모두가 깨달았다. 물론 곧이어 2000년 시장 조정으로 그 가치가 얼마나 변동성이 큰지도 동시에 깨달았겠지만 말이다.

신생 스타트업 기업의 가치평가는 가치평가에서 가장 어려운 분야일뿐더러 최근까지만 해도 벤처캐피털리스트와 사모투자회사의 전문 영역으로 여겨졌다. 이들은 불확실성의 대가로 아주 높은 투자수익률을 요구해왔다. 신생 스타트업 기업이 상장 기업이라면 가치평가를 향한 도전의 난도가 훨씬 높아진다. 다음 장에서 상장 스타트업 기업을 가치평가할 때 마주하는 측정 문제를 다룬다.

결론

합리적인 가치 추정치를 도출하려면 전통적인 DCF 가치평가를 변형하거나 수정해야 하는 기업 유형이 많다. 이번 장에서 그중 일부를 다뤘다. 경기순환 기업의 가치평가가 어려운 이유는 이익이 경기를 추종하기 때문이다. 원자재 기업 역시 원자재 가격 주기와 유사한 관계에 있다. 주기적인 등락에 대해 이익을 조정하지 않는다면 이러한 기업을 경기 침체기의 저점에서는 대폭 저평가하고 경기 호황기의 고점에서는 대폭 고평가하는 결과로 이어진다.

전략이나 운영, 재무 차원의 장기적인 문제로 인해 적자를 내는 기업의 가치평가는 상당히 복잡하다. 기업이 봉착한 문제가 해결 가능한지, 나아가 그 시점이 언제일지를 판단해야 한다. 파산 가능성이 아주 큰 기업이라면 자산의 청산가치를 검토하거나 부실 확률과 부도 가치를 반영하도록 계속기업 가치를 조정해야 한다. 생애주기 초기 단계에 있는 기업의 가치평가 역시 유사한 문제를 낳고, 이익과 현금흐름, 장부가액이 모두 마이너스라면 문제가 더 커진다. 하지만 DCF 가치평가는 이러한 유형 대다수의 가치평가에 활용해도 될 만큼 아주 유연하다.

연습문제 별도 표기가 없으면 주식 위험 프리미엄은 5.5%로 한다.

1 미국 최대의 독립 주조 업체인 인터멧 코퍼레이션은 1993년 주당 0.15달러의 적자를 기록했다. 1984년부터 1992년까지의 주당순이익은 다음과 같다(단위: 달러).

연도	EPS
1984	0.69
1985	0.71
1986	0.90
1987	1.00
1988	0.76
1989	0.68
1990	0.09
1991	0.16
1992	-0.07

1993년 이 회사의 자본적 지출은 주당 1.60달러, 주당 감가상각비는 1.20달러였다. 1994년에는 운전자본이 주당 0.10달러 증가할 것으로 예상되었다. 주식의 베타는 1.2로 변동이 없을 것으로 예상되며, 이 회사는 자본적 지출과 운전자본에 필요한 자금을 40%의 부채[D/(D+E)]로 조달한다. 이 회사는 장기적으로 경제 성장률(6%)과 동일한 비율로 성장할 것으로 예상된다.

a. 평균 이익 접근법을 사용해 1994년의 정상 주당순이익을 구하라.

b. 평균 이익 접근법을 사용하여 1994년 정상 주주 잉여현금흐름을 구하라.

2 제너럴 모터스(GM)는 이전 두 해의 손실에 이어 1993년 주당 적자 4.85달러를 기록했다. (평균 주당순이익은 마이너스다.) 이 회사는 장부상 250억 달러의 자산을 보유하고 있었고, 1993년 자본적 지출에 약 70억 달러를 썼는데, 이는 감가상각비 60억 달러로 일부 상쇄되었다. 이 회사는 190억 달러의 부채를 보유하고 있었으며, 이에 대한 이자비용으로 14억 달러를 지불했다. 회사는 부채비율[D/(D+E)]을 50%로 유지하고자 했다. 회사의 운전자본 소요는 무시할 수 있는 수준이었으며, 주식의 베타는 1.10이었다. 1986년과 1989년 사이의 마지막 정상 영업 기간 동안 회사는 평균 12%의 자본이익률을 기록했다. 장기 국채 금리는 7%, 시장 위험 프리미엄은 5.5%였다.

정상 상태에서 GM은 이익이 영구적으로 연간 5% 성장하고, 자본적 지출과 감가상각비도 같은 비율로 증가할 것으로 예상되었다.

a. 이익이 즉시 정상화된다고 가정하여 GM의 주당 가치를 구하라.

b. GM이 (2년 후인) 1995년이 되어서야 정상 이익에 도달할 경우, 가치평가에는 어떻게 영향을 미치는가?

3 잔디깎이와 트랙터를 제조하는 토로 코퍼레이션은 1992년에 6.35억 달러의 매출을 올렸으나 경기 침체로 인해 700만 달러의 손실을 기록했다. 1992년 이 회사의 이자비용은 1,700만 달러였고, 채권 등급은 BBB였다. 일반적인 BBB 등급 기업의 이자보상배수(EBIT/이자비용)는 3.10이었다. 이 회사는 40%의 세율을 적용받았다. 주식의 베타는 1.10이었다. (장기 국채 금리는 7%, 위험 프리미엄은 5.5%였다.)

토로는 1992년에 자본적 지출로 2,500만 달러를 썼고, 감가상각비는 2,000만 달러였다. 운전자본은 매출액의 25%에 달했다. 회사는 부채비율을 25%로 유지할 것으로 예상했다. 장기적으로 이익이 정상 수준으로 회복되면 매출과 이익 성장은 4%가 될 것으로 예상했다.

a. 채권 등급이 정상 이익을 반영한다고 가정하고 회사의 정상 이익을 구하라.

b. 정상 이익의 장기 성장률을 감안하여 회사의 자기자본 가치를 구하라.

4 다각화된 기술 기업인 콜모겐 코퍼레이션은 1992년에 1억 9,490만 달러의 매출과 190만 달러의 순손실을 기록했다. 이 회사의 순이익은 지난 5년 동안 상당히 불안정한 흐름을 보였다(단위: 100만 달러).

연도	순이익
1987	0.3
1988	-11.5
1989	-2.4
1990	7.2
1991	-4.6

주식의 베타는 1.20이었고, 정상 순이익은 1996년까지 연간 6% 증가할 것으로 예상되었으며, 그 이후에는 성장률이 연간 5%로 안정화될 것으로 예상되었다(베타는 1.00으로 하락). 1992년 감가상각비는 800만 달러, 자본적 지출은 1,000만 달러에 달했다. 두 항목 모두 장기적으로 연간 5% 증가할 것으로 예상되었다. 회사는 부채비율을 35%로 유지할 것으로 예상되었다. (장기 국채 금리는 7%, 위험 프리미엄은 5.5%였다.)

a. 1987년부터 1992년까지의 평균 이익이 정상 이익을 나타낸다고 가정하고, 정상 주주 잉여현금흐름을 구하라.

b. 주당 가치를 구하라.

5 환경 서비스 업체인 OHM 코퍼레이션은 1992년에 2.09억 달러의 매출을 올렸고, 310만 달러의 손실을 기록했다. 1992년 이자 및 세금 차감 전 이익은 1,250만 달러였고, 부채는 1.04억 달러(시장가치 기준)였다. 발행주식은 1,590만 주였으며 주당 11달러에 거래되었다. 이자부 부채의 세전 이자율은 8.5%였고, 주식의 베타는 1.15였다. 이 회사의 EBIT는 1993년부터 1996년까지 매년 10%씩 증가할 것으로 예상되었고, 이후에는 장기적으로 성장률이 4%로 떨어질 것으로 예상되었다. 안정 성장 상태에서 자본이익률은 10%이다. (법인세율은 40%, 장기 국채 금리는 7%, 시장 위험 프리미엄은 5.5%이다.)

a. OHM의 자본비용을 구하라.

b. 기업 가치를 구하라.

c. 주식 가치를 구하라(총액과 주당 기준 각각).

6 하이엔드 스테레오 시스템 제조업체인 CEL 주식회사에 대한 다음 정보를 얻었다.

■ 최근 해에는 실적이 좋지 않았는데, 순이익이 4,000만 달러에 불과했다. 내년에는 좀 더 정상화될 것으로 예상한다. 자기자본의 장부가액은 10억 달러이고, (정상 기간으로 가정하는) 지난 10년간 평균 자기자본이익률은 10%였다.

■ 회사는 내년에 8,000만 달러의 신규 자본적 지출을 예상하고 있다. 올해 6,000만 달러였던 감가상각비는 내년에 5% 증가할 것으로 예상했다.

■ 회사의 올해 매출은 15억 달러였으며, 비현금성 운전자본 투자를 매출의 10% 수준으로 유지했다. 내년에는 매출이 5% 증가하고 운전자본은 매출의 9.5%로 감소할 것으로 예상한다.

■ 회사는 기존 부채 정책(시장가치 기준)을 유지할 것으로 예상한다. 자기자본의 시장가치는 15억 달러이고 장부가치는 5억 달러다. 발행된 부채(장부 및 시장 기준 모두)는 5억 달러이다.

■ 회사의 자기자본비용은 9%이다.

a. 내년의 FCFE를 구하라.

b. 회사가 영구적으로 연 5%씩 성장할 수 있다고 가정하고 자기자본의 가치를 구하라.

7 테넷 텔레커뮤니케이션은 심각한 재정적 어려움에 처해 있으며, 최근 50억 달러의 매출에 5억 달러의 영업손실을 기록했다. 또한 최근 회계연도에 18억 달러의 자본적 지출과 8억 달러의 감가상각비가 발생했으며, 비현금성 운전자본 소요는 크지 않다. 다음과 같이 가정한다.

■ 매출액은 향후 5년간 매년 10%, 이후에는 영구적으로 5%씩 성장할 것이다.

■ 매출액 대비 EBITDA가 기존 수준에서 선형적으로 증가하여 5년 차에는 매출액의 20%가 될 것이다.

■ 자본적 지출은 향후 5년간 연 6억 달러로 줄일 수 있으며, 감가상각비는 연 8억 달러로 유지된다.

■ 이월되는 순영업손실은 7억 달러이다.

■ 5년 차 이후의 영구적인 자본이익률은 10%이다.

■ 회사의 영구 자본비용은 9%이다.

a. 법인세율이 40%라고 가정하고, 향후 5년간 각 해의 EBITDA, EBIT 및 세후 EBIT를 구하라.

b. 향후 5년간 각 해의 FCFF를 구하라.

c. 기업의 잔존가치를 구하라.

d. 오늘 기준 기업 가치를 구하라.

e. 기업이 파산할 확률이 20%이고 자산을 급매각해서 얻을 수 있는 가치가 현재 장부가액인 12.5억 달러의 60%라고 들었다면, 가치평가는 어떻게 바뀌는가?

23장
신생·스타트업 기업 가치평가

지금까지 이 책에서 주로 다룬 가치평가 대상은 성숙 사업을 영위하는 상장기업이었다. 그런데 이제 막 설립된 신생기업은 어떻게 가치평가할까? 역사가 얼마 안 되었고 판매할 제품이나 서비스가 아직 없는 기업의 가치평가는 불가능하다고 주장하는 애널리스트가 많다. 이번 장에서는 정반대의 관점을 제시한다. 즉 신생기업의 가치평가가 성숙기업의 가치평가보다 어렵다는 점은 인정하지만, 가치평가의 기본 원칙은 변하지 않는다는 생각이다. 신생 스타트업 기업의 가치는 사업에서 창출할 기대 현금흐름의 현재가치다. 물론 기대 현금흐름을 추정하려면 일반적인 정보 원천에서 벗어나야 할 때도 있다.

정보 제약

기업 가치평가에 활용하는 정보의 원천은 크게 세 가지다. 첫째, 당기 기업 재무제표로 기업의 과거 및 현행 투하자본이익률 수준과 미래 성장을 위해 재투자하는 비율, 모든 가치평가모형에 필요한 입력 변수를 판단한다. 둘째, 이익과 주가의 과거 역사다. 기업 이익과 매출의 오랜 역사는 사업의 경기순환성과 성장을 보여주고, 주가의 역사를 통해 위험을 측정할 수 있다. 셋째, 경쟁사나 비교 집단이다. 비교 집단 내 성숙기업을 통해 경쟁사보다 얼마나 잘하거나 못하는지를 판단하고 위험과 성장률, 현금흐름이라는 핵심 변수를 추정할 수 있다.

세 원천에서 모두 상당한 정보를 얻는 것이 이상적이지만, 선택의 여지가 없어 한 가지 유형에서 얻은 더 많은 정보로 다른 유형을 대체할 때도 많다. 예컨대 미국 자동차 제조사는 몇 안 되지만 각 기업의 역사가 75년 이상이라는 점에서 보완 가능하다. 반대로 신생 소프트웨어회사처럼 현 형태의 사업에 관한 역사는 몇 년 안 되지만 600개가 넘는 비교 기업이 존재하는 섹터(소프트웨어)에 속한 기업도 있다. 따라서 쉽게 얻을 수 있는 업종 평균의 정확도가 높다는 점이 역사 관련 정보의 부족을 보완한다.

특히 새로운 섹터에 속한 기업 중에는 정보 문제가 발생하는 기업이 있다. 첫째, 설립된 지 1~2년밖에 되지 않아서 역사와 관련된 정보가 몹시 제한적이다. 둘째, 당기 재무제표는 해당 기업의 가치에서 대부분을 차지하는 자산 요소, 즉 기대성장률에 관한 정보를 거의 알려주지 않는다. 셋째, 많은 신생 스타트업 기업은 영위하는 사업의 선구자이므로 대개 비교할 만한 경쟁사나 비교 집단이 없다. 따라서 이러한 기업의 가치평가에서는 정보의 모든 원천이 제한적일지도 모른다. 투자자는 정보의 부재에 어떻게 대응해왔을까? 신생 스타트업 기업은 가치평가가 불가능하므로 포트폴리오에 편입하지 않기로 한 투자자도 있고, 가치평가하기가 힘든 책임이 전통적인 가치평가모형에 있다고 주장하는 투자자도 있다. 그러면서 제한된 정보에 바탕을 두고 기업 주가를 정당화하는 새롭고 창의적인 방법을 고안하기도 했다. 이번 장을 통해 DCF 모형으로도 신생 스타트업 기업을 가치평가할 수 있다는 점을 논증한다.

기업 생애주기 관점: 새로운 패러다임인가, 오래된 원칙인가?

기업의 가치는 현금흐름 창출 능력과 현금흐름과 관련한 불확실성에 바탕을 둔다. 대개 수익성이 낮은 기업보다 높은 기업에 더 높은 가치를 부여한다. 하지만 적자를 내는데도 높은 가치로 평가받는 신생 스타트업 기업이 많아서, 가치와 수익성이 비례한다는 명제를 반박하는 것처럼 보인다. 신생 스타트업 기업은 (적어도 외부자 관점에서) 시장 내 다른 기업과 비교해 중요한 차이가 하나 더 있다. 신생기업은 부동산이나 건물을 포함한 비유동자산에 투자하지 않고, 가치의 상당 부분이 성장 자산에서 비롯한다.

적자의 존재, 나아가 가치가 대부분 미래 성장에서 비롯한다는 점은 애널리스트가 전통적인 가치평가모형을 버리고 신생기업 투자를 정당화할 새로운 방법을 고안해야 한다는 주장의 근거로 쓰인다. 예컨대 20장에서 다뤘듯이 초창기 인터넷 기업은 시가총액을 웹사이트 방문 횟수로 나눈 웹사이트 방문자당 가격 척도로 비교 분석했다. 여기에는 웹사이트 방문 횟수가 많을수록 매출이 증가해 미래 이익의 증가로 이어지리라는 암묵적 가정이 깔려 있다. 하지만 가치평가 과정에서 이러한 가정을 명시적으로 밝히거나 사실 여부를 검증한 적이 없기에 비현실적인 결과를 낳는 일이 빈번했다. 실제로 2011년 소셜미디어 기업과 2023~2024년 AI 기업에서도 똑같은 일이 벌어졌다.

새로운 패러다임을 향한 이러한 탐색은 방향이 잘못되었다. 신생기업의 문제는 적자를 내거나 역사가 짧거나 비유동자산 규모가 크지 않다는 것이 아니다. 그보다는 성숙기업과 비교해 기업 생애주기의 극초기에 있고 자사 제품의 시장을 제대로 구축하기도 전에 가치평가 대상이 되었다는 점이 문제다. 장차 상업적인 성공을 낳을 놀라운 아이디어가 있지만 아직 검증되지 않은 신생기업을 생각해보자. 문제의 원인은 개념적인 것이 아니라 추정 차원에서 비롯한다. 기업의 가치는 여전히 자산이 창출할 기대 현금흐름의 현재가치이지만, 신생기업의 현금흐름은 추정하기가 훨씬 어렵다.

그림 23.1은 기업 생애주기의 변화에 따른 정보 가용성과 가치 원천의 변화를 보여준다.

- **창업기**: 기업 설립 후 맞이하는 첫 번째 단계다. 제품은 아직 검증되지 않았고 시장도 제대로 구축되지 않았다. 당기 실적이나 비교 기업이 사실상 없고 매출도 없는 것이나 다름없으며 영업손실이 막대하다. 재무제표를 분석하더라도 얻을

[그림 23.1] 기업 생애주기에 따른 가치평가의 쟁점

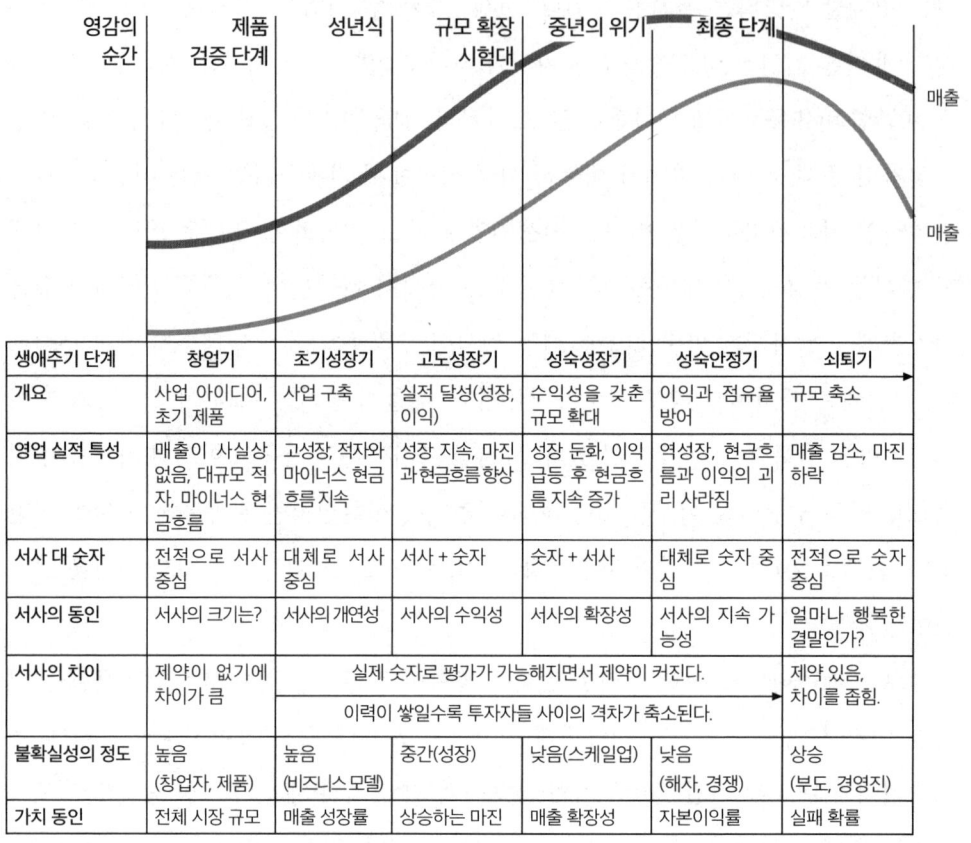

생애주기 단계	창업기	초기성장기	고도성장기	성숙성장기	성숙안정기	쇠퇴기
개요	사업 아이디어, 초기 제품	사업 구축	실적 달성(성장, 이익)	수익성을 갖춘 규모 확대	이익과 점유율 방어	규모 축소
영업 실적 특성	매출이 사실상 없음, 대규모 적자, 마이너스 현금흐름	고성장, 적자와 마이너스 현금흐름 지속	성장 지속, 마진과 현금흐름 향상	성장 둔화, 이익 급등 후 현금흐름 지속 증가	역성장, 현금흐름과 이익의 괴리 사라짐	매출 감소, 마진 하락
서사 대 숫자	전적으로 서사 중심	대체로 서사 중심	서사 + 숫자	숫자 + 서사	대체로 숫자 중심	전적으로 숫자 중심
서사의 동인	서사의 크기는?	서사의 개연성	서사의 수익성	서사의 확장성	서사의 지속 가능성	얼마나 행복한 결말인가?
서사의 차이	제약이 없기에 차이가 큼	실제 숫자로 평가가 가능해지면서 제약이 커진다.				제약 있음, 차이를 좁힘.
		이력이 쌓일수록 투자자들 사이의 격차가 축소된다.				
불확실성의 정도	높음 (창업자, 제품)	높음 (비즈니스 모델)	중간(성장)	낮음(스케일업)	낮음 (해자, 경쟁)	상승 (부도, 경영진)
가치 동인	전체 시장 규모	매출 성장률	상승하는 마진	매출 확장성	자본이익률	실패 확률

만한 정보가 없다. 기업 가치는 대부분 미래 성장률 추정치에 의해 결정되고, 미래 성장률 추정치는 경영진의 자질과 유망한 아이디어를 상업적 성공으로 전환할 수 있는 능력에 관한 판단에 바탕을 둔다. 13장에서 소개한 용어로 표현하자면 스타트업의 가치평가는 전적으로 비즈니스 스토리에서 비롯하는데 투자자는 저마다 다른 스토리를 말한다.

■ **초기성장기**: 기업이 고객을 유치하고 시장에서 입지를 구축하고 나면 매출이 빠르게 증가하지만, 여전히 적자를 낼 때가 많다. 이 단계에서 당기 실적은 가치평가와 이익률, 기대성장률 판단의 유용한 단서이지만 이 단계에서는 쓸 만한 데이터

가 많지 않다. 가치평가 서사는 적어도 3P 테스트(possible-가능성, plausible-타당성, possible-개연성)를 통과하는지 판단할 만한 근거를 더 확보한다. 하지만 그 판단도 새로운 정보가 드러날 때마다 매일 바뀔 것이다.

■ **고도성장기**: 이 단계에서 매출이 빠르게 증가하지만, 이익 성장은 그에 뒤처질 가능성이 크다. 기업의 당기 실적과 과거 실적 모두 가치평가에 유용한 정보를 담고 있다. 소형 고성장 경쟁사부터 대형 저성장 경쟁사까지 다양한 생애주기 단계에 걸쳐 비교 기업도 증가한다. 보유 자산 가치가 상승하지만, 미래 성장이 여전히 가치에서 더 큰 비중을 차지한다. 이 단계에서 사용할 수 있는 정보가 대폭 증가함에 따라 입력 변수도 더 수월하게 추정할 수 있다.

■ **성숙성장기**: 이 단계에서 매출 성장률이 하락하면서 대개 두 가지 현상이 일어난다. 과거 투자 덕분에 이익과 현금흐름은 계속해서 빠르게 증가하고, 신규 프로젝트에 투자하지 않아도 된다. 이 단계는 미래를 반영한 당기 실적과 시장에 관한 상당한 정보를 담은 실적의 역사, 같은 생애주기 단계에 속한 다수의 비교 기업으로 요약할 수 있다. 이 단계 기업의 서사를 구축할 때 규모가 커져도 성공을 확장 가능할지(성장하는 동시에 과거 수준의 이익률을 올릴지)가 가장 중요한 질문이다.

■ **성숙안정기**: 성숙 단계에 들어선 기업은 매출 성장률이 둔화하고 재투자 소요도 감소하며 현금흐름과 이익의 괴리가 사라진다. 이 단계 기업의 역사적 데이터는 가치평가 시 유용하게 활용할 수 있고 서사보다는 숫자가 더 중요하다. 서사에서 가장 중요한 질문은 경쟁을 얼마나 잘 버틸지, 많은 성숙기업처럼 부채와 주주 현금 환원을 늘릴지다.

■ **쇠퇴기**: 생애주기의 마지막 단계다. 이 단계에서 사업이 성숙 단계에 이르고 새로운 경쟁사에 추월당하면서 매출과 이익이 감소한다. 기존 투자는 여전히 현금흐름을 창출하지만 감소하는 추세에 있고, 신규 투자는 거의 없다. 따라서 기업 가치는 전적으로 보유 자산, 나아가 영광의 부흥을 위해 주주의 돈으로 모험적인 시도를 결정할지에 달려 있다.

확실히 생애주기의 초기 단계에서 가치평가가 더 어렵고, 스타트업이나 고성장 기업의 가치 추정치는 오류 가능성이 훨씬 크다. 하지만 두 가지 이유에서 가치평가에 따른 보상 역시 초기 단계 기업에서 가장 크다. 첫째, 대다수 애널리스트는 정보의 부재를 이유로 이들에 관한 관심을 끊을 것이므로, 비록 부정확하더라도 끈기 있게 가치평가를 완료하는 애널리스트는 비대칭적 보상을 받을 가능성이 크다. 둘째, 초기 단계 기업은 상장이나 신주 발행 방식으로 자본시장에 진입할 가능성이 크기에 가치 추정치가 필요하다.

벤처캐피털 가치평가

최근까지만 해도 신생 스타트업 기업은 추가 자본을 대개 벤처캐피털에서 조달했다. 벤처캐피털리스트가 신생기업의 가격을 결정하는 방법부터 살펴보자. DCF 모형으로 가치평가할 때도 있지만, 대다수는 비상장기업을 대상으로 이른바 '벤처캐피털 방식(venture capital method)'으로 불리는 모형을 적용한다. 이때 비상장기업의 이익은 미래 상장 예상 연도의 이익 예측치다. 여기에 같은 업종 내 상장기업을 통해 추정한 이익 배수를 적용해 상장 시점의 기업 가치(회수가치(exit value) 또는 잔존가치)를 추정한다.

예컨대 소형 소프트웨어회사로 3년 안에 상장할 것으로 예상되는 인포소프트 (InfoSoft)의 가격을 결정해보자. 3년 차 기대 순이익은 400만 달러다. 상장 소프트웨어회사의 PER이 25배라면 인포소프트의 회수가치 추정치는 1억 달러가 된다. 이를 현시점으로 할인할 때 적용할 할인율은 위험의 표준 척도와는 거리가 멀지만 벤처캐피털리스트가 합당하다고 생각하는 이른바 '목표수익률(target rate of return)'이다. 목표수익률은 대개 전통적인 방식으로 계산한 기업 자기자본비용보다 훨씬 높은 수준이다.[1]

---

1   예컨대 2024년 벤처캐피털의 목표수익률은 평가 대상 기업이 스타트업 주기상 초기에 속하는지 후기에 속하는지에 따라 30~60%까지 다양했다. 반대로 전통적인 위험-수익 모형에 바탕을 둘 때 자기자본비용이 15%를 넘는 사례는 드물다.

$$현시점\ 가격 = \frac{회수가\ 일어날\ n년의\ 가격\ 추정치}{(1 + 목표수익률)^n}$$

인포소프트 사례에서 벤처캐피털리스트가 투자 집행 시 목표수익률을 연 30%로 책정했다면 잔존가치의 현재가치는 다음과 같다(단위: 100만 달러).

$$현시점\ 가격 = \frac{순이익_4 \times 4년\ 차\ PER}{(1 + 목표수익률)^4} = \frac{4 \times 25}{1.30^4} = 35.01$$

벤처캐피털리스트는 목표수익률을 어떻게 산정하는가? 목표수익률이 그렇게 높은 이유는 무엇인가? 정교한 위험-수익 모형을 고안해 목표수익률을 도출하는 사람도 있지만, 대다수는 판단과 과거 경험, 추측이 혼합된 결과물이다. 나아가 다음 세 가지 요인으로 인해 자기자본비용보다 높은 값을 갖는다.

1. 신생 스타트업 기업은 시장의 다른 기업보다 거시경제 위험에 더 많이 노출된다. CAPM 척도에서는 베타가 더 높아야 한다는 뜻이다.
2. 벤처캐피털리스트는 대개 특정 섹터에 집중하고, 분산투자하지 않는다. 이에 따라 분산투자했다면 줄일 수 있는 기업 특유의 위험에 대해 프리미엄을 요구한다.
3. 많은 신생 스타트업 기업이 실패한다. 목표수익률은 실패 위험을 반영해야 한다.

목표수익률은 실제로는 전통적인 의미의 할인율이 아니라 협상 도구의 성격을 띤다. 다시 말해 벤처캐피털리스트는 더 높은 목표수익률을 제시해서 스타트업 기업 지분을 더 많이 확보하는 것이 이득이다. 반대로 기업 소유주는 목표수익률이 낮을수록 이득이다. 최종값은 양측의 상대적 협상력에 따라 결정된다.

'벤처캐피털 방식'에는 또 다른 문제가 있다. 회수가치 배수가 비교 기업의 현행 주가에 바탕을 두는 만큼, 시장이 오류를 범했다면 가치평가 역시 심각한 오류에 빠진다. 예컨대 2000년대 인터넷 기업을 두고 매출의 80배 가격(당시 시장이 인터넷 소형주에 매긴 가격)에 매각할 수 있다는 가정을 둔 벤처캐피털리스트는 진정한 가치를 대폭 과대추정했다는 점을 깨달았을 것이다.

역사적으로 벤처캐피털리스트는 한두 가지 산업에 집중하는 섹터 중심 투자자였다. 우선 어떤 시점에서든 벤처캐피털을 통한 자본조달을 원하는 기업은 몇몇 섹터에 불과하다는 이유가 있다 (2011년 소셜미디어회사, 1990년대 후반 신기술주, 1980년대 후반 생명공학 주식 등). 나아가 벤처캐피털리스트는 자기 지식을 활용해 자본을 조달하려는 기업을 가치평가하고 경영에 도움을 주려고 한다는 이유도 있다.

하지만 분산투자하지 않는 데서 비용이 발생할 뿐 아니라 기업 가치평가 방식에도 영향을 미친다. 분산투자자가 요구하는 기업 자기자본비용은 비분산투자자가 요구하는 수준보다 낮기에 비분산투자자가 해당 기업에 더 낮은 가치를 부여하는 결과로 이어진다(다음 장에서 다룬다).

최근 몇 년 새 사모투자회사가 전통적인 벤처캐피털리스트의 경쟁자로 부상했다. 이들은 분산투자 성향이 강해서 더 낮은 자기자본비용을 요구하기에 똑같은 비상장기업을 두고 더 높은 가치를 부여한다. 장기적으로 볼 때 사모투자회사가 벤처캐피털의 입지를 빼앗을까? 기업 가치평가에서 해당 기업이 속한 산업에 관한 세부 지식이 계속 중요하다면 그럴 일은 없을 것으로 본다.

분석의 기본 체계

적자를 내고 역사적 데이터도 거의 없으며 비교 기업도 몇 안 되는 기업의 가치평가 과정은 다른 모든 기업의 가치평가와 당연히 똑같다. 이번 섹션에서는 신생기업 가치평가의 각 단계에서 마주할 문제를 검토한다.

1단계: 기업의 현재 상태 판단: 정보 갱신의 중요성

기업 가치평가 시 일반적으로 최근 회계연도 데이터에서 당기 입력 변수를 얻는다. 적자 기업과 매출 고성장 기업은 해당 수치가 시간에 따라 변동하는 폭이 크다. 따라서 적어도 매출과 이익은 가장 최근 정보로 갱신할 필요가 있다. 예컨대 12개월 후행 매출과 이익을 사용하면 최근 회계연도 수치를 사용할 때보다 훨씬 나은 가치 추정치를 얻는다. 하지만 운용리스나 미행사 옵션 같은 수치는 자주 갱신되지 않는다. 이러한 입력 변수에는 추정치를 적용하더라도[2] 다른 최신 데이터와 함께 가치평가하는 것이 더 나은 방법이다.

2단계: 매출 성장 추정

신생기업의 매출은 규모가 작지만 향후 아주 높은 성장률을 기록할 것으로 예상된다. 신생기업의 가치평가에서 성장률은 당연히 핵심적인 입력 변수이므로 다양한 정보 원천을 활용하는 편이 좋다.

- **평가 대상 기업의 과거 매출 성장률:** 기업이 성장하면서 규모가 확대되므로 아주 높은 성장률을 지속하기는 갈수록 어려워진다. 예컨대 2년 전 성장률이 300%였고 지난해 성장률이 200%였던 기업은 올해 그보다 낮은 성장률을 올릴 가능성이 크다.
- **평가 대상 기업이 속한 시장 전체의 성장률:** 속한 시장 자체가 고성장하는 기업이 안정 시장에 속한 기업보다 고성장을 유지할 가능성이 훨씬 크다.
- **평가 대상 기업이 구축한 진입장벽과 경쟁우위:** 기업이 고성장을 유지하려면 지속 가능한 경쟁우위를 갖추어야 한다. 경쟁우위는 법적 보호(특허)나 우수한 제품 및 서비스, 브랜드, 시장 선점에서 비롯한다. 경쟁우위가 지속 가능하다면 고성장률을 더 오랫동안 유지할 가능성이 크고, 지속 가능하지 않다면 더 빠른 속도로 둔화할 것이다.

매출 성장을 추정하는 과정은 11장에서 세부 사항을 다룬 바 있다.

---

2   가장 간단한 방법은 최근 회계연도 매출과 12개월 후행 매출 간 증감을 반영하기 위해 매출 대비 비율 기준으로 모든 입력 변수를 추정하는 것이다.

[예시 23.1] 매출 성장률: 에어비앤비(2020년)

숙박·호텔 산업을 완전히 탈바꿈시킨 에어비앤비를 2020년 11월 IPO 시점 기준으로 가치평가해보자. 앞서 11장에서 현금흐름 추정을 다루며 회사를 소개했는데 여기에서는 성장률과 수익성, 재투자 가정을 살짝 수정한다. 설립한 지 10년이 넘었지만 매출이 2015년 9억 1,900만 달러에서 2019년 48억 달러로 다섯 배로 늘면서 여전히 높은 성장 잠재력을 뽐낸다. 하지만 2019년 영업손실 5억 100만 달러를 기록할 만큼 비즈니스 모델은 여전히 불안정했다. 코로나19로 인해 세계 경제가 폐쇄 상태로 돌입하면서 에어비앤비 가치평가에 불확실성을 더하기도 했다. 그래서 가치평가 시점 기준 직전 12개월 동안 매출은 36억 달러로 줄었고 손실은 8억 1,800만 달러로 급증했다.

미래 현금흐름을 예측할 때 핵심 변수는 세 가지다. 먼저 매출 성장률은 과거 수치를 통해 추론하거나, 제품·서비스 전체 시장 규모와 기대 점유율을 곱해서 도출한다. 기업이 제공하는 제품과 서비스를 좁게(넓게) 정의할수록 잠재 시장 규모도 작아진다(커진다). 에어비앤비를 아파트 임대회사로 정의하면 숙박 사업을 한다고 정의할 때보다 작은 시장에 속한 것처럼 보일 것이다. 다음으로 분석 대상 기업이 속한 시장 내 점유율을 장기적인 기준과 그때까지의 변화를 아울러 추정한다. 이때 제품 품질과 경영진 자질, 활용 가능 자원을 모두 고려해야 한다.

에어비앤비 경영진은 능력과 창의성을 갖췄음을 입증했고 임대업계 최대 규모에서 비롯하는 네트워크 효과 덕분에 호텔로부터 시장 점유율을 빼앗을 것이다. 하지만 동시에 에어비앤비를 모방하는 다른 신생 기업에도 길을 열어줄 것으로 본다. 에어비앤비 플랫폼의 총 예약액은 코로나19 폐쇄 조치 완화 덕분에 2021년 40% 증가한 후 4년간 연 25% 증가할 것으로 예상한다. 10년 차에는 성장률이 연 2%로 낮아질 것이다. 매출은 중개한 예약에 부과하는 수수료에서 발생하는데 수수료율은 직전 12개월간 12.65%였지만 시장 지배력과 규모의 경제 덕분에 향후 10년간 14%로 상승할 것으로 예상한다. 표 23.1은 에어비앤비 총 예약액과 매출 예측치를 보여준다(단위: 100만 달러).

[표 23.1] 기대매출: 에어비앤비

	성장률	총 예약액	에어비앤비 수수료율	매출
직전 12개월		26,492		3,626
1	40.00%	37,089	12.65%	4,692
2	25.00%	46,361	12.92%	5,990
3	25.00%	57,951	13.06%	7,565
4	25.00%	72,439	13.19%	9,555
5	25.00%	90,548	13.33%	12,066
6	20.40%	109,020	13.46%	14,674
7	15.80%	126,245	13.60%	17,163

8	11.20%	140,385	13.73%	19,275
9	6.60%	149,650	13.87%	20,749
10	2.00%	152,643	14.00%	21,370
종료 연도	2.00%	155,696	14.00%	21,797

고성장 덕분에 11년 차에 총 예약액 1,560억 달러를 기록할 에어비앤비는 매출 면에서 부킹닷컴과 비슷한 수준으로 성장해 전체 숙박시장(호텔과 개인 예약 포함)의 10%를 차지할 것이다. 에어비앤비는 예약액 일부를 수수료(14%)로 부과하는 중개회사로서 종료 연도에 매출 218억 달러를 기록해 2019년 세계 최대 호텔보다 더 큰 회사가 될 것이다.

3단계: 안정 성장 단계의 지속 가능한 영업이익률 추정

적자 기업은 고성장하더라도 시간이 흐르면서 적자 규모가 증가하는 것 말고는 사실상 아무런 성과를 내지 못한다. 현재 마이너스인 영업이익률이 향후 플러스가 되리라는 기대치가 신생기업의 가치를 만드는 핵심 요소다. 신생 고성장 기업의 성장이 안정되었을 때 영업이익률이 얼마일지 판단하는 능력이야말로 여러 면에서 가치평가의 진정한 시험대라고 할 만하다. 비교 기업이 없다면 난도가 더 높아진다. 다음 지침을 참고하라.

- 평가 대상 기업이 속한 기초사업에 바탕을 두고 진정한 경쟁사를 분석한다. 경쟁사가 강력하다면 대상 기업의 마진이 높을 수 없어 낮은 영업이익률로 드러날 것이다. 나아가 향후 시장에 진출할 잠재 경쟁사도 고려해야 한다.
- 평가 대상 기업의 비즈니스 모델을 분석한다. 기업이 비즈니스 모델을 선택하면 때로 상충하기도 하는 매출 성장률과 영업이익률 조합이 결정되는 것이나 다름없다. 틈새시장에 계속 머물며 더 높은 이익률을 누리는 기업도 있고, 규모 확대를 염두에 두고 낮은 목표 이익률을 감수하는 기업도 있다.
- 평가 대상 기업의 당기 손익계산서를 분해해서 영업이익의 진정한 척도를 판단한다. 신생 스타트업 기업이 적자를 내는 이유는 대개 당기 매출을 창출하는 데 필요한 영업비용이 크기 때문이다. 영업비용의 상당 비중이 미래 성장을 위한 지

출이기에 사실상 자본적 지출로 보는 것이 옳지만, 대부분 손익계산서에서 판매 및 일반관리비(SG&A)로 분류된다. SG&A 차감 전 기준 이익률과 수익성을 추정함으로써 기업 제품의 진정한 수익성을 판단할 수 있다.

[예시 23.2] 지속 가능한 이익률과 그 변화 경로 추정: 에어비앤비(2020년)

에어비앤비는 현재 세전 영업이익률이 -22.56%이지만 향후 25%로 상승할 것으로 예상한다. 규모와 비즈니스 모델이 유사한 유일한 경쟁자 부킹닷컴보다 살짝 낮은 수준이다. 다음으로는 시간이 흐르며 이익률이 상승하는 양상이 어떠할지를 검토한다. '흑자 달성 경로(pathway to profitability)'는 고정비용과 경쟁 강도에 따라 기업마다 다양한 양상을 띤다. 표 23.2는 매출 추정치와 기대 영업이익률을 곱한 기대 영업이익을 보여준다(단위: 100만 달러).

[표 23.2] 기대 영업이익: 에어비앤비

	매출	영업이익률	영업이익	세율	EBIT(1-t)
기준 연도	3,626	-22.56%	-818		-817
1	4,692	-10.00%	-469	0.00%	-469
2	5,990	-3.00%	-180	0.00%	-180
3	7,565	0.50%	38	0.00%	38
4	9,555	4.00%	382	0.00%	382
5	12,066	7.50%	905	14.05%	778
6	14,674	5.98%	878	25.00%	658
7	17,163	10.73%	1,842	25.00%	1,381
8	19,275	15.49%	2,986	25.00%	2,239
9	20,749	20.24%	4,200	25.00%	3,150
10	21,370	25.00%	5,343	25.00%	4,007
종료 연도	21,797	25.00%	5,449	25.00%	4,087

법인세 추정 시 초기에 이월한 영업손실이 이후 연도 과세소득에 미치는 영향을 고려해야 한다. 과거 누적한 순영업손실 1억 6,760만 달러와 1~2년 차에 기록할 손실은 6년 차까지 법인세에 영향을 미친다.

4단계: 성장을 위한 재투자 추정

기업은 성장하기 위해 재투자해야 한다. 이 원칙은 신생기업에도 마찬가지로 적용된다. 하지만 이들은 성숙기업과 달리 필요한 재투자 규모를 판단하는 데 도움 될 정보를 과거 역사에서 찾을 수 없다. 신생기업이 성장하면서 변하기 마련인 재투자의 성격과 재투자 금액을 추정하는 것이 과제다.

11장에서 영업이익 성장률을 재투자율과 재투자 효율성(자본이익률로 측정)의 함수로 정의했다.

$$기대성장률 = 재투자율 \times 자본이익률$$

사실 이 책에서 지금까지 다룬 대다수 가치평가에서 성장률을 추정할 때 이 수식을 활용했다. 하지만 영업이익이 마이너스일 때는 적용 불가하다는 점을 유념하라. 신생기업이 대표적인 사례다. 이때는 먼저 매출 성장률을 추정한 후 이에 바탕을 두고 재투자율을 추정한다. 두 변수를 연동하기 위해 추가 자본 1달러를 투입할 때 매출이 몇 달러 창출되는지를 알려주는 총자본회전율을 고안한다.

$$기대 재투자 = \frac{매출\ 기대\ 증감}{총자본회전율}$$

예컨대 자본회전율이 4배인 기업이 매출 10억 달러를 늘리려면 2억 5,000만 달러의 재투자가 필요하다. 위 수식의 핵심 입력 변수인 자본회전율은 기업 역사(다소 제한적이다)와 업종 평균(기업이 영위하는 사업을 반영해 광범위하게 정의한다)을 검토해서 추정할 수 있다.

하지만 안정 상태에 접어든 후에는 기대성장률과 기대 투하자본이익률을 활용해 재투자율을 계산한다.

$$기대 재투자율 = \frac{안정\ 성장률}{안정\ ROIC}$$

대신 자본적 지출과 운전자본 소요로 분해하고 업종 평균 재투자율을 적용해 현금흐름을 추정하는 방법도 있다.

[예시 23.3] 재투자 소요 추정: 에어비앤비

중개회사 에어비앤비는 자본 집약도가 낮지만 성장하기 위해 플랫폼 기술뿐 아니라 속도를 높이고 사용자를 늘리기 위해 인수에도 상당한 자본을 재투자했다. 과거 재투자 역사와 경쟁사(익스피디아와 부킹닷컴) 데이터에 바탕을 두고 에어비앤비가 추가 매출 2달러를 창출할 때마다 1달러를 재투자한다고 추정한다. 이렇게 계산한 재투자를 세후 영업이익에서 빼서 잉여현금흐름을 구한다(표 23.3, 단위: 100만 달러).

[표 23.3] 기대 FCFF: 에어비앤비

	매출	매출 증감	EBIT(1-t)	총자본회전율	재투자	FCFF
기준 연도	3,626		-818			
1	4,692	1,066	-469	2.00	533	-1,002
2	5,990	1,298	-180	2.00	649	-829
3	7,565	1,576	38	2.00	788	-750
4	9,555	1,989	382	2.00	995	-612
5	12,066	2,511	778	2.00	1,255	-478
6	14,674	2,609	658	2.00	1,304	-647
7	17,163	2,489	1,381	2.00	1,244	137
8	19,275	2,112	2,239	2.00	1,056	1,183
9	20,749	1,474	3,150	2.00	737	2,413
10	21,370	621	4,007	2.00	311	3,696

재투자를 자본적 지출과 연구개발, 기업 인수, 운전자본 등 구성 요소로 분해하지 않는 이유는 회사가 시간이 흐르며 어떻게 변화할지 정보가 없기 때문이다. 또한 에어비앤비는 인수 방식으로 재투자해왔기에 재투자 즉시 매출이 증가한다고 가정한다. 물론 재투자와 성장 간 시간 지연이 존재하더라도 예측에 반영할 방법이 있다.[3]

이처럼 영업이익에 연동하지 않고 독립적인 방식으로 재투자를 추정하면 시간이 흐르면서 추정치의 내적 일관성이 떨어지는 위험을 지게 된다. 기업이 성숙하면서 합당한 수준의 자본이익률을 적용하기 위해 매년 자본이익률도 추정한다(표 23.4).[4]

---

3 재투자 후 2년 뒤 매출이 증가한다면 2, 3년 차 매출에 바탕을 두고 1년 차 재투자를 추정할 수 있다.

$$1년 차 재투자 = \frac{7,565.48 - 5,989.79}{2.0} = 787.34$$

4 자본이익률의 분모는 기초 투하자본을 기준으로 둔다. 예컨대 3년 차 자본이익률은 3년 차 세후 영업이익을 2년 차 말 투하자본으로 나누어 계산한다. 따라서 1년 차에는 투하자본이 마이너스이므로 계산이 불가하다.

가치평가 바이블

[표 23.4] 재투자와 ROIC: 에어비앤비

연도	EBIT(1-t)	재투자	투하자본(기말)	자본이익률
기준 연도	-818		-448	104.82%
1	-469	533	85	-210.48%
2	-180	649	734	5.15%
3	38	788	1,522	25.11%
4	382	995	2,517	30.90%
5	778	1,255	3,772	17.44%
6	658	1,304	5,077	27.21%
7	1,381	1,244	6,321	35.42%
8	2,239	1,056	7,377	42.71%
9	3,150	737	8,114	49.38%
10	4,007	311	8,425	104.82%

1년 차 말 투하자본은 직전 재무상태표 수치에 바탕을 두고 다음과 같이 계산했다.

$$투하자본 = 자기자본의\ 장부가액 + 부채의\ 장부가액 - 현금$$
$$= 1,855.22 + 2,192.38 - 4,495.21 = -447.61$$

이후 매년 투하자본은 직전 연도 기초 투하자본과 재투자의 합으로 계산한다.

$$투하자본_t = 투하자본_{t-1} + 재투자_t$$

시간이 흐르면서 이익률이 상승하고 기대자본이익률도 상승한다. 그래서 10년 차에 자본이익률이 104.82%에 이르는데, 몹시 높아 보여도 자본 집약도가 낮은 사업을 고려할 때 타당한 수준이다.

기업 잉여현금흐름이 6년 차까지 마이너스인 이유는 (2년 차까지 지속하는) 영업손실과 재투자 소요 때문이다. 이 추정치에 바탕을 두면 향후 7년간 에어비앤비는 6년 동안의 마이너스 기대 잉여현금흐름을 모두 더한 43억 달러 규모의 신규 자본(부채와 자기자본)을 조달해야 한다.

재투자와 성장: 지연 효과

에어비앤비 예시에서 재투자와 성장이 동시에 발생한다고 가정했다. 다시 말해 매출 증가와

(이를 가능케 하는) 재투자가 동시에 일어나는 것이다. 다소 급진적인 가정으로 보이지만, 서비스 업종이나 인수를 통해 성장하는 기업이라면 상당히 현실적인 가정이다.

　현실에는 재투자와 성장 사이에 시간 지연이 존재하더라도 비교적 간단하게 분석에 반영할 수 있다. 에어비앤비 예시에서 재투자와 성장 사이에 1년의 시간 지연이 존재한다고 가정하면, 2년 차 매출 기대성장률에서 1년 차 재투자를 추정한다. 지연 시간은 평가 대상 기업(자본 집약적인 인프라에 투자하는 기업일수록 지연 시간이 길어진다)과 재투자 형태(내부적인 재투자와 인수 등 외부적인 재투자)에 따라 달라진다.

5단계: 위험 모수와 할인율 추정

　베타를 추정하는 기본적인 방법은 개별 주식의 수익률을 시장수익률에 대해 회귀분석하는 것이다. 상장기업이더라도 신생 스타트업 기업은 역사적 데이터가 거의 없으므로 위험 모수를 추정하는 전통적인 방법을 사용할 수 없다.[5] 하지만 7장에서 다뤘던 베타를 추정하는 대안을 활용하면 이 틈을 메울 수 있다. 우선 상향식 접근법으로, 상장한 지 2년이 넘은 비교 기업이 존재한다면 이들의 평균을 통해 평가 대상 기업의 현행 위험 모수를 추정한다. 비교 기업이 없다면 평가 대상 기업의 재무 특성(이익의 변동성, 규모, 현금흐름 특성, 재무레버리지 등)을 활용해 추정한다.[6]

　신생기업에 부채가 있다면 부채비용을 추정할 때도 문제에 봉착한다. 대개 신용등급이 존재하지 않아서 이 방식으로 부채비용을 추정하기가 어렵다. 합성신용등급을 추정하는 방법 역시 영업손실로 인해 이자보상배수가 마이너스이고 장기신용등급전망(default rating) 역시 '부정적'일 가능성이 크다. 한 가지 해결책은 (앞서 2, 3단계에서 예측한) 미래 연도의 기대 영업이익에 바탕을 두고 기대 이자보상배수를 추정한 후 이를 활용해 합성신용등급을 추정하는 것이다.

　자기자본비용과 부채비용 추정 방법이 무엇이든 관계없이 추정 기간에 걸쳐 아무

5　전통적인 방법은 개별 주식의 수익률을 과거 기간(2~5년)에 걸쳐 시장지수에 대해 회귀분석하는 것이다.
6　상세한 내용은 7장을 참고하라.

런 변화도 주지 않고 그대로 두어서는 안 된다. 기업이 성숙하고 지속 가능한 이익률과 안정 성장에 가까워질수록 위험 모수 역시 평균적인 기업 수준에 가까워져야 한다. 즉 베타가 1에 가까워야 하고 부채비용은 성숙기업의 부채비용 수준으로 조정해야 한다.

신생기업의 자기자본비용 추정 시 시간이 흐르면서 레버리지가 어떻게 변할지도 추정해야 한다. 이때도 업종 평균 부채비율이나 평가 대상 기업의 (안정 상태에서의) 최적 부채비율이 시간에 따른 자본비용의 합리적인 추정치다.

영업레버리지와 위험

같은 업종 내 대형 성숙기업보다 신생기업의 베타가 훨씬 높아야 하는 이유를 두고 영업레버리지가 훨씬 높기 때문이라는 주장이 있다. 신생기업의 비용 대다수는 고정비용으로서 매출에 따라 변하지 않는다. 비교 기업을 통해 신생기업의 상향식 베타를 추정할 때 다음 두 가지 선택지가 있다.

1. 소형 상장기업만 비교 기업으로 둔다. 다만 같은 업종 내 상장기업 수가 많을 때만 가능하다.
2. 더 좋은 방법은 영업레버리지의 차이를 반영해 상향식 베타를 조정하는 것이다. 7장에서 베타를 고정비용 구조의 차이에 대해 조정하는 방법을 다뤘다.

무차입 베타 = 사업 베타 × [1 + (고정비용/변동비용)]

[예시 23.4] 위험 모수와 자본비용 추정: 에어비앤비

계속해서 다루는 에어비앤비 가치평가는 IPO 시점을 기준으로 두기에 시장에서 사용하는 전통적인 위험 척도를 활용할 수 없다. 아직 주식이 거래되지 않으므로 회귀분석 베타가 존재하지 않고 주가 변동성도 측정할 수 없다. 게다가 등급이 매겨진 회사채도 없었다.

그래서 호텔·도박 산업을 참고해 에어비앤비의 자본비용과 부채비율을 추정해보자. 가치평가 시점의 10년 만기 국채 수익률 0.90%를 무위험 이자율로 둔다.

$$호텔·도박 산업의 무차입 베타 = 0.91$$
$$에어비앤비 부채자기자본비율 = 6.75\%$$
$$차입 베타 = 0.91 \times [1 + (1 - 0.25) \times 0.0675] = 0.96$$
$$자기자본비용 = 0.90\% + 0.96 \times 6.09\% = 6.75\%$$
$$세전 부채비용 = 3.85\%$$

$$자본비용 = 자기자본비용 \times \frac{자기자본}{부채 + 자기자본} + 부채비용 \times (1 - 세율) \times \frac{부채}{부채 + 자기자본}$$
$$= 6.75\% \times 0.9367 + 3.85\% \times (1 - 0.25) \times 0.0633 = 6.50\%$$

다소 낮은 수준의 자본비용이지만 IPO 시점인 2020년 말 10년 만기 국채 수익률이 0.90%로 급락했던 상황을 반영한 값이다. 회사가 성숙하면서 자본비용은 7.12%로 상승할 것으로 예상한다. 위험이 시장에 속한 기업의 평균 수준으로 커지고 국채 수익률이 (2020년 당시 기준으로 정상 수익률처럼 보였던) 2%로 회복하리라는 가정이 깔려 있다.

6단계: 기업 가치 추정

이제 이익과 재투자율, 시간에 따른 위험 모수의 입력 변수를 모두 구했으니 전통적인 가치평가와 유사해졌다. 대다수 기업은 적자와 대규모 재투자 소요로 인해 초기 현금흐름이 마이너스이지만, 이익률이 상승하고 재투자율이 하락하면서 후기 현금흐름은 플러스가 된다. 기업 가치의 대부분은 잔존가치에서 비롯한다. 하지만 잔존가치 규모는 고성장 단계의 성장률과 목표 영업이익률에 관한 가정에 따라 달라진다는 점을 유념하라.

영업자산의 가치를 평가하고 나면 다른 두 가지 요인, 즉 계속기업으로서 생존하지 못할 가능성과 비영업자산의 가치를 반영해 기업 가치를 추정한다.

생존 DCF 모형으로 기업 가치를 평가할 때는 해당 기업이 계속기업으로서 영원히 현금흐름을 창출하리라는 가정을 둔다. 하지만 설립 후 몇 년 동안의 시험대에서 생존하지 못할 가능성이 큰 신생기업의 가치평가에 적용하기에는 적합하지 않다. 실패할 가능성을 무시한 채 신생기업이 성장하고 영원히 이익을 낸다는 최상의 시나리오만 고려한다면 진정한 가치를 과대추정할 것이다. 신생기업의 생존 가능성을 다루는 두 가지 선택지가 있다.

1. 신생기업이 생존하지 못하는 데 따르는 결과를 기대성장률과 기대 이익에 반영한다. 따라서 매출 성장률은 낙관적인 시나리오와 회의적인 시나리오를 모두 고려한 기대성장률로서 해당 기업이 실패할 가능성을 반영한다. 하지만 신생기업을 대상으로 한다면 더 먼 미래일수록 반영하기가 더 어려워진다.
2. 계속기업 가정이 유효한 시나리오에서의 DCF 가치를 추정한 후 계속기업을 유지할 확률을 곱한다. 계속기업으로서 생존 확률을 추정했다면 다음과 같이 기업 가치를 추정한다.

기업의 가치 = 계속기업으로서 생존 확률 × 기업의 DCF 가치
+ (1 − 계속기업으로서 생존 확률) × 청산가치 또는 급매가치

생존 확률을 추정하는 한 가지 방법은 실증적 연구 결과를 검토하는 것이다. 크노프(Knaup, 2005), 크노프와 피아차(Piazza, 2008)는 미국 노동통계국의 분기 고용임금 센서스(Quarterly Census of Employment and Wage: QCEW) 데이터를 활용해 전체 기업의 생존 확률을 계산했다. 이 센서스에는 공공과 민간 부문에 속하는 890만 개 이상의 미국 기업 정보가 담겨 있다. 연구자들은 1998년부터 2005년까지 7년 치 데이터베이스를 활용해 분석한 결과, 1998년에 설립한 모든 기업 중 4년간 생존한 기업은 44%, 7년간 끝까지 생존한 기업은 겨우 31%에 불과하다는 사실을 발견했다. 나아가 전체 기업을 10개 섹터로 분류한 후 섹터별 생존 확률도 계산했다. 그림 23.2는 그 연구를 최신 정보로 갱신해 섹터별 실패 확률을 보여준다. 10년간 생존할 확률은 정보기술 섹터에서는 25%, 헬스케어 섹터에서는 42.5%에 달할 만큼 섹터별 편차가 크다는 점을 유념하라.

비영업자산의 가치　모든 가치평가에서 기업 가치 추정 시 현금과 유가증권, 타 기업 지분을 고려해야 한다. 딱 한 가지 덧붙이고 싶은 주의점은, 신생기업은 영업활동에 따라 현금을 (비축하지 않고) 소진하므로 단기간에 막대한 현금이 사라질 수 있다

[그림 23.2] 2007년 설립 기업의 실패 확률

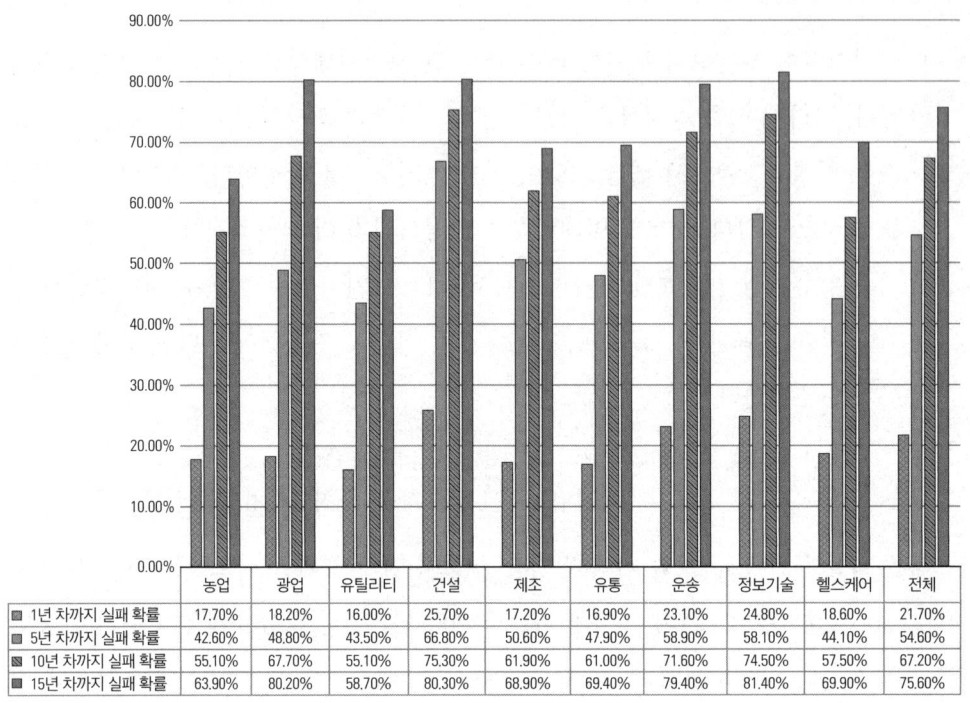

	농업	광업	유틸리티	건설	제조	유통	운송	정보기술	헬스케어	전체
▣ 1년 차까지 실패 확률	17.70%	18.20%	16.00%	25.70%	17.20%	16.90%	23.10%	24.80%	18.60%	21.70%
▦ 5년 차까지 실패 확률	42.60%	48.80%	43.50%	66.80%	50.60%	47.90%	58.90%	58.10%	44.10%	54.60%
▨ 10년 차까지 실패 확률	55.10%	67.70%	55.10%	75.30%	61.90%	61.00%	71.60%	74.50%	57.50%	67.20%
■ 15년 차까지 실패 확률	63.90%	80.20%	58.70%	80.30%	68.90%	69.40%	79.40%	81.40%	69.90%	75.60%

는 점이다. 따라서 특히 회계연도 종료일로부터 몇 개월이 지난 시점이라면 최근 회계연도의 현금 잔액과 현시점 잔액의 차이가 상당할지도 모른다.

신생기업도 다른 신생기업에 투자할 때가 많으므로 재무제표상 타 기업 지분의 장부가액은 실제 가치를 제대로 반영하지 않을 가능성이 있다. 투자한 기업이 한두 곳에 불과하다면 현금흐름 기반 접근법을 사용해 지분 가치를 평가해야 한다.

[예시 23.5] 기업 가치 추정: 에어비앤비

에어비앤비의 기업 가치를 추정해보자. 먼저 표 23.5와 같이 예시 23.3에서 추정한 기업 잉여현금흐름을 예시 23.4에서 추정한 자본비용으로 할인한다(단위: 100만 달러).

[표 23.5] FCFF의 현재가치: 에어비앤비

연도	FCFF	자본비용	누적 자본비용	FCFF의 현재가치
1	−1,002	6.50%	1.0650	−941
2	−829	6.50%	1.1343	−731
3	−750	6.50%	1.2081	−621
4	−612	6.50%	1.2866	−476
5	−478	6.50%	1.3703	−349
6	−647	6.63%	1.4611	−442
7	137	6.75%	1.5597	88
8	1,183	6.87%	1.6669	710
9	2,413	7.00%	1.7836	1,353
10	3,696	7.12%	1.9105	1,935

시간이 흐르며 변하는 자본비용으로 인해 누적 자본비용을 계산해야 함을 유념하라. 고성장 단계 잉여현금흐름의 현재가치는 5억 2,600만 달러다.

10년 차 말 에어비앤비가 안정 성장 단계에 접어들어 연 2% 성장하고 자본이익률을 10%로 유지한다고 가정한다. 안정 성장 단계의 재투자율은 다음과 같다.

$$\text{안정 재투자율} = \frac{\text{안정 성장률}}{\text{안정 자본비용}} = \frac{2\%}{10\%} = 20\%$$

이때 10년 차 말 잔존가치는 11년 차 영업이익(예시 23.2를 참고하라)을 활용해 다음과 같이 계산한다.

$$\text{잔존가치}_{10} = \frac{\text{EBIT}_{10}(1-t)(1+\text{안정 성장률})(1-\text{재투자율})}{\text{자본비용} - \text{안정 성장률}} = \frac{4,007 \times 1.02 \times (1-0.2)}{0.0712 - 0.02} = 63,860$$

잔존가치를 10년 차 누적 자본비용으로 할인한 후 고성장 단계의 10년간 기업 잉여현금흐름의 현재가치에 더한 영업자산의 가치는 다음과 같다.

$$\text{영업자산 가치} = \text{1~10년 차 현금흐름의 현재가치} + \text{잔존가치의 현재가치}$$
$$= 526 + \frac{63,860}{1.9105} = 33,951$$

에어비앤비는 장래가 유망한 기업이지만 가치평가 시점에는 적자 기업이라서, 적어도 몇 년간은 현금을 계속 소진할 것으로 보였다. IPO를 통해 현금 잔액은 다소 늘어나겠지만 실패 확률은 10%에 이르고 부도 시 공정가치의 절반 가격에 매각될 것으로 예상한다. 실패 위험에 대해 조정한 영업자산의 기대가치는 다음과 같다.

$$\text{실패 위험 조정 영업자산 가치} = \text{영업자산 가치}(1 - \text{실패 확률}) + \text{급매가치} \times \text{실패 확률}$$
$$= 33{,}951 \times 0.90 + 33{,}951 \times 0.5 \times 0.10 = 32{,}253$$

여기에 현시점 현금 잔액 44억 9,500만 달러를 더하고 부채 21억 9,200만 달러를 빼면 주식 가치를 얻는다.

$$\text{주식 가치} = \text{영업자산 가치} + \text{현금} - \text{부채}$$
$$= 32{,}253 + 4{,}495 - 2{,}192 = 34{,}556$$

마지막으로 에어비앤비는 IPO를 통해 30억 달러를 조달해 현금으로 보유할 것으로 가정한다. IPO 이후 주식 가치는 다음과 같다.

$$\text{IPO 이후 주식 가치} = \text{주식 가치} + \text{상장 대금} = 34{,}556 + 3{,}000 = 37{,}556$$

7단계: 주식 가치 및 주당 가치 추정

일반적으로 기업 가치에서 모든 비주주 청구권을 빼서 주식 가치를 계산한다. 제조회사에서는 비주주 청구권이 은행 채무나 미상환 회사채 형태를 띤다. 반면 신생기업에서는 우선주 주주 청구권 형태일 때도 있기에 그 가치를 평가해 차감해야 보통주의 가치를 얻는다.

주식 가치에서 주당 가치를 도출하려면 미행사 주식 옵션을 고려해야 한다. 16장에서 모든 기업에서 스톡옵션을 고려하는 것이 중요하다는 점을 다뤘다. 하지만 신생 스타트업 기업은 미행사 스톡옵션의 가치가 전체 주식 가치에서 차지하는 비중이 상당히 크기에 특히 중요하다. 스톡옵션 보유자의 청구권이 중요하므로 옵션가격결정 모형을 활용해 (베스팅 여부를 떠나) 모든 옵션의 가치를 평가해야 하고, 주식 가치에서 옵션 가치를 빼서 보통주의 가치를 산출해야 한다. 이를 유통주식 수로 나누면 주당 가치를 얻는다. 에어비앤비는 향후 몇 년간 재투자 소요를 충족하기 위해 신주를 발행해야 할 텐데, 주당 가치를 계산할 때 추가 주식 수를 고려하지 않는지가 궁금할 것이다. 예시 23.5에서 향후 6년간 기대 현금흐름의 현재가치 43억 1,700만 달러는 희석 효과를 반영해 현행 가치를 할인하는 것으로 볼 수 있다. 따라서 분모의 유통주식 수에 추가 주식 수를 더한다면 이중계산의 오류에 빠진다.

가치평가 바이블

[예시 23.6] 주당 가치 추정: 에어비앤비

예시 23.5에서 에어비앤비의 주식 가치를 375억 5,600만 달러로 추정했다. 유통주식 수는 6억 7,106만 주였고(제한부 주식 포함) 미행사 스톡옵션 4,484만 주가 존재한다(평균 행사가격은 11.43달러이고 평균 만기는 5년이다). 16장 내용을 복기하면, 스톡옵션에 대해 조정하는 방법은 세 가지다(단위: 100만 달러).

1. **완전희석법**: 주식 가치를 완전희석 주식 수로 나눈다.

$$주당 가치 = 37,556/(671.06 + 44.84) = 52.46(달러)$$

2. **자기주식법**: 옵션의 기대 행사대금을 주식 가치에 더한 후 완전희석 주식 수로 나눈다.

$$주당 가치 = (37,556 + 44.84 × 11.43)/(671.06 + 44.84) = 53.18(달러)$$

3. **옵션가격결정모형을 활용한 가치평가**: 신규 상장기업의 큰 변동성을 반영해 표준편차를 40%로 둔 희석 조정 블랙-숄스 모형에 내재가치 추정치 53.18달러가 주가와 같도록 적용하면 스톡옵션의 가치는 18억 7,700만 달러다. 이때 주당 가치는 53.17달러다.

$$주당 가치 = \frac{주식 가치 - 옵션 가치}{유통주식 수} = \frac{37,556 - 1,877}{671.06} = 53.17(달러)$$

에어비앤비 공모가는 주당 68달러로 고평가되었지만 상장일 주가는 146달러까지 치솟았다.

가치 동인

적자를 내는 신생 고성장 기업의 가치를 결정하는 핵심 입력 변수는 무엇인가? 일반적으로 가치에 가장 큰 영향을 미치는 입력 변수는 지속 가능한 이익률 추정치와 매출 기대성장률이다. 그보다 영향은 적지만, 기업이 지속 가능한 이익률에 도달하는 데 걸리는 기간과 안정 성장 단계의 재투자 소요 또한 가치에 중대한 영향을 미친다.

다시 말해 신생 고성장 기업의 가치는 대부분 잔존가치에서 비롯한다. 투자자가 받는 보상은 배당이나 자사주 매입이 아니라 주가 상승의 형태를 띤다. 잔존가치 의존성과 지속 가능 성장 가정의 중요성은 보유 자산과 미래 성장 관점에서도 설명할 수 있다. 모든 기업의 가치는 다음 두 가치의 합으로 정의할 수 있다.

기업 가치 = 보유 자산의 가치 + 성장 잠재력의 가치

적자 스타트업 기업의 가치는 대부분 성장 잠재력의 가치에서 비롯한다. 따라서 기업 가치가 성장 잠재력에 관한 가정에 따라 달라지는 것은 당연하다.

적은 유동주식도 할인해야 할까?

상장주식 중에는 거래량이 적을뿐더러, 흔히 유동주식(float)이라고 부르는 거래 가능 주식이 총 유통주식보다 몹시 적은 유형이 존재한다.[7] 이러한 기업의 주주가 보유 주식을 빠르게 매도하면 주가에 영향을 미치기 마련이고, 그 정도는 보유 주식 수에 비례한다.

시간 지평이 장기적이고 보유 주식을 현금으로 전환할 필요성이 작은 투자자는 시간 지평이 단기적이고 현금 필요성이 큰 투자자와 비교해 유동성과 관련된 문제를 적게 겪는다. 투자자는 거래량이 적은 주식을 잠재 투자 대상으로 고려할 때는 보유 주식을 빠르게 현금으로 전환할 필요성을 가늠해야 하고, 가치가 대폭 할인되었을 때 대규모로 매수해야 한다. 예컨대 어느 투자자가 주당 가치를 19.05달러로 평가한 신생기업 투자를 검토한다고 하자. 주가가 17달러라면 저평가되었다고 할 수 있지만, 단기 투자자가 대규모로 매수하기에 적합할 만큼 저평가되었다고 보기는 어렵다. 반대로 장기 투자자는 그 정도 가격도 꽤 매력적인 매수가로 여길 것이다.

[예시 23.7] 가치 동인: 에어비앤비

에어비앤비의 주당 가치 53.17달러를 도출하기까지 말 그대로 수십 개의 가정을 암묵적으로 적용했지만, 주당 가치를 결정하는 핵심 가정은 두 가지다. 첫째, 향후 10년간 매출 성장률이다. 앞서 총 예약액 성장률은 2~5년 차까지 25%이고 이후 안정 성장률 수준으로 하락한다고 가정했다. 둘째, 목표 세전 영업이익률이다. 앞서 자동차 섹터의 평균값보다는 높고 기술회사 평균값보다는 낮은 25%로 가정했다.

표 23.6은 향후 5년간 연평균 매출 성장률과 목표 영업이익률의 함수로 주당 가치를 추정한 결과를 보여준다(단위: 달러).

---

7   유동주식 수는 유통주식 수에서 내부자와 지분율이 5% 이상인 주주가 보유한 주식 수와, 미국증권법 제144조에 따라 거래가 불가능한 제한부 주식 수를 빼서 계산한다.

[표 23.6] 주당 가치와 매출 성장률, 영업이익률: 에어비앤비

		10년 차 목표 영업이익률				
		15%	20%	25%	30%	35%
향후 5년간 매출 성장률	10%	16.63	21.00	25.35	29.68	34.00
	20%	23.02	30.90	38.74	46.57	54.39
	30%	33.89	47.57	61.22	74.86	88.49
	40%	51.63	74.65	97.64	120.62	143.60
	50%	79.73	117.33	154.90	192.47	230.03
	60%	122.99	182.79	242.57	302.33	362.10

공모가 68달러가 합당한 수준이라는 결론을 내리려면 가정에 다소 변화를 주어야 한다. 성장률을 조금만 높이면 될 정도인데, 상장일 고가 146달러도 같은 결론을 내리려면 몹시 큰 변화를 주어야 할 것이다.

추정 오차

이번 섹션에서 다룬 가치평가 체계는 정확한 추정치를 도출하는 비법이 아니다. 적자와 고성장, 제한적인 정보라는 특성을 띠는 기업의 가치평가에는 언제나 추정 오차가 존재한다. 가치 추정치 구간을 기준으로 오차를 표시하는 방법을 도입한다면 신생기업의 구간이 더 넓을 것이다. 이것을 이유로 신생기업의 가치평가를 수행하지 않으려고 하는 애널리스트가 많다. 또한 비판론자가 신생기업 가치평가에서 도출하는 추정치를 믿어서는 안 된다고 주장할 때 아주 단순한 논거로 기능한다.

이 책의 관점은 다르다. 가치평가의 오차는 가치평가모형이나 애널리스트의 수준이 아니라 기업의 미래 전망을 둘러싼 실질적인 불확실성을 보여줄 뿐이다. 그러한 불확실성은 신생기업 투자에서 어쩔 수 없이 감수해야 할 현실이다. 따라서 가치평가는 불확실성을 해결할 방법을 고심해 최선의 미래 추정치를 도출하려는 노력과 다름 없다. 오차 가능성을 이유로 가치평가모형을 사용하지 않는다면 기업 간 PSR 비교처럼 훨씬 조악한 기법을 택할 수밖에 없음을 유념하라. 이 책의 관점에서 후자는 마치 불확실성이 존재하지 않는 것처럼 회피해 가치평가한다는 점에서 차이가 있다.

가치평가의 정확도에 관한 두 가지 요점이 더 있다. 첫째, 가치평가는 비록 부정확하더라도 어떤 일이 일어나야 기업의 현행 시장가격이 합당한 수준이 될지를 판단하는 강력한 도구다. 이를 통해 투자자는 현행 시장가격에 깔린 가정이 합리적인지를 판단하고 주식 매매를 결정할 수 있다. 둘째, 개별 기업의 가치평가에 소음 요소가 있더라도 가치평가 결과에 바탕을 두고 구성한 포트폴리오는 정확도가 훨씬 높다. 따라서 전통적인 가치평가모형을 사용해 (상당한 오차 가능성에도 불구하고) 저평가되었다고 판단한 40개 종목을 매수한 투자자의 포트폴리오는 오차가 평균적인 수준에 가깝다. 포트폴리오의 최종 실적은 애널리스트의 가치평가 능력(또는 능력의 부족)을 반영할 수밖에 없다.

투자자에게 주는 시사점

적자를 내고 정보가 제한적인 신생기업이 가치평가 관점에서 투자자에게 주는 유용한 시사점이 몇 가지 있다.

- 분기별이나 연도별 수익성의 변화가 아니라 지속 가능한 영업이익률과 생존에 집중하라. 신생기업이 재무 건전성을 달성했을 때 영업이익률이 어느 정도일지를 아는 것이야말로 신생기업 투자자의 성패를 결정하는 가장 중요한 요인이다. 다음으로 중요한 요인 역시 첫 번째 요인과 관련 있다. 즉 결국 생존해서 재무 건전성을 달성할 가능성이 큰 신생기업을 그렇지 않은 기업과 구분하는 것이다. 결국 대다수 스타트업 기업은 호언장담했던 성장 전망을 누리기까지 살아남지 못한다.
- 특히 (연구개발비와 장기적인 마케팅 비용 같은) 재투자 지출을 비용으로 처리했다면 손익계산서에 오류가 있다. 따라서 고성장 잠재력이 있지만 현행 이익이 형편없는 기업이 향후 대폭 개선된 이익을 보고한다면 투자자는 손익계산서를 검토하여 원인을 판단해야 한다. 당기 매출을 창출하는 데 든 비용이 감소해서(규모의 경제나 가격 결정력 등) 이익이 증가했다면 분명 긍정적인 신호다. 하지만 기업이 재량적 재투자 지출(예컨대 개발비)을 줄이거나 아예 삭감해서 이익이 증가했다

면 미래 성장이 위험에 처하면서 가치에 미치는 순영향이 몹시 부정적일지도 모른다.

■ **분산투자하라.** 이 오래된 투자 원칙은 특히 불확실한 미래 성장에서 가치의 대부분이 비롯하는 주식에 투자할 때 훨씬 중요하다. 추정 오차의 해결책은 더 많은 기업과 섹터로 분산투자한 포트폴리오일 때가 많다.[8]

■ 신생기업이 고성장을 유지할지 결정하는 중요한 요인인 경쟁우위와 **진입장벽을** 추적 관찰하라.

■ 언제든 틀릴 수 있다고 생각하라. 얼마나 많은 정보를 투입하든, 얼마나 신중하게 과정을 수행하든 관계없이 도출한 가치가 추정치에 불과하다는 사실이야말로 신생기업 가치평가 과정의 진정한 소음 요인이다. 따라서 신생기업 투자자는 몹시 틀린 결정이었던 것으로 판명 날 투자 사례를 경험할 수밖에 없다. 나아가 개별 기업의 가치평가를 두고서 그 투자자를 판단하는 것은 공정하지 않다. 투자자는 아주 좋은 결정이었던 것으로 판명 날 투자 사례를 경험할 수도 있을 뿐 아니라 시간이 흐르면서 성공의 가치가 실패의 가치보다 크기를 희망할 것이다.

기업 경영진에게 주는 시사점

기업의 불확실한 미래 성장 잠재력이 경영진에게 주는 시사점은 무엇인가? 첫째, 미래 성장의 불확실성은 전통적인 투자 분석에서는 더 높은 불확실성을 낳을 것이 확실하다. 신생 스타트업 기업은 더 안정적인 섹터에 속한 기업보다 현금흐름뿐 아니라 개별 프로젝트의 할인율도 추정하기가 훨씬 어렵다. 신생기업의 일부 경영진은 가치평가를 포기하고 더 직관적인 방법에 의지하겠지만, 인내하면서 현금흐름을 추정하려고 노력하는 경영진은 신규 투자에서 성과를 내려면 무엇을 해야 할지 더 잘 이해할 수 있다. 둘째, 기업 가치는 이익뿐 아니라 서사에도 바탕을 둔다. 신생기업 경영진

---

8   20개 종목이면 충분하다는 포트폴리오 다각화(diversification)의 간단한 규칙은 신생기업에는 적용되지 않을 수도 있다. 투자 대상 신생기업은 같은 섹터에 속하고 상관관계가 강할 때가 많으며 추정에 소음 요소가 몹시 많다. 따라서 주로 성숙기업이 많은 시가총액 대형주 20개에 투자했을 때와 비슷한 분산 효과를 달성하려면 더 많은 신생기업 주식을 편입해야 할 것이다.

은 비전을 제시하는 데 그치지 않고 일관되고 실현 가능한 비즈니스 스토리로 바꾸어야 한다.

기대치 게임

가치에서 미래 성장에서 비롯하는 비중이 커질수록 시장이 새로운 정보에 어떻게 반응할지를 결정하는 요인으로서 기대치의 중요도가 커진다. 이러한 '기대치 게임(expectations game)'은 주가가 막 공개된 뉴스에 담긴 내용과 일치하지 않는 듯한 움직임을 보이는(즉 실적이 좋았는데도 주가가 하락하고 실적이 나빴는데도 주가가 상승하는) 이유와 신생 스타트업 기업의 전반적인 주가 변동성을 잘 설명한다.

기대치와 정보, 가치

기업의 가치는 해당 기업이 창출할 기대 현금흐름의 현재가치다. 기대 현금흐름과 할인 시 적용하는 할인율에는 기업과 경영진, 초과수익 잠재력에 관한 투자자의 관점이 깔려 있다. 모든 기업에 해당하지만, 기업 가치의 상당 비중이 미래 성장 잠재력에서 비롯하는 신생 스타트업 기업은 미래 기대치의 변화에 특히 민감하다.

기대치는 어떻게 형성되는가? 신생기업의 과거 역사와 업종 평균값이 추정치의 바탕이 될 때도 있지만, 기업과 산업 자체도 시간이 흐르면서 변하고 진화한다. 정보에 소음 요소가 많고 제한적이라는 사실을 고려한다면 기대치 역시 정보의 작은 변동에도 비교적 빠르게 변화할 것이다. 예컨대 기대했던 만큼 기업 전략이 잘 작동하지 않는다는 내용의 실적 발표는 기대치 재평가와 평가 가치의 급락으로 이어질 수 있다.

투자자를 위한 교훈

투자자가 포트폴리오에 편입할 종목을 선정하고 해당 기업에 관한 새로운 정보를 접할 때는 주식 가치를 결정하는 기대치의 영향력을 고려해야 한다. 투자자가 얻을 수 있는 교훈은 무엇일까?

- **위험은 기대치와 비교한 상대적 개념이다.** 기업의 위험은 실적이 좋고 나쁨이 아니라 기대치 대비 상대 실적에서 비롯된다. 예컨대 이익 기대성장률이 연 50%인 기업이 실제로 연 35% 성장했다고 보고한다면 악재로 여겨져 주가가 하락할 가능성이 크다. 반대로 이익 기대성장률이 -40%인 기업이 실제로 -20%를 기록했다고 보고한다면 주가가 상승할 가능성이 크다.

- **우수한 기업이 곧 좋은 투자 대상은 아니다.** 주식 투자수익을 결정하는 것은 기업 경영의 절대적 우열이 아니라 기대치와 비교한 상대적 우열이다. 우수한 기업이 갖추어야 할 재무적 기준을 모두 충족하는 기업도 시장 기대치가 지나치게 높다면 좋지 않은 투자 대상이 될 수 있다. 반대로 경영과 운영이 형편없다는 관점이 지배적인 기업도 기대치가 몹시 낮다면 좋은 투자 대상이 될 수 있다.[9]

- **작은 뉴스가 큰 주가 변동을 낳는다.** 이전 섹션에서 다뤘듯이 주가는 비교적 작은 정보에도 훨씬 큰 반응을 보일 것으로 예상해야 한다. 최근 분기 보고서에서 전망치보다 몇 센트 낮은 이익을 보고한 고성장 기업은 주가가 대폭 하락하는 결과를 마주할 수도 있다.

- **가치 동인에 관한 정보에 집중하라.** 긍정적으로 보면 투자자는 기업에서 가장 영향력이 큰 가치 동인이 무엇인지를 판단하고 새로운 정보를 접했을 때 무엇에 집중해야 할지를 파악할 수 있다. 가치 동인에 관한 정보로서 과거 연도의 이익 합계는 향후 닥칠 문제와 잠재 가능성에 관한 단서가 된다.

기업 경영진을 위한 교훈

기대치 게임은 투자자에게도 영향을 미치지만, 신생기업의 경영진에게 훨씬 더 중요하다. 여기에서 발생하는 한 가지 아이러니는 '열등생' 기업을 경영하기가 '스타' 기업을 경영하기보다 훨씬 쉽다는 점이다.[10]

---

9 이를 뒷받침하는 실증적인 증거도 있다. 투자 관련 연구 결과에 따르면 경영이 우수하다고 여겨지는 기업이 그보다 못하다고 여겨지는 기업보다 투자 실적이 저조한 것처럼 보인다.

10 스티브 잡스 입장에서는 애플 컴퓨터 주가가 10년 최저점을 기록하던 1998년 회사에 복귀했을 때가, 그로부터 2년 후 회사에 관한 투자자 인식을 바꾸는 데 성공한 덕분에 주가가 10배 상승했을 때보다 일하기가 훨씬 수월했을 것이다.

- 경영진에게 기대하는 바가 무엇인지를 파악하라. 기대치에 견주어 경영진이 평가받는다면, 그 기대치가 어느 수준인지를 파악하는 것이 중요하다. 이는 대개 애널리스트의 다음 분기 주당순이익과 매출 성장률 전망치를 추적 관찰하는 것을 뜻하지만 그것이 전부는 아니다. 장기적으로는 투자자가 기업의 가치를 특정 방식으로 평가하는 이유와 경쟁우위라고 생각하는 요인을 이해하는 것이 훨씬 중요하다.

- 기대치를 관리하는 방법을 학습하라. 기업이 공개시장에 상장하는 시점에 경영진과 내부자는 해당 기업의 잠재력이 대단하므로 높은 가치를 받아 마땅하다는 생각을 이해시키려 한다. 어떤 면에서 당연한 일이지만, 경영진은 기대치를 관리하는 방법을 배워야 한다. 특히 기업이 실제로 달성 불가능한 수준에서 형성된 기대치는 낮춰야 한다. 하지만 기대치가 합리적인 수준일 때도 끊임없이 기대치를 낮추려고 해서 신뢰를 잃었던 사례도 있다.[11]

- 피할 수 없는 일을 미루지 말라. 기업이 기대치를 얼마나 잘 관리하든 관계없이 언젠가 섹터나 경제 전체의 변화로 인해 경영진이 기대치를 충족하기가 불가능하다고 깨닫는 시점이 오기 마련이다. 경영진은 이러한 인식을 금융시장에 공개하기를 최대한 미루기 위해 미래 연도 이익을 당기에 인식하거나 회계 술책을 사용할 때가 많다. 하지만 변화한 현실이 불러올 결과를 즉시 직면하는 것이 훨씬 나은 선택이다. 기대치보다 낮은 이익을 보고하면 주가도 하락하겠지만, 심판의 날을 계속해서 미루는 기업은 더 가혹한 대가를 치르게 될 것이다.

결론

가치평가는 분석 대상 기업의 유형과 관계없이 근본적으로 변함이 없다. 가치평가를 수행하기가 더 어렵고 가치 추정치에 소음 요소가 더 많은 세 가지 기업 유형이 있다. 첫 번째 집단은 적자를 내는 기업이다. 대다수 가치평가모형이 이익 성장률에 바

---

11 1990년대에 마이크로소프트는 기대치를 낮춘 후 이를 뛰어넘는 실적을 계속해서 내는 방식으로 명성이 자자했다.

탕을 두고 미래를 예측하므로 애널리스트는 (적어도 시간이 흐르면서) 이익이 플러스로 전환할 방식을 고려해야 한다. 당기 이익을 정상화하거나 영업이익률을 조정해 시간이 흐르면서 지속 가능한 수준에 이르게 하거나 레버리지를 줄이는 방법이 쓰인다. 애초에 기업이 적자를 내는 원인에 따라 사용하는 방법이 달라진다. 두 번째 집단은 재무 역사가 짧거나 존재하지 않아 추정하기가 어려운 신생기업이다. 이때는 비교 기업에 관한 정보를 통해 역사적 데이터를 대체하고 애널리스트가 가치평가에 필요한 입력 변수를 추정할 수 있다. 세 번째 집단은 비교 기업이 몇 안 되거나 아예 존재하지 않아 가치평가가 힘든 기업이다.

세 가지 문제(적자, 제한적인 역사, 몇 안 되는 비교 기업)가 하나의 기업에 모두 존재한다면 가치평가의 어려움이 배가한다. 이번 장에서는 그러한 기업의 가치평가에 적용할 보편적인 체계를 제시했다. 다시 한번 강조하자면 신생 스타트업 기업의 가치평가가 가능한지가 아니라(당연히 가능하다), 소음이 많은 가치 추정치를 수용할지가 중요하다. 신생 스타트업 기업의 가치평가 결과에 소음 요소가 몹시 많아서 활용 불가하다고 주장하는 사람은 소음 대부분이 미래에 관한 실질적인 불확실성에서 비롯한다는 점을 유념해야 한다. 이번 장에서 다뤘듯이 불확실성을 마주하고 측정하려 노력하는 투자자는 신생 스타트업 기업 투자에 따르는 변동성에 잘 대비할 수 있다.

연습문제 별도 표기가 없으면 주식 위험 프리미엄은 5.5%로 한다.

---

1 인텔리테크는 창업한 지 2년 된 기술회사다. 가장 최근 연도에 이 회사는 전년도 매출액의 5배에 달하는 5억 달러의 매출을 기록했다. 또한 이 회사는 4억 달러의 영업손실을 냈다. 매출액은 내년에 100%, 그다음 해에 80%, 이후 3년간 매년 40%씩 성장하고, 세전 영업이익률은 선형적으로 증가하여 5년 차에 10%까지 개선될 것으로 예상한다. 향후 5년간 각 해의 매출액과 영업이익을 구하라.

2 파이버 네트웍스의 최근 12개월 후행 이익을 구하려고 한다. 이 회사는 2001년 1분기에 6억 달러의 매출액에 1.8억 달러의 영업손실을 기록했는데, 이는 2000년 1분기에 1.2억 달러의 매출에 3,000만 달러의 영업손실을 기록한 것에 비해 급격히 증가한 수치다. 2000년 연차보고서에서 파이버 네트웍스는 11억 달러의 매출액에 3.3달러의 영업손실을 기록했다. 과거 4개 분기의 영업손실과 매출액을 구하라. (2000년 2분기부터 2001년 1분기까지의 합산 수치 - 옮긴이)

3 베리스페이스는 재고관리 소프트웨어를 판매하는 회사로, 최근 회계연도에 2,500만 달러의 매출을 기록했다. 재고관리 소프트웨어의 전체 시장은 250억 달러이며, 가까운 미래에 매년 5%씩 성장할 것으로 추정한다. 10년 후 이 시장에서의 점유율이 10%가 될 것으로 예상한다면, 그 기간 동안의 연환산 매출 성장률은 얼마인가?

4 루민 텔레콤은 특수 통신 장비를 생산하는 회사로, 설립 후 3년 동안 매년 손실을 기록하여 누적 순영업손실이 1.8억 달러에 달한다. 가장 최근 연도에는 10억 달러의 매출에 9,000만 달러의 영업손실을 기록했다. 향후 5년간 매출 성장률이 연간 20%이고 세전 영업이익률이 내년에 -6%, 2년 후 -3%, 3년 후 0%, 4년 후 6%, 5년 후 10%가 될 것으로 예상할 때, 다음을 구하라. (세율 = 40%)

    a. 향후 5년간 매년 매출액과 세전 영업이익

    b. 향후 5년간 매년 납부해야 할 세금과 세후 영업이익

5 문제 4에서, 루민 텔레콤의 현재 베타가 2.0이고 5년 차까지 선형적으로 1.2까지 떨어질 것으로 예상된다고 가정하자. 현재 차입비용이 9%이고 향후 5년 동안 이 비용이 변하지 않을 것으로 예상한다면, 향후 5년 동안 매년 이 회사의 자본비용은 얼마인가? (무위험 이자율은 5.6%, 위험 프리미엄은 4%이다.) 부채비율은 현재 연도의 70%에서 5년 차에 50%로 선형적으로 감소할 것으로 예상된다.

6 인터넷 소프트웨어회사인 비탈레 시스템의 계속기업 가치를 장부가의 7배인 7억 달러로 추정했다. 그러나 비탈레가 향후 5년 동안 생존하지 못할 수도 있다고 우려하고 실패 확률을 40%로 추정한다. 회사가 실패할 경우 자산이 장부가의 1.5배에 매각될 것으로 예상한다. 발행주식이 3,000만 주라면, 주당 가치는 얼마인가? (채권과 옵션은 발행하지 않았다.)

24장
비상장기업 가치평가

지금까지 이 책에서는 상장기업의 가치평가에 초점을 두었다. 이번 장에서는 수많은 비상장기업으로 관심을 돌린다. 이들은 소형 가족기업부터 매출과 수익성 면에서 대형 상장기업에 필적할 만한 기업까지 규모가 다양하다. 가치평가 원칙은 똑같지만, 비상장기업의 가치평가에서는 고유의 측정 문제가 발생한다. 가치평가에 활용할 수 있는 정보가 역사와 깊이 모두에서 훨씬 제한적이라는 점이다. 비상장기업은 대개 상장기업의 표준화된 회계·보고 기준을 따를 필요가 없기 때문이다. 게다가 베타나 표준편차 같은 위험 모수를 추정하는 표준 기법은 주식의 시장가격을 입력 변수로 두지만, 비상장기업 주식은 시장가격이 존재하지 않을 때가 많다.

비상장기업의 가치평가에서는 가치평가의 동기가 중요할 뿐 아니라 가치에도 영향을 미친다. 비상장기업의 가치 추정치는 기업이나 주식을 매수하는 주체가 개인인지 아니면 다른 상장기업인지, 기업공개(IPO) 상황인지에 따라 달라진다. 특히 비유동성과 분산 불가능 위험(nondiversifiable risk), 경영권 프리미엄을 이유로 비상장기업의 가치를 할인해야 할지는 잠재 인수자가 누구인지에 따라 달라진다. 이번 장에서 차례로 각 요소를 살펴보자.

비상장기업과 상장기업의 차이

비상장기업과 상장기업은 여러 가지 공통적인 특성도 있지만, 가치평가의 입력 변수 추정과 관련하여 네 가지 중대한 차이가 있다.

1. 상장기업은 일련의 회계기준을 따라야 할 의무가 있으므로 투자자는 재무제표의 각 항목이 무엇을 포함하는지 알 수 있을 뿐 아니라 기업 간에 이익도 비교할 수 있다. 특히 주식회사가 아닌 비상장기업에는 훨씬 느슨한 기준이 적용되고, 똑같은 항목이더라도 기업별 회계처리 방식의 차이가 클 때도 있다.

2. 일반적으로 비상장기업은 얻을 수 있는 데이터 연수와 (더 중요하게는) 연도별 데이터의 양이 훨씬 적다. 예컨대 상장기업은 미 증권거래위원회(SEC) 제출 문서에 영업활동을 사업 부문별로 나누어 보고하고 부문별 매출과 이익 정보를 제공해야 한다. 비상장기업은 그러한 방식으로 정보를 제공할 의무가 없고, 보고하더라도 그리 상세한 정보를 제공하지 않는다.

3. 상장기업에서는 계속해서 갱신되는 주가와 그 역사적 데이터라는 유용한 정보를 쉽게 얻을 수 있지만, 비상장기업에서는 그렇지 않다. 게다가 비상장기업 주식을 위한 기성 유통시장(ready market)이 존재하지 않으므로 비상장기업은 상장기업과 비교해 주식 포지션을 현금화하기가 훨씬 어렵고 비용도 많이 든다.

4. 상장기업 주식 투자자는 경영진을 고용해 경영을 맡기고, 대다수 투자자는 자기 포트폴리오에 대여섯 개 기업 주식을 보유한다. 비상장기업 소유주는 대개 경영에 깊이 관여하고, 개인 재산 전부를 자기 기업에 투자할 때가 많다. 소유와 경영이 분명하게 분리되지 않으면 개인 경비와 사업비가 뒤섞이거나 경영진 보수와 배당(또는 그 등가물)을 구분하기가 힘들 수도 있다. 나아가 낮은 분산도는 위험 척도에 영향을 미친다.

위에서 다룬 모든 차이점은 할인율과 현금흐름, 기대성장률에 영향을 미쳐서 가치를 변화시킨다.

두 기업 사례를 통해 비상장기업의 가치평가에 따르는 문제를 살펴보자. 주인공은 뉴욕의 고급 레스토랑 체즈 피에르(Chez Pierre)와 비상장 소프트웨어 기업 인포소프트다. 체즈 피에르는 사적 거래(private transaction, 불특정 다수를 대상으로 하는 공개시장에서 이루어지지 않고 특정인에게 제한된 거래 – 옮긴이)를 위한 가치를 평가하고, 인포소프트는 IPO를 위한 가치를 평가할 것이다.

비상장기업 가치평가의 입력 변수 추정

비상장기업의 가치는 기대현금흐름을 적절한 할인율로 할인한 현재가치로서 상장기업의 가치평가와 다르지 않다. 따라서 비상장기업과 상장기업 간 차이는 현금흐름 할인모형의 입력 변수를 추정하는 방식에 반영해야 한다.

할인율

주식 가치를 평가할 때는 주주 현금흐름을 자기자본비용으로 할인하고, 기업 가치를 평가할 때는 기업 현금흐름을 자본비용으로 할인한다. 각 할인율의 근본적인 정의에는 변화가 없지만, 추정 과정은 비상장기업의 특수한 상황을 고려해 다소 변화를 주어야 한다.

자기자본비용　상장기업의 자기자본비용을 추정할 때는 한계투자자의 관점에서 해당 기업 투자에 따르는 위험을 살펴보았다. 한계투자자의 분산도가 꽤 높다는 가정을 추가하여 위험을 분산 포트폴리오나 시장 위험에 추가되는 위험으로 정의했다. 이 정의에 따른 위험 척도, 즉 자본자산가격결정모형(CAPM)의 베타와 다중요소모형의 복수 베타는 대개 역사적 주가를 활용해 추정한다. 역사적 가격 정보가 존재하지 않고 소유주가 분산투자하지 않을 때가 많은 비상장기업에서는 베타의 추정과 활용에 중대한 문제가 발생한다.

시장 베타의 추정 방법 자본자산가격결정모형의 베타를 추정하는 표준 기법에서는 개별 종목의 수익률을 시장 수익률에 대해 회귀분석하는 절차가 필요하다. 다른 통계적 기법을 활용하는 다중요소모형 역시 역사적 주가에 관한 정보가 필요하다. 관련 정보를 얻는 것이 불가한 비상장기업의 베타를 추정하는 방법에는 회계 베타와 펀더멘털 베타, 상향식 베타의 세 가지가 있다.

√*회계 베타* 비상장기업의 주가는 존재하지 않더라도 회계이익에 관한 정보는 존재한다. 따라서 비상장기업의 회계이익을 주가지수(S&P500 지수 등)의 이익 변화에 대해 회귀분석해서 회계 베타를 추정할 수 있다.

$$\Delta \text{이익}_{비상장기업} = a + b \times \Delta \text{이익}_{S\&P500}$$

이때 기울기인 회귀계수 b는 기업의 회계 베타를 뜻한다. 이익이 영업이익 기준일 때는 무차입 베타를, 순이익 기준일 때는 차입 베타 또는 주식 베타를 얻는다.

이 방법에는 두 가지 한계가 있다. 첫째, 비상장기업은 대개 일 년에 한 번 이익을 보고하므로 그 정보에 바탕을 둔 회귀분석은 관측값이 몹시 적고 검정력(檢定力, statistical power)이 제한적이다. 둘째, 이익을 평활화할 때가 많고 회계 판단의 영향을 받기에 회계 베타를 잘못 측정하는 일이 빈번하다.

[예시 24.1] 회계 베타 추정: 인포소프트

인포소프트는 비상장기업인데도 1992년 설립 시점부터 회계이익 정보가 존재한다. 표 24.1은 1992년부터 2010년까지 인포소프트와 S&P500 지수의 연간 회계이익 증감을 보여준다.
인포소프트의 이익 증감을 S&P500 지수의 이익 증감에 대해 회귀분석한 결과는 다음과 같다.

$$\text{인포소프트의 이익 증감} = 0.10 + 1.84 \times \text{S\&P500 지수의 이익 증감}$$
$$(1.93) \quad (6.91)$$

[표 24.1] 회계이익: 인포소프트와 S&P500 지수

연도	S&P500 지수		인포소프트(1,000달러)	
	이익	증감	이익	증감
1992	20.87		25	
1993	26.90	28.89%	45	80.00%
1994	31.75	18.03%	80	77.78%
1995	37.70	18.74%	125	56.25%
1996	40.63	7.77%	135	8.00%
1997	44.09	8.52%	160	18.52%
1998	44.27	0.41%	165	3.13%
1999	51.68	16.74%	200	21.21%
2000	56.13	8.61%	220	10.00%
2001	38.85	-30.79%	150	-31.82%
2002	46.04	18.51%	280	86.67%
2003	54.69	18.79%	420	50.00%
2004	67.68	23.75%	600	42.86%
2005	76.45	12.96%	750	25.00%
2006	87.72	14.75%	900	20.00%
2007	82.54	-5.91%	800	-11.11%
2008	65.39	-20.78%	600	-25.00%
2009	60.80	-7.02%	550	-8.33%
2010	83.66	37.60%	900	63.64%

인포소프트의 베타는 1.84다. 인포소프트의 주식 베타를 계산할 때 순이익을 사용했다. 인포소프트와 S&P500 지수의 영업이익을 기준으로 두고 계산한 결과는 무차입 베타에 해당한다.

✓*펀더멘털 베타*   상장기업의 베타와 이익 증감, 부채비율, 이익 변동성 같은 관측 가능한 변수 간의 관계를 두고 많은 연구가 이루어졌다. 비버(Beaver), 케틀러(Kettler), 숄스(Scholes, 1970)는 베타와 일곱 개의 변수(배당성향, 자산 증감, 레버리지, 유동성, 자산 규모, 이익 변동성, 회계 베타) 간 관계를 분석했다. 로젠버그(Rosenberg)와 가이(Guy, 1976)도 유사한 분석을 시도했다.

연구의 회귀 모형을 2024년 1월 기준 1,710개의 미국 기업 데이터로 갱신한 결과는 다음과 같다.

$$\text{베타} = 0.74 - 0.01 \times \text{현금/자본} + 0.2898\text{DFR} + 0.0467 \times \text{이익 증감} \qquad R^2 = 2.8\%$$
$$\phantom{\text{베타} = }(34.58)\,(2.05) \qquad\qquad (6.39) \qquad\quad (2.43)$$

여기서 현금/자본 = 현금/(부채의 장부가액 + 자기자본의 장부가액)
DFR = 부채의 장부가액/(부채의 장부가액 + 자기자본의 장부가액)
이익 증감 = 직전 3년 연평균 이익 증감률

따라서 부채총자본비율과 기대성장률이 높은 기업일수록 베타가 높고, 자본의 장부가액 대비 현금 비율이 높은 기업일수록 베타가 낮다. 비상장기업에서도 위 모형의 모든 독립 변수를 관측할 수 있으므로 펀더멘털 베타도 추정할 수 있다. 위 모형은 결정계수(R^2)가 2.8%에 불과하기에 예측치의 표준오차가 크다는 점을 유의하고 활용하라.

[예시 24.2] 펀더멘털 베타 추정: 인포소프트

앞서 다룬 횡단 회귀 모형을 활용해 인포소프트의 베타를 추정해보자. 먼저 회사의 각 독립 변수 값을 추정한다.

변수	값
현금/(부채의 장부가액 + 자기자본의 장부가액)	25%
부채의 장부가액/(부채의 장부가액 + 자기자본의 장부가액)	0%
직전 3년 연평균 이익 증감률	50%

변수 값을 회귀 모형에 대입하면 인포소프트의 베타 예측치를 얻는다.

$$\text{베타} = 0.74 - 0.01 \times 0.25 + 0.2898 \times 0 + 0.0467 \times 0.50 = 0.76$$

따라서 인포소프트의 베타 추정치는 0.76이다. 추정치의 표준오차는 0.07이므로 베타가 0.62~0.90 구간에 속할 확률이 95%다.

✓*상향식 베타*　　상장기업의 가치평가에서는 해당 기업이 속한 업종의 무차입 베타

를 활용해 추정한 상향식 베타에 바탕을 두고 자기자본비용을 추정했다. 해당 업종에 속한 많은 기업 간 평균화로 인해 추정치의 표준오차가 작고, 베타를 결정하는 산업별 가중치가 변화하며 미래 변화를 반영하는 특성이 있기 때문이다. 비상장기업도 상향식 베타를 추정할 수 있고, 상장기업과 똑같은 장점을 지닌다. 예컨대 제강 비상장기업의 베타는 제강 상장기업의 평균 베타에 바탕을 두고 추정할 수 있다. 나아가 재무레버리지나 심지어 영업레버리지의 차이도 최종 추정치에 반영된다.

무차입 베타를 재무레버리지에 대해 조정하는 과정에서 시장가치 부채자기자본비율을 사용해야 하므로 비상장기업 고유의 문제를 마주할 것이다. 애널리스트는 비상장기업의 부채자기자본비율을 시장가치가 아니라 장부가액 기준으로 적용할 때가 많지만, 더 나은 대안이 있다.

- 비상장기업의 시장가치 부채자기자본비율이 업종 평균과 유사하다고 가정한다. 이때 비상장기업의 차입 베타는 다음과 같다.

$$\beta_{\text{비상장기업}} = \beta_{\text{무차입}}[1 + (1 - \text{세율}) \times \text{업종 평균 부채자기자본비율}]$$

- 비상장기업의 목표 부채자기자본비율(경영진이 상세한 목표치를 제시할 때)이나 최적 부채비율(추정 가능할 때)을 활용해 다음과 같이 베타를 추정한다.

$$\beta_{\text{비상장기업}} = \beta_{\text{무차입}}[1 + (1 - \text{세율}) \times \text{최적 부채자기자본비율}]$$

영업레버리지에 대한 조정은 비상장기업의 총비용 대비 고정비용 비율에 바탕을 두면 되므로 더 간단하다. 해당 기업의 고정비용 비율이 업종 평균보다 높다면 베타도 업종 평균보다 높아야 한다.

---

 spearn.xls: 1960년부터 S&P500 지수의 연도별 이익 증감을 보여주는 엑셀 자료. (웹에서 다운로드 가능)

[예시 24.3] 상향식 베타 추정: 체즈 피에르와 인포소프트

체즈 피에르의 상향식 베타를 추정하기 위해 검토한 미국 외식 상장기업들은 2011년 1월 기준 무차입 베타가 1.21이었고 평균 시장가치 부채자기자본비율이 22.08%였다. 체즈 피에르가 이들과 무차입 베타가 똑같고, 부채자기자본비율도 비슷하게 유지할 것으로 가정한다. 세율 40%를 적용하면 다음과 같이 체즈 피에르의 차입 베타 1.37을 얻는다.

$$체즈 피에르의 차입 베타 = 1.21 \times [1 + (1 - 0.40) \times 0.2208] = 1.37$$

인포소프트의 상향식 베타를 추정하기 위해 소프트웨어 상장기업의 베타와 시장가치 부채자기자본비율을 검토했다. 소프트웨어 상장기업 표본은 333개였다. 시가총액과 성장률 전망치의 편차가 컸기에 인포소프트와 더 유사해 보이는 하위 분류도 함께 검토했다.

분류	기업 수	부채자기자본비율	무차입 베타
모든 소프트웨어 상장기업	333	5.61%	1.08
소형 소프트웨어 상장기업(시가총액 10억 달러 미만)	108	6.35%	1.60
엔터테인먼트 소프트웨어 상장기업	26	4.55%	1.45

부채자기자본비율은 시장가치 기준이고, 기업 간 규모 차이는 베타에 직접적인 영향을 미치지는 않아도 소형 기업의 영업레버리지가 대개 더 높기에 간접적인 영향을 미칠 수 있다는 점도 유념하라. 위 표에서 소형 소프트웨어 상장기업의 평균 베타인 1.60을 인포소프트의 무차입 베타로 적용한다. 인포소프트는 미상환부채가 없고 향후 차입 계획이 없다는 점을 염두에 두면 차입 베타 추정치는 무차입 베타와 똑같은 1.60이다.

비분산투자에 대한 조정 베타는 분산 포트폴리오에 신규 투자로 인해 추가되는 위험을 측정한다. 따라서 한계투자자가 분산투자하는 기업에 가장 적합한 개념이다. 비상장기업에서는 소유주가 유일한 투자자, 나아가 한계투자자일 때가 많다. 게다가 대다수 비상장기업의 소유주는 대개 개인 재산 대부분을 해당 기업에 투자해서 분산투자할 기회가 없다. 따라서 비상장기업의 베타는 시장 위험에 대한 노출 수준을 과소평가한다고 볼 수 있다.

가장 극단적인 상황, 즉 개인 재산 전부를 비상장기업에 투자해서 분산도가 제로 (0)인 소유주는 시장 위험(베타로 측정되는 위험)뿐 아니라 기업의 모든 위험에 노출된다. 이러한 분산 불가능한 위험에 대해 베타 계산 과정을 조정하는 아주 간단한 방법이 있다. 비상장기업 주식 가치의 표준편차(총위험의 척도)가 σ_j이고 주가지수의 표준 편차는 σ_m이라고 하자. 해당 주식과 주가지수의 상관계수를 ρ_{jm}으로 정의하면 시장 베타는 다음으로 도출한다.

$$\text{시장 베타} = \rho_{jm}\sigma_j/\sigma_m$$

이때 분자는 해당 기업의 시장 위험과 관련 있는 비중을 의미한다. 총위험(σ_j)에 대한 노출을 측정하려면 시장 베타를 ρ_{jm}으로 나누면 된다.

$$\text{시장 베타}/\rho_{jm} = \sigma_j/\sigma_m$$

이는 비상장기업 주식 가치의 총 표준편차를 주가지수의 표준편차와 비교한 상대 표준편차의 척도로서 총 베타(total beta)라고 부른다.

$$\text{총 베타} = \text{시장 베타}/\rho_{jm}$$

총 베타는 시장 베타보다 높고 기업과 시장의 상관관계에 반비례한다. 직관적으로 볼 때 총 베타는 위험 중 시장 위험으로 볼 수 있는 비중뿐 아니라 기업의 모든 위험을 반영해 조정한 값이다.

주가가 존재하지 않아서 시장 베타나 상관계수를 계산하는 것이 불가능해 보이는 비상장기업의 총 베타를 과연 어떻게 계산할지 의문이 들 것이다. 하지만 같은 업종 내 상장기업을 검토해서 섹터의 시장 베타를 추정할 수 있다. 같은 표본에서 상관계수도 추정할 수 있으므로 두 값을 활용해 비상장기업의 총 베타를 도출할 수 있다.

총 베타에 대해 조정하는 것이 필요할지는 애초에 비상장기업의 가치를 평가하는 동기가 무엇인지 검토하지 않고서는 답할 수 없는 문제다. 비상장기업의 매각을 위한 가치평가에서 시장 베타를 조정할지, 나아가 얼마나 조정할지는 잠재 인수자(들)에 따라 달라진다. 가치평가의 동기가 IPO에 있다면 비분산에 대해서 조정해서는 안 된다. 잠재 인수자가 주식시장 투자자이기 때문이다. 다른 개인이나 비상장기업에 매각하기 위한 가치평가라면 조정 수준은 인수자 포트폴리오의 분산도에 따라 달라질 것이다. 인수자 포트폴리오의 분산도가 높을수록 시장과 상관관계가 높으므로 총 베타 조정 수준은 낮아질 것이다.

[예시 24.4] 상향식 베타 추정: 체즈 피에르

예시 24.3에서 체즈 피에르의 시장 베타를 추정했던 과정을 돌아보자. 외식 상장기업을 비교 기업으로 두고 체즈 피에르의 무차입 베타를 1.21로 추정했다. 외식 상장기업과 시장의 상관계수는 48.41%라고 하자. 체즈 피에르의 총 무차입 베타는 다음과 같이 추정한다.

$$총\ 무차입\ 베타 = \frac{무차입\ 시장\ 베타}{시장\ 상관계수} = \frac{1.21}{0.4841} = 2.50$$

체즈 피에르의 세율 40%와 부채자기자본비율 22.08%(외식 섹터의 평균값)에 바탕을 두면 총 차입 베타는 2.83이다.

$$총\ 차입\ 베타 = 2.50 \times [1 + (1 - 0.40) \times 0.2208] = 2.83$$

총 베타 추정치는 어떤 면에서 잠재 인수자가 자기 포트폴리오에 체즈 피에르만을 보유한다는 제약에 바탕을 둔다. 인수자 포트폴리오가 어느 정도 분산되어 있다면 상관계수도 더 높아질 것이다. 만약 분산도가 최대 수준에 이른다면(최대 분산 포트폴리오(Most Diversified Portfolio: MDP)를 말한다 – 옮긴이) 상관계수가 1로 수렴하므로 총 베타는 시장 베타와 똑같아진다.

비상장기업의 위험에 대한 조정의 대안

비상장기업의 자기자본비용을 추정할 때 총 베타 접근법을 활용하는 것이 미심쩍다면 세 가지 대안이 있다.

1. **벤처캐피털의 투자수익**: 오랜 기간 비상장기업에 투자한 투자자가 무위험 이자율과 상장기업 투자수익을 초과해 올리는 실제 투자수익을 살펴본다. 예컨대 벤처캐피털 투자자가 위험 조정 기준으로 S&P500 지수보다 5%포인트 높은 수익을 올렸다면, 이를 비상장기업 투자에 따른 프리미엄으로서 전통적인 위험-수익 모형으로 계산한 자기자본비용에 더하면 된다.

$$\text{조정 자기자본비용} = \text{무위험 이자율} + \text{시장 베타} \times \text{주식 위험 프리미엄}$$
$$+ \text{벤처캐피털 프리미엄}$$

이에 대한 반론으로 벤처캐피털리스트를 비상장기업 소유주에 비견할 수 없다는 주장도 있다. 벤처캐피털리스트는 포트폴리오 분산도가 더 높을뿐더러 다른 출구 전략(기업공개 등)을 염두에 둘지도 모른다.

2. **가산법(build-up approach)**: 전통적인 위험-수익 모형에 따른 기대수익에서 출발해 소형 비상장기업 투자 고유의 위험을 반영하여 프리미엄을 더한다. 흔히 적용하는 프리미엄에는 첫째, 초소형 상장기업의 초과 시장수익(1928년부터 2010년까지 약 4~5% 수준이었다)을 반영한 소형주 프리미엄이 있다. 둘째, 유동성이 비교적 낮은 상장기업 투자의 높은 수익을 반영한 비유동성 프리미엄이다(이때 유동성은 거래량과 매수-매도 호가 차이로 측정한다).

$$\text{조정 자기자본비용} = \text{무위험 이자율} + \text{시장 베타} \times \text{주식 위험 프리미엄}$$
$$+ \text{소형주 프리미엄} + \text{비유동성 프리미엄} + \text{기업 고유 위험 프리미엄}$$

가산법은 널리 사용되지만 여러 문제가 있다. 첫째, 충분한 근거 자료가 있는 프리미엄을 사용하더라도 해당 프리미엄을 별개로 연구한 결과를 참고할 때가 많다. 연구 결과 소형주 프리미엄이 역사적으로 4% 수준으로 드러나기는 했지만 해당 연구는 1927년에 이루어졌다. 8장에서 다루었듯 소형주 프리미엄은 1981년 이후 사실상 사라졌다. 한편 유동성을 기준으로 종목을 분류해 최근 수십 년간 수익률을 연구하면 유동성이 떨어지는 종목은 유동성이 높은 주식보다 수익률이 소폭(약 2%) 높은 것으로 드러났다. 그러나 소형주·비유동성 프리미엄을 더하는 것은 문제의 소지가 크다. 소형주 프리미엄에는 비유동성 프리미엄에서 비롯하는 부분도 있기에 이중계산의 오류를 범하기 때문이다. 둘째, 평가자가 특히 뒷받침할 만한 데이터가 없는 프리미엄을 통해 할인율을 조정하면 내재가치평가의 완전성을 훼손한다.

3. **사적 내재자기자본비용(implied private cost of equity)**: 사적 거래 데이터가 풍부하다면 거래 가격과 기대 현금흐름을 활용해 내부수익률을 도출할 수 있다. 인수자 입장에서는 내재 자기자본비용에 해당한다. 지난 수십 년간 이 방법을 시도한 사람이 있었지만 사적 거래에서 관측한 가격이 정상 가격이 아닐 때가 있고, 가치평가에 활용할 현금흐름 관련 정보를 신뢰할 수 없거나 아예 접근할 수 없어서 뚜렷한 결실을 보지는 못했다.

자기자본비용의 자본비용 전환　자기자본비용을 자본비용으로 전환하려면 두 가지 입력 변수가 더 필요하다. 첫째, 기업이 자금을 차입할 때 지급하는 이자율을 뜻하는 부채비용이다. 둘째, 자본비용 계산 시 가중치를 결정하는 부채비율이다. 이번 섹션에서는 비상장기업의 두 입력 변수를 추정하는 가장 좋은 방법을 알아본다.

부채비용　부채비용은 기업이 자금을 차입할 때 지급하는 이자율을 뜻한다. 상장기업의 부채비용은 대개 해당 기업이 발행한 회사채의 수익률을 활용하거나 신용등급을 통해 부도 스프레드를 구해서 추정한다. 하지만 비상장기업의 회사채는 대개 등급 평가 대상이 아니고 미상환 회사채가 없을 때도 많다. 따라서 다음 대안의 하나를 활용해야 한다.

- 비상장기업이 최근(예컨대 몇 주나 몇 달 이내) 자금을 차입했다면 그 이자율을 부채비용으로 적용한다. 부채비용은 현행 기준이어야 하므로 과거 발행한 회사채의 장부이자율(book interest rate)[1]은 대개 부채비용의 적합한 척도가 아니다.
- 비상장기업의 가치평가 동기가 IPO에 있다면 부채비용이 해당 기업이 속한 업종의 평균 부채비용 수준으로 수렴하리라고 가정한다. 비상장기업이 상장하고 나면 비교 기업과 유사한 부채 정책을 도입하리라고 가정하는 것과 같다.
- 앞서 8장에서는 상장기업의 부채비용을 추정하면서 이자보상배수를 활용해 합성신용등급을 추정한 후 등급별 부도 스프레드를 활용해 부채비용을 도출했다. 비상장기업은 상장기업과 비교해 규모가 작고 더 위험하다는 사실을 반영하려면 소형 상장기업으로 이루어진 부분집합의 이자보상배수와 신용등급 간 관계를 활용한다(표 24.2 참고).

예컨대 이자보상배수가 5.1배인 비상장기업의 부채비용을 추정해보자. 이에 해당

---

[1]　장부 이자율 = $\dfrac{\text{이자비용}}{\text{부채 장부가액}}$

[표 24.2] 이자보상배수와 신용등급

이자보상배수	신용등급
> 12.50	AAA
9.50~12.50	AA
7.50~9.50	A+
6.00~7.50	A
4.50~6.00	A-
3.50~4.50	BBB
3.00~3.50	BB
2.50~3.00	B+
2.00~2.50	B
1.50~2.00	B-
1.25~1.50	CCC
0.80~1.25	CC
0.50~0.80	C
< 0.50	D

하는 합성신용등급 A-와 부도 스프레드를 활용한다. 신용등급이 A-인 기업이 자금을 차입할 때 대개 무위험 이자율보다 1.25%포인트 높은 이자를 지급한다면, 그 부도 스프레드를 무위험 이자율에 더해서 비상장기업의 부채비용을 추정한다.

비상장기업의 은행 이자율이 유사 상장기업보다 높다면 이 접근법은 부채비용을 과소추정할 것이다. 만약 사적 거래를 위해 가치평가한다면 추가 스프레드를 더해서 이자율 차이를 반영해야 한다. 하지만 가치평가의 동기가 다른 상장기업에 매각하거나 IPO에 있다면 추가 조정하지 않는다.

부채비율 부채비율은 기업의 시장가치 중 부채 조달에서 비롯한 비중을 뜻한다. 상장기업에서는 주식의 시장가격과 회사채의 시장가치를 활용해 부채비율을 구한다. 비상장기업에서는 두 입력 변수를 얻는 것이 불가하므로 다음 대안의 하나를 택해야 한다.

- 앞서 차입 베타를 추정할 때 업종 평균 또는 목표 부채비율을 계산에 적용하는 방식을 다뤘다. 일관성을 유지하려면 같은 기준의 부채비율을 적용해 자본비용을 계산해야 한다. 차입 베타 추정에 업종 평균 부채자기자본비율을 활용했다면 자본비용 추정 시 업종 평균 부채총자본비율을 활용해야 한다. 차입 베타 계산에 목표 부채자기자본비율을 활용했다면 자본비용 계산 시 목표 부채총자본비율을 활용해야 한다.

- 비상장기업은 자기자본과 부채의 시장가치 정보가 존재하지 않는다. 가치평가를 통해 자기자본과 부채의 가치 추정치를 활용할 수 있지만, 그러한 분석은 순환 추론에 빠진다. 기업 가치와 주식 가치를 추정하려면 자본비용(나아가 부채비율)을 알아야 하는데, 자본비용을 추정하려면 주식 가치를 알아야 한다. 해결 방법은 값이 똑같아질 때까지 과정을 반복하는 것이다. 즉 장부가액 부채비율과 자본비용을 활용해 추정한 기업 가치와 주식 가치로 새로운 부채비율과 자본비용을 도출한 후 기업 가치와 주식 가치를 재추정한다. 자본비용 계산 과정에서 부채비율과 주식 가치가 가치 추정치와 똑같아질 때까지 반복한다.[2]

[예시 24.5] 부채비용 추정

인포소프트는 부채가 없기에 부채비용을 추정하지 않아도 된다. 체즈 피에르는 영업이익 40만 달러와 연간 리스료 12만 달러에 바탕을 두고 이자보상배수를 계산한다(단위: 달러).

$$이자보상배수 = 400,000/120,000 = 3.33(배)$$

표 24.2를 참고하면 이자보상배수 3.33배에 해당하는 합성신용등급은 BB다.
BB 등급 회사채의 부도 스프레드 4%를 무위험 이자율 3.5%에 더하면 체즈 피에르의 세전 부채비용 7.5%와 세후 부채비용 4.5%를 얻는다.

---

2 두 과정의 결괏값은 반드시 똑같아진다.

가치평가 바이블

$$세전 부채비용 = 무위험 이자율 + 부도 스프레드 = 3.5\% + 4\% = 7.5\%$$

$$세후 부채비용 = 7.5\% \times (1 - 0.40) = 4.5\%$$

[예시 24.6] 자본비용 추정

이번 장에서 지금까지 레버리지에 관해 가정했던 것과 일관성을 유지하면서 체즈 피에르와 인포소프트의 자본비용을 추정해보자. 앞서 체즈 피에르는 업종 평균 부채자기자본비율 22.08%를 유지하리라고 가정했다. 시장가치 부채총자본비율 기준으로는 18.09%에 해당한다. 인포소프트는 부채비율이 0%라는 가정을 유지한다.

체즈 피에르는 앞서 비분산투자하는 개인에게 매각할 때의 가치평가에서 총 베타를 2.83으로 추정했다. 가치평가 시점의 장기 국채 수익률 3.5%와 시장 위험 프리미엄 5%를 적용하면 자기자본비용 17.65%를 얻는다.

$$자기자본비용 = 3.50\% + 2.83 \times 5.00\% = 17.65\%$$

예시 24.5에서 도출한 세후 부채비용 4.5%를 적용한 자본비용은 다음과 같다.

$$자본비용 = 17.65\% \times 0.8191 + 4.50\% \times 0.1809 = 15.27\%$$

인포소프트는 앞서 IPO를 위한 가치평가에서 시장 베타를 1.60으로 추정했다. 장기 국채 수익률 3.5%와 위험 프리미엄 5%를 적용한 자기자본비용은 11.50%다.

$$자기자본비용 = 3.50\% + 1.60 \times 5\% = 11.50\%$$

인포소프트는 부채가 없으므로 자본비용 역시 11.50%다.

현금흐름

비상장기업이든 상장기업이든 주주 현금흐름과 기업 현금흐름의 정의는 똑같다. 주주 현금흐름은 세금과 부채 상환 및 발행, 재투자 소요 차감 후 기준 현금흐름이다. 기업 현금흐름은 세금 및 재투자 소요 차감 후, 부채 상환 차감 전 기준 현금흐름이다. 비상장기업의 현금흐름 추정에 영향을 미치는 세 가지 문제가 있다. 첫째, 소유경영자(owner-manager)의 급여를 적절히 반영하지 않는 비상장기업이 많다. 배당소득과 근로소득을 구별하지 않는 소유주가 많기 때문이다. 둘째, 소형 비상장기업은 개인 경비와 사업비를 뒤섞을 때가 많아서 이익을 잘못된 방식으로 측정한다. 셋째, 개인별 소득세율과 과세 상태(tax status)는 법인세율과 비교해 편차가 훨씬 크다.

소유주 급여와 주주 현금흐름 기업 가치평가에서 급여와 배당은 간단히 구별할 수 있다. 급여는 기업에 전문적인 서비스를 제공한 대가이며 영업비용으로 처리한다. 배당이나 다른 형태의 주주 현금 환원은 기업 주식에 대한 투자의 대가이며 주식 가치를 결정한다. 경영진과 주주가 분리된 상장기업에서는 급여(경영진에게 지급)와 배당(주주에게 지급)을 구별하기가 수월하다. 비상장기업에서는 소유주가 경영진인 동시에 유일한 주주일 때가 많다. 비상장기업이 주식회사가 아니라면 소유주의 소득을 급여로 분류하든 배당으로 분류하든 똑같은 세율이 적용된다. 예컨대 비상장기업 소유주는 급여 1만 달러와 배당 9만 달러를 받든 급여 9만 달러와 배당 1만 달러를 받든 아무런 차이가 없다. 그래서 소형 비상장기업에서는 소유주가 급여를 받지 않을 때가 많다. 급여를 지급하더라도 소유주가 기업에 제공한 서비스의 가치를 정확히 반영하지 않는다.

비상장기업 가치평가는 대개 기업이 보고한 영업이익에 바탕을 두고 미래를 예측한다. 소유주 급여에 대한 조정을 반영하지 않은 영업이익은 과대평가되었을 가능성이 커서 가치를 과대추정한다. 더 정확한 영업이익 추정치를 얻으려면 소유경영자가 수행하는 역할과 대체 채용 비용을 고려하여 적합한 보수를 추정해야 한다. 비상장기업 소유주가 계산원(cashier)이나 회계사, 재고관리자, 판매원 등 여러 역할을 수행한다면 급여는 해당 서비스를 담당할 사람을 채용하거나 외부에 맡길 때 드는 비용을 반영해야 한다.

개인 경비와 사업비의 혼재 비상장기업은 사업의 여러 측면에서 소유주가 전권을 갖기에 개인 경비와 사업비가 뒤섞이는 문제가 발생한다. 자택에 사무실을 두거나 보유 차량을 개인적인 용무와 사업 목적으로 모두 사용하며, 급여를 지급하거나 세금을 줄이기 위해 가족을 '유령 직원'으로 고용하기도 한다.

개인 경비가 사업비와 합쳐지거나 일부를 이룰 때 비상장기업의 영업이익은 개인 경비 차감 전 기준으로 추정해야 한다. 하지만 이러한 조정에도 문제가 있다. 비상장 기업 소유주는 대개 개인 경비 비중을 밝히기를 꺼릴 뿐 아니라 세금이 미치는 영향 도 고려해야 하기 때문이다.

세금 효과   상장기업의 가치평가에 적용하는 세율은 한계 법인세율이다. 상장기 업도 한계세율에 편차가 있지만, 비상장기업의 잠재 인수자에 적용되는 세율의 편차 가 훨씬 크다. 잠재 인수자가 법인이라면 법인세율이 적용되고, 개인일 때도 최고 한 계세율(고소득자)부터 제로(저소득자 또는 비영리조직)까지 다양하다. 세율은 (세후 영 업이익 계산 과정에서) 현금흐름뿐 아니라 (부채비율을 통해) 자본비용에도 영향을 미친 다. 따라서 비상장기업의 가치는 인수자가 누구인지에 따라 달라진다.

세전 또는 세후 기준

비상장기업의 아주 다양한 설립 형태에 따라 세금의 영향이 달라진다. 가장 단순한 형태인 개 인사업자(sole proprietorship)에서는 기업과 개인의 경계가 잘 구별되지 않고 사업에 의한 소득 을 소유주 개인의 소득으로 신고한다. 가치평가 관점의 해결책 역시 단순하다. 소유주의 소득세 부채를 차감한 현금흐름을 계산한 후 소유주가 감수한 위험을 보상하는 수준의 세후 수익률로 할 인한다. 하지만 세율이 서로 다른 잠재 인수자에 따라 가치도 달라질 수 있다.

파트너십(partnership, 2인 이상의 파트너가 공동 사업을 영위하기 위해 설립한 조직으로서 조 합과 합명·합자회사가 해당한다 – 옮긴이)일 때는 문제가 더 복잡해진다. 파트너별 출자비율에 따 라 소득을 나눈 후 각자 소득세를 신고하고 납부한다. 파트너 간 세율이 비슷한 수준일 때는 단일 세율을 적용해 세후 현금흐름을 계산한 후 세후 위험 조정 수익률로 할인한다.

마지막으로 S 법인(S corporation, 미국 주식회사는 C 법인과 S 법인으로 나뉜다 – 옮긴이) 사 례를 보자. 법인 소득은 과세하지 않고, 배당이 없더라도 주주 개인의 지분율에 따라 세금을 내는 형태다. 반면 상장기업 주주는 배당소득에 대해서만 세금을 내고, 주식을 매도하기 전까지 자본이득세를 이연할 수 있다. S 법인은 다음 방법 중 하나로 가치를 평가한다.

1. 파트너십의 가치평가에 적용한 논리를 적용해 주주에게 적용되는 세율을 규명한다. 여기에 바탕을 두고 세후 현금흐름을 추정한 후 세후 위험 조정 수익률로 할인한다.
2. 세전 현금흐름을 세전 위험 조정 수익률로 할인한다.

여러 사례에서 가치평가의 핵심은 주어진 현금흐름에 적합한 할인율을 적용하는 것이다.

CAPM이나 변형 모형을 활용해 추정한 상장기업의 할인율은 법인세 차감 후, 개인 소득세 차감 전 요구수익률이다. 같은 위험-수익 모형에 바탕을 두고 비상장기업의 할인율을 추정할 때 현금흐름이 개인 소득세 차감 후 기준이라면 할인율도 같은 기준으로 조정해야 한다는 점을 유념하라. 예컨대 2011년 6월 상장기업의 평균 자기자본비용은 약 8%였고, 배당소득세율과 자본이득세율은 15%였다. 한계투자자의 전체 수익에 똑같은 세율이 적용된다면 개인 소득세 차감 후 자기자본비용은 6.8%라고 할 수 있다.

[예시 24.7] 영업이익과 순이익

체즈 피에르 소유주의 재무제표상 보고이익에서 출발해 현금흐름을 추정해보자. 표 24.3처럼 최근 회계연도의 매출은 120만 달러였고 영업이익은 40만 달러, 순이익은 24만 달러였다(단위: 1,000달러).

[표 24.3] 손익계산서: 체즈 피에르

	보고	조정
매출	1,200.00	1,200.00
- 운용리스료	120.00	
- 리스자산 귀속 감가상각비		50.38
- 급여	200.00	350.00
- 원재료	300.00	300.00

가치평가 바이블

- 기타 영업비용	180.00	180.00
영업이익	400.00	319.62
- 귀속 이자비용	0.00	69.62
과세소득	400.00	250.00
- 세금	160.00	100.00
순이익	240.00	150.00

조정의 핵심은 두 가지다. 첫째, 셰프를 겸하는 소유주는 급여를 받지 않았다. 따라서 신규 셰프 채용과 관련한 기대비용 15만 달러를 급여에 더했다. 둘째, 운용리스료를 금융비용으로 전환했다. 즉 예시 24.5에서 추정한 세전 부채비용 7.5%에 바탕을 두고 리스계약(향후 12년간 연 12만 달러 지급)을 자본화했다.

$$\text{리스계약의 현재가치} = 120.00 \times \text{연금 현가 계수(7.5\%, 12년)} = 928.23$$

자본화는 손익계산서상 두 가지 항목에 영향을 준다.

$$\text{귀속 이자비용} = 928.23 \times 0.075 = 69.62$$
$$\text{귀속 감가상각비} = \text{당기 리스료} - \text{귀속 이자비용} = 120.00 - 69.62 = 50.38$$

조정 후 영업이익은 31만 9,620달러로, 순이익은 15만 달러로 감소했다.

인포소프트는 비상장기업이지만 IPO를 염두에 두고 상장기업처럼 경영했다. 다음 표는 인포소프트의 영업이익을 보여준다.

매출 및 기타 영업이익	10,000
- 영업비용	8,300
- 감가상각비	200
영업이익	1,500
- 이자비용	0
과세소득	1,500
- 세금	600
순이익	900

성장률

비상장기업의 성장률은 과거 기록이나(역사적 성장률) 펀더멘털을 통해 추정할 수 있다(재투자율과 투하자본이익률). 이번 섹션에서는 비상장기업의 성장률 추정에 따르는 문제를 살펴본다.

성장률 추정 앞서 상장기업의 성장률은 세 가지 방법(역사적 성장률, 애널리스트 추정치, 펀더멘털)으로 추정할 수 있다고 했다. 비상장기업은 애널리스트의 성장 전망치가 존재하지 않고, 역사적 성장률 수치를 활용할 때도 주의해야 한다. 많은 비상장기업이 회계기준을 빈번하게 변경하므로 시간이 흐르면서 보고이익의 증감이 실제 이익의 증감을 반영하지 못할 때도 있다. 나아가 비상장기업은 이익을 분기가 아닌 연간 단위로 측정할 뿐 아니라 상장기업보다 역사가 짧아서 역사적 성장률 추정에 활용할 데이터가 훨씬 적다.

역사적 성장률과 애널리스트의 전망치 부재 또는 부족으로 인해 비상장기업의 성장률 추정은 펀더멘털에 더 의존적이다. 영업이익의 기대성장률은 재투자율과 자본이익률의 함수로서 보유 자산의 자본이익률이 변하면 추가 영향을 미친다.

$$기대성장률 = 재투자율 \times 투하자본이익률$$

비상장기업의 재투자율과 자본이익률은 해당 기업의 역사를 검토하거나 같은 업종 내 상장기업의 평균을 통해 추정할 수 있다.

[예시 24.8] 성장률 추정

이번 장에서 다루는 두 기업의 성장률을 추정하는 과정은 서로 다르다. 체즈 피에르는 운영 능력이 한계에 이르렀고 인플레이션율보다 더 빠르게 성장할 가능성이 없는 성숙 레스토랑이다. 따라서 남은 리스계약 기간인 향후 12년간 명목성장률 12%를 적용하고, 12년 차 말 레스토랑을 청산한다고 가정한다. 수명이 유한하고 실질 성장하지 않는다는 가정은 재투자율이 제로라는 뜻과 같다.

인포소프트는 전통적인 방법과 더 유사하게 성장률을 추정한다. 먼저 현행 투하자본이익률, 즉 최근 회계연도의 세후 영업이익을 당기 초 투하자본의 장부가액[3]으로 나눈 값을 추정한다. 이때 예시 24.7에서 도출한 영업이익을 적용하고, 한계 법인세율은 40%로 둔다(단위: 1,000달러).

---

3   상장기업과 마찬가지로 연구개발비를 자본화했으므로 투하자본 계산 시 연구자산이 포함된다.

$$자본이익률 = \frac{영업이익 \times (1 - 세율)}{부채의\ 장부가액_{직전\ 연도} + 자기자본의\ 장부가액_{직전\ 연도} - 현금_{직전\ 연도}}$$

$$= \frac{1,500 \times (1 - 0.40)}{0 + 5,000 - 500} = 20.00\%$$

다음으로 최근 회계연도 재투자액(자본적 지출과 운전자본)을 세후 영업이익으로 나누어서 재투자율을 추정한다. 재무제표상 자본적 지출이 96만 달러였고 감가상각비가 20만 달러였으며 비현금 운전자본이 10만 달러에서 15만 달러로 늘었으므로 재투자율은 다음과 같다.

$$재투자율 = \frac{자본적\ 지출 - 감가상각비 + 운전자본의\ 증감}{EBIT \times (1 - t)} = \frac{960 - 200 + 50}{1,500 \times (1 - 0.40)} = 90\%$$

향후 5년간 자본이익률과 재투자율이 현행 수준을 유지하리라고 가정하면 영업이익의 기대성장률은 다음과 같다.

$$기대성장률 = 20\% \times 90\% = 18\%$$

자본이익률이나 재투자율이 시간이 흐르며 변한다면 이에 따른 영향도 성장률에 반영해야 한다(11장을 참고하라 - 옮긴이).

성장의 지속성　상장기업 가치평가에서는 기업이 생존하지 못할 위험을 반영하기도 했지만 대개 무한한 수명을 가정했다. 하지만 비상장기업에 영구적 수명을 가정할 때는 훨씬 신중해야 한다. 기존 CEO를 후임자가 대체하는 과정이 빈번한 상장기업과 달리 비상장기업은 소유경영자가 가족 중에서 후계자를 찾을 때가 많을뿐더러 언제나 성공적인 결과를 낳지도 않는다.

가치평가에 시사하는 바는 무엇인가? 첫째, 비상장기업의 잔존가치는 상장기업보다 낮을 것이다. 기업이 미래 언젠가(예컨대 현 소유주가 은퇴할 때) 영업을 중단하리라고 가정한다면 그때 자산의 청산가치를 잔존가치로 추정할 수 있다. 일반적으로 청산가치는 계속사업 가치보다 낮다. 둘째, 비상장기업 중에서도 소유주가 후계자에게 승계하는 일을 계획하는 기업이 그렇게 준비하지 않는 기업보다 가치가 높을 것이다.

일부 비상장기업은 특히 규모가 증가하면서 전문 경영인을 두기도 하는 등 상장기업을 닮아간다. 이때는 상장기업에 적용한 영구성장 가정을 적용해도 된다.

앞서 체즈 피에르의 수명을 12년으로 가정했다. 리스계약 종료 후 레스토랑이 문을 닫고 자산을 장부가액 50만 달러에 청산한다고 가정한다.

인포소프트는 향후 10년간 계속해서 성장하고 재무적으로 건전한 상장기업이 되리라고 가정한다. 따라서 계속기업 가치가 청산가치보다 높아야 한다. 10년 차 이후 기대성장률은 3%로 가정한다. 규모가 커질수록 현행 자본이익률 20%를 지속하기가 훨씬 어려워질 것이다. 따라서 10년 차 이후 자본이익률이 12%로 하락한다고 가정한다. 두 가정에 바탕을 둘 때 10년 차 이후 재투자율은 25%다.

$$\text{재투자율} = \frac{\text{안정 성장률}}{\text{안정 ROIC}} = \frac{3\%}{12\%} = 25\%$$

또한 인포소프트의 베타가 10년 차 이후 1.20으로 하락하고 차입능력을 얼마간 활용하리라고 가정한다. 부채비율은 0%에서 10%로 상승하고 부채비용은 5%다. 따라서 자기자본비용과 자본비용은 다음과 같다.

$$\text{자기자본비용} = 3.50\% + 1.20 \times 5.00\% = 9.50\%$$
$$\text{세후 부채비용} = 5.00\% \times (1 - 0.40) = 3.00\%$$
$$\text{자본비용} = 9.50\% \times 0.90 + 3.00\% \times 0.10 = 8.85\%$$

'핵심 인물'이 가치에 미치는 영향

특히 서비스 산업에 속한 신생기업의 성공은 소유주나 몇몇 핵심 인물에 달려 있을 때가 많다. 핵심 인물이라고 하면 대개 최고 경영진이나 창업자 등 최고위층을 떠올리지만 그림 24.1처럼 사업에 따라 수행하는 역할이 다양하다.

따라서 핵심 인물 몇 명이 떠난다면 가치 추정치가 변할 것이다. 가치평가에서 핵심 인물 할인을 판단하려면 먼저 (핵심 인물이 남아 있는) 현재 상태 그대로 가치를 평가한 후 그들이 떠나면서 매출과 이익, 기대현금흐름에 미칠 영향을 반영해 다시 가치평가한다. 핵심 인물이 떠나면서 이익과 현금흐름이 감소하는 만큼 기업 가치가 하락할 것이고 각 가치 동인에도 변화가 나타날 것이다(그림 24.1 참고) 핵심 인물의 가치를 평가하려면 기업 가치를 두 번 평가해야 한다. 하나는 현상 유지(핵심 인물이 계속해서 일할 때) 가치이고, 다른 하나는 핵심 인물이 퇴사했을 때의 가치다.

[그림 24.1] 핵심 인물이 미치는 영향

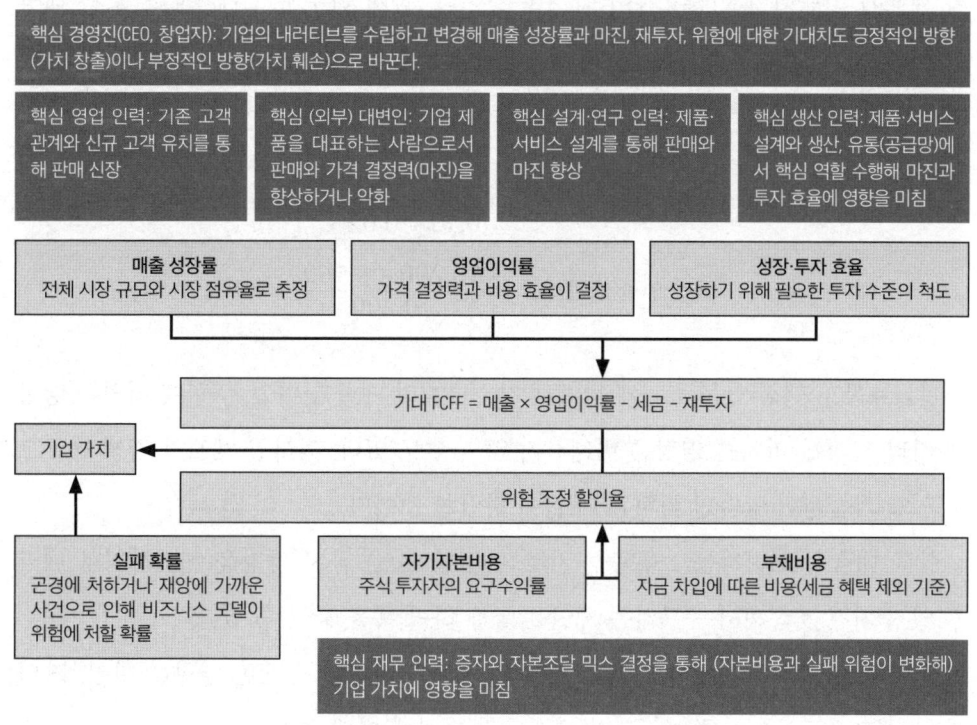

$$핵심\ 인물이\ 가치에\ 미치는\ 영향\ =\ 기업\ 가치_{현상\ 유지}\ -\ 기업\ 가치_{핵심\ 인물\ 퇴사}$$

이 값을 현상 유지 가치로 나누면 핵심 인물 효과를 비율 기준으로 판단할 수 있다.

$$핵심\ 인물\ 효과(\%)\ =\ \frac{기업\ 가치_{현상\ 유지}\ -\ 기업\ 가치_{핵심\ 인물\ 퇴사}}{기업\ 가치_{현상\ 유지}}$$

예를 들어 셰프와 소유주 덕분에 유명한 어느 레스토랑이 매각 제의를 받았다고 하자. 지난해 세후 현금흐름은 100만 달러였고 기대성장률은 2%이며 자본비용은 12%다. 입력 변수에 바탕을 두면 레스토랑의 가치는 1,020만 달러다(단위: 1,000달러).

$$레스토랑의\ 가치_{현상\ 유지}\ =\ \frac{다음\ 연도\ 기대\ 현금흐름}{자본비용\ -\ 성장률}\ =\ \frac{1{,}000\times1.02}{0.12-0.02}\ =\ 10{,}200$$

하지만 레스토랑의 매출과 현금흐름의 일부는 셰프 덕분에 발생했다고 볼 수 있기에 셰프가 떠난다면 현금흐름이 감소할 것이다. 잠재 인수자가 레스토랑 고객 대상 설문조사를 실시해서 현 셰프가 떠난다면 현금흐름이 20% 감소하리라는 결과를 얻었다고 하자. 핵심 인물이 떠났을 때 레스토랑의 가치는 현상 유지 가치보다 낮다.

$$\text{레스토랑의 가치}_{\text{핵심 인물 퇴사}} = \frac{800 \times 1.02}{0.12 - 0.02} = 8{,}160$$

$$\text{핵심 인물 효과}(\%) = \frac{10{,}200 - 8{,}160}{10{,}200} = 20\%$$

현금흐름도 핵심 인물 효과에 비례해 감소하지만 매출과 마진, 위험에 미치는 영향에 따라 가치에 미치는 영향은 비례하지 않을 수도 있다. 퇴사한 셰프가 경쟁 레스토랑을 열 가능성이 있다면 가치는 더 많이 하락할 것이다.

향후 매각을 고려하는 소유주는 셰프와 경업(競業) 금지 약정을 체결하거나 매각 후 일정 기간 계속해서 근무하는 제안을 통해 하락 폭을 줄일 수 있다.

규모가 큰 상장기업에서도 핵심 인물의 퇴사는 가치에 중대한 영향을 미칠 수 있다. 실제로 2024년 일론 머스크가 테슬라의 가치에 어떤 영향을 미치는지를 두고 많은 사람이 갑론을박했다.

비유동성 할인

어떤 기업의 지분을 취득할 때는 대개 필요시 지분을 현금화할 수 있는 선택지도 갖기를 원한다. 유동성이 필요한 이유는 현금흐름 확보 차원뿐 아니라 투자자가 포트폴리오 구성을 변경하고 싶어 할지도 모르기 때문이다. 상장기업은 현금화 과정이 간단하고 비용도 얼마 안 든다(유동성이 높은 주식의 거래비용은 그 가치의 몇 퍼센트에 불과하다). 하지만 비상장기업 지분의 유동화 비용은 그보다 훨씬 클 수 있다. 따라서 비상장기업의 주식 가치는 잠재적인 비유동성에 대해 할인해야 할지도 모른다. 이번 섹션에서는 비유동성 할인의 결정 요인과 가장 좋은 추정 방법을 다룬다.

비유동성 할인의 결정 요인　비유동성 할인은 기업과 인수자에 따라 달라지기에 경험 법칙이 무의미하다. 먼저 기업별 할인의 차이를 낳는 네 가지 요인을 살펴보자.

1. 기업이 보유한 자산의 유동성: 만약 자산의 유동성이 높고 큰 손실 없이 매각할 수 있다면 비상장기업의 매각이 힘들다는 사실도 큰 의미가 없다. 현금과 유가증권을 대량 보유한 비상장기업은 공장이나 잠재 인수자가 극소수인 자산을 보유한 비상장기업보다 비유동성 할인 폭이 작아야 한다.
2. 기업의 재무 건전성과 현금흐름: 재무적으로 건전한 비상장기업은 그렇지 않은 기업보다 매각이 수월하다. 특히 견고한 이익과 플러스 현금흐름을 보이는 기업은 이익과 현금흐름이 마이너스인 기업보다 유동성 할인 폭이 작아야 한다.
3. 미래 상장 가능성: 비상장기업이 미래에 상장할 가능성이 클수록 가치에 대한 비유동성 할인 폭이 작아야 한다. 따라서 상장 확률은 비상장기업의 가치평가에 반영된다. 예컨대 1998년이나 1999년에 비상장 이커머스 기업의 소유주는 자사 기업 가치에 비유동성 할인을 적용하지 않아도 무방했다. 당시 이커머스 기업은 손쉽게 상장할 수 있었기 때문이다.
4. 기업의 규모: 기업 가치 대비 비율로 표현한 비유동성 할인은 기업 규모가 증가할수록 감소한다. 다시 말해 카길(Cargill)이나 코흐 인더스트리즈(Koch Industries)처럼 가치가 수십억 달러에 이르는 비상장기업의 기업 가치 대비 비유동성 할인 폭은 가치가 1,500만 달러인 소형 기업보다 작아야 한다.

비유동성 할인은 잠재 인수자에 따라 달라지기도 한다. 개인마다 원하는 유동성의 정도가 다르기 때문이다. 자금력이 충분해서 지분을 현금화할 필요가 없는 장기적 관점의 인수자는 안전마진이 낮은 단기적 관점의 인수자보다 훨씬 작은 비유동성 할인을 요구할 것이다.

실증적인 증거와 관행　비상장기업 가치평가에서 비유동성 할인을 어느 정도 적용해야 할까? 할인 자체는 관찰이 불가하기에 실증적인 관점에서 답하기는 몹시 어려운 질문이다. 모든 비상장기업 매각 거래의 계약 조건을 확보하더라도 확인할 수 있는 정보가 매매가뿐이라는 점을 유념하라. 비유동성 할인은 가치와 가격의 차이로 정의하지만, 계약서에는 비상장기업의 가치가 기재되어 있지 않다.

사실 비유동성 할인에 관한 증거의 대다수는 상장기업의 제한부 주식을 연구한 결과다. 제한부 증권은 상장기업이 사모발행(private placement, 제3자 배정)을 통해 투자자에게 발행했지만 미 증권거래위원회에 등록되지 않은 증권이다. 1년 보유 기간 내에는 유통시장에서 매도할 수 없고, 이후에도 제한적인 수량만 매도할 수 있다. 제한부 주식의 발행가격은 현행 시장가격보다 훨씬 낮게 책정하므로 그 차이를 비유동성 할인으로 볼 수 있다. 이러한 방식으로 비유동성 할인 폭을 분석한 연구가 여럿 있다.

1. 마허(Maher, 1976)는 1969~1973년 뮤추얼펀드 네 곳의 제한부 주식 매수를 연구한 결과 해당 기업 상장주식의 주가보다 평균 35.43% 할인된 가격에 거래되었다고 결론 내렸다.
2. 모러니(Moroney, 1973)는 1970년부터 10개 투자회사의 146건에 이르는 제한부 주식 발행 인수 데이터를 활용해 할인이 평균 35%에 달했다고 결론 내렸다.
3. 실버(Silber, 1991)는 1984~1989년 제한부 주식 발행을 연구해 할인이 평균 33.75%에 달했다고 결론 내렸다.

따라서 비유동적 투자에 관해서는 적어도 평균적으로는 상당한 할인이 적용되는 것으로 보인다. 비유동성 할인을 추정하는 기존 방식은 대부분 평균값에 바탕을 두었다. 경험 법칙에서는 대개 비유동성 할인을 추정 가치의 20~30% 정도로 책정하는데, 기업별 차이는 고려하지 않는다.

실버(1991)는 다양한 제한부 주식별로 비유동성 할인 정도가 달라지는 원인을 설명할 요인을 연구했다. 즉 다음 회귀 모형을 도출해 할인 정도를 관측 가능한 기업 특성(매출과 제한부 주식 발행의 규모 등)으로 설명했다.

$$\ln(RPRS) = 4.33 + 0.036 \ln(REV) - 0.142 \ln(RBRT)$$
$$+ 0.174 \ DERN + 0.332 \ DCUST$$

여기서　　RPRS = 제한부 주식 가격/비제한부 주식 가격 = 1 − 비유동성 할인
　　　　　　REV = 비상장기업의 매출(100만 달러)
　　　　RBRT = 보통주 주식 수 대비 제한부 주식 수 비율(%)
　　　　DERN = 흑자라면 1, 적자라면 0
　　　　DCUST = 투자자가 고객이라면 1, 아니라면 0

비유동성 할인 폭은 매출이 클수록 증가하고 제한부 주식 수가 적을수록 감소한다. 흑자이고 투자자가 기업의 고객일 때 할인 폭이 작아진다.

　연구는 이전 섹션에서 비유동성 프리미엄을 다루며 규명했던 결정 요인과 일관된 결과를 보여준다. 특히 (적어도 매출 척도의) 대형 기업과 재무적으로 건전한(흑자를 재무 건전성의 척도로 두었다) 기업일수록 할인 폭이 작았다. 여러 비상장기업에 똑같은 비유동성 할인을 적용하는 관례는 틀렸고, 기업별 차이를 반영해야 한다는 뜻이다.

비유동성 할인 추정　　비상장기업 간 차이를 반영해 비유동성 할인을 조정한다면 추정 문제를 마주하게 된다. 차이를 어떻게 측정해서 추정치에 반영할 것인가? 두 가지 방법이 있다. 첫째, 제한부 주식을 분석한 결과를 확장해 비유동성 할인을 추정한다. 다시 말해 기업의 매출 수준과 흑자 여부에 따라 할인계수를 조정한다. 둘째, 상장기업의 매수-매도 호가 차이 수준과 비유동성 할인의 관계를 분석한 실증적 연구 결과를 확장한다.

제한부 주식과 IPO　　실버가 제한부 주식과 관련해 도출했던 회귀 모형을 다시 살펴보자. 연구 결과는 제한부 주식에 그치지 않고, 매출의 함수로 결정되는 비유동성 할인을 어느 정도 줄여야 할지에 관한 척도를 제시한다. 매출이 2,000만 달러인 기업의 비유동성 할인계수는 1,000만 달러인 기업보다 1.19%포인트 낮아야 한다. 따라서 흑자 기업을 대상으로 특정 매출 수준(예컨대 1,000만 달러)에서 벤치마크 할인계수를 도출한 후 그보다 크거나 작은 매출의 개별 기업에 맞춰 조정할 수 있다. 회

[그림 24.2] 비유동성 할인: 매출 1,000만 달러 흑자 기업의 할인계수 25%를 벤치마크로 적용

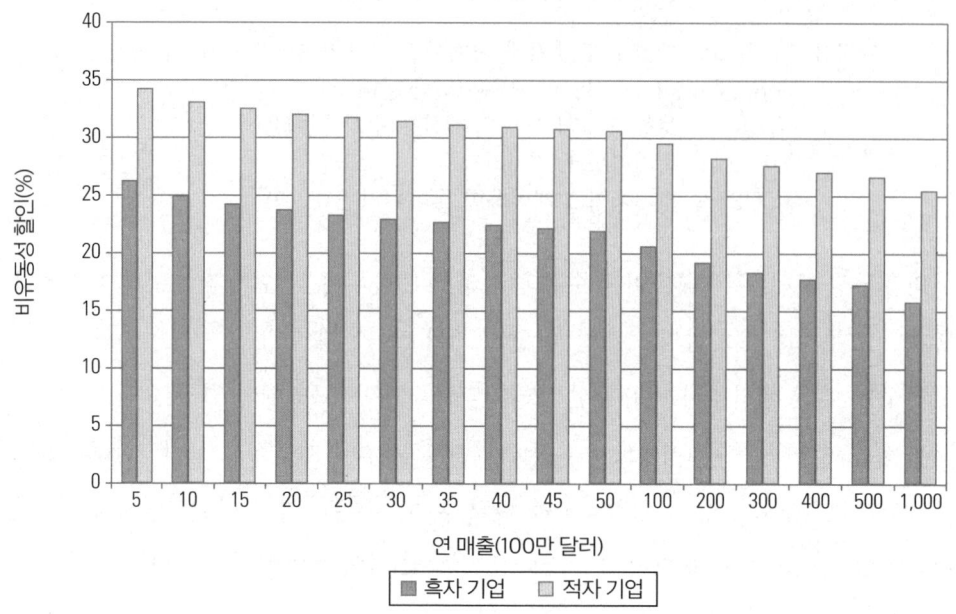

귀 모형은 흑자 기업과 적자 기업을 구별하는 데도 활용할 수 있다. 그림 24.2는 다양한 매출 수준에서 흑자 기업과 적자 기업의 비유동성 할인 차이를 보여준다. 매출이 1,000만 달러인 흑자 기업의 비유동성 할인계수 25%를 벤치마크로 적용했다.

몇 안 되는 제한부 주식에서 도출한 회귀 모형을 비상장기업의 비유동성 할인 추정으로 확장하면 분명 위험 요소가 따른다. 하지만 적어도 할인계수를 조정하는 지침으로 삼을 수는 있다.

후속 연구에서는 IPO 직전에 창업자나 벤처캐피털리스트가 서로 지분을 매매하는 거래를 분석해 비유동성 할인을 계량화했다. 여기에서 비유동성 할인은 IPO 공모가(관측 가능)와 거래가의 차이로 볼 수 있는데 아직 유동성이 떨어지는 IPO 직전 시점에 거래가 이뤄지므로 대개 거래가가 더 낮다. 연구에서 도출한 비유동성 할인 폭은 40%를 초과할 만큼 몹시 커서 신뢰하기가 어렵다. 진정한 비유동성 할인 대용값이 아니라 표본 편향을 반영한 결과일 가능성이 크다.

가치평가 바이블

매수-매도 호가 차이 접근법　제한부 주식이나 IPO에 바탕을 둔 연구의 가장 큰 한계는 표본이 적고 편향이 존재한다는 것이다. 특히 건전한 상장기업은 제한부 주식을 발행하지 않고, IPO를 계획하고는 실제 진행하지 않는 기업이 몹시 많다(이들은 IPO 연구 대상에서 제외된다)는 사실에서 편향이 비롯한다.

비유동성 할인 현상을 보이는 대규모 표본을 확보한다면 훨씬 더 정확한 추정치를 얻을 것이다. 시장에서 거래되는 자산도 완전히 유동적이지는 않다는 사실을 고려할 때 대규모 표본은 이미 존재한다고 볼 수도 있다. 실제로 유동성은 상장기업 주식에서도 편차가 크다. 뉴욕증권거래소(NYSE)에 상장된 기업은 장외시장에 상장된 소형기업보다 유동성이 훨씬 높지만, 많은 사람이 보유하는 시가총액 대형주보다는 훨씬 낮다. 시장에서 거래되는 자산에서 관측 가능한 매수 호가와 매도 호가의 차이(매수-매도 호가 차이)는 사실 즉각적인 유동성(instant liquidity)에 대해 치르는 비용으로 볼 수 있다. 자산을 매수했던 투자자가 생각을 바꿔 즉시 매도한다면 호가 차이를 지불해야 한다.

매수-매도 호가 차이는 25센트나 50센트에 불과할 때도 있지만, 주가 단위당 비율로 표현하면 훨씬 큰 비용처럼 느껴질 것이다. 2달러에 거래되는 주식의 매수-매도 호가 차이가 25센트라면 12.5%에 해당한다. 주가 단위당 금액이 더 크고 유동성이 아주 높은 주식은 주가 대비 비유동성 할인이 0.5% 미만일 수도 있지만, 그래도 제로는 아니다.

비상장기업의 비유동성 할인이 시사하는 바는 무엇인가? 비상장기업 지분을, 상장되어 있지만 거래가 이루어지지 않는 주식이라고 생각해보자. 앞서 다룬 논리의 연장선에서 이렇게 거래되지 않는 주식의 매수-매도 호가 차이가 꽤 클 것으로 예상할 수 있다. 거래되지 않는다는 것이 비유동성 할인의 본질이기 때문이다.

매수-매도 호가 차이에 바탕을 두고 비유동성 할인을 추정하려면 상장기업의 호가 차이(주가 대비 비율 척도)와 비상장기업의 측정 가능 변수 간 관계를 규명해야 한다. 예컨대 매수-매도 호가 차이를 비상장기업의 매출과 흑자 기업 여부를 반영한 가변수에 대해 회귀분석한 후 제한부 주식과 관련한 회귀 모형을 더 많은 표본으로 확장할 수 있다. 나아가 상장주식의 거래량을 독립 변수로 두고 비상장기업에는 제로(0)를 적용할 수도 있다. 2000년 말 이후 데이터를 활용해 나스닥 상장주식의 매수-매도 호가 차이를 매출과 흑자 여부를 보여주는 가변수, 기업 가치 대비 현금 비율, 거래량에 대해 회귀분석한 결과는 다음과 같다.

$$\text{매수-매도 호가 차이} = 0.145 - 0.0022 \ln(\text{연 매출}) - 0.015(\text{DERN})$$
$$- 0.016(\text{현금/기업 가치}) - 0.11(\text{월간 거래액/기업 가치})$$

$$\text{여기서} \quad \text{DERN} = \text{가변수로서 흑자라면 0, 적자라면 1}$$
$$\text{현금/기업 가치} = \text{현금/(총부채 + 시가총액)}$$

대상 비상장기업의 값을 대입하면(거래액은 제로) 매수-매도 호가 차이 추정치를 얻는다.

옵션으로서 비유동성 유동성의 가치는 무엇인가? 다시 말해 자산을 보유하는 투자자가 유동성이 떨어졌다고 느낄 때는 언제인가? 유동성의 가치는 자산 가격이 가장 고평가되었을 때 매도를 가능케 한다(유동성이 떨어지면 매도할 수 없는 비용을 치른다)는 점에서 비롯한다는 주장이 있다. 자산 소유주가 고평가 시점이 언제일지 알 수 있는 특수 상황에서는 비유동성의 가치를 옵션으로 해석할 수 있다.

롱스태프(Longstaff, 1995)는 완벽한 시점 선택 능력을 갖춘 투자자가 자산을 보유했지만 일정 기간(t) 매매할 수 없는 상황을 가정해 옵션의 상한선을 연구했다. 매매 제한이 없다면 투자자는 자산 가격이 가장 높을 때 매도할 것이고, 최고가를 기준으로 추정하는 룩백옵션(look-back option, 일정 기간 내 기초자산의 가격 추이에서 가장 유리한 가격을 행사가격으로 두는 옵션 - 옮긴이)의 가치는 비유동성 가치의 상한선이 된다.[4] 이 방식으로 롱스태프는 서로 다른 매매 제한 기간과 자산 변동성을 보이는 자산 가치와 비교해 시장성(marketability)의 가치가 어느 정도인지 추정했다.

이는 완벽한 시점 선택자를 가정했기에 비유동성 가치의 상한선이 될 수 있음을 유

---

4   가격이 어떻게 움직일지 알고 가장 유리한 조건일 때 매도한다고 가정하기 때문이다.

넘하라. 투자자가 자산 가격이 언제 최고가를 기록할지 모른다면 비유동성의 가치는 롱스태프의 추정치보다 낮아진다. 그의 연구 결과를 일반화한 결론도 유효하다. 비유동성에 따르는 비용(기업 가치 대비 비율로 추정)은 변동성이 큰 자산일수록, 매매 제한 기간이 길수록 더 크다. 옵션가격결정모형을 활용해 비유동성의 가치를 평가하려는 시도도 있었지만 결과는 다소 엇갈린다. 가장 많이 사용하는 변형 모형은 매매 제한 기간에 대한 유동성을 풋옵션으로 해석한다. 예컨대 2년간 매매가 제한된 소유주가 보유한 자산 가치에 대한 비유동성 할인은 만기가 2년인 등가격(at-the-money) 풋옵션으로 모형화한다.[5] 물론 직관과 이론상 문제가 없지는 않다. 첫째, 유동성이 있다고 해서 향후 2년 동안 특정일(자산 가격이 최고가일 때)에 시장가격으로 자산을 매도할 수는 없고, 언제든 현행 가격으로 판매할 수 있다는 가능성을 의미할 뿐이다.[6] 둘째, 옵션가격결정모형이 바탕을 두는 지속적인 가격 움직임과 차익 거래라는 가정이 비유동성 자산에도 적용 가능한지가 명확하지 않다.

유동성의 가치는 결국 투자자가 자산을 사전에 정한 가격으로 매매 제한 기간에 매도할 수 있는 데서 비롯해야 한다. 룩백옵션은 완벽한 시점 선택자 가정을 통해 기간 내 최고가에 매도할 수 있으므로 유동성 가치의 상한선을 이룬다. 완벽한 시점 선택 가정 없이 옵션가격결정모형으로 비유동성의 가치를 평가할 수 있을까? 원칙을 엄격히 지키기에 주가가 매수가보다 25% 상승하면 항상 매도하는 투자자를 생각해보자. 일정 기간(예컨대 2년) 매매가 제한된 상황이라면 원칙을 지키기가 어려울 것이다. 따라서 비유동성의 가치는 풋옵션 가치(매수가보다 25% 높은 행사가격과 만기 2년을 적용해 추정)와, 향후 2년간 주가가 25% 이상 상승할 확률을 곱해서 도출할 수 있다.

옵션가격결정모형을 활용해 비상장기업의 비유동성을 가치평가한다면 입력 변수는 기초자산, 즉 비상장기업과 그 가치의 표준편차다. 비상장기업에서 두 변수를 추

---

5   데이비드 채프는 1993년 연구에서 블랙-숄스 옵션가격결정모형과 60~90%에 이르는 기초자산 변동성을 활용해 추정한 결과 비유동성 할인이 28~49%에 이른다는 결과를 얻었다.
6   풋옵션이 유동성과는 아무 관계가 없다는 점은 간단히 증명할 수 있다. 유동성이 높은 상장기업 주식에 투자했는데 현시점 주가가 50달러라고 하자. 만기가 2년이고 행사가격이 50달러인 풋옵션은 기초주식이 완전히 유동적이라고 가정해도 가치가 상당할 것이다. 풋옵션의 가치는 유동성이 아니라 미래를 대비하기 위해 지불할 의사가 있는 가격 수준에서 비롯한다.

정하기는 다소 어렵지만 업종 평균이라는 대안이 있다.

[예시 24.10] 비유동성 할인 추정: 체즈 피에르

체즈 피에르는 가치평가 목적이 사적 거래이므로 비유동성 할인을 고려해야 한다. 앞서 다뤘던 할인 정도를 추정하는 두 가지 접근법을 모두 검토해보자.

1. **제한부 주식 접근법**: 체즈 피에르의 비유동성 할인을 추정하기 위해 매출이 1,000만 달러인 기업의 할인계수를 25%로 가정한다(벤치마크). 체즈 피에르의 매출은 120만 달러로서 벤치마크 기업보다 작기에 더 많이 할인해야 한다. 추정 결과 매출이 1,000만 달러인 기업과 120만 달러인 기업의 비유동성 할인계수 차이는 3.75%포인트였다. 먼저 실버의 회귀 모형을 활용해 매출이 1,000만 달러인 기업의 비유동성 할인계수를 추정한다.

$$\text{비유동성 할인}_{\text{벤치마크}} = \frac{100 - \exp[4.33 + 0.036 \times \ln(10) - 0.142 \times \ln(100) + 0.174 \times 1]}{100} = 48.94\%$$

마찬가지로 매출이 120만 달러인 기업의 비유동성 할인계수도 추정한다.

$$\text{비유동성 할인}_{\text{매출 120만 달러 기업}} = \frac{100 - \exp[4.33 + 0.036 \times \ln(1.2) - 0.142 \times \ln(100) + 0.174 \times 1]}{100} = 52.69\%$$

$$\text{할인 상승 폭} = 52.69\% - 48.94\% = 3.75\%\text{포인트}$$

따라서 벤치마크 할인 25%에 더 낮은 매출을 반영해 추가 할인한 28.75%가 체즈 피에르의 비유동성 할인계수 추정치다.

2. **매수-매도 호가 차이 접근법**: 앞서 살펴본 회귀 모형에 매출뿐 아니라 체즈 피에르가 흑자를 내고 보유 현금이 기업 가치 대비 1%라는 사실을 반영한 독립 변수를 추가할 수도 있다.

$$\text{매수 - 매도 호가 차이} = 0.145 - 0.0022 \ln(\text{연 매출}) - 0.015(\text{DERN})$$
$$- 0.016(\text{현금/기업 가치}) - 0.11(\text{월간 거래액/기업 가치})$$
$$= 0.145 - 0.0022 \ln(1.2) - 0.015 \times 1 - 0.016 \times 0.01 - 0.11 \times 0 = 12.94\%$$

호가 차이 접근법에 바탕을 두면 체즈 피에르의 비유동성 할인계수 추정치는 12.94%다.

 liqdisc.xls: 이 스프레드시트를 이용하면 제한부 주식 접근법과 매수-매도 호가 차이 접근법을 활용해 비상장기업의 비유동성 할인을 추정할 수 있다. (웹에서 다운로드 가능)

가치평가 바이블

가치평가의 동기와 가치 추정치

이전 섹션에서 비상장기업의 가치평가에 활용할 입력 변수를 추정하는 가장 좋은 방법을 다뤘다. 각 입력 변수를 검토하며 기업의 잠재 인수자에 따라 추정 과정이 달라진다는 점도 살펴봤다. 예컨대 베타에 관해서는 잠재 인수자가 상장기업이나 (IPO에 참여하는) 주식시장 투자자일 때는 시장 베타를 사용하고, 사적 주체(개인이나 비상장기업)일 때는 총 베타를 사용해야 한다. 부채비용과 현금흐름도 마찬가지다. 표 24.4는 가치평가 동기에 따른 입력 변수 추정 방법의 차이를 보여준다.

잠재 인수자에 따라 할인율과 현금흐름을 추정하는 방법을 달리하면 가치에 상당한 영향을 미칠 수 있다. 일반적으로 잠재 인수자가 상장기업일 때, 사적 주체일 때보다 매물로 나온 비상장기업의 가치를 훨씬 높이 평가한다. 잠재 인수자의 분산도가 낮을 때 할인율이 더 높기 때문이다. 따라서 자기가 소유한 비상장기업의 매각에 관심을 두는 소유주는 상장기업 중에서 잠재 인수자를 물색해야 더 큰 이득을 볼 것이다. 전체 가치에 필적하는 인수가는 아니더라도 창출되는 부가가치의 일부는 확보할 수 있다. 한계투자자는 분산도가 꽤 높기 때문이다.

IPO의 대안을 검토할 때도 마찬가지다. IPO를 통해 기업이 확보하는 가치는 대개 사적 주체에 매각할 때 얻을 가치보다 높다. IPO는 상장기업에 매각할 때와 유사한

[표 24.4] 가치평가의 동기에 따른 입력 변수 추정

	사적 주체에 매각하기 위한 가치평가	상장기업에 매각하거나 IPO를 위한 가치평가
자기자본비용	잠재 인수자의 분산도와 상관관계가 있으므로 총 베타에 바탕을 둔다.	한계투자자가 분산투자하므로 시장 베타에 바탕을 둔다.
부채비용	비상장기업은 추가 스프레드를 적용해 할증할 때도 있다.	상장기업을 검토해 추정한 합성신용등급에 바탕을 둔다.
영업활동 현금흐름	비상장기업의 세율을 적용한다.	법인 한계세율을 적용한다.
기업 수명	유한 수명을 가정하고 잔존가치나 청산가치를 산출한다.	영구 수명을 가정하고 잔존가치를 추정한다.
비유동성 할인	비유동성에 대해 가치를 할인한다.	비유동성 할인을 하지 않는다.

할인율에 바탕을 두지만, 비용과 매출 차원의 시너지에 따라 차이가 난다. 잠재 시너지가 크다면 IPO보다 상장기업에 매각할 때 더 높은 가치를 얻을 것이다.

[예시 24.11] 사적 거래를 위한 가치평가: 체즈 피에르

앞선 예시에서 추정한 입력 변수에 바탕을 두고 체즈 피에르의 사적 거래에서의 가치를 평가해보자(단위: 달러).

$$직전\ 연도\ 세후\ 영업이익 = 319,620 \times (1 - 0.40) = 191,771\ (예시\ 24.7)$$
$$자본비용 = 15.27\%\ (예시\ 24.6)$$
$$기대성장률 = 향후\ 12년간\ 연\ 2\%\ (예시\ 24.8)$$
$$재투자율 = 0\%\ (예시\ 24.8)$$
$$직전\ 연도\ 세전\ 영업이익 = 319,620\ (예시\ 24.7)$$
$$직전\ 연도\ 기업\ 잉여현금흐름 = 319,620 \times (1 - 0.40) \times (1 - 0) = 191,771$$

12년 차 말 레스토랑은 문을 닫고 자산을 장부가액 50만 달러에 청산한다고 가정한다(예시 24.9). 먼저 향후 12년간 영업활동 현금흐름의 현재가치를 추정한다.

$$향후\ 12년간\ 기업\ 잉여현금흐름의\ 현재가치 = \frac{191,771 \times (1 + 0.02) \times \left(1 - \frac{1.02^{12}}{1.1527^{12}}\right)}{0.1527 - 0.02} = 1,134,121$$

여기에 청산가치의 현재가치(할인율 15.27%에 12년 할인)를 더한 후 리스계약의 현재가치를 **빼면** 주식 가치를 얻는다.

향후 12년간 기업 잉여현금흐름의 현재가치	1,134,121
+ 청산가치의 현재가치 = 500,000/1.1527^{12}	90,821
− 리스계약의 현재가치	928,233
주식 가치	296,709

앞서 추정한 성장률과 자본비용에 바탕을 둔 체즈 피에르의 주식 가치는 29만 6,709달러다.

[예시 24.12] IPO를 위한 가치평가: 인포소프트

IPO를 위한 인포소프트의 가치평가에서 앞서 다음의 입력 변수를 추정했다.

1. **자본비용**: 예시 24.6에서 인포소프트의 상향 시장 베타를 활용해 자기자본비용과 자본비용을 11.5%로 추정했다.

$$자기자본비용 = 3.5\% + 1.60 \times 5.0\% = 11.5\%$$
$$자본비용 = 자기자본비용 = 11.5\%$$

예시 24.9에서 잔존가치를 계산하며 안정 성장 단계(10년 차 이후)에서는 베타가 1.20으로 하락하고 부채비율이 10%로 상승해서 자본비용이 8.85%로 하락할 것으로 가정했다.

2. **현금흐름과 성장률**: 예시 24.7에서 당기 손익계산서를 통해 인포소프트의 세전 영업이익이 150만 달러이고 세율이 40%임을 확인했다. 예시 24.8에서는 향후 5년간 자본비용을 20%로, 재투자율을 90%로 추정했고 이익 기대성장률은 18%였다.

3. **잔존가치**: 예시 24.9에서 인포소프트가 10년 차 이후 안정 성장 단계에 진입한다고 가정했다. 이때 성장률은 연 3%이고 자본이익률은 12%로 유지된다. 5년 차까지의 고성장 단계와 10년 차 이후 안정 성장 단계 사이의 5년은 전환기로 성장률과 재투자율, 자본비용이 모두 고성장에서 안정 성장 수준으로 변화한다. 표 24.5는 연도별 현금흐름과 현재가치를 요약해서 보여준다(단위: 1,000달러).

[표 24.5] 기대이익과 현금흐름, 현재가치

연도	EBIT(1-t)	기대성장률	재투자율	FCFF	자본비용	누적 WACC	현재가치
당기	900						
1	1,062	18.00%	90.00%	106	11.50%	1.1150	95
2	1,253	18.00%	90.00%	125	11.50%	1.2432	101
3	1,479	18.00%	90.00%	148	11.50%	1.3862	107
4	1,745	18.00%	90.00%	174	11.50%	1.5456	113
5	2,059	18.00%	90.00%	206	11.50%	1.7234	119
6	2,368	15.00%	77.00%	545	10.97%	1.9124	285
7	2,652	12.00%	64.00%	955	10.44%	2.1121	452
8	2,891	9.00%	51.00%	1,416	9.91%	2.3214	610
9	3,064	6.00%	38.00%	1,900	9.38%	2.5391	748
10	3,156	3.00%	25.00%	2,367	8.85%	2.7638	856
계							3,487

10년 차 말 안정 성장 단계에 들어선 인포소프트의 잔존가치는 다음과 같다.

$$잔존가치 = \frac{EBIT_{10}(1 - 세율)(1 + 안정\ 성장률)(1 - 재투자율)}{자본비용 - 안정\ 성장률} = \frac{3,156 \times 1.03 \times (1 - 0.25)}{0.0885 - 0.03} = 41,675$$

잔존가치를 현시점으로 할인한 후 고성장 단계 현금흐름의 현재가치를 더한 영업자산 가치는 1,856만

6,000달러다.

$$영업자산 가치 = 3,487 + 41,675/2.7638 = 18,566$$

현금 잔액(50만 달러)을 더한 후 부채액(제로)을 빼면 주식 가치를 얻는다.

$$주식 가치 = 영업자산 가치 + 현금 - 부채 = 18,566 + 500 - 0 = 19,066$$

4. **주당 가치 도출**: 주당 가치를 도출하려면 경영진과 벤처캐피털리스트가 보유한 스톡옵션 10만 주의 가치를 먼저 평가한다. 이를 주식 가치에서 뺀 값을 유통주식 수 100만 주로 나누면 주당 가치를 얻는다.

$$스톡옵션 가치 = 1,161$$
$$보통주 가치 = 19,066 - 1,161 = 17,904$$
$$주당 가치 = 17,904/1,000 = 17.90(달러)$$

경영진 예상치와 비상장기업 가치평가의 편법

앞서 애널리스트가 전망한 성장률과 경영진이 예상한 현금흐름과 성장률을 상장기업 가치평가에 활용하는 방법을 다루었다. 애널리스트와 경영진이 외부자보다는 정보 우위가 있지만 편향이 존재한다면 그 우위도 순식간에 사라진다는 점도 경고했다. 비상장기업 가치평가에서는 평가자가 대상 기업 경영진이 내놓은 미래 현금흐름 추정치에 의존할 때가 빈번할 뿐 아니라 경영진 예상치를 반드시 포함하도록 규정할 때도 많다. 세상에는 경영진이 가진 시장 상황과 투자 계획 정보가 현금흐름 예측 시 무엇과도 바꿀 수 없을 만큼 소중한 소형 비상장기업이 아주 많다는 논리를 댄다. 물론 그럴 때도 있지만 시장가격 비교 검증이 불가하므로 경영진 예상치에 담긴 편향은 오히려 훨씬 심각할 때도 많다.

따라서 평가자가 특히 오랜 경력을 자랑할수록 경영진이 내놓은 현금흐름 예상치가 상향 편향되어 있음을 인정하고 더 높은 할인율을 적용해 영향을 상쇄한다. 이번 장 초반에 비상장기업은 기업별 위험 프리미엄을 할인율에 더한다고 했는데 근거는 모호하고 실제 데이터로 입증된 적도 없다. 이들은 기업별 위험 프리미엄을, 할인율을 높여 몹시 긍정적으로 추정한 현금흐름의 영향을 상쇄해 합리적인 가치를 도출할 장치로 사용한다.

> 그러나 내가 보기에는 아무런 의미도 없는 내재가치를 내놓을 뿐이다. 경영진이 자의적으로 예상한 현금흐름을 마찬가지로 자의적으로 계산한 할인율로 나눠 미리 정해둔 가치를 끼워 맞추는 과정이나 다름없다. 다른 방법이 있느냐고 반문하는 평가자에게는 애초에 경영진 예상치를 출발점으로 삼았던 관행이 문제이기에 바꿔야 한다고 답하겠다.

경영권

기업 가치평가에서는 경영진의 능력과 강점을 고려해야 한다. 소유주가 경영진을 겸할 때가 많아 절대적인 지배력을 행사하는 비상장기업에서는 특히 중요하다. 반면 상장기업에서는 무능력한 경영진을 교체하는 것이 자기 이익에 최선이라고 생각하는 주주가 많다면 실제로 교체가 이루어진다.

비상장기업의 지분 일부가 매물로 나오면 가치평가에 영향을 미친다. 지분이 지배지분에 해당한다면 경영진의 인사권을 가지므로 그 권리가 없을 때보다 가치가 대폭 높아야 할 것이다. 비상장기업의 51% 지분은 나머지 49%보다 상당한 프리미엄이 붙은 가격에 거래되어야 한다는 뜻이다. 비상장기업을 사적 주체에 매각하든 상장기업에 매각하든 마찬가지고, IPO에도 적용될 때가 있다. 예컨대 IPO 시 투자자에게 발행한 무의결권주나 의결권이 희석된 종류주식은 완전의결권주보다 할인된 가격에 거래될 것이다.

경영권의 가치를 직관적으로 이해하기는 간단하지만, 가치가 어느 정도인지를 추정하는 것은 다소 어렵다. 인수를 다루는 25장에서야 완전히 다룰 수 있는 주제이기에 여기서는 결론만 살펴보자. 경영권의 가치는 최적 경영 상태에서의 기업 가치와 기존 경영진이 경영할 때의 기업 가치 간 차이로 추정한다. 예컨대 기존 경영진이 경영할 때 기업 가치가 1억 달러이고 최적 경영 시 기업 가치가 1억 5,000만 달러인 비상장기업이 있다. 51% 지분과 49% 지분의 가치 차이는 다음과 같이 계산한다(단위: 100만 달러)

$$지배지분의 가치 = 최적 가치의 51\% = 0.51 \times 150 = 76.5$$
$$지배지분의 가치 = 현상 유지 가치의 49\% = 0.49 \times 100 = 49.0$$

49% 지분과 51% 지분의 차이 2%포인트 지분은 경영권의 가치로 인해 가치에 미치는 영향이 훨씬 크다. 경영권의 가치는 경영 상태가 형편없는 비상장기업에서 가장 높고, 경영 상태가 뛰어난 기업에서는 제로에 가까울 것이다.

같은 방법으로 IPO 시 의결권주 대비 무의결권주의 할인 폭도 계산할 수 있다(16장 참고).

두 종류주식의 가치는 다음과 같이 추정한다.

$$무의결권주의\ 주당\ 가치 = \frac{현상\ 유지\ 가치}{의결권주\ 수 + 무의결권주\ 수}$$

$$의결권주의\ 주당\ 가치 = \frac{현상\ 유지\ 가치}{의결권주\ 수 + 무의결권주\ 수}$$
$$+ \frac{(최적\ 가치 - 현상\ 유지\ 가치) \times 변화가\ 일어날\ 확률}{의결권주\ 수}$$

경영권의 기대가치가 전부 의결권주에 속한다고 가정하면 프리미엄을 과대추정할 가능성이 크다. 무의결권주도 변화의 유형에 따라 주주 청구권의 일부나 똑같은 권리를 가질 때도 있기 때문이다.[7]

[예시 24.13] 의결권주와 무의결권주의 가치평가: 인포소프트

예시 24.12에서 인포소프트의 주식 가치를 1,790만 4,000달러(스톡옵션 가치 차감 기준)로 평가했다. 유통주식 수 100만 주로 나눈 주당 가치는 17.90달러였다. 유통주식은 무의결권주 90만 주와 의결권주 10만 주로 구성된다고 하자. IPO 시 무의결권주만 공모하고 기존 소유주는 의결권주를 계속해서 전량 보유한다고 가정한다.

의결권주와 무의결권주의 가치를 평가하려면 먼저 경영 상태가 최적일 때 인포소프트의 가치를 평가해야 한다. 최적 기업 가치가 2,000만 달러라고 가정[8]할 때 의결권주와 무의결권주의 가치는 다음과 같이 계산

---

7   인수를 통한 변화일 때 인수기업이 의결권주만 매수하면 인수 절차를 완료할 수 있다고 하자. 프리미엄의 사실상 전부가 의결권주에 속할 것이다. 반면 내부에서의 변화라면(경영진 교체 등) 무의결권주 주주도 이득을 볼 것이다.

8   최적 부채비율을 가정하고 인포소프트의 가치를 다시 평가했다. 이때 기존 투자 정책이 최적 상태에 있다고 가정했다.

한다(단위: 1,000달러, 1,000주).

$$\text{무의결권주의 주당 가치} = \frac{\text{현상 유지 가치}}{\text{의결권주 수 + 무의결권주 수}} = \frac{17,904}{100 + 900} = 17.90(\text{달러})$$

경영진이 계속해서 의결권주를 전량 보유한다는 가정으로 인해 경영진에 변화가 일어날 확률이 25%로 하락한다고 하자.

$$\text{의결권주의 주당 가치} = \frac{\text{현상 유지 가치}}{\text{의결권주 수 + 무의결권주 수}}$$

$$+ \frac{(\text{최적 가치} - \text{현상 유지 가치}) \times \text{변화가 일어날 확률}}{\text{의결권주 수}}$$

$$= \frac{17,904}{100 + 900} + \frac{(20,000 - 17,904) \times 0.25}{100} = 23.14(\text{달러})$$

벤처캐피털 및 사모투자회사 보유 지분의 가치평가

이전 섹션의 예시에서 비상장기업의 스펙트럼 양쪽 끝에 있는 두 기업 사례를 다루었다. 첫째, 매각과 인수 주체가 완전히 비분산투자하는 사적 주체 간 거래로 총위험에 노출된다. 둘째, 사적 주체와 공적 주체 간 거래인 IPO나 비상장기업을 상장기업에 매각하는 거래로 전통적인 가치평가 방식을 적용하기에 더 적합하다.

스펙트럼 중간에 해당하는 사례도 있다. IPO나 공적 주체에 재매각해 현금화하려는 목적으로 벤처캐피털리스트나 사모투자회사가 비상장기업 지분을 취득하는 것이 대표적이다. 이들은 비상장기업의 소유주보다 분산도가 높지만, 공개시장의 투자자보다는 낮다. 이유는 첫째, 소수 기업에 집중투자하기 때문이다. 생명공학 기업이나 소프트웨어 기업에만 투자하는 벤처캐피털리스트가 많다. 둘째, 포지션의 일반적인 규모(대개 규모가 크다)와 관리 감독의 필요성으로 인해 한 번에 몇 개밖에 안 되는 오픈 포지션(open position, 이익이나 손실을 실현하지 않고 보유 중인 투자 포지션 - 옮긴이)만 보유하기 때문이다.

인수자의 스펙트럼에서 완전한 비분산투자의 척도로서 총 베타가, 완전한 분산투자의 척도로서 시장 베타가 적합하다면 벤처캐피털리스트와 사모투자회사는 스펙트럼의 중간에 있다. 이러한 차이를 반영해 총 베타 수식을 다음과 같이 변형할 수 있다.

벤처캐피털 또는 사모투자회사 베타

$$= \frac{\text{시장 베타}}{\text{벤처캐피털 또는 사모투자회사의 포트폴리오와 시장의 상관계수}}$$

기본 수식에서 비상장기업과 시장의 상관계수를 벤처캐피털 또는 사모투자회사의 포트폴리오와 시장의 상관계수로 바꿨다. 사모투자회사는 다양한 산업에서 아주 많은 기업의 지분을 보유하기에 포트폴리오와 시장의 상관계수가 1에 수렴할 것이다. 따라서 시장 베타를 적용해야 한다. 실제로 세계 최대 사모투자회사 블랙스톤(Blackstone)도 상장을 택하면서 완전히 분산투자한다는 가정을 두고 가치평가해도 된다는 주장도 있다.

같은 섹터에 속한 상장기업의 평균 베타가 1이고 시장과의 상관계수가 평균 0.25인 비상장기업의 가치평가를 통해 어떤 영향을 미치는지 이해해보자. 소유주는 2년간 지분율 100%를 유지한 후 3년 차 초에 기술 분야의 벤처캐피털에서 자금을 조달하고, 이 기업은 5년 차 말 IPO하거나 상장기업에 매각되리라고 가정한다. 단계별 자기자본비용은 다음과 같이 추정한다(무위험 이자율은 4%이고 주식 위험 프리미엄은 5%로 가정한다).

- 1단계: 소유주가 개인 재산 전부를 투자한 초기 비상장기업

  인지 베타(perceived beta) = 1/0.25 = 4
  자기자본비용 = 4% + 4 × 5% = 24%

- 2단계: 여러 첨단 기술 기업 포지션을 보유한 기술 분야 전문 벤처캐피털에서 엔젤 투자(angel financing) 유치(포트폴리오와 시장의 상관계수는 0.5)

  인지 베타 = 1/0.5 = 2
  자기자본비용 = 4% + 2 × 5% = 14%

- 3단계: 분산 포트폴리오를 보유한 개인 투자자와 기관투자자 대상 IPO

$$\text{인지 베타} = 1$$
$$\text{자기자본비용} = 4\% + 1 \times 5\% = 9\%$$

향후 5년간 현금흐름은 다음과 같고 5년 차에 IPO 후 안정 성장 단계에 진입하며 영구성장률이 연 2%라고 가정하자. 기업 가치는 표 24.6과 같이 추정한다(단위: 달러).

[표 24.6] 기대 현금흐름과 현재가치

	1	2	3	4	5	종료 연도
기대 현금흐름	100	125	150	165	170	175
시장 베타	1	1	1	1	1	1
상관계수	0.25	0.25	0.5	0.5	0.5	1
인지 베타	4	4	2	2	2	1
자기자본비용	24%	24%	14%	14%	14%	9%
잔존가치					2,500	
누적 자기자본비용	1.2400	1.5376	1.7529	1.9983	2.2780	2.4830
현재가치	80.65	81.30	85.57	82.57	1,172.07	
기업 가치	1,502					

영구 자기자본비용 9%를 활용해 주식의 잔존가치를 계산하지만 향후 5년간은 그보다 훨씬 높은 자기자본비용으로 할인한다. 소유주의 자기자본비용(24%)을 영구히 적용하면 지나치게 낮은 기업 가치(1,221달러)가 도출되고, 시장 베타의 자기자본비용(9%)을 영구히 적용하면 지나치게 높은 기업 가치(2,165달러)가 도출된다는 점을 유념하라.

투자 전후 기업 가치평가

비상장기업 가치평가에서 벤처캐피털리스트나 IPO를 통해 현금이 투입될 것으로 예상할 때 많은 애널리스트가 투자 전후의 가치평가를 구별한다. 투자 전 가치는 현금 투입 전 가치이고 투자 후 가치는 현금 투입 후 가치를 가리킨다.

투자 전후 가치평가가 서로 다른 값을 도출하는 이유는 두 가지다. 첫째, 현금이 투입되지 않는다면 자본 할당(capital rationing) 차원의 제약을 마주할 가능성이 있다. 이에 따라 재투자 규모를 줄여야 해서 성장 속도가 줄어드는 기업도 있다. 기업의 자본이익률이 자본비용보다 높다면 현금 투입 전 기업 가치는 투입 후보다 낮아질 것이다. 둘째, 기업 가치는 영업자산 가치에 현금과 유가증권의 가치를 더해서 도출한다. 따라서 대규모 현금이 투입된 후 유가증권에 투자할 만한 초과 현금을 보유하게 된 기업의 가치는 현금 투입 전보다 높아질 것이다. 하지만 기존 소유주가 현금을 외부로 빼내기로 한다면 기업 가치에 현금을 더하면 안 된다.

IPO 시 주당 가치를 추정할 때는 어떤 기준에 바탕을 두어야 할까? 주식 투자자는 현금 투입 후에도 주식을 보유하므로 투자 후 가치에 바탕을 두어야 한다. 하지만 벤처캐피털리스트는 상황이 다를 수 있다. 협상력을 갖춘 벤처캐피털리스트라면(예컨대 자본 투입에 관심을 두는 유일한 벤처캐피털일 때) 투자 전 가치평가에 바탕을 두고 지분율을 요구할 것이다. 동시에 벤처캐피털 자본이 투입되어야만 기업 가치가 상승한다고 주장할 것이다. 두 곳 이상의 벤처캐피털이 관심을 두는 상황에서는 투자 후 가치평가에 바탕을 두고 벤처캐피털리스트에 배정할 지분율을 결정할 가능성이 크다.

[예시 24.14] 사모투자회사 보유 지분의 가치평가

상장기업 임직원으로서 1,000만 달러에 취득할 수 있는 어느 소형 비상장기업 지분의 가치를 평가해보자. 해당 기업은 투입된 현금을 사업 확장에 사용할 계획이다.

먼저 1,000만 달러를 투자하지 않는다고 가정하고 비상장기업의 가치를 평가한다. 현금흐름 예측에 바탕을 두고 주식 가치를 3,000만 달러로 추정했다고 하자(단위: 100만 달러).

$$투자 전 가치 = 30$$

사모투자회사가 1,000만 달러를 투자하면 비상장기업이 더 빠르게 성장해서 기대 현금흐름의 현재가치가 5,000만 달러에 이른다고 하자. 여기에는 사모투자회사가 투자한 1,000만 달러, 즉 투입된 현금이 반영되어 있지 않다.

$$투자 후 가치 = 50 + 10 = 60$$

사모투자회사가 투자한다면 1,000만 달러를 투자하는 대가로 비상장기업에 어느 정도 지분을 요구해야 할까? 투자 후 가치에 바탕을 두면 요구할 최소 지분율을 계산할 수 있다.

$$지분율_{최소} = \frac{투입\ 현금}{투자\ 후\ 가치} = \frac{10}{60} = 16.66\%$$

최소 지분율보다 높은 지분율이 합당하다고 판단한다면 투자 전 가치에 바탕을 두고 최대 지분율을 계산할 수 있다.

$$지분율_{최대} = \frac{투입\ 현금}{투자\ 전\ 가치 + 투입\ 현금} = \frac{10}{30 + 10} = 25.00\%$$

비상장기업 가격평가

상대가치평가의 본질은 시장이 대상 기업과 유사한 기업에 대해 책정한 가격에 바탕을 두고 가치를 평가하는 것이다. 비상장기업에서는 상대가치평가의 전제가 성립하기가 더 어렵다는 점이 자명하다. 그런데도 많은 애널리스트가 상장기업을 위해 고안된 상대가치평가를 비상장기업에도 적용해왔다. 비상장기업 가치평가에서 애널리스트가 비교 기업을 선정하는 방법은 크게 두 가지다. 일부 애널리스트는 다른 비상장기업의 거래 가격에 초점을 둔다. 이들이 평가 대상 신생기업과 공통점이 더 많을 가능성이 크다는 점을 이유로 든다. 거래 가격을 신뢰할 수 없다고 생각하는 다른 애널리스트는 같은 업종에 속한 상장기업의 시장가격에 바탕을 두고 펀더멘털의 차이를 반영해 조정하는 방법을 택한다.

사적 거래 배수

가치평가 대상이 신생 비상장기업이므로 다른 사람들이 최근 유사 기업에 지불한 가격을 살펴보는 것은 논리적인 결론으로 보인다. 사적 거래 배수는 이 논리에 바탕을 둔다. 적어도 이론상으로는 평가 대상 기업과 업종, 규모, 기업 생애주기상 단계 면에서 유사한 기업의 데이터를 수집해 거래가 이루어진 사례와 거래 가격을 알아낼 수 있다. 거래 가격을 공통 변수(매출이나 이익, 심지어 섹터별 변수 등)로 나누어서 인수자가 지불할 의사가 있는 표준 배수(typical multiple)를 도출한다. 이후 표준 배수를 평가 대상 기업의 공통 변수에 곱해서 가치 추정치를 도출한다.

문제점 과거에는 비상장기업 거래가 잘 정리된 데이터베이스를 구하기가 어렵다는 것이 가장 큰 문제였지만, 이제는 그렇지 않다. (거래 가격을 포함해) 관련 데이터베이스를 제공하는 서비스가 여럿 존재한다. 하지만 여전히 다른 문제가 있다.

- **정상 시장거래(arms-length transaction):** 사적 거래 가격을 활용할 때 위험 요소 중 하나는 그중 일부가 (매각된 기업의 가치만을 반영하는) 정상 시장거래가 아니라는 점이다. 거래 가격은 특정 거래의 고유한 기타 서비스와 부수적인 요소를 반영한다. 예컨대 의원을 매각한 의사가 거래 후에도 원활한 인수인계를 위해 한동안 계속해서 일하기로 하면 더 높은 인수가를 받을 수 있다.
- **시점 차이:** 비상장기업 거래는 빈도가 적을 뿐 아니라 특정 기간에 똑같은 비상장기업을 여러 번 거래할 수 없다는 사실을 반영한다. 현행 가격을 활용해 똑같은 시점에 모든 기업의 배수를 계산할 수 있는 상장기업과 달리 사적 거래는 시차를 두고 일어날 때가 많다. 사적 거래 데이터베이스는 공개시장이 평균적으로 가치의 45%가량을 잃었던 2008년 6월부터 2008년 12월까지 기간에 일어난 거래를 포함할 수도 있다.
- **변수 간 비교:** 규모가 다른 기업을 비교할 때는 대개 시장가격을 변수로 나누어서 표준화한다. 상장기업에서는 매출(주가매출배수, EV/매출 배수)이나 이익(PER, EV/EBITDA), 장부가액 같은 변수를 사용한다. 기술적으로는 사적 거래에도 같은 방식을 적용할 수 있지만, 한 가지 방해물이 있다. 비상장기업은 회계기준의 차이가 크기에, 이익을 같은 층위에서 비교하는 것이 불가할 때가 많다.
- **표준화:** 비상장기업의 주주 청구권은 현금흐름과 경영권, 비유동성 면에서 편차가 크다. 비상장기업 주식의 거래 가격은 해당 기업 주식에 깔려 있는 청구권을

반영한다. 따라서 거래 가격을 일반화해 다른 특성을 가진 다른 기업 주식에 적용하기는 어렵다.

- 미국 외 기업: 현재 접근 가능한 비상장기업 거래 데이터베이스는 미국을 대상으로 한다. 더 위험한 신흥시장 등 다른 시장에 속한 기업의 가치를 평가할 일이 점차 많아지고 있지만, 미국에 국한된 데이터를 어떻게 활용할지, 심지어 활용해도 되는지는 현재 판단하기가 어렵다.

가장 적합한 적용 대상 및 지침　　사적 거래 데이터를 활용해 가치평가하는 것이 가장 적합한 비상장기업은 어떤 유형일까? 일반적으로 규모를 확대하고 상장할 가능성이 있는 기업보다는 작은 규모와 비상장 상태를 유지하려는 소형 기업이 더 적합하다. 또한 평가 대상 기업이 속한 업종에 많은 비상장기업이 존재할 뿐 아니라 거래가 활발할 때 더욱 적합하다. 예컨대 의원이나 치과, 소형 소매상점에는 사적 거래 접근법을 적용하는 것이 적합하다. 하지만 특수하거나 같은 업종에 속한 기업이 많지 않은 기업에는 적용하기가 더 어렵다.

사적 거래 접근법을 활용해 가치평가할 때 신뢰도 향상에 도움 될 만한 다섯 가지 지침이 있다.

1. 회계 선택에 영향을 덜 받는 변수로 나누어라. 회계기준과 사업 지침(operating standards) 차원에서 비상장기업의 큰 편차 문제를 해결하는 방법은 임의의 선택이 덜 중요한 변수에 초점을 두는 것이다. 예컨대 이익 배수보다 속이거나 조작하기가 어려운 매출 배수를 사용하는 편이 낫다. 대상 기업의 가치를 매출의 바탕을 이루는 고유한 단위 데이터로 나누어서 비교할 수도 있다(예컨대 의원의 환자 수나 배관회사의 고객 수).

2. 주식 가치가 아니라 기업 가치를 평가하라. 17장에서 배수를 주식 배수(주식 가치를 주주 이익이나 자기자본의 장부가액으로 나눈다)와 기업 가치 배수(기업 가치를 영업이익이나 현금흐름, 자본의 장부가액으로 나눈다)로 분류했다. 비상장기업 간 주주 청

구권과 부채 활용의 편차가 크다는 점을 고려할 때 주식 배수가 아니라 기업 가치 배수에 초점을 두는 편이 낫다. 다시 말해 기업 전체의 가치를 평가한 후 주식 가치를 도출하는 것이 주식 가치를 바로 평가하는 것보다 낫다.

3. **대규모 데이터에서 출발하라.** 비상장기업 거래는 빈도가 적기에 많은 기업으로 구성된 데이터에서 출발해 모든 거래 데이터를 수집하는 편이 낫다. 이에 따라 (정상 시장거래가 아닐 가능성이 큰) 미심쩍은 거래의 데이터를 제외할 수 있다.

4. **시점 차이에 대해 조정하라.** 사적 거래에 관한 대규모 데이터를 활용하더라도 거래 간 시차는 여전히 존재할 것이다. 시장이 안정적일 때는 그리 큰 문제가 아니지만, 대략이라도 가치를 조정해 시차를 반영하는 편이 낫다. 예컨대 사적 거래의 기간을 2008년 6월부터 2008년 12월까지로 둔다면 공개시장의 가치 하락 (소형주 지수인 러셀5000은 같은 기간 40%가량 하락했다)을 고려해 2008년 6월 이후의 거래 가격을 하향 조정해야 다른 기간의 거래 가격과 올바르게 비교할 수 있다.

5. **펀더멘털의 차이에 초점을 두라.** 기업 가치는 펀더멘털(성장, 현금흐름, 위험)에 따라 달라진다는 사실은 상대가치평가를 택하더라도 무시하면 안 된다. 거래가 이루어진 비상장기업의 펀더멘털을 반영하는 다른 척도와 관련 데이터를 수집하면 더 신뢰할 만한 가치 추정치를 얻을 수 있다. 예컨대 비상장기업의 거래 가격뿐 아니라 거래 전에 기록한 매출 성장률과 기업 수명(성숙도와 위험을 반영한다) 데이터도 확보하는 편이 낫다. 데이터를 살펴보며 거래 가격과 펀더멘털 변수에 어떠한 관계가 있는지를 검토한 후 가치평가에 반영한다.

공개시장 배수

가격과 배수에 관한 시의적절한 데이터는 상장기업을 대상으로 할 때 훨씬 쉽게 얻을 수 있다. 사적 거래 데이터에 접근할 수 없는 애널리스트가 상대가치평가에서 택할 만한 유일한 선택지다. 하지만 더 성숙한 상장기업에서 얻은 가격 관련 사실을 비상장기업에 확대 적용하는 데서 문제가 발생한다.

문제점   공개시장 배수(public multiples)를 특히 기업 생애주기상 초기 단계의 비상장기업에 적용할 때 발생하는 문제는 자명하다.

■ **기업 생애주기는 펀더멘털에 영향을 미친다:** 기업 생애주기상 초기 단계를 통과한 성공적인 신생기업만 IPO한다는 전제를 받아들인다면 상장기업은 비상장기업과 펀더멘털이 다르다는 현실도 받아들여야 한다. 일반적으로 상장기업은 비상장기업보다 규모가 더 크고 성장 잠재력이 더 낮으며 기성 시장 비중이 더 크다. 이러한 차이는 투자자가 상장기업에 지불하는 배수에 반영된다.

■ **분산투자자와 비분산투자자:** 앞서 신생 비상장기업의 위험과 할인율을 추정하면서 상장기업의 분산투자자와 비상장기업의 주식 투자자의 위험에 대한 관점의 차이, 나아가 그 차이가 비상장기업의 더 높은 자기자본비용으로 반영된다는 점을 다루었다. 분산투자자가 투자하는 상장기업 표본에서 얻은 이익이나 매출 배수를 활용해 평가한, 비분산투자자가 투자하는 비상장기업의 가치는 과대평가된다.

■ **유동성:** 상장기업 주식이 비상장기업 주식보다 유동성이 더 높으므로 공개시장 배수를 활용해 평가한 비상장기업의 가치는 과대평가된다. 내재가치평가와 마찬가지로 상대가치평가도 비유동성에 대해 조정해야 한다.

가장 적합한 적용 대상 및 지침   공개시장 배수를 활용해 가치평가하는 것이 가장 적합한 비상장기업은 어떤 유형일까? 일반적으로 규모가 더 큰 시장으로 확장해서 IPO하거나 다른 상장기업에 매각하기를 원하는 비상장기업이 훨씬 적합하다. 가치평가는 기업의 현재 상태가 아니라 향후 바라는 미래 상태를 대상으로 한다.

가치평가에서 터무니없는 오류를 막을뿐더러 더 나은 결과를 낳는 세 가지 단순한 지침이 있다.

1. **생존 가능성에 대해 조정하라.** 비상장기업은 자본에 대한 접근이 제한적인 만큼 실

패할 위험에 노출되어 있다. 공개시장 배수를 활용해 비상장기업의 가치를 평가할 때는 추가 실패 위험을 반영해야 한다.

2. 비분산에 대해 조정하라. 이번 장에서 앞서 비분산투자자의 총 베타 척도를 고안해 적용한 결과 자기자본비용이 상승하면서 내재가치가 하락한다는 점을 살펴보았다.

3. 비유동성에 대해 조정하라. 내재가치평가를 다룬 섹션에서 비상장기업 주식에 적용할 비유동성 할인을 추정하는 여러 방법을 소개했다. 공개시장 배수를 활용한 가치평가에서도 같은 방식으로 비유동성에 대해 할인할 수 있다.

이렇게 조정하면 가격 배수가 하락한다. 예컨대 EV/EBITDA 배수가 10배인 상장기업이 만약 비상장기업이었더라면 배수가 6~7배로 떨어졌을 것이다.

결론

비상장기업의 가치는 향후 창출할 기대 현금흐름의 현재가치다. 이때 할인율은 비상장기업의 위험뿐 아니라 부채와 자기자본 믹스도 반영한다. 상장기업의 가치에 관한 설명과 똑같지만, 비상장기업의 가치평가에서는 입력 변수를 추정하는 방법이 다소 다르다. 심지어 비상장기업 간에도 가치평가의 동기에 따라 방법이 달라진다.

사적 주체에 매각하는 상황에서 비상장기업의 가치를 평가할 때 검토해야 할 세 가지 고유한 문제가 있다. 첫째, 앞서 전적으로 분산 불가능한 위험에 의해 결정되는 것으로 가정했던 자기자본비용을, 잠재 인수자의 분산도가 그리 높지 않다는 사실을 고려해 조정해야 할 수도 있다. 둘째, 비상장기업 주식은 비유동적이기에 가치 추정치를 추가 할인해야 할 수도 있다. 상장기업의 제한부 주식 발행 시 할인이나 매수-매도 호가 차이는 비유동성 할인 폭에 관한 유용한 정보를 제공한다. 셋째, 비상장기업 지배지분은 비지배지분보다 상당한 프리미엄이 붙은 가격에 거래될 수도 있다.

상장기업 매각이나 IPO 상황에서의 비상장기업 가치평가는 전통적인 가치평가 방식에 더 가깝다. 자기자본비용이 전적으로 분산 불가능한 위험에 의해 결정된다는 가정을 계속 유지해도 되고, 비유동성 할인을 고려할 필요도 없다. 하지만 지배력을 갖기에 부족한 지분을 상장기업에 매각하거나 IPO 시 무의결권주를 발행할 때는 경영권 문제를 고려해야 한다.

연습문제 별도 표기가 없으면 주식 위험 프리미엄은 5.5%로 한다.

1 미국 동부 해안에서 사업을 시작한 에스프레소 커피 전문점인 바리스타 에스프레소의 가치를 평가해달라는 요청을 받았다.

- 이 회사는 가장 최근 연도에 5,000만 달러의 매출을 올리고, 이자 및 세금 차감 전 이익은 1,050만 달러였다. 이 회사의 설립자는 스스로에게 급여를 지급한 적이 없었고, 동종 기업을 기준으로 했을 경우 그 금액은 100만 달러에 달했을 것이다.

- 모든 기업의 세율은 36%이며, 운전자본은 매출액의 10%이다.

- 가장 최근 연도의 자본적 지출은 450만 달러, 감가상각비는 100만 달러에 불과했다.

- 이익, 매출, 순 자본적 지출은 5년간 매년 30%, 그 이후에는 영구적으로 연 6%씩 증가할 것으로 예상된다.

- 비교 대상 기업의 평균 베타는 1.3567, 평균 D/E 비율은 13.65%이다. 시장과의 평균 상관관계는 0.50이다. 바리스타 에스프레소의 부채비율은 12%이고 부채비용은 8.75%일 것으로 보인다. 무위험 이자율은 6%이고 시장 위험 프리미엄은 5.5%이다.

a. 바리스타 에스프레소의 기업 가치를 구하라.

b. 바리스타 에스프레소의 자기자본 가치를 구하라.

c. IPO를 위해 가치평가를 하는 중이라면 평가 결과가 달라지겠는가?

2 한 비상장기업의 매각을 위해 사업의 가치평가를 수행했고, 현금흐름할인법을 사용하여 2.5억 달러로 평가했다. 이 사업은 실제로 돈을 벌고 있는데, 직전 연도에 2억 달러의 매출액을 올렸다. (평균적인 회사들의 매출액은 1,000만 달러이다.) 이 회사에 유동성 할인을 얼마나 적용하겠는가?

a. 실버(Silber) 회귀분석에 기반한다면?

b. 회사의 규모에 평균 할인율(25%)을 적용하여 보정한다면?

3 버몬트주에 있는 민박업체의 가치를 평가하는 중이며, 다음과 같은 정보가 있다.

- 이 사업의 가장 최근 연도 세전 영업이익은 10만 달러였다. 이 이익은 지난 3년간 연 5%씩 증가했으며, 앞으로도 당분간 이 비율로 계속 증가할 것으로 보인다.

- 이 영업이익의 약 40%는 마스터 셰프인 사업주로부터 기인한다. 그는 사업을 매각한 후에는 사업에 계속 참여할 계획이 없다.

- 사업 자금은 부채와 자기자본으로 균등하게 조달된다. 세전 차입비용은 8%이다. 서비스업 상장 기업의 베타는 1.10이다. 장기 국채 금리는 7%, 시장 위험 프리미엄은 5.5%, 세율은 40%이다.

- 감가상각비를 차감한 유지보수 자본적 지출은 가장 최근 연도에 10,000달러였으며, 영업이익과 같은 비율로 증가할 것으로 예상된다. (순 자본적 지출이 10,000달러라는 뜻 - 옮긴이)

- 사업체의 영업 수명은 10년으로 예상되며, 그 후 건물을 50만 달러에 매각하고 양도소득세가 차감될 예정이다.

a. 사업의 매각 가치를 구하라.

b. 만약 현 소유주가 향후 3년 동안 계속 운영하겠다고 제안한다면 그 가치는 얼마나 달라질까?

4 컴퓨터 소프트웨어를 생산 및 판매하는 텍토닉스 소프트웨어의 소유주로부터 기업공개를 위한 가치평가를 요청받았다. 이 회사는 최근 한 해 동안 2,000만 달러의 매출을 올렸으며, 이자 및 세금 차감 전 이익은 200만 달러였다. 이 회사의 부채는 1,000만 달러이며 세전 이자비용은 100만 달러이다. 자기자본의 장부가액은 1,000만 달러다. 상장 소프트웨어 기업의 평균 무차입 베타는 1.20이며, 이 기업들의 평균 PBR은 3배에 달한다. 모든 기업은 40%의 세율을 적용받는다.

가장 최근 연도의 자본적 지출은 100만 달러에 달했으며, 해당 연도 감가상각비의 두 배에 달했다. 두 항목 모두 향후 5년간 매출액과 동일한 비율로 증가할 것으로 예상된다. 5년 차 이후의 자본이익률은 15%가 될 것으로 예상된다. 회사의 매출액은 향후 5년간 연 20%, 그 이후에는 연 5% 성장할 것으로 예상되며 영업이익률은 기존 수준을 유지할 것으로 예상된다. 장기 국채 이자율은 6%이다.

a. 회사의 자본비용을 구하라.

b. 회사의 자기자본 가치를 구하라.

c. 회사가 100만 주를 발행할 계획이라면, 주당 가치는 얼마인가?

5 4번 문제에서 기업을 상장하지 않고 개인에게 매각한다면 답변이 어떻게 달라지겠는가? 그 개인은 분산되지 않은 포트폴리오를 가지고 있으며, 그 포트폴리오는 시장지수와의 상관계수가 0.60이다. 이에 더해, 다음의 매수-매도 호가 차이 공식을 사용하여 비유동성 할인율을 구한다.

$$\text{매수-매도 호가 차이} = 0.14 - 0.015 \times \ln(\text{매출액})$$

이 거래에서 자기자본의 가치를 구하라.

25장
인수

    기업을 인수하는 이유는 여러 가지다. 1960~1970년대에 걸프 앤드 웨스턴(Gulf & Western)과 ITT 등은 기존 사업과 다른 부문에 속하는 기업을 인수함으로써 복합기업이 되었다. 1980년대에 타임(Time Inc.)과 베아트리체 푸드(Beatrice Foods), RJR 나비스코(RJR Nabisco) 같은 거대 기업은 구조조정이나 분할을 통해 가치를 창출할 잠재력이 있다고 판단한 타 기업이나 자사 경영진, 부유한 기업사냥꾼(raider)에 인수되었다. 1990년대에는 통신사가 엔터테인먼트 기업을 인수하고, 엔터테인먼트 기업이 다시 케이블TV회사를 인수하면서 미디어 산업 내 기업 결합 움직임이 거셌다. 2010년대에 인수의 초점이 다시 기술회사로 이동했다. 이들은 거액의 여유 현금으로 플랫폼을 확장하고 사용자층을 강화하기 위해 다른 기술회사를 인수했다. 더 높은 성장률이나 더 낮은 비용의 시너지를 누리기 위해 다른 기업을 인수하거나 합병하는 사례도 있었다.

    기업은 전략적 목표를 달성하는 과정에서 인수를 지름길로 여기지만, 사실 비용이 따른다. 이번 장에서는 인수의 기본적인 네 단계를 살펴본다. 인수 동기의 수립, 인수

대상 기업 선정과 가치평가, 거래 구조의 설계와 인수가를 지불하는 단계에 이어, 가장 어려운 단계는 거래 후 인수가 효과를 내도록 하는 것이다.

인수에 관한 배경지식

인수는 다양한 유형의 거래를 통칭하는 용어다. 한 기업과 다른 기업이 합병해 새로운 기업이 탄생하는 것부터 한 기업의 경영진이 주주들의 지분을 인수해 비상장기업으로 전환하는 사례를 모두 인수라고 부른다. 이번 섹션에서는 먼저 인수의 다양한 유형과 인수 절차의 개요, 미국의 기업 인수 역사를 살펴본다.

인수의 분류

인수는 여러 형태의 구조를 띤다. 합병에서는 두 기업의 이사회가 합병에 동의한 후 주주의 승인을 얻는다. 대개 인수제안 기업과 인수대상 기업 주주의 최소 50%가 합병에 동의해야 한다. 이때 대상 기업은 사라지고 인수기업의 일부가 된다. 컴팩(Compaq)은 1997년 인수한 디지털 이큅먼트(Digital Equipment Corporation)를 결국 흡수했다. 결합에서는 새로운 기업이 탄생해 인수기업과 인수대상 기업의 주주가 모두 새로운 기업의 주식을 받는다. 씨티그룹은 씨티코프(Citicorp)와 트래블러스 그룹(Travelers Group)이 결합해 탄생한 기업이다.

공개 매수(tender offer)에서 한 기업은 다른 기업의 유통주식을 특정 가격에 매수하겠다는 제안을 광고와 우편을 통해 주주에게 알린다. 이 방식으로 인수대상 기업의 기존 경영진과 이사회의 동의를 건너뛴다. 따라서 공개 매수는 대개 적대적 인수의 방법으로 활용된다. 공개 매수에 참여하지 않는 비지배지분 투자자가 존재하는 한 피인수기업은 계속해서 존재한다. 하지만 인수기업이 인수대상 기업의 경영권을 확보하는 데 성공한다면 공개 매수는 사실상 합병과 다름없다.

자산 취득에서는 한 기업이 다른 기업의 자산을 인수한다. 이때도 인수대상 기업 주주의 공식적인 의결을 거쳐야 한다.

[그림 25.1] 인수의 분류

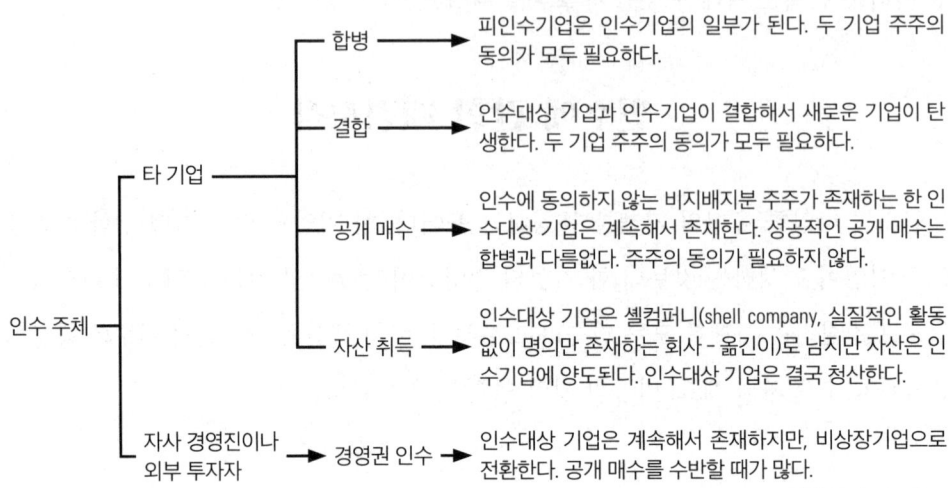

앞서 다룬 네 가지 유형에 해당하지 않는 분류도 있다. 자사 경영진이나 투자자 집단이 대개 공개 매수를 거쳐 기업의 경영권을 인수(buyout)하는 구조도 있다. 거래가 완료되면 피인수기업은 자진 상장폐지를 통해 비상장기업으로 전환할 때도 있다. 이를 가리켜 인수자가 자사 경영진이라면 경영권 인수(management buyout)라고 하고, 공개 매수 자금의 큰 비중을 부채로 조달했다면 차입인수(leveraged buyout)라고 한다.

그림 25.1은 다양한 인수 거래와 인수대상 기업에 일어나는 변화를 요약해서 보여준다.

인수 절차

인수는 우호적으로 진행될 때도 있고 적대적으로 진행될 때도 있다. 우호적 인수에서는 인수대상 기업의 경영진이 인수를 반기고 심지어 원할 때도 있다. 적대적 인수에서는 인수대상 기업의 경영진이 인수되기를 바라지 않는다. 인수기업은 인수대상 기업의 인수 전 시장가격보다 높은 인수가를 제안한 후 인수대상 기업의 주주가 보유한 주식을 그 가격에 매도할 것을 요청한다.

인수 프리미엄은 우호적 인수와 적대적 인수에서 인수가와 인수 전 시장가격의 차이를 가리킨다. 합병과 결합 유형에서 인수가는 인수기업이 인수대상 기업 주식을 매수하며 지불하는 가격이다. 우호적 인수에서 인수가는 대개 인수기업과 인수대상 기업의 경영진 간 협상으로 결정된다. 공개 매수에서 인수가는 인수기업이 인수대상 기업의 경영권을 확보할 만한 지분을 매수하는 가격이다. 인수대상 기업을 노리는 다른 기업이 존재하거나 첫 제안가로는 특히 경영권을 확보할 만큼 충분한 주식을 매수하지 못할 때는 인수기업이 처음 제안한 가격보다 최종 인수가가 높을 때도 있다. 예컨대 1991년 AT&T는 NCR 주식을 당시 주가에 25달러 프리미엄을 붙인 주당 80달러에 매수하겠다고 제안했다. 하지만 AT&T는 인수를 완료하기 위해 결국 주당 110달러를 지불해야 했다.

인수가와 피인수기업 주식의 회계상 장부가액도 비교 검토할 만한 가치가 있다. 인수가 완료되면 인수대상 기업이 보유한 자산의 공정가치를 엄격한 회계규정에 바탕을 두고 재평가해 주식의 조정 장부가액을 추정한다. 인수 회계처리 방식에 따라 인수가와 주식의 조정 장부가액의 차이를 인수기업의 재무제표에 영업권으로 인식할 때도 있고, 아무것도 인식하지 않을 때도 있다. 그림 25.2는 인수가를 구성 요소로 분해해서 보여준다.

[그림 25.2] 인수가의 분해

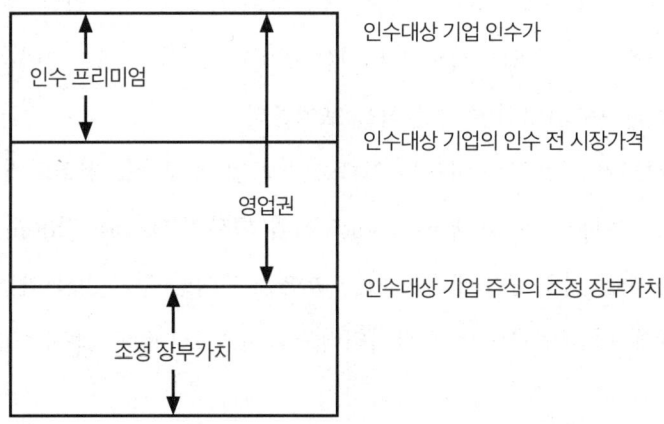

출처: 애스워드 다모다란, 《Corporate Finance: Theory and Practice(기업 재무: 이론과 실무)》 제2판, © 2001 John Wiley & Sons, Inc.

가치가 인수에 미치는 영향: 실증적인 증거

인수 행위가 인수대상 기업과 인수제안 기업의 가치에 미치는 영향에 관한 연구가 많이 이루어졌다. 증거에 따르면 명백한 승자는 인수대상 기업의 주주인 듯하다. 이들은 인수 발표 시점 전후뿐 아니라 발표 전 몇 주간 상당한 초과수익을 올린다.[1] 젠센(Jensen)과 루백(Ruback, 1983)은 인수 발표 전후의 주식 투자수익을 분석한 13개 연구를 검토한 후 인수대상 기업 주주의 평균 초과수익률이 성공적인 공개 매수에서는 30%, 성공적인 합병에서는 20%에 가깝다고 결론 내렸다. 재럴(Jarrell)과 브리클리(Brickley), 네터(Netter, 1988)는 1962년부터 1985년까지 총 663건의 공개 매수 결과를 검토한 후 평균 프리미엄이 1960년대 19%, 1970년대 35%, 1980~1985년 30%에 이르렀다고 결론 내렸다. 많은 연구에서 인수 발표 전 인수대상 기업의 주가가 상승한다고 분석했는데, 금융시장의 통찰력이 아주 뛰어나거나 곧 일어날 거래에 관한 정보가 유출된 것으로 판단해야 할 것이다.

인수 발표가 인수제안 기업의 주가에 미치는 영향은 다소 불분명하다. 젠센과 루백에 따르면 인수제안 기업 주주의 평균 초과수익은 공개 매수 발표 전후로 4%였고, 합병 발표 전후로는 제로(0)였다. 재럴과 브리클리, 네터는 1962~1985년의 공개 매수를 분석한 연구에서 인수제안 기업 주주의 평균 초과수익률이 1960년대 4.4%에서 1970년대 2%로, 다시 1980년대 -1%로 하락했다고 결론 내렸다. 인수제안 기업의 절반가량이 인수 발표 전후로 초과손실을 올렸다는 연구 결과도 있다. 주주들이 인수의 가치에 회의적일 때가 압도적으로 많다는 뜻이다. 그림 25.3은 인수 발표를 전후해 인수기업과 피인수기업의 주가 실적을 보여준다.

몇몇 인수 시도가 실패하는 이유는 인수제안 기업이 제안을 철회하거나 인수대상 기업이 저항하기 때문이다. 브래들리(Bradley)와 데사이(Desai), 김(Kim, 1983)은 인수 실패가 인수대상 기업 주주에게 미치는 영향을 분석한 결과, 비록 인수 시도가 실패했다는 발표에 대한 반응이 부정적이더라도(통계적으로 유의미하지는 않았다) 첫 실

---

1   초과수익은 실제 수익에서 기대수익을 상회하는 수익으로 위험과 시장 실적에 대해 조정한 기준이다.

[그림 25.3] 인수 발표를 전후한 인수기업과 피인수기업의 주가 실적

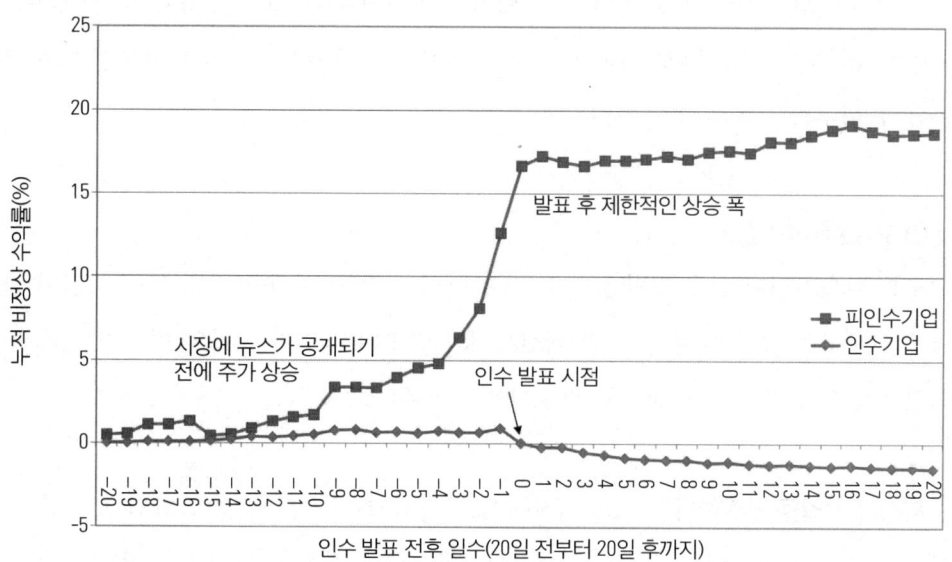

패 후 60일 안에 결국 성사된 사례가 아주 많았다고 결론 내렸다. 덕분에 인수대상 기업 주주는 50~66%에 이르는 상당한 초과수익을 달성했다.

여러 기업이 인수를 제안했을 때 그중 인수에 실패한 기업에는 어떤 영향을 미칠까? 시장은 처음에는 실패한 인수제안의 비용을 반영해 부정적으로 반응할 때가 많지만, 장기적인 결과는 아주 흥미롭다. 인수 전쟁 후 5년간 영업 수익성과 주가 실적 척도에서 제안 실패자가 제안 성공자를 앞섰다. 적어도 인수에 한해서는 인수 전쟁에서 패배하는 것이 인수제안 기업 주주에게 훨씬 나은 선택지로 보인다.

인수의 단계

인수대상 기업을 인수하는 단계는 네 단계로 구성되지만, 반드시 순서대로 진행되지는 않는다. 1단계에서는 인수 근거와 전략을 수립하고, 전략을 추진할 때 필요한 자원이 무엇인지를 파악한다. 2단계에서는 인수대상 기업을 선정한 후 인수 동기에

따라 부여할 프리미엄을 포함해 가치평가한다. 3단계에서는 지불할 인수가를 결정하고 인수 자금을 조달하는 가장 좋은 방법이 무엇인지를(주식을 활용할지 아니면 현금을 지불할지를) 판단한다. 가장 어려울 것으로 예상하는 마지막 4단계에서는 인수 거래 완료 후 인수가 효과를 내게 한다.

인수 전략 수립

모든 인수기업이 인수 전략을 갖춘 것은 아니고, 인수 전략을 갖춘 모든 기업이 전략을 고수하는 것도 아니다. 이번 섹션에서는 인수의 다양한 동기와 이에 바탕을 둔 일관된 인수 전략을 수립해야 할 필요성을 살펴본다.

저평가 기업을 인수한다   금융시장에서 저평가된 기업은 시장의 가격 오류를 알아보는 기업의 인수대상이 된다. 인수자는 가치와 인수가의 차이에서 이득을 본다. 하지만 전략이 효과를 내려면 세 가지 기본 능력을 갖추어야 한다.

1. 진정한 가치보다 낮은 가격에 거래되는 기업을 발굴할 능력: 시장의 다른 투자자보다 더 좋은 정보나 분석 도구에 접근할 수 있어야 한다.
2. 인수를 완료하는 데 필요한 자금에 대한 접근성: 어떤 기업이 저평가되었다는 사실을 안다고 해서 인수를 실행할 만한 자본에 쉽게 접근할 수 있는 것은 아니다. 자본 접근성은 인수자의 규모(소형 기업과 개인보다는 대형 기업이 자본시장과 내부 자본 배분 차원의 접근성이 높을 것이다)와 트랙 레코드(저평가 기업을 규명하고 인수했던 성공적인 경험이 있다면 다음번 인수 때 어려움이 덜할 것이다)에 따라 달라진다.
3. 실행 능력: 인수자가 인수를 추진하는 중에 주가가 가치 추정치보다 높은 수준으로 상승한다면 인수가 아무런 가치도 창출하지 못할 것이다. 예컨대 어떤 기업의 가치 추정치가 1억 달러이고 현행 시장가격이 7,500만 달러라고 하자. 인수자는 이 기업을 인수하면서 프리미엄을 지불해야 한다. 프리미엄이 시가총액의 33%를 초과한다면 인수가는 가치 추정치보다 높아지고 인수자는 인수에서 아

무런 가치도 얻지 못할 것이다.

저평가 기업을 인수하는 전략은 직관적으로 와닿지만, 특히 꽤 효율적인 시장에 속한 상장기업을 인수할 때는 시장가격에 붙은 프리미엄이 잠재 평가이익을 대폭 줄일 수도 있다. 덜 효율적인 시장이나 비상장기업을 인수할 때는 저평가 기업 인수 전략이 효과를 낼 가능성이 크다.

위험을 줄이기 위해 분산투자한다　앞서 4장에서 분산투자가 기업 고유의 위험에 대한 노출을 줄인다고 했다. 이 책에서 활용한 위험-수익 모형은 분산투자를 통해 기업 특유의 위험이 제거된 결과, 더 높은 수익을 낳지 않는다는 전제에 바탕을 두었다. 인수기업의 경영진은 다른 산업에 속한 기업을 인수하고 분산투자함으로써 이익 변동성과 위험을 줄이고 잠재 가치를 높일 수 있다고 믿는다.

분산투자가 이득이 될 때도 있지만, 투자자가 상장기업 중에서 분산투자하는 것과 다른 기업을 인수함으로써 분산투자하는 것 중 더 효율적인 방법이 무엇인지는 불분명하다. 투자자의 분산투자와 관련한 거래비용을 기업의 분산투자(타 기업 인수 - 옮긴이) 관련 비용 및 지불 프리미엄과 비교할 때 대다수 상장기업 투자자는 기업보다 훨씬 저렴하게 분산투자할 수 있다.

이러한 논리가 적용되지 않는 두 가지 예외가 있다. 첫째, 소유주가 개인 순자산의 상당 부분을 투자한 비상장기업이다. 이때는 소유주가 모든 위험에 노출되어 있으므로 분산투자의 이득이 훨씬 커진다. 이것이 바로 아시아의 많은 가족 소유 기업이 여러 사업 부문으로 다각화해 복합기업으로 발전한 이유일지도 모른다. 둘째, 기존 경영진이 개인 순자산의 상당 비중을 투자한 소유권 집중 회사(closely held firm, 일반적으로 주주가 5명 이하이고 주식이 거래소에서 거래되는 기업 - 옮긴이)로서 분산투자의 이득이 작다. 이들은 인수를 통해 분산투자함으로써 총위험 노출도를 줄이지만, (분산도가 더 높은) 다른 투자자는 생각이 다를 것이다.

영업 또는 재무 시너지를 창출한다   대다수 인수 거래에서 지불하는 막대한 프리미엄을 설명하는 세 번째 요인은 시너지다. 시너지는 두 기업이 결합할 때 창출될 것으로 예상하는 부가적인 가치로서 가장 널리 사용되는 동시에 가장 많이 오용되는 인수의 근거다.

영업 시너지의 원천   영업 시너지는 영업이익이 증가하거나 성장률이 상승하게 하는(또는 둘 다를 가능하게 하는) 시너지로서 다음 다섯 가지 유형으로 분류한다.

1. 합병을 통해 규모의 경제를 달성하면 결합기업(combined firm)의 비용 효율성과 수익성이 상승한다.
2. 경쟁 감소와 시장 점유율 상승 덕분에 가격 결정력이 강화하면 이익률이 상승하고 영업이익이 증가한다.
3. 강력한 마케팅 능력을 갖춘 기업이 우수한 제품군을 갖춘 다른 기업을 인수하면 서로 다른 기능적 강점의 결합에서 이득을 본다.
4. 두 기업이 결합해 기존 또는 신규 시장에서 더 빠르게 성장할 수 있다. 예컨대 미국 소비재 기업이 유통망과 브랜드 인지도를 이미 구축한 신흥시장 기업을 인수해 강점을 활용하면 제품 판매가 증가할 것이다.
5. 인수를 통해 경쟁사를 미리 차단하는 방어적 시너지는 시장 점유율이나 마진의 하락을 막는다.

영업 시너지는 이익률과 성장률에 영향을 미쳐 합병이나 인수와 관련된 기업의 가치에도 영향을 미친다.

재무 시너지의 원천   재무 시너지가 존재할 때 성과는 현금흐름 증가나 자본비용(할인율) 하락의 형태를 띨 뿐 아니라 다음 내용도 포함한다.

- 초과현금 또는 여유 현금(cash slack)을 보유했지만 프로젝트 기회가 부족한 기업과, 고수익 프로젝트 기회가 있지만 자본조달에 제약이 있는 기업이 결합하면 기업 가치가 상승하는 성과를 낼 수 있다. 기업 가치 상승은 결합하지 않았다면 활용할 수 없는 초과현금으로 진행한 프로젝트에서 비롯한다. 주로 대형 기업이 소형 기업을 인수할 때나 상장기업이 비상장기업을 인수할 때 발생한다.

- 두 기업이 결합할 때는 이익과 현금흐름의 안정성과 예측 가능성이 높아져 **차입 능력**이 확대될 수 있다. 결합 전 개별 기업일 때보다 더 많은 자금을 차입할 수 있기에 결합기업은 세금 혜택이 발생한다. 이에 따라 현금흐름이 증가(주주 현금흐름 추정 시)하거나 자본비용이 하락한다.

- 결합기업이 개별 기업일 때보다 세금을 덜 낸다는 점에서 **세금 혜택**이 발생하기도 한다. 따라서 흑자 기업은 인수한 적자 기업의 순영업손실을 활용해 세금 부담을 덜 수 있다. 인수 후 감가상각비 규모가 증가한 덕분에 세금이 줄어서 가치가 상승하는 기업도 있다. 하지만 영업권 상각비는 대개 비용공제가 불가하기에 세금 혜택이 발생하지 않는다.

많은 합병 사례에서 시너지를 창출할 가능성이 존재한다는 점은 분명하다. 더 중요한 문제는 시너지의 가치를 평가할 수 있는지, 가치를 평가하는 방법은 무엇인지다.

시너지의 실증적인 증거   인수의 동기가 시너지에 있다고 밝히는 사례가 많다. 바이드(Bhide, 1993)가 1985과 1986년에 이루어진 인수 77건을 분석한 결과 주요 동기가 영업 시너지라고 밝힌 비율이 전체의 3분의 1이었다. 시너지가 과연 존재하는지, 그렇다면 가치가 얼마인지를 분석한 연구도 많다. 인수 시 시너지가 존재한다면 결합기업의 가치는 (독립적으로 운영되는) 인수제안 기업과 인수대상 기업의 가치를 합한 것보다 높아야 한다.

$$V(AB) > V(A) + V(B)$$

여기서   V(AB) = A기업과 B기업이 결합해 탄생한 기업의 가치(시너지 포함)
V(A) = 독립적으로 운영되는 A기업의 가치
V(B) = 독립적으로 운영되는 B기업의 가치

합병 발표 전후의 주식 투자수익을 연구한 결과에 따르면 대다수 인수에서 결합기업의 가치가 상승했을 뿐 아니라 상승 폭도 상당했다. 브래들리와 데사이, 김(1988)은 1963~1984년 기업 간 공개 매수 표본 236건을 연구한 후 인수제안 기업과 인수대상 기업의 가치 합계는 합병 발표 직후 평균 7.48% 상승했다고 결론 내렸다(1984년 화폐가치 기준으로 1억 1,700만 달러). 하지만 이 결과는 주의해서 해석해야 한다. 결합기업의 가치 상승은 저평가와 기업 경영권의 변화 등 인수를 설명하는 여러 다른 가설에도 부합하기 때문이다. 따라서 이 연구는 시너지 가설을 검증하기에는 설명력이 약하다.

시너지가 존재한다면 두 기업이 독립적으로 운영될 때보다 결합기업의 수익성이나 성장률이 더 높을 것이다. 시너지를 검증하는 더 엄격한 방법은 결합기업의 인수 후 실적(수익성과 성장률)이 경쟁사와 비교해 향상하는지를 판단하는 것이다. 이번 장의 후반부에서 다루겠지만, 이러한 척도에서는 많은 합병이 실패 사례로 기록될 것이다.

경영이 형편없는 기업을 인수해서 경영진을 교체한다   최적 경영 상태가 아닌 기업을 기존 경영진보다 잘 경영할 수 있다고 믿는 사람도 있다. 인수자는 경영 상태가 형편없는 기업을 인수한 후 기존 경영진을 해임하거나 기존 경영 방침이나 관행을 바꾼다면 기업 가치가 상승하리라고 주장할 것이다. 여기에 바탕을 두는 가치 상승분을 경영권의 가치라고 부른다.

성공의 요건   기업 경영권에 관한 이야기는 시장가격에 붙은 높은 프리미엄을 합리화하는 근거로 사용되지만, 성공 가능성은 다음 요건에 달려 있다.

- 피인수기업의 형편없는 실적은 경영진이 통제할 수 없는 시장이나 산업 차원의 요인이 아니라 경영진 자체가 원인이어야 한다.
- 인수 후 가치가 증대할 방향으로 경영 관행에 변화를 주어야 한다. 이 책에서 다룬 내재가치 체계에 바탕을 두면, 가치를 증대하는 조처는 보유 자산에서 발생하는 현금흐름을 늘리고 기대성장률을 높이며 성장 단계의 기간을 늘리거나 자본비용을 낮추는 것이다.
- 인수의 시장가격은 기존 경영진과 형편없는 경영 관행에 의한 현상 유지 가치를 반영해야 한다. 시장가격에 경영권 프리미엄이 이미 반영되어 있다면 인수자가 프리미엄을 누릴 가능성은 없다.

일반적으로 우호적 인수보다 적대적 인수에서 주요 동기가 경영권일 가능성이 크다. 적대적 인수는 기존 경영진이 할 일을 제대로 못 한다는 점을 전제하기 때문이다.

경영권의 가치에 관한 실증적인 증거　기업 경영권에 관심을 두는 시장이 존재한다는 가장 강력한 증거는 적대적 인수 대상이 되는 기업에서 발견할 수 있다. 연구에 따르면 전형적인 적대적 인수 대상 기업은 다음 특성을 띤다.

- 인수 전 수년간 주주 이익 척도에서 같은 업종의 다른 기업과 전체 시장에 뒤처지는 실적을 올렸다.
- 인수 전 수년간 같은 업종의 다른 기업보다 수익성이 낮았다.
- 내부자의 주식 보유 기간이 비교 기업보다 훨씬 짧다.

바이드는 적대적 인수와 우호적 인수의 대상 기업을 비교 분석하여 차이점을 설명한 바 있다. 그림 25.4는 그의 연구 결과를 요약해서 보여준다. 적대적 인수의 대상 기업은 속한 업종의 다른 기업과 비교해 자기자본이익률이 평균 2.2%포인트 낮았고, 투자수익률은 시장보다 4%포인트 낮았으며, 내부자 지분율은 6.5%에 불과했다.

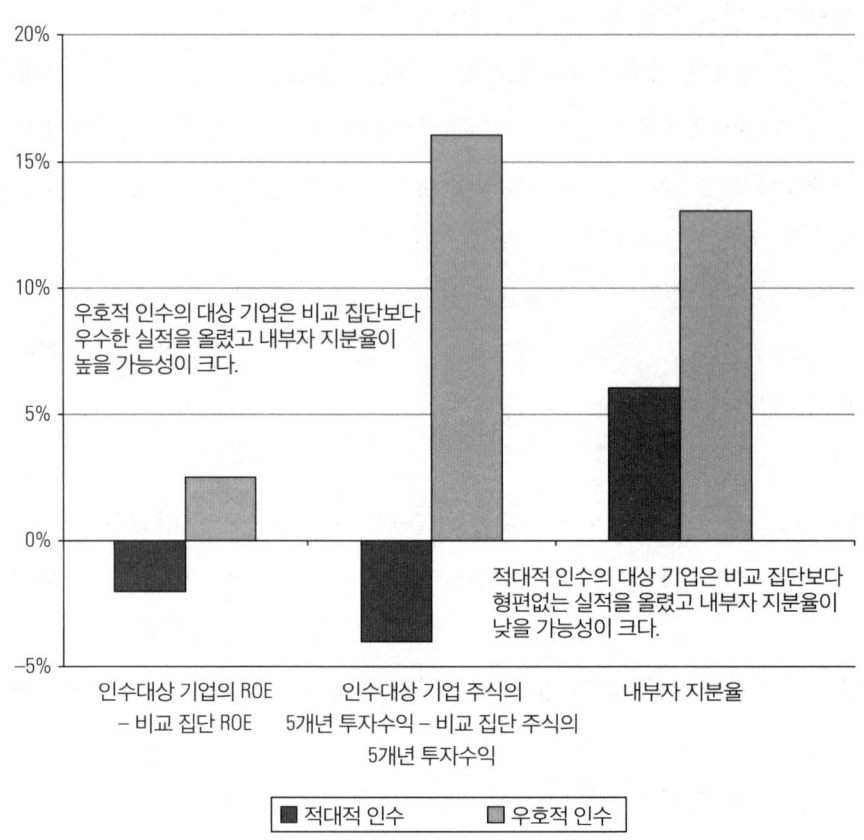

또한 적대적 인수 후 운영 방식의 변화 폭이 큰 기업이 많다는 증거도 있다. 바이드는 적대적 인수의 여파를 분석한 후 네 가지 변화에 주목했다.

1. 적대적 인수 후 부채가 증가해 신용등급이 하향한 사례가 많았다. 하지만 자산 처분 대금을 활용해 금방 부채 규모를 줄이기는 했다.
2. 자본 투자 규모는 유의미한 변화가 없었다.
3. 적대적 인수 후 유의미한 규모의 사업과 자산을 분할 또는 매각한 기업의 비율이 60%에 달했다(그중 절반은 분할이었다). 대개 핵심 사업과 관련 없는 부문에 속

한 사업과 자산이었으므로 인수 전 진행했던 기업 다각화와 정반대의 조처였다.

4. 19건의 적대적 인수에서 경영진이 대폭 교체된 사례가 17건에 달했다. 경영진이 모두 교체된 사례도 7건에 달했다.

통념과는 달리[2] 대다수 적대적 인수에서 인수기업이 피인수기업의 자산을 전부 해체해서 몰락하는 일은 벌어지지 않았다. 오히려 피인수기업은 다시 핵심 사업에 초점을 두고 영업 실적이 향상된 결과가 더 많았다.

경영진이 자기 이익을 추구한다　대다수 사례에서 인수를 실행할지, 인수가로 얼마를 지불할지를 결정하는 것은 인수기업의 주주가 아니라 경영진이다. 이러한 상황에서는 주주 부(富)의 최대화가 아니라 경영진의 자기 이익이 인수 동기일 때도 있다. 다음 인수 동기가 그에 해당한다.

- 제국 건설: 일부 최고 경영진은 자사를 업계나 전체 시장에서 가장 규모가 크고 지배적인 기업으로 만드는 데 관심을 두는 것으로 보인다. 이러한 목표는 1960~1970년대 걸프 앤드 웨스턴과 ITT[3] 같은 기업의 인수 전략을 '분산투자'라는 동기보다 더 잘 설명할지도 모른다. 아주 많은 기업을 인수했던 시기에 두 기업은 모두 강력한 의지를 갖춘 CEO가 있었다는 점을 유념하라(걸프 앤드 웨스턴의 찰스 블루돈(Charles Bluhdorn)과 ITT의 해럴드 제닌(Harold Geneen)).
- 경영진의 자존심: 특히 하나의 기업을 두고 여러 기업이 인수를 제안하는 상황은 각 경영진이 서로 남자다움(machismo)[4]을 겨루는 장이다. 비록 승리의 대가로 주주가 수십억 달러를 손해보더라도 전투에서 패배하고 싶어 하는 '남자'는 없다.

2　통념은 아니더라도 할리우드 영화 '월 스트리트(Wall Street)'와 '타인의 돈(Other People's Money)'이나 《문 앞의 야만인들(Barbarians at the Gate)》 같은 책을 통해 인기를 얻은 관점인 것은 분명하다.
3　아이러니하게도 ITT는 힐튼 호텔(Hilton Hotels)의 적대적 인수 대상이 되었을 때 '비핵심 사업'으로 명명한 사업(복합기업 시절 인수한 모든 기업)을 처분하는 방식으로 대응했다.
4　더 많은 여성이 CEO로 부임하면 인수 전쟁의 가능성이 줄어들까? 아주 흥미로운 질문이다. 그녀들은 합병에서 승패의 의미를 두고 기존과 다른 관점을 불어넣을지도 모른다.

■ 보상과 부수적 효과: 인수 결과 경영진 보상 계약을 다시 체결할 때도 있다. 인수 거래를 통해 경영진이 얻을 사적 이득이 크다면 주주가 부담할 비용이 눈에 들어오지 않을 것이다.

롤(Roll)은 1986년 논문 '기업 인수에 관한 자만심 가설(The Hubris Hypothesis of Corporate Takeovers)'에서 대다수가 인수 절차와 인수가를 경영진의 자부심과 자존심으로 설명할 수 있는 정도를 과소평가한다고 주장했다. 행동재무학 분야에도 자신감이 넘치는 CEO가 인수를 밀어붙일 가능성이 크다는 증거가 넘쳐난다. 그러한 경영진은 인수의 편익을 과대추정하고 비용을 과소추정한다.

경영진의 자존심에 대해서도 할인해야 할까?

경영진의 자기 이익과 자존심으로 인해 기업이 인수 시 몹시 비싼 금액을 지불한다면, 강력한 의지를 갖춘 CEO가 경영하는 기업의 가치를 할인해야 할까? 만약 기업의 현행 자본이익률과 재투자율이 과거 실패한 인수를 반영한다면 이미 '자존심 할인'이 적용되었다고 볼 수 있다. 따라서 기업이 미래에도 계속해서 똑같은 자본이익률을 올릴 것으로 가정해도 무방하다.

하지만 최고 경영진에 변화가 있다면 기업 가치를 재평가해야 한다. 기존 경영진과 달리 신규 CEO가 제국을 건설하려는 야망이 없고 지나치게 비싼 인수가를 지불할 생각이 없다면 미래 자본이익률은 과거보다 훨씬 높아질 것으로 예상하는 것이 합당하다. 따라서 기업 가치도 상승할 것이다.

인수대상 기업 선정과 경영권 및 시너지 가치평가

인수 동기를 규명한 후에는 두 가지 핵심 질문에 답해야 한다. 첫째, 이전 섹션에서 다룬 인수 동기를 고려할 때 잠재 인수대상 기업을 선정하는 가장 좋은 방법이 무엇일지다. 둘째, 역시 이전 섹션에서 다룬 인수 동기를 고려할 때 인수대상 기업의 가치를 평가하는 구체적인 방법이 무엇일지다.

가치평가 바이블

인수대상 기업의 선정 기업이 인수 계획을 실행하는 이유를 규명한 후에는 적합한 대상 기업을 찾아야 한다.

- 인수 동기를 저평가에 둔다면 저평가 기업이 대상이어야 한다. 저평가 기업을 규명하는 방법은 가치평가 방식과 모형에 따라 다르다. 가격 결정 모형에서 저평가 주식은 펀더멘털의 유의미한 차이를 통제했을 때 같은 업종의 다른 기업보다 훨씬 낮은 배수(이익이나 장부가액, 매출 등 기준)에 거래되는 주식을 말한다. 주가순자산배수(PBR)가 1.2배에 거래되는 은행이 자기자본이익률과 성장률, 위험 척도에서 펀더멘털이 유사한 은행의 PBR보다 훨씬 낮다면 저평가되었다고 할 수 있다. 현금흐름할인모형에서 저평가 주식은 현금흐름을 할인해 추정한 가치보다 훨씬 낮은 가격에 거래되는 주식을 말한다.
- 인수 동기를 분산투자에 둔다면 인수기업의 사업과 관련이 없고 상관관계도 없는 사업을 하는 기업이 가장 가능성이 큰 대상이다. 예컨대 경기순환 기업은 역순환(countercyclical), 아니면 적어도 비순환(noncyclical) 기업을 인수해야 분산투자에 따른 이득을 최대한 누릴 수 있다.
- 인수 동기를 영업 시너지에 둔다면 시너지의 원천에 따라 인수대상 기업의 유형이 달라진다. 원천이 규모의 경제일 때는 인수기업과 같은 산업에 속한 기업을 대상으로 해야 한다. 예컨대 유나이티드 항공(United Airlines)은 규모의 경제 효과 덕분에 달성할 비용 절감을 기대하고 컨티넨털 항공(Continental Airlines)을 인수했다. 기능적 강점의 결합에 따른 시너지라면 인수기업이 약한 영역에서 가장 강력한 기능을 갖춘 기업을 인수대상으로 삼아야 한다. 재무 시너지를 목표할 때는 시너지를 창출할 가능성이 큰 원천을 고려하여 대상 기업을 선정해야 한다. 인수 동기가 차입능력의 증대라면 위험 수준이 높아서 자체(standalone) 차입능력이 없거나 제한적인 기업을, 동기가 세금 혜택이라면 대규모 순영업손실을 차기 이월한 기업을 선정해야 한다.
- 합병 동기를 경영권 확보에 둔다면 초과수익을 낳을 가능성이 있는 산업에 속하

고 경영이 형편없는 기업을 대상으로 해야 한다. 인수대상 기업의 지분은 광범위
하게 분산되어 있고(적대적 인수를 완료하기가 수월하다) 기존 경영진이 계속해서
경영한다는 전제에 바탕을 둔 시장가격 수준일 때가 더 좋다.

■ 인수 동기가 경영진의 자기 이익 추구에 있다면 경제적인 이유가 아니라 경영진
의 이해관계를 반영해 인수대상 기업을 선정할 것이다.

표 25.1은 인수 동기에 따른 대표적인 대상 기업을 요약해서 보여준다.

[표 25.1] 인수 동기에 따른 인수대상 기업의 특성

인수 동기	인수대상 기업의 특성
저평가	추정 가치보다 낮은 가격에 거래된다.
분산투자	인수기업과 다른 산업에 속한다.
영업 시너지	영업 시너지를 창출하는 특성을 띤다. • **비용 절감**: 같은 업종에 속하고 규모의 경제를 창출할 잠재력이 있다. • **고성장**: 신규 시장을 개척하거나 기존 시장을 확장할 잠재력이 있다.
재무 시너지	재무 시너지를 창출하는 특성을 띤다. • **절세**: 인수기업이 세금 혜택을 누릴 수 있다. • **차입능력**: 자금을 차입할 수 없거나 이자율이 몹시 높다. • **여유 현금**: 고수익 프로젝트 기회가 있지만 자본조달에 제약이 있다.
경영권	경영 상태가 형편없고 주가 실적이 시장에 뒤처진다.
경영진의 자기 이익	CEO의 자존심과 권력욕에 가장 잘 부합하는 특성을 띤다.

인수대상 기업의 가치평가로 넘어가기 전에 두 가지 요점을 짚어보자. 첫째, 인수
동기의 수립과 인수대상 기업의 선정은 순서대로가 아니라 동시에 일어날 때가 많지
만, 그렇다고 해도 이번 섹션에서 다룬 분석에 영향을 미치지는 않는다. 둘째, 인수 동
기는 경영권과 시너지를 동시에 추구하는 것처럼 하나 이상일 때가 많다. 이때는 가
장 우세한 동기에 바탕을 두고 인수대상 기업을 탐색해야 한다.

인수대상 기업 가치평가　　인수 가치평가는 기업 가치평가와 비교해 근본적인 차

이는 없지만, 경영권과 시너지에 지불한 프리미엄으로 인해 가치평가 과정이 다소 복잡해진다. 시너지와 경영권의 연관성을 고려할 때 인수대상 기업의 현상 유지 가치에서 시작해 경영권과 시너지의 가치를 더하는 단계적 접근이 가장 안전한 가치평가 방법이다.

현상 유지 가치평가 인수대상 기업의 가치평가는 기존 경영진이 계속 근무한다고 가정할 때 기존 투자와 자본조달, 배당 정책에서의 기업 가치를 추정하는 것에서 출발한다. 이 '현상 유지' 가치는 경영권과 시너지 프리미엄을 추정하는 바탕으로서 이전 장에서 다룬 가치평가의 기본 원칙이 그대로 적용된다. 특히 기업 가치는 보유 자산에서 발생하는 현금흐름과 고성장 단계에서의 현금흐름 기대성장률, 고성장 단계의 기간, 자본비용의 함수로 결정된다는 원칙을 유념하라.

[예시 25.1] 현상 유지 가치평가: SAB밀러

2015년 9월, 세계 1위 맥주회사 인베브(Inbev)는 2위 회사 SAB밀러(SAB Miller)를 우호적 합병 방식으로 인수한다고 발표했다. 합병을 통해 성장(두 기업은 강점을 지닌 사업 지역이 서로 다르다)과 비용 절감 면에서 모두 시너지를 창출하리라는 기대였다. 브라질 3G캐피털(3G Capital)이 지배하는 인베브는 세계에서 가장 효율적인 양조회사로 평가받았기에 운영 방식을 SAB밀러에 적용하면 효과가 클 것으로도 예상됐다.

[그림 25.5] 인베브의 SAB밀러 인수 거래

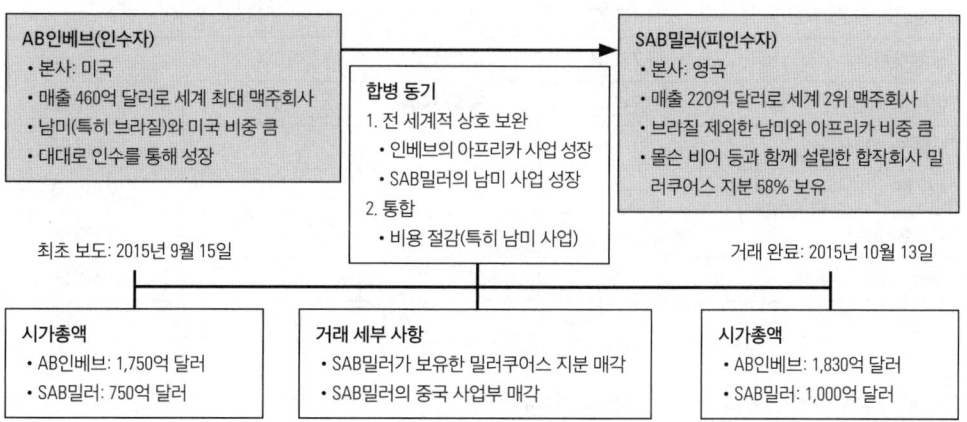

그림 25.5는 인수 발표 시점과 거래 완료 시점의 시장가치까지 포함해 거래 세부 사항을 보여준다. SAB밀러, 나아가 합작회사 밀러쿠어스(MillerCoors) 지분과 관계회사 소수지분의 현상 유지 가치평가에서 출발해 인수를 분석해보자(표 25.2, 단위: 100만 달러).

[표 25.2] 현상 유지 가치: SAB밀러

	SAB밀러	+ 밀러쿠어스 지분 58%	+ 관계회사 지분	SAB밀러 연결
매출	22,130.00	5,201.00	6,099.00	
영업이익률	19.97%	15.38%	10.72%	
영업이익(EBIT)	4,420.00	800.00	654.00	
투하자본	31,526.00	5,428.00	4,459.00	
베타	0.7977	0.6872	0.6872	
주식 위험 프리미엄	8.90%	6.00%	7.90%	
자기자본비용	9.10%	6.12%	7.43%	
세후 부채비용	2.24%	2.08%	2.24%	
부채총자본비율	14.67%	0.00%	0.00%	
자본비용	8.09%	6.12%	7.43%	
세후 자본이익률	10.33%	11.05%	11.00%	
재투자율	16.02%	40.00%	40.00%	
기대성장률	1.65%	4.42%	4.40%	
고성장 단계 연수	5	5	5	
기업 가치				
고성장 단계 FCFF 현재가치	11,411.72	1,715.25	1,351.68	
잔존가치	47,711.04	15,094.36	9,354.28	
현시점 영업자산 가치	**43,747.24**	**12,929.46**	**7,889.56**	**64,566.26**
+ 현금				1,027.00
- 부채				12,918.00
- 소수지분				1,183.00
주식 가치				**51,492.26**

SAB밀러를 구성하는 영업자산과 합작회사 밀러쿠어스 지분, 관계회사 지분으로 나누어 5년의 고성장 단

가치평가 바이블

계와 이후 안정 성장 단계에 접어드는 간단한 가치평가모형을 적용했다. 기존 재투자율과 자본이익률을 곱해 도출한 기대성장률을 활용하면 SAB밀러 영업자산의 가치는 645억 7,000만 달러이고 주식 가치는 514억 9,000만 달러다.

기업 경영권의 가치　기업 경영권시장이 존재한다는 점을 근거로 적대적 인수를 정당화할 때가 많다. 투자자와 기업은 특히 경영이 형편없다고 여겨지는 기업의 경영진을 통제할 수 있다면 시장가보다 꽤 높은 프리미엄을 지불할 의사가 있다. 이번 섹션에서는 기업 경영권의 가치를 결정하는 요인과 인수 관점에서 가치를 평가해본다.

√기업 경영권의 가치를 결정하는 요인　기존 경영진으로부터 기업 경영권을 빼앗는 것의 가치는 경영진의 자질과 기업 가치를 최대화하는 능력에 반비례한다. 대개 경영이 형편없어서 최적 상태에 이르지 못한 기업이 경영 상태가 우수한 기업보다 경영권의 가치가 더 높다.

기업 경영권의 가치는 기존 경영 관행을 변화시켜 기업 가치를 증대하는 데서 비롯한다. 자산을 취득하거나 매각할 수 있고 자본조달 믹스도 변화시킬 수 있으며 배당 정책을 재검토하거나 기업 가치를 최대화하기 위해 구조조정을 단행할 수도 있다. 인수대상 기업에서 변화시켜야 할 것이 무엇인지를 규명한다면 경영권의 가치도 평가할 수 있다. 이때 경영권의 가치는 다음과 같다.

경영권의 가치 = 최적 경영 상태에서의 기업 가치 − 기존 경영진 체제에서의 기업 가치

최적 가치에 가까운 상태로 경영하는 기업에서는 경영권의 가치를 무시해도 된다. 구조조정이 창출할 부가가치가 미미하기 때문이다. 최적 가치에 대폭 뒤떨어진 상태로 경영하는 기업에서는 경영권의 가치가 상당할 수 있다. 구조조정을 통해 가치가 대폭 상승할 수 있기 때문이다.

[예시 25.2] 경영권의 가치: SAB밀러

인베브가 SAB밀러를 인수대상으로 삼은 이유 하나는 기존 사업을 더 효율적으로 운영할 때 높은 가치를 창출할 잠재력이 있다고 판단했기 때문이다. 인베브는 멕시코 맥주회사 모델로(Modelo)를 인수한 후 비슷한 성과를 낸 적도 있었다. 합병 후 상승할 가치를 판단하기 위해 최적 경영 상태의 대용물로 업종 평균을 적용한다. 예컨대 SAB밀러가 더 효율적으로 운영하면 부채비율이 14.67%(현상 유지)에서 18.82%(업종 평균)로 상승할 것으로 가정한다. 또한 영업이익률과 투하자본이익률도 업종 평균 수준으로 상승할 것이다. 그러면 표 25.3과 같이 경영권의 가치를 계산할 수 있다(단위: 100만 달러).

[표 25.3] 경영권 가치: SAB밀러

	현상 유지 가치	구조조정 후	변화
자기자본비용	9.10%	9.37%	부채비율 상승 시 상승
세후 부채비용	2.24%	2.24%	변화 없음
부채총자본비율	14.67%	18.82%	업종 평균으로 변화
자본비용	8.09%	8.03%	부채비율 변화에 따른 변화
세전 자본이익률	14.02%	17.16%	업종 평균으로 변화
재투자율	16.02%	33.29%	업종 평균으로 변화
기대성장률	1.65%	4.21%	재투자를 ROIC로 나누어 계산
기업 가치			
고성장 단계 FCFF 현재가치	11,411.72	9,757.08	
잔존가치	47,711.04	56,935.06	
영업자산 가치	**43,747.24**	**48,449.42**	**경영권 가치 4,702.17**
+ 현금	1,027.00	1,027.00	
+ 타 기업 소수지분	20,819.02	20,819.02	
- 부채	12,918.00	12,918.00	
- 소수지분	1,183.00	1,183.00	
주식 가치	**51,492.26**	**56,194.44**	

더 낮은 자본비용과 더 높은 성장률 덕분에 영업자산 가치가 437억 달러에서 484억 달러로 상승한다. 이때 경영권의 가치는 다음과 같다.

영업자산 가치(최적 경영 상태)	48,449
영업자산 가치(현상 유지)	43,747
경영권의 가치	4,702

합작회사 밀러쿠어스나 관계회사에는 아무 변화가 없다고 가정했음을 유념하라. 영업자산 가치가 상승한 만큼 합병 시점에 타 기업 지분과 현금, 부채까지 고려한 주식 가치도 515억 달러(현상 유지)에서 562억 달러로 상승할 것이다.

✓영업 시너지의 가치평가　　유형은 다르더라도 영업 시너지를 창출할 가능성이 큰 인수 거래가 많다. 하지만 시너지의 가치를 평가할 수 있는지, 그렇다면 어느 정도 가치를 부여해야 할지를 두고 이견이 존재한다. 시너지는 가치평가하기가 몹시 모호한 개념이고, 체계적인 가치평가를 위해서는 지나치게 많은 가정이 필요해서 무의미하다고 주장하는 학파도 있다. 만약 그렇다면 기업은 가치를 부여할 수 없는 시너지에 상당한 프리미엄을 지불하지 않아야 한다.

시너지를 가치평가하려면 미래 현금흐름과 성장에 관한 가정을 두어야 한다. 가치평가 과정에 정확성이 결여되었다고 해서 편향 없는 가치 추정치를 도출하는 것이 불가능하지는 않다. 그래서 이 책에서는 다음 두 가지 근본적인 질문에 답을 얻는다면 시너지의 가치평가가 가능하다는 견해를 견지한다.

1. **시너지가 어떤 형태를 띨 것으로 예상하는가?** 매출 대비 비용 비율을 줄이고 이익률을 높일 (다시 말해 규모의 경제를 달성할) 것인가? 미래 성장률을 높이거나(시장 지배력의 향상) 고성장 단계 기간을 늘릴 것인가? 시너지가 가치에 영향을 미치려면 가치평가의 네 가지 입력 변수 중 하나에 영향을 미쳐야만 한다. 즉 보유 자산에서 발생하는 현금흐름, 고성장 단계의 더 높은 기대성장률(시장 지배력, 고성장 잠재력), 고성장 단계 기간의 연장(경쟁우위의 강화로 인한 결과), 더 낮은 자본비용(차입능력의 상승)의 방식으로 영향을 미쳐야 한다.

2. **시너지가 현금흐름에 영향을 미칠 시점은 언제인가?** 시너지는 금방 나타날 때도 있지만 대개 시간이 흐르면서 발현할 가능성이 크다. 시너지가 창출하는 현금흐름의 현재가치가 곧 그 가치이므로 시너지가 발현하기까지 시간이 오래 걸릴수록 가치는 낮아진다.

위 질문에 답을 얻었다면 현금흐름할인법을 활용해 시너지의 가치를 추정할 수 있다. 첫 번째, 인수와 관련된 각 기업의 가치를 독립적으로 평가한다. 즉 각 기업의 기대 현금흐름을 각 가중평균 자본비용으로 할인한다. 두 번째, 시너지가 없다고 가정할 때 결합기업의 가치를 추정한다. 즉 첫 번째 단계에서 도출한 각 기업의 가치를 더한다. 세 번째, 시너지가 기대성장률과 현금흐름에 미치는 영향을 반영해 시너지가 존재할 때 결합기업의 가치를 평가한다. 시너지 유무에 따른 결합기업의 가치 간 차이가 바로 시너지의 가치다.

표 25.4는 시너지와 경영권이 인수대상 기업의 가치평가에 미치는 영향을 요약해서 보여준다. 인수 전후 대상 기업의 시장가격에 바탕을 두었던 그림 25.2와, 경영권과 시너지에 대한 프리미엄의 유무에 따른 대상 기업의 가치를 살펴보는 표 25.4의 차이를 유념하라. 인수 전후로 인수기업이 이득이나 손해를 보지 않는 공정가치 인수

[표 25.4] 인수 가치평가

요소	가치평가 지침	인수가 지불 한도
시너지	시너지의 효과를 반영해 결합기업의 가치를 평가한다. 이 가치는 다음을 포함할 수 있다. • **성장 시너지**: 더 높은 매출 성장률 • **규모의 경제**에 따른 더 높은 이익률 • **세금 시너지**: 세금 혜택에 따른 더 낮은 세금 • **자본조달 시너지**: 더 낮은 부채비용 • **차입능력**: 더 낮은 위험에 따른 더 높은 부채비율 이 값에서 경영권 프리미엄을 반영한 대상 기업의 가치와 제안 기업의 가치(인수 전)를 차감한 값이 시너지의 가치다.	**시너지 창출에서 어느 기업이 핵심인가?** • 대상 기업: 시너지의 가치만큼 프리미엄을 지불해야 한다. • 제안 기업: 프리미엄을 지불하지 않아야 한다.
경영권 프리미엄	최적 경영 상태를 가정하고 기업의 가치를 평가한다. 대개 투자와 자본조달, 배당 정책상 다음의 변화를 수반한다. • **투자 정책**: 프로젝트 투자수익률이 높아지고, 생산성이 떨어지는 프로젝트를 중단한다. • **자본조달 정책**: 더 나은(즉 최적) 자본조달 구조로 변화한다. • **배당 정책**: 다른 소요가 없는 현금을 주주에게 환원한다. 실무적으로는 업종 평균을 최적 구조로 보거나, 전면적인 재무 분석을 거쳐 최적 부채비율을 도출한다.	경영권 확보를 위한 인수 또는 단독 기준 가치평가가 목적이라면, 지불할 최대 인수가는 경영권 프리미엄을 반영한 가치다.
현상 유지 가치평가	투자와 자본조달, 배당 정책에서 기존 상태의 입력 변수를 활용해 기업 가치를 평가한다.	인수 동기를 저평가에 둔다면 지불할 최대 인수가는 현상 유지 가치다.

출처: 애스워드 다모다란, 《Corporate Finance: Theory and Practice(기업 재무: 이론과 실무)》 제2판, © 2001 John Wiley & Sons, Inc.

가치평가 바이블

일 때 총 인수가(그림 25.2)는 시너지와 경영권에 따른 이득을 반영한 결합기업 가치
(표 25.4)와 똑같아야 한다.

[예시 25.3] 시너지 가치평가: 인베브와 SAB밀러

인베브와 SAB밀러 합병 사례로 돌아가보자. 인수의 중요한 동기로 시너지를 명시했다는 점을 유념하라.
시너지의 가치를 평가하려면 인수기업과 피인수기업의 가치가 모두 필요하므로 먼저 독립 기업으로서 인
베브의 가치를 평가해야 한다. 표 25.5는 경영권 가치를 반영한 인베브와 SAB밀러, 시너지가 없다고 가정
한 결합기업의 가치평가를 요약해서 보여준다(단위: 100만 달러).

[표 25.5] 인베브와 SAB밀러, 결합기업 가치평가(시너지 없음)

	인베브	SAB밀러	결합기업(시너지 없음)
자기자본비용	8.93%	9.37%	9.12%
세후 부채비용	2.10%	2.24%	2.10%
자본비용	7.33%	8.03%	7.51%
매출	45,762.00	22,130.00	67,892.00
영업이익률	32.28%	19.97%	28.27%
영업이익(EBIT)	14,771.97	4,419.36	19,191.33
세후 자본이익률	12.10%	12.64%	11.68%
재투자율	50.99%	33.29%	43.58%
고성장 단계 연수	5	5	5
기대성장률	6.17%	4.21%	5.09%
기업 가치			
고성장 단계 FCFF 현재가치	28,732.57	9,806.49	38,539.06
잔존가치	260,981.86	58,735.57	319,717.43
영업자산 가치	211,952.80	50,065.35	262,018.16

결합기업의 지표별 금액(매출, 영업이익, FCFF, 영업자산 가치 등)은 개별 기업의 금액을 더해서 계산했음
을 유념하라. 결합기업의 자본비용은 개별 기업의 무차입 베타를 가중평균한 무차입 베타를 추정한 후 결
합기업의 부채자기자본비율을 활용해 도출했다. 시너지가 없다면 결합기업 가치는 2,620억 달러다.
시너지를 반영하려면 먼저 어떤 원천에서 비롯하는지를 가정해야 한다. 첫째, 결합을 통해 비용 절감에 성

공하면서 결합기업 영업이익률이 28.27%(시너지 없을 때)에서 29.00%로 상승할 것이다. 상승 폭이 작지만 이 정도 성과를 내려고 해도 비용을 5억 달러가량 줄여야 한다. 둘째, 더 높아진 시장 점유율을 활용해 경쟁 입지를 강화하면서 결합기업 자본이익률이 11.68%(시너지 없을 때)에서 12.00%로 상승할 것이다. 표 25.6은 시너지가 가치에 미치는 영향을 보여준다.

[표 25.6] 시너지의 가치

	결합기업(현상 유지 = 시너지 없음)	결합기업(시너지 반영)
자기자본비용	9.12%	9.12%
세후 부채비용	2.10%	2.10%
자본비용	7.51%	7.51%
부채자기자본비율	29.71%	29.71%
매출	67,892.00	67,892.00
영업이익률	28.27%	29.00%
영업이익(EBIT)	19,191.33	19,688.68
세후 자본이익률	11.68%	12.00%
재투자율	43.58%	50.00%
고성장 단계 연수	5	5
기대성장률	5.09%	6.00%
기업 가치		
고성장 단계 FCFF 현재가치	38,539.06	39,150.61
잔존가치	319,717.43	340,174.63
영업자산 가치	262,018.16	276,609.92

시너지가 있을 때 결합기업의 가치는 2,766억 달러였다. 시너지가 없을 때 결합기업의 가치 2,620억 달러와의 차이가 곧 합병이 창출하는 시너지의 가치다.

결합기업의 가치(시너지 반영)	276,610
결합기업의 가치(시너지 없음)	262,018
시너지의 가치	14,592

여기에는 시너지가 즉시 창출된다는 가정이 깔려 있다. 현실에서는 결합기업이 시너지의 이득을 누리기까지 수년이 걸릴 수도 있다. 이러한 시차를 반영하는 간단한 방법은 시너지의 현재가치를 추정하는 것이

다. 따라서 인베브와 SAB밀러가 시너지를 창출하기까지 3년이 걸린다고 가정하면 시너지의 현재가치는 다음과 같다(할인율은 결합기업의 자본비용을 적용한다).

$$시너지의 현재가치 = 14,592/1.0751^3 = 11,746$$

---

 synergy.xls: 이 스프레드시트를 이용하면 합병이나 인수에서 시너지의 대략적인 가치를 추정할 수 있다. (웹에서 다운로드 가능)

재무 시너지의 가치평가　전적으로 재무적인 요인에서 창출되는 시너지도 있다. 재무 시너지의 기본적인 세 가지 원천을 알아보자. 즉 초과현금 또는 여유 현금을 잘 활용하고, 누적 결손금이나 비용공제에 따라 더 큰 세금 혜택을 누리거나, 차입능력을 확대해서 기업 가치를 증대하는 방법이다. 먼저 합병의 근거로서 널리 받아들여지는 분산투자가 (적어도 상장기업에서는) 그 자체로 가치 증대를 낳는 원천이 아니라는 점을 짚고 넘어간다.

분산투자　동기를 오직 분산투자에 둔 인수는 인수와 관련된 두 기업이 모두 상장기업이고 각 투자자가 직접 분산투자할 수 있다면 결합기업의 가치에 영향을 미치지 않는다. 다음 예시를 통해 이해해보자. 자동차부품 제조사로서 경기순환 기업인 달튼 모터스(Dalton Motors)는 비순환 사업인 자동차서비스업을 영위하고 고성장하는 루브 앤드 오토(Lube & Auto)를 분산투자에 따른 이득만을 염두에 두고 인수하려고 한다. 두 기업의 특성은 표 25.7과 같다(단위: 100만 달러).

장기 국채 수익률은 7%이고 위험 프리미엄은 5.5%다. 표 25.8은 가중평균 자본비용과 기업 가치 도출 과정을 보여준다(단위: 100만 달러).

결합기업의 자기자본비용과 부채비용은 개별 기업의 자기자본비용과 부채비용을 가중평균한 값이다. 가중치는 두 기업의 자기자본과 부채의 시장가치를 비교해서 구한다. 상대 시장가치는 시간이 흐르면서 변하므로 결합기업의 자기자본비용과 부채

[표 25.7] 기업 특성: 루브 앤드 오토와 달튼 모터스

	루브 앤드 오토	달튼 모터스
당기 기업 잉여현금흐름	100	200
기대성장률: 향후 5년간	20%	10%
기대성장률: 5년 차 이후	6%	6%
부채총자본비율	30%	30%
세후 부채비용	6.00%	5.40%
차입 베타: 향후 5년간	1.20	1.00
차입 베타: 5년 차 이후	1.00	1.00

[표 25.8] 루브 앤드 오토와 달튼 모터스, 결합기업의 가치

	루브 앤드 오토	달튼 모터스	결합기업
부채총자본비율	30%	30%	30%
부채비용	6.00%	5.40%	5.65%
자기자본비율	70%	70%	70%
자기자본비용	13.60%	12.50%	12.95%
자본비용: 1년 차	11.32%	10.37%	10.76%
자본비용: 2년 차	11.32%	10.37%	10.76%
자본비용: 3년 차	11.32%	10.37%	10.77%
자본비용: 4년 차	11.32%	10.37%	10.77%
자본비용: 5년 차	11.32%	10.37%	10.77%
자본비용: 5년 차 이후	10.55%	10.37%	10.45%
기업 잉여현금흐름: 1년 차	120.00	220.00	340.00
기업 잉여현금흐름: 2년 차	144.00	242.00	386.00
기업 잉여현금흐름: 3년 차	172.80	266.20	439.00
기업 잉여현금흐름: 4년 차	207.36	292.82	500.18
기업 잉여현금흐름: 5년 차	248.83	322.10	570.93
잔존가치	5,796.97	7,813.00	13,609.97
현재가치	4,020.91	5,760.47	9,781.38

비용도 시간이 흐르며 변한다. 결합기업의 가치는 개별 기업의 가치 합계와 정확히 똑같다. 즉 분산투자가 창출하는 부가가치는 없다.

그렇다고 해서 인수제안 기업과 대상 기업의 주주가 인수에 관심을 두지 않을 것이라는 뜻은 아니다. 인수제안 기업은 대개 시장가격보다 상당히 높은 프리미엄을 지불하기 때문이다. 시장이 합병 전 두 기업의 가치를 정확히 평가했다면(루브 앤드 오토의 가치는 40억 2,091만 달러, 달튼 모터스의 가치는 57억 6,047만 달러) 시장가격보다 높게 지불한 프리미엄으로 인해 인수제안 기업의 부(富)가 대상 기업으로 이전될 것이다.

두 기업이 연관성이 낮은 산업에 속하므로 얼마간 분산투자 효과를 누릴 것이 당연해 보여서, 합병이 창출하는 부가가치가 없다는 점은 일면 이해하기가 어렵다. 실제로 두 기업의 이익이 상관관계가 낮다면 결합기업의 이익 변동성은 독립적으로 운영되는 두 기업의 이익 변동성보다 대폭 줄어든다. 하지만 이익 변동성은 개별 기업 고유의 위험이기에 정의상 자기자본비용에 영향을 미치지 않고, 변동성의 증감 역시 가치에 영향을 미치지 않는다(시장 위험의 척도인 베타는 합병하는 두 기업의 가치를 기준으로 가중평균한 베타다). 반면 변동성의 감소가 차입능력에 미치는 영향은 어떠할까? 이익 변동성이 작은 기업은 차입능력, 나아가 가치를 높일 수 있다. 특히 복합기업의 합병에서 진정한 이득이 될 때가 많다(뒤에서 상세히 다룬다).

여유 현금 경영진은 신규 자본을 조달해야 한다면 수익성이 높은 투자 기회라도 거절할 때가 있다. 마이어스(Myers)와 마즐루프(Majluf, 1984)는 경영진이 미래 프로젝트에 관한 정보를 투자자보다 더 많이 알고 있으므로 프로젝트의 자금을 조달하려면 진정한 가치보다 낮은 가격에 신주를 발행해야 한다고 주장했다. 이에 따라 우수한 프로젝트를 거부하고 때로 자본 할당의 제약을 받는 결과로 이어진다. 따라서 초과현금을 보유했지만 투자 기회가 없는 기업이 뛰어난 투자 기회가 있지만 보유 현금이 없는 기업을 인수하는 것은 일리가 있다(반대도 마찬가지다). 이때 결합이 창출하는 부가가치는 두 기업이 독립적으로 존재할 때와는 달리 현금이 있어서 추진할 수 있는 프로젝트의 현재가치다.

여유 현금은 현금에 즉시 접근할 수 있거나 현금 잔액이 상당한 상장기업이 자본 제약을 받는 소형·비상장기업을 인수할 강력한 근거로 활용된다. 규모가 작은 비상 장기업에 집중하는 인수 전략이 현실에서 상당히 좋은 성과를 냈던 이유이기도 하다. 블록버스터(비디오 대여업)와 브라우닝 앤드 페리스(Browning and Ferris, 폐기물 처리 업), 서비스 머천다이즈(Service Merchandise, 장례업)는 모두 소형 비상장기업을 계속 인수해서 단일 법인 형태의 상장기업을 이룬 사례다.

세금 혜택　인수에서 비롯하는 여러 세금 혜택이 있다. 관련된 기업 하나가 적자 를 내고 있어서 활용할 수 없는 공제 한도가 있고 다른 흑자 기업이 상당한 법인세를 내는 상황에서 두 기업을 결합하면 서로 공유할 수 있는 세금 혜택이 발생한다. 이러 한 시너지의 가치는 합병에서 비롯한 절세액의 현재가치다. 또한 새로운 시장가치를 반영해 피인수기업 자산의 장부가액을 높여야 할 인수 형태도 있다. 이때 미래에 감 가상각비에서 비롯하는 절세액이 더 커진다.

[예시 25.4] 인수 후 자산 장부가액의 인상에 따른 세금 혜택: 콩고리움

조선과 바닥재, 자동차용품 등으로 다각화된 기업이었던 콩고리움(Congoleum)은 1979년 자사 경영진이 회사를 인수하면서 초창기 차입인수(LBO)의 주인공이 되었다. 인수 동기는 세무당국이 회사가 보유한 자 산에 우호적으로 조처하리라는 기대였다. 인수가가 4억 달러로 예상되었던 거래를 완료하고 나면 콩고리 움은 새로운 시장가치를 반영해 자산의 장부가액을 높인 후 신규 장부가액에 바탕을 두고 감가상각하는 것이 허용되었다. 표 25.9는 감가상각비의 기대 증감과 세금 혜택의 현재가치를 보여준다. 세율은 48%이 고 자본비용은 14.5%[5]다(단위: 100만 달러).
첫 7년간 감가상각비가 증가하는 원인은 장부가액을 높였고 가속상각법을 적용하기 때문이다. 1986년 이 후에는 인수 전후 감가상각비가 똑같아진다. 감가상각비 증가에 따른 추가 세금 혜택의 현재가치 합계는 4,176만 달러로서 인수가의 약 10%에 해당한다.
최근 자산 재평가와 관련하여 세법이 상당히 엄격해졌다. 인수기업은 피인수기업 자산을 계속 재평가할

5　세금 혜택 관련 현금흐름의 위험은 혜택을 누릴 만큼 상당한 이익을 창출하지 못할 때 발생한다. 여기에서 자본비용을 할인율로 적 용했는데, 과세소득 수준이 어떠할지 불확실하면 자기자본비용을 적용할 수 있다. 또는 파산하지만 않는다면 확실히 세금 혜택을 누릴 것으로 보고 부채비용을 적용하는 것이 타당할 때도 있다.

수 있지만 공정가치보다 높은 금액을 인식하는 것은 더 이상 불가하다.

[표 25.9] 감가상각비의 세금 혜택: 콩고리움

연도	인수 전 감가상각비	인수 후 감가상각비	감가상각비 증감	절세액	현재가치
1980	8.00	35.51	27.51	13.20	11.53
1981	8.80	36.26	27.46	13.18	10.05
1982	9.68	37.07	27.39	13.15	8.76
1983	10.65	37.95	27.30	13.10	7.62
1984	11.71	21.23	9.52	4.57	2.32
1985	12.65	17.50	4.85	2.33	1.03
1986	13.66	16.00	2.34	1.12	0.43
1987	14.75	14.75	0.00	0.00	0.00
1988	15.94	15.94	0.00	0.00	0.00
1989	17.21	17.21	0.00	0.00	0.00
1980~1989	123.05	249.42	126.37	60.66	41.76

차입능력　　　인수기업과 피인수기업의 현금흐름 간 상관계수가 1보다 작다면 결합기업의 현금흐름은 개별 기업의 현금흐름보다 변동성이 작다. 변동성이 감소하면서 결합기업의 차입능력과 가치가 상승하는 결과를 낳는다. 하지만 기업 가치의 상승은 인수기업과 피인수기업의 주주에게서 두 기업의 채권자로 부가 즉시 이전되는 영향과 견주어 판단해야 한다. 합병 전 두 기업의 채권자는 인수 거래 완료 후 대출자산의 안전성이 높아졌다고 판단할 텐데, 이자율은 합병 전 더 위험했던 기업에 바탕을 두고 결정된다. 채권 가격이 상승했지만 이자율을 재협상할 수 없다면 주주의 부가 줄어드는 대신 채권자의 부가 늘어난다.

인수 결과 차입능력이 상승해 얻는 이득을 분석하는 데 적용할 만한 여러 모형이 있다. 르웰런(Lewellen, 1971)은 결합기업이 개별 기업보다 현금흐름의 변동성이 작으므로 채무불이행 위험이 감소한다는 차원에서 분석했다. 그는 합병 후 부채 가치가 주주 부의 희생을 대가로 상승한다는 근거를 제시했지만, 합병 후 기업 가치가 상승하는지는 분명하지 않았다. 스테이플턴(Stapleton, 1985)은 옵션가격결정모형을 활용해 합병 후 차입능력의 상승에 따른 이득을 분석했다. 그는 심지어 관련된 두 기업의 상관계수가 1일 때도 합병이 차입능력에 미치는 영향은 언제나 긍정적이라고 주장했다. 두 기업의 이익 간 상관관계가 작고 투자자의 위험 회피 성향이 강할수록 차입능력에 따른 이득이 증가한다.

루브 앤드 오토와 달튼 모터스 사례로 돌아가보자. 결합기업의 가치는 개별 기업 가치의 합과 같았다. 두 기업이 서로 다른 산업에 속했기에 이익의 변동성이 줄었지만 가치에는 아무런 영향을 미치지 않았다. 합병 후 결합기업의 자본구조가 똑같이 유지되고 개별 기업의 자기자본비용과 부채비용을 가중평균해서 적용하기 때문이다.

[표 25.10] 차입능력의 가치: 루브 앤드 오토와 달튼 모터스

	루브 앤드 오토	달튼 모터스	결합기업 (신규 부채 없음)	결합기업 (신규 부채 조달)
부채총자본비율	30%	30%	30%	40%
부채비용	6.00%	5.40%	5.65%	5.65%
자기자본비율	70%	70%	70%	60%
자기자본비용	13.60%	12.50%	12.95%	13.65%
자본비용: 1년 차	11.32%	10.37%	10.76%	10.45%
자본비용: 2년 차	11.32%	10.37%	10.76%	10.45%
자본비용: 3년 차	11.32%	10.37%	10.76%	10.45%
자본비용: 4년 차	11.32%	10.37%	10.76%	10.45%
자본비용: 5년 차	11.32%	10.37%	10.76%	10.45%
자본비용: 5년 차 이후	10.55%	10.37%	10.45%	9.76%
기업 잉여현금흐름: 1년 차	120.00	220.00	340.00	340.00
기업 잉여현금흐름: 2년 차	144.00	242.00	386.00	386.00
기업 잉여현금흐름: 3년 차	172.80	266.20	439.00	439.00
기업 잉여현금흐름: 4년 차	207.36	292.82	500.18	500.18
기업 잉여현금흐름: 5년 차	248.83	322.10	570.93	570.93
잔존가치	5,796.97	7,813.00	13,609.97	16,101.22
현재가치	4,020.91	5,760.47	9,781.38	11,429.35

이익 변동성의 감소는 결합기업의 차입능력, 나아가 가치를 높일 수 있다. 차입능력이 합병 전 30%에서 합병 후 40%로 상승하면(베타가 1.21로 상승하고 부채비용은 그대로 유지된다) 표 25.10처럼 결합기업의 가치를 추정할 수 있다. 부채가 늘어남에 따라 기업 가치는 97억 8,138만 달러에서 114억 2,935만 달러로 상승한다(단위: 100만 달러).

성장률과 PER의 상승   성장률과 주가 배수의 상승에 동기를 두는 인수도 있다. 고성장이 주는 이득은 명백하지만 그러한 인수가 타당한지를 결정하는 것은 고성장에 지불한 가격이다. 공정시장가치보다 높은 가격을 지불한다면 인수기업의 현금흐름 기대성장률이 상승하더라도 주가가 하락할 가능성이 크다.

앞서 사례에서 확인해보자. 현금흐름의 기대성장률이 10%인 달튼 모터스는 기대성장률이 20%인 루브 앤드 오토를 인수한다. 루브 앤드 오토의 공정시장가치는 40억 2,091만 달러다. 달튼 모터스가 이보다 높은 금액을 지불하고 루브 앤드 오토를 인수한다면 결합기업의 성장률이 상승하더라도 달튼 모터스의 주가가 하락할 것이다. 마찬가지로 루브 앤드 오토보다 PER이 낮은 달튼 모터스는 인수 후 PER이 상승할 것이다. 하지만 주주에게 미치는 영향은 지불한 인수가가 공정가치보다 높은지에 따라 결정된다. 흥미롭게도 높은 성장률과 PER 전략과 정반대의 인수를 합리화하는 대안적인 근거도 있다. 이른바 가치 창출(accretive) 인수 전략에서는 인수기업의 주당순이익이 증가(감소)하는지를 두고 가치가 창출(희석)되는지가 결정된다. 하지만 PER이 더 높은 루브 앤드 오토가 달튼 모터스를 인수하더라도 주당순이익은 증가하기에 이 전략도 이치에 맞지 않는다. 그래도 주당순이익이 증가하면 PER이 하락할 가능성이 크므로 주가의 향방은 달튼 모터스 인수에 지불한 가격에 따라 결정될 것이다.

---

6   이 연구는 "대혼란의 합병(Merger Mayhem)"(《배런스》, 1998년 4월 20일 자)라는 제목의 기사에서 언급되었다.
7   KPMG는 결합기업의 거래 완료 후 1년 동안의 주가 실적을 관련 산업 부문의 주가 실적과 비교해 가치 창출에 성공했는지를 판단했다.
8   투자은행 키프, 브루예트 앤드 우즈(Keefe, Bruyette, and Woods)가 수행한 연구로 "대혼란의 합병"(《배런스》, 1998년 4월 20일

시너지가 실제로 나타나는 빈도는 어느 정도일까?

맥킨지(McKinsey & Co.)는 다음 두 가지 기준에 중점을 두고 1972~1983년 기간의 인수 58건을 분석했다. (1) 인수에 지출한 금액 대비 투자수익이 자본비용보다 높았는가? (2) 모회사는 인수 덕분에 경쟁사보다 나은 실적을 올렸는가? 맥킨지는 두 기준을 모두 통과하지 못한 사례가 28건에 달했고 둘 중 하나를 통과하지 못한 것이 6건이었다고 결론 내렸다. 1990년대 영국과 미국의 인수 115건을 다룬 후속 연구는 자본비용보다 낮은 자본이익률을 기록한 사례가 전체의 60%에 달했고 초과수익을 올린 것은 23%에 불과했다고 결론 내렸다.[6] 1999년 KPMG는 1996~1998년 기간의 인수 중 인수가 상위 700건을 분석해서 17%가 결합기업의 가치를 증대했고 30%는 가치 중립적이었으며 53%는 가치를 파괴했다고 결론 내렸다.[7]

1995년 은행 간 합병 중 인수가 상위 8건을 분석한 연구[8]에서는 이후 은행주 지수를 앞서는 실적을 올린 사례가 체이스(Chase)와 케미컬(Chemical), 퍼스트 시카고(First Chicago)와 NBD의 2건에 불과했다고 결론 내렸다. 최대 인수가를 기록한 웰스파고(Wells Fargo)의 퍼스트 인터스테이트(First Interstate) 인수는 끔찍한 실패였다. 서로워(Sirower, 1996)는 인수 당시 창출할 것으로 예상했던 시너지의 실패를 상세히 분석한 후 호언장담했던 시너지가 실현되는 사례는 드물다는 암울한 결론을 도출했다.

짧은 기간에 취소된 인수가 아주 많다는 사실이야말로 인수가 약속하는 성과에 관한 가장 부정적인 증거일 것이다. 미첼(Mitchell)과 렌(Lehn, 1990)은 1982년부터 1986년까지 이루어진 인수 중 1988년에 취소된 거래의 비율이 20.2%에 이른다고 분석했다. 더 오랜 기간(10년 이상)을 추적한 연구들에서는 인수 철회율(divestiture rate)이 약 50%에 이르므로 인수가 약속했던 이득을 실제로 누리는 기업은 극히 일부에 불과하다고 주장했다. 또한 캐플런(Kaplan)과 바이스바흐(Weisbach, 1992)의 연구에 따르면 분석한 합병 거래 중 44%가 철회되었다. 인수기업이 지나치게 높은 가격을 지불했거나 두 기업의 사업이 그리 잘 맞물리지 않았기 때문이다.

자)에서 언급되었다.

인수 가치평가: 편향과 일반적인 오류

인수제안 기업과 대상 기업의 경영진이 모두 자기 관점을 주주에게 이해시키려는 열망으로 인해 인수 가치평가에는 함정과 편향이 도사리고 있다. 인수제안 기업은 인수가가 저렴하다(즉 인수대상 기업의 진정한 가치보다 낮은 가격을 지불한다)는 점을 주주에게 이해시키려고 한다. 우호적 인수에서 대상 기업은 제안받은 인수가가 공정가치(즉 적어도 진정한 가치에 상응하는 금액)라는 점을 주주에게 이해시키려고 한다. 적대적 인수에서는 서로 역할이 바뀐다. 제안 기업은 대상 기업의 주주에게 속임수를 써서 주식을 빼앗는 것이 아니라는 점을 주장하고, 대상 기업은 그 반대다. 이러한 인수 가치평가 과정에는 편향과 일반적인 오류가 몹시 많다.

비교 기업과 배수의 활용

대다수 인수에서 인수가를 합리화하는 과정은 다음 단계를 따른다. 인수자가 평가 대상 기업과 유사한 기업 집단을 선정하고 대상 기업의 가치평가에 활용할 배수를 결정한 후 비교 기업의 평균 배수를 계산하며 평균값에 주관적인 조정을 반영한다. 단계마다 가치평가 과정에 편향이 개입될 만한 여지가 있다. 완전히 똑같은 기업은 존재하지 않으므로 비교 기업의 선정 자체가 주관적이고, 선호하는 결론을 합리화하기 위해 재단할 수 있다. 마찬가지로 비교할 배수를 결정할 때도 주가이익배수와 주가현금흐름배수, 주가순자산배수, 주가매출액배수 등 가능한 선택지가 많기에 편향에 가장 잘 부합하는 기준을 택할 가능성이 크다. 나아가 배수의 평균값을 도출한 후에도 편향에 부합하도록 주관적으로 조정할 수 있다. 요약하자면 편향이 개입해 그 어떤 인수가라도 합리적인 가치평가모형으로 합리화할 수 있는 여지가 상당하다.

일부 인수 가치평가에서는 과거 인수대상이 된 적이 있는 기업만을 비교 기업으로 선정하고 실제 인수가를 활용해 배수를 추정하기도 한다. 즉 비교 기업의 실제 인수가 기준 평균 배수('거래 배수(transaction multiple)'라고 부른다)를 활용해 분석 대상 인수가의 적정성을 판단한다. 이때도 표본집단 선정에 편향이 개입할 수밖에 없고,

거래 배수로 추정한 적정 인수가는 대개 몹시 높은 수준이다.

현금흐름과 할인율의 부조화

가치평가의 기본 원칙 한 가지는 현금흐름을 일관성 있는 할인율로 할인하는 것이다. 주주 현금흐름은 자기자본비용으로, 기업 현금흐름은 자본비용으로 할인해야 한다. 명목 현금흐름은 명목 할인율로, 실질 현금흐름은 실질 할인율로 할인해야 한다. 세후 현금흐름은 세후 할인율로, 세전 현금흐름은 세전 할인율로 할인해야 한다. 현금흐름과 할인율의 부조화는 심각한 과소평가나 과대평가로 이어질 수 있다. 일반적인 부조화 사례는 다음과 같다.

1. **인수대상 기업의 현금흐름을 인수제안 기업의 자기자본비용이나 자본비용으로 할인한다.** 인수제안 기업이 인수 자금을 조달했다면 자기자본비용을 할인율로 사용해야 한다는 주장이 있다. 이는 자금을 조달한 기업이 아니라 자금을 투자한 기업이 자기자본비용을 결정한다는 투자의 기본 원칙에 어긋난다. 자금 조달 주체가 바뀌지 않더라도 더 위험한 프로젝트를 위한 자금을 조달할 때는 자기자본비용이 상승하고, 안전한 프로젝트일 때는 하락할 것이다. 따라서 인수대상 기업의 가치평가에서 자기자본비용은 그 기업의 위험도를 반영해야 한다(즉 인수대상 기업의 자기자본비용을 사용해야 한다). 또한 정의상 자기자본비용은 분산 불가능한 위험만 반영하므로 합병 후 위험이 감소하리라는 주장에 바탕을 두고 자기자본비용을 낮추어서는 안 된다. 감소하는 위험은 해당 기업 고유의 위험이기 때문이다.

2. **주주 현금흐름을 자본비용으로 할인한다.** 인수제안 기업이 인수대상 기업의 주식을 인수하기 위한 자금을 조달할 때 부채와 자기자본 믹스를 활용한다면 대상 기업의 주주 현금흐름(이자비용과 원금 상환 후의 잔여 현금흐름)에 대한 할인율은 자본비용이라는 주장이 있다. 하지만 주식 가치를 도출할 때 주주 현금흐름을 자본비용으로 할인하는 것은 언제나 틀린 방법임을 유념하라. 만약 그 방법을 택한다면 인수대상 기업의 주식이 심각하게 과대평가된다.

인수대상 기업으로의 가치 이전

원칙적으로 인수대상 기업에 지불한 가격은 인수기업의 것으로 보아야 할 가치를 일부라도 포함해서는 안 된다. 예컨대 초과 차입능력이 있는(즉 신용등급이 높은) 기업이 낮은 이자비용으로 대규모 부채를 조달해 인수 자금을 충당한다고 하자. 부채비율이 높고 세후 부채비용이 낮은 인수대상 기업에 낮은 자본비용을 적용한다면 가치를 과대추정할 것이다. 인수기업이 지불한 인수가는 인수기업의 주주로부터 인수대상 기업의 주주로 이전된 부를 뜻한다. 따라서 인수기업의 부채비용이나 차입능력을 활용해 인수대상 기업의 자본비용을 추정하는 것은 적합하지 않다. 대신 인수대상 기업의 (실제 또는 목표) 부채비율과 부채비용을 활용해 가치평가에 적용할 자본비용을 추정해야 한다.

인수의 구조화

인수대상 기업을 규명하고 가치를 평가한 후에는 구조화 국면으로 들어선다. 여기에는 서로 연관된 세 단계가 있다. 첫 번째, 시너지와 경영권을 반영해 평가한 가치에 바탕을 두고 인수대상 기업에 지불할 금액을 결정한다. 두 번째, 인수가를 지불할 방식(주식이나 현금 또는 둘의 조합)과 필요한 자금 일부의 차입 여부를 결정한다. 마지막으로 세 번째, 인수 거래를 회계처리할 방법을 결정한다. 이러한 구조화는 인수대상 기업의 주주가 납부할 세금뿐 아니라 인수기업이 손익계산서와 재무상태표에서 인수를 회계처리하는 방식에도 영향을 미친다.

인수가 결정

이전 섹션에서 경영권과 시너지의 가치를 반영해 인수대상 기업의 가치평가 방법을 알아보았다. 이렇게 도출한 가치는 인수자가 지불할 인수가의 최솟값이 아니라 최댓값을 뜻한다. 인수자가 도출한 가치 전액을 인수가로 지불한다면 인수기업과 인수대상 기업의 주주들이 시너지와 경영권 프리미엄 몫으로 주장할 만한 잉여가치가 남지 않는다. 인수기업이 시너지와 경영권 프리미엄 창출에 핵심 역할을 한다면 가치를 그렇게 나누는 것은 공정하지 않다.

따라서 인수기업은 자사 주주의 몫으로 돌아갈 프리미엄을 확보하기 위해 노력해야 한다. 하지만 다음 여러 가지 요인이 제약을 가한다.

- **인수대상 기업이 상장기업일 때 인수 전 시장가격:** 인수는 현행 시장가격에 바탕을 두어야 하므로 주식의 시장가치가 높을수록 인수기업의 주주가 이득을 볼 가능성은 작아진다. 예컨대 경영 상태가 형편없는 기업의 시장가격이 기존 경영진의 교체 가능성을 이미 반영한 수준이라면 경영권에서 비롯하는 추가적인 가치는 없을 가능성이 크다.

- **합병을 통해 인수대상 기업과 인수기업이 공유하는 특수 자원의 희소성:** 인수제안 기업과 대상 기업이 함께 시너지를 창출하므로 양 당사자가 시너지의 이득을 공유할지는 인수제안 기업의 시너지 창출에 관한 기여가 고유한지 아니면 쉽게 대체 가능한지에 달려 있다. 쉽게 대체 가능하다면 인수대상 기업이 시너지의 이득 대부분을 누릴 것이다. 고유하다면 양 당사자가 시너지의 이득을 더 공평하게 공유할 것이다. 따라서 여유 현금이 있는 기업이 고수익 프로젝트를 갖춘 기업을 인수할 때 가치가 창출된다. 여유 현금이 있는 기업은 여럿 존재하지만 고수익 프로젝트를 갖춘 기업은 비교적 적다면 고수익 프로젝트 기업이 시너지의 가치 대부분을 누릴 것이다.

- **인수대상 기업을 노리는 다른 제안 기업의 존재:** 인수제안 기업이 두 개 이상일 때는 인수대상 기업의 주주에게 유리할 가능성이 크다. 브래들리와 데사이, 김(1988)은 1963~1984년 기간에 이루어진 광범위한 236건의 공개매수 제안 표본을 연구한 결과, 다수의 제안 기업이 참여할 때는 주로 인수대상 기업이 시너지의 이득을 누린다고 결론 내렸다. 인수 발표 전후 인수 낙찰 기업의 시장 조정 주식 투자수익률(초과수익률)은 단일 제안 기업일 때 2%였지만 복수 제안 기업일 때는 -1.33%에 그쳤다.

인수가 지불

인수대상 기업에 지불할 가격을 결정한 후에는 인수 거래를 완료하기 위해 인수가를 지불할 방법을 결정해야 한다. 특히 부채 대 자기자본, 현금 대 주식 같은 측면을 결정해야 한다.

부채 대 자기자본 인수 자금은 부채나 자기자본으로 모두 조달할 수 있다. 부채와 자기자본 믹스는 대개 인수기업과 인수대상 기업 모두의 초과 차입능력에 따라 결정된다. 따라서 부채비율이 몹시 낮은 대상 기업을 인수할 때는 이미 최적 부채비율에 도달한 기업을 인수할 때보다 부채를 더 많이 조달할 수 있다. 이러한 측면은 자본비용에 반영되어 결국 기업 가치에도 반영된다. 또한 초과 차입능력이 있는 인수기업이 그것을 십분 활용해 인수 거래를 완료하는 것도 가능하다. 이때 자금조달의 역학은 앞선 사례와 똑같아 보일지 몰라도 인수대상 기업의 가치는 추가 조달한 부채를 반영하지 않는다는 점을 유념하라. 이전 섹션에서 다뤘듯이 인수 가치평가에 적용하는 자본비용은 인수대상 기업이 자금을 조달하는 데 들었을 비용이나, 인수기업의 실제 자금조달 비용을 반영해서는 안 된다. 인수대상 기업과 아무런 관련이 없는 추가 조달한 부채를 가치에 반영하면 인수기업이 자사 주주에게 귀속되어야 할 가치 증대에 프리미엄을 지불하는 결과를 낳는다.

현금 대 주식 인수 거래에서 자기자본을 활용하는 방법은 세 가지다. 첫째, 시간이 흐르면서 비축한 현금 잔액으로 인수가를 지불한다. 둘째, 주식을 공모 발행해 조달한 현금으로 인수가를 지불한다. 셋째, 인수대상 기업에 인수가의 일부로 주식을 지불한다(이때 지불 구조는 주식 교환(stock swap)으로 인수기업의 주식과 인수대상 기업의 주식을 교환한다). 이 중에서 어떤 방법이 가장 적합할지는 다음 요인을 고려하여 결정해야 한다.

■**보유 현금**: 당연히 상당한 규모의 현금을 비축한 기업만 보유 현금을 활용하는 방

법을 택할 수 있다.

- **주식 가치 추정치**: 인수기업의 경영진은 주식 가치가 얼마인지를 판단해서 주식을 공모 발행해 인수 자금을 충당하거나 인수가를 주식으로 지불한다. 다시 말해 자사 주식이 가치보다 대폭 할인된 가격에 거래된다고 생각하는 경영진은 주식을 인수가 지불 수단으로 사용해서는 안 된다. 주식 발행으로 잃는 것이 인수에서 얻는 것보다 클 수 있기 때문이다. 인수대상 기업의 주주도 이를 알기에 인수가를 전부 인수기업의 주식으로 지불하는 구조에서는 더 높은 프리미엄을 요구할 때도 있다.

- **세금 요인**: 주식 교환 방식 인수에서는 인수대상 기업의 주주가 교환한 주식에 대한 자본이득세를 이연할 수 있다. 주식 교환에 따른 잠재 절세 효과는 다른 단점을 모두 상쇄하고도 남을 만한 수준일 때도 있다.

주식 교환에서는 구체적인 거래 조건의 설정(인수기업의 주식 1주와 교환할 피인수기업의 주식 수)도 고려해야 한다. 인수 시점의 시장가격에 바탕을 두는 것이 일반적이지만, 두 기업 주식 간 가격 결정 오류의 차이에 따라 교환 비율이 왜곡될 가능성이 있다. 더 고평가된 기업은 이득을 보고 더 저평가된(또는 덜 고평가된) 기업은 손해를 본다. 다음 예시에서 알 수 있듯이 두 기업 주식의 내재가치에 바탕을 두어야 더 공정한 교환 비율을 얻는다.

[예시 25.5] 교환 비율 설정

인베브는 SAB밀러 합병에 필요한 자금을 부채로 조달했지만 만약 주식 교환 구조로 진행했다면 적정 교환 비율이 얼마였을지 알아보자. SAB밀러의 가치평가부터 다시 돌아보자(표 25.11). 시너지와 경영권을 반영한 SAB밀러의 가치는 707억 8,600만 달러였다. 경영권 가치(47억 200만 달러)와 시너지 가치(145억 9,200만 달러)를 현상 유지 가치(514억 9,200만 달러)에 더해서 도출했다. 부채는 130억 7,400만 달러였고 투자자산(밀러쿠어스와 관계회사 지분)은 208억 1,900만 달러였으며 유통주식 수는 16억 740만 9,000주였다. SAB밀러의 주당 가치 최댓값은 다음과 같다(현금은 없다고 가정, 단위: 100만 달러).

$$\text{SAB밀러의 주당 가치 최댓값} = \frac{(51{,}492 + 14{,}592 + 4{,}702) - 13{,}074 + 20{,}819}{1{,}607.4} = 48.86(\text{달러})$$

[표 25.11] 인베브와 합병을 위한 SAB밀러 가치평가

요소	가치평가 지침	가치(100만 달러)
시너지	시너지를 반영해 결합기업의 가치를 평가한다. 인베브 사례에서 시너지는 비용 절감과 SAB밀러의 다소 높은 성장률에서 비롯한다(예시 25.3 참고).	14,592
경영권 프리미엄	SAB밀러가 독립 기업이고 경영진만 바뀐다고 가정해 가치평가한다(예시 25.2 참고). • 부채비율이 업종 평균에 수렴 • 이익률과 자본이익률이 상승해 업종 평균에 수렴	4,702
현상 유지 가치평가	투자와 자본조달, 배당 정책에서 기존 상태의 입력 변수를 활용해 SAB밀러의 가치를 평가한다(예시 25.1 참고).	51,492

인베브의 영업자산 가치 2,119억 5,300만 달러와 순부채 447억 2,000만 달러, 유통주식 수 15억 9,920만 주에 바탕을 두고 추정한 주당 가치는 104.57달러다.

$$\text{인베브의 주당 가치} = \frac{211{,}953 - 44{,}720}{1{,}599.2} = 104.57(\text{달러})$$

두 기업의 주당 가치에 바탕을 두고 추정한 적정 교환 비율은 다음과 같다.

$$\text{교환 비율}_{\text{인베브,SAB}} = \frac{\text{주당 가치}_{\text{SAB}}}{\text{주당 가치}_{\text{인베브}}} = \frac{48.86}{104.57} = 0.4672$$

이 교환 비율로 주식 교환이 일어나면 SAB밀러 주주는 경영권과 시너지 가치의 100%를 누리지만 인베브 주주는 얻거나 잃는 것이 없다. 교환 비율을 더 낮게 설정하면 인베브 주주는 경영권과 시너지 가치의 일부를 나눠 받는다. 몹시 낮은 교환 비율이라면 경영권과 시너지 가치의 전부나 그 이상을 요구할 수도 있다.

실제 인베브는 총 1,000억 달러, 주당 67.59달러를 내고 SAB밀러를 인수하며 주로 부채로 인수 대금을 조달했다. 여기에서 추정한 경영권과 시너지 가치를 기준으로 두면 SAB밀러 주주가 분명 승자였다. 부의 이전은 다음과 같이 계산할 수 있다(단위: 100만 달러).

인베브의 SAB밀러 인수가	108,644
SAB밀러 기업 가치(경영권과 시너지 반영)	78,531
초과 지불액	30,113

인베브는 인수를 진행하며 SAB밀러의 부채를 고려하지 않았으므로 순부채 130억 7,400만 달러를 위 초과 지불액에서 차감한 170억 3,900만 달러만큼 비싸게 인수했다.

 exchratio.xls: 이 스프레드시트를 이용하면 경영권과 시너지의 가치를 반영해 인수 시 주식 교환 비율을 추정할 수 있다. (웹에서 다운로드 가능)

회계적 고려 사항

이번 장에서 지금까지는 대부분 가치와 가격을 논의했지만, 인수 회계는 거래 완료 여부뿐 아니라 지불할 인수가의 결정에서도 중요한 역할을 한다. 인수 회계처리가 현금흐름에 영향을 미치는 만큼 회계에 합당한 관심을 두어야 한다. 하지만 회계 선택은 (현금흐름이 아니라) 보고이익에만 영향을 미칠 때가 많아서 거래 성사 여부에는 사실상 영향을 미치지 않는다.

자산 재평가   합병 후 자산 재평가에 관한 규칙은 국가별 차이가 크다. 인수가 중 취득한 자산과 감가상각 내용연수에 얼마를 할당할지를 두고 기업에 상당한 재량권을 부여하는 몇몇 국가도 있다. 이에 따라 인수의 세금 혜택이 증가해 결국 더 높은 프리미엄을 지불하는 결과를 낳을 수도 있다.

희소식은 인수 회계처리 방식과 관련해 GAAP와 IFRS는 공정가치회계를 지향하는 방향성이 일치한다는 점이다. 인수 후 인수기업은 피인수기업의 자산 가치를 재평가할 의무가 있다. 시장가격에 거래되는 자산이라면 재평가가 수월하지만, 다른 상황에서는 잠재 매수자가 시장에서 지불할 가격이 어느 정도인지를 판단하는 과정이 필요하다. 인수는 고객 목록이나 상표권 같은 무형자산의 가치를 평가하고 장부에 인식할 몇 안 되는 기회이기도 하다. 자산을 처음으로 (재)평가할 때는(인수에서 대다수 무형자산에 해당한다) 세금에 영향을 미쳐 현금흐름과 가치에도 영향을 미칠 수 있다.

영업권   영업권은 인수 회계의 잔해로서 조정 장부가액(앞서 언급한 자산 재평가를

가치평가 바이블

반영한 기준)과 시장가치라는 양립 불가한 항목을 조정(reconcile)하려는 회계 차원의 결과물이다. 사례를 통해 이해해보자. A기업은 B기업을 25억 달러에 인수할지를 검토하고 있다. B기업 자산의 조정 장부가액은 15억 달러다. A기업이 B기업을 인수하면 인수가와 장부가액의 차액(25억 달러 – 15억 달러 = 10억 달러)을 영업권으로 인식하고 재무상태표의 자산 항목으로 표시한다(장부가액 10억 달러).

영업권을 자산으로 인식하고 나면 후속 연도에 매년 가치를 추정해야 한다. 약 10년 전까지만 해도 영업권은 40년간 정액 상각하는 규정이 적용되었기에 회계사는 상각 내용연수를 결정할 재량권이 없었다. 하지만 이제 회계사는 피인수기업(또는 자산)을 인수 후 매년 재평가한다. 가치가 상승했다면 영업권을 그대로 둔다. 가치가 하락했다면 영업권이 '손상(impaired)'되었다고 판단해 손상차손(impairment charge)을 인식해야 한다. 영업권의 손상은 대개 기업 인수가 비용 공제 항목이 아닌 데서 비롯한다. 따라서 영업권이 손상되었든 현금흐름에 아무런 영향이 없든지 간에, 이익에는 상당한 영향을 미칠 수 있다. 인수기업이 영업권 손상을 비용공제할 자격을 갖추는 것은 (기업 자체가 아니라) 기업이 보유한 자산을 취득하는 예외적인 상황으로 제한된다.

요점은 인수기업으로서는 영업권 측정으로 인해 좋은 거래를 나쁜 거래로, 또는 그 반대로 판단하는 일이 없어야 한다는 것이다. 또한 비용공제 자격을 갖춘 때가 아니라면 인수대상 기업에 부여한 가치에 영향을 미치지 않아야 한다. 영업권 상각과 손상을 비용공제할 수 있는 특별한 상황에서는 현금흐름과 가치에 영향을 미친다.

구조조정비용　　인수의 부산물로서 대개 피인수기업의 결합과 관련된 구조조정비용과 인수 관련 비용이 발생한다. 이들은 세 가지 유형으로 분류할 수 있다.

- 합병 후 몇 년간 기대 현금흐름을 분명히 낮추고 시너지에서 비롯할 잠재 이득을 상쇄하거나 줄이는 현금 비용.
- 비용공제 가능한 비현금 비용. 이익이 감소하지만 세액을 줄여 현금흐름이 증가하는 결과를 낳을 수도 있다.

■ 비용공제 불가한 비현금 비용. 영업권 상각과 유사하게 이익이 감소하지만 현금 흐름에는 아무런 영향이 없다.

성공적인 인수를 위한 전략

지금까지 이번 장을 읽으며 인수를 통해 가치를 창출하고 경영권과 시너지 같은 부수 효과를 얻기가 어렵다는 인상을 받았을 것이다. 역사를 돌아봐도 거래 성사 시점에 수많은 약속을 남발했지만 실제 이룬 것은 훨씬 적거나, 얼마간 성공을 이루더라도 인수대상 기업 주주가 과실을 모두 가져간 일이 많았다. 이번 섹션에서는 인수기업이 성공적인 결과를 맞이할 가능성이 큰 인수 유형을 알아보고 그 가능성을 키울 방법까지 살펴본다.

단독 입찰자 대 인수 전쟁

특히 인수대상 기업이 시장에서 선호도가 높을 때 인수 전쟁이 빈번히 일어난다. 가치 창출을 위한 교훈은 명확하다. 인수 전쟁에 휘말렸다면 빠져나오라. 입찰자가 많으면 더 높은 프리미엄을 지불하는 결과로 끝날 때가 많다. 맬먼디어(Malmendier)와 모레티(Moretti), 피터스(Peters, 2018)는 합병 거래에서 벌어진 인수 전쟁에서 낙찰자(승자)와 패찰자(패자)의 주가 실적을 분석했다. 그림 25.6은 같은 업종 내 비교 집단과 비교한 두 유형의 주가 실적 분석 결과를 보여준다.

인수 전쟁 전 36개월 동안 승자와 패자의 실적은 비슷했는데 결론이 난 후 36개월이 흐르자 오히려 패자가 승자를 약 24%나 앞섰다.

인수대상 기업 규모

인수기업은 인수대상 기업의 규모를 두고 고민할 때가 있다. 기존 영업 실적이 개선하는 성과를 얻으려면 훨씬 많은 후속 인수가 필요한 소형 기업을 인수할 것인가, 아니면 인수 횟수는 줄이겠지만 심층 실사가 필요한 대형 기업을 인수할 것인가? 실

[그림 25.6] 인수 전쟁 승자와 패자의 주가 실적

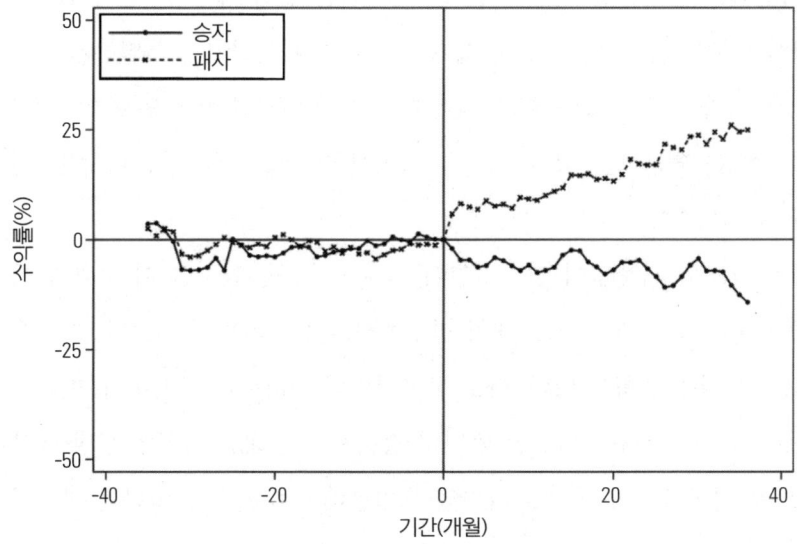

증적인 증거를 보면 소형 기업 쪽이 유리해 보인다. 대형 기업 인수는 문화 차이를 비롯해 여러 요인으로 인해 실패로 끝난 사례가 많았다. 로버트 브루너(Robert Bruner)는 《Deals from Hell(지옥으로부터의 거래)》에서 최악의 M&A 거래 12건을 분석해 모두가 대형 상장기업 간 합병이었다는 공통점을 도출했다.

인수기업이 소형일 때 인수에 따르는 성과가 더 컸다고 주장하는 다른 연구도 있다. 묄러(Moeller)와 슐링게만(Schlingemann), 스털츠(Stulz, 2004)는 미국에서 일어난 인수 거래를 분석해, 전반적으로 인수를 통해 얼마간 초과수익을 올렸지만 소형 인수기업이 대형 인수기업보다 초과수익이 컸다고 결론 내렸다. 인수를 통해 성장한다는 전략은 그리 잘 통하지 않을는지도 모른다.

인수대상 기업 상장 여부

적합해 보이는 인수대상은 상장기업뿐 아니라 비상장기업 중에서도 찾을 수 있다. 상장기업이라면 인수기업과 비슷한 수준의 회계기준이 적용되고 인수대상 기업의 사업에 관한 시장 평가를 활용할 수 있다는 장점이 따른다. 비상장기업이라면 인수가를 두고 하한선으로 적용할 시장가격이 부재하다는 점이 가장 큰 장점이다. 하지만 가치가 핵심 인물에 의존하는 정도가 몹시 높거나 회계처리가 불투명하거나 등 치러야 할 비용이 따라올 때도 있다. 이 문제를 다룬 여러 연구를 보면 인수기업이 상장기업보다는 비상장기업을 인수할 때 가치를 창출할 가능성이 훨씬 크다는 일관된 결론을 도출했다(그림 25.7).

인수 거래 규모와 관계없이 인수기업이 비상장기업을 인수할 때 성과가 더 좋다는 점을 유념하라. 하지만 적어도 대형 인수에서 비상장기업일 때보다 더 좋은 성과를 낸 것으로 보이는 유형도 있다. 바로 상장기업의 자회사나 사업부다. 따라서 상장기업 인수가 실패로 끝나는 원인은 엄밀히 말해서 인수대상 기업의 상장 여부에 달렸다기보다는 시장가격에 더해 프리미엄을 지불해야 하기 때문이라는 결론이 타당

[그림 25.7] 인수대상 기업 상장 여부에 따른 인수기업의 초과수익

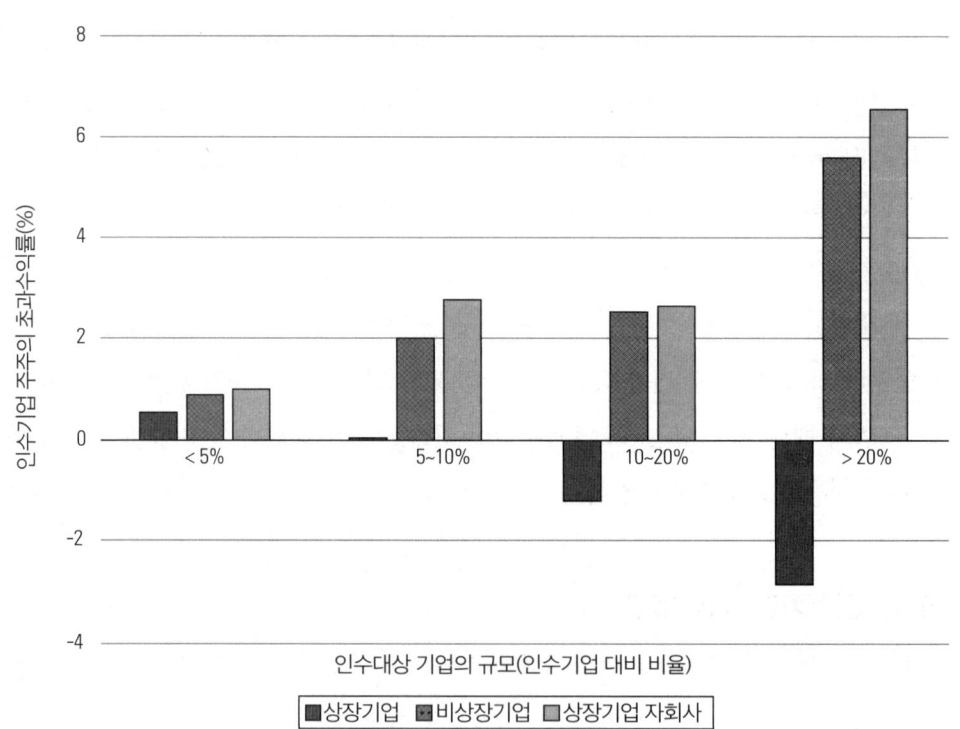

해 보인다.

시너지: 비용 대 성장

앞서 시너지를 다룬 섹션에서 언급했듯 영업 시너지는 성장 시너지(미래 연도 매출과 이익 증가)나 비용 시너지로 이루어진다. 이론상 두 시너지는 모두 현금흐름 증대에 기여하므로 더 높은 가치를 낳는다. 하지만 현실에서는 인수 시점에 공언했던 효과를 실제 달성할 가능성이 성장 시너지보다는 비용 시너지가 훨씬 크다. 그림 25.8은 맥킨지의 연구 결과를 요약해서 보여준다.

공언했던 효과를 달성한 비율을 보면 성장 시너지보다 비용 시너지를 얻은 기업이 훨씬 많았다. 극단적으로 낮은 효과에 머문 비율도 성장 시너지 쪽이 훨씬 높았다.

[그림 25.8] 시너지: 비용 대 성장

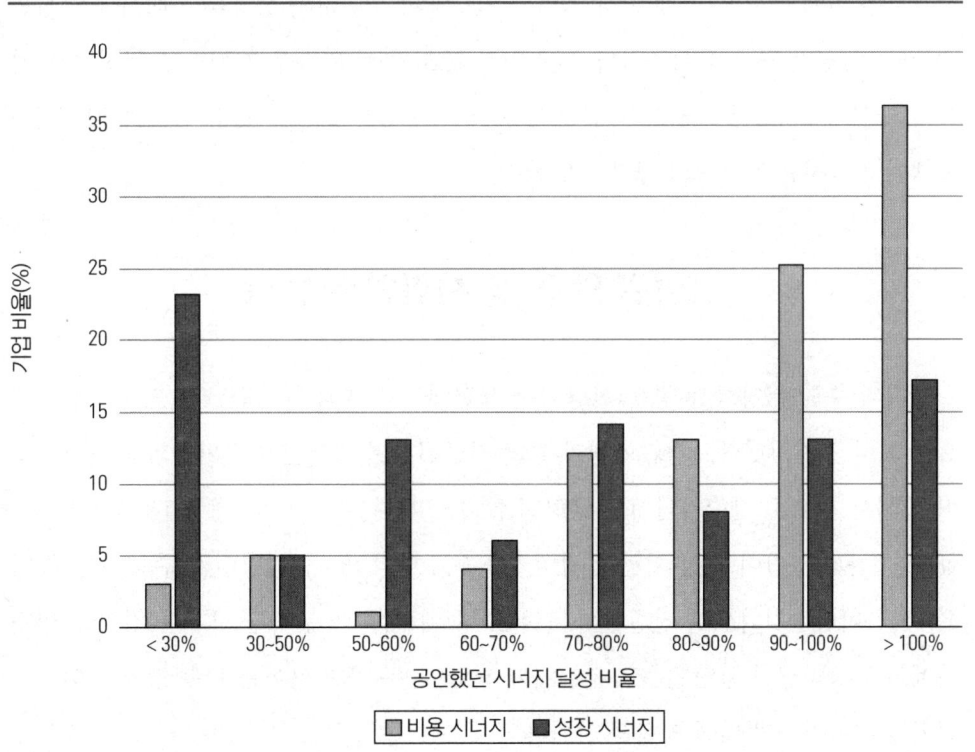

기타 요인

컨설턴트와 전략가 등 인수 거래를 둘러싸고 돈을 버는 업계가 규모가 크고 영향력이 강한 것은 사실이지만 비싼 인수가를 지불한 책임을 이들에게 돌리는 것은 불합리하다. 인수기업이 비싼 인수가를 냈을 때는 해당 거래를 가장 적극적으로 밀어붙인 사람이 공언했던 성과(시너지와 경영권)를 달성할 책무가 있고 실패했을 때도 책임을 져야 한다. 안타깝게도 현실에서는 책무감이 부재하다. 형편없는 거래는 관련된 모든 사람이 거리를 두려는 고아로 전락하는 운명을 맞기 마련이다.

실제로 가치를 창출할 인수 전략을 수립했을 때도 언제 중단할지 알아야 한다. 과거 큰 성공을 낳았던 인수 전략조차도 성공의 결과 규모가 커지면서 동력이 떨어진 사례가 많았다. 시스코는 1990년대에 연달아 M&A를 성공으로 이끌었다. 자사로 통합할 만한 제품을 갖춘 소형 비상장기업을 인수한다는 원칙을 지킨 결과 시가총액은 1990년 40억 달러에서 1999년 4,000억 달러 이상으로 상승했다. 1999년에 이르러 시스코는 이제 매년 24군데 이상 기업을 인수해야 투자자의 성장률 기대치를 달성할 수 있는 엄청난 규모를 이루었다. 닷컴버블 붕괴와 함께 재무 실적을 요구하는 투자자가 늘면서 2000년부터 2009년까지 회사가 수백억 달러를 인수에 썼는데도 시가총액이 정체하는 정반대의 결과를 낳았다.

경영권 인수 및 차입인수 분석

앞서 인수의 다양한 유형을 설명했던 섹션에서 합병과 경영권 인수의 두 가지 중요한 차이를 지적했다. 첫째, 합병과 달리 경영권 인수에서는 인수기업과 피인수기업이 합쳐서 새로운 결합기업이 탄생하지 않아도 된다. 대신 (자사 경영진을 포함할 때도 있는) 투자자 집단이 대상 기업의 경영권을 인수한다. 둘째, 경영권 인수의 대상 기업은 대개 비상장기업으로 전환한다. 1980년대에 대규모 부채를 사용한 경영권 인수 사례가 등장하면서 차입인수로 분류하게 되었다. 두 가지 차이는 모두 경영권 인수의 가치를 평가하는 방법에 영향을 미친다.

경영권 인수의 가치평가

경영권 인수에서는 인수기업이 아니라 인수대상 기업만 고려하면 되므로 가치평가가 훨씬 간단하다. 시너지를 창출할 가능성이 없다는 점이 분명하기에 가치평가할 필요도 없다. 하지만 인수대상 기업의 경영진이 인수자라는 사실로 인해 두 가지 문제가 발생한다. 첫째, 경영진은 투자자가 접근할 수 없는 정보에 접근 가능하다. 덕분에 경영진은 외부 인수자보다 훨씬 더 확실하게 해당 기업이 저평가되었음을 알 수 있다. 사실 이러한 우위 자체가 경영권 인수의 이유일지도 모른다. 둘째, 경영권 인수 후에도 경영진에는 변화가 없지만 투자와 자본조달, 배당 정책은 기존과 달라질 수 있다. 경영진이 소유주가 되고 나면 기업 가치 극대화에 훨씬 큰 관심을 둘 것이기 때문이다.

경영권 인수의 대상 기업이 비상장기업으로 전환하면 가치에 영향을 미친다. 24장에서 비상장기업 투자는 상장기업 투자와 비교해 현금화하기가 훨씬 어렵다는 점을 알아보았다. 이에 따라 비상장기업은 가치가 대폭 할인될 수도 있다. 기업의 상황이 나아지면 재상장한다는 명확한 의도로 진행되는 경영권 인수가 많으므로 경영권 인수에서 가치 할인 폭은 더 작을 수도 있다.

비상장기업 전환이 (이제 기업의 공동 소유주가 된) 경영진의 장기적인 가치 극대화를 향한 대응 방식을 바꾼다면 현금흐름에 포함으로써 가치에 반영할 수 있다. 효율성의 향상 덕분에 영업이익률이 상승한다면 현금흐름도 증가할 것이다. 장기적인 가치에 관한 강조는 투자 결정에서 확인될 것이고, 나아가 자본이익률과 성장률의 상승으로 이어질 것이다. 이러한 우위는 금융시장에 대한 제한적인 접근으로 인해 기업이 마주할 자본 할당 차원의 제약과 견주어 판단해야 한다. 두 요인 간 순효과가 가치의 등락을 결정한다. 하지만 비상장 전환과 관련한 실증적인 증거의 결론은 상당히 분명해 보인다. 예컨대 디안젤로(DeAngelo)와 디안젤로, 라이스(Rice, 1984)는 비상장기업으로 전환한 81개 기업 표본의 비정상 수익률이 평균 30%였다고 밝혔다. 적어도 금융시장은 일부 상장기업이 비상장기업으로 전환할 때 얻는 가치가 있다고 여기는 듯하다.

차입인수의 가치평가

앞서 차입인수는 상당히 많은 부채를 조달한다고 했다. 이렇게 높은 레버리지를 정당화하는 논리가 몇 가지 있다. 첫째, 인수대상 기업의 기존 부채비율이 최적 부채비율보다 몹시 낮다면 최적 비율까지 부채를 늘리는 것은 가치를 증대하는 방법의 하나로 볼 수 있다. 하지만 대다수 차입인수의 부채 수준은 최적 부채비율보다 높을 때가 많다. 따라서 부채 일부는 빠르게 상환해야 자본비용과 채무불이행 위험을 줄일 수 있다. 둘째, 마이클 젠센에 따르면 경영진이 주주에게 이득이 되는 방향으로 잉여현금흐름을 투자하리라고 믿기는 어렵다. 부채 상환이라는 규율이 있어야만 프로젝트의 현금흐름과 가치를 최대화할 수 있다는 것이다. 셋째, 높은 부채비율은 일시적이다. 기업이 자산을 청산하고 부채 상당액을 상환하면 부채비율이 하락한다.

하지만 차입인수와 관련해 몹시 높은 레버리지로 인해 가치평가 차원에서 두 가지 문제가 발생한다. 첫째, 채권 보유자에 지불할 고정 지급액과 실패 위험 노출이 증가해서 주주 현금흐름의 위험도가 대폭 증가한다. 따라서 차입인수 후 재무 위험의 증가를 반영해 자기자본비용과 실패 위험을 조정해야 한다. 둘째, 시간이 흐르며 기업이 자산을 청산하고 부채를 상환해 부채가 감소하리라는 예상은 자기자본비용이 하락할 것임을 뜻한다. 시간이 흐르며 부채비용과 부채비율이 변하므로 자본비용도 변할 것이다.

차입인수의 가치평가는 전통적인 가치평가와 마찬가지로 기업 잉여현금흐름 추정에서부터 시작한다. 하지만 현금흐름 할인 시 고정 자본비용이 아니라 연도별로 변화하는 자본비용을 적용한다. 기업 가치를 평가한 후에는 인수가와 비교하면 된다.

[예시 25.6] 차입인수 가치평가: 콩고리움

1979년 콩고리움의 경영진은 자사를 차입인수의 대상으로 선정했다.[9] 그들은 콩고리움 주식을 주당 38달러에 사들이고(인수 전 주당 24달러에 거래되었다) 인수 자금은 주로 부채로 조달한다는 계획을 세웠다.

---

9   예시에 제시된 수치는 하버드 경영대학원의 "콩고리움" 사례 연구에서 발췌했다. 이는 프루한(Fruhan)과 케스터(Kester), 메이슨(Mason), 파이퍼(Piper), 루백(1992)의 논문에 수록되었다.

이 거래의 인수가와 자본조달은 다음과 같았다(단위: 100만 달러, 100만 주).

	인수가	
	주식 매수: 12.2 × 38(달러)	463.60
	인수 부대비용	7.00
	총 인수가	470.60
	인수의 자본조달 믹스	
	자기자본	117.30
	부채	327.10
	우선주(이자율 13.5%)	26.20
	총 조달 자금	470.60

부채의 원천은 세 가지였다.

1. 은행 차입금 1억 2,500만 달러: 이자율은 14%로서 1980년부터 연간 1,666만 6,000달러씩 상환한다.
2. 선순위채 1억 1,500만 달러: 이자율은 11.25%로서 1981년부터 연간 763만 6,000달러씩 상환한다.
3. 후순위채 9,200만 달러: 이자율은 12.25%로서 1989년부터 연간 763만 6,000달러씩 상환한다.

회사의 기존 부채 잔액 1,220만 달러의 우대 이자율(advantageous rate)은 7.50%로 추정하고 1982년에 상환할 계획이었다.[10]

회사는 1980년부터 1984년까지 영업이익(EBIT)과 자본적 지출, 감가상각비, 운전자본의 증감을 표 21.12와 같이 추정했다.

1985년부터 EBIT는 8% 증가하고 자본적 지출은 감가상각비와 똑같다고 가정한다.[11]

[표 25.12] 기대이익과 재투자: 콩고리움

연도	EBIT	자본적 지출	감가상각비	운전자본의 증감
당기	89.80	6.80	7.50	4.00
1980	71.69	15.00	35.51	2.00
1981	90.84	16.20	36.26	14.00
1982	115.73	17.50	37.07	23.30
1983	133.15	18.90	37.95	11.20
1984	137.27	20.40	21.93	12.80

---

10 거래비용과 투자은행 수수료로 인해 거래가액이 부채가치보다 낮았다.
11 투자은행의 가정을 그대로 적용했지만, 회사가 전혀 재투자하지 않는데도 영구 기대성장률이 8%라는 점이 문제다. 이렇게 가치평가의 원칙을 어기면 자본구조를 정교히 분석하고 자본비용을 올바로 계산하더라도 결국 틀린 결론을 도출할 수밖에 없다.

콩고리움의 1979년 차입인수 전 베타는 1.25였다. 차입인수 시점에 장기 국채 수익률은 9.5%였고 세율은 48%였다.

분석의 첫 단계로 표 25.13과 같이 1980년부터 1985년까지 기업 기대 현금흐름을 추정한다. 세후 영업이익에서 순 자본적 지출과 운전자본의 증감(표 21.12를 참고했고 1985년은 주어진 수치를 적용했다)을 차감해 추정했다.

[표 25.13] 기업 잉여현금흐름: 콩고리움

	1980	1981	1982	1983	1984	1985
EBIT	71.69	90.84	115.73	133.15	137.27	148.25
− EBIT × t	34.41	43.60	55.55	63.91	65.89	71.16
= EBIT(1 − t)	37.28	47.24	60.18	69.24	71.38	77.09
+ 감가상각비	35.51	36.26	37.07	37.95	21.93	21.62
− 자본적 지출	15.00	16.20	17.50	18.90	20.40	21.62
− 운전자본의 증감	2.00	14.00	23.30	11.20	12.80	5.00
= FCFF	55.79	53.30	56.45	77.09	60.11	72.09

두 번째 단계는 매년 부채와 자기자본 추정치에 바탕을 두고 자본비용을 추정하는 것이다. 미래 연도의 부채 가치는 상환 일정에 바탕을 두고 시간이 흐르면서 하락할 것으로 추정했다. 미래 연도의 자기자본 가치는 해당 연도 이후의 주주 현금흐름을 자기자본비용으로 할인해 추정했다(따라서 다음 표에서 1980년에는 자기자본 가치가 장부가액보다 컸다).

	1980	1981	1982	1983	1984	1985
부채	327.10	309.96	285.17	260.62	236.04	211.45
자기자본	275.39	319.40	378.81	441.91	504.29	578.48
우선주	26.20	26.20	26.20	26.20	26.20	26.20
부채총자본비율	52.03%	47.28%	41.32%	35.76%	30.79%	25.91%
자기자본총자본비율	43.80%	48.72%	54.89%	60.64%	65.79%	70.88%
우선주총자본비율	4.17%	4.00%	3.80%	3.60%	3.42%	3.21%
베타	2.02547	1.87988	1.73426	1.62501	1.54349	1.47450
자기자본비용	20.64%	19.84%	19.04%	18.44%	17.99%	17.61%
세후 부채비용	6.53%	6.53%	6.53%	6.53%	6.53%	5.00%
우선주비용	13.51%	13.51%	13.51%	13.51%	13.51%	13.51%

자본비용	13.00%	13.29%	13.66%	14.00%	14.31%	14.21%

반복이나 순환 추론 없이 자기자본을 추정하는 대안 하나는 부채자기자본비율을 계산할 때 자기자본의 시장가치가 아니라 장부가액을 활용하는 것이다.[12]

다음으로 종료 연도(1985년)의 기업 현금흐름과 자본비용, 기대성장률 8%를 활용해 잔존가치(1984년 말 기준)를 추정한다.

$$\text{잔존가치(1984년 말)} = \frac{\text{FCFE}_{1985}}{\text{자본비용}_{1985} - \text{기대성장률}} = \frac{72.09}{0.1421 - 0.08} = 1,161$$

기업 기대 현금흐름과 잔존가치를 자본비용으로 할인한 현재가치는 8억 2,021만 달러다.[13] 콩고리움 인수 가는 4억 7,060만 달러에 불과했으므로 차입인수는 인수자에게 가치를 창출했다.

 mcrglbo.xls: 이 스프레드시트를 이용하면 차입인수의 현금흐름과 가치를 평가할 수 있다. (웹에서 다운로드 가능)

---

12 자기자본의 장부가액은 다음과 같이 도출한다.

$$\text{자기자본의 장부가액}_t = \text{자기자본의 장부가액}_{t-1} + \text{순이익}_t - \text{배당}_t$$

차입인수 후 초반 몇 년간 주주에게 배당을 지급하지 않는다고 가정한다.

13 자본비용이 연도별로 변화한다면 누적 자본비용을 할인율로 적용해야 한다. 예컨대 3년 차 현금흐름은 다음과 같이 할인한다.

$$\text{3년 차 현금흐름의 현재가치} = \frac{56.45}{(1.13 \times 1.1329 \times 1.1366)}$$

결론

    인수는 유형과 동기가 다양하다. 인수 후 인수대상 기업의 변화에 바탕을 두고 인수를 분류할 수 있다. 인수대상 기업은 인수 주체에 결합되거나(합병), 인수기업과 함께 새로운 주체를 설립하거나, 독립적으로 남을 수도 있다(경영권 인수).

    인수 분석은 네 단계로 이루어진다. 첫째, 인수의 동기를 규명한다. 앞서 인수대상 기업의 저평가와 분산투자의 이득, 잠재 시너지, 인수대상 기업의 경영 방식 변화로 창출되는 가치, 경영진의 자기 이익 등 다섯 가지를 살펴보았다. 둘째, 인수 동기를 고려할 때 특성이 가장 적합한 인수대상 기업을 선정한다. 셋째, 인수대상 기업의 가치를 평가한다. 기존 경영진이 계속해서 경영한다고 가정할 때의 가치와 경영 상태가 나아질 때의 가치를 비교해 차이를 경영권의 가치로 정의했다. 또한 영업 시너지와 재무 시너지의 원천을 분석한 후 시너지의 가치를 더해서 결합가치를 도출한다. 넷째, 인수 자금조달의 역학을 검토한다. 이전 단계에서 평가한 인수대상 기업의 가치와 경영권, 시너지를 고려할 때 인수기업이 인수가로 얼마를 지불해야 할지를 판단한다. 또한 인수 자금을 현금과 주식 중 어떤 방식으로 지불할지, 인수의 회계처리가 선택에 어떤 영향을 미칠지도 검토한다.

    경영권 인수는 인수와 유사한 특성도 있지만 중요한 차이가 몇 가지 있다. 인수대상 기업의 경영진이 인수자이므로 인수기업이 존재하지 않는다는 점과 피인수기업을 비상장기업으로 전환하는 것은 모두 가치에 영향을 미친다. 경영권 인수 자금조달 시 부채 비중이 훨씬 크다면(차입인수) 미래 연도에 부채비율이 변화할 것이다. 이에 따라 자기자본비용과 부채비용, 자본비용 역시 변화해야 한다.

별도 표기가 없으면 주식 위험 프리미엄은 5.5%로 한다.

1 다음은 잠재적 합병 후보인 노스롭과 그루먼이라는 두 회사의 1993년 세부 정보다(단위: 100만 달러).

	노스롭	그루먼
매출액	4,400.00	3,125.00
매출원가(감가상각비 반영 전)	87.50%	89.00%
감가상각비	200.00	74.00
세율	35.00%	35.00%
운전자본	매출액의 10%	매출액의 10%
자기자본의 시장가치	2,000.00	1,300.00
부채	160.00	250.00

양사 모두 영구적으로 연 5%씩 성장할 것으로 예산된다. 자본적 지출은 감가상각비의 20%가 될 것으로 예상된다. 두 회사의 베타는 1이고, 신용등급은 BBB이며, 부채에 대한 이자율은 8.5%이다. (장기 국채 이자율은 7%이고 위험 프리미엄은 5.5%이다.)

합병 후 결합기업의 매출원가율은 전체 매출의 86%에 불과할 것으로 예상된다. 결합기업은 추가로 차입을 일으킬 계획이 없다.

a. 독립적으로 운영되는 그루먼의 가치를 구하라.

b. 독립적으로 운영되는 노스롭의 가치를 구하라.

c. 시너지 효과를 고려하지 않은 결합기업의 가치를 구하라.

d. 시너지 효과를 고려한 결합기업의 가치를 구하라.

e. 운영 시너지의 가치는 얼마인가?

2 이전 문제에서는 그루먼-노스롭 결합기업이 인수 후 추가 부채를 발행하지 않았다고 했다. 이번에는 합병의 결과로서, 회사의 최적 부채비율이 현재 수준에서 총자본의 20%로 증가한다고 가정한다. (이 부채 수준에서 결합기업의 신용등급은 A이며 부채에 대한 이자율은 8%이다.) 부채를 늘리지 않는다면 결합기업의 신용등급은 A+(이자율 7.75%)가 된다.

a. 결합기업이 기존 부채비율을 유지하는 경우의 가치를 구하라.

b. 결합기업이 최적 부채비율로 변할 경우의 가치를 구하라.

c. 회사가 최적 부채비율로 변하면 누가 이 추가 가치를 얻는가?

3 1994년 4월, 노벨은 14억 달러에 워드퍼펙트 코퍼레이션을 인수할 계획을 발표했다. 인수 당시 두 회사에 관한 정보는 다음과 같다(단위: 100만 달러).

	노벨	워드퍼펙트
매출액	1,200.00	600.00
매출원가(감가상각비 반영 전)	57.00%	75.00%
감가상각비	42.00	25.00
세율	35.00%	35.00%
자본적 지출	75.00	40.00
운전자본(매출액 대비)	40.00%	30.00%
베타	1.45	1.25
매출액과 EBIT의 기대성장률	25.00%	15.00%
고성장 예상 기간	10년	10년
고성장기 이후 성장률	6.00%	6.00%
고성장기 이후 베타	1.10	1.10

고성장 기간 이후 자본적 지출은 감가상각비의 115%가 될 것이다. 두 회사 모두 부채가 없다. 장기 국채 이자율은 7%이다.

a. 독립적으로 운영되는 노벨의 가치를 구하라.

b. 독립적으로 운영되는 워드퍼펙트의 가치를 구하라.

c. 시너지 효과를 고려하지 않은 결합기업의 가치를 구하라.

d. 합병의 결과로 결합기업은 고성장 기간 동안 연 24%씩 성장할 것으로 예상된다. 더 높은 성장률을 고려한 결합기업의 가치를 구하라.

e. 시너지 효과의 가치는 얼마인가? 노벨이 워드퍼펙트에 지불할 수 있는 최대 금액은 얼마인가?

4 위 문제에서 제시한 노벨과 워드퍼펙트의 합병에서 두 회사가 서로의 차이를 극복하고 시너지 효과를 실현하는 데 5년이 걸린다고 하자. 이런 상황에서 시너지 효과의 가치는 얼마인가?

5 1996년, 의료보험 업계의 선두 주자였던 애트나는 미국 최대의 건강관리 기관인 U.S. 헬스케어를 인수하겠다고 발표하며 시너지 효과를 근거로 제시했다. 합병 발표 당일 57달러였던 애트나의 주

가는 52.50달러로 하락한 반면, U.S. 헬스케어의 주가는 31달러에서 37.50달러로 급등했다. 발표 당시 애트나의 발행주식은 4억 주였고, U.S. 헬스케어의 발행주식은 5,000만 주였다.

    a.   금융시장이 이 합병 시너지 효과에 대해서 어떤 가치를 부여하고 있다면, 그 값은 얼마인가?

    b.   인수에 대해 경영진이 제시한 근거와 시장 반응의 차이를 어떻게 설명하겠는가?

6   농기계 제조업체인 IH는 지난 7년 동안 약 20억 달러의 손실을 기록했으며, 이 손실을 이월할 수 없는 위기에 처해 있다. 최근 한 해 동안 30억 달러의 과세소득을 올린, 수익성이 매우 높은 금융 서비스회사인 EG는 IH 인수를 고려하고 있다. 세무당국은 EG가 과세대상 소득을 이월된 손실과 상쇄할 수 있도록 허용할 것이다. EG의 세율은 40%이고 자본비용은 12%이다.

    a.   합병의 결과로 발생할 세금 절감액의 가치를 구하라.

    b.   세무당국이 이월 결손금을 4년에 걸쳐 분산할 수 있도록 허용할 경우(즉 이월 결손금 중 2억 달러를 향후 4년간 각 해의 이익과 상쇄할 수 있도록 허용), 절감되는 세금의 가치는 얼마인가?

7   PMT 코퍼레이션의 인수를 고려하는 중이며, 경영권의 가치를 구하고자 한다. 이 회사는 지난 5년 동안 비교 집단에 비해 현저히 저조한 성과를 냈다. PMT 코퍼레이션, 비교 집단, 집단 내에서 가장 성과가 뛰어난 회사의 자료는 다음과 같다.

	PMT 코퍼레이션	비교 집단	가장 뛰어난 회사
ROA(세후)	8.00%	12.00%	18.00%
배당성향	50.00%	30.00%	20.00%
부채비율	10.00%	50.00%	50.00%
부채 이자율	7.50%	8.00%	8.00%
베타	NA	1.30	1.30

PMT 코퍼레이션은 최근 연도에 2.50달러의 주당순이익을 기록했다. 5년 내에 안정 성장기에 도달할 것으로 예상되며, 그 후 이 집단의 모든 기업의 성장률은 6%가 될 것으로 예상된다. 안정 성장기 동안 모든 기업의 베타는 1이 될 것으로 예상된다.

발행주식은 1억 주이고, 장기 국채 이자율은 7%이다. (모든 기업의 세율은 40%이다.)

    a.   현재의 경영진이 계속 유지된다고 가정하고 PMT 코퍼레이션의 자기자본 가치를 구하라.

    b.   PMT 코퍼레이션의 실적이 비교 집단 수준으로 개선된다고 가정하고 회사의 자기자본 가치를 구하라.

c. PMT 코퍼레이션의 실적이 집단 내에서 가장 뛰어난 회사 수준으로 개선된다고 가정하고 이 회사의 자기자본 가치를 구하라.

8 보스턴 터키에 대한 차입인수를 시도하고 있지만 몇 가지 장애물에 부딪혔다. 예상 현금흐름표가 부분적으로 작성되어 있는데, 이를 완성하려면 도움이 필요하다(단위: 달러).

	1년	2년	3년	4년	5년	잔존가치
매출	1,100,000	1,210,000	1,331,000	1,464,100	1,610,510	1,707,141
- 영업비용	440,000	484,000	532,400	585,640	644,204	682,856
- 감가상각비	100,000	110,000	121,000	133,100	146,410	155,195
= EBIT	560,000	616,000	677,600	745,360	819,896	869,090
- 이자비용	360,000	324,000	288,000	252,000	216,000	180,000
과세소득	200,000	292,000	389,600	493,360	603,896	689,090
- 세금	80,000	116,800	155,840	197,344	241,558	275,636
= 순이익	120,000	175,200	233,760	296,016	362,338	413,454

내년의 자본적 지출은 12만 달러이고 나머지 기간 동안 매출액과 같은 비율로 증가할 것으로 예상된다. 운전자본은 매출액의 20%로 유지될 것이다(올해의 매출액은 100만 달러).

차입인수의 자금조달은 100만 달러의 자기자본과 300만 달러의 부채(이자율 12%)를 혼합하여 진행할 것이다. 부채의 일부는 5년 차 말까지 상환할 예정이며, 5년 차 말에 남아 있는 부채는 영구적으로 장부에 남게 된다.

a. 향후 5년간 주주 현금흐름과 기업 현금흐름을 구하라.

b. 1년 차의 자기자본비용을 계산했다. 나머지 기간 동안 매해의 자기자본비용을 계산하라. (계산 시 장부상 자기자본의 가치를 사용한다.)

항목	1년 차
자기자본	1,000,000
부채	3,000,000
부채비율	3
베타	2.58
자기자본비용	24.90%

c. 회사의 잔존가치를 구하라.

d. 차입인수가 가치를 창출할 수 있는지 평가하라.

9 J&L 케미컬은 수익성이 좋은 화학회사이다. 그러나 이 사업은 경기순환이 심하고 회사의 이익도 변동성이 크다. 회사의 경영진은 이익의 변동성과 경기순환에 대한 노출을 줄이기 위해 식품 가공 회사의 인수를 고려하고 있다.

a. 그러한 조치가 주주들에게 최선의 이익이 되는가? 설명하라.

b. J&L이 비상장기업이라면 분석 결과가 달라지겠는가? 설명하라.

c. 상장기업에 대해 이러한 인수에 찬성할 수 있는 조건이 있는가?

26장
부동산 가치평가

금융자산 가치평가모형은 실물자산에도 적용할 수 있다. 실물 투자자산에서는 부동산이 가장 중요하다. 오랫동안 부동산 애널리스트는 각자 모형을 변형해 부동산의 가치를 평가해왔다. 이들은 부동산이 주식과 상당히 다른 자산군이기에 상장주식을 위해 고안된 모형으로 부동산의 가치를 평가하는 것은 적합하지 않다고 주장한다.

이번 장에서는 그런 주장과 다른 관점을 제시한다. 물론 부동산과 주식은 서로 다른 자산군이지만, 가치평가의 원칙은 자산군에 따라 달라지지 않는다. 주식 가치평가에 활용한 내재가치평가와 상대가치평가 기법은 부동산에도 적용할 수 있다. 그렇기는 해도 부동산 고유의 심각한 추정 문제가 발생할 가능성이 있기에 이번 장에서 해결 방법도 다룰 것이다.

실물자산 대 금융자산

부동산과 금융자산은 몇 가지 공통적인 특성이 있다. 자산 가치는 자산이 창출하는 현금흐름 관련 불확실성, 현금흐름의 기대성장률에 의해 결정된다. 다른 조건이 똑같다면 현금흐름이 크고 성장률이 높으며 현금흐름 관련 불확실성이 낮을수록 자산 가치가 높다.

중대한 차이도 몇 가지 있다. 두 시장의 유동성과 투자자 유형의 차이로 인해 금융자산 평가에 활용한 위험-수익 모형은 부동산에 적용 불가하다는 주장도 있다. 이번 장에서 전통적인 위험-수익 모형의 대안을 검토할 것이다. 또한 금융자산과 부동산이 창출하는 현금흐름도 특성이 다르다. 부동산은 자산 수명이 유한하다는 점을 반영해 가치평가해야 하지만, 주식 등 금융자산은 대개 자산 수명이 무한하다. 자산 수명의 차이는 추정 기간 종료 시점의 잔존가치에 영향을 미친다. 5년이나 10년의 추정 기간이 끝났을 때 주식 잔존가치는 대개 현행 가치보다 높다. 현금흐름이 성장할 뿐 아니라 영원히 발생하리라고 기대하기 때문이다. 반면 건물은 사용하면 가치가 떨어지므로 잔존가치는 현행 가치보다 낮을 수도 있다. 하지만 자산 수명이 무한한 토지가 부동산 잔존가치의 대부분을 차지할 때도 있다.

인플레이션이 실물자산과 금융자산에 미치는 영향

실물자산과 금융자산은 대다수 거시경제 변수에 똑같은 방향으로 움직이는 것처럼 보인다. 경기 침체는 실질 이자율 급등과 마찬가지로 두 자산에 모두 부정적인 영향을 미치는 듯하다. 하지만 실물자산과 금융자산에 정반대의 영향을 미치는 변수가 하나 있는데 바로 인플레이션이다. 역사를 보면 예상보다 높은 인플레이션은 금융자산에 부정적인 영향을 미쳤다. 채권과 주식은 모두 예상을 벗어난 인플레이션에 부정적인 영향을 받았다. 예컨대 파마(Fama)와 슈버트(Schwert)는 자산 수익률에 관한 연구에서 인플레이션율이 1% 상승하면 채권 가격은 1.54%, 주식 가격은 4.23% 하락한다고 분석했다. 하지만 예상을 벗어난 인플레이션은 실물자산에는 오히려 긍정적인 영향을 미치는 것처럼 보인다. 파마와 슈버트가 추적한 자산 중 예상을 벗어난 인플레이션에 긍정적인 영향을 받은 유일한 자산이 바로 주거용 부동산이었다.

부동산이 인플레이션 헤지 수단으로 여겨지는 이유는 무엇인가? 감가상각과 관련하여 더 유리한 세제부터, 인플레이션이 통제 불가능할 때 투자자들이 금융자산을 더 이상 신뢰할 수 없어 실물자산을 보유하는 것까지 다양한 이유가 있다. 부동산에서 발생하는 수익을 인플레이션 변화에 더 빠르게 조정할 수도 있다는 장점도 있다. 부동산 소유주는 고인플레이션 시기에 임대료를 올리기 마련이다. 무엇보다도 인플레이션이 부동산과 금융자산에 미치는 영향의 차이를 고려할 때 부동산을 개별 투자가 아니라 주로 금융자산으로 구성된 포트폴리오의 일부로 본다면 위험 특성이 상당히 달라진다는 점이 중요하다.

부동산: 비인기 자산군

대다수 투자자는 부동산을 포트폴리오 일부로 보유하지만 그렇게 생각하지 않을 때가 많다. 먼저 주거용 부동산은 적어도 심리적으로는 주식과 채권 등 다른 투자자산과 다르다고 느끼는 경우다. 다음으로 거래하지 않는 부동산이 워낙 많아서 소유주는 보유한 부동산의 시장가격을 관측할 수 없었다. 하지만 최근 레드핀과 질로우 같은 서비스가 성장하면서 변화가 일어나는 중이다.

타 자산군과 가치 비교

부동산은 자산군으로서 규모가 얼마나 클까? 시장에서 거래되는 부동산으로 제한해 부동산회사·증권의 시장가치만 척도로 삼으면 아주 큰 시장의 단편만 파악하는 것이다. 2023년 부동산회사와 부동산투자신탁(real estate investment trusts: REITs(리츠))은 시장가치 기준으로 미국 기업의 4.15%, 전 세계 기업의 2.69%에 불과했다(표 26.1, 단위: 100만 달러).

하지만 이 수치는 부동산시장의 핵심 요소, 즉 다른 자산군과 달리 대다수가 공개 시장에서 거래되지 않는다는 사실을 놓친다. 모든 유형을 고려한다면 전 세계 자산시장의 지형이 대폭 바뀐다. 2023년 전 세계 부동산의 총가치 추정치는 614조 달러였고 그중 주거용 부동산은 115조 달러, 상업용 부동산은 499조 달러였다. 자산군으로

[표 26.1] 부동산회사와 리츠의 시장가치(2023년)

	미국	전 세계
리츠	1,120,897	1,515,764
부동산회사: 개발	6,734	515,953
부동산회사: 종합	4,950	349,936
부동산회사: 운영·서비스	107,958	605,711
부동산 외 시장	28,628,250	107,882,319
전체 시장 대비 부동산 비중	4.15%	2.69%

서 부동산은 금융자산보다 훨씬 규모가 크다(2023년 전 세계 주식 총가치는 109조 달러였다).

사람들의 재산이 얼마나 많이 부동산에 묶여 있는지를 고려해 부동산을 금융자산 등 투자의 대안으로 해석한다면, 주식과 채권 가치평가와 일관된 방식으로 부동산을 분석할 방법이 정말 중요하다. 이번 장에서 상세히 알아보자.

역사적 수익률

부동산 투자 규모가 현재 얼마나 큰지, 앞으로 얼마나 더 커질지 시계열 자료를 기록하는 것뿐 아니라 특히 금융자산과 비교해 과거 수익률이 어떠했는지를 아는 것도 중요하다. 그러려면 자산군으로서 부동산의 실적을 나타내는 지수가 필요한데 지금까지 부동산 유형별 시장지수와 위험 모수를 추정하려는 시도가 있었다.

부동산 거래가 빈번하지 않다는 문제에 대한 자명한(그러나 완전하지는 않은) 해결책은 리츠 지수의 개발이었다. 리츠는 거래될 뿐 아니라 시장가격도 존재하기 때문이다. 불완전한 해결책인 이유는 리츠가 보유한 부동산이 부동산시장을 대표하는 자산이 아니거나 부동산 유동화로 인해 부동산과 리츠 투자 간 수익의 괴리가 발생할 수 있기 때문이다. 부동산 가치와 더 밀접하게 연동된 대안 지수로는 국립부동산투자신탁위원회(National Council of Real Estate Investment Fiduciaries: NCREIF)에서 발표하는 상업용 부동산과 농지의 연간 수익률 추정치가 있다. 개별 부동산의 거래는

[표 26.2] 자산군별 수익률

자산군	데이터 출처	분석 기간	산출 방식	산술평균	표준편차	기하평균
주식	S&P500	1928~2023년	배당+가격 상승	11.66%	19.55%	9.80%
장기 국채 (10년물)	FRED	1928~2023년	10년물 총수익	4.86%	7.95%	4.57%
단기 국채 (3개월물)	FRD	1928~2023년	3개월물 총수익	3.34%	3.01%	3.30%
회사채 (3개월물)	FRED	1928~2023년	Baa 등급 회사채 총수익 (무디스)	6.95%	7.71%	6.68%
지분형 리츠	FTSE	1972~2023년	배당+가격 상승	12.74%	18.41%	10.89%
모기지형 리츠	FTSE	1972~2023년	배당+가격 상승	8.40%	27.64%	4.68%
전체 리츠	FTSE	1971~2023년	배당+가격 상승	11.27%	20.42%	9.00%
상업용 부동산	NCREIF	1978~2023년	감정평가 기준 총수익	9.20%	7.40%	NA
주거용 부동산	케이스-실러	1987~2023년	실제 거래가	4.42%	6.24%	4.23%

빈번하지 않으므로 NCREIF는 감정평가를 거쳐 수익률을 추정한다. 한편 칼 케이스 (Karl Case)와 로버트 실러는 부동산의 감정평가액이 아니라 실제 거래가를 활용해 지수를 고안해서 주거용 부동산의 가치를 추정한 바 있다. 표 26.2는 부동산 지수와 S&P500, 채권 지수의 수익률을 요약해서 보여준다.

표에서 도출할 수 있는 흥미로운 결과가 몇 가지 있다. 첫째, 부동산의 모든 유형이 똑같은 결과를 보이지는 않는다. 리츠는 다른 부동산 지수와 비교해 주식시장 수익률 과 더 비슷한 수익률을 보였다. 둘째, 여러 부동산 유형의 수익률 간에는 (특히 감정평 가에 바탕을 두었을 때) 강한 플러스 계열 상관관계(serial correlation)가 존재한다. 해 당 유형의 수익률 계산에 활용한 감정평가액의 평활화가 원인인 것으로 보인다. 셋 째, 부동산 증권(리츠)의 표준편차는 시장에서 거래되지 않는 부동산 유형보다 훨씬 크다.

부동산의 역사적 수익률은 뚜렷한 두 가지 패턴을 따랐다.

■ 부동산 가격은 장기간 완만한 상승률을 보였다. 주거용 부동산은 1928~2003

년 연평균 가격 증가율 4.23%를 기록해 같은 기간 10년 만기 국채 수익률(연평균 4.57%)보다 실적이 저조했다. 하지만 부동산 보유에 따른 현금흐름까지 고려한 총수익 기준에서는 실적이 나았다. 상업용 부동산을 다루는 NCREIF 지수는 1978~2023년 연평균 수익률 9.20%를 기록했는데 가격 상승에서 비롯한 실적은 절반에 미치지 못했다.

■ 부동산 감정평가 기준 지수(NCREIF와 케이스-실러)는 표준편차가 작지만 감정평가액에 바탕을 두거나 거래가 빈번히 일어나지 않기 때문이다. 두 지수를 보고 부동산이 다른 자산군보다 덜 위험하다고 판단하는 투자자는 중대한 오류를 범할 것이다.

다른 자산군과 부동산에 동시 투자

포트폴리오에 부동산을 편입하는 투자자는 위험-수익 상충 관계가 개선될 것이라는 조언을 건네받는다. 여기에는 부동산이 다른 자산군과 다른 유형의 수익을 낳는 특별한 자산군이라는 믿음이 깔려 있다. 거시경제 사건이 발생했을 때 부동산과 금융자산이 똑같은 방향으로 움직이지 않았다는 역사적 증거도 있다. 표 26.3에

[표 26.3] 자산군 간 상관계수(1947~1982년)   출처: Ibbotson & Brinson(1996)

	I&S	CREF	주택	C&S	농지	S&P	장기 국채	단기 국채	인플레이션
I&S	1.00								
CREF	0.79	1.00							
주택	0.52	0.12	1.00						
C&S	0.26	0.16	0.62	1.00					
농지	0.06	-0.06	0.51	0.49	1.00				
S&P	0.16	0.25	-0.13	-0.20	-0.10	1.00			
장기 국채	-0.04	0.01	-0.22	-0.54	-0.44	0.11	1.00		
단기 국채	0.53	0.42	0.13	-0.56	-0.32	-0.07	0.48	1.00	
인플레이션	0.70	0.35	0.77	0.56	0.49	-0.02	-0.17	0.25	1.00

I&S: 이봇슨(Ibbotson)과 시걸(Siegal); CREF: CREF지수; 주택: 주택 가격 지수; C&S: 케이스-실러; 농지: 농지 가격 지수.

[표 26.4] 10년 단위 자산군별 수익률

기간	실질 인플레이션율 (%)	인플레이션 서프라이즈 (%포인트)	명목 수익률(%)					
			주식	단기 국채	장기 국채	Baa 등급 회사채	금	부동산
1930~1939년	-1.92	0.07	4.27	0.99	4.01	7.77	NA	-1.05
1940~1949년	5.51	3.08	9.64	0.48	2.52	5.18	NA	8.56
1950~1959년	2.24	-1.89	20.93	2.00	0.83	2.32	NA	3.09
1960~1969년	2.53	0.84	8.60	3.98	2.51	3.23	NA	2.18
1970~1979년	7.41	2.80	7.52	6.29	5.58	7.29	37.46	8.80
1980~1989년	5.14	-2.33	17.95	8.82	12.95	14.46	-0.96	5.90
1990~1999년	2.94	-0.90	18.82	4.85	7.83	9.69	-2.72	2.70
2000~2009년	2.53	-0.02	1.16	2.69	6.62	8.61	14.95	4.30
2010~2019년	1.76	-0.38	14.02	0.52	4.35	7.23	4.43	3.86
2020년	1.36	-0.39	18.01	0.09	11.33	10.41	24.17	10.35

1947~1982년 다양한 자산군 간 상관계수를 분석한 표를 실었다. 부동산과 금융자산의 상관계수는 제로에 가깝거나 마이너스였다.

앞서 언급했듯이 부동산과 금융자산의 수익률 차이는 인플레이션율이 변화할 때 확대된다. 실제로 부동산 지수 다섯 개 중 세 개는 주식과 마이너스 상관관계를 갖고, 나머지 두 개도 0에 가까운 상관계수를 보인다. 따라서 포트폴리오에서 부동산이 갖는 가치는 미국 기업이 보유한 자산 포트폴리오를 자산군별로 분해하면 가장 잘 파악할 수 있다(표 26.4).

부동산은 대다수 기간에 주식보다 수익률이 뒤처졌지만 예상보다 높은 인플레이션이 지속했던 1970년대에는 금융자산보다 수익률이 높았다.

지난 30년간 부동산시장에서 일어난 변화를 고려할 때 포트폴리오에 부동산 자산을 편입해 분산투자하라는 조언은 수정되어야 한다. 부동산의 유동화가 점점 확대되면서 부동산이 주식과 채권 같은 금융자산과 갈수록 비슷한 움직임을 보인다는 증거가 있다. 가장 좋은 해결책은 7장에서 다뤘던 주식의 위험 척도, 즉 내재 주식 위험 프리미엄을 사용하는 것이다. 그림 26.1은 주식 위험 프리미엄과 Baa 등급 회사채의 부도 스프레드(채권의 위험 프리미엄), 부동산 위험 프리미엄을 보여준다. 부동산 위험 프리미엄은 자본환원율(capitalization rate, 부동산 투자자의 요구수익률)에서 무위험 이자율을 빼서 계산했다. 주식과 채권의 위험 프리미엄은 대부분 같은 방향으로 움직였지만 부동산 위험 프리미엄은 지난 30년간 극적인 변화를 보였음을 유념하라. 1980년대 초 부동산 위험 프리미엄은 주식이나 채권과 아무런 상관관계가 없는 움직임을 보였다. 표 26.3에서 상관계수가 0에 가깝거나 마이너스였던 결과와 일맥상통한다. 1990년대 중반부터 부동산 위험 프리미엄은 크기와 방향성 면에서 주식과 채권의 위험 프리미엄과 유사한 움직임을 보였고, 지난 10년간 흐름은 더욱 가속했다. 오늘날 부동산과 금융자산의 상관계수가 과거보다 훨씬 커졌음을 뜻하고, 포트폴리오에 부동산을 편입해 분산투자해야 한다는 조언이 한물간 옛말에 불괴히더는 뜻이기도 하다.

[그림 26.1] 주식, 채권, 부동산의 위험 프리미엄

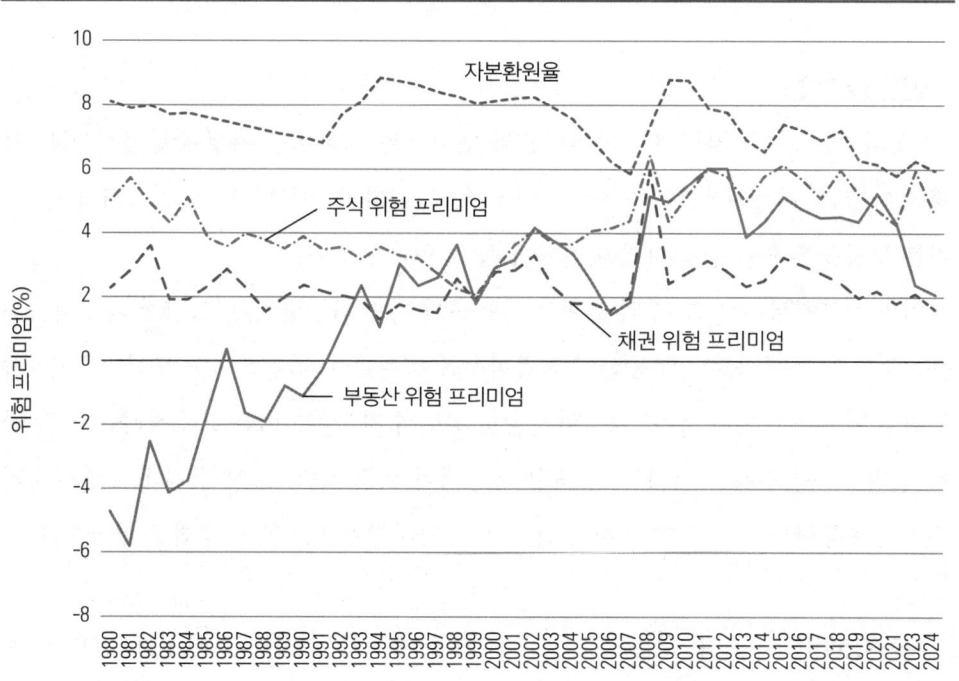

부동산을 시장 포트폴리오에 편입하는 것의 가치를 두고 경제학자들 사이에서는 이견이 없겠지만, 측정 문제가 골칫거리다. 최근까지는 문제를 해결하기가 어려웠지만, 부동산 유동화 덕분에 거래가 활발해지면서 해결될 가능성이 커지고 있다. 하지만 거래가 쉬워진 만큼 고유의 특성을 잃고 시장에서 거래되는 금융자산과 비슷한 가격 움직임을 보일 것이다.

부동산 내재가치평가

모든 현금흐름 창출 자산의 가치는 기대현금흐름의 현재가치다. 배당할인모형 같은 현금흐름할인 가치평가모형은 금융자산뿐 아니라 현금흐름을 창출하는 부동산의 가치평가에도 활용할 수 있다.

부동산 가치평가에 현금흐름할인 가치평가모형을 활용하려면, 먼저 부동산의 위험도를 측정한 후 여기에 바탕을 두어 할인율을 추정하고 내용연수 동안 발생할 기대현금흐름을 추정해야 한다. 이어지는 섹션에서 검토해보자.

할인율 추정

7장과 8장에서 투자의 자기자본비용과 부채비용, 자본비용 추정에 활용한 기본 모형을 다뤘다. 부동산에도 적용할 수 있을까? 그렇다면 기본 모형을 변형해야 할까? 기본 모형을 적용할 수 없다면 어떤 모형을 활용해야 할까?

이번 섹션에서는 위험-수익 모형을 부동산에 적용 가능한지, 나아가 한계투자자의 분산도가 높다는 가정이 부동산에 적합한지를 검토한다. 적합하다면 모형의 모수, 즉 무위험 이자율과 베타, 위험 프리미엄을 측정해서 자기자본비용을 추정하는 가장 좋은 방법이 무엇인지도 알아본다. 또한 전통적인 위험-수익 모형이 제대로 반영하지 못하는 부동산의 다른 위험 원천을 살펴보고, 가치평가에 반영할 방법도 알아본다.

자기자본비용　금융자산의 자기자본비용을 추정하는 기본 모형에서 (실물자산이든 금융자산이든) 모든 자산의 위험은 분산을 통해 제거할 수 없는 변동성의 비중으로 정의한다. 분산 불가능 위험은 자본자산가격결정모형(CAPM)에서 시장 베타로, 차익거래가격결정모형과 다중요소모형에서는 각 복수 베타와 요소 베타로 측정한다. 여기에는 자산의 한계투자자는 분산도가 상당히 높고 위험을 수익의 변동성으로 측정한다는 가정이 깔려 있다. 이 모형들을 실물자산에 적용할 수 있다면 실물자산의 위험은 CAPM에서는 시장 포트폴리오 대비 해당 자산의 베타 비율로, 다중요소모형에서는 요소 베타로 측정해야 할 것이다. 하지만 여기에는 실물자산의 한계투자자도 상장주식 투자자처럼 분산도가 상당히 높다는 가정이 깔려 있다.

수많은 부동산 투자자가 부동산에 집중투자하기에 전통적인 위험모형으로 위험을 측정하는 것은 문제가 있다는 주장은 일리가 있다. 이때는 위험과 자기자본비용을 측정할 대안 모형이 필요하다. 이번 섹션에서는 앞서 비상장기업을 다루며 소개했던 총 베타를 차용하는 방법과, 투자자에게 요구수익률을 묻는 조사법이라는 두 대안을 소개한다.

부동산 한계투자자는 분산도가 정말 높을까?

부동산은 필요한 투자액이 상당히 커서 투자자가 충분히 분산투자할 수 없다고 주장하는 애널리스트가 많다. 나아가 부동산 투자에 필요한 특정 지역에 관한 전문 지식을 배우기로 한 투자자가 대개 부동산에만 투자하는 경향이 있다고도 지적한다. 그래서 분산 불가능한 위험만 보상받는다고 가정하는 자본자산가격결정모형이나 다중요소모형은 부동산의 자기자본비용 추정에 적합하지 않다고 주장한다.

언뜻 진실로 보이는 주장이지만, 다음 사항을 염두에 둔다면 쉽게 논박할 수 있다.

■ 자기가 원해서 부동산에 집중투자하는 투자자가 많다. 이들은 전문 지식을 활용하는 수단으로서 부동산에 투자한다. 따라서 포트폴리오에 기술주만 편입한 주식 투자자와 사실상 다를 바가 없다.

■ 대형 부동산도 규모가 더 작은 부분들로 나눌 수 있으므로 투자자는 금융자산을 보유하는 동시에 부동산에도 투자할 수 있다. 특히 오늘날 부동산의 자산 유동화 또는 증권화(securitization) 덕분에 훨씬 수월해졌다.

■ 주식 한계투자자 중에도 분산투자할 만한 자원이 충분하고 기관투자자처럼 낮은 거래비용을 지불하는 이들이 있다. 오늘날 많은 부동산시장에도 분산투자할 자원이 충분한 한계투자자가 많다.

부동산 개발사(developer)와 개인 투자자가 분산투자하지 않는다는 이유로 더 높은 부동산 투자수익률을 요구한다면, 리츠와 사모투자회사, 부동산법인(real estate corporation) 등 요구수익률이 더 낮은 분산투자자가 보유하는 부동산 비중이 계속 커질 것이다. 미국에서는 이미 그러한 추세가 뿌리내렸고, 시간이 흐르면서 다른 국가로도 확대될 것이다.

전통적인 자산가격결정모형　　실물자산의 위험을 CAPM의 시장 베타로, 다중요소모형의 요소 베타로 정의하는 것을 받아들이더라도 위험 모수의 측정과 활용과 관련된 몇 가지 문제를 검토해야 한다. 실물자산과 관련된 측정 문제를 깊이 이해하기 위해 자본자산가격결정모형을 활용해 상장주식의 베타를 추정하는 전통적인 방법을 생각해보자. 첫째, 역사적 데이터에서 주가 정보를 수집한 후 일정 기간(일간, 주간, 월간) 단위로 투자수익을 계산한다. 둘째, 주식 투자수익을 같은 기간 주가지수 수익에 대해 회귀분석하여 베타를 도출한다. 하지만 대상이 부동산일 때는 과정이 그리 간단하지 않다.

√개별 자산 가격과 위험 모수　　개별 주식은 장기간의 주가 정보를 쉽게 얻을 수 있기에 베타를 간단히 추정할 수 있다. 하지만 개별 부동산은 매매가 그리 빈번하지 않아서 상황이 다르다. 다만 특성이 유사한 부동산으로 범주를 확장하면 매매 빈도가 상당히 증가한다. 따라서 부동산 가격지수는 자산군 단위(예컨대 다운타운 맨해튼의 사무

용 건물)로만 도출할 수 있고, 위험 모수도 자산군 단위로 추정할 수 있다.

부동산 유형별 가격지수를 도출하더라도 특정 분류 내에서의 비교 가능성(시내의 한 건물은 같은 구역에 있는 다른 건물과 똑같은가? 건물 수명과 시공 품질, 입지 차이는 어떻게 통제할 것인가?)과 범주화 자체(사무용 건물 대 주거용 건물, 단독주택 대 공동주택)에 관한 의문이 남는다.

✓*시장 포트폴리오*　주식의 베타를 추정할 때는 시장 포트폴리오의 대용물로 대개 주가지수를 활용한다. 하지만 이론적으로 시장 포트폴리오는 경제에 속하는 모든 자산을 각 시장가치만큼 편입해야 한다. 특히 시장 포트폴리오를 활용해 부동산의 위험 모수를 추정할 때는 더욱 중요하다. 주가지수를 시장 포트폴리오의 대용물로 두면 부동산의 주변화(marginalization)[1]와 위험의 과소추정으로 이어진다. 주가지수에 포함되지 않는 부동산과 기타 비주식 자산의 시장가치가 막대하므로 모든 자산으로 이루어진 포트폴리오와 주식 간 차이가 상당할 수 있다.

✓*실질적인 해결책*　부동산의 위험을 전통적인 위험-수익 모형으로 측정해야 한다는 생각을 받아들인다면 위험 모수의 추정에 활용할 만한 실질적인 접근법이 몇 가지 있다.

■ 특정 부동산 유형의 위험은 해당 유형의 수익률(예컨대 상업용·주거용 부동산은 NCREIF를 사용)을 완전한 시장 포트폴리오에 대해 회귀분석해서 도출할 수 있다. 하지만 (1) 수익률은 평활화한 감정평가액에 바탕을 두므로 시장 변동성을 과소평가할 수 있고, (2) 더 장기적인 단위(연간 또는 분기별)의 수익률 정보만 가능하다는 점에서 문제가 있다.

■ 시장에서 거래되는 부동산 증권(리츠)과 마스터합자조합(master limited

1　주가지수와 비교해 자산의 베타를 추정할 때는 한계투자자가 포트폴리오의 상당 비중을 주식에 할애한다고 가정한 후 포트폴리오와 비교해 위험을 측정한다.

partnership: MLP)의 위험 모수는 부동산의 위험에 대한 대용물로 활용할 수 있다. 하지만 부동산 증권은 부동산 직접 투자와 다른 움직임을 보일 수 있고, (예컨대 상업용 부동산 특화 리츠처럼 단일 자산군 투자로 제한하는 리츠를 제외하면) 서로 다른 부동산 유형별 위험 모수를 추정하기가 훨씬 어렵다는 문제가 있다.

■ 부동산 수요는 파생 수요일 때도 있다. 예컨대 쇼핑몰의 가치는 소매점의 가치에서 파생되고, 하나의 사업으로서 유통업의 실적 상황에 의해 결정된다. 이때는 쇼핑몰의 위험 모수가 상장 유통기업의 위험 모수와 연동되어야 할 것이다. 물론 영업 및 재무레버리지의 차이도 반드시 조정해야 한다.

확장한 위험모형   CAPM 등 전통적인 위험-수익 모형에서 시작해 부동산 고유의 위험을 추가 반영한 요구수익률에 대해 조정한다. 특히 부동산 투자자가 완전 분산투자하지 않을 때 감수할 추가 위험과, 부동산을 상장주식처럼 쉽게 매매할 수 없는 유동성 위험, 법과 규제 위험, 개별 부동산을 평가하기 위한 특정 지역 관련 정보의 부재 위험 등을 반영할 수 있다.

√제한적 분산투자   앞서 언급했듯이 부동산 투자자가 실제 분산투자하지 않더라도 한계투자자의 분산도가 상당히 높다고 가정하는 위험-수익 모형을 적용하는 것은 일리가 있다. 부동산시장에서 부동산투자신탁과 마스터합자조합처럼 분산투자자로 이루어진 기업의 존재가 한 가지 이유다. 하지만 그러한 기업이 존재하지 않고 부동산 한계투자자의 분산도가 낮다면 어떨까? 위험-수익 모형에 바탕을 둔 자기자본비용 추정치를 어떻게 조정해야 할까?

비상장기업을 다룬 24장에서 소유주가 분산투자하지 않는다는 점을 반영해 자기자본비용을 조정하는 방법을 알아보았다. 나아가 시장 위험뿐 아니라 잠재 투자자의 비분산 정도에 따른 위험까지 반영하는 총 베타를 사용하는 것이 좋은 방법인 이유를 다뤘다.

$$\text{총 베타} = \frac{\text{시장 베타}}{\text{투자자 포트폴리오와 시장의 상관계수}}$$

이 수식을 활용해 부동산의 총 베타도 추정할 수 있다. 상업용 부동산 한계투자자의 포트폴리오와 시장의 상관계수가 0.50이고 상업용 부동산의 시장 베타는 0.40이라고 하자. 투자자의 자기자본비용 추정에 활용할 베타는 0.80이다.

$$\text{총 베타} = \frac{0.40}{0.50} = 0.80$$

상업용 부동산의 베타보다 높은 베타를 적용하면 자기자본비용이 상승하고 부동산 가치는 하락할 것이다. 총 베타로 자기자본비용을 추정하면 부동산 투자자마다 다른 자기자본비용을 적용할 수 있다. 분산도가 높은(낮은) 포트폴리오를 보유한 투자자는 낮은(높은) 자기자본비용을 받아들이고 같은 부동산에 더 높은(낮은) 가격을 지불할 의향이 있다. 블랙록(Blackrock)처럼 광범위한 자산군을 보유한 투자자가 부동산 개발사와 부동산에만 투자하는 기관보다 비싼 가격에 대형 부동산을 취득하는 이유도 여기에 있다.

✓*유동성 부족*　전통적인 위험 척도 사용에 비판적인 사람은 모든 자산이 유동적이라는(아니면 적어도 자산 간 유동성의 차이가 없다는) 가정에 문제를 제기한다. 부동산은 대개 금융자산보다 유동성이 낮고, 거래도 빈번하지 않으며, 거래비용이 더 높고, 매수자와 매도자가 적다. 일반적으로 자산의 유동성이 낮을수록 위험이 증가한다.

24장에서 다뤘듯이 유동성과 위험의 관계는 두 가지 이유로 계량화가 어렵다. 첫째, 투자자의 시간 지평에 따라 달라지기 때문이다. 장기 투자를 염두에 둔 투자자는 자기 투자의 시간 지평을 명확히 결정하지 못했거나 단기 트레이딩을 원하는 투자자보다는 유동성에 덜 신경 쓸 것이다. 둘째, 외부 경제 상황도 영향을 미치기 때문이다. 부동산은 호경기에 가격이 상승해 유동성이 더 높고, 불경기에는 가격이 하락해 유동성이 더 낮다.

유동성의 부족을 추가 위험 요인으로 해석해 할인율에 반영하는 방법의 대안은 비유동적 자산이 유동적이라고 가정한 채 가치를 평가한 후 비유동성 할인을 적용하는 것이다. 소유권 집중 회사와 비유동적 기업의 가치평가 실무에서 자주 사용하는 방법인 비유동성 할인은 투자자와 가치평가 시점의 외부 경제 상황의 함수로 결정된다. 비유동성 할인을 추정하는 상세한 과정은 24장에서 다루었다.

√법적 변화에 노출 　모든 투자의 가치는 감가상각 방법 변경과 경상손익 및 자본이득에 대한 세율 등 세법의 변화에 영향받는다. 부동산은 세법의 변화에 특히 민감하다. 과세 조처에 영향받는 가치의 비중이 상당히 크고 대개 레버리지가 높기 때문이다.

제조나 서비스 분야 기업은 지역별 세율과 기타 법적 규제의 차이에서 이득을 보기 위해 영업활동 장소를 이전할 수 있다. 하지만 부동산은 이동이 불가하므로 해당 지역의 법규(용도(zoning), 재산세, 임대료 규제 등) 변화에 훨씬 많이 노출되어 있다.

문제는 세금과 지역 법규의 변화에 대한 높은 민감도가 추가 위험의 원천인지, 그렇다면 위험을 가치에 반영할 방법이 무엇일지다. 이 역시 한계투자자가 여러 자산군에 분산투자하는지를 넘어 부동산 내에서도 다양한 지역으로 분산투자하는지에 달려 있다. 예컨대 뉴욕과 마이애미, 로스앤젤레스, 휴스턴에 부동산을 보유한 투자자는 단 한 지역의 부동산만 보유한 투자자보다 법적 위험에 덜 노출된다. 하지만 부동산 투자자의 특정 지역에 관한 지식이 잘 통하지 않는 시장이 여럿 존재한다는 단점도 있다.

√정보 비용과 위험 　부동산은 특정 지역의 상황 관련 정보가 많이 필요하지만 정보를 얻기가 어렵고 비용이 많이 들며 상당한 오류가 포함되어 있을 가능성이 크다. 부동산 가치평가에 적용하는 위험과 할인율 차원에서 상당한 정보 취득 비용과 오류를 반영해야 한다는 주장도 있다. 하지만 위험과 오류의 대상은 부동산으로 국한되지 않는다. 이는 앞서 다뤘듯이 소형주가 대형주보다 위험 조정 기준(CAPM 활용)에서 더 높은 수익을 낸다는 점을 반영하는 소형주 프리미엄의 근거이기도 하다. 이에 따르면 소형주에 관한 정보는 대형주보다 부족할 뿐 아니라 소음 요소가 더 많기도 하다.

[그림 26.2] 부동산 유형별 자본환원율

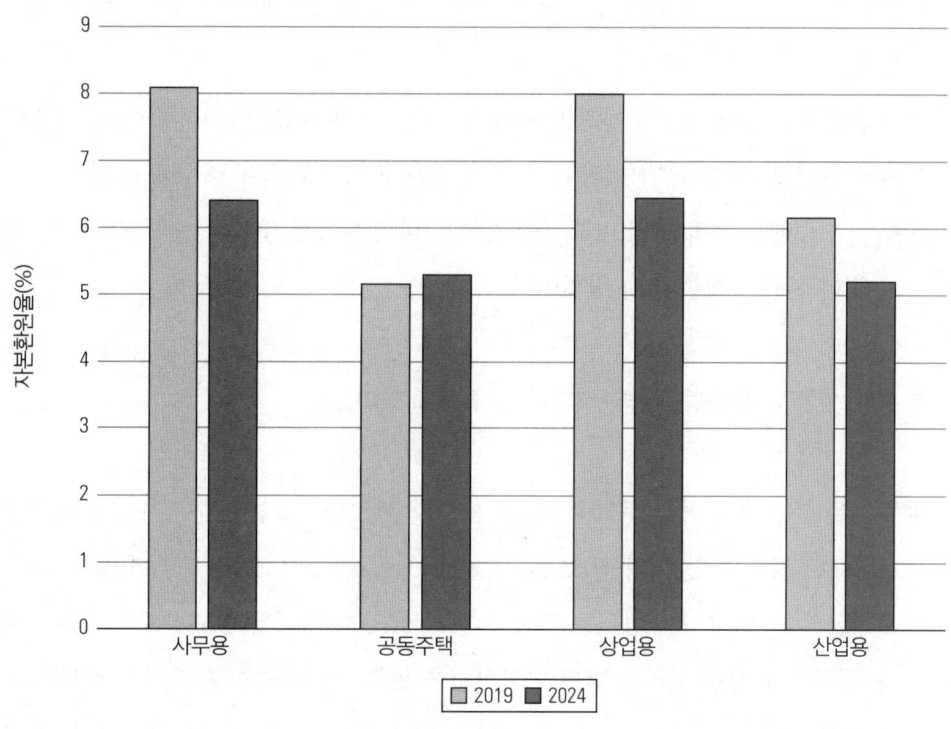

할인율 추정의 대안으로서 설문조사법　전통적인 위험-수익 모형에 깔린 가정과 시장에서 거래되지 않는 실물자산의 위험 측정 관련 문제를 해결하고자 부동산의 할인율을 추정하는 다른 대안이 고안되었다. 부동산은 잠재 부동산 투자자 대상의 설문조사를 통해 할인율을 도출할 때가 많다. 다양한 부동산 유형에 걸쳐 어느 정도 투자 수익률을 원하는지 묻는다. 대다수 설문조사가 묻는 자본환원율은 앞서 살펴봤듯이 요구수익률과 다름없다. 그림 26.2는 2019년과 2024년 부동산 유형별 자본환원율을 요약해서 보여준다.[2]

설문조사법이 가치 있는 대안이라는 주장의 근거는 다음과 같다.

2　CBRE는 미국 부동산의 자본환원율 등 부동산 거래 관련 데이터 추정 서비스를 제공한다.

■ 설문조사는 추상적인 위험-수익 모형(부동산시장 고유의 위험 특성을 반영하지 못할 수도 있다)이 아니라 실제 부동산 투자자가 달성하기를 원하는 수익률에 바탕을 둔다.

■ 설문조사를 통해 지역별 특정 범주의 부동산(예컨대 호텔이나 아파트)에 대한 할인율을 추정할 수 있다. 반면 위험-수익 모형은 과거 거래가에 바탕을 둔다.

■ 부동산 증권을 통하지 않고 직접 투자하는 대형 부동산 투자자는 비교적 수가 적기에 더 현실성 있는 조사 방법이다.

하지만 설문조사법에 이의를 제기하는 주장도 있다.

■ 똑같은 부동산 유형을 두고 여러 투자자를 대상으로 벌인 설문조사는 본질적으로 서로 다른 '희망 수익률(desired rate of return)'을 도출할 수밖에 없다. 특정 자산군의 희망 수익률 범위를 도출한다고 해도, 향후 어떻게 변할지는 불확실하다. 짐작건대 희망 수익률 범위의 최상단을 원하는 투자자는 가격이 비싸서 시장에 진입할 엄두를 내지 못하고, 최하단을 원하는 투자자는 저평가된 부동산을 많이 발견할 것이다. 설문조사를 통해 부동산 한계투자자가 과연 어느 쪽인지는 답을 얻을 수 없다.

■ 설문조사를 통해 위험이라는 주제를 건너뛸 수는 있어도 제거할 수는 없다. 투자자가 부동산 유형에 따라 서로 다른 수준의 위험을 인식하기에 요구수익률이 달라진다는 점은 자명하다.

■ 설문조사법은 시장 내 투자자가 비교적 적고 상당히 동질적일 때 잘 작동한다. 10년 전 부동산시장에는 잘 들어맞는 설명이었지만, 지금은 상황이 다르다. 그동안 새로운 기관투자자들이 시장에 진입했고 투자자가 많아졌으며 이질성이 강해졌다.

■ 설문조사 대상이 지분이전증권(pass-through) 투자자라면 신뢰도가 더 떨어진다. 이들은 투자한 부동산을 유동화해 타인에게 매도한 후 다른 부동산 투자로

넘어간다. 이때 부동산 가치는 중간 투자자가 아니라 최종 투자자의 희망 수익률에 의해 결정되어야 한다.

설문조사가 아니라 위험을 측정하는 모형으로 도출한 위험 척도에 바탕을 두고 할인율을 도출할 때는 여러 장점이 있다.

■ 올바르게 설계한 위험-수익 모형은 기대수익률의 합리적인 한계치를 설정한다. 예컨대 위험 자산의 기대수익률은 자본자산가격결정모형(CAPM)과 차익거래가격결정모형(APM)에서 모두 무위험 자산의 기대수익률보다 높다. 반면 설문조사 답변에는 그러한 제약이 없다.
■ 위험-수익 모형은 기내수익률을 위험으로, 다시 위험을 사전에 명시된 요인으로 설명하므로 애널리스트가 할인율 추정 과정에 더 적극적으로 참여하게 된다. 예컨대 CAPM에서 투자의 기대수익률이 베타에 의해 결정되고 베타는 투자한 기업의 경기 순환성과 재무레버리지에 의해 결정된다. 시간이 흐르며 재무레버리지가 어떻게 변할지를 아는 애널리스트는 이를 반영해 베타를 조정하고 가치평가에 활용할 수 있다. 설문조사법에서는 그러한 방식이 불가하다.
■ 부동산 증권처럼 분석 시점에 최종 투자자가 누구인지를 알 수 없을 때 위험-수익 모형은 가상의 한계투자자가 적용할 할인율을 추정하는 체계를 제시한다.

부동산시장에서 기관투자자가 늘어나는 동시에 궁극적으로 증권화를 목표로 두는 부동산 투자가 늘어났다. 이에 따라 적합한 위험-수익 모형의 필요성이 커졌을 뿐 아니라 부동산의 유동성이 높아지면서 금융자산과 더 유사해졌다. 조만간 금융자산의 위험과 할인율 추정에 활용한 모형이 부동산에도 똑같이 적용될 것이다.

추정 오류, 법적 규제와 세율의 변화, 특정 부동산시장의 변동성 등 할인율과 가치평가에 반영될 가능성이 큰 수많은 추가 위험 요인을 고려할 때 분산투자에 관한 기준을 강화해야 할 것이다. 여러 지역에 걸쳐 분산투자하는 부동산회사는 일부 추가 위험을 분산할 수 있다. 회사가 부동산이 아닌 다른 자산군에도 투자하는 투자자를 유치하면 더 큰 비중의 추가 위험을 분산함에 따라 위험에 대한 노출 수준이 줄어들고 자기자본비용이 하락한다.

그렇다면 분산투자하는 부동산 투자자(부동산법인, 리츠, 마스터합자조합)가 더 높은 매수가를 제시함으로써 (지역이나 자산군 면에서) 분산투자하지 않는 특정 지역 부동산 투자자를 시장에서 몰아낼 것으로도 예상할 수 있다. 왜 아직 그런 일이 실제로 벌어지지 않았는지 궁금할 텐데, 두 가지 이유가 있다. 첫째, 특정 지역의 부동산시장 상황에 관한 지식은 여전히 부동산 가치를 결정하는 핵심 요소이고, 이 지식을 갖춘 부동산 투자자는 분산투자하지 않는 대가로 높은 수익을 보상받을 수도 있다. 둘째, 부동산 투자에서는 인맥(다른 개발사, 구역계획위원회, 정치인 등)이 여전히 성공의 중요한 요소이다. 필요한 인맥을 갖춘 부동산 투자자는 경쟁하는 입찰사보다 훨씬 좋은 물건을 확보할 가능성이 크다.

부동산법인과 리츠가 늘어나면서 서로 다른 지역 간 부동산 가격의 상관계수가 높아지고 특정 지역의 상황은 중요도가 떨어질 것이다. 나아가 부동산회사들이 여러 지역의 규제당국을 상대하는 요령도 학습할 것이다.

자기자본비용의 자본비용 전환

자기자본비용을 추정했다면 두 가지 입력 변수를 알아야만 자본비용을 추정할 수 있다. 먼저 자기자본비용보다는 추정하기가 훨씬 간단한 부채비용이다. 부채비용을 추정하는 방법은 두 가지다.

1. 신규 부동산을 위한 자금을 조달했다면 은행 대출금의 표면이자율을 부채비용으로 둔다. 이때 은행 대출 계약 조건뿐 아니라 이자율에 반영되지 않은 비용이

없는지도 유의해야 한다. 예컨대 대출 약정 기간에 구속성 예금(compensating balance, 은행이 대출해주는 조건으로 예금자에게 강제 가입을 요구하는 예적금 – 옮긴이) 유지를 의무화한다면 실효 부채비용이 상승할 것이다.

2. 부동산으로 은행 상환액을 충당할 수 있는 여력(이자보상배수와 같은 의미다)을 검토해서 추정한 합성신용등급을 활용해 세전 부채비용을 추정한다. 부동산은 수명이 유한하고 상당 규모의 재투자가 필요하지 않으므로 부채비용의 분자에 감가상각비가 포함되도록 변형하는 것도 가능하다.

세후 부채비용은 부동산에 투자하는 개인이나 법인의 한계세율을 활용해 추정한다. 대다수 부동산의 부채비율은 부채와 자기자본으로 조달한 자금의 비율을 통해 추정한다. 예컨대 부동산 개발에 400만 달러가 필요해서 투자자가 300만 달러를 차입했다면 부채비율은 75%다. 이 책도 그 관행을 따르지만, 부채비율은 자금조달 소요가 아니라 부동산의 가치에 바탕을 두는 것이 원칙임을 유념하라. 위 사례에서 개발 완료 후 부동산의 가치가 500만 달러에 이를 것으로 예상한다면 부채비율을 60%(= 300만 달러/500만 달러)로 두는 것이 옳다. 하지만 애초에 자본비용을 알아야 부동산의 가치를 추정할 수 있으므로 순환 추론이 일어난다.

7장에서 다뤘듯이 자기자본비용과 자본비용의 구분은 아주 중요하다. 부채 상환 전 현금흐름(기업 현금흐름에 해당)을 할인할 때는 자본비용을 할인율로 적용해야 한다. 이 방법에서는 먼저 부동산의 가치를 평가한 후 미상환부채 가치를 빼서 부동산 자기자본의 가치를 도출한다. 원금 상환과 이자비용 차감 후 기준 현금흐름(주주 현금흐름에 해당)을 할인할 때는 자기자본비용을 할인율로 적용해야 한다. 이 방법은 자기자본 가치를 곧바로 평가한다.

현금흐름 추정

모든 부동산이 현금흐름을 창출하지는 않는다. 하지만 현금흐름을 창출하는 부동산은 금융자산을 대상으로 할 때와 아주 유사한 방식으로 현금흐름을 추정할 수 있다. 최종 목표는 세후 현금흐름 추정이다. 금융자산의 주주 현금흐름 기준처럼 모든 영업비용과 부채 상환액(원금 상환과 이자비용), 자본적 지출을 충당한 후 남은 잔여 현금흐름을 추정할 수 있다('자기자본 현금흐름'으로 옮겼다 - 옮긴이). 아니면 부동산의 모든 투자자(채권자와 자기자본 투자자) 몫의 현금흐름 합계('자산 현금흐름'으로 옮겼다 - 옮긴이)도 추정할 수 있다(부채 상환 전 현금흐름인 기업 현금흐름 개념에 해당한다).

현금 유입　상업용 부동산에 투자한 소유주가 얻는 현금흐름은 임대료(또는 리스수익) 형태를 띤다(임대(rent)는 주거용 건물의 공간을 빌려주는 것이고, 리스(lease)는 상업용 건물의 공간을 빌려주는 것으로 구분했다 - 옮긴이). 미래 연도의 임대료를 추정하려면 과거 임대료의 추이와 부동산이 제공하는 공간에 대한 수요와 공급의 상황, 전반적인 경기를 고려해야 한다.

사무용 건물과 공동주택은 특정 시기에 임대하지 못한 공간이 일부 발생할 수 있다. 따라서 공실률(전체 공간 대비 특정 시점에 임대하지 못한 공간의 비율)과 함께 시장 임대료를 예측해야 한다. 활황 국면에서도 공간을 임대하지 못할 때가 있으므로 공실률은 제로(0)보다 높을 것이다. 아무리 인기 있더라도 입주율이 영구적으로 100%를 유지하는 건물은 존재하지 않는다. 나아가 신축 건물은 공간을 최초로 임대하거나 리스할 때까지 얼마나 시간이 걸릴지도 예측에 반영해야 한다. 시간이 오래 걸릴수록 건물의 현금흐름을 할인한 현재가치가 낮아진다.

리스계약 조건은 리스수익 예측치에 영향을 미친다. 예컨대 어느 수익형 부동산에 기존 리스계약이 존재한다면 리스 기간과 미래 리스료 상승 관련 약정, 임차인이 부담할 추가 비용, 계약 갱신 관련 규정 같은 계약 조건에 따라 현금흐름 추정치가 달라진다. 특히 임차인이 세금과 보험료, 유지보수 비용까지 지불하는 임차인 비용 분담(net lease) 구조도 있다.

현금 유출　부동산에서는 재산세와 보험료, 유지보수 비용, 광고비처럼 입주율에 연동되지 않는 고정비뿐 아니라 입주율에 따라 달라지는 공과금 같은 변동비도 발생한다. 게다가 다음 요인도 비용 예측치에 영향을 미친다.

- **임차인 부담 비용**: 부동산 소유주가 내야 할 비용 중에는 계약 조건상 임차인이 부담하는 항목도 있다.
- **비용 상한선**: 사무용 건물 리스계약은 운영비가 합의한 수준보다 상승하는 상황으로부터 소유주를 보호하기 위한 조항을 포함할 때가 많다. 합의한 수준을 넘어서는 비용 상승분은 임차인이 부담한다.

부동산 관련 비용의 큰 비중을 차지하는 세금 역시 세법의 변화뿐 아니라 감정평가액에 바탕을 두고 산출되기에 변동성이 있다.

기대성장률

미래 현금흐름을 추정하려면 임대료·리스료와 비용의 기대성장률 추정치가 필요하다. 성장률 추정의 핵심 요인은 기대 인플레이션율이다. 부동산시장이 안정적일 때는 현금흐름의 기대성장률이 기대 인플레이션과 비슷하다. 공실률이 낮은 활황 국면에서는 적어도 상황이 해결되기 전까지 임대료 기대성장률이 기대 인플레이션율보다 높을 것이다. 공실률이 낮은 시장은 반대가 성립한다.

이번 장에서 앞서 다뤘던 할인율 추정의 대안인 설문조사법은 투자자의 성장률 기대치에 관한 정보도 수집한다. 할인율을 두고 투자자들의 견해 차가 크지만, 현금 유입과 유출의 기대성장률에 관해서는 편차가 크지 않다는 사실이 흥미롭다. 2000년 쿠시먼 앤드 웨이크필드(Cushman and Wakefield)는 광범위한 시장의 투자자를 대상으로 설문조사를 실시해 현금흐름이 4~6% 수준으로 성장하리라는 기대치가 존재한다는 결론을 얻었다.

임대료 규제는 기대성장률 추정치에 어떤 영향을 미칠까? 하방 가능성은 열어둔 채 임대료 상승에 상한선을 두면, 시간이 흐르며 기대 현금흐름뿐 아니라 현금흐름의 기대성장률과 부동산 가치도 하락할 것이다. 임대료 규제법과 관련한 불확실성(임대료 상승의 상한선이 어느 정도일지, 관련 법이 개정될 가능성은 어느 정도일지)은 가치평가의 추정 오류를 키운다.

잔존가치

현금흐름할인 가치평가모형의 핵심 입력 변수는 잔존가치 추정치, 즉 평가 대상 자산의 투자 기간 종료 시점 기준 가치다. 부동산의 잔존가치를 추정하는 방법은 두 가지다.

1. 종료 연도(투자 기간의 마지막 해)의 현금흐름이 이후 일정한 비율로 영원히 증가한다고 가정하는 것이다. 이때 자산의 잔존가치는 다음과 같다.

$$\text{자산 또는 자기자본의 잔존가치}_n = \frac{\text{기대 현금흐름}_{n+1}}{r - g}$$

여기서 r은 할인율(자기자본의 잔존가치라면 자기자본비용, 부동산의 잔존가치라면 자본비용)이고 분자는 현금흐름(자기자본의 잔존가치라면 자기자본 현금흐름, 부동산의 잔존가치라면 자산 현금흐름에 해당)이다.

따라서 부동산이 10년 차에 부채 상환 전 기준 순현금흐름 120만 달러를 창출했다고 하자. 이 현금흐름은 이후 영원히 연 3% 증가할 것이다. 자본비용이 13%일 때 잔존가치는 다음과 같다(단위: 100만 달러).

$$\text{자산 잔존가치}_{10} = \frac{\text{기대 현금흐름}_{11}}{\text{자본비용} - g} = \frac{1.2 \times 1.03}{0.13 - 0.03} = 12.36$$

영구 현금흐름 가정이 합당하지 않다고 생각하는 애널리스트도 있을 것이다. 부동산의 수명을 연장하기 위해 매년 더 많은 현금을 비축한다는 조건을 추가하면 문제점을 보완할 수 있다. 다시 말해 감가상각비에서 발생하는 현금흐름(감가상각비에 세율을 곱한 값 - 옮긴이)을 유지보수 자본적 지출의 형태로 건물에 재투자한다고 가정하는 것이다.

2. 영구성장모형과 아주 유사한 변형 모형인 자본환원율을 부동산 가치평가에 활

가치평가 바이블

용하는 감정평가사가 많다. 개념상 자본환원율은 영업이익을 부동산 가치로 나눈 비율이다.

$$부동산\ 가치 = \frac{세후\ 영업이익}{자본환원율}$$

자본환원율은 18장에서 다뤘던, 상장기업 가치평가에 활용하는 EV/EBIT 배수의 역수다.

자본환원율을 추정하는 방법은 세 가지다. 첫째, 최근에 팔린 유사 부동산의 평균 자본환원율을 사용한다. 상장기업의 잔존가치를 추정할 때 업종 평균 이익 배수를 활용하는 것과 다름없기에 내재가치가 아니라 미래 가격평가에 가깝다. 둘째, 앞서 다뤘던 설문조사법을 활용해 다른 부동산 투자자들이 사용하는 평균 자본환원율을 구한다. 셋째, 현금흐름할인모형으로 자본환원율을 도출한다.

$$자본환원율 = \frac{r - g}{1 + g}$$

여기서 r은 할인율(순이익을 기준으로 둔다면 자기자본비용, 영업이익을 기준으로 둔다면 자본비용)이고 g는 영구 기대성장률이다. 앞선 사례에서 자본환원율은 다음과 같다.

$$자본환원율 = \frac{0.13 - 0.03}{1.03} = 9.70\%$$

자본환원율을 당해가 아니라 다음 연도 영업이익에 적용한다면 분모를 고려할 필요 없이 자본환원율 10%를 적용하면 된다.

미개발 토지 투기성 투자

부동산 개발사는 실제 개발할 목적이 아니라 투자 기간에 걸쳐 부동산 가격이 상승하리라고 기대하며 미개발 토지를 취득할 때가 있다. 미개발 토지는 투자 기간에 현금흐름을 창출하지 않고, 유일한 플러스 현금흐름은 투자 기간 종료 시점의 토지 가치 추정치. 투자 기간 중 재산세를 납부하고 기타 비용을 지출한다면 누적 현금흐름은 마이너스일 것이다.

미개발 토지를 분석하는 두 가지 접근법 중 첫 번째는 전통적인 현금흐름할인모형이다. 투자 기간의 재산세와 기타 비용 추정치, 종료 연도의 토지 가격 추정치를 자본비용으로 할인해 현재 가치를 계산한 후 현시점 토지 취득가보다 높은지를 판단한다. 토지 가격의 기대 상승분이 자본 비용과 연간 재산세율 추정치를 합한 값보다 커야만 순현재가치가 플러스 값을 가진다. 예컨대 자본비용이 10%이고 연간 재산세율이 토지 가치의 2%라면 가격 상승률이 12% 이상이어야 현 금 유입의 현재가치가 현금 유출의 현재가치보다 높다.[3]

두 번째 접근법은 토지를 옵션으로, 나아가 부동산 개발을 옵션의 행사로 해석하는 것이다. 그 러면 토지 취득가는 옵션 가격이 된다. 이때 토지 가격의 변동성이 상당하다면 토지 가격 상승률 이 자본비용보다 낮더라도 토지 취득이 합리적인 결정일 수 있다는 점이 흥미롭다(28장에서 더 상세히 다룬다).

DCF 가치평가모형

할인율과 현금흐름을 추정했다면, 현금흐름을 창출하는 실물자산의 가치(자산 현금 흐름을 가중평균 자본비용으로 할인한 값)나 자기자본 가치(자기자본 현금흐름을 자기자본 비용으로 할인할 값)를 추정할 수 있다. 다음 예시를 통해 부동산 DCF 가치평가를 알 아보자.

[예시 26.1] 사무용 건물 가치평가(2000년)

뉴욕시 3번가 711번지에 있는 사무용 건물의 가치를 평가해보자. 이 건물의 세부 영업 상황은 다음과 같다.

- 임대 가능 면적은 52만 8,357제곱피트다. 그중 95%가 내년 임대가 확정되었고, 향후 4년간 입주율이 매년 0.5%포인트 상승해 5년 차에 97%에 이를 것으로 예상한다. 이후 안정 상태에 들어서면 입주율이

---

3 재산세는 최초 취득원가가 아니라 매년 토지 가격 추정치에 바탕을 둔다고 가정했다. 취득원가에 바탕을 둔다면 플러스 순현재가 치를 낳는 최소 가격 상승률이 더 낮아진다.

97%로 유지된다.

- 제곱피트당 평균 임대료[4]는 직전 회계연도에 28.07달러였고 향후 영원히 연 3% 상승할 것으로 예상한다. 과거 수치상 임차인이 임대료를 지불하지 않아 회수할 수 없었던 임대료가 전체 임대수익의 2.5%에 달했다.

- 건물에는 주차장이 있고 직전 회계연도에 연 80만 달러 수익을 창출했다. 주차장 수익 역시 영원히 연 3% 증가할 것으로 예상한다.

- 직전 회계연도에 부동산 세금은 제곱피트당 5.24달러였고, 향후 5년간 연 4% 증가하고 이후에는 영원히 연 3% 증가할 것으로 예상한다.

- 건물의 토지는 장기 리스로 임차했다. 직전 회계연도에 지대(地代)는 총 150만 달러였고, 향후 5년간 똑같이 유지된 후 영원히 연 3% 증가할 것으로 예상한다.

- 직전 회계연도에 보험료와 유지보수 비용, 공과금 등 기타 비용은 제곱피트당 6.50달러 수준이었고, 향후 영원히 연 3% 증가할 것으로 예상한다. 이 중 약 10%는 매년 임차인이 부담하므로 임대수익에 포함된다.

- 직전 회계연도에 관리 보수는 30만 달러였고, 향후 영원히 연 3% 증가할 것으로 예상한다.

- 건물 감가상각비는 향후 5년간 연 200만 달러로 예상한다. 직전 회계연도에 유지보수 자본적 지출(신규 임차인을 위한 맞춤형 개선 포함)은 150만 달러였고, 향후 5년간 연 3% 증가할 것으로 예상한다. 5년 차 말 이후 감가상각비는 영원히 연 3% 증가하고, 유지보수 자본적 지출과 감가상각비가 똑같아질 것으로 예상한다.

건물 매수를 희망하는 주식회사의 한계세율은 38%이고, 부채 60%와 자기자본 40%로 건물 취득 자금을 조달할 것이다. 부채는 만기 일시상환 조건의 장기 대출로 이자율은 6.5%다.

1단계: 자본비용 추정

먼저 자기자본비용을 추정해보자. 뉴욕의 사무용 건물에 투자하는 부동산 투자자의 일반적인 기준수익률(hurdle rate)에 관한 설문조사 자료가 있지만, 잠재 매수자가 주식회사라서 그 주주는 분산투자할 가능성이 크기에[5] 자본자산가격결정모형을 활용해 자기자본비용을 추정한다. 사무용 건물 대상 지분형 리츠의 무차입 베타 0.62에 바탕을 두고 건물 취득 시 부채와 자기자본 믹스를 적용해 차입 베타를 추정한다.

$$\text{차입 베타} = \text{무차입 베타} \times \left[1 + (1 - \text{세율}) \left(\frac{\text{부채}}{\text{자기자본}} \right) \right]$$

$$= 0.62 \times [1 + (1 - 0.38)(0.6/0.4)] = 1.20$$

---

4 임대료는 건물의 층에 따라 다르다. 지하층으로 갈수록 임대료가 낮아지고 고층일수록 높아진다.
5 주식회사 자체가 아니라 주식회사의 투자자가 분산투자한다는 점을 유념하라.

[표 26.5] 세전 자산(건물) 현금흐름

	기준 연도 값 또는 가정	1	2	3	4	5	종료 연도
건물 면적(제곱피트)		528,357	528,357	528,357	528,357	528,357	
임주율		95.00%	95.50%	96.00%	96.50%	97.00%	
제곱피트당 임대료	28.07	28.91	29.78	30.67	31.59	32.54	
임대수익		14,512,115	15,026,149	15,557,965	16,108,166	16,677,377	17,177,698
주차장 수익	800,000	824,000	848,720	874,182	900,407	927,419	955,242
임차인 부담 비용의 수익 인식	10.00%	353,735	364,347	375,277	386,536	398,132	410,076
회수 불가 임대료	2.50%	362,803	375,654	388,949	402,704	416,934	429,442
총매출		15,327,047	15,863,563	16,418,475	16,992,404	17,585,993	18,113,573
비용							
부동산 세금	5.24	2,879,334	2,994,508	3,114,288	3,238,860	3,368,414	3,469,466
지대	1,500,000	1,500,000	1,500,000	1,500,000	1,500,000	1,500,000	1,545,000
기타 비용	6.5	3,537,350	3,643,471	3,752,775	3,865,358	3,981,319	4,100,758
관리 보수	300,000	309,000	318,270	327,818	337,653	347,782	358,216
총비용		8,225,684	8,456,248	8,694,881	8,941,870	9,197,515	9,473,440
감가상각비 차감 전 영업이익		7,101,363	7,407,314	7,723,594	8,050,534	8,388,478	8,640,133
감가상각비	2,000,000	2,000,000	2,000,000	2,000,000	2,000,000	2,000,000	2,060,000
영업이익		5,101,363	5,407,314	5,723,594	6,050,534	6,388,478	6,580,133
세금	38%	1,938,518	2,054,779	2,174,966	2,299,203	2,427,622	2,500,450
세후 영업이익		3,162,845	3,352,535	3,548,628	3,751,331	3,960,857	4,079,682
+ 감가상각비		2,000,000	2,000,000	2,000,000	2,000,000	2,000,000	2,060,000
- 유지보수 자본적 지출	1,500,000	1,545,000	1,591,350	1,639,091	1,688,263	1,738,911	2,060,000
자산 현금흐름		3,617,845	3,761,185	3,909,538	4,063,068	4,221,946	4,079,682

가치평가 바이블

무위험 이자율 5.4%와 위험 프리미엄 4%를 적용해 자기자본비용을 다음과 같이 추정한다.

$$\text{자기자본비용} = \text{무위험 이자율} + \text{베타} \times \text{주식 위험 프리미엄}$$
$$= 5.4\% + 1.20 \times 4\% = 10.20\%$$

은행 대출 이자율 6.5%를 세전 부채비용으로 적용한 자본비용은 다음과 같다.

$$\text{자본비용} = 10.20\% \times 0.40 + 6.5\% \times (1 - 0.38) \times 0.6 = 6.49\%$$

이 값을 영구자본비용으로 가정했다.[6]

2단계: 자산 현금흐름 추정

앞서 살펴본 건물의 세부 영업 상황을 활용해 표 26.5와 같이 향후 5년간 부채 상환 전 현금흐름을 추정했다(단위: 달러).

5년 차 이후에는 모든 매출과 비용 항목이 연 3% 증가하므로 6년 차를 종료 연도로 두고 현금흐름을 추정한다. 자산 잔존가치는 6년 차 현금흐름과 영구성장률 3%, 자본비용 6.49%에 바탕을 두고 계산했다.

$$\text{자산 잔존가치} = \frac{\text{자산 현금흐름}_6}{\text{자본비용} - \text{안정 성장률}} = \frac{4,079,682}{0.0649 - 0.03} = 116,810,659$$

다음 표는 향후 5년간 기대현금흐름과 잔존가치의 현재가치를 요약해서 보여준다.

	1	2	3	4	5
자산 현금흐름	3,617,845	3,761,185	3,909,538	4,063,068	4,221,946
잔존가치					116,810,659
현재가치(할인율 6.49%)	3,397,275	3,316,547	3,237,186	3,159,199	88,370,242

건물 가치 추정치는 현금흐름 현재가치의 합계인 약 1억 148만 달러다.

[예시 26.2] 건물 자기자본 가치평가

뉴욕시 3번가 711번지 건물의 자기자본 가치도 예시 26.1과 똑같이 분석할 수 있다. 먼저 이 건물을 매수하기 위해 차입할 부채액을 추정해야 한다. 건물 가치가 1억 148만 달러(예시 26.1 참고)이고 부채비율 60%를 적용하면 필요 부채액이 6,089만 달러임을 알 수 있다(단위: 100만 달러).

$$\text{부채액} = \text{건물 가치} \times \text{부채 비율} = 101.48 \times 0.6 = 60.89$$

6 　기존 대출의 만기가 도래하면 부동산 가치의 60%에 달하는 규모의 신규 대출로 차환한다는 뜻이다.

이때 부채는 만기 일시상환 조건이므로 이자율 6.5%에 바탕을 둔 이자비용은 매년 균등하다.

$$연간\ 이자비용 = 부채액 \times 이자율 = 60.89 \times 0.065 = 3.96$$

건물 자기자본 가치평가에 적용할 할인율은 앞서 10.20%로 추정한 자기자본비용이다.

자기자본 현금흐름 추정

자기자본 현금흐름은 매년 이익에서 이자비용을 차감하고 그에 따른 세금의 영향을 조정해서 추정한다. 표 26.6은 향후 5년간 현금흐름을 요약해서 보여준다.

[표 26.6] 세전 자기자본 현금흐름

	1	2	3	4	5
건물 면적(제곱피트)	528,357	528,357	528,357	528,357	528,357
입주율	95.00%	95.50%	96.00%	96.50%	97.00%
제곱피트당 임대료	28.91	29.78	30.67	31.59	32.54
임대수익	14,512,115	15,026,149	15,557,965	16,108,166	16,677,377
주차장 수익	824,000	848,720	874,182	900,407	927,419
임차인 부담 비용의 수익 인식	353,735	364,347	375,277	386,536	398,132
회수 불가 임대료	362,803	375,654	388,949	402,704	416,934
총매출	15,327,047	15,863,563	16,418,475	16,992,404	17,585,993
비용					
부동산 세금	2,879,334	2,994,508	3,114,288	3,238,860	3,368,414
지대	1,500,000	1,500,000	1,500,000	1,500,000	1,500,000
기타 비용	3,537,350	3,643,471	3,752,775	3,865,358	3,981,319
관리 보수	309,000	318,270	327,818	337,653	347,782
이자비용	3,957,737	3,957,737	3,957,737	3,957,737	3,957,737
총비용	12,183,422	12,413,986	12,652,618	12,899,608	13,155,252
감가상각비 및 세금 공제 전 순이익	3,143,625	3,449,577	3,765,856	4,092,797	4,430,741
감가상각비	2,000,000	2,000,000	2,000,000	2,000,000	2,000,000
영업이익	1,143,625	1,449,577	1,765,856	2,092,797	2,430,741
세금	434,578	550,839	671,025	795,263	923,682
순이익	709,048	898,738	1,094,831	1,297,534	1,507,059
+ 감가상각비	2,000,000	2,000,000	2,000,000	2,000,000	2,000,000

- 유지보수 자본적 지출	1,545,000	1,591,350	1,639,091	1,688,263	1,738,911
자기자본 현금흐름	1,164,048	1,307,388	1,455,741	1,609,271	1,768,148

5년 차에는 자기자본의 잔존가치도 추정해야 한다. 예시 26.1에서 계산한 건물 잔존가치에서 부채 원금을 빼서 계산하면 된다.

$$자기자본 잔존가치 = 건물 잔존가치 - 부채 = 116.81 - 60.89 = 55.92$$

자기자본 가치 추정

다음 표는 향후 5년간 자기자본 현금흐름과 자기자본 잔존가치의 현재가치를 보여준다.

	1	2	3	4	5
자기자본 현금흐름	1,164,048	1,307,388	1,455,741	1,609,271	1,768,148
잔존가치					55,922,390
현재가치(할인율 10.20%)	1,056,435	1,076,833	1,088,178	1,091,735	35,519,318

건물 자기자본 가치는 3,983만 달러다. 여기에 조달한 부채액 6,089만 달러를 더하면 건물 가치 추정치를 얻는다.

$$건물 가치 추정치 = 60.89 + 39.83 = 100.72$$

이번 예시와 예시 26.1의 건물 가치 추정치가 다른 이유는 무엇일까? 이유는 간단하다. 자본비용 추정 시 부채비율 60%가 계속 유지되리라고 가정했는데, 건물 가치는 연 3%씩 상승하므로 향후 5년간 매년 추가 부채를 조달해야만 부채비율을 유지할 수 있다. 예시 26.1에서는 추가 부채에 따른 세제 혜택이 건물 가치 평가에 간접적으로 반영되었지만, 자기자본 가치를 평가한 이번 예시에서는 반영되지 않았다. 세제 혜택을 고려하면 이번 예시와 예시 26.1의 건물 가치 추정치는 똑같아진다.

실무에서 활용하는 부동산 가치평가와의 차이점

뉴욕시 3번가 711번지 건물은 실제로 감정평가사가 매각을 전제하고 현금흐름할인모형으로 가치를 평가했다. 앞선 예시의 가치평가에 적용한 여러 기초 가정은 그 감정평가에 바탕을 두었다. 하지만 감정평가액은 7,000만 달러로 예시에서 추정한 건물 가치보다 3분의 1가량 낮았다. 예시에서 다룬 가치평가와 감정평가의 주요 차이점은 다음과 같다.

- 감정평가사는 세전 현금흐름에 바탕을 두었다. 따라서 감가상각비를 반영하지 않았을뿐더러 그에 따른 세제 혜택도 고려하지 않았다.

- 또한 부동산 투자자를 대상으로 직접 실시한 설문조사에 바탕을 두고 할인율 11.5%를 적용했다. 명시적으로 언급된 내용은 없지만, 현금흐름 추정 기준과 일관성을 유지했다면 할인율 역시 세전 기준일 가능성이 크다. 또한 자기자본 투자자에 한정하지 않고 부동산 전체의 자본이익률이라고 명시했다. 그래서 예시에서 적용한 자본비용보다 높을 수밖에 없다.

- 감정평가사는 잔존가치 역시 설문조사 결과에 따른 자본환원율 9.0%를 적용해 추정했다. 즉 5년 차 영업이익을 9.0%로 나누어 잔존가치를 도출했다.

세전 현금흐름과 세전 할인율을 사용하면 비용공제 가능한 감가상각비와 이자비용에서 발생하는 가치를 포착할 수 없기에 건물 가치를 과소평가할 수밖에 없다. 특히 건물의 잠재 매수자가 분산투자자들로 이루어진 주식회사라는 점을 고려할 때, 설령 세전 자본비용이 올바른 할인율 기준이라고 하더라도 설문조사에 바탕을 두고 할인율과 잔존가치를 추정하는 것은 문제가 있다.

DCF 가치평가의 한계

부동산 가치평가에 현금흐름할인모형을 적용하는 것은 적합하지 않다는 주장에는 여러 가지 이유가 있다. 첫째, 대다수 부동산의 할인율을 추정하기는 불가능하거나 적어도 몹시 어렵다는 주장이다. 하지만 이 책에서는 반드시 그렇지는 않다는 견해를 견지한다. 둘째, 부동산의 비교적 장기적인 투자 기간에 걸쳐 현금흐름과 잔존가치를 추정하는 것은 방대하고 어려운 작업이라는 주장이다. 하지만 몇몇 금융자산(예컨대 고성장주)보다는 현금흐름 추정이 훨씬 쉽다. 셋째, 현금흐름할인모형은 가치평가 시점에 강세장인지 약세장인지 시장 상황을 고려하지 않는다는 주장인데, 두 층위에서 틀렸음을 논할 수 있다. 현금흐름은 시장 상황을 반영하기 마련이다. 즉 강세장에서는 임대료가 상승하고 공실률이 하락해 현금흐름이 증가하고 성장률도 더 높다. 나아가 평가 대상 부동산의 현금흐름과 연동되지 않는 시장 기반 가치평가는 오류가 있다. 내재가치나 현금흐름할인 가치평가는 그 방식과 거리를 둔다.

비교·상대가치평가

PER과 PBR을 활용해 금융자산의 가치를 평가하는 것처럼 부동산도 비교 자산 간 표준화한 가치 척도를 비교하는 방식으로 가격을 결정할 수 있다. 상대가치평가를 적용하는 이유는 다음과 같다.

- 상대가치평가는 현금흐름 미창출 자산의 가치를 평가하는 좋은 방법이다. 예컨대 주거용으로 취득한 단독주택의 가치는 해당 지역의 유사한 주택과 비교해서 추정할 수 있다.
- 상대가치평가는 여러 이유로 아직 현금흐름에 반영되지 않은 시장의 추세를 반영한다. 부동산의 시장가치가 상승하는 동안 기존 리스계약은 임대료를 동결했을 수도 있고, 임대료 규제법으로 인해 임대료를 올리지 못했을 수도 있다. 리스료와 임대료가 시장 상황을 반영해 상승하리라고 시장이 예상한다면 부동산의 시장가격은 내재가치 추정치보다 높을 것이다.
- 비교 대상에 바탕을 둔 가격결정이 현금흐름할인 가치평가보다 훨씬 간단하다는 주장도 있다. 상대가치평가는 할인율과 현금흐름을 추정하지 않아도 되는 것처럼 보이기 때문이다.

비교 자산의 개념

비교에 바탕을 두는 모든 가치평가 방법의 가장 큰 한계는 비교 대상의 정의에 있다. 주식은 성장률과 위험, 배당성향의 차이를 조정한 후 PER을 비교한다. 그래서 비교 대상을 비교적 동질성이 강한 같은 업종 내 기업으로 제한하는 애널리스트가 많다. 부동산은 수익 규모와 면적, 등급, 입지, 수명, 시공 품질 등의 차이를 조정한 후 비교해야 한다. 규모처럼 차이를 조정하기가 수월한 요인도 있지만, 시공 품질처럼 주관적인 판단이 개입할 가능성이 큰 요인도 있다.

표준화 가격 추정치의 활용

비교 자산에 바탕을 둔 자산 가격평가에서는 가격을 표준화해서 비교해야 한다. 주식에서 표준화는 주가를 주당순이익으로 나누거나(PER) 주당 장부가치로 나눈다 (PBR). 부동산에서는 다음 요인에 대해 표준화할 수 있다.

- 면적: 가장 단순한 표준화 척도는 제곱피트당 가격으로 건물 면적 대비 가치를 표준화한다. 사무용 건물 임대에서 임대수익을 결정하는 핵심 요인은 제곱피트로 표현되는 면적이므로 제곱피트당 가격은 꽤 유용한 조정 척도다. 하지만 면적을 제외한 다른 차원의 차이는 반영하지 않는다는 문제가 있다.
- 수익: 자산 가치는 수익을 활용해서 표준화할 수도 있다. 예컨대 총수익 승수 (gross income multiplier, 부동산 가격/연간 총수익)는 수익에 대해 표준화한 가치 척도다. 등급과 시공 품질, 입지의 차이를 임대수익에 반영한다는 장점이 있다.[7] 레버리지의 차이가 자기자본 투자자 몫의 수익에 상당한 영향을 미치므로 총수익은 부채 상환 전 기준이어야 한다.

비교평가가 주식보다 부동산에 잘 작동하는 이유

비교 대상을 활용한 주식 가치평가는 같은 산업군에 속한 기업 간에도 위험과 성장 특성의 편차가 크다는 문제가 있다. 반면 같은 등급에 속하는 부동산은 위험과 성장 특성이 아주 유사하다.

[예시 26.3] 비교 집단을 통한 부동산 가격평가(2000년)

앞서 현금흐름할인모형으로 가치를 평가했던 뉴욕시 3번가 711번지 건물을 다시 살펴보자. 감정평가 결과에는 맨해튼에서 대략적인 특성이 유사하고 최근 매도된 다른 8개 부동산에 관한 정보도 담겨 있었다. 표 26.7은 이들의 세부 정보와 매도가, 순영업이익(NOI)을 요약해서 보여준다(단위: 달러).

---

7 좋은 입지에 있고 시공 품질이 우수한 건물은 더 높은 리스료나 임대료를 책정할 가능성이 크고, 다른 유형의 건물보다 기대수익이 클 것이다.

[표 26.7] 비교 집단을 통한 부동산 가격평가

	면적 (제곱피트)	입주율	매도가	제곱피트당 매도가	제곱피트당 순영업이익	매도가 ÷ 순영업이익
3번가 900번지	560,000	99.00%	182,000,000	325.00	26.98	12.05
3번가 767번지	456,007	95.00%	95,000,000	208.33	NA	
매디슨가 350번지	310,000	97.00%	70,060,000	226.00	17.6	12.84
7번가 888번지	838,680	96.00%	154,500,000	184.22	NA	
3번가 622번지	874,434	97.00%	172,000,000	196.70	NA	
이스트58번가 150번지	507,178	95.00%	118,000,000	232.66	16.52	14.08
6번가 1065번지	580,000	95.00%	59,000,000	101.72	NA	
7번가 810번지	646,000	95.00%	141,000,000	218.27	15.17	14.39
평균		96.13%		211.61		13.34

3번가 711번지 건물의 임대 가능 면적은 52만 8,357제곱피트였고 입주율은 95%였으며 직전 회계연도의 순영업이익은 610만 7,000달러였다. 평균 제곱피트당 매도가에 바탕을 두면 건물 가치는 다음과 같다(단위: 100만 달러).

$$3번가 711번지 건물 가격 = 면적 \times 제곱피트당 매도가$$
$$= 528,357 \times 211.61 = 111.807$$

3번가 711번지 건물의 입주율이 평균보다 상당히 낮다는 점에 대해 조정한 결과는 다음과 같다.

$$3번가 711번지 건물 가격 = 면적 \times (입주율_{3번가\ 711번지}/평균 입주율) \times 제곱피트당 매도가$$
$$= 528,357 \times (95.00/96.13) \times 211.61$$
$$= 110.498$$

마지막으로 값이 존재하는 4개 부동산의 영업이익 배수를 곱한 결과는 다음과 같다.

$$3번가 711번지 건물 가격 = 순영업이익 \times 평균 매도가/순영업이익$$
$$= 6.107 \times 13.34 = 81.470$$

이 중에서 어떤 가치 추정치를 사용할지는 3번가 711번지 건물의 제곱피트당 영업이익이 낮은 원인이 형편없는 건물 관리에 있는지, 아니면 건물 고유의 특성(입지와 시설 상태)에 있는지에 관한 견해에 따라 달라진다. 전자라면 가장 높은 가치 추정치(약 1억 1,100만 달러)까지 지불할 의향이 있을 것이고, 후자라면 약 8,140만 달러만 지불해야 할 것이다.

회귀법

주식 상대가치평가의 영역을 확장하는 한 가지 방법은 회귀법으로서 PER이나 PBR 같은 배수의 차이를 일으키는 독립 변수(위험, 성장률, 배당성향)에 대해 회귀분석한다. 같은 지역에서 부동산 가치의 차이를 일으키는 변수는 꽤 자명하므로(입주율과 면적, 임대수익 창출 능력이 가장 중요하다) 회귀법은 부동산 가치평가에 비교적 간단하게 적용할 수 있다. 실제로 질로우는 웹사이트에 게시한 주거용 부동산의 'Z 추정값'을 산출할 때 회귀분석을 활용한다.

[예시 26.4] 회귀법

예시 26.3에서 다룬 8개 부동산의 제곱피트당 매도가를 입주율에 대해 회귀분석한 결과는 다음과 같다(단위: 달러).

$$제곱피트당 매도가 = -2,535.50 + 2,857.86 \times 입주율 \qquad R^2 = 46\%$$
$$(2.07) \qquad (2.25)$$

위 식과 3번가 711번지 건물의 입주율 95%를 활용하면 제곱피트당 가격을 추정할 수 있다.

$$제곱피트당 가격 = -2,535.50 + 2,857.86 \times 0.95 = 179.46$$
$$3번가 711번지 건물 가격 = 528,357 \times 179.46 = 94,819,610$$

관측값이 8개뿐이고 입주율도 비슷하기에 위 회귀분석의 유효성은 제한적이다. 더 많은 부동산에 관한 정보를 수집하고 서로 차이가 큰 변수를 추가한다면(예컨대 건물 수명을 측정하는 변수 등) 더 정확한 예측치를 도출할 수 있다.

부동산회사 가치평가

이번 장에서 지금까지는 부동산의 가치평가에 초점을 두었다. 이번 섹션에서는 분석을 확장해 부동산회사 가치평가를 검토한다. 이때 수익 원천과 조직 구조 분석이 필요하다.

수익 원천

부동산회사는 수익 창출 방식이 상당히 다양하기에 가치평가 방식도 서로 다르다. 이 책에서는 부동산회사를 네 가지 유형으로 분류한다.

1. **부동산 서비스회사**: 부동산 소유주에게 관리나 지원 서비스(매매, 보안, 유지보수)를 제공해서 수익을 창출하는 기업이 있다. 이들의 가치평가는 비교적 간단해서, 보수를 산정하는 방식(예컨대 부동산 총수익 대비 일정 비율로 관리 서비스 보수를 청구하는 계약이 많다)과 시간이 흐르며 보수액이 상승하는 기준에 관한 가정 정도만 필요하다. 효율성이 높거나 평판이 뛰어난(즉 브랜드 가치가 있는) 기업은 더 높은 보수를 부과할 수 있으므로 가치도 더 높다.

2. **부동산 시공사**: 주기와 상업용 부동산을 시공해서 수익을 창출하는 기업도 있다. 대개 일정 금액에 부동산을 시공하겠다는 계약을 체결한 후 그보다 낮은 비용으로 시공을 완료함으로써 이익을 창출한다. 비용 효율적인 기업은 이익률이 더 높으므로 가치도 더 높다. 하지만 평판에 바탕을 둔 차별화가 가능한 데다가 시공 품질이 높은 기업은 프리미엄을 붙인 가격을 청구할 수 있다.

3. **부동산 개발사**: 유휴지를 취득해서 신규 건물을 시공한 후 부동산 투자자에게 매도한다. 이들은 대개 임대수익 창출 목적으로 부동산을 계속 보유하지는 않는다. 이러한 기업의 가치는 시장 수요를 판단하고 일정에 맞춰 저비용으로 완공하는 능력에 달려 있다.

4. **부동산 투자사**: 수익을 창출하려는 투자 목적으로 부동산을 매수한다. 부동산 투자 기업의 가치를 평가하는 가장 간단한 방법은 보유한 개별 부동산의 가치를 평가해 합산하는 것이다. 하지만 저평가 부동산을 매수하는 능력을 입증한 기업이라면 개별 부동산 가치의 합계에 프리미엄을 부여해야 할 것이다.

따라서 부동산회사 가치평가에서 고려할 요인은 다른 모든 가치평가와 똑같다. 즉 현금흐름뿐 아니라 초과수익을 창출하는 능력과 현금흐름 관련 불확실성이 중요하다.

조직 구조

부동산회사는 기본적으로 부동산투자신탁(리츠)과 마스터합자조합(MLP), 부동산 사업신탁(business trust, 부동산에 투자할 자금을 신탁하는 리츠와 비교해 부동산 자체를 신 탁한다는 점이 다르다 - 옮긴이), 부동산법인 등 네 가지 조직 형태를 띤다. 이들은 두 가 지 면에서 차이가 있다.

과세 구조 리츠와 MLP는 기업이 아니라 투자자 기준으로 세금이 부과되는 단일 과세 구조다. 이에 따른 세제 혜택은 리츠가 준수해야 하는 투자와 배당 정책상 제한 에 대한 보상의 차원이다. MLP는 부동산이나 석유, 가스 같은 부문에만 투자하면 단 일 과세 자격을 얻는다(이 외에는 일반적인 부동산법인과 똑같은 과세 기준이 적용된다). 부 동산사업신탁과 부동산법인은 기업 차원의 법인세와 투자자 차원의 배당소득세를 모두 납부하므로 절세 효과를 누리지 못한다.

이러한 과세 구조는 가치평가에 어떤 영향을 미칠까? 리츠와 MLP 가치평가에서는 현금흐름과 할인율 추정에 적용하는 기업 층위의 세율이 제로(0)다. 그렇다고 해서 감가상각비나 이자비용에서 비롯하는 세제 혜택이 없다는 뜻은 아니고, 세제 혜택이 최종 투자자 층위에서 발생할 뿐이다. 부동산법인 가치평가에서는 현금흐름과 할인 율을 추정할 때 법인세율을 적용해야 한다.

투자와 배당 정책상 제한 리츠는 세법에 따라 과세소득의 95%를 주주에게 환원 해야 한다. 그래서 내부 자금조달(즉 유보이익)을 사실상 활용할 수 없고 자본시장에 서 정기적으로 자본을 조달해야 하기에 성장 잠재력이 제한적일 수밖에 없다. 나아가 세법은 리츠 총수익의 75%가 부동산에서 발생해야 한다고도 규정한다. 리츠는 수동 적인 투자도관체(investment conduit)로서 수익의 30%는 보유 기간 4년 미만의 부동 산과 보유 기간 1년 미만의 유가증권 처분에서 발생해야 한다는 규정도 있다. 즉 리 츠는 적극적인 부동산 운영 활동에 관여할 수 없다. 사업을 할 수도, 부동산을 개발하 거나 트레이딩할 수도 없고 보유 부동산의 5% 이상을 한 해에 매도할 수도 없다. 부동산 취득 시 비과세 거래를 활용하는 것도 금지된다.

MLP는 배당성향과 관련한 제한은 없지만, 조합원은 배당을 받든 MLP가 이익을 유보하든 세금을 내야 하므로 배당성향이 높을 가능성이 크다. MLP가 이익의 상당 비중을 배당으로 환원한다는 증거도 있다. MLP는 부동산 관련 사업만 해야 하지만, 해당 사업의 특징이나 관리에 관한 제한 규정은 없다. 그래서 MLP는 부동산 트레이딩이나 사업에 적극적으로 직접 관여할 수 있다. 한 해에 매도할 수 있는 보유 부동산의 비율에 관한 제한도 없다.

부동산사업신탁과 부동산법인은 배당성향에 관한 제한이 없고, 정관에서 규정한 목적사업에서 벗어나지 않는다면 부동산인지 아닌지를 떠나 모든 활동에 관여할 수 있다.

이러한 제한은 가치평가에 중대한 영향을 미친다. 리츠와 MLP의 기치평가에서는 이익의 상당 비중을 배당으로 지급하리라고 가정해야 한다. 외부에서 자금을 조달하지 않는다고 가정하면 해당 조직의 경영 상태와 관계없이 주당 이익의 기대성장률을 과소추정할 것이다. 외부 자금조달을 가정한다면 순이익 기대성장률은 상승하겠지만, 성장률만큼 유통주식 수를 늘려야 주당 가격의 상승을 막을 수 있다. 투자 정책상 제한은 미래 자본이익률의 등락 폭도 제한한다.

결론

이번 장에서 다룬 많은 내용은 앞서 주식 가치평가를 다루며 검토했던 내용과 똑같다. 부동산도 금융자산과 똑같은 방식으로 가치를 평가하는 것이 옳을뿐더러 당연히 가능하기 때문이다. 현금흐름할인모형의 구조와 주의 사항이 똑같이 적용되지만, 실무상 해결할 여러 문제가 있다. 무엇보다도 부동산은 거래가 빈번하지 않고 위험 모수와 할인율을 추정하기가 어렵다. 상대가치평가도 적용할 수 있지만, 비교 자산을 규명하고 이들 간 차이를 통제하는 방법에서 여전히 중대한 문제가 있다.

연습문제 별도 표기가 없으면 주식 위험 프리미엄은 5.5%로 한다.

1 한 애널리스트가 부동산을 분석하며 CAPM을 적용하여 부동산의 위험(베타)을 구하기로 했다. 그는 부동산 지수(감정가 기준)의 수익률을 주가지수 수익률에 대해 회귀분석한 결과, 부동산의 베타를 0.20으로 산출했다. 이 추정치에 동의하는가? 동의하지 않는다면, 그 근거는 무엇인가?

2 부동산의 위험을 구하는 또 다른 방법은 거래되는 리츠의 가격을 사용하여 수익률을 계산하고 이 수익률을 주가지수에 대해 회귀분석하여 베타 추정치를 계산하는 것이다. 이 베타가 더 믿음직한 위험 추정치일까? 이유는 무엇인가?

3 부동산에 대한 위험은 다른 수요로부터 파생된다고 볼 수 있다. 이 경우, 부동산의 위험은 부동산이 지지하는 기반 비즈니스로부터 산출할 수 있다. 이 견해에 따를 때, 다음 유형의 부동산 투자에서 위험을 측정하는 적절한 대체재는 무엇일까?

    a. 뉴욕시의 상업용 부동산

    b. 텍사스 휴스턴의 상업용 부동산

    c. 캘리포니아 산호세(실리콘밸리)의 상업용 부동산

    d. 플로리다주 올랜도의 호텔 단지

4 부동산의 잠재적 투자자가 누구인지에 따라 부동산 가치평가가 달라지는가? (예로, 주요 투자자가 기관투자자인지 혹은 부동산을 주로 다루는 개인인지에 따라 분석 결과가 달라질 수 있는가?)

5 유동성 부족을 가치평가에 어떻게 반영하겠는가?

6 플로리다주 올랜도에 있는 오피스 빌딩의 가치를 평가해달라는 요청을 받았다.

    ■ 건물을 채우는 데 2년이 소요된다. 첫 2년 동안 예상되는 공실률은 다음과 같다.

연차	공실률
1	30%
2	20%
2년 차 이후	10%

■ 이 건물은 1988년에 지어졌으며 임대 가능 면적은 300,000제곱피트이다.

■ 초기 건설 및 개조 비용은 300만 달러였다.

■ 건물의 시장 임대료는 주변 건물의 평균 임대료를 기준으로 현재 연도에 제곱피트당 평균 15.00달러로 예상했다.

■ 시장 임대료는 5년 동안 연 5%, 그 이후에는 영구적으로 연 3%씩 상승한다고 가정했다.

■ 운영 변동비는 제곱피트당 3.00달러로 가정했으며, 임대료와 같은 비율로 증가할 것으로 예상했다. 1994년의 운영 고정비는 300,000달러이고, 영구적으로 3%씩 증가할 것으로 예상했다.

■ 부동산 세금은 첫해에 300,000달러에 달하고 그 이후에는 매년 3%씩 증가할 것으로 예상된다. 모든 세입자가 연 3%를 초과하는 부동산세 증가분에 대해 비례 분담할 것으로 가정했다.

■ 소득세는 42%로 가정했다.

■ 차입비용은 8.25%로 가정했다. 또한 이 건물은 30%의 자기자본과 70%의 타인자본으로 자금을 조달한다고 가정했다.

■ 설문조사에 따르면 부동산 지분 투자자는 투자금 대비 12.5%의 수익을 요구한다.

a. 예상 현금흐름을 기준으로 건물의 가치를 구하라.

b. 이 건물에 대해 자기자본의 가치만을 구하라.

7 위에서 제시한 건물에 대해 최근 몇 년 동안 매각된 유사한 부동산을 기준으로 가치를 평가하고자 한다. 주변 지역에서 비슷한 규모의 건물 매각이 6건 있었다(단위: 달러).

부동산	매각 가격	규모(제곱피트)	총임대료
A	20,000,000	400,000	5,000,000
B	18,000,000	425,000	4,750,000
C	22,000,000	450,000	5,100,000
D	25,000,000	400,000	5,500,000
E	15,000,000	350,000	4,000,000
F	12,000,000	300,000	3,000,000

a. 제곱피트당 가격을 기준으로 건물의 가치를 구하라.

b. 가격/총임대료를 기준으로 건물의 가치를 구하라.

c. 유사한 건물을 기준으로 건물의 가치를 산정할 때 어떤 가정을 하는가?

27장
기타 자산 가치평가

　이 책은 금융자산뿐 아니라 실물자산까지 모든 자산을 전통적인 가치평가모형을 활용해 체계적으로 가치평가할 수 있다는 생각에 바탕을 둔다. 주식 가치평가에 상당한 지면을 할애했지만, 26장에서 가치평가모형의 적용 범위를 부동산으로 확장했다. 이번 장에서는 고유한 특성이 있어 가치평가에서 일반적으로 다루는 자산과 다르다고 여겨지는 기타 자산을 살펴보고, 앞서 수립한 가치평가 원칙과 똑같은 방식으로 가치를 평가한다.

　이번 장에서 다루는 자산들과 그 투자자의 특성은 서로 다르지만, 크게 세 가지 유형으로 분류할 수 있다.

1. 시간이 흐르며 현금흐름을 창출할 것으로 예상하기에 현금흐름할인모형으로 가치평가할 수 있는 자산.
2. 현금흐름을 창출하지 않지만 희소하고 가치 있다고 여겨지며(수집품, 동전 등) 소유자가 효용을 느끼는(골동품, 그림 등) 자산. 이들은 상대가치평가를 활용할 수

있다.

3. 현금흐름을 창출하지 않지만 특정 사건이 발생하면 가치를 갖는 옵션의 특성을 띠는 자산. 이들은 옵션가격결정모형을 활용할 수 있다.

각 유형에 속한 자산들은 서로 달라 보여도 공통점이 아주 많을 뿐 아니라 앞서 다뤘던 금융자산과도 상당히 유사한 특성을 띤다.

투자자산 유형

이 책에서는 지금까지 계약이든(채권) 잔여 청구권이든(주식, 비상장기업 지분, 부동산) 현금흐름을 창출하는 자산을 주로 다루었다. 이번 장에서는 현금흐름을 창출하는 자산(프랜차이즈)과 창출하지 않는 자산(비트코인, 수집품) 등 다양한 자산을 다룬다. 요점은 가치평가가 불가한 자산도 있지만 사실상 모든 자산은 가격을 매길 수 있다는 것이다.

가치와 가격의 차이를 이해하기 위해 모든 투자자산을 아우르는 다음 네 가지 유형을 살펴보자.

1. **현금흐름 창출 자산**: 이 자산은 현재나 미래에 현금흐름을 창출한다. 투자자는 소유한 기업의 현금흐름에 청구권을 가지므로 기업은 당연히 현금흐름 창출 자산이다. 청구권도 계약에 의하거나(채권, 부채) 남은 것을 갖거나(주식) 조건에 따라 달라지는 등(옵션) 종류가 다양하다. 하지만 가치를 평가할 수 있는 현금흐름을 창출하고, 현금흐름이 많고 위험이 작을수록 자산 가치가 더 높다는 공통점이 있다. 또한 다른 자산과 비교해(투자자가 자산 취득을 위해 지불한 가격을 공통 척도로 변환) 가격을 평가할 수도 있다. 주식은 비슷한 기업끼리 가격 배수(PER, EV/EBITDA, PBR, EV/매출)를 비교해 저렴하거나 비싼 종목이 무엇인지 가격 수준을 판단할 수 있다.

2. **원자재**: 원자재의 가치는 의식주 등 기본적인 필요를 충족할 원재료로 활용할 수

있다는 점에서 비롯한다. 원자재 수요와 공급을 통해 가치를 추정할 수 있지만 상품이 되기까지 단계를 밟아야 하고 시간도 오래 걸리기에 자산보다 가치평가 과정이 훨씬 복잡하다. 그래서 원자재는 보통 가격을 평가한다. 석유, 석탄, 밀, 철광석 등은 해당 원자재의 과거 기록을 참고해 많은 사이클을 반복한 장기 평균 가격으로 정상화할 때가 많다.

3. 화폐: 화폐는 현금흐름을 표시하는 교환 수단인 동시에 투자하지 않을 때는 구매력 저장 수단이 된다. 화폐는 그 자체로 현금흐름을 창출하지 않기에 가치평가할 수 없지만, 다른 화폐와 비교해 가격을 매기는 것(교환 비율, 즉 환율)은 가능하다. 장기간에는 시간이 흘러도 구매력을 더 잘 유지하는 화폐는 그렇지 않은 화폐와 비교해 가격이 더 많이 상승할 것이다. 하지만 단기간에는 정부의 환율 개입 등 다른 요인이 큰 영향을 미친다.

4. **수집품**: 수집품은 현금흐름이 발생하지 않고 교환 수단도 아니지만 미적 가치를 지니거나(명화, 조각품) 애착의 감정(야구 카드, 팀 유니폼)을 부른다. 현금흐름이 발생하지 않아 가치평가는 불가하지만 다른 사람이 인식하는 매력과 희소성을 반영해 가격을 매길 수는 있다.

표 27.1은 투자자산 유형별 가치와 가격을 평가하는 차원에서 차이점을 보여준다.

[표 27.1] 투자자산 유형: 가치 대 가격

투자자산 유형	가치평가	가격평가
자산	기대현금흐름으로 가치평가 가능, 현금흐름이 많고 위험이 작을수록 더 높은 가치	유사한 자산과 비교해 가격평가 가능, 현금흐름과 위험의 차이 통제 필요
원자재	실제 수요와 공급에 바탕을 두고 가치평가 가능하지만 모두 시간 지연 존재	과거 가격 역사와 비교해 가격평가 가능(기간에 대해 정상화한 가격 사용)
화폐	가치평가 불가	다른 화폐와 비교해 가격평가 가능, 더 많은 곳에서 결제 가능하고 구매력을 안정적으로 유지할수록 높은 가격
수집품	가치평가 불가	희소성과 호감에 바탕을 두고 가격평가 가능

가치평가 바이블

이번 장을 다룰 때는 표 27.1을 염두에 두고 현금흐름을 창출하는 자산은 가치와 가격을 모두 평가하고, 현금흐름이 발생하지 않으면 가격만 평가할 것이다. 한편 네 유형 중 하나 이상의 특성을 띠기에 어느 하나로 분류하기가 어려운 자산도 있다. 트로피 자산(trophy assets)은 현금흐름 창출 자산과 유사한 특성을 띠지만 수집품과 비슷한 방식으로 가격을 평가한다. 금 같은 귀금속은 원자재인 동시에 수집품이고, 비트코인은 화폐와 수집품의 특성을 모두 보인다.

현금흐름 창출 자산

소유주 몫의 현금흐름을 창출하는 능력에서 가치가 비롯하는 자산이 있다. 이때 자산 가치는 미래 기대 현금흐름과 그와 관련한 불확실성의 함수로 결정된다. 앞서 살펴보았던 현금흐름할인 가치평가의 기본 원칙을 적용해 다음 단계를 거쳐 가치를 추정한다.

- 추정 기간에 걸쳐 자산이 창출하는 현금흐름을 추정한다. 현금흐름은 부채 상환 전(기업 현금흐름)이나 부채 상환 후(주주 현금흐름) 기준으로 모두 추정할 수 있다.
- 추정 기간 종료 시점의 자산 가치를 추정한다. 사용하면서 가치가 떨어지거나 수명이 유한한 자산이라면 시간이 흐르며 가치가 하락하고 제로(0)에 수렴할 때도 있다.
- 현금흐름의 위험을 반영한 할인율을 추정한다. 할인율은 주주 현금흐름을 추정했다면 자기자본비용이고, 기업 현금흐름을 추정했다면 자본비용이다.
- 현금흐름을 할인해 현재가치, 즉 자산 가치나 자기자본 가치를 구한다.

현금흐름을 추정하기가 어렵고 위험을 정량화하기가 힘든(그래서 할인율을 도출하기도 힘든) 자산에 위 단계를 적용할 때는 몇 가지 실무적인 문제가 따르지만, 대다수는 해결할 수 있다. 구체적인 자산별로 문제와 해결책이 다르므로 비교적 간단한 프랜차이즈(franchise)부터 복잡한 사업의 자산까지 하나씩 사례를 살펴보자.

프랜차이즈 가치평가

프랜차이즈는 가맹주(franchisee)에게 유명 브랜드 기업의 제품을 판매하거나 서비스를 제공할 권리를 부여한다. 전 세계의 수많은 맥도날드(McDonald's) 매장과 자동차회사의 대리점이 대표적인 사례다. 넓게 보면 뉴욕시의 개인택시 면허(cab medallion)도 프랜차이즈에 해당한다. 가맹주는 가맹사업자(franchisor, 맥도날드나 포드)에 가맹비(up-front price)나 연간 수수료(로열티)를 지불한 대가로 브랜드를 사용하고 광고와 경영 지원을 받을 권리를 갖는다.

프랜차이즈 가치와 초과수익　가맹주는 프랜차이즈에 가맹함으로써 가맹 기간에 걸쳐 초과수익을 올릴 기회를 얻는다. 사업별로 구체적인 시장 초과수익의 원천은 다르더라도 대부분 몇 가지 공통적인 요인에서 비롯한다.

- ■브랜드 가치: 프랜차이즈의 브랜드 가치 덕분에 가맹주가 다른 유사 사업보다 더 높은 판매가를 책정하는데도 더 많은 고객을 확보할 때도 있다. 따라서 맥도날드에 가맹해 브랜드 가치에서 이득을 보려는 가맹주는 상당한 가맹비를 지불할 의향이 있을 것이다.
- ■독점권: 가맹사업자가 보유한 지식재산권에 근거하여 가맹주에게 제품 생산을 허락함으로써 가치를 얻는 프랜차이즈도 있다. 예컨대 미키마우스 시계나 장난감을 생산하려는 사람은 디즈니에 수수료를 지불한 후 판매량을 늘리거나 더 높은 판매가를 책정함으로써 비용을 회수하기를 바랄 것이다.
- ■법적 독점: 가맹주에게 서비스를 제공할 독점권을 부여함으로써 가치를 얻는 프랜차이즈도 있다. 예컨대 야구장 구내매점을 운영할 권리를 얻으려면 상당한 수수료를 지불해야 한다. 야구장 내에서 경쟁이 없다는 점이 자명하기 때문이다. 비슷한 사례로 다수의 신규 가맹권을 부여하더라도 가맹주가 초과수익을 올리

도록 총 가맹권 수를 제한할 때도 있다. 예컨대 뉴욕시는 택시(yellow cab)를 운행할 수 있는 개인택시 면허를 부여하는 동시에, 면허를 보유하지 않은 자가 택시 서비스를 제공하는 것을 금지할 권한도 있다. 그래서 개인택시 면허를 사고파는 시장도 존재한다.

요약하면 프랜차이즈의 가치는 초과수익 창출 능력에 직접적으로 연동된다. 초과수익에 영향을 미치는 행위나 사건은 프랜차이즈의 가치에도 영향을 미친다.

프랜차이즈 가치평가의 특수 문제　프랜차이즈 가맹은 가맹주에게 이득이 될 때도 있고 손해일 때도 있다. 가맹주는 상당한 자원을 갖춘 유명 기업의 지원을 받지만, 프랜차이즈 가치에 영향을 미치는 다음 비용도 있다.

- 가맹사업자의 문제가 가맹주에게까지 확산할 수 있다. 예컨대 한국 자동차 제조사였던 대우(Daewoo)가 지나치게 많은 차입금으로 인해 재정난에 빠졌을 때 전 세계 대리점들은 직접적인 악영향을 받았다. 맥도날드 가맹주들이 반세계화 시위의 표적이 되기도 했다. 효율적이고 경영이 훌륭한 프랜차이즈라고 하더라도 통제 불가능한 요인이 가치에 영향을 미칠 때가 있다.
- 대개 가맹사업자는 대기업이고 가맹주는 그보다 규모가 작은 사업가다. 가맹사업자는 협상력이 훨씬 강해서 계약 조건을 자사에 유리한 쪽으로 변경할 때도 있다. 가맹주들은 연대하여 하나의 집합체를 구성한다면 협상력을 키울 수 있다.
- 프랜차이즈의 가치는 가맹사업자의 제품을 가맹주가 판매하게 허락하는 독점적 권리에서 비롯한다. 가맹주의 경쟁자가 가맹권을 확보한다면 프랜차이즈의 가치가 희석될 수밖에 없다. 예컨대 고속도로로 5마일 떨어진 곳에 또 다른 데이즈 인(Days Inn) 모텔이 생긴다면 프랜차이즈 가치가 전보다 훼손될 것이다.

[예시 27.1] 뉴욕시 개인택시 면허의 가치평가(2014년 6월)

배경지식

■ 뉴욕시는 1937년부터 택시 사업자가 면허를 보유해야 한다고 규정했다. 택시 면허를 소유한 사람은 영원히 개인택시를 운영할 수 있다.

■ 처음에 시에서 발급한 개인택시 면허는 지난 수십 년간 개수가 느린 속도로 증가했다. 따라서 주로 유통시장에서 면허를 사야 한다.

■ 2014년 뉴욕시의 개인택시 면허는 총 1만 3,437개였다. 면허 보유자는 뉴욕시의 5개 자치구(맨해튼, 브루클린, 브롱스, 퀸즈, 스태튼 아일랜드)에서 택시를 운행할 권리가 있다.

■ 뉴욕시는 개인택시 면허를 보유하지 않은 자가 거리에서 승객을 태우는 행위를 금지한다(물론 승객이 택시를 호출할 다른 방법이 있기는 하다).

■ 개인택시 면허는 두 유형으로 나뉜다. 하나는 소유주 기사로서 직접 운전하는 택시에 대한 면허를 보유하고, 다른 하나는 택시 사업자로서 면허를 산 다음 매일 리스료를 지불하는 기사에게 리스해준다.

■ 뉴욕시의 모든 택시는 택시·리무진 협회의 규제 대상이다. 협회는 택시 요금을 결정할 뿐 아니라 방대한 요건을 준수하지 않는 면허 보유자에게 벌금을 부과한다.

택시 사업자의 면허 리스에서 발생하는 현금흐름

■ 택시 사업자의 면허 가치평가는 먼저 면허 리스의 경제성부터 이해해야 한다. 택시 사업자는 하루에 10시간짜리 근무가 두 번 돌아가도록 택시를 리스할 수 있다. 2014년 택시·리무진 협회는 근무당 최대 130달러까지만 리스료를 받도록 정했다.

■ 택시의 운행 일수는 연간 330일로, (유지보수를 위한) 미운행 일수는 35일로 가정한다. 기사는 연료비와 운영 비용을 부담하지만 유지보수와 수리는 택시 사업자 몫이다(2015년 연간 2,000달러 규모로 추정).

■ 뉴욕시의 택시는 대개 쉐보레의 카프리스(Caprice)나 포드 빅토리아(Victoria) 차량이었으나 최근 들어 하이브리드 자동차가 빠르게 늘었다. 2014년 택시 차량 구매가는 대략 2만 5,000달러였고 기대 내구연한은 5년이었다.[1] 10년간 감가상각한 후 구제가치는 제로(0)에 이르지만 향후 신규 차량을 구매하기 위해 감가상각비만큼 돈을 비축한다.

■ 뉴욕시에서 운행하는 모든 택시는 10만 달러짜리 책임보험과 사고 피해를 보상하기 위한 30만 달러짜리 보험에 가입해야 한다. 자동차 보험료(도난, 상해, 자차손해보험)는 연 1,500달러다.

■ 택시·리무진 협회에 내야 할 수수료는 연 500달러이고 기타 라이선스 비용도 연 500달러 발생한다. 택시 사업의 과세소득 세율은 30%다.

여기에 바탕을 두고 다음 해 택시 사업자의 기대현금흐름을 추정한 결과는 표 27.2에서 볼 수 있다(단위: 달러).

---

1   뉴욕시 택시는 평균적으로 연 11만 킬로미터를 운행하기에 차량이 빨리 마모해 내구연한도 줄어든다.

[표 27.2] 택시 사업자의 기대이익

항목	계산	금액
면허 리스 매출	2 × 130 × 330	85,800
- 유지보수 및 수리		2,000
- 보험료		1,500
- 수수료 및 라이선스 비용		1,000
- 감가상각비	향후 5년간 정액 상각	100
EBIT		76,300
- 세금	세율: 30%	22,890
EBIT(1-세율)		53,410
+ 감가상각비	향후 5년간 정액 상각	5,000
- 자본적 지출	신규 차량 구매 위해 비축	5,000
기업 잉여현금흐름		53,410

소유주 기사의 현금흐름

소유주 기사 관점에서 보면 현금흐름의 역학이 바뀐다. 택시 사업자와 똑같이 적용되는 비용도 있지만(유지보수와 수리, 감가상각비, 수수료, 보험료), 소유주 기사는 연료비와 자기 시간 투입 등 모든 비용을 제한 잔여 현금흐름에 대한 권리를 갖는다. 매일 10시간씩 근무하는 기사가 자기 시간 비용이 연간 6만 달러라고 판단하고 연간 택시 요금 수입이 15만 달러일 것으로 예상할 때 소유주 기사의 기대현금흐름은 표 27.3과 같다.

[표 27.3] 소유주 기사의 기대이익

항목	계산	금액
택시 요금	연간 요금	150,000
- 연료비		10,000
- 기사(본인) 급여		60,000
- 유지보수 및 수리		2,000
- 보험료		1,500
- 수수료와 및 라이선스 비용		1,000
- 감가상각비	향후 5년간 정액 상각	5,000
EBIT		70,500

- 세금	세율: 30%	21,150
EBIT(1-세율)		49,350
+ 감가상각비		5,000
- 자본적 지출	신규 차량 구매 위해 비축	5,000
기업 잉여현금흐름		49,350

소유주 기사는 자기 시간을 고려하지 않으면 같은 조건의 택시 사업자보다 더 많은 현금흐름을 올리지만, 시간 비용을 고려하면 더 적은 현금흐름을 올린다.

위험과 할인율 추정

택시 사업자의 위험과 할인율을 판단할 때는, 리스 매출액이 계약으로 정해지기에 유일한 위험은 실제 운전기사가 채무를 이행하지 않는 데서 발생한다는 점을 유념하라. 따라서 운전기사의 부채비용을 할인율로 적용한다. 2014년 자기 택시를 구매하려는 택시기사의 부채비용은 5%였다. 이는 현금흐름의 위험을 반영할 뿐, 택시 사업자가 돈을 빌려 택시 면허를 산다고 가정하지는 않는다.

소유주 기사의 위험을 판단할 때는 할인율에 추가 위험을 고려해야 한다. 택시의 매출 창출 능력은 몇 가지 변수에 의해 결정된다.

■ **뉴욕시의 경제 상황**: 뉴욕시의 경제가 호황일수록 택시 소유와 운행의 잠재 매출이 증가한다. 뉴욕시의 경제 상황은 대개 금융서비스 섹터에 의해 결정되므로 택시 매출과 금융서비스 섹터의 상황은 플러스 상관관계일 가능성이 크다.

■ **택시의 희소성**: 개인택시 면허의 가치는 거래되는 면허 수가 제한적이라는 사실에 바탕을 둔다. 뉴욕시가 면허 발급 수를 늘리거나 일부 지역에서 무면허 영업 택시(gypsy cab)의 운행을 허가한다면 면허를 보유한 택시의 기대매출에 영향을 미칠 것이다.

■ **택시 요금 구조**: 요금 구조는 규제 대상이므로 택시를 소유하며 운행할 때 미래 기대매출은 택시·리무진 협회가 결정하는 인상 폭에 따라 달라진다.

■ **기타 위험**: 위험에는 도난·자차손해보험처럼 비용 구조에 이미 반영된 다른 원천도 여럿 존재한다. 이들은 추정치이므로 실제 현금흐름에 큰 변화를 일으킬 수도 있다.

총 개인택시 면허 수와 요금 구조에서 예상되는 변화를 기대매출에 이미 반영했다고 가정하면 택시 면허 보유의 가장 중대한 위험 원천은 경제 상황의 변화다. 뉴욕시의 경제가 금융서비스의 상황에 의해 결정된다면 개인택시 면허 보유의 위험은 금융서비스 기업에 투자할 때의 위험과 비슷한 수준이어야 할 것이다. 뉴욕시에 본사를 둔 금융서비스 기업의 평균 베타는 1.15였다. 2014년 6월 장기 국채 수익률은 2.5%였고 주식 위험 프리미엄은 5.0%였다. 이때 자기자본비용은 다음과 같다.

$$자기자본비용 = 2.5\% + 1.15 \times 5.0\% = 8.25\%$$

개인택시 면허의 가치평가에 적용할 자기자본비용은 8.25%다. 택시 면허 취득 자금을 자기자본 40%와 부채 60%로 충당하고, 부채의 연간 이자율은 5%라고 가정하자. 연방정부와 주정부, 시정부 세금의 한계 세율이 25%일 때 자본비용은 다음과 같다.

$$자본비용 = 8.25\% \times 0.4 + 5\% \times (1 - 0.25) \times 0.6 = 5.55\%$$

미래 성장률과 가치 추정

택시 사업자와 소유주 기사의 기대 영업이익은 장기적으로 인플레이션율(2%)만큼 증가하리라고 가정한다. 2014년에 뉴욕시 택시 서비스가 이미 차량 공유 서비스에 영향받았다는 점을 고려해 개인택시 면허의 영업 수명을 50년으로 가정하면 택시 면허의 가치는 다음과 같이 도출한다(단위: 달러).[2]

$$택시\ 면허의\ 가치(택시\ 사업자) = 다음\ 해\ 기대\ FCFF \times \frac{\left(1 - \dfrac{(1 + g)^n}{(1 + r)^n}\right)}{r - g}$$

$$= 53,410 \times \frac{\left(1 - \dfrac{(1 + 0.02)^{50}}{(1 + 0.05)^{50}}\right)}{0.05 - 0.02} = 1,362,460$$

$$택시\ 면허의\ 가치(소유주\ 기사) = 다음\ 해\ 기대\ FCFF \times \frac{\left(1 - \dfrac{(1 + g)^n}{(1 + r)^n}\right)}{r - g}$$

$$= 49,350 \times \frac{\left(1 - \dfrac{(1 + 0.02)^{50}}{(1 + 0.0825)^{50}}\right)}{0.0825 - 0.02} = 1,138,862$$

상당히 높은 택시 면허 가치는 두 가지 가정에서 비롯한다. 첫째, 면허를 보유한 사람이 향후 50년간 뉴욕시에서 사실상 경쟁 없이 택시를 운행할 독점적 권한을 가질 것이다. 둘째, 택시·리무진 협회는 택시 요금과 리스료 상한선을 물가 상승에 맞춰 계속 상향할 것이다.

택시 면허 가격의 추이

지난 세기에 뉴욕시 개인택시 면허를 보유한 사람은 외부 경쟁 없이 사업할 기회를 가졌다. 택시·리무진 협회가 이 집단의 이익을 지켜왔지만 승객 유형과 수요는 시간이 흐르며 변화했다. 1990년대 후반부터 21세기 초까지 관광업이 성장하며 택시 면허 가격은 꾸준히 상승해 2014년 100만 달러를 넘어섰다. 2004년을 기점으로 두면 2014년까지 가격이 다섯 배가 된 것이다(그림 27.1).

가장 강력한 보호를 받는 프랜차이즈조차 예상하지 못한 상황이 전개되며 가치가 손상될 수 있다는 사실

---

2   지난 섹션에서 계산한 기대 현금흐름은 다음 해에 발생한다고 가정하면 현재가치 계산 시 다시 성장률을 고려하지 않아도 된다.

[그림 27.1] 택시 면허 가격(2004~2014년)

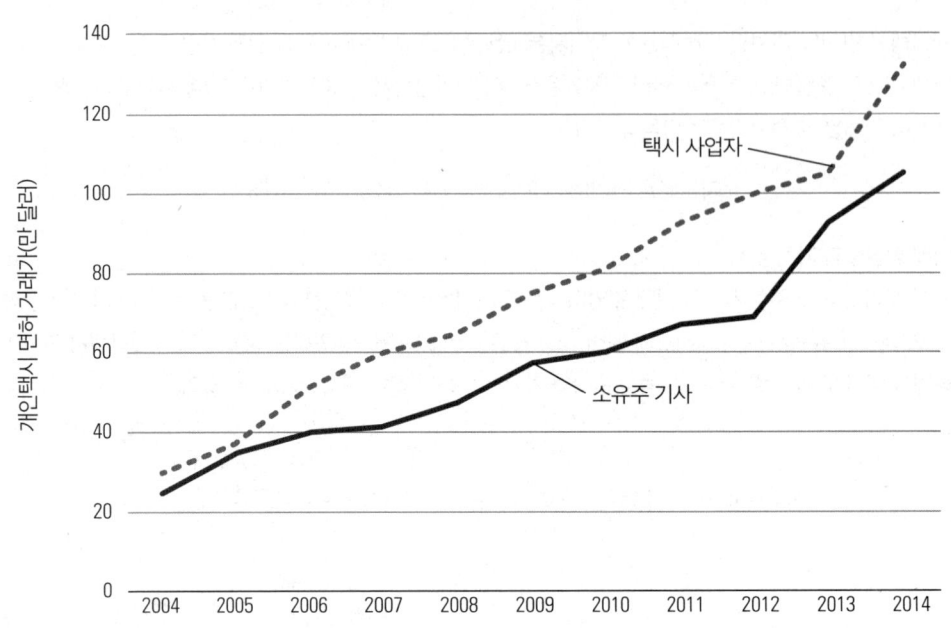

[그림 27.2] 뉴욕시 택시 면허의 쇠망

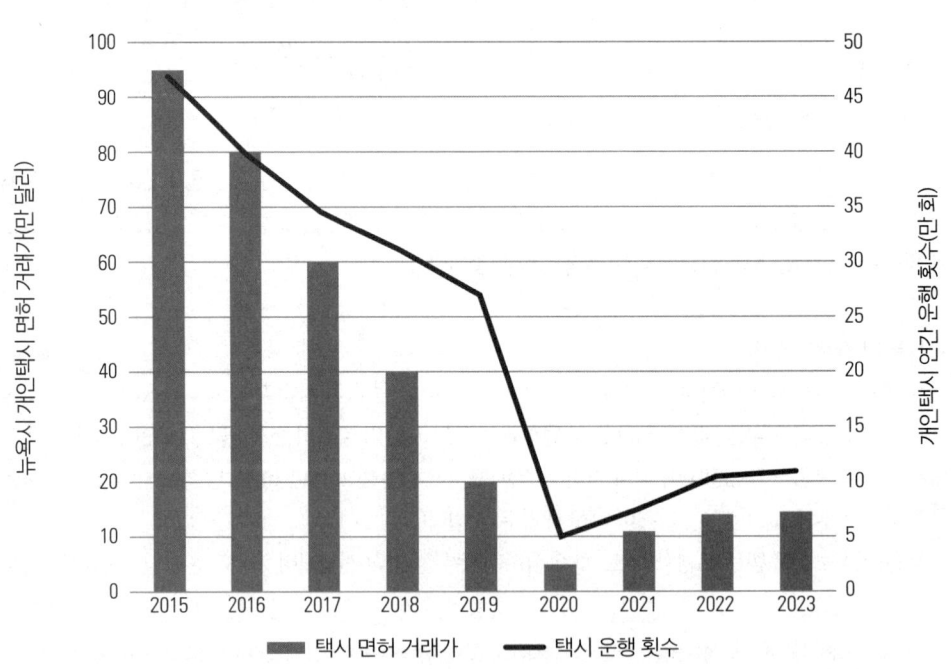

을 경고하듯 여러 차량 공유회사가 택시 면허 보유자의 수익을 파괴한 결과 그림 27.2처럼 가격도 큰 부침을 겪었다.

택시 면허를 살 때 차입금을 조달하는 것이 대부분이므로 면허 가격이 하락하면 그 보유자는 치명적인 영향을 받는다(업계 최대 택시 사업자도 파산한 적이 있다). 2022년 기준 총 택시 면허 수는 1만 3,587개이지만 절반가량이 실제 영업하지 않는 것으로 추정한다.[3]

[예시 27.2] 영화 프랜차이즈 가치평가: 스타워즈(2015년)

전설적인 스토리는 1977년 조지 루카스(George Lucas)가 총 6부작으로 계획한 시리즈 중 4부에 해당하는 '스타워즈(Star Wars)' 영화를 처음 제작하며 시작했다. 첫 번째 영화는 역사에 길이 남았고 지금까지도 역대 흥행 순위 상위권을 유지하는 중이다. 덕분에 1980년 '제국의 역습'(5부), 1983년 '제다이의 귀환'(6부)도 제작할 수 있었다. 세 편의 영화로 한 세대를 아우르는 스타워즈 팬이 생겨났지만 6부작의 1부에 해당하는 '보이지 않는 위험'은 그로부터 무려 16년이 흐른 후에야 선을 보였다. 2002년에는 '클론의 습격'이, 2005년에는 '시스의 복수'가 개봉했다. 6부작으로 이루어진 스타워즈는 박스오피스 매출 수십억 달러를 낳은 역대 가장 가치 있는 영화 프랜차이즈로서 전 세계적인 인기를 끈다.

디즈니의 인수

2012년 디즈니는 조지 루카스에게 40억 달러를 내고 스타워즈 프랜차이즈를 인수했다. 세 편의 영화를 추가 제작할 계획이었다. 디즈니가 영화를 만들고 유지하며 상품화해온 역사를 볼 때 인수가가 공정가격이라고 주장하는 사람도 있었지만 그러려면 추가로 시너지가 있으리라는 점을 입증해야 했다. 2015년 '스타워즈: 깨어난 포스'를 내놓으며 디즈니는 인수 시점에 공언했던 수준을 넘어서는 성과를 달성한 듯했다. 박스오피스 기록을 경신했을 뿐 아니라 전 세계 매출 20억 달러 이상을 달성할 것으로 보였기 때문이다. 스타워즈 프랜차이즈 가치평가는 2015년 일곱 번째 영화 개봉 시점을 기준으로 두고 이후 미래 기대치를 반영했다.

2015년에는 향후 두 편의 영화를 각 2017년과 2019년에 개봉할 예정이었다. 또한 중간에 제작비가 비교적 덜 드는 스핀오프 세 편도 예정되어 있었다. 2020년 이후 계획은 명확하지 않았지만 여전히 인기를 끈다면 당연히 추가 영화를 제작할 것으로 보였다. 무엇보다도 그저 더 젊은 팬층을 다지는 것을 넘어 향후 10년간 상품과 장난감, 게임 판매도 확대할 것으로 기대했다. DVD와 비디오 대여에서 발생하던 수익은 스트리밍 수익으로 대체될 것이고 스마트폰과 모바일 기기, 게임 콘솔을 위한 게임과 앱도 등장할 것으로 보였다.

---

3   2022년 기준 총 개인택시 면허 1만 3,587개 중 6,400개가 영업하지 않았다. 따라서 이듬해에도 연간 운행 횟수와 면허 거래가는 부분적인 회복세에 그쳤다.

스타워즈 프랜차이즈 가치평가

2015년 기준 스타워즈 프랜차이즈의 가치를 평가해보자. 먼저 '스타워즈: 깨어난 포스'와 후속 영화 두 편에 대해 전 세계 박스오피스 매출부터 추정한다. 개봉 후 첫 2주간 기대치를 대폭 뛰어넘었는데도(10억 달러 매출을 달성했다) 세 편의 영화는 각 20억 달러 매출을, 스핀오프는 절반인 10억 달러 매출을 달성할 것으로 예상한다. 이때 연 2% 인플레이션도 반영했다. 앞선 영화와 마찬가지로 매출 대부분은 부가 상품에서 발생할 텐데 다음과 같은 가정을 두었다.

1. **스트리밍**: 넷플릭스에서 스트리밍 영화를 보는 시청자가 늘어났다. 2015년 당시 알았던 정보를 기준으로 할 때 스타워즈 프랜차이즈의 매출 상당수는 영화관에서 발생했지만 2017년에는 총매출 중 스트리밍 비중이 영화관을 앞선다고 가정했다. 박스오피스 매출 1달러는 스트리밍 매출 1.2달러로 이어질 것으로도 가정했는데 실제 기록(1.14달러)보다 소폭 큰 수준이었다.
2. **장난감 및 기타 상품**: 스타워즈는 과거 박스오피스 매출 1달러당 장난감·상품 매출 1.8달러를 창출했다. 디즈니의 뛰어난 상품화 능력을 고려해 박스오피스 매출 1달러당 장난감·상품 매출 2.0달러를 창출할 것으로 가정했다. 스타워즈는 모든 영화 배급사가 꿈꾸는 영화로서 '확장된 우주' 속 사실상 무한한 잠재력이 있음을 유념하라.
3. **종이책 및 전자책**: 아마도 가장 큰 위험에 처한 매출 유형일 것이다. 독서 방식의 변화에 맞춰 적응할 방법을 찾는다고 해도 박스오피스 매출 1달러당 종이책 및 전자책 매출은 0.2달러(과거 기록은 0.27달러)에 불과하다고 가정한다.
4. **게임**: 과거 출시했던 스타워즈 게임이 그랬듯 게임 플랫폼(엑스박스, 플레이스테이션, 닌텐도)의 변화뿐 아니라 스마트폰과 태블릿에도 잘 적응할 것으로 확신한다. 따라서 박스오피스 매출 1달러당 게임 매출은 0.5달러로 가정한다.
5. **TV 프로그램 및 기타**: 디즈니와 넷플릭스 등이 TV로 콘텐츠를 보던 시청자에게 다가갈 방법을 찾으면서 과거 기록과 비교해 비약적인 발전이 있을 것으로 본다. 박스오피스 매출 1달러당 TV 프로그램 매출은 0.5달러로 증가할 것으로 가정한다.

그림 27.3은 스타워즈 영화와 상품을 둘러싼 가치평가 과정을 보여준다(단위: 100만 달러).
영화 사업은 20.14%, 장난감·상품 매출은 15% 영업이익률을 적용해 세금을 뺀 후(세율 30% 가정) 자본비용 7.61%(엔터테인먼트 업종 평균)로 할인해 프랜차이즈 가치를 추정했다. 디즈니는 상품 대부분을 라이선싱해서 영업이익의 일부를 받는 대신 위험을 타 기업에 전가한다고 가정했다. 그림 27.3처럼 부가 매출과 박스오피스 매출을 올린다면 스타워즈 프랜차이즈의 가치는 100억 달러에 이른다. 표 27.4에서 알 수 있듯 프랜차이즈 가치는 영화 매출과 부가 매출의 함수다.
디즈니의 2012년 40억 달러 투자는 상당히 뛰어난 투자였다. 나아가 다른 사업과의 시너지가 늘어날수록 프랜차이즈의 가치는 상승할 것이다.

[그림 27.3] 스타워즈 프랜차이즈 가치평가(2015년 12월)

박스오피스 매출 1달러당 매출(달러)	
스트리밍, 비디오	1.20
장난감, 상품	2.00
종이책, 전자책	0.20
게임	0.50
기타	0.50

전 세계 박스오피스 매출 각 20억 달러 (인플레이션율 2% 조정)

영화의 박스오피스 매출 50% 적용

박스오피스 매출 대비 배수

영화 영업이익률 20.14%, 비영화 영업이익률 15%, 세율 30%

엔터테인먼트 기업 자본비용 7.61%로 할인

	영화			스핀오프		
	스타워즈 VII	스타워즈 VIII	스타워즈 IX	로그 원	한 솔로	보바 펫
n년 후	0.00	2.0	4.0	1.0	3.0	5.0
박스오피스 매출	2,000	2,081	2,165	1,020	1,061	1,104
스트리밍, 비디오 매출	2,400	2,497	2,598	1,224	1,273	1,325
장난감, 상품 매출	4,000	4,162	4,330	2,040	2,122	2,208
종이책, 전자책 매출	400	416	433	204	212	221
게임 매출	1,000	1,040	1,082	510	531	552
기타 매출	1,000	1,040	1,082	510	531	552
총매출	10,800	11,236	11,690	5,508	5,731	5,962
세후 영업이익(영화)	282	293	305	144	150	156
세후 영업이익(비영화)	924	961	1,000	471	490	510
현재가치	1,206	1,083	973	572	514	461
스타워즈 신규 영화의 가치	4,809					
잔존가치	5,163					
스타워즈의 가치	9,972					

2020년 이후 부가 매출이 계속 발생하고 연 2% 증가, 영업이익률 15%

[표 27.4] 스타워즈 프랜차이즈 가치와 부가 매출(2015년 12월)

		박스오피스 매출 1달러당 부가 매출		
		3달러	4.5달러	6달러
박스오피스 매출 (100만 달러)	1,500	7,308	8,250	9,193
	2,000	8,800	10,056	11,312
	2,500	10,291	11,862	13,432

2024년(특히 스트리밍 매출) 복기

2024년까지 디즈니는 계획했던 스타워즈 시리즈를 모두 시장에 내놓았다. 과거를 돌아보면 디즈니의 인수 후 영화 매출을 과대추정했음이 잘 드러난다. '스타워즈: 깨어난 포스'는 박스오피스 매출 25억 달러를 달성했지만 더 최근에 개봉한 '스타워즈: 라스트 제다이'와 '스타워즈: 라이즈 오브 스카이워커'는 15억 달러에 가까운 매출을 올렸다. 이 과정에서 디즈니는 2019년 11월 스트리밍 플랫폼에 막대한 투자를 집행했고 '만달로리안'(스핀오프)을 활용해 신규 구독자를 끌어들였다. 이후 더 많은 스타워즈 시리즈를 스트리밍으로 제공하며 프랜차이즈 가치가 더 상승할 가능성을 키웠다. 하지만 시청자가 금세 지겨워져서 박스오피스 매출이 오히려 줄어들 위험도 존재한다.

결론을 내릴 만큼 긴 시간이 흐르지는 않았지만, 2015년 이후 스타워즈 프랜차이즈 가치가 스트리밍 매출과 테마파크 매출 덕분에 줄곧 상승했다고 본다.

인적 요소가 중요한 사업의 가치평가

24장에서 기업의 '핵심 인물'이라는 개념을 도입해 그 사람이 회사를 떠날 때 가치에 미치는 영향을 살펴봤다. 핵심 인물이 가치에 미치는 영향은 그 사람의 퇴사가 현금흐름에 미치는 영향에 바탕을 두고 추정해야 한다고도 했다. 인적 요소가 중요한 사업은 다양하다.

- 24장에서 다뤘던 레스토랑 사례에는 고객을 끌어들이는 유명 셰프가 있었다. 셰프가 근무할 수 없는 상황에 부닥치거나 경쟁 레스토랑으로 이직한다면 고객이 급감할 것이다.
- 배관업부터 치과와 세무업에 이르는 여러 서비스 사업은 인적 요소가 중요하다. 서비스를 제공하는 사람이 퇴사하면 사업 가치의 상당 부분이 사라질 것이다. 사업이 잘되는 치과를 인수하며 거액을 지불한 치과 의사는 인수 완료 후 매출이 급감하는 상황을 마주할지도 모른다. 사업을 매각한 치과 의사가 다시 치과를 개원해 경쟁자가 된다면 감소 폭이 더 커질 것이다.
- 뮤추얼펀드회사의 가치가 유명 펀드매니저로부터 비롯할 때도 있다. 펀드매니저가 경쟁사로 이직하거나 자기 회사를 차린다면 운용자산의 상당 부분을 잃을 것이다.

이러한 사업의 가치, 나아가 가치 중 핵심 인물에 할당할 몫은 어떻게 평가할까? 애초에 가치를 평가하는 이유에 따라 답이 달라진다. 기존 소유주를 위해 사업의 가치를 평가하는 것이 목적이라면 소유주 개인의 인맥과 능력에서 비롯하는 가치를 따로 구분하면 되지만, 그러한 구분이 즉각적인 차이를 낳는 것은 아니다. 잠재 인수자를 위한 가치평가라면 기존 소유주가 있을 때의 현상 유지 가치와 그 사람이 없을 때의 가치(합리적인 가정에 바탕을 두고 사업의 감소 폭을 추정해야 한다)로 나누어 가치평가하면 지나치게 높은 인수가를 지불하는 결정을 피할 수 있다.

프랜차이즈 가치: 가맹주가 기여하는 부분은 없을까?

지금까지 논의가 프랜차이즈의 가치는 전적으로 가맹사업자에서 비롯하고 가맹주는 전혀 영향을 미치지 않는다는 뜻은 아니다. 당연히 가맹주가 프랜차이즈 가치에 기여하는 부분이 있다. 가맹주가 바뀌었을 때 맥도날드라는 프랜차이즈의 가치가 상승할 가능성이 있는 이유이기도 하다. 가맹주는 여러 방식으로 프랜차이즈 가치에 기여한다.

- **효율성**: 비용을 잘 관리하고 높은 이익률을 달성하는 가맹주도 존재하기 마련이다. 예컨대 아시아 이민자 집단은 미국 내 대다수 저가 호텔과 여관을 소유하고 있다. 소유주 가족 전체가 저렴한 임금만 받으며(심지어 무급으로) 호텔에서 일하기에 대개 인건비가 더 작다. 따라서 직접 일하지 않는 소유주보다 높은 이익률을 올린다.
- **인적 요소**: 프랜차이즈에는 가치에 큰 영향을 미치는 인적 요소도 있다. 예컨대 미국의 수많은 자동차 대리점 중 극소수가 전체 매출의 상당 부분을 차지한다.
- **규모의 경제**: 같은 가맹사업자의 프랜차이즈를 여러 개 소유할 때 분명 규모의 경제 효과가 창출된다. 주변에서 이들을 종종 목격하는데, 여러 매장을 통합 관리해서 일반관리비를 줄이고 단위 수익성을 높일 때가 많다.

[예시 27.3] 치과 가치평가(2011년)

젊은 소아치과 전문의가 뉴저지주 채텀에서 치과를 인수하는 상황을 가정하자. 기존 소유주인 다른 치과의사는 지난 20년간 사업하면서 직전 연도 매출이 50만 달러에 이르는 치과를 일구었다. 치과 운영에 들었던 비용은 다음과 같다.

■ 인건비(치위생사와 사무직 직원)는 연 15만 달러였고 향후 10년간 연 3% 증가하리라고 예상한다.

■ 임차료는 연 5만 달러였고 향후 10년간 연 3% 증가하리라고 예상한다.

■ 의료 장비 리스료는 연 4만 달러였고 향후 10년간 연 3% 증가하리라고 예상한다.

■ 의료보험은 연 6만 달러였고 향후 10년간 연 3% 증가하리라고 예상한다.

■ 주정부 및 지방정부 세율은 40%다.

■ 상장 민간 병원의 자본비용 중앙값으로 추정한 자본비용은 10%다.

기존 치과 의사가 계속해서 치과를 운영한다면 매출 역시 향후 10년간 연 3% 증가하리라고 예상한다. 하지만 신규 치과 의사가 인수한다면 1년 차 매출이 20% 감소할 것으로 가정한다. 기준 연도 매출이 더 작아지지만 2년 차부터는 성장률 3%가 적용된다.

기존 치과 의사가 계속해서 운영할 때 치과의 가치를 평가해보자. 먼저 1년 차 현금흐름을 다음과 같이 추정한다(단위: 달러).

$$1년 차 현금흐름 = (매출_1 - 운영비_1) \times (1 - 세율)$$
$$= [500,000 \times 1.03 - (150,000 + 50,000 + 40,000 + 60,000) \times 1.03] \times (1 - 0.40)$$
$$= 123,600$$

자본비용을 할인율로 두고 향후 10년에 대해 성장 연금 수식을 적용하면 치과의 가치를 추정할 수 있다.

$$치과의 가치 = CF_1 \times \frac{\left(1 - \dfrac{(1+g)^n}{(1+r)^n}\right)}{r - g} = 123,600 \times \frac{\left(1 - \dfrac{1.03^{10}}{1.10^{10}}\right)}{0.10 - 0.03} = 850,831$$

10년 차 이후 치과의 가치는 사라져서 잔존가치는 제로(0)라고 가정한다.

신규 치과 의사가 인수했을 때의 가치도 도출해보자. 1년 차에는 매출과 현금흐름이 감소한다.

$$1년 차 현금흐름 = (매출_1 - 운영비_1) \times (1 - 세율)$$
$$= [400,000 \times 1.03 - (150,000 + 50,000 + 40,000 + 60,000) \times 1.03] \times (1 - 0.40)$$
$$= 61,800$$

$$치과의 가치 = CF_1 \times \frac{\left(1 - \dfrac{(1+g)^n}{(1+r)^n}\right)}{r - g} = 61,800 \times \frac{\left(1 - \dfrac{1.03^{10}}{1.10^{10}}\right)}{0.10 - 0.03} = 425,415$$

가치가 기존 치과 의사가 계속 운영할 때보다 절반으로 줄었다. 차액을 핵심 인물의 가치로 볼 수 있다.

잠재 인수자로서 신규 치과 의사는 42만 5,415달러를 인수가로 제시해야 한다. 하지만 기존 치과 의사가 치과 매각 후에도 얼마간 근무하는 과도기를 계약 조건에 넣을 수 있다면 그보다 높은 가격을 지불할 의향이 있을 것이다.

[예시 27.4] 5성 레스토랑 가치평가: 뤼테스(1994년)

뤼테스(Lutèce)는 맨해튼 이스트50번가 249번지에 있는 유명 레스토랑이다. 1994년 소유자이자 셰프인 안드레 솔트너(Andre Soltner)는 상장 요식 체인점 기업인 아크 레스토랑(Ark Restaurants)에 레스토랑을 매각했다(금액 미공개). 〈뉴욕타임스〉는 뤼테스의 매각 소식에 놀라서 다음 제목으로 기사를 실었다. "상징적인 레스토랑 뤼테스가 체인점회사에 팔리다." 이어서 전통적인 프랑스 레스토랑과 테마 레스토랑으로 유명한 아크의 이색적인 결합을 상세히 다루었다. 〈타임〉지의 레스토랑 평론가였던 브라이언 밀러(Bryan Miller)는 아크가 레스토랑 포트폴리오에 뤼테스를 추가한 것을 두고 "반 고흐(Vincent Van Gogh) 작품을 동네 문화센터에 전시하는 격"이라고 혹평했다.

배경지식

안드레 솔트너는 1961년 뤼테스를 열었고 뛰어난 수준의 요리를 제공하는 레스토랑으로 금방 유명해졌다. 〈모빌 가이드(Mobil guide)〉에서 24년 연속으로 5성 등급을 유지했고 〈뉴욕타임스〉에서 4성 등급(최고 등급)을 받은 다섯 개의 뉴욕시 레스토랑 중 하나였다. 하지만 〈저갯 서베이(Zagat Survey)〉의 뉴욕시 레스토랑 부문에서 1970~1980년대에 1위나 최상위권을 유지하다가 1994년 8위로 하락한 것이 쇠락의 신호였을는지도 모른다.

현금흐름 추정

뤼테스의 현금흐름과 관련한 상황은 다음과 같았다.

- 레스토랑에서 동시에 92명이 식사할 수 있다. 점심에는 1인석을 제공하지만 저녁에는 2인석이 기본이다. 점심에는 총 좌석의 70%, 저녁에는 80%가 채워진다.
- 연간 영업일은 340일, 휴무일은 25일이다.
- 1인당 평균 결제액은 점심 30달러, 저녁 66달러다. 결제액의 3분의 1은 술이다.
- 직원은 42명이다. 식재료 원가는 판매가의 약 30%이고 인건비는 연 125만 달러에 이른다.
- 임차료는 연 60만 달러다.

표 27.5는 1994년 뤼테스의 세후 영업활동 현금흐름 추정 과정을 보여준다(단위: 달러).

[표 27.5] 직전 연도 이익: 뤼테스

	가정	기준 연도 금액
매출		
점심	착석률(occupancy) 70%, 1인당 결제액 30달러	656,880

저녁	착석률 80%, 1인당 결제액 60달러	3,303,168
계		3,960,048
비용		
식재료	결제액의 30%	1,188,014
인건비	연간 125만 달러	1,250,000
임차료		600,000
계		3,038,014
EBIT		922,034
세금	세율 40% 가정	368,813
EBIT(1-t)		553,220

현금흐름은 향후 3년간 연 6% 증가한 후 영원히 연 3% 증가할 것으로 예상한다. 표 27.6은 향후 3년간 세후 이익을 요약해서 보여준다.

[표 27.6] 세후 기대이익: 뤼테스

	기준 연도	1년 차	2년 차	3년 차
매출	3,960,048	4,197,651	4,449,510	4,716,481
비용	3,038,014	3,220,295	3,413,513	3,618,324
EBIT	922,034	977,356	1,035,997	1,098,157
세금	368,813	390,942	414,399	439,263
EBIT(1-t)	553,220	586,413	621,598	658,894

할인율 추정

인수자인 아크 레스토랑은 베타가 비교적 낮은 0.7이고 자본 소요의 10%만 부채로 조달한다. 뤼테스 투자에 내재한 위험도 유사하다고 가정할 때 자기자본비용은 다음과 같다(장기 국채 수익률 8%, 위험 프리미엄 5.5% 가정).

$$자기자본비용 = 8\% + 0.7 \times 5.5\% = 11.85\%$$

아크 레스토랑이 이자율 9%에 차입할 수 있고 세율이 40%라면 자본비용은 다음과 같다.

$$자본비용 = 11.85\% \times 0.9 + 9\% \times (1 - 0.4) \times 0.1 = 11.21\%$$

가치 추정

현금흐름을 가중평균 자본비용으로 할인해서 가치를 추정한다. 성장률이 향후 3년간 6%이고 이후 영구

가치평가 바이블

성장률이 3%라면 뤼테스의 가치는 다음과 같다.

$$\text{고성장 단계 종료 시점의 잔존가치} = \frac{\text{EBIT}_3(1-t)(1+g_n)}{\text{WACC} - g_n} = \frac{658,894 \times 1.03}{0.1121 - 0.03} = 8,271,309$$

$$\text{뤼테스의 가치} = \frac{586,413}{1.1121} + \frac{621,598}{1.1121^2} + \frac{658,894 + 8,271,309}{1.1121^3} = 7,524,559$$

핵심 인물 가치평가

뤼테스의 가치 일부는 셰프인 안드레 솔트너의 영향력에서 비롯한다는 점에는 이견이 없을 것이다. 셰프가 다른 사람으로 교체되면 가치가 얼마나 변하는지를 살펴보자. 셰프 교체의 효과를 판단하는 가장 간단한 방법은 다음과 같다.

- 안드레 솔트너를 다른 셰프로 교체했을 때 착석률과 현금흐름에 미치는 영향을 추정한다. 착석률이 하락하고 현금흐름이 감소하는 만큼 뤼테스의 가치가 하락한다.
- 현금흐름할인법에 바탕을 두고 뤼테스의 가치를 도출한다.

극단적인 사례로서 레스토랑의 가치가 모두 한 명의 핵심 인물에서 비롯한다고 가정하면 그가 떠나거나 사망할 시 가치는 제로(0)가 될 수도 있다. 덜 극단적인 상황을 가정하면 핵심 인물이 있을 때와 없을 때 레스토랑의 가치 간 차액으로 핵심 인물의 가치를 추정할 수 있다.

상표권, 저작권, 라이선스 가치평가

상표권과 저작권, 라이선스 소유자는 제품을 생산하거나 서비스를 제공할 독점권을 갖는다. 이들의 가치는 독점권에서 발생하는 현금흐름에 바탕을 둔다. 이때 제품 생산이나 서비스 제공에 비용이 든다고 가정하면 가치는 곧 독점권에서 발생하는 초과수익에서 비롯한다.

상표권과 저작권의 가치평가 방법은 다른 자산과 마찬가지로 두 가지 중에서 선택할 수 있다. 첫째, 현금흐름할인 가치평가로서 보유 자산에서 발생할 기대 현금흐름을 추정하고 현금흐름의 불확실성을 반영한 할인율을 도출한 후 현재가치를 구한다. 둘째, 상대가치평가로서 상표권과 저작권에서 발생하리라고 예상하는 매출이나 수익에 배수를 곱한다. 배수는 유사한 자산이 과거 얼마에 거래되었는지를 통해 추정한다.

이 과정에서 상표권과 저작권, 라이선스 고유의 추정 문제를 마주할 것이다. 첫째,

상표권과 저작권에서 얻는 독점은 유효기간이 무한하지 않다는 점을 고려해야 한다. 따라서 독점이 유효한 기간에 대해 현금흐름을 추정해야 하고, 잔존가치는 대개 제로 (0)일 것이다. 둘째, 상표권과 저작권의 침해에 따른 기대비용을 반영해야 한다. 적어도 두 가지 항목을 포함해야 하는데, 하나는 독점권의 행사와 관련한 법률·감독 비용이다. 나머지 하나는 아무리 열심히 감독하더라도 권리 침해를 원천 봉쇄할 수는 없고, 상실한 매출이나 이익으로 인해 권리의 가치가 하락하는 것이다.

[예시 27.5] 《다모다란의 가치평가 바이블》 저작권 가치평가(2024년)

이 책 원서의 저작권을 소유한 존 와일리 앤드 선즈(John Wiley & Sons) 출판사가 다른 출판사로부터 저작권을 사고 싶다는 문의를 받았다고 하자. 저작권의 가치를 평가하기 위해 다음 가정을 둔다.[4]

■ 와일리는 이 책에서 향후 3년간 세후 현금흐름 연 15만 달러를 얻고(희망 사항이라는 점을 나도 잘 안다) 이후 2년간 연 10만 달러를 얻으리라고 가정한다. 저자 인세와 프로모션 비용, 제작비를 모두 차감한 값이다.
■ 위 현금흐름의 40%는 대형 조직의 대량 주문에서 발생하므로 비교적 예측 가능하고 안정적이다. 여기에 적용할 자본비용은 7%다.
■ 현금흐름의 나머지 60%는 일반 대중 구매에서 발생하므로 변동성이 훨씬 크다. 자본비용은 10%다.

이 현금흐름과 자본비용을 활용해 추정한 저작권 가치는 표 27.7과 같다(단위: 달러).

[표 27.7] 저작권 기대현금흐름

연도	안정적인 현금흐름	현재가치(할인율 7%)	변동성이 큰 현금흐름	현재가치(할인율 10%)
1	60,000	56,075	90,000	81,818
2	60,000	52,406	90,000	74,380
3	60,000	48,978	90,000	67,618
4	40,000	30,516	60,000	40,981
5	40,000	28,519	60,000	37,255
계		216,494		302,053

---

4 일부러 최대한 낙관적으로 가정했다. 이 책을 읽는 독자 여러분이 내 추정치에 가까운 현금흐름을 실제로 만들어주기를 바란다.

저작권 가치는 21만 6,494달러와 30만 2,053달러를 합한 51만 8,547달러다.

수집품

현금흐름을 창출하지 않는 자산은 현금흐름할인모형으로 가치평가하는 것이 불가능하다. 이러한 자산은 수요보다 공급이 부족한 희소성, 소비의 효용, 인식 차이 등 여러 요인의 조합에서 가치가 비롯한다. 상대가치평가는 가능하겠지만, 가치가 전적으로 인식에 바탕을 둘 때가 많으므로 변동성이 훨씬 크다. 현금흐름 미창출 자산으로 분류할 수 있는 투자는 한정판 바비인형부터 희귀 동전과 와인까지 아주 다양하다.

현금흐름 미창출 자산의 가격결정

현금흐름 미창출 자산은 현금흐름 창출 자산과 비교해 가격을 정당화할 내재가치가 존재하지 않는다는 차이가 있다. 유일한 가치평가 방법은 상대가치평가로서 비슷한 자산이 시장에서 거래되는 가격과 비교한다.

자산 가치평가에서 비교 대상을 활용하는 과정은 (적어도 이론상으로는) 아주 간단하다. 먼저 비교 자산에 관한 가격 데이터를 모은 후 가치의 표준화 척도를 추정한다. 비교 자산과 평가 대상 자산 간 차이에 대해 조정하면 합리적인 가격 추정치를 얻는다. 이 방법의 문제점은 다음과 같다.

- 현금흐름 미창출 자산의 비교 자산을 찾기가 어려울 수도 있다. 전통 자산에 해당하지 않는 여러 자산으로 구성한 지수가 존재하지만, 해당 지수에 편입된 자산 간에도 차이가 상당하다.
- 현금흐름 미창출 자산시장은 유동성이 낮을 뿐 아니라 대개 사모시장이다. 사적 거래일 때가 많아서 거래가의 신뢰도도 낮다.
- 비교 자산과의 차이가 정량적인 요인이 아니라 인식과 관련되어 있으므로 자산 간 차이를 어떻게 조정할지가 불분명하다.

■ 자산 공급이 얼마나 희소한지에 따라 가격이 결정될 때가 많다. 예컨대 호너스 와그너(Honus Wagner)의 T-206 야구 카드가 시장에서 가장 가치가 높다는 평가를 받는 이유는 현존하는 카드가 58장뿐이고 그중에서 새것과 같은 상태는 단 한 장뿐이기 때문이다.[5] 달리 생각하면 공급과 수요의 균형이 변하면 가치에도 영향을 미친다. 누군가의 다락에서 새것 같은 상태의 호너스 와그너 카드를 한 장 더 발견하면 가격이 급락할 것이다.

예술품

많은 투자자가 예술품과 수집품 투자에 포트폴리오 일부를 할애한다. 이때 다음 사항을 고려해야 한다.

첫째, 예술품과 수집품 장기 투자수익의 유형이다. 이 주제를 두고 수많은 연구가 있었는데, 특히 메이(Mei)와 모지스(Moses, 2001)는 예술품 투자를 종합적인 관점에서 연구했다. 표 27.8은 1875년부터 2010년까지 여러 번 거래된 예술품에 바탕을 두고 지수를 도출한 결과를 보여준다.

개별 투자처로서 예술품의 역사적 수익률은 낮았다. 지난 50년간 예술품 투자수익률은 변동성이 줄었지만, 이 시기에 과거보다 더 많은 거래가 있었다는 점을 반영한 결과일지도 모른다. 투자수익률이 낮으니 예술품은 형편없는 투자처일까? 반드시 그렇지는 않다. 표 27.9는 예술품과 주식, 국채 투자수익의 상관관계를 보여준다. 주식

[표 27.8] 수익률 비교: 예술품 대 S&P500(1960~2010년)

	예술품		주식	
	평균	표준편차	평균	표준편차
1875~2010년	4.63%	44.30%	8.02%	17.79%
1910~2010년	5.67%	28.40%	7.79%	19.09%
1960~2010년	9.49%	17.10%	11.10%	17.06%

---

5 시카고 출신 투자자 마이클 기드위츠(Michael Gidwitz)는 1996년 64만 달러를 내고 이 한 장뿐인 카드를 샀다. 그 전에는 전설적인 하키 선수 웨인 그레츠키(Wayne Gretzky)가 소유했다(1991년 45만 1,000달러에 구매).

[표 27.9] 자산별 투자수익의 상관관계(1960~2010년)

	예술품	S&P500	장기 국채
예술품	1.00		
S&P500	-0.02	1.00	
장기 국채	-0.13	0.06	1.00

과 상관계수가 낮은 예술품을 분산도가 높은 포트폴리오에 편입해야 할 이유라고 볼 수도 있지만, 비중은 아주 작아야 할 것이다.

둘째, 투자한 예술품과 수집품의 가격결정 방법이다. 실무에서는 언제나 상대가격을 활용한다. 예컨대 피카소(Pablo Picasso)의 한 작품은 최근 거래된 그의 다른 작품 가격과 비교한다. 예술품의 가치평가에는 세 가지 문제가 있다.

- 첫째, 시장의 유동성이 낮아서 거래가 드물다. 따라서 가장 최근에 거래된 피카소 작품이라고 해도 사실 3년 전의 거래일 수도 있는 데다가 그동안 예술품시장에 큰 변화가 있었을지도 모른다.
- 둘째, 완전히 똑같은 피카소 작품은 존재하지 않고, 스타일이나 가격 면에서 실질적인 차이가 있다.
- 셋째, 위조와 사기 가능성이 몹시 크지만 대개 전문가만 제대로 판별할 수 있다. 결국 예술품과 수집품의 상대가격 결정은 전문 감정사의 영역이 될 수밖에 없다. 이들은 앞서 다룬 문제를 이겨내고 공정가격을 추정하려고 노력한다(항상 성공하는 것은 아니다). 하지만 여느 애널리스트와 마찬가지로 감정사 역시 시장 분위기에 크게 영향받고, 다른 시장처럼 거품과 붕괴의 사이클이 반복된다.

투자자에게 시사하는 바는 무엇일까? 첫째, 예술품과 수집품은 하나의 자산군으로서 포트폴리오의 균형을 맞출 수도 있지만, 금융자산과 비교해 성공을 위한 전문지식을 습득하는 데 훨씬 많은 시간이 필요하다. 둘째, 예술품과 수집품 투자는 거래비용이 금융자산 투자보다 훨씬 높다고 예상해야 한다(특히 시장의 고점에서는 몹시 높다). 셋째, 야구 카드와 고미술품은 투자 목적이 아니라 향유하기 위해 수집하는 편이 낫다. 나중에 판매하면 기대에 못 미치는 투자수익을 올릴 가능성이 크지만, 향유에 따른 심리적 수익으로 어느 정도 보상받을 수 있다.

금

윈스턴 처칠(Winston Churchill)의 말을 빌리면, 금은 "불가해한 불가사의로 뒤덮인 수수께끼"다. 하지만 그렇다고 해서 금 가격에 매료되지 않거나 가격 변동에도 초연

[그림 27.4] 역사적 금 가격(1963~2023년)

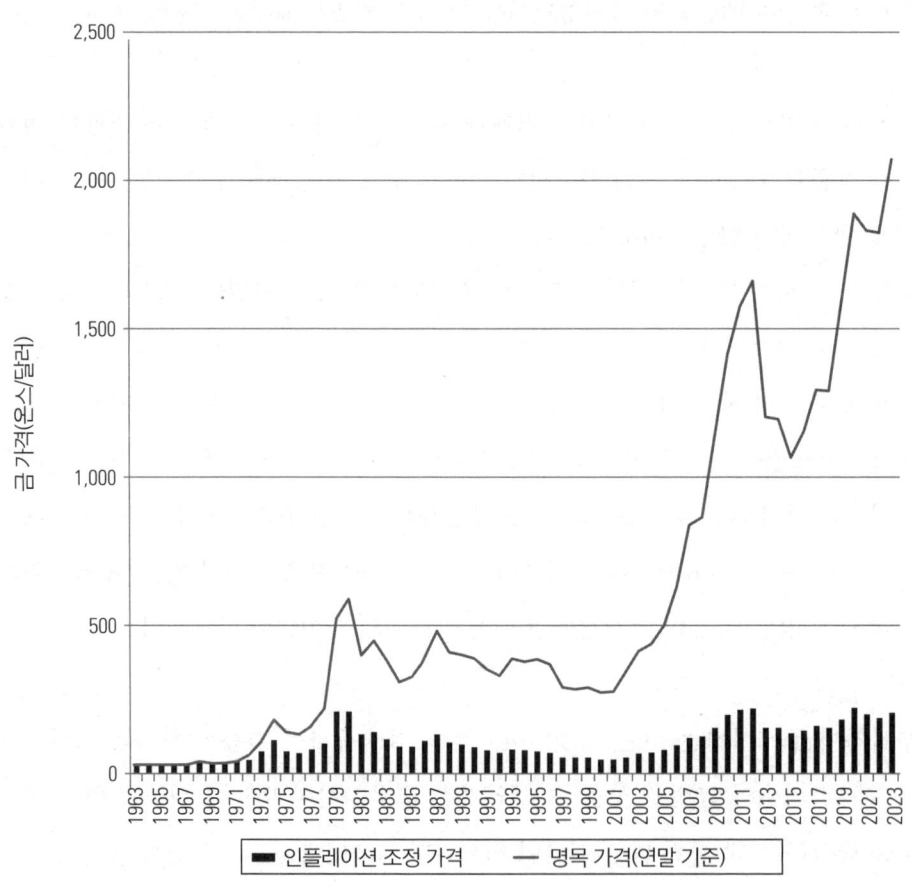

할 수 있다는 뜻은 아니다. 그림 27.4는 역사적 금 가격(명목 및 실질 기준)을 보여준다.

금 가격은 명목과 실질 기준에서 모두 2000~2012년 급등한 후 2012~2015년 하락했고 최근 몇 년간 다시 급상승했다. 2024년 6월 명목 금 가격은 사상 최고치(1온스당 2,320달러)를 경신했고 인플레이션 조정 기준에서는 1970년대 말 전고점에 가까워졌다.

금에 내재가치가 있는가? 자산의 내재가치는 기대 현금흐름과 성장률, 위험이 결정한다. 금은 현금흐름 창출 자산이 아니기에 내재가치 추정은 불가하다. 가치를 추정할 수 없는 자산에는 절대 투자하지 말라는 원칙이 가치투자의 중심을 이루는 만큼 정통 가치투자자는 금을 투자 대상에서 배제할 것이다. 실제로 워런 버핏은 가치를 추정할 수 없다는 이유를 들어 금 투자를 줄곧 반대했다.

대신 원자재의 '펀더멘털' 가치를 원자재 수요(사용성이 결정)와 공급을 측정해 판단하는 대안도 있다. 이론상 산업용 원자재에 적용 가능해 보이지만 귀금속 전반과 금에 적용하기는 어렵다. 실제 사용에 바탕을 두고 수요가 형성되지 않기 때문이다.

금 가격의 동인 금에 내재가치가 없다면 가격의 동인은 과연 무엇인가? 역사적으로 금 가격에 영향을 미친 세 요소가 있다.

1. 인플레이션: 금은 종이 화폐의 대안이라고 주장하는 사람이 많다. 그러면 금 가격은 종이 화폐에 관한 사람들의 신뢰가 결정할 것이다. 종이 화폐 가치가 인플레이션으로 인해 낮아지면 금 가치가 높아져 가격도 상승할 것이다. 금을 인플레이션 헤지 수단으로 바라보는 관점을 받아들여 1963~2023년 금 가격과 인플레이션율 변동을 연도별로 살펴보자(그림 27.5).
   특히 1970년대에 금과 인플레이션의 동행이 두드러졌다. 이 시기는 미국 경제가 고인플레이션으로 어려움을 겪었고 금 가격과 인플레이션의 상관계수가 높았다. 전체 기간을 두고 금 가격 변동률을 인플레이션율에 대해 회귀분석한 결과를 보자.

$$\text{금 가격 연간 변동률} = -0.06 + 3.97 \times \text{인플레이션율} \qquad R^2 = 19.4\%$$
$$\qquad\qquad (1.27) \quad (3.86)$$

금이 인플레이션 헤지라는 전통적 관점을 뒷받침하는 듯해도 두 가지 약점이 있다. 첫째, R^2이 20%가량에 불과해 인플레이션 외 다른 요인이 금 가격에 중대한 영향을 미친다. 둘째, 1970년대 데이터를 제외하면 회귀분석의 유의성이 심각하게 훼손된다. 1970년대 급격한 금 가격 변동은 예상을 뛰어넘는 높은 인플레이션으로 설명할 수 있지만 2001~2012년 가격 상승은 인플레이션과 관계가 없다. 데이터를 더 깊이 들여다보면 금은 극단적이고 예상하지 못한 인플레이션

[그림 27.5] 인플레이션과 금 가격(1963~2023년)

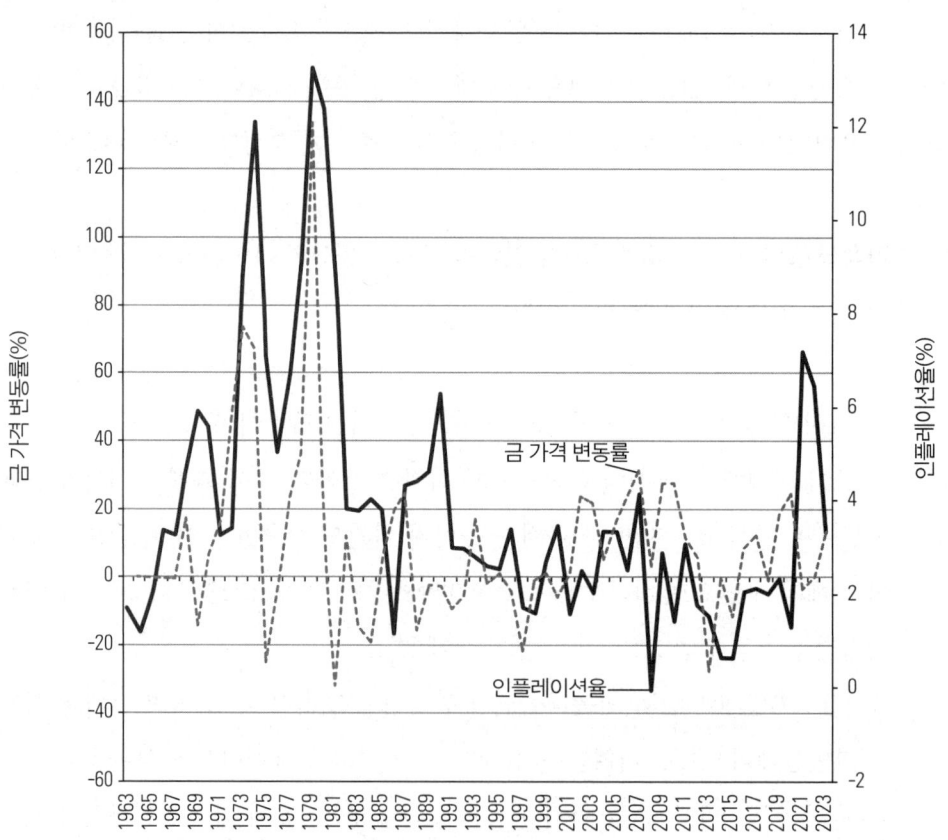

가치평가 바이블

변화에 대한 헤지 수단에 가깝다. 인플레이션이 소폭 변화할 때는 금이 아무런 도움이 되지 않는다.

2. **위기의 공포:** 몇 세기에 걸쳐 금은 위기에 도망치는 투자자가 마지막으로 의지할 수 있는 도피처 '자산'으로 자리를 지켰다. 그렇다면 투자자 공포심의 변화에 맞춰 금 가격도 오르내려야 할 것이다. 과연 현실에서도 그랬는지 검증하기 위해 투자자 공포심의 선행 지표라고 할 수 있는 부도 스프레드(Baa 등급)와 내재 주식 위험 프리미엄(주가와 기대 현금흐름에 바탕을 두고 산출)을 살펴보았다. 투자자의 공포가 커지면 채권·주식시장의 프리미엄이 모두 상승하는 동시에 금 가격도 상승해야 할 것이다. 그림 27.6은 연도별 금융시장의 위험 프리미엄(채권 부도 스프레드와 주식 위험 프리미엄)과 금 가격을 요약해서 보여준다.

인플레이션보다 해석은 다소 어렵지만, 주식 위험 프리미엄이 높을수록 금 가격도 높다는 상관관계가 존재한다. 금 가격 변동률을 각 프리미엄에 대해 회귀분석한 결과를 보자.

금 가격 연간 변동률 = -0.13 + 5.20 × 주식 위험 프리미엄　　R^2 = 5.0%
　　　　　　　　　　　(0.98)　(1.76)

금 가격 연간 변동률 = 0.12 + 1.01 × (Baa 등급 회사채 수익률 – 장기 국채 수익률)
　　　　　　　　　　　(0.15)　(0.23)
　　　　　　　　　　　　　　R^2 = 0%

부도 스프레드와 금 가격은 상관관계가 사실상 없고, 주식 위험 프리미엄과 금 가격은 상당한 오차가 존재하지만 약한 상관관계가 존재한다는 점을 알 수 있다. 따라서 금 가격은 채권시장이 아니라 주식시장의 공포와 더 밀접한 관계를 보이며 움직인다. 주식 위험 프리미엄이 1% 상승하면 금 가격은 5.20% 상승한다.

3. **실질 이자율:** 금을 보유하면 현금흐름이 들어오지 않는다는 비용을 치러야 한다. 이 기회비용은 실질 이자율 개념으로 규모를 판단할 수 있다. 즉 실질 이자율이 높을수록 금 보유의 기회비용이 상승한 결과 금 가격이 하락한다. 실질 이자율은 물가연동국채(TIPS)를 통해 직접 측정하거나 명목 무위험 이자율에서 기대인

[그림 27.6] 시장 위험 프리미엄과 금 가격

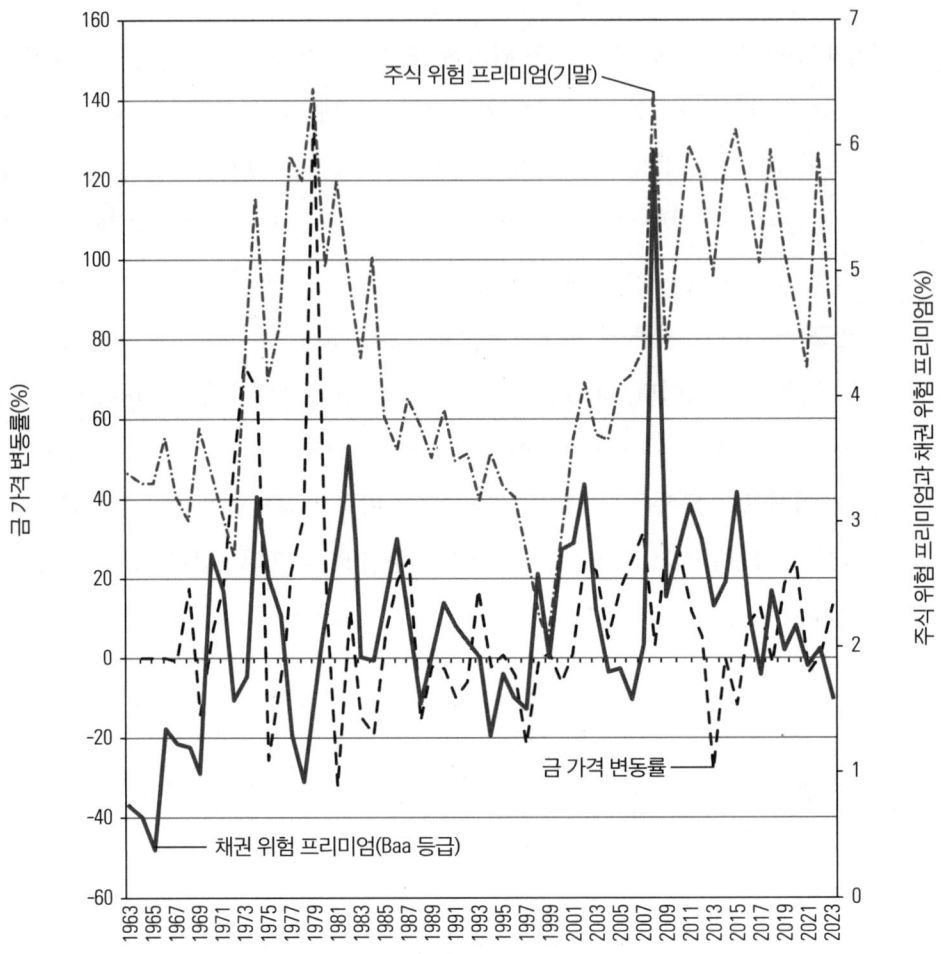

플레이션율을 빼는 방식으로 간접 측정할 수 있다. 그림 27.7은 1963~2023년 실질 이자율과 금 가격의 연도별 변동률을 요약해서 보여준다.

TIPS 이자율은 최근 20년 데이터만 존재하고, 간접 측정 방식에서 실질 이자율 은 10년 만기 국채 수익률에서 기대 인프레이션율이 아니라 실현 인플레이션율 을 빼서 계산한다는 점을 유념하라. 금 가격을 실질 이자율에 대해 회귀분석한 결과를 보자.

[그림 27.7] 실질 이자율과 금 가격

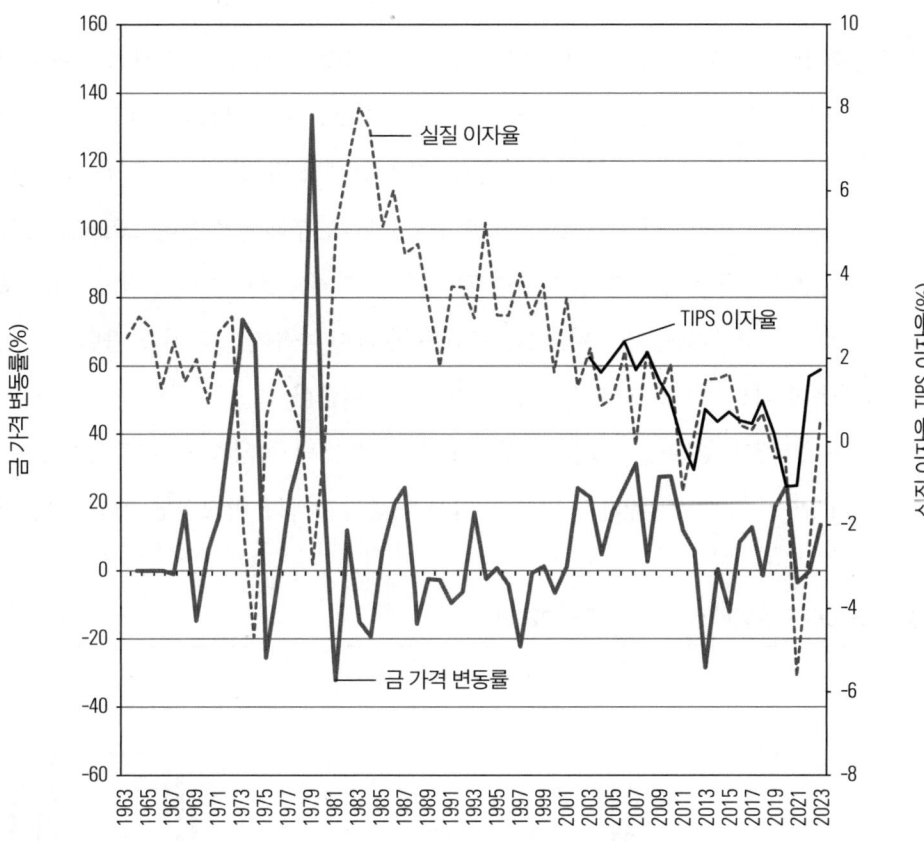

$$금\ 가격\ 연간\ 변동률 = 0.18 - 4.68 \times (장기\ 국채\ 수익률 - 인플레이션율)$$
$$(0.55)\ (2.93)$$
$$R^2 = 22.0\%$$

실질 이자율이 높을수록 금 가격이 하락하고, 실질 이자율이 낮을수록(또는 마이너스) 금 가격이 상승한다.

금 가격평가　인플레이션과 주식 위험 프리미엄, 실질 이자율이 금 가격에 영향을 미친다는 사실은 알아두면 유용하지만 현시점 금 가격이 높은지 판단하는 데는 별 도움이 안 된다. 금 가격을 다른 자산과 비교하거나 그 자체로 평가할 수 있을까?

A. 인플레이션과 비교: 어브(Erb)와 하비(Harvey, 2015)는 함께 금 가격과 인플레이션 간 관계를 연구했다. 금 가격을 소비자물가지수(CPI)와 연결해 CPI 대비 금 가격 비율을 계산한 두 사람의 분석을 차용해, 미 노동부가 발표하는 CPI '전 품목' 지수의 1982~1984년 값을 100포인트로 두고 1947년부터 추적했다. 2023년 12월 지수는 308.742포인트였다. 2023년 말 기준 금 가격(온스당 2,063달러)을 지수 포인트로 나누면 6.68을 얻는다. 그림 27.8은 이 값이 높은지 낮은지를 판단하기 위해 같은 방식으로 1963년부터 계산한 결과를 보여준다.

1963~2023년 중앙값은 2.93이었고 1971~2023년 중앙값은 3.77이었다. 그런데 CPI 지수 대비 금 가격 비율을 역사적 중앙값과만 비교하면 지난 10년간

[그림 27.8] CPI 지수 대비 금 가격(1963~2023년)

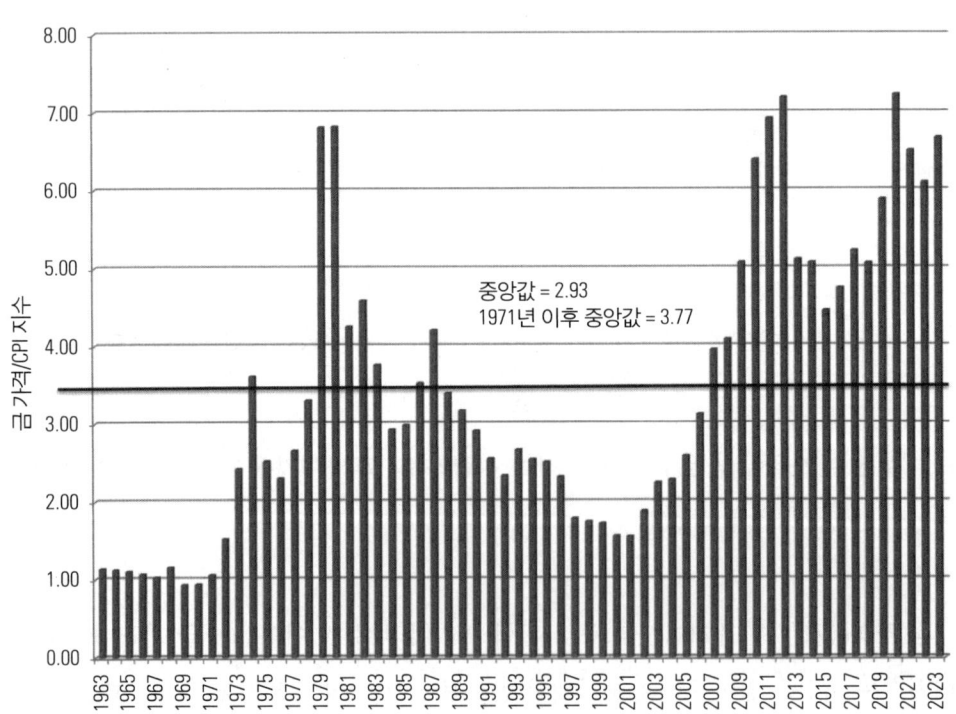

저금리·저인플레이션 환경으로 인해 수치가 왜곡될 가능성을 놓친다. 따라서 이 비율(1963~2023년)을 주식 위험 프리미엄과 실질 이자율에 대해 회귀분석했다. 실질 이자율은 별다른 영향을 미치지 않는 것처럼 보이지만 주식 위험 프리미엄은 강한 플러스 상관관계가 있다는 증거가 있다.

$$\text{금 가격/CPI} = -1.86 + 123.24 \times \text{주식 위험 프리미엄} \qquad R^2 = 52.7\%$$
$$\quad (2.76) \quad (8.11)$$

2024년 6월 초 S&P500 지수의 내재 주식 위험 프리미엄은 4.27%였다. 이 값을 위 식에 대입하면 다음과 같다.

$$\text{금 가격/CPI(2024년 6월 주식 위험 프리미엄 4.27\% 적용)}$$
$$= -1.86 + 123.24 \times 0.0427 = 3.41$$

즉 2024년 6월 금 가격은 주식 위험 프리미엄을 최신 값으로 갱신해 판단하더라도 고평가되었던 것으로 보인다.

B. **타 귀금속과 비교**: 금의 상대가치를 판단하는 또 다른 방법은 다른 귀금속과 비교하는 것이다. 예컨대 금과 은을 비교해 가격이 저렴한지 비싼지 판단할 수 있다. 2023년 12월 말 온스당 가격은 금이 2,062.92달러, 은이 29.47달러였으므로 은 가격 대비 금 가격 비율(금은비)은 70.00이었다. 이 값이 역사적 기준에서 어느 수준인지 판단하기 위해 1963~2023년 금은비를 살펴보자(그림 27.9). 1963~2023년 중앙값 57.09와 비교하면 2023년 말 금 가격은 은 가격과 비교해 고평가되었던 것으로 보인다. 하지만 금과 은이 같은 방향으로 움직일 때가 훨씬 많다는 사실을 고려할 때 이 관계만 두고 금 가격이 공정가치에 거래되는지를 판단해도 되는지는 불확실하다. 그래도 귀금속 트레이딩에는 유용한 정보가 될 것이다.

C. **보험으로서 금**: 은이나 인플레이션과 비교해 금 가격을 평가하면 투자자가 금을 보유하는 가장 중요한 이유를 놓친다는 주장이 있다. 투자자는 드물지만 발생하면 재앙을 초래하는 위험(초인플레이션, 전쟁, 테러 등)으로부터 자산을 보호할 보

[그림 27.9] 금 가격과 은 가격(1963~2023년)

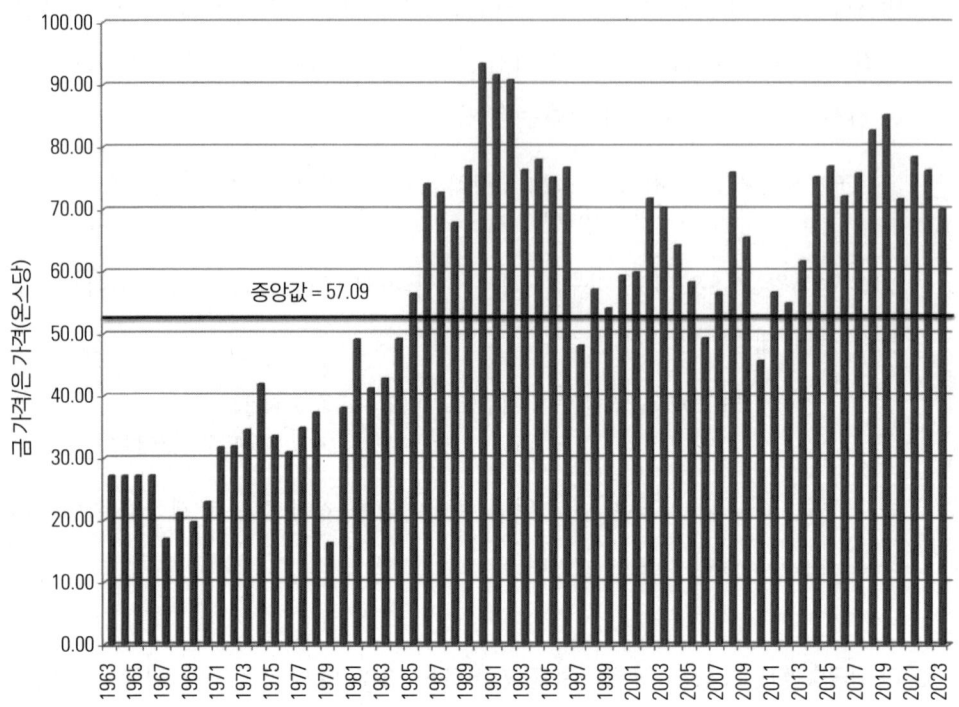

험으로서 금에 투자한다. 그렇다면 금융자산으로 포트폴리오를 꾸려 치명적 위험에서 자유롭지 않은 투자자에게 금은 일종의 보험으로 기능한다. 더 구체적으로 말해 포트폴리오에 금을 편입하는 이유는 단순히 돈을 벌기 위해서가 아니라 다른 포트폴리오 자산을 무너뜨릴 '블랙스완' 사건으로부터 보호 장치를 구매하는 행위다. 금을 돌발 위험에 대한 헤지나 보험으로 보는 관점은 두 가지를 시사한다.

1. 금이 장기간에 걸쳐 높은 연간 수익률을 올릴 것으로 기대하면 안 된다. 실제로 1970년대와 최근 10년간 호황기를 제외하면 금은 대다수 기간에 다른 위험 자산 대비 낮은 수익률을 기록했다.

2. 금 가격은 보험을 구매하는 비용을 반영해야 하는데, 이는 미래에 관한 불확실성과 재앙이 발생할 확률에 의해 결정된다. 따라서 지난 10년간 금융위기와 전쟁, 테러 같은 여러 위기가 발생했기에 금 가격이 줄곧 상승했고 주식 위험 프리미엄과 상관관계가 높았을는지도 모른다.

아울러 블랙스완 사건에 대비할 보험이 금으로만 존재하지도 않는다. 수집품과 부동산, 다른 원자재처럼 실물자산을 활용하거나 지수옵션 등 금융 파생상품을 활용하면 더 낮은 비용에 같은 효과를 거둘 수도 있다.

비트코인

비트코인(Bitcoin)은 2008년 11월 세상에 등장한 이래 수많은 글과 논의의 중심에 서 있었다. 총 시가총액 규모를 놓고 보면 최대 호황기에도 전 세계 시가총액 순위 상위권에 있는 기업 한 곳의 시가총액보다 낮았던 만큼, 과도한 관심을 받았다. 비트코인이 정부와 중앙은행으로부터 자유로운 미래를 상징한다며 지지하는 사람이 있는 반면 아무런 가치도 없다고 주장하는 사람도 있다. 이번 섹션에서는 양쪽의 논의를 다 살펴보고 적어도 비트코인이 존재했던 기간에 걸쳐 주장을 입증할 증거가 있는지 확인해보자.

비트코인을 보는 관점　비트코인을 두고 진지한 논의를 시작하려면 먼저 이것이 자산인지, 아니면 화폐나 원자재, 수집품인지를 정해야 한다. 비트코인은 (매도하기 전에는) 보유자에게 현금흐름을 돌려주지 않으므로 현금흐름 창출 자산은 아니다. 제조 등 다른 생산성 있는 활동에 원재료로 투입할 수 없으므로 원자재도 아니다. 만약 스마트 계약의 일부로 포함된다면 원자재와 비슷한 역할을 수행할 수는 있을 것이다. 화폐보다는 스마트 계약의 촉매제로 홍보했던 이더리움(Ethereum)이 여기에 해당할는지도 모른다. 그렇다면 비트코인은 화폐나 수집품 중 하나에 해당할 텐데, 옹호론자는 대개 수집품이 아니라 화폐라는 주장을 펼친다. 옹호론과 비판론을 모두 고려할 때 비트코인은 크게 보면 다음 세 가지 중 하나로 결론 날 가능성이 크다.

1. **세계적 디지털 화폐**: 가장 긍정적인 시나리오로 전 세계가 거래 수단으로 비트코인을 사용하며 세계적 디지털 화폐로 자리매김하는 것이다. 그러려면 다른 화폐와 비교해 안정성이 제고되고, 전 세계 정부와 중앙은행이 받아들여야 하며(적어도 적극적으로 방해하지는 않아야 한다), 비트코인을 둘러싼 일종의 신비주의가 사라져야 한다. 그래야만 법정 화폐와 같은 선에서 경쟁하고 발행과 관련한 알고리즘적 제한을 고려해 상당히 높은 가격을 받아들일 수 있을 것이다.

2. **밀레니얼 시대의 금**: 중앙은행과 정부, 법정 화폐를 신뢰하지 않는 사람을 위한 피난처로 자리 잡는 시나리오다. 중앙집권화한 권력을 더 이상 신뢰하지 않거나 두려워하는 사람에게 과거 금이 제공했던 기능을 비트코인이 도맡는 것이다. 이렇게 보면 비트코인 관련 용어가 광업 분야에서 사용하는 용어로 가득한 점이 흥미롭다. 비트코인 창시자는 서로 이 시나리오를 공유했던 것으로 보인다. 2,100만 개로 제한된 비트코인 총량은 디지털 화폐보다는 금을 대체한다는 시나리오에 더 잘 부합한다. 그러면 비트코인은 금과 같은 지속력을 가질 테고 위기 때는 가격이 오르고 안정기에는 가격이 하락하는 움직임을 보일 것이다.

3. **21세기 튤립 구근**: 가장 부정적인 시나리오로 비트코인은 별똥별처럼 가격이 상승할수록 쉽게 돈을 벌고자 하는 사람에게서 더 많은 돈을 끌어모으지만 금세 트레이더가 다른 신선한 대상(더 잘 설계한 디지털 화폐 등)으로 옮겨가면서 비트코인 보유자는 과거 영광만 회상하는 신세로 몰락할 것이다. 그러면 17세기 네덜란드에서 가격이 급등한 후 빠르게 붕괴했던 튤립 구근처럼 비트코인도 투기 대상으로 보아야 할 것이다.

비트코인을 트레이딩하는 사람은 사실 어느 쪽으로 결론이 나든 개의치 않을는지도 모른다. 시계열이 몇 분에서 몇 시간밖에 안 되기에 몇 주나 몇 달, 몇 년 뒤 이야기에는 관심을 두지 않을 테니 말이다. 하지만 비트코인의 미래에 관심을 둔다면 매일 가격 변동에서 발생하는 소음이 아니라 화폐로서 가치를 쌓아가는 과정에 초점을 두어야 할 것이다. 또한 비트코인과 다른 암호화폐에 회의적인 사람도 블록체인 등 기초 기술과 파괴적 혁신 가능성은 긍정적으로 판단할 수 있다는 점을 유념하라.

디지털 화폐로서 비트코인　2008년 금융위기 이후 투자자가 기관 금융에 관한 신뢰를 잃었을 때 비트코인이 세계적 디지털 화폐로서 법정 화폐를 대체할 수 있다는 주장이 고개를 들었다. 옹호론자는 시간이 흐를수록 더 많은 기업이 결제 수단으로 비트코인을 채택할 것이고 소비자는 비트코인 지갑을 활용해 금액과 관계없이 상품과 서비스를 구매할 것으로 미래를 내다보았다.

그로부터 10년이 흘렀지만 약속했던 미래는 오지 않았다. 비트코인 가격이 급등했고 비트코인 트레이딩시장에서 매매 시점을 잘 포착한 새로운 백만장자가 많이 등장했지만 상거래 수단으로서 비트코인 사용은 기대에 미치지 못했다(그림 27.10).

2018~2022년 비트코인으로 이루어진 상거래 건수는 큰 변화가 없었고 2023년 다소 증가했지만 여전히 금액대가 낮은 거래에 집중되었다는 증거가 있다. 2023년 5월 연방준비은행이 실시한 가계 재정 설문조사에 따르면 투자 대상으로서 비트코인을

[그림 27.10] 비트코인으로 이루어지는 상거래

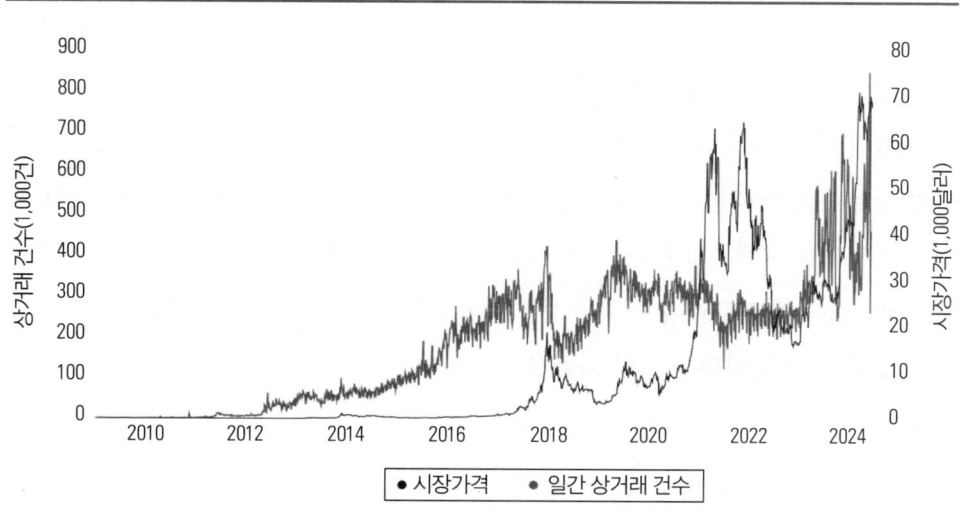

고려하는 가구는 전체의 8%에 달했지만 물건을 구매하거나 결제 수단으로 사용할 생각이 있는 가구는 2%에 불과했다.[6]

비트코인이 상거래에 널리 사용하는 화폐로 자리 잡지 못한 이유는 다면적이다. 가장 중요한 원인은 좋은 화폐의 조건을 갖추지 못한 설계 문제에서 비롯한다.

- 비트코인 총량을 2,100만 개로 제한하기에, 비트코인을 화폐로 받아들인 경제가 실질 성장한다면 디플레이션이 필연적으로 발생할 수밖에 없다.
- 블록체인을 활용해 상품과 서비스 구매자의 지갑 잔고를 검증하고 비트코인을 판매자에게 이전하는 과정은 물론 중앙집중 기관 의존도를 낮추지만 당연히 비용이 발생한다. 비트코인은 화폐로서 모든 거래에 소요되는 시간과 비용을 높이기에 비효율적이다.

비트코인이 투기 대상이 되었다는 사실도 문제를 심화한다. 그림 27.11처럼 가격이 극심한 변동성을 보이기 때문이다.

비트코인을 기준으로 상품과 서비스 가격을 매기는 기업은 비트코인 가격이 바뀌면 금세 판매가를 바꿔야 하고 거래 이후 변동성도 생각해야 한다. 좋은 화폐는 대개 안정적이지만 비트코인은 그렇지 않다.

옹호론자는 비트코인이 거둔 작은 성공을 훨씬 크게 해석하며 축하 잔치를 벌였다. 2021년 9월 엘살바도르 정부는 비트코인을 법정 화폐로 선포하고 구매자가 원한다면 기업이 비트코인을 결제 수단으로 받아들이도록 제도화했다. 물론 한 걸음 진전이었던 것은 분명하지만 다음 사항을 주의해서 해석해야 한다. 첫째, 엘살바도르만 해도 비트코인을 사용하지 않는 국민 비율이 2023년 89%에 달했고 비트코인 가격의 변동성으로 인해 정부 재정이 불안정한 상태로 변했다. 둘째, 인플레이션과 중앙은행의 잘못된 조처로 인해 실패한 화폐를 비트코인이 대체할 수 있다는 주장이 적용될

---

6   Report on the economic well-being of U.S. households in 2022—May 2023, U.S. Federal Reserve Bank.

[그림 27.11] 비트코인 가격 추이

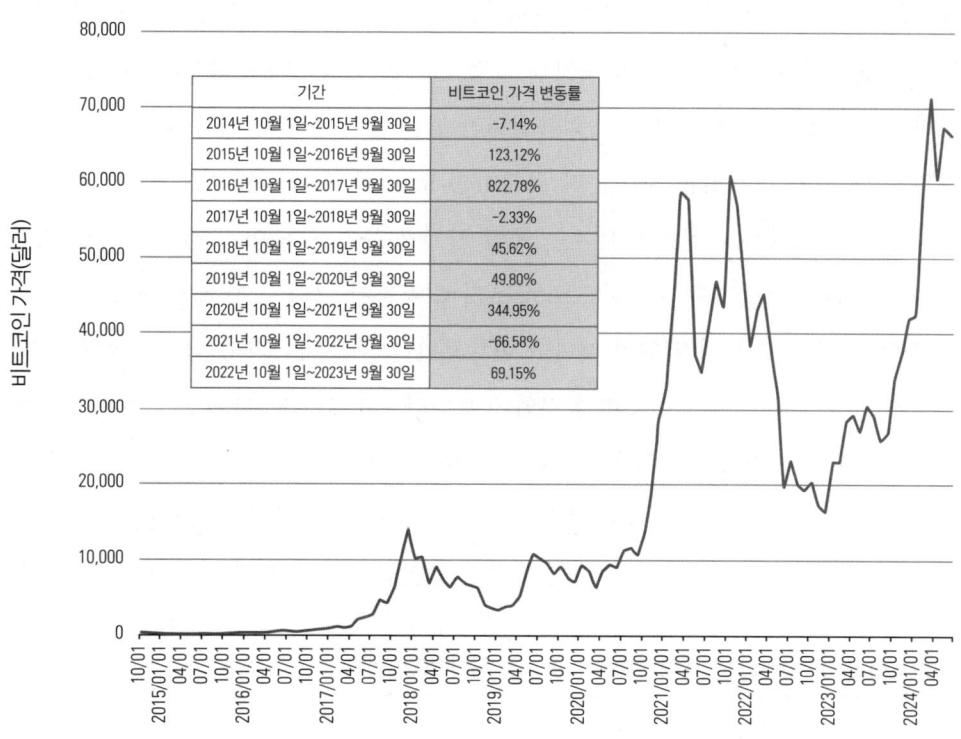

기간	비트코인 가격 변동률
2014년 10월 1일~2015년 9월 30일	-7.14%
2015년 10월 1일~2016년 9월 30일	123.12%
2016년 10월 1일~2017년 9월 30일	822.78%
2017년 10월 1일~2018년 9월 30일	-2.33%
2018년 10월 1일~2019년 9월 30일	45.62%
2019년 10월 1일~2020년 9월 30일	49.80%
2020년 10월 1일~2021년 9월 30일	344.95%
2021년 10월 1일~2022년 9월 30일	-66.58%
2022년 10월 1일~2023년 9월 30일	69.15%

만한 곳은 규모도 작고 틈새시장에 불과하다.

수집품으로서 비트코인 비트코인을 보는 두 번째 관점은 지난 섹션에서 다뤘던 금과 같은 뿌리를 공유한다. '밀레니얼 시대의 금'은 일리 있는 비유이지만 그래도 검증은 거쳐야 한다. 투자자산은 두 가지 요건을 갖추어야 뛰어난 수집품의 자격이 있다. 첫째, 희소성이다. 수를 상당히 늘릴 수 있는 자산은 결국 가치를 잃기 때문이다. 둘째, 오래가는 매력이다. 투자자가 지금뿐 아니라 미래에도 매력을 느껴야 하기 때문이다. 역사상 가장 오래된 수집품인 금은 두 요건을 모두 충족한다. 매장량이 제한되어 있고 새로 채굴하더라도 시간이 흐르며 점진적으로 증가할 뿐이다. 고대 문명에서도 인기를 끌었던 만큼 매력도 오래간다. 비트코인은 총량이 2,100만 개로 제한되므로 희소성 요건은 충족하지만 다른 디지털 화폐가 대체재로 등극할 가능성이 있다. 세상에 등장한 지 20년도 안 되었으므로 오래가는 매력 요건은 훨씬 요원해 보인다. 하지만 옹호론자는 비트코인이 수차례 사망 선고를 받았는데도 모두가 달려들어 매도하는 순간을 여러 번 뚫고 다시 회복했다는 점을 들어 반박할지도 모른다.

위기 때 어떤 움직임을 보이는지 검증하는 또 다른 수집품 요건도 있다. 좋은 수집품은 위기 때 금융자산이 무너지는 동안 가치를 유지한다. 아직 결론을 내릴 시점은 아니지만 비트코인은 수집품으로서 초기 수익률이 그리 좋지 않았다. 2010년부터 2023년까지 모든 시장 위기 때마다 비트코인은 금이 아니라 주식, 그중에서도 위험도가 가장 높은 종목과 비슷한 움직임을 보였다. 2020년 코로나19 시장 위기 때로 돌아가 비트코인 가격 움직임을 한번 보자(그림 27.12).

2020년 1분기 주식 가격이 폭락했다. 2020년 2월 14일부터 2020년 3월 31일까지 S&P500 지수는 3분의 1 가까이 하락했지만 금은 가치를 유지했고 비트코인은

[그림 27.12] 비트코인과 금, 주식: 코로나19발 시장 위기(2020년)

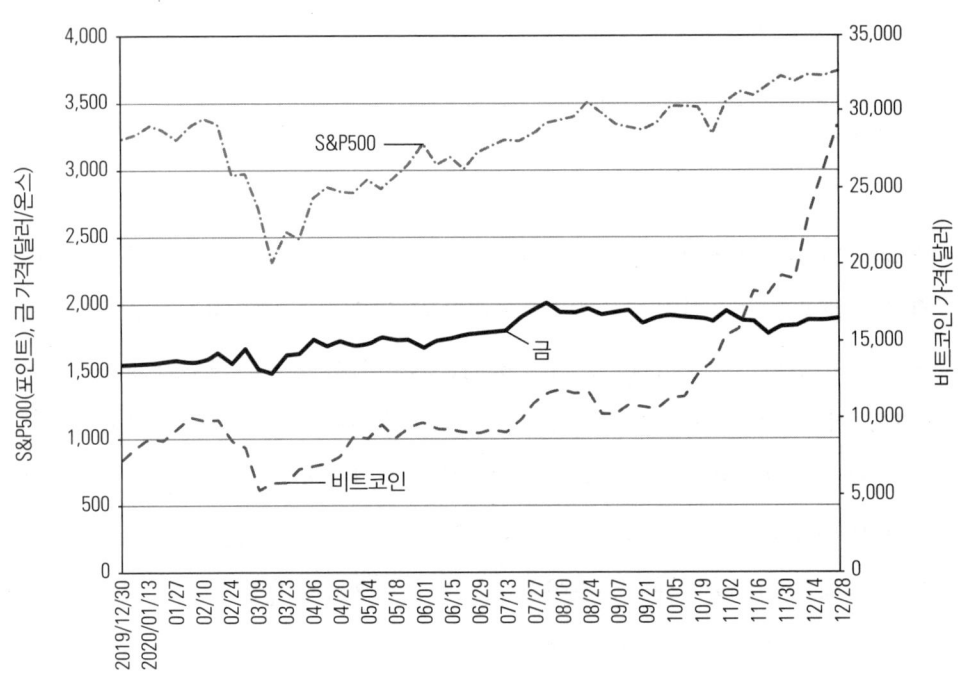

가치평가 바이블

50% 이상 급락했다. 같은 해 말까지 주식이 상당히 회복하는 동안 비트코인은 그야말로 급등했다. 코로나19 위기에 국한된 상황으로 해석하고 싶다면 비트코인과 나스닥의 상관계수가 2014~2024년 0.45였다는 점을 유념하라. 대부분 같은 방향으로 움직인다는 뜻이어서, 좋은 수집품의 특성과는 정반대다.

비트코인을 둘러싼 현실 검증 앞서 투자자산을 자산과 원자재, 화폐, 수집품으로 나누면서 비트코인을 '신생' 화폐라고 했던 논의까지 고려하면 다음 결론을 도출할 수 있다.

1. 비트코인은 자산군에 속하지 않는다: 포트폴리오에 비트코인을 편입하려는 투자자는 그렇게 하려는 이유기 무엇인지를 명확히 하라. 모든 자산군을 아우르는 분산 포트폴리오를 원해서가 아니라 비트코인 트레이딩 기술을 활용해 포트폴리오 수익률을 극대화하려는 동기가 더 클 것이다. 그렇다고 해서 암호화폐 전반을 향한 비판으로 받아들이지는 않아도 된다. 미국 달러와 유로, 엔 등 법정 화폐 역시 자산군이 아니기 때문이다.

2. 비트코인은 가치평가는 불가하고 가격평가만 가능하다: 비트코인은 자산이나 원자재가 아니라 화폐라는 주장을 받아들이는 것이 먼저다. 비트코인의 가치를 평가할 수 있다고 주장하는 사람은 '가치'를 이 책과 몹시 다른 방식으로 정의하거나, 실체가 없는 말을 지어낼 따름이다.

3. 결국 화폐로 보는 관점이 우세할 것이다: 장기적으로 보면 비트코인 가격은 화폐로서 얼마나 뛰어난 기능을 수행할지에 달려 있다. 많은 사람이 비트코인을 교환 수단으로 받아들이고 가치를 저장할 만큼 안정성을 확보한다면 가격이 상승할 것이다. 반면 위기 때 도피처에 지나지 않은 비주류 화폐가 된다면 가격이 하락할 것이다. 다른 새로운 암호화폐에 대체되어 구매력을 전부 잃고 임시 화폐였던 것으로 판명 난다면 가격이 폭락할 것이다.

4. 비트코인은 투자 대상이 아니라 트레이딩 대상이다: 가치평가가 불가하므로 비트코인

'투자자'가 되기 위한 중요한 요건은 존재하지 않는다. 비트코인을 트레이딩해서 돈을 번 사람은 뛰어난 '트레이더'다.

5. 뛰어난 트레이더의 요건: 비트코인 가격 움직임은 펀더멘털과 아무 관련이 없다는 점을 알아야 한다. 모든 것은 분위기와 모멘텀이 결정한다. 아무리 사소해도 새로운 정보가 알려지면 가격이 대폭 변동할 수 있다는 점을 유념하라.

그래서, 나는 비트코인을 살 생각이 없다. 하지만 여러분의 예상과는 다른 이유다. 내가 비트코인을 사지 않은 것은 고평가되었기 때문이 아니다(가치평가가 불가하므로 판단할 수 없다). 비트코인을 사고팔려면 트레이딩 사고방식이 필수인데 나는 그렇지 않다. 트레이딩 본능이 뛰어난 사람은 모멘텀 판단에 따라 수백만 달러가 오가는 가격 게임에 당연히 참가할 것이다.

디지털 수집품

지난 10년간 디지털 경제로 전환하면서 디지털 자산도 덩달아 늘어났다. 그중에는 원본 비디오나 오디오 콘텐츠를 위해 돈을 지불하는 대체 불가능 토큰(nonfungible

[표 27.10] 최고가 NFT 목록(2023년 기준)

NFT	가격(만 달러)
Everydays: The First 5000 Days by Beeple	6,930
Clock by Pak	5,270
Human One by Beeple	2,890
CryptoPunk 5822	2,370
CryptoPunk 7523	1,175
Tpunk 3442	1,050
CryptoPunk 4156	1,026
CryptoPunk 5577	770
CryptoPunk 3100	758
CryptoPunk 7804	757

token: NFT)도 있다. 모든 NFT는 저마다 고유하기에 시간이 흐르며 가격이 상승할 것으로 소구점을 알렸다. 이 디지털 자산에 희소성이 있는 것은 사실이지만 오래가는 매력 요건은 의문 부호가 따른다.

표 27.10은 최근 몇 년간 투자자가 트레이더가 NFT를 사기 위해 얼마나 많은 돈을 썼는지를 보여준다.

지금으로부터 10년 후에도 이 NFT가 목록에 이름을 올릴까? 물론 확신할 수는 없지만, NFT가 오래가는 매력 요건을 갖췄음을 입증하기 못한다면 단기 트레이딩, 심지어 완전한 투기의 결과일 가능성이 크다.

트로피 자산

이번 장 초반에 현금흐름을 창출하는 자산과 현금흐름을 창출하지 않는 수집품이 서로 다르다는 점을 알아보았다. 그런데 따로 떼어내 살펴볼 만한 자산이 하나 있는데 바로 '트로피 자산'이다. 트로피 자산은 향후 현금흐름이 발생하므로 다른 자산처럼 가치평가를 할 수 있지만, 실제로 이 자산을 구매하는 사람은 자산으로서 가치보다는 수집품으로서 가치를 더 중요히 여긴다. 감정이 추동하는 트로피 자산 가격은 가치보다 더 높이 상승할 때가 많다. 가격과 가치의 괴리를 줄힐 촉매제가 없기에 높은 가격 수준을 오랫동안 지속하기도 한다. 그렇다면 트로피 자산의 요건은 과연 무엇인가?

1. **재무적 특성보다는 감정이 중요하다**: 트로피 자산은 잠재 구매자나 투자자가 비즈니스 모델과 현금흐름이 아니라 감정적 매력에 이끌린다는 점이 핵심이다. 일부 집단에만 통용하는 매력일지라도 해당 구매자는 현금흐름을 다소 희생하더라도 감정의 보상을 위해 자산을 보유하려는 특성을 띤다.
2. **고유하다**: 트로피 자산은 고유하기에 강력하다. 자원이 넘친다고 해도 다른 사람이 복제할 수 없다.

3. 희소하다: 가치보다 훨씬 높은 가격을 보이는 트로피 자산은 대개 희소하다.

4. 취득과 보유의 동기가 비재무적이다: 트로피 자산이 경매에 나왔을 때 낙찰자는 그 역사나 기원을 보고 사지, 재무적 특성에 이끌리지 않는다.

트로피 자산의 사례는 런던 리츠 칼튼처럼 전설적인 부동산부터 〈이코노미스트〉와 〈파이낸셜 타임스〉 같은 간행물, 나아가 세계에서 가장 유명한 스포츠 프랜차이즈까지 아주 다양하다.

트로피 자산의 특성 자산이 트로피 자산 요건을 갖추면 다음 특성을 띤다. 첫째, 재무 펀더멘털(이익, 매출, 현금흐름)뿐 아니라 (트로피 자산이 아닌) 비교 자산과 비교해 가격이 훨씬 높다. 둘째, 가격이 가치보다 높이 상승하더라도 괴리가 사라지게 하는 기제(이익·현금흐름 창출 능력을 고려할 때 몹시 비싸게 샀다는 깨달음)가 작동하지 않는다는 점이 무엇보다 중요하다. 모든 구매자가 감정에 바탕을 두고 트로피 자산을 취득한다면 비싼 가격을 지불했다는 사실을 알고도 개의치 않고 거래하는 것과 같다. 셋째, 트로피 자산의 몹시 높은 가격이 시간이 흐르며 변하게 하는 힘은 정상 상황에서 가치의 동인이라고 할 수 있는 펀더멘털과 큰 관련이 없다.

상장기업도 트로피 자산이 될 수 있느냐는 질문에는 10~20년 전이었다면 즉시 불가능하다고 답했을 테지만 지금은 시간을 두고 생각한 끝에 답해야 할 성싶다. 여러분도 잘 알다시피 나는 몇 번이고 테슬라의 가치평가를 시도하며 상당한 비판을 마주했다. 일부는 내가 수립한 스토리와 기대치의 세부 사항에 동의하지 않는 사람의 목소리였지만 자기 재산의 상당 비중을 테슬라에 투자한 사람의 의견도 있었다. 후자는 테슬라가 역사에 길이 남을 파괴자로서 단순히 운전하는 방식이 아니라 생활 방식을 송두리째 바꿀 것으로 믿었다. 따라서 테슬라가 재무 상태와 비교해 도저히 받아들이기 힘든 가격에 거래될 것이고, 이 회사 주식을 보유하며 감정적 보상을 받는 일부 투자자 집단을 끌어들일 것이라는 시사점도 도출할 수 있다. 나아가 가치와 가격의 괴리가 줄어들 것으로 보고 테슬라 주식을 공매도하는 행위에는 상당한 위험이 따를지도 모른다.

사례: 스포츠 프랜차이즈   현재 가장 높은 가치를 자랑하는 스포츠 리그 NFL에서도 가장 유명한 프랜차이즈가 된 피츠버그 스틸러스를 루니(Rooney) 가문이 1932년 2,500달러에 인수했을 때는 하나의 기업으로 보고 입장권을 충분히 판매해 비용을 충당한 후 이익을 남길 목적이었다. 당시에는 미식축구가 아직 초기였기에 덜 알려졌고 팀도 몇 군데 없었으며 조직 구조도 갖추기 전이었다. 물론 지금도 스틸러스를 하나의 기업으로 보고 가치평가할 수 있지만, 이번 섹션에서 알아보았듯 〈포브스〉가 2022년 이 팀에 부여한 가격 40억 달러와는 전혀 비슷하지 않을 것이다. 세계적인 트로피 자산으로 등극한 스포츠 프랜차이즈가 많고 여러 후보도 계속 등장하는 중이다.

가격과 펀더멘털의 괴리   스포츠 프랜차이즈를 기업으로서 가치평가하려면 시간에 따른 매출 데이터를 먼저 살펴볼 필요가 있다. 50년 전까지만 해도 스포츠 프랜차이즈의 매출은 대부분 팬에게 입장권과 식품, 상품을 판매한 수익으로 이루어졌다. TV가 등장하고 스트리밍 시대가 도래하면서 스포츠 프랜차이즈가 미디어 기업으로부터 받는 중계료 비중이 점점 더 커지는 중이다. 그림 27.13은 2006~2022년 모든 미국 스포츠 프랜차이즈의 매출을 입장권과 중계료, 기타(상품, 스폰서십)로 분류해서 보여준다.

스포츠 프랜차이즈는 2006년부터 2022년까지 매출이 전반적으로 증가했고 2020년은 코로나19로 인한 이상치로 보아야 한다. 하지만 매출 증가는 대부분 중계료가 견인했고 입장권 매출은 큰 변화가 없었다. 미국뿐 아니라 유럽(가장 큰 수혜자는 축구)과 인도(크리켓)에서도 똑같은 변화가 일어났다.

스포츠 프랜차이즈 가치평가는 팀이 경기장에 불러모으는 관중의 규모뿐 아니라 미디어 계약에서 발생하는 수익과 상품·스폰서십 수익까지 고려해야 한다. 입장권료와 상품 매출 비중이 크지만 과거 데이터와 입장권 판매에 바탕을 두고 예측하기가

[그림 27.13] 미국 스포츠 프랜차이즈 매출(2006~2022년)

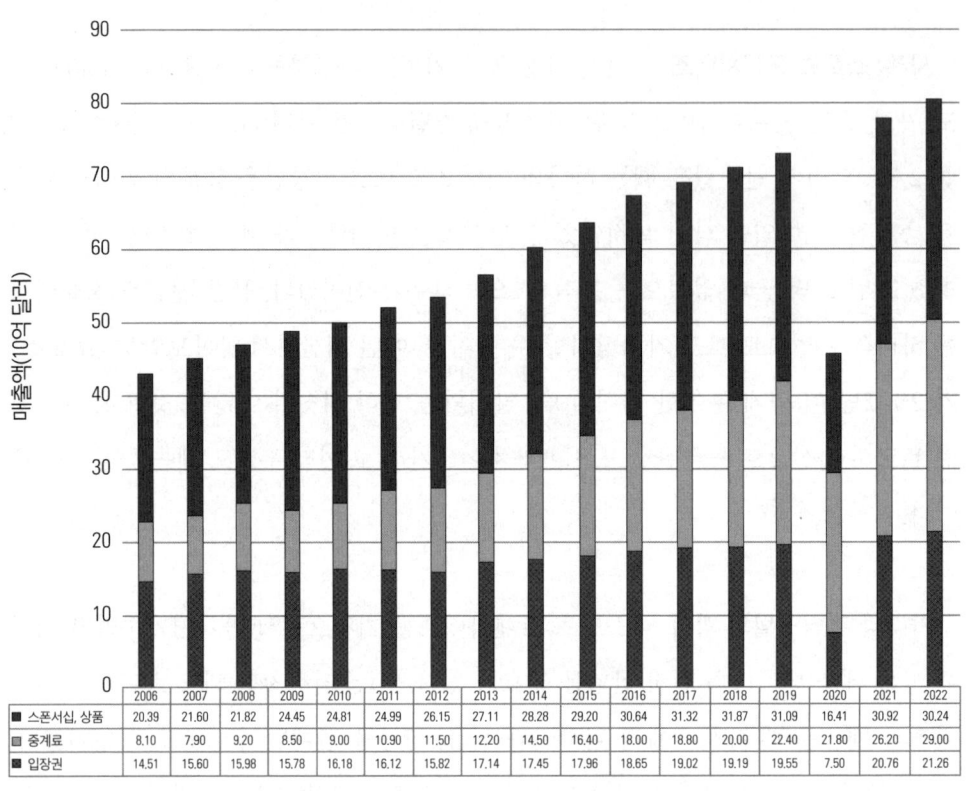

	2006	2007	2008	2009	2010	2011	2012	2013	2014	2015	2016	2017	2018	2019	2020	2021	2022
■ 스폰서십, 상품	20.39	21.60	21.82	24.45	24.81	24.99	26.15	27.11	28.28	29.20	30.64	31.32	31.87	31.09	16.41	30.92	30.24
▨ 중계료	8.10	7.90	9.20	8.50	9.00	10.90	11.50	12.20	14.50	16.40	18.00	18.80	20.00	22.40	21.80	26.20	29.00
■ 입장권	14.51	15.60	15.98	15.78	16.18	16.12	15.82	17.14	17.45	17.96	18.65	19.02	19.19	19.55	7.50	20.76	21.26

비교적 수월하다. 하지만 중계료는 팀이 속한 미디어시장의 규모와 스포츠 프랜차이즈가 중계료를 배분하는 방식에 의해 결정되므로 다소 복잡하다. 예컨대 미국 야구팀은 지역 TV에서 발생하는 중계료 비중이 크기에 최대 미디어시장에 속한 팀(뉴욕의 양키스와 메츠, 로스앤젤레스의 다저스)이 최소 미디어시장에 속한 팀(시애틀의 마리너스)보다 많은 매출을 가져간다. 반대로 NFL은 전국 단위 중계료가 대부분이기에 팀별로 받아 가는 중계료가 비슷하다. 그래서 평가액이 가장 높은 팀과 가장 낮은 팀 간 격차가 NFL보다는 야구에서 훨씬 크다. 표 27.11은 스포츠 프랜차이즈별로 중계료를 배분하는 방식 차이를 비교해서 보여준다.

모든 프랜차이즈가 대형 미디어시장에 속한 팀이 소형 미디어시장 팀을 지원하는

[표 27.11] 스포츠 프랜차이즈별 중계료 매출 배분 방식

스포츠 프랜차이즈	중계료 배분 방식
NFL	전국 단위 TV 중계료가 대부분이고 모든 팀이 같은 금액을 나눠 받는다.
MLB	전국 단위 TV 중계료는 모든 팀이 같은 금액을 나눠 받지만 지역 방송사 중계료의 52%를 해당 팀이 갖기에 대형 시장에 속한 팀의 매출이 크다.
NBA	전국 단위 TV 중계료는 모든 팀이 같은 금액을 나눠 받는다. 지역 방송사 중계료 매출 비중이 훨씬 큰데 이 수익 공유를 통해 중계료 매출 일부가 부유한 팀에서 열악한 팀으로 이전한다.
NHL	지역 방송사 중계료가 대부분이고 팀별 수익 공유가 이루어진다(부유한 팀이 열악한 팀에 사실상 보조금을 지원한다).
MLS	각 팀에는 소유주가 없고 MLS에 투자한 투자자가 각 팀 운영까지 맡는다. MLS가 모든 TV 중계료를 수취한다.
프리미어 리그	매 시즌 중계료의 일부 비중을 '기본 중계료'로 모든 팀에 똑같이 나눠준다. 나머지 중계료는 TV 실시간 중계 횟수에 따라 차등 지급한다.
IPL	직전 시즌 순위에 비탕을 두고 각 팀에 중계료를 차등 지급한다.

등 균형의 필요성을 역설하지만 불균형을 해결하는 방식은 저마다 다르다. 완벽한 균형을 갖춘 강력한 시스템을 갖춘 곳은 NFL이 유일하다. 중계료 대부분이 전국 단위 TV에서 발생하기도 하고, 소유주보다 위원회가 권한이 막강하기 때문이기도 하다.

막대한 중계권 계약 덕분에 매출은 증가했지만 선수 연봉도 상승했다. 미국의 주요 스포츠 프랜차이즈에서 선수 연봉은 매출의 50% 이상에 달하고 시간이 흐르며 계속 상승해왔다. 팀 운영 관련 비용을 빼고 나면 영업이익은 대개 평범한 수준으로 떨어진다. 표 27.12는 스포츠 프랜차이즈별 직전 연도 합산 매출과 영업이익, 총 팀 평가액(〈포브스〉 추정)을 보여준다(단위: 100만 달러).

팀별 재무 상태는 다소 불투명하지만 〈포브스〉는 세계 최대 스포츠 프랜차이즈 NFL이 2022년 매출 160억 달러, 영업이익 47억 달러를 올린 것으로 추정한다. 두 번째로 수익성이 높은 프랜차이즈는 NBA이고 야구는 전반적으로 이익률이 낮다. 더 상세히 보면 〈포브스〉가 추정한 팀별 평가액을 사용할 때 7개 프랜차이즈 중 4개(NFL, NBA, MLS, IPL)가 EV/매출이 8~10배 수준이고 EV/영업이익도 높다. 이와 비슷한 수준에 거래되는 기술회사도 몇몇 있지만 기대성장률이 상당히 높을 뿐 아니라

[표 27.12] 스포츠 프랜차이즈별 영업 실적

스포츠 프랜차이즈	총 평가액	매출	영업이익	영업이익률	EV/매출	EV/영업이익
NFL	132,500	16,101	4,671	29.01%	8.23	28.37
MLB	69,550	10,320	874	8.46%	6.74	79.62
NBA	85,910	10,023	2,948	29.41%	8.57	29.15
NHL	32,350	5,931	1,573	26.53%	5.45	20.56
MLS	16,200	1,549	34	2.19%	10.46	476.47
프리미어 리그	30,255	6,442	520	8.07%	4.70	58.23
IPL	10,430	1,087	150	13.80%	9.60	69.53

[그림 27.14] 연도별 NFL 프랜차이즈 가격평가

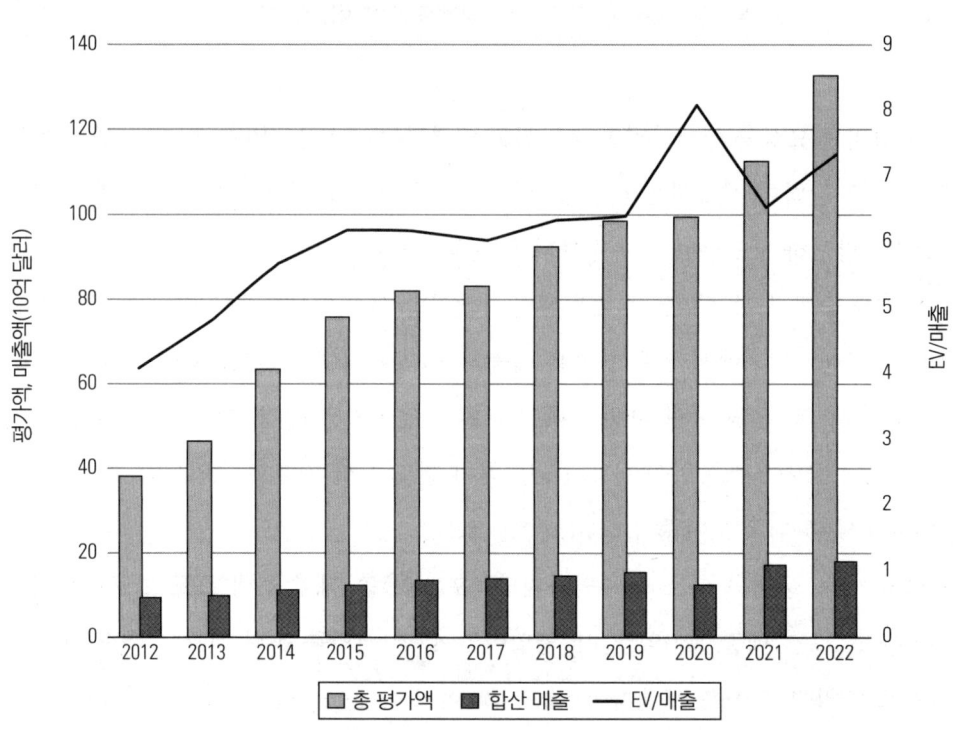

확장할 시장 기회도 풍부하다. 중계료가 계속해서 스포츠 프랜차이즈의 황금알을 낳는 거위가 될 것으로 예상하더라도 이렇게 높은 배수를 정당화하기는 어렵다. 프랜차이즈를 인수하는 데 쓴 돈과 회수한 수익 간 괴리 수준을 가늠하기 위해 그림 27.14에서 2012~2022년 NFL 팀의 EV/매출을 살펴보자(여기에는 막대한 중계권 계약이 포함되어 있다).

지난 10년간 NFL 팀의 가격평가액은 2012년 매출의 4배 수준에서 2022년 7배 이상으로 상승했다. NFL 프랜차이즈 평가액은 매출 성장률과 막대한 중계권 계약, 향상된 수익성만으로는 설명할 수 없을 만큼 상승했다고 봐야 할 것이다.

새로운 유형의 소유주 이번 섹션을 시작하며 루니 가문이 1932년 단돈 2,500달러에 피츠버그 스틸러스를 인수한 후 지금까지도 소유하고 있음을 언급했다. 루니 가문은 스틸러스를 두고 계속해서 이익이 돌아와야 할 기업으로 볼 수도 있지만 그동안 다른 NFL 팀은 소유주가 많이 바뀌었다. 새 소유주는 팀 인수 전에 다양한 분야(부동산, 사모투자회사, 벤처캐피털)에서 상당한 재산을 이미 축적했다. 이익 창출보다는 소유주(구단주) 역할 수행에 더 큰 관심을 두었던 것처럼 보이기도 한다. 그래서 지난 20년간 구단주가 특히 많이 바뀌었던(전체의 3분의 2) NBA를 한번 살펴보자(표 27.13).

목록을 보면 구단주 중에는 NBA 팀 지분을 제외하더라도 억만장자가 여럿 있지만 최근 구단주로 합류한 사례에서는 팀 지분이 재산의 상당한 비중을 차지하는 사람도 몇몇 있음을 알 수 있다. 추이상으로는 더 최근에 이루어진 거래일수록 인수자가 어마어마한 부자일 때가 상당히 많은데, 전 세계의 흐름도 다르지 않다.

재산이 막대하고 재무에도 능통해 보이는 사람들이 스포츠 팀에 돈을 쏟아붓는 이유는 무엇인가? 나는 2014년 클리퍼스를 다룬 글에서 스티브 발머(Steve Ballmer)가 같은 지역을 연고로 하는 팀보다 한참 뒤처지는 NBA 팀 인수에 20억 달러를 쓴 이유를 두고 상상할 수 있는 모든 설명을 제시한 끝에 (사실상 손사래 치며) 그가 장난감을 하나 샀다는 결론을 내렸다. 내 추정에 따르면 무려 10억 달러짜리(그가 지불한 가격과 내가 추정한 가치의 차이) 비싼 장난감이지만 발머의 재산을 고려하면 충분히 감당할 수 있는 장난감이었다.

[표 27.13] NBA 팀 구단주 목록(2023년)

팀명	구단주	재산 (10억 달러)	인수 연도	경력
인디애나 페이서스	허브 사이먼	2.80	1983	부동산
시카고 불스	제리 라인스도프	1.50	1985	부동산
포틀랜드 트레일 블레이저스	폴 앨런(가족)	20.30	1988	마이크로소프트 공동 창업자
올랜도 매직	리처드 디보스	5.40	1991	암웨이 공동 창업자
샌안토니오 스퍼스	피터 홀트	0.20	1993	트랙터 딜러
미네소타 팀버울브스	글렌 테일러	2.50	1994	테일러 코퍼레이션 소유주
뉴욕 닉스	제임스 돌런	2.00	1994	케이블비전(창업자 아들)
마이애미 히트	미키 애리슨	5.90	1995	카니발 코퍼레이션(창업자 아들)
LA 레이커스	필립 앤슈츠	10.10	1998	석유, 철도, 통신, 엔터테인먼트
토론토 랩터스	래리 테넌바움	1.50	1998	건설, 방송
덴버 너기츠	스탠리 크뢴케	8.30	2000	부동산
댈러스 매버릭스	마크 큐번	4.20	2000	창업, 벤처캐피털
보스턴 셀틱스	와이크 그로스벡	0.40	2002	벤처캐피털
클리블랜드 캐벌리어스	댄 길버트	44.80	2005	퀴큰 창업자
오클라호마 시티 선더	클레이 베넷	0.40	2006	미디어(상속)
유타 재즈	게일 밀러	1.90	2009	자동차 딜러
샬럿 호네츠	마이클 조던	1.60	2010	농구 전설
워싱턴 위저즈	테드 레온시스	1.40	2010	미디어, 엔터테인먼트
골든 스테이트 워리어스	조 레이콥	1.20	2010	벤처캐피털
디트로이트 피스턴스	톰 고어스	5.70	2011	사모투자회사(플래티넘 에쿼티)
필라델피아 세븐티식서스	조슈아 해리스	4.60	2011	사모투자회사(아폴로 글로벌)
멤피스 그리즐리스	로버트 페라	14.10	2012	유비쿼티 창업자
새크라멘토 킹스	비벡 라나디베	0.70	2013	소프트웨어
LA 클리퍼스	스티브 발머	75.60	2014	마이크로소프트 CEO(직원 번호 30번)
밀워키 벅스	마크 라스리	1.80	2014	사모투자회사
피닉스 선스	로버트 사버	0.40	2014	금융, 부동산
애틀랜타 호크스	토니 레슬러	3.90	2015	사모투자회사, 벤처캐피털
휴스턴 로키츠	틸먼 페르티타	4.10	2017	레스토랑, 호텔 소유주
뉴올리언스 펠리컨스	게일 벤슨	3.30	2018	자동차 딜러, 은행
브루클린 네츠	조셉 차이	14.20	2019	알리바바 공동 창업자

스포츠 프랜차이즈는 희소하고 어릴 때 품었던 꿈을 실현할 방법일 뿐 아니라 가족과 친구에게 맨 앞줄 좌석과 선수와의 만남을 통해 즐거움을 선사할 수 있는, 그야말로 최고의 트로피 자산이다. 특히 중동의 국부펀드가 프리미어 리그 구단주로 계속해서 합류하는 현상을 설명하기도 한다. 아울러 21세기의 승자 독식 경제 덕분에 현 사회에 더 많은 억만장자가 탄생했음을 고려할 때 스포츠 프랜차이즈 가격을 두고 조만간 조정이 이루어질 것 같지는 않다. 억만장자의 수가 지구상 스포츠 프랜차이즈의 수보다 많은 한, 루니 가문보다는 스티브 코헨(Steve Cohen)과 스티브 발머 같은 구단주와 조우할 가능성이 더 커질 것이다.

[예시 27.6] 스포츠 프랜차이즈 가치평가: 클리퍼스(2014년)

스티브 발머는 2014년 로스엔젤레스 클리퍼스를 20억 달러에 인수하겠다고 제안했다. 당시 나는 총 네 개의 시나리오로 나누어 팀 내재가치를 추정했다. 표 27.14는 클리퍼스의 2012년 재무 실적이 미래에도 지속한다는 시나리오부터 중계료가 대폭 늘어나는 최상의 시나리오까지 추정한 결과를 보여준다(단위: 100만 달러).

[표 27.14] 클리퍼스: 내재가치

	클리퍼스(2012년)	중앙값	레이커스 경로(2012년)	최상의 시나리오
매출	128.00	139.00	295.00	295.00
EBITDA 이익률	11.72%	11.29%	22.51%	49.31%
EBITDA	15.00	15.70	66.40	145.45
감가상각비	0.00	0.00	0.00	0.00
EBIT	15.00	15.70	66.40	145.45
세금	6.00	6.28	26.56	58.18
EBIT(1 - 세율)	9.00	9.42	39.84	87.27
재투자	1.80	1.88	3.98	8.73
FCFF	7.20	7.54	35.86	78.55
ROIC	12.50%	12.50%	25.00%	25.00%
무위험 이자율	2.50%	2.50%	2.50%	2.50%

자본비용	7.50%	7.50%	7.50%	7.50%
기대성장률	2.50%	2.50%	2.50%	2.50%
팀 가치	147.60	154.48	735.05	1,160.18

네 가지 시나리오에서 20억 달러 가격에 근접한 내재가치 추정치는 없었다.

투자자나 인수자가 클리퍼스에 매긴 가격 정보를 입수했다고 가정하자. 표 27.15는 클리퍼스의 연 매출과 과거 인수 거래에서 도출한 매출 대비 배수라는 단순한 변수를 활용해 가격을 평가한 결과를 보여준다.

[표 27.15] 클리퍼스: 가격평가

	클리퍼스 매출 + NBA EV/매출 중앙값	레이커스 경로 매출 + NBA EV/매출 중앙값	레이커스 경로 매출 + NBA EV/매출 최댓값	추정치
매출	128.00	295.00	295.00	300.00
EV/매출	3.30	3.30	5.14	5.25
EV 추정치	422.56	973.87	1,516.36	1,575.00

내재가치평가에서는 다소 신뢰도를 해치는 무리한 가정을 두더라도 클리퍼스에 붙은 가격 20억 달러를 정당화할 근거를 찾기가 어려웠다. 20억 달러에 근접하는 결과를 도출하려면 공상 수준의 배수를 적용하는 수밖에 없다. 예컨대 인수가를 클리퍼스가 위치한 대도시 지역 인구로 나눈 다음 훨씬 큰 LA 미디어시장 규모에 비례하도록 키우는 것이다. 최근 밀워키 인수가 5억 5,000만 달러를 택해서 밀워키보다 10배나 큰 LA 미디어시장에 대해 조정하고 LA 시장을 레이커스와 양분한다고 가정하면 클리퍼스 가치 추정치 27억 5,000만 달러를 얻는다.

발머가 제안한 20억 달러에 관한 가장 유력한 설명은 어쩌면 내재가치평가나 가격평가에서 찾을 수 없을지도 모른다. 그저 비싼 장난감, 그중에서도 경기장 바로 앞에서 응원할 때 가장 큰 즐거움을 얻을 장난감을 원했을지도.

결론

이번 장에서는 지금까지 다뤘던 가치평가모형을 뉴욕시 개인택시 면허부터 5성 레스토랑에 이르는 다양한 사례에 적용함으로써 폭넓은 활용성을 살펴보았다. 기본 모형에는 변화가 없었다. 입력 변수를 얻기가 다소 어려웠고 어느 정도 소음 요소도 존재했지만, 가치평가모형의 활용에 걸림돌이 될 정도는 아니었다.

또한 현금흐름을 창출하지 않는 예술품부터 금, 비트코인에 이르는 투자자산의 가격을 매길 방법을 알아보았다. 마지막으로 내재가치보다 가격이 훨씬 높은 트로피 자산도 다뤘다.

연습문제 별도 표기가 없으면 주식 위험 프리미엄은 5.5%로 한다.

1 쿨 카페는 남서부 요리를 전문으로 하는 스타 셰프인 조앤 아라파시오가 소유하고 운영하는 덴버 지역의 유명 레스토랑이다. 당신은 이 레스토랑을 인수하는 데 관심이 있으며, 가장 최근 연도의 손익계산서를 제공받았다(단위: 1,000달러).

매출액	5,000
- 영업비용	3,500
EBIT	1,500
- 이자비용	300
- 세금	480
순이익	720

지난해 소유주는 자신에게 급여를 지급하지 않았지만, 당신은 새로운 요리사에게 연간 20만 달러를 지불해야 한다고 생각한다. 이 레스토랑은 안정적으로 성장하고 있으며 향후 10년간 매년 5%씩 성장할 것으로 예상된다. 상장된 레스토랑의 무차입 베타는 0.80으로 추정하고 있다.

이들 기업의 평균 부채비율은 30%이며, 당신은 쿨 카페를 이 평균에 가까운 수준으로 운영해야 한다고 믿는다. 무위험 이자율은 6%, 시장 위험 프리미엄은 4%, 부채비용은 7%이다.

a. 쿨 카페의 가치를 구하라.

b. 이제 조앤 아라파시오가 레스토랑을 떠나면 매출이 15% 감소한다고 가정하자. 현재 운영비용의 70%가 변동비이고 나머지 30%가 고정비라고 가정하고, 조앤 아라파시오가 레스토랑에 기여하는 가치를 구하라.

2　당신은 투자은행 업무에 지쳐서 회사를 그만두고, 동네에서 빠르게 성장하는 베이글 체인의 프랜차이즈 지점 하나를 인수하기로 결심했다. 같은 브랜드의 다른 지점이 이웃 동네에서 얼마나 수익을 내는지 알아본 결과 다음과 같은 정보를 얻었다.

■ 이 지점의 지난해 매출은 100만 달러, 이자 및 세금 차감 전 이익은 15만 달러지만 점장은 자신의 급여를 책정하지 않았다. 그는 회계를 처리하고 베이글 가게를 감독한다. 다른 사람을 고용한다면 연간 5만 달러의 비용이 들 것으로 보인다.

■ 매출액과 영업이익이 연 3%씩 영구적으로 증가할 것으로 예상된다.

■ 가게를 인수하는 데에 저축투자액을 다 쓸 예정이고, 소득의 35%를 세금으로 납부할 것으로 예상한다. 프랜차이즈 식품 체인들의 무차입 베타는 0.80이고 시장과의 평균 상관관계는 0.40이다.

■ 소유주의 은행 대출 잔액은 30만 달러이고, 사업체의 자기자본 가치는 20만 달러이다. 한편, 상장된 레스토랑들의 자기자본 대비 부채(시장가치) 비율 평균은 20%이고, 세전 이자비용 평균은 8%이다.

■ 무위험 이자율은 5%이고 시장 위험 프리미엄은 4%이다.

베이글 가게가 당신에게 주는 가치를 구하라.

3　당신은 출판사에서 일하고 있으며, 저지방 레시피에 관한 요리책인 《Cook Light, Cook Right》의 저작권 입찰을 고려하고 있다. 이 책은 작년에 절판되었지만, 내년에 12만 달러, 내후년에 10만 달러, 그다음 3년간은 8만 달러의 세후 현금흐름을 창출해낼 것으로 믿는다.(3~5년 차를 합산하여 8만 달러의 현금흐름이 들어온다는 뜻. 저자는 해당 현금흐름에 대하여 3년 차의 할인율을 적용했다 - 옮긴이) 자본비용이 12%라 하고, 저작권의 가치를 구하라.

4　동네 소아과 의사인 봉 박사가 운영하는 병원의 가치를 평가해달라는 요청을 받았다. 제공된 자료는 다음과 같다.

■ 이 병원은 작년에 80만 달러의 매출액을 올렸으며, 이 매출액은 향후 10년간 연 4%씩 성장할

것으로 예상된다.

■ 직원 비용(간호사 및 지원 업무 포함)은 작년 20만 달러에 달했으며 향후 10년간 연 4%씩 증가할 것으로 예상된다.

■ 시설의 연간 임대료는 작년 10만 달러였으며, 향후 10년간 연 4%씩 증가할 것으로 예상된다.

■ 의료장비 임대료는 작년 75,000달러였으며, 향후 10년간 연 5%씩 증가할 것으로 예상된다.

■ 의료보험 비용은 작년 75,000달러였으며, 향후 10년간 연 7%씩 증가할 것으로 예상된다.

■ 주 및 지방세를 포함한 소득세는 40%이다.

■ 자본비용은 11%이다.

새로운 소아과 의사가 이 병원을 인수할 경우 매출액이 감소하지 않는다고 가정하고, 이 병원의 가치를 구하라.

5 당신은 이베이에서 야구 선수 켄 그리핀 주니어의 상태가 양호한 루키 카드를 구입하길 희망한다. 얼마에 입찰을 넣을지가 고민이다. 지난 한 달 동안 이베이에서 켄 그리핀 주니어 카드와 관련된 거래가 다음과 같이 8건 있었다. (루키 카드는 한 선수의 프로 리그 데뷔 후 첫 공식 카드로서, 수집가들에게 특별한 의미가 있다. 다음 리스트의 카드는 모두 루키 카드라고 가정한다 - 옮긴이)

거래 번호	상태	가격(달러)
1	우수	800
2	불량	200
3	양호	550
4	양호	500
5	우수	850
6	양호	400
7	불량	350
8	우수	650

a. 상태별로 카드에 얼마를 지불할 의향이 있는지 계산하라.

b. 이제 카드 판매자가 다른 사람에게 팔았던 다른 상품에 정보를 잘못 기재해서, 해당 구매자에게 낮은 평점을 받았다고 하자. 이 정보가 당신의 입찰 의향 금액에 어떤 영향을 미치는가?

6 당신은 포트폴리오 전체를 주식에 투자한 부유한 투자자다. 당신의 금융 자문가는 포트폴리오의 균형을 위해서 미술품을 구입하라고 제안했으며, 그 근거로 미술품과 주식 간의 낮은 상관관계

(0.10)를 들었다.

a. 주식 수익률의 표준편차가 20%이고 미술품 수익률의 표준편차가 15%라면, 포트폴리오의 10%를 미술품에 투자할 경우 포트폴리오의 표준편차가 어떻게 되는가?

b. 주식의 기대수익률이 12.5%이고 미술품의 기대수익률이 5%에 불과하다면, 포트폴리오에 미술품을 추가하겠는가? 그 이유 또는 그렇지 않은 이유를 설명하라. (무위험 이자율은 6%이다.)

28장
연기 옵션과 가치평가에
미치는 영향

전통적 투자 분석에서, 프로젝트나 투자는 그 수익률이 기준수익률을 초과할 때만 수용해야 한다. 현금흐름과 할인율로 보면, 순현재가치(NPV)가 양수인 프로젝트에만 투자해야 한다는 뜻이다. 여기서 기대 현금흐름과 할인율 기준으로 프로젝트를 분석하는 이 관점의 한계는 여러 투자와 관련된 옵션을 충분히 고려하지 못한다는 점이다.

28장에서는 여러 프로젝트에 포함된 옵션, 즉 프로젝트를 연기해서 나중에 실행하는 옵션을 검토한다. 기업은 왜 프로젝트를 연기하려고 할까? 프로젝트에서 나오는 현금흐름의 현재가치가 시간이 흐름에 따라 바뀔 수 있다면, 지금은 기준수익률을 초과하지 못하는 프로젝트나 기술이 나중에는 초과할 수도 있다. 프로젝트의 순현재가치가 양수로 돌아선 다음에도 기업은 이 프로젝트를 연기하는 편이 이득일 수도 있다. 장래에 실행할 때 프로젝트의 가치가 더 높아질 수도 있기 때문이다. 이 옵션은 기업이 프로젝트에 대해 독점권을 보유할 때 가치가 가장 높고, 진입장벽이 낮아질수록 가치가 하락한다.

연기 옵션이 기업의 가치평가에 중요한 경우는 적어도 세 가지이다. 첫째, 부동산

투자자나 기업이 미개발 토지를 보유했을 때이다. 개발 시점 선택은 소유자에게 있으며, 아마 부동산 가치가 상승해서 타당성이 충분할 때 개발이 진행될 것이다. 둘째, 기업이 특허를 보유했을 때이다. 특허를 보유한 기업은 특허 제품이나 서비스에 대해 독점권이 있으므로, 특허는 옵션으로 간주하여 가치평가를 해야 한다. 셋째, 원하는 시점(아마도 원자재 가격이 높을 때)에 개발할 수 있는 미개발 매장량을 보유한 천연자원 기업이다.

실물 옵션: 약속과 함정

5장에서는 독특한 손익 구조 도표를 제시하면서 옵션가격결정의 기초를 소개했는데, 손실은 제한적이고 잠재 이익은 무한하다면 위험(불확실성)이 옵션의 가치를 높여줄 수 있다고 설명했다. 아울러 단기 옵션 및 장기 옵션의 가치를 평가하는 블랙-숄스 모형과 이항모형 등 옵션가격결정모형도 소개했다. 28~30장에서는 이런 옵션 구조를 사용해서 프로젝트, 자산 등 실물 옵션의 가치를 평가하고, 옵션과 같은 특성을 보유한 기업들의 가치도 평가하려 한다.

실물 옵션의 매력

먼저 매우 단순한 의사결정나무를 이용해서 실물 옵션의 매력을 이해해보자(그림 28.1 참조).

이 나무의 기댓값은 -1,000만 달러이므로 투자 타당성이 없다. 이번에는 이 나무의 변종인 그림 28.2를 생각해보자. 총현금흐름 규모는 똑같지만(플러스 현금흐름 1억 달러와 마이너스 현금흐름 1억 2,000만 달러), 확률은 다르다.

이 나무의 기댓값은 양수이다(단위: 100만 달러).

$$\text{기댓값} = 0.25 \times (-20) + 0.75 \times \left[20 + \frac{2}{3} \times (80) + \frac{1}{3} \times (-100) \right] = 25$$

-1,000만 달러였던 기댓값이 2,500만 달러로 증가한 것은 첫 번째 가지에서 나온

[그림 28.1] 단순한 의사결정나무

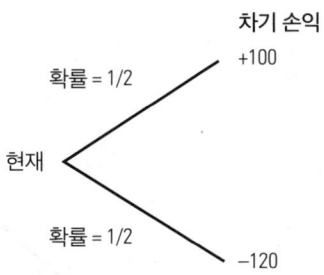

차기 손익

확률 = 1/2   +100

현재

확률 = 1/2   −120

[그림 28.2] 2단계 의사결정나무

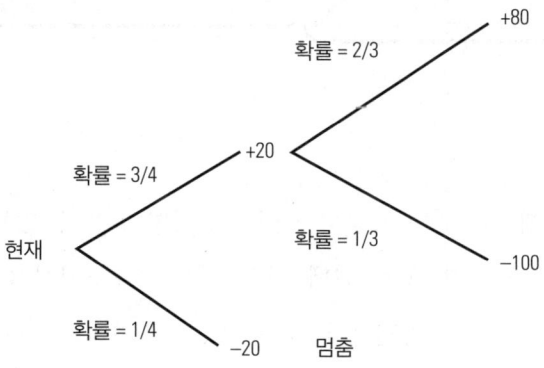

확률 = 2/3   +80

확률 = 3/4   +20

현재

확률 = 1/3   −100

확률 = 1/4   −20   멈춤

결과를 보고 나서 행동을 조정할 수 있기 때문이다. 다시 말해서 첫 번째 가지에서 손실이 발생하면 손실을 2,000만 달러로 막고 투자를 포기한다. 즉 시장 결과물을 보고 나서 이에 따라 행동을 조정하게 된다.

실물 옵션의 가치도 똑같은 방식으로 유래한다. 28장 뒤에서 미개발 석유 매장량의 가치를 평가하겠지만, 석유 매장량 소유자는 실제 유가와 개발·생산 비용을 고려해서 선택권(optionality)을 행사한다. 유가가 상승하면 개발·생산량을 증가시키고, 유가가 하락하면 개발·생산량을 감소시킨다. 가치평가 용어로 표현하면, 실물 옵션이 포함된 자산에는 내재가치에 더해서 옵션 가치도 있다.

[그림 28.3] 옵션 손익 구조 도표

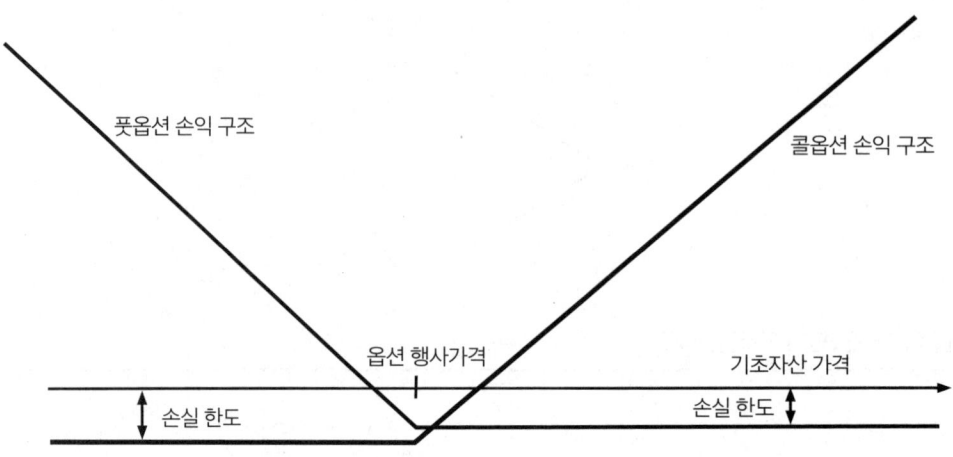

풋옵션 손익 구조

콜옵션 손익 구조

옵션 행사가격

기초자산 가격

손실 한도

손실 한도

선택권 탐지

기업이나 자산에 선택권이 포함되어 있는지 어떻게 알 수 있는가? 선택권의 특성을 검토해보면 알 수 있다. 첫째, 선택권의 가치는 내재가치에서 유래하며, 선택권의 가치가 바뀌면 내재가치도 바뀐다. 둘째, 우발사건에 따라 자산에서 나오는 현금흐름이 결정된다. 예를 들어 석유 매장량에서 기초자산은 땅속에 묻힌 석유이고, 우발사건은 석유의 가치가 석유 추출 비용을 초과하여 내가격 옵션이나 실현 가능한 옵션이 되는 사건이다.

그다음에는 자산의 손익 구조 도표를 그려서 기초자산의 가격에 따라 자산에서 나오는 현금흐름이 어떻게 변동하는지 확인해야 한다. 이 손익 구조 도표가 그림 28.3의 콜옵션이나 풋옵션과 비슷하다면 선택권이 있다고 볼 수 있다.

선택권에 가치가 있는가?

대부분 자산에는 일부 선택권이 있지만, 이런 옵션 대부분은 가치가 거의 없다. 옵션에 가치가 있으려면 어느 정도 독점성이 있어야 한다. 흔히 실물 옵션 옹호자들은 지리적으로든(예컨대 21세기 초 중국) 기술적으로든(예컨대 2024년 AI) 대형 시장에 진입하려면 프리미엄을 지급해야 한다고 선택권 논리를 펼친다. 그러나 기회는 옵션이 아니다. 대형 시장 진입 기회가 다른 이유로는 가치가 있을지 몰라도, 그 대형 시장에서 어느 정도 독점권을 행사할 수 없다면 선택권은 없는 것이다. 그 독점권의 범위는 절대적 수준(예컨대 정부나 특허권이 기업을 경쟁으로부터 보호)에서 상대적 수준(예컨대 선발 주자로서 이점 향유)까지 다양하다.

다음 3개 장에서는 실물 옵션 사례들을 살펴보면서 옵션 가치를 좌우하는 독점성이 무엇인지 알아본다. 예를 들어 28장에서는 옵션으로서 특허권과 석유 매장량의 가치를 평가할 것인데, 특허권의 독점성은 법적 보호 형태로 나타나고, 석유 매장량의 독점성은 희소성의 형태로 나타난다.

옵션가격결정모형을 사용할 수 있는가?

5장에서 소개했듯이, 옵션가격결정모형은 복제 포트폴리오(옵션과 현금흐름이 똑같은 기초자산과 무위험 자산으로 구성된 포트폴리오)와 차익거래 개념을 이용해서 도출되었다. 이 모형은 기초자산과 옵션이 거래되고, 무위험 이자율로 자금을 차입하거나 대출할 수 있을 때 가장 잘 작동한다. 그러나 실물 옵션에서는 기초자산도 옵션도 거래되지 않으므로, 포트폴리오 복제와 차익거래가 불가능하다. 게다가 분산 등 옵션가격결정에 필요한 입력 변수도 구할 수 없다.

28장에서는 실물 옵션 중 주로 특허권과 미개발 석유 매장량의 가치를 평가하는데, 여기서도 이런 문제에 직면하게 된다. 특허권은 옵션이고 특허받은 제품은 기초자산이지만, 둘 다 거래되지 않으므로 옵션 가격을 결정할 수가 없다. 반면 미개발 석유 매장량에서는 매장된 석유가 기초자산이고, 기초자산이 (상품거래소에서) 거래되며, 석유 매장량도 석유회사들 사이에서 드물지 않게 거래된다. 유가의 변동성도 옵션가격결정모형에 사용할 수 있으므로, 석유 매장량 가치평가에는 옵션가격결정모형을 더 쉽게 사용할 수 있다.

실물 옵션에는 가격결정에 영향을 주는 요소가 또 있다. 상장 옵션은 조기 행사가 드물어서 대부분 만기까지 보유하지만, 대부분 실물 옵션은 조기 행사를 할 때 가치가 창출된다. 예를 들어 특허권을 옵션으로 보고, 특허권의 잔여 만기를 옵션의 만기로 본다면, 우리는 특허 제품 개발을 특허권 잔여 만기까지 미루고 싶지 않을 것이다. 이렇게 조기 행사가 흔하다는 사실이 옵션가격결정모형 선택에 영향을 미칠 수 있다. 실제로 조기 행사가 가능하다는 이유로 이항나무 모형만으로 가치를 평가하는 실무자들도 있다. 그러나 유럽형 옵션에 기반한 블랙-숄스 모형을 사용해도 큰 문제는 없다. 이 보수적으로 산출된 가치 추정치에 조기 행사 옵션의 가치를 추가한다고 생각하면 되기 때문이다. 28장에서는 두 모형(블랙-숄스 모형과 이항나무 모형)으로 산출한 추정치를 대조하므로 그 차이를 볼 수 있다.

프로젝트 연기 옵션

일반적으로 프로젝트는 분석 시점의 기대 현금흐름과 할인율을 바탕으로 분석한다. 이렇게 산출된 순현금흐름이 그 시점에 프로젝트의 가치와 타당성의 척도가 된다. 그러나 기대 현금흐름과 할인율은 시간이 흐르면 변하므로 순현재가치도 변한다. 따라서 현재 순현금흐름이 마이너스인 프로젝트가 장래에는 양수가 될 수도 있다. 개별 기업이 경쟁자들에 대해 특별한 이점이 없는 경쟁 환경에서는 장래에 프로젝트의 순현금흐름이 양수가 될 수 있다는 사실이 중요하지 않다(경쟁자들에게도 양수가 되기 때문이다). 그러나 법적 제약 등 진입장벽 때문에 한 기업만 프로젝트를 진행할 수 있는 환경이라면, 가치가 변동하는 프로젝트는 콜옵션의 특성을 보유한다.

연기 옵션의 손익 구조

어떤 프로젝트는 선투자 X가 필요하며, 오늘 계산한 기대 현금흐름의 현재가치는 V라고 가정하자. 그러면 이 프로젝트의 현재가치는 다음과 같다.

$$NPV = V - X$$

이제 기업이 향후 5년 동안 이 프로젝트에 대한 독점권을 보유하며, 현금흐름이나

[그림 28.4] 프로젝트 연기 옵션

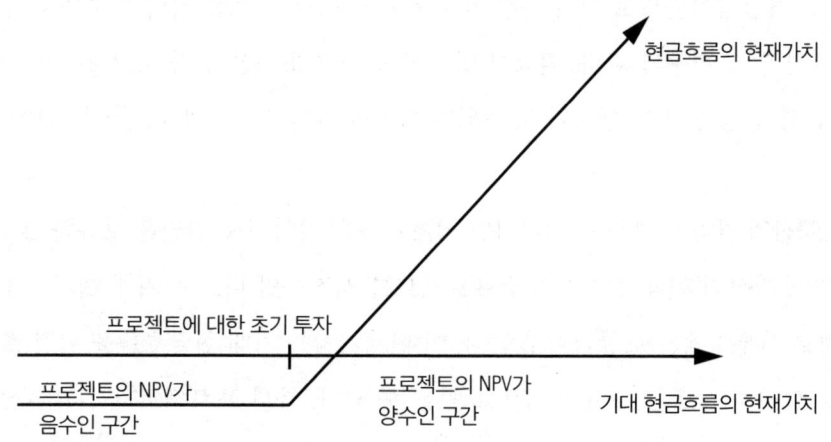

할인율의 변동 때문에 5년 동안 이 현금흐름의 현재가치가 바뀔 수 있다고 (그러나 프로젝트 비용은 X로 고정되어 있다고) 가정하자. 그러면 이 프로젝트가 지금 당장은 순현재가치가 마이너스이더라도, 기다리다 보면 좋은 프로젝트가 될 수도 있다. 이번에도 V가 현금흐름의 현재가치라고 정의하면, 이 프로젝트에 대한 판단 원칙은 다음과 같이 요약할 수 있다.

> V > X이면 프로젝트에 투자한다: 프로젝트의 NPV가 양수이다.
> V < X이면 프로젝트에 투자하지 않는다: 프로젝트의 NPV가 음수이다.

회사가 5년 동안 프로젝트에 투자하지 않으면 추가 현금흐름은 발생하지 않으며, 독점권을 얻으려고 선투자한 금액은 잃게 된다. 그림 28.4는 이 프로젝트 현금흐름의 손익 구조를 나타내며, 회사가 독점권 보유 기간 말까지 계속 버틴다고 가정한다.

이 손익 구조 도표는 바로 콜옵션의 도표에 해당한다. 기초자산은 프로젝트, 옵션의 행사가격은 프로젝트에 필요한 선투자액, 옵션의 만기는 기업의 독점력 유지 기간이다. 프로젝트 현금흐름의 현재가치와 이 현재가치의 기대 분산은 기초자산의 가치와 분산을 나타낸다.

연기 옵션 가치평가의 입력 변수

옵션가격결정이론으로 연기 옵션 가치를 평가할 때 필요한 입력 변수는 다른 옵션에 필요한 입력 변수와 같다. 필요한 입력 변수는 기초자산의 가치, 기초자산 가치의 분산, 옵션의 잔여 만기, 행사가격, 무위험 이자율, 배당수익률에 해당하는 값이다.

기초자산의 가치　제품 옵션이라면 기초자산은 기업이 독점권을 보유한 프로젝트이다. 기초자산의 현재가치는 지금 프로젝트를 시작하면 나오는 기대 현금흐름의 현재가치로 선투자액은 포함되지 않는다. 이 현재가치는 기대 현금흐름을 위험 조정 할인율로 할인하는 표준 투자 분석으로 얻을 수 있다. 특히 프로젝트가 신규 사업이거나 검증되지 않은 기술이면 현금흐름 추정치와 현재가치에 대규모 오차가 발생하기 쉽다. 이 불확실성은 풀어야 하는 문제라기보다는 프로젝트 연기가 가치를 창출하는 이유로 봐야 한다. 프로젝트의 기대 현금흐름을 확실히 알고 있으며 바뀌지 않는다면, 옵션가격결정이론을 적용할 필요가 없다. 옵션으로서 가치가 없기 때문이다.

자산 가치의 분산　앞에서 언급했듯이, 지금 프로젝트를 시작할 때 발생하는 현금흐름 추정치와 현재가치에는 상당한 불확실성이 수반된다. 이는 제품의 잠재 시장을 알 수 없기 때문이기도 하고, 기술 변화 탓에 제품의 비용 구조와 수익성이 바뀔 수 있기 때문이기도 하다. 프로젝트에서 나오는 현금흐름의 현재가치의 분산은 다음 세 가지 방법으로 추정할 수 있다.

1. 과거에 비슷한 프로젝트에 투자한 경험이 있으면, 그 프로젝트에서 나온 현금흐름의 분산을 추정치로 사용할 수 있다. 이는 질레트 등 소비재회사가 신형 면도날을 도입할 때 분산을 추정하는 방식이 될 수 있다.
2. 다양한 시장 시나리오에 확률을 부여하여 각 시나리오에 따른 현금흐름과 현재가치를 추정하고 나서, 이들 현재가치 사이의 분산을 계산한다. 아니면 예컨대 시장 규모, 시장 점유율, 이익률 등 입력 변수들의 확률 분포를 사용해서 프로젝트

를 시뮬레이션하여 산출한 현재가치들로 분산을 추정한다. 이 기법은 미래 현금 흐름의 불확실성을 유발하는 주요 원천이 한두 개에 불과할 때 가장 효과적이다.[1]

3. 동종 회사들 가치의 분산을 사용해서 이 프로젝트 현재가치의 분산을 추정할 수 있다. 예컨대 소프트웨어회사들 가치의 평균 분산을 소프트웨어 프로젝트 현재가치의 분산으로 사용할 수 있다.

옵션의 가치는 주로 현금흐름의 분산에서 나온다. 분산이 클수록 프로젝트 연기 옵션의 가치가 커진다. 그러므로 안정적인 사업에서 프로젝트에 투자하는 옵션의 가치는 기술, 경쟁, 시장이 모두 빠르게 바뀌는 환경에서 투자하는 옵션의 가치보다 작다.

옵션 행사가격 연기 옵션은 기업이 프로젝트 투자권을 보유할 때 행사할 수 있다. 이 선투자 비용이 옵션의 행사가격이다. 기본 가정은 이 선투자 비용은 (현재가치 기준으로) 일정하고, 투자와 관련된 모든 불확실성은 제품 현금흐름의 현재가치에 반영되어 있다는 것이다. 이는 꼭 필요해서라기보다는 편의를 위해서 세운 가정이다. 이렇게 하면 옵션 평가가 다소 쉬워지기 때문이다.

옵션 만기와 무위험 이자 프로젝트 연기 옵션은 프로젝트 권리가 소멸할 때 만료된다. 프로젝트 권리가 소멸한 후 투자하면 순현재가치가 0이 된다고 가정한다. 경쟁 탓에 수익률이 요구수익률 수준으로 하락하기 때문이다. 옵션 가격결정에 사용하는 무위험 이자율은 옵션 만기에 해당하는 이자율이어야 한다. 옵션 만기는 기업의 (라이선스나 특허 등을 통한) 프로젝트 권리 기간이 명확하면 쉽게 추정할 수 있지만, 권리 기간이 명확하지 않으면 추정하기가 훨씬 어려워진다. 예를 들어 기업이 제품이나 프로젝트에 대해 경쟁우위가 있으면, 옵션 만기는 경쟁우위가 유지되리라 예상되는 기간으로 정의할 수 있다.

---

1   시장 규모와 시장 점유율 등 입력 변수의 확률 분포는 흔히 시장성 테스트(market testing)를 통해서 얻을 수 있다.

연기 비용 5장에서 언급했듯이 미국형 옵션은 일반적으로 만기 이전에 행사되지 않는다. 그러나 프로젝트에 대한 독점권이 있고 프로젝트의 순현재가치가 양수로 전환되면, 독점권 보유자는 독점권이 소멸할 때까지 옵션 행사(프로젝트 투자)를 연기하지는 않을 것이다. 프로젝트 순현재가치가 일단 양수로 전환되면, 프로젝트 투자 연기에는 비용이 발생한다. 연기 기간이 증가하면, 분산이 증가하여 가격이 상승하면 이익을 얻을 수도 있지만, 독점 기간도 그만큼 감소하게 된다. 연기 옵션을 분석할 때는 이 비용도 고려해야 하는데, 그 추정 방법은 두 가지다.

1. 일정 기간 뒤에는 프로젝트 권리가 소멸하며 그 기간 이후에는 새로운 경쟁자들이 등장하므로 초과수익이 사라진다고 가정한다. 그러면 프로젝트가 1년 연기될 때마다 가치를 창출하는 현금흐름 기간도 1년 감소한다.[2] 시간 흐름에 따른 현금흐름의 분포가 고르고 특허의 만기가 n년이라면, 연기 비용은 다음과 같이 나타낼 수 있다.

$$\text{연간 연기 비용} = \frac{1}{n}$$

그러므로 프로젝트 권리 기간이 20년이라면, 첫해 연간 연기 비용은 1/20인 5%가 된다. 그러나 이 연기 비용은 매년 상승해서 2년 차에는 1/19이 되고, 3년 차에는 1/18이 되면서 시간이 흐를수록 계속 증가한다.

2. 현금흐름이 고르지 않다면 연기 비용을 더 개괄적으로 정의할 수 있는데, 다음 기간에 예상되는 현금흐름을 오늘 현재가치로 나눈 비율로 정하면 된다.

$$\text{연기 비용} = \frac{\text{다음 기간 기대 현금흐름}}{\text{오늘 현재가치}}$$

3. 1과 2 중 어디에 해당하든 연기 기간이 길어질수록 현금흐름 손실이 증가하므로, 기업이 투자를 연기할 가능성은 독점권 기간 말보다는 초에 더 크다.

---

2 가치를 창출하는 현금흐름이란, 위험을 반영한 수익률이 요구수익률을 초과하므로 순현재가치를 증가시키는 현금흐름이다.

optvar.xls: 미국 기업들의 업종별 기업 가치와 주식 가치의 표준편차를 요약한 엑셀 자료. (웹에서 다운로드 가능)

[예시 28.1] 프로젝트 연기 옵션의 가치평가

당신이 이동 중에도 사무실 컴퓨터 파일에 쉽게 접속하게 해주는 신제품 판매 독점권 획득에 관심이 있다고 가정하자. 이 독점권을 획득하면 서비스 제공에 필요한 인프라 구축에 들어가는 선투자 비용이 5,000만 달러로 추정된다. 이 서비스에서 매년 창출하리라 현재 예상하는 세후 현금흐름은 1,000만 달러에 불과하다. 다만 향후 5년 동안은 영업에 심각한 경쟁이 없을 것으로 예상한다.

정태적 관점에서 보면 이 프로젝트의 순현재가치는 향후 5년 동안 기대 현금흐름의 현재가치로 계산할 수 있다. (이 프로젝트의 위험도를 바탕으로) 할인율을 15%로 가정하면 이 프로젝트의 순현재가치는 다음과 같다(단위: 100만 달러).

$$\text{프로젝트의 순현재가치} = -50 + 10(\text{연금의 현재가치, 15\%, 5년})$$
$$= -50 + 33.5 = -16.5$$

이 프로젝트의 순현재가치는 음수이다.

이 프로젝트에서 불확실성의 최대 원천은 잠재 고객의 수이다. 시장성 테스트에 의하면 지금은 출장자 중 비교적 소수만 고객으로 확보할 수 있지만, 장래에는 시장 규모가 훨씬 더 커질 가능성도 있다. 프로젝트의 현금흐름을 시뮬레이션하면 현금흐름 현재가치의 표준편차는 42%이고 기대 가치는 3,350만 달러이다.

이 프로젝트 독점권의 가치를 평가하려면 먼저 옵션가격결정모형의 입력 변수를 정의해야 한다.

$$\text{기초자산의 가치}(S) = \text{지금 도입했을 때 제품에서 나오는 현금흐름의 현재가치} = 33.5$$
$$\text{행사가격}(K) = \text{제품 도입에 필요한 선투자액} = 50$$
$$\text{기초자산 가치의 분산} = 0.42^2 = 0.1764$$
$$\text{잔여 만기} = \text{제품 독점권 기간} = 5년$$
$$\text{배당수익률(연기 비용)} = 1/\text{특허 기간} = 1/5 = 0.20$$

5년 무위험 이자율을 5%로 가정하자. 옵션의 가치는 다음과 같이 추정할 수 있다.

$$\text{콜옵션 가치} = 33.5 \exp^{(-0.2)(5)}(0.2250) - 50.0 \exp^{(-0.05)(5)}(0.0451) = 1.019$$

오늘 도입했을 때 순현재가치가 음수인 이 제품의 독점권은 101만 9,000달러다. 그러나 $N(d2)$로 측정하면 만기 전에 이 프로젝트가 실행될 가능성은 작다.

delay.xls: 이 스프레드시트를 이용하면 투자 연기 옵션의 가치를 추정할 수 있다. (웹에서 다운로드 가능)

차익거래 가능성과 옵션가격결정모형

5장에서 논의했듯이 옵션가격결정모형을 뒷받침하는 강력한 구성 요소 두 가지는 포트폴리오 복제와 차익거래 개념이다. 블랙-숄스 모형과 이항모형 등은 기초자산과 무위험 차입·대출을 사용해서 현금흐름이 옵션과 똑같은 복제 포트폴리오를 만들 수 있다고 가정한다. 게다가 투자자들은 옵션을 매수하고 복제 포트폴리오를 매도하여 무위험 포지션을 창출할 수 있으므로, 이들 모형은 옵션도 똑같은 가격에 거래된다고 가정한다. 만일 옵션이 다른 가격에 거래된다면 투자자들은 무위험 포지션을 창출할 수 있으므로 차익거래로 이익을 얻게 된다. 바로 이런 이유로 옵션가격결정모형에 사용되는 이자율은 무위험 이자율이다.

적어도 일부 투자자는 상장 주식이나 자산에 대한 상장 옵션으로 분명히 차익거래를 실행할 수 있다. 그러나 비상장 자산에 대한 옵션이라면 복제 포트폴리오 거래가 거의 불가능하다. 예를 들어 예시 28.1에서 콜옵션의 복제 포트폴리오를 만들려면 (비상장 자산인) 기초 프로젝트 0.225 단위(옵션 델타)를 매수해야 한다.

실물 옵션은 차익거래가 불가능하므로 가치평가에 옵션가격결정모형을 사용하는 것은 부적절하다고 주장하는 사람도 있고, 옵션가격결정모형에서 무위험 이자율보다 높은 이자율을 사용해서 이 한계를 조정하려는 사람도 있다. 나는 둘 다 적절하지 않다고 생각한다. 실물 옵션에 대해 복제 포트폴리오를 만들어 거래할 수는 없지만, (예시 28.1에서처럼) 서류상으로는 복제 포트폴리오를 만들어 옵션의 가치를 평가할 수 있다. 그러나 차익거래를 하기는 어려우므로 가격이 이 가치에서 크게 벗어날 수 있다. 실물 옵션의 높은 위험을 반영하여 무위험 이자율을 높이는 방법이 확실한 해결책처럼 보일지 모르지만, 이렇게 하면 콜옵션의 가치가 (예시 28.1에서 평가한 것처럼) 오히려 올라갈 뿐이다.

차익거래가 어렵다는 점을 반영하여 실물 옵션의 가치를 더 보수적으로 추정하고자 한다면 두 가지 방법이 있다. 하나는 오늘 프로젝트에 투자했을 때 기대되는 현금흐름의 현재가치 계산에 더 높은 할인율을 사용하여 기초자산의 가치(S)를 낮추는 방법이다. 예시 28.1에서 할인율을 15% 대신 20%를 사용해서 산출된 현재가치 2,910만 달러를 3,350만 달러 대신 기초자산의 가치로 삼는 것이다. 나머지 하나는 옵션의 가치를 평가하고 나서 여기에 (비상장회사 가치평가에 사용했던 것과 비슷하게) 비유동성 할인을 적용하는 방법이다.

연기 옵션 가치평가의 문제점

많은 프로젝트에 연기 옵션이 들어 있다는 점은 매우 분명하지만, 옵션가격결정모형을 사용해서 이런 옵션을 평가하는 데는 여러 문제점이 있다. 첫째, 이 옵션의 기초 자산인 프로젝트는 거래되지 않으므로 그 가치와 분산을 추정하기가 어렵다. 비록 오류는 있어도 가치는 프로젝트의 기대 현금흐름과 할인율로 추정할 수 있다. 그러나 분산은 추정하기가 더 어렵다. 시간이 흐름에 따라 프로젝트의 분산을 추정해야 하기 때문이다.

둘째, 시간의 경과에 따른 가격 흐름이 옵션가격결정모형에서 가정하는 가격 경로를 따르지 않을 수도 있다. 특히 가치는 확산 과정을 따르고 가치의 분산은 시간이 흘러도 변하지 않는다는 가정을 프로젝트에는 적용하기 어려울 수도 있다. 예를 들어 갑작스러운 기술 변화로 프로젝트의 가치가 긍정적으로든 부정적으로든 극적으로 바뀔 수 있다.

셋째, 프로젝트에 대해 기업이 보유한 권리 기간이 명확하지 않을 수도 있다. 특허권이 있으면 기업은 특허 제품을 생산할 독점권을 특정 기간 보유하지만, 프로젝트에 대한 권리를 보유하면 흔히 독점권과 기간이 명확하게 정의되지 않는다. 예를 들어 기업은 상당한 경쟁우위가 있어서 일정 기간 프로젝트에 대해 사실상 독점권을 보유할 수도 있다. 소매나 소비자 제품에 강력한 브랜드 인지도를 보유한 기업이 그런 예이다. 그러나 이런 권리는 법적 규제가 아니어서 시간이 흐르면 약해진다. 그러면 프로젝트의 기대 수명이 불확실해서 추정치에 불과하다. 앞 섹션에서는 제품 독점권의 가치를 평가할 때 옵션 만기 5년을 사용했지만, 경쟁자들이 예상보다 더 빨리 진입할 수도 있다. 아니면 진입장벽이 예상보다 더 강력해서 기업이 5년 넘게 초과수익을 얻을 수도 있다. 아이러니하게도 옵션 예상 만기의 불확실성 덕분에 현재가치의 분산이 증가할 수 있고, 이 때문에 프로젝트 권리의 기대 가치도 증가할 수 있다.

연기 옵션이 미치는 영향

프로젝트를 옵션으로 간주하고 연기 옵션을 분석하면 몇 가지 흥미로운 시사점이 떠오른다. 첫째, 프로젝트는 현재 기대 현금흐름 기준으로 순현재가치가 음수인데도, 옵션 특성 때문에 그 프로젝트에 대한 권리는 여전히 가치가 남아 있을 수도 있다. 같은 이유로 위험한 사업에서는 비실용적 기술에 대한 독점권도 거액에 거래될 수 있다.

둘째, 프로젝트의 순현재가치가 양수인데도 곧바로 실행되지 않을 수 있다. 내가격이어도 투자자들이 항상 옵션을 행사하지는 않는 것처럼, 기업도 프로젝트를 연기해서 나중에 실행할 때 유리할 수 있기 때문이다. 프로젝트 권리 기간이 길고, 독점권이 강하며, 현금흐름의 분산이 클수록 기업은 프로젝트를 연기하기 쉽다. 예를 들어 한 기업이 컴퓨터 시스템용 저장장치 제조 특허권을 보유 중인데, 오늘 새 공장을 건립하면 순현재가치가 양수라고 가정하자. 그러나 저장장치 제조 기술이 유동적이라면, 기업은 기술이 개선되어 기대 현금흐름이 증가하고 프로젝트의 가치도 높아지기를 기대하면서 프로젝트 투자를 연기할 수도 있다. 기업은 프로젝트 연기 비용, 즉 투자하지 않아서 포기하게 되는 현금흐름과 연기해서 얻게 되는 이점을 비교해야 한다.

셋째, 정적 분석(靜的分析)에서는 프로젝트의 매력을 감소시키는 요소들 때문에 실제로는 프로젝트 권리의 가치가 증가할 수도 있다. 예를 들어 잠재 시장 규모와 초과수익 크기의 불확실성이 미치는 영향을 생각해보자. 정적 분석에서는 이 불확실성이 증가할수록 프로젝트의 위험도 증가하므로 프로젝트의 매력이 감소한다. 그러나 프로젝트를 옵션으로 간주하면, 불확실성이 증가할수록 옵션의 가치도 증가한다. 여기서는 제품 특허와 천연자원 매장량 사례를 다루면서 프로젝트 연기를 통해서 가치를 더 정확하게 추정하는 과정을 살펴본다.

옵션가격결정모형

프로젝트 연기 옵션이 콜옵션이라는 사실을 알고 옵션 가치평가에 필요한 입력 변수를 확인했다면, 실제로 옵션의 가치를 평가하는 작업은 하찮아 보일 수도 있다. 그러나 이런 옵션을 평가하는 과정에는 우리가 처리해야 하는 심각한 추정 문제가 있다. 5장에서 언급했듯이 옵션의 가치평가에 더 보편적인 모형은 이항모형인데도, 가격결정 과정과 조기 행사에 대한 가정이 훨씬 더 엄격한 블랙-숄스 모형을 사용하는 사람들이 많다. 거래되는 자산에 대한 상장 옵션이라면 매우 낮은 비용으로 가치를 평가할 수 있다. 그러나 실물 옵션은 가치평가에 큰 비용이 들어가는데, 그 이유는 다음과 같다.

- 상장 옵션과는 달리, 실물 옵션은 내가격이 되면 조기 행사되는 경향이 있다. 블랙-숄스 모형도 조기 행사를 반영하도록 조정할 수는 있지만, 이항모형이 조기 행사를 훨씬 더 유연하게 반영한다.
- 가격이 연속적일 뿐 아니라 비정규분포라고 가정하는 블랙-숄스 모형보다는 이항옵션가격결정모형이 기초자산의 가격결정 과정을 훨씬 더 폭넓게 허용한다. 흔히 현금흐름의 현재가치가 가격에 해당하는 실물 옵션에서는 비정규분포와 연속분포 가정이 유지되기 어렵다.

이항모형의 가장 큰 문제점은 이항나무의 모든 노드에서 가격을 추정해야 한다는 것이다. 기간의 수가 확대될수록 그렇게 하기가 더 어려워진다. 그러나 블랙-숄스 모형에서 분산 추정치를 사용해서 등락 수준을 측정할 수 있으므로, 이를 이항나무에 사용하면 된다.

이렇게 이항모형 옹호론을 펼쳤으므로, 우리가 블랙-숄스 모형을 사용해서 실물 옵션의 가치를 평가하면 놀라울지도 모르겠다. 이렇게 하는 것은 블랙-숄스 모형이 더 간편하고 명쾌할 뿐 아니라, 제공하는 가치의 범위도 더 좁다고 보기 때문이다. 둘을 비교할 수 있도록 각 사례에서 이항모형으로 산출한 가치도 제공한다.

블랙-숄스 모형에서 이항모형으로 블랙-숄스 모형 입력 변수를 이항모형 입력 변수로 전환하는 작업은 매우 간단하다. 조정을 하려면 증가형 이항 과정을 가정해야 하는데, 여기서는 퍼센트 기준으로 점프의 크기가 기간 사이에서 변하지 않는다고 본다. 대칭 확률을 가정하면 상승 변동(u)과 하락 변동(d)은 가격 과정의 연간 분산과 1년을 세분한 단위 기간 수(t)의 함수로 추정할 수 있다.

$$u = \exp^{\sigma\sqrt{dt} + \left(r - y - \frac{\sigma^2}{2}\right)dt}$$

$$d = \exp^{-\sigma\sqrt{dt} + \left(r - y - \frac{\sigma^2}{2}\right)dt}$$

여기서 dt = 1/연간 단위 기간의 수

예를 들어 예시 28.1에서 평가한 프로젝트 연기 옵션을 생각해보자. 여기서 가치의 표준편차는 42%, 무위험 이자율은 5%, 배당수익률은 20%로 가정했다. 입력 변수들을 이항모형으로 전환하려면 연간 단위 기간이 1이라고 가정하고 다음과 같이 상승 변동과 하락 변동을 추정하면 된다.

$$u = \exp^{0.42\sqrt{1} + \left(0.05 - 0.20 - \frac{0.42^2}{2}\right)\sqrt{t}} = 1.1994$$

$$d = \exp^{-0.42\sqrt{1} + \left(0.05 - 0.20 - \frac{0.42^2}{2}\right)1t} = 0.5178$$

오늘 가치는 3,350만 달러다. 첫 번째 가지의 마지막 가치를 추정하면 다음과 같다(단위: 100만 달러).

상승 변동 가치 = 33.5(1.1994) = 40.179
하락 변동 가치 = 33.5(0.5178) = 17.345

이들 가치를 사용해서 두 번째 가지에서 잠재 가치 셋을 얻을 수 있다. 1,734만 5,000달러가 19.94%로 증가한 값이 4,017만 9,000달러가 48.22%로 감소한 값과 일치한다는 점에 주목하라. 그림 28.5는 이항나무의 5개 기간을 나타낸다.

이 이항나무에서도 옵션의 가치를 추정할 수 있는데, 그 값은 102만 달러로 블랙-숄스 모형에서 얻은 추정치 101만 9,000달러보다 약간 크다. 이 차이는 옵션이 더 내가격이 되고 이항모형에서 사용하는 기간이 짧아지면 좁혀진다.

[그림 28.5] 연기 옵션의 이항나무

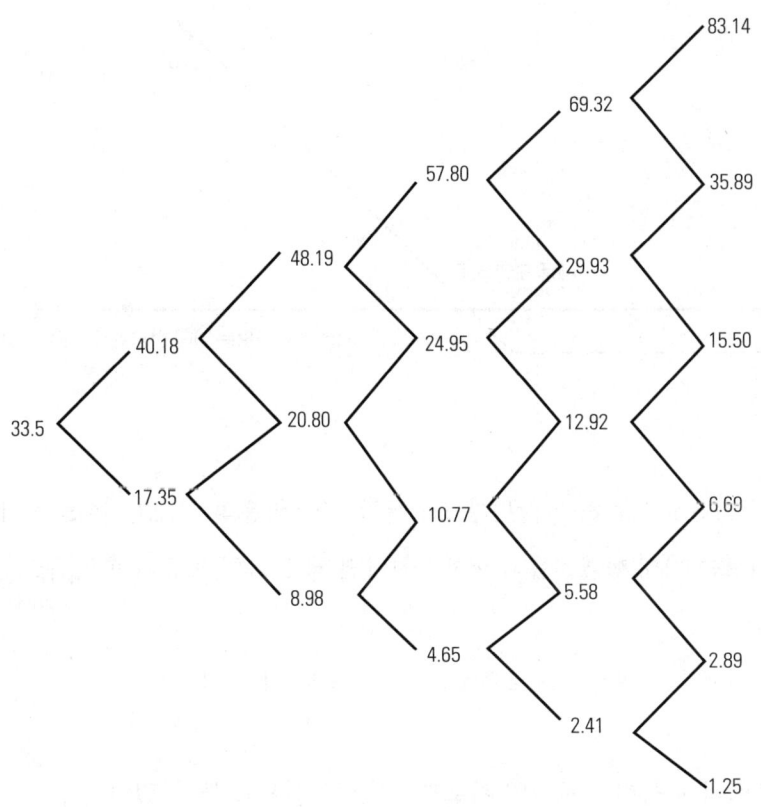

특허의 가치평가

(특히 기술과 제약 섹터에 속한) 기업들 다수는 제품이나 서비스 특허를 받을 수 있다. 특허를 받으면 기업은 제품 개발과 판매에 독점권을 얻게 되므로, 특허는 옵션으로 볼 수 있다.

특허는 콜옵션

그림 28.6에서 보듯이 기업은 제품 판매에서 나오는 기대 현금흐름의 현재가치가 개발 비용을 초과할 때만 특허를 개발한다. 그렇지 않으면 기업은 특허 개발을 보류

[그림 28.6] 제품 도입의 손익 구조

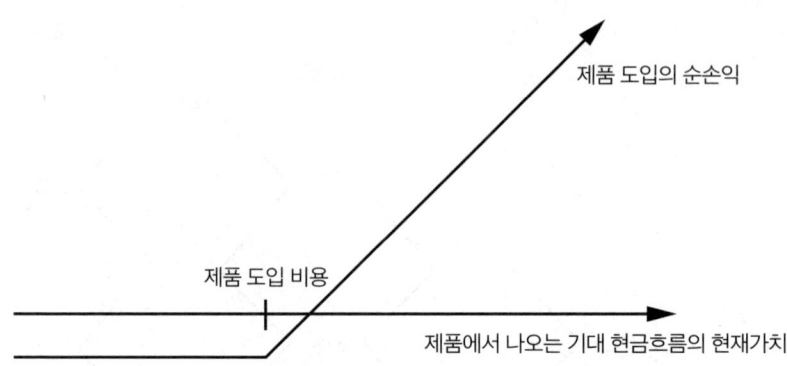

하고 추가 비용을 지출하지 않는다. I가 특허 개발 비용의 현재가치이고 V가 제품 특허에서 나오는 기대 현금흐름의 현재가치라면 제품 특허 보유의 손익 구조는 다음과 같다.

$$제품 \text{ } 특허 \text{ } 보유의 \text{ } 손익 \text{ } 구조 = V - I \quad 단, V > I$$
$$= 0 \quad\quad 단, V \le I$$

그러므로 제품 특허는 제품이 기초자산인 콜옵션으로 볼 수 있다.

[예시 28.2] 특허의 가치평가: 아보넥스(1997년)

바이오젠(Biogen)은 아보넥스(Avonex)라는 약품의 특허를 보유한 생명공학 기업이다. 아보넥스는 다발성 경화증 치료제로 FDA 승인을 받았다. 이 특허의 가치를 평가하려고 하는데, 옵션가격결정모형에 사용할 수 있는 추정치는 다음과 같다.

■ 잠재 시장과 예상 판매 가격을 바탕으로 이 약품의 재무적 타당성을 오늘 내부적으로 분석해보니 현금 흐름의 현재가치가 34억 2,200만 달러였다(초기 개발비 반영 전).
■ 오늘 약품을 도입한다면 상용 약품 초기 개발비는 28억 7,500만 달러로 추정된다.
■ 이 약품의 특허 기간은 앞으로 17년이며, 현재 장기 국채 수익률은 6.7%이다.
■ 상장 생명공학 기업 가치의 평균 분산은 0.224이다.

초과수익은 특허 기간에만 얻을 수 있으며, 특허 기간 이후에는 경쟁 때문에 초과수익이 사라진다고 가정한다. 그러므로 수익성이 있는데도 약품 도입을 연기하면 특허로 보호받는 수익률이 그 기간만큼 비용으로 지출되는 셈이다. (연기 비용이 1년 차에는 1/17, 2년 차에는 1/16, 3년 차에는 1/15이 된다.)

이런 가정을 바탕으로 얻은 옵션가격결정모형 입력 변수들은 다음과 같다(단위: 100만 달러).

$$\text{현재 약품 도입에서 발생하는 현금흐름의 현재가치} = S = 3{,}422$$
$$\text{상용 약품 초기 개발비(오늘)} = K = 2{,}875$$
$$\text{특허 기간} = t = 17\text{년}$$
$$\text{무위험 이자율} = r = 6.7\% \ (17\text{년 만기 국채 수익률})$$
$$\text{기대 현재가치의 분산} = \sigma^2 = 0.224$$
$$\text{기대 연기 비용} = y = 1/17 = 5.89\%$$

이로부터 나오는 d와 N(d) 추정치는 다음과 같다.

$$d1 = 1.1362 \qquad N(d1) = 0.8720$$
$$d2 = -0.8512 \qquad N(d2) = 0.2076$$

배당-조정 블랙-숄스 옵션가격결정모형에 다시 대입하면 다음과 같다.[3]

$$\text{특허의 가치} = 3{,}422 \, \exp^{(-0.0589)(17)}(0.8720) - 2{,}875 \, \exp^{(-0.067)(17)}(0.2076) = 907$$

반면 이 프로젝트의 순현재가치는 5억 4,700만 달러에 불과하다.

$$\text{순현재가치} = 3{,}422 - 2{,}875 = 547$$

이 옵션은 시간 프리미엄이 3억 6,000만 달러(= 9억 700만 달러 - 5억 4,700만 달러)이므로 연기 비용이 발생하더라도 약품을 즉시 개발하는 것보다는 기다리는 편이 유리하다. 그러나 시간이 흐를수록 연기 비용이 증가하므로 미래에는 옵션 행사(개발) 가능성이 크다. 게다가 비슷한 다발성 경화증 치료제를 개발하는 경쟁자들이 있다면, 바이오젠은 연기 비용이 몹시 비싸다고 판단하여 치료제를 즉시 개발할 수도 있다. 예를 들어 특허 기간을 제외한 나머지 입력 변수는 모두 그대로이고 특허 기간만 변한다고 가정하면서 콜 옵션의 가치를 평가해보자. 특허 만기가 16년 남았다고 가정하자. 그러면 특허 기간이 감소했으므로 연기 비용이 증가한다.

$$\text{연기 비용} = 1/16$$

현금흐름의 현재가치(S)는 감소하고 연기 비용(y)은 증가하므로 특허의 기대 가치는 감소한다. 그림 28.7은 옵션의 가치와 프로젝트의 현재가치를 연도별로 보여준다.

---

3   이항모형으로 추정한 가치는 9억 1,500만 달러다.

이 분석에 의하면 특허 잔여 기간이 12년 미만인 시점부터 아보넥스 상용 제품의 가치가 특허 가치보다 커지므로, 이때가 상용 제품 개발에 최적 시점이 된다.[4]

[그림 28.7] 특허 가치와 순현재가치

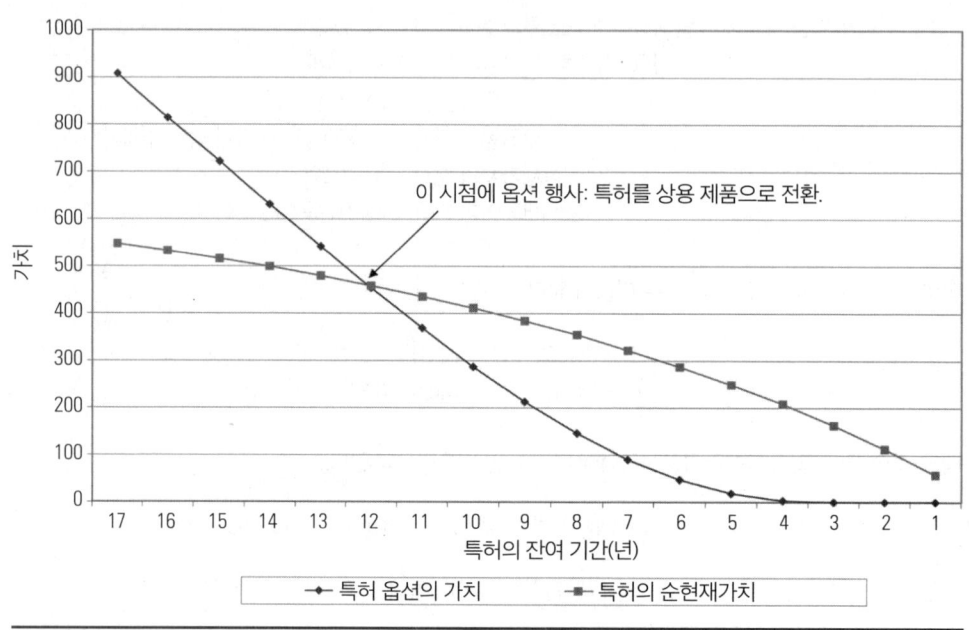

이 시점에 옵션 행사: 특허를 상용 제품으로 전환.

가치

특허의 잔여 기간(년)

◆ 특허 옵션의 가치   ■ 특허의 순현재가치

product.xls: 이 스프레드시트를 이용하면 특허의 가치를 추정할 수 있다. (오늘) 특허 개발로 기대되는 현금흐름의 가치를 입력하고, 특허를 상용 제품으로 전환하는 비용을 입력하면 된다. (웹에서 다운로드 가능)

경쟁 압박과 옵션의 가치

앞 섹션에서는 특허 기간에 기업이 경쟁으로부터 보호받는다고 보았다. 이는 일반적으로 특허 제품이나 특허 방법에 대해서는 옳은 견해이지만, 그래도 기업은 똑같은 시장에 제품을 공급하는

---

4   각 연도의 순현재가치는 초기의 현재가치 5억 4,700만 달러가 17년에 걸쳐 6,402만 달러로 전환된다고 가정하여 계산했다(자본비용 9% 사용). 프로젝트 잔여 기간이 16년인 2년 차에는 순현재가치가 5억 3,200만 달러로 감소한다. 16년에 걸친 현재가치 6,402만 달러를 자본비용 9%로 할인한 값이다.

다른 기업들과 여전히 경쟁하게 될 수도 있다. 더 구체적으로 말하면, 바이오젠이 아보넥스 특허를 보유하고 있어도 머크(Merck)나 화이자(Pfizer)는 자사의 다발성 경화증 치료제를 생산하면서 바이오젠과 경쟁할 수 있다.

특허의 가치를 옵션으로 본다는 것은 어떤 의미인가? 첫째, 옵션 만기가 이제는 특허 기간이 아니라 경쟁 제품이 개발될 때까지 기업이 확보하는 준비 기간이다. 예를 들어 바이오젠은 다른 제약회사가 다발성 경화증 치료제를 개발 중임을 알 수 있다. 이 경쟁 제품이 연구개발 단계 초기이거나 FDA 승인 과정에 있다면, 그 소요 기간을 추정해서 옵션 만기로 사용할 수 있다. 그러면 옵션의 가치가 감소하므로 바이오젠은 더 빨리 상용 약품을 개발할 가능성이 크다.

이런 경쟁 압박 때문에 일부 약품은 훨씬 빨리 상용화되기도 하고, 때로는 특허의 가치가 현금흐름을 할인한 가치보다 낮아지기도 한다. 일반적으로 연구개발 중인 경쟁 제품의 수가 증가할수록, 옵션가격결정모형으로 산출한 가치가 전통적 현금흐름할인모형으로 산출한 가치보다 커지기 어렵다.

특허 보유 기업의 가치평가

기업이 보유한 특허의 가치를 옵션으로 평가할 수 있다면, 이 추정치는 기업 가치에 어떻게 반영할 수 있을까? 기업의 가치 대부분이 특허를 상용 개발한 제품에서 나온다면, 그 기업의 가치는 세 가지 변수의 함수로 나타낼 수 있다.

1. 이미 상용 제품으로 전환한 특허에서 나오는 현금흐름.
2. 이미 보유하고 있지만 아직 상용 개발하지 않은 특허의 가치.
3. 연구개발을 통해서 장래에 획득하리라 예상되는 새 특허의 기대 가치.

기업의 가치 = 상용 제품의 가치 + 기존 특허의 가치
+ (미래에 획득할 새 특허의 가치 – 특허 획득 비용)

상용 제품의 가치는 기존 제품의 기대 현금흐름을 적절한 자본비용으로 할인해서 산출할 수 있다. 기존 특허의 가치는 앞에서 설명한 옵션가격결정모형을 사용해서 추

정할 수 있다. 세 번째 요소의 가치는 기업의 연구개발 능력을 바탕으로 추정할 수 있다. 장래에 예상되는 연구개발비와 이 연구로 획득하는 특허의 가치가 같을 때는 세 번째 요소의 가치가 0이 된다. 일반적으로 과거에 연구개발로 가치를 창출했던 기업들은 이 요소의 가치도 양수이다. 일부 기업은 연구개발비가 특허의 가치를 초과하여 가치를 파괴할 수도 있다.

이 방법으로 추정한 기업의 가치를 전통적인 현금흐름할인모형으로 추정한 기업의 가치와 비교하면 무슨 차이가 있을까? 전통적인 현금흐름할인법에서는 두 번째 요소와 세 번째 요소가 현금흐름의 기대성장률에 반영된다. 특허와 연구개발 능력을 보유한 기업들은 더 오랜 기간 훨씬 빠르게 성장한다. 반면, 이 섹션에서는 각 특허를 개별적으로 분석하여 옵션 가치를 추정했다.

옵션에 기초한 방식의 가장 큰 한계는 필요한 정보를 입수하기가 어렵다는 점이다. 각 특허를 개별적으로 평가하려면 대개 경영진만 보유한 독점 정보를 입수해야 한다. 옵션 가격결정에 사용할 기대 분산 등 일부 정보는 경영진에게도 없으므로 특허마다 별도로 추정해야 한다.

이런 한계를 고려할 때, 실물 옵션 기법을 적용하기에 적합한 기업은 특허가 한두 개뿐이고 기존 자산도 거의 없는 소기업들이다. 대표적인 기업이 예시 28.3에서 가치를 평가한 1997년 바이오젠이다. 기존 자산이 많고 특허가 수십 개인 전통 기업에는 현금흐름할인법이 더 실용적이다.

[예시 28.3] 가치평가: 바이오젠(1997년)

예시 28.2에서는 바이오젠이 보유한 아보넥스 특허의 가치를 콜옵션으로 평가하여 9억 700만 달러로 추정하였다. 바이오젠이라는 기업의 가치를 평가하려면 다른 두 요소의 가치도 평가해야 한다.

1. 이 평가 시점에 바이오젠이 보유한 상용 제품은 둘(B형 간염 치료제와 인트론(Intron)이라는 암 치료제)이며, 다른 두 제약회사에 라이선스를 제공했다. 두 제품의 특허권 사용료로 향후 12년 동안 매년 세후 현금흐름 5,000만 달러가 창출될 전망이다. 계약으로 보장된 이 현금흐름을 평가하려고 두 회사의 세전 부채비용(7%)을 할인율로 사용했다. 두 회사의 주요 위험은 부도 위험이기 때문이다(단위: 100만 달러).

가치평가 바이블

$$특허권 \ 사용료의 \ 현재가치 = 50 \times \frac{(1 - 1.07^{-12})}{0.07} = 397.13$$

2. 바이오젠은 신제품 개발에 계속 투자하고 있으며, 최근 연도 지출액은 약 1억 달러였다. 이 연구개발비는 향후 10년 동안은 연 20%, 이후에는 연 5% 증가할 전망이다. 이 연구개발로 획득하는 특허를 예측하기는 어렵지만, 향후 10년 동안 투자하는 연구개발비 1달러당 창출되는 특허 가치는 1.25달러이고, 10년 이후에는 투자하는 연구개발비와 창출되는 특허 가치가 같아진다고 가정한다.[5] 이 요소는 위험이 크므로 자본비용을 15%로 추정하였다.[6] 이 요소의 가치를 추정하면 다음과 같다.

$$특허권 \ 사용료의 \ 현재가치 = \sum_{t=1}^{t=n} \frac{(특허의 \ 가치_t - 연구개발비_t)}{(1 + r)^t}$$

표 28.1은 매년 특허에서 창출된 가치와 연구개발비를 요약한 자료이다. 10년 후에는 창출된 잉여 가치가 없다.

[표 28.1] 바이오젠에서 진행하는 연구개발의 가치평가

연도	특허에서 창출된 가치	연구개발비	초과 가치	현재가치(할인율 15%)
1	150.00	120.00	30.00	26.09
2	180.00	144.00	36.00	27.22
3	216.00	172.80	43.20	28.40
4	259.20	207.36	51.84	29.64
5	311.04	248.83	62.21	30.93
6	373.25	298.60	74.65	32.27
7	447.90	358.32	89.58	33.68
8	537.48	429.98	107.50	35.14
9	644.97	515.98	128.99	36.67
10	773.97	619.17	154.79	38.26
연구개발의 가치				318.30

---

[5] 신제품 개발에 성공한 바이오젠의 역사를 제외하면 이는 주요 사실에 기반한 추정치가 아니다. 이 추정치는 자본이익률과 자본비용에서 얻을 수 있다. 예를 들어 영구적으로 투자자본이익률이 15%이고 자본비용이 10%라고 가정하면, 투자액 1달러가 창출하는 가치는 다음과 같다.

$$창출된 \ 가치 = 1 + \frac{(투하자본이익률 - 자본비용)}{자본비용} = 1 + \frac{(0.15 - 0.10)}{0.10} = 1.50달러$$

[6] 이 할인율은 상용 제품 매출이 거의 없는 신규 상장 생명공학 기업들의 자본비용으로 추정했다.

새 연구개발로 창출된 총가치는 3억 1,830만 달러다.

바이오젠의 가치는 세 요소[기존 제품에서 나오는 현금흐름의 현재가치, (옵션으로서) 아보넥스의 가치, 새 연구개발로 창출되는 가치]의 합이다.

$$가치 = 상용 제품 + 미개발 특허의 가치 + 미래 연구개발의 가치$$
$$= 397.13 + 907 + 318.30 = 1,622.43$$

바이오젠은 미상환부채나 거액의 현금 잔고가 없으므로, 이 가치를 유통주식 수(3,550만 주)로 나누면 주당 가치가 산출된다.

$$주당 가치 = 1,622.43/35.5 = 45.70달러$$

특허는 기간 만료 후에도 남는 가치가 있을까?

이 가치평가에서는 초과수익이 특허 기간에 한정되며 특허가 만료되는 즉시 사라진다고 가정했다. 그러나 제약 섹터에서는 특허가 만료된다고 해서 초과수익이 반드시 사라지는 것은 아니다. 실제로 특허 만료 후에도 제품에 계속 할증 가격을 부과하여 초과수익을 얻는 회사들이 많다. 주로 프로젝트 기간에 쌓아 올린 브랜드 이미지 덕분이다. 이런 현실을 반영하는 간단한 방법은 프로젝트 현금흐름의 현재가치(S)를 증가시키고 연기 비용(y)을 감소시키는 것이다. 그러면 회사들은 상용 개발을 연기하고 정보를 더 수집하면서 시장 수요를 평가할 가능성이 더 커진다.

제약회사들이 특허의 가치를 높이는 다른 방법은 의회에 로비하거나 법률 제도를 이용해서 수익성 높은 약품의 특허 기간을 연장하는 것이다. 이렇게 해서 특허의 예상 기간이 연장되면 옵션으로서 가치가 증가할 수 있다.

천연자원 옵션

석유회사나 광산회사 등 천연자원회사들은 기존 매장량에서 현금흐름을 창출하지만, 마음만 먹으면 개발할 수 있는 미개발 매장량도 보유하고 있다. 만일 (석유, 금, 구리 등) 자원 가격이 상승하여 이 미개발 매장량이 콜옵션으로 보이면 이들은 미개발

가치평가 바이블

매장량을 개발할 가능성이 훨씬 커진다. 이 섹션에서는 먼저 미개발 매장량의 가치를 살펴보고 나서 매장량을 개발한 회사와 미개발한 회사의 가치를 평가하는 방법도 알아보기로 한다.

미개발 매장량은 옵션

천연자원 투자에서, 기초자산은 천연자원이고 자산의 가치는 추정량과 자원의 가격에 따라 결정된다. 그러므로 금광에서 기초자산의 가치는 금 가격으로 추정한 금 매장량의 가치이다. 그러나 대부분 천연자원 투자에는 자원 개발에 초기 비용이 들어간다. 그러므로 추정 매장량에서 개발비를 차감한 금액이 자원 보유자의 이익이다(그림 28.8 참조). 개발비를 X라 하고 매장량의 추정 가치를 V라 하면, 천연자원 옵션의 손익 구조는 다음과 같다.

$$\text{천연자원 투자의 손익 구조} = V - X \quad \text{단, } V > X$$
$$= 0 \qquad \text{단, } V \leq X$$

그러므로 천연자원 투자 옵션의 손익 구조는 콜옵션과 비슷하다.

천연자원 옵션 가치평가 입력 변수 천연자원 투자를 옵션으로 보고 평가하려면 여러 변수에 대해 가정을 세워야 한다.

[그림 28.8] 천연자원 매장량 개발의 손익 구조

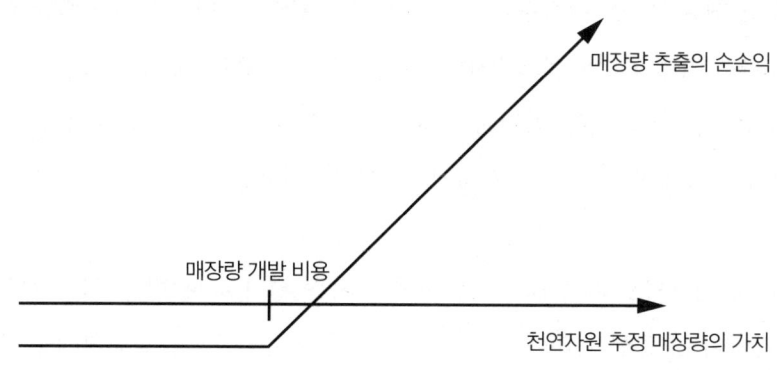

- **가용 매장량과 오늘 추출할 경우의 추정 가치**: 처음에는 매장량을 확실하게 알 수가 없으므로 추정해야 한다. 예를 들어 석유 지대에서는 지질학자들이 가용 석유 매장량을 상당히 정확하게 추정할 수 있다. 그러면 매장량의 가치는 추정 매장량에 매장량 단위당 기여도(자원의 현재 가격 − 추출 변동비)를 곱한 값이 된다.

- **자원 개발비 추정치**: 자원 개발비 추정치는 옵션의 행사가격이다. 석유 매장량에서 자원 개발비는 석유 굴착 장치를 설치하는 고정비다. 광산에서는 광산 가동에 수반되는 비용이다. 석유회사와 광산회사들은 이미 다양한 환경에서 자원을 개발했으므로, 이 경험을 이용해서 개발비를 합리적으로 측정할 수 있다.

- **옵션의 잔여 만기**: 천연자원의 수명은 두 가지 방법으로 정의할 수 있다. 첫째, 일정 기간이 지난 시점에 투자 소유권을 포기해야 한다면 그 기간이 옵션의 만기가 된다. 예를 들어 해저유전 리스에서는 석유 지대를 일정 기간 석유회사에 대여해준다. 두 번째 방법은 매장량 고갈에 이르는 기간 추정치는 물론 잔여 매장량과 추출 속도까지 고려해서 정의한다. 매장량이 300만 온스이고 채광 속도가 연 15만 온스인 금광이라면 20년 후에 고갈되므로, 20년이 천연자원 옵션의 만기가 된다.

- **기초자산 가치의 분산**: 기초자산 가치의 분산은 자원 가격의 변동성과 가용 매장량 추정치의 변동성에 따라 결정된다. 매장량을 확실하게 아는 특수한 경우라면 기초자산 가치의 분산은 전적으로 천연자원 가격의 변동성에 좌우된다.

- **연기 비용**: 순생산수익(net production revenue)은 매장 자원이 개발된 후 창출되는 연간 현금흐름을 매장량의 가치로 나눈 비율이다. 이는 배당수익률에 해당하므로 옵션 가치 계산에서도 똑같은 방법으로 취급한다. 순생산수익은 연기 비용으로 생각할 수도 있다. 천연자원 옵션이 내가격인데도(매장량의 가치가 개발비보다 큰데도) 개발하지 않으면, 기업에는 순생산수익만큼 비용이 발생하는 셈이다.

옵션가격결정모형으로 천연자원 옵션의 가치를 평가할 때 발생하는 중요한 문제는 개발 지연이 이 옵션 가치에 미치는 영향이다. 석유나 금 등 천연자원은 즉각적으로 개발할 수가 없으므로, 추출 결정을 내리더라도 실제 추출 시점까지 지연이 발생할 수밖에 없다. 이 지연을 간단하게 반영하는 방법은 개발 기간에 발생하는 현금흐름 손실만큼 개발 매장량의 가치를 낮추는 것이다. 그러므로 개발 지연 기간이 1년이라면 1년 동안 발생하는 현금흐름 손실 추정치를 매장량의 가치로 나눈 다음 개발 매장량의 가치를 이 비율만큼 할인한다. 이렇게 하면 첫해 현금흐름에 해당하는 금액만큼을 현금흐름의 현재가치에서 낮추는 셈이 된다.[7]

[예시 28.4] 석유 매장량의 가치평가[7]

해저유전의 석유 매장량 추정치는 5,000만 배럴이고, 개발비는 6억 달러이며, 개발 지연은 2년이라고 가정하자. 엑슨이 보유한 개발권 기간은 20년이며, 배럴당 한계 가치(배럴당 가격 - 배럴당 한계 비용)는 현재 12달러[8]이다. 개발 후에는 연간 순생산수익이 매장량 가치의 5%이다. 무위험 이자율은 8%이고, 석유 가격의 분산은 0.03이다.

이 정보를 바탕으로 블랙-숄스 모형 입력 변수들을 다음과 같이 추정할 수 있다(단위: 100만 달러).

자산의 현재가치 = 개발 매장량 가치를 배당수익률로 개발 지연 기간만큼 할인한 가치
$$= 12 \times 50/1.05^2 = 544.22$$
행사가격 = 매장량 개발비 = 600
옵션의 잔여 만기 = 20년
기초자산 가치의 분산 = 0.03
무위험 이자율 = 8%
배당수익률 = 순생산수익/매장량의 가치 = 5%

이들 입력 변수를 바탕으로 블랙-숄스 모형이 제공하는 콜옵션 가치는 다음과 같다.

$$d1 = 1.0359 \qquad N(d1) = 0.8498$$
$$d2 = 0.2613 \qquad N(d2) = 0.6030$$

콜옵션 가치 $= 544.22 \exp^{(-0.05)(20)}(0.8498) - 600 \exp^{(-0.08)(20)}(0.6030) = 97.08$

이 석유 매장량은 현재 유가로는 경제성이 없지만, 유가가 상승하면 가치를 창출할 수 있으므로 여전히 가치가 있다.[9]

---

7 다음은 시겔(Siegel), 스미스(Smith), 패덕(Paddock, 1993)이 해저유전의 가치를 평가한 예시를 단순화한 것이다.
8 석유 배럴당 한계 가치는 시간이 흐르면 상승하지만, 여기서는 편의상 한계 가치의 현재가치가 배럴당 12달러로 유지된다고 가정한다. 이렇게 가정하지 않으면 추출 기간에 석유의 현재가치를 추정해야 한다.
9 이항모형으로 산출한 가치 추정치는 9,915만 달러다.

natres.xls: 이 스프레드시트를 이용하면 미개발 천연자원 매장량의 가치를 추정할 수 있다. (웹에서 다운로드 가능)

불확실성의 원천이 복수라면

앞의 사례에서 매장량은 불확실하지 않다고 가정했다. 그러나 현실적으로 말해서 석유회사가 보유한 매장량 추정치는 5,000만 배럴이지만, 매장량을 확실히 아는 것은 아니다. 매장량의 불확실성도 분석 대상에 포함하면, 가치에 영향을 미치는 분산의 원천은 두 가지가 된다. 이 문제를 다루는 방법은 두 가지다.

- **복수의 불확실성을 하나의 가치로 결합**: 매장량의 가치는 유가에 매장량을 곱한 값이므로, 매장량 가치의 분산에는 두 입력 변수 분산의 결합 효과가 반영되어야 한다.[10] 이 분산이 옵션가격결정모형으로 새 매장량의 가치를 추정할 때 사용하는 분산이다.
- **복수의 분산을 결합하지 않고 무지개 옵션으로 가치를 평가**: 무지개 옵션은 분산의 원천을 둘 이상 허용하므로, 복수의 분산을 결합하지 않고서도 옵션의 가치를 평가할 수 있다. 옵션가격결정모형이 더 복잡해지긴 하지만, 불확실성의 두 원천이 시간의 흐름에 따라 다른 방식으로 전개될 수 있다면 (예컨대 시간이 흐름에 따라 유가의 분산은 증가하고 석유 매장량의 분산은 감소할 수 있다면) 이 방법을 사용해야 한다.

미개발 매장량을 보유한 기업의 가치평가

앞의 사례에서는 옵션가격결정모형으로 개별 광산이나 유전 지대의 가치를 평가하는 방법을 설명했다. 천연자원회사가 보유한 자산도 옵션으로 볼 수 있으므로, 그 회사의 가치도 옵션가격결정모형으로 평가할 수 있다.

---

10 두 변수를 곱한 값의 분산이다.

개별 매장량과 총매장량　　내가 선호하는 방법은 각 매장량의 가치를 별도로 평가하고 나서 이들 가치를 합계해 기업의 가치를 산출하는 것이다. 그러나 매장량 수백 개를 보유한 석유회사 등 대규모 천연자원회사에 대해서는 이런 정보를 얻기가 어려우므로, 대신 사용하는 방법이 기업의 미개발 매장량 전부를 하나의 옵션으로 간주하여 평가하는 것이다. 원칙주의자라면 이렇게 자산 포트폴리오를 옵션으로 보고 평가하면 (천연자원회사들이 실제로 보유한) 옵션 포트폴리오를 평가할 때보다 가치가 저평가된다고 주장하면서 십중팔구 반대할 것이다. 그렇더라도 분산의 유일한 원천이 천연자원의 가격이라고 가정하면 매장량 가치들 사이의 상관관계가 완벽하게 유지되므로, 거의 비용 없이 손쉬운 방법을 사용할 수 있다.

옵션 가치평가의 입력 변수　　옵션가격결정모형으로 총미개발 매장량의 가치를 추정하려면 이 모형의 입력 변수들을 추정해야 한다. 이 과정은 개별 매장량 가치 추정에 사용하는 과정과 대체로 비슷하지만, 몇 가지 차이점이 있다.

- ■기초자산의 가치평가: 자원의 오늘 가격과 오늘 매장량을 추출할 때 발생하는 평균 변동비를 바탕으로 회사가 보유한 모든 미개발 매장량의 총가치를 추정해야 한다. 일부 매장량은 변동비가 더 높고 일부 매장량은 변동비가 더 낮으므로, 매장량의 규모를 기준으로 변동비를 가중하면 변동비의 적정 근사치가 산출된다. 그리고 회사는 모든 미개발 매장량을 동시에 개발할 수 있으며, 그렇게 해도 자원의 가격에 영향을 미치지 않는다고 가정한다.
- ■행사가격: 행사가격으로는 회사가 모든 미개발 매장량을 즉시 개발할 때 오늘 들어가는 비용을 생각해야 한다. 일부 매장량은 개발비가 더 높고 일부 매장량은 개발비가 더 낮으므로, 가중평균비용을 사용하면 된다.
- ■옵션 만기: 각 매장량의 수명도 십중팔구 다를 것이다. 따라서 가중평균 수명을 사

용해야 한다.[11]

■ **자산 가치의 분산**: 유가만을 분산의 원천으로 보아야 한다는 주장이 강하다. 회사가 보유한 개별 매장량의 추정치보다 총매장량의 추정치가 훨씬 정확하기 때문이다.

■ **배당수익률(연기 비용)**: 개별 매장량과 마찬가지로 총매장량도 수익성 있는 매장량의 개발을 연기하면 그 기간만큼 현금흐름을 포기하는 셈이다. 이 현금흐름을 매장량의 가치로 나눈 비율이 배당수익률에 해당한다. 개발 지연은 개별 매장량의 가치를 낮추는 만큼 옵션의 가치도 낮춘다. 그러므로 매장량을 더 빨리 개발할 수 있는 석유회사가 보유한 미개발 매장량은 가치가 더 높다.

[예시 28.5] 석유회사의 가치평가: 걸프 오일(1984년)

1984년 초 걸프 오일(Gulf Oil)은 주당 70달러에 인수 대상이었다(유통주식은 1억 6,530만 주였고 총부채는 99억 달러였다). 석유 매장량 추정치는 30억 3,800만 배럴이었고 개발 총비용 추정치는 303억 8,000만 달러였다(개발 지연 기간은 약 2년이다). 매장량의 평균 사용 기간은 12년이다. 유가는 배럴당 22.38달러였고, 생산비, 세금, 유정 사용료 추정치는 배럴당 7달러였다. 분석 당시 채권 수익률은 9.00%였다. 걸프 오일이 매장량 개발을 결정하면 이듬해 예상되는 현금흐름은 개발된 매장량 가치의 약 5%였다. 유가의 분산은 0.03이다(단위: 100만 달러).

$$\text{기초자산의 가치} = \text{매장량 추정치에 개발 지연 기간을 반영}$$
$$= 3{,}038 \times (22.38 - 7)/1.05^2 = 42{,}380.44$$

개발 지연이 발생하면 현금흐름도 2년 지연되므로, 1년 차와 2년 차에 현금흐름(5%)이 발생하지 않아서 가치가 감소한다. 이에 가격에 영향을 미치지 않으면서 석유를 즉시 생산할 수 있고, 예상 유가와 생산 기간 현금흐름 추정치를 바탕으로 기초자산의 가치를 구할 수도 있다고 비현실적인 가정을 세울 수도 있다.[12] 그러나 여기서는 생산 기간에 현재가치 기준으로 배럴당 공헌이익 15.38달러가 변함없이 유지된다고 가정하는 손쉬운 방법을 사용했다.

---

11 영구 보유한 매장량의 수명을 추정할 때는 예컨대 30년처럼 장기간으로 상한선을 설정해야 한다.

12 12년 동안 매년 2억 5,000만 배럴을 추출할 수 있고, 유가 상승률이 연 10%라고 가정하면, 현금흐름의 현재가치는 다음과 같다(인플레이션율은 10%, 자본비용은 12.5%로 가정).

$$\text{매장량의 가치} = 250 \times (22.38 - 7) \left[\frac{\left(1 - \frac{1.10^{12}}{1.125^{12}}\right)}{(0.125 - 0.10)} \right] = 36{,}814$$

$$행사가격 = 오늘\ 추정한\ 매장량\ 개발비 = 30,380$$
$$잔여\ 만기 = 옵션의\ 평균\ 만기 = 12년$$
$$자산\ 가치의\ 분산 = 유가의\ 분산 = 0.03$$
$$무위험\ 이자율 = 9\%$$
$$배당수익률 = 순생산수익/미개발\ 매장량의\ 가치 = 5\%$$

이들 입력 변수를 바탕으로 블랙-숄스 모형으로 콜옵션의 가치를 산출하면 다음과 같다.[13]

$$d1 = 1.6548 \qquad N(d1) = 0.9510$$
$$d2 = 1.0548 \qquad N(d2) = 0.8542$$

$$콜옵션\ 가치 = 42,380.44\ exp^{(-0.05)(12)}(0.9510) - 30,380\ exp^{(-0.09)(12)}(0.8542) = 13,306$$

그런데 현금흐름할인법으로 산출한 가치는 120억 달러다(매장량 개발에서 창출되는 현금흐름의 현재가치 423억 8,000만 달러 - 개발비 303억 8,000만 달러). 이 차이가 발생하는 것은 걸프 오일이 매장량 개발 시점을 선택하는 옵션을 보유했기 때문이다.

옵션 가치(133억 달러)는 걸프 오일이 보유한 미개발 매장량의 가치를 나타낸다. 여기에 더해서 걸프 오인은 이미 개발한 매장량의 석유와 가스 생산에서 매년 창출되고 있는 현금흐름 9억 1,500만 달러가 앞으로 10년(개발된 매장량의 잔여 만기) 동안 이어질 전망이다. 가중평균 자본비용 12.5%로 할인하여 이 개발 매장량의 현재가치를 산출하면 다음과 같다.

$$개발\ 매장량의\ 가치 = 915(1 - 1.125^{-10})/0.125 = 5,065.83$$

개발 매장량과 미개발 매장량을 더해서 회사의 가치를 계산하면 다음과 같다.

미개발 매장량의 가치	13,306
생산 중인 개발 매장량의 가치	5,066
회사의 총가치	18,372
차감: 미상환부채	9,900
주식의 가치	8,472
주당 가치	8,472/165.3 = 51.25(달러)

이 분석에 의하면 걸프 오일의 주가 70달러는 고평가되었다.

---

13   이항모형으로 추정한 매장량의 가치는 137억 3,000만 달러다.

이 분석의 흥미로운 시사점은 천연자원회사의 가치가 천연자원의 가격뿐 아니라 그 가격의 기대 변동성에도 좌우된다는 점이다. 그러므로 유가가 배럴당 25달러에서 40달러로 상승하면, 모든 석유회사의 가치가 더 높아진다고 예상할 수 있다. 그러나 유가가 다시 25달러로 하락하더라도, 석유회사들의 가치가 과거 수준까지 떨어지지는 않을 수도 있다. 유가의 변동성에 대한 인식이 바뀌었을 수도 있기 때문이다. 유가의 변동성이 증가했다고 투자자들이 믿으면, 석유회사의 가치가 증가할 수도 있다. 다만 그 증가율은 미개발 매장량의 가치 비중이 더 큰 석유회사가 더 높을 것이다.

미개발 매장량을 옵션으로 본다면, 현금흐름할인법은 매출과 영업이익 추정에 천연자원의 예상 가격을 사용하므로 천연자원회사들의 가치를 대개 저평가한다. 그 결과, 가치에서 옵션 요소를 놓치게 된다. 그 차이는 미개발 매장량이 많고 원자재의 가격 변동성이 큰 회사일수록 더 커진다.

기타 응용

옵션가격결정모형을 적용하기에는 특허와 천연자원회사의 미개발 매장량이 가장 적합하지만, 앞의 장에서 언급한 다른 자산들도 옵션으로 보고 가치를 평가할 수 있다.

- 26장에서 부동산 가치평가의 관점에서 논의한 미개발 토지도 상용 개발을 선택하는 옵션으로 볼 수 있다.
- 27장에서 논의한 저작권과 라이선스 역시 오늘 상업적으로 가치가 없더라도 옵션으로 볼 수 있다.

표 28.2는 옵션가격결정모형으로 이런 옵션의 가치를 평가할 때 사용하는 입력 변수들을 나타낸다. 그동안 다루었던 기타 옵션 관련 사항들 역시 이들 입력 변수에도 적용된다. 옵션의 가치는 자산에 대한 상용 개발 독점권에서 나온다. 이 독점권은 저

[표 28.2] 기타 연기 옵션 가치평가의 입력 변수

	미개발 토지	라이선스·저작권
기초자산의 가치	오늘 토지를 상용 개발하면 얻는 현금흐름의 현재가치	오늘 라이선스나 저작권을 상업에 활용하면 얻는 현금흐름의 현재가치
기초자산 가치의 분산	그 부동산이 있는 상업 용지 가치의 분산	라이선스나 저작권을 상업에 활용해서 얻는 현재가치의 분산(시뮬레이션)
행사가격	오늘 토지의 상용 개발 비용	라이선스나 저작권 상업적 활용의 선급비용
옵션 만기	토지를 장기 리스하면 리스 기간. 아니면 토지 구입 용도로 받은 대출금의 만기	라이선스나 저작권 사용 기간
연기 비용	토지 보유에 관련된 재산세 등 비용	이듬해 창출할 수 있는 현금흐름을 오늘 현금흐름의 현재가치로 나눈 비율

작권과 라이선스라면 법적 제재를 통해서 나오고, 미개발 토지라면 토지의 희소성에서 나온다.

결론

전통적인 투자 분석에서는 프로젝트 현금흐름의 현재가치를 계산하여 순현재가치가 음수이면 프로젝트 투자를 포기한다. 이것이 일반적으로는 좋은 방법이지만, 그렇다고 해서 이 프로젝트에 대한 권리에 가치가 없는 것은 아니다. 오늘은 프로젝트의 순현재가치가 음수이더라도 미래에는 양수가 될 수 있으며, 그 가능성은 프로젝트에서 나오는 현금흐름의 현재가치의 변동성에 달렸다.

28장에서는 연기 옵션의 가치를 평가하고 나서 연기 옵션이 세 가지 가치평가 시나리오에 미치는 영향을 검토했다. 그 세 가지는 거의 모든 가치가 미사용 특허에서 나오는 기업의 가치평가, 미개발 매장량을 보유한 천연자원회사의 가치, 미개발 토지를 보유한 부동산회사의 가치다. 각 사례에서 현금흐름할인법을 사용하면 이들 회사의 가치를 저평가하게 된다.

연습문제 별도 표기가 없으면 주식 위험 프리미엄은 5.5%로 한다.

1   어떤 회사가 세후 현금흐름은 2,500만 달러가 예상되지만 비용은 3억 달러가 소요되는 프로젝트를 연기할지 검토 중이다. (프로젝트의 수명은 20년, 자본비용은 16%이다.) 현금흐름을 시뮬레이션한 결과 유입 현금의 현재가치의 표준편차가 20%라고 결론 내렸다. 향후 10년간 프로젝트에 대한 권리를 획득할 수 있다면, 그 권리의 가치는 얼마인가? (6개월 만기 단기 국채의 이자율은 8%이고, 10년 만기 국채의 이자율은 12%, 20년 만기 국채의 이자율은 14%이다.)

2   칠레의 버려진 구리 광산 일부에 여전히 상당한 양의 구리가 매장되어 있는데, 당신은 이 광산에 투자해야 할지 재무적 타당성을 검토하는 중이다. 지질학자의 조사에 따르면 이 광산에는 아직 1,000만 파운드의 구리가 매장되었을 가능성이 있으며, 광산 개발에 드는 비용은 300만 달러(현재가치 기준) 정도라고 한다. 생산량은 연간 40만 파운드이며, 구리 가격은 연간 4% 상승할 것으로 예상된다. 칠레 정부는 이 광산에 대해 25년 임대권을 부여할 의향이 있다. 평균 생산비용은 파운드당 40센트가 될 것으로 예상되며, 현재 구리 파운드당 가격은 85센트다. (생산비용은 생산 시작 후 연 3%씩 증가할 것으로 예상된다.) 구리 가격의 연간 표준편차는 25%이고 25년 만기 채권 금리는 7%이다.

    a.   전통적인 예산 관리 기법을 사용하여 광산의 가치를 구하라.

    b.   옵션가격결정모형을 기반으로 광산의 가치를 구하라.

    c.   두 값의 차이를 어떻게 설명하겠는가?

3   상당한 석유 매장량을 보유한 석유회사의 가치를 분석해달라는 요청을 받았다. 추정 매장량은 1,000만 배럴이고, 현재 이 매장량을 개발하는 데 드는 예상 비용은 1.2억 달러다. 현재 유가는 배럴당 20달러이고 평균 생산비용은 배럴당 6달러로 추정된다. 이 회사는 향후 20년간 이 매장량에 대한 권리를 가지며, 20년물 채권 이자율은 7%이다. 이 회사는 또한 현금흐름 수요를 충족하기 위해 매년 매장량의 4%를 추출할 것을 제안한다. 석유 가격의 연간 표준편차는 20%이다. 이 석유회사의 가치는 얼마인가?

4   자본 예산 프로젝트를 분석하고 있다. 이 프로젝트의 현금흐름은 2.5억 달러로 예상되며 현재 2억 달러가 필요할 것으로 예상된다. 프로젝트의 현금흐름에 대한 시뮬레이션을 수행했으며, 시뮬

레이션 결과 유입 현금의 현재가치의 분산이 0.04로 나왔다. 향후 20년 동안 이 프로젝트에 대한 권리는 당신이 소유한다. 20년물 국채 이자율은 8%이다.

a. 전통적인 방법인 순현재가치(NPV)를 기준으로 구한 이 프로젝트의 가치는 얼마인가?

b. 옵션으로서 이 프로젝트의 가치는 얼마인가?

c. 두 값이 다른 이유는 무엇인가? 이 차이의 크기를 결정하는 요인은 무엇인가?

5 최첨단 시각 기술 전문 기업인 사이클롭스는 상장을 고려하고 있다. 이 회사는 아직 제품에 대한 매출이나 이익이 없지만, 일반 사용자들이 수년간 유지보수 없이 사용 가능한 콘택트렌즈 제품의 10년짜리 특허를 보유하고 있다. 이 제품은 기술적으로 실현 가능하지만 생산비용이 엄청나게 비싸고 현재로서는 잠재 시장이 상대적으로 작을 것이다. (프로젝트의 현금흐름 분석에 따르면 지금 당장 착수할 경우 프로젝트에 유입되는 현금의 현재가치는 2.5억 달러인 반면 투입되는 비용은 5억 달러로 추산된다.) 이 기술은 빠르게 발전하고 있으며, 가능한 시나리오들을 분석한 결과 연간 60%의 광범위한 표준편차 범위로 현재가치가 도출되었다. 10년 만기 채권 이자율은 6%이다.

a. 이 회사의 가치를 구하라.

b. 이 가치 추정치는 프로젝트 현금흐름의 분산에 얼마나 민감한가? 이 분석에서 어떤 보편적인 교훈을 얻을 수 있는가?

29장
확장 옵션과 축소 옵션:
가치평가에 미치는 영향

28장에서 언급했듯이, 전통적 현금흐름할인법은 기업들이 보유한 투자 연기 옵션의 가치를 고려하지 않으므로 그 투자의 가치를 과소평가한다. 29장에서는 흔히 투자에 포함되는 다른 옵션 두 가지를 검토한다. 첫 번째 옵션은 상황이 유리할 때 신규 시장이나 신제품을 확장하는 옵션이다. 이 옵션 덕분에 때로는 신생기업의 가치가 기대 현금흐름의 현재가치보다 훨씬 높아질 수도 한다. 두 번째 옵션은 투자를 축소하거나 포기함으로써 위험이나 손실을 줄이는 옵션이다.

확장 옵션

기업은 장래에 추가로 투자하거나 다른 시장에 진입하려는 목적으로 프로젝트에 투자하기도 한다. 이런 경우에는 그 초기 투자를 옵션으로 볼 수 있으며, 이런 옵션에는 가치가 있다. 다시 말해서, 미래 프로젝트의 순현재가치에 상당히 큰 양수 값이 기대되면 초기 프로젝트의 순현재가치가 음수라도 수용할 수 있다.

[그림 29.1] 프로젝트 확장 옵션의 손익 구조

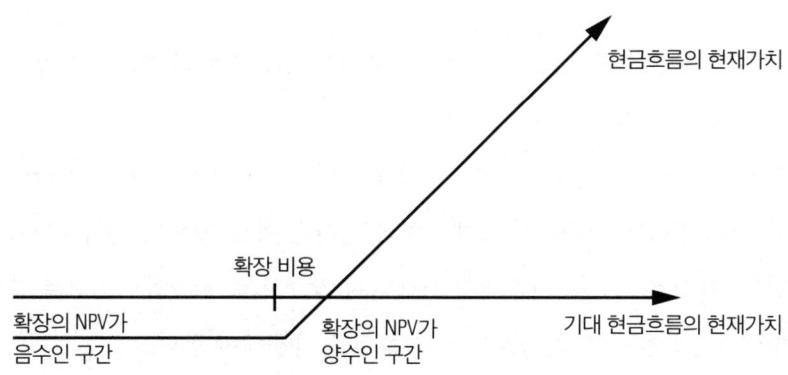

확장 옵션의 손익 구조

확장 옵션의 가치는 초기 프로젝트를 분석하는 시점에 평가할 수 있다. 초기 프로젝트를 수용하는 기업은 미래에 프로젝트를 확장하거나 신규 프로젝트에 투자할 수 있다고 가정하자. 오늘 평가한 미래 프로젝트 기대현금흐름의 현재가치는 V이고, 이 프로젝트에 필요한 총투자액은 X이다. 이미 확정된 기간의 끝에서 기업은 추가로 투자할지 최종 결정을 내려야 한다. 그리고 초기 투자를 수용하지 않으면 기업은 미래에 이 투자를 할 수 없다. 이 시나리오는 그림 29.1의 옵션 손익 구조에 해당한다.

시간 지평의 말에 신규 프로젝트 기대 현금흐름의 현재가치가 확장 비용을 초과하면 기업은 신규 프로젝트로 사업을 확장할 것이다. 초기 프로젝트는 전통적 투자이고, 규모를 좌우하는 것은 확장 옵션이라는 점에 주목하라.

확장 옵션의 입력 변수

확장 옵션의 가치평가 추정 방법을 이해하기 위해서 두 프로젝트가 연결되어 있다고 가정하자. 첫 번째 프로젝트는 순현재가치가 음수여서 부실한데도 기업이 투자하는 프로젝트이다. 두 번째 프로젝트는 첫 번째 프로젝트에 딸려 오는 확장 가능 프로젝트이다. 이 두 번째 프로젝트가 옵션의 기초자산에 해당한다. 입력 변수들은 다음과 같이 정의된다.

- 오늘 두 번째 프로젝트에 투자하면 창출되는 현금흐름의 현재가치가 기초자산의 가치(옵션가격결정모형의 S)이다.
- 확장 가능성의 불확실성이 크면 그 현재가치도 변동하기 쉬우며, 상황이 변하면 현재가치도 변한다. 바로 이 현재가치의 분산을 확장 옵션의 가치평가에 사용해야 한다. 이 프로젝트는 시장에서 거래되지 않으므로, 시뮬레이션으로 분산을 추정하거나 상장된 동종 회사들 가치의 분산을 사용해야 한다.
- 오늘 두 번째 프로젝트에 투자하려면 먼저 떠안아야 하는 비용이 행사가격에 해당한다.
- 이 옵션의 만기는 정의하기가 어렵다. 기업 외부에서 정한 행사 기간이 없기 때문이다.(반면 28장에서 논의한 특허는 법정 유효기간을 옵션 만기로 사용할 수 있다.) 확장 옵션의 가치를 평가할 때는 기업이 자체적으로 정한 기간이 옵션의 만기가 된다. 예를 들어 중국에 소규모로 투자하는 기업은 5년 안에 사업을 확장하거나 철수하겠다고 자체적으로 정할 수 있다. 왜 그렇게 해야 하나? 기업이 소규모로 사업을 유지하려면 상당한 비용이 들거나 보유 자원이 부족할 수도 있기 때문이다.
- 다른 실물 옵션과 마찬가지로, 일단 확장 옵션이 타당해지면 그 시점부터 대기 비용이 발생할 수 있다. 이 비용은 사업을 확장하지 않으면 놓치게 되는 현금흐름이 될 수도 있고, 최종 결정을 내릴 때까지 기업에 부과되는 비용이 될 수도 있다. 예를 들어 기업이 최종 결정을 내릴 때까지 매년 수수료를 내게 될 수도 있다.

[예시 29.1] 확장 옵션의 가치평가: 암베브와 과라나

과라나(Guarana)는 브라질에서 매우 인기 있는 카페인 함유 청량음료이다. 암베브(Ambev)는 과라나 생산량이 세계 최대인 브라질 음료 제조회사이다. 암베브는 다음 두 단계에 걸쳐 미국에 음료를 도입하는 방안을 검토 중이라고 가정하자.

가치평가 바이블

1. 처음에는 미국 대도시 지역에만 과라나를 도입하여 잠재 수요를 측정한다. 이 시험 도입에 예상되는 비용은 5억 달러이고, 기대 현금흐름의 현재가치 추정치는 4억 달러에 불과하다. 다시 말해서 이 초기 투자의 순현재가치는 -1억 달러로 예상된다.
2. 이 시험 도입이 성공으로 밝혀지면 암베브는 나머지 미국 시장에 과라나를 도입할 예정이다. 그러나 지금은 확장 잠재력이 낙관적이지 않다. 전면 도입에 예상되는 비용은 10억 달러지만, 기대 현금흐름의 현재가치는 7억 5,000만 달러에 불과하기 때문이다(확장 투자의 순현재가치도 음수이다).

언뜻 보기에, 더 부실한 프로젝트에 투자할 기회를 얻으려고 부실한 프로젝트에 투자하는 것은 불합리해 보일 수 있다. 그러나 확장 투자에는 그런 단점을 보완하는 장점이 있다. 확장 투자는 옵션에 해당하므로 확장 투자에서 기대되는 현금흐름의 현재가치가 확장 투자 비용(10억 달러)보다 작으면 암베브는 투자를 하지 않을 것이다. 게다가 미국 시장은 규모와 잠재력 면에서 불확실성이 크므로, 수익성 높은 투자 기회가 될 수도 있다.

확장 투자를 옵션으로 보고 가치를 평가하려면 먼저 기초자산의 가치를 확인해야 하는데, 현재 이 기초자산(확장 프로젝트)의 가치 추정치(7억 5,000만 달러)를 사용하면 된다. 확장 투자에 필요한 자금 10억 달러가 행사가격에 해당하므로, 이 옵션은 외가격 옵션이다. 가장 어려운 문제 두 가지는 기초자산 가치의 분산과 옵션의 만기를 구하는 것이다.

■ 미국 상장 음료 소기업들의 평균 표준편차 추정치는 35%였는데. 이것이 확장 옵션 가치 표준편차의 적정 대용물이라고 가정했다.
■ 암베브가 확장 여부를 결정하는 기간은 5년이라고 가정했다. 이것이 자의적인 기간이라는 점은 인정하지만, 현실적으로도 암베브는 다음과 같은 제약을 받을 수 있다.
  • 자금조달 제약(대출금 만기 도래)
  • 전략적 우선 순위(자원 투자 대상을 선택해야 한다)
  • 인사 업무(경영자를 채용해서 투입해야 한다)

이런 조건들을 바탕으로 산출한 옵션가격결정모형의 입력 변수들은 다음과 같다(단위: 100만 달러).

$$S = \text{오늘 확장 옵션을 실행할 때 나오는 현금흐름의 현재가치} = 750$$
$$K = \text{행사가격} = 1,000$$
$$t = 5년$$
$$\text{가치의 표준편차} = 35\%$$

무위험 이자율은 5%를 사용했으며, 표준편차 기준 상승 변동과 하락 변동 기대치는 다음과 같다.

$$u = 1.4032$$
$$d = 0.6968$$

이항나무로 나타내면 그림 29.2와 같다.

[그림 29.2] 이항나무: 암베브 확장 옵션

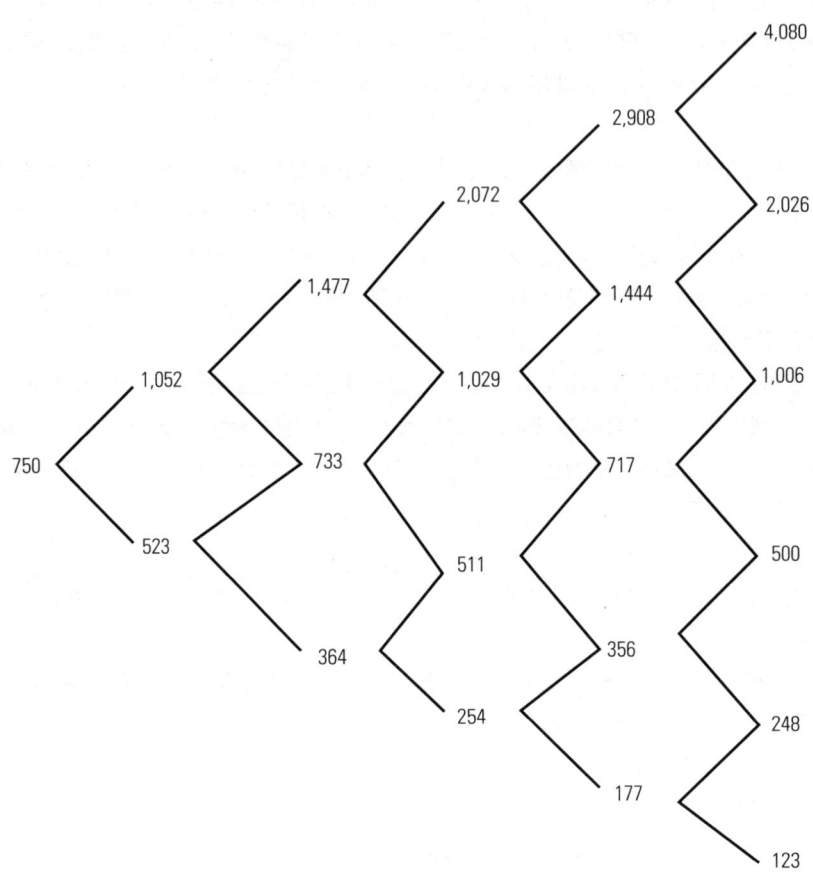

5장에서 설명한 복제 포트폴리오 구성 기법을 사용하면, 확장 옵션의 가치 추정치는 2억 300만 달러다. 이 가치를 최초 프로젝트(시험 도입)의 순현재가치에 가산할 수 있다.

$$\text{시험 도입의 순현재가치} = -500 + 400 = -100$$
$$\text{확장 옵션의 가치} = 203$$
$$\text{확장 옵션이 포함된 순현재가치} = -100 + 203 = 103$$

암베브는 시험 도입을 통해서 가치가 훨씬 큰 옵션을 얻게 되므로, 순현재가치가 음수여도 시험 도입을 실행해야 한다.

몬테카를로 시뮬레이션으로 추정하는 분산

앞서 두 개의 장에서 두 차례 언급했듯이, 실제로 시뮬레이션을 통해서 옵션가격결정모형에 사용할 분산을 구할 수 있다. 몬테카를로 시뮬레이션에는 다음 세 단계가 필요하다.

1. 현금흐름을 구성하는 핵심 입력 변수들의 확률 분포를 정의하고, 분포의 모수(예컨대 정규 분포라면 평균과 표준편차)도 정의한다.
2. 각 시뮬레이션에서 각 분포로부터 결과물 하나를 뽑아서 그 현금흐름의 현재가치를 추정한다.
3. 시뮬레이션을 반복하면 현재가치의 분포가 나온다. 이 분포의 평균이 프로젝트의 기대 가치가 되어야 한다. 이 분포의 표준편차는 프로젝트 옵션의 가치평가에 분산으로 사용할 수 있다.

이 시뮬레이션 실행 절차는 간단하며 이를 지원하는 소프트웨어 제품도 많지만[1], 다음 사항을 주의해야 한다.

a. 가장 어려운 단계는 확률 분포와 핵심 변수들의 모수를 추정하는 일이다. 과거에 기업이 비슷한 프로젝트를 실행한 경험이 있으면 (예컨대 신규 매장 개설을 검토해본 소매회사) 더 쉽다. 시뮬레이션에 반영되는 분포가 무작위이면, 결과물이 인상적이어도 아무 의미가 없다.
b. 옵션가격결정모형에 사용하는 표준편차나 분산은 한 시점에 나오는 값이 아니라 시간의 흐름에 따라 나오는 값이 되어야 한다. 무슨 차이가 있을까? 예를 들어 시장성 테스트는 오늘 시장 잠재력의 분포를 제공하며 추정 불확실성을 반영한다. 시장은 시간이 흐르면 점진적으로 변화하므로, 우리가 추정해야 하는 것은 이 분포의 분산이다.[2]

추정해야 하는 것은 연간 이익이나 연간 현금흐름의 표준편차가 아니라 프로젝트 가치(현금흐름 현재가치의 합)의 표준편차다.

---

1 크리스털볼(Crystal Ball)과 앳리스크(@Risk)는 엑셀에 부가하면 시뮬레이션 실행을 지원하는 소프트웨어이다.
2 예컨대 오늘은 시장 규모가 매우 확실해서 분산이 거의 0이 될 수도 있지만, 1년이나 3년 후에는 시장 규모가 얼마나 될지 불확실하다. 옵션의 가치를 결정하는 것은 미래의 분산이다.

expand.xls: 이 스프레드시트를 이용하면 블랙-숄스 모형을 사용해서 신규 시장이나 신제품으로 프로젝트를 확장하는 옵션의 가치를 추정할 수 있다. (웹에서 다운로드 가능)

확장 옵션 가치평가의 문제점

확장 옵션 가치평가 관련 현실적인 문제점들은 연기 옵션 가치평가 관련 문제점들과 비슷하다. 대개 확장 옵션 보유 기업들은 확장을 결정해야 하는 구체적인 시간 지평이 없으므로, 그 옵션은 만기가 없거나 자의적으로 설정된다. 심지어 옵션의 만기를 추정할 수 있는 경우에도, 시장의 규모와 잠재력을 알지 못해 추정이 어려워질 수 있다. 예를 들어 앞에서 논의한 암베브 사례를 생각해보자. 우리는 옵션 만기가 5년이라고 가정하여 5년 후에는 암베브가 사업 확장 여부를 결정해야 한다고 보았지만, 실제로 초기 투자 시점에는 이 만기가 명시되지 않는 것도 얼마든지 가능하다. 게다가 우리는 초기 투자 시점에 확장 비용과 현재가치도 안다고 가정했다. 그러나 기업은 첫 번째 매장을 열기 전에는 확장 비용이나 현재가치를 제대로 추정하지 못할 수도 있다. 그 시장에 대한 정보가 많지 않기 때문이다.

확장 옵션이 미치는 영향

확장 옵션을 이용하면 기업은 순현재가치는 음수이지만 기회는 큰 신규 시장 진입을 합리화할 수 있다. 옵션가격결정모형으로 이 옵션의 가치를 평가하면 이 주장은 더 강력해지며, 언제 진입해야 가치가 가장 높은지도 간파할 수 있다. 확장 옵션의 가치는 수익률이 낮고 안정적인 사업(예컨대 자동차 제조업)보다는 수익률이 높고 변동성이 큰 사업(예컨대 생명공학이나 컴퓨터 소프트웨어 사업)일 때 더 높아진다. 이제 확장 옵션이 유용한 통찰을 제공하는 세 가지 사례를 검토해보자. 전략적 기업 인수, 연구개발비 지출, 다단계 프로젝트가 그런 사례다.

기업 인수의 전략적 고려 사항　기업을 인수하는 기업은 인수를 통해서 장래에 경쟁우위를 확보하게 된다고 믿는다. 경쟁우위는 다음과 같다.

- 대규모 시장이나 성장 시장에 진입: 기업을 인수하면 대규모 시장에 훨씬 빨리 진입할 수도 있다. 그 대표적인 예가 멕시코 시장에 진입하려고 멕시코 소매회사를 인수한 미국 기업이다.
- 전문 기술: 기존 시장을 확대하거나 신규 시장에 진출하려는 목적으로 독점 기술을 확보하려고 기업을 인수하기도 한다.
- 브랜드: 유명 브랜드를 보유한 기업을 인수하려고 시장가격보다 높은 가격을 치르는 기업도 있다. 유명 브랜드를 사용하면 신규 시장에서 사업을 확장할 수 있다고 믿기 때문이다.

이런 경쟁우위를 확보하려고 기업 인수에 막대한 프리미엄을 지불할 수도 있지만, 그런 인수가 모두 가치를 창출하는 것은 아니다. 이런 경쟁우위를 가치 있는 확장 옵션으로 볼 수도 있지만, 주주들에게 이득이 되려면 그 가치가 인수 프리미엄보다 커야 한다.

연구개발비와 시험판매비　연구개발비와 시험판매비(test market expenses) 지출 규모가 큰 기업들은 이런 비용의 가치를 평가할 때 곤경에 처하기도 한다. 그 보상이 미래의 투자에 좌우되기 때문이다. 비용을 지출하고 나서 제품이나 프로젝트의 실행이 불가능하다고 밝혀지는 일도 얼마든지 있다. 그러면 이 지출은 매몰 비용으로 처리해야 한다. 실제로 연구개발비에는 콜옵션의 특성이 있다. 연구개발비 규모가 콜옵션의 비용이고, 연구개발에서 나오는 제품이나 프로젝트가 콜옵션에 보상을 제공한다. 제품에 시장성이 있으면(현금흐름의 현재가치가 투자액을 초과하면), 그 보상은 현금흐름의 현재가치에서 투자액을 차감한 금액이 된다.

이렇게 연구개발비를 보는 관점에서 논리적 시사점 몇 가지가 떠오른다. 첫째, 다른 조건이 같다면, 연구개발비는 사업의 변동성이 큰 기업에 훨씬 더 큰 가치를 제공한다. 제품이나 프로젝트 현금흐름의 변동성은 콜옵션의 가치와 상관관계가 높기 때문이다. 그러므로 포스트잇 등 기본 사무용품에 상당한 연구개발비를 지출하는

3M은 주로 생명공학 제품에 연구개발비를 지출하는 암젠보다 콜옵션의 가치가 낮다.[3] 둘째, 시간이 흘러 사업이 성숙함에 따라 연구개발비의 가치와 그 적정 지출 규모가 바뀐다. 대표적인 예가 의약품 산업이다. 1980년대에는 의료비 지출이 확대됨에 따라 제약회사들이 신제품 개발에 거액을 투자하여 높은 수익을 거두었다. 그러나 1990년대에는 의료비 지출이 정체되어 사업이 성숙기에 진입했으므로, 제약회사들은 연구개발비에서 얻는 보상이 감소하자 연구개발비 지출을 감축하기 시작했다. 일부 기업은 일반 의약품에 지출하던 연구개발비를 줄여 미래 현금흐름의 불확실성이 여전히 높은 생명공학 제품에 투입했다.

다단계 프로젝트·투자　　신규 사업에 진입하거나 신규 투자를 할 때 기업들은 단계별로 일을 진행하기도 한다. 이렇게 단계별로 진행하면 수익 잠재력이 감소할 수도 있지만, 손실 위험을 축소할 수도 있다. 각 단계에서 수요를 측정하여 다음 단계로 진행할지 결정할 수 있기 때문이다. 다시 말해서 프로젝트를 연속된 확장 옵션으로 재구성할 수 있다. 이때 각 옵션은 이전 옵션의 영향을 받는다. 이렇게 프로젝트를 연속된 확장 옵션으로 재구성하면 다음 두 가지가 가능해진다.

1. 전체로 보면 매력이 없는 프로젝트여도 단계별로 투자하면 가치를 창출할 수 있다.
2. 전체로 볼 때 매력적인 프로젝트라면, 단계별로 투자하면 더 매력적일 수 있다.

프로젝트를 다단계로 재구성할 때는 그로부터 얻는 이익과 비용을 비교해야 한다. 단계별로 투자하면 경쟁자들이 전면적으로 시장에 진입하여 시장을 장악할 수도 있다. 그리고 규모의 경제가 주는 이점을 충분히 누리지 못하므로, 각 단계에 들어가는 비용이 더 높을 수도 있다.

3　사업이 다르면 연구개발도 다르지만, 여기서는 두 회사 연구개발의 질이 같다고 가정했으며, 유일한 차이는 사업의 변동성이라고 보았다.

이렇게 프로젝트를 다단계 옵션으로 보느냐 단일 단계 옵션으로 보느냐에 따라 몇 가지 시사점이 떠오른다. 다단계 옵션으로 볼 때 이득이 가장 큰 프로젝트는 다음과 같다.

- 시장 진입장벽이 높아서 전면 생산을 연기할 수 있는 프로젝트: 특허 등이 있어서 경쟁으로부터 법적 보호를 받는 기업은 다단계 옵션으로 시장을 파악하는 과정에서 치르는 비용이 훨씬 적다.
- 시장 규모와 프로젝트 성공이 불확실한 프로젝트: 프로젝트를 다단계로 진행하면 각 단계에서 시장을 더 잘 파악할 수 있으므로, 제품 판매가 기대에 못 미쳐도 손실을 줄일 수 있다. 이 정보는 이후 단계에서 제품 설계와 마케팅에 이용할 수 있다.
- 인프라에 대규모 투지가 필요하고 영업레버리지(고정비) 수준이 높은 프로젝트: 다단세 옵선을 통해서 절약되는 비용은 각 단계에 필요한 투자 규모이므로, 이런 투자 규모가 클수록 절약되는 비용도 커진다. 예를 들어 (소비재회사의 신규 브랜드 제품처럼) 초기 마케팅 비용이 큰 프로젝트 등 자본 집약적 프로젝트는 투자를 다단계 옵션으로 진행할 때 이득이 더 크다.

확장 옵션이 가치가 있는 경우는?

일부 투자에 값진 전략이나 확장 옵션이 내재한다는 주장은 매우 매력적이지만, 이런 주장은 부실한 투자를 정당화하는 용도로 사용될 위험도 있다. 오래전부터 기업들은 시너지 효과 등 전략을 근거로 기업 인수에 지불하는 막대한 프리미엄을 정당화했다. 그러므로 높은 가격이나 부실한 투자를 정당화하려 할 때는 실물 옵션의 가치를 더 엄격하게 평가해야 한다.

복합 옵션과 순차 옵션에 관한 생각

복합 옵션은 옵션에 대한 옵션이다. 간단한 예가 자산이 특허 하나뿐인 소기업에 대한 콜옵션이다. 28장에서도 언급했듯이 특허는 콜옵션으로 간주할 수 있으므로, 이런 소기업에 대한 콜옵션은 복합 옵션이 된다. 순차 옵션(sequential option)은 각 옵션의 가치가 이전 옵션의 행사 여부에 좌우되는 옵션이다. 예를 들어 5단계 프로젝트는 순차 옵션이다. 프로젝트가 5단계에 진입하느냐는 이전 4개 단계를 통과하느냐에 따라 결정된다. 그러므로 5단계 옵션의 가치는 이전 4개 단계의 성과에 결정된다.

당연한 말이지만 복합 옵션과 순차 옵션은 가격결정 과정이 더 복잡하다. 선택 대안은 두 가지다. 하나는 이들을 개별 옵션으로 간주하여 평가한 뒤 이 값을 근사치로 받아들이는 것이다. 나머지 하나는 옵션가격결정모형을 수정하여 이들 옵션의 특성을 반영하는 것이다. 이 책에서는 이 방법을 다루지 않지만, 블랙-숄스 모형과 이항나무 모형 둘 다 복합 옵션과 순차 옵션을 반영하도록 수정할 수 있다.

정량 평가

실물 옵션으로 판단을 정당화할 때는 단순한 정량 평가만으로는 부족하다. 다시 말해서 실물 옵션을 근거로 수익성 낮은 프로젝트에 투자하거나 기업 인수 프리미엄을 지급해야 한다고 주장하는 경영자들은 이 실물 옵션의 가치를 평가해서 경제적 이익이 비용을 초과한다는 점을 입증해야 한다. 이 주장에 대한 반론은 두 가지다. 첫째, 실물 옵션은 입력 변수를 입수하기도 어렵고 소음도 많아서 평가하기가 쉽지 않다는 주장이다. 둘째, 옵션가격결정모형 입력 변수들은 어떤 결론이든 뒷받침하도록 쉽게 조작할 수 있다는 주장이다. 두 주장 모두 어느 정도 근거가 있지만, 추정을 아예 안 하는 것보다는 하는 편이 낫다. 실제로 실물 옵션의 가치를 추정하는 과정은 그 가치를 좌우하는 요소를 이해하는 첫 단계다.

확장 옵션이 가치를 보유하는 기준

모든 투자에 옵션이 내재하는 것은 아니며, 옵션이 내재하더라도 모두 가치가 큰 것은 아니다. 투자에 내재하는 옵션이 분석하고 평가할 만한 가치가 있는지 판단하려면 세 가지 핵심 질문에 답해야 한다.

1. **초기 투자가 후속 투자·확장의 전제 조건인가? 전제 조건이 아니라면 초기 투자가 후속 투자·확장에 얼마나 필요한가?** 앞에서 우리는 특허나 미개발 석유 매장량을 옵션으로 간주하여 가치를 분석하였다. 기업이 특허를 창출하려면 연구개발에 투자하거나 다른 기업을 인수해야 하고, 미개발 석유 매장량 채굴권을 확보하려면 탐사비를 지출하거나 경매에 입찰하거나 다른 석유회사에서 매입해야 한다. 여기서 초기 투자(연구개발비 지출, 경매 입찰)는 분명히 후속 투자의 전제 조건이다. 이번에는 향후 미국 시장 투자 확대를 검토하는 암베브의 시험 도입 투자를 생각해보자. 이 초기 투자를 통해서 암베브는 미국 시장의 잠재력을 파악하게 되며, 이 정보가 없으면 암베브는 미국에 대한 투자를 아마 확대하려 하지 않을 것이다. 특허나 미개발 매장량 사례와는 달리, 이 초기 투자는 후속 투자의 전제 조건이 아니다. 대규모 시장에 진입하려고 기업을 인수하는 경우라면 이는 전제 조건과 거리가 더 멀고 옵션 가치도 더 낮다. 소셜미디어시장에서 기반을 확보하려고 소셜미디어회사를 인수하는 행위나 중국 맥주시장 진입 옵션을 확보하려고 중국 맥주회사를 인수하는 행위가 정당성을 주장하기 더 어려운 사례에 해당한다.

2. **후속 투자·확장에 대한 독점권이 있는가? 독점권이 없다면 초기 투자가 후속 투자에 상당한 경쟁우위를 제공하는가?** 옵션의 가치는 후속 투자에서 창출되는 현금흐름이 아니라 결국은 이 현금흐름에서 창출되는 초과수익에서 나온다. 후속 투자에서 초과수익의 가능성이 클수록 초기 투자에서 획정 옵션의 가치가 더 커진다. 초과수익 가능성은 초기 투자가 후속 투자에 경쟁우위를 얼마나 많이 제공하느냐와 밀접하게 관련된다. 극단적인 예로 특허권을 획득하려고 연구개발에 투자하는 경우를 생각해보자. 특허권을 획득하면 기업은 그 제품 생산에 독점권을 보유하게

되며, 시장 잠재력이 크다면 그 프로젝트에서 초과수익을 얻을 수 있다. 반대로 기업이 후속 투자에서 경쟁우위를 확보하지 못하는 경우라면, 그런 투자에서 초과수익이 나올지 의심스러워진다. 실제로 대부분 투자는 위 두 극단 사이의 어딘가에 해당하며, 경쟁우위가 커질수록 초과수익도 커지므로 옵션의 가치도 높아진다.

3. **경쟁우위가 지속 가능한가?** 경쟁 시장에서 초과수익은 경쟁자들을 불러들이고, 경쟁은 초과수익을 축소한다. 경쟁우위가 지속 가능할수록 초기 투자에 내재하는 옵션의 가치가 높아진다. 경쟁우위의 지속 가능성은 두 요소에 좌우된다. 첫째는 경쟁의 성격이다. 다른 조건이 같다면 경쟁우위는 공격적인 경쟁자들이 있는 섹터에서 훨씬 더 빨리 사라진다. 둘째는 경쟁우위의 성격이다. 기업이 통제하는 자원이 (천연자원 매장량이나 미개발 토지처럼) 유한하고 부족하다면, 경쟁우위는 더 오래 지속 가능할 것이다. 그러나 경쟁우위가 시장 선도자이거나 보유한 기술적 전문 지식에서 오는 것이라면, 훨씬 빨리 공격당할 것이다. 이 경쟁우위를 옵션의 가치에 가장 직접 반영하는 방법은 경쟁우위 기간을 추정하여 이 기간에 벌어들이는 초과수익만 옵션의 가치에 포함하는 것이다.

세 가지 질문에 대한 답이 모두 긍정이라면 확장 옵션은 가치가 클 수 있다. 마지막 두 기준을 암베브 확장 옵션에 적용해보면 문제의 가능성을 알 수 있다. 암베브는 세계 최대 규모의 과라나 생산 기업이지만, 제품에 대한 독점권은 없다. 시험 도입이 성공으로 밝혀지면 코크와 펩시(Pepsi)도 미국 시장에 비슷한 과라나 제품을 판매할 가능성이 얼마든지 있다. 그러면 암베브는 1억 달러를 들여서 얻은 시장 정보를 경쟁자들에 제공한 셈이 된다. 그러므로 암베브가 초기 투자를 통해서 시장 확장에 경쟁우위를 확보하지 못한다면 확장 옵션은 가치를 상실하므로 초기 투자를 정당화할 수 없다. 이번에는 중간 성격의 시나리오를 생각해보자. 확장 투자에는 초기 투자 때문에 시간이 걸린다면, 이 기간에는 현금흐름이 더 높게 유지되다가 이후에는 현금흐름이 서서히 감소할 것이다. 이 때문에 확장에서 나오는 현금흐름의 현재가치와 옵션의 가치가 낮아질 것이다. 이를 간단하게 조정하는 방법은 현금흐름의 현재가치에 상한선을 설정하는 것이다. 이는 경쟁 때문에 순현재가치의 규모가 제한되므로 옵션의 가치에도 상한선을 설정해야 한다는 것이다. 예를 들어 확장 옵션에서 나오는 현금흐름의 현재가치가 20억 달러를 초과할 수 없다고 가정하면, 확장 옵션의 가치는 1억 4,200만 달러로 감소한다.[4]

확장 옵션을 보유한 기업의 가치평가

확장 옵션을 보유한 기업은 현금흐름할인법에 의한 가치보다 더 높은 가격에 거래될 수 있을까? 발전하는 대규모 시장의 고성장 소기업이라면 이론상 그럴 수 있다. 현금흐름할인법은 기대 현금흐름과 기대성장률에 기반하며, 이런 기대는 그 기업이 크게 성공할(또는 크게 실패할) 확률을 반영해야 한다. 그러나 이런 기대는 그 기업이 성공할 경우 더 투자하여 신제품을 추가하거나 새로운 시장에 진입하여 더 크게 성공할 가능성을 반영하지 못할 수도 있다. 이것이 추가로 가치를 창출하는 실물 옵션이다.

현금흐름할인법과의 상관관계

이 확장 옵션의 가치가 추정되면, 기업의 가치는 두 요소, 즉 기대 현금흐름에 기반한 현금흐름할인법 가치와 확장 옵션 가치의 합으로 나타낼 수 있다.

기업의 가치 = 현금흐름할인법 가치 + 확장 옵션

옵션가격결정모형으로 확장 옵션의 가치를 추정하면 이 주장을 뒷받침할 수 있으며, 그 가치가 최대가 되는 상황도 간파할 수 있다. 일반적으로 (주택 건설, 공익사업, 자동차 생산처럼) 수익성이 낮고 안정적인 사업보다는 (신기술처럼) 수익성이 높고 경쟁자

---

4 캡 콜옵션(capped call)의 가치는 블랙-숄스 모형에서 확장 옵션의 가치를 두 번 평가하는 방식으로 구할 수 있다. 한 번은 행사가격 10억 달러(최초 확장 옵션의 가치 2억 1,800만 달러로 산출)로, 한 번은 행사가격 20억 달러(확장 옵션의 가치 7,600만 달러로 산출)로 평가한다. 두 값의 차이가 현재가치에 상한선을 설정한 확장 옵션의 가치다. 이항모형으로도 캡 콜옵션의 가치를 평가할 수 있다. 이항나무에서 20억 달러가 넘으면 가치를 20억 달러로 설정하는 방식으로 한다.

들에 진입장벽이 높으며 변동성이 큰 사업일수록 이 확장 옵션의 가치가 더 높아진다.

그러나 이때도 이중계산이 되지 않도록 유의해야 한다. 확장 옵션을 이유로 기대 현금흐름보다 과도하게 높은 성장률을 사용한다면 현금흐름할인법에 이미 확장 옵션의 가치를 반영한 셈이다. 여기에 확장 옵션의 가치를 반영하려고 요소를 추가하면 이중계산이 된다.

확장 옵션의 입력 변수

확장 옵션을 보유한 기업의 가치를 평가하려면 먼저 그 기업이 진입하려는 시장을 정의하고 그 기업의 경쟁우위를 명시해야 한다. 기업이 시장을 독점한다고 확신하면, 오늘 그 시장에 진입하면 창출되는 기대 현금흐름을 추정하고 시장 진입 비용도 추정해야 한다. 아마 진입 비용이 기대 현금흐름을 초과하거나 이미 시장에 진입한 상태일 것이다. 이때 시장 진입 비용은 옵션의 행사가격이 되고 기대 현금흐름은 기초자산의 가치가 된다.

가치의 분산을 추정하려면 시간이 흐름에 따라 시장이 발전하는 과정을 시뮬레이션하거나 상장된 동종 회사들의 분산을 사용하면 된다. 이 분산이 기초자산의 변동성을 측정하는 대용물이라고 가정할 수 있다. 시장 진입 여부를 결정하는 기간도 명시해야 한다. 이 기간이 옵션의 만기가 된다. 이 기간으로 경쟁우위 유지 기간을 사용할 수도 있다. 예를 들어 향후 10년 동안 시장 진입 독점권을 보유한다면 10년을 옵션 만기로 사용할 수 있다.

[예시 29.2] 확장 옵션의 가치평가: 시큐어 메일

시큐어 메일(Secure Mail)은 보안 소프트웨어를 전문적으로 개발하는 신생 소프트웨어 기업이다. 전통적 현금흐름할인법으로 추정한 이 기업의 가치가 1억 1,154만 달러라고 가정하자. 그러나 이 기업은 향후 5년 동안 기존 고객 기반과 소프트웨어 기술을 사용해서 데이터베이스 소프트웨어를 개발할 수 있다. 이 기업의 잠재력에 관한 정보는 다음과 같다.

■ 오늘 새 데이터베이스 소프트웨어 개발을 결정하면 들어가는 비용이 약 5억 달러다.

■ 현재 보유한 데이터베이스 소프트웨어시장 정보에 의하면 회사는 향후 10년 동안 매년 약 4,000만 달러의 세후 현금흐름을 기대할 수 있다. 데이터베이스 소프트웨어 비상장회사들의 자본비용은 12%이다.
■ 데이터베이스 소프트웨어 상장회사들 가치의 연간 표준편차는 50%이다.
■ 5년 만기 국채 수익률은 3%이다.

확장 옵션의 가치를 평가하려고 위 정보로 도출한 입력 변수들은 다음과 같다(단위: 100만 달러).

$$S = \text{기초자산의 가치}$$
$$= \text{데이터베이스 소프트웨어시장 진입 시 기대 현금흐름의 현재가치}$$
$$= \frac{40\left(1 - \frac{1}{1.12^{10}}\right)}{0.12} = 226$$

$$S = \text{행사가격} = \text{데이터베이스 소프트웨어시장 진입 비용} = 500$$
$$K = \text{옵션 만기} = \text{확장 기회가 유지되는 기간} = 5\text{년}$$
$$\sigma = \text{기초자산의 표준편차} = 50\%$$
$$r = \text{무위험 이자율} = 3\%$$

이들 입력 변수를 블랙–숄스 모형에 대입하면 다음과 같다.[5]

$$\text{콜옵션의 가치} = S\,N(d1) - K\,e^{-rt}\,N(d2)$$
$$= 226(0.4932) - 500e^{-(0.03)(5)}(0.1282) = 56.30$$

숫자를 보면 오늘 데이터베이스 소프트웨어 개발은 타당하지 않다. 기대 현금흐름의 현재가치(2억 2,600만 달러)가 진입 비용보다 훨씬 작기 때문이다. 그러나 시큐어 메일에 유리한 요소도 두 가지 있다. 첫째, 회사는 기존 바이러스 백신 프로그램의 실적을 근거로 시장에 대한 평가를 개선할 수 있다. 둘째, 회사는 수집한 정보를 바탕으로 데이터베이스 소프트웨어를 개선하여 시장 잠재력과 현금흐름을 증가시킬 수 있다.

이 확장 옵션의 가치를 받아들인다면 이를 앞에서 산출한 시큐어 메일의 내재가치 1억 1,154만 달러에 가산해야 한다. 시큐어 메일은 (기존 바이러스 백신 프로그램을 통해서) 독점적 고객 기반과 기술을 보유하고 있으므로 옵션가격결정모형 사용이 타당하다고 주장할 수 있다.

 expand xls: 이 스프레드시트를 이용하면 투자나 프로젝트 확장 옵션의 가치를 추정할 수 있다. (웹에서 다운로드 가능)

---

5   d1과 d2 도출 과정은 다음과 같다.

$$d1 = \frac{\ln\left(\frac{226}{500}\right) + \left(0.03 + \frac{0.50^2}{2}\right)5}{0.50\sqrt{5}} = 0.0171 \qquad d2 = 0.0171 - 0.50\sqrt{5} = -1.1351$$

사용자 옵션과 데이터 옵션의 가치평가

지난 20년 동안 누구나 스마트폰 등 접속 장치를 통해서 어디에서나 인터넷에 접속하게 됨에 따라 두 가지 힘이 시장을 주도하게 되었다. 첫 번째는 검색 엔진(구글·알파벳), 소셜미디어(페이스북·메타), 엔터테인먼트(넷플릭스), 소매(아마존) 등 다양한 서비스를 제공하는 플랫폼에 모인 수많은 사용자·구독자·고객들이다. 둘째는 사용자들이 자발적 또는 비자발적으로 이들 기업에 제공한 자신의 행동과 선택 관련 방대한 데이터이다. 이렇게 수많은 사용자와 빅데이터(big data)가 결합하자, 사용자와 데이터는 기업의 막대한 시가총액을 정당화하는 근거로 사용되었다. 일부에서는 사용자와 데이터가 (이익 증가와 성장성 등) 내재가치를 높인다고 주장했고, 일부에서는 사용자와 데이터가 일종의 선택권(optionality)이므로 어떤 형태로든 혜택 가능성이 있어 유망하다고 주장했다.

사용자 옵션

28장에서는 사용자·구독자의 내재가치를 추정했고, 이 가치는 플랫폼 사용자의 기대 수명과 그 기간에 사용자·구독자를 통해서 창출되는 기대 현금흐름에서 나온다고 주장했다. 이 기법을 사용하면 넷플릭스 구독자, 아마존 프라임 회원, 페이스북 사용자의 가치를 평가할 수 있다. 이렇게 선택권을 논의하는 이유를 이해하려면 메타 같은 기업을 생각해보면 된다. 메타가 페이스북, 인스타그램, 왓츠앱(WhatsApp) 등 여러 플랫폼을 통해서 확보한 사용자는 30억 명에 육박한다. 우리가 광고 매출을 바탕으로 메타의 가치를 평가한다고 가정하자(현재 메타의 주요 수익원은 사용자를 이용한 광고 매출이다). 그리고 주당 내재가치가 500달러로, 현재(2024년 6월) 시장가격과 비슷하다고 가정하자. 내재가치 기준으로는 메타의 가치가 공정하게 평가된 것처럼 보이지만, 사용자 기반을 이용해서 (엔터테인먼트, 소매, 게임 등) 매출을 창출하는 다른 방법을 찾아낼 가능성도 있다. 그 가능성이 오늘 당장은 실현되지 않더라도 미래에는 실현될 수도 있다. 이는 사실상 옵션이라고 주장하는 것이며, 내재가치에 더해서 프리미엄을 지급해야 타당하다는 말이므로, 이 주식은 공정하게 평가된 것이 아니라 저평가되었다는 주장이 된다.

이는 판도라의 상자를 여는 주장이다. 이 주장은 모든 대형 사용자·구독자 플랫폼에 프리미엄을 지급해야 하는 근거로 사용될 것이며, 이 프리미엄에는 합리적인 상한선조차 설정되지 않을 것이기 때문이다. 옵션가격결정모형을 적용해서 이런 플랫폼 옵션의 실제 가치를 평가하는 것은 시기상조일지 몰라도, 다음 요소들을 이용해서 플랫폼에 프리미엄이 존재하는지, 존재한다면 그 프리미엄은 큰지 작은지를 평가하는 것은 시기상조가 아니다. 그림 29.3은 플랫폼의 옵션 가치를 좌우하는 요소들이다.

플랫폼 옵션의 가치는 독점성에서 나온다. 사용자의 관심도가 높으면 다른 제품과 서비스로 실험할 수 있으며, 사용자 수가 증가하면 플랫폼 옵션의 가치도 상승한다. 관심도 높은 사용자 수가 많을수록, 기술 변화와 고객 기호 변화로 불확실성이 커질수록, 플랫폼 옵션의 가치가 더 커진다.

이번에는 스냅챗 사용자와 메타 사용자의 특성을 비교해보자. 스냅챗 사용자들은

[그림 29.3] 플랫폼의 옵션 가치 결정 요소

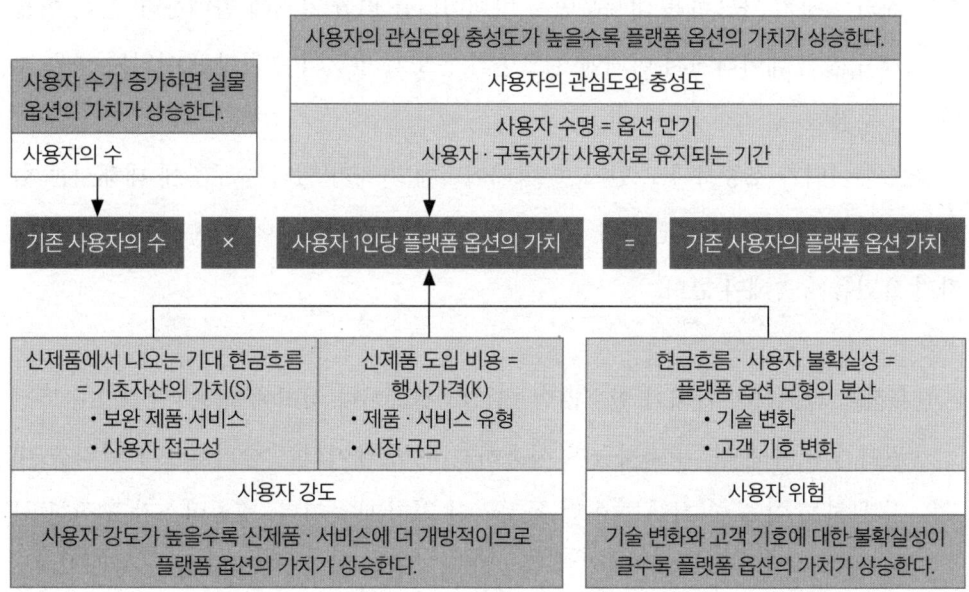

관심도와 강도가 낮은 경향이 있어서 새로운 제품·서비스에 대해 그다지 개방적이지 않다. 그러나 메타 사용자들은 플랫폼 관련 지출액이 훨씬 더 많으며, 회사가 제안하는 엔터테인먼트, 제품, 서비스에 더 개방적이다. 1억 5,000만 명까지 증가할 가능성이 있는 아마존 프라임 회원들은 과거 수많은 거래를 통해서 아마존에 대한 충성도가 높아졌으므로, (페이팔의 결제 시스템에서 CVS의 처방 약에 이르기까지) 아마존이 선택하는 거의 모든 사업에서 아마존 플랫폼을 후원하는 군대가 된 셈이다. 반면 넷플릭스는 구독자들에게 판매할 수 있는 제품과 서비스가 많지 않으므로 플랫폼 옵션의 잠재력이 작다고 볼 수 있다.

데이터 옵션

2017년 무비패스(MoviePass)는 월 10달러를 내면 구독자가 원하는 극장에서 원하는 만큼 영화를 볼 수 있게 해주는 우스꽝스러운 비즈니스 모델을 도입했다. 경영진은 구독자 수백만 명을 끌어모을 수 있을 뿐만 아니라 영화에 대한 구독자의 반응 및 기호 정보를 수집해서 수익도 낼 수 있다고 주장하면서 이 모델을 정당화했다. 이 주장은 실현되지 않았고 비즈니스 모델은 실패했다. 그러나 지난 10년간 지속적으로 수백 개의 회사가 가능성을 내세우면서 빅데이터를 비싼 가격에 판매했다. 흔히 이들은 오늘 수집한 데이터에서 미래에는 모종의 용도가 발견되어 커다란 이익이 나올 것이라고 주장했다.

나는 데이터가 소중하다고 믿지만, 빅데이터에 가치가 있다는 주장에 대해서는 회의적이다. 대부분 주장의 근거가 부족하기 때문이다. 데이터에 가치가 있으려면 세 가지 요건을 충족해야 한다.

1. **독점권**: 데이터에 가치가 있으려면 데이터 접근이나 처리에 대해 어느 정도 독점권이 있어야 한다. 투자자들이 사용하는 재무 데이터는 증가했으나 이익을 내지 못하는 이유 중 하나는 이런 독점권이 없기 때문이다. 넷플릭스가 수집한 구독자들의 시청 관련 데이터에는 확실히 독점권이 있다. 그러나 버드 스쿠터(Bird

　　　　　　　　　　　　　　　　　　　　　가치평가 바이블

Scooters)가 수집한 지역 관련 데이터는 다수가 사용할 수 있으므로 가치가 거의 없다.

2. **실행 가능성**: 데이터로 이익을 내려면 데이터를 이용해서 돈을 버는 방법을 찾아내야 한다. 제품과 서비스를 판매하는 기업이라면 데이터에서 얻은 정보를 바탕으로 기존 제품과 서비스를 조정하거나 새로운 제품과 서비스를 개발하는 방식이 될 것이다. 돈 버는 방법을 생각해내기 어려운 추상적인 데이터는 돈 버는 방법을 제시하는 구체적인 데이터보다 가치가 작다고 봐야 한다.

3. **불확실성 해소**: 옵션의 가치는 불확실성에서 나오므로, 결과나 행동의 불확실성이 큰 곳에서 수집된 데이터가, 불확실성이 작은 곳에서 수집된 데이터보다 가치가 높다.

이 체크리스트를 사용해서 빅데이터를 검토하면 데이터의 가치를 더 정확하게 평가할 수 있을 것이다.

재무 유연성의 가치

경영자들은 재무 결정을 내릴 때 그 결정이 신규 투자 능력이나 우발사건 대응 능력에 미치는 영향도 고려한다. 그래서 기업들은 예상 밖의 자금 수요에 대응하려고 당장 필요한 금액 이상으로 초과 부채 조달 능력을 유지하거나 초과 현금 잔고를 유지하기도 한다. 이렇게 재무 유연성을 유지하는 행위는 가치가 있지만 비용도 발생한다. 대규모 현금 잔고의 수익률은 시장수익률보다 낮으며, 초과 부채 조달 능력을 유지하면 자본비용이 높아지기 때문이다.

재무 유연성 가치의 결정 요인

기업이 대규모 현금 잔고와 초과 부채 조달 능력을 유지하는 이유 중 하나는 수익률이 높은 예상 밖의 프로젝트를 잡으려는 것이다. 재무 유연성을 옵션으로 간주하여

[표 29.1] 옵션 가치평가의 입력 변수: 재무 유연성

모형의 입력 변수	척도	추정 기법
S	연간 예상 재투자액의 기업 가치 대비 백분율	다음의 과거 평균을 사용한다. (순 자본적 지출 + 비현금 운전자본 증감액)/기업의 시장가치
K	재무 유연성 없이 조달 가능한 연간 재투자 필요액의 기업 가치 대비 백분율	기업이 외부 자금을 사용할 수 없으면: (순이익 - 배당 + 감가상각비)/기업의 시장가치 기업이 (은행 대출금, 채권, 주식 등) 외부 자금을 자주 사용할 수 있으면: (순이익 + 감가상각비 + 순 외부 자금 조달액)/기업의 시장가치
σ^2	재투자 필요액의 분산	기업 가치 대비 재투자액의 분산(과거 데이터 사용)
t	1년	재무 유연성 가치의 연간 추정치

그 가치를 평가해보자. 먼저 기업은 과거 사례와 현재 업계의 상황을 바탕으로 미래 재투자 필요액을 예측한다고 가정하자. 그리고 기업은 내부 자금으로 조달할 수 있는 금액과 향후 자본시장에서 정상적으로 조달할 수 있는 금액도 예측한다고 가정하자. 미래 재투자 필요액 규모는 불확실하다. 편의상 기업은 자신의 자금 창출 능력을 확실하게 안다고 가정하자. 대규모 현금 잔고나 초과 부채 조달 능력을 유지할 때 기업이 유리한 점은 초과 부채를 사용해서 가용 자금을 초과하는 재투자 필요액을 조달할 수 있다는 것이다. 그러나 실제 보상은 이런 프로젝트의 초과수익에서 나온다. 그러므로 연간 기준으로 재무 유연성의 가치를 평가하려고 표 29.1에 열거한 척도를 사용할 것이다.

[예시 29.3] 재무 유연성의 가치평가: 홈디포(1999년)

홈디포는 주로 미국에서 주택 개선 용품을 판매하는 거대 소매 체인점이다. 이 회사는 전통적으로 부채를 많이 사용하지 않았는데도 수십 년 동안 놀라운 성장률을 유지했다. 홈디포 재무 유연성의 가치를 추정하려고 우리는 먼저 표 29.2에서 1989~1998년 기업 가치 대비 재투자 비율을 평가했다(단위: 100만 달러).

[표 29.2] 홈디포의 재투자 필요액

연도	재투자 필요액	기업 가치	기업 가치 대비 재투자 필요액의 비율	ln(재투자 필요액)
1989	175	2,758	6.35%	-2.7574751
1990	374	3,815	9.80%	-2.3224401
1991	427	5,137	8.31%	-2.4874405
1992	456	7,148	6.38%	-2.7520951
1993	927	9,239	10.03%	-2.2992354
1994	1,176	12,477	9.43%	-2.3617681
1995	1,344	15,470	8.69%	-2.4432524
1996	1,086	19,535	5.56%	-2.8897065
1997	1,589	24,156	6.58%	-2.7214279
1998	1,817	30,219	6.01%	-2.8112841

기업 가치 대비 재투자 필요액의 비율 평균 = 7.71%
ln(재투자 필요액)의 표준편차 = 22.36%

이어서 기업 가치 대비 내부 자금의 비율을 평가했는데, 내부 자금의 척도로는 순이익과 감가상각비의 합을 사용했다(표 29.3 참조).

[표 29.3] 순이익, 기업 가치, 내부 자금

연도	순이익	감가상각비	기업 가치	내부 자금/기업 가치
1989	112	21	2,758	4.82%
1990	163	34	3,815	5.16%
1991	249	52	5,137	5.86%
1992	363	70	7,148	6.06%
1993	457	90	9,239	5.92%
1994	605	130	12,477	5.89%
1995	732	181	15,470	5.90%
1996	938	232	19,535	5.99%
1997	1,160	283	24,156	5.97%
1998	1,614	373	30,219	6.58%

1989~1998년 기업 가치 대비 내부 자금 비율의 평균은 5.82%였다. 회사는 외부 자금을 거의 사용하지 않

으므로, 재투자 필요액(7.71%)과 내부 자금 창출액(5.82%)의 차이를 주식을 발행하여 메웠다. 앞으로는 홈디포가 신주를 발행하지 않는다고 가정하자.

현재 홈디포의 부채비율은 4.55%이고 자본비용은 9.51%이다. 15장에서 설명한 자본비용 체계로 추정한 최적 부채비율은 20%이고, 이 부채 수준에서 자본비용은 9.17%이다. 끝으로 1998년 홈디포의 자본이익 률은 16.37%였고, 신규 프로젝트의 기대수익률도 이 정도라고 가정하자.

$$S = \text{기업 가치 대비 예상 재투자액의 비율} = 7.71\%$$
$$K = \text{재무 유연성 없이 조달할 수 있는 재투자 필요액} = 5.82\%$$
$$t = 1\text{년}$$
$$\sigma^2 = \ln(\text{순 자본적 지출})\text{의 분산} = (0.2237)^2 = 0.05$$

무위험 이자율을 6%로 가정해서 위 입력 변수들로 추정한 옵션의 가치는 0.02277이다. 이 값에 다음과 같이 연간 초과수익률을 곱하면 재무 유연성의 가치가 산출된다.[6]

$$\text{재무 유연성의 가치} = 0.02277 \times \frac{\text{자본이익률} - \text{자본비용}}{\text{자본비용}}$$

$$= 0.02277 \times (0.1637 - 0.0951)/0.0951 = 1.6425\%$$

매년 초과 부채 조달 능력으로 창출되는 홈디포 재무 유연성의 가치는 기업 가치의 1.6425%로서, 초과 부채 조달 능력을 소진할 경우의 자본비용(9.51% - 9.17% = 0.34%)보다 훨씬 크다.

끝으로, 이 추정치에는 홈디포의 재무 유연성에 한계가 있다는 사실이 고려되지 않았다. 실제로 홈디포의 초과 부채 조달 능력(최적 부채비율과 현재 부채비율의 차이인 15.45%)이 재무 유연성의 상한이라고 가정하자. 이 한계가 미치는 영향을 평가하려면 모수는 위와 똑같고 행사가격만 21.27%(= 15.45% + 5.82%) 인 콜옵션의 가치를 평가하면 된다. 이 사례에서는 이 한계가 재무 유연성의 가치에 미치는 영향이 미미하다.

---

 finflex.xls: 이 스프레드시트를 이용하면 옵션으로서 재무 유연성의 가치를 추정할 수 있다. (웹에서 다운로드 가능)

재무 유연성 옵션의 시사점

재무 유연성을 일종의 옵션으로 보면 재무 유연성의 가치가 언제 가장 높아지는지 간 파할 수 있다. 예를 들어 앞에서 개발한 기법을 사용하면 다음과 같이 주장할 수 있다.

---

6   프로젝트에서 나오는 초과수익은 영원히 지속하며, 재무 유연성이 부족해서 이 프로젝트를 한번 포기하면 재시도가 불가능하다고 가정한다. 둘 다 강력한 가정이므로 놓쳐버린 가치를 과대평가할 수 있다.

- 다른 조건이 같다면, 초과수익이 작은 안정적인 사업보다는 초과수익 가능성이 큰 사업을 할 때 재무 유연성의 가치가 더 높다. 예컨대 마이크로소프트와 엔비디아처럼 프로젝트 초과수익이 큰 기업들은 재무 유연성의 가치가 높으므로 거액의 현금 잔고를 유지하고 초과 부채 조달 능력을 유지하는 편이 타당하다는 뜻이다.

- 이런 재투자 필요액을 조달하는 능력은 내부 자금 창출 능력에 좌우되므로, 다른 조건이 같다면 기업 가치 대비 이익 비중이 크고 안정적이면 재무 유연성의 가치는 낮다. 따라서 내부 자금 창출 능력이 훨씬 작은 소기업이나 적자 기업들에는 재무 유연성의 가치가 높다.

- 내부 자금이 부족한 기업도 (은행 대출금, 채권, 신주 발행 등) 외부 자본시장을 이용하면 재무 유연성을 확대할 수 있다. 다른 조건이 같다면 외부 자본시장에서 자금조달 능력이 클수록 재무 유연성의 가치가 낮아진다. 그러므로 자본시장 접근성이 훨씬 낮은 비상장기업이나 소기업들은 상장 대기업들보다 재무 유연성의 가치가 높다. 회사채시장이 존재하느냐도 재무 유연성의 가치에 큰 영향을 미친다. 회사채시장이 존재하지 않아서 자금조달을 은행 대출에만 의존해야 한다면, 자본 조달이 더 어려워지므로 재무 유연성 유지 필요성이 더 커진다. 앞의 사례에서 홈디포가 (부채나 주식 등) 외부 자금을 기꺼이 이용하려 한다면 재무 유연성의 가치가 대폭 감소한다.

- 재무 유연성의 필요성과 가치는 미래 재투자 필요액의 불확실성에 좌우된다. 재투자 필요액을 예측할 수 있는 기업은 재투자 필요액을 예측할 수 없는 기업보다 재무 유연성의 가치가 낮다.

홈디포 분석에서는 기업의 총부채비율을 사용했으므로 그 값이 0이나 음수가 될 수 없었다. 그러나 순부채비율(= 총부채 - 보유 현금)을 사용하면 그 값이 언제든 음수가 될 수 있다. 재무 유연성의 논리를 확대해서 주장하자면, (내부 현금흐름이 음수이고 자본시장도 이용할 수 없는) 극단적인 상황에서는 기업들이 초과 부채 조달 능력을 사용할 뿐만 아니라 현금도 축적할 것이다. 그래서 신흥시장의 신생 기술회사들은 부채를 사용하지 않고 현금 잔고를 대규모로 축적한다.

포기(축소) 옵션

신규 프로젝트에 투자하는 기업들은 실제 현금흐름이 기대에 못 미쳐서 수익성이 악화할 위험을 걱정한다. 특히 손실 가능성이 큰 경우라면 그런 프로젝트를 포기하는 옵션에도 가치가 있을 수 있다. 이 섹션에서는 포기 옵션의 가치와 그 결정 요인들을 살펴보자.

포기 옵션의 손익 구조

옵션가격결정모형을 이용하면 포기 옵션의 가치를 추정하고 그 구조를 이해할 수 있다. V는 프로젝트를 만기까지 유지할 때의 잔존가치이고, L은 그 프로젝트를 중도에 포기할 때의 청산가치라고 가정하자. 프로젝트의 잔존 만기가 n년이라면, 프로젝트의 지속 가치를 청산(포기) 가치와 비교할 수 있다. 지속 가치가 더 크면 프로젝트를 지속해야 하고, 포기 가치가 더 크면 포기 옵션을 검토해야 한다. 이 손익 구조는 다음과 같이 나타낼 수 있다.

$$포기 옵션의 손익 구조 = 0 \quad 단, V \geq L$$
$$= L - V \quad 단, V < L$$

[그림 29.4] 포기 옵션의 손익 구조

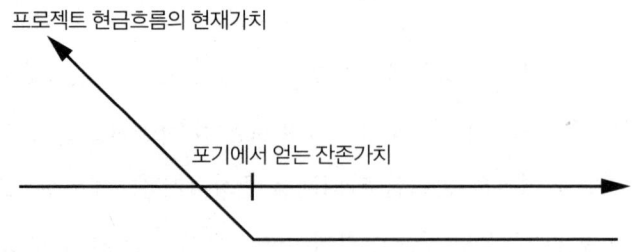

그림 29.4는 이 손익 구조를 보여주는 그래프로, 예상 주가의 함수다. 앞의 두 사례와는 달리, 포기 옵션에는 풋옵션의 특성이 있다.

[예시 29.4] 포기 옵션의 가치평가: 에어버스와 리어 에어크래프트

리어 에어크래프트(Lear Aircraft)는 소형 여객기 개발에 관심이 있어서 에어버스에 합작 투자를 제안한다고 가정하자. 이 합작 투자에서는 두 회사가 각각 5억 달러를 투자해 항공기를 제작하게 된다. 이 투자의 예상 만기는 30년이다. 그러나 에어버스가 전통적인 투자 분석으로 산출해본 자사 현금흐름의 현재가치는 4억 8,000만 달러에 불과하다. 이 프로젝트의 순현재가치가 음수이므로 에어버스는 합작 투자 참여를 원치 않는다.

합작 투자 제안을 거절당한 리어는 에어버스의 합작 투자 지분 50%를 향후 5년 동안 언제든 4억 달러에 인수해주겠다고 다시 제안했다. 4억 달러는 에어버스의 초기 투자액보다는 작지만, 손실액의 하한선이 설정되는 셈이므로 에어버스에는 포기 옵션이 된다. 이 포기 옵션의 가치를 평가하는 입력 변수들은 다음과 같다(단위: 100만 달러).

$$S = \text{오늘 투자할 때 창출되는 자사 현금흐름의 현재가치} = 480$$
$$K = \text{포기 가치} = 400$$
$$t = \text{포기 옵션의 만기} = 5\text{년}$$

에어버스가 몬테카를로 시뮬레이션으로 분석한 프로젝트 가치의 표준편차는 25%라고 가정하자. 그리고 이 프로젝트에는 만기가 있으므로 시간이 흐를수록 현재가치가 감소한다. 편의상 이 현재가치는 프로젝트의 잔여 만기에 비례한다고 가정하자.

$$\text{연기 비용}(y) = 1/\text{프로젝트의 잔여 만기} = 1/30 = 3.33\%$$

이들 값을 블랙-숄스 모형에 입력하고 무위험 이자율 5%를 사용하면 풋옵션의 가치는 다음과 같다.

$$\text{포기 옵션의 가치} = 400 \exp^{(-0.05)(5)}(1 - 0.5776) - 480 \exp^{(-0.033)(5)}(1 - 0.7748) = 40.09$$

이제 이 프로젝트의 순현재가치가 양수로 전환되므로 에어버스는 합작 투자에 참여해야 한다. 반면 리어는 이 포기 옵션을 제공하는 대가로 순현재가치 4,009만 달러 이상을 창출해야 한다.[7]

---

 abandon.xls: 이 스프레드시트를 이용하면 포기 옵션의 가치를 추정할 수 있다. (웹에서 다운로드 가능)

---

7   이항모형에 의하면 이 옵션의 가치는 4,644만 달러다.

포기 옵션 가치평가의 문제점

예시 29.4에서는 포기 가치가 확실하게 명시되고 프로젝트 만기까지 변하지 않는다고 비현실적인 가정을 했다. 이런 가정은 포기 옵션이 계약서에 포함되는 등 매우 한정된 사례에서는 실현될 수도 있다. 그러나 포기 가치는 대개 추정만 가능하다. 게다가 포기 가치는 프로젝트 기간에 걸쳐 변할 수 있으므로 전통적인 옵션가격결정 기법에는 적용하기 어렵다. 끝으로, 프로젝트를 포기할 때 포기 가치가 아니라 오히려 포기 비용이 발생하는 경우도 얼마든지 가능하다. 예를 들어 제조회사는 노동자에게 퇴직금을 지급해야 할 수도 있다. 그런 경우에는 프로젝트 현금흐름이 더 음수일 때만 포기하는 편이 합리적이다.

포기 옵션의 시사점

포기 옵션을 보유한 기업은 프로젝트의 성과가 기대에 못 미치면 프로젝트를 축소하거나 종료할 수 있다. 고객에게 포기 옵션을 제공하여 매출을 증대하려는 기업은 매출 증가분과 고객에게 제공하는 옵션의 비용을 따져봐야 한다.

계약서 면책 조항   포기 옵션을 확보하는 가장 직접적인 방법은 프로젝트에 참여하는 상대와의 계약서에 명시하는 것이다. 그러므로 공급업체들과의 계약서는 장기간이 아닌 연간 단위로 작성하고, 종업원들은 영구직 대신 임시직으로 고용할 수도 있다. 프로젝트에 사용하는 공장은 인수하는 대신 단기로 리스할 수도 있고, 투자는 처음에 한꺼번에 하는 대신 단계별로 할 수도 있다. 이런 유연성 확보에는 비용이 들어가지만, 변동성이 큰 사업에서는 이익이 훨씬 클 수 있다.

고객 인센티브   반면 고객이나 합작 투자 파트너에게 포기 옵션을 제공하면 가치에 부정적 영향을 미칠 수 있다. 예를 들어 다년 계약으로 제품을 판매하는 기업이 고객들에게 포기 옵션을 제공한다고 가정하자. 그러면 매출이 증가할 수도 있지만 상당한 비용이 발생하기 쉽다. 경기가 침체하면 대금을 지불하지 못하는 고객들은 계약을 취소하기 쉽다. 그러면 (포기 옵션을 제공하여) 초기 매출로 얻은 이익이 포기 옵션 비용에 의해 상쇄될 수 있다.

순현재가치와 실물 옵션 가치평가의 조화

투자를 전통적 현금흐름할인모형으로 평가할 때보다 실물 옵션으로 평가할 때 간혹 가치가 더 높아지는 이유는 무엇일까? 이는 시장 상황에 따라 기업이 투자나 프로젝트 운영 방식을 유연하게 바꿀 수 있기 때문이다. 그러므로 유가가 배럴당 15달러로 하락하면 석유회사는 석유 생산량이나 시추량을 축소하고, 유가가 배럴당 95달러로 상승하면 석유 생산량이나 시추량을 확대한다.

전통적인 순현재가치 기법에서는 예상 행동과 그로 인한 현금흐름을 바탕으로 투자의 가치를 추정한다. 투자 과정에 추가 투자, 확장, 포기 가능성이 있더라도 우리가 할 수 있는 것은 그 확률을 추정해서 현금흐름에 반영하는 방법뿐이다. 흔히 애널리스트들은 의사결정나무로 최적 경로를 탐색하는 방식으로 유연성을 반영한다. 그런 다음 각 가지의 확률과 각 가지에서 나오는 현금흐름의 현재가치 추정치를 사용해서 오늘 프로젝트의 가치를 추정할 수 있다.

이 의사결정나무 기법은 실물 옵션 가치평가에 사용하는 이항나무 기법과 매우 비슷하지만, 두 가지 차이점이 있다. 첫째, 결과의 확률이 실물 옵션 가치평가에 직접 사용되지 않는다. 둘째, 이항나무의 노드에는 가지가 둘만 있다. 그렇더라도 두 기법으로 산출되는 가치가 왜 다른지 궁금할 것이다. 그 답은 놀라울 정도로 간단하다. 바로 가치 산출에 사용하는 할인율 가정에 있다. 실물 옵션 기법에서는 복제 포트폴리오를 사용해서 가치를 산출한다. 의사결정나무에서는 프로젝트의 자본비용을 일관되게 할인율로 사용한다. 각 노드에서 (자본비용을 결정하는) 시장 위험 노출도가 변한다면, 똑같은 자본비용을 일관되게 사용하는 방식은 부정확하므로 할인율을 수정해야 한다고 주장할 수 있다. 그렇게 수정하면 두 기법으로 산출되는 가치가 같아진다. 연속 분포를 다룰 때는 실물 옵션 기법이 훨씬 더 유연하고 단순하다(의사결정나무는 불연속 분포를 가정한다). 의사결정나무와 기타 확률 기법은 33장에서 다시 논의한다.

결론

29장에서는 흔히 투자에 내재하는 두 가지 옵션인 확장 옵션과 포기 옵션을 살펴보았다. 확장 옵션을 보유한 기업은 초기 투자의 순현재가치가 음수이더라도 간혹 이 사실을 무시하고 투자를 진행할 수 있다. 이 개념을 기업의 가치평가에도 적용하면, 신규 시장 진입이나 신제품 개발 가능성이 있는 기업이라면 현금흐름할인법으로 산출한 가치에 간혹 프리미엄을 추가할 수도 있다. 이 확장 옵션의 가치는 기업이 투자에 대한 독점권을 보유할 때 최대가 되고, 기업의 경쟁우위가 감소하면 확장 옵션의 가치도 감소한다.

포기 옵션은 기업이 부실한 투자를 포기할 수 있는 권리를 가리킨다. 포기 옵션이 최악의 손실 위험을 축소할 수 있으면 기업의 신규 프로젝트 투자 여부에 영향을 미칠 수 있다.

연습문제 별도 표기가 없으면 주식 위험 프리미엄은 5.5%로 한다.

1 NBC는 2년 후 동계올림픽을 방영할 권리를 가지고 있으며, 다른 네트워크에 이 권리를 판매할 가능성에 대비하여 권리의 가치를 추정하려고 한다. NBC는 올림픽을 방영하는 데 4,000만 달러(현재가치 기준)가 소요되고, 현재 평가에 따르면 올림픽 방송의 닐슨 등급이 15점 만점에 8점이 될 것으로 예상하고 있다. 이는 현재가치 기준으로 NBC에 200만 달러의 순수입을 가져다줄 것으로 예상된다. 이 추정치에는 상당한 변동성이 있으며 기대 순수입의 표준편차는 30%이다. 무위험 이자율은 5%이다.

    a. 이러한 평가에 근거하여, 이 권리의 순현재가치는 얼마인가?

    b. 이 권리를 다른 네트워크에 판매할 경우의 가치를 구하라.

2 스케이트보드를 제조하는 회사인 스케이트 주식회사를 분석하고 있다. 이 회사는 현재 무차입 상태이며 자기자본비용은 12%이다. 최적 부채비율은 40%이며 이때의 자본비용은 11%라고 추정한다. 그러나 경영진은 재무적 유연성을 중요시하여 돈을 빌리지 않겠다고 주장하며 다음과 같은 정보를 제공했다.

- 지난 10년간 재투자(순 자본적 지출 + 운전자본 투자)는 연간 기준으로 기업 가치의 10%에 달했다. 이 재투자의 표준편차는 0.30이다.
- 이 회사는 전통적으로 내부 조달(순이익 + 감가상각비)만을 사용하여 이러한 자금 수요를 충족해왔으며, 이는 기업 가치의 6%에 달했다.
- 가장 최근 연도에 이 회사는 10억 달러의 장부상 자기자본으로 1.8억 달러의 순이익을 올렸으며, 향후 신규 투자에서도 이러한 초과수익을 얻을 것으로 예상하고 있다.
- 무위험 이자율은 5%이다.

a. 재무적 유연성의 가치를 연간 기업 가치의 백분율로 구하라.

b. (a)에 근거하여, 회사가 초과 부채한도를 사용하도록 권하겠는가?

3 디즈니는 콜로라도주 베일에 콘도미니엄을 건설하기 위해 현지 부동산 개발업체와 조인트벤처 설립을 고려하고 있다. 이 개발에는 총 10억 달러가 소요될 것으로 예상되며, 디즈니의 현금흐름 추정치에 따르면 25년 동안 9억 달러의 현재가치 현금흐름이 발생할 것으로 예상된다. 디즈니는 합작투자의 40% 지분을 갖게 되지만(초기 투자금 중 4억 달러를 투입해야 하고 현금흐름의 40%를 받을 수 있다), 향후 5년 동안 언제든지 개발사에 지분을 3억 달러에 되팔 수 있는 권리를 갖는다. (프로젝트의 수명은 25년이다.)

a. 베일 부동산 가치의 표준편차가 30%이고 무위험 이자율이 5%라면, 포기 옵션이 디즈니에 주는 가치는 얼마인가?

b. 디즈니에 합작 투자에 참여하라고 조언하겠는가?

c. 만약 당신이 개발업자에게 조언을 하는 중이라면, 이 투자를 좋은 투자로 만들기 위해 현재가치 현금흐름으로 얼마를 창출해야 할까?

4 퀄리티 와이어리스는 중국에 대한 투자를 고려하고 있다. 투자 비용이 10억 달러에 달하고 현금흐름은 8억 달러(현재가치 기준)에 불과하다는 것을 알고 있지만, 사업 확장을 지지하는 사람들은 잠재 시장이 매우 크므로 투자를 진행해야 한다고 주장하고 있다.

a. 확장 잠재력이 옵션 가치를 가지려면 어떤 조건이 필요한가?

b. 이제 확장에 대한 옵션이 있고, 이 옵션은 초기 투자에 대한 마이너스 순현재가치를 정확히 상쇄한다고 하자. 5년 후의 후속 확장 비용이 25억 달러라면, 확장으로 인한 현금흐름의 현재가치 추정치는 얼마인가? (현금흐름의 현재가치의 표준편차는 25%이고 무위험 이자율은 6%라고 가정할 수 있다.)

5 프로젝트가 예상보다 훨씬 높은 현금흐름을 창출할 경우, 향후 10년간 (제조 라이선스를 통해) 동남아시아의 다른 지역으로 사업을 확장할 수 있는 독점권을 갖게 된다. 이 확장 기회에 따른 분석 결과는 다음과 같다.

■ 확장에 20억 달러(현재 달러 기준)의 비용이 소요된다.

■ 확장으로 인해 15년 동안 매년 1.5억 달러의 세후 현금흐름이 발생할 것으로 예상된다. 이러한 현금흐름에는 상당한 불확실성이 존재하며 현재가치의 표준편차는 40%이다.

■ 이 투자에 대한 자본비용도 12%로 예상된다. 무위험 이자율은 6.5%이다.

a. 초기 투자의 순현재가치를 구하라.

b. 확장 옵션의 가치를 구하라.

30장
부실기업 주식 가치평가

    22장에서 현금흐름할인모형을 변형하거나 수정해 적자 기업에 적용하는 방법을 알아보았다. 대개 향후 이익이 증가하거나 이익률이 상승해 현금흐름과 기업 가치가 플러스 전환하리라고 가정하고 미래 기대현금흐름을 추정했다. 특히 부채액이 상당한 적자 기업은 채무불이행과 뒤이은 파산 가능성이 커서, 현금흐름할인법으로 가치평가를 하면 주식 가치가 제로라는 결론밖에 내릴 수 없다. 이번 장에서는 보유 자산과 부채 규모가 상당한 적자 기업을 살펴본다. 유한책임을 지는 주식 투자자는 기업을 청산해 부채를 상환하는 방법을 택할 수 있다. 특히 자산 가치를 두고 불확실성이 상당할 때는 기초기업에 대한 콜옵션이 주식 가치의 상승을 낳는 요인일 때도 있다.

레버리지 비율이 높은 부실기업 주식

    대다수 상장기업 주식은 다음 두 가지 특성을 띤다. 첫째, 기업을 운영하는 주식 투자자는 언제든 자산을 현금화해 다른 청구권자 몫을 상환할 수 있다. 둘째, 일부 비상장기업과 대다수 상장기업의 주식 투자자는 각자 투자한 만큼만 책임을 진다. 청산이라는 선택지와 유한책임 덕분에 주식은 콜옵션의 특성을 띤다. 부채 규모가 상당한 적자 기업 주식의 옵션 가치는 현금흐름을 할인해 추정한 가치보다 높을 때도 있다.

옵션으로서 주식의 손익 구조

기업의 주식은 잔여 청구권으로서 주식 투자자는 다른 재무적 청구권자(부채, 우선주 등) 몫을 제외한 현금흐름에 대한 권리를 갖는다. 기업이 청산할 때도 같은 원칙이 적용된다. 즉 기업이 모든 미상환부채와 기타 금융청구권을 상환한 후 남는 현금이 주식 투자자의 몫이다. 유한책임을 지는 주식 투자자는 기업 가치가 미상환부채 가치보다 낮더라도 각자 투자액을 넘어서는 손실을 보지는 않는다. 따라서 기업 청산 시 주식 투자자의 보상은 다음과 같이 정리할 수 있다.

$$\text{기업 청산 시 주식의 손익 구조} = V - D \quad \text{단, } V > D$$
$$= 0 \qquad \text{단, } V \leq D$$

여기서　V = 기업의 청산가치
D = 미상환 부채와 기타 비주주 청구권의 액면가

따라서 주식은 기업에 대한 콜옵션으로 볼 수 있다. 옵션을 행사하려면 기업이 청

[그림 30.1] 옵션으로서 주식의 손익 구조

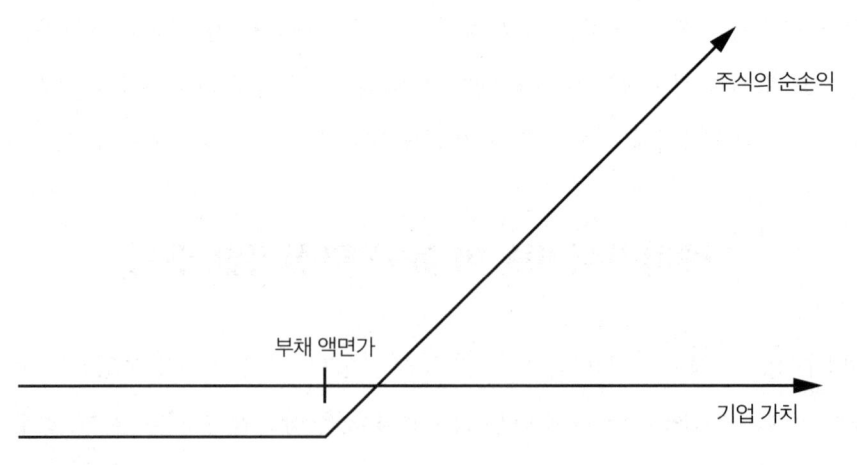

산하고 행사가격에 해당하는 액면가로 부채를 상환해야 한다. 기초자산은 기업이고 옵션의 만기는 부채의 만기에 해당한다. 그림 30.1은 옵션으로서 주식의 손익 구조를 보여준다.

유한책임의 중요성

주식을 콜옵션으로 보는 관점은 주식 투자자가 유한책임을 질 때만 유효하다. 다시 말해 주식 투자자의 최대 손실은 해당 기업에 투자한 금액이다. 상장기업 주주는 당연히 유한책임 투자자다. 하지만 비상장기업의 소유주는 대개 무한책임을 진다. 비상장기업이 자금난에 빠져서 부채를 상환할 능력이 없다면 소유주는 개인 자산을 잃을 위험에 노출된다. 이때는 주식을 콜옵션으로 보고 가치평가해서는 안 된다.

[예시 30.1] 옵션으로서 주식의 가치평가

보유 자산 가치가 1억 달러이고 자산 가치의 표준편차가 40%인 기업의 주식 가치를 평가해보자. 부채 액면가는 8,000만 달러(10년 만기 제로쿠폰부채)이고 10년 만기 국채 수익률은 10%다. 주식을 해당 기업에 대한 콜옵션으로 보고 다음 옵션가격결정모형의 입력 변수를 활용하여 가치평가해보자(단위: 100만 달러).

기초자산의 가치 = S = 기업 가치 = 100
행사가격 = K = 미상환부채의 액면가 = 80
옵션 만기 = t = 제로쿠폰부채의 만기 = 10년
기초자산 가치의 분산 = σ^2 = 기업 가치의 분산 = 0.16
무위험 이자율 = r = 옵션과 만기가 같은 국채 수익률 = 10%

위 입력 변수를 블랙-숄스 모형에 대입해 추정한 콜옵션 가치는 다음과 같다.

d1 = 1.5594   N(d1) = 0.9451
d2 = 0.3345   N(d2) = 0.6310

콜옵션 가치 = $100 \times 0.9451 - 80 \times \exp^{(-0.10) \times 10} \times 0.6310 = 75.94$

콜옵션 가치가 곧 주식 가치이고 기업 가치는 1억 달러이므로 미상환부채의 가치는 다음과 같다.

$$\text{미상환부채 가치} = 100 - 75.94 = 24.06$$

부채는 10년 만기 제로쿠폰부채로서 시장이자율은 다음과 같다.

$$\text{부채의 시장이자율} = (80/24.06)^{1/10} - 1 = 12.77\%$$

따라서 이 채권의 부도 스프레드는 2.77%다.

옵션으로서 주식의 가치평가: 기업 생애주기 관점

앞서 실물 옵션이 가치 창출 원천이라는 관점으로 연기 옵션에서 시작해 특허와 천연자원 매장량(28장)을 다룬 후 확장 옵션이 몇몇 기업의 가치를 증대하는 방식(29장)을 알아보았다. 또한 청산 옵션이 부실기업 가치를 어떻게 높이는지도 다뤘다. 여러 옵션을 일반화해 전혀 관계없는 기업을 정당화하는 논리로 전락할 위험이 크다는 점도 강조했다. 이번 섹션에서는 기업 생애주기 관점을 적용해 각 단계마다 어떤 옵션이 작동하는지 알아본다.

기업 생애주기에 걸친 실물 옵션

창업기부터 쇠퇴기에 이르는 기업 생애주기는 단순히 기업 수명을 넘어 가치평가의 쟁점이 어떻게 변하는지도 보여주는 유용한 관점이다. 이 구조를 통해 연기와 확장, 포기, 청산까지 어떤 실물 옵션이 작동하는지 파악할 수 있다(그림 30.2).

주식의 옵션성(optionality)은 생애주기 후반부에, 특히 성숙·쇠퇴 단계 기업 중에서도 부채가 많은 기업일수록 의미가 더 크다. 부채가 없는 쇠퇴 기업이라면 사실상 포기 옵션밖에 존재하지 않을 것이다. 이익과 현금흐름에서 비롯하는 계속기업 가치보다 매각 가치가 높기에 사업부를 분할하거나 매각할 수밖에 없다.

부실기업 주식 선별

믿기 어렵겠지만 부실기업 주식도 상당한 가치가 있다. 가치의 원천은 세 가지로서

[그림 30.2] 기업 생애주기에 걸친 옵션성

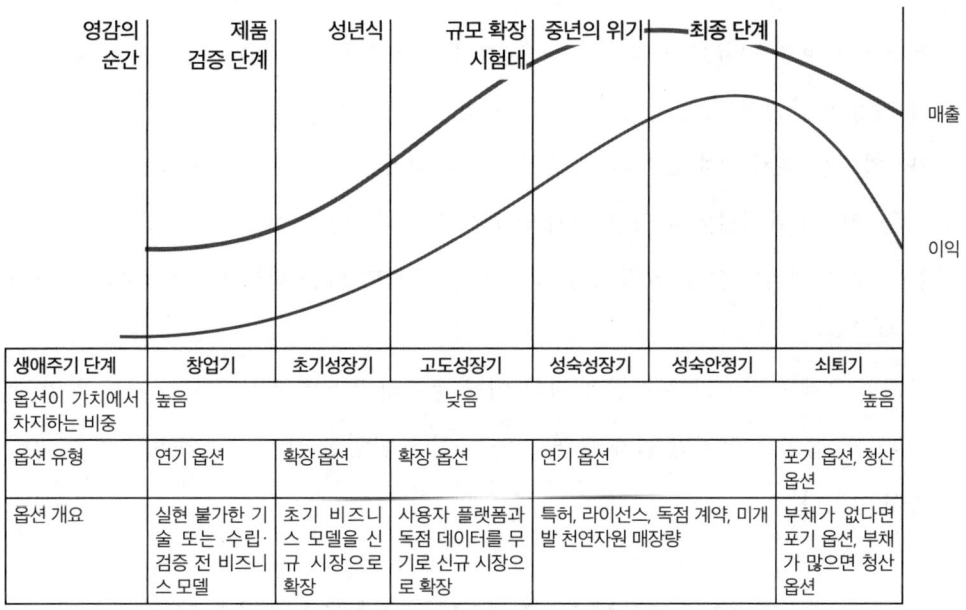

생애주기 단계	창업기	초기성장기	고도성장기	성숙성장기	성숙안정기	쇠퇴기
옵션이 가치에서 차지하는 비중	높음	낮음				높음
옵션 유형	연기 옵션	확장 옵션	확장 옵션	연기 옵션		포기 옵션, 청산 옵션
옵션 개요	실현 불가한 기술 또는 수립·검증 전 비즈니스 모델	초기 비즈니스 모델을 신규 시장으로 확장	사용자 플랫폼과 독점 데이터를 무기로 신규 시장으로 확장	특허, 라이선스, 독점 계약, 미개발 천연자원 매장량		부채가 없다면 포기 옵션, 부채가 많으면 청산 옵션

영업손실이 고착한 사업, 지나치게 큰 부채 부담(주로 장기부채), 영업 실적의 변동성이다. 청산 옵션으로 해석할 만한 부실기업 주식을 찾기 위해 먼저 다음 기준을 두고 선별했다.

1. **적자**: 직전 10년간 적어도 4년간 순손실을 기록했거나 직전 회계연도에 순손실을 기록한 회사를 골랐다.
2. **과도한 부채 부담**: 3장에서 다뤘듯 부채 부담에 여러 척도가 있지만 영업활동 현금흐름과 관계있는 부채/EBITDA 배수(리스 포함)를 대용물로 적용했다. 특히 장기부채를 염두에 두고 부채 만기도 고려하고 싶었지만 내가 가진 데이터에 포함된 여러 기업은 관련 정보를 공시하지 않아서 불가능했다.
3. **사업 변동성**: 사업 위험 척도로 주가 표준편차(시장 기반 척도)뿐 아니라 직전 10년간 영업이익 변동계수(영업 실적 기반 척도)도 적용했다.

2024년 초 모든 미국 상장기업 6,415곳에 이 기준을 적용한 결과, 수준은 다르지만 주식이 옵션성을 띠는 560개 기업을 선별했다.

섹터별로 보면 평균보다 많거나 적은 기업이 속한 섹터가 있다. 부실기업 주식 후보가 가장 많았던 섹터는 항공과 호텔·카지노, 부동산이었다. 이들의 공통점은 무엇인가? 막대한 부채 외에도 보유 자산의 청산가치가 막대하다는 공통점이다. 특히 부동산은 섹터와 관계없이 다양한 잠재 인수자가 큰 관심을 두었다. 생명공학처럼 적자기업이 많은 섹터가 여럿 있었지만 청산 옵션이 의미 있을 만큼 막대한 수준인 상황은 드물었다.

막대한 부채와 적자라는 조건을 하나 이상 충족하지 못한 섹터에서도 모든 기업 주식은 (청산) 옵션을 갖지만 실제 운영 중인 사업을 반영한 기업 가치와 비교하면 미미한 수준이었다.

주식을 옵션으로 보는 관점의 시사점

기업 주식이 콜옵션의 특성을 띤다면 가치와 결정 요인에 관한 생각을 바꾸어야 한다. 이번 섹션에서는 주식을 옵션으로 보는 관점이 주식 투자자와 채권 보유자에게 시사하는 바를 다룬다.

주식 가치가 제로일 때는 언제인가?

현금흐름할인 가치평가를 다루며 기업이 가진 것(자산 가치)보다 빚진 것이 많을 때 주식 가치가 제로라는 점을 알아보았다. 주식을 콜옵션으로 보는 관점의 첫 번째 시사점은 자산 가치가 미상환부채의 액면가보다 상당히 낮더라도 주식 가치가 플러스라는 것이다. 투자자와 회계사, 애널리스트가 보기에 문제가 많은 기업이라고 해도 주식 가치가 제로는 아니다. 실제로 외가격 옵션도 만기 내에 기초자산 가치가 행사가격보다 높은 수준으로 상승할 가능성이 있으므로 가치가 제로는 아니다. 마찬가지로 옵션의 시간 프리미엄(채권 만기까지 남은 기간)이 존재하고 자산 가치가 채권 만기 내에 채권 액면가보다 높은 수준으로 상승할 가능성이 있으므로 주식 가치도 제로가 아니다.

[예시 30.2] 기업 가치와 주식 가치

예시 30.1의 상황에서 기업 가치가 미상환부채의 액면가(8,000만 달러)보다 낮은 5,000만 달러로 하락한다고 가정한다(다른 모든 입력 변수는 똑같다). 콜옵션으로서 주식의 모수는 다음과 같다(단위: 100만 달러).

$$기초자산의 가치 = S = 기업 가치 = 50$$
$$행사가격 = K = 미상환부채의 액면가 = 80$$
$$옵션 만기 = t = 제로쿠폰부채의 만기 = 10년$$
$$기초자산 가치의 분산 = \sigma^2 = 기업 가치의 분산 = 0.16$$
$$무위험 이자율 = r = 옵션과 만기가 똑같은 국채 수익률 = 10\%$$

위 입력 변수를 블랙-숄스 모형에 대입해 추정한 콜옵션의 가치는 다음과 같다.

$$d1 = 1.0515 \qquad N(d1) = 0.8534$$
$$d2 = -0.213 \qquad N(d2) = 0.4155$$
$$콜옵션 가치 = 50 \times 0.8534 - 80 \times \exp^{(-0.10) \times 10} \times 0.4155 = 30.44$$
$$미상환부채 가치 = 50 - 30.44 = 19.56$$

[그림 30.3] 기업 가치 변화에 따른 주식 가치

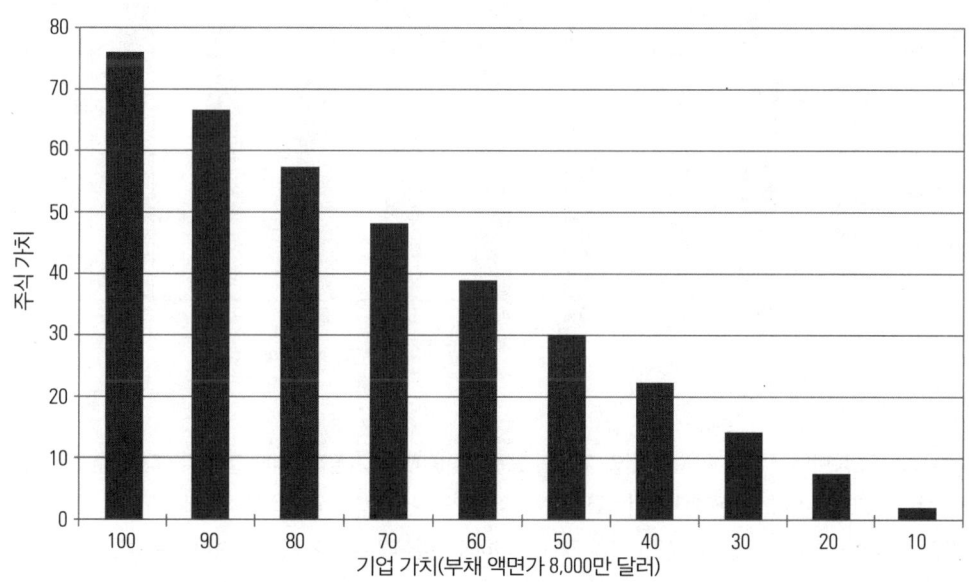

콜옵션 특성을 띠는 주식은 가치가 있다. 그림 30.3에서 알 수 있듯이 자산 가치가 1,000만 달러로 하락해도 주식 가치는 여전히 플러스다.

위험과 주식 가치

전통적인 현금흐름할인 가치평가에서 고위험은 곧 낮은 주식 가치를 뜻한다. 하지만 주식이 콜옵션의 특성을 띨 때는 그러한 관계가 성립하지 않을 수도 있다. 곤경을 겪는 기업의 주식 투자자에게 위험은 오히려 아군이 될 때도 있다. 주식 투자자는 잃을 것은 별로 없고, 기업 가치의 변동에 따라 얻을 것만 있는 상황이다.

[예시 30.3] 주식 가치와 변동성

[그림 30.4] 기업 가치 표준편차와 주식 가치의 관계

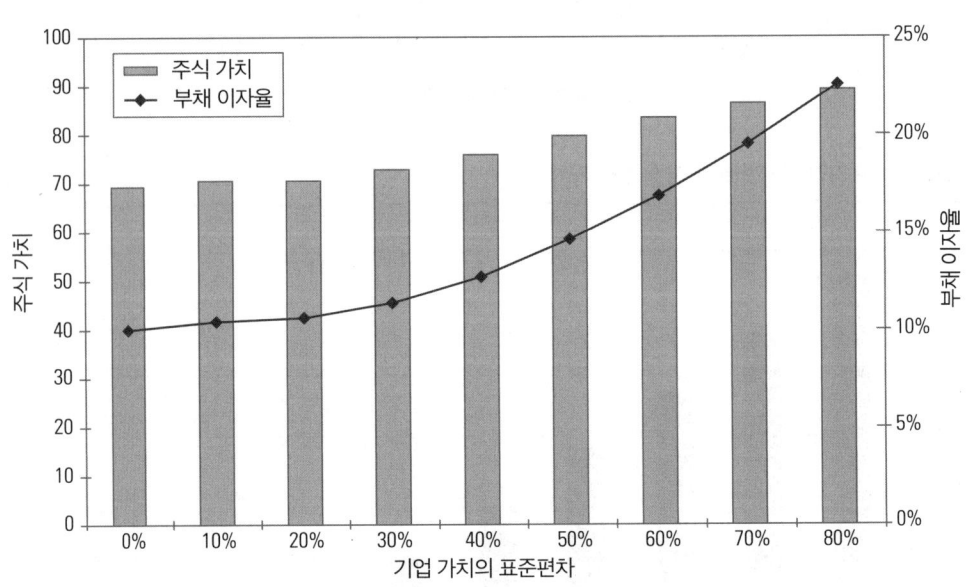

예시 30.1의 상황에서 주식 가치는 기업 가치의 표준편차(40%로 가정)에 의해 결정되었다. 다른 모든 입력 변수는 그대로 두고 표준편차 추정치를 바꾸면 주식 가치는 그림 30.4처럼 상승한다.

기업 가치의 표준편차가 증가하지만 기업 가치는 변하지 않을 때 주식 가치가 상승한다는 점을 유념하라.

가치평가 바이블

표준편차가 증가하면 부채 이자율 역시 상승한다.

부도 확률과 부도 스프레드

옵션가격결정모형을 통해 어떤 기업의 위험 중립 부도 확률을 계산할 수 있다는 점도 중요하다. 블랙-숄스 모형에서 S > K(자산 가치가 부채의 액면가보다 높다)가 되게 하는 위험 중립 확률인 N(d2)로부터 추정할 수 있다.

$$위험\ 중립\ 부도\ 확률 = 1 - N(d2)$$

나아가 부채의 이자율로부터 채권에 적용할 적정 부도 스프레드도 추정할 수 있다.

옵션가격결정모형을 활용하면 은행 대출 포트폴리오의 부도 확률을 계산하고 대출의 특성에 부합하는 수준의 이자율을 부과하는지도 판단할 수 있나. 상낭히 복삽한 가격결정모형을 활용해 두 값을 산출해주는 민간 서비스도 있다.

[예시 30.4] 부도 확률과 부도 스프레드

예시 30.1의 상황에서 1-N(d2)로 계산한 부도 확률과, 기업 부채의 이자율과 무위험 이자율의 차이로 계산한 부도 스프레드를 추정한 결과를 그림 30.5에 요약했다. 기업 가치의 표준편차가 증가하면서 부도 스프레드가 상승하고 부도 확률은 더 가파르게 상승한다.

부채 대비 기업 가치가 하락하면서 부도 확률과 부도 스프레드가 모두 상승한다. 만약 이 회사가 S&P나 무디스 같은 신용평가사의 평가 대상이라면 기업 가치가 하락하면서 신용등급이 하락하고 회사채의 부도 스프레드가 상승했을 것이다. 한편 옵션가격결정모형으로 이 스프레드를 추정하는 방법도 있다.

[그림 30.5] 위험 중립 부도 확률 및 부도 스프레드

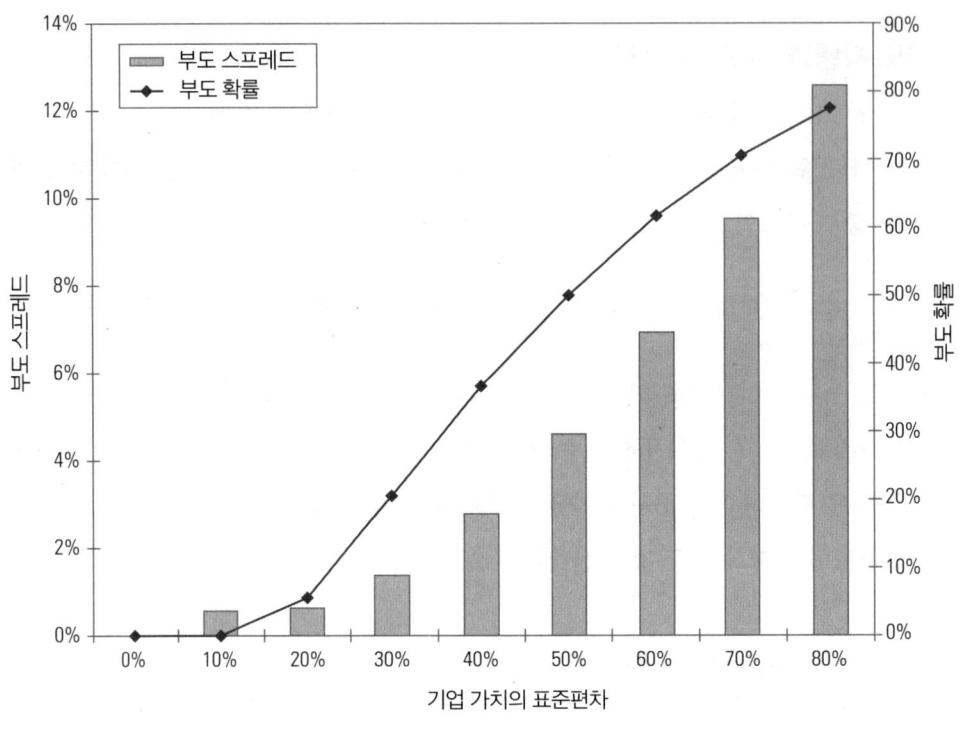

기업 가치의 표준편차

옵션으로서 주식의 가치 추정

지금까지 살펴본 예시에서는 옵션가격결정모형을 활용해 주식 가치를 평가하는 과정에서 몇 가지 단순한 가정을 두었다.

- 기업의 청구권은 부채와 주식 청구권뿐이다.
- 미상환부채가 단 한 건만 존재하고 액면가에 상환할 수 있다.
- 부채는 제로쿠폰부채로 보통주 전환권이나 풋옵션 조항(주식매수청구권) 등 특수 조항은 없다.
- 자산 가치와 변동성을 추정할 수 있다. 기업 청산 시 자산 가치만큼 청산 대금을

받는다고 가정한다.

이렇게 가정한 이유가 다 있다. 첫째, 기업의 청구권을 부채와 주식으로 제한함으로써 분석이 수월해진다. 우선주 같은 다른 청구권을 고려하면 결과를 도출하기가 (불가능하지는 않더라도) 훨씬 어려워진다. 둘째, 만기 전에 언제든 액면가로 상환할 수 있는 제로쿠폰부채가 단 한 건만 존재한다고 가정함으로써 부채가 일반적인 옵션의 행사가격과 더 유사한 특성을 띤다. 셋째, 부채가 쿠폰부채이거나 두 건 이상이라면 주식 투자자는 쿠폰 지급 의무를 다할 현금흐름이 부족할 때 할 수 없이 만기보다 이른 시점에 '옵션을 행사'(즉 기업 청산)해야 할 수도 있다.

넷째, 기업 청산 시 자산 가치와 그 변동성을 안다면 옵션가격결정모형을 적용할 수 있다. 하지만 옵션모형의 유용성에 관한 의문도 동시에 제기된다. 부채가 공개 거래된다면 기업 가치에서 부채의 시장가치를 빼서 더 간단하게 주식 가치를 도출할 수 있기 때문이다. 그러나 이때도 옵션가격결정모형은 장점이 있다. 특히 부채가 공개 거래되지 않는다면 옵션가격결정이론을 활용해 주식 가치를 추정할 수 있다. 공개 거래되는 부채라고 해도 가격이 항상 가치를 제대로 반영한 올바른 값은 아니므로 옵션가격결정모형은 부채와 주식의 가치평가에 여전히 유용하다. 나아가 기업 가치는 자산의 청산가치뿐 아니라 성장 잠재력의 기대가치도 반영한다.

입력 변수

앞서 단 한 건의 미상환부채(제로쿠폰부채)만 존재하는 등 여러 가정에 완벽하게 부합하는 기업은 드물기에 이 모형을 가치평가에 적용하려면 어느 정도 절충해야 한다.

기업 자산의 가치　기업이 보유한 자산의 청산가치를 도출하는 방법은 세 가지다. 첫째, (모든 부채와 주식이 시장에서 거래된다는 가정과 함께) 미상환부채와 주식의 시장가치를 더한 기업 가치가 청산가치에 가깝다고 가정한다. 옵션가격결정모형을 활용하면 청산가치를 부채와 주식의 몫으로 다시 나눌 수 있다. 이 방법은 간단하지만 내적 일관성이 떨어진다. 옵션가격결정모형을 활용하기 전후의 부채와 주식 시장가치가 완전히 다르기 때문이다. 또한 자산을 현금화할 때 얻는 가치가 계속기업 가치와 똑같다고 가정한다는 문제도 있다.

둘째, 자산의 기대현금흐름을 자본비용으로 할인해서 자산 가치를 도출한다. 이때 옵션가격결정모형의 기업 가치는 청산을 가정한 값이므로 미래 성장 잠재력을 포함하는 기업 가치보다 낮을 수 있다(청산비용도 고려해야 한다). 따라서 현금흐름할인모형으로 기업 가치를 추정한다면 기존 투자만 반영해야 한다.[1]

셋째, 같은 업종 내 건전한 성숙 기업(성장 잠재력이 사실상 없다)의 매출 배수를 평가 대상 기업의 매출에 적용한다. 여기에는 기업 청산 시 잠재 인수자가 해당 가격을 지불하리라는 가정이 깔려 있다.

기업 가치의 분산   어떤 기업의 주식과 채권이 모두 거래된다면 기업 가치의 분산을 바로 계산할 수 있다. σ_e^2 와 σ_d^2 를 각 주식과 채권 가격의 분산으로, w_e와 w_d를 각 주식과 채권의 시장가치 비중으로 정의하면 기업 가치의 분산은 다음과 같다.[2]

$$\sigma^2_{\text{기업}} = w_e^2\sigma_e^2 + w_d^2\sigma_d^2 + 2w_e w_d \rho_{ed}\sigma_e\sigma_d$$
$$여기서 \quad \rho_{ed} = 주식과\ 채권\ 가격의\ 상관계수$$

채권이 거래되지 않는다면 유사 등급 회사채의 분산을 σ_d^2 추정치로, 해당 기업 주식과 유사 등급 회사채의 상관계수를 ρ_{ed} 추정치로 활용하면 된다.

재정난에 빠진 기업은 주식과 채권 가격의 변동성이 커서 이 접근법을 적용하면 잘못된 결과를 얻는다. 같은 섹터 내 다른 기업을 대상으로 계산한 기업 가치의 평균 분산을 활용하면 신뢰도가 더 높은 추정치를 얻을 수 있다. 예컨대 심각한 문제를 겪는 제강 기업의 주식 가치는 모든 제강 상장기업을 대상으로 계산한 기업 가치의 평균

---

1   기업이 안정 성장 단계에 진입했다고 가정하고 안정 성장 기업으로서 가치를 평가하면 된다. 이때 재투자는 보유 자산을 관리하고 개선하는 데 쓰인다.
2   두 개의 자산으로 이루어진 포트폴리오에서 분산을 구하는 수식을 전개한 것이다.

분산을 적용해 추정한다.

---

 optvar.xls: 업종별 미국 기업의 주식 가치와 기업 가치의 표준편차를 요약한 엑셀 자료. (웹에서 다운로드 가능)

부채 만기　대다수 기업은 장부상 미상환부채가 두 건 이상일 뿐 아니라 부채에서 쿠폰이자가 발생한다. 옵션가격결정모형은 만기와 관련해 단 하나의 입력 변수만 허용하므로 여러 건의 미상환부채와 쿠폰 지급액을 그에 상응하는 제로쿠폰채권으로 변환해야 한다.

- 부채의 만기와 쿠폰 지급액을 모두 반영하는 방법 중 하나는 개별 미상환부채의 듀레이션에 대해 액면가로 가중평균한 듀레이션을 계산해서 옵션 만기의 척도로 사용하는 것이다.
- 옵션가격결정모형에서 제로쿠폰채권의 만기를 미상환부채의 액면가 가중평균 만기로 대체하면 위와 근사한 값을 더 간단히 얻는다.

부채의 액면가　부실기업의 미상환부채가 여러 건일 때 부채의 액면가를 결정하는 방법은 세 가지다.

1. 모든 부채의 원금을 더한 값을 옵션가격결정모형상 기업이 발행했다고 가정한 제로쿠폰채권의 액면가로 본다. 하지만 전체 기간에 걸쳐 발생하는 실제 상환액(쿠폰과 이자 지급액이 발생한다)을 과소평가한다는 점에서 한계가 있다.
2. 첫 번째 방법과 정반대로 향후 지급할 쿠폰 및 이자를 부채 원금에 더한 누적 액면가를 사용한다. 하지만 이자는 초기부터 지급하지만 원금은 만기가 도래했을 때만 상환하므로 시점이 서로 다른 현금흐름을 섞는다는 문제가 있다. 그렇지만 만기까지 중간에 지급할 의무가 있는 이자를 고려하는 가장 간단한 방법인 것은

분명하다.

3. 부채의 원금만 액면가로 해석하고, 기업 가치 대비 비율로 표시한 연간 이자 지급액은 옵션가격결정모형의 배당수익률로 본다. 기업이 계속 존재하는 한 기업 가치는 매년 원금 상환액과 이자 지급액만큼 하락할 것이다.

[예시 30.5] 옵션으로서 주식의 가치평가: 유로터널(1997년)

유로터널(Eurotunnel)은 영국과 프랑스를 잇는 영국 해협에 해저 터널을 건설해 운영하며 이익을 내려고 설립한 회사다. 해저 터널은 1990년대 초 준공되었으나 개통 후 매년 막대한 손실을 기록하는 등 상업적으로 성공하지는 못했다. 1998년 초 유로터널 주식의 장부가액은 -1억 1,700만 파운드였고 1997년 매출이 4억 5,600만 파운드였지만 이자 및 세전 손실은 345만 파운드, 순손실은 6억 1,100만 파운드에 달했다. 어떤 기준에서 보더라도 재정난에 빠진 회사임이 틀림없었다.

터널 건설을 위한 자금을 대부분 부채로 조달한 결과 1997년 말 여러 미상환부채와 은행 대출로 이루어진 채무는 80억 파운드가 넘었다(액면가 기준). 여기에 쿠폰과 이자 지급액을 더한 기업 채무는 총 88억 6,500만 파운드에 달했다. 표 30.1은 유로터널의 미상환부채와 등급별 기대 듀레이션을 요약해서 보여준다(단위: 100만 파운드).

[표 30.1] 듀레이션에 따른 부채 분류

부채 유형	액면가(누적 쿠폰 지급액 포함)	듀레이션(년)
단기	935	0.50
10년 만기	2,435	6.70
20년 만기	3,555	12.60
초장기	1,940	18.20
계	8,865	10.93

회사가 보유한 유의미한 자산은 사실상 터널 소유권뿐이다. 다음 가정에 바탕을 두고 기대현금흐름과 자본비용을 통해 가치를 추정해보자.

■ 매출은 5년간 연 10% 증가한 후 영원히 연 3% 증가한다.
■ 매출액 대비 직접 영업비용 비율은 1997년 72%에서 선형으로 하락해 2002년 60%에 이른 후 그 수준을 유지한다(여기에 감가상각비는 포함되지 않는다).

- 직전 회계연도에 자본적 지출은 4,500만 파운드였고 감가상각비는 1억 3,700만 파운드였다. 자본적 지출과 감가상각비는 5년간 연 3% 증가하고, 이후에는 자본적 지출이 감가상각비와 똑같아진다.
- 운전자본 소요는 없다고 가정한다.
- 부채비율은 1997년 말 95.35% 수준을 5년간 유지하다가 2002년 이후 70%에 이른다. 부채비용은 5년간 10%이고 이후에는 8%이다.
- 주식 베타는 5년간 2.00이고 이후 (부채비율이 하락하면서) 0.80으로 하락한다.

가치평가 시점의 장기 채권 수익률은 6%였고 위험 프리미엄은 5.5%였다(세율은 35%). 위 가정에 바탕을 두고 표 30.2와 같이 현금흐름을 추정한다.

[표 30.2] 기업 잉여현금흐름

	1	2	3	4	5	종료 연도
매출	501.60	551.76	606.94	667.63	734.39	756.42
- 매출원가	361.15	380.71	400.58	420.61	440.64	453.85
- 감가상각비	141.11	145.34	149.70	154.19	158.82	163.59
EBIT	-0.66	25.70	56.65	92.83	134.94	138.98
- EBIT × t	0.00	9.00	19.83	32.49	47.23	48.64
EBIT(1 - t)	-0.66	16.71	36.83	60.34	87.71	90.34
+ 감가상각비	141.11	145.34	149.70	154.19	158.82	163.59
- 자본적 지출	46.35	47.74	49.17	50.65	52.17	163.59
- 운전자본 증감	0.00	0.00	0.00	0.00	0.00	0.00
기업 잉여현금흐름	94.10	114.31	137.36	163.89	194.36	90.34
잔존가치					2,402.66	
현재가치	87.95	99.86	112.16	125.08	1,852.67	
기업 가치	2,277.73					

회사가 보유한 자산의 가치는 22억 7,800만 파운드다.
마지막으로 추정할 입력 변수는 기업 가치의 분산이다. 직접적인 비교 기업이 존재하지 않으므로 과거 데이터를 활용해 유로터널 주식과 부채의 표준편차를 추정했다.[3]

유로터널 주식 가격의 표준편차 = 41%
유로터널 채권 가격의 표준편차 = 17%

---

3   주가의 자연로그값을 활용해 표준편차를 계산했다.

유로터널 주식과 채권 가격의 상관계수는 0.50이었고, 2년 단위로 계산한 시장가치 부채총자본비율은 85%였다. 이 입력 변수들을 활용해 기업 가치의 분산을 다음과 같이 추정한다.

$$\sigma^2_{기업} = 0.15^2 \times 0.41^2 + 0.85^2 \times 0.17^2 + 2 \times 0.15 \times 0.85 \times 0.5 \times 0.41 \times 0.17 = 0.0335$$

요약하면 옵션가격결정모형의 입력 변수는 다음과 같다.

기초자산의 가치 = S = 기업 가치 = 2,278
행사가격 = K = 미상환부채의 액면가 = 8,865
옵션 만기 = t = 부채의 가중평균 듀레이션 = 10.93년
기초자산 가치의 분산 = σ^2 = 기업 가치의 분산 = 0.0335
무위험 이자율 = r = 옵션과 만기가 똑같은 국채 수익률 = 6%

이때 콜옵션의 가치는 다음과 같다.

d1 = −0.8582   N(d1) = 0.1955
d2 = −1.4637   N(d2) = 0.0717

콜옵션 가치 = $2{,}278 \times 0.1955 - 8{,}865 \times \exp^{(-0.06) \times 10.93} \times 0.0717 = 116$

1997년 유로터널 주식의 시가총액은 1억 5,000만 파운드였다.

옵션가격결정모형은 유로터널 주식의 가치 도출 외에도 주식 가치의 동인에 관한 가치 있는 통찰을 제시한다. 비용을 통제하고 영업이익률을 높이려는 노력은 당연히 중요하지만, 주식 가치를 결정하는 가장 중요한 변수는 부채의 듀레이션과 기업 가치의 분산이다. 부채 듀레이션의 증감에 영향을 미치는 일은 주식 가치의 변화에도 영향을 미친다. 예컨대 프랑스 정부가 유로터널에 돈을 빌려준 은행을 압박해 제한 조처를 완화하고 부채를 상환할 때까지 더 많은 시간을 허용하게 하자 주식 투자자는 보유한 콜옵션의 만기가 늘어나면서 이득을 보았다. 마찬가지로 기업 가치의 변동성이 증가하는 결과를 낳는 조처는 옵션 가치가 상승하는 결과를 낳는다.

[예시 30.6] 옵션으로서 주식의 가치평가: 제트 인디아(2013년)

인도 항공사 제트 인디아(Jet India)는 2013년 매출 1,884억 1,000만 인도 루피, EBITDA 94억 1,700만 루피를 기록했다. 하지만 감가상각비와 무형자산 상각비 93억 루피를 차감한 영업이익은 1억 2,350만 루피에 불과했고, 이자비용 101억 6,000만 루피까지 고려한 순손실은 78억 루피에 달했다. 적자 상태가 지속하면서 자기자본 장부가치는 −182억 8,000만 루피로 하락했지만 암흑기가 언제 끝날지는 요원해 보였다.

이자비용의 원천은 1,142억 7,200만 루피에 달하는 총부채였다. 평균 듀레이션이 4.5년이었으니 파산 위험이 급증했다. 유일한 희소식은 인도 항공시장이 호황기를 맞아 기존 사업자와 신규 진입자가 모두 성장하

기 위해 경쟁하는 상황이었다는 것이다.

내재가치평가법을 통해 주식 가치가 플러스를 낳는 방법은 사실상 없었기에 제트 인디아 주식을 옵션으로 해석해 다음 입력 변수를 두었다(단위: 100만 루피).

■ EBITDA 94억 1,700만 루피에 배수 6.5배(인도 상장 항공사 기준)를 곱해 자산 가격을 다음과 같이 추정한다.

$$제트 \ 인디아 \ 자산 \ 가격 = 9,417 \times 6.5 = 61,211$$

■ 미상환부채 1,142억 7,200만 루피를 옵션 행사가격으로 두고 부채의 듀레이션 4.5년을 옵션 만기로 둔다.

■ 인도 상장 항공사 기업 가치의 평균 분산 0.0826을 옵션가격결정모형상 자산 가치 변동성의 대용물로 둔다.

요약하면 옵션가격결정모형의 입력 변수는 다음과 같다.

$$기초자산의 \ 가치 = S = 기업 \ 가치 = 61,211$$
$$행사가격 = K = 미상환부채의 \ 액면가 = 114,272$$
$$옵션 \ 만기 = t = 부채의 \ 가중평균 \ 듀레이션 = 4.5년$$
$$기초자산 \ 가치의 \ 분산 = \sigma^2 = 기업 \ 가치의 \ 분산 = 0.0826$$
$$무위험 \ 이자율 = r = 옵션과 \ 만기가 \ 똑같은 \ 국채 \ 수익률 = 8\%$$

이때 콜옵션의 가치는 다음과 같다.

$$d1 = -0.129 \qquad N(d1) = 0.4487$$
$$d2 = -0.7384 \qquad N(d2) = 0.2301$$
$$콜옵션 \ 가치 = 61,211 \times 0.4487 - 114,272 \times exp^{(-0.08) \times 4.5} \times 0.2301 = 9,113$$

제트 인디아 주식 가치는 2013년 기준 91억 루피였다.

---

equity.xls: 이 스프레드시트를 이용하면 부실기업 주식을 옵션으로 보는 관점에 바탕을 두고 그 가치를 추정할 수 있다. (웹에서 다운로드 가능)

　　벌처 투자(vulture investing)는 심각한 재정난에 빠진 기업의 주식을 매수하는 투자 전략이다. 어떤 면에서 상당한 외가격 옵션을 매수하고는 그중 일부에서 아주 높은 보상을 얻기를 바라는 것과 같다. 옵션가격결정모형을 활용하면 벌처 투자 전략이 성과를 내는 상황과 방식에 관한 결론을 도출할 수 있다.

- 상당한 외가격 옵션 포트폴리오의 상당 비중이 결국 아무런 가치도 없는 결말을 맞으리라고 예상하는 것이 합당하다. 하지만 그중 일부 투자가 막대한 수익을 올린다면 아주 높은 포트폴리오 수익률을 기록할 것이다.
- 변동성이 큰 섹터에 속하고 심각한 재정난을 겪는 기업의 주식으로 투자 대상을 한정해야 한다. 옵션 투자자에게 위험은 친구와 같다. 변동성이 큰 섹터의 부실기업이 안정적인 섹터에 속한 부실기업보다 주식 가치가 더 높다.
- 심각한 재정난을 겪는 기업의 주식을 매수할 때는 단기 부채가 아니라 장기 부채가 있는 기업으로 투자 대상을 한정해야 한다. 옵션 만기가 늘어날수록 옵션 가치가 상승한다.
- 재정난을 겪는 기업이 발행한 부채(회사채)에 투자할 때는 수동적인 채권자로 남는 것이 불가능하다. 경영진과 관련하여 적극적인 역할을 수행하고, 주식 전환권 등을 활용해 해당 기업의 지분을 취득해야 할 것이다.

옵션으로서 부실기업 주식: 의사결정에 관한 시사점

　　옵션가격결정이론을 활용하면 투자 분석과 다각적 합병(conglomerate merger) 같은 문제에서 주식 투자자(주주)와 채권 투자자(채권자) 간 갈등을 잘 이해할 수 있다. 이번 섹션에서는 주주에게 이득이 되는 결정이 반드시 기업 가치를 극대화하는 것은 아니고 채권자가 손해를 볼 수도 있음을 알아본다.

채권자와 주주의 상충

주주와 채권자는 인센티브와 현금흐름 청구권이 서로 다르므로 주주가 채권자의 부를 빼앗는 대리인 문제가 일어날 수 있다. 주주와 채권자의 이해관계 충돌은 여러 형태를 띤다. 예컨대 주주는 더 위험한 프로젝트에 투자하려는 유인이 채권자보다 강하고, 채권자가 용인할 수 있는 수준보다 큰 배당을 지급하려 한다. 이전 섹션에서 다룬 옵션가격결정 방법론을 활용하면 채권자와 주주의 갈등을 잘 이해할 수 있다.

위험한 프로젝트 투자

주식은 기업 가치에 대한 콜옵션이므로 다른 조건이 똑같을 때 기업 가치의 분산이 증가하면 주식 가치가 상승한다. 따라서 주주는 자기에게 이득이 되지만 기업 가치와 그중 채권자 몫을 줄일 가능성이 있는 위험한 프로젝트(순현재가치가 마이너스)에 투자할 유인이 있다. 예시 30.1에서 다뤘던 기업 사례를 살펴보자. 자산 가치가 1억 달러였고 10년 만기 제로쿠폰부채의 액면가가 8,000만 달러였으며 기업 가치의 표준편차는 40%였다. 이 기업의 주식과 부채 가치는 다음과 같았다(단위: 100만 달러).

$$주식 \ 가치 = 75.94$$
$$부채 \ 가치 = 24.06$$
$$기업 \ 가치 = 100$$

순현재가치가 −200만 달러인 프로젝트에 투자할 기회가 있다고 하자. 몹시 위험한 프로젝트이기에 투자한다면 기업 가치의 표준편차가 50%로 증가할 것이다. 콜옵션으로서 주식 가치는 다음 입력 변수를 활용해 추정한다.

기초자산의 가치 = S = 기업 가치 = 100 − 2 = 98
(순현재가치가 마이너스인 프로젝트로 인해 기업 가치가 하락)
행사가격 = K = 미상환부채의 액면가 = 80
옵션 만기 = t = 제로쿠폰부채의 만기 = 10년
기초자산 가치의 분산 = σ^2 = 기업 가치의 분산 = 0.25
무위험 이자율 = r = 옵션과 만기가 똑같은 국채 수익률 = 10%

위 입력 변수를 블랙-숄스 모형에 대입하면 다음처럼 주식과 부채의 가치를 도출한다.

$$주식 가치 = 77.71$$
$$부채 가치 = 20.29$$
$$기업 가치 = 98$$

기업 가치가 200만 달러 하락했는데도 주식 가치는 7,594만 달러에서 7,771만 달러로 상승했다. 이는 2,406만 달러에서 2,029만 달러로 하락한 채권자 몫을 희생한 대가로 얻은 결과다.

다각적 합병

다각적 합병이 채권자와 주주에 미치는 영향도 서로 다를 수 있다. 다각적 합병에서 합병기업과 피합병기업의 이익 흐름은 완전 상관관계에 있지 않기에 결합기업의 이익과 현금흐름은 분산이 감소할 가능성이 크다. 따라서 결합기업의 주식 가치는 합병 전보다 하락하고 채권자가 이득을 볼 것이다. 주주는 상승한 차입능력을 활용해 신규 부채를 발행함으로써 하락한 가치를 전부나 일부 되찾을 수 있다. 합병을 원하는 루브 앤드 오토(자동차서비스)와 잔니 코스메틱스(Gianni Cosmetics, 화장품 제조사)에 관한 정보를 통해 이해해보자(단위: 100만 달러).

	루브 앤드 오토	잔니 코스메틱스
기업 가치	100	150
부채 액면가	80	50(제로쿠폰부채)
부채 만기	10년	10년
기업 가치의 표준편차	40%	50%

두 기업의 현금흐름 간 상관계수는 0.4이고 10년 만기 채권 수익률은 10%다.
합병 후 결합기업 가치의 분산은 다음과 같이 계산한다.

$$결합기업\ 가치의\ 분산 = w_1\sigma_1 + w_2\sigma_2 + 2w_1w_2\rho_{12}\sigma_1\sigma_2$$
$$= 0.4^2 \times 0.4^2 + 0.6^2 \times 0.5^2 + 2 \times 0.4 \times 0.6 \times 0.4 \times 0.4 \times 0.5$$
$$= 0.154$$

옵션가격결정모형을 활용해 개별 기업과 결합기업의 주식 및 부채 가치를 추정한 결과는 다음과 같다.

	루브 앤드 오토	잔니 코스메틱스	결합기업
주식 가치	75.94	134.48	207.58
부채 가치	24.06	15.52	42.42
기업 가치	100.00	150.00	250.00

합병 전 두 기업의 주식 가치 합계는 2억 1,042만 달러였지만 합병 후 2억 758만 달러로 하락한다. 차액만큼 채권자 몫의 부채 가치가 상승했다. 즉 합병 결과 주주의 부가 채권자로 이전되었다. 따라서 레버리지가 증가하지 않는 다각적 합병은 주주의 부가 채권자로 이전되는 결과를 낳을 가능성이 크다.

옵션으로 볼 수 없는 기업 주식도 있을까?

이번 장의 바탕을 이루는 체계를 두고, 모든 기업의 주식이 콜옵션은 아니기에 현금흐름할인법으로 도출한 가치에 옵션 프리미엄을 부여해서는 안 된다는 생각이 들지도 모른다. 사실 모든 기업의 주식은 콜옵션의 특성을 띤다. 하지만 대다수는 계속기업 가치가 청산가치보다 높다. 예컨대 보유 자산이 거의 없고 가치의 상당 비중이 성장 잠재력에서 비롯하는 고성장 기업을 생각해보자. 기업의 청산가치는 보유 자산 가치로서 옵션가격결정모형의 기초자산 가치에 해당하고 콜옵션으로서 주식의 가치를 결정한다. 또한 계속기업 관점에서 미래 성장에 따른 현금흐름을 할인해서 도출한 가치보다 훨씬 낮을 것이다. 가치의 상당 비중이 보유 자산과 막대한 부채에서 비롯하는 성숙기업은 청산 시 콜옵션으로서 주식의 가치가 계속기업 관점의 주식 가치보다 높을 때도 있다. 하지만 대다수는 계속기업 관점의 주식 가치가 청산가치보다 높다.

결론

심각한 재정난(적자, 높은 레버리지)을 겪는 기업의 주식 가치는 콜옵션으로 볼 수 있다. 옵션을 보유하는 주식 투자자는 기업 청산을 결정할뿐더러 기업 가치와 미상환부채의 차액에 대한 청구권을 갖는다. 유한책임을 지는 주식 투자자는 기업 가치가 미상환부채 가치보다 낮더라도 책임을 지지 않아도 된다. 기업이 보유한 자산의 가치가 미상환부채 가치보다 낮더라도 옵션의 시간 프리미엄 덕분에 주식 가치는 제로가 아니다.

연습문제 별도 표기가 없으면 주식 위험 프리미엄은 5.5%로 한다.

1 다음 진술에 참 또는 거짓을 표기하라.

    a. 주식 투자자는 유한책임(회사에 대한 지분투자 금액으로 제한)을 갖기 때문에 주식을 옵션으로 볼 수 있다.

        참_____ 거짓_____

    b. 주식 투자자는 회사의 가치를 높일 수 있기 대문에 때때로 (순현재가치가 마이너스인) 나쁜 프로젝트를 인수할 수 있다.

        참_____ 거짓_____

    c. 기업이 (순현재가치가 양수인) 좋은 프로젝트, 즉 기업 평균보다 위험이 낮은 프로젝트에 투자하는 것은 주식 투자자에게 부정적인 영향을 미칠 수 있다.

        참_____ 거짓_____

    d. 기업의 자기자본 가치는 기업의 부채 듀레이션에 따라 증가하는 함수이다. (즉 자기자본은 단기 부채를 가진 유사한 기업보다 장기 부채를 가진 기업에서 더 가치가 있다.)

        참_____ 거짓_____

2 XYZ 코퍼레이션은 5년 후 만기가 도래하는 5억 달러의 무이자 부채를 보유하고 있다. 이 회사의

최근 연도 이자 및 세금 차감 전 이익은 4,000만 달러다. (세율은 40%이다.)

이 이익은 영구적으로 연 5%씩 성장할 것으로 예상되며, 회사는 배당금을 지급하지 않았다. 회사의 자본이익률은 12%, 자본비용은 10%였다. 비교 기업의 기업 가치 표준편차는 12.5%이다. 5년 만기 국채 이자율은 5%이다.

    a.   회사의 가치를 구하라.

    b.   옵션가격결정모형을 사용하여 주식의 가치를 구하라.

    c.   부채의 시장가치와 부채에 대한 적절한 이자율을 구하라.

3   맥코 셀룰러 커뮤니케이션의 1993년 이자 및 세금 차감 전 이익은 8.5억 달러, 감가상각누계액은 4억 달러, 자본적 지출은 5.5억 달러였고, 운전자본 소요량은 미미했다. 이자 및 세금 차감 전 이익과 순 자본적 지출은 향후 5년간 연 20%씩 증가할 것으로 예상된다. 자본비용은 10%이고 자본이익률은 5년 차 이후 영구적으로 15%로 예상되며, 영구성장률은 5%이다. 회사는 다음과 같은 특성을 지닌 100억 달러의 부채를 보유하고 있다.

듀레이션	부채
1년	20억 달러
2년	40억 달러
5년	50억 달러

회사 주가의 연환산 표준편차는 35%이고, 채권의 연환산 표준편차는 15%이다. 주식과 채권의 상관관계는 0.5이고, 지난 몇 년 동안의 평균 부채비율은 60%이다. 3년 만기 채권 이자율은 5%, 세율은 40%이다.

    a.   기업 가치를 구하라.

    b.   주식 가치를 구하라.

    c.   1994년 1월에 주식은 30달러에 거래되었고, 발행주식은 2.1억 주였다. 기업 가치의 내재 표준편차를 구하라.

    d.   부채의 시장가치를 구하라.

4   다음과 같은 특징을 가진 회사의 자기자본 가치를 분석해달라는 요청을 받았다.

    ■ 이자 및 세금 차감 전 이익은 2,500만 달러이고, 법인세율은 40%이다.

    ■ 이익은 영구적으로 연 4%씩 성장할 것으로 예상되며 자본이익률은 10%이다. 비교 기업들의

자본비용은 9%이다.

■ 이 회사는 액면가 2.5억 달러의 2년 만기 제로쿠폰채권과 액면가 2.5억 달러의 10년 만기 은행 차입금이라는 두 유형의 부채를 발행하고 있다. (이 부채의 듀레이션은 4년이다.)

■ 이 회사는 식품 가공과 자동차 수리라는 두 가지 사업을 영위하고 있다. 식품 가공 섹터 내 기업 가치의 표준편차는 평균적으로 25%이며, 자동차 수리 섹터의 경우는 40%이다. 두 사업 간의 상관관계는 7%이다.

■ 무위험 이자율은 7%이다.

옵션가격결정모형을 사용하여 옵션으로서의 주식의 가치를 평가하라.

5 평균 듀레이션이 6년이고 액면가가 8억 달러인 부채와, 추정 가치가 4억 달러인 자산을 가진 회사의 자기자본을 평가하고 있다. 자산 가치의 표준편차는 30%이다. 이러한 입력값(그리고 무위험 이자율 6%)을 사용하면 d1과 d2에 대해 다음과 같은 값을 (대략) 구할 수 있다.

$$d1 = -0.15 \qquad d2 = -0.90$$

이 회사의 부채에 대해 부과할 부도 스프레드(무위험 이자율 초과분)를 구하라.

가치평가 바이블

31장
가치 증대:
현금흐름할인 가치평가 체계

이 책은 지금까지 계속기업의 가치를 평가하는 수동적인 투자자의 관점을 견지했다. 이번 장에서는 역할을 바꾸어 기업 경영에 영향을 미쳐 가치에 변화를 일으키는 투자자 관점에서 가치평가를 살펴본다. 초점은 경영진과 소유주의 행위가 기업 가치를 변화시키는 방식이다.

앞서 다뤘던 현금흐름할인 체계를 활용해 가치를 창출하는 행위의 요건을 살펴보고 기업이 가치를 창출할 다른 방법도 검토한다. 가치 창출 과정에서 마케팅과 생산, 전략적 결정의 역할도 다룬다.

가치 창출·중립 행위

기업 가치는 보유 자산과 미래 성장에서 비롯할 기대현금흐름을 자본비용으로 할인한 현재가치다. 가치를 창출하는 행위는 다음 요건 중 하나 이상을 만족해야 한다.

■ 기존 투자가 창출하는 현금흐름이 증가한다.

■ 이익의 기대성장률이 상승하는 동시에 초과수익을 올린다.

■ 고성장 단계의 기간이 연장된다.

■ 현금흐름 할인에 적용하는 자본비용이 하락한다.

반대로 위 요건을 하나도 만족하지 않는 행위는 가치에 영향을 미치지 않는다. 자명한 논리처럼 보여도 현실에서는 기업의 수많은 가치 중립 행위가 경영진과 애널리스트로부터 지나치게 많은 관심을 받는다. 다음 네 가지 사례를 보자.

1. 주식배당과 주식분할은 유통주식 수를 변화시키지만 현금흐름과 성장률, 가치에는 영향을 미치지 않는다. 하지만 기업의 미래에 관한 투자자의 인식을 바꾸어 주가 상승을 낳을 때도 있다.

2. 재고자산 평가와 감가상각 관련 회계정책 변경이 재무제표에만 영향을 미칠 뿐 세금에는 변화가 없다면 현금흐름과 성장률, 가치에도 영향을 미치지 않는다. 최근 들어 이익 관리와 평활화에 많은 시간을 쓰는 기업이 늘었다. 이들은 회계정책을 변경하면 가치 차원의 보상이 뒤따른다고 믿는 듯하다.

3. 다른 기업을 인수할 때 미래 연도의 이익에 미칠 부정적인 영향을 최소화하는 구조로 거래를 설계하는 기업이 많다. 이러한 관행을 금지하는 회계기준이 도입되기 전에는 많은 미국 기업이 지분통합법을 적용했다. 덕분에 인수기업이 자사와 피인수기업의 장부가치를 합산 보고함으로써 인수 시 지불한 프리미엄을 영업권으로 표시하지 않을 수 있었다. 많은 기업이 지분통합법 적용 요건을 만족하는 구조로 거래를 설계하고 프리미엄을 지불했지만, 현금흐름에는 아무런 영향이 없었다.

4. 기업은 오랫동안 시장의 유행을 반영해 사명과 로고를 변경함으로써 호의적인 관심을 얻으려고 했다. 1990년대 후반 기술주 호황의 정점에서 사명에 '닷컴'을 추가하는 일이 빈번했다.

주식분할이나 사명 변경 시 주가가 대폭 상승한다며[1] 가치 창출 요인의 전제에 문제를 제기하는 주장도 있다. 실제로 주가가 상승할 수도 있지만, 그러한 행위에 영향 받지 않는 것은 주가가 아니라 가치라는 점을 유념하라.

주식배당과 주식분할, 1999년에 '닷컴'으로 사명을 변경하거나 2024년 들어 사업 목적에 AI를 추가하는 것은 가치 중립적인 행위이지만 시장에서 자사가 저평가되었다고 믿는 기업이 활용할 만한 유용한 도구이기도 하다. 성장률이나 현금흐름에 관한 시장의 인식을 변화시켜 금융시장을 향한 일종의 신호로 작동한다. 주식 거래량과 유동성을 증대함으로써 투자자에게 부수적 이득을 주고 주가에 영향을 미칠 수 있다. 나아가 겉치레에 불과한 행위도 영업활동에 변화를 주어 결국 현금흐름과 가치에 영향을 미치기도 한다.

가치 증대 방법

보유 자산의 현금흐름이 증가하거나, (초과수익을 유지하면서) 기대성장률이 상승하거나, 고성장 단계의 기간이 연장되거나, 자본비용이 하락할 때 기업 가치가 상승한다. 하지만 이들은 모두 현실에서 해내기가 쉽지 않고, 애널리스트가 가치평가 시 무시한다고 비판받는 온갖 정성적 요인에도 영향받는다. 이번 섹션에서 다양한 기업 영역(마케팅, 전략, 재무)의 행위가 가치에 영향을 미치는 방식을 알아본다.

기존 투자의 현금흐름 증대

먼저 기업의 보유 자산에서 가치 증대 가능성을 찾아보자. 기업이 과거 투자했던 결과로써 보유한 자산은 현행 영업이익의 원천이다. 자산에서 얻는 이익이 최적 경영 상태일 때 달성할 수 있는 수준보다 작거나 이익률이 자본비용보다 낮다면 가치를 증대할 잠재력이 있다.

---

1   주식분할 시 평균적으로 주가가 상승한다는 실증적 증거를 덧붙일 때도 있다.

형편없는 투자: 보유할 것인가, 청산하거나 매각할 것인가?　대다수 기업은 이익률이 자본비용보다 낮거나 때로 적자를 내는 자산을 보유한다. 이익률이 자본비용에 미치지 못하는 자산은 청산하거나 매각(divest)하는 것이 합당한 결정처럼 보인다. 자산을 현금화해서 투자했던 원금을 회수할 수 있다면 당연히 그렇게 조처해야 한다. 하지만 기존 투자의 가치를 두고 세 가지 척도를 고려한 후 결정하는 편이 낫다.

첫째, 기존 자산을 수명이 다할 때까지 보유할 때 기대현금흐름의 현재가치를 반영하는 계속기업 가치다. 둘째, 투자를 종료했을 때 얻는 순현금흐름인 청산가치 또는 구제가치다. 셋째, 해당 자산에 대한 가장 높은 입찰가인 매각가치(divestiture value)다.

기존 자산을 계속 보유할지, 청산할지, 아니면 타인에게 매각할지는 세 종류의 가치 중 가장 높은 것이 무엇인지에 달려 있다. 계속기업 가치가 가장 높다면 이익률이 자본비용보다 낮더라도 자산 수명이 다할 때까지 보유하는 것이 옳다. 청산가치나 매각가치가 계속기업 가치보다 높다면 청산이나 매각에 따라 가치가 증대될 가능성이 있다. 가치의 변동은 다음과 같이 요약할 수 있다.

청산이 최적일 때: 기대 가치 상승분 = 청산가치 − 계속기업 가치
매각이 최적일 때: 기대 가치 상승분 = 매각가치 − 계속기업 가치

자산 매각은 어떠한 방식으로 기업 가치에 영향을 미칠까? 매각을 고려하는 자산에서 비롯할 기대현금흐름의 현재가치를 매각가치와 비교하면 알 수 있고, 총 세 가지 시나리오가 있다.

1. 매각가치가 기대현금흐름의 현재가치와 똑같다면 매각은 기업 가치에 영향을 미치지 않는다.
2. 매각가치가 기대현금흐름의 현재가치보다 높다면 매각은 기업 가치를 높인다.
3. 매각가치가 기대현금흐름의 현재가치보다 낮다면 매각은 기업 가치를 낮춘다.

자산을 매각하는 기업은 대가로 현금을 받는다. 이때 현금으로 보유하거나 유가증권에 투자하거나 다른 자산에 투자하거나 주주에게 (배당이나 자사주 매입 방식으로) 현

금을 환원할 수 있다. 이러한 행위는 다시 가치에 부수적인 효과를 미친다.

[예시 31.1] 매각에 따른 가치 창출의 가능성: 보잉(1998년)

기업이 실행할 수 있었던 개별 투자와 계속기업 가치 창출 능력을 판단하기는 어렵다. 하지만 기업 내 여러 사업부의 자본비용과 사용자본이익률을 검토하면 매각과 청산에 따른 가치 창출 가능성을 어느 정도 엿볼 수 있다. 예컨대 1998년 보잉의 투하자본이익률은 5.82%였고 자본비용은 9.18%였다. 다음 표는 보잉의 사업부별 이익을 보여준다(단위: 100만 달러).

	상업용 항공기	정보, 우주, 방어	기업 전체
영업이익	75	1,576	1,651
투하자본	18,673	9,721	28,394
세후 자본이익률	0.40%	16.21%	5.82%

1999년 연례 주주총회에서 필 콘딧(Phil Condit) CEO는 보잉 자본의 35%는 자본비용보다 낮은 이익을 올렸다고 솔직하게 인정했다. 하지만 해당 자산을 청산하거나 매각하는 것이 가능할지,[2] 그러한 조처로 계속기업 가치보다 높은 가치를 얻을지는 밝히지 않았다.

보잉이 정보, 우주, 방어 시스템 사업부 매각에 관심이 있고, 인수 대금으로 110억 달러를 지불하려는 잠재 인수자를 확보했다고 하자. 사업부는 직전 연도 부채 상환 전, 세금 및 재투자 소요 차감 후 기준 현금흐름으로 3억 9,300만 달러를 기록했다. 이 현금흐름은 장기적으로 연 5% 증가할 것으로 예상한다. 사업부의 자본비용은 9%로서 기업 전체의 자본비용보다 소폭 낮았다. 계속기업 보잉의 일부로서 사업부의 가치를 평가하면 다음과 같다.

$$사업부\ 가치 = 393 × 1.05/(0.09 - 0.05) = 10,316$$

매각가치가 110억 달러이므로 매각에 따른 순효과로 보잉의 가치가 6억 8,400만 달러 상승한다.

$$보잉의\ 가치에\ 미치는\ 순효과 = 매각가치 - 계속기업\ 가치 = 11,000 - 10,316 = 684$$

영업 효율성 향상　기업의 영업 효율성은 영업이익률과 영업이익을 결정한다. 더 효율적인 기업일수록 (다른 조건이 똑같다면) 같은 산업에 속한 덜 효율적인 기업보다

2　보잉의 주요 경쟁사인 록히드(Lockheed)는 1999년 형편없는 주가 실적의 해결책으로 자산의 15%가량을 매각하는 계획을 발표했다.

영업이익률이 높다. 기업이 보유 자산의 영업이익률을 높일 수 있다면 추가 가치를 창출할 것이다. 이익률 상승 가능성을 보여주는 여러 지표 중에서 기업의 영업이익이 업종 평균과 얼마나 차이 나는지가 가장 유용하다. 업종 평균보다 몹시 낮은 수준이라면 효율성 개선에 따른 가치 창출 가능성이 존재한다(항상 그렇다는 뜻은 아니다).

대다수 기업은 가치 증대 노력의 하나로 우선 비용 절감과 해고를 시행한다. 이러한 행위는 현행 영업이익이나 미래 성장에 그리 크게 기여하지 않는 자원을 제거했을 때만 가치가 증대한다. 기업은 비용을 절감해서 현행 영업이익을 손쉽게 증대할 수 있지만, 연구비와 훈련비 같은 지출을 축소한다면 미래 성장을 얼마간 희생해야 할 것이다.

매각하는 이유

기업이 자산이나 사업부를 매각하는 이유는 적어도 세 가지다. 첫째, 매각하는 자산이 인수자에게 더 가치 있기 때문이다. 자산 가치가 높다는 것은 인수자의 현금흐름을 늘리거나 위험을 줄인다(곧 더 낮은 할인율이 적용된다)는 뜻이다. 현금흐름 증대는 인수자가 자산을 활용하는 효율성이 더 뛰어나거나 기존 보유 자산과 시너지를 창출한다는 뜻이다. 더 낮은 할인율은 자산을 인수하는 기업의 소유주가 자산 매각 기업의 소유주보다 분산도가 더 높음을 의미한다. 어떤 상황에 해당하든 두 주체는 모두 매각에서 이득을 보고 창출된 가치를 나눠 가진다.

둘째, 자산을 매각하는 기업의 가치 지향성이 낮고 즉시 현금흐름이 필요하기 때문이다. 현재 영업비용이나 금융비용을 감당하기가 어려운 기업은 현금을 확보하기 위해 자산을 매각하기도 한다. 예컨대 1980년대에 많은 차입인수는 자산 매각을 수반했다. 이렇게 확보한 현금으로 부채를 상환하고 이자비용을 지급했다.

셋째, 기업이 보유한 자산 중 매각하지 않는 자산과 관련된 이유도 있다. 관련 없는 사업으로 다각화한 결과, 핵심 사업의 현금흐름과 가치에 악영향을 미치는 기업이 있다. 이때 핵심 사업과 거리가 먼 자산이나 사업부를 매각함으로써 집중도가 낮은 상황을 해결할 때도 있다.

[예시 31.2] 영업이익률 비교: 마크스앤드스펜서(2000년)

[그림 31.1] 마크스앤드스펜서: 이익률 비교

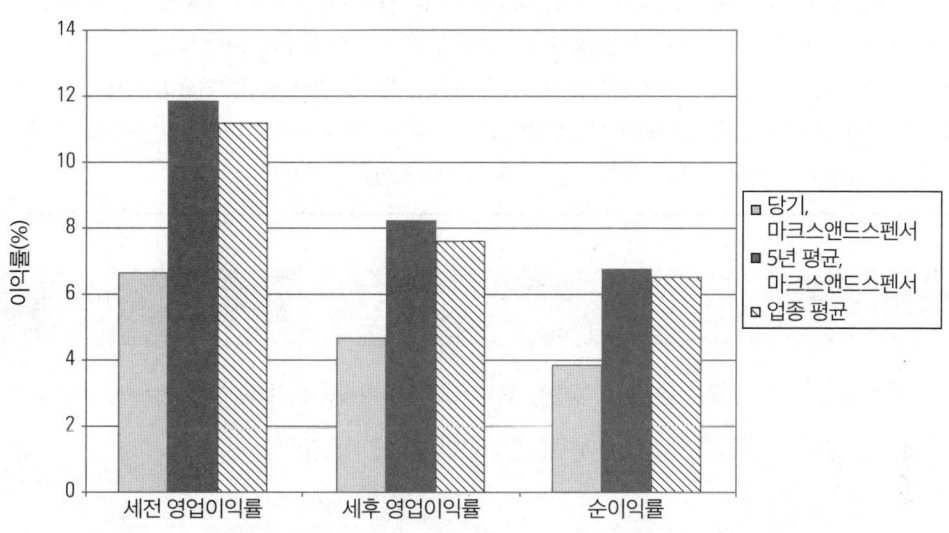

[그림 31.2] 마크스앤드스펜서: 영업이익률과 주당 가치

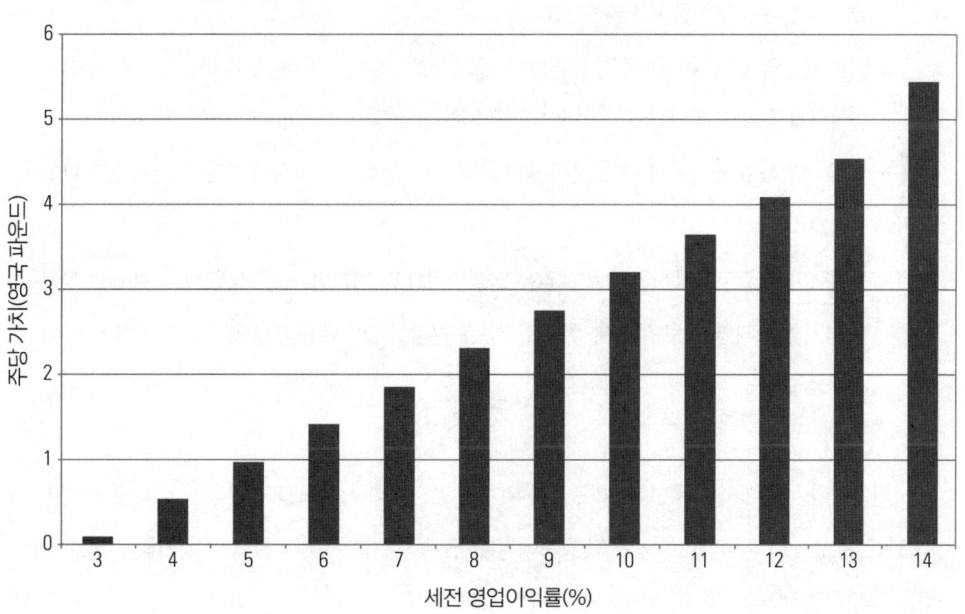

영국 유통기업 마크스앤드스펜서(Marks & Spencer)는 2000년에 심각한 영업활동상 문제를 겪어 이익이 감소하고 가치가 하락했다. 그림 31.1은 이 기업의 당기 및 직전 5년 평균 이익률과 같은 섹터 내 다른 기업의 2000년 평균 이익률을 비교해서 보여준다.

마크스앤드스펜서의 2000년 이익률은 자사의 역사적인 수준과 섹터 평균에 모두 뒤처졌다. 그림 31.2는 이 기업의 영업이익률이 개선된다면 주당 가치에 미칠 영향을 추정한 결과를 요약해서 보여준다.

주당 가치가 영업이익률의 변화에 민감하다는 점은 그리 놀랍지 않지만, 영업이익률이 역사적 수준에서 2000년 수준으로 하락했을 때 가치에 상당한 영향을 미쳤다는 점을 유념하라. 매출 성장 목표를 낮추거나 역성장하더라도 가치 증대 계획은 항상 영업이익률 개선에 초점을 두어야 한다.

비용 절감에 관한 몇 가지 생각

특히 인수 후나 새로운 경영진이 부임한 후 비용 절감을 약속하는 기업이 아주 많지만, 실제 달성하는 경영진은 드물다. 비용 절감에 관한 일반적인 결론은 다음과 같다.

1. 절감할 것으로 약속한 비용 절대액이 클수록 성공하지 못할 가능성이 크다.
2. 비용 절감은 반드시 고통을 수반한다. 해고와 관련된 경제적 비용(퇴직금)뿐 아니라 사기가 떨어져 값비싼 대가를 치를 수도 있다.
3. 비용 절감의 초기 국면은 후기 국면보다 순조롭게 진행된다. 이유 중 하나는 절감하기 쉬운 유형의 비용을 먼저 다루고, 어려운 유형은 나중에 다루기 때문이다.
4. 특히 장기적인 가치 창출에 도움이 되는 비용과 그렇지 않은 비용을 구분하기는 생각보다 어렵다.
5. 구체적이지 않고 추상적인 비용 절감은 달성하기가 더 어렵다. 은행 간 합병 후 폐쇄할 지점을 명시했을 때와, 규모의 경제 효과로 비용을 절감할 것으로 예상할 때를 비교하면 쉽게 이해할 수 있다.

가치평가 관점에서는 우선 비용 절감을 외치는 경영진의 신뢰도를 판단하는 것이 중요하다. 경영진을 믿는다고 하더라도 시간의 흐름에 따른 단계적 절감 계획이 중요하다. 기업 규모와 비용 절감 절대액이 클수록 더 오랜 시간이 걸릴 것이다.

세금 부담 절감　기업 가치는 세후 현금흐름의 현재가치다. 영업이익은 똑같은데 세금 부담을 덜게 하는 행위는 기업 가치를 증대한다. 기업의 재량적 조처를 허용하지 않는 일부 세법 조항이 있기는 해도 다음 조처는 시간이 흐르며 세율을 낮춘다.

- 다양한 시장에서 이익을 올리는 다국적기업은 고세율 지역에서 저세율 또는 무세율 지역으로 이익을 옮길 수 있다. 예컨대 사업부 간 사내 거래에서 부과하는 가격인 이전가격(transfer price)을 통해 기업 내 다른 사업부나 지역에 이익을 옮기기도 한다.[3]
- 순영업손실을 기록 중인 기업을 인수해 미래 이익을 높이는 기업도 있다. 이것이야말로 흑자 기업이 적자 기업을 인수하는 진짜 이유일지도 모른다.
- 기업은 위험 관리를 통해 이익에 적용되는 실제 평균 세율을 낮출 수 있다. 대다수 세제에서 이익이 증가하면 한계세율도 상승하기 때문이다. 위험 관리를 통해 이익을 평활화해서 안정화하면 더 높은 세율이 적용될 가능성을 줄일 수 있다.[4] 우발이익이나 초정상 이익을 기록한 기업이라면 필요성이 더 클 것이다.

[예시 31.3] 세율과 가치: 텔레스프

앞서 예시 15.1에서 브라질 통신사 텔레스프의 영업자산 가치를 세율 30%를 적용해 259억 100만 브라질 헤알로 평가했다. 이 세율은 이익에는 실효세율로, 세후 부채비용 계산에는 한계세율로 적용했다.

텔레스프가 세율을 낮추는 데 성공한다면 영업자산의 가치를 증대할 수 있다. 그림 31.3은 텔레스프의 영업자산 가치를 두 가지 시나리오로 계산한 결과를 보여준다. 첫째, (세후 이익을 계산하는) 실효세율과 (세후 부채비용을 계산하는) 한계세율에 모두 변화를 주었다. 둘째, 한계세율은 30%로 고정한 채 실효세율만 바꾸었다.

두 시나리오에서 모두 세율이 낮아짐에 따라 텔레스프의 가치가 상승한다. 하지만 한계세율은 그대로 둔 채 **실효세율**만 낮추었을 때 가치 상승 폭이 더 크다. 이때 텔레스프는 부채의 세제 혜택은 그대로 누리면서 세후 현금흐름을 늘릴 수 있다.

3　이전가격 책정에서 세금은 고려할 일부 측면에 불과하다. 브리클리(Brickley)와 스미스(Smith), 치머만(Zimmerman, 1995)은 이전가격 책정과 관련한 광범위한 문제를 분석한 바 있다.
4　스털츠(1996)도 위험 관리를 두고 똑같은 주장을 펼쳤다. 그는 위험 관리가 가치를 증대하는 또 다른 방식도 제시했다.

[그림 31.3] 세율과 영업자산의 가치: 텔레스프

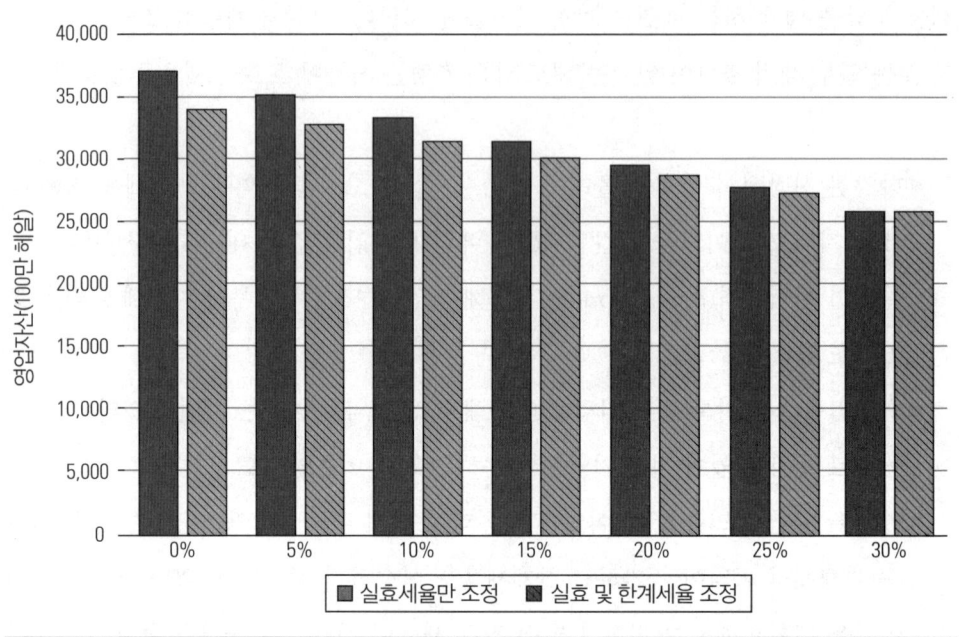

기존 투자의 순 자본적 지출 절감　순 자본적 지출은 자본적 지출에서 감가상각비를 차감한 값으로 현금 유출을 뜻하기에 기업 잉여현금흐름을 줄인다. 이 중에는 미래 성장을 창출하기 위한 지출도 있지만, 기존 자산을 유지하기 위한 지출도 있다. 보유 자산의 순 자본적 지출을 절감하면 기업 가치가 상승한다. 단기간에는 자본적 지출이 감가상각비보다 낮은 상황도 가능하므로 순 자본적 지출로부터 현금이 유입되기도 한다.

일반적으로 유지보수 자본적 지출과 보유 자산의 수명은 상충 관계에 있다. 자산에 대한 자본적 지출이 없는 기업은 훨씬 높은 세후 현금흐름을 창출하더라도 자산의 수명이 훨씬 짧을 것이다. 반대로 감가상각비에서 발생하는 현금흐름을 전부 자본적 지출에 재투자한다면 보유 자산의 수명을 상당히 늘릴 수 있다. 비용 절감에 나선 많은 기업이 이러한 상충 관계를 무시하고 자본적 지출을 줄이거나 전액 삭감한다. 이러한 조처는 보유 자산의 현행 현금흐름을 늘릴지는 몰라도 자산이 훨씬 빠른 속도로 소모하므로 가치를 훼손할 수 있다.

비현금 운전자본 절감　　비현금 운전자본은 비현금 유동자산(대개 재고자산과 매출채권)에서 비이자부 유동부채(매입채무)를 뺀 값이다. 비현금 운전자본에 투자한 현금은 묶인 자금이어서 다른 곳에 투자할 수 없다. 따라서 비현금 운전자본의 증가(감소)는 현금 유출(유입)이다. 유통기업과 서비스 기업에서는 대개 자본적 지출보다 비현금 운전자본으로 인한 현금 유출이 더 크다.

비현금 운전자본과 관련하여 가치 창출 방법은 간단해 보인다. 매출 대비 비현금 운전자본 비율을 줄이면 현금흐름이 증가하고 가치도 상승할 것이다. 하지만 여기에는 자본적 지출을 줄일 때 부정적인 결과가 없다는 가정이 깔려 있다. 기업이 재고자산을 보유하고 여신을 제공하는 이유는 판매를 늘리기 위해서다. 비현금 운전자본을 줄인 결과 판매가 감소한다면 가치에 미치는 순효과가 부정적일 때도 있다.

기술 덕분에 기업의 비현금 운전자본 통제가 수월해진 측면도 있다. 재고자산 추적뿐 아니라 고객의 구매와 행동을 파악할 수 있기 때문이다. 월마트 등은 가치사슬 관리를 활용해 운전자본 투자를 줄이고 현금흐름을 증대하는 혁신적인 방법을 고안했다.

[예시 31.4] 비현금 운전자본과 영업자산의 가치

안젤로스 스토어(Angelos Stores)는 안정 성장 단계의 상장 유통기업이다. 최근 회계연도 매출은 2억 달러였고 세후 영업이익 1,000만 달러, 자본적 지출 500만 달러, 감가상각비 300만 달러를 기록했으며 총 비현금 운전자본은 4,000만 달러였다. 안젤로스가 안정 성장 단계에 있고 성장률은 연 3%이며 자본비용은 10%이고 모든 입력 변수의 증감률이 똑같다고 가정한다(단위: 100만 달러).

$$\text{다음 연도 비현금 운전자본의 기대 증감} = \text{매출 대비 비현금 운전자본 비율} \times \text{매출 증감}$$
$$= (40/200) \times (200 \times 0.03) = 1.2$$

$$\text{다음 연도 기대 FCFF} = \text{EBIT}(1-t)(1+g) - (\text{자본적 지출} - \text{감가상각비})(1+g) - \text{비현금 운전자본의 증감}$$
$$= 10 \times 1.03 - (5-3) \times 1.03 - 1.2 = 7.04$$

$$\text{기업 가치} = \frac{\text{다음 연도 기업 잉여현금흐름}}{\text{자본비용} - \text{기대성장률}} = \frac{7.04}{0.10 - 0.03} = 100.57$$

재투자의 상당 비중은 매출의 20%인 비현금 운전자본에서 비롯한다는 점을 유념하라.

이제 안젤로스가 비현금 운전자본을 매출의 20%에서 10% 수준으로 줄인다고 하자. 일차적으로 운전자본이 4,000만 달러(매출의 20%)에서 2,000만 달러(매출의 10%)로 줄면서 현금흐름이 증가한다. 다음 연도 기대 기업 잉여현금흐름이 증가해 향후 계속 영향을 미치는 이차 효과도 있다.

다음 연도 기대 FCFF

= EBIT(1 − t)(1 + g) − (자본적 지출 − 감가상각비)(1 + g) − 비현금 운전자본의 증감

= 10 × 1.03 − (5 − 3) × 1.03 − 20 × 0.03 = 7.64

$$\text{기업 가치} = \frac{\text{다음 연도 기대 FCFF}}{\text{자본비용} - \text{기대성장률}} + \text{운전자본 감소에 따른 일회성 현금흐름}$$

$$= \frac{7.64}{0.10 - 0.03} + 20 = 129.14$$

그림 31.4는 매출 대비 비현금 운전자본 비율의 변화가 기업 가치에 미치는 영향을 보여준다. 다소 비현실적이지만, 운전자본의 증감이 매출이나 성장률에 영향을 미치지 않는다고 가정했다.

[그림 31.4] 비현금 운전자본과 기업 가치

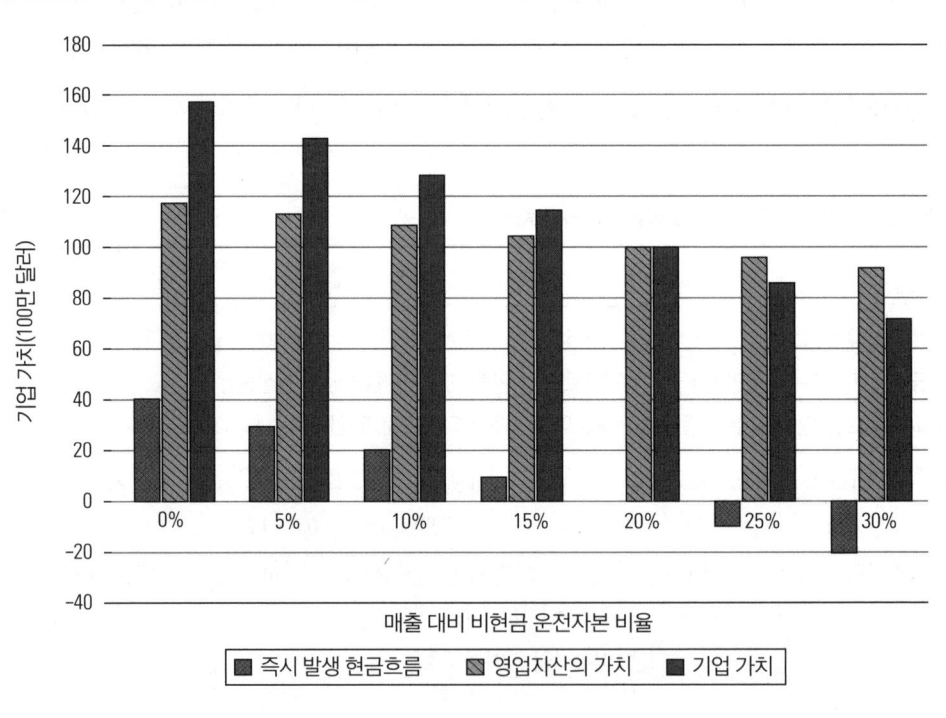

가치평가 바이블

cfbasics.xls: 미국 기업의 업종별 영업이익률과 세율, 매출 대비 비현금 운전자본 비율을 요약한 엑셀 자료. (웹에서 다운로드 가능)

기대성장률 증대

현재 현금흐름이 작은 기업이라고 해도 빠르게 성장하고 이익률이 자본비용보다 높다면 그처럼 높은 기업 가치가 합당할 수도 있다. 흑자 기업은 성장률을 이익 기준으로 정의하지만, 적자 기업은 매출 성장률과 이익률 상승을 모두 고려해야 한다.

흑자 기업　성장은 재투자를 늘리거나 자본이익률이 상승한 결과다. 하지만 고성장이 곧 높은 기업 가치를 뜻하지는 않는다. 가치평가상 다른 요소의 변화로 인해 고성장이 상쇄될 수 있기 때문이다. 즉 높은 재투자율은 대개 높은 기대성장률로 이어지지만 잉여현금흐름이 감소하는 대가를 치러야 한다. 높은 자본이익률도 더 높은 기대성장률로 이어지지만 더 위험한 사업에 신규 투자하거나 자본비용도 비슷하게 상승한다면 기업 가치가 오히려 하락할 때도 있다.

표 31.1은 재투자율의 상승에 내재한 상충 관계를 보여준다.

[표 31.1] 재투자율 상승의 상충 관계

부정적인 영향	긍정적인 영향
기업 잉여현금흐름 감소: FCFF = EBIT(1 − 세율)(1 − 재투자율)	기대성장률 상승: 기대성장률 = 재투자율 × 자본이익률

가치평가 전체를 다루면서 현금흐름을 기준으로, 고성장 덕분에 증가한 현금흐름의 현재가치가 실제로 증가한 재투자액의 현재가치보다 큰지 검토할 수도 있다. 하지만 가치에 미치는 영향을 판단할 더 간단한 시험이 있다. 프로젝트의 순현재가치는 프로젝트의 부가가치가 전체 기업 가치에 미치는 영향을 측정한다는 점과, 프로젝트의 내부수익률이 자본비용보다 높아야 순현재가치가 플러스라는 점을 유념하라. 프로젝트의 회계상 자본이익률은 내부수익률의 합리적인 대용물이라고 가정한다면,

재투자율이 상승할 때 자본이익률이 자본비용보다 높아야만 기업 가치가 상승한다. 자본이익률이 자본비용보다 낮다면 성장의 긍정적인 영향보다 (재투자 증가에 따른) 부정적인 영향이 더 클 것이다.

여기서 자본이익률은 평균 자본이익률이 아니라 한계 자본이익률(실제 재투자의 자본이익률)이라는 점을 유의하라. 기업이 매력적인 투자안을 먼저 집행하는 경향이 있음을 고려할 때 평균 자본이익률은 대개 한계 자본이익률보다 높다. 예컨대 자본이익률이 18%이고 자본비용이 12%인 기업도 신규 프로젝트의 자본이익률은 11%에 불과할지도 모른다. 나아가 재투자율이 대폭 상승하면 한계 자본이익률은 훨씬 낮은 수준일 가능성이 크다. 따라서 재투자율이 대폭 상승하지만 현행 자본이익률은 똑같이 유지된다고 가정할 때는 주의해야 한다.

자본비용을 똑같이 유지하면서 자본이익률을 높일 수 있는 기업은 가치가 상승할 것이다. 성장률이 상승하면 기업 가치가 상승한다(대개 상쇄 효과도 없다). 하지만 기존 사업보다 훨씬 위험한 신규 사업에 진출한 결과 자본이익률이 상승했다면 자본비용도 상승해 성장률 상승을 상쇄할 수도 있다. 그런데도 가치 창출 방법의 요건은 상당히 간단하다. 프로젝트의 위험과 관계없이 한계 자본이익률이 자본비용보다 높다면 가치를 창출한다.

자본이익률과 자본비용을 비교하면서 자본이익률이 자본비용보다 낮은 기업도 이익률이 높은 투자를 택해 기업 가치를 증대할 수 있다. 하지만 아무 데도 투자하지 않고 현금을 기업 소유주에게 환원하면 훨씬 높은 가치를 창출할 것이다. 자본비용만큼 이익률을 올리기가 불가능한 사업에 갇힌 기업이라면 전부 혹은 일부 청산이라는 선택지야말로 가치를 가장 큰 폭으로 증대하는 전략일지 모른다.

[예시 31.5] 재투자율과 자본이익률, 기업 가치: 보잉과 홈디포(1998년)

1998년 보잉의 자본이익률은 6.59%였고 재투자율은 65.98%였다. 자본비용을 9.17%로 가정하면 주당 가치는 13.14달러였다. 같은 해 홈디포의 자본이익률은 16.38%였고 재투자율은 88.62%였다. 자본비용을 9.51%로 가정하면 주당 가치는 42.55달러였다.

	보잉	홈디포
자본비용	9.17%	9.51%
자본이익률	6.59%	16.38%
재투자율	65.98%	88.62%
기대성장률	4.35%	14.51%
주당 가치(달러)	13.14	42.55

초과수익을 올리는 홈디포가 자본이익률을 똑같이 유지하면서 재투자율을 높인다면 가치에 긍정적인 영향을 미칠 것이다. 자본이익률이 자본비용보다 낮은 보잉은 자본이익률을 유지하더라도 재투자율을 높일 때 가치에 부정적인 영향을 미칠 것이다. 그림 31.5는 두 기업의 자본비용을 똑같이 유지할 때 재투자율의 변화가 주식 가치에 미치는 영향을 요약해서 보여준다.

[그림 31.5] 재투자율 변화가 주식 가치에 미치는 영향

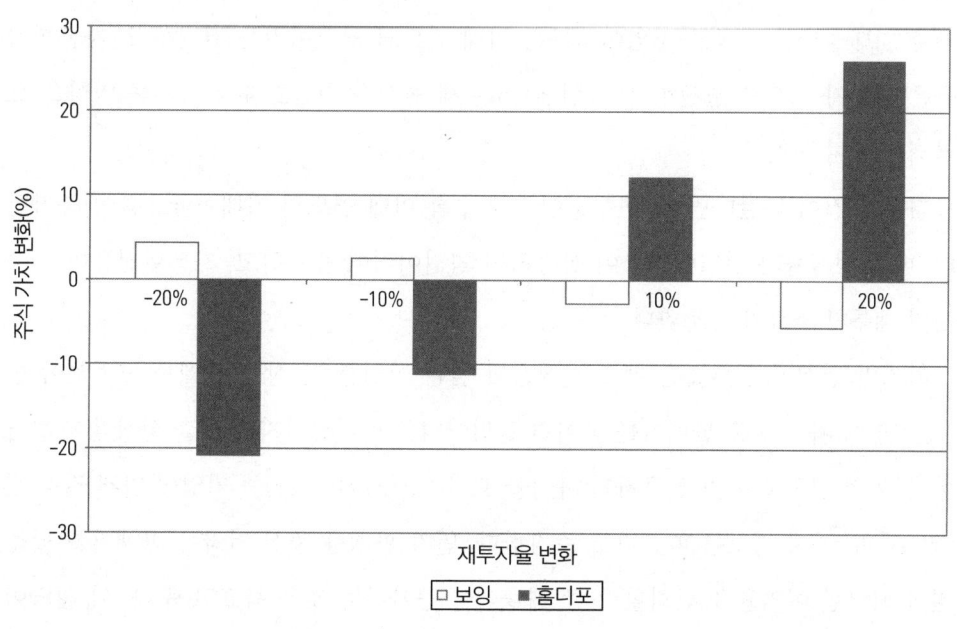

fundgrEB.xls: 미국 기업의 업종별 자본이익률과 재투자율을 요약한 엑셀 자료. (웹에서 다운로드 가능)

[그림 31.6] 성장률 결정 요인

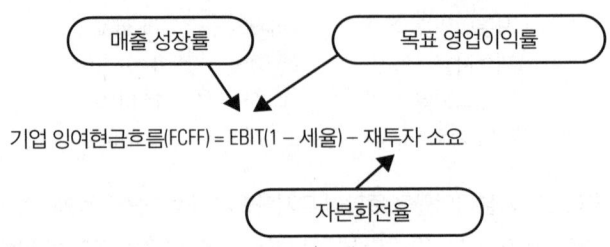

적자 기업   적자를 기록 중인 신생기업의 미래 기대현금흐름은 세 가지 변수에 관한 가정에 바탕을 둔다. 바로 매출 기대성장률과 목표 영업이익률, 자본회전율이다. 매출 기대성장률과 목표 영업이익률은 미래 연도의 영업이익을 결정하고, 자본회전율은 재투자 소요를 결정한다. 그림 31.6은 세 변수가 현금흐름에 미치는 영향을 요약해서 보여준다.

다른 조건이 똑같다면 세 변수값이 커질수록 미래 연도의 기대현금흐름이 증가한다. 매출 성장률과 영업이익률이 상승하면 영업이익이 증가하고, 자본회전율이 상승하면 재투자 소요가 감소한다.

하지만 현실에서는 높은 매출 성장률과 높은 이익률 간 상충 관계를 고려해야 한다. 기업이 자사 상품 판매가를 높이면 영업이익률이 개선되지만 매출 성장률이 하락한다. 기업 전략 분야의 선구자인 마이클 포터(Michael Porter)는 기업이 가격 결정 전략에서 두 가지 경로를 따른다고 주장한다. 먼저 판매량 중심 전략은 판매가를 낮춘 결과 하락한 이익률을 만회할 만큼 매출액이 증가하는 것을 목표로 둔다. 이 전략이 성공하려면 경쟁사 대비 비용 우위를 갖춰야 한다. 그렇지 않으면 산업 내 모든 기업이 손해를 보는 가격 전쟁이 일어날 것이다. 두 번째 경로는 판매가 중심 전략으로서 판매가를 높인 결과 상승한 이익률보다 판매량 감소에 따른 영향이 작기를 기대한다. 매출액이 얼마나 감소할지는 상품 수요의 탄력성과 전체 시장의 경쟁 강도에 따라 달라진다. 이들에 따른 순효과가 가치를 결정한다(포터, 1980).

높은 자본회전율은 재투자 소요를 줄이고 현금흐름 증가를 낳지만, 이 과정에 내외부 제약 조건이 존재한다. 자본회전율이 상승하면 미래 연도의 자본이익률 역시 상승한다. 자본비용보다 훨씬 높은 수준이라면 신규 경쟁자가 시장에 진입할 것이므로 당초 기대했던 영업이익률과 매출 성장률을 지속하기 어려워질 것이다.

"적은 것이 많은 것이다(Less is more)": 저성장의 가치

가치 창출의 가장 좋은 방법이 성장률을 높이는 것이 아니라 오히려 낮추는 것일 때도 있다. 신규 투자의 자본이익률이 자금 조달을 위한 자본비용보다 높을 때만 성장이 가치를 창출한다는 명제에서 이유를 알 수 있다. 나아가 2011년 전 세계 기업 중 자본이익률이 자본비용보다 낮았던 기업 비율이 약 35%였다는 점을 유념하라. 거시경제 요인이나 일부 기업의 일시적인 문제가 원인일지도 모르지만, 쇠락 중이거나 구조적으로 초과수익을 올리기 힘든 산업에 속한 기업이 아주 많았다.

산업의 구조적인 문제에도 불구하고 형편없는 사업에 계속 투자해서 가치를 파괴하는 기업이 존재하는 이유는 여러 가지다. 어떤 비용을 치르더라도 성장이 최선이라고 믿는 기업이 있고, 같은 생각을 공유하는 주식 애널리스트가 그 믿음을 강화하고 종용한다. 타성에 젖어 투자 기회가 풍부하고 수익성이 좋았던 과거의 투자 패턴을 반복하는 기업도 있다. 사업의 구조적 특성을 완전히 바꿀 수 있다는 과신에 찬 경영진도 있다.

이유가 무엇이든 결과가 좋지 않을 방법으로 성장하는 기업이 가치를 증대할 방법은 간단하다. 신규 투자를 중단하면 성장률이 하락하는 동시에 가치가 상승한다. 자본비용이 10%이고 세후 영업이익이 1,000만 달러인 기업 사례를 통해 이해해보자. 신규 프로젝트가 창출하는 이익의 50%를 재투자하고 자본비용은 6%라고 하자. 그에 따른 성장률 3%를 적용하면 기업 가치를 다음과 같이 추정할 수 있다(단위: 100만 달러).

기업 가치(현상 유지) = 10 × 1.03 × (1 − 0.50)/(0.10 − 0.03) = 73.57

이 기업이 재투자를 중단하면 성장률과 재투자율이 제로로 하락할 것이다. 그리고 기업 가치는 1억 달러로 상승한다.

$$기업\ 가치_{(신규\ 투자\ 중단)} = 10/0.10 = 100$$

성장을 포기할 생각이 없는 기존 경영진은 행동주의 투자자가 가장 좋아하는 공략 대상이다.

고성장 단계의 기간 연장

모든 기업은 미래 언젠가 안정 성장 기업이 되어서 경제 전반의 성장률과 같거나 낮은 속도로 성장할 것이다. 게다가 기업이 초과수익을 올릴 때만 성장이 가치를 창출한다. 초과수익을 올리는 기업이 다른 조건은 유지한 채 고성장 기간을 연장할 수 있다면 기업 가치가 상승한다. 경쟁 시장에서는 모든 기업이 초과수익을 올릴 수 없다. 초과수익에 매료된 신규 경쟁사가 시장에 진입하기 때문이다. 따라서 고성장과 함께 초과수익을 올린다는 조건에는 경쟁사가 시장에 진입해 초과수익이 사라지는 결과를 막을 만한 진입장벽이 존재한다는 가정이 깔려 있다.

진입장벽을 확대하거나 새로운 장벽을 추가하면 기업 가치가 상승한다. 곧 초과수익을 올리는 기업이 상당한 경쟁우위를 갖췄다는 뜻이기도 하다. 경쟁우위를 개발하면 가치가 상승한다.

브랜드 우위　이 책에서 앞서 다뤘듯이 전통적인 현금흐름할인 가치평가의 입력 변수는 브랜드의 영향을 반영한다. 특히 가치 있는 브랜드를 갖춘 기업은 같은 상품에 대해 경쟁사보다 높은 판매가를 책정하거나(이익률 상승) 같은 판매가라면 더 많이 판매한다(회전율 상승). 이들은 같은 업종 내 경쟁사보다 대개 자본이익률과 기업 가치가 더 높다.

신규 브랜드 구축은 오랜 시간이 걸리는 어렵고도 비용이 많이 드는 일이지만, 기존 브랜드를 활용해 성공하는 기업이 많다. 따라서 브랜드 관리와 광고는 가치를 창출한다. 코카콜라는 오랜 기간에 걸쳐 시장가치를 높이고 유지하며 이례적인 성공을 기록했다. 높은 자기자본이익률이나 자본이익률이 성공 요인이라고 지적하는 의견도 있지만, 사실 이익률은 성공의 원인이 아니라 결과였다. 높은 이익률은 코카콜라가 한결같이 전 세계에서 브랜드 가치를 제고하는 데 초점을 뒀던 역사에서 비롯했다. 반대로 가치 있는 브랜드를 인수했지만 이후 그 가치를 훼손한 경영진은 상당한 기업 가치도 파괴할 것이다. 1996년과 1997년에 거의 파산할 뻔했던 애플 컴퓨터, 스내플(Snapple)을 인수한 후 고역을 치렀던 퀘이커 오츠(Quaker Oats) 사례는 경영진이 가치 있는 브랜드 기반 우위를 빠르게 무너뜨릴 수 있음을 시사한다.

특허, 라이선스 및 기타 법적 보호　두 번째 경쟁우위는 법으로 보호받는다. 제약 산업처럼 기업이 특허를 보유해서 특정 상품을 생산하고 판매할 수 있는 독점권을 누릴 때가 있다. 또한 특정 시장에 국한된 라이선스나 독점권도 있다.

가치 증대의 핵심은 기업이 갖춘 경쟁우위를 유지할 뿐 아니라 강화하는 것이다. 보유 특허에 바탕을 둔 경쟁우위라면 시간이 흐르며 우위를 계속 유지하도록 신규 특허를 개발해야 한다. 연구개발비에 더 많이 투자하는 것이 한 가지 방법이지만, 이때도 재투자의 효율성이 중요하다. 가치 상승 폭이 가장 큰 기업은 연구개발비가 가장 큰 기업이 아니라, 특허 취득과 상용화 측면에서 가장 생산성이 높은 연구개발 부서를 둔 기업일 가능성이 크다.

독점적 라이선스나 법적 독점에 바탕을 둔 경쟁우위는 이득이 될 때도 있고 손해일 때도 있어서 가치 증대라는 결과로 이어지지 않을 수도 있다. 기업에 독점권을 부여한 정부 등의 주체는 대개 규제를 통해 가격 책정과 이익률에 관한 통제권을 갖는다. 예컨대 미국에서 전력과 전화 같은 공익사업의 대다수 규제는 해당 기업이 초과수익을 올리지 못하게 하는 목표를 두었다. 이러한 환경에서 법적 독점을 포기한 대가로 가격 책정의 자유를 얻는다면 오히려 가치를 증대할 수도 있다. 실제로 통신 산업에서는 이미 그러한 일이 일어났고, 향후 다른 규제 산업에서도 관측될 것이다. 탈규제화의 여파 속에서 산업 내 다른 기업이 고전하는 동안 경쟁우위를 유지하는 기업은 가치가 더욱 높아질 것이다.

네트워크 효과　이 책에서 특히 신생기업 가치평가를 다루며 몇몇 기업이 가치에 큰 영향을 미칠 네트워크 효과를 달성할 잠재력이 있음을 언급했다. 네트워크 효과는 사업의 특성 덕분에 기업이 시장 점유율을 높일수록 오히려 성장이 수월해지는 상황을 말한다. 특히 고객이 수많은 다른 고객이 이미 사용 중인 최대 사업자를 찾는 기술 분야에서 의미가 더 크다. 스마트폰에 단 하나의 차량 공유 앱을 깔고 싶다면 차량과 기사가 가장 많이 모여 있는 대형 앱을 골라야 할 것이다. 마찬가지로 휴가 기간에 내 집을 임대하고 싶다면 가장 많은 임차인이 이용하는 에어비앤비를 이용해야 한다.

네트워크 효과의 개념 자체는 오랫동안 논의되었지만 사업 전면에 내세운 주인공은 아마존 초창기 시절의 제프 베이조스(Jeff Bezos)다. 그림 31.7은 그가 유통업에서 입지를 확대할 계획을 담아 표현했던 '플라이휠'을 보여준다.

베이조스는 아마존에서 쇼핑하는 고객이 많아질수록 판매자가 더 많아지며 규모 확대에 따른 더 낮은 비용 구조를 활용해 판매가를 더 낮춘다면 고객이 더 많아지는 선순환이 작동할 것으로 믿었다.

[그림 31.7] 아마존의 플라이휠(네트워크 효과)

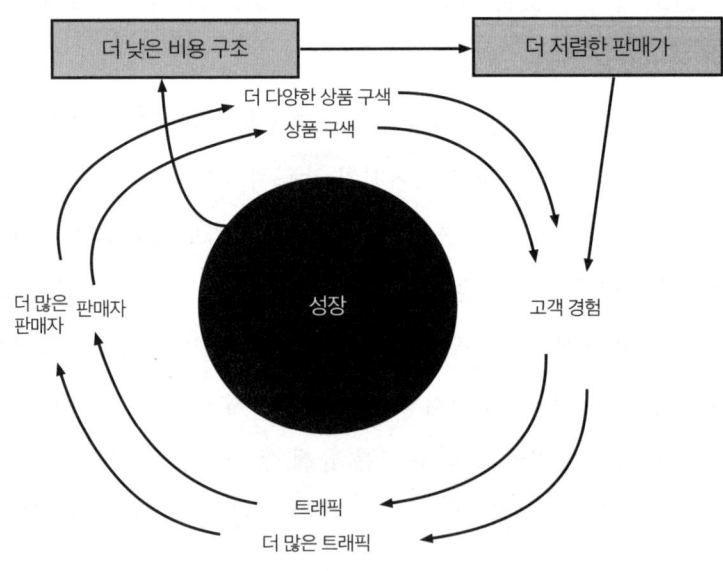

주의 사항도 있다. 플라이휠이 작동한다고 확신할 만한 기업도 특히 고객을 독점하지 못한다면 그 효과에 한계가 있다. 고객이 스마트폰으로 여러 차량 공유 앱을 사용할 수 있으므로 플라이휠 효과는 대개 서비스를 제공하는 회사가 아니라 고객이 주로 누린다.

전환 비용　브랜드나 특허가 경쟁 상황에서 적절한 보호 장치가 되지 못하는 산업도 있다. 대개 제품 수명이 비교적 짧고 경쟁이 치열하며 기업이나 제품에 대한 고객 충성도가 쌓이지 않는다. 1980년대 컴퓨터 소프트웨어 산업이 대표적이고, 오늘날 많은 산업도 이에 해당한다. 그런데도 마이크로소프트는 어떻게 시장에서 성공적으로 입지를 구축했을까? 소프트웨어 작동에 필요한 운영체제 소유권을 성공의 주요 원인으로 꼽는 사람이 많지만, 다른 이유도 있다. 마이크로소프트는 소프트웨어 산업에서 최종 사용자가 자사 제품에서 경쟁 제품으로 전환하는 비용이 가장 중요한 진입 장벽이라는 점을 다른 기업보다 먼저 알아보았다. 마이크로소프트 엑셀은 초창기에 로터스(Lotus) 스프레드시트를 사용하던 대다수 사용자가 전환 비용을 부담하고 싶어 하지 않는 상황을 이겨내야 했다. 마이크로소프트는 엑셀에서 로터스 파일을 작업할 수 있게 하는 등 최종 사용자의 자사 제품 전환을 수월하게 했다. 나아가 마이크로소프트 오피스 스위트(Microsoft Office Suite)를 구축해 이미 마이크로소프트로 전환한 사용자의 경쟁 제품 전환 비용을 계속해서 높였다. 마이크로소프트 오피스를 설치한 사용자는 워드(Word)에서 워드퍼펙트(WordPerfect)로 전환하려면 여러 장벽을 넘어야 했다. 기존의 수백 개 워드 파일은 아무런 문제 없이 변환될까? 엑셀과 파워포인트에서 워드퍼펙트 문서로 데이터를 복사하고 붙여 넣는 데 문제가 없을까? 이를 고려할 때 마이크로소프트에 필적하는 자원을 갖추지 못한 경쟁사가 업무용 프로그램 분야에서 경쟁하기는 몹시 어렵다.

다른 여러 산업에서도 전환 비용 개념으로 가치의 등락 여부를 판단할 수 있다. 트위터와 페이스북 같은 소셜미디어 기업의 주가는 이들이 온라인 산업의 선구자인 데서 비롯하는 선발 주자 우위를 반영한다고 주장하는 사람이 많다. 하지만 소셜미디어의 전환 비용은 그리 높아 보이지 않기에 아무리 선구자라고 해도 미래에 높은 이익률을 올리려면 전환 비용을 높일 방법을 세워야 할 것이다. 두 플랫폼은 모두 사용자가 친구와 팔로워를 계속 추가해서 다른 서비스로 옮기기가 어렵도록 독려한다.

비용 우위　기업이 경쟁사 대비 비용 우위를 구축해서 진입장벽으로 활용하는 몇 가지 방법이 있다.

- 규모를 활용해 비용을 낮출 수 있는 산업에서는 규모의 경제 효과 덕분에 대형 기업이 소형 기업보다 우위가 있다. 월마트는 기성 소형 유통점의 시장 점유율을 뺏을 때 규모의 우위를 활용했다.
- 유통 시스템을 소유하거나 독점권을 가진 기업은 경쟁사 대비 비용 우위를 누린다. 아메리칸 항공(American Airline)은 세이버(Sabre) 항공권 예약 시스템을 가진 덕분에 초창기 고객 유치에서 경쟁사보다 우위가 있었다.
- 저임금 근로자나 저가 자원에 대한 접근성 역시 비용 우위의 원천이다. 저임금 근로자를 갖췄을 뿐 아니라 노동조합도 없는 기업은 노동조합이 있는 경쟁사보다 우위가 있다. 채굴 비용이 더 저렴한 자원에 접근할 수 있는 천연자원 기업도 마찬가지다.

이러한 비용 우위는 두 가지 방식으로 가치에 영향을 미친다. 비용 우위가 있는 기업은 경쟁사와 똑같은 판매가를 책정하더라도 영업이익률이 훨씬 높다. 경쟁사보다 저렴한 판매가를 책정하고 자본회전율을 높이는 방식도 있다. 이익률과 회전율의 상승은 자본이익률 상승으로 이어져 성장률도 상승한다.

규모의 경제에서 비롯하는 비용 우위 덕분에 요구 자본 수준이 더 상승해 신규 경쟁자의 산업 진입을 막기도 한다. 항공우주와 자동차 산업 등에서 경쟁은 사실상 기성 기업 간의 게임이다. 이들은 신규 진입자가 없어서 초정상 이익을 지속할 수 있다. 물론 기성 기업 간 경쟁으로 인해 이익 절대액의 증가에는 제약이 따를 것이다.

[표 31.2] 기업 경쟁우위(해자)

		경쟁우위(해자) 유형				
		브랜드	전환 비용	네트워크 효과	비용 우위	법적 보호
해자의 폭	넓음	최고의 브랜드	무한대	세계적	영구적 우위	완전 보호
	좁음	이름난 브랜드	높음	지역적	일시적 우위	부분 보호
	해자 없음	이름 없는 브랜드	없음	없음	없음	없음
스토리상 주안점		마진	고객 유지	시장 점유율	이익률	가격 결정력

해자의 측정 　진정한 가치투자는 경쟁우위를 평가해 가치와 투자에 반영하는 과정을 중심에 두었다. 워런 버핏은 "우리가 찾는 기업은 특정 지역에서 저비용 생산자로 군림하는, 누구나 인정하는 역량을 갖춰 자연스레 프랜차이즈 가치를 발하든, 고객 머릿속에서 유리한 입지를 차지했든, 기술적 우위가 있든 주변에 해자를 파두었다는 공통점이 있다."

경쟁우위나 해자만을 연구하는 '기업 전략'이라는 분야가 존재하는데도 견고함과 지속성을 파악하려는 시도는 한계가 있었다. 가치평가 관점에서 보면 해자의 견고함은 초과수익을 낳아 성장이 가치를 창출하게 하고, 지속성은 초과수익을 달성할 기간을 뜻한다(표 31.2).

경쟁우위 모방에 걸리는 시간

경쟁우위가 가치에 미치는 영향을 분석할 때는 경쟁우위가 얼마나 지속될지가 중요하다. 기업 고유의 요소가 많아서 답하기가 어려운 질문이지만, 기업 전략 분야에 흥미로운 연구가 있다. 레빈(Levin, 1987) 등은 제품이나 공정을 복제할 때 특허가 있다면 3~5년, 특허가 없다면 1~3년 정도 걸린다고 추정했다. 그들은 모방 방지라는 목표를 달성할 방법으로서 규모를 늘려 비용을 절감하고 판매·서비스망을 구축하는 것이 특허 출원보다 더 효과적이라고도 분석했다.

예컨대 인텔은 AMD가 자사 컴퓨터 반도체를 복제하는 데 소요되는 시간을 활용해 차세대 반

자본조달 비용 절감

기업의 자본비용은 부채와 자기자본 조달을 모두 고려한 비용이다. 시간이 흐르며 창출한 현금흐름은 자본비용을 적용해 현시점으로 할인한다. 현금흐름이 똑같이 유지된다면 자본비용이 하락할 때 기업 가치가 상승한다. 이번 섹션에서는 기업이 자본비용을 줄일 방법, 나아가 더 일반적인 의미에서 자본조달 믹스와 유형을 변화시킴으로써 기업 가치가 상승할 방법을 알아본다.

영업 위험 축소　영업 위험은 기업이 제공하는 제품이나 서비스가 어떤 유형이고 고객에게 얼마나 필수적인지에 따라 달라진다. 제품과 서비스의 필수성이 떨어질수록 기업은 더 큰 영업 위험에 노출된다. 기업이 속한 업종의 영업 위험은 자기자본비용과 부채비용에 모두 영향을 미친다. 주식에 한정하면, 영업 위험 중 분산 불가능한 비율만큼만 가치에 영향을 미친다.

제품과 서비스의 필수성을 강화하면 영업 위험을 줄일 수 있다. 광고가 도움이 되는 것은 분명하고, 제품과 서비스의 새로운 쓰임새를 발견하는 것도 좋은 방법이다. 영업 위험을 줄이면 무차입 베타가 낮아지고(자기자본비용에 영향을 미친다) 채무불이행 위험이 줄어든다(부채비용에 영향을 미친다).

영업레버리지 축소　영업 레버리지는 비용 중 고정비 비중을 뜻한다. 다른 조건이 똑같다면 고정비 비중이 클수록 이익의 변동성이 커지고 자본비용이 상승한다. 고정비 비중을 줄이면 기업의 위험이 훨씬 줄어서 자본비용이 하락한다. 일부 서비스를 외주하면 고정비 비중을 줄일 수 있다. 해당 서비스를 제공하는 외주 회사가 기대에 부응하지 못해도 서비스 제공 비용을 부담하지 않아도 된다. 나아가 임금 같은 비용을 매출에 연동하는 방식으로 고정비 비중을 줄일 수도 있다.

비용을 매출에 연동하는 것을 두고 비용 구조의 '유연화'라고 한다. 더 유연한 비용 구조는 가치평가의 세 가지 입력 변수에 영향을 미친다. 즉 무차입 베타가 낮아지고 (영업레버리지 하락) 부채비용이 낮아지며(채무불이행 위험 감소) 최적 부채비율이 높아진다. 이들은 모두 자본비용의 하락으로 이어져 결국 기업 가치를 높인다.

자본조달 믹스 변경 자본비용을 낮추는 세 번째 방법은 기업의 자본조달(부채와 자기자본) 믹스를 변경하는 것이다. 15장에서 다뤘듯이 부채는 언제나 자기자본보다 저렴하다. 채권자가 더 작은 위험을 감수하고, 부채와 관련한 세제 혜택이 존재하기 때문이다. 이러한 이득을 부채 조달에 따른 파산 위험의 증가와 견주어 판단해야 한다. 위험도가 증가하면 주식 베타와 차입비용이 모두 상승한다. 이에 따른 순효과가 기업이 더 많은 부채를 조달할 때 자본비용의 등락을 결정한다.

하지만 자본비용이 낮아졌을 때 높아진 부채비율이 영업활동 현금흐름에 영향을 미치지 않아야 기업 가치가 상승한다는 점을 유념하라. 부채비율이 높아지면서 기업의 위험도가 커져서 영업활동과 현금흐름에 영향을 미친다면 자본비용이 낮아지더라도 기업 가치가 하락할 수 있다. 따라서 기업의 자본조달 믹스를 설계할 때 목적 함수는 자본비용 최소화가 아니라 기업 가치 극대화로 재정의해야 한다.

 wacc.xls: 미국 기업의 업종별 부채비율과 자본비용을 요약한 엑셀 자료. (웹에서 다운로드 가능)

자본조달 유형 변경 기업 재무의 기초 원칙 하나는 부채 현금흐름과 자산 현금흐름이 최대한 일치하도록 자본구조를 설계하는 것이다. 이를 통해 채무불이행 위험이 감소하는 동시에 차입능력이 향상해서 결국 자본비용이 하락하고 가치가 상승한다.

단기 부채로 장기 자산 취득 자금을 조달하고, 부채와 자산의 표시 통화가 다르며, 인플레이션율이 상승할 때 변동 이자부 부채로 현금흐름에 악영향을 미치는 자산 취득 자금을 조달하는 등 부채와 자산의 현금흐름이 일치하지 않는 기업은 채무불이행 위험과 자본비용이 높고 기업 가치는 낮을 것이다. 이때 파생상품과 스와프를 활용해 현금흐름의 불일치를 줄임으로써 기업 가치를 높일 수 있다. 기존 부채를 자산과 일치 정도가 큰 부채로 대체하는 방법도 있다. 나아가 자산의 현금흐름을 부채의 현금흐름 특성과 유사하게 해주는 혁신적인 유가증권도 활용할 수 있다. 보험사의 대재해채권(catastrophe bond), 천연자원 기업의 원자재채권 활용이 대표적이다.

모딜리아니-밀러 정리와의 접점

기업 재무 분야에서 가장 유명하고 오랫동안 자리를 지킨 이론인 모딜리아니-밀러(Modigliani - Miller) 정리는 기업 가치가 자본구조와 무관하다고 논한다. 다시 말해 자본조달 믹스를 변경하더라도 기업 가치는 변하지 않는다는 것이다.

이번 섹션에서 분석한 내용과 모딜리아니-밀러 정리의 접점은 존재할까? 이 정리는 원래 세금과 부도가 존재하지 않는다는 가정에 바탕을 두었다. 그래서 부채는 세제 혜택과 파산 비용을 창출하지 않기에 가치에 영향을 미치지 않았다. 하지만 세금과 채무불이행 위험이 존재하는 현실 세계에서는 상충 관계가 존재하기에 부채는 가치에 영향을 미칠 때가 있고, 아무런 영향을 미치지 않을 때도 있다.

가치 증대 사슬

기업 가치를 증대하기 위한 조처는 여러 가지 방법으로 분류할 수 있다. 한 가지 기준은 보유 자산의 현금흐름과 성장률, 자본비용, 고성장 단계의 기간에 영향을 미치는지다. 이 외에도 가치를 창출하는 행위를 구분할 두 가지 층위가 더 있다.

1. 행위의 순효과가 가치를 창출하는가, 아니면 상충 관계가 있는가? 어떠한 조건이든 가치를 창출하는 행위는 극히 드물다. 매각가치가 계속기업 가치보다 높은 자산의

매각과, 이익 또는 미래 성장에 아무런 기여가 없는 후생비용(deadweight cost)의 제거 정도만 해당한다. 나머지 행위는 가치에 긍정적인 영향과 부정적인 영향을 동시에 미치기에 순효과가 가치 증대 행위인지를 결정한다. 상충 관계가 회사 내부에서 일어나고 가치를 창출할 가능성이 큰 행위도 있다. 예컨대 부채와 자기자본 믹스를 변경해 자본비용을 낮추는 것이 대표적이다. 하지만 다른 경쟁사가 대응하는 방식에 따라 가치에 영향을 미치는 순효과가 결정될 때도 있다. 예컨대 매출을 늘리기 위해 판매가를 인하하더라도 경쟁사가 똑같이 대응한다면 가치 증대 행위로서 작동하지 않을 수도 있다.

[표 31.3] 가치 증대 사슬

	더 큰 통제권·즉시 보상		작은 통제권·장기적인 보상
	단기 처방	중기 처방	장기 처방
보유 자산	• 매각가치가 계속기업 가치보다 높은 자산·프로젝트 매각 • 청산가치가 계속기업 가치보다 높은 프로젝트 종료 • 매출과 성장에 아무런 기여가 없는 영업비용 제거 • 법인세 절감을 위한 세법 활용	• 순운전자본 소요 절감: 재고 자산과 매출채권 축소, 매입채무 확대 • 보유 자산의 유지보수 자본적 지출 절감	• 자본이익률과 가치 극대화를 위한 가격 책정 전략 변경 • 영업활동에 더 효율적인 기술 활용을 통한 비용 절감 및 이익률 개선
기대성장률	• 자본비용보다 낮은 이익률이 예상되는 신규 자본적 지출 중단	• 기존 사업의 재투자율이나 한계 자본이익률 제고	• 신규 사업의 재투자율이나 한계 자본이익률 제고
고성장 단계의 기간	• 제품과 서비스에 대해 가능한 모든 특허 등록 및 법적 보호	• 규모의 경제나 비용 우위를 활용해 자본이익률 제고	• 브랜드 구축 • 타사 제품으로의 전환 비용 증대 및 자사 제품으로의 전환비용 절감
자본조달 비용	• 파생상품과 스와프 활용해 부채와 자산의 현금흐름 일치 정도 제고 • 최적 부채비율을 목표로 자본구조 재조정	• 자본조달 유형의 변경 및 자본조달 대상 자산의 유형에 따라 혁신적인 증권 활용 • 신규 투자의 자금 조달에 최적 자본조달 믹스 적용 • 비용 구조 유연화 통해 영업 레버리지 축소	• 제품의 필수도 제고 통해 영업 위험 축소

2. 행위가 보상받기까지 얼마나 시간이 걸리는가? 매각이나 비용 절감 같은 행위는 즉시 가치를 높인다. 하지만 대다수는 장기적인 가치 창출을 목표로 둔다. 존경받는 브랜드 구축이 장기적으로 가치 증대 행위인 것은 분명하지만 단기적으로 가치에 영향을 미칠 가능성은 작다.

표 31.3은 가치 창출 행위를 가치 창출까지 소요되는 시간과 그 과정에서 기업의 통제권이라는 기준으로 분류한 가치 증대 사슬을 요약해서 보여준다. 첫 번째 열의 '단기 처방'은 기업이 성과에 상당한 통제권을 행사하고 가치 창출이 즉시 발생하는 행위 목록이다.

두 번째 열의 '중기 처방'은 중·단기에 가치를 창출할 가능성이 크고 성과에 비교적 큰 통제권을 행사하는 행위 목록이다. 세 번째 열의 '장기 처방'은 말 그대로 장기적으로 가치를 창출하려는 목표를 두는 행위다. 기업의 주요 전략적 실천 과제가 여기에 해당한다.

[예시 31.6] 가치 증대: SAP(2005년 5월)

SAP는 독일에 본사를 둔 기업용 소프트웨어 개발사다. 특히 신규 투자와 관련하여 명성에 걸맞은 기록을 가진 훌륭한 경영진을 둔 것으로 유명하다. 세후 영업이익의 57.42%를 사업에 재투자하고, 자본이익률은 2004년 19.93%에 달했다. 두 가지 척도에서 모두 비교 집단보다 훨씬 뛰어난 기록이었다.

하지만 경영진은 부채 활용에서는 극도로 보수적이기에 부채비율이 1.4%에 불과하다. 이에 따른 자본비용은 8.68%로 추정한다. 그림 31.8은 SAP가 현행 투자 정책(2004년의 재투자율과 자본이익률이 향후 5년간 유지된다)과 보수적인 자금조달 정책을 유지한다고 가정하고 가치를 평가했다.

주당 가치는 106.12유로였다(단위: 100만 유로).

[그림 31.8] SAP: 현상 유지 가치

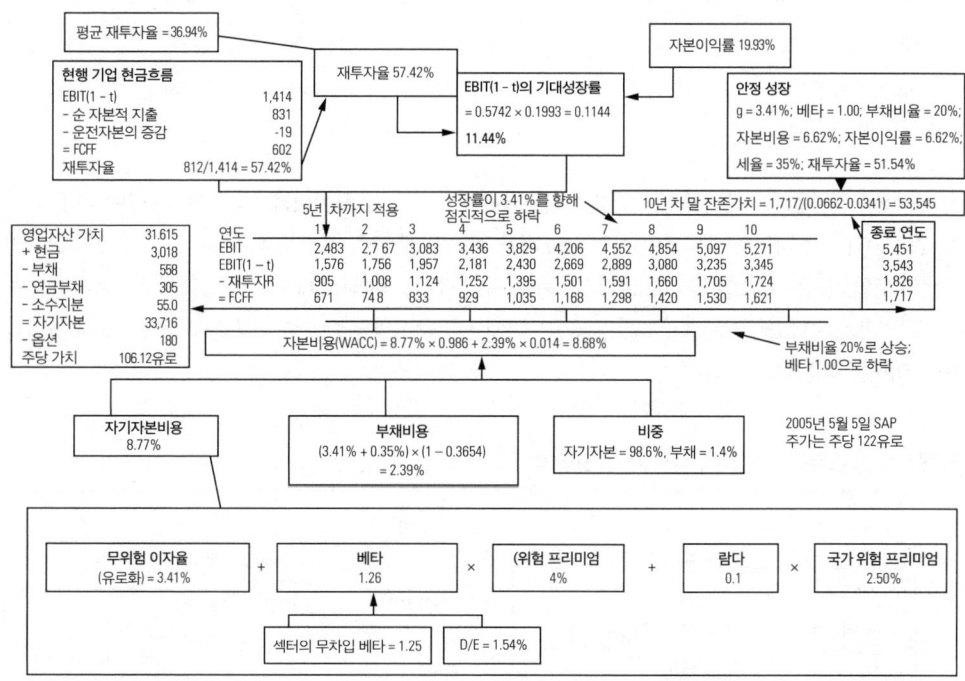

● 유통주식 수는 약 3억 1,600만 주로 가정했다 - 옮긴이.

SAP의 차입능력은 어느 정도일까? 표 31.4에서 0에서 90%에 이르는 부채비율별 자본비용을 추정했다.[5]

[표 31.4] 자본비용과 부채비율: SAP

부채비율	베타	자기자본비용	신용등급	부채 이자율	세율	세후 부채비용	WACC
0%	1.25	8.72%	AAA	3.76%	36.54%	2.39%	8.72%
10%	1.34	9.09%	AAA	3.76%	36.54%	2.39%	8.42%
20%	1.45	9.56%	A	4.26%	36.54%	2.70%	8.19%
30%	1.59	10.16%	A-	4.41%	36.54%	2.80%	7.95%
40%	1.78	10.96%	CCC	11.41%	36.54%	7.24%	9.47%
50%	2.22	12.85%	C	15.41%	22.08%	12.01%	12.43%

---

5 부채비율별 자기자본비용과 부채비용 계산 과정은 내 책《Applied Corporate Finance》(John Wiley & Sons, 제4판, 2014)를 참고
하라.

60%	2.78	15.21%	C	15.41%	18.40%	12.58%	13.63%
70%	3.70	19.15%	C	15.41%	15.77%	12.98%	14.83%
80%	5.55	27.01%	C	15.41%	13.80%	13.28%	16.03%
90%	11.11	50.62%	C	15.41%	12.26%	13.52%	17.23%

부채비율이 30%일 때 자본비용을 7.95%로 최소화할 수 있고 현행 자본비용보다 0.73%포인트 낮다.
위 가치평가에서 자본조달 믹스만 최적 부채비율 30%(이에 따라 자본비용도 낮아진다)로 변경한다면 SAP의 기업 가치는 상승할 것이다. 그림 31.9는 변경한 자본구조에서 SAP의 가치평가를 요약해서 보여준다. 주당 가치는 118.50유로였다. SAP 경영권의 가치는 주당 12.4유로로 총 주식 가치의 약 12%에 불과할 만큼 미미한 수준이다.

[그림 31.9] 자본구조 변경에 따른 가치: SAP

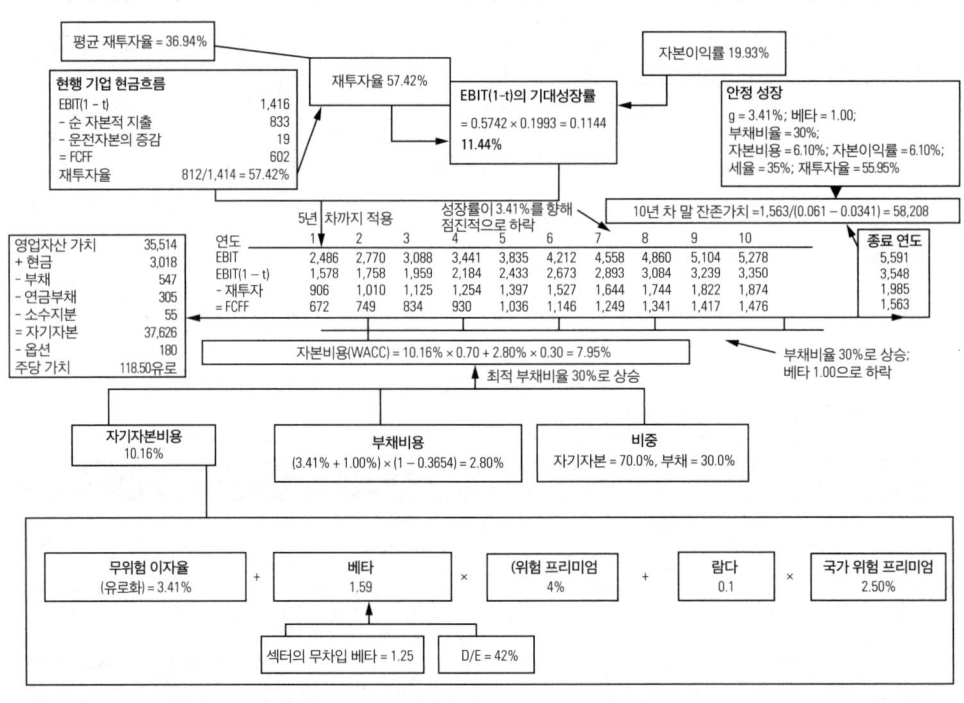

[예시 31.7] 경영진 교체의 가치: 블록버스터(2005년 4월)

2005년 4월 칼 아이칸(Carl Icahn)은 비디오 대여회사인 블록버스터의 이사회 의석을 확보하겠다는 의사를 표명하며 경영진에게 충격을 주었다. 그는 블록버스터의 경영과 영업활동 상태가 형편없기에 경영진을 교체하면 기업 가치를 대폭 증대할 수 있다고 생각했다. 기존 경영진은 반대했지만, 아이칸은 자기 사람을 앉히는 데 동의하는 주주들을 충분히 확보했다.

블록버스터의 2004년 재무제표를 보면 주주들이 회사에 만족하지 못하는 것도 일면 당연하다는 점을 알 수 있다. 매출은 2002년 55억 6,600만 달러에서 2003년 59억 1,200만 달러, 2004년 60억 5,400만 달러로 성장이 둔화했다. 영업이익은 상황이 더 심각해서, 2002년 4억 6,820만 달러에서 2004년 2억 5,120만 달러로 감소했다. 온라인 대여(넷플릭스)와 할인점의 오프라인 대여(월마트)로 인해 경쟁이 치열해졌기 때문이다. 2004년 보유 자산의 자본이익률은 4.06%였고 자본비용은 6.17%였다. 신규 투자의 자본이익률이 향후 5년간 자본비용 수준으로 상승하리라고 가정(안정 성장 단계에 자기자본과 부채의 비중이 70%와 30%라는 가정이 깔려 있다 - 옮긴이)하더라도, 가치평가 결과 주식 가치는 9억 5,500만 달러, 주당 가치는 5.19달러에 불과했다(단위: 100만 달러, 그림 31.10 참고).

[그림 31.10] 블록버스터: 현상 유지 가치

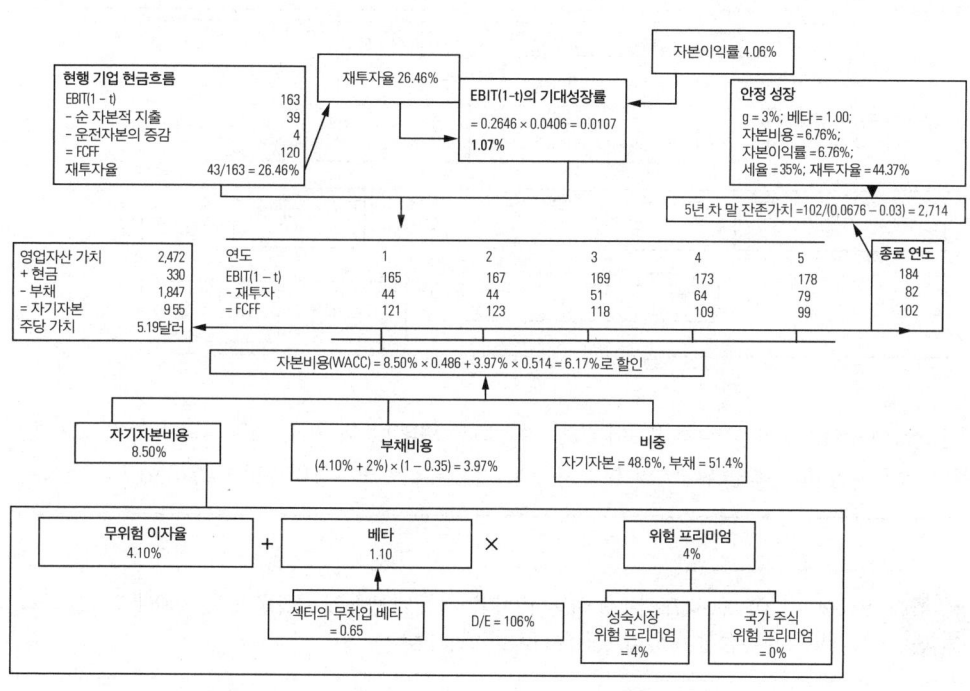

블록버스터의 자본구조를 어떻게 재편할 것인가? 가장 중요한 요소는 기존 자산의 이익률을 적어도 자본비용 수준인 6.17%로 끌어올리는 것이다. 이를 위해서는 영업이익을 늘리거나(세전 영업이익이 3억 8,176만 달러로 증가해야 한다) 가장 저조한 이익률을 올리는 자산에 묶여 있는 기존 자본을 회수해야 한다(10억 달러 이상의 자산을 매각해야 한다). 또한 회사가 신규 투자의 자본이익률을 즉시 자본비용 수준으로 높일 수 있다고 가정하면, 주식 가치는 23억 2,300만 달러로 상승해 주당 가치도 12.47달러로 상승한다(그림 31.11을 참고하라).

[그림 31.11] 블록버스터: 자본구조 변경에 따른 가치

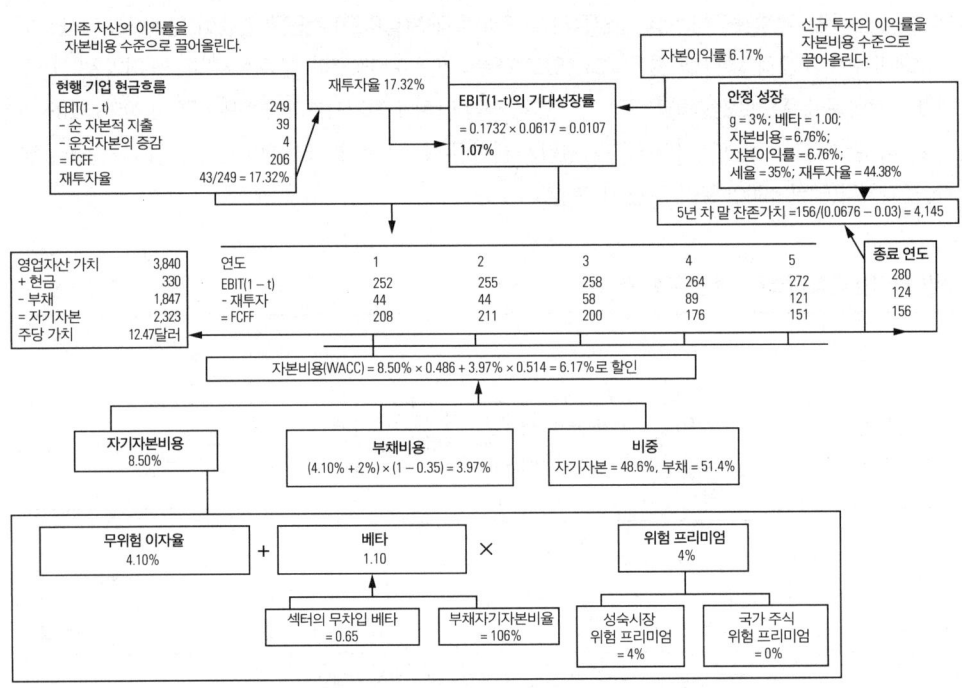

블록버스터 주식은 주당 1개의 의결권이 있는 1억 1,800만 주의 A주와 주당 2개의 의결권이 있는 6,300만 주의 B주로 구성된다는 점을 유념하라. 분석 시점에 두 종류주식은 모두 대략 주당 9.50달러에 거래되었다.

---

 valenh.xls: 이 스프레드시트를 이용하면 기업의 운영 방식에 변화를 줄 때 가치에 미치는 대략적인 영향을 추정할 수 있다. (웹에서 다운로드 가능)

가치 증대에 관한 마지막 생각

가치 증대에 관심을 두지 않는다고 말하는 기업은 없지만, 실제로 꾸준히 가치를 증대하는 기업은 극소수다. 이번 장에서 다룬 것처럼 가치 증대 방법이 이렇게 단순한데도 성공하는 기업이 드문 이유는 무엇일까? 다음 네 가지 사항을 유념하라.

1. 가치 증대는 어렵고 시간이 걸리며 경영진의 삶을 고되게 할지도 모른다. 고통을 수반하지 않고 가치를 증대할 마법의 해결책은 존재하지 않는다. 현금흐름을 늘리려면 해고와 비용 절감이라는 어려운 결정을 해야 하고, 때로 과거의 실수도 인정해야 한다. 재투자율을 높이려면 신규 투자를 더 신중하게 분석하고 관리할 수 있는 인프라에도 투자해야 한다. 부채비율을 높이면 이자비용을 지불하는 압박에 시달려야 하고 신용평가기관과 은행을 상대해야 한다.

2. 기업이 가치를 증대하려면 모든 구성원이 가치 증대 계획을 믿어야 한다. 중역실(또는 재무 부서)에 앉아서 그저 명령하는 것으로 가치를 증대하기는 불가능하다. 이번 장을 통해 이미 눈치챘겠지만, 기업의 모든 구성원이 각자 역할을 다해야 한다. 표 31.5는 가치 증대 조처에서 각 부서가 맡아야 할 역할을 요약해서 보여준다. 부서 간 협력을 통해서만 가치 증대라는 꿈을 이룰 수 있다.

3. 가치 증대는 기업 고유의 특성을 반영해야 한다. 두 기업의 문제가 똑같을 때는 없고, 요리책 접근법(cookbook approach, 포함되어야 할 내용을 모두 나열하는 방식 – 옮긴이)으로는 가치 창출이 불가능하다. 분석대상 기업이 마주한 특수 문제가 무엇인지부터 규명한 후 알맞은 대응 방식을 찾아야 한다. 따라서 수많은 비용 항목이 있는 성숙기업과 아직 시장 필요를 충족하지 못한 제품을 갖춘 신생기업의 가치 증대 계획은 서로 다를 수밖에 없다.

4. 주가 상승과 가치 증대는 동의어가 아니다. 이것이야말로 가치 증대에서 가장 실망스러운 측면일 것이다. 모든 사안을 올바르게 조처한 기업이라고 해도 금융시장에서 즉시 보상받는 것은 아니다. 때로는 해당 조처가 보고이익에 미치는 영향을

[표 31.5] 가치 증대 행위: 각 부서의 책임

가치 증대 행위	주무 부서
영업 효율성 향상	매장 직원부터 공장 관리자에 이르는 운영 관리자 및 담당자
운전자본 소요 절감	재고 및 신용 관리 담당자
매출 성장률 증대	영업 및 마케팅 담당자
자본 이익률 및 재투자율 증대	재무 분석가의 지원을 받는 전략팀
브랜드 구축	홍보 담당자
다른 경쟁우위	전략 분석가
자본조달 비용 절감	재무 부서

이유로 오히려 주가가 하락할 수도 있다. 장기적으로는 시장이 가치 증대 행위를 알아보고 보상하지만, 그 행위를 조처했던 경영진은 보상 시점에 회사를 떠났을는지도 모른다.

결론

오늘날 가치 증대라는 키워드는 많은 경영진의 머릿속에 자리 잡았다. 앞서 고안했던 현금흐름할인 원칙에 바탕을 둘 때 가치의 네 가지 입력 변수에 변화를 주면 기업 가치가 상승한다. 바로 보유 자산의 현금흐름과 고성장 단계의 기대성장률, 고성장 기간, 자본비용이다. 반대로 이들에 영향을 미치지 않는 행위는 가치를 창출하지 않는다. 비용 절감과 더 효율적인 운영, 세금 절감, 재투자 소요(자본적 지출과 비현금 운전자본 투자) 절감을 통해 보유 자산의 현금흐름을 증대할 수 있다. 기대성장률을 높이는 방법은 재투자율이나 자본이익률을 높이는 것이지만, 재투자율이 상승하더라도 자본이익률이 자본비용보다 높아야만 가치를 창출한다. 가치를 증대하는 고성장 기간은 새로운 경쟁우위를 구축하거나 기존 우위를 강화할 때 연장할 수 있다. 마지막으로 최적 부채비율로 자본구조를 변경하면 자본비용을 낮출 수 있다. 자금조달 대상인 자산의 현금흐름과 부채의 현금흐름을 일치시키고 시장 위험을 줄이는 방법도 있다.

연습문제 별도 표기가 없으면 주식 위험 프리미엄은 5.5%로 한다.

1 철강회사 매리언 매뉴팩처링은 대규모 구조조정에 따른 비용이 발생해 올해 이익이 5억 달러 감소할 것이라고 발표한다. 이 비용은 세금감면 대상이 아니며 운영에 아무런 영향을 미치지 않는다고 가정한다.

    a. 이 비용이 기업 가치에 어떤 영향을 주는가?

    b. 이 발표가 주가에 어떤 영향을 미치겠는가? 이 답변이 (a)에서와 일치하는가?

2 유니버설 헬스케어(UHC)는 지난 1년 동안 주가가 40% 하락했다. 전년도에 UHC는 100억 달러의 매출액에 3억 달러의 세전 영업이익을 올렸다. 이 회사의 신임 CEO는 매출에 영향을 주지 않으면서도 1억 달러의 비용을 절감할 것으로 예상되는 비용 감축안을 제시했다. 회사가 연 5%의 안정적인 성장을 보이고 있고 자본비용은 10%이며, 비용 감축의 결과는 두 수치에 영향을 주지 않을 것으로 예상된다고 가정한다. 회사의 세율은 40%이다. (회사는 매년 1억 달러를 재투자하며, 이 재투자는 비용 절감에 영향을 받지 않는다고 가정할 수 있다.)

    a. 비용 감축이 가치에 어떤 영향을 주는가?

    b. 결과적으로 기대성장률이 4.5%로 떨어진다면, 비용 감축은 가치에 어떤 영향을 주는가? (일부 비용은 미래 성장을 창출하는 데 쓰일 계획이었다.)

3 애틀랜틱 크루즈 라인은 유람선을 운영하는 회사로 플로리다에 본사를 두고 있다. 이 회사는 올해 세전 영업이익이 1억 달러였으며, 이 중 2,500만 달러를 재투자했다. 이 회사는 영업이익이 지속적으로 4% 성장할 것으로 예상하고 있으며, 기존의 재투자 비율을 유지할 것으로 예상하고 있다. 애틀랜틱 자본구조는 자기자본 60%와 부채 40%로 구성되어 있다. 자기자본비용은 12%이고 세전 차입비용은 8%이다. 이 회사의 현재 세율은 40%이다.

    a. 회사의 가치를 구하라.

    b. 이제 애틀랜틱 크루즈 라인이 본사를 케이맨 제도로 이전한다고 하자. 그 결과 세율이 0%로 떨어진다면, 본사 이전이 가치에 미치는 영향은 얼마인가?

4 퍼니처 디포는 가구와 가전제품을 판매하는 소매 체인점이다. 이 회사의 올해 매출액은 50억 달러이며 세후 영업이익은 2.5억 달러이다. 또한 이 회사에는 10억 달러의 비현금성 운전자본이 있

다. 올해 순 자본적 지출은 1억 달러이며, 매출액, 영업이익, 순 자본적 지출이 앞으로 연 5%씩 늘어날 것으로 예상한다. 회사의 자본비용은 9%이다.

a. 비현금성 운전자본의 매출액 대비 비율이 기존대로 유지된다고 가정하고, 회사의 가치를 구하라.

b. 이제 이 회사가 비현금성 운전자본 소요액을 기존의 50%까지 줄일 수 있다고 가정하자. 이 변화가 가치에 미치는 영향을 구하라.

c. 이러한 비현금성 운전자본 변경의 결과로 이익 성장률이 4.75%로 감소한다면, 비현금성 운전자본의 감소가 가치에 미치는 영향은 얼마인가?

5 제너럴 시스템스는 개인용 컴퓨터를 제조하는 회사다. 회사의 최고 관리자인 당신은 회사 운영 방식에 변화를 주고자 한다. 현재 이 회사의 세후 영업이익은 5,000만 달러이고, 투하자본은 (연초 기준) 2.5억 달러다. 회사는 순 자본적 지출과 운전자본에 2,500만 달러를 재투자한다.

a. 현재의 자본이익률과 재투자 비율을 감안하여, 예상되는 이익 성장률을 구하라.

b. 자본이익률을 일정하게 유지한 상태에서 재투자 비율을 80%까지 늘린다면 기대성장률은 어떻게 되는가?

c. 재투자 비율이 80%로 증가함에 따라 투하자본이익률이 5%만큼 하락한다면 성장률에 미치는 영향은 얼마인가? (예를 들어 현재 자본이익률이 18%라면 13%로 하락한다.)

6 컴팩 컴퓨터의 주가가 45달러에서 24달러로 하락했다. 이 회사는 예상 세후 영업이익 20억 달러의 50%를 신규 투자안에 재투자하여 10.69%의 자본이익을 얻을 것으로 예상한다. 회사는 자기자본으로만 자금을 조달하고 있으며 자기자본비용은 11.5%이다.

a. 회사가 기존의 재투자율과 자본이익률을 유지한다고 가정할 때, 기대성장률은 얼마인가?

b. 이러한 성장이 영구적이라고 하면 회사의 가치는 얼마인가?

c. 회사의 새로운 투자로 인해 얼마나 많은 가치가 창출되거나 파괴되는가?

7 문제 6에 이어, 이제 컴팩의 최적 부채비율이 20%라고 가정하자. 최적 부채비율에서 자기자본비용은 12.5%로 증가하고 세후 부채비용은 4.5%가 될 것이다.

a. 회사가 기존의 재투자율과 자본이익률을 유지한다고 가정할 때, 기대성장률은 얼마인가?

b. 이러한 성장이 영구적이라고 하면 회사의 가치는 얼마인가?

c. 회사의 새로운 투자로 인해 얼마나 많은 가치가 창출되거나 파괴되는가?

8 코카콜라는 세계에서 가장 가치 있는 브랜드 중 하나로 꼽힌다. 이 회사의 매출액은 250억 달러이고 세후 영업이익률은 20%이다. 투하자본은 100억 달러이고 세후 영업이익의 50%를 재투자한다.

a. 코카콜라가 가까운 미래에 이러한 가치를 유지할 수 있다고 가정하면, 예상 영업이익 성장률은 얼마인가?

b. 일반적인 청량음료 제조업체의 세후 영업이익률이 7.5%에 불과하다고 가정하자. 코카콜라가 기존의 재투자 비율을 유지하지만 브랜드 가치를 잃는다면, 영업이익의 기대성장률이 어떻게 되는가? (브랜드 가치의 손실로 인해 코카콜라의 영업이익률도 7.5%로 떨어질 것이라고 가정할 수 있다.)

9 바이오마스크 제네틱스는 생명공학회사로 특허가 하나뿐이다. 현재 연도의 세후 영업이익은 1,000만 달러이며, 재투자가 필요하지 않다. 이 특허는 3년 후에 만료되며, 회사는 그 기간에 15%의 이익 성장률을 기록할 것이다. 4년 차부터는 영업이익이 영원히 일정하게 유지될 것으로 예상된다. 회사의 경영진은 특허 제품의 브랜드 인지도를 높이기 위해 광고를 기획하고 있다. 이 광고 캠페인에는 향후 3년 동안 연간 5,000만 달러(세전)의 비용이 소요될 예정이며, 회사의 세율은 40%이다. 회사는 이 캠페인을 통해 브랜드 가치가 특허 만료로 인한 손실을 상쇄하여 10년 동안 15%의 성장률을 유지할 수 있을 것으로 예상한다. 11년 차부터는 영업이익이 영원히 일정하게 유지될 것으로 예상된다. 회사의 자본비용은 10%이다.

a. 회사가 광고 캠페인에 착수하지 않는다고 가정하고 회사의 가치를 구하라.

b. 광고 캠페인을 실시하는 경우의 회사 가치를 구하라.

c. 캠페인의 결과로 성장률이 10년 동안 지속될 것이라는 보장이 없다고 하자. 캠페인의 실행이 재무적으로 정당하려면 성공 확률이 어느 정도여야 하는가?

10 화장품회사인 선마스크는 지난 1년 동안 주가가 하락하고 수익이 감소했다. 당신은 이 회사의 새 CEO로 고용되었고, 선마스크의 현재 재무 상태를 면밀히 분석한 결과 다음과 같은 사실을 알았다.

■ 현재 매출액은 100억 달러에 세후 영업이익은 3억 달러이고, 자본회전율(장부상 순자산 대비 매출액)은 2.5이다.

■ 회사는 세후 영업이익의 60%를 재투자할 것으로 예상된다.

■ 회사는 전액 자기자본으로 자금을 조달하고 있으며 자본비용은 10%이다.

a. 기존 정책이 영원히 지속된다고 가정하고 회사의 가치를 구하라. (자본이익률과 재투자 비율도 영원히 일정하게 유지된다.)

b. 자본회전율에 영향을 주지 않고 영업이익률을 3%에서 5%로 높일 수 있고, 재투자 비율을 40%로 낮출 수 있으며, 최적의 부채비율로 전환할 경우 자본비용이 9%가 된다고 하자. 이러한 변화를 만들어낼 수 있다면 기업 가치는 얼마나 증가하는가?

32장
가치 증대: 경제적 부가가치,
현금흐름 투자이익률 및 기타 분석 도구

현금흐름할인모형을 통해 기업이 가치를 증대할 다양한 방법을 다채롭고 철저하게 분석할 수 있다. 하지만 입력 변수가 늘어날수록 복잡해질 뿐 아니라 경영진 보상 체계를 반영하기가 어렵기도 하다(추정할 입력 변수가 몹시 많은 데다가 경영진이 원하는 결과를 도출하기 위해서 조작될 가능성도 있다).

시장이 효율적이라고 가정하면 현금흐름할인모형에서 관측 불가한 값을 관측 가능한 시장 가격으로 대체할 수 있고, 주가 실적에 바탕을 둔 경영진 상벌 체계를 구축할 수 있다. 이때 주가가 상승(하락)한 기업은 가치를 창출(훼손)한 것으로 해석한다. 오늘날 대다수 기업의 경영진 보상 패키지는 주식 무상 지급(stock grant)과 주식 워런트 같은 주가 기반 보상 체계가 표준이 되었다.

시장 가격은 계속해서 갱신되고 관측 가능하다는 장점과 함께 소음 요소가 많다는 한계도 있다. 효율적 시장을 가정하더라도 주가는 진정한 가치 주변에서 끊임없이 변동하며 시장이 실수할 때도 있다. 주가가 상승해서 최고 경영진에게 보상했지만 실제로 가치는 훼손되었을 수도 있다. 반대로 주가가 하락해서 징계를 받았지만 사실 기업 가치를 증대하도록 올바르게 조처했을 수도 있다. 보상 기준을 주가에 두면 전사적인 판단만 가능하다는 문제점도 있다. 따라서 주가 기준으로 개별 사업부의 수장을 분석하거나 사업부 간 상대 실적을 분석하는 것은 불가능하다.

지난 10년간 가치 창출에 초점을 두는 기업이 늘었지만 금융시장은 여전히 의심의 눈초리를 거두지 않았다. 기업은 현금흐름할인법에 바탕을 둔 가치의 개념은 이해할는지 몰라도 수십 개의 추정치에 바탕을 둔 가치에 보상을 연동할 의사는 없었다. 이러한 환경에서는 추정과 활용이 더 단순하고 시장 움직임에 지나치게 의존하지 않으며 몹시 많은 추정 작업이 필요하지 않은 가치 측정 방법에 대한 수요가 상당하다. 그 방법을 하나씩 나열하기에는 지나치게 방대하기에 이번 장에서는 대다수 접근법의 핵심을 담은 두 가지 방법에 초점을 둔다.

1. **경제적 부가가치**(economic value added): 기업이 기존 투자에서 창출한 초과가치.
2. **현금흐름 투자이익률**(cash flow return on investment): 기업이 기존 투자 대비 창출한 이익 비율.

이번 장에서 두 방법이 현금흐름할인 가치평가와 어떠한 연관성이 있는지를 알아본다. 나아가 기업이 두 방법을 활용해 실적을 판단하고 경영진을 평가하는 의사결정이 가치 창출이 아니라 훼손을 초래하는 상황도 검토한다.

경제적 부가가치

경제적 부가가치(EVA)는 개별 투자나 투자 포트폴리오가 창출한 초과가치액을 측정한다. 투자의 초과수익과 투하자본을 곱한 값으로 계산한다.

$$경제적\ 부가가치 = (투하자본이익률 - 자본비용) \times 투하자본$$
$$= 세후\ 영업이익 - (자본비용 \times 투하자본)$$

이번 섹션에서는 먼저 경제적 부가가치를 측정하는 방법을 알아본 후 현금흐름할인 가치평가와의 연관성을 다룬다. 마지막으로 경제적 부가가치의 가치 증대 수단으로서 한계도 알아본다.

EVA 계산

EVA를 계산하려면 정의상 투하자본이익률과 자본비용, 투하자본의 세 가지 입력 변수가 필요하다. 각 변수를 측정할 때 앞서 다뤘던 현금흐름할인 가치평가와 똑같은 방식의 조정을 거친다.

보유 자산의 투하자본은 어떻게 구하는가? 기업 시장가치가 자연스러운 결론 같지만, 시장가치는 보유 자산의 투하자본뿐 아니라 미래 성장에 대한 투자까지 포함한다.[1] 평가 대상은 보유 자산의 질이므로 이에 한정한 투하자본의 척도가 필요하다. 보유 자산의 가치 추정이 어렵다는 점을 고려할 때 자본의 장부가액을 보유 자산 투하자본의 대용물로 두는 것이 당연한 수순일 것이다. 하지만 장부가치는 자산 감가상각과 재고자산 평가, 인수 회계처리 등을 두고 당기뿐 아니라 과거 회계 선택에도 영향받는다는 문제가 있다. 그래서 현금흐름할인 가치평가에서는 투하자본에 적어도 세 가지 조정(운용리스의 부채화, 연구개발비의 자본화, 일회성 또는 형식적 비용의 영향 제거)을 거쳤다. EVA를 계산할 때도 마찬가지다. 역사가 오랜 기업일수록 보유 자산 투하자본의 시장가치에 대한 합리적인 추정치를 얻기 위해 자본의 장부가액을 방대한 항목에 대해 조정해야 한다. 이는 곧 모든 회계 선택에 관한 정보를 모으고 고려한다는 뜻이므로 자본의 장부가액 수치가 조정 불가할 정도로 오류로 가득 찰 때도 있다. 이때는 처음부터 투하자본을 다시 추정하는 편이 훨씬 낫다. 즉 기업이 보유한 자산에서 시작해 각 시장가치(잠재 인수자의 최대 지불 의향 등)를 추정한 후 합산하는 것이다.

투하자본이익률을 계산하려면 해당 자산의 세후 영업이익 추정치가 필요하다. 회계 영업이익 역시 운용리스와 연구개발비, 일회성 비용에 대해 조정해서 자본이익률

---

1   예컨대 2024년 엔비디아나 마이크로소프트의 자본이익률을 계산하는 상황을 생각해보자. 장부가치가 아니라 시장가치에 바탕을 두면 실제보다 낮은 자본이익률 값을 얻는다. 이를 두고 기업 경영진이 책임져야 할 형편없는 투자의 결과로 해석하는 것은 명백한 실수다.

을 계산해야 한다.

EVA를 추정하기 위해 필요한 마지막 요소는 자본비용이다. 이 책의 투자 분석 및 현금흐름할인 가치평가 섹션의 논조를 유지할 때 자본비용은 부채와 자기자본의 (장부가액이 아닌) 시장가치 기준으로 추정해야 한다. 투하자본을 추정할 때는 장부가액을, 자본비용을 추정할 때는 시장가치를 사용하는 것에는 모순이 없다. 기업이 가치를 창출하려면 시장가치 기준 자본비용보다 이익률이 높아야 하기 때문이다. 실무에서는 장부가액 기준 자본비용은 대개 실제 자본비용을 과소추정한다. 특히 레버리지 비율이 높은 기업일수록 과소추정 폭이 더 커진다. 자본비용을 과소추정하면 EVA를 과대추정하는 결과로 이어진다.

EVA 계산 실무

뉴욕 소재 컨설팅 기업인 스턴 스튜어트(Stern Stewart)는 1990년대에 EVA 개념을 대대적으로 홍보했다. 공동 설립자인 조엘 스턴(Joel Stern)과 베넷 스튜어트(Bennet Stewart)는 이 척도의 전도사로 등극했다. 스턴 스튜어트의 성공 덕분에 수많은 컨설팅 기업이 대열에 합류해 초과수익 척도의 온갖 변형을 양산했다.

스턴 스튜어트는 EVA를 실제로 기업에 적용하면서 더 현실적인 초과가치 추정치를 얻으려면 회계 이익과 자본을 조정해야 한다는 점을 깨달았다. 베넷은 1991년 출간한 저서 《The Quest for Value(가치 탐구)》를 통해 (장부 계상 여부와 상관없이) 영업권 등 투하자본을 조정하는 방법뿐 아니라 운용리스의 금융리스 전환 등 영업이익을 조정하는 방법도 다뤘다.

1990년대에 EVA를 도입한 기업은 대개 이를 경영진 보상의 기준으로도 활용했다. 이에 따라 EVA의 정의와 측정 방법은 모든 경영진의 관심사가 되었다.

EVA와 순현재가치, 현금흐름할인 가치평가

전통적인 기업 금융 분야에서 투자 분석은 순현재가치(NPV)에 바탕을 두었다. 프로젝트의 순현재가치는 기대현금흐름의 현재가치에서 투자 소요를 뺀 값으로서 초과가치를 나타내는 척도다. 따라서 NPV가 플러스인 프로젝트에 투자하면 기업 가치가 상승하고 NPV가 마이너스인 프로젝트에 투자하면 기업 가치가 하락한다. EVA는 NPV를 단순 확대한 개념이다. 즉 프로젝트의 NPV는 프로젝트가 전체 기간에 걸쳐 창출하는 EVA의 현재가치다.[2]

$$NPV = \sum_{t=1}^{t=n} \frac{EVA_t}{(1 + k_c)^t}$$

여기서 EVA_t = t 연도에 프로젝트가 창출한 EVA
n = 프로젝트의 수명

EVA와 NPV의 연관성 덕분에 기업 가치와 EVA의 관계도 규명할 수 있다. 먼저 기업 가치를 보유 자산의 가치와 미래 기대성장의 가치 합으로 간단히 정의하자.

기업 가치 = 보유 자산의 가치 + 미래 기대성장의 가치

현금흐름할인모형에서 보유 자산과 미래 기대성장의 가치는 모두 NPV의 함수로 표현할 수 있다.

$$기업\ 가치 = 투하자본_{보유\ 자산} + NPV_{보유\ 자산} + \sum_{t=1}^{t=\infty} NPV_{미래\ 프로젝트,t}$$

EVA의 함수로 표현한 NPV를 위 식에 대입하면 다음을 얻는다.

$$기업\ 가치 = 투하자본_{보유\ 자산} + \sum_{t=1}^{t=\infty} \frac{EVA_{t,보유\ 자산}}{(1 + k_c)^t} + \sum_{t=1}^{t=\infty} \frac{EVA_{t,미래\ 프로젝트}}{(1 + k_c)^t}$$

따라서 기업 가치는 보유 자산 투하자본, 보유 자산이 창출하는 EVA, 미래 투자가 창출할 EVA의 현재가치를 모두 더한 값이다.

---

2   감가상각비에서 발생하는 현금흐름의 현재가치가 프로젝트 투하자본의 구제가치와 똑같다고 가정할 때만 유효하다. 그 증명에 관해서는 내가 1999년 〈Contemporary Finance Digest〉에 실은 가치 증대 관련 논문을 참고하라.

[예시 32.1] DCF 가치와 EVA

보유 자산 투하자본이 1억 달러이고 다음과 같은 상황의 기업이 있다.

- 보유 자산의 세후 영업이익은 1,500만 달러다. 따라서 자본이익률은 15%이고 미래에도 계속 유지할 것으로 예상한다. 자본비용은 10%다.
- 향후 5년간 매년 초 1,000만 달러씩 신규 투자할 것으로 예상한다. 첫 5년간 투자의 자본이익률은 15%이고 자본비용은 10%를 유지할 것으로 보인다.
- 5년 차 이후에도 계속 투자하고 이익은 연 5% 증가하지만 신규 투자의 자본이익률은 (자본비용과 똑같은) 10%로 떨어질 것이다.
- 모든 자산과 투자의 수명은 무한하다.[3] 따라서 보유 자산과 첫 5년간 투자는 영원히 자본이익률 15%를 올린다(성장률은 제로).

EVA를 활용해 이 기업의 가치를 평가해보자(단위: 100만 달러).

보유 자산의 투하자본	100.00
+ 보유 자산의 EVA = (0.15 − 0.10) × 100/0.10 =	50.00
+ 1년 차 신규 투자의 EVA의 현재가치 = [(0.15 − 0.10) × 10/0.10] =	5.00
+ 2년 차 신규 투자의 EVA의 현재가치 = [(0.15 − 0.10) × 10/0.10]/1.1 =	4.55
+ 3년 차 신규 투자의 EVA의 현재가치 = [(0.15 − 0.10) × 10/0.10]/1.1^2 =	4.13
+ 4년 차 신규 투자의 EVA의 현재가치 = [(0.15 − 0.10) × 10/0.10]/1.1^3 =	3.76
+ 5년 차 신규 투자의 EVA의 현재가치 = [(0.15 − 0.10) × 10/0.10]/1.1^4 =	3.42
기업 가치	170.85

신규 투자에서 발생하는 현금흐름이 영구연금이고 매년 초 투자를 집행한다는 가정을 두고 현재가치를 계산했다. 여기에 더해 미래 투자가 창출할 EVA의 가치는 자본비용을 할인율로 적용해 현시점으로 할인했다. 2년 차 초 신규 투자가 창출할 EVA는 1년 할인해서 현재가치를 계산했다. 1억 7,085만 달러에 이르는 기업 가치는 앞서 다루었던 식으로도 표현할 수 있다.

$$기업\ 가치 = 투하자본_{보유\ 자산} + \sum_{t=1}^{t=\infty} \frac{EVA_{t,보유\ 자산}}{(1+k_c)^t} + \sum_{t=1}^{t=\infty} \frac{EVA_{t,미래\ 프로젝트}}{(1+k_c)^t} = 100 + 50 + 20.85$$

따라서 보유 자산의 가치는 1억 5,000만 달러이고 미래 성장 기회의 가치는 2,085만 달러다.

또한 효율적 시장이라면 시장 부가가치(market value added: MVA) 관점으로 해석하는 방법도 있다. 여기에서 MVA는 기업 가치(1억 7,085만 달러)에서 투하자본(1억 달러)을 뺀 7,085만 달러다. 자본이익률이 자

---

3   NPV를 수월히 계산하기 위한 가정임을 유념하라. 여기에는 감가상각비와 유지보수 자본적 지출이 똑같다는 가정도 깔려 있다.

본비용보다 높아야 MVA가 플러스 값을 갖고 둘의 차이, 즉 초과수익이 클수록 MVA가 상승한다. 자본이익률이 자본비용보다 낮다면 MVA는 마이너스 값을 보인다.

이 기업의 영업이익이 계속 증가하고 5년 차 이후에도 신규 투자를 집행하지만 자본이익률이 자본비용과 똑같기에 부가가치를 창출하지 않아서 가치에 아무런 영향을 미치지 않는다는 점을 유념하라. 따라서 성장 자체가 아니라 초과수익을 올리는 성장이 가치를 창출한다. 나아가 그리 친숙한 주제는 아니겠지만 성장의 질이 중요하다는 관점도 시사한다. 영업이익이 준수한 속도로 성장하는 기업이라고 해도 자본비용 이하의 자본이익률을 올리는 투자에 거액을 쏟아붓는다면 가치를 창출하지 않을뿐더러 오히려 훼손할 수도 있다.

기업 잉여현금흐름을 자본비용으로 할인해 현금흐름할인 모형으로 가치평가하는 방법도 있다. 표 32.1은 기대 FCFF와 기업 가치를 보여준다(자본비용 10%).

[표 32.1] 기대 FCFF와 기업 가치

	0	1	2	3	4	5	종료 연도
보유 자산의 EBIT(1-t)	0.00	15.00	15.00	15.00	15.00	15.00	
1년 차 신규 투자의 EBIT(1-t)		1.50	1.50	1.50	1.50	1.50	
2년 차 신규 투자의 EBIT(1-t)			1.50	1.50	1.50	1.50	
3년 차 신규 투자의 EBIT(1-t)				1.50	1.50	1.50	
4년 차 신규 투자의 EBIT(1-t)					1.50	1.50	
5년 차 신규 투자의 EBIT(1-t)						1.50	
연도별 EBIT(1-t)	0.00	16.50	18.00	19.50	21.00	22.50	23.63
- 순 자본적 지출	10.00	10.00	10.00	10.00	10.00	11.25	11.81
FCFF	-10.00	6.50	8.00	9.50	11.00	11.25	11.81
FCFF의 현재가치	-10.00	5.91	6.61	7.14	7.51	6.99	
잔존가치						236.25	
잔존가치의 현재가치						146.69	
기업 가치	170.85						
자본이익률	15%	15%	15%	15%	15%	15%	10%
자본비용	10%	10%	10%	10%	10%	10%	10%

현금흐름할인 가치평가에서 다음 사항을 유념하라.

■ 자본적 지출은 매년 초 발생하기에 표에서 전년도 값으로 표시한다. 예컨대 1년 차 1,000만 달러 투자는 0년 차, 2년 차 투자는 1년 차 값으로 표시한다.

■ 5년 차에 성장을 지속하기 위해 필요한 순투자액 계산 시 두 가지 가정을 둔다. 첫째, 5년 차 이후 영업이익 성장률은 5%다. 둘째, 6년 차부터 신규 투자의 자본이익률은 10%다(5년 차에 표시한다).

$$신규\ 투자_5 = [EBIT_6(1 - t) - EBIT_5(1 - t)]/ROC_6 = (23.625 - 22.50)/0.10 = 11.25$$

현금흐름할인모형으로 추정한 기업 가치는 EVA로 추정한 기업 가치와 똑같은 1억 7,085만 달러다.

[예시 32.2] EVA 계산: 룰루레몬(2011년)

룰루레몬(Lululemon)은 운동복과 캐주얼복 전문 의류회사다. FCFF 가치평가와 EVA 가치평가가 동일하다는 사실을 확인하기 위해 먼저 표 32.2의 입력 변수를 통해 현금흐름할인모형으로 가치평가해보자.

[표 32.2] 가치평가 입력 변수: 룰루레몬

단계	고성장(향후 10년간)	안정 성장 단계(10년 차 이후 영원히)
성장률 입력 변수		
- 재투자율	50.00%	30.00%
- 자본이익률	35.00%	10.00%
- 기대성장률	17.50%	3.00%
자본비용 입력 변수		
- 베타	1.40	1.10
- 자본비용	NA	5.00%
- 부채비율	0.00%	20.00%
- 자본비용	10.50%	7.80%
기타 정보: 세율	40%	40%

무위험 이자율은 3.5%이고 주식 위험 프리미엄 추정치는 5%다. 전환기에는 성장률과 재투자율, 자본비용이 고성장 수준에서 안정 성장 수준으로 선형 변화한다고 가정한다. 표 32.3은 기업 잉여현금흐름 추정 결과를 보여준다(단위: 1,000달러).

[표 32.3] 기업 잉여현금흐름과 현재가치: 룰루레몬

연도	EBIT(1-t)	기대성장률	재투자율	FCFF	자본비용	누적 WACC	현재가치
기준 연도	106,756		50.00%	53,378			
1	125,438	17.50%	50.00%	62,719	10.50%	1.1050	56,759.20

2	147,389	17.50%	50.00%	73,695	10.50%	1.2210	60,354.80
3	173,183	17.50%	50.00%	86,591	10.50%	1.3492	64,178.19
4	203,490	17.50%	50.00%	101,745	10.50%	1.4909	68,243.77
5	239,100	17.50%	50.00%	119,550	10.50%	1.6474	72,566.91
6	274,009	14.60%	46.00%	147,965	9.98%	1.8188	81,665.09
7	306,068	11.70%	42.00%	177,519	9.45%	1.9830	89,518.51
8	333,002	8.80%	38.00%	206,461	8.91%	2.1597	95,596.60
9	352,649	5.90%	34.00%	232,748	8.36%	2.3402	99,454.60
10	363,228	3.00%	30.00%	254,260	7.80%	2.5228	100,785.36
합계							789,123.02

고성장 단계 현금흐름의 현재가치 합계는 7억 8,912만 3,000달러다. 종료 연도 현금흐름과 자본비용 7.80%에 바탕을 두고 추정한 잔존가치는 다음과 같다.

$$\text{잔존가치} = \frac{\text{EBIT}_{10}(1 - \text{세율})(1 + g)(1 - \text{재투자율})}{\text{자본비용} - \text{안정 성장률}} = \frac{363,228 \times 1.03 \times (1 - 0.30)}{0.078 - 0.03} = 5,455,994$$

따라서 룰루레몬 영업자산의 가치는 다음과 같다.

$$\text{영업자산의 가치} = \text{고성장 단계 현금흐름의 현재가치} + \frac{\text{잔존가치}}{\text{누적 WACC}_{10}} = 789,123 + \frac{5,455,994}{2.5228} = 2,951,809$$

표 32.4는 향후 10년간 추정한 연간 EVA와 현재가치를 보여준다. 이때 현행 투하자본 3억 5,339만 4,000달러에서 시작해 매년 재투자액을 더해 다음 해 초 투하자본을 계산했다(단위: 1,000달러).

고성장 단계 EVA의 현재가치 합계는 9억 9,070만 4,000달러다. 10년 차 말 룰루레몬은 계속해서 초과수익을 올리고(성장은 다소 둔화) 영구 자본이익률은 10%이고 자본비용은 7.80%다. 10년 차 이후 EVA의 현재가치는 다음과 같이 계산한다.

$$\text{10년 차 이후 EVA의 현재가치} = \frac{\text{EBIT}_{10}(1 - \text{세율})(1 + g) - \text{투하자본}_{10} \times \text{안정 자본비용}}{\text{안정 자본비용} - \text{안정 성장률}}$$
$$= \frac{363,228 \times 1.03 - 3,741,253 \times 0.078}{0.078 - 0.03} = 1,714,741$$

EVA 잔존가치의 현재가치와 향후 10년간 EVA의 현재가치를 더하면 총 EVA를 얻는다.

$$\text{EVA의 현재가치} = \text{고성장 단계 EVA의 현재가치} + \frac{\text{EVA 잔존가치}}{\text{누적 WACC}_{10}} = 990,704 + \frac{1,714,741}{2.5228} = 1,670,405$$

[표 32.4] EVA와 현재가치: 룰루레몬

연도	기초 투하자본	재투자	자본이익률	자본비용	EVA	누적 WACC	현재가치
1	358,394	62,719	35.00%	10.50%	87,806	1.1050	79,463
2	421,113	73,695	35.00%	10.50%	103,173	1.2210	84,497
3	494,807	86,591	35.00%	10.50%	121,228	1.3492	89,849
4	581,399	101,745	35.00%	10.50%	142,443	1.4909	95,541
5	683,144	119,550	35.00%	10.50%	167,370	1.6474	101,594
6	802,694	126,044	34.14%	9.98%	193,906	1.8188	107,021
7	928,738	128,549	32.96%	9.45%	218,313	1.9830	110,090
8	1,057,286	126,541	31.50%	8.91%	238,810	2.1597	110,575
9	1,183,827	119,901	29.79%	8.36%	253,691	2.3402	108,403
10	1,303,728	108,969	27.86%	7.80%	261,538	2.5228	103,670
합계							990,704

EVA 잔존가치의 투하자본은 종료 연도의 기대 세후 영업이익과 안정 자본이익률 10%에 바탕을 두고 계산한 내재 투하자본임을 유념하라.

$$10년\ 차\ 내재\ 투하자본 = \frac{EBIT_{10}(1 - 세율)(1 + g)}{안정\ ROIC} = \frac{363,228 \times 1.03}{0.10} = 3,741,253$$

이렇게 조정하지 않았더라면 11년 차 초 투하자본은 14억 1,269만 6,000달러에 그쳤을 것이다.

$$DCF\ 투하자본 = 투하자본_{10} + 재투자_{10} = 1,303,728 + 108,969 = 1,412,696$$

마지막으로 투하자본 변동의 현재가치를 계산하자.

$$10년\ 차\ 말\ 투하자본\ 변동 = 내재\ 투하자본 - DCF\ 투하자본 = 3,741,253 - 1,412,696 = 2,328,557$$

$$투하자본\ 변동의\ 현재가치 = \frac{2,328,557}{2.5228} = 923,010$$

따라서 룰루레몬의 기업 가치는 다음과 같다.

보유 자산의 투하자본	358,394
보유 자산의 EVA 현재가치	1,670,405
투하자본 변동의 현재가치	923,010
영업자산의 가치	2,951,809

앞서 현금흐름할인모형으로 도출한 기업 가치와 똑같은 값을 얻었다. 10년 차 투하자본 조정이 다소 어색하게 느껴진다면, 종료 연도에 갑자기 초과수익이 변동하는 초과수익 모형이 간접적으로 영향을 미친다는 점을 유념하라.

---

 fcffeva.xls: 이 스프레드시트를 이용하면 현금흐름할인 가치평가와 EVA 가치평가를 서로 변환할 수 있다. (웹에서 다운로드 가능)

EVA와 기업 가치: 잠재적인 상충 관계

가치 척도로 EVA를 택한 기업이 기대 EVA보다 높은 EVA를 창출할 능력에 바탕을 두고 경영자를 평가한다고 해보자. 평가 척도를 원래 목적과 다르게 사용할 가능성은 얼마나 될까? 경영진이 기대치보다 높은 EVA를 창출했는데도 기업 가치를 훼손하는 일이 가능할까? 그렇다면 주주를 보호할 방법은 무엇일까?

질문에 답하기 위해 앞서 기업 가치를 투하자본과 보유 자산이 창출할 EVA의 현재가치, 미래 성장이 창출할 EVA의 현재가치로 정의했던 식으로 돌아가자.

$$\text{기업 가치} = \text{투하자본}_{\text{보유 자산}} + \sum_{t=1}^{t=\infty} \frac{\text{EVA}_{t,\text{보유 자산}}}{(1 + k_c)^t} + \sum_{t=1}^{t=\infty} \frac{\text{EVA}_{t,\text{미래 프로젝트}}}{(1 + k_c)^t}$$

EVA 가치평가와 DCF 가치평가의 괴리

DCF 가치평가와 EVA 가치평가가 똑같은 가치를 도출하려면 다음 조건을 충족해야 한다.

- 기업 잉여현금흐름과 EVA 추정에 사용하는 세후 영업이익이 똑같아야 한다. 예컨대 영업이익을 운용리스와 연구개발비에 대해 조정해서 DCF 가치평가를 수행했다면 EVA 가치평가도 영업이익을 똑같이 조정해야 한다.
- DCF 가치평가에서 미래 연도 세후 영업이익 추정에 사용하는 성장률은 펀더멘털을 통해 추정해야 한다. 다시 말해 다음 수식을 통해 성장률을 도출해야 한다.

성장률 = 재투자율 × 자본이익률

■ DCF 모형에서 성장률이 외생 변수이고 성장률과 재투자율, 자본이익률 간 관계가 성립하지 않는다면 DCF 가치와 EVA 가치는 서로 달라진다.

■ 미래 연도 EVA 계산에 사용하는 투하자본은 각 연도 재투자액을 기초 투하자본에 더해 계산해야 한다. 다시 말해 각 연도 EVA는 다음 수식으로 계산한다.

$$EVA_t = \text{세후 영업이익}_t - \text{자본비용} \times \text{투하자본}_t$$

■ DCF와 EVA 가치평가에서 모두 일관성 있는 잔존가치 가정을 두어야 한다. 종료 연도 이후 기존·신규 투자의 자본이익률이 모두 자본비용과 똑같아지면 일관성 유지가 어렵지 않다. 잔존가치는 종료 연도 초 투하자본과 똑같기 때문이다. 상황을 일반화하면 종료 연도 초 투하자본이 영구 자본이익률에 관한 가정과 일관성이 있어야 한다. 예컨대 종료 연도 세후 영업이익이 12억 달러이고 영구 자본이익률 10%를 가정했다면 종료 연도 초 투하자본은 120억 달러가 되어야 한다.

투하자본 게임　기업 가치 식에서 첫 번째와 두 번째 항, 즉 투하자본과 보유 자산이 창출할 EVA의 현재가치는 투하자본액에 민감하다. 영업이익이 고정된 상태에서 투하자본이 감소하면 첫 번째 항은 당연히 값이 작아지지만 그만큼 두 번째 항 값이 커진다. 예컨대 예시 32.1에서 다룬 기업을 다시 보자. 투하자본이 1억 달러가 아니라 5,000만 달러라고 하고 여기에서 발생한 영업이익은 1,500만 달러로 유지된다고 하자. 그러면 보유 자산의 자본이익률이 30%로 상승한다. 미래 투자와 관련한 가정은 그대로 두면 기업 가치는 표 32.5와 같이 도출한다(단위: 100만 달러)

기업 가치는 변함이 없지만 EVA에서 비롯한 가치 비중이 커졌다. 만약 EVA를 기준으로 경영진을 평가한다면 EVA를 높이기 위해 투하자본을 줄일 유인이 존재하기 마련이다.

물론 진정한 가치를 창출하는 투하자본 감소 조처도 있다. 예시에서 영업이익을 창출하지 않거나 그럴 것으로 예상하는 공장을 폐쇄해서 투하자본이 감소했다면 자산

[표 32.5] EVA 가치평가: EVA와 보유 자산

보유 자산의 투하자본	50.00
+ 보유 자산의 EVA = (0.30 − 0.10) × 50/0.10 =	100.00
+ 1년 차 신규 투자의 EVA의 현재가치 = [(0.15 − 0.10) × 10/0.10] =	5.00
+ 2년 차 신규 투자의 EVA의 현재가치 = [(0.15 − 0.10) × 10/0.10]/1.1 =	4.55
+ 3년 차 신규 투자의 EVA의 현재가치 = [(0.15 − 0.10) × 10/0.10]/1.1^2 =	4.13
+ 4년 차 신규 투자의 EVA의 현재가치 = [(0.15 − 0.10) × 10/0.10]/1.1^3 =	3.76
+ 5년 차 신규 투자의 EVA의 현재가치 = [(0.15 − 0.10) × 10/0.10]/1.1^4 =	3.42
기업 가치	170.85

청산에 따른 현금흐름 덕분에(묶여 있던 현금이 풀려난다) 가치가 상승할 것이다. 하지만 투하자본에 형식적인 영향을 미칠 뿐, 가치에 영향을 미치지 않는 조처도 있다. 예컨대 금융리스나 운용리스로 자산을 매입하는 대신 일회성 구조조정 비용을 통해 줄이면 자본에 미치는 영향을 줄일 수 있다.

허울뿐인 조처가 미칠 악영향을 예시 32.1 기업을 통해 이해해보자. 경영진은 자산 절반을 리스자산으로 대체하기로 했다. 또한 리스자산의 투하자본 추정치는 4,000만 달러로, 대체한 자산의 투하자본 5,000만 달러보다 작았다고 하자. 표 32.6은 이 결정으로 보유 자산에서 발생하는 조정 영업이익이 기존 1,500만 달러에서 1,480만 달러로 감소했을 때 기업 가치 도출 과정을 보여준다. EVA는 800만 달러 증가했는데도 기업 가치는 200만 달러 하락했다(단위: 100만 달러).

사업부 EVA를 추정할 때 사업부 층위의 투하자본은 미리 정해둔 기준(매출, 직원 수 등)에 따라 자본을 배분하는 수많은 결정으로 정해진다. 기준이 객관적이고 편향이 개입하지 않는다면 이상적이겠지만 주관에 의존하거나 일부 사업부에는 넘치게, 다른 사업부에는 모자라게 자본을 배분할 때도 빈번하다. 잘못된 자본 배분이 무작위로 일어났다면 오류로 해석하고 대신 EVA 등락으로 가치 창출 여부를 판단할 수 있다. 하지만 기업 내 사업부끼리 추가 투자액을 놓고 언제나 경쟁이 일어난다는 사실을 고려할 때 오히려 특정 사업부가 자본 배분 과정에 영향력을 행사할 수 있다는 증거일

[표 32.6] EVA가 상승했는데도 하락한 기업 가치

보유 자산의 투하자본	90.00
+ 보유 자산의 EVA = (0.1644 − 0.10) × 90/0.10 =	58.00
+ 1년 차 신규 투자의 EVA의 현재가치= [(0.15 − 0.10) × 10/0.10] =	5.00
+ 2년 차 신규 투자의 EVA의 현재가치 = [(0.15 − 0.10) × 10/0.10]/1.1 =	4.55
+ 3년 차 신규 투자의 EVA의 현재가치 = [(0.15 − 0.10) × 10/0.10]/1.1^2 =	4.13
+ 4년 차 신규 투자의 EVA의 현재가치 = [(0.15 − 0.10) × 10/0.10]/1.1^3=	3.76
+ 5년 차 신규 투자의 EVA의 현재가치 = [(0.15 − 0.10) × 10/0.10]/1.1^4 =	3.42
기업 가치	168.85

가능성이 더 크다. 따라서 합당한 수준보다 자본이 적게(많이) 배분된 사업부는 EVA가 과대(과소)추정될 것이다.

미래 성장 게임   기업 가치는 보유 자산과 미래 기대성장 가치의 합이다. 경영진이 당기 EVA나 연간 EVA 등락을 기준으로 평가받는다면 평가 척도인 EVA는 보유 자산에서 비롯한 것으로 국한된다. 따라서 경영진은 미래 성장에서 비롯할 EVA를 희생하는 대신 보유 자산에서 (즉시) 발생할 EVA를 높이는 결정을 내릴 유인이 있다.

이번에도 예시 32.1 기업을 통해 이해해보자. 보유 자산과 미래 투자의 자본이익률은 모두 15%였다. 보유 자산의 자본이익률을 16%로 끌어올리지만 미래 투자의 자본이익률이 12%로 낮아지는 조처를 경영진이 택했다고 하자. 이때 기업 가치는 표 32.7과 같이 추정한다.

1년 차 EVA는 상승했지만 기업 가치는 하락했다. 그림 32.1은 이 기업의 향후 5년간 EVA를 조처하기 전후를 비교해서 보여준다. 미래 성장을 희생하면 기업 가치가 하락하지만 첫 3년간 EVA가 상승하는 결과를 얻는다.

EVA에 바탕을 둔 보상 제도는 즉각적인 EVA 상승을 대가로 미래 성장을 포기하는 경영진을 처벌하는 방식으로 설계할 때도 있다. 이때 경영진은 당기 EVA에 연동된 보상을 일부 받지만 나머지는 '보상 은행'에 적립되어 얼마간 시간이 흐른 후에야(대

[표 32.7] 미래 성장을 희생한 EVA 상승

보유 자산의 투하자본	100.00
+ 보유 자산의 EVA = $(0.16 - 0.10) \times 100/0.10 =$	60.00
+ 1년 차 신규 투자의 EVA의 현재가치 = $[(0.12 - 0.10) \times 10/0.10] =$	2.00
+ 2년 차 신규 투자의 EVA의 현재가치 = $[(0.12 - 0.10) \times 10/0.10]/1.1 =$	1.82
+ 3년 차 신규 투자의 EVA의 현재가치 = $[(0.12 - 0.10) \times 10/0.10]/1.1^2 =$	1.65
+ 4년 차 신규 투자의 EVA의 현재가치 = $[(0.12 - 0.10) \times 10/0.10]/1.1^3 =$	1.50
+ 5년 차 신규 투자의 EVA의 현재가치 = $[(0.12 - 0.10) \times 10/0.10]/1.1^4 =$	1.37
기업 가치	168.34

[그림 32.1] 미래 성장 희생 전후의 연간 EVA 등락

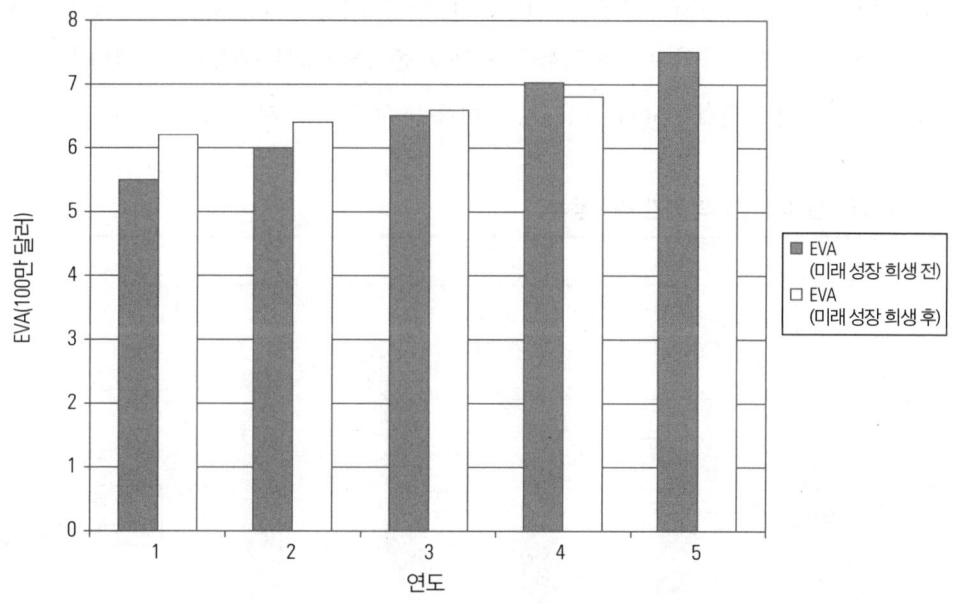

개 3~4년 후) 보상받을 수 있다. 여기에는 몇 가지 중대한 한계가 있다. 첫째, 경영진이 기업에 무한정 근무하지 않으므로 기껏해야 향후 3~4년 동안의 EVA만 고려하는 제도다. 미래 성장 희생에 따르는 진정한 비용은 훨씬 긴 시간이 흐른 후에야 나타난다. 둘째, 결국 당기 EVA를 상승시키고 미래 연도 EVA를 하락시킨 경영진을 벌하는 제도다. EVA가 계속해서 상승하지만 속도가 둔화하는 좀 더 미묘한 상황에서는 미래 성장을 희생한 경영진을 벌하기가 어렵다. 예시 32.1에서는 미래 성장을 희생했을 때도 EVA가 시간이 흐르며 상승했다. 물론 상승 폭은 확실히 줄었지만 어찌 되었든 등락률까지 고려하도록 보상 제도를 설계하지 않았다.

위험 변동 게임　기업 가치는 투하자본과 EVA 현재가치의 합이다. EVA 현재가치는 EVA 값뿐 아니라 자본비용에서도 영향받는다. 프로젝트에 투자해 EVA가 상승했지만 이 투자가 영업 위험과 자본비용을 높인다면 기업 가치가 하락하는 상황에 처할 수 있다.

역시나 예시 32.1 기업을 통해 이해해보자. 이 기업이 투자를 통해 고성장 단계에 보유 자산과 미래 투자의 자본이익률을 모두 기존 15%에서 16.25%로 끌어올리고, 5년 차 이후에는 기존 10%에서 11%로 끌어올릴 수 있다고 하자. 하지만 자본비용도

[그림 32.2] 위험 감수 전후의 연간 EVA 등락

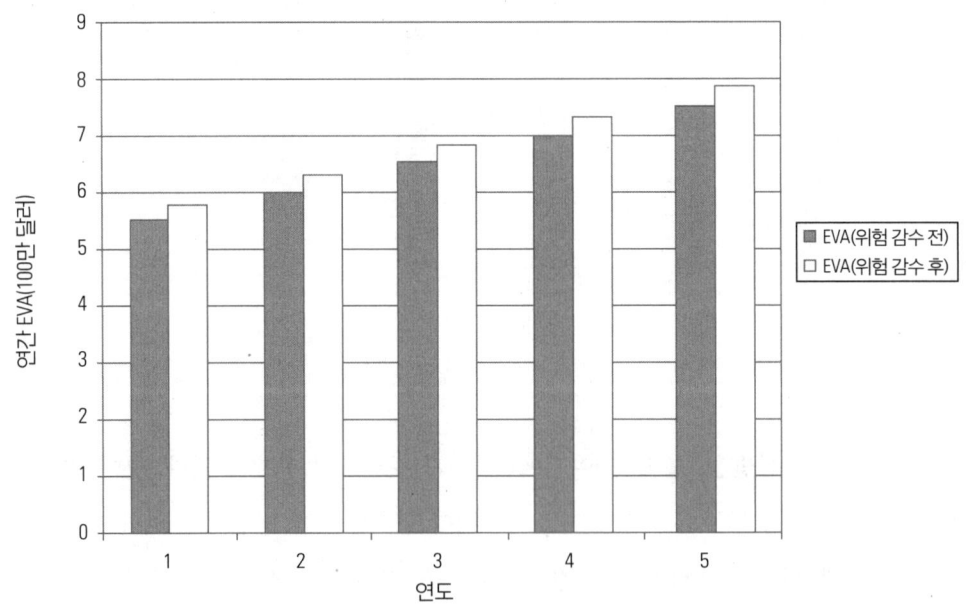

가치평가 바이블

[표 32.8] 위험 감수 후 EVA

보유 자산의 투하자본	100.00
+ 보유 자산의 EVA = (0.1625 − 0.11) × 100/0.11 =	47.73
+ 1년 차 신규 투자의 EVA의 현재가치 = [(0.1625 − 0.11) × 10/0.11] =	4.77
+ 2년 차 신규 투자의 EVA의 현재가치 = [(0.1625 − 0.11) × 10/0.11]/1.11 =	4.30
+ 3년 차 신규 투자의 EVA의 현재가치 = [(0.1625 − 0.11) × 10/0.11]/1.11^2 =	3.87
+ 4년 차 신규 투자의 EVA의 현재가치 = [(0.1625 − 0.11) × 10/0.11]/1.11^3 =	3.49
+ 5년 차 신규 투자의 EVA의 현재가치 = [(0.1625 − 0.11) × 10/0.11]/1.11^4 =	3.14
기업 가치	167.31

11%로 상승할 것이다. 그림 32.2는 향후 5년간 투자 전후 연도별 EVA를 비교해서 보여준다.

위험 감수 후에 매년 EVA가 상승했는데 기업 가치는 어떻게 변했을까? 표 32.8을 보면 위험 감수에 따른 영향이 초과수익을 압도해 기업 가치가 하락했음을 알 수 있다.

연간 EVA 등락 폭을 기준으로 삼은 기업에는 위험 변동이 치명적인 영향을 미칠 수 있다. 경영진이 연간 EVA 등락 폭을 기준으로 평가받는다면 더 위험한 투자를 택할 유인이 커진다. 자본비용 추정치가 위험 변동을 반영하지 않거나 시차를 두고 반영한다면 위험 투자를 향한 유인이 더 커진다.[4]

종합하면 EVA는 미래 성장은 멀리하고 보유 자산에 치우치는 경향을 낳는 방법이다. 따라서 사업부 층위에서 EVA를 계산하면 고성장 사업부가 가장 낮거나 심지어 마이너스 EVA를 기록할 때가 빈번하다. 사업부 관리자는 연간 EVA 등락 폭을 기준으로 평가받더라도 한 단계 높은 기업 층위에서 해당 사업부의 투하자본을 줄이거나 없앨 만한 강한 유인이 존재한다. 기업 전반의 EVA가 훨씬 좋아 보일 테니 말이다.

EVA와 시장가치　 EVA가 상승하면 시장가치도 상승할까? EVA가 상승하면 대개

4　실제로 역사적 데이터에 바탕을 둔 베타 추정치는 위험 변동을 시차를 두고 반영한다. 직전 5년을 추정 기간으로 둔다면 시차는 3년까지 길어지고 위험 변동 후 5년이 흘러도 모든 영향이 반영되지 않을 수도 있다.

기업 가치가 상승하지만, 앞서 살펴본 성장과 위험 게임을 고려하지 않더라도 주가가 상승할지는 불확실하다. 미래 EVA에 시장가치를 둘러싼 기대가 이미 반영되었기 때문이다. 애플 같은 기업은 시간이 흐르며 아주 높고 계속해서 상승하는 EVA를 창출하리라는 기대에 바탕을 두고 주가가 결정된다. EVA가 상승했을 때 시장가치 등락은 대개 EVA가 어떻게 변할 것으로 예상했는지에 따라 달라진다. 성숙기업은 EVA가 상승하지 않거나 심지어 하락하리라는 시장 기대가 존재하므로 만약 EVA 상승을 발표하면 희소식으로 해석해 시장가치가 상승할 수도 있다. 반면 성장 기회가 많아서 EVA가 당연히 상승하리라는 기대가 존재하는 기업이 기대치에 못 미치는 EVA 상승을 알리면 시장가치가 하락할 것이다. 투자자라면 친숙한 내용일 것이다. 지난 수십 년간 주당순이익을 두고 똑같은 상황이 펼쳐졌기 때문이다. 실적 자체보다는 기대치를 넘거나 뒤처졌는지가 중요하고, 어닝 서프라이즈일 때 주가가 상승한다.

마지막으로 신생기업은 EVA 등락과 시장가치 사이에 유의미한 상관관계가 존재하지 않을 것이다. 시장가치는 미래 연도 EVA 기대치에 바탕을 두고 투자자는 EVA가 매년 대폭 상승할 것으로 기대한다. 따라서 EVA가 실제 상승하더라도 기대치에 못 미치는 수준이라면 시장가치가 하락할 가능성이 충분하다.

따라서 EVA 수준, 나아가 EVA 등락은 주식 수익률과 사실상 상관관계가 없다고 본다. EVA가 가장 큰 폭으로 상승한 종목이 반드시 높은 주주 수익률을 기록하지는 않는다.[5] 메릴린치의 리처드 번스타인이 EVA과 주식 수익률 간 관계를 규명한 연구도 똑같은 결론을 내놓았다.

- EVA 절댓값이 가장 높은 기업 50곳으로 꾸린 포트폴리오[6]는 1987년 2월부터 1997년 2월까지 연평균 수익률 12.9%를 기록했는데 같은 기간 S&P 지수는 연평균 13.1%를 기록했다.

---

5   크레이머(Kramer)와 푸시너(Pushner, 1997)는 EVA보다는 세후 순영업이익(NOPAT)이 종목별 시장가치의 차이를 더 잘 설명한다고 분석했다. 하지만 오바이런(O'Byrne, 1996)은 5년 기간에 대해서 EVA가 시장가치의 차이 중 55%를 설명한다고 분석했다.
6   〈Quantitative Viewpoint〉, Merrill Lynch, December 19, 1997을 참고하라.

■ 전년도 EVA 성장률이 가장 높은 기업 50군데로 꾸린 포트폴리오[7]는 같은 기간 연평균 수익률 12.8%를 기록해 역시나 S&P 지수에 뒤처졌다.

고성장 기업의 EVA

기업 가치가 보유 자산의 투하자본과 EVA의 현재가치, 미래 투자가 창출할 EVA의 현재가치라는 점에서 고성장 기업, 특히 기술회사의 성패 여부를 판단하는 척도로 EVA를 사용하면 위험이 따른다. 크게 보면 세 가지 문제가 있다.

1. 회계에서 기술회사의 투하자본을 측정하는 방식과 관련한 문제를 앞서 다루었다. EVA에서 투하자본이 차지하는 높은 비중을 고려할 때 DCF 가치평가가 아니라 EVA를 사용하는 기업에 훨씬 더 큰 영향을 미칠 것이다.
2. 가치의 80~90%가 미래 성장 잠재력에서 비롯할 때는 미래 성장을 희생하는 대신 당기 EVA를 택하는 경영진이 치를 비용이 훨씬 커진다. 게다가 신생기업에서는 경영진의 결정을 추적하기가 훨씬 어렵다.
3. 신생기업은 계속해서 변화하기에 위험 변동 게임에 빠질 가능성이 훨씬 크다. 위험 수준이 높아진 것을 반영해 할인율이 더 높아진 데서 받는 악영향은 EVA 상승 효과를 압도할 수 있다.

 EVA.xls: 미국 기업의 업종별 EVA를 요약한 엑셀 자료. (웹에서 다운로드 가능)

주식 EVA

EVA는 대개 총자본을 기준으로 계산하지만 간단히 주식 척도로 바꿀 수 있다.

주식 EVA = (자기자본이익률 – 자기자본비용) × 프로젝트나 기업 투하자기자본
= 순이익 – 자기자본비용 × 투하자기자본

---

7 〈Quantitative Viewpoint〉, Merrill Lynch, February 3, 1998을 참고하라.

주식 EVA가 플러스인 기업은 주주 가치를 창출하고, 마이너스인 기업은 주주 가치를 훼손한다.

표준 EVA가 아니라 주식 EVA를 사용할 때는 언제인가? 21장에서 금융서비스 기업을 다루며 부채(나아가 자본) 정의 시 기업을 구성하는 몹시 많은 자산을 부채로 정의할 수 있기에 측정 문제에 부닥칠 수 있다고 했다. 그래서 금융서비스 기업은 주식 가치평가모형과 주식 배수를 택하는 편이 낫다고도 덧붙였다. 이 논의를 EVA로 확장하면 주식 EVA는 표준 EVA과 비교해 금융서비스 기업의 실적을 보여주는 더 나은 척도다.

표준 EVA와 관련해 다루었던 문제는 모두 주식 EVA에도 마찬가지로 적용된다는 점을 유념하라. 다른 기업이 표준 EVA를 두고 겪는 것처럼, 은행과 보험사는 투하자본·미래 성장·위험 변동 게임을 통해 주식 EVA를 상승시키려는 유인이 있다.

현금흐름 투자이익률

현금흐름 투자이익률(CFROI)은 기존 투자에서 올리는 내부수익률(IRR)로서 명목이 아닌 실질 현금흐름에 바탕을 둔다. 투자의 질을 판단할 때는 CFROI와 실질 자본비용을 비교한다.

CFROI 계산

CFROI는 네 가지 입력 변수로 계산한다. 첫째, 기존 자산의 총투자액(GI)으로서 장부가치에 감가상각누계액을 더하고 인플레이션에 대해 조정해서 얻는다. 둘째, 기존 자산으로 당기에 창출한 총현금흐름(GCF)으로서 세후 영업이익에 비현금 비용(감가상각비와 무형자산 상각비 등)을 더해서 얻는다. 셋째, 최초 투자 시점 기준 보유 자산의 기대수명(n)으로 섹터마다 다르지만 해당 자산의 수익 기간을 반영한다. 넷째, 수명이 끝났을 때 자산의 기대구제가치(SV)로서 최초 투자액 중 감가상각되지 않는 비중을 현시점으로 할인해서 얻는다. CFROI는 관련 현금흐름의 내부수익률이다. 다시 말해 총현금흐름의 순현재가치와 구제가치의 합이 총투자액과 같게 하는 할인율이므로 현시점 기준 합성 내부수익률이라고 할 수 있다.

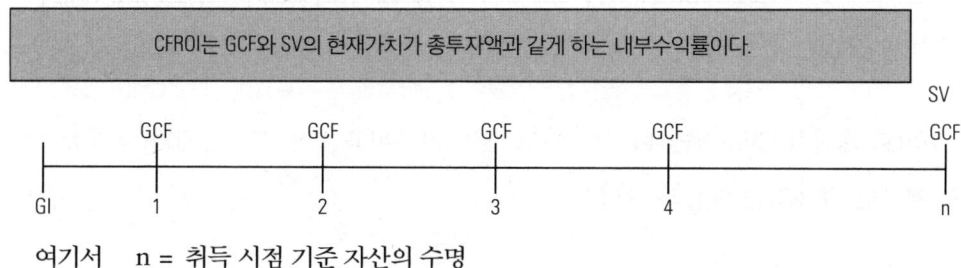

여기서   n = 취득 시점 기준 자산의 수명

자산 수명이 다했을 때 자산 대체비용을 연금이 충당하도록 하면 CFROI를 계산하는 변형 수식을 얻는다. 이 연금은 '경제적 감가상각비'라고 부르고 다음과 같이 계산한다.

$$\text{경제적 감가상각비} = \frac{\text{자산 대체비용} \cdot (k_c)}{(1 + k_c)^n - 1}$$

여기서   n = 자산의 기대 수명
k_c = 자본비용
자산 대체비용 = 총투자액과 구제가치의 차이를 할인한 현재가치

따라서 기업이나 사업부의 CFROI는 다음과 같다.

$$\text{CFROI} = \frac{\text{총현금흐름} - \text{경제적 감가상각비}}{\text{총투자액}}$$

예컨대 기존 자산의 총투자액이 24억 3,100만 달러이고 총현금흐름이 3억 9,000만 달러, 기대구제가치의 현재가치가 6억 780만 달러이며 자산 수명이 10년이라고 해보자(단위: 100만 달러).

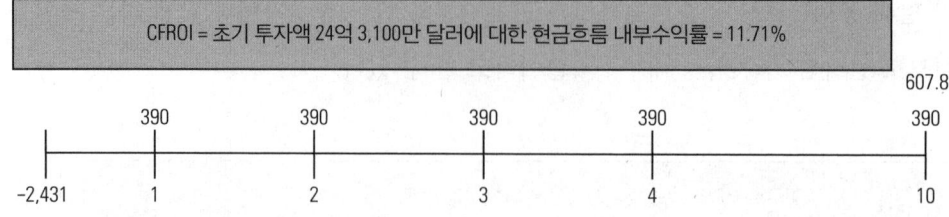

CFROI = 초기 투자액 24억 3,100만 달러에 대한 현금흐름 내부수익률 = 11.71%

607.8

390 390 390 390 390

-2,431 1 2 3 4 10

IRR로 계산한 CFROI는 11.71%이고 실질 자본비용은 8%다. 경제적 감가상각비로 계산한 CFROI는 다음과 같다.

$$경제적\ 감가상각비 = \frac{(2,431 - 607.8) \times 0.08}{1.08^{10} - 1} = 125.86$$

$$CFROI = \frac{390.00 - 125.86}{2,431.00} = 10.87\%$$

두 방식으로 도출한 CFROI가 차이 나는 이유는 재투자율 가정의 차이에서 비롯한다. IRR 방법은 중간에 얻는 현금흐름을 내부수익률로 재투자하지만 경제적 감가상각비 방법은 (적어도 자산을 대체하기 위해 비축한 현금흐름에 대해서는) 자본비용으로 재투자한다고 가정한다. 실제로 IRR 11.71%를 적용해 경제적 감가상각비를 계산하면 두 방법이 똑같은 결과를 도출한다.[8]

CFROI, IRR, DCF 가치

순현재가치가 가치 증대를 위한 EVA 분석의 기초를 닦는다면 CFROI 분석에는 IRR이 있다. 투자 분석 시 프로젝트의 IRR은 최초 투자액과 프로젝트 수명에 걸쳐 발생하는 모든 현금흐름에 바탕을 두고 계산한다.

모든 값을 명목(실질) 기준으로 두고 계산하면 명목(실질) IRR을 얻고 명목(실질) 자본비용과 비교한다.

언뜻 보면 CFROI도 IRR과 똑같이 계산하는 것처럼 보인다. 프로젝트 총투자액(현

---

8 IRR 11.71%를 대입해 계산한 경제적 감가상각비 1억 537만 달러로 다시 계산한 CFROI는 11.71%다.

가치평가 바이블

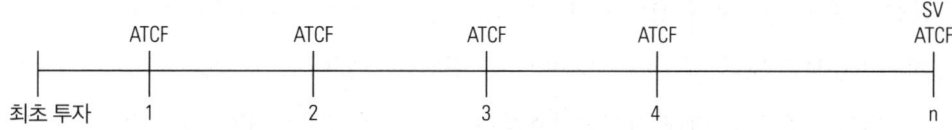

여기서   ATCF = 프로젝트의 세후 현금흐름
SV = 프로젝트 자산의 기대구제가치

재가치)은 최초 투자액에 해당하고, 프로젝트 수명에 걸쳐 총현금흐름(현재가치)을 유지한다고 가정하며, 실질 IRR에 해당하는 CFROI를 계산한다. 하지만 몇몇 중대한 차이가 있다.

첫째, IRR은 프로젝트 기간에 걸쳐 실질 세후 현금흐름이 고정되어 있지 않아도 계산할 수 있다. CFROI는 시간이 흘러도 자산에서 발생하는 실질 현금흐름이 변하지 않아야 계산할 수 있다. 성숙 섹터에서 이뤄지는 투자에는 합당한 가정일는지 몰라도 현금흐름이 실질 성장한다면 프로젝트 수익을 과소추정할 것이다. 따라서 성장을 허용하도록 CFROI를 수정해야 한다.

둘째, 프로젝트나 자산의 IRR은 점차 늘어나는 미래 현금흐름에 바탕을 둔다. 과거에 발생한 현금흐름은 '매몰(sunk)' 성격을 띤다고 보기에 관심을 두지 않는다. 반면 CFROI는 과거 발생한 현금흐름과 아직 발생하지 않은 현금흐름을 모두 활용해 프로젝트나 자산을 재구성한다. 이전 섹션에서 다루었던 프로젝트를 다시 생각해보자. 투자 시점의 최초 투자액과 세후 현금흐름, 구제가치가 변하지 않는다고 가정하면 IRR과 CFROI는 모두 11.71%다. 3년이 흘러도 CFROI는 첫 입력 변수가 변하지 않으므로 여전히 11.71%일 것이다. 하지만 IRR은 변한다. 3년이 흐른 시점의 자산 시장가치와 자산 잔여 수명 동안의 기대현금흐름, (잔여) 수명 7년에 바탕을 두고 계산하기 때문이다. 따라서 3년 후 자산 시장가치가 25억 달러로 상승한다면 프로젝트 IRR은 6.80%로 하락한다(단위: 100만 달러).

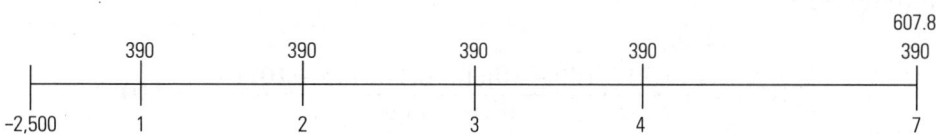

실질 자본비용이 8%이므로 CFROI(11.71%)는 자본비용보다 높지만 IRR(6.80%)은 자본비용보다 낮다. 두 척도가 차이 나는 원인은 무엇이고, 무엇을 시사하는가? 차이는 IRR이 전적으로 미래 기대현금흐름에 바탕을 두지만 CFROI는 그렇지 않다는 점에서 비롯한다. CFROI가 자본비용보다 높다면 대개 기업이 자산을 잘 배치했다는 뜻으로 해석한다. IRR이 자본비용보다 낮다면 자산 배치에 문제가 있다는 뜻으로 해석한다. 기업 소유주는 사업을 계속하기보다는 자산을 매각해 시장가치를 취하는 편이 더 낫기 때문이다.

CFROI와 기업 가치의 관계를 파악하기 위해 안정 성장 기업의 단순 현금흐름할인 모형에서 시작해보자.

$$기업\ 가치 = \frac{다음\ 해\ 기대\ FCFF}{k_c - 안정\ 성장률}$$

여기서   FCFF = 기대 기업 잉여현금흐름
k_c = 자본비용

이 수식을 CFROI의 함수로 풀어보면 다음과 같다.

$$기업\ 가치 = \frac{(CFROI \times GI - DA)(1 - t) - (CX - DA) - \Delta WC}{k_c - 안정\ 성장률}$$

여기서   CFROI = 현금흐름 투자이익률
GI = 총투자액
DA = 감가상각비 및 무형자산 상각비
CX = 자본적 지출
ΔWC = 운전자본의 증감

예컨대 한 기업의 CFROI가 30%이고 총투자액이 1억 달러, 자본적 지출이 1,500만 달러, 감가상각비가 1,000만 달러이고 운전자본 소요는 없다고 하자. 자본비용이 10%이고 세율이 40%이며 안정 성장률이 5%라고 하면 기업 가치는 다음과 같다(단위: 100만 달러).

$$기업\ 가치 = \frac{(0.30 \times 100 - 10)(1 - 0.4) - (15 - 10) - 0}{0.10 - 0.05} = 140$$

결괏값보다 더 중요한 사실은 기업 가치가 CFROI뿐 아니라 다른 변수(총투자액, 세율, 성장률, 자본비용, 재투자 소요)에 의해서도 결정된다는 점이다.

CFROI를 정교히 활용하는 평가자는 기업 가치가 바탕을 두는 CFROI가 보유 자산뿐 아니라 미래 투자에서도 비롯한다는 점을 잘 알고 있다. 널리 알려진 CFROI 지지 기관인 홀트 어소시에이츠(Holt Associates)는 '퇴색 요인(fade factor)'을 도입해 CFROI가 시간이 흐르며 실질 자본비용 수준으로 낮아지게 한다. 퇴색 요인은 다양한 CFROI 수준별 기업을 오랜 시간 추적해서 얻은 실증 데이터에 바탕을 두고 추정한다. 예컨대 현행 CFROI가 20%이고 실질 자본비용이 8%라면 시간이 흐르며 CFROI가 낮아질 것이다. 그러면 다소 복잡하기는 해도 기업 가치를 다음 항을 합한 식으로 다시 쓸 수 있다.

■ 보유 자산의 잔여 수명 동안 발생할 현금흐름의 현재가치:

$$\sum_{t=1}^{t=n} \frac{CFROI_{보유\ 자산} \times GI_{보유\ 자산}}{(1 + k_c)^t}$$

여기서 $CFROI_{보유\ 자산}$ = 보유 자산의 CFROI
                $GI_{보유\ 자산}$ = 보유 자산의 총투자액
                k_c = 실질 자본비용

■ 미래 투자에서 발생할 초과현금흐름의 현재가치:

$$\sum_{t=1}^{t=\infty} \frac{CFROI_{t,NI} \times \Delta GI_t}{(1 + k_c)^t} - \Delta GI_t$$

여기서 $CFROI_{t,NI}$ = t 연도 신규 투자(NI)의 CFROI
              GI_t = t 연도 신규 투자액

이때 $CFROI_{t,NI}$가 k_c와 똑같다면 현재가치가 제로라는 점을 유념하라.

따라서 기업 가치는 보유 자산의 CFROI뿐 아니라 CFROI가 자본비용 수준으로 하락하는 과정과 속도에 영향을 받는다. 그러면 기업이 가치를 증대하려면 다음 둘 중 하나를 택해야 한다.

- 특정 총투자액 수준에서 보유 자산의 CFROI를 높인다.
- CFROI가 실질 자본비용 수준으로 하락하는 속도를 늦춘다.

31장에서 현금흐름할인모형을 통해 분석한 기업 가치 증대 방법과 다르지 않다는 점을 유념하라. 보유 자산의 현금흐름(현행 CFROI를 높인다), 고성장 단계의 기간 (CFROI 하락 속도를 늦춘다), 고성장 단계 성장률(초과수익이 급격히 하락하지 않도록 조처한다) 측면에 초점을 둔다는 점이 똑같다.

---

 cfroi.xls: 이 스프레드시트를 이용하면 기업이나 프로젝트의 CFROI를 계산할 수 있다. (웹에서 다운로드 가능)

CFROI와 기업 가치: 잠재적인 상충 관계

CFROI와 기업 가치의 관계는 EVA와 기업 가치의 관계보다는 덜 직관적이다. CFROI는 비율값이라는 이유가 있지만, 이 외에도 CFROI가 상승하지만 결국 기업 가치가 하락하는 조처를 경영진이 택할 때가 많다.

- **총투자액 축소**: 보유 자산의 총투자액을 줄이면 CFROI가 상승한다. 가치는 CFROI와 총투자액의 함수로 결정되므로 투자액을 줄여 CFROI가 상승하지만 기업 가치가 하락할 수 있다.
- **미래 성장 희생**: CFROI는 EVA와 비교하더라도 보유 자산에 초점을 두는 척도이고 미래 성장에는 관심을 두지 않는다. 경영진이 미래 성장을 희생하는 대신 CFROI를 끌어올리더라도 기업 가치는 하락할 수 있다.
- **위험 감수**: CFROI를 실질 자본비용과 비교해 기업이 가치를 창출 또는 훼손하는지를 판단하지만 제한적인 위험 판단에 가깝다. 기업 가치는 미래 기대현금흐름의

현재가치이므로 자본비용보다 훨씬 높은 CFROI를 달성하더라도 위험을 감수해 높아진 자본비용의 영향이 더 크다면 가치가 훼손되는 결과를 피할 수 없다.

따라서 CFROI 상승 그 자체는 기업 가치 상승과 아무런 관련이 없다. 성장을 희생하거나 더 큰 위험을 감수한 덕분에 CFROI가 상승했다면 기업 가치가 반드시 상승하지는 않기 때문이다.

CFROI 혁신: 퇴색 요인과 내재 자본비용

CFROI를 사용하는 실무자는 시간이 흐르며 자본이익률이 자본비용 수준으로 낮아지게 하는 방법을 마련함으로써 분석의 정교화에 크게 기여했다. 매든(Madden, 1998)은 자본이익률의 수렴 현상을 쉽게 관측할 수 있을뿐더러 어느 정도 예측 가능하다고 주장했다. 그는 CFROI 기준 1,000개 기업을 선별해 오랜 시간 추적한 끝에 자본이익률이 평균 회귀한다는 결론을 내린 홀트 어소시에이츠 자료를 인용했다. 이 책에도 현금흐름할인 가치평가를 다룬 장에서 별도로 언급하지 않았지만 퇴색 요인을 적용했음을 유념하라. 더 낮은 자본이익률로 하락하는 현상은 종료 연도에 급격히 일어나거나 전환기를 두고 일어나기도 한다.

CFROI 실무자는 자본비용을 계산할 때 DCF 가치 추정 시 활용하는 위험-수익 모형이 아니라 시장을 살펴본다. 현행 시가총액과 총현금흐름 추정치를 활용해 자본비용으로 적용할 IRR을 계산한다. 7장에서 비슷한 방법으로 내재 위험 프리미엄을 추정했지만, 이를 위험-수익 모형의 입력 변수로 활용했다는 점에서 차이가 있다.

CFROI와 시장가치

CFROI가 높은 기업일수록 대개 시장가치가 높다. 앞서 EVA 분석에서 다룬 내용과 같으므로 당연한 결론이다. 하지만 주식 수익률은 시장가치 자체가 아니라 시장가치의 변동에서 비롯한다. 초점을 옮기면 CFROI와 시장가치 변동의 관계는 훨씬 약해 보인다. 시장가치는 기대치를 반영하는데 CFROI가 높은 기업이 초과수익을 달성할 것으로 확신할 이유가 없다.

CFROI 변동과 초과수익의 관계는 더 미묘하다. CFROI 상승 자체는 긍정적인 신호이지만 상승 폭이 가장 큰 기업이 초과수익도 더 커야 할 것이다. 하지만 현실에서는 CFROI 변동을 기대치와 비교해 판단해야 한다. CFROI가 상승했지만 기대치보다는 덜 상승했다면 시장가치가 하락할 것이다. CFROI가 하락했지만 기대치보다는 덜 하락했다면 시장가치가 상승할 것이다.

가치 증대에 관한 메모

기업 가치는 세 가지 요소로 이루어진다. 첫째, 기존 자산의 현금흐름 창출력으로서 현금흐름이 클수록 가치가 높다. 둘째, 미래 성장을 위한 재투자 의지와 재투자의 질이다. 다른 조건이 같다면 재투자를 잘하고 상당한 초과수익을 올리는 기업이 가치가 더 높다. 셋째, 자본비용이다. 자본비용이 높으면 기업 가치가 낮아진다. 따라서 기업이 가치를 창출할 방법은 다음과 같다.

- 성장 전망을 훼손하거나 위험 특성에 영향을 미치지 않고 기존 자산에서 더 큰 현금흐름을 창출한다.
- 자산 위험도를 높이지 않고 재투자를 늘리고 더 높은 초과수익을 거둔다.
- 투자이익률을 희생하지 않고 보유 자산이나 미래 성장을 위한 자금조달 비용을 낮춘다.

모든 가치 증대 방법은 이 간단한 명제를 세세히 변형한 것에 지나지 않는다. EVA처럼 초과수익액을 측정하든 CFROI처럼 초과수익률을 측정하든 관계없이 DCF 가치평가보다는 간단하고 덜 주관적으로 보이기에 많은 추종자가 생겨났다. 하지만 단순성에는 비용이 따른다. EVA와 CFROI는 가치의 다른 구성 요소를 두고 정교한 가정을 두지만 발견하기가 어렵고 이 사실을 아는 실무자도 많지 않다. EVA를 강조하며 EVA를 높인 경영진을 보상하는 접근법은 EVA 상승이 미래 성장을 희생하거나 위험 수준을 높인 대가로 얻은 결과가 아니라는 가정을 둔다. CFROI를 활용하는 실무자 역시 비슷한 가정을 두는 것이나 다름없다.

그렇다고 해서 이 새로운 가치 증대 척도가 가치 없다는 뜻은 아니고, 가치평가라는 맥락에서는 상당히 유용하다. 전통 가치평가모형의 입력 변수 중 자본이익률은 기대성장률을 얻기 위해 필요하다. EVA가 제안하는 방식대로 영업이익을 조정하고 CFROI까지 추가 분석하면 더 나은 자본이익률 추정치를 얻을 수 있다. 전통 가치평가모형의 잔존가치 계산에서는 가정을 조금만 변경해도 가치가 크게 변동한다. 하지만 성장률과 할인율을 벗어나 투자 초과수익 차원에서 생각하면 훨씬 추적하기가 수월하다. 마지막으로 퇴색 요인을 적용해 CFROI를 활용하는 실무자가 모은 실증 증거는 전통 가치평가모형에 상당한 도움이 된다. 전통적인 가치평가에서는 현행 자본이익률이 영원히 지속하리라는 잘못된 가정을 둘 때가 많기 때문이다.

결론

이번 장에서는 가치 증대 척도로 널리 사용하는 EVA와 CFROI를 살펴보았다. EVA는 기존 자산의 초과수익액을 측정한다. CFROI는 기존 자산의 내부수익률로서 자산의 최초 투자액과 미래 기대현금흐름에 바탕을 둔다. 두 척도는 모두 대개 전통 현금흐름할인모형과 일관된 결론을 도출하지만 단순성에는 비용이 따른다. 경영진은 두 척도의 측정 한계를 공략해 자기 회사가 EVA나 CFROI를 높인 것처럼 보이게 만들지만 실제 기업 가치는 하락할 때도 있다. 특히 미래 성장률을 희생한 대가로 당장의 EVA를 높이거나 더 위험한 투자에 손을 대기도 한다.

여러 가치 증대 방법을 검토할 때 염두에 두어야 할 사실이 몇 가지 있다. 첫째, 경영진이 가치 극대화를 최우선 목표로 두겠다고 헌신해야 가치 증대 방법이 실제 가치를 창출할 것이다. 경영진이 다른 목표에 초점을 둔다면 어떤 방법이든 효과가 없다. 반대로 경영진이 진정 가치 극대화에 죽고 산다면 어떤 방법이든 좋은 성과를 내게 만들 것이다. 둘째, 가치 증대 척도와 경영진 보상을 연동하는 것은 옳은 방향이지만 단점도 있다. 시간이 흐르면 경영진은 설령 기업 가치를 얼마간 희생하는 대가를 치르더라도 가치 증대 척도에서 좋은 실적을 낸 것처럼 보이기 위해 노력할 것이다. 셋째, 가치 창출의 만병통치약은 존재하지 않는다. 경쟁 시장에서 가치를 창출하기는 정말 어렵고 언제나 무언가를 얻으면 무언가를 대가로 내줘야 한다. 기업 내 모든 구성원이 가치 창출 과정에 맡을 역할이 있다(재무 부서만 열심히 한다고 끝나지 않는다). 사실 재무 전문가가 가치 창출에 기여하는 비중은 뛰어난 전략과 마케팅, 생산, 인사 부서가 기여하는 비중보다 작고 덜 중요하다.

연습문제 별도 표기가 없으면 주식 위험 프리미엄은 5.5%로 한다.

1 에버래스트 배터리가 당신을 컨설턴트로 고용했다. 이 회사의 세후 영업이익은 1.8억 달러, 순이익은 1억 달러였으며, 5,000만 달러의 배당금을 지급했다. 1998년 말 자기자본의 장부가치는 12.5억 달러, 부채의 장부가치는 3.5억 달러였다. 이 회사는 1998년 한 해 동안 5,000만 달러의 신규 부채를 조달했다. 1998년 말 자기자본의 시장가치는 장부가액의 두 배였고, 부채의 시장가치는 장부가액과 동일했다. 회사의 자기자본비용은 12%이고 세후 부채비용은 5%이다.

    a. 에버래스트 배터리가 얻은 자본이익률을 구하라.

    b. 에버래스트 배터리의 자본비용을 구하라.

    c. 에버래스트 배터리가 창출한 경제적 부가가치를 구하라.

2 앞의 문제에서, 에버래스트 배터리가 안정적으로 성장하고 있으며, 경제적 부가가치(EVA)가 연 5%씩 영원히 성장할 것으로 예상한다고 하자.

    a. 회사의 가치를 구하라.

    b. 이 가치 중 얼마가 초과수익에서 나오는가?

    c. 이 회사의 시장 부가가치(MVA)는 얼마인가?

d. 6년 차부터는 경제적 부가가치가 없을 것이라는 말을 들었다면 (a), (b), (c)에 대한 답변이 어떻게 달라지겠는가?

3 스테레오 시티는 스테레오와 TV를 판매하는 소매업체다. 이 회사의 영업이익은 1억 5,000만 달러이며, 운용리스 비용은 5,000만 달러다. 회사는 향후 5년 및 그 이후에 대해 다음과 같은 운용리스 약정이 있다(단위: 100만 달러).

연차	운용리스 약정 금액
1	55
2	60
3	60
4	55
5	50
6~15년 차	매년 40

회사의 장부상 자기자본은 10억 달러이며, 부채는 없다. 회사의 자기자본비용은 11%이고 세전 부채비용은 6%이다. 세율은 40%이다.

a. 운용리스를 조정하기 전과 후의 투하자본을 구하라.

b. 운용리스를 조정하기 전과 후의 자본이익률을 구하라.

c. 운용리스를 조정하기 전과 후의 경제적 부가가치를 구하라. (자기자본의 시장가치는 20억 달러이다.)

4 세비야 케미컬은 작년에 50억 달러의 투하자본에 대해 10억 달러의 세후 영업이익을 올렸다. 회사의 자기자본비용은 12%, 자본 대비 부채비율은 25%, 세후 부채비용은 4.5%이다.

a. 작년에 세비야 케미컬이 창출한 경제적 부가가치를 구하라.

b. 이제 전체 화학 산업이 1,800억 달러의 투하자본에 대해 세후 400억 달러를 벌었고, 이 산업의 자본비용이 10%라고 하자. 전체 산업이 창출한 경제적 부가가치를 구하라.

c. 경제적 부가가치를 기준으로 할 때, 세비야는 산업 평균 대비 어떤 성과를 보였는가?

5 지브스 소프트웨어는 고성장 중인 소규모 소프트웨어회사이다. 이 회사는 전액 자기자본으로 운

영된다. 올해에 회사는 6,000만 달러의 투하자본 대비 2,000만 달러의 세후 영업이익을 올렸다. 회사의 자기자본비용은 15%이다.

    a. 이 회사가 향후 5년 동안 경제적 부가가치를 매년 15%씩 증가시킬 수 있고, 5년 차 이후에는 초과수익이 없다고 하자. 회사의 가치를 구하라. 이 가치에 경제적 부가가치와 투하자본은 각각 얼마나 기여하는가?

    b. 이제 이 회사가 자산을 매각하고 다시 임차하여 올해의 투하자본을 2,000만 달러 줄일 수 있다고 가정하자. 세일 앤드 리스 백의 결과로 영업이익과 자기자본이 변하지 않는다고 가정하고, 현재 회사의 가치를 구하라. 현재 이 회사의 가치에 경제적 부가가치와 투하자본은 각각 얼마나 기여하는가?

6   헬시 푸드는 방부제 없는 수프 통조림을 생산하는 회사다. 이 회사는 장부가액이 1억 달러인 자산을 보유하고 있다. 이 자산은 5년이 지났으며 이 기간 동안 5,000만 달러의 감가상각이 이루어졌다. 또한 5년 동안 인플레이션은 연평균 2%였다. 이 자산은 현재 세후 영업이익으로 1,500만 달러를 벌어들이고 있다.

자산의 잔존 수명은 10년이며, 매년 감가상각은 500만 달러로 예상된다. 10년이 지난 후 자산의 예상 구제가치는 현재가 기준으로 5,000만 달러가 될 것이다.

    a. 기존 CFROI 접근법을 사용하여 헬시 푸드의 CFROI를 구하라.

    b. 경제적 감가상각 접근법을 사용하여 헬시 푸드의 CFROI를 구하라.

    c. 명목 자본비용이 10%이고 예상 인플레이션이 2%라면, 헬시 푸드의 기존 투자가 가치를 창출하는지 아니면 가치를 파괴하는지 판별하라.

33장
가치평가의 확률 기법: 시나리오 분석,
의사결정나무, 시뮬레이션

이 책의 대부분에서 우리는 가치평가에 현금흐름할인법과 상대가치평가법을 집중적으로 사용했다. 널리 사용되는 두 기법에는 공통점이 있다. 자산의 위험도는 하나의 숫자(더 높은 할인율, 더 적은 현금흐름, 또는 할인된 가치)로 요약되며, 계산 과정에 위험의 특성에 관한 (흔히 비현실적인) 가정이 필요하다.

33장에서는 아마도 더 유익할 만한 가치평가 기법을 살펴본다. 가능한 모든 결과를 숫자 하나로 요약해 기대 가치를 산출하는 대신, 각각의 결과에 따라 자산의 가치가 어떻게 달라지는지 정보를 제공할 수 있다. 이 섹션에서는 먼저 가장 단순한 방식을 살펴보는데, 세 가지 시나리오(최선의 상황, 가장 유력한 상황, 최악의 상황)로 자산의 가치를 분석하는 방식이다. 그런 다음 시나리오 분석을 더 일반적으로 논의한다. 이어서 순차 위험을 더 완벽하게 다루는 기법인 의사결정나무의 사용법을 알아본다. 끝으로 모든 영역에서 위험을 평가하는 가장 완벽한 기법인 몬테카를로 시뮬레이션을 평가한다.

시나리오 분석

위험 자산의 가치평가에 사용하는 기대 현금흐름은 두 가지 방법 중 하나로 추정할 수 있다. 기대 현금흐름은 가능한 모든 시나리오에서 현금흐름의 확률 가중평균을 나타낼 수도 있고, 가장 유력한 시나리오에서 나오는 현금흐름이 될 수도 있다. 전자가 더 정확한 척도이지만, 훨씬 많은 정보가 필요하므로 거의 사용되지 않는다. 그러나 두 방법 모두 현금흐름이 기대와 달라질 수 있어서, 현금흐름이 기대보다 많아질 수도 있고 적어질 수도 있다. 시나리오 분석에서는 위험이 가치에 미치는 영향을 더 잘 감지할 수 있도록 다양한 시나리오에 따라 기대 현금흐름과 자산 가치를 추정한다. 이 섹션에서는 먼저 시나리오 분석 중 가장 극단적인 방식으로서 최선의 상황과 최악의 상황에서 가치를 살펴보고, 이어서 시나리오 분석의 더 일반적인 방식을 알아본다.

최선의 상황·최악의 상황

위험 자산은 실제 현금흐름이 기대와 매우 다를 수 있다. 극단적으로는 만사가 잘 풀려서 현금흐름을 예측할 수 있는 최선의 시나리오가 펼쳐질 수도 있고, 만사가 안 풀려서 최악의 시나리오가 펼쳐질 수도 있다.

실제로 시나리오 분석을 구성하는 방법은 두 가지다. 첫째, 자산 가치가 최선(최악)으로 나오도록 각 입력 변수를 설정하여 현금흐름을 추정한다. 즉 기업의 가치를 평가할 때 매출 성장률과 영업이익률은 최고 수준으로 설정하고 할인율은 최저 수준으로 설정해서 최선의 시나리오에서 가치를 산출한다. 이 기법의 문제점은 실현 가능성이 부족하다는 것이다. 매출 성장률을 높이려면 기업은 가격을 낮춰 이익률 하락을 감수해야 하기 때문이다. 두 번째는 입력 변수들 사이의 상관관계까지 고려하면서 실현 가능성이 있는 최상의 시나리오를 정의한다. 즉 매출 성장률과 영업이익률이 모두 극대화된다고 가정하는 대신에, 실현 가능성이 있도록 성장률과 이익률을 조합하여 최대 가치를 산출한다. 이 기법이 더 현실적이지만, 실행하려면 더 많은 노력이 필요하다.

가치평가 바이블

최선의 상황·최악의 상황 분석은 얼마나 유용할까? 이 분석 결과는 두 가지 방식으로 의사결정에 유용해질 수 있다. 첫째, 최선의 상황에서 나오는 가치와 최악의 상황에서 나오는 가치의 차이를 자산 위험의 척도로 사용할 수 있다. 자산의 위험이 더 클수록 가치의 차이가 더 벌어진다. 둘째, 투자 포트폴리오에 미치는 부정적 파급 효과를 우려하는 투자자라면 최악의 상황에서 나오는 결과를 보면서 그 효과를 판단할 수 있다.

그러나 일반적으로 최선의 상황·최악의 상황 분석은 그다지 유익하지 않다. 최선의 상황에서는 가치가 매우 높고 최악의 상황에서는 가치가 매우 낮아도 놀라운 일이 아니다. 그러므로 이 기법을 사용하는 주식 애널리스트가 주식의 가치를 평가하면, 현재 주가가 50달러인 주식이 최선의 상황에서는 80달러가 될 수도 있고 최악의 상황에서는 10달러가 될 수도 있다. 이렇게 차이가 벌어지면 그 주식이 유망한 투자 대상인지 판단하기가 어렵다.

다중 시나리오 분석

시나리오 분석을 최선의 상황과 최악의 상황으로 제한할 필요는 없다. 매우 일반적으로 거시경제 변수와 자산 특유 변수를 다양하게 가정하면서 여러 시나리오에 따라 위험 자산의 가치를 산출할 수 있다.

시나리오 분석의 단계　　민감도 분석은 개념은 단순하지만 네 가지 중요 부문으로 구성된다.

1. 첫 번째는 시나리오의 바탕이 되는 요소 결정이다. 이런 요소가 신규 공장 설립을 검토하는 자동차회사에는 경제 상태가 될 수 있고, 신제품 도입을 검토하는 소비재회사에는 경쟁자들의 반응이 될 수 있으며, 신제품이나 서비스를 검토하는 회사에는 규제당국의 행태가 될 수 있다. 일반적으로 자산의 가치 결정에 가장 중요한 요소 두세 개를 중심으로 시나리오를 구성해야 한다.

2. 두 번째는 각 요소를 분석할 시나리오 수의 결정이다. 시나리오는 많을수록 더 현실적이지만, 정보를 수집하기가 어려워지고 자산의 현금흐름 측면에서 시나리오를 구분하기도 어려워진다. 예를 들자면 설정하는 시나리오가 15개일 때보다 5개일 때 시나리오별로 현금흐름을 추정하기가 더 쉽다. 검토할 시나리오의 수는 시나리오들의 차이가 얼마나 큰지, 시나리오별로 현금흐름을 얼마나 잘 예측할 수 있는지에 따라 결정해야 한다.

3. 세 번째는 시나리오별 자산의 현금흐름, 할인율, 가치 추정이다. 이 단계에서는 두세 가지 핵심 요소를 중심으로 비교적 소수의 시나리오를 설정하여 추정 작업의 부담을 덜어내야 한다.

4. 마지막으로 고려할 점은 시나리오별 확률 할당이다. 환율, 금리, 전반적인 경제 성장률 등 거시경제 요소가 포함되는 시나리오라면 이런 변수 예측 전문 서비스를 이용할 수 있다. 섹터나 경쟁자들이 포함되는 시나리오라면 자신의 지식에 의지해야 한다. 그러나 확률 할당은 시나리오가 모든 가능성을 포함할 때만 타당하다. 시나리오가 가능한 결과 중 일부만 나타낸다면 확률의 합계가 1이 되지 않는다.

시나리오 분석의 결과는 시나리오별 가치로 나타낼 수도 있고 (4단계에서 확률을 추정할 수 있다면) 시나리오 전반의 기대 가치가 될 수도 있다. 시나리오가 불완전하면 기대 가치를 산출할 수 없다.

전략가들은 이렇게 시나리오 분석을 정량적으로 보는 관점에 이의를 제기한다. 전략가들의 전통적 관점은 시나리오 분석이 의사 결정자들에게 주로 사고의 폭을 넓혀주는 질적 훈련이라는 것이다. 한 전략가의 말에 의하면 시나리오 분석은 유력한 결과를 찾아내는 것이 아니라 '그럴듯한 미래 이야기'를 만들어내는 것이다. 다시 말해서 발생 확률이 매우 낮은 시나리오도 고려한다는 점에서 유익하다는 말이다. 이 훈련의 이점은 기본 사례의 관점과 다르게 펼쳐지는 관점도 고려하게 된다는 것이다.

가치평가와 의사결정에서 유용성　시나리오 분석은 가치평가와 의사결정에 얼마나 유용한가? 모든 도구가 그렇듯이 답은 사용 방법에 달렸다. 시나리오 분석에서 나오는 가장 값진 정보는 서로 다른 시나리오에서 나오는 가치의 범위로서, 그 시점 자산의 위험도를 알려준다. 더 위험한 자산일수록 시나리오별 가치의 차이가 크고, 더 안전한 자산일수록 시나리오별 가치의 차이가 작다. 아울러 시나리오 분석은 가치에 가장 큰 영향을 미치는 입력 변수를 찾아내는 데에도 유용하다. 시나리오 분석에는 다른 이점도 있다. 어떤 시나리오에서 자산의 가치가 훨씬 낮아진다면, 투자자는 그 시나리오 발생에 대한 대비책을 마련할 수 있다.

시나리오를 통찰하는 과정은 적어도 유용한 훈련이 된다. 다양한 거시경제 환경에 따라 경쟁자들이 어떻게 반응할 것인지 검토하면서, 위험 자산의 손실 위험에 미치는 영향은 최소화하고 수익 가능성에 미치는 영향은 최대화하는 방법을 조사할 수 있다.

쟁점　다중 시나리오 분석은 명시된 시나리오별로 자산 가치를 제공하므로 최선의 상황·최악의 상황 분석보다 더 많은 정보를 제공한다. 그러나 다중 시나리오 분석에도 문제는 있다.

- **쓰레기를 입력하면 쓰레기가 출력된다**: 시나리오 분석을 잘하는 열쇠는 시나리오를 잘 설정해서 각 시나리오의 현금흐름을 잘 추정하는 것이다. 설정된 시나리오는 현실적이어야 하며, 가능한 모든 영역을 포함해야 한다. 시나리오를 설정하고 나면 각 시나리오의 현금흐름과 가치를 추정해야 한다. 시나리오의 수를 결정할 때는 이 균형 관계를 고려해야 한다.
- **연속적 위험(continuous risk)**: 시나리오 분석은 (결과가 분리되어 나타나는) 불연속적 위험을 다룰 때 가장 적합하다. 결과가 매우 다양한 잠재 가치로 나타나거나 연속 위험으로 나타난다면 시나리오를 설정하기가 더 어려워진다.
- **위험을 이중계산**: 최선의 상황·최악의 상황 분석에서와 마찬가지로, 의사결정자는 시나리오를 분석할 때 위험을 이중계산할 우려가 있다. 애널리스트는 한 시나리

오가 심하게 고평가되어 보인다는 이유로 실제로는 저평가된 투자를 거부할 수도 있다. 기대 가치에는 이미 이런 위험이 반영되어 있으므로 이는 이중계산에 해당한다.

[예시 33.1] 국유화 위협에 직면한 기업의 가치평가

지난 수십 년 동안 전 세계에서 국유화 위협은 감소했지만, 일부 국가에서는 기업들이 정부에 수용되거나 국유화될지 모른다고 투자자들이 여전히 경계한다. 애널리스트가 국유화 위험을 기대 현금흐름이나 할인율에 반영하기는 쉽지 않다. 특히 할인율은 (국유화, 자금난, 규제 변경 같은) 불연속적 위험을 민감하게 반영할 수 있는 도구가 아니다.

그 대안으로 시나리오가 둘인 기업의 가치를 평가하는 매우 단순한 시나리오 분석을 해보자. 하나는 기업 소유주가 현금흐름을 보유하는 계속기업 시나리오이고, 하나는 기업이 국유화되어 공정가치에 못 미치는 대금이 소유주에게 지급되는 시나리오이다. 기업의 기대 가치는 두 추정치의 가중평균이 된다.

이제 베네수엘라 기업의 가치를 평가한다고 더 구체적으로 가정하자. 이 기업의 내년 세후 영업이익은 1,000만 달러이고, 이후 성장률은 영원히 연 3%로 전망된다. 자본이익률은 20%이고(투하자본의 장부가는 5,000만 달러) 자본비용은 12%이다(자본비용에 거시경제적 국가 위험은 포함되어 있지만, 국유화 위험은 포함되지 않았다). 이 기업의 계속기업 가치를 평가하려고 기대 현금흐름과 자본비용으로 산출한 영업자산의 가치는 9,444만 달러다(단위: 100만 달러).

$$재투자율 = g/자본이익률 = 3\%/20\% = 15\%$$

$$영업자산의\ 가치_{계속기업} = \frac{EBIT(1-t)\left(1 - \dfrac{g}{자본이익률}\right)}{(자본비용 - g)} = \frac{10(1 - 0.15)}{(0.12 - 0.03)} = 94.44$$

이제 이 기업은 국유화될 가능성이 있으며, 국유화되면 정부가 소유주에게 영업자산의 장부가치만 지급한다고 가정하자. 국유화 대금은 다음과 같이 추정할 수 있다.

$$영업자산의\ 가치_{국유화} = 장부가치 = 50$$

국유화 확률을 25%로 보면 영업자산의 기대 가치를 다음과 같이 추정할 수 있다.

$$
\begin{aligned}
기대\ 가치 &= 영업자산의\ 가치_{계속기업} \times (1 - 국유화\ 확률) \\
&\quad + 영업자산의\ 가치_{국유화} \times (국유화\ 확률) \\
&= 94.44(0.75) + 50(0.25) \\
&= 83.33
\end{aligned}
$$

국유화 확률이 증가하고 국유화 대금이 감소할수록 기대 가치가 감소한다.

[예시 33.2] 규제 위험이 변하는 규제 기업의 가치평가

시나리오의 수가 증가하고 불확실성이 확대될수록 시나리오 분석은 더 복잡해지지만 더 유용해질 수 있다. 예를 들어 2009년 초 미국 최대 상업은행 중 하나인 웰스 파고의 가치를 평가한다고 가정하자. 2008년 금융위기가 발생하자 은행들은 수익성이 크게 손상되었을 뿐 아니라 손실에 대비한 자본을 더 확보하도록 당국이 규제할 가능성도 증가했다.

이 위기가 미치는 영향을 알아보자. 표 33.1은 2001~2008년 웰스 파고의 핵심 재무 변수들이다(단위: 100만 달러).

[표 33.1] 핵심 재무 변수(2001~2008년)

연도	2008	2007	2006	2005	2004	2003	2002	2001	8년 평균
배당	5,751	3,955	3,641	3,375	3,150	2,527	1,873	1,710	
순이익	2,842	8,057	8,482	7,671	7,014	6,202	5,434	3,423	
자기자본의 장부가치	47,628	45,876	40,660	37,866	34,469	30,319	27,214	26,488	
성장률	-64.73%	-5.01%	10.57%	9.37%	13.09%	14.13%	58.75%	-14.98%	12.28%
배당성향	202.36%	49.09%	42.93%	44.00%	44.91%	40.74%	34.47%	49.96%	43.73%
자기자본 이익률	5.97%	17.56%	20.86%	20.26%	20.35%	20.46%	19.97%	12.92%	18.91%

2008년에 배당은 증가했지만, 순이익과 자기자본이익률은 급감했다. 2009년 초 웰스 파고의 가치를 평가하는 애널리스트가 던지는 핵심 질문은 다음과 같다.

■ 이익, 배당, 투자이익률의 기준 연도로 어느 연도를 사용해야 하는가? 다시 말해서 2008년은 일탈에 해당하므로 2001~2007년 평균을 기준으로 삼아야 하는가?

■ 역사적으로 은행들의 베타는 1에 가까웠으므로, 2009년 웰스 파고의 자기자본비용은 약 9%였을 것이다(장기 국채 수익률 = 3%, 주식 위험 프리미엄 = 6%). 금융위기 때문에 은행들의 숨겨진 위험이 드러났는데도 가치평가에 이 베타를 계속 사용해야 하는가?

가능한 모든 시나리오를 고려해서 웰스 파고의 가치를 종합적으로 추정하는 대신, 세 가지 시나리오를 설정했다.

1. **신속한 정상 회복(10% 확률):** 가장 낙관적인 시나리오다. 위기는 금방 지나가고, 당국의 자본비율 규제

는 변경되지 않으며, 자기자본이익률과 베타는 곧 금융위기 이전 수준으로 돌아간다(베타 = 1, 자기자본이익률 = 18.91%).

2. **느린 정상 회복(60% 확률)**: 더 비관적인 (그리고 더 현실적인) 시나리오다. 위기는 서서히 지나가지만, 당국의 자본비율 규제가 강화되고 (그 결과 자기자본이익률이 15%로 하락하고) 은행들의 변동성이 증가한다(그 결과 자기자본비용이 10%로 상승한다).

3. **신세계 질서(30% 확률)**: 가장 비관적인 시나리오다. 위기가 길게 이어지고, 당국의 자본비율 규제가 매우 엄격해지며, 자기자본이익률은 12%로 하락하고 자기자본비용은 11%로 상승한다.

자기자본이익률과 자기자본비용을 배당할인모형의 지렛대로 사용하면 자기자본 가치를 다음과 같이 도출할 수 있다.

$$\text{자기자본 가치} = \frac{\text{기대 배당}_{\text{이듬해}}}{(\text{자기자본비용} - \text{기대성장률})} = \frac{\text{자기자본의 장부가치}_{\text{기준}} \times \text{ROE} \times \left(1 - \frac{g}{\text{ROE}}\right)}{(\text{자기자본비용} - \text{성장률})}$$

웰스 파고의 성장률이 연 3%라고 가정하면 자기자본 가치는 기대 ROE와 자기자본비용의 함수로 추정할 수 있다. 아래 표에서 세 가지 시나리오에 따라 웰스 파고 자기자본 가치(자기자본의 기초 장부가치인 476억 2,800만 달러 사용)를 추정했다.

시나리오	확률	순이익	ROE	자기자본비용	자기자본 가치
신속한 정상 회복	10%	9,006.45	18.91%	9%	126,294
느린 정상 회복	60%	7,144.20	15.00%	10%	81,648
신세계 질서	30%	5,715.36	12.00%	11%	53,582
기대 가치 = 0.10(126,294) + 0.60(81,648) + 0.30(53,582) =					77,693

2009년 초 웰스 파고의 시가총액은 666억 4,300만 달러이므로 저평가된 듯하지만, 가치평가는 세 시나리오에 부여한 확률에 따라 민감하게 달라진다.

의사결정나무

위험 중에는 불연속 위험도 있지만 연속 위험도 있다. 다시 말해서 일부 자산은 일련의 시험을 모두 통과해야 가치를 보유하며, 하나라도 통과하지 못하면 가치를 모두 상실할 수 있다. 상업 용도로 시험받는 의약품이 그런 예이다. 의약품이 상업적으로 판매되려면 FDA의 3단계 승인 절차를 모두 통과해야 하며, 어느 한 단계라도 통과하지 못하면 그 의약품은 판매 기회를 상실하게 된다. 의약품 포트폴리오를 보유한 대형 제약회사의 가치를 평가할 때는 진행 중인 의약품 포트폴리오 전체에 대해 절차를 통과하지 못할 위험의 평균을 산출하여 전통적 현금흐름할인모형에 사용할 수 있다. 반면 의약품 단 하나만 승인 절차를 진행 중인 소형 생명공학 기업의 가치를 평가할 때는 회사의 가치가 전적으로 연속 위험에 좌우된다. 의사결정나무를 이용하면 단계별 위험을 고려할 수 있을 뿐 아니라 각 단계에서 나온 결과에 대해 적절한 대응도 계획할 수 있다.

의사결정나무 분석의 단계

의사결정나무를 이해하는 첫 단계는 뿌리 노드(root node), 결정 노드(decision node), 사건 노드(event node), 종단 노드(end node)의 차이를 구분하는 것이다.

- 뿌리 노드는 의사결정나무의 출발점을 나타낸다. 여기서 의사결정자는 선택 결정이나 불확실한 결과에 직면할 수 있다. 뿌리 노드의 목적은 이 노드에서 투자의 가치를 평가하는 것이다.
- 사건 노드는 위험한 도박에서 나올 수 있는 결과를 나타낸다. 예를 들면 한 의약품이 FDA 승인 절차의 첫 단계를 통과할 것인지 여부다. 우리는 오늘 가용 정보를 바탕으로 가능한 결과를 파악하고 그 결과가 발생할 확률도 파악해야 한다.
- 결정 노드는 의사결정자가 해야 하는 선택을 나타낸다. 예를 들면 시험판매 결과가 나온 후 시험판매를 전국 판매로 확대할 것인지 선택하는 것이다.
- 종단 노드는 대개 앞에서 나온 불확실한 결과와 이후 결정한 대응에서 비롯된 최종 결과를 나타낸다.

매우 단순한 예를 생각해보자. 당신은 확실하게 20달러를 받든가 도박에 참여하는가 둘 중 하나를 선택할 수 있다. 도박에 참여하면 50달러를 딸 확률이 50%이고 10달러를 딸 확률이 50%이다. 그림 33.1은 이 도박 제안을 나타내는 의사결정나무이다.

[그림 33.1] 단순한 의사결정나무

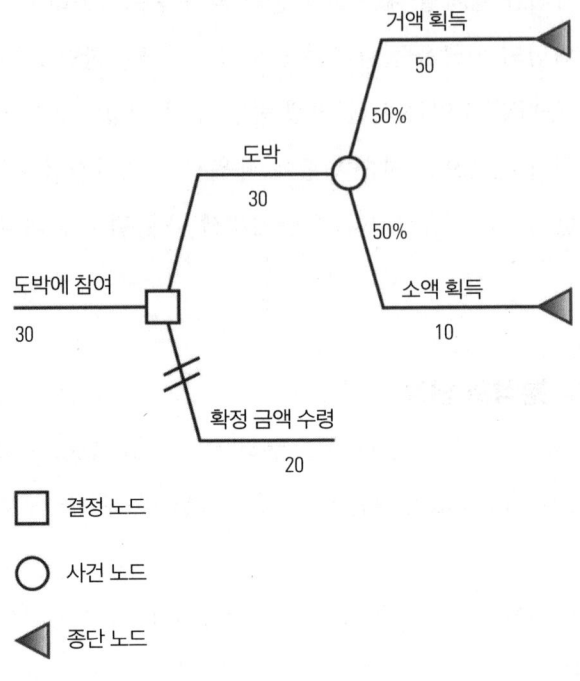

의사결정나무의 핵심 요소들을 살펴보자. 첫째, 오로지 사건 노드들만 불확실한 결과와 그 결과에 할당된 확률을 나타낸다. 둘째, 결정 노드는 선택을 나타낸다. 순수한 기대 가치 기준으로 보면, (기대 가치가 30달러인) 도박이 보장된 20달러보다 낫다. 아래 가지에 표시된 이중 사선은 이 가지를 선택하지 않는다는 뜻이다. 이 사례는 매우 단순할지 몰라도 의사결정나무 구성 요소들을 포함하고 있다.

1단계: 위험 단계를 분류한다. 의사결정나무를 전개하는 열쇠는 장래에 직면하게 될 위험 단계들의 윤곽을 잡는 것이다. FDA 승인 절차 같은 경우는 전개하기가 쉽다. 결과가 (의약품이 승인받아 다음 단계로 진행하거나 승인받지 못하는) 두 가지뿐이기 때문이다. 다른 경우에는 더 까다롭다. 예를 들어 새로운 소비자 제품의 시험판매에서는 결과가 수백 가지나 나올 수 있다. 이때는 시험판매의 성공 여부를 구분하는 불연속 카테고리를 만들어내야 한다.

2단계: 각 단계에서 그 결과가 나올 확률을 추정한다. 일단 위험 단계들의 윤곽을 잡아서 각 단계에서 결과를 정의한 다음에는 그 결과가 나올 확률을 계산한다. 모든 결과가 나올 확률의 합은 반드시 1이 되어야 하며, 1단계에서 결과가 나올 확률이 이전 단계 결과의 영향을 받을 수 있는지도 고려해야 한다. 예를 들어 시험판매 결과가 평균에 그치면 전국 판매가 성공할 확률은 어떻게 변하는가?

3단계: 결정 포인트를 정의한다. 의사결정나무에는 이전 단계에서 나온 결과들을 바탕으로 미래에 나올 결과를 예측하면서 최선의 행동 방침을 선택해야 하는 결정 포인트가 있다. 예를 들어 시험판매 사례에서는 시험판매가 끝나면 2차 시험판매를 할지, 제품을 포기할지 아니면 바로 전국 판매를 시작할지 선택해야 한다.

4단계: 종단 노드에서 현금흐름·가치를 계산한다. 다음 단계는 각 종단 노드에서 최종 현금흐름과 가치를 추정하는 것이다. 예를 들어 시험판매 제품을 포기하는 경우라면 이 값이 시험판매에 지출한 금액이 되므로 추정하기 쉽다. 그러나 이 제품을 전국에 판매하는 경우라면 추정하기 어렵다. 제품의 수명 기간에 걸쳐 추정한 기대 현금흐름을 할인해야 하기 때문이다.

5단계: 나무를 되접는다. 마지막 단계는 나무 되접기(folding back)로, 나무의 반대 방향으로 진행하면서 기대 가치를 계산한다. 기회 노드(chance node)라면 기대 가치를 확률(가능한 모든 결과의 가중평균)로 계산한다. 결정 노드라면 각 가지의 기대 가치를 계산해서 (최적 결정으로) 가장 높은 가치를 선택한다. 이 과정은 오늘 기준 자산이나 투자의 기대 가치로 마무리된다.[1]

의사결정나무에서 나오는 결과는 둘이다. 하나는 의사결정나무 전체의 오늘 기준 기대 가치다. 이 기대 가치에는 위험으로 인한 손실·이익 가능성과 이 위험에 대응해서 선택하는 투자자의 행동이 반영되어 있다. 실제로 이는 32장에서 논의한 위험 조정 가치와 비슷하다. 다른 하나는 종단 노드에 나오는 가치의 범위로, 투자의 잠재 위험을 요약해준다.

---

[1] 이 되접기 과정에서 산출되는 값이 일관되기 위한 가정을 조사하는 방대한 문헌이 있다. 특히 의사결정나무로 동시 발생 위험을 분석하는 경우라면 각 위험은 서로 독립적이어야 한다. 사린(Sarin)과 와커(Wakker, 1994)를 참조하라.

[예시 33.3] 의사결정나무 가치평가: 신생 제약회사의 가치평가

의사결정나무 전개에 포함되는 단계들을 살펴보자. 제품이 하나뿐인 소규모 생명공학 기업의 가치를 평가한다고 가정하자. 전임상 시험을 통과한 이 제1형 당뇨병 치료제는 FDA 승인 절차 1단계에 곧 진입할 예정이다.[2] 3개 단계에 관해서 받은 추가 정보는 다음과 같다.

1. 1단계는 예상 비용이 5,000만 달러이며 자원자 100명을 통해서 안전성과 투여량을 측정한다. 예상 기간은 1년이다. 이 신약이 1단계를 통과할 확률은 70%이다.
2. 2단계에서는 자원자 250명을 통해서 2년 동안 당뇨병 치료 효과를 시험한다. 2단계 예상 비용은 1억 달러이며, 다음 단계로 넘어가려면 통계적으로 유의한 치료 효과가 나와야 한다. 이 신약이 제1형 당뇨병 치료에 성공할 확률은 30%이지만, 제1형과 제2형 당뇨병 치료에 둘 다 성공할 확률은 10%이고, 제2형 당뇨병 치료에만 성공할 확률은 10%이다.
3. 3단계에서는 자원자 4,000명을 통해서 이 신약이 장기적으로 미치는 영향을 측정한다. 이 신약을 제1형이나 제2형 당뇨병 환자만을 대상으로 시험하면 4년에 걸쳐 비용 2억 5,000만 달러가 발생하며 성공 확률은 80%다. 두 유형 모두에 대해 시험하면 4년에 걸쳐 비용 3억 달러가 발생하며 성공 확률은 75%이다.

이 신약이 3개 단계를 모두 통과한다면 신약 개발비와 연간 현금흐름은 다음과 같다(단위: 100만 달러).

치료 대상	개발비	연간 현금흐름
제1형 당뇨병만	500	15년 동안 300
제2형 당뇨병만	500	15년 동안 125
제1형과 제2형 당뇨병	600	15년 동안 400

이 회사의 자기자본비용이 10%라고 가정하자.

이제 이 신약의 의사결정나무를 그릴 정보를 입수했다. 그림 33.2에서 보듯이 먼저 단계들의 윤곽을 그리고 각 단계의 현금흐름과 확률을 명시해야 한다.

의사결정나무는 각 단계에서 성공 확률을 보여주며, 각 조치와 관련된 추가 현금흐름이나 한계 현금흐름도 보여준다. 단계를 통과하려면 시간이 걸리므로 경로별 기대 현금흐름에 시간 가치 효과를 반영해야 한다. 그림 33.3에서 보듯이 자본비용 10%를 할인율로 사용해서 시간 가치 효과를 반영하여 각 경로 현금흐름의 (오늘 기준) 누적 현재가치를 계산했다.

3단계 후 개발에서 나오는 현금흐름의 현재가치를 (3단계 통과에 걸리는 시간을 반영하여) 추가로 7년 할인했다는 점에 유의하라. 그림 33.4에서 보듯이 과정의 마지막 단계에서는 나무의 반대 방향으로 진행하

---

2   제1형 당뇨병에 걸리면 췌장이 인슐린을 생산하지 않는다. 제1형 당뇨병 환자에는 어린이들이 포함되며 식습관이나 활동과는 무관하다. 이들은 생존하려면 인슐린을 공급받아야 한다. 제2형 당뇨병에 걸리면 췌장의 인슐린 생산이 부족해진다. 제2형 당뇨병은 노인층에서 뚜렷이 나타나며 간혹 생활 방식과 식습관 변경으로 통제할 수 있다.

[그림 33.2] 신약 개발 의사결정나무

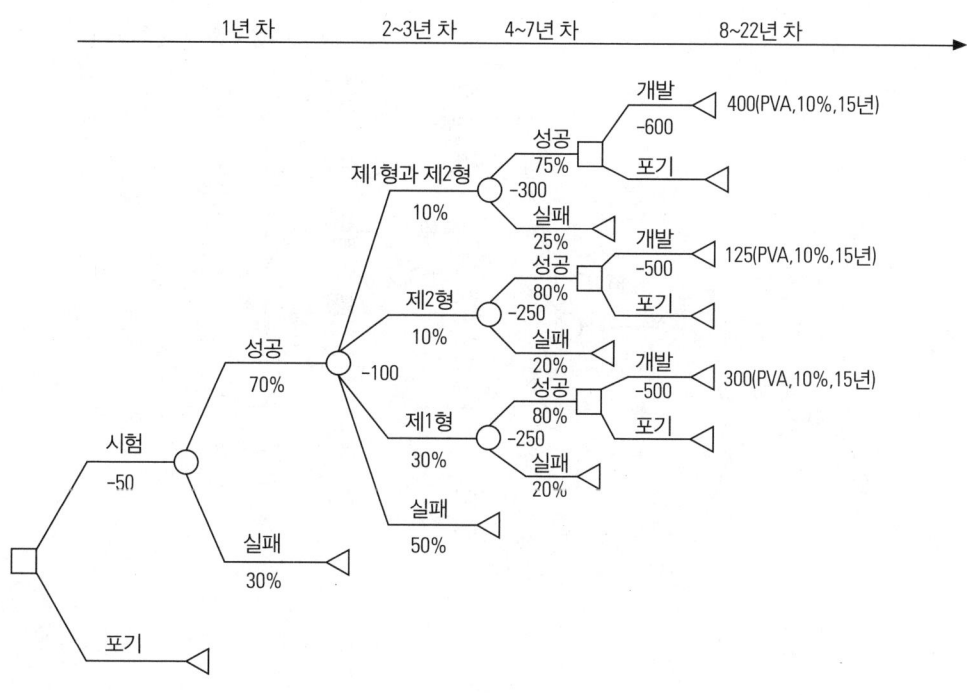

[그림 33.3] 종단 노드에서 현금흐름의 현재가치: 신약 개발 나무

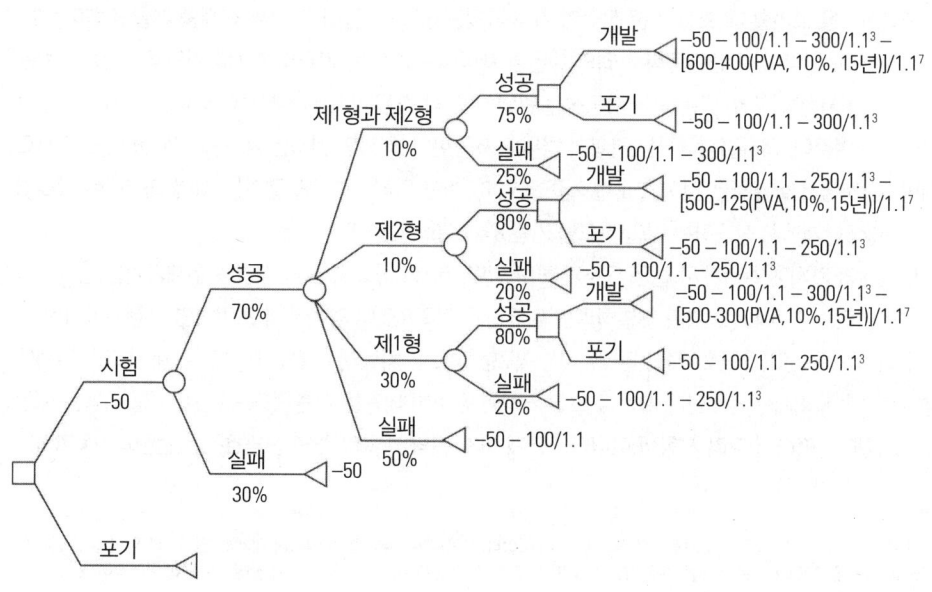

[그림 33.4] 신약 의사결정나무 되접기

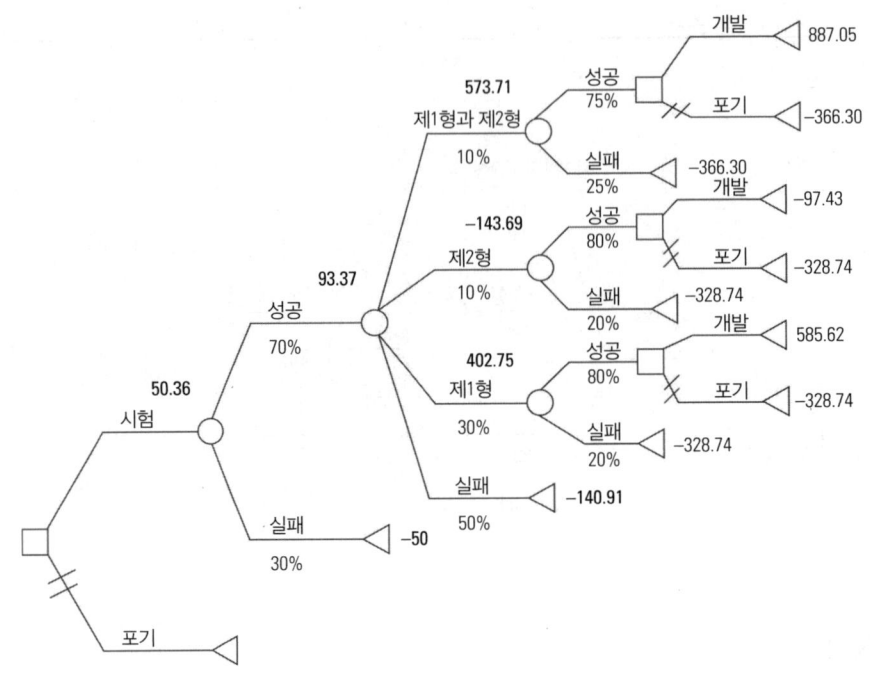

면서 각 결정 단계의 최적 행동을 추정하여 기대 가치를 계산한다(단위:100만 달러).

성공 불확실성을 고려할 때 오늘 기준 신약의 기대 가치는 5,036만 달러다. 다른 신제품 개발 능력이 없다고 가정하면 이 신약이 이 생명공학 기업의 유일한 제품이므로 이는 기업의 가치이기도 하다. 이 가치는 시간이 흐르면서 발생할 수 있는 모든 가능성을 반영하며, 각 결정 가지에서 최적이 아니어서 기각해야 하는 선택도 보여준다. 의사결정나무는 결과의 범위도 제공한다. 최악의 결과는 제1형과 제2형 당뇨병 치료제 개발 3단계에서 실패하는 것이고(오늘 기준 -3억 6,630만 달러), 최선의 결과는 제1형과 제2형 당뇨병 치료제 개발 3단계에서 성공하는 것이다(오늘 기준 8억 8,705만 달러).

마지막 단계의 가치에 수수께끼 같은 요소가 하나 있다. 제2형 당뇨병 신약 개발의 현재가치는 음수이다(-9,743만 달러). 그런데도 회사가 개발하려는 이유는 무엇일까? 이 단계에서 포기하면 순현재가치는 더 음수가 되기 때문이다(-3억 2,874만 달러). 이는 제2형 당뇨병 치료제 개발이 미치는 한계 효과의 관점에서 볼 수도 있다. 회사는 3개 단계 시험을 모두 거치면서 이미 비용을 지출했으므로, 이 시험 비용은 매몰 비용이 되었다.[3] 따라서 고려 사항이 아니다. 3단계 이후 신약 개발의 한계 현금흐름은 순현재가치가 4억

---

3   1단계와 2단계 비용만 매몰 비용으로 간주하는 편이 더 정확하다. 2단계가 끝나면 이 신약이 제2형에만 효과적임을 알게 되기 때문이다. 1단계와 2단계 비용만 매몰 비용으로 간주하더라도 기대 가치 기준으로 보면 3단계를 진행하는 편이 합리적이다.

5,100만 달러다(7년 차 현금흐름).

7년 차에 제2형 당뇨병 치료제 개발의 현재가치 = -500 + 125 × 연금 현가 계수(10%, 15년) = 451

의사결정나무 되접기를 통해서 각 단계에서 신약·회사의 가치를 파악할 수 있다.

의사결정나무의 효용성

의사결정나무는 여러 가지 혜택을 제공하는데도 분석에 더 자주 사용되지 않는다는 사실이 놀라울 정도다.

- **위험에 역동적으로 대응**: 의사결정나무는 불확실한 사건에서 나오는 결과를 행동 및 선택과 연결하므로, 다양한 상황에서 행동을 고려하게 해준다. 그 결과 어떤 결과가 나오더라도 놀라지 않고 대응할 수 있다. 예를 들어 앞의 섹션에서 3단계의 결과가 어떻게 나오더라도 행동 계획이 준비되어 있다.
- **정보의 가치**: 의사결정나무는 정보의 가치에 관해서 유용한 관점을 제공한다. 신약 개발 사례에서만큼 명확하지는 않지만, 제품을 상업용으로 개발하기 전에 시험판매를 고려할 때 정보의 가치를 알 수 있다. 시험판매를 하면 성공 가능성에 관한 정보를 더 얻게 된다. 의사결정나무에서 이 개선된 정보의 기대 가치를 시험판매 비용과 비교할 수 있다.
- **위험 관리**: 의사결정나무는 시간의 흐름에 따라 펼쳐지는 현금흐름의 형태를 보여주므로, 위험과 이익을 비교하면서 선택할 때 유용하다. 유로 대비 달러가 약세일 때 최악의 상황이 펼쳐지는 자산의 의사결정나무를 생각해보자. 이 위험은 헤지할 수 있으므로, 위험 헤지 비용을 최악의 상황에서 발생하는 현금흐름 손실과 비교할 수 있다.

요컨대 의사결정나무는 각 단계에서 발생하는 위험을 다루는 유연하고도 강력한 기법이다. 아울러 위험 노출 척도도 제공하며, 각 단계에서 발생하는 긍정적·부정적 결과에 대응하는 방법까지 생각하게 해준다.

쟁점

위험 중에는 의사결정나무로 다룰 수 있는 위험도 있고 다룰 수 없는 위험도 있다. 의사결정나무는 특히 순차적 위험 분석에 가장 적합하다. FDA의 단계적 승인 절차가 대표적인 예이다. 자산에 동시에 영향을 주는 위험들은 의사결정나무로 다루기가 어렵다.[4]

시나리오 분석과 마찬가지로 의사결정나무는 위험을 대개 불연속 결과의 관점으로 본다. 이는 결과가 성공과 실패 둘뿐인 FDA 승인 절차 때문에 발생하는 문제가 아니다. 대부분 다른 위험들은 결과의 범위가 훨씬 넓으므로 의사결정나무로 분석하려면 결과를 분류하는 불연속 카테고리를 만들어내야 한다. 예를 들어 시험판매를 분석할 때 판매량이 10만 개를 초과하면 대성공으로, 6~10만 개이면 평균 성과로, 6만 개 미만이면 실패로 분류할 수 있다.

위험이 순차적이고 불연속 박스로 분류할 수 있다고 가정해도 추정은 쉽지 않은 작업이 될 수 있다. 우리는 각 결과와 그 확률에 따라 현금흐름을 추정해야 한다. 신약개발 사례에서는 각 단계에서 비용과 성공 확률을 추정해야 했다. 이 추정치로는 단계별 신약 통과 비율에 관한 실증 데이터와 과거 신약시험 비용 데이터를 이용할 수 있다. 그러나 신약마다 성공 가능성은 크게 다를 수 있으므로 의사결정나무에서 오류가 발생할 가능성은 여전히 있다.

의사결정나무의 기대 가치는 결정 포인트에서 견지하는 가정에 크게 좌우된다. 다시 말해서 시험판매에 실패하면 최적 결정이 포기라고 가정했을 때, 시험판매에 실패했는데도 이를 무시하고 기대 가치를 산출하여 제품을 전면적으로 도입한다면, 그 산출 과정이 훼손되어 그 기대 가치는 의미를 모두 상실한다.

위험 조정 가치와 의사결정나무

의사결정나무는 현금흐름할인법의 대안인가, 보완인가? 이는 흥미로운 질문이다.

---

4   의사결정나무로 그런 위험을 분석하려면 위험이 서로 독립적이어야 한다. 다시 말해서 순서가 어떻게 되든 상관없어야 한다.

일부 애널리스트는 의사결정나무가 좋은 결과와 나쁜 결과의 가능성을 모두 고려하므로 위험도 이미 반영한 상태라고 생각한다. 그래서 의사결정나무에서 현재가치를 추정할 때는 무위험 이자율을 사용해야 한다고 주장한다. 위험 조정 할인율을 사용하면 위험을 이중계산하는 셈이라고 보기 때문이다. 그러나 몇 가지 이례적인 상황을 제외하면 이들의 추론은 옳지 않다.

- **기대 가치는 위험 조정 가치가 아니다**: 의사결정나무에서 각 결과와 그 결과의 발생 확률을 바탕으로 기대 현금흐름을 추정한다고 가정하자. 이렇게 산출하는 확률 가중 기대 가치는 위험 조정 가치가 아니다. 우리는 결과에 내재하는 위험이 자산 특유의 위험이어서 분산투자를 통해서 회피할 수 있을 때만 무위험 이자율을 사용할 수 있다. 예를 들어 FDA 신약 개발 사례에서처럼 회사가 직면하는 유일한 위험이 신약 승인 위험일 때는 무위험 이자율을 현금흐름 할인율로 사용할 수 있다. 그러나 7년 후에는 위험에 시장 요소가 포함되므로 위험 조정 수익률이 무위험 이자율보다 높아진다고 보아야 한다.

- **위험 이중계산**: 의사결정나무에서 초기 단계의 실패 가능성을 고려하여 높은 위험 조정 할인율을 사용하면 이중계산이 되므로 유의해야 한다. 이런 오류 현상은 벤처캐피털 가격평가에서 흔히 나타난다. 23장에서 보았듯이 벤처캐피털이 신생 기업의 최종 회수 투자금(exit value) 추정에 흔히 사용하는 기법은 추정 이익에 미래 PER을 곱한 다음 목표 수익률로 할인하는 것이다. 예를 들어 이 기법을 사용해서 현재는 적자이지만 5년 후 예상 이익이 1,000만 달러인 기업의 현재가치를 계산하면 다음과 같다. 기업공개 시점의 PER 추정치는 40, 목표 수익률은 35%로 가정한다(단위: 100만 달러).

$$\text{5년 후 기업의 가치} = \text{5년 후 이익} \times \text{PER} = 10 \times 40 = 400$$
$$\text{오늘 기업의 가치} = 400/1.35^5 = 89.20$$

그러나 이 신생기업의 파산 확률을 고려해서 목표 수익률이 높은 수준(35%)으로 설정되었다. 이 사례는 그림 33.5의 단순한 의사결정나무로 나타낼 수 있다.

r은 이 벤처의 사업 위험을 반영한 정확한 할인율이며, 여기서는 15%라고 가정하자. 그러면 벤처 투자자가 추정한 가치 8,920만 달러를 이용해서 내재 파산 확률(p)을 구할 수 있다.

$$\text{추정 가치} = 89.20 = \frac{400}{1.15^5}(p)$$

[그림 33.5] 신생기업의 의사결정나무

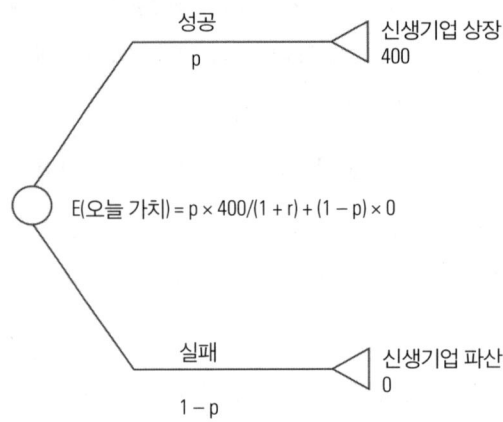

p를 구하면 성공 확률은 44.85%이다. 사용하는 할인율이 정확하다면 이 확률 추정치로 산출한 가치는 벤처 투자자의 가치와 똑같을 것이다. 그러나 목표 수익률 35%를 할인율로 사용하면 산출되는 가치가 훨씬 낮을 것이다. 위험이 이중으로 계산되었기 때문이다. 마찬가지 이유로 생명공학 기업에 높은 할인율을 적용하면 그 기업의 가치를 저평가하게 된다. 그 할인율에는 기업의 실패 확률이 이미 반영되어 있기 때문이다. 신약 승인 위험이 기업 특유의 위험이어서 분산 가능하다면, 초기 단계의 실패 가능성이 매우 크더라도 의사결정나무 분석에 적용하는 할인율은 적정 수준이어야 한다.

의사결정나무에 사용하는 할인율이 미래 사업 위험을 반영해야 한다면, 나무의 각 포인트에서 할인율이 달라질 수 있다. 예를 들어 시험판매 단계에서 크게 성공하면 평균적인 시험판매 결과보다 현금흐름의 예측 가능성이 높아진다. 그러면 이 경우에는 평균보다 낮은 할인율을 사용하게 된다. 신약 개발 사례에서 신약이 두 가지 유형 모두에 치료 효과가 있다면, 한 가지 유형에만 치료 효과가 있을 때보다 기대 현금흐름이 더 안정적으로 된다. 그렇다면 전자에는 8% 할인율이 적절하고, 후자에는 12% 할인율이 적절할 수 있다.

다시 검토해보면 의사결정나무는 위험 조정 가치평가의 대안이 아니라, (기대 현금흐름이나 위험 조정 할인율을 산출하기 어려울 때) 불연속 위험을 조정하는 다른 방법으로 볼 수 있다.

시뮬레이션

시나리오 분석과 의사결정나무가 불연속 위험이 미치는 영향을 평가하는 기법이라면, 시뮬레이션은 연속 위험이 미치는 영향을 평가하는 기법이다. 우리가 현실 세계에서 직면하는 대부분 위험은 수백 가지 결과를 불러올 수 있으므로, 시뮬레이션은 위험이 미치는 영향을 더 풍부하게 보여준다.

시뮬레이션의 단계

시나리오 분석에서는 불연속 시나리오를 기준으로 가치를 평가하지만, 시뮬레이션에서는 불확실성을 더 유연하게 다룰 수 있다. 전통적인 시뮬레이션에서 가치의 분포는 가치평가 모수(성장률, 시장 점유율, 영업이익률, 베타 등)로부터 추정된다. 각 시뮬레이션에서 우리는 각 분포에서 결과 하나를 도출하여 특유의 현금흐름과 가치 세트를 창출한다. 시뮬레이션 횟수를 크게 늘리면 (우리가 현실에서 입력 변수를 추정할 때 직면하는 불확실성을 반영하는) 자산의 가치 분포를 도출할 수 있다. 시뮬레이션 실행 단계는 다음과 같다.

1. **확률 변수 결정**: 어느 분석이든 입력 변수는 수십 개가 될 수 있다. 이 중에는 예측 가능한 변수도 있고 예측 불가능한 변수도 있다. 시나리오 분석과 의사결정나무에서는 바뀌는 변수와 결과의 개수가 적지만, 시뮬레이션에서는 바뀌는 변수의 개수에 제한이 없다. 이론상 모든 입력 변수의 확률 분포를 정의할 수 있다. 그러나 이렇게 하면 시간이 오래 걸려서 실익이 없으므로, 특히 가치에 미치는 영향이 미미한 변수들은 제외한다. 그러므로 가치에 큰 영향을 미치는 몇몇 변수에 집중하는 편이 타당하다.

2. **이들 변수의 확률 분포를 정의한다**: 이것이 시뮬레이션 분석에서 가장 중요하면서도 어려운 단계이다. 확률 분포 정의에는 일반적으로 세 가지 방법이 있다.

   i. **과거 데이터**: 오랜 기간 축적된 믿을 만한 데이터가 있다면 이 과거 데이터를 사용해서 확률 분포를 개발할 수 있다. 예를 들어 (투자 분석에 입력 변수로 사용하려고) 장기 국채 수익률의 기대 변동률 분포를 개발한다고 가정하자. 1928~2023년 장기 국채 수익률의 연간 변동을 사용해서 미래 변동률 분포를 개발할 수 있다(그림 33.6 참조). 이 기법에 내포된 가정은 그동안 시장에서 과거 데이터의 신뢰도를 무너뜨릴 만한 구조적 변화는 없었다는 것이다.

   ii. **횡단면 데이터**: 분석 대상 자산과 비슷한 자산의 특정 변수를 데이터로 사용할 수도 있다. 의류회사 영업이익률의 변동성을 분석한다고 가정하자. 그림 33.7은 2023년 의류회사들의 세전 영업이익률 분포를 나타낸다. 시뮬레이션에서는 이 분포를 직접 사용할 수도 있고, 특성이 비슷한 표준 통계 분포를 사용할 수도 있다. 이 분포를 사용한다면, 의류회사들의 영업이익률 분포가 똑같다고 가정하는 셈이다.

   iii. **통계 분포와 모수**: 우리가 예측하려는 대부분 변수에 대해서는 과거 데이터와 횡단면 데이터가 부족하거나 신뢰하기 어렵다. 그렇다면 입력 변수의 변동성을 잘 포착하고 모수를 잘 추정하는 통계 분포를 선택해야 한다. 그러면 의류회사들의 영업이익률 분포는 똑같으며 최소 0%, 최대 35%이고, 매출 성장률은 정규분포로서 기댓값은 15%이고 표준편차는 10%라고 판단할 수 있

[그림 33.6] 미국 장기 국채 10년물 수익률의 연간 변동률

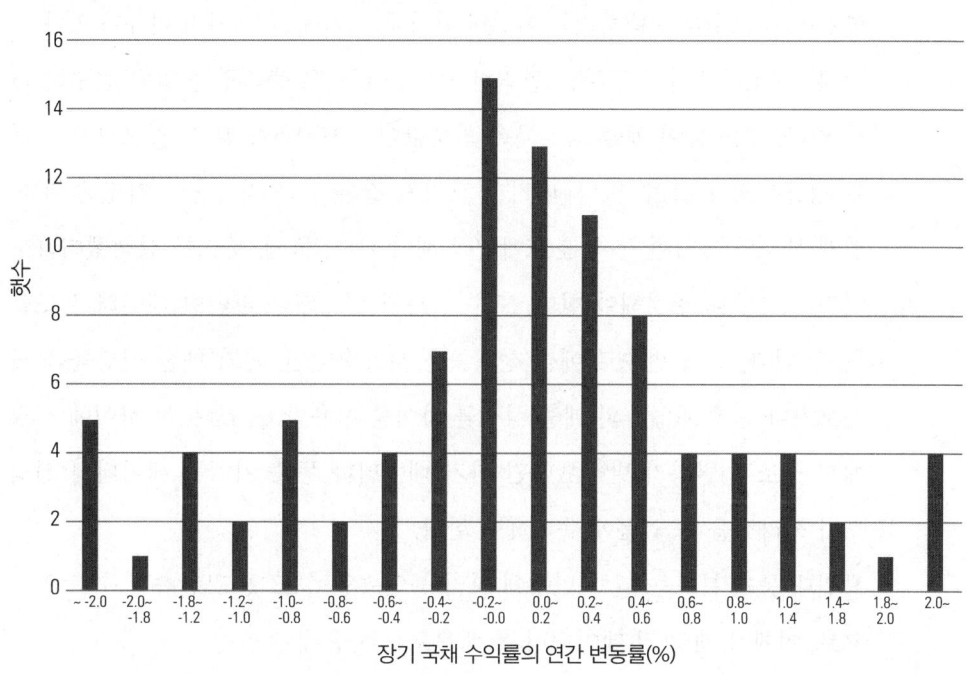

[그림 33.7] 세전 영업이익률: 세계 의류·신발회사들(2024년 1월)

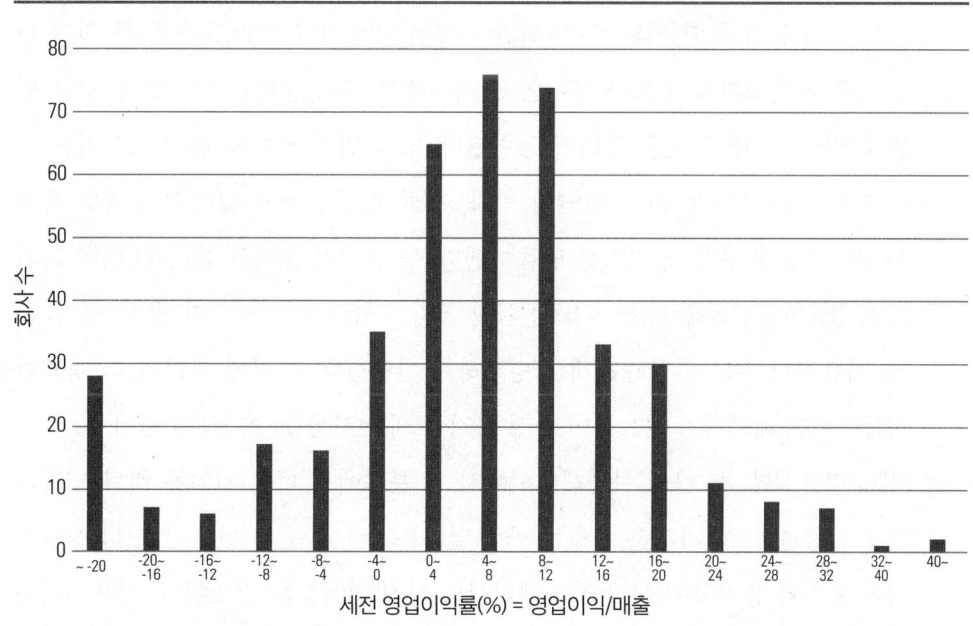

다. 지금은 PC용 시뮬레이션 패키지 다수가 다양한 분포를 제공하지만, 적절한 분포와 모수를 선택하기는 여전히 어렵다. 여기에는 두 가지 이유가 있다.

첫째, 통계 분포가 요구하는 엄격한 요건을 실제로 충족하는 입력 변수는 거의 없다. 예를 들어 매출 성장률은 최솟값이 −100%가 될 수 있으므로 실제로 정규분포가 될 수 없다. 따라서 오차가 결론에 큰 지장을 주지 않는다면, 실제 분포와 유사한 통계 분포에 만족해야 한다. 둘째, 분포를 선택했더라도 여전히 모수를 추정해야 한다. 모수는 과거 데이터나 횡단면 데이터로 도출할 수 있다. 입력 변수로 매출 성장률을 사용한다면, 과거 매출 성장률을 찾아보거나 동종 기업들의 매출 성장률 차이를 이용할 수 있다. 그 사이에 시장에서 구조적 변화가 발생했다면 과거 데이터나 동종 기업들 데이터의 신뢰도가 사라졌을 수 있음에 유의해야 한다.

요컨대 통계 분포는 입력 변수에 따라 불연속일 수도 있고 연속일 수도 있으므로, 이에 맞게 과거 데이터나 통계 분포를 사용해야 한다.

3. **변수 사이의 상관관계를 확인**: 분포를 선택한 다음에는 곧바로 시뮬레이션을 실행하려는 유혹을 느낄 수 있지만, 반드시 변수들 사이의 상관관계를 확인해야 한다. 예를 들어 금리와 인플레이션의 확률 분포를 개발한다고 가정하자. 두 입력 변수 모두 가치평가에 중요하겠지만, 둘 사이에는 대개 상관관계가 있다. 높은 인플레이션에는 대개 높은 금리가 동반된다. 입력 변수 사이에 양이든 음이든 상관관계가 강하면, 두 가지 대안이 있다. 첫째, 상관관계가 있는 변수들의 특성을 담아내는 합성 입력 변수를 만들어낸다. 두 변수가 금리와 인플레이션이라면 (명목 금리에서 인플레이션을 차감한) 실질 금리가 합성 입력 변수가 될 수 있다. 둘째, 시뮬레이션에 이 상관관계를 명확하게 반영한다. 이렇게 하려면 더 정교한 시뮬레이션 패키지가 필요하며 추정 과정에 세부 사항을 추가해야 한다.

4. **시뮬레이션 실행**: 첫 번째 시뮬레이션에서 각 분포에서 나온 결과를 바탕으로 가치를 산출한다. 이 과정은 원하는 만큼 얼마든지 반복할 수 있다. 그러나 시뮬레이션 횟수가 증가할수록 각 시뮬레이션의 한계 기여도는 감소한다. 시뮬레이션

가치평가 바이블

횟수는 다음과 같이 결정해야 한다.

- **확률적 입력 변수의 수**: 확률 분포 관련 입력 변수가 많을수록 필요한 시뮬레이션 횟수가 증가한다.

- **확률 분포의 특성**: 확률 분포가 다양할수록 필요한 시뮬레이션 횟수가 증가한다. 입력 변수가 모두 정규분포라면, 입력 변수가 정규분포, 과거 데이터 분포 등으로 구성되었을 때보다 필요한 시뮬레이션 횟수가 적다.

- **결과의 범위**: 각 입력 변수에 따른 결과의 범위가 넓을수록 필요한 시뮬레이션 횟수가 증가한다.

대다수 시뮬레이션 패키지는 시뮬레이션을 수천 회 허용하며, 횟수가 증가해도 추가 비용이 거의 들지 않는다. 그러므로 시뮬레이션 횟수는 지나치게 부족한 것보다는 차라리 지나치게 많은 편이 낫다.

적절한 시뮬레이션을 가로막는 걸림돌이 두 가지 있다. 첫째는 정보다. 각 입력 변수에서 나온 값의 분포를 추정하여 가치를 평가하기는 쉽지 않다. 다시 말해서 매출의 기대성장률 분포(분포 유형, 그 분포의 모수)를 명시하는 것보다, 향후 5년 매출 기대성장률 8%를 추정하는 편이 훨씬 쉽다. 둘째는 계산이다. PC가 등장하기 전에는 시뮬레이션 분석에 매우 많은 시간과 자원이 소모되었다. 최근에는 이런 제약이 해소되어 시뮬레이션 분석이 비교적 편리해졌다.

[예시 33.4] 엑슨모빌 가치평가: 몬테카를로 시뮬레이션

22장에서 2009년 종합석유회사 엑슨모빌의 가치를 평가했다. 엑슨모빌의 영업이익은 1985~2008년 각 연도 평균 유가의 함수로 나타난다(그림 33.8 참조).

22장에서 우리는 배럴당 유가에 대해 엑슨모빌의 영업이익을 다음과 같이 회귀분석했다(단위: 100만 달러).

$$영업이익 = -6,395 + 911.32(평균 유가) \qquad R^2 = 90.2\%$$
$$(2.950) \quad (14.59)$$

유가가 배럴당 10달러 상승할 때마다 엑슨모빌의 영업이익은 약 91억 1,000만 달러 증가한다. 그리고 엑

슨모빌 이익의 변동 중 90%는 유가 변동에서 비롯된다.[5]

[그림 33.8] 엑슨모빌의 영업이익과 유가(1985~2008년)

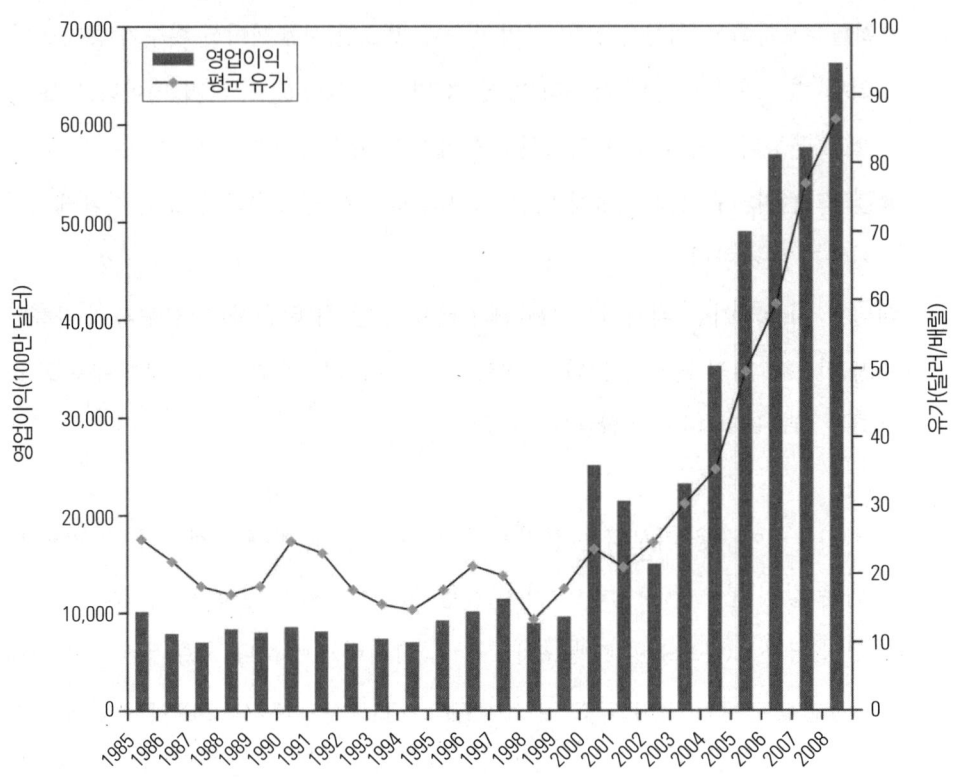

22장에서는 2009년 엑슨모빌 주식의 가치를 추정하려고 다음과 같이 가정했다.

■ 엑슨모빌의 상향식 베타를 0.90으로 추정하였고, 장기 국채 수익률 2.5%와 주식 위험 프리미엄 6.5%를 사용해서 자기자본비용을 다음과 같이 추정했다.

$$자기자본비용 = 2.5\% + 0.90(6.5\%) = 8.35\%$$

■ 엑슨모빌의 잔존 부채는 94억 달러, 시가총액은 3,204억 달러(49억 4,163만 주, 주가 64.83달러)이므로 부채비율은 2.85%이다. 신용등급이 AAA이므로 무위험 이자율에 부도 스프레드 1.25%를 가산하면 부

---

5   엑슨모빌은 수십 년 동안 안정적인 대기업이었으므로 이 관계가 매우 강력하다. 성장하는 소규모 석유회사에서는 이익과 유가 사이의 상관관계가 더 약할 것이다.

채비용은 3.75%로 추정된다. 엑슨모빌의 (실효세율 대신) 한계세율 38%와 부채비율 2.85%를 사용하면 자본비용은 8.18%로 추정된다.

$$자본비용 = 8.35\%(0.9715) + 3.75\% \, (1 - 0.38)(0.0285) = 8.18\%$$

■ 엑슨모빌은 영업이익이 계속해서 연 2% 성장하는 안정 성장 기업이다. 신규 투자에서 기대되는 자본이익률은 정상 영업이익과 현재 투하자본을 반영한다. 이 자본이익률은 재투자율 산출에 사용된다.

2008년 엑슨모빌의 영업이익은 600억 달러를 초과했지만, 2009년 3월 유가는 45달러로 하락했다. 그래서 정상 영업이익을 346억 1,400만 달러로 추정했다.

$$정상 영업이익 = -6,395 + 911.32(45) = 34,614$$

이 영업이익과 성장률 2%[6]를 바탕으로 자본이익률 약 21%와 재투자율 9.52%가 산출된다.

$$재투자율 = g/자본이익률 = 2/21\% = 9.52\%$$

$$영업자산의 \, 가치 = \frac{영업이익(1 + g)\,(1 - t) - \left(1 - \dfrac{g}{투하자본이익률}\right)}{(자기자본비용 - g)}$$

$$= \frac{34,614(1.02)\,(1 - 0.38) - \left(1 - \dfrac{2\%}{21\%}\right)}{(0.0818 - 0.02)} = 320,472$$

현금 잔고(320억 700만 달러)를 더하고 부채(94억 달러)를 차감하여 유통주식 수(49억 4,163만 주)로 나누면 주당 가치가 산출된다.

$$주당 \, 가치 = \frac{영업자산의 \, 가치 + 현금 - 부채}{유통주식 \, 수} = \frac{320,472 + 32,007 - 9,400}{4,941.63} = 69.43(달러)$$

현재 주가는 64.83달러이므로 다소 저평가된 것으로 보인다. 그러나 여기에는 현재 유가(배럴당 45달러)가 정상 가격이라는 가정이 반영되어 있다.

주당 가치는 유가에 크게 좌우되므로, 유가는 변동하고 회사의 가치는 유가의 함수라고 보는 편이 더 타당하다. 그러면 시뮬레이션을 통해서 숫자를 더 구체화할 수 있다.

6　자본이익률 산출을 위해서 자기자본의 장부가치(1,260억 4,400만 달러)에 부채의 장부가치(95억 6,600만 달러)를 더하고 2007년 말 현금(339억 8,100만 달러)을 차감하니 투하자본의 가치 1,016억 2,900만 달러가 나왔다. 자본이익률을 계산하면 다음과 같다.

$$투하자본이익률 = \frac{34,614\,(1 - 0.38)}{101.629} = 21.1\%$$

1단계: **유가의 확률 분포를 결정한다.** 우리는 유가의 과거 데이터를 사용해서 인플레이션을 반영하여 분포를 정의하고 모수를 추정했다. 그림 33.9가 그 분포다.

배럴당 유가는 최솟값 약 8달러에서 최댓값 약 120달러 이상 사이에서 변동할 수 있다. 여기서는 분포의 평균으로 현재 유가 45달러를 사용했지만, 평균보다 더 높거나 낮은 값을 대입하여 유가에 대한 우리 견해를 반영할 수도 있었다.[7]

[그림 33.9] 유가 분포: 과거 데이터

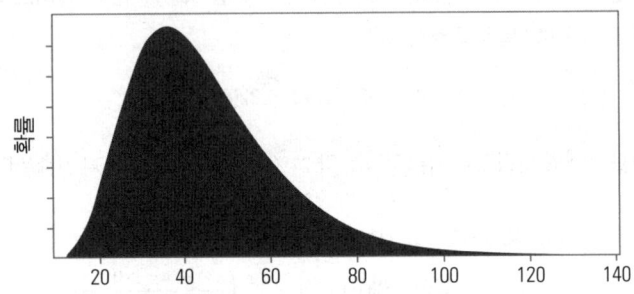

2단계: **영업이익과 유가를 연결한다.** 앞의 예시에서 나온 결과를 사용해서 영업이익과 유가를 연결했다.

$$영업이익 = -6,395 + 911.32(평균\ 유가) \qquad R^2 = 90.2\%$$
$$(2.950) \quad (14.59)$$

앞 섹션에서 언급했듯이, 엑슨모빌에는 이 회귀 기법이 잘 적용된다. 그러나 규모가 작은 기업이나 원자재 가격 변동성이 큰 기업에는 잘 적용되지 않을 수 있다.

3단계: **영업이익을 함수로 사용하여 가치를 추정한다**: 영업이익이 변동하면 기업 가치는 두 가지 수준에서 영향받는다. 첫째, 다른 조건은 똑같이 유지되면서 영업이익이 감소하면 잉여현금흐름이 감소해 가치도 감소한다. 둘째, 영업이익이 변동하면 투하자본은 그대로 유지하면서 자본이익률을 다시 계산한다. 영업이익이 감소해서 자본이익률이 하락하면, 안정적 성장률 2%를 유지하려면 회사는 재투자를 늘려야 한다. 우리는 자본비용과 성장률이 변동하게 할 수도 있지만, 두 숫자를 고정해도 문제가 없다고 생각한다.

4단계: **가치의 분포를 밝힌다**: 우리는 매회 유가를 변동시켜 기업과 주식의 가치를 평가하면서 시뮬레이션을 1만 회 실행했다. 그 결과가 그림 33.10이다.

---

7   우리는 과거 30년의 유가 데이터를 사용해서 인플레이션을 반영하여 경험적 분포를 밝혔다. 이어서 가장 잘 맞는 통계 분포를 선택했고, 과거 데이터와 가장 비슷한 숫자가 산출되는 모수를 선택했다.

[그림 33.10] 엑슨모빌: 유가 시뮬레이션

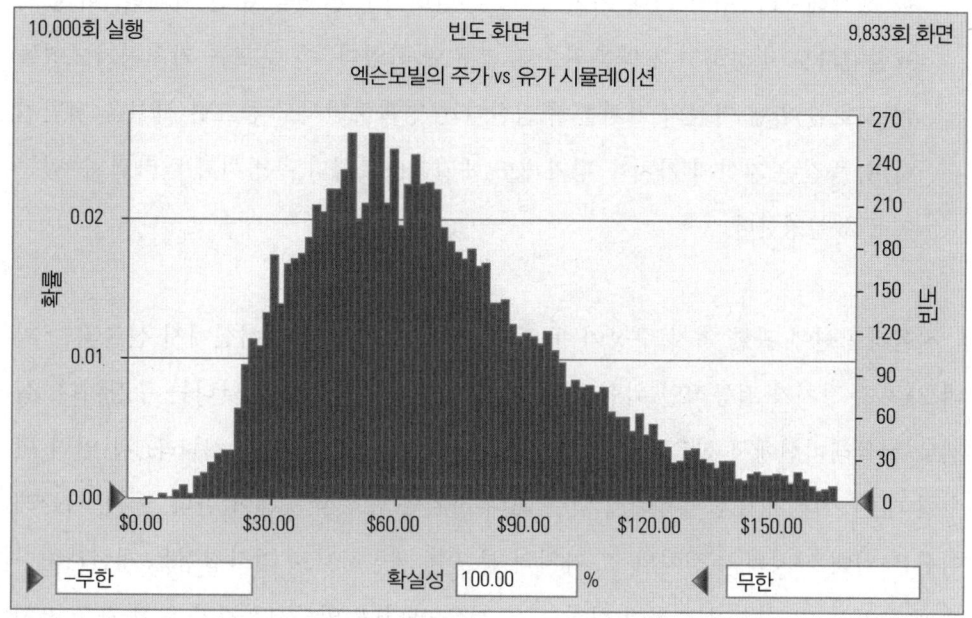

이 시뮬레이션에서 나온 평균 주가는 69.59달러로서, 최솟값은 2.25달러였고 최댓값은 324.42달러였다. 그러나 주가가 64.83달러(현재 주가)보다 낮을 확률이 50%를 초과했다. 다시 말해서 이 시뮬레이션은 주가를 제시할 뿐만 아니라 주가가 실제로 저평가되었을 가능성(50% 미만)도 알려준다. 이 정보는 투자 판단에 반영할 수 있다.

의사결정에서 시뮬레이션의 용도

잘 실행된 시뮬레이션은 단지 자산의 기대 가치만 제공하는 것이 아니다.

■ 입력 변수 추정치 개선: 이상적인 시뮬레이션에서는 애널리스트가 각 입력 변수에 대해 과거 데이터와 횡단면 데이터를 둘 다 조사하고 나서 사용할 분포와 모수를 결정한다. 이 과정에서 애널리스트는 점 추정치 사용과 관련된 문제점을 피할 수 있다. 현금흐름할인법을 이용한 가치평가 중에는 애널리스트가 근거 없이 제시한 기대성장률을 사용하는 사례가 많다.

■ 점 추정치 대신 기대 가치의 분포를 산출: 앞의 예시에서 제시한 엑슨모빌의 가치평가를 생각해보라. 주당 기대 가치가 69.43달러라고 밝혔을 뿐만 아니라, 이 값의 표준편차도 추정하였고 백분위수로 분류도 하였다. 이 분포는 가치평가모형들이 모호한 위험 자산의 가치를 추정한다는 명확하면서도 중요한 사실을 뒷받침하며, 똑같은 자산의 가치를 평가해도 애널리스트마다 추정치가 달라질 수 있는 이유를 설명한다.

시뮬레이션에 관한 억지 주장이 두 가지 있다. 첫째, 시뮬레이션에서 산출되는 기대 가치 추정치가 전통적인 위험 조정 가치 모형의 추정치보다 낫다는 주장이다. 실제로 시뮬레이션에서 산출되는 기대 가치는, 우리가 (전체 분포가 아니라) 각 입력 변수에 대한 기대 가치를 사용해서 얻는 기대 가치와 매우 비슷해야 한다. 둘째, 시뮬레이션은 기대 가치의 추정치와 그 가치의 분포를 제공하므로 의사결정을 개선해준다는 주장이다. 그러나 이 주장이 항상 옳은 것은 아니다. 의사결정자가 위험 자산 가치의 불확실성을 더 풍부하게 파악함으로써 얻는 이득보다 그 위험 척도를 오용함으로써 입는 손실이 더 클 수도 있기 때문이다. 33장의 뒷부분에서 논의하겠지만, 시뮬레이션에서는 위험이 이중계산되는 사례가 매우 흔하며, 엉뚱한 위험 유형을 바탕으로 의사결정이 이루어지는 사례도 많다.

안전마진과 시뮬레이션

안전마진은 가치투자자들이 투자 위험을 통제하려고 널리 사용하는 척도다. 사용하는 방식은 다음과 같다. 보수적인 가치투자자는 주가가 내재가치보다 X%(10%, 15%, 20%) 이상 낮아야 그 주식을 매수한다. 이때 안전마진이 X%다. 안전마진은 전통적 위험 척도의 대안이 아니다. 먼저 주식의 가치를 추정해야 비로소 안전마진을 사용할 수 있기 때문이다. 그러나 안전마진이 증가할수록 불확실성과 위험이 감소하므로, 안전마진은 불확실성과 위험을 축소하는 방법이 된다. 하지만 실제로 안전마진은 흔히 자의적으로 설정되며 투자자에 따라 매우 달라질 수 있다.

잘 실행된 시뮬레이션은 안전마진 설정에 사용될 수 있다. 가치의 추정오차를 제공하기 때문이다. 예를 들어 2009년 초 엑슨모빌을 분석하는 투자자가 안전마진 20%를 요구한다고 가정하자. 기대 가치가 주당 69.43달러인 엑슨모빌 시뮬레이션에 이 요건을 추가하면 투자자는 주가가 45달러 미만(기대 가치가 69.43달러인 시뮬레이션을 2,000회 실행)이어야 주식을 매수하게 된다. 안전마진을 높일수록(낮출수록) 기준 가격은 더 내려간다(올라간다). 그리고 회사의 미래에 대한 확신이 부족할수록 그 회사에 요구하는 안전마진이 더 커진다.

제약이 있는 시뮬레이션

시뮬레이션에는 두 번째 용도가 있는데, 이때는 제약이 따르는 경우이다. 이 제약을 위반하면 그 회사에는 매우 큰 비용이 발생하며 심지어 파산할 수도 있다. 우리는 그 회사의 현재 특성을 고려했을 때 그 제약을 위반할 가능성을 조사할 수 있으며, 이때 가치에 미치는 영향도 조사할 수 있다. 이 섹션에서는 이러한 제약들을 살펴본다.

장부가치 제약 자기자본의 장부가치는 회계 개념으로, 그 자체로는 큰 가치가 없다. 구글과 애플 같은 기업의 시장가치는 장부가치의 여러 배에 해당한다. 반면 장부가치보다 훨씬 낮은 가격에 거래되는 기업들도 있다. 실제로 미국에도 그런 기업이 수백 개나 있으며, 시장가치가 매우 큰 기업 중 일부는 자기자본의 장부가치가 음수다. 가치에 영향을 미칠 수 있는 자기자본의 장부가치에 대한 제약은 두 종류다.

1. 규정에 의한 자본 제약: 은행과 보험사 등 금융회사들은 대출이나 기타 자산 대비 자기자본의 장부가치 비율을 당국이 명시한 최저 비율 이상으로 유지해야 한다. 이 자본 제약을 위반하는 기업은 규제당국에 인수되어 영업을 중단하게 될 수도 있다. 그래서 금융회사들은 자기자본의 장부가치를 주의 깊게 관리할 뿐만 아니라, 투자나 포지션 위험에 의해서 자기자본의 장부가치가 하락할 가능성까지도 의식한다. 실제로 금융회사들이 사용하는 위험 측정 도구인 최대예상손실액

(Value at Risk: VAR)은 (발생 확률이 매우 낮더라도) 투자의 잠재 위험을 이해하고 대규모 손실 가능성에 대비하려는 노력을 나타낸다. 다양한 시나리오에서 자산의 가치를 시뮬레이션하면 투자자는 은행이 규제 비율을 위반할 가능성은 물론 이에 따른 가치평가 결과도 확인할 수 있다. 이때 최악의 경우에는 자기자본 가치가 모두 사라질 수 있고, 최상의 경우에는 신규 자기자본이 투입되어 자기자본 가치가 희석될 수 있다.

2. 자기자본의 장부가치가 음수: 앞에서 언급했듯이 미국에는 자기자본의 장부가치가 음수인 기업이 수백 개이며, 이 중에는 시장가치가 매우 큰 기업도 있다. 자기자본의 장부가치가 음수이면 그 기업과 투자자에게 큰 비용이 발생하는 나라도 있다. 예를 들어 유럽 일부 국가에서는 자기자본의 장부가치가 음수가 되면 그 기업은 자기자본을 새로 조달하여 장부가치를 양수로 전환해야 한다. 아시아 일부 국가에서는 자기자본의 장부가치가 음수인 기업은 배당 지급이 금지된다. 심지어 미국에서도 자기자본의 장부가치가 음수가 되면 대출 계약에 따라 대출 기관이 그 기업에 일부 통제권을 행사하기도 한다. 투자자들도 시뮬레이션을 사용해서 자기자본의 장부가치가 음수가 될 확률을 계산하고 이때 기업의 가치에 미치는 영향을 평가할 수 있다.

부채 제약　현금흐름할인법에서는 기대 현금흐름을 위험 조정 할인율로 할인하여 계속기업으로서 기업의 가치를 계산한다. 이 추정치에서 부채를 차감하면 자기자본 가치가 산출된다. 기업이 부채를 상환하지 못할 때 발생할 수 있는 비용은 할인율에 일부만 반영된다. 실제로 부채를 상환하지 못할 때 발생하는 비용은 상당한 규모가 될 수 있다. 이런 비용은 일반적으로 간접 파산 비용으로 분류되는데 고객 상실, 공급자 신용 축소, 종업원 이직률 상승 등이 포함될 수 있다. 자금난 상태로 인식되면 그 회사는 더 큰 곤경에 처할 수 있다. 시뮬레이션을 사용하면 기업의 가치를 가능한 모든 시나리오에서 미상환부채와 비교할 수 있으므로, 자금난 가능성을 정량화할 수 있을 뿐만 아니라 간접 파산 비용도 가치평가에 반영할 수 있다. 사실상 자금난이 기대

현금흐름과 할인율에 미치는 영향을 모형에 반영할 수 있다.

쟁점　투자 분석에 시뮬레이션을 사용하는 방법을 처음으로 제시한 데이비드 헤르츠(David Hertz)의 논문은 〈하버드 비즈니스 리뷰(Harvard Business Review)〉에 실렸다.[8] 그는 단일 최적 추정치 대신 입력 변수들의 확률 분포를 사용하면 더 유용한 결과가 나온다고 주장했다. 논문에서 제공한 예에서 그는 시뮬레이션을 사용해서 두 투자의 수익률 분포를 비교했다. 기대수익률이 더 높은 투자는 손실 가능성도 더 컸다(이것을 위험도 지표로 보았다). 그 결과 시뮬레이션 유행에 동참했지만 성과는 다양했다. 최근에는 위험 평가 도구로서 특히 파생상품 분야에서 시뮬레이션에 대한 관심이 부활하고 있다. 그러나 위험 평가에 시뮬레이션을 사용할 때 우리가 다뤄야 하는 핵심 주제가 몇 가지 있다.

- 쓰레기를 입력하면 쓰레기가 출력된다: 시뮬레이션이 가치가 있으려면 추측이 아니라 분석과 데이터를 바탕으로 입력 변수의 분포를 선택해야 한다. 입력 변수가 무작위라면 시뮬레이션에서 산출되는 결과가 훌륭해 보여도 아무 가치가 없다. 그러므로 의사결정자가 적절히 의심하지 않는다면 투자 위험에 관한 유의미한 정보를 얻기 어렵다. 또한 시뮬레이션은 단지 통계 분포와 그 특성에 관한 지식 전달이 아니다. 정규분포와 균등분포의 차이를 모르는 분석가라면 시뮬레이션을 실행해서는 안 된다.
- 실제 데이터는 분포에 적합하지 않을 수도 있다: 현실 세계의 문제점은 통계 분포가 요구하는 엄격한 요건을 충족하는 데이터가 거의 없다는 점이다. 입력 변수의 기초가 되는 진정한 분포와 무관한 확률 분포를 사용하면 오도하는 결과가 나온다.
- 비정상분포: 과거 데이터 분포를 사용할 수 있거나 데이터가 통계 분포에 적합하더라도, 시장 구조가 변하면 분포도 변할 수 있다. 이 때문에 분포의 형태가 바뀌

8　헤르츠(1964)는 의사결정에서 확률적 기법 사용에 관한 대표적 논문을 썼다.

는 일도 있고, 분포의 모수가 바뀌는 일도 있다. 그래서 정상적으로 분포된 입력 변수의 과거 데이터로 추정한 평균과 분산이 다음 기간에는 바뀔 수도 있다. 시뮬레이션에서 우리가 정말로 사용하고 싶지만 거의 사용할 수 없는 것이 미래 지향적 확률 분포이다.

- ■입력 변수들 사이의 상관관계 변화: 앞에서 언급했듯이, 입력 변수들 사이의 상관관계는 모형을 통해서 시뮬레이션에 반영할 수 있다. 그러나 이를 위해서는 상관관계가 안정적이고 예측 가능해야 한다. 시간이 흐름에 따라 변수들 사이의 상관관계가 변하면 모형을 구축하기가 매우 어렵다.

위험 조정 가치와 시뮬레이션

의사결정나무 분야에서 언급했지만, 흔히 사람들은 의사결정나무가 나쁜 결과의 가능성도 고려하므로 위험도 이미 반영한 상태라고 오해한다. 시뮬레이션에 대해서도 이런 오해가 많다. 시뮬레이션에서는 확률 분포를 사용하므로 현금흐름에 위험이 반영되어 있어서, 현금흐름을 할인할 때 무위험 이자율을 사용해야 한다고 주장한다. 한 가지 예외를 제외하면 이 주장은 타당하지 않다. 시뮬레이션에서 우리가 얻는 현금흐름은 기대 현금흐름이지, 위험 조정 현금흐름이 아니다. 따라서 이 현금흐름은 위험 조정 이자율로 할인해야 한다.

한 가지 예외는 시뮬레이션에서 자산의 위험 척도로 가치의 표준편차를 사용하고, 이를 바탕으로 의사를 결정할 때이다. 이런 경우에는 위험 조정 할인율을 사용하면 이중계산이 된다. 간단한 예를 살펴보자. 시뮬레이션과 위험 조정 할인율로 가치를 평가한 두 자산을 비교한다고 가정하자. 발견된 사항은 다음 표와 같다.

자산	위험 조정: 할인율	시뮬레이션:기대 가치(달러)	시뮬레이션: 표준편차
A	12%	100	15%
B	15%	100	21%

우리는 자산 B가 더 위험하다고 보아 더 높은 할인율을 적용하였다. 만일 시뮬레이

선 표준편차가 더 크다는 이유로 자산 B를 거부한다면, 이중으로 불이익을 주는 셈이다. 두 자산 모두 무위험 이자율을 사용해서 시뮬레이션을 다시 실행할 수도 있지만, 이때는 주의할 점이 있다. 만일 시뮬레이션 표준편차만을 기준으로 두 자산 중 하나를 고른다면, 우리는 분산 불가능한 위험뿐만 아니라 모든 위험이 중요하다고 가정하는 셈이다. 다시 말해서 (위험 대부분이 분산되어 사라지므로) 포트폴리오에 추가해도 위험이 거의 증가하지 않는 자산인데도, 단지 시뮬레이션 표준편차가 높다는 이유로 그 자산을 거부하게 될 수 있다는 뜻이다.

그렇다고 해서 시뮬레이션이 위험을 이해하는데 유용하지 않다는 말은 아니다. 기대 가치와 함께 시뮬레이션 표준편차를 보면 우리가 불확실한 환경에서 가치를 추정한다는 사실을 선명하게 깨닫게 된다. 아울러 똑같이 저평가되었으나 가치의 분산이 다른 두 종목을 비교할 때 포트폴리오 관리 도구로 시뮬레이션을 사용할 수도 있다. 가치의 분포가 변덕스러운 종목보다 안정적인 종목을 더 좋은 투자 대상으로 간주할 수도 있다.

확률적 위험 평가 기법 종합

지금까지 시나리오 분석, 의사결정나무, 시뮬레이션을 살펴보았다. 이제 우리는 각 기법이 언제 적합한지 알 수 있을 뿐만 아니라, 이들 기법이 어떤 방식으로 위험 조정 평가 기법을 보완하거나 대체하는지도 알 수 있다.

기법 비교

확률적 기법인 시나리오 분석, 의사결정나무, 시뮬레이션 중에서 하나를 사용해서 위험을 평가한다면, 어느 기법을 선택해야 하는가? 답은 다루게 되는 위험의 유형이 무엇인가와 산출물을 어떻게 사용할 것인가에 좌우된다.

■ 선택적 위험 분석과 전면적 위험 분석: 최선의 상황·최악의 상황 시나리오 분석에서

우리는 세 가지 시나리오(최선의 상황, 가장 유력한 상황, 최악의 상황)만 보고 나머지 시나리오는 모두 무시한다. 복수 시나리오를 고려할 때조차 우리는 투자나 자산에서 나올 수 있는 모든 결과를 평가하지는 않는다. 의사결정나무와 시뮬레이션에서는 산출 가능한 모든 결과를 고려한다. 이를 위해서 의사결정나무에서는 연속 위험을 산출 가능한 결과물 세트로 전환하고, 시뮬레이션에서는 분포를 사용해서 산출 가능한 모든 결과를 포착한다. 확률로 표현하자면, 우리가 시나리오 분석에서 조사한 각 시나리오 확률의 합은 1보다 작을 수 있지만, 의사결정나무와 시뮬레이션에서는 결과물 확률의 합이 1이 되어야 한다. 그러므로 의사결정나무와 시뮬레이션에서는 이 확률을 가중치로 사용해서 전체 결과물의 기댓값을 산출할 수 있다. 그리고 이 기댓값을 32장에서 언급한 위험 조정 가치의 단일 추정치과 비교할 수 있다.

- **연속 위험과 불연속 위험**: 앞에서 언급했듯이 시나리오 분석과 의사결정나무는 일반적으로 불연속 위험을 기준으로 구성되지만, 시뮬레이션은 연속 위험 분석에 적합하다. 그리고 시나리오 분석과 의사결정나무를 비교하자면, 의사결정나무는 위험을 단계별로 검토하므로 순차적 위험에 적합하고, 시나리오 분석은 여러 위험이 동시에 발생할 때 더 사용하기 쉽다.

- **위험 사이의 상관관계**: 자산이 여러 위험에 노출되어 있으며 위험 사이에 상관관계가 존재하면, 시뮬레이션에서는 이 상관관계를 (추정하고 예측할 수 있다면) 모형으로 구축할 수 있다. 시나리오 분석에서는 위험 사이의 상관관계를 허용하는 시나리오를 만들어냄으로써 상관관계를 주관적으로 다룰 수 있다. 예컨대 고금리 시나리오에 낮은 경제 성장률을 포함하는 식이다. 의사결정나무에서는 위험 사이의 상관관계를 반영하기 어렵다.

표 33.2는 위험 유형과 사용하는 확률 기법 사이의 관계를 나타낸다.

끝으로 정보의 질이 기법을 선택하는 요소가 된다. 시뮬레이션은 확률 분포와 모수를 평가할 수 있느냐에 크게 좌우되므로, 과거 데이터와 횡단면 데이터가 풍부할 때

[표 33.2] 위험 유형과 확률적 기법

연속·비연속	상관·독립	순차·동시	위험 기법
비연속	독립	순차	의사결정나무
비연속	상관	동시	시나리오 분석
연속	둘 다 가능	둘 다 가능	시뮬레이션

가장 적합하다. 의사결정나무는 각 기회 노드에서 과거 데이터나 모수의 특성을 사용하여 적절한 결과 확률의 추정치를 도출해야 한다. 따라서 애널리스트는 예측할 수 없는 새로운 위험에 직면하면, 위험을 다루는 방식이 엉성하고 주관적이더라도 시나리오 분석에 계속 의지해야 한다.

위험 조정 가치의 보완이나 대체

앞에서 논의했듯이, 의사결정나무와 시뮬레이션 기법은 위험 조정 가치를 보완하거나 대체하는 용도로 사용될 수 있다. 반면 시나리오 분석은 산출 가능한 영역을 모두 살펴보지 않으므로 위험 조정 가치를 보완하는 용도로만 사용될 수 있다.

위 기법으로 위험 조정 가치를 보완할 때 주의할 사항을 다시 설명하겠다. 위 기법은 모두 위험 조정 현금흐름이 아니라 기대 현금흐름을 사용하므로 할인율도 위험 조정 할인율을 사용해야 한다. 기대 현금흐름은 무위험 이자율로 할인할 수 없다는 말이다. 그렇더라도 다른 결과를 얻고자 한다면 세 가지 기법 모두 위험 조정 할인율을 유연하게 변경할 수는 있다. 하지만 이들 기법은 (의사결정나무에서는 종단 노드 값으로, 시뮬레이션에서는 표준편차로) 추정 가치의 범위와 변동성 척도도 제공하므로, 위험을 이중계산하는 일이 없도록 주의해야 한다. 다시 말해서 (시뮬레이션이나 의사결정나무에서) 위험 조정 할인율로 현금흐름을 할인하고 나서 변동성이 높다는 이유로 그 자산을 거부하는 것은 명백히 부당하다.

시뮬레이션과 의사결정나무 둘 다 위험 조정 가치평가의 대안으로 사용할 수 있지만, 여기에는 제약이 따른다. 첫째, 현금흐름을 무위험 이자율로 할인해서 가치를 산출해야 한다. 둘째, 이제는 두 기법에서 얻는 변동성 척도를 자산의 위험 척도로 사용한다. 시뮬레이션에서 (무위험 이자율로 할인하여) 도출한 기댓값이 똑같은 두 자산을 비교했을 때, 우리는 변동성이 더 낮은 자산이 더 좋은 자산이라고 판단하게 된다. 이렇게 판단하면 시뮬레이션에 반영한 모든 위험이 투자 의사결정에 적절하다고 가정하는 셈이다. 그러면 분산투자를 통해서 제거할 수 있는 위험과 자산 특유의 위험의 차이를 무시하는 것이다. 재산을 모두 한 자산에 투자하려는 사람에게는 이 방식이 타당하다. 그러나 포트폴리오에 추가하려고 두 위험 자산을 비교하는 펀드매니저에게는 판단을 그르치는 방식이 될 수 있다. 변동성이 높다는 이유로 거부당한 자산이 포트폴리오의 다른 자산과 상관관계가 없어서, 한계 위험이 거의 없을 수도 있기 때문이다.

데이터와 연산 능력이 급증함에 따라 이제는 확률 기법이 더 흔히 사용되고 있다. 이제는 20~30개 시나리오로 자본 예산을 분석하거나 몬테카를로 시뮬레이션으로 주식의 가치를 평가하는 사례가 드물지 않다.

결론

위험 자산의 위험 조정 가치를 추정하는 일은 무익해 보일 수도 있다. 결국 가치는 미래에 위험이 펼쳐지는 방식을 우리가 어떻게 가정하느냐에 좌우된다. 확률 기법에서는 기대 가치를 추정할 뿐만 아니라, 좋은 시나리오와 나쁜 시나리오를 포함해서 가능한 모든 결과의 범위도 감지한다.

- 극단적인 형태의 시나리오 분석에서는 최선의 상황과 최악의 상황에서 가치를 살펴보고, 이를 기대 가치와 대조한다. 일반적인 시나리오 분석에서는 낙관적 시나리오에서 비관적 시나리오에 이르기까지 유력한 소수의 시나리오에서 가치를 추정한다.
- 의사결정나무는 순차적 불연속 위험에 적합한 기법으로, 위험은 단계별로 인식

되며, 각 단계의 위험은 가능한 결과 및 그 결과가 발생할 확률로 표현된다. 의사결정나무는 위험에 대한 완벽한 평가를 제공하며, 각 단계에서 최적 행동 방침 결정에 사용될 수 있고, 오늘 자산의 기대 가치도 산출할 수 있다.

■ 시뮬레이션은 (단지 불연속 결과가 아니라) 각 입력 변수의 확률 분포에 근거하므로 위험을 가장 완벽하게 평가한다. 시뮬레이션 결과는 기대 가치와 그 분포가 된다.

이 세 가지 기법에 대해 주의할 사항이 있다. (위험 조정 할인율을 사용하면서 가치 추정치의 변동성을 위험 척도로 생각함으로써) 위험을 이중계산하거나, 엉뚱한 위험 유형을 바탕으로 결정을 내리지 말아야 한다.

연습문제 별도 표기가 없으면 주식 위험 프리미엄은 5.5%로 한다.

1 운송회사 리틀필드의 주당 가치를 세 가지 시나리오로 추정했다. 최악의 시나리오에서는 주당 5달러, 최상의 시나리오에서는 주당 30달러, 가장 가능성이 높은 시나리오에서는 주당 18달러다. 주식이 15달러에 거래되고 있다면 주식을 매수하겠는가? 이유는?

2 소형 상장사인 델타 엔터프라이즈를 분석하는 중이다. 이 회사는 부채가 5,000만 달러이고, 발행 주식은 2,500만 주이며, 주당 10달러에 거래되고 있다. 회사는 작년에 4,000만 달러의 세후 현금흐름을 창출했고, 당신은 이 현금흐름이 영구적으로 연 2%씩 증가할 것이며 자본비용은 12%라고 추정했다.

   a. 이 회사에 현금 잔액이 없다고 가정하고, 회사의 주당 가치를 구하라.

   b. 이제 회사 매출의 상당 부분이 한 고객으로부터 발생하며, 내년에 이 계약이 없어질 확률이 20%라는 사실을 알게 되었다고 하자. 해당 계약이 사라지면 세후 현금흐름이 50% 감소한다고 가정하고, 현재의 주당 가치를 구하라. (성장률과 자본비용은 영향받지 않는다고 가정할 수

있다.)

3 시그넷 은행의 가치를 평가하는 중인데, 향후 규제에 대한 불확실성이 상당히 높은 시기다. 시그넷 은행은 작년에 장부가 10억 달러의 자기자본으로 1억 달러의 순이익을 창출하고 7,000만 달러의 배당금을 지급했다. 시그넷이 안정적으로 성장하는 회사가 될 것으로 예상하면서, 규제와 관련하여 다음과 같은 시나리오를 구상했다.

■ 현상 유지 - 규제 변화 없음(확률 40%): 시그넷은 현재의 자기자본이익률을 영구적으로 창출하고 기존 배당성향을 유지한다.

■ 규제 완화 - 자기자본 요건 완화(확률 25%): 시그넷은 안정적인 성장률(현재 수준)을 유지하면서 향후 투자에 대해 12%의 자기자본이익률을 창출할 수 있게 된다.

■ 규제 강화 - 자기자본 요건 강화(확률 35%): 시그넷은 안정적인 성장률(현재 수준)을 유지하면서 자기자본이익률이 9%로 하락한다.

a. 각 시나리오에 따른 시그넷 은행 자기자본의 가치를 구하라. (모든 시나리오에서 현재의 순이익은 그대로 둘 수 있다.)

b. 각 시나리오가 전개될 확률을 감안하여, 현재 시그넷 은행 자기자본의 가치를 구하라.

4 시그마 에너지는 태양광 에너지 패널을 생산하는 대체에너지 회사다. 이 회사는 내년에 5,000만 달러의 세후 영업이익을 창출할 것으로 예상되지만, 향후 성장 전망은 유가 수준과 저비용 정책자금(및 보조금)에 따라 달라질 수 있다. 다음과 같은 시나리오를 예상한다. (시나리오별 성장률(g), 투하자본이익률(ROC), 자본비용(r) 제시)

배럴당 유가	정부 보조금 지속	정부 보조금 종료
> 100달러(확률 30%)	g = 4%, ROC = 12%, r = 8%	g = 4%, ROC = 12%, r = 10%
60~100달러(확률 50%)	g = 3%, ROC = 10%, r = 8%	g = 3%, ROC = 10%, r = 10%
< 60달러(확률 20%)	g = 2%, ROC = 8%, r = 8%	g = 2%, ROC = 8%, r = 10%

a. 각 시나리오에서 기업 가치를 구하라. (모든 시나리오에서 내년 세후 영업이익은 5,000만 달러로 변경하지 않고 그대로 둘 수 있다.)

b. 정부가 보조금을 중단할 확률이 40%인 경우, 모든 시나리오에서 기업 가치를 구하라.

5 차베스 엔터프라이즈는 베네수엘라의 소규모 회사다. 이 회사는 수익성이 있으며, 6억 볼리바르

의 투하자본(장부가액)에 대해 내년에 세후 영업이익이 1.2억 볼리바르 발생할 것으로 예상된다. 회사의 자본비용은 12%로 추정했고, 향후 영구적으로 연 4%씩 성장할 것으로 예상한다.

a. 현재 시점에서 기업 가치를 구하라.

b. 이제 이 회사가 국유화될 우려가 있다고 가정하자. 국유화가 되면 자산에 대해 장부가액을 지급받는다. 국유화 확률이 30%라고 가정하고, 현재 회사의 가치를 구하라.

6 로랄 드럭스는 불면증 치료를 위한 신약을 개발 중인 생명공학회사이다. 이 신약은 FDA 승인 절차를 밟고 있으며, 승인을 받으면 15년 동안 매년 1.5억 달러의 세후 현금흐름을 창출할 것으로 예상된다. 이 약이 승인되기 전에 넘어야 할 장애물이 두 가지 더 있다.

동물을 대상으로 한 소규모 샘플 테스트는 완료하는 데 1년이 걸리고 1억 달러(현재 기준)가 소요될 것으로 예상되며, 성공 확률은 80%이다.

연구실의 동물실험이 성공하면 임상실험이 이어질 것이며, 2년이 추가로 걸리고 2.5억 달러(1년 차 말 기준)의 비용이 든다. 이 연구가 긍정적인 결과를 낳을 확률은 60%이다.

생명공학 기업들의 자본비용은 10%이다.

a. 이 불면증 약에 대한 의사결정나무를 개략적으로 그려보라.

b. 이 약이 지니는 회사에 대한 예상 가치를 구하라.

7 당신은 소셜미디어회사인 프렌즈 온라인에 5,000만 달러를 투자할 의향이 있는 벤처캐피털리스트다. 이 사업이 운영을 시작하기까지 3년이 걸리며(해당 기간 내에는 플러스 현금흐름이 발생하지 않음), 운영이 시작되면 세후 현금흐름이 2,700만 달러 발생하고 영구적으로 3% 성장할 것이다. 기존 소셜미디어 기업의 자본비용은 12%지만, 사업이 생존하지 못할 확률이 60%이다(청산 시에는 남는 자산이 없음).

a. 프렌즈 온라인의 운영이 시작되었을 때의 가치를 구하라. (운영을 시작한 시점의 가치를 구하고 현재 시점으로 할인 – 옮긴이)

b. 실패 가능성을 감안할 때 5,000만 달러를 투자하는 대가로 현재 프렌즈 온라인에 요구할 수 있는 지분율을 구하라. (프렌즈 온라인에 부채와 현금이 없다고 가정할 수 있다.)

c. 실패 위험을 포함한 향후 3년 동안의 요구수익률을 구하라.

다음 두 문제를 풀려면 크리스털볼(Crystal Ball) 또는 @Risk와 같은 시뮬레이션 프로그램을 사용할 필요가 있다.

8 화학회사 스테드먼의 가치를 평가하는 중이다. 회사는 안정 성장세(연간 3% 성장)에 있고, 내년에 세후 영업이익이 1억 달러가 될 것으로 예상된다. 우선 다음과 같이 계산했다.

- 신규 투자에 대한 자본이익률은 정규분포를 따르며, 기댓값은 15%, 표준편차는 3%이다.
- 회사의 자본비용은 10%이며 균등분포(uniform distribution)이고, 최솟값은 8%, 최댓값은 12%이다.

회사의 부채는 5억 달러이고 현금 잔고는 2억 달러이다. 스테드먼의 가치 분포를 시뮬레이션하라.

9 사이먼 골드는 성숙 단계의 금광회사다. 회사가 보유한 광산은 향후 25년간 매년 10만 온스의 금을 채굴할 것으로 예상되며, 이 기간이 끝나면 광산은 고갈되어 가치가 없어진다. 회사의 고정비는 1억 달러이고 25년간 변하지 않으며, 변동비는 없다. 금광회사들의 자본비용은 8%이다.

  a. 현재 금 가격이 온스당 1,500달러이고 향후 25년 동안 변하지 않을 것으로 예상된다면, 사이먼 골드의 가치는 얼마인가?

  b. 이제 금 가격이 온스당 1,500달러의 기댓값과 온스당 200달러의 표준편차를 갖는 정규분포에 속한다고 가정하자. 사이먼 골드의 가치 분포를 시뮬레이션하라.

10 당신은 포트폴리오 매니저이고, 한 애널리스트가 몬테카를로 시뮬레이션을 사용하여 찾아낸 저평가 기업 10개의 목록을 다음과 같이 제시했다.

회사	주가	기대 가치	표준편차	저평가 확률	최솟값	최댓값
A	8.00	10.00	1.00	80%	7.00	13.00
B	12.00	13.50	0.50	75%	10.00	16.00
C	15.00	20.00	5.00	50%	4.00	50.00
D	9.00	10.00	0.20	85%	8.50	13.00
E	50.00	80.00	10.00	80%	40.00	150.00
F	22.00	25.00	1.00	88%	18.00	28.00
G	3.00	5.00	0.50	70%	2.50	6.00
H	150.00	200.00	30.00	60%	40.00	500.00
I	35.00	70.00	20.00	65%	0.00	200.00
J	80.00	100.00	5.00	90%	70.00	115.00

  a. 기대 가치만을 기준으로 (가장 매력적인 투자 대상부터 가장 부정적인 투자안까지) 회사들의 순위를 매겨보라.

b. 추정치의 불확실성을 순위에 포함한다면 순위가 어떻게 달라지는가?

c. (당신이 레버리지를 많이 사용하고 있어서) 하방 리스크가 걱정된다면, 그 리스크를 순위에 어떻게 반영하겠는가?

d. 최댓값을 순위표에 포함하고자 한다면 어떤 조건이 필요한가?

34장
개관 및 결론

가치평가에서 문제는 가치를 평가하는 모형이 부족해서가 아니라 너무 많아서 발생한다. 가치평가에 사용할 적절한 모형을 선택하는 일은 모형 사용 방법을 이해하고 합리적인 가치를 도출하는 일만큼이나 중요하다. 34장에서는 이 책에서 소개한 가치평가 및 가격평가 모형들을 개관하고, 적절한 모형 선택에 사용할 수 있는 일반 체계를 제시한다.

가치평가모형 선택

넓은 의미에서 기업이나 자산의 가치는 다음 네 가지 방법 중 하나로 평가할 수 있다. 현재 기업이 보유한 자산의 가치를 추정하는 자산기반 가치평가 기법, 현금흐름을 할인해 기업 가치를 도출하는 내재가치평가 기법, 비슷한 자산의 가격을 기준으로 자산의 가격을 평가하는 가격평가 기법, 조건부 청구권 가치평가를 사용하는 옵션가격결정 기법이다. 이들 각 기법 안에 최종 가치 판단에 유용한 추가 선택지가 있다.

자산기반 가치평가 기법을 사용해서 기업의 가치를 평가하는 방법은 적어도 두 가지다. 하나는 청산가치로, 오늘 자산을 청산할 때 시장에서 받을 수 있는 금액을 생각하는 방법이다. 나머지 하나는 대체원가로, 오늘 기업이 보유한 자산을 대체할 때 들어가는 비용을 평가하는 방법이다.

내재가치평가 기법을 보면, 주주 현금흐름을 자기자본비용으로 할인하면 주식의 가치가 도출되고, 기업 현금흐름을 자본비용으로 할인하면 기업의 가치가 도출된다. 주주 현금흐름은 매우 엄격한 의미에서는 배당으로 정의할 수 있고, 넓은 의미에서는 주주 잉여현금흐름으로 정의할 수 있다. 이들 모형은 성장에 대한 가정을 기준으로 더 분류할 수 있는데, 안정 성장 모형, 2단계 성장 모형, 3단계 성장 모형, n단계 성장 모형 등이다. 끝으로 이익과 현금흐름 척도는 기업이나 자산의 특성에 맞게 수정할 수 있다. 정상적인 이익이라면 당기 이익으로 측정하고, 일시적인 요인이나 경기 때문에 왜곡되는 이익이라면 정상 이익으로 측정할 수 있다.

흔히 배수를 사용하는 가격평가 기법에서는 동종 기업들의 이익, 장부가치, 매출 등 기업 특유의 변수를 다수 측정하여 기업의 가치를 평가한다. 배수는 동종 기업들

[그림 34.1] 가치평가모형 선택

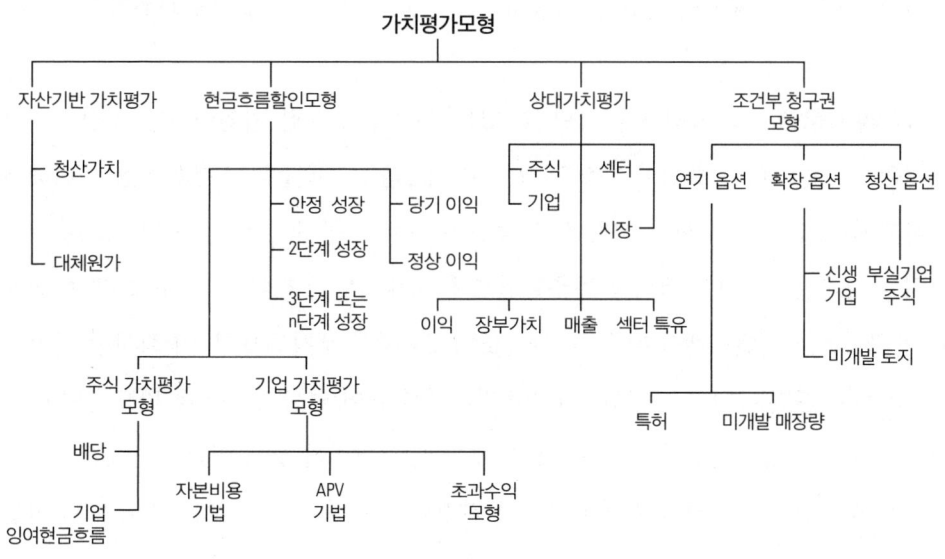

이나 횡단면 회귀를 사용해서 추정할 수 있다. 부동산 같은 자산의 가격은 제곱피트당 총소득의 함수로 나타낼 수 있다. 여기서 동종 부동산은 같은 지역에 있고 특성이 비슷한 부동산이 된다.

조건부 청구권 모형도 다양한 시나리오에 사용할 수 있다. 기업이 투자 결정을 연기할 수 있다면, 특허나 미개발 천연자원 매장량을 옵션으로 간주하여 평가할 수 있다. 유망한 확장 옵션을 보유한 신생기업은 현금흐름을 할인한 가치보다 높은 가격에 거래될 수 있다. 끝으로 주식 투자자는 부채가 많은 자금난 기업의 청산 옵션에서도 가치를 얻을 수 있다(그림 34.1 참조).

어느 기법을 사용해야 할까?

네 가지 기법에서 나오는 가치는 상당히 다를 수 있으므로 기법 선택은 매우 중요하다. 그러나 기법 선택은 여러 요소에 좌우되는데, 평가 대상 기업에 관련된 요소도 있지만 애널리스트에 관련된 요소도 많다.

자산이나 기업의 특성

기법 선택은 그 자산의 시장성, 창출하는 현금흐름, 사업의 특성에 좌우된다.

자산의 시장성　분리해서 매각할 수 있는 자산을 보유한 기업이라면 청산가치나 대체원가로 평가하는 방법이 가장 쉽다(그림 34.2 참조). 예를 들어 부동산을 분리해서 매각할 수 있는 부동산회사라면, 각 부동산의 가치를 쉽게 추정할 수 있으므로 청산가치로 평가할 수 있다. 폐쇄형 뮤추얼펀드에 대해서도 똑같이 말할 수 있다. 이번에는 반대로 프록터앤드갬블 같은 브랜드 소비재회사를 생각해보자. 이 회사의 자산은 무형자산일 뿐만 아니라 분리하기도 어렵다. 예를 들어 면도기 사업을 면도크림 사업과 분리하기도 쉽지 않으며, 두 사업 모두에 브랜드 가치가 깔려 있다.

고성장 기업의 청산가치나 대체원가가 진정한 가치와 전혀 다른 이유도 이 분석을

[그림 34.2] 자산의 시장성과 가치평가 기법

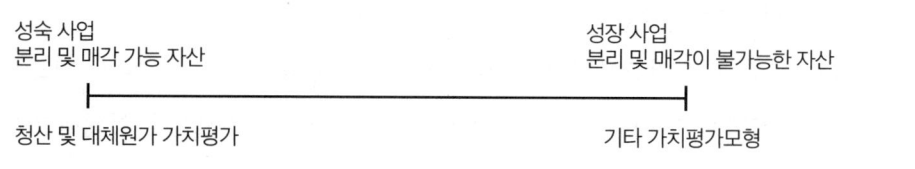

성숙 사업
분리 및 매각 가능 자산

성장 사업
분리 및 매각이 불가능한 자산

청산 및 대체원가 가치평가

기타 가치평가모형

[그림 34.3] 현금흐름과 가치평가 기법

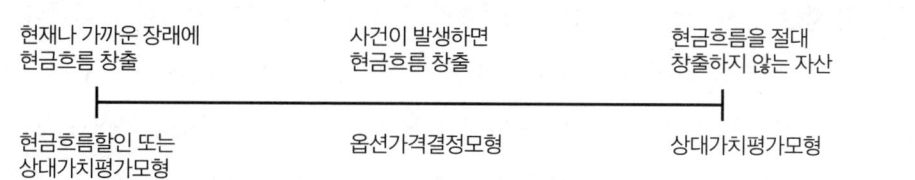

현재나 가까운 장래에
현금흐름 창출

사건이 발생하면
현금흐름 창출

현금흐름을 절대
창출하지 않는 자산

현금흐름할인 또는
상대가치평가모형

옵션가격결정모형

상대가치평가모형

통해서 알 수 있다. 고성장 자산은 분리하거나 매각하기가 쉽지 않기 때문이다.

현금흐름 창출 능력　　자산은 현금흐름 창출 능력을 기준으로 세 가지 유형으로 구분할 수 있다. 현재나 가까운 장래에 현금을 창출하는 자산, 현재는 현금흐름을 창출하지 않지만 사건이 발생하면 미래에 현금을 창출할 수 있는 자산, 그리고 현금을 절대 창출하지 않는 자산이다(그림 34.3 참조).

1. 첫 번째 그룹에는 상장기업 대다수가 포함되며, 현금흐름할인모형으로 가치를 평가할 수 있다. 현금흐름이 양수인가 음수인가는 구분하지 않는다. 현금흐름이 음수인 신생기업도 현금흐름할인모형으로 가치를 평가할 수 있다.
2. 두 번째 그룹에는 제약 특허, 유망한 기술, 미개발 광물 매장량, 미개발 토지 등이 포함된다. 이들 자산은 당장은 현금흐름을 창출하지 못하지만, (FDA에서 제약 특허를 받거나, 기술 상용화가 가능해지거나, 유가나 부동산 가격이 상승하는 등) 특정 조건이 충족되면 미래에 거액의 현금흐름을 창출할 수 있다. 이런 사건에 확률을 부여하여 현금흐름할인모형으로 자산의 기대 가치를 추정할 수도 있지만, 그

렇게 하면 자산의 가치를 저평가하게 된다. 이런 자산은 옵션가격결정모형으로 가치를 평가해야 한다.

3. 현금흐름을 절대 창출하지 않는 자산에는 거주 부동산, 수집용 야구 카드, 미술 품 등이 포함된다. 이런 자산은 가격평가나 상대가치평가모형을 통해서만 가치 를 평가할 수 있다.

독특한 자산　시장에서는 매일 수천 종의 주식과 수만 건의 자산이 거래된다. 매 우 독특해서 비슷한 자산이 존재하지 않는 자산이나 기업을 상상하기란 쉽지 않다. 대다수 자산에는 비슷한 자산이 다수 존재한다(그림 34.4 참조). 비슷한 자산을 모아서 차이를 통제하는 일은 어렵지 않으므로, 다소 독특한 자산도 적절하게 가격을 평가할 수 있다. 그러나 비슷한 자산을 찾기가 어려워질수록 이런 가격평가의 신뢰도는 감소 한다. 정말로 독특한 기업이라면 현금흐름할인모형을 사용할 때 훨씬 좋은 가치 추정 치가 도출된다.

[그림 34.4] 독특한 자산의 가치평가 기법

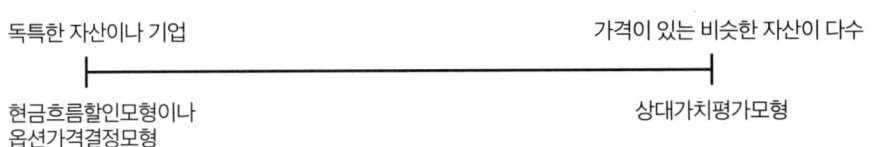

애널리스트의 특성과 신념

가치평가 기법 선택은 애널리스트의 시간 지평, 가치평가를 하는 이유, 시장의 효 율성을 보는 관점에 좌우된다.

시간 지평　현금흐름할인모형을 사용하는 한쪽 극단에서는 기업을 영속할 수 있 는 계속기업으로 간주한다. 반면 청산가치 모형을 사용하는 반대편 극단에서는 기업

[그림 34.5] 투자자의 시간 지평과 가치평가 기법

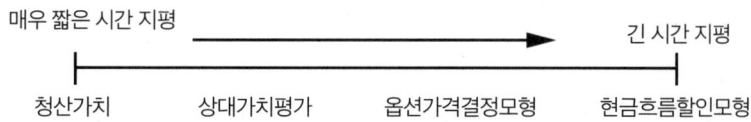

이 오늘 사업을 중단한다고 가정하면서 가치를 추정한다. 가격평가 모형과 조건부 청구권 모형을 사용하는 사람들은 두 극단의 중간에 자리 잡는다(그림 34.5 참조). 그렇다면 시간 지평이 긴 사람은 당연히 현금흐름할인모형을 사용해야 하고, 시간 지평이 짧은 사람은 가격평가 모형을 사용해야 한다. 이런 현상을 보면 인수할 기업의 가치를 평가할 때는 현금흐름할인모형이 더 널리 사용되고, 주식 리서치와 포트폴리오 관리에는 가격평가 모형이 더 흔히 사용되는 이유를 알 수 있다.

가치평가를 하는 이유　애널리스트가 기업의 가치를 평가하는 이유는 다양하며, 그 이유에 따라 사용하는 가치평가 기법도 달라진다(그림 34.6 참조). 철강회사를 분석하는 애널리스트가 맡은 역할은 단순하다. 그의 역할은 철강 섹터에서 가장 저평가된 기업이나 가장 고평가된 기업을 찾아내는 것이지, 철강 섹터가 전반적으로 저평가·고평가되었는지 견해를 밝히는 일은 아니다. 그러므로 기업의 가치를 평가할 때 선택하는 무기가 왜 배수가 되는지 알 수 있다. 애널리스트가 평가받고 보상받는 기준이 상대평가 방식이라면(당신의 추천이 다른 철강회사 애널리스트의 추천과 비교된다면), 그 효과는 매우 커지기 쉽다. 그러나 은퇴자금을 모으는 개인 투자자나 인수할 기업

[그림 34.6] 시장 중립성과 가치평가 기법

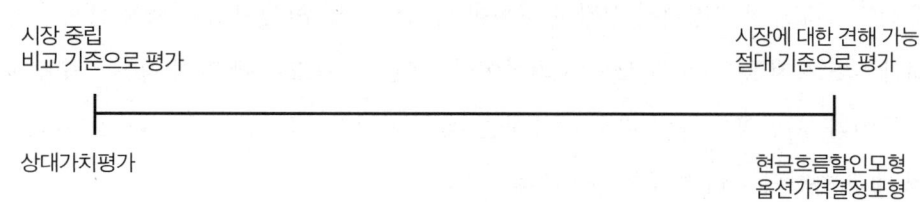

의 가치를 평가하는 사업가라면, 내재가치를 추정하는 편이 좋다. 따라서 현금흐름할인모형이 더 적합할 것이다.

시장을 보는 관점　각 기법에는 시장의 효율성을 보는 관점이 깔려 있다(그림 34.7 참조). 현금흐름할인모형에서는 시장가격이 내재가치에서 벗어나긴 하지만 장기적으로는 내재가치에 수렴한다고 가정한다. 가격평가모형에서는 시장이 대체로 정확하다고 가정하며, 개별 기업의 가격은 잘못 형성될 수 있어도 섹터나 시장 전반의 가격은 적절하다고 가정한다. 자산기반 가치평가모형에서는 실물 시장의 흐름과 금융시장의 흐름이 달라질 수 있으므로 두 시장의 차이를 이용할 수 있다고 가정한다. 끝으로 옵션가격결정모형에서는 시장은 기업이 보유한 유연성의 가치를 효율적으로 평가하지 못하므로 옵션가격결정모형을 사용하면 유리하다고 가정한다. 그러나 모든 경우에서 시장은 마침내 자신의 실수를 인식하고 바로잡는다고 가정한다.

[그림 34.7] 시장 효율성에 대한 견해와 가치평가 기법

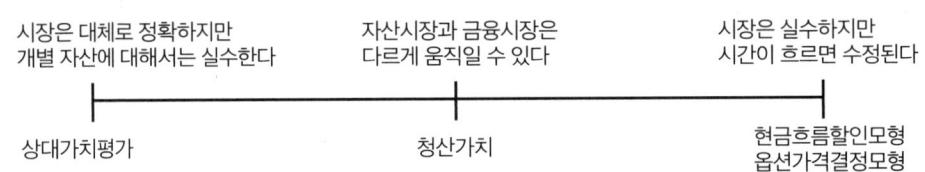

시장은 대체로 정확하지만 개별 자산에 대해서는 실수한다	자산시장과 금융시장은 다르게 움직일 수 있다	시장은 실수하지만 시간이 흐르면 수정된다
상대가치평가	청산가치	현금흐름할인모형 옵션가격결정모형

적절한 내재가치평가모형 선택

가치평가에 사용하는 모형은 평가 대상 자산의 특성에 맞게 수정해야 한다. 그러나 유감스럽게도 이 과정에서 시간과 자원이 낭비되기 일쑤다. 모형 선택에 관해서 충분하게 숙고하지 않거나, 그 모형이 최상이라고 간주하여 모형에 맞게 자산을 수정하기 때문이다. 최상의 모형이 따로 존재하는 것은 아니다. 적절한 모형이냐 아니냐는 평가 대상 자산의 여러 특성에 좌우된다.

관점 차이를 메우다

현금흐름할인모형과 가치평가모형 사이에는 커다란 관점 차이가 있다. 현금흐름할인모형에서는 장기적 관점으로 펀더멘털을 상세하게 평가해 기업의 내재가치를 추정한다. 가격평가모형에서는 시장이 대체로 옳다고 가정하고 비슷한 기업들의 가격을 살펴보면서 해당 기업의 가격을 추정한다. 두 기법 모두 유용하지만, 두 기법의 장점을 함께 이용하면 더 좋을 것이다. 따라서 현금흐름할인모형을 사용할 때는 가격평가모형의 장점을 빌려다 쓰고, 반대로 가격평가모형을 사용할 때는 현금흐름할인모형의 장점을 빌려다 쓰는 식이다.

당신은 본능에 따라 현금흐름할인모형을 사용하게 되었지만, 애널리스트로서 시장 중립적 관점을 유지해야 한다고 가정하자. 당신은 (7장에서 설명한) 자기자본비용을 추정하는 방식으로 시장 중립 관점을 유지할 수 있다. 또는 분석 대상 기업의 펀더멘털을 추정할 때 동종 기업들의 이익률과 베타에 관한 정보도 제시할 수 있다. 그러면 당신의 내재가치 추정치는 시장 중립적이며 동종 기업들에 관한 정보도 포함한다.

이번에는 당신이 가격평가를 선호한다고 가정하자. 펀더멘털도 상세하게 비교할 수 있다면, 당신은 현금흐름할인모형까지 사용해서 분석할 수 있다. 가격평가를 다루는 장에서는 배수와 펀더멘털 사이의 관계를 언급했고, 분석의 차이를 통제하는 방법도 조사했다.

현금흐름 선택

성장률과 레버리지에 대한 가정이 일관성을 유지하면, 기업을 통해서 평가하든 (기업의 가치에서 미상환부채를 차감) 주식을 직접 평가하든 주식의 가치는 똑같은 값으로 산출된다. 그렇다면 두 방법 중 어느 쪽을 고를지 고민할 필요가 있을까? 그 답은 매우 현실적이다. 레버리지가 안정적인 기업이라면(평가 기간에 부채비율이 변하지 않으리라 예상된다면), 두 방법을 놓고 선택을 고민할 필요가 없다. 부채비율을 사용해서 주주 잉여현금흐름을 추정해 주식의 가치를 평가해도 되고, 자본비용을 추정해 기업의 가치를 평가해도 된다. 이런 상황에서는 직관적으로 더 편하게 느껴지는 모형을 계속 사용하면 된다.

그러나 레버리지가 불안정한 기업이라면(부채가 지나치게 많거나 적어서 평가 기간에 부채를 적정 비율로 변경하려 한다면), 기업 가치평가 기법을 사용하는 편이 훨씬 쉽다. 이자 및 원금 상환까지 고려해서 현금흐름을 예측할 필요가 없고, 레버리지 변동 추정에 오류가 발생해도 그 영향이 훨씬 적기 때문이다. 자본비용을 산출하려면 부채비율을 추정해야 하지만, 자본비용 자체는 레버리지가 변함에 따라 주주 현금흐름이 변하는 만큼 크게 변하지 않는다. 부채비율 대신 부채 금액에 대한 가정을 세우고자 한다면, 조정 현재가치 기법으로 전환할 수 있다.

주식의 가치를 평가할 때는 배당이나 주주 잉여현금흐름을 할인할 수 있다. 다음과 같은 상황에서는 배당할인모형 사용을 고려해야 한다.

■ 부채 상환과 재투자에 관한 정보가 부족하거나 부채가 어떻게 구성되는지 밝힐 수 없어서 현금흐름을 전혀 추정할 수 없는 상황이다. 이는 21장에서 배당할인모형을 사용해서 금융서비스회사의 가치를 평가한 이유였다.
■ 자사주 매입 등 주주에 대한 보상을 기대하기 어려우며 경영진의 현금 사용을 통제할 방법이 없는 상황이다. 이런 상황에서 투자자가 기대할 수 있는 유일한 현금흐름은 경영진이 지급하는 배당이다.

이 밖의 모든 상황에서는 주주 잉여현금흐름(배당보다 많을 수도 있고 적을 수도 있다)으로 기업의 가치를 평가할 때 훨씬 더 현실적인 추정치를 얻게 된다.

초과수익 또는 총현금흐름

32장에서 논의한 초과수익 모형에서는 총현금흐름을 바탕으로 기업의 가치를 평가하는 대신, 현금흐름을 자본비용을 담당하는 금액과 초과수익에 해당하는 금액(자본비용을 초과하거나 미달하는 현금흐름)으로 구분하여 별도로 가치를 평가한다. 가정이 일관성을 유지하면 두 모형에서 산출되는 가치는 똑같다고 말했지만, 초과수익 모형을 사용하려면 투하자본이익률이나 자기자본이익률을 추정할 수 있어야 한다.

덧붙이자면, 회계이익률을 측정하려면 투하자본이익률과 (자산의 수익력을 반영하는) 이익을 추정할 수 있어야 한다. 이런 조건을 충족하는 기업은 회계(구조조정비용, 상각)나 재무(자사주 매입)에서 장부가치를 왜곡하지 않았으면서 이익 흐름이 안정적인 성숙기 기업들이다. 그러므로 초과수익 모형을 적용할 수 있는 기업은 많지 않다.

당기 이익인가, 정상 이익인가?

대부분 가치평가는 기업의 당기 재무제표에서 시작되며, 이 재무제표의 보고이익을 바탕으로 예측이 이루어진다. 그러나 이런 방식으로 진행할 수 없는 기업도 있다. 보고이익이 음수이거나, 비정상적으로 많거나 적은 기업이다(이익이 그 기업의 과거 이익에서 크게 벗어나면 비정상이다).

이익이 음수이거나 비정상이면 당기 이익을 정상 이익으로 대체하기도 한다. 정상 이익은 그 기업의 과거 이익이나 산업 평균을 바탕으로 추정한다. 이익이 음수나 비정상인 원인이 다음과 같이 일시적이라면, 이 방법을 따르는 편이 가장 쉽다.

- 경기순환: 일반적으로 경기순환 기업은 침체기에는 이익이 감소하고 호황기에는 이익이 증가한다. 둘 다 그 기업의 진정한 이익 잠재력을 보여주지 못한다.
- 특별 손실: 기업이 특별 손실을 인식한 기간에는 이익이 비정상적으로 적을 수 있다.
- 구조조정: 기업이 구조조정을 진행하는 기간에는 실적 개선을 위한 비용이 발생하므로 이익이 감소할 수 있다.

여기에 깔린 가정은 이익이 신속하게 정상 수준으로 회복될 것이며, 이렇게 가정해도 큰 문제가 없으리라는 것이다.

그러나 이익이 음수가 된 원인이 신속하게 해소되지 않는 기업도 있다. 이익이 음수인 기업 중 적어도 세 집단은 이런 문제가 장기간 이어지거나 심지어 파산할 수도 있다.

1. 장기간 영업, 전략, 재무 문제가 이어진 기업: 이런 기업은 적자 상태가 장기간 이어질 수 있다. 이런 기업의 당기 이익을 정상 이익으로 대체하면 고평가 문제가 발생한다.
   - 파산 위험이 임박한 기업이라면 가치 측정에 적합한 모형은 옵션가격결정모형(재무레버리지가 높을 경우)이나 청산가치모형이다.
   - 자금난 상태이지만 파산하지 않을 기업이라면, 자금난에서 벗어난다고 가정한다. 영업이익률을 건전한 수준으로 조정하여 산출되는 기대 현금흐름을 바탕으로 회사의 가치를 평가한다.
2. 사회 기반시설 기업: 사회 기반시설 기업은 성장기 초기에 적자를 낼 수 있다. 기업이 부실해서가 아니라 기존 투자에서 성과가 나오려면 시간이 걸리기 때문이다. 흔히 기업 현금흐름과 주주 현금흐름도 음수가 되는데, 이는 대개 자본적 지출이 감가상각비보다 압도적으로 많기 때문이다. 이런 기업에 가치가 있으려면 기반시설 투자가 마무리되어 자본적 지출이 감소하고 영업이익률이 개선되어야 한다. 그 결과 미래 현금흐름이 양수가 되면 오늘 기업의 가치도 양수가 된다.
3. 신생기업: 흔히 신생기업은 생애주기 초기에 적자를 낸다. 흥미로운 아이디어를 상용 제품으로 전환하는 일에 집중하기 때문이다. 이런 기업의 가치를 평가하려면 시간이 흐르면서 매출 성장률이 상승하고 영업이익률도 개선된다고 가정해야 한다.

성장 패턴

일반적으로 기업의 가치를 평가할 때는 그 기업이 이미 안정 성장기에 진입했거나, 일정 기간 고성장을 거쳐 안정 성장기에 진입하거나(2단계 성장), 전환 단계를 거쳐 안정 성장기에 진입한다고(3단계 또는 n단계 모형) 가정할 수 있다. 이를 판단할 때 고려해야 할 여러 요소가 있다.

성장 모멘텀　성장 패턴 선택은 이익 및 매출의 현재 성장률 수준에 좌우된다. 최근 성장률을 기준으로 기업을 세 가지 집단으로 분류할 수 있다.

1. **안정 성장 기업**: 이익 및 매출 성장률이 그 나라 명목 경제 성장률보다 낮은 기업이다. 이런 기업의 성장률은 심지어 음수가 될 수도 있다.

2. **보통 성장 기업**: 이익 및 매출 성장률이 그 나라 명목 경제 성장률보다 약간 높은 기업이다. 어림셈으로는 그 나라 명목 경제 성장률보다 8~10% 높으면 보통 성장 기업으로 본다.

3. **고성장 기업**: 이익률은 음수이더라도 매출 성장률이 그 나라 명목 경제 성장률보다 훨씬 높은 기업이다.

성장률이 안정적인 기업이라면 성장률이 일정하다고 가정하는 안정 성장 모형으로 평가할 때 적절한 추정치가 산출된다. 성장률이 보통인 기업이라면 2단계 현금흐름할인모형으로 평가할 때 기업의 특성 변화를 유연하게 포착할 수 있다. 성장률이 높은 기업이라면 3단계나 n단계 모형으로 평가해야 긴 전환 기간을 거쳐 안정 성장기에 진입하는 모습을 포착할 수 있다.

성장의 원천(진입장벽) 높은 성장률의 원천은 브랜드처럼 장기간에 걸쳐 획득한 일반적 경쟁우위일 수도 있고, 규모의 경제에 의한 생산원가 절감일 수도 있으며, 라이선스나 제품 특허 등 법적 진입장벽에서 얻는 우위일 수도 있다. 새 경쟁자들이 시장에 진입하면 브랜드나 생산원가에서 얻는 경쟁우위는 점진적으로 약해지지만, 진입장벽에서 얻는 경쟁우위는 진입장벽이 제거되면 즉시 상실하게 된다. 특정 성장의 원천을 보유한 기업의 기대성장률은 2단계 과정을 따르기 쉽다. 일정 기간(예컨대 특허 기간) 고성장을 유지하고 나서 갑자기 안정 성장기로 진입하는 방식이다. 반면 일반적인 성장의 원천을 보유한 기업의 기대성장률은 새 경쟁자들이 시장에 진입했을 때 점진적으로 하락하기 쉽다. 이런 경쟁우위를 상실하는 속도는 다음 여러 요소에 좌우된다.

- **경쟁우위의 특성**: 소비자 제품의 브랜드 같은 경쟁우위는 극복하기가 어려우므로 성장률이 장기간 유지되기 쉽다. 그러나 선발자 우위 같은 경쟁우위는 훨씬 빠르게 잠식된다.
- **경영진의 능력**: 유능한 경영진은 경쟁우위가 잠식되는 속도를 늦출 수 있다. 유능한 경영진은 신규 시장 개척 전략을 수립하여 기존 경쟁우위를 활용하거나, 경쟁우위의 새로운 원천을 발굴할 수도 있다.
- **진입장벽의 높이**: 자본 요건이나 기술 요소 등에 의해서 진입장벽이 높아질수록 경쟁우위를 상실하는 속도가 느려진다.

그림 34.8은 이런 요소들을 보여준다. 각 요소에 따라 적절한 현금흐름할인모형도 표시하였다.

[그림 34.8] 현금흐름할인모형

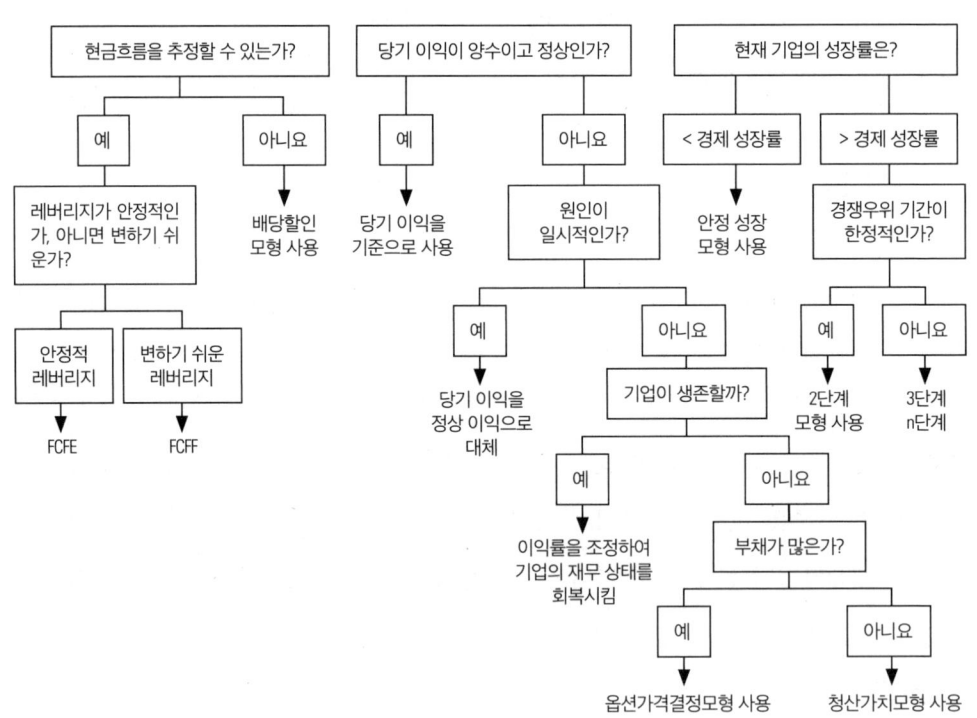

적절한 가격평가 모형 선택

가격평가모형을 사용해서 자산의 가치를 평가하는 애널리스트가 많다. 가격평가 모형을 선택할 때는 다음 두 가지 기본 질문에 답해야 한다. 어느 배수를 사용할 것인 가? 이 배수를 도출할 때 섹터를 사용할 것인가, 전체 시장을 사용할 것인가?

어느 배수를 사용해야 하는가?

배수를 다루는 장에서는 다양한 배수를 소개했다. 이익에 기반한 배수, 장부가치에 기반한 배수, 매출에 기반한 배수 등이 있었다. 어떤 배수는 최근 가치를 사용했고, 또 어떤 배수는 선행 가치나 미래가치를 사용했다. 사용하는 배수가 다르면 산출되는 가 치도 달라지므로, 어느 배수를 선택하느냐에 따라 가치 추정치가 크게 달라질 수 있다. 이 질문에 답하는 방법은 세 가지다. 첫째, 자신의 성향을 반영하는 배수를 사용하는 회의적인 관점을 선택하는 것이다. 둘째, 다양한 배수로 평가해서 얻은 가치를 모두 사 용하는 것이다. 셋째, 최상의 배수를 선택해서 이를 기반으로 가치를 평가한다.

현상 유지와 최적 경영

인수 대상 기업과 자금난 기업의 가치를 평가하는 장에서 언급했듯이, 그 기업이 최적으로 경 영된다고 가정할 때 산출되는 가치는 기존 경영진이 유지된다고 가정할 때보다 훨씬 높아질 수 있다. 이때 흔히 직면하게 되는 질문은 그 기업을 기존 경영진과 함께 평가할 것인가, 아니면 최적 경영진과 함께 평가할 것인가이다. 그 답은 간단할 때도 있고 복잡할 때도 있다.

- 기업을 인수해서 경영진을 교체하고자 한다면, 최적 경영 정책이 준비된 기업으로 보고 평 가해야 한다. 인수 대가로 그 금액을 지급할 것인지는 인수자의 협상력과 기업 경영 방식 변 경에 예상되는 기간에 좌우된다.
- 주식을 매수하려는 소액 투자자라면 기존 경영진을 교체할 수 없지만, 경영진 교체 가능성

이 있다고 믿는다면 여전히 프리미엄을 지급할 수 있다. 경영진 교체 가능성이 크면(적대적 기업 인수로 무능한 경영진이 신속하게 교체될 전망이면), 기업의 가치가 최적 가치에 신속하게 수렴한다고 가정할 수 있다. 그러나 기존 경영진을 교체하기 어려우면 이들이 계속 경영한다고 가정하여 기업의 가치를 평가해야 한다.

• 기관투자자라면 양극단 사이에 자리 잡게 된다. 기업을 인수하여 경영진을 교체할 의도가 없더라도, 기관투자자는 경영진 교체에 일정 역할을 담당할 수 있다.

회의적인 관점 당신은 언제든 자신에게 가장 잘 맞는 배수를 사용할 수 있다. 기업을 매각하고자 한다면 그 기업의 가치를 가장 높게 평가하는 배수를 사용할 것이다. 기업을 인수하고자 한다면 그 기업의 가치를 가장 낮게 평가하는 배수를 사용할 것이다. 이는 분명히 분석에서 조작으로 경계선을 넘어가는 행위이지만, 당신이 인식하는 것보다 흔한 관행이다. 비록 당신은 이런 관행을 따를 생각이 전혀 없더라도, 이런 관행에 희생되지 않도록 당신 자신을 보호할 방법은 생각해둬야 한다. 첫째, 애널리스트에게 배수 선택과 비교 대상 기업 선택을 허락하는 행위는 애널리스트가 게임의 규칙을 정하도록 허용하는 행위임을 인식해야 한다. 그러므로 배수 선택과 비교 대상 기업 선택에 대해서는 당신이 적극적인 역할을 담당해야 한다. 둘째, 누군가 한 가지 배수를 바탕으로 산출한 가치를 제시한다면, 다른 배수를 바탕으로 산출했더라면 그 가치가 어떻게 나왔을지 항상 확인해야 한다.

공격적인 관점 당신은 언제든 십여 가지 배수로 산출한 다양한 가치를 최종 추천에 모두 사용할 수 있다. 최종 추정치를 제시하는 방법은 세 가지다. 첫째, 가치의 범위를 제시하는 방법이다. 가장 낮게 산출된 추정치를 그 범위의 하한선으로 삼고, 가장 높게 산출된 가치를 그 범위의 상한선으로 삼으면 된다. 이 기법의 문제점은 그 범위가 대개 너무 넓어서 어떤 의사결정에도 쓸모가 없다는 점이다. 둘째, 다양한 배수로 산출한 가치들의 단순 평균을 제시하는 방법이다. 이 기법은 단순하다는 장점이 있지만, 배수마다 산출하는 가치의 정확도가 다른데도 모든 배수에 똑같은 가중치를 부여한다는 점이다. 셋째, 추정치의 정확도를 반영해서 각 가치에 가중치를 부여한 가중평균을 제시하는 방법이다. 이 가중치는 주관적일 수도 있고 통계 척도(예를 들어 회귀를 통한 예측에서 나온 표준오차)가 될 수도 있다.

최상의 배수 사람들은 어떤 정보라도 버리기를 주저하지만, 최상의 가치 추정치는 대개 그 기업에 가장 적합한 배수 하나로 산출할 때 나온다. 이런 배수를 찾는 방법은 세 가지이다.

1. **기본적 기법**: 그 기업의 가치와 상관관계가 가장 높은 변수를 사용해야 한다. 예를 들어 당기 이익과 가치의 상관관계는 기술회사보다 소비재회사에서 훨씬 더 높게 나타난다. 그러므로 PER은 기술회사보다 소비재회사에 더 타당하다.
2. **통계 기법**: 펀더멘털에 대해 각 배수를 회귀분석하고 나서, 회귀분석의 결정계수를 척도로 삼아 그 배수의 설명력을 확인한다. 결정계수가 가장 높은 배수가 펀더멘털을 사용해서 가장 잘 설명할 수 있는 배수이므로, 가치평가에 그 배수를 사용해야 한다.
3. **전통적 배수 기법**: 대개 특정 섹터에서는 특정 배수가 가장 널리 사용되는 현상이 나타난다. 예를 들어 PER은 금융서비스회사 분석에 가장 많이 사용되는 배수다.

표 34.1은 섹터별로 가장 널리 사용되는 배수를 보여준다. 이상적인 세계라면 세 가지 기법이 모두 수렴한다. 설명력이 가장 높은 펀더멘털이 결정계수도 가장 높으며 그 섹터에서 사용되는 전통적 배수가 된다. 그러나 전통적 배수가 펀더멘털을 반영하지 못하면(섹터가 변화하거나 발전할 때 반영하지 못할 수 있다) 이 가치 추정치는 투자자를 오도하게 된다.

[표 34.1] 섹터별로 가장 널리 사용되는 배수

섹터	배수	비고
경기순환형 제조업 고성장 첨단 기술	PER, 상대적 PER PEG	흔히 정상 이익 사용. 성장률 차이가 크면 PER을 비교하기 어려움.
고성장·적자 기간산업	EV/매출, EV/EBITDA	미래 이익률이 양수라고 가정. 초기 연도에는 적자가 발생하나, 감가상 각법에 따라 보고이익이 달라질 수 있음.
리츠	주가/현금흐름	투자 정책에 대한 제약과 거액의 감가상각비 때문에 주주 이익보다 현금흐름 측정이 더 적절함.
금융서비스업 소매업	PBR PSR VSR	장부가치는 대개 시가평가. 기업들의 레버리지가 비슷할 경우. 기업들의 레버리지가 다를 경우.

시장·섹터 가격평가

대부분 상대가치평가에서는 같은 산업에 속한 다른 기업들과 비교해서 기업의 가치를 평가하면서 단순한 질문을 던진다. 비슷한 기업들의 시장가격을 고려할 때, 이 기업은 저평가되었는가, 고평가되었는가? 이 기법에서는 비슷한 기업들을 (사업도 같을 뿐만 아니라 규모나 시장도 비슷한 기업들로) 좁게 정의할 수도 있고, 넓게 정의하여 비슷한 기업의 수를 크게 늘릴 수도 있다. 기업들 사이의 차이를 주관적으로 통제하려면 비슷한 기업들을 좁게 정의해야 한다. 그러나 차이를 (예컨대 회귀분석 등) 통계적으로 통제하려면 넓게 정의해야 한다.

상대가치평가에 관한 챕터에서는 상대가치평가의 대안 기법으로 전체 시장과 비교해서 기업의 가치를 평가하는 방법을 제시했다. 이 방법을 사용할 때는 질문의 수가 대폭 증가할 뿐만 아니라 내용도 달라진다. 다른 기업들의 시장가격을 고려할 때, 이 기업은 저평가되었는가, 고평가되었는가? 전체 섹터의 가격이 틀렸다면, 한 기업이 섹터와 비교해서는 저평가되었더라도 시장과 비교해서는 고평가될 수 있는가?

상대가치평가에서 사용하는 기법은 자신이 맡은 역할에 따라 달라진다. 섹터를 좁게 정의하면서 어느 주식이 저평가되었거나 고평가되었는지 판단하고자 한다면, 섹터 기반 상대가치평가를 고수해야 한다. 그러나 더 자유롭게 전체 시장에서 저평가되었거나 고평가된 주식을 찾고자 한다면, 비슷한 기업들을 넓게 정의해야 한다.

옵션가격결정모형은 언제 사용해야 하는가?

옵션가격결정모형을 사용하는 가치평가에 관한 장에서는 옵션가격결정모형을 적용할 때 전통적인 현금흐름할인모형보다 높은 가치가 산출되는 시나리오들을 제시했다. 옵션가격결정모형을 사용할 때는 다음 일반 명제를 따라야 한다는 점을 명심해야 한다.

- **실물 옵션은 자주 사용하지 않는다.** 가치의 차이가 크게 나타나는 경우에만 옵션을 사용하라. 일반적으로 옵션은 옵션과 비슷한 자산에서 거액의 가치를 도출하는 소기업의 가치에 가장 큰 영향을 미친다. 그러므로 머크 같은 거대 제약회사보다는 소규모 생명공학회사의 가치를 평가할 때 특허를 옵션으로 간주하여 평가하는 방식이 타당해진다. 머크가 보유한 특허도 수십 개에 이르겠지만, 머크의 가치 대부분은 기존 약품 포트폴리오와 기존 현금흐름에서 나오기 때문이다.
- **기회가 모두 옵션이 되는 것은 아니다.** 기회를 옵션으로 착각해서는 안 된다. 흔히 애널리스트는 성장 잠재력이 큰 기업은 틀림없이 값진 옵션을 보유하고 있으리라 가정한다. 그러나 기회가 값진 옵션이 되려면 어느 정도 독점권까지 확보해야 한다. 이런 독점권은 경쟁을 막는 법적 제약이나 상당한 경쟁우위에서 올 수 있다.
- **옵션의 가치를 이중계산하지 말라.** 애널리스트들은 옵션이 펀더멘털과 기업의 가치에 미치는 영향을 반영하고 나서도 그 옵션을 또 반영하여 프리미엄을 추가하는 사례가 매우 많다. 예를 들어 미개발 석유 매장량을 보유한 석유회사를 생각해보자. 이런 매장량의 가치를 옵션으로 평가하는 것은 타당하지만, 이 매장량 때문에 기업의 기대성장률을 높게 설정했다면 현금흐름할인모형으로 산출한 이 회사의 가치에 매장량의 가치를 추가해서는 안 된다.

기업의 가치가 저평가되는 동시에 고평가될 수 있나?

현금흐름할인모형과 가격평가모형으로 기업의 가치를 평가하면, 모형에 따라 산출되는 가치가 틀림없이 다를 것이다. 예컨대 상대가치평가모형을 사용했을 때는 저평가되고, 현금흐름할인모형을 사용했을 때는 고평가될 수도 있다. 왜 이런 차이가 발생할까? 이는 대개 그 섹터가 펀더멘털보다 고평가되었기 때문이다. 예를 들어 2000년 3월 현금흐름할인모형으로 산출한 아마존의 가치는 주당 30달러였지만, 시장가격은 70달러였으므로 분명히 고평가되었다. 그 시점에 다른 인터넷회사들과 비교해보면 아마존은 상대적으로 저평가된 것으로 나왔다.

반면 상대가치평가모형을 사용했을 때는 고평가되고, 현금흐름할인모형을 사용했을 때는 저평가되었다면, 그 섹터가 저평가되었다는 뜻이다. 당시 아마존 주가는 15달러로 하락했지만, 다른 인터넷 주식들의 가치는 90%나 폭락했다. 당시 현금흐름할인모형으로 산출한 가치는 저평가되었지만, 상대가치평가모형으로 산출한 가치는 인터넷 주식들보다 고평가된 것으로 나왔다.

투자자는 현금흐름할인모형과 상대가치평가모형을 둘 다 사용해서 적정 매수 가격을 결정할 수 있다. 최선은 가치는 물론 가격도 저평가된 주식을 매수하는 것이다. 그렇게 하면 시간이 흘러 시장이 가치를 반영할 때도 이득을 보고, 섹터가 가격을 바로잡을 때도 이득을 보게 된다.

결론

기업·자산의 가치를 평가하는 애널리스트는 세 가지 기법(현금흐름할인법, 상대가치평가법, 옵션가격결정법) 중에서 선택해야 하며, 그 기법 안에서도 모형을 선택해야 한다. 이 선택은 주로 기업·자산의 특성(이익 수준, 성장 잠재력, 이익 성장의 원천, 레버리지의 안정성, 배당 정책 등)에 좌우된다. 기업·자산에 적합한 가치평가모형을 선택하는 일은 모형들을 이해하고 적절한 입력 변수를 선택하는 일만큼이나 중요하다.

기법을 선택한 다음에도 추가로 선택할 사항이 있다. 주주 현금흐름을 사용할지 기업 현금흐름을 사용할지 선택해야 하고, 어느 배수를 사용할지도 선택해야 하며, 기업이 보유한 옵션이 어떤 유형인지도 판단해야 한다.

Aboody, D., & Lev, B. (1998). The value relevance of intangibles: The case of software capitalization. *Journal of Accounting Research*, *36*, 161-191.

Alexander, S. S. (1964). Price movements in speculative markets: Trends or random walks? In: *The Random Character of Stock Market Prices* (ed. P. Cootner), 338-372. Cambridge, MA: MIT Press.

Altman, E. I. (1968). Financial ratios, discriminant analysis and the prediction of corporate bankruptcy. *Journal of Finance*, *23*, 589-609.

Altman, E. I., & Kishore, V. (2000). *The default experience of U.S. bonds*, [Working paper]. New York University.

Amram, M., & Kulantilaka, N. (1998). *Real Options: Managing Strategic Investments in an Uncertain World*. New York: Oxford University Press.

Arbel, A., & Strebel, P. J. (1983). Pay attention to neglected stocks. *Journal of Porfolio Management*, *9*, 37-42.

Arnott, R. D. (1985). The use and misuse of consensus earnings. *Journal of Portfolio Management*, *11*, 18-27.

Avellaneda, M., & Lawrence, P. (2000). *Quantitative Modeling of Derivative Securities*, New York: Chapman & Hall.

Ball, C. A., & Torous, W. N. (1983). A simplified jump process for common stock returns. *Journal of Financial and Quantitative Analysis*, *18*, 53-65.

Banz, R. (1981). The relationship between return and market value of common stocks. *Journal of Financial Economics*, *9*, 3-18.

Barclay, M. J., Smith, C. W., & Watts R. L. (1995). The determinants of corporate leverage and dividend policies. *Journal of Applied Corporate Finance*, *7*(4), 4-19.

Basu, S. (1977). The investment performance of common stocks in relation to their price-earnings:

A test of the efficient market hypothesis. *Journal of Finance*, *32*, 663-682.

Basu, S. (1983). The relationship between earnings yield, market value and return for NYSE common stocks: Further evidence. *Journal of Financial Economics*, *12*, 129-156.

Bathke, A. W., Jr., & Lorek, K. S. (1984). The relationship between time-series models and the security market's expectation of quarterly earnings. *Accounting Review*, *59*, 163-176.

Beaver, W. H., Kettler, P., & Scholes, M. (1970). The association between market determined and accounting determined risk measures. *Accounting Review*, *45*(4), 654-682.

Beckers, S. (1981). A note on estimating the parameters of the diffusion-jump process model of stock returns. *Journal of Financial and Quantitative Analysis*, *16*, 127-140.

Bernstein, L. A., & Siegel, J. G. (1979). The concept of earnings quality. *Financial Analysts Journal*, *35*, 72-75.

Bernstein, P. (1992). *Capital Ideas*. New York: Free Press.

Bernstein, P. (1996). *Against the Gods*. New York: John Wiley & Sons.

Bernstein, R. (1995). *Style Investing*. New York: John Wiley & Sons.

Bernstein, R. (1997a, December 19). EVA and market returns. *Quantitative Viewpoint*, Merrill Lynch.

Bernstein, R. (1997b, February 3). EVA and market returns. *Quantitative Viewpoint*, Merrill Lynch.

Bethke, W. M., & Boyd, S. E. (1983). Should dividend discount models be yield-tilted? *Journal of Portfolio Management*, *9*, 23-27.

Bhide, A. (1989). The causes and consequences of hostile takeovers. *Journal of Applied Corporate Finance*, *2*, 36-59.

Bhide, A. (1993). Reversing corporate diversification. In: *The New Corporate Finance-Where Theory Meets Practice* (ed. D. H. Chew Jr.). New York: McGraw-Hill.

Black, F., & Scholes, M. (1972). The valuation of option contracts and a test of market efficiency. *Journal of Finance*, *27*, 399-417.

Blume, M. (1979). Betas and their regression tendencies: Some further evidence. *Journal of Finance*, *34*(1), 265-267.

Booth, L. (1999). Estimating the equity risk premium and equity costs: New way of looking at old data. *Journal of Applied Corporate Finance*, *12*(1), 100-112.

Box, G., & Jenkins, G. (1976). *Time Series Analysis: Forecasting and Control*. Oakland, CA: Holden-

가치평가 바이블

Day.

Bradley, M., Desai, A., & Kim, E. H. (1983). The rationale behind interfirm tender offers. *Journal of Financial Economics*, *11*, 183-206.

Bradley, M., Desai, A., & Kim, E. H. (1988). Synergistic gains from corporate acquisitions and their division between the stockholders of target and acquiring firms. *Journal of Financial Economics*, *21*, 3-40.

Brennan, M. J. (1970). Taxes, market valuation and corporation financial policy. *National Tax Journal*, *23*, 417-427.

Brennan, M. J., & Schwartz, E. S. (1985). Evaluating natural resource investments. *Journal of Business*, *58*, 135-158.

Brickley, J., Smith, C., & Zimmerman, J. (1995). The economics of organizational architecture. *Journal of Applied Corporate Finance*, *8*, 19-31.

Brickley, J., Smith, C., & Zimmerman, J. (1995). Transfer pricing and the control of internal corporate transactions. *Journal of Applied Corporate Finance*, *8*(2), 60-67.

Brown, L. D., & Rozeff, M. S. (1979). Univariate time series models of quarterly accounting earnings per share: A proposed model. *Journal of Accounting Research*, *17*, 178-189.

Brown, L. D., & Rozeff, M. S. (1980). Analysts can forecast accurately! *Journal of Portfolio Management*, *6*, 31-34.

Brown, S. J., & Warner, J. B. (1980). Measuring security price performance. *Journal of Financial Economics*, *8*(3), 205-258.

Brown, S. J., & Warner, J. B. (1985). Using daily stock returns: The case of event studies. *Journal of Financial Economics*, *14*(1), 3-31.

Bruner, R. F. (2005). *Deals from Hell: M&A Lessons that Rise above the Ashes*. Hoboken, NJ: John Wiley.

Bruner, R. F., Eades, K. M., Harris, R. S., et al. (1998). Best practices in estimating the cost of capital: Survey and synthesis. *Financial Practice and Education, 8*, 13-28.

Bruner, R. F., Eades, K. M., Harris, R. S., et al. (1998). Best practices in estimating the cost of capital: Survey and synthesis. *Financial Practice and Education, 8*, 14-28.

Buffett, W. E., & Cunningham, L. A. (2001). *The Essays of Warren Buffett: Lessons of Corporate America*. Minneapolis, MN: Cunningham Group.

Capaul, C., Rowley, I., & Sharpe, W. F. (1993). International value and growth stock returns. *Financial Analysts Journal*, *49*, 27-36.

Carhart, M. M. (1997). On the persistence of mutual fund performance. *Journal of Finance*, *52*, 57-82.

Carpenter, J. (1998). The exercise and valuation of executive stock options. *Journal of Financial Economics*, *48*, 127-158.

Chambers, A. E., & Penman, S. H. (1984). Timeliness of reporting and the stock price reaction to earnings announcements. *Journal of Accounting Research*, *22*, 21-47.

Chan, K. C., Karolyi, G. A., & Stulz, R. M. (1992). Global financial markets and the risk premium on U.S. equity. *Journal of Financial Economics*, *32*, 132-167.

Chan, L. K., Hamao, Y., & Lakonishok, J. (1991). Fundamentals and stock returns in Japan. *Journal of Finance*, *46*, 1739-1789.

Chan, S. H., Martin, J., & Kensinger, J. (1990). Corporate research and development expenditures and share value. *Journal of Financial Economics*, *26*, 255-276.

Chen, N., Roll, R., & Ross, S. A. (1986). Economic forces and the stock market. *Journal of Business*, *59*, 383-404.

Choi, F. D. S., & Levich, R. M. (1990). *The Capital Market Effects of International Accounting Diversity*. New York: Dow Jones-Irwin.

Clemons, E. K., Barnett, S., & Lanier, J. (2005, September 22). Fortune favors the forward-thinking. *Financial Times Special Reports/Mastering Risk*.

Collins, W., & Hopwood, W. (1980). A multivariate analysis of annual earnings forecasts generated from quarterly forecasts of financial analysts and univariate time series models. *Journal of Accounting Research*, *20*, 390-406.

Conrad, J. (1989). The price effect of option introduction. *Journal of Finance*, *44*, 487-498.

Cootner, P. H. (1961). Common elements in futures markets for commodities and bonds. *American Economic Review, 51*(2), 173-183.

Cootner, P. H. (1962). Stock prices: Random versus systematic changes. *Industrial Management Review*, *3*, 24-45.

Copeland, T. E., & Antikarov, V. (2001). *Real Options: A Practitioners Guide*. New York: Texere.

Copeland, T. E., Koller, T., & Murrin, J. (1999). *Valuation: Measuring and Managing the Value of*

Companies. New York: John Wiley & Sons.

Cottle, S., Murray, R., & Bloch, F. (1988). *Security Analysis*. New York: McGraw-Hill.

Cox, J. C., & Ross, S. A. (1976). The valuation of options for alternative stochastic processes. *Journal of Financial Economics*, *3*, 145-166.

Cox, J. C., & Rubinstein, M. (1985). *Options Markets*. Upper Saddle River, NJ: Prentice Hall.

Cox, J. C., Ross S. A., & Rubinstein, M. (1979). Option pricing: A simplified approach. *Journal of Financial Economics*, *7*, 229-264.

Cragg, J. G., & Malkiel, B. G. (1968). The consensus and accuracy of predictions of the growth of corporate earnings. *Journal of Finance*, *23*, 67-84.

Crichfield, T., Dyckman, T., & Lakonishok J. (1978). An evaluation of security analysts forecasts. *Accounting Review*, *53*, 651-668.

Cuny, C. C., & Jorion, P. (1995). Valuing executive stock options with endogenous departure. *Journal of Accounting and Economics*, *20*, 193-205.

Damodaran, A. (1989). The weekend effect in information releases: a study of earnings and dividend announcements. *Review of Financial Studies*, *2*, 607-623.

Damodaran, A. (1994). *Damodaran on Valuation*. New York: John Wiley & Sons.

Damodaran, A. (1999). *Dealing with cash, marketable securities and cross holdings*. www.stern.nyu.edu/&adamodar/New_Home_Page/papers.html.

Damodaran, A. (1999). *Estimating the equity risk premium*. www.stern.nyu.edu/&adamodar/New_Home_Page/papers.html.

Damodaran, A. (1999). *The treatment of operating leases*. www.stern.nyu.edu/&adamodar/New_Home_Page/papers.html.

Damodaran, A. (1999). *The treatment of R&D*. www.stern.nyu.edu/&adamodar/New_Home_Page / papers.html.

Damodaran, A. (1999). Value enhancement: Back to the future. *Contemporary Finance Digest*, *3*, 2-47.

Damodaran, A. (2001). *Choosing the right valuation model*. www.stern.nyu.edu/adamodar/New Home Page/papers.html.

Damodaran, A. (2001). *Corporate Finance: Theory and Practice, Second Edition*. New York: John Wiley & Sons.

Damodaran, A. (2001). *Dealing with negative earnings*. www.stern.nyu.edu/&adamodar/New_Home_Page/papers.html.

Damodaran, A. (2001). *It's all relative: First principles of relative valuation*. www.stern.nyu.edu/&adamodar/New_Home_Page/papers.html.

Damodaran, A. (2001). *The Dark Side of Valuation*. Upper Saddle River, NJ: Prentice Hall.

Damodaran, A. (2017). *Narrative and Numbers*. Hoboken, NJ: John Wiley & Sons

Dann, L. Y., & DeAngelo, H. (1983). Standstill agreements, privately negotiated stock repurchases, and the market for corporate control. *Journal of Financial Economics*, *11*, 275-300.

Dann, L. Y., & DeAngelo, H. (1988). Corporate financial policy and corporate control: A study of defensive adjustments in asset and ownership structure. *Journal of Financial Economics*, *20*, 87-128.

Davis, D., & Lee, K. (1997). A practical approach to capital structure for banks. *Journal of Applied Corporate Finance*, *10*(1), 33-43.

DeAngelo, H., & Rice, E. M. (1983). Antitakeover charter amendments and stockholder wealth. *Journal of Financial Economics*, *11*, 329-360.

DeAngelo, H., DeAngelo, L., & Rice, E. M. (1984). Going private: The effects of a change in corporate ownership structure. *Midland Corporate Finance Journal*, *2*, 35-43.

DeBondt, W. F. M., & Thaler, R. (1985). Does the stock market overreact? *Journal of Finance*, *40*, 793-805.

DeBondt, W. F. M., & Thaler, R. (1987). Further evidence on investor overreaction and stock market seasonality. *Journal of Finance*, *42*, 557-581.

Deng, Z., & Lev, B. (1998). *The valuation of acquired R&D*. [Working paper]. New York University. Denis, D. J., & Denis, D. K. (1993). Leveraged recaps in the curbing of corporate overinvestment. *Journal of Applied Corporate Finance*, *6*(1) 60-71.

Dimson, E. (1979). Risk measurement when shares are subject to infrequent trading. *Journal of Financial Economics*, *7*(2), 197-226.

Dimson, E., & Marsh, P. R. (1984). An analysis of brokers' and analysts' unpublished forecasts of UK stock returns. *Journal of Finance*, *39*, 1257-1292.

Dimson, E., & Marsh, P. R. (1986). Event studies and the size effect: The case of UK press recommendations. *Journal of Financial Economics*, *17*, 113-142.

Dimson, E., & Marsh, P. R. (2001). Murphy's law and market anomalies. *Journal of Portfolio Management, 25*, 53-69.

Dimson, E., Marsh, P., & Staunton, M. (2010). Credit Suisse Global Investment Returns Yearbook 2010. Credit Suisse Research Institute.

Dubofsky, P., & Varadarajan, P. R. (1987). Diversification and measures of performance: Additional empirical evidence. *Academy of Management Journal, 30*, 597-608.

Ehrbar, A. (1998). *EVA: The Real Key to Creating Wealth*. New York: John Wiley & Sons.

Elton, E., Gruber, M. J., & Mei, J. (1994). Cost of capital using arbitrage pricing theory: A case study of nine New York utilities. *Financial Markets, Institutions and Instruments, 3*, 46-73.

Elton, E. J., & Gruber, M. J. (1995). *Modern Portfolio Theory and Investment Management*. New York: John Wiley & Sons.

Estep, T. (1985). A new method for valuing common stocks. *Financial Analysts Journal, 41*, 26, 27, 30-33.

Estep, T. (1987). Security analysis and stock selection: Turning financial information into return forecasts. *Financial Analysts Journal, 43*, 34-43.

Fama, E. F. (1965). The behavior of stock market prices. *Journal of Business, 38*, 34-105.

Fama, E. F. (1970). Efficient capital markets: A review of theory and empirical work. *Journal of Finance, 25*, 383-417.

Fama, E. F., & Blume, M. (1966). Filter rules and stock market trading profits. *Journal of Business, 39*, 226-241.

Fama, E. F., & French, K. R. (1988). Permanent and temporary components of stock prices. *Journal of Political Economy, 96*, 246-273.

Fama, E. F., & French, K. R. (1992). The cross-section of expected returns. *Journal of Finance, 47*, 427-466.

Fama, E. F., & French, K. R. (2010). Luck versus Skill in the cross-section of mutual fund Returns. *The Journal of Finance, 65*, 1915-1947.

Fama, E. F., & Schwert, G. W. (1977). Asset returns and inflation. *Journal of Financial Economics, 5*, 115-146.

Fang, H., & Lai, T.-Y. (1997). Co-kurtosis and capital asset pricing. *Financial Review, 32*, 293-307.

Foster, G. (1977). Quarterly accounting data: Time series properties and predictive ability results.

Accounting Review, 52, 1-31.

Fried, D., & Givoly, D. (1982). Financial analysts forecasts of earnings: A better surrogate for earnings expectations. *Journal of Accounting and Economics, 4*, 85-107.

Fruhan, W. E. (1979). *Financial Strategy: Studies in the Creation, Transfer and Destruction of Shareholder Value*. Homewood, IL: Irwin.

Fruhan, W. E., Kester, W. C., Mason, S. P., et al. (1992). *Congoleum: Case Problems in Finance*. Homestead, IL: Irwin.

Fuller, R. J., & Hsia, C. (1984). A simplified common stock valuation model. *Financial Analysts Journal, 40*, 49-56.

Fuller, R. J., Huberts, L. C., & Levinson M. (1992). It's not higgledy-piggledy growth! *Journal of Portfolio Management, 18*, 38-46.

Gabaix, X., Gopikrishnan, P., Plerou, V. et al. (2003). A theory of power law distributions in financial market fluctuations. *Nature, 423*, 267-270.

Gaughan, P. A. (1999). *Mergers, Acquisitions and Corporate Restructurings*. New York: John Wiley & Sons.

Geske, R. (1979). The valuation of compound options. *Journal of Finance, 7*, 63-82.

Gibbons, M. R., & Hess, P. (1981). Day of the week effects and asset returns. *Journal of Business, 54*, 579-596.

Givoly, D., & Lakonishok, J. (1984). The quality of analysts' forecasts of earnings. *Financial Analysts Journal, 40*, 40-47.

Godfrey, S., & Espinosa, R. (1996). A practical approach to calculating the cost of equity for investments in emerging markets. *Journal of Applied Corporate Finance, 9*(3), 80-81.

Goodman, D. A., & Peavy III, J. W. (1983). Industry relative price-earnings ratios as indicators of investment returns. *Financial Analysts Journal, 39*, 60-66.

Gordon, M. (1962). *The Investment, Financing and Valuation of the Corporation*. Homewood, IL: Irwin.

Graham, B. (2006). *The Intelligent Investor: The Definitive Book on Value Investing*. HarperBusiness. Graham, B., Dodd, D. L., & Cottle, S. (1962). *Security Analysis, Fourth Edition*. New York: McGraw-Hill.

Graham, J. (1996). Debt and the marginal tax rate. *Journal of Financial Economics, 41*, 41-73.

Graham, J. R. (1996). Proxies for the corporate marginal tax rate. *Journal of Financial Economics,* *42*(2), 187-221.

Graham, J. R. (2000). How big are the tax benefits of debt? *Journal of Finance,* *55*(5), 1901-1941.

Grant, R. M. (1998). *Contemporary Strategy Analysis*. Malden, MA: Blackwell.

Griffin, P. A. (1977). The time series Behavior of quarterly earnings. *Journal of Accounting Research,* *15,* (Spring), 71-83.

Gultekin, M. N., & Gultekin, B. N. (1983). Stock market seasonality: International evidence. *Journal of Financial Economics,* *12*, 469-481.

Hamada, R. S. (1972). The effect of the firm's capital structure on the systematic risk of common stocks. *Journal of Finance,* *27*, 435-452.

Haugen, R. (1997). *Modern Investment Theory*. Upper Saddle River, NJ: Prentice Hall.

Haugen, R. A. (1990). *Modern Investment Theory*. Englewood Cliffs, NJ: Prentice Hall.

Haugen, R. A., & Lakonishok, J. (1988). *The Incredible January Effect*. Homewood, IL: Dow Jones-Irwin.

Hawkins, E. H., Chamberlin, S. C., & Daniel W. E. (1984). Earnings expectations and security prices. *Financial Analysts Journal,* *40*, 24-27, 30-38, 74.

Healy, P. M., Palepu, K. G., & Ruback, R. S. (1992). Does corporate performance improve after mergers? *Journal of Financial Economics,* *31*, 135-176.

Hertz, D. (1964). Risk analysis in capital investment. *Harvard Business Review*.

Hong, H., Kaplan, R. S., & Mandelkar, G. (1978). Pooling vs. purchase: The effects of accounting for mergers on stock prices. *Accounting Review,* *53*(1), 31-47.

Hooke, J. C. (2001). *Security Analysis on Wall Street*. New York: John Wiley & Sons.

Hull, J. C. (1995). *Introduction to Futures and Options Markets*. Upper Saddle River, NJ: Prentice Hall.

Hull, J. C. (1999). *Options, Futures and Other Derivatives*. Upper Saddle River, NJ: Prentice Hall.

Ibbotson, R. G., & Brinson, G. P. (1993). *Global Investing*. New York: McGraw-Hill.

Ibbotson, R. G., & Brinson, G. P. (1996). *Global Investing*. New York: McGraw-Hill.

Indro, D. C., & Lee, W. Y. (1997). Biases in arithmetic and geometric averages as estimates of long-run expected returns and risk premium. *Financial Management,* *26*, 81-90.

Inselbag, I., & Kaufold, H. (1997). Two DCF approaches and valuing companies under alternative financing strategies. *Journal of Applied Corporate Finance*, *10*(1), 115-122.

Itami, H. (1987). *Mobilizing Invisible Assets*. Cambridge, MA: Harvard University Press.

Jacobs, B. I., & Levy, K. N. (1988). Disentangling equity return irregularities: New insights and investment opportunities. *Financial Analysts Journal*, *44*, 18-44.

Jacobs, B. I., & Levy, K. N. (1988). On the value of "value. *Financial Analysts Journal*, *44*, 47-62.

Jacobs, B. I., & Levy, K. N. (1988a). Disentangling equity return irregularities: New insights and investment opportunities. *Financial Analysts Journal*, *44*, 18-44.

Jacobs, B. I., & Levy, K. N. (1988b). On the value of "value. *Financial Analysts Journal*, *44*, 47-62.

Jaffe, J. (1974). Special information and insider trading. *Journal of Business*, *47*, 410-428.

Jarrell, G. A., Brickley, J. A., & Netter, J. M. (1988). The market for corporate control: The empirical evidence since 1980. *Journal of Economic Perspectives*, *2*, 49-68.

Jarrow, R. A., & Rosenfeld, E. R. (1984). Jump risks and the intertemporal capital asset pricing model. *Journal of Business*, *57*, 337-351.

Jegadeesh, N., & Titman, S. (1993). Returns to buying winners and selling losers: Implications for stock market efficiency. *Journal of Finance, 48*(1), 65-91.

Jegadeesh, N., & Titman, S. (2001). Profitability of momentum strategies: An evaluation of alternative explanations. *Journal of Finance*, 56(2): 699-720.

Jennergren, L. P. (1975). Filter tests of Swedish share prices. In: *International Capital Markets* (ed. E. J. Elton & M. J. Gruber), 55-67. New York: North-Holland.

Jennergren, L. P., & Korsvold, P. E. (1974). Price formation in the Norwegian and Swedish stock markets-Some random walk tests. *Swedish Journal of Economics*, *76*, 171-185.

Jensen, M. (1968). The performance of mutual funds in the period 1945-64. *Journal of Finance*, *2*, 389-416.

Jensen, M., & Bennington, G. A. (1970). Random walks and technical theories, some additional evidence. *Journal of Finance*, *25*, 469-482.

Jensen, M. C. (1969). Risk, the pricing of capital assets, and the evaluation of investment portfolios. *Journal of Business*, *42*, 167-247.

Jensen, M. C. (1986). Agency costs of free cash flow, corporate finance, and takeovers. *American Economic Review*, *76*, 323-329.

Jensen, M. C. (1986). Agency costs of free cashflow, corporate finance and takeovers. *American*

Economic Review, 76, 323-329.

Jensen, M. C., & Ruback, R. S. (1983). The market for corporate control. Journal of Financial Economics, 11, 5-50.

Kaplan, R. S., & Roll, R. (1972). Investor evaluation of accounting information: Some empirical evidence. Journal of Business, 45, 225-257.

Kaplan, S., & Weisbach, M. S. (1992). The success of acquisitions: The evidence from divestitures. Journal of Finance, 47, 107-138.

Kaplan, S. N. (1989). Campeau's acquisition of federated: Value destroyed or value added? Journal of Financial Economics, 25, 191-212.

Karpoff, J. M., & Malatesta, P. H. (1990). The wealth effects of second-generation state takeover legislation. Journal of Financial Economics, 25, 291-322.

Kcim, D. (1983). Size related anomalics and stock return seasonality: Further empirical evidence. Journal of Financial Economics, 12, 13-32.

Kim, S. H., Crick, T., & Kim, S. H. (1986). Do executives practice what academics preach? Management Accounting, 68, 49-52.

Kisor, Jr, M., & Whitbeck, V. S. (1963). A new tool in investment decision-making. Financial Analysts Journal, 19, 55-62.

Knaup, A. E. (2005). Survival and longevity in the business employment dynamics data. Monthly Labor Review, 128(59): 50-56.

Knaup, A. E., & Piazza, M. C. (2007, September). Business employment dynamics data: Survival and longevity. Monthly Labor Review, 130, 3-10.

KPMG. (1999). Unlocking Shareholder Value: The Keys to Success. New York: KPMG Global Research Report.

Krallinger, J. C. (1997). Mergers and Acquisitions: Managing the Transaction. New York: eMcGraw-Hill.

Kramer, J. R., & Pushner, G. (1997). An empirical analysis of economic value added as a proxy for market value added. Financial Practice and Education, 7, 41-49.

Kraus, A., & Litzenberger, R. H. (1976). Skewness preference and the valuation of risk assets. Journal of Finance, 31, 1085-1100.

Lang, L. H. P., Stulz, R. M., & Walkling, R. A. (1991). A test of the free cash flow hypothesis: The case of bidder returns. *Journal of Financial Economics, 29*, 315-335.

Lease, R. C., McConnell, J. J., & Mikkelson, W. H. (1983). The market value of control in publiclytraded corporations. *Journal of Financial Economics, 11*, 439-471.

Leibowitz, M. L., & Kogelman, S. (1992). Franchise value and the growth process. *Financial Analysts Journal, 48*, 53-62.

Levin, R. C., Klevorick, A. K., Nelson, R. R. et al. (1987). Appropriating the returns from industrial research and development. *Brookings Paper on Economic Activity*.

Levy, H., & Lerman, Z. (1985). Testing P/E ratio filters with stochastic dominance. *Journal of Portfolio Management, 11*, 31-40.

Lewellen, W. G. (1971). A pure financial rationale for the conglomerate merger. *Journal of Finance, 26*, 521-537.

Lindenberg, E., & Ross, M. P. (1999). To purchase or to pool: does it matter? *Journal of Applied Corporate Finance, 12*, 32-47.

Linn, S., & McConnell, J. J. (1983). An empirical investigation of the impact of anti-takeover amendments on common stock prices. *Journal of Financial Economics, 11*, 361-399.

Lintner, J. (1965). The valuation of risk assets and the selection of risky investments in stock portfolios and capital budgets. *Review of Economics and Statistics, 47*, 13-37.

Little, I. M. D. (1960). *Higgledy Piggledy Growth*. Oxford: Institute of Statistics.

Litzenberger, R. H., & Ramaswamy, K. (1979). The effect of personal taxes and dividends on capital asset prices: Theory and empirical evidence. *Journal of Financial Economics, 7*, 163-196.

Longstaff, F. A. (1995). How much can marketability affect security values? *Journal of Finance, 50*, 1767-1774.

Mackie-Mason, J. (1990). Do taxes affect corporate financing decisions? *Journal of Finance, 45*, 1471-1494.

Madden, B. L. (1998). *CFROI Cash Flow Return on Investment Valuation: A Total System Approach to Valuing a Firm*. Woburn, MA: Butterworth-Heinemann.

Maher, J. M. (1976). Discounts for lack of marketability for closely held business interests. *Tax Magazine, 1*, 562-571.

Malmendier, U., Moretti, E., & Peters, F. S. (2018). Winning by losing: Evidence on the long-run effects of mergers. *The Review of Financial Studies, 31*, 3212-3264.

가치평가 바이블

Mandelbrot, B. (1961). The variation of certain speculative prices. *Journal of Business, 34*, 394-419.

Mandelbrot, B., & Hudson, R. L. (2004). *The (mis)Behavior of Markets: A Fractal View of Risk, Ruin and Reward*. New York: Basic Books.

Markowitz, H. M. (1991). Foundations of portfolio theory. *Journal of Finance, 46*(2), 469-478.

Mauboussin, M. (1998). Get real. Boston: Credit Suisse First Boston.

Mauboussin, M., & Johnson, P. (1997). Competitive advantage period: The neglected value driver. *Financial Management, 26*(2), 67-74.

McConnell, J. J., & Muscarella, C. J. (1985). Corporate capital expenditure decisions and the market value of the firm. *Journal of Financial Economics, 14*, 399-422.

Mei, J., & Moses, M. (2001). *Art as an investment and the underperformance of masterpieces: evidence from 1875-2000*. [Working paper]. New York University.

Merton, R. C. (1973). The theory of rational option pricing. *Bell Journal of Economics, 4*(1), 141-183.

Merton, R. C. (1976). Option pricing when the underlying stock returns are discontinuous. *Journal of Financial Economics, 3*, 125-144.

Michaely, R., & Womack, K. L. (1999). Conflict of interest and the credibility of underwriter analyst recommendations. *Review of Financial Studies, 12*, 653-686.

Michel, A., & Shaked, I. (1984). Does business diversification affect performance? *Financial Management, 13*, 5-14.

Miller, M. (1977). Debt and taxes. *Journal of Finance, 32*, 261-275.

Mitchell, M. L., & Lehn, K. (1990). Do bad bidders make good targets? *Journal of Applied Corporate Finance, 3*, 60-69.

Modigliani, F., & Miller, M. (1958). The cost of capital, corporation finance and the theory of investment. *American Economic Review, 48*, 261-297.

Moeller, S. B., Schlingemann, F. P., and Stulz, R. M. (2004). Firm size and gains from acquisitions. *Journal of Financial Economics, 73*, 201-228.

Moroney, R. E. (1973). Most courts overvalue closely held stocks. *Tax Magazine, 1*, 144-155.

Myers, S. C. (1976). Determinants of corporate borrowing. *Journal of Financial Economics, 5*, 147-175.

Myers, S. C., & Majluf, N. S. (1984). Corporate financing and investment decisions when firms have information that investors do not have. *Journal of Financial Economics*, *13*, 187-221.

Nail, L. A., Megginson, W. L., & Maquieira, C. (1998). Wealth creation versus wealth redistributions in pure stock-for-stock mergers. *Journal of Financial Economics*, *48*, 3-33.

Nichols, D. C., & Wahlen, J. M. (2004). How do earnings numbers relate to stock returns? A review of classic accounting research with updated numbers. *Accounting Horizons*, *18*, 263-286.

Niederhoffer, V., & Osborne, M. F. M. (1966). Market making and reversal on the stock exchange. *Journal of the American Statistical Association*, *61*, 891-916.

O'Brien, P. (1988). Analysts' forecasts as earnings expectations. *Journal of Accounting and Economics*, *10*, 53-83.

O'Byrne, S. F. (1996). EVA and market value. *Journal of Applied Corporate Finance*, *9*(1), 116-125.

O'Byrne, S. F., & Young, S. D. (2000). *EVA and Value-based Management*. New York: McGraw-Hill.

Opler, T., Saron, M., & Titman, S. (1997). Designing capital structure to create stockholder value. *Journal of Applied Corporate Finance*, *10*, 21-32.

Palepu, K. G. (1986). Predicting takeover targets: A methodological and empirical analysis. *Journal of Accounting and Economics, 8*(1), 3-35.

Palepu, K. G. (1990). Consequences of leveraged buyouts. *Journal of Financial Economics*, *26*, 247-262.

Parrino, J. D., & Harris, R. S. Takeovers, management replacement and post-acquisition operating performance: Some evidence from the 1980s. *Journal of Applied Corporate Finance*, *11*, 88-97.

Peters, D. J. (1991). Valuing a growth stock. *Journal of Portfolio Management*, *17*, 49-51.

Peters, E. E. (1991). *Chaos and Order in the Capital Markets*. New York: John Wiley & Sons.

Pettit, J. (1999). Corporate capital costs: a practitioner's guide. *Journal of Applied Corporate Finance, 12*(1), 113-120.

Pinegar, J. M., & Wilbricht, L. (1989). What managers think of capital structure theory: A survey. *Financial Management*, *18*(4), 82-91.

Porter, M. E. (1980). *Competitive Strategy: Techniques for Analyzing Industries and Competitors*. New York: Free Press.

Pradhuman, S. (2000). *Small Cap Dynamics*. Princeton, NJ: Bloomberg Press.

Praetz, P. D. (1972). The distribution of share price changes. *Journal of Business, 45*(1), 49-55.

Pratt, S., Reilly, R. F., & Schweihs, R. P. (2000). *Valuing a Business: The Analysis and Appraisal of Closely Held Companies*. New York: McGraw-Hill.

Press, S. J. (1967). A compound events model for security prices. *Journal of Business, 40*(3), 317-335.

Randall, D., & Ertel, C. (2005, September 15). Moving beyond the official future. *Financial Times Special Reports/Mastering Risk*.

Rappaport, A. (1998). *Creating Shareholder Value*. New York: Free Press.

Reinganum, M. R. (1983). The anomalous stock market behavior of small firms in January: Empirical tests for tax-loss effects. *Journal of Financial Economics, 12*, 89-104.

Rendleman, R. J., Jones, C. P., & Latan, H. A. (1982). Empirical anomalies based on unexpected earnings and the importance of risk adjustments. *Journal of Financial Economics, 10*, 269-287.

Richards, R. M., & Martin, J. D. (1979). Revisions in earnings forecasts: How much response? *Journal of Portfolio Management, 5*, 47-52.

Ritter, J., & Chopra, N. (1989). Portfolio rebalancing and the turn of the year effect. *Journal of Finance, 44*, 149-166.

Roll, R. (1983). Vas ist das? *Journal of Portfolio Management, 9*, 18-28.

Roll, R. (1984). A simple implicit measure of the bid-ask spread in an efficient market. *Journal of Finance, 39*, 1127-1139.

Roll, R. (1986). The hubris hypothesis of corporate takeovers. *Journal of Business, 59*, 197-216.

Rosenberg, B., & Guy, J. (1976). Beta and investment fundamentals; Beta and investment fundamentals-II. *Financial Analysts Journal, 32*(3), 60-72; *32*(4), 62-70.

Rosenberg, B., & Guy, J. (1995). Prediction of beta from investment fundamentals. *Financial Analysts Journal, 51*(1), 101-112.

Rosenberg, B., & Marathe, V. (1979). Tests of capital asset pricing hypotheses. *Research in Finance, 1*, 115-124.

Rosenberg, B., Reid, K., & Lanstein, R. (1985). Persuasive evidence of market inefficiency. *Journal of Portfolio Management, 11*, 9-17.

Ross, S. A. (1976). The arbitrage theory of capital asset pricing. *Journal of Economic Theory, 13*(3), 341-360.

Sarin, R., & Wakker, P. (1994). Folding back in decision tree analysis. *Management Science, 40*,

625-628.

Schipper, K., & Smith, A. (1983). Effects of recontracting on shareholder wealth: The case of voluntary spin-offs. *Journal of Financial Economics, 12*, 437-468.

Schipper, K., & Smith, A. (1986). A comparison of equity carve-outs and seasoned equity offerings: Share price effects and corporate restructuring. *Journal of Financial Economics, 15*, 153-186.

Scholes, M., & Williams, J. T. (1977). Estimating betas from nonsynchronous data. *Journal of Financial Economics, 5*(3), 309-327.

Senchack Jr, A. J., & Martin, J. D. (1987). The relative performance of the PSR and PER investment strategies. *Financial Analysts Journal, 43*, 46-56.

Seyhun, H. N. (1986). Insiders' profits, costs of trading and market efficiency. *Journal of Financial Economics, 16*, 189-212.

Seyhun, H. N. (1998). *Investment Intelligence from Insider Trading*. Cambridge, MA: MIT Press.

Shapiro, A. (1985). Corporate strategy and the capital budgeting decision. *Midland Corporate Finance Journal, 3*, 22-36.

Shapiro, A. (1989). *Modern Corporate Finance*. New York: Macmillan.

Sharpe, W. F. (1964). Capital asset prices: A theory of market equilibrium under conditions of risk. *Journal of Finance, 19*, 425-442.

Shiller, R. (1999). *Irrational Exuberance*. Princeton, NJ: Princeton University Press.

Siegel, D., Smith, J., & Paddock J. (1993). Valuing offshore oil properties with option pricing models. In: *The New Corporate Finance*, (ed. D. H. Chew Jr.). New York: McGraw-Hill.

Siegel, J. (2007). *Stocks for the Very Long Run: The Definitive Guide to Investment Strategies*. New York: McGraw-Hill.

Silber, W. L. (1991). Discounts on restricted stock: The impact of illiquidity on stock prices. *Financial Analysts Journal, 47*, 60-64.

Sirower, M. L. (1996). *The Synergy Trap*. New York: Simon & Schuster.

Smith, A. J. (1990). Corporate ownership structure and performance: The case of management buyouts. *Journal of Financial Economics, 27*, 143-164.

Smith, C. W. (1986). Investment banking and the capital acquisition process. *Journal of Financial Economics, 15*, 3-29.

Sorensen, E. H., & Williamson, D. A. (1985). Some evidence on the value of the dividend discount model. *Financial Analysts Journal*, *41*, 60-69.

Stapleton, R. C. (1985). A note on default risk, leverage and the MM theorem. *Journal of Financial Economics*, *2*, 377-381.

Stewart, G. B. (1991). *The Quest for Value*. New York: HarperBusiness.

Stickney, C. P. (1993). *Financial Statement Analysis*. Fort Worth, TX: Dryden Press.

Stocks, bonds, bills and inflation (1999). Chicago: Ibbotson Associates.

Stulz, R. (1996). Does the cost of capital differ across countries? An agency perspective. *European Financial Management*, *2*, 11-22.

Stulz, R. (1996). Rethinking risk management. *Journal of Applied Corporate Finance*, *9*(3), 8-24.

Stulz, R. M. (1999). Globalization, corporate finance, and the cost of capital. *Journal of Applied Corporate Finance*, *12*(1), 8-25.

Sunder, S. (1973). Relationship between accounting changes and stock prices: problems of measurement and some empirical evidence. In: *Empirical Research in Accounting: Selected Studies*, 1-45. Toronto: Lexington.

Sunder, S. (1975). Stock price and risk related accounting changes in inventory valuation. *Accounting Review*, *50*, 305-315.

Titman, S. (1984). The effect of capital structure on a firm's liquidation decision. *Journal of Financial Economics*, *13*, 137-151.

Vander Weide, J. H., & Carleton, W. T. (1988). Investor growth expectations: Analysts vs. history. *Journal of Portfolio Management*, *14*, 78-83.

Varadarajan, P. R., & Ramanujam, V. (1987). Diversification and performance: A reexamination using a new two-dimensional conceptualization of diversity in firms. *Academy of Management Journal*, *30*, 369-380.

Warner, J. N. (1977). Bankruptcy costs: Some evidence. *Journal of Finance*, *32*, 337-347.

Watts, R. (1975). *The time series behavior of quarterly earnings*. [Working paper]. University of Newcastle.

Weston, J. F., & Copeland, T. E. (1992). *Managerial Finance, Ninth Edition*. Orlando, FL: Harcourt Brace Jovanovich.

Weston, J. F., Chung, K. S., & Siu, J. A. (1998). *Takeovers, Restructuring and Corporate Governance*.

New York: Simon & Schuster.

White, G. I., Sondhi, A., & Fried, D. (1997). *The Analysis and Use of Financial Statements*. New York: John Wiley & Sons.

Wilcox, J. W. (1984). The P/B-ROE valuation model. *Financial Analysts Journal*, *40*, 58-66.

Williams, J. R. (1998). *GAAP Guide*. New York: Harcourt Brace.

Womack, K. (1996). Do brokerage analysts' recommendations have investment value? *Journal of Finance*, *51*, 137-167.

Woodruff, C. S., & Senchack Jr, A. J. (1988). Intradaily price-volume adjustments of NYSE stocks to unexpected earnings. *Journal of Finance*, *43*(2), 467-491.

Woolridge, R. (1993). Competitive decline and corporate restructuring. In: *The New Corporate Finance*, (ed. D. H. Chew Jr.), New York: McGraw-Hill.

찾아보기

다모다란의 가치평가 바이블

| 초판 1쇄 | 2026년 4월 25일 |

| 지은이 | 애스워드 다모다란 |
| 옮긴이 | 이건, 변영진, 홍진채 |

펴낸곳	에프엔미디어
펴낸이	김기호
편집	정소연, 양은희
기획·관리	문성조
홍보	진유림
표지 디자인	채홍디자인
본문 디자인	전영진

신고	2016년 1월 26일 제2018-000082호
주소	서울시 용산구 한강대로 295, 503호
전화	02-322-9792
팩스	0303-3445-3030
이메일	fnmedia@fnmedia.co.kr
홈페이지	http://www.fnmedia.co.kr

ISBN 979-11-94322-26-9 (93320)
값 53,000원